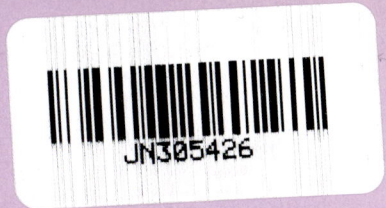

公卿人名大事典 普及版

野島寿三郎 編

日外アソシエーツ

Biographical Dictionary
of
KUGYO
(Court Noble)

Edited by
©Jusaburo NOJIMA

Nichigai Associates, Inc.
Printed in Japan, 2015

●編集担当● 山下 浩／城谷 浩

序

古来より天皇家は、公家と武家に守られて明治新政府の誕生に至っている。

あるとき、初期の天皇家と豪族の関わり、渡来人との関わりなど、古代史に関わる部分で武内宿禰など２～３の公卿の経歴を調べる必要があって、いろいろな関係図書を閲覧したが、それらの略歴を年次別にまとめたものがなく、結局そうした図書を見つけ出せないままに自分で年次別に略歴をまとめたことがあった。

こうした調査に役立つ公卿の詳しい事典があれば、とその時は強く思ったが、いつのまにか十数年の月日がたってしまい心残りだったが、「歌舞伎人名事典」「歌舞伎浄瑠璃外題事典」の完成を期に本格的に資料集めに着手した。こうして４年がかりで何とか形になったものが本書である。

本文は家系別の編成とし、登場する公卿は時代順に並べた。武家の場合、たとえば徳川家などは３代将軍家光までは「公卿補任」に記録されているが、以降の人物は記録されていない。織田にしろ、豊臣にしろ、武家出身の公卿の権力と財力に対する妬み、嫉み、対抗として「公卿補任」の台帳から省いたものと想像される。

史実として見れば、ほかにも種々疑問は生じたが、誤謬を恐れず今回あえて公刊に踏み切ることにした。一市井人の根気の為せる業として、本書をご利用戴けるならば誠に幸甚と存じます。

平成５年歳末

江戸川にて　野島寿三郎

追　記（普及版によせて）

今般、この「公卿人名大事典」が普及版として再刊されることとなりました。

初版刊行後にわかった誤記を直したほか、人名索引を新しく作り、使いやすくなりました。

また、時代の流れとともにパソコンなどの情報機器が発達し、あらゆる角度から研究がなされ、編集の作業が効率化し、価格が安くなりました。

普及版がこの方面の一助となれば、と思う次第であります。

平成27年秋（2015年）

江戸川にて　野島寿三郎

目　　次

凡　　例

1．本書の内容

本書では、公＝摂政・関白・太政大臣・左大臣・右大臣、および、卿＝大納言・権大納言・中納言・権中納言・参議および三位以上と、これらに準ずる非参議の男子を家系別に収録し、その略伝を示した。収録した家系は257家、公卿は3,722人である。

2．収録期間

大和朝の武内宿禰に始まり、公卿制度が廃止される明治初期までの約1,200年間を収録対象とした。

3．排　列

1）家系別にまとめ、家系の五十音順に排列した。
2）各家系内の公卿は、それぞれの人物の時代順に掲載した。

4．家系概要

1）家の概要を記載し、家系図を示した。
2）家系図の中で、本書に収録した公卿名には、名前に下線を付した。

5．略伝

各公卿の時代、最終官位、生年（西暦）月日、没年（西暦）月日、没年齢と、官位の変遷を中心に、名前の変遷、通称、別称、別姓、愛称、法名、号、墓所などを記述した。

6．公卿年表（巻末）

巻末に、公卿関連の主な歴史事項を年表形式で示した。

7．人名索引（巻末）

収録した公卿名を、姓の五十音順、名の五十音順に排列し、掲載ページを示した。

8．出典・略称一覧（略称五十音順）

鎌倉：鎌倉事典（白井永二編　東京堂出版　昭 51）
家紋：家紋大図鑑（丹羽基二編　秋田書店　昭 53）
京都：京都事典（村井康彦編　東京堂出版　昭 54）
公辞：公卿辞典（坂本武雄編　七丈書院　昭 19）
公補：公卿補任（国史大系　吉川弘文館）5 巻
興亡：古代豪族と天皇家の興亡（歴史読本 10 月号　新人物往来社　昭 61）
国書：国書総目録（岩波書店）
古今：古今作者考（前島徳太郎著　巧人社　昭 9）
古代：日本古代氏族人名辞典（吉川弘文館　平 2）
古文：日本歴史「古文書」総覧（新人物往来社　平 4）
重文：重要文化財総目録（文化庁編）
人物：日本人物文献目録（法政大学文学部史学研究室編　平凡社　昭 49）
大日：大日本人名辞典（講談社）4 巻
伝日：類聚伝記大日本記・公卿編（桜井秀編　雄山閣出版　昭 56）
謎人：古代謎の人物 273 人（歴史読本 12 月臨時増刊 新人物往来社 昭 62）
日名：日本人名大事典（平凡社）7 巻
幕末：幕末維新人名事典（奈良本辰也編　学芸書林　昭 53）
明治：明治維新人名辞典（吉川弘文館　昭 56）

公卿家系一覧

【あ】

県犬養家　あがたのいぬかい……3
赤松家　あかまつ……3
秋篠家　あきしの……3
揚梅家　あげうめ……4
朝野家　あさの……4
足利家　あしかが……5
飛鳥井家　あすかい……13
阿蘇家　あそ……22
姉小路家　あねがこうじ……23
　姉小路家（飛騨国司）……27
　姉小路家（藤原家系）……28
阿野家　あの……29
油小路家　あぶらのこうじ……34
阿倍・安倍家　あべ……38
　阿倍家……38
　安倍家……40
綾小路家　あやのこうじ……41
荒木田家　あらきだ……46
在原家　ありわら……51
粟田家　あわた……52
粟田口家　あわたぐち……53
安居院家　あんごいん……53
飯高家　いいだか……54
池尻家　いけじり……55
石川家　いしかわ……57
石山家　いしやま……58
石上家　いそのかみ……60
一条家　いちじょう……61
五辻家　いつつつじ……72
　五辻家（藤原家系）……72
今城家　いまき……75
今出川家　いまでがわ……77
今小路家　いまのこうじ……84
入江家　いりえ……85
石井家　いわい……86
岩倉家　いわくら……89
石野家　いわの……92
上杉家　うえすぎ……93
植松家　うえまつ……94
宇喜多家　うきた……96
宇佐家　うさ……96
薄家　うすい……97
海住山家　うつやま……98
梅小路家　うめがこうじ……98
梅園家　うめぞの……100
梅渓家　うめたに……102
裏辻家　うらつじ……104
　裏辻家（江戸時代）……105
卜部家　うらべ……106
裏松家　うらまつ……107
　裏松家（烏丸家系）……108
江辺家　えのべ……110
大炊御門家　おおいのみかど……110
大内家　おおうち……119
大江家　おおえ……120
　大江家（系譜不明）……122
正親町家　おおぎまち……123
正親町三条家　おおぎまちさんじょう…129
大河内家　おおこうち……140
大伴家　おおとも……140
大中臣家　おおなかとみ……145
　大中臣家（神社系）……152
　大中臣家（江戸時代）……153
多家　おお……158
大野家　おおの……159
大原家　おおはら……159
大宮家　おおみや……160
　大宮家（鎌倉・南北朝期）……161

　大宮家（江戸期）……162
大神家　おおみわ……163
岡崎家　おかざき……163
　岡崎家（鎌倉・南北朝期）……164
　岡崎家（江戸時代）……164
小倉家　おぐら……166
押小路家　おしこうじ……170
愛宕家　おたぎ……171
　愛宕家（室町期）……172
　愛宕家（江戸期）……172
織田家　おだ……174
小槻家　おづき……176
小野家　おの……176
　小野家（江戸期）……178

【か】

勘解由小路家　かげゆこうじ·かでのこうじ……178
　勘解由小路家（鎌倉期）……178
　勘解由小路家（室町期）……180
　勘解由小路家（江戸期）……181
風早家　かざはや……183
花山院家　かざんいん・かざのいん……185
勧修寺家　かしゅうじ……198
交野家　かたの……206
桂家　かつら……208
葛城家　かつらぎ……208
鴨家　かも……209
賀茂家　かも……212
　賀茂家（室町期）……212
　賀茂家（江戸期）……213
烏丸家　からすまる……217
唐橋家　からはし……222
河鰭家　かわばた……226
甘露寺家　かんろじ……228
北小路家　きたのこうじ……234
　北小路家（藤原系）……235
北畠家　きたばたけ……236
木造家　きずくり……242
衣笠家　きぬがさ……243
紀家　き……244
　紀家（室町時代）……248
　紀家（江戸時代）……248
吉備家　きび……249
京極家　きょうごく……250
　京極家（江戸期）……251
清岡家　きよおか……252
清原家　きよはら……254
櫛笥家　くしげ……255
九条家　くじょう……257
久世家　くぜ……271
百済王家　くだらのこにきし……273
倉橋家　くらはし……274
桑原家　くわばら……276
久我家　こが……278
五条家　ごじょう……289
　五条家（藤原系）……295
巨勢家　こせ……295
近衛家　このえ……298
木幡家　こばた……310
狛家　こま……311
高麗家　こま……311

【さ】

西園寺家　さいおんじ……312
佐伯家　さえき……324
坂上家　さかのうえ……325
桜井家　さくらい……326
佐々木野家　ささきの……327
沢家　さわ……328
三条家　さんじょう……329
三条西家　さんじょうにし……341
滋野家　しげの……346
滋野井家　しげのい……347
慈光寺家　じこうじ……352
四条家　しじょう……353
七条家　しちじょう……364
芝山家　しばやま……365

【た】

【な】

西洞院家　にしのとういん……………………595
西四辻家　にしよつつじ……………………599
二条家　にじょう……………………………599
二条家（藤原家系）…………………………600
二条家（近衛家系）…………………………602
二条家（九条家系）…………………………603
丹羽家　にわ…………………………………613
庭田家　にわた………………………………614
野宮家　ののみや……………………………619

【は】

葉川家　はがわ………………………………622
萩原家　はぎわら……………………………622
橋本家　はしもと……………………………624
秦家　はた……………………………………628
秦家（松尾神社）……………………………628
秦家（稲荷下神社・稲荷社）………………629
畠山家　はたけやま…………………………632
八条家　はちじょう…………………………632
八条家（櫛笥家）……………………………634
花園家　はなぞの……………………………635
祝家　はふり…………………………………637
祝部家　はふりべ……………………………638
葉室家　はむろ………………………………639
春澄家　はるずみ……………………………650
春原家　はるはら……………………………651
東久世家　ひがしくぜ………………………651
東園家　ひがしぞの…………………………653
東坊城家　ひがしぼうじょう………………656
氷上家　ひがみ………………………………662
樋口家　ひぐち………………………………662
日野家　ひの…………………………………664
日野西家　ひのにし…………………………675
平松家　ひらまつ……………………………678
平松家（藤原家系）…………………………678
平松家（平家系）……………………………679
広橋家　ひろはし……………………………681
広幡家　ひろはた……………………………689
福島家　ふくしま……………………………692
藤井家　ふじい………………………………692
藤井家（南北朝・室町期）…………………692
藤江家　ふじえ………………………………694
藤谷家　ふじたに……………………………694
藤波家　ふじなみ……………………………697
藤原家　ふじわら……………………………699
藤原家（南家）　ふじわら…………………701
藤原家（南家1）……………………………710
藤原家（式家）　ふじわら…………………720
藤原家（式家1）……………………………725
藤原家（京家）　ふじわら…………………727
藤原家（北家）　ふじわら…………………728
藤原家（北家1）……………………………746
藤原家（北家2）……………………………749
藤原家（北家3）……………………………750
藤原家（北家4）……………………………756
藤原家（北家5）……………………………757
藤原家（北家6）……………………………758
藤原家（北家6A）……………………………779
藤原家（北家7）……………………………780
藤原家（北家8）……………………………783
藤原家（北家9）……………………………800
藤原家（北家10）……………………………806
藤原家（北家11）……………………………811
藤原家（北家11A）…………………………826
藤原家（北家11B）…………………………828
藤原家（北家11C）…………………………829
藤原家（北家12）……………………………830
藤原家（北家12A）…………………………851
藤原家（北家12B）…………………………852
藤原家（北家12C）…………………………855
藤原家（北家12D）…………………………858
藤原家（北家12E）…………………………858
藤原家（北家13）……………………………859
藤原家（北家14）……………………………872
藤原家（北家15）……………………………876
藤原家（北家16）……………………………879
藤原家（北家17）……………………………881
伏原家　ふせはら……………………………883

【ま】

【や】

【ら】

【わ】

【他】

公卿人名大事典

普及版

○県犬養家

県犬養石次　あがたのいぬかいの・いわすき

奈良時代の人、参議。生年不明～天平14(742)年10月14日没。姓(かばね)=宿禰。

神魂命(かみむすびのみこと)の八世孫阿居太都命(たけたつのみこと)の後裔。養老4(720)年従五位下に叙され弾正少弼、同5年中衛士佐に任ぜられ従五位上に進む。天平4(732)年右少弁、同5年少納言に任ぜられ、同9年正五位下、のち従四位下に進む。同11年参議、式部大輔、同14年右京大夫に任ぜられる。在官は4年。犬養連には縣・稚・海・安曇がいて、当時の政権が各地に設定した宮殿を守衛する犬を飼育する部民集団で、天武13(684)年に安曇犬養連を除き宿禰の姓を賜る。護衛した宮門に縣犬養門の名がつけられている。　典：興亡・古代・公補

○赤松家

赤松正則　あかまつ・まさのり

室町時代の人、非参議。康正元(1455)年生～明応5(1496)年4月25日没。42才。

明応5(1496)年従三位に叙される。武臣とあり。　典：公補

○秋篠家

土師宇遅━宇庭（阿波守）┳秋篠安人
　　　　　　　　　　　　┗菅原古人（菅原家へ）

土師家は古来、光仁紀天応元(781)年に遠江介従五位土師宿禰古人から始まり、その14世に野見宿禰がいる。土師家は連の位にあって天皇家の葬儀屋の役割を任ぜられていた。奈良後期より平安初期に至り、同族は四家に分離し、さらに秋篠家と菅原家に分かれた。

典：興亡

秋篠安人　あきしのの・やすひと

奈良・平安時代の人、参議。天平勝宝6(754)年生～弘仁12(821)年2月10日没。66才。

従四位下土師宇遅の子。延暦3(784)年少内記、同6年大内記に任ぜられ、同8年従五位下に進む。同9年大外記・兼右兵衛佐に任ぜられる。同10年大判事・少納言・兼備中守、同12年兼丹波介に任ぜられる。同15年従五位上に進み丹波守・左少弁に任ぜられる。同16年正五位上に進み、同17年左中弁、同18年中衛少将に任ぜられる。同19年従四位下に進み朝臣となる。同21年兼阿波守、同22年勘解由長官・兼近衛少将に任ぜられる。同24年右大弁・参議に任ぜられる。大同元(806)年従四位上に進み右中将・兼春宮大夫に任ぜられ、参議を辞す。同年北陸道観察使に任ぜられる。同2年全ての任職を辞す。同4年再び右大弁に任ぜられる。弘仁元(810)年左大弁・兼尾張守・兼大舎人頭に任ぜられたが辞す。同年兼左大弁・兼越後守・左兵衛督・参議に、同3年兼備前守に任ぜられる。同5年左

大弁・備前守・左兵衛督以外の任職を辞す。同6年従三位に進み左兵衛督を辞す。同7年さらに備前守を辞す。同9年再び備前守に、同11年兼近江守に任ぜられる。同年左大弁・備前守・参議を辞す。　典：古代・公補

◯揚梅家

藤原兼行━揚梅盛親

藤原兼行より分かれた家で詳細は不明。本姓は藤原。
典：公補

揚梅盛親　あげうめ・もりちか

鎌倉・南北朝時代の人、非参議。生没年不明。出家名＝伏見院。

入道従二位藤原兼行の三男。弘安2(1279)年叙爵。正安2(1300)年出羽守に任ぜられる。延慶2(1309)年従四位下に叙される。同年刑部卿に任ぜられる。同3年刑部卿を辞す。応長元(1311)年従四位上に進み左馬頭に任ぜられ、正和2(1313)年正四位下に進み、同5年内蔵頭に、文保2(1318)年大蔵卿に任ぜられる。同5年大蔵卿を辞す。正慶2(1333・元弘3)従三位に進む。この頃より朝廷が南北に分かれ、盛親は南朝に奉じたが、混乱より逃れる為に、延元元(1336)年出家。　典：公補

◯朝野家

┏忍海連鷹取━朝野鹿取
┗朝野宿禰道長

大和国の忍海家のより分かれて朝野家を興した家で、詳細は不明。
典：公補

朝野鹿取　あさのの・しかとり

奈良・平安時代の人、参議。宝亀5(774)年生～承和10(843)年6月11日没。70才。

大和国の正六位上忍海連鷹取の子。叔父の正七位上朝野宿禰道長の養子となる。叔父の朝野宿禰道長は武内宿禰の第六子葛木(城)襲津彦の後の人。延暦21(802)年遺唐禄、同25年大宰大典・式部少録、大同2(807)年左少史・右近将監に任ぜられる。弘仁元(810)年補蔵人に任ぜられ、同2年従五位下に叙される。同年蔵人頭・左衛士佐より左衛門佐、同3年近江介、同5年左少将・兼下野守、同7年主殿頭・兼因幡介に任ぜられる。同8年従五位上に進み、同9年兼内蔵頭に任ぜられる。同10年正五位下に進み兵部大輔兼相模介に任ぜられる。同11年従四位下に進みむ。同12年中務大輔、同14年左中弁、天長4(827)年太宰大式に任ぜられる。同10年従四位上に進み兼式部大輔・参議に任ぜられる。同11年任職を辞す。同年左大弁に任ぜられ、承和2(835)年に辞す。同3年兼民部卿に任ぜられ、同7年正四位下に進み、同8年民部卿を辞す。同9年従三位に進み兼越中守に任ぜられる。　典：古代・公補

○足利家

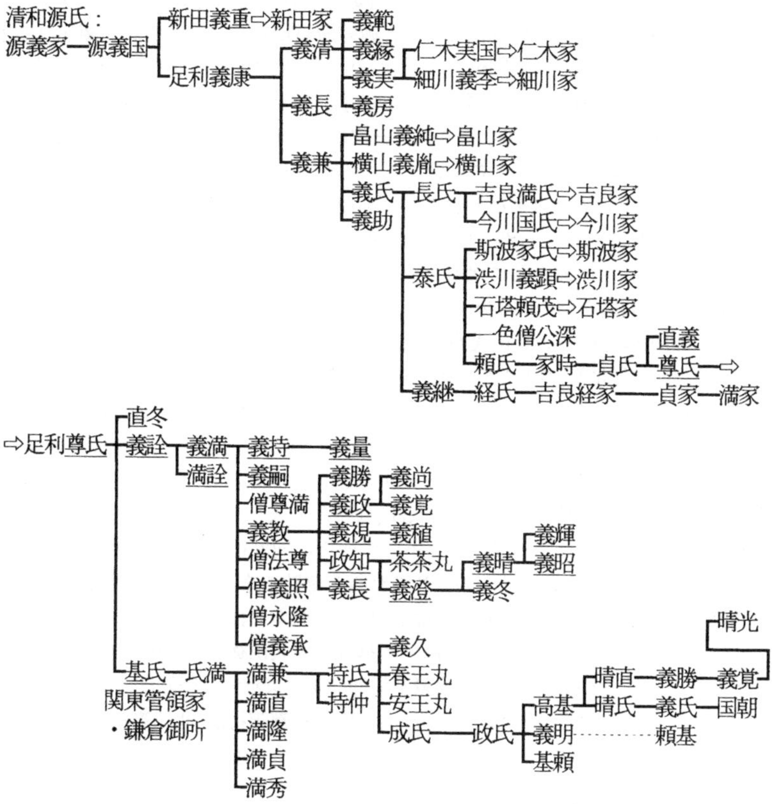

清和源氏末流の源義国の次男義康が、下野国足利郡足利に館し、足利氏を称す。義康の子義兼が北条家より娶り、のち勢力は関東一円におよび、貞氏の子高氏(尊氏)は、延元3(1338)年に征夷大将軍に任ぜられて京都に室町幕府を開き15代目の義昭まで2百年余将軍職を継承した。足利家歴代の廟所は等持院(京都市北区等持院北)にある。一方、尊氏の代より鎌倉に関東管領家・鎌倉御所が置かれ、尊氏の子基氏が初代となる(鎌倉公方)。現在も鎌倉に屋敷跡がある。5代成氏のとき、古川公方(成氏)と堀越公方(政知)に分裂。鎌倉鶴岡八幡宮に足利家の文書がある。本姓は源。

典：古文・日名・鎌倉

足利尊氏　あしかが・たかうじ

室町時代の人、権大納言・幕府初代将軍。嘉元3(1305)年生～正平13(1358)年4月30日没。54才。幼名=又太郎。初名=高氏。号=等持院殿・長寿寺殿。法名=仁山妙義。

父は入道讃岐守従五位下・足利貞氏、母は上杉清子。弟に直義がいる。元応元(1319)年従五位下に叙せられ、治部大輔に任ぜられる。元徳3(1331・元弘元)元弘の乱に幕府軍として北条家の命にて上洛し、丹波篠村の八幡宮(亀岡市)に願文を納め、後醍醐天皇に応じ、六波羅探題を滅ぼして第一の功臣となり、鎮守府将軍に任ぜられる。正慶元(1332・元弘2)従五位上に叙せられる。従四位下より従三位武蔵守に進み、左兵衛督と非参議に任ぜられ、後醍醐天皇の名の一字を得て尊氏と改名。建武元(1334)年挙兵した北条家の残党を征伐。武蔵・常陸・下総守護となり、正三位に叙され、鎌倉の浄光明寺に蟄居。建武2、北条時行を鎌倉に討ち、従二位に叙され、征東将軍に任ぜられ、自ら征夷将軍東国管領と称し、建武政府に反旗をひるがえし、新田義貞と戦い箱根にて破る。建武3(延元元)年正月、追撃して京に上るが、奥州より来た北畠顕家に破れ、九州に逃れる。兵を集め太宰府を出て、弟直義と共に水陸を進み、兵庫にて楠木正成を破り京へ上り、後醍醐天皇に拝謁し、天皇を華山院に幽し奉り、権大納言に任ぜられる。暦応元(1338・延元3)北畠顕家は和泉にて戦死、新田義貞は越前にて陣没。正二位に叙され、征夷大将軍に任ぜられ、光明天皇(北朝)のもとで室町幕府を開き、「建武式目」を制定する。康永元(1342・興国3)12月征夷大将軍を解任される。同2(興国4)年3月再び征夷大将軍に任ぜられる。貞和3(1347・正平2)楠木正行と河内の四条畷にて戦い、同4年これを敗死させる。観応元(1350・正平5)子の義詮が従四位下・左近中将に任ぜられる。同2(正平6)年頃より弟直義と意見が対立。文和元(1352・正平7)尊氏は鎌倉に入り、弟直義を毒殺。新田義宗らと小手指原で戦う。同2(正平8)年諸軍を率いて西下。同3(正平9)年南朝に帰属した直義の子直冬(実は尊氏の子)と山名時氏の軍に敗れ後光厳院を奉じて近江の武江に逃れる。同4(正平10)年春、京に入った直冬らを、義詮の軍と東西からはさみうちにし、敗走させる。延文3(1358・正平13)年中国征伐の計画中に病死、左大臣従一位を贈られる。夢窓国師と親交があり、京都に天竜寺を建立、地蔵を信仰した。京都での居館は二条高倉館・土御門東洞院第など。鎌倉長寿寺に墓と伝える供養塔、京都等持院(北区等持院北町)に墓があり。子は直冬・竹若・義詮・基氏・聖王がいる。　典：大日・日名・鎌倉・京都・公補

足利直義　あしかが・ただよし

鎌倉時代の人、非参議・(征夷)副将軍。徳治元(1306)年生～文和元(1352・正平7)2月26日没。47才。初名=高国。次名=忠義。号=高倉殿・錦小路殿、大休院。出家名=恵源。法名=恵源古山大休寺殿。

父は入道讃岐守従五位下・足利貞氏。嘉暦元(1326)年に兵部大輔に任ぜられる。元弘元(1331・元徳3)北条高時の命により兄高氏に従い、後醍醐天皇を笠置に追い詰めたが、兄高氏と共に後醍醐天皇に帰順し、功により同3(正慶2)年左馬頭正五位下兼相模守に任ぜられる。成良親王が鎌倉を鎮するに執権となる。護良親王が鎌倉に流され、直義は二階堂ケ谷東光寺の土牢に幽閉する。建武元(1334)年従四位下に進む。同2年北条時行の乱に成良親王を奉じ、鎌倉より敗走するときに護良親王を殺す。兄尊氏の助けで時行を破る。延元元(1336・建武3)新田義貞征伐を名目にし兄と共に上京したが、追手の軍勢に追われて九州に逃れる。兵力を立てなおし、兄尊氏は水路にて、直義は陸路より兵庫に着き、楠木正成・義貞らと戦って破る。延元3(1338・暦応元)兄が征夷大将軍となったので、

従四位上に進み左兵衛督征夷副将軍となる。直義に志を得る者が多く、また公卿士庶に重んぜられる。康永3(1344・興国5)従三位に叙される。貞和5(1349・正平4)9月高師直・師泰ら争い政務を追われ辞督し、12月出家し恵源と称した。観応2(1351・正平6)兄尊氏とも不和となり、闘って京都を逃れ、一時畠山国清の仲介で和睦をし幕政を行ったが、意見が合わず越前に追われ、伊豆山に隠れたが、尊氏が書を贈り招慰し鎌倉に戻るが、文和元(1352・正平7)兄尊氏に鎌倉で毒殺される。夢窓疎石などに禅を学び、詩歌をよくした。京都の館は中京区の御池通北・押小路通南・高倉通東・柳馬場通西にあった。鎌倉浄光明寺に直義の守本尊と伝える矢拾地蔵立像がある。　典：大日・日名・鎌倉・京都・公補

足利義詮　あしかが・よしあきら

室町時代の人、権大納言・幕府二代将軍・左大臣。元徳2(1330)年生～正平22(1367)年12月7日没。38才。幼名=千寿丸。通称=坊門殿。法号=宝篋院瑞山道惟。

足利尊氏の三男。母は北条登子。元弘3(1333・正慶2)尊氏が北条家の命をうけて、西国の笠置城攻略の時に母と共に人質として鎌倉に残る。父尊氏が官軍に帰順し挙兵したので下野に逃れ、新田義貞の鎌倉攻めに父尊氏の名代で参加。北条家滅亡の後は鎌倉の主となる。延元2(1337・建武4)鎮守府大将北畠顕家の陸奥よりの攻進に、鎌倉を捨てたが、北畠顕家の西上と共に再び鎌倉に戻り、東国の治めに当たり、左馬頭に任ぜられる。正平4(1349・貞和5)父尊氏と伯父直義との不和により京都に呼ばれ、従四位下左近中将に任ぜられ、伯父直義に代わって政務をとる。一時南朝勢のために京都を追われたが戻り、同11(1356・延文元)従三位参議に任ぜられる。同13(延文3)年4月に父尊氏が没し、父の後を継ぎ征夷大将軍となり、細川清氏を執事として諸将の内紛を治め南朝を圧した。同14(延文4)年武蔵守となる。同18(貞治2)年従二位権大納言に任ぜられる。同22(1367・貞治6)病床で細川頼之を執事に任命し、後継ぎの義満の補佐を頼んで没した。正二位を贈られ、のち従一位左大臣を賜る。子に義満・満詮がいる。京都の居館は三条坊門万里小路弟。尊氏の天竜寺建立に協力した。茶道に名物茶入の九十九(つくも)髪茄子を将軍家の什物とした。墓所は京都右京区嵯峨中院町の宝篋院、菩提所は京都北区等持寺。　典：大日・日名・鎌倉・京都・公補

足利基氏　あしかが・もとうじ

室町時代の人、非参議。興国元(1340・暦応3)生～正平22(1367・貞治6)年4月26日没。28才。幼名=亀若丸。法名=瑞泉寺玉岩道昕。

足利尊氏の第4子、母は赤橋久時の娘登子。正平4(1349・貞和5)年上杉憲顕と高師冬の2人執事の補佐で関東管領となる。同6(1351・観応2)師冬の謀叛と父尊氏と伯父直義との不和で、直義が鎌倉入ると安房に逃れるが同7(文和元)年に父尊氏が鎌倉に入り、直義を毒殺したので、基氏は鎌倉に戻り、執事畠山国清に補佐され、関東を掌握する。同13(延文3)年新田義興を武蔵矢口渡にて倒す。同14(延文4)年南朝軍退治のため関東軍を率い上洛したが、功なく鎌倉に帰る。同16(康安元)年畠山国清が横暴となったので、国清を伊豆修善寺に追い討ち、上杉憲顕を関東執事としたが、憲顕を越後守護職に復させたため、現職の越後守護職芳賀禅可が挙兵するも、これを鎮圧し鎌倉に戻る。同19(1364・貞治3)従三位に叙され左兵衛督・非参議に任ぜられる。関東管領の基礎を鎌倉に築いたが若く

して没した。墓所は鎌倉瑞泉寺。関東管領は一代基氏より二代氏満(従五位下・左馬頭・法名=永安寺璧山道全・墓所=鎌倉永安寺)三代満兼(従四位下・左馬頭・法名=道安勝光院)四代持氏(従三位・左兵衛督・法名=長春院陽山道継)これ以降関東の足利家は衰える。
典：大日・日名・鎌倉・公補

足利義満　あしかが・よしみつ

室町時代の人、太政大臣・幕府三代将軍。正平13(1358・延文3)生～応永15(1408)年5月6日没。51才。幼名=春王。通称=北山殿。出家名=道有・のち道義。法名=鹿苑院天山道義。

足利義詮の長男。母は紀良子。弟に満詮がいる。正平22(1367・貞治6)に父義詮が没し、10才で家督を嗣ぎ、今川貞世をして九州の南朝方を討たす。応安6(1373・文中2)従四位下に叙され、左中将・参議に任ぜられる。吉野の朝廷との和議を図る。同7(文中3)年新熊野神社の神事・猿楽を舞った世阿弥元清の保護者となる。永和元(1375・天授元)従三位に進む。同4(天授4)年権大納言と右大将に任ぜられ、上京の北小路北・室町東の地に花の御所(北小路亭・室町殿)を造営する。康暦2(1380・天授6)従一位に進み、征夷大将軍に任ぜられ「白馬外弁上首勤之給」とある。永徳2(1382・弘和2)内大臣、同3(弘和3)年左大臣に任ぜられる。至徳元(1384・元中元)准三后を任ぜられ、右大将を辞す。嘉慶2(1388・元中5)年左大臣を辞す。明徳2(1391・元中8)年権臣山名氏清を征し、同3(元中9)年南朝の第99代後亀山天皇を京都に迎え、神器を第百代後小松天皇に譲らせて、南北朝を統合。応永元(1394)年太政大臣に任ぜられる。同2年全ての任職を辞し、子の10才の義持に征夷大将軍を譲り出家。同4年より北山に北山殿(金閣寺はその一部)造営する。同6年大内義弘の叛を討ち名実共に全国統一を遂げ、室町幕府の基礎が築かれた。同8年義満は明との貿易を開く。同15年3月後小松天皇を北山殿に招き、20日にわたって供応したが同殿で没す。尊氏の天竜寺にならって、京都に相国寺を建立する。学問を重んじ五山の僧を育て、五山文学の基礎を確立した。一方、猿楽を好み武家の音楽を発達させた。京都北山の亭に没す。子は義持・義嗣・義教・義承・永隆・僧法尊・僧義照・僧尊満などがいる。菩提所は京都北区等持寺。墓所は京都右京区嵯峨の天竜寺。　典：大日・日名・鎌倉・京都・公補・伝日

足利満詮　あしかが・みつあき

室町時代の人、権大納言。正平24(1369・応安2)～応永25(1418)年5月14日没。50才。通称=小川禅閤。出家名=道智。法名=養徳院勝山。

足利義詮の次男。兄に義満がいる。天授3(1377・永和3)年従五位下に叙され、天授6(康暦二)左馬頭、右兵衛督に任ぜられる。応永9(1402)年正四位下に進み、更に従三位に叙され、参議に任ぜられるも辞す。応永10年従二位に進み権大納言に任ぜられられたが、出家し京都に養徳院を創建する。没後に従一位左大臣を贈られる。　典：大日・日名・公補

足利義持　あしかが・よしもち

室町時代の人、幕府四代将軍、内大臣。元中3(1386・至徳3)年2月生～正長元(1428)年1月18日没。43才。通称=勝定院。出家名=道詮。

足利義満の長男。弟に義嗣・僧尊満・義教・僧法尊・僧義照・僧永隆・僧義承がいる。応永元(1394)年父義満が太政大臣に任ぜられ、義持は正五位下に叙される。同年元服。左

中将・補征夷大将軍に任ぜられる。同2年父が全ての任職を辞し、10才の子義持が家督を譲られる。義持は従四位下に叙され、同3年正四位下に進み、美作守・征夷大将軍・参議に任ぜられる。同4年従三位に進み、権中納言に任ぜられる。同5年正三位に進む。同7年従二位に進み、同8年権大納言に任ぜられる。同9年従一位に進む。同13年右大将、同16年内大臣に任ぜられる。同18年明国からの申し入れを拒否する。同19年右大将を辞す。同20年奨学院淳和院別当に任ぜられる。同23年弟足利義嗣が兄に対抗して、関東管領上杉禅秀(氏憲)の挙兵に荷担、両者を捕らえて義嗣と京都相国寺の林光院に幽閉。同25年義嗣は林光院に放火し脱走を企てるが失敗し、殺される。この年に再び明国からの申し入れを拒否し貿易も打ち切る。同26年内大臣・奨学院淳和院別当を辞す。同27年宝幢寺の供養を行い、成敗式条を定める。同30年全ての任職を辞す。子義量に家督と征夷大将軍を譲り出家。同32年義量が没したため、再び政務についたが、正長元(1428)年大病となり弟義円(義教)を青蓮院より呼び政務を継がせたのち没す。没後に太政大臣を贈られる。子に義量がいる。　典：大日・日名・鎌倉・京都・公補

足利持氏　あしかが・もちうじ

室町時代の人、非参議、関東管領。生年不明～永享11(1439)年2月没。

足利尊氏の子基氏の曾孫。氏満の孫、満兼の子。左兵衛督に任ぜられ従三位に叙され、応永28(1421)年に公補に非参議として名が出る。永享10(1438)年出家し隠遁する。翌年に執事、上杉憲実に政められて自害。子に義久・成氏・春王丸・安王丸がいる。　典：公補

足利義量　あしかが・よしかず

室町時代の人、幕府五代将軍・参議。応永14(1407)年2月生～応永32(1425)年2月27日没。19才。号=長得院。法名=長得院鞏山道基。

父は四代将軍足利義持、母は権大納言藤原(裏松)資康の娘従二位栄子。応永24(1417)年,12月に元服。正五位下に叙され、右近衛中将に任ぜられ、昇殿を許される。同30年父が全ての任職を辞し、17才の義量に家督と征夷大将軍を譲り出家。同31年従四位下に叙され、参議に任ぜられる。しかし、この頃より義量は酒に溺れ公卿・諸臣と宴楽し、風紀を乱し父義持が戒めたが止まらなかった。同32年正四位下に叙されるが、酒の害で2月に病気となったので、父は諸社寺に命じて祈祷を行わせるも没す。没後の3年間は将軍の席は空位となった。康正3(1457)年に従一位左大臣を贈られる。　典：大日・日名・京都・公補

足利義嗣　あしかが・よしつぐ

室町時代の人、権大納言。応永元(1394)年生～応永25(1418)年1月24日没。25才。号=円修院・林光院。通称=押小路亜相入道。法名=円修院(林光院)道純。

太政大臣足利義満の次男。兄に義持、弟に義教がいる。第百代後小松天皇を北山に父共に迎える。正五位下に叙され、左馬頭に任ぜられ、さらに従四位下に進み左近衛中将に任ぜられる。同年元服し従三位に進み参議に任ぜられる。5月に父が没し、兄義持が家督と征夷大将軍を継ぐ。応永16年権中納言と加賀権守に任ぜられる。同17年正三位に進む。同18年従二位に進み権大納言に任ぜられる。同19年後小松天皇が崩じ、第百一代稱光天皇が即位。兄義持に反抗するべく北畠満雅が挙兵をしたので、それに乗じる。同21

年正二位に叙される。義持と満雅が和議をしたので、機会を失う。同22年鎌倉公方足利持氏の関東管領上杉禅秀が反乱を起こすや、近江の佐々木六角と共に上方にて挙兵するが、捕らえられて京都相国寺の林光院に幽閉され、出家し不満の日々を送る。同25年林光院に放火し脱走するが兄義持の軍に殺される。のち従一位を贈られる。子は僧となった梵修・清欽の二子がいるという。一説に嗣俊といい右兵衛佐に任ぜられた子がいるともいう。　典：大日・日名・京都・公補

足利義教　あしかが・よしのり

室町時代の人、幕府六代将軍・左大臣。応永元(1394)年生～嘉吉元(1441)年6月24日没。僧名＝義円。還俗名＝義宣。号＝普広院。道号＝善山。法名＝道慧・道詮顯山普広院。

幕府四代将軍足利義満の4男。兄に義持・義嗣・僧尊満、弟に僧法尊・僧義照・僧永隆・僧義承がいる。幼少の頃より青蓮院に入って僧となる。三后に准じ、大僧正に任ぜられる。応永26(1419)年天台座主に補せられる。同32年兄義持の子。五代将軍足利義量が没し、正長元(1428)年に義持(五代将軍)も没したため、還俗して統を嗣ぎ、名を義教と改め、従四位下に叙され左馬頭に任ぜられる。永享元(1429)年元服。従三位に叙され、左近中将・征夷大将軍・権大納言・参議に任ぜられる。同2年従一位に進み右大将に任ぜられる。同4年内大臣より左大臣・淳和院奨学院別当に任ぜらる。同5年右大将を辞す。同10年左大臣・淳和院奨学院別当を辞す。鎌倉の足利持氏が上杉憲実を討つを聞き、上杉持房を将として持氏を討つ。同12年武田信栄に一色義貫を討たせ、細川持之に土岐持頼を討伐させ、鎌倉永安寺に自刃させる。奈良興福寺・比叡山などの僧徒を征服。備前・播磨・美作の三国の守護赤松満祐の領地を赤松持貞の子貞村らに与えんとしたが、満祐の不満をかい、満祐の弟義雅の邑を奪い、貞村らに与えた。このことがもとで、嘉吉元年6月赤松満祐邸で満祐らに殺される。後日に太政大臣を贈られる。墓所は京都十念寺(上京区寺町通今出川上ル)。子に義勝・義政・義視・政知・義長がいる。　典：大日・日名・鎌倉・京都・公補

足利義政　あしかが・よしまさ

室町時代の人、幕府八代将軍・左大臣。永享7(1435)年1月2日生～延徳2(1490)年1月7日没。初名＝義成。号＝慈照院。一字名＝桐。出家名＝道慶。法名＝慈照院義成。

六代将軍足利義教の次男。母は裏松(日野)重子。兄に義勝、弟に義視・政知・義長がいる。母重子の従弟烏丸(日野)資任の邸で養育されていたが、嘉吉元(1441)年6月父義教が赤松満祐に殺され、兄義勝が同2年11月征夷大将軍に任ぜられたが、同3年7月馬より落ちて死去。文安3(1446)年従五位上に叙され、同4年正五位下に進み侍従、同5年左馬頭に任ぜられる。宝徳元(1449)年元服。従四位下に叙され中将・征夷大将軍に任ぜられたが、管領の畠山持国と細川勝元に政務を抑えられていた。同2年従三位から従二位に進み、権大納言に任ぜられる。享徳2(1453)年従一位に進み、義成より義政と名を改め、奨学院淳和院別当に任ぜられる。康正元(1455)年右近衛大将に任ぜられる。長禄2(1458)年内大臣、同4年左大臣に任ぜられる。寛正2(1461)年右近衛大将を辞す。子がなかったのため同5年、弟を継嗣とし、名を義視と改めさせる。同6年准三后に叙される。12月に子義尚が生れる。この頃より足利家と妻富子の実家日野家の対立、天皇家内の争い、諸民の一揆など世の乱が甚だしく、更に寛正年間の大飢饉に義政は何の対策もなく、辞職に追われ

る。文正元(1466)年父義教時代に消失した京都相国寺を再建する。応仁元(1467)年奨学院淳和院別当と左大臣を辞す。応仁2年院執事に任ぜられる。文明3(1471)年院執事を辞す。同5年征夷大将軍(同7年子の義尚が9代将軍となる)を辞す。同9年に妻富子は小川御所を同12年には室町第を構える。同15年に東山に慈照寺東求堂(銀閣寺)を建立したので、財務難に陥り各種の税を課し、徳政と称して暴令を出すこと13回という。同17(1485)年に出家。延徳元(1489)年子の義尚が没し、再び政務についたが過労から没す。没後に太政大臣を贈られる。子に義尚・義覚がいる。墓所は京都上京区今出川通の相国寺慈照院。公宮の文化を好み、蹴鞠・和歌・連歌に長じ、猿楽も愛好し、東山文化の興隆の基となった。　典：大日・日名・京都・伝日・公補

足利政知　あしかが・まさとも

室町時代の人、非参議。永享7(1435)年生～延徳3(1491)年4月5日没。57才。俗名＝堀越公方(ほりこしくぼう)。法名＝幢勝院九山。

六代将軍足利義教の3男。兄に義勝・義政、弟に義視、義長がいる。幼くして京都嵯峨天竜寺中香厳院の僧となる。康正元(1455)年上杉房顕が鎌倉の足利成氏を攻め、成氏は破れて古河に逃れ、鎌倉の主が不在となった為に諸将が室町幕府に請い、長禄元(1457)年に還俗し従五位下に叙され左馬頭に任ぜられ、鎌倉の主となる。のち、兄義政は書を東海・東山の2道に下して成氏を討伐させたが、鎌倉は荒廃していたため戻れず伊豆の堀越に居して、古河の成氏に対抗したが、以後関東足利家は衰える。政知は子の茶々丸より後妻の子義澄を愛す。文明7(1475)年従三位に叙され左兵衛督・非参議に任ぜられる。同17年左兵衛督を辞す。子茶々丸を飲酒狂疾ありとして数年間も幽閉し恨みをかう。延徳3(1491)年病にて没す。子は茶々丸・義遐(のち義澄)がいる。　典：大日・日名・公補

足利義視　あしかが・よしみ

室町時代の人、権大納言。永享11(1439)年生～延徳3(1491)年1月7日没。53才。僧名＝義尋。通称＝今出川殿。法号＝大智院道存久山・久山道存大智院。

六代将軍足利義教の4男。兄に義勝・義政・政知、弟に義長がいる。京都の細川下野守邸で生まれ、幼くして浄土寺に入り門主となり義尋と号した。寛正5(1464)年兄義政の求めで還俗し、養子となり義視と改名し、従五位下に叙され左馬頭に任ぜられる。寛正6年元服。従四位下に進み参議より権大納言に任ぜられたが、兄義政に子義尚が生まれ、義視との間に起こる相続問題は応仁・文明の大乱の要因となる。応仁元(1467)年細川勝元は義視を奉じ、山名宗全は兄の子義尚を奉じ、兄義政は山名宗全を助ける形勢にあって、義視は正二位に叙されたが権大納言を辞し、京都より伊勢国教具卿館に逃れる。同2年兄義政の召還の勧めにより京都に戻るが、双方の意見が合わず、比叡山に登る。文明5(1473)年兄義政は子の義尚を継嗣と定めたので、義政と義視の対抗の乱となる。義視は土岐成頼と共に美濃に逃れる。同13年の和議にて争いは治まる。延徳元(1489)年家督を継いだ義尚が没し、家督継嗣を決める為に義政は義視を召し、義視は子の義材(のち義稙)を連れて上洛し、出家し京都三条東洞院通賢寺の僧となる。同3年准三后に叙され、義材が征夷大将軍となる。没後に従一位太政大臣を贈られる。　典：大日・日名・京都・公補

足利義尚　あしかが・よしひさ

室町時代の人、幕府九代将軍・内大臣。寛正6(1465)年11月生〜延徳元(1489)年3月26日没。25才。後名=義煕。法名=常徳院道治悦山。

八代将軍義政の長男。母は日野富子。弟に義覚がいる。義政に子がなかったので、家督継嗣を弟義視に決定したところ、後になって義尚が誕生した為に、相続問題が生じ、応仁・文明の大乱の要因となる。応仁元(1467)年山名宗全は義尚を奉じ、細川勝元は叔父義視を奉じ、義政は山名宗全を助ける形勢となる。文明4(1472)年元服。征夷大将軍となり、正五位下左中将に任ぜられる。同5(1473)年義政は義尚を継嗣と定めたので、東西は義政と義視の対抗の乱となる。同6年従四位下、同7年正四位下に進み参議に任ぜられ、同9年正三位に進む。同年美作権守、同10年左近衛権中将に任ぜられる。同11年従二位に進み、同12年権大納言に任ぜられ、同13年従一位に叙される。同17年右近衛大将に任ぜられる。長享元(1487)年幕府の威信が失墜し領地が豪族・守護に侵され、返還されないので、近江の佐々木高頼を攻めて甲賀に退かせる。以後、領地を返還するものが多く、朝廷より厚く賞賛された。同2(1488)年内大臣に任ぜられる。伊勢の国司北畠政郷が山田を焼き外宮類焼、このため伊勢征伐の計画をする。この頃、義煕と改名するが翌年江州帷幕鈎にて没す。遺体は等持寺と、分骨は高野山に納められ、墓所は京都相国寺塔頭大光明寺の後方にある。若くして和歌・連歌を好み、和漢の学によく通じた。一条兼良の「樵談治要」は16才の義尚の諮問に答えて執筆したもの。　典：大日・日名・京都・伝日・公補

足利義稙　あしかが・よしたね

室町時代の人、幕府十代将軍・権大納言。文正元(1466)年生〜大永3(1523)年4月9日没。58才。初名=義材(よしき)。前名=義尹(よしただ)。俗名=島の公方。法名=恵林院殿厳山。

足利義視の長男。母は藤原重政の娘。初め義材と名乗り、応仁元(1467)年義視と共に父の兄義政との争いを避ける為に、京都より伊勢国教具卿館に逃れる。同2年義政の召還により父について京都に戻るが、父兄弟の意見が合わず、しかも、文明5(1473)年義政は子の義尚を継嗣と定めたので、東西は父兄弟の対抗の乱となる。父義視と共に美濃に逃れる。同13年東西の和議にて争いは治まる。長享元(1487)年従五位下に叙され左馬頭に任ぜられる。延徳元(1489)年家督義尚が没し、家督継嗣を決める為に義政は義視を召し、義視に連れられて上洛し、父は出家して京都三条東洞院通賢寺の僧となり、義材は叔父の養子となる。同2年従四位下に進み右中将・征夷大将軍・参議に任ぜられる。近江の佐々木高頼を征伐。同3年左中将に任ぜられる。父義視没。地方征定し明応元(1492)年京都に凱旋する。同2年細川政元が足利義遐(のち義澄)を奉じ、同7年これに敗れて越中に逃れ、京都奪回を図るも出来ず、同8年は遠く周防に大内義興を頼る。文亀元(1501)年征夷大将軍と参議を辞す。同2年従兄弟の義澄が11代征夷大将軍となる。永正3(1506)年左中将を辞す。同4年大内義興の援助を得て周防を発し、海路上洛の途に就き、同5年堺浦に着き6月京都に入り、将軍義澄を近江に追い義澄が征夷大将軍を辞したので、従三位より従二位に進み権大納言に任ぜられ再び征夷大将軍に任ぜられる。義澄は近江で没したが、両派の争いは絶えなかった。同10年義稙と改名。同15年片腕の大内義興が周防に帰る。細川高国が義澄の子義晴を奉ず。同16年淳和院奨学院両院別当に任ぜられる。細川高国と

相容れず難を恐れ、大永元(1521)年征夷大将軍を義晴に譲り、淡路島に逃れ、島の公方と呼ばれ、再挙出来ずに阿波の撫養で没す。後に従一位太政大臣を贈られる。 典：大日・日名・京都・公補

足利義澄 あしかが・よしずみ

室町時代の人、幕府十一代将軍・参議。文明12(1480)年生〜永正8(1511)年8月14日没。32才。初名＝義遐。前名＝義高。法名＝法住院清晃旭山。

室町後期の鎌倉の武将・堀越公方足利政知の次男。母は藤原隆光。伊豆に生まれる。兄に茶々丸がいる。初め義遐と名乗り長享元(1487)年京都天竜寺香厳主となり清晃と号す。明応2(1493)年細川政元に奉じられ、叙爵し義高と改名。この頃、叔父の足利義政の養子となる。同3年正五位下に進み左馬頭に任ぜられる。同7年将軍義尹(のち義稙)が討たれて敗走し越中に逃れ、京都奪回を図るも出来ず、同明応8年遠く周防に大内義興を頼り文亀元(1501)年に征夷大将軍を辞したため、文亀2年義澄と改名し、従四位下に叙され左近中将・征夷大将軍・参議に任ぜられる。同3年従三位に進む。永正4年義尹が大内義興の援助を得て周防を発し、海路上洛の途に就き、同5年堺浦に着き6月京都に入りしたので、近江に逃れ、全ての任を辞す。その後、細川澄元・赤松義村などの援助にて屡々再挙を企て義稙と争うも志を得ずして近江岳山で没す。のち左大臣を贈られる。子に義晴・義冬がいる。 典：大日・日名・京都・公補

足利義晴 あしかが・よしはる

室町時代の人、幕府十二代将軍・権大納言。永正8(1511)年3月5日生〜天文19(1550)年5月4日没。40才。幼名＝亀王丸。号＝万松院。法名＝万松院道照曄山。

十一代将軍足利義澄の長男。弟に義冬がいる。十代将軍足利義稙の養子になるが、永正17(1520)年細川澄元に奉ぜられ、細川高国と戦い播磨に敗走。大永元(1521)年京都より十代将軍義稙が淡路に逃げて京都に将軍が居なくなったので、細川高国に奉じられて、上洛し故細川澄元の厳栖院を仮第とし、元服し義晴と改名、正五位下に叙され左馬頭に任ぜられ、さらに征夷大将軍・参議に任ぜられる。同2年従四位下に進み左中将に任ぜられる。同7年京都が乱れ細川高国の援助で比叡坂本に向かい三好元長と戦うも破れ、享禄元(1528)年細川高国に奉じられて、朽木稙綱を頼り近江朽木に逃れる。同3(1530)年従三位に進む。同年権大納言、天文15(1546)年右大将に任ぜられ、子義藤(のち義輝)が元服すると、征夷大将軍を譲る。同17年上洛したが、同18年三好長慶とその一族の争いに京都は再び乱れ、細川晴元の近江東坂本常在寺に逃れ、各地を転々とし、如意ケ岳の新城に移ろうとしたが、近江穴太の山中で没す。のち従一位左大臣を贈られる。子に義藤(のち義輝)・義昭・周暠がいる。 典：大日・日名・京都・公補

足利義輝 あしかが・よしてる

室町時代の人、幕府十三代将軍・参議。天文5(1536)年3月10日生〜永禄8(1565)年5月19日没。30才。幼名＝菊童。前名＝義藤。法名＝光源院道円融山。

十二代将軍義晴の長男。母は前関白太政大臣近衛尚通の娘。弟に義昭・周暠がいる。元服して義藤と名乗る。天文15(1546)年従五位下より従四位下に叙され左馬頭に任ぜられ、

父義晴が征夷大将軍を辞したので、征夷大将軍に任ぜられる。同16年左中将と参議に任ぜらる。同17年上洛したが、同18年三好長慶とその一族の争いに京都は再び乱れ、六角定頼を頼り、近江東坂本常在寺に逃れ、各地を転々とし、如意ケ岳の新城に移ろうとしたが、同19年義晴は近江穴太の山中で没したので、家督を継ぎ、六角定頼と六角義賢父子の勧めで、比叡辻宝泉寺に移る。同21年三好長慶と和解し京都に上洛、同22年再び出奔したが再び和解して上洛。同23年義輝と改名。同8(1565)年、松永久秀、三好義継らに襲われ、殺害される。弟の奈良一乗院覚慶(のち義昭)は細川藤孝の援助で近江に逃れる。京都鹿苑寺の次弟周暠は襲われ殺害される。松永久秀・三好の党が奉ずる足利義栄が室町幕府十四代将軍に任ぜられる。御牌所は京都上京区今出川烏丸の光源院。　典：大日・日名・京都・公補

足利義昭　あしかが・よしあき

室町時代の人、幕府十五代将軍・権大納言。天文6(1537)年11月3日生～慶長2(1597)年8月28日没。61才。前名＝義秋。法号＝覚慶。法名＝霊陽院昌山道休・道慶。

十二代将軍足利義晴の次男。母は前関白太政大臣近衛尚通の娘。兄に義昭、弟に周暠がいる。奈良一乗院の門主となり覚慶と号す。永禄8(1565)年松永久秀・三好義継らが清水寺参詣と称し、二条第に兄の十二代将軍足利義輝を襲い殺害したため、奈良一乗院より細川藤孝の援助で近江に逃れる。弟の周暠は京都鹿苑寺で襲われ殺害される。近江に逃れた後還俗して義秋と改名し、京都の回復を図る為に若狭の武田義統・越前の朝倉義景を頼り、さらに義昭と改名。同11年従五位下に叙され左馬頭に任ぜられ、8月松永久秀・三好義継らが奉ずる義栄が征夷大将軍に任ぜられるも、尾張二州に勢力を得ている織田信長に奉じられて、上洛。織田信長が松永久秀・三好の党らを撃ち負かしたので、義栄は任職を辞し松永久秀らに守られて阿波に逃れ病にて没す。これにより、10月従四位下に進み征夷大将軍・参議に任ぜられ、織田信長の援助で室町幕府の再興となる。同12年従三位に進み左中将・権大納言に任ぜられるも、織田信長と意見が合わなくなる。元亀元(1570)年左中将を辞す。天正元(1573)年に織田信長が従三位に叙され参議に昇り、京都でも勢力を得たため、織田信長の敵上杉謙信・毛利輝元・石山本願寺らと結んで、織田信長に当たらんとするが、河内若江へ追われ、230年以上続いた室町幕府は幕を閉じる。その後伊勢、備後国など転々とする。同8年毛利輝元の庇護、同15年大坂にて豊臣秀吉に保護をうけ一万石を給せられる。同16年全ての任職を辞し、准三宮に叙される。墓所は菩提寺の等持寺にあり、位牌所は相国寺の塔頭養源院にある。　典：大日・日名・京都・公補

○飛鳥井家

藤原鎌足の後裔、関白藤原師実の支葉、花山院流。難波頼経の次男雅経が一家をおこし号を飛鳥井と名乗る。祖父である刑部卿難波頼輔より蹴鞠を伝授され、雅経の孫雅有が藤原為家に和歌の指導を受けた所から、代々蹴鞠と和歌の道を伝統とし羽林家(公卿の家格の一)の一に列せられ、二条・冷泉家の両家が衰えると和歌の家として台頭する。雅親が書の道も良く行い、歴代に伝えたので、書の家としても有名となる。江戸時代では禄高928石武家伝奏職を勤め、明治期に至り伯爵の爵位を授かった。本姓は藤原。菩提寺

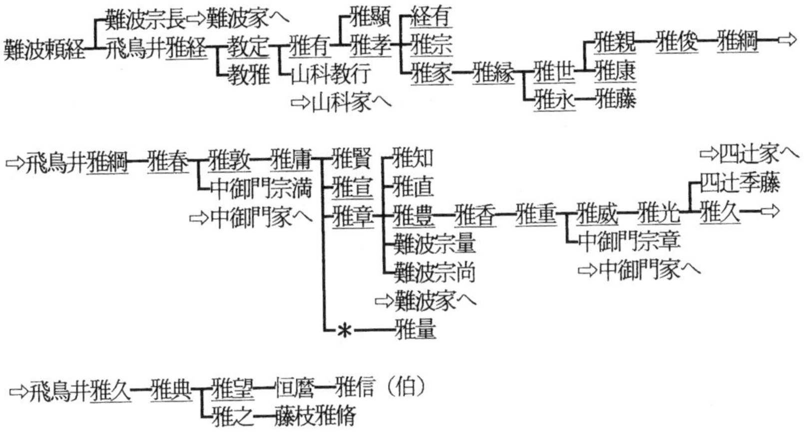

は遣迎院(京都市北区寺町広小路上ル鷹峯光悦町)。紋所は銀杏。京都の白峰神宮は飛鳥井家を祀る所から、蹴鞠を保存会の人々にて残されている。

典：日名・京都

飛鳥井雅経　あすかい・まさつね

鎌倉時代の人、参議。嘉応2(1170)年生～承久3(1221)年3月11日没。52才。飛鳥井家の祖。

入道刑部卿難波頼経の次男として京都に生まれる。兄に難波宗長がいる。兄がいたので難波氏の別家として飛鳥井を興す。治承4(1180)年に叙位。建久8(1197)年侍従に任ぜられる。同9年従五位下に叙される。建仁元(1201)年越前介・右少将に任ぜられる。同2年正五位下に叙される。元久2(1205)年加賀権介に任ぜられ、和歌を藤原定家に学んでいたが、後鳥羽院の院宣を奉じ定家、有家、家隆、道具と共に「新古今集」を選進する。建永元(1206)年従四位下に叙され左少将に任ぜられる。承元2(1208)年左中将に昇進。同3年周防権介となる。同4年従四位上に叙される。建保2(1214)年正四位下に叙され伊与介に任ぜられる。同4年に右兵衛督。同6年従三位に叙される。承久2(1220)年に参議、同3年美作権守に任ぜられる。蹴鞠の名手で、代々家職として続いた。子に教定と教雅がいる。　典：大日・日名・公辞・伝日・古今・公補

飛鳥井教定　あすかい・のりさだ

鎌倉時代の人、非参議。生年不明～文永3(1266)年4月8日没。

参議飛鳥井雅経の長男。母は大膳大夫大江広元の娘。弟に教雅がいる。建長5(1253)年従三位に叙され右兵衛督に任ぜられる。同6年右兵衛督を辞す。正嘉2(1258)年正三位に進み、文応元(1261)年左兵衛督に任ぜられる。弘長3(1263)年左兵衛督を辞す。某年9月十三夜の歌合に、忠定は葛城の月・為氏は姨捨山の月・教定は富士の月を詠む。藤原と二条の姓を名乗る。子に雅有・教行(山科家へ)がいる。　典：公辞・伝日・公補

飛鳥井雅有　あすかい・まさあり

鎌倉時代の人、参議。仁治2(1241)年生〜正安3(1301)年1月11日没。61才。初名=雅名。

左兵衛督飛鳥井教定の子。母は越後守平実時の娘。仁治3(1242)年に叙爵し、建長3(1251)年雅有と改名、従五位上に叙され侍従に任ぜられる。同8年駿河介となる。正嘉2(1258)年正五位下に進み左少将に任ぜられる。正元元(1259)年従四位下に進み、文永元(1264)年従四位上に進み下総介に任ぜられる。同5年正四位下に進み、同11年右中将に任ぜられる。弘安元(1278)年従三位に進み、右中将を辞す。同6年紀伊権守に任ぜられる。同7年正三位に進む。同10年守職を辞す。正応元(1288)年左兵衛督に任ぜられる。同2年従二位に進み左兵衛督•侍従を辞す。同4年参議に任ぜられも同5年参議を辞す。永仁3(1295)年兵部より民部卿に任ぜられる。同6年民部卿を辞し正二位に叙される。第91代後宇多・第92代伏見・第93代後伏見各天皇に仕える。子に雅孝・雅顕がいる。　典：日名・公辞・伝日・古今・公補

飛鳥井雅孝　あすかい・まさたか

鎌倉時代の人、権中納言。弘安6(1283)年生〜文和2(1353.正平8)年5月17日没。71才(一説に73才)。法名=妙恵。

参議飛鳥井雅有の長男。弟に雅顕がいる。正応元(1288)年に叙爵。同2年従五位上に叙され侍従に任ぜられる。同5年正五位下に進み、同年右衛門佐、同6年右少将に任ぜられる。永仁2(1293)年従四位下に進み、同年丹後介、同5年左中将に任ぜられる。同7年従四位上、正安2(1300)年正四位下に進む。応長元(1311)年右兵衛督に任ぜられる。正和元(1312)年従三位に進む。同2年右兵衛督を辞す。同5年参議に任ぜられる。文保元(1317)年出雲権守に任ぜられたが、同2年任職を辞す。元応元(1319)年正三位に進む。嘉暦3(1328)年従二位に進む。正慶元(1332.元弘2)年正二位に進む。同2年従2位に降位。暦応元(1338.延元3)年再び正二位に進む。貞和元(1345・興国6)年一時、権中納言に任ぜられ、観応2(1351.正平6)年出家。第96代後醍醐天皇のときより北朝に仕える。子に経有・雅宗・雅家がいる。　典：公辞・古今・公補

飛鳥井経有　あすかい・つねあり

鎌倉時代の人。非参議。生年不明〜康永2(1343.興国4)年5月4日没。

権中納言飛鳥井雅孝の長男。弟に雅宗・雅家がいる。略歴不詳。徳治2(1307)年従五位下に叙される。延慶2(1309)年従五位上に進み、正和元(1312)年侍従、同5年右近少将に任ぜられ、同6年正五位下に進み、元応元(1319)年従四位下に進む。正中元(1324)年右近少将を辞す。同3年従四位上に進み、同年備後権介、嘉暦元(1326)年右中将に任ぜられる。同4年正四位下に進み、元徳2(1330)年右中将を辞す。暦応4(1341.興国2)年従三位に進む。

典：公補

飛鳥井雅宗　あすかい・まさむね

鎌倉時代の人。非参議。生年不明〜康永2(1343.興国4)年8月30日没。一時名=雅光。

権中納言飛鳥井雅孝の次男。兄に経有、弟に雅家がいる。略歴不詳。元亨3(1323)年従五位下より上に叙される。正中2(1325)年従四位下に進む。嘉暦2(1327)年右少将に任ぜ

られる。同4年従四位上に進み弾正大弼・右中将に任ぜられる。元徳2(1330)年正四位下に進む。元弘元(1331.元徳3)年弾正大弼を辞す。暦応3(1340.興国元)年右兵衛督に任ぜられる。　典：公補

飛鳥井雅家　あすかい・まさいえ

鎌倉時代の人、非参議。生年不明〜至徳2(1385.元中2)年没。

権中納言飛鳥井雅孝の三男。兄に経有・雅宗がいる。略歴不詳。左中将に任ぜられる。のち左中将を辞す。永和4(1378.天授4)年従三位に叙される。　典：公辞・公補

飛鳥井雅縁　あすかい・まさより

室町時代の人、権中納言。延文3(1358.正平13)年生〜正長元(1428)年10月5日没。71才。法名=宋雅。

左中将飛鳥井雅家の子。左中将に任ぜられ、応永4(1397)年従三位に叙され右兵衛督・参議に任ぜられる。同5年正三位に進み権中納言に任ぜられるが出家。子に雅世・雅永がいる。　典：日名・公辞・伝日・古今・公補

飛鳥井雅永　あすかい・まさなが

室町時代の人、権中納言。生没年不詳。法名=浄空。

権中納言飛鳥井雅縁の次男。兄に雅世がいる。左中将に任ぜられ、のち辞す。嘉吉元(1441)年従三位に叙される。同2年右兵衛督に任ぜられる。文安3(1446)年正三位に進み右兵衛督を辞す。同年参議、同4年播磨権守に任ぜられる 宝徳元(1449)年権中納言に任ぜられるも任職を辞す。のち出家。子に雅藤がいる。　典：公辞・公補

飛鳥井雅世　あすかい・まさよ

室町時代の人、権中納言。明徳元(1390.元中7)年生〜享徳元(1452)年2月1日没。63才。幼名=寿応丸。初名=雅氏。元名=雅幸。前名=雅清。出家名=祐雅。

権中納言飛鳥井雅縁の長男。弟に雅永がいる。初名は雅氏より雅幸、さらに雅清と改名。左中将に任ぜられる。応永29(1422)年従三位に叙される。同30年雅世に改名し、右衛門督に任ぜられる。同32年右衛門督を辞す。同年参議に任ぜられる。同33年正三位に進み出雲権守に任ぜられる。永享2(1430)年右衛門督・出雲権守を辞す。同年権中納言に任ぜられる。同4年将軍足利義教と共に富士峰に遊登する。同5年撰歌者になる。同9年従二位に進む。同10年第百2代後花園天皇の勅命により「新続古今和歌集二十巻」を撰進する。これは歴代勅撰歌集の最終の歌集。嘉吉元(1441)年正二位に叙されたがのち出家。没後に権大納言を贈られる。子に雅親・雅康がいる。　典：大日・日名・公辞・伝日・古今・公補

飛鳥井雅親　あすかい・まさちか

室町時代の人、権大納言。応永24(1417)年生〜延徳2(1490)年12月22日没。74才。一字名=猿。雅号=柏木。法名=栄雅。

権中納言飛鳥井雅世の長男。弟に雅康がいる。和歌は将軍足利義政の信任を得て歌合判者となる。左少将、永享2(1430)年丹後権介に任ぜられる。のち左中将に任ぜられ、嘉吉3(1443)年従四位下に叙され周防権介に任ぜられる。のち左中将を辞す。文安5(1448)

年従三位に進み、宝徳元(1449)年右衛門督、同2年参議に任ぜられる。同年正三位に進み丹波権介・権中納言に任ぜられる。享徳3(1454)年任職を辞す。康正元(1455)年従二位に進み左衛門督に任ぜられる。寛正元(1460)年正二位に進む。同4年左衛門督を辞す。同6年第百3代御土御門天皇の勅命により近古以来の和歌を撰進した。また、飯尾宗祇に和歌を教えた。文正元(1466)年権大納言に任ぜられる。応仁元(1467)年権大納言を辞す。文明5(1473)年出家。書は父雅縁=宋雅流、弟雅康=二楽流と並び飛鳥井流(栄雅流)始祖となる。子に雅俊がいる。　典：大日・日名・公辞・伝日・京都・公補

飛鳥井雅康　あすかい・まさやす

室町時代の人、権中納言。永享8(1436)年生～永正6(1509)年10月26日没。74才。号=二楽軒。法名=宋世。

権中納言飛鳥井雅世の次男。のち兄雅親の養子となる。応仁元(1467)年従三位に叙される。同2年参議、文明2(1470)年右兵衛督に任ぜられる。同3年正三位に進む。同7年出雲権守に任ぜられ、同11年右兵衛督・出雲権守を辞す。同年権中納言に任ぜられる。同13年任職を辞し出家。延徳3(1491)年畠山左衛門督政長の問いに答えた「歌道鈔」をまとめる。明応8(1499)年駿河地方に遊歴。　典：大日・日名・公辞・古今・伝日・公補

飛鳥井雅俊　あすかい・まさとし

室町時代の人、権大納言。寛正2(1461)年生～大永3(1523)年4月11日没。63才。法名=敬雅。

権大納言飛鳥井雅親の子。文明9(1477)年叙爵。同年侍従、同13年左少将に任ぜられる。同14年従五位上に進み、同18年従四位下に進み左中将に任ぜられる。延徳元(1489)年従四位上に進み、明応3(1494)年正四位下に進み、同7年従三位に進み参議に任ぜられる。文亀2(1502)年正三位に進み、同3年権中納言に任ぜられる。永正2(1505)年春日祭上卿を司る。同9年権中納言を辞す。同年従二位に進む。同12年権大納言に任ぜられ、同14年正二位に進む。同15年権大納言を辞す。同17年周防国に向かい、同所で没す。子に雅綱がいる。　典：日名・公辞・公補

飛鳥井雅綱　あすかい・まさつな

室町時代の人、権大納言。延徳元(1489)年～永禄6(1563)年10月5日没。75才。法名=高雅。

権大納言飛鳥井雅俊の子。母は准大臣広橋綱光(実は八幡検校生清法印)の娘。周防国に生まれる。のち上洛。明応4(1495)年叙爵、侍従に任ぜられる。永正元(1504)年従五位上に叙され左少将に任ぜられる。同6年正五位下に進み、同9年従四位下に進み左中将に任ぜられる。同13年従四位上に進み、同17年正四位下に進む。大永2(1522)年駿河介に任ぜられ、同4年任職を辞す。同年従三位に進み、左衛門督・参議に任ぜられる。同6年補准后家別当に任ぜられ一時帰国。享禄元(1528)年正三位に進み権中納言に任ぜられる。同4年再び周防国に一時帰国。天文元(1532)年春日祭上卿として参行する。同3年従二位に進む。同7年正二位に進み権大納言に任ぜられる。同11年権大納言を辞す。同13年一時越州

に行く。永禄2(1559)年地方に行き、同3年は東国に行く。同5年従一位に進む。同6年に出家。子に雅春がいる。　典：公辞・公補

飛鳥井雅春　あすかい・まさはる

室町時代の人、権大納言。永正17(1520)年9月22日生～文禄3(1594)年1月12日没。75才。初名=雅教。一字名=秀。法名=了雅。

権大納言飛鳥井雅綱の子。母は正三位丹波親康の娘。初め雅教と名乗る。大永4(1524)年従五位下に叙される。天文元(1532)年元服。従五位上に進み、侍従、同4年左少将に任ぜられる。同5年正五位下に進み、同7年駿河介に任ぜられる。同8年従四位下に進み左中将に任ぜられる。同11年従四位上に進み、同13年丹後介に任ぜられる。同14年正四位下に進む。同17年従三位に進み左兵衛督、同18年兼左衛門督・丹後権守・参議に任ぜられる。同19年丹波権守に任ぜられ左兵衛督を辞す。同21年正三位に進み、同22年丹波波権守を辞す。弘治3(1557)年従二位に進み、永禄2(1559)年権中納言に任ぜられる。同4年左衛門督を辞す。同11年一時周防国に行く。同11年より天正3年まで武家伝奏に任ぜられる。天正2(1574)年正二位に進む。同3年権大納言に任ぜられる。同10年雅春と改名。織田信長と子織田信忠が京都本能寺で明智光秀に殺害され、秀吉の時代となる。同12年権大納言・参議を辞す。第百七代後陽成天皇の聚楽歌会に供奉する一人。子に雅敦・宗満(中御門家へ)がいる。　典：公辞・公補

飛鳥井雅敦　あすかい・まさあつ

室町時代の人、参議。天文17(1548)年正～天正6(1578)年8月7日没。31才。法名=隆雅。

権大納言飛鳥井雅春の長男。弟に宗満(中御門家へ)がいる。天文18(1549)年叙位。永禄元(1558)年元服し昇殿、従五位上を叙され侍従に、同3年左少将に任ぜられる。同4年正五位下、同7年従四位下、同9年左中将に任ぜられる。同12年従四位上、天正2(1574)年正四位下、同5年従三位に進み兼右兵衛督に任ぜられる。同6年参議となる。子に雅庸がいる。　典：公辞・公補

飛鳥井雅庸　あすかい・まさつね

安土桃山・江戸時代の人、権大納言。永禄12(1569)年生～元和元(1615)年12月22日没。47才。初名=雅継。前名=雅枝。一字名=蘭。法名=尊雅。

参議飛鳥井雅敦の子。初め雅枝と名乗る。元亀元(1570)年叙爵。天正5(1577)年元服。従五位上に叙され侍従に、同7年左少将に任ぜられる。同9年正五位下、同11年従四位下、同14年従四位上に進み左中将に任ぜられる。同17年正四位下、慶長2(1597)年従三位に進む。同3年右衛門督に任ぜられる。同6年雅庸と改名。同8年参議に任ぜられる。同9年右衛門督を辞し正三位に進む。同17年権中納言に任ぜられる。足利幕府の参議飛鳥井雅経が蹴鞠式の印章を賜って以来、代々蹴鞠の式を掌っていたが、京都賀茂社の社司松下氏に伝授していたので、同13年に改めて徳川家康に請いて蹴鞠式の印章を授与される。同19年従二位に進み、駿府に於いて古今集を講じ冷泉家と竝称された。元和元(1615)年権大納言に任ぜられる。墓所は京都遣迎院(北区鷹峯光悦町)にある。子に雅賢・雅宣・雅章などがいる。　典：大日・日名・伝日・古今・公辞・公補

飛鳥井雅宣　あすかい・まさのぶ

江戸時代の人、権大納言。天正14(1586)年生～慶安4(1651)年3月21日没。66才。初名=難波宗勝。前名=飛鳥井雅胤。

権大納言飛鳥井雅庸の次男。兄に雅賢、弟に雅章がいる。初め難波家を相続し難波宗勝と名乗る。慶長5(1600)年叙爵し元服。侍従、同9年従五位下、同12年左少将に任ぜられ、同13年正五位下に進む。、同14年兄雅賢らの遊蕩に連座して配流する。同17年に赦免されるが、兄の飛鳥井雅賢が配流した隠岐にて没したので、飛鳥井家を相続し同18年雅胤と改名。同19年従四位下に進み、同20年左中将に任ぜられる。元和4(1618)年従四位上、同6年正四位下、同9年従三位に進む。寛永3(1626)年参議に任ぜられる。同5年正三位に進み左衛門督に任ぜられ、同7年雅宣と改名し権中納言に任ぜられる。同8年従二位に進み、左衛門督を辞す。同16年正二位に進み権大納言に任ぜられる。同17年権大納言を辞す。正保元(1644)年武家伝奏、慶安4(1651)年従一位に任ぜられる。　典：公辞・公補

飛鳥井雅章　あすかい・まさあき

江戸時代の人、権大納言。慶長16(1611)年3月1日生～延宝7(1679)年10月12日没。69才。

権大納言飛鳥井雅庸の三男。兄に雅賢・雅宣がいる。慶長17(1612)年叙位。元和5(1619)年元服。従五位上に叙され侍従に任ぜられる。この頃、兄の雅宣の養子となる。同9年正五位下に進み、寛永3(1626)年左少将に任ぜられる。同4年従四位下に進み、同7年左中将に任ぜられる。同8年従四位上、同12年正四位下、同17年従三位に進む。同20年参議に任ぜられる。正保元(1644)年正三位に進み左衛門督に任ぜられる。同2年左衛門督・参議を辞す。慶安元(1648)年仙洞御歌合の判者となる。同2年権中納言に任ぜられ、従二位に進み、同5年権大納言・参議に任ぜられる。承応3(1654)年正二位に進み賀茂伝奏を任ぜられ、明暦元(1655)年任職を辞す。寛文元(1661)年武家伝奏に任ぜられ、同3年武家伝奏を辞す。延宝5(1677)年従一位に進む。歌論を御水尾院より相伝をうけ、門人に蜂須賀光隆・松平直矩・河瀬菅雄・清水宗川・本多重世などがいる。書は栄雅流を伝えた。子に雅知・雅直・雅豊・宗量(難波家へ)・宗尚(難波家へ)がいる。　典：大日・日名・公辞・古今・京都・公補

飛鳥井雅豊　あすかい・まさとよ

江戸時代の人、権中納言。寛文4(1664)年5月30日生～正徳2(1712)年7月22日没。49才。一字名=マサ。

権大納言飛鳥井雅章の三男。母は越前忠昌の娘。兄に雅知・雅直、弟に宗量(難波家へ)・宗尚(難波家へ)がいる。のち兄雅直の養子となる。寛文5(1665)年叙爵し、同10年元服。従五位上に叙され侍従に任ぜられる。延宝2(1674)年正五位下に進み、同4年左少将に任ぜられ、同6年従四位下に進み、同8年左中将に任ぜられる。天和2(1682)年従四位上、貞享2(1685)年正四位下、元禄元(1688)年従三位に進む。同2年左衛門督、同11年正三位、同14年参議、宝永元(1704)年賀茂伝奏に任ぜられ、同2年従二位に進み、同3年権中納言に任ぜられる。正徳元(1711)年天皇御元服に参任し権中納言を辞す。養子に雅香がいる。　典：公辞・公補

飛鳥井雅香　あすかい・まさか

江戸時代の人、権大納言。元禄16(1703)年6月7日生～明和2(1765)年12月18日没。63才。

権中納言飛鳥井雅豊の養子(実は内大臣西園寺致季の次男で権大納言花山院持実の猶子となる)。正徳元(1711)年叙爵。同3年元服。従五位上に叙され侍従に任ぜられる。同4年左少将に任ぜられ、享保元(1716)年正五位下、同4年従四位下に進み、同12年左中将に任ぜられる。同7年従四位上、同10年正四位下に進み、同13年従三位に進み左衛門督に任ぜられる。同17年正三位に進む。元文元(1736)年参議、同4年権中納言に任ぜられる。同5年従二位に進み、寛保3(1743)年兼民部卿に任ぜられ、延享4(1747)年民部卿を辞す。寛延3(1750)年権大納言に任ぜられ、宝暦元(1751)年正二位に進み、同3年権大納言を辞す。明和2(1765)年従一位を叙される。子に雅重がいる。　典：公辞・公補

飛鳥井雅重　あすかい・まさしげ

江戸時代の人、権大納言。享保6(1721)年6月6日生～安永8(1779)年6月3日没。59才。

権大納言飛鳥井雅香の子。母は権中納言雅豊の娘。享保10(1725)年従五位下に叙され、同15年元服。従五位上に進む。同年侍従、同17年左近衛権少将に任ぜらる。同18年正五位下、同21年従四位下に進む。元文2(1737)年左近衛権中将に任ぜられる。同5年従四位上、寛保2(1742)年正四位下に進み、同3年周防権介に任ぜられる。延享2(1745)年従三位に進み、同4年侍従に任ぜられる。寛延3(1750)年正三位に進む。同年右衛門督、宝暦2(1752)年参議、同4年兼近江権守に任ぜられる。同5年左衛門督に転任し、同6年従二位に進み権中納言に任ぜられるが、一時権中納言を辞す。同13年正二位に進み、明和5(1768)年権大納言に任ぜられる。安永元(1772)年権大納言を辞す。同8年従一位に叙される。子に雅威・宗章(中御門家へ)がいる。　典：公辞・公補

飛鳥井雅威　あすかい・まさたけ

江戸時代の人、権大納言。宝暦8(1758)年12月16日生～文化7(1810)年7月27日没。53才。

権大納言飛鳥井雅重の子。母は左京亮大江直期の娘。弟に中御門宗章がいる。宝暦13(1763)年叙爵し、明和7(1770)年元服。従五位上に叙される。同8年侍従に任ぜられ、安永2(1773)年正五位下、同5年従四位下に進む。同6年院別当・右権少将に任ぜられる。同7年従四位上、同9年正四位下に進み、同10年左権中将に任ぜられる。天明3(1783)年従三位に進み侍従に任ぜられる。同6年正三位に進み、寛政元(1789)年右衛門督、同3年参議に任ぜられる。同4年従二位に進み権中納言に任ぜられる。同9年踏歌外弁となる。同10年正二位に進み兼民部卿に任ぜられる。享和3(1803)年民部卿を辞す。文化3(1806)年権大納言に任ぜられる。同7年権大納言を辞す。子に雅光がいる。　典：公辞・公補

飛鳥井雅光　あすかい・まさみつ

江戸時代の人、権大納言。天明2(1782)年2月16日生～嘉永4(1851)年9月18日没。70才。

権大納言飛鳥井雅威の子。母は隠岐守康伴の娘。寛政元(1789)年従五位下に叙され、同4年元服。従五位上に進む。同6年侍従に任ぜられ、同8年正五位下に進み、同9年右近衛権少将に任ぜられる。同12年従四位下、同13年従四位上、享和3(1803)年正四位下に進む。同年右近衛権中将、文化2(1805)年左兵衛督に任ぜられる。同3年従三位、同6年正三位に

進み、同10年左衛門督に任ぜられる。同11年従二位に進む。同年参議に、文政7(1824)年権中納言に任ぜられる。同8年正二位に進み、同10年踏歌外弁となる。天保2(1831)年権大納言に任ぜられ、同7年権大納言を辞す。嘉永2(1849)年従一位に進む。子に雅久・季藤(四辻家へ)がいる。 典：公辞・公補

飛鳥井雅久 あすかい・まさひさ

江戸時代の人、権大納言。寛政12(1800)年11月4日生～安政4(1857)年7月4日没。58才。

権大納言飛鳥井雅光の子。弟に季藤(四辻家へ)がいる。文化5(1808)年従五位下に叙され、同8年元服。従五位上に進む。同9年侍従に任ぜられ、同11年正五位下、同13年従四位下に進み、文政元(1818)年従四位上、同3年正四位下に進み、同4年右権少将に任ぜられる。同7年従三位に進む。同年権中将、同8年左兵衛督に任ぜられる。同10年正三位に進み、天保4(1833)年参議に任ぜられる。同5年従二位に進み、同9年踏歌外弁となる。同14年権中納言に任ぜられる。弘化元(1844)年正二位に進み左兵衛督を辞す。嘉永5(1852)年権大納言に任ぜられ、安政元(1854)年権大納言を辞す。同4年従一位に進む。子に雅典がいる。 典：公辞・公補

飛鳥井雅典 あすかい・まさのり

江戸時代の人、権大納言。文政8(1825)年10月25日生～明治16(1883)年2月没。59才。別読＝まさもり。

権大納言飛鳥井雅久の子。文政12(1829)年従五位下に叙され、天保4(1833)年元服し従五位上、同7年正五位下、同9年従四位下に進み侍従に任ぜられる。同11年従四位上、同13年正四位下に進み、弘化4(1847)年左権少将に任ぜられ、嘉永2(1849)年従三位に進み権中将に任ぜられる。同5年正三位に進み侍従に任ぜられる。安政5(1858)年3月幕府が外国措置を委任すべく勅裁を仰ぐ為に関白九条尚忠が朝議に案を提出し、権大納言中山忠能以下88人の朝臣が反対、これが原因となり幕府と対立し、大政奉還の時期を早めた事件となり、朝臣に対して幕府より圧力がかかる様になる。同6年従二位に進み参議に任ぜられる。万延元(1860)年踏歌外弁となる。文久元(1861)年権中納言に任ぜられる。元治元(1864)年正二位に進み、慶応3(1867)年権大納言に任ぜられ、明治元(1868)年権大納言を辞す。武家伝奏を文久3年より慶応3年まで勤める。子に雅望がいる。京都日御門通北に住み、家料は928石。墓所は遣仰院。 典：公辞・京四・幕末・明治・公補

飛鳥井雅望 あすかい・まさもち

明治時代の人、伯爵。天保13(1842)年5月5日生～明治39(1906)年4月20日没。65才。

権大納言飛鳥井雅典の子。母は右大臣花山院家厚の娘。弟に雅之がいる。嘉永6(1853)年叙爵。安政2(1855)年元服。従五位上を叙される。同4年侍従に任ぜられ、新内裏両殿の障子の色紙の和歌題撰をする。同5年正五位下、万延元(1860)年従四位下に進み、文久元(1861)年右少将に任ぜられ、同2年従四位上に進み、元治元(1864)年左中将に任ぜられる。慶応3(1867)年従三位に進み侍従に任ぜられる。明治16(1883)年殿掌を拝命し、同17年伯爵を授けられる。同19年任職を辞し、京都に隠居するも、華族会館に蹴鞠保存会が

設置されるや宗匠となり、師範として尽力し、従二位に進む。子に恒麿がいる。　典：大日・日名・公辞・公補

○阿蘇家

速瓶玉命（阿蘇国造）の裔友成（中略）━惟泰（惟安）━惟次━惟義━惟景━惟国━⇨

⇨━惟国━惟直━惟時━惟澄━惟村━惟郷━惟忠━惟歳━惟家━惟乗━惟長━惟豊━⇨

⇨━惟将━惟種━惟光━惟善━友貞━友隆━友名━真相━惟典━惟馨━惟賞━惟治━⇨

⇨━惟敦━惟孝

肥後の阿蘇国造阿蘇公の裔にして、醍醐天皇の延喜年間に、友成が阿蘇大神宮大宮司に補され、代々阿蘇神社に奉仕し阿蘇氏を称した。のち豊臣秀吉の九州征討の際に、幼主惟光が殺されたが、慶長5(1599)年肥後国守加藤清正によって惟善が、大宮司阿蘇家の祭祠を復した。従三位以上に進んだのは、江戸初期の惟豊・惟馨の二人。のちに華族に列せられ男爵を授けられた。

典：日名・公補

阿蘇惟馨　あそ・これきよ

江戸時代の人、非参議・阿蘇大神宮大宮司。安永2(1773)年生～文政3(1820)年没。48才。

阿蘇大神宮大宮司阿蘇惟典の子。代々阿蘇神社に奉仕し大宮司として勤める。文化14(1817)年従三位に叙される。詳細は不明。　典：公補

○姉小路家

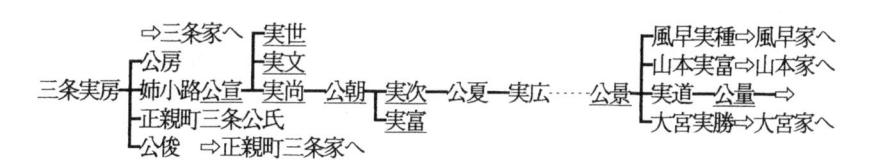

三条実房┳⇨三条家へ
┣公房
┣姉小路公宣┳実世
┃┣実文
┃┗実尚━公朝┳実次━公夏━実広……公景┳風早実種⇨風早家へ
┃┗実富┣山本実富⇨山本家へ
┃┣実道━公量━⇨
┃┗大宮実勝⇨大宮家へ
┣正親町三条公氏
┗公俊　⇨正親町三条家へ

⇨姉小路公量┳━実紀
┗━実武┳公文┳実茂
┃┗公聴━公春━公遂┳公前━公知━公義━公政（伯）
┃┗宣嘉⇨沢家へ
┗基名⇨石山家へ

飛驒国司：
藤原頼基━姉小路高基┳家綱━昌家━基綱━済継┳済俊
┗尹綱┗嗣頼━自綱━宣綱

藤原家系：
藤原長方━藤原宗隆━姉小路顕朝━忠方

鎌倉初期に三条実房の子公宣が京都の姉小路に住み家名となる。鎌倉末期に朝廷が南北に分かれ、姉小路家は南朝方につく。その後一時とだえたが江戸初期に阿野実顕の子公景が再興した。氏姓は藤原。菩提寺は京都左京区浄土寺真如町の松林院。

典：日名・京都

姉小路公宣　あねがこうじ・きんよし

鎌倉時代の人、権大納言。養和元(1181)年生～嘉禄元(1225)年5月27日没。45才。初名=藤原公信。号=姉小路大納言。姉小路家の祖。

左大臣三条実房の三男。兄に三条公房・弟に正親町三条公氏・三条公俊がいる。初め藤原公信と名乗る。文治元(1185)年叙位し、建久元(1190)年従五位上に叙される。同2年侍従に任ぜられ、同5年正五位下に進む。同6年美濃権介、同7年右少将、同9年皇后宮権亮、正治元(1199)年美濃介に任ぜられる。同2年従四位上に進み左中将に任ぜられる。建仁2(1201)年正四位下に進む。同年蔵人頭、同3年信濃権守に任ぜられる。元久元(1204)年従三位に進む。承元元(1207)年右中将・兼美作権守に任ぜられ、同2年公宣と改名し正三位に進み参議に任ぜられる。この頃より京都姉小路に住む所から、姉小路を氏名にする。建暦元(1211)年従二位に進み権中納言に任ぜられる。建保3(1215)年正二位に進む。同6年中納言、承久2(1220)年中宮大夫、同3年権大納言に任ぜられる。子に実世・実尚がいる。姉小路家の祖となる。　典：公辞・公補

姉小路実世　あねがこうじ・さねよ

鎌倉時代の人、権中納言。元久元(1205)年生～没年不明。

権大納言姉小路公宣の長男。母は中納言藤原兼光の娘。弟に実文・実尚がいる。承元2(1208)年叙位する。建保2(1214)年侍従に任ぜられ、同5年従五位上に叙される。同6年阿波介、承久元(1219)年左少将に任ぜられる。同3年正五位下より従四位下に進み、貞応元(1222)年左中将に任ぜられ、同2年従四位上に進む。同年近江権介、嘉禄2(1226)年兼皇后宮権亮に任ぜられる。安貞元(1227)年正四位下に進む。同年蔵人頭、同2年兼相模権介、寛喜2(1230)年参議、同3年兼阿波権守に任ぜられる。貞永元(1232)年従三位に進む。文暦元(1234)年阿波権守を辞す。嘉禎元(1235)年正三位に進み権中納言に任ぜられる。同3年従二位に進み、延応元(1239)年正二位に進む。仁治元(1240)年権中納言を辞す。正嘉元(1257)年出家。　典：公補

姉小路実文　あねがこうじ・さねふみ

鎌倉時代の人、非参議。生没年不明。

権大納言姉小路公宣の次男。母は中納言藤原兼光の娘。兄に実世、弟に実尚がいる。建暦元(1211)年叙爵し、貞応元(1222)年侍従に任ぜられ、同2年従五位上に叙される。嘉禄2(1226)年兼出雲介に任ぜられ、改めて備中介に任ぜられる。寛喜2(1230)年正五位下、嘉禎2(1236)年従四位下、同4年従四位上、仁治元(1240)年正四位下に進む。寛元元(1243)年右近衛少将、同2年右中将、宝治元(1247)年兼美作介に任ぜられる。建長2(1250)年右中将を辞し従三位に進むも病弱であったらしく任職がなかった。文永4(1267)年出家。　典：公補

姉小路実尚　あねがこうじ・さねなお

鎌倉時代の人、権中納言。生没年不明。号=八条。

権大納言姉小路公宣の三男。母は中納言藤原兼光の娘。兄に実世・実文がいる。貞応2(1223)年叙爵し、同3年侍従に任ぜられる。嘉禄2(1226)年従五位上に叙され、寛喜3(1231)年正五位下、嘉禎2(1236)年従四位下に進む。同年右少将、同3年兼常陸権介に任ぜられる。暦仁元(1238)年従四位上に進み右中将に任ぜられる。仁治元(1240)年正四位下に進む。同2年兼甲斐介、宝治2(1248)年兼土佐権介、建長2(1250)年補蔵人頭に任ぜられる。同3年補蔵人頭を辞し左中将・参議に任ぜられ、同5年従三位、同7年正三位に進み左中将を辞す。正嘉元(1257)年従二位に進み、同2年権中納言に任ぜられこのままのち正二位に進む。文永8(1270)年出家。子に公朝がいる。　典：公辞・公補

姉小路公朝　あねがこうじ・きみとも

鎌倉時代の人、権中納言。生年不明～文保元(1317)年9月23日没。

権中納言姉小路実尚の子。正安2(1300)年蔵人頭・右中将を辞し正四位下に叙せられ参議に任ぜられる。同3年兼伊予権守に任ぜられこのままのち従三位に叙される。乾元元(1302)年伊勢権守に任ぜられるも、嘉元元(1303)年に辞す。徳治2(1307)年正三位、延慶3(1310)年従二位に進む。正和2(1313)年権中納言に任ぜられこのままのち正二位に進む。文保元(1317)年出家。子に実次がいる。　典：公辞・公補

姉小路実次　あねがこうじ・さねつぎ

鎌倉時代の人、参議・但馬権守。正安2(1300)年生～建武2(1335)年8月11日没。36才。

権中納言姉小路公朝の長男。弟に実富がいる。蔵人頭を辞す。延慶4(1311)年左中将に任ぜられ、正和元(1312)年正四位下に叙され、文保2(1318)年従三位に進み参議に任ぜられるも辞す。元応2(1320)年但馬権守に任ぜられるも辞す。元徳元(1329)年正三位に進む。子に公夏がいる。　典：公辞・公補

姉小路実富　あねがこうじ・さねとみ

鎌倉時代の人、非参議。生年不明～文和2(1353.正平8)年没。

権中納言姉小路公朝の次男。兄に実次がいる。嘉元2(1304)年叙爵。延慶3(1310)年従五位上に叙され侍従に任ぜられる。正和元(1312)年正五位下、同5年従四位下に進み右少将より左少将に任ぜられる。文保3(1319)年従四位上に進む。元亨3(1323)年左馬頭、嘉暦元(1326)年兼右少将に任ぜられる。同2年正四位下に進み、兼相模権介に任ぜられる。元弘元(1331)年権介を辞す。建武元(1334)年右中将に任ぜられ、観応元(1350)年従三位に進む。　典：公補

姉小路公景　あねがこうじ・きみかげ

江戸時代の人、権大納言。慶長7(1602)年9月12日生～慶安4(1651)年12月11日没。50才。

権中納言阿野実顕の三男。母は卜部兼治朝臣の娘。初め阿野姓を名乗る。慶長18(1613)年叙爵し元服。侍従に任ぜられる。元和3(1617)年従五位上に叙され右少将に任ぜられる。同6年正五位下、寛永2(1625)年従四位下に進み、同3年右中将に任ぜられる。同5年従四

位上、同8年正四位下より正四位上に進む。同年蔵人頭、同9年参議に任ぜられ、断絶した姉小路家を再興し姉小路を名乗る。同10年従三位に進む。同13年左中将に任ぜられ、同14年正三位に進む。同18年権中納言に任ぜられる。同19年従二位に進む。慶安2(1649)年神宮伝奏に任ぜられ、慶安4(1651)年任職を辞す。子に実道・実種(風早家へ)・実富(山本家へ)・実勝(大宮家へ)がいる。 典：公辞・公補

姉小路公量 あねがこうじ・きみかず

江戸時代の人、権大納言。慶安4(1651)年3月20日生～享保8(1723)年5月25日没。73才。

蔵人頭・左中将姉小路実道朝臣の子。母は参議高辻遂長の娘。明暦元(1655)年叙爵。同3年元服。侍従に任ぜられる。万治2(1659)年従五位上に叙され、寛文3(1663)年正五位下に進み、同5年右少将に任ぜられる。同7年従四位下に進み、同9年左中将に任ぜられ、同10年従四位上に進み、同13年正四位下に進み蔵人頭に任ぜられる。延宝2(1674)年正四位上に進み参議に任ぜられ、同8年踏歌外弁となる。貞享元(1684)年正三位に進み権中納言に任ぜられる。元禄4(1691)年権中納言を辞す。同10年従二位に進む。同14年権大納言に任ぜられる。同16年権大納言を辞す。宝永2(1705)年正二位に進む。子に実紀・実武がいる。 典：公辞・公補

姉小路実武 あねがこうじ・さねたけ

江戸時代の人、参議。元禄9(1696)年8月21日生～享保11(1726)年2月22日没。31才。

権大納言姉小路公量の次男。兄に実紀がいる。のち兄実紀の養子となる。宝永元(1704)年叙爵。同6年元服。従五位上に叙され侍従に任ぜられる。正徳2(1712)年正五位下に進み、同4年左少将に任ぜられ、享保元(1716)年従四位に進み、同年左中将に任ぜられる。同年従四位上、同7年正四位下に進む。同8年正四位上に進む。同年蔵人頭、享保9(1724)年参議に任ぜられ、同10年踏歌節会外弁となる。同11年参議を辞す。子に公文・基名(石山家へ)がいる。 典：公辞・公補

姉小路公文 あねがこうじ・きみふみ

江戸時代の人、権大納言。正徳3(1713)年1月26日生～安永6(1777)年11月29日没。65才。

左中将姉小路実武の子。兄弟に基名(石山家へ)がいる。享保2(1717)年叙爵。同10年元服。従五位上に叙され侍従に任ぜられる。同12年右権少将に任ぜられ、同13年正五位下、同16年従四位下に進む。同17年右中将に任ぜられる。同19年従四位上、元文2(1737)年正四位下に進み、同5年補蔵人頭に任ぜられ、同7年正四位上に進み参議に任ぜられる。寛保2(1742)年従三位に進む。同3年兼伊予権守、延享3(1746)年近江権守に任ぜられる。同4年正三位に進み、寛延元(1748)年権中納言に任ぜられる。同3年賀茂伝奏に任ぜられたが辞す。宝暦元(1751)年権大納言に任ぜられる。同2年従二位、同6年正二位に進み権大納言を辞す。同10年より安永3(1774)年まで武家伝奏を勤める。同5年従一位に進む。子に実茂(早死)・公聴がいる。 典：公辞・公補

姉小路公聴 あねがこうじ・きみあき

江戸時代の人、権大納言。寛延2(1749)年10月26日生～寛政6(1794)年1月6日没。46才。

権大納言姉小路公文の子。兄に早死した実茂がいる。宝暦3(1753)年叙爵。同11年元服。従五位上に叙され侍従に任ぜられる。同12年右権少将に任ぜられ、同13年正五位下に進み、明和元(1764)年兼丹波権介に任ぜられる。同2年従四位下、同4年従四位上、同6年正四位下に進み、左権中将に任ぜられる。同8年兼皇太后宮亮に任ぜられたが辞す。安永9(1780)年左中将・参議に任ぜられる。天明元(1781)年従三位に進み、同3年踏歌節会外弁となる。同5年正三位に進む。同7年権中納言に任ぜられる。寛政2(1790)年従二位に進む。同4年権大納言に任ぜられ、同6年権大納言を辞す。子に公春がいる。　典：公辞・公補

姉小路公遂　あねこうじ・きんすい

江戸時代の人、権中納言。寛政6(1794)年6月13日生～安政4(1857)年1月29日没。64才。

右中将姉小路公春朝臣の子。享和2(1802)年従五位下に叙される。文化元(1804)年元服。同2年従五位上、同4年正五位下に進み、同6年侍従に任ぜられ、同7年従四位下に進み、同9年左近衛権少将に任ぜられる。同10年従四位上、同12年正四位下に進む。文政元(1818)年兼近江介、同4年右権中将、天保2(1832)年右中将に任ぜられる。同3年従三位に進む。同年参議、同4年権中納言に任ぜられ、同5年踏歌外弁となる。同7年正三位、同13年従二位、弘化3(1846)年正二位に進む。安政4(1857)年権中納言を辞す。子に公前・宣嘉(沢家へ)がいる。　典：公辞・公補

姉小路家(飛騨国司)

南朝の姉小路家は、吉野朝の内蔵頭・参議藤原頼基の子高基が姉小路家を名乗る。室町時代より飛騨国司を代々勤める。氏姓は藤原。　典：大日・日名

姉小路高基　あねがこうじ・たかとも

南北朝時代の人、非参議。生年不明～延文3(1358.正平13)年3月2日没。飛騨姉小路家の祖。

吉野朝の内蔵頭・参議藤原頼基の子。延慶2(1309)年従五位上に叙され、応長2(1312)年正五位下に進み、のち侍従に任ぜられ、正和4(1315)年侍従を辞す。建武3(1336)年左少将に任ぜられ、同4年従四位下、暦応2(1339)年従四位上、同5年正四位下に進み、康永元(1342)年宮内卿に任ぜられるも辞す。貞和3(1347.正平2)年従三位に進む。子に家綱・尹綱がいる。　典：公辞・大日・伝日・公補

姉小路家綱　あねこうじ・いえつな

南北朝時代の人、参議。生年不明～明徳元(1390.元中7)年没。

宮内卿姉小路高基の長男。弟に尹綱がいる。永和4(1378・天授4)年従三位に叙され参議に任ぜられるも、父高基が吉野朝に協力している所から、同5年(天授5)年参議を辞し吉野朝に協力する。子に昌家がいる。　典：大日・公辞・伝日・公補

姉小路昌家　あねがこうじ・まさいえ

室町時代の人、参議。生没年不明。

参議姉小路家綱の子。飛騨国司を継ぐ。左少将を辞す。宝徳3(1451)年従三位に叙される。康正元(1455)年正三位に進み参議に任ぜられたが出家。子に基綱がいる。　典：大日・日名・公辞・伝日・公補

姉小路基綱　あねがこうじ・もとつな

室町時代の人、権中納言。嘉吉元(1441)年生～永正元(1504)年4月23日没。64才。法名＝常心。

参議姉小路昌家の子。飛騨国司を継ぐ。左近中将を辞す。文明11(1479)年従三位に叙される。同12年参議に任ぜられる。同17年正三位に進み、延徳2(1490)年参議を辞すも、明応元(1492)年再び参議に任ぜられ、同3年従二位に進む。文亀2(1502)年参議を辞す。永正元(1504)年権中納言に任ぜられる。歌道を飛鳥井雅親に学ぶ。子に済継がいる。　典：日名・公辞・伝日・古今・公補

姉小路済継　あねがこうじ・なりつぐ

室町時代の人、参議。文明2(1470)年生～永正15(1518)年5月29日没。49才。法名＝常済。

権中納言姉小路基綱の子。飛騨国司を継ぐ。明応5(1496)年右中将に任ぜられ、のち辞す。永正5(1508)年従三位に叙される。同6年参議に任ぜられ、同9年正三位に進み、同12年参議を辞す。同14年飛騨国に下り、飛騨国にて没す。歌道を三条西実隆に学ぶ。子に済俊・嗣頼がいる。　典：公辞・古今・公補

姉小路家(藤原家系)

三条家より出た姉小路家と、飛騨国司の姉小路家とは別に、藤原宗隆から出た姉小路家がある。本姓は藤原。　典：公補

姉小路顕朝　あねがこうじ・あきとも

鎌倉時代の人、権大納言。建暦2(1212)年生～文永3(1266)年9月20日没。55才。

参議藤原宗隆の子。母は左京大夫清長の娘。承久3(1221)年従五位下に叙される。貞応3(1224)年安芸守、寛喜2(1230)年中宮権大進に任ぜられる。同3年従五位上、天福元(1233)年正五位下に進む。嘉禎2(1236)年五位蔵人に補し、同年宮内権大輔、同3年左衛門権佐に任ぜられ、同4年右少弁より左少弁に任ぜられる。延応元(1239)年正五位上、仁治2(1241)年従四位下に進み右中将に任ぜられ、同3年従四位上に進む。同年右中弁、寛元元(1243)年修理右宮城使に任ぜられ、正四位下に進む。同3年左中弁に任ぜられ蔵人頭に補す。のち兼中宮亮より左宮城使に任ぜられる。宝治元(1247)年右大弁、同2年参議・左大弁・兼造東大寺長官に任ぜられる。建長元(1249)年従三位に進む。同年兼近江権守、同2年権中納言に任ぜられる。同3年権中納言以外の任職を辞し正三位に進み、同5年従二位に進む。同6年補左衛門督別当に任ぜられる。この頃に別の姉小路家(実尚・実世・実文)に遠慮し、藤原姓を名乗る。同7年別当を辞す。正嘉元(1257)年正二位に進む。同2年権中納言を辞す。正元元(1259)年按察使、弘長2(1262)年中納言、同3年兼左兵衛督・補使別当に任ぜられる。文永2(1265)年任職を辞し権大納言に任ぜられる。同3年権大納言を辞し出家。　典：公補

姉小路忠方　あねがこうじ・ただかた

鎌倉時代の人、権中納言。仁治2(1241)年生～弘安5(1282)年12月19日没。42才。

権大納言姉小路顕朝の子。母は権中納言藤原定高の娘。嘉禎元(1235)年叙爵。寛元3(1245)年備中守に任ぜられ、同4年従五位上に叙される。宝治3(1249)年備前守に任ぜられ、正嘉2(1258)年正五位上に進む。同年右少弁、弘長元(1261)年左少弁に任ぜられ、のち補勧学院別当・補蔵人・兼左衛門権佐に任ぜられる。同2年蔵人・左衛門権佐を辞し兼防鴨河使・右中弁に任ぜられ従四位下に進む。同3年従四位上に進み補右宮城使に任ぜられる。文永2(1265)年正四位下に進む。同年左中弁・左宮城使、同3年補蔵人頭に任ぜられ、同5年任職を辞す。同年左大弁・造東大寺長官・参議に任ぜられる。同6年従三位、同7年正三位に進み任職を辞し権中納言に任ぜられる。同8年権中納言を辞す。　典：公補

◯阿野家

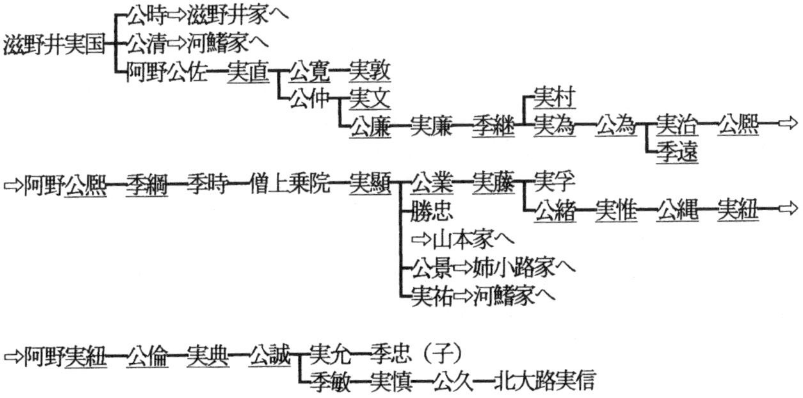

藤原北家閑院流。三条実行の孫、滋野井実国の養子公佐が家を起こし家号を阿野とする。羽林家の一にして代々神楽を奉仕する。明治に至り華族に列され子爵を授けられる。代々神楽を奏す。本姓は藤原。菩提寺は京都左京区浄土寺真如町の松林院。紋所は唐花。

典：日名・家紋

阿野実直　あの・さねなお

鎌倉時代の人、非参議。承元3(1209)年生～建長3(1251)年9月10日没。43才。初名=実名。号=中御門。

信濃守阿野公佐朝臣の子。初め実名と名乗り、承久3(1221)年叙爵し侍従に任ぜられる。実直と改名し、貞応3(1224)年従五位上に叙され、嘉禄2(1226)年左近少将、同3年兼尾張介に任ぜられる。安貞2(1228)年正五位下、寛喜2(1230)年従四位下に進み、貞永元(1232)年兼出羽介に任ぜられる。文暦2(1234)年従四位上、嘉禎3(1237)年正四位下に進む。同4年右中将、仁治2(1241)年兼備中介、宝治元(1247)年常陸権介に任ぜられる。左中将を辞

し建長元(1249)年従三位に進む。同3年出家。子に公寛・公仲(正四位下・左中将)がいる。
典：公辞・公補

阿野公寛　あの・きみひろ

鎌倉時代の人、非参議。嘉禎元(1235)年生～没年不明。

左中将阿野実直の長男。母は舞女若。弟に公仲がいる。延応元(1239)年叙爵。仁治3(1242)年従五位上に叙され、同4年侍従に任ぜられる。寛元3(1245)年左少将に任ぜられる。同4年正五位下、宝治2(1248)年従四位下に進み、建長元(1249)年備前権介に任ぜられ、同5年従四位上に進み、同6年出羽介に任ぜられるも辞す。同7年左中将に任ぜられ、文応元(1260)年兼上総権介に任ぜられたが、のち任職を辞す。文永6(1269)年従三位、弘安2(1279)年正三位、正応2(1289)年従二位に進み、永仁5(1297)年出家。子に実敦がいる。
典：公補

阿野実敦　あの・さねあつ

鎌倉時代の人、非参議。生没年不明。初名=実名。前名=実淳。

左中将阿野公寛の子。初め実名と名乗る。文永3(1266)年叙爵し侍従に任ぜられる。同7年従五位上に叙され右少将に任ぜられ、建治4(1278)年正五位下、弘安3(1280)年従四位下、同11年実淳と改名し従四位上に進む。正応5(1291)年正四位下に進み、同6年左少将に任ぜられる。永仁6(1298)年任職を辞し従三位に進み、正安元(1299)年実敦と改名。嘉元3(1305)年正三位に進み、関東に下る。延慶3(1310)年従二位に進む。　典：公補

阿野実文　あの・さねふみ

鎌倉時代の人、非参議。生年不明～正和5(1315)年9月没。初名=実連。

左中将阿野公仲朝臣の長男。弟に公廉がいる。初め実連と名乗る。文永8(1270)年叙爵し、実文と改名。弘安元(1278)年備後守に任ぜられ、同6年に辞す。正応3(1290)年侍従に任ぜられ、同5年従五位上に進み、永仁2(1293)年右少将に任ぜられる。同3年正五位下、同6年従四位下に進む。正安3(1301)年従四位上に進み左中将に任ぜられる。乾元2(1303)年兼備後権介に任ぜられる。嘉元3(1305)年正四位下に進み、応長元(1311)年左中将を辞す。正和元(1312)年従三位に進む。　典：公補

阿野実廉　あの・さねやす

鎌倉時代の人、非参議。弘安10(1287)年生～没年不明。

左中将阿野公廉朝臣の子。右中将に任ぜられ、のち辞す。嘉暦3(1328)年従三位に叙される。元徳元(1329)年右兵衛督に任ぜられ、同2年右兵衛督を辞し宮内卿に任ぜられる。延元元(1336)年出家。子に季継がいる。　典：公辞・公補

阿野季継　あの・すえつぐ

南北朝時代の人、吉野朝の大納言。生没年不明。

宮内卿阿野実廉の子。侍従となり、のち吉野朝に仕え、大納言に任ぜられる。その他は不明。子に実村・実為がいる。　典：公辞

阿野実村　あの・さねむら

南北朝時代の人、吉野朝の大納言。生没年不明。

吉野朝の大納言阿野季継の長男。弟に実為がいる。吉野朝に仕え、正二位に叙され、大納言に任ぜられる。その他は不明。　典：公辞

阿野実為　あの・さねため

南北朝時代の人、吉野朝の内大臣。生没年不明。

吉野朝の大納言阿野実村の次男。兄に実村がいる。吉野朝に仕え、従一位に叙され、内大臣に任ぜられる。その他は不明。子に公為がいる。　典：公辞

阿野公為　あの・きみため

南北朝時代の人、非参議。生没年不明。初名=公隆。

(宮内卿阿野実廉の曾孫、吉野朝の大納言阿野季継の孫)吉野朝の内大臣実為の子。左中将に任ぜられ、のち辞す。永徳2(1382・弘和2)年従三位に叙される。明徳2(1391)年出家。子に実治・季遠がいる。　典：公辞・公補

阿野実治　あの・さねはる

室町時代の人、権中納言。生年不明～宝徳元(1449)年2月11日没。

左中将阿野公為の長男。弟に季遠がいる。正五位下に叙され、永享9(1438)年左少将に任ぜられ、同10年従四位下に進み美濃介・兼右中将に任ぜられる。文安3(1446)年左少将を辞し正四位下に進み参議に任ぜられる。同4年従三位に進む。同年兼伊予権守・兼右中将、同5年権中納言に任ぜられる。子に公熙がいる。　典：公辞・公補

阿野季遠　あの・すえとお

室町時代の人、権中納言。応永16(1409)年生～没年不明。

左中将阿野公為の次男。兄に実治がいる。従五位上に叙され、永享9(1438)年侍従、同10年出羽権介・兼左少将に任ぜられる。のち左中将に任ぜられたが任職を辞す。宝徳3(1451)年正四位下に進む。同年参議、享徳元(1452)年兼播磨権守に任ぜられる。同2年任職を辞し従三位に進む。同3年播磨権守に任ぜられ、康正2(1456)年正三位に進む。長禄元(1457)年任職を辞し、阿野公熙に代わり権中納言に任ぜられるも、同2年これを辞す。寛正元(1460)年兵部卿に任ぜられる。同6年従二位に進み、応仁2(1468)年兵部卿を辞す。文明5(1473)年65才で出家。　典：公補

阿野公熙　あの・きみひろ

室町時代の人、権中納言。応永24(1417)年生～文明4(1472)年8月7日没。56才。

権中納言阿野実治の子。従五位上に叙され、永享9(1438)年侍従、同10年右少将・信濃権介に任ぜられる。のち正四位下、享徳元(1452)年従三位に進む。同年左中将・参議に、同2年兼備後権守、同3年備後権守、康正元(1455)年権中納言に任ぜられる。同2年正三位に進む。長禄元(1457)年権中納言を辞す。寛正6(1465)年従二位に進む。子に季綱がいる。
典：公辞・公補

阿野季綱　あの・すえつな

室町時代の人、非参議。文明3(1471)年生〜永正8(1511)年9月16日没。41才。法名=道健。道号=中叟。

権中納言阿野公煕の子。母は権中納言勧修寺経成の娘。左近中将に任ぜられ、のち辞す。永正5(1508)年従四位上に叙され参議・兼左中将に任ぜられ、同6年正四位下、同8年従三位に進む。養子に季時がいる。　典：公辞・公補

阿野実顕　あの・さねあき

江戸時代の人、権大納言。天正9(1581)年3月13日生〜正保2(1645)年11月8日没。65才。初名=実政。前名=寛治。号=休庵。一字名=甫満。法名=道雄。

右少将阿野季時朝臣の孫、僧内山上乗院の子。初め実政を名乗り僧門にあったが還俗して中断していた祖父右少将阿野季時朝臣の家督を継ぎ、同13年叙爵し元服。侍従に任ぜられ寛治と改名、同17年従五位上に叙される。同20年実顕と改名。文禄3(1594)年正五位下に進み左少将に任ぜられる。慶長5(1600)年従四位下に進み、同6年兼信濃権介に任ぜられ、同9年従四位上に進み、同12年左中将に任ぜられ、同16年正四位下に進み、同17年参議に任ぜられる。同19年従三位に進み踏歌外弁となる。元和3(1617)年正三位に進み、同5年権中納言に任ぜられ、同6年従二位に進み、寛永10(1633)年権大納言に任ぜられる。同11年権大納言を辞す。同16年正二位に進む。子に公業・勝忠(山本家へ)・公景(姉小路家へ)・実祐(河鰭家へ)がいる。　典：公辞・公補

阿野公業　あの・きみかず

江戸時代の、権大納言。慶長4(1599)年生〜天和3(1683)年12月6日没。85才。法号=恢超・廓誉。一字名=也。

権大納言阿野実顕の子。母は左兵衛佐兼治朝臣の娘。弟に勝忠(山本家へ)・公景(姉小路家へ)・実祐(河鰭家へ)がいる。元和5(1619)年叙爵し元服。同6年侍従、同7年左少将に任ぜられ、同9年従五位上に叙される。寛永4(1627)年正五位下、同8年従四位下に進み、同10年左中将に任ぜられ、同12年従四位上、同17年正四位下、同19年従三位に進む。正保元(1644)年参議に任ぜられ、同4年正三位に進み踏歌外弁となる。慶安2(1649)年権中納言に任ぜられ、翌年に辞す。承応元(1652)年従二位に進む。万治元(1658)年権大納言に任ぜられるも、翌年に辞す。子に実藤がいる。　典：公辞・公補

阿野実藤　あの・さねふじ

江戸時代の人、権大納言。寛永11(1634)年2月15日生〜元禄6(1693)年9月21日没。60才。初名=季信。一字名=言。

権大納言阿野公業の子。初め季信と名乗る。寛永15(1638)年叙爵。同18年元服。侍従に任ぜられる。同19年従五位上に叙され、正保3(1646)年正五位下に進み、慶安2(1649)年左少将に任ぜられ、同3年従四位下に進む。承応3(1654)年従四位上に進み左権中将に任ぜられ、明暦4(1658)年正四位下、寛文2(1662)年従三位に進み中将を辞す。同6年正三位に進む。同年参議、同7年左中将に任ぜられ、同9年踏歌節会外弁となる。同12年権中納言に任ぜられる。延宝元(1673)年従二位に進む。同3年神宮伝奏となる。同8年権中納

言を辞す。元禄4(1691)年正二位に進み、同5年権大納言に任ぜられる。同年実藤と改名。子に実孚・公緒がいる。　典：公辞・公補

阿野公緒　あの・きみお

江戸時代の人、権大納言。寛文6(1666)年生～寛保元(1741)年9月3日没。76才。

権大納言阿野実藤の次男。母は高力左近大夫長方の娘。兄に実孚がいる。寛文12年叙爵。元禄3(1690)年従五位上に叙され元服。同年侍従、同4年左少将に任ぜられ、同7年正五位下、同11年従四位下に進み、同13年左中将に任ぜられ、同15年従四位上、宝永3(1706)年正四位下、同6年従三位に進む。正徳5(1715)年参議・兼左中将に任ぜられる。享保元(1716)年正三位に進み、同2年権中納言に任ぜられる。同5年従二位に進み、同7年権中納言を辞す。同9年権大納言に任ぜられるも、同10年に辞す。同年正二位に進む。子に実惟がいる。　典：公辞・公補

阿野実惟　あの・さねこれ

江戸時代の人、権中納言。元禄13(1700)年2月7日生～寛保3(1743)年6月30日没。44才。初名=師季。

権大納言阿野公緒の子。母は権大納言勧修寺尹隆卿の娘。初め師季と名乗り、宝永元(1704)年叙爵。同4年元服。侍従に任ぜられ、同5年従五位上、正徳2(1712)年正五位下に進み、同4年左少将に任ぜられる。享保元(1716)年従四位下に進み左中将に任ぜられ、同4年従四位上、同7年正四位下、同11年従三位に進み再び侍従に任ぜられ実惟に改名。同15年正三位に進み踏歌節会外弁となる。同18年参議、同19年再び左中将に任ぜられる。元文3(1738)年従二位に進み権中納言に任ぜられたが、寛保3(1743)年権中納言を辞す。子に公縄がいる。　典：公辞・公補

阿野公縄　あの・きみなわ

江戸時代の人、権大納言。享保13(1728)年12月14日生～天明元(1781)年6月30日没。54才。

権中納言阿野実惟の子。母は権大納言高辻総長の娘。享保17(1732)年叙爵。元文2(1737)年元服。従五位上に叙され侍従に任ぜられる。寛保元(1741)年正五位下に進み、同3年左少将に任ぜられ、延享2(1745)年従四位下、寛延元(1748)年従四位上に進み、同3年左中将に任ぜられる。宝暦2(1752)年正四位下に進み、同4年兼越前権介に任ぜられるも辞し従三位に進む。同8年正三位に進み、同10年参議に任ぜられ、同11年踏歌外弁となる。明和元(1764)年兼近江権守に任ぜられ、同3年従二位に進み権中納言に任ぜられる。同5年権中納言を辞す。安永8(1779)年権大納言に任ぜられたが病弱の為か辞す。天明元年(1781)年正二位に進む。子に公紐がいる。　典：公辞・公補

阿野実紐　あの・さねひも

江戸時代の人、参議。延享3(1747)年6月25日生～天明6(1786)年7月26日没。41才。

権大納言阿野公縄の子。母は永井飛騨守直期の娘。宝暦5(1755)年元服。従五位上に叙され、同6年侍従、同8年右権少将に任ぜられる。同9年正五位下、同12年従四位下、明和2(1765)年従四位上、同5年正四位下に進み、同6年右権中将に任ぜられ従三位に進む。同

7年参議、同8年丹波権守に任ぜられ踏歌外弁となる。安永元(1772)年正三位に進み右中将に任ぜられ、同4年丹波権守を辞し院別当となる。天明元(1781)年従二位に進み、同6年任職を辞す。子に公倫がいる。　典：公辞・公補

阿野公倫　あの・きみとも

江戸時代の人、権中納言。安永2(1773)年3月10日生～寛政12(1800)年7月12日没。28才。

右中将阿野実紐の子。母は参議吉田良延の娘。安永6(1777)年従五位下に叙され、天明2(1782)年元服。従五位上に進み、同3年侍従、同5年右権少将に任ぜられる。同6年生五位下、同9年従四位下に進む。寛政2(1790)年兼備前権介に任ぜられ、同4年従四位上に進み、同5年院別当、同6年右権中将に任ぜられる。同7年正四位下に進み、同10年任職を辞しのち従三位に進むも若くして没す。子に実典がいる。　典：公辞・公補

阿野実典　あの・さねのり

江戸時代の人、非参議。寛政10(1798)年7月1日生～天保9(1838)年1月14日没。41才。

権中納言阿野公倫の子。母は仏光寺僧正尭祐の娘。享和元(1801)年従五位下に叙される。文化元(1804)年元服。同2年従五位上、同6年正五位下に進み、同8年侍従に任ぜられる。同9年従四位下に進み、同10年右権少将に任ぜられ、同12年従四位上、同15年正四位下に進む。文政7(1824)年左権中将に任ぜられ、同8年左権中将を辞し従三位、同12年正三位に進む。子に公誠がいる。　典：公辞・公補

阿野公誠　あの・きみしげ

江戸時代の人、権中納言。文政元(1818)年3月17日生～明治12(1879)年6月没。62才。

左権中将阿野実典の子。文政4(1821)年従五位下に叙される。同10年元服。従五位上に進む。天保2(1831)年正五位下、同14年従四位下に進み侍従に任ぜられる。弘化2(1845)年従四位上、嘉永元(1848)年正四位下に進み、同3年左近衛権少将に任ぜられ、安政2(1855)年京都での御遷幸に御綱少将として舎人一人・随身四人・雑色二人・小舎人童一人・傘一人の供を連れて参加している。同4年左近衛中将、同4年兼内教坊別当に任ぜられる。同5年安政の事件(飛鳥井雅典の項参照)に参加。文久2(1862)年別当を辞し、同年参議に任ぜられ、同3年従三位に進み左中将に任ぜられる。慶応3(1867)年正三位に進む。明治元(1868)年権中納言に任ぜられる。京都塔ノ段藪ノ下に住む。家料は478石。子に実允・季敏(正五位・子爵)がいる。　典：明治・公辞・公補

○油小路家

羽林家。藤原北家四条流。西大路家祖の西大路隆政の子隆蔭が京都油小路に居住し、家号とした。明治に至り華族に列され伯爵を授けられた。本姓は藤原。紋所は田字草。菩提寺は京都中京区京極三条下の誓願寺。

典：日名・家紋

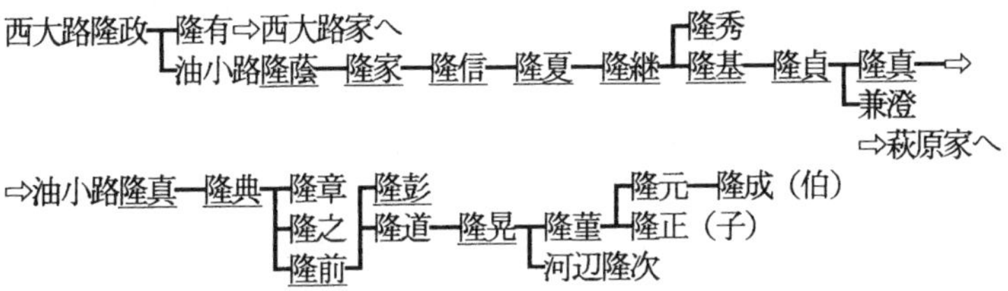

油小路隆蔭　あぶらのこうじ・たかかげ

南北朝時代の人、権大納言。永仁3(1295)年生～貞治3(1364)年3月14日没。70才。号=四条。法名=頼祭・頼乗。油小路家の祖。

正三位西大路(四条)隆政の次男。兄に西大路隆有がいる。京都油小路に居住し、家号として油小路を名乗る。永仁6(1298)年従五位下に叙される。延慶元(1308)年従五位上に進み、同2年侍従に任ぜられ、同3年正五位下、正和元(1312)年従四位下に進み、同2年左少将に任ぜられ、同4年従四位上、同6年正四位下に進み、文保元(1317)年左少将を辞す。同年左中将に任ぜられ、同2年内蔵頭に任ぜられたが辞す。元徳元(1329)年春宮亮、元弘元(1331)年補蔵人頭から内蔵頭・参議・兼右兵衛督に任ぜられ従三位に進む。正慶元(1332.元弘2)年兼美作権守に任ぜられたが、同2年任職を辞す。延元元(1336)年再び参議に任ぜられ、建武4(1337.延元2)年正三位に進む。同年権中納言、暦応2(1339.延元4)年兼侍従に任ぜられ、康永元(1342.興国3)年従二位に進み右衛門督に任ぜられ、同2年検非違使別当となり、同3年左衛門督に任ぜられ、貞和2(1346)年別当を辞す。同年中納言、同3年権大納言に任ぜられる。同5年正二位に進む。観応元(1350)年権大納言を辞す。貞治3(1364)年出家。子に隆家がいる。　典：公辞・公補

油小路隆家　あぶらのこうじ・たかいえ

南北朝時代の人、権中納言。暦応元(1338.延元3)年生～貞治6(1367)年4月3日没。30才。

権大納言油小路隆蔭の子。蔵人頭に任ぜられ、のち辞す。延文3(1358・正平13)正四位下に叙され左中将・兼右兵衛督・参議に任ぜられ、同4年従三位に進み兼加賀権守に任ぜられ、貞治元(1362.正平17)年検非違使別当となる。同2年権中納言・兼右衛門督に任ぜられ、同4年右衛門督を辞す。子に隆信がいる。　典：公辞・公補

油小路隆信　あぶらのこうじ・たかのぶ

室町時代の人、権中納言。貞治4(1365)年生～応永26(1419)年8月28日没。55才。

権中納言油小路隆家の子。蔵人頭・右中将に任ぜられ、のち辞す。応永2(1395)年正四位下に叙され参議、同4年兼周防権守に任ぜられる。同5年従三位、同7年正三位に進む。同8年周防権守を辞す。同9年兼讃岐権守に任ぜられたが、同13年これを辞す。同15年従二位に進み参議を辞す。同20年正二位に進み権中納言に任ぜられる。同21年権中納言を辞す。子に隆夏がいる。　典：公辞・公補

油小路隆夏　あぶらのこうじ・たかなつ

室町時代の人、権大納言。生年不明～応仁2(1468)年6月没。別姓=四条。

権中納言油小路隆信の子。四条の別姓を名乗る。蔵人頭・左中将に任ぜられ、のち辞す。正長元(1428)年正四位上に叙され参議に任ぜられる。永享元(1429)年従三位に進み、同2年加賀権守に任ぜられたが、同6年これを辞す。同7年兼伊予権守に任ぜられ、同9年正三位に進み、同10年権中納言に任ぜられ、嘉吉4(1444)年従二位に進む。文安5(1448)年権大納言に任ぜられる。宝徳3(1451)年正二位に進むも権大納言を辞す。康正2(1456)年民部卿に任ぜられ、寛正4(1463)年民部卿を辞す。文正元(1466)年補善勝寺長者となる。子に隆継がいる。　典：公辞・公補

油小路隆継　あぶらのこうじ・たかつぐ

室町時代の人、権中納言。文明元(1469)年生〜天文4(1535)年7月没。67才。別姓=四条。

参議西川房任の子。民部卿油小路隆夏の養子。四条の別姓を名乗る。左中将・蔵人頭を辞す。永正17(1520)年従三位に叙される。大永元(1521)年参議に任ぜられ、同2年正三位に進み兼伊予権守に任ぜられ参議を辞す。同6年権中納言に任ぜられたが辞す。享禄2(1529)年従二位に進む。天文4年7月26日に信州で前参議持明院基春と共に没した。子に隆秀(従四位下・左中将)、養子に隆基がいる。　典：公辞・公補

油小路隆基　あぶらのこうじ・たかもと

江戸時代の人、権中納言。文禄4(1595)年生〜明暦元(1655)年12月2日没。61才。法名=惟聴。

内大臣広橋兼勝の三男(母は准大臣烏丸光康の娘)であった、権中納言油小路隆継の子隆秀(従四位下・左中将)が早死し、油小路家を相続する為、油小路隆継の養子となる。元和5(1619)年叙爵。同6年元服。侍従に任ぜられる。同9年従五位上に進み、寛永3(1626)年左少将に任ぜられ、同4年正五位下、同8年従四位下に進み左中将に任ぜられる。同12年従四位上、同16年正四位下、同19年正四位上に進み蔵人頭に任ぜられるも辞す。正保元(1644)年従三位に進み参議に任ぜられるも、同2年参議を辞す。慶安元(1648)年正三位に進み、同2年権中納言に任ぜられるも辞す。明暦元(1655)年従二位に進む。子に隆貞がいる。　典：公辞・公補

油小路隆貞　あぶらのこうじ・たかさだ

江戸時代の人、権大納言。元和8(1622)年生〜元禄12(1699)年9月3日没。78才。初名=隆親。次名=隆房。

権中納言油小路隆基の子。寛永4(1627)年叙爵。同8年元服。侍従に任ぜられる。同10年従五位上、同14年正五位下に進み左少将に任ぜられ、同18年従四位下、正保2(1645)年従四位上に進み左中将に任ぜられる。同5年正四位下、慶安2(1649)年正四位上に進み蔵人頭に任ぜられる。承応元(1652)年任職を辞し参議に任ぜられる。同3年従三位に進み、明暦元(1655)年兼左衛門督・補使別当に任ぜられる。同2年任職を辞す。同年権中納言に任ぜられる。同3年正三位、万治3(1660)年従二位に進み権大納言に任ぜられる。寛文元(1661)年神宮伝奏に任ぜられるも辞す。同7年正二位に進み、同9年踏歌節会続内弁となり、同10年踏歌節節会外弁となる。同12年権大納言を辞す。貞享2(1685)年何かの理由で、今城定淳・正親町実豊・三条西実教・中御門資熙・葉室頼孝・東園基賢らと共に翌年ま

で蟄居。後は活躍なく没す。吉川従時に就いて吉川神道を学ぶ。子に隆真・兼澄(萩原家へ)がいる。　典：公辞・公補

油小路隆真　あぶらのこうじ・たかざね

江戸時代の人、権中納言。万治3(1660)年5月3日生～享保14(1729)年,閏9月7月没。70才。

権大納言油小路隆貞の子。母は谷氏藤原衛利の娘。弟に兼澄(萩原家へ)がいる。寛文2(1662)年叙爵。同6年元服。従五位上に叙され侍従に任ぜられる。同9年正五位下に進み右少将に任ぜられ、同12年従四位下に進む。延宝3(1675)年右中将に任ぜられ、同5年従四位上、天和元(1681)年正四位下に進み蔵人頭に任ぜられる。同2年正四位上に進み参議に任ぜられ踏歌節会外弁となる。貞享元(1684)年従三位に進み兼左衛門督に任ぜられ、元禄元(1688)年正三位に進み権中納言に任ぜられる。同7年従二位に進み、同14年権中納言を辞す。同16年権大納言に任ぜられ、宝永元(1704)年権大納言を辞し賀茂伝奏となる。同2年正二位に進む。享保5(1720)年民部卿に任ぜられる。享保14(1729)年民部卿を辞す。子に隆典がいる。　典：公辞・伝日・公補

油小路隆典　あぶらのこうじ・たかのり

江戸時代の人、権大納言。貞享元(1684)年2月17日生～延享3(1746)年8月22日没。63才。

民部卿油小路隆真の子。母は従五位下賀茂県主兼英の娘。貞享3(1686)年叙爵。元禄3(1690)年元服。従五位上に叙され侍従に任ぜられる。同6年左少将に任ぜられ、同7年正五位下、同11年従四位下に進み、同13年右中将に任ぜられる。同14年従四位上、宝永元(1704)年正四位下に進み、同3年蔵人頭に任ぜられ、同4年正四位上に進む。同5年参議・兼右衛門督に任ぜられる。同6年従三位に進み、正徳元(1711)年左衛門督に任ぜられ踏歌節会外弁となる。同3年正三位に進み、同5年権中納言に任ぜられる。享保元(1716)年従二位に進み、同9年賀茂伝奏となるも、同11年賀茂伝奏を辞す。同13年権大納言に任ぜられる。同14年正二位に進み、同18年権大納言を辞す。子に隆章(従五位上・侍従・享保7年3月1日没・8才)・隆之(従五位下・享保17年1月28日没・6才)・隆前がいる。　典：公辞・公補

油小路隆前　あぶらのこうじ・たかさき

江戸時代の人、権大納言。享保15(1730)年9月21日生～文化14(1817)年11月29日没。88才。初名=隆義。

権大納言油小路隆典の三男。早死した兄隆章(従五位上・侍従・享保7年3月1日没・8才)・隆之(従五位下・享保17年1月28日没・6才)がいる。初め隆義と名乗り、享保17年従五位下に叙される。元文3(1738)年元服。従五位上に進み侍従に任ぜられる。寛保元(1741)年正五位下に進み、同3年兼丹波権介、延享元(1744)年左権少将に任ぜられる。同2年従四位下に進み、同10年兼近江権介に任ぜられる。寛延元(1748)年従四位上に進み左権中将に任ぜられ、同3年正四位下に進み蔵人頭に任ぜられる。宝暦元(1751)年正四位上に進み、同3年隆前と改名。同6年従三位に進み参議・兼左衛門督に任ぜられ、同7年補検非違使別当となる。同8年権中納言に任ぜられ、同9年賀茂伝奏・踏歌節会外弁となり、同10年正三位に進む。同11年使別当を辞す。同13年従二位に進み、明和元(1764)年権大納言に任ぜ

られる。同4年賀茂伝奏を辞す。同5年正二位に進み、同6年神宮上卿に任ぜられたが辞し兼民部卿に任ぜられる。安永7(1778)年踏歌節会外弁を辞す。同8年権大納言を辞す。天明3(1783)年民部卿を辞す。文化5(1808)年従一位に進む。子に隆彭、養子の隆道がいる。
典：公辞・公補

油小路隆彭　あぶらのこうじ・たかゆき

江戸時代の人、権中納言。宝暦9(1759)年9月8日生〜寛政4(1792)年10月8日没。34才。

民部卿油小路隆前の子。母は権大納言高辻家長の娘。宝暦11(1761)年叙爵。明和3(1766)年元服。従五位上に叙される。同4年侍従に任ぜられ、同6年正五位下に進み、同8年左権少将に任ぜられる。安永元(1772)年従四位下に進み兼筑前権介に任ぜられ、同4年左権中将に任ぜられる。同7年正四位下、天明元(1781)年正四位上に進み蔵人頭に任ぜられ、天明5(1785)年兼左兵衛督・参議に任ぜられる。同6年従三位に進み、同7年兼近江権守に任ぜられ、寛政元(1789)年正三位に進み権中納言に任ぜられる。同3年踏歌外弁となる。同4年従二位に進み権中納言を辞す。　典：公辞・公補

○阿倍・安倍家

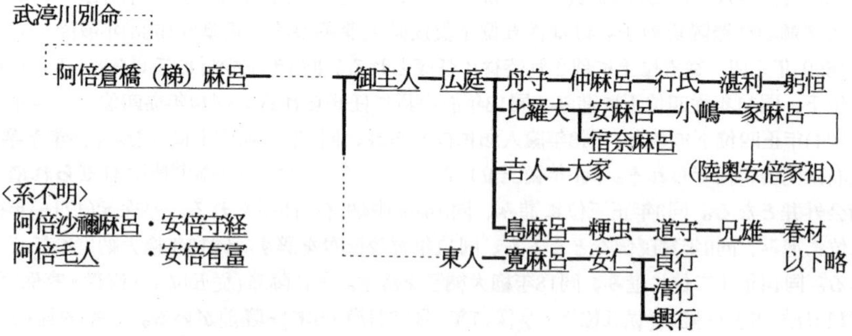

第8代孝元天皇の皇子大彦命の御子武淳川別命より数世の裔・阿倍倉橋(梯)麻呂から始まる。代々陰陽道に奉仕した。のち布勢・引田・許曽倍・狛などの別家となる。この阿倍には、遣唐使となった仲麻呂・安麻呂がいる。また、陸奥平泉の安倍祖の家麻呂がいるが、いずれも公卿に至らなかった。

典：日名

阿倍家

阿倍倉梯麻呂　あべの・くらはしまろ

飛鳥時代の人、左大臣。生年不明〜大化5(649)年3月17日没。一名=内麻呂。号=大鳥大臣。

阿倍鳥子臣・阿倍内臣鳥の子か。第36代孝徳天皇の大化元(645)年天皇即位の時に、左大臣となる。同3年七色十三階の位を制定する。四天王寺に請じて霊鷲山の像を造った。

「東大寺要録」に〈崇敬寺字安倍寺右安倍倉橋大臣之建立〉とある。左大臣の在官は5年。この時に右大臣も造官され、左右大臣の始まり。娘の小足媛は孝徳天皇の妃となり有間皇子を生むが、皇子は反逆の嫌疑で紀伊藤白坂で殺される。別娘の橘姫は天智天皇の妃となり飛鳥皇女・新田部皇女を生む。　典：古代・日名・興亡・公補

阿倍御主人　あべの・みうし

飛鳥時代の人、右大臣。第34代舒明天皇7年(635)年生～大宝3(703)年,閏4月1月没。69才。前名=布勢御主人。

布勢麿古臣の子。初め布勢御主人と名乗り、第41代持統天皇の元年(687)年中納言に任ぜられる。第42代文武天皇の大宝元(701)年正月従三位に叙され、3月阿倍の姓を賜り阿倍御主人と改名し正三位より従二位に進み大納言より右大臣に任ぜられる。文武天皇時代の在官は中納言3ケ月・大納言1日・右大臣3年。また、阿倍朝臣御主人とあり、朝臣(あそん)は天皇家に対する臣下と云う意味の称号で、真人(まひと)・宿禰(すくね)・忌寸(いみき)・臣(おみ)・連(むらじ)・稲置(いなき)などがある。子に広庭、孫に島麻呂がいる。典：古代・公補

阿倍宿奈麻呂　あべの・すくなまろ

奈良初期の人、大納言。生年不明～養老4(720)年1月11日没。

筑紫大宰帥大錦上阿倍比羅夫の子。第41代持統天皇の7年(693)年直広肆から直大に叙されて、食封五十戸を賜る。第42代文武天皇の大宝2(702)年持統太上天皇の葬礼に造大殿垣司を任ぜられる。慶雲2(705)年従四位上に叙され中納言・参議に任ぜられる。この時より朝臣(あそん)の称号を得る。同5年正四位上に進み造平城宮長官となり、文武天皇の葬礼に造御竈司に任ぜられる。第43代元明天皇の和銅2(709)年従三位に進み、帝と親王は宿奈麿を召して公平百僚に率先するを褒めたと云う。養老元(717)年正三位に進み、同2年大納言に任ぜられる。藤原(安倍)仲麻呂の師であったと云う。　典：古代・大日・興亡・公補

阿倍広庭　あべの・ひろにわ

奈良初期の学者、中納言。第38代天智天皇2年(663)年～天平4(732)年2月22日没。70才。

右大臣阿倍御主人の子。和銅4(711)年正五位上に叙され、養老2(718)年従四位上に進み朝臣(あそん)の称号を得る。同5年正四位下に進み、左大弁、同6年参議に任ぜられ、同7年正四位上に進む。第45代聖武天皇の神亀3(727)年兼河内和泉国事となる。同4年従三位に進み中納言に任ぜられる。子に島麻呂がいる。　典：古代・古今・公補

阿倍沙彌麻呂　あべの・さみまろ

奈良時代の人、参議。生年不明～天平宝字2(758)年4月20日没。初名=益麻呂。次名=美麻呂。別名=佐美麻呂。

天平9(738)年従五位下に叙され、同10年少納言に任ぜられ、同12年従五位上に進み左中弁に任ぜられ、同14年帝が紫香良楽に幸して沙彌麻呂ら6人は前次第司となる。同15年正五位下に進み左中弁に任ぜられ、同17年正五位上、同18年従四位下に進み、この時より朝臣の称号を得る。天平宝字元(757)年正四位下に進み、参議に、同2年兼大宰帥・兼中務卿に任ぜられる。　典：古代・大日・伝日・公補

阿倍島麻呂　あべの・しままろ

奈良時代の人、参議。生年不明～天平宝字6(762)年3月1日没。

右大臣阿倍御主人の孫、中納言阿倍広庭の子。天平勝宝4(752)年伊予守に任ぜられ、天平宝字4(760)年従四位下に叙され参議に任ぜられ朝臣の称号を得る。同6年従四位上より正四位下に進む。子に粳虫(従五位上)、孫に道守(無位)、曾孫に兄雄がいる。　典:古代・公補

阿倍毛人　あべの・えみし

奈良時代の人、参議。生年不明～宝亀3(772)年11月没。

天平18(746)年従五位下に叙される。同19年玄蕃頭に任ぜられ、天平宝字3(759)年従五位上に進む。同年文部少輔・仁部大輔、同6年左中弁に任ぜられる。同7年正五位下に進み河内守に任ぜられる。天平神護元(765)年従四位下に進み朝臣の称号を得る。同2年畿内巡察使となる。宝亀2(771)年従四位上に進み参議に任ぜられる。　典：古代・公補

安倍家

安倍兄雄　あべの・あにお

平安時代の人、畿内観察使。生年不明～大同3(808)年10月19日没。

参議阿倍島麻呂の曾孫、従五位上阿倍粳虫の孫、無位阿倍道守の子。延暦19(800)年従五位下に叙され、同22年少納言、同25年中衛少将・兼内膳権正に任ぜられる。大同元(806)年正五位下より従四位下に進み京右大夫・大膳大夫・兼近江守・兼山陰道観察使より参議・右兵衛督に任ぜられる。同2年近衛中将に任ぜられ安倍と改姓。同3年左近中将・春宮大夫に任ぜられ正四位下に進み畿内観察使に任ぜられる。文武に才があり、犬好きであった。子に春材がいる。　典：古代・大日・伝日・公補

安倍寛麻呂　あべの・ひろまろ

平安時代の人、参議。生年不明～弘仁11(820)年11月11日没。

治部卿従四位上安倍東人の三男。延暦22(803)年中務少丞、大同元(806)年伯耆掾に任ぜられ、同3年従五位下に叙される。弘仁4(813)年侍従、同5年民部少輔・斎宮頭・兼伊世権介に任ぜられる。同7年従五位上、同8年正五位上に進み治部卿に任ぜられ、同9年従四位下に進み参議・兼大宰大貳に任ぜられる。子に安仁がいる。　典：公補

安倍安仁　あべの・やすひと

平安時代の人、大納言。延暦12(793)年生～天安3(859)年4月23日没。67才。

参議・兼大宰大貳安倍寛麻呂の次男。弘仁年中に山城大掾に、同12(821)年中務丞に、同14年民部少丞に、天長初に近江権大掾に任ぜられる。同5(828)年従五位下に叙され、同10年正五位下進む。同年補蔵人頭・兵部少輔、承和元(834)年兼近江介、同2年刑部大輔・治部大輔に任ぜられる。同3年従四位下に進む。同年参議、同5年兼刑部卿、同7年兼左大弁、同9年大蔵卿、同10年春宮大夫・兼下野守・兼弾正大弼に任ぜられる。同12年従四位上に進み河内和泉班田長官となる。同13年正四位下に進み兼右大弁に任ぜられ、同15年従三位に進み右大弁・大弼・下野守・大蔵卿・河内和泉班田長官を辞し中納言・兼民部卿に任ぜられる。嘉祥3(850)年春宮大夫を辞し正三位に進む。斉衡2(855)年兼按察使、同3

年権大納言、同4年大納言・兼右大将に任ぜられる。天安2(858)年右大将を辞す。子は貞行(従四位上・大宰大貳)・清行(歌人・従四位上・讃岐守)・興行(従五位下・上野介)など8人いる。　典：古代・大日・伝日・公補

安倍守経　あべの・もりつね

室町時代の人、非参議。生年不明〜応永29(1422)年10月没。

右京大夫を辞し、応永22(1415)年従三位に叙され、同25年治部卿に任ぜられる。同27年正三位に進む。　典：公補

安倍有富　あべの・ありとみ

室町時代の人、非参議。生没年不明。

文安2(1445)年従三位に叙され、宝徳元(1449)年より公補に名が見えない。　典：公補

○綾小路家

宇多・源氏 源有資┬綾小路経資─経賢─茂賢
└綾小路信有┬有時
└有頼┬敦有─信俊─有俊─俊量─資能─高有─俊景─有胤⇨
└成賢

⇨俊宗┬有美─俊資─有長─俊賢┬有義
└倉橋有儀⇨倉橋家へ　└有良─茂俊─家政─護（子）

諸太夫家。本姓宇多源氏。庭田有資の子経資が京都綾小路に住み、綾小路と家号する。代々郢曲・和琴・箏曲などの雅楽を以て奉仕する。一時とだえ、慶長年間に五辻高有が再興する。明治に至り子爵を授けられる。本姓は源。紋所は竜胆(りんどう)。菩提寺は京都の西方寺(五辻家も同寺)。

典：日名

綾小路経資　あやのこうじ・つねすけ

鎌倉時代の人、権中納言。仁治2(1241)年生〜没年不明。初姓=藤原。初名=実泰。元名=有忠。前名=実連。法名=生覚。綾小路家の祖。

第59代宇多天皇の皇子敦実親王の三男源雅信より出た、8世の孫権中納言源有資の子。弟に信有がいる。初め、従二位藤原公直の養子となり藤原実泰と名乗り、寛元元(1243)年叙爵。同4年従五位上に叙され、宝治元(1247)年侍従に任ぜられ、有忠と改名。建長7(1255)年右少将に任ぜられ、実連と改名。同8年正五位下、正嘉2(1258)年従四位下に進み、同3年左少将に任ぜられる。文応元(1260)年従四位上に進み兼備中介に任ぜられる。この時に京都綾小路に住み、綾小路と家号し、綾小路経資と名乗り、氏姓も父と同じ源となる。弘長元(1261)年左中将に任ぜられ、文永4(1267)年正四位下、弘安元(1278)年従三位、同6年正三位に進む。正応元(1288)年従二位に進み参議・兼近江権守に任ぜられる。同2年参議を辞す。同4年正二位に進み、同5年権中納言に任ぜられるも辞す。永仁6(1298)

年按察使に任ぜられる。嘉元2(1304)年64才で出家。雅楽・神楽を奉仕する。子に経賢がいる。　典：大日・公辞・公補

綾小路信有　あやのこうじ・のぶあり

鎌倉時代の人、権中納言。文永6(1269)年生〜正中元(1324)年9月10日没。56才。法名=了念。

権中納言源有資の子。兄に綾小路経資がいる。従三位に叙され右兵衛督に任ぜられ、正安元(1299)年右兵衛督を辞し正三位に進み修理大夫に任ぜられる。嘉元3(1305)年修理大夫を辞し刑部卿に任ぜられる。徳治元(1306)年刑部卿を辞す。延慶元(1308)年従二位に進み再び修理大夫に任ぜられ、同2年正二位に進み近江権守・参議に任ぜられる。同3年任職を辞す。応長元(1311)年権中納言に任ぜられるも辞す。正和2(1313)年上皇が出家したので出家。子に有時・有頼がいる。　典：公辞・公補

綾小路経賢　あやのこうじ・つねかた

鎌倉時代の人、非参議。生没年不明。

権中納言・按察使綾小路経資の子。文永11(1274)年従五位下に叙される。弘安9(1286)年正五位下に進み侍従に任ぜられる。正応元(1288)年従四位下に進み右少将に任ぜられ、同3年従四位上に進み兼美作介に任ぜられ、同5年正四位下に進み右中将に任ぜられる。延慶元(1308)年任職を辞し従三位に進み宮内卿に任ぜられる。同3年正三位に進み兵部卿に任ぜられるも辞す。この頃は綾小路家名を名乗らず源姓を名乗る。元亨元(1321)年出家。　典：公補

綾小路茂賢　あやのこうじ・しげかた

鎌倉時代の人、非参議。生年不明〜正中2(1325)年6月3日没。

権中納言・按察使綾小路経賢の子。母は従三位藤原基雅の娘。弘安10(1287)年叙爵。正応5(1292)年従五位上に叙され、同6年侍従に任ぜられ、永仁3(1295)年正五位下に進み、同4年左少将に任ぜられる。同5年従四位下、同7年従四位上、正安3(1301)年正四位下に進み、徳治3(1308)年右馬頭、延慶4(1311)年兼備後介・左中将に任ぜられる。正和元(1312)年左中将を辞し従三位に進む。正中元(1324)年出家。　典：公補

綾小路有時　あやのこうじ・ありとき

鎌倉時代の人、参議。生年不明〜文保2(1318)年11月14日没。

権中納言綾小路信有の子。母は右中将教俊朝臣の娘。弟に有頼がいる。弘安11(1288)年叙爵。正応3(1290)年従五位上に叙され侍従に、同5年右馬頭に任ぜられる。同6年正五位下、永仁3(1295)年従四位下に進み、同5年兼伯耆介に任ぜられ、同6年従四位上、正安2(1300)年正四位下に進む。乾元2(1303)年右京大夫、嘉元2(1304)年左少将、同3年兼丹波権介、同4年右中将に任ぜられる。応長元(1311)年任職を辞す。正和元(1312)年従三位に進み、同2年左兵衛督、同4年参議に任ぜられる。同5年正三位に進み周防権守に任ぜられるも辞す。　典：公補

綾小路有頼　あやのこうじ・ありより

鎌倉時代の人、参議。永仁3(1295)年生～元徳元(1329)年7月18日没。35才。

権中納言綾小路信有の子。兄に有時がいる。永仁4(1296)年叙爵。同6年従五位上、徳治3(1308)年正五位下に進む。延慶2(1309)年越前守に任ぜられ、同3年従四位下に進む。同年右少将に任ぜられ、応長元(1311)年従四位上に進み兼右京大夫に任ぜられる。正和2(1313)年右中将に任ぜられ、同3年正四位下に進む。同5年右兵衛督、文保元(1317)年左兵衛督に任ぜられる。元応2(1320)年任職を辞し従三位に進む。嘉暦元(1326)年右京大夫・参議に任ぜられる。同2年任職を辞し備前権守に任ぜられる。同3年正三位に進む。子に敦有・成賢がいる。　典：公辞・公補

綾小路敦有　あやのこうじ・あつあり

南北朝時代の人、参議。正和5(1316)年生～応永7(1400)年2月15日没。85才。法名=了禪。

備前権守綾小路有頼の子。母は正四位下藤原光久朝臣の娘。弟に成賢がいる。嘉暦2(1327)年従五位上に叙され、同3年侍従に任ぜられ、元徳元(1329)年正五位下、建武元(1334)年従四位下、暦応2(1339)年従四位上、同5年正四位下、延文2(1357・正平12)年従三位に進む。同年右兵衛督、同4年参議、康安元(1361)年兼安芸権守に任ぜられる。貞治元(1362・正平17)年参議を辞す。貞治5(1366)年正三位に進む。永和2(1376)年従二位に進み、康暦2(1380・天授6)年64才で出家。子に信俊がいる。　典：公辞・公補

綾小路成賢　あやのこうじ・なりかた

南北朝時代の人、参議。生年不明～明徳2(1391)年4月5日没。

備前権守綾小路有頼の子。兄に敦有がいる。侍従となる。暦応3(1340)年従五位上に叙され、同5年左少将に任ぜられ、貞和3(1347)年従四位下、文和2(1353)年従四位上に進み、同3年伊予権介に任ぜられ、同5年正四位下より従三位に進む。応安4(1371)年正三位に進み、同7年参議に任ぜられる。永和元(1375・天授元)年兼遠江権守に任ぜられたが、同2年任職を辞す。康暦元(1379)年従二位に進む。　典：公補

綾小路信俊　あやのこうじ・のぶとし

室町時代の人、権中納言。文和4(1355・正平10)生～永享元(1429)年6月18日没。75才。

参議綾小路敦有の子。応永14(1407)年従三位に叙される。同19年正三位に進み参議に任ぜられる。同20年兼讃岐権守に任ぜられたが、同21年任職を辞す。同27年従二位に進む。正長元(1428)年権中納言に任ぜられたが病弱の為か辞す。養子に有俊がいる。　典：公辞・公補

綾小路有俊　あやのこうじ・ありとし

室町時代の人、権中納言。応永26(1419)年生～没年不明。法名=有璠。

民部卿山科行有の子。権中納言綾小路信俊の養子となる。応永29(1422)年叙爵。同30年侍従、永享2(1430)年左少将に任ぜられる。同3年正五位下、嘉吉2(1442)年従四位下に進み、同3年右中将に任ぜられ、文安3(1446)年従四位上に進み兼丹波権介に任ぜられ、同

4年正四位下に進み、同5年右兵衛督に任ぜられる。宝徳2(1450)年従三位に進み左兵衛督に任ぜられる。同3年正三位に進み参議に任ぜられたが、享徳元(1452)年兼讃岐権守に任ぜられ参議を辞す。康正元(1455)年従二位に進み権中納言に任ぜられるも、同2年権中納言を辞す。長禄2(1458)年按察使に任ぜられたが辞す。寛正6(1465)年正二位に進む。応仁2(1468)年出家。子に俊量がいる。　典：公補

綾小路俊量　あやのこうじ・としかず

室町時代の人、権中納言。宝徳3(1451)年生～永正15(1518)年7月10日没。68才。法名=量琇。

権中納言綾小路有俊の子。長禄4(1460)年叙爵。寛正2(1461)年侍従に任ぜられ元服。同6年従五位上に叙され兼出雲権介・右近少将に任ぜられる。応仁元(1467)年正五位下、文明2(1470)年従四位下に進み、同3年左近衛権中将に任ぜられる。同5年従四位上、同9年正四位下に進み、同12年兼丹波権介に、同13年右兵衛督に任ぜられる。同15年従三位に進む。同17年参議に任ぜられる。長享元(1487)年左近中将に任ぜられたが、同2年任職を辞し正三位に進む。延徳元(1489)年権中納言に任ぜられたが、明応2(1493)年に辞す。同3年従二位に進み、同7年按察使に任ぜられ、文亀3(1503)年正二位に進む。永正11(1514)年按察使を辞し出家。子に資能(初名=資数。正四位下。右中将・兼丹後介。大永2年3月没)がいる。　典：公辞・公補

綾小路高有　あやのこうじ・たかあり

江戸時代の人、参議。文禄4(1595)年生～正保元(1644)年1月25日没。50才。

正三位五辻之仲の次男。綾小路家を相続の為に右中将・兼丹後介綾小路資能朝臣の養子となり再興する。慶長18(1613)年従五位下に叙され元服。侍従に任ぜられる。同19年右少将に任ぜられ、元和3(1617)年従五位上、同6年正五位下、寛永2(1625)年従四位下に進み、同4年右中将に任ぜられ、同5年従四位上、同10年従三位に進み、同18年正三位に進み、同20年参議に任ぜられるも病弱の為か辞す。子に俊景がいる。　典：公辞・公補

綾小路俊景　あやのこうじ・としかげ

江戸時代の人、権中納言。寛永9(1632)年1月2日生～元禄元(1688)年6月17日没。57才。初名=俊良。

参議綾小路高有の子。母は権大納言上冷泉為満の娘。寛永12(1635)年従五位下に叙される。同17年元服。従五位上に進み侍従に任ぜられ、正保2(1645)年正五位下に進み、同3年右少将に任ぜられ、同5年従四位下、慶安5(1652)年従四位上、明暦元(1655)年正四位下、万治2(1659)年従三位に進む。寛文5(1665)年正三位に進む。同8年参議に任ぜられ東照宮奉幣使となる。同12年従二位に進み権中納言に任ぜられ、延宝4(1676)年権中納言を辞す。天和2(1682)年正二位に進む。子に有胤がいる。　典：公辞・公補

綾小路有胤　あやのこうじ・ありたね

江戸時代の人、権中納言。寛文4(1664)年10月12日生～寛保2(1742)年9月6日没。79才。

権中納言綾小路俊景の子。母は権中納言藤谷為賢の娘。寛文8(1668)年叙爵。延宝2(1674)年元服。従五位上に叙され侍従に任ぜられる。同6年正五位下に進み右少将に任ぜられ、天和3(1683)年従四位下に進み右中将に任ぜられる。貞享3(1686)年従四位上、同4年正四位下、元禄4(1691)年従三位に進む。同12年正三位に進む。同16年右兵衛督、宝永2(1705)年参議に任ぜられる。同3年従二位に進むも、正徳3(1713)年任職を辞す。享保3(1718)年権中納言に任ぜられるも辞す。子に俊宗がいる。　典：公辞・公補

綾小路俊宗　あやのこうじ・としむね

江戸時代の人、権大納言。元禄3(1690)年3月8日生〜明和7(1770)年9月1日没。81才。

権中納言綾小路有胤の子。元禄7(1694)年叙爵。同16年元服。従五位上に叙され侍従に任ぜられる。宝永3(1706)年正五位下に進み右少将に任ぜられ、同6年従四位下に進み右中将に任ぜられる。正徳2(1712)年従四位上、同5年正四位下、享保4(1719)年従三位に進む。同8年右兵衛督に任ぜられ、同9年正三位に進む。同10年参議に任ぜられ、同12年踏歌節会外弁となる。同15年任職を辞す。同18年権中納言に任ぜられる。同19年従二位に進む。元文2(1737)年権中納言を辞す。同3年按察使に任ぜられ、延享4(1747)年正二位に進む。宝暦8(1758)年権大納言に任ぜられるも辞す。子に有美・有儀(倉橋家へ)がいる。

典：公辞・公補

綾小路有美　あやのこうじ・ありよし

江戸時代の人、権大納言。享保7(1722)年8月28日生〜寛政5(1793)年9月15日没。72才。

権大納言・按察使綾小路俊宗の子。母は権大納言久世通夏の娘。享保10(1725)年叙爵し、同20年元服。従五位上に叙され侍従に任ぜられる。同21年正五位下に進み、元文3(1738)年右少将に任ぜられ、同4年従四位下、寛保2(1742)年従四位上に進み、同3年兼上野権介に任ぜられる。延享2(1745)年正四位下に進む。同3年兼肥後権介、同4年左中将に任ぜられる。寛延元(1748)年従三位に進み御神楽・秘曲を父俊宗より譲授する。同3年右兵衛督に任ぜられ、宝暦3(1753)年正三位に進み踏歌外弁となる。この頃は竹内式部の門に入り垂加神道を学ぶ。同4年参議、同5年兼安芸権守に任ぜられる。同8年竹内式部の日本記・経史から始まった天皇中心の朝廷挽回の思想が、幕府を刺激し連座した一同は内諭により剃髪をする。同10年参議を辞し権中納言に任ぜられる。同13年正二位に進み按察使となる。明和元(1764)年権中納言を辞すも、安永9(1780)年再び権中納言に任ぜられ、天明元(1781)年再び辞す。寛政元(1789)年権大納言に任ぜられるも辞す。子に俊資がいる。

典：公辞・公補

綾小路俊資　あやのこうじ・としもと

江戸時代の人、権大納言。宝暦8(1758)年11月8日生〜天保4(1833)年11月17日没。76才。

権大納言庭田重熈の次男。母は参議唐橋在廉の娘。宝暦13(1763)年に権大納言・按察使綾小路有美と正二位藤波和忠の娘の養子となり叙爵。明和2(1765)年元服。侍従に任ぜられる。同3年従五位上に叙される。同6年正五位下、同7年従四位下に進み、同8年右権少将に任ぜられる。安永3(1774)年従四位上に進み、同4年補院別当となる。同5年左権中将に任ぜられ、同6年正四位下、同9年従三位に進む。天明4(1784)年正三位に進む。同7

年宮内卿に任ぜられる。寛政5(1793)年踏歌外弁となる。同8年参議に任ぜられる。同10年従二位に進む。同12年任職を辞し権中納言に任ぜられる。文化元(1804)年権中納言を辞す。同2年按察使に任ぜられ、同4年正二位に進む。文政7(1824)年権大納言に任ぜられたが辞す。子に有長がいる。　典：公辞・公補

綾小路有長　あやのこうじ・ありおさ

江戸時代の人、権大納言。寛政4(1792)年10月4日生〜明治6(1873)年9月没。82才。

権大納言綾小路俊資の子。母は権大納言広幡前秀の娘。寛政9(1797)年従五位下に叙され、同11年元服。侍従に任ぜられる。同12年従五位上、享和3(1803)年正五位下、文化3(1807)年従四位下、同6年従四位上に進み左近衛権少将に任ぜられる。同9年正四位下に進み、同11年権中将に任ぜられ、同13年従三位、同14年正三位に進む。天保3(1832)年参議・兼近江権守に任ぜられる。同4年従二位に進み踏歌外弁となる。嘉永元(1848)年正二位に進み按察使・権中納言に任ぜられるも権中納言を辞す。安政5(1858)年権大納言に任ぜられるも辞す。京都新在家御門下ルに住む。家料は200石。子に俊賢がいる。　典：公辞・公補

綾小路俊賢　あやのこうじ・としかた

江戸時代の人、非参議。文政7(1824)年,閏8月23月生〜嘉永7(1854)年7月10日没。31才。

権大納言綾小路有長の子。文政10(1827)年従五位下に叙され、天保2(1831)年元服。従五位上、同4年正五位下に進み、同7年侍従に任ぜられる。同10年従四位下、同13年正四位上に進む。弘化4(1847)年兼常陸権介、嘉永2(1848)年左権少将、同3年権中将に任ぜられる。同4年従三位に進む。子に有義(従二位・侍従。子爵。明治40,6,16没。59才)・有良がいる。　典：公辞・公補

○荒木田家

歴代、伊勢神宮の祠官を司る。毎年二人づつ任ぜられられていたが、天明6(1786)年より四人が任ぜられ、文化7(1810)年より三人が任ぜられ、文政4(1821)年再び四人が任ぜられた。

典：大日・公補

荒木田経盛　あらきだ・つねもり

江戸時代の人、非参議・内宮禰宜。元和4(1618)年生〜元禄7(1694)年10月26日没。77才。

貞享4(1687)年従三位に叙される。元禄2(1689)年正三位に進む。　典：公補

荒木田守宗　あらきだ・もりむね

江戸時代の人、非参議・内宮禰宜。元和5(1619)年生〜元禄11(1698)年11月4日没。80才。

元禄2(1689)年従三位に叙される。同7年正三位に進む。　典：公補

荒木田守洪　あらきだ・もりこう

江戸時代の人、非参議。内宮禰宜。寛永18(1641)年生〜宝永2(1705)年,閏4月11月没。65才。

元禄8(1695)年従三位に叙される。同11年正三位に進む。　典：公補

荒木田経冬　あらきだ・つねふゆ

江戸時代の人、非参議・内宮禰宜。慶安元(1648)年生～宝永元(1704)年4月13日没。57才。

元禄12(1699)年従三位に叙される。　典：公補

荒木田守相　あらきだ・もりあい

江戸時代の人、非参議・内宮禰宜。承応元(1652)年生～享保3(1718)年,閏10月9月没。67才。

宝永元(1704)年従三位に叙される。同3年正三位、正徳5(1715)年従二位に進む。　典：公補

荒木田氏貞　あらきだ・うじさだ

江戸時代の人、非参議・内宮禰宜。慶安2(1649)年生～正徳2(1712)年9月12日没。64才。

宝永2(1705)年従三位に叙される。正徳元(1711)年正三位に進む。　典：公補

荒木田経晃　あらきだ・つねあきら

江戸時代の人、非参議・内宮禰宜。慶安3(1650)年生～享保9(1724)年11月16日没。75才。

正徳2(1712)年従三位に叙される。享保3(1718)年正三位に進む。　典：公補

荒木田永親　あらきだ・ながちか

江戸時代の人、非参議・内宮禰宜。承応2(1653)年生～享保15(1730)年8月24日没。78才。

享保3(1718)年従三位に叙される。享保10(1725)年正三位に進む。　典：公補

荒木田守世　あらきだ・もりよ

江戸時代の人、非参議・内宮禰宜。寛文10(1670)年生～享保11(1726)年3月22日没。57才。

享保3(1718)年従三位に叙される。　典：公補

荒木田経豊　あらきだ・つねとよ

江戸時代の人、非参議・内宮禰宜。延宝4(1676)年生～寛保元(1741)年3月24日没。66才。

享保11(1726)年従三位に叙される。享保15(1730)年正三位に進む。元文3(1738)年従二位に進む。　典：公補

荒木田守敬　あらきだ・もりたか

江戸時代の人、非参議・内宮禰宜。元禄2(1689)年生～宝暦2(1752)年9月29日没。64才。

享保16(1731)年従三位に叙される。寛保元(1741)年正三位に進む。　典：公補

荒木田守秀　あらきだ・もりひで

江戸時代の人、非参議・内宮一禰宜。元禄9(1696)年生～安永2(1773)年6月21日没。78才。

寛保元(1741)年従三位に叙される。宝暦2(1752)年正三位に進む。宝暦9(1759)年内宮一禰宜に任ぜられる。明和8(1771)年従二位に進む。　典：公補

荒木田経林　あらきだ・つねしげ

江戸時代の人、非参議・内宮二禰宜。元禄12(1699)年生～宝暦12(1762)年4月2日没。64才。

宝暦2(1752)年従三位に叙される。宝暦9(1759)年内宮二禰宜に任ぜられる。　典：公補

荒木田守和　あらきだ・もりかず

江戸時代の人、非参議・内宮一禰宜。宝永2(1705)年生～安永2(1773)年8月8日没。69才。

宝暦9(1759)年内宮二禰宜に任ぜられる。宝暦13(1763)年従三位に叙される。安永2(1773)年正三位に進み内宮一禰宜に任ぜられる。　典：公補

荒木田守浮　あらきだ・もりうき

江戸時代の人、非参議・内宮一禰宜。享保3(1718)年生～天明元(1781)年6月27日。64才。

安永2(1773)年従三位に叙され正三位に進み、内宮二禰宜より内宮一禰宜に任ぜられる。　典：公補

荒木田守脩　あらきだ・もりなが

江戸時代の人、非参議・内宮二禰宜。享保11(1726)年生～天明元(1781)年3月22日。56才。

安永2(1773)年従三位に叙される。　典：公補

荒木田氏彦　あらきだ・うじひと

江戸時代の人、非参議・内宮一禰宜。享保10(1725)年生～天明元(1781)年9月8日。57才。

天明元(1781)年従三位に叙され正三位に進む。　典：公補

荒木田経高　あらきだ・つねたか

江戸時代の人、非参議・内宮一禰宜。元文元(1736)年生～文化7(1810)年10月22日没。75才。

天明元(1781)年従三位に叙され正三位に進み、寛政11(1799)年従二位に進む。　典：公補

荒木田氏倫　あらきだ・うじつぐ

江戸時代の人、非参議・内宮二禰宜。延享元(1744)年生～享和元(1801)年8月7日没。58才。

天明元(1781)年従三位に叙される。寛政6(1794)年内宮二禰宜を辞す。　典：公補

荒木田経相　あらきだ・つねあい

江戸時代の人、非参議・内宮二禰宜。元文5(1740)年生～寛政9(1797)年7月27日没。58才。

天明6(1786)年従三位に叙され内宮三禰宜に、寛政7(1795)年内宮二禰宜に任ぜられる。典：公補

荒木田定綱 あらきだ・さだつな

江戸時代の人、非参議・内宮一禰宜。寛保2(1742)年生～文化10(1813)年7月3日没。72才。

天明6(1786)年従三位に叙される。同年内宮四禰宜、寛政7(1795)年内宮三禰宜、同10年内宮二禰宜に任ぜられる。文化3(1806)年正三位に進み、同8年内宮一禰宜に任ぜられ、同9年従二位に進む。 典：公補

荒木田経雅 あらきだ・つねまさ

江戸時代の人、非参議・内宮三禰宜。寛保3(1743)年9月4日生～文化2(1805)年3月13日没。63才。

姓を中川と称す。経正の子。伊勢神宮権禰宜、安永2(1773)年禰宜に任ぜられる。寛政6(1794)年従三位に叙される。同年内宮四禰宜、寛政10(1798)年内宮三禰宜に任ぜられる。神官の典故に通じ、本居宣長と親交があった。 典：大日・公補

荒木田氏式 あらきだ・うじのり

江戸時代の人、非参議・内宮四禰宜。宝暦8(1758)年生～享和元(1801)年10月27日没。44才。

寛政9(1797)年従三位に叙され内宮四禰宜に任ぜられる。 典：公補

荒木田守緒 あらきだ・もりお

江戸時代の人、非参議・内宮二禰宜。宝暦8(1758)年生～文化9(1812)年8月13日没。55才。

享和2(1802)年従三位に叙される。同年内宮四禰宜、文化2(1805)年内宮三禰宜、同8年内宮二禰宜に任ぜられる。 典：公補

荒木田経陰 あらきだ・つねかげ

江戸時代の人、非参議・内宮一禰宜。宝暦14(1764)年生～天保元(1830)年3月30日没。70才。

文化2(1805)年従三位に叙される。同年内宮四禰宜、文化8(1811)年内宮三禰宜、同10年内宮二禰宜に任ぜられる。同11年正三位に進み内宮一禰宜に任ぜられ、文政4(1821)年従二位に進む。 典：公補

荒木田守訓 あらきだ・もりくに

江戸時代の人、非参議・内宮一禰宜。明和7(1770)年生～天保13(1842)年9月13日没。76才。

文化8(1811)年従三位に叙される。同年内宮四禰宜、同10年内宮内宮三禰宜、同11年内宮二禰宜に任ぜられる。天保2(1831)年正三位に進み内宮一禰宜に任ぜられる。 典：公補

荒木田経竿 あらきだ・つねかず

江戸時代の人、非参議・内宮一禰宜。明和7(1770)年生～弘化元(1844)年4月13日没。75才。**初名=経倫。前名=経綸。**

初めは経倫と名乗り、文化10(1813)年従三位に叙される。同年内宮四禰宣に任ぜられる。同11年経綸と改名し内宮三禰宣に任ぜられ、文政4(1821)年さらに経竿と改名。天保2(1831)年内宮二禰宣に任ぜられ、同14年正三位に進み内宮一禰宣に任ぜられる。　典：公補

荒木田守民　あらきだ・もりたみ

江戸時代の人、非参議・内宮二禰宣。天明8(1788)年生～天保13(1842)年8月7日没。55才。

文政4(1821)年従三位に叙される。同年内宮四禰宣、天保2(1831)年内宮三禰宣、同11年内宮二禰宣に任ぜられる。　典：公補

荒木田守雅　あらきだ・もりまさ

江戸時代の人、非参議・内宮一禰宣。寛政8(1796)年生～安政5(1858)年5月18日没。63才。

天保2(1831)年従三位に叙される。同年内宮四禰宣、同14年内宮二禰宣、弘化2(1845)年内宮一禰宣に任ぜられる。同3年正三位に進む。　典：公補

荒木田氏養　あらきだ・うじやす

江戸時代の人、非参議・内宮二禰宣。享和元(1801)年生～安政2(1855)年12月14日没。55才。

天保13(1842)年従三位に叙される。同年内宮四禰宣、同14年内宮三禰宣、弘化2(1845)年内宮二禰宣に任ぜられる。　典：公補

荒木田経美　あらきだ・つねよし

江戸時代の人、非参議・内宮二禰宣。寛政10(1798)年生～安政3(1856)年8月8日没。59才。

天保13(1842)年従三位に叙される。同年内宮四禰宣、弘化2(1845)年内宮三禰宣、安政3(1856)年内宮二禰宣に任ぜられたが没す。　典：公補

荒木田氏朝　あらきだ・うじとも

江戸・明治時代の人、非参議・内宮一禰宣。生没年不明。

弘化元(1844)年従三位に叙される。同年内宮五禰宣、弘化2(1845)年内宮四禰宣、安政3(1856)年内宮三禰宣、同4年内宮二禰宣に任ぜられる。同6年正三位に進み内宮一禰宣に任ぜられ、文久2(1862)年従二位に進む。明治元(1868)年に66才。　典：公補

荒木田守重　あらきだ・もりしげ

江戸・明治時代の人、非参議・内宮二禰宣。生没年不明。

安政4(1857)年従三位に叙される。同年内宮三禰宣、同6年内宮二禰宣に任ぜられる。明治元(1868)年は43才。　典：公補

荒木田定制　あらきだ・さだせい

江戸時代の人、非参議・内宮三禰宣。文政9(1826)年生～文久2(1862)年6月30日没。37才。

安政4(1857)年従三位に叙される。同年内宮四禰宣、同6年内宮三禰宣に任ぜられる。典：公補

荒木田守堅　あらきだ・もりかた

江戸・明治時代の人、非参議・内宮三禰宣。生没年不明。

文久2(1862)年従三位に叙され内宮三禰宣に任ぜられる。明治元(1868)年は40才。　典：公補

荒木田守宣　あらきだ・もりのぶ

江戸・明治時代の人、非参議・内宮四禰宣。文政6(1823)年11月12日生～明治20(1887)年2月没。56才。姓＝薗田。幼名＝幾久丸。前名＝若狭・城之介。

文政8(1825)年権禰宣に任ぜられ、安政3(1856)年従三位に叙される。同年禰宣、文久2(1862)年内宮四禰宣に任ぜられる。　典：公補

◯在原家

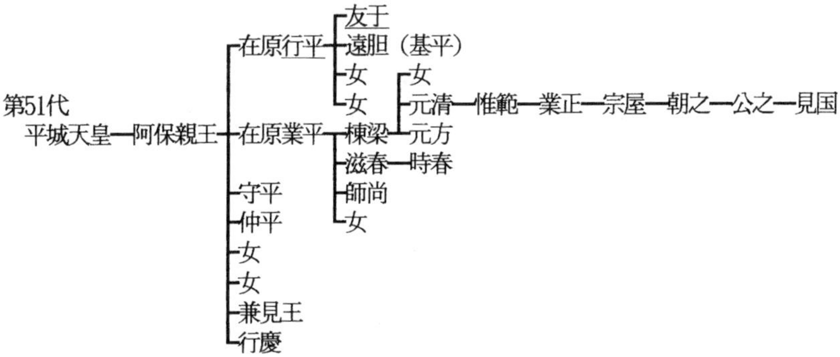

第51代平城天皇の皇子阿保親王より出て、天長3(826)年に王子の仲平・行平・業平・守平に氏姓として在原朝臣を賜る。業平の代に栄え15代業綱は鎌倉幕府に仕え、その後裔伊予守信業は長野を氏とし、その子信濃守業政は大永年中に上野国に簑輪城を築き武蔵国にも名を轟かした。特に歌人としては、行平・業平・棟梁・滋春・元方は名が出たが、行平以外は公卿までに至らなかった。

典：日名

在原行平　ありわらの・ゆきひら

平安時代の人、中納言。弘仁9(818)年生～寛平5(893)年7月19日没。76才。

第51代平城天皇の皇子阿保親王の三男。兄弟に業平(歌人)・守平・仲平などがいる。承和7(840)年蔵人に任ぜられたが辞す。同8年従五位下に叙され、同10年侍従に任ぜられ、同13年従五位上に進み左兵衛佐より佐少将に任ぜられ、仁寿3(853)年正五位下に進む。同年兼備中権介、同4年備中介に任ぜられる。斉衡2(855)年従四位下に進む。同年因幡守、同4年兼兵部大輔・左馬頭に任ぜられる。天安3(859)年播磨守、貞観2(860)年内匠頭・左京大夫に任ぜられる。同4年従四位上に進み、信濃守、同5年大蔵大輔、同6年備前権守・左兵衛督に任ぜられる。同8年正四位下に進み、同10年兼備中守、同12年補使別当・参議、同13年左衛門督・補蔵人頭に任ぜられる。同15年任職を辞し従三位に進み大宰権帥に任ぜられる。元慶元(877)年大宰権帥を辞す。同年治部卿、同3年兼備中守、同4年兼近江守に任ぜられる。同6年任職を辞し中納言・兼民部卿に任ぜられる。同8年正三位に進む。同9年陸奥出羽按察使に任ぜられ、仁和3(887)年高齢の為か任職を辞す。奨学院を左京三条に創設する。子に友于・遠胆(基平)がいる。　典：古代・大日・日名

在原友于　ありわらの・ともゆき

平安時代の人、参議。生年不明～延喜10(910)年4月20日没。

中納言在原行平の子。兄弟に遠胆(基平)がいる。貞観13(871)年左京少進、同17年春宮少進、同18年主殿権助に任ぜられる。元慶元(877)年従五位下に叙され、同3年右兵衛佐、同7年右権少将に任ぜられる。同8年従五位上に進み、仁和元(885)年播磨権介に、同2年左権少将より、同4年正五位下に進み左少将に任ぜられる。寛平2(890)年兼讃岐権介に、同4年従四位下に進み内蔵頭に、同5年修理大夫に、同7年蔵人頭に、同8年侍従に任ぜられる。同9年従四位上に進み右中将より左中将に任ぜられる。同10年兼美濃権守、昌泰2(899)年兼備前守・補蔵人頭、同3年参議、延喜元(901)年右兵衛督・兼備中守、同4年兼近江権守に任ぜられる。同6年正四位下に進み、同7年左兵衛督・修理大夫・近江権督を辞し太宰大弐より大宰権帥に任ぜられる。　典：古代・公補

○粟田家

粟田真人　あわたの・まひと

奈良時代の人、中納言。生年不明～養老3(719)年2月5日没。

天足国押人命より出る。父は左大臣嶋。第40代天武天皇の時に直大肆に任ぜられ、14年(685)年位を父に授けられんことを請うて許されなかった。第41代持統天皇の時に筑紫太宰となり、3年(689)年隼人174人及び布50常、牛皮6枚、鹿皮50枚を献上し衣裳を賞賜せられる。直大弐に任ぜられ、第42代文武天皇3年(699)年山科山稜(第38代天智天皇御稜)を修造する。同4年刑部親王・藤原不比等ら14人と共に律令撰修の勅を受ける。大宝元(701)年遣唐四執節使となり、正四位下に叙され朝臣となる。筑紫に行くも京師に戻る。同2年参議に任ぜられる。同3年筑紫を出帆し唐に赴き楚州・長安に至り武后に拝謁し、在ること2年。慶雲元(704)年に帰朝、賞し田20町穀1千斛を賜る。同2年従三位に進み中納言に任ぜられる。同5年兼太宰帥に任ぜられたが、和銅5(712)年に辞す。同8年正三位に進む。　典：古代・大日・日名・公補

粟田道麻呂　あわたの・みちまろ

奈良時代の人、参議。生没年不明。

天平宝字3(759)年従七位下に叙され内薬佐に任ぜられ朝臣を賜る。同8年従五位下より従四位下に進み参議に任ぜられる。天平神護元(765)年勲二等に叙され、和気王の党に連座したが飛驒員外介・権中将・兼因幡守に任ぜられる。　典：古代・大日・日名・公補

◯粟田口家

本姓は藤原。京都の粟田口に住み、地名が姓名となる。その他は不明。

粟田口教経　あわたぐち・たかつね

鎌倉時代の人、参議。生年不明～正応5(1292)年8月21日没。

大納言二条良教の次男。正嘉3(1259)年叙爵。正元2(1260)年従五位上に叙される。文応2(1261)年侍従に任ぜられ、弘長2(1262)年従四位下に進み、文永2(1265)年左少将、同3年兼摂津権介に任ぜられる。同5年従四位上、同7年正四位下に進む。同年右中将、同10年兼播磨権介に任ぜられ、正応元(1288)年従三位に進む。同2年左中将に任ぜられ、同3年正三位に進む。同4年兼越前権守・参議に任ぜられ、同5年従二位に進む。　典：公補

粟田口忠輔　あわたぐち・ただすけ

鎌倉時代の人、大納言。生没年不明。前名＝経忠。

権中納言二条経良の子。永仁2(1293)年従三位に叙される。同4年正三位に進む。正安元(1299)年左中将、同3年土佐権守に任ぜられる。嘉元3(1305)年土佐権守を辞す。延慶元(1308)年参議に任ぜられ、同2年正二位に進み権中納言に任ぜられ、同3年任職を辞す。正和4(1315)年忠輔に改名したが、元徳元(1329)年前名の経忠に改名。同2年忠輔の名に戻る。元弘元(1331)年大納言に任ぜられるも辞す。建武4(1337)年兵部卿に任ぜられ、暦応3(1340)年兵部卿を辞す。文和2(1353・正平8)年83才で出家。　典：公補

粟田口嗣房　あわたぐち・つぐふさ

鎌倉時代の人、参議。文永6(1269)年生～徳治2(1307)年7月11日没。39才。

大納言二条良教の三男。正応元(1288)年従五位下に叙され侍従に任ぜられる。同3年従五位上、同4年正五位下に進み左少将に任ぜられ、永仁元(1293)年従四位下、同3年従四位上、同5年正四位下に進む。正安2(1300)年兼尾張介、同3年左中将に任ぜられる。嘉元2(1304)年従三位に進む。徳治2(1307)年三河権守に任ぜられる。　典：公補

◯安居院家

平行高┳安居院行兼━行知━知輔
　　　┗西洞院行時⇨西洞院家へ

鎌倉末期に平家の平行高より安居院と西洞院に分家したが、行兼・行知・知輔と三代のみ公卿に任ぜられた。本姓は平。

典：公補

安居院行兼　あんごいん・ゆきかね

南北朝時代の人、非参議。正和5(1316)年生～文和元(1352・正平7)年8月22日没。37才。

平家末裔の従三位平行高の子。兄弟に西洞院行時がいる。正和6(1317)年従五位下に叙される。元応元(1319)年従五位上に進み、正中2(1325)年中務大輔、同3年民部大輔に任ぜられる。嘉暦2(1327)年正五位下に進み、同4年民部大輔を辞し木工頭・少納言に任ぜられるも少納言は辞す。元徳3(1331)年右衛門権佐に任ぜられ、元弘3(1333)年権佐を辞す。建武3(1336)年補五位蔵人・左京権大夫に任ぜられるも蔵人は辞すも、同4年再び補五位蔵人、同5年少納言に任ぜられる。暦応2(1339)年従四位下に進み兼紀伊権守・権左少弁に任ぜられたが蔵人・権左少弁は辞す。康永2(1343)年権右中弁に任ぜられ、同3年従四位上に進み、貞和元(1345)年権左中弁に任ぜられ、同2年正四位下に進み、同3年左中弁・補蔵人頭・宮内卿に任ぜられる。同4年従三位に進み宮内卿を辞す。子に行知がいる。　典：公補

安居院行知　あんごいん・ゆきとも

南北朝時代の人、権中納言。生没年不明。

補蔵人頭・宮内卿安居院行兼の子。建武4(1337)年叙爵。暦応元(1338)年左兵衛権佐に任ぜられ、同2年従五位上に叙され、康永元(1342)年正五位下に進む。同年右衛門佐、文和3(1354)年兵部権少将、同5年勘解由次官・補五位蔵人に任ぜられる。延文4(1359)年丹波権介・右少弁・記録所寄人に任ぜられ、同5年従四位下に進み、同6年右中弁・記録所勾当に任ぜられる。貞治2(1363・正平18)年従四位下に進み左中弁に任ぜられ、同3年従四位上に進み、同4年左京大夫・蔵人頭に任ぜられる。同5年正四位下に進み、同6年参議に任ぜられるも任職を辞す。応安2(1369・正平24)年従三位に進む。同4年再び参議に任ぜられ、同6年参議を辞す。同7年播磨国に配流される。永和元(1375・天授2)年許されて帰京。同3年正三位に進む。康暦元(1379・天授5)年権中納言に任ぜられたが、同3年に辞す。永徳2(1382)年従二位に進む。至徳3(1386)年出家。　典：公補

安居院知輔　あんごいん・ともすけ

南北朝時代の人、参議。生年不明～明徳3(1392・元中9)年12月23日没。

権中納言安居院行知の子。頭大蔵卿を辞す。明徳3(1392・元中9)年従四位下から従三位に進み参議に任ぜられる。　典：公補

○飯高家

飯高諸高　いいだかの・もろたか

奈良時代の人、非参議。第41代持統天皇元年(687)年生～宝亀8(777)年5月没。91才。

伊勢国飯高郡に生まれる。典侍となり宿禰を称し宝亀7(776)年従三位に叙される。　典：古代・公補

○池尻家

```
             ┌共綱⇨清閑寺家へ
清閑寺共房─┼池尻共孝─勝房─┬栄房─定治─暉房─定孝─延房─胤房─知房─基房
             └定矩          └久季⇨梅園家へ
                ⇨梅小路家へ
```

池尻共孝　いけじり・ともたか

江戸時代の人、権大納言。慶長18(1613)年11月24日生～天和3(1683)年9月14日没。71才。池尻家の祖。

権大納言清閑寺共房の次男。母は権大納言清閑寺共綱の娘。弟に梅小路定矩がいる。元和3(1617)年従五位下に叙され、寛永5(1628)年元服。従五位上に進み宮内少輔に任ぜられ、同14年従四位下、同18年従四位上、正保2(1645)年正四位下に進み、慶安2(1649)年従三位に進み宮内卿に任ぜられ、姓号を池尻とし父の清閑寺家より池尻家を分家する。明暦元(1655)年正三位に進む。万治3(1660)年参議に任ぜられるも、寛文元(1661)年に辞す。同5年権中納言に任ぜられたが、同6年に辞し従二位に進む。天和3(1683)年権大納言に任ぜられるも辞す。子に勝房がいる。　典：公辞・公補

池尻勝房　いけじり・かつふさ

江戸時代の人、権大納言。慶安3(1650)年8月10日生～正徳元(1711)年2月7日没。62才。

権大納言池尻共孝の子。母は五条為道の娘。承応3(1654)年叙爵。寛文5(1665)年元服。従五位下に叙され宮内大輔に任ぜられる。同9年正五位下、延宝元(1673)年従四位下、同6年従四位上、同9年正四位下、貞享2(1685)年従三位に進む。元禄3(1690)年参議に任ぜられ、同4年正三位に進み踏歌節会外弁となる。同8年権中納言に任ぜられ、同13年に辞す。同14年従二位に進む。正徳元(1711)年権大納言に任ぜられる。子に共條・久季(梅園家へ)がいる。　典：公辞・公補

池尻共條　いけじり・ともえだ

江戸時代の人、非参議。貞享4(1687)年6月16日生～享保12(1727)年7月19日没。41才。

権大納言池尻勝房の子。母は内大臣松木宗條の娘。元禄4(1691)年叙爵。同11年元服。従五位上に叙される。同年右京大夫、同14年右兵衛権佐に任ぜられる。同15年正五位下、宝永3(1706)年従四位下、同7年従四位上、正徳4(1714)年正四位下、享保3(1718)年従三位に進む。同7年宮内卿に任ぜられ、同9年正三位に進む。同12年踏歌説会外弁となる。養子に栄房がいる。　典：公辞・公補

池尻栄房　いけじり・てるふさ

江戸時代の人、権大納言。享保7(1722)年1月2日生～天明8(1788)年1月14日没。67才。

参議梅園久季の子。母は東大寺八幡宮祠官紀延親の娘。享保13(1728)年宮内卿池尻共條の養子となる。同13年叙爵。同19年元服。従五位上に叙され侍従に任ぜられる。同20年兼近江介、元文元(1736)年右衛門権佐に任ぜられる。同3年正五位下、寛保2(1742)年従四位下に進み介を辞す。同3年弾正少弼に任ぜられ、延享3(1746)年兼伊勢権介に任ぜられたが、寛延2(1749)年権介を辞す。同3年正四位下、宝暦5(1755)年従三位、同9年正三

位に進む。同10年宮内卿、同12年参議に任ぜられる。明和元(1764)年参議を辞す。同5年従二位に進む。安永8(1779)年権中納言に任ぜられ踏歌外弁となるも辞す。天明元(1781)年正二位に進む。同7年権大納言に任ぜられるも辞す。子に定治がいる。　典：公辞・公補

池尻暉房　いけじり・てるふさ

江戸時代の人、権大納言。宝暦12(1762)年7月5日生～嘉永5(1852)年8月17日没。91才。

兵部少輔池尻定治の子。明和3(1766)年従五位下に叙される。安永3(1774)年元服。従五位上に進み勘解由次官に任ぜられる。同7年正五位下、天明2(1782)年従四位下、同6年従四位上に進み、同7年兼伊予権守に任ぜられ、寛政2(1790)年正四位下、同6年従三位に進む。同8年治部卿に任ぜられる。同10年正三位に進む。享和2(1802)年踏歌外弁となる。文化2(1805)年参議に任ぜられ、同4年従二位に進み、同5年参議を辞す。同13年権中納言に任ぜられる。文政元(1818)年権中納言を辞し正二位に進む。同7年権大納言に任ぜられるも辞す。子に定孝がいる。　典：公辞・公補

池尻定孝　いけじり・さだたか

江戸時代の人、非参議。天明8(1788)年11月17日生～文政9(1826)年10月14日没。39才。

権大納言池尻暉房の子。母は権中納言山科敬言の娘。寛政6(1794)年従五位下に叙される。同12年元服。従五位上に進む。同年伊予権守、享和2(1802)年弾正少弼に任ぜられる。同3年正五位下、文化4(1807)年従四位下、同8年従四位上、同12年正四位下に進み兼讃岐権守に任ぜられる。文政2(1819)年従三位、同6年正三位に進む。子に延房がいる。　典：公辞・公補

池尻延房　いけじり・のぶふさ

江戸時代の人、非参議。文化3(1806)年11月21日生～元治元(1864)年6月2日没。59才。

讃岐権守池尻定孝の子。文化13(1816)年従五位下に叙される。同14年元服。伊勢権介に任ぜられる。文政3(1820)年従五位上に進み、同4年右兵衛権佐に任ぜられ、同7年正五位下、同11年従四位下、天保3(1832)年従四位上、同7年正四位下、同11年従三位、弘化元(1844)年正三位に進む。子に胤房がいる。　典：公辞・公補

池尻胤房　いけじり・たねふさ

江戸・明治時代の人、非参議。文政13(1830)年6月13日生～明治3(1870)年4月没。41才。

正三位池尻延房の子。母は権大納言清閑寺昶定の娘。天保4(1833)年叙爵。同9年元服。従五位上に叙される。同年伊勢権介、同12年兼春宮少進に任ぜられる。同13年正五位下に進み兼讃岐権守に任ぜられ、弘化3(1846)年従四位下に進み春宮少進を辞す。同4年左兵衛権佐に任ぜられ、嘉永3(1850)年従四位上、安政元(1854)年正四位下、同6年従三位に進む。文久元(1861)年宮内卿に任ぜられる。同3年正三位に進む。京都院参町に住む。家料に御蔵米。子の知房は明治17(1884)年に子爵を贈られる。　典：公辞・公補

○石川家

石川石足　いしかわの・いわたり

奈良時代の人、権参議。生年不明～天平元(729)年8月9日没。

近江朝の右大臣蘇我連子の孫、中納言小花下安麿の子。平城朝に勤める。和銅元(708)年正五位上に叙され朝臣を称し河内守に任ぜられ、養老元(717)年治部卿に任ぜられる。同2年従四位下、同3年従四位上に進み、同4年左大弁に、同5年兼太宰大弐に任ぜられる。同7年正四位下に進み、天平元(729)年従三位に進み権参議に任ぜられる。子に年足・豊成がいる。　典：古代・公補

蘇我連子━小花下安麿━石川石足┳年足━名足━真守
　　　　　　　　　　　　　　　┗豊成

石川年足　いしかわの・としたる

奈良時代の人、御史大夫(大納言より上位)。第41代持統天皇2(688)年生～天平宝字6(762)年9月没。75才。

近江朝の右大臣蘇我連子の曾孫、中納言小花下安麿の孫、権参議石川石足の子。弟に豊成がいる。天平7(735)年従五位下に叙され朝臣を称し出雲守に任ぜられ、同12年従五位上、同15年正五位下に進み、同16年東海道巡察使となる。同18年正五位上に進み陸奥守・春宮権亮・左大弁に任ぜられ、同19年従四位下に進む。同年春宮大夫、同20年参議に任ぜられる。天平勝宝元(749)年従四位上、同3年従三位に進み兼左大弁・兼太宰帥に任ぜられ、同5年左大弁を辞す。天平宝字元(757)年兼神祇伯兵部卿・中納言に任ぜられ、同2年正三位に進み大納言に任ぜられる。同4年大納言の上位の御史大夫に任ぜられ、勲十三等を授かる。子に名足がいる。　典：古代・大日・公補

石川豊成　いしかわ・とよなり

奈良時代の人、中納言。生年不明～宝亀3(772)年9月没。

近江朝の右大臣蘇我連子の曾孫、中納言小花下安麿の孫、権参議石川石足の子。兄に年足がいる。天平宝字6(762)年従四位下に叙され朝臣と称し兼尾張守・兼右大弁・参議に任ぜられる。同8年正四位下に進み兼大蔵卿に任ぜられ、天平神護元(765)年従三位に進み太宰帥に任ぜられる。同2年右大弁を辞す。神護景雲2(768)年兼宮内卿に任ぜられ、同3年大蔵卿を辞し右京大夫に任ぜられ、宝亀元(770)年正三位に進み、同2年中納言に任ぜられる。　典：古代・大日・公補

石川名足　いしかわ・なたり

奈良時代の人、中納言。神亀5(728)年生～延暦7(788)年6月4日没。61才。

権参議石川石足の孫、御史大夫石川年足の子。天平宝字5(761)年従五位下に叙される。同年下野守、同7年伊勢守に任ぜられる。同8年従五位上に進み備前守に任ぜられる。天平神護2(767)年正五位下に進み、同3年陸奥守・鎮守府将軍、神護景雲2(768)年大和守、宝亀2(771)年兵部大輔から民部大輔に任ぜられる。同4年従四位下に進み太宰大弐、同8

年造東大寺長官に任ぜられる。同9年右大弁に任ぜられたが辞し参議・兼伊予守に任ぜられる。天応元(781)年従四位上に進み再び右大弁・兼右京大夫に任ぜられる。延暦元(782)年右大弁を辞す。同年正四位下に進み兼美作守に任ぜられ、同2年正四位上に進み、兼播磨守に任ぜられる。同3年従三位に進む。同4年左大弁、中納言に任ぜられ、同5年兼中宮大夫から皇后宮大夫・兵部卿に任ぜられる。同7年兼大和守・左京大夫に任ぜられる。子に真守がいる。　典：古代・大日・公補

石川真守　いしかわ・まもり

奈良時代の人、参議。天平2(730)年生～延暦17(799)年8月19日没。70才。

権参議石川石足の曾孫、御史大夫石川年足の孫、中納言・左京大夫石川名足の子。天平神護2(766)年従五位下に叙される。同年近江介、同3年右京亮、神護景雲2(768)年中務少輔、同4年少納言に任ぜられる。宝亀2(771)年従五位上に進み、同3年遠江守に任ぜられ、のちに越中守、同7年式部少輔に任ぜられる。同12年正五位下に進み、天応元(781)年兼武蔵守、延暦元(782)年式部大輔に任ぜられる。同2年正五位上に進み太宰大弐、同6年参議・兼右大弁に任ぜられる。同9年従四位下に進む。同10年従四位上に進み弁を辞す。同年右京大夫、同11年兼大和守・転兼左京大夫に任ぜられる。同13年正四位下、同14年正四位上に進み兼下総守に任ぜられたが、同15年任職を辞す。同16年刑部卿に任ぜられたが没す。　典：古代・公補

○石山家

⇨壬生家へ
葉川基起┬基淳
　　　　└石山師香┬直宗
　　　　　　　　　├利香
　　　　　　　　　└基名―基陳―篤熙―基逸―基文―基正―基則―基弘（子）

中御門家・松枝流。藤原鎌足の末裔の壬生家より江戸時代に分家した。代々筆道を家道とした。明治に子爵を授かる。本姓は藤原。家紋は杜若(かたばみ)。菩提寺は京都上京区今出川上の阿弥陀寺。

典：大日・日名

石山師香　いしやま・もろか

江戸時代の人、権中納言。寛文9(1669)年5月13日生～享保19(1734)年10月13日没。66才。初名=壬生基信。元名=壬生基董。前名=石上基董。一字名=董。俗名=石山三位。

左大臣園基音の孫。従三位葉川基起の次男。兄に壬生基淳がいる。初めは壬生基信と名乗り、延宝5(1677)年叙爵。天和2(1682)年元服。侍従に任ぜられる。同3年従五位上に叙される。貞享4(1687)年正五位下に進み左少将に任ぜられ、元禄4(1691)年従四位下に進み左中将に任ぜられる。同年基董と改名。同8年従四位上、同12年正四位下、同16年従三位に進み壬生家より分かれて石上の姓を名乗る。宝永元(1704)年大蔵卿、同2年左兵衛督に任ぜられ踏歌節会外弁となる。同4年正三位に進む。正徳3(1713)年師香と改名。享

保4(1719)年左兵衛督を辞す。同7年参議に任ぜられ、同8年参議を辞し従二位に進む。同19年権中納言に任ぜられる。狩野永納に絵を学び戯画をし、金木などに彫刻をよくし、和歌もよく詠んだ。子に直宗(従四位下・左少将、享保7,3,19没、18才)・利香(正五位下・侍従、享保17,閏5,2没、13才)、婿養子に基名がいる。　典：大日・日名・公辞・公補

石山基名　いしやま・もとな

江戸時代の人、権大納言。享保5(1720)年11月11日生～寛政4(1792)年2月27日没。73才。初名＝姉小路公城。前名＝石山公城。

参議姉小路実武朝臣の次男。初め姉小路公城と名乗る。享保11(1726)年叙爵。同18年権中納言石山師香の子直宗・利香が早死したので、石山師香の婿養子となり石山公城と名乗り従五位上に叙され元服。侍従に任ぜられる。元文元(1736)年基名に改名し、同2年正五位下に進み左少将に任ぜられる。寛保元(1741)年従四位下、延享2(1745)年従四位上に進む。寛延元(1748)年兼丹波介に任ぜられ、同2年正四位下に進み、同3年右中将に任ぜられる。宝暦2(1752)年丹波介を辞す。同4年従三位、同8年正三位に進み右兵衛督に任ぜられ、同11年踏歌外弁となる。同12年参議に任ぜられ翌年に辞す。明和5(1768)年従二位に進む。安永元(1772)年権中納言に任ぜられるも辞す。同6年正二位に進む。寛政元(1789)年権大納言に任ぜられたが辞す。子に基陳がいる。　典：公辞・公補

石山基陳　いしやま・もとつら

江戸時代の人、権大納言。延享元(1744)年6月23日生～文政3(1820)年8月24日没。77才。

権大納言石山基名の子。母は権中納言石山師香の娘。延享4(1747)年従五位下に叙される。宝暦7(1757)年元服。従五位上に進み右京大夫に任ぜられる。同11年正五位下、明和2(1765)年従四位下に進み近衛権少将に任ぜられ、同6年従四位上に進み、同7年補院別当に任ぜられ、安永2(1773)年正四位下に進み左近衛権中将に任ぜられ、同6年従三位、天明元(1781)年正三位に進む。寛政2(1790)年大蔵卿に任ぜられ、同6年踏歌外弁となる。同8年参議に任ぜられ、同9年任職を辞し従二位に進む。享和3(1803)年権中納言に任ぜられるも辞す。文化3(1806)年正二位に進む。同10年権大納言に任ぜられるも辞す。子に篤熈がいる。　典：公辞・公補

石山篤熈　いしやま・あつひろ

江戸時代の人、権中納言。宝暦12(1762)年9月5日生～天保8(1837)年9月24日没。76才。初名＝壬生輔房。前名＝壬生篤熈。

権中納言壬生基貫の次男。初め壬生篤熈と名乗る。明和8(1771)年従五位下に叙される。寛政3(1791)年権大納言石山基陳と権大納言難波宗城の娘夫婦の養子となり石山姓となり元服。従五位上に進む。同7年正五位下に進み左衛門佐に任ぜられ、同11年従四位下、享和3(1803)年従四位上に進み、文化2(1805)年左権少将に任ぜられ、同4年正四位下、同9年従三位に進み左権中将に任ぜられるも、同10年任職を辞す。同13年正三位に進む。文政7(1824)年参議に任ぜられるも辞す。同9年従二位に進む。天保2(1831)年権中納言に任ぜられるも辞す。同6年正二位に進む。子に基逸(正四位下・左権少将、安政6,12没、64才)がいる。　典：公辞・公補

石山基文　いしやま・もとぶみ

江戸・明治時代の人、非参議。文政10(1827)年1月7日生～明治24(1891)年11月没。65才。

左権少将石上基逸朝臣の子。(姉小路公遂の次男・石野基標の子とも言われる)天保3(1832)年従五位下に叙される。同12年元服。従五位上に進み左京権大夫に任ぜられ、弘化2(1845)年正五位下、嘉永2(1849)年従四位下、同6年従四位上、安政4(1857)年正四位下に進む。同5年に起った安政の事件(飛鳥井雅典の項参照)に参加。文久3(1863)年左少将、慶応3(1867)年左中将に任ぜられる。この頃は京都新在家西側に住み、家料は30石3人扶持であったが御蔵米となる。明治元(1868)年従三位に進み左兵衛督に任ぜられ、同17年に子爵を授爵。子に基正(右兵衛権佐、朝臣、子爵、明治24,12没、49才)がいる。　典：明治・公辞・京四・公補

○石上家

石上麻呂　いそのかみの・まろ

飛鳥時代の人、左大臣。第34代舒明天皇12年(640)年生～霊亀3(717)年3月3日没。78才。

難波朝の衛部大華上の物部宇常麿の子。朝臣を称し、大宝元(701)年正三位に叙され中納言から大納言に任ぜられる。同2年兼太宰帥に任ぜられ、同4年従二位に進みこの年最高位の右大臣に任ぜられ、慶雲5(708)年正二位に進み左大臣に任ぜられる。没後に従一位を贈られる。子に乙麻呂がいる。　典：古代・大日・公補

石上宮麻呂　いそのかみ・みやまろ

飛鳥時代の人、散位(非参議と同格)。第37代斉明天皇元年(655)年生～和銅4(711)年12月5日没。57才。

近江朝の大臣の大紫連子の五男。朝臣を称し右大弁に任ぜられ、和銅4(711)年従三位に叙されたが没す。第37代斉明天皇元年の時、大紫の大臣は左大臣巨勢徳太古がいるが、それの子かは不明。　典：公補

石上乙麻呂　いそのかみ・おとまろ

奈良時代の人、中納言。生年不明～天平勝宝2(750)年9月1日没。

左大臣石上麻呂の子。天平4(732)年従五位上に叙され朝臣を称し丹波守に任ぜられ、同8年正五位下、同9年正五位上に進む。同年中務卿に任ぜられ、同20年に辞す。同年従三位に進み参議、同21年中納言に任ぜられる。子に宅嗣がいる。　典：古代・大日・公補

石上宅嗣　いそのかみ・やかつぎ

奈良時代の人、大納言。神亀5(728)年生～天応元(781)年6月24日没。54才。一時姓＝物部朝臣。

左大臣石上麻呂の孫、中納言石上乙麻呂の子。天平勝宝3(751)年従五位下に叙され治部少輔に任ぜられる。同9年正五位下に進み相模守に任ぜられる。天平宝字元(757)年紫微少弼、同3年三河守、同5年上総守・遣唐副使に任ぜられる。同7年文部大輔に、同8年正五位上に進み太宰少弐・常陸守に任ぜられる。天平神護元(765)年従四位下に進み守を

辞し中衛中将に任ぜられる。同2年正四位下に進み参議に任ぜられる。神護景雲2(768)年従三位に進む。宝亀元(770)年中将を辞す。同年兼太宰帥、同2年式部卿・中納言に任ぜられる。同4年物部朝臣の氏姓を賜る。同8年中務卿に任ぜられ、同10年再び石上の氏姓となり大朝臣を称す。同11年大納言に任ぜられ、同12年正三位に進む。没後に右大臣を賜る。　典：古代・大日・公補

○一条家

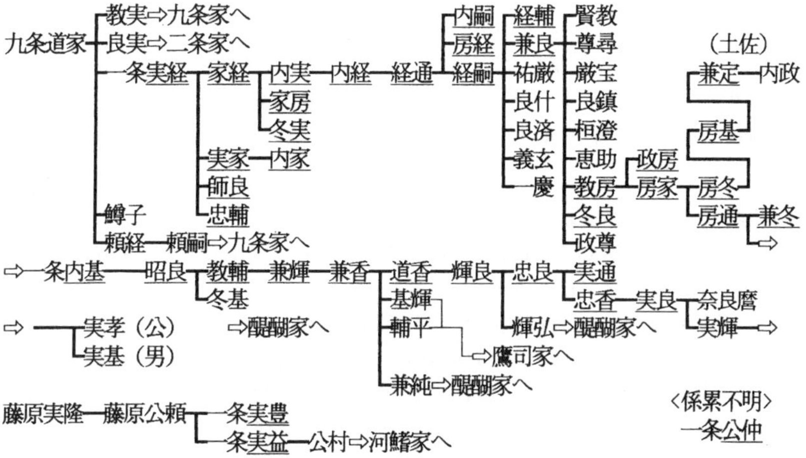

太政大臣九条道家の三男実経が、九条家より分かれて京都一条に住み、以て氏姓とし、代々五摂家の一つとして三公にあり、著名な学者を輩出し、応仁の乱の時教房が土佐に逃れて乱後もそこに留まり土佐一条家を創始する。また、忠香の三女寿栄君は明治元年に御入内立后し、のちの昭憲皇太后となる。同17年華族に列され公爵を授けられる。本姓は藤原。家紋は藤。菩提寺は京都東山区本町の東福寺。

典：大日・日名

一条実経　いちじょう・さねつね

鎌倉時代の人、摂政・関白・左大臣。貞応元(1222)年生～弘安7(1284)年7月18日没。63才。法名＝行祚。称号＝円明寺関白・後一条。雅号＝桃花。別名＝藤原実経。一条家の祖。

関白九条道家の三男。兄に九条教実・二条良実、弟に九条頼経がいる。九条家より分家し京都一条に住み、一条を氏姓とした。貞永元(1232)年正四位下に叙され元服。同年右中将、同2年兼播磨権守に任ぜられる。天福元(1233)年従三位、文暦元(1234)年正三位に進む。同2年権中納言に任ぜられ、嘉禎2(1236)年従二位から正二位に進み、権大納言に任ぜられる。暦仁元(1238)年兼左近大将、仁治元(1240)年右大臣に任ぜられる。同2年左大将を辞す。寛元元(1243)年兼東宮伝奏となる。同2年左大臣に任ぜられ、同4年関白に

任ぜられる。宝治元(1247)年従一位に進み摂政に任ぜられるも、同2年任職を辞す。弘長3(1263)年再び左大臣に任ぜられ、文永2(1265)年再び関白に任ぜられるも、同4年に辞す。弘安7(1284)年出家。子に家経・実家・師良・忠輔がいる。　典:大日・日名・公辞・伝日・古今・公補

一条家経　いちじょう・いえつね

鎌倉時代の人、左大臣・摂政。宝治2(1248)年生〜永仁元(1293)年12月11日没。46才。称号=後光明峯寺・一条殿。

関白一条実経の長男。母は左中将藤原有信朝臣の娘。弟に実家・師良・忠輔がいる。左中将に任ぜられ、正嘉元(1257)年従三位に叙される。正元元(1259)年正三位に進み権中納言に任ぜられる。文応元(1260)年従二位、弘長2(1262)年正二位に進み、権大納言に任ぜられる。文永2(1265)年兼左大将、同4年内大臣、同5年右大臣、同6年左大臣に任ぜられ、同7年従一位に進む。同10年兼東宮伝奏となり、同11年左大将・左大臣を辞す。同年摂政に任ぜられるも、建治元(1275)年に辞す。子に内実・家房・冬実がいる。　典：公辞・大日・日名・伝日・公補

一条実家　いちじょう・さねいえ

鎌倉時代の人、太政大臣。建長2(1250)年生〜正和3(1314)年5月28日没。65才。一説に正和31月17日没、66才又は86才あり。称号=一条殿。

関白一条実経の次男。母は左中将藤原有信朝臣の娘。兄に家経、弟に師良・忠輔がいる。文永2(1265)年正五位下に叙され元服。右少将から右中将に任ぜられる。同3年従四位下に進み兼播磨守に任ぜられ、同4年従四位上より従三位、同6年正三位、同7年従二位に進む。同8年丹波権守、同10年権中納言・兼左衛門督に任ぜられる。同11年正二位に進み兼按察使に任ぜられる。建治元(1275)年権大納言に任ぜられるも、弘安2(1279)年に辞す。同10年再び権大納言に任ぜられ、正応元(1288)年に辞す。乾元元(1302)年従一位に進む。嘉元3(1305)年内大臣に任ぜられ、徳治元(1306)年太政大臣に任ぜられるも、延慶2(1309)年に辞す。子に内家がいる。　典：大日・日名・伝日・公補

一条師良　いちじょう・もろよし

鎌倉時代の人、非参議。正嘉2(1258)年生〜永仁元(1293)年9月29日没。36才。

関白一条実経の三男。兄に家経・実家、弟に忠輔がいる。文永10(1273)年元服。従五位上に叙され侍従に任ぜられ正五位下から従四位下に進む。同11年従四位上より正四位下に進み左中将・兼丹波守に任ぜられ、更に従三位に進む。建治元(1276)年正三位、弘安元(1278)年従二位に進み丹波守を辞す。同3年播磨守に任ぜられ、同6年正二位に進み播磨守を辞す。　典：公補

一条忠輔　いちじょう・ただすけ

鎌倉時代の人、非参議。生没年不明。

関白一条実経の四男。母は権中納言藤原定高の娘。兄に家経・実家・師良がいる。建治3(1277)年叙爵して元服。侍従に任ぜられる。弘安2(1279)年正五位下に叙され、同3年右少将に任ぜられ従四位下、同4年従四位上、同5年正四位下、同6年従三位に進み左中将

に任ぜられる。同8年正三位、正応元(1288)年従二位に進み兼美作権守に任ぜられるも、同3年出家。　典：公補

一条内実　いちじょう・うちざね

鎌倉時代の人、内大臣。建治2(1276)年生～嘉元2(1304)年12月17日没。29才。称号=棲心院。

左大臣・摂政一条家経の長男。母は右中将松殿良嗣の娘。弟に家房・冬実がいる。弘安10(1287)年正五位下に叙され元服。左中将に任ぜられ従四位下より正四位下に進む。正応元(1288)年従三位に進み権中納言に任ぜられる。同2年正三位、同3年従二位に進み、同5年権大納言に任ぜられる。永仁元(1293)年正二位に進み、同6年兼右大将に任ぜられ、正安2(1300)年左大将に転任する。同4年内大臣に任ぜられ、嘉元元(1303)年左大将を辞す。子に内経がいる。　典：公辞・大日・日名・伝日・公補

一条家房　いちじょう・いえふさ

鎌倉時代の人、非参議。生没年不明。

左大臣・摂政一条家経の次男。母は参議園基氏の娘。兄に内実、弟に冬実がいる。正応元(1288)年正五位下に叙され元服。左少将に任ぜられ、同2年従四位下より従三位、同5年正三位に進む。永仁2(1294)年左中将に任ぜられ、同4年従二位、同6年正二位に進み近江権守に任ぜられるもこれを辞す。徳治2(1307)年陸奥権守に任ぜられ、元応元(1319)年任職を辞す。　典：公補

一条冬実　いちじょう・ふゆざね

鎌倉時代の人、権中納言。弘安元(1278)年生～没年不明。

左大臣・摂政一条家経の三男。兄に内実・家房がいる。永仁元(1293)年正五位下に叙され元服。侍従に任ぜられる。同2年従四位下、同3年従四位上より正四位下、同4年従三位に進み左少将に任ぜられる。同5年正三位に進み、右中将に任ぜられる。正安3(1301)年従二位に進む。乾元元(1302)年兼美作守、嘉元3(1305)年参議、徳治元(1306)年伊予権守、同2年権中納言に任ぜられる。延慶元(1308)年正二位に進み、同2年権中納言を辞す。暦応4(1341)年64才で出家。　典：日名・公補

一条内経　いちじょう・うちつね

鎌倉時代の人、関白・内大臣。正応4(1291)年生～正中2(1325)年12月2日没。35才。称号=芬陀利華院。

左大臣一条内実の子。正安元(1299)年正四位下に叙され元服。右近中将に任ぜられ、同2年従三位より正三位に進む。嘉元元(1303)年権中納言・左衛門督に任ぜられる。同3年兼右中将に任ぜられ、徳治元(1306)年従二位に進み権大納言に任ぜられる。同3年正二位に進む。文保元(1317)年兼左大将に任ぜられ、同2年内大臣より関白に任ぜられる。同3年従一位に進む。元亨3(1323)年関白を辞す。京都東山区本町の芬陀院は内経が創立し、一条家の菩提所ともなる。子に経通がいる。　典：大日・日名・伝日・公辞・公補

一条内家　いちじょう・うちいえ

鎌倉時代の人、権中納言。正応元(1288)年生〜没年不明。

太政大臣一条実家の子。従兄弟の内大臣・左大臣一条内実と中納言滋野井公光の娘の養子となる。正安4(1302)年元服。従五位上に叙され侍従に任ぜられ正五位下に進む。嘉元元(1303)年従四位下に進み左中将に任ぜられ、同2年正四位下より従三位に進む。徳治元(1306)年兼周防権守に任ぜられ、同2年正三位、延慶2(1309)年従二位に進み権中納言に任ぜられ、同3年に辞す。応長元(1311)年正二位に進む。貞和5(1349・正平4)年62才で出家。　典：公補

一条公仲　いちじょう・きみなか

鎌倉時代の人、非参議。生年不明〜延慶3(1310)年6月5日没。初名=能藤。元名=公遠。前名=公俊。

従二位藤原能基の次男。左大臣山階実雄の養子となる。一条を姓とし、初め能藤と名乗り、文永5(1268)年従五位下に叙される。同7年侍従に任ぜられ、同11年従五位上に進み公遠と改名。弘安3(1280)年左少将に任ぜられ、同6年正五位下、同8年従四位下、同11年従四位上、正応3(1290)年正四位下に進み、同4年左中将に任ぜられ公俊と改名。徳治元(1306)年従三位、延慶2(1309)年正三位に進み公仲と改名。　典：公補

一条実豊　いちじょう・さねとみ

鎌倉・南北朝時代の人、参議。建治2(1276)年生〜貞和4(1348.正平3)年5月11日没。73才。

従二位兵部卿藤原公頼の長男。弟に一条実益がいる。一条を姓とし、弘安11(1288)年叙爵。永仁2(1294)年従五位上に叙され、同3年侍従に任ぜられる。同4年正五位下、同5年従四位下、正安元(1299)年従四位上、同3年正四位下に進む。同年近江権介、徳治2(1307)年右少将、延慶元(1308)年右中将に任ぜられる。正和5(1316)年従三位に進む。同年右兵衛督に任ぜられたが、これを辞す。元弘元(1331)年正三位、康永2(1343.興国4)年従二位に進み、貞和2(1346.正平元)参議に任ぜられたが辞す。同4年出家。　典：公補

一条経通　いちじょう・つねみち

南北朝時代の人、左大臣・関白。文保元(1317)年生〜貞治4(1365・正平20)年3月10日没。49才。称号=芬陀利花院。

関白一条内経の子。母は右大臣西園寺公顕の娘。元亨元(1321)年正五位下に叙され元服。右近権少将に任ぜられ、同2年従四位上に進み左中将に任ぜられ、同3年正四位下に進み、同4年兼近江権守に任ぜられ、正中2(1324)年従三位に進む。同年左近中将、嘉暦2(1327)年権中納言に任ぜられる。同3年正三位に進み権大納言に任ぜられる。元徳2(1330)年兼左大将に任ぜられ、元弘元(1331)年正二位に進む。建武2(1335)年内大臣、同4年左大臣に任ぜられる。暦応元(1338)年関白に任ぜられる。康永元(1342)年従一位に進み関白を辞す。子に内嗣、房経、養子に経嗣がいる。　典：大日・日名・伝日・公辞・公補

一条実益　いちじょう・さねます

南北朝時代の人、参議。弘安7(1284)年生〜文和2(1353.正平8)年12月11日没。70才。

従二位兵部卿藤原公頼の次男。兄に一条実豊がいる。兄と同様に一条を称した。乾元元(1302)年従五位下に叙される。同年近江守、嘉元元(1303)年伯耆守に任ぜられる。徳治元(1306)年従五位上に進み、同2年侍従に任ぜられる。延慶2(1309)年正五位下に進み、同3年右馬権頭・右少将に任ぜられる。応長元(1311)年従四位下、正和4(1315)年従四位上に進み、文保2(1318)年左中将に任ぜられ、のち辞す。康永2(1343.興国4)年従三位に進み再び侍従に任ぜられる。貞和4(1348.正平3)年兵部卿に任ぜられる。同5年参議に任ぜられるも辞す。文和2(1353.正平8)年盗人の乱入で疵を負い没す。子に公村(河鰭家へ)がいる。　典：公辞

一条内嗣　いちじょう・うちつぐ

南北朝時代の人、権大納言。建武3(1336.延元元)生～没年不明。初名=内平。

左大臣・関白一条経通の長男。母は左大臣の娘。弟に房経、義弟に経嗣がいる。初め内平と名乗る。暦応3(1340)年正五位下に叙され元服。康永元(1342.興国3)年右少将から左中将に任ぜられ、同2年従四位上より正四位下、同3年従三位に進み兼近江権守に任ぜられるも辞す。貞和3(1347.正平2)年権中納言に任ぜられ、同5年正三位に進む。文和2(1353.正平8)年権大納言に任ぜられる。同4年従二位、延文元(1356.正平11)年正二位に進む。同2年南朝へ逐電し、吉野に赴き第97代後村上天皇に仕える。同3年権大納言を削られ、貞治元(1362.正平17)年出家した事として処理される。　典：大日・日名・伝日・公辞・公補

一条房経　いちじょう・ふさつね

南北朝時代の人、権大納言。貞和3(1347)年生～貞治5(1366.正平21)年12月27日没。20才。称号=後棲心院。

左大臣・関白一条経通の次男。兄に内嗣、義弟に経嗣がいる。延文3(1358.正平13)年従五位下から従四位上に進み右少将から左中将に任ぜられ、同4年正四位下から従三位に進み兼播磨介に任ぜられる。同5年正三位に進む。康安元(1361.正平16)年権中納言、貞治元(1362.正平17)年権大納言に任ぜられる。同2年従二位に進む。　典：公辞・公補

一条経嗣　いちじょう・つねつぐ

南北朝・室町時代の人、左大臣・関白。延文3(1358.正平13)年生～応永25(1418)年11月17日没。61才。号=成恩寺。

一条家の長男内嗣が南朝に行き、次男房経が早死したため、左大臣・関白一条経通の養子となる。貞治6(1367)年正五位下に叙され元服。右近権少将より左近権中将に任ぜられ、応安元(1368.正平23)年従四位下にから正四位下に進み兼播磨介に任ぜられ、更に従三位、同3年正三位に進み兼左衛門督に任ぜられ、同4年従二位に進み督を辞す。同年権中納言に任ぜられる。同6年正二位に進む。同7年権大納言、至徳元(1384.元中元)兼左大将、嘉慶2(1388)年内大臣に任ぜられる。明徳元(1390・元中7)年左大将を辞す。同2年従一位に進む。応永元(1394)年左大臣・関白に任ぜられる。同2年左大臣を辞し踏歌内弁となる。同5年関白を辞すも、同6年関白の二条師嗣が出家したので、再び関白に任ぜられる。同15年関白を辞すも、同17年関白の二条満基が没したので、三たび関白に任ぜられ

る。和漢の学に精通し尊崇を受ける。経輔・兼良・祐厳(僧)・良什(僧)・良済(僧)・義玄(僧)・一慶(僧)の七子がいる。　典：大日・日名・伝日・公辞・公補

一条経輔　いちじょう・つねすけ

室町時代の人、権大納言。生没年不明。初名=良忠。

左大臣・関白一条経嗣の長男。弟に兼良、僧になった祐厳・良什・良済・義玄・一慶がいる。左中将に任ぜられていたが、応永3(1396)年従三位に進み権中納言に任ぜられ、同5年正三位に進む。同8年従二位に進み権大納言に任ぜられる。同10年正二位に進む。同15年に経輔と改名。同18年権大納言を病弱にて辞し家督を弟の兼良に譲り、同23年出家。典：大日・日名・公辞・公補

一条兼良　いちじょう・かねよし

室町時代の人、権大納言。応永9(1402)年5月7日生～文明13(1481)年4月2日没。80才。法名=覚恵。諡号=後成恩寺。称号=一条禅閣。一字名=柳・花・御。雅号=桃花翁・桃花叟・桃華老人。俗称=カネラ。

左大臣・関白一条経嗣の次男。母は参議東坊城秀長の娘。兄に経輔、弟に僧になった祐厳・良什・良済・義玄・一慶がいる。応永19(1412)年元服。正五位下に叙され右少将に任ぜられる。同20年従四位上に進み左中将に任ぜられ、従三位に進む。同21年正三位に進み、権中納言に任ぜられる。同22年従二位、同23年正二位に進む。同年権大納言に任ぜられ、左中将を辞す。同27年右大将から左大将に任ぜられ、同28年内大臣に任ぜられる。同30年左大将を辞す。同31年右大臣、同32年従一位、永享元(1429)年左大臣に任ぜられる。同4年摂政に任ぜられるも辞す。文安3(1446)年太政大臣、同5年兼関白に任ぜられる。宝徳2(1450)年太政大臣を辞し踏歌外弁となる。享徳2(1453)年関白を辞し准三宮になる。応仁2(1468)年再び関白に任ぜられたが、細川勝元と山名持豊の戦いに京都九条から奈良に避ける。文明2(1470)年に辞す。同4年美濃に遊び藤川記を著す。同5年出家。著作は公卿中最多で、京都に関する貴重な史料が残されている。墓所は京都東山区東福寺の常楽庵。春日大社に古文書がある。教房・冬良・教賢・尋尊・厳宝・良鎮・桓澄・恵助・政尊の九子がいる。　典：古文・大日・日名・公辞・伝日・古今・京都・公補

一条教房　いちじょう・のりふさ

室町時代の人、左大臣・関白。応永30(1423)年生～文明12(1480)年10月5日没。58才。号=妙華寺関白。土佐一条の祖。

権大納言一条兼良の長男。母は権中納言藤原宣俊の娘。弟に冬良・教賢・尋尊・厳宝・良鎮・桓澄・恵助・政尊の八弟がいる。永享10(1438)年元服。正五位下より従四位上に進み、同11年権中納言・左近中将に任ぜられ、従三位に進む。嘉吉2(1442)年正三位に進む。同4年権大納言に任ぜられる。文安3(1446)年従二位、宝徳元(1449)年正二位に進む。同年兼左大将、享徳元(1452)年内大臣に任ぜられる。康正元(1455)年左大将を辞し右大臣に任ぜられる。長禄元(1457)年左大臣、同2年関白に任ぜられる。同3年従一位に進む。寛正4(1463)年関白を辞す。応仁元(1467)年乱を避けて父と共に奈良に赴き、さらに同2年土佐幡多郡中村(高知県中村市小姓町)に赴き土着して没す。墓所は中村市の妙華寺。ま

た、中村市の一条神社に祀られる。土佐中村は小京都を称する。子に政房・房家がいる。
典：大日・日名・公辞・伝日・京都・公補

一条冬良　いちじょう・ふゆら

室町時代の人、太政大臣・関白。寛正5(1464)年6月25日生～永正11(1514)年3月27日没。51才。号=後妙華寺。

権大納言一条兼良の次男。母は従三位藤原顕郷の娘。兄に教房、弟に教賢・尋尊・厳宝・良鎮・桓澄・恵助・政尊がいる。文明4(1472)年元服。正五位下に叙され左近衛権少将に任ぜられ、同5年従四位上より従三位に進む。この年に父兼良が出家したので、兄前関白教房の養子となる。同6年近衛権中将、同7年権中納言に任ぜられる。同8年正三位に進む。同10年右大将に任ぜられる。同11年従二位に進み、権大納言に任ぜられる。同12年左近衛大将に任ぜられ、同17年正二位に進む。同18年内大臣に任ぜられる。長享元(1487)年左大将を辞す。同2年内大臣を辞し関白に任ぜられる。明応元(1492)年従一位に進む。同2年関白を辞し太政大臣に任ぜられたが、同6年に辞す。同年再び関白に任ぜられるも、同10年に辞す。葬儀は普門寺で行われたという。子がなく土佐国司一条房家の子房通を養子とした。　典：大日・公辞・伝日・古今・公補

一条政房　いちじょう・まさふさ

室町時代の人、権大納言。生年不明～文明元(1469)年10月17日没。

左大臣・関白一条教房の子。母は権大納言藤原為之の娘。弟に房家がいる。寛正3(1462)年従四位上より従三位に進む。同年左少将、同4年権中納言・兼左衛門督、同5年左近衛権中将に任ぜられる。同6年正三位に進み、文正元(1466)年権大納言に任ぜられる。文明元(1469)年細川勝元と山名持豊との乱が起こり摂津兵庫福原にて山名氏の軍兵に殺される。　典：大日・日名・伝日・公辞・公補

一条房家　いちじょう・ふさいえ

戦国時代の人、土佐国司・権大納言。文明7(1475)年生～天文8(1539)年11月13日没。65才。号=藤林寺。

左大臣・関白一条教房(土佐一条の祖)次男。父教房が応仁の乱を避けて土佐中村に土着したため、土佐にて生まれる。将軍足利義政に請うて土佐国司に補され、中村城を修築したので、服する者が多く七大夫(長曽我部・本山・吉良・大平・香宗我部・安岐・津野)と五属(東小路・西小路・入江・飛鳥井・白川)で、その士臣51人・士豪45家が家臣となる。その功績を認められ上洛。明応3(1494)年正五位下に叙される。永正3(1506)年従四位下に進み左近衛中将に任ぜられる。同7年従三位に進み、同10年権中納言に任ぜら、同13年権大納言に任ぜられる。同15年権大納言を辞し土佐に戻る。同17年正三位、大永元(1521)年従二位、同六年正二位に進む。土佐にて没す。子に房冬(土佐生)・房通(京都生・宗家の関白一条冬良の養子)がいる。　典：大日・日名・伝日・公辞・公補

一条房冬　いちじょう・ふさふゆ

戦国時代の人、土佐国司・権中納言。長享2(1488)年生～天文10(1541)年11月6日没。44才。諡号=円明院。

土佐国司・権大納言一条房家の長男。母は参議藤原資冬の娘。弟に房通(京都住)がいる。父房家が土佐で将軍足利義政より土佐国司に補され、中村城を修築、近在に家臣を服した頃に土佐中村に生まれ、父が上洛後、7才で中村城を守る。永正7(1510)年従五位上に叙され侍従に任ぜられ、同10年正五位下に進み左少将に任ぜられる。同14年従四位下、同17年正四位下に進み左中将に任ぜられ、大永元(1521)年左中将を辞し従三位に進む。同3年権中納言に任ぜられ、享禄2(1529)年越州に行き一時上洛。同3年正三位、天文元(1532)年従二位に進み、同4年左大将に任ぜられるも、同6年これを辞す。同8年正二位に進む。土佐中村にて没す。子に房基がいる。　典：大日・日名・伝日・公辞

一条房通　いちじょう・ふさみち

室町時代の人、関白・左大臣。永正6(1509)年生～弘治2(1556)年10月30日没。48才。院号=唯心院。

土佐国司・権大納言一条房家の二男。母は兵部少輔源惟の娘。父房家が明応初年に上洛し、京都で生まれる。宗家が絶えた為に関白一条冬良家の後を嗣ぐ。永正14(1517)年元服。正五位下に叙され右少将に任ぜられ、従四位下に進み左中将に任ぜられる。同15年従三位、大永元(1521)年正三位に進み、同2年兼播磨権守権中納言に任ぜられる。同3年従二位に進み、権大納言に任ぜられる。同6年正二位に進む。享禄元(1528)年一時兵庫に行く。右大将に任ぜられる。同4年土佐に戻った父房家に会いに土佐に行く。天文2(1533)年左大将に任ぜられるも土佐に在住。同8年土佐より上洛し内大臣に任ぜられる。同10年従一位に進み右大臣に任ぜられ、更に同11年左大臣に任ぜられる。同12年土佐に行き、同14年上洛、関白に任ぜられる。同17年関白を辞す。同20年准三宮となる。子に兼冬・内基がいる。　典：大日・日名・伝日・公辞・公補

一条房基　いちじょう・ふさもと

室町時代の人、非参議・土佐国司。大永2(1522)年生～天文18(1549)年4月12日没。28才。諡号=前光寿寺。

土佐国司・権中納言一条房冬の子。母は式部卿邦高親王の王女。土佐中村で生まれて在住。享禄3(1530)年従五位下に叙される。同5年右中将に任ぜられ、天文4(1535)年正五位下、同6年従四位下、同8年従四位上ついで正四位下二、同9年従三位に進む。同10年兼阿波権守に任ぜられるも父房冬が没し、父の後を継いで土佐国司となるも、同18年狂気となり自害したという。子に兼定がいる。　典：大日・日名・公辞・公補

一条兼定　いちじゅう・かねさだ

戦国時代の人、土佐国司・権中納言。天文12(1543)年生～天正元(1573)年没。31才。

土佐国司・右中将・阿波権守一条房基の子。母は修理大夫大友義鑑朝臣の娘。父房基が天文18(1549)年に没したので土佐より上洛し、一条宗家を継いだ准三宮一条房通の養子となる。同20年正五位下より従四位上に叙され元服。左少将に任ぜられる。同21年従三位に進む。永禄元(1558)年土佐に戻り土佐国司となるも放縦政策で、民衆・部下を制する事が出来ず、天正元年部下であった長曽我部元親と争い破れて、母方の臼杵の大友義統に逃れる。朝廷では左中将・権中納言に任ぜられ出家したとして処理をする。しか

し元親の家臣吉良親貞の兵に殺されたという。子に内政(従四位上・左中将、天正8,5没)がいる。　典：大日・日名・公辞・公補

一条兼冬　いちじょう・かねふゆ

室町時代の人、左大臣・関白。享禄2(1529)年生～天文23(1554)年2月1日没。26才。号=後円明寺関白。法名=天岳行春。

関白一条房通の長男。母は関白太政大臣一条冬良の娘。弟に内基がいる。一条宗家を嗣ぐ。天文8(1539)年従五位上に叙され元服。正五位下に進み右少将に任ぜられ、同9年従四位上より従三位に進み左中将・兼播磨権守に任ぜられ、同10年正三位に進み権中納言に任ぜられ、同11年従二位に進み、権大納言に任ぜられる。同12年正二位に進む。同15年兼右大将・内大臣に任ぜられたが右大将を辞す。同16年右大臣に任ぜられる。同20年従一位に進み、同22年左大臣より関白に任ぜられるも、翌年没す。生来絵を好み、天文10年13才の時に月輪摂政・光明峰寺摂政・普光園院摂政・洞院摂政・円明寺関白の遺像を描き、一条家の重宝となったという。　典：大日・日名・公辞・公補

一条内基　いちじょう・うちもと

室町・安土桃山・江戸時代の人、左大臣・関白。天文17(1548)年生～慶長16(1611)年7月2日没。64才。号=自浄心院・翫月。一字名=杏。

関白一条房通の次男。母は一条家の次女。兄に兼冬がいる。一条宗家を継いだ兄の後を嗣ぐ。弘治4(1558)年正五位下より従四位下に叙され右少将に任ぜられ、永禄2(1559)年正四位下に進み左中将に任ぜられ、同3年従三位に進む。同4年権中納言に任ぜられる。同6年正三位に進み、同8年権大納言に任ぜられ、同10年従二位、天正元(1573)年正二位に進み土佐一条家に行く。同3年上洛。同年内大臣、同4年右大臣、同5年左大臣、同9年関白に任ぜられる。同10年従一位に進む。同12年左大臣・関白を辞す。子がなく第百七代後陽成天皇の皇子(昭良)を賜りて嗣とした。　典：大日・日名・伝日・公辞・公補

一条昭良　いちじょう・あきよし

江戸初期の人、摂政・関白・左大臣。慶長10(1605)年4月26日生～寛文12(1672)年3月12日没。68才。宮名=九宮。初名=兼遐(かねとお)。一字名=李。法名=恵観。僧名=戎師大徳寺玉舟和尚。号=智徳院。

第百七代後陽成天皇の第九皇子であったが、左大臣・関白一条内基に子がなかったため、その嗣となった。母は中和門院近衛前の娘。初めは兼遐と名乗る。慶長14(1609)年正五位下に叙され元服。右少将に任ぜられ、同17年従三位に進む。同年右近中将、同18年権中納言、同19年権大納言に任ぜられる。元和2(1616)年正三位、同3年従二位に進み兼右近衛大将に任ぜられ踏歌外弁となる。同5年正二位に進む。同年内大臣、同6年左大将、同7年右大臣に任ぜられる。同9年左大将を辞す。寛永6(1629)年左大臣・関白、同7年摂政に任ぜられる。同9年左大臣を辞す。同11年摂政を辞す。同13年昭良と改名。同18年より補任簿に記載される。正保4(1647)年再び摂政に任ぜられる。慶安元(1648)年関白に任ぜられるも、同4年に辞す。承応元(1652)年出家。墓所は京都東山の東福寺。子に教輔・冬基(醍醐家へ)がいる。　典：大日・日名・伝日・公辞・公補

一条教輔　いちじょう・のりすけ

江戸時代の人、右大臣。寛永10(1633)年5月2日生～宝永4(1707)年1月6日没。75才。初名=伊実。前名=教良。号=後唯心院。

典：大日・日名・伝日・公辞・公補

一条兼輝　いちじょう・かねてる

江戸時代の人、摂政・関白・右大臣。慶安5(1652)年4月13日生～宝永2(1705)年9月10日没。54才。初名=内房。前名=冬経。号=円成寺。

右大臣一条教輔の子。母は備前少将光政の娘。初め内房と名乗る。万治3(1660)年正五位下に叙され元服。左少将に任ぜられ従四位上に進む。寛文元(1661)年従三位に進む。同年左中将、同2年権中納言に任ぜられる。同3年正三位に進み、権大納言に任ぜられる。同8年従二位に進む。同10年兼右大将、同12年内大臣に任ぜられる。延宝元(1673)年正二位に進み踏歌節会内弁となる。同3年左大将に任ぜられたが、同4年に辞す。同5年右大臣に任ぜられる。同8年冬経と改名。天和2(1682)年関白に任ぜられ、同3年右大臣を辞す。貞享4(1687)年摂政に任ぜられる。元禄2(1689)年摂政から再び関白に任ぜられたが、同3年に辞す。同7年従一位に進み、同11年兼輝と改名。養子に兼香がいる。　典：大日・日名・伝日・公辞・公補

一条兼香　いちじょう・かねよし

江戸時代の人、関白・太政大臣。元禄5(1692)年12月16日生～宝暦元(1751)年8月2日没。60才。通称=カネカ。号=後円成寺。

関白鷹司房輔の末子。摂政・関白一条兼輝と参議山科言行の娘の養子となる。元禄15(1701)年元服。正五位下に叙され右少将から左中将に任ぜられ、同16年従四位下から正四位下、宝永元(1704)年従三位に進み権中納言に任ぜられる。同2年踏歌節会外弁となる。同3年正三位に進む。同5年左中将を辞し、権大納言に任ぜられる。同6年従二位に進む。享保3(1718)年兼左大将に任ぜられ、同4年正二位に進み、同7年内大臣に任ぜられる。同8年一時任職を辞すも、すぐに復職する。同11年左大将を辞し左大臣に任ぜられる。同17年従一位に進む。元文2(1737)年関白に任ぜられる。延享2(1745)年左大臣・関白を辞す。同3年太政大臣に任ぜられたが、宝暦元(1751)年に辞す。同年准三宮となる。子に道香・基輝(鷹司家へ)・輔平(鷹司家へ)・兼純(醍醐家へ)がいる。　典：大日・日名・伝日・公辞・公補

一条道香　いちじょう・みちよし

江戸時代の人、太政大臣。享保7(1722)年10月10日生～明和6(1769)年9月5日没。48才。通称=ミチカ。

関白・太政大臣一条兼香の子。弟に基輝(鷹司家へ)・輔平(鷹司家へ)・兼純(醍醐)がいる。享保14(1729)年元服。従五位上に叙され右少将に任ぜられ、従四位下に進み左中将に任ぜられ、同15年正四位下より従三位に進む。同16年権中納言に任ぜられ、同17年正三位に進み、同18年権大納言に任ぜられ踏歌節会外弁となる。元文2(1737)年従二位に進み兼右大将に任ぜられる。同3年正二位に進み左大将に任ぜられ、内大臣より右大臣に任ぜられる。寛保3(1743)年左大将を辞し従一位に進む。延享2(1745)年左大臣、同3年関白に任

ぜられる。寛延元(1748)年左大臣を辞し関白より摂政に任ぜられる。この時、父兼香は太政大臣を務める。宝暦7(1757)年関白を辞す。同8年公卿を中心とした講話があり軍政まで論説が出て、道香は集会を止めたが幕府の知る所となり20人の朝臣が処罰を受ける(綾小路有美の項参照)。明和6(1769)年准三宮となる。子に輝良がいる。　典：伝日・公辞・公補

一条輝良　いちじょう・てるよし

江戸時代の人、関白・左大臣。宝暦6(1756)年11月7日生～寛政7(1795)年10月14日没。40才。号＝後得成院前関白。

左大臣・太政大臣一条道香の子。宝暦12(1762)年元服。正五位下より従四位上に叙され左少将より左中将に任ぜられ、従三位より、同13年正三位、明和元(1764)年従二位に進む。同4年権中納言に任ぜられ、同5年正二位に進み、権大納言に任ぜられる。同6年兼左大将に任ぜられ踏歌外弁となる。同8年内大臣に任ぜられる。安永4(1775)年任職を辞し従一位に進むも再び内大臣に任ぜられる。同8年右大臣、天明7(1787)年左大臣に任ぜられる。寛政3(1791)年関白に任ぜられ左大臣を辞す。同4年朝廷の権力を示すために諸卿と議し中山愛親と武家伝奏正親町公明を徳川幕府に使者とする(尊号一件)が、同5年幕府によって同人と二条治孝・広橋伊光とともに処罰される。のち幕府を屈伏させ朝意に従わせたという。同7年関白を辞す。子に忠良・輝弘(醍醐家へ)がいる。　典：大日・日名・伝日・公辞・公補

一条忠良　いちじょう・ただよし

江戸時代の人、左大臣・関白。安永3(1774)年3月22日生～天保8(1837)年6月3日没。64才。通称＝一条関白。法号＝大勝寺殿。

関白・左大臣一条輝良の子。弟に輝弘(醍醐家へ)がいる。天明2(1782)年元服。従五位上より正四位下に叙され左権中将に任ぜられる。同3年従三位、同4年正三位、同5年従二位に進み、権中納言に任ぜられる。同8年踏歌外弁となる。寛政元(1789)年権大納言に任ぜられる。同4年正二位に進み内大臣・兼左近大将に任ぜられ、同8年右大臣に任ぜられる。同9年左大臣を辞す。同11年従一位に進む。享和2(1802)年踏歌内弁、文化6(1809)年兼東宮伝となる。同11年左大臣・関白に任ぜられる。同12年左大臣を辞す。文政6(1823)年関白を辞す。同11年准三宮となる。子に実通・忠香がいる。　典：大日・日名・伝日・公辞・公補

一条実通　いちじょう・さねみち

江戸時代の人、権中納言。天明8(1788)年8月2日生～文化2(1805)年5月25日没。18才。号＝清源院。

左大臣・関白一条忠良の子。弟に忠香がいる。享和元(1801)年元服。従五位下に叙され左近衛権少将に任ぜられ、従四位下に進み左権中将に任ぜられる。同2年正四位下、同3年従三位に進む。文化元(1804)年権中納言・兼左衛門督に任ぜられたが、同2年病弱の為に任職を辞す。　典：公辞・公補

一条忠香　いちじょう・ただか

江戸時代の人、左大臣。文化9(1812)年2月13日生～文久3(1863)年11月7日没。52才。

左大臣・関白一条忠良の次男。母は従三位源富子。兄に実通(早死)がいる。文政2(1819)年元服。正五位下に叙され左近衛権少将に任ぜられ、従四位上に進み左権中将に任ぜられる。同3年従三位に進む。同4年正三位に進み、同5年権中納言に任ぜられ、同11年従二位に進み、権大納言に任ぜられる。天保2(1831)年踏歌外弁となる。同9年正二位に進む。嘉永元(1848)年兼右大将・右馬寮御監に任ぜられ、同2年左大将・左馬寮御監に転ず。安政元(1854)年京都にて御遷幸があり、御鳳輦前の番長として居飼2人・随身6人・舎人長1人・舎人2人・馬副8人・雑色8人・傘1人・郎等を引き連れて参加している。同5年内大臣に任ぜられ、同6年左大将・左馬寮御監を辞し左大臣に任ぜられる。万延元(1860)年従一位に進む。将軍継嗣問題では一橋派を支持したが、文久2(1862)年以後は公武合体運動に終始した。同3年左大臣を辞す。第百廿二代明治天皇の皇后昭憲皇太后(美子)の父。京都御所乾門内南側に住む。墓所は京都東山区の東福寺。子に実良がいる。　典：幕末・明治・公辞・京都・遷幸・公補

一条実良　いちじょう・さねよし

江戸時代の人、右大臣。天保6(1835)年2月28日生～明治元(1868)年4月24日没。34才。別読＝これよし。

左大臣一条忠香の子。妹に第百廿二代明治天皇の皇后になった美子(のち昭憲皇太后)がいる。弘化4(1847)年元服。従五位上に叙され左権少将に任ぜられ、従四位下に進み権中将に任ぜられる。嘉永元(1848)年正四位下より従三位に進む。同2年権中納言・兼左衛門督、同4年兼左近衛権中将に任ぜられる。同5年正三位に進む。安政元(1854)年踏歌外弁となる。同3年従二位、同5年正二位に進み、権大納言に任ぜられる。慶応2(1866)年兼左大将・左馬寮御監に任ぜられる。同3年従一位に進み、右大臣に任ぜられたが病弱の為か任職を辞す。京都御所乾門内南側に住む。家料は2044石。墓所は京都東山区の東福寺。子に奈良麿、養子に実輝(四条隆謌の子。公爵・貴族院議員・明治神宮宮司、大正13,7,8没、59才)がいる。　典：明治・公辞・京四・公補

○五辻家

鎌倉時代に藤原家より五辻を氏姓とした親氏・忠氏・俊氏が現れているが、源雅信の裔にして、その子時方は大原氏を称し、七代の仲兼が京都の五辻に住居して、五辻を氏姓とした。代々神楽に奉仕し、明治に至り華族に列され子爵を授かる。公卿に列したのは、諸仲・為仲・之仲・広仲・盛仲・順仲・豊仲・高仲の8人。本姓は源。家紋は竜胆(りんどう)。菩提寺は京都の西方寺(綾小路と同寺)。

典：大日・日名

五辻家(藤原家系)

五辻親氏　いつつつじ・ちかうじ

鎌倉時代の人、非参議。生年不明～正和元(1312)年11月29日没。初名＝経頼。前名＝時親。本姓＝藤原。

〈藤原系〉
五辻家＝親氏・忠氏・俊氏

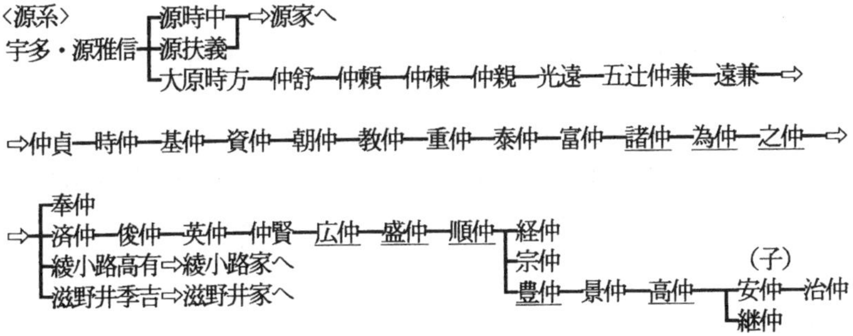

参議藤原宗親の子。五辻を氏姓とする。初め経頼と名乗る。文永7(1270)年従五位下に叙される。弘安3(1280)年安芸守に任ぜられ時親と改名。同4年従五位上に進み、同6年少納言に任ぜられる。同7年親氏に改名し正五位下、同9年従四位下に進み少納言を辞す。正応元(1288)年従四位上、同3年正四位下に進む。同年左少将、同4年左中将に任ぜらる。嘉元元(1303)年補蔵人頭に任ぜられ、同2年従三位に進み任職を辞す。同年左兵衛督に任ぜられたが、同3年に辞す。延慶2(1308)年正三位に進む。　典：公補

五辻忠氏　いつつつじ・ただうじ

鎌倉時代の人、非参議。生没年不明。本姓＝藤原。

従二位左兵衛督藤原宗氏の子。五辻と称す。建治2(1276)年従五位下に叙される。弘安6(1283)年従五位上に進み侍従に任ぜられる。同8年正五位下に進み、同9年左少将に任ぜられる。同11年従四位下、正応3(1290)年従四位上、同5年正四位下に進み、正安3(1301)年左中将に任ぜられる。延慶元(1308)年従三位、応長元(1311)年正三位、文保2(1318)年従二位に進むも、元応元(1319)年出家。　典：公補

五辻俊氏　いつつつじ・としうじ

鎌倉時代の人、参議。生没年不明。初名＝実雅。前名＝家宗。本姓＝藤原。参議藤原俊雅の子。初め実雅、のちに家宗と名乗る。文保元(1317)年左中将に任ぜられられる。元応3(1321)年正四位下に叙され、嘉暦2(1327)年従三位に進む。同年補蔵人頭・右兵衛督に任ぜられ俊氏と改名。元徳元(1329)年任職を辞す。同2年正三位に進み参議に任ぜられるも辞す。延元元(1336)年出家。

典：公補

五辻諸仲　いつつつじ・もろなか

室町時代の人、非参議。長享元(1487)年生～天文9(1540)年10月28日没。54才。

従四位上・右衛門佐蔵人五辻富仲朝臣の子。補蔵人・左近将監・中務丞などを歴任し、大永3(1523)年阿波権守・左兵衛権佐に任ぜられる。同4年従五位上に叙され、同6年正五位下に進み左衛門佐に任ぜられる。同8年従四位下、享禄3(1530)年従四位上、天文3(1534)

年正四位上に進み左京大夫・治部卿に任ぜられる。同7年任職を辞し従三位に進む。養子に為仲がいる。　典：公辞・公補

五辻為仲　いつつつじ・ためなか

室町・安土桃山時代の人、非参議。享禄2(1529)年生～天正12(1584)年6月17日没。56才。法名=宗木。

権中納言滋野井季国の次男。母は権中納言滋野井公古の娘。左京大夫・治部卿五辻諸仲の養子となる。天文7(1538)年補蔵人・中務大丞などを歴任し、永禄2(1559)年従五位下に叙され阿波守に任ぜられる。同3年従五位上に進み左兵衛権佐に任ぜられ、同4年正五位下、同6年従四位下に進み、左衛門佐に任ぜられる。同11年従四位上に進み治部卿に任ぜられる。元亀2(1571)年正四位下、天正4(1576)年任職を辞し従三位に進む。同11年大蔵卿に任ぜられ、同12年従二位に進むが没す。養子に之仲がいる。　典：公辞・公補

五辻之仲　いつつつじ・ゆきなか

安土桃山時代の人、非参議。永禄元(1558)年生～寛永3(1626)年11月25日没。69才。初名=実藤。前名=源元仲。

権中納言滋野井公古の子。大蔵卿五辻為仲の養子となる。初め実藤と名乗る。永禄8(1565)年叙爵。この頃は源元仲と名乗る。同12年六位蔵人・左近将監、天正5(1577)年兼左馬助に任ぜられる。同8年従五位下に叙され左馬頭に任ぜられる 。同9年従五位上、同11年正五位下、同14年従四位下に進み左馬頭を辞す。文禄4(1595)年従四位上に進み、慶長5(1600)年之仲と改名。同9年正四位下、同14年従三位に進む。同16年右兵衛督に任ぜられ、同年正三位に進む。子に奉仲・済仲・高有(綾小路家へ)・季吉(滋野井家へ)がいる。　典：公辞・公補

五辻広仲　いつつつじ・ひろなか

江戸時代の人、非参議。貞享4(1687)年7月5日生～寛延3(1750)年9月8日没。64才。

宣慶の次男。左京大夫五辻仲賢の養子となる。元禄12(1700)年叙爵。同13年元服。弾正少弼に任ぜられ、宝永元(1704)年従五位上、同5年正五位下、正徳2(1712)年従四位下、享保元(1716)年従四位上、同5年正四位下、同8年従三位、同13年正三位に進む。同15年宮内卿に任ぜられ、同18年踏歌節会外弁となる。延享4(1747)年従二位進み宮内卿を辞す。子に盛仲がいる。　典：公辞・公補

五辻盛仲　いつつつじ・もりなか

江戸時代の人、非参議。宝永7(1710)年12月.13生～宝暦12(1762)年9月25日没。53才。

宮内卿五辻広仲の子。享保2(1717)年叙爵。同8年元服。従五位上に叙され治部権大輔に任ぜられる。同12年正五位下に進み、同13年右衛門佐に任ぜられる。同16年従四位下、同20年従四位上、元文4(1739)年正四位下、延享元(1744)年従三位、寛延2(1749)年正三位に進み、宝暦4(1754)年治部卿に任ぜられる。同6年踏歌外弁となる。同12年治部卿を辞す。子に順仲がいる。　典：公辞・公補

五辻順仲　いつつつじ・ありなか

江戸時代の人、非参議。延享2(1745)年11月19日生～没年不明。法名=行寿。

治部卿五辻盛仲の子。母は従三位平松時春の娘。宝暦2(1752)年叙爵。同7年元服。従五位上に叙される。同年右馬権頭、同8年右衛門佐に任ぜられる。同11年正五位下、明和2(1765)年従四位下、同6年従四位上、安永2(1773)年正四位下、同6年従三位に進む。同7年治部卿に任ぜられる。天明2(1782)年正三位に進む。同5年踏歌外弁となる。寛政6(1794)年治部卿を辞す。寛政9(1797)年53才で落餝。子に経仲・宗仲・豊仲がいる。　典：公辞・公補

五辻豊仲　いつつつじ・とよなか

江戸時代の人、非参議。天明7(1787)年11月15日生～安政4(1857)年4月27日没。71才。

治部卿五辻順仲の三男。兄は経仲・宗仲がいる。寛政6(1794)年従五位下に叙され、同10年元服、従五位上に進み、大蔵大輔に任ぜられる。享和2(1802)年正五位下に進み、文化2(1805)年左衛門佐に任ぜられる。同3年従四位下、同7年従四位上、同11年正四位下、文政元(1818)年従三位、同6年正三位、弘化元(1844)年従二位に進む。子に景仲がいる。

典：公辞・公補

五辻高仲　いつつつじ・たかなか

江戸時代の人、非参議。文化4(1807)年12月22日生～明治6(1873)年4月没。67才。

大蔵大輔五辻景仲の子。文政3(1820)年従五位下に叙される。同4年元服。同年右馬権頭に任ぜられ、同7年従五位上に進む。同10年左兵衛佐に任ぜられ、同11年正五位下、天保3(1832)年従四位下、同7年従四位上、同11年正四位下、弘化2(1845)年従三位、嘉永2(1849)年正三位進む。安政5(1858)年に起こった安政の事件(飛鳥井雅典の項参照)の八十八廷臣に連座する。元治元(1864)年従二位に進む。京都西殿町に住む。家料は200石。子に安仲・継仲がいる。　典：公辞・公補

○今城家

本姓は藤原。花山院家中山支流。中山親綱の次男為親が中山・冷泉と号し、三代目の定淳に至り今城と改めた。明治に至り華族に列され子爵を授かる。家紋は車紋。菩提寺は京都右京区鳴滝松木町の三宝寺。

典：日名

今城定淳　いまき・さだのり

江戸時代の人、権中納言。寛永12(1635)年2月24日生～元禄2(1689)年5月.27没。55才。初名=為継。一字名=理。今城家の祖。

権中納言中山冷泉為尚の子。初め為継と名乗る。寛永15(1639)年叙爵。正保2(1645)年元服。従五位上に叙され侍従に任ぜられる。慶安2(1649)年正五位下に進み左少将に任ぜられ、明暦4(1658)年従四位上、寛文2(1662)年正四位下に進み定淳と改名。同6年正四位上に進む。同年蔵人頭、同9年右中将・参議に任ぜられる。同10年従三位に進み踏歌節会外弁となる。延宝2(1674)年権中納言に任ぜられ、同3年正三位に進む。同6年権中納言を辞す。天和元(1681)年従二位に進む。貞享元(1684)年より3年まで蟄居。子に定経がいる。
典：大日・公辞・公補

今城定経　いまき・さだつね

江戸時代の人、権中納言。明暦2(1656)年6月24日生～元禄15(1702)年2月26日没。47才。

権中納言今城定淳の子。母は松平丹波守光重の娘。寛文4(1664)年元服。従五位下に叙され侍従に任ぜられ、同8年正五位下に進み、同10年右少将に任ぜられ、同12年従四位下に進み、延宝元(1673)年右中将に任ぜられ、同5年従四位上、天和元(1681)年正四位下に進み、元禄元(1688)年正四位上に進む。同年蔵人頭、同5年参議に任ぜられる。同6年従三位に進む。同8年権中納言に任ぜられる。同10年踏歌節会外弁となる。同11年正三位に進む。同14年権中納言を辞す。子に定種がいる。　典：公辞・公補

今城定種　いまき・さだたね

江戸時代の人、権中納言。元禄9(1696)年5月15日生～寛延元(1748)年6月29日没。53才。

権中納言今城定経の子。母は権大納言池尻勝房の娘。元禄13(1700)年従五位下に叙される。宝永2(1705)年元服。従五位上に進み、侍従に任ぜられる。同5年正五位下に進み、同7年右少将に任ぜられる。正徳2(1712)年従四位下に進み、同3年右中将に任ぜられ、享保元(1716)年従四位上、同4年正四位下、同10年正四位上に進む。同年蔵人頭、同15年参議に任ぜられ、同16年踏歌節会外弁となる。同20年権中納言に任ぜられる。元文元(1736)年正三位に進み、同2年賀茂伝奏となる。同5年権中納言を辞す。寛保元(1741)年従二位に進む。子に定興がいる。　典：公辞・公補

今城定興　いまき・さだおき

江戸時代の人、参議。享保17(1732)年9月7日生～安永5(1776)年5月12日没。45才。

権中納言今城定種の子。母は丹波守光照の娘。元文元(1736)年元服。従五位に叙され侍従に任ぜられ、寛保3(1743)年正五位下に進む。延享2(1745)年兼出羽介、同3年左権少将に任ぜられる。同4年従四位下に進み、寛延3(1750)年左権中将に任ぜられる。宝暦元(1751)年従四位上、同4年正四位下、同13年正四位上に進む。同年右権中将・蔵人頭、明和2(1765)年参議に任ぜられる。同3年従三位に進む。同5年踏歌外弁となる。同6年正三位に進む。同8年参議を辞す。安永2(1773)年従二位に進む。子に定恭(従四位下、右少将、天明3,10,5没、16才、)・定成がいる。　典：公辞・公補

今城定成　いまき・さだなり

江戸時代の人、権中納言。安永9(1780)年12月17日生～文政11(1828)年6月19日没。55才。

参議今城定興の末男。母は丹波守光雄の娘。天明3(1783)年兄の定恭朝臣が早死しているので養子となり家督し、従五位下に叙される。同4年元服。、同6年従五位上、同9年正五位下に進み侍従に任ぜられ、寛政4(1791)年従四位下に進み右近衛権少将に任ぜられ、同7年従四位上より正四位下に進み権中将に任ぜられ、同12年温仁親王家司となる。文化10(1813)年正四位上に進み補蔵人頭に任ぜられ院別当となる。同12年蔵人頭を辞す。文政3(1820)年参議に任ぜられ、同4年従三位に進む。同5年踏歌外弁となる。同7年正三位に進み権中納言に任ぜられる。同11年権中納言を辞す。子に定章がいる。　典：公辞・公補

今城定章　いまき・さだあき

江戸時代の人、権大納言。寛政9(1797)年11月18日生～明治4(1871)年4月没。75才。

権中納言今城定成の次男。母は権大納言中山愛親の娘。寛政11(1799)年叙爵。文化3(1806)年元服。従五位上に叙される。同6年正五位下に進み、同9年侍従に任ぜられ、同10年従四位下、同13年従四位上、文政2(1819)年正四位下に進む。同5年左近衛権少将、同8年権中将に任ぜられる。同9年から11年まで蟄居。安政元(1854)年従三位に進み参議に任ぜられる。同2年権中納言に任ぜられるも辞す。同4年正三位に進む。同5年に起こった安政の事件(飛鳥井雅典の項参照)に子定国と八十八廷臣として連座。文久元(1861)年従二位、慶応2(1866)年正二位に進む。同3年権大納言に任ぜられるも辞す。子に定国がいる。　典：明治・公辞・公補

今城定国　いまき・さだくに

江戸時代の人、権中納言。文政3(1820)年3月19日生～明治8(1875)年11月没。56才。

権大納言今城定章の子。母は松平主膳正の娘。文政5(1822)年叙爵。同13年元服。従五位上、天保元(1830)年正五位下、弘化2(1845)年従四位下に進み侍従に任ぜられる。同5年従四位上、嘉永4(1851)年正四位下に進み右近衛権少将に任ぜられる。安政5(1858)年左近衛権中将に任ぜられたが安政の事件(飛鳥井雅典の項参照)に父定章と八十八廷臣として連座。元治元(1864)年従三位に進み参議に任ぜられる。慶応3(1867)年正三位に進む、明治元(1868)年権中納言に任ぜられる。子に磐麿(子爵・のち定徳)がいる。　典:明治・公辞・公補

○今出川家

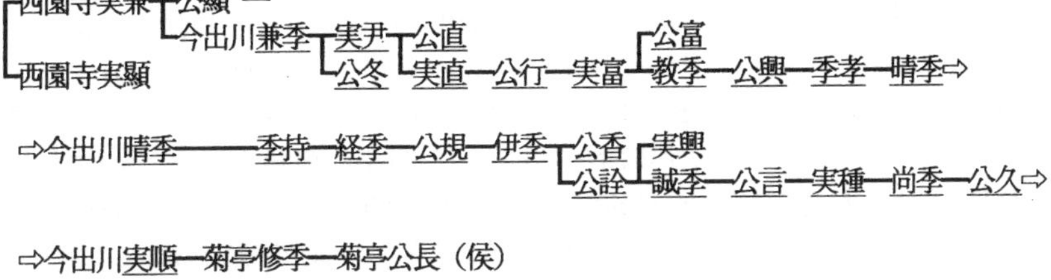

清華家。西園寺実兼の四男が、京都今出川に住居して、今出川を氏姓とした。また、代々菊花を守り菊亭を称した。明治に至り菊亭と氏姓とし侯爵を授かる。実尹より雅楽琵琶を代々伝承する。本姓は藤原。家紋は紅葉。菩提寺は京都下京区柿本町の本圀寺。

典：伝日・大日

今出川兼季　いまでがわ・かねすえ

鎌倉・南北朝時代の人、太政大臣。弘安4(1281)年生～暦応2(1339)年1月16日没。59才。号=菊亭。称号=菊亭右大臣・菊亭入道。。法名=覚静。僧名=戎師前大僧正道意。今出川家の祖。

太政大臣西園寺実兼の三男。兄に西園寺姓の公衡・公顕がいる。京都の今出川に居住して今出川を氏姓とし、菊花を愛し多く庭に植えていたので菊亭と称した。弘安9(1286)年従五位下より正五位下に叙される。正応2(1289)年従四位下より従四位上、同3年正四位下に進み侍従に任ぜられ、永仁2(1294)年左少将から左中将・兼中宮権亮に任ぜられる。同6年蔵人頭・兼春宮権亮に任ぜられ中宮権亮を辞す。正安元(1299)年従三位に進み権亮を辞し参議に任ぜられる。同2年正三位に進み、同3年備後権守、乾元元(1302)年春宮権大夫・権中納言に任ぜられ、嘉元2(1304)年大夫を辞す。同3年従二位、延慶2(1309)年正二位に進み、正和4(1315)年権大納言に任ぜられる。元応元(1319)年兼右大将から大納言に任ぜられ右馬寮御監となる。元亨2(1322)年右大臣に任ぜられたが、同3年に辞す。嘉暦2(1327)年後院別当となる。元徳元(1329)年従一位に進む。正慶元(1332・元弘2)年太政大臣に任ぜられたが、同2年に辞す。暦応元(1338・延元3)年55才で出家。子に実尹がいる。　典：大日・日名・公辞・公補

今出川実尹　いまでがわ・さねただ

南北朝時代の人、権大納言。正和5(1316)年生～康永元(1342)年8月21日没。27才。

太政大臣今出川兼季の子。母は右大臣西園寺公顕の娘。元亨2(1322)年雅楽琵琶の秘曲を伝授される。嘉暦2(1327)年正四位下に叙され近江介に任ぜられ、同3年従三位に進み左中将に任ぜられ、元徳2(1330)年正三位に進む。元弘元(1331)年権中納言、建武元(1334)年中宮権大夫・兼雅楽頭に任ぜられ、同2年従二位に進む。同4年(延元二)大夫・頭を辞す。暦応元(1338・延元3)年正二位に進む。同年兼春宮権大夫、同2年権大納言、同4年春宮正大夫に任ぜられる。同5年任職を辞す。子に公直・実直がいる。　典：公辞・公補

今出川公冬　いまでがわ・きんふゆ

南北朝時代の人、参議。元徳元(1329)年生～康暦2(1380)年没。52才。

参議西園寺実顕の子。今出川兼季に育てられ今出川を氏姓とした。嘉暦4(1329)年従五位下に叙される。建武元(1334)年従五位上に進み侍従に任ぜられ、暦応2(1339・延元4)年正五位下、同4年従四位下、康永2(1343・興国4)年従四位上に進み左少将に任ぜられる。貞和2(1346)年正四位下に進み美作権介・左中将に任ぜられ、同3年従三位に進み蔵人頭・春宮権亮に任ぜられるも権介・頭・権亮を辞す。同4年参議、同5年兼土佐権守に任ぜられる。観応元(1350・正平5)年補大嘗会検校となる。文和3(1354)年任職を辞す。　典：公補

今出川公直　いまでがわ・きんなお

南北朝時代の人、左大臣。建武2(1335)年生〜応永3(1396)年5月没。62才。法名=素懐・索懐。号=今出川入道。

権大納言今出川実尹の子。母は為基朝臣の娘。弟に実直がいる。建武4(1337)年叙爵。同5年従五位上、暦応2(1339)年正五位下に進み、同3年侍従に任ぜられ、同5年従四位下、康永2(1343・興国4)年従四位上に進む。同年左少将、同3年兼備後介、同4年左中将に任ぜられる。貞和2(1346)年正四位下に進み、同3年兼春宮権亮に任ぜられ、同5年従三位に進み権亮を辞す。観応元(1350)年参議、文和2(1353・正平8)年権中納言、同3年兼左衛門督に任ぜられ、検非違使別当となる。同4年正三位に進み、延文3(1358・正平13)別当を辞す。同4年従二位に進み権大納言に任ぜられ、貞治元(1362・正平17)年正二位に進む。同5年大納言、同6年右近大将に任ぜられ、補内教坊別当となる。応安元(1368)年右馬寮御監となる。同2年任職を辞す。永和3(1377・天授3)年内大臣に任ぜられる。永徳元(1381・弘和元)従一位に進み内大臣を辞す。応永元(1394)年右大臣に任ぜられるも辞す。同2年左大臣に任ぜられるも辞す。　典：大日・日名・伝日・公辞・公補

今出川実直　いまでがわ・さねなお

南北朝時代の人、右大臣。康永元(1342)年生〜応永3(1396)年5月15日没。55才。号=後今出川前右大臣。

権大納言今出川実尹の子。兄に公直がいる。左中将に任ぜられ、延文3(1358)年従三位に叙される。同4年兼周防権守、貞治元(1362・正平17)年参議、同2年権中納言に任ぜられる。同3年正三位、応安4(1371・建徳2)年従二位、同6年正二位に進み、同7年権大納言に任ぜられる。永徳3(1383・弘和3)年内教坊別当となる。明徳元(1390・元中7)年兼左大将、応永元(1394)年右大臣に任ぜられる。同2年任職を辞し従一位に進む。兄の左大臣今出川公直が没し、実直が後を嗣ぐというも同年に両人共に没している。子に公行がいる。

典：大日・日名・伝日・公辞・公補

今出川公行　いまでがわ・きんゆき

室町時代の人、左大臣。生年不明〜応永28(1421)年6月13日没。称号=後今出川前左大臣。

右大臣今出川実直の子。永徳元(1381・弘和元)従三位に叙され左中将に任ぜられ、同3年正三位に進み参議に任ぜられる。至徳元(1384)年従二位に進む。同年兼備後権守、嘉慶2(1388)年権中納言に任ぜられる。応永2(1395)年正二位に進む。同年権大納言、同6年兼右大将に任ぜられる。同9年右大将を辞す。同年内大臣、同10年右大臣に任ぜられる。同16年従一位に進む。同18年左大臣に任ぜられるも、同25年に辞す。子に実富がいる。

典：大日・日名・伝日・公辞・公補

今出川実富　いまでがわ・さねとみ

室町時代の人、権大納言。生年不明〜正長元(1428)年7月8日没。

左大臣今出川公行の子。左中将に任ぜられ、応永9(1402)年従三位に叙される。同11年参議・兼越中権守に任ぜられる。同12年正三位に進み、同13年権中納言に任ぜられ、同

14年従二位に進む。同20年権大納言に任ぜられる。同22年正二位に進む。同28年権大納言を辞す。子に教季がいる。 典：公辞・公補

今出川公富 いまでがわ・きんとみ

室町時代の人、権大納言。応永3(1396)年生～同28(1421)年8月9日没。26才。

権大納言今出川実富の子。弟に教季がいる。応永20(1413)年従三位に叙される。同年左中将、同21年兼遠江権守・参議に任ぜられる。同22年正三位、同24年従二位に進み権中納言に任ぜられる。同27年権大納言に任ぜられる。 典：公補

今出川教季 いまでがわ・のりすえ

室町時代の人、左大臣。応永32(1425)年生～文明15(1483)年没。59才。号=法雲院。

権大納言今出川実富の子。兄に公富がいる。永享8(1436)年従五位下に叙され左少将に任ぜられる。文安元(1444)年従四位上に進む。同年左中将、同2年兼美濃権守に任ぜられる。同3年従三位に進み、参議、同4年権中納言に任ぜられる。宝徳元(1449)年正三位に進み、同2年権大納言に任ぜられる。享徳3(1454)年従二位、康正2(1456)年正二位に進む。長禄2(1458)年内教坊別当・親王家勅別当となる。寛正元(1460)年権大納言を辞す。同4年再び権大納言に任ぜられる。同年兼右近衛大将に任ぜられる。同6年内大臣に任ぜられるも、文正元(1466)年に辞す。応仁元(1467)年従一位に進む。文明12(1480)年右大臣、同13年左大臣に任ぜられる。同14年左大臣を辞す。子に公興がいる。 典：大日・伝日・公辞・公補

今出川公興 いまでがわ・きんおき

室町時代の人、左大臣。文安2(1445)年生～永正11(1513)年2月4日没。69才。初名=公尚。号=後法雲院。

左大臣今出川教季の子。母は権中納言高倉永豊の娘。初め公尚と名乗る。文明5(1473)年従三位に叙され左中将に任ぜられ、同6年公興と改名。同7年権中納言に任ぜられる。同8年正三位に進む。同12年権大納言に任ぜられる。延徳元(1489)年従二位に進み、兼右近衛大将、内大臣に任ぜられる。同2年正二位に進む。同3年内大臣を辞す。明応4(1495)年従一位に進む。同5年右大臣、同6年左大臣に任ぜられる。永正2(1504)年左大臣を辞す。子に季孝がいる。 典：大日・日名・伝日・公辞・公補

今出川季孝 いまでがわ・すえたか

室町時代の人、権大納言。文明11(1479)年生～永正16(1519)年10月5日没。41才。初名=季直。

左大臣今出川公興の子。初め季直と名乗る。延徳元(1489)年叙爵し侍従に任ぜられ、同4年正五位下に進み左少将に任ぜられ、明応2(1493)年従四位下、同8年従四位上に進み季孝と改名。文亀元(1501)年正四位上に進み左中将に任ぜられる。同2年従三位に進む。同年参議、永正3(1506)年権中納言に任ぜられる。同5年正三位に進み、同11年権大納言に任ぜられ、同12年従二位、同14年正二位に進む。子に公彦がいる。 典：公辞・公補

今出川公彦　いまでがわ・きんひこ

室町時代の人、左大臣。永正3(1506)年生～天正6(1578)年1月23日没。73才。号=上善院。法名=竜空。

権大納言今出川季孝の子。永正4(1507)年叙爵。同3年従五位上、同6年正五位下、同7年従四位下、同8年従四位上に進み侍従に任ぜられる。同10年正四位下に進み、同11年元服。左中将に任ぜられ、同15年従三位に進み参議に任ぜられる。大永元(1521)年正三位に進み権中納言に任ぜられる。同2年踏歌外弁となる。同5年権大納言に任ぜられる。同6年従二位に進み神宮伝奏となる。天文元(1532)年正二位に進み伝奏を辞す。同8年右大将、同11年左大将、同12年内大臣に任ぜられる。同年大将を辞す。同14年右大臣、同15年左大臣に任ぜられる。同16年左大臣を辞す。同18年従一位に進む。永禄2(1559)年出家。子に晴季がいる。　典：大日・日名・伝日・公辞・公補

今出川晴季　いまでがわ・はるすえ

江戸時代の人、右大臣。天文8(1539)年生～元和3(1617)年3月28日没。79才。初名=実維。法名=常空。謚号=景光院。

左大臣今出川公彦の子。初め実維と名乗る。天文9(1540)年叙爵。同10年従五位上に叙され侍従に任ぜられる。同11年正五位下、同12年従四位下に進み左少将より左中将に任ぜられ晴季と改名。同17年従三位、同20年正三位に進む。同22年権中納言、同23年兼右大将に任ぜられる。弘治元(1555)年従二位に進み権大納言に任ぜられる。同2年右馬寮御監となる。永禄元(1558)年左大将に任ぜられ、同3年正二位に進む。同8年補神宮伝奏となり、翌年伝奏を辞す。同11年誠仁親王家勅別当となる。天正3(1575)年左大将を辞す。同5年内教坊別当となる。同7年内大臣に任ぜられるも、同8年に辞す。同13年従一位に進み右大臣に任ぜられる。豊臣秀吉を説いて関白太政大臣に任ぜられた。同15年踏歌内弁となる。同17年より文禄4(1595)年まで武家伝奏となるも秀吉の子秀次の事に連座して右大臣を辞し越後に流配される。慶長元(1596)年に許され上洛。同3年再び右大臣に任ぜられる。同8年右大臣を辞す。豊臣秀吉と親しく常に密議を預かる。また、娘は秀次の妻となる。子に季持がいる。　典：大日・日名・伝日・公辞・公補

今出川季持　いまでがわ・すえもち

江戸時代の人、権中納言。天正3(1575)年生～慶長元(1596)年6月13日没。22才。

右大臣今出川晴季の子。天正4(1576)年叙爵。同6年従五位上に進み侍従に任ぜられる。同7年正五位下、同8年従四位下に進み、同11年左中将に任ぜられる。同12年正四位下、同13年従三位、同15年正三位に進み、同17年権中納言に任ぜられる。同19年従二位に進むも若くして没す。子に経季がいる。　典：公辞・公補

今出川経季　いまでがわ・つねすえ

江戸時代の人、右大臣。文禄3(1594)年11月20日生～承応元(1652)年2月9日没。59才。初名=宣季。号=照一院。

権中納言今出川季持の子。母は権大納言中山親綱の娘。初め宣季と名乗る。慶長3(1598)年叙爵。同9年元服。従五位上に叙され侍従に任ぜられ、同12年正五位下、同13年従四位

下、同16年従四位上に進む。同年左少将に任ぜられ、同17年正四位下に進み、左中将に任ぜられ、同18年従三位に進む。同19年権中納言に任ぜられ踏歌外弁となる。元和2(1616)年正三位に進み、同5年権大納言に任ぜられ、同6年従二位に進む。寛永3(1626)年高仁親王家勅別当となる。同4年権大納言を辞す。同5年正二位に進み、同6年経季と改名。同15年再び権大納言・兼右大将に任ぜられるも、同16年両職を辞す。正保元(1644)年武家伝奏に任ぜられ、慶安2(1649)年院別当となる。承応元(1652)年右大臣に任ぜられる。養子に公規がいる。　典：大日・伝日・公辞・公補

今出川公規　いまでがわ・きんのり

江戸時代の人、右大臣。寛永15(1638)年1月12日生～元禄10(1697)年10月26日没。60才。号＝一林院。

内大臣徳大寺公信の次男。右大臣今出川経季と内大臣徳大寺実維の娘の養子となる。正保2(1645)年叙爵。承応元(1652)年従五位上に叙され侍従に任ぜられ、同2年正五位下より従四位下に進み元服。同3年従四位上に進み左少将より左中将に任ぜられ、明暦元(1655)年正四位下、万治2(1659)年従三位に進む。同3年権中納言に任ぜられる。寛文3(1663)年正三位に進む。同4年権大納言に任ぜられ踏歌外弁となる。同8年従二位に進む。延宝元(1673)年正二位に進む。同6年兼右大将に任ぜられ、同7年右馬寮御監となる。天和3(1683)年内大臣に任ぜられるも、貞享元(1684)年任職を辞す。元禄5(1692)年右大臣に任ぜられるも、同6年に辞す。同7年従一位に進む。子に伊季がいる。　典：大日・日名・伝日・公辞・公補

今出川伊季　いまでがわ・これすえ

江戸時代の人、右大臣。万治3(1660)年5月29日生～宝永6(1709)年2月26日没。50才。一字名＝尹・鳥。号＝深修院。

右大臣今出川公規の子。母は京極従五位下刑部少輔源高和の娘。寛文元(1661)年叙爵し、同4年従五位上、同6年正五位下に進み侍従に任ぜられ、同7年従四位下、同10年従四位上、同12年正四位下に進み元服。同年左少将、延宝2(1674)年左中将に任ぜられる。同3年従三位に進む。同6年権中納言に任ぜられ神宮伝奏となる。同7年伝奏を辞し正三位、天和元(1681)年従二位に進む。貞享元(1684)年権大納言に任ぜられる。同4年春宮大夫に任ぜられるも、これを辞す。元禄2(1689)年権大納言を辞す。同6年再び権大納言に任ぜられ神宮伝奏となる。同7年伝奏を辞し正二位に進む。同12年兼右大将に任ぜられ右馬寮御監となる。宝永5(1708)年内大臣に任ぜられる。同6年遠州金谷駅にて没す。管弦を好み家伝の琵琶の名手として知られる。子に公香・公詮がいる。　典：大日・日名・伝日・公辞・公補

今出川公香　いまでがわ・きんよし

江戸時代の人、非参議。元禄4(1691)年5月1日生～没年不明。

右大臣今出川伊季の長男。弟に公詮がいる。元禄5(1692)年叙爵。同8年従五位上、同10年正五位下に進み侍従に任ぜられる。同11年従四位下、同14年従四位上に進み、同16年元服。同年正四位下に進み、左少将、宝永元(1704)年左中将に任ぜられる。同2年従三位に進む。同3年に位官を返上し一般人となる。　典：公辞・公補

今出川公詮　いまでがわ・きんせん

江戸時代の人、権大納言。元禄9(1696)年3月29日生～享保16(1731)年2月14日没。36才。初名=清季。

左中将今出川公香の次男。兄に公香がいる。初め清季と名乗る。宝永2(1705)年叙爵。同3年公詮と改名し従五位上に叙され侍従に任ぜられ兄が官位を返上したので後を継ぎ、同4年正五位下、同5年従四位下、同7年従四位上、正徳元(1711)年正四位下に進み左少将より左中将に任ぜられ、同2年従三位に進む。同3年踏歌節会外弁となる。同5年権中納言に任ぜられ、享保元(1716)年正三位、同6年従二位に進み、同8年権大納言に任ぜられ内教坊別当となる。同12年神宮伝奏となる。同14年春宮大夫に任ぜられ、同15年神宮伝奏を辞す。同16年任職を辞す。子に実興(従五位上、享保15,11,5没、15才)、養子に誠季がいる。　典：公辞・公補

今出川誠季　いまでがわ・のぶすえ

江戸時代の人、権大納言。正徳3(1713)年9月17日生～延享3(1746)年6月13日没。34才。

内大臣西園寺致季の末男。享保8(1723)年叙爵。同16年権大納言今出川公詮と中務卿邦永親王の娘の養子となり家督を相続、従五位上に叙され侍従に任ぜられる。同17年正五位下より従四位下に進み左少将に任ぜられ、同18年従四位上に進み左中将に任ぜられ、同19年正四位下、同20年従三位に進む。元文元(1736)年権中納言に任ぜられ、同3年正三位に進み、同4年権大納言に任ぜられる。寛保2(1742)年従二位に進む。延享3(1746)年権大納言を辞す。子に公言がいる。　典：大日・公辞・公補

今出川公言　いまでがわ・きんこと

江戸時代の人、権中納言。元文3(1738)年8月1日生～安永5(1776)年8月26日没。39才。法名=松皐。

権大納言今出川誠季の子。母は権大納言今出川公詮の娘。延享3(1746)年従五位下に叙され、同4年侍従に任ぜられ、寛延元(1748)年従五位上、同2年正五位下、同3年従四位下に進み元服。宝暦2(1752)年正四位下に進み左権少将に任ぜられ、同3年従三位に進み右中将に任ぜられる。同6年正三位に進み踏歌外弁となり権中納言に任ぜられるも、同8年権中納言を辞す。同10年宝暦の事件(朝権挽回運動・綾小路有美の項参照)に連座して23才で出家。明治24年に従二位を贈られる。養子に実種がいる。　典：大日・日名・伝日・公辞・公補

今出川実種　いまでがわ・さねたね

江戸時代の人、内大臣。宝暦4(1754)年6月4日生～享和元(1801)年6月22日没。48才。号=後一林院。

内大臣西園寺公晃の末子。宝暦10(1760)年権中納言今出川公言の養子となり従五位下、同11年従五位上に進み侍従に任ぜられ、同12年正五位下、同13年従四位下に進み元服。、明和元(1764)年従四位上に進み左権少将に任ぜられ、同2年正四位下に進み右権中将に任ぜられ、同3年従三位、同5年正三位に進み、同6年踏歌外弁となる。安永3(1774)年権中納言に任ぜられ、同4年従二位に進み権大納言に任ぜられ補大歌所別当となる。同5年別当を辞す。同6年正二位に進む。同8年内教坊別当となる。寛政10(1798)年内大臣・兼右

大将に任ぜられるも、同11年任職を辞す。同12年従一位に進む。子に尚季がいる。　典：大日・日名・伝日・公辞・公補

今出川尚季　いまでがわ・なおすえ

江戸時代の人、権大納言。天明2(1782)年9月18日生～文化7(1810)年8月29日没。30才。

内大臣今出川実種の子。母は参議源宗翰の娘。天明3(1783)年従五位下に叙され、同4年従五位上、同5年正五位下に進み侍従に任ぜられ、同6年従四位下、同7年従四位上、同8年正四位下に進み、寛政2(1790)年元服。、同3年左権少将に任ぜられ、同4年従三位に進み右権中将に任ぜられる。同6年正三位、同11年従二位に進み権中納言に任ぜられる。享和元(1801)年踏歌外弁となる。同3年正二位に進み、文化2(1805)年権大納言に任ぜられ大歌所別当となる。同3年別当を辞す。同7年権大納言を辞す。子に公久がいる。　典：公辞・公補

今出川公久　いまでがわ・きんひさ

江戸時代の人、権中納言。文化3(1806)年5月23日生～天保7(1836)年8月17日没。31才。

権大納言今出川尚季の子。母は関白鷹司輔平の娘。文化4(1807)年従五位下に叙される。同5年従五位上、同6年正五位下に進み侍従に任ぜられ、同7年従四位下、同8年従四位上、同9年正四位下に進み、同11年元服。右権少将に任ぜられ、文政元(1818)年従三位に進み左権中将に任ぜられ、同2年正三位に進み、同3年踏歌外弁となる。同7年従二位に進み権中納言に任ぜられ、同10年正二位に進む。天保3(1832)年大歌所別当となる。同5年踏歌外弁となる。同7年任職を辞す。子に実順がいる。　典：公辞・公補

今出川実順　いまでがわ・さねあや

江戸末期の人、権中納言。天保3(1832)年7月13日生～元治元(1864)年9月5日没。33才。号=菊亭。

権中納言今出川公久の子。天保7(1836)年従五位下に叙される。同8年従五位上、同9年正五位下、同11年従四位下に進み侍従に任ぜられ、同12年従四位上、同13年正四位下に進み、弘化元(1844)年左権少将に任ぜられ、嘉永2(1849)年従三位に進み右権中将に任ぜられる。同3年正三位に進み、同4年踏歌外弁となる。安政5(1858)年号を菊亭とする。安政の事件(飛鳥井雅典の項参照)に八十八廷臣として連座。同6年従二位に進み権中納言に任ぜられる。文久元(1861)年正二位に進む。京都中立売御門内北側に住む。実順の没後今出川家は菊亭を氏姓とした。子に修季(姓=菊亭、正五位下、家料は1355石、明治17年に侯爵を授かる)がいる。　典：公辞・公補

○今小路家

二条基冬━今小路師冬━満冬━持冬━成冬

二条家の基冬の子師冬が、京都の今小路に住み、その場所を姓にしたが、永くは続かなかった。本姓は藤原。

典：大日・日名

今小路師冬 いまのこうじ・もろふゆ

室町時代の人、権大納言。生没年不明。

権大納言二条基冬の子。父より別れ京都の今小路に住み、その場所を姓にした。左中将に任ぜられ、応永2(1395)年従三位に叙される。同3年正三位に進み権中納言に任ぜられ、同6年正三位に進み権大納言に任ぜられる。同7年従二位に進み、同8年権大納言を辞す。同9年正二位に進む。同11年従一位に進むも出家。子に満冬がいる。 典：公補

今小路満冬 いまのこうじ・みつふゆ

室町時代の人、権中納言。生没年不明。

権大納言今小路師冬の子。右中将に任ぜられ、応永15(1408)年従三位に叙される。同年参議、同16年兼播磨権守に任ぜられる。同17年権中納言に任ぜられる。子に持冬がいる。 典：公補

今小路持冬 いまのこうじ・もちふゆ

室町時代の人、権中納言。生年不明～永享8(1436)年12月没。

権中納言今小路満冬の子。左中将に任ぜられ、永享4(1432)年従三位に叙される。同5年権中納言に任ぜられる。子に成冬がいる。 典：公補

今小路成冬 いまのこうじ・なりふゆ

室町時代の人、非参議。生没年不明。

権中納言今小路持冬の子。宝徳3(1451)年正五位下に叙される。同年侍従、左中将に任ぜられる。寛正元(1460)年従三位に進む。応仁2(1468)年左近衛権中将に任ぜられ、長享2(1488)年正三位に進む。永正2(1505)年出家。 典：公補

○入江家

藤谷為条┬為茂⇨藤谷家へ
└入江相尚─相敬─相茂─家誠─相康─相永─為逸─為良─為善┬為遂⇨藤谷家へ
└為積─為福─為守（子）

本姓は藤原。御子左冷泉家分流。権中納言藤谷為条の次男が別家して入江氏を称した。代々歌道をもって奉仕する。明治に至り華族に列され子爵を授けられる。菩提寺は京都左京区浄土寺の真如堂。

典：日名

入江相尚 いりえ・すけなお

江戸時代の人、非参議。明暦元(1655)年3月24日生～享保元(1716)年,閏2月29月没。62才。入江家の祖。

権中納言藤谷為条の次男。貞享4(1687)年正六位上に叙され、33才で別家して入江氏を称し元服。て蔵人式部大丞に任ぜられる。元禄11(1698)年従五位下に進み民部権少輔に任ぜられる。同12年従五位上、同13年正五位下、同15年従四位下、正徳2(1712)年従四位上、同3年正四位下、享保元年従三位に進む。子に相敬がいる。　典：公辞・公補

入江相永　いりえ・すけなが

江戸時代の人、非参議。享保14(1729)年9月29日生～寛政2(1790)年4月15日没。62才。

従二位竹内惟永の末子。元文元(1736)年左京大夫入江相康の養子となる。同3年叙爵。寛保2(1742)年元服、民部少輔に任ぜられる。同3年従五位上に叙され縫殿頭に任ぜられる。宝暦元(1751)年正五位下に進み、同4年民部大輔に任ぜられる。同5年従四位下、同9年従四位上、同10年正四位下、明和5(1768)年従三位、寛政元(1789)年正三位に進む。子に為逸(従四位下・左馬頭、明和7,6,16没、21才、子は為良)がいる。　典：公辞・公補

入江為良　いりえ・ためよし

江戸時代の人、非参議。明和2(1765)年12月19日生～文化4(1807)年10月27日没。43才。

非参議入江相永の孫。左馬頭入江為逸朝臣の子。明和8(1771)年従五位下に叙される。安永5(1776)年元服。従五位上に進み大膳大夫に任ぜられ、同9年正五位下、天明4(1784)年従四位下、同8年従四位上、寛政4(1792)年正四位下、同9年従三位、文化2(1805)年正三位に進む。子に為善がいる。　典：公辞・公補

入江為善　いりえ・ためよし

江戸時代の人、非参議。天明8(1788)年6月21日生～弘化元(1844)年11月18日没。57才。初名＝為昌。

大膳大夫入江為良の子。母は右兵衛督為教の娘。初め為昌と名乗る。寛政5(1793)年従五位下に叙される。同8年元服、出羽権介に任ぜられる。同9年従五位上、享和元(1801)年正五位下に進み、同2年中務権輔に任ぜられる。文化2(1805)年従四位下、同6年従四位上に進み中務少輔に任ぜられ、同10年少輔を辞す。文政4(1821)年正四位下に進み、同7年大蔵大輔に任ぜられ、同8年為善と改名。同11年従三位、天保7(1836)年正三位に進む。京都烏丸上立売下ル西側に住む。家料は30石・二人扶持。子に為積・為遂(藤谷家へ)がいる。　典：公辞・公補

○石井家

桓武平氏。本姓は平。西洞院分家の平松支流。権中納言平松時量の娘行子が、東福門院(第百八代後水尾天皇の皇后)の女臈となり、石井局と号した。この石井を院宣にて弟の行豊が氏姓とし一家を創立した。明治に至り子爵を授けられる。家紋は丸に揚羽の蝶。菩提寺は京都上京区寺町今出川上の十念寺。

典：日名

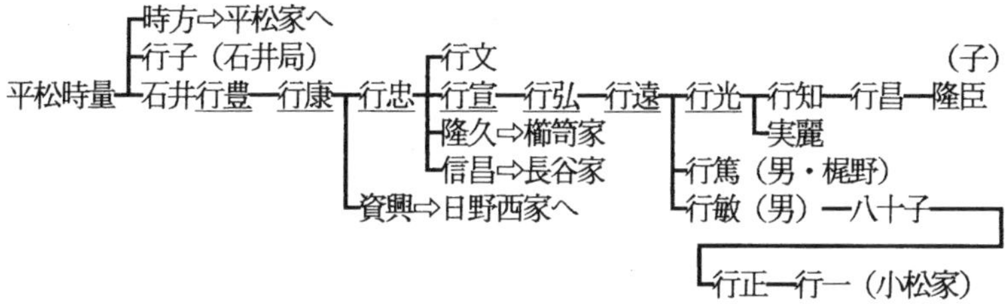

石井行豊　いわい・ゆきとよ

江戸時代の人、権中納言。承応2(1653)年5月22日生〜正徳3(1713)年2月12日没。61才。石井家の祖。

権中納言平松時量の次男。母は権大納言飛鳥井雅章の娘。兄に平松時方、姉に東福門院(第百八代後水尾天皇の皇后)の女臈となり石井局と号した行子がいる。この石井を院宣にて氏姓とする。万治2(1659)年叙爵。寛文6(1666)年元服。従五位上に叙され右衛門佐に任ぜられ、同10年正五位下、延宝2(1674)年従四位下、同8年従四位上に進み少納言・侍従に任ぜられ、貞享元(1684)年正四位下、元禄元(1688)年従三位に進む。同6年宮内卿に任ぜられ、同8年正三位に進み、同12年踏歌節会外弁となる。同14年右衛門督・参議に任ぜられる。宝永2(1705)年従二位に進む。同3年任職を辞す。正徳元(1711)年権中納言に任ぜられるも、同2年に辞す。子に行康がいる。　典：大日・公辞・公補

石井行康　いわい・ゆきやす

江戸時代の人、権中納言。延宝元(1673)年7月2日生〜享保14(1729)年3月8日没。57才。

権中納言石井行豊の子。延宝8(1680)年叙爵す。貞享2(1685)年元服。従五位上に叙され侍従に任ぜられ、元禄2(1689)年正五位下、同6年従四位下、同11年従四位上に進み、同13年少納言に任ぜられ、同15年正四位下、宝永3(1706)年従三位に進む。正徳元(1711)年右衛門督に任ぜられ、同2年正三位に進み、同3年踏歌節会外弁となる。享保2(1717)年参議に任ぜられ、同4年任職を辞す。同8年権中納言に任ぜられるも、同9年に辞す。同年従二位、同14年正二位に進む。筆道を太政大臣近衛基熙に受けて、四辻実長に伝えたという。子に行忠・資興(日野西家へ)がいる。　典：大日・公辞・公補

石井行忠　いわい・ゆきただ

江戸時代の人、権中納言。享保元(1716)年9月27日生〜安永6(1777)年11月30日没。62才。

権中納言石井行康の子。享保7(1722)年叙爵す。同10年元服、侍従に任ぜられる。同11年従五位上に叙され、同15年正五位下に進む。同16年兼春宮少進に任ぜられ、同19年従四位下に進み春宮少進を辞す。元文3(1738)年従四位上に進み、同4年兵部大輔、寛保3(1743)年正四位下、延享2(1744)年少納言・侍従に任ぜられる。寛延元(1748)年従三位、宝暦4(1754)年正三位に進み、同6年左兵衛督に任ぜられ、同8年踏歌外弁となる。同10年参議に任ぜられる。同13年参議を辞す。明和3(1766)年従二位に進む。同5年権中納言に

任ぜられるも、同6年に辞す。安永6(1777)年正二位に進む。子に行文(正五位下・少納言・侍従、明和7.12,29没、19才)・隆久(櫛笥家へ)・信昌(長谷家へ)、養子に行宣(樋口家より)がいる。　典：大日・公辞・公補

石井行宣　いわい・ゆきのぶ

江戸時代の人、権中納言。宝暦12(1762)年4月14日生～天保9(1838)年8月7日没。77才。初名=伊康。

権大納言樋口基康の末子。初め伊康と名乗る。明和4(1767)年従五位下に叙される。同8年権中納言石井行忠と参議芝山広豊の娘の養子となり、行宣と改名。安永元(1772)年元服、従五位上に進み、美作権介に任ぜられる。同5年正五位下、同9年従四位下に進み美作権守に任ぜられる。天明3(1783)年少納言に任ぜられ、同4年従四位上に進み、同5年兼侍従に任ぜられる。同8年正四位下、寛政4(1792)年従三位に進み、同8年左京大夫に任ぜられ、同10年正三位に進む。文化3(1806)年踏歌外弁となる。同5年参議に任ぜられ、同6年従二位に進む。同7年任職を辞す。文政4(1821)年権中納言に任ぜられるも、同5年に辞す。子に行弘がいる。　典：公辞・公補

石井行弘　いわい・ゆきひろ

江戸時代の人、権中納言。天明5(1785)年7月6日生～安政6(1859)年7月19日没。75才。

権中納言石井行宣の子。母は権大納言烏丸光祖の娘。寛政3(1791)年従五位下に叙される。同8年元服、従五位上に進み、大膳権大夫に任ぜられる。同12年正五位下、文化元(1804)年従四位下、同5年従四位上に進み少納言・兼侍従に任ぜられる。同9年正四位下、同13年従三位、文政5(1822)年正三位に進み、同6年弾正大弼に任ぜられ、天保4(1833)年踏歌外弁となる。同14年参議に任ぜられる。弘化元(1844)年従二位に進む。同4年参議を辞す。嘉永4(1851)年権中納言に任ぜられるも、同5年に辞し正二位に進む。子に行遠がいる。　典：公辞・公補

石井行遠　いわい・ゆくとお

江戸時代の人、非参議。享和元(1801)年2月19日生～安政5(1858)年9月5日没。58才。

権中納言石井行弘の子。母は権大納言下冷泉為訓の娘。文化11(1814)年従五位下に叙され元服。同年美作権守、同13年右衛門佐、同14年兼中宮少進に任ぜられる。同15年従五位上に進む。文政5(1822)年正五位下、同9年従四位下、天保元(1830)年従四位上、同5年正四位下に進む。同8年少納言に任ぜられる。同9年従三位に進み、侍従に任ぜられる。同14年正三位に進み、弘化2(1845)年宮内卿に任ぜられる。安政4(1857)年踏歌外弁となる。同5年任職を辞す。子に行光・行篤(梶野家・明治に男爵)・行敏(小松家・明治に男爵)がいる。　典：公辞・公補

石井行光　いわい・ゆきてる

江戸・明治時代の人、非参議。文化12(1815)年5月4日生～明治12(1879)年4月没。65才。

宮内卿石井行遠の子。母は権大納言園基理の娘。文政2(1819)年従五位下に叙される。同10年元服、従五位上に進む。同年民部大輔、天保元(1830)年皇太后宮少進に任ぜられる。同2年正五位下、同6年従四位下に進み、同9年少納言に任ぜられる。同10年従四位上

に進み、兼侍従に任ぜられる。同14年正四位下、弘化4(1847)年従三位、嘉永5(1852)年正三位に進む。安政5(1858)年に起きた事件(飛鳥井雅典の項参照)に八十八廷臣として連座。文久3(1863)年左衛門督に任ぜられる。京都武者小路室町東入ルに住む。家料は130石。子に行知(正五位上・民部大輔、明治11,11没)・養子に実麗(滋野井家より)、孫に行昌(従四位・明治に子爵)がいる。　典：明治・京四・公辞・公補

○岩倉家

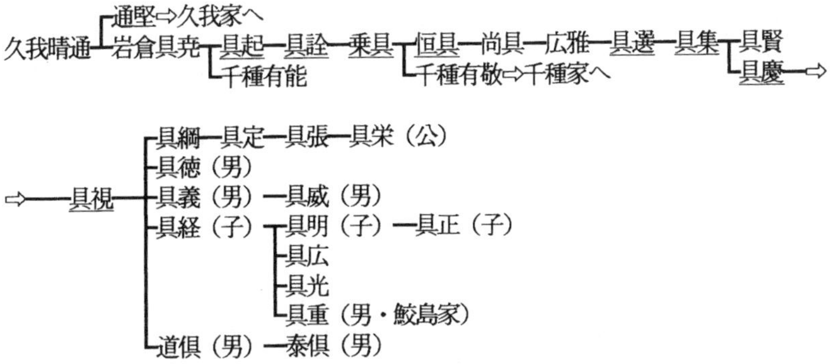

村上源氏。本姓は源。久我晴通の四男具尭が京都洛外の岩倉村に住み、岩倉を氏姓にした。明治に至り華族に列され公爵を授けられる。家紋は竜胆(りんどう)。菩提寺は京都左京区浄土寺真如町の松林院(阿野家もあり)。

典：日名

岩倉具起　いわくら・ともおき

江戸時代の人、権中納言。慶長6(1601)年生～万治3(1660)年2月6日没。60才。一字名=起・巳。法名=文昇。

木工頭岩倉具尭の子。母は左中将基継朝臣の娘。元和5(1619)年叙爵。同6年侍従、同8年少将に任ぜられる。同9年従五位上に叙される。寛永4(1627)年正五位下、同8年従四位下、同12年従四位上、同17年正四位下、同19年従三位に進む。正保元(1644)年参議に任ぜられ、同2年踏歌外弁となり参議を辞す。同4年正三位、承応元(1652)年従二位に進み権中納言に任ぜられる。明暦2(1656)年権中納言を辞す。子に具詮がいる。　典：公辞・公補

岩倉具詮　いわくら・ともせん

江戸時代の人、参議。寛永7(1630)年10月27日生～延宝8(1680)年4月16日没。51才。初名=具家。一字名=房。

権中納言岩倉具起の子。母は右少将季藤の娘。初め具家と名乗る。寛永9(1632)年叙爵。同16年元服。従五位上に叙され侍従に任ぜられ、同20年正五位下に進み右少将に任ぜられ、正保4(1647)年従四位下に進み、慶安2(1649)年右中将に任ぜられ、同4年従四位上、明暦元(1655)年正四位下、万治2(1659)年従三位、寛文5(1665)年正三位に進み具詮と改

名。同6年参議に任ぜられ、同7年任職を辞す。延宝5(1677)年従二位に進む。養子に乗具がいる。　典：公辞・公補

岩倉乗具　いわくら・のりとも

江戸時代の人、権大納言。寛文6(1666)年8月29日生～享保15(1730)年8月23日没。65才。初名=具統。次名=具偈。

権大納言千種有維の子。初め具統と名乗る。延宝8(1680)年叙爵し右中将岩倉具詮の養子となり家督相続し元服。侍従に任ぜられる。貞享元(1684)年従四位上に叙され右少将に任ぜられる。元禄元(1688)年正五位下、同5年従四位下に進み、同6年右中将に任ぜられる。同9年従四位上、同13年正四位下、同16年従三位に進む。宝永4(1707)年具偈と改名し参議に任ぜられ、同5年正三位に進み任職を辞す。正徳3(1713)年従二位に進み権中納言に任ぜられる。同5年権中納言を辞す。享保4(1719)年乗具と改名。同9年権大納言に任ぜられるも辞す。同10年正二位に進む。子に恒具・有敬(千種家へ)がいる。　典：公辞・公補

岩倉恒具　いわくら・つねとも

江戸時代の人、権中納言。元禄14(1701)年7月24日生～宝暦10(1760)年7月29日没。60才。初名=具脩。

権大納言岩倉乗具の子。初め具脩(具備か)と名乗る。宝永元(1704)年叙爵。正徳4(1714)年元服。従五位上に叙され侍従に任ぜられる。享保3(1718)年正五位下に進み、同4年恒具と改名。同5年左少将に任ぜられる。同6年従四位下、同10年従四位上に進む。同11年右中将に任ぜられる。同14年正四位下、同17年従三位、寛保元(1741)年正三位に進む。延享2(1745)年参議に任ぜられる。同3年左中将に任ぜられるも、同4年任職を辞す。宝暦2(1752)年従二位に進み、同3年権中納言に任ぜられるも辞す。同8年に朝廷権挽回運動が起こり連座する(綾小路有美の項参照)。明治24(1891)年に正二位を贈られる。墓所は京都上京区出水六軒町の光清寺。子に尚具がいる。　典：大日・日名・伝日・公辞・公補

岩倉具選　いわくら・とものぶ

江戸時代の人、非参議宝暦7(1757)年1月4日生～文政7(1824)年7月7日没。68才。初名=淳吉。次名=家具。法名=可汲。

権大納言柳原光綱の末子。初めに淳吉(淳古か)と名乗る。宝暦13(1763)年叙爵。明和6(1769)年治部大輔岩倉広選朝臣の養子となり家督を相続。同7年元服。従五位上に叙され弾正少弼に任ぜられ家具と改名。安永元(1772)年侍従に任ぜられ、同2年院判官代となり、同3年正五位下に進み、同4年右権少将に任ぜられ、同6年従四位下に進み、同8年兼近江介に任ぜられ、同9年従四位上に進み院別当に任ぜられ、天明3(1783)年正四位下に進み、同7年右権中将に任ぜられ、同8年従三位に進む。寛政2(1790)年具選と改名。同8年蟄居し、同9年落飾。篆刻は高芙蓉に学び「芙蓉山房印譜」に作あり。また、当時の文人墨客と交を深くした。高山彦九郎の拝謁に斡旋するいう。子に具集がいる。　典：大日・日名・公辞・公補

岩倉具集　いわくら・ともちか

江戸時代の人、権大納言。安永7(1778)年9月7日生～嘉永6(1853)年5月16日没。75才。

右権中将岩倉具選の子。母は権大納言綾小路有美の娘。安永9(1780)年従五位下に叙され、寛政4(1792)年元服。同年従五位上、同7年正五位下に進み、同8年弾正少弼に任ぜられる。同10年従四位下に進み、同12年侍従に任ぜられる。享和元(1801)年従四位上に進み、同2年右近衛権少将に任ぜられる。文化元(1804)年正四位下に進み院別当となる。同6年権中将に任ぜられる。同7年従三位、同11年正三位に進む。文政8(1825)年参議・兼左中将に任ぜられる。同10年従二位に進む。同11年踏歌外弁となる。天保2(1831)年任職を辞す。同10年正二位に進む。弘化4(1847)年権中納言に任ぜられるも辞す。嘉永2(1849)年権大納言に任ぜられるも辞す。子に具賢(従五位下、文政元,5,22没、17才)・具慶がいる。　典：公辞・公補

岩倉具慶　いわくら・ともやす

江戸時代の人、非参議。文化4(1807)年2月4日生～没年不明。

権大納言岩倉具集の子。文政3(1820)年従五位下に叙され元服。同6年従五位上に進み、同7年信濃権介に任ぜられる。同10年正五位下、天保2(1831)年従四位下、同5年従四位上に進む。同6年侍従、同7年右近衛権少将に任ぜられる。同9年正四位下に進む。嘉永3(1850)年左近衛中将に任ぜられる。同年従三位、安政元(1854)年正三位に進む。同5年に起こった安政の事件(飛鳥井雅典の項参照)に八十八廷臣として養子具視・孫具綱と共に連座した。明治元(1868)年参議に任ぜられ新政府では、右兵衛督行政官補相職より大総督府副総裁兼議定職となる。京都丸太町富小路西入ルに住む。家料は150石。養子に具視がいる。　典：明治・大日・京四・公辞・公補

岩倉具視　いわくら・ともみ

江戸・明治時代の人、外務卿・右大臣。文政8(1825)年9月15日生～明治16(1883)年6月20日没。59才。号=岩倉入道友山禅定門。雅号=友山・対岳。

権中納言堀河康親の次男。右兵衛督岩倉具慶の養子となる。天保9(1838)年従五位下に叙され元服。同12年従五位上、弘化2(1845)年正五位下、安政元(1854)年従四位下に進み侍従に任ぜられる。同4年従四位上に進む。同5年に起こった安政の事件(飛鳥井雅典の項参照)に八十八廷臣として養父具慶・子具綱と共に連座した。万延元(1860)年右近衛権少将に任ぜられ、文久元(1861)年正四位下に進み、同2年左近衛権中将に任ぜられるも辞す。尊皇攘夷運動が高まり引責し、剃髪をして洛北の岩倉村(左京区)に蟄居し、刺客より逃れる為に居を転々とし、苔寺(西芳寺)にも住む。その間に薩摩藩士井上石見・藤井良節兄弟の智裏を得て、大政奉還までの政局を裏で指導する。慶応元(1865)年兄弟に薩摩藩との連絡に当たって、薩摩藩士大久保一蔵(利通)を紹介される。同2年兄弟に反幕府派の公卿二十二卿を列参させて幕府に対して態度を表明させ一大転機を起こした。同3年新政府樹立へのクーデターの立役者となる。明治元(1868)年従三位に進み暫定政府が樹立され、有栖川宮を総裁に、三条大納言と共に副総裁に任ぜられる。同年右兵衛督に任ぜられるも、新政府を樹立し海陸軍務兼会計事務総督兼議定職となる。新政府では議定・輔相などの要職を勤め、大久保利通と共に国政を近代化の方向に導いた。同4年外務卿、同10年右大臣に任ぜられる。京都丸太町富小路西入ルに住む。没後に太政大臣正一位を贈られる。遺髪塚は京都左京区岩倉上ノ蔵町。また同所に岩倉旧蹟保存会(対岳文庫)があ

る。墓所は東京品川区南品川5丁目の海晏寺。京都北区西賀茂今原町の霊源寺に歯牙塚がある。子は具綱(安政の事件に連座、新政府では参与・内国事務、従一位、大正12没、82才)・具定(宮内大臣、公爵、明治43没、60才)・具経(宮中顧問、男爵、明治23没、38才)・具徳(男爵)がいる。　典：明治・幕末・大日・日名・京都・公辞・公補

○石野家

┌基輔⇨持明院家へ
持明院基時─┤
└石野基顒─┬基幸─基棟─基綱─基憲─基標─┬基安─基佑─基将─基道
　　　　　　└家胤⇨持明院家へ　　　　　　　└基文⇨石山家へ

中御門家の持明院庶流。持明院基時より次男基顒が分かれ石野を氏姓とした。代々神楽と筆道に奉仕する。本姓は藤原。家紋は牡丹。菩提寺は京都上京区寺町広小路上ルの蘆山寺。

典：大日・京四

石野基顒　いわの・もとあき

江戸時代の人、権中納言。寛文10(1670)年11月24日生～寛保元(1741)年1月23日没。72才。石野家の祖。

権大納言持明院基時の次男。兄に持明院基輔がいる。天和元(1681)年元服。従五位下に叙され縫殿頭に任ぜられ持明院より分かれ石野を氏姓とする。貞享2(1685)年従五位上に進み、元禄元(1688)年左少将に任ぜられる。同2年正五位下、同6年従四位下に進み、同8年左中将に任ぜられる。同11年従四位上、同15年正四位下、宝永3(1706)年従三位、正徳元(1711)年正三位に進む、治部卿に任ぜられる。同4年参議に任ぜられ踏歌節会外弁となる。享保2(1717)年兼刑部卿に任ぜられる。同3年権中納言に任ぜられるも辞す。同4年従二位、同17年正二位に進む。子に基幸・家胤(持明院家へ)がいる。　典：公辞・公補

石野基幸　いわの・もとたか

江戸時代の人、非参議。元禄12(1699)年9月9日生～元文4(1739)年6月2日没。41才。

権中納言石野基顒の子。宝永2(1705)年叙爵。正徳2(1712)年元服。従五位上に叙され侍従に任ぜられる。同6年正五位下に進む。享保2(1717)年左少将、同6年左中将に任ぜられる。同8年従四位上、同12年正四位下、同16年従三位、元文3(1738)年正三位に進む。子に基棟がいる。　典：公辞・公補

石野基棟　いわの・もとむね

江戸時代の人、権中納言。享保5(1720)年10月24日生～寛政5(1793)年9月21日没。74才。

左中将石野基幸の子。享保17(1732)年叙爵。同18年元服、侍従に任ぜられる。元文元(1736)年従五位上に叙される。同5年雅楽頭に任ぜられ、正五位下に進み、寛保3(1743)年左京大夫に任ぜられ、延享元(1744)年従四位下、寛延元(1748)年従四位上に進み、同3年左少将に任ぜられ、宝暦2(1752)年正四位下に進み、同5年左中将に任ぜられ、同7年従三位、同12年正三位に進む。明和3(1766)年参議に任ぜられるも、同7年に辞す。同年踏

歌外弁となる。同8年従二位に進む。安永2(1773)年権中納言に任ぜられるも辞す。天明4(1784)年正二位に進む。子に基綱がいる。　典：公辞・公補

石野基綱　いわの・もとつな

江戸時代の人、権中納言。宝暦元(1751)年5月21日生～文化12(1815)年9月5日没。65才。

権中納言石野基棟の子。母は権大納言園基香の娘。宝暦7(1757)年叙爵。同10年元服。治部大輔に任ぜられる。同11年従五位上、明和2(1765)年正五位下、同6年従四位下、安永2(1773)年従四位上、同6年正四位に進む。同年右権少将、同9年左権中将に任ぜられる。天明元(1781)年従三位、同5年正三位に進み、寛政8(1796)年大蔵卿に任ぜられる。同11年参議に任ぜられるも任職を辞し従二位に進む。文化9(1812)年権中納言に任ぜられるも辞す。子に基憲(従四位上・常陸権介、寛政6,6,22没、22才、子は基標)がいる。　典：公補

石野基標　いわの・もとすえ

江戸時代の人、参議。寛政元(1789)年8月15日生～嘉永2(1849)年9月24日没。61才。

常陸権介石野基憲朝臣の子。祖父は権中納言石野基綱。寛政8(1796)年従五位下に叙され、同10年元服。右馬権頭に任ぜられ、同12年従五位上、文化元(1804)年正五位下、同5年従四位下、同9年従四位上、同13年正四位下に進む。文政4(1821)年近衛権少将、同5年権中将に任ぜられる。同6年従三位、同10年正三位に進む。嘉永2(1849)年参議に任ぜられるも辞す。同年従二位に進む。子に基安・基文(石山家へ)がいる。　典：公辞・公補

石野基安　いわの・もとやす

江戸・明治時代の人、非参議。文政元(1818)年7月25日生～明治18(1885)年8月没。68才。

参議石野基標の子。母は参議堤敬長の娘。文政5(1821)年従五位下に叙される。天保2(1831)年元服。従五位上、同5年正五位下に進み、同7年右京大夫に任ぜられる。同8年従四位下、同11年従四位上、同14年正四位下に進む。嘉永元(1848)年左近衛権少将に任ぜられ、安政3(1856)年従三位に進み権中将に任ぜられる。万延元(1860)年正三位に進む。京都上立売室町西に住む。子に基祐(正四位・治部大輔、安政の事件の八十八廷臣の一人・飛鳥井雅典の項参照、明治に子爵)、孫に基道(基祐の子)がいる。　典：公辞・公補

○上杉家

内大臣藤原高藤……十三世の孫・上杉重房━頼重┳憲房━憲顕━憲方━憲定━憲基⇨
　　　　　　　　　　　　　　　　　　　　　　┗頼成

⇨━憲実━憲忠━房顕━顕定━憲房━憲政━輝虎━景勝━定勝━綱勝━綱憲━吉憲━⇨

⇨━宗憲━宗房━重定━治憲━治広━斉定━斉憲━茂憲━憲章

内大臣藤原高藤の十三世の孫重房が、建長4(1252)年宗尊親王に従い鎌倉に下り、丹波何鹿郡上杉庄を賜り左衛門督に任ぜられ、これより上杉を氏姓とし関東に住し、北条氏の時代には越後にあって、輝虎(長尾・上杉謙信)の時は武名を揚げ、甥の景勝が参議とし

て列された。後は米沢藩主となり、明治に伯爵を授かる。本姓は藤原。上杉家の古文書が残されている。

典：古文・大日・日名

上杉景勝　うえすぎ・かげかつ

江戸時代の人、権中納言。弘治元(1555)年生～元和9(1623)年3月2日没。69才。初名=顕景。通称=喜平次。

長尾政景の次男。越後上田に生る。天正4(1576)年弾正少輔に任ぜられ、同6年叔父上杉輝虎(謙信)が没す。家督争いに勝って家督を継ぎ、越後越中能登土佐を領し、越後春日山城に住居する。同11年豊臣秀吉に属し、同14年従四位下に叙される。同年左少将、同16年参議に任ぜられる。秀吉より豊臣・羽柴の称号を授かる。同18年小田原の役で活躍、同19年陸奥九戸の一揆にも出陣。文禄元(1592)年朝鮮の役には熊川にて諸軍を指揮する。同3年従三位に進み権中納言に任ぜられる。同4年大老となる。慶長2(1597)年秀吉が没したため、同3年権中納言を辞す。会津若松城を賜り、出羽国米沢庄内の地をあわせて、百二十万石の大名となる。同5年秀吉の意志を継ぎ、石田三成と共に徳川家康を討とうとして、関ケ原の戦いとなり三成が敗北。同6年降を家康に請い、罪を許されたが領地を没収され、新たに出羽国米沢城三十石を賜る。以後は徳川家の一大名として忠勤を尽くす。同19年大坂の陣には武功をたてる。元和元(1615)年夏の陣にも玉水に出陣する。元和6(1620)年より武士からの公卿への任職がなくなる。米沢で没す。家康は景勝の武勇と律儀から登城の際は特別扱いをしたと云う。墓所は高野山清浄心院。子に定勝がいる。

典：日名・公補

○植松家

千種有能┬千種有維⇨千種家へ
　　　　└植松雅永―雅孝┬賞雅―岩倉広雅⇨岩倉家へ
　　　　　　　　　　　　└幸雅―雅陳―文雅―雅諸―雅恭―雅言―雅徳―雅平―雅道(子)

本姓は源。村上源氏より久我流。権大納言千種有能の末男参議雅永が一家を創立して植松を氏姓として名乗る。代々花道に奉仕する。明治に子爵を授かる。家紋は竜胆(りんどう)。菩提寺は京都の上雲院。

典：日名

植松雅永　うえまつ・まさなが

江戸時代の人、参議。承応3(1654)年10月23日生～宝永4(1707)年12月16日没。54才。一字名=貞・誠。植松家の祖。

権大納言千種有能の末男。母は権中納言久我通前の娘。兄に千種有維がいる。寛文3(1663)年叙爵し、千種家より分かれ一家を創立して植松と氏姓を名乗る。同7年元服。従五位上に叙され侍従に任ぜられる。同11年正五位下に進み、同12年右少将に任ぜられる。延宝4(1676)年従四位上、貞享元(1684)年正四位下、元禄元(1688)年従三位、同7年正三位、同14年参議に任ぜられる。子に雅孝がいる。　典：公辞・公補

植松雅孝　うえまつ・まさたか

江戸時代の人、非参議。貞享4(1687)年8月26日生〜享保15(1730)年9月24日没。44才。初名=雅康。

参議植松雅永の子。初め雅康と名乗る。元禄4(1691)年叙爵。同13年元服。従五位上に叙され侍従に任ぜられる。宝永元(1704)年正五位に進み右少将に任ぜられ、同4年従四位に進み、同6年左中将に任ぜられる。正徳元(1711)年従四位上、同5年正四位下、享保4(1719)年従三位、同9年正三位に進む。同11年雅孝と改名。同13年宮内卿に任ぜられ、同15年宮内卿を辞す。子に幸雅、養子に賞雅がいる。　典：公辞・公補

植松賞雅　うえまつ・よしまさ

江戸時代の人、権中納言。宝永2(1705)年7月24日生〜天明5(1785)年10月26日没。81才。初名=岩倉具金。花号=五大坊。

権大納言岩倉乗具の三男。初め岩倉具金と名乗る。正徳3(1713)年叙爵。享保5(1720)年宮内卿植松雅孝の養子となる。同6年元服。従五位上に叙され侍従に任ぜられ、賞雅と改名。同9年右権少将に任ぜられる。同13年従四位下、同17年従四位上に進み、右権中将に任ぜられる。元文元(1736)年従三位、延享4(1747)年正三位に進む。宝暦4(1754)年参議に任ぜられるも辞す。同7年従二位に進み、明和5(1768)年権中納言に任ぜられるも辞す。是心軒法眼一露に師事して挿花の松月堂古流を学び、一露より五大坊の花号を付与せられ植松家家元と称し松月堂古流牧水派第二十世となり、洛都・諸国の社中に当流を普及させる。老年に五大坊の花号を和光庵卜友に譲る。子は岩倉広雅、養子に義弟の幸雅がいる。　典：大日・日名・公辞・公補

植松幸雅　うえまつ・ゆきまさ

江戸時代の人、非参議。享保6(1721)年11月11日生〜安永6(1777)年9月5日没。56才。初名=雅久。法名=幽水。

宮内卿植松雅孝の次男。享保18(1733)年叙爵。同20年義兄の権中納言植松賞雅の養子となり元服。侍従に任ぜられる。元文2(1737)年従五位下に叙され、同5年内蔵権頭に任ぜられる。寛保元(1741)年正五位下に進み、同3年右兵衛権佐に任ぜられる。延享2(1745)年従四位下に進み、兼備前介に任ぜられる。寛延元(1748)年兼上総権介に任ぜられ、宝暦2(1752)年権介を辞す。同3年正四位下に進む。同年左権少将、同7年左権中将に任ぜられる。同8年従三位に進むも朝廷権挽回運動の宝暦の事件(綾小路有美の項参照)に連座し、同10年落餝。子に雅陳がいる。　典：公辞・日名・公補

植松雅陳　うえまつ・まさつら

江戸時代の人、非参議。寛延3(1750)年2月16日生〜天明6(1786)年4月20日没。37才。

左権中将植松幸雅の子。宝暦4(1754)年叙爵。同11年元服。従五位上に叙され大蔵権大輔に任ぜられる。明和2(1765)年正五位下、同6年従四位下に進み、安永2(1773)年従四位上に進む。同年右権少将、同4年兼河内権介に任ぜられる。同6年正四位下に進み右権

中将に任ぜられる。天明元(1781)年従三位に進む。子に雅諸(従四位上・大蔵大輔、文政11,3,4没、25才)、養子に文雅がいる。　典：公辞・公補

植松文雅　うえまつ・ふみまさ

江戸時代の人、非参議。明和8(1771)年6月8日生～文化12(1815)年8月12日没。45才。

権大納言千種有政の次男。母は右大臣久我通兄の娘。天明6(1786)年右権中将植松雅陳の養子となり従五位下に叙されるる。寛政3(1791)年元服。同年従五位上、同7年正五位下に進み、治部大輔に任ぜられる。同10年従四位下、享和2(1802)年従四位上に進み、右権少将に任ぜられる。文化3(1806)年正四位下に進み、同8年左権中将に任ぜられ、同9年従三位に進む。　典：公辞・公補

○宇喜多家

宇喜多和泉守能家━直家━秀家

備前浦上宗景の武将宇喜多直家の次男が豊臣秀吉に養われ、秀吉の出世と共に公卿に列され。

典：日名

宇喜多秀家　うきた・ひでいえ

安土桃山・江戸時代の人、権中納言。天正元(1573)年生～明暦元(1655)年11月14日没。83才。初名＝家氏。通称＝八郎。号＝休復・礼福・久福。法名＝尊光院殿秀月久福居士。

備前浦上宗景の武将宇喜多直家の次男。天正9(1581)年父宇喜多直家が没し、子を秀吉に託したので秀吉に養われ、秀吉の一字を賜り秀家と改名し、本姓に豊臣を賜る。同10年従五位下に叙され侍従に任ぜられ、のち従四位下に進み、左少将より左中将に任ぜられる。同13年秀吉が四国を征する際に兵を率いて讃岐に入る。同15年従三位に進み参議に任ぜられ、九州征伐に参加。同18年の小田原攻めに大功をたてる。同19年参議を辞す。秀吉の養女前田利家女を娶る。文禄元(1592)年朝鮮攻めに参加。同3年権中納言に任ぜられるも辞す。慶長2(1597)年再び朝鮮攻めに毛利秀元と共に征明大将として大軍を率い渡海し翌年に帰国。五大老の一人となる。同3年秀吉が没し、徳川家康が威勢を奪うようになり、同5年石田三成らと共に関ケ原で家康と戦い敗れて薩摩に逃れ、同8年島津忠恒の命乞いにより伏見に送られ、更に家康の領地駿河久能に送られる。この頃は休復・久福と号した。慶長11(1606)年更に八丈島に流され、島に50年あって没す。　典：大日・日名・公補

○宇佐家

代々宇佐八幡宮(大分県宇佐市南宇佐の宇佐神宮・全国に八幡宮の総本宮)の宮司で、江戸時代に至り、公卿に列される。

典：公補

宇佐公古　うさ・きんこ

江戸時代の人、非参議。享保19(1734)年生〜享和2(1802)年1月23日没。69才。宇佐八幡宮の大宮司。

寛政11(1799)年従三位に叙される。　典：公補

宇佐公悦　うさ・きんえつ

江戸時代の人、非参議。宝暦3(1753)年生〜文政4(1821)年9月21日没。69才。宇佐八幡宮の大宮司。

文化10(1813)年従三位に叙される。　典：公補

○薄家

難波王—薄以長—以政—以経—以良—以隆—以材—以季—以基—以盛—以量—以緒┐

└以継

第三十代敏達天皇の皇子難波王より出て、系譜は前記の通りだが、多くはその伝記は明らかでない。本姓は橘。

典：公辞

薄以盛　うすい・のりもり

室町時代の人、非参議。生没年不明。

従三以薄以基の養子となる。宝徳3(1451)年宮内卿に任ぜられ正四位下に叙され修理大夫と卿職を辞す。享徳元(1452)年従三位、長禄元(1457)年正三位に進む。応仁2(1468)年子の以量に家督を譲り出家。子に以量がいる。　典：公辞・公補

薄以量　うすい・のりかず

室町時代の人、非参議。永享8(1436)年生〜明応5(1496)年5月5日没。61才。

宮内卿薄以盛の子。応仁2(1468)年父より家督を譲られ、父は出家。のち刑部卿に任ぜられる。明応5年従三位に叙されたが没す。養子に以緒がいる。　典：公辞・公補

薄以緒　うすい・のりつぐ

室町時代の人、参議。明応3(1494)年8月9日生〜弘治元(1555)年5月28日没。62才。法名=永秀。

正四位下行大内記唐橋在数の子。刑部卿薄以量の養子となり、永正7(1510)年元服。同年補蔵人・左近将監、大永3(1523)年式部大丞に任ぜられる。天文6(1537)年叙爵、美濃守・右兵衛権佐に任ぜられる。同7年正五位上に叙され、左衛門佐に任ぜられる。同8年正五位下、同9年従四位下に進み、宮内卿に任ぜられる。同11年従四位上、同18年従三位に進む。弘治元(1555)年参議に任ぜられる。養子に以継(唐橋在数の子)がいる。　典：公辞・公補

○海住山家

藤原定高より分かれた九条家の末流。本姓は藤原。穂波家の旧姓。
典：公補

藤原定高━九条忠高━定光━光経━朝房━氏房━海住山清房━高清

海住山清房 うつやま・きよふさ
室町時代の人、権大納言。生年不明～文安5(1448)年6月18日没。
中納言九条氏房の子。父の九条より分かれて海住山を氏姓とした。応永31(1424)年従三位に叙され、参議に任ぜられる。同32年兼近江権守に任ぜられ、永享元(1429)年正三位に進む。同2年兼相模権守、同4年兼左大弁に任ぜられ、同5年権守を辞す。同11年任職を辞す。嘉吉元(1441)年権中納言、同3年兼民部卿に任ぜられ、文安元(1444)年従二位に進む。同4年権大納言に任ぜられる。子に高清がいる。 典：公補

海住山高清 うつやま・たかきよ
室町時代の人、権大納言。永享7(1435)年生～長享2(1488)年没。54才。
権大納言海住山清房の子。康正3(1457)年越後権守に任ぜられる。同年正四位上に叙され、蔵人頭・左大弁に任ぜられ、長禄2(1458)年従三位に進み参議に任ぜられる。寛正元(1460)年権中納言に任ぜられるも辞す。同年左兵衛督に任ぜられ、同5年に辞す。同6年大蔵卿に任ぜられ、文正元(1466)年正三位に進む。応仁2(1468)年大蔵卿を辞す。文明7(1475)年従二位に進み、同12年権大納言に任ぜられる。のちに穂波経尚が海住山と号した。 典：公補

○梅小路家

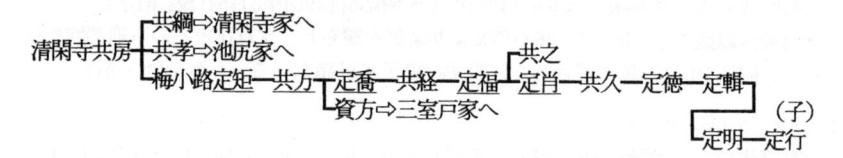

清閑寺共房┳共綱⇨清閑寺家へ
　　　　　┣共孝⇨池尻家へ
　　　　　┗梅小路定矩━共方┳定喬━共経━定福┳共之
　　　　　　　　　　　　　　┃　　　　　　　　┗定肖━共久━定徳━定輯┓
　　　　　　　　　　　　　　┗資方⇨三室戸家へ　　　　　　　　　　　┃(子)
　　　　　　　　　　　　　　　　　　　　　　　　　　　　　　　　┗定明━定行

勧修寺家よりの清閑寺の支流。内大臣清閑寺共房の三男定矩が清閑寺家より分かれて、梅小路家の一家を創立する。明治に至り梅小路定行が子爵を授かる。本姓は藤原。家紋は竹に雀。菩提寺は京都上京区小川寺ノ内下の報恩寺(裏松家・押小路家・勘解修寺家・伏原家なども同寺)。
典：日名・京四

梅小路定矩 うめがこうじ・さだかど
江戸時代の人、権大納言。元和5(1619)年11月6日生～元禄8(1695)年11月28日没。77才。法名＝常道。梅小路家の祖。

権大納言勧修寺共房の三男。兄に共綱(勧修寺家へ)・共孝(池尻家へ)がいる。父の清閑家より分かれて梅小路家を創立する。寛永10(1633)年元服。従五位上に叙され左兵衛佐に任ぜられ、同14年正五位下、同18年従四位下、正保2(1645)年従四位上、慶安3(1650)年正四位下、明暦元(1655)年従三位に進み左兵衛督に任ぜられる。万治3(1660)年正三位に進み、寛文9(1669)年参議に任ぜられる。同10年参議を辞し踏歌外弁となる。同12年権中納言に任ぜられるも辞す。元禄元(1688)年正二位に進み権大納言に任ぜられるも辞し出家。子に共方がいる。　典：公辞・公補

梅小路共方　うめがこうじ・ともかた

江戸時代の人、権大納言。承応2(1653)年12月14日生～享保12(1727)年7月3日没。75才。初名=共益。

権大納言梅小路定矩の子。初め共益と名乗る。明暦3(1657)年叙爵。寛文6(1666)年元服。従五位上に叙され民部大輔に任ぜられ、同10年正五位下、延宝2(1674)年従四位上に進み共方と改名。天和2(1682)年正四位下に進み、同3年兼中宮亮に任ぜられ、貞享3(1686)年従三位に進み、同4年中宮亮を辞す。元禄5(1692)年正三位に進む。同10年参議に任ぜられ、同11年踏歌外弁となる。同12年兼右兵衛督に任ぜられ、同15年任職を辞す。宝永2(1705)年従二位に進む。同5年権中納言に任ぜられ、正徳元(1711)年に辞す。享保元(1716)年正二位に進み、同4年権大納言に任ぜられるも辞す。子に定喬・資方(三室戸家へ)がいる。
典：公辞・公補

梅小路定喬　うめがこうじ・さだたか

江戸時代の人、非参議。元禄3(1690)年9月2日生～享保12(1727)年7月15日没。38才。初名=定代。

権大納言梅小路共方の次男。弟に資方(三室戸家へ)がいる。初め定代と名乗る。元禄10(1697)年叙爵。同15年元服。従五位上に叙される。同年右京大夫、宝永2(1705)年左兵衛佐に任ぜられる。同3年正五位下、同7年従四位下、正徳4(1714)年従四位上、享保3(1718)年正四位下に進む。同6年定喬と改名。同7年従三位に進む。子に共経(従四位下・勘解由次官、延享2,4,23没、20才、養子は定福)がいる。　典：公辞・公補

梅小路定福　うめがこうじ・さだふく

江戸時代の人、権大納言。寛保3(1743)年1月16日生～文化10(1813)年2月14日没。71才。

権大納言清閑寺秀定の次男。兄に清閑寺益房がいる。絶えた梅小路家の家督を相続の為に、延享2(1745)年故梅小路共経朝臣の養子となる。同4年従五位下に叙される。宝暦4(1754)年元服。従五位上に進み兵部権少輔に任ぜられる。同8年正五位下に進み、同11年兼近江権介に任ぜられ、同12年従四位下に進む。明和元(1764)年兼伊予権守に任ぜられ、同7年正四位下に進み、同8年兼丹波介に任ぜられる。安永3(1774)年従三位に進み、同4年参議に任ぜられる。同6年踏歌外弁となる。同7年参議を辞す。同9年正三位、天明8(1788)年従二位に進む。寛政8(1796)年権中納言に任ぜられ、同10年に辞す。同11年正二位に進む。文化2(1805)年権大納言に任ぜられるも辞す。子に共之(従五位上・刑部大輔、天明6,9,18没、17才)、養子に定肖(清閑寺家より)がいる。　典：公辞・公補

梅小路定肖　うめがこうじ・さだゆき

江戸時代の人、参議。安永6(1777)年7月19日生～天保8(1837)年6月18日没。61才。

権大納言清閑寺益房の次男。兄に清閑寺昶定がいる。天明6(1786)年従五位下に叙される。寛政元(1789)年梅小路定福(のち権大納言)の養子となる。同2年元服。従五位上に進み、讃岐権守、同3年民部大輔に任ぜられる。同6年正五位下に進み院判官代となり勘解由次官に任ぜられる。同10年従四位下に進み院別当となる。享和2(1802)年従四位上、文化3(1806)年正四位下、同7年従三位、同11年正三位に進む。文政7(1824)年宮内卿に任ぜられる。天保元(1830)年踏歌外弁となり、同2年参議に任ぜられる。同6年任職を辞す。京都東院参町に住む。子に共久、孫に定徳(従四位下・兵部大輔)がいるがともに公卿に列さられなかった。　典：公辞・公補

○梅園家

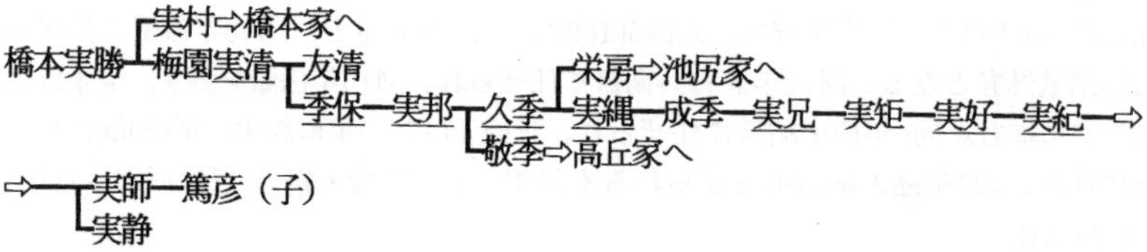

藤原北家の西園寺家の庶流。西園寺公経の三代公相の次男実俊が橋本を氏姓とし、その八代橋本左中将実勝の次男実清が、橋本家より分かれて梅園を氏姓とした。明治に至り子爵を授かる。本姓は藤原。菩提寺は京都左京区新高倉通孫橋上の要法寺。

典：日名・京四

梅園実清　うめぞの・さねきよ

江戸時代の人、非参議。慶長14(1609)年9月16日生～寛文2(1662)年6月25日没。54才。

左中将橋本実勝朝臣の次男。兄に橋本実村がいる。元和9(1623)年叙爵。寛永3(1626)年従五位上に叙される。同年侍従、同8年左少将に任ぜられる。同11年正五位下、同15年従四位下に進み、同17年左中将に任ぜられる。同19年従四位上、正保3(1646)年正四位下、承応元(1652)年従三位に進む。明暦元(1656)年右兵衛督に任ぜられ、同3年正三位に進む。子に友清(従四位下・左少将、承応2,6,2没、23才)・季保がいる。　典：公辞・公補

梅園季保　うめぞの・すえやす

江戸時代の人、参議。正保3(1646)年6月15日生～元禄4(1691)年,閏8月19月没。46才。一字名=久。

右兵衛督梅園実清の次男。兄に友清がいる。承応元(1652)年叙爵。同2年家督を相続していた兄の友清が没したので、家督を相続する。明暦3(1657)年元服。従五位上に叙され侍従に任ぜられる。寛文元(1661)年正五位下に進み左少将に任ぜられる。同5年従四位下に進み左中将に任ぜられる。同8年従四位上、同12年正四位下、延宝4(1676)年従三位に

進む。同5年右兵衛督、貞享元(1684)年参議に任ぜられ踏歌節会外弁となる。同4年任職を辞す。子に実邦がいる。　典：公辞・公補

梅園実邦　うめぞの・さねくに

江戸時代の人、権中納言。寛文10(1670)年6月22日生〜延享2(1745)年12月18日没。76才。

参議梅園季保の子。母は権大納言池尻共孝の娘。延宝2(1674)年叙爵。同7年従五位上に叙され元服。侍従に任ぜられる。貞享元(1684)年正五位下に進み左少将に任ぜられる。同5年従四位下に進み、元禄3(1690)年左中将に任ぜられる。同5年従四位上、同10年正四位下、同14年従三位、宝永3(1706)年正三位に進む。享保3(1718)年参議に任ぜられるも辞す。同4年従二位に進み、元文2(1737)年権中納言に任ぜられるも辞す。子に敬季(高丘家へ)、養子に久季がいる。　典：公辞・公補

梅園久季　うめぞの・ひさすえ

江戸時代の人、参議。元禄2(1689)年7月6日生〜寛延2(1749)年3月10日没。61才。初名=孝俊。

権大納言池尻勝房の次男。初め孝俊と名乗る。元禄8(1695)年叙爵し、宝永2(1705)年梅園実邦(のち権中納言)と内大臣松木宗条の娘の養子となり家督を相続して久孝と改名、元服。従五位上に叙され侍従に任ぜられる。同4年左少将に任ぜられ、同6年正五位下、正徳3(1713)年従四位下に進み、左中将に任ぜられる。享保元(1716)年従四位上、同5年正四位下、同8年従三位、同13年正三位に進む。同14年左兵衛督に任ぜられ、同19年踏歌節会外弁となる。元文4(1739)年参議に任ぜられる。寛保2(1742)年参議を辞す。延享4(1747)年従二位に進む。子に実縄・栄房(池尻家へ)がいる。　典：公辞・公補

梅園実縄　うめぞの・さねなわ

江戸時代の人、権中納言。享保12(1727)年3月5日生〜寛政6(1794)年3月18日没。68才。初名=勝久。前名=実視。

参議梅園久季の子。母は権中納言梅園実邦の娘。始めは勝久となのる。同19年叙爵し、元文3(1738)年元服。従五位上に叙される。同5年主税頭に任ぜられ実視と改名。寛保2(1742)年正五位下に進む。同3年左京権大夫、延享2(1745)年左兵衛権佐に任ぜられる。同3年従四位下、寛延3(1750)年従四位上に進む。宝暦3(1753)年右権少将に任ぜられ、同4年正四位下に進む。同6年実縄と改名。同8年右権中将に任ぜられ、同9年従三位に進む。同12年左兵衛督に任ぜられ、同13年正三位に進み、明和4(1767)年参議に任ぜられ踏歌外弁となる。同8年参議を辞す。安永2(1773)年従二位に進み、寛政3(1791)年権中納言に任ぜられるも辞す。同4年正二位に進む。子に成季(従四位上・左中将、明和5年落餝・法名=慎由、子は実兄)がいる。　典：公辞・公補

梅園実兄　うめぞの・さねあに

江戸時代の人、権中納言。明和2(1765)年9月11日生〜天保7(1836)年9月21日没。72才。

左中将梅園成季朝臣の子。明和5(1768)年従五位下に叙されるる。安永元(1772)年元服。従五位上に進み侍従に任ぜられる。同5年正五位下、同9年従四位下に進み、天明元(1781)年左権少将に任ぜられ、同4年従四位上に進み、同7年兼丹波介に任ぜられ、同8年正四位下に進み、寛政3(1791)年左権中将に任ぜられ、同4年従三位、同8年正三位に進む。同12年右兵衛督、文化9(1812)年参議に任ぜられる。同10年従二位に進み踏歌外弁となる。同13年参議を辞す。天保2(1831)年正二位に進み権中納言に任ぜられるも辞す。子に実矩(正五位下・美濃権介、寛政11,7,6没、22才、子は実好)がいる。　典：公辞・公補

梅園実好　うめぞの・さねよし

江戸・明治時代の人、非参議。寛政10(1798)年6月26日生～明治4(1871)年1月没。74才。

美濃権介梅園実矩の子。権中納言梅園実兄の孫。享和2(1802)年従五位下に叙される。文化8(1811)年元服。従五位上、同12年正五位下に進み丹波権介に任ぜられ、文政2(1819)年従四位下、同6年従四位上、同10年正四位下に進み、同11年侍従、天保2(1831)年左近衛権少将、同7年従三位に進み右権中将に任ぜられる。同11年正三位に進み、嘉永2(1849)年右兵衛督に任ぜられ、同6年踏歌外弁となる。文久元(1861)年右兵衛督を辞す。京都梨木町に住む。家料は150石。子に実紀がいる。　典：公辞・公補

梅園実紀　うめぞの・さねこと

江戸・明治時代の人、非参議。文政10(1827)年2月9日生～明治40(1907)年1月没。81才。

右兵衛督梅園実好の子。天保2(1831)年従五位下に叙される。同13年元服。従五位上、弘化3(1846)年正五位下に進み、同4年侍従に任ぜられ、嘉永3(1850)年従四位下、安政元(1854)年従四位上に進み、同4年右近衛権少将に任ぜられ、同5年正四位下、元治元(1864)年従三位に進み左近衛権中将に任ぜられ、明治元(1868)年正三位に進み、のち正二位に進む。同17年に子爵を授かる。子に実静、孫に実師がいる。　典：明治・公辞・公補

○梅渓家

久我通世━梅渓季通━英通━通条┳通仲━通賢━通同━行通━通修┳通訓
　　　　　　　　　　　　　　┗雅富王⇨白川家へ　　　　　　┗通善━⇨

⇨通治┳通昌
　　　┗通魯━通古━通虎（子）

村上源氏より出た久我家流。左中将久我通世朝臣の子季通が、久我家より分かれて一家を創立する。明治に至り梅渓通善が子爵を授かる。本姓は源。家紋は竜胆(りんどう)。菩提寺は京都北区紫野大徳寺の大徳寺昌林院。

典：日名・京四

梅渓季通　うめたに・すえみち

江戸時代の人、参議。元和元(1615)年3月29日生～万治元(1658)年2月2日没。44才。法名=宗心。梅渓家の祖。

左中将久我通世朝臣の次男。久我家より分かれて梅渓を氏姓とする。寛永元(1624)年叙爵。同6年元服。従五位上に叙され勘解由次官に任ぜられる。同11年正五位下、同15年従四位下、同18年従四位上に進む。同20年左少将に任ぜられ、正保2(1645)年正四位下に進み左中将・参議に任ぜられる。承応2(1653)年踏歌外弁となる。同3年従三位に進み、明暦元(1655)年参議を辞す。子に英通がいる。　典：大日・公辞・公補

梅渓英通　うめたに・ひでみち

江戸時代の人、権中納言。慶安3(1650)年4月5日生～享保3(1718)年7月22日没。69才。一字名＝央。

参議梅渓季通の子。明暦3(1657)年従五位下に叙される。寛文3(1663)年元服。従五位上に進み侍従に任ぜられる。同7年正五位下に進み、同8年左少将に任ぜられる。同10年従四位下に進み左中将に任ぜられる。延宝3(1675)年従四位上、同7年正四位下、天和3(1683)年従三位、元禄3(1690)年正三位に進む。同5年参議に任ぜられる。同6年任職を辞し踏歌節会外弁となる。同14年従二位に進む。宝永2(1705)年権中納言に任ぜられるも辞す。子に通条がいる。　典：公辞・公補

梅渓通条　うめたに・みちなが

江戸時代の人、権中納言。寛文12(1672)年12月11日生～元文5(1740)年2月17日没。69才。初名＝量通。

権中納言梅渓英通の子。母は参議甘露寺嗣長の娘。初め量通と名乗る。天和元(1681)年叙爵。貞享元(1684)年元服。従五位上に叙され、元禄2(1689)年正五位下に進み左少将に任ぜられ、同6年従四位下に進み、同7年左中将に任ぜられ、同10年に通条と改名。同11年従四位上、同15年正四位下、宝永3(1706)年従三位、同7年正三位に進む。享保3(1718)年参議に任ぜられ、同5年踏歌節会外弁となる。同8年任職を辞し従二位に進み、同13年権中納言に任ぜられるも辞す。元文5(1740)年正二位に進む。子に通仲がいる。　典：公辞・公補

梅渓通仲　うめたに・みちなか

江戸時代の人、非参議。元禄11(1698)年11月11日生～元文2(1737)年6月17日没。40才。

権中納言梅渓通条の子。元禄15(1702)年叙爵。宝永7(1710)年元服、従五位上に叙される。同年侍従、正徳3(1713)年左少将に任ぜられる。同4年正五位下、享保3(1718)年従四位下に進み左中将に任ぜられる。同6年従四位上、同10年正四位下、同14年従三位に進む。子に通賢がいる。　典：公辞・公補

梅渓通賢　うめたに・みちかた

江戸時代の人、非参議。享保20(1735)年3月5日～明和2(1765)年5月23日没。31才。

左中将梅渓通仲の子。元文4(1739)年従五位下に叙される。同6年元服。右権大夫に任ぜられ、寛保3(1743)年従五位上、延享4(1747)年正五位下、宝暦元(1751)年従四位下、同5年従四位上に進み、同6年右権少将に任ぜられ、同8年の宝暦の事件(綾小路有美の項参照)の竹内式部の門に学ぶ。同9年正四位下に進み、同12年左権中将に任ぜられ、明和元

(1764)年従三位に進む。子に通同(正四位下・左権少将、天明7,5,18没、27才、子は行通)がいる。　典：公辞・公補

梅渓行通　うめたに・ゆきみち

江戸時代の人、参議。天明元(1781)年10月10日生〜文政7(1824)年6月6日没。44才。初名=恭通。

左権少将梅渓通同朝臣の子。天明8(1788)年従五位下に叙され、寛政4(1792)年元服。従五位上、同8年正五位下に進み、同11年大膳大夫に任ぜられ、同12年従四位下、享和3(1803)年従四位上に進み、文化3(1806)年侍従に任ぜられ、同4年正四位下に進む。同年左権少将、同9年左権中将に任ぜられる。文政7(1824)年左権中将を辞し参議に任ぜられる。子に通修がいる。　典：公辞・公補

梅渓通善　うめたに・みちたる

江戸・明治時代の人、参議。文政4(1821)年7月19日生〜明治32(1899)年11月没。79才。

参議六条有言の次男。梅渓家の通訓が早死したので、侍従梅渓通修朝臣の養子となる。天保5(1834)年叙爵し元服。同8年従五位上に叙され、同12年正五位下に進み、同14年侍従に任ぜられる。弘化元(1844)年従四位下、同4年従四位上に進む。嘉永3(1850)年右近衛権少将に任ぜられ、同4年正四位下に進む。安政2(1855)年京都での御遷幸に右少将として舎人一人・随身二人・雑色二人・小舎人童一人を伴い参加している。同5年の安政の事件(飛鳥井雅典の項参照)に子通治と共に八十八廷臣として連座。文久2(1862)年右権中将に任ぜられる。元治元(1864)年従三位に進み参議に任ぜられる。慶応元(1865)年踏歌外弁となる。明治元(1868)年正三位に進む。同17年に華族に列され子爵を授かる。京都烏丸一条上ルに住む。家料は150石。子は通治(従四位・安政2年御遷幸に侍従朝臣として参加、安政の事件に父通善と共に連座、のち御歌所参候、子は通昌・通魯)がいる。　典：公辞・公補

○裏辻家

〈室町時代の裏辻家〉

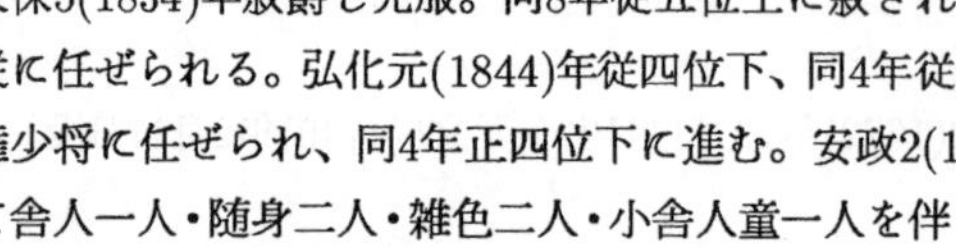

洞院家より出た正親町庶流。正親町家の祖・権大納言正親町実明より三代権中納言正親町実綱の養子公仲が裏辻の氏姓を名乗ったが、子の実秀にて終わる。

典：公辞・公補

裏辻公仲　うらつじ・きんなか

南北朝・室町時代の人、権大納言。延文3(1358.正平13)年～応永10(1403)年6月7日没。46才。裏辻家の始祖。

権大納言橋本実文の子。権中納言正親町実綱の養子となり、正親町家より分かれて裏辻の氏姓を名乗る。蔵人頭を辞す。永徳2(1382.弘和2)年従四位上より従三位に進む。同年右中将・参議、同3年兼備中守に任ぜられる。至徳元(1384)年正三位に進み、嘉慶元(1387)年備中守を辞す。同2年権中納言に任ぜられる。明徳3(1392)年従二位に進む。応永4(1397)年権大納言に任ぜられ、同7年正二位に進み、同9年権大納言を辞す。子に実秀と甘露寺家に行く時長・嗣長・豊長がいる。　典：公辞・公補

裏辻実秀　うらつじ・さねひで

室町時代の人、権大納言。生没年不明。法名＝祐実。

権大納言裏辻公仲の子。蔵人頭を辞し、応永18(1411)年正四位上に叙され右中将・参議に任ぜられる。同19年従三位に進み兼備中守に任ぜられ、同21年正三位に進む。同23年権中納言に任ぜられ、同24年従二位に進み、同28年権大納言に任ぜられる。同30年正二位に進む。同32年後小松上皇宮にて奏楽があり箏を弾ずるに一弦が切れ柱が足りなくなり一柱を懐より出して無事に曲が終わるという。正長元(1428)年従一位に進み41才で出家。　典：公辞・公補

裏辻家(江戸時代)

〈江戸時代の裏辻家〉

正親町季康┬季俊⇨正親町家へ
　　　　　└裏辻季福―実景―季盛―公視―実本―公理―実和―公周―実孚―公愛―⇨

⇨裏辻公愛┬実脩
　　　　　├実忠―愛古――芝亭公同
　　　　　└彦六郎―公博（子）

藤原鎌足の末裔。西園寺家より出た正親町庶流。正親町季康の次男季福が、正親町家より分かれて室町時代に起きた裏辻家を再興した。明治に至り子爵を授かる。本姓は藤原。家紋は藤。菩提寺は京都上京区寺町今出川上の本満寺。　典：日名・京四

裏辻季福　うらつじ・すえとみ

江戸時代の人、参議。慶長10(1605)年生～正保元(1644)年9月2日没。40才。裏辻家の祖。

権少将正親町季康朝臣の子。兄に正親町季俊がいる。正親町家より分かれて裏辻家を再興する。元和5(1619)年叙位。同6年元服。侍従に任ぜられる。同9年従五位上に進み、寛永3(1626)年左少将に任ぜられる。同4年正五位下、同8年従四位下に進み、同9年左中将に任ぜられ、同12年従四位上、同17年正四位下、同20年従三位に進み参議に任ぜられる。養子に実景(万里小路家より)がいる。　典：公辞・公補

裏辻実景　うらつじ・さねかげ

江戸時代の人、非参議。寛永14(1637)年9月22日生～寛文8(1668)年5月21日没。32才。初名=業房。

頭右大弁万里小路綱房朝臣の次男。初め業房と名乗る。寛永18(1641)年叙爵。正保2(1645)年参議裏辻季福と内大臣広橋兼勝の娘の養子となり実景と改名、元服。従五位上に叙され侍従に任ぜられる。慶安2(1649)年正五位下に進み、承応元(1652)年右少将に任ぜられ、同3年従四位下に進む。明暦2(1656)年右中将に任ぜられる。同4年従四位上、寛文2(1662)年正四位下、同6年従三位に進む。養子に季盛(万里小路家より)がいる。　典：公辞・公補

裏辻実本　うらつじ・さねもと

江戸時代の人、参議。享保15(1730)年5月11日生～明和2(1765)年7月21日没。36才。初名=実将。

右権中将正親町公通朝臣の末子。初め実将と名乗る。元文4(1739)年右中将裏辻公視朝臣の養子となり叙爵。同5年元服。中務権少輔に任ぜられる。寛保3(1743)年従五位上に進み、右馬権頭に任ぜられる。延享4(1747)年正五位下、宝暦元(1751)年従四位下、同5年従四位上に進み、右権少将に任ぜられる。同9年正四位下に進み、同12年右権中将に任ぜられ実本と改名。同13年従三位に進み参議に任ぜられ、明和2(1765)年に任職を辞す。養子に公理(正親町家より)がいる。　典：公辞・公補

裏辻公理　うらつじ・きみただ

江戸時代の人、参議。宝暦6(1756)年5月19日生～文化2(1805)年1月13日没。50才。初名=言功。

権大納言正親町実連の次男。初め言功と名乗る。宝暦10(1760)年従五位下に叙される。明和2(1765)年参議裏辻実本と従五位下源次由の娘の養子となる。同3年元服。従五位上に進み公理と改名。出羽権介に任ぜられ、同7年正五位下に進み、安永元(1772)年侍従に任ぜられる。同2年従四位下に進む。同3年左権少将、同4年兼相模介に任ぜられる。同5年従四位上に進み、天明2(1782)年左権中将に任ぜられ、同3年補院別当となる。同5年兼近江介に任ぜられる。寛政元(1789)年正四位下、同10年従三位に進み、参議に任ぜられるも辞す。享和3(1803)年正三位に進む。子に実和、孫に公周がいる。　典：公辞・公補

○卜部家

京都左京区吉田の吉田神社は代々吉田姓を氏姓とし、卜部を本姓としたが、吉田家より分かれて卜部を名乗り、公卿に列された者を記載した。吉田家を参照。

典：公補

卜部兼任　うらべ・かねとう

室町時代の人、非参議。生没年不明。

父母は不明。長禄3(1459)年従三位に叙される。翌年の寛正元(1460)年まで非参議として名が見えるが、その後は不明。神祇職の吉田家より出た人か。　典：公補

卜部兼昭 うらべ・かねあき

室町時代の人、非参議。生没年不明。

父母は不明。神祇職の吉田家より出た人。吉田兼倶の子か。享徳2(1453)年叙爵。のち神祇権少副に任ぜられ、従五位上より正五位下に進み、文明元(1469)年従四位下、同9年従四位上、同13年正四位下、文亀2(1502)年従三位に進む。永正元(1504)年神祇権大副に任ぜられ、同12年正三位進み、同17年まで名が見えるが、その後は不明。 典：公補

卜部兼永 うらべ・かねなが

室町時代の人、非参議。応仁元(1467)年生～天文5(1536)年7月27日没す。70才。平野神社の宮司。

従二位吉田兼倶の子。卜部兼昭と兄弟か。平野神社(京都上京区平野宮本町)の預かりとなる。卜部(吉田家)兼延の末裔神祇少副卜部兼緒の養子となる。永正3(1506)年正四位下に叙され、同9年従三位に進む。同15年神祇権大副に任ぜられ、同16年正三位に進む。大永3(1523)年神祇大副に任ぜられる。天文5(1536)年丹波権守に任ぜられたが、日蓮党に殺された。子は兼隆(神祇権大副・宮内卿)がいる。 典：大日・公補

○裏松家

〈日野家より出た裏松家〉

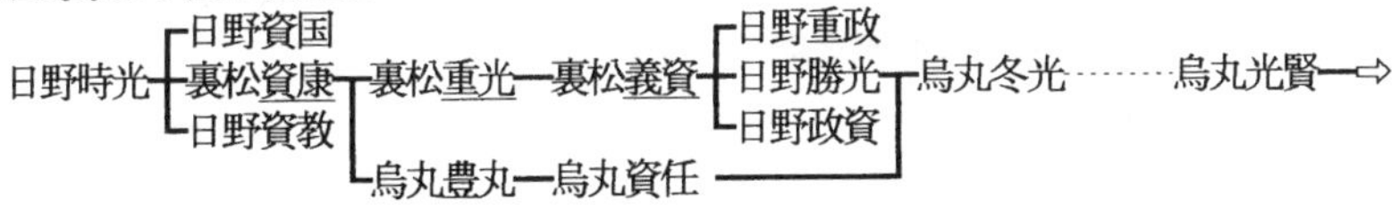

藤原内麿より出た日野時光の次男資康が裏松家を名乗り、孫の義資まで続き、のち烏丸光賢の次男資清が、裏松家を再興する。本姓は藤原。別姓は日野。

典：公補

裏松資康 うらまつ・もとやす

南北朝時代の人、権大納言。貞和4(1348・正平3)生～明徳元(1390・元中7)年8月10日没。43才。別姓＝日野。裏松家の始祖。

権大納言日野時光の次男。兄弟に日野資国・日野資教がいる。日野家より分かれて裏松を氏姓とする。蔵人頭より左大弁に任ぜられ、永和4(1378・天授4)年正四位上より従三位に進む。同年権中納言、康暦2(1380)年兼按察使に任ぜられる。永徳元(1381・弘和元)年正三位より従二位に進み、同2年院執権となる。同3年按察使を辞し兼左衛門督に任ぜられ補検非違使別当となる。至徳元(1384・元中元)年正二位に進む。同3年任職を辞す。同年権大納言に任ぜられ、嘉慶2(1388)年に辞す。明徳元(1390)年従一位に進み再び権大納言に任ぜられる。子に重光がいる。 典：公辞・公補

裏松重光　うらまつ・しげみつ

南北朝・室町時代の人、大納言。応安3(1370・建徳元)生〜応永20(1413)年3月16日没。44才。一字名=桜。号=広寿院。別姓=日野。

権大納言裏松資康の子。蔵人頭より右大弁に任ぜられ、明徳3(1392・元中9)年正四位上に叙され造興福寺長官・遠江権守参議に任ぜられ、同4年従三位に進み、応永元(1394)年権中納言に任ぜられ、同2年正三位に進み左衛門督に任ぜられ、同3年従二位に進み権大納言に任ぜられる。同4年権大納言を辞すも、同6年再び権大納言に任ぜられ、同8年に再び辞す。同9年左衛門督を辞す。同10年正二位に進む。同11年三たび権大納言に任ぜられる。同14年再び兼左衛門督に任ぜられ、同15年これを辞し従一位に進み、同18年大納言に任ぜられる。同20年大納言を辞し院執権となるも同19年12月よりの長病気で没す。姉妹を将軍足利義満と義持に配偶し、足利家の外戚として家門を隆興し権勢を振るう。文安2(1445)年左大臣を贈られる。子に義資がいる。　典：大日・伝日・公辞・公補

裏松義資　うらまつ・よしもと

室町時代の人、権中納言。応永元(1394)年生〜永享6(1434)年6月9日没。41才。別姓=日野。

大納言裏松重光の子。蔵人頭・左中弁を辞し、応永26(1419)年正四位上より従三位に叙される。同年兼左大弁・左衛門督、ついで権中納言に任ぜられる。同28年に左衛門督を辞す。同31年正三位に進む。同32年補院執権となる。正長元(1428)年武家伝奏となる。永享4(1432)年権中納言を辞す。同6年に殺される。のち宝徳2(1450)年大納言を贈られる。子は重政・勝光・政資がいて日野家を継ぐ。　典：公辞・公補

裏松家(烏丸家系)

〈烏丸より出た裏松家〉

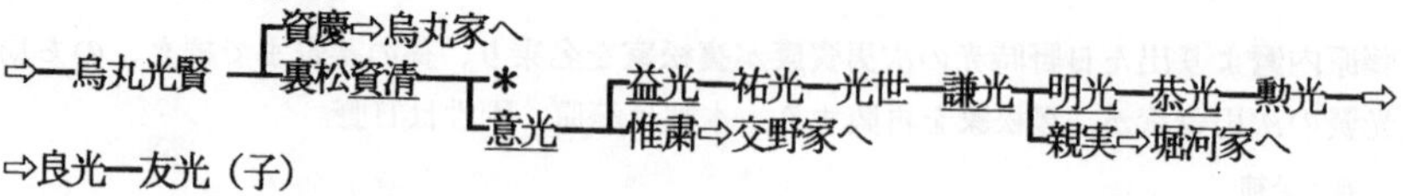

日野家より出た烏丸家庶流。烏丸光賢の次男資清が、烏丸家より分かれて裏松家を再興する。明治に至り華族に列され子爵を授けられる。家紋は鶴の丸。菩提寺は京都上京区小川寺ノ内下の報恩寺。　典：日名・京四

裏松資清　うらまつ・もときよ

江戸時代の人、参議。寛永3(1626)年10月17日生〜寛文7(1667)年8月13日没。42才。一字名=青。裏松家の祖。

権中納言烏丸光資の次男。母は権中納言烏丸資慶の娘。寛永10(1633)年叙爵。同16年元服。従五位上に叙され弾正大弼に任ぜられ、同20年正五位下より正五位上に進み左衛門権佐・蔵人に任ぜられ、正保元(1644)年権右少弁、同2年右少弁、同4年左少弁、慶安2(1649)年右中弁より左中弁に任ぜられ蔵人を辞し従四位下、同4年従四位上より正四位

下、万治元(1658)年従三位に進む。寛文2(1662)年参議に任ぜられる。同3年正三位に進み、同6年参議を辞す。子に意光がいる。　典：公辞・公補

裏松意光　うらまつ・よしみつ

江戸時代の人、権中納言。承応元(1652)年2月26日生～宝永4(1707)年7月17日没。56才。

参議裏松資清の次男。明暦3(1657)年元服。従五位下に叙され侍従に任ぜられ、寛文元(1661)年従五位上、同5年正五位下に進み、同7年権右少弁に任ぜられ、同9年正五位上に進む。同年蔵人・右少弁、同10年左少弁に任ぜられる。延宝元(1673)年従四位下に進み右中弁に任ぜらる。同4年従四位上、同6年正四位下、天和元(1681)年従三位に進む。貞享元(1684)年参議に任ぜられ、同2年正三位に進み踏歌節会外弁となる。元禄4(1691)年権中納言に任ぜられる。同7年従二位に進む。同10年権中納言を辞す。宝永2(1705)年正二位に進む。子に益光がいる。　典：公辞・公補

裏松益光　うらまつ・ますみつ

江戸時代の人、権中納言。貞享2(1685)年3月8日生～宝暦8(1758)年12月9日没。74才。一字名＝谷。

権中納言裏松意光の子。元禄2(1689)年叙爵。同6年元服。従五位上に叙され侍従に任ぜられ、同10年正五位下に進む。同12年権右少弁、同14年右少弁、同16年蔵人に任ぜられ、宝永元(1704)年正五位上に進む。同年左少弁、同3年右中弁、同5年兼春宮大進に任ぜられ、同6年大進を辞す。正徳元(1711)年従四位下に進み左中弁に任ぜられ蔵人を辞す。享保3(1718)年従四位上に進み、同4年正四位下に進み兼左衛門佐に任ぜられ左中弁を辞す。同8年従三位に進む。同年参議、同9年権中納言に任ぜられる。同12年正三位に進み踏歌節会外弁となる。同13年権中納言を辞す。同18年従二位、延享元(1744)年正二位に進む。子に祐光、孫に光世が居る。　典：公辞・公補

裏松謙光　うらまつ・けんみつ

江戸時代の人、権中納言。寛保元(1741)年7月29日生～文化9(1812)年4月20日没。72才。初名＝公英。前名＝公圭。

従三位四辻実長の次男。初め公英と名乗る。寛延元(1748)年叙爵。宝暦9(1759)年公圭と改名。同10年蔵人左大弁裏辻光世(固禅)の養子となり元服。従五位上に叙され左兵衛佐に任ぜられ謙光と改名。明和元(1764)年正五位下に進み右少弁より左少弁に任ぜられ、同5年正五位上に進み蔵人・神宮弁に任ぜられ、同6年神宮弁を辞す。同7年兼春宮権大進に任ぜられたが辞す。同8年兼皇太后宮大進に任ぜられたが辞す。同年兼右衛門権佐、安永元(1772)年権右中弁に任ぜられ、神宮弁賀茂奉行などを辞す。同3年従四位下に進み左中弁に任ぜられ、同6年従四位上、同7年正四位下、同8年正四位上に進み、天明元(1781)年兼皇太后宮亮・右大弁に任ぜられる。同2年従三位、同6年正三位に進む。寛政4(1792)年参議に任ぜられる。同6年参議を辞す。同10年従二位に進み、同11年権中納言に任ぜられるも辞す。文化6(1809)年正二位に進む。子に明光がいる。　典：公辞・公補

裏松明光　うらまつ・あけみつ

江戸時代の人、参議。明和8(1771)年8月7日生～文政8(1825)年4月20日没。55才。

権中納言裏松謙光の子。母は左中弁裏松祐光朝臣の娘。安永4(1775)年従五位下に叙される。天明4(1784)年元服。従五位上に叙され兵部権少輔に任ぜられ、同7年正五位下に進む。寛政4(1792)年勘解由次官、同10年右少弁、同12年左少弁、享和2(1802)年補蔵人・兼中宮権大進に任ぜられ、正五位上に進む。文化元(1804)年権右中弁に任ぜられ、同3年神宮弁となる。同5年従四位下に進み左中弁に任ぜられ、同7年従四位上に進み右大弁に任ぜられる。同10年正四位上、同13年従三位に進み右大弁を辞す。文政元(1818)年参議に任ぜられる。同2年踏歌外弁となる。同3年正三位に進み、同7年参議を辞す。同8年落飾。子に恭光がいる。　典：公辞・公補

裏松恭光　うらまつ・ゆきみつ

江戸末期の人、権大納言。寛政12(1800)年6月16日生～明治5(1872)年2月没。73才。

参議裏松明光の子。文化元(1804)年従五位下に叙される。同11年元服。従五位上に進む。同年宮内大輔、同12年左兵衛権佐に任ぜられ、同14年院判官代となる。文政元(1818)年正五位下、天保3(1832)年正五位上に進み補蔵人、同6年右少弁、同8年左少弁、同13年右中弁に任ぜられる。同14年従四位下より従四位上、弘化元(1844)年正四位下に進み、同2年右中弁に任ぜられる。同3年正四位上に進み、同4年兼皇太后宮亮に任ぜられるも辞す。嘉永元(1848)年左中弁、同4年右大弁に任ぜられ従三位に進む。同5年右大弁を辞す。安政2(1855)年正三位に進む。同年参議、同4年兼大蔵卿に任ぜられ、同5年踏歌外弁となる。同6年権中納言に任ぜられる。文久元(1861)年従二位に進み権中納言を辞す。慶応3(1867)年権大納言に任ぜられるも辞す。京都椹木町寺町西に住む。家料は130石。子に勲光(安政2年の御遷幸に左兵衛府佐として舎人一人・随身二人・雑色四人・小舎人童一人・傘一人を伴い参加)、孫に良光(正三位・明治に子爵を授る)がいる。　典：明治・公辞・京四・公補

○江辺家

江辺雅国　えのべ・まさくに

室町時代の人、非参議。生年不明～明応9(1500)年1月23日没。

本姓は藤原。左近中将を辞し、文明12(1480)年従三位に叙される。　典：公補

○大炊御門家

藤原北家の藤原師実の三男経実が、京都の大炊御門のほとりに住み、家号を大炊御門とする。孫の頼実・師経より大炊御門を氏姓とした。清華家の一にして代々筆道をもって朝廷に奉仕する。明治に至り華族に列され侯爵を授けられる。本姓は藤原。菩提寺は京都左京区東山二条下の西方寺。

典：日名

大炊御門頼実　おおいのみかど・よりざね

平安・鎌倉時代の人、太政大臣。久寿2(1155)年生～嘉禄元(1225)年7月5日没。71才。法名=顯性。称号=六条前太政大臣・中山前太政大臣。大炊御門家の祖。

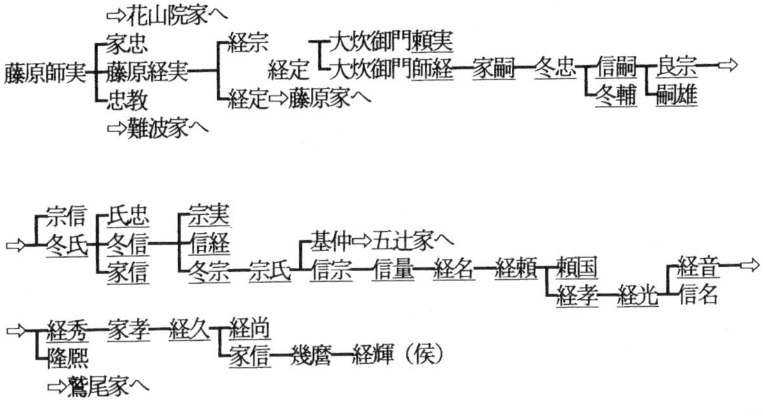

左大臣藤原経宗の長男。母は権中納言藤原清隆の娘。弟に師経がいる。父の藤原より分かれて、この大炊御門を氏姓とした。長寛元(1163)年従五位下に叙される。同2年侍従、同3年右少将に任ぜられる。永万元(1165)年従五位上に進む。同年右中将、同2年兼播磨介に任ぜられる。仁安元(1166)年正五位下、同3年従四位下より従四位上・正四位下に進む。同年兼皇太后宮権亮、嘉応3(1171)年兼美作介に任ぜられ、治承3(1179)年従三位、同4年正三位に進み、寿永2(1183)年権中納言に任ぜられる。文治元(1185)年正二位に進む。同2年左兵衛督より右衛門督に任ぜられる。同5年中納言、建久元(1190)年権大納言、同2年右大将、同9年右大臣、正治元(1199)年太政大臣に任ぜられる。建仁2(1202)年兼東宮伝奏となる。元久元(1204)年従一位に進み太政大臣を辞す。承元2(1208)年再び太政大臣に任ぜられ、同3年に辞す。建保4(1216)年出家。　典：公辞・伝日・大日・日名・京都・公補

大炊御門師経　おおいのみかど・もろつね

鎌倉時代の人、右大臣。安元元(1175)年生～正元元(1259)年8月15日没。85才。称号＝後大炊御門殿。

左大臣藤原経宗の次男。母は判官代橘政光の娘。兄に大炊御門頼実がいる。文治2(1186)年叙爵。同4年侍従、建久元(1190)年左少将に任ぜられる。同2年従五位上に進み加賀権介に任ぜられ、同5年正五位下に進み、同6年中宮権亮に任ぜられる。同7年従四位下、同9年従四位上、正治元(1199)年正四位下に進む。同2年長門権守・右中将に任ぜられる。建仁2(1202)年従三位、同3年正三位に進み、元久元(1204)年左中将に任ぜられ、同2年権中納言に任ぜられ、建永元(1206)年中宮権大夫となり従二位、承元元(1207)年正二位に進む。同年兼春宮権大夫、同2年中納言に任ぜられる。同4年春宮大夫、同5年権大納言、承久元(1219)年大納言に任ぜられ、貞応元(1222)年内大臣に任ぜられ、同2年踏歌内弁となる。同3年右大臣に任ぜられ、安貞元(1227)年右大臣を辞す。康元元(1256)年出家。子に家嗣がいる。　典：大日・日名・伝日・公辞・公補

大炊御門家嗣　おおいのみかど・いえつぐ

鎌倉時代の人、内大臣。建久7(1197)年生～文永8(1271)年7月8日没。75才。号=嵯峨・嵯峨入道。

右大臣大炊御門師経の子。母は権中納言藤原光雅の娘。元久2(1205)年叙爵し侍従に任ぜられ、承元元(1207)年従五位上に叙され右少将に任ぜられ、同2年正五位下に進み遠江権介に任ぜられ、同3年従四位下に進み、建暦2(1212)年伊予権介に任ぜられ、建保元(1213)年正四位下、同2年従三位に進む。同年右中将、同3年兼越前権守に任ぜられる。同4年正三位に進み、承久元(1219)年権中納言に任ぜられる。同2年従二位、貞応元(1222)年正二位に進む。元仁元(1224)年中納言、安貞元(1227)年権大納言、寛喜3(1231)年兼春宮大夫に任ぜられる。貞永元(1232)年大夫を辞す。同年兼右大将に任ぜられ、天福元(1233)年兼皇后宮大夫となる。暦仁元(1238)年内大臣に任ぜられ、仁治元(1240)年に辞す。建長元(1249)年出家。子に冬忠がいる。　典：大日・日名・伝日・公辞・公補

大炊御門冬忠　おおいのみかど・ふゆただ

鎌倉時代の人、内大臣。建保6(1218)年生～文永5(1268)年9月9日没。51才。称号=香隆寺入道。

内大臣大炊御門家嗣の子。寛喜3(1231)年叙爵し侍従に任ぜられる。同4年従五位上に叙され、文暦2(1234)年正五位下に進み周防介に任ぜられ、嘉禎2(1236)年従四位下に進み左少将に任ぜられ、同3年従四位上に進み左中将に任ぜられ、暦仁2(1238)年従三位、仁治元(1240)年正三位に進み権中納言に任ぜられる。建長2(1250)年中納言から権大納言に任ぜられる。弘長元(1261)年大納言に任ぜられ兼右大将から同2年左大将に任ぜられる。文永2(1265)年左大将を辞し内大臣に任ぜられる。同4年内大臣を辞す。同5年に出家。腫物・痢病にて没す。子に信嗣・冬輔がいる。　典：大日・日名・伝日・公辞・公補

大炊御門信嗣　おおいのみかど・のぶつぐ

鎌倉時代の人、太政大臣。嘉禎2(1236)年生～応長元(1311)年3月20日没。76才。法名=行智。称号=嵯峨入道。

内大臣大炊御門冬忠の長男。母は筑前守藤原長宗の娘。弟に冬輔がいる。左中将に任ぜられ、正元元(1259)年従三位に叙される。文応元(1260)年陸奥権守に任ぜられ正三位に進む。弘長2(1262)年右中将、文永3(1266)年権中納言に任ぜられる。同4年従二位、同5年正二位に進む。同7年権大納言に任ぜられる。正応元(1288)年大納言・兼左大将に任ぜられ、同2年従一位に進み、同3年大将を辞し内大臣に任ぜられるも辞す。延慶2(1309)年太政大臣に任ぜられ、同3年に辞す。応長元(1311)年出家。子に良宗・嗣雄がいる。　典：大日・日名・伝日・公辞・公補

大炊御門冬輔　おおいのみかど・ふゆすけ

鎌倉時代の人、権中納言。生没年不明。

内大臣大炊御門冬忠の次男。母は権大納言二条資季の娘。兄に信嗣がいる。建長5(1253)年叙爵。同6年従五位上に叙され、同8年正五位下に進み侍従、正嘉元(1257)年左少将、同2年加賀権介に任ぜられ、正元元(1259)年従四位下より従四位上、文応元(1260)年正四位

下に進み右中将より、弘長元(1261)年左中将に任ぜられ、同2年再び右中将に任ぜられ、同7年従三位に進む。同8年兼美濃権守に任ぜられ、同11年正三位に進み参議に任ぜられる。建治元(1275)年兼周防権守に任ぜられ、同3年従二位に進み権中納言に任ぜられる。弘安4(1281)年正二位に進む。同9年権中納言を辞す。延慶元(1308)年を最後に名が見えなくなる。　典：公補

大炊御門良宗　おおいのみかど・よしむね

鎌倉時代の人、大納言。文応元(1260)年生〜徳治2(1307)年8月23日没。48才。

太政大臣大炊御門信嗣の長男。母は左中将頼俊朝臣の娘。弟に嗣雄がいる。文永5(1268)年従五位下に叙され、同6年侍従に任ぜられ、同7年従五位上、同8年正五位下に進み、同10年土佐権介より左少将に任ぜられ、同11年従四位下、建治元(1275)年従四位上、同2年正四位下に進む。同年左中将、同3年陸奥権介に任ぜられる。弘安元(1278)年従三位、同2年正三位に進む。同年美濃権守に任ぜられ、同6年に辞す。同9年権中納言に任ぜられる。正応2(1289)年正二位に進み、同3年中納言より権大納言に任ぜられる。乾元元(1302)年大納言、嘉元元(1303)年兼中宮大夫に任ぜられる。同3年大夫を辞す。子に冬氏がいる。
典：公辞・公補

大炊御門嗣雄　おおいのみかど・つぐお

鎌倉時代の人、非参議。生年不明〜正中2(1325)年10月23日没。初名=冬実。

太政大臣大炊御門信嗣の次男。母は惟宗昌俊の娘。初め冬実と名乗る。文永2(1264)年従五位下に叙され、同3年侍従に任ぜられる。同4年従五位上、同6年正五位下、同7年従四位下に進み伊予権介に任ぜられ、同8年従四位上に進み、同11年右少将より左中将に任ぜられ、建治元(1275)年正四位下に進み、同2年播磨介・兼春宮権亮に任ぜられ、同3年権亮を辞す。弘安9(1286)年中将を辞し嗣雄と改名。延慶2(1309)年従三位、正和3(1314)年正三位、同5年従二位に進み、正中2(1325)年出家。　典：公補

大炊御門冬氏　おおいのみかど・ふゆうじ

鎌倉時代の人、内大臣。弘安5(1282)年生〜正中元(1324)年8月16日没。43才。号=光福寺。

大納言大炊御門良宗の子。弘安8(1285)年叙爵。正応元(1288)年従五位上に叙され、同3年侍従に任ぜられ、同4年正五位下に進み右少将に任ぜられ、同5年従四位下に進み、同6年左中将に任ぜられ、永仁6(1298)年従三位、正安元(1299)年正三位に進む。乾元元(1302)年参議、嘉元元(1303)年兼備後権守に任ぜられる。同年従二位に進み権中納言に任ぜられる。同3年兼中宮権大夫となる。徳治2(1307)年中宮権大夫を辞す。延慶2(1309)年正二位に進む。同年中納言、正和2(1313)年権大納言に任ぜられ、元応元(1319)年兼皇后宮大夫となり大納言、左大将に任ぜられる。同2年左大将を辞し従一位に進むが、一時蟄居。元亨元(1321)年内大臣に任ぜられるも辞す。正中元年に出家。子に氏忠・冬信・家信がいる。　典：大日・日名・伝日・公辞・公補

大炊御門氏忠　おおいのみかど・うじただ

鎌倉・南北朝時代の人、権大納言。生没年不明。法名=紹済。

内大臣大炊御門冬氏の長男。母は遊義門院美濃(若狭守藤原景依)の娘。弟に冬信・家信がいる。嘉元2(1304)年叙爵し侍従に任ぜられ、同3年従五位上より正五位下に進み、同4年右少将に任ぜられ、延慶元(1308)年従四位下に進み、同3年右中将に任ぜられ、同4年従四位上、正和2(1313)年正四位下、同4年従三位に進む。文保2(1318)年兼備中権守に任ぜられ、元亨2(1322)年正三位に進み参議に任ぜら、同3年権中納言に任ぜられる。正中2(1325)年権中納言を辞し従二位、元弘元(1331)年正二位に進み、康永元(1342.興国3)年権大納言に任ぜられるも辞す。文和元(1352.正平7)年に51才で出家。　典：公補

大炊御門冬信　おおいのみかど・ふゆのぶ

南北朝時代の人、内大臣。延慶2(1309)年～観応元(1350.正平5)年6月28日没。42才。号=随心自在院。

内大臣大炊御門冬氏の次男。兄に氏忠、弟に家信がいる。正中2(1325)年正四位下に叙され右中将・参議に任ぜられる。嘉暦元(1326)年従三位に進む。同年兼春宮権大夫、同2年権中納言に任ぜられる。元徳元(1329)年正三位に進み兼左衛門督に任ぜられ、元弘元(1331)年従二位に進み春宮権大夫を辞し権大納言に任ぜられ、正慶元(1332.元弘2)年正二位に進むも、同2年従二位に戻り再び権中納言に任ぜられる。建武2(1335)年再び正二位に進み、同4年(延元2)年再び権大納言に任ぜられ、暦応元(1338・延元3)年兼春宮大夫となる。同4年これを辞す。康永2(1343)年兼左大将となり大納言に任ぜられ、貞和元(1345)年内大臣に任ぜられるも、同2年任職を辞す。同5年従一位に進む。観応元年腫物にて没す。子に宗実・信経・冬宗がいる。　典：公辞・大日・日名・公補

大炊御門家信　おおいのみかど・いえのぶ

南北朝時代の人、権大納言。生没年不明。法名=空覚。

内大臣大炊御門冬氏の三男。母は大納言藤原(吉田)経長の娘。兄に氏忠・冬信がいる。正中2(1325)年従五位下に叙され、嘉暦3(1328)年従五位上、元徳元(1329)年正五位下、同2年従四位下に進む。同年侍従、同3年右少将に任ぜられる。元弘2(1332)年従四位上に進む。同年左中将、同4年兼遠江権介に任ぜられる。健武2(1335)年正四位下、暦応4(1341)年従三位に進む。貞和3(1347)年参議、同4年兼越前守に任ぜられる。同5年正三位に進み権中納言に任ぜられる。観応元(1350.正平5)年中納言に任ぜられ、文和2(1353.正平8)年従二位、延文3(1358.正平13)正二位に進み、同4年権大納言に任ぜられる。同5年権大納言を辞す。貞治5(1366)年に51才で出家。　典：公補

大炊御門宗実　おおいのみかど・むねざね

南北朝時代の人、権大納言。康永2(1343.興国4)年生～応永12(1405)年5月5日没。63才。

内大臣大炊御門冬信の長男。母は内大臣西園寺実衡の娘。弟に信経・冬宗がいる。従五位下に叙され侍従に任ぜられ、貞和3(1347)年従五位上、同5年正五位下に進み左中将に任ぜられ、文和3(1354)年従四位下、同5年従四位上、延文2(1357.正平12)年正四位下、同3年従三位に進み兼越後権守に任ぜられ、康安元(1361.正平16)年これを辞す。貞治2(1363)年権中納言に任ぜられ、同3年正三位に進み、同6年従二位に進み権大納言に任ぜられる。

応安4(1371.建徳2)年正二位に進み、康応元(1389.元中6)年兼右大将に任ぜられ、明徳元(1390.元中7)年任職を辞す。応永9(1402)年出家。　典：公辞・公補

大炊御門信経　おおいのみかど・のぶつね

南北朝・室町時代の人、権大納言。文和4(1355.正平10)年生〜没年不明。

内大臣大炊御門冬信の次男。兄に宗実、弟に冬宗がいる。右中将を辞す。応永5(1398)年従三位に叙される。同17年正三位に進み参議・左中将に任ぜられる。同18年兼伊予権守に任ぜられたが任職を辞す。同22年従二位に進み権中納言に任ぜられ、同23年に辞す。同26年正二位に進み、同27年権大納言に任ぜられるも辞す。同32年従一位に進み71才で出家。　典：公補

大炊御門冬宗　おおいのみかど・ふゆむね

南北朝・室町時代の人、権大納言。延文2(1357.正平23)年生〜応永12(1405)年5月5日没。49才。

内大臣大炊御門冬信の三男。兄に宗実・信経がいる。応安元(1368.正平3)年従三位に叙され右近衛中将に任ぜられ、同2年兼陸奥権守に任ぜられ、同4年正三位に進み、同6年権守に辞す。同7年参議、永和元(1375.天授元)年権中納言に任ぜられ、同3年従二位に進み、永徳2(1382.弘和2)年権大納言に任ぜられる。同3年正二位に進み、至徳2(1385.元中2)年権大納言を辞すも、応永9(1402)年再び権大納言に任ぜられ、同10年に再び辞す。同12年従一位に進む。兄宗実と同年月日に没しているので兄と共に殺されたのか。子に宗氏がいる。　典：公辞・公補

大炊御門宗氏　おおいのみかど・むねうじ

南北朝・室町時代の人、内大臣。永和元(1375.天授元)生〜応永28(1421)年4月6日没。47才。号=瑞慶院。

権大納言大炊御門冬宗の子。左中将に任ぜられ、応永5(1398)年従三位に叙される。同年兼備前権守、同8年参議に任ぜられる。同10年正三位に進み権中納言に任ぜられる。同14年従二位に進み、同20年権大納言に任ぜられ、同21年正二位に進み、同27年内大臣に任ぜられる。子に信宗・基仲(五辻家へ)がいる。　典：日名・公辞・公補

大炊御門信宗　おおいのみかど・のぶむね

南北朝・室町時代の人、内大臣。明徳2(1391.元中8)年生〜没年不明。号=後瑞慶院。後土御門院外祖。

内大臣大炊御門宗氏の子。弟に五辻基仲がいる。右中将に任ぜられ、応永25(1418)年従三位に叙される。同26年兼陸奥権守に任ぜられ、同28年正三位に進み権中納言に任ぜられ、同32年従二位に進み権大納言に任ぜられる。永享元(1429)年右大将より左大将に任ぜられる。同4年正二位に進み、左大将を辞す。同年内大臣に任ぜられるも、同5年に辞す。嘉吉2(1442)年従一位に進み、享徳2(1453)年に63才で出家。養子に信量(三条家より)がいる。　典：公辞・公補

大炊御門信量　おおいのみかど・のぶかず

室町時代の人、右大臣。嘉吉2(1442)年生〜長享元(1487)年8月4日没。46才。初名=信氏。号=深草右大臣。

右大臣三条実量の子。内大臣大炊御門信宗の養子となる。左中将に任ぜられ、長禄元(1457)年従三位に叙される。同2年権中納言に任ぜられ、寛正元(1460)年正三位に進み、権大納言に任ぜられる。同6年従二位、文明4(1472)年正二位に進む。同7年右大将、同10年左大将、同11年内大臣に任ぜられる。同12年従一位に進み左大将を辞す。同13年内大臣を辞す。同15年右大臣に任ぜられる。子に経名がいる。　典：大日・日名・伝日・公辞・公補

大炊御門経名　おおいのみかど・つねな

室町時代の人、右大臣。文明12(1480)年生〜天文22(1553)年3月24日没。74才。法名=心源。号=自性院。

内大臣大炊御門信量の子。母は権大納言正親町持季の娘。文明16(1484)年叙爵。同18年従五位上に叙され左少将に任ぜられ、延徳4(1492)年正五位下より従四位下、明応7(1498)年従四位上より正四位下に進み左中将に任ぜられる。同8年従三位、永正2(1505)年正三位に進む。同年権中納言、同7年権大納言に任ぜられ、同8年従二位に進む。同9年賀州に行く。同12年賀州より上洛、右大将に任ぜられる。同14年正二位に進み、左大将、同15年内大臣に任ぜられる。同16年左大将を辞す。大永元(1521)年右大臣に任ぜられる。同2年従一位に進み、同3年右大臣を辞す。天文11(1542)年出家。養子に経頼がいる。　典：大日・日名・伝日・公辞・公補

大炊御門経頼　おおいのみかど・つねより

安土桃山・江戸時代の人、権大納言。弘治元(1555)年生〜元和3(1617)年7月18日没。63才。

権大納言中山孝親の次男。母は権大納言中山親綱の娘。右大臣大炊御門経名の養子となる。永禄4(1561)年従五位上に叙され、同8年正五位下より従四位下に進み、元亀4(1573)年元服。侍従に任ぜられる。天正3(1575)年従四位上に進み左少将に任ぜられる。同4年正四位下より従三位に進む。同年左中将、同5年権中納言に任ぜられる。同7年正三位、同9年従二位に進む。同年権大納言に任ぜられるも、同13年に辞す。同14年従二位に進む。同15年豊臣秀吉の聚楽歌会に列席。同16年再び権大納言に任ぜられる。慶長13(1608)年神宮伝奏となる。子に頼国・経孝がいる。　典：公辞・公補

大炊御門頼国　おおいのみかど・よりくに

安土桃山時代の人、非参議。天正5(1577)年生〜慶長18(1613)年5月没。37才。

権大納言大炊御門経頼の長男。弟に経孝がいる。天正6(1578)年叙爵。同7年侍従に任ぜられる。同8年従五位上に叙され、同9年正五位下に進む。同10年左少将に任ぜられる。同11年従四位下、同12年正四位下、同15年従三位に進み、左中将に任ぜられる。慶長3(1598)年正三位に進むが、同13年官女五人と猪隈教利・烏丸光広・花山院忠長・飛鳥井雅賢・難波宗勝・松本宗信・徳大寺実久などと会飲をして勅勘を受け、同14年硫黄島に流罪となり、島にて没す。　典：大日・日名・公辞・公補

大炊御門経孝　おおいのみかど・つねたか

江戸時代の人、左大臣。慶長18(1613)年12月14日生〜天和2(1682)年6月26日没。70才。初名=経敦。号=後光福寺。

権大納言大炊御門経頼の次男。兄に頼国がいる。初め経敦と名乗る。慶長19(1614)年叙位。同20年従五位上、元和2(1616)年正五位下に進み、同3年元服。侍従に任ぜられる。同6年従四位下、同9年従四位上に進み、左少将に任ぜられる。寛永3(1626)年正四位下に進み左中将に任ぜられる。同8年従三位に進み、同11年権中納言に任ぜられる。同12年正三位に進み、同16年踏歌外弁となる。同17年従二位に進み権大納言に任ぜられ経孝と改名。同20年兼右大将に任ぜられるも任職を辞す。正保4(1647)年正二位に進む。慶安4(1651)年江戸に行く。明暦2(1656)年内大臣に任ぜられるも辞す。寛文3(1663)年内大臣に任ぜられるも、同4年に辞す。同年従一位に進む。同10年左大臣に任ぜられるも、同11年に辞す。子に経光がいる。　典：大日・日名・伝日・公辞・公補

大炊御門経光　おおいのみかど・つねみつ

江戸時代の人、左大臣。寛永15(1638)年8月8日生〜宝永元(1704)年9月6日没。67才。号=後香隆寺。

左大臣大炊御門経孝の子。母は家の侍女。正保2(1645)年叙爵。同4年従五位上、慶安3(1650)年正五位下に進み、侍従に任ぜられる。同5年従四位下に進み左少将に任ぜられ、承応3(1654)年従四位上に進み左中将に任ぜられ、明暦元(1655)年正四位下、万治2(1659)年従三位に進み、同3年権中納言に任ぜられ、寛文3(1663)年正三位に進み権大納言に任ぜられ神宮伝奏となり、同4年踏歌節会外弁となる。同8年従二位、同13年正二位に進み、延宝3(1675)年兼右大将、同5年内大臣に任ぜられる。同6年右大将を辞す。同8年踏歌内弁となる。天和元(1681)年内大臣を辞す。元禄3(1690)年右大臣に任ぜられるも、同5年に辞す。同7年従一位に進む。宝永元(1704)年左大臣に任ぜられるも辞す。子に経音、養子に信名(関白太政大臣近衛基熙の次男。正四位下・左中将、貞享元,10,14没、16才)がいる。　典：大日・日名・伝日・公辞・公補

大炊御門経音　おおいのみかど・つねおと

江戸時代の人、権大納言。天和2(1682)年12月7日生〜正徳4(1714)年4月23日没。33才。

左大臣大炊御門経光の子。母は細川中務大輔立孝の娘。貞享3(1686)年叙爵。同4年従五位上に叙され侍従に任ぜられ、元禄2(1689)年正五位下、同4年従四位下に進み、同5年元服。左少将に任ぜられ、同7年従四位上より正四位下に進み左中将に任ぜられ、同9年従三位に進む。同12年権中納言に任ぜられる。同13年正三位に進み、同14年踏歌節会外弁となる。宝永3(1706)年従二位に進み、同5年兼中宮権大夫、同6年権大納言・中宮大夫に任ぜられる。同7年中宮大夫を辞し神宮伝奏となる。正徳2(1712)年正二位に進み、同4年権大納言を辞す。子に経秀・隆熙(鷲尾家へ)がいる。　典：公辞・公補

大炊御門経秀　おおいのみかど・つねひで

江戸時代の人、内大臣。正徳元(1711)年3月1日生〜宝暦2(1752)年11月15日没。42才。号=法台寺。

権大納言大炊御門経音の子。母は上杉民部大輔吉憲朝臣の娘。弟に鷲尾隆熈がいる。正徳2(1712)年叙爵し侍従に任ぜられ、同3年従五位上、享保元(1716)年正五位下、同4年従四位下に進み、同5年元服。左少将に任ぜられる。同6年従四位上、同7年正四位下に進み左中将に任ぜられる。同9年従三位に進む。同11年権中納言に任ぜられ踏歌節会外弁となる。同12年正三位に進み、同16年権大納言に任ぜられ従二位、元文2(1737)年正二位に進む。延享4(1747)年兼右大将に任ぜられ右馬寮御監となる。寛延2(1749)年内大臣に任ぜられるも任職を辞す。子に家孝がいる。　典：公辞・公補

大炊御門家孝　おおいのみかど・いえたか

江戸時代の人、右大臣。延享4(1747)年1月25日生～寛政11(1798)年5月13日没。52才。号=瑤台寺。

内大臣大炊御門経秀の子。母は左大臣醍醐冬熈の娘。寛延元(1748)年従五位下に叙され、同2年従五位上、同3年正五位下、宝暦元(1751)年従四位下、同3年従四位上に進み侍従に任ぜられ元服。同4年正四位下に進む。同年左権少将、同5年右権中将に任ぜられる。同6年従三位、同9年正三位に進む。同10年権中納言、同12年権大納言に任ぜられる。同13年従二位に進み、明和2(1765)年踏歌外弁となる。同3年正二位に進み、天明元(1781)年兼右近衛大将に任ぜられ右馬寮御監となり、同2年右大将を辞し皇太后宮大夫となるも、同3年にこれを辞す。同7年内大臣に任ぜられ、同8年踏歌続内弁となる。寛政元(1789)年内大臣を辞し従一位に進む。同4年再び内大臣に任ぜられるも辞す。同8年右大臣に任ぜられるも辞す。子に経久がいる。　典：大日・日名・伝日・公辞・公補

大炊御門経久　おおいのみかど・つねひさ

江戸時代の人、右大臣。天明元(1781)年9月16日生～安政6(1859)年7月10日没。79才。

右大臣大炊御門家孝の子。母は右大臣三条季晴の娘。天明2(1782)年従五位下、同3年従五位上に進み侍従に任ぜられる。同4年正五位下、同5年従四位下、同6年従四位上、同7年正四位下に進み、元服。同年右権少将、寛政元(1789)年右権中将に任ぜられる。同年従三位、同3年正三位に進み、同10年権中納言に任ぜられる。同年従二位、享和元(1801)年正二位に進む。同2年権大納言に任ぜられ踏歌外弁となり、文化8(1811)年踏歌続内弁となる。文政4(1821)年兼右大将に任ぜられ右馬寮御監となる。同7年内大臣に任ぜられるも任職を辞し従一位に進む。安政4(1857)年右大臣に任ぜられるも辞す。子に経尚・家信がいる。　典：公辞・公補

大炊御門経尚　おおいのみかど・つねなお

江戸時代の人、非参議。文化2(1805)年3月21日生～文政5(1822)年4月7日没。18才。

右大臣大炊御門経久の長男。母は権大納言中山忠尹の娘。弟に家信がいる。文化3(1806)年従五位下に叙され、同4年従五位上、同5年正五位下、同6年従四位下に進み侍従に任ぜられ、同7年従四位上、同8年正四位下に進み、同9年元服。左近衛権少将に任ぜられ、同12年従三位に進み右権中将に任ぜられ、同13年踏歌外弁となり、同14年正三位に進むも若くして没す。　典：公辞・公補

大炊御門家信　おおいのみかど・いえのぶ

江戸時代の人、右大臣。文政元(1818)年6月8日生～明治18(1885)年8月没。68才。別読=いえこと。

右大臣大炊御門経久の次男。兄に経尚(早死)がいる。文政5(1822)年従五位下に叙され、同6年従五位上、同7年正五位下に進み侍従に任ぜられ、同8年従四位下、同9年従四位上、同10年正四位下に進み、同11年元服。右近衛権少将に任ぜられ、天保2(1831)年従三位に進み左権中将に任ぜられ、同4年正三位に進み、同8年踏歌外弁となる。嘉永元(1848)年権中納言に任ぜられ従二位に進み、同3年任職を辞し正二位に進む。安政元(1854)年権大納言に任ぜられ、同5年に起こった安政の事件(飛鳥井雅典の項参照)に八十八廷臣として連座。文久3(1863)年兼右大将に任ぜられ右馬寮五監となる。慶応3(1867)年内大臣より右大臣に任ぜられる。明治元(1868)年任職を辞す。京都西殿町北側に住む。家料は400石。子に幾麿(従三位・明治17年に侯爵を授る、大正8年没、45才)がいる。　典：明治・京四・公辞・公補

◯大内家

琳聖太子─大内正恒─藤根─宗範─茂村─保盛─弘真─真長─貞盛─盛房─弘盛─⇨

⇨満盛─弘成─弘貞─弘家─重弘─弘幸─弘世─義弘─持世─教弘─政弘─義興─義隆

本姓は多々良。百済国琳聖太子の裔。琳聖太子が第三十三代推古天皇の19(611)年に周防国佐波郡多々良に住し、その子正恒が多々良姓を賜り、周防国大内を領とし、のち周防国の三郡を与えられ、代々大内を称した。弘世の代に長門・石見の二州を併せ館を山口に築き、その子義弘は豊前・筑前・周防・石見・長門の諸州の守護職となり、その子持世は太宰大弐となり、義興に至り公卿に列されるが、その子義隆は家臣の反逆にあって自害し大内家は滅びる。

典：日名

大内義興　おおうち・よしおき

室町時代の人、非参議。文明8(1476)年生～享禄元(1528)年12月20日没。52才。

贈従三位大内政弘の子。永正5(1508)年足利義稙を奉じて周防国より入洛し、管領となって勢力を高める。同8年軍功により左京大夫に任ぜられ、同9年当時の武士中としての最高位の従三位に叙され公卿の列に載せられる。同15年国元に帰国し治国に奔走し、周防・長門・豊前・筑前・安芸・石見・備前の守護職となる。大永6(1526)年まで公卿として名を連ねる。子に義隆・弘興がいる。　典：大日・日名・公補

大内義隆　おおうち・よしたか

室町時代の人、非参議。永正4(1507)年生～天文20(1551)年9月2日没。45才。

従三位大内義興の子。叙爵し左京大夫に任ぜられ、享禄2(1529)年従五位上に叙される。天文元(1532)年正五位下に進み周防介に任ぜられる。同3年従四位下に進み、同5年太宰大弐・左近衛権佐に任ぜられる。同6年従四位上に進み兵部権大輔に任ぜられる。同

8年正四位下に進み、同9年伊予介に任ぜられ、同10年従三位に進む。同13年兼侍従に任ぜられ、同14年正三位に進み、同16年兼兵部卿に任ぜられ、同17年従二位に進む。同20年長門国にて家臣の反逆にあい自害する。子に義房がいる。　典：大日・日名・公補

○大江家

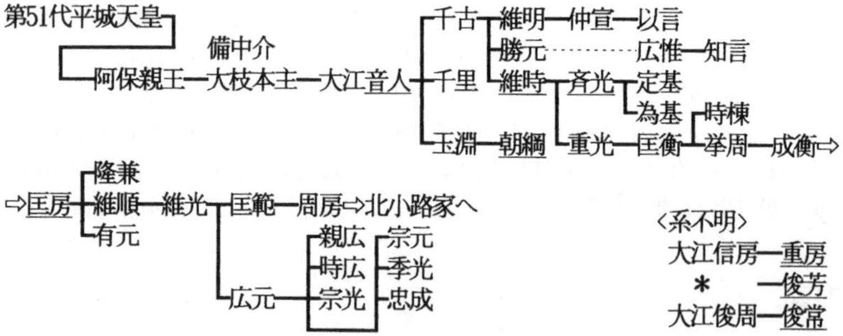

第51代平城天皇の皇子阿保親王より出た侍女が大枝本主に嫁ぎ音人が生まれる。貞観18(876)年に音人が大江朝臣を賜り、大江を氏姓とする。匡衡以降は文学に長じた。子孫は代々繁栄し、長井・毛利・海東・水谷・上田・古河・小沢・西目・柴橋・寒河江・丸沢・高屋などの家族が現れたが、公卿に列されるには至らなかった。本姓は土師。

典：日名

大江音人　おおえ・おとひと

平安時代の人、参議。弘仁2(811)年生〜元慶元(877)年11月3日没。67才。前姓＝大枝。通称＝江相公。大江家の祖。

第51代平城天皇の曾孫。阿保親王の孫。備中介正六位上の大枝本主の子。母は中臣氏の阿保親王の侍女。左京の人。初め大枝姓。菅原是善に学び、天長10(833)年文章生、承和4(837)年秀才に挙げられ、同5年備中目となる。同9年尾張国に配流され、同11年許されて帰京。同13年少内記、同15年従五位下に叙され大内記に任ぜられ、嘉祥3(850)年兼東宮学士となる。仁寿2(852)年民部少輔に任ぜられ、同4年従五位上に進む。斉衡3(856)年兼左少弁・兼修理東大寺大仏像長官、天安2(858)年丹波守に任ぜられ、正五位下に進む。同年丹波守を辞し式部少輔・兼右中弁に任ぜられる。貞観元(859)年左中弁に任ぜられ、同2年従四位下に進む。同5年右大弁、参議、同7年兼播磨権守に任ぜられ、同8年従四位上より正四位下に進み大江朝臣を賜る。同9年左大弁、同10年兼勘解由長官・兼美濃守に任ぜられる。同13年長官・美濃守を辞す。同14年兼近江権守に任ぜられ、同16年従三位に進み左大弁・近衛権守を辞し兼左衛門督・使別当に任ぜられる。菅原是善と共に「貞観格式」を撰定し表文・序を草す。子に千古(従四位下・伊予権守、延長2,2,2没、子は維明・勝元・維時)・千里(歌人、兵部大丞)・玉淵(従四位下、子は朝綱)がいる。　典：古代・大日・日名・伝日・古今・公補

大江維時　おおえ・これとき

平安時代の人、中納言。仁和4(888)年生～応和3(963)年6月7日没。76才。

参議大江音人の孫。伊予権守大江千古朝臣の三男。母は修理大夫巨勢文雄の娘。兄に維明・勝元がいる。延喜16(916)年文章生となり、同17年秀才となる。同18年美濃掾、同21年補蔵人、同22年近江権少掾、延長2(923)年式部少丞より大丞に任ぜられる。同6年従五位下に叙される。同年大学助、同7年兼文章博士、同9年兼備後介、承平3(933)年兼紀伊権介に任ぜられる。同4年従五位上に進み、同5年兼式部少輔に任ぜられる。天慶2(939)年正五位下に進み兼大学頭に任ぜられる。同4年従四位下に進む。同年兼参河権守、同5年兼備前守、同7年式部大輔・兼東宮学士に任ぜられる。同年正四位下に進み、兼左京権大夫より左京大夫、天暦元(947)年美濃守に任ぜられる。同4年参議、同5年兼近江守・兼式部権大輔に任ぜられる。同9年美濃守・近江守を辞す。同年従三位に進み、同10年兼伊予権守に任ぜられる。天徳2(957)年式部権大輔を辞す。同4年中納言に任ぜられる。没後に従二位を贈られる。博覧強記・経史に通じ、遷都の変遷、人物の没年忌を暗記する。子に斉光・重光(従四位上・式部大輔、寛弘7没、子は匡衡、毛利家の祖)がいる。　典：大日・日名・伝日・公補

大江朝綱　おおえ・あさつな

平安時代の人、正四位下・参議。仁和2(886)年生～天徳元(957)年12月28日没。72才。通称=後江相公。

参議大江音人の孫。大江玉淵朝臣の子。大江維時とは従兄弟。延喜11(911)年補文章生となる。同16年丹波掾、同18年信濃権掾、同23年刑部少丞、延長2(923)年民部少丞、同3年民部大丞に任ぜられる。同6年従五位下に叙され大内記、同8年兼三河権介・兼民部少輔、承平3(933)年左少弁に任ぜられる。同4年従五位上に進み、兼文章博士、同6年兼越前介・兼伊予介に任ぜられる。同8年正五位下に進み、天慶3(940)年右中弁に任ぜられる。同4年従四位下に進み民部大輔、同8年左中弁に任ぜられる。同9年従四位上に進む。天暦3(949)年兼伊予権守、同5年左大弁・兼勘解由長官、同7年参議、同8年兼備前守、同9年兼美濃守に任ぜられる。同10年備前守を辞し正四位下に進むも翌年に没す。博学にして経史に通じ「後江相公集」の著があり、詩文は「本朝文粋」に出る。　典：大日・日名・伝日・古今・公補

大江斉光　おおえ・なりみつ

平安時代の人、参議。承平4(934)年生～永延元(987)年11月6日没。54才。

参議大江音人の曾孫。中納言大江維時の次男。兄に重光(右京大夫より式部大輔に任ぜられ、従四位上、寛弘7年没、毛利家の祖)がいる。母は従五位上藤原遠忠の娘。天暦8(954)年文章得業生となり、同9年丹後掾、同11年美濃権大掾・蔵人、天徳2(958)年式部少丞、同3年式部大丞に任ぜられる。同4年従五位下に叙され摂津権守、応和元(961)年東宮学士、同2年兼美濃介に任ぜられる。同3年従五位上に進み右少弁、安和元(968)年左少弁より右中弁、同2年讃岐権介・美濃介より美濃権守に任ぜられ従四位上に進む。同3年治部卿、天禄4(973)年近江守、天延2(974)年大学頭に任ぜられ、同4年正四位下に進み頭を辞す。貞元2(977)年蔵人頭・民部権大輔、同3年右大弁、天元2(979)年式部大輔、同4

年参議、同5年伊予守に任ぜられ、従三位に進む。永観2(984)年朱雀院別当となる。寛和2(986)年正三位に進み左大弁に任ぜられ、永延元年弁輔を辞す。永延3,11,6没か。子に定基(延暦寺の僧・寂昭)・為基がいる。　典：大日・公補

大江匡房　おおえ・まさふさ

平安時代の人、権中納言。長久2(1041)年生〜天永2(1111)年11月5日没。71才。

参議大江音人の裔。音人の孫維時の孫匡衡の孫従四位上成衡朝臣の子。母は宮内大輔従四位下橘孝親朝臣の娘。左大弁・勘解由長官・式部権大輔・備前権守に任ぜられ、応徳3(1086)年従三位に叙される。寛治元(1087)年式部大輔に任ぜられ、同2年正三位に進む。同年周防権守、参議、同6年兼越前守に任ぜられる。嘉保元(1094)年従二位に進み、権中納言、承徳元(1097)年兼大宰権帥に任ぜられる。康和4(1102)年正二位に進む。嘉承元(1106)年権中納言を辞し再び大宰権帥に任ぜられる。天永2(1111)年大蔵卿に任ぜられる。当代一の博学者と言われ朝儀・典礼・兵法にも精通し、源義家が関白藤原頼通に合戦の報告をした際に匡房より〈武者なれども兵法を知らぬ〉と言われて、弟子となり兵法を学んだ。二条高倉の自邸に江家文庫を設けて書を保存したが、のち焼失する。詩文は「本朝文粋」にある。墓所は京都熊野郡久美浜町の円頓寺。石清水八幡宮に古文書が残されている。子に隆兼・維順・有元がいる。子孫は室町時代に北小路家を興す。　典：古文・大日・日名・伝日・古今・京都

大江家(系譜不明)

大江重房　おおえ・しげふさ

鎌倉時代の人、非参議。生年不明〜正応5(1292)年3月12日没。

文章博士大江信房朝臣の子。建長2(1250)年学問料を賜る。同7年補文章得業生となる。同8年兼因幡権少掾・補蔵人、康元2(1257)年少内記・民部権少輔、弘長3(1263)年兼越中介に任ぜられ、従五位上に叙される。文永2(1265)年大内記に任ぜられるも、これを辞す。同6年正五位下に進み式部権少輔に任ぜられ、同9年従四位下に進み権少輔を辞す。同11年左京権大夫、建治3(1277)年兼備前権介に任ぜられ、同4年従四位上に進み、弘安5(1282)年権大夫を辞す。同7年正四位下に進み、同10年式部権大輔、同11年兼駿河権守に任ぜられ、正応3(1290)年従三位に進む。同5年に出家。　典：公補

大江俊芳　おおえ・としよし

江戸時代の人、非参議。元禄12(1699)年生〜明和8(1771)年9月6日没。73才。

二条家より出た人。明和4(1767)年従三位に叙される。　典：公補

大江俊常　おおえ・としつね

江戸時代の人、非参議。天明元(1781)年12月26日生〜嘉永6(1853)年12月29日没。73才。

実は左馬頭大江俊幹朝臣の子。木工頭大江俊周の子となる。母は聖護院宮坊官法印誉香の娘。寛政元(1789)年元服。、同4年正六位上に叙され木工助・補院蔵人、文化元(1804)年補蔵人・主税助、同4年兼春宮権少進、同11年左兵衛大尉、同14年民部大丞に任ぜられ、文政2(1819)年院判官代となり、天保3(1832)年蔵人を辞し中務大丞に任ぜられ、弘

化4(1847)年従五位下に進み弾正大弼に任ぜられ、嘉永元(1848)年従五位上、同2年従五位下、同3年従四位下、同4年従四位上、同5年正四位下、同6年従三位に進む。　典：公補

○正親町家

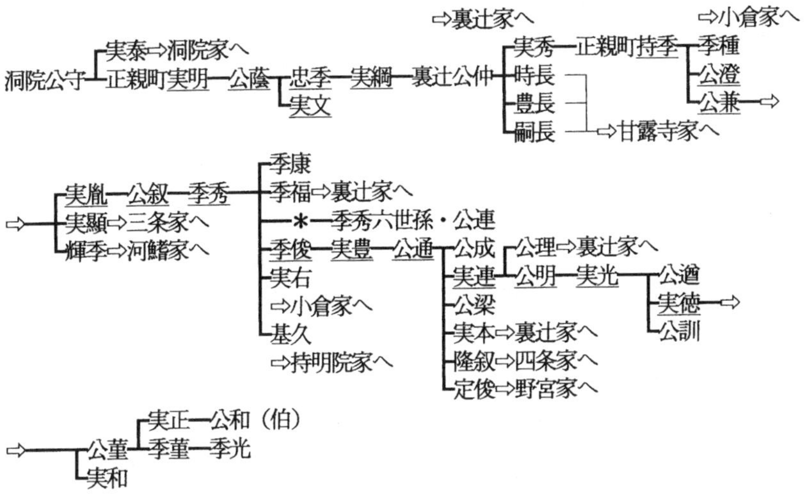

藤原北家より出た閑院流。西園寺家より分かれた太政大臣洞院公守の次男実明が、更にわかれて正親町の氏姓を名乗る。代々大納言を務め、箏を家業とする。明治に至り華族に列され伯爵を授かる。羽林家の一で、別号に裏築地(裏辻)という。江戸時代は京都烏丸今出川に住む。本姓は藤原。家紋は藤。菩提寺は京都左京区浄土寺真如堂の真如堂玉蔵院。

典：日名・京四

正親町実明　おおぎまち・さねあき

鎌倉時代の人、権大納言。文永7(1270)年生～観応2(1351.正平6)年1月17日没。78才。号=裏辻。正親町家の祖。

太政大臣洞院公守の次男。兄に洞院実泰がいる。洞院家より分かれて正親町の氏姓を名乗る。建治3(1277)年叙爵。弘安2(1279)年従五位上に叙され、同3年侍従に任ぜられ、同6年正五位下より従四位下に進み、同7年左少将に任ぜられ、同8年従四位上に進み、同9年兼春宮権亮に任ぜられるも辞す。同年右中将、同10年兼播磨権介に任ぜられる。正応2(1289)年正四位下、同4年従三位、永仁元(1293)年正三位に進む。同4年参議、同5年権中納言に任ぜられる。同6年従二位、正安元(1299)年正二位に進み、乾元元(1302)年権大納言に任ぜられるも、嘉元元(1303)年に辞す。元亨2(1322)年出家。子に公蔭がいる。　典：公辞・公補

正親町公蔭　おおぎまち・きみかげ

鎌倉・南北朝時代の人、権大納言。永仁5(1297)年生～延文5(1360.正平15)年10月19日没。64才。初名=忠兼。前名=実寛。

権大納言正親町実明の子。一時、権大納言京極為兼と権中納言小倉公雄の養子となる。初め忠兼と名乗る。嘉元3(1305)年叙爵。徳治2(1307)年従五位上、延慶元(1308)年正五位下に進み、同2年侍従に任ぜられる。同4年従四位下に進む。正和元(1312)年左少将、同2年左中将に任ぜられる。同3年従四位上、同4年正四位下に進み、補蔵人頭に任ぜられ、同5年これを辞す。元徳2(1330)年従三位に進み、元弘元(1331)年参議に任ぜられる。正慶元(1332.元弘2)年正三位に進み兼越後権守になり権中納言に任ぜられるも、同2年に辞す。同年従三位に下位される。建武2(1335)年修理大夫に任ぜられ、延元元(1336)年実寛と改名。同4年公蔭と改名し再び参議に任ぜられる。暦応元(1338.延元3)年再び正三位に進み兼左中将に任ぜられる。同2年兼近江権守に任ぜられ、再び権中納言に任ぜられる。康永元(1342.興国3)年従二位に進み、貞和2(1346.正平元)権大納言に任ぜられるも、同3年に辞しのち正二位に進む。文和元(1352.正平7)年に上皇が出家したので56才で出家。子に忠季・実文がいる。　典：公辞・公補

正親町忠季　おおぎまち・ただすえ

鎌倉・南北朝時代の人、権大納言。元享2(1322)年生～貞治5(1366)年2月22日没。45才。

権大納言正親町公蔭の長男。弟に実文がいる。祖父の権大納言正親町実明の養子となる。嘉暦3(1328)年従五位下に叙される。元徳2(1330)年従五位上に進み侍従・左近少将に任ぜられる。同3年正五位下、元弘4(1334)年従四位下、暦応2(1339)年従四位上に進み左近中将に任ぜられ、同4年正四位下に進む。同年補蔵人、康永元(1342.興国3)年参議に任ぜられる。同2年従三位に進み、同3年兼備中権守に任ぜられ、貞和元(1345.興国6)年これを辞す。同3年権中納言・兼右衛門督に任ぜられる。同5年正三位、文和3(1354.正平9)年従二位に進み、延文2(1356.正平12)年権大納言に任ぜられる。同4年正二位に進む。貞治2(1363.正平18)年権大納言を辞す。同5年に頓死する。子に実綱がいる。　典：公辞・公補

正親町実文　おおぎまち・さねふみ

南北朝時代の人、非参議。生没年不明。

権大納言正親町公蔭の次男。兄に忠季がいる。暦応3(1340)年従五位下より従五位上に叙される。同5年侍従に任ぜられ、康永2(1343)年正五位下、貞和4(1348)年従四位下より従四位上に進み、同5年左中将に任ぜられ、延文4(1359)年従三位に進み弾正大弼に任ぜられ、貞治元(1362.正平17)年大弼を辞す。応安2(1369)年出家。　典：公補

正親町実綱　おおぎまち・さねつな

南北朝時代の人、権中納言。康永2(1343)年生～応安3(1370)年1月23日没。28才。

権大納言正親町忠季の子。蔵人頭を辞す。貞治元(1362.正平17)年正四位下に叙される。同年左近中将・参議、同2年兼讃岐権守に任ぜられる。同3年従三位に進み、同6年権中納言に任ぜられる。裏辻家を継いだ子の公仲・孫の実秀(子は持季)がいる。　典：公補

正親町持季　おおぎまち・もちすえ

室町時代の人、従一位・権大納言。応永22(1415)年生～没年不明。53才上。法名=空慶。

権仲納言正親町実綱の曾孫。権大納言裏辻実秀の子。従四位上に叙され、永享10(1438)年右中将・蔵人頭に任ぜられる。嘉吉元(1441)年正四位上より従三位に進み参議に任ぜられ、同3年因幡権守を辞す。同年兼但馬権守に任ぜられ、文安3(1446)年正三位に進み権仲納言に任ぜられる。同5年兼右衛門督、宝徳元(1449)年左衛門督に任ぜられる。同2年従二位に進み、同3年権大納言に任ぜられる。享徳2(1453)年正二位に進むも権大納言を辞す。長禄3(1459)年従一位に進む。応仁元(1467)年53才で出家。子に公兼、養子に公澄がいる。　典：公辞・公補

正親町公澄　おおぎまち・きんずみ

室町時代の人、権大納言。永享2(1430)年生～文明2(1470)年11月4日没。41才。

権大納言裏辻実秀の末男。権大納言正親町持秀の養子となる。蔵人頭を辞す。享徳2(1453)年正四位上に叙され右近中将・参議に任ぜられる。同3年従三位に進み兼備中権守に任ぜられ、康正2(1456)年権守を辞す。長禄元(1457)年正三位に進み権中納言に任ぜられ、寛正元(1460)年権中納言を辞し右衛門督に任ぜられ、同6年従二位に進み、文明2(1470)年権大納言に任ぜられる。　典：公補

正親町公兼　おおぎまち・きんかね

室町時代の人、権大納言。享徳2(1453)年生～大永5(1525)年8月13日没。73才。初名=公遠。法名=祥空。

権大納言正親町持季の子。初め公遠と名乗る。享徳3(1454)年従五位下に叙され、長禄3(1459)年侍従に任ぜられ、同4年従五位上に進み、寛正3(1462)年兼讃岐介に任ぜられ元服。同4年正五位下に進み公兼と改名。文正元(1466)年兼相模介に任ぜられ、同2年従四位下に進み、同3年右近権中将に任ぜられ、文明元(1469)年従四位上、同3年正四位下に進み補蔵人頭に任ぜられ、同4年正四位上に進み、同7年兼因幡権守・参議に任ぜられ、同8年因幡権守を辞す。同9年従三位に進み、同12年兼備中権守に任ぜられ、同13年権中納言に任ぜられ、同17年正三位に進む。延徳元(1489)年権中納言を辞す。明応2(1493)年従二位、文亀元(1501)年正二位に進み、永正3(1506)年権大納言に任ぜられ、同4年にこれを辞し従一位に進身、のち出家。同5年賀州にて没す。子に実胤・実顯(三条家へ)・輝季(河鰭家へ)がいる。　典：公辞・公補

正親町実胤　おおぎまち・さねたね

室町時代の人、権大納言。延徳2(1490)年生～永禄9(1566)年9月16日没。77才。初名=実枝。法名=空円。

権大納言正親町公兼の長男。弟に三条実顯・河鰭輝季がいる。初め実枝と名乗る。明応元(1492)年叙爵。同5年侍従に任ぜられ、同8年従五位上、文亀2(1502)年正五位下に進み、永正2(1505)年従四位下に進み右少将に任ぜられ、同5年従四位上に進み蔵人頭・右中将に任ぜられ実胤と改名。同6年正四位下より正四位上に進む。同9年参議に任ぜられ、同10年従三位、同13年正三位に進み、同15年権中納言に任ぜられる。大永元(1521)年従二位

に進み、同5年父が賀州にて没したので賀州に行く。同6年正二位に進み、享禄元(1528)年権大納言に任ぜられる。天文元(1532)年神宮伝奏となる。同10年従一位に進み権大納言を辞し出家。子に公叙がいる。　典：公辞・公補

正親町公叙　おおぎまち・きんのぶ

室町時代の人、権大納言。永正11(1514)年8月16日生～天文18(1549)年.8.7没。36才。法名=慈空。

権大納言正親町実胤の子、母は内大臣三条西実隆の娘。永正12(1515)年叙爵。同15年侍従に任ぜられ、同18年従五位上に叙され、大永3(1523)年元服。同4年正五位下に進み、同5年右少将に任ぜられ、同8年従四位下、享禄3(1530)年従四位上に進み、同5年右中将に任ぜられ、天文元(1532)年正四位下に進み補蔵人頭に任ぜられ、同2年正四位上に進み、同4年参議に任ぜられ、同5年従三位に進み、同7年権中納言に任ぜられ、同9年正三位、同13年従二位に進み、同15年権大納言に任ぜられ神宮伝奏となる。同16年神宮伝奏を辞す。同17年正二位に進み権大納言を辞す。養子に季秀がいる。　典：公辞・公補

正親町季秀　おおぎまち・すえひで

室町・安土桃山時代の人、権大納言。天文17(1548)年生～慶長17(1612)年7月1日没。65才。初名=実彦。

権大納言庭田重保の次男、母は権大納言庭田重具の娘。初め実彦と名乗る。天文18(1549)年に元権大納言正親町公叙の養子となり叙爵。同21年侍従に任ぜられ、同23年従五位上、永禄2(1559)年正五位下に進み元服。右少将に任ぜられる。同6年従四位下に進み右中将に任ぜられ、同9年従四位上、同12年正四位下に進み、元亀3(1572)年蔵人頭に任ぜられ、同4年正四位上に進み、天正4(1576)年従三位に進み左中将・参議に任ぜられ、同6年踏歌宣命使となる。同7年に季秀と改名し権中納言に任ぜられ正三位に進み、同9年権中納言を辞す。同10年明智光秀の乱の時は陽光院誠仁親王を奉じて二条城にあり、明智勢に囲まれたが、明智勢に茶菓・昆布などを振る舞い、正装して親王を奉じ城より逃れた。同11年従二位に進み再び権中納言に任ぜられる。同15年正二位に進み、慶長16(1611)年権大納言に任ぜられ、同17年従一位に進む。子に季康(従四位下・右近衛少将、慶長14,2,25横死、35才)・季俊・季福(裏辻家へ)・実右(小倉家へ)・基久(持明院家へ)がいる。　典：大日・伝日・公辞・公補

正親町季俊　おおぎまち・すえとし

安土桃山・江戸時代の人、参議。天正14(1586)年9月18日生～寛永2(1625)年11月29日没。40才。

権大納言正親町季秀の次男、母は権大納言烏丸光康の娘。兄に季康・弟に季福(裏辻家へ)・実右(小倉家へ)・基久(持明院家へ)がいる。慶長14(1609)年叙爵し元服。同15年侍従に任ぜられ、同17年従五位上に進み右少将に任ぜられ、同20年正五位下、元和3(1617)年従四位下より従四位上に進み補蔵人・右中将に任ぜられ、同6年正四位下より正四位上に進み、同9年参議に任ぜられる。子に実豊がいる。　典：公辞・公補

正親町実豊　おおぎまち・さねとよ

江戸時代の人、権大納言。元和5(1619)年12月8日生～元禄16(1703)年2月3日没。85才。一字名=曲。

参議正親町季俊朝臣の子、母は従五位下越前守源勝盛の娘。元和7(1621)年叙爵。寛永10(1633)年元服。従五位上に叙され侍従に任ぜられ、同11年右少将に任ぜられ、同13年正五位下、同17年従四位下に進み、同18年右中将に任ぜられ、同19年従四位上、同20年正四位下より正四位上に進み蔵人頭に任ぜられ、正保元(1644)年参議に任ぜられる。同2年踏歌外弁となり、同3年従三位、慶安2(1649)年正三位に進み、承応元(1652)年権中納言に任ぜられ、明暦元(1655)年従二位に進み、同2年権大納言に任ぜられる。万治元(1658)年権大納言を辞す。寛文4(1664)年より同10年まで武家伝奏となる。天和3(1683)年より貞享4(1687)年まで蟄居。子に公通がいる。　典：公辞・公補

正親町公通　おおぎまち・きんみち

江戸時代の人、権大納言。承応2(1653)年,閏6月26月生～享保18(1733)年7月12日没。81才。一字名=玉・半。雅号=白玉翁・風水軒。号=守初斎・須守霊社。

権大納言正親町実豊の子、母は権中納言藤谷為賢の娘。万治元(1658)年叙爵。寛文元(1661)年従五位上に叙され侍従に任ぜられ、同5年元服。正五位下に進み、同7年従四位下に進み右少将に任ぜられ、同10年従四位上に進み右中将に任ぜられ、延宝2(1674)年正四位下に進み、同5年参議に任ぜられ、同6年従三位に進み、天和元(1681)年権中納言に任ぜられ、正三位に進む。貞享2(1685)年従二位に進み、同3年踏歌節会外弁となる。元禄6(1693)年より同13年まで武家伝奏となる。同8年権大納言に任ぜられ、同9年に辞す。宝永2(1705)年正二位、正徳2(1712)年従一位に進む。山崎闇斎の門に学び「神代巻風葉集」の草稿を京都下御霊神社に納め、風水草を写し、宮廷に垂加神道を入れ、世に正親町神道と称され、晩年は絵画と狂歌をよくした。子に公成(正四位下・右中将、初名=実垂、享保8年官位止、30才にて病気)・公梁(四男、従四位上・右中将、享保16,9,25没、21才)・実本(裏辻家へ)・隆叙(四条家へ)・定俊(野宮家へ)・実連がいる。　典：大日・日名・伝日・公辞・公補

正親町実連　おおぎまち・さねつら

江戸時代の人、権大納言。享保5(1720)年7月23日生～享和2(1802)年9月29日没。83才。

権大納言正親町公通の末男。兄に公成(正四位下・右中将、初名=実垂、享保8年官位止、30才にて病気)・公梁(四男、従四位上・右中将、享保16,9,25没、21才)・実本(裏辻家へ)・隆叙(四条家へ)・定俊(野宮家へ)がいる。享保17(1732)年叙爵し侍従に任ぜられ、同20年従五位上に叙され元服。左少将に任ぜられ、元文元(1736)年正五位下、同3年従四位下に進み右中将・兼丹波介に任ぜられ、同5年従四位上に進み、寛保2(1742)年に丹波介を辞す。同3年正四位下に進み、延享2(1745)年兼播磨権介に任ぜられ、同3年正四位上に進み蔵人頭に任ぜられ、寛延3(1750)年従三位に進み参議・兼遠江権守に任ぜられ踏歌節会外弁となる。宝暦3(1753)年権中納言に任ぜられ、同4年正三位に進み、同5年賀茂下上社伝奏となる。同6年権大納言に任ぜられる。同8年従二位、同12年正二位に進み権大納言を辞す。安永8(1779)年従一位に進む。狂歌の名手であった。子に公明がいる。　典：日名・公辞・公補

正親町公明 おおぎまち・きんあき

江戸時代の人、権大納言。延享元(1744)年3月25日生〜文化10(1813)年10月13日没。70才。初名=公功。法名=竟空。

権大納言正親町実連の子、母は内大臣広幡豊忠の娘。初め公功と名乗る。延享3(1746)年叙爵。寛延元(1748)年侍従に任ぜられ、同2年従五位上に叙され、宝暦元(1751)年元服。正五位下、同3年従四位下、同5年従四位上に進み左権少将に任ぜられ、同7年正四位下に進み、同8年右権中将、同9年兼信濃権介に任ぜられ、同13年に公明と改名。明和元(1764)年兼近江介、同2年正四位上に進み蔵人頭に任ぜられ、同5年従三位に進み参議に任ぜられ、同7年正三位に進み権中納言に任ぜられる。安永元(1772)年賀茂伝奏となり、同2年従二位に進み、同3年兼補右衛門督使別当となる。同4年踏歌外弁となる。同5年正二位に進み補大歌所別当となり、同8年権大納言に任ぜられ、天明5(1785)年に辞す。寛政3(1791)年に典仁親王の称号について中山愛親と共に江戸幕府の意見を聞く。この年より同5年まで武家伝奏となる。同4年に尊号の一件(一条輝良の項参照)が起こり、幕府より処分を受けて、享和3(1803)年出家。子に実光がいる。 典：大日・日名・伝日・公辞・公補

正親町実光 おおぎまち・さねみつ

江戸時代の人、権大納言。安永6(1777)年3月1日生〜文化14(1817)年11月22日没。41才。

権大納言正親町公明の子、母は侍従治茂朝臣の養女。安永7(1778)年従五位下に叙され、同9年従五位上に進み、天明元(1781)年侍従に任ぜられる。同2年正五位下に進み、同3年兼美作介に任ぜられ、同4年元服。従四位下に進み、同5年右権少将に任ぜられ、同6年従四位上、寛政元(1789)年正四位下に進み左権中将に、同2年兼播磨介二任ぜられ、同7年正四位上に進み補蔵人頭に任ぜられ、同8年に頭を辞す。同10年従三位に進み参議に任ぜられ、同12年正三位に進む。享和3(1803)年権中納言・兼左衛門督に任ぜられ院別当となる。文化元(1804)年従二位に進み、同2年賀茂伝奏・踏歌外弁となる。同9年正二位に進み権大納言に任ぜられ、同11年大歌所別当となる。同14年に任職を辞す。子に公遵(従五位上、文政元,5,8没、8才)・実徳がいて、娘の雅子は仁孝天皇の典侍となり孝明天皇を生む。 典：公辞・公補

正親町実徳 おおぎまち・さねあつ

江戸・明治時代の人、権大納言。文化11(1814)年9月29日生〜明治29(1896)年10月没。83才。

権大納言正親町実光の三男。文政元(1818)年従五位下に叙され、同3年従五位上、同5年正五位下に進み、同7年侍従に任ぜられ、同8年従四位下に進み元服。兼美作権介に任ぜられ、同9年従四位上に進み左権少将に任ぜられ、同11年正四位下に進み、天保2(1831)年右権中将・兼播磨権介に任ぜられ、同11年兼春宮権亮に任ぜられ右近府年預となり、嘉永2(1849)年参議に任ぜられ、同3年従三位に進み踏歌外弁となる。同5年正三位に進み権中納言に任ぜられ、安政2(1855)年従二位に進み御遷幸に馬副六人・舎人二人・居飼一人・雑色六人・傘一人を共として参加している。同4年兼大歌所別所となり、同5年正二位に進み、同6年権大納言に任ぜられ賀茂下上社伝奏となり、元治元(1864)年伝奏を辞す。明

治元(1868)年兼皇太后宮大夫となり新政府では参与(子公董も)に任ぜられる。京都日御門前新道東端より広小路に住む。家料は352石。養子に公董(中山家より、正四位上・左中将、明治2没)、孫に実正(公董の子、従二位、明治に華族に列され伯爵を授る)がいる。

典：明治・公辞・京四・公補

○正親町三条家

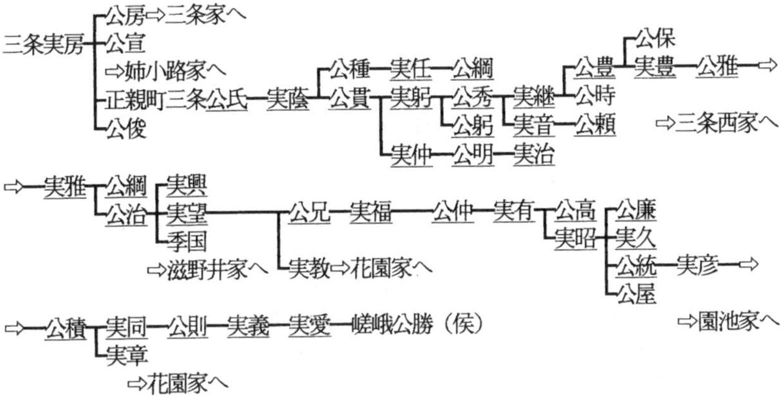

三条家分流。左大臣三条実房の三男公氏が、三条家より分かれて京都の正親町に住み号姓としたが、正式に氏姓したのは実雅よりで、実雅の父公雅までは三条を名乗り、号姓を正親町三条と言う。代々三大臣家の一つとして奉仕した。明治に至り嵯峨と氏姓を改め、華族に列され伯爵を授かる。本姓は藤原。家紋は連翹(れんぎょう)。菩提寺は京都左京区浄土寺真如町の松林院(阿野家・姉小路家・岩倉家なども同院)。

典：日名・京四

正親町三条公氏　おおぎまちさんじょう・きんうじ

鎌倉時代の人、権大納言。寿永元(1182)年生〜嘉禎3(1237)年9月15日没。56才。通称=三条大納言。号=三条。

左大臣三条実房の三男。兄に三条公房・姉小路公宣、弟に三条公俊がいる。父の三条家より分かれ正親町に住み、三条を名乗り正親町三条を号姓とした。建久3(1192)年左兵衛権佐に任ぜられ、同6年従五位上に叙され、正治元(1199)年正五位下に進み、同2年右少将に任ぜられ、建仁元(1201)年従四位下に進み周防権介に任ぜられ、同3年従四位上に進み右中将に任ぜられ、元久元(1204)年正四位下に進み、同2年播磨権介、承元3(1209)年越前権介、同4年蔵人頭に任ぜられ、建暦元(1211)年参議に任ぜられる。同2年従三位に進み土佐権介に任ぜられ、建保5(1217)年正三位に進み兼備中権守に任ぜられ、承久2(1220)年権中納言に任ぜられ、同3年従二位、貞応2(1223)年正二位に進み中宮権大夫に任ぜられ、嘉禄2(1226)年皇后宮大夫に任ぜられ、安貞元(1227)年中納言に任ぜられ、寛喜3(1231)年権大納言に任ぜられるも辞す。子に実蔭がいる。　典:大日・日名・伝日・公辞・公補

正親町三条実蔭　おおぎまちさんじょう・さねかげ

鎌倉時代の人、参議。建仁元(1201)年生〜仁治2(1241)年5月5日没。41才。初名=実茂。号=三条。

権大納言正親町三条公氏の子、母は権大納言藤原泰通の娘。建保3(1215)年侍従に、同7年遠江権介に任ぜられ、承久3(1221)年従五位上に叙され右少将に任ぜられ、貞応元(1222)年正五位下、元仁元(1224)年従四位下に進み、嘉禄3(1227)年右中将に任ぜられ、貞永元(1232)年正四位下に進み、同2年相模介、嘉禎4(1238)年蔵人頭に任ぜられ、延応元(1239)年従三位に進み参議に任ぜられ、仁治元(1240)年備中権守に任ぜられる。子に公種(正四位下・右中将、子は実任)・公貫がいる。　典:公辞・公補

正親町三条公貫　おおぎまちさんじょう・きんぬき

鎌倉時代の人、権大納言。暦仁元(1238)年生〜正和4(1315)年2月29日没。78才。号=三条。

参議正親町三条実蔭の子。延応元(1239)年従五位下に叙される。仁治2(1241)年従五位上に進み、寛元4(1246)年侍従に任ぜられ、宝治2(1248)年正五位下に進み、建長4(1252)年兼遠江権介・兼讃岐守・左少将に任ぜられ、同5年従四位下、同7年従四位上に進み、康元元(1256)年右中将に任ぜられ、正嘉2(1258)年正四位下に進み、文永11(1274)年補蔵人頭に任ぜられ、建治元(1275)年参議に任ぜられる。同2年従三位に進み土佐権守に任ぜられ、同3年正三位に進む。弘安4(1281)年讃岐権守に任ぜられ、同7年従二位に進み、同9年権中納言に任ぜられ、同10年に辞す。正応元(1288)年正二位に進み、同5年民部卿に任ぜられ、永仁3(1295)年に辞す。正安元(1299)年権大納言に任ぜられ、同2年に辞す。嘉元元(1303)年に66才で出家。子に実躬・実仲がいる。　典:公辞・公補

正親町三条実躬　おおぎまちさんじょう・さねみ

鎌倉時代の人、権大納言。文永元(1264)年生〜没年不明。法名=実円。号=三条。

権大納言正親町三条公貫の三男、母は中納言藤原為経の娘。兄に実仲がいる。文永2(1265)年叙爵。同5年従五位上、同8年正五位下に進み、同10年右兵衛佐に任ぜられ、建治3(1277)年従四位下に進み左少将に任ぜられ、弘安元(1278)年右少将に任ぜられ、同3年従四位上、同6年正四位下に進み、同8年兼下野権介・右中将、正応4(1291)年兼美作介、永仁3(1295)年補蔵人頭に任ぜられ、同6年従三位に進み参議に任ぜられる。正安元(1299)年正三位に進み兼備中守に任ぜられ、嘉元元(1303)年従二位に進み権中納言に任ぜられ、同3年に辞す。延慶2(1309)年正二位に進み、同3年按察使となる。正和4(1315)年に使を辞す。同5年兼民部卿に任ぜられ権大納言に任ぜられも任職を辞す。文保元(1317)年54才で出家。子に公秀がいる。　典:公辞・公補

正親町三条実仲　おおぎまちさんじょう・さねなか

鎌倉時代の人、非参議。正嘉元(1257)年生〜没年不明。法名=勝空。号=三条。

権大納言正親町三条公貫の長男。弟に実躬がいる。正嘉元(1257)年従五位下に叙される。文永4(1267)年従五位上に進み、同5年侍従に任ぜられ、同8年正五位下に進み、同11年阿波権介に任ぜられ、建治2(1276)年左少将に任ぜられ、同3年従四位下に進み、弘安4(1281)年兼播磨介に任ぜられ、同6年従四位下、同8年正四位下に進み、同11年但馬権介に任ぜられ、正応元(1288)年左中将に任ぜられ、嘉元元(1303)年従三位、延慶2(1309)年正三位、正和元(1312)年従二位に進み、元応2(1320)年民部卿に任ぜられるも辞す。元亨2(1322)年66才で出家。子に公明・公躬・実治がいる。　典：公補

正親町三条実任　おおぎまちさんじょう・さねとう

鎌倉時代の人、中納言。文永元(1264)年生～暦応元(1338.延元3)年12月3日没。75才。初名=実名。通称=藤中納言。号=三条。

参議正親町三条実蔭の孫。右中将正親町公種朝臣の子、母は従三位藤原為継の娘(安嘉門院女房大弐)。初め実名と名乗る。建長4(1252)年従五位下に叙される。同8年従五位上に進み、建治3(1277)年侍従に任ぜられ、弘安8(1285)年正五位下、同10年従四位下に進み実任と改名し左少将に任ぜられ、正応元(1288)年従四位上に進み、同3年兼駿河介に任ぜられ、同4年正四位下に進み、永仁2(1293)年兼播磨守に任ぜられ、同6年にこれを辞す。嘉元元(1303)年補蔵人頭に任ぜられ、同3年参議に任ぜられる。徳治元(1306)年兼刑部卿・兼丹波権守に任ぜられるが、刑部卿を辞す。延慶元(1308)年参議を辞し従三位に進む。同2年に丹波権守を辞す。文保2(1318)年正三位に進み左京大夫に任ぜられ、元応2(1320)年参議・兼弾正大弼に任ぜられる。元亨2(1322)年備後権守・兼刑部卿に任ぜられ、正中元(1324)年従二位に進み権中納言に任ぜられる。嘉暦2(1327)年中納言に任ぜられ、同3年に辞す。元徳元(1329)年治部卿に任ぜられ、同2年に辞し正二位に進む。元弘元(1331)年修理大夫に任ぜられ再び中納言に任ぜられ、正慶元(1332.元弘2)年任職を辞す。建武2(1335)年右京大夫に任ぜられ、同4年に辞す。子に公綱がいる。　典：公補

正親町三条公秀　おおぎまちさんじょう・きんひで

鎌倉・南北朝時代の人、内大臣。弘安8(1285)年生～貞治3(1364.正平19)年8月2日没。80才。法名=禅定。号=三条・八条。通称=正親町内大臣。崇光院と後光厳院の祖。

権大納言正親町三条実躬の子。弘安9(1286)年従五位下に叙される。正応3(1290)年従五位上に進み和泉守に任ぜられ、同年正五位下、永仁2(1294)年従四位下より従四位上、同6年正四位下に進み右少将、嘉元元(1303)年右中将、同3年補蔵人頭に任ぜられ、徳治2(1307)年参議に任ぜられる。延慶元(1308)年従三位に進み、同2年兼備前権守・権中納言に任ぜられる。同3年正三位、応長元(1311)年従二位、正和3(1314)年正二位に進み、同4年に権中納言を辞すも再び任ぜられ、元応元(1319)年中納言に任ぜられ、同3年権大納言に任ぜられる。元亨2(1322)年権大納言を辞す。正慶元(1332.元弘2)年陸奥出羽按察使に任ぜられ、同2年に辞す。延元元(1336)年大宰権帥に任ぜられ、文和元(1352.正平7)年内大臣に任ぜられる。同2年69才で出家。子に実継・実音がいる。　典：大日・伝日・公辞・公補

正親町三条公躬　おおぎまちさんじょう・きんみ

鎌倉・南北朝時代の人、(従二位)非参議。正応3(1290)年生～康永元(1342.興国3)年4月11日没。53才。法名=頓空。

従二位・民部卿正親町三条実仲の次男。権大納言正親町三条実躬と権中納言吉田経俊の娘の養子相続。永仁2(1294)年叙爵。同4年従五位上に叙され、乾元元(1302)年備前守に任ぜられ、嘉元元(1303)年に辞す。同2年正五位下に進み、延慶元(1308)年左馬権頭に任ぜられ、同2年従四位下、同3年従四位上に進み、応長元(1311)年左馬権頭を辞し治部卿・左中将より、同2年右中将に任ぜられる。正和元(1312)年正四位下、文保元(1317)年従三位に進む。同年右兵衛督に任ぜられ、同2年に辞す。元弘元(1331)年正三位、正慶元(1332.元弘2)年従二位に進み刑部卿に任ぜられたが、同2年従三位に落位となり卿を辞す。この時は20名位の公卿が落官位している。建武2(1335)年再び正三位に進み、同4年再び刑部卿に任ぜられ、康永元(1342)年従二位に進み、のち出家。　典：公補

正親町三条公明　おおぎまちさんじょう・きんあき

鎌倉・南北朝時代の人、権大納言。弘安5(1282)年生～延元元(1336)年9月11日没。55才。初名=公忠。号=三条。

従二位・民部卿正親町三条実仲の長男、母は権中納言吉田経俊の娘。弟に公躬・実治がいる。始め公忠と名乗る。弘安9(1287)年従五位下に叙される。正応2(1289)年従五位上、同4年正五位下、永仁4(1295)年従四位下に進み若狭権守に任ぜられ、同5年左少将に任ぜられ公明と改名。同7年従四位上に進み、正安2(1300)年右少将に任ぜられ、同3年正四位下に進み、嘉元2(1303)年右中将、同3年兼讃岐権守に任ぜられ、同4年にこれを辞す。徳治3(1308)年補蔵人頭となるも辞す。正和5(1316)年修理大夫、文保2(1317)年再び補蔵人頭に任ぜられ、兼内蔵頭に任ぜられる。元応元(1319)年参議に任ぜられる。同2年従三位に進み兼土佐権守・兼左大弁に任ぜられ補造東大寺長官となる。元亨元(1321)年正三位に進み、同3年兼勘解由長官となる。同年に修理大夫を辞す。正中元(1324)年権中納言に任ぜられる。嘉暦元(1326)年侍従となり、同2年従二位、元徳2(1330)年正二位に進み中納言に任ぜられ、正慶元(1332.元弘2)年侍従を辞し兼兵部卿に任ぜられ、同2年にこれを辞し再び侍従となる。建武元(1334)年兼大判事・大蔵卿に任ぜられ、同2年兼左京大夫となる。延元元(1336)年権大納言に任ぜられる。　典：公補

正親町三条実治　おおぎまちさんじょう・さねはる

鎌倉・南北朝時代の人、権中納言。正応4(1291)年生～文和2(1353.正平8)年5月17日没。62才。

従二位・民部卿正親町三条実仲の三男。兄に公明・公躬がいる。兄公明の家督を相続。元応元(1319)年正四位下に叙され、同2年内蔵頭、元亨元(1321)年讃岐守、正中3(1326)年左中弁、嘉暦2(1327)年蔵人頭に任ぜられ、同3年参議に任ぜられ、元徳元(1329)年従三位に進み宮内卿に任ぜられ蔵人頭を辞す。同2年正三位に進み兼信濃権守・左大弁に任ぜられ、元弘元(1331)年任職を辞す。建武元(1334)年再び参議に任ぜられ左大弁・兼中務大輔に任ぜられ造東大寺長官となる。同2年備前権守に任ぜられ、延元元(1336)年兼大判事

となる。同2年左大弁・中務大輔を辞す。暦応2(1339.延元4)年権中納言に任ぜられる。同4年従二位に進み、康永元(1342.興国3)年権中納言を辞す。 典：公補

正親町三条実継 おおぎまちさんじょう・さねつぐ

鎌倉・南北朝時代の人、内大臣。正和元(1312)年生〜嘉慶2(1388)年6月24日没。76才。初名=実世。通称=三条前内大臣・後八条内大臣。号=三条。

内大臣正親町三条公秀の長男。弟に実音がいる。初め実世と名乗る。正和3(1315)年従五位下に叙される。同4年従五位上に進み実継と改名。文保2(1318)年正五位下より従四位下に進み、嘉暦2(1327)年侍従に任ぜられ、同4年従四位上に進み右少将に任ぜられ、元徳2(1330)年正四位下に進み右中将に任ぜられ、元弘元(1331)年正四位上に進み補蔵人頭、正慶元(1332)年兼備中守・参議に任ぜられる。同2年兼近江介に任ぜられ、暦応2(1338.延元4)年従三位に進み補蔵人頭・備中守・近江介を辞す。康永元(1342.興国3)年権中納言に任ぜられ、同2年正三位に進み兼左兵衛督より右兵衛督に任ぜられ、同3年右衛門督に任ぜられ、貞和2(1346)年補検非違使別当となる。同3年従二位に進み左衛門督に任ぜられ、同5年中納言より権大納言に任ぜられ、文和2(1353.正平8)年兼陸奥出羽按察使となり、同3年補内膳司別当となる。同4年正二位に進む。貞治4(1365.正平20)年権大納言を辞す。同6年内大臣に任ぜられ、応安2(1369)年に辞し踏歌内弁となる。同4年従一位に進み、嘉慶元(1387)年74才で出家。子に公豊・公時(三条西家へ)がいる。 典：大日・伝日・公辞・公補

正親町三条公綱 おおぎまちさんじょう・きんつな

鎌倉・南北朝時代の人、(従三位)非参議。生没年不明。初名=公長。

中納言正親町三条実任の子。初め公長と名乗る。永仁2(1294)年従五位下に叙される。同5年従五位上、正安元(1299)年正五位下に進み侍従に任ぜられ、嘉元2(1304)年兼武蔵介・右近少将に任ぜられ、同3年従四位下、徳治3(1308)年正四位下に進み右中将に任ぜられ公綱と改名。文保元(1317)年中将を辞す。同2年少納言に任ぜられ再び右中将に任ぜられる。元応2(1320)年加賀介、建武元(1334)年右京大夫に任ぜられ、暦応3(1340.興国元)従三位に進み、貞和5(1349)年出家。 典：公補

正親町三条実音 おおぎまちさんじょう・さねおと

南北朝時代の人、准大臣。元亨元(1321)年生〜至徳3(1386.元中3)年2月16日没。66才。号=三条。

内大臣正親町三条公秀の次男、母は従三位・非参議藤原家相の娘。兄に実継がいる。正中2(1325)年叙爵。嘉暦4(1329)年従五位上、元徳2(1330)年正五位下に進み、建武4(1337)年侍従に任ぜられ、暦応2(1339)年従四位下、同4年従四位上に進み左少将・兼遠江権介、康永元(1342)年右中将に任ぜられ、同3年正四位下に進み、貞和2(1346)年権介を辞す。観応元(1350.正平5)年従三位に進み右兵衛督に任ぜられ参議に任ぜられる。文和3(1354)年右兵衛督を辞し兼備中守・兼右近中将に任ぜられ、同4年権中納言に任ぜられ、延文4(1359.正平14)年正三位、同5年従二位に進み、貞治2(1363)年権大納言に任ぜられる。この時は兄実継も権大納言に任ぜられている。同3年正二位に進み、応安3(1370.建徳元)兼大宰権

帥に任ぜられ、同7年権大納言を辞す。永徳元(1381.弘和元)従一位に進み、同2年准大臣となる。子に公頼がいる。 典：公補

正親町三条公豊 おおぎまちさんじょう・きんとよ

南北朝・室町時代の人、内大臣。正慶2(1333.元弘3)年生〜応永13(1406)年6月24日没。74才。初名=公景。法名=皎空。号=三条。通称=後三条・稱名院・稱名院入道。

内大臣正親町三条実継の長男、母は権大納言正親町三条公明の娘。弟に三条西公時がいる。初め公景と名乗る。元弘4(1334)年叙爵。建武4(1337)年従五位上に叙され、暦応4(1341)年正五位下に進み、貞和元(1345)年侍従に任ぜられ、従四位下に進み公豊と改名。同3年右少将に任ぜられ、同4年従四位上に進み、同5年兼下野権介、観応2(1351)年右近中将に任ぜられ、文和2(1353)年大野権介を辞し正四位下に進み、同3年兼美濃介に任ぜられ、同4年参議に任ぜられる。延文元(1356.正平11)年従三位に進み兼備前権守に任ぜられ、康安元(1361.正平16)年権中納言に任ぜられ、貞治元(1362)年正三位、同3年正三位、同4年従二位に進み権大納言に任ぜられる。応安3(1370.正二位に進み、同7年権大納言を辞す。嘉慶2(1388)年頃より正式に正親町三条を氏姓として名乗る。応永2(1395)年内大臣に任ぜられるも63才で出家。子に実豊・公保(三条西家へ)がいる。 典：大日・伝日・公辞・公補

正親町三条実豊 おおぎまちさんじょう・さねとよ

室町時代の人、権大納言。生年不明〜応永11(1404)年4月10日没。号=三条。

権大納言正親町三条公豊の子。弟に三条西公保がいる。右中将に任ぜられ、至徳2(1385)年従三位に叙され兼能登権守に任ぜられ、嘉慶2(1388)年この頃より父公豊と共に正式に正親町三条を氏姓として名乗る。明徳元(1390.元中7)年兼相模守に任ぜられ、同3年正三位に進み、応永元(1394)年に相模守を辞す。同2年権中納言に任ぜられ、同4年従二位に進み権大納言に任ぜられる。同7年正二位に進む。子に公雅がいる。 典：公辞・公補

正親町三条公雅 おおぎまちさんじょう・きんまさ

室町時代の人、権大納言。至徳元(1384.元中元)生〜応永34(1427)年8月12日没。44才。号=三条・紹宏院。法名=祐戒。

権大納言正親町三条実豊の子。正四位下に叙され右中将に任ぜられ、応永13(1406)年参議に任ぜられる。同14年従三位に進み兼近江権守に任ぜられ、同17年正三位に進み、同18年権中納言・兼大宰権帥に任ぜられ、同19年従二位に進む。同25年権大納言に任ぜられ、同26年正二位に進む。同28年より正式に正親町三条の氏姓を名乗る。同30年踏歌内弁となる。応永34年に頓死する。のちに内大臣を贈られる。子に実雅がいる。 典：大日・伝日・公辞・公補

正親町三条公頼 おおぎまちさんじょう・きんより

室町時代の人、参議。生没年不明。

准大臣正親町三条実音の次男。右中将に任ぜられ、正四位下に叙され、応永25(1418)年参議に任ぜられる。同26年従三位に進み近江権守に任ぜられ、同27年任職を辞す。同33年正三位に進み、嘉吉3(1443)年まで名が見えている。 典：公補

正親町三条実雅　おおぎまちさんじょう・さねまさ

室町時代の人、内大臣。応永16(1409)年生〜応仁元(1467)年9月3日没。59才。法名=常禧。通称=青蓮華院・青蓮花院入道。

権大納言正親町三条公雅の子。この実雅より正式に正親町三条を名乗る。応永20(1413)年叙爵し侍従に任ぜられ、同21年従五位上、同22年正五位下に進み、同25年阿波権介に任ぜられ、同28年従四位下に進み、同29年左少将に任ぜられ、同30年右中将に任ぜられ、同32年正四位下に進み、永享2(1430)年讃岐介・近江介に任ぜられ、同4年正四位上に進み補蔵人頭に任ぜられ参議に任ぜられ、同5年従三位に進み権中納言に任ぜられる。同9年正三位に進み兼左衛門督に任ぜられる。嘉吉元(1441)年将軍足利義教と共に赤松満祐邸で遊ぶも、将軍は赤松に惨殺され、実雅も疵を負い危うく難を逃れる。権大納言に任ぜられ、同2年従二位に進み同3年大宰権帥に任ぜられ武家伝奏となる。宝徳元(1449)年正二位に進み、同2年補内膳別当となり、同3年踏歌内弁となる。享徳2(1453)年権大納言を辞す。長禄元(1457)年内大臣に任ぜられ、同2年任職を辞す。同3年従一位に進み、寛正2(1461)年53才で出家。子に公綱・公治がいる。　典：大日・伝日・公辞・公補

正親町三条公綱　おおぎまちさんじょう・きんつな

室町時代の人、権大納言。生年不明〜文明3(1471)年,閏8月10月没。号=三条。

内大臣正親町三条実雅の子。弟に公治がいる。永享9(1437)年侍従・右近少将に任ぜられ、同10年兼駿河権介に任ぜられ、同12年従五位上、同13年正五位下、嘉吉2(1442)年従四位下に進み右近中将、同3年播磨介、文安元(1444)年補蔵人頭に任ぜられ、同3年正四位下に進み参議に任ぜられる。同4年兼土佐権守に任ぜられ、宝徳元(1449)年従三位に進み権中納言に任ぜられ、同2年正三位に進む。享徳2(1453)年権大納言に任ぜられ、同3年従二位、康正2(1456)年正二位に進み、長禄3(1459)年大宰権帥となる。寛正3(1462)年権大納言を辞す。　典：公辞・公補

正親町三条公治　おおぎまちさんじょう・きんはる

室町時代の人、権大納言。嘉吉元(1441)年生〜明応4(1495)年3月12日没。55才(56か)。初名=公躬。

内大臣正親町三条実雅の次男。兄に公綱がいる。始めに公躬と名乗る。文安3(1446)年従五位上に叙され侍従に任ぜられ、同6年正五位下に進み、宝徳2(1450)年兼甲斐権介に任ぜられ、同4年従四位下、享徳3(1454)年従四位上に進み右近少将に任ぜられ、同4年右中将・兼下野権介に任ぜられ、康正3(1457)年正四位下、長禄2(1458)年正四位上に進み補蔵人頭に任ぜられ更に参議に任ぜられる。同3年兼越前権守に任ぜられ、寛正元(1460)年従三位に進み、同4年越前権守を辞す。同6年兼讃岐権守に任ぜられ、文正元(1466)年権中納言に任ぜられ、応仁元(1467)年正三位に進み、同2年権中納言を辞す。文明12(1480)年従二位に進み、同13年権大納言に任ぜられるも辞す。同14年に公治と改名。同15年再び権大納言に任ぜられ、延徳元(1489)年に辞す。同3年正二位に進む。子に実興・実望・季国(滋野井家へ)がいる。　典：公辞・公補

正親町三条実興　おおぎまちさんじょう・さねおき

室町時代の人、参議。長禄元(1457)年生～文明13(1481)年1月3日没。25才。

権大納言正親町三条公躬(のち公治)の子。長禄2(1458)年叙爵し侍従に任ぜられ、寛正6(1465)年従五位上に叙され、文明5(1473)年元服。同6年正五位下に進み右近衛権少将に任ぜられ、同7年従四位下に進み兼下野権介・右中将に任ぜられ、同9年従四位上に進み補蔵人頭に任ぜられ、同10年正四位下、同11年正四位上に進み、同12年参議に任ぜられる。　典：公補

正親町三条実望　おおぎまちさんじょう・さねもち

室町時代の人、内大臣。寛正4(1463)年生～享禄3(1530)年3月5日没。68才。初名＝実統。号＝後慈光院。法名＝盛空。

内大臣正親町公治の次男。兄に実興、弟に滋野井季国がいる。初め実統と名乗る。文明11(1479)年叙爵し元服。同15年従五位上に叙され、同17年正五位下に進み右近少将に任ぜられ、同18年従四位下に進み、同19年右近権中将、長享2(1488)年補蔵人頭に任ぜられ、延徳元(1489)年従四位上、同2年正四位下より正四位上に進み実望と改名。同3年参議に任ぜられる。明応3(1494)年従三位に進み、同6年権中納言に任ぜられる。同9年正三位、文亀元(1501)年従二位に進み、永正4(1507)年権大納言に任ぜられ、同12年正二位に進み内大臣に任ぜられるも辞す。大永3(1523)年61才で出家。子に公兄・実教(花園家へ)がいる。　典：大日・伝日・公辞・公補

正親町三条公兄　おおぎまちさんじょう・きんえ

室町時代の人、内大臣。明応3(1494)年生～天正6(1578)年1月20日没。85才。法名＝紹空。号＝廓然院。

内大臣正親町三条実望の長男。弟に花園実教がいる。明応3年叙爵。同6年侍従に任ぜられ、文亀2(1502)年従五位上、永正元(1504)年正五位下に進み右少将に任ぜられ、同3年従四位下、同7年従四位上に進み、同8年右中将、同9年蔵人頭に任ぜられ正四位下、同10年正四位上に進み、同15年参議に任ぜられる。同17年従三位に進み、大永2(1522)年兼備前権守に任ぜられ、同4年参議を辞す。同6年任職を辞す。享禄2(1529)年左中将に任ぜられるも辞す。天文9(1540)年より駿河国に在る。同13年駿河国より上洛し再び参議に任ぜられ正三位に進みついで権中納言に任ぜられる。同14年従二位に進み、同15年権大納言に任ぜられ、同16年甲州に向かう。同19年権大納言を辞す。同20年正二位に進み、同21年兼大宰権帥となる。同23年内大臣に任ぜられのち出家。子に実福がいる。　典：大日・日名・伝日・公辞・公補

正親町三条実福　おおぎまちさんじょう・さねとみ

室町時代の人、権中納言。天文5(1536)年生～永禄11(1568)年1月25日没。33才。

内大臣正親町三条公兄の次男、母は加賀介藤原(富樫姓か)某の娘。天文9(1540)年従五位下に叙され、同11年侍従に任ぜられ、同13年従五位上に進み兼越前介に任ぜられ元服。同14年右少将、同15年兼尾張権介に任ぜられ、同16年正五位下、同17年従四位下に進み、同19年右中将に任ぜられ、同21年従四位上に進み、弘治3(1557)年参議に任ぜられる。永

禄元(1558)年甲州に行き、同2年に上洛。同3年正四位下より従三位に進み、同5年権中納言に任ぜられ、同7年正三位に進む。同8年駿河国に行き、同9年に上洛。同10年従二位に進むも勅勘に触れ、同11年に没す。子に公仲がいる。　典：公辞・公補

正親町三条公仲　おおぎまちさんじょう・きんなか

室町・安土桃山時代の人、権中納言。弘治3(1557)年4月20日生～文禄3(1594)年6月26日没。38才。

権中納言正親町三条実福の子。永禄2(1559)年叙位。同5年侍従に任ぜられ、同7年従五位上、同12年正五位下に進み右近少将に任ぜられ、元亀2(1571)年従四位下、天正11(1583)年従四位上に進み、同12年右中将に任ぜられ、同13年正四位下に進み参議に任ぜられる。同14年従三位に進む。同17年権中納言に任ぜられ、同19年正三位に進み、文禄3(1594)年に神宮伝奏となる。慶長5,6,26に准大臣を贈られる。子に実有がいる。　典：公辞・公補

正親町三条実有　おおぎまちさんじょう・さねあり

安土桃山・江戸時代の人、権大納言。天正16(1588)年生～寛永10(1633)年7月13日没。46才。初名=実助。

権中納言正親町三条公仲の子、母は権大納言勧修寺晴右の娘。初め実助と名乗る。文禄3(1594)年叙爵。同5年元服。従五位上に叙され侍従に任ぜられ、慶長2(1597)年正五位下、同5年従四位下に進み、同6年に実有と改名し右少将・兼阿波権介に任ぜられ、同9年従四位上に進み、同11年右中将に任ぜられ、同12年正四位下に進み、同15年補蔵人頭に任ぜられ、同16年正四位上に進み、同17年参議に任ぜられる。同18年従三位に進み権中納言に任ぜられ、元和元(1615)年踏歌外弁となる。同2年正三位、同6年従二位、寛永元(1624)年正二位に進み、同3年権大納言に任ぜられ、同5年大宰権帥となる。子に公高・実昭がいる。　典：公辞・公補

正親町三条公高　おおぎまちさんじょう・きんたか

江戸時代の人、参議。元和5(1619)年8月27日生～慶安元(1648)年9月28日没。30才。号=月岑院。

権大納言正親町三条実有の長男。弟に実昭がいる。元和6(1620)年叙位。同8年侍従に任ぜられ、同9年従五位上、寛永4(1627)年正五位下、同9年従四位下に進み右少将に任ぜられ元服。同12年従四位上に進み、同13年右中将に任ぜられ、同16年正四位下に進み参議に任ぜられるも辞す。同17年従三位、正保元(1644)年正三位に進む。　典：公辞・公補

正親町三条実昭　おおぎまちさんじょう・さねあき

江戸時代の人、参議。寛永元(1624)年11月24日生～寛文8(1668)年5月7日没。45才。初名=季成。

権大納言正親町三条実有の次男。初め季成と名乗る。寛永8(1631)年叙爵。同14年元服。従五位上に叙され刑部大輔に任ぜられ、同17年正五位下、同20年従四位下、正保4(1647)年従四位上に進む。慶安元(1648)年に兄公高が没したので、同2年兄の養子となり実昭と改名し正親町三条家を相続し正四位下に進み右権少将に任ぜられ、承応元(1652)年右近

衛権中将に任ぜられ、明暦元(1655)年従三位に進み参議に任ぜられるも辞す。子に公廉・実久・公統・公屋(園池家へ)がいる。　典：公辞・公補

正親町三条公廉　おおぎまちさんじょう・きんよし

江戸時代の人、参議。慶安2(1649)年3月17日生～寛文11(1671)年8月28日没。23才。

参議正親町三条実昭の長男、母は左中将為景朝臣の娘。承応3(1654)年叙爵。明暦3(1657)年元服。従五位上に叙され侍従に任ぜられ、万治3(1660)年右少将に任ぜられ、寛文元(1661)年正五位下、同3年従四位下、同5年従四位上、同7年正四位下に進み、同11年参議に任ぜられるも任職を辞す。　典：公辞・公補

正親町三条実久　おおぎまちさんじょう・さねひさ

江戸時代の人、権中納言。明暦2(1656)年6月21日生～元禄8(1695)年11月11日没。40才。一字名=町。号=雲峰院・恵光院。

参議正親町三条実昭の次男。兄に公廉、弟に公統・園池公屋がいる。寛文11(1671)年叙爵し、兄公廉が没したので、同12年元服。兄公廉の養子として正親町三条家の家督を継ぎ従五位上に叙され侍従に任ぜられ、延宝2(1674)年右少将に任ぜられ、同4年正五位下、同7年従四位下に進み、同10年左中将に任ぜられ、天和3(1683)年従四位上、貞享2(1685)年正四位下に進み、同4年参議に任ぜられる。元禄元(1688)年従三位に進み権中納言に任ぜられ、同3年踏歌節会外弁となる。同4年正三位に進み、同8年に権中納言を辞す。　典：公辞・公補

正親町三条公統　おおぎまちさんじょう・きんおさ

江戸時代の人、権大納言。寛文8(1668)年2月18日生～享保4(1719)年8月16日没。52才。初名=公光。

参議正親町三条実昭の三男。兄に公廉・実久、弟に園池公屋がいる。初め公光と名乗る。寛文13(1673)年叙爵。延宝8(1680)年従五位上に叙され、天和元(1681)年元服。侍従に、同2年右少将に任ぜられ、貞享元(1684)年正五位下、同4年従四位下、元禄2(1689)年従四位上に進み右中将に任ぜられ、同4年正四位下に進む。同6年に公統と改名。同8年兄実久が没したので、同9年兄実久の養子として正親町三条家の家督を継ぎ参議に任ぜられる。同10年従三位に進み踏歌節会外弁となる。同14年権中納言に任ぜられ、同15年正三位、宝永4(1707)年従二位に進み、正徳元(1711)年権大納言に任ぜられ、同2年神宮伝奏となる。享保元(1716)年正二位に進み、同2年踏歌節会続内弁となる。同3年神宮伝奏を辞す。同4年権大納言を辞す。養子に実彦(権大納言滋野井公澄の次男、正四位下・左近衛権中将、享保10,8,28没、23才、子は公積)がいる。　典：公辞・公補

正親町三条公積　おおぎまちさんじょう・きんつむ

江戸時代の人、権大納言。享保6(1721)年9月3日生～安永6(1777)年6月2日没。57才。法名=杯水。

父は権大納言滋野井公澄の次男で、権大納言正親町三条公統の養子となり正親町三条家の家督を継ぎ、正四位下に叙され左近衛権中将朝臣実彦。享保10(1725)年叙爵。同13

年従五位上に叙され侍従に任ぜられ、同14年元服。同15年正五位下、同17年従四位下に進み左少将に任ぜられ、同18年兼春宮権亮に任ぜられ、同20年これを辞す。同21年左中将に任ぜられ、元文2(1737)年正四位下に進み、寛保3(1743)年参議に任ぜられる。延享元(1744)年従三位に進み、同2年一時参議を辞す。同3年権中納言に任ぜられ、同4年正三位に進み、寛延元(1748)年踏歌節会外弁となる。同3年大宰権帥となる。宝暦4(1754)年権大納言に任ぜられ、同6年従二位に進むも、同8年朝廷権挽回運動(綾小路有美の項参照)で20廷臣に連座して任職を辞して蟄居し、同10年40才で出家。墓所は京都上京区寺町通広小路上ルの清浄華院。明治に至り従一位を贈られる。子に実同・実章(花園家へ)がいる。　典：大日・日名・伝日・公辞・公補

正親町三条実同　おおぎまちさんじょう・さねどう

江戸時代の人、参議。寛延元(1748)年9月3日生～天明5(1785)年1月15日没。38才。

権大納言正親町三条公積の長男、母は権大納言三条西公福の娘。弟に花園実章がいる。寛延3(1750)年叙爵し、宝暦3(1753)年従五位上に叙され、同5年侍従に任ぜられ、同6年元服。正五位下、同8年従四位下、同10年従四位上に進み、同11年右権少将に任ぜられ、同12年正四位下に進み、明和元(1764)年右権中将に任ぜられ、同6年従三位に進み参議に任ぜられる。同7年踏歌外弁となり、同8年任職を辞す。安永2(1773)年正三位、同4年従二位に進み、同8年再び参議に任ぜられ、更に兼左近衛権中将に任ぜられ、天明2(1782)年踏歌節会外弁となり、同5年任職を辞す。子に公則がいる。　典：公辞・公補

正親町三条公則　おおぎまちさんじょう・きんのり

江戸時代の人、権中納言。安永3(1774)年6月16日生～寛政12(1800)年9月1日没。27才。

参議正親町三条実同の子。安永5(1776)年従五位下に叙され、同7年従五位上、同9年正五位下に進み侍従に任ぜられ、天明6(1786)年元服。従四位下に進み左権少将に任ぜられ、同8年従四位上、寛政2(1790)年正四位下に進み兼美作権介、同4年左権中将、同8年参議に任ぜられる。同9年従三位に進み踏歌外弁となる。同11年正三位に進み権中納言に任ぜられ、同12年に辞す。子に実義がいる。　典：公辞・公補

正親町三条実義　おおぎまちさんじょう・さねよし

江戸時代の人、参議。寛政10(1798)年11月2日生～文政3(1820)年6月4日没。23才。

権中納言正親町三条公則の長男、母は権大納言勧修寺経逸の娘。寛政11(1799)年従五位下に叙され、享和元(1801)年従五位上、同3年正五位下に進み、文化元(1804)年侍従に任ぜられ、同2年元服。従四位下、同4年従四位上、同6年正四位下に進み、同7年右権少将に任ぜられ、同10年左権中将に任ぜられ、同14年参議に任ぜられる。文政元(1818)年従三位に進み踏歌外弁となる。同3年任職を辞す。子に実愛がいる。　典：公辞・公補

正親町三条実愛　おおぎまちさんじょう・さねなる

江戸・明治時代の人、大納言。文政3(1820)年12月5日生～明治42(1909)年10月20日没。90才。後氏姓＝嵯峨。

参議正親町三条実義の子、母は松平丹波守光年の娘。文政5(1822)年従五位下に叙され、同6年従五位上、同8年正五位下に進み、同10年侍従に任ぜられ元服。従四位下、同

12年従四位上に進み、天保元(1830)年右権少将に任ぜられ、同2年正四位下に進み、同7年右権中将に任ぜられ、同12年新清和院別当・奉幣使次官となる。嘉永元(1848)年従三位に進み参議に任ぜられる。同2年丹波権守に任ぜられ権中納言に任ぜられ踏歌外弁となる。同3年正三位に進み兼右衛門督・補使別当となる。同5年従二位に進み督・別当を辞す。安政2(1855)年正二位に進み御遷幸に馬副六人・舎人二人・副舎人一人・雑色六人・居飼一人・傘一人を供として参加している。同5年に起きた安政の事件(飛鳥井雅典の項参照)に連座。同6年権大納言に任ぜられる。文久3(1863)年任職を辞すも、元治元(1864)年再び権大納言に任ぜられ、慶応元(1865)年に辞す。この頃岩倉具視を中心とした王政復古が活発となり、薩摩藩士の井上石見と藤井良節兄弟の尽力により、同2年に実愛を含めた反幕府派公卿ら22卿の列参が実現する。同3年井上石見に会い今後の政権について相談、王政復古を宣言し井上石見の尽力で岩倉具視・東久世通禧・岩下万平・西郷吉之助(隆盛)・大久保一蔵(利通)などを集め会議を行い、幕府に対して戦いを始める。明治元(1868)年新政府の議定・顧問を経て、同2年に刑部卿、同3年に大納言に任ぜられ、同16年滋宮・同18年明宮両殿下の御用掛に命ぜられ、従一位勲一等旭日菊花大授章を賜る。幕末は京都内椹木町南側に住み、家料は200石であった。晩年は嵯峨を氏姓とした。子に嵯峨公勝(明治に侯爵を授る)がいる。　典：幕末・明治・大日・京都・公辞・公補

○大河内家

清和源氏の庶流。本姓は源。

大河内顕雅　おおこうち・あきまさ

室町時代の人、非参議。生没年不明。

嘉吉元(1441)年従三位に叙され、のち出家。　典：公補

大河内頼房　おおこうち・よりふさ

戦国時代の人、権中納言。永正7(1510)年生～弘治3(1557)年11月没。48才。初名=親泰。前名=秀長。

秀長と名乗り、天文12(1543)年従三位に叙される。同13年参議に任ぜられる。同14年兼備前権守に任ぜられ、同15年正三位に進み権中納言に任ぜられ、同21年に頼房と改名。疱瘡で没す。　典：公補

○大伴家

古墳時代の大和朝の5世紀半ば頃より現れるが、古代の豪族が摂津・和泉の族を統率し、大伴を氏姓として名乗り、河内より大和に進み、神武天皇の東征の際に日臣命(のち道臣命)が軍を先導して賊を討伐など大伴家の祖は、初期の天皇家の軍事的名族として知られる。のち蘇我・物部が頭角を現し大伴家は衰え、奈良時代に至り藤原家に権力を奪われ没落する。

典：興亡

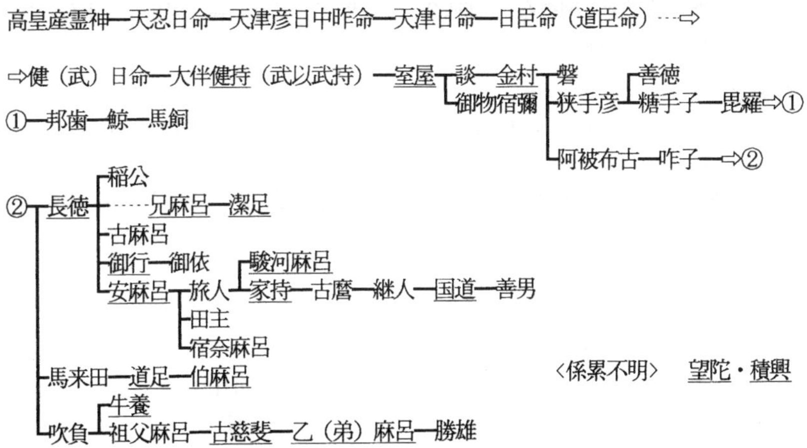

大伴健持　おおともの・けんもつ

大和時代の人、大連。生没年不明。大伴家の祖。姓(かばね)=連。

天忍日命(あめのおしひのみこと)の後裔。道臣命(みちのおみのみこと・日臣命)の七世孫。豊日命の孫。健日命の子。色の姓(かばね)に連(むらじ)を受け、第14代仲哀天皇(治9年)の元年(西暦不明)に大臣の次の位の大連に任ぜられ、これが大連(おおむらじ)の役号の始めと言う。この時は大臣武内宿禰と共に勤める。　典：公補

大伴室屋　おおともの・むろや

大和時代の人、大連。生没年不明。姓(かばね)=連。

武日命の孫。大連(おおむらじ)の武持の子。色の姓(かばね)に連(むらじ)を受け、第19代允恭天皇(治32年)の元年(西暦不明)に大連(おおむらじ)に任ぜられる。第20代安康天皇(治3年)、第21代雄略天皇(治23年)、第22代清寧天皇(治5年)、第23代顯宗天皇(治3年)の五代の天皇に仕え、第25代武烈天皇の3年(501)年には信濃国の男丁(よぼろ)を遣わして城の像を水派邑に作らせる。子に談(かたり・子は金村)・御物宿禰がいる。　典：古代・大日・日名・公補

大伴金村　おおともの・かなむら

大和時代の人、大連。生没年不明。姓(かばね)=連。

大連大伴室屋の孫。大伴談(かたり)の子。色の姓(かばね)に連(むらじ)を受け、第24代仁賢天皇(治11年)の5年(493)年に大連(おおむらじ)に任ぜられ、第25代武烈天皇(治8年)の元年(498)年国政を意のままにしているとして、大臣の平群真鳥と子鮪を討つ。8年(505)年に天皇が没し不在の為、応神天皇の五世孫と称する大迹王を越前国より迎えて第26代継体天皇(治27年)として即位させる。第28代安閑天皇(治2年)に色の姓に大連を受け、第28代宣化天皇(治4年)の2年(537)年子の狭手彦らを遣わし任那・百済を救う。第29代欽明天皇の元年(540)年に任那4県の割譲問題で大連を辞し住吉に隠居。在官は40年と

いう。子に磐・狭手彦・阿被布古(部連公、子は咋子、孫は長徳・馬来田・吹負)がいる。
典：古代・大日・日名・公補

大伴長徳　おおともの・ながとこ

大和末期・飛鳥初期の人、右大臣。生年不明～白雉2(651)年7月没。字=馬養・鳥養。姓(かばね)=連。

大臣大伴金村の曾孫。大伴阿被布古の孫。連大伴咋子(くいこ)の子。弟に馬来田・吹負がいる。大紫の位に叙され、色の姓(かばね)に連(むらじ)を受け、難波朝の第36代孝徳天皇(治10年)の大化元(645)年左大臣・右大臣・内臣などの官職を置く。同5年右大臣に任ぜられる。在官3年。子に稲公・古麻呂・御行・安麻呂などがいる。　典：古代・謎人・公補

大伴望陀　おおともの・もちだ

飛鳥時代の人、大納言。生年不明～天武天皇12年(683)年6月3日没。姓(かばね)=連。

係累不明。色の姓(かばね)に連(むらじ)を受け、大納言に任ぜられるも。　典：公補

大伴御行　おおともの・みゆき

飛鳥時代の人、大納言。大化2(646)年生～大宝元(701)年1月15日没。56才。姓(かばね)=宿禰。

難波朝の第36代孝徳天皇時代の右大臣大紫大伴長徳の五男。兄弟に稲公・古麻呂・安麻呂らがいる。色の姓(かばね)に宿禰(すくね)を受け、壬申の乱(672)年に第39代天武天皇に従い功あり。第41代文武天皇の4年(700)年広三に叙され、正三位(正広三)に進み、大宝元(701)年正二位(正広弐)に進み大納言に任ぜられる。のち正広二右大臣を贈られる。和歌をよく詠み万葉集に名が見える。子に御依(おより)がいる。　典：古代・大日・伝日・謎人・公補

大伴安麻呂　おおともの・やすまろ

飛鳥・奈良時代の人、大納言。生年不明～和銅7(714)年5月14日没。通称=佐保大臣。姓(かばね)=宿禰。

難波朝の第36代孝徳天皇時代の右大臣大紫大伴長徳の六男。兄に稲公・古麻呂・御行らがいる。色の姓(かばね)に宿禰(すくね)を受け、壬申の乱(672)年に叔父の大伴吹負(ふけい)に従い飛鳥寺の西陣営を奪う。大宝元(701)年従三位に叙され中納言に任ぜられるも辞す。同2年参議に任ぜられ式部卿・兼兵部卿に任ぜられる。同3年式部卿を辞す。慶雲2(705)年再び中納言に任ぜられ大納言に任ぜられ兼太宰帥となる。和銅元(708)年正三位に進み太宰帥を辞す。同7年大将軍となる。在官10年。のちに従二位を贈られる。和歌をよく詠み万葉集に名が見える。子に旅人・田主・宿奈麻呂・がいる。　典：古代・大日・日名・伝日・公補

大伴旅人　おおともの・たびと

奈良時代の人、大納言。第38代天智天皇4年(665)年生～天平3(731)年7月25日没。67才。姓(かばね)=宿禰。別名=多比等。

右大臣大紫大伴長徳の孫。大納言大伴安麻呂の長男。弟に田主・宿奈麻呂がいる。家は代々武をもって奉じる。色の姓(かばね)に宿禰(すくね)を受け、和銅3(710)年正五位上に

叙され大将軍に任ぜられ、同4年従四位下、霊亀元(715)年従四位上に進み中務卿に任ぜられ、養老2(718)年中納言に任ぜられる。同3年正四位下に進み兼山背国摂官となる。同4年征隼人使節大将軍となり九州に下る。同5年従三位、同8年正三位に進み、神亀3(726)年兼知山城国事に任ぜられ、天平2(730)年大納言に任ぜられ、同3年従二位に進む。酒を好み酒徳を賛する和歌を多く詠み万葉集に見える。子に家持・駿河麻呂がいる。 典：古代・大日・日名・古今・伝日・公補

大伴道足 おおともの・みちたり

奈良時代の人、参議。生年不明〜天平13(741)年7月1日没。姓(かばね)=宿禰。

大徳大伴咋子(くいこ)の孫。贈大紫大伴馬来田の子。色の姓(かばね)に宿禰(すくね)を受け、和銅元(708)年讃岐守に任ぜられ、養老4(720)年正五位上に叙され民部大輔に任ぜられ、同7年従四位下、天平元(729)年正四位下に進み参議・兼弾正尹・兼右大弁に任ぜられる。同2年擢駿馬使となり太宰府に下る。同3年南海鎮撫使に任ぜられ、同4年これと弾正尹を辞す。和歌をよく詠み万葉集に名が見える。子に伯麻呂がいる。 典：古代・大日・日名・伝日・公補

大伴牛養 おおともの・うしかい

奈良時代の人、中納言。生年不明〜天平21(749)年,閏5月29月没。姓=宿禰。

大徳大伴咋子(くいこ)の孫。大錦中位大伴吹負(ふけい)の子。弟は祖父麻呂。色の姓(かばね)に宿禰(すくね)を受け、和銅2(709)年従五位下に叙され遠江守に任ぜられ、養老4(720)年正五位下、天平9(737)年正五位上より従四位下に進み、同10年摂津大夫に任ぜられ、同11年参議に任ぜられ、同15年従四位上に進み、同16年兼兵部卿に任ぜられ、同17年従三位に進み、同18年兼山陽西海両鎮撫使となる。天平21(749)年正三位に進み中納言に任ぜられる。和歌をよく詠み万葉集に名が見える。 典：古代・大日・日名・伝日・公補

大伴兄麻呂 おおともの・あにまろ

奈良時代の人、参議。生没年不明。姓(かばね)=宿禰。

飛鳥初期の右大臣大伴長徳系。色の姓(かばね)に宿禰(すくね)を受け、天平3(731)年従五位下に叙され尾張守、同9年主税頭、同10年美作守に任ぜられ、同13年正五位下に進み、同17年美濃守に任ぜられ、同18年従四位下、同20年正四位下に進み、天平勝宝元(749)年参議・兼式部卿・紫微大弼に任ぜられ正四位上に進む。同2年式部卿を辞す。同3年従三位に進み、同8年左大弁となる。天平宝字2(758)年に謀叛を起こすと言う。子に潔足がいる。 典：公補

大伴駿河麻呂 おおともの・するがまろ

奈良時代の人、参議。生年不明〜宝亀7(776)年3月(または同87月5日)没。姓=宿禰。

右大臣大紫大伴長徳の曾孫。大納言大伴安麻呂の孫。大納言大伴旅人の子。弟に家持がいる。色の姓(かばね)に宿禰(すくね)を受け、天平15(743)年従五位下に叙され、同18年越前守、神護景雲4(770)年出雲守に任ぜられ従五位上に進み、宝亀4(773)年鎮守府将軍・兼陸奥守、肥後守に任ぜられ正五位下、同6年正四位下(勲三等)に進み参議・兼陸奥

出羽按察使に任ぜられる。同8年に従三位を贈られる。和歌をよく詠み万葉集に名が見える。　典：古代・大日・伝日・古今・公補

大伴古慈斐　おおともの・こしび

奈良時代の人、(従三位)非参議。大宝元(701)年生～宝亀8(777)年8月4日没。77才。姓(かばね)=宿禰。別読=こじひ。

大徳大伴咋子(くいこ)の曾孫。飛鳥朝の大錦中位大伴吹負(ふけい)の孫。平城朝の越前按察使従四位下大伴祖父麻呂の子。色の姓(かばね)に宿禰(すくね)を受け、宝亀7(776)年従三位に叙され、同8年大和守に任ぜられる。子に乙(弟)麻呂がいる。　典：古代・大日・日名・公補

大伴伯麻呂　おおともの・おじまろ

奈良時代の人、参議。養老2(718)年生～延暦元(782)年2月18日没。65才。

大徳大伴咋子(くいこ)の曾孫。贈大紫大伴馬来田(まくた)の孫。参議大伴道足の子。天平勝宝2(750)年従五位下に叙され、同4年上野守、天平宝字8(764)年伊豆守・右衛門佐に任ぜられ、天平神護元(765)年従五位上に進み右少弁に任ぜられ、同2年正五位下より正五位上に進み、同3年兼造西大寺次官・兼駿河守に任ぜられ、神護景雲2(768)年兼遠江守に任ぜられ、同3年従四位下に進み権右中弁、宝亀元(770)年右中弁、同2年兼春宮亮に任ぜられ従四位上に進み、同5年宮内卿に任ぜられ、同6年正四位下に進み、同7年兼越前守に任ぜられ、同9年参議に任ぜられる。同10年春宮亮を辞し左大弁に任ぜられ、天応元(781)年正四位上に進み左大弁を辞し兼左衛門督・兼中宮大夫(中宮職の始め)に任ぜられる。延暦元(782)年従三位進むも任職を解かれ、のち没す。飲宴時の談話が上手で第49代光仁天皇に寵幸された。　典：古代・大日・伝日・公補

大伴家持　おおともの・やかもち

奈良時代の人、中納言。天平元(729)年生～延暦4(785)年8月没。57才。姓=宿禰。

右大臣大紫大伴長徳の曾孫。大納言大伴安麻呂の孫。大納言大伴旅人の子。兄に駿河麻呂がいる。色の姓(かばね)に宿禰(すくね)を受け、天平17(745)年従五位下に叙され、同18年宮内少輔・民部大輔・越中守に任ぜられ、同21年従五位上に進み、薩摩守に任ぜられ、天平勝宝2(750)年兵部少輔、同9年兵部大輔、天平宝字2(758)年因幡守、神護景雲元(767)年太宰少弐、同4年民部大輔、宝亀元(770)年左中弁・兼中務大輔に任ぜられ正五位下、同2年従四位下に進み、同3年兼式部大輔、同5年左中弁を辞し相模守・兼左京大夫・上総守、同6年左衛門督、同7年兼伊予守に任ぜられ、同8年従四位上、同9年正四位下に進み、同11年参議・兼右大弁・春宮大夫に任ぜられる。天応元(781)年正四位上より従三位に進み左大弁に任ぜられ、延暦元(782)年兼陸奥出羽按察使に任ぜられ、同2年中納言に任ぜられ、同3年使節征東将軍となる。和歌をよく詠み万葉集を編集し歌集として家持集がある。子に古麻呂がいる。　典：古代・大日・日名・伝日・古今・公補

大伴潔足　おおともの・きよたり

奈良時代の人、参議。霊亀2(716)年生～延暦11(792)年10月29日没。77才。

飛鳥初期の右大臣大伴長徳系。参議大伴兄麻呂の子。天平宝字8(764)年従五位下に叙され刑部少輔、神護景雲元(767)年大判事・因幡介、同4年因幡守に任ぜられ、宝亀2(771)年従五位上より正五位下に進み、同3年治部大輔、同7年播磨守に任ぜられ、延暦2(783)年従四位下に進み、同4年兵部大輔・近衛中将・大蔵卿に任ぜられ、同6年従四位上に進み、同7年右衛士督、同8年兼兵部卿・参議に任ぜられる。　典：古代・公補

大伴乙麻呂　おおともの・おとまろ

奈良・平安時代の人、非参議。天平3(731)年生～大同4(809)年5月没。79才。別名＝弟麻呂。

飛鳥朝の大錦中位大伴吹負(ふけい)の曾孫。平城朝の越前按察使従四位大伴祖父麻呂の孫。非参議大伴古慈斐(こしび)の子。宝亀10(779)年衛門佐、天応元(781)年兼中宮亮に任ぜられ、延暦元(782)年常陸介、同2年征東副将軍、同6年補右中弁、同7年皇宮亮・河内守に任ぜられ、同10年従四位に進み征夷大使となり陸奥に赴く。同13年に坂上田村麻呂を蝦夷に派遣する。同14年に従三位に叙されされる。同16年右衛門督に任ぜられるも辞す。非参議のまま没す。乙麻呂の名は公補に見え、弟麻呂の名は一般の人名辞典に見られる。子に勝雄(従四位下・右兵衛督兼讃岐権守、天長8,12没、56才)がいる。　典：大日・日名・公補

大伴国道　おおともの・くにみち

平安時代の人、参議。神護景雲2(768)年生～天長5(828)年11月12日没。61才。姓＝宿禰。

中納言大伴家持の曾孫。正四位下遣唐副使大伴古麻呂の孫。従五位下左少弁大伴継人の子。延暦4(785)年父継人が桓武帝の怒りに触れ連座し佐渡国に配流される。25年後に許されて上洛。色の姓(かばね)に宿禰(すくね)を受け、弘仁2(811)年陸奥守に任ぜられ、同3年従五位上に叙され、同11年民部少輔、同12年右中弁に任ぜられ、同13年正五位下、同14年従四位下(勲六等)に進み右中弁より右大弁・参議に任ぜられる。天長元(824)年兼勘解由長官となる。同2年従四位上に進み兼按察使・武蔵守、同3年兼相模守に任ぜられたが、同5年に没す。子に善男がいる。以後は藤原家に圧されて公卿に列されなかったが、江戸時代に元候桂家に奉じた積興がいる。　典：古代・大日・日名・伝日・公補

大伴積興　おおともの・つみおき

江戸時代の人、非参議。延享4(1747)年生～文政10(1827)年,閏6月7月没。81才。

元候桂家に奉じ、文政8(1825)年従三位に叙される。　典：公補

○大中臣家

本姓は中臣。天児屋根命の末裔の鎌子が氏姓を中臣と名乗り、代々祭祀を司る。神護景雲3(769)年に清麻呂が大中臣と改姓した。多くは中下級で終わるが、神祇伯・祭主を世襲した。なお、大中臣家より分かれた難波家(本姓＝大中臣)がある。江戸初期に公卿に列されなかった期間があった。

典：京都

中臣意美麻呂┬大中臣清麻呂┬諸魚─智治麿⇨卜部家へ
　　　　　　└大中臣東人　└今麿─常麿─岡良─輔道─頼基─能宣─輔親┬輔隆
　　　　　　　　　　　　　　　　　　　　　　　　　　　　　　　　└輔経⇨

⇨─親定┬親仲┬親章
　　　　│　　└親隆
　　　　└親康─親俊─能隆─隆通┬隆世─定世─定忠─親忠
　　　　　　　　　　　　　　　└隆蔭┬隆直
　　　　　　　　　　　　　　　　　　└隆実

大中臣清麻呂11代の孫─大中臣公定─公長

〈係累不明〉
子老・輔清─清親・為仲─＊＊─為茂─為継・蔭直・親世・忠直・基直・通直─宗直・清国・敏忠

〈神社系〉
春日社＝時徳・師盛・家統─家賢・師和─師重・時具・経栄・時宣・経就・時康・師直・時雅・家知・師尋・経賢・時眞・経憲・時資・時令・師興・時方・時成・時貞・経芳・時廉・師典・成紀・時啻・成隆・師孟・種敷・成卿・成職・師寿・師證・時芳・時眞・師応・時副
平野社＝久富　内宮大宮＝長矩　伊勢大宮＝長尭・長都・長祥・都盛・長量

大中臣清麻呂　おおなかとみの・きよまろ

奈良時代の人、大納言。大宝2(702)年生～延暦7(788)年7月28日没。87才。前姓＝中臣。

大弁中臣呵多能古連の玄孫。小治田朝小徳冠中臣国子の曾孫。中臣国足の孫。中納言中臣意美麻呂の七子。弟に東人(歌人、従四位下・刑部卿)がいる。初め中臣(なかとみ)の本姓を名乗る。天平15(743)年従五位下に叙され神祇大副、同19年尾張守に任ぜられ、天平勝宝3(752)年従五位上に進み、同6年左中弁・歴文部大輔に任ぜられ、同9年正五位下、天平宝字3(759)年正五位上、同6年従四位下に進み参議・兼左大弁・神祇伯に任ぜられ色の姓(かばね)の朝臣(あそみ)を受ける。同7年兼摂津大夫となり、同8年従四位上より正四位下、天平神護元(765)年勲四等・従三位に進み朝臣より上位となる。神護景雲2(768)年中納言に任ぜられ、同3年に大中臣と改姓。同4年正三位に進み大納言に任ぜられ兼東宮伝奏となり、宝亀2(771)年従二位に進み右大臣に任ぜられる。同3年正二位に進み、同7年に皇太子伝奏となる。同12年任職を辞す。子に諸魚・今麿がいる。　典：古代・大日・日名・公補

大中臣子老　おおなかとみの・こおゆ

奈良時代の人、神祇伯・参議。生年不明～延暦8(789)年1月26日没。

大納言大中臣清麻呂の子か。延暦元(782)年従四位上に叙され神祇伯・兼左京大夫・参議に任ぜられる。同4年右大弁に任ぜられ、同5年正四位下に進み宮内卿に任ぜられる。在官9年という。　典：古代・公補

大中臣諸魚　おおなかとみの・もろうお

奈良時代の人、神祇伯・参議。天平15(743)年生～延暦16(797)年2月21日没。55才。

大納言大中臣清麻呂の四男、母は多治比某の娘。弟に今麿がいる。宝亀2(771)年皇后宮少進・右衛士大尉、同6年中衛将監に任ぜられ、同7年従四位下に叙され衛門権佐、同8年衛門佐、同9年兼備前介、同10年兼下野守・中衛少将、同11年右衛士佐、天応2(782)年少納言に任ぜられ、延暦2(783)年従五位上より正五位上に進み兵部大輔、同3年兼山背(山城)守・右中弁・兼佐兵衛督、同5年式部大輔・左京大夫に任ぜられ、同7年兼播磨守、同8年兼近江守・神祇伯に任ぜられ、同9年従四位下に進み参議に任ぜられる。同11年兼近衛大将・式部大輔・神祇伯に任ぜられ、同13年正四位下に進み兵部卿、同14年兼左大弁に任ぜられ、同15年正四位上に進む。子の智治麿は卜部家を嗣ぐ。弟の今麿の子孫は輔親まで公卿に列せられなかったが、何れも和歌をよく詠み歌集に名を見る。　典：古代・大日・日名・公補

大中臣輔親　おおなかとみの・すけちか

平安時代の人、祭主・神祇伯・非参議。天暦8(954)年生～長暦2(1038)年6月没。85才。字＝槐。

参議大中臣諸魚の弟今麿の裔。祭主正四位下神祇大副大中臣能宣朝臣(梨壺の五歌仙の一人)の子、母は越後守藤原清兼の娘。寛和2(986)年文章生の試験を受け及第する。永延2(988)年勘解由判官に任ぜられ、正暦2(991)年従五位下に叙される。長徳2(995)年美作守に任ぜられ、のち神祇伯に任ぜられ、寛弘4(1007)年従五位上より正五位下、同7年従四位下、長和元(1012)年従四位上、同5年正四位下に進み、長元7(1034)年従三位に進み祭主となる。同9年正三位に進み、長暦2年伊勢に行く途中で没す。和歌をよく詠む。子に輔隆・輔経(祭主・正四位下・神祇大副・朝臣、子は親定)がいる。　典：大日・日名・古今・公補

大中臣親定　おおなかとみの・ちかさだ

平安時代の人、祭主・神祇伯・非参議。生年不明～保安3(1122)年2月28日没。

大中臣輔親の孫。正四位下祭主神祇大副大中臣輔経朝臣の子。治暦2(1066)年補文章生、延久3(1071)年勘解由判官に任ぜられ、承暦2(1078)年従五位下、同4年従五位上に進み神祇権少副、寛治5(1091)年祭主・神祇大副に任ぜられ、同6年従四位下、同8年従四位上、嘉保2(1095)年正四位上、同3年従三位に進む。天永2(1111)年神祇伯に任ぜられ、永久2(1114)年兼美濃権守に任ぜられ、元永元(1118)年にこれを辞す。子に親仲(正四位下・神祇権大副、子は親章・親隆)・親康(正五位下、子は親俊)がいる。　典：公補

大中臣公長　おおなかとみの・きみなが

平安時代の人、祭主・神祇大副・非参議。延久3(1071)年生～保延4(1138)年9月14日没。68才。

右大臣大中臣清麻呂の十一世の孫。従五位下大中臣公定の子。長治2(1105)年神祇少祐に任ぜられ、天永元(1110)年叙爵。永久4(1116)年神祇権大祐、保安2(1121)年神祇少副、同3年神祇権大副・祭主に任ぜられ、同4年従五位上より正五位下、天治元(1124)年従四位下、大治元(1126)年従四位上、同2年正四位下、同3年従三位に進む。天承元(1131)年神祇大副に任ぜられる。　典：公補

大中臣清親　おおなかとみの・きよちか

平安時代の人、祭主神祇大副・非参議。寛治元(1087)年生～保元2(1157)年8月7日没。71才。

神祇大副大中臣輔清の子。永長2(1097)年叙位。元永2(1119)年肥前守、天承元(1131)年神祇少副に任ぜられ、長承4(1135)年従五位上、保延2(1136)年正五位下、同4年従四位下より従四位上に進み祭主、同5年神祇大副に任ぜられ、同7年正四位下、康治元(1142)年正四位上より従三位、久寿2(1155)年正三位に進む。　典：公補

大中臣親章　おおなかとみの・ちかあき

平安時代の人、祭主・神祇大副・非参議。生年不明～応保元(1161)年1月没。

祭主神祇伯非参議大中臣親定の孫。神祇権大副大中臣親仲朝臣の子。弟に親隆がいる。永久3(1115)年山城守に任ぜられ、大治6(1131)年従五位上に叙され河内守に任ぜられ、保延2(1136)年正五位下に進み、康治2(1143)年神祇少副、久安6(1150)年神祇権大副に任ぜられ、仁平4(1154)年従四位下より従四位上、久寿2(1155)年正四位下に進み、保元2(1157)年祭主・神祇大副に任ぜられ、平治元(1159)年従三位に進む。　典：公補

大中臣親隆　おおなかとみの・ちかたか

平安時代の人、祭主・神祇大副・非参議。長治元(1104)年生～没年不明。前名=親忠。

祭主神祇伯非参議大中臣親定の孫。神祇権大副大中臣親仲朝臣の三男、母は従五位上橘宗季石見守の娘。保延2(1136)年神祇少祐に任ぜられ、同5年従五位下に叙され、永治2(1142)年神祇権大祐、保元元(1156)年神祇権少副、永暦2(1160)年神祇少副に任ぜられ、長寛元(1163)年正五位下より従四位下に進み、同3年祭主に任ぜられ、仁安元(1166)年従四位上に進み、同2年神祇権大副に任ぜられ、同3年正四位下、承安元(1171)年従三位に進む。治承4(1180)年神祇大副に任ぜられ、養和元(1181)年正三位に進み親忠と改名するも、寿永2(1183)年本名の親隆に戻る。元暦元(1184)年に従兄弟の親俊に任職を譲り80才で出家。　典：公補

大中臣親俊　おおなかとみの・ちかとし

平安時代の人、祭主神祇権大副・非参議。生年不明～文治元(1185)年11月没。

祭主神祇伯非参議大中臣親定の孫。正五位下大中臣親康の子。康治2(1143)年叙爵。仁安2(1167)年従五位上に叙され、同3年正五位下、承安4(1174)年従四位下に進み、安元2(1176)年皇太后宮権大進に任ぜられ、同3年従四位上に進み、養和元(1181)年神祇権大副、寿永2(1183)年祭主に任ぜられ正四位下、元暦元(1184)年大進を辞し従三位に進む。子に能隆がいる。　典：公補

大中臣能隆　おおなかとみの・よしたか

鎌倉時代の人、祭主・神祇大副・非参議。久安元(1145)年生～没年不明。

祭主神祇権大副非参議大中臣親俊の次男、母は正四位上神祇大副卜部兼支宿禰の娘。仁安2(1167)年神祇少祐に任ぜられ、同3年叙爵。治承2(1178)年従五位上、同3年正五位下に進み、寿永元(1182)年神祇権少副に任ぜられ、元暦元(1184)年従四位下に進み、文

治元(1185)年補祭主、同2年神祇権大副に任ぜられ従四位上に進む。同5年正四位下に進み、建久元(1190)年神祇大副に任ぜられ、同9年従三位、承元4(1210)年正三位に進み、建保4(1216)年祭主を辞す。貞応元(1222)年従二位に進み再び祭主に任ぜられ、寛喜2(1230)年祭主を子の隆通に譲る。貞永元(1232)年88才で出家。子に隆通がいる。　典：公補

大中臣隆通　おおなかとみの・たかみち

鎌倉時代の人、祭主・神祇権大副・非参議。承元2(1208)年生～建長元(1249)年8月30日没。42才。法名=阿蓮。

祭主神祇大副非参議大中臣能隆の子。建保4(1216)年従五位下より従五位上に叙され神祇権少副に任ぜられ、同5年正五位下、承久2(1220)年従四位下、貞応2(1223)年従四位上に進み、同3年神祇権大副に任ぜられ、嘉禄2(1226)年正四位下、安貞2(1227)年正四位上に進み、寛喜2(1230)年父より祭主を譲られる。延応元(1239)年従三位、仁治3(1242)年正三位、寛元4(1246)年従二位に進み、宝治2(1248)年祭主を辞す。建長元(1249)年出家。同年腫物で没す。子に隆世・隆蔭がいる。　典：公補

大中臣隆世　おおなかとみの・たかよ

鎌倉時代の人、祭主・神祇権大副・非参議。元仁元(1224)年生～正元元(1259)年8月27日没。36才。法名=入円。

祭主神祇権大副非参議大中臣隆通の長男。弟に隆蔭がいる。祭主・神祇権大副に任ぜられ、建長6(1254)年従三位に叙される。正元元(1259)年に出家。子に定世がいる。　典：公補

大中臣隆蔭　おおなかとみの・たかかげ

鎌倉時代の人、祭主神祇大副・非参議。生年不明～弘安2(1279)年12月21日没。

祭主神祇権大副非参議大中臣隆通の次男。兄に隆世がいる。貞永2(1232)年叙爵。嘉禎2(1236)年従五位上に叙され、同4年正五位下に進み、暦仁2(1239)年神祇権少副に任ぜられ、仁治3(1242)年従四位下、建長8(1256)年従四位上に進み、正嘉元(1257)年神祇権大副、正元元(1259)年祭主、文応元(1260)年神祇大副に任ぜられ正四位下より従三位に進む。文永4(1267)年祭主を辞す。同11年に再び祭主に任ぜられ、建治元(1275)年正三位に進む。子に隆直・隆実がいる。　典：公補

大中臣為継　おおなかとみの・ためつぐ

鎌倉時代の人、祭主・神祇大副・非参議。承久3(1221)年生～徳治3(1308)年5月22日没。88才。号=粥見。

祭主神祇権少副大中臣為仲の曾孫。祇権少副大中臣為茂朝臣の子。嘉禎2(1236)年従五位上に叙される。同4年神祇権少副に任ぜられ、正嘉2(1258)年従四位上に進み、同3年神祇権大副に任ぜられ、弘長2(1262)年正四位下、正応元(1288)年従三位に進む。同2年補祭主に任ぜられ、同3年祭主に任ぜられ、同4年に祭主を辞す。同5年に神祇権大副を辞す。永仁4(1296)年再び神祇権大副に任ぜられ、同6年神祇大副に任ぜられ補祭主となる。正安元(1299)年に補祭主を辞す。徳治元(1306)年86才で出家。　典：公補

大中臣定世　おおなかとみの・さだよ

鎌倉時代の人、祭主神祇大副・非参議。生年不明～永仁5(1297)年12月13日没。

祭主神祇権大副非参議大中臣隆世の子。宝治3(1249)年叙爵。建長3(1251)年従五位上に叙され、同6年神祇権少副に任ぜられ、康元2(1256)年正五位下、正嘉2(1258)年従四位下に進み、文応元(1260)年神祇権大副に任ぜられ、弘長2(1262)年従四位上に進み、弘安3(1280)年補祭主に任ぜられ、同10年正四位下、正応元(1288)年従三位に進む。同4年祭主に任ぜられ、永仁2(1294)年神祇大副に任ぜられる。子に定忠がいる。　典：公補

大中臣隆直　おおなかとみの・たかなお

鎌倉時代の人、祭主・神祇瓶大副・非参議。生年不明～永仁6(1298)年12月25日没。

祭主神祇大副非参議大中臣隆蔭の子、母は神祇権少副正四位下卜部兼頼宿禰の娘。弟に隆実がいる。建長3(1251)年叙爵。正嘉2(1258)年従五位下に叙され、文応元(1260)年尾張守に任ぜられ、弘長2(1262)年正五位下、同3年従四位下に進み、文永元(1264)年神祇権大副に任ぜられ、同2年従四位上、同5年正四位下に進み、弘安元(1278)年兼修理権大夫に任ぜられ、同7年にこれを辞す。正応元(1288)年祭主に任ぜられるも辞す。永仁元(1293)年に再び祭主に任ぜられ、同6年再び神祇権大副に任ぜられる。　典：公補

大中臣定忠　おおなかとみの・さだただ

鎌倉時代の人、祭主神祇大副・非参議。生年不明～正和5(1316)年1月24日没。

祭主神祇大副非参議大中臣定世の子。弘安4(1281)年従五位下に叙され、同5年従五位上、同6年正五位下、同8年従四位下、同9年従四位上に進み、同10年神祇権少副に任ぜられ、正応元(1288)年正四位下に進み祭主に任ぜられ、永仁2(1294)年正四位上に進み、乾元2(1303)年兼伊勢権守、徳治元(1306)年神祇大副に任ぜられ、延慶2(1308)年従三位に進む。同3年刑部卿に任ぜられるも辞す。正和元(1312)年に祭主を辞すも、同2年再び祭主に任ぜられる。同5年に出家。子に親忠がいる。　典：公補

大中臣蔭直　おおなかとみの・かげなお

鎌倉・南北朝初期の人、祭主・神祇大副・非参議。生年不明～建武4(1337.延元2)年12月没。

祭主神祇大副非参議大中臣隆蔭系か。祭主・神祇大副に任ぜられ、文保2(1317)年従三位に叙される。元亨元(1321)年に祭主を辞す。正中2(1325)年正三位、元徳2(1330)年従二位に進み、建武2(1335)年に再び祭主に任ぜられる。延元元(1336)年祭主を辞し兼伊勢守に任ぜられたが没す。　典：公補

大中臣隆実　おおなかとみの・たかざね

鎌倉時代の人、祭主・神祇権大副・非参議。文永8(1271)年生～建武2(1335)年1月23日没。65才。

祭主神祇大副非参議大中臣隆蔭の子。兄に隆直がいる。祭主に任ぜられ、延慶4(1311)年正四位上に叙される。正和3(1314)年神祇権大副に任ぜられ、元亨元(1321)年従三位に進み、同3年伊勢守に任ぜられ、正中2(1325)年正三位、元徳元(1329)年従二位に進む。
典：公補

大中臣親忠　おおなかとみの・ちかただ

鎌倉・南北朝時代の人、祭主・神祇大副・非参議。永仁3(1295)年生～観応2(1351.正平6)年没。57才。

祭主神祇大副非参議大中臣定忠の子。永仁7(1299)年従五位下に叙される。嘉元2(1304)年正五位下、延慶元(1308)年正五位下、同2年従四位下に進み、同3年上野権介に任ぜられ、正和元(1312)年従四位上、同2年正四位下に進み神祇権大副に任ぜられ、元弘元(1331)年従三位に進み祭主に任ぜられ、正慶2(1333.元弘3)年正三位に進み、同2年に祭主を辞す。延元元(1336)年再び祭主に任ぜられ、建武4(1337.延元2)年神祇大副に任ぜられ正三位より、貞和4(1348.正平3)年従二位に進み祭主を辞す。　典：公補

大中臣親世　おおなかとみの・ちかよ

南北朝時代の人、神祇権大副・非参議。生年不明～永徳3(1383.弘和3)年没。

祭主神祇大副非参議大中臣親忠の子か。神祇権大副に任ぜられ、貞治元(1362.正平17)年従三位に叙される。永和2(1376.天授2)年神祇権大副を辞す。　典：公補

大中臣忠直　おおなかとみの・ただなお

南北朝時代の人、神祇権大副・非参議。暦応3(1340.興国元)生～永和3(1377.天授3)年8月2日没。38才。

祭主神祇大副非参議大中臣親忠の子か。神祇権大副に任ぜられ、永和元(1375.天授元)従三位に叙される。同2年に神祇権大副を辞す。　典：公補

大中臣基直　おおなかとみの・もとなお

南北朝時代の人、神祇大副・非参議。生年不明～明徳4(1393)年12月23日没。

明徳3(1392.元中9)年には神祇大副に任ぜられ正三位に叙される。　典：公補

大中臣通直　おおなかとみの・みちなお

室町時代の人、神祇大副・非参議。生年不明～正長元(1428)年4月20日没。

神祇大副に任ぜられ、応永23(1416)年従三位に叙される。同29年正三位に進む。子に宗直がいる。　典：公補

大中臣宗直　おおなかとみの・むねなお

室町時代の人、神祇権大副・祭主・造内宮使・非参議。生年不明～宝徳2(1450)年1月没。

神祇大副非参議大中臣通直の子。神祇権大副・祭主・造内宮使に任ぜられ、文安4(1447)年従三位に叙される。　典：公補

大中臣清国　おおなかとみの・きよくに

室町時代の人、神祇権大副・外造宮使・非参議。生没年不明。

神祇権大副に任ぜられ外造宮使となり、寛正2(1461)年従三位に叙されている。文明元(1469)年まで名が見える。　典：公補

大中臣敏忠　おおなかとみの・としただ

戦国時代の人、神祇権大副・非参議。生没年不明。

神祇権大副に任ぜられ、文亀元(1501)年従三位に叙されている。大永3(1523)年まで名が見える。　典：公補

大中臣(神社系)

大中臣時徳　おおなかとみの・ときのり

室町初期の人、春日社神主・非参議。生年不明～応永7(1400)年没。

春日社神主に任ぜられ、応永6(1399)年従三位に叙される。　典：公補

大中臣師盛　おおなかとみの・もろもり

室町時代の人、春日社権神主・刑部卿・非参議。生年不明～応永31(1424)年6月14日没。

春日社権神主に任ぜられ、応永6(1399)年従三位に叙される。応永24(1417)年正三位に進み刑部卿に任ぜられる。　典：公補

大中臣家統　おおなかとみの・いえつね

室町時代の人、春日社神主・非参議。康正2(1456)年生～天文12(1543)年1月19日没。88才。

春日社神主に任ぜられ、享禄4(1531)年正三位に叙される。子に家賢がいる。　典：公補

大中臣家賢　おおなかとみの・いえかた

室町時代の人、春日社神主・非参議。文明16(1484)年生～天文22(1553)年1月11日没。70才。

春日社神主非参議大中臣家統の子。春日社神主に任ぜられ、天文13(1544)年従三位に叙される。同20年正三位に進む。　典：公補

大中臣師重　おおなかとみの・もろしげ

室町時代の人、春日社神主・非参議。明応元(1492)年生～永禄9(1566)年9月没。75才。

春日社正遷宮賞の大中臣師和の子。春日社神主に任ぜられ、天文22(1553)年正三位に叙される。　典：公補

大中臣時具　おおなかとみの・ときとも

室町時代の人、春日社権神主・非参議。延徳2(1490)年生～永禄2(1559)年3月5日没。70才。

天文5(1536)年従五位上に叙される。同8年正五位下、同10年従四位下に進み大蔵卿に任ぜられ、同12年従四位上に進み春日社新権神主に任ぜられ、同17年正四位下に進み、同22年春日権神主に任ぜられ、同23年従三位に進む。　典：公補

大中臣経栄　おおなかとみの・つねしげ

室町・安土桃山初期の人、春日社神主・非参議。文亀3(1503)年生～天正9(1581)年10月没。79才。

天文10(1541)年従五位上に叙される。同22年正五位下に進み春日社新権神主に任ぜられ、同23年従四位下、弘治4(1558)年従四位上に進み、永禄2(1559)年正四位下に進み春

日社権神主に任ぜられ、同9年従三位に進み春日社神主に任ぜられ、天正6(1578)年正三位に進む。 典：公補

大中臣時宣 おおなかとみの・ときのぶ

室町・安土桃山時代の人、春日社神主・非参議。永正元(1504)年生～没年不明。

天文10(1541)年従五位上に叙される。同15年正五位下、同22年従四位下、同24年従四位上、永禄2(1559)年正四位下に進み春日社新権神主に任ぜられ、同9年従三位に進み春日社権神主に任ぜられ、天正9(1581)年春日社神主に任ぜられる。同16年まで名が見える。 典：公補

大中臣(江戸時代)

大中臣経就 おおなかとみの・つねなり

江戸時代の人、春日社神主・非参議。慶長10(1605)年生～貞享元(1684)年11月6日没。80才。

江戸初期に名が見え無くなったが、その後再び公卿の列に名が見える。春日社神主に任ぜられ、延宝4(1676)年従三位、同8年正三位に進む。 典：公補

大中臣時康 おおなかとみの・ときやす

江戸時代の人、春日社神主・非参議。慶長16(1611)年生～貞享2(1685)年10月8日没。75才。

春日社権神主に任ぜられ、延宝7(1679)年従三位に進み、天和2(1682)年春日社禰宜となり、貞享2(1685)年正三位に進み春日社神主に任ぜられる。 典：公補

大中臣師直 おおなかとみの・もろなお

江戸時代の人、春日社神主・非参議。元和2(1616)年生～元禄10(1697)年3月5日没。82才。

春日社権神主に任ぜられ、貞享2(1685)年従三位に進み、同4年春日社神主に任ぜられ、元禄元(1688)年正三位に進み、同3年に春日社神主を辞す。 典：公補

大中臣時雅 おおなかとみの・ときまさ

江戸時代の人、春日社神主・非参議。寛永11(1634)年生～宝永2(1705)年11月6日没。72才。

春日社権神主に任ぜられ、元禄元(1688)年従三位に進み、同3年春日社神主に任ぜられ、同6年正三位に進む。 典：公補

大中臣家知 おおなかとみの・いえとも

江戸時代の人、春日社権神主・非参議。寛永3(1626)年生～元禄8(1695)年1月5日没。70才。

春日社権神主に任ぜられ、元禄6(1693)年従三位に進む。 典：公補

大中臣師尋　おおなかとみの・もろひろ

江戸時代の人、春日社神主・非参議。寛永12(1635)年生～宝永7(1710)年3月11日没。76才。

春日社権神主に任ぜられ、元禄9(1696)年従三位に進み、宝永2(1705)年春日社神主に任ぜられ、同3年正三位に進む。　典：公補

大中臣久富　おおなかとみの・ひさとみ

江戸時代の人、平野社禰宜・非参議。元和9(1623)年生～宝永5(1708)年2月9日没。86才。

平野社禰宜に任ぜられ、元禄13(1700)年従三位に進む。　典：公補

大中臣経賢　おおなかとみの・つねかた

江戸時代の人、春日社神主・非参議。寛永18(1641)年生～享保10(1725)年7月17日没。85才。

春日社権神主に任ぜられ、宝永3(1706)年従三位、同7年正三位に進み春日社神主に任ぜられる。　典：公補

大中臣時真　おおなかとみの・ときざね

江戸時代の人、春日社権神主・非参議。寛永20(1643)年生～享保4(1719)年6月4日没。77才。

春日社権神主に任ぜられ、宝永7(1710)年従三位に進む。　典：公補

大中臣経憲　おおなかとみの・つねのり

江戸時代の人、春日社神主・非参議。慶安元(1648)年生～享保14(1729)年9月23日没。82才。

春日社権神主に任ぜられ、享保4(1719)年従三位、同10年正三位に進み春日社神主に任ぜられ、同14年春日社神主を辞す。　典：公補

大中臣時資　おおなかとみの・ときもと

江戸時代の人、春日社神主・非参議。寛文11(1671)年生～享保20(1735)年11月4日没。65才。

春日社権神主に任ぜられ、享保10(1725)年従三位、同14年正三位に進み春日社神主に任ぜられる。　典：公補

大中臣時令　おおなかとみの・ときりょう

江戸時代の人、春日社神主・非参議。寛文12(1672)年生～宝暦2(1752)年2月29日没。81才。

春日社権神主に任ぜられ、享保14(1729)年従三位、同20年正三位に進み春日社神主に任ぜられる。　典：公補

大中臣師興　おおなかとみの・もろおき

江戸時代の人、春日社権神壬非参議。寛文4(1664)年生～延享元(1744)年12月5日没。81才。

春日社権神主に任ぜられ、享保20(1735)年従三位に進み、延享元(1744)年権神主を辞す。　典：公補

大中臣時方　おおなかとみの・ときかた

江戸時代の人、春日社神主・非参議。貞享2(1685)年生～宝暦10(1760)年4月17日没。76才。

春日社権神主に任ぜられ、延享元(1744)年従三位、宝暦2(1752)年正三位に進み春日社神主に任ぜられ、同10年に時永と改名し春日社神主を辞す。　典：公補

大中臣長矩　おおなかとみの・ながのり

江戸時代の人、伊勢大宮司・神祇少副・非参議。享保4(1719)年生～安永5(1776)年11月5日没。58才。

内宮大宮司・神祇少副に任ぜられ、延享4(1747)年従三位に進み、寛延元(1748)年両宮大司に任ぜられ、宝暦5(1755)年伊勢大宮司に任ぜられ、同7年正三位に進む。同13年伊勢大宮司を辞す。明和6(1769)年神祇少副を辞す。　典：公補

大中臣時成　おおなかとみの・ときなり

江戸時代の人、春日社神主・非参議。元禄12(1699)年生～宝暦9(1759)年12月13日没。61才。

春日社権神主に任ぜられ、宝暦2(1752)年従三位に進む。　典：公補

大中臣時貞　おおなかとみの・ときさだ

江戸時代の人、春日社神主・非参議。宝永5(1708)年生～明和5(1768)年3月14日没。61才。

春日社権神主に任ぜられ、宝暦9(1759)年従三位、同10年正三位に進み春日社神主に任ぜられ、明和5(1768)年春日社神主を辞す。　典：公補

大中臣経芳　おおなかとみの・つねよし

江戸時代の人、春日社権神主非参議。宝永6(1709)年生～明和3(1766)年3月24日没。58才。

春日社権神主に任ぜられ、宝暦10(1760)年従三位に進み、明和3(1766)年春日社権神主を辞じたが没す。　典：公補

大中臣時廉　おおなかとみの・ときやす

江戸時代の人、春日社神主・非参議。享保3(1718)年生～天明3(1783)年7月6日没。66才。

春日社権神主に任ぜられ、明和3(1766)年従三位、同5年正三位に進み春日社神主に任ぜられる。　典：公補

大中臣長尭　おおなかとみの・ながたか

江戸時代の人、皇太神宮司・神祇少副・非参議。寛文12(1672)年生～文化3(1806)年8月19日没。67才。

伊勢大宮司・神祇権少副に任ぜられ、明和5(1768)年従三位に進み、同6年補造太神宮使となり神祇少副に任ぜられ、安永6(1777)年正三位に進み、同9年皇太神宮司に任ぜられ、天明2(1782)年両太神宮造宮使となる。同8年皇太神宮司を辞す。寛政4(1792)年神祇少副を辞す。同12年従二位に進む。　典：公補

大中臣師典　おおなかとみの・もろのり

江戸時代の人、春日社権神主・非参議。正徳2(1712)年生～明和7(1770)年9月7日没。59才。

春日社権神主に任ぜられ、明和5(1768)年従三位に進む。　典：公補

大中臣成紀　おおなかとみの・なりのり

江戸時代の人、春日社権神主非参議。享保8(1723)年生～安永8(1779)年5月13日没。57才。

春日社権神主に任ぜられ、明和7(1770)年従三位に進み、安永8(1779)年春日社権神主を辞す。　典：公補

大中臣時亶　おおなかとみの・ときただ

江戸時代の人、春日社神主・非参議。元文元(1736)年生～寛政4(1792)年6月8日没。57才。

春日社権神主に任ぜられ、安永8(1779)年従三位、天明3(1783)年正三位に進み春日社神主に任ぜられる。　典：公補

大中臣成隆　おおなかとみの・なりたか

江戸時代の人、春日社神主・非参議。元文2(1737)年生～文化7(1810)年8月5日没。74才。

春日社権神主に任ぜられ、天明3(1783)年従三位、寛政4(1792)年正三位に進み春日社神主に任ぜられ、文化7(1810)年春日社神主を辞す。　典：公補

大中臣師孟　おおなかとみの・もろもう

江戸時代の人、春日社権神主非参議。元文3(1738)年生～文化4(1807)年9月19日没。70才。

春日社権神主に任ぜられ、寛政4(1792)年従三位に進み、文化4(1807)年春日社権神主を辞す。　典：公補

大中臣長都　おおなかとみの・ながと

江戸時代の人、伊勢大宮司・神祇少副・非参議。明和3(1766)年生～文化4(1807)年9月21日没。42才。別姓=河辺・大司。

神祇少副に任ぜられ、寛政6(1794)年従三位に進み伊勢大宮司に任ぜられ、享和2(1802)年補造宮使となり、文化元(1804)年正三位に進む。　典：公補

大中臣種敷　おおなかとみの・たねのぶ

江戸時代の人、春日社神主・非参議。宝暦3(1753)年生～文化12(1815)年1月2日没。63才。

春日社権神主に任ぜられ、文化4(1807)年従三位、同7年正三位に進み春日社神主に任ぜられる。　典：公補

大中臣成卿　おおなかとみの・なりきみ

江戸時代の人、春日社神主・非参議。宝暦10(1760)年生～文政10(1827)年6月21日没。68才。

春日社権神主に任ぜられ、文化7(1810)年従三位、同12年正三位に進み春日社神主に任ぜられ、文政10(1827)年春日社神主を辞す。　典：公補

大中臣成職　おおなかとみの・なりしき

江戸時代の人、春日社権神主非参議。明和4(1767)年生～文政5(1822)年9月19日没。56才。

春日社権神主に任ぜられ、文化12(1815)年従三位に進み、文政5(1822)年春日社権神主を辞す。　典：公補

大中臣長祥　おおなかとみの・ながよし

江戸時代の人、神祇少副・伊勢大宮司・非参議。寛政3(1791)年生～天保4(1833)年2月28日没。43才。

神祇少副・伊勢大宮司に任ぜられ、文政2(1819)年従三位、同12年正三位に進む。　典：公補

大中臣師寿　おおなかとみの・もろとし

江戸時代の人、春日社神主・非参議。安永2(1773)年生～弘化元(1844)年8月28日没。72才。

春日社権神主に任ぜられ、文政5(1822)年従三位、同10年正三位に進み春日社神主に任ぜられ、弘化元(1844)年春日社神主を辞す。　典：公補

大中臣師證　おおなかとみの・もろたか

江戸時代の人、春日社権神主非参議。寛政12(1800)年生～天保9(1838)年4月13日没。39才。

春日社権神主に任ぜられ、文政10(1827)年従三位に進む。　典：公補

大中臣時芳　おおなかとみの・ときよし

江戸時代の人、春日社権神主非参議。寛政12(1800)年生～嘉永6(1853)年12月29日没。54才。

春日社権神主に任ぜられ、天保9(1838)年従三位に進むも、同10年春日社権神主を辞す。　典：公補

大中臣時真　おおなかとみの・ときざね

江戸末期の人、春日社神主・非参議。享和3(1803)年生～没年不明。

春日社権神主に任ぜられ、天保11(1840)年従三位、弘化元(1844)年正三位に進み春日社神主に任ぜられ、慶応2(1866)年従二位に進む。公卿の制度がなくなる明治元(1868)年は66才であった。　典：公補

大中臣師応　おおなかとみの・もろかず

江戸時代の人、春日社権神主非参議。享和3(1803)年生～元治元(1864)年2月27日没。53才。

春日社権神主に任ぜられ、弘化2(1845)年従三位に進む。　典：公補

大中臣都盛　おおなかとみの・つもり

江戸時代の人、神祇権大副・伊勢大宮司・非参議。寛政5(1793)年生～嘉永2(1849)年9月14日没。57才。

神祇権大副・伊勢大宮司に任ぜられ、嘉永2(1849)年従三位に進む。　典：公補

大中臣長量　おおなかとみの・ながかず

江戸時代の人、伊勢大宮司・非参議。享和3(1803)年生～明治元(1868)年8月21日没。31才。

伊勢大宮司に任ぜられ、文久元(1861)年従三位に進む。　典：公補

大中臣時副　おおなかとみの・ときすけ

江戸時代の人、春日社権神主・非参議。文政6(1823)年生～没年不明。

春日社権神主に任ぜられ、元治元(1864)年従三位に進む。公卿の制度がなくなる明治元(1868)年は46才であった。　典：公補

○多家

多入鹿　おおの・いるか

平安時代の人、参議。天平宝字元(757)年生～没年不明。

大和国十市郡飫富郷(奈良県磯城郡田原本町多)を本拠地とした氏族の末流。一族には墓誌が出土して話題となった多安万侶(おおの・やすまろ)がいる。延暦12(793)年少外記、同15年式部少丞、同16年播磨大目より権少掾に任ぜられ、同17年従五位下に叙され兵部少輔、同20年少納言、同21年近衛将監、同25年近衛少将、大同元(806)年左中弁、同2年尾張守・木工頭、同3年右中弁に任ぜられ正五位下に進み民部少輔に任ぜられ、同4年従四位下に進み左京大夫・山陽道観察使に任ぜられ更に参議に任ぜられる。弘仁元(810)年相模守に任ぜられたが任職を辞し讃岐権守に任ぜられる。のち名が見えないので殺されたらしい。蘇我入鹿とは別人。　典：古代・公補

○大野家

大野東人　おおの・あずまひと

奈良時代の人、参議。生年不明～天平14(743)年11月11日没。姓(かばね)=朝臣。

飛鳥朝の糺職大夫直広肆果安の子。養老3(719)年従五位下に叙され太宰少弐に任ぜられ、神亀元(724)年従五位上、同2年正五位下、天平3(731)年従四位下に進み朝臣(あそみ)の姓(かばね)を受け、陸奥出羽按察使兼大養徳守に任ぜられ、同11年従四位上に進み参議に任ぜられる。同12年大将軍となり謀叛の藤原朝臣広嗣を討つ。同13年その功により従三位に進む。　典：古代・日名・公補

○大原家

庭田重条┬重孝⇨庭田家へ
　　　　└大原栄顯┬栄敦─敦仲⇨慈光寺家へ
　　　　　　　　　└重度─重尹─重成─重徳─重実─重朝─重明（子）

宇多源家系。庭田家の庭田重条の養子栄顯が分家し大原を氏姓とした。代々神楽をもって奉仕する。明治に至り貴族に列され子爵を授かる。本姓は源。家紋は竜胆(りんどう)。墓所は京都上京区芦山寺大宮西の徳寺院。

典：公辞・京四

大原栄敦　おおはら・てるあつ

江戸時代の人、非参議・宝永元(1704)年7月25日生～宝暦8(1758)年12月2日没。55才。

大原栄顯の養子となり、享保8(1723)年家督を相続し元服・叙爵。同12年従五位上に進み、同13年左少将に任ぜられ、同16年正五位下、同20年従四位下に進み、同21年左中将に任ぜられ、元文4(1739)年従四位上、寛保3(1743)年正四位下、寛延元(1748)年従三位、宝暦3(1753)年正三位に進む。　典：公辞・公補

大原重度　おおはら・しげたび

江戸時代の人、権中納言。享保10(1725)年1月26日生～寛政5(1793)年6月8日没。69才。

正三位大原栄敦の子。栄敦の弟とも言う。享保16(1731)年叙爵。元文元(1736)年元服。従五位上に叙され侍従に任ぜられ、同4年右馬頭に任ぜられ、同5年正五位下に進み、寛保元(1741)年左馬頭に任ぜられ、延享元(1744)年正五位下、寛延2(1749)年従四位上に進み、同3年右権少将に任ぜられ、宝暦3(1753)年正四位下に進み、同5年左権中将に任ぜられ、同9年従三位、同13年正三位に進む。明和2(1765)年参議に任ぜられるも辞す。同6年権中納言に任ぜられるも辞し踏歌外弁となる。安永2(1773)年従二位、寛政元(1789)年正二位に進む。子に重尹がいる。　典：公辞・公補

大原重尹　おおはら・しげただ

江戸時代の人、権中納言。宝暦7(1757)年12月5日生～文化2(1805)年5月29日没。49才。

権中納言大原重度の子。宝暦11(1761)年叙爵。明和元(1764)年元服。木工頭に任ぜられ、同2年従五位上、同6年正五位下、安永2(1773)年従四位下に進み、同5年右権少将に任ぜられ、同6年従四位上、天明元(1781)年左権中将に任ぜられ、同5年従三位、寛政元(1789)年正三位に進み、同3年刑部卿に任ぜられ、同10年踏歌外弁となる。同12年従二位に進み参議に任ぜられるも辞す。文化2(1805)年権中納言に任ぜられるも辞す。子に重成がいる。　典：公辞・公補

大原重成　おおはら・しげなり

江戸時代の人、右権中将非参議。天明3(1783)年6月9日生～天保9(1838)年8月28日没。56才。

権中納言大原重尹の子、母は権大納言唐橋在家の娘。寛政8(1796)年従五位下に叙され元服。同10年備後権介に任ぜられ、同11年従五位上に進み、同12年院判官代となる。享和2(1802)年正五位下、文化2(1805)年従四位下、同5年従四位上に進み左権少将に任ぜられ、同6年兼大和権介に任ぜられ、同8年正四位下、文政元(1818)年従三位に進み右権中将に任ぜられる。同5年正三位に進む。画家松村景文の門に学び絵画をよくした。子に重徳がいる。　典：公辞・公補

大原重徳　おおはら・しげとみ

江戸時代の人、権中納言。享和元(1801)年10月16日生～明治12(1879)年4月1日没。79才。字=徳義。

右権中将・正三位大原重成の子。文化2(1805)年従五位下に叙され、同12年元服。従五位上に進み大和権介に任ぜられ、文政元(1818)年正五位下に進み、同3年左馬頭に任ぜられ、同4年従四位下、同7年従四位上に進み、同9年侍従に任ぜられ、同10年正四位下に進み、天保元(1830)年右近衛権少将に任ぜられ、天保2(1831)年従三位に進み右権中将に任ぜられ、同6年正三位に進み、安政5(1858)年に起きた安政の事件(飛鳥井雅典の項参照)に八十八廷臣として連座。文久2(1862)年左衛門督に任ぜられ、同3年幕府尊皇派公卿を京都から追放し重徳も蟄居し出家。元治元(1864)年許され、慶応3(1867)年参議に任ぜられ従二位に進む。明治元(1868)年権中納言に任ぜられ、新政府では参与に任ぜられ、同2年議定職となる。のち麝香問祇候・刑法官・知事などを歴任する。没後に正二位を贈られる。京都では西殿町下ル東側に住む。家料は御蔵米。墓所は東京台東区谷中7丁目谷中墓地乙ノ6号5側の7(都指定)。子に重実(従二位・外務書記官、明治10,5没、45才)、孫に重朝(子爵・貴族院議員、大正7,12没、71才)がいる。　典：幕末・明治・公辞・大日・伝日・京都・公補

○大宮家

鎌倉時代の左大臣西園寺公衡の次男季衡が氏姓を大宮と名乗り、江戸時代に内大臣西園寺公益の次男季光が大宮を再興する。明治に至り貴族に列され子爵を授かる。本姓は藤原。墓所は京都上京区寺町鞍馬口下の西園寺(西園寺家と同じ)。

典：日名・公補

〈鎌倉・南北朝期〉

西園寺公衡┬実衡
　　　　　└大宮季衡──┬公名─実尚⇨西園寺家へ
　　　　　　　　　　　└氏衡

〈江戸期〉

西園寺公益┬実晴⇨西園寺家へ
　　　　　└大宮季光─実勝─公央─昌季─貞季─盛季─良季─政季┬俊季　(子)
　　　　　　　　　　　　　　　　　　　　　　　　　　　　　└公典─以季

大宮家(鎌倉・南北朝期)

大宮季衡　おおみや・すえひら

鎌倉時代の人、右大臣。正応2(1289)年生～没年不明。

左大臣西園寺公衡の次男、母は号侍局。兄に西園寺実衡がいる。正応2(1289)年従五位下に叙され、同3年従五位上、同4年正五位下、同5年従四位下、永仁3(1295)年従四位上に進む。この頃に父の西園寺より分かれて大宮を氏姓とする。同5年侍従、正安元(1299)年左少将、同2年兼上野介に任ぜられ、嘉元3(1305)年正四位下に進み兼播磨介に任ぜられ、延慶元(1308)年従三位、同2年正三位に進み左中将に任ぜられ、同3年従二位に進み参議より権中納言・兼左衛門・使別当に任ぜられるも、応長元(1311)年任職を辞す。正和元(1312)年正二位に進み、文保2(1318)年権大納言に任ぜられるも、元亨3(1323)年これを辞す。嘉暦元(1326)年大納言・兼左大将・内教坊別当に任ぜられ、同2年兼中宮大夫・左馬寮御監に任ぜられるも任職を辞す。元徳2(1330)年従一位に進み、元弘元(1331)年内大臣に任ぜられ、正慶元(1332.元弘2)年右大臣に任ぜられる。同2年45才で出家。子に公名・氏衡がいる。　典：公補

大宮公名　おおみや・きんめい

鎌倉時代の人、大納言。文保2(1318)年生～没年不明。

右大臣大宮季衡の次男。兄に氏衡がいる。元亨3(1323)年従五位下に叙される。同4年従五位上、嘉暦元(1326)年正五位下に進み侍従に任ぜられ、同2年従四位上に進み左近少将に任ぜられ、元徳2(1330)年正四位下に進み、同3年兼備前権介・中宮権亮・左中将に任ぜられ、元弘元(1331)年正四位下に叙され参議に任ぜられ、正慶元(1332.元弘2)年従三位に進み兼土佐権守に任ぜられ、同2年に官位を辞す。建武2(1335)年再び召されて参議・兼播磨介に任ぜられる。暦応2(1339.延元4)年正三位に進み権中納言に任ぜられ、同4年兼左衛門督に任ぜられ、康永元(1342.興国3)年権大納言に任ぜられる。同2年従二位、貞和5(1349.正平4)年正二位に進み、観応2(1351.正平6)年大納言に任ぜられる。文和元(1352.正平7)年35才で出家。子に実尚がいる。　典：公補

大宮氏衡　おおみや・うじひら

南北朝時代の人、右中将・非参議。嘉元3(1305)年～没年不明。

右大臣大宮季衡の長男。弟に公名がいる。嘉暦元(1326)年従五位下に叙され従五位上から正五位下に進み左兵衛佐より右近少将に任ぜられ、同2年従四位下より従四位上に進

み右中将に任ぜられ、同3年正四位下、正慶元(1332.元弘2)年従三位に進み兼伊予介に任ぜられ、同2年に官位を辞したが、再び任官して建武元(1334)年従三位に叙され兼越中権介に任ぜられる。貞和元(1345)年41才で出家。　典：公補

大宮実尚　おおみや・さねなお

南北朝時代の人、権大納言。康永3(1344.興国5)年生～応永6(1399)年没。56才。

大納言大宮公名の子。貞和2(1346)年従五位上に叙される。観応元(1350)年侍従に任ぜられ、文和2(1353)年正五位下に進み右少将に任ぜられ、同3年従四位下より従四位上から正四位下に進み佐中将に任ぜられ、同5年従三位に進み、延文3(1358)年兼遠江権守に任ぜられ、同4年参議に任ぜられ、康安元(1361)年権中納言に任ぜられ、貞治2(1363.正平18)年正三位、同3年従二位に進み、同5年権大納言に任ぜられる。応安2(1369.正平24)年正二位に進み内教坊別当となる。同7年任職を辞す。永和2(1376.天授2)年再び権大納言に任ぜられ、同4年に辞す。　典：公補

大宮(江戸期)

大宮昌季　おおみや・あきすえ

江戸時代の人、非参議。正徳4(1714)年9月27日生～宝暦10(1760)年9月24日没。47才。初名=英季。

左中将大宮公央朝臣の子。初め英季と名乗る。享保5(1720)年叙爵。同7年元服。同9年従五位上、同12年正五位下に進み、同14年左少将に任ぜられ、同15年従四位下に進み、同17年左中将に任ぜられ、同18年従四位上、元文2(1737)年正四位下、寛保3(1743)年従三位、宝暦6(1756)年正三位に進み、同9年に昌季と改名。養子に貞季(西園寺家より)がいる。　典：公辞・公補

大宮貞季　おおみや・さだすえ

江戸時代の人、参議。寛保3(1743)年6月4日生～文化元(1804)年1月17日没。62才。

左大臣西園寺致季の末子。宝暦6(1756)年従五位下に叙される。同7年正三位大宮昌季と越智宿禰正時の娘の養子となる。同9年元服。民部権大輔に任ぜられ、同10年従五位上、明和元(1764)年正五位下に進み、同2年左権少将・兼尾張権介に任ぜられ、同4年従四位下、同7年従四位上に進み、安永元(1772)年兼上総権介に任ぜられ、同2年正四位下に進み右権中将に任ぜられ、同4年従三位、天明5(1785)年正三位に進む。寛政8(1796)年参議に任ぜられるも辞す。同9年従二位に進む。子に盛季がいる。　典：公辞・公補

大宮盛季　おおみや・もりすえ

江戸時代の人、権中納言。明和5(1768)年12月3日生～天保6(1835)年7月21日没。68才。

参議大宮貞季の子。明和8(1771)年従五位下に叙され、天明元(1781)年元服。従五位上、同4年正五位下に進み侍従に任ぜられ、同7年従四位下に進み、寛政元(1789)年右権少将に任ぜられ、同2年従四位上、同9年正四位下、享和2(1802)年従三位に進み右権中将に任ぜられ、文化4(1807)年正三位に進み、文政9(1826)年参議に任ぜられる。同10年に辞す。

天保2(1831)年従二位に進み権中納言に任ぜられるも辞す。同4年正二位に進む。養子に良季(日野家より)がいる。　典：公辞・公補

大宮良季　おおみや・よしすえ

江戸時代の人、非参議。天明2(1782)年4月11日生～天保元(1830)年8月7日没。49才。初名=良資。

権大納言日野資矩の次男。初め良資と名乗る。天明6(1786)年従五位下に叙され、寛政9(1797)年大宮盛季朝臣(のち権中納言)の養子となり元服。従五位上に進み、同10年に良季と改名。同13年正五位下、文化5(1808)年従四位下に進み侍従、同8年左近衛権少将に任ぜられ、同9年従四位上に進み兼讃岐介に任ぜられ、同12年正四位下に進み、文政元(1818)年兼丹波介、同4年権中将に任ぜられ、同5年従三位、同9年正三位に進む。子に政季がいる。　典：公辞・公補

大宮政季　おおみや・ただすえ

江戸時代の人、非参議。文化3(1806)年10月18日生～文久2(1862)年,閏8月1月没。57才。

正三位大宮良季の子、母は権中納言外山光実の娘。文政2(1820)年元服。従五位下に叙され、同5年従五位上に進み、同7年上総権介に任ぜられ、同8年正五位下、同12年従四位下に進み、天保2(1831)年侍従に任ぜられ、同4年従四位上、同8年正四位下に進み、同9年左近衛少将、嘉永4(1851)年権中将に任ぜられ、同5年従三位、安政3(1856)年正三位に進む。京都の東殿町南側に住む。家料は130石。子に俊季(嘉永2,10,29没、28才)・公典(文久3,1没、子に以季)、孫に以季(明治に華族に列され子爵を授かる)がいる。　典：公辞・京四・公補

○大神家

大神高市麻呂　おおみわの・たけちまろ

飛鳥時代の人、中納言。白雉2(651)年生～慶雲3(706)年2月没。56才。前姓=三輪朝臣大神。姓別読=おおが。

大神(大三輪)利金の次男。第四十一代持統天皇の時に従四位上に叙され朝臣を称する。6年(692)年中納言となり、天皇の伊勢行幸を諫めるが聞き入れられず辞職する。のち直大に叙され再び中納言となる。第四十二代文武天皇の大宝元(701)年中納言を辞し左京大夫に任ぜられ、同2年長門守に任ぜられる。没後に従三位と大花・金子を贈られる。一族に豊後豪族大神惟基がいる。　典：古代・大名・公補

○岡崎家

鎌倉時代に非参議藤原範雄の子範嗣が藤原姓を本姓とし、岡崎を氏姓とした。江戸時代となり勧修寺系の中御門庶流の権大納言中御門尚良の次男宣持が再興した。明治に至り華族に列され子爵を授けられる。本姓は藤原。家紋は竹に雀。菩提寺は京都左京区上高野釜土町の宝幢寺。

〈鎌倉・南北朝期〉

藤原範雄―岡崎範嗣―範国

〈江戸期〉

中御門尚良┬宣順⇨中御門家へ
　　　　　└岡崎宣持―国久┬国広―国栄―国成―国均―国房―国有―国良―泰光(子)
　　　　　　　　　　　　　└尚秀⇨錦小路家へ

岡崎家(鎌倉・南北朝期)

岡崎範嗣　おかざき・のりつぐ

鎌倉時代の人、非参議。弘安6(1283)年生～観応2(1351.正平6)年3月3日没。69才。

非参議藤原範雄の子。初め範冬と名乗る。永仁3(1295)年文章生補となる。同5年従五位下に叙される。正安元(1299)年治部大輔に任ぜられ、同2年従五位上に進み、同3年に大輔を辞す。徳治元(1306)年正五位下、正和元(1312)年従四位下に進み範嗣と改名。文保元(1317)年従四位上に進み右馬頭に任ぜられるも辞す。元応元(1319)年正四位下、建武2(1335)年従三位、暦応3(1340)年正三位、貞和3(1347.正平2)年従二位に進む。子に範国がいる。　典：公補

岡崎範国　おかざき・のりくに

南北朝時代の人、非参議。生年不明～貞治2(1363.正平18)年没。

従二位岡崎範嗣の子。右少弁を辞す。延文3(1358.正平13)年従三位に叙される。範国以後は江戸期まで公卿に列されなかった。　典：公補

岡崎(江戸時代)

岡崎宣持　おかざき・のぶもち

江戸時代の人、非参議。元和6(1620)年生～寛文12(1672)年12月24日没。53才。法名＝琢翁。岡崎家の祖。

権大納言中御門尚良の次男。兄に中御門宣順がいる。父の中御門家より分かれて岡崎家を再興。寛永8(1631)年叙爵し元服。内匠頭に任ぜられ、同12年従五位上、同17年正五位下、同20年従四位下、正保4(1647)年従四位上、慶安4(1651)年正四位下、承応2(1653)年従三位に進む。37才で出家。養子に国久(中御門家より)がいる。　典：公辞・公補

岡崎国久　おかざき・くにひさ

江戸時代の人、権大納言。万治2(1659)年10月21日生～宝暦2(1752)年6月21日没。94才。

権大納言中御門資熈の次男。兄に中御門宣基がいる。従三位岡崎宣持と参議正親町季俊朝臣の娘の養子となる。寛文10(1670)年叙爵。延宝元(1673)年元服。右京大夫に任ぜられ、同2年従五位上、同7年正五位下に進み、貞享元(1684)年右兵衛権佐に任ぜられ、同2年従四位下、元禄元(1688)年従四位上、同5年正四位下、同10年従三位に進み右兵衛督に任ぜられ、同11年踏歌節会外弁となり、同12年右兵衛督を辞す。宝永4(1707)年正三位に

進み、享保3(1718)年参議に任ぜられるも辞す。同4年従二位に進み、同10年権中納言に任ぜられるも辞す。寛保2(1742)年正二位に進み、寛延元(1748)年権大納言に任ぜられるも辞す。子に国広がいる。　典：公辞・公補

岡崎国広　おかざき・くにひろ

江戸時代の人、大蔵卿・非参議。元禄3(1690)年11月24日生～元文3(1738)年4月6日没。49才。

権大納言岡崎国久の子。元禄7(1694)年叙爵。宝永3(1706)年元服。右京大夫に任ぜられ、同6年右衛門佐に任ぜられ、同7年生五位下に叙される。正徳2(1712)年左衛門左に任ぜられ、同5年従四位下、享保3(1718)年従四位上に進み、同4年中務権大輔より中務大輔に任ぜられ、同7年正四位下、同16年従三位に進み大蔵卿に任ぜられ、同17年踏歌節会外弁となる。元文3(1738)年に任職を辞す。子に国栄がいる。　典：公辞・公補

岡崎国栄　おかざき・くにしげ

江戸時代の人、参議。享保11(1726)年10月28日生～天明3(1783)年2月27日没。58才。

大蔵卿従三位岡崎国広の子。享保15(1730)年叙爵。元文4(1739)年元服。備中権介・兵部少輔に任ぜられ、同5年従五位上に叙され、寛保3(1743)年太宰少弐に任ぜられ、延享元(1744)年正五位下に進み、同2年中務少輔に任ぜられ、寛延元(1748)年従四位下に進み、同2年中務権大輔に任ぜられ、宝暦2(1752)年従四位上、同6年正四位下に進み、同7年中務大輔に任ぜられ、同8年竹内式部に入門し朝廷の権力挽回論(綾小路有美の項参照)の講義を受け、公卿の中で内諭される者が出る。同13年従三位に進む。明和5(1768)年正三位に進み大蔵卿に任ぜられる。同7年踏歌外弁となる。安永元(1772)年参議に任ぜられるも辞す。同5年従二位に進む。子に国成がいる。　典：公辞・公補

岡崎国成　おかざき・くになり

江戸時代の人、参議。明和元(1764)年11月9日生～文政10(1827)年11月7日没。64才。

参議岡崎国栄の子、母は正二位伏原宣通の娘。明和5(1768)年従五位下に叙される。安永3(1774)年元服。兵部権少輔に任ぜられ従五位上に進む。同6年中務権少輔に任ぜられ、同7年正五位下、天明2(1782)年従四位下に進み中務少輔に任ぜられ、同6年従四位上に進み、同7年中務権大輔に任ぜられ、寛政2(1790)年正四位下、同7年従三位、同12年正三位に進み、文化13(1816)年参議に任ぜられるも辞す。同14年従二位に進む。子に国均(正四位下・大膳権大夫、文政9,6,7没、28才、子は国房)がいる。　典：公辞・公補

岡崎国房　おかざき・くにふさ

江戸時代の人、非参議。文政2(1819)年6月28日生～文久元(1861)年8月22日没。43才。

大膳権大夫岡崎国均朝臣の子、母は権大納言池尻暉房の娘。文政6(1823)年叙爵。天保2(1831)年元服。従五位上に叙され勘解由次官に任ぜられ、同6年正五位下、同10年従四位下、同14年従四位上、弘化4(1847)年正四位下、嘉永4(1851)年従三位、安政3(1856)年正三位に進む。京都の梨木町西側南角に住む。家料は御蔵米。子に国有(従五位下・修理

大夫、明治11,3没)、孫に鷹丸(のち国良、明治に至り華族に列され子爵を授かる、大正4,5没)がいる。　典：公辞・公補

○小倉家

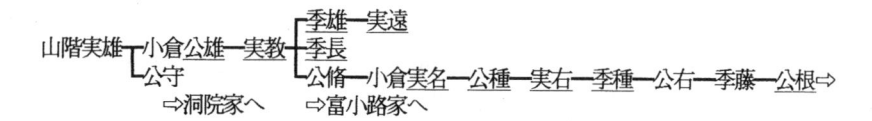

山階実雄┬小倉公雄─実教┬季雄─実遠
　　　　│　　　　　　　├季長
　　　　└公守　　　　　└公脩─小倉実名─公種─実右─季種─公右─季藤─公根⇨
　　　　　⇨洞院家へ　　　⇨富小路家へ

⇨┬実為
　└実起┬公連─実躬
　　　　└熈季┬季永
　　　　　　　└宜季─貢季─見季─豊季─随季─輔季─長季─英季（子）

閑院家系の西園寺分流。太政大臣西園寺公経の三男の左大臣山階実雄の次男公雄が、父の山階家より分かれて小倉家を興した。代々神楽をもって奉仕する。明治に至り華族に列され子爵を授けられる。本姓は藤原。菩提寺は京都北区西賀茂北鎮守庵町の正伝寺。

典：日名・京四

小倉公雄　おぐら・きんお

鎌倉時代の人、権中納言。生没年不明。法名=顯覚・頓覚。小倉家の祖。

太政大臣西園寺公経の孫。左大臣山階実雄の次男、母は従二位左兵衛督藤原頼氏の娘。兄に洞院公守がいる。父の山階家より分かれて小倉家を興す。宝治3(1249)年叙爵。建長2(1250)年侍従に任ぜられ、同3年従五位上、同4年正五位下に進み右少将に、同5年遠江権介に任ぜられ、同8年従四位上に進み左中将・中宮権亮、康元2(1256)年美濃権介に任ぜられ、正嘉2(1258)年正四位下に進み、弘長元(1261)年従三位、同2年正三位に進み兼尾張権守・兼皇后宮権大夫に任ぜられ、文永元(1264)年皇后宮権大夫を辞す。同3年参議・兼左兵衛督に任ぜられ、同4年権中納言に任ぜられる。同年左兵衛督を辞す。同5年従二位、同7年正二位に進む。同9年に出家。子に実教がいる。　典：日名・公辞・公補

小倉実教　おぐら・さねゆき

鎌倉・南北朝時代の人、権大納言。文永2(1265)年生～貞和5(1349)年9月7日没。85才。法名=空覚のち阿覚。

権中納言小倉公雄の長男。文永3(1266)年叙爵。同6年従五位上、同8年正五位下に進み侍従に任ぜられ、同11年従四位下に進み兼近江権介、建治4(1278)年讃岐権介に任ぜられ、弘安3(1280)年従四位上、同6年正四位下に進み、同8年左少将、同10年遠江権介・左中将に任ぜられ、正応元(1288)年従三位、同3年正三位に進み、参議に任ぜられる。永仁元(1293)年権中納言に任ぜられ、同2年従二位、同4年正二位に進み、同5年中納言に任ぜられ、正安元(1299)年権大納言に任ぜられるも辞す。元応元(1319)年民部卿に任ぜられ、

同2年に辞す。嘉暦元(1326)年兵部卿に任ぜられるも辞す。貞和4(1348)年85才で出家。子に季雄・季長・公脩(富小路家へ、子は小倉実名)がいる。　典：公辞・公補

小倉季雄　おぐら・すえお

鎌倉・南北朝時代の人、権中納言。正応2(1289)年生～延元元(1336)年9月9日没。48才。

権大納言小倉実教の子。弟に季長・公脩(富小路家へ、子は小倉実名)がいる。永仁元(1293)年従五位下に叙され、同2年従五位上、同6年従四位下に進み、正安元(1299)年侍従に任ぜられ、同3年従四位上に進み、同4年左少将、徳治元(1306)年左中将に任ぜられ、同2年兼肥後権介に任ぜられ、延慶元(1308)年従三位、同3年正三位に進み、応長元(1311)年山城権守・参議に任ぜられる。正和元(1312)年左兵衛督より右衛門督に任ぜられ従二位に進む。同2年権中納言に任ぜられ、同5年正二位に進み、文保元(1317)年権中納言を辞す。子に実遠がいる。　典：公辞・公補

小倉季長　おぐら・すえなが

鎌倉・南北朝時代の人、非参議。正安2(1300)年生～没年不明。

権大納言小倉実教の子。兄に季雄、弟に公脩(富小路家へ、子は小倉実名)がいる。延慶4(1311)年正四位下に叙される。正和3(1314)年左中将に任ぜられ、文保2(1318)年従三位に進む。暦応2(1338.延元4)年まで名が見えるが、以後は不明。　典：公補

小倉実名　おぐら・さねめい

鎌倉・南北朝・室町時代の人、権大納言。正和4(1315)年生～応永11(1404)年没。90才。初名=季保。

権中納言小倉公雄(小倉家の祖)の曾孫。権中納言富小路公脩の子。祖父の小倉家を継ぐ。正和4(1315)年従五位下に叙され従五位上、文保2(1318)年正五位下に進み、元応3(1321)年侍従に任ぜられ、元徳元(1329)年従四位下に進み右少将に任ぜられ、正慶元(1332)年従四位上より正四位下に進み右中将に任ぜられ、元弘3(1333)年一時還官位となり、再び右少将に任ぜられ、建武元(1334)年再び従四位上、同2年再び正四位下に叙され加賀介に任ぜられ、康永2(1343.興国4)年従三位に進み実名と改名。貞和5(1349.正平4)年参議に任ぜられるも辞す。延文5(1360.正平15)年正三位、貞治3(1364.正平19)年従二位に進み、応永4(1397)年権中納言に任ぜられるも辞す。同9年権大納言に任ぜられる。88才で出家。子に公種がいる。　典：公辞・公補

小倉実遠　おぐら・さねとお

鎌倉・南北朝時代の人、権中納言。元亨元(1321)年生～至徳元(1384)年5月没。64才。

権中納言小倉季雄の子。従五位下に叙され、正中2(1325)年従五位上、嘉暦2(1327)年正五位下に進み侍従に任ぜられ、元徳3(1331)年従四位下に進み左少将に任ぜられ、建武2(1335)年従四位上、同3年正四位下に進み、暦応5(1342)年左中将に任ぜられ、延文4(1360.正平14)年従三位に進む。貞治5(1366.正平21)年参議・兼左近中将に任ぜられるも辞す。同6年正三位に進み、応安2(1369.正平24)年権中納言に任ぜられるも辞す。同7年従

二位に進む。永和元(1375.天授元)民部卿に任ぜられ、永徳元(1381.弘和元)に辞す。　典：公辞・公補

小倉公種　おぐら・きみたね

室町時代の人、権大納言。生没年不明。法名=性脩。

権大納言小倉実名の子。正四位下に叙され、応永18(1411)年参議・兼右中将に任ぜられるも辞し従三位に進む。同23年正三位より従二位に進み権中納言に任ぜられるも、同24年これを辞し民部卿に任ぜられ、同25年権大納言に任ぜられ正二位にすすむ。のち出家。養子に実右(裏辻家より)がいる。　典：公辞・公補

小倉実右　おぐら・さねすけ

室町時代の人、権中納言。応永25(1418)年生～文明2(1470)年6月9日没。53才。

権大納言裏辻実秀の子。権大納言小倉公種の養子となる。正四位下に叙され右中将に任ぜられ、享徳3(1454)年従三位に進み参議に任ぜられる。康正元(1455)年兼備前権守に任ぜられ参議を辞す。同2年備前権守を辞し右衛門督に任ぜられ、長禄元(1457)年右中将を辞す。同2年正三位に進み、同3年右衛門督を辞す。寛正元(1460)年権中納言に任ぜられ、同6年従二位に進む。同年権中納言を辞す。加賀国にて没す。養子に季種(正親町家より)がいる。　典：公辞・公補

小倉季種　おぐら・すえたね

室町時代の人、権大納言。康正2(1456)年生～享禄2(1529)年4月17日没。74才。初名=季煕。法名=空恵。

権大納言正親町持季の次男。兄弟に正親町公澄・正親町公兼がいる。権中納言小倉実右の養子となる。初め季煕と名乗る。正四位下に叙され右中将に任ぜられ、文明13(1481)年参議に任ぜられる。同16年従三位に進む。長享2(1488)年に季種と改名。延徳2(1490)年権中納言に任ぜられ、同3年正三位、文亀元(1501)年従二位に進み、永正3(1506)年権大納言に任ぜられ、同8年正二位に進む。同9年に加賀国に向かう。同15年伊勢一社奉幣奉行となる。大永元(1521)年権大納言を辞す。享禄2(1529)年に出家。子に公右がいる。
典：公辞・公補

小倉公根　おぐら・きみね

江戸時代の人、参議。天正12(1584)年生～正保元(1644)年3月1日没。61才。

左中将三条西実教朝臣の子。元和5(1619)年叙爵。同6年侍従、同8年右少将に任ぜられ、同9年従五位上、寛永4(1627)年正五位下、同7年従四位下に進み、同8年右中将に任ぜられ、同10年従四位上、同12年正四位下、同17年従三位に進む。同18年参議に任ぜられるも辞す。子に実為(正五位下右少将、寛永14,6,29没、33才)、養子に実起がいる。　典：公辞・公補

小倉実起　おぐら・さねおき

江戸時代の人、権大納言。元和8(1622)年2月8日生～貞享元(1684)年3月18日没。63才。初名=季雅。

権大納言藪嗣良の次男。参議小倉公根の養子となる。寛永16(1639)年叙位。同17年元服。侍従に任ぜられ、同19年従五位上に進み右近少将に任ぜられ、正保2(1645)年正五位下、同5年従四位下に進み、慶安2(1649)年右近中将に任ぜられ、同5年従五位上、明暦元(1655)年正四位下に進み参議に任ぜられ、万治元(1658)年参議を辞す。同3年従三位に進む。寛文3(1663)年権中納言に任ぜられ、同5年正三位に進み、同6年踏歌節会外弁となる。同12年従二位に進み権大納言に任ぜられる。延宝3(1675)年正二位に進み、同8年賀茂伝奏となる。天和元(1681)年に一ノ宮済深法親王が出家を拒んだ事に連座し解任され子公連と共に佐渡島に遠流となり、そこで没す。学を好み道を信じ音律に通じた。子に公連・熙季がいる。　典：公辞・大日・伝日・公補

小倉公連　おぐら・きみつら

江戸時代の人、参議。正保4(1647)年9月27日生～貞享元(1684)年9月22日没。38才。初名=公代。

権大納言小倉実起の長男、母は参議小倉公根の娘。弟に熈季がいる。初め公代と名乗る。承応元(1652)年叙爵。明暦3(1657)年元服。侍従に任ぜられ従五位上に叙される。万治元(1658)年正五位下に進み右少将に任ぜられ、寛文5(1665)年従四位下に進み、同6年右中将に任ぜられ、同8年従四位上、同10年正四位下に進み公連と改名。延宝3(1675)年参議に任ぜられる。同4年従三位に進み、同5年踏歌外弁となり、同8年東照宮奉幣使となる。天和元(1681)年に一ノ宮深法親王が出家を拒んだ事に連座して父と共に佐渡島に遠流となり、そこで没す。子に実躬(従五位下・侍従、貞享2,1,3没、14才)がいる。　典：公辞・公補

小倉熈季　おぐら・ひろすえ

江戸時代の人、権中納言。慶安4(1651)年7月7日生～享保5(1720)年10月25日没。70才。初名=竹淵。元名=季慶。前名=季通。

権大納言小倉実起の次男、母は参議小倉公根の娘。兄に公連がいる。初め竹淵と名乗る。天和元(1681)年に一ノ宮深法親王が出家を拒んだ事に連座し父公起・兄公連と共に佐渡島に遠流される。貞享元(1684)年に父と兄が没す。元禄8(1695)年許されて上洛し、同12年家督を相続し季慶と改名。同13年従五位上より従五位下に叙され侍従、同14年左少将に任ぜられ、同15年正五位下、宝永元(1704)年従四位下に進み、同4年に名を季通から熈季と改名。同5年正四位下進み、正徳元(1711)年参議に任ぜられる。同2年従三位に進み左中将に任ぜられ、享保2(1717)年権中納言に任ぜられ、同3年にこれを辞す。同年正三位、同5年従二位に進む。養子に季永(参議水無瀬兼豊の三男、初名=氏昭、正五位下、宝永4,7,7没、27才)・宜季(西園寺家より)がいる。　典：公辞・公補

小倉宜季　おぐら・よしすえ

江戸時代の人、権大納言。宝永7(1710)年9月1日生～明和3(1766)年3月29日没。57才。

左大臣西園寺致季の末子。兄弟は多く西園寺公光・飛鳥井雅香・今出川実興・今出川誠季・大宮貞季・橋本実理がいる。正徳2(1712)年叙爵。享保3(1718)年権中納言小倉熈季の養子となり元服。従五位上に叙され侍従に任ぜられ、同6年正五位下に進み、同7年左権少将に任ぜられ、同9年従四位下に進み、同11年左権中将に任ぜられ、同12年従四位上、

同15年正四位下に進み、元文3(1738)年右権中将に任ぜられ、寛保3(1743)年兼加賀権介に任ぜられ、延享3(1746)年これを辞す。同4年参議に任ぜられる。寛延元(1748)年従三位に進み、同2年踏歌外弁となり、同3年東照宮奉幣使となる。宝暦2(1752)年正三位に進む。同年右権中将を辞す。同4年権中納言に任ぜられ、同6年従二位に進む。同8年権中納言を辞す。同11年権大納言に任ぜられ、同12年正二位に進み権大納言を辞す。子に貢季がいる。　典：公辞・公補

小倉貢季　おぐら・みつすえ

江戸時代の人、参議。享保19(1734)年11月13日生～宝暦13(1763)年4月7日没。30才。

権大納言小倉宜季の子、母は内大臣広幡豊忠の娘。元文3(1738)年叙爵。延享4(1747)年元服。従五位上に叙され侍従に任ぜられ、寛延3(1750)年正五位下に進み左少将・美作権介に任ぜられ、宝暦3(1753)年従四位下、同6年従四位上に進み、同8年右中将に任ぜられ、同9年正四位下に進み、同12年参議に任ぜられる。同13年任職を辞す。子に見季(従四位上・左権中将、天明7,9,21出家、法名＝竜寿、子は豊季)がいる。　典：公辞・公補

小倉豊季　おぐら・とよすえ

江戸時代の人、権中納言。天明元(1781)年4月23日生～天保元(1830)年6月28日没。50才。

左権中将小倉見季朝臣の子。天明3(1783)年従五位下に叙される。寛政4(1792)年元服。従五位上に進み侍従に任ぜられ、同7年正五位下、同10年従四位下に進み、同12年左権少将に任ぜられ、享和元(1801)年従四位上、文化元(1804)年正四位下に進み、同2年右権中将に任ぜられ、同9年従三位に進み参議に任ぜられる。同10年踏歌外弁となる。同12年正三位、文政元(1818)年従二位に進み権中納言に任ぜられ、同6年正二位に進み、同7年権中納言を辞す。子に随季がいる。　典：公辞・公補

○押小路家

三条公勝┬実教⇨三条家へ
　　　　└押小路公音―実岑―従季―実富―実茂―公連―実潔―公亮―実英―公知
　　　　　　　　　　　　　　　　　　　　　　　　　　　　　　　　　　(子)

閑院家流の三条家の分家。太政大臣三条実重の子公茂(1324没)が押小路内府と称し、その孫公忠(1383没)が押小路と称していた。権大納言三条西公勝の次男公音が、父の三条西家より分かれて、京都の押小路に住み、押小路の称号を復活し、氏姓を押小路と名乗る。明治に至り華族に列され子爵を授かる。本姓は藤原。菩提寺は京都上京区小川寺ノ内下の報恩寺。押小路家の古文書が残されている。

典：古文・日名・京四

押小路公音　おしこうじ・きんおと

江戸時代の人、権大納言。慶安3(1650)年1月19日生～享保元(1716)年7月13日没。67才。初名＝公起。法名＝思順翁。押小路家の祖。

右大臣三条実条の孫。権大納言三条西公勝の次男で父の三条西家より分かれて、京都の押小路に住み、押小路の称号を復活し、押小路を氏姓とし、初め公起と名乗る。明暦元(1655)年叙爵。寛文3(1663)年元服。従五位上に叙され侍従に任ぜられ、同8年正五位下に進み右少将に任ぜられ、同11年従四位下に進み、延宝元(1673)年右中将に任ぜられ、同4年従四位上、同8年正四位下、貞享元(1684)年従三位に進む。元禄2(1689)年公音と改名。同6年正三位に進み、同13年参議に任ぜられ、同14年に辞す。同15年従二位に進む。正徳元(1711)年権中納言に任ぜられ、同3年権大納言に任ぜられるも辞す。64才で出家。熊沢蕃山に学ぶ。子に実岑がいる。　典：公辞・日名・公補

押小路実岑　おしこうじ・さねみね

江戸時代の人、権大納言。延宝7(1679)年4月25日生～寛延3(1750)年2月11日没。72才。

権大納言押小路公音の子、母は権大納言河鰭実陳の娘。貞享2(1685)年叙爵。元禄5(1692)年元服。従五位上に叙され侍従に任ぜられ、同9年正五位下に進み、同10年右少将に任ぜられ、同13年従四位仕下に進み、同15年左中将に任ぜられ、宝永元(1704)年従四位上、同5年正四位下、正徳2(1712)年従三位、享保3(1718)年正三位に進み、同10年参議・兼右中将に任ぜられる。同11年踏歌節会外弁となる。同13年任職を辞す。同年従二位に進む。元文2(1737)年権中納言に任ぜられ、同3年に辞す。延享元(1744)年権大納言に任ぜられるも辞す。同3年正二位に進む。養子に従季(清水谷雅季の次男、従四位上・右衛門佐、宝暦3,7,29没、29才、子は実富)がいる。　典：公辞・公補

押小路実富　おしこうじ・さねとみ

江戸時代の人、権大納言。寛延2(1749)年10月27日生～文政9(1826)年12月7日没。78才。

右衛門佐押小路従季朝臣の子、母は正三位五辻盛仲の娘。宝暦3(1753)年従五位下に叙される。同8年元服。従五位上に進み右馬権頭に任ぜられ、同12年正五位下、明和3(1766)年従四位下、同7年従四位上に進み左近衛権少将に任ぜられ、安永3(1774)年正四位下に進み、同5年右近衛権中将に任ぜられ、同6年従三位、天明2(1782)年正三位に進み、寛政9(1797)年参議・兼左権中将に任ぜられるも辞し従二位に進む。文化10(1813)年権中納言に任ぜられるも辞す。同11年権大納言に任ぜられるも辞す。同12年正二位に進む。養子に実茂(三条家より)がいる。　典：公辞・公補

○愛宕家

〈室町期〉　愛宕忠具

〈江戸期〉

┏通茂⇨中院家へ
中院通純╋定縁⇨野宮家へ
┗愛宕通福━通晴━通貫━通敬━通直━通典━通祐━通致━通旭━通則━通経

村上源氏流。室町時代に愛宕忠具が現れ、江戸時代に英彦山権現座有清(岩倉具尭の子)の子通福が、久我家分流の権大納言中院通純の養子となり、室町期の愛宕家を復興し一

家をたて氏姓とした。明治に至り華族に列され子爵を授かる。本姓は源。家紋は竜胆(りんどう)。墓所は京都北区賀茂今原町の霊源寺・丹州の法常寺。

典：京都・京四

愛宕家(室町期)

愛宕忠具　おたぎ・ただとも

室町時代の人、非参議。生没年不明。愛宕家の始祖。

京都の愛宕に住み氏姓としたのか。長禄2(1458)年従三位に叙される。文明13(1481)年まで非参議として名が見える。　典：公補

愛宕家(江戸期)

愛宕通福　おたぎ・みちふく

江戸時代の人、権大納言。寛永11(1634)年11月14日生〜元禄12(1699)年9月8日没。66才。愛宕家の祖。一字名=佐・保。

英彦山権現座有清(木工頭岩倉具尭の子)の三男。久我家分流の権大納言中院通純と左大臣花山院定好の娘の養子となる。義兄弟に中院通茂・野宮定縁がいる。寛永20(1643)年叙爵。正保4(1647)年元服。従五位上に叙され侍従に任ぜられ、慶安4(1651)年正五位下に進み、明暦元(1655)年左少将に任ぜられ、同3年従四位下、万治3(1660)年従四位上に進み、寛文元(1661)年左中将に任ぜられ、同4年正四位下、同8年従三位、延宝3(1675)年正三位に進み、天和元(1681)年参議に任ぜられ、同2年に辞す。貞享4(1687)年権中納言に任ぜられ、元禄元(1688)年に辞す。同年踏歌節会外弁となる。同7年従二位に進み権大納言に任ぜられるも、同8年に辞す。子に通晴がいる。　典：公辞・公補

愛宕通晴　おたぎ・みちはれ

江戸時代の人、権中納言。延宝元(1673)年8月2日生〜元文3(1738)年10月2日没。66才。初名=通統。

権大納言愛宕通福の子、母は権大納言千種有能の娘。初め通統と名乗る。延宝7(1679)年叙爵。貞享3(1686)年元服。従五位上に叙され侍従に任ぜられ、元禄3(1690)年正五位下に進み、同4年左少将に任ぜられ、同7年従四位下に進み、同10年右中将に任ぜられ、同11年に通晴と改名。同12年従四位上、同15年正四位下、宝永3(1706)年従三位、正徳3(1713)年正三位に進み、享保7(1722)年参議・兼左中将に任ぜられる。同10年従二位に進む。同年任職を辞す。同13年権中納言に任ぜられ、同14年に辞す。養子に通貫(英彦山権現座相有の子)がいる。　典：公辞・公補

愛宕通貫　おたぎ・みちつら

江戸時代の人、権大納言。元禄10(1697)年6月13日生〜明和元(1764)年,閏12月19月没。68才。

英彦山権現座相有の子。権中納言愛宕通晴の養子となる。宝永5(1708)年叙爵。同6年元服。侍従に任ぜられ、正徳2(1712)年従五位上、享保元(1716)年正五位下に進み左少将

に任ぜられ、同5年従四位下に進み、同7年右中将に任ぜられ、同8年従四位上、同12年正四位下、同16年従三位、元文5(1740)年正三位に進み、寛延元(1748)年参議に任ぜられる。同3年踏歌節会外弁となる。宝暦元(1751)年参議を辞す。同2年従二位に進み、同4年権中納言に任ぜられ、同5年に辞す。同9年権大納言に任ぜられ、同10年に辞す。同13年正二位に進む。養子に通敬(清閑寺家より)がいる。　典：公辞・公補

愛宕通敬　おたぎ・みちのり

江戸時代の人、権中納言。享保9(1724)年5月23日生～天明7(1787)年9月1日没。64才。初名=熈孝。

権大納言清閑寺治房の末子、母は右大臣中院通躬の娘。初め熈孝と名乗る。享保17(1732)年叙爵。元文4(1738)年権大納言愛宕通貫と権大納言勧修寺尹隆の娘の養子となり、同5年通敬と改名。同6年元服。従五位上に叙され兵部権大輔に任ぜられ、寛保元(1741)年右馬頭に任ぜられ、延享元(1744)年正五位下、同5年従四位下に進み、寛延3(1750)年右少将に任ぜられ、宝暦2(1752)年従四位上、同6年正四位下に進み、同8年竹内式部について朝廷の復権を学ぶ。同10年左中将に任ぜられ、同11年従三位、明和4(1767)年正三位に進み、安永8(1779)年参議に任ぜられ、同9年兼左近衛権中将に任ぜられる。同年任職を辞す。のち従二位に進む。天明5(1785)年権中納言に任ぜられるも辞す。子に通直がいる。　典：公辞・公補

愛宕通直　おたぎ・みちなお

江戸時代の人、権大納言。延享4(1747)年11月28日生～文化14(1817)年7月19日没。71才。

権中納言愛宕通敬の子。宝暦10(1760)年叙爵。同11年元服。宮内少輔に任ぜられ、明和元(1764)年従五位上、同5年正五位下に進み民部大輔に任ぜられ、安永元(1772)年従四位下に進み、同2年右権少将に任ぜられ、同5年従四位上、同9年正四位下に進み、天明元(1781)年右権中将に任ぜられ、同4年従三位、寛政2(1790)年正三位に進み、同11年参議に任ぜられ、同12年任職を辞す。文化2(1805)年従二位に進み権中納言に任ぜられるも辞す。同8年権大納言に任ぜられるも辞す。同9年正二位に進む。子に通典がいる。　典：公辞・公補

愛宕通典　おたぎ・みちのり

江戸時代の人、権中納言。安永4(1775)年10月23日生～天保10(1839)年11月2日没。65才。

権大納言愛宕通直の子、母は出羽守植村家道の娘。安永8(1779)年従五位下に叙される。天明7(1787)年元服。従五位上に進み治部権少輔に任ぜられ、寛政3(1791)年正五位下、同7年従四位下、同10年従四位上に進み、享和元(1801)年左近衛権少将に任ぜられ、同2年正四位下、文化5(1808)年権中将に任ぜられ従三位、同10年正三位に進み、文政8(1825)年参議・兼右中将に任ぜられ、同9年従二位に進み踏歌外弁となり、天保2(1831)年にこれを辞す。同4年権中納言に任ぜられるも辞す。同8年正二位に進む。子に通祐がいる。
典：公辞・公補

愛宕通祐　おたぎ・みちます

江戸時代の人、権中納言。寛政11(1799)年1月17日生～没年不明。

権中納言愛宕通典の子、母は正三位桜井供敦の娘。享和3(1803)年従五位下に進み、文化8(1811)年元服。従五位上に進み左京権大夫に任ぜられ、同12年正五位下に進み宮内大輔に任ぜられ、文政元(1818)年従四位下、同4年従四位上、同8年正四位下に進み、同11年侍従に任ぜられ、天保2(1831)年左近衛権少将に任ぜられ、同7年右権中将に任ぜられ、同9年従三位、同13年正三位に進む。安政5(1858)年に起きた安政の事件(飛鳥井雅典の項参照)に八十八廷臣として子通致と共に連座。文久3(1863)年参議・兼右中将に任ぜられ、元治元(1864)年従二位に進む。同年任職を辞す。慶応3(1867)年権中納言に任せられるも、明治元(1868)年に辞す。京都清荒神前に住む。家料は130石。子に通致がいる。　典：明治・公辞・公補

愛宕通致　おたぎ・みちむね

江戸・明治時代の人、非参議。文政11(1828)年2月27日生～明治19(1886)年11月没。59才。

権中納言愛宕通祐の子。天保12(1841)年従五位下に叙され、同13年元服。弘化元(1844)年従五位上、嘉永元(1848)年正五位下に進み右京権大夫に任ぜられ、同3年従四位下、安政元(1854)年正四位下に進み、同5年に起きた安政の事件(飛鳥井雅典の項参照)に八十八廷臣として父通祐と共に連座。文久3(1863)年侍従、元治元(1864)年右少将、慶応2(1866)年右中将に任ぜられ、明治元(1868)年従三位に進む。明治17(1884)年華族に列され子爵を授かる。子に通旭(神祇官判事・明治4,12,3攘夷クーデターが発覚し切腹)がいる。　典：幕末・明治・公辞・公補

○織田家

平清盛—平重盛—平資盛—織田親実—親基—親行—基実—常昌—常勝—教広—常任—⇨

⇨—勝久—久長—敏定—信定—信秀┬信長┬信忠—秀信
　　　　　　　　　　　　　　　│　　└信雄—信良—信昌—信久—信就—信右—⇨
　　　　　　　　　　　　　　　└信兼

⇨—信富—信邦—信淳—信美—信学—信敏—寿童丸—信敏—信恒

桓武平氏流。本姓は平。平清盛の孫資盛の子親実が、越前の祠官織田某の養子となり織田を氏姓とした。常昌は斯波家に招かれ尾張に入り、信定は管領義廉の三奉行の一つに加えられ、その子信秀は尾張国愛知郡古渡に居城し兵威を四隣に振るい、その子信長は上洛し公卿に列されたが、家臣明智光秀によって本能寺にて殺害される。その子・孫と公卿に列されたが、以後は公卿に列されなかった。

典：日名

織田信長　おだ・のぶなが

室町・安土桃山時代の人、右大臣。天文3(1534)年生〜天正10(1582)年6月2日没。49才。小字=吉法師・三郎。号=天徳院・改め惣見院。道号=華厳。

尾張の国主・弾正織田信秀の次男。尾張美濃にて勢力をつけ、京洛中不穏の永禄11(1568)年足利義昭を奉じて上洛、東寺に陣を構えて治め、義昭を征夷大将軍に任命させたが、不和となり、天正元(1573)年これを追放。正四位下に叙される。弾正忠を辞す。41才の同2年従三位に進み参議に任ぜられ、同3年権大納言・右大将に任ぜられ、同4年正三位に進み内大臣に任ぜられ、同5年従二位に進み右大臣に任ぜられ、同6年任職を辞す。同年正二位に進む。同10年備中高松を攻略中の羽柴秀吉を応援に向かう途中滞在した本能寺で明智光秀に討たれ自決する。墓所は京都中京区寺町御池下ルの本能寺・上京区寺町通今出川上ルの阿弥陀寺・北区紫野大徳寺の総見院。上京区紫野北舟岡町の建勲神社は信長と子信忠を祀る。子に信忠・信雄・信孝がいる。　典：大日・日名・京都・公補

織田信忠　おだ・のぶただ

室町・安土桃山時代の人、非参議。弘治元(1555)年生〜天正10(1582)年6月2日没。28才。小字=奇妙丸・三法師。通称=管九郎。

右大臣織田信長の長男。弟に信雄・信孝(天正11年に信雄と戦い尾張の内海で自決)がいる。天正3(1575)年正五位下に叙され出羽介から秋田城介に任ぜられ、同4年従五位下より従四位上、同5年正四位下より従三位に進み左中将に任ぜられたが、同10年父信長は備中高松を攻略中の羽柴秀吉の応援に向かう途中滞在した本能寺で明智光秀に討たれ、信忠は妙覚寺より駆けつけたが間に合わず、二条御所より誠仁親王を逃して明智光秀の軍と戦い自決。墓所は京都上京区寺町通今出川上ルの阿弥陀寺。上京区紫野北舟岡町の建勲神社は父信長と共に祀る。子に秀信がいる。　典：大日・日名・京都・公補

織田信雄　おだ・のぶお

室町・安土桃山時代の人、内大臣。弘治4(1558)年生〜寛永7(1630)年4月30日没。73才。法名=常眞。

右大臣織田信長の次男。兄に信忠、弟に信孝(天正11年に信雄と戦い尾張の内海で自決)がいる。従三位に叙され、天正13(1585)年正三位に進み権大納言に任ぜられる。同14年従二位、同15年正二位に進み内大臣に任ぜられ、同18年33才で出家。元和元(1615)年大坂夏の陣に徳川家康に加担。大和宇陀に居城があるも京都北野に住む。墓所は京都大徳寺の総見院、分骨は上野国小幡の崇福寺と大和国の室生寺にある。子に信良・高長などがいる。　典：大日・日名・京都・公補

織田秀信　おだ・ひでのぶ

安土桃山時代の人、美濃国岐阜城主。権中納言。天正10(1582)年生〜慶長7(1602)年9月8日没。21才。小字=三法師。通称=三郎。

左中将・非参議織田信忠の子。初め三法師と名乗る。祖父信長と父信忠が自決した天正10年の本能寺の変の時は、岐阜城にあって、前田玄以に扶けられ尾張の清洲に入る。同11年秀吉に欺かれて織田信雄と織田信孝の叔父同士が戦い信孝は自決し、信雄は徳川家康

に助けを求める。同12年秀吉と和睦して三法師は岐阜城に戻り、秀吉より秀の一字を授かり秀信と改名し、従四位下に叙され侍従に任ぜられる。文禄元(1592)年参議に任ぜられ諸将と共に朝鮮を討つ。のち従三位に叙され、慶長元(1596)年権中納言に任ぜられる。同5年石田三成と共に徳川勢に抗したが勝てず城を捨てて高野に逃れ出家。　典：日名・公補

織田信兼　おだ・のぶかね

江戸時代の人、参議。天文12(1543)年生～慶長19(1614)年7月17日没。72才(67才か)。法号=老大斎。別名=信包。

尾張の国主・弾正織田信秀の三男。兄に信長がいる。従四位下に叙される。参議任ぜられ、のち辞す。のち隠居して京に住む。文禄3(1594)年出家。慶長9(1604)年より同11年まで前参議として名が見える。出家後は図画を好むという。子に信重・雪貞・信則・信当がいる。　典：大日・公補

○小槻家

小槻盈春　おづき・みつはる

江戸時代の人、(左大史)非参議。宝永7(1710)年生～宝暦9(1759)年9月14日没。50才。宝暦9(1759)年従三位に叙される。　典：公補

小槻知音　おづき・ともね

江戸時代の人、(左大史)非参議。享保14(1729)年生～安永5(1776)年11月11日没。48才。安永5(1776)年従三位に叙されるる。　典：公補

小槻以寧　おづき・のりやす

江戸時代の人、(左大史)非参議。寛政5(1793)年生～弘化4(1847)年4月6日没。55才。弘化4(1847)年従三位に叙され弾正大弼に任ぜられる。　典：公補

○小野家

〈飛鳥・奈良・平安期〉

```
敏達天皇─春日皇子─小野妹子─毛人─毛野─氷見┬滝雄
                                          └峯守┬葛弦─道風
                                                └篁─┬俊生─義材─利春
                                                    ├良真─小町
                                                    └葛絃┬保衡
                                                          └好古
```

〈江戸期〉　小野雅胤・小野尊安

第30代敏達天皇の春日王子の子妹子が小野を氏姓とした。小野家は滋賀の琵琶湖の西湖より出て山城国愛宕郡小野郷に住んだ豪族で、妹子の時より外交に従事した。滋賀郡には書家の小野道風を祀った小野道風神社がある。美人であった小野小町もこの係累で

あった。好古に至り藤原家・源家に圧されて公卿に列されなかった。江戸時代に小野姓の者が現れた。

典：日名

小野毛野　おのの・けの

飛鳥時代の人、中納言。生年不明～和銅7(714)年4月1日没。姓(かばね)=朝臣。

小治田朝大徳冠小野妹子の孫。小錦中小野毛人の子。天武天皇4年(675)年筑紫大弐に任ぜられ、従四位下に叙され姓(いなみ)に朝臣を授かる。大宝元(701)年参議に任ぜられる。慶雲2(705)年正四位上に進み中務卿に任ぜられ、和銅元(708)年中納言に任ぜられ、同2年従三位に進む。子に永見がいる。　典：古代・公補

小野峯守　おのの・みねもり

平安時代の人、参議。宝亀9(778)年生～天長7(830)年4月19日没。53才。

征夷副将軍・陸奥介小野永見の三男。兄に滝雄がいる。延暦20(801)年権少外記・春宮少進に任ぜられ、大同2(807)年畿内観察使判官となり、同4年従五位下に叙され兼春宮亮・式部少輔・兼近江介・内蔵頭、弘仁3(812)年兼美濃守に任ぜられ、同4年従五位上に進み、同5年兼左馬頭、同6年陸奥守に任ぜられ、同10年正五位下に進み、同11年阿波守・兼治部大輔に任ぜられ、同12年従四位下に進み兼皇后宮大夫・兼近江守・兼太宰大弐に任ぜられ参議に任ぜられる。天長3(826)年従四位上に進み、同5年兼刑部卿に任ぜられ勘解由長官となる。同7年出雲国造献神宝の日に発病し没す。子に葛弦・篁がいる。　典：古代・公補

小野篁　おのの・たかむら

平安時代の人、参議。延暦20(801)年生～仁寿2(851)年12月22日没。51才。

征夷副将軍・陸奥介小野永見の孫。参議小野峯守の子。兄弟に葛弦がいる。弘仁13(822)年文章生補となる。天長元(824)年巡察使弾正、同5年大内記、同7年蔵人・式部少丞に任ぜられ、同9年従五位下に叙され太宰少弐に任ぜられ、同10年東宮学士となり弾正少弼、承和元(834)年美作介・遣唐副使に任ぜられ、同2年従五位上に進み備前権守・刑部少輔に任ぜられ、同3年正五位下に進み刑部大輔に任ぜられたが、同5年命に背いて遣唐しなかったため隠岐国に流される。同7年許されて上洛し再び位官。同9年陸奥守・兼式部少輔に任ぜられ、同12年従四位下に進み蔵人頭となる。同13年権左中弁より左中弁に任ぜられ、同14年参議・兼弾正大弼に任ぜられ山城班田使となる。同15年山城班田長官・兼左大弁・兼信濃守・勘解由長官に任ぜられ、嘉祥2(849)年従四位上に進み左大弁を辞す。同3年両長官を辞す。仁寿2(851)年従三位に進み再び左大弁に任ぜられたが没す。一説に貞観2(860)年,10,22没、57才という。子に俊生・良真・葛絃(従四位上・太宰大弐、子は保衡・好古)がいる。　典：古代・公補

小野好古　おのの・よしふる

平安時代の人、参議。元慶8(884)年生～康保5(968)年2月14日没。84才。

参議小野篁の孫。太宰大弐小野葛絃の次男。兄に保衡がいる。延喜12(912)年讃岐権掾、同17年春宮権少進に任ぜられ、同22年従五位下に叙され右京亮、延長2(924)年大蔵少輔、同3年中宮大進、同8年右衛門権佐に任ぜられ、承平2(932)年従五位上に進み、同5年兼備

前権介、同6年中宮権亮、同8年右少将に任ぜられ、天慶2(939)年正五位下に進み兼近江権介、同3年兼追補捕凶賊使となる。同4年従四位下に進み、同5年左中弁・備前守、同7年兼山城守、同8年太宰大弐、天暦元(947)年参議に任ぜられ、同4年参議以外の任職を辞す。同7年従四位上に進み、讃岐権守に任ぜられ、同9年に辞す。同年兼備中権守に任ぜられ、天徳2(958)年正四位下に進み兼弾正大弼に任ぜられ、同3年兼左大弁に任ぜられ、同4年兼備中守・太宰大弐に任ぜられる。同年が弾正大弼・左大弁を辞す。応和元(961)年参議・太宰大弐以外の任職を辞す。同2年従三位に進み、康保2(965)年太宰大弐を辞す。同4年参議を辞す。従姉妹に小野小町がいる。藤原家と源家に圧されて、好古の後公卿に列されなかった。　典：公補

小野(江戸期)

小野雅胤　おのの・まさたね

江戸時代の人、非参議。延享4(1747)年生～文政12(1829)年7月19日没。83才。

元候伏見家。文政10(1827)年従三位に叙される。　典：公補

小野尊安　おのの・たかやす

江戸時代の人、非参議・出雲国御碕社検校。文化10(1813)年生～没年不明。

出雲国御碕社検校となり、元治元(1864)年従三位に叙される。明治元(1868)年56才まで名が見える。　典：公補

○勘解由小路家

〈鎌倉期〉

藤原頼資━勘解由小路経光━兼仲━光業━兼綱

鎌倉時代と室町時代と江戸時代の三時代に勘解由小路家が現れ、祖となる本家はそれぞれ異なる。「かでのこうじ」とも読む。

勘解由小路家(鎌倉期)

鎌倉時代に権中納言藤原頼資の子経光が、勘解由小路を氏姓として名乗り、四代の兼綱まで続いた。本姓は藤原。　典：公補

勘解由小路経光　かげゆこうじ・つねみつ

鎌倉時代の人、権中納言。建暦2(1212)年生～文永11(1273)年4月15日没。62才。勘解由小路家の開祖。

権中納言藤原頼資の子、母は従五位下源兼資の娘。氏姓を勘解由小路と名乗る。建保6(1218)年東宮蔵人、承久4(1222)年文章得業生となる。貞応2(1223)年因幡少掾・治部権少輔に任ぜられ、嘉禄2(1226)年従五位上に叙され補蔵人に任ぜられ、寛喜元(1229)年正五位下に進み、兼東宮権大進、貞永元(1232)年蔵人、天福元(1233)年右少弁・右衛門権佐に任ぜられ、同2年これらと蔵人を辞す。嘉禎2(1236)年左少弁、同3年権右中弁に任ぜ

られ従四位下に進む。同4年従四位上に進み右中弁より右大弁に任ぜられる。同年造東大寺長官となる。延応元(1239)年正四位下に進み兼阿波権守・補蔵人頭に任ぜられ、仁治2(1241)年従三位に進み参議・左大弁に任ぜられる。同年勘解由長官となる。寛元元(1243)年兼讃岐権守に任ぜられ、同2年正三位に進む。宝治元(1247)年権中納言に任ぜられ、同2年従二位に進む。同年権中納言を辞す。建長7(1255)年正二位に進み、文応元(1260)年民部卿に任ぜられる。子に兼仲がいる。　典：公補

勘解由小路兼仲　かげゆこうじ・かねなか

鎌倉時代の人、権中納言。寛元2(1244)年生～延慶元(1308)年1月20日没。65才。

権中納言勘解由小路経光の次男、母は太宰大夫・非参議藤原親実の娘。正嘉元(1257)年叙爵。正元元(1259)年従五位上に叙され治部少輔に任ぜられ、弘長2(1262)年正五位下に進み、弘安7(1284)年蔵人、同10年右少弁に任ぜられ、正応元(1288)年従四位下に進み左少弁、同2年左中弁に任ぜられ従四位上より正四位下に進み、造興福寺長官となる。同3年備前権守・左大弁・兼春宮亮、同4年蔵人頭に任ぜられ、同5年参議に任ぜられる。永仁元(1293)年従三位に進み権中納言に任ぜられ、同2年正三位に進む。同年権中納言を辞す。正安元(1299)年従二位に進む。子に光業がいる。　典：公補

勘解由小路光業　かげゆこうじ・みつおき

鎌倉・南北朝時代の人、権中納言。弘安10(1287)年生～没年不明。法名＝慈寂。

権中納言勘解由小路兼仲の次男。永仁元(1293)年勧学院の学問料を賜り、同3年文章生となる。同5年叙爵し宮内少輔・治部権少輔に任ぜられ、同6年従五位上に叙される。正安2(1300)年正五位下に進み、応長元(1311)年右衛門権佐、正和元(1312)年左衛門権佐、同2年治部大輔・補蔵人に任ぜられ、同4年右少弁に任ぜられる。同年補蔵人を辞す。同5年正五位上より従四位下に進み左少弁に任られる。文保元(1317)年従四位上に進み右中弁に任ぜられる。同2年正四位下に進み右宮城使となり右中弁を辞す。元応元(1319)年左中将に任ぜられ、同2年兼近江権守・修理権大夫・補蔵人頭に任ぜられる、同年参議に任ぜられ、元亨元(1321)年これを辞す。同年従三位、元徳2(1330)年正三位、康永2(1343.興国4)年従二位に進む。貞和2(1346.正平元)再び参議に任ぜられ、同年ついで権中納言に任ぜられる。同4年権中納言を辞す。文和元(1352.正平7)年66才で出家。子に兼綱がいる。　典：公補

勘解由小路兼綱　かげゆこうじ・かねつな

鎌倉・南北朝の人、准大臣。正和5(1316)年生～永徳元(1381.弘和元)9月26日没。66才。

権中納言勘解由小路光業の子。正中元(1324)年文章得業補となる。同3年叙爵し治部権少輔、嘉暦3(1328)年治部権大輔に任ぜられ、元徳2(1330)年従五位上に叙され兵部権大輔、元弘3(1333)年近江守、建武元(1334)年兼治部少輔に任ぜられ、同2年近江守を辞す。同4年治部少輔を辞し正五位下に進む。暦応元(1338)年兼春宮権大進、同4年補蔵人に任ぜられる。同年少輔を辞す。東宮学士となる。康永2(1343)年兼相模権介、貞和2(1346)年補五位蔵人・治部少輔・左少弁に任ぜられ、同4年従四位下に進み右中弁、同5年補氏別当となり従四位上に進む。観応元(1350)年左中弁より右大弁に任ぜられ正四位下に進み、同2年補蔵人頭に任ぜられる。右大弁を辞す。同3年東宮学士を辞す。大蔵卿に任ぜられ

る。文和2(1353)年正四位上に進む。同4年参議に任ぜられる。兼左大弁に任ぜられる。延文元(1356.正平11)年従三位に進む。兼阿波守に任ぜられる。造東大寺長官となる。延文3(1358.正平13)年権中納言に任ぜられ、同4年に辞す。貞治2(1363.正平18)年正三位、同6年従二位、応安6(1373)年正二位に進む。永和元(1375.天授元)権大納言に任ぜられ、同2年これを辞す。按察使となる。康暦元(1379.天授5)年従一位に進み、永徳元(1381.弘和元)准大臣に任ぜられる。同年出家。没後に左大臣を贈られる。　典：公補

勘解由小路家(室町期)

〈室町期〉

賀茂在方┬賀茂在康
　　　　├勘解由小路在貞┬在盛┬在通―在重―在富
　　　　└勘解由小路在長└在宗└在基―在康

室町時代に至り、賀茂家より分かれた勘解由小路家が現れ、代々暦学・陰陽道をもって奉仕する。本姓は賀茂。　典：公補

勘解由小路在貞　かげゆこうじ・ありさだ

室町時代の人、非参議。生年不明～文明5(1473)年11月12日没。室町時代の勘解由小路の祖。

非参議賀茂在方の次男。兄に賀茂在康、弟に勘解由小路在長がいる。鎌倉時代の勘解由小路家を再興して氏姓とする。文安2(1445)年従三位に叙される。享徳2(1453)年正三位、長禄2(1458)年従二位に進む。文明3(1471)年出家したらしい。子に在盛・在宗がいる。　典：公補

勘解由小路在長　かげゆこうじ・ありなが

室町時代の人、非参議。生没年不明。初名=在豊。前名=在成。

非参議賀茂在方の三男。兄に賀茂在康・勘解由小路在貞がいる。康正2(1456)年従三位に叙される。長禄2(1458)年正三位に進む。文明16(1484)年頃78才で出家したらしい。典：公補

勘解由小路在盛　かげゆこうじ・ありもり

室町時代の人、非参議。生年不明～文明10(1478)年8月19日没。

非参議勘解由小路在貞の子。弟に在宗がいる。康正2(1456)年従三位に叙される。長禄2(1458)年正三位、文明6(1474)年従二位に進む。暦道の識者。一説に文明11年没。子に在通・在基がいる。　典：公補

勘解由小路在宗　かげゆこうじ・ありむね

室町時代の人、非参議。生没年不明。

従二位・非参議勘解由小路在貞の次男。兄に在盛がいる。文明10(1478)年従三位に叙される。同16年に出家したらしい。　典：公補

勘解由小路在通　かげゆこうじ・ありみち

室町時代の人、非参議。永享3(1431)年生～永正9(1512)年1月11日没。82才。

非参議勘解由小路在盛の長男。弟に在基がいる。文明11(1479)年従三位に叙される。同16年正三位、永正3(1506)年従二位に進む。養子に在重(在宗の子)がいる。　典：公補

勘解由小路在基　かげゆこうじ・ありもと

室町時代の人、非参議。生年不明〜享禄2(1529)年没。

非参議勘解由小路在盛の次男。兄に在通がいる。永正11(1514)年従三位に叙される。大永2(1522)年正三位に進む。養子に在康(在重の子)がいる。　典：公補

勘解由小路在重　かげゆこうじ・ありしげ

室町時代の人、非参議。長禄3(1459)年生〜永正14(1517)年8月21日没。59才。

非参議勘解由小路在宗の子。非参議勘解由小路在通の養子となる。永正11(1514)年従三位に叙される。子に在富・在康がいる。　典：公補

勘解由小路在富　かげゆこうじ・ありとみ

室町時代の人、非参議・宮内卿。延徳2(1490)年2月5日生〜永禄8(1565)年8月10日没。76才。初名=在秀。

非参議勘解由小路在重の子、母は非参議町顕郷の娘。初め在秀と名乗る。永正4(1507)年従五位下に叙される。兵部少輔任ぜられ、同7年これを辞す。左馬頭に任ぜられる。在富と改名従五位上に進む。同9年暦博士となる。同11年陰陽頭に任ぜられる。正五位下に進む。同14年従四位下に進む。同15年兼漏尅博士となる。同16年左馬権頭に任ぜられる。同18年従四位上に進む。兼丹波介に任ぜられる。左馬権頭を辞す。大永2(1522)年兼宮内卿に任ぜられる。陰陽頭を辞す。同8年正四位下、享禄4(1531)年従三位に進む。天文2(1533)年暦博士・漏尅博士を辞す。同4年正三位、同5年従二位に進む。同6年宮内卿を辞す。同20年正二位に進む。　典：公補

勘解由小路在康　かげゆこうじ・ありやす

室町時代の人、非参議。明応元(1492)年生〜没年不明。

非参議勘解由小路在重の次男。非参議勘解由小路在基と勘解由小路在富の娘の養子となる。文亀3(1503)年叙爵。権暦博士に任ぜられる。永正3(1506)年兵部大輔に任ぜられる。同7年従五位上に叙される。図書頭に任ぜられる。同12年正五位下、同17年従四位下に進む。享禄4(1531)年暦博士に任ぜられる。従四位上に進む。同5年刑部卿に任ぜられる。天文3(1535)年正四位下、同5年従三位に進む。同6年47才で出家。　典：公補

勘解由小路家(江戸期)

〈江戸期〉

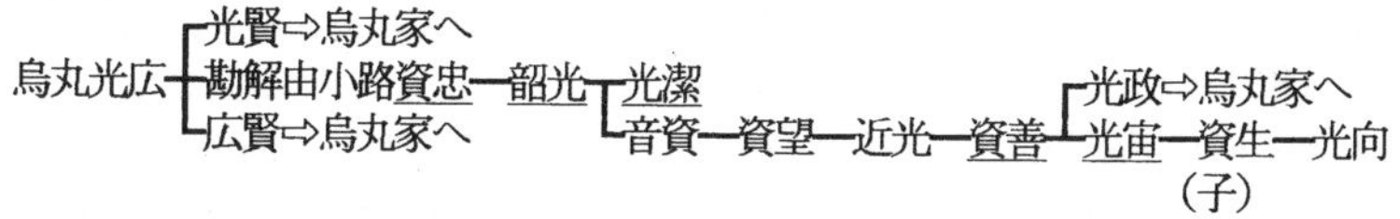

江戸時代に至り、日野家より分かれた烏丸家の権大納言烏丸光広の次男が、烏丸家より分かれて勘解由小路家を再興した。代々儒道をもって奉仕し、明治に至り華族に列さ

れ子爵を授けられる。本姓は藤原。家紋は鶴の丸。菩提寺は京都上京区小川寺ノ上の報恩寺。　典：日名・京四

勘解由小路資忠　かげゆこうじ・すけただ

江戸時代の人、参議。寛永9(1632)年1月6日生〜延宝7(1679)年1月12日没。48才。江戸時代の勘解由小路の祖。

権大納言烏丸光広の次男。兄に烏丸光賢、弟に烏丸広賢がいる。父の烏丸家よりわかれて勘解由小路家を再興する。寛永15(1638)年叙爵。正保元(1644)年元服。従五位上に叙され、侍従に任ぜられる。慶安2(1649)年正五位下、承応3(1654)年従四位下に進む。同4年治部大輔・左衛門佐に任ぜられる。万治元(1658)年従四位上、寛文2(1662)年正四位下、同6年従三位、同12年正三位に進む。延宝6(1678)年参議に任ぜられ、同7年に辞す。養子に韶光(烏丸家より)がいる。　典：公辞・公補

勘解由小路韶光　かげゆこうじ・あきみつ

江戸時代の人、権大納言。寛文3(1663)年2月8日生〜享保14(1729)年5月11日没。67才。通称=朴所。一字名=林。

権大納言烏丸光雄の子。参議勘解由小路資忠の養子となる。寛文7(1667)年叙爵。同10年元服。侍従に任ぜられる。同11年従五位上に叙される。延宝3(1675)年正五位下、同7年従四位下、天和3(1683)年従四位上に進む。兼東宮学士に任ぜられる。同3年正四位下に進む。東宮学士を辞す。元禄4(1691)年従三位、同11年正三位に進無。宝永2(1705)年参議に任ぜられ、同3年に辞す。同年従二位に進む。享保2(1717)年権中納言に任ぜられるも辞す。同9年権大納言に任ぜられるも辞す。同年正二位に進む。居を郊西平野に構えて儒流を招き唱酬して娯むという。子に光潔・音資がいる。　典：大日・日名・公辞・公補

勘解由小路光潔　かげゆこうじ・みつきよ

江戸時代の人、非参議。元禄11(1698)年2月21日生〜享保17(1732)年1月5日没。35才。

権大納言勘解由小路韶光の長男。弟に音資がいる。元禄15(1702)年叙爵。宝永7(1710)年元服。従五位上に叙され侍従に任ぜられる。正徳5(1715)年正五位下、享保4(1719)年従四位下に進む。同7年権右中弁に任ぜられる。同年従四位上、同11年正四位下に進む。同12年右中弁に任ぜられ、同15年式部権大輔に任ぜられる。同16年従三位に進む。　典：公辞・公補

勘解由小路資善　かげゆこうじ・すけよし

江戸時代の人、権大納言。安永7(1778)年5月28日生〜嘉永元(1848)年11月25日没。71才。

左京権大夫勘解由小路近光朝臣の子。天明2(1782)年従五位下に叙される。寛政2(1790)年元服。従五位上に進む。左京権大夫に任ぜられる。同6年正五位下に進む。兼中宮少進に任ぜられる。同10年従四位下、享和2(1802)年従四位上、文化2(1805)年正四位下に進む。同6年権右中弁に任ぜられたが辞す。従三位に進む。同7年左京大夫に任ぜられ、同8年踏歌外弁となる。同11年正三位、同年文政10(1827)年従二位に進む。同年参議に任ぜられる。天保元(1830)年東照宮奉幣使となる。同2年参議を辞す。同13年権中納言に任ぜ

られ、同14年に辞す。弘化元(1844)年正二位に進む。同4年権大納言に任ぜられるも辞す。平素は文を好むという。子に光政(烏丸家へ)、養子に光宙がいる。　典:公辞・大日・日名・公補

勘解由小路光宙　かげゆこうじ・みつおき

江戸時代の人、非参議。文化5(1808)年9月26日生～文久2(1862)年6月28日没。55才。

権大納言広橋胤定の末子、母は非参議藤波寛忠の娘。文政元(1818)年権大納言勘解由小路資善と権大納言日野資矩の娘の養子になり従五位下に叙される。同2年元服遠江権介に任ぜられる。同5年従五位上に進む。同8年中務権大輔に任ぜられる。同9年正五位下に進む。兼皇太后宮少進に任ぜられる。天保元(1830)年従四位下、同5年従四位上、同8年正四位下、同12年従三位、弘化2(1845)年正三位に進む。京都の今出川新町東に住む。家料は130石。養子に資生(裏松家より)がいる。　典:公辞・公補

○風早家

閑院家より分かれた三条家の一門で、権大納言姉小路公景の次男実種が、父の姉小路家より分かれて風早を氏姓とした。代々茶道で奉仕する。明治に至り華族に列せられ子爵を授けられる。本姓は藤原。家紋は唐花。菩提寺は京都左京区浄土寺真如町の松林院。

典:公補・京四

風早実種　かざはや・さねたね

江戸時代の人、権中納言。寛永9(1632)年8月17日生～宝永7(1710)年12月24日没。79才。一字名=貫・末・種。風早家の祖。

権大納言姉小路公景の次男、母は参議西洞院時慶の娘。兄に姉小路実道、弟に阿野実富・大宮実勝がいる。父の姉小路家より分かれ風早を氏姓とする。寛永12(1635)年叙爵。正保2(1644)年元服。従五位上に叙される。左京大夫に任ぜられる。慶安2(1649)年正五位下、承応3(1654)年従四位下、万治元(1658)年従四位上、寛文2(1662)年正四位下、同6年従三位、同12年正三位に進む。延宝2(1674)年参議に任ぜられるも辞す。天和元(1681)年従二位に進む。元禄12(1699)年権中納言に任ぜられるも辞す。同14年正二位に進む。茶道を千宗旦に学び茶礼を受け、香道は烏丸光広に学び風早流を興す。墓所は京都上京区寺町通広小路上ル北ノ辺町の清浄華院。子に公長がいる。　典:公辞・大日・日名・公補

風早公長　かざはや・きみなが

江戸時代の人、参議。寛文5(1665)年8月9日生～享保8(1723)年1月28日没。59才。初名=公寛。前名=公前。一字名=刀・力・風。

権中納言風早実種の子。初め公寛と名乗る。寛文9(1669)年叙爵。延宝6(1678)年元服。従五位上に叙される。左京権大夫に任ぜられる。同8年従五位上に進む。天和元(1681)年公前と改名。同3年正五位下に進む。侍従に任ぜられる。貞享元(1684)年右少将に任ぜられる。同4年従四位下に進み、元禄元(1688)年左中将に任ぜられ、同4年従四位上、同8年正四位下に進む。同11年公長と改名。同13年従三位、宝永3(1706)年正三位に進む。正徳元(1711)年参議に任ぜられ、同2年踏歌節会外弁となる。享保元(1716)年東照宮奉幣使となる。同2年参議を辞す。同4年従二位に進む。子に実積がいる。　典：公辞・公補

風早実積　かざはや・さねつみ

江戸時代の人、参議。元禄4(1691)年,閏8月29月生～宝暦3(1753)年7月19日没。63才。法名=為空。

参議風早公長の子。元禄8(1695)年叙爵。同15年元服。従五位上に叙される。侍従に任ぜられる。宝永3(1706)年正五位下に進む。右少将に任ぜられる。同7年従四位下に進み、正徳2(1712)年右中将に任ぜられ、同4年従四位上、享保3(1718)年正四位下、同7年従三位、同12年正三位に進み、元文4(1739)年参議・兼伊予権守に任ぜられ、同5年参議を辞す。寛保2(1742)年伊予権守を辞す。同3年従二位に進む。宝暦2(1752)年に62才で出家。子に公雄がいる。　典：公辞・大日・日名・公補

風早公雄　かざはや・きみお

江戸時代の人、権中納言。享保6(1721)年1月22日生～天明7(1787)年8月14日没。67才。初名=公金。号=桂渚。

参議風早実積の子。初め公金と名乗る。享保10(1725)年叙爵。同19年元服。従五位上に叙され侍従に任ぜられる。元文3(1738)年正五位下に進む。右少将に任ぜられる。寛保2(1742)年従四位下、延享3(1746)年従四位上に進む。同4年公雄と改名。寛延3(1750)年正四位下に進む。同5年左中将に任ぜられる。宝暦5(1755)年従三位、同10年正三位に進む。同13年参議に任ぜられる。明和2(1765)年踏歌外弁となる。同年参議を辞す。同7年従二位に進む。安永8(1779)年権中納言に任ぜられるも辞す。天明7(1787)年正二位に進む。子に実顯・実秋がいる。　典：大日・日名・公辞・公補

風早実秋　かざはや・さねあき

江戸時代の人、権中納言。宝暦9(1759)年12月8日生～文化13(1816)年7月1日没。58才。

権中納言風早公雄の次男、母は雅楽頭源親本朝臣の娘。兄に実顯がいる。明和2(1765)年従五位下に叙される。同9年元服。従五位上に進む。上野権介に任ぜられる。安永5(1776)年正五位下に進む。同6年右権少将に任ぜられる。同8年従四位下、天明2(1782)年従四位上、同5年正四位下に進む。同8年右権中将に任ぜられる。寛政元(1789)年従三位、同5年正三位に進む。享和3(1803)年参議に任ぜられる。同年大歌別当となる。文化元(1804)年従二位に進む。踏歌外弁となる。同2年参議を辞す。同10年権中納言に任ぜられるも辞す。同12年正二位に進む。子に公元がいる。　典：公辞・公補

風早公元　かざはや・きみもと

江戸時代の人、非参議。寛政3(1791)年3月11日生～嘉永6(1853)年8月10日没。63才。

権中納言風早実秋の子、母は叔父に松平甲斐守保光朝臣・父源信昌の娘。寛政7(1795)年従五位下に叙される。文化2(1805)年元服。従五位上に進む。越前権介に任ぜられる。同5年正五位下、同8年従四位下、同11年従四位上、同14年正四位下に進む。文政3(1820)年右権少将、同5年左権中将に任ぜられたが、同7年任職を辞し蟄居。同11年蟄居を許される。同12年再び左権中将に任ぜられる。天保元(1830)年従三位、同5年正三位に進む。京都東院参町西に住む。子に実豊(左少将、弘化4,12,17没、33才)、孫に公紀(従四位上・橿原神宮宮司、明治に華族に列され子爵、明治38,2没、65才)がいる。　典：公辞・公補

○花山院家

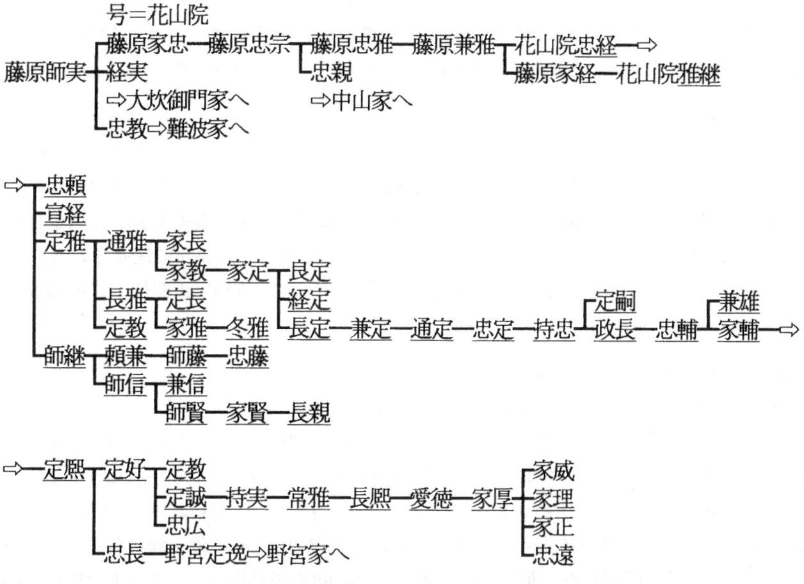

藤原道長の孫関白太政大臣藤原師実の次男左大臣藤原家忠が花山院と号した。のち曾孫左大臣藤原兼雅の子忠経が藤原を本姓、花山院を氏姓とした。代々大臣・大将として奉仕し笙・筆を家の業とした。分家に中山・飛鳥井・難波・野宮・今城家がある。明治に至り華族に列され侯爵を授かる。近衛南の東洞院東に邸宅があり撫子・萩花が多い所から花山院を氏姓としたという。家紋は車。菩提寺は京都右京区大原小塩の十輪寺。別読は〈かざのいん〉とも読む。

典：日名・京都

花山院忠経　かざんいん・ただつね

鎌倉時代の人、右大臣。承安3(1173)年生～寛喜元(1229)年8月5日没。57才。初姓＝藤原。号＝花山院右大臣。花山院家の祖。

左大臣藤原兼雅の子、母は太政大臣平清盛の娘。弟に藤原家経がいる。初姓を藤原と名乗る。安元元(1175)年叙爵。治承元(1177)年元服。侍従に任ぜられる。同3年従五位上に叙される。同5年兼土佐権介に任ぜられる。寿永2(1183)年正五位下、文治元(1185)年従四位下に進む。同3年右中将に任ぜられる。同4年従四位上に進む。同年左中将に任ぜられる。同5年正四位下より従三位に進む。同年伊予介に任ぜられ、建久元(1190)年兼越中権守に任ぜられる。同2年正三位に進み、同4年参議に任ぜられる。同5年兼讃岐権守に任ぜられる。同6年従二位に進む。権中納言に任ぜられ、同9年皇后宮大夫となる。正治元(1199)年中納言に任ぜられる。同2年権大納言に任ぜられ兼春宮大夫となる。建仁元(1201)年正二位に進み、同2年右大将に任ぜられる。右馬寮御監となる。元久2(1205)年大納言に任ぜられる。建永元(1206)年内大臣に任ぜられる。承元元(1207)年右大将を辞す。同年右大臣に任ぜられ、同2年これを辞す。建暦元(1211)年、父が左大臣藤原家忠の曾孫に当たり花山院と号した所から藤原を本姓、花山院を氏姓とする。建保元(1213)年41才で出家。子に忠頼・宣経・定雄・師継がいる。　典：大日・日名・公辞・公補

花山院忠頼　かざんいん・ただより

鎌倉時代の人、非参議。正治元(1199)年生～建暦2(1212)年12月19日没。14才。

右大臣花山院忠経の長男、母は権中納言藤原能保の娘。弟に宣経・定雅・師継がいる。建仁元(1201)年従五位下に叙される。同3年従五位上に進み侍従に任ぜられ、元久2(1205)年正五位下、建永元(1206)年従四位下に進む。承元元(1207)年備前介に任ぜられる。同2年従四位上に進む。同年右中将、同3年播磨権介に任ぜられ、同5年正四位下、建暦2(1212)年従三位に進む。　典：公補

花山院宣経　かざんいん・のぶつね

鎌倉時代の人、参議。建仁3(1203)年生～没年不明。

右大臣花山院忠経の次男。兄に忠頼、弟に定雅・師継がいる。建永2(1206)年叙爵。承元5(1211)年従五位上に叙され。侍従に任ぜられる。建保2(1214)年正五位下に進み、同3年兼越後権介、同6年左少将、承久元(1219)年近江権介に任ぜられる。同3年従四位上、貞応元(1222)年正四位下に進み、同2年左中将、嘉禄2(1226)年蔵人頭に任ぜられ、安貞元(1227)年参議に任ぜられ、同2年従三位に進む。同年播磨権守、天福元(1233)年越後権守に任ぜられたが任職を辞す。建長3(1251)年49才で出家。　典：公補

花山院定雅　かざんいん・さだまさ

鎌倉時代の人、右大臣。建保6(1218)年生～永仁2(1294)年2月30日没。77才。号=粟田口入道・後花山院。法名=隆覚。

右大臣花山院忠経の三男、母は権中納言葉室宗行の娘。兄に忠頼・宣経、弟に師継がいる。元仁2(1225)年従五位下に叙される。嘉禄2(1226)年侍従・中宮権亮に任ぜられる。従五位上に進む。同3年正五位下、安貞2(1228)年従四位下に進み、寛喜3(1231)年兼阿波介・左近衛権中将・兼東宮権亮に任ぜられ、貞永元(1232)年正四位下に進む。同年補蔵人頭、文暦元(1234)年参議に任ぜられる。嘉禎元(1235)年従三位に進む。讃岐権守に任ぜられる。同2年正三位に進む。権中納言に任ぜられる。同3年従二位、延応元(1239)年正二

位に進む。同年権大納言に任ぜられる。建長2(1250)年大納言・兼左大将に任ぜられる。兼左馬寮御監となる。同4年内大臣より右大臣に任ぜられる。同年左馬寮御監を辞す。同5年左大将を辞す。同6年右大臣を辞す。康元元(1256)年39才で出家。子に通雅・長雅・定教がいる。　典：大日・日名・伝日・公辞・公補

花山院雅継　かざんいん・まさつぐ

鎌倉時代の人、非参議。建久9(1198)年生〜没年不明。

右大臣花山院忠経の弟権中納言藤原家経の次男、母は権大納言藤原成親の娘。藤原姓を名乗らずに花山院を氏姓とする。建保3(1215)年叙爵。同5年少納言、同6年安芸権介に任ぜられ、承久元(1219)年従五位下に進み、同3年加賀介に任ぜられ、安貞元(1227)年従四位上に進み、同3年出雲介に任ぜられ、寛喜2(1229)年正四位下、暦仁元(1238)年従三位、延応元(1239)年正三位に進む。宝治元(1247)年50才で出家。　典：公補

花山院師継　かざんいん・もろつぐ

鎌倉時代の人、内大臣。貞応元(1222)年生〜弘安4(1281)年4月9日没。60才。号=花山院内大臣・妙光寺内大臣。

右大臣花山院忠経の四男、母は権中納言葉室宗行の娘。兄に忠頼・宣経・定雅がいる。安貞3(1229)年従五位上に叙される。寛喜3(1230)年侍従に任ぜられ、貞永元(1232)年正五位下に進み、文暦2(1234)年兼阿波権介・右少将に任ぜられ、嘉禎2(1236)年従四位下、同3年従四位上より正四位下に進む。右中将、仁治2(1241)年兼長門介、同3年補蔵人頭に任ぜられ、寛元3(1245)年従三位に進む。同4年兼但馬権守に任ぜられ、宝治元(1247)年参議に任ぜられる。同2年正三位に進む。兼皇后宮権大夫となる。建長2(1250)年権中納言に任ぜられ、同3年従二位に進む。皇后宮大夫となる。皇后宮大夫権大夫を辞す。同7年権大納言に任ぜられ、康元元(1256)年正二位に進み、弘長元(1261)年兼中宮大夫に任ぜられたが辞す。文永4(1267)年皇后宮大夫を辞す。同5年兼春宮大夫に任ぜられ、同8年内大臣に任ぜられ、建治元(1275)年これを辞す。第95代後醍醐天皇の外祖と言う。子に頼兼・師信がいる。　典：大日・日名・伝日・公辞・公補

花山院通雅　かざんいん・みちまさ

鎌倉時代の人、太政大臣。貞永元(1232)年生〜建治2(1276)年5月4日没。45才。法名=空理。号=後花山院太政大臣。

右大臣花山院定雅の長男、母は権中納言藤原定高の娘。弟に長雅・定教がいる。左中将に任ぜられ、宝治元(1247)年従三位に叙される。同2年兼越前権守に任ぜられ、建長2(1250)年正三位に進む。同年参議に任ぜられ、同3年権中納言に任ぜられる。正嘉元(1257)年正二位に進む。権大納言に任ぜられる。弘長2(1262)年兼右大将に任ぜられる。右馬寮御監となる。文永5(1268)年内大臣に任ぜられ、同6年右大将を辞す。同年右大臣に任ぜられ、同8年これを辞す。建治元(1275)年従一位に進み太政大臣に任ぜられる。同2年太政大臣を辞し、出家。子に家長・家教がいる。　典：大日・日名・公辞・古今・伝日・公補

花山院長雅　かざんいん・ながまさ

鎌倉時代の人、大納言。嘉禎2(1236)年生〜弘安10(1287)年12月16日没。52才。

右大臣花山院定雅の次男、母は権中納言藤原定高の娘。兄に通雅、弟に定教がいる。正四位下に叙され右中将に任ぜられ、建長6(1254)年参議に任ぜられ、同7年従三位、正嘉元(1257)年正三位に進み、正元元(1259)年権中納言に任ぜられ、文応元(1260)年従二位、弘長3(1263)年正二位に進み、文永5(1268)年権大納言に任ぜられ、弘安7(1284)年大納言に任ぜられる。同8年大納言を辞す。子に定長・家雅がいる。　典：公補

花山院頼兼　かざんいん・よりかね

鎌倉時代の人、参議。生没年不明。

内大臣花山院師継の長男。弟に師信がいる。建長2(1250)年叙爵。同3年従五位上に叙される。侍従に任ぜられる。同4年正五位下に進む。同年右少将に任ぜられる。同5年相模権介に任ぜられ、同6年従四位下に進み右中将、同7年左中将に任ぜられ、康元元(1256)年従四位上、正嘉2(1258)年正四位下に進む。同年伊予介、文永元(1264)年加賀介に任ぜられ、同4年従三位に進み、同6年参議に任ぜられ、同7年正三位に進む。同年兼播磨権守・兼左衛門督に任ぜられ、同8年任職を辞す。同10年出家。子に師藤がいる。　典：公補

花山院家長　かざんいん・いえなが

鎌倉時代の人、権中納言。建長5(1253)年生～文永11(1274)年7月2日没。22才。

太政大臣花山院通雅の長男、母は中納言藤原国通の娘。弟に家教がいる。建長7(1255)年叙爵。正嘉元(1257)年侍従に任ぜられ、同2年従五位上、同3年正五位下より従四位下、正元元(1259)年従四位上に進む。同年左中将、同2年武蔵権介に任ぜられ、弘長2(1262)年正四位下に進み、文永3(1266)年兼土佐介、同5年兼春宮権亮に任ぜられ、同6年従三位、同8年正三位に進む。権中納言に任ぜられる。同11年従二位に進む。　典：公補

花山院定長　かざんいん・さだなが

鎌倉時代の人、参議。正元元(1259)年生～弘安4(1281)年1月10日没。23才。

大納言花山院長雅の長男、母は権大納言藤原実持の娘。弟に家雅がいる。文応元(1260)年叙爵。弘長2(1262)年従五位上に叙される。同年侍従に任ぜられ、同3年正五位下に進み、文永3(1266)年出雲権介、同4年左少将に任ぜられ、同5年従四位下より従四位上に進む。左少将より左中将に任ぜられ、同8年正四位下に進み、同11年兼尾張介に任ぜられる。従三位に進む。建治元(1275)年陸奥権守に任ぜられる。同2年参議に任ぜられる。同3年正三位、弘安元(1278)年従二位に進み、同3年兼讃岐権守に任ぜられる。　典：公補

花山院家教　かざんいん・いえのり

鎌倉時代の人、権大納言。弘長元(1261)年生～永仁5(1297)年8月26日没。37才。

大納言花山院通雅の次男、母は大納言中院通方の娘。兄に家長がいる。弘長2(1262)年従五位上に叙される。同3年正五位下に進み、文永3(1266)年侍従に任ぜられ、同5年従四位下、同7年従四位上に進む。兼阿波権介に任ぜられ、同9年正四位下に進み、同10年右少将に任ぜられる。同11年左中将に任ぜられ、建治2(1276)年従三位に進む。同年参議に任ぜられる。同3年正三位に進む。備中権守に任ぜられ、弘安元(1278)年従二位に進み、同2年権中納言に任ぜられ、同6年に辞すも再び任ぜられる。同7年正二位に進み、正応元(1288)年中納言より権大納言に任ぜられる。同2年兼春宮大夫となる。永仁元(1293)年右

大将に任ぜられ、同2年踏歌内弁となる。同5年病気の為に任職を辞し出家。子に冬雅がいる。　典：公辞・公補

花山院師藤　かざんいん・もろふじ

鎌倉時代の人、権大納言。文永3(1266)年生～没年不明。法名＝法覚。改名＝顯信。

参議花山院頼兼の子。祖父の内大臣花山院師継と法眼玄経の娘の養子となる。文永8(1271)年従五位上に叙される。侍従に任ぜられ、同9年正五位下に進む。同年左少将、同10年加賀権介に任ぜられ、同11年従四位下に進む。右中将に任ぜられる。建治元(1275)年従四位上、同2年正四位下に進み、同3年播磨権介・兼春宮権亮に任ぜられ、弘安元(1278)年従三位に進み、同2年尾張権守に任ぜられ、同3年正三位に進み、同6年尾張権守を辞す。同8年参議に任ぜられ、同9年兼越前権守に任ぜられ、同10年参議を辞す。正応4(1291)年再び参議に任ぜられ、同5年従二位に進み権中納言に任ぜられる。永仁元(1293)年正二位に進む。同5年権大納言に任ぜられ、同6年に辞す。正和元(1312)年47才で出家。子に忠藤がいる。　典：公補

花山院定教　かざんいん・さだのり

鎌倉時代の人、権大納言。生年不明～嘉暦元(1326)年没。

右大臣花山院定雅の三男。兄に通雅・長雅がいる。弘安4(1281)年叙爵し侍従に任ぜられ、同5年従五位上に進み右少将に任ぜられ、同6年正五位下より従四位下に進み右中将に任ぜられ、同7年従四位上より正四位下に進み、同8年兼豊後介に任ぜられる。同年従三位、正応元(1288)年正三位に進む。参議に任ぜられる。同2年兼讃岐権守に任ぜられる。従二位に進む。権中納言に任ぜられる。同4年正二位に進み、永仁元(1293)年権大納言に任ぜられ、同3年に辞す。　典：公補

花山院師信　かざんいん・もろのぶ

鎌倉時代の人、内大臣。文永11(1274)年生～元亨元(1321)年11月1日没。48才。通称＝後花山院内大臣。

内大臣花山院師継の次男。兄に頼兼がいる。弘安4(1281)年叙爵。同5年侍従に任ぜられ、同6年従五位上、同7年正五位下に進む。同年左少将に任ぜられる。同8年従四位下に進む。同9年兼播磨介・左中将に任ぜられ、同11年従四位上、正応2(1289)年正四位下に進み、同4年補蔵人に任ぜられる。従三位に進む。参議に任ぜられる。永仁元(1293)年兼讃岐権守に任ぜられ、同2年正三位に進み、同5年讃岐権守を辞す。同6年兼阿波権守に任ぜられ、正安元(1299)年従二位に進み権中納言に任ぜられる。乾元元(1302)年正二位に進み、嘉元元(1303)年権大納言に任ぜられ、延慶元(1308)年兵部卿に任ぜられたが辞す。兼春宮大夫となる。正和5(1316)年大納言に任ぜられ、文保元(1317)年従一位に進む。春宮大夫を辞す。元応元(1319)年内大臣に任ぜられ皇太子伝奏となる。子に兼信・師賢がいる。　典：伝日・公補

花山院家雅　かざんいん・いえまさ

鎌倉時代の人、権大納言。建治3(1277)年生～延慶元(1308)年8月14日没。32才。

大納言花山院長雅の次男、母は権大納言藤原実持の娘。兄に定長がいる。弘安4(1281)年叙爵。同6年従五位上に叙され侍従に任ぜられ、同7年正五位下、同8年従四位下に進み、同9年左中将・兼春宮権亮に任ぜられ、同10年伊予介に任ぜられる。春宮権亮を辞す。従四位上、正応2(1288)年正四位下、同4年従三位、永仁元(1293)年正三位に進み、同4年参議に任ぜられる。同5年兼春宮権大夫に任ぜられ、同6年従二位に進み権中納言に任ぜられる。春宮権大夫を辞す。正安元(1299)年正二位に進み、乾元元(1302)年中納言より権大納言に任ぜられ、嘉元元(1303)年に辞す。子に冬雅がいる。　典：公補

花山院家定　かざんいん・いえさだ

鎌倉時代の人、右大臣。弘安6(1283)年生～康永元(1342)年4月28日没。60才。法名=理円。通称=金光院入道。

権大納言花山院家教の子。弘安8(1285)年叙爵。同10年侍従に任ぜられ、正応元(1288)年従五位上より正五位下、同2年従四位下より従四位上、同3年正四位下に進み左中将より右中将・兼春宮権亮に任ぜられ、同4年従三位、同6年正三位、乾元元(1302)年従二位に進み参議より権中納言に任ぜられ、嘉元3(1305)年権大納言に任ぜられる。延慶元(1308)年正二位に進み、正和4(1315)年兼右大将に任ぜられ、文保2(1318)年右大臣に任ぜられる。同年右大将を辞す。元応元(1319)年従一位に進む。右大臣を辞す。元亨3(1323)年41才で出家。子に良定・経定・長定がいる。　典：大日・日名・伝日・公辞・公補

花山院忠藤　かざんいん・ただふじ

鎌倉時代の人、非参議。生年不明～元応元(1319)年11月没。

権大納言花山院師藤の子、母は権中納言日野資宣の娘。正応5(1292)年従五位下、永仁3(1295)年従五位上、同4年正五位下、同5年従四位下に進み侍従に任ぜられ、同6年従四位上に進み左少将より右中将に任ぜられ、正安元(1299)年正四位下、延慶元(1308)年従三位に進む。正和2(1313)年右中将を辞す。文保2(1318)年正三位に進み再び右中将に任ぜられたが、元応元(1319)年解官。　典：公補

花山院兼信　かざんいん・かねのぶ

鎌倉時代の人、権中納言。正応4(1291)年生～没年不明。法名=覚円。

内大臣花山院師信の長男、母は参議三条実盛の娘。弟に師賢がいる。永仁6(1298)年従五位下に叙される。同7年従五位上に進み、正安4(1302)年侍従に任ぜられ、嘉元2(1304)年正五位下に進み、同4年左少将に任ぜられ、徳治2(1307)年従四位下、延慶元(1308)年従四位上に進み、同2年播磨介・左中将・兼春宮権亮に任ぜられ正四位下に進み、同3年補蔵人頭に任ぜられ参議に任ぜられる。応長元(1311)年従三位に進み兼越後権守に任ぜられ、正和2(1313)年兼右衛門督・使別当となる。同3年正三位、同4年従二位に進み権中納言に任ぜられる。文保元(1317)年正二位に進む。元亨3(1323)年権中納言を辞す。康永2(1343.興国4)年53才で出家。　典：公補

花山院良定　かざんいん・よしさだ

鎌倉時代の人、非参議。生年不明～正和元(1312)年7月13日没。

右大臣花山院家定の長男、母は権中納言中御門為方の娘。弟に経定・長定がいる。正安3(1301)年従五位下に叙される。乾元2(1303)年従五位上に進み、嘉元3(1305)年侍従に任ぜられ、同4年正五位下、徳治2(1307)年従四位下、延慶元(1308)年従四位上、同2年正四位下に進み左中将に任ぜられ、応長元(1311)年従三位に進む。　典：公補

花山院師賢　かざんいん・もろかた

鎌倉時代の人、大納言。正安3(1301)年生～正慶元(1332.元弘2)年10月没。32才。法名=素貞。

内大臣花山院師信の次男、母は参議藤原忠継の孫・僧恵一の娘。兄に兼信がいる。乾元元(1302)年叙爵。嘉元4(1306)年従五位上に進み、徳治元(1306)年侍従に任ぜられ、同2年正五位下、延慶2(1309)年従四位下に進み右少将に任ぜられ、同3年従四位上に進み、同4年左中将に任、応長2(1312)年播磨介に任ぜられ、正和元(1312)年正四位下、同5年従三位に進み、文保元(1317)年兼左大弁・参議に任ぜられ、同2年造東大寺長官となり兼土佐権守に任ぜられ権中納言に任ぜられる。元応元(1319)年正三位に進み兼中宮権大夫に任ぜられ、元亨元(1321)年従二位に進み、同3年兼右衛門督に任ぜられ、正中2(1325)年中納言・兼弾正尹に任ぜられ右衛門督を辞す。嘉暦元(1326)年権大納言に任ぜられ、同2年正二位に進み中宮権大夫を辞す。元徳元(1329)年大納言に任ぜられる。元弘元(1331)年足利尊氏との戦いがあり、第95代後醍醐天皇に仕え、天皇に変装して比叡山に赴き、天皇を笠置山より吉野に逃し、のち笠置山に向かい幕府軍に捕らえられ31才で出家。正慶元(1332)年に下総の千葉貞胤のもとに流される。のちに太政大臣を贈られ文貞と諡した。明治14年に千葉県香取郡小御門村名古屋の小御門神社に祀った。和歌をよく詠み諸集に載る。室方は絵画を描いた。子に家賢がいる。　典：大日・日名・古今・京都・公辞・公補

花山院冬雅　かざんいん・ふゆまさ

鎌倉時代の人、非参議。生年不明～正中2(1325)年6月7日没。

権大納言花山院家雅の子、母は権大納言日野俊光の娘。嘉元4(1306)年叙爵。延慶元(1308)年侍従に任ぜられ、同2年従五位上に進み右少将に任ぜられ、同3年正五位下、同4年従四位下に進み、正和元(1312)年右中将に任ぜられ、同3年従四位上、同4年正四位下に進み左中将に任ぜられ、文保元(1317)年従三位に進み再び右中将に任ぜられ、元亨3(1323)年正三位に進み、正中2(1325)年右中将を辞す。　典：公補

花山院経定　かざんいん・つねさだ

鎌倉時代の人、権中納言。正安2(1300)年生～嘉暦元(1326)年1月29日没。27才。

右大臣花山院家定の次男、母は内大臣六条有房の娘。兄に良定、弟に長定がいる。嘉元4(1306)年叙爵。正和2(1313)年従五位上に叙され侍従に任ぜられ、同3年正五位下に進み左中将に任ぜられ、同5年従四位下に進み、文保元(1317)年陸奥介に任ぜられ、同2年従四位上より正四位下に進み春宮権亮に任ぜられ、元応元(1319)年参議に任ぜられる。同2年兼讃岐権守に任ぜられ、元亨元(1321)年正三位に進み権中納言に任ぜられる。　典：公補

花山院長定　かざんいん・ながさだ

鎌倉・南北朝時代の人、内大臣。文保元(1317)年生〜没年不明。法名=静円。号=護法院。

右大臣花山院家定の三男、母は権大納言花山院長雅の娘。兄に良定・経定がいる。嘉暦元(1326)年左中将に任ぜられ、同3年正四位下に叙され兼伊予介に任ぜられ従三位、元徳2(1329)年正三位に進み権中納言に任ぜられる。建武2(1335)年従二位に進み、同3兼左兵衛督に任ぜられ、同4左衛門督に任ぜられ、暦応元(1338.延元3)年正二位に進み左衛門督を辞す。同2年権大納言に任ぜられ、貞和4(1348.正平3)年兼右大将に任ぜられ、同5年大納言に任ぜられる。観応2(1351)年内大臣に任ぜられるも。35才で出家。子に兼定がいる。　典：公辞・公補

花山院家賢　かざんいん・いえかた

南北朝時代の人、南朝の内大臣。元徳2(1330)年生〜貞治5(1366.正平21)年5月没。37才。号=妙光寺。

大納言花山院師賢の子、母は右大臣花山院家定の娘。嘉暦3(1328)年従五位下に叙され、同4年従五位上、元徳2(1330)年正五位下に進み、建武2(1335)年侍従、暦応2(1339)年左少将に任ぜられ、同3年従四位下に進み、同4年右中将・春宮権亮に任ぜられ、康永2(1343)年従四位下より正四位下、貞和3(1347.正平2)年従三位に進み左中将に任ぜられ、同4年参議に任ぜられる。同5年兼備中権守に任ぜられ、観応元(1350.正平5)年参議・左中将を辞す。同2年再び参議・左中将に任ぜられ、文和2(1352.正平8)年権中納言に任ぜられる。同3年兼左衛門督に任ぜられたが任職を辞す。正平10(1354.文和4)年南朝(吉野朝)に参任し権大納言・右近衛大将・春宮大夫に任ぜられる。のち内大臣に任ぜられた。子に長親がいる。　典：大日・日名・公辞・公補

花山院長親　かざんいん・ながちか

南北朝時代の人、吉野朝の権大納言。生年不明〜永享元(1429)年7月10日没。字=子晋。法号=明魏。号=耕雲。

南朝の内大臣花山院家賢の子。南朝(吉野朝)にあって第96代御村上天皇と第99代御亀山天皇に仕え、権大納言・文章博士・左右近衛大将を歴任し、弘和3(1383.北朝=永徳3)年に内大臣に任ぜられ、元中2(1385.北朝=至徳2)年に従一位右大臣に任ぜられる。同9年に南北朝が統一され後亀山天皇について京都に上洛し、後亀山天皇が第百代後小松天皇に政権を譲ったので、出家。和歌に長じ連歌を嗜み応永15(1408)年耕雲口伝を著す。同21年に京都にて和歌を競う。晩年には遠江の槇谷の耕雲寺に住む。一説には耕雲寺は長親が創建した寺で墓があり上毛の妙義山にて没したという。古文書が観心寺文書として残されている。　典：古文・大日・日名・伝日・公辞・公補

花山院兼定　かざんいん・かねさだ

南北朝時代の人、権大納言。暦応元(1338.延元3)年生〜永和4(1378.天授4)年11月30日没。41才。

内大臣花山院長定の子。暦応元(1338)年叙爵。同2年従五位上に叙され、同4年正五位下に進み侍従に任ぜられ、同5年従四位下、康永2(1343)年従四位上に進み右中将、同3年

兼紀伊介に任ぜられ、貞和2(1346)年正四位下に進み、同4年左中将に任ぜられ、同5年従三位に進み、文和3(1354.正平9)年権中納言に任ぜられる。延文2(1357.正平12)年正三位、同4年従二位に進み、同5年権大納言に任ぜられ、貞治元(1362.正平17)年正二位に進み、応安3(1370)年兼右大将に任ぜられ、永和4(1378.天授4)年左大将に任ぜられる。　典：公辞・公補

花山院通定　かざんいん・みちさだ

南北朝・室町時代の人、右大臣。生年不明～応永7(1400)年4月14日没。法名=信円。号=如住院入道。

権大納言花山院兼定の子、母は権大納言九条光経の娘。貞治2(1363)年従五位下に叙される。同3年従五位上、同5年正五位下に進み、同6年元服。侍従に任ぜられ、応安元(1368)年従四位下より従四位上に進み、同2年左近中将に任ぜられ、同3年正四位下より従三位に進み兼伊予介に任ぜられ、永和元(1375.天授元)正三位、同2年従二位に進み権中納言に任ぜられ、永徳元(1381.弘和元)権大納言に任ぜられる。同3年正二位に進み、明徳元(1390.元中7)年兼右大将に任ぜられ、応永元(1394)年内大臣に任ぜられ、同2年右大将を辞す。右大臣に任ぜられ従一位に進む。のち出家。子に忠定がいる。　典：大日・日名・伝日・公辞・公補

花山院忠定　かざんいん・たださだ

南北朝・室町初期の人、権大納言。康暦元(1379.天授5)年生～応永23(1416)年8月15日没。38才。初名=忠俊。

右大臣花山院通定の子。初め忠俊と名乗る。明徳4(1393)年従五位上より正五位下に叙され元服。侍従に任ぜられ、応永2(1395)年従四位下に進み左中将に任ぜられ、同3年従三位に進み兼尾張権守に任ぜられ権中納言に任ぜられる。同5年正三位に進む。同7年権中納言を辞すも、同8年再び権中納言に任ぜられ、同9年従二位に進み権大納言に任ぜられ忠定と改名。同10年正二位に進み、同23年兼右大将に任ぜられる。子に持忠がいる。　典：公辞・公補

花山院持忠　かざんいん・もちただ

室町時代の人、内大臣。応永12(1405)年生～文正2(1467)年1月7日没。63才。号=鳳栖院。

権大納言花山院忠定の子。正四位下に叙され左中将に任ぜられ、応永29(1422)年従三位に進み参議に任ぜられる。同30年兼伊予権守に任ぜられ、同32年権中納言に任ぜられ、同33年正三位に進み、正長元(1428)年権大納言に任ぜられる。永享2(1430)年従二位に進み造宮上卿となる。同9年右大将に任ぜられ、同11年正二位に進み、同13年内大臣に任ぜられる。嘉吉2(1442)年右大将を辞す。同3年に内大臣を辞す。文安5(1448)年44才で出家。死後太政大臣を贈られる。子に定嗣・政長がいる。　典：日名・公辞・公補

花山院定嗣　かざんいん・さだつぐ

室町時代の人、権大納言。生年不明～享禄3(1530)年2月20日没。

内大臣花山院持忠の長男。弟に政長がいる。嘉吉2(1442)年従五位上に叙される。同3年正五位下、文安2(1445)年従四位下に進み左近中将・兼備中介に任ぜられ、同3年従四位上より正四位下、同4年従三位に進み兼讃岐権守に任ぜられ、同5年権中納言に任ぜられ、享徳元(1452)年権大納言に任ぜられる。同2年権大納言を辞す。同3年に出家。　典:公辞・公補

花山院政長　かざんいん・まさなが

室町時代の人、太政大臣。宝徳3(1451)年生～大永5(1525)年3月18日没。75才。初名=忠熈。法名=覚円。号=後鳳栖院。

内大臣花山院持忠の次男。兄に定嗣がいる。左中将に任ぜられ、応仁2(1468)年従三位に叙される。文明2(1470)年権中納言に任ぜられ、同4年正三位に進み、同8年権大納言に任ぜられる。同11年従二位に進み、同14年兼右近衛大将に任ぜられ、同17年正二位に進み内大臣に任ぜられ、同18年これを辞す。長享元(1487)年右大臣に任ぜられ、同2年従一位に進む。延徳2(1490)年右大臣を辞す。明応2(1493)年左大臣に任ぜられ、同5年に辞す。永正15(1518)年太政大臣に任ぜられ、大永元(1521)年に辞す。同5年出家。子に忠輔がいる。　典:大日・日名・伝日・公辞・公補

花山院忠輔　かざんいん・ただすけ

室町時代の人、権大納言。文明15(1483)年生～天文11(1542)年1月20日没。60才。一字名=忠。

太政大臣花山院政長の子。延徳4(1492)年従五位下に叙される。のち左中将に任ぜられ、明応7(1498)年従四位下に進み元服。同8年従四位上、文亀元(1501)年正四位下、同2年従三位に進み、永正3(1506)年権中納言に任ぜられ、同5年正三位に進み、同6年に権中納言を辞す。同14年従二位、同15年正二位に進み権大納言に任ぜられ、同17年に若州に下向し、のち上洛。大永4(1524)年兼右近衛大将に任ぜられ、同5年北国に下向し、のち上洛。享禄元(1528)年任職を辞す。子に兼雄、養子に家輔がいる。　典:公辞・公補

花山院兼雄　かざんいん・かねお

室町時代の人、権中納言。明応8(1499)年生～永正16(1519)年11月没。21才。法名=盛輔。

権大納言花山院忠輔の子。義弟に家輔がいる。中将に任ぜられ、永正10(1513)年正四位下、同13年従三位、同14年正三位に進み権中納言に任ぜられる。同16年出家。一説に11月に比叡山にて殺害されたという。　典:公補

花山院家輔　かざんいん・いえすけ

室町・安土桃山時代の人、右大臣。永正16(1519)年生～天正8(1580)年10月27日没。62才。号=法雲院。

関白左大臣九条尚経の次男。権大納言花山院忠輔と関白内大臣九条稙通の娘の養子となる。義兄に兼雄がいる。大永7(1527)年叙爵し侍従に任ぜられ、享禄4(1531)年正五位下、天文元(1532)年従四位下、同6年正四位下に進み、同11年元服。従三位に進み左近中将に任ぜられ、同12年権中納言に任ぜられ、同16年正三位、同20年従二位に進み、同23年

権大納言に任ぜられる。弘治3(1557)年正二位に進み内大臣より右大臣に任ぜられ、天正2(1574)年これを辞す。同6年60才で出家。養子に定熙がいる。　典:大日・日名・伝日・公辞・公補

花山院定熙　かざんいん・さだひろ

安土桃山・江戸時代の人、左大臣。永禄元(1558)年11月12日生～寛永11(1634)年10月12日没。77才。初名=家雅。号=霜松院。

左大臣西園寺公朝の子。右大臣花山院家輔と右大臣大炊御門経名の娘の養子となる。初め家雅と名乗る。天正4(1576)年叙爵し元服。侍従に任ぜられ、同5年従五位上、同6年従四位下に進み、左少将に任ぜられる。同7年左中将・参議に任ぜられる。同8年正四位下、同13年従三位、同16年正三位に進み、同17年権中納言に任ぜられる。慶長2(1597)年従二位に進み、同4年権大納言に任ぜられる。同7年正二位に進み定熙と改名。元和元(1615)年兼右大将に任ぜられ神宮伝奏となる。同3年右大将を辞す。同5年内大臣に任ぜられるも辞す。同6年従一位に進む。同7年右大臣に任ぜられるも辞す。寛永9(1632)年左大臣に任ぜられるも辞す。子に定好・忠長(従四位上・左近衛少将、慶長13年に飛鳥井雅賢らと遊蕩姦淫し翌年蝦夷に流される。寛永13年に許され武州に住み慶安5年上洛。寛文2,9,26没。75才。子は野宮定逸)がいる。　典:大日・日名・伝日・公辞・公補

花山院定好　かざんいん・さだよし

江戸時代の人、左大臣。慶長4(1599)年生～延宝元(1673)年7月4日没。75才。号=淳貞院。

左大臣花山院定熙の子。弟に忠長がいる。慶長16(1611)年叙爵し元服。侍従に任ぜられ、同17年従五位上より正五位下、同18年従四位下に進み、同19年左中将に任ぜられ、同20年従四位上、元和2(1616)年正四位下に進み、同5年参議に任ぜられる。同6年従三位に進み、同7年権中納言に任ぜられ、寛永元(1624)年正三位、同5年従二位に進み、同7年踏歌外弁となる。同8年権大納言に任ぜられる。同11年正二位に進む。同14年兼右大将に任ぜられるも辞す。同20年権大納言を辞す。慶安2(1649)年内大臣に任ぜられるも辞す。承応2(1653)年右大臣に任ぜられ、同3年に辞す。万治3(1660)年従一位に進む。寛文元(1661)年左大臣に任ぜられ、同3年に辞す。子に定教・定誠・忠広(正五位下・侍従、出家し号=円利、元禄6,3,3没、66才)がいる。　典:大日・日名・伝日・公辞・公補

花山院定教　かざんいん・さだのり

江戸時代の人、非参議。寛永6(1629)年10月1日生～承応2(1653)年12月12日没。25才。

左大臣花山院定好の長男、母は関白鷹司信尚の娘。弟に定誠・忠広がいる。寛永16(1638)年叙爵。同17年従五位上、同20年従四位下に進み侍従に任ぜられ元服。左中将に任ぜられ、同21年従四位上、正保2(1645)年正四位下、同3年従三位に進み、慶安2(1649)年踏歌外弁となる。　典:公辞・公補

花山院定誠　かざんいん・さだのぶ

江戸時代の人、内大臣。寛永17(1640)年2月26日生～宝永元(1704)年10月21日没。65才。法名=自寛。号=文恭院。

左大臣花山院定好の次男、母は関白鷹司信尚の娘。兄に定教、弟に忠広がいる。承応元(1652)年叙爵。同2年従五位上に叙され侍従に任ぜられ、同3年正五位下より従四位下に進み元服。左中将に任ぜられ、同4年従四位上、万治元(1658)年正四位下、同4年従三位、寛文3(1663)年正三位に進み権中納言に任ぜられ、同5年権大納言に任ぜられる。同6年神宮伝奏となるも辞す。同8年従二位、延宝2(1674)年正二位に進み、同3年に権大納言を辞す。武家伝奏となり、天和2(1682)年兼右大将に任ぜられ、同3年再び権大納言に任ぜられる。貞享元(1684)年武家伝奏を辞す。同年内大臣に任ぜられ踏歌節会内弁となる。同2年右大将を辞す。同3年内大臣を辞す。元禄5(1692)年53才で出家。資性学を好み賢を礼すと言う。子に持実がいる。　典：大日・日名・伝日・公辞・公補

花山院持実　かざんいん・もちざね

江戸時代の人、権大納言。寛文10(1670)年10月17日生～享保13(1728)年10月20日没。59才。初名＝持房。前名＝持重。

内大臣花山院定誠の子、母は左大臣大炊御門経孝の娘。初め持房と名乗る。寛文11(1671)年叙爵。同12年従五位上に叙され、延宝4(1676)年正五位下に進み侍従に任ぜられ、同6年元服。同年従四位下、同8年従四位上に進み、天和2(1682)年左中将に任ぜられ正四位下に進む。同3年春宮権亮に任ぜられ、貞享元(1684)年持重と改名。従三位に進み、同3年権中納言に任ぜられ、同4年正三位に進み、元禄6(1693)年権大納言に任ぜられる。同7年従二位に進み神宮伝奏となる。同8年踏歌節会外弁となり持実と改名。同16年権大納言を辞す。子に常雅がいる。　典：公辞・公補

花山院常雅　かざんいん・つねまさ

江戸時代の人、右大臣。元禄13(1700)年2月3日生～明和8(1771)年2月11日没。72才。一字名＝坤。

権大納言花山院持実の子。元禄16(1703)年叙爵。宝永元(1704)年従五位上に叙され侍従に任ぜられ、同2年正五位下、同4年従四位下、同7年従四位上、正徳元(1711)年正四位下に進み元服。左中将に任ぜられ、同2年従三位に進み、同5年権中納言に任ぜられる。享保元(1716)年正三位に進み踏歌節会外弁となる。同4年神宮伝奏となる。同6年従二位に進み、同8年権大納言に任ぜられ、同14年正二位に進み、同15年兼右大将に任ぜられる。元文元(1736)年内大臣に任ぜられる。同2年右大将を辞す。同4年内大臣を辞す。延享4(1747)年従一位に進む。寛延2(1749)年右大臣に任ぜられるも辞す。和漢を学び伊藤東涯を慕い、東涯が没するや墓碑の銘文を東涯の弟に贈ったという。子に長熙がいる。
典：大日・日名・伝日・公辞・公補

花山院長熙　かざんいん・ながひろ

江戸時代の人、権大納言。元文元(1736)年1月21日生～明和6(1769)年8月14日没。34才。初名＝兼済。

右大臣花山院常雅の子、母は摂政関白鷹司房輔の末子輔信の娘。初め兼済と名乗る。元文5(1740)年従五位下に叙され、寛保2(1742)年従五位上、同3年正五位下に進み、延享元(1744)年侍従に任ぜられ、同2年従四位下、同4年従四位上に進み元服。寛延元(1748)

年正四位下に進み左権少将に任ぜられ、同2年従三位に進み左権中将に任ぜられ、宝暦2(1752)年権中納言に任ぜられ踏歌節会外弁となり、同3年正三位に進み、同5年右兵衛督より左兵衛督に任ぜられ、同6年権大納言に任ぜられ、同8年従二位に進み、同12年長煕と改名。同13年正二位に進み、明和5(1768)年兼右大将・右馬寮御監に任ぜられる。同6年任職を辞す。養子に愛徳(中山家より)がいる。　典：公辞・公補

花山院愛徳　かざんいん・よしのり

江戸時代の人、右大臣。宝暦5(1755)年3月3日生～文政12(1829)年3月16日没。75才。号=温恭院。

権大納言中山栄親の次男。宝暦9(1759)年従五位下に叙され、明和6(1769)年権大納言花山院長煕の養子となり従五位上、同7年正五位下に進み侍従に任ぜられ、同8年従四位下、同9年従四位上に進み元服。右権少将に任ぜられ、安永2(1773)年正四位下に進み左権中将に任ぜられ、同3年従三位に進み権中納言に任ぜられ踏歌外弁となる。同4年正三位、同7年従二位、同8年正二位に進み、天明5(1785)年権大納言に任ぜられる、寛政11(1799)年兼右大将・右馬寮御監に任ぜられ、文化11(1814)年内大臣に任ぜられる。同12年任職を辞す。同年従一位に進む。文政3(1820)年右大臣に任ぜられるも辞す。才徳があり書をよくし名があった。子に家厚がいる。　典：大日・日名・伝日・公辞・公補

花山院家厚　かざんいん・いえあつ

江戸時代の人、右大臣。寛政元(1789)年3月28日生～慶応2(1866)年8月20日没。78才。

右大臣花山院愛徳の子、養母は内匠頭重隆朝臣の娘。寛政4(1792)年従五位下に叙される。同5年従五位上に進み侍従に任ぜられ、同6年正五位下、同7年従四位下、同8年従四位上、同9年正四位下に進み元服。右権少将に任ぜられ、同10年右権中将に任ぜられ従三位、享和元(1801)年正三位に進み踏歌外弁となる。文化2(1805)年権中納言に任ぜられ、同3年従二位に進み、同6年兼春宮権大夫に任ぜられ、同9年正二位に進み、同11年権大納言に任ぜられる。同14年権大夫を辞し院執権となる。天保5(1834)年兼右大将・右馬寮五監に任ぜられ、弘化4(1847)年内大臣に任ぜられる。同年任職を辞す。嘉永元(1848)年従一位に進み、安政6(1859)年右大臣に任ぜられ踏歌内弁となる。文久2(1862)年に右大臣を辞す。狩野派風の絵画をよく描くという。京都西殿町下ル東側に住む。家料は1355石。子に家威(正四位下・右少将、明治15,1没)・家理・家正(天保11,2,24没、7才)がいる。　典：明治・公辞・公補

花山院家理　かざんいん・いえのり

江戸時代の人、非参議。天保10(1839)年9月7日生～明治13(1880)年7月没。42才。

右大臣花山院家厚の次男。兄弟に家威・家正・忠遠がいる。弘化元(1844)年従五位下に叙される。同2年従五位上に進み侍従に任ぜられ、同3年正五位下、同4年従四位下、嘉永元(1848)年従四位上、同2年正四位下に進み、同4年元服。右権少将に任ぜられ、安政4(1857)年左権中将に任ぜられる。同年従三位、同5年正三位に進む。安政の事件(飛鳥井雅典の項参照)に八十八廷臣として連座。万延元(1860)年左権中将を辞す。文久3(1863)年

位官を返上。勤皇の一人として活躍する。子に忠遠(明治に華族に列され侯爵を授かる、明治28,11没)がいる。　典：公辞・公補

○勧修寺家

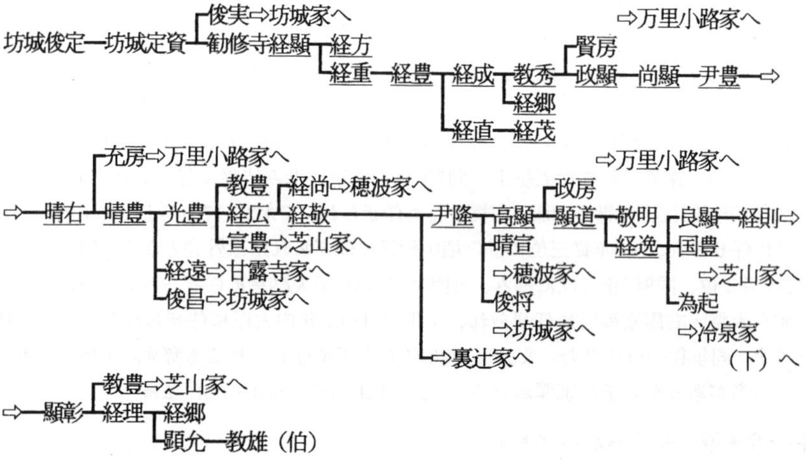

藤原冬嗣の孫の高藤の子定方が、母方が建てた勧修寺を氏寺としたのに始まり、その後に吉田家より坊城家が分かれ、坊城定資の次男経顕が勧修寺を氏姓とした。代々儒道・文筆をもって奉仕し、明治に至り華族に列され伯爵を授かる。この勧修寺家から万里小路家・甘露寺家・芝山家・穂波家など13家が出流し勧修寺流という。家紋は竹に雀。菩提寺は京都左京区浄土寺の真如堂。勧修寺家文書として古文書が残されている。

典：古文・京都・京四

勧修寺経顕　かじゅうじ・つねあき

鎌倉・南北朝時代の人、内大臣。永仁6(1298)年生～応安6(1373.文中2)年1月5日没。76才。初名=忠定。通称=芝山内大臣・勧修寺内大臣。勧修寺家の祖。

権中納言坊城定資の次男、母は右少将隆氏朝臣の娘。兄に坊城俊実がいる。藤原定方の母方が建てた勧修寺を氏姓として、一家を建立する。初め忠定と名乗る。正安4(1302)年従五位下に叙される。延慶2(1309)年従五位上に進み、正和2(1313)年経顕と改名し右兵衛佐、文保元(1317)年右衛門佐、同2年左衛門佐・兼春宮大進・防鴨河使・補蔵人に任ぜられる。元応元(1319)年春宮大進・補蔵人を辞す。同2年左少弁に任ぜられたが辞す。元亨2(1322)年従四位下、正中3(1326)年従四位上に進み、嘉暦元(1326)年春宮亮に任ぜられ、同3年正四位下に進み、元徳元(1329)年補蔵人頭に任ぜられる。同年修理大夫に任ぜられたが大夫を辞す。同2年参議に任ぜられ、南北朝となった後醍醐天皇に奉じ一時任職を辞すも元弘元(1331)年再び参議に任ぜられ右衛門督に任ぜられ従三位に進む。正慶元(1332.元弘2)年正三位に進み兼阿波権守より権中納言に任ぜられるも、同2年参議に落

職となる。建武元(1334)年太宰大弐に任ぜられ、同2年加賀権守・兼右衛門督・為使別当に任ぜられ、延元元(1336)年別当を辞し兼左京大夫に任ぜられ、建武4(1337.延元2)年従二位に進み再び権中納言に任ぜられ按察使となる。暦応元(1338.延元3)年正二位に進み、同2年中納言に任ぜられる。同3年按察使を辞す。権大納言に任ぜられ、康永元(1342.興国3)年権大納言を辞す。延文3(1358.正平13)年従一位に進む。日野資明と権力を争う。応安3(1370)年内大臣に任ぜられ、同4年内大臣を辞し出家。子に経方・経重がいる。　典：大日・日名・公辞・公補

勧修寺経方　かじゅうじ・つねかた

南北朝時代の人、権中納言。建武2(1335)年生～没年不明。初名=宗定。前名=経直。

内大臣勧修寺経顕の長男。弟に経重がいる。初め宗定と名乗る。建武3(1336.延元元)叙爵。同5年従五位上に叙され経直と改名。暦応3(1339)年正五位下に進み、康永2(1343)年右兵衛権佐、貞和4(1348)年兼春宮権大進・兼右少弁に任ぜられる。同年右兵衛権佐を辞す。経方と改名。同5年兼左衛門権佐、同6年補蔵人に任ぜられ、観応元(1350)年正五位上に進み左少弁より右中弁・防鴨河使に任ぜられる。同年蔵人・左衛門権佐を辞す。同2年従四位下、文和2(1353)年従四位上、同3年正四位下に進み補右宮城使となり、同4年補蔵人頭・左中弁より右大弁に任ぜられ、同5年参議・兼備後権守に任ぜられ従三位に進む。延文3(1358.正平13)年左大弁に任ぜられ、同4年権中納言に任ぜられる。貞治元(1362.正平17)年に28才で出家。　典：公辞・公補

勧修寺経重　かじゅうじ・つねしげ

南北朝時代の人、権大納言。文和4(1355.正平10)年生～康応元(1389.元中6)年12月14日没。35才。

内大臣勧修寺経顕の次男(三男か)。兄に経方がいる。延文4(1359)年従五位下に叙される。応安7(1374)年左衛門権佐、同8年蔵人、永和元(1375)年右少弁に任ぜられ、同2年正五位上に進み記録所寄人となり、同3年左少弁に任ぜられ、同4年左衛門権左を辞す。同年従四位下、のち従四位上に進み左中弁に任ぜられ、同5年正四位下に進み蔵人頭に任ぜられ、康暦2(1380)年正四位上に進み右大弁に任ぜられ、永徳元(1381.弘和元)参議に任ぜられる。同2年従三位、同3年正三位に進み権中納言に任ぜられる。至徳元(1384.元中元)従二位に進み、康応元年権大納言・院執権に任ぜられる。子に経豊がいる。　典：公辞・公補

勧修寺経豊　かじゅうじ・つねとよ

室町時代の人、権大納言。生年不明～応永18(1411)年10月25日没。

権大納言勧修寺経重の子。明徳元(1390)年右衛門権佐・権右少弁、同3年左衛門権佐・蔵人に任ぜられ、同4年正五位上に叙される。応永元(1394)年右少弁、同2年左少弁、同3年右中弁に任ぜられ、同6年従四位下より従四位上、同8年正四位下に進み左中弁に任ぜられ、同9年正四位上に進み、同11年右大弁・蔵人頭・兼伊勢権守に任ぜられ、同12年参議に任ぜられる。同13年従三位に進み伊予権守に任ぜられぜられ、のち権中納言に任ぜられる。同15年正三位、同18年従二位に進む。同年権大納言に任ぜられる。子に経成・経直がいる。　典：公辞・公補

勧修寺経成　かじゅうじ・つねなり

室町時代の人、権中納言。応永3(1396)年生〜永享9(1437)年3月24日没。42才。初名＝経興。

権大納言勧修寺経豊の長男、母は非参議藤原隆冬の娘。弟に経直がいる。初め経興と名乗る。応永7(1400)年叙爵。のち右衛門佐、同19年蔵人、同21年左衛門権佐・権右少弁、同22年右少弁より左少弁に任ぜられ、同26年従四位下に叙され右中弁より左中弁・蔵人頭に任ぜられ従四位上に進み、同27年右大弁・参議に任ぜられのち、右衛門督・補使別当に任ぜられる。右大弁を辞す。正四位下に進む。同28年兼伊予権守に任ぜられ従三位に進み権中納言に任ぜられる。同31年正三位に進み、同32年権中納言を辞す。正長元(1428)年武家伝奏となり経成と改名し再び権中納言に任ぜられる。永享4(1432)年造宮上卿となる。同7年卿を辞す。同9年従二位に進む。子に教秀・経熈がいる。　典：公辞・公補

勧修寺経直　かじゅうじ・つねなお

室町時代の人、参議。生年不明〜宝徳元(1449)年没。

権大納言勧修寺経豊の次男。兄に経成がいる。左少弁を辞す。正四位下に叙される。宝徳元年参議に任ぜられるも出家。子に経茂がいる。　典：公補

勧修寺教秀　かじゅうじ・のりひで

室町時代の人、准大臣。応永33(1426)年生〜明応5(1496)年7月11日没。71才。通称＝勧修寺准大臣。

権中納言勧修寺経成の長男。弟に経郷がいる。永享年間に叙爵。左兵衛佐に任ぜられ、同13(1441)年従五位上より正五位下に進み、文安3(1446)年左少弁、同4年蔵人に任ぜられ、同5年正五位上、宝徳元(1449)年従四位下に進み、同2年権右中弁より左中弁に任ぜられ従四位上より正四位下に進み、同4年蔵人頭に任ぜられ正四位上に進み、享徳2(1453)年右大弁より左大弁・参議に任ぜられる。同3年従三位に進み兼近江権守に任ぜられ、康正元(1455)年権中納言に任ぜられ、長禄元(1457)年正三位に進む。同3年権中納言を辞す。寛正6(1465)年従二位に進み、文明2(1470)年武家伝奏となり、同3年権大納言に任ぜられる。同5年正二位に進み、延徳2(1490)年権大納言を辞す。明応5(1496)年武家伝奏を辞す。従一位に進み准大臣に任ぜられる。71才で出家。娘の藤子(豊楽門院)が後柏原天皇の後宮に入り後奈良天皇の外祖父なったため、大永8(1528)年に左大臣を贈る。子に政顕・賢房(万里小路家へ)がいる。　典：大日・日名・伝日・公辞・公補

勧修寺経茂　かじゅうじ・つねしげ

室町時代の人、権中納言。永享2(1430)年生〜明応9(1500)年5月21日没。71才。

参議勧修寺経直朝臣の子。蔵人頭に任ぜられたのち辞す。左大弁を任ぜられ正四位上に叙され、寛正元(1460)年参議に任ぜられる。同2年従三位に進み山城権守に任ぜられ、同3年周防権守に任ぜられ、文正元(1466)年因幡権守に任ぜられ権中納言に任ぜられる。応仁元(1467)年正三位、文明8(1476)年従二位に進み、同14年大蔵卿に任ぜられる。同16年権中納言を辞す。延徳2(1490)年正二位に進む。　典：公辞・公補

勧修寺政顕　かじゅうじ・まさあき

室町・戦国時代の人、権中納言。享徳元(1452)年生〜大永2(1522)年7月28日没。71才。

准大臣勧修寺教秀の長男、母は権中納言飛鳥井雅永の娘。弟に賢房(万里小路家へ)がいる。寛正3(1462)年叙爵。文明元(1469)年右兵衛佐に任ぜられ、同2年従五位上に進み、同3年蔵人・左少弁に任ぜられ、同6年正五位下より正五位上に進み、同7年右中弁、同9年左中弁に進み、同12年従四位下に進み、同13年蔵人頭・右大弁に任ぜられ、同14年従四位上より正四位下、同15年正四位上に進み参議に任ぜられる。同16年従三位に進み左大弁に任ぜられ、同18年権中納言に任ぜられ、延徳3(1491)年正三位、明応9(1500)年従二位に進む。永正元(1504)年権中納言を辞し加賀に下向。同15年武家伝奏となり、同17年これを辞す。加賀(在国19年)で没す。子に尚顕がいる。　典：公辞・公補

勧修寺経郷　かじゅうじ・つねさと

室町時代の人、権中納言。永享4(1432)年生〜永正元(1504)年2月17日没。73才。初名=経熈。

権中納言勧修寺経成の次男。兄に教秀がいる。初め経熈と名乗る。太宰大弐に任ぜられ、文明17(1485)年従三位に叙される。延徳元(1489)年経郷と改名。同3年正三位に進み参議に任ぜられる。明応2(1493)年権中納言に任ぜられ、文亀元(1501)年従二位に進む。同2年権中納言を辞す。　典：公補

勧修寺尚顕　かじゅうじ・なおあき

室町時代の人、権大納言。文明10(1478)年生〜永禄2(1559)年8月28日没。82才。法名=泰竜。僧名=栄空。

権中納言勧修寺政顕の子。長享元(1487)年叙爵。のち左衛門佐に任ぜられる。明応2(1493)年蔵人・右少弁に任ぜられ、同3年従五位上、同4年正五位下、同7年正五位上に進み、同10年左少弁に任ぜられ、永正2(1505)年従四位下に進み右中弁・蔵人頭に任ぜられ、同3年従四位上より正四位下ついで正四位上に進み、同5年右大弁・参議に任ぜられ従三位に進み武家伝奏となる。同7年左大弁に任ぜられ、同9年権中納言に任ぜられる。同11年正三位に進み、同17年加賀へ下向。大永元(1521)年上洛し従二位に進み、同2年踏歌外弁となる。同3年権大納言に任ぜられ再び加賀へ下向。同4年再び上洛。同5年武家伝奏を辞す。同6年正二位に進み、享禄元(1528)年伊勢に下向のち加賀に下向し一時坂本に移る。天文元(1532)年能登にて55才で出家。子に尹豊がいる。　典：公辞・公補

勧修寺尹豊　かじゅうじ・ただとよ

室町・安土桃山時代の人、内大臣。文亀3(1503)年生〜文禄3(1594)年2月1日没。92才。法名=紹可。号=長寿院。

権大納言勧修寺尚顕の子。永正5(1508)年叙爵。同11年元服。左衛門佐に任ぜられ、同13年従五位上、同16年正五位下に進み補五位蔵人・右少弁に任ぜられ、同18年正五位上に進み、大永2(1522)年左少弁、同5年左中弁、同6年補新帝蔵人に任ぜられ、享禄2(1529)年従四位下より従四位上・正四位下に進み補蔵人頭・右大弁に任ぜられ、同3年正四位上、天文元(1532)年従三位に進み参議に任ぜられ賀茂伝奏となる。同2年相模国に下向しのち

上洛。同4年左大弁・造東大寺長官に任ぜられ武家伝奏となる。同5年正三位に進み権中納言に任ぜられる。同9年従二位に進み、同10年権大納言に任ぜられる。同13年賀茂伝奏を辞す。関東に下向しのち上洛。正二位に進む。同18年再び賀茂伝奏となる。同21年従一位に進む。権大納言を辞す。永禄7(1564)年再び賀茂伝奏を辞す。同8年芸州に下向し、同9年上洛。同10年武家伝奏を辞し三たび賀茂伝奏となり芸州に下向。元亀元(1570)年賀茂伝奏を辞す。同2年上洛し、同3年正二位に落位。内大臣に任ぜられるも辞す。70才で出家。尊鎮親王流の書を能くした。子に晴右がいる。　典：大日・日名・伝日・公辞・公補

勧修寺晴右　かじゅうじ・はれすけ

室町・安土桃山時代の人、権大納言。大永3(1523)年生～天正5(1577)年1月1日没。55才。初名=晴秀。道号=松国。法名=天勁。号=高寿院。

内大臣勧修寺尹豊の子、母は加賀守平貞遠の娘。初め晴秀と名乗る。大永4(1524)年叙爵。天文3(1535)年元服。左衛門佐に任ぜられ、同4年従五位上に叙され、同5年補蔵人に任ぜられ、同6年正五位下より正五位上に進み右少弁、同7年佐少弁、同10年権右中弁、同11年右中弁・右宮城使に任ぜられ、同13年従四位下より従四位上ついで正四位下に進み、同14年補蔵人頭に、同16年左中弁・左宮城使に任ぜられ正四位上に進み、同19年参議・右大弁に任ぜられ従三位に進む。同22年正三位に進み加賀権守に任ぜられ、弘治元(1555)年権中納言に任ぜられる。永禄元(1558)年従二位に進み、同10年晴右と改名。武家伝奏となる。同11年武命に違反し蟄居。同12年許されて出仕。天正元(1573)年再び武家伝奏となり権大納言に任ぜられる。同2年正二位に進み、同4年に再び武命に違反し蟄居。のち許され出仕。没後の天正14(1586)年に内大臣、慶長4(1599)年に左大臣を贈られる。子に晴豊・充房(万里小路家へ)がいる。　典：大日・日名・公辞・公補

勧修寺晴豊　かじゅうじ・はれとよ

室町・安土桃山時代の人、准大臣。天文13(1544)年2月24日生～慶長7(1602)年12月8日没。59才。法名=西円。道号=孤月。号=清雲院。

権大納言勧修寺晴右の子。弟に充房(万里小路家へ)がいる。天文14(1545)年叙爵。同22年元服。従五位上に叙され左兵衛佐、同24年右少弁に任ぜられ、弘治2(1556)年正五位下に進み、永禄2(1559)年五位蔵人、同3年佐少弁に任ぜられ、同5年正五位上に進み、同6年右中弁に任ぜられ、同11年従四位下より従四位上、同12年正四位下より正四位上に進み同年左中弁、元亀元(1570)年蔵人頭、同3年参議に任ぜられついで右大弁に任ぜられ、天正2(1574)年従三位に進み左大弁に任ぜられ、同4年父晴右が武命に違反したことに連座し蟄居。のち許されて権中納言に任ぜられる。同5年正三位に進み武家伝奏となり、同6年賀茂伝奏となる。同8年賀茂伝奏を辞す。従二位に進み、同10年権大納言に任ぜられ、同13年正二位に進む。同15年豊臣秀吉が聚楽第に後陽成天皇の行幸を仰いで開いた和歌会に晴豊も列席。聚楽懐紙として和歌が残り聚楽行幸記として伝えられる。文禄4(1595)年武家伝奏を辞す。慶長6(1601)年従一位に進み准大臣に任ぜられる。没後の慶長19年に内大臣を贈られる。著書に晴豊日記がある。子に光豊・経遠(甘露寺家へ)・俊昌(坊城家へ)がいる。　典：大日・日名・伝日・公辞・公補

勧修寺光豊　かじゅうじ・みつとよ

安土桃山・江戸時代の人、権大納言。天正3(1575)年生～慶長17(1612)年10月27日没。38才。一字名=芳。通称=右大弁宰相・新宰相。

准大臣勧修寺晴豊の子。弟に経遠(甘露寺家へ)・俊昌(坊城家へ)がいる。天正4(1576)年叙爵。同11年元服。従五位上に叙され左衛門佐に任ぜられ、同13年右少弁に任ぜられ、同14年正五位下に進み、同16年蔵人、同17年左少弁に任ぜられ、同18年正五位上に進み、文禄3(1594)年右中弁に任ぜられ、同4年従四位下より従四位上ついで正四位下、慶長2(1597)年正四位上に進み同年蔵人頭、同4年右大弁・参議に任ぜられ武家伝奏となる。同5年従三位に進み、同6年兼近江権守に任ぜられ造興福寺長官となる。同9年権中納言に任ぜられる。同11年正三位、同17年従二位に進み権大納言に任ぜられる。没後の元和4(1618)年に内大臣を贈られる。墓所は京都中京区新京極三条下ルの誓願寺。子に教豊(従五位上・右兵衛佐、慶長20,6,22没、6才)・経広・宣豊(芝山家へ)がいる。　典：公辞・公補

勧修寺経広　かじゅうじ・つねひろ

江戸時代の人、権大納言。慶長11(1606)年11月27日生～没年不明。初名=俊直。法名=紹光。

権大納言勧修寺光豊の子、母は参議坊城俊昌の娘。兄弟に教豊・宣豊(芝山家へ)がいる。初め俊直と名乗る。慶長16(1611)年叙爵。同18年元服。左兵衛権佐に任ぜられ、同19年従五位上に叙され、元和元(1615)年経広と改名。同5年正五位下に進み蔵人・権左少弁に任ぜられ、同6年正五位上に進み、寛永元(1624)年従四位下より従四位上に進み中宮大進・左中弁に任ぜられ、同5年正四位下より正四位上に進み蔵人頭・右大弁に任ぜられ、同8年参議に任ぜられ左大弁に任ぜられ、同9年従三位に進む。同11年左大弁を辞す。同12年権中納言に任ぜられ踏歌外弁となる。同16年正三位、同18年従二位に進み権大納言に任ぜられる。慶安元(1648)年これを辞す。同3年正二位に進み、万治元(1658)年武家伝奏となる。寛文5(1665)年これを辞す。同12年72才で出家。子に経敬・敬尚(穂波家へ)がいる。　典：日名・公補

勧修寺経敬　かじゅうじ・つねよし

江戸時代の人、権大納言。正保元(1644)年12月18日生～宝永6(1709)年1月10日没。66才。初名=経慶。

権大納言勧修寺経広の子、母は徳永昌純の娘。弟に敬尚(穂波家へ)がいる。初め経慶と名乗る。慶安2(1649)年叙爵。承応元(1652)年元服。従五位上に叙され勘解由次官となる。同3年権右少弁、同4年右少弁に任ぜられ、明暦2(1656)年正五位下より正五位上に進み蔵人に任ぜられ、同3年左少弁、万治元(1658)年右中弁、同3年左中弁に任ぜられ、寛文2(1662)年従四位下に進み蔵人頭に任ぜられ、同3年従四位上より正四位下ついで正四位上に進み右大弁・参議に任ぜられる。同4年従三位に進み踏歌節会外弁となる。同9年左大弁に任ぜられ、同10年権中納言に任ぜられ、同12年正三位、延宝5(1677)年従二位に進み権大納言に任ぜられる。貞享元(1684)年これを辞す。元禄7(1694)年正二位に進む。宝

永4(1707)年経敬と改名。同5年従一位に進む。子に尹隆・公視(裏辻家へ)がいる。 典：大日・日名・公辞・公補

勧修寺尹隆 かじゅうじ・ただたか

江戸時代の人、権中納言。延宝4(1676)年生〜享保7(1722)年4月9日没。47才。

権大納言勧修寺経敬の長男、母は日向守源勝貞の娘。延宝5(1677)年叙爵。貞享元(1684)年元服。従五位上に叙され右兵衛佐に任ぜられ、同4年権右少弁より左少弁に任ぜられ、同5年正五位下に進み、元禄元(1688)年左衛門権佐、同3年蔵人に任ぜられ正五位上に進む。同年左衛門権佐を辞す。同4年左少弁より右中弁に任ぜられ、同5年従四位下に進み左中弁・蔵人頭に任ぜられ、同6年従四位上より正四位下ついで正四位上に進み、同7年右大弁、同9年参議に任ぜられる。同10年従三位に進み左大弁に任ぜられ踏歌節会外弁となる。同14年正三位に進み権中納言に任ぜられる。宝永元(1704)年権中納言を辞す。子に高顯・晴宣(穂波家へ)・俊将(坊城家へ)がいる。 典：公辞・公補

勧修寺高顯 かじゅうじ・たかあき

江戸時代の人、権大納言。元禄8(1695)年7月21日生〜元文2(1737)年8月18日没。43才。初名＝敬孝。

権中納言勧修寺尹隆の長男、母は権大納言清閑寺熈房の娘。弟に晴宣(穂波家へ)・俊将(坊城家へ)がいる。初め敬孝と名乗る。元禄9(1696)年叙爵。宝永2(1705)年元服。従五位上に叙され侍従に任ぜられ、同6年正五位下に進み、同7年左兵衛権佐、正徳2(1712)年権右少弁、同3年左衛門権佐、同4年左少弁、同5年蔵人に任ぜられ、享保元(1716)年正五位上に進み権右中弁に任ぜられる。同2年左衛門権佐を辞す。同3年右中弁に任ぜられ、同4年高顯と改名し従四位下より従四位上ついで正四位下に進み蔵人頭・左中弁に任ぜられ、ついで同5年正四位上に進み、同7年右大弁、同8年参議に任ぜられ従三位に進む。同9年左大弁に任ぜられ権中納言に任ぜられる。同10年踏歌節会外弁となる。同12年正三位に進み、同13年権大納言に任ぜられ、同16年従二位に進む。同17年権大納言を辞す。子に顯道・政房(万里小路家へ)がいる。 典：公辞・公補

勧修寺顯道 かじゅうじ・あきみち

江戸時代の人、権大納言。享保2(1717)年9月13日生〜宝暦6(1756)年5月18日没。40才。

権大納言勧修寺高顯の長男、母は権大納言万里小路尚房の娘。弟に政房(万里小路家へ)がいる。享保10(1725)年叙爵。同12年元服。勘解由次官となる。同14年従五位上に叙され、同18年正五位下に進み、同19年右少弁、同20年蔵人に任ぜられ正五位上に進み、元文2(1737)年権右中弁、同3年右中弁に任ぜられ、同5年従四位下より従四位上ついで・正四位下に進み蔵人頭・右大弁に任ぜられ、同6年正四位上、寛保2(1742)年従三位に進み参議に任ぜられる。同3年左大弁に任ぜられ、延享元(1744)年権中納言に任ぜられ、同4年正三位に進み兼左兵衛督に任ぜられる。寛延3(1750)年賀茂伝奏となるも辞す。同年踏歌節会外弁となる。宝暦3(1753)年権大納言に任ぜられる。同4年従二位に進み神宮上卿となり、同5年これを辞す。同6年権大納言を辞す。子に敬明(正五位上・蔵人頭・右中弁・左衛門佐・検非違使、宝暦8,3,22没、19才)・経逸がいる。 典：公辞・公補

勧修寺経逸　かじゅうじ・つねいつ

江戸時代の人、権大納言。寛延元(1748)年10月6日生～文化2(1805)年9月16日没。58才。

権大納言勧修寺顕道の次男、母は伊予守越智恒通の娘。兄に敬明(正五位上・蔵人頭・右中弁・左衛門佐・検非違使、宝暦8,3,22没、19才)がいる。宝暦8(1758)年叙爵。同9年元服。侍従に任ぜられ、同13年従五位上に叙され、明和元(1764)年補蔵人・賀茂下上社奉行に任ぜられ、同2年正五位下、同5年正五位上に進み兼春宮権大進・権右少弁ついで権右中弁に任ぜられ、同7年賀茂下上社奉行を辞す。同年従四位下より従四位上、同8年正四位下に進み、安永元(1772)年右中弁に任ぜられ、同2年正四位上に進み、同4年左中弁より右大弁・補蔵人頭に任ぜられ、同8年参議・左大弁に任ぜられ、同9年従三位に進み、天明元(1781)年権中納言に任ぜられる。同2年正三位に進み、同3年踏歌節会外弁となる。同5年従二位に進み兼左衛門督・補検非違使別当に任ぜられ、寛政元(1789)年正二位に進み権大納言に任ぜられ、同3年兼按察使・院執権に任ぜられる。同4年権大納言を辞す。同5年武家伝奏となる。同8年按察使を辞す。享和2(1802)年武家伝奏を辞す。文化元(1804)年院執権を辞す。子に良顕・国豊(芝山家へ)・為起(下冷泉家へ)がいる。　典：公辞・公補

勧修寺良顕　かじゅうじ・よしあき

江戸時代の人、参議。明和2(1765)年12月15日生～寛政7(1795)年12月1日没。31才。

権大納言勧修寺経逸の長男、母は権大納言飛鳥井雅重の娘。弟に国豊(芝山家へ)・為起(冷泉家・下へ)がいる。明和6(1769)年従五位下に叙される。安永3(1774)年元服。従五位上に進み、同4年侍従に任ぜられ、同5年正五位下に進み、天明元(1781)年兼皇太后宮権大進・右少弁に任ぜられ、同2年正五位上に進み、同3年左少弁・補蔵人・皇太后宮大進に任ぜられる。のち皇太后宮大進を辞す。同5年賀茂下上社奉行・兼左衛門佐、同6年右中弁に任ぜられ、同8年賀茂下上社奉行を辞す。寛政元(1789)年従四位下より従四位上ついで正四位下に進み補蔵人頭に任ぜられ、同2年正四位上に進み院別当、同4年参議・兼右大弁に任ぜられる。同5年従三位に進み踏歌外弁となる。同7年任職を辞す。子に経則がいる。　典：公辞・公補

勧修寺経則　かじゅうじ・つねとき

江戸時代の人、権中納言。天明7(1787)年11月10日生～天保7(1836)年11月19日没。50才。

参議勧修寺良顕の子、母は権中納言今出川公言の娘。寛政3(1791)年従五位下に叙される。同9年元服。従五位上、同12年正五位下に進み、文化元(1804)年侍従、同6年兼春宮権大進・右少弁に任ぜられ、同7年正五位上に進み補蔵人・左少弁、同8年賀茂下上社奉行・権右中弁、同11年大進・兼右衛門権佐、同12年右中弁、同14年左中弁に任ぜられる。文政元(1818)年賀茂下上社奉行を辞す。同年従四位下より従四位上に進み補蔵人頭に任ぜられ、同2年正四位下より正四位上に進み、同4年左大弁・参議に任ぜられる。同5年従三位、同7年正三位に進み、右衛門督・使別当に任ぜられ踏歌外弁となる。同8年権中納言に任ぜられ、同10年従二位、天保2(1831)年正二位に進む。同4年権中納言を辞す。京

都公家御唐門前に住む。子に顯彰(従四位下・侍従、安政の事件に連座、子は経理)がいる。　典：公辞・公補

○交野家

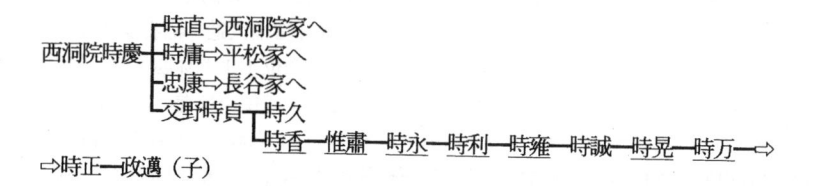

西洞院時慶─時直⇨西洞院家へ
　　　　　├時庸⇨平松家へ
　　　　　├忠康⇨長谷家へ
　　　　　└交野時貞─┬時久
　　　　　　　　　　└時香─惟肅─時永─時利─時雍─時誠─時晃─時万─⇨
⇨時正─政邁（子）

葛原親王の裔。西洞院家の分家。平行高の子行時が西洞院家を創設し、参議西洞院時慶の末子が西洞院家より分かれて交野を氏姓とした。明治に至り華族に列されて子爵を授かる。本姓は平。家紋は蝶。菩提寺は京都上京区寺町今出川上の十念寺(石井家も同寺)。
　典：大日・京四

交野時香　かたの・ときか

江戸時代の人、非参議。寛文4(1664)年12月7日生〜正徳元(1711)年2月2日没。48才。

権中納言平松時量の末子。大膳大夫交野時貞朝臣の養子となる。寛文12(1672)年叙爵。延宝4(1676)年元服。主計頭に任ぜられ、同5年従五位上に進み、同6年弾正少弼に任ぜられ、天和2(1682)年正五位下、貞享3(1686)年従四位下に進み、同4年左兵衛権佐に任ぜられ、元禄3(1690)年従四位上、同7年正四位下、同11年従三位に進み、同16年宮内卿に任ぜられ、宝永2(1705)年正三位に進む。養子に惟肅(裏松家より)がいる。　典：公辞・公補

交野惟肅　かたの・これかた

江戸時代の人、非参議。宝永3(1706)年8月10日生〜元文4(1739)年2月17日没。34才。初名=時度。

権中納言裏松意光の次男。非参議交野時香と権中納言山本実富の娘の養子となる。初め時度と名乗る。正徳2(1712)年叙爵。同6年従五位上に進む。同年元服。民部権大輔に任ぜられる。享保4(1719)年左兵衛権佐に任ぜられ、同5年正五位下、同9年従四位下に進み、同11年惟肅と改名。同13年従四位上、同17年正四位下に進み、同18年少納言、同19年侍従に任ぜられ、元文元(1736)年従三位に進む。養子に時永(長谷家より)がいる。　典：公辞・公補

交野時永　かたの・ときなが

江戸時代の人、権中納言。享保16(1731)年6月29日生〜天明5(1785)年11月7日没。55才。

非参議長谷範昌の次男。元文4(1739)年非参議交野惟肅の養子となり従五位下に進み、寛保2(1742)年元服。兵部権少輔に任ぜられ、同3年従五位上に進み木工頭に任ぜられ、延享4(1747)年正五位下、宝暦元(1751)年従四位下に進み治部大輔に任ぜられ、同5年従四位上、同9年正四位下に進み少納言・侍従に任ぜられ、明和元(1764)年従三位に進み、同

4年大蔵卿、同6年左兵衛督に任ぜられ、同7年正三位に進む。同8年踏歌外弁となる。安永元(1772)年参議に任ぜられるも辞す。同5年従二位に進む。同6年権中納言に任ぜられるも辞す。子に時利がいる。　典：公辞・公補

交野時利　かたの・ときとし

江戸時代の人、参議。明和3(1766)年8月28日生〜天保元(1830)年1月4日没。65才。

権中納言交野時永の子。明和7(1771)年従五位下に叙される。安永6(1777)年従五位上に進み上野権介に任ぜられ、天明元(1781)年正五位下、同5年従四位下に進み大膳権大夫に任ぜられ、寛政元(1789)年従四位上、同5年正四位下に進み、同6年少納言・侍従に任ぜられ、同11年従三位、文化2(1805)年正三位に進む。文政8(1825)年参議に任ぜられるも辞す。同年従二位に進む。養子に時雍(広橋家より)がいる。　典：公辞・公補

交野時雍　かたの・ときちか

江戸時代の人、非参議。天明5(1785)年11月11日生〜天保6(1835)年,閏7月12月没。51才。初名=匡直。

准大臣広橋伊光の末子、母は参議堀河康実の娘。初め匡直と名乗る。寛政3(1791)年従五位下に叙される。同12年参議交野時利の養子となる。同年元服。従五位上に進み左馬頭に任ぜられ、享和元(1801)年時雍と改名。同3年兼中宮少進に任ぜられ、文化元(1804)年正五位下に進み、同4年院判官代となる。同5年従四位下に進み、同7年右衛門佐に任ぜられ、同9年従四位上、同13年正四位下に進み同年少納言、同14年侍従に任ぜられ、文政4(1821)年従三位、同10年正三位に進む。子に時誠がいる。　典：公辞・公補

交野時晃　かたの・ときあきら

江戸時代の人、非参議。文政元(1818)年2月12日生〜文久元(1861)年8月10日没。44才。

非参議交野時雍の次男。天保元(1830)年叙爵。同2年元服。大和権守に任ぜられ、同5年従五位上に進み、同6年皇太后宮少進に任ぜられ、同9年正五位下に進む。同12年皇太后宮少進を辞す。新清和院判官代となる。同13年従四位下に進み左馬頭に任ぜられ、弘化3(1846)年従四位上に進み、同4年少納言、嘉永2(1848)年兼侍従に任ぜられ、同3年正四位下、安政元(1854)年従三位に進み、同5年宮内卿に任ぜられる。同年安政の事件(飛鳥井雅典の項参照)に八十八廷臣として連座。同6年正三位に進む。文久元(1861)年に宮内卿を辞す。子に時万がいる。　典：明治・公辞・公補

交野時万　かたの・ときつむ

江戸・明治・大正時代の人、非参議。天保3(1832)年5月19日生〜大正3(1914)年没。83才。

非参議交野時晃の子。天保8(1837)年従五位下に叙される。同13年元服。従五位上に進み伊予権守に任ぜられ、弘化3(1846)年正五位下に進み、嘉永2(1849)年左馬頭に任ぜられ、同3年従四位下、安政元(1854)年従四位上に進み、少納言・侍従に任ぜられ、同5年正四位下に進む。同年安政の事件(飛鳥井雅典の項参照)に八十八廷臣として連座。文久2(1862)年従三位に進み、慶応2(1866)年左京大夫に任ぜられ、同2年正三位に進む。京都の院参町に住む。家料は30石3人扶持。明治の新政府では議奏に任ぜられ、氷川神社大宮

司となり華族に列され子爵を授かる。同21年御歌所の参候に任ぜられる。子に時正(明治11,1生)がいる。　典：明治・日名・公辞・京四・公補

○桂家

桂昭房　かつら・てるふさ

江戸時代の人、参議。寛永15(1638)年生〜没年不明。

非参議岡崎宣持の子、母は参議正親町季俊朝臣の娘。父の岡崎家より分かれて桂を氏姓とする。本姓は藤原。承応3(1654)年正五位下に叙され五位蔵人に任ぜられ、同4年権右少弁に任ぜられる。明暦元(1655)年正五位上に進み、同3年右少弁、万治元(1658)年左少弁に任ぜられ、寛文2(1662)年正四位上に進み参議に任ぜられる。同5年踏歌節会外弁となる。同8年参議を辞す。　典：公補

○葛城家

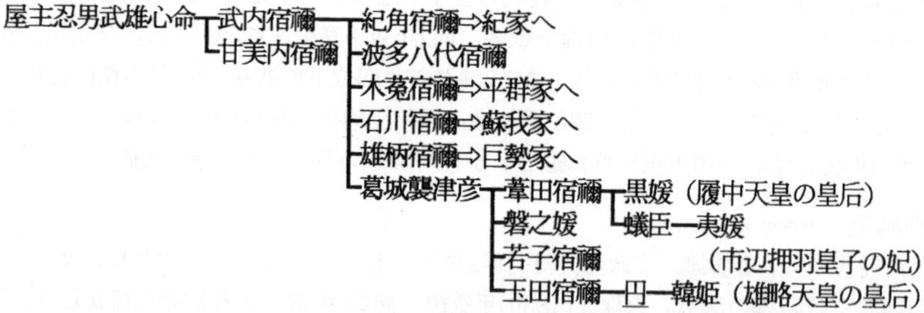

大臣武内宿禰の第八男の襲津彦が葛城氏を名乗る。大和地方の豪族の一つ。葛城襲津彦の子玉田宿禰の子の円が廷臣として、大連の官位に任ぜられているが、その他は公卿に列されなかった。

典：公補

葛城円　かつらぎの・つぶら

大和時代の人、大連・大臣。生年不明〜第20代安康天皇3(463)年8月没。姓(かばね)=使主。

大臣武内宿禰の曾孫。大和朝の武将葛城襲津彦の孫。玉田宿禰の子。第17代履中天皇の元年に大連(おおむらじ)に任ぜられ使主の姓(かばね)となる。この時の最高位の執政は平群木菟宿禰がなる。第18代反正天皇元年に執政に任ぜられる。第20代安康天皇元年(461)年に大臣に任ぜられる。同3年眉輪王によって安康天皇が殺され、大泊瀬幼武皇子(後の第22代雄略天皇)によって、敵討として眉輪王・市辺押羽皇子らと共に殺される。
典：古代・大日・日名・謎人・公補

○鴨家

賀茂御祖神社(京都左京区下鴨泉川町・下鴨神社)の宮司・神主として奉仕。
典：公補

鴨祐有　かもの・すけあり

室町時代の人、非参議。生没年不明。

応永2(1395)年従三位に叙されるも翌年より公補に名が見えない。　典：公補

鴨秀政　かもの・ひでまさ

江戸時代の人、鴨社祝・非参議。生没年不明。

鴨社祝に任ぜられ、延宝元(1673)年従三位に叙される。同3年まで名が見えている。　典：公補

鴨永祐　かもの・ながすけ

江戸時代の人、鴨社禰宜・非参議。生没年不明。

鴨社禰宜に任ぜられ、延宝5(1677)年従三位に叙される。同7年禰宜(神主)を辞す。貞享3(1686)年まで名が見える。　典：公補

鴨春光　かもの・はるみつ

江戸時代の人、鴨社祝・非参議。生没年不明。

鴨社祝に任ぜられ、天和元(1681)年従三位に叙される。貞享3(1686)年まで名が見える。典：公補

鴨季治　かもの・すえはる

江戸時代の人、鴨社祝・非参議。元和7(1621)年生〜元禄元(1688)年1月16日没。68才。

鴨社祝に任ぜられ、貞享4(1687)年従三位に叙される。元禄元(1688)年鴨社祝を辞す。典：公補

鴨惟貞　かもの・これさだ

江戸時代の人、鴨社祝・非参議。寛永13(1636)年生〜元禄6(1693)年6月12日没。58才。

鴨社祝に任ぜられ、元禄6(1693)年従三位に叙される。同7年鴨社祝を辞す。　典：公補

鴨光行　かもの・みつゆき

江戸時代の人、鴨社祝・正三位非参議。慶安4(1650)年生〜元文元(1736)年8月5日没。87才。

鴨社祝に任ぜられ、元禄15(1702)年従三位に叙される。正徳2(1712)年正三位に進む。典：公補

鴨久祐　かもの・ひさすけ

江戸時代の人、鴨社禰宜・非参議。明暦3(1657)年生〜享保元(1716)年7月20日没。60才。

鴨社禰宜に任ぜられ、宝永3(1706)年従三位に叙される。享保元(1716)年に鴨社禰宜を辞す。　典：公補

鴨祐之　かもの・すけのり

江戸時代の人、鴨社禰宜・非参議。万治3(1660)年生～享保9(1724)年1月29日没。65才。別名=梨木。

鴨社禰宜に任ぜられ、享保元(1716)年従三位に叙される。同8年正三位に進む。同9年に鴨社禰宜を辞す。　典：公補

鴨秀久　かもの・ひでひさ

江戸時代の人、鴨社祝・非参議。明暦2(1656)年生～元文2(1737)年11月8日没。82才。

鴨社祝に任ぜられ、元文元(1736)年従三位に叙される。　典：公補

鴨秀隆　かもの・ひでたか

江戸時代の人、御祖社正祝・非参議。生没年不明。年令宝暦8(1758)年10月30日没。80才。

鴨社祝に任ぜられ、元文3(1738)年従三位に叙される。延享元(1744)年鴨社正祝に任ぜられ、寛延元(1748)年御祖正祝に任ぜられ、同2年正三位に進み、宝暦元(1751)年再び鴨社祝に任ぜられ、同3年御祖社正祝に任ぜられる。同8年に正祝を辞す。　典：公補

鴨俊永　かもの・としなが

江戸時代の人、御祖社正禰宜・非参議。宝永6(1709)年生～天明5(1785)年2月18日没。74才。

御祖社正禰宜に任ぜられ、寛延2(1748)年従三位に叙される。宝暦元(1751)年鴨社禰宜に任ぜられ、同2年正三位に進み、同3年再び御祖社正禰宜に任ぜられ、安永6(1777)年従二位に進み、同7年御祖社正禰宜を辞す。　典：公補

鴨秀長　かもの・ひでなが

江戸時代の人、御祖社正祝・非参議。享保5(1720)年生～文化4(1807)年2月4日没。88才。

御祖社正祝に任ぜられ、明和元(1764)年従三位に叙される。同6年正三位に進み、天明元(1781)年御祖社正禰宜に任ぜられ、同2年再び御祖社正祝に任ぜられ、寛政12(1799)年従二位に進む。文化4年御祖社正祝を辞す。　典：公補

鴨俊春　かもの・としはる

江戸時代の人、御祖社正禰宜・非参議。享保18(1733)年生～天明5(1785)年11月28日没。52才。

御祖社権禰宜に任ぜられ、明和7(1770)年従三位に叙される。安永7(1778)年御祖社正禰宜に任ぜられ、同8年正三位に進む。天明5年に社職を辞す。　典：公補

鴨光条　かもの・みつなが

江戸時代の人、御祖社権祝・非参議。享保12(1727)年生～天明8(1788)年9月24日没。62才。

御祖社権祝に任ぜられ、明和8(1771)年従三位に叙される。天明8(1788)年正三位に進む。同年任職を辞す。　典：公補

鴨祐喜　かもの・すけよし

江戸時代の人、御祖社正禰宜・非参議。享保18(1733)年生〜没年不明。

御祖社権禰宜に任ぜられ、安永8(1779)年従三位に叙される。天明5(1785)年御祖社正禰宜に任ぜられ、同8年正三位に進む。寛政2(1790)年社職を辞す。　典：公補

鴨祐保　かもの・すけやす

江戸時代の人、御祖社正禰宜・非参議。寛保元(1741)年生〜文化8(1811)年5月18日没。71才。初名=広宇。

初め広宇と名乗る。御祖社権禰宜に任ぜられ、寛政元(1789)年従三位に叙される。同2年御祖社正禰宜に任ぜられ、同7年正三位に進む。同11年祐保と改名。文化8年社職を辞す。　典：公補

鴨秀豊　かもの・ひでとよ

江戸時代の人、御祖社正祝・非参議。宝暦4(1754)年生〜天保6(1835)年7月27日没。82才。

御祖社権祝に任ぜられ、寛政5(1793)年従三位に叙される。享和元(1801)年正三位に進む。文化4(1807)年御祖社正祝に任ぜられ、天保6(1835)年従二位に進む。同8年社職を辞す。　典：公補

鴨春武　かもの・はるたけ

江戸時代の人、御祖社正禰宜・非参議。明和7(1770)年生〜文政11(1828)年10月14日没。59才。

御祖社正禰宜に任ぜられ、文化11(1814)年従三位に叙される。文政8(1825)年正三位に進む。同11年に社職を辞す。　典：公補

鴨祐煕　かもの・すけひろ

江戸時代の人、鴨社権禰宜・非参議。明和6(1769)年生〜文政5(1822)年4月29日没。53才。

鴨社権禰宜に任ぜられ、文政5(1822)年従三位に叙される。同年社職を辞す。　典：公補

鴨光陳　かもの・みつのり

江戸時代の人、御祖社権祝・非参議。天明元(1781)年生〜天保7(1836)年8月5日没。56才。

御祖社権祝に任ぜられ、文政9(1826)年従三位に叙される。天保6(1835)年正三位に進み、同7年社職を辞す。　典：公補

鴨祐持　かもの・すけもち

江戸時代の人、御祖社正禰宜・非参議。安永6(1777)年生〜安政4(1857)年9月10日没。81才。

御祖社正禰宜に任ぜられ、文政11(1828)年従三位に叙される。天保6(1835)年正三位に進み、安政3(1856)年従二位に進む。同4年社職を辞す。　典：公補

鴨俊益 かもの・とします

江戸時代の人、御祖社正禰宜・非参議。寛政9(1797)年生～没年不明。

御祖社権禰宜に任ぜられ、天保8(1837)年従三位に叙される。嘉永5(1852)年正三位に進み、安政4(1857)年御祖社正禰宜に任ぜられ、文久3(1863)年従二位に進む。 典：公補

鴨光連 かもの・みつつら

江戸時代の人、御祖社権祝・従三位非参議。明和2(1765)年生～天保13(1842)年7月10日没。78才。

御祖社権祝に任ぜられ、天保13(1842)年従三位に叙される。 典：公補

鴨秀静 かもの・ひでしず

江戸時代の人、御祖社正祝・非参議。文化4(1807)年生～没年不明。

御祖社正祝に任ぜられ、天保14(1843)年従三位に叙される。嘉永5(1852)年正三位、文久3(1863)年従二位に進む。 典：公補

鴨光寛 かもの・みつひろ

江戸時代の人、御祖社権祝・非参議。文化11(1814)年生～元治元(1864)年2月15日没。51才。

御祖社権神主に任ぜられ、嘉永3(1850)年従三位に叙される。同4年御祖社権祝に任ぜられ、安政5(1858)年正三位に進無。元治元(1864)年社職を辞す。 典：公補

鴨俊彦 かもの・としひこ

江戸時代の人、御祖社権禰宜・非参議。天保4(1833)年生～没年不明。

御祖社権禰宜に任ぜられ、元治元(1864)年従三位に叙される。 典：公補

鴨秀文 かもの・ひでふみ

江戸時代の人、鴨河合社祝・非参議。天保4(1833)年生～没年不明。

河合社祝に任ぜられ、元治元(1864)年従三位に叙される。 典：公補

○賀茂家

賀茂御祖神社(下鴨神社・京都左京区下鴨泉川町)と賀茂別雷神社(上賀茂神社・京都北区上賀茂本山)の宮司・神官を奉仕している。賀茂別雷神社は古文書として残されている。 典：古文・公補

賀茂家(室町期)

賀茂在弘 かもの・ありひろ

室町時代の人、非参議。生年不明～応永26(1419)年5月1日没。

修理大夫に任ぜられ、のちこれを辞す。応永13(1406)年従三位に叙される。同19年刑部卿に任ぜられ、同21年これを辞す。同26年正三位に進む。 典：公補

賀茂在方　かもの・ありかた

室町時代の人、非参議。生年不明〜文安元(1444)年没。

非参議賀茂在弘の子。宮内卿に任ぜられ、のちこれを辞す。応永29(1422)年従三位に叙される。同33年正三位に進む。　典：公補

賀茂在康　かもの・ありやす

室町時代の人、非参議。生没年不明。

文安5(1448)年従三位に叙される。享徳元(1452)年正三位に進み、寛正3(1462)年まで名が見える。　典：公補

賀茂友兼　かもの・ともかね

室町時代の人、非参議。生没年不明。初名=友幸。

初め友幸と名乗る。従三位に叙され、寛正4(1463)年正三位に進む。同年友兼と改名。同6年より公補に名が見えない。　典：公補

賀茂定延　かもの・さだのぶ

室町時代の人、非参議。生年不明〜天文21(1552)年没。

天文17(1548)年従三位に叙される。　典：公補

賀茂(江戸期)

賀茂起久　かもの・おきひさ

江戸時代の人、賀茂社神主・非参議。元和3(1617)年生〜元禄2(1689)年3月8日没。73才。初名=矩久。

初め矩久と名乗る。賀茂社神主に任ぜられ、のちこれを辞す。延宝4(1676)年従三位に叙される。元禄元(1688)年正三位に進む。同年起久と改名。　典：公補

賀茂維久　かもの・これひさ

江戸時代の人、賀茂社神主・非参議。寛永9(1632)年生〜元禄3(1690)年6月29日没。59才。

賀茂社神主に任ぜられ、元禄2(1689)年従三位に叙される。　典：公補

賀茂職久　かもの・しきひさ

江戸時代の人、賀茂社神主・非参議。寛永19(1642)年生〜元禄14(1701)年3月22日没。60才。

賀茂社神主に任ぜられ、元禄7(1694)年従三位に叙される。同13年社職を辞す。同14年正三位に進む。　典：公補

賀茂就久　かもの・なりひさ

江戸時代の人、賀茂社神主・非参議。寛永20(1643)年生〜没年不明。

賀茂社神主に任ぜられ、元禄13(1700)年従三位に叙される。正徳元(1711)年賀茂社神主を辞す。同2年正三位に進む。享保6(1721)年まで名が見える。　典：公補

賀茂順久　かもの・ありひさ

江戸時代の人、賀茂社神主・非参議。承応元(1652)年生～享保6(1721)年5月7日没。70才。

賀茂社神主を任ぜられ、のちこれを辞す。元禄15(1702)年従三位に叙される。　典：公補

賀茂重豊　かもの・しげとよ

江戸時代の人、賀茂社正祝・非参議。正保元(1644)年生～享保元(1716)年9月11日没。73才。

賀茂社正祝に任ぜられ、元禄15(1702)年従三位に叙される。　典：公補

賀茂保喬　かもの・やすたか

江戸時代の人、賀茂社神主・非参議。寛文9(1669)年生～享保4(1719)年11月25日没。51才。

賀茂社神主に任ぜられ、享保元(1716)年従三位に叙される。享保4(1719)年社職を辞す。典：公補

賀茂重統　かもの・しげつな

江戸時代の人、賀茂社神主・非参議。寛文3(1663)年生～享保15(1730)年11月27日没。68才。

賀茂社神主に任ぜられ、享保12(1727)年従三位に叙される。同15年社職を辞す。　典：公補

賀茂督久　かもの・とくひさ

江戸時代の人、賀茂社神主・非参議。寛文12(1672)年生～元文5(1740)年5月25日没。69才。

賀茂社神主に任ぜられ、元文5(1740)年従三位に叙される。同年社職を辞す。　典：公補

賀茂応平　かもの・おうひら

江戸時代の人、別雷社神主・非参議。元禄14(1701)年生～明和4(1767)年9月22日没。67才。

別雷社神主に任ぜられ、のちこれを辞す。宝暦9(1759)年従三位に叙される。明和2(1765)年正三位に進む。　典：公補

賀茂正久　かもの・まさひさ

江戸時代の人、別雷社神主・非参議。正徳2(1712)年生～安永7(1778)年2月9日没。67才。

別雷社神主に任ぜられ、のちこれを辞す。明和元(1764)年従三位に叙される。同6年正三位に進む。　典：公補

賀茂保韶　かもの・やすつぐ

江戸時代の人、別雷社神主・非参議。享保16(1731)年生～文化4(1807)年11月9日没。77才。

別雷社神主に任ぜられ、のちこれを辞す。明和6(1769)年従三位に叙される。安永4(1775)年正三位に進む。　典：公補

賀茂賞久 かもの・たかひさ

江戸時代の人、別雷社正禰宜・非参議。正徳5(1715)年生〜天明元(1781)年3月12日没。67才。

別雷社正禰宜に任ぜられ、のちこれを辞す。明和8(1771)年従三位に叙される。安永6(1777)年正三位に進む。 典：公補

賀茂博久 かもの・ひろひさ

江戸時代の人、別雷社神主・非参議。寛保元(1741)年生〜天明2(1782)年8月24日没。42才。

別雷社神主に任ぜられ、安永6(1777)年従三位に叙される。同7年賀茂社神主に任ぜられる。天明元(1781)年正三位に進む。同年神主を辞す。 典：公補

賀茂業久 かもの・かずひさ

江戸時代の人、別雷社神主・非参議。元文5(1740)年生〜文化9(1812)年10月15日没。73才。

別雷社正禰宜に任ぜられ、安永6(1777)年従三位に叙される。同7年賀茂社正禰宜に任ぜられ、同8年再び別雷社正禰宜となる。天明2(1782)年正三位に進む。寛政4(1792)年別雷社神主に任ぜられ、享和3(1803)年これを辞す。 典：公補

賀茂保麗 かもの・やすよし

江戸時代の人、別雷社神主・非参議。宝暦2(1752)年生〜文政2(1819)年1月13日没。68才。

別雷社神主に任ぜられ、天明5(1785)年従三位に叙される。寛政3(1791)年正三位に進む。同4年別雷社神主を辞す。同12年別雷社正禰宜となり、文化11(1814)年再び別雷社神主となる。文政2(1819)年神主を辞す。 典：公補

賀茂喬久 かもの・たかひさ

江戸時代の人、別雷社正禰宜・非参議。宝暦8(1758)年生〜寛政12(1800)年8月17日没。43才。

別雷社正禰宜に任ぜられ、寛政9(1797)年従三位に叙される。同12年任職を辞す。 典：公補

賀茂保暠 かもの・やすたか

江戸時代の人、非参議。享保15(1730)年生〜享和2(1802)年3月8日没。73才。別名＝保高。

享保2年従三位に叙される。 典：公補

賀茂重殖 かもの・しげます

江戸時代の人、別雷社正祝・非参議。宝暦3(1753)年生〜文政10(1827)年,閏6月23月没。75才。

別雷社権神主に任ぜられ、文化4(1807)年従三位に叙される。同5年別雷社正祝に任ぜられ、同10年正三位に進む。文政7(1824)年別雷社正祝を辞す。　典：公補

賀茂保敬　かもの・やすのり

江戸時代の人、陰陽寮・非参議。延享元(1744)年生～文政2(1819)年3月1日没。76才。

陰陽寮に任ぜられ、文化11(1814)年従三位に叙される。　典：公補

賀茂信平　かもの・のぶひら

江戸時代の人、別雷社神主・非参議。明和4(1767)年生～天保9(1838)年9月18日没。72才。

別雷社神主に任ぜられ、文政2(1819)年従三位に叙される。天保2(1831)年別雷社神主を辞す。同6年正三位に進む。同8年再び別雷社神主に任ぜられ、同9年これを辞す。　典:公補

賀茂望久　かもの・もちひさ

江戸時代の人、別雷社神主・非参議。安永9(1780)年生～天保8(1837)年8月9日没。58才。

賀茂社正禰宜に任ぜられ、文政5(1822)年従三位に叙される。同6年別雷社正禰宜に任ぜられ、天保2(1831)年別雷社神主に任ぜられ、同6年正三位に進む。同8年別雷社神主を辞す。　典：公補

賀茂孝久　かもの・たかひさ

江戸時代の人、別雷社神主・非参議。寛政3(1791)年生～安政4(1857)年1月28日没。67才。

別雷社神主に任ぜられ、天保10(1839)年従三位に叙される。弘化元(1844)年正三位に進む。嘉永4(1851)年別雷社神主を辞す。　典：公補

賀茂径久　かもの・みちひさ

江戸時代の人、別雷社神主・非参議。文化12(1815)年生～没年不明。

別雷社神主に任ぜられ、嘉永4(1851)年従三位に叙される。万延元(1860)年別雷社神主を辞す。文久3(1863)年再び別雷社神主に任ぜられる。元治元(1864)年正三位に進む。同年再び別雷社神主を辞す。　典：公補

賀茂保盛　かもの・やすもり

江戸時代の人、別雷社神主・非参議。文政8(1825)年生～没年不明。

別雷社神主に任ぜられ、文久元(1861)年従三位に叙される。同3年正三位に進む。同年別雷社神主を辞す。　典：公補

賀茂太久　かもの・ふとひさ

江戸時代の人、別雷社神主・非参議。文政8(1825)年生～没年不明。初名=光久。

初め光久と名乗る。別雷社正禰宜に任ぜられ、文久元(1861)年従三位に叙される。同3年太久と改名。元治元(1864)年別雷社神主に任ぜられ、慶応2(1866)年正三位に進む。典：公補

○烏丸家

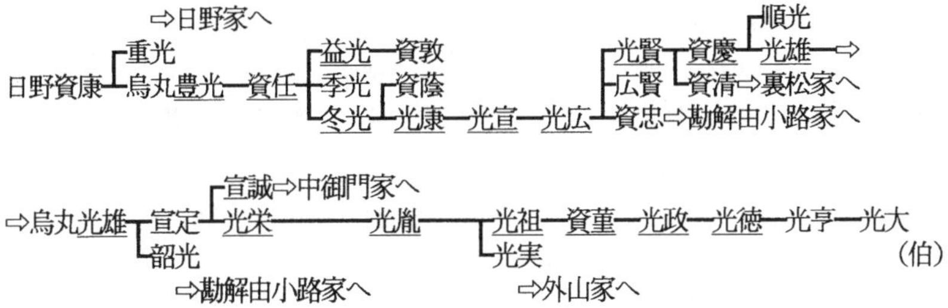

権大納言日野資康の次男豊光が分家して烏丸を氏姓とした。代々歌道をもって奉仕し、明治に至り華族に列され伯爵を授けられる。本姓は藤原。家紋は鶴の丸。菩提寺は京都右京区太秦の法雲院。

典：日名

烏丸豊光　からすまる・とよみつ

南北朝・室町時代の人、権中納言。永和4(1378.天授4)年生〜永享元(1429)年2月18日没。52才。法名=祐通。号=秉林院。烏丸家の祖。

権大納言日野資康の次男。兄に日野重光がいる。父の日野家より分家して烏丸を氏姓とする。蔵人頭を辞し正四位上に叙され、応永15(1408)年参議に任ぜられ兼左大弁・遠江権守を任ぜられる。同17年従三位、同18年正三位に進み兼丹後権守より権中納言に任ぜられ兼左衛門督・使別当となる。同19年使別当を辞す。同20年院執権となり、同21年従二位に進み、同24年院執権を辞す。同26年左衛門督を辞す。同27年正二位に進むも武家の為に幽閉される。同30年49才で出家。のち従一位・内大臣(権大納言か)を追贈する。子に資任がいる。　典：大日・伝日・公辞・公補

烏丸資任　からすまる・すけとう

室町時代の人、准大臣。応永24(1417)年生〜文明14(1482)年12月15日没。66才。法名=西誉。号=蓮光院。

権中納言烏丸豊光の子。蔵人頭に任ぜられ、のちこれを辞す。正四位上に叙される。文安元(1444)年参議に任ぜられ、同2年兼丹波権守に任ぜられ、同3年従三位に進み権中納言に任ぜられる。宝徳元(1449)年正三位、享徳元(1452)年従二位に進み権大納言に任ぜられる。同2年にこれ辞す。康正2(1456)年正二位、長禄2(1458)年従一位に進み、同3年准大臣に任ぜられる。応仁元(1467)年51才で出家。新続古今集の作家。子に季光・益光、養子に冬光(日野家より)がいる。　典：公辞・公補

烏丸益光　からすまる・ますみつ

室町時代の人、権中納言。永享12(1440)年生〜文明7(1475)年12月30日没。36才。初名=氏光。

准大臣烏丸資任の子。兄に季光、義弟に冬光がいる。蔵人頭に任ぜられ、のちこれを辞す。右大弁に任ぜられ正四位上に叙される。寛正4(1463)年参議に任ぜられる。同6年従三位に進み兼丹波権守に任ぜられ、文正元(1466)年阿波権守・左衛門督・検非違使別当に任ぜられついで権中納言に任ぜられる。応仁元(1467)年阿波権守・検非違使別当を辞す。同2年正三位に進む。文明5(1473)年左衛門督を辞す。兼大宰権帥に任ぜられる。子に資敦(従五位上・侍従、延徳元,4,29没、26才)がいる。 典：公辞・公補

烏丸冬光 からすまる・ふゆみつ

戦国時代の人、権中納言。文明5(1473)年生～永正13(1516)年5月5日没。44才。

左大臣日野勝光の三男。准大臣烏丸資任の養子となる。義兄に季光・益光がいる。右中弁に任ぜられ、のちこれを辞す。従四位上に叙される。永正5(1508)年参議に任ぜられる。同6年正四位下に進み、同7年兼右大弁に任ぜられ、同8年従三位に進み、同10年左大弁に任ぜられ、同11年権中納言に任ぜられる。同12年正三位に進む。子に資蔭(永正6,10,13没、16才)・光康がいる 典：公辞・公補

烏丸光康 からすまる・みつやす

戦国時代の人、准大臣。永正10(1513)年10月13日生～天正7(1579)年4月27日没。67才。法名=了覚。号=後蓮光院。

権中納言烏丸冬光の次男、母は従三位鴨信祐の娘。兄に資蔭(永正6,10,13没、16才)がいる。永正13(1516)年叙爵。侍従に任ぜられる、同年元服。従五位上に叙される。大永2(1522)年兼美作権介・左衛門佐に任ぜられ、同4年正五位下に進み、同6年右少弁に任ぜられ、同7年正五位上に進む。同年出家し、近江に至り将軍足利義晴に依る。のち上洛。享禄2(1529)年権右中弁、天文2(1533)年右中弁に任ぜられ、同3年従四位下より従四位上、同4年正四位下に進み左中弁より蔵人頭に任ぜられ左宮城使となり、同5年正四位上に進み右大弁に任ぜられ、同6年従三位に進み左大弁に任ぜられついで参議に任ぜられる。同7年権中納言に任ぜられ造東大寺長官となる。同9年正三位、同13年従二位に進み西国に下り、同14年上洛。同15年権大納言に任ぜられ、同16年将軍足利義晴に従い北白河城に向かう。17年正二位に進み神宮伝奏となり、同18年にこれを辞す。永禄2(1559)年摂州大坂に下向。同9年上洛。同11年従一位に進むも、元亀3(1572)年これを返上する。天正3(1575)年権大納言を辞す。同7年幕府の執奏により再び従一位に進み准大臣に任ぜられる。子に光宣がいる。 典：大日・日名・伝日・公辞・公補

烏丸光宣 からすまる・みつのぶ

安土桃山・江戸初期の人、准大臣。天文18(1549)年生～慶長16(1611)年11月21日没。63才。一字名=十・丁。号=顥性院。

准大臣烏丸光康の子。天文19(1550)年叙爵。同20年侍従に任ぜられ、同24年従五位上に叙される。同年元服。弘治3(1557)年正五位上に進み左衛門佐、永禄3(1560)年権右少弁より権左少弁、同6年左少弁に任ぜられ、同8年正五位上に進み、同11年五位蔵人、同12年右中弁、天正元(1573)年左中弁に任ぜられ、同2年従四位下より従四位上ついで正四位下に進み右大弁に任ぜられ、同4年正四位上に進み蔵人頭に任ぜられ、同5年従三位に

進み参議に任ぜられ左大弁となる。同7年権中納言に任ぜられ、同8年正三位、同12年従二位、同15年正二位に進み権大納言に任ぜられる。慶長7(1602)年賀茂伝奏となる。同16年従一位に進み准大臣に任ぜられる。尊朝法親王流の書を能くし、聚楽歌会に供奉する。子に光広がいる。文献:烏丸光康の墓其の他由井喜太郎昭16掃苔10ノ7　典：大日・日名・伝日・公辞・公補

烏丸光広　からすまる・みつひろ

江戸時代の人、権大納言。天正7(1579)年生～寛永15(1638)年7月13日没。62才。一字名=黄。

准大臣烏丸光宣の子。天正9(1581)年従五位下に叙される。同11年元服。従五位に進み侍従に任ぜられ、同14年正五位下に進み、同17年右少弁、文禄3(1594)年左少弁に任ぜられ、同4年正五位上に進み補蔵人に任ぜられ、慶長4(1599)年従四位下より従四位上に進み左中弁・蔵人頭に任ぜられ、同5年正四位下より正四位上に進み、同6年左宮城使となり、同9年右大弁、同11年参議に任ぜられる。同13年従三位に進み、同14年左大弁に任ぜられたが官女事件(飛鳥井雅賢の項参照)に連座し勅勘に触れ解任される。同16年許される。同17年権中納言に任ぜられ、同18年正三位に進み、元和2(1616)年権大納言に任ぜられる。同3年従二位に進み踏歌外弁となり、同6年正二位に進む。寛永4(1627)年賀茂伝奏となる。晩年は一糸文守について参禅し、同13年日光東照宮造替に院使として下向。将軍徳川家光の歌道師範として江戸に二年滞在する。和歌は細川幽斎に学び書も能くした。墓所は京都右京区太秦蜂岡町の法雲院(光栄以下の一族も眠る)。子に光賢・資忠(勘解由小路家へ)・広賢(従四位下・侍従、六角)がいる。　典：大日・日名・古今・公辞・伝日・京都・公補

烏丸光賢　からすまる・みつかた

江戸時代の人、権中納言。慶長5(1600)年5月14日生～寛永15(1638)年9月9日没。39才。

権大納言烏丸光広の子。慶長7(1602)年叙爵。同13年元服。従五位上に叙され侍従に任ぜられ、同17年正五位下に進み右少弁に任ぜられ、同18年正五位上に進み補蔵人、同19年左少弁、元和元(1615)年右中弁に任ぜられ、同5年従四位下より従四位上に進み左中弁に任ぜられ、同6年正四位下より正四位上に進み補蔵人頭に任ぜられ、寛永3(1626)年これを辞す。同年参議に任ぜられ、同4年従三位に進み、同5年兼造東大寺長官となる。同7年権中納言に任ぜられ、同8年正三位に進み、同10年踏歌外弁となり、同11年従二位に進むも、同12年に再び正三位となる。子に資慶・資清(裏松家へ)がいる。　典：公辞・公補

烏丸資慶　からすまる・すけよし

江戸時代の人、権大納言。元和8(1622)年5月11日生～寛文9(1669)年11月28日没。48才。

権中納言烏丸光賢の子、母は参議細川忠興の娘。弟に資清(裏松家へ)がいる。元和10(1624)年従五位下に叙される。寛永3(1626)年元服。侍従に任ぜられ、同5年従五位上、同9年正五位下に進み、同16年左衛門佐、同17年蔵人に任ぜられ正五位上に進み、同18年権右少弁、同19年右少弁、同20年佐少弁に任ぜられ、同21年従四位下より従四位上に進み、正保元(1644)年右中弁に任ぜられ、同2年正四位下より正四位上に進み蔵人頭から左中弁、同4年右大弁に任ぜられ参議に任ぜられる。慶安元(1648)年踏歌外弁となり、同2

年従三位に進み左大弁に任ぜられ、承応元(1652)年正三位に進み、同3年権中納言に任ぜられる。明暦2(1656)年従二位に進み、万治元(1658)年権大納言に任ぜられ、寛文2(1662)年正二位に進む。同年権大納言を辞す。和歌を能く詠む。子に光雄・順光(左兵衛佐・従四位下、延宝2没、23才、称号=桜野)がいる。　典：日名・古今・伝日・公辞・公補

烏丸光雄　からすまる・みつお

江戸時代の人、権大納言。正保4(1647)年3月12日生～元禄3(1690)年10月17日没。44才。

権大納言烏丸資慶の子、母は内大臣清閑寺共房の娘。慶安4(1651)年叙爵。明暦2(1656)年元服。従五位上に叙され侍従に任ぜられ、万治元(1658)年権右少弁、同2年右少弁に任ぜられ、同3年正五位下に進み蔵人に任ぜられ、寛文元(1661)年正五位上に進み、同2年左少弁、同3年右中弁に任ぜられ従四位下より従四位上・正四位下に進み蔵人頭に任ぜられ、同4年正四位上に進み、同6年左中弁、同9年右大弁・参議に任ぜられる。同10年従三位に進む。延宝元(1673)年右大弁を辞す。同2年参議を辞す。権中納言に任ぜられる。同3年正三位に進み、同5年賀茂伝奏となり、同6年にこれを辞す。同8年従二位に進み神宮伝奏・踏歌外弁となる。天和元(1681)年権大納言に任ぜられる。貞享元(1684)年神宮伝奏を辞す。同2年再び賀茂伝奏となる。元禄元(1688)年任職を辞す。子に宣定(従四位上・蔵人頭・左中弁、元禄5,2,21没、21才、子は光栄)・韶光(勘解由小路家へ)がいる。　典：日名・公辞・公補

烏丸光栄　からすまる・みつひで

江戸時代の人、内大臣。元禄2(1689)年8月3日生～寛延元(1748)年3月14日没。60才。一字名=栄。

権大納言烏丸光雄の孫、左中弁烏丸宣定朝臣の子。元禄6(1693)年叙爵。同10年元服。従五位上に叙され侍従に任ぜられ、同14年正五位下に進み、宝永元(1704)年権右少弁、同3年右少弁、同5年蔵人に任ぜられ、同6年正五位上に進み、正徳元(1711)年左少弁、同4年右中弁、享保3(1718)年蔵人頭から右大弁に任ぜられ従四位上より正四位下、同4年正四位上に進み参議に任ぜられ左大弁となる。同5年従三位に進み、同7年権中納言に任ぜられ、同9年正三位に進み権大納言に任ぜられ踏歌節会外弁となる。同13年従二位に進む。同16年権大納言を辞す。同19年正二位に進み、寛延元年に内大臣に任ぜられるも辞す。和歌を能く詠む。養子に光胤(中御門家より)がいる。　典：大日・日名・伝日・古今・公辞・公補

烏丸光胤　からすまる・みつたね

江戸時代の人、権大納言。享保6(1721)年6月1日生～安永9(1780)年9月18日没。60才。初名=清胤。法名=卜山。

権大納言中御門宣誠の次男。初め清胤と名乗る。享保16(1731)年叙爵。同18年内大臣烏丸光栄の養子となり、同19年従五位上に叙あれる。同年元服。侍従に任ぜられ、元文2(1737)年右少弁に任ぜられ正五位下に進み、同3年左少弁・蔵人に任ぜられ正五位上に進む。同5年に権右中弁、寛保3(1743)年右中弁、同4年蔵人頭に任ぜられ従四位下より従四位上に進み右大将に任ぜられついで正四位下に進む。同年光胤と改名。延享2(1745)年正四位上に進み参議に任ぜられる。同4年造興福寺長官となる。寛延元(1748)年左大弁を

辞す。同年従三位より正三位に進み権中納言に任ぜられる。同3年踏歌節会外弁となる。宝暦元(1751)年賀茂伝奏となり、同3年にこれを辞す。同6年従二位に進み権大納言に任ぜられるも宝暦の事件(綾小路有美の項参照)に連座し官位を止官され、同8年蟄居、同10年40才で落餝。明治に至り従一位を贈られる。子に光祖・光実(外山家へ)がいる。　典：大日・日名・伝日・公辞・公補

烏丸光祖　からすまる・みつのり

江戸時代の人、権大納言。延享3(1746)年7月22日生〜文化3(1806)年8月19日没。61才。

権大納言烏丸光胤の次男、母は内大臣烏丸光栄の娘。宝暦元(1751)年従五位下に叙される。同5年元服。侍従に任ぜられ、同6年従五位上、同10年正五位下に進み、同12年右少弁、明和元(1764)年正五位上に進み補蔵人・左少弁より右中弁・兼右衛門権佐、同5年兼春宮大進・右中弁に任ぜられ、賀茂下上社奉行となる。同6年造興福寺長官となり左中弁に任ぜられ、同7年賀茂下上社奉行・春宮大進を辞す。補帝蔵人・補院判官代となる。同8年従四位下、同9年従四位上より正四位下ついで正四位上に進み補蔵人頭、安永元(1772)年左大弁・参議に任ぜられこのまま任職を辞す。同7年従三位、同8年正三位に進み、同9年権中納言に任ぜられる。天明2(1782)年従二位に進み賀茂下上社伝奏・踏歌外弁となる。同5年正二位に進み、同7年権大納言に任ぜられるも辞す。子に資董がいる。　典：公辞・公補

烏丸資董　からすまる・もとすみ

江戸時代の人、権大納言。安永元(1772)年9月15日生〜文化11(1814)年5月20日没。43才。

権大納言烏丸光祖の子。安永3(1774)年従五位下に叙される。天明3(1783)年従五位上に進む。同年元服。侍従に任ぜられ、同6年正五位下、寛政4(1792)年正五位上に進み右少弁・補蔵人に任ぜられ、同5年御祈奉行・賀茂下上奉行となる。同6年兼中宮大進、同8年左少弁・兼右衛門権佐、同10年右中弁に任ぜられ、同11年従四位下より従四位上に進み補蔵人頭・左中弁に任ぜられ、文化元(1804)年兼造興福寺長官に任ぜられ従三位に進み参議に任ぜられ左大弁となり、同3年踏歌外弁となる。同4年正三位に進み、同5年権中納言に任ぜられ、同7年従二位に進む。同8年賀茂下上伝奏となり、同9年これを辞す。同10年権大納言に任ぜられ、同11年正二位に進む。同年権大納言を辞す。養子に光政がいる。　典：公辞・公補

烏丸光政　からすまる・みつまさ

江戸時代の人、権大納言。文化9(1812)年5月22日生〜文久3(1863)年9月21日没。52才。

権大納言勘解小路資善の子という。権大納言烏丸資董の養子となる。文化11(1814)年従五位下に叙される。同14年元服。同年従五位上、文政3(1820)年正五位下に進み、同4年侍従に任ぜられ、同7年正五位上に進み右少弁、同10年補蔵人・兼右衛門権佐に任ぜられ、同11年御祈奉行となる。天保元(1830)年これと・補蔵人・右衛門権佐を辞す。同6年右中弁、同8年左中弁に任ぜられ、同9年従四位下より正四位下に進み補蔵人頭に任ぜられ、同10年正四位上に進み、同11年神宮弁・兼春宮亮となる。同13年左大弁、弘化元(1844)年参議に任ぜられる。同2年従三位に進み、嘉永元(1848)年兼右衛門督に任ぜられ、同2

年正三位に進み、同3年右衛門督を辞す。同年権中納言に任ぜられ、同4年踏歌外弁となり、同5年従二位、安政2(1855)年正二位に進み御遷幸に馬副6人・舎人2人・居飼一人・雑色6人・傘一人を供として参加。同5年権大納言に任ぜられる。万延元(1860)年踏歌続内弁となる。文久2(1862)年権大納言を辞す。同3年従一位に進む。子に光徳がいる。　典：明治・公辞・遷幸・公補

烏丸光徳　からすまる・みつのり

江戸時代の人、参議。天保3(1832)年7月20日生〜明治6(1873)年8月没。42才。

権大納言烏丸光政の子。天保5(1834)年従五位下に叙される。弘化2(1845)年元服。同年従五位上、同4年正五位下に進み、万延元(1860)年侍従に任ぜられ、文久3(1863)年従四位下、明治元(1868)年従四位上に進み参議に任ぜられ、明治新政府となり参与・軍防政務督に任ぜられられ、のち従三位に進み宮内大輔に任ぜられる。京都中立売御門内南側に住む。家料は954石。子に光亨(明治42,12没、45才、雅号=半風、明治17年華族に列され伯爵を授る)がいる。　典：幕末・明治・公辞・京四

○唐橋家

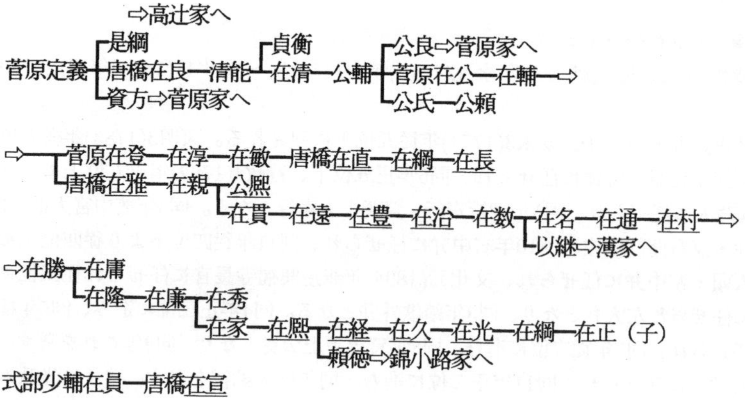

菅原道真の子孫文章博士菅原定義の子在良(1122没)が唐橋を氏姓とした。代々儒学を家業とし、明治に至り華族に列され子爵を授かる。本姓は菅原。家紋は菅公ゆかりの梅。菩提寺は京都下京区高倉通仏光寺下ルの久遠院。

典：京都・京四

唐橋在雅　からはし・ありまさ

鎌倉・南北朝時代の人、非参議。建治元(1275)年生〜延文2(1356.正平12)年7月24日没。82才。

文章博士菅原定記の子菅原在良から八世菅原公氏の孫。刑部大輔菅原公頼朝臣の子。正二位式部大輔菅原在輔の養子となり、唐橋を氏姓する。正応2(1289)年補文章生となり、

永仁3(1295)年補内蔵人、同5年左近将監に任ぜられ、同6年従五位下に叙され兵部権少輔に任ぜられる。正安3(1301)年これを辞す。嘉元2(1304)年従五位上に進み、延慶2(1309)年少納言に任ぜられ、同3年正五位下に進む。応長元(1311)年少納言を辞す。正和2(1313)年従四位下に進み、文保元(1317)年右兵衛佐より兵部権少輔、同2年上総介に任ぜられ、元徳2(1330)年正四位下に進み大膳大夫に任ぜられる。元弘元(1331)年これを辞す。正慶元(1332)年従三位に進むも位が止る。建武4(1337.延元2)年再び従三位に叙され、康永元(1342.興国3)年正三位、文和2(1353.正平8)年従二位に進む。子に在親(正四位下・弾正大弼・右兵衛佐・子は公熈・在貫)がいる。　典：公辞・公補

唐橋公熈　からはし・きみひろ

南北朝時代の人、非参議。生年不明～永徳元(1381.弘和元)没。

弾正大弼唐橋在親朝臣の子。弟に在貫(正四位下・式部少輔・子は在遠)がいる。康暦元(1379.天授5)年従三位に叙される。　典：公辞・公補

唐橋在宣　からはし・ありのぶ

室町時代の人、参議。生年不明～応永27(1420)年6月15日没。

式部少輔在員の子。応永4(1397)年従三位に叙される。同15年正三位、同17年従二位に進み、同25年参議に任ぜられるも辞す。　典：公補

唐橋在直　からはし・ありなお

室町時代の人、参議。応安4(1371.建徳2)年生～長禄元(1457)年10月11日没。87才。

菅原在敏朝臣の子。唐橋を氏姓とする。文章博士に任ぜられ、のちこれを辞す。応永29(1422)年従三位に叙される。同31年正三位に進み、同32年式部大輔、同33年兼豊前権守に任ぜられ、永享元(1429)年従二位に進む。同年参議に任ぜられるも辞す。同2年豊前権守を辞す。同9年民部卿に任ぜられ、同11年正二位に進む。嘉吉3(1443)年民部卿を辞す。子に在綱がいる。　典：公補

唐橋在豊　からはし・ありとよ

室町時代の人、権大納言。明徳2(1391.元中8)年生～寛正5(1464)年7月没。74才。

文章得業生唐橋在遠(早世)の子。大学頭・大内記を辞す。文安元(1444)年従三位に叙され参議に任ぜられる。同2年兼備前権守に任ぜられる。同3年任職を辞す。同4年式部権大輔に任ぜられ、享徳元(1452)年従二位に進み兼甲斐権守に任ぜられる。同2年これを辞す。康正2(1456)年権中納言に任ぜられるも辞す。寛正元(1460)年権大納言に任ぜられるも辞す。子に在治がいる。　典：公辞・公補

唐橋在綱　からはし・ありつな

室町時代の人、権中納言。生年不明～文明13(1481)年没。

参議唐橋在直の子。従四位上に叙され文章博士、永享10(1438)年美作権介に任ぜられ、文安元(1444)年従三位に叙される。同3年大蔵卿より参議に任ぜられる。同4年兼丹波権守に任ぜられる。同5年任職を辞す。享徳元(1452)年正三位、同2年従二位に進む。康正

元(1455)年治部卿に任ぜられるも辞す。寛正元(1460)年正二位に進む。同年権中納言に任ぜられるも辞す。子に在永がいる。　典：公補

唐橋在治　からはし・ありはる

室町時代の人、権中納言。応永21(1414)年生〜延徳元(1489)年9月1日没。76才。

権大納言唐橋在豊の子。康正2(1456)年従三位に叙される。長禄元(1457)年参議に任ぜられる。同2年兼能登権守に任ぜられる。同年参議を辞す。寛正2(1461)年式部大輔に任ぜられ再び参議に任ぜられる。同4年兼土佐権守に任ぜられ、同6年正三位に進む。同年土佐権守・参議を辞す。文明7年従二位に進み、同12年権中納言に任ぜられる。同14年これを辞す。子に在数(正四位下・大学頭・文章博士、明応5,1,7没、49才、子は在名・薄以継)がいる。　典：公辞・公補

唐橋在長　からはし・ありなが

戦国時代の人、非参議。生年不明〜長享2(1488)年9月5日没。初名=在永。

権中納言唐橋在綱の子。初め在永と名乗る。少納言に任ぜられ、のちこれを辞す。文明17(1485)年従三位に叙され式部大輔に任ぜられる。長享2(1488)年在長と改名。　典：公補

唐橋在村　からはし・ありむら

江戸時代の人、参議。天正20(1592)年11月12日生〜延宝3(1675)年7月21日没。84才。

従五位上・民部少輔唐橋在通の子。慶長14(1609)年元服。元和6(1620)年従五位下に叙され民部少輔に任ぜられ、寛永5(1628)年従五位上、同9年正五位下、同13年従四位下、同17年従四位上、同21年正四位下、慶安元(1648)年従三位に進む。明暦元(1655)年正三位、寛文5(1665)年従二位に進む。同9年参議に任ぜられるも辞す。子に在勝(正五位下・民部少輔、寛文6,4,26没、31才、養子に在廉、子は在隆)がいる。　典：公辞・公補

唐橋在廉　からはし・ありゆき

江戸時代の人、参議。貞享4(1687)年5月22日生〜寛延3(1750)年8月21日没。64才。

式部大輔唐橋在隆朝臣の子。元禄12(1699)年穀倉院学問料を賜る。同14年元服。文章得業生となる。同15年従五位下に侍従に任ぜられ、宝永元(1704)年従五位上、同3年正五位下、同6年従四位下、正徳3(1713)年従四位上に進み、享保元(1716)年少納言に任ぜられ、同2年正四位下に進み、同4年兼大内記に任ぜられ、同6年従三位に進み、同7年大学頭、同10年兼文章博士に任ぜられ、同12年正三位に進む。同13年文章博士を辞す。同17年式部権大輔、同19年参議に任ぜられる。元文3(1738)年これを辞す。延享元(1744)年従二位、寛延3年正二位に進む。同年権大輔を辞す。子に在秀(正四位下・少納言・侍従・文章博士、元文5,5,15没、31才)・在家がいる。　典：公辞・公補

唐橋在家　からはし・ありいえ

江戸時代の人、権大納言。享保14(1729)年生〜寛政3(1791)年9月29日没。63才。初名=在富。

参議唐橋在廉の次男。兄に在秀(正四位下・少納言・侍従・文章博士、元文5,5,15没、31才)がいる。始めに在富と名乗る。寛保元(1741)年穀倉院学問料を賜る。同年元服。文章

業生となる。同3年従五位下に叙され侍従に任ぜられ、延享2(1745)年従五位上に進む。同4年春宮少進に任ぜられたが辞す。寛延元(1748)年正五位下、宝暦元(1751)年従四位下に進み文章博士、同2年兼上総介、同3年少納言に任ぜられ、同4年従四位上に進み兼大内記に任ぜられる。同5年在家と改名。同6年文章博士を辞す。同7年正四位下、同10年従三位に進み式部権大輔、同11年右大弁に任ぜられ、明和元(1764)年正三位に進み参議に任ぜられる。同2年権大輔を辞す。同3年参議を辞す。踏歌外弁となる。同5年式部大輔に任ぜられる。安永2(1773)年権中納言に任ぜられるも辞す。同年従二位、同5年正二位に進む。同8年権大納言に任ぜられるも辞す。天明3(1783)年再び式部大輔に任ぜられ、同5年これを辞す。子に在熈がいる。　典：公辞・公補

唐橋在熈　からはし・ありひろ

江戸時代の人、権大納言。宝暦7(1757)年11月28日生〜文化9(1812)年2月30日没。56才。

権大納言唐橋在家の子、母は甲斐守源長貞の娘。明和2(1765)年穀倉院学問料を賜る。同3年元服。文章得業生となり従五位下に叙される。同5年従五位上に進み、同6年侍従に任ぜられ、同7年正五位下、安永元(1772)年従四位下、同4年従四位上に進み兼文章博士、同7年少納言・兼大内記に任ぜられ、同8年正四位下に叙される。天明2(1782)年少納言・大内記を辞す。同年従三位に進み、同5年式部権大輔に任ぜられ、同6年正三位に進み踏歌外弁となる。寛政元(1789)年右大弁に任ぜられ、同4年参議に任ぜられる。同8年参議を辞す。同11年従二位に進み、文化元(1804)年権中納言に任ぜられるも辞し式部大輔に任ぜられ、同3年正二位に進む。同7年権大納言に任ぜられるも辞す。子に在経・錦小路頼徳がいる。　典：公辞・公補

唐橋在経　からはし・ありつね

江戸時代の人、参議。天明2(1782)年8月20日生〜天保5(1834)年6月19日没。53才。

権大納言唐橋在熈の子、母は非参議吉田良延の娘。寛政2(1790)年穀倉院学問料を賜る。同3年元服。補文章得業生となり、同4年従五位下、同7年従五位上、同8年正五位下、同10年従四位下に進み侍従に任ぜられ、享和元(1801)年従四位上、文化元(1804)年正四位下に進み少納言に任ぜられ、同2年兼大内記、同4年兼文章博士に任ぜられ、同5年従三位に進み、同8年式部大輔に任ぜられ、同9年正三位に進み踏歌外弁となる。同14年任職を辞す。同年右大弁に任ぜられ、文政7(1824)年これを辞す。天保4(1833)年従二位に進み参議に任ぜられる。同5年これを辞す。子に在久がいる。　典：公辞・公補

唐橋在久　からはし・ありひさ

江戸時代の人、非参議。文化6(1809)年2月30日生〜嘉永3(1850)年2月20日没。42才。

参議唐橋在経の子、母は甲斐守黒田長舒の娘。文政元(1818)年穀倉院学問料を賜る。同4年元服。補文章得業生となり従五位下に叙される。同7年従五位上、同9年正五位下に進み、同12年少納言に任ぜられ、天保元(1830)年従四位下に進み侍従・文章博士、同3年兼大内記に任ぜられ、同4年従四位上、同7年正四位下に進む。同年大内記を辞す。弘化元(1844)年従三位に進む。同4年任職を辞す。嘉永元(1848)年正三位に進む。子に在光がいる。　典：公辞・公補

唐橋在光　からはし・ありてる

江戸時代の人、非参議。文政10(1827)年9月9日生～明治7(1874)年6月没。48才。

非参議唐橋在久の子、母は内大臣広幡経豊の娘。天保4(1833)年穀倉院学問料を賜る。同10年元服。補文章得業生となり、同11年従五位下に叙される。同13年従五位上、弘化元(1844)年正五位下に進み、同4年従四位下に進み大内記に任ぜられ、嘉永3(1850)年従四位上、同6年正四位下に進み兼文章博士・少納言・侍従に任ぜられる。安政元(1854)年大内記を辞す。同2年御遷幸に少納言朝臣として舎人一人・少納言侍一人・小舎人童一人・雑色四人・傘一人を供として参加。同3年従三位に進み、同5年の安政の事件(飛鳥井雅典の項参照)に八十八廷臣として連座。同6年式部大輔に任ぜられ、万延元(1860)年正三位に進む。同年文章博士を辞す。元治元(1864)年踏歌外弁となる。京都東殿町に住む。家料は182石。養子に在綱(東坊城家より、従四位・侍従、明治に華族に列され子爵を授る、明治19,9没、子は在正)がいる。　典：明治・公辞・京四・遷幸・公補

○河鰭家

藤原実隆—藤原公頼┬一条実豊
　　　　　　　　　└一条実益—河鰭公村—季村—公邦—実村—公益—実治—季富—⇨

⇨公虎—基秀—実陳┬季縁—実詮—輝季—季満—実祐—公陳—実利—公述—実文┐
　⇩　　　　　　　└＊——範昌⇨長谷家へ　　　　　　　　　　　　　　　　│
のち西洞院時慶⇨西洞院家へ　　　　　　　　　　　　　　　└公篤—実英（子）

非参議藤原実隆の曾孫にして非参議藤原公頼の孫、参議一条実益の子公村(従四位上・右中将、子は季村)が、先祖の権大納言藤原(滋野井)実国の次男公清が河鰭と称したところから、河鰭を氏姓とした。代々神楽を以て奉仕し、明治に至り華族に列され子爵を授かる。本姓は藤原。家紋は唐花。菩提寺は京都左京区浄土寺真如町の松林院、上京区寺ノ内大宮東の妙蓮寺か。

典：大日・日名

河鰭季村　かわばた・すえむら

南北朝時代の人、非参議。生年不明～明徳元(1390.元中7)年没。河鰭家の祖。

非参議藤原公頼の曾孫。河鰭公村朝臣の子。右兵衛督に任ぜられ、のちこれを辞す。応安7(1374.文中3)年従三位に叙される。永徳3(1383.弘和3)年正三位に進む。子に公邦(左中将、子は実村)がいる。　典：公辞・公補

河鰭公益　かわばた・きみます

室町・戦国初期の人、参議。永享7(1435)年生～没年不明。

非参議河鰭季村の曾孫。左中将河鰭公邦朝臣の孫。左近衛権中将河鰭実村朝臣の子。左中将に任ぜられ、のちこれを辞す。寛正5(1464)年従三位に叙される。同6年侍従に任ぜられ、文正元(1466)年参議に任ぜられ再び左中将に任ぜられ、応仁元(1467)年兼土佐

権守に任ぜられ。同2年これと参議を辞す。文明9(1477)年左中将を辞す。同14年48才で出家。　典：公辞・公補

河鰭実治　かわばた・さねはる

戦国時代の人、権中納言。文正元(1466)年生～没年不明。

参議河鰭公益の子。文明11(1479)年叙爵。同12年侍従、同13年右少将に任ぜられ、長享2(1489)年従五位上、延徳2(1490)年正五位下、明応2(1493)年従四位下に進み、同5年右中将に任ぜられ、同6年従四位上より正四位下、永正8(1511)年従三位に進み、同9年侍従に任ぜられ、同11年正三位に進み、同15年参議・兼左近中将に任ぜられる。大永元(1521)年参議を辞す。同年従二位に進む。同2年左近中将を辞す。兵部卿に任ぜられ、享禄2(1529)年正二位に進む。天文15(1546)年権中納言に任ぜられるも辞す。同19年85才で出家。子に季富(正四位下・左中将、天文5没、35才、子は公虎のち西洞院時慶)がいる。　典：公辞・公補

河鰭基秀　かわばた・もとひで

江戸時代の人、非参議。慶長11(1606)年生～寛文4(1664)年2月11日没。59才。

持明院基久の子。左中将河鰭季富朝臣(天文5没、35才)の子公虎が西洞院家を相続し西洞院時通(のち時慶)となったために一時途絶えていた河鰭家を再興する。慶長16(1611)年叙爵。同19年元服。侍従に任ぜられ、元和2(1616)年従五位上、同6年正五位下に進み、同7年右少将に任ぜられ、寛永2(1625)年従四位下に進み、同5年右中将に任ぜられ、同6年従四位上、同10年正四位下、同15年従三位、同19年正三位に進み、承応3(1654)年頃より長病となる。寛文3(1663)年58才で出家。子に実陳がいる。　典：公辞・公補

河鰭実陳　かわばた・さねのり

江戸時代の人、権大納言。寛永12(1635)年12月11日生～宝永3(1706)年2月22日没。72才。初名＝基共。一字名＝量・代。

非参議河鰭基秀の子、母は非参議土御門泰重の娘。初め基共と名乗る。寛永16(1639)年叙爵。同20年元服。同21年従五位上、慶安元(1648)年正五位下に進み、同3年右少将に任ぜられ、同5年従四位下に進み、承応2(1653)年右中将に任ぜられ、明暦2(1656)年従四位上、万治2(1659)年正四位下、寛文6(1666)年従三位、同9年正三位に進む。延宝7(1679)年実陳と改名。参議・兼左中将に任ぜられたが任職を辞す。天和元(1681)年従二位に進み、貞享4(1687)年権中納言に任ぜられ、元禄元(1688)年に辞す。同8年正二位に進む。同14年権大納言に任ぜられるも辞す。子に季縁(従四位下・左少将、貞享5,5,19没、24才、子は実詮)・範昌(長谷家へ)がいる。　典：公辞・公補

河鰭輝季　かわばた・てるすえ

江戸時代の人、権中納言。宝永元(1704)年3月15日生～宝暦5(1755)年6月5日没。52才。

権大納言正親町公兼の子であったが左中将河鰭実詮朝臣(正徳元,9,15没、24才)が若死にしたので、河鰭家を養子相続する。正徳3(1713)年叙爵。同5年元服。侍従に任ぜられ、享保3(1718)年従五位上に叙され、同4年左少将に任ぜられ、同6年正五位下、同9年従四位下に進み右中将に任ぜられ、同12年従四位上、同15年正四位下、同20年従三位、元文

4(1739)年正三位に進み、寛延元(1748)年参議に任ぜられ、同2年踏歌外弁となる。宝暦2(1752)年左中将に任ぜられたが任職を辞す。同年従二位に進む。同5年権中納言に任ぜられられるも辞す。子に季満(従四位下・右中将、宝暦12,10,5没、20才)がいる。　典：公辞・公補

河鰭実祐　かわばた・さねすけ

江戸時代の人、権大納言。宝暦8(1758)年4月29日生～天保3(1832)年12月28日没。75才。

右大臣阿野実顋の末子であったが右中将季満朝臣(宝暦12,10,5没、20才)が若死にしたので、河鰭家を養子相続する。宝暦13(1763)年叙爵。明和3(1766)年元服。従五位上に叙される。同6年正五位下に進み侍従に任ぜられ、安永元(1772)年従四位下に進み、同3年右権少将に任ぜられ、同4年従四位上に進み、右権中将に任ぜられ、同7年正四位下に進み、同8年兼大和権介に任ぜられ、天明元(1781)年従三位、同5年正三位に進み、寛政12(1800)年参議に任ぜられる。享和元(1801)年兼右中将に任ぜられたが任職を辞す。同2年従二位に進む。文化10(1813)年権中納言に任ぜられ、同11年に辞す。同12年正二位に進む。天保2(1831)年権大納言に任ぜられるも辞す。子に公陳がいる。　典：公辞・公補

河鰭公陳　かわばた・きみのり

江戸時代の人、参議。安永2(1773)年9月4日生～文政2(1819)年8月22日没。47才。

権大納言河鰭実祐の子。天明6(1786)年従五位下に叙される。同年元服。寛政元(1789)年従五位上に進み侍従に任ぜられ、同2年正五位下に進み左近権少将に任ぜられ、同7年従四位下、同10年従四位上、享和元(1801)年正四位下に進み、文化2(1805)年左近衛権中将に任ぜられ同年従三位、同6年正三位に進み、同12年参議に任ぜられ兼左中将となる。同13年任職を辞す。同年踏歌外弁となる。同14年従二位に進む。養子に実利(高丘家より)がいる。　典：公辞・公補

河鰭実利　かわばた・さねとし

江戸時代の人、非参議。寛政12(1800)年9月4日生～嘉永3(1850)年11月25日没。51才。

右少将高丘基敦朝臣の子、母は参議今城定興の娘。文化8(1811)年参議河鰭公陳の養子となる。従五位下に叙される。同9年元服。同11年従五位上、同14年正五位下、文政5(1822)年従四位下に進み侍従に任ぜられ、同7年右近衛権少将に任ぜられ、同8年従四位上、同11年正四位下に進み、天保7(1836)年右近衛権中将に任ぜられ同年従三位、同10年正三位に進む。京都石薬師通西北に住む。墓所は妙蓮寺。家料は150石。子に公述(正四位下・右少将、安政の事件に八十八廷臣として連座、子は実文)がいる。　典：公辞・公補

○甘露寺家

藤原冬嗣の孫高藤の四代孫為輔が甘露寺(また松崎)と号した。その子孫は坊門・吉田などを氏姓とし、吉田隆長の子藤長より甘露寺を氏姓とした。代々儒道をもって奉仕し、笛道でも知られる。明治に至り華族に列され伯爵を授かる。本姓は藤原。家紋は竹に雀。菩提寺は浄華院。

典：日名・京四

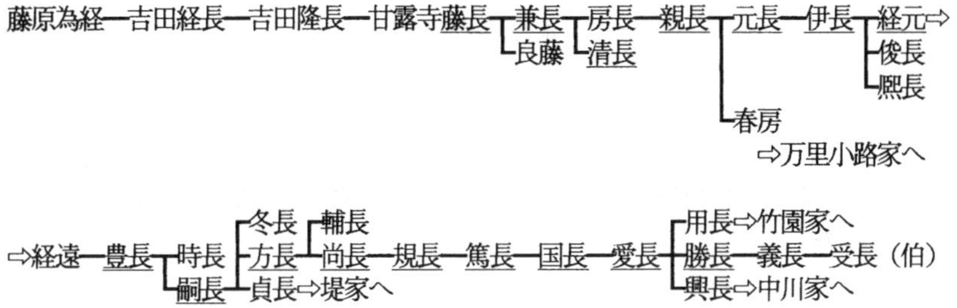

甘露寺藤長　かんろじ・ふじなが

鎌倉・南北朝時代の人、権中納言。元応元(1319)年生～康安元(1361.正平16)年5月4日没。43才。甘露寺家の祖。

権大納言吉田隆長の子(三男か)。先祖の藤原為輔が甘露寺と号した所から、父の吉田姓より分かれて甘露寺を氏姓とした。元応3(1321)年従五位下に叙される。正中3(1326)年従五位上に進み中宮権大進に任ぜられ、嘉暦2(1327)年正五位下に進み、元徳元(1329)年勘解由次官、同2年右衛門権佐、同3年左衛門権佐、元弘3(1333)年右少弁・皇太后宮権大進・防鴨河使・蔵人に任ぜられる。同年中宮権大進・左衛門権佐を辞す。同4年春宮大進に任ぜられる。同年蔵人を辞す。建武2(1335)年正五位上に進み中判事・左少弁に任ぜられ、ついで再び蔵人に任ぜられ、同3年従四位下に進む。同年再び蔵人を辞し更に中判事・春宮大進を辞す。春宮亮に任ぜられる。同5年左少弁を辞す。暦応4(1341)年従四位下に進み右中弁より権左中弁に任ぜられ、康永元(1342)年正四位下に進み左中弁に任ぜられ、同2年正四位上に進み左宮城使・右大弁・蔵人頭に任ぜられ、同3年山城権守・造興福寺長官に任ぜられる。貞和元(1345.興国6)年参議に任ぜられる。同2年従三位に進む。同4年権中納言に任ぜられ、同5年に辞す。文和4(1355.正平10)年正三位、延文3(1358.正平13)年従二位、同5年正二位に進む。子に兼長がいる。　典：公辞・公補

甘露寺兼長　かんろじ・かねなが

南北朝・室町時代の人、権大納言。延文2(1357.正平12)年生～応永29(1422)年2月8日没。66才。

権中納言甘露寺藤長の子。貞治3(1364)年従五位上に叙される。のち右兵衛佐に任ぜられ、永和4(1378)年右少弁に任ぜられ、同5年正五位上に進み、康暦2(1380)年左少弁、永徳元(1381)年右中弁より権左中弁に任ぜられ従四位下に進み、同2年蔵人頭に任ぜられ従四位上に進み参議に任ぜられる。同3年従三位に進み兼右兵衛督・兼左大弁・兼近江権守に任ぜられる。同年右兵衛督を辞す。至徳3(1386.元中3)年正三位に進む。同年権中納言に任ぜられ、明徳3(1392.元中9)年に辞す。同4年従二位、応永8(1401)年正二位に進む。同16年権大納言に任ぜられ、同18年に辞す。同20年按察使に任ぜられ、同29年従一位に進む。子に清長・房長(従四位上・蔵人頭・左大弁、永享4,6,23没、子は親長)がいる。　典：公辞・公補

甘露寺清長　かんろじ・きよなが

南北朝・室町時代の人、権中納言。永徳元(1381.弘和元)生～応永21(1414)年8月29日没。34才。

権大納言甘露寺兼長の子。兄弟に房長(従四位上・蔵人頭・左大弁、永享4,6,23没)がいる。正四位上に叙される。蔵人頭に任ぜられ、のちこれを辞す。応永20(1413)年従三位に進み参議・兼左大弁に任ぜられる。同21年兼近江権守に任ぜられ権中納言に任ぜられる。　典：公補

甘露寺親長　かんろじ・ちかなが

室町時代の人、権大納言。応永32(1425)年生～明応9(1500)年8月17日没。77才。法名=蓮空。一字名=鬼。

蔵人頭・左大弁甘露寺房長朝臣の子。嘉吉元(1441)年従五位上に叙される。同3年南朝臣らが京都の内裏に侵入した時天皇の身を守る。文安元(1444)年右少弁、同3年蔵人・権右中弁に任ぜられ同年正五位上、同5年従四位下より従四位上に進み、宝徳2(1450)年権左中弁より左中弁・蔵人頭に任ぜられ同年正四位下、同3年正四位上に進み、享徳元(1452)年右大弁・参議に任ぜられ従三位に進む。同2年権中納言に任ぜられる。康正2(1456)年正三位に進み兼陸奥出羽按察使に任ぜられる。長禄2(1458)年これを辞す。同3年権中納言を辞す。同年再び権中納言・陸奥出羽按察使に任ぜられる。寛正6(1465)年従二位に進む。同年再び権中納言を辞す。応仁元(1467)年の応仁の乱を避けて鞍馬寺に假寓し親長記を著す。文明元(1469)年正二位に進み、明応元(1492)年権大納言に任ぜられる。同2年にこれを辞す。70才で出家。美濃で没す。子に元長・春房(万里小路家へ)がいる。　典：公辞・京都・大日・日名・伝日・公補

甘露寺元長　かんろじ・もとなが

室町時代の人、権大納言。長禄元(1457)年生～大永7(1527)年8月17日没。71才。法名=清空。道号=古月。

権大納言甘露寺親長の長男。弟に春房(万里小路家へ)がいる。文正元(1466)年叙爵。文明2(1470)年右兵衛佐、同4年蔵人・右少弁に任ぜられ、同5年従五位上、同6年正五位下より正五位上に叙され、同7年左少弁、同13年右中弁に任ぜられ同年従四位下、同14年従四位上より正四位下に進み左中弁に任ぜられ、同15年正四位上に進み、同18年右大弁・参議に任ぜられる。長享元(1487)年従三位に進み、同2年権中納言に任ぜられる。延徳3(1491)年正三位、文亀元(1501)年従二位に進み、永正元(1504)年賀茂伝奏となる。同14年正二位に進み権大納言に任ぜられる。同16年兼民部卿に任ぜられる。大永元(1521)年権大納言を辞す。同6年従一位に進む。同年民部卿を辞す。平素は笛を好み、詩歌を能く詠む。子に伊長がいる。　典：大日・日名・伝日・公辞・公補

甘露寺伊長　かんろじ・これなが

室町時代の人、権大納言。文明16(1484)年生～天文17(1548)年12月30日没。65才。初名=敦長。

権大納言甘露寺元長の子、母は権中納言高倉永継の娘。長享元(1487)年叙爵。明応元(1492)年左衛門佐に任ぜられ、同2年従五位上に進み、同9年蔵人・権右少弁に任ぜられ正五位下に進み、同10年右少弁に任ぜられ、永正5(1509)年正五位上に進み左少弁、同7年左中弁に任ぜられ、同8年従四位下より従四位上に進み蔵人頭に任ぜられ、同9年正四位下より正四位上に進み、同15年左大弁・参議に任ぜられる。同16年従三位に進み、大永元(1521)年権中納言に任ぜられ、同2年正三位、享禄2(1529)年従二位に進み、天文3(1534)年能州に下向。のち上洛し権大納言に任ぜられる。同5年正二位に進み、同12年神宮伝奏となる。同13年権大納言を辞す。同年陸奥出羽按察使となる。同15年神宮伝奏を辞す。同17年従一位に進む。養子に経元(上冷泉家より)がいる。 典：公辞・公補

甘露寺経元 かんろじ・つねもと

室町・安土桃山時代の人、権大納言。天文4(1535)年生〜天正13(1585)年5月8日没。51才。初名=範家。前名=経信。法名=円空。

参議下冷泉為豊の次男。初め範家と名乗る。天文15(1546)年叙爵。経信と改名。参議高倉範久の養子となる。同18年従五位上に叙される。同年元服。侍従に任ぜられる。経元と改名。権大納言甘露寺伊長の養子となる。権右少弁・補蔵人に任ぜられ正五位下、同21年正五位上に進み、同23年右少弁、同24年権右中弁、永禄3(1560)年右中弁に任ぜられ、同6年従四位下より従四位上ついで正四位下に進み左中弁・蔵人頭に任ぜられ、同12年正四位上に進み右大弁に任ぜられ、元亀元(1570)年従三位に進み、参議に任ぜられる。同3年右大弁を辞す。天正元(1573)年権中納言に任ぜられ、同2年正三位に進む。同4年武命に違反し蟄居。のち許されて出仕。同5年従二位に進み、同7年権大納言に任ぜられ、同8年正二位に進む。養子に経遠(准大臣勧修寺晴豊の次男、正四位上・右中弁・蔵人頭、慶長7,7,16没、27才、養子は権中納言正親町三条公仲の三男豊長)がいる。 典：公辞・公補

甘露寺嗣長 かんろじ・つぐなが

江戸時代の人、参議。慶長16(1611)年8月2日生〜慶安3(1650)年2月9日没。40才。

権中納言正親町三条公仲の孫、正親町三条貞秀の子。兄に右大弁・蔵人頭時長朝臣がいる。兄が正親町三条家より甘露寺家に入り、家督を相続したが、早死にした為、同じく正親町三条家より甘露寺家に入り、家督を相続。元和9(1623)年叙爵。寛永6(1629)年元服。同10年従五位上に叙され左衛門権佐に任ぜられ、同13年正五位下に進み、同19年権右少弁・蔵人に任ぜられ正五位上に進み、同20年右少弁、正保元(1644)年左少弁、同2年右中弁に任ぜられ、同3年従四位下、同4年従四位上より正四位下に進み左中弁に任ぜられ、同5年正四位上に進む。慶安2(1649)年右大弁・参議に任ぜられるも俄病にて任職を辞す。子に冬長(従五位下、正保5,1,8没、12才)・方長・貞長(堤家へ)がいる。 典：公辞・公補

甘露寺方長 かんろじ・かたなが

江戸時代の人、権大納言。慶安元(1648)年12月3日生〜元禄7(1694)年2月20日没。47才。

参議甘露寺嗣長朝臣の次男。兄に早死にした冬長(従五位下、正保5,1,8没、12才)、弟に貞長(堤家へ)がいる。承応元(1652)年叙爵。明暦2(1655)年元服。従五位上に叙され勘解由次官に任ぜられ、万治3(1660)年正五位下に進み権右少弁、寛文2(1662)年蔵人・右少

弁に任ぜられ、同3年正五位上に進み左少弁、同6年右中弁に任ぜられ、同9年従四位下に進み蔵人頭・左中弁に任ぜられ、同10年従四位上より正四位下ついで正四位上に進み右大弁、同12年参議に任ぜられる。延宝元(1673)年従三位に進み左大弁に任ぜられ踏歌外弁となる。同2年左大弁を辞す。同3年兼民部卿・権中納言に任ぜられ、同5年正三位に進み、同6年賀茂伝奏に任ぜられる。同8年これを辞す。同年従二位に進み、天和元(1681)年権大納言に任ぜられる。同3年一時これを辞すも再び任ぜられる。同年武家伝奏となる。貞享元(1684)年任職を辞す。元禄元(1688)年再び権大納言に任ぜられ、同7年正二位に進む。同年再び権大納言を辞す。子に輔長(正四位上・蔵人頭・右大弁、元禄7,12,17没、20才)・尚長がいる。　典：公辞・公補

甘露寺尚長　かんろじ・なおなが

江戸時代の人、権中納言。貞享2(1685)年12月4日生～享保3(1718)年5月2日没。34才。

権大納言甘露寺方長の三男。兄に輔長(正四位上・蔵人頭・右大弁、元禄7,12,17没、20才)がいる。元禄8(1695)年叙爵。同年元服。左衛門佐に任ぜられ、同10年権右少弁に任ぜられ、同11年従五位上、同12年正五位下に進み同年右少弁、同13年蔵人に任ぜられ正五位上に進み、同14年左少弁、宝永元(1704)年右中弁、同3年左中弁、同5年兼春宮大進・蔵人頭に任ぜられ同年従四位下、同6年従四位上より正四位下ついで正四位上に進み、正徳元(1711)年右大弁、同4年左大弁・参議に任ぜられる。同5年従三位に進み踏歌節会外弁となる。享保2(1717)年任職を辞す。同3年権中納言に任ぜられる。養子に規長(万里小路家より)がいる。　典：公辞・公補

甘露寺規長　かんろじ・のりなが

江戸時代の人、権大納言。正徳3(1713)年6月23日生～天明3(1783)年12月22日没。71才。

権大納言万里小路尚房の次男、母は非参議吉田兼敬の娘。享保3(1718)年権中納言甘露寺尚長の養子となり家督を相続。同年叙爵。同4年元服。民部少輔に任ぜられ、同6年従五位上、同10年正五位下に進み、同13年右衛門権佐、同15年権右少弁、同17年右少弁、同19年蔵人に任ぜられ正五位上に進む。右衛門権佐を辞し右中弁、同20年神宮弁・新帝蔵人・院判官代、元文元(1736)年左中弁に任ぜられ、同3年従四位下より従四位上・正四位下に進み蔵人頭・右大弁に任ぜられ、同4年正四位上に進み、同5年左大弁・参議に任ぜられる。寛保2(1742)年従三位に進み、同3年権中納言に任ぜられ、延享4(1747)年正三位に進み、寛延2(1749)年踏歌外弁となる。同3年権大納言に任ぜられる。宝暦元(1751)年従二位に進む。同4年権大納言を辞す。同6年正二位、安永4(1775)年従一位に進む。子に篤長がいる。　典：公辞・公補

甘露寺篤長　かんろじ・あつなが

江戸時代の人、権大納言。寛延2(1749)年5月3日生～文化9(1812)年2月29日没。64才。

権大納言甘露寺規長の子、母は甲斐守源長定の娘。宝暦元(1751)年叙爵。明和元(1764)年元服。従五位上に叙され侍従に任ぜられ、同4年正五位下に進み、同6年右少弁、同8年蔵人に任ぜられ正五位上に進み、安永元(1772)年兼左衛門権佐・補検非違使・造興福寺長官・御祈奉行・左少弁に任ぜられる。同年御所奉行・造興福寺長官を辞す。同3年神宮

弁・賀茂下上社奉行・氏院別当・権右中弁より右中弁に任ぜられる。同年賀茂下上社奉行を辞す。同7年従四位下より従四位上ついで正四位下に進み蔵人頭に任ぜられ、同8年正四位上に進み右大弁に任ぜられる。同9年任職を辞す。天明元(1781)年左大弁・参議に任ぜられ、同2年従三位、同5年正三位に進み踏歌外弁となり権中納言に任ぜられる。同8年従二位に進み、寛政元(1789)年兼按察使に任ぜられ、同3年権大納言に任ぜられる。同4年正二位に進む。同8年権大納言を辞す。文化9(1812)年従一位に進む。子に国長がいる。
典：公辞・公補

甘露寺国長　かんろじ・くになが

江戸時代の人、権大納言。明和8(1771)年9月10日生〜天保8(1837)年6月18日没。67才。

権大納言甘露寺篤長の子。天明4(1784)年従五位下に叙され、同5年元服。侍従に任ぜられ、同7年従五位上、寛政2(1790)年正五位下に進み、同6年兼中宮権大進、同8年右少弁・補蔵人に任ぜられ正五位上に進み、同10年左少弁・兼左衛門権佐に任ぜられ、同11年中宮大進・神宮弁・賀茂下上社奉行、同12年権右中弁に任ぜられ、享和2(1802)年従四位下より従四位上ついで正四位下に進み補蔵人頭・氏院別当に任ぜられる。同年賀茂下上社奉行を辞す。同3年正四位上に進み右中弁より右大弁・兼中宮亮に任ぜられる。氏院別当・神宮弁を辞す。文化2(1805)年従三位に進み参議に任ぜられる。同4年踏歌外弁となり、同5年正三位に進み左大弁に任ぜられ、同7年権中納言に任ぜられ、同8年従二位に進み、同10年賀茂下上社伝奏となる。同11年正二位に進み権大納言に任ぜられる。文政2(1819)年これを辞す。同5年武家伝奏となり、同7年従一位に進む。天保7(1836)年武家伝奏を辞す。子に愛長がいる。　典：公辞・公補

甘露寺愛長　かんろじ・なるなが

江戸時代の人、権中納言。文化4(1807)年12月8日生〜安政6(1859)年7月6日没。53才。

権大納言甘露寺国長の子、母は権大納言上冷泉為章の娘。文化12(1815)年従五位下に叙され、同14年元服。文政元(1818)年従五位上、同4年正五位下に進み侍従、天保2(1831)年補蔵人・兼右衛門佐・左少弁に任ぜられ正五位上に進み、同3年兼皇太后宮大進・御祈奉行・右中弁、同4年神宮弁・氏院別当、同6年賀茂下上社奉行に任ぜられる。同8年賀茂下上社奉行を辞す。同9年御祈奉行を辞す。同年従四位下より従四位上ついで正四位下に進み蔵人頭に任ぜられる。同12年正四位上に進み、同13年左中弁に任ぜられ、同14年氏院別当を辞す。弘化2(1845)年神宮弁を辞す。同年右大弁、同4年参議に任ぜられる。嘉永元(1848)年従三位に進み左大弁に任ぜられ、同3年正三位に進み踏歌外弁となる。同4年兼右衛門督・補使別当に任ぜられ、安政2(1855)年従二位に進む。御遷幸に馬副二人・舎人二人・居飼二人・随身二人・看督長四人・火長四人・雑色二人・傘一人を供として参加。同4年権中納言に任ぜられ、同5年正二位に進む。同6年賀茂下上社伝奏となるも任職を辞す。子に勝長・用長(竹園家)・興長(中川家)がいる。　典：明治・公辞・遷幸・公補

甘露寺勝長　かんろじ・かつなが

江戸・明治時代の人、参議。文政11(1828)年3月20日生〜明治3(1870)年3月没。43才。

権中納言甘露寺愛長の子。兄弟に用長(竹園家)・興長(中川家)がいる。天保元(1830)年叙爵。同6年元服。従五位上に叙され、同9年正五位下に進み、安政3(1856)年侍従、同5年補蔵人に任ぜられ正五位上に進み、万延元(1860)年御祈奉行・右少弁に任ぜられ、文久元(1861)年左少弁・氏院別当・兼左衛門権佐、同2年神宮弁、同3年権右中弁・賀茂下上社奉行に、元治元(1864)年補蔵人頭に任ぜられ従四位下より従四位上ついで正四位下、同2年正四位上に進み左中弁に任ぜられる。同年賀茂下上社奉行を辞す。慶応2(1866)年神宮弁・氏院別当を辞す。京都中筋東側に住む。家料は200石。明治元(1868)年兼皇太后宮亮・左大弁・参議に任ぜられ従三位に進み、明治の新政府では職事方となる。子に義長(明治の華族に列され伯爵を授かる。従二位。大正6,9没、66才)がいる。　典：明治・公辞・京四・公補

○北小路家

〈大江系〉

大江匡重―大江匡房―大江俊宣―北小路俊泰―俊永┬俊直
　　　　　　　　　　　　　　　　　　　　　　　└俊定―慶忠―快俊―俊祇┬俊真①
　　　　　　　　　　　　　　　　　　　　　　　　　　　　　　　　　　　└俊光②

①―俊包―俊民―俊盛―俊名―俊幹―俊周―俊常―俊方―俊堅―俊久―俊長―俊義―⇨
⇨―俊親（子）―明―三郎

②―俊在―俊章―俊興―俊定―俊矩―俊廸―俊文―俊康―俊威―俊昌（男）

権中納言大江匡房の孫、大江俊宣の子俊泰が京の北小路に住み、大江家より分かれて北小路を氏姓とした。文学を以て奉仕。公卿に列されたのは、俊泰・俊直・俊定のみ。明治に至り華族に列され俊真系の俊親は子爵、俊光系の俊昌は男爵を授かる。本姓は大江。なお、俊昌(正六位上・中務大丞)は京都新烏丸袋図子に住む。菩提寺は京都上京区寺町今出川上ルの本満寺。

典：日名

北小路俊泰　きたのこうじ・としやす

室町時代の人、非参議。寛正4(1463)年生～没年不明。大江系北小路家の祖。

第51代平城天皇を先祖とした権中納言大江匡房の孫。非参議大江俊宣の子俊泰が京の北小路に住み、大江家より分かれて北小路を氏姓とした。宮内卿に任ぜられ、のちこれを辞す。大永元(1521)年従三位に叙される。同6年64才で出家。子に俊永(正四位下・大膳大夫)がいる。　典：公辞・公補

北小路俊直　きたのこうじ・としなお

室町・安土桃山時代の人、非参議。享禄3(1530)年生～天正14(1586)年12月24日没。57才。号=江三位。

権中納言大江匡房の孫非参議北小路俊泰の子大膳大夫大江俊永朝臣の子。兄に俊定がいる。天文4(1535)年叙爵。越前守に任ぜられ、同8年従五位上、同14年正五位下、同17

年従四位下、同22年従四位上に進み、同23年大膳大夫に任ぜられ、弘治3(1557)年正四位下、永禄6(1563)年従三位に進む。　典：公辞・公補

北小路俊定　きたのこうじ・としさだ

室町・安土桃山時代の人、非参議。永正5(1508)年生～没年不明。号=江三位。

権中納言大江匡房の孫非参議北小路俊泰の子大膳大夫大江俊永朝臣の子。弟に俊直がいる。大永5(1525)年叙爵。丹後守に任ぜられ、享禄元(1528)年従五位上に叙され宮内少輔に任ぜられ、同5年正五位下、天文4(1535)年従四位下に進み、同5年弾正大弼に任ぜられ、同8年従四位上、同13年正四位下に進み、同17年備後守、元亀2(1571)年従三位に進む。天正2(1574)年67才で出家。　典：公辞・公補

北小路(藤原系)

三室戸誠光┬資順⇨三室戸家へ
　　　　　├北小路徳光─資福─光香─光教─祥光─師光─説光─随光─資武（子）
　　　　　└資基⇨柳原家へ

日野家の柳原庶流。権大納言柳原資明の裔非参議三室戸誠光が北小路と号した所から、次男徳光が父の三室戸家より分かれて、北小路を氏姓とした。明治に至り華族に列され子爵を授かる。本姓は藤原。家紋は鶴の丸。菩提寺は京都上京区の浄福寺。　典：日名・京四

北小路徳光　きたのこうじ・とくみつ

江戸時代の人、非参議。天和3(1683)年11月6日生～享保11(1726)年4月18日没。44才。藤原系北小路家の祖。

非参議三室戸誠光の次男、母は彦山の僧正亮の娘。兄に資順(三室戸家へ)、弟に資基(柳原家へ)がいる。父が一時北小路と号した所から、父の三室戸家より分かれて北小路を氏姓とした。元禄2(1689)年叙爵。同10年元服。従五位上に叙され侍従に任ぜられ、同14年正五位下、宝永2(1705)年従四位下に進み中務大輔に任ぜられ、同4年従四位上、正徳5(1715)年正四位下、享保3(1718)年従三位、同9年正三位に進む。子が無く資福(富小路重直の次男、享保12,12,17没、7才)を養子にするも若死にして一時北小路家は絶える。
典：公辞・公補

北小路光香　きたのこうじ・みつよし

江戸時代の人、非参議。享保5(1720)年6月18日生～没年不明。

三室戸家の庶流権中納言外山光和の次男。兄に外山光任がいる。享保15(1730)年叙爵。同18年絶えていた柳原庶流の北小路家を再興する。同21年元服。左兵衛権佐に任ぜられ、同19年従五位上、元文3(1738)年正五位下、寛保3(1743)年従四位下に進み、延享2(1745)年刑部権大輔、同4年中務権大輔に任ぜられ従四位上に進み、寛延2(1749)年中務大輔に任ぜられ、宝暦元(1751)年正四位下、同7年従三位に進み、同8年竹内式部の門に垂加神道を学ぶ。同13年正三位に進むも、安永2(1773)年53才で位記を返上。子に光教(正五位下・刑部大輔、明和9年辞官、天明5,12,27没、36才)がいる。　典：公辞・公補

北小路祥光　きたのこうじ・よしみつ

江戸時代の人、参議。宝暦13(1763)年9月28日生～文政2(1819)年7月7日没。57才。

権大納言日野資枝の次男。兄に日野資矩がいる。明和6(1769)年従五位下に叙される。安永元(1772)年正五位下・刑部大輔北小路光教の養子となる。同2年元服。従五位上に進み民部権大輔に任ぜられ、同6年正五位下、天明元(1781)年従四位下に進み、同4年弾正少弼に任ぜられ、同5年従四位上、寛政元(1789)年正四位下、同5年従三位に進み、同8年右京大夫に任ぜられ、同9年正三位に進み、享和3(1803)年踏歌外弁となる。文化12(1815)年参議に任ぜられるも辞す。同14年従二位に進む。子に師光がいる。　典：公辞・公補

北小路師光　きたのこうじ・もろみつ

江戸時代の人、非参議。寛政4(1792)年5月4日生～天保14(1843)年5月20日没。52才。

参議北小路祥光の子、母は石清水八幡宮検校大僧正正清の娘。寛政8(1796)年従五位下に叙される。同12年元服。同年従五位上、文化元(1804)年正五位下に進み中務権大輔に任ぜられ、同5年従四位下に進み、同8年中務大輔に任ぜられ、同9年従四位上、同13年正四位下、文政4(1821)年従三位に進み、同7年右京権大夫に任ぜられ、同8年正三位に進み、同9年踏歌外弁となる。天保14(1843)年右京権大夫を辞す。子に説光がいる。　典:公辞・公補

北小路説光　きたのこうじ・ことみつ

江戸時代の人、非参議。文化9(1812)年7月27日生～安政3(1856)年7月8日没。45才。

非参議北小路師光の子、母は准大臣日野資愛の娘。文化13(1816)年従五位下に叙される。文政5(1822)年元服。従五位上に進み兵部大輔に任ぜられ、同9年正五位下、天保元(1830)年従四位下、同5年従四位上に進み、同8年勘解由次官に任ぜられ、同9年正四位下に進み、同12年新清和院別当となり、同13年従三位、弘化3(1846)年正三位に進む。子に随光がいる。　典：公辞・公補

北小路随光　きたのこうじ・よりみつ

江戸時代の人、非参議。天保3(1832)年3月1日生～大正5(1916)年11月没。85才。

非参議北小路説光の子。天保7(1836)年従五位下に叙される。弘化2(1845)年元服。従五位上に進み越後権介に任ぜられ、嘉永元(1848)年正五位下、同4年従四位下、安政元(1854)年従四位上、同4年正四位下に進み、万延元(1860)年勘解由次官に任ぜられ、文久元(1861)年従三位、慶応元(1865)年正三位に進み左京権大夫に任ぜられ、のち正二位に進み明治17(1884)年に華族に列され子爵を授かる。幕末には京都新道寺町西入ルに住む。子に資武がいる。　典：明治・公辞・公補

○北畠家

久我家の分流、大納言中院通方の三男雅家が父の中院家より分かれて、北畠を氏姓とした。代々武将として奉仕し、特に南朝の武将として名が上がる。江戸期の親顕の後は公卿に列されなかった。明治に至り通城が華族に列され男爵を授かる。本姓は源。

典：大日

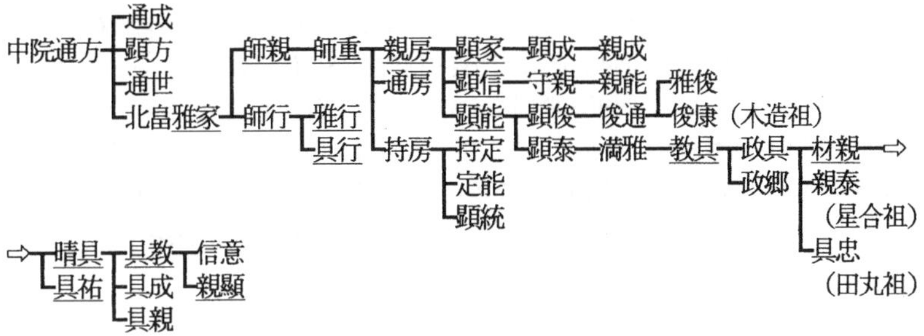

北畠雅家　きたばたけ・まさいえ

鎌倉時代の人、権大納言。建保3(1215)年生～文永11(1274)年3月22日没。60才。法名=如覚。北畠家の祖。

大納言中院通方の三男、母は権中納言源雅頼の娘。兄に中院顕方・中院通成、弟に中院通世がいる。父の中院家より分かれて、北畠を氏姓とした。正四位下に叙され、蔵人頭に任ぜられ、のちこれを辞す。同年右中将に任ぜられ、宝治元(1247)年参議に任ぜられる。同2年従三位に進み兼備後権守に任ぜられ、建長2(1250)年正三位、同3年従二位に進む。同年任職を辞す。同4年権中納言に任ぜられ、康元元(1256)年正二位に進み、文応元(1260)年中納言より権大納言に任ぜられる。弘長元(1261)年兼皇后宮大夫に任ぜられる。同2年任職を辞す。文永5(1268)年後嵯峨院が落飾したため、54才で出家。子に師親・師行がいる。　典：大日・伝日・公補

北畠師親　きたばたけ・もろちか

鎌倉時代の人、権大納言。寛元2(1244)年生～嘉元3(1305)年9月27日没。62才。法名=覚円。

権大納言北畠雅家の長男。弟に師行がいる。寛元元(1243)年叙爵。宝治2(1248)年従五位上に叙され、建長2(1250)年侍従に任ぜられ、同4年正五位下、同6年従四位下に進み備前介・左少将に任ぜられ、同8年従四位上に進み、正嘉元(1257)年左中将に任ぜられ、同2年正四位下、弘長2(1262)年従三位に進み右衛門督に任ぜられ、文永4(1267)年正三位、同6年従三位に進み参議より権中納言に任ぜられる。同7年従二位に進む。同8年左衛門督に任ぜられ、同10年これを辞す。建治2(1276)年正二位に進む。弘安6(1283)年権大納言に任ぜられるも、同7年辞す。正応2(1289)年亀山天皇が落飾したため、46才で出家。子に師重がいる。　典：大日・伝日・公補

北畠師重　きたばたけ・もろしげ

鎌倉時代の人、権大納言。文永7(1270)年生～元亨2(1321)年1月13日没。52才。法名=経覚。

権大納言北畠師親の子。文永8(1271)年叙爵。同11年石見守に任ぜられ、建治3(1277)年従五位上に叙される。同年石見守を辞す。同4年正五位下に進み、弘安2(1279)年左少将に任ぜられ、同4年従四位下、同8年従四位上に進み左中将に任ぜられ、正応元(1288)年

正四位下に進む。同2年左中将を辞す。同4年従三位に進み、同5年右衛門督に任ぜられ、永仁元(1293)年正三位に進み、同2年参議に任ぜられ、ついで再び左中将に任ぜられる。同3年権中納言に任ぜられ、同4年兼左衛門督・補使別当に任ぜられる。同5年補使別当を辞す。同6年従二位に進む。同年左衛門督を辞す。正安元(1299)年正二位に進み、乾元元(1302)年中納言に任ぜられ、嘉元元(1303)年権大納言に任ぜられる。同3年権大納言を辞す。徳治2(1307)年後宇多院が落飾したため、38才で出家。祖父・父と三代に渡って帝と共に出家している。子に親房・通房・持房がいる。　典：大日・伝日・公補

北畠師行　きたばたけ・もろゆき

鎌倉時代の人、非参議。文永2(1265)年生～永仁4(1296)年4月3日没。32才。

権大納言北畠雅家の次男。兄に師親がいる。文永3(1266)年叙爵。因幡守に任ぜられ、同4年侍従に任ぜられ、同4年従五位上に叙され、同7年右少将に任ぜられ、同8年正五位下、建治3(1277)年従四位下、弘安3(1280)年従四位上に進み、同4年左中将に任ぜられ、同6年正四位下進む。永仁元(1293)年左中将を辞す。同3年従三位に進む。　典：公補

北畠親房　きたばたけ・ちかふさ

鎌倉・南北朝時代の人、大納言・吉野朝の准大臣。永仁元(1293)年生～文和3(1354.正平9)年没。62才。法名=宗玄・覚空。号=源大納言。

権大納言北畠師重の長男、母は左少将隆重の娘。弟に通房・持房がいる。永仁元(1293)年従五位下に叙される。同2年従五位上、同5年正五位下、同6年従四位下、正安2(1300)年従四位上に進み兵部権大輔、嘉元元(1303)年左少将から右中将に任ぜられ正四位下に進み、同3年権左少弁、徳治元(1306)年左少弁に任ぜられる。同2年左少弁を辞す。同年弾正大弼に任ぜられ、延慶元(1308)年従三位、同3年正三位に進み参議に任ぜられる。応長元(1311)年弾正大弼を辞す。同年兼左中将・兼備前権守・左兵衛督・使別当に任ぜられ、ついで権中納言に任ぜられる。正和元(1312)年従二位に進む。同年使別当・左兵衛督・備前権守を辞す。同4年権中納言を辞す。同5年正二位に進み、文保2(1317)年再び権中納言に任ぜられ、元応元(1319)年中納言に任ぜられる。元亨2(1322)年右衛門督・補使別当に任ぜられ、同3年権大納言・奨学院別当・按察使に任ぜられ、正中2(1325)年大納言に任ぜられる。嘉暦元(1326)年按察使を辞す。後醍醐天皇の皇子世良親王の養育にあたったが親王が夭折した為、元徳2(1330)年38才で出家。元弘3(1333.正慶元)年吉野朝より従一位に叙され准大臣に任ぜられ再び出仕。吉田定房・万里小路藤房と共に三房と言われ、武将として活躍し子顕家が陸奥守に任ぜられると、共に奥州に下る。足利尊氏が朝廷と反目すると兵を率いて京都を奪回、後醍醐天皇が没した後は、南朝の中心となり、暦応元(1338.延元3)年より関東にて南朝の統合に尽力。のちに武将としての功により、子顕家と共に大阪市住吉区住吉町の阿部野神社に祭られ、明治15年に別格官幣社に列され、41年正一位を贈られる。子に顕家・顕信・顕能がいる。　典：大日・京都・公補

北畠雅行　きたばたけ・まさゆき

鎌倉時代の人、参議。文永11(1274)年生～没年不明。

非参議北畠師行の長男。弟に具行がいる。永仁2(1294)年叙爵。因幡守に任ぜられ、同5年従五位上に進む。同年因幡守を辞す。侍従に任ぜられ、同7年左少将に任ぜられ正五位下、正安3(1301)年従四位下に進み、嘉元3(1305)年左中将に任ぜられ、徳治2(1307)年従四位上、延慶2(1309)年正四位下に進み、応長2(1311)年右中将、正和2(1313)年少納言、同3年再び左中将ついで補蔵人頭に任ぜられ従三位に進む。同4年右衛門督に任ぜられたが辞す。文保元(1317)年参議に任ぜられ、同2年辞す。元応元(1319)年正三位、元徳2(1329)年従二位に進むも54才で出家。 典：公辞・公補

北畠具行 きたばたけ・ともゆき

鎌倉時代の人、権中納言。正応3(1290)年生〜正慶元(1332.元弘2)年6月19日没。43才。

非参議北畠師行の次男。兄に雅行がいる。正安3(1301)年右馬頭に任ぜられ従五位上に叙される。同4年右馬頭を辞す。同年左少将に任ぜられ、嘉元4(1306)年正五位下、延慶3(1310)年従四位下、正和3(1314)年従四位上に進み、文保2(1318)年右中将に任ぜられ正四位下に進む。同3年兼美作介、元応元(1319)年左中将、同2年少納言、元亨元(1321)年兼右衛門佐、同2年左衛門佐、正中元(1324)年兼摂津権守・蔵人頭に任ぜられる。同年右馬頭・左中将を辞す。嘉暦元(1326)年従三位に進む。同年参議に任ぜられるも辞す。同3年再び参議に任ぜられ、元徳元(1329)年正三位に進み兼侍従・山城権守に任ぜられ、同2年権中納言に任ぜられる。元弘元(1331)年従二位に進むも吉野朝の後醍醐天皇に使え、北条氏討伐の戦いに破れ笠置山にて召捕られ、正慶元(1332.元弘2)年鎌倉に下向。近江国柏原にて斬首される。大正4(1915)年に正二位を贈られる。 典：日名・大日・古今・公補

北畠顕家 きたばたけ・あきいえ

鎌倉・南北朝時代の人、権中納言。文保2(1318)年生〜暦応元(1338.延元3)年5月22日没。21才。

大納言・吉野朝の准大臣北畠親房の長男。弟に顕信・顕能がいる。元亨元(1321)年叙爵。同2年従五位上、同4年正五位下に進み、正中2(1325)年侍従に任ぜられ、同3年従四位下に進み右少将、嘉暦2(1327)年兼武蔵介に任ぜられ同年従四位上、同3年正四位下に進み少納言・左少将・中宮権亮に任ぜられる。同年少納言を辞す。元徳2(1330)年左中弁・左中将に任ぜられ、同3年正四位上に進む。、元弘元(1331)年参議に任ぜられるも辞す。同年従三位に進む。正慶元(1332.元弘2)年再び参議ついで左中将に任ぜられる。同2年兼弾正大弼・兼陸奥守に任ぜられ正三位に進む。同年弾正大弼を辞し義良親王(後村上天皇)を奉じて陸奥多賀城に下る。建武元(1334)年従二位に進む。同2年鎮守府将軍の足利尊氏が朝廷より離反した為、鎮守府将軍に任ぜられて陸奥の兵を率いて上洛し尊氏の軍を九州へ攻追し、陸奥に下向。延元元(1336)年尊氏軍が京都に迫ると兼右衛門督・使別当に権中納言に任ぜられ再び陸奥より出兵するも、京都を奪回できず解任され、暦応元年に泉州堺浦の合戦で高師直の軍に破れ戦死。のち従一位と右大臣を贈られる。武将としての功により父親房と共に大阪市住吉区住吉町の阿部野神社に祭られ、明治15年に別格官幣社に列される。子に顕成がいる。 典：大日・京都・公補

北畠顕信 きたばたけ・あきのぶ

南北朝時代の人、吉野朝の中納言。生没年不明。

大納言・吉野朝の准大臣北畠親房の次男。兄に顕家、弟に顕能がいる。延元元(1336)年後醍醐帝花山院を奉じて伊勢に兵を起こし、足利尊氏軍と戦って破れ、帝を吉野に幸する。同3年兄顕家と共に土岐頼遠を討つも、高師直軍に兄が討たれ、河内に逃れる。のち従三位に叙され近衛中将・陸奥介・鎮守府将軍に任ぜられ東国陸奥に赴任、興国元(1340)年白河城に居城し、同2年石塔義房を討つ。同4年宇津峰宮を奉じ陸奥に居城する。正平2(1347)年結城顕頼・相馬親胤との戦いに敗れ、同6年再び宇津峰宮を奉じて兵を起こすもまた敗れ、同7年東国より宇津峰宮と共に逃れて吉野に還る。のち中納言に任ぜられ征西大将軍懐良親王に従い、少弐頼尚を筑前大原に討つも戦死。子に守親がいる。 典：大日

北畠顕能 きたばたけ・あきよし

南北朝時代の人、伊勢国司・吉野朝の右大臣。元亨元(1321)年生～弘和3(1383.永徳3)年7月没。63才。

大納言・吉野朝の准大臣北畠親房の三男。兄に顕家・顕信がいる。延元元(1336)年兄顕家に従い伊賀伊勢の兵を率いて敵を討ちのち、伊勢国に戻る。足利尊氏の命にて高師秋が来襲するが破り、正平6(1351)年高師秋を殺す。同7年天皇を奉じて足利軍を京都より追い払う。しかし、足利義詮が兵を立て直し京都に攻め入ったため、天皇を奉じて吉野に父と共に逃れる。同15年足利義詮、畠山国清等と戦い大和伊勢の国境に足利軍を防ぐ。病で没す。初め従四位下に叙され、右近少将に任ぜられたが累進して従一位に進み右大臣に任ぜられた。子に顕俊・顕泰(吉野朝の臣、伊勢国司・右近衛大将。応永9,10或いは応仁3又は応仁6,11没、43才、子は満雅)がいる。 典：大日・公補

北畠教具 きたばたけ・のりとも

室町時代の人、伊勢国司・権大納言。応永30(1423)年生～文明3(1471)年3月23日没。49才。

吉野朝の右大臣北畠顕能の曾孫。非参議北畠顕泰の孫。中将北畠満雅朝臣の子。正四位下に叙され、嘉吉元(1441)年伊勢国司・右近衛中将に任ぜられ、宝徳3(1451)年参議に任ぜられる。享徳元(1452)年従三位に進む。同年参議を辞す。同2年正三位に進む。康正2(1456)年権中納言に任ぜられ、長禄元(1457)年に辞す。同2年従二位に進む。同年伊勢国に下向。寛正3(1462)年畠山義就が足利幕府に反抗したので金胎寺城にこれを討つ。応仁2(1468)年幕府の命にて世保政康を討つ。文明元(1469)年権大納言に任ぜられる。伊勢国にて没す。子に政具(右近衛権中将、子は材親)・政郷(伊勢国司、従四位上・右近衛権中将、永正5,10没、60才)がいる。 典：公補

北畠材親 きたばたけ・きちか

室町時代の人、伊勢国司・権大納言。応仁2(1468)年生～永正8(1511)年5月21日没。44才。初名=具方。別読=えだちか。

権大納言北畠教具の孫。右近衛権中将北畠政具朝臣の子。弟に親泰(星合姓)・具忠(田丸姓)がいる。初め具方と名乗る。文明8(1476)年叙爵。同18年右少将に任ぜられ、長享

3(1489)年従五位上に叙され。足利義稙(初名は義材)より諱字を与えられ材親と改名。のち正五位下より従四位下に進み右中将に任ぜられ、明応4(1495)年従四位上に進み、同年文亀2(1502)年参議に任ぜられる。永正2(1505)年正四位下に進む。参議を辞す。同3年従三位に進み権中納言に任ぜられ、同5年叔父政郷を継いで伊勢国司に任ぜられ、同6年正三位に進む。同7年権大納言に任ぜられるも腫物が出た為に辞す。のち落飾。子に晴具・具祐がいる。　典：大日・伝日・公補

北畠晴具　きたばたけ・はれとも

室町時代の人、参議。文亀3(1503)年生～永禄6(1563)年9月没。61才。初名＝親平。前名＝具国。

伊勢国司・権大納言北畠材親の長男。弟に具祐がいる。初め親平と名乗る。永正7(1510)年叙爵。のち侍従に任ぜられ、同13年従五位上に叙され具国と改名し、同15年左中将に任ぜられ、大永5(1525)年正五位下に進む。晴具と改名。同8年従四位下に進み、享禄元(1528)年参議に任ぜられ一時武家伝奏となる。天文5(1536)年34才で出家。武力で鳥羽城を攻め落し、志摩の諸国に威風を振るう。子に具教・具成(伊勢国司、細野城主)・具親(伊勢国司・左衛門佐、天正14年没)がいる。　典：大日・公補

北畠具祐　きたばたけ・ともすけ

室町時代の人、参議。生没年不明。初名＝具房。前名＝具種。法名＝天全。

伊勢国司・権大納言北畠材親の次男。兄に晴具がいる。初め具房と名乗る。大永2(1522)年叙爵。同3年侍従、のち左少将、天文7(1538)年左中将に任ぜられ、同8年従五位上に叙され。具種と改名。のち正五位下、同10年従四位下に進み、同14年参議に任ぜられ兼播磨守となる。同年具祐と改名。この時は伊勢国に住む。同17年出家。　典：公補

北畠具教　きたばたけ・とものり

室町時代の人、伊勢国司・権中納言。享禄元(1528)年生～天正4(1576)年11月26日没。49才。

参議北畠晴具の長男。弟に具成(伊勢国司。細野城主)・具親(伊勢国司・左衛門佐。天正14年没)がいる。天文6(1537)年叙爵。侍従に任ぜられ、同14年従五位上に叙され左中将、同16年美作介に任ぜられ、同18年正五位下、同21年従四位下に進み参議に任ぜられる。同22年従四位上、同23年正四位下より正四位上に進み権中納言に任ぜられ従三位に進む。この時は伊勢国に住む。弘治3(1557)年正三位に進む。永禄6(1563)年権中納言を辞す。同11年一時信長の子信雄を養子とする。元亀元(1570)年43才で出家。天正4(1576)年病で内山の里にて静養中敵に襲われて自害。子に信意(伊勢国司・正五位下・左近衛中将、墓所は廬山寺)、家督相続に親顕(中院家より)がいる。　典：大日・公補

北畠親顕　きたばたけ・ちかあき

江戸時代の人、参議。慶長8(1603)年9月28日生～寛永7(1630)年8月3日没。28才。旧姓＝中院。

権中納言中院通勝の次男。兄に中院通村がいる。慶長12(1607)年叙爵。同17年元服。従五位上に叙され侍従に任ぜられ、元和元(1615)年正五位下に進み左近少将に任ぜられ、同5年従四位下、同8年従四位上に進み左中将に任ぜられ、寛永3(1626)年正四位下に進み、同4年参議に任ぜられる。のち伊勢国司・権中納言北畠具教の家督を相続し北畠姓となる。以後は公卿に列されず、明治期の通城に至り華族に列され男爵を授かる。　典：公補

○木造家

中院俊通━木造俊康━持康━教親━政宗━俊茂

室町時代に非参議中院俊通の子俊康が、父の中院より分かれて木造を氏姓とする。室町時代が終わると、木造家は没落したらしく、その後の公卿名に現れなかった。本姓は源。
典：公補

木造俊康　きずくり・としやす

室町時代の人、権大納言。生没年不明。初名＝俊泰。木造家の祖。

非参議中院俊通の子。父の中院より分かれて木造を氏姓とする。正四位下に叙され、応永10(1403)年参議・兼左中将に任ぜられる。同11年兼土佐権守に任ぜられ、同12年従三位に進み権中納言に任ぜられる。同14年正三位、同18年従二位に進み、同23年権大納言に任ぜられる。同24年正二位に進み、同27年権大納言を辞す。のち出家。子に持康がいる。　典：公補

木造持康　きずくり・もちやす

室町時代の人、権大納言。生年不明〜宝徳3(1451)年没。

権大納言木造俊康の子。正四位下に叙され、永享12(1440)年参議に任ぜられる。嘉吉元(1441)年従三位に進み兼右中将・兼備中守に任ぜられる。文安元(1444)年権中納言に任ぜられる。同3年正三位に進み兼左衛門督に任ぜられ同5年権大納言に任ぜられ、宝徳元(1449)年これを辞すも再び任ぜられる。同2年従二位に進む。同3年権大納言を辞す。のち出家。子に教親がいる。　典：公補

木造教親　きずくり・のりちか

室町時代の人、権中納言。応永31(1424)年生〜応仁2(1468)年12月没。45才。

権大納言木造持康の子。従四位上に叙され右中将に任ぜられ、享徳元(1452)年参議に任ぜられ、同2年正四位下に進み兼土佐権守に任ぜられ、同3年従三位、長禄2(1458)年正三位に進み権中納言に任ぜられる。寛正6(1465)年従二位に進む。応仁元(1467)年足利義視と共に伊勢国の北畠教具の館に下向。子に政宗がいる。　典：公補

木造政宗　きずくり・まさむね

室町・戦国時代の人、参議。寛正4(1463)年生〜没年不明。法名＝宗威。

権中納言木造教親の子。文明12(1480)年叙爵。侍従に任ぜられ、のち従五位上に叙される。長享3(1489)年正五位下に進み、のち右少将に任ぜられ、延徳2(1490)年従四位下に進み、同3年右中将に任ぜられ、明応3(1494)年従四位上に進み、文亀元(1501)年参議に任ぜられる。永正元(1504)年これを辞す。42才で出家。子に俊茂がいる。　典：公補

木造俊茂　きずくり・とししげ

室町・戦国時代の人、参議。明応4(1495)年生～没年不明。

参議木造政宗朝臣の子。明応9(1500)年叙爵。永正2(1505)年侍従に任ぜられ、同6年従五位上に叙され、のち左少将に任ぜられ、同9年正五位下、同11年従四位下に進み、同12年左中将に任ぜられ、同16年従四位上、大永2(1522)年正四位下に進み、同6年参議に任ぜられる。享禄3(1530)年従三位に進む。天文2(1533)年39才で出家。以後木造家の人間も公卿に列されなかった。　典：公補

○衣笠家

藤原忠良━衣笠家良━経平━冬良

大納言藤原忠良の次男家良が、父の藤原を本姓衣笠を氏姓としたが、公卿に列されたのは家良と子経平と孫冬良のみ。

典：公補

衣笠家良　きぬがさ・いえよし

鎌倉時代の人、内大臣。建久3(1192)年生～文永元(1264)年9月10日没。73才。衣笠家の祖。

大納言藤原忠良の次男。母は権大納言藤原定能の娘。父の藤原を本姓として、分かれて衣笠を氏姓とする。正治2(1200)年叙爵。建仁元(1201)年侍従に任ぜられ、同2年従五位上、同3年正四位下に進み、元久元(1204)年左少将、同2年兼越前権介に任ぜられ、建永元(1206)年従四位下に進み右中将、承元元(1207)年兼甲斐権介に任ぜられ、同2年正四位下、建暦元(1211)年従三位に進み、建保元(1213)年兼備中権守に任ぜられ、同2年正三位に進む。同6年備中権守を辞す。承久元(1219)年従二位、貞応元(1222)年正二位に進み、元仁元(1224)年中納言に任ぜられ、安貞元(1227)年権大納言に任ぜられる。嘉禎3(1237)年大納言に任ぜられ、仁治元(1240)年内大臣に任ぜられる。同2年内大臣を辞す。子に経平がいる。　典：日名・公補

衣笠経平　きぬがさ・つねひら

鎌倉時代の人、権中納言。生年不明～文永11(1274)年5月7日没。

大納言藤原忠良の孫。内大臣衣笠家良の子。母は権中納言藤原親能の娘。右中将に任ぜられ、正嘉元(1257)年従三位に叙される。同2年正三位に進み、文永3(1266)年参議に任ぜられる。同4年従二位に進み、同5年兼土佐権守に任ぜられついで権中納言に任ぜら

れる。同7年正二位に進む。同11年大嘗会装束司長官に任ぜられるも辞す。子に冬良がいる。　典：公補

衣笠冬良　きぬがさ・ふゆよし

鎌倉時代の人、中納言。文永4(1267)年生～徳治3(1308)年6月4日没。42才。初名＝家平。

大納言藤原忠良の曽孫。内大臣衣笠家良の孫。権中納言衣笠経平の子。母は右大臣西園寺公基の娘。文永6(1269)年叙爵。同8年従五位上に進み、建治元(1275)年元服。侍従に任ぜられ、同2年正五位下に進み、弘安2(1279)年伊予介・左少将に任ぜられ、同3年従四位下に進み、同6年右少将、同7年左中将に任ぜられ、同8年従四位上、同11年正四位下、正応2(1289)年従三位に進む。同3年冬良と改名。同4年正三位に進み参議に任ぜられ、更に同5年権中納言に任ぜられる。永仁3(1295)年従二位、同5年正二位に進む。同年中納言に任ぜられ、乾元元(1302)年に辞す。嘉元元(1303)年37才で出家。　典：公補

○紀家

〈飛鳥～平安期〉

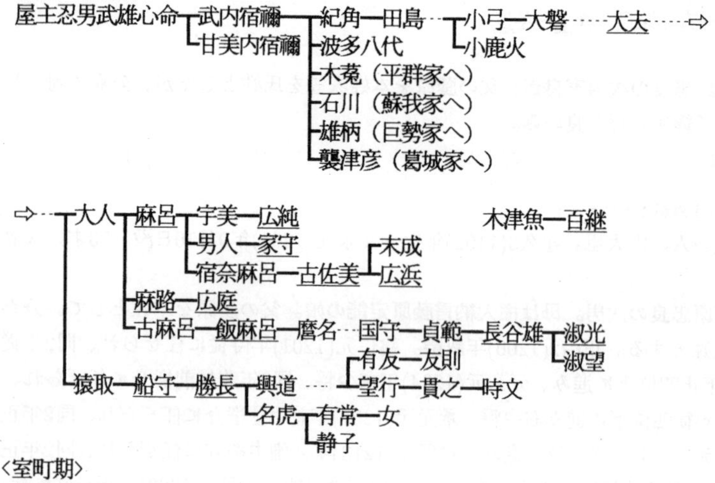

〈室町期〉

俊長・行文

〈江戸期〉

延夏・延興・清規

紀家は屋主忍男武雄心命の孫、武内宿禰(すくね)の子角(つのの)宿禰が大和時代に紀を姓として独立した。紀家は大和の平群(へぐり)郡平群坐紀氏神社付近と紀伊を本拠地とする二つの説があるが、小弓(おゆみ)・大磐(おおいわ)・男麻呂(おまろ)などが朝鮮出兵の際に紀伊からの木材で加工した大船があり、また紀伊にて朝鮮系の遺物が出土している所から、紀伊が本拠地であったと見られる。紀家には和歌で有名な紀貫之(きの・つ

らゆき)・子の時文・友則がいるが共に公卿に列されていない。初期の紀家は平安時代で公卿より名が消えるが、室町時代に名が見え、江戸時代に至り南都八幡宮・石清水社の神官に名を見る。明治に至り紀俊尚が華族に列され男爵を授かる。

典：公補

紀大夫　きの・たいふ

飛鳥時代の人、大納言。生年不明～天武天皇12年(683)年6月3日没。姓(かばね)=臣(おみ)。

武内宿禰の子孫。紀角宿禰の系。第38代天智天皇の元年(662)年高官に列される。第39代天武天皇の元年(672)年大納言に任ぜられる。在官は13年。　典：公補

紀麻呂　きの・まろ

飛鳥時代の人、大納言。生年不明～慶雲2(705)年7月19日没。姓(かばね)=朝臣(あそみ)。

武内宿禰の子孫。紀角宿禰の系。近江朝御史大夫贈三位紀大人(うし)の長男。弟に麻路がいる。第42代文武天皇の大宝元(701)年従三位に叙され大納言に任ぜられる。在官は5年。子に宇美(従四位下・左衛士督、子は広純)・男人(正四位下・太宰大弐、子は家守)がいる。　典：古代・公補

紀麻路　きの・まろ

奈良時代の人、中納言。生年不明～天平宝字元(757)年没。姓(かばね)=朝臣(あそみ)。

武内宿禰の子孫。紀角宿禰の系。近江朝御史大夫贈三位紀大人(うし)の子。兄に麻呂がいる。養老4(720)年従五位下に叙される。同5年式部少輔に任ぜられ、同6年従五位上、天平15(743)年従四位下に進み参議に任ぜられる。同18年従四位上に進み兼民部卿・兼右衛士督に任ぜられ兼南海道鎮撫使となる。同20年正四位上、天平勝宝元(749)年従三位に進み中納言に任ぜられる。同4年兼太宰帥に任ぜられる。子に広庭がいる。　典：古代・公補

紀飯麻呂　きの・いいまろ

飛鳥時代の人、参議。生年不明～天平宝字6(762)年7月没。姓(かばね)=朝臣(あそみ)。

近江朝御史大夫贈三位紀大人(うし)の孫。平城朝式部大輔正五位下紀古麻呂の長男。天平元(729)年従五位下に叙される。同5年従五位上に進み、同12年副将軍となり藤原広嗣を討つ。同13年従四位下に進み右大弁に任ぜられ、同16年畿内巡察使となり、同18年常陸守に任ぜられ、天平勝宝元(749)年従四位上に進み大和守、同5年太宰大弐、同6年大蔵卿・右京大夫に任ぜられ、天平宝字元(757)年正四位下に進み参議・紫微大弼に任ぜられる。同2年兼河内守に任ぜられ、同3年正四位上に進み民部卿に任ぜられ、同4年兼美作介・兼義部卿に任ぜられ、同5年左大弁に任ぜられ、同6年従三位に進む。在官は6年。

典：古代・公補

紀広庭　きの・ひろにわ

奈良時代の人、参議。生年不明～宝亀9(778)年6月12日没。姓(かばね)=朝臣(あそみ)。

近江朝御史大夫贈三位紀大人(うし)の孫。中納言紀麻路の子。天平宝字8(764)年従五位下に叙される。のち上総介に任ぜられ、宝亀6(775)年従四位下に進み参議に任ぜられる。同8年美濃守に任ぜられるも翌年に没す。　典：古代・公補

紀広純　きの・ひろずみ

奈良時代の人、参議。生年不明〜宝亀11(780)年3月24日没。

大納言紀麻呂の孫。左衛士督紀宇美朝臣の子。天平宝字7(763)年従五位下に叙され太宰員外少弐に任ぜられ、天平神護元(765)年薩摩守のち陸奥守に任ぜられ、宝亀5(774)年蝦夷征伐に鎮守副将軍として赴き功を立てる。同8年按察使鎮守将軍を兼て出羽を討つ。同11年従四位下に進み参議に任ぜられる。賊地に入って戦い、殺される。在官は2年。　典：古代・日名・公補

紀船守　きの・ふなもり

奈良時代の人、大納言。天平3(731)年生〜延暦11(792)年4月2日没。62才。

紀角宿禰10世の孫。従七位下紀猿取の子。天平宝字8(764)年従七位下のとき謀叛を起こした大師恵美押勝を討ち、功により従五位下に進む。神護景雲2(768)年兵庫軍監となり、同3年紀伊介、同4年兼紀伊守、宝亀2(771)年但馬介に任ぜられ従五位上に進み、同5年兼内蔵助、同6年近衛員外少将、同8年土佐守、同9年近衛少将に任ぜられ、同10年正五位上、同11年従四位下、天応元(781)年従四位上に進み近衛権中将・兼内蔵頭・参議に任ぜられる。延暦元(782)年正四位下に進み内厩頭・兼常陸守に任ぜられ、同2年正四位上に進み近衛中将に任ぜられ、同3年従三位に進み兼中宮大夫に任ぜられ、同4年兼近衛大将・中納言に任ぜられる。同5年兼式部卿に任ぜられ、同9年正三位に進む。同年常陸守を辞す。同10年大納言に任ぜられる。死後正二位・右大臣を贈られる。子に勝長がいる。　典：古代・公補

紀家守　きの・いえもり

奈良時代の人、参議。神亀2(725)年生〜延暦3(784)年4月19日没。60才。

大納言紀麻呂の孫。太宰大弐紀男人朝臣の子。宝亀2(771)年従五位下に叙される。同7年従五位上に進み美濃守に任ぜられ、天応元(781)年正五位下に進み右少弁より左中弁・兼左兵衛督より右兵衛督に任ぜられ、延暦元(782)年従四位下に進み内蔵頭・兼中宮大夫・参議に任ぜられる。同3年従四位上に進み兼備前守に任ぜられる。在官は3年。　典：古代・公補

紀古佐美　きの・こさみ

奈良時代の人、大納言。大平5(733)年生〜延暦16(797)年4月4日没。65才。

大納言紀麻呂の孫。正六位上紀宿奈麻呂の子。天平宝字8(764)年従五位下に叙される。天平神護3(767)年丹波守、宝亀2(771)年兵部少輔より兵部大輔、同5年伊世守、同9年右少弁に任ぜられ、同11年従五位上に進み征東副使となる。天応元(781)年兼陸奥守に任ぜられ弁を辞し正五位上より従四位下に進み、同2年左兵衛督・兼但馬守・左中弁、延暦2(783)年兼式部大輔・兼春宮大夫に任ぜられ、同年従四位上、同4年従四位上に進み兼近衛中将・参議に任ぜられる。同5年右大弁より左大弁に任ぜられ、同6年正四位下に進み

大和守、同7年中衛中将・征夷大将軍に任ぜられ、同9年正四位上、同12年従三位、同13年正三位に進み中納言に任ぜられる。同14年兼式部卿に任ぜられ、同15年大納言に任ぜられる。同16年に没す。死後従二位を贈られる。子に広浜・末成(諸国守・贈正四位上、天長2年没、45才)がいる。　典：古代・日名・公補

紀勝長　きの・かつなが

奈良時代の人、中納言。天平勝宝6(754)年生～大同元(806)年10月3日没。53才。初名＝梶長。

大納言紀船守の長男。初め梶長と名乗る。延暦4(785)年従五位下に叙される。同5年近江守に任ぜられ、同10年従五位上に進み、同11年兵部少輔に任ぜられ、同12年正五位上に進み兵部大輔に任ぜられ、同13年従四位下に進み式部大輔、同14年右中弁・兼右衛門督より右兵衛督・美作介・兼造東大寺長官に任ぜられ、同15年参議に任ぜられる。同16年兼右京大夫に任ぜられ、同17年兼近江守に任ぜられ、同20年正四位下、同21年正四位上より従三位に進む。大同元(806)年中納言に任ぜられ勝長と改名。　典：古代・公補

紀広浜　きの・ひろはま

奈良時代の人、参議。天平宝字3(759)年生～弘仁10(819)年7月没。61才。

大納言紀古佐美の長男。延暦14(795)年長門介、同16年少判事・式部大丞・勘解由判官に任ぜられ、同18年従五位下に叙され肥後守に任ぜられ、同24年従五位下、大同2(807)年正五位下に進み右中弁・兼内蔵頭に任ぜられ、同3年従四位下に進み左京大夫より右京大夫・美濃守、同4年参議・畿内観察使に任ぜられる。弘仁元(810)年兼上野守・兼大学頭に任ぜられる。同年畿内使を辞す。同2年兼左兵衛督に任ぜられる。同5年右京大夫・大学頭・上野守を辞す。同6年右中弁・左兵衛督を辞し従四位上に進み、同7年兼太宰大弐に任ぜられ、同10年正四位下に進む。　典：古代・公補

紀百継　きの・ももつぐ

奈良・平安時代の人、参議。天平宝字7(763)年生～承和2(835)年9月19日没。73才。

従四位下紀木津魚の長男。延暦19(800)年右衛士少尉に任ぜられ、同22年従五位下に叙される。同23年右将監、大同元(806)年越後介・右衛士権佐、同2年右衛士佐、同3年左衛士佐に任ぜられ、弘仁元(810)年従五位上に進み右少将に任ぜられ、同3年正五位下より従四位下に進み、同5年兼美濃守、同7年兵部大輔に任ぜられ、同8年従四位上に進み、同9年兼相模守・内蔵大舎人頭に任ぜられ、同12年正四位下、同13年従三位に進み右衛門督・兼播磨権守に任ぜられ、天長3(826)年播磨守に任ぜられ、同5年兼信濃守に任ぜられ、同6年信濃守を辞し近江守に任ぜられる。同7年信濃守を辞す。同8年正三位、同9年近江守を辞し、同10年従二位に進む。承和2(835)年参議に任ぜられるも翌年に没す。　典：古代・公補

紀長谷雄　きの・はせお

平安時代の人、中納言。承和12(845)年生～延喜12(912)年3月10日没。68才。字名＝寛。

参議紀飯麻呂の6代孫。従五位下内膳正紀国守の孫。弾正忠紀貞範の子。貞観18(876)年補文章生、元慶5(881)年讃岐権少目、同8年讃岐掾、仁和2(886)年少外記に任ぜられ、

同4年従五位下に叙され、寛平2(890)年図書頭、同3年文章博士に任ぜられ、遣唐副使となったが唐が内乱の為に渡唐しなかった。同4年兼尾張介・兼讃岐介、同5年式部少輔に任ぜられ、同6年従五位上に進み右少弁に任ぜられ、同7年正五位下に進み大学頭に任ぜられ、同8年従四位下に進み、同9年式部大輔・兼侍従、昌泰2(899)年右大弁、同3年左大弁に任ぜられ、延喜2(902)年参議に任ぜられる。同3年従四位上に進み兼讃岐権守に任ぜられ、同7年兼讃岐守に任ぜられ、同8年正四位下に進む。同9年讃岐守を辞す。同10年従三位に進み権中納言に任ぜられ、同11年中納言に任ぜられる。子に淑光・淑望(歌人・信濃権守、延喜19年没)がいる。 典：古代・日名・公補

紀淑光 きの・よしみつ

平安時代の人、参議。貞観11(869)年生～天慶2(939)年9月11日没。71才。字名=三。

中納言紀長谷雄の三男、母は文室氏。兄弟に淑望(歌人・信濃権守、延喜19年没)がいる。昌泰元(898)年文章生、延喜2(902)年治部少丞、同3年兵部少丞、同6年式部少丞、同7年蔵人、同8年式部大丞に任ぜられ、同9年従五位下に叙され刑部少輔、同10年中務少輔、同13年少納言に任ぜられ、同17年従五位上に進み、同19年右少弁、同21年左少弁に任ぜられ、同22年正五位下に進み右中弁、同23年左中弁に任ぜられ、延長3(925)年従四位下に進み、同7年兼三河権守に任ぜられ、同8年従四位上に進み、同9年兼勘解由長官、承平3(933)年右大弁に任ぜられ、同4年参議に任ぜられる。同5年三河権守・勘解由使長官を辞す。同6年兼備前権守に任ぜられ、天慶元(938)年正四位下、同2年従三位に進み宮内卿に任ぜられる。 典：公補

紀家(室町時代)

紀俊長 きの・としなが

室町時代の人、非参議。生没年不明。

系譜不明。応永4(1397)年従三位に叙される。同5年侍従に任ぜられる。同12年出家。
典：公補

紀行文 きの・ゆきぶみ

室町時代の人、非参議。生没年不明。

系譜不明。永享元(1429)年従三位に叙される。同10年まで名が見えている。 典：公補

紀家(江戸時代)

紀延夏 きの・のぶなつ

江戸時代の人、非参議・東大寺八幡宮神主。享保2(1717)年生～享和元(1801)年1月5日没。85才。

南都八幡宮神主に任ぜられ、寛政4(1792)年従三位に叙される。同6年東大寺八幡宮神主となる。 典：公補

紀延興　きの・のぶおき

江戸時代の人、非参議・南都八幡宮神主。宝暦6(1756)年生〜文政11(1828)年7月没。73才。

南都八幡宮神主に任ぜられ、文政3(1820)年従三位に叙される。同11年没す。　典：公補

紀清規　きの・きよのり

江戸時代の人、非参議・石清水社俗別当。寛政6(1794)年生〜没年不明。

石清水社俗別当に任ぜられ、文久3(1863)年従三位に叙される。　典：公補

○吉備家

吉備彦命…吉備国勝━真吉備━泉

遠祖は大倭根子彦太瓊天皇の皇子吉備彦命。古くは岡山平野の首長であったのか、奈良時代に至り吉備真吉備が廷臣となり、遣唐使として入唐し、謀叛に功をして、中納言・大納言・右大臣と破格の大出世をしている。代々廷臣として勤め、のちは賀茂氏と称し陰陽道・暦道などに司り神官も勤めた。

典：興亡・日名・公補

吉備真吉備　きびの・まきび

奈良時代の人、右大臣。持統天皇8年(694)年生〜宝亀6(775)年10月2日没。82才。別名=吉備真備。俗号=吉備大臣。姓(かばね)=朝臣(あそみ)。

遠祖は大倭根子彦太瓊天皇の皇子吉備彦命。父は右衛士少尉・下道朝臣吉備国勝。霊亀2(716)年遣唐留学生となり渡唐する。天平7(735)年に教典などを携えて帰国。従五位下に叙され下道朝臣となる。同12年従五位上に進み朝臣となる。天平勝宝2(750)年筑前守より肥前守に任ぜられ、同4年入唐副使となり再び渡唐する。唐にて銀青光禄大夫を授かり、帰国途中遭難し益久島に漂着。同6年紀伊国牟漏崎を経て帰京。正四位下に進み太宰大弐に任ぜられ、筑前の怡土城を築く。同7年造東大寺長官に任ぜられたが病となる。同8年恵美押勝が謀叛を起こすも病のため軍事に参加せず、藤原仲麿の乱には兼中衛大将に任ぜられて参画し、功として天平神護元(765)年正三位・勲二等に進み参議に任ぜられ、同2年従二位に進み中納言より大納言更に右大臣に任ぜられる。神護景雲3(769)年正二位に進む。同4年大将を辞す。宝亀2(771)年右大臣を辞す。京都上京区の上御霊神社に八座の一座として祀られている。子に泉がいる。　典：古代・日名・公補

吉備泉　きびの・いずみ

奈良・平安初期の人、参議。天平12(740)年生〜弘仁5(814)年,閏7月8月没。75才。

右大臣吉備真吉備の子。天平神護2(766)年従五位下に叙される。同3年近衛将監に任ぜられ大学員外助となる。神護景雲元(767)年従五位上、同3年正五位下に進み右衛士督に任ぜられ、同4年従四位下に進み大学頭、宝亀9(778)年造東大寺長官、天応2(782)年兼伊予守に任ぜられ、延暦3(784)年これを辞す。大同元(806)年従四位下に叙され式部大輔・

南海道観察使・兼右京大夫・右大弁に任ぜられ准参議に任ぜられる。同3年正四位下に進み左大弁・刑部卿に任ぜられ、同5年兼伊世守・武蔵守に任ぜられる。同年左大弁を辞す。弘仁3(812)年正四位上に進み兼左衛門督に任ぜられ、同4年に辞す。　典：古代・日名・公補

○京極家

〈鎌倉期〉
藤原俊成━京極定家━藤原為家━京極為教━為兼

藤原北家より分かれた御子左家の藤原俊成の子定家(歌人)が京極を氏姓とした。広くは藤原定家と歌人定家を紹介しているが、ここでは古来にある公卿補任にもとづき京極を氏姓としてまとめた。のち定家の曾孫為兼に子がなく家系は途絶える。本姓は藤原。号は御子左。のちに武家から出た京極家が江戸時代に現れるが、豊臣を本姓とした京極高次のみ公卿に列された。

典：京都・公補

京極定家　きょうごく・さだいえ

鎌倉時代の人、権中納言。応保2(1162)年生～仁治2(1241)年8月20日没。80才。初姓＝藤原。初名＝光季。前名＝季光。別姓＝御子左。法名＝明静。通称＝京極中納言。号＝京極黄門。一名＝藤原定家(ていか)。

非参議・皇太后宮大夫藤原俊成の次男。母は非参議藤原成家の娘。兄に藤原成家がいる。初め藤原光季と名乗る。仁安元(1166)年叙爵。季光と改名。同2年紀伊守に任ぜられる。同年定家と改名。安元元(1175)年侍従に任ぜられ京極を氏姓とする。治承4(1180)年従五位上に叙され、寿永2(1183)年正五位下に進み、文治5(1189)年左少将に任ぜられ、建久元(1190)年従四位下に進み、同2年因幡権介に任ぜられ、同6年従四位上に進み、正治元(1199)年安芸権介に任ぜられ、同2年正四位下に進み、建仁2(1202)年左中将、同3年美濃介、承元4(1210)年讃岐権介・内蔵頭に任ぜられる。同年左中将を辞す。建暦元(1211)年従三位に進み50才で再び侍従に任ぜられられ、建保2(1214)年参議に任ぜられる。同3年兼伊予権守に任ぜられ、同4年正三位に進む。侍従を辞す。同年治部卿、同6年民部卿に任ぜられ、承久2(1220)年伊予権守より播磨権守に任ぜられる。貞応元(1222)年参議を辞す。従二位に進む。元仁元(1224)年伊予権守を辞す。安貞元(1227)年民部卿を辞す。同年正二位に進み、貞永元(1232)年権中納言に任ぜられるも辞す。天福元(1233)年72才で出家。和漢に通じ詩を善くし和歌を以て奉仕した。平安時代の紀貫之と共に和歌の大家と崇拝される。墓所は京都上京区今出川通烏丸東入の相国寺普広院。小倉百人一首を選んだ山荘田跡は京都右京区嵯峨釈迦堂藤ノ木町の清涼寺という。子に為家(藤原家へ)、孫に為氏(藤原家へ)・為教・為相(上冷泉家へ)・為守(上冷泉家へ)がいる。　典：大日・公辞・京都・伝日・日名・公補

京極為教　きょうごく・ためのり

鎌倉時代の人、非参議。延応元(1239)年生～弘安2(1279)年5月24日没。41才。法名=明心。号=毘沙門堂。

権中納言京極定家(歌人)の孫。権大納言藤原為家の次男。母は宇都宮検校藤頼綱の娘。兄に藤原為氏、弟に上冷泉為相・上冷泉為守がいる。祖父の京極を氏姓とする。右中将・蔵人頭に任ぜられ、のちこれらを辞し、正元元(1259)年従三位に叙され補右兵衛督に任ぜられ、弘長2(1262)年正三位、文永5(1268)年従二位に進む。同6年補右兵衛督を辞す。西園寺実氏に学び和歌を善く詠む。歌は「続後撰集」「続拾遺集」「玉葉集」などに見える。子に為兼がいて、娘の為子は伏見・後二条天皇に仕えて後醍醐天皇の後宮に入り二男三女を生んで大納言局・大納言三位と呼ばれた。　典：大日・伝日・古今・公辞・公補

京極為兼　きょうごく・ためかね

鎌倉時代の人、権大納言。建長6(1254)年生～元弘2(1332)年没。79才。法名=蓮覚のち静覚。

非参議京極為教の子。母は修理権大夫三善雅衡朝臣の娘。建長8(1256)年叙爵。正嘉2(1258)年従五位上に叙され、同3年侍従に任ぜられ、文永4(1267)年正五位下に進み、同5年右少将に任ぜられ、同7年従四位下、同10年従四位上に進み、建治元(1275)年左少将に任ぜられ、同4年正四位下に進み、土佐介・左中将、正応元(1288)年補蔵人頭に任ぜられ、同2年従三位に進み参議に任ぜられる。同3年兼讃岐権守・兼右兵衛督に任ぜられ正三位に進み、同4年権中納言に任ぜられる。同5年従二位、永仁2(1294)年正二位に進む。同4年権中納言を辞す。同6年事坐して佐渡に流され、嘉元元(1303)年許されて関東に下向。のち上洛し延慶3(1310)年権大納言に任ぜられ、応長元(1311)年に辞す。正和2(1313)年に伏見上皇が出家したので、これに従い60才で出家。和歌を詠むが歌風は伝統に拠らず新規な歌を詠み「玉葉集」「風雅集」「新千載集」に名が見られる。子がなく絶家する。
典：大日・伝日・京都・古今・公辞・公補

京極家(江戸期)

〈江戸期〉
佐々木信綱━京極氏信━宗綱━貞宗━宗氏━高氏━高秀━高詮━高光━持高━持清━⇨

⇨━勝秀━政光━政経━高清━高峯━高秀━高吉━高次━忠高━高和━高豊━高或━⇨

⇨━高矩━高中━高朗━朗徹━高徳

京極高次　きょうごく・たかつぐ

江戸時代の人、参議。永禄6(1563)年生～慶長14(1609)年5月3日没。47才。通称=小法師・小兵衛。号=徹宗道閑泰雲寺。

宇多源氏・佐々木氏の嫡流で、佐々木信綱の長男泰綱が六角家を称し、次男氏信が京都の京極に住み、京極を氏姓とした。代々武将として勤め、朽木城にあったが浅井家に

国を奪われ、高次の時に豊臣秀吉に仕えて、淀君の妹を妻にした所から、豊臣の姓を本姓とする事を許される。慶長元(1596)年従四位下に叙され参議に任ぜられる。のちこれを辞す。同5年の関ケ原の戦いに徳川家康の為に大津城を守り石田三成軍に抵抗したが、破れて高野山に逃れる。のち小浜を居城とし、同6年近江高島郡の7千石を加えられて9万2千石余を領した。同9年より同11年まで公卿補任に名が出ている。同14年小浜城にて没す。子に忠高がいる。　典：日名・公補

○清岡家

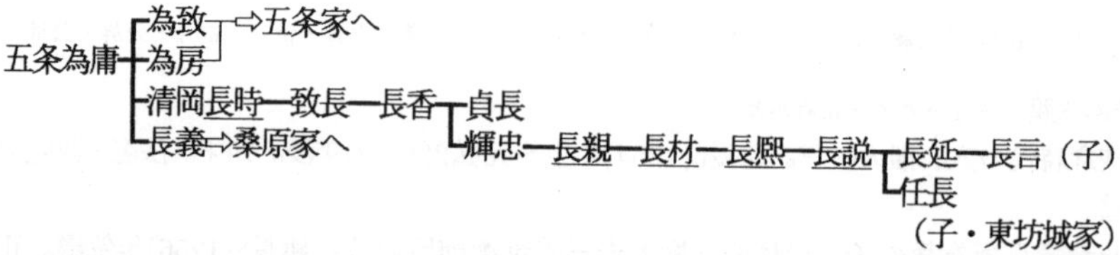

権大納言五条為庸の次男長時が、父の五条姓より分かれて清岡を氏姓とした。代々儒道をもって奉仕し、明治に至り華族に列され子爵を授かる。本姓は菅原。家紋は菅公の梅紋。菩提寺は京都上京区の浄福寺。

典：日名

清岡長時　きよおか・ながとき

江戸時代の人、参議。明暦3(1657)年9月25日生～享保3(1718)年4月24日没。62才。一字名=榎。法名=恵雲。清岡家の祖。

権大納言五条為庸の次男。父の五条姓より分かれて清岡を氏姓とした。兄弟に五条為致・五条為房・桑原長義がいる。延宝5(1677)年元服。従五位下に叙され内匠頭に任ぜられ、天和元(1681)年従五位上に進み宮内権大輔に任ぜられ、貞享2(1685)年正五位下に進み、同3年中務大輔に任ぜられ、元禄2(1689)年従四位下、同6年従四位上、同10年正四位下に進み、同12年式部権大輔に任ぜられ、同14年従三位に進む。宝永元(1704)年式部権大輔を辞す。同年踏歌節会外弁となる。同2年参議に任ぜられるも辞す。同年正三位に進み、同4年再び式部権大輔に任ぜられ、正徳元(1711)年従二位に進む。同3年大輔を辞す。57才で出家。子に致長(従四位上・少納言・侍従・大内記、享保10,8,18没、32才、養子は長香)がいる。　典：公辞・公補

清岡長親　きよおか・ながちか

江戸時代の人、非参議。安永元(1772)年4月8日生～文政4(1821)年9月28日没。50才。

右大弁五条為俊の次男。母は土肥平経平の娘。天明5(1785)年清岡長香朝臣と善法寺大僧正統清の娘の養子となり清岡家の家督を相続。同年元服。穀倉院学問料を受け文章得業生となる。同6年従五位下に叙され紀伊権守に任ぜられ、寛政元(1789)年従五位上に進み宮内大輔に任ぜられ、同4年正五位下に進み大内記に任ぜられ、同7年従四位下に進み、同8年兼式部権大輔に任ぜられ、同10年従四位上に進む。同年大内記を辞す。同12年兼文

章博士に任ぜられ、享和2(1802)年正四位下に進む。文化3(1806)年少納言・侍従に任ぜられたが辞す。同年従三位に進む。同4年勘解由長官に任ぜられる。同6年文章博士を辞す。同7年正三位に進み、同10年踏歌外弁となる。同13年式部大輔に任ぜられる。同14年長官を辞す。子に長材がいる。　典：公辞・公補

清岡長材　きよおか・ながえだ

江戸時代の人、非参議。寛政9(1797)年12月2日生〜万延元(1860)年11月29日没。64才。

非参議清岡長親の子。文化8(1811)年元服。穀倉院学問料を受け文章得業生となり従五位下に叙され大学頭に任ぜられ、同11年従五位上、同14年正五位下、文政3(1820)年従四位下、同6年従四位上に進み式部権大輔に任ぜられ、同9年正四位下に進み、同10年大内記に任ぜられる。同11年にこれを辞す。同年文章博士に任ぜられる。天保元(1830)年少納言・侍従に任ぜられたが辞す。同年蟄居、同6年許される。同7年従三位、同11年正三位に進み、嘉永5(1852)年再び式部権大輔に任ぜられ、安政元(1854)年これを辞す。子に長熈がいる。　典：公辞・公補

清岡長熈　きよおか・ながてる

江戸・明治時代の人、非参議。文化11(1814)年2月30日生〜明治6(1873)年10月没。60才。

非参議清岡長材の子。文政10(1827)年元服。穀倉院学問料を受けて文章得業生となり従五位下に叙され大膳大夫に任ぜられ、天保元(1830)年従五位上に進み、同3年式部少輔に任ぜられ、同4年正五位下、同7年従四位下に進み、同8年大内記、同9年少納言に任ぜられ、同10年従四位上に進み、同11年侍従に任ぜられ、同13年正四位下に進み文章博士に任ぜられ、弘化4年従三位に進む。嘉永3(1850)年文章博士を辞す。同5年正三位に進み、安政元(1854)年式部権大輔に任ぜられ、同2年の御遷幸に学頭奉行として参列。同5年踏歌外弁となり安政の事件(飛鳥井雅典の項参照)に八十八廷臣として連座。明治の新政府では学習院に勤めている。京都西殿町西に住む。子に長説がいる。　典：明治・公辞・公補

清岡長説　きよおか・ながつぐ

江戸・明治時代の人、非参議。天保3(1832)年1月24日生〜明治36(1903)年5月1日没。72才。

非参議清岡長熈の子。弘化2(1845)年元服。穀倉院学問料を受けて文章得業生となり従五位下に叙され大膳大夫に任ぜられ、嘉永元(1848)年従五位上に進み、同3年文章博士に任ぜられ、同4年正五位下に進み、同4年大学頭に任ぜられ、安政元(1854)年従四位下、同4年従四位上に進み、同5年大内記に任ぜられ、万延元(1860)年正四位下に進む。同年大学頭を辞す。文久2(1861)年少納言に任ぜられる。同年大内記を辞す。元治元(1864)年従三位、明治元(1868)年正三位に進む。のち京都宮殿勤番となり、華族に列され子爵を授かる。同31年正二位に進む。京都真如堂極楽寺に葬られる。子に長延・任長(東坊城家へ)がいる。　典：大日・日名・公補

○清原家

第40代天武天皇の子孫で、小倉王から清野夏野、古浦王からは清原長谷が出て、夏野系からは深養父(ふかやぶ)・元輔の文人・歌人が出て、「枕草子」の清少納言など出ているが、王子の子のみが公卿に列されている。のちは伏原家・船橋家など諸家に分かれる。

典：公補・京都

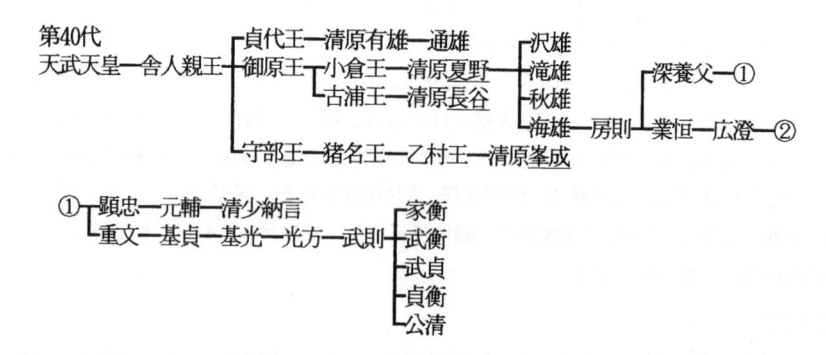

第40代
天武天皇━舎人親王┳貞代王━清原有雄━通雄
　　　　　　　　　┣御原王┳小倉王━清原夏野┳沢雄
　　　　　　　　　┃　　　┗古浦王━清原長谷┣滝雄
　　　　　　　　　┃　　　　　　　　　　　　┣秋雄
　　　　　　　　　┃　　　　　　　　　　　　┗海雄━房則┳深養父━①
　　　　　　　　　┃　　　　　　　　　　　　　　　　　　┗業恒━広澄━②
　　　　　　　　　┗守部王━猪名王━乙村王━清原峯成

①┳顕忠━元輔━清少納言
　┗重文━基貞━基光━光方━武則┳家衡
　　　　　　　　　　　　　　　┣武衡
　　　　　　　　　　　　　　　┣武貞
　　　　　　　　　　　　　　　┣貞衡
　　　　　　　　　　　　　　　┗公清

②━頼隆━定滋━定康━祐隆━頼業━船橋良業⇨船橋家へ

清原夏野　きよはらの・なつの

平安時代の人、右大臣。延暦元(782)年生～承和4(837)年6月7日没。56才。初名＝繁野。号＝雙岡大臣・比大臣。

第40代天武天皇の第五子舎人親王の曾孫。御原王の孫。正五位下小倉王の五男、母は右馬頭小野縄手の娘。初め繁野と名乗る。延暦20(801)年内舎人、大同2(807)年中監物・大舎人大允、弘仁元(810)年蔵人に任ぜられ、同2年従五位下に叙され宮内少輔・春宮大進、同4年兼讃岐守に任ぜられ、同5年従五位上に進み、同10年兼伯耆守、同12年兼下総守に任ぜられ、同13年正五位下に進み、同14年蔵人頭に任ぜられ従四位下に進み兼左中将・近江守・参議に任ぜられる。同年夏野と改名。天長元(824)年従四位上、同2年正四位下より従三位に進み中納言・兼左衛門督に任ぜられる。同3年兼左大将・兼民部卿に任ぜられ、同5年権大納言に任ぜられる。同7年大納言に任ぜられ、同8年正三位に進み、同9年右大臣に任ぜられる。同10年従二位に進む。承和4(837)年左大将を辞す。在官は大臣6年。没後に正二位を贈られる。「令義解」「日本後記」の編集に参画する。洛西の雙(ならび)ケ岡に別邸を持ち雙岡大臣と称し、比寺を創めて比(ならび)大臣とも称された。この別邸は天安寺より法金剛院となる。墓所は京都右京区御室岡ノ裾町の双ケ岡の古墳と伝える。　典：古代・大日・日名・伝日・京都・公補

清原長谷　きよはらの・はせ

平安時代の人、参議。宝亀5(774)年生～承和元(834)年11月26日没。61才。姓(かばね)＝真人(まひと)。

一品舎人親王の曾孫。御原王の孫。従五位下古浦王の次男。延暦10(791)年に清原長谷真人を賜る。同22年陸奥大掾、弘仁3(812)年雅楽助・兼播磨権少掾、同5年蔵人・春宮少進より、同6年春宮大進に任ぜられ、同7年従五位下に叙され宮内少輔、同8年山城介、同10年遠江守、同14年右衛門権佐に任ぜられ従五位上に進み、天長2(824)年正五位下より従四位下に進み近衛中将、同3年安芸守、同6年讃岐権守・左衛門督、同7年兼按察使に任ぜられ、同8年参議に任ぜられる。同9年勲七等・従四位上に進む。同10年按察使を辞す。同年兼信濃守に任ぜられる。　典：古代・公補

清原峯成　きよはらの・みねなり

平安時代の人、参議。延暦18(799)年生～貞観3(861)年2月29日没。63才。前名=美能王。姓(かばね)=真人(まひと)。

一品舎人親王の玄孫。従四位上守部王の曾孫。従五位下猪名王の孫。無位乙(弟か)村王の子。天長5(827)年美能王と命名される。近江大掾に任ぜられ、同6年従五位下に叙され筑後守、同7年近江介に任ぜられ、同9年従五位上に進み、同10年峯成と改名。清原真人を賜る。同年正五位下、承和元(834)年従四位下に進む。同11年越前守に任ぜられたが一時除名され官位を剝奪される。同13年正五位下に進み、同14年大和守に任ぜられ、同15年従四位下に進み、嘉祥2(849)年美濃守・弾正弼・左中弁に任ぜられ再び清原真人を賜る。同3年蔵人頭、仁寿2(852)年越前守に任ぜられる。同年左中弁を辞す。斉衡2(855)年従四位上に進み右大弁に任ぜられ、天安元(857)年大蔵卿に任ぜられる。同年右大弁を辞す。同2年兼因幡守に任ぜられ、貞観元(859)年参議に任ぜられる。同2年太宰大弐に任ぜられる。　典：古代・公補

○櫛笥家

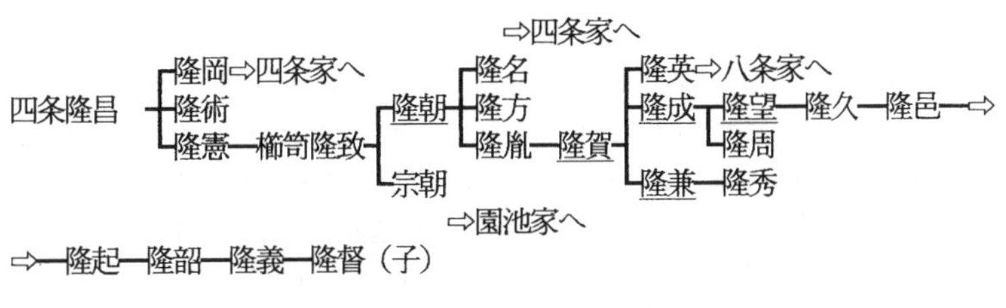

藤原北家の四条家流。左少将四条隆憲の子隆致が四条家より分かれて氏姓を櫛笥と名乗る。第百11代後西天皇の外祖に当たる。代々世襲して明治に到り華族に列され櫛笥隆督が子爵を授かる。本姓は藤原。家紋は田字草。菩提寺は京都上京区寺町広小路上の廬山寺。

典：日名・京四

櫛笥隆朝　くしげ・たかとも

江戸時代の人、権中納言。慶長12(1607)年1月12日生～慶安元(1648)年10月1日没。42才。

従五位上・左少将四条隆憲(正親町公兄の孫、天正19年没)の孫。慶長18(1613)年叙爵し、同19年元服。侍従に任ぜられ、元和3(1617)年従五位上、同6年正五位下に進み、同8年左少将に任ぜられ、寛永2(1625)年従四位下、同5年従四位上に進み左中将に任ぜられ、同9年正四位下、同13年従三位、同18年正三位に進み、同19年参議に任ぜられる。同20年これを辞す。同年踏歌外弁となる。正保2(1645)年権中納言に任ぜられるも辞す。子に隆方(従四位上・左中将、万治2,7,15没、24才)・隆胤(初名は忠明、従四位下・左少将、寛文2,8,12没、22才、養子に園池家より隆賀)がいる。　典：公辞・公補

櫛笥隆賀　くしげ・たかのり

江戸時代の人、内大臣。承応元(1652)年10月14日生～享保18(1733)年7月11日没。82才。初名=実廉。前名=隆慶。法号=成足院是空。

権中納言園池宗朝の次男。初め実廉と名乗る。左少将櫛笥隆胤の養子となり、隆慶と改名。万治元(1658)年叙爵。寛文2(1662)年元服。従五位上に叙され侍従に任ぜられ、同6年正五位下に進み左少将に任ぜられ、同10年従四位下に進み左中将に任ぜられ、延宝3(1675)年従四位上、同7年正四位下、天和3(1683)年従三位に進み右兵衛督に任ぜられ、元禄元(1688)年参議に任ぜられる。同2年踏歌節会外弁となり、同3年正三位に進み、同7年東照宮奉幣使となる。同9年参議を辞す。同10年権中納言に任ぜられ、同11年従二位に進む。同14年権中納言を辞す。宝永4(1707)年隆賀と改名。同6年権大納言に任ぜられ、正徳元(1711)年に辞す同年正二位に進み、享保8(1723)年内大臣に任ぜられるも辞す。同9年従一位に進む。同13年77才で出家。子に隆兼、養子に隆成(鷲尾家より)がいる。　典：公辞・公補

櫛笥隆成　くしげ・たかなり

江戸時代の人、権大納言。延宝4(1676)年11月21日生～延享元(1744)年9月7日没。69才。初名=隆幸。前名=隆実。

権大納言鷲尾隆尹の次男。初め隆幸と名乗る。天和2(1682)年叙爵。元禄5(1692)年参議櫛笥隆慶(のち内大臣。隆賀と改名。妻は権中納言園池宗朝の娘)の養子となり家督を相続。同年元服。従五位上に叙され侍従に任ぜられ、同9年正五位下に進み、同10年右少将に任ぜられる。同年隆実と改名。同13年従四位下に進み、同15年左中将に任ぜられ、同16年従四位上、宝永3(1706)年正四位下に進む。同年隆成と改名。享保2(1717)年蔵人頭に任ぜられ、同3年正四位上に進み、同4年参議に任ぜられる。同5年従三位に進み踏歌節会外弁となる。同7年権中納言に任ぜられ、同9年正三位に進む。同年権中納言を辞す。同14年従二位に進む。同16年権大納言に任ぜられ、同18年に辞す。同20年正二位、延享元(1744)年従一位に進む。養子に隆望(六条家より)・隆周(八条隆英の子、従五位上・侍従、元文3,8,26没、17才)がいる。　典：公辞・公補

櫛笥隆兼　くしげ・たかかね

江戸時代の人、権中納言。元禄9(1696)年6月3日生～元文2(1737)年9月10日没。42才。一字名=音。

内大臣櫛笥隆賀の子。元禄13(1700)年従五位下に叙される。宝永元(1704)年元服。従五位上に進み侍従に任ぜられ、宝永4(1707)年正五位下に進み、同6年左少将に任ぜられ、正徳元(1711)年従四位下、同4年従四位上、享保2(1717)年正四位下に進み、同4年右中将、同9年蔵人頭に任ぜられ正四位上に進み、同13年参議に任ぜられる。同14年従三位に進み踏歌節会外弁となり、同17年権中納言に任ぜられる。同19年正三位に進む。元文2(1737)年権中納言を辞す。子の隆秀(従四位下・左少将、元文2,9,15没、16才)は父隆兼を追う様に没す。　典：公辞・公補

櫛笥隆望　くしげ・たかもち

江戸時代の人、権大納言。享保10(1725)年1月16日生～寛政7(1795)年1月24日没。71才。

権中納言六条有藤の次男。元文5(1740)年権大納言櫛笥隆成の養子となる。同年叙爵。同9年元服。侍従に任ぜられ、寛保3(1743)年従五位上、延享3(1746)年正五位下に進み右権少将に任ぜられ、寛延2(1749)年従四位下、宝暦2(1752)年従四位上、同5年正四位下に進み、同8年左権中将、同12年蔵人頭に任ぜられ正四位上に進み、明和元(1764)年参議・兼左衛門督に任ぜられる。同2年従三位に進み、同3年東照宮奉幣使となり、同4年権中納言に任ぜられ賀茂伝奏となる。同6年正三位、安永元(1772)年従二位に進む同年任職を辞す。同4年正二位に進み権大納言に任ぜられる。同5年再び賀茂上下社伝奏となる。同6年任職を辞す。同年踏歌外弁となる。養子に隆久(石井行忠の次男。初名は康基、正四位下・右中将、天明8,10,20没、31才、子は隆邑)がいる。　典：公辞・公補

○九条家

藤原北家の嫡流。五摂家の一つで、祖藤原師輔が京都九条の九条殿に住んだことから九条右大臣と呼ばれ、関白藤原忠通の三男兼実(九条家の開祖)が九条殿を伝領し再び九条右大臣と呼ばれた。兼実の子が九条を氏姓とし、道家の子に至り長男教実が九条家を継ぎ、次男良実は二条家を、三男実経は一条家を創立する。代々摂政・関白として宮廷政治の重鎮として奉仕し、明治に至り華族に列され九条道孝は公爵を授かる。本姓は藤原。家紋は藤。菩提寺は京都東山区本町の東福寺。

典：日名・京都・公補

九条良経　くじょう・よしつね

鎌倉時代の人、摂政・太政大臣。嘉応2(1170)年生～元久3(1206)年3月7日没。37才。号=後京極。通称=中御門摂政。九条家の祖。

関白藤原忠通の孫。摂政・太政大臣藤原兼実の次男。母は内大臣藤原良通の娘。兄に藤原良通、弟に九条姓の良輔・良平がいる。治承3(1179)年元服。従五位上に叙され侍従に任ぜられ、同4年正五位下に進み、養和元(1181)年右少将、寿永元(1182)年左中将に任ぜられ、同2年従四位下より従四位上、元暦元(1184)年正四位下、文治元(1185)年従三位に進み兼播磨権守に任ぜられ、同3年従二位、同4年正二位に進み、同5年権中納言から権大納言に任ぜられ兼左大将となる。建久元(1190)年兼中宮大夫に任ぜられ、同6年内大臣に任ぜられる。同年中宮大夫を辞す。同9年左大将を辞す。正治元(1199)年左大臣に任

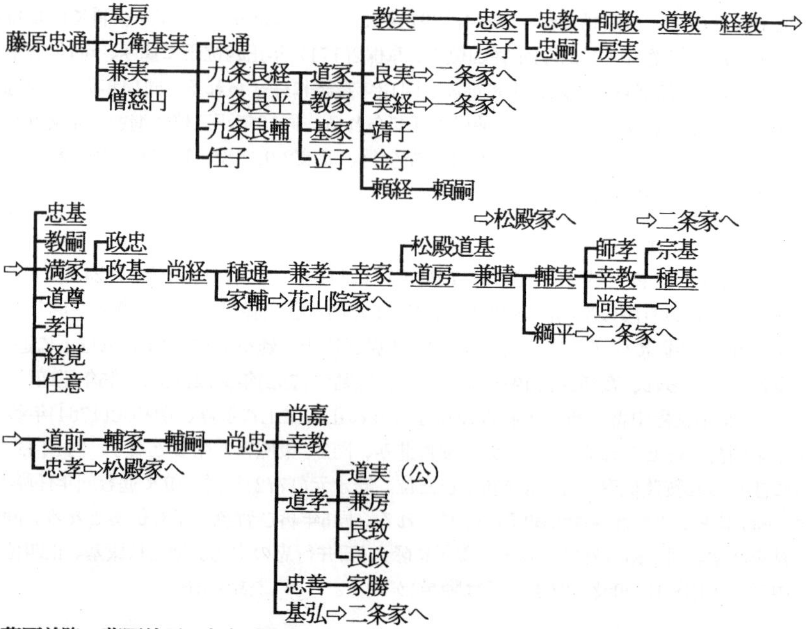

藤原兼隆—藤原兼房—九条兼良

藤原定高—九条忠高—定光—光経—朝房—氏房

藤原知家—九条行家—隆博—隆教
　　　　　　　　　　　　　—隆朝

ぜられる。建仁2(1202)年摂政を兼任し、元久元(1204)年従一位に進み太政大臣に任ぜられ、同2年氏長者となる。幼少より和歌をよく詠み書画を描く。子に道家・教家・基家がいる。　典：大日・日名・伝日・京都・古今・公辞・公補

九条兼良　くじょう・かねよし

鎌倉時代の人、大納言。生没年不明。

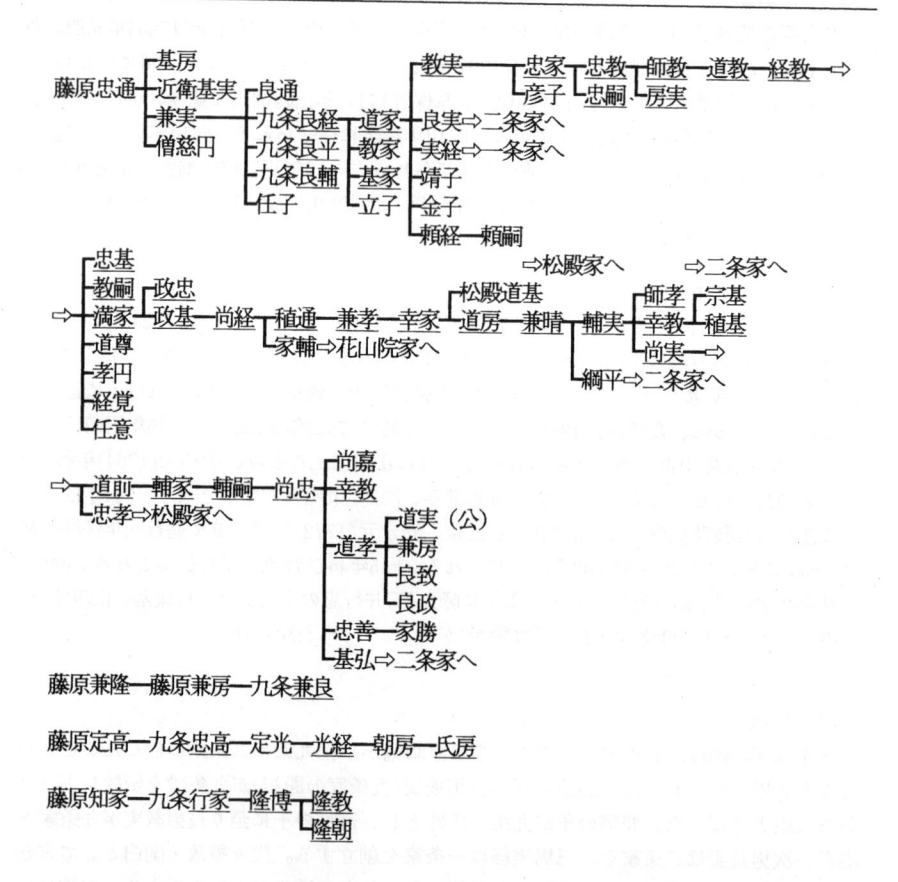

太政大臣藤原兼房(中納言藤原兼隆の子。関白藤原兼実の弟)の子。母は権大納言藤原隆季の娘。承安5(1175)年従五位下に叙され、治承2(1178)年正五位下に進み、文治2(1186)年侍従・右少将に任ぜられ、同3年従四位下に進み兼近江介、同4年右中将に任ぜられ、同5年従四位上より正四位下に進み、建久元(1190)年中宮権亮に任ぜられ従三位に進む。同2年兼丹波権守に任ぜられ、同4年正三位に進む。同6年中宮権亮・丹波権守を辞す。同8年兼美作権守に任ぜられ、同9年従二位に進む。正治元(1199)年右中将を辞し権中納言に任ぜられる。同2年兼中宮大夫に任ぜられ、建仁2(1202)年正二位に進み権大納言に任ぜ

られ、元久2(1205)年大納言に任ぜられる。建暦元(1211)年大納言を辞す。承久2(1220)年出家。　典：公補

九条良輔　くじょう・よしすけ

鎌倉時代の人、左大臣。文治元(1185)年生〜建保6(1218)年11月11日没。34才。初名＝良右。通称＝八条左大臣。

関白藤原忠通の孫。摂政・太政大臣藤原兼実の四男。母は八条院女房三位局。兄に藤原良通・良経・良平がいる。初め良右と名乗る。建久5(1194)年元服。正五位下に叙され侍従・右少将に任ぜられる。同年良輔と改名。同6年近江権介・右中将に任ぜられ、同7年従四位下、正治2(1200)年従四位上より正四位下、更に従三位、建仁元(1201)年正三位に進み兼播磨権守に任ぜられ、同2年従二位に進み、同3年権中納言に任ぜられ、元久2(1205)年正二位に進み権大納言に任ぜられ、更に承元2(1208)年内大臣に任ぜられる。同3年右大臣に任ぜられ、建暦元(1211)年左大臣に任ぜられる。建保5(1217)年従一位に進む。翌年に疱瘡にて没す。　典：大日・日名・伝日・公補

九条良平　くじょう・よしひら

鎌倉時代の人、太政大臣。文治元(1185)年生〜仁治元(1240)年3月17日没。56才。号＝醍醐太政大臣。

関白藤原忠通の孫。摂政・太政大臣藤原兼実の三男。母は修理権大夫藤原頼輔朝臣の娘。兄に藤原良通・良経、弟に良輔がいる。正治2(1200)年元服。従五位上に叙され侍従に任ぜられ、建仁元(1201)年正五位下に進み右少将、同2年土佐権介・左中将・兼春宮権亮に任ぜられ、同3年従四位下より従四位上・更に正四位下、元久元(1204)年従三位に進み参議に任ぜられる。同2年備後権守に任ぜられ、建永元(1206)年正三位、承元2(1208)年従二位より正二位に進み権中納言・兼皇后宮権大夫に任ぜられる。同4年皇后宮権大夫を辞す。建暦元(1211)年権大納言に任ぜられ、更に承久3(1221)年大納言に任ぜられ、元仁元(1224)年内大臣に任ぜられる。嘉禄元(1225)年踏歌内弁となる。安貞元(1227)年左大臣に任ぜられる。寛喜2(1230)年兼左大将・左馬寮御監に任ぜられ、同3年任職を辞す。暦仁元(1238)年従一位に進み太政大臣に任ぜられる。延応元(1239)年に病気となり出家。播磨国にて没す。和歌をよく詠み、新古今・勅撰集などに歌が見られる。　典：日名・伝日・公補

九条道家　くじょう・みちいえ

鎌倉時代の人、関白・摂政・太政大臣。建久4(1193)年生〜建長4(1252)年5月21日没。60才。号＝光明峯寺摂政。別称＝光明峯寺殿。法名＝行恵。

摂政・太政大臣九条良経の長男。母は源頼朝の姪で権中納言藤原能保の娘。弟に教家・基家がいる。建仁3(1203)年元服。正五位下より従四位下に進み侍従・左中将、元久元(1204)年播磨介に任ぜられ従四位上に進み、同2年従三位より正三位に進み権中納言に任ぜられる。建永元(1206)年従二位に進み左大将に任ぜられ、承元元(1207)年正二位に進み中納言に任ぜられ、同2年権大納言に任ぜられ、建暦2(1212)年内大臣に任ぜられる。建保3(1215)年右大臣に任ぜられる。同6年左大将を辞す。同年左大臣に任ぜられ兼皇太子伝奏となる。承久元(1219)年源実朝が暗殺されると、幕府の求めにより第四子の三寅

(のち頼経)を送る。同3年氏長者となる。同年摂政・太政大臣に任ぜられるも辞す。のち正二位に進み、安貞2(1228)年関白に任ぜられる。寛喜2(1230)年従一位に進む。同年関白を辞す。文暦2(1235)年再び摂政に任ぜられ、嘉禎3(1237)年に辞す。暦仁元(1238)年46才で法性寺に出家。寛元2(1244)年頼経が鎌倉から追われ、孫の頼嗣が後を継ぎ、道家は蟄居。建長3(1251)年孫の頼嗣が連座した幕府転覆疑獄事件に嫌疑を受けて、不遇の内に東山光明峯寺にて没す。東山月輪に東福寺を造営し宝篋印塔を創設、大山崎円明寺の円明教寺も道家の再建と伝える。子に教実・良実(二条家の祖)・実経(一条家の祖)・頼経(藤原家へ)がいる。　典：公辞・伝日・日名・京都・大日・鎌倉・公補

九条基家　くじょう・もといえ

鎌倉時代の人、内大臣。建仁3(1203)年生～弘安3(1280)年7月11日没。78才。別名=藤原基家。通称=九条前内府

摂政・太政大臣九条良経の三男。兄に道家・教家(藤原家へ)がいる。建保3(1215)年元服。正五位下より従四位下に叙され侍従・右少将より右中将、同4年兼播磨介に任ぜられ同年従四位上、同5年従三位、同6年正三位に進み権中納言に任ぜられる。承久2(1220)年従二位に進み権大納言に任ぜられ、同3年正二位に進む。寛喜3(1231)年蟄居。嘉禎2(1236)年大納言に任ぜられ、同3年内大臣に任ぜられる。この頃は藤原姓を名乗る。暦仁元(1238)年内大臣を辞す。　典：日名・古今・伝日・公補

九条教実　くじょう・のりざね

鎌倉時代の人、摂政・関白・太政大臣。承元4(1210)年生～文暦2(1234)年3月28日没。25才。号=洞院摂政。通称=洞院殿。

関白・摂政・太政大臣九条道家の長男。母は太政大臣西園寺公経の娘。兄弟に良実(二条家の祖)・実経(一条家の祖)・頼経(藤原家へ)がいる。建保5(1217)年元服。正五位下に叙され侍従・右少将に任ぜられ、同6年従四位下より従四位上に進み近江介に任ぜられ、承久元(1219)年正四位下より従三位、同2年正三位、同3年従二位に進み、貞応元(1222)年権中納言・右中将に任ぜられ正二位に進み、元仁元(1224)年兼左大将に任ぜられ、嘉禄元(1225)年権大納言に任ぜられ、安貞元(1227)年右大臣に任ぜられる。寛喜元(1229)年踏歌内弁となる。同3年左大臣に任ぜられ更に関白に任ぜられる。貞永元(1232)年摂政に任ぜられ従一位に進む。病にて没す。摂家の家督として昇進は早かったが、政治に業績を残すには至らなかった。子は忠家、娘は四条天皇の女御となり宣仁門と称した。　典：大日・日名・伝日・公辞・京都・公補

九条忠高　くじょう・ただたか

鎌倉時代の人、中納言。建保元(1213)年生～没年不明。法名=専信。

権中納言藤原定高の子。母は参議藤原親雅の娘。父の藤原姓を本姓として九条を氏姓とする。承久元(1219)年叙爵。元仁2(1225)年伊賀守・勘解由次官に任ぜられ、安貞元(1227)年従五位上、同2年正五位下に進み、寛喜2(1230)年中宮大進、同3年左衛門権佐・右少弁・防鴨河使・春宮大進に任ぜられる。貞永元(1232)年大進を辞す。同年補蔵人、同2年左少弁に任ぜられる。同年左衛門権佐・補蔵人を辞す。文暦元(1234)年正五位下、同2年従四

位下に進み同年権右中弁、嘉禎2(1236)年右中弁・補蔵人頭に任ぜられ従四位上に進み、同3年左中弁より右大弁・左宮城使に任ぜられ正四位下に進み、暦仁元(1238)年左大弁・勘解由長官に任ぜられ参議に任ぜられる。延応元(1239)年従三位に進み、仁治元(1240)年播磨権守に任ぜられ、同2年権中納言に任ぜられ、同3年正三位に進む。寛元2(1244)年権中納言を辞す。同4年従二位、建長6(1254)年正二位に進み、康元元(1256)年民部卿に任ぜられる。文応元(1260)年中納言に任ぜられ、弘長元(1261)年に辞す。文永9(1272)年60才で出家。子に定光(蔵人頭・中宮大進)、孫に光経がいる。　典：公補

九条忠家　くじょう・ただいえ

鎌倉時代の人、摂政・関白・右大臣。寛喜元(1229)年7月生～建治元(1275)年6月9日没。47才。号=一音院摂政・一音院九条・関白田中殿。

摂政・関白・太政大臣九条教実の三男。母は非参議藤原定季の娘。嘉禎4(1238)年元服。正五位下より従四位下、更に従四位に進み左少将より左中将に任ぜられ、延応元(1239)年従三位より正三位に進み権中納言に任ぜられ、仁治元(1240)年権大納言に任ぜられる。同2年従二位より正二位に進む。同3年兼左大将に任ぜられ左馬寮御監となる。寛元2(1244)年内大臣に任ぜられ、同4年右大臣に任ぜられる。建長4(1252)年これを辞す。文永10(1273)年関白に任ぜられ従一位に進む。同11年摂政に任ぜられるも任職を辞す。子に忠教・忠嗣がいる。　典：大日・日名・伝日・公辞・公補

九条行家　くじょう・ゆきいえ

鎌倉時代の人、非参議。貞応2(1223)年生～建治元(1275)年1月11日没。53才。

非参議・藤原知家の子。父の藤原姓を本姓九条を氏姓として名乗る。左京大夫に任ぜられ、建長7(1255)年従三位に叙される。正元元(1259)年正三位に進む。同年左京大夫を辞す。弘長元(1261)年侍従、文永2(1265)年兼安芸権守に任ぜられる。同3年侍従を辞す。同年右京大夫に任ぜられ、同4年従二位に進む。同6年安芸権守を辞す。同8年再び左京大夫に任ぜられ、同11年これを子隆博に譲る。歌人として知られ、藤原為家と共に「続古今集」を撰し諸集に歌が見られる。子に隆博がいる。　典：伝日・公補

九条忠教　くじょう・ただのり

鎌倉時代の人、関白・左大臣。宝治2(1248)年生～正慶元(1332.元弘2)年5月6日没。85才。法名=円阿。号=浄土寺・報恩院。

摂政・関白・右大臣九条忠家の長男。母は太政大臣三条公房の娘。弟に忠嗣がいる。正嘉2(1257)年元服。従五位上に叙される。正元元(1259)年正五位上より従四位下に進み侍従・右少将に任ぜられ、同2年従四位上、弘長元(1261)年正四位下に進み兼美作介に任ぜられ、同2年従三位に進み右中将に任ぜられ、同3年正三位に進む。文永3(1266)年近江権守に任ぜられ、同5年これを辞す。同6年従二位、同8年正二位に進み、同10年権中納言・兼右衛門督に任ぜられ、同11年権大納言・兼左大将に任ぜられ左馬寮御監となる。同12年右大臣に任ぜられる。建治3(1277)年左大将を辞す。弘安2(1279)年従一位に進み、正応元(1288)年左大臣に任ぜられ、同3年氏長者となり関白に任ぜられる。永仁元(1293)年

氏長者・関白を辞す。延慶2(1309)年62才で出家。古文書が九条家文書として残されている。子に師教・房実・道教がいる。　典：古文・大日・日名・伝日・公辞・公補

九条忠嗣　くじょう・ただつぐ

鎌倉時代の人、非参議。建長5(1253)年生〜没年不明。

摂政・関白・右大臣九条忠家の次男。母は太政大臣三条公房の娘。兄に忠教がいる。文永10(1273)年元服。正五位下より従四位下に叙され右少将に任ぜられ、同11年従四位上より正四位下に進み兼備後介に任ぜられ、建治2(1276)年従三位に進む。同3年備後介を辞し、弘安元(1278)年正三位に進み左中将、同2年右中将、同3年兼伊予権守に任ぜられ、同7年従二位に進む。同8年伊予権守を辞す。正応元(1288)年正二位に進み、永仁4(1296)年44才で出家。　典：公補

九条隆博　くじょう・たかひろ

鎌倉時代の人、非参議。生年不明〜永仁6(1298)年没。初名=博家。

非参議九条行家の子。宝治元(1247)年叙爵。隆博と改名。建長7(1255)年侍従、文応元(1260)年讃岐権介、弘長元(1261)年左少将に任ぜられ従五位上に叙され、文永2(1265)年正五位下、同4年従四位下に進み、同6年右少将、同9年兼河内介に任ぜられ、同11年父より左京大夫を譲られ、建治元(1275)年正四位下に進み、同3年因幡権守に任ぜられ、同4年従三位に進み、弘安7(1284)年再び侍従に任ぜられ、同9年正三位に進み、同10年刑部卿に任ぜられる。同年侍従を辞す。正応3(1290)年従二位に進む。同4年刑部卿を辞す。永仁2(1294)年宮内卿に任ぜられ、同4年大蔵卿に転じ、同6年但馬権守に任ぜられる。和歌をよく詠み「続拾遺」などの勅撰集に見える。子に隆教・隆朝がいる。　典：伝日・公補

九条師教　くじょう・もろのり

鎌倉時代の人、摂政・関白。文永10(1273)年5月27日生〜元応2(1320)年7月7日没。48才。号=浄土寺殿・己心院。

関白・左大臣九条忠教の長男。母は太政大臣藤原公相の娘。弟に房実・道教がいる。弘安4(1281)年元服。従五位上より正五位下に叙され同年侍従、同5年右少将に任ぜられ、同6年従四位下より従四位上に進み兼近江介、同7年左中将に任ぜられ同年正四位下、同8年従三位、同9年正三位に進み、正応元(1288)年兼播磨権守に任ぜられ権中納言に任ぜられ同年従二位、同3年正二位に進み兼左衛門督に任ぜられ権大納言に任ぜられる。永仁元(1293)年内大臣に任ぜられ、同4年右大臣に任ぜられる。同5年兼左大将に任ぜられ、同6年これを辞す。同年左馬寮御監となる。正安元(1299)年左大臣に任ぜられ、同2年従一位に進み、乾元元(1302)年皇太子伝奏、同2年東宮伝となる。嘉元3(1305)年氏長者となり関白に任ぜられる。徳治元(1306)年東宮伝奏伝を辞す。延慶元(1308)年関白より摂政に任ぜられるも辞す。　典：大日・日名・伝日・公辞・公補

九条房実　くじょう・ふさざね

鎌倉時代の人、関白・左大臣。正応3(1290)年生〜嘉暦2(1327)年3月13日没。38才。号=報恩院・後一音院。

摂政・関白・右大臣九条忠家の次男。兄の師教(摂政・関白)の養子となる。弟に道教がいる。正安元(1299)年元服。従五位上に叙され侍従に任ぜられ、同2年従四位下より正四位下に進み右中将に任ぜられ、同3年従三位、嘉元元(1303)年正三位に進み、同3年兼備後権守に任ぜられ権中納言に任ぜられる。徳治元(1306)年従二位に進み、同2年権大納言に任ぜられ、同3年正二位に進み、文保2(1318)年兼右大将に任ぜられ、元応元(1319)年右大臣に任ぜられる。元亨2(1322)年兼皇太子伝奏となり左大臣に任ぜられ、同3年従一位に進み関白に任ぜられる。正中元(1324)年これを辞す。　典：大日・日名・伝日・公辞・公補

九条隆教　くじょう・たかのり

鎌倉・南北朝時代の人、非参議。文永8(1271)年生～貞和4(1348.正平3)年10月15日没。78才。

非参議九条隆博の長男。母は弾正大弼行経朝臣の娘。建治3(1277)年従五位下に叙され、同6年侍従に任ぜられ、弘安8(1285)年従五位上に進み、同9年左少将に任ぜられ、同11年正五位下、正応2(1289)年従四位下、同5年従四位上、永仁4(1296)年正四位下に進む。同5年少将を辞す。正安2(1300)年右中将に任ぜられ、乾元元(1302)年従三位、徳治2(1307)年正三位に進む。延慶元(1308)年大蔵卿に任ぜられ、同2年に辞す。同3年従二位に進む。応長元(1311)年再び大蔵卿に任ぜられ、正和2(1313)年に辞す。元応元(1319)年再び侍従に任ぜられ、元徳元(1329)年に辞す。正慶元(1332.元弘2)年正二位に進み民部卿に任ぜられる。同2年これを辞しこのまま従二位に落位。暦応元(1338.延元3)年再び正二位に進む。老病にて没す。　典：公補

九条光経　くじょう・みつつね

鎌倉・南北朝時代の人、権大納言。生没年不明。

中納言九条忠高の孫。蔵人頭・中宮大進九条定光の子。正応元(1288)年従五位上に叙され治部権少輔に任ぜられ、同2年正五位下に進む。同4年春宮権大進に任ぜられ、同6年に辞す。同年勘解由次官、嘉元元(1303)年兼讃岐介・中宮権大進に任ぜられる。同3年左衛門権佐に任ぜられ、同年これと中宮権大進を辞す。補防鴨川使に任ぜられ、徳治2(1307)年補蔵人、同3年兼春宮大進、延慶2(1309)年右少弁に任ぜられる。同年春宮大進・補蔵人を辞す。同3年左少弁より右中弁に任ぜられ従四位下に進み、同4年兼修理右宮城使となる。応長2(1311)年従四位上、正和元(1312)年正四位下に進み左中弁・兼左宮城使となる。同2年右大弁に任ぜられ、同3年正四位上に進み補蔵人頭・左大弁・補造東大寺長官に任ぜられ、同4年従三位に進む。同年参議に任ぜられるも任職を辞す。文保元(1317)年再び参議に任ぜられ、同2年兼越中権守に任ぜられ、元応元(1319)年正三位に進む。同年再び参議を辞す。元亨元(1321)年越中権守を辞す。同3年権中納言に任ぜられ、正中2(1325)年に辞す。同年民部卿に任ぜられ従二位に進み、嘉暦元(1326)年再び権中納言に任ぜられ兼右衛門督・使別当となる。同2年再び権中納言を辞し、更に右衛門頭、使別当を辞す。元徳2(1330)年正二位に進む。元弘元(1331)年民部卿を辞す。正慶2(1333.元弘3)年再び民部卿に任ぜられ、建武元(1334)年中納言に任ぜられ再び兼右衛門督・使別当となる。同年再び民部卿を辞す。同2年権大納言に任ぜられる。延元元(1336)年出家。子に朝房がいる。　典：公補

九条隆朝 くじょう・たかとも

鎌倉・南北朝時代の人、非参議。正応3(1290)年生〜文和4(1355.正平10)年12月14日没。66才。

非参議九条隆博の次男。兄に隆教がいる。文保2(1318)年従三位に叙される。元徳元(1329)年侍従に任ぜられ、元弘元(1331)年正三位に進む。建武元(1334)年兼近江権守に任ぜられ、同4年これを辞す。観応元(1350.正平5)年侍従を辞す。文和3(1354.正平9)年兵部卿に任ぜられる。 典：公補

九条道教 くじょう・みちのり

鎌倉・南北朝時代の人、関白・左大臣。正和4(1315)年生〜貞和5(1349)年7月6日没。35才。号＝三縁院。法名＝円恵(戒師大乗院僧正孝覚)。

摂政・関白九条師教の三男、母は兵部卿守良親王の娘。兄に師教・房実がいる。兄の関白・左大臣九条房実の養子となり、家督を相続する。元亨3(1323)年元服。正五位下に叙され侍従に任ぜられ、同4年従四位下より正四位下に進み右中将に任ぜられ、正中2(1325)年従三位に進み、嘉暦元(1326)年兼伊予権守に任ぜられ、同2年権中納言に任ぜられ、同3年正三位に進み権大納言に任ぜられる。元徳2(1330)年従二位に進み兼右大将に任ぜられ、元弘元(1331)年正二位に進む。正慶2(1333.元弘3)年従二位に落位となる。建武元(1334)年再び正二位に進み、同3(1336)年左大将に任ぜられ、同4(1337.延元2)年右大臣に任ぜられる。同5年兼皇太子伝奏となる。暦応2(1339.延元4)年左大臣に任ぜられ、康永元(1342.興国3)年これを辞す。同年従一位に進み氏長者となる。ついで関白に任ぜられるも辞す。貞和2(1346.正平元)32才で出家。子に経教がいる。 典：大日・日名・伝日・公辞・公補

九条経教 くじょう・つねのり

南北朝・室町時代の人、関白・左大臣。元徳3(1331.元弘元)生〜応永7(1400)年5月21日没。70才。号＝後報恩院。法名＝祐円。

関白・左大臣九条道教の子。母は右大臣大宮季衡の娘。建武2(1335)年元服。従五位上に叙され、同3年侍従に任ぜられ、同4年正五位下より従四位下に進み右少将に任ぜられ、同5年正四位下、暦応元(1338.延元3)年従三位に進み右中将、同2年兼伊予権守に任ぜられ、同4年権中納言に任ぜられる。康永元(1342.興国3)年兼左衛門督・春宮権大夫に任ぜられ、同2年正三位に進み、同3年権大納言に任ぜられる。貞和2(1346.正平元)兼左大将・左馬寮御監に任ぜられ従二位に進み、同3年右大臣に任ぜられ、同4年正二位に進む。同年左大将を辞す。同5年左大臣に任ぜられる。文和4(1355.正平10)年従一位に進み、延文3(1358.正平13)年氏長者となる。同年関白に任ぜられ、康安元(1361.正平16)年に辞す。応永2(1395)年65才で出家。子は忠基・教嗣・満家・道尊・孝円・経覚・任意がいて、長男忠基が早死して次男満家が家督を継ぎ、道尊以下は僧となる。 典：大日・日名・伝日・公辞・公補

九条忠基 くじょう・ただもと

南北朝時代の人、関白・左大臣。貞和元(1345)年生〜応永4(1397)年12月20日没。53才。初名＝教平。号＝己心院。

関白・左大臣九条経教の長男。弟に教嗣・満家、僧になった道尊・孝円・経覚・任意がいる。文和3(1354)年従五位上より従四位上に叙される。同年忠基と改名。左中将に任ぜられ、延文元(1356.正平11)年正四位下、同2年従三位に進み、同3年兼播磨権守に任ぜられ、同4年正三位に進み権中納言に任ぜられる。同5年従二位に進み、康安元(1361.正平16)年権大納言に任ぜられ、貞治元(1362.正平17)年正二位に進み、同6年右大将より左大将に任ぜられ、応安元(1368.正平23)年左馬寮御監となる。同3年右大臣に任ぜられる。同年左大将を辞す。同4年踏歌内弁となる。永和元(1375.天授元)左大臣・関白に任ぜられ、同2年従一位に進む。同4年左大臣を辞し、康暦元(1379.天授5)年関白を辞す。父経教より早く没す。　典：大日・日名・伝日・公辞・公補

九条満家　くじょう・みついえ

室町時代の人、関白・左大臣。応永元(1394)年生～文安6(1449)年5月4日没。56才。初名=満教。前名=満輔。号=後三縁院。

関白・左大臣九条経教の三男。兄に忠基・教嗣、弟に僧になった道尊・孝円・経覚・任意がいる。初め満教と名乗る。応永11(1404)年元服。正五位下に叙され侍従に任ぜられ、同12年従四位下に進み左少将より右中将に任ぜられ、同13年従三位に進み権中納言に任ぜられる。同14年正三位に進み、同16年権大納言に任ぜられ、同17年従二位、同18年正二位に進み、同19年兼右大将に任ぜられ、同21年右大臣に任ぜられる。同年右大将を辞す。同25年左大臣・関白に任ぜられる。同26年左大臣を辞す。同年従一位に進む。同31年関白を辞す。永享3(1431)年満輔と改名、同10年更に満家と改名。文安5(1448)年55才で出家。子に政忠・政基がいる。　典：大日・日名・伝日・公辞・公補

九条教嗣　くじょう・のりつぐ

南北朝・室町時代の人、右大臣。延文3(1358.正平13)年生～応永11(1404)年8月15日没。47才。号=中山。

関白・左大臣九条経教の三男。母は参議冷泉定親の娘。兄に忠基、弟に満家、僧となった道尊・孝円・経覚・任意がいる。応安2(1369)年正五位下より従四位下に叙され侍従・右近少将に任ぜられ、同3年正四位下に進み兼近江権介・右近中将に任ぜられ、同4年従三位、同5年正三位に進み、永和元(1375.天授元)兼播磨権守に任ぜられ、同2年権中納言に任ぜられ、同3年従二位に進む。同年播磨権守を辞す。永徳元(1381.弘和元)権大納言に任ぜられ、同3年正二位に進み、応永3(1396)年内大臣に任ぜられる。同4年左大将に任ぜられ、同6年これを辞す。同年右大臣に任ぜられる。同10年これを辞す。大和国内山にて没す。　典：大日・日名・伝日・公辞・公補

九条氏房　くじょう・うじふさ

南北朝時代の人、権中納言。生年不明～応永10(1403)年11月24日没。

権大納言九条光経の孫。左中弁九条朝房朝臣の子。蔵人頭・右兵衛督に任ぜられ、のちこれらを辞し、永徳2(1382.弘和2)年従四位上より正四位下に叙され参議に任ぜられる。同3年従三位に進み兼美作権守に任ぜられ、至徳3(1386.元中3)年正三位に進む。同年美

作権守を辞す。明徳元(1390.元中7)年兼伊予権守に任ぜられ、応永3(1396)年従二位に進み兼備前守に任ぜられる。同年更に権中納言に任ぜられ、同10年に辞す。　典：公補

九条政忠　くじょう・まさただ

室町時代の人、関白・内大臣。永享12(1440)年生～長享2(1488)年9月23日没。49才。初名=成家。号=普門院。

関白・左大臣九条満家の長男。初め成家と名乗る。弟に政基がいる。右中将に任ぜられ、宝徳3(1451)年従三位に叙され、享徳元(1452)年兼近江権守に任ぜられ権中納言に任ぜられる。同2年正三位より従二位に進み権大納言に任ぜられる。同3年政忠と改名。康正2(1456)年正二位に進み、寛正元(1460)年兼左大将に任ぜられ、同5年内大臣に任ぜられる。同6年長病の為に左大将を辞し26才で隠居したが、長享元(1487)年関白に任ぜられる。同2年氏長者になる。　典：大日・日名・伝日・公補

九条政基　くじょう・まさもと

室町時代の人、関白・左大臣・准三宮。文安2(1445)年生～永正13(1516)年4月4日没。72才。号=慈眼院。

関白・左大臣九条満家の子。母は菅原在豊の娘。長禄3(1459)年元服。正五位下より従四位下、更に正四位下に叙され右少将に任ぜられ、寛正元(1460)年従三位に進み左中将に任ぜられ権中納言に任ぜられ、同2年正三位に進み権大納言に任ぜられる。同3年従二位、応仁2(1468)年正二位に進み右大臣に任ぜられる。文明2(1470)年左近衛大将に任ぜられ、同7年左大臣に任ぜられる。同年左大将を辞す。同8年従一位に進む。同年左大臣を辞す。のち関白に任ぜられ、同9年氏長者となる。同11年関白を辞す。延徳3(1491)年准三宮となる。子に尚経がいる。　典：大日・日名・伝日・公辞・公補

九条尚経　くじょう・なおつね

室町時代の人、関白・左大臣。応仁2(1468)年11月25日生～享禄3(1530)年7月8日没。63才。通称=九条関白。号=後慈眼院関白。法名=行智。道号=花渓。

関白・左大臣・准三宮九条政基の子。文明16(1484)年元服。正五位下より従四位上に叙され、同17年従四位下より従三位に進み、同18年権中納言・左中将に任ぜられ、同19年正三位に進み権大納言に任ぜられる。延徳元(1489)年従二位に進み、同3年兼右大将に任ぜられ、明応3(1494)年正二位に進み、同4年左大将に任ぜられ、同8年内大臣に任ぜられる。文亀元(1501)年左大将を辞す。同年右大臣に任ぜられる。同2年氏長者となり関白に任ぜられ、没後、永正3(1506)年左大臣に任ぜられる。同10年任職を辞す。同11年従一位に進む。没後、東福寺にて葬礼が行なわれた。子に稙通・家輔(花山院家へ)がいる。　典：伝日・公辞・公補

九条稙通　くじょう・たねみち

室町時代の人、関白・内大臣。永正4(1507)年1月11日生～文禄3(1594)年1月5日没。88才。法名=行空・のち恵空。通称=玖山・樵翁。一字名=玖・身。諡号=東山院・東光院。

関白・左大臣九条尚経の子。母は内大臣三条西実隆の娘で従三位保子。永正11(1514)年元服。正五位下より従四位上、更に従三位に進み右近衛権少将に任ぜられ、同13年正三

位、同14年従二位に進み右少将に任ぜられ、大永元(1521)年権中納言・右中将に任ぜられ、同2年正二位に進み権大納言に任ぜられる。同4年兼左大将に任ぜられ、享禄元(1528)年内大臣に任ぜられる。天文2(1533)年左大将を辞す。同年氏長者となり関白に任ぜられる。のち任職を辞し摂州に出奔。弘治元(1555)年従一位に進む。49才で出家。祖父に当たる内大臣三条西実隆に学ぶ。織田信長の上洛にも下らず、豊臣秀吉の藤原姓への改姓不可を論じ関白任官に反対であった。晩年は東福寺門前の乾亨院に住し源氏物語を読破する。また当代屈指の有識家という。養子に兼孝(二条家より)がいる。　典：大日・日名・古今・伝日・京都・公辞・公補

九条兼孝　くじょう・かねたか

安土桃山・江戸時代の人、関白・左大臣。天文22(1553)年11月20日生～寛永13(1636)年1月17日没。84才。号=後月輪入道。法名=円性玖山。

関白・左大臣二条晴良の子。母は二品中務卿貞敦親王の娘従一位信子。関白・内大臣九条稙通の養子となる。弘治3(1557)年元服。正五位下より従四位下に叙され左少将に任ぜられ、永禄2(1559)年正四位下に進み左中将に任ぜられ、同3年従三位に進み、同4年権中納言に任ぜられる。同6年正三位に進み、同8年権大納言に任ぜられ、同10年従二位に進み、同12年右大将に任ぜられ、天正元(1573)年正二位に進む。同2年内大臣に任ぜられ、同3年左大将に任ぜられる。同4年左大臣に任ぜられるも、織田信長転任の為に同5年任職を辞す。同6年氏長者となり関白に任ぜられる。この時は実父二条晴良も関白に任ぜられていたので、親子で関白という非常に珍しい事態になった。同9年関白を辞す。同10年従一位に進む。同16年准三宮となる。慶長5(1600)年左大臣に任ぜられ再び関白に任ぜられる。同6年左大臣を辞し、同9年関白を辞す。52才で出家。尊朝流の書風をよくする。子に幸家がいる。　典：大日・日名・伝日・公辞・公補

九条幸家　くじょう・ゆきいえ

安土桃山・江戸時代の人、関白・左大臣。天正14(1586)年2月19日生～寛文5(1665)年8月21日没。80才。初名=忠栄。一字名=匀。号=惟忖院。

関白・左大臣九条兼孝の子。母は権大納言高倉永家の娘。初め忠栄と名乗る。天正18(1590)年元服。正五位下に叙され左少将に任ぜられ、同19年従四位下に進み左中将に任ぜられ、文禄2(1593)年従四位上、慶長4(1599)年従三位に進み権中納言に任ぜられる。同6年正三位、同7年従二位、同9年正二位に進み権大納言に任ぜられる。同11年左大将に任ぜられ、同12年右大臣に任ぜられる。同13年左大将を辞す。同年氏長者となり関白に任ぜられる。同17年左大臣に任ぜられ、同18年関白を辞す。同19年従一位に進む。同年左大臣を辞す。元和5(1619)年再び関白に任ぜられ、同9年に辞す。寛永8(1631)年幸家と改名。子に道房がいる。　典：大日・日名・伝日・公辞・公補

九条道房　くじょう・みちふさ

江戸時代の人、摂政・左大臣。慶長14(1609)年8月13日生～正保4(1647)年1月10日没。39才。初名=忠象。一字名=旭。号=後浄土寺。

関白・左大臣九条幸家の次男。母は参議豊臣秀勝の娘従三位豊臣完子。慶長18(1613)年元服。正五位下に叙され左少将に任ぜられ、同19年従四位下、元和元(1615)年従三位に進み左中将に任ぜられ、同3年権中納言に任ぜられる。同5年正三位に進み、同7年権大納言に任ぜられる。寛永3(1626)年右大将に任ぜられ踏歌内弁となる。同5年従二位、同8年正二位に進む。同年道房と改名。同9年内大臣に任ぜられる。同12年左大将に任ぜられ、同14年に辞す。同17年右大臣に任ぜられ、同19年左大臣に任ぜられる。正保4年氏長者となり摂政に任ぜられる。同年任職を辞す。子に兼晴がいる。　典：大日・日名・伝日・古今・公辞・公補

九条兼晴　くじょう・かねはる

江戸時代の人、左大臣。寛永18(1641)年2月6日生～延宝5(1677)年11月12日没。37才。号＝後往生院。

左大臣鷹司教平の三男。母は摂政・関白・左大臣鷹司房輔の娘。摂政・左大臣九条道房と徳川家光の養女従三位長子の養子となる。正保4(1647)年元服。正五位下より従四位下に叙され左少将に任ぜられ、慶安元(1648)年従三位に進み左中将に任ぜられ、承応元(1652)年正三位に進み権中納言に任ぜられ、同3年権大納言に任ぜられる。明暦元(1655)年従二位、万治2(1659)年正二位に進み左近大将に任ぜられ左馬寮御監・踏歌内弁となる。寛文4(1664)年内大臣に任ぜられ、同5年右大臣に任ぜられる。同11年左大臣に任ぜられ、延宝5(1677)年に辞す。子に輔実・綱平(二条家へ)がいる。　典：大日・日名・伝日・公辞・公補

九条輔実　くじょう・すけざね

江戸時代の人、摂政・関白・左大臣。寛文9(1669)年6月16日生～享保14(1729)年12月12日没。61才。号＝後洞院。

左大臣九条兼晴の子。母は摂政・左大臣九条道房の娘。弟に綱平(二条家へ)がいる。延宝3(1675)年元服。従五位上より正五位下に叙され右少将に任ぜられ、同4年従四位下より正四位下、更に従三位に進み左少将に任ぜられ、同6年権中納言に任ぜられる。同7年正三位に進み、同8年権大納言に任ぜられ、天和元(1681)年従二位に進み、貞享4(1687)年兼左大将に任ぜられ左馬寮御監となる。元禄6(1693)年内大臣に任ぜられ、同7年正二位に進み踏歌節会内弁、同11年踏歌節会外弁となる。同12年左大将を辞す。宝永元(1704)年右大臣に任ぜられ、同5年左大臣に任ぜられる。正徳元(1711)年従一位に進み、同2年氏長者となり摂政に任ぜられる。同5年左大臣を辞す。享保元(1716)年関白に任ぜられ、同7年に辞す。政務の余暇に絵画を嗜み、京師寺町上善寺の弁天十五童子は彼の遺作という。子に師孝・幸教・尚実がいる。　典：大日・日名・伝日・公辞・公補

九条師孝　くじょう・もろたか

江戸時代の人、権大納言。元禄元(1688)年10月4日生～正徳3(1713)年6月25日没。26才。号＝如法光院。

摂政・関白・左大臣九条輔実の長男。母は益子内親王。弟に幸教・尚実がいる。元禄7(1694)年元服。従五位上より正五位下に叙され右少将に任ぜられ、同8年従四位下より従四位上、同9年正四位下、同10年従三位に進み左中将に任ぜられ権中納言に任ぜられ、更に同12年権大納言に任ぜられる。同13年正三位、宝永3(1706)年従二位に進み、同6年

右大将に任ぜられ右馬寮御監となる。正徳2(1712)年大将・馬寮御監を左に転官。同3年任職を辞す。　典：公辞・公補

九条幸教　くじょう・ゆきのり

江戸時代の人、内大臣。元禄13(1700)年5月16日生～享保13(1728)年5月26日没。29才。号=無量信院。

摂政・関白・左大臣九条輔実の次男。母は益子内親王。兄に師孝、弟に尚実がいる。享保元(1716)年元服。正五位下より従四位下に叙され右少将、同2年右中将に任ぜられ従四位上より従三位に進み権中納言に任ぜられ、同3年権大納言に任ぜられる。同4年正三位に進み踏歌節会外弁となる。同5年右大将に任ぜられ右馬寮御監となる。同7年従二位に進み、同9年大将・馬寮御監を左に転官。同11年内大臣に任ぜられる。同12年左大将を辞し、同13年内大臣を辞す。子に稙基・宗基(二条家へ)がいる。　典：公辞・公補

九条稙基　くじょう・たねもと

江戸時代の人、内大臣。享保10(1725)年10月13日生～寛保3(1743)年2月22日没。19才。号=後東光院。

内大臣九条幸教の子。母は権中納言源継友(?)の娘。享保16(1731)年元服。従五位上より従四位下に叙され右少将に任ぜられ、同17年正四位下より従三位に進み左中将に任ぜられ、同18年権中納言に任ぜられる。同19年正三位に進み、同20年権大納言に任ぜられる。元文3(1738)年従二位より正二位に進み右大将に任ぜられ右馬寮御監となる。同4年内大臣に任ぜられる。寛保3年任職を辞す。　典：大日・日名・伝日・公辞・公補

九条尚実　くじょう・なおざね

江戸時代の人、摂政・関白・太政大臣・准三宮。享保2(1717)年6月21日生～天明7(1787)年9月22日没。71才。号=遍昭・金剛寺。

摂政・関白・左大臣九条輔実の三男。母は益子内親王。兄に師孝・幸教がいる。初め僧となり随心院に入り尭厳と称し、権僧正に任ぜられる。寛保3(1743)年甥の内大臣九条稙基が没したため、九条家を相続。正五位下に叙される。延享元(1744)年元服。従四位下より従三位に進み右少将ついで権中納言に任ぜられ、更に正三位に進みのち左中将に任ぜられ、同2年権大納言に任ぜられる。同3年従二位に進み右大将に任ぜられ右馬寮御監となる。同4年大将・馬寮御監を左に転官。寛延元(1748)年踏歌節会外弁となる。同3年内大臣に任ぜられる。宝暦4(1754)年左大将を辞す。同5年従一位に進み右大臣に任ぜられ、同8年踏歌内弁となり、同9年左大臣に任ぜられる。安永7(1778)年これを辞す。同年氏長者となり関白に任ぜられ、同8年摂政に任ぜられる。同9年関白より太政大臣に任ぜられ、天明元(1781)年これを辞す。同5年摂政より再び関白に任ぜられる。同7年これと氏長者を辞す。同年准三宮を賜る。子に道前・忠孝(松殿家へ)がいる。　典：大日・日名・伝日・公辞・公補

九条道前　くじょう・みちさき

江戸時代の人、内大臣。延享3(1746)年6月13日生～明和7(1770)年,閏6月5月没。25才。号=盛光院。

摂政・関白・太政大臣・准三宮九条尚実の長男。母は権大納言今出川公詮の娘。弟に忠孝(松殿家へ)がいる。宝暦2(1752)年元服。従五位上より従四位下、更に正四位下に叙され右権少将に任ぜられ、同3年従三位に進み権中納言・右中将に任ぜられ、同5年正三位に進み権大納言に任ぜられる。同6年従二位より正二位に進み右大将に任ぜられ右馬寮御監・踏歌外弁となる。同9年内大臣に任ぜられ、同13年大将・馬寮御監を左に転官。明和6(1769)年左大将を辞し、同7年任職を辞す。子に輔家がいる。　典：大日・公辞・公補

九条輔家　くじょう・すけいえ

江戸時代の人、権大納言。明和6(1769)年9月12日生〜天明5(1785)年6月19日没。17才。号=瑠璃光院。

内大臣九条道前の子。母は中納言宗勝の娘。安永4(1775)年元服。従五位より従四位下に叙されついで正四位下に進み右権少将より右権中将に任ぜられ、同5年従三位、同6年正三位に進み右中将に任ぜられ更に権中納言に任ぜられ、同7年権大納言に任ぜられる。同8年従二位、天明元(1781)年正二位に進み踏歌節会外弁となる。同5年権大納言を辞す。若くして没す。養子に輔嗣(一条家より)がいる。　典：公辞・公補

九条輔嗣　くじょう・すけつぐ

江戸時代の人、権大納言。天明4(1784)年9月15日生〜文化4(1807)年1月29日没。24才。

右大臣一条治孝の次男。母は水戸宰相宗翰の娘。権大納言九条輔家が没したので、九条家の養子となる。寛政4(1792)年元服。従五位上より従四位下に叙され左権少将、同5年右権中将に任ぜられ、同6年正四位下より従三位に進み、同9年権中納言に任ぜられ、同11年正三位に進み権大納言に任ぜられる。同12年従二位に進み、享和2(1802)年踏歌外弁となり、同3年正二位に進み兼左大将に任ぜられ左馬寮御監となる。文化4(1807)年任職を辞す。養子に弟尚忠(一条家より)がいる。　典：公辞・公補

九条尚忠　くじょう・ひさただ

江戸時代の人、関白・左大臣。寛政10(1798)年7月15日生〜明治4(1871)年8月没。74才。法号=円真・鶴台・陶化翁。

右大臣一条治孝の三男。母は権大納言樋口基康の娘信子。文化4(1807)年兄の権大納言九条輔嗣が没したので九条家の養子となる。同5年元服。従五位上より従四位下に叙され左権少将より左権中将に任ぜられ、同6年正四位下より従三位に進み、同7年権中納言に任ぜられ、同8年権大納言に任ぜられ正三位に進み、同9年踏歌外弁となる。同10年従二位、同12年正二位に進み兼春宮大夫に任ぜられる。同14年これを辞す。文政3(1820)年兼左大将に任ぜられ左馬寮御監となる。同4年内大臣に任ぜられ、同5年左大将に任ぜられ、同7年従一位に進み右大臣に任ぜられ踏歌内弁となる。弘化4(1847)年左大臣に任ぜられる。安政2(1855)年の御遷幸に左右番長各一人・舎人長一人・舎人四人・居飼三人・郎等四人・馬副十人・近衛六人・雑色十人・下品雑色四人・傘一人を従えて参加。同3年氏長者となり関白に任ぜられる。安政の事件(飛鳥井雅典の項参照)で尊皇攘夷の八十八廷臣から署名の陳情書が提出され、幕府との間に立ち、同4年左大臣を辞す。文久2(1862)年氏長者・関白を辞したが皇権維持に活躍し幕府派に憎まれ、落飾し洛南九条村に隠棲す

る。慶応3(1867)年に許される。男子に幸経・道孝がいて、六女は第百廿一代孝明天皇の妃となる。　典：幕末・明治・日名・伝日・公辞・遷幸・京都・公補

九条幸経　くじょう・ゆきつね

江戸時代の人、権大納言。文政6(1823)年4月20日生～安政6(1859)年8月4日没。37才。号=平等信院。

関白・左大臣九条尚忠の子。母は権大納言唐橋在熙の娘。弟に道孝、妹は第百廿一代孝明天皇の妃となる。天保5(1834)年元服。従五位上より従四位下に叙され左近衛権少将、同6年左権中将に任ぜられ正四位下より従三位に進み、同7年権中納言に任ぜられる。同10年正三位に進み踏歌外弁となる。同13年権大納言に任ぜられ、同14年従二位、弘化2(1845)年正二位に進み、安政6(1859)年権大納言を辞す。　典：明治・公辞・公補

九条道孝　くじょう・みちたか

江戸・明治時代の人、左大臣。天保11(1840)年5月1日生～明治39(1906)年1月4日没。67才。

関白・左大臣九条尚忠の子。母は雅楽頭酒井忠学朝臣の妹。兄に権大納言九条幸経、妹は第百廿一代孝明天皇の妃となる。安政元(1854)年元服。従五位上より従四位下に叙され左近衛権少将、同2年左権中将に任ぜられ同年正四位下、同3年従三位に進み、同4年権中納言に任ぜられ兼左衛門督に任ぜられ、同5年正三位に進み左中将に任ぜられ踏歌外弁となる。万延元(1860)年従二位に進み、文久2(1862)年権大納言に任ぜられ、同3年正二位に進み、慶応3(1867)年左大臣に任ぜられ更に兼左大将に任ぜられ左馬寮御監となる。明治元(1868)年従一位に進み氏長者となる。同年左大将を辞す。新政府となり奥羽鎮撫総督を命じられ錦旗を授かり、官軍を率いて奥羽を平定し東京に凱旋。同17年華族に列され最高位の公爵を授かる。のち掌典長を勤め、同27年広島大本営に出張。同32年大勲位菊花大綬章を賜る。江戸末期は京都堺町御門内西側に住む。家料は2043石。子に道実(明治2年生、正三位・掌典次長・公爵・貴族院議員)、四女節子は大正天皇の皇后となる。
典：幕末・明治・日名・大日・伝日・公辞・公補

○久世家

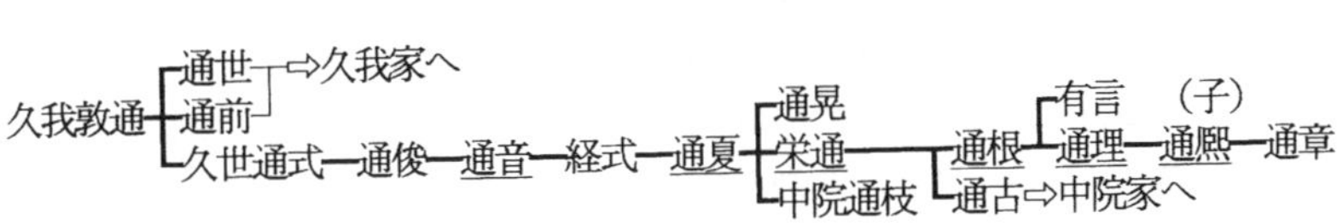

村上源氏の久我家流。太政大臣久我具通が山城国久世にちなみ久世相国と号したのに始まり、孫の清通ものちに久世と称し、その子通博も東久世と称した。江戸時代に至り権大納言久我敦通の次男通式(従四位下・右少将、一字名=之・従、寛永55月1日没、36才、久世家の祖)が一家を立て久世を氏姓とした。明治に至り華族に列され子爵を授かる。羽

林家の一つ。本姓は源。家紋は竜胆(りんどう)。菩提寺は京都左京区浄土寺の真如堂。久世家の古文書が残されている。

典：京都・日名

久世通音　くぜ・みちおと

江戸時代の人、非参議。正保4(1647)年12月6日生〜元禄元(1688)年2月15日没。42才。

権大納言久我敦通の曾孫。右少将久世通式朝臣の孫。右中将久世通俊朝臣の子。慶安4(1651)年叙爵。万治元(1658)年元服。従五位上に叙され侍従に任ぜられ、寛文2(1662)年正五位下に進み、同3年左少将に任ぜられ、同6年従四位下、同10年従四位上に進み、同12年左中将に任ぜられ、延宝2(1674)年正四位下、天和2(1682)年従三位に進む。子に経式(正五位下・侍従、延宝9,2,23没、17才、養子相続に通夏)がいる。　典：公辞・公補

久世通夏　くぜ・みちなつ

江戸時代の人、権大納言。寛文10(1670)年6月23日生〜延享4(1747)年9月23日没。78才。初名＝顯長。前名＝通清。通称＝蝦大納言。

権大納言中院通茂の三男。初め顯長と名乗る。延宝4(1676)年叙爵。同年侍従久世経式と妻小笠原左衛門佐源政信の娘の養子となる。天和2(1682)年通清と改名。同年元服。従五位上に叙され侍従に任ぜられ、貞享3(1686)年正五位下に進み左少将に任ぜられ、元禄3(1690)年従四位下に進み左中将に任ぜられ、同7年従四位上、同11年正四位下に進み、同14年通夏と改名。同15年従三位、宝永7(1710)年正三位に進み、享保2(1717)年参議に任ぜられる。同4年参議を辞す。同5年従二位に進み、同12年権中納言に任ぜられるも辞す。同19年正二位に進む。元文元(1736)年権大納言に任ぜられるも辞す。熊沢蕃山の高弟で、腰が丸く曲っていた所から蝦大納言と呼ばれた。子に通晃(従四位下・左少将、享保15,4,19没、21才)・養子に栄通がいる。　典：公辞・公補

久世栄通　くぜ・しげみち

江戸時代の人、権大納言。享保5(1720)年1月10日生〜安永9(1780)年7月20日没。61才。初名＝光条。

権大納言広橋兼廉の次男。初め光条と名乗る。享保9(1724)年叙爵。同20年権大納言久世通夏の養子相続となる。元文元(1736)年元服。従五位上に叙され侍従に任ぜられる。同年栄通と改名。同5年大炊頭に任ぜられ、同6年正五位下に進み、寛保3(1743)年右京大夫に任ぜられ、延享元(1744)年従四位下に進み、同2年左少将に任ぜられ、寛延元(1748)年従四位上、宝暦2(1752)年正四位下に進み、同6年左中将に任ぜられ、同7年従三位、同12年正三位に進み、明和6(1769)年参議に任ぜられ、安永元(1772)年従二位に進み権中納言に任ぜられる。同2年これを辞す。同8年権大納言に任ぜられるも辞す。子に通根がいる。

典：公辞・公補

久世通根　くぜ・みちね

江戸時代の人、権大納言。延享2(1745)年7月9日生〜文化13(1816)年12月23日没。72才。

権大納言久世栄通の子。母は権大納言久世通夏の娘。寛延2(1749)年従五位下に叙される。宝暦7(1757)年元服。従五位上に進み、同8年左兵衛権佐に任ぜられ、同11年正五位下に進み、同12年右権少将、明和元(1764)年兼近江権介に任ぜられ、同2年従四位下、同6年従四位上に進み、同8年左権中将に任ぜられ、安永2(1773)年正四位下、同4年従三位、同9年正三位、寛政4(1792)年従二位に進み参議に任ぜられる。同7年東照宮奉幣使となる。同8年参議を辞す。同10年権中納言に任ぜられ、同11年に辞す。享和3(1803)年正二位に進む。文化2(1805)年権大納言に任ぜられるも辞す。子に通理がいる。　典：公辞・公補

久世通理　くぜ・みちよし

江戸時代の人、権大納言。天明2(1782)年1月5日生〜嘉永3(1850)年1月5日没。69才。通称＝宰相正二位。

権大納言久世通根の子。天明6(1786)年従五位下に叙される。寛政2(1790)年元服。従五位上、同6年正五位下に叙され侍従に任ぜられ、同9年従四位下に進み、同11年右権少将に任ぜられ、享和元(1801)年従四位上、文化元(1804)年正四位下に進み、同5年左権中将に任ぜられ、同6年従三位、同10年正三位に進む。文政7(1824)年参議に任ぜられるも辞す。同8年従二位、天保8(1837)年正二位に進む。同13年権中納言に任ぜられ、弘化元(1844)年に辞す。同4年権大納言に任ぜられ、嘉永元(1848)年に辞す。同年踏歌外弁となる。子に通熙がいる。　典：公辞・公補

久世通熙　くぜ・みちさと

江戸時代の人、参議。文政元(1818)年9月8日生〜明治8(1875)年11月没。58才。通称＝宰相中将。

権大納言久世通理の子。母は左近衛権少将治茂朝臣の娘。文政3(1820)年従五位下に叙され、同8年従五位下に進み、元服。同年従五位上、同12年正五位下、天保4(1833)年従四位上に進み、同9年右近衛権少将に任ぜられ、同12年正四位下に進み、嘉永4(1851)年左近衛権中将に任ぜられ従三位、安政2(1855)年正三位に進む。同5年安政の事件(飛鳥井雅典の項参照)に八十八廷臣として連座。文久元(1861)年参議に任ぜられ、同2年に辞す。元治元(1864)年従二位に進み、慶応元(1865)年再び参議に任ぜられ更に兼右中将に任ぜられる。同2年任職を辞す。京都小川元誓願寺上ルに住む。家料は二百石。子に通章(正三位、明治に華族に列され子爵を授かる)がいる。　典：公辞・明治・京四・公補

○百済王家

典：公補

百済王南典　くだらのこにきしの・なんてん

奈良時代の人、非参議。百済王。第38代天智天皇5(666)年生〜天平宝字2(758)年没。

弟に敬福がいる。天平9(737)年72才で従三位に叙され非参議に任ぜられる。　典：古代・公補

百済王敬福　くだらのこにきしの・きょうふく

奈良時代の人、非参議。百済王。第42代文武天皇2(698)年生～天平神護2(766)年6月28日没。69才。

兄に南典がいる。左大弁・出雲守・讃岐権守などに任ぜられ、天平勝宝元(749)年従三位に叙され非参議に任ぜられる。同4年常陸守に任ぜられ、同8年に辞す。天平神護2(766)年に刑部卿に任ぜられる。　典：古代・公補

百済王勝義　くだらのこにきしの・しょうぎ

平安時代の人、非参議。百済王。宝亀10(779)年生～斉衡2(855)年7月没。77才。

従四位下・但馬守元忠の孫。従五位下玄風の子。元忠の娘を百済王の妃にしたのかは不明。日本に連れて来られたのか、育てられたのか、百済国に在国なのか不明。少遊大学・頗習文章などになり、大同元(806)年大学少允、同4年右京少進、弘仁元(810)年蔵人・左衛門大尉に任ぜられ、同7年従五位下に叙され左衛門佐、同11年兼相模介に任ぜられ、同12年従五位上に進み但馬守に任ぜられ、天長4(827)年正五位下に進み美作守に任ぜられ、同6年従四位下に進み右京大夫、同10年左衛門督、承和4(837)年相模守・宮内卿に任ぜられ、同6年61才で従三位に進み非参議に任ぜられる。　典：古代・公補

○倉橋家

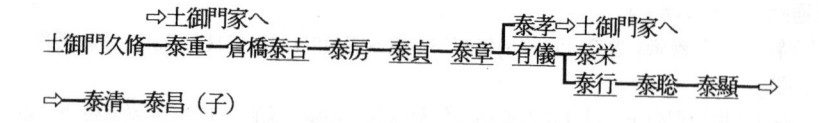

⇨土御門家へ（泰重）
土御門久脩━泰重━倉橋泰吉━泰房━泰貞━泰章┳泰孝⇨土御門家へ
┗有儀┳泰栄
┗泰行━泰聡━泰顯━⇨

⇨━泰清━泰昌（子）

左大臣安倍倉橋麻呂の末裔。土御門久脩の次男泰吉が第百八代後水尾天皇の勅命により分家し、兄の土御門泰重の養子となる。代々陰陽道をもって奉仕し、明治に至り華族に列され子爵を授かる。本姓は安倍。菩提寺は京都左京区浄土寺の真如堂。

典：日名

倉橋泰吉　くらはし・やすよし

江戸時代の人、非参議。慶長4(1599)年2月26日生～寛文10(1670)年9月17日没。72才。倉橋家の祖。

土御門久脩の次男。第百八代後水尾天皇の勅命により分家し倉橋を氏姓として名乗る。兄の土後門泰重の養子となるという。慶長17(1612)年元服。蔵人・左近将監に任ぜられ、寛永5(1628)年従五位下に叙され左馬助に任ぜられ、同6年従五位上、同9年正五位下、同13年従四位下、同17年従四位上、正保元(1644)年正四位下、慶安2(1649)年従三位に進み民部卿に任ぜられ、明暦元(1655)年正三位に進む。同3年民部卿を辞す。寛文5(1665)年従二位に進む。子に泰房(従四位下・兵部大輔、延宝元,11,24没、35才、子は泰貞)がいる。

典：公辞・公補

倉橋泰貞　くらはし・やすさだ

江戸時代の人、非参議。寛文8(1668)年1月16日生～寛延元(1748)年10月25日没。81才。

非参議倉橋泰吉の孫。兵部大輔倉橋泰房朝臣の子。延宝7(1679)年元服。正六位上に叙され蔵人・中務大丞に任ぜられる。天和3(1683)年兼春宮権少進に任ぜられ、貞享4(1687)年に辞す。元禄元(1688)年兼陰陽助に任ぜられるも助を辞す。同2年叙爵。左兵衛佐に任ぜられ、同3年従五位上、同4年正五位下、同9年従四位下、同13年従四位上、宝永元(1704)年正四位下に進み、同2年修理大夫に任ぜられ、同5年従三位、享保元(1716)年正三位、同13年従二位に進む。子に泰章がいる。　典：公辞・公補

倉橋泰章　くらはし・やすあき

江戸時代の人、非参議。貞享4(1687)年3月21日生～宝暦3(1753)年9月14日没。67才。

非参議倉橋泰貞の子。母は非参議土御門泰福の娘。元禄13(1700)年元服。正六位上に叙され左馬権助に任ぜられ、宝永5(1708)年蔵人・大学助、同6年叙爵し民部少輔に任ぜられ、同8年従五位上、享保元(1716)年正五位下、同4年従四位下に進み中務権大夫に任ぜられ、同8年従四位上、同12年正四位下、同16年従三位、元文3(1738)年正三位、寛延3(1750)年従二位に進む。正親町公通に垂加神道を学ぶ。子に泰孝、養子に有儀(綾小路家より)がいる。　典：公辞・公補

倉橋泰孝　くらはし・やすたか

江戸時代の人、非参議。正徳5(1715)年1月22日生～寛延2(1749)年3月9日没。35才。

非参議倉橋泰章の子。母は権大納言西洞院時成の娘。享保9(1724)年従五位下に叙され、同13年元服。従五位上に進み民部少輔に任ぜられ、同18年正五位下に進み、同20年中務少輔に任ぜられ、元文2(1737)年従四位下、寛保元(1741)年従四位上に進み、延享2(1745)年中務権大輔に任ぜられ正四位下に進み、同3年中務大輔に任ぜられ、寛延2年従三位に進む。　典：公辞・公補

倉橋有儀　くらはし・ありよし

江戸時代の人、非参議。元文3(1738)年6月4日生～天明4(1784)年7月24日没。47才。

権大納言綾小路俊宗の次男。延享4(1747)年叙爵。宝暦元(1751)年非参議倉橋泰章と妻権大納言西洞院時成の娘の養子となる。同年元服。従五位上に叙され左京権大夫に任ぜられ、同5年正五位下、同9年従四位下に進む。同10年中務権少輔に任ぜられ、同13年従四位上に進み、明和4(1767)年弾正大弼に任ぜられ、同5年正四位下に進み、安永2(1773)年任職を辞す。天明4(1784)年従三位に進む。子に泰行・泰栄(土御門家へ)がいる。　典：公辞・公補

倉橋泰行　くらはし・やすゆき

江戸時代の人、非参議。安永8(1779)年6月17日生～安政5(1858)年12月20日没。80才。

非参議倉橋有儀の次男。母は権大納言愛宕通貫の娘。兄に泰栄(土御門家へ)がいる。天明4(1784)年従五位下に叙される。寛政元(1789)年元服。従五位下に叙され右馬頭に任ぜられ、同5年正五位下に進み、同6年中務権少輔に任ぜられ、同9年従四位下、享和元

(1801)年従四位上に進み、同2年中務少輔に任ぜられ、文化2(1805)年正四位下、同6年従三位に進み、同9年刑部卿に任ぜられ、同12年正三位に進み、文政11(1828)年踏歌外弁となる。天保13(1842)年従二位に進む。同年刑部卿を辞す。安政5(1858)年正二位に進む。子に泰聴がいる。　典：公辞・公補

倉橋泰聴　くらはし・やすとし

江戸・明治時代の人、非参議。文化12(1815)年2月2日生～明治14(1881)年9月没。67才。

非参議倉橋泰行の子。母は参議西洞院信庸の娘。文政3(1820)年従五位下に叙される。同12年元服。従五位上に叙され丹波権介に任ぜられ、天保3(1832)年正五位下に進み右馬頭に任ぜられ、同6年従四位下、同9年従四位上、同11年正四位下、弘化2(1845)年従三位に進み、嘉永3(1850)年治部卿に任ぜられ、同4年正三位に進み、安政4(1857)年踏歌外弁となる。同5年安政の事件(飛鳥井雅典の項参照)に八十八廷臣として子と共に連座。明治元(1868)年大蔵卿に任ぜられる。京都堺町御門外に住む。家料は百五十石。子に泰顥がいる。　典：明治・公辞・公補

倉橋泰顥　くらはし・やすてる

江戸・明治時代の人、非参議。天保6(1835)年7月29日生～明治43(1910)年8月没。76才。

非参議倉橋泰聴の子。天保13(1842)年従五位下に叙される。弘化2(1845)年元服。因幡権介に任ぜられ、同3年従五位上に進み、同4年左馬頭に任ぜられ、嘉永3(1850)年正五位下、安政元(1854)年従四位下、同5年従四位上に進む。同年安政の事件(飛鳥井雅典の項参照)に八十八廷臣として父と共に連座。文久2(1862)年正四位下、慶応2(1866)年従三位に進む。のち殿掌などに任ぜられ、明治17(1884)年華族に列され子爵を授かる。子に泰清がいる。　典：公辞・公補

○桑原家

五条為庸━┳為致┐⇨五条家へ
　　　　　┣為房┘
　　　　　┣長時⇨清岡家へ
　　　　　┗桑原長義━適長━長視━為彬━忠長━為顥━順長━為政━輔長━為昭━孝長(子)

菅原道真の末裔。権大納言五条為庸の四男長義が桑原を氏姓とする。代々儒道をもって奉仕し、明治に至り華族に列され子爵を授かるも、大正8(1919)年に爵位を返上した。本姓は菅原。家紋は梅。菩提寺は京都上京区の浄福寺。

典：日名

桑原長義　くわばら・ながよし

江戸時代の人、権中納言。寛文元(1661)年8月27日生～元文2(1737)年12月22日没。77才。一字名＝柏。桑原家の祖。

権大納言五条為庸の四男。兄に五条為致・五条為房・清岡長時がいる。延宝元(1673)年元服。同5年従五位下に叙され大膳大夫に任ぜられ、同9年従五位上に進み、貞享4(1687)年民部大輔に任ぜられ正五位下、元禄2(1689)年従四位下、同6年従四位上、同10年正四位下、同14年従三位、宝永3(1706)年正三位に進み、正徳3(1713)年式部権大輔に任ぜられ、同4年参議に任ぜられ、享保3(1718)年参議を辞し踏歌節会外弁となる。同4年従二位に進み、同10年権中納言に任ぜられるも辞す。同13年式部大輔に任ぜられ、同15年に大輔を辞す。同19年正二位に進む。子に適長(正五位下・侍従、享保15,2,8没、20才)、養子相続に長視(五条為範の子。従四位上・宮内大輔、宝暦10年に官位返上、子は為彬)がいる。　典：公辞・公補

桑原忠長　くわばら・ただなが

江戸時代の人、権中納言。宝暦3(1753)年8月20日生～天保6(1835)年4月22日没。83才。初名=為弘。

権大納言高辻家長の次男。初め為弘と名乗る。明和元(1764)年桑原家の家督を相続。同年穀倉院の学問料を受ける。同2年元服。従五位下に叙され文章得業生より大学頭となり紀伊権守に任ぜられ、同4年従五位上、同7年正五位下に進み、同8年長門守に任ぜられ、安永2(1773)年従四位下、同5年従四位上、同8年正四位下に進み、天明2(1782)年文章博士・大内記に任ぜられ、同4年従三位に進む。同5年文章博士を辞す。同8年正三位に進み、寛政元(1789)年勘解由長官に任ぜられ、同3年踏歌外弁となる。文化4(1807)年従二位に進み参議に任ぜられ、同5年にこれを辞す。同7年式部権大輔に任ぜられ、同9年に辞す。同14年権中納言に任ぜられるも辞す。同年正二位に進む。文政2(1819)年忠長と改名。子に為顯がいる。　典：公辞・公補

桑原為顯　くわばら・ためあき

江戸時代の人、権中納言。安永4(1775)年,閏12月11月生～安政2(1855)年9月10日没。81才。

権中納言桑原忠長の子。天明2(1782)年穀倉院の学問料を受ける。同7年元服。文章得業生となる。寛政元(1789)年従五位下に叙され周防権介に任ぜられ、同4年従五位上、同7年正五位下、同10年従四位下に進み大学頭に任ぜられ、享和2(1802)年従四位上、文化2(1805)年正四位下に進む。同4年少納言・侍従に任ぜられ、同5年両官を辞す。同年大内記・文章博士に任ぜられ、同6年東宮学士となる。同8年従三位に進み、同9年式部権大輔に任ぜられ、同12年正三位に進む。同14年文章博士を辞す。文政5(1822)年踏歌外弁となる。同6年式部大輔に任ぜられ、天保4(1833)年に辞す。同5年従二位に進む。同年参議に任ぜられ、同9年に辞す。弘化4(1847)年権中納言に任ぜられ、嘉永元(1848)年正二位に進む。同年権中納言を辞す。子に順長がいる。　典：公辞・公補

桑原順長　くわばら・あやなが

江戸時代の人、正三位非参議。享和3(1803)年9月15日生～慶応元(1865)年8月27日没。63才。

権中納言桑原為顯の子。母は権中納言中園実綱の娘。文化9(1812)年穀倉院学問料を受ける。同年元服。補文章得業生となる。同10年従五位下に叙され、同12年大膳大夫に任ぜられる。同年従五位上、文政元(1818)年正五位下、同4年従四位下、同7年従四位上に進み大学頭に任ぜられ、同10年正四位下に進み、同12年大内記、天保2(1831)年兼文章博士に任ぜられ、同3年従三位、同7年正三位に進む。同13年文章博士を辞す。子に為政がいる。　典：公辞・公補

桑原為政　くわばら・ためまさ

江戸時代の人、非参議。文化12(1815)年6月14日生〜慶応元(1865)年11月28日没。63才。

非参議桑原順長の子というが2人の歳は12才しか離れていないので、権中納言桑原為顯の子と思われる。文政10(1827)年穀倉院学問料を受ける。同年元服。補文章得業生となり従五位下に叙され、天保元(1830)年従五位上に進み伊予権介に任ぜられ、同4年正五位下、同7年従四位下、同10年従四位上に進み、同11年兼東宮学士、同13年大内記に任ぜられ正四位下に進み、弘化元(1844)年少納言、同2年兼侍従・大内記・東宮学士、同4年兼文章博士に任ぜられ、嘉永2(1849)年従三位、安政元(1854)年正三位に進み、同5年に起きた安政の事件(飛鳥井雅典の項参照)に八十八廷臣として連座。文久3(1863)年文章博士を辞す。慶応元(1865)年に父順長を追う様に没す。京都丸太町川端に住む。子に輔長(従五位上・式部権大輔、明治29,6没、51才、明治に華族に列され子爵を授かる)がいる。　典：公辞・公補

○久我家

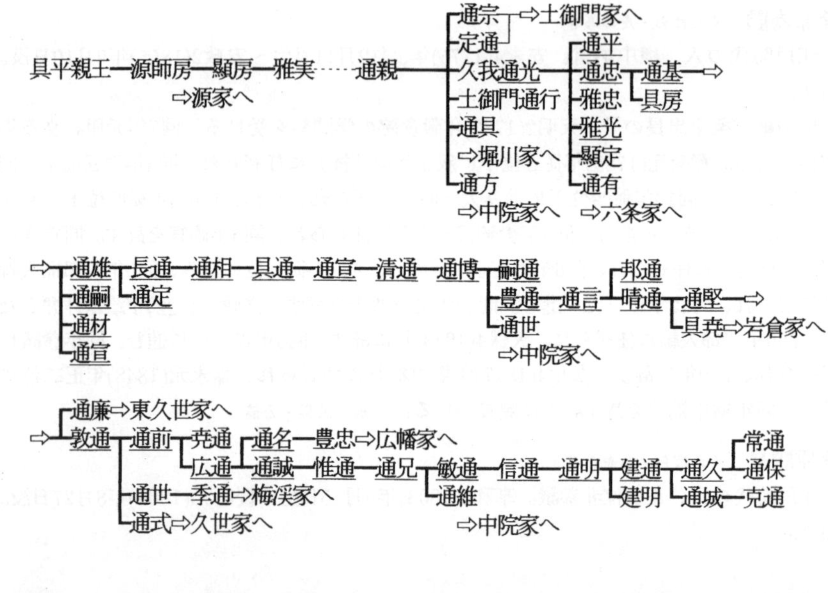

第62代村上天皇の皇子具平親王の子師房が寛仁4(1020)年に源朝臣の姓を賜り、その孫雅実が山城国愛宕郡久我の地に別業を営み、太政大臣に任ぜられて久我太政大臣と呼ばれた。のち雅定・雅通・通親と続くが本姓の源を姓とし、源通親の子通光に至り、はっきりと久我を氏姓とした。久我家からは中院・六条・岩倉・千種・東久世・久世・梅渓などの主流家が分家し、清華家の一つとして摂家に次いで勢力があった。明治に至り華族に列され侯爵を授かる。本姓は源。家紋は竜胆(りんどう)。菩提寺は京都北区紫野の大徳寺内清泉寺。久我家の古文書は国学院大学に保存されている。

典：古文・日名・京四・京都

久我通光　こが・みちみつ

鎌倉時代の人、太政大臣。文治3(1187)年生～宝治2(1248)年1月18日没。62才。号=後太政大臣。久我家の祖。

内大臣源通親の三男。母は非参議藤原範兼の娘従三位則子。兄に土御門通宗・土御門定通、弟に土御門通行・中院通方がいる。文治4(1188)年叙爵。建久元(1190)年加賀守に任ぜられ、同3年従五位上に叙され、同5年侍従に任ぜられ、正治元(1199)年正五位下に進み右少将に任ぜられ、同2年従四位下より従四位上に進み丹波介・兼春宮権亮・右中将に任ぜられ、建仁元(1201)年正四位下より従三位、同2年正三位より従二位に進み尾張権守に任ぜられ、元久元(1204)年権中納言に任ぜられ、同2年正二位に進み兼左衛門督に任ぜられ中納言に任ぜられ、更に承元元(1207)年権大納言に任ぜられる。同2年兼皇后宮大夫に任ぜられ、同3年に辞す。建保6(1218)年大納言に任ぜられる。承久元(1219)年内大臣に任ぜられ、同3年に辞す。寛元4(1246)年従一位に進み太政大臣に任ぜられる。同年相模国に下向。のち上洛。宝治2(1248)年に太政大臣を辞す。子に通平・通忠・雅忠・雅光・六条通有がいる。　典：大日・日名・伝日・公辞・公補

久我通平　こが・みちひら

鎌倉時代の人、非参議。建仁3(1203)年生～嘉禄2(1226)年没。24才。

太政大臣久我通光の長男。母は権大納言藤原宗頼の娘。元久2(1205)年従五位下に叙され、承元2(1208)年侍従に任ぜられ、同4年従五位上より正五位下に進み、建暦2(1212)年遠江介、建保2(1214)年右少将、同3年左中将に任ぜられ従四位に進み、同4年因幡権介に任ぜられ、同5年従四位上、同6年正四位下に進み兼春宮権亮に任ぜられ、承久元(1219)年従三位に進む。同年春宮権亮を辞す。同3年兼越後権守に任ぜられ、貞応元(1222)年正三位に進む。同2年高野に21才で出家。　典：公補

久我通忠　こが・みちただ

鎌倉時代の人、大納言。建保4(1216)年生～建長2(1250)年12月24日没。35才。号=久我右大将。

太政大臣久我通光の次男。母は権中納言藤原範光の娘。兄に通平、弟に雅忠・雅光・顕定・六条通有がいる。承久2(1220)年従五位上に叙され侍従に任ぜられ、嘉禄元(1225)年正五位下に進み右少将に任ぜられ、安貞元(1227)年左中将、同2年兼加賀介に任ぜられ、同3年従四位上に進み、寛喜2(1230)年兼中宮権亮に任ぜられ同年正四位下、同2年従三位

に進み、貞永元(1232)年兼因幡権守に任ぜられ、天福元(1233)年正三位に進み、嘉禎元(1235)年参議に任ぜられ、同2年権中納言に任ぜられるも。3年従二位、暦仁元(1238)年正二位に進み中納言に任ぜられる。延応元(1239)年権大納言に任ぜられるも仁治2(1241)年俄に病気となりこれを辞す。寛元2(1244)年再び権大納言に任ぜられる。宝治元(1247)年右大将に任ぜられ、建長2(1250)年大納言に任ぜられる。子に通基・具房がいる。 典：公辞・公補

久我雅光 こが・まさみつ

鎌倉時代の人、権中納言。嘉禄2(1226)年生～文永4(1267)年6月17日没。42才。

太政大臣久我通光の四男。安貞2(1228)年叙爵。貞永2(1233)年侍従に任ぜられ、嘉禎元(1235)年兼伯耆権介に任ぜられ従五位上に叙され、同2年右少将、同3年兼尾張権介に任ぜられ、同4年正五位下、仁治元(1240)年従四位下に進み、同2年右中将に任ぜられ、同3年従四位上に進み兼伊予権介に任ぜられ、同4年正四位下、寛元元(1243)年従三位に進み、同2年兼肥前権守に任ぜられ、同3年正三位に進み越前権守に任ぜられ、宝治元(1247)年参議に任ぜられる。建長元(1249)年兼備前権守・左兵衛督に任ぜられ権中納言に任ぜられる。同2年備前権守・左兵衛督を辞す。同年従二位に進む。同4年権中納言を辞す。同7年正二位に進む。 典：公補

久我通基 こが・みちもと

鎌倉時代の人、内大臣。仁治元(1240)年生～延慶元(1308)年11月29日没。69才。号＝後久我内大臣。

大納言久我通忠の長男。母は右中将源通時朝臣の娘。弟に具房がいる。左中将に任ぜられ、建長7(1255)年従三位に叙される。正嘉元(1257)年正三位に進み、正元元(1259)年参議に任ぜられる。文応元(1260)年美作権守に任ぜられ権中納言に任ぜられ同年従二位、弘長3(1263)年正二位進み、文永5(1268)年中納言に任ぜられ、同6年権大納言に任ぜられる。弘安元(1278)年右大将に任ぜられ、同8年大納言に任ぜられる。正応元(1288)年内大臣に任ぜられるも辞す。永仁5(1297)年従一位に進む。子に通雄・通嗣・通材・通宣がいる。 典：大日・日名・伝日・公辞・公補

久我具房 こが・ともふさ

鎌倉時代の人、権大納言。暦仁元(1238)年生～正応2(1289)年12月15日没。52才。初名＝雅良。前名＝雅緒。号＝愛宕。

大納言久我通忠の次男。兄に通基がいる。初め雅良と名乗り、寛元元(1243)年叙爵し、同3年侍従に任ぜられる。同年雅緒と改名。同4年従五位上に叙され、建長元(1249)年左少将に任ぜられ、同2年正五位下より従四位下、同3年従四位上に進み、同5年右中将に任ぜられる。同年具房と改名。同6年兼美作権介に任ぜられ、同7年正四位下に進み、正嘉3(1259)年相模権介、文永4(1267)年補蔵人頭に任ぜられ、同5年参議に任ぜられる。同6年従三位に進み備中権守に任ぜられ、同8年正三位に進む。同10年備中権守を辞す。同11年讃岐権守・左大弁・侍従に任ぜられ、建治元(1275)年勘解由長官・造東大寺長官に任ぜられ権中納言に任ぜられる。同2年従二位、弘安3(1280)年正二位に進む。同5年興福寺の

訴えで安芸国に配流され、同6年に許されて上洛し復職。同9年権大納言に任ぜられ、正応元(1288)年に辞す。子に俊通がいる。　典：公補

久我通雄　こが・みちお

鎌倉時代の人、太政大臣。正嘉2(1258)年生～元徳元(1329)年12月11日没。72才。号=中院。

内大臣久我通基の長男。母は権大納言姉小路顕朝の娘。弟に通嗣・通材・通宣がいる。正嘉2(1258)年叙爵。正元元(1259)年侍従に任ぜられ、文応元(1260)年従五位上に叙され、弘長3(1263)年正五位下に進み、文永元(1264)年三河権介、同2年右少将に任ぜられ、同4年従四位下に進み、同5年加賀介、同6年右中将に任ぜられ、同7年従四位上、同8年正四位下に進み、同9年信濃権介に任ぜられ、同11年従三位に進み、建治元(1275)年美作権守に任ぜられ、同3年正三位、弘安元(1278)年従二位に進み、同2年右中将に任ぜられる。同年美作権守を辞す。同6年権中納言に任ぜられる。同7年正二位に進み、正応元(1288)年中納言から権大納言に任ぜられ、同5年に一時辞すも復職し左大将に任ぜられ踏歌内弁となる。永仁5(1297)年左大将を辞す。同年内大臣に任ぜられる。同6年これを辞す。正和2(1313)年従一位に進む。元応元(1319)年太政大臣に任ぜられ、元亨3(1323)年に辞す。子に長通・通定がいる。　典：大日・日名・伝日・公辞・公補

久我通嗣　こが・みちつぐ

鎌倉・南北朝時代の人、権中納言。建治2(1276)年生～文和2(1353.正平8)年2月10日没。78才。

内大臣久我通基の次男。兄に通雄、弟に通材・通宣がいる。弘安3(1280)年叙爵。同6年侍従に任ぜられ従五位上に進み、同7年右少将に任ぜられ、同9年正五位下に進み兼近江介に任ぜられ、同11年従四位下に進み右中将に任ぜられ、正応2(1289)年従四位上、同3年正四位下、同5年従三位に進み参議に任ぜられる。永仁2(1294)年正三位に進み備中権守に任ぜられ、同6年丹波権守に任ぜられ、正安元(1299)年従二位、乾元元(1302)年正二位に進む。同年権中納言に任ぜられ、嘉元元(1303)年に辞す。　典：公補

久我長通　こが・ながみち

鎌倉・南北朝時代の人、太政大臣。弘安3(1280)年生～文和2(1353.正平8)年8月27日没。74才。号=後中院。

太政大臣久我通雄の長男。母は源仲基の娘。弟に通定がいる。弘安9(1286)年叙爵。正応元(1288)年従五位上より正五位下に叙され侍従に任ぜられ、同3年従四位下に進み、同5年左少将に任ぜられ、同6年従四位上に進み左中将に任ぜられ、永仁2(1294)年正四位下に進み信濃介に任ぜられ、同5年従三位、同6年正三位に進み、正安元(1299)年但馬権守に任ぜられ、同3年従二位に進み、乾元元(1302)年参議に任ぜられ更に権中納言に任ぜられる。延慶元(1308)年正二位に進む。同2年中納言より権大納言に任ぜられ、正和2(1313)年に辞す。元亨3(1323)年大納言に任ぜられるも辞す。元徳元(1329)年再び権大納言に任ぜられついで左近大将となる。同2年従一位に進み内大臣に任ぜられる。同年任職を辞す。元弘元(1331)年右大臣に任ぜられ、正慶元(1332.元弘2)年皇太子伝奏となる。同年任

職を辞す。同2年に再び右大臣に任ぜられ、建武元(1334)年に辞す。同年刑部卿に任ぜられ、同4年に辞す。暦応3(1340.興国元)太政大臣に任ぜられる。同4年奨学院別当・氏長者となる。康永元(1342.興国3)年任職を辞す。赤痢にて没す。子に通相がいる。　典：大日・日名・伝日・公辞・公補

久我通材　こが・みちえだ

鎌倉時代の人、非参議。生年不明～正和2(1313)年4月没。

内大臣久我通基の三男。母は太政大臣久我通雄の娘。兄に通雄・通嗣、弟に通宣がいる。文永2(1265)年叙爵。同4年侍従に任ぜられ、同5年従五位上、同8年正五位下、同9年従四位下、弘安2(1279)年従四位上に進み右少将に任ぜられ、同3年加賀介・右中将に任ぜられ、同6年正四位下、正安元(1299)年従三位に進む。同2年左中将に任ぜられ、正和元(1312)年に辞す。　典：公補

久我通定　こが・みちさだ

鎌倉・南北朝時代の人、中納言。応長元(1311)年生～没年不明。

太政大臣久我通雄の次男。兄に長通がいる。正和元(1312)年叙爵。侍従に任ぜられ従五位上に叙される。同2年正五位下、同5年従四位下に進み左中将、文保元(1317)年周防介に任ぜられ、同2年従四位上より正四位、元応元(1319)年従三位に進み皇后宮権亮に任ぜられ、元亨元(1321)年正三位に進み、嘉暦元(1326)年参議に任ぜられる。同2年従二位に進み権中納言に任ぜられる。同3年中納言に任ぜられ、元徳2(1330)年に辞す。建武2(1335)年25才で出家。　典：公補

久我通宣　こが・みちのぶ

鎌倉・南北朝時代の人、非参議。永仁4(1296)年生～文和元(1352.正平7)年2月26日才。57才

内大臣久我通基の四男。兄に通雄・通嗣・通材がいる。永仁7(1299)年叙爵。文保元(1317)年侍従に任ぜられ、元応元(1319)年従五位上、同3年正五位下に進み、元亨2(1322)年右少将に任ぜられ、同4年従四位下に進み、正中2(1325)年加賀介に任ぜられ、嘉暦2(1327)年従四位上に進み、同4年右中将に任ぜられ、元徳元(1329)年正四位下、同2年従三位に進み参議に任ぜられる。元弘元(1331)年これを辞す。正慶2(1333.元弘3)年正三位に進む。典：公補

久我通相　こが・みちすけ

鎌倉・南北朝時代の人、太政大臣。嘉暦元(1326)年生～応安4(1371.建徳2)年7月14日没。46才。号＝千種太政大臣。

太政大臣久我長通の子。嘉暦4(1329)年従五位下に叙され侍従に任ぜられ、元徳2(1330)年従五位上より正五位下、同3年従四位下、元弘元(1331)年左少将に任ぜられ、正慶元(1332)年従四位上に進み加賀権介・右近中将に任ぜられられる。元弘3(1333)年従四位下に落とされる。同年左中将に任ぜられ再び従四位上に進み、更に中宮権亮、同4年信濃権介に任ぜられ、建武元(1334)年正四位下に進む。同2年中宮権亮を辞す。同3年春宮権亮

に任ぜられ、同4年従三位に進み、暦応2(1339.延元4)年兼陸奥権守に任ぜられ、同3年権中納言に任ぜられる。康永元(1342.興国3)年正三位、貞和2(1346.正平元)従二位に進み、同3年権大納言に任ぜられる。文和3(1354.正平9)年右大将に任ぜられ氏長者・奨学淳和両院別当となり、同4年正二位に進み、延文元(1356.正平11)年内大臣に任ぜられる。同4年両別当を辞し、同5年任職を辞す。貞治元(1362.正平17)年右大臣に任ぜられ、同2年従一位に進み踏歌内弁となる。同5年太政大臣に任ぜられ、応安元(1368.正平23)年これを辞す。子に具通がいる。　典：大日・日名・伝日・公辞・公補

久我具通　こが・ともみち

南北朝時代の人、太政大臣。康永元(1341.興国3)年生～応永4(1397)年3月16日没。56才。号=久世入道・久世太政大臣。法名=紹侃。

太政大臣久我通相の子。母は権大納言葉室長隆の娘。康永3(1344)年叙爵し侍従に任ぜられ、同4年従五位上、貞和3(1347)年正五位下、同4年従四位下に進み左少将、観応元(1350)年兼出羽介に任ぜられ、文和2(1353)年従四位上、同3年正四位下に進む。同4年出羽介を辞す。同年右中将に任ぜられ、延文元(1356.正平11)年従三位に進み補淳和院別当となる。同3年信濃権守に任ぜられ、同5年権中納言に任ぜられる。貞治元(1362.正平17)年正三位、同3年従三位に進み、同4年権大納言に任ぜられ、同5年踏歌内弁となる。応安3(1370.建徳元)正二位に進み、同6年淳和院別当となる。至徳元(1384.元中元)右大将に任ぜられ、嘉慶2(1388.元中5)年右大臣に任ぜられる。康応元(1389.元中6)年右大将を辞す。明徳2(1391.元中8)年従一位に進む。応永元(1394)年大臣を辞す。同2年太政大臣に任ぜられるも、同3年に辞す。55才で出家。詠歌は「新後拾遺集」「新続古今集」にある。子に通宣がいる。　典：大日・日名・伝日・公辞・公補

久我通宣　こが・みちのぶ

南北朝・室町時代の人、権大納言。応安6(1373.文中2)年生～永享5(1433)年8月15日没。61才。法名=道英。

太政大臣久我具通の子。左中将に任ぜられ、嘉慶元(1387.元中4)年従三位に叙され、明徳2(1391.元中8)年陸奥権守に任ぜられ、同4年権中納言に任ぜられる。応永3(1396)年正三位に進み権大納言に任ぜられ淳和院別当となる。同5年従二位に進む。同6年権大納言を辞す。同10年に再び権大納言に任ぜられ、同11年正二位に進む。同22年再び権大納言を辞す。同26年47才で出家。子に清通がいる。　典：公辞・公補

久我清通　こが・きよみち

室町時代の人、太政大臣。明徳4(1393)年生～享徳2(1453)年9月5日没。61才。号=後久世。

権大納言久我通宣の子。右中将に任ぜられ、応永20(1413)年従三位に叙され、同21年兼尾張権守に任ぜられ、同25年権中納言に任ぜられる。同26年正三位、同27年従二位に進み、同28年権大納言に任ぜられる。同32年正二位に進み右大将に任ぜられ、正長元(1428)年奨学淳和両院別当となる。永享元(1429)年左大将に任ぜられたが辞す。同年内大臣に任ぜられる。同4年内大臣を辞す。嘉吉元(1441)年氏長者・奨学院別当となる。同2年従

一位に進む。享徳元(1452)年太政大臣に任ぜられ、同2年に辞す。子に通博がいる。 典：大日・公辞・公補

久我通博 こが・みちひろ

室町時代の人、太政大臣。応永15(1408)年生～文明14(1482)年10月7日没。75才。初名=通行。前名=通尚。号=東久世太政大臣。

太政大臣久我清通の子。初め通尚と名乗る。永享4(1432)年加賀権介に任ぜられ、のち従四位上に叙され右中将に任ぜられ、嘉吉2(1442)年従三位に進み、同3年兼尾張権守、文安元(1444)年権中納言に任ぜられる。同3年正三位に進み、同5年権大納言に任ぜられる。宝徳3(1451)年従二位、享徳3(1454)年正二位に進み、寛正2(1461)年右大将に任ぜられ内大臣に任ぜられる。同4年右大将を辞す。同5年右大臣に任ぜられ、文正元(1466)年従一位に進む。同年右大臣を辞す。文明5(1473)年通博と改名。同13年太政大臣に任ぜられるも翌年に没す。子に嗣通・豊通・中院通世がいる。 典：大日・日名・伝日・公辞・公補

久我嗣通 こが・つぐみち

室町時代の人、権中納言。生年不明～文正元(1466)年7月19日没。

太政大臣久我通博の長男。母は非参議薄以盛の娘。弟に豊通・中院通世がいる。宝徳2(1450)年叙爵。同3年従五位下に叙され侍従、長禄3(1459)年石見権介、のち右少将より右中将に任ぜられ同年従四位下、寛正3(1462)年従三位に進み、同4年信濃権守、同6年権中納言に任ぜられる。自殺したという。 典：公補

久我豊通 こが・とよみち

室町時代の人、右大臣。長禄3(1459)年生～天文5(1536)年6月3日没。78才。法名=等蓮。道号=玉峯。号=志禅院入道・志禅院右大臣。

太政大臣久我通博の次男。母は非参議薄以盛の娘。兄に嗣通、弟に中院通世がいる。右中将に任ぜられ、文明8(1476)年従三位に進み、同9年権中納言に任ぜられる。同13年正三位に進み、同17年権大納言に任ぜられる。延徳3(1491)年左近大将に任ぜられたが辞す。明応2(1493)年正二位に進み、同6年内大臣に任ぜられる。同8年右大臣に任ぜられるも、同9年に辞す。文亀元(1501)年従一位に進む。大永6(1526)年68才で出家。子に通言がいる。 典：大日・日名・伝日・公辞・公補

久我通言 こが・みちのぶ

室町時代の人、右大臣。長享元(1487)年生～天文12(1543)年2月没。57才。法名=大悦。道号=柏仲。号=陽春院右大臣・陽春院入道。

右大臣久我豊通の子。長享3(1489)年叙爵。延徳3(1491)年侍従に任ぜられ、同4年従五位上に叙され、明応元(1492)年正五位下に進み、同2年左少将に任ぜられ、同3年従四位下に進み、同4年右中将に任ぜられ、同8年従四位上、文亀元(1501)年正四位下、同2年従三位に進み、永正3(1506)年権中納言に任ぜられる。同5年正三位に進み、同11年権大納言に任ぜられる。同12年従二位、同14年正二位に進み、大永元(1521)年右大将に任ぜられ、同3年内大臣に任ぜられる。同4年右大将を辞す。享禄元(1528)年右大臣に任ぜられ

る。天文4(1535)年従一位に進む。同5年に父豊通が没し、悲観したのか50才で出家。子に邦通、養子相続に晴通がいる。　典：大日・日名・伝日・公辞・公補

久我邦通　こが・くにみち

室町時代の人、権大納言。永正4(1507)年生〜享禄4(1531)年6月8日没。25才。

右大臣久我通言の長男。母は太政大臣徳大寺実淳の娘。義弟に晴通がいる。永正6(1509)年叙爵。同7年侍従に任ぜられ、同12年従五位上に叙され、同13年左少将に任ぜられ同年正五位下、同15年従四位下、同17年従四位上に進み左中将に任ぜられ、大永元(1521)年正四位下、同2年従三位に進み兼尾張権守に任ぜられ、同3年権中納言に任ぜられる。同4年正三位に進み、享禄元(1528)年権大納言に任ぜられる。　典：公補

久我晴通　こが・はれみち

室町時代の人、権大納言。永正16(1519)年生〜天正3(1575)年没。57才。法名=宗元。

関白・太政大臣近衛尚通の次男。権大納言久我邦通が没したので、右大臣久我通言と関白・太政大臣近衛稙家の娘の養子となる。天文2(1533)年叙爵。同年元服。侍従に任ぜられ、同3年正五位下より従四位下に進み右少将に任ぜられ、同4年従四位上より正四位下に進み右中将に任ぜられ、同5年従三位に進み権中納言に任ぜられ氏長者・奨学院別当となる。同7年正三位、同9年従二位に進み、同12年権大納言に任ぜられる。同13年正二位に進み、同14年淳和奨学院別当となる。同22年右大将に任ぜられる。35才で突然出家。子に通堅・岩倉具尭がいる。　典：公辞・公補

久我通堅　こが・みちかた

室町時代の人、権大納言。天文10(1541)年生〜天正3(1575)年4月6日没。35才。初名=通興。前名=通俊。号=光雲院。

権大納言久我晴通の長男。母は従三位大膳大夫源信光の娘。弟に岩倉具尭がいる。初め通興と名乗る。天文11(1542)年従五位下に叙され侍従に任ぜられ、同12年従五位上、同13年正五位下に進み兼備前権介に任ぜられ、同14年従四位下、同15年従四位上、同16年正四位下に進み左中将に任ぜられ、同19年従三位に進み、同20年兼備前権守に任ぜられ、同21年正三位、弘治元(1555)年従二位に進み権中納言に任ぜられ、同2年氏長者となり、同3年権大納言に任ぜられる。永禄元(1558)年右大将に任ぜられ、同3年正二位に進む。同8年通俊と改名。同年従二位に落位。同11年勅勘を被り解官される。元亀元(1570)年通堅と改名。和泉国堺にて没す。子に敦通・東久世通廉がいる。　典：公辞・公補

久我敦通　こが・あつみち

安土桃山・江戸時代の人、権大納言。永禄8(1565)年生〜没年不明。初名=吉通。前名=季通。一字名=橘。号=円徳院。

権大納言久我通堅の長男。弟に東久世通廉がいる。初め吉通と名乗り、永禄9(1566)年叙爵。同12年従五位上、天正2(1574)年正五位下に進み侍従に任ぜられ、同3年従四位下に進み元服。左少将に任ぜられる。同年季通と改名。同4年従四位上より正四位下に進み、同5年右中将に任ぜられ、同6年従三位に進み、同7年権中納言に任ぜられる。同8年正三位に進み、同10年権大納言に任ぜられ、同11年従二位に進む。同13年敦通と改名。

同15年正二位に進み、文禄4(1595)年より武家伝奏となる。慶長4(1599)年35才の時勅勘を被り出奔。子に通前・通世(初名=具家、従四位下・左中将、慶長4年に父と共に勅勘を被る)・久世通式がいる。　典：公辞・公補

久我通前　こが・みちまえ

江戸時代の人、権中納言。天正19(1591)年10月14日生～寛永12(1635)年10月24日没。45才。号=久我中納言。

権大納言久我敦通の長男。弟に通世・久世通式がいる。元和元(1615)年叙爵。同年元服。侍従に任ぜられ、同2年従五位上に叙され右近少将に任ぜられ、同3年正五位下、同5年従四位下に進み、同6年左中将に任ぜられ従四位上に進み、寛永元(1624)年兼中宮権亮に任ぜられ、同3年正四位下、同4年従三位に進む。同6年中宮権亮を辞す。同7年権中納言に任ぜられる。同8年正三位に進む。子に尭通(従四位下・左中将、寛永19,2,18没、36才)・広通がいる。　典：公辞・公補

久我広通　こが・ひろみち

江戸時代の人、内大臣。寛永3(1626)年4月5日生～延宝2(1674)年4月13日没。49才。号=妙雲院。

権中納言久我通前の次男。母は侍従源秀治の娘。兄に尭通がいる。寛永4(1627)年叙爵。同7年従五位上、同16年正五位下に進み侍従に任ぜられ、同17年元服。従四位下に進み左少将に任ぜられ、同18年従四位上より正四位下に進み右中将に任ぜられ、同19年従三位に進み、正保2(1645)年踏歌外弁となる。同3年権中納言に任ぜられ、同4年正三位、承応3(1654)年従二位より正二位に進み、明暦元(1655)年権大納言に任ぜられる。同3年右大将に任ぜられ神宮伝奏・踏歌内弁となる。万治元(1658)年神宮伝奏を辞す。寛文元(1661)年右大将を辞す。同年内大臣に任ぜられ、同3年に辞す。寛永元(1624)年生の説あり。子に通名・通誠がいる。　典：大日・日名・伝日・公辞・公補

久我通名　こが・みちめい

江戸時代の人、権中納言。正保4(1647)年生～享保8(1723)年8月27日没。77才。法名=静斎。

内大臣久我広通の長男。弟に通誠がいる。明暦3(1657)年叙爵。万治2(1659)年従五位上に叙され、同3年侍従に任ぜられ、同4年正五位下、寛文2(1662)年従四位下に進む。同年元服。同3年従四位上に進み左中将に任ぜられ、同4年正四位下、同5年従三位に進み、同6年踏歌外弁となる。同年権中納言に任ぜられ、寛文10(1670)年これを辞す。延宝元(1673)年27才で落餝。子に広幡豊忠がいる。　典：公辞・公補

久我通誠　こが・みちとも

江戸時代の人、内大臣。万治3(1660)年1月27日生～享保4(1719)年7月7日没。60才。初名=時通。元名=通縁。前名=通規。号=得自性寺。

内大臣久我広通の次男。母は兵部卿清親親王の娘。兄に通名がいる。初め時通と名乗る。寛文3(1663)年叙爵。同5年従五位上、同6年正五位下、同7年従四位下に進み侍従に

任ぜられ、同10年従四位上に進み、同12年元服。正四位下に進み左中将に任ぜられる。同13年通縁と改名。延宝3(1675)年従三位に進み、同5年踏歌外弁となる。同6年通規と改名。同8年正三位に進み権中納言に任ぜられる。天和元(1681)年従二位に進む。貞享元(1684)年通誠と改名、権大納言に任ぜられる。同2年神宮伝奏となる。元禄2(1689)年踏歌節会続内弁となる。同6年神宮伝奏を辞す。同7年正二位に進み、宝永5(1708)年中宮大夫・右大将に任ぜられる。同6年内大臣に任ぜられ、正徳元(1711)年に辞す。同年従一位に進む。子に惟通がいる。　典：大日・日名・伝日・公辞・公補

久我惟通　こが・これみち

江戸時代の人、右大臣。貞享4(1687)年10月30日生～寛延元(1748)年9月29日没。62才。初名=輔通。号=後志禅院。

内大臣久我通誠の子。母は権大納言千種有維の娘。初め輔通と名乗る。元禄6(1693)年叙爵。同8年従五位上、同10年正五位下に進み侍従に任ぜられ、同11年従四位下に進む。同年元服し左少将に任ぜられ、同12年左中将に任ぜられ、同13年従四位上、同14年正四位下、同15年従三位、宝永2(1705)年正三位に進み権中納言に任ぜられる。同3年踏歌節会外弁となる。同5年惟通と改名。同6年従二位に進む。正徳元(1711)年神宮伝奏となるも辞す。同4年権大納言に任ぜられる。享保6(1721)年正二位に進み、同12年右大将・右馬寮御監に任ぜられる。同15年右大将を辞す。同年内大臣に任ぜられ、元文元(1736)年これを辞す。寛保3(1743)年従一位に進む。延享2(1745)年右大臣に任ぜられるも辞す。子に通兄がいる。　典：大日・日名・公辞・公補

久我通兄　こが・みちえ

江戸時代の人、右大臣。宝永6(1709)年11月4日生～宝暦11(1761)年5月19日没。53才。号=含華光院。

右大臣久我惟通の子。母は肥後少将綱利朝臣の娘。享保3(1718)年叙爵。同5年従五位上より正五位下、同6年従四位下に進み侍従に任ぜられ、同7年元服。従四位上に進み、同8年正四位下に進み左中将に任ぜられ、同9年従三位に進み、同12年権中納言に任ぜられる。同13年正三位に進み、同16年権大納言に任ぜられる。同17年従二位に進み踏歌節会外弁となる。寛保元(1741)年より武家伝奏となる。延享元(1744)年正二位に進む。寛延3(1750)年武家伝奏を辞す。同年右大将・右馬寮御監に任ぜられる。ついで内大臣に任ぜられるも辞す。宝暦4(1754)年従一位に進み右大臣に任ぜられ、同5年に辞す。竹内式部の垂加神道を子と共に学ぶ。子に敏通・中院通維がいる。　典：大日・日名・伝日・公辞・公補

久我敏通　こが・としみち

江戸時代の人、権大納言。享保20(1735)年1月27日生～宝暦6(1756)年2月25日没。22才。初名=俊通。

右大臣久我通兄の子。弟に中院通維がいる。初め俊通と名乗る。元文2(1737)年叙爵。同4年従五位上、寛保2(1742)年正五位下、同3年従四位下に進み、同4年侍従に任ぜられ、延享2(1745)年従四位上に進む。同年元服し左少将に任ぜられ、同3年左中将に任ぜられ、同4年正四位下、寛延元(1748)年従三位に進み、同3年権中納言に任ぜられる。宝暦元(1751)

年敏通と改名。同2年正三位に進み踏歌節会外弁となる。同3年権大納言に任ぜられる。竹内式部の垂加神道を父と共に学ぶ。同6年権大納言を辞す。明治24年に正二位を贈られる。養子に信通(広幡家より)がいる。　典：大日・日名・伝日・公辞・公補

久我信通　こが・のぶみち

江戸時代の人、内大臣。延享元(1744)年9月6日生～寛政7(1795)年9月13日没。52才。号=惟古念院。

権大納言広幡長忠の次男。宝暦6(1756)年権大納言久我敏通の養子となる。同年叙爵。同7年従五位上、同8年正五位下に進み侍従に任ぜられ、同9年従四位下より従四位上に進む。同年元服し左権少将に任ぜられ、同11年正四位下に進み左権中将に任ぜられ、同13年従三位、明和元(1764)年正三位に進み踏歌外弁となる。同4年権中納言に任ぜられる。同5年従二位に進む。兼春宮権大夫に任ぜられ、同7年に辞す。同8年権大納言に任ぜられる。安永2(1773)年正二位に進み、同4年院執権となる。同5年武家伝奏となる。寛政元(1789)年右大将・右馬寮御監に任ぜられる。同3年武家伝奏を辞す。同年内大臣に任ぜられる。同4年任職を辞す。同年典仁親王の尊号について幕府の同意を受ける為、勅使として中山愛親・正親町公明らと共に江戸に下向。養子通明(中院家より)がいる。　典：大日・日名・伝日・公辞・公補

久我通明　こが・みちあき

江戸時代の人、内大臣。安永9(1780)年1月16日生～安政2(1855)年12月2日没。76才。

中院通惟朝臣の子。天明5(1785)年内大臣久我信通と関白一条道香の娘の養子となる。従五位下に叙される。同6年従五位上、同7年正五位下に進み侍従に任ぜられ、同8年従四位下、寛政元(1789)年従四位上、同2年正四位下に進む。同年元服。同5年左権少将、同6年左権中将に任ぜられ従三位に進み、同8年右中将に任ぜられ、同9年正三位、同12年従二位に進み踏歌外弁となる。享和元(1801)年権中納言に任ぜられる。同3年正二位に進み、文化7(1810)年権大納言に進む。文政7(1824)年内大臣・右大将・右馬寮御監に任ぜられるも任職を辞す。同8年従一位に進む。子に建通がいる。　典：公辞・公補

久我建通　こが・たけみち

江戸・明治時代の人、内大臣。文化12(1815)年2月1日生～明治36(1903)年9月28日没。89才。号=素堂・素道。雅号=既酔。

内大臣久我通明の次男。母は肥後侍従治年朝臣の娘。左大臣一条忠香の子といわれる。兄に建明がいる。文政5(1822)年従五位下より従五位上に叙され侍従に任ぜられ、同6年正五位下、同7年従四位下より従四位上、同8年正四位下に進む。同年元服し左権少将に任ぜられ、同9年左権中将に任ぜられ従三位に進み、同10年正三位に進み、同12年踏歌外弁となる。天保3(1832)年従二位に進み権中納言に任ぜられる。同5年正二位に進む。同11年兼春宮権大夫に任ぜられ、弘化3(1846)年に辞す。嘉永元(1848)年権大納言に任ぜられる。同4年踏歌続内弁となる。安政5(1858)年右大将・右馬寮御監に任ぜられ、文久2(1862)年内大臣に任ぜられるも、和宮の降嫁の件で怨みをかい勅勘を被り任職を辞し48才で落飾し蟄居。慶応3(1867)年に許され復職。明治に至り賀茂神社・松尾神社の大宮司、

貴船神社の宮司、宮内省の宸翰御用掛・文学御用掛に任ぜられ、従一位勲一等に叙される。維新の勤王家で、千種有功の門に学び、和歌・絵画をよくした。京都では今出川烏丸東に住む。家料は七百石。墓所は京都大覚寺の清泉寺。子に通久・通城がいる。　典：幕末・明治・大日・日名・伝日・公辞・京都・公補

久我通久　こが・みちつね

内大臣久我建通の長男。母は関白太政大臣鷹司政通の娘。嘉永元(1848)年従五位下、同2年従五位上、同3年正五位下、同4年従四位下、同5年従四位上に進み侍従に任ぜられ、同6年正四位下に進む。安政元(1854)年元服。左権少将に任ぜられ、同2年の御遷幸に左少将朝臣として随身八人・舎人二人・小舎人童一人・傘一人・呉床持二人を供に参加。同4年右権中将に任ぜられ、同5年従三位、同6年正三位に進み、万延元(1860)年踏歌外弁となる。慶応3(1867)年権中納言に任ぜられ、明治元(1868)年権大納言に任ぜられる。明治の新政府では参与・大和国鎮撫惣督となり東北遊撃軍将として軍功をたてる。元老院議官など歴任し華族に列され侯爵を授かる。宮中顧問官・東京府知事など歴任する。和歌・書道・謡曲・歌詞など堪能であった。子に常通・通保がいる。

典：幕末・明治・大日・日名・公辞・遷幸・公補

○五条家

〈菅原系〉

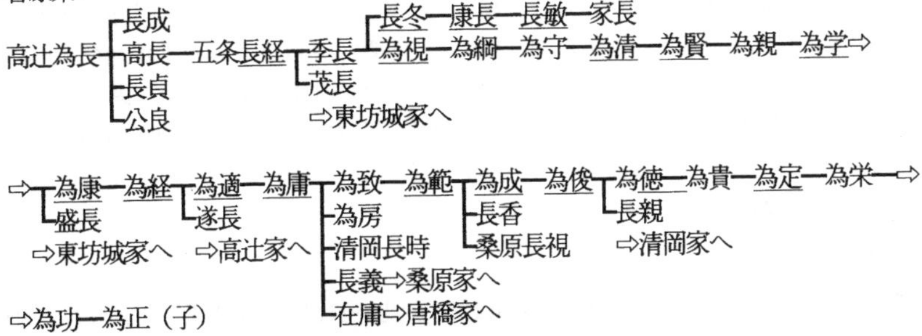

菅原家の支流。高辻為長の子高長が五条と称したので、高長の子長経が五条を氏姓とした。代々文章博士・大学頭を任ぜられ、江戸時代には相撲の司家を勤める。東坊城・清岡・桑原家が分家している。明治に至り華族に列され子爵を授かる。本姓は菅原。家紋は松。菩提寺は京都上京区の浄福寺。

典：京都・京四

五条長経　ごじょう・ながつね

鎌倉時代の人、参議。仁治3(1242)年生～正和4(1315)年2月28日没。74才。五条家の祖。

父式部大輔高辻高長が五条と称したので、五条を氏姓とした。康元2(1256)年文章得業生となる。正嘉2(1258)年兼因幡大掾・式部少丞に任ぜられ叙爵。正元2(1259)年上総介に任ぜられ、弘長四(1264)年従五位上より正五位下に進む。同年上総介を辞す。弘安元(1278)年従四位下、同4年従四位上に進む。同9年刑部卿に任ぜられ、同10年これを辞

す。同11年正四位下、正応3(1290)年従三位、永仁2(1294)年正三位、同5年従二位、延慶2(1309)年正二位に進む。応長元(1311)年参議に任ぜられるも辞す。子に季長・東坊城茂長がいる。　典：公辞・公補

五条季長　ごじょう・すえなが

鎌倉時代の人、非参議。文永2(1265)年生～正和2(1313)年3月2日没。49才。

参議五条長経の長男。母は河野辺入道の娘。弟に東坊城茂長がいる。弘安4(1281)年従五位下に叙される。同9年宮内少輔に任ぜられ、同11年従五位上に進む。正応2(1289)年大内記に任ぜられたが辞す。同3年正五位下に進み少納言に任ぜられ、同4年兼紀伊権守に任ぜられる。同5年少納言を辞す。同6年従四位下、永仁3(1295)年従四位上に進む。修理権大夫に任ぜられ、同3年に辞す。同6年宮内卿に任ぜられ、同7年に辞す。正安元(1299)年正四位下、嘉元3(1305)年従三位に進むも止官となる。延慶元(1308)年許されて再び従三位に叙される。同3年正三位に進む。同年大蔵卿に任ぜられ、応長元(1311)年に辞す。正和元(1312)年従二位に進む。子に長冬・為視がいる。　典：公辞・公補

五条長冬　ごじょう・ながふゆ

鎌倉時代の人、非参議。生年不明～暦応2(1339.延元4)年12月23日没。初名=長能。

非参議五条季長の長男。弟に為視がいる。初め長能と名乗る。永仁3(1295)年文章生となり左近将監に任ぜられ、同4年従五位下に叙される。同年長冬と改名。宮内少輔に任ぜられ、正安2(1300)年従五位上に進み、嘉元元(1303)年少納言、同2年安芸権守に任ぜられ、同4年正五位下に進む。同年少納言を辞す。延慶2(1309)年従四位下に進む。同4年右馬頭に任ぜられ、応長元(1311)年これを辞す。正和元(1312)年従四位上に進み、同3年左京大夫に任ぜられ、同4年正四位下に進む。同年左京大夫を辞す。元徳2(1330)年従三位に進む。正慶元(1332.元弘2)年修理大夫に任ぜられ、同2年に辞す。暦応元(1338.延元3)年正三位に進む。子に康長がいる。　典：公補

五条為視　ごじょう・ためよし

鎌倉・南北朝時代の人、非参議。正応4(1291)年生～貞治元(1362.正平17)年7月29日没。72才。

非参議五条季長の次男。兄に長冬がいる。乾元2(1303)年文章生となる。嘉元2(1304)年内蔵人・式部少丞に任ぜられ、徳治2(1307)年従五位下に進み蔵人・紀伊権守、延慶元(1308)年兵部権少輔に任ぜられ、同3年従五位上、応長2(1311)年正五位下に進み、同4年右兵衛権佐に任ぜられ、同5年従四位下に進む。同年右兵衛権佐を辞す。元亨4(1324)年従四位上、元弘2(1332)年正四位下、建武4(1337)年正四位下に進む。暦応3(1340)年弾正大弼に任ぜられるも辞す。康永2(1343.興国4)年従三位、文和2(1353.正平8)年正三位、延文3(1358.正平13)年従二位に進む。子に為綱(従三位・宮内卿、子は為守)がいる。　典：公辞・公補

五条康長　ごじょう・やすなが

鎌倉・南北朝時代の人、非参議。生年不明～貞治5(1366.正平21)年6月9日没。

非参議五条長冬の子。正和3(1314)年文章生となる。同5年叙爵。文保2(1318)年従五位上に叙され、正中2(1325)年安芸守に任ぜられ、同3年正五位下に進み少納言に任ぜられ、嘉暦3(1328)年中宮少進より権大進に任ぜられ、元徳2(1330)年従四位下、建武5(1338)年従四位上に進む。暦応4(1341)年宮内卿に任ぜられ、康永元(1342)年に辞す。貞和2(1346)年正四位下、文和3(1354.正平9)年従三位に進む。延文元(1356.正平11)年治部卿に任ぜられ、康安元(1361.正平16)年に辞す。貞治元(1362.正平17)年正三位、同5年従二位に進む。子に長敏がいる。　典：公補

五条長敏　ごじょう・ながとし

南北朝・室町時代の人、参議。貞和2(1346.正平元)生～応永31(1424)年12月11日没。79才。

非参議五条康長の子。治部卿に任是られ、のちこれを辞し、応永10(1403)年従三位に叙される。同13年勘解由長官に任ぜられ、同16年正三位、同18年従二位に進む。同19年勘解由長官を辞す。同年兵部卿に任ぜられ、同23年これを辞す。同年式部権大輔に任ぜられ、同24年兼豊前権守に任ぜられ、同25年参議に任ぜられる。同26年任職を辞す。同30年式部大輔に任ぜられる。子に家長がいる。　典：公補

五条為清　ごじょう・ためきよ

室町時代の人、参議。生年不明～嘉吉2(1442)年10月29日没。

非参議五条為視の曾孫。非参議五条為綱の孫。大学頭・式部少輔五条為守朝臣の子。永享9(1437)年従三位に叙され大蔵卿に任ぜられ、同11年兼越後権守に任ぜられる。嘉吉元(1441)年大蔵卿を辞す。同年左大弁に任ぜられ、同2年正三位に進み参議に任ぜられる。子に為賢がいる。　典：公辞・公補

五条為賢　ごじょう・ためかた

室町時代の人、参議。生年不明～長禄2(1458)年8月15日没。

参議五条為清の子。康正元(1455)年従三位に叙される。同2年参議に任ぜられる。長禄元(1457)年兼土佐権守に任ぜられる。同2年参議を辞す。同年権中納言に任ぜられる。子に為親(従四位上・蔵人、子は為学)がいる。　典：公辞・公補

五条為学　ごじょう・ためたか

室町時代の人、権大納言。文明4(1472)年生～天文12(1543)年6月30日没。72才。小字=文地丸。

参議五条為賢の孫。蔵人五条為親朝臣の子。文明16(1484)年学問料を受ける。長享3(1489)年叙爵し侍従に任ぜられ、延徳3(1491)年兵衛佐に任ぜられ従五位上に叙される。明応3(1494)年正四位下、同5年少納言に任ぜられ、同8年従四位下に進み大内記、文亀元(1501)年文章博士に任ぜられ、同2年従四位上、永正2(1504)年正四位下、同11年従三位に進み、同13年参議に任ぜられる。同15年正三位に進み、大永元(1521)年兼大学頭に任ぜられ博士を辞す。同2年兼山城権守に任ぜられ、同3年従二位に進む。同6年参議を辞す。同7年権中納言に任ぜられ、享禄元(1528)年正二位に進み、同3年氏長者となる。天

文8(1539)年権中納言を辞す。同10年権大納言に任ぜられるも辞す。没後に大納言を贈られる。子に為康・東坊城盛長がいる。　典：大日・日名・公辞・公補

五条為康　ごじょう・ためやす

室町時代の人、権中納言。文亀元(1501)年生～永禄6(1563)年10月22日没。63才。

権大納言五条為学の子。弟に東坊城盛長がいる。永正9(1512)年灯燭料を受けて学生となり、同11年諸道得業生となる。同18年従五位下に叙され少納言・侍従・文章博士・大内記に任ぜられ、大永2(1522)年因幡介に任ぜられ、同3年従五位上、同6年正五位下、享禄2(1529)年従四位下より従四位上に進む。同年大内記を辞す。天文4(1535)年正四位下に進み、同7年兼紀伊権守に再び大内記に任ぜられ、同9年従三位に進み式部大輔に任ぜられる。丹州に在国。同10年兼長門権守に任ぜられ、同15年参議に任ぜられる。同16年正三位に進み兼山城権守に任ぜられ、同20年従二位に進み、同21年権中納言に任ぜられる。同23年氏長者となる。弘治元(1555)年兵部卿に任ぜられ、同2年正二位に進む。永禄4(1561)年補闕し止職となる。没後の天正14年に権大納言を贈られる。子に為経がいる。
典：大日・日名・公辞・公補

五条為経　ごじょう・ためつね

室町・安土桃山・江戸時代の人、権中納言。天文21(1552)年生～元和元(1615)年7月23日没。64才。初名=貞長。前名=為良。

権中納言五条為康の子。初め貞名と名乗る。一時高辻長雅の養子となるも、実家の五条に戻る。為良と改名。天文23(1554)年穀倉院の学問料を受け文章得業生となる。天正3(1575)年大内記に任ぜられる。同4年叙爵。侍従に任ぜられ、同6年従五位上に叙され、同8年文章博士に任ぜられ、同9年正五位下、同10年従四位下、同12年従四位上に進み少納言に任ぜられ、同15年正四位下に進む。文禄3(1594)年為経と改名。慶長10(1605)年従三位に進み、同12年参議に任ぜられる。同16年兼式部大輔に任ぜられ、同17年権中納言に任ぜられる。同18年正三位に進み、元和元(1615)年に踏歌外弁となる。没後の元和7年に権大納言を贈られる。子に為適・高辻遂長がいる。　典：公辞・公補

五条為適　ごじょう・ためゆく

江戸時代の人、権中納言。慶長2(1597)年4月22日生～承応元(1652)年2月24日没。56才。

権中納言五条為経の子。母は伊勢国高田専修寺大僧正尭恵の娘。弟に高辻遂長がいる。慶長10(1605)年穀倉院の学問料を受ける。同16年元服。文章得業生となり従五位下に叙される。同18年侍従に任ぜられ従五位上に進み、同19年少納言・文章博士に任ぜられ、元和2(1616)年正五位下、寛永2(1625)年従四位上、同5年正四位下に進み大内記に任ぜられ、同9年従三位に進む。同年大蔵卿に任ぜられ、同16年に辞す。同年正三位に進み参議に任ぜられる。同17年文章博士を辞し、同20年参議を辞す。正保4(1647)年従二位に進み、慶安元(1648)年権中納言に任ぜられる。同2年踏歌外弁となる。没後の延宝2(1674)年に大納言を贈られる。子に為庸がいる。　典：公辞・公補

五条為庸　ごじょう・ためのぶ

江戸時代の人、権大納言。元和5(1619)年6月23日生～延宝5(1677)年11月2日没。59才。

権中納言五条為適の子。母は掃部助福島孝治の娘。寛永4(1627)年穀倉院の学問料を受ける。同8年元服。従五位下に叙され文章得業生となり侍従に任ぜられ、同10年従五位上、同14年正五位下に進み、同17年文章博士に任ぜられ、同18年従四位下に進み少納言・大内記に任ぜられる。同年文章博士を辞す。同21年従四位上、慶安元(1648)年正四位下、承応3(1654)年従三位に進み式部権大輔、明暦元(1655)年兼大学頭に任ぜられ、万治元(1658)年正三位に進み、同2年参議に任ぜられ踏歌外弁となる。寛文3(1664)年式部権大輔を辞す。同6年従二位に進み権中納言に任ぜられる。延宝元(1673)年正二位に進む。同2年権中納言を辞す。同4年権大納言に任ぜられる。子に為致(従四位下・式部大輔・大学頭・少納言、享保4,8,4没、71才、子は為範)・為房(従五位上・侍従・文章博士、元禄2,11,24没、18才)・清岡長時・桑原長義・唐橋在庸がいる。　典：公辞・公補

五条為範　ごじょう・ためのり

江戸時代の人、権大納言。元禄元(1688)年8月29日生～宝暦4(1754)年,閏2月21月没。67才。法名=芳山文清。

権大納言五条為庸の孫。式部大輔・大学頭・少納言五条為致朝臣の子。元禄9(1696)年穀倉院の学問料を受ける。同14年元服。文章得業生となる。同15年従五位下に叙され侍従に任ぜられ、宝永元(1704)年従五位上、同3年正五位下、同5年従四位下、正徳3(1713)年従四位下に進み兼文章博士・少納言に任ぜられ、同5年正四位下に進み兼大内記に任ぜられ、享保4(1719)年従三位に進む。同7年右大弁に任ぜられたが辞す。同8年大蔵卿に任ぜられ、同9年正三位に進み参議に任ぜられ踏歌節会外弁となる。同16年権中納言に任ぜられる。同19年従二位に進む。同20年権中納言を辞す。寛保元(1741)年式部大輔に任ぜられ、延享4(1747)年正二位に進む。権大納言に任ぜられ、寛延元(1748)年に辞す。宝暦3(1753)年式部大輔を辞す。66才で出家。子に為成・清岡長香・桑原長視がいる。　典：公辞・公補

五条為成　ごじょう・ためなり

江戸時代の人、権中納言。享保元(1716)年81月生～宝暦9(1759)年10月22日没。44才。

権大納言五条為範の長男。母は権大納言園基勝の娘。弟に清岡長香・桑原長視がいる。享保9(1724)年穀倉院の学問料を受ける。同13年元服。従五位下に叙され文章得業生となり侍従に任ぜられ、同15年従五位上、同17年正五位下、同19年従四位下に進み、同20年文章博士に任ぜられ、元文2(1737)年従四位上に進み少納言に任ぜられる。同4年大内記に任ぜられたが任職を辞す。寛保元(1741)年正四位下、延享2(1745)年従三位に進み、寛延元(1748)年右大弁に任ぜられ、同3年正三位に進み、宝暦2(1752)年踏歌節会外弁となる。同3年右大弁を辞す。同年参議に任ぜられる。同6年従二位に進む。同8年権中納言に任ぜられ、同9年に辞す。子に為俊がいる。　典：公辞・公補

五条為俊　ごじょう・ためとし

江戸時代の人、非参議。寛保元(1741)年3月30日生～天明3(1783)年5月8日没。43才。初名=為璞。

権中納言五条為成の子。母は権中納言高辻総長の娘。初め為璞と名乗る。寛延2(1749)年穀倉院の学問料を受ける。宝暦3(1753)年元服。文章得業生となり従五位下に叙され侍従に任ぜられ、同5年従五位上、同8年正五位下、同11年従四位下に進み式部権大輔・少納言に任ぜられ、明和元(1764)年文章博士・大内記に任ぜられ従四位上、同4年正四位下に進む。同年文章博士を辞す。同5年兼東宮学士に任ぜられ、同7年これを辞し従三位に進み、安永2(1772)年正三位に進み式部大輔に任ぜられ、同6年踏歌外弁となる。同7年為俊と改名。天明2(1782)年右大弁に任ぜられる。同3年これと・式部大輔を辞す。子に為徳・清岡長親がいる。　典：公辞・公補

五条為徳　ごじょう・ためのり

江戸時代の人、権大納言。宝暦13(1763)年11月18日生～文政6(1823)年8月23日没。61才。

非参議五条為俊の子。弟に清岡長親がいる。安永6(1777)年穀倉院の学問料を受ける。同年元服。文章得業生となり従五位下に叙される。同7年侍従に任ぜられ、同8年従五位上、天明元(1781)年正五位下に進み少納言に任ぜられ、同3年従四位下、同6年従四位上に進み兼文章博士に任ぜられ、寛政元(1789)年正四位下に進み大内記に任ぜられ、同4年従三位に進み式部大輔に任ぜられ、同6年踏歌外弁となる。同7年正三位に進み、同12年参議に任ぜられる。享和元(1801)年従二位に進み長門権守に任ぜられる。文化元(1804)年右大弁に任ぜられたが辞す。同9年権中納言に任ぜられ、同10年に辞す。文政3(1820)年正二位に進む。同年権大納言に任ぜられるも辞す。同4年再び式部大輔に任ぜられ、同6年これを辞す。天明の頃に、越中守松平定信の依頼にて高辻胤長と協議をして御所造営に当たるという。子に為貴(従四位上・侍従・文章博士・少納言、文化5,6,11没、18才、子は為定)がいる。　典：公辞・公補

五条為定　ごじょう・ためさだ

江戸時代の人、権中納言。文化元(1804)年6月6日生～文久2(1862)年2月4日没。59才。

権大納言五条為徳の孫。侍従・文章博士・少納言五条為貴朝臣の子。文化8(1811)年穀倉院の学問料を受ける。同年元服。文章得業生となり従五位下に叙され東宮学士に任ぜられ、同10年従五位上、同12年正五位下に進む。同14年東宮学士を辞す。同年文章博士に任ぜられ従四位下に進み、文政元(1818)年侍従に任ぜられ、同3年従四位上、同5年正四位下に進み少納言・兼大内記に任ぜられ、同10年従三位に進む。同11年文章博士を辞す。天保元(1830)年正三位に進み、同4年式部大輔に任ぜられ、同7年踏歌外弁となる。嘉永4(1851)年従二位に進み参議に任ぜられる。同5年右大弁に任ぜられ、安政2(1855)年の御遷幸に宰相となり馬副四人・舎人二人・居飼一人・雑色六人傘一人の供を連れて参加。同年権中納言に任ぜられ、同4年に辞す。同5年の安政の事件(飛鳥井雅典の項参照)に八十八廷臣として連座。京都西殿町東側に住む。家料は141石。子に為栄(従三位勲三等。明治新政府では参与・刑法事務督、華族に列され子爵を授かる。貴族院議員・元老院議官。雅号＝白華。明治30,7没、56才、子は為功)がいる。　典：明治・遷幸・公辞・公補

〈藤原系〉
藤原為氏―五条為実―為嗣

五条家(藤原系)

五条為実　ごじょう・ためざね

鎌倉・南北朝時代の人、参議。文永3(1266)年生～没年不明。

権大納言藤原為氏の四男。母は右京大夫藤原重名の娘。文永3(1266)年叙爵。同6年従五位上、同8年正五位下に叙され、同11年左兵衛権佐・近江守に任ぜられ、建治2(1276)年従四位下に進む。同年左兵衛権佐を辞す。弘安元(1278)年右少将に任ぜられ、同4年従四位上、同6年正四位下に進み、正応元(1288)年左中将に任ぜられる。嘉元2(1304)年左中将を辞す。延慶2(1309)年従三位、文保2(1318)年正三位に進む。正中2(1325)年参議に任ぜられるも辞す。嘉暦3(1328)年従二位、正慶元(1332.元弘2)年正二位に進む。同2年68才で吉野朝に奉じる。子に為嗣がいる。　典：公補

五条為嗣　ごじょう・ためつぐ

鎌倉・南北朝時代の人、参議。正応4(1291)年生～文和4(1355.正平10)年3月没。65才。

権大納言藤原為氏の孫。参議五条為実の子。正和5(1316)年正五位下に叙され、侍従に任ぜられて、文保3(1319)年従四位下に進み、元亨4(1324)年左少将に任ぜられ、嘉暦元(1326)年従四位上、元徳元(1329)年正四位下に進み、暦応3(1340)年左中将、貞和5(1349)年兼下野介に任ぜられ従三位に進み、文和2(1353.正中8)年参議に任ぜられる。同3年兼備前権守に任ぜられたが任職を辞す。同4年摂州にて害死する。　典：公補

○巨勢家

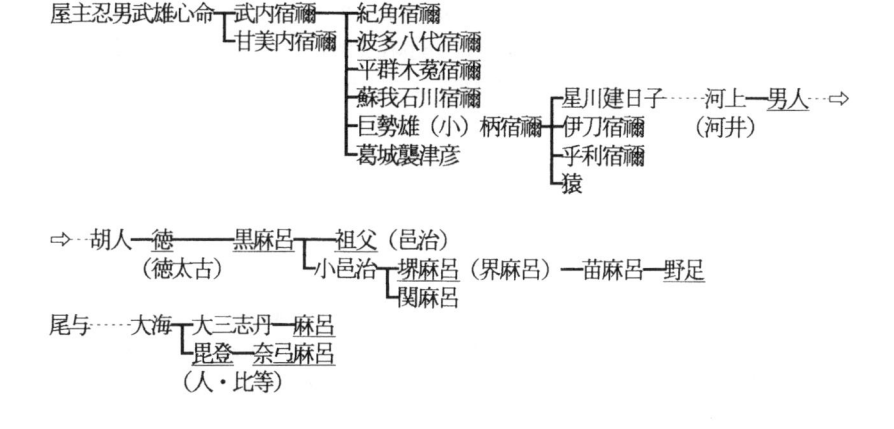

屋主忍男武雄心命┳武内宿禰━┳紀角宿禰
　　　　　　　　┗甘美内宿禰┣波多八代宿禰
　　　　　　　　　　　　　　┣平群木菟宿禰
　　　　　　　　　　　　　　┣蘇我石川宿禰　　　┏星川建日子……河上―男人…⇨
　　　　　　　　　　　　　　┣巨勢雄（小）柄宿禰╋伊刀宿禰　　（河井）
　　　　　　　　　　　　　　┗葛城襲津彦　　　　┣乎利宿禰
　　　　　　　　　　　　　　　　　　　　　　　　┗猿

⇨…胡人―徳―――黒麻呂┳―祖父（邑治）
　　　　（徳太古）　　┗小邑治┳堺麻呂（界麻呂）―苗麻呂―野足
　　　　　　　　　　　　　　┗関麻呂

尾与……大海┳大三志丹―麻呂
　　　　　　┗毘登―奈弖麻呂
　　　　　（人・比等）

大和国高市郡巨勢郷を本拠とした豪族で、天武13(684)年に朝臣姓(かばね)を賜る。百済に仕えた許勢奈卒奇麻から出た一族で、日本初期府の官人となり外交的に活躍した者が多い。また平安時代より画家巨勢派として活躍した。

典：古代・興亡・日名

巨勢男人　こせの・おひと

大和時代の人、大臣。生年不明〜第26代継体天皇23(529)年没。別姓=許勢。

武内宿禰の子雄(小)柄宿禰の四世の孫。父は河上(河井)。第26代継体天皇元年(507)年天皇即位と同時に大臣に任ぜられる。筑紫磐井の乱に大伴金村と共に物部麁鹿火を推挙している。同23年に没す。男に星川建日子・伊刀宿禰・乎利宿禰、第27代安閑天皇の妃となった娘の紗手媛・香香有媛がいる。　典：興亡・謎人・公補

巨勢徳　こせの・とこ

飛鳥時代の人、左大臣。第33代推古天皇元年(593)年生〜第37代斉明天皇の4年(658)年1月没。66才。別名=徳太・徳多・徳陀・徳太古・徳陀古。品位=大紫。

武内宿禰の子雄(小)柄宿禰の七世の孫。父は胡人。皇極2(643)年第34代舒明天皇が没した後、葬儀に天皇の叔父大派皇子に代わって誄を奉る。同3年蘇我入鹿の命を受けて土師娑婆と共に斑鳩宮に山背大兄王族を殺害。右大臣に任ぜられる。大化元(645)年入鹿が板蓋宮で暗殺された際、支援しようとした漢直を中大兄皇子の命にて説得。第36代孝徳天皇の大化5(649)年、50才で左大臣に任ぜられる。白雉2(651)年新羅を討つ事を主張。第37代斉明天皇の4年に没す。子に黒麻呂がいる。　典：古代・興亡・日名・謎人・公補

巨勢黒麻呂　こせの・くろまろ

飛鳥時代の人、中納言。生没年不明。

第36代孝徳天皇朝の左大臣大紫徳多(徳太古)の子。第38代天智天皇(660頃)の時に中納言小錦中に任ぜられる。子に祖父(邑治)がいる。　典：公補

巨勢毘登　こせの・ひと

飛鳥時代の人、大納言。生没年不明。別字=人・比等・比登。姓(かばね)=臣。

父は小徳大海(文徳)。初め毘登と名乗る。第38代天智天皇10年(671)年御史大府に任ぜられる。第39代天武天皇元年(672)年に比登と改名、大納言に任ぜられる。大納言の位はこの時初登場であった。在官2年にして不破の大海人郡と戦い山部王は殺害され蘇我果安は自害、比登は配流される。子に奈弖麻呂がいる。　典：大日・日名・謎人・公補

巨勢麻呂　こせの・まろ

飛鳥・奈良時代の人、中納言。生年不明〜養老元(717)年1月21日没。没年不明。姓(かばね)=朝臣。

尾与四世孫。小治田朝(推古天皇)小徳大海の孫。飛鳥朝京職亮直大三志丹の子。第40代持統天皇7年(693)年直広肆を授かり、慶雲2(705)年従四位下に叙され民部卿に任ぜられ、和銅元(708)年右大弁より左大弁に任ぜられ正四位下に進み、陸奥鎮守府将軍として

陸奥・越後・駿河などに出兵し平定する。同4年正四位上に叙される。同6年従三位に進み、同8年中納言に任ぜられる。　典：古代・大日・日名・公補

巨勢奈弖麻呂　こせの・なでまろ

飛鳥・奈良時代の人、大納言。第38代天智天皇4年(665)年生〜天平勝宝5(753)年3月30日没。89才。別名=奈底麻呂。姓(かばね)=朝臣。

小徳大海の孫。近江朝の大納言太紫比登の子。天平元(729)年外従五位下に叙され、同3年従五位下、同8年正五位下、同9年従四位下に進み造仏像司長官となり、同10年民部卿・兼春宮大夫に任ぜられ、同11年参議に任ぜられる。同13年正四位上に進み左大弁・兼神祇伯に任ぜられ、同14年従三位に進み、同15年中納言に任ぜられる。同18年兼北陸道山陰道鎮撫使となる。同20年正三位に進む。左大弁を辞す。同21年従二位に進み大納言に任ぜられる。天平勝宝5年に再び神祇伯に任ぜられ、同年ついで造宮卿に任ぜられる。
典：古代・大日・日名・公補

巨勢祖父　こせの・おふじ

飛鳥・奈良時代の人、中納言。生年不明〜神亀元(724)年6月5日没。別名=邑治。姓(かばね)=朝臣。

第36代孝徳天皇朝の左大臣大紫徳多(徳太古)の孫。中納言小錦中黒麻呂の子。弟に小邑治がいる。持統7(693)年三河守に任ぜられ務大肆を授かり、大宝元(701)年遣唐使大位に任ぜられ唐に6年留まり、慶雲4(707)年帰国。和銅元(708)年播磨守に任ぜられ、同4年従五位下に叙され中務卿に任ぜられ、養老2(718)年従四位上に進み中納言に任ぜられる。同3年摂津の摂官となり、同5年従三位、神亀元(724)年正三位に進む。甥の堺麻呂を養子とし、関麻呂を養う。　典：大日・日名・公補

巨勢堺麻呂　こせの・せきまろ

奈良時代の人、参議。生年不明〜天平宝字5(761)年4月1日没。別名=界麻呂。姓(かばね)=朝臣。

難波長柄豊崎朝の左大臣大織冠徳太古(徳陀古)の曾孫。中納言小錦中黒丸(黒麻呂)の孫。従五位下小邑治の子。叔父の中納言正三位邑治(祖父)の養子となる。天平14(742)年授内階する。同15年従五位上に進み、同17年民部少輔、同18年に民部大輔に任ぜられ、同19年正五位下、同20年正五位上、天平勝宝元(749)年従四位下に進み兼紫微少弼、同5年丹波守に任ぜられ、天平宝字元(757)年従四位上より従三位に進み兼下総守・兼左大弁・兵部卿に任ぜられ更に参議に任ぜられる。同2年下総守・兵衛卿を辞す。子に苗麻呂がいる。　典：古代・大日・日名・公補

巨勢野足　こせの・のたり

奈良時代の人、中納言。天平21(749)年生〜弘仁7(816)年12月14日没。68才。

参議堺麻呂の孫。正四位下・式部大輔・左中弁・兼河内守苗麻呂の子。延暦8(789)年従五位下に叙され鎮守副将軍に任ぜられ、、同11年兼陸奥介に任ぜられ大伴弟麻呂に従い蝦夷を征し、同14年正五位下に進み、同15年下野守、同19年兵部大輔に任ぜられ、同20年従四位下に進み、同21年兼内蔵頭、同25年左衛門督に任ぜられ、大同元(806)年左兵衛

督・兼左京大夫、同2年兼侍従に任ぜられ、同3年従四位上に進み兼近江守・兼春宮大夫、同4年左近中将に任ぜられ正四位下に進み、弘仁元(810)年蔵人頭・兼中務大輔に任ぜられ参議に任ぜられる。同2年従三位・勲三等に進み兼大将・兼備前守に任ぜられ、同3年中納言に任ぜられる。同6年兼陸奥出羽按察使に任ぜられる。鷹と犬好きであった。 典：古代・大日・日名・公補

○近衛家

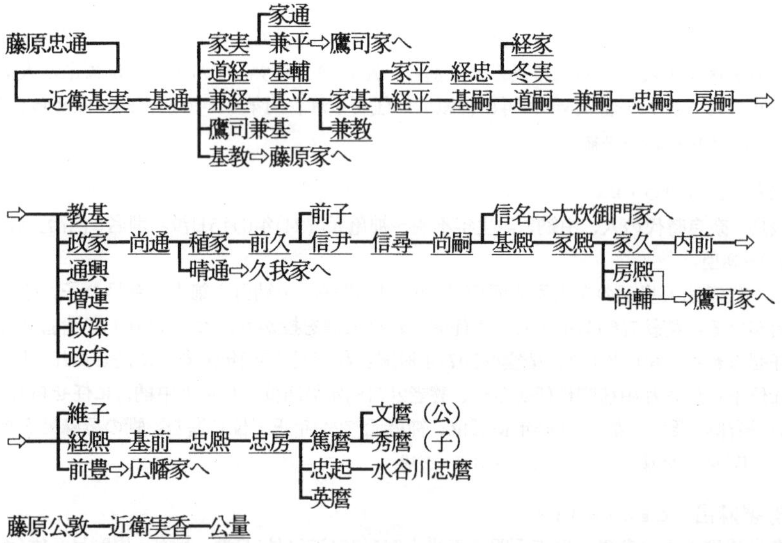

藤原北家の嫡流。五摂家の筆頭で、平安末期の関白藤原忠通の長男基実が近衛を氏姓としたのに始まる。近衛家から九条・鷹司の別家が分家した。代々摂政・関白・太政大臣の要職を勤め、皇族との関係も深かった。明治に至り華族に列され公爵を授かる。本姓は藤原。家紋は牡丹。菩提寺は京都北区紫野の大徳寺。古文書として近衛家文書がある。

典：古文・京四・京都

近衛基実 このえ・もとざね

平安時代の人、摂政・関白・左大臣。康治2(1143)年生～仁安元(1166)年7月26日没。24才。号=六条・中殿・摂津摂政。近衛家の祖。

関白藤原忠通の長男。母は権中納言源国信の娘。父より分かれて近衛を氏姓とする。久安6(1150)年元服。正五位下に叙され左少将に任ぜられ、同7年従四位下に進み、近江介に任ぜられ、更に正四位下に進み、仁平2(1152)年従三位に進み左中将に任ぜられ、同3年正三位に進み播磨権守に任ぜられ、保元元(1156)年左衛門督に任ぜられ従二位に進み更に権大納言に任ぜられ、同2年右大臣に任ぜられ、更に同3年関白に任ぜられる。昇進の早さは古今に比類が無い。平治元(1159)年左大臣に任ぜられ、長寛2(1164)年に辞し、

同3年関白を辞す。同年摂政に任ぜられる。赤痢にて没す。のち太政大臣・正一位を贈られる。白質豊肥で、書を能くした。室は平清盛の娘盛子。子に藤原忠良・基通がいる。
典：大日・日名・伝日・公辞・公補

近衛基通 このえ・もとみち

鎌倉時代の人、摂政・関白・内大臣。永暦元(1160)年生〜天福元(1233)年5月29日没。74才。法名=行理。称号=普賢寺殿。

摂政・関白近衛基実の長男。母は非参議藤原忠隆の娘。嘉応2(1170)年正五位下に叙される。同年元服し侍従・右少将に任ぜられ、同3年近江介に任ぜられ、承安2(1172)年従四位下に進み右中将に任ぜられ、のち従四位上、同4年従三位、安元元(1175)年正三位に進み美作守に任ぜられ、同2年従二位に進み、平清盛の娘盛子が養母であった為に、清盛の後援で治承3(1179)年正二位に進み内大臣に任ぜられ、同4年関白に任ぜられる。養和元(1181)年内大臣・関白を辞す。同年摂政に任ぜられる。寿永2(1183)年摂政を辞す。同年氏長者となる。同3年再び摂政に任ぜられ、文治2(1186)年摂政を辞す。同年従一位に進む。建久7(1196)年再び関白に任ぜられ、同9年に再び辞す。ついで再び摂政に任ぜられ、建仁2(1202)年に再び辞す。承元2(1208)年49才で出家。墓は京都綴喜郡田辺普賢寺下の観音寺。子に家実・道経・兼経・鷹司兼基・藤原基教がいる。 典：大日・伝日・日名・古今・京都・公辞・公補

近衛家実 このえ・いえざね

鎌倉時代の人、摂政・関白・太政大臣。治承3(1179)年生〜仁治3(1242)年12月27日没。64才。号=猪熊関白・猪隈関白。法名=円心・円信。

摂政・関白・左大臣近衛基通の長男。母は治部卿顕信の娘。弟に道経・兼経・鷹司兼基・藤原基教がいる。建久元(1190)年正五位下に叙され右少将に任ぜられ、同2年従四位下より正四位下・更に従三位に進み備前介・右中将に任ぜられ、同3年美作権守に任ぜられ、同6年正三位、同8年従二位に進み、権中納言に任ぜられ、同9年左大将に任ぜられ更に権大納言に任ぜられ、同10年右大臣に任ぜられる。元久元(1204)年正二位に進み左大臣に任ぜられる。同3年摂政に任ぜられるも辞す。同年関白に任ぜられる。承元元(1207)年従一位に進む。同年左大臣を辞す。承久3(1221)年関白を辞す。同年太政大臣に任ぜられ再び摂政に任せられる。貞応元(1222)年太政大臣を辞す。元仁元(1224)年再び関白に任ぜられるも、安貞2(1228)年に再び辞す。暦仁元(1238)年准三宮に任ぜられ、仁治2(1241)年63才で出家。子に家通・鷹司兼平がいる。 典：大日・日名・伝日・京都・公辞・公補

近衛道経 このえ・みちつね

鎌倉時代の人、右大臣。元暦元(1184)年生〜暦仁元(1238)年7月29日没。55才。号=近衛・北白河。通称=智(知)足院前右大臣。

摂政・関白・内大臣近衛基通の次男。母は非参議・兵部卿平信範の娘。兄に家実、弟に兼経・鷹司兼基・藤原基教がいる。建久6(1195)年従五位上に叙され侍従に任ぜられ、同8年正五位下に進み右少将、同9年兼播磨権介・左中将に任ぜられ、同10年従四位下より従四位上、正治元(1199)年従三位に進み権中納言に任ぜられ、更に建仁元(1201)年正

三位より従二位に進み権大納言に任ぜられる。同2年正二位に進み、承元元(1207)年内大臣に任ぜられ、同2年右大臣に任ぜられる。同3年右大臣を辞す。文暦元(1234)年51才で出家。子に基輔がいる。　典：大日・日名・伝日・公補

近衛家通　このえ・いえみち

鎌倉時代の人、左大臣。元久元(1204)年生〜元仁元(1224)年8月11日没。21才。号=近衛左大臣・猪隈。

摂政・関白・太政大臣近衛家実の子。母は修理権大夫季信の娘。弟に鷹司兼平がいる。建保2(1214)年正五位下より従四位下、更に正四位に叙され元服。侍従・右少将より右中将に任ぜられ、同3年従三位より正三位に進み兼美作介に任ぜられ権中納言に任ぜられる。同4年従二位、同5年正二位に進み、同6年権大納言より内大臣に任ぜられる。承久元(1219)年兼左大将に任ぜられ更に右大臣に任ぜられ、同3年左大臣に任ぜられる。赤痢にて没す。　典：大日・日名・公辞・公補

近衛基輔　このえ・もとすけ

鎌倉時代の人、非参議。建久9(1198)年生〜寛元3(1245)年没。48才。

右大臣近衛道経の子。母は武蔵守藤原以頼の娘。承元4(1210)年従五位上に叙され侍従に任ぜられ、建暦2(1212)年正五位下、建保元(1213)年従四位下に進み、同2年土佐権介に任ぜられ、同3年従四位上に進み左中将に任ぜられ、同4年正四位下、承久元(1219)年従三位、同3年正三位に進む。貞応元(1222)年肥後権守に任ぜられ、安貞元(1227)年に辞す。同2年従二位に進。　典：公補

近衛兼経　このえ・かねつね

鎌倉時代の人、摂政・関白・太政大臣。承元4(1210)年5月5日生〜正元元(1259)年5月4日没。50才。法名=真理。号=岡屋入道前摂政。通称=岡屋殿。

摂政・関白近衛基通の三男。母は兵部大輔季定の娘。兄に家実・道経、弟に鷹司兼基・藤原基教がいる。貞応元(1222)年正五位下に叙され元服。侍従に任ぜられ、同2年従四位下に進み右少将より右中将に任ぜられ、同3年従四位上に進み播磨権守に任ぜられ、元仁元(1224)年従三位に進み権中納言に任ぜられ、嘉禄元(1225)年正三位に進み権大納言に任ぜられる。同2年従二位に進み兼中宮大夫に任ぜられ、安貞元(1227)年正二位に進み内大臣に任ぜられ、寛喜3(1231)年兼左大将に任ぜられ、更に右大臣に任ぜられる。天福元(1233)年左大将を辞す。嘉禎元(1235)年左大臣に任ぜられる。同2年従一位に進み、同3年摂政に任ぜられる。暦仁元(1238)年左大臣を辞す。仁治元(1240)年太政大臣に任ぜられ、同2年に辞す。同3年関白に任ぜられる。同年摂政・関白の任職を辞す。宝治元(1247)年再び摂政に任ぜられ氏長者となる。建長4(1252)年摂政を辞す。正嘉元(1257)年48才で出家。子に基平がいる。　典：大日・日名・伝日・公辞・公補

近衛基平　このえ・もとひら

鎌倉時代の人、摂政・関白・左大臣。寛元4(1246)年生〜文永5(1268)年11月19日没。23才。通称=深心院関白・西谷。

摂政・関白・太政大臣近衛兼経の子。母は摂政・関白九条道家の娘。建長7(1255)年従三位に叙され権中納言に任ぜられ、更に兼左大将に任ぜられ、康元元(1256)年正三位、正嘉元(1257)年従二位に進み権大納言に任ぜられる。同2年正二位に進み内大臣に任ぜられる。弘長元(1261)年左大将を辞す。同年右大臣に任ぜられる。同3年従一位に進み、文永2(1265)年左大臣に任ぜられ、同4年関白に任ぜられ氏長者となる。赤痢にて没す。子に家基・兼教がいる。　典：大日・日名・伝日・公辞・公補

近衛家基　このえ・いえもと

鎌倉時代の人、関白・右大臣。弘長元(1261)年生～永仁4(1296)年6月19日没。36才。号=高山寺・浄妙寺関白。

摂政・関白近衛基平の長男。弟に兼教がいる。文永6(1269)年正五位下より従四位下に叙される。同年元服し右少将に任ぜられ、同7年正四位下に進み播磨介・右中将に任ぜられ従三位に叙され、同8年正三位より従二位に進み兼近江権守に任ぜられ権中納言に任ぜられる。同10年右大将に任ぜられ権大納言に任ぜられ右馬寮御監となる。同11年正二位に進み、建治元(1275)年内大臣に任ぜられる。弘安元(1278)年左大将に任ぜられたが辞す。同4年従一位に進み、同6年踏歌内弁となる。正応元(1288)年右大臣に任ぜられる。同2年関白に任ぜられる。同年左大臣を辞す。氏長者となる。同4年関白を辞すも、永仁元(1293)年再び任ぜられる。過労の為に没す。子に家平・経平がいる。　典：大日・日名・伝日・公辞・公補

近衛兼教　このえ・かねのり

鎌倉時代の人、准大臣。文永4(1267)年生～建武3(1336.延元元)9月2日没。70才。通称=猪隈入道准大臣。

摂政・関白近衛基平の次男。兄に家基がいる。弘安3(1280)年元服。従五位上より正五位下に叙され右少将より右中将に任ぜられ、同4年従四位下より従四位上更に正四位下に進み、同6年従三位に進み美作権守に任ぜられ、同7年正三位に進み、同10年参議に任ぜられる。正応元(1288)年従二位に進み兼伊予権守に任ぜられ権中納言に任ぜられ右衛門督より左衛門督に任ぜられ、同2年正二位に進む。同3年権大納言に任ぜられ、正安元(1299)年に辞す。同2年再び権大納言に任ぜられるも辞す。延慶3(1310)年従一位に進み准大臣となるも、嘉暦2(1327)年より名が見えなくなる。　典：大日・日名・伝日・公補

近衛家平　このえ・いえひら

鎌倉時代の人、関白・左大臣。弘安5(1282)年生～正中元(1324)年5月14日没。43才。通称=岡本入道・岡本関白。

関白・右大臣近衛家基の長男。母は関白太政大臣兼平の娘。弟に経平がいる。正応3(1290)年正五位下に叙される。同年元服し右少将に任ぜられ、同4年従四位上より従三位に進み、同5年権中納言に任ぜられ右中将に任ぜられ、永仁元(1293)年正三位、同2年従二位、同3年正二位に進み権大納言に任ぜられる。正安2(1300)年右大将に任ぜられ右馬寮御監となる。嘉元元(1303)年左大将に任ぜられ、同3年内大臣より右大臣に任ぜられる。徳治元(1306)年従一位に進む。同年左大将を辞す。延慶2(1309)年左大臣に任ぜられ

る。正和2(1313)年左大臣を辞す。同年関白に任ぜられ氏長者となる。同4年関白を辞す。正中元(1324)年43才で出家。子に経忠がいる。　典：大日・日名・伝日・公辞・公補

近衛経平　このえ・つねひら

鎌倉時代の人、左大臣。弘安10(1287)年生～文保2(1318)年6月24日没。32才。号=後浄妙寺。

関白・右大臣近衛家基の次男。母は北政所。兄に家平がいる。永仁3(1295)年正五位下より従四位下、更に正四位下に進む。同年元服し右少将より右中将に任ぜられ更に従三位に進み、同5年正三位に進み、正安元(1299)年兼美作守に任ぜられ、同3年従二位に進み権中納言に任ぜられ、嘉元3(1305)年権大納言に任ぜられる。徳治元(1306)年正二位に進む。同2年兼左大将に任ぜられ、延慶2(1309)年に辞す。同年内大臣に任ぜられる。正和2(1313)年右大臣に任ぜられ、同4年従一位に進み、同5年左大臣に任ぜられる。文保2年兼皇太子伝奏に任ぜられる。子に基嗣がいる。　典：大日・日名・伝日・公辞・公補

近衛実香　このえ・さねよし

鎌倉時代の人、権中納言。弘長元(1261)年生～正中2(1325)年4月19日没。65才。初名=実邦。前名=実員。

参議藤原公敦の子。父の藤原より別れて近衛を氏姓とする。本姓は藤原。前記の近衛家とは別家。初め実邦と名乗る。文永7(1270)年叙爵。建治元(1275)年実員と改名、侍従に任ぜられ、弘安2(1279)年従五位上に叙され、同5年正五位下、同7年従四位下に進み右近少将に任ぜられ、同8年従四位上に進み、同10年左近中将に任ぜられる。同年実香と改名。正応2(1289)年正四位下に進み、正安2(1300)年補蔵人頭に任ぜられ、同3年参議に任ぜられる。乾元元(1302)年これを辞す。同年従三位に進み丹波権守に任ぜられる。嘉元2(1303)年これを辞す。同3年再び参議に任ぜられ、更に右中将に任ぜられ、徳治2(1307)年正三位に進む。同年権中納言に任ぜられ、延慶元(1308)年に辞す。同2年従二位、正和元(1312)年正二位に進み、文保2(1318)年大宰権帥に任ぜられ、元亨元(1321)年に辞す。同2年兵部卿に任ぜられ、同3年に辞す。子に公量がいる。　典：公補

近衛公量　このえ・きみかず

鎌倉時代の人、参議。生年不明～康安元(1361.正平16)年没。

権中納言近衛実香の子。正応3(1290)年従五位下に叙される。永仁2(1294)年従五位下、同5年正五位下、同7年従四位下に進み侍従に任ぜられ、正安3(1301)年従四位上に進み兼備中介、嘉元元(1303)年右少将に任ぜられ、同2年正四位下に進み右中将に任ぜられ、徳治2(1306)年筑前介に任ぜられ、延慶2(1309)年補蔵人頭に任ぜられ、同3年従三位に進む。同年参議に任ぜられるも辞す。正和3(1314)年正三位、元応元(1319)年従二位、正慶元(1332.元弘2)年正二位に進む。吉野朝に奉じ同2年に従二位に戻り、建武4(1337.延元2)年武家に召し捕らわれたという。　典：公補

近衛経忠　このえ・つねただ

鎌倉・南北朝時代の人、関白・左大臣・吉野朝の左大臣。乾元元(1302)年生～文和元(1352.正平7)年8月13日没。51才。通称=堀河関白。

関白・左大臣近衛家平の子。正和2(1313)年正五位下に叙される。同年元服し右近少将に任ぜられ、同3年従四位下より従四位上、更に従三位に進み、同5年正三位に進み権中納言に任ぜられ右中将に任ぜられ、文保元(1317)年権大納言に任ぜられる。同2年従二位、元応元(1319)年正二位に進み、元亨3(1323)年左大将に任ぜられ、正中2(1325)年右大臣に任ぜられる。嘉暦元(1326)年左大将を辞す。同年皇太子伝奏に任ぜられ、元徳2(1330)年従一位に進む。同年関白に任ぜられるも辞す。建武元(1334)年再び右大臣に任ぜられ氏長者となり、同2年左大臣に任ぜられる。同4年(延元2)年再び関白に任ぜられたが吉野朝に奉じる為に出奔し吉野朝の左大臣に任ぜられる。文和元(1352)年出家。子に経家・冬実がいる。　典：大日・日名・伝日・公辞・公補

近衛基嗣　このえ・もとつぐ

鎌倉・南北朝時代の人、関白・左大臣。嘉元3(1305)年生～文和3(1354.正平9)年4月8日没。50才。号=後岡屋関白。

左大臣近衛経平の子。母は非参議・兵部卿藤原公頼の娘。正和4(1315)年従五位上より正五位下、更に従四位下より従四位上に進む。同年元服し右少将に任ぜられ、同5年従三位に進み近江介・右中将に任ぜられ、文保元(1317)年兼近江権守に任ぜられ、同2年正三位に進み、元応元(1319)年権中納言に任ぜられ、同2年権大納言に任ぜられる。元亨元(1321)年従二位に進み、嘉暦元(1326)年兼春宮大夫に任ぜられ内大臣に任ぜられる。同2年正二位に進む。兼左大将に任ぜられ、元徳元(1329)年に辞す。同2年右大臣に任ぜられ兼東宮伝奏となる。元弘元(1331)年左大臣に任ぜられるも、正慶2(1333.元弘3)年吉野朝に奉じたのか止職となる。建武4(1337.延元2)年許されて関白に任ぜられる。暦応元(1338.延元3)年従一位に進む。同年関白を辞す。子に道嗣がいる。　典：大日・日名・伝日・公辞・公補

近衛道嗣　このえ・みちつぐ

南北朝時代の人、関白・左大臣。正慶2(1333.元弘3)年生～嘉慶元(1387.元中4)年3月17日没。55才。号=後深心院。

関白・左大臣近衛基嗣の子。母は参議藤原嗣実の娘。建武4(1337.延元2)年正五位下より従四位下に叙される。同年元服し右少将に任ぜられ、同5年正五位下、暦応元(1338.延元3)年従三位に進み左中将に任ぜられ、同2年兼播磨権守に任ぜられ、同4年権中納言に任ぜられる。康永2(1343.興国4)年正三位に進み、同3年権大納言に任ぜられる。貞和2(1346.正平元)従二位に進み兼右大将に任ぜられ、同3年内大臣に任ぜられる。同3年正二位に進む。同年左大将に任ぜられたが辞す。兼東宮伝奏となる。同5年右大臣に任ぜられ、観応元(1350.正平5)年皇太子伝奏となる。文和4(1355.正平10)年従一位に進み、延文5(1360.正平15)年左大臣に任ぜられ、康安元(1361.正平16)年関白に任ぜられ氏長者となる。貞治元(1362.正平17)年左大臣を辞し、同2年関白を辞す。子に兼嗣がいる。　典：大日・日名・伝日・公辞・公補

近衛経家　このえ・つねいえ

南北朝時代の人、非参議。正慶2(1333.元弘3)年生～康応元(1389.元中6)年没。57才。

関白・左大臣・吉野朝の左大臣近衛経忠の長男。母は右大臣花山院家定の娘。弟に冬実がいる。貞和2(1346.正平元)正五位下に叙される。同年元服し右少将に任ぜられ、同3年従四位上より従三位に進む。文和元(1352.正平7)年少将を辞す。　典：公補

近衛冬実　このえ・ふゆざね

南北朝時代の人、非参議。生年不明～康暦2(1380.天授6)年没。

関白・左大臣・吉野朝の左大臣近衛経忠の次男。兄に経家がいる。貞治2(1363.正平18)従三位に叙される。同4年左中将、同6年兼近江権守に任ぜられる。応安6(1373.文中2)年にこれを辞す。　典：公補

近衛兼嗣　このえ・かねつぐ

南北朝時代の人、摂政・右大臣。延文5(1360)年生～嘉慶2(1388)年3月26日没。29才。通称＝後六条摂政。

関白・左大臣近衛道嗣の子。母は内大臣洞院実夏の養女で権中納言洞院実世の娘。貞治6(1367)年正五位下より従四位下に叙され右権少将より右中将に任ぜられ、応安元(1368)年正四位下より従三位に進み播磨権介に任ぜられ、同2年正三位に進み権中納言に任ぜられる。同4年従二位に進み権大納言に任ぜられる。同6年正二位に進み、永和元(1375.天授元)内大臣に任ぜられる。同2年兼左大将に任ぜられ、同3年に辞す。同4年右大臣に任ぜられ、康暦元(1379.天授5)年従一位に進み、嘉慶元(1387.元中4)年摂政に任ぜられ氏長者となる。子に忠嗣がいる。　典：大日・日名・伝日・公辞・公補

近衛忠嗣　このえ・ただつぐ

南北朝・室町時代の人、関白・左大臣。永徳3(1383.弘和3)年生～享徳3(1454)年6月29日没。72才。初名＝良嗣。号＝後普賢寺入道。

摂政・右大臣近衛兼嗣の子。初め良嗣と名乗る。康応元(1389)年元服。正五位下に叙され右少将に任ぜられ、同2年従四位下、明徳元(1390.元中7)年正四位下より従三位に進み右中将に任ぜられ、同2年兼播磨権守に任ぜられ、同3年正三位に進み権中納言に任ぜられ、応永元(1394)年権大納言に任ぜられる。同3年従二位に進む。同4年兼右大将に任ぜられ、同6年に辞す。同年正二位に進み内大臣に任ぜられ、同9年左大臣に任ぜられる。同10年従一位に進む。同15年忠嗣と改名。同年関白に任ぜられ氏長者となる。同16年関白・左大臣を辞す。同29年40才で出家。子に房嗣がいる。　典：大日・日名・伝日・公辞・公補

近衛房嗣　このえ・ふさつぐ

室町時代の人、関白・太政大臣。応永9(1402)年生～長享2(1488)年10月19日没。87才。法名＝大通。号＝後知足院。

関白・左大臣近衛忠嗣の子。応永20(1413)年元服。正五位下に叙され右少将に任ぜられ、同21年従四位下より従四位上に進み右中将に任ぜられ、同22年従三位に進み兼伊予権守に任ぜられ、同23年正三位に進み権中納言に任ぜられる。同24年従二位、同26年正二位に進み権大納言に任ぜられ、同27年右近大将に任ぜられ、同28年右馬寮御監となる。同30年左大将に任ぜられ、同33年内大臣に任ぜられる。永享元(1429)年左大将を辞す。同年右大臣に任ぜられ、同10年従一位に進み左大臣に任ぜられる。文安2(1445)年関白に任

ぜられる。同3年左大臣を辞し、同4年関白も辞す。寛正2(1461)年太政大臣に任ぜられ、同4年に辞す。文明6(1474)年71才で出家。子に教基・政家・通興・増運・政深・政弁がいる。　典：大日・日名・伝日・公辞・公補

近衛教基　このえ・のりもと

室町時代の人、右大臣。応永30(1423)年生～寛正3(1462)年8月1日没。40才。号＝後九条。

関白・太政大臣近衛房嗣の長男。母は播磨局。弟に政家・通興・増運・政深・政弁がいる。永享12(1440)年元服。正五位下より正四位下に叙され右少将に任ぜられ、嘉吉元(1441)年従三位に進み右中将に任ぜられ、同2年権中納言に任ぜられ兼左衛門督に任ぜられ、文安元(1444)年正三位に進み権大納言に任ぜられる。同3年従二位、宝徳元(1449)年正二位に進み踏歌内弁となる。享徳元(1452)年右大将に任ぜられ、康正元(1455)年左大将に任ぜられ更に内大臣に任ぜられ、長禄元(1457)年右大臣に任ぜられる。同3年従一位に進む。　典：大日・日名・伝日・公辞・公補

近衛政家　このえ・まさいえ

室町時代の人、関白・太政大臣・准三宮。文安元(1444)年生～永正2(1505)年6月19日没。62才。号＝後法興院。一字名＝霞。

関白・太政大臣近衛房嗣の次男。兄に教基、弟に通興・増運・政深・政弁がいる。寛正4(1463)年従三位に叙され右中将に任ぜられ、同5年権中納言・兼左衛門督に任ぜられ、同6年正三位、文正元(1466)年従二位に進み左中将に任ぜられ、応仁元(1467)年権大納言に任ぜられる。文明4(1472)年正二位に進み、同7年内大臣に任ぜられ、同8年右大臣に任ぜられる。同9年左近衛大将に任ぜられ、同10年に辞す。同11年関白・左大臣に任ぜられ氏長者に任ぜられる。同13年左大臣を辞し、同15年関白も辞す。長享2(1488)年太政大臣に任ぜられ、延徳2(1490)年に辞す。明応6(1497)年准三宮となる。葬礼は東福寺海蔵院にて葬礼が行われる。和歌をよく詠み、近江の佐々木高頼の許で即興に詠んだ近江八景はよく知られている。子に尚通がいる。　典：大日・日名・伝日・古今・公辞・公補

近衛尚通　このえ・ひさみち

室町時代の人、関白・太政大臣・准三宮。文明4(1472)年生～天文13(1544)年8月26日没。73才。法名＝大証。号＝後法成寺。一字名＝形。

関白・太政大臣近衛政家の子。左中将に任ぜられ、文明15(1483)年従三位に叙される。同16年権中納言に任ぜられ、同17年正三位に進み権大納言に任ぜられる。長享元(1487)年左近衛大将に任ぜられ、延徳元(1489)年従二位に進み右大臣に任ぜられる。明応2(1493)年正二位に進み関白に任ぜられ氏長者となる。同4年従一位に進み、同5年左大臣に任ぜられる。同6年に任職を辞す。永正10(1513)年再び関白に任ぜられ、同11年に再び辞す。同年太政大臣に任ぜられ、同13年に辞す。同16年准三宮に任ぜられる。大永5(1525)年春日社の神楽に下向、のち上洛。天文2(1533)年62才で出家。書をよくし飛鳥井流より出て古近衛流と称した。子に稙家・久我晴通がいる。　典：大日・日名・伝日・公辞・公補

近衛稙家　このえ・たねいえ

室町時代の人、関白・太政大臣・准三宮。文亀3(1503)年生～永禄9(1566)年7月10日没。64才。号=恵雲院覚天大円。一字名=梅・桐・盛。

関白・太政大臣近衛尚通の長男。母は太政大臣の娘従三位維子。弟に久我晴通がいる。永正11(1514)年将軍の足利義稙より諱字を授けて稙家と名乗る。同年元服し正五位下より従四位上、更に従三位に叙され右近衛権少将より左中将に任ぜられ、同12年権中納言より権大納言に任ぜられる。同13年正三位、同14年従二位、同16年正二位、大永元(1521)年左大将に任ぜられ、同3年右大臣に任ぜられる。同5年左大将を辞す。同6年関白に任ぜられ氏長者となる。同7年従一位に進み、享禄元(1528)年左大臣に任ぜられる。天文2(1533)年関白を辞す。同年准三宮となる。同4年に左大臣を辞す。同6年再び関白に任ぜられついで太政大臣に任ぜられる。同10年これを辞し、同11年再び関白を辞す。同16年足利義晴に従い北白川城に入る。永禄元(1558)年朽木に下向。子に前久がいる。　典：大日・日名・伝日・公辞・公補

近衛前久　このえ・さきひさ

室町・安土桃山・江戸時代の人、関白・太政大臣。天文5(1536)年生～慶長17(1612)年5月8日没。77才。初名=晴嗣。前名=前嗣。一字名=竜・山・杉・春。号=東求院。道号=竜山。

関白・太政大臣近衛稙家の子。母は右大臣久我通言の養女従三位源慶子。初め晴嗣と名乗る。天文9(1540)年正五位下に叙される。同年元服。同10年従五位上より従三位に進み左少将より左中将・兼伊予権守に任ぜられ、同11年正三位に進み権中納言に任ぜられる。同13年従二位に進み、同14年権大納言に任ぜられ、同15年兼右近大将より左大将に任ぜられ、同16年正二位に進み内大臣に任ぜられる。同22年左大将を辞す。同年右大臣に任ぜられ、同23年関白・左大臣に任ぜられる。弘治元(1555)年従一位に進む。前嗣と改名。同3年左大臣を辞す。永禄3(1560)年上杉謙信の招きに応じて越後国に下向。のち上野の厩橋城・下総の古河城などに居し、同5年上洛。前久と改名。同11年武命に違反し止職となる。同12年丹州に下向。天正元(1573)年嵯峨に住み「嵯峨記」を書す。同3年上洛し織田信長の意を受けて薩摩国に下向し島津義久を諭したが義久は応じなかった。同5年上洛。同6年准三宮となり織田信長の甲斐の役に従う。信長の本能寺の変に逢い、薙髪して竜山と号す。同10年太政大臣に任ぜられる。同年秀吉と家康の間に立ち再び武命に違反してこれを辞す。47才で出家。浜松の徳川家康を頼り、のち京に戻るが子信尹と所領問題で不和となり不遇のうちに没す。才学秀で詩歌をよく詠み、尊円法親王流の書で名があった。第百八代後水尾天皇の御外祖という。墓所は京都東山区の東福寺。子に信尹がいる。　典：大日・日名・伝日・京都・公辞・公補

近衛信尹　このえ・のぶただ

安土桃山・江戸初期の人、関白・左大臣・准三宮。永禄8(1565)年生～慶長19(1614)年11月25日没。50才。初名=信基。前名=信輔。一字名=尹・杉。号=三藐院。

関白・太政大臣近衛前久の子。初め信基と名乗る。天正5(1577)年元服。正五位下より従四位上、更に従三位に進み、左近少将より左中将に任ぜられ、同6年正三位に進み権中納言より権大納言に任ぜられる。同8年従二位に進み内大臣に任ぜられ、同10年正二位に進

む。信輔と改名。同12年従一位に進み左大臣に任ぜられる。同15年左大将に任ぜられたが辞す。文禄元(1592)年左大臣を辞す。同3年秀吉に従い朝鮮遠征に渡航しようとして天皇の勅勘をうけて薩摩国に左遷される。慶長5(1600)年信尹と改名。同年許されて上洛。同6年再び左大臣に任ぜられる。同10年左大臣を辞す。同年関白に任ぜられ氏長者・准三宮となり、同11年関白を辞す。書家で近衛三藐院流の祖。本阿弥光悦・松花堂昭乗と共に慶長三筆と言われる。花鳥人物の絵もよく描き、天神の像を好んで描いた。墓所は京都東山区の東福寺。養嗣子に信尋(後陽成天皇の子)がいる。　典：大日・日名・伝日・公辞・京都・公補

近衛信尋　このえ・のぶひろ

江戸時代の人、関白・左大臣。慶長4(1599)年5月2日生～慶安2(1649)年10月11日没。51才。法名=応山。一字名=桐・梧。号=本源自性院。

第百七代後陽成天皇の第四皇子。母は関白・左大臣近衛信尹の妹中和門院前子。慶長10(1605)年勅命により関白・左大臣近衛信尹の養嗣子となる。同年元服。正五位下より従四位下に叙され左少将より左中将に任ぜられ、同11年従三位、同12年兼播磨権守に任ぜられ権中納言に任ぜられ、同16年正三位に進み権大納言に任ぜられる。同17年兼左大将に任ぜられ従二位に進み内大臣に任ぜられ、同19年正二位に進み右大臣に任ぜられ踏歌内弁となる。元和6(1620)年従一位に進む。同年左大将を辞す。左大臣に任ぜられる。同9年関白に任ぜられ氏長者となる。寛永6(1629)年関白・左大臣を辞す。正保2(1645)年47才で出家。沢庵宗彭より法名をうける。茶は古田織部に学び、書は養父信尹に習い近衛三藐院流を継ぐ。墓所は京都北区の大徳寺塔頭の総見院。子に尚嗣がいる。　典：大日・日名・伝日・京都・公辞・公補

近衛尚嗣　このえ・ひさつぐ

江戸時代の人、関白・左大臣。元和8(1622)年3月10日生～承応2(1653)年7月19日没。32才。一字名=山。号=妙有真空院。法名=大元・長山。

関白・左大臣近衛信尋の子。寛永9(1632)年元服。正五位下より従四位下に叙され左少将より左中将に任ぜられ更に権中納言に任ぜられ、同10年従三位、同11年正三位に進み権大納言に任ぜられる。同12年従二位に進み兼右大将に任ぜられ、同13年踏歌内弁となる。同14年正二位に進み左大将に任ぜられ、同17年内大臣に任ぜられ、同19年右大臣に任ぜられる。同20年左大将を辞す。正保4(1647)年左大臣に任ぜられ、慶安元(1648)年従一位に進み、同4年関白に任ぜられ氏長者となる。承応元(1652)年左大臣を辞し、同2年関白を辞す。子に基熙・大炊御門信名がいる。　典：大日・日名・伝日・公辞・公補

近衛基熙　このえ・もとひろ

江戸時代の人、関白・太政大臣。慶安元(1648)年3月6日生～享保7(1722)年9月14日没。75才。一字名=菊。法名=悠山。号=応円満院禅閣・応円満院証岳。

関白・左大臣近衛尚嗣の長男。母は第百八後水尾天皇の皇女昭子内親王。弟に大炊御門信名がいる。承応3(1654)年元服。正五位下に叙され左近権少将に任ぜられ、同4年従四位上に進み左権中将に任ぜられ、明暦元(1655)年従三位に進み左中将に任ぜられ、同2年権中納言に任ぜられ、万治元(1658)年権大納言に任ぜられる。同2年正三位、寛文元

(1661)年従二位に進み兼右大将に任ぜられ、同2年正二位に進み、同5年内大臣に任ぜられ、同6年踏歌節会内弁となる。同8年左大将に任ぜられ、同11年右大臣に任ぜられる。延宝3(1675)年左大将を辞す。同5年左大臣に任ぜられる。貞享3(1686)年従一位に進み、元禄3(1690)年左大臣を辞す。同年関白に任ぜられ氏長者となる。同16年関白を辞す。宝永6(1709)年太政大臣に任ぜられるも辞す。享保7年出家。和歌をよく詠み、書画もよく書いた。室は第百八代後水尾天皇の皇女常子内親王。子に家熙がいる。 典：大日・日名・伝日・公辞・公補

近衛家熙 このえ・いえひろ

江戸時代の人、摂政・関白・太政大臣・准三宮。寛文7(1667)年6月4日生〜元文元(1736)年10月3日没。70才。号=吾楽軒・昭々堂主人・虚舟子・墨汝。通称=予楽院入道前摂政。法号=予楽院・予楽院相国。法名=真覚。

関白・太政大臣近衛基熙の子。母は第百八代後水尾天皇の皇女常子内親王。延宝元(1673)年元服。従五位上に叙され右少将に任ぜられ、同2年従四位下より従四位上に進み右中将に任ぜられ、同4年従三位に進み権中納言に任ぜられ、同5年権大納言に任ぜられる。同6年生三位、天和元(1681)年従二位に進み、同3年兼春宮大夫、貞享元(1684)年兼左大将に任ぜられ、同2年踏歌節会内弁となる。同3年内大臣に任ぜられる。同4年左大将を辞す。元禄4(1691)年正二位に進み、同6年右大臣に任ぜられ、宝永元(1704)年左大臣に任ぜられる。同4年関白に任ぜられ氏長者となる。同5年従一位に進む。同年左大臣を辞す。同6年関白より摂政に任ぜられ、同7年太政大臣に任ぜられ、正徳元(1711)年これを辞し、同2年摂政を辞す。享保10(1725)年准三宮となるも辞す。59才で出家。書・茶・歌の道に通じ、学を好み珍書を集蔵した。墓所は京都北区紫野大徳寺塔頭の総見院、中京区西ノ京中保町の西王寺。子に家久・鷹司房熙・鷹司尚輔がいる。 典：大日・日名・伝日・公辞・京都・公補

近衛家久 このえ・いえひさ

江戸時代の人、関白・太政大臣・准三宮。貞享4(1687)年5月8日生〜元文2(1737)年8月17日没。51才。号=如是観院。

摂政・関白・太政大臣近衛家熙の子。母は第百十二代霊元天皇の皇女憲子内親王。弟に鷹司房熙・鷹司尚輔がいる。元禄6(1693)年元服。従五位上に叙され右少将に任ぜられ、同7年従四位下より従四位上に進み左中将に任ぜられ、同8年従三位に進み、同9年権中納言に任ぜられ、同10年権大納言に任ぜられる。同12年正三位に進み、同15年踏歌節会外弁となる。宝永3(1706)年従二位に進み兼左大将に任ぜられる。同5年兼春宮大夫に任ぜられ、同6年に辞す。正徳元(1711)年内大臣に任ぜられ、同2年正二位に進む。同年左大将を辞す。同5年右大臣に任ぜられ、享保7(1722)年左大臣に任ぜられる。同8年従一位に進み、同11年関白に任ぜられる。同年左大臣を辞す。氏長者となる。同18年太政大臣に任ぜられるも辞す。元文元(1736)年関白を辞す。墓所は京都上京区寺町鞍馬口下ルの西園寺。子に内前がいる。 典：大日・日名・伝日・公辞・公補

近衛内前　このえ・うちさき

江戸時代の人、摂政・関白・太政大臣・准三宮。享保13(1728)年6月22日生～天明5(1785)年3月20日没。58才。号=大解脱院。

関白・太政大臣近衛家久の子。享保19(1734)年元服。正五位下より従四位上に叙され右少将より左中将に任ぜられ、同20年従三位に進み権中納言に任ぜられ、元文元(1736)年権大納言に任ぜられる。同4年正三位、寛保元(1741)年従二位に進み、同3年内大臣・兼右大将より左大将に任ぜられ、更に左馬寮御監となる。延享2(1745)年正二位に進み右大臣に任ぜられる。同3年左大将を辞す。寛延元(1748)年踏歌節会内弁となる。同2年左大臣に任ぜられ、同3年従一位に進み、宝暦7(1757)年関白に任ぜられ氏長者となる。同8年竹内式部の学説に従った講話に公卿が参画し関白としてこれを止めたが公卿の処分が多く出た(宝暦事件)。同9年左大臣を辞す。同12年関白を辞す。同年摂政に任ぜられ、明和5(1768)年太政大臣に任ぜられる。同7年これを辞すも、同8年再び任ぜられる。安永元(1772)年摂政を辞す。同年再び関白に任ぜられる。同6年准三宮となる。同7年再び関白・太政大臣を辞す。子に経熈・広幡前豊がいる。　典：大日・伝日・公辞・公補

近衛経熈　このえ・つねひろ

江戸時代の人、右大臣。宝暦11(1761)年2月22日生～寛政11(1799)年6月25日没。39才。初名=師久。号=後予楽院。

摂政・関白・太政大臣近衛内前の子。初め師久と名乗る。明和4(1768)年元服。正五位下より従四位上に叙され右権少将に任ぜられ、同5年従三位に進み左権中将に任ぜられ、同6年権中納言に任ぜられ更に権大納言に任ぜられる。同7年正三位に進む。同年春宮大夫に任ぜられたが辞す。安永元(1772)年従二位に進み踏歌外弁となる。同2年正二位に進み、同4年左近衛大将に任ぜられ、同8年内大臣に任ぜられる。同年経熈と改名。天明元(1781)年従一位に進む。左大将を辞す。同7年右大臣に任ぜられる。寛政元(1789)年院執事となるも、同3年任職を辞す。室は董子(円台院)。子に基前がいる。　典：大日・日名・伝日・公辞・公補

近衛基前　このえ・もとさき

江戸時代の人、左大臣。天明3(1783)年8月11日生～文政3(1820)年4月19日没。38才。号=証常楽院。通称=近衛左大臣。

右大臣近衛経熈の子。母は従三位董子王女。寛政3(1791)年元服。従五位上より従四位下に進み、左権少将に任ぜられ、同4年正四位下より従三位に進み左中将に任ぜられ、同6年権中納言に任ぜられる。同8年正三位に進み、同9年権大納言に任ぜられる。同10年従二位に進み左大将に任ぜられ更に左馬寮御監となる。同11年内大臣に任ぜられる。同12年正二位、文化2(1805)年従一位に進み、同3年踏歌内弁となる。同11年右大臣に任ぜられ東宮伝奏となり、同12年左大臣に任ぜられる。同14年東宮伝奏を辞す。文政3(1820)年左大臣を辞す。子に忠熈がいる。　典：幕末・明治・大日・日名・伝日・公辞・公補

近衛忠煕　このえ・ただひろ

江戸時代の人、関白・左大臣。文化5(1808)年7月14日生～明治31(1898)年3月18日没。91才。号=翠山。

左大臣近衛基前の子。文化13(1816)年元服。従五位上より従四位下更に正四位下に進み左権少将より権中将に任ぜられ、同14年従三位に進み権中納言に任ぜられ、文政2(1819)年権大納言に任ぜられる。同3年踏歌外弁となり、同4年正三位、同6年従二位、同7年正二位に進み内大臣に任ぜられ左大将に任ぜられ、天保5(1834)年従一位に進む。同年左大将を辞す。同11年東宮伝奏に任ぜられ、弘化3(1846)年に辞す。同4年右大臣に任ぜられる。安政2(1855)年の御遷幸に右番長一人・左番長一人・舎人長一人・舎人三人・居飼三人・馬副十人・郎等四人・近衛六人・滝舎人二人・雑色十人・下品雑色四人・傘一人と子忠房と共に参加。同4年左大臣に任ぜられる。同6年幕府の圧力で天皇・公卿が謹慎となり左大臣を辞し52才で出家したが、文久2(1862)年再び政治に呼び出され関白に任ぜられ氏長者となる。同3年関白を辞す。明治の新政府には議定に任ぜられ勲一位に叙される。京都今川御門内西側に住む。家料は2860石。同6年に隠居。没後に正一位を贈られる。子に忠房がいる。　典：幕末・明治・大日・日名・伝日・公辞・遷幸・京都・公補

近衛忠房　このえ・ただふさ

江戸時代の人、左大臣。天保9(1838)年8月6日生～明治6(1873)年9月没。36才。

関白・左大臣近衛忠煕の子。母は薩摩宰相島津斉興朝臣の養女。弘化4(1847)年元服。従五位上より従四位下に進み、左権少将より権中将に任ぜられ、同5年正四位下、嘉永元(1848)年従三位に進み権中納言に任ぜられ、更に同4年権大納言に任ぜられる。安政元(1854)年踏歌外弁となる。同2年従二位に進み御遷幸に馬副六人・舎人二人・滝舎人二人・衛府長二人・居飼一人・雑色十人・下品雑色四人・傘一人と父忠煕と共に参加。同4年正二位に進む。文久2(1862)年左大将・左馬寮御監に任ぜられ、同3年内大臣に任ぜられる。慶応2(1866)年従一位に進む。岩倉具視と薩摩藩士井上長秋・藤井良節兄弟の尽力により、反幕府派の二十一公卿と共に列席し、幕府に対して態度を表明。同3年左大臣に任ぜられるも辞す。明治の新政府で神祇事務・刑法事務督となるが、政界より離れる。子に篤麿(従一位勲二等・枢密院顧問官、明治に華族に列され公爵を授かる、明治37,1,2没、42才、子は文麿・秀麿)・忠起・英麿がいる。　典：幕末・明治・京都・公辞・遷幸・公補

○木幡家

木幡雅秋　こばた・まさあき

室町時代の人、非参議。生没年不明。

非参議藤原雅兼の子。応永3(1396)年従三位に叙される。同16年正三位、同18年従二位に進む。同21年出家。　典：公補

木幡雅遠　たばた・まさとお

室町・戦国時代の人。非参議。生没年不明。

非参議藤原雅豊の子。左中将に任ぜられ、のちこれを辞す。応仁元(1467)年従三位に叙される。文明3(1471)年出家。　典：公補

○狛家

代々、京都西京区大原野の大原野神社の神主を勤めた。

狛精房　こま・きよふさ

江戸時代の人、非参議・大原野社神主。承応元(1652)年生～享保12(1727)年5月22日没。76才。

大原野社神主となる。享保11(1726)年従三位に叙される。　典：公補

狛宗房　こま・むねふさ

江戸時代の人、非参議・大原野社神主。元禄9(1696)年生～明和元(1764)年5月9日没。69才。

大原野社神主となる。宝暦12(1762)年従三位に叙される。　典：公補

狛郡房　こま・くにふさ

江戸時代の人、非参議・大原野社神主。享保12(1727)年生～天明6(1786)年9月21日没。60才。

大原野社神主となる。天明5(1785)年従三位に叙される。　典：公補

○高麗家

高麗福信　こまの・ふくしん

奈良時代の人、非参議。和銅2(709)年生～延暦8(789)年10月8日没。81才。姓(かばね)=朝臣(あそみ)。後名=高倉福信。

坂上・秦家と同様、帰化した一族。平壌城の高麗福徳の孫。父が先住を頼り武蔵国に入り、そこで生れる。伯父の博士背奈行文と共に大和に入都。石割りの芸をしたり、相撲を見せたりした所から、力量抜群と言われて、遂に内裏の耳に入り召される。初め右衛士大志に任ぜられ、天平年中(729-748)年に従五位下に叙され春宮亮に任ぜられ、聖武天皇の恩幸を授かり、天平勝宝の初めに従四位に進み紫微少亮に任ぜられ、本姓の背奈より高麗の氏姓と姓(かばね)の朝臣を授かり遷信部大輔、武蔵近江守・并拝造宮卿に任ぜられ、天平神護元(765)年従三位に進み非参議に任ぜられ造宮卿となり平城京の造営に当たる。同3年造宮卿を辞す。同年法王宮大夫より法王宮卿に任ぜられる。神護景雲2(768)年任職を辞す。この頃は武蔵国高麗郡に戻ったらしい。天応元(781)年弾正尹・兼武蔵守に任ぜられ翌年に武蔵守を辞す。延暦4(785)年弾正尹を辞す。正三位・巨万朝臣福信及び王と書かれている資料もある。また、のちに高倉と名乗るという。大磯の高麗山付近の出身の説があるも、生まれた後に武蔵国に高麗郡が成立し、そこより大和に入都してもおかしくはないが、地元の文献に名も出ていないので、大磯の出身説がある。韓国語の〈ナラ〉は「国・平野・宮殿・王」の意味があり、この〈ナラ〉が平→寧楽→奈良と変

化して、奈良と地名が付いたと考えられ、平城京を造営している所から、この高麗福信が奈良の地名を付けたのではないかと考える。のちの人で、百済王を称し公卿になった帰化人もいる。　典：古代・日名・公補

○西園寺家

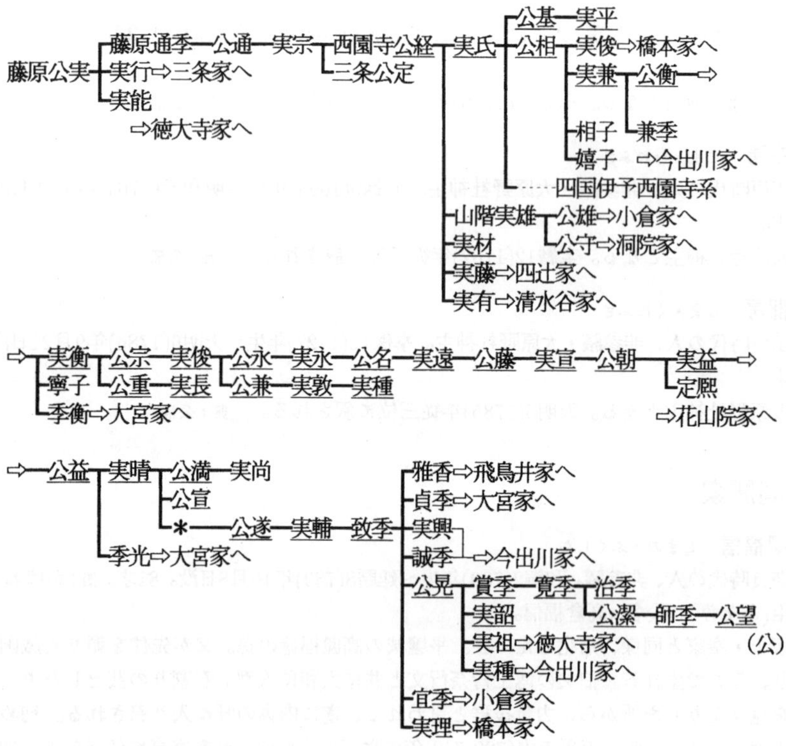

藤原北家系の藤原師輔より別家した、太政大臣藤原公季の曾孫贈太政大臣藤原実季の子権大納言藤原公実の四男権中納言藤原通季の曾孫公経が、洛北の北山に西園寺を創立した所より、西園寺を氏姓とした。代々琵琶の家として知られ、要職を勤め、鎌倉幕府と朝廷の間を斡旋した。実氏より出て四国伊予に勢力を張った西園寺家もあったが公卿に列されなかった。京の西園寺家は皇室の外戚として五摂家をしのぐ権勢を誇った。明治に至り華族に列され西園寺公望は侯爵より公爵を授かる。本姓は藤原。家紋は左三つ巴。菩提寺は京都上京区寺町通鞍馬口下ルの西園寺。京都御苑内の白雲神社は西園寺家の旧鎮守社という。

典：日名・京四・京都

西園寺公経　さいおんじ・きんつね

鎌倉時代の人、太政大臣・准三宮。承安元(1171)年生～寛元2(1244)年8月29日没。74才。初姓=藤原。法名=覚勝。号=西園寺太政大臣。西園寺家の祖。

権大納言藤原公実の四男権中納言藤原通季の曾孫。内大臣藤原実宗の長男。母は権中納言藤原基家の娘。初姓は藤原を名乗る。安元2(1176)年叙爵。治承3(1179)年従五位下に叙され、養和元(1181)年侍従に任ぜられ、寿永2(1183)年正五位下に進み、文治元(1185)年越前権介・左少将、同2年備前介に任ぜられ、同3年従四位下に進み、同5年讃岐権介に任ぜられ、建久元(1190)年従四位上、同2年正四位下に進み、同4年左中将、同7年蔵人頭に任ぜられ、同9年参議に任ぜられる。建仁元(1201)年正三位に進み越前権守に任ぜられ、同2年権中納言に任ぜられる。同3年従二位に進み右衛門督より左衛門督に任ぜられ、元久2(1205)年これを辞す。建永元(1206)年中納言に任ぜられ、承元元(1207)年権大納言に任ぜられる。建暦元(1211)年中宮大夫に任ぜられたが辞し、建保6(1218)年大納言に任ぜられ春宮大夫に任ぜられ、承久元(1219)年右大将・右馬寮御監に任ぜられる。同2年大夫を辞す。同3年正二位に進み内大臣に任ぜられる同年討幕の謀略を京都守護に告げた為に子実氏と共に幽閉されたが、幕府への功により貞応元(1222)年一挙に太政大臣に任ぜられる。同2年従一位に進む。同年太政大臣を辞す。准三宮となる。元仁元(1224)年洛北の北山に西園寺(のち足利義満の北山殿、現在の金閣寺)を創立した所より、西園寺を氏姓とした。寛喜3(1231)年に病気が出て61才で出家。和歌をよく詠み、鷹好きから鷹の和歌を好んだ。妻は源頼朝の妹婿権中納言一条能保の娘。子に実氏・実材・山階実雄・四辻実藤・清水谷実有がいる。　典：大日・日名・伝日・古今・公辞・公補・鎌倉

西園寺実氏　さいおんじ・さねうじ

鎌倉時代の人、太政大臣。建久5(1194)年生～文永6(1269)年6月7日没。76才。法名=実空。号=常盤井入道相国。

太政大臣西園寺公経の長男。母は源頼朝の妹婿権中納言一条能保の娘。弟に実材・山階実雄・四辻実藤・清水谷実有がいる。建久8(1197)年叙爵。建仁2(1202)年従五位上に進み侍従に任ぜられ、元久元(1204)年正五位下、同2年従四位下に進み、建永元(1206)年遠江介・左少将に任ぜられ、承元元(1207)年従四位上に進み近江介に任ぜられ、同2年正四位下に進み左中将に任ぜられ、建暦元(1211)年従三位に進み参議に任ぜられる。同2年正三位に進み近江権守に任ぜられ、建保5(1217)年讃岐権守に任ぜられ、同6年権中納言に任ぜられ左衛門督に任ぜられ、承久元(1219)年従二位に進む。同2年左衛門督を辞す。同年春宮権大夫に任ぜられ、同3年に辞す。同年皇后宮権大夫に任ぜられられる。承久の変が起こり、父公経が謀略を京都守護に告げた事により、共に弓場殿に拘禁される。幕府への功により貞応元(1222)年正二位に進み右大将・右馬寮御監に任ぜられ、元仁元(1224)年皇后宮権大夫を辞す。同年権大納言に任ぜられる。寛喜2(1230)年中宮大夫に任ぜられ、同3年内大臣に任ぜられ皇太子伝奏となる。貞永元(1232)年右大将を辞す。天福元(1233)年踏歌内弁となる。嘉禎元(1235)年右大臣に任ぜられ、同2年従一位に進む。同年右大臣を辞す。寛元4(1246)年太政大臣に任ぜられるも辞す。文応元(1260)年67才で出家。京極常盤井に住む所から常盤井入道と号した。男子に公基・公相がいる。長女は第八十八代後

嵯峨天皇の後宮となり、次女も第八十九代後草深天皇の中宮となり、西園寺家の道を開き、以後、皇室の外戚として権勢を誇るようになる。また、四国伊予の西園寺家(実清・実光・公広など)はこの実氏より出たと言われている。邸宅の常盤井殿は京都中京区の下御霊神社付近にあった。　典：大日・日名・伝日・古今・公辞・京都・鎌倉・公補

西園寺公基　さいおんじ・きんもと

鎌倉時代の人、右大臣。承久2(1220)年生～文永11(1274)年12月14日没。55才。号=京極前右大臣・万里小路殿。

太政大臣西園寺実氏の長男。母は参議藤原親雅の娘典侍幸子。弟に公相、姉妹は天皇家に上る。元仁2(1225)年叙爵し侍従に任ぜられ、安貞元(1227)年従五位上、同3年正五位下に進み丹後権介・右少将、寛喜2(1230)年播磨介に任ぜられ、同3年従四位下、同4年従四位上、貞永2(1232)年正四位下に進み右権中将に任ぜられ、嘉禎2(1236)年従三位に進み参議に任ぜられ、同3年正三位に進み権中納言に任ぜられ左衛門督・検別当に任ぜられ、仁治元(1240)年従二位に進み中納言に任ぜられる。同2年権大納言に任ぜられ弟公相と叔父山階実雄と共に権大納言となる。同3年正二位に進み、建長5(1253)年右大将に任ぜられ、同6年内大臣に任ぜられる。弟は右大臣。同7年右大将を辞す。正嘉元(1257)年右大臣に任ぜられ、弟は左大臣・叔父は内大臣となる。同2年右大臣を辞す。子に実平がいる。　典：公辞・公補

西園寺公相　さいおんじ・きんすけ

鎌倉時代の人、太政大臣。貞応2(1223)年生～文永4(1267)年10月12日没。45才。初名=公輔。号=冷泉・今出川。

太政大臣西園寺実氏の次男。兄に公基、姉妹は天皇家に上る。初め公輔と名乗る。嘉禄2(1226)年叙爵。安貞元(1227)年従五位上に叙され、同3年侍従に任ぜられ、寛喜2(1230)年正五位下、同3年従四位下、同4年従四位上に進み、貞永2(1232)年左中将、文暦2(1234)年播磨介に任ぜられ同年正四位下、嘉禎2(1236)年従三位に進む。同年公相と改名。同3年正三位、暦仁元(1238)年権中納言に任ぜられる。延応元(1239)年従二位に進み権大納言に任ぜられる。仁治2(1241)年正二位に進み、同3年中宮大夫に任ぜられ、寛元元(1243)年春宮大夫に転じ、同4年に辞す。建長2(1250)年右大将・右馬寮御監に任ぜられ、同4年内大臣となる。同5年左大将に任ぜられ、同6年これを辞す。同年右大臣に任ぜられる。正嘉元(1257)年従一位に進み右大臣を辞す。同3年左大臣に任ぜられ、文応2(1261)年これを辞す。同年太政大臣に任ぜられる。弘長2(1262)年太政大臣を辞す。子に実兼・実顕・橋本実俊がいる。　典：大日・日名・伝日・公辞・公補

西園寺実材　さいおんじ・さねえだ

鎌倉時代の人、中納言。寛喜元(1229)年生～文永4(1267)年2月9日没。39才。

太政大臣西園寺公経の五男。母は舞女。兄に実氏・山階実雄・四辻実藤・清水谷実有がいる。左中将に任ぜられ、建長6(1254)年従三位、正嘉元(1257)年正三位に進み、同2年権中納言に任ぜられる。正元元(1259)年従二位、弘長2(1262)年正二位に進み、文永2(1265)年中納言に任ぜられ、同3年に辞す。　典：公補

西園寺実兼　さいおんじ・さねかね

鎌倉時代の人、太政大臣。建長元(1249)年生～元亨2(1322)年9月10日没。74才。法名=悦空。通称=後西園寺入道相国。

太政大臣西園寺公相の次男。母は大外記中原師朝の娘。弟に実顯・橋本実俊がいる。建長7(1255)年叙爵。同8年従五位上に叙され侍従、正嘉元(1257)年左少将に任ぜられ、同2年正五位下に進み讃岐介・左中将に任ぜられ、同3年従四位上、正元2(1260)年正四位下、弘長元(1261)年従三位、同2年正三位に進み遠江権守に任ぜられ、文永3(1266)年権中納言に任ぜられる。同4年従二位、同5年正二位に進み、同6年家督相続し左衛門督に任ぜられ、同8年権大納言に任ぜられる。建治元(1275)年春宮大夫に任ぜられ、弘安10(1287)年に辞す。正応元(1288)年従一位に進み大納言に任ぜられ、更に右大将を任ぜられ、同2年内大臣に任ぜられる。同3年任職を辞す。同4年太政大臣に任ぜられ、同5年に辞す。正安元(1299)年に51才で出家するも宮廷の元老として重鎮される。男子に公衡・公顯・今出川兼季、娘禧子は第九十六代後醍醐天皇の皇后となる。　典：大日・日名・伝日・公辞・公補・京都

西園寺実顕　さいおんじ・さねあき

鎌倉時代の人、参議。生没年不明。

太政大臣西園寺公相の三男。母は権中納言京極定家(有名な藤原定家)の娘。兄に実兼、弟に橋本実俊がいる。建長5(1253)年叙爵。同6年従五位上に叙され、同8年侍従に任ぜられ、正嘉元(1257)年正五位下、同2年従四位下に進み播磨権介・左少将に任ぜられ、同3年従四位上に進み、正元2(1259)年左中将に任ぜられ、文応元(1260)年正四位下に進み、弘長3(1263)年中宮権亮に任ぜられ、文永4(1267)年従三位に進み、同6年伊予権守に任ぜられ、同7年正三位に進み参議に任ぜられる。同8年出家。　典：公補

西園寺実平　さいおんじ・さねひら

鎌倉時代の人、権中納言。建長2(1250)年生～没年不明。初名=実時。前名=実綱。

右大臣西園寺公基の子。母は権大納言四条隆衡の娘従二位親子。初め実時と名乗る。建長7(1255)年叙爵。康元2(1257)年侍従に任ぜられる。同年実綱と改名。正嘉2(1258)年従五位上、同3年正五位下より従四位下に進み左少将に任ぜられ、正元元(1259)年従四位上に進み右中将・伊予権介に任ぜられ、弘長2(1262)年正四位下に進み、文永3(1266)年伊予介に任ぜられ、同6年従三位に進む。実平と改名。同8年正三位、同11年従二位に進み左中将に任ぜられ、建治2(1276)年権中納言に任ぜられる。翌年27才で出家。　典：公補

西園寺公衡　さいおんじ・きんひら

鎌倉時代の人、左大臣。文永元(1264)年生～正和4(1315)年9月25日没。52才。号=竹林院・竹林院左府・竹中。法名=静勝。僧名=戒師栂尾良上人。

太政大臣西園寺実兼の長男。母は内大臣中院通成の娘。弟に公顯・今出川兼季がいる。文永2(1265)年従五位下に叙される。同4年従五位上に進み、同5年侍従に任ぜられ、同6年正五位下より従四位下に進み左中将・讃岐介に任ぜられ、同8年従四位上、同9年正四位下、建治2(1276)年従三位に進み伊予権守に任ぜられ、同3年正三位に進む。弘安3(1280)年伊予権守を辞す。同6年参議より権中納言に任ぜられ従二位、同7年正二位に進み、同8

年左衛門督・兼皇后宮権大夫に任ぜられる。同10年左衛門督を辞す。正応元(1288)年持明院統に結び勢力の増大を図り中宮大夫に任ぜられ中納言より権大納言に任ぜられる。同3年亀山法皇に妹瑛子が寵愛を受ける。同5年右大将に任ぜられる。同年任職を辞す。永仁5(1297)年再び権大納言・右大将に任ぜられ更に大納言に任ぜられる。同6年右大将を辞す。同年内大臣に任ぜられる。正安元(1299)年右大臣に任ぜられるも辞す。娘寧子を後伏見上皇の妃とする。同3年従一位に進む。延慶2(1309)年左大臣に任ぜられるも辞す。応長元(1311)年に48才で出家。関東申次となり権勢を誇る。更に娘寧子に皇子誕生し、外祖として威厳を示した。「竹林院左府記」を記述する。子に実衡・大宮季衡がいる。　典：大日・日名・伝日・古今・公辞・公補

西園寺公顕　さいおんじ・きんあき

鎌倉時代の人、右大臣。文永11(1274)年生〜元亨元(1321)年2月8日没。48才。号=今出川右大臣。

太政大臣西園寺実兼の三男。母は関白二条師嗣の娘。兄に公衡、弟に今出川兼季がいる。正応元(1288)年従五位上より正五位下に叙され左少将・中宮権亮に任ぜられ、同2年従四位上に進み左中将に任ぜられ、同3年正四位下に進み皇后宮権大夫に任ぜられ参議に任ぜられる。同4年従三位に進み権中納言に任ぜられる。同5年左衛門督・中宮権大夫に任ぜられ、永仁元(1293)年正三位に進む。同2年左衛門督を辞す。同4年従二位、同5年正二位に進む。同6年中宮権大夫を辞す。同年権大納言に任ぜられる。徳治2(1307)年春宮権大夫に任ぜられる。延慶元(1308)年大夫を辞す。同3年右大将に任ぜられる。応長元(1311)年右馬寮御監に任ぜられる。正和元(1312)年任職を辞す。正和4(1315)年従一位に進み、同5年内大臣に任ぜられる。文保元(1317)年右大臣に任ぜられるも辞す。　典：公辞・大日・伝日・日名・公補

西園寺実衡　さいおんじ・さねひら

鎌倉時代の人、内大臣。正応3(1290)年生〜嘉暦元(1326)年11月18日没。37才。号=今出川前内大臣・竹中内大臣・竹中殿。

左大臣西園寺公衡の長男。母は権大納言中御門経任の娘。弟に大宮季衡、妹に後伏見上皇の妃となった寧子がいる。正応4(1291)年従五位下に叙され、同5年従五位上、永仁2(1294)年正五位下に進み、同3年侍従に任ぜられ、同4年従四位下、同5年従四位上に進み右中将に任ぜられ、同6年正四位下に進み左中将に任ぜられ、嘉元2(1304)年従三位に進み、徳治元(1306)年兼美濃権守に任ぜられ、延慶2(1309)年正三位より従二位に進み権中納言に任ぜられる。同年左衛門督・師別当に任ぜられたが師別当を辞し、同3年左衛門督を辞す。応長2(1312)年正二位に進み、正和4(1315)年中納言に任ぜられ、同5年権大納言に任ぜられる。元応元(1319)年兼中宮大夫に任ぜられ、元亨2(1322)年大納言に任ぜられる。同3年中宮大夫を辞す。同年兼右近大将に任ぜられる。正中2(1324)年内大臣に任ぜられ、嘉暦元(1326)年に辞す。子に公宗・公重がいる。　典：大日・日名・伝日・公辞・公補

西園寺公宗　さいおんじ・きんむね

鎌倉時代の人、権大納言。延慶3(1310)年生〜建武2(1335)年8月2日没。26才。号=北山。

内大臣西園寺実衡の長男。弟に公重がいる。従三位に叙され左中将に任ぜられ、正中2(1325)年兼丹波権守に任ぜられ参議より権中納言に任ぜられる。嘉暦元(1326)年正三位に進み兼春宮大夫に任ぜられ、同2年従二位、元徳2(1330)年正二位に進み権大納言に任ぜられる。元弘元(1331)年春宮大夫を辞す。正慶2(1333.元弘3)年権大納言を辞すも再び任ぜられ、ついで兼中宮大夫に任ぜられる。建武2(1335)年兵部卿に任ぜられる。同年北条高時の勢力回復を計る為に高時の弟泰家に京都に乱を起こさせたが、露顕し勘勅に触れて出雲に流され名和長年に殺害される。子に実俊がいる。　典：大日・伝日・公補

西園寺公重　さいおんじ・きんしげ

鎌倉・南北朝時代の人、右大臣。文保元(1317)年生〜貞治6(1367.正平22)年没。51才。通称=竹林院前内大臣。

内大臣西園寺実衡の次男。兄に公宗がいる。嘉暦2(1327)年正四位下に叙され左中将に任ぜられ、同3年従三位、元徳2(1330)年正三位に進み、元弘元(1331)年土佐権守に任ぜられ更に参議より権中納言に任ぜられ兼春宮権大夫に任ぜられ、正慶元(1332.元弘2)年従二位に進み春宮大夫に任ぜられる。同2年兄との関係で正三位・参議に落官位し大夫を辞す。建武元(1334)年再び権中納言に任ぜられ兼右兵衛督に任ぜられ、同2年従二位に進み左兵衛督に任ぜられる。延元元(1336)年権大夫を辞す。同4年正二位に進む。同年左兵衛督を辞し、暦応元(1338.延元3)年兼左衛門督に任ぜられ権大納言に任ぜられ、貞和2(1346)年大納言に任ぜられる。同4年右大将から左大将に任ぜられ、同5年右大臣に任ぜられる。観応2(1351.正平6)年任職を辞す。のちに吉野朝に奉じ、その地にて没す。子に実長がいる。　典：大日・日名・公補

西園寺実顕　さいおんじ・さねあき

鎌倉・南北朝時代の人、権中納言。生年不明〜正慶2(1333.元弘3)年9月15日没。

右大臣西園寺公顕の子。正和5(1316)年叙爵。同6年従五位上、元応2(1320)年正五位下に進み、嘉暦元(1326)年侍従に任ぜられ、同2年従四位下に進み左少将に任ぜられ、同3年従四位上より正四位下に進み同年左中将、同4年中宮亮に任ぜられ、元徳元(1329)年従三位に進み、同2年参議に任ぜられる。元弘元(1331)年正三位に進む。備中権守に任ぜられたが任職を辞す。正慶元(1332.元弘2)年権中納言に任ぜられるも辞す。同2年参議に落官となる。　典：公補

西園寺実長　さいおんじ・さねなが

南北朝時代の人、権中納言。建武元(1334)年生〜文和4(1355.正平10)年2月28日没。22才。初名=実茂。

右大臣西園寺公重の子。初め実茂と名乗る。建武2(1335)年従五位下、暦応元(1338)年従五位上に叙され侍従に任ぜられ、同2年正五位下より従四位上、同4年従四位上、康永元(1342.興国3)年正四位下に進み信濃介・左中将に任ぜられ、同3年従三位に進み兼讃岐権守に任ぜられ、貞和4(1348.正平3)年参議に任ぜられ、更に春宮権大夫に任ぜられる。同年実長と改名。同5年正三位に進み権中納言に任ぜられる。文和元(1352.正平7)年春宮権大夫を辞し、同2年任職を辞す。旅先の河州天野にて没す。　典：公補

西園寺実俊 さいおんじ・さねとし

南北朝時代の人、右大臣。建武2(1335)年生〜康応元(1389)年7月6日没。55才。初名=実名。号=後常磐井。通称=後常磐井入道前右大臣。

権大納言西園寺公宗の子。母は権大納言日野資名の娘。初め実名と名乗る。建武4(1337)年従五位下に叙され、のち従五位上、暦応2(1339)年正五位下、同3年従四位下に進み、同4年左中将に任ぜられ、康永元(1342.興国3)年従四位上に進み播磨介に任ぜられ、同2年正四位下、同3年従三位に進み兼美作権守に任ぜられる。実俊と改名。貞和元(1345)年美作権守を辞す。同5年正三位に進み権中納言に任ぜられる。文和2(1353.正平8)年兼左衛門督に任ぜられ権大納言に任ぜられる。同3年従二位に進み大歌所別当となる。同4年正二位に進み、延文5(1360)年右近大将に任ぜられ右馬寮御監となる。貞治3(1364)年内大臣に任ぜられ、同5年右大臣に任ぜられる。同6年任職を辞す。永和元(1375.天授元)従一位に進む。康応元(1389)年出家。子に公永・公兼がいる。 典:大日・日名・公辞・公補

西園寺公永 さいおんじ・きんなが

南北朝時代の人、権大納言。文和2(1353.正平8)年生〜明徳元(1390.元中7)年7月15日没。38才。

右大臣西園寺実俊の長男。弟に公兼がいる。右権中将に任ぜられ、のちこれを辞し、貞治2(1363.正平18)年従三位に叙される。同5年権中納言に任ぜられる。応安元(1368.正平23)年正三位、同4年従二位、同6年正二位に進み、永和元(1375.天授元)権大納言に任ぜられる。子に実永がいる。 典:公辞・公補

西園寺公兼 さいおんじ・きんかね

南北朝・室町時代の人、権大納言。生年不明〜応永24(1417)年6月没。

右大臣西園寺実俊の次男。兄に公永がいる。左近中将に任ぜられ、貞治6(1367.正平22)年従三位に叙される。応安2(1369.正平24)年正三位に進み、同4年参議に任ぜられる。同6年従二位に進み、同7年権中納言に任ぜられ、康暦元(1379.天授5)年権大納言に任ぜられる。永徳元(1381.弘和元)任職を辞す。子に実敦がいる。 典:公補

西園寺実永 さいおんじ・さねなが

南北朝・室町時代の人、右大臣。永和3(1377.天授3)年生〜永享3(1431)年10月9日没。55才。初名=実村。号=慶寿院。

権大納言西園寺公永の子。実永と改名。左中将に任ぜられ従四位上に叙され、明徳4(1393)年参議に任ぜられる。応永2(1395)年正四位下より従三位に進み権中納言に任ぜられ、同4年正三位に進み、同6年権大納言に任ぜられる。同8年従二位、同9年正二位に進み、同22年右大将に任ぜられ、同26年内大臣に任ぜられる。同27年右大臣に任ぜられるも辞す。同28年従一位に進む。子に公名がいる。 典:大日・公辞・公補

西園寺実敦 さいおんじ・さねあつ

室町時代の人、参議。生年不明〜応永8(1401)年没。

権大納言西園寺公兼の子。右中将に任ぜられ正四位下に叙される。応永元(1394)年参議に任ぜられる。同2年従三位に進み土佐権守に任ぜられる。同6年これを辞す。同7年備後権守に任ぜられる。子に実種がいる。　典：公補

西園寺実種　さいおんじ・さねたね

室町時代の人、権大納言。生年不明〜文安5(1448)年11月没。初名=実光。

参議西園寺実敦の子。初め実光と名乗る。父が早く没したので、祖父の権大納言西園寺公兼の家督を相続。左中将に任ぜられ従四位下に叙され、応永25(1418)年従四位上に進み参議に任ぜられる。同26年正四位下より従三位に進み播磨権守に任ぜられる。同27年権中納言に任ぜられ、同28年に辞す。永享元(1429)年正三位に進み再び権中納言に任ぜられる。同2年従二位に進む。同3年実種と改名。同4年任職を辞し蟄居。のち許されて嘉吉元(1441)年正二位に進む。文安元(1444)年権大納言に任ぜられるも辞す。　典：公補

西園寺公名　さいおんじ・きんな

室町時代の人、太政大臣。応永17(1410)年生〜応仁2(1468)年5月22日没。号=観音寺。通称=観音寺入道。

右大臣西園寺実永の子。母は非参議持明院基親の娘。左近中将に任ぜられ従四位下に叙される。応永27(1420)年参議に任ぜられる。同28年従四位上に進み備中権守に任ぜられ、同29年正四位下より従三位、同32年正三位に進み権中納言に任ぜられる。正長元(1428)年権大納言に任ぜられる。永享5(1433)年従二位に進み右大将に任ぜられ大歌所別所・右馬寮御監となる。同9年左大将に任ぜられ、同10年内大臣に任ぜられる。同11年正二位に進む。同12年按察使となるも翌年に任職を辞す。宝徳2(1450)年従一位に進み、康正元(1455)年太政大臣に任ぜられる。長禄元(1457)年48才で出家。子に実遠がいる。　典：大日・日名・公辞・公補

西園寺実遠　さいおんじ・さねとお

室町時代の人、左大臣。永享6(1434)年生〜明応4(1495)年11月25日没。62才。号=後竹林院。

太政大臣西園寺公名の子。嘉吉2(1442)年従五位上に叙される。文安元(1444)年正五位下に進み、左少将より左中将・兼讃岐介に任ぜられ、同3年従四位下、同4年従四位上、同5年正四位下より従三位に進み、宝徳元(1449)年権中納言に任ぜられる。同3年正三位に進み、享徳2(1453)年権大納言に任ぜられ、同3年従二位、康正2(1456)年正二位に進み、寛正6(1465)年右近衛大将に任ぜられ、文正元(1466)年内大臣に任ぜられ、応仁元(1467)年従一位に進む。同年内大臣を辞す。文明13(1481)年右大臣に任ぜられ、同15年左大臣に任ぜられる。長享元(1487)年左大臣を辞す。書をよくし和歌集「新菟玖波集」の作者。子に公藤がいる。　典：大日・日名・公辞・公補

西園寺公藤　さいおんじ・きんふじ

室町時代の人、右大臣。康正元(1455)年生〜永正9(1512)年6月19日没。58才。号=得生院。

左大臣西園寺実遠の子。左中将に任ぜられ、文明14(1482)年従三位に叙される。同17年権中納言に任ぜられるも翌年に辞す。長享2(1488)年正三位に進み、延徳元(1489)年権大納言に任ぜられる。明応2(1493)年従二位に進み、同6年右大将に任ぜられ、文亀元(1501)年内大臣に任ぜられ左大将に任ぜられ、同2年正二位に進む。同4年左大将を辞す。永正3(1506)年右大臣に任ぜられるも翌年に辞す。中風にて没す。子に実宣がいる。　典：大日・公辞・公補

西園寺実宣　さいおんじ・さねのり

室町・戦国時代の人、左大臣。明応5(1496)年生～天文10(1541)年9月12日没。46才。号=後観音寺。

右大臣西園寺公藤の子。明応8(1499)年叙爵。文亀元(1501)年侍従に任ぜられ、同2年従五位上、同3年正五位下に進み、同4年左中将に任ぜられ、永正3(1506)年従四位下、同5年従四位上、同6年正四位下に進み、同9年参議に任ぜられ、同10年従三位に進み、同11年権中納言に任ぜられる。同13年正三位に進む。同17年伊予国に下向。同18年従二位、大永6(1526)年正二位に進む。天文元(1532)年に上洛したらしく翌年に参内している。同4年内大臣に任ぜられ、更に同6年左大臣に任ぜられる。同8年左大将に任ぜられたが辞す。同9年従一位に進む。同年左大臣を辞す。子に公朝がいる。　典：大日・公辞・公補

西園寺公朝　さいおんじ・きんとも

室町・安土桃山時代の人、左大臣。永正12(1515)年生～天正18(1590)年6月22日没。76才。号=慈光院。

左大臣西園寺実宣の子。母は内大臣正親町三条実望の娘。享禄2(1529)年従五位下に叙される。同年元服し侍従に任ぜられ、同4年従五位上、同5正五位下、天文3(1534)年従四位下に進み左少将に任ぜられ、同4年正四位下に進み左中将に任ぜられ、同5年従三位に進み権中納言に任ぜられる。同7年正三位、同9年従二位に進み、同12年権大納言に任ぜられる。同13年正二位に進み、同19年右大将に任ぜられ、同22年内大臣に任ぜられ左大将に任ぜられ、同23年右大臣に任ぜられ、弘治3(1557)年左大臣に任ぜられる。永禄元(1558)年左大将を辞す。同2年従一位に進み踏歌内弁となる。天正4(1576)年左大臣を辞す。子に実益・花山院定熙がいる。　典：大日・日名・公辞・公補

西園寺実益　さいおんじ・さねます

安土桃山・江戸時代の人、右大臣。永禄3(1560)年生～寛永9(1632)年3月12日没。73才。号=一真院。

左大臣西園寺公朝の子。母は内大臣万里小路秀房の娘。弟に花山院定熙がいる。永禄4(1561)年叙爵し侍従に任ぜられ、同8年従五位上、同11年正五位に進む。元亀元(1570)年元服。従四位下より正四位下に進み左中将に任ぜられ、同3年従三位に進み、天正2(1574)年権中納言に任ぜられる。同2年正三位に進み、同5年権大納言に任ぜられる。同6年従二位、同8年正二位に進み右大将に任ぜられる。慶長4(1599)年神宮伝奏となる。同8年右大将を辞す。同16年再び右大将に任ぜられ、同19年再びこれを辞す。同年内大臣に任ぜら

れる。元和3(1617)年従一位に進み、同4年内大臣を辞す。同6年右大臣に任ぜられ翌年に辞す。子に公益がいる。　典：大日・公辞・公補

西園寺公益　さいおんじ・きんます

江戸時代の人、内大臣。天正10(1582)年4月20日生～寛永17(1640)年2月17日没。59才。一字名=桜。号=空直院又は真空院。

右大臣西園寺実益の子。天正11(1583)年叙爵。侍従に任ぜられ、同16年従五位上に叙され、同17年元服。左中将に任ぜられ、文禄元(1592)年正五位下、慶長2(1597)年従四位下、同16年従四位上、同17年正四位下、同18年従三位に進み、同19年権中納言に任ぜられる。元和元(1615)年踏歌外弁となる。同2年正三位に進み、同3年権大納言に任ぜられる。同5年従二位、同6年正二位に進み、寛永6(1629)年神宮伝奏となる。同8年内大臣に任ぜられ翌年に辞す。同12年従一位に進む。子に実晴・大宮季光がいる。　典：大日・公辞・公補

西園寺実晴　さいおんじ・さねはれ

江戸時代の人、左大臣。慶長6(1601)年生～延宝元(1673)年1月11日没。73才。一字名=桜。号=大恵院。

内大臣西園寺公益の子。弟に大宮季光がいる。慶長16(1611)年叙爵。同18年従五位上に叙され侍従に任ぜられ、同19年正五位下に進み、同20年元服。左中将に任ぜられ、元和元(1615)年従四位下、同2年従四位上、同5年正四位下に進み参議に任ぜられる。同7年従三位に進み、寛永4(1627)年権中納言に任ぜられる。同5年正三位、同7年従二位に進み、同9年権大納言に任ぜられ踏歌外弁となる。同11年正二位に進み、同12年神宮伝奏となる。同14年右大将に任ぜられ、同15年に辞す。同17年任職を辞す。慶安2(1649)年内大臣に任ぜられ翌年に辞す。承応3(1654)年右大臣に任ぜられるも辞す。万治3(1660)年従一位に進む。寛文7(1667)年左大臣に任ぜられ翌年に辞す。同12年72才で出家。子に公満・公宣(従五位上・侍従、寛文,9,5,7没、5才)、孫に公遂がいる。　典：公辞・公補

西園寺公満　さいおんじ・きんみつ

江戸時代の人、権中納言。元和8(1622)年生～慶安4(1651)年7月20日没。30才。

左大臣西園寺実晴の子。弟に公宣(従五位上・侍従、寛文,9,5,7没、5才)がいる。寛永元(1624)年叙爵。同4年従五位上、同5年正五位下に進み、同8年侍従に任ぜられ、同9年元服。従四位下に進み左中将に任ぜられ、同12年従四位上、同13年正四位下、同16年従三位に進み、同18年権中納言に任ぜられる。正保元(1644)年踏内外弁となる。慶安2(1649)年任職を辞す。子に実尚(正四位下・左中将、万治3,12,29没、16才)がいる。　典：公辞・公補

西園寺公遂　さいおんじ・きんすい

江戸時代の人、非参議。寛文3(1663)年2月23日生～延宝6(1678)年6月10日没。16才。

左大臣西園寺実晴の孫。父の兄弟が若くして没した為、祖父の家督を相続する。寛文11(1671)年叙爵し侍従に任ぜられ、同12年従五位上より正五位下に進む。同年元服。左中将に任ぜられ、延宝元(1673)年従四位下、同2年従四位上、同4年正四位下、同5年従三位に進む。　典：公辞・公補

西園寺実輔　さいおんじ・さねすけ

江戸時代の人、権中納言。寛文元(1661)年生～貞享2(1685)年1月5日没。25才。初名=兼敦。号=円応院。

摂政・関白・左大臣鷹司房輔の次男。兄に鷹司兼熙、弟に鷹司輔信・一条兼香がいる。西園寺家が断絶しそうになったことから、鷹司家より西園寺家の家督を相続する。従三位に叙され左中将に任ぜられ、天和元(1681)年権中納言に任ぜられる。同2年実輔と改名。踏歌外弁となる。同3年中宮権大夫に任ぜられる。子に致季がいる。　典：公辞・公補

西園寺致季　さいおんじ・むねすえ

江戸時代の人、左大臣。天和3(1683)年11月9日生～宝暦6(1756)年7月4日没。74才。一字名=ス・エ。号=円寿光院。

権中納言西園寺実輔の子。貞享2(1685)年叙爵。同4年従五位上に叙され侍従に任ぜられ、元禄2(1689)年正五位下、同4年従四位下に進む。同年元服し左少将に任ぜられ、同5年左中将に任ぜられ、同7年従四位上より正四位下、同9年従三位に進み、同12年権中納言に任ぜられる。同13年正三位に進み、同16年権大納言に任ぜられる。宝永3(1706)年従二位に進み神宮伝奏となる。同4年踏歌節会外弁となる。同5年神宮伝奏を辞す。正徳2(1712)年正二位に進み再び神宮伝奏となり、同3年に再び辞す。享保9(1724)年右大将に任ぜられたが辞す。同13年内大臣に任ぜられるも辞す。同14年従一位に進む。元文3(1738)年右大臣に任ぜられるも辞す。延享2(1745)年左大臣に任ぜられるも辞す。子に公晃・飛鳥井雅香・今出川実興・今出川誠季・小倉宜季・橋本実理がいる。　典：大日・伝日・公辞・公補

西園寺公晃　さいおんじ・きんあきら

江戸時代の人、内大臣。元禄15(1702)年7月11日生～明和7(1770)年8月21日没。69才。号=遍照光院。

左大臣西園寺致季の子。関白・左大臣鷹司兼熙の猶子という。享保5(1720)年叙爵。従五位上に叙される。同6年正五位下に進み侍従に任ぜられ、同7年従四位下に進む。同8年元服。従四位上より正四位下に進み左中将に任ぜられ、同10年従三位に進み、同12年踏歌節会外弁となる。同13年権中納言に任ぜられる。同14年正三位に進み、同17年権大納言に任ぜられる。同18年従二位に進む。元文3(1738)年権大納言を辞すも、寛延3(1750)年再び任ぜられる。宝暦元(1751)年正二位に進み、同3年補大歌所別当となる。同5年右大将に任ぜられ内大臣に任ぜられるも翌年に任職を辞す。同10年従一位に進む。子に賞季・徳大寺実祖・今出川実種がいる。　典：大日・日名・公辞・公補

西園寺賞季　さいおんじ・よしすえ

江戸時代の人、右大臣。寛保3(1743)年8月12日生～寛政11(1799)年12月22日没。57才。号=後大恵院。

内大臣西園寺公晃の長男。母は内大臣今出川伊季の娘。弟に徳大寺実祖・今出川実種がいる。寛延元(1748)年従五位下に叙され侍従に任ぜられ、同2年従五位上、同3年正五位下、宝暦元(1751)年従四位下、同3年従四位上、同4年正四位下に進む。同年元服し左権少将に任ぜられ、同6年右権中将に任ぜられ従三位に進み、同8年権中納言に任ぜられ、

同9年正三位に進み、同12年権大納言に任ぜられる。同13年従二位に進み、明和元(1764)年補大歌所別当・踏歌外弁となる。同3年正二位に進む。同5年春宮権大夫より奏宮大夫に任ぜられ、同7年に辞す。安永4(1775)年内大臣に任ぜられるも辞す。寛政2(1790)年従一位に進む。同4年再び内大臣に任ぜられるも辞し、同8年右大臣に任ぜられるも辞す。子に実韶、養子に寛季(二条家より)がいる。　典：公辞・公補

西園寺実韶　さいおんじ・さねしょう

江戸時代の人、非参議・安永6(1777)年12月7日生～天明6(1786)年11月23日没。10才。

右大臣西園寺賞季の次男。天明2(1782)年内大臣西園寺公晃の養子となり従五位下に叙され侍従に任ぜられ、同3年正五位下、同4年従四位下、同5年従四位上より正四位下、同6年従三位に進む。同年元服し左権少将より左近衛権中将に任ぜられる。　典：公補

西園寺寛季　さいおんじ・ひろすえ

江戸時代の人、権中納言。天明6(1786)年12月5日生～安政3(1856)年2月12日没。71才。法名=覚道。

左大臣二条治孝の三男。母は参議宗翰の娘。右大臣西園寺賞季と権大納言広幡長忠の娘の養子となる。寛政6(1794)年従五位下に叙され侍従に任ぜられ、同7年従五位上、同8年正五位下より従四位下に進む。同年元服し右権少将に任ぜられ、同9年従四位上より正四位下に進み左権中将に任ぜられ、同10年従三位、享和元(1801)年正三位に進み、同2年踏歌外弁となる。文化3(1806)年権中納言に任ぜられ、同9年に辞す。文政2(1819)年従二位に進み、同3年再び権中納言に任ぜられる。同4年正二位に進む。天保3(1832)年に権中納言を辞す。47才で出家。子に治季・公潔がいる。　典：公辞・公補

西園寺治季　さいおんじ・はるすえ

江戸時代の人、非参議。文化6(1809)年6月14日生～文政9(1826)年7月9日没。18才。

権中納言西園寺寛季の長男。母は権大納言正親町公明の娘。弟に公潔がいる。文化9(1812)年従五位下に叙され、同11年従五位上、同12年正五位下、同13年従四位下に進み侍従に任ぜられ、文政元(1818)年従四位上、同2年正四位下に進む。同5年元服。左権少将に任ぜられ、同7年左権中将に任ぜられ従三位に進む。子に師季がいる。　典：公辞・公補

西園寺公潔　さいおんじ・きんけつ

江戸時代の人、非参議。文政元(1818)年2月1日生～天保7(1836)年5月30日没。19才。

権中納言西園寺寛季の子。兄に治季がいる。天保3(1832)年従五位下より従五位上に叙される。同年元服し侍従に任ぜられ、同4年正五位下より従四位下に進み左近衛権少将に任ぜられ、同5年従四位上に進み右権中将に任ぜられ、同6年正四位下、同7年従三位に進む。家督養子に師季(兄治季の子)がいる。　典：公辞・公補

西園寺師季　さいおんじ・もろすえ

江戸時代の人、非参議。文政9(1826)年9月1日生～嘉永4(1851)年7月19日没。26才。

非参議西園寺治季の子。天保7(1836)年叔父の非参議西園寺公潔が没したので家督を相続。従五位下より従五位上に進む。同8年正五位下より従四位下に進む。同年元服し侍従

に任ぜられ、同10年従四位上より正四位下に進み左権少将に任ぜられ、弘化元(1844)年右権中将に任ぜられ、同2年従三位に進み踏歌外弁となる。同3年正三位に進む。子に公望がいる。　典：公辞・公補

西園寺公望　さいおんじ・きんもち

江戸末期・明治以降の人、権中納言。弘化4(1847)年10月22日生〜昭和15(1940)年11月24日没。92才。雅号=陶庵。

非参議西園寺師季の子。母は内大臣徳大寺実堅の娘。兄に徳大寺実則がいる。嘉永4(1851)年従五位下に叙され、同5年従五位上、同6年正五位下に進み侍従に任ぜられ、安政元(1854)年従四位下、同2年従四位上、同3年正四位下に進む。同年元服し右権少将に任ぜられ、文久元(1861)年従三位に進み右権中将に任ぜられ、同2年正三位に進み、慶応2(1866)年踏歌外弁となる。明治元(1868)年権中納言に任ぜられ明治の新政府では参与に任ぜられる。住居は京都新在家東側。家料は597石。明治以降には外務大臣・文部大臣・枢密院議長・大蔵大臣・総理大臣を歴任し、明治・大正・昭和の三代に活躍した。明治に華族に列され侯爵のち公爵、更に従一位・大勲位を授かる。静岡の興津で没し、国葬で葬られる。　典：幕末・明治・大日・日名・伝日・京都・公辞・公補

◯佐伯家

飛鳥朝廷の軍事を担当した氏族で、佐伯の語源は「塞ぎる」「遮ぎる」サエギルから出て、防守の意味と言われる。第40代天武天皇の13年(684)年に姓(かばね)の宿禰を賜る。大伴家と共に宮廷の守衛をし、対外・内乱にも名を挙げているが、今毛人に至り公卿に起用された。しかし、奈良末期より勢力が衰退した。

典：興亡

佐伯今毛人　さえきの・いまえみし

奈良時代の人、参議。養老4(720)年生〜延暦9(790)年10月没。71才。

従五位下・右衛士督佐伯人足の子。天平勝宝元(749)年従五位下に叙され、同2年正五位上に進み春宮大夫に任ぜられ、天平宝字元(757)年従四位下に進み兼右京大夫に任ぜられ摂津大夫となる。同3年造西大寺長官、同7年造東大寺長官となり、この頃に奈良の大仏を製造した。同8年宮城監となり肥前守に任ぜられ、天平神護元(765)年太宰大弐、神護景雲元(767)年左大弁、同3年因幡守に任ぜられ従四位下に進み、同4年兼播磨守に任ぜられ、宝亀2(771)年正四位下に進む。同8年左大弁を辞す。天応元(781)年正四位上、延暦元(782)年従三位に進み左大弁・大和守、同2年兼皇后宮大夫に任ぜられ、同3年参議に任ぜられる。同4年正三位に進む。皇后宮大夫・左大弁を辞す。民部卿に任ぜられ、同5年太宰帥に任ぜられる。同8年任職を辞す。　典：古代・日名・興亡・公補

佐伯永継　さえきの・ながつぐ

平安時代の人、非参議。生年不明〜天長5(828)年11月没。別名=長継。姓(かばね)=宿禰。

従五位上・左衛門佐佐伯継成の子。左衛門督に任ぜられ、ついで蔵人頭に任ぜられ、のちこれを辞す。天長3(826)年従三位に叙される。　典：古代・公補

○坂上家

阿知使主━都賀使主━志努直━駒子直━弓束直━首名直━老━大国━犬養━⇨

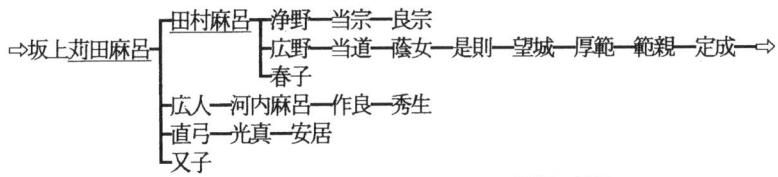

⇨坂上苅田麻呂┳田村麻呂┳浄野━当宗━良宗
　　　　　　┃　　　　┣広野━当道━蔭女━是則━望城━厚範━範親━定成━⇨
　　　　　　┃　　　　┗春子
　　　　　　┣広人━河内麻呂━作良━秀生
　　　　　　┣直弓━光真━安居
　　　　　　┗又子

⇨範政━重俊━業俊━兼俊━明兼━兼成━明基━明成┳明綱━明治
　　　　　　　　　　　　　　　　　　　　　　┗明澄━明成

坂上氏は百済系の渡来人で、氏族の漢氏の一族という。

典：京都

坂上苅田麻呂　さかのうえの・かりたまろ

奈良時代の人、非参議。神亀5(728)年生〜延暦5(786)年1月7日没。59才。姓(かばね)=宿禰。

阿知使主の末裔。大国の孫。正四位上坂上犬養の子。天平宝字中に少尉に任ぜられ、同8(764)年恵美仲麻呂の反乱があり功を治めて従四位下勲二等に叙され、姓(かばね)の忌寸(いみき)を賜り補中衛少将・兼甲斐守に任ぜられ、宝亀元(770)年正四位下に進み陸奥鎮守府将軍となり出任する。丹波・伊予等の国の守となる。天応元(781)年正四位上に進み右衛士督となる。弓・馬をよくこなし、天皇の寵遇に厚く、別に封五十戸を賜る。のち下総守に任ぜられ、延暦4(785)年従三位に進み兼左京大夫に任ぜられる。同5年姓(かばね)の忌寸から宿禰(この時は坂上・内蔵・平田・大蔵・文調・文部・谷・民・佐太・山口等10姓の16人が宿禰)を賜る。子に田村麻呂・広人・直弓がいるがいずれも武将として活躍した。　典：古代・大日・公補

坂上田村麻呂　さかのうえの・たむらまろ

奈良時代の人、大納言。天平宝字2(758)年生〜弘仁2(811)年5月23日没。54才。

正四位上坂上犬養の孫。非参議坂上苅田麻呂の子。延暦4(785)年従五位下に叙され内匠助・近衛少将に任ぜられ、同7年越後介より、同9年越後守に任ぜられ、同11年従五位上、同14年従四位下に進み兼木工頭に任ぜられ、同15年陸奥出羽按察使・鎮守府将軍、同16年征夷大将軍に任ぜられ、同17年従四位上に進み、同18年近衛権中将に任ぜられる。同20年従三位に叙され中将に任ぜられ、同22年刑部卿に任ぜられ、同23年造西大寺長官に任ぜられ、同24年参議に任ぜられ、京都の清水寺の寺地を下賜されて建立する。大同元(806)年勲二等を賜り中納言に任ぜられ中衛大将に任ぜられ、同2年右近衛大将・侍従・兵部卿に任ぜられ、同4年正三位に進み、弘仁元(810)年大納言に任ぜられる。粟田(現東

山区粟田口)に別業を営む。没後に従二位を贈られる。三位中将5年・参議2年・中納言5年・大将6年・中納言2年を務める。田村麻呂は身長5尺8寸･胸1尺3寸で毘沙舎門の化身と言われ、当時最大の課題であった蝦夷地の平定に功績をあげた。墓地として宇治郡栗栖村(現山科区栗栖野・通称は将軍塚)に賜ったが、西野山古墳(現山科区西野山)が墓地とする説がある。別に東山山頂の将軍塚に葬られて死後も京都を守護したという。また、田村麻呂が皇城鎮守の為に地守十禅宮を安置した十禅の森の古跡に寿延寺(日蓮宗・東山区大黒町通松原下ル)が建立されている。男子に浄野・広野、娘春子は第50代桓武天皇の妃となり葛井親王を生んだ。　典：古代・大日・日名・京都・公補

○桜井家

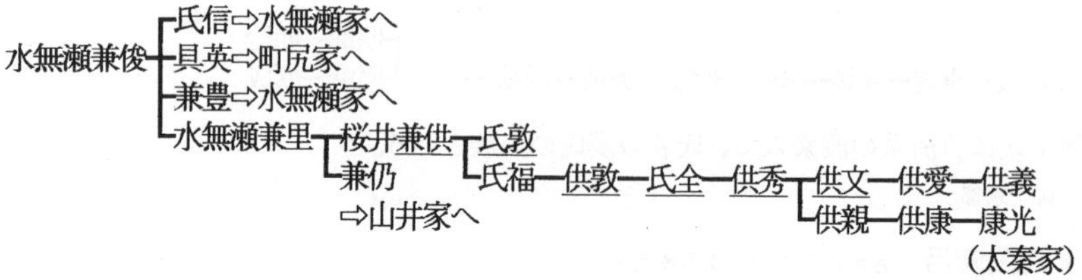

藤原北家の末裔。権中納言水無瀬兼俊の末子兼里の子兼供より、桜井を氏姓とした。明治に至り華族に列され子爵を授かる。本姓は藤原。家紋は菊。菩提寺は京都右京区寺町の浄華寺。

典：日名・京四・家紋

桜井兼供　さくらい・かねとも

江戸時代の人、非参議。万治元(1658)年,閏12月16月生～享保15(1730)年1月4日没。73才。法名=徹源。

権中納言水無瀬兼俊の孫。縫殿助水無瀬兼里朝臣の子。母は権中納言水無瀬兼俊の娘。弟に山井兼仍がいる。延宝元(1673)年叙爵。主計頭に任ぜられ、同6年刑部権少輔に任ぜられ、同7年従五位上、天和3(1683)年正五位下、貞享4(1687)年従四位下、元禄4(1691)年従四位上、同9年正四位下、同13年従三位に進む。この頃より桜井を氏姓とした。宝永3(1706)年正三位に進む。正徳3(1713)年56才で出家。子に氏敦･氏福がいる。　典:公辞･公補

桜井氏敦　さくらい・うじあつ

江戸時代の人、非参議。元禄3(1690)年生～寛保元(1741)年12月20日没。52才。

非参議桜井兼供の長男。母は参議水無瀬兼豊の娘。弟に氏福(従四位下・刑部権大夫。宝暦の事件に連座:綾小路有美の項参照:宝暦10年落飾。文化5,1没。号=徹水、のち贈正四位)がいる。元禄7(1694)年叙爵。同15年元服。従五位上に叙され侍従に任ぜられ、宝永3(1706)年正五位下に進み、同5年右少将に任ぜられ、同7年従四位下に進み、正徳2(1712)年左中将に任ぜられ、同5年従四位上、享保3(1718)年正四位下、同7年従三位、同13年正三位に進む。子に供敦がいる。　典：公辞・公補

桜井供敦　さくらい・ともあつ

江戸時代の人、非参議。寛保2(1742)年2月18日生〜寛政6(1794)年10月4日没。53才。初名=兼文。

非参議桜井氏敦の次男。母は権大納言勘解由小路韶光の娘。初め兼文と名乗る。宝暦5(1755)年叙爵。同10年叔父の入道従四位下桜井氏福朝臣と非参議西洞院範篤の娘の養子となり家督を相続。従五位上に叙される。同年元服し大膳大夫に任ぜられ、同13年右馬頭に任ぜられ、明和元(1764)年正五位下、同5年従四位下、安永元(1772)年正四位下に進み左権少将、同7年右権中将に任ぜられる。同8年供敦と改名。同9年従三位に進み、天明5(1785)年正三位に進む。子に氏全がいる。　典：公辞・公補

桜井氏全　さくらい・ともたけ

江戸時代の人、非参議。明和2(1765)年5月18日生〜寛政9(1797)年6月13日没。33才。

非参議桜井供敦の子。母は若狭守詮方の娘。明和8(1771)年従五位下に叙される。安永4(1775)年元服。従五位上に進む。同年大蔵権大輔、同5年兵部大輔に任ぜられ、同8年正五位下、天明3(1783)年従四位下、同7年従四位上に進み、寛政元(1789)年右権少将に任ぜられ、同3年正四位下に進み、同6年権中将に任ぜられ、同7年従三位に進む。子に供秀がいる。　典：公辞・公補

桜井供秀　さくらい・ともひで

江戸時代の人、非参議。天明元(1781)年4月2日生〜嘉永6(1853)年1月6日没。73才。

非参議桜井氏全の子。天明5(1785)年従五位下に叙され、寛政元(1789)年元服。従五位上に進み上野権介に任ぜられ、同5年正五位下、同9年従四位下、享和元(1801)年従四位上、文化2(1805)年正四位下に進み、同3年右近衛権少将、同4年但馬権介、同7年左権中将に任ぜられ、同8年従三位、同13年正三位に進む。子に供文がいる。　典：公辞・公補

桜井供文　さくらい・ともふみ

江戸時代の人、非参議。享和3(1803)年9月13日生〜弘化4(1847)年6月26日没。45才。

非参議桜井供秀の子。文化4(1807)年従五位下に叙される。同9年元服。従五位上に進み上野権介に任ぜられ、同13年正五位下、文政3(1820)年従四位下、同7年従四位上、同11年正四位下に進み、天保2(1831)年右近衛権少将・但馬権介、同8年権中将に任ぜられ、同9年従三位、同14年正三位に進む。京都東院参町に住む。子に供愛(正四位・上野権介。文久3,7没)、孫に供義(従五位下・上野権介。明治24,1没。明治に華族に列され子爵を授かる)がいる。　典：公辞・公補

権中納言庭田重定の次男。兄に庭田重秀がいる。寛永2(1625)年叙爵。同9年元服。木工頭に任ぜられ、同10年従五位上、同13年正五位下、同17年従四位下、同21年従四位上、慶安元(1648)年正四位下、承応元(1652)年従三位に進み、何が原因か不明だが庭田より佐々木野と氏姓にする。明暦元(1655)年治部卿に任ぜられ、同3年正三位進む。佐々木野資敦ささきの・もとあつ　典：公補

○沢家

非参議・大蔵卿伏見宣幸の次男が分家して、沢を氏姓とした。明治に至り華族に列され子爵を授かる。本姓は清原。菩提寺は浄雲院。

典：日名

伏原宣幸┬宣通⇨伏原家へ
　　　　└沢忠量─宣成─宣維─久量─量行─為量─宣嘉┬宣元
　　　　　　　　　　　　　　　　　　　　　　　　└為量─宣量─宣武（伯）

沢忠量　さわ・ただかず

江戸時代の人、非参議。延宝元(1673)年4月13日生～宝暦4(1754)年8月28日没。82才。前氏姓=伏原。

非参議伏原宣幸の次男。兄に伏原宣通がいる。元禄2(1689)年正六位上に叙される。同年元服し蔵人・大学助に任ぜられ、同5年従五位下に進み修理権大夫に任ぜられ、正徳元(1711)年従五位上、同2年正五位下に進み右衛門佐に任ぜられ、同5年従四位下、享保4(1719)年従四位上、同8年正四位下、同13年従三位に進み、伏原より沢を氏姓とする。元文3(1738)年正三位、宝暦2(1752)年従二位進む。子に宣成がいる。　典：公辞・公補

沢宣成　さわ・のぶなり

江戸時代の人、非参議。正徳元(1711)年6月2日生～天明元(1781)年8月25日没。71才。

非参議沢忠量の子。享保5(1720)年叙爵。同7年元服。式部少輔に任ぜられ、同9年従五位上、同13年正五位下、同18年従四位下、元文2(1737)年従四位上、寛保元(1741)年正四位下、延享4(1747)年従三位、宝暦8(1758)年正三位、天明元年従二位に進む。子に宣維がいる。　典：公辞・公補

沢宣維　さわ・のぶこれ

江戸時代の人、非参議。寛延2(1749)年10月.12生～寛政7(1795)年6月23日没。47才。

非参議沢宣成の子。宝暦6(1756)年叙爵。同13年元服。従五位上に叙され式部権少輔に任ぜられ、明和4(1767)年正五位下に進み、同6年少輔に任ぜられ、同8年従四位下、安永4(1775)年従四位上に進み、同6年右衛門佐に任ぜられ、同8年正四位下に進み、同9年兼主水正に任ぜられ、天明4(1784)年従三位、寛政7(1795)年正三位に進む。子に久量がいる。　典：公辞・公補

沢久量　さわ・ひさかず

江戸時代の人、非参議。安永2(1773)年3月4日生～天保9(1838)年3月8日没。66才。

非参議沢宣維の子。安永7(1778)年従五位下に叙される。天明5(1785)年元服。従五位上に進み宮内大輔・治部権大輔に任ぜられ、寛政元(1789)年正五位下、同5年従四位下、同9年従四位上、享和元(1801)年正四位下、文化3(1806)年従三位、同11年正三位、天保9年従二位に進む。子に量行(従四位上・治部大輔。文政6,5,23没。31才。子は為量)がいる。　典：公辞・公補

沢為量　さわ・ためかず

江戸・明治時代の人、非参議。文化9(1812)年3月14日生～没年不明。

治部大輔沢久量朝臣の子。文政4(1821)年従五位下に叙される。同8年元服し従五位上に進み武蔵権介、同9年主水正に任ぜられ、天保元(1830)年正五位下、同6年従四位下、同10年従四位上に進み民部大輔に任ぜられ、同14年正四位下、嘉永元(1848)年従三位、安政2(1855)年従二位に進む。同5年の安政の事件(飛鳥井雅典の項参照)に八十八廷臣として養子宣嘉と共に連座。その後は病弱らしく要職にはつかず、明治の華族に列され子爵を授かる。京都東川端一丁東太町下ルに住む。養子に宣嘉(姉小路家より、文久3年長州下りの尊攘派七卿の一人、明治新政府では長崎裁判並九州総判より外国事務総督、のち盛岡県知事。明治6,9,27没。39才、墓所は東京文京区小石川の伝通院、子は宣種)がいる。

典：明治・公辞・伝日・公補

○三条家

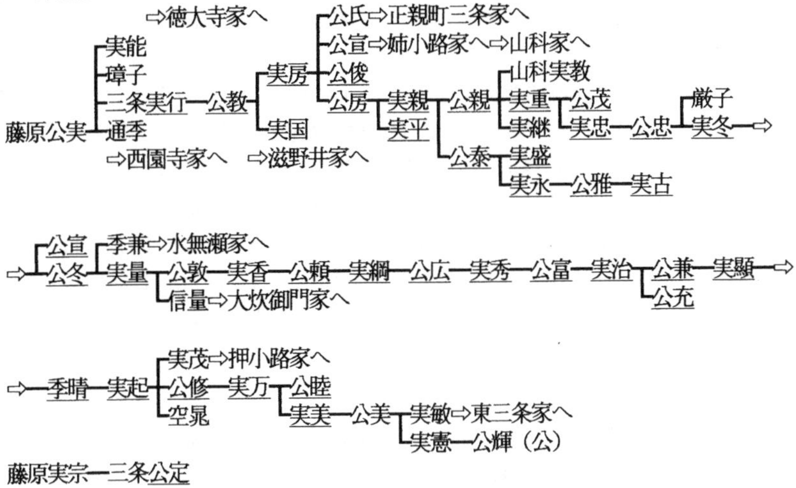

藤原家閑院流。清華家の一。閑院公季の六代権大納言藤原公実の次男実行が、三条大路北高倉小路東に居住した所から、三条を氏姓とした。代々笛楽をもって奉仕し、摂家に次いで要職に務めた。明治に至り華族に列され公爵を授かる。別称は転法輪家。本姓は藤原。家紋は花菱。菩提寺は京都右京区嵯峨の二尊院。

典：日名・京都

三条実行　さんじょう・さねゆき

平安時代の人、太政大臣。承暦4(1080)年生～応保2(1162)年7月28日没。83才。法名=蓮覚。号=八条太政大臣。通称=八条入道相国。三条家の祖。

権大納言藤原公実の次男。母は内大臣三条西実隆の娘。兄に徳大寺実能(徳大寺の祖)、弟に藤原通季がいる。三条大路北高倉小路東に居住した所から、三条を氏姓とした。寛治7(1093)年叙爵。同年加賀権守、承徳2(1098)年左衛門権佐に任ぜられ、同4年正五位下、同6年従四位下、天仁元(1108)年従四位上に進み、同2年権右中弁、天永2(1111)年蔵人頭に任ぜられ正四位下に進み、同3年参議に任ぜられる。同4年伊予権守・右兵衛督に任ぜられ、元永2(1119)年従三位に進む。保安元(1120)年伊予権守を辞す。同3年権中納言に任ぜられ使別当となる。大治3(1128)年正三位に進み、同4年左衛門督に任ぜられ、天承元(1131)年権大納言に任ぜられる。同2年従二位に進み、長承2(1133)年按察使に任ぜられ、同2年正二位に進み、久安5(1149)年右大臣に任ぜられ、同6年従一位に進み太政大臣に任ぜられる。保元2(1157)年任職を辞す。永暦元(1160)年81才で出家。目録に八条相国記がある。子に公教がいる。　典：大日・伝日・公辞・公補

三条公教　さんじょう・きんのり

平安時代の人、内大臣。康和5(1103)年生〜永暦元(1160)年7月9日没。58才。通称＝賢相。

太政大臣三条実行の子。母は非参議・修理大夫藤原顕季の娘。嘉承2(1107)年叙爵。永久3(1115)年侍従に任ぜられ、同6年従五位上に進み、元永2(1119)年讃岐権介、保安2(1121)年右少将・補蔵人、同3年備前権介に任ぜられ、同5年正五位下、大治元(1126)年従四位下に進み、同2年美作介に任ぜられ、同4年従四位上に進み、同5年左中将に任ぜられ、同6年正四位下に進み蔵人頭、長承元(1132)年備中権介、同3年伊予権守に任ぜられ、保延元(1135)年従三位に進み、同2年権中納言に任ぜられる。同3年左兵衛督、永治元(1141)年別当に任ぜられ、康治元(1142)年従二位、久安元(1145)年正二位に進む。同3年別当を辞す。同5年中納言に任ぜられ、同6年権大納言に任ぜられる。保元元(1156)年左大将・中宮大夫に任ぜられ、同2年内大臣に任ぜられる。赤痢にて没す。「新菟玖波集」中の作家。子に実房がいる。　典：日名・大日・伝日・公辞・公補

三条実房　さんじょう・さねふさ

平安・鎌倉時代の人、左大臣。久安3(1147)年生〜嘉禄元(1225)年8月19日没。79才。通称＝三条入道左大臣。法名＝静空。

内大臣三条公教の三男。母は権中納言藤原清隆の娘。兄弟に滋野井実国がいる。仁平2(1152)年叙爵。同4年従五位上に叙され、保元元(1156)年正五位下に進み侍従・左少将、同2年美濃介に任ぜられ、同3年正五位上より従四位上に進み右中将に任ぜられ、同4年正四位下に進み、永暦元(1160)年蔵人頭に任ぜられ従三位に進み、長寛元(1163)年正三位に進み但馬権守に任ぜられ、仁安元(1166)年権中納言に任ぜられ、同2年従二位に進み中納言に任ぜられ、同3年権大納言に任ぜられる。承安元(1171)年正二位に進み、寿永元(1182)年兼皇后宮大夫に任ぜられ、同2年大納言に任ぜられ、文治元(1185)年右大将に任ぜられる。同4年左大将に任ぜられ、同5年に辞す。同年右大臣に任ぜられる。建久元(1190)年左大臣に任ぜられる。同2年太政大臣に任ぜられる。同7年病気となり50才で出家。子に公房・正親町三条公氏・姉小路公宣・公俊がいる。　典：大日・公辞・公補

三条公房　さんじょう・きんふさ

平安・鎌倉時代の人、太政大臣。治承3(1179)年生～建長元(1249)年8月16日没。71才。号=浄土寺。法名=空舜。

左大臣三条実房の長男。母は左大臣藤原経宗の娘。弟に正親町三条公氏・姉小路公宣・公俊がいる。寿永2(1183)年従五位下に叙される。文治2(1186)年従五位上、同3年正五位下に進み侍従に任ぜられ、同5年従四位下に進み右少将より左中将に任ぜられ、同6年播磨介に任ぜられ、建久2(1191)年従四位上、同4年正四位下に進み、同6年中宮権亮・蔵人頭に任ぜられ従三位に進み、正治元(1199)年正三位に進み、同2年権中納言に任ぜられる。建仁元(1201)年従二位に進み、同2年中納言に任ぜられ正二位に進み、元久元(1204)年権大納言に任ぜられる。同2年中宮大夫に任ぜられ、承元3(1209)年大納言に任ぜられる。同4年中宮大夫を辞す。同年右大将に任ぜられ、建保3(1215)年内大臣に任ぜられる。同5年右大将を辞す。同6年太政大臣に任ぜられ、承久3(1221)年従一位に進む。同年任職を辞す。嘉禎元(1235)年57才で出家。子に実親・実平がいる。　典：大日・公辞・公補

三条公定　さんじょう・きんさだ

鎌倉時代の人、権中納言。長寛元(1163)年生～没年不明。

内大臣藤原実宗の子。母は中務少輔藤原教良の娘。仁安2(1167)年叙爵。寿永元(1182)年従五位上に叙され、同2年侍従、文治3(1187)年阿波介に任ぜられ、同4年正五位下に進み、建久5(1194)年左少将・蔵人・遠江介・左少弁に任ぜられ、同8年従四位下に進み、同9年左中弁に任ぜられ、正治元(1199)年従四位上に進み修理左宮城使となる。建仁元(1201)年正四位下に進み右大弁・蔵人頭に任ぜられ、同2年阿波権守に任ぜられ、更に参議に任ぜられ右大弁となる。同3年従三位、建永元(1206)年正三位に進み備前権守・左大弁・勘解由次官に任ぜられる。同年解任され、佐渡国に配流される。建暦元(1211)年許される。同年民部卿に任ぜられ、同2年再び参議に任ぜられる。建保2(1214)年従二位に進む。同年権中納言に任ぜられ、同4年に辞す。同6年56才で出家。　典：公補

三条実親　さんじょう・さねちか

鎌倉時代の人、右大臣。建久6(1195)年生～弘長3(1263)年3月4日没。69才。号=白川・後三条。通称=白川入道前右大臣・後三条浄土寺。

太政大臣三条公房の長男。母は内大臣藤原忠親の娘。弟に実平がいる。正治元(1199)年叙爵。建仁2(1202)年従五位上に進み、同3年侍従に任ぜられ、元久元(1204)年正五位下に進み右少将に任ぜられ、建永元(1206)年従四位下に進み信濃権介に任ぜられ、承元元(1207)年従四位上に進み右中将に任ぜられ、同3年正四位下、建暦元(1211)年従三位、建保2(1214)年正三位に進み越後権守に任ぜられ、同5年土佐権守に任ぜられ、承久元(1219)年従二位に進み権中納言に任ぜられる。同2年中宮権大夫に任ぜられ、貞応元(1222)年正二位に進む。同年中宮権大夫を辞す。元仁元(1224)年中納言に任ぜられ、嘉禄元(1225)年権大納言に任ぜられる。貞永元(1232)年一時籠居する。許されて暦仁元(1238)年右大臣に任ぜられる。仁治元(1240)年従一位に進む。同年任職を辞す。建長5(1253)年59才で出家。子に公親・公泰がいる。　典：大日・公辞・公補

三条公俊　さんじょう・きんとし

鎌倉時代の人、非参議。建久3(1192)年生～没年不明。法名=真空。

左大臣三条実房の四男。母は太政大臣の娘。兄に公房・正親町三条公氏・姉小路公宣がいる。正治2(1200)年従五位下に叙される。建仁2(1202)年従五位上に進み侍従に任ぜられ、元久2(1205)年正五位下に進み左少将、同3年下野権介に任ぜられ、承元元(1207)年従四位下、建暦元(1211)年従四位上に進み加賀介、同2年左中将、同3年備前権介に任ぜられ正四位下に叙され、同6年従三位、貞応元(1222)年正三位、寛元2(1244)年従二位に進み、建長3(1251)年58才で出家。　典：公補

三条実平　さんじょう・さねひら

鎌倉時代の人、非参議。建久8(1197)年生～没年不明。

太政大臣三条公房の次男。母は内大臣藤原忠親の娘。兄に実親がいる。建保元(1213)年侍従に任ぜられ、同4年従五位上に叙され、同5年安芸権介に任ぜられ、同6年正五位下に進み、貞応元(1222)年従四位上、同2年正四位下、嘉禄元(1225)年従三位に進み左中将に任ぜられ、同2年越中権守に任ぜられ、安貞2(1228)年正三位に進む。寛喜2(1230)年越中権守を辞す。貞永元(1232)年尾張権守に任ぜられ、仁治2(1241)年に辞す。正嘉元(1257)年61才で出家。　典：公補

三条公親　さんじょう・きんちか

鎌倉時代の人、内大臣。貞応元(1222)年生～正応元(1288)年7月12日没。67才。法名=親阿。号=白川・三条。通称=白川前内大臣・後三条入道内府。

右大臣三条実親の長男。母は太政大臣西園寺公経の次女。弟に公泰がいる。元仁2(1225)年叙爵。安貞元(1227)年従五位上に叙され、寛喜2(1230)年正五位下に進み侍従に任ぜられ、同3年従四位下に進み美作権介・左少将、同4年三河権介、文暦元(1234)年左中将に任ぜられ、同2年従四位上、嘉禎2(1235)年正四位下、同3年従三位に進み、暦仁元(1238)年下総権守に任ぜられ、延応元(1239)年正三位に進み権中納言に任ぜられる。仁治2(1241)年従二位に進む。宝治元(1247)年中宮大夫に任ぜられ、同2年に辞す。建長2(1250)年正二位に進み、権大納言に任ぜられる。同7年右大将に任ぜられ、文応元(1260)年大納言に任ぜられる。弘長元(1261)年右大将を辞す。同年内大臣に任ぜられる。同2年これを辞す。弘安9(1286)年65才で出家。一説に正応5(1292)年,7,12没、71才という。子に実重・実継・山科実教がいる。　典：大日・公辞・公補

三条公泰　さんじょう・きんやす

鎌倉時代の人、権中納言。寛喜3(1231)年生～没年不明。

右大臣三条実親の次男。母は太政大臣西園寺公経の次女。兄に公親がいる。仁治元(1240)年従五位下に叙され侍従、同2年右近少将に任ぜられ、同3年正五位下に進み出羽権介に任ぜられ、同4年従四位下に進み、寛元元(1243)年春宮権亮、同2年左中将に任ぜられ、同3年従四位上に進み、同4年備前介に任ぜられ、宝治2(1248)年正四位下に進み蔵人頭に任ぜられ、建長2(1250)年従三位に進み参議に任ぜられる。同3年伊勢権守に任ぜられ、同4年正三位に進む。同5年伊勢権守を辞す。同6年従二位に進み権中納言に任ぜら

れる。正嘉2(1258)年正二位に進む。正元元(1259)年解任。正応5(1292)年62才で出家。子に実盛・実永・公雅がある。　典：公補

三条実重　さんじょう・さねしげ

鎌倉時代の人、太政大臣。文応元(1260)年生～嘉暦2(1327)年6月26日没。68才。法名=覚空。通称=三条入道前太政大臣。

内大臣三条公親の次男。母は左大臣山階実雄の娘。兄弟に実継・山科実教がいる。文応元(1260)年叙爵。弘長3(1263)年従五位上に叙され、文永元(1264)年侍従に任ぜられ、同4年正五位下に進み、同5年甲斐権介に任ぜられ、同6年従四位下に進み左中将に任ぜられ、同7年従四位上、同9年正四位下に進み近江権介に任ぜられ、同11年従三位に進み、建治元(1275)年尾張権守に任ぜられ、同3年正三位、弘安元(1278)年従二位に進む。同2年尾張権守を辞す。同年左中将に任ぜられ、同6年正二位に進み、同7年権中納言に任ぜられる。正応元(1288)年権大納言に任ぜられる。同3年踏歌内弁となる。同4年右大将に任ぜられ右馬寮御監となる。同5年右大将を辞す。同年内大臣に任ぜられ、永仁元(1293)年に辞す。正安2(1300)年従一位に進む。文保2(1318)年太政大臣に任ぜられ、元応元(1319)年に辞す。同2年62才で出家。子に公茂・実忠がいる。　典：大日・伝日・公辞・公補

三条実盛　さんじょう・さねもり

鎌倉時代の人、参議。生年不明～嘉元2(1304)年7月22日没。号=三条。

権中納言三条公泰の長男。母は正四位下実忠朝臣の娘。弟に実永・公雅がいる。建長5(1253)年叙爵。同7年侍従に任ぜられ、康元2(1257)年従五位上に叙され、正嘉2(1258)年右少将に任ぜられ、文応元(1260)年正五位下、弘長2(1262)年従四位下、文永3(1266)年従四位上に進み、同4年右中将・皇后宮権亮、同5年播磨権介に任ぜられ、同6年正四位下に進み、同9年出羽権介、弘安3(1280)年美濃介、同8年蔵人頭に任ぜられ、同9年従三位に進み参議に任ぜられる。同10年任職を辞す。　典：公補

三条実永　さんじょう・さねなが

鎌倉時代の人、参議。生年不明～応長2(1311)年2月28日没。号=三条。

正二位・権中納言三条公泰の次男。母は伊予守橘知茂朝臣の娘。兄に実盛、弟に公雅がいる。文永3(1266)年叙爵。同4年侍従に任ぜられ、同5年従五位上に進み、同6年右少将に任ぜられ、同7年正五位下に進み出羽介に任ぜられ、同8年従四位下に進み右中将に任ぜられ、建治元(1275)年従四位上に進み、同3年但馬権介に任ぜられ、同4年正四位下に進み、弘安8(1285)年皇后宮権亮、正応元(1288)年蔵人頭に任ぜられ、同2年参議に任ぜられる。同3年土佐権守に任ぜられる。同年参議を辞し、同4年土佐権守を辞す。永仁元(1293)年正三位、正安元(1299)年従二位進む。嘉元3(1305)年出家。　典：公補

三条公茂　さんじょう・きんしげ

鎌倉時代の人、内大臣。弘安7(1284)年生～正中元(1324)年1月9日没。41才。号=押小路。通称=押小路前内大臣。

太政大臣三条実重の長男。弟に実忠がいる。弘安8(1285)年叙爵。正応元(1288)年従五位上より正五位下、同2年従四位下より従四位上に進み侍従に任ぜられ、同3年正四位下

に進み左中将に任ぜられ、永仁4(1296)年従三位、同6年正三位に進み、正安3(1301)年参議に任ぜられ、乾元元(1302)年従二位に進み権中納言に任ぜられる。嘉元元(1303)年中宮権大夫に任ぜられ、同3年権大納言に任ぜら中宮大夫に任ぜられ、徳治元(1306)年正二位に進む。延慶3(1310)年中宮大夫を辞す。正和元(1312)年右大将に任ぜられ、同4年左大将に任ぜられる。文保元(1317)年左大将を辞す。同年内大臣に任ぜられ翌年に辞す。元応元(1319)年従一位に進む。　典：大日・公辞・公補

三条公雅　さんじょう・きんまさ

鎌倉時代の人、権中納言。文永元(1264)年生～暦応3(1340)年8月没。77才。初名＝公夏。

正二位・権中納言三条公泰の三男。兄に実盛・実永がいる。兄参議三条実永の養子となり家督を相続する。初め公夏と名乗る。建治元(1275)年従五位下に叙され、同2年侍従、弘安3(1280)年左少将に任ぜられ、同6年従五位上、同8年正五位下より従四位下、正応5(1292)年従四位上に進み左少将より左中将に任ぜられ、永仁元(1293)年正四位下に進み、同2年備前介に任ぜられ、正安元(1299)年従三位に進む。乾元元(1302)年公雅と改名。徳治元(1306)年正三位に進み、延慶3(1310)年参議に任ぜられる。応長元(1311)年備前権守に任ぜられ、正和元(1312)年従二位に進む。同年権中納言に任ぜられ翌年に辞す。子に実古がいる。　典：公補

三条実忠　さんじょう・さねただ

鎌倉・南北朝時代の人、内大臣。嘉元2(1304)年生～貞和3(1347.正平2)年1月4日没。44才。初名＝公重。号＝後三条。通称＝後三条前内大臣。

太政大臣三条実重の次男。兄に公茂がいる。初め公重と名乗る。兄公茂の養子となる。嘉元4(1306)年叙爵。延慶2(1309)年従五位上、同3年正五位下、同4年従四位下に進む。同年実忠と改名。応長元(1311)年従四位上、正和2(1313)年正四位下に進み、同3年侍従・左中将、同5年美濃権介に任ぜられ従三位に進み、文保2(1318)年下総権守に任ぜられ、元応元(1319)年参議に任ぜられ、同2年正三位に進み権中納言に任ぜられる。正中2(1325)年従二位に進み、嘉暦2(1327)年権大納言に任ぜられる。同3年正二位に進む。同年中宮大夫に任ぜられ、正慶元(1332.元弘2)年に辞す。建武元(1334)年宮内卿に任ぜられる。延元元(1336)年治部卿に任ぜられ翌年に辞す。暦応2(1339.延元4)年大納言に任ぜられ、同3年右大将に任ぜられ、康永元(1342)年右馬寮御監となる。同2年任職を辞す。同年内大臣に任ぜられ、貞和元(1345.興国6)年に辞す。同2年従一位に進む。公忠がいる。　典：大日・公辞・公補

三条公忠　さんじょう・きんただ

南北朝時代の人、内大臣。正中2(1325)年生～永徳3(1383)年12月24日没59才。号＝後押小路内大臣。

内大臣三条実忠の子。母は左中将公直朝臣の娘。元亨4(1324)年従五位下に叙され、嘉暦元(1326)年従五位上、同2年正五位下、同3年従四位下、元徳3(1331)年従四位上、元弘2(1332)年正四位下に進み左中将、建武元(1334)年播磨介に任ぜられ、同4年従三位に進み、暦応2(1339.延元4)年甲斐権守に任ぜられ、同3年正三位に進み、康永2(1343)年権中納

言に任ぜられる。貞和2(1346)年従二位に進み、同3年権大納言に任ぜられる。文和4(1355)年正二位に進み、延文5(1360)年内大臣に任ぜられる。貞治元(1362.正平17)年従一位に進む。同年内大臣を辞す。第百代後小松天皇の外祖。子に実冬がいる。　典：大日・公辞・公補

三条実古　さんじょう・さねふる

南北朝時代の人、参議。生年不明～貞治4(1365.正平20)年没。初名=実雅。

権中納言三条公雅の子。実古と改名。延慶元(1308)年従五位下に叙され、侍従に任ぜられ、元応元(1319)年従五位上に進み、同2年右少将に任ぜられ、元亨元(1321)年正五位下、正中2(1325)年従四位下に進み、嘉暦3(1328)年右中将に任ぜられ、同4年従四位上、元徳2(1330)年正四位下、貞和2(1346.正平元)従三位に進む。同5年参議に任ぜられるも辞す。貞治3(1364.正平19)年正三位に進む。　典：公補

三条実冬　さんじょう・さねふゆ

南北朝・室町時代の人、太政大臣。生年不明～応永18(1411)年10月7日没。号=後三条。法名=常忠。

内大臣三条公忠の子。母は右大臣大宮季衡の娘。文和4(1355)年叙爵。延文元(1356)年従五位上、同3年正五位下に進み、同4年侍従に任ぜられ、康安2(1362)年従四位下、貞治2(1363)年従四位上に進み甲斐介に任ぜられ、同3年正四位下に進み、左権中将に任ぜられ、同6年従三位、応安2(1369.正平24)年正三位に進む。同年下総権守に任ぜられ、同3年に辞す。同6年従二位に進み、永和元(1375)年権中納言に任ぜられ、永徳元(1381.弘和元)権大納言に任ぜられる。同3年正二位に進み、応永2(1395)年左大将に任ぜられ内大臣に任ぜられる。同3年左大将を辞す。同年右大臣に任ぜられる。同6年従一位に進み左大臣に任ぜられ、同9年太政大臣に任ぜられる。同14年出家。子に公宣・公冬がいる。　典：大日・公辞・公補

三条公宣　さんじょう・きんのぶ

南北朝・室町時代の人、権大納言。生年不明～応永17(1410)年3月28日没。

太政左大臣三条実冬の長男。弟に公冬がいる。左中将に任ぜられ、応永6(1399)年従三位に叙される。同7年正三位、同8年従二位に進み越中権守に任ぜられ、同9年権中納言に任ぜられ、同10年権大納言に任ぜられる。　典：公補

三条公冬　さんじょう・きんふゆ

室町時代の人、右大臣。明徳3(1392.元中9)年生～長禄3(1459)年5月17日没。69才。初名=公量。前名=公光。通称=後白川入道前右大臣。

太政左大臣三条実冬の次男。兄に公宣がいる。初め公量と名乗る。左中将に任ぜられ、応永19(1412)年従三位より正三位、同20年従二位に進み権中納言に任ぜられ、同22年権大納言に任ぜられる。同23年正二位に進む。同24年公光と改名。同27年内大臣より右大臣に任ぜられる。同29年従一位に進む。同30年任職を辞す。永享3(1431)年公冬と改名。康正元(1455)年65才で出家。子に実量・水無瀬季兼がいる。　典：大日・公辞・公補

三条実量　さんじょう・さねかず

室町時代の人、左大臣。応永22(1415)年生～文明16(1484)年12月19日没。70才。初名=実尚。前名=実教。法名=禅空。号=後三条。

右大臣三条公冬の長男。母は左中将水無瀬某の娘。弟に水無瀬季兼がいる。初め実尚と名乗りのち実教と改名。左中将に任ぜられ、永享元(1429)年従三位に叙される。同年実量と改名。同2年従二位に進み越中権守に任ぜられ、同4年権中納言より権大納言に任ぜられる。同12年正二位に進み、文安4(1447)年右大将に任ぜられ、宝徳2(1450)年内大臣に任ぜられる。同3年右大将を辞す。享徳元(1452)年内大臣を辞す。同2年従一位に進む。康正年間(1455-6)年に旧吉野朝にある神璽を奪って献上する。長禄元(1457)年右大臣に任ぜられるも辞す。同2年左大臣に任ぜられる。同4年にこれを辞す。応仁元(1467)年53才で出家。子に公敦・大炊御門信量がいる。　典：大日・伝日・公辞・公補

三条公敦　さんじょう・きんあつ

室町時代の人、右大臣。永享11(1439)年生～永正4(1507)年4月8日没。69才。号=竜翔院・竜翔院入道前右大臣。

左大臣三条実量の長男。弟に大炊御門信量がいる。左中将に任ぜられ、宝徳元(1449)年正四位下に叙され、同3年従三位に進み、享徳元(1452)年尾張権守に任ぜられ、同3年正三位、康正2(1456)年従二位に進み権中納言に任ぜられ、長禄元(1457)年権大納言に任ぜられる。寛正6(1465)年正二位に進み、文正元(1466)年右大将、文明7(1475)年左大将に任ぜられ、同8年内大臣に任ぜられ、同9年従一位に進む。同11年右大臣に任ぜられるも翌年に任職を辞す。同13年43才で出家。子に実香がいる。　典：大日・公辞・公補

三条実香　さんじょう・さねか

室町時代の人、太政大臣。文明元(1469)年生～永禄2(1559)年2月25日没。91才。号=後浄土寺。法名=諦空。

右大臣三条公敦の子。左中将に任ぜられ、長享元(1487)年従三位に叙され、延徳元(1489)年権中納言に任ぜられ、同2年権大納言に任ぜられる。同3年正三位、文亀元(1501)年従二位に進み右大将に任ぜられ、永正元(1504)年正二位に進み、同4年内大臣に任ぜられる。同10年左大将に任ぜられ、同12年従一位に進み右大臣に任ぜられる。同13年左大将を辞す。同15年左大臣に任ぜられる。大永元(1521)年任職を辞す。天文4(1535)年太政大臣に任ぜられ翌年に辞す。同6年69才で出家。子に公頼がいる。　典：大日・公辞・公補

三条公頼　さんじょう・きんより

室町時代の人、左大臣。明応7(1498)年生～天文20(1551)年8月29日没。54才。号=後三条・後竜翔院左大臣。

太政大臣三条実香の子。永正7(1510)年叙爵。正五位下に叙され侍従に任ぜられる。同8年従四位下、同9年従四位上に進み左中将に任ぜられ、同10年正四位下に進み右中将に転じ、同11年従三位に進み権中納言に任ぜられる。同14年正三位に進み、大永元(1521)年権大納言に任ぜられる。同2年従二位に進み踏歌内弁となる。同6年正二位に進む。享禄元(1528)年熊州に下向。のち上洛。天文3(1534)年周防国に下向。のち上洛。同4年再

び周防国に下向。翌年上洛。同7年右大将、同8年左大将に任ぜられ、同10年内大臣に任ぜられる。同11年に左大将を辞す。同12年周防国に下向。のち上洛。同年右大臣に任ぜられる。同13年再び周防国に下向。のち上洛。同14年越州に下向中に右大臣を辞す。のち上洛。同15年左大臣に任ぜられるも辞す。同16年従一位に進み、同20年に京都が兵火の巷と化したため周防国に下向。大内義隆を頼るが、陶晴賢の乱に会い殺される。養子に実綱(三条西家より)がいる。　典：大日・伝日・公辞・公補

三条実綱　さんじょう・さねつな

安土桃山時代の人、権中納言。永禄5(1562)年生～天正9(1581)年2月7日没。20才。初名=公宣。号=了光院。

内大臣三条西実枝の子。母は内大臣三条西公国の娘。左大臣三条公頼と権大納言勧修寺尚顕の娘の養子となる。初め公宣と名乗る。永禄12(1569)年叙爵。元亀3(1572)年従五位上に叙され、天正元(1573)年侍従に任ぜられる。同年元服。同2年正五位下、同3年従四位下に進み左中将に任ぜられ、同4年従四位上より正四位下に進み、同5年実綱と改名。同6年従三位に進み、同7年権中納言に任ぜられる。同8年正三位に進む。没後に右大臣を贈られる。養子に公広がいる。　典：公辞・公補

三条公広　さんじょう・きんひろ

安土桃山・江戸時代の人、権大納言。天正5(1577)年生～寛永3(1626)年10月7日没。50才。初名=公盛。号=曉雲院。

内大臣三条西公国の次男。権中納言三条実綱の養子となる。初め公盛と名乗る。天正9(1581)年叙爵。のち従五位上より従四位下、同14年従四位上に進み左中将に任ぜられ、正四位下、慶長2(1597)年従三位に進む。同4年公広と改名。同9年正三位に進み、同11年権中納言に任ぜられ、同14年従二位に進み、同17年権大納言に任ぜられる。同19年正二位進む。没後に内大臣を贈られる。子に実秀がいる。　典：公辞・公補

三条実秀　さんじょう・さねひで

江戸時代の人、左大臣。慶長3(1598)年生～寛文11(1671)年8月25日没。74才。号=巳心院。

権大納言三条公広の子。母は権中納言正親町三条公仲の娘。慶長9(1604)年従五位下に叙され、同13年従五位上、同17年正五位下、同18年従四位下より従四位上、同20年正四位下に進み、元和元(1615)年元服。左中将に任ぜられ、同5年従三位に進み、同6年権中納言に任ぜられる。同7年正三位、寛永5(1628)年従二位に進み、同6年権大納言に任ぜられ、同8年正二位に進み、同10年踏歌外弁となる。慶安元(1648)年内大臣に任ぜられるも辞す。承応元(1652)年右大臣に任ぜられ翌年に辞す。明暦3(1657)年従一位に進む。万治3(1660)年左大臣に任ぜられ翌年に辞す。子に公富がいる。　典：大日・公辞・公補

三条公富　さんじょう・きんとみ

江戸時代の人、右大臣。元和6(1620)年1月2日生～延宝5(1677)年6月12日没。58才。号=唯心院。

左大臣三条実秀の子。寛永4(1627)年従五位上、同5年正五位下、同8年従四位下に叙され侍従に任ぜられ、同12年従四位上、同13年正四位下に進み、同14年元服。左中将に任ぜられ、同16年従三位に進み権中納言に任ぜられる。同18年正三位に進み、正保2(1645)年踏歌外弁となる。慶安元(1648)年権大納言に任ぜられ、同2年従二位、承応元(1652)年正二位に進み、明暦元(1655)年右大将に任ぜられ、同2年内大臣に任ぜられる。同3年右大将を辞し、万治元(1658)年内大臣を辞す。寛文4(1664)年右大臣に任ぜられ翌年に辞す。同12年従一位に進む。子に実治がいる。　典：大日・公辞・公補

三条実治　さんじょう・さねはる

江戸時代の人、左大臣。慶安3(1650)年12月6日生〜享保9(1724)年8月12日没。75才。初名=季房。前名=実通。号=暁心院観照。

右大臣三条公富の子。初め季房と名乗る。明暦元(1655)年叙爵。万治2(1658)年従五位上、寛文3(1663)年正五位下に侍従に任ぜられ、同4年従四位下、同5年従四位上、同7年正四位下に進み左中将に任ぜられる。同年元服。実通と改名。同8年従三位に進み、同10年権中納言に任ぜられ、同12年権大納言に任ぜられる。延宝元(1673)年正三位に進み神宮伝奏となる。同6年従二位に進み、同8年踏歌外弁となる。天和3(1683)年中宮大夫に任ぜられる。貞享2(1685)年兼右大将に任ぜられ、同4年中宮大夫を辞す。元禄2(1689)年実治と改名。同6年内大臣に任ぜられるも右大将内大臣を辞す。同7年正二位に進む。宝永元(1704)年右大臣に任ぜられるも辞す。同2年従一位に進む。正徳5(1715)年左大臣に任ぜられるも辞す。子に公兼・公充がいる。　典：大日・公辞・公辞・公補

三条公兼　さんじょう・きんかね

江戸時代の人、非参議。延宝7(1679)年8月16日生〜没年不明。

左大臣三条実治の長男。弟に公充がいる。元禄2(1689)年叙爵。同4年従五位上、同5年正五位下に叙され侍従に任ぜられ、同7年従四位下、同8年従四位上に進み元服。左中将に任ぜられ、同9年正四位下、同10年従三位に進む。同13年22才で官位を停止される。子に実顕(弟公充の養子となる)がいる。　典：公補

三条公充　さんじょう・きんあつ

江戸時代の人、権大納言。元禄4(1691)年1月23日生〜享保11(1726)年9月17日没。36才。号=霊明院。

左大臣三条実治の次男。兄に公兼がいる。元禄13(1700)年叙爵。同14年従五位上より正五位下に叙され侍従に任ぜられ、同15年従四位下、同16年従四位上より正四位下に進む。同年元服。左中将に任ぜられ、宝永2(1705)年従三位に進み、同6年権中納言に任ぜられる。同7年正三位に進み、正徳元(1711)年踏歌節会外弁となる。同3年従二位に進む。享保2(1717)年権大納言に任ぜられ、同4年に辞す。養子に実顕(兄公兼の子)がいる。　典：公辞・公補

三条実顕　さんじょう・さねあき

江戸時代の人、右大臣。宝永5(1708)年5月29日生〜安永元(1772)年12月19日没。65才。初名=利季。号=誠心院。

非参議三条公兼の子。初め利季と名乗る。正徳4(1714)年叙爵。享保4(1719)年父の弟権大納言三条公充と彦根中将藤原直興朝臣の娘の養子となる。同6年従五位上に叙され侍従に任ぜられ、同5年正五位下、同6年従四位下に進む。同7年元服。従四位上に進み左中将に任ぜられ、同8年正四位下、同9年従三位に進み、同10年権中納言に任ぜられ、同11年踏歌節会外弁となる。同12年正三位に進み、同15年権大納言に任ぜられ、同16年従二位、元文2(1737)年正二位に進む。延享2(1745)年実顕と改名。寛延2(1749)年右大将に任ぜられ、更に内大臣に任ぜられる。翌年に任職を辞す。宝暦4(1754)年従一位に進む。右大臣に任ぜられるも辞す。子に季晴がいる。　典：大日・公辞・公補

三条季晴　さんじょう・すえはれ

江戸時代の人、右大臣。享保18(1733)年10月22日生～天明元(1781)年11月28日没。49才。号=後誠心院。

右大臣三条実顕の子。母は権大納言三条公充の娘。享保20(1735)年叙爵。元文3(1738)年従五位上に叙され侍従に任ぜられ、同6年正五位下、寛保3(1743)年従四位下、同4年従四位上に進む。寛延元(1748)年元服。左少将から左中将に任ぜられ、同3年従三位に進み、宝暦2(1752)年権中納言に任ぜられる。同3年正三位に進み、同5年権中納言を辞す。同6年権大納言に任ぜられる。同8年従二位に進み、同9年踏歌節会外弁となる。明和7(1770)年正二位に任ぜられる。同年内大臣に任ぜられ翌年に辞す。安永元(1772)年従一位進む。同8年右大臣に任ぜられるも辞す。子に実起がいる。　典：公辞・公補

三条実起　さんじょう・さねおき

江戸時代の人、右大臣。宝暦6(1756)年11月14日生～文政6(1823)年9月7日没。68才。号=後暁心院・転法輪前右大臣。

右大臣三条季晴の子。母は大監物藤原直定朝臣の娘。宝暦7(1757)年従五位上に叙され、同9年正五位下、同10年従四位下に進み、同11年侍従に任ぜられ、同12年従四位上、同13年正四位下に進む。同年元服。左権少将に任ぜられ、明和元(1764)年従三位に進み左権中将に任ぜられ、同4年正三位に進み、同7年踏歌外弁となる。同8年権中納言に任ぜられ、安永元(1772)年従二位、同4年正二位に進み、同6年権大納言に任ぜられ、寛政4(1792)年右大将に任ぜられ右馬寮監となる。同8年内大臣に任ぜられるも翌年に任職を辞す。同12年従一位に進む。文化11(1814)年右大臣に任ぜられるも辞す。子に公修・押小路実茂・空晁がいる。　典：大日・公辞・公補

三条公修　さんじょう・きんなが

江戸時代の人、内大臣。安永3(1774)年8月1日生～天保11(1840)年9月7日没。67才。号=後巳心院前内大臣・転法輪大臣。

右大臣三条実起の長男。母は彦根中将藤原直幸朝臣の娘(養女か)。弟に押小路実茂・空晁がいる。安永4(1775)年叙爵。同5年従五位上に叙され、同7年正五位下に進み侍従に任ぜられ、同9年従四位下、天明元(1781)年従四位上に進む。同年元服し、同2年正四位下に進み、同3年右権少将から、同4年右権中将に任ぜられ従三位、同6年正三位に進み、寛政3(1791)年権中納言に任ぜられる。同4年従二位、同6年正二位に進み中宮権大夫に任ぜ

られ、同10年権大納言に任ぜられる。同12年踏歌外弁となる。文化12(1815)年右大将に任ぜられ右馬寮監となる。文政3(1820)年内大臣に任ぜられるも翌年に任職を辞す。同5年従一位に進む。子に実万がいる。　典：大日・公辞・公補

三条実万　さんじょう・さねつむ

江戸時代の人、内大臣。享和2(1802)年2月15日生〜安政6(1859)年10月5日没。58才。号=澹空。

内大臣三条公修の子。母は関白・左大臣一条輝良の娘。文化2(1805)年従五位下に叙され、同3年従五位上、同4年正五位下、同5年従四位下に進み侍従に任ぜられ、同6年従四位上、同7年正四位下に進む。同9年元服し右近衛権少将、同11年権中将に任ぜられる従三位、同12年正三位に進み、同14年踏歌外弁となる。文政元(1818)年従二位に進み、同3年権中納言に任ぜられる。同4年正二位に進み皇太后宮権大夫に任ぜられ、同7年権大納言に任ぜられる。天保12(1841)年皇太后宮権大夫を辞す。嘉永元(1848)年より武家伝奏となる。安政2(1855)年の御遷幸に馬副八人・舎人一人・副舎人一人・衛府長二人・居飼一人・雑色八人・傘一人を共として参加。同4年武家伝奏を辞す。同年内大臣に任ぜられる。同5年右大将に任ぜられたが安政の事件(飛鳥井雅典の項参照)に関して幕府より嫌疑をかけられて任職を辞し采邑上津屋村に退き、翌年58才で出家。没前に従一位に進む。一説に毒殺されたという。没後の文久2年に右大臣を贈り、明治2年に忠成公と諡し、同18年に屋敷跡の別格官幣社梨木神社(京都上京区寺町通)に子実美と共に祀られる。同32年に正一位を贈られる。安政以降の国事に活躍した。墓所は京都右京区嵯峨の二尊院。子に公睦・実美がいる。　典：幕末・明治・大日・伝日・公辞・京都・公補

三条公睦　さんじょう・きんむつ

江戸時代の人、権中納言。文政11(1828)年5月7日生〜安政元(1854)年2月11日没。27才。

内大臣三条実万の長男。母は侍従藤原豊策朝臣の娘。弟に実美がいる。文政12(1829)年従五位下に叙され、天保元(1830)年従五位上、同2年正五位下に進み侍従に任ぜられ、同3年従四位下、同4年従四位上、同5年正四位下に進む。同8年元服し右権少将より同12年権中将に任ぜられ従三位に進み、同13年正三位に進み踏歌外弁となる。嘉永5(1852)年従二位に進み権中納言に任ぜられる。　典：公補

三条実美　さんじょう・さねとみ

江戸・明治時代の人、右大臣。天保8(1837)年2月8日生〜明治24(1891)年2月19日没。55才。雅号=梨堂。

内大臣三条実万の次男。母は侍従藤原豊策朝臣の娘。兄に公睦がいる。嘉永2(1849)年従五位下に叙され、安政元(1854)年従五位上より正五位下に進み侍従に任ぜられる。同年元服し、安政2(1855)年従四位下、同3年従四位上より正四位下に進み右権少将から、文久2(1862)年左権中将に任ぜられ従三位に進み権中納言に任ぜられる。同年朝命にて江戸に下り攘夷の旨を幕府に伝達。同3年に公武の分裂が起こり官位を止められ長州に下向(七卿都落、記念碑が京都東山区の妙法院にあり)。慶応元(1865)年長門から太宰府に移されたが中央と連絡をとり回復に努力する。同3年に許されて復位し王政復古に尽力す

る。明治元(1868)年従一位に進み左大将に任ぜられ権大納言より右大臣に任ぜられ、明治新政府に議定となり副総裁兼外国事務総督・関東監察使、同3年太政大臣に任ぜられ、同15年大勲位に叙され、同17年華族に列され最高位の公爵を授かる。同21年兼総理大臣に任ぜられたが辞し、同18年太政大臣を辞す。同年内大臣に任ぜられ翌年に辞す。同24年に正一位に進む。国葬が行われた。晩年は内外情勢について行けず、活躍しなかった。墓所は京都右京区嵯峨の二尊院(実美の遺髪塔もあり)と東京都文京区大塚の護国寺(都指定)。また、京都上京区の住居跡に建立した梨木神社に父実万と共に祀られる。子に公美(正三位・男爵のち公爵)がいる。　典：幕末・明治・大日・伝日・古今・公辞・京都・公補

○三条西家

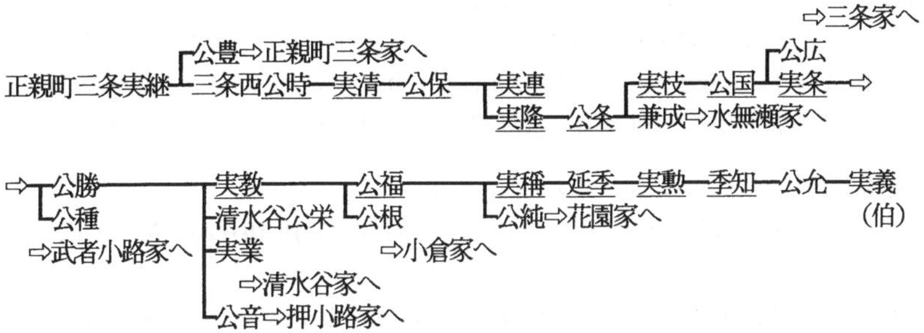

藤原北家閑院流。南北朝時代の三条家の庶流の正親町三条実継の次男公時が、京都三条の北、朱雀の西に居住した所から、三条西を氏姓とした。代々和歌を業とし、香道・書道にもすぐれ博学で、清華家と並び、大臣家の中でも家格が高かった。明治に至り華族に列され伯爵を授かる。本姓は藤原。家紋は丁字。菩提寺は京都左京区浄土真如町の松林院。京都南区九条上御霊町の九品寺に歴代の墓がある。

典：日名・京都

三条西公時　さんじょうにし・きんとき

南北朝時代の人、権大納言。暦応元(1338.延元元)生～永徳3(1383.弘和3)年3月11日没。45才。別称=西三条。三条西家の祖。

内大臣正親町三条実継の次男。母は権大納言正親町三条公明の娘。兄に正親町三条公豊がいる。京都三条の北、朱雀の西に居住した所から、三条を氏姓とした。蔵人頭を辞し、正四位上に叙され右中将に任ぜられ、応安3(1370.建徳元)参議に任ぜられる。同4年従三位、同6年正三位に進み、同7年権中納言に任ぜられる。永和元(1375.天授元)侍従に任ぜられ、永徳元(1381.弘和元)従二位に進み、同3年権大納言に任ぜられる。子に実清がいる。　典：大日・日名・公辞・公補

三条西実清　さんじょうにし・さねきよ

室町時代の人、権中納言。応安5(1372.文中元)生～応永13(1406)年2月16日没。34才。

権大納言三条西公時の子。蔵人頭を辞す。正四位上に叙され右中将に任ぜられ、応永10(1403)年参議に任ぜられる。同11年美作権守に任ぜられ、同12年従三位に進み権中納言に任ぜられる。家督養子に公保がいる。　典：公辞・公補

三条西公保　さんじょうにし・きんやす

室町時代の人、内大臣。応永4(1397)年生～長禄4(1460)年1月28日没。63才。法名=縁空。号=後称名院。

内大臣正親町三条公豊の子。権中納言三条西実清が子が無いまま没したので、三条西家の養子となる。蔵人頭に任ぜられ、のちこれを辞す。正四位上に叙され右中将に任ぜられ、応永25(1418)年参議に任ぜられる。同26年従三位に進み能登権守に任ぜられ権中納言に任ぜられる。同29年正三位、同32年従二位に進む。正長元(1428)年権大納言に任ぜられ、永享4(1432)年陸奥出羽按察使に任ぜられ、同9年正二位に進み、文安5(1447)年権大納言を辞す。宝徳2(1450)年内大臣に任ぜられるも辞す。同3年従一位に進む。康正元(1455)年58才で出家。子に実連・実隆がいる。　典：大日・日名・公辞・公補

三条西実連　さんじょうにし・さねつら

室町時代の人、参議。嘉吉元(1441)年生～長禄2(1458)年10月20日没。17才。初名=実貫。

内大臣三条西公保の長男。母は蔵人頭・左大弁藤原房長朝臣の娘。弟に実隆がいる。初め実貫と名乗る。文安3(1446)年叙爵。同6年従五位上に進む。同年実連と改名。宝徳2(1450)年正五位下に進み侍従に任ぜられ、享徳3(1454)年従四位下に進み甲斐権介、同4年左少将に任ぜられ、康正2(1456)年左中将に任ぜられ、同3年従四位上、長禄元(1457)年正四位下に進み参議に任ぜられる。　典：公補

三条西実隆　さんじょうにし・さねたか

室町時代の人、内大臣。享徳3(1454)年生～天文6(1537)年10月3日没。83才。初名=公世。前名=公延。法名=尭空。号=逍遙院。雅号=耕隠・逃虚子・聴雪。一字名=雪。

内大臣三条西公保の次男。母は蔵人頭・左大弁藤原房長朝臣の娘。兄に実連がいる。初め公世と名乗る。長禄2(1458)年叙爵。侍従に任ぜられる。同年公延と改名。同3年備中権介に任ぜられ、寛正6(1465)年従五位上に進み、文明元(1469)年正五位下に進み右少将に任ぜられる。同年元服し実隆と改名。同2年従四位下、同5年従四位上、同6年正四位下に進み右中将、同7年蔵人頭に任ぜられ、同8年正四位上に進み、同9年参議に任ぜられる。同11年従三位に進み、同12年権中納言に任ぜられ侍従に任ぜられ、同17年正三位に進み、延徳元(1489)年権大納言に任ぜられ、明応2(1493)年従二位、文亀2(1502)年正二位に進み神宮伝奏となる。永正3(1506)年内大臣に任ぜられるも辞す。同13年62才で出家。和漢の学と有職故実に通じ、国史・源氏・史記など多大の著書を残す。墓所は京都右京区嵯峨の二尊院。後世の大正4年に従一位を贈られる。子に公条がいる。　典：大日・日名・伝日・古今・公辞・公補

三条西公条　さんじょうにし・きんえだ

室町時代の人、右大臣。長享元(1487)年5月21日生〜永禄6(1563)年12月2日没。77才。初名=公保。法名=仍覚。号=称名院。一字名=雲・蒼・碁・都。

内大臣三条西実隆の子。母は准大臣勧修寺教秀の三女。長享2(1488)年叙爵。同年侍従、明応2(1493)年美作権介に任ぜられ、同3年従五位上に進む。同6年元服。右少将に任ぜられ、同7年正五位下、同8年従四位下、文亀元(1501)年従四位上に進み、同2年右近中将に任ぜられ、同3年正四位下に進み、永正2(1505)年蔵人頭に任ぜられ正四位上、同4年従三位に進み参議に任ぜられ、同8年権中納言に任ぜられる。同9年正三位に進み、同11年兼大宰権帥、同13年神宮伝奏となる。同15年従二位に進み、大永元(1521)年権大納言に任ぜられ、同6年正二位に進む。同年神宮伝奏を辞す。天文4(1535)年大宰権帥を辞す。同年陸奥出羽按察使に任ぜられ、同10年内大臣に任ぜられるも任職を辞す。同11年右大臣に任ぜられるも翌年に辞す。同13年に58才で二尊院に出家し吉野・近江を巡礼する。子に実枝・水無瀬兼成がいる。　典：大日・日名・伝日・古今・公辞・公補

三条西実枝　さんじょうにし・さねえだ

室町・安土桃山時代の人、内大臣。永正8(1511)年8月4日生〜天正7(1579)年1月24日没。69才。初名=実世。前名=実澄。法名=豪空。号=三光院。一字名=竜。

右大臣三条西公条の長男。母は権大納言甘露寺元長の娘。弟に水無瀬兼成がいる。初め実世と名乗る。永正9(1512)年叙爵。同11年侍従に任ぜられ、同12年従五位上、同14年正五位下に進み右少将に任ぜられ、大永元(1521)年元服。同2年従四位上に進み、同5年右中将に任ぜられる。同6年正四位下に進み蔵人頭に任ぜられ、享禄3(1530)年正四位上に進み参議に任ぜられる。天文元(1532)年従三位に進み、同4年権中納言に任ぜられる。同5年正三位、同9年従二位に進み神宮伝奏となる。同10年権大納言に任ぜられる。同12年神宮伝奏を辞す。同13年正二位に進む。同年実澄と改名。同22年駿河国に下向。永禄元(1558)年上洛。同2年再び駿河国に下向。同12年甲斐国経由で上洛。元亀2(1571)年伊勢に下向しのち上洛。同3年権大納言を辞す。天正2(1574)年再び権大納言に任ぜられる。同年実枝と改名。同3年陸奥出羽按察使となるも辞す。同5年大納言に任ぜられる。同7年内大臣に任ぜられるも辞し69才で出家。家蔵の書が多く、業を継ぎ和歌をよく詠む。子に公国がいる。　典：大日・古今・公辞・公補

三条西公国　さんじょうにし・きんくに

室町・安土桃山時代の人、内大臣。弘治2(1556)年生〜天正15(1587)年11月9日没。32才。初名=公光。前名=公明。号=円智院。

内大臣三条西実枝の子。母は内大臣正親町三条公兄の娘。初め公光と名乗る。永禄5(1562)年叙爵。侍従に任ぜられ、同10年従五位上、同11年正五位下に進み右少将に任ぜられる。同12年公明と改名。元亀元(1570)年従四位下に進み、同2年右中将に任ぜられ、同3年従四位上に進み、天正元(1573)年参議に任ぜられ、同3年従三位に進み権中納言に任ぜられる。同年公国と改名。同6年正三位に進む。同7年に権中納言を辞す。同8年権大納言に任ぜられる。同9年従二位、同13年正二位に進む。同年権大納言を辞すも再び任ぜ

られる。同15年内大臣に任ぜられる。著書に「綱目抄」がある。子に実条・三条公広がいる。　典：大日・日名・伝日・公辞・公補

三条西実条　さんじょうにし・さねえだ

安土桃山・江戸時代の人、右大臣。天正3(1575)年1月26日生〜寛永17(1640)年10月9日没。66才。号=香雲院。

内大臣三条西公国の長男。弟に公広がいる。天正4(1576)年叙爵。侍従に任ぜられ、同8年従五位上、同12年正五位下、同16年従四位下に進み少将に任ぜられ、同17年従四位上に進み、同19年右中将に任ぜられ、文禄4(1595)年正四位下に進み、慶長2(1597)年参議に任ぜられる。同5年従三位に進み、同11年権中納言に任ぜられ、同14年正三位に進み、同18年権大納言に任ぜられる。同19年従二位に進み武家伝奏となる。元和3(1617)年正二位に進み、寛永元(1624)年中宮大夫に任ぜられ、同5年踏歌内弁となる。同6年内大臣に任ぜられ執事別当となる。同7年内大臣を辞す。同9年に武家伝奏・中宮大夫を辞す。同12年従一位に進む。同17年右大臣に任ぜられるも辞す。歌学を細川幽斎に学ぶ。子に公勝(従四位下・侍従。寛永3,9,23没。30才。子は実教・清水谷公栄・清水谷実業・押小路公音)・武者小路公種がいる。　典：大日・日名・公辞・公補

三条西実教　さんじょうにし・さねのり

江戸時代の人、権大納言。元和4(1618)年生〜元禄14(1701)年10月19日没。83才。

右大臣三条西実条の孫。侍従三条西公勝朝臣の子。弟に清水谷公栄・清水谷実業・押小路公音がいる。元和8(1622)年叙爵。寛永2(1625)年従五位上に進み、同6年侍従に任ぜられ、同7年正五位下、同12年従四位下に進む。同年元服し左少将に任ぜられ、同13年従四位上に進み、同14年左中将に任ぜられ、同16年正四位下に進む。同年参議に任ぜられ、翌年に辞す。正保元(1644)年正三位に進み、慶安元(1648)年権中納言に任ぜられ、同2年賀茂伝奏・踏歌外弁となる。承応元(1652)年従二位に進む。同2年賀茂伝奏を辞す。明暦元(1655)年正二位に進む。同年権大納言に任ぜられ、同3年に辞す。天和3(1683)年正親町実豊・東園基賢・中御門資煕と共に蟄居させられる。子に公福・小倉公根がいる。　典：公辞・公補

三条西公福　さんじょうにし・きんふく

江戸時代の人、権大納言。元禄10(1697)年11月17日生〜延享2(1745)年9月17日没。49才。初名=公伊。

権大納言三条西実教の子。弟に小倉公根がいる。初め公伊と名乗る。元禄14(1701)年叙爵。同15年侍従に任ぜられ、宝永元(1704)年従五位上、同3年正五位下に進む。同4年元服。右少将に任ぜられる。同年公福と改名。従四位下に進み、同5年春宮権亮に任ぜられ、同6年従四位上に進み右中将に任ぜられる。同年春宮権亮を辞す。正徳3(1713)年正四位下に進み、享保3(1718)年参議に任ぜられ、同4年従三位に進み権中納言に任ぜられる。同6年踏歌外弁となる。同9年正三位に進み、同12年権大納言に任ぜられ、同13年従二位に進む。同16年に権大納言を辞す。同年武家伝奏となる。同19年これを辞す。元文

元(1736)年正二位に進み、同5年再び権大納言に任ぜられ、延享元(1744)年に再び辞す。子に実稱・花園公純がいる。　典：公辞・公補

三条西実稱　さんじょうにし・さねよし

江戸時代の人、権大納言。享保12(1727)年3月23日生～寛政3(1791)年9月21日没。65才。

権大納言三条西公福の子。弟に花園公純がいる。享保16(1731)年叙爵。同18年侍従に任ぜられ、同21年従五位上、元文3(1738)年正五位下に進む。同5年元服し右少将に任ぜられる。同6年従四位下、寛保3(1743)年従四位上に進み、同4年右中将、延享2(1745)年美作権介に任ぜられ、同3年正四位下に進む。同4年春宮権亮に任ぜられたが辞す。寛延元(1748)年参議に任ぜられ丹波権守に任ぜられ、同2年従三位に進み踏歌外弁となる。宝暦3(1753)年正三位に進み、同4年権中納言に任ぜられ、同7年権大納言に任ぜられる。同8年従二位に進む。同10年権大納言を辞す。安永5(1776)年正二位に進む。子に延季がいる。　典：公辞・公補

三条西延季　さんじょうにし・のぶすえ

江戸時代の人、権大納言。寛延3(1750)年11月14日生～寛政12(1800)年1月20日没。51才。

権大納言三条西実稱の次男。母は右大臣三条実顕の娘。宝暦13(1763)年叙爵。明和2(1765)年従五位上に進み侍従に任ぜられる。同3年元服。同4年正五位下、同6年従四位下、同8年従四位上に進み近衛権少将に任ぜられる。同年更に皇太后宮権亮に任ぜられるも辞す。安永2(1773)年正四位下に進み近衛権中将に任ぜられ、同6年参議に任ぜられる。同7年従三位、同8年正三位に進み、天明元(1781)年踏歌外弁となる。寛政2(1790)年従二位に進み権中納言に任ぜられ、更に同4年権大納言に任ぜられる。同5年正二位に進む。同8年権大納言を辞す。子に実勲がいる。　典：公辞・公補

三条西実勲　さんじょうにし・さねいさ

江戸時代の人、権中納言。天明5(1785)年12月17日生～天保7(1836)年5月30日没。52才。号=入道瑞了。

権大納言三条西延季の子。母は内大臣広幡前豊の娘。天明6(1786)年従五位下に叙され、寛政2(1790)年従五位上、同4年正五位下に進み、同6年侍従に任ぜられ、同9年従四位下に進む。同年元服し左近衛権少将に任ぜられ、同11年従四位上、享和元(1801)年正四位下に進み同年右権中将、文化6(1809)年春宮権亮に任ぜられ、同11年従三位に進み参議に任ぜられ、同12年踏歌外弁となる。同14年正三位に進む。同年春宮権亮を辞す。文政元(1818)年近江権守に任ぜられ、同7年権中納言に任ぜられる。同8年従二位、同12年正二位に進む。天保4(1833)年権中納言を辞す。49才で出家。子に季知がいる。　典：公辞・公補

三条西季知　さんじょうにし・すえとも

江戸時代の人、権大納言。文化8(1811)年,閏2月26月生～明治23(1890)年8月24日没。80才。

権中納言三条西実勲の子。母は右大臣三条実起の娘。文化9(1812)年従五位下に叙され、同13年従五位上、文政元(1818)年正五位下に進み、同7年侍従に任ぜられる。同年元

服し従四位下に進み、同8年右近衛権少将に任ぜられ、同9年従四位上、同11年正四位下に進み、天保元(1830)年権中将に任ぜられる。弘化4(1847)年皇太后宮権亮に任ぜられたが辞す。嘉永3(1850)年従三位に進み参議に任ぜられ、同5年正三位に進む。安政2(1855)年の御遷幸に左宰相として馬副四人・舎人二人・副舎人二人・随身四人・雑色四人・傘一人を供として参加。同4年従二位に進み権中納言に任ぜられる。同5年の安政の事件(飛鳥井雅典の項参照)に八十八廷臣の一人として子公允と共に連座。文久元(1861)年正二位に進み、同2年踏歌外弁となる。同3年尊皇攘夷派の七卿の一人として官位が止まり、三条実美ら七卿と共に長州に下向。慶応3(1867)年大政奉還となり、許されて太宰府より上洛し官位を復される。明治元(1868)年権大納言に任ぜられる。新政府となり参与に任ぜられ、華族に列に侯爵を授かる。京都寺町内椹木町に居住する。家料は502石。子に公允(安政の事件に父季知と共に連座)がいる。　典：幕末・明治・大日・日名・伝日・公辞・公補

○滋野家

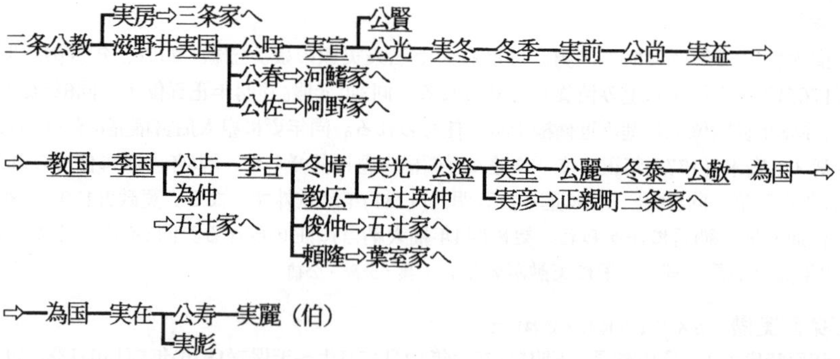

滋野貞主　しげのの・さだぬし

平安時代の人、参議。延暦4(785)年生～仁寿2(852)年12月10日没。68才。

正五位下・大学頭博士栢原東人の孫。従五位上・尾張守家訳の子。延暦年中に滋野宿禰を賜る。大同2(807)年文章生となり、弘仁2(811)年少内記より、同6年大内記・因幡介に任ぜられ従五位下に叙され、同13年図書頭・東宮学士に任ぜられ、天長6(829)年従五位上に進み、同9年下総守・宮内大輔に任ぜられ同年正五位下、承和元(834)年従四位下に進み同年相模守、同2年兵部大輔、同5年弾正大弼に任ぜられ、同6年従四位上に進み同年大和守、同7年大蔵卿、同8年讃岐守、同9年式部大輔に任ぜられ更に参議に任ぜられる。同11年大和班田長官・勘解由長官に任ぜられる。同12年讃岐守を辞す。嘉祥2(849)年大和班田長官を辞す。同年宮内卿に任ぜられる。同3年勘解由長官を辞す。同年正四位下に進み大輔・相模守に任ぜられる。仁寿2(852)年に毒瘡が唇吻に発し慈恩寺の西書院で没す。　典：古代・公補

○滋野井家

藤原北家閑院流。羽林家の一。太政大臣藤原公季(閑院家の祖)の孫権大納言藤原公成が滋野井別当と呼ばれた所から、のち内大臣三条公教の次男実国が滋野井を氏姓とした。代々神楽を業とし、江戸時代は故実家として奉仕した。明治には華族に列され伯爵を授かる。本姓は藤原。家紋は花菱。菩提寺は京都伏見区下鳥羽の天然寺か。

典：京都・京四・日名

滋野井実国　しげのい・さねくに

平安時代の人、権大納言。保延6(1140)年生〜寿永2(1183)年1月2日没。44才。滋野井家の祖。

大臣三条公教の次男。滋野井を氏姓とした。兄に三条実房がいる。久安3(1147)年叙爵。仁平2(1152)年従五位上より正五位下に進み同年左兵衛佐、久寿2(1155)年右少将に任ぜられ、保元元(1156)年従四位下、同2年従四位上、同3年正四位下に進み右中将、同4年蔵人頭、永暦元(1160)年但馬権守に任ぜられたが参議に任ぜられる。応保2(1162)年従三位に進み、永万元(1165)年権中納言に任ぜられる。仁安元(1166)年正三位に進み左兵衛督に任ぜられ、同2年右衛門督に任ぜられ、同3年左衛門に任ぜられ中納言に任ぜられ、更に嘉応2(1170)年権大納言に任ぜられる。承安2(1172)年従二位、安元元(1175)年正二位に進む。子に公時・河鰭公春・阿野公佐がいる。　典：公辞・公補

滋野井公時　しげのい・きんとき

平安・鎌倉時代の人、参議。保元2(1157)年生〜没年不明。初名＝公雅。前名＝公輔。

権大納言滋野井実国の長男。母は中納言藤原家成の娘。弟に河鰭公春・阿野公佐がいる。初め公雅と名乗る。保元3(1158)年叙爵。仁安3(1168)年従五位上に進む。同年公輔と改名。嘉応2(1170)年侍従に任ぜられ、承安3(1173)年正五位下に進み、安元元(1175)年備中権介・右少将、同2年備中介に任ぜられ、同3年従四位下、養和元(1181)年従四位上、寿永2(1183)年正四位下に進み同年左中将、文治元(1185)年伊予介、同4年蔵人頭に任ぜられ、同5年従三位に進み参議に任ぜられる。建久元(1190)年備後権守に任ぜられ、同4年正三位に進む。同6年参議を辞す。同年近江権守に任ぜられ、同9年従二位に進む。同年備後権守を辞す。承元3(1209)年53才で出家。子に実宣がいる。　典：公辞・公補

滋野井実宣　しげのい・さねのぶ

平安・鎌倉時代の人、権大納言。治承元(1177)年生〜安貞2(1228)年11月22日没。52才。初名＝実広。

参議滋野井公時の子。母は権大納言藤原経房の娘。養和元(1181)年叙爵。文治4(1188)年侍従、建久3(1192)年美濃権介に任ぜられ、同5年従五位上、同6年正五位下に進み左近少将、同7年美作権介に任ぜられ、同8年従四位下、正治2(1200)年従四位上に進み、建仁元(1201)年播磨介に任ぜられ、同2年正四位下に進み、同3年権中将、元久2(1205)年備前権介、承元元(1207)年蔵人頭に任ぜられ参議に任ぜられる。同2年但馬権守に任ぜられ従三位、建暦元(1211)年正三位に進み権中納言に任ぜられる。建保元(1213)年従二位、同5

年正二位に進み、承久元(1219)年中納言に任ぜられる。同2年左衛門督に任ぜられ、貞応元(1222)年に辞す。元仁元(1224)年権大納言に任ぜられ翌年に辞す。安貞元(1227)年再び権大納言に任ぜられ伊勢勅使となる。同2年に病となり任職を辞す。子に公賢・公光がいる。　典：公辞・公補

滋野井公賢　しげのい・きんまさ

鎌倉時代の人、参議。建仁3(1203)年生〜没年不明。

権大納言滋野井実宣の長男。弟に公光がいる。承元3(1209)年従五位下に叙され、建保2(1214)年侍従に任ぜられ、同6年従五位上に進み越前介、承久元(1219)年右少将に任ぜられ、同3年正五位下に進み、貞応元(1222)年右中将、同2年丹波介・中宮権亮に任ぜられ従四位上に進み、嘉禄元(1225)年蔵人頭に任ぜられ正四位下に進み参議に任ぜられる。同2年越中権守に任ぜられる。24才で出家。　典：公辞・公補

滋野井公光　しげのい・きんみつ

鎌倉時代の人、中納言。貞応2(1223)年生〜建長7(1255)年11月10日没。33才。

権大納言滋野井実宣の次男。母は非参議藤原基宗の娘従二位宗子。兄に公賢がいる。安貞元(1227)年従五位上に叙され、同2年正五位下、同3年従四位下に進み右少将に任ぜられ、同4年従四位上に進み近江権介、天福元(1233)年皇后宮権亮に任ぜられる。嘉禎元(1235)年権亮を辞す。同年右中将に任ぜられ同年正四位下に進み、同2年美作権介、延応元(1239)年蔵人頭に任ぜられ、仁治元(1240)年従三位に進み参議に任ぜられる。同2年備前権守、同3年右衛門督・近江権守に任ぜられ正三位に進み、寛元元(1243)年権中納言に任ぜられ、同4年従二位に進み、建長2(1250)年中納言に任ぜられる。同3年正二位に進む。同6年中納言を辞す。子に実冬がいる。　典：公辞・公補

滋野井実冬　しげのい・さねふゆ

鎌倉時代の人、権大納言。寛元元(1243)年生〜乾元2(1303)年5月27日没。61才。

中納言滋野井公光の子。母は権大納言藤原実有の娘。寛元3(1245)年叙爵。宝治元(1247)年従五位上に進み侍従、建長元(1249)年左少将に任ぜられ、同2年正五位下に進み、同3年美濃介に任ぜられ、同4年従四位下、同7年従四位上に進み、康元元(1256)年左中将、正嘉元(1257)年近江介に任ぜられ、同2年正四位下に進む。文応元(1260)年近江介を辞す。文永8(1271)年右中将・蔵人頭に任ぜられ、同10年参議に任ぜられる。同11年但馬権守・右兵衛督に任ぜられ従三位に進み、建治元(1275)年左兵衛督に任ぜられ、同3年正三位に進み権中納言に任ぜられる。弘安元(1278)年従二位に右衛門督に任ぜられ、同6年正二位に進む。同7年右衛門督を辞す。同9年権中納言を辞す。同10年中納言に任ぜられる。正応元(1288)年権大納言に任ぜられるも辞す。同2年47才で出家。子に冬季がいる。　典：公辞・公補

滋野井冬季　しげのい・ふゆすえ

鎌倉時代の人、中納言。文永元(1264)年生〜乾元元(1302)年2月23日没。39才。

権大納言滋野井実冬の子。母は鴨禰宜祐継の娘。文永8(1271)年叙爵。同14年越中守に任ぜられ、建治2(1276)年従五位上に進む。同年越中守を辞す。同4年正五位下に進み、弘

安2(1279)年従四位下に進み少将に任ぜられ、同7年従四位上に進み、同9年右中弁に任ぜられ正四位下に進む。同年少将を辞す。同11年右宮城使となり、正応元(1288)年左中弁・左宮城使、同2年蔵人頭に任ぜられる。同年左中弁を辞す。右中将に任ぜられ更に参議に任ぜられる。同3年従三位に進み播磨権守に任ぜられ、同4年正三位に進み、同5年権中納言に任ぜられる。永仁2(1294)年左衛門督に任ぜられ、同3年に辞す。同4年従二位、同6年正二位に進み、正安元(1299)年中納言に任ぜられる。子に実前がいる。　典：公辞・公補

滋野井実前　しげのい・さねまえ

鎌倉時代の人、権中納言。弘安元(1278)年生～嘉暦2(1327)年3月3日没。50才。

中納言滋野井冬季の子。母は参議・宰相藤原公敦の娘。弘安9(1286)年従五位下に叙され、同11年従五位上、正応2(1289)年正五位下に進み侍従に任ぜられ、同4年従四位下、同6年従四位上に進み越前介に任ぜられ、永仁4(1296)年正四位下に進み右少将、同6年美作介・右中将、嘉元元(1303)年蔵人頭に任ぜられ、同2年参議に任ぜられる。同3年阿波権守に任ぜられる。延慶元(1308)年参議を辞す。文保2(1318)年再び参議に任ぜられ右衛門督に任ぜられ従三位より正三位、元応元(1319)年従二位に進む。同年権中納言に任ぜられるも辞す。子に公尚がいる。　典：公辞・公補

滋野井公尚　しげのい・きんなお

鎌倉・南北朝時代の人、参議。嘉元3(1305)年生～康永3(1344.興国5)年,閏2月8月没。40才。初名＝冬成。

権中納言滋野井実前の子。初め冬成と名乗る。嘉元3年従五位下に叙され、正和3(1314)年従五位上に進む。同年公尚と改名。元亨元(1321)年正五位下に進み同年侍従、同2年近江権介に任ぜられ、嘉暦2(1327)年従四位下に進み、同3年右少将に任ぜられ、同4年従四位上に進み右中将に任ぜられ、元徳3(1331)年正四位下に進み、暦応元(1338)年蔵人頭に任ぜられ、同2年従三位に進む。同3年参議に任ぜられる。康永元(1342.興国3)年遠江権守に任ぜられ、同3年に没す。子に実益がいる。　典：公辞・公補

滋野井実益　しげのい・さねます

室町時代の人、参議。生年不明～文安4(1447)年4月29日没。初名＝実勝。

参議滋野井公尚の子。応永25(1418)年侍従、同30年遠江権介に任ぜられ、永享5(1433)年正五位下に進み右少将、同7年常陸権介に任ぜられ、同9年従四位下に進み右中将に任ぜられ、同12年従四位上に進み備前介に任ぜられ、文安元(1444)年正四位下に進み越前権介に任ぜられ、同3年参議に任ぜられる。同4年能登権守に任ぜられる。大中風にて没す。子に教国がいる。　典：公辞・公補

滋野井教国　しげのい・のりくに

室町時代の人、権中納言。永享7(1435)年生～明応9(1500)年12月22日没。66才。

参議滋野井実益の子。文安元(1444)年従五位上に叙され侍従に任ぜられ、同5年右少将に任ぜられ、宝徳元(1449)年従四位下、同4年従四位上に進み、享徳元(1452)年左中将に任ぜられ、同2年正四位下に進み、康正2(1456)年備前権介・蔵人頭に任ぜられ、長禄2(1458)年従三位に進み参議に任ぜられる。同3年信濃権守に任ぜられる。寛正4(1463)再

び年参議を辞すも、同6年再び参議に任ぜられ、文正元(1466)年正三位に進み遠江権守に任ぜられる。応仁元(1467)年参議を辞す。文明7(1475)年従二位に進み、長享元(1487)年権中納言に任ぜられる。延徳2(1490)年正二位に進み、明応2(1493)年兵部卿に任ぜられる。同3年権中納言を辞す。養子に季国がいる。　典：公辞・公補

滋野井季国　しげのい・すえくに

室町時代の人、権中納言。明応2(1493)年生〜天文4(1535)年6月18日没。43才。

権大納言正親町公治の次男。権中納言滋野井教国の養子となる。明応3(1494)年叙爵。永正3(1506)年従五位上に進み、同4年侍従、同7年右少将に任ぜられ、同8年正五位下、同11年従四位下に進み、同12年右中将に任ぜられ、同15年従四位上、同18年正四位下に進み蔵人頭に任ぜられ、大永2(1522)年正四位上に進み備前介に任ぜられ、同4年従三位に進み参議に任ぜられる。同5年但馬国に下向、同6年に上洛するも再び下向。享禄4(1531)年再び上洛。天文4(1535)年正三位に進み権中納言に任ぜられる。同年俄に病気となり没す。子に公古・五辻為仲がいる。　典：公辞・公補

滋野井公古　しげのい・きんこ

室町時代の人、権中納言。永正17(1520)年生〜永禄8(1565)年10月24日没。46才。

権中納言滋野井季国の子。弟に五辻為仲がいる。大永2(1522)年叙爵。天文4(1535)年従五位上に進み元服。侍従に任ぜられ、同7年山城権介、同11年左少将に任ぜられ、同12年正五位下に進み越後権介に任ぜられ、同15年従四位下に進み、同16年右中将、同17年尾張権守に任ぜられ、同18年従四位上、同22年正四位下に進み参議に任ぜられる。弘治元(1555)年従三位、永禄2(1559)年正三位に進み、同4年権中納言に任ぜられるも辞す。同6年大蔵卿に任ぜられたが、同8年に酒損にて没す。子に季吉がいる。　典：公辞・公補

滋野井季吉　しげのい・すえよし

安土桃山・江戸時代の人、権大納言。天正14(1586)年9月生〜明暦元(1655)年12月5日没。70才。初名=冬隆。法名=徹山。一字名=土。

非参議・右兵衛督五辻之仲の子。初め冬隆と名乗る。慶長5(1600)年叙爵。途絶えていた権中納言滋野井公古家を再興する為、家督を相続。同年元服。侍従に任ぜられ、同6年越中権介に任ぜられ、同9年従五位上に進み、同12年右少将に任ぜられ、同13年正五位下、同17年従四位下、同18年従四位上に進み右中将に任ぜられ、元和2(1616)年季吉と改名。同8年正四位下に進み、寛永4(1627)年従三位に進み参議に任ぜられる。同8年正三位に進み、同9年権中納言に任ぜられ、同12年従二位に進み踏歌外弁となる。同19年正二位に進む。同20年権大納言に任ぜられ、正保4(1647)年に辞す。子に冬晴(従五位上・右少将、寛永13,6,11没、21才)・教広・五辻俊仲・葉室頼隆がいる。　典：公辞・公補

滋野井教広　しげのい・のりひろ

江戸時代の人、非参議。元和6(1620)年8月27日生〜元禄2(1689)年6月21日没。70才。

権大納言滋野井季吉の次男。兄に冬晴(従五位上・右少将、寛永13,6,11没、21才)、弟に五辻俊仲・葉室頼隆がいる。寛永8(1631)年従五位下に叙される。同14年元服。同15年従五位上に進み、同15年侍従に任ぜられ、同19年正五位下に進み、同20年左少将に任ぜら

れ、正保2(1645)年従四位下に進み、同3年左中将に任ぜられ、慶安元(1648)年従四位上、承応元(1652)年正四位下、明暦3(1657)年従三位に進む。寛文4(1664)年何か事件でも起こしたのか45才で安芸国に配流される。子に実光(正四位下・右中将、貞享4,12,3没、45才、一字名=屋、家督養子は公澄)がいる。　典：公辞・公補

滋野井公澄　しげのい・きんすみ

江戸時代の人、権大納言。寛文10(1670)年11月21日生～宝暦6(1756)年7月15日没。87才。初名=兼成。号=五松軒。法名=良覚。

権大納言高倉永敦の末子。初め兼成と名乗る。天和元(1681)年右中将滋野井実光朝臣(正四位下、貞享4,12,3没、45才、一字名=屋)の養子となる。同年叙爵。貞享3(1686)年元服。従五位上に進み侍従に任ぜられる。元禄元(1688)年公澄と改名。左少将に任ぜられ、同2年正五位下、同5年従四位下に進み、同6年右中将に任ぜられ、同7年従四位上、同10年正四位下に進み、宝永元(1704)年参議に任ぜられる。同2年従三位に進み、同3年踏歌外弁となる。同7年正三位に進み、正徳元(1711)年権中納言に任ぜられる。同3年従二位に進む。享保2(1717)年権中納言を辞す。同5年権大納言に任ぜられ、同8年に辞す。同9年正二位に進む。同16年62才で出家。幼少の頃より和漢学を好み、礼儀を重んじ、有職故実に精通していた。子に実全・正親町三条実彦がいる。　典：大日・日名・伝日・公辞・公補

滋野井実全　しげのい・さねまさ

江戸時代の人、権中納言。元禄13(1700)年4月5日生～享保20(1735)年10月20日没。36才。

権大納言滋野井公澄の子。弟に正親町三条実彦がいる。元禄15(1702)年叙爵。宝永4(1707)年元服。従五位上に進み侍従に任ぜられ、同7年正五位下、正徳3(1713)年従四位下に進み左少将に任ぜられ、享保元(1716)年従四位上に進み右中将に任ぜられ、同4年正四位下に進み、同13年春宮亮、同16年蔵人頭に任ぜられ正四位上に進み、同18年参議に任ぜられる。同19年従三位に進み踏歌外弁となる。同20年権中納言に任ぜられるも辞す。子に公麗がいる。

滋野井公麗　しげのい・きんかず

江戸時代の人、権大納言。享保18(1733)年10月14日生～天明元(1781)年9月7日没。49才。一字名=入。

権大納言滋野井公澄の孫。権中納言滋野井実全の子。享保20(1735)年叙爵。元文4(1739)年元服。従五位下に進み侍従に任ぜられ、寛保2(1742)年正五位下、延享2(1745)年従四位下に進み、同3年左権少将に任ぜられ、寛延元(1748)年従四位上に進み左権中将、同3年因幡権介に任ぜられ、宝暦元(1751)年正四位下、同8年従三位に進み参議に任ぜられる。同9年美作権守に任ぜられ、同10年踏歌外弁となる。同11年右衛門督に任ぜられ、同12年正三位に進み、同13年従二位に進み権中納言に任ぜられる。明和3(1766)年大宰権帥となる。同5年正二位に進む。同年権大納言に任ぜられるも辞す。安永5(1776)太宰年権帥を辞す。祖父の公澄の意志を継ぎ和漢学を好み、有職故実に精通した。子に冬泰がいる。
典：大日・日名・伝日・公辞・公補

滋野井冬泰　しげのい・ふゆやす

江戸時代の人、権中納言。宝暦元(1751)年9月22日生～天明5(1785)年10月27日没。35才。初名=実古。

権大納言滋野井公麗の子。初め実古と名乗る。宝暦3(1753)年従五位下に叙される。同8年元服。従五位上に進み侍従に任ぜられ、同11年正五位下に進み、同12年右権少将に任ぜられ、同13年従四位下、明和2(1765)年従四位上、同4年正四位下に進み左権中将に任ぜられる。同5年春宮亮に任ぜられ、同7年に辞す。同年備前権介、同8年右権中将・蔵人頭に任ぜられ正四位上に進み、安永元(1772)年参議に任ぜられる。同2年従三位に進み踏歌外弁となる。同4年正三位に進む。同5年冬泰と改名。同6年従二位に進み権中納言に任ぜられる。同8年正二位に進む。天明5(1785)年権中納言を辞す。子に公敬がいる。　典：公辞・公補

滋野井公敬　しげのい・きんたか

江戸時代の人、権大納言。明和5(1768)年2月4日生～天保14(1843)年7月16日没。76才。

権中納言滋野井冬泰の子。母は僧正常順の娘。明和7(1770)年従五位下に叙される。安永9(1780)年元服。従五位上に進み、天明元(1781)年侍従・近衛権少将に任ぜられ、同3年正五位下、同6年従四位下に進み、同7年右権中将に任ぜられ、同8年従四位上、寛政2(1790)年正四位下に進み、享和3(1803)年参議に任ぜられる。文化元(1804)年従三位に進み、同2年権中納言に任ぜられ踏歌外弁となり、同3年賀茂下上社伝奏となる。同4年正三位に進む。同6年賀茂上下社伝奏を辞す。同7年従二位に進む。同年権大納言に任ぜられ、同9年に辞す。同年正二位に進む。子に為国(正四位下・右中将、天保9,8,27没、25才、子は実在)がいる。　典：公辞・公補

○慈光寺家

五辻遠兼┬仲貞⇨五辻家へ
└慈光寺仲清—仲澄—仲方—仲経—仲蔭—光仲—師仲—持経—定仲—仲康—⇨

⇨—仲明—明郷—康善—善仲—冬仲—貫仲—仲学—房仲—澄仲—敦仲—具仲—尚仲—⇨

⇨—実仲—家仲—有仲┬右仲
└恭仲（子）

宇多源氏の末裔。五辻家の支流。左衛門五辻遠兼の次男仲清が、安嘉門院の院司となり氏姓を慈光寺と名乗り、流裔の中務権大輔慈光寺冬仲に至り堂上家に列され、澄仲となり公卿に列される。明治に至り華族に列され子爵を授かる。本姓は源。家紋は竜胆(りんどう)。菩提寺は京都右京区西院平町の常念寺。

典：日名・京四

慈光寺澄仲　じこうじ・すみなか

江戸時代の人、非参議。正徳3(1713)年4月13日生～寛政7(1795)年7月23日没。83才。

流裔の中務権大輔慈光寺冬仲の曾孫宮内権大輔慈光寺房仲朝臣の子。一説に仲学の子という。享保10(1725)年元服。正六位上に叙され補蔵人、同12年中務大丞、同13年春宮権少進に任ぜられる。宝暦6(1756)年補蔵人を辞す。明和元(1764)年従五位下に進み左馬権頭に任ぜられ、同2年従五位上、同3年正五位下、同4年従四位下、同6年従四位上、同7年正四位下、安永元(1772)年従三位、同4年正三位、同7年従二位に進む。養子に敦仲がいる。　典：公辞・公補

慈光寺実仲　じこうじ・さねなか

江戸時代の人、非参議。天明7(1787)年8月8日生〜文久3(1863)年9月6日没。77才。俳号=花雲。

右衛門佐慈光寺尚仲朝臣の子。享和2(1802)年元服。正六位上に叙され勘解由判官に任ぜられ、文化元(1804)年従五位下に進み、同2年大蔵大輔に任ぜられ、同5年従五位上、同9年正五位下に進み、同10年左馬権頭に任ぜられ、同13年従四位下、文政3(1820)年従四位上、同7年正四位下、同11年従三位に進む。天保4(1833)年正三位、弘化4(1847)年従二位に進む。俳諧をよく詠む。子に家仲がいる。　典：公辞・公補

慈光寺家仲　じこうじ・いえなか

江戸時代の人、非参議。文化11(1814)年8月7日生〜明治元(1868)年11月12日没。55才。

非参議慈光寺実仲の子。母は権中納言大宮盛季の娘。文政10(1827)年従五位下に叙される。同年元服。天保2(1831)年従五位上、同6年正五位下に進み、同9年左京大夫に任ぜられ、同10年従四位下、同14年従四位上、弘化4(1847)年正四位下、嘉永4(1851)年従三位に進む。安政3(1856)年正三位に進む。京都寺町丸太町に居住する。子に有仲がいる。

典：公辞・公補

慈光寺有仲　じこうじ・ありなか

江戸・明治時代の人、非参議。文政11(1828)年1月1日生〜明治31(1898)年10月没。71才。

非参議慈光寺家仲の子。天保9(1838)年従五位下に叙される。同12年元服。同13年従五位上に進み、同14年大膳大夫、弘化2(1845)年右馬頭に任ぜられ、同3年正五位下、嘉永3(1850)年従四位下、安政元(1854)年従四位上、同5年正四位下に進む。安政の事件(飛鳥井雅典の項参照)に八十八廷臣の一人として連座。文久2(1862)年従三位に進む。慶応2(1866)年太宰大弐に任ぜられ、同3年正三位に進む。のち加茂御祖社宮司となる。明治に華族に列され子爵を授かる。子に右仲(従四位下・大膳大夫)、恭仲(正四位下)がいる。

典：明治・公辞・公補

◯四条家

藤原北家の川辺大臣藤原魚名の流裔。権大納言藤原隆季が四条大宮に居住した所から、孫の隆衡が四条を氏姓とした。羽林家の一。料理包丁をもって奉仕。明治に至り華族に列され伯爵を授かる。一族には西大路・油小路・山科・櫛笥・鷲尾・八条家がある。本姓は藤原。家紋は田字草(でんじそう)。菩提寺は京都上京区今出川千本西の上善寺。

典：日名・京四・京都

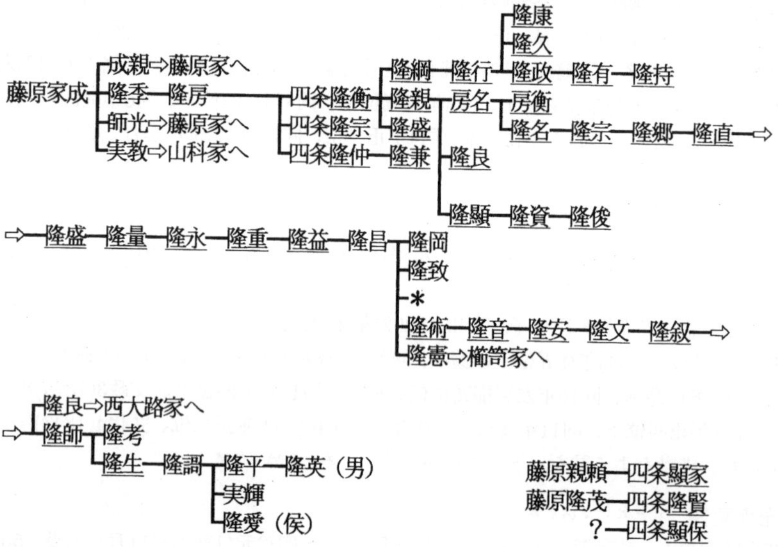

四条隆衡　しじょう・たかひら

鎌倉時代の人、権大納言。承安2(1172)年生～建長6(1254)年12月没。83才。初名=長雅。号=鷲尾大納言。

中納言藤原隆房の長男。母は太政大臣平清盛の娘。祖父の権大納言藤原隆季が四条大宮に居住した所から、四条を氏姓とする。弟に隆宗・隆仲がいる。元暦元(1184)年従五位上に叙され、文治3(1187)年侍従に任ぜられ、建久元(1190)年正五位下に進み、同2年阿波介に任ぜられる。同5年侍従を辞す。同6年従四位下に進み右馬頭に任ぜられ、同8年従四位上、同9年正四位下に進み但馬介・左馬頭に任ぜられる。建仁元(1201)年左馬頭を辞す。同年内蔵頭・蔵人頭に任ぜられ、同2年参議に任ぜられる。同3年従三位に進み伊予権守に任ぜられ、元久2(1205)年正三位に進み、建永元(1206)年右衛門督に任ぜられ、承元元(1207)年権中納言に任ぜられる。同3年右衛門督を辞す。建暦元(1211)年従二位に進み、同2年中納言に任ぜられ、建保2(1214)年正二位に進み、同5年大宰権帥に任ぜられる。承久元(1219)年権大納言に任ぜられ、同2年に辞す。貞応元(1222)年按察使となる。安貞元(1227)年56才で出家。子に隆綱・隆親・隆盛がいる。　典：公辞・公補

四条隆仲　しじょう・たかなか

鎌倉時代の人、非参議。寿永2(1183)年生～没年不明。

中納言藤原隆房の四男。母は右衛門佐の娘後鳥羽院女房。建久2(1191)年従五位上に叙され、同8年左衛門佐、正治2(1200)年紀伊介・右少将に任ぜられ、元久2(1205)年従四位下に進み、建永元(1206)年土佐権介に任ぜられ、建暦元(1211)年従四位上より正四位下に進み内蔵頭に任ぜられ、同2年従三位に進む。寛喜元(1229)年47才で出家。子に隆兼がいる。　典：公補

四条隆宗　しじょう・たかむね

鎌倉時代の人、非参議。養和元(1181)年生～寛喜元(1229)年8月21日没。49才。

中納言藤原隆房の次男。母は兄四条隆衡の娘(隆房の孫?)。文治3(1187)年従五位下に叙され遠江守、同5年長門守、建久2(1191)年能登守に任ぜられ、同4年従五位上に進み、同6年尾張守に任ぜられ、正治元(1199)年正五位下に進み阿波守に任ぜられ、建仁4(1204)年従四位下、承元3(1209)年従四位上、建暦2(1212)年正四位下、建保6(1218)年従三位に進む。痢病にて没す。　典：公補

四条隆親　しじょう・たかちか

鎌倉時代の人、大納言。建仁3(1203)年生～弘安2(1279)年9月6日没。77才。

権大納言四条隆衡の次男。母は内大臣坊門信清の娘。兄に隆綱、弟に隆盛がいる。元久2(1205)年叙爵。建暦2(1212)年従五位上に進み、建保3(1215)年右兵衛佐に任ぜられ、同5年正五位下に左馬頭、承久元(1219)年但馬権介・左少将に任ぜられ、同3年従四位上に進み左中将に任ぜられ、同4年正四位下に進み、貞応元(1222)年蔵人頭に任ぜられ、元仁元(1224)年参議に任ぜられる。嘉禄元(1225)年従三位に進み讃岐権守・右衛門督に任ぜられ、同2年正三位、安貞2(1228)年従二位に進み、寛喜2(1230)年丹波権守に任ぜられ、同3年権中納言に任ぜられ、貞永元(1232)年正二位に進み、嘉禎元(1235)年中納言に任ぜられる。同2年大宰権帥に任ぜられ、暦仁元(1238)年権大納言に任ぜられる。仁治元(1240)年大宰権帥を辞す。寛元元(1243)年中宮大夫に任ぜられ、宝治元(1247)年これを辞す。同2年皇后宮大夫に任ぜられ、建長2(1250)年大納言に任ぜられる。同3年皇后宮大夫を辞す。正嘉元(1257)年大納言を辞すも、正元元(1259)年再び任ぜられ翌年に再び辞す。文永元(1264)年兵部卿に任ぜられ、建治2(1276)年三たび大納言に任ぜられ翌年にまた辞す。子に房名・隆顕・隆良がいる。　典：公辞・公補

四条隆綱　しじょう・たかつな

鎌倉時代の人、非参議。文治5(1189)年生～没年不明。

権大納言四条隆衡の長男。母は非参議高階経仲の娘。弟に隆親・隆盛がいる。元久2(1205)年叙爵。承元4(1210)年信濃守に任ぜられ、建暦2(1212)年従五位上に進み、建保4(1216)年民部少輔に任ぜられ、承久元(1219)年正五位下に進み、同2年阿波権守に任ぜられ、貞応元(1222)年従四位下、嘉禄3(1227)年従四位上に進み、寛喜元(1229)年内蔵頭に任ぜられ、同3年正四位下に進み宮内卿に任ぜられる。貞永元(1232)年宮内卿を辞す。同年備中守、天福元(1233)年治部卿に任ぜられ、嘉禎元(1235)年従三位、暦仁元(1238)年正三位、寛元2(1244)年従二位に進み、宝治元(1247)年右京大夫となる。建長5(1253)年65才で出家。子に隆行がいる。　典：公補

四条隆盛　しじょう・たかもり

鎌倉時代の人、非参議。建暦元(1211)年生～建長3(1251)年8月13日没。41才。初名＝隆宣。

権大納言四条隆衡の三男。母は内大臣坊門信清の娘。兄に隆綱・隆親がいる。初め隆宣と名乗る。建暦3(1213)年叙爵。承久元(1219)年侍従に任ぜられ、同3年従五位上に進

む。隆盛と改名。貞応2(1223)年正五位下に進み備前介、嘉禄2(1226)年左少将に任ぜられ、同3年従四位下に進み備中介、寛喜元(1229)年右少将に任ぜられ、同3年従四位上に進み、同4年越後介、貞永2(1233)年美濃守に任ぜられ、天福2(1234)年正四位下に進み、文暦2(1235)年内蔵頭に任ぜられ、嘉禎2(1236)年従三位に進む。　典：公補

四条房名　しじょう・ふさな

鎌倉時代の人、大納言。寛喜元(1229)年生～正応元(1288)年6月15日没。60才。

大納言四条隆親の長男。弟に隆顯・隆良がいる。嘉禎3(1237)年叙爵。仁治元(1240)年従五位上に進む。同年参河守に任ぜられ、同2年に辞す。同年正五位下、同3年従四位下、寛元2(1244)年従四位上、同4年正四位下に進み、宝治元(1247)年左馬頭に任ぜられ、同2年従三位に進み、建長元(1249)年右兵衛督より、同2年左兵衛督に任ぜられ、同3年正三位、同6年従二位、正嘉元(1257)年正二位に進み、弘安元(1278)年参議に任ぜられる。同2年加賀権守、同6年左兵衛督に任ぜられ、同7年権中納言に任ぜられる。同8年大納言に任ぜられるも辞す。子に房衡・隆名がいる。　典：公辞・公補

四条隆行　しじょう・たかゆき

鎌倉時代の人、権大納言。承元元(1207)年生～没年不明。法名=行乗。

非参議四条隆綱の子。母は修理権大夫源惟雅の義女。建長3(1251)年蔵人頭に任ぜられ正四位下に叙され内蔵頭に任ぜられ、同4年参議に任ぜられる。同5年従三位に進み修理大夫に任ぜられ、同7年右兵衛督に任ぜられ、正嘉元(1257)年正三位に進み権中納言に任ぜられる。同2年従二位に進む。正元元(1259)年権中納言を辞す。同年太宰権師に任ぜられ、弘長元(1261)年再び権中納言に任ぜられ、同2年正二位に進む。同年再び権中納言を辞す。同3年大宰権帥を辞す。同年備前国を賜る。同7年権大納言に任ぜられるも辞す。62才で出家。子に隆康・隆久・隆政がいる。　典：公辞・公補

四条隆兼　しじょう・たかかね

鎌倉時代の人、非参議。生没年不明。

非参議四条隆仲の子。右中将に任ぜられ、のちこれを辞す。建長5(1253)年従三位に叙される。康元元(1256)年侍従に任ぜられる。文応元(1260)年以降は名が見えない。　典：公補

四条隆顯　しじょう・たかあき

鎌倉時代の人、権大納言。寛元元(1243)年生～没年不明。法名=顯空。

大納言四条隆親の次男。母は左馬源義氏朝臣の娘。兄に房名、弟に隆良がいる。左中将に任ぜられ、正四位下に叙され、正嘉元(1257)年参議に任ぜられる。同2年従三位、正元元(1259)年正三位に進み右兵衛督使別当、文応元(1260)年加賀権守、弘長元(1261)年中宮権大夫に更に任ぜられ権中納言に任ぜられる。同2年従二位に進む。同年右兵衛を辞す。文永3(1266)年正二位に進む。同5年中宮権大夫を辞す。同6年権大納言に任ぜられ、建治2(1276)年に辞す。同3年父隆親との不和を理由に35才で出家。子に隆資がいる。　典：公補

四条隆康 しじょう・たかやす

鎌倉時代の人、参議。建長元(1249)年生～正応4(1291)年2月24日没。43才。

権大納言四条隆行の長男。母は入道河内娘で宮任の式乾門院播磨局。弟に隆久・隆政がいる。建長3(1251)年叙爵。同7年従五位上に叙され、康元元(1256)年右兵衛権佐、正嘉元(1257)年左兵衛権佐・右少将、同6年下野介に任ぜられ同年正五位下、正元元(1259)年従四位下に進み、文応元(1260)年右中将より、弘長元(1261)年左中将・中宮亮に任ぜられ、同2年従四位上に進み、文永元(1264)年内蔵頭に任ぜられる。同3年左中将・中宮亮・内蔵頭を辞す。同年修理大夫に任ぜられ、同4年正四位下、同11年従三位、建治3(1277)年正三位に進み左兵衛督に任ぜられ、弘安元(1278)年参議に任ぜられる。同2年美作権守に任ぜられ、同6年従二位に進む。同7年修理大夫を辞す。同年伊予権守に任ぜられる。同9年参議を辞す。同年正二位に進む。 典：公補

四条隆良 しじょう・たかよし

鎌倉時代の人、権中納言。生年不明～永仁4(1296)年12月5日没。初名=師保。鷲尾松月堂古流の挿花の祖。号=風月堂。

大納言四条隆親の末子。兄に房名・隆顯がいる。康元2(1257)年叙爵。安芸守に任ぜられ、正嘉2(1258)年従五位上に叙される。同3年安芸守を辞す。同年侍従・土佐守に任ぜられ、正元2(1260)年正五位下に進む。弘長元(1261)年土佐守を辞す。同3年右馬頭、文永元(1264)年出雲守に任ぜられ、同2年従四位下に進み越後守に任ぜられ、同4年従四位上、同6年正四位下に進み右少将に任ぜられる。同10年越後守を辞す。同11年左兵衛督、建治元(1275)年内蔵頭・春宮亮に任ぜられる。同2年内蔵頭を辞す同年左中将に任ぜられる。弘安3(1280)年春宮亮を辞す。正応元(1288)年従三位、同4年正三位に進み右衛門督に任ぜられ、同5年参議に任ぜられる。永仁元(1293)年越前権守に任ぜられ、同2年従二位に進む。同3年権中納言に任ぜられるも辞す。南都西大寺の叡導より建長年間に挿花の法を受け、鷲尾松月堂古流として継ぐ。子に鷲尾隆嗣(鷲尾家の祖)がいる。 典：大日・公辞・公補

四条隆久 しじょう・たかひさ

鎌倉時代の人、参議。建長4(1252)年生～没年不明。

権大納言四条隆行の次男。兄に隆康、弟に隆政がいる。文永2(1265)年叙爵。同5年従五位上に叙され、同6年侍従に任ぜられ、同8年正五位下に進み左少将に任ぜられ、同11年従四位下に進み、同12年右少将に任ぜられ、建治2(1276)年従四位上に進み、弘安2(1279)年右中将に任ぜられ、同3年正四位下に進み、正応5(1291)年従三位、永仁4(1296)年正三位、延慶2(1309)年従二位、元応2(1320)年正二位に進む。元亨元(1321)年参議に任ぜられるも翌年に辞す。嘉暦2(1327)年76才で出家。 典：公補

四条顯家 しじょう・あきいえ

鎌倉時代の人、参議。生年不明～徳治元(1306)年3月10日没。号=堀川。初名=光家。

権中納言藤原親頼の子。初め光家と名乗る。弘長4(1264)年叙爵。文永4(1267)年出雲守に任ぜられる。顯家と改名。同5年従五位上、同7年正五位下に進む。同11年左衛門佐に任ぜられ、弘安6(1283)年に辞す。同年春宮権大進に任ぜられる。同8年春宮大進に任

ぜられ、同10年に辞す。正応元(1288)年兵部権大輔・五位蔵人に任ぜられ、同2年蔵人を辞し、同3年右少弁より、同4年左少弁より権右中弁に任ぜられ正五位上より従四位下に進み、永仁元(1293)年従四位上に進み右中弁に任ぜられ、同2年正四位下より正四位上に進み左中弁より右大弁・左宮城使に任ぜられ、同5年左大弁・蔵人頭に任ぜられ造東大寺長官となる。同6年蔵人頭・左大弁を辞す。同年従三位、正安元(1299)年正三位に進み参議に任ぜられる。同3年阿波権守に任ぜられたが翌年に任職を辞す。　典：公補

四条隆賢　しじょう・たかかた

鎌倉時代の人、非参議。生没年不明。

正四位下・左近衛権中将隆茂朝臣の子。文永元(1264)年従五位下に叙され、同6年侍従に任ぜられ、同8年従五位上に進み、正応2(1289)年右少将に任ぜられ、同5年従四位下に進み左少将に任ぜられ、永仁2(1294)年従四位上、同6年正四位下に進み右中将に任ぜられ、嘉元元(1303)年従三位、延慶2(1309)年正三位に進み、文保元(1317)年より名が見えなくなる。一説に正和元(1312)年5月没といわれる。　典：公補

四条隆政　しじょう・たかまさ

鎌倉時代の人、非参議。文永4(1267)年生～正慶元(1332)年10月17日没。66才。法名=覚乗。別称=西大路。

権大納言四条隆行の三男。母は参議高辻長成の娘。兄に隆康・隆久がいる。文永12(1275)年叙爵。弘安2(1279)年右馬頭に任ぜられ、同4年従五位上に進み、同6年但馬介に任ぜられ、同7年正五位下、同11年従四位下に進み同年播磨守、正応元(1288)年内蔵頭に任ぜられ、同2年従四位上に進み春宮亮に任ぜられる。同年内蔵頭を辞す。左京大夫に任ぜられる。同3年播磨守・左京大夫・春宮亮を辞す。延慶元(1308)年従三位、同3年正三位、正和2(1313)年従二位に進む。47才で出家。子に隆有・油小路隆蔭がいる。　典：公辞・公補

四条隆名　しじょう・たかな

鎌倉時代の人、非参議。生年不明～元亨2(1322)年7月没。初名=隆右。前名=隆能。

大納言四条房名の次男。母は法眼増賀の娘。養子の説あり、櫛笥隆朝の子といわれる。兄に房衡がいる。初め隆右と名乗る。正嘉2(1258)年従五位下に叙され、文永5(1268)年因幡守に任ぜられる。同年隆能と改名。弘安6(1283)年従五位上に進む同年隆名と改名。正応元(1288)年正五位下に進み、同2年左衛門佐に任ぜられ、同3年従四位下に進む。同年左衛門佐を辞す。同6年従四位上、永仁4(1296)年正四位下、延慶2(1309)年従三位、正和4(1315)年正三位に進む。子に隆宗がいる。　典：公辞・公補

四条隆有　しじょう・たかあり

鎌倉時代の人、参議。正応5(1292)年生～元徳元(1329)年6月27日没。38才。初名=隆頼。

非参議四条隆政の子。初め隆頼と名乗る。正応6(1293)年叙爵。永仁5(1297)年従五位上に進む。同年伯耆守に任ぜられ、同6年に辞す。正安元(1299)年正五位下に進み、同2年侍従に任ぜられ、嘉元3(1305)年従四位下に進み、徳治3(1308)年左少将、延慶元(1308)年右少将に任ぜられ、同2年従四位上に進み右中将、同4年左京大夫・左中将に任ぜられ

正四位下に進む。同3年左京大夫を辞す。同年隆有と改名。同4年蔵人頭を任ぜられ、文保元(1317)年従三位に進み参議に任ぜられる。同2年加賀権守に任ぜられる。同年参議を辞す。元応2(1320)年正三位に進む。子に隆持がいる。　典：公辞・公補

四条房衡　しじょう・ふさひら

鎌倉・南北朝時代の人、非参議。弘安6(1283)年生～延文2(1357.正平12)年6月18日没。74才。

大納言四条房名の長男。弟に隆名がいる。弘安9(1286)年叙爵。同11年従五位上に進む。同年右馬頭に任ぜられ、正応元(1288)年に辞す。同3年正五位下、正安元(1299)年従四位下、徳治3(1308)年従四位上、延慶3(1310)年正四位下、文保元(1317)年従三位に進み、元応元(1319)年治部卿に任ぜられ、同2年正三位に進む。翌年治部卿を辞す。　典：公補

四条隆資　しじょう・たかすけ

鎌倉・南北朝時代の人、吉野朝の大納言。永仁3(1295)年生～文和元(1352.正平7)年没。60才。

権大納言四条隆顯の子。文保2(1318)年正五位下より従四位下に叙され右少将に任ぜられ、元応2(1320)年従四位上に進み左中将より右中将、元亨3(1323)年因幡守・中宮亮に任ぜられ、正中2(1325)年正四位下に進み、同3年蔵人頭、嘉暦2(1327)年参議に任ぜられる。同3年従三位に進み大蔵卿・加賀権守・左兵衛督に任ぜられる。元徳元(1329)年大蔵卿を辞す。同2年正三位に進み権中納言に任ぜられる。元弘元(1331)年逐電、流罪に処される。正慶2(1332.元弘3)年許されて再び権中納言に任ぜられる。建武元(1334)年これを辞す。同年従二位に進み修理大夫に任ぜられ、同2年三たび権中納言に任ぜられるも辞す。延元元(1336)年足利尊氏勢が京都に迫ると、新田義貞と共に紀伊に逃れ吉野朝に奉仕し、北畠親房に協力し、後醍醐天皇の没後は後村上天皇を補佐し政務を司る。正平2(1347)年高師直が吉野を侵すと天皇と共に賀名生に逃れる。のち従一位に進み大納言に任ぜられる。同7年再び足利軍に襲われ天皇と共に南に逃れたが、奮戦して戦死する。没後に左大臣を贈られる。子に隆俊がいる。　典：大日・日名・伝日・公辞・公補

四条隆俊　しじょう・たかとし

南北朝時代の人、吉野朝の内大臣。生年不明～応安6(1373.文中2)年没。

吉野朝の大納言四条隆資の子。父と共に吉野朝に奉仕。近衛少将に任ぜられ、正平中に中納言より大納言に任ぜられる。同8年(1353)年兵を紀伊に起こし熊野荘司の兵を包括し山名時氏と共に京都の足利義詮を攻める。同15年義詮と畠山国清が大軍で攻め入り、逃れて阿瀬河城に逃れる。のち内大臣に任ぜられる。和田義武などと共に天野の行宮を足利軍より守る。文中2(1373)年兵を率いて敵陣を夜襲したが戦死する。　典：大日・伝日

四条隆持　しじょう・たかもち

鎌倉・南北朝時代の人、権中納言。文保2(1318)年生～永徳3(1383.弘和3)年3月19日没。66才。

参議四条隆有の子。文保3(1319)年従五位下に叙され、元亨3(1323)年石見守に任ぜられ、同4年従五位上に進み侍従、嘉暦元(1326)年春宮権大進に任ぜられ正五位下、同3年従四位下に進む。元徳2(1330)年石見守を辞す。同3年従四位上に進み、元弘3(1333)年左少将に任ぜられ、建武3(1336)年正四位下に進み、同4年右中将・内蔵頭に任ぜられる。暦応元(1338)年春宮亮に任ぜられ、同2年に辞す。同3年蔵人頭に任ぜられ、同4年に辞す。康永元(1342.興国3)年参議に任ぜられる。同2年従三位に進み美濃権守に任ぜられ、貞和5(1349.正平4)年正三位に進み相模権守に任ぜられ、同5年権中納言に任ぜられ、文和3(1354.正平9)年従二位に進む。延文2(1357.正平12)年権中納言を辞す。同4年正二位に進む。　典：公辞・公補

四条隆宗　しじょう・たかむね

鎌倉・南北朝時代の人、非参議。生年不明～延文3(1358.正平13)年10月6日没。初名=隆基。

非参議四条隆名の子。初め隆基と名乗る。延慶元(1308)年叙爵。正和元(1312)年従五位上、同4年正五位下に進み侍従に任ぜられ、正慶元(1332)年従四位下に進む。同年隆宗と改名。丹後守・左少将に任ぜられ、暦応2(1339)年従四位上に進み、同4年内蔵頭に任ぜられ、同5年正四位下に進む。貞和2(1346)年内蔵頭を辞す。観応2(1351.正平6)年従三位、延文3(1358.正平13)年正三位に進む。同年夜討ちにあい殺される。子に隆郷がいる。典：公辞・公補

四条隆郷　しじょう・たかさと

南北朝・室町時代の人、権大納言。嘉暦元(1326)年生～応永17(1410)年2月12日没。85才。法名=宗怡。

従三位・非参議四条隆宗の子。延文5(1360.正平15)年従三位に叙され、貞治6(1367.正平22)年正三位に進む。応安3(1370.建徳元)左兵衛督に任ぜられ、同4年に辞す。同年従二位に進み、康暦元(1379.天授5)年参議に任ぜられ、永徳元(1381.弘和元)に辞す。至徳3(1386.元中3)年権中納言に任ぜられ、嘉慶元(1387.元中4)年正二位に進む。同2年権大納言に任ぜられ、明徳3(1392.元中9)年に辞す。応永2(1395)年従一位に進む。70才で出家。子に隆直がいる。　典：公辞・公補

四条顕保　しじょう・あきやす

南北朝・室町時代の人、権中納言。生年不明～応永2(1395)年11月没。

父母名は不明。左中将に任ぜられ、のちこれを辞し、応安6(1373.文中2)年従三位に叙され右衛門督に任ぜられ、同7年参議に任ぜられる。永和元(1375.天授元)加賀権守に任ぜられる。同4年参議を辞す。永徳元(1381.弘和元)正三位、至徳2(1385.元中2)年従二位に進む。明徳元(1390.元中7)年権中納言に任ぜられ、同3年に辞す。　典：公補

四条隆直　しじょう・たかなお

南北朝・室町時代の人、権大納言。延文2(1357.正平12)年生～永享8(1436)年8月没。80才。法名=浄喜。

権大納言四条隆郷の子。応永9(1402)年従三位に叙され、同13年参議に任ぜられる。同14年正三位に進み伊予権守に任ぜられる。同16年に任職を辞す。同17年従二位に進む。同20年権中納言に任ぜられ翌年に辞す。同24年正二位に進み、同27年権大納言に任ぜられる。同30年67才で出家。子に隆盛がいる。　典：公辞・公補

四条隆盛　しじょう・たかもり

室町時代の人、権大納言。応永4(1397)年生～文正元(1466)年2月21日没。70才。

権大納言四条隆直の子。左中将に任ぜられ、のちこれを辞す。応永31(1424)年従三位に叙され、同32年参議に任ぜられる。同33年越前権守に任ぜられる。同34年任職を辞す。正長元(1428)年右衛門督に任ぜられ、永享元(1429)年正三位に進み、同9年再び参議に任ぜられ、同10年権中納言に任ぜられる。嘉吉2(1442)年従二位に進み善勝寺長者となる。文安3(1446)年権大納言に任ぜられ、同5年に辞す。宝徳元(1449)年正二位に進む。同2年按察使に任ぜられ、康正2(1456)年に辞す。長禄3(1459)年従一位に進む。子に隆量がいる。　典：公辞・公補

四条隆量　しじょう・たかかず

室町時代の人、権大納言。永享元(1429)年生～文亀3(1503)年9月19日没。75才。初名=房卿。法名=常泰。

権大納言四条隆盛の子。康正元(1455)年従三位に叙される。長禄元(1457)年参議に任ぜられるも翌年に辞す。同3年加賀権守に任ぜられ再び参議に任ぜられる。寛正2(1461)年権中納言に任ぜられ翌年に辞す。同6年正三位に進み、応仁2(1468)年善勝寺長者となる。延徳2(1490)年権大納言に任ぜられる。同3年従二位、明応元(1492)年正二位に進む。同3年権大納言を辞すも再び任ぜられ、同6年に再び辞す。同年従一位に進む。70才で出家。養子に隆永(中御門家より)がいる。　典：公辞・公補

四条隆永　しじょう・たかなが

室町時代の人、権大納言。文明10(1478)年生～天文7(1538)年4月16日没。61才。

権大納言中御門宣胤の次男。兄に中御門宣秀がいる。権大納言四条隆量と権大納言中御門宣秀の娘の養子となる。文明15(1483)年叙爵。同16年侍従に任ぜられ、延徳2(1490)年従五位上、明応2(1493)年正五位下に進み右少将に任ぜられ、同6年従四位下に進み下野介・右中将に任ぜられ、同10年従四位上、永正2(1505)年正四位下、同7年従三位に進み右兵衛督に任ぜられ、同11年参議に任ぜられ、同16年権中納言に任ぜられる。大永元(1521)年従二位に進み、同4年善勝寺長者となる。同年邸宅が火災となり文書など悉く焼失する。同6年正二位に進む。同7年権大納言に任ぜられ、天文3(1534)年に辞す。同7年従一位に進む。子に隆重がいる。　典：公辞・公補

四条隆重　しじょう・たかしげ

室町時代の人、参議。永正4(1507)年生～天文8(1539)年11月19日没。33才。

権大納言四条隆永(権大納言中御門宣胤の次男)の子。母は権大納言四条隆量の娘。永正7(1510)年叙爵。同14年従五位上に進み侍従に任ぜられ、同17年正五位下に進み右少将、大永2(1522)年下野権介に任ぜられ、同6年従四位下に進み右中将に任ぜられ、享禄

2(1529)年従四位上、同5年正四位下、天文5(1536)年従三位に進み、同6年参議に任ぜられる。同年駿河国に下向。同7年上洛。同年美濃権守に任ぜられたが狂気となり任職不能で参議を辞す。子に隆益がいる。　典：公辞・公補

四条隆益　しじょう・たかます

室町時代の人、参議。享禄4(1531)年1月19日生～永禄10(1567)年9月8日没。37才。

参議四条隆重の子。母は非参議吉田兼満の娘。天文5(1536)年叙爵。同12年従五位上に進む。同年元服。侍従に任ぜられ、同13年甲斐介に任ぜられ、同15年正五位下に進み、同16年下野介・左少将に任ぜられ、同17年従四位下、同21年従四位上に進み左中将に任ぜられ、弘治2(1556)年正四位下、永禄4(1561)年従三位に進み、同6年参議に任ぜられ、ついで右衛門督に任ぜられる。養子に隆昌(冷泉家より。初名＝家賢。正四位下・左中将。慶長18,5,12没。58才。子は隆岡・隆致・隆憲・隆術)がいる。　典：公辞・公補

四条隆術　しじょう・たかやす

江戸時代の人、参議。慶長16(1611)年5月25日生～正保4(1647)年11月28日没。37才。

参議四条隆益の孫。左中将四条隆昌朝臣の四男。兄に隆岡・隆致・隆憲がいる。慶長18(1613)年叙爵。元和4(1618)年元服。従五位上に進み侍従に任ぜられ、同7年正五位下に進み、寛永元(1624)年左少将に任ぜられ、同4年従四位下に進み、同5年左中将に任ぜられ、同8年従四位上、同12年正四位下、同17年従三位に進み、同20年参議に任ぜられるも辞す。正保2(1645)年正三位に進む。子に隆音がいる。　典：公辞・公補

四条隆音　しじょう・たかなり

江戸時代の人、参議。寛永14(1637)年3月14日生～寛文10(1670)年7月22日没。34才。

参議四条隆術の子。母は松平清匡の娘。正保3(1646)年叙爵。慶安元(1648)年元服。侍従に任ぜられ、同3年従五位上に進み、同4年左少将に任ぜられ、承応2(1653)年正五位下、明暦2(1656)年従四位下に進み、同4年左中将に任ぜられ、万治3(1660)年従四位上、寛文4(1664)年正四位下、同8年従三位に進み、同10年参議に任ぜられる。養子に隆安(山科家より)がいる。　典：公辞・公補

四条隆安　しじょう・たかやす

江戸時代の人、権中納言。寛文3(1663)年5月14日生～享保5(1720)年1月26日没。58才。初名＝言通。前名＝隆盈。

参議山科言行の次男。兄に山科持言がいる。初め言通と名乗る。寛文9(1669)年叙爵。同11年絶えていた参議四条隆音家の養子となる。隆盈と改名。同年元服。従五位上に進み侍従に任ぜられ、延宝3(1675)年正五位下に進み、同4年左少将に任ぜられ、同7年従四位下に進み左中将に任ぜられ、天和3(1683)年従四位上に進み、貞享3(1686)年隆安と改名。春宮亮に任ぜられ、同4年正四位下に進む。同年春宮亮を辞す。元禄5(1692)年従三位に進み、正徳2(1712)年参議に任ぜられる。同3年踏歌外弁となる。同5年参議を辞す。享保2(1717)年権中納言に任ぜられるも辞す。子に隆文がいる。　典：公辞・公補

四条隆文　しじょう・たかぶみ

江戸時代の人、参議。元禄2(1689)年6月22日生～元文3(1738)年8月9日没。50才。初名=隆春。

権中納言四条隆安の子。初め隆春と名乗る。元禄15(1702)年叙爵。同年元服。侍従に任ぜられ、正徳2(1712)年従五位上、同5年正五位下に進み、享保元(1716)年左少将に任ぜられ、同3年従四位下に進み、同4年左中将に任ぜられ、同6年従四位上、同8年正四位下、同11年従三位に進む。同12年隆文と改名。同20年正三位に進み参議に任ぜられる。元文3年にこれを辞す。養子に隆叙がいる。　典：公辞・公補

四条隆叙　しじょう・たかのぶ

江戸時代の人、権大納言。享保15(1730)年11月9日生～享和元(1801)年10月22日没。72才。初名=季栄。

権大納言正親町公通の末子。兄に正親町公成・正親町実連・正親町公梁・裏辻実本・野宮定俊がいる。初め季栄と名乗る。元文元(1736)年叙爵。同3年絶えかけていた参議四条隆文家の養子となる。同5年元服。従五位上に進み侍従に任ぜられる。同年隆叙と改名。寛保3(1743)年正五位下に進み筑前権介、延享元(1744)年右少将に任ぜられ、同3年従四位下に進み播磨権介、寛延元(1748)年右中将に任ぜられ、同2年従四位上に進む。同年播磨権介を辞す。宝暦2(1752)年正四位下、同5年従三位に進む。竹内式部に就いて垂加神道を学ぶも深入りせず咎められなかった。同12年正三位に進み参議に任ぜられ、明和元(1764)年権中納言に任ぜられ、同2年従二位に進む。同4年権大納言に任ぜられ翌年に辞す。同年正二位、寛政9(1797)年従一位に進む。子に隆師・西大路隆良がいる。　典：公辞・公補

四条隆師　しじょう・たかもろ

江戸時代の人、権大納言。宝暦6(1756)年8月3日生～文化8(1811)年2月2日没。56才。

権大納言四条隆叙の子。宝暦8(1758)年叙爵。同13年元服。従五位上に進み侍従に任ぜられ、明和3(1766)年正五位下、同6年従四位下に進み近衛権少将に任ぜられ、安永元(1772)年出羽権介に任ぜられ、同4年正四位下に進む。同5年出羽権介を辞す。同年右近衛権中将に任ぜられ、同6年従三位、同8年正三位に進み、寛政元(1789)年参議に任ぜられる。同2年従二位に進み、同4年右衛門督に任ぜられ、同6年踏歌外弁となる。同8年左衛門督に任ぜられ、同9年権中納言に任ぜられる。同10年正二位に進む。同11年左衛門督を辞す。文化元(1804)年権大納言に任ぜられ翌年に辞す。子に隆考(従四位上・右少将、享和元,2,28没、21才)・隆生がいる。　典：公辞・公補

四条隆生　しじょう・たかあり

江戸時代の人、権大納言。寛政4(1792)年12月1日生～安政4(1857)年1月13日没。66才。

権大納言四条隆師の次男。兄に隆考(従四位上・右少将、享和元,2,28没、21才)がいる。文化2(1805)年従五位下に進む。同年元服。同4年従五位上、同7年正五位下に進み、同8年侍従に任ぜられ、同10年従四位下、同13年従四位上、文政元(1818)年正四位下に進み、同5年右権少将、同7年権中将に任ぜられ、同8年従三位、同10年正三位に進み、同11年参議に任ぜられる。天保元(1830)年従二位に進み、同2年踏歌外弁となる。同4年権中納

言に任ぜられ、同5年正二位に進む。嘉永2(1849)年権大納言に任ぜられ翌年に辞す。子に隆謌(尊皇攘夷の安政5年の事件に八十八廷臣の一人として連座、文久の七卿の一人として長州に落ち延び、のち王政復古で上洛し活躍する。明治の新政府の時は従四位下に進み参与・親兵掛りとなり、華族に列され伯爵を授かる。貴族院議員となる。明治31没。71才。没後に正二位を贈られる、墓所は京都東山区二条下ル妙伝寺、子は隆平)がいる。
典：公辞・公補

○七条家

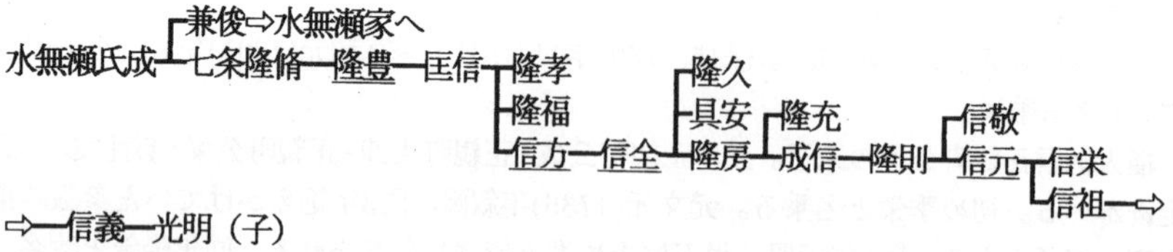

藤原北家の関白藤原道隆の後裔。藤原道長の兄道隆の子孫信隆が七条に住み、七条修理大夫と呼ばれ、子の信清も七条と号し、娘の殖子(高倉天皇の後宮)も居所にちなみ七条院を贈られる。のち水無瀬氏成の子隆脩に至り七条を氏姓とした。明治に至り華族に列され子爵を授かる。本姓は藤原。家紋は菊。菩提寺は京都左京区浄土の真如堂。
典：京都・日名

七条隆豊　しちじょう・たかとよ

江戸時代の人、参議。寛永17(1640)年3月26日生～貞享3(1686)年2月28日没。47才。初名=隆良。一字名=曲。

七条隆脩朝臣の子。初め隆良と名乗る。正保2(1645)年叙爵。慶安4(1651)年元服。従五位上に進み侍従に任ぜられ、明暦元(1655)年正五位下に進む。同年隆豊と改名。左少将に任ぜられ、万治2(1659)年従四位下に進み、同3年左中将に任ぜられ、寛文3(1663)年従四位上、同6年正四位下、同10年従三位、延宝4(1676)年正三位に進み、天和元(1681)年参議に任ぜられる。同3年左兵衛督に任ぜられ、貞享元(1684)年に任職を辞す。子に匡信(従五位上・侍従、正徳5,2,20没。47才。子は隆孝・隆福・家督養子信方)がいる。　典：公辞・公補

七条信方　しちじょう・のぶかた

江戸時代の人、従三位・非参議。延宝5(1677)年1月12日生～享保14(1729)年3月7日没。53才。初名=氏秀。

権中納言町尻兼量の次男。初め氏秀と名乗る。天和3(1683)年叙爵。宝永3(1706)年参議七条隆豊の子七条匡信の子隆孝・隆福が早死し一時家系が絶えたので再興する為に養子となる。同年元服。従五位上に進み侍従に任ぜられる。信方と改名。同5年左少将・中宮少進に任ぜられ、同6年正五位下に進む。同7年少進を辞す。正徳3(1713)年従四位下に進み、同7年左中将に任ぜられ、享保2(1717)年従四位上、同5年正四位下、同8年従三位に進む。子に信全がいる。　典：公辞・公補

七条信全　しちじょう・のぶたけ

江戸時代の人、非参議。正徳4(1714)年12月15日生～寛延元(1748)年9月25日没。35才。

従三位・非参議七条信方の子。母は権中納言綾小路俊景の娘。享保3(1718)年叙爵。同13年元服。従五位上に進み侍従に任ぜられ、同16年正五位下に進み左少将に任ぜられ、同19年従四位下に進み左中将に任ぜられ、元文3(1738)年従四位上、寛保2(1742)年正四位下、延享3(1746)年従三位に進む。子に隆久・具安・隆房がいる。　典：公辞・公補

七条信元　しちじょう・のぶはる

江戸時代の人、参議。寛政4(1792)年3月16日生～没年不明。

正五位下・河内権介七条隆則の次男。母は入道四位徹水の娘。兄に信敬(6才で没)がいる。寛政8(1796)年従五位下に進む。享和元(1801)年元服。従五位上に進み備中権介に任ぜられ、文化2(1805)年正五位下、同6年従四位下、同10年従四位上、同14年正四位下に進み、文政6(1823)年左権少将、同7年権中将に任ぜられ、天保元(1830)年正三位、慶応3(1867)年従二位に進む。同年参議に任ぜられるも辞す。家料は二百石。京都日御門前に住む。子に信栄・信祖(正四位上・備中権介・明治11,2没、子は信義)がいる。孫の信義は明治の華族に列され子爵を授かる。　典：公辞・京四・公補

○芝山家

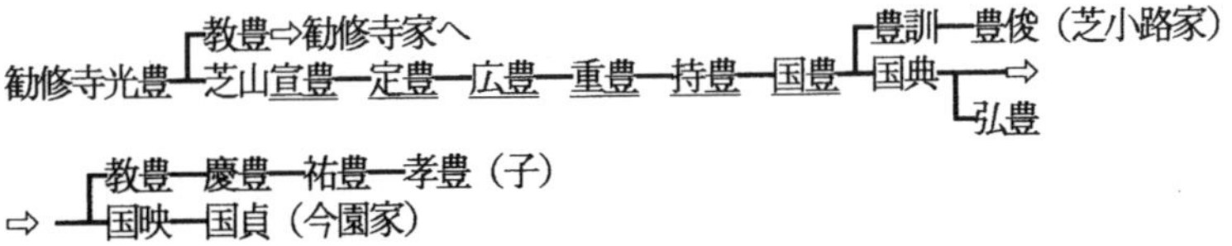

藤原鎌足の後裔。藤原北家の勧修寺経顕が芝山内大臣と号し、のち権大納言勧修寺光豊の次男宣豊が、芝山を復活して氏姓とした。代々歌道をもって奉仕した。明治に至り華族に列され子爵を授かる。本姓は藤原。家紋は竹に雀。菩提寺は浄華院。

典：日名・京四

芝山宣豊　しばやま・のぶとよ

江戸時代の人、権大納言。慶長17(1612)年3月25日生～元禄3(1690)年2月13日没。79才。芝山家の祖。

贈内大臣中御門明豊の孫。権大納言勧修寺光豊の次男。兄に勧修寺教豊がいる。先祖の勧修寺経顕が芝山内大臣と号していたのを復活して、芝山を氏姓とした。元和5(1619)年叙爵。寛永3(1626)年元服し従五位上に進み大膳大夫に任ぜられ、同9年正五位下、同13年従四位下、同17年従四位上、同21年正四位下、慶安元(1648)年従三位に進み大蔵卿に任ぜられ、承応元(1652)年正三位に進む。同3年参議に任ぜられるも翌年に辞す。明暦2(1656)年権中納言に任ぜられるも翌年に辞す。同年踏歌外弁となり従二位、元禄元(1688)年正二位に進む。同年権大納言に任ぜられるも辞す。子に定豊がいる。　典：公辞・公補

芝山定豊　しばやま・さだとよ

江戸時代の人、権中納言。寛永15(1638)年4月10日生～宝永4(1707)年5月2日没。70才。

権大納言芝山宣豊の子。寛永19(1642)年叙爵。承応元(1652)年元服し従五位上に進み弾正大弼に任ぜられ、明暦2(1656)年正五位下、万治3(1660)年従四位下、寛文4(1664)年従四位上、同8年正四位下、同12年従三位に進み左兵衛督に任ぜられ、延宝7(1679)年正三位に進む。天和2(1682)左兵衛年督を辞す。貞享元(1684)年参議に任ぜられるも辞す。元禄10(1697)年権中納言に任ぜられるも辞す。同11年従二位に進む。養子に広豊(四辻家より)がいる。　典：公辞・公補

芝山広豊　しばやま・ひろとよ

江戸時代の人、参議。延宝2(1674)年2月23日生～享保8(1723)年2月12日没。50才。初名=季寿。

左中将四辻季輔朝臣の次男。初め季寿と名乗る。延宝7(1679)年叙爵。元禄元(1688)年芝山定豊の養子となる。同年元服し従五位上に進み勘解由次官となる。同2年広豊と改名。同5年正五位下、同10年従五位下に進み、同12年右衛門権佐に任ぜられ、同14年従四位上、宝永元(1704)年正四位下、同5年従三位、正徳4(1714)年正三位に進み、享保4(1719)年参議に任ぜられ右衛門督に任ぜられる。同7年任職を辞す。養子に重豊(高丘家より)がいる。　典：公辞・公補

芝山重豊　しばやま・しげとよ

江戸時代の人、権中納言。元禄16(1703)年1月25日生～明和3(1766)年8月6日没。64才。初名=季憲。

非参議高丘季起の次男。初め季憲と名乗る。正徳元(1711)年従五位下に叙され、同6年芝山広豊の養子となる。享保2(1717)年元服し従五位上に進み侍従に任ぜられ、同5年正五位下、同9年従四位下に進み兵部大輔に任ぜられる。同11年重豊と改名。同13年従四位上、同17年正四位下、元文元(1736)年従三位、寛保元(1741)年正三位に進み、同3年大蔵卿に任ぜられる。寛延元(1748)年参議に任ぜられるも翌年に辞す。宝暦元(1751)年権中納言に任ぜられ翌年に辞す。同4年従二位、明和3年正二位に進む。宝暦中に竹内式部(綾小路有美の項参照)と共に皇室の為に計り、同志は捕らえられたが、幕府との関わりから不問となる。子に持豊がいる。　典：日名・公辞・公補

芝山持豊　しばやま・もちとよ

江戸時代の人、権大納言。寛保2(1742)年65月生～文化12(1815)年2月20日没。74才。

権中納言芝山重豊の子。母は正三位・非参議山井兼仍の娘。延享4(1747)年従五位下に叙され。宝暦5(1755)年元服し従五位上に進み治部大輔に任ぜられ、同9年正五位下に進み右馬頭に任ぜられ、同13年従四位下に進み中務権大輔に任ぜられ、明和4(1767)年従四位下に進み近江介に任ぜられ、同8年正四位下に進み、同9年左兵衛督に任ぜられ、安永4(1775)年従三位、同9年正三位に進み、天明2(1782)年踏歌外弁となる。同5年参議に任ぜられるも辞す。寛政5(1793)年従二位に進む。同11年権中納言に任ぜられるも辞す。文化6(1809)年正二位に進む。同11年権大納言に任ぜられるも辞す。国学・歌道に通じ絵画

も巧みで、本居宣長とも交流があり共に和歌を贈る。会津の沢田名垂なども門下であった。養子に国豊(勧修寺家より)がいる。墓所は京都上京区寺町広小路上ル北ノ辺町の清浄院。　典：大日・日名・公辞・公補

芝山国豊　しばやま・くにとよ

江戸時代の人、正三位・非参議。天明元(1781)年7月19日生～文政4(1821)年9月28日没。41才。

権大納言勧修寺経逸の次男。母は摂津守源仲庸の娘。天明3(1783)年従五位下に叙され、寛政4(1792)年権中納言芝山持豊と権大納言万里小路政房の娘の養子となる。同年元服し従五位下に進み宮内大輔に任ぜられ、同8年正五位下に進み、同10年中宮少進に任ぜられ、同12年従四位下、文化元(1804)年従四位上、同5年正四位下、同9年従三位、同13年正三位に進む。家料は百石。京都東院参町に住む。家学を受けて歌道を能くした。子に国典(正五位上・宮内大輔・子は弘豊)・豊訓(芝小路家へ)がいる。　典：日名・公辞・公補

○島津家

惟宗忠久……島津貴久┬義久
　　　　　　　　　　└義弘―家久―光久―綱貴―吉貴―継豊―宗信―重年―⇨

⇨重豪―斉宣―斉興―斉彬―忠義

島津家久　しまづ・いえひさ

江戸時代の人、参議。天正4(1576)年11月7日生～寛永15(1638)年2月23日没。63才。前名＝忠恒。通称＝又八郎。戒名＝慈眼院殿花舜琴月大居士。

惟宗忠久の後裔。薩摩・大隅・日向三州の守護島津貴久の四男義弘の三男。慶長7(1602)年家督を継いで薩摩藩の藩主となる。同14年奄美諸島を藩直轄とする。この頃に従四位下に叙され、元和3(1617)年参議に任ぜられるも辞す。この頃は徳川家の勢力により松平・細川・丹羽・毛利・伊達・前田・上杉など武将からの参議が見られた。家久は幕府に従順の意志を示しながら、藩体制の確立に勤めた。同5年藩内に上知令を出して徹底を図る。この年より武家からの公卿は名を抹消され、従来からの公卿一族で占められる。子に光久がいる。菩提寺は鹿児島市池之上町の福昌寺。島津家文書が残されている。　典：古文・公補

○清水谷家

藤原北家。閑院家の一。西園寺公経の次男実有が清水谷を氏姓とした。初め一条と号とした。代々書道をもって奉仕する。明治に至り華族に列され伯爵を授かる。本姓は藤原。菩提寺は京都上京区寺町広小路上の廬山寺。

典：日名・京四

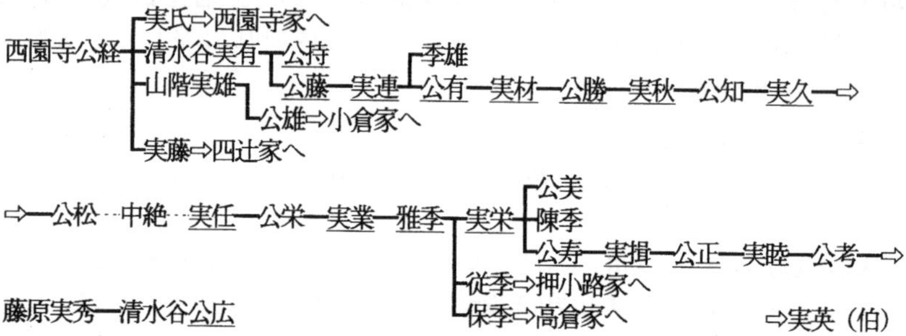

清水谷実有　しみずだに・さねあり

鎌倉時代の人、権大納言。建仁3(1203)年生～文応元(1260)年4月17日没。58才。号=一条。清水谷家の祖。

太政大臣西園寺公経の次男。母は権少僧都範雅の娘(一説に安芸権守仲経の娘)。兄に西園寺実氏、弟に山階実雄・四辻実藤がいる。建保3(1215)年侍従に任ぜられ、同4年従五位上に叙され、同7年左少将・讃岐権介、承久2(1220)年上野権介に任ぜられ、同3年正五位下に進み皇后宮権亮に任ぜられ、同4年従四位上に進み左中将に任ぜられ、貞応元(1222)年正四位下に進む。同3年皇后宮権亮を辞す。嘉禄元(1225)年従三位に進み、同2年周防権守に任ぜられ、安貞元(1227)年正三位に進む。寛喜元(1229)年周防権守を辞す。同3年参議に任ぜられ右衛門督・中宮権大夫に任ぜられ、貞永元(1232)年従二位に進み権中納言に任ぜられる。天福元(1233)年中宮権大夫を辞す。嘉禎元(1235)年正二位に進み、暦仁元(1238)年権大納言に任ぜられる。仁治2(1241)年左大将に任ぜられる。同3年任職を辞す。文応元(1260)年出家。子に公持・公藤がいる。　典：公辞・公補

清水谷公持　しみずだに・きんもち

鎌倉時代の人、権大納言。安貞元(1227)年生～文永5(1268)年10月28日没。42才。号=柳原。

権大納言清水谷実有の長男。母は陸奥守平義時朝臣の娘。弟に公藤がいる。寛喜2(1230)年叙爵。貞永2(1233)年従五位上、嘉禎2(1236)年正五位下に進み侍従に任ぜられ、同3年左少将に任ぜられ、同4年従四位下に進み美作権介に任ぜられ、暦仁2(1239)年従四位上に進み、延応元(1239)年左中将に任ぜられ、仁治元(1240)年正四位下、同3年従三位に進み権中納言に任ぜられる。寛元元(1243)年正三位に進み、宝治元(1247)年中宮大夫に任ぜられ、同2年従二位に進む。同年中宮大夫を辞す。建長4(1252)年権大納言に任ぜられ、同5年正二位に進む。正嘉元(1257)年再び中宮大夫に任ぜられ翌年に辞し、弘長2(1262)年権大納言を辞す。　典：公辞・公補

清水谷公藤　しみずだに・きんふじ

鎌倉時代の人、権大納言。嘉禎3(1237)年生～弘安4(1281)年5月21日没。47才。号=一条。

権大納言清水谷実有の次男。母は陸奥守平義時朝臣の娘。兄に公持がいる。右中将に任ぜられ、のちこれを辞し、建長6(1254)年従三位、康元元(1256)年正三位、正嘉2(1258)年従二位に進み、文応元(1260)年参議に任ぜられ左中将に任ぜられ、弘長2(1262)年正二位に進み播磨権守に任ぜられ、文永2(1265)年権中納言に任ぜられ更に中納言に任ぜられる。同5年権大納言に任ぜられる。同年皇后宮大夫に任ぜられ、同9年辞し、同10年権大納言を辞す。弘安4(1281)年出家。子に実連がいる。　典：公辞・公補

清水谷実連　しみずだに・さねつら

鎌倉時代の人、非参議。生年不明～正和3(1314)年3月15日没。

権大納言清水谷公藤の子。文永11(1274)年叙爵。建治4(1278)年侍従に任ぜられ、弘安8(1285)年従五位上、同9年正五位下より従四位下に進み右少将に任ぜられ、同10年右中将、同11年左中将に任ぜられ従四位上に進み、正応2(1289)年皇后宮権亮に任ぜられ正四位下、同4年従三位、永仁元(1293)年正三位、正安元(1299)年従二位、同3年正二位に進む。子に季雄・公有がいる。　典：公辞・公補

清水谷公有　しみずだに・きんあり

南北朝時代の人、権中納言。永仁4(1296)年生～文和元(1352・正平7)1月4日没。57才。号＝一条。

正二位藤原実達の子。一条を姓とし、永仁6(1298)年従五位下に叙される。正安3(1301)年従五位上に進み侍従に任ぜられ、徳治元(1307)年正五位下、同2年従四位下、同3年従四位上に進み右少将に任ぜられ、同4年右中将に任ぜられ、同5年左兵衛督に任ぜられる。文保2(1318)年従三位に進み右兵衛督から右衛門督に任ぜられる。元応元(1319)年参議に任ぜられる。更に皇后宮権亮に任ぜられたが辞す。同2年兼丹波権守に任ぜられ、元亨元(1321)年正三位に進む。同年参議を辞す。正中2(1325)年権守を辞す。元弘元(1331)年再び参議・右兵衛督・右中将に任ぜられる。正慶元(1332・元弘2)兼阿波権守・権中納言に任ぜられるも辞す。同2年再び参議に任ぜられたが辞す。暦応元(1338・延元3)再び権中納言に任ぜられる。同2年従二位に進み権中納言を辞す。貞和2(1346・正平元)年正二位に進む。子に実材がいる。　典：公辞・公補

清水谷実材　しみずだに・さねえだ

南北朝時代の人、権大納言。延慶2(1309)年生～没年不明。初名＝実勝。法名＝源覚。号＝一条。

権中納言一条公有の子。始め実勝と名乗る。応長2(1312)年従五位下に叙され、正和5(1316)年従五位上、文保2(1318)年正五位下に進み侍従に任ぜられる。嘉暦3(1328)年従四位下に進み右少将に任ぜられる。同年実材と改名。元徳元(1329)年従四位上に進み左中将に任ぜられ、元弘2(1332)年正四位下に進み、同4年兼備前権介に任ぜられ、暦応3(1340)年従三位に進む。同年任職を辞す。貞和3(1347・正平2)年正三位に進み参議・兼右中将に任ぜられる。同4年兼讃岐権守に任ぜられる。同5年権中納言に任ぜられるも、観応元(1350)年に辞す。文和3(1354・正平9)年従二位、延文3(1358・正平13)年正三位に進む。貞

治6(1367)年権大納言に任ぜられるも辞す。応安2(1369)年61才で出家。子に公勝がいる。
典：公辞・公補

清水谷公勝　しみずだに・きんかつ

南北朝時代の人、権中納言。元亨元(1321)年生～康応元(1389・元中6)年没。69才。号=一条。

権大納言一条実材の子。母は参議中御門経宣の娘。左中将に任ぜられ、のちこれを辞す。応安7(1374・文中3)従三位に叙される。永和元(1375・天授元)年参議に任ぜられ、同2年備中権守に任ぜられる。永徳元(1381・弘和元)年正三位に進む。同2年権中納言に任ぜられ、同3年辞す。子に実秋がいる。　典：公辞・公補

清水谷公広　しみずだに・きんひろ

南北朝時代の人、参議。嘉暦2(1327)年生～永和3(1377)年6月16日没。51才。

参議藤原実秀朝臣の子。母は検子内親王。暦応5(1342)年従五位下に叙され、康永2(1343)年侍従に任ぜられ、同3年従五位上に進み左権少将に任ぜられ、貞和5(1349)年正五位下に進み、文和3(1354)年左権中将・丹波介に任ぜられ従四位上に進み、延文3(1358)年正四位下、貞治6(1367.正平22)年従三位に進み、応安元(1368.正平23)年参議に任ぜられる。同2年駿河権守に任ぜられ、同4年正三位に進む。同6年参議を辞す。　典：公補

清水谷実秋　しみずだに・さねあき

室町時代の人、権大納言。生年不明～応永27(1420)年4月21日没。

権中納言一条公勝の子。右中将に任ぜられ、応永15(1408)年正四位下に進み参議に任ぜられ、同16年兼土佐権守に任ぜられ、同17年従三位、同18年正三位に進む。同20年土佐権守を辞す。同21年兼備前権守に任ぜられ、同22年従二位に進み権中納言に任ぜられる。同22年備前権守を辞し、同26年権中納言を辞す。同27年権大納言に任ぜられる。子に公知(正四位下・左中将、早世、子は実久)がいる。　典：公辞・公補

清水谷実久　しみずだに・さねひさ

室町時代の人、権大納言。永享4(1432)年生～明応7(1498)年12月18日没。67才。

権大納言清水谷実秋の孫。左中将清水谷公知朝臣の子。宝徳3(1451)年下野介に任ぜられ、のち正五位下に叙され左少将に任ぜられ、康正2(1456)年正四位下に進み左中将に任ぜられ、のち弾正大弼に任ぜられ、長禄2(1458)年従三位に進み参議に任ぜられる。同3年土佐権守に任ぜられたが任職を辞す。寛正3(1462)年右中将に任ぜられ、文正元(1466)年再び参議に任ぜられ正三位に進み、応仁元(1467)年権中納言に任ぜられる。同2年に宿衞の事がもとで任職を解任させられる。文明2(1470)年再び権中納言に任ぜられる。同8年従二位に進む。同12年権中納言を辞す。同13年権大納言に任ぜられ、同18年に辞す。延徳元(1489)年正二位に進む。明応7年出家。養子に公松(橋本公夏の子。従五位上・侍従・早死)がいる。　典：大日・日名・伝日・公辞・公補

清水谷実任　しみずだに・さねとう

江戸時代の人、権大納言。天正15(1587)年生～寛文4(1664)年6月7日没。78才。初名=忠治。前名=忠定。

従四位上季時朝臣の孫。権大納言清水谷実久の養子公松が早死して、絶えた清水谷家を再興。慶長6(1601)年叙爵。元和6(1620)年元服し従五位上に進み侍従に任ぜられ、同9年正五位下に進み、寛永3(1626)年左少将に任ぜられ、同4年従四位下に進み、同5年左中将に任ぜられ従四位上、同9年正四位下、同13年従三位、同18年正三位に進む。同年参議に任ぜられるも、同19年に辞す。同年権中納言に任ぜられる。同20年踏歌外弁となる。正保2(1645)年権中納言を辞す。同4年権大納言に任ぜられ、慶安2(1649)年に辞す。同年従二位に進む。承応元(1652)年正二位に進む。寛文元(1661)年75才で出家。子に公栄(正四位下・左中将。元禄4,9,18没。72才。養子に実業)がいる。　典：公辞・公補

清水谷実業　しみずだに・さねなり

江戸時代の人、権大納言。慶安元(1648)年3月4日生～宝永6(1709)年9月10日没。62才。号=鳴滝。

右大臣三条西実条の孫。父は武家の堀尾右京、母は右大臣三条西実条の娘。寛文元(1661)年叙爵。同年元服し右京大夫に任ぜられ、同5年従五位上、同9年正五位下に進み、同12年左中将清水谷公栄朝臣の養子となる。同年左少将に任ぜられ、同13年従四位下、延宝3(1675)年従四位上に進み、同4年左中将に任ぜられ、同6年正四位下に進み、天和元(1681)年参議に任ぜられる。同2年従三位に進み、貞享元(1684)年権中納言に任ぜられ踏歌外弁となる。同4年正三位に進み、元禄2(1689)年権大納言に任ぜられる。同7年従二位に進む。同10年神宮伝奏となるも任職を辞す。宝永元(1704)年正二位に進む。熊沢蕃山に学び堂上四天王と言われ、歌道は霊元天皇に承け、門下には北村季吟・香川宣阿などが出る。子に雅季がいる。　典：大日・日名・伝日・古今・公辞・公補

清水谷雅季　しみずだに・まさすえ

江戸時代の人、権大納言。貞享元(1684)年9月28日生～延享4(1747)年10月7日没。64才。

権大納言清水谷実業の子。元禄10(1697)年叙爵。同11年元服し侍従に任ぜられ、同13年従五位上、同16年正五位下に進み左少将に任ぜられ、宝永2(1705)年従四位下に進み左中将に任ぜられ、同4年従四位上、同7年正四位下に進み、享保4(1719)年参議に任ぜられる。同5年従三位に進み、同6年踏歌外弁となる。同7年権中納言に任ぜられる。同9年正三位に進み、同10年権大納言に任ぜられる。同13年従二位に進む。同16年権大納言を辞す。同19年正二位に進む。子に実栄・押小路従季・高倉保季がいる。　典：公辞・公補

清水谷実栄　しみずだに・さねはる

江戸時代の人、権大納言。享保7(1722)年1月22日生～安永6(1777)年7月3日没。56才。初名=家季。

権大納言清水谷雅季の子。母は権大納言阿野公緒の娘。享保9(1724)年叙爵。同13年元服し従五位上に進み侍従に任ぜられ、同16年正五位下に進み左少将に任ぜられ、同19年従四位下、元文2(1737)年従四位上に進み、同3年左中将に任ぜられ、同5年正四位下に進

み、寛保3(1743)年常陸権介、延享3(1746)年越前権介、同4年皇太后宮亮に任ぜられる。寛延2(1749)年これと越前権介を辞す。宝暦2(1752)年参議に任ぜられる。同3年任職を蟄居解かれさせられたが許されて従三位に進う。同4年実栄と改名。同5年再び参議に任ぜられ右中将に任ぜられ、同6年権中納言に任ぜられ正三位に進み踏歌外弁となり、同8年大歌所別当となる。同9年従二位に進み、同11年権大納言に任ぜられる。同13年正二位に進。明和元(1764)年別大解所当を辞す。同4年権大納言を辞す。子に公美(正四位下・右中将。明和元,9,5没。22才)・陳季(従四位下・右少将。明和8,7,2没。22才)、養子に公寿(吉田家より)がいる。　典：公辞・公補

清水谷公寿　しみずだに・きんとし

江戸時代の人、権中納言。宝暦9(1759)年10月14日生～享和元(1801)年7月4日没。43才。初名=兼邦。

非参議吉田良延の末子、母は伊予守本多忠統の娘。初め兼邦と名乗る。明和2(1765)年従五位下に叙され、同8年権大納言清水谷実栄の養子となる。公寿と改名。同年元服し従五位上に進み、安永元(1772)年侍従に任ぜられ、同2年正五位下、同4年従四位下、同6年従四位上に進み、同7年左権少将に任ぜられ、同8年正四位下に進み左権中将に任ぜられる。天明元(1781)年皇太后宮権亮に任ぜられ、同3年に辞す。寛政6(1794)年参議に任ぜられる。同7年従三位、同10年正三位に進み権中納言に任ぜられ踏歌外弁となる。享和元(1801)年任職を辞す。養子に実揖(徳大寺家より)がいる。　典：公辞・公補

清水谷実揖　しみずだに・さねゆう

江戸時代の人、権大納言。天明2(1782)年5月10日生～嘉永4(1851)年2月20日没。70才。

右大臣徳大寺実祖の次男。寛政4(1792)年従五位下に叙される。同年清水谷公寿の養子となる。同8年元服し従五位上に進み、同9年侍従に任ぜられ、同10年正五位下、同12年従四位下に進み、享和元(1801)年左権少将に任ぜられ、同2年従四位上、文化元(1804)年正四位下に進み、同6年権中将・中宮権亮に任ぜられ、同13年参議に任ぜられる。同14年従三位に進み踏歌外弁となる。文政2(1819)年丹波権守、同3年皇太后権亮に任ぜられ、同4年正三位に進み、同7年権中納言に任ぜられる。同8年従二位に進み、同11年賀茂下上社伝奏となる。同12年正二位に進み、天保7(1836)年大歌所別当となり権大納言に任ぜられる。同13年任職を辞す。子に公正がいる。　典：公辞・公補

清水谷公正　しみずだに・きんなお

江戸時代の人、権中納言。文化6(1809)年2月18日生～明治13(1880)年6月没。80才。

権大納言清水谷実揖の子。文化12(1815)年従五位下に叙される。文政3(1820)年元服し同年従五位上、同5年正五位下に進み、同11年侍従に任ぜられ従四位下、天保元(1830)年従四位上に進み遠江権介・左近衛権少将に任ぜられ、同3年正四位下に進み、同5年右近衛権中将、同6年上総権介に任ぜられる。安政5(1858)年におこった安政の事件(飛鳥井雅典の項参照)に八十八廷臣として連座。のち許されて文久2(1862)年従三位に進み参議に任ぜられる。同3年踏歌外弁となる。慶応元(1865)年正三位に進み権中納言に任ぜられ

る。のち正二位に進む。家料は二百石。京都拾門前新在家門内下ルに住む。子に実睦(嘉永7,3,23没、20才、子は公考)がいる。　典：明治・公辞・公補

○持明院家

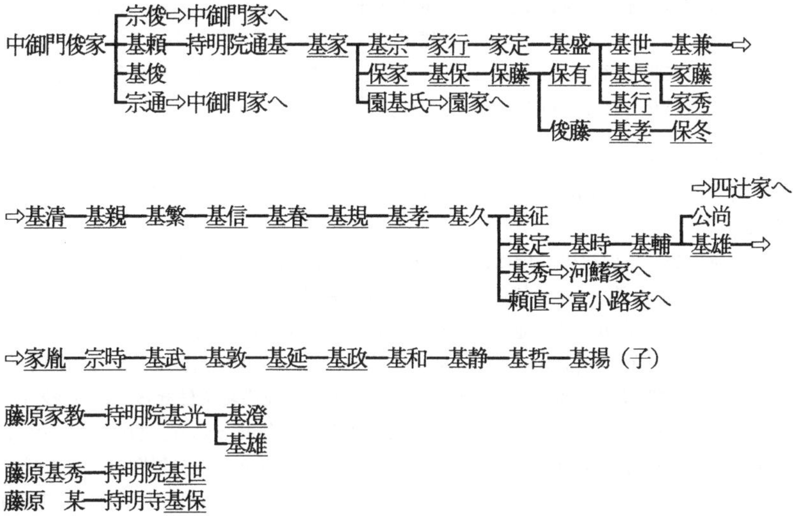

藤原北家。関白藤原道長の曾孫右大臣中御門俊家の子鎮守府将軍基頼の子通基が、持明院を建立した所から、持明院を氏姓とした。羽林家の一。明治に至り華族に列され子爵を授かる。本姓は藤原。菩提寺は櫛笥家・清水谷家・白川家と同寺の京都上京区寺町広小路上ルの蘆山寺。

典：日名・京四

持明院基家　じみょういん・もといえ

平安・鎌倉時代の人、権中納言。長承元(1132)年生～建保2(1214)年2月26日没。83才。初名＝長基。

典：公辞・公補

持明院基宗　じみょういん・もとむね

平安・鎌倉時代の人、非参議。久寿2(1155)年生～建仁2(1202)年2月25日没。48才。

権中納言持明院基家の長男。母は右馬助源長時の娘上西門院女房因幡。永暦2(1161)年叙爵。同年加賀守に任ぜられ、仁安2(1167)年従五位上に進み、承安元(1171)年侍従に任ぜられ、同2年正五位下に進み、治承3(1179)年左少将に任ぜられ、同5年従四位下、寿永元(1182)年従四位上、元暦元(1184)年正四位下に進み、文治4(1188)年左中将に任ぜられ、建久6(1195)年従三位に進む。子に家行がいる。　典：公辞・公補

持明院保家　じみょういん・やすいえ

平安・鎌倉時代の人、権中納言。生没年不明。

権中納言持明院基家の次男。母は権大納言平頼盛の娘。嘉応3(1171)年叙爵。承安4(1174)年従五位上に進み加賀守、安元元(1175)年侍従に任ぜられ、養和元(1181)年正五位下に進み紀伊守、文治元(1185)年淡路守、同5年右少将に任ぜられ、建久元(1190)年従四位下、同6年従四位上、同9年正四位下に進み右中将に任ぜられ、建仁2(1202)年従三位に進み、元久元(1204)年正三位に進み、建永元(1206)年参議に任ぜられる。承元元(1207)年讃岐権守・左衛門督に任ぜられる。同2年権中納言に任ぜられ同3年に辞す。従二位に進み按察使に任ぜられる。同4年出家。子に基保がいる。　典：公補

持明院家行　じみょういん・いえゆき

鎌倉時代の人、権中納言。安元元(1175)年生～嘉禄2(1226)年2月17日没。52才。初名=家能。

非参議持明院基宗の次男。母は昌玄僧正の娘上西門院帥局。初め家能と名乗る。養和元(1181)年叙爵。文治2(1186)年備後守に任ぜられ従五位下に進み、建久4(1193)年淡路守に任ぜられ、同6年従五位上に進み、正治元(1199)年紀伊守、同2年侍従に任ぜられる。同年紀伊守を辞す。元久元(1204)年正五位下に進み、同2年左少将に任ぜられる。同年家行と改名。同3年従四位下、建暦元(1211)年従四位上に進み左中将に任ぜられ、建保2(1214)年正四位下、同6年従三位に進み、承久3(1221)年参議に任ぜられる。貞応元(1222)年正三位に進み備前権守・左衛門督・別当に任ぜられる。嘉禄元(1225)年権中納言に任ぜられるも病となり辞す。同2年出家。子に家定(正四位下・左中将。建長3年没。子は基盛)がいる。　典：公辞・公補

持明院基保　じみょういん・もとやす

鎌倉時代の人、権中納言。建久3(1192)年生～没年不明。

権中納言持明院保家の子。母は非参議高階経仲の娘。建久10(1199)年従五位下に叙され、建仁3(1203)年侍従に任ぜられ、元久2(1205)年従五位上に進み、承元2(1208)年左少将に任ぜられ、同4年正五位下に進む。建保2(1214)年左少将を辞す。同4年従四位上、承久3(1221)年正四位下に進み同年美濃守・内蔵頭、同4年右兵衛督に任ぜられ、貞応元(1222)年従三位に進み左兵衛督に任ぜられ、嘉禄2(1226)年正三位、天福元(1233)年従二位に進み参議に任ぜられる。文暦元(1234)年備前権守に任ぜられる。嘉禎元(1235)年権中納言に任ぜられるも翌年に辞す。暦仁元(1238)年正二位に進む。正元元(1259)年68才で出家。養子に保藤(松殿家より)がいる。　典：公補

持明院基光　じみょういん・もとみつ

鎌倉時代の人、非参議。嘉禄元(1225)年生～没年不明。初名=家長。法名=親空。号=高盛。

正四位下・左中将藤原家教朝臣の子。母は宇佐大宮司の娘。初め家長と名乗る。嘉禎2(1236)年叙爵。仁治元(1240)年侍従に任ぜられ、寛元元(1243)年従五位上、建長7(1255)年正五位下、弘長元(1261)年従四位下に進む。同年基光と改名。同3年左少将に任ぜられ、

同4年これを辞す。同7年正四位下、弘安3(1280)年従三位、同8年正三位、正応2(1289)年従二位に進み、徳治2(1307)年治部卿に任ぜられたが83才で出家。子に基澄・基雄がいる。
典：公補

持明院保藤　じみょういん・やすふじ

鎌倉時代の人、権中納言。建長6(1254)年生～没年不明。

非参議松殿良嗣の子。正嘉2(1258)年叙爵。権中納言持明院基保の養子になる。正元元(1259)年侍従に任ぜられ、弘長2(1262)年従五位下、文永6(1269)年正五位下、同9年従四位下に進み、同11年右少将、建治元(1275)年左少将、同2年備前権介に任ぜられ、同3年従四位上に進み、弘安3(1280)年左中将、正応5(1292)年左兵衛督に任ぜられ従三位に進む。永仁4(1296)年正三位に進む。同5年左兵衛督を辞す。正安元(1299)年従二位に進み、同2年参議に任ぜられる。同3年遠江権守に任。同年参議を辞す。嘉元2(1304)年遠江権守を辞す。徳治2(1307)年再び参議に任ぜられ、延慶元(1308)年権中納言に任ぜられる。同2年正二位に進む。同年任職を辞す。嘉暦元(1326)年73才で出家。子に俊藤(正四位下・左近中将)・保有がいる。　典：公補

持明院基澄　じみょういん・もとずみ

鎌倉時代の人、非参議。生年不明～元亨2(1322)年8月没。

非参議持明院基光の子。母は民部大輔平親成朝臣の娘。兄弟に基雄がいる。建治2(1276)年従五位下に叙され、同3年侍従に任ぜられ、弘安元(1278)年従五位上に進み、同9年近江権介に任ぜられ、同15年正五位下に進み、正応2(1289)年左少将に任ぜられ、同3年従四位下、永仁元(1293)年右少将に任ぜられ、同4年正四位下に進み、正安元(1299)年左中将に任ぜられ、同3年駿河権介に任ぜられる。嘉元3(1305)年に中将を辞す。延慶2(1309)年従三位、正和4(1315)年正三位に進む。元亨2(1322)年出家。　典：公補

持明院基長　じみょういん・もとなが

鎌倉時代の人、非参議。建長8(1256)年生～建武2(1335)年6月21日没。80才。初名=基嗣。元名=基継。前名=基兼。

権中納言持明院家行の曾孫。左中将持明院家定朝臣の孫。左中将持明院基盛朝臣の子。弟に基行がいる。初め基嗣と名乗る。文永3(1266)年従五位下に叙され侍従に任ぜられる。同年基継と改名。弘安8(1284)年従五位上に進み、同9年右少将に任ぜられ、正応元(1288)年正四位下に進み近江権介に任ぜられ、同3年従四位下、永仁2(1294)年従四位上、同5年正四位下に進み、同7年備前権介に任ぜられる。嘉元2(1304)年少将を辞す。延慶元(1308)年左中将、同3年従三位、正和5(1316)年正三位に進む。同年基兼と改名。元応2(1320)年基長と改名。正慶元(1332.元弘2)年従二位に進むも、同2年に正三位に退位。建武2(1335)年出家。子に家藤・家秀がいる。　典：公補

持明院基雄　じみょういん・もとお

鎌倉時代の人、非参議。生年不明～建武元(1334)年没。

非参議持明院基光の子。兄弟に基澄がいる。建治2(1276)年従爵。弘安4(1281)年侍従に任ぜられ、同9年に辞す。同11年従五位上、正応5(1292)年正五位下に進み、永仁3(1295)年左少将に任ぜられ、同6年従四位上、正安元(1299)年右少将より右中将に任ぜられ、同2年正四位下、正和2(1313)年従三位、正慶元(1332.元弘2)年正三位に進む。 典：公補

持明院基孝 じみょういん・もとたか

鎌倉時代の人、参議。生年不明〜元亨2(1322)年10月19日没。

権中納言持明院保藤の孫。左中将持明院俊藤朝臣の子。母は非参議藤原伊家の娘。永仁5(1297)年叙爵。正安2(1300)年従五位上に叙され、同3年正五位下に進み、徳治2(1307)年侍従に任ぜられ、延慶2(1309)年従四位下、同3年従四位上に進み、同4年左少将に任ぜられ、正和元(1312)年正四位下、同4年従三位に進み、同5年参議に任ぜられる。文保元(1317)年参議を辞す。元応2(1320)年正三位に進む。子に保冬がいる。 典：公補

持明院基行 じみょういん・もとゆき

鎌倉時代の人、非参議。生没年不明。初名＝基範。

権中納言持明院家行の曾孫。左中将持明院家定朝臣の孫。左中将持明院基盛朝臣の子。兄に基長がいる。初め基範と名乗る。弘安11(1288)年従五位下に叙される。正応5(1292)年侍従に任ぜられ、同6年従五位上、永仁3(1295)年正五位下に進み、正安2(1300)年加賀権介、嘉元4(1306)年右少将に任ぜられ、徳治元(1306)年従四位下、正和元(1312)年従四位上、同5年正四位下に進み、元応2(1320)年右中将に任ぜられる。嘉暦4(1329)年右兵衛督に任ぜられたが辞す。元徳2(1330)年従三位に進む。同年基行と改名。正慶2(1333.元弘3)年まで名が見えるが、吉野朝に奉仕したのか以後は名が見えない。 典：公補

持明院保有 じみょういん・やすあり

鎌倉・南北朝時代の人、権中納言。正応4(1291)年生〜没年不明。初名＝保俊。法名＝聖保。

権中納言持明院保藤の子。母は室町院別当局。兄に俊藤がいる。初め保俊と名乗る。従五位下に叙され、延慶元(1308)年従五位上、同3年正五位下に進み、同4年侍従に任ぜられ、応長元(1311)年従四位下に進み右馬権頭、正和2(1313)年右近少将に任ぜられ、同4年従四位上に進み、同5年左中将に任ぜられ正四位下に進む。元亨3(1323)年保有と改名。同4年弾正大弼に任ぜられる。正中2(1325)年これと左中将を辞す。暦応2(1339.延元4)年従三位に進み、同3年参議に任ぜられる。康永元(1342.興国3)年丹波権守に任ぜられたが任職を辞す。貞和2(1346.正平元)年正三位に進む。延文5(1360.正平15)年権中納言に任ぜられるも辞す。貞治2(1363.正平18)年従二位に進む。73才で出家。 典：公補

持明院家藤 じみょういん・いえふじ

鎌倉・南北朝時代の人、非参議。生年不明〜貞和4(1348.正平3)年11月6日没。

非参議持明院基長の長男。弟に家秀がいる。嘉元3(1305)年従五位下に叙され侍従に任ぜられ、同4年従五位上に進み左少将に任ぜられ、延慶元(1308)年正五位下、同3年従四位下に進み、正和5(1316)年左少将に任ぜられ、文保3(1319)年従四位上、元徳2(1330)年

正四位下に進み右少将に任ぜられる。同3年左中将に任ぜられ、元弘4(1334)年これを辞す。暦応元(1338)年右中将に任ぜられ、同3年従三位に進む。貞和4(1348.正平3)年中風にて頓死。　典：公補

持明院家秀　じみょういん・いえひで

南北朝時代の人、非参議。生没年不明。

非参議持明院基長の次男。兄に家藤がいる。左中将に任ぜられ、のちこれを辞す。貞治3(1364.正平19)年従三位に叙される。応安3(1370)年出家。　典：公補

持明院基清　じみょういん・もときよ

南北朝時代の人、非参議。生年不明～永徳2(1382.弘和2)年8月10日没。

権中納言持明院家行の五代孫。左少将持明院基兼の子。左中将に任ぜられ、のちこれを辞す。応安6(1373)年従三位に叙され、永和3(1377.天授3)年左兵衛督に任ぜられる。子に基親がいる。　典：公辞・公補

持明院保冬　じみょういん・やすふゆ

南北朝時代の人、権中納言。生年不明～明徳3(1392.元中9)年10月16日没。

参議持明院基孝の子。左中将に任ぜられ、のちこれを辞す。応安7(1374.文中3)年従三位に叙され右衛門督・参議に任ぜられ、永和元(1375.天授元)年出雲権守に任ぜられる。同年参議を辞す。康暦元(1379.天授5)年左兵衛督に任ぜられ、永徳2(1382.弘和2)年再び参議に任ぜられる。同3年正三位に進み丹波権守に任ぜられる。至徳2(1385.元中2)年参議を辞す。嘉慶元(1387.元中4)年権中納言に任ぜられ、康応元(1389.元中6)年に辞す。　典：公補

持明院基親　じみょういん・もとちか

室町時代の人、非参議。生年不明～応永26(1419)年7月23日没。

非参議持明院基清の子。右中将に任ぜられ、のちこれを辞す。応永17(1410)年従三位に叙され右兵衛督に任ぜられ、同19年正三位に進む。同21年右兵衛督を辞す。同26年出家。子に基繁(正四位下、子は基信)がいる。　典：公辞・公補

持明院基世　じみょういん・もとよ

室町時代の人、参議。応永10(1403)年生～永享元(1429)年10月29日没。27才。

権中納言藤原基秀の子。蔵人頭・右中将ににんぜられ、のちこれを辞す。正四位上に叙され、正長元(1428)年参議に任ぜられる。永享元(1429)年加賀権守に任ぜられ従三位に進む。　典：公補

持明院基信　じみょういん・もとのぶ

室町時代の人、非参議。生年不明より文明2(1470)年7月1日没。

非参議持明院基親の孫。正四位下持明院基繁の子。文明元(1469)年従三位に叙される。子に基春がいる。　典：公辞・公補

持明院基保　じみょういん・もとやす

室町時代の人、非参議。生没年不明。

親不明。右中将に任ぜられ、のちこれを辞す。文明4(1472)年従三位に叙され、同13年まで名が見える。その後は不明。　典：公補

持明院基春　じみょういん・もとはる

室町時代の人、参議。享徳2(1453)年生〜天文4(1535)年7月26日没。83才。

従三位・非参議持明院基信の子。文明元(1469)年従五位下に叙され侍従に任ぜられ、同12年従五位上に進み左近衛権少将に任ぜられ、同15年正五位下、同18年従四位下に進み、同19年権中将に任ぜられ、長享2(1488)年従四位上、明応2(1493)年正四位下に進み周防介に任ぜられ、同6年従三位に進む。同7年右兵衛督に任ぜられ、文亀2(1502)年これを辞す。同3年正三位に進み参議に任ぜられる。永正3(1506)年参議を辞す。同4年左衛門督に任ぜられ、大永4(1524)年に辞す。美濃国にて没す。書を世尊寺行高に学び奥義を極め、伝統を受け継ぎ持明院流の書道の祖となる。代々家流の書を継ぐ。子に基規がいる。

典：大日・日名・公辞・公補

持明院基規　じみょういん・もとのり

室町時代の人、権中納言。明応元(1492)年生〜没年不明。初名=家親。

参議持明院基春の子。初め家親と名乗る。明応4(1495)年従五位下に叙される。文亀2(1502)年基規と改名。同3年元服し従五位上に進み侍従に任ぜられ、永正3(1506)年正五位下に進み、同4年左少将に任ぜられ、同7年従四位下に進み、同9年中将に任ぜられ、同11年従四位上、同15年正四位下に進み、大永2(1522)年周防権介に任ぜられ、同3年従三位に進み、同4年大蔵卿に任ぜられ、同5年参議に任ぜられる。天文元(1532)年美濃国に下向。同2年正三位に進む。一時上洛し同6年周防国に下向。同7年播磨権守に任ぜられる。同年上洛。同8年参議を辞す。同9年再び美濃国に下向。翌年上洛。右衛門督に任ぜられる。同11年再び周防国に下向。翌年に上洛。同14年左衛門督に任ぜられる。同16年再び美濃国に下向。のち上洛同18年権中納言に任ぜられる。同20年60才で出家。子に基孝がいる。　典：大日・公辞・公補

持明院基孝　じみょういん・もとたか

室町・安土桃山・江戸時代の人、中納言。永正17(1520)年8月21日生〜慶長16(1611)年5月28日没。92才。法名=如空。

権中納言持明院基規の子。母は参議季兼の娘。大永3(1523)年叙爵。天文元(1532)年従五位上に進み同年侍従、同4年左少将に任ぜられ、同5年正五位下に進み丹後介に任ぜられ、同8年従四位下に進み、同9年中将に任ぜられ、同11年従四位下に進み、同13年越中介に任ぜられ、同15年正四位下、同21年従三位に進み大蔵卿に任ぜられ、永禄元(1558)年参議に任ぜられ、同2年正三位に進み、天正元(1573)年権中納言に任ぜられ、同2年従二位に進み、同5年中納言に任ぜられる。同13年正二位に進む。養子に基久(正親町季秀の次男。従四位下・左近衛中将。慶長20,5,7大坂の陣で戦死。子は基征・基定)がいる。

典：公辞・公補

持明院基定　じみょういん・もとさだ

江戸時代の人、権大納言。慶長12(1607)年4月10日生～寛文7(1667)年10月17日没。61才。

中納言持明院基孝の孫。左近衛中将持明院基久(正親町季秀の次男)朝臣の子(実は基宥朝臣の子)。兄に基征(従五位下・侍従、早死)がいる。元和元(1615)年叙爵。同年元服し侍従に任ぜられ、同6年従五位上に進み左少将に任ぜられ、同9年正五位下、寛永3(1626)年従四位下に進み左中将に任ぜられ、同8年従四位上、同12年正四位下、同17年従三位、正保元(1644)年正三位に進み、同2年参議に任ぜられる。承応元(1652)年従二位に進み権中納言に任ぜられ、同2年踏歌外弁となる。翌年任職を辞す。寛文元(1661)年正二位に進む。同2年権大納言に任ぜられるも辞す。子に基時がいる。　典：大日・公辞・公補

持明院基時　じみょういん・もととき

江戸時代の人、権大納言。寛永12(1635)年9月5日生～宝永元(1704)年3月10日没。70才。一字名＝為。

権大納言持明院基定の子。母は左近衛中将持明院基久(正親町季秀の次男)朝臣の娘。寛永16(1639)年叙爵。同21年元服し従五位上に進み侍従に任ぜられ、慶安元(1648)年正五位下に進み、同3年左少将に任ぜられ、同5年従四位下に進み、明暦元(1655)年左中将に任ぜられ従四位上、万治2(1659)年正四位下、寛文3(1663)年従三位に進み父基定より御神楽の秘曲を譲られる。同7年正三位に進み、延宝元(1673)年参議に任ぜられる。同3年右衛門督に任ぜられ、同5年従二位に進み、同7年に任職を辞す。元禄2(1689)年権中納言に任ぜられ翌年に辞す。同4年正二位に進む。同12年権大納言に任ぜられるも辞す。子に基輔がいる。　典：公辞・公補

持明院基輔　じみょういん・もとすけ

江戸時代の人、権中納言。万治元(1658)年3月11日生～正徳4(1714)年6月5日没。57才。一字名＝兼。

権大納言持明院基時の子。寛文5(1665)年叙爵。同9年元服し従五位上に進み侍従に任ぜられ、同11年正五位下に進み、同12年左少将に任ぜられ、延宝5(1677)年従四位下に進み左中将に任ぜられ、天和元(1681)年従四位上、貞享2(1685)年正四位下、同4年従三位、元禄7(1694)年正三位に進み、同10年参議に任ぜられる。同11年左兵衛督に任ぜられ踏歌外弁となる。同16年任職を辞す。宝永3(1706)年従二位に進む。正徳2(1712)年権中納言に任ぜられるも辞す。子に基雄がいる。　典：公辞・公補

持明院基雄　じみょういん・もとお

江戸時代の人、権中納言。貞享4(1687)年1月21日生～元文5(1740)年11月16日没。54才。

権中納言持明院基輔の子。元禄6(1693)年叙爵。同13年元服し従五位上に進み侍従に任ぜられ、宝永元(1704)年正五位下に進み、同2年左少将に任ぜられ、同4年従四位下に進み左中将に任ぜられ、同7年従四位上、正徳5(1715)年正四位上、享保3(1718)年従三位に進み、同8年左兵衛督に任ぜられ、同9年正三位に進み参議に任ぜられ、同10年踏歌外弁

となる。同14年任職を辞す。同19年権中納言に任ぜられる。同20年従二位に進む。元文元(1736)年に任職を辞す。養子に家胤(石野家より)がいる。　典：公辞・公補

持明院家胤　じみょういん・いえたね

江戸時代の人、参議。宝永2(1705)年8月27日生～延享4(1747)年8月6日没。43才。

権中納言石野基顕の次男。正徳4(1714)年叙爵。享保8(1723)年権中納言持明院基雄の養子となる。元服し従五位上に進み侍従に任ぜられ、同11年正五位下に進み、同13年左権少将に任ぜられ、同14年従四位下に進み、同16年左権中将に任ぜられ、同18年従四位上、元文2(1737)年正四位下、寛保元(1741)年従三位に進み、同3年参議に任ぜられ播磨権守に任ぜられ、延享2(1745)年左兵衛督に任ぜられ、同3年讃岐権守に任ぜられる。同4年任職を辞す。養子に宗時(高倉家より)がいる。　典：公辞・公補

持明院宗時　じみょういん・むねとき

江戸時代の人、権中納言。享保17(1732)年1月3日生～寛政7(1795)年6月27日没。64才。初名=永武。

参議高倉永房の次男。初め永武と名乗る。元文元(1736)年叙爵。延享3(1746)年参議持明院家胤の養子となる。元服し従五位上に進み侍従に任ぜられ、同5年左少将に任ぜられる。同年宗時と改名。寛延2(1749)年正五位下に進み、同3年豊前権介に任ぜられ、宝暦2(1752)年従四位下に進み右中将に任ぜられ、同5年従四位上、同8年正四位下、同12年従三位、明和3(1766)年正三位に進み、同6年右兵衛督に任ぜられ、同8年参議に任ぜられる。安永3(1774)年踏歌外弁となり翌年に任職を辞す。同6年従二位に進む。寛政元(1789)年権中納言に任ぜられ、同3年に辞す。同5年正二位に進む。子に基武がいる。　典：公辞・公補

持明院基武　じみょういん・もとたけ

江戸時代の人、非参議。宝暦7(1757)年10月27日生～寛政元(1789)年8月4日没。33才。

権中納言持明院宗時の子。母は参議持明院家胤の娘。宝暦10(1760)年叙爵。明和3(1766)年元服し従五位上に進み侍従に任ぜられ、同6年正五位下、同8年従四位下に進み、安永元(1772)年左権少将に任ぜられ、同3年従四位上、同6年正四位下に進み、同9年右権中将に任ぜられ、天明元(1781)年従三位、同5年正三位に進む。子に基敦(正四位下・右少将、文化4,1,5没、32才、子は基延)がいる。　典：公辞・公補

持明院基延　じみょういん・もとのぶ

江戸時代の人、権中納言。寛政4(1792)年6月1日生～安政2(1855)年9月9日没。64才。

非参議持明院基武の孫。右少将持明院基敦朝臣の子。母は参議今城定興の娘。寛政7(1795)年従五位下に叙される。同12年元服し従五位上に進み、享和2(1802)年侍従に任ぜられ、同3年正五位下、文化3(1806)年従四位下、同6年従四位上に進み右権少将に任ぜられ、同9年正四位下に進み、文政元(1818)年権中将に任ぜられ、同2年従三位、同6年正三位に進み、同10年左京大夫に任ぜられ、天保5(1834)年踏歌外弁となる。同7年参議に任ぜられる。同8年従二位に進み右兵衛督に任ぜられ、嘉永2(1849)年任職を辞す。安政元(1854)年権中納言に任ぜられるも翌年に没す。子に基政がいる。　典：公辞・公補

持明院基政　じみょういん・もとまさ

江戸時代の人、非参議。文化7(1810)年9月27日生～明治元(1868)年1月25日没。59才。

権中納言持明院基延の子。母は権大納言広橋基政の娘。文化14(1817)年従五位下に叙され元服し従五位上、文政3(1820)年正五位下に進み、同6年侍従、同7年近衛権少将に任ぜられ従四位下、同10年従四位上、天保元(1830)年正四位下、同9年従三位に進み権中将に任ぜられ、同13年正三位に進み、安政5(1858)年の安政の事件(飛鳥井雅典の項参照)に八十八廷臣として連座。文久元(1861)年右兵衛督に任ぜられ、明治元年に辞す。家料は二百石。京都日御門前に住む。子に基和(右近衛少将、安政の事件に連座)がいる。のち基哲(石野基佑の次男・雅号=雲林)が明治の華族に列され子爵を授かる。　典：明治・公辞・公補

○下毛野家

下毛野古麻呂　しもつけのの・ふるまろ

奈良時代の人、参議。生年不明～和銅2(709)年12月16日没。姓(かばね)=朝臣(あそみ)。

従四位下に叙され姓の朝臣を授かり、大宝2(702)年参議に任ぜられ田十町と封五十戸を賜る。慶雲元(704)年従四位上に進み兵部卿に任ぜられ、和銅元(708)年正四位下に進み式部卿に任ぜられる。在官は8年。没後の霊亀2(716)年まで8年間は参議を置かなかった。　典：古代・公補

○白川家

花山天皇─清仁親王─延信王─康資王─白川顯康王─顯広王─仲資王─⇨

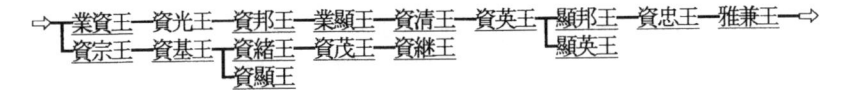

⇨┬業資王─資光王─資邦王─業顯王─資清王─資英王┬顯邦王─資忠王─雅兼王─⇨
　└資宗王─資基王┬資緒王─資茂王─資継王　　　　　└顯英王
　　　　　　　　　└資顯王

⇨┬資益王─資氏王　　　　┌顯成王　　　　　┌雅光王　　　　┌雅辰王
　└忠富王─雅業王─雅朝王┴雅陳王─雅喬王┴雅冬王─雅富王┴資顯王─資延王─⇨

⇨─雅寿王─資敬王─資訓王─資長（子）

業清王─白川業定王：顯方─白川資方王

第65代花山天皇の皇子清仁親王の曾孫顯康王より、源の本姓を賜り白川を氏姓とした。代々神祇官の長官神祇伯を勤め、皇室・公卿への神事伝授を事とし、王号を称した。戦国時代以降は神事は吉田家に圧倒された。明治に至り華族に列され子爵を授かる。家紋は梅。菩提寺は京都上京区寺町広小路上ルの蘆山寺。

典：日名・京都

白川仲資王　しらかわ・なかすけおう

平安・鎌倉時代の人、非参議・神祇伯。生年不明〜承久4(1222)年没。初名=顕順。

第65代花山天皇の王子清仁親王の曾孫顕康王(従五位上・安芸権守)が、白川を氏姓とした。白川顕康王の孫。白川顕広王(正四位下・神祇伯)の次男。母は右少弁藤原能忠の娘。永暦2(1161)年叙爵。仲資王と改名。承安3(1173)年従五位上に進み、安元2(1176)年神祇伯、治承3(1179)年播磨権守に任ぜられ、養和元(1181)年正五位下、寿永元(1182)年従四位下より従四位上、元暦元(1184)年正四位下、建久元(1190)年従三位に進む。同9年神祇伯を辞す。正治2(1199)年大皇太后宮権大夫に任ぜられ翌年に辞す。元久2(1205)年正三位に進み、承元元(1207)年兵部卿に任ぜられる。同年出家。子に業資王・資宗王がいる。　典：公辞・公補

白川業資王　しらかわ・なりすけおう

鎌倉時代の人、非参議・神祇伯。元暦元(1184)年生〜元仁元(1224)年,閏7月15月没。41才。初名=康家。

非参議・神祇伯白川仲資王の長男。母は近江守卜部基仲法師の娘。弟に資宗王がいる。初め康家と名乗る。文治元(1185)年従五位下に叙される。同年業資王と改名。建久9(1198)年神祇伯に任ぜられ、正治2(1200)年従五位上、同3年正五位下に進み因幡権守に任ぜられ、建仁3(1203)年従四位下、承元3(1209)年従四位上、建暦2(1212)年正四位下、建保4(1216)年従三位に進む。子に資光王(貞応3年神祇伯に任ぜられ、文永5年没、子は資邦王)がいる。　典：公辞・公補

白川資宗王　しらかわ・すけむねおう

鎌倉時代の人、非参議・神祇伯。建久2(1191)年生〜没年不明。

非参議・神祇伯白川仲資王の次男。母は卜部元忠の娘。兄に業資王がいる。元暦元(1184)年叙爵。元久2(1205)年侍従に任ぜられ、建永2(1207)年従五位上に進み、同3年加賀権介に任ぜられ、建保3(1215)年正五位下に進み、承久元(1219)年右少将に任ぜられ、貞応元(1222)年従四位上に進み、元仁元(1224)年神祇伯に任ぜられ、嘉禄元(1225)年正四位下、同2年従三位に進む。安貞元(1227)年美濃権守に任ぜられ、貞永元(1232)年に辞す。文暦元(1234)年正三位、暦仁元(1238)年従二位に進む。仁治2(1241)年神祇伯を辞す。寛元2(1244)年54才で出家。　典：公補

白川資基王　しらかわ・すけもとおう

鎌倉時代の人、非参議・神祇伯。嘉禄2(1226)年生〜文永元(1264)年12月7日没。39才。

非参議・神祇伯白川資宗王の子。貞永2(1233)年侍従に任ぜられ、嘉禎元(1235)年従五位上に叙され、同3年正五位下に進み安芸権介、仁治元(1240)年左少将に任ぜられ従四位下に進み、同2年駿河権介・神祇伯に任ぜられ、同3年従四位上、同4年正四位下に進み、寛元2(1244)年因幡権守に任ぜられ、宝治2(1248)年従三位に進む。康元元(1256)年神祇伯を辞す。正嘉2(1257)年正三位に進み、文応元(1260)年再び侍従に任ぜられ、弘長2(1262)年安芸権守に任ぜられ従二位に進み、文永元(1264)年出家。子に資緒王・資顕王がいる。
典：公補

白川資緒王　しらかわ・すけつぐおう

鎌倉時代の人、非参議・神祇伯。建長2(1250)年生～没年不明。

非参議・神祇伯白川資基王の長男。弟に資顯王がいる。建長6(1254)年侍従、同7年左少将に任ぜられ、康元元(1256)年従五位上に叙され武蔵介・神祇伯に任ぜられ、正嘉2(1258)年正五位下に進み、正元元(1259)年因幡権守に任ぜられ従四位下、文応元(1260)年従四位上、弘長元(1261)年正四位下、文永8(1271)年従三位、弘安6(1283)年正三位、正応元(1288)年従二位に進む。永仁5(1297)年44才で出家。子に資茂王がいる。　典：公補

白川資邦王　しらかわ・すけくにおう

鎌倉時代の人、非参議・神祇伯。生年不明～永仁6(1298)年12月2日没。

非参議・神祇伯白川業資王の孫。正四位下・侍従資光王の子。嘉禎3(1237)年叙爵。宝治元(1247)年侍従に任ぜられ、建長3(1251)年従五位上に叙され、同4年左少将、同5年石見介に任ぜられ、同6年正五位下、康元元(1256)年従四位下に進み、文応元(1260)年伯耆介に任ぜられ、弘長元(1261)年従四位上、文永5(1268)年正四位下、弘安5(1282)年従三位、正応3(1290)年正三位に進み、同4年神祇伯に任ぜられ、永仁2(1294)年播磨権守に任ぜられ伯を辞す。子に業顯王がいる。　典：公辞・公補

白川資顯王　しらかわ・すけあきおう

鎌倉時代の人、非参議。生年不明～乾元元(1302)年11月21日没。初名＝博仲王。号＝三条。

非参議・神祇伯白川資基王の次男。兄に資緒王がいる。始め博仲王と名乗る。建長8(1256)年叙爵。建治3(1277)年侍従に任ぜられる。同年資顯王と改名。弘安元(1278)年右少将に任ぜられ、同5年正五位下、同7年従四位下、同11年従四位上、正応3(1290)年正四位下に進み右中将に任ぜられる。同4年解官さる。正安元(1299)年従三位に進む。　典：公補

白川業顯王　しらかわ・なりあきおう

鎌倉時代の人、非参議・神祇伯。文永3(1266)年生～元応2(1320)年12月27日没。55才。

非参議・神祇伯白川資邦王の子。文永7(1270)年叙爵。建治2(1276)年侍従に任ぜられ、同4年従五位上に進み、弘安2(1279)年左少将に任ぜられ正五位下より従四位下ついで従四位上、正応3(1290)年正四位下に進み、永仁6(1298)年出羽権介、正安2(1300)年神祇伯に任ぜられ従三位に進む。嘉元元(1303)年再び侍従に任ぜられたが辞す。同2年美濃権介に任ぜられる。同年神祇伯を辞す。徳治2(1307)年正三位に進む。同年美濃権介を辞す。延慶2(1309)年再び神祇伯・美濃権介に任ぜられ、同3年従二位に進む。正和3(1314)年美濃権介を辞す。文保元(1317)年神祇伯を辞す。子に資清王がいる。　典：公辞・公補

白川資茂王　しらかわ・すけしげおう

鎌倉時代の人、非参議・神祇伯。仁治3(1242)年生～嘉暦2(1327)年8月18日没。86才。初名＝康家。前名＝資通王。

非参議・神祇伯白川資緒王の子。初め康家と名乗る。文永11(1274)年従五位下に叙され、正応元(1288)年侍従、同2年神祇伯に任ぜられる。同年資通王と改名。同3年従五位

上、永仁3(1295)年正五位下、同4年従四位下に進み、同6年因幡権守に任ぜられ正四位下、徳治元(1306)年従三位に進む。延慶2(1309)年神祇伯を辞す。文保2(1318)年再び神祇伯に任ぜられる。同年資茂王と改名。正三位に進み、元応2(1320)年従二位に進む。子に資継王がいる。　典：公補

白川資清王　しらかわ・すけきよおう

鎌倉時代の人、非参議・神祇伯。正応2(1289)年生～元徳2(1330)年5月11日没。42才。

非参議・神祇伯白川業顕王の子。永仁元(1293)年叙爵し侍従に任ぜられ、同5年従五位上に叙され、正安元(1299)年正五位下に進み、嘉元元(1303)年右少将に任ぜられ、同2年従四位下、徳治元(1306)年従四位上、延慶3(1310)年正四位下に進み右中将、文保元(1317)年神祇伯に任ぜられ従三位に進み、同2年神祇伯を辞す。元徳2年正三位に進む。子に資英王がいる。　典：公辞・公補

白川資継王　しらかわ・すけつぐおう

鎌倉・南北朝時代の人、非参議・神祇伯。永仁4(1296)年生～応安4(1371.建徳2)年4月24日没。73才。初名＝定仲。

非参議・神祇伯白川資茂王の子。初め定仲と名乗る。永仁5(1297)年叙爵。嘉元3(1305)年侍従に任ぜられ、徳治2(1307)年従五位上に進み、文保2(1318)年右少将に任ぜられる。同年資継王と改名。元応2(1320)年正五位下に進み、正中元(1324)年左少将、同2年神祇伯に任ぜられ、同3年従四位下に進み、嘉暦元(1326)年左中将に任ぜられ従四位上、同3年正四位下、元徳元(1329)年従三位に進み、同2年播磨権守に任ぜられる。元弘元(1331)年神祇伯を辞す。正慶2(1333.元弘3)年再び神祇伯に任ぜられる。建武元(1334)年播磨権守を辞す。同年正三位、康永2(1343.興国4)年従二位に進む。観応2(1351)年武家執奏など任職を辞す。延文2(1357)年再び神祇伯に任ぜられ、貞治6(1367)年に辞す。　典：公補

白川資英王　しらかわ・すけひでおう

鎌倉・南北朝時代の人、非参議・神祇伯。延慶2(1309)年生～貞治5(1366.正平21)年5月26日没。58才。

非参議・神祇伯白川資清王の子。応長2(1311)年叙爵。正和3(1314)年従五位上に進み、同4年侍従、元弘4(1334)年信濃守に任ぜられ、建武2(1335)年に辞す。同3年左少将に任ぜられ、同4年正五位下に進み右少将に任ぜられ、同5年従四位下に進み、暦応2(1339)年左中将、同4年弾正大弼・右中将に任ぜられ、同5年従四位上に進む。同年大弼を辞す。貞和2(1346)年再び左中将に任ぜられ、同3年正四位下に進む。文和元(1352)年神祇伯に任ぜられ同2年に辞す。同年従三位、延文3(1358.正平13)年正三位、同5年従二位に進む。子に顕邦王・顕英がいる。　典：公辞・公補

白川顕邦王　しらかわ・あきくにおう

南北朝時代の人、非参議・神祇伯。暦応元(1338.延元3)年生～明徳4(1393)年3月13日没。56才。

非参議・神祇伯白川資英王の長男。弟に顕英王がいる。神祇伯に任ぜられ、応安3(1370.建徳元)年従三位に叙され、同6年正三位、永和元(1375.天授元)年従二位に進み信濃権守

に任ぜられ、同4年これを辞す。康暦元(1379.天授5)年神祇伯を辞す。子に資忠王がいる。
典：公辞・公補

白川顯英　しらかわ・あきひで

南北朝・室町時代の人、非参議。生年不明〜応永4(1398)年10月没。

非参議・神祇伯白川資英王の子。兄に顯邦王がいる。応永2(1395)年従三位に叙される。同4年出家。　典：公補

白川業定王　しらかわ・なりさだおう

南北朝・室町時代の人、非参議・神祇伯。生年不明〜応永28(1421)年11月没。

非参議白川業清王の子。神祇伯に任ぜられ、のちこれを辞し、永和3(1377.天授3)年従三位に叙され侍従に任ぜられ、至徳元(1384.元中元)年正三位に進む。同年安芸権守に任ぜられ、明徳3(1392.元中9)年に辞す。同4年従二位に進み美濃権守に任ぜられる。応永元(1394)年神祇伯を辞す。　典：公補

白川資方王　しらかわ・すけかたおう

南北朝・室町時代の人、非参議・神祇伯。生年不明〜応永5(1398)年没。

顯方朝臣の子。神祇伯・信濃権守に任ぜられ、永徳3(1383.弘和3)年従三位に叙される。明徳元(1390.元中7)年神祇伯・権守を辞す。　典：公補

白川資忠王　しらかわ・すけただおう

南北朝・室町時代の人、非参議・神祇伯。応安5(1372.文中元)年生〜永享12(1440)年1月21日没。69才。

非参議・神祇伯白川顯邦王の子。神祇伯・美濃権守に任ぜられ、応永9(1402)年従三位に叙される。同12年美濃権守を辞す。同16年正三位、同21年従二位、正長元(1428)年正二位に進む。57才で出家。子に雅兼王がいる。　典：公辞・公補

白川雅兼王　しらかわ・まさかねおう

室町時代の人、非参議・神祇伯。生没年不明。

非参議・神祇伯白川資忠王の子。信濃権守に任ぜられ、正長元(1428)年神祇伯に任ぜられ、永享3(1431)年従三位に叙される。同5年信濃権守を辞す。同10年正三位、嘉吉3(1443)年従二位に進み、文安2(1445)年勅勘に触れて出家。子に資益王・忠富王がいる。　典：公補

白川資益王　しらかわ・すけますおう

室町時代の人、非参議・神祇伯。応永24(1417)年生〜文明16(1484)年8月21日没。68才。

非参議・神祇伯白川雅兼王の子。弟に忠富王がいる。嘉吉3(1443)年備前介に任ぜられ、従四位下に叙され左中将・神祇伯に任ぜられる。文安5(1448)年備前介・左中将を辞す。同年従三位、宝徳3(1451)年正三位、享徳2(1453)年従二位に進む。美濃権守に任ぜられ、康正2(1456)年これを辞す。応仁2(1468)年正二位に進む。子に資氏王がいる。　典：公辞・公補

白川忠富王　しらかわ・ただとみおう

室町時代の人、非参議・神祇伯。正長元(1428)年生〜永正7(1510)年2月1日没。83才。

非参議・神祇伯白川資益王の次男。兄に資益王がいる。左中将に任ぜられ、のちこれを辞す。応仁元(1467)年従三位に叙され、同2年民部卿に任ぜられ、文明2(1470)年正三位、同8年従二位に進み、延徳2(1490)年神祇伯に任ぜられる。同年民部卿を辞す。同3年正二位に進む。養子に雅業王(資氏王の子)がいる。　典：公辞・公補

白川資氏王　しらかわ・すけうじおう

室町時代の人、非参議・神祇伯。康正2(1456)年生〜永正元(1504)年4月14日没。49。

非参議・神祇伯白川資益王の子。寛正6(1465)年従五位上に叙され、侍従に任ぜられ、文明2(1470)年正五位下に進み左少将に任ぜられ、同7年従四位下に進み左中将に任ぜられ、同8年従四位上、同13年正四位下に進み、同16年神祇伯に任ぜられ、同17年従三位に進む。延徳2(1490)年病気となり神祇伯を弟忠富王に譲る。西宮にて没す。子に雅業王(忠富王の養子となる)がいる。　典：公辞・公補

白川雅業王　しらかわ・まさなりおう

室町時代の人、非参議・神祇伯。長享2(1488)年生〜永禄3(1560)年9月12日没。73才。初名=雅益。法名=乗品。

非参議・神祇伯白川資氏王の子。初め雅益と名乗る。明応9(1500)年叙爵し侍従に任ぜられ、文亀元(1501)年従五位上に進み正二位・非参議・神祇伯白川忠富王の養子となる。同年雅業と改名。左少将に任ぜられ、永正3(1506)年正五位下、同6年従四位下に進み、同7年神祇伯に任ぜられる。同年王を名乗る。左中将に任ぜられ、同9年従四位上、同12年正四位下、同15年従三位に進む。同年左中将を辞す。大永2(1522)年正三位に進む。同年信濃権守に任ぜられ、同6年に辞す。享禄2(1529)年従二位、天文5(1536)年正二位に進む。同8年再び信濃権守に任ぜられ、同13年に辞す。養子に雅朝王(中院家より)がいる。
典：公辞・公補

白川雅朝王　しらかわ・まさともおう

室町・安土桃山・江戸時代の人、参議。弘治元(1555)年1月17日生〜寛永8(1631)年1月23日没。77才。初名=雅英。

内大臣中院通為の次男。初め雅英と名乗る。永禄4(1561)年叙爵し元服し侍従に任ぜられ、同8年従五位上に進み非参議・神祇伯白川雅業王の養子となる。同12年神祇伯に任ぜられる。同年王を名乗る。元亀元(1570)年左少将に任ぜられ、同2年正五位下に進む。同年雅朝王と改名。天正2(1574)年従四位下に進み、同3年左中将に任ぜられ、同5年従四位下、同8年正四位下、同13年従三位に進む。文禄4(1595)年兵部卿に任ぜられ、慶長元(1596)年民部卿に任ぜられ、同2年正三位、同6年信濃権守に任ぜられ、同7年従二位に進む。同年民部卿を辞し、同10年神祇伯を辞す。同12年再び民部卿に任ぜられ、同16年に辞す。左衛門督に任ぜられ、同19年正二位に進む。同年左衛門督を辞す。元和6(1620)年再び神祇伯に任ぜられたが翌年に辞す。寛永元(1624)年参議に任ぜられる。聚楽行幸に供奉した一人(勧修寺晴豊の項参照)。子に顕成王(従四位上・神祇伯・左中将、一字名=土、元和4,11,7没、35才)、養子に雅陳王(高倉家より)がいる。　典：公辞・公補

白川雅陳王　しらかわ・まさつらおう

江戸時代の人、非参議・神祇伯。文禄元(1592)年生～寛文3(1663)年2月16日没。72才。

権中納言高倉永孝の次男。参議白川雅朝王の養子となる。元和5(1619)年叙爵し侍従に任。同年元服。同7年従五位上に進み、同8年神祇伯に任ぜられ、寛永3(1626)年正五位下、同5年従四位下に進み、同6年左少将に任ぜられ、同8年従四位上、同10年左中将に任ぜられ、同11年正四位下、同14年従三位、同19年正三位に進む。同年神祇伯を辞す。承応元(1652)年従二位に進む。子に雅喬王がいる。　典：公辞・公補

白川雅喬王　しらかわ・まさたかおう

江戸時代の人、非参議・神祇伯。元和6(1620)年12月26日生～元禄元(1688)年10月15日没。69才。一字名＝代。

非参議・神祇伯白川雅陳王の子。寛永元(1624)年叙爵。同8年元服し従五位上に進み侍従に任ぜられ、同13年正五位下、同17年従四位下に進み左少将より、同19年左中将・神祇伯に任ぜられ、同20年従四位上、正保3(1646)年正四位下、承応3(1654)年従三位、万治元(1658)年正三位、寛文7(1667)年従二位、延宝元(1673)年正二位に進む。同7年神祇伯を辞す。子に雅光王・雅冬王がいる。　典：公辞・公補

白川雅光王　しらかわ・まさみつおう

江戸時代の人、非参議・神祇伯。万治3(1660)年12月16日生～宝永3(1706)年10月.10没。47才。初名＝雅元。

非参議・神祇伯白川雅喬王の長男。母は権大納言四辻公理の娘。弟に雅冬王がいる。寛文4(1664)年叙爵。同8年元服し従五位上に進み侍従に任ぜられ、同12年正五位下に進み、延宝3(1675)年左少将に任ぜられ、同5年従四位下に進み、同7年神祇伯、同8年左中将に任ぜられ、天和元(1681)年従四位上、同4年正四位下、元禄元(1688)年従三位、同7年正三位に進む。同11年神祇伯を辞す。宝永元(1704)年再び神祇伯に任ぜられ、同2年従二位に進む。同3年神祇伯を辞す。妻は権大納言東園基賢の娘。　典：公辞・公補

白川雅冬王　しらかわ・まさふゆおう

江戸時代の人、非参議・神祇伯。延宝7(1679)年1月12日生～享保19(1734)年11月9日没。56才。初名＝康起。

非参議・神祇伯白川雅喬王の次男。母は権大納言四辻公理の娘。兄に雅光王がいる。初め康起と名乗る。貞享2(1685)年叙爵。元禄10(1697)年元服し従五位上に進み侍従、同11年神祇伯に任ぜられ、同13年正五位下に進む。同14年兄の養子となる。同年雅冬王と改名。左少将に任ぜられ、同16年従四位下に進み、宝永4(1707)年右中将に任ぜられ従四位上、正徳元(1711)年正四位下、同5年従三位、享保7(1722)年正三位に進む。同10年神祇伯を辞す。養子に雅富王(梅渓家より)がいる。　典：公辞・公補

白川雅富王　しらかわ・まさとみおう

江戸時代の人、非参議・神祇伯。元禄15(1702)年3月12日生～宝暦9(1759)年5月17日没。58才。初名＝英方。

権中納言梅渓通条の次男。初め英方と名乗る。宝永5(1708)年叙爵。享保元(1716)年非参議・神祇伯白川雅冬王の養子となる。同年元服し従五位上に進み侍従に任ぜられ、同5年正五位下、同9年従四位下に進み、同10年神祇伯、同11年右近衛権少将に任ぜられる。同13年雅富王と改名。同12年従四位上に進み、同15年左権中将に任ぜられ、同17年正四位下、元文元(1736)年従三位、同5年正三位、宝暦2(1752)年従二位に進む。同9年に神祇伯を辞す。闇斎直門の大家の正親町公通に垂加神道を学ぶ。子に雅辰王(従四位下・神祇伯、延享4,2,19没、21才)・資顕王がいる。　典：公辞・公補

白川資顕王　しらかわ・すけあきおう

江戸時代の人、非参議・神祇伯。享保16(1731)年8月26日生〜天明5(1785)年1月6日没。55才。

非参議・神祇伯白川雅富王の次男。母は非参議白川雅冬の娘。兄に雅辰王(従四位下・神祇伯、延享4,2,19没、21才)がいる。元文5(1740)年叙爵。延享4(1747)年元服し従五位上に進み侍従、同5年右少将に任ぜられ、寛延3(1750)年正五位下に進み、宝暦2(1752)年石見介に任ぜられ、同3年従四位下、同6年従四位上に進み、同7年左中将に任ぜられる。同8年竹内式部の門に入り垂加神道を学ぶ(綾小路有美の項参照)。同9年正四位下に進み神祇伯に任ぜられ、同12年従三位、明和3(1766)年正三位、安永3(1774)年従二位に進む。天明元(1781)年神祇伯を辞すも翌年に再び任ぜられ、同4年再び辞す。同年正二位に進むも翌年に没す。子に資延王がいる。　典：公辞・公補

白川資延王　しらかわ・すけのぶおう

江戸時代の人、非参議・神祇伯。明和7(1770)年2月19日生〜文政7(1824)年1月13日没。55才。

非参議・神祇伯白川資顕王の子。安永3(1774)年従五位下に叙される。天明元(1781)年元服し従五位上に進み侍従・神祇伯に任ぜられ、同4年正五位下に進み、同5年右権少将に任ぜられ、同7年従四位下、寛政2(1790)年従四位上、同5年正四位下に進み、同9年左権中将に任ぜられ、同9年従三位、享和元(1801)年正三位、文化7(1810)年従二位に進む。文政2(1819)年神祇伯を辞す。同7年正二位に進む。平田篤胤は資延王に伯家神道を学ぶ。子に雅寿王(正四位下・右中将、天保5,8,25没、子は資敬王)がいる。　典：公辞・公補

白川資訓王　しらかわ・すけのりおう

江戸・明治時代の人、非参議・神祇伯。天保12(1841)年11月15日生〜明治39(1906)年12月没。66才。

非参議・神祇伯白川資延王の曾孫。正四位下・右中将白川雅寿王の孫。右権中将白川資敬王(嘉永4,9,13没、30才)の子。弘化2(1845)年従五位下に叙される。嘉永2(1849)年元服し従五位上に進み、同4年神祇伯に任ぜられ、同5年正五位下に進み、安政元(1854)年侍従に任ぜられ、同2年従四位下に進み、同4年右近衛権少将に任ぜられ、同5年従四位上、文久元(1861)年正四位下に進み、元治元(1864)年権中将に任ぜられ従三位に進む。家料は二百石と神祇領・神事料百石。京都日御門前に住む。明治元(1868)年正三位に進み新

政府となり王号を返上し神祇事務・議定に任ぜられ、のち大掌典となる。同17年華族に列されて子爵を授かる。子に資長がいる。　典：公辞・公補

○白河家

藤原伊家┬白河伊宗
　　　　└白河伊俊

白川家は源姓を本姓とし、白河家は藤原姓を本姓としているが、なぜ突然に藤原伊家の子たちが白河姓を名乗ったかは不明。

白河伊宗　しらかわ・これむね

鎌倉・南北朝時代の人、非参議。嘉元2(1304)年生～観応2(1351.正平6)年6月26日没。48才。

非参議藤原伊家の長男。弟に白河伊俊がいる。応長2(1312)年従五位下に叙され、正和2(1313)年従五位上、文保2(1318)年正五位下より従四位下に進み侍従に任ぜられ、元応2(1320)年右少将より、元亨3(1323)年左少将に任ぜられ、正中2(1325)年従四位上、嘉暦4(1329)年正四位下に進み、建武2(1335)年左中将に任ぜられ、貞和4(1348)年従三位に進む。　典：公補

白河伊俊　しらかわ・これとし

鎌倉・南北朝時代の人、非参議。嘉元3(1305)年生～延文4(1359)年没。55才。

非参議藤原伊家の次男。兄に白河伊宗がいる。正和5(1316)年叙爵。文保元(1317)年従五位上に叙され侍従に任ぜられ、同2年正五位に進み右少将に任ぜられ、元応元(1319)年従四位下に進む。同年尾張守に任ぜられ、正中元(1324)年に辞す。同2年少納言に任ぜられ、同3年従四位上、元徳元(1329)年正四位下に進み、同2年右中将、正慶元(1332)年近江介、観応元(1350)年蔵人頭に任ぜられ、同2年従三位に進む。　典：公補

○菅野家

菅野真道　すがのの・まみち

奈良・平安時代の人、参議。天平13(741)年生～弘仁5(814)年6月29日没。74才。姓(かばね)=朝臣(あそみ)。

祖は百済国辰孫王の人で津連(つのむらじ)を贈られる。父は山守。宝亀9(778)年に38才で少内記、同11年近江少目、延暦元(782)年左衛士少尉に任ぜられ、同2年津連を賜り従五位下に叙され近江大掾、同3年摂津介・左兵衛佐に任ぜられ、同4年東宮学士となり、同7年伊予介・図書助に任ぜられ、同8年従五位上に進み図書頭、同9年伊予守に任ぜられ連に改め朝臣を賜る。同10年治部大輔より民部大輔に任ぜられ、同13年正五位上より従四位下に進み、同14年左兵衛督、同15年造宮亮に任ぜられ、同16年従四位上に進み左大弁・勘解由長官、同17年左衛士督、同20年相模守、同22年但馬守に任ぜられ、同24年正

四位下に進み参議に任ぜられる。同2(807)年正四位上に進み太宰大弐に任ぜられる。同年参議を辞す。山陰道観察使・刑部卿から民部卿に任ぜられ、同3年大蔵卿に任ぜられ、同4年従三位に進み東海道観察使・宮内卿より大蔵卿に任ぜられ、弘仁元(810)年近江守・常陸守に任ぜられる。同2年に常陸守以外の任職を辞す。桓武天皇を擁護し、「続日本紀」「延暦交替式」の編集に従事し、東山の下河原町付近にあった雲居寺(うんごじ)を創建した。

○菅原家

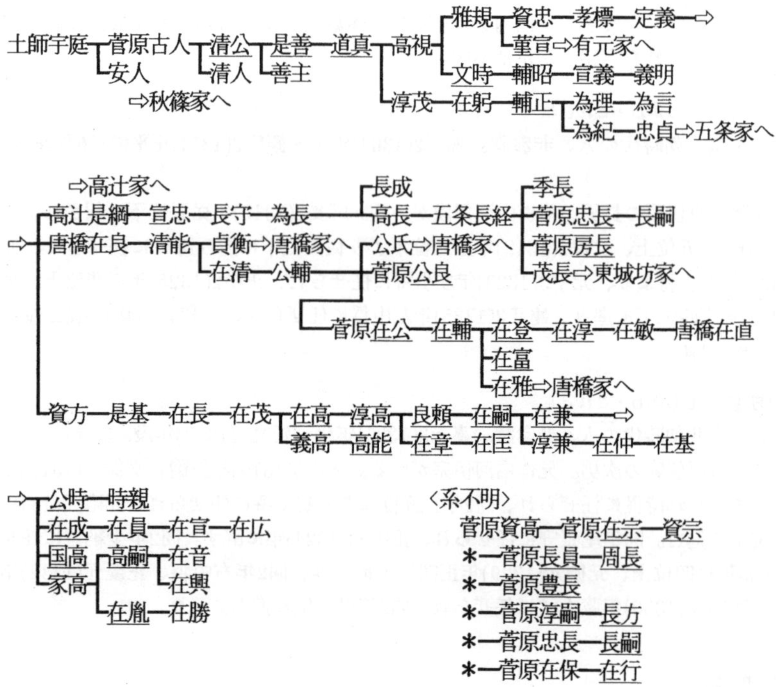

天穂日命(あめのほのひのみこと)の後裔。野見宿禰(のみのすくね)の子孫。大和国添下郡菅原邑の居住にちなみ、阿波守土師宇庭の次男古人が、菅原宿禰を賜る。大江家と並び文章道を掌り、代々大学頭・東宮学士・文章学士と学者が出る。菅原道真が有名で、宇多天皇の寵を得て右大臣に進むも、藤原時平との争いに敗れて、太宰府に左遷される。分家として高辻・五条・東坊城・唐橋・清岡・桑原が公卿に列されるが、本姓を氏姓として名乗る家は室町時代に至り見えなくなる。家紋は梅。

典：日名・京都

菅原清公　すがわらの・きよきみ

奈良・平安時代の人、非参議。宝亀2(771)年生～承和9(842)年10月17日没。72才。

阿波守土師宇庭の孫。従五位下・遠江介菅原古人(菅原家の祖)の四男。兄弟に清人がいる。第50代桓武天皇の時に学料を受けて学業に励む。延暦17(798)年頃に美濃少掾、のち大学少允に任ぜられ、同23年遣唐大使となり藤原葛野麻呂に随行して入唐。翌年に帰国。弘仁2(811)年従五位下に叙され大学助、同3年左京亮・大学頭に任ぜられ、同4年主殿頭・右少弁より左少弁・式部少輔に任ぜられる。同9年第52代嵯峨天皇が勅した儀式の衣服は清公の助言により唐制を採用した。同10年正五位下に進み文章博士に任ぜられ侍読文選となる。同12年従四位下に進み式部大輔・左中弁・左京大夫、同14年弾正大弼、承和元(834)年摂津権介、同2年但馬権守に任ぜられ、同6年従三位に進む。菅原道真の祖父。吉祥院天満宮(京都南区吉祥院政所町)の吉祥天女は唐より帰国後に無事を祈り祀った。墓は清公の墓と称する墳墓が吉祥院天満宮の南にあったという。詩文は下記の他「経国集」などに見られる。子に是善・善主(従五位下・勘解由次官、仁寿2没、50才)がいる。　典：古代・大日・日名・古今・京都・公補

菅原是善　すがわらの・これよし

平安時代の人、参議。弘仁3(812)年生～元慶4(880)年8月30日没。69才。

従五位下・遠江介菅原古人(菅原家の祖)の孫。非参議菅原清公の四男。兄弟に善主がいる。承和7(840)年大学大允、同9年大学助・大内記に任ぜられ、同11年従五位下に叙され、同12年文章博士、同14年春宮学士、嘉祥2(849)年讃岐権介に任ぜられ、同3年正五位下に進み加賀権守に任ぜられ、仁寿元(851)年始講文選となる。同3年大学頭に任ぜられ、斉衡2(855)年従四位下に進み文選講畢となり、同3年左京大夫、東大寺の修理に東大寺大仏使長官となる。天安元(857)年美作権守、同2年伊予守・備前権守・播磨権守に任ぜられ、貞観2(860)年従四位上に進み、同5年弾正大弼、同6年近江権守・刑部卿に任ぜられ漢書講畢となる。同9年博士を辞す。同12年式部大輔に任ぜられ、同14年参議に任ぜられる。同15年正四位下に進み、同18年近江守に任ぜられ、元慶3(879)年従三位に進むも翌年に没す。「文徳実録」の撰となる。子に有名な道真がいる。　典：古代・大日・日名・古今・公補

菅原道真　すがわらの・みちざね

平安時代の人、右大臣。承和2(835)年生～延喜3(903)年2月25日没。59才。

参議菅原是善の三男。貞観4(862)年文章生となる。同9年得業生となり、下野権掾に任ぜられ、同13年玄蕃助・少内記、同14年問渤海客使となる。同16年従五位下に叙され兵部少輔より民部少輔、同19年式部少輔、元慶元(877)年文章博士に任ぜられ、同3年従五位上に進み、同7年加賀権守、仁和2(886)年讃岐守に任ぜられ、同3年正五位下に進み、寛平3(891)年蔵人頭・左中弁に任ぜられ、同4年従四位下に進み左京大夫に任ぜられ、同5年参議に任ぜられ式部大輔・左大弁・春宮亮に任ぜられ勘解由長官となる。同6年遣唐大使・侍従に任ぜられ、同7年従三位に進み中納言に任ぜられ春宮権大夫となる。同8年民部卿に任ぜられる。同年式部大輔を辞す。同9年権大納言に任ぜられ右大将・中宮大夫に任ぜられる。同年春宮権大夫を辞す。正三位に進む。昌泰2(899)年右大臣に任ぜられる。延喜元(901)年従二位に進む。同年政敵の左大臣藤原時平らの画策により太宰員外帥に左遷され、同地にて没す。没後、道真の祟りとされる異変が相次いで起こり、更に延長8(930)年には清涼殿が落雷に見舞われるという事件があったため朝廷は延喜23(923)年

道真の官位を復し正二位右大臣を贈り、更に鎮魂のために天暦元(947)年北野宮に道真を祀り、正一位左大臣、ついで太政大臣を贈った。道真の旧邸跡地に菅原院天満宮神社を祀り、太宰府天満宮にも祀られる。全国の天満宮・天神社の祭神となる。夫人は中納言紀長谷雄。子は高視・淳茂(正五位下・文章博士・式部権大輔)の他に男女21名がいる。　典：古代・大日・日名・古今・京都・公補

菅原文時　すがわらの・ふみとき

平安時代の人、非参議。昌泰2(899)年生～天元4(981)年9月8日没。83才。別称＝菅三品。

右大臣菅原道真の孫。右大弁菅原高視の次男。母は菅原宗岳の娘。兄に雅規がいる。正四位下に叙され文章博士に任ぜられ、天元元(978)年式部大輔に任ぜられ、同4年従三位に進む。子に資忠(孫の孝標の妻は更級日記の作者)・有元董宣がいる。　典：大日・日名・古今・公補

菅原輔正　すがわらの・すけまさ

平安時代の人、参議。延長3(925)年生～寛弘6(1009)年12月24日没。85才。

右大臣菅原道真の曾孫。正五位下・右中弁菅原淳茂の孫。従四位上・勘解由長官菅原在躬朝臣の子。母は従五位上・常陸介菅原景行の娘。天暦4(950)年文章得業生となる。同5年播磨権少掾、同9年刑部少丞、同11年式部少丞より、天徳2(958)年式部大丞に任ぜられる。同4年従五位下に叙され但馬権守・民部少輔、応和元(961)年式部少輔、同3年左衛門権佐に任ぜられ、康保3(966)年従五位上に進み権右少弁、安和元(968)年大学頭・左少弁・東宮学士、天禄元(970)年文章博士に任ぜられ正五位下に進み、同2年越後介・右中弁に任ぜられ、同3年従四位下に進み美作権守・左中弁に任ぜられ、貞元2(977)年従四位上に進み周防権守、同4年太宰大弐に任ぜられ、同5年式部権大輔、正暦2(991)年丹波権介・式部大輔に任ぜられ、同3年従三位に進み、長徳2(996)年越前権守に任ぜられ参議に任ぜられる。同3年大和権守に任ぜられる。長保元(999)年大和権守を辞す。同年太皇太后宮権大夫に任ぜられるも辞す。同2年近江守に任ぜられ、同5年守を辞し備中権守に任ぜられ正三位に進む。寛弘4(1007)年備中権守を辞し、同5年参議を辞す。没後の寿永3(1184)年に正二位を贈られる。詩文は「本朝文粋」に見える。子に為理・為紀がいる。　典：大日・日名・古今・公補

菅原在高　すがわらの・ありたか

平安・鎌倉時代の人、非参議。平治元(1159)年生～貞永元(1232)年9月23日没。74才。

大学頭菅原在茂朝臣の子。母は刑部卿藤原家基の娘。弟に義高がいる。安元2(1176)年穀倉院より学問料を賜る。治承3(1179)年加賀掾・上西門院判官代・左衛門尉、養和元(1181)年蔵人に任ぜられ従五位下に叙され、元暦元(1184)年刑部大輔に任ぜられ、文治3(1187)年従五位上、同5年正五位下、建久3(1192)年従四位下、同9年従四位上に進み、正治2(1200)年文章博士、建仁元(1201)年越後介、元久元(1204)年大学頭、同2年周防介に任ぜられ正四位下に進み、建永元(1206)年式部大輔、承元元(1207)年周防権守に任ぜられ、同4年従三位に進む。同年越後介・式部大輔・周防権守を辞す。承久元(1219)年正三位に

進み兵部卿に任ぜられ、嘉禄元(1225)年従二位に進み民部卿を辞す。貞永元(1232)年出家。氏長者を31年間勤める。子に淳高がいる。　典：公補

菅原淳高　すがわらの・あつたか

平安・鎌倉時代の人、非参議。承安4(1174)年生～建長2(1250)年5月24日没。75才。

非参議菅原在高の子。寿永元(1182)年文章生となる。文治4(1188)年越前大掾に任ぜられ、建久6(1195)年穀倉院の学問料を賜る。同9年蔵人に任ぜられ文章得業生となる。正治元(1199)年叙爵し尾張権守、建仁元(1201)年丹後守に任ぜられ、元久2(1205)年従五位上、建暦元(1211)年正五位下に進み式部少輔、同2年下総権守に任ぜられ、建保2(1214)年従四位下に進み、同4年治部大輔に任ぜられ、同6年従四位上に進み豊前守に任ぜられ、承久元(1219)年正四位下に進み文章博士・越中権介、元仁2(1225)年左京権大夫・刑部卿、寛喜3(1231)年備中介・出雲権守・東宮学士に任ぜられ、貞永元(1232)年従三位に進み刑部卿・出雲権守に再任される。嘉禎元(1235)年出雲権守を辞す。同2年正三位に進み、延応元(1239)年式部権大輔・安芸権守に任ぜられ従二位に進む。仁治3(1242)年式部権大輔を辞す。寛元4(1246)年安芸権守を辞す。式部大輔、宝治2(1248)年長門権守に任ぜられる。子に良頼・在章がいる。　典：公補

菅原公良　すがわら・きみよし

鎌倉時代の人、非参議。建久6(1195)年生～文応元(1260)年7月17日没。66才。

高辻為長の子。正四位下・式部権大輔唐橋公輔朝臣と中原師茂の娘の養子となり、菅原姓を名乗る。建暦3(1213)年穀倉院より学問料を賜る。建保5(1217)年文章得業生となる。同6年越前権大掾、同7年右衛門少尉に任ぜられる。同年叙爵。中宮少進に任ぜられ、貞応元(1222)年これを辞す。嘉禄元(1225)年従五位上に叙され、寛喜2(1230)年左京権大夫に任ぜられ、同3年正五位下に進み大内記、天福元(1233)年阿波権介、文暦元(1234)年長門守に任ぜられ、嘉禎2(1236)年従四位下、延応元(1239)年従四位上、同3年正四位下に進み、寛元元(1243)年大学頭、同2年文章博士に任ぜられ、建長2(1250)年従三位に進む。同年任職を辞す。同3年式部権大輔に任ぜられ、正元元(1259)年正三位に進み、文応元(1260)年備後権守に任ぜられる。　典：公辞・公補

菅原良頼　すがわらの・よしより

鎌倉時代の人、非参議。建久5(1194)年生～弘安元(1278)年8月24日没。85才。

非参議菅原淳高の長男。母は若狭守藤原範綱の娘。弟に在章がいる。文章博士を辞し、建長6(1253)年従三位に叙され、正元元(1259)年正三位、弘長3(1263)年従二位に進み式部大輔に任ぜられる。文永元(1264)年長門権守に任ぜられ、同5年に辞し、同8年式部大輔を辞す。子に在嗣がいる。　典：公補

菅原在章　すがわらの・ありあき

鎌倉時代の人、非参議。建永元(1206)年生～没年不明。

非参議菅原淳高の次男。兄に良頼がいる。元仁元(1224)年穀倉院より学問料を賜る。嘉禄元(1225)年文章得業生となり、同2年越後権少掾、同3年民部少輔に任ぜられ従五位下に叙され、寛喜元(1229)年少弼に任ぜられ、同4年従五位上、暦仁元(1238)年正五位下に

進む。同年民部少輔に任ぜられたが辞し、同2年少納言、仁治元(1240)年紀伊権守に任ぜられ従四位下に進み、同3年修理権大夫に任ぜられ、寛元4(1246)年従四位上に進み、建長2(1250)年大学頭、同4年紀伊権介に任ぜられ正四位下に進み、同5年文章博士、同6年越後介、正嘉3(1259)年越中介に任ぜられ、文応元(1260)年従三位に進み任職を辞す。弘長3(1263)年式部権大輔、文永元(1264)年備後権守に任ぜられ、同2年正三位、同5年従二位に進む。63才で出家。中風所労也とあり。子に在匡がいる。　典：公補

菅原在宗　すがわらの・ありむね

鎌倉時代の人、非参議。正治元(1199)年生～弘安3(1280)年6月2日没。82才。

正四位下・文章博士菅原資高朝臣の次男。元仁元(1224)年文章生となる。同2年能登掾に任ぜられ、安貞3(1229)年穀倉院より学問料を賜る。貞永元(1232)年文章得業生となる。同2年丹後少掾、文暦元(1234)年式部丞に任ぜられ叙爵。延応元(1239)年式部少輔に任ぜられ、同2年従五位上に叙され因幡権守、寛元元(1243)年大内記に任ぜられ、同4年正五位下に進む。宝治2(1248)年大内記を辞す。同3年従四位下、同7年従四位上に進み、文応元(1260)年大学頭に任ぜられ、弘長2(1262)年正四位下に進み周防権介に任ぜられ、文永5(1268)年従三位に進む。子に資宗がいる。　典：公補

菅原在公　すがわらの・ありきみ

鎌倉時代の人、非参議。生年不明～弘安10(1287)年4月19日没。

正四位下・式部権大輔唐橋公輔朝臣の子。義兄に菅原公良がいる。菅原姓を名乗る。元仁元(1224)年文章生となる。同2年越前掾に任ぜられ、寛喜2(1230)年穀倉院より学問料を賜る。貞永2(1233)年文章得業生となる。天福2(1234)年越前少掾、文暦2(1235)年縫殿権助に任ぜられる。嘉禎元(1235)年叙爵。仁治元(1240)年従五位上に叙され、寛元元(1243)年式部少輔、同2年紀伊権守に任ぜられ、同4年正五位下に進み、宝治2(1248)年大内記に任ぜられ、建長元(1249)年従四位下、同7年従四位上に進み、弘長2(1262)年文章博士、同3年越前介に任ぜられ、文永6(1269)年正四位下に進み越中介、弘長4(1264)年式部権大輔に任ぜられ、弘安8(1285)年従三位に進む。　典：公補

菅原高能　すがわらの・たかよし

鎌倉時代の人、非参議。生年不明～正応元(1288)年3月14日没。

従四位下・刑部大輔菅原義高朝臣の子。嘉禎3(1237)年穀倉院より学問料を賜る。のち文章得業生となる。仁治2(1241)年叙爵。寛元元(1243)年弾正少弼に任ぜられ、同5年従五位上に叙され、宝治2(1248)年式部少輔に任ぜられ、建長5(1253)年正五位下、同8年従四位上に進み、文永9(1272)年大学頭、同10年周防介に任ぜられ、建治元(1275)年正四位下に進む。弘安10(1287)年式部権大輔に任ぜられたが辞す。正応元(1288)年従三位に進む。　典：公補

菅原在嗣　すがわらの・ありつぐ

鎌倉時代の人、参議。貞永元(1232)年生～延慶元(1308)年4月12日没。77才。号＝土御門。

非参議菅原良頼の子。寛元2(1244)年能登大掾に任ぜられ、のち文章得業生となる。建長2(1250)年従五位下に叙され筑後守、同3年民部少輔に任ぜられ、同8年従五位上に進み、文応元(1260)年式部権少輔に任ぜられ、弘長2(1262)年正五位下、文永2(1265)年従四位下、同8年従四位上に進み、建治3(1277)年文章博士に任ぜられ、正応元(1288)年従三位に進み、同2年大蔵卿、同4年越後権守に任ぜられ正三位、永仁2(1294)年従二位に進み、同4年参議に任ぜられる。同年式部大輔に任ぜられるも任職を辞す。正安2(1300)年再び大蔵卿に任ぜられ、乾元元(1302)年卿を辞す。　典：公補

菅原資宗　すがわらの・もとむね

鎌倉時代の人、非参議。宝治2(1248)年生〜乾元元(1302)年6月30日没。55才。

非参議菅原在宗の子。正嘉3(1259)年穀倉院より学問料を賜る。弘長元(1261)年文章得業生となる。同3年叙爵。文永5(1268)年大内記に任ぜられ、同6年従五位上に叙され、同7年出雲介に任ぜられる。同年大内記を辞す。同12年正五位下に進み、建治元(1275)年少納言、弘安元(1278)年摂津権守に任ぜられ従四位下に進む。同年少納言を辞す。同7年従四位上に進み、同11年文章博士、正応2(1289)年越中介・東宮学士に任ぜられ、同3年正四位下に進み、同4年大学頭、永仁元(1293)年土佐介、同4年式部権大輔に任ぜられる。同6年式部権大輔・東宮学士を辞す。同年豊前権守に任ぜられ、正安2(1300)年従三位に進む。　典：公補

菅原在輔　すがわらの・ありすけ

鎌倉時代の人、非参議。宝治元(1247)年生〜元応2(1320)年11月9日没。74才。初名=在行。

非参議菅原在公の子。初め在行と名乗る。弘長3(1263)年大膳亮に任ぜられ、同4年叙爵。文永7(1270)年従五位上に進む。同年在輔と改名。建治2(1276)年正五位下に進み、弘安元(1278)年式部権少輔に任ぜられ従四位下に進む。同2年式部権少輔を辞す。同7年従四位上に進み、正応元(1288)年大学頭、同2年土佐介、同3年文章博士に任ぜられ正四位下に進み、同6年越前権介、永仁3(1295)年式部権大輔、同7年豊後権守に任ぜられ、正安2(1300)年従三位に進み、同3年右京大夫に任ぜられる。乾元元(1302)年式部権大輔を辞す。嘉元元(1303)年刑部卿・式部大輔に任ぜられる。同2年右京大夫・刑部卿を辞し駿河権守に任ぜられ、徳治2(1307)年正三位、延慶2(1309)年従二位に進む。同年権守を辞す。正和5(1316)年正二位に進む。子に在登・在富・唐橋在雅(唐橋家へ)がいる。　典：公補

菅原在兼　すがわらの・ありかね

鎌倉時代の人、参議。建長元(1249)年生〜元亨元(1321)年6月24日没。73才。

参議菅原在嗣の子。弘長元(1261)年穀倉院より学問料を賜る。同3年文章得業生となる。文永元(1264)年越中権少掾、同2年掃部少允に任ぜられ従五位下に叙され、同3年中務少輔に任ぜられ、同7年従五位上に進み、同8年式部少輔、同9年因幡権守、同11年式部少輔に任ぜられ、建治2(1276)年正五位下に進み、同3年東宮学士に任ぜられ、弘安2(1279)年従四位下に進み武蔵権介に任ぜられ、同8年従四位上に進み、同10年右京大夫、正応3(1290)年大学頭に任ぜられ正四位下に進み、同4年紀伊権介・文章博士に任ぜられる。同

年大学頭を辞す。永仁元(1293)年文章博士を辞し、同2年学士を辞す。同5年右京大夫を辞す。同年刑部卿に任ぜられ、同6年に辞す。同年再び右京大夫に任ぜられ、正安2(1299)年勘解由長官に任ぜられ、乾元元(1302)年従三位に進む。同年右京大夫・武蔵権介を辞す。延慶元(1308)年正三位に進み、応長元(1311)年左大弁に任ぜられ、正和元(1312)年従二位に進む。同年左大弁を辞す。同5年勘解由長官を辞す。民部卿に任ぜられ正二位に進み、元応2(1320)年式部大輔に任ぜられる。元亨元(1321)年参議に任ぜられるも辞す。子に公時・在成・国高・家高がいる。 典：公補

菅原忠長 すがわらの・ただなが

鎌倉時代の人、非参議。文永10(1273)年生〜元弘元(1331)年9月没。59才。

参議五条長経の次男。兄に五条季長、弟に菅原房長・東城坊茂長がいる。五条家は菅原姓を本姓としていたので、この本姓を名乗る。弘安5(1282)年給料を受ける。同7年文章得業生となる。同9年加賀権掾に任ぜられ従五位下に叙される。正応元(1288)年兵部権少輔、同4年筑前権介に任ぜられ、同5年従五位上に進む。同年兵部権少輔介を辞し、永仁5(1297)年正五位下、正安2(1300)年従四位下、嘉元4(1306)年従四位上、延慶2(1309)年正四位下、応長元(1311)年従三位、文保2(1318)年正三位に進む。子に長嗣がいる。 典：公補

菅原長員 すがわら・ながかず

鎌倉・南北朝時代の人、非参議。文永10(1273)年生〜文和元(1352.正平7)年6月23日没。80才。初名＝長国。

父母不明。応長2(1311)年正四位下に叙され、のち大学頭を辞す。元亨元(1321)年従三位に進む。同2年左京大夫に任ぜられ、正中2(1325)年大夫を辞す。元徳2(1330)年正三位に進み式部大輔に任ぜられる。元弘元(1331)年長門権守に任ぜられ、建武4(1337.延元2)年に辞す。康永2(1343.興国4)年従二位に進み豊前権守に任ぜられ、観応元(1350.正平5)年に辞す。子に周長がいる。 典：公補

菅原在仲 すがわらの・ありなか

鎌倉・南北朝時代の人、非参議。弘安5(1282)年生〜暦応元(1338.延元3)年9月没。57才。

菅原在嗣の孫。菅原淳兼の子。応長2(1311)年正四位下に叙される。刑部卿・讃岐守に任ぜられ、のちこれを辞す。元亨元(1321)年従三位、元弘元(1331)年正三位に進む。子に在基がいる。 典：公補

菅原在登 すがわらの・ありのり

鎌倉・南北朝時代の人、参議。文永9(1272)年生〜観応元(1350.正平5)年5月16日没。79才。

非参議菅原在輔の子。弟に在富・唐橋在雅(唐橋家へ)がいる。応長2(1311)年正四位下に叙される。文章博士に任ぜられ、のちこれを辞す。元亨元(1321)年従三位に進み、同2年式部権大輔、同3年修理権大夫に任ぜられる。正中2(1325)年甲斐権守に任ぜられ、嘉暦3(1328)年権守を辞す。元徳元(1329)年筑前権守に任ぜられる。同年修理権大夫を辞す。同2年勘解由長官に任ぜられ、元弘元(1331)年正三位に進む。同年式部権大輔を辞す。延元元(1336)年任職を辞す。貞和3(1347.正平2)年従二位に進む。観応元(1350)年正三位に

落位。同年参議に任ぜられる。大覚寺の寛尊親王護衛に行き殺害される。子に在淳がいる。　典：公補

菅原公時　すがわらの・きみとき

鎌倉・南北朝時代の人、非参議。弘安7(1284)年生～康永元(1342.興国3)年10月22日没。59才。初名=公兼。

参議菅原在兼の長男。弟に在成・国高がいる。初め公兼と名乗る。乾元元(1302)年蔵人に任ぜられ、嘉元元(1303)年文章生となる。同3年従五位下に叙され、徳治元(1306)年宮内権少輔より、同2年式部少輔に任ぜられる。同年少輔を辞す。延慶2(1309)年従五位上、応長元(1311)年正五位下に進み、正和元(1312)年大学頭に任ぜられ、同3年従四位下に進む。同年公時と改名。同5年讃岐介に任ぜられる。文保元(1317)年宮内卿に任ぜられ、同2年に辞す。元応元(1319)年従四位上に進み、同2年文章博士に任ぜられ、正中元(1324)年越後権介に任ぜられる。同年文書博士を辞す。嘉暦元(1326)年東宮学士、同3年武蔵権介に任ぜられ、元徳2(1330)年正四位下に進み宮内卿に任ぜられる。元弘元(1331)年学士を辞す。同年大蔵卿に任ぜられる。正慶元(1332)年従三位進み右大弁に任ぜられる。同2年官位を停止される。建武3(1336.延元元)年再び名が出て勘解由長官に任ぜられる。康永元(1342)年式部大輔に任ぜられたが辞す。子に時親がいる。　典：公補

菅原房長　すがわら・ふさなが

鎌倉・南北朝時代の人、非参議。生年不明～貞和元(1345.興国6)年7月24日没。初名=種長。前名=在基。

参議五条長経の三男。兄に五条季長・菅原忠長、弟に東城坊茂長がいる。兄の忠長と同様に五条家の本姓菅原を姓とした。初め種長と名乗る。正安2(1300)年穀倉院より学料を賜り、文章生となる。嘉元4(1306)年文章得業生となり式部少丞に任ぜられ従五位下に叙される。延慶3(1310)年従五位上に進み、応長元(1311)年民部権少輔に任ぜられ正五位下に進む。同年民部権少輔を辞す。正和3(1314)年右馬頭に任ぜられ、同4年従四位下に進み左馬権頭、元応元(1319)年式部権少輔に任ぜられる。同年在基と改名。同3年従四位上に進む。同年房長と改名。建武4(1337)年正四位下に進み、暦応2(1339)年右京大夫に任ぜられたが、同4年官職を停止される。康永2(1343)年従三位に進む。　典：公補

菅原在淳　すがわらの・ありあつ

鎌倉・南北朝時代の人、非参議。徳治元(1306)年生～文和3(1354.正平9)年5月18日没。49才。初名=在嗣。

参議菅原在登の子。実は弟ともいう。初め在嗣と名乗る。徳治2(1307)年文章生となる。延慶2(1309)年従五位下に叙される。同年兵部権少輔に任ぜられ翌年に辞す。応長2(1312)年従五位上、正和5(1316)年正五位下に進み、文保2(1318)年少納言・右兵衛権佐に任ぜられ、同3年従四位下に進み、元応2(1320)年東宮学士、元亨元(1321)年大学頭、同4年武蔵権介、正中2(1325)年中宮権大進、同3年弾正大弼に任ぜられ、嘉暦2(1327)年従四位上に進み文章博士、同4年民部大輔、元徳2(1330)年左馬頭に任ぜられる。建武2(1335)年少納言を辞す。同5年正四位下に進む。暦応3(1340)年宮内卿に任ぜられ翌年に辞す。同5年

越後権介・治部卿に任ぜられ、貞和元(1345.興国6)年従三位に進む。越後権介を辞す。在淳と改名。同4年治部卿を辞す。同年式部権大輔に任ぜられる。同5年武蔵権守に任ぜられ、観応2(1351.正平6)年任職を辞す。文和元(1352.正平7)年再び式部権大輔に任ぜられ、同3年正三位に進む。子に在敏がいる。 典：公補

菅原在成 すがわら・ありなり

鎌倉・南北朝時代の人、非参議。永仁6(1298)年生～文和元(1352.正平7)年10月19日没。55才。

参議菅原在兼の次男。兄に公時、弟に国高・家高がいる。実は従四位上・東宮学士菅原在経朝臣の子という。延慶2(1309)年穀倉院より学問料を賜る。同3年文章生となり従五位下に叙される。同年兵部権少輔に任ぜられ、正和2(1313)年に辞す。同3年従五位上に進む。同5年式部権少輔に任ぜられ、元応元(1319)年に辞す。同年三川守に任ぜられ正五位下に進み、嘉暦2(1327)年従四位下に進み、同3年大学頭に任ぜられ、元徳3(1331)年従四位上に進み東宮学士・紀伊介・文章博士に任ぜられる。同年大学頭・東宮学士を辞す。建武2(1335)年式部少輔に任ぜられる。同年文章博士を辞す。同3年再び大学頭に任ぜられる。同4年式部少輔を辞す。同5年再び東宮学士に任ぜられ、暦応2(1339)年正四位下に進み治部卿・越後介に任ぜられる。同年再び大学頭を辞し、同4年治部卿を辞す。康永2(1343)年勘解由長官、同3年武蔵権介に任ぜられ、貞和元(1345.興国6)年従三位に進み、同5年左大弁に任ぜられ、観応元(1350.正平5)年能登権守に任ぜられる。同年左大弁を辞す。子に在員がいる。 典：公補

菅原国高 すがわら・くにたか

鎌倉・南北朝時代の人、非参議。弘安9(1286)年生～文和3(1354.正平9)年1月5日没。69才。初名=高経。

参議菅原在兼の三男。兄に公時・在成、弟に家高がいる。国高と名乗る。従五位下に叙され、延慶2(1309)年土佐守に任ぜられ従五位上に進む。同年土佐守を辞す。応長2(1312)年民部権大輔に任ぜられ正五位下に進む。正和2(1313)年民部権大輔を辞す。同5年従四位下、建武2(1335)年従四位上に進む。同5年宮内卿に任ぜられ、暦応2(1339)年に辞す。同年正四位下、貞和3(1347.正平2)年従三位に進む。 典：公補

菅原在富 すがわらの・ありとみ

鎌倉・南北朝時代の人、非参議。生年不明～永和元(1375.天授元)年4月16日没。

非参議菅原在輔の次男。兄に在登、弟に唐橋在雅がいる。文保3(1319)年従五位下に叙され、元亨4(1324)年右馬権頭に任ぜられ、正中3(1326)年従五位上、延文3(1358.正平13)年従三位、貞治5(1366.正平21)年正三位、応安4(1371)年従二位に進む。 典：公補

菅原長嗣 すがわらの・ながつぐ

鎌倉・南北朝時代の人、参議。生年不明～至徳3(1386.元中3)年5月20日没。

非参議菅原忠長の子。元応2(1320)年加賀権掾に任ぜられ従五位下に叙され、のち兵部少輔に任ぜられ、嘉暦2(1327)年従五位上、建武2(1335)年正五位下、暦応2(1339)年従四

位下に進み式部少輔に任ぜられ、延文3(1358.正平13)年従三位、貞治6(1367.正平22)年正三位、応安4(1371)年従二位に進み、永和元(1375.天授元)年豊前権守・式部大輔に任ぜられ、同2年正二位に進む。同4年豊前権守を辞す。永徳3(1383)年参議に任ぜられ菅氏長者となる。同年任職を辞す。　典：公補

菅原高嗣　すがわらの・たかつぐ

鎌倉・南北朝時代の人、非参議。生年不明〜永徳元(1381.弘和元)年2月没。

参議菅原在兼の孫。正四位下・左京大夫菅原家高朝臣の子。弟に在胤がいる。嘉暦3(1328)年従五位下に叙され、元弘4(1334)年式部少輔・越後介・東宮学士、建武4(1337)年右兵衛権佐に任ぜられ、康永2(1343)年従四位下、貞和5(1349)年従四位上に進み越前権介、観応2(1351)年宮内卿に任ぜられ、延文3(1358.正平13)年従三位に進み勘解由長官に任ぜられた。応安元(1368.正平23)年正三位、同6年従二位、永徳元(1381)年正二位に進む。子に在音・在興がいる。　典：公補

菅原周長　すがわらの・ちかなが

南北朝時代の人、非参議。生年不明〜康暦2(1380.天授6)年没。

非参議菅原長員の子。兵部少輔に任ぜられ、のちこれを辞す、応安5(1372.文中元)年従三位に進む。　典：公補

菅原時親　すがわらの・ときちか

南北朝時代の人、非参議。生年不明〜永和4(1378.天授4)年3月19日没。

非参議菅原公時の次男。治部卿に任ぜられ、のちこれを辞す。応安5(1372.文中元)年従三位に進む。永和2(1376.天授2)年越中権守に任ぜられる。　典：公補

菅原在胤　すがわらの・ありたね

南北朝時代の人、非参議。生年不明〜康暦2(1380.天授6)年没。

参議菅原在兼の孫。正四位下・左京大夫菅原家高朝臣の三男。兄に高嗣がいる。文章博士に任ぜられ、のちこれを辞す。永和元(1375.天授元)年従三位に進み、同3年大蔵卿に任ぜられる。この年は没した公卿が多く、戦いで没したと見られる。子に在勝がいる。典：公補

菅原豊長　すがわらの・とよなが

南北朝時代の人、非参議。生没年不明。

父母不明。少納言に任ぜられ、のちこれを辞す。永徳元(1381.弘和元)年従三位に進む。至徳3(1386.元中3)年出家。　典：公補

菅原長方　すがわらの・ながかた

南北朝・室町時代の人、非参議。生年不明〜応永29(1422)年3月11日没。

正四位下・少納言菅原淳嗣朝臣の子。応永21(1414)年従三位、同24年正三位に進む。次の菅原在行を最後に菅原氏が居なくなる。　典：公補

菅原在行　すがわらの・ありゆき

室町時代の人、参議。生没年不明。

菅原在保の子。文安元(1444)年従三位に叙される。同3年参議に任ぜられるも辞す。享徳元(1452)年より名が見えなくなる。　典：公補

○清閑寺家

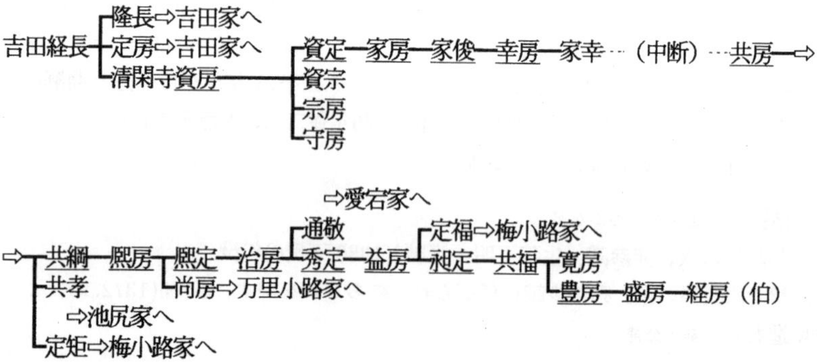

藤原北家の末流。勧修寺の分家の吉田家より分かれる。中納言吉田為経の孫。権大納言吉田経長の三男資房が清閑寺を氏姓とした。明治に至り華族に列され伯爵を授かる。本姓は藤原。家紋は竹。

典：日名

清閑寺資房　せいかんじ・もとふさ

中納言吉田為経の孫。権大納言吉田経長の三男(五男か)。兄に吉田隆長・吉田定房がいる。父の吉田姓より分かれて、清閑寺を氏姓とした。資房と名乗る。正中2(1325)年左中弁に任ぜられ、同3年正四位下に叙され同年左大弁、のち中宮亮・蔵人頭に任ぜられ、嘉暦2(1326)年参議に任ぜられる。同3年伊予権守に任ぜられ従三位に進む。同年参議を辞す。元徳2(1330)年伊予権守を辞す。元弘元(1331)年正三位に進む。子に資定・資宗(四位少将、歌は「新古今集」「続後撰集」に見る)・宗房・守房がいる。

典：公辞・公補

清閑寺資定　せいかんじ・もとさだ

南北朝時代の人、参議。生年不明～貞治4(1365.正平20)年7月18日没。

参議清閑寺資房の子。弟に資宗(四位少将)・宗房・守房がいる。蔵人頭・左大弁に任ぜられ、のちこれを辞す。正四位下に叙され造興福寺長官となり、貞治2(1363.正平18)年参議に任ぜられる。同3年近江権守に任ぜられ従三位に進む。子に家房がいる。　典：公辞・公補

清閑寺家房　せいかんじ・いえふさ

南北朝・室町時代の人、権中納言。文和4(1355.正平10)年生～応永30(1423)年7月21日没。69才。

参議清閑寺資定の子。正四位上に叙される。蔵人頭に任ぜられ、のちこれを辞す。明徳4(1393)年参議に任ぜられる。応永2年(1395)年従三位に進み、同3年丹波権守に任ぜられ、同6年正三位に進む。同7年丹波権守を辞す。同9年相模権守に任ぜられ、同13年従二位に進む。同年権中納言に任ぜられるも辞す。同20年正二位に進む。同30年出家。子に家俊がいる。　典：公辞・公補

清閑寺家俊　せいかんじ・いえとし

南北朝・室町時代の人、権大納言。永和4(1378.天授4)年生～永享5(1433)年没。56才。

権中納言清閑寺家房の子。正四位上に叙される。蔵人頭・右大弁に任ぜられ、のちこれを辞す。応永21(1414)年参議に任ぜられ従三位に進み、同22年播磨権守に任ぜられ正三位、同24年従二位に進み、同25年権中納言に任ぜられる。同25年権中納言を辞す。同28年再び権中納言に任ぜられ、同31年に辞す。同32年権大納言に任ぜられ、同33年正二位に進む。永享元(1429)年に権大納言を辞す。同4年より名が見えなくなったので出家したらしい。子に幸房がいる。　典：公辞・公補

清閑寺幸房　せいかんじ・ゆきふさ

室町時代の人、権中納言。生年不明～寛正2(1461)年6月没。

権大納言清閑寺家俊の子。正四位下に叙される。宝徳元(1449)年参議に任ぜられるも辞す。同2年従三位、享徳2(1453)年正三位、康正元(1455)年従二位に進む。長禄元(1457)年権中納言に任ぜられるも辞す。子に家幸(正四位上・右大弁・刑部卿。文亀元,12没、59才)がいる。以後、共房まで清閑寺家は絶える。　典：公辞・公補

清閑寺共房　せいかんじ・ともふさ

室町・江戸時代の人、内大臣。天正17(1589)年5月27日生～寛文元(1661)年7月28日没。73才。号=清徳院。

権大納言中御門資胤の長男。権中納言清閑寺幸房の子。正四位上・右大弁・刑部卿清閑寺家幸朝臣の家督を相続する形で、絶えていた清閑寺を継ぐ。慶長7(1602)年叙爵。同年元服。同9年左衛門権佐に任ぜられ、同11年従五位上に進み権右少弁、同13年蔵人に任ぜられ、同14年正五位下に進み右少弁より佐少弁に任ぜられ、同17年従四位下に進み左中弁に任ぜられ従四位上より正四位下、同18年正四位上に進み蔵人頭・右大弁に任ぜられ、同19年参議に任ぜられ左大弁に任ぜられ踏歌外弁となる。元和元(1615)年従三位に進む。同年左大弁を辞す。同3年正三位に進み、同5年権中納言に任ぜられる。同6年従二位、寛永8(1631)年正二位に進む。同9年権大納言に任ぜられ、同14年に辞す。承応元(1652)年武家伝奏となる。同3年従一位に進む。寛文元(1661)年武家伝奏を辞す。同年内大臣に任ぜられるも辞す。子に共綱・池尻共孝・梅小路定矩がいる。　典：公辞・公補

清閑寺共綱　せいかんじ・ともつな

江戸時代の人、権大納言。慶長17(1612)年10月21日生～延宝3(1675)年8月26日没。64才。

内大臣清閑寺共房の子。弟に池尻共孝・梅小路定矩がいる。慶長18(1613)年叙爵。元和2(1616)年元服し左衛門佐に任ぜられ、同3年従五位上、同6年正五位下に進み、寛永元(1624)年中宮権大進、同4年蔵人・左少弁に任ぜられ正五位上に進み、同6年右中弁に任ぜられる。同年中宮権大進を辞す。同8年左中弁に任ぜられ、同9年従四位下より従四位上に進み蔵人頭に任ぜられ更に正四位下、同10年正四位上に進み、同12年右大弁より、同14年左大弁に任ぜられ、同16年参議に任ぜられ従三位に進む。同18年左大弁を辞す。同19年正三位に進み、同20年権中納言に任ぜられる。正保3(1646)年踏歌外弁となる。慶安2(1649)年従二位、承応3(1654)年正二位に進む。明暦元(1655)年権大納言に任ぜられ、万治元(1658)年に辞す。延宝3年に従一位に進む。子に熈房がいる。　典：公辞・公補

清閑寺熈房　せいかんじ・ひろふさ

江戸時代の人、権大納言。寛永10(1633)年3月29日生～貞享3(1686)年10月10日没。54才。初名=保房。一字名=賢。

権大納言清閑寺共綱の子。母は内大臣中院通村の娘。初め保房と名乗る。寛永11(1634)年従五位下に叙され、同17年元服し従五位上に進み左兵衛権佐に任ぜられ、同21年正五位下に進み、正保2(1645)年権右少弁、同3年蔵人に任ぜられ正五位上に進み、同4年右少弁に任ぜられる。慶安元(1648)年熈房と改名。同2年左少弁より右中弁に任ぜられ、承応元(1652)年従四位下に進み蔵人頭に任ぜられ、同2年従四位上より正四位下に進み更に正四位上に進み、同3年右大弁に任ぜられ、明暦元(1655)年参議に任ぜられ左大弁に任ぜられ従三位に進む。同3年左大弁を辞す。同年踏歌外弁となる。万治元(1658)年権中納言に任ぜられる。同2年正三位に進み、寛文9(1669)年神宮伝奏となる。同12年従二位、延宝元(1673)年正二位に進む。同年神宮伝奏を辞す。同4年権大納言に任ぜられる。同5年再び神宮伝奏となり、同8年に再び辞す。天和2(1682)年賀茂伝奏となる。同3年任職を辞す。貞享元(1684)年再び権大納言に任ぜられ、同3年に辞す。同年従一位に進む。子に熈定・万里小路尚房がいる。　典：公辞・公補

清閑寺熈定　せいかんじ・ひろさだ

江戸時代の人、権大納言。寛文2(1662)年7月13日生～宝永4(1707)年1月10日没。46才。

権大納言清閑寺熈房の子。母は権大納言高倉永敦の娘。弟に万里小路尚房がいる。寛文3(1663)年叙爵。同8年元服し従五位上に叙され治部大輔に任ぜられ、同10年右衛門権佐に任ぜられ、同11年正五位下に進み、延宝2(1674)年右少弁・蔵人に任ぜられ正五位上に進み、同8年左少弁、天和元(1681)年右中弁、同2年左中弁に任ぜられ、同3年従四位下より従四位上に進み蔵人頭・右大弁に任ぜられ更に正四位下に進み、貞享元(1684)年正四位上に進み参議に任ぜられ更に左大弁に任ぜられ、同2年従三位に進み踏歌外弁となる。同4年権中納言に任ぜられる。元禄元(1688)年正三位に進む。同6年賀茂伝奏となり、

同11年に辞す。同年従二位に進み、同12年権大納言に任ぜられる。同13年踏歌内弁となる。同14年権大納言を辞す。子に治房がいる。　典：公辞・公補

清閑寺治房　せいかんじ・はるふさ

江戸時代の人、権大納言。元禄3(1690)年8月4日生～享保18(1733)年9月29日没。44才。

権大納言清閑寺凞定の子。元禄6(1693)年叙爵。同10年元服し従五位上に叙され右兵衛権佐に任ぜられ、同14年権右少弁に任ぜられ正五位下に進み、宝永3(1706)年蔵人・左少弁に任ぜられ正五位上に進む。同5年中宮大進に任ぜられ、同7年に辞す。正徳元(1711)年右中弁に任ぜられ、同4年従四位下より従四位上に進み蔵人頭・右大弁に任ぜられ更に正四位下に進み、同5年正四位上に進み、享保2(1717)年参議に任ぜられる。同3年従三位に進み権中納言に任ぜられる。同5年踏歌外弁となる。同7年正三位に進み、同11年賀茂伝奏となる。同12年権大納言に任ぜられる。同13年従二位に進む。同16年任職を辞す。子に秀定・愛宕通敬がいる。　典：公辞・公補

清閑寺秀定　せいかんじ・ひでさだ

江戸時代の人、権大納言。宝永6(1709)年6月7日生～宝暦9(1759)年10月23日没。51才。

権大納言清閑寺治房の子。弟に愛宕通敬がいる。宝永8(1711)年叙爵。享保元(1716)年元服し従五位上に叙され右衛門権佐に任ぜられ、同5年正五位下に進み、同9年右少弁、同10年蔵人に任ぜられ、同11年正五位上に進む。同13年右衛門権佐を辞す。同15年右中弁より、同17年左中弁に任ぜられ、同19年従四位下より従四位上に進み蔵人頭・右大弁に任ぜられ更に正四位下に進み、同20年正四位上に進み参議に任ぜられる。元文元(1736)年従三位に進み、同2年左大弁に任ぜられ権大納言に任ぜられる。同5年正三位、延享2(1745)年従二位に進み、同4年権大納言に任ぜられ賀茂伝奏となり、寛延元(1748)年踏歌外弁となる。同2年賀茂伝奏を辞す。宝暦元(1751)年正二位に進む。同年権大納言を辞す。同5年再び権大納言に任ぜられ、同7年に辞す。子に益房がいる。　典：公辞・公補

清閑寺益房　せいかんじ・ますふさ

江戸時代の人、権大納言。元文元(1736)年9月27日生～享和3(1803)年7月15日没。68才。

権大納言清閑寺秀定の子。母は大僧正常勤の娘。元文3(1738)年従五位下に叙される。寛保3(1743)年元服し従五位上に進み兵部少輔、延享2(1745)年右少弁・右衛門権佐に任ぜられ、同3年正五位下に進み蔵人・神宮弁に任ぜられ、同4年正五位上に進み、寛延元(1748)年検非違使・右中弁に任ぜられ、同3年賀茂奉行・氏院別当に任ぜられる。同年神宮弁を辞す。宝暦2(1752)年従四位下より従四位上に進み蔵人頭に任ぜられる。同年賀茂奉行を辞す。正四位下に進み、同3年正四位上に進み、同4年右大弁に任ぜられる。同年氏院別当を辞す。同5年左大弁に任ぜられ、同6年参議に任ぜられる。同7年従三位に進み、同9年踏歌外弁となる。同11年権中納言に任ぜられ、同12年正三位に進み、明和元(1764)年右衛門督・使別当に任ぜられ、同2年従二位、同5年正二位に進む。同6年右衛門督・使別当を辞す。同8年皇太后宮権大夫に任ぜられたが辞し、安永6(1777)年権中納言を辞す。天明6(1786)年権大納言に任ぜられるも翌年に辞す。寛政5(1793)年従一位に進む。子に昶定・梅小路定肖がいる。　典：公辞・公補

清閑寺昶定　せいかんじ・ながさだ

江戸時代の人、権大納言。宝暦12(1762)年,閏4月25月生～文化14(1817)年11月28日没。56才。

権大納言清閑寺益房の子。母は非参議吉田良延の娘。弟に梅小路定福がいる。明和元(1764)年従五位下に叙される。同6年元服し従五位上に進み、同8年侍従に任ぜられ、安永元(1772)年正五位下に進み、天明元(1781)年権右少弁より左少弁・蔵人に任ぜられ正五位上に進み、同2年御祈奉行となる。同3年神宮弁となる。同年御祈奉行を辞す。右中弁・氏院別当・右衛門権佐に任ぜられ、同6年左中弁に任ぜられる。同年氏院別当・右衛門権佐を辞す。寛政元(1789)年従四位下に進み蔵人頭・造興福寺長官に任ぜられ従四位上より正四位下、同2年正四位上に進む。同年神宮弁を辞し、同4年参議に任ぜられ左大弁に任ぜられ、同5年踏歌外弁となり、同8年権中納言に任ぜられ正三位、同11年従二位に進み左衛門督・検非違使別当に任ぜられ、享和2(1802)年正二位に進み権大納言に任ぜられる。同年賀茂下上社伝奏となるも翌年に辞す。文化3(1806)年権大納言を辞す。同14年従一位に進む。子に共福がいる。　典：公辞・公補

清閑寺共福　せいかんじ・ともふく

江戸時代の人、参議。寛政5(1793)年11月22日生～天保10(1839)年11月3日没。47才。

権大納言清閑寺昶定の子。母は英彦山座主僧正孝助の娘。寛政9(1797)年従五位下に叙される。文化2(1805)年元服し従五位上、同5年正五位下に進み、同6年侍従に任ぜられ、同12年中宮権大進・右少弁、同14年左少弁、文政元(1818)年蔵人に任ぜられ正五位上に進み、同2年氏院別当・中宮大進・左衛門権佐、同3年皇太后宮大進、同4年右中弁に任ぜられ、同5年賀茂下上社奉行・御祈奉行に任ぜられる。同6年両奉行・氏院別当を辞す。同7年従四位下より従四位上に進み左中弁・蔵人頭・神宮弁に任ぜられ更に正四位下、同8年正四位上に進む。左中弁・神宮弁・蔵人頭を辞す。天保3(1832)年左大弁に任ぜられ、同4年参議に任ぜられる。同5年踏歌外弁となる。同8年右衛門督・使別当に任ぜられ正三位に進む。同10年参議を辞す。子に寛房(早死)・豊房がいる。　典：公辞・公補

清閑寺豊房　せいかんじ・とよふさ

江戸時代の人、権中納言。文政5(1822)年9月20日生～明治5(1872)年3月没。51才。

参議清閑寺共福の次男。母は非参議藤波寛忠の娘。兄に寛房(早死)がいる。文政6(1823)年叙爵。天保2(1831)年元服し従五位上に叙され、同5年正五位下に進み、嘉永元(1848)年民部大輔・蔵人、同2年侍従、同3年右少弁に任ぜられ、同6年正五位上に進み、安政2(1855)年氏院別当に任ぜられる。同年御遷幸に舎人一人・小舎人童二人・雑色六人・傘一人を共にして参加。同4年左少弁より右中弁・左衛門権佐、同5年御祈奉行、同6年神宮弁、万延元(1860)年賀茂下上社奉行、文久元(1861)年蔵人頭に任ぜられ従四位下より従四位上、更に正四位下、同2年正四位上に進み、同3年左中弁・造興福寺長官に任ぜられる。慶応元(1865)年任職を辞す。同年右大弁、同3年参議に任ぜられ従三位に進み、明治元(1868)年権中納言に任ぜられ中宮権大夫に任ぜられる。家料は百八十石。京都中筋西

側北角に住む。墓所は光玉院。子に盛房(侍従・明治に華族に列され伯爵を授かる。明治25,4没。子は経房)がいる。　典：公辞・遷幸・京四・公補

○世尊寺家

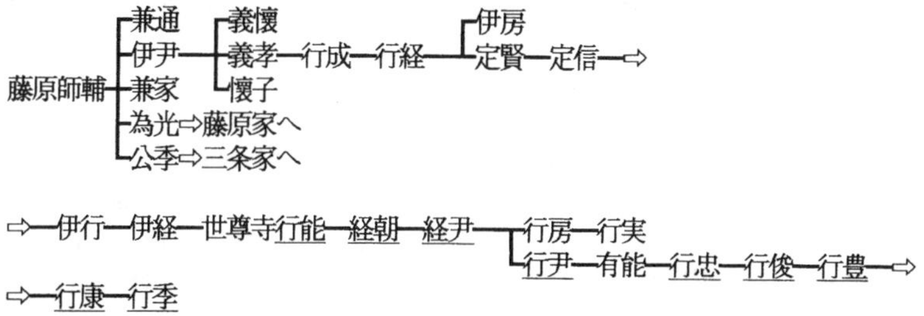

藤原北家の伊尹流。摂政藤原伊尹の孫行成が京都桃園(一条通北、大宮通西)の地に世尊寺を創建したのにちなみ、代々書道を以て奉仕し、世尊寺流と称したので、行能に至り世尊寺を氏姓としたが、行季が没して断家となる。本姓は藤原。

典：京都

世尊寺行能　せそんじ・ゆきよし

鎌倉時代の人、非参議。生没年不明。世尊寺家の祖。

世尊寺を氏姓とした。建仁元(1201)年叙爵。元久元(1204)年宮内権少輔に任ぜられ、同2年従五位上に叙され、同4年正五位下、承久2(1220)年従四位下、同4年従四位上に進む。同年修理権大夫に任ぜられ、嘉禄2(1226)年に辞す。同3年正四位下に進み、嘉禎元(1235)年右京大夫に任ぜられ、同2年従三位に進む。仁治元(1240)年出家。書の巻物切・縁起切・経切は名葉として世に尊重される。歌もよく詠んだ。養子に経朝(藤原家より)がいる。

典：公辞・古今・公補

世尊寺経朝　せそんじ・つねとも

鎌倉時代の人、非参議。建保3(1215)年生～建治2(1276)年2月2日没。62才。号=勘解由小路。

権中納言藤原頼資の子。非参議世尊寺行能の養子となる。貞永元(1232)年摂津守に任ぜられ、嘉禎元(1235)年従五位上、延応元(1239)年正五位下、仁治2(1241)年従四位下に進み、同3年左京権大夫、寛元3(1245)年淡路守に任ぜられ、宝治2(1248)年従四位上、建長7(1255)年正四位下、弘長元(1261)年従三位、文永6(1269)年正三位に進む。美濃国にて没す。書筆は養父に劣らず堪能であった。子に経尹がいる。　典：公辞・公補

世尊寺経尹　せそんじ・つねただ

鎌倉時代の人、非参議。宝治元(1247)年生～没年不明。法名=寂尹。号=一条。

非参議世尊寺経朝の子。正嘉2(1258)年叙爵。但馬守に任ぜられ、正元元(1259)年に辞す。弘長2(1262)年従五位上に進み、文永3(1266)年斎宮寮頭に任ぜられ、同7年正五位下に進み、同10年左馬権頭に任ぜられ、建治3(1277)年従四位下に進む。同年左馬権頭を辞す。弘安元(1278)年少納言に任ぜられ、同3年従四位上に進む。同年少納言を辞す。同7年正四位下、正応3(1290)年従三位、永仁2(1294)年正三位に進む。正安3(1301)年宮内卿に任ぜられ、嘉元3(1305)年に辞す。徳治元(1306)年従二位に進み、延慶3(1310)年64才で出家。子に行房・行為・行尹がいる。　典：公辞・公補

世尊寺行尹　せそんじ・ゆきただ

南北朝時代の人、非参議。生年不明～観応元(1350.正平5)年1月14日没。

非参議世尊寺経尹の三男。兄弟に行為・行房がいる。従五位下より従五位上に叙され中務権少輔に任ぜられ、延慶2(1309)年正四位下に進む。同年中務権少輔を辞す。同4年左兵衛権佐に任ぜられ、応長2(1312)年に辞す。文保2(1318)年従四位下、暦応元(1338)年従四位上に進む。同2年宮内卿に任ぜられるも辞す。同3年正四位下、貞和2(1346.正平元)年従三位に進む。書の巻物切・縁起切・経切は名葉として世に尊重される。子に有能(正四位下)がいる。　典：公辞・公補

世尊寺行忠　せそんじ・ゆきただ

南北朝時代の人、参議。元亨2(1322)年生～永徳元(1381.弘和元)年没。70才。

従三位・非参議世尊寺行尹の孫。正四位下世尊寺有能朝臣の子。延文3(1358.正平13)年従三位に叙される。康安元(1361.正平16)年正三位、貞治2(1363.正平18)年従二位に進み、同4年侍従に任ぜられ、同5年参議に任ぜられる。同6年備中権守に任ぜられ、応安2(1369.正平24)年正二位に進む。同4年任職を辞す。子に行俊がいる。　典：公辞・公補

世尊寺行俊　せそんじ・ゆきとし

南北朝・室町時代の人、参議。生年不明～応永14(1407)年4月10日没。

参議世尊寺行忠の子。宮内卿に任ぜられ、のちこれを辞す。応永6(1399)年従三位、同9年侍従に任ぜられ、同年正三位、同12年従二位に進み、同13年参議に任ぜられ、更に安芸権守に任ぜられる。子に行豊がいる。　典：公辞・公補

世尊寺行豊　せそんじ・ゆきとよ

室町時代の人、参議。生年不明～享徳3(1454)年没。

参議世尊寺行俊(宰相)の子。嘉吉2(1442)年従三位に叙され、文安2(1445)年侍従に任ぜられる。同5年参議に任ぜられ、宝徳元(1449)年に辞す。同3年侍従を辞す。享徳元(1452)年従二位に進む。子に行康がいる。　典：公辞・公補

世尊寺行康　せそんじ・ゆきやす

室町時代の人、参議。応永19(1412)年生～文明10(1478)年1月10日没。67才。初名＝伊忠。前名＝行高。

参議世尊寺行豊の子。初め伊忠と名乗る。享徳元(1452)年従三位に叙され、康正元(1455)年侍従に任ぜられ、同2年正三位に進み参議に任ぜられる。長禄元(1457)年出雲権

守に任ぜられる。同年参議を辞す。同2年行高と改名。寛正元(1460)年侍従を辞す。同6年従二位に進み、文正元(1466)年再び侍従に任ぜられ、文明6(1474)年正二位に進む。同年行康と改名。世尊寺流の書筆をよく書いた。養子に行季(清水谷家より)がいる。　典：大日・日名・公辞・公補

世尊寺行季　せそんじ・ゆきすえ

室町時代の人、参議。文明8(1476)年生〜天文元(1532)年没。57才。

権大納言清水谷実久の子。参議世尊寺行康の養子となる形で、絶えていた世尊寺家を継ぎ、相続する。永正8(1511)年正四位下に叙され、同9年従三位に進み、同12年刑部卿に任ぜられ、同13年正三位に進み参議に任ぜられる。同15年任職を辞す。大永元(1521)年従二位に進み、同5年侍従に任ぜられ、享禄2(1529)年正二位に進む。天文元(1532)年出家。以後世尊寺流の書流は持明院家に伝わる。　典：大日・日名・公辞・公補

○蘇我家

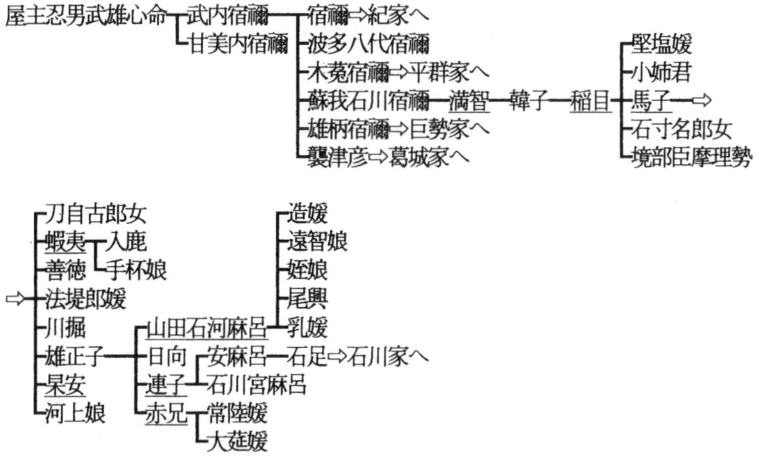

発生は大和国高市郡曽我の豪族説、大和国の葛城地方出の説、河内国の石川地方出の説などあり、更に百済王の権臣木満致が倭国に渡来の説がある。孝元天皇の後裔。武内宿禰の三男が蘇我石川宿禰を名乗り、蘇我氏の始祖となる。稲目・馬子など大臣に任ぜられられ、四天皇に勤め、大連(大臣の次の位)物部尾輿・物部守屋と争いこれを亡ぼして朝廷につくしたが、蝦夷・入鹿は逆賊として、第36代皇極天皇の4(西暦不明)年6月討たれて没す。しかし、入鹿の従弟の倉山田石川麿は大化の改新時に右大臣となる。弟の連子・赤兄も左大臣となったが、赤兄は謀叛があったとして第40代天武天皇朝の時に配流される。後は石川氏と名乗り公卿に列されたが、蘇我氏としては残らなかった。しかし、一族からは川辺・岸田・久米・境部・桜井・田中・田口・高向・宗岳・箭口・小治田・安芸・射水などの諸氏に分家している。

典：興亡・日名

蘇我満智　そがの・まち

大和時代の人、執政(大臣と同職)。生没年不明。姓(かばね)=宿禰。

第8代孝元天皇の後裔。父は武内宿禰の3男蘇我石川宿禰。第18代履中天皇朝の1年(西暦不明)平群木菟宿禰。物部伊久仏.葛城円と共に執政(大臣と同職)に任ぜられ,齋蔵。内蔵。大蔵の3蔵を検校して財政権を握る。秦氏がその出納に当たった。その後は不明。公補に「始為執事。四人之内也。但初任及薨年未詳」とあり、応神紀25年条や「三国史記」の百済蓋鹵王21年条に見える百済の権臣木満致が同音同名の為に同一人物の説がある。先祖は百済国の内紛により倭国に亡命してきた百済系の渡来人の一族と考えられる。子に第22代雄略天皇朝の時に新羅征討の将軍となった韓子宿禰がいる。宿禰(すくね)は,日本初期の上官職の肩書で、八色の姓(かばね)の一つで、真人(まひと)・朝臣(あそみ)・忌寸(いなみ)・道師(みちのし)・臣(おみ)・連(むらじ)・稲置(いなき)が見られ,後世まで朝臣が用いられる。　典：古代・日名・興亡・公補

蘇我稲目　そがの・いなめ

大和時代の人、大臣(おおおみ)。生年不明～第30代欽明天皇31(570)年3月没。姓(かばね)=宿禰。

第8代孝元天皇の後裔。祖に武内宿禰がいる。執政蘇我満智宿禰の曾孫。蘇我韓子宿禰の孫。蘇我高麗宿禰の子。第29代宣化天皇の元(536)年2月に大臣に任ぜられる。公補に「元年二月任。又同時。以阿部臣大麻呂為大夫。但不入大臣之列」とある。第30代欽明天皇の13(552)年に百済王が金銅釈迦像を天皇に献上、それを小墾田の家に安置し、後に向原寺と称した。仏祠の始めといわれる。しかし、礼拝の可否について論争が起こり、試みに稲目が礼拝したが疫病が発生、反対派の物部尾輿等が仏像を難波の堀江に流す。同16年7月百済に行き吉備5郡に白猪屯倉を置く。同17年7月再び百済へ行き吉備児島郡に屯倉を置き、葛城山田直瑞子を田令(役職)とした。また、倭国の高市郡に行き韓人大身狭の屯倉、高句麗人小身狭の屯倉を置き、紀国に海部屯倉を置いた。同23(562頃)年高句麗より大伴狭手彦が甲刀鐘などを土産として持って来たが、その時連れて来た美女を妻として軽曲殿で住む。在官35年。子に大臣となった馬子・境部臣摩理勢、娘の堅塩媛(欽明帝妃、用明帝と推古帝の母)・小姉君(欽明帝妃,崇峻帝の母)・石寸名郎女(用明帝妃)がいる。第32代用明・第33代崇峻・第34代推古の3天皇の祖父となる。　典：古代・大名・謎人・公補

蘇我馬子　そがの・うまこ

大和時代の人、大臣(おおおみ)。第30代欽明天皇12(551)年生～第34代推古天皇34(626)年5月没。76才。姓(かばね)=宿禰。字=嶋大臣。

第8代孝元天皇の後裔。祖に武内宿禰がいる。将軍蘇我韓子宿禰の曾孫。大臣蘇我稲目宿禰の子。大和国の飛鳥に生まれる。文武に優れ、仏仏教の信仰に深かった。第31代敏達天皇の元(572)年4月敏達帝が即位の時に大臣となる。同3年百済の吉備へ行き白猪屯倉と田部を増益させ、田部の名籍を白猪史膽津に付ける。同13年鹿深臣佐伯連が百済より持ち帰った彌勒仏像と仏舎利を祀る為に仏殿を石川に建造し、初めて仏法を此処にて行う。

同14年2月塔を大野丘の北に建て大齋会を設ける。第32代用明天皇の2(587)年4月天皇の仏教帰依に反対した中臣勝海と物部守屋があり、勝海が殺されたので、互いに兵をあつめる。6月敏達皇后を奉じて反対派であった穴穂部皇子等を殺す。7月厩戸皇子(後の聖徳太子)と造寺を誓う。第33代崇峻天皇の元(588)年飛鳥に法興寺と安居院(飛鳥寺)を建立。同5年10月法興寺の仏堂と歩廊を造る。11月東漢直駒に天皇を殺させ、本人は馬子に殺される。第34代推古天皇となり、厩戸皇子は皇太子とし摂政となる。1月法興寺の塔の礎石下に仏舎利を安置する。この年難波の荒陵に四天王寺を建立、臣・連らも競って寺を建立する。同4年11月法興寺が竣工し、子の善徳が寺司を任ぜられる。同11年12月に冠位12階を制定する。同28年聖徳太子等と共に「天皇記」「国記」等を作る。同31年7月新羅の貢献問題で征軍を派遣する。在官55年。飛鳥川の上りに家があり、池に島がある所から嶋大臣と呼ばれた。橿原市石川の本明寺に精舎を建立する。子に蝦夷(読み、日本記はエビス又はエミシ・公補はカイと記述あり)・善徳・刀自古郎女(聖徳太子妃)・法堤郎媛(舒明天皇妃)・川掘・雄正子(倉麻呂か)・杲安・河上娘(崇峻天皇妃)がいる。　典：古代・大日・謎人・公補

蘇我蝦夷　そがの・えみし

飛鳥時代の人、大臣(おおおみ)。生年不明～第36代皇極天皇4(645)年6月19日没。姓(かばね)=臣(おみ)。字=豊浦大臣。

大臣(おおきみ)蘇我馬子の子。弟に善徳・雄正子(倉麻呂か)がいる。父が没した第34代推古天皇34(626)年に大臣に任ぜられ、同36年天皇が没したので田村皇子を擁護する。この為に推古天皇の遺志を楯にして山背大兄王を支持する叔父の境部臣摩理勢らと対立、子の入鹿と共に摩理勢一族を殺害し田村皇子を即位、第35代舒明天皇とさせる。舒明天皇8(636)年旧敏達天皇派が朝参の入出に鐘を以て知らせる取決めに蝦夷は反目する。同13年天皇が没し、翌年(642)年に宝皇后が即位し第36代皇極天皇となり子の入鹿が執政となる。旱魃のため蝦夷が祈るも効果がなく、天皇が祈り雨が降る。この年入鹿と共に祖廟・陵墓を造る。皇極2(643)年子の入鹿が山背代兄皇子を襲い皇子は自害する。同3年自宅を変に備える。同4年中大兄皇子・中臣鎌足らによって入鹿を宮中で暗殺され、蝦夷は自殺する。この変により、軽皇子が第37代孝徳天皇となり、初めて左右大臣・内臣・国博士を置き、大化と改元した(大化の改新)。蝦夷の読みに就いては日本記はエビス又はエミシ・公補にはカイと記述あり。子に入鹿がいる。　典：古代・大日・謎人・公補

蘇我山田石河麻呂　そがの・やまだのいしかわまろ

飛鳥時代の人、右大臣。生年不明～大化5(649)年3月没。別名=山田石川麻呂・倉山田石川麻呂。字=山田大臣。

大臣(おおきみ)蘇我馬子の孫。蘇我倉麻呂の子(倉山田石川麻呂と同一人説あり、また雄正子臣之子也とある)。弟に日向・連子・赤兄がいる。皇極4(645.大化元)年中大兄皇子・中臣鎌足らと共に宮中で、蘇我入鹿暗殺を実行し、同日に第37代孝徳天皇を即位させ、わが国初の右大臣に任ぜられ、蝦夷・入鹿なきあとの蘇我氏の代表となり、新政権に重きをなした。しかし、異母弟日向より皇太子中大兄の殺害の謀叛ありと進言され、天皇が起軍した為に、難波より大和の山田寺(石川麻呂が発願で鎮護国家の道場として建立、のち天保12年に山田重貞が建立した石碑がある、奈良県桜井市)にはいり妻子と共に自害。

在官5年。この事件に連座して多くの人が処刑され、のち潔白であったと分かり、中大兄皇子は大いに悔いたという。　典：古代・大日・公補

蘇我連子　そがの・むらじこ

飛鳥時代の人、大臣(おおおみ)。生年不明～第39代天智天皇3(664)年5月5日没。姓(かばね)=臣(おみ)。字=蔵大臣。

大臣(おおきみ)蘇我馬子の孫。蘇我倉麻呂の子(倉山田石川麻呂と同一人説あり、また雄正子臣之子也とある)。兄に倉山田石川麻呂・日向、弟に赤兄がいる。第39代天智天皇元(662)年大臣・大紫に任ぜられるも、同3年に没す。子に安麻呂・石川宮麻呂がいる。

典：古代・大日・公補

蘇我赤兄　そがの・あかえ

飛鳥時代の人、左大臣。第34代推古天皇31(623)年生～没年不明。姓(かばね)=臣(おみ)。字=蔵大臣また藤大臣。

大臣(おおきみ)蘇我馬子の孫。蘇我倉麻呂の子(倉山田石川麻呂と同一人説あり、また雄正子臣之子也とある)。兄に倉山田石川麻呂・日向・連子がいる。第39代天智天皇元(662)年左大臣・大錦上に任ぜられる。同8年筑紫帥に任ぜられる。第40代天武天皇元(672)年大海人皇子を中心とした壬申の乱が起こり太政大臣大友皇子は自殺に追い込まれ、赤兄は捕らえられて配流される。　典：古代・大日・謎人・公補

蘇我杲安　そがの・はたやす

飛鳥時代の人、大納言。生没年不明。

大臣(おおきみ)蘇我馬子の子。兄に蝦夷・善徳・雄正子(倉麻呂か)がいる。第39代天智天皇10(671)年御史大夫に任ぜられ、第40代天武天皇元(672)年大納言に任ぜられるも、大海人皇子を中心とした壬申の乱が起こり太政大臣大友皇子は自殺に追い込まれ、捕らえられて蘇我赤兄と共に配流される。在官2年。その後は蘇我氏の勢力は衰え、再び官権には現れていない。　典：謎人・公補

○園家

藤原北家の持明院家より分家。持明院基家の三男基氏が、園を氏姓とした。代々青山流の生花と雅楽・神楽をもって奉仕。園家より多数の娘が後宮入りした。明治に至り華族に列され伯爵を授かる。本姓は藤原。菩提寺は京都中京区の誓願寺。

典：京都・日名

園基氏　その・もとうじ

鎌倉時代の人、参議。建暦元(1211)年生～弘安5(1282)年11月18日没。72才。初名=家教。号=楽山。法名=円空。園家の祖。

権中納言持明院基家の三男。母は舞女阿古。兄に持明院基宗がいる。初め家教と名乗る。建保2(1214)年叙爵。承久3(1221)年基氏と改名。従五位上に進み左兵衛権佐、貞応2(1223)年右少将に任ぜられ、元仁元(1224)年正五位下に進み、嘉禄元(1225)年右中将に

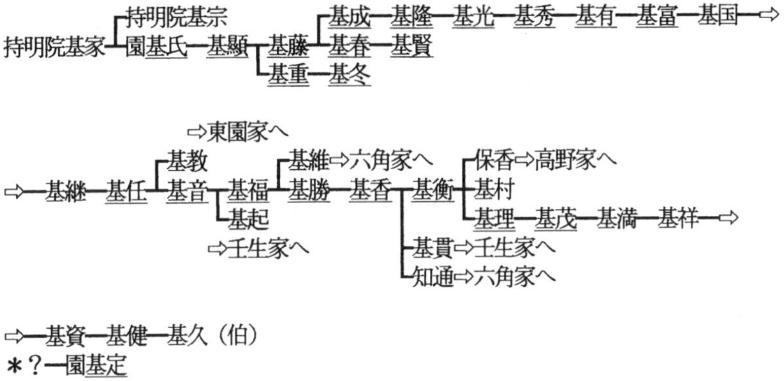

任ぜられ、安貞2(1228)年従四位上に進み能登介に任ぜられ、寛喜元(1229)年正四位下に進み、同2年蔵人頭に任ぜられ、同3年参議に任ぜられ従三位に進む。貞永元(1232)年讃岐権守・右兵衛督・別当に任ぜられる。天福元(1233)年讃岐権守を辞す。同年正三位に進む。文暦元(1234)年皇后宮権大夫に任ぜられたが任職を辞す。24才で出家。青山流の生花の一派を創設する。子に基顕がいる。　典：大日・公辞・伝日・公補

園基顕　その・もとあき

鎌倉時代の人、参議。暦仁元(1238)年生〜文保2(1318)年12月26日没。81才。初名=基世。

参議園基氏の次男。母は左大臣藤原隆忠の娘。初め基世と名乗る。寛元4(1246)年叙爵。建長4(1252)年従五位上に進む。基顕と改名。同年侍従、同5年左少将、同6年常陸権介に任ぜられ、同7年正五位下、康元元(1256)年従四位下に進み、正嘉元(1257)年右中将より左中将に任ぜられ、同2年従四位上に進み備前守に任ぜられ、正元元(1259)年正四位下に進み播磨守、建治元(1275)年蔵人頭に任ぜられ、弘安4(1281)年参議に任ぜられる。同5年従三位に進む。同7年参議を辞す。右衛門督に任ぜられ正三位に進む。正応元(1288)年右衛門督を辞す。同年従二位、同4年正二位に進む。永仁2(1294)年出家。子に基藤・基重がいる。　典：公辞・公補

園基藤　その・もとふじ

鎌倉時代の人、権中納言。建治2(1276)年生〜正和5(1316)年7月4日没。41才。初名=基定。法名=寂玄。

参議園基顕の長男。弟に基重がいる。初め基定と名乗る。弘安4(1281)年従五位下に叙され、正応3(1290)年従五位上に進む。同年基藤と改名。左衛門佐に任ぜられ、同4年左少将に任ぜられ、同5年正五位下、同6年従四位下に進み、永仁2(1294)年近江介・左中将に任ぜられ、同3年従四位上、同5年正四位下に進み、嘉元2(1304)年蔵人頭、同3年従三位に進む。同年左兵衛督に任ぜられ、徳治元(1306)年に辞す。同2年右衛門督に任ぜられ、延慶元(1308)年参議に任ぜられる。同2年使別当・但馬権守に任ぜられ更に権中納言に任ぜ

られる。同2年使別当・右衛門督を辞す。正三位に進む。同3年任職を辞す。応長元(1311)年従二位に進む。正和元(1312)年に出家。子に基成・基春がいる。　典：公辞・公補

園基重　その・もとしげ

鎌倉時代の人、非参議。弘安元(1278)年生〜没年不明。

参議園基顯の次男。兄に基藤がいる。弘安6(1283)年叙爵。同7年石見守に任ぜられ、同10年に辞す。正応4(1291)年右兵衛佐に任ぜられ従五位上に進み、同5年右少将に任ぜられ、同6年正五位下、永仁3(1295)年従四位下に進み、同5年右少将に任ぜられ、同6年従四位上に進み、同7年右中将に任ぜられ、正安2(1300)年正四位下に進む。嘉元2(1304)年右中将を辞す。正和元(1312)年従三位に進む。同2年出家。子に基冬がいる。　典：公補

園基成　その・もとなり

鎌倉・南北朝時代の人、権中納言。永仁5(1297)年生〜暦応4(1341.興国2)年12月23日没。45才。

権中納言園基藤の長男。母は昭訓門院の女官大夫局。弟に基春がいる。永仁6(1298)年叙爵。正安元(1299)年従五位上、同3年正五位下に進み、延慶元(1308)年従四位下に進み右少将に任ぜられ、同3年従四位上に進み、応長元(1311)年右中将に任ぜられ、正和元(1312)年正四位下に進む。同4年蔵人頭に任ぜられる。同年こえと右中将を辞す。同年従三位に進む。右衛門督に任ぜられ、同5年督に辞す。文保2(1318)年参議に任ぜられる。元応元(1319)年越後権守に任ぜられる。同年参議を辞す。同2年正三位に進む。元亨元(1321)年越後権守を辞す。正慶元(1332.元弘2)年従二位に進み、暦応2(1339.延元4)年権中納言に任ぜられる。同4年出家。中風にて没す。子に基隆がいる。　典：公辞・公補

園基春　その・もとはる

鎌倉・南北朝時代の人、参議。嘉元2(1304)年生〜没年不明。

権中納言園基藤の次男。兄に基成がいる。延慶元(1308)年従五位下に叙され、同4年従五位上に進み、正和元(1312)年侍従に任ぜられ、同3年正五位下、文保2(1318)年従四位下に進み左少将、同3年伯耆権介、元応2(1320)年右少将に任ぜられ、同3年従四位上、嘉暦2(1327)年正四位下に進み左中将より右中将、暦応2(1339)年能登介に任ぜられ、同3年(興国元)年従三位に進む。貞和4(1348.正平3)年参議に任ぜられるも辞す。同5年正三位に進む。観応2(1351.正平6)年48才で出家。子に基賢がいる。　典：公補

園基冬　その・もとふゆ

鎌倉・南北朝時代の人、非参議。正応3(1290)年生〜康永3(1344.興国5)年8月15日没。55才。初名=基定。

非参議園基重の子。初め基定と名乗る。正安2(1300)年従五位下に叙され、同3年従五位上、嘉元2(1304)年左兵衛権佐・左少将に任ぜられる。基冬と改名。のち正五位下、延慶2(1309)年従四位下、同4年従四位上、正和2(1313)年正四位下に進む。同4年右少将より右中将に任ぜられたが、同5年に辞す。暦応4(1341.興国2)年従三位に進む。　典：公補

園基隆　その・もとたか

鎌倉・南北朝時代の人、権中納言。正和3(1314)年生〜応安7(1374.文中3)年5月7日没。61才。初名=基宣。

権中納言園基成の子。母は権大納言小倉実教の娘。基隆と改名。正中元(1324)年従五位下より従五位上に叙され、嘉暦元(1326)年出雲守、同2年右兵衛佐に任ぜられ正五位下に進み、元徳2(1330)年左少将に任ぜられ、元弘元(1331)年従四位下に進み右少将に任ぜられる。同3年播磨守に任ぜられるも辞す。建武2(1335)年従四位上に進み、同5年右中将に任ぜられ、暦応2(1339)年正四位下に進み、康永2(1343)年蔵人頭に任ぜられ、同3年(興国5)年参議に任ぜられ従三位に進み、貞和2(1346.興国5)年信濃権守に任ぜられる。同4年任職を辞す。同5年右兵衛督に任ぜられ、観応元(1350.正平5)年に辞す。延文3(1358.正平13)年右衛門督に任ぜられ、同4年正三位に進む。権中納言に任ぜられ、同5年に辞す。同年踏歌内弁となる。貞治3(1364.正平19)年従二位、同6年正二位に進む。子に基光がいる。　典：公辞・公補

園基賢　その・もとかた

鎌倉・南北朝時代の人、非参議。生年不明〜永和元(1375.天授元)年没。

参議園基春の子。元亨3(1323)年叙爵。建武4(1337)年侍従に任ぜられ、同5年従五位上、康永元(1342)年正五位下に進み左権少将、同2年常陸権介に任ぜられ、貞和2(1346.正平元)年従四位下、同6年従四位上、延文元(1356)年正四位下に進み、同4年左近権中将に任ぜられ、貞治6(1367.正平22)年従三位に進み、応安2(1369.正平24)年右衛門督に任ぜられ、同4年正三位に進む。同6年右衛門督を辞す。　典：公補

園基光　その・もとみつ

南北朝時代の人、権中納言。生年不明〜応永9(1402)年5月6日没。

権中納言園基隆の子。正四位下に叙される。蔵人頭・右中将二任ぜられ、のちこれを辞す。応安6(1373.文中2)年参議に任ぜられる。同7年従三位に進み、永和元(1375.天授元)年近江権守に任ぜられる。同2年参議を辞す。同4年右衛門督に任ぜられ、永徳2(1382.弘和2)年正三位、明徳元(1390.元中7)年従二位に進む。同年権中納言に任ぜられ、同3年に辞す。子に基秀がいる。　典：公辞・公補

園基定　その・もとさだ

南北朝・室町時代の人、非参議。生没年不明。

父母不明。左兵衛督二任ぜられ、のちこれを辞す。応永2(1395)年従三位に進む。同13年出家。　典：公補

園基秀　その・もとひで

南北朝・室町時代の人、権中納言。応安2(1369.正平24)年生〜没年不明。法名=常観。

権中納言園基光の子。正四位上に叙され、蔵人頭・左中将に任ぜられ、のちこれを辞す。応永21(1414)年従三位に進み参議に任ぜられる。同22年美濃権守に任ぜられたが、同23年に任職を辞す。同24年正三位、同27年従二位に進み、同28年権中納言に任ぜられるも辞す。永享2(1430)年正二位に進む。同4年再び権中納言に任ぜられ、同10年に辞す。

嘉吉元(1441)年73才で出家。青山流の生花の中祖。後花園帝の勅命を受けて、公卿以下諸人に花道を教授する。子に基有がいる。　典：大日・公辞・公補

園基有　その・もとあり

室町時代の人、権中納言。応永30(1423)年生～長享元(1487)年7月10日没。65才。

権中納言園基秀の子。従五位下に叙され、永享3(1431)年侍従に任ぜられ、のち正四位下に進む。蔵人頭・左中将を任ぜられたが、のちこれらと侍従を辞す。宝徳3(1451)年参議に任ぜられる。享徳元(1452)年従三位に進み、同2年信濃権守に任ぜられる。同3年参議を辞す。康正2(1456)年正三位に進む。長禄元(1457)年権中納言に任ぜられ翌年に辞す。寛正3(1462)年再び権中納言に任ぜられ、同6年従二位に進む。文正元(1466)年に再び権中納言を辞す。文明5(1473)年正二位に進む。子に基富がいる。　典：公辞・公補

園基富　その・もととみ

室町時代の人、権中納言。長禄元(1457)年生～天文2(1533)年2月28日没。77才。

権中納言園基有の子。正四位上に叙される。蔵人頭・右中将に任ぜられ、のちこれらを辞す。長享2(1488)年参議に任ぜられる。延徳元(1489)年従三位、同3年正三位に進み、文亀元(1501)年権中納言に任ぜられ従二位に進む。永正3(1506)年に権中納言を辞す。同年加賀国に下向。大永2(1522)年19年振りに上洛。同年正二位に進む。同3年再び加賀国に下向。加賀国にて没す。子に基国がいる。　典：公辞・公補

園基任　その・もとただ

安土桃山・江戸時代の人、参議。天正元(1573)年1月11日生～慶長18(1613)年1月13日没。41才。

正四位上・左中将園基継朝臣の子。天正12(1584)年叙爵。同年元服し侍従に任ぜられ、同17年従五位上に進み左少将に任ぜられ、慶長5(1600)年正五位下、同11年従四位下に進み、同13年左中将、同16年蔵人頭に任ぜられ従四位上より正四位下、同17年正四位上に進み参議に任ぜられる。同18年従三位に進む。子の基音と共に書道の持明院流の名手。後光明天皇の外祖父に当たる為、没後の正保2(1645)年左大臣を贈られる。子に基音・東園基教がいる。　典：公辞・公補

園基音　その・もとなり

江戸時代の人、権大納言。慶長9(1604)年8月23日生～明暦元(1655)年2月17日没。52才。法名＝文明。

参議園基任の子。慶長13(1608)年叙爵。同17年元服し侍従に任ぜられ、同18年従五位上、同20年正五位下に進み、元和2(1616)年左少将に任ぜられ、同5年従四位下、同9年従四位上に進み、寛永3(1626)年蔵人頭に任ぜられ正四位下より正四位上に進み、同8年参議に任ぜられる。同9年従三位に進み、同12年踏歌外弁となる。同15年権中納言に任ぜられる。同16年正三位に進む。同17年権中納言を辞す。同18年従二位に進み、慶安元(1648)年権大納言に任ぜられ、同3年正二位に進む。同年権大納言を辞す。父の基任と共に書道の持明院流の名手。霊元天皇の外祖父に当たる為、没後に左大臣を贈られる。子に基福・壬生基起がいる。　典：公辞・公補

園基福　その・もとふく

江戸時代の人、准大臣。元和8(1622)年2月16日生～元禄12(1699)年11月10日没。78才。一字名=宗・仁。号=後南宗院。

権大納言園基音の子。寛永3(1626)年叙爵。同8年元服し侍従に任ぜられ、同9年従五位上、同13年正五位下に進み、同15年左少将に任ぜられ、同18年従四位下に進み、同21年左中将に任ぜられ、正保2(1645)年従四位上、同4年正四位下に進み蔵人頭に任ぜられ、同5年正四位上に進み、慶安2(1649)年参議に任ぜられる。同3年踏歌外弁となる。承応元(1652)年従三位に進み、明暦元(1655)年権中納言に任ぜられる。同2年正三位、万治3(1660)年従二位に進み権大納言に任ぜられる。寛文7(1667)年正二位に進む。同9年権大納言を辞す。貞享3(1686)年従一位に進み、祖父基任が後光明天皇の外祖父・父基音が霊元天皇の外祖父に当たる為に、准大臣に任ぜられる。和歌・書道にしられる。子に基勝・六角基維がいる。　典：公辞・伝日・公補

園基勝　その・もとかつ

江戸時代の人、権大納言。寛文3(1663)年10月14日生～元文3(1738)年9月22日没。76才。法名=義観。

准大臣園基福の子。母は権大納言尚良(宣衡)の娘。寛文7(1667)年叙爵。延宝元(1673)年元服し従五位上に進み侍従に任ぜられ、同4年正五位下に進み、同7年左少将に任ぜられ、同12年従四位下に進み、天和2(1682)年左中将に任ぜられ、同3年従四位上に進み、貞享元(1684)年蔵人頭に任ぜられ正四位下より正四位上に進み、同4年参議に任ぜられる。元禄元(1688)年従三位に進み、同4年踏歌外弁となる。同5年権中納言に任ぜられ、同6年正三位、同14年従二位に進み、同16年権大納言に任ぜられる。宝永2(1705)年神宮伝奏となる。同3年踏歌内弁となる。同6年神宮伝奏を辞す。同7年権大納言を辞す。正徳元(1711)年正二位に進む。同3年51才で落髪。子に基香がいる。　典：公辞・公補

園基香　その・もとよし

江戸時代の人、権大納言。元禄4(1691)年7月19日生～延享2(1745)年5月17日没。55才。

権大納言園基勝の子。母は正二位雅喬の娘。元禄8(1695)年叙爵。同10年元服し侍従に任ぜられ、同11年従五位上、同14年正五位下に進み、宝永元(1704)年左少将に任ぜられ従四位下、同4年従四位上に進み左中将に任ぜられる。同5年中宮権亮に任ぜられ、同7年に辞す。正徳元(1711)年蔵人頭に任ぜられ正四位下より正四位上に進み、同5年参議に任ぜられる。享保元(1716)年従三位に進み踏歌外弁となる。同2年権中納言に任ぜられる。同4年賀茂伝奏となるも辞し、同6年正三位に進み、同9年権大納言に任ぜられ、同11年武家伝奏となる。同12年に権大納言を辞す。同年従二位に進む。同16年武家伝奏を辞す。同19年正二位に進む。子に基衡・壬生基貫・六角知通がいる。　典：公辞・公補

園基衡　その・もとひら

江戸時代の人、権大納言。享保6(1721)年,閏7月8月生～寛政6(1794)年5月10日没。74才。初名=基望。法名=澄観。

権大納言園基香の長男。母は兵部大輔永重朝臣の娘。初め基望と名乗る。享保8(1723)年叙爵。同12年元服し従五位上に進み侍従に任ぜられ、同15年正五位下に進み、同18年左少将に任ぜられ従四位下、元文元(1736)年従四位上に進み左中将、同4年越中介に任ぜられ正四位下に進み、寛保2(1742)年蔵人頭に任ぜられ正四位上に進み、同3年讃岐権守に任ぜられ、延享元(1744)年参議に任ぜられる。同2年従三位に進み、同3年但馬権守に任ぜられ、寛延元(1748)年正三位に進み近江権守に任ぜられる。同3年左中将を辞す。同年基衡と改名。宝暦元(1751)年左権中将に任ぜられ、同2年踏歌外弁となり権中納言に任ぜられる。同3年賀茂伝奏となる。同4年任職を辞す。同6年従二位に進む。同9年権大納言に任ぜられ、同11年に辞す。同12年正二位に進む。天明6(1786)年66才で出家。没後の寛政12(1800)年に著書「活生手引草」が発表される。桂月園泰雅が校す。子に基村(正四位下・右中将、安永2,2,7没、22才)・基理がいる。　典：大日・公辞・公補

園基理　その・もとよし

江戸時代の人、権大納言。宝暦8(1758)年1月26日生～文化12(1815)年10月7日没。58才。

権大納言園基衡の次男。母は権大納言高倉永房の娘。兄に基村(正四位下・右中将。安永2,2,7没。22才)がいる。明和8(1771)年叙爵。同年元服。安永2(1773)年従五位上に進み、同3年侍従に任ぜられ、同4年正五位下、同6年従四位下に進み右権少将に任ぜられ、同8年従四位上に進み下野権介に任ぜられ、同10年正四位下に進み右権中将に任ぜられ、天明5(1785)年倉人頭に任ぜられる。同6年神宮奉行に任ぜられるも辞す。寛政元(1789)年参議に任ぜられ従三位、同3年正三位に進み、同4年権中納言に任ぜられる。同5年踏歌外弁となる。同6年従二位に進み、同11年権大納言に任ぜられ、同12年正二位に進む。享和3(1803)年権大納言を辞す。子に基茂がいる。　典：公辞・公補

園基茂　その・もとしげ

江戸時代の人、権中納言。寛政5(1793)年5月13日生～天保11(1840)年6月14日没。48才。

権大納言園基理の子。寛政6(1794)年従五位下に叙される。同12年元服し従五位上に進み侍従に任ぜられ、享和2(1802)年正五位下、文化元(1804)年従四位下、同3年従四位上、同5年正四位下に進み同年右権少将、同11年権中将、文政4(1821)年蔵人頭に任ぜられ正四位上に進み、同6年神宮奉行に任ぜられ、同7年参議に任ぜられ、同8年従三位に進み踏歌外弁となる。同10年正三位に進み、天保2(1831)年権中納言に任ぜられ従二位、同7年正二位に進む。同11年権中納言を辞す。没後の嘉永6(1853)年に著書「活花手引草後編」が発表される。子に基満がいる。　典：大日・公辞・公補

○園池家

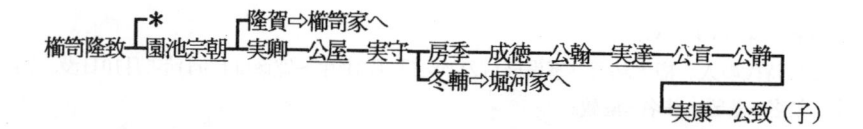

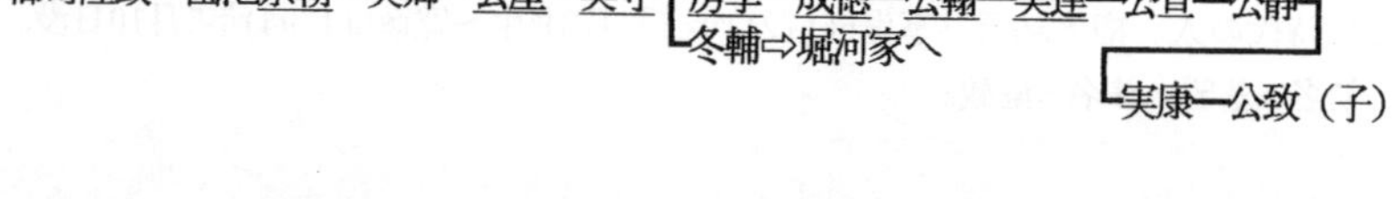

藤原北家の閑院家の一。四条家流で後西天皇の外祖父櫛笥隆致の次男宗朝が、園池を氏姓とした。明治に至り華族に列され子爵を授かる。本姓は藤原。家紋は田字草(でんじそう)。菩提寺は宝憧寺。

典：日名・京四

園池宗朝　そのいけ・むねとも

江戸時代の人、権大納言。慶長16(1611)年6月29日生～寛文元(1661)年12月6日没。51才。園池家の祖。

左中将櫛笥隆致朝臣(後西天皇の外祖父)の次男。父の櫛笥姓より分家して、園池を氏姓とした。元和2(1616)年叙爵。寛永元(1624)年元服し従五位上に進み治部大輔に任ぜられ、同5年正五位下、同10年従四位下、同14年従四位上、同18年正四位下、正保3(1646)年従三位に進む。同4年治部卿に任ぜられ、承応元(1652)年正三位に進む。同3年参議に任ぜられ、明暦元(1655)年に辞す。同2年権中納言に任ぜられ従二位に進む。同3年権中納言を辞す。子に櫛笥隆賀・実卿(初名=宗純、従四位下・刑部大輔、寛文3,12,27没、27才、子は公屋)がいる。　典：大日・伝日・公辞・公補

園池公屋　そのいけ・きみおく

江戸時代の人、非参議。正保2(1645)年7月23日生～元禄14(1701)年8月6日没。57才。初名=季豊。

権大納言園池宗朝の孫。従四位下・刑部大輔園池実卿朝臣の子。兄弟に櫛笥隆賀がいる。初め季豊と名乗る。寛文8(1668)年叙爵。同年元服。公屋と改名。従五位上に進み大炊頭に任ぜられ、同12年正五位下、延宝4(1676)年従四位下、天和元(1681)年従四位上に進み左少将より、同3年左中将に任ぜられ、貞享元(1684)年正四位下、元禄元(1688)年従三位に進む。子に実守がいる。　典：公辞・公補

園池実守　そのいけ・さねもり

江戸時代の人、非参議。貞享元(1684)年6月23日生～享保12(1727)年4月22日没。44才。

非参議園池公屋の子。元禄元(1688)年叙爵。同10年元服し従五位上に進み侍従に任ぜられ、同14年正五位下に進み右少将に任ぜられ、宝永元(1704)年従四位下に進み左中将に任ぜられ、同4年従四位上、同7年正四位下、正徳5(1715)年従三位に進む。享保4(1719)年正三位に進む。子に房季・堀河冬輔がいる。　典：公辞・公補

園池房季　そのいけ・ふさすえ

江戸時代の人、権大納言。正徳3(1713)年3月14日生～寛政7(1795)年9月7日没。83才。初名=昭季。

非参議園池実守の長男。弟に堀河冬輔がいる。初め昭季と名乗る。享保2(1717)年叙爵。同5年房季と改名。同11年元服し従五位上に進み侍従に任ぜられ、同14年正五位下に進み、同16年右少将に任ぜられ、同17年従四位下に進み、同19年右中将に任ぜられ、同20年従四位上、元文4(1739)年正四位下、延享元(1744)年従三位に進む。寛延2(1749)年正三位に進む。宝暦9(1759)年参議に任ぜられ翌年に辞す。同10年左兵衛督に任ぜられ従二位に進む。同12年左兵衛督を辞す。明和5(1768)年権中納言に任ぜられる。同年踏歌外弁と

なり翌年に辞す。同5年正二位に進む。安永8(1779)年権大納言に任ぜられるも辞す。養子に実徳(水無瀬家より。忠成と改名し再び水無瀬家へ)がいる。　典：公辞・公補

園池成徳　そのいけ・なりのり

江戸時代の人、参議。元文元(1736)年10月1日生～寛政4(1792)年5月15日没。57才。初名＝氏精。前名＝実徳。後名＝水無瀬忠成。

権中納言水無瀬氏孝の末子。初め氏精と名乗る。寛保3(1743)年従五位下に叙され、宝暦5(1755)年に権大納言園池房季と修理権亮延親朝臣の娘の養子となる。同年元服し従五位上に進み上野権介に任ぜられる。同7年実徳と改名。同9年正五位下に進み、同10年右兵衛権佐に任ぜられ、同13年従四位下に進み左権少将に任ぜられ、明和4(1767)年従四位上に進み、同7年越前権介に任ぜられ、同8年正四位下に進み、安永元(1772)年右権中将に任ぜられ、同3年従三位に進む。同4年宮内卿に任ぜられる。同5年成徳と改名。同7年正三位に進む。同8年に実家である水無瀬家に戻り、一時、水無瀬姓を名乗る。同9年再び園池姓を名乗る。天明2(1782)年踏歌外弁となる。同3年再び水無瀬姓を名乗る。同4年また園池姓を名乗る。同5年また水無瀬姓となる。同年忠成と改名。同7年参議に任ぜられる。同8年太宰大弐に任ぜられ従二位に進む。寛政4(1792)年任職を辞す。子に公翰がいる。　典：公辞・公補

園池公翰　そのいけ・きみふみ

江戸時代の人、権大納言。明和2(1765)年2月13日生～天保7(1836)年9月28日没。72才。

参議園池成徳(のち実家に戻り水無瀬忠成と改名)の子。安永3(1774)年従五位下に叙される。同5年元服し従五位上に進み右京権大夫に任ぜられ、同9年正五位下、天明4(1784)年従四位下、同8年従四位上に進み右権少将に任ぜられ、寛政4(1792)年正四位下に進み、同8年右権中将に任ぜられ、同8年従三位に進む。享和元(1801)年正三位に進み、文化9(1812)年参議に任ぜられ、同11年従二位に進む。同年参議を辞す。文政6(1823)年権中納言に任ぜられる。同7年踏歌外弁となり、同8年に辞す。同年正二位に進む。天保2(1831)年権大納言に任ぜられるも辞す。子に実達がいる。　典：公辞・公補

園池実達　そのいけ・さねたつ

江戸時代の人、非参議。寛政4(1792)年7月26日生～嘉永3(1850)年1月23日没。64才。

権大納言園池公翰の子。母は右権中将隆久朝臣の娘。寛政8(1796)年従五位下に叙される。享和2(1802)年元服し従五位上に進み近江権介に任ぜられ、文化3(1806)年正五位下、同7年従四位下、同11年従四位上、同15年正四位下、文政元(1818)年左権少将より権中将に任ぜられ、同7年従三位に進む。同11年正三位に進む。子に公宣がいる。　典：公辞・公補

○醍醐家

藤原五摂家・清華家の一つ。一条家の分家。第百七代後陽成天皇の第九皇子一条昭良の次男が、醍醐を氏姓とした。明治に至り華族に列され侯爵を授かる。本姓は藤原。家紋は下り藤。菩提寺は京都北区紫野大徳寺町の大徳寺内芳春院。

典：京都・日名・京四

一条昭良┬教輔⇨一条家へ
└醍醐冬基┬冬熈─経胤┬兼純
└公全　　├冬香
⇨徳大寺家へ　└輝久─輝弘┬＊
└忠順─忠敬─忠重（侯）

醍醐冬基　だいご・ふゆもと

江戸時代の人、権大納言。慶安元(1648)年6月14日生～元禄10(1697)年7月14日没。50才。一字名＝甘。醍醐家の祖。

第百七代後陽成天皇の第九皇子一条昭良の次男。兄に一条教輔がいる。延宝2(1674)年正五位下に叙される。同年元服し、同6年従四位下より正四位下に進み右少将に任ぜられ、同7年従三位に進み左中将に任ぜられ、第百十二代霊元天皇より醍醐を賜り、父の一条家より分家して醍醐を氏姓とする。同8年権中納言に任ぜられ踏歌外弁となる。天和元(1681)年正三位に進み左衛門督に任ぜられ、同3年春宮権大夫に任ぜられ、貞享元(1684)年権大納言に任ぜられる。同2年従二位に進む。同4年春宮権大夫を辞す。元禄7(1694)年正二位に進む。同10年に権大納言を辞す。絵画をよく描いた。子に冬熈・徳大寺公全がいる。　典：大日・伝日・公辞・日名・京都・公補

醍醐冬熈　だいご・ふゆひろ

江戸時代の人、左大臣。延宝7(1679)年5月4日生～宝暦6(1756)年10月9日没。78才。初名＝冬実。前名＝昭尹。一字名＝召。号＝後信性普明寺

権大納言醍醐冬基の長男。弟に徳大寺公全がいる。初め冬実と名乗る。元禄元(1688)年従五位上に叙される。同3年昭尹と改名。同年正五位下、同5年従四位下に進む。同年元服し右少将に任ぜられ、同7年従四位上より正四位下、同9年従三位に進み左中将に任ぜられる。同13年権中納言に任ぜられ正三位に進み、同14年踏歌外弁となる。同15年右兵衛督に任ぜられ、宝永元(1704)年権大納言に任ぜられる。同3年従二位に進む。同5年春宮権大夫に任ぜられ翌年に辞す。正徳元(1711)年神宮伝奏となり、同2年正二位に進む。享保5(1720)年冬熈と改名。同9年右大将に任ぜられ右馬寮御監となる。同10年右大将を辞す。同11年神宮伝奏を辞す。同12年踏歌内弁となる。同13年内大臣に任ぜられるも任職を辞す。同14年従一位に進み、延享2(1745)年右大臣に任ぜられるも辞す。寛延元(1748)年左大臣に任ぜられ翌年に辞す。子に経胤がいる。　典：公辞・公補

醍醐経胤　だいご・つねたね

江戸時代の人、右大臣。享保2(1717)年7月15日生～天明元(1781)年1月21日没。65才。初名＝兼潔。号＝妙観寺。

左大臣醍醐冬熈の子。母は対馬従義真朝臣の娘。初め兼潔と名乗る。享保7(1722)年従五位下に叙され、同8年従五位上、同9年正五位下、同10年従四位下、同11年従四位上に進み、同13年侍従に任ぜられ正四位下に進む。同年元服し左中将に任ぜられ、同14年従三位に進む。同16年権中納言に任ぜられ、同19年踏歌外弁となる。元文元(1736)年従二位に進み、同3年権大納言に任ぜられる。延享元(1744)年正二位に進み、宝暦4(1754)年右大将に任ぜられ右馬寮御監となる。同5年任職を辞す。同10年従一位に進む。安永7(1778)

年右大臣に任ぜられる。同8年に辞す。同年経胤と改名。養子に兼純(一条家より)、子に冬香・輝久がいる。　典：公辞・公補

醍醐兼純　だいご・かねすみ

江戸時代の人、権中納言。延享4(1747)年10月16日生～宝暦8(1758)年4月21日没。12才。

関白太政大臣一条兼香の末子。寛延3(1750)年叙爵。宝暦元(1751)年権大納言醍醐兼潔(のち右大臣醍醐経胤)の養子となる。同年従五位上、同2年正五位下より従四位下、同3年正四位下に進む。同4年元服し同年左少将、同5年左中将に任ぜられ従三位に進む。同8年権中納言に任ぜられる。　典：公辞・公補

醍醐冬香　だいご・ふゆよし

江戸時代の人、権中納言。宝暦元(1751)年11月21日生～安永元(1772)年2月13日没。22才。

右大臣醍醐経胤の子。義兄に兼純(一条家より)、弟に輝久がいる。宝暦8(1758)年叙爵。同9年従五位上、同10年正五位下、同11年従四位下に進み侍従に任ぜられる。同12年元服し従四位上に進み左権少将に任ぜられ、同13年正四位下に進み左権中将に任ぜられ、明和元(1764)年従三位に進む。同3年踏歌外弁となる。同4年権中納言に任ぜられ正三位に進む。安永元(1772)年権中納言を辞す。　典：公辞・公補

醍醐輝久　だいご・てるひさ

江戸時代の人、権大納言。宝暦10(1760)年6月13日生～享和元(1801)年7月25日没。42才。

右大臣醍醐経胤の子。義兄に兼純(一条家より)、兄に冬香がいる。安永元(1772)年従五位下より従五位上に叙され、同2年侍従に任ぜられ正五位下、同3年従四位下より従四位上に進む。同年元服し右権少将に任ぜられ、同4年正四位下に進み左権中将に任ぜられ、同5年従三位、同6年正三位に進み権中納言に任ぜられる。天明2(1782)年従二位に進み、同3年踏歌外弁となる。同6年正二位に進む。寛政元(1789)年権大納言に任ぜられ、享和元(1801)年に辞す。養子に輝弘がいる。　典：公辞・公補

醍醐輝弘　だいご・てるひろ

江戸時代の人、内大臣。寛政3(1791)年4月27日生～安政6(1859)年9月9日没。69才。

関白・内大臣一条輝良の子。権大納言醍醐輝久と妻侍従源重喜朝臣の娘の養子となる。寛政5(1793)年従五位下、同6年従五位上に叙され、同7年侍従に任ぜられ、同8年正五位下、同9年従四位下より従四位上、同10年正四位下に進む。同11年元服し同年左権少将、同12年左権中将に任ぜられ従三位に進む。享和元(1801)年正三位に進み、同3年踏歌外弁となる。文化9(1812)年従二位に進み権中納言に任ぜられ、同12年権大納言に任ぜられ正二位に進み、天保11(1840)年踏歌内弁となる。弘化4(1846)年内大臣に任ぜられ更に右大将に任ぜられ右馬寮御監となる。嘉永元(1848)年任職を辞す。同2年従一位に進む。子に忠順がいる。　典：公辞・公補

醍醐忠順 だいご・ただおさ

江戸・明治時代の人、権大納言。天保元(1830)年3月17日生〜明治33(1900)年7月4日没。71才。

内大臣醍醐輝弘の子。母は関白・左大臣鷹司政熙の娘。天保2(1831)年従五位下、同3年従五位上に進み、同4年侍従に任ぜられ正五位下、同5年従四位下、同6年従四位上、同7年正四位下に進む。同11年元服。同12年左権少将より、同13年権中将に任ぜられ、同14年従三位に進む。弘化元(1844)年正三位に進み、嘉永2(1849)年踏歌外弁となる。安政2(1855)年の御遷幸に御櫃中将として馬副四人・舎人二人・随身四人・雑色四人・傘一人を供に参加。同4年権中納言に任ぜられ従二位、同6年正二位に進み、文久3(1863)年権大納言に任ぜられる。慶応元(1865)年踏歌続内弁となる。明治元(1868)年戊辰の役で奥羽討伐に功があり、新政府では参与となり更に大阪裁判総督となる。のち初代の大阪知事。華族に列され侯爵を授かる。幕末には家料は三百石、京都烏丸中立売下ルに住む。子に忠敬がいる。　典：幕末・明治・公辞・日名・公補

○平家

第50代桓武天皇の皇子の一品・式部卿葛原親王の長男高棟王が、天長2(824)年平を氏姓とした。これより長門壇の浦の戦いで一門が滅亡する文治元(1185)年までの約360年間、太政大臣となった平清盛を頂点に繁栄した。代々武将、政治家として奉仕した。

典：日名・公補

平高棟 たいらの・たかむね

平安時代の人、大納言。延暦23(804)年生〜貞観9(867)年5月19日没。64才。平家の祖。

第50代桓武天皇の皇子の一品・式部卿葛原親王の長男。初め親王。弘仁14(823)年従四位下に叙され侍従、天長元(824)年大学頭に任ぜられる。同2年父の葛原親王が頻抗を表したので平朝臣の姓を賜る。(源の氏姓が誕生した10年後であった。)同3年中務大輔、同5年大舎人頭に任ぜられ、同7年従四位上に進み大蔵卿、同8年刑部卿に任ぜられ、承和9(843)年正四位下、同10年従三位に進む。仁寿元(851)年参議に任ぜられる。公補に「伝云。長六尺。美鬚髯。幼而聰。天長二賜平朝臣姓。天性質厚。不事華飾。所歴官職。政尚寛容。晩年栖心釈教。読誦仏経。嘗以山城国葛城郡別墅。為道場。詔賜額曰平等寺。拜大納言之後。所食戸邑多資仏事。有子男十七人。実範。正範。季長。惟範四人。最知名云々。」とある。斉衡元(854)年春宮大夫に任ぜられる。同3年大蔵卿を辞す。天安2(858)年権中納言に任ぜられ正三位に進み、貞観元(859)年按察使に任ぜられ、同2年中納言に任ぜられ、同6年大納言に任ぜられる。子に実範・正範・季長・惟範がいる。　典：古代・大日・日名・伝日・公補

平惟範 たいらの・これのり

平安時代の人、中納言。斎衡2(855)年生〜延喜9(909)年4月22日没。55才。

大納言平高棟の三男。母は贈太政大臣藤原長良の娘従四位上典侍有子。兄弟に実範・正範・季長がいる。貞観16(874)年叙爵。同年蔵人、同17年皇太后宮権亮に任ぜられ、元

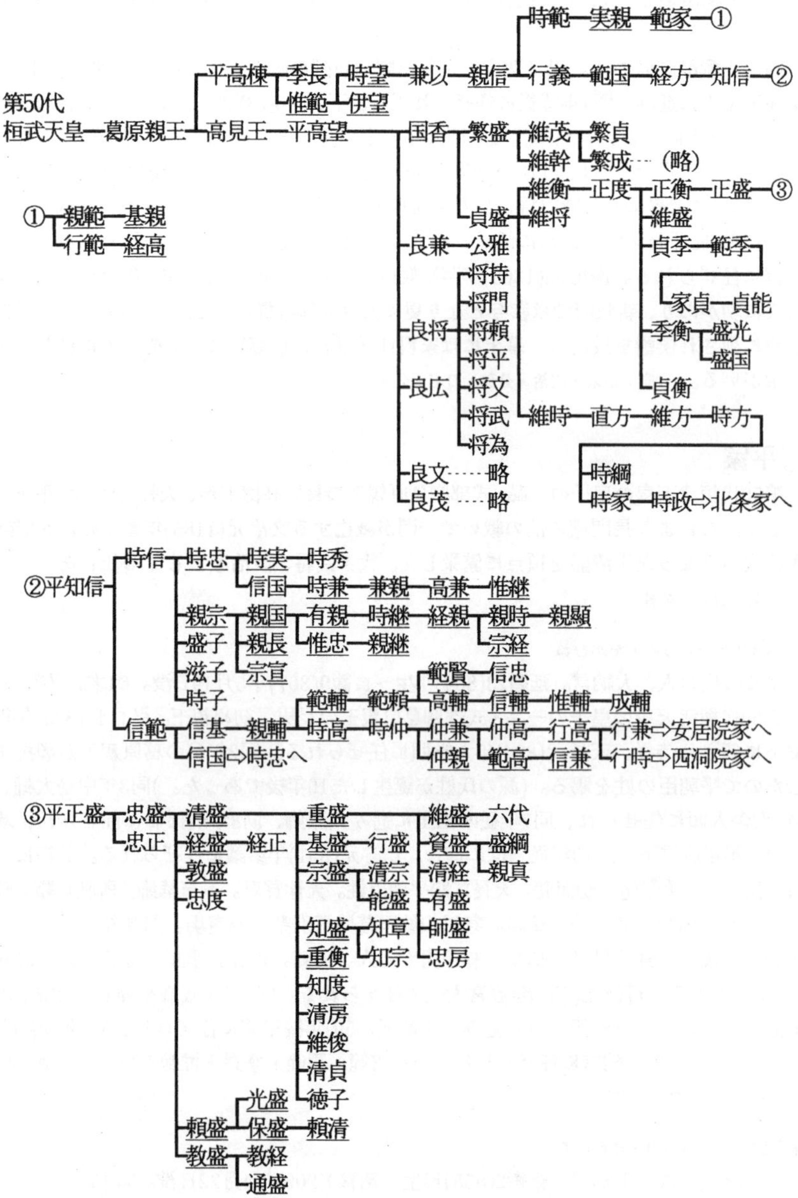
時範—実親—範家—①
平高棟—季長—時望—兼以—親信—行義—範国—経方—知信—②
惟範—伊望
第50代
桓武天皇—葛原親王—高見王—平高望
国香—繁盛—維茂—繁貞
維幹—繁成……(略)
維衡—正度—正衡—正盛—③
貞盛—維将
維盛
貞季—範季
家貞—貞能
季衡—盛光
盛国
貞衡
維時—直方—維方—時方
時綱
時家—時政⇨北条家へ
良兼—公雅
将持
将門
良将—将頼
将平
良広—将文
将武
将為
良文……略
良茂……略
①—親範—基親
行範—経高
②平知信—時信—時忠—時実—時秀
信国—時兼—兼親—高兼—惟継
親宗—親国—有親—時継—経親—親時—親顕
宗経
盛子—親長—惟忠—親継
滋子—宗宣
時子
範賢—信忠
範輔—範頼—高輔—信輔—惟輔—成輔
信範—信基—親輔—時高—時仲—仲兼—仲高—行高—行兼⇨安居院家へ
信国⇨時忠へ
仲親—範高—信兼—行時⇨西洞院家へ
③平正盛—忠盛—清盛—重盛—維盛—六代
忠正
経盛—経正
基盛—行盛
資盛—盛綱
教盛
宗盛—清宗
清経
親真
忠度
能盛
有盛
知盛—知章
師盛
重衡—知宗
忠房
知度
清房
維俊
清貞
徳子
光盛
頼盛—保盛—頼清
教盛—教経
通盛

第54代仁明天皇━本康親王━雅望━平随時

〈系不明〉

* 珍材━平惟仲
* 業房━平業兼
* 棟基━平成俊━惟俊
* 輔兼━平兼有━* ━清有━惟清
* ━平棟有
* 親世━平親明

* ━平惟有
* ━平永盛
* ━平秀清
* ━平親臣
* ━平儀重
* ━平宣由

慶元(877)年従五位上に進み、同3年備後権守、同4年備後権介に任ぜられ同年正五位下、仁和2(886)年従四位下に進み、同3年民部大輔・弾正大弼、寛平2(889)年式部大輔、同5年肥後権守に任ぜられ、同6年従四位上に進み、同9年大蔵卿・太皇大后宮権大夫に任ぜられ、延喜2(902)年参議に任ぜられる。同年藤原時平と共に延喜格を撰す。同3年播磨権守に任ぜられ、同4年正四位下に進む。同7年大蔵卿・播磨権守を辞す。同年左兵衛督に任ぜられ、同8年従三位に進み中納言に任ぜられる。同年左兵衛督を辞し使別当・民部卿に任ぜられ、同9年右大将に任ぜられる。宇多天皇の勅により弘仁以後に和歌を撰した。子に時望・伊望がいる。　典：古代・大日・日名・伝日・公補

平伊望　たいらの・よしもち

平安時代の人、大納言。元慶5(881)年生～天慶2(939)年11月16日没。59才。

中納言平惟範の次男。母は四品弾正尹人康親王の娘。兄に時望がいる。寛平9(897)年従五位下に叙され、昌泰3(900)年尾張権守、延喜5(905)年中務少輔に任ぜられ、同9年従五位上に進み、同11年勘解由長官、同13年右兵衛佐、同16年左衛門佐、同17年左権少将に任ぜられ正五位下に進み、同18年讃岐権介、同19年左少将に任ぜられ、同21年従四位下に進み春宮亮・蔵人頭、同22年讃岐守、延長元(923)年式部権大輔、同3年中宮権大夫に任ぜられ、同5年参議に任ぜられる。同6年従四位上に進み越前権守・式部大輔に任ぜられる。承平元(931)年権守を辞し備前守に任ぜられ、同2年皇太后宮大夫に任ぜられ正四位下に進み大輔を辞し民部卿、同3年伊予守に任ぜられ、同4年正四位上に進み中納言に任ぜられる。同5年従三位に進み中宮大夫に任ぜられ、同7年兄時望も中納言に任ぜられる。天慶元(938)年大納言に任ぜられるも翌年に没す。　典：公補

平時望　たいらの・ときもち

平安時代の人、中納言。元慶元(877)年生～天慶元(938)年3月25日没。62才。

中納言平惟範の長男。母は四品弾正尹人康親王の娘。弟に伊望がいる。寛平4(892)年周防権介に任ぜられ、同9年従五位下に叙され、昌泰3(900)年左京亮、延喜4(904)年民部少輔に任ぜられ、同8年従五位上に進み大蔵少輔、同10年左衛門権佐、同15年大蔵権大輔、同16年権右少弁に任ぜられ、同17年正五位下に進み、同18年右少弁・造東大寺講堂長官、同19年左少弁に任ぜられ、同21年従四位下に進み修理大夫、同23年春宮亮、延長2(923)年信濃権守、同3年伊予守に任ぜられる。同5年春宮亮・伊予守を辞す。蔵人頭に任ぜら

れ、同6年従四位上に進み右大弁に任ぜられ、同8年参議に任ぜられる。承平元(931)年讃岐権守、同3年左大弁に任ぜられ、同4年正四位下に進む。同5年讃岐権守を辞す。同7年中納言に任ぜられ従三位に進む。この時は兄弟で中納言となるも翌年に没す。子に直材がいる。　典：伝日・日名・大日・公補

平随時　たいらの・よりとき

平安時代の人、参議。寛平2(890)年生〜天暦7(953)年12月18日没。64才。

第54代仁明天皇の曾孫。一品式部卿本康親王の孫。従四位下右馬頭雅望王の三男。母は中納言藤原山陰の娘。延喜17(917)年美濃権大掾、同18年治部少丞、同21年式部少丞より、同23年式部大丞に任ぜられ、延長2(924)年従五位下に叙され備中介、承平4(934)年美濃権守、天慶元(938)年防鴨河使・左衛門権佐に任ぜられ、同2年正五位下に進み次侍従・丹波守に任ぜられる。同5年左衛門権佐を辞す。同7年春宮権亮、同8年修理大夫、同9年蔵人頭・内蔵頭に任ぜられ正四位下に進み、天暦2(948)年参議に任ぜられる。同3年伊予守に任ぜられ、同4年太宰大弐に任ぜられる。同年修理大夫を辞す。子に親信がいる。
典：日名・公補

平惟仲　たいらの・これなか

平安時代の人、中納言。天慶7(944)年生〜寛弘2(1005)年5月24日没。62才。

贈従三位美作介珍材の長男。母は備中国青河郡司の娘。康保4(967)年文章生となる。同5年刑部少丞、安和元(968)年右衛門少尉に任ぜられ、天禄3(972)年従五位下に叙され同年美作権守・筑後権守、天延3(975)年相模介に任ぜられ、天元3(980)年従五位上に進み、同4年肥後守に任ぜられ、寛和3(987)年正五位下に進み、永延元(987)年右少弁・大学頭に任ぜられ正五位上に進み同年右中弁、同2年補蔵人・近江権介に任ぜられる。同年大学頭・補蔵人を辞す。同3年従四位下より従四位上に更に正四位下に進み同年左中弁、永祚元(989)年内蔵頭・右大弁に任ぜられる。正暦2(991)年蔵人頭を辞す。同3年参議に任ぜられる。同4年近江権介に任ぜられ従三位に進み、同5年左大弁、長徳元(995)年勘解由長官に任ぜられ、同2年権中納言に任ぜられ、同4年中納言に任ぜられる。長保元(999)年中宮大夫に任ぜられたが辞す。同2年正三位に進み、同3年大宰権帥に任ぜられ、同5年従二位に進む。寛弘元(1004)年大宰権帥を辞す。太宰府にて没す。　典：公補

平親信　たいらの・ちかのぶ

平安時代の人、参議。天慶8(945)年生〜寛仁元(1017)年6月12日没。73才。

中納言平時望の孫。従四位下・伊勢守平兼以朝臣の次男。母は従五位下越後守藤原定尚の娘。天禄2(971)年文章生となり、同3年蔵人・右衛門少尉より左衛門少尉、天延2(974)年検非違使に任ぜられ、同3年従五位下に叙され同年筑後権守、貞元2(977)年阿波守に任ぜられ従五位上に進み、永観2(984)年右衛門権佐、同3年防河使、寛和元(985)年近江権介に任ぜられ同年正五位下、同2年従四位下、同3年従四位上に進み、長保元(999)年修理大夫・皇太后宮権亮に任ぜられ、同2年正四位下に進み、同3年山城守に任ぜられ従三位に進む。寛弘元(1004)年正三位に進み、同2年備中権守に任是られ、同4年従二位に進む。長和4(1015)年参議に任ぜられ、同5年に辞し翌年に没す。子に行義・時範がいる。　典：公補

平実親　たいらの・さねちか

平安時代の人、参議。寛治2(1088)年生～久安4(1149)年11月24日没。62才。

参議平親信の孫。正四位下・右大弁平時範朝臣の長男。母は春宮亮平経章の娘。康和3(1101)年文章生となり、同5年蔵人、長治2(1105)年左将監に任ぜられ叙爵。嘉承元(1106)年中宮少進、同3年紀伊守、天永2(1111)年勘解由次官に任ぜられる。永久2(1114)年少進を辞す。保安2(1121)年中宮権大進・右衛門権佐に任ぜられる。同年勘解由次官を辞す。同3年従五位上に進み、同4年蔵人・右少弁に任ぜられる。天治元(1124)年権大進を辞す。同2年左少弁に任ぜられ、大治2(1127)年正五位下に進む。同年み蔵人・右衛門権佐を辞し淡路守、天承元(1131)年左中弁に任ぜられ、同2年従四位下、長承2(1133)年従四位上、同3年正四位下に進み右大弁・淡路守、保延元(1135)年左大弁、同2年勘解由長官に任ぜられ参議に任ぜられる。同3年備前権守二任ぜられる。永治元(1141)年右大弁・淡路守を辞す。同年太宰大弐に任ぜられ、康治元(1142)年従三位に進む。同年備前権守を辞し、久安元(1145)年参議を辞す。同4年出家。子に範家がいる。　典：公補

平範家　たいらの・のりいえ

平安時代の人、非参議。永久2(1114)年生～応保元(1161)年9月7日没。48才。

参議平実親の子。母は参議藤原為隆の娘。大治5(1130)年蔵人に任ぜられ、同6年従五位下に叙され、長承3(1134)年治部少輔・相模守、保延5(1139)年春宮権大進に任ぜられ、同7年従五位上に進む。永治元(1141)年相模守を辞す。同年正五位下に進み、天養2(1145)年木工頭、久安3(1147)年勘解由次官に任ぜられる。同年木工頭を辞す。右少弁に任ぜられ、同6年左少弁・右衛門権佐に任ぜられる。仁平2(1152)年右衛門権佐を辞す。久寿元(1154)年権右中弁に任ぜられ、同2年従四位下に進み、同3年右中弁、保元元(1156)年蔵人頭・右大弁に任ぜられ従四位上より正四位下に進む。同2年右大弁を辞す。同2年従三位に進む。平治元(1159)年47才で出家。子に親範がいる。　典：公補

平清盛　たいらの・きよもり

平安時代の人、太政大臣。元永元(1118)年生～養和元(1181)年,閏2月4月没。64才。法名=清蓮・浄海。号=六波羅入道太政大臣。

鎮守府将軍貞盛の曾孫正盛の孫。正四位上・刑部卿平忠盛朝臣(武将にして和歌をよく詠む)の長男。弟に経盛・敦盛・忠度・頼盛・教盛がいる。大治4(1129)年左兵衛佐に任ぜられ、同6年従五位上に叙され、長承4(1135)年正五位下より従四位下に進み、保延2(1136)年中務大輔、同3年肥後守に任ぜられ、同6年従四位上、久安2(1146)年正四位下に進み安芸守に任ぜられる。仁平3(1153)年父忠盛が没し平家武士の棟梁となる。保元の乱で功があり播磨守、同3年太宰大弐に任ぜられ、平治の乱(1159)年で源義朝・藤原信頼らの対抗勢力を一掃する。永暦元(1160)年二階位特進し正三位に進み参議に任ぜられる。応保元(1161)年右衛門督・近江権守に任ぜられ権中納言に任ぜられる。同2年皇太后宮権大夫に任ぜられ従二位に進む。相当の権力があり昇進か異常に早くなった。姻戚関係を利用し永万元(1165)年兵部卿に任ぜられ権大納言に任ぜられ、仁安元(1166)年春宮大夫に任ぜられ更に内大臣に任ぜられ正二位に進み、更に同2年太政大臣に任ぜられる。同年従一位

に進むも辞す。功により播磨国印南野・肥前国杵島郡作桙妙郷・肥後国御代郡南郷と土比郷を賜る。同3年病の為51才で出家。義妹の子憲仁親王が高倉天皇に即位すると、更に力を有し貿易で巨富を蓄えた。平家打倒の気運が高まり、治承元(1177)年陰謀が発覚(鹿ヶ谷の陰謀)し、後白河法皇を幽閉、連座した者を追放した。娘徳子の子言仁親王を即位させる(安徳天皇)。治承4(1180)年准三宮に任ぜられるも、以仁王による平家追討の令旨が下り源氏を中心に打倒の動きが強くなる中、高熱にて没す。清盛は、街道から京都への出入口に目印として六地蔵を祀り、厳島神社(上京区)を安芸国の同社より勧請し、新熊野神社(伏見区)を後白河上皇の命により勧請する。邸の跡地に六波羅蜜寺が建立されている。子に重盛・基盛・宗盛・知盛・重衡などがいる。　典：京都・大日・日名・公補

平重盛　たいらの・しげもり

平安時代の人、内大臣。保延4(1138)年生〜治承3(1179)年8月1日没。42才。号=小松内府・小松内大臣。通称=灯籠大臣。法名=証空。

太政大臣平清盛の長男。母は右近将監高階基章の娘。弟に基盛・宗盛・知盛・重衡などがいる。久安6(1150)年蔵人、久寿2(1155)年中務少輔に任ぜられ、保元2(1157)年従五位上より正五位下に進み権大輔・左衛門佐、同3年遠江守、平治元(1159)年伊予守、永暦元(1160)年左馬頭より内蔵頭に任ぜられ従四位上に進む。応保2(1162)年内蔵頭を辞す同年右兵衛督に任ぜられ、長寛元(1163)年従三位に進む。同2年正三位に進み、永万元(1165)年参議に任ぜられる。仁安元(1166)年近江権守・左兵衛督に任ぜられ、更に権中納言に任ぜられ右衛門督・次第司御前長官・春宮大夫に任ぜられ、同2年従二位に進み更に権大納言に任ぜられる。同3年病気の為に任職を辞す。嘉応元(1169)年正二位に進み、同2年再び権大納言に任ぜられる。承安4(1174)年右大将に任ぜられ、同5年大納言に任ぜられ、治承元(1177)年内大臣に任ぜられる。同年右大将を辞す。同3年に発病の為出家。温厚であった為に父清盛を諌める事は茶飯事であったという。子に維盛・資盛・清経・有盛・師盛・忠房がいる。　典：大日・日名・京都・公補

平親範　たいらの・ちかのり

平安時代の人、参議。保延3(1137)年生〜承久2(1220)年9月28日没。84才。

非参議平範家の長男。母は権中納言藤原清隆の娘。久安元(1145)年蔵人に任ぜられ叙爵。同4年伯耆守、仁平2(1152)年勘解由次官に任ぜられ、久寿2(1155)年従五位上に進む。同3年伯耆守を辞す。保元2(1157)年右少弁に任ぜられ正五位下に進み、同3年皇后宮大進・右中弁に任ぜられ正五位上に進む。平治元(1159)年皇后宮大進を辞す。永暦元(1160)年従四位上に進み左中弁に任ぜられ、応保元(1161)年正四位下に進み、同2年蔵人頭に任ぜられ、永万元(1165)年参議に任ぜられる。仁安元(1166)年讃岐権守に任ぜられ、同3年従三位に進む。嘉応2(1170)年讃岐権守を辞す。承安元(1171)年近江権守・民部卿に任ぜられ正三位に進む。同4年に病気となり38才で出家。子に基親がいる。　典：公補

平頼盛　たいらの・よりもり

平安時代の人、権大納言。長承2(1133)年生〜文治2(1186)年6月2日没。54才。通称=池大納言。法名=重蓮。

正四位上・刑部卿平忠盛の五男。母は修理大夫宗兼の娘(池禅尼)。兄に清盛・経盛・敦盛・忠度、弟に教盛がいる。久安2(1146)年皇后宮権少進、同3年蔵人に任ぜられ従五位下に叙される。同5年常陸介に任ぜられ、同6年従五位上、仁平3(1153)年正五位下に進み、保元元(1156)年安芸守、同2年右兵衛佐・中務権大輔に任ぜられ従四位下に進み、同3年三川守に任ぜられ従四位上に進み、平治元(1159)年尾張守に任ぜられ、応保元(1161)年正四位下に進み太皇大后亮・右馬頭より、同2年内蔵頭・修理大夫に任ぜられる。同3年内蔵頭・尾張守を辞す。仁安元(1166)年太宰大弐に任ぜられ従三位に進む。同2年正三位に進み西府(太宰府か)より上洛。同3年修理大夫を辞す。同年兵衛督に任ぜられ更に参議に任ぜられる。嘉応2(1170)年尾張権守、安元元(1175)年遠江権守に任ぜられ、同2年権任納言に任ぜられる。治承3(1179)年右兵衛督を辞す。同4年従二位より正二位に進み、寿永元(1182)年陸奥出羽按察使となり中納言に任ぜられ、同2年権大納言に任ぜられたが源氏からの圧力で解任され都落ちし、西国に赴きのち上洛。その後関東に下向。元暦元(1184)年上洛。再び権大納言に任ぜられるも辞す。文治元(1185)年病気の為出家。六波羅第内の邸宅が兄清盛の泉殿の近くにあり池殿と称した。また、左京祟仁坊(JR京都駅付近)に別邸があった。源氏の一族滅亡にも母池禅尼が源頼朝を助けた事があり、頼朝から厚遇される。子に光盛・保盛がいる。　典：大日・日名・京都・公補

平時忠　たいらの・ときただ

平安時代の人、権大納言。大治5(1130)年生～文治5(1189)年2月24日没。60才。

正五位下・兵部権大輔(贈左大臣)平時信の長男。弟に親宗がいる。久安2(1146)年非蔵人より、同3年蔵人・大学助・左兵衛尉に任ぜられ、同5年叙爵。保元2(1157)年兵部権大輔に任ぜられ、同3年従五位上に進み、平治元(1159)年刑部大輔、永暦元(1160)年右衛門権佐・右少弁に任ぜられ、同2年正五位下に進む。同年解任され、応保2(1162)年出雲国に配流される。永万元(1165)年京に戻される。同2年復職し左少弁より右中弁・左衛門権佐に任ぜられ右宮城使となり同年従四位下、仁安元(1166)年従四位上に進み蔵人頭に任ぜられ、同2年正四位下に進み右大弁・右兵衛督に任ぜられ更に参議に任ぜられ従三位に進む。同3年正三位に進み権中納言に任ぜられる。嘉応元(1169)年再び解任され出雲国に配流される。承安元(1171)年に許され再び権中納言に任ぜられる。同2年中宮権大夫に任ぜられ、同4年従二位に進み、安元元(1175)年再び右衛門督に任ぜられる。同年使別当となり、同2年に辞す。治承3(1179)年正二位に進む。養和元(1181)年中宮権大夫を辞す。寿永元(1182)年中納言に任ぜられ、同2年権大納言に任ぜられる。同年また解任され西国に赴き、のち能登国に配流され、同所にて没す。墓所は石川県珠洲市大谷町にある。子に時実、養子に信国がいる。　典：日名・大日・公補

平宗盛　たいらの・むねもり

平安時代の人、内大臣。久安3(1147)年生～文治元(1185)年没。39才。

太政大臣平清盛の三男。母は従二位時子。兄に重盛・基盛、弟に知盛・重衡・知度・清房・維俊・清貞がいる。保元2(1157)年叙爵。平治元(1159)年遠江守、永暦元(1160)年淡路守・右兵衛佐に任ぜられ、同2年従五位上に進み、応保2(1162)年左兵衛佐・左馬頭、長寛元(1163)年美作守に任ぜられ、同2年正五位下、永万元(1165)年従四位下、同2年従四位上、

仁安元(1166)年正四位下に進む。同年左馬頭を辞す。同2年右中将に任ぜられる。同年美作守を辞す。参議に任ぜられ、従三位に進む。同3年越前権守・皇太后宮権大夫に任ぜられ正三位に進む。嘉応元(1169)年皇太后宮権大夫を辞す。同2年権中納言に任ぜられ右衛門督に任ぜられ、承安3(1173)年従二位に進む。安元元(1175)年権中納言を辞す。治承元(1177)年再び権中納言に任ぜられ右大将に任ぜられ、同2年正二位に進み権大納言に任ぜられる。同年右大将を辞す。春宮大夫に任ぜられる。同3年任職を辞す。養和元(1181)年父清盛が没し平家一門の棟梁となる。寿永元(1182)年再び権大納言に任ぜられ更に内大臣に任ぜられる。同2年従一位に進む。同年源氏との戦いに敗れ、安徳天皇を奉じ都落ちし、任職を辞し公卿の列から除名される。文治元(1185)年壇ノ浦の合戦で捕らえられ都大路を引き回され、源義経の六条室町第に監禁され、近江国篠原宿にて子清宗と共に斬首となる。子に清宗・能盛がいる。　典：大日・日名・京都・公補

平教盛　たいらの・のりもり

平安時代の人、中納言。大治3(1128)年生～文治元(1185)年没。58才。

正四位上・刑部卿平忠盛朝臣の三男。母は大宮権大夫家隆の娘。兄に太政大臣平清盛・頼盛、弟に経盛・敦盛・忠度がいる。久安4(1149)年左将監・蔵人に任ぜられる。同年叙爵。仁平元(1151)年淡路守に任ぜられ、同3年従五位上、保元2(1157)年正五位下に進み、同3年左馬権頭・大和守に任ぜられ、同4年従四位下に進み、平治元(1159)年越中守、永暦元(1160)年常陸介に任ぜられ従四位上より正四位下に進み、応保2(1162)年能登守、長寛2(1164)年内蔵頭に任ぜられる。仁安元(1166)年春宮亮に任ぜられ、同3年に辞す。同年蔵人頭に任ぜられ正三位に進み参議に任ぜられる。嘉応元(1169)年丹波権守に任ぜられ、治承2(1178)年に辞す。養和元(1181)年権中納言に任ぜられる。寿永元(1182)年従二位に進み、同2年中納言に任ぜられる。同年源氏との戦いに敗れ、解官して安徳天皇を奉じて西国に落ちのびる。文治元(1185)年一谷城の戦いに敗れ、壇ノ浦の合戦で帝が崩じ自決。子に教経・通盛がいる。　典：大日・日名・公補

平経盛　たいらの・つねもり

平安時代の人、中納言。大治3(1128)年生～文治元(1185)年没。58才。

正四位上・刑部卿平忠盛朝臣の四男。母は皇后宮亮源信雅朝臣の娘。兄に太政大臣平清盛・頼盛・教盛、弟に敦盛・忠度がいる。久安6(1150)年叙爵。保元元(1156)年安芸守・常陸介に任ぜられ、同2年従五位上に進む。同年常陸介を辞す。平治元(1159)年伊賀守に任ぜられ、永暦元(1160)年正五位下より従四位下に進み大宮権大進、応保元(1161)年左馬権頭・若狭守に任ぜられ従四位上に進み、同2年大宮亮に任ぜられ、長寛元(1163)年正四位下に進む。永万元(1165)年左馬権頭を辞す。仁安3(1168)年内蔵頭に任ぜられ、嘉応2(1170)年従三位に進む。承安元(1171)年讃岐権守に任ぜられる。安元元(1175)年内蔵頭・讃岐権守を辞し、同2年大宮亮を辞す。治承元(1177)年正三位に進み、同2年大宮権大夫、同3年修理大夫に任ぜられ、養和元(1181)年太皇大后権大夫に任ぜられ参議に任ぜられる。寿永元(1182)年備中権守に任ぜられる。同2年源氏との戦いに敗れ、安徳天皇を奉じて都落ちし西国に赴く。文治元(1185)年壇ノ浦の合戦に敗れ海に飛び込み自殺。子に経正・経俊・敦盛がいる。　典：大日・日名・古今・公補

平信範　たいらの・のぶのり

平安時代の人、非参議。天永3(1112)年生～没年不明。66才異常。字=平能。

従四位上・出羽守平知信朝臣の次男。母は主殿頭藤原惟信朝臣の娘。兄に時信(時忠・親宗の父)がいる。保安2(1120)年文章生、天治2(1125)年能登大掾、天承2(1132)年中宮権少進、長承3(1134)年蔵人、同4年修理亮、保延3(1137)年左兵衛尉、同4年左衛門少尉に任ぜられる。同5年叙爵。同年甲斐権守に任ぜられ、天養2(1145)年従五位上、久安6(1150)年正五位下に進み、保元元(1156)年少納言、同3年安芸権守、永暦元(1160)年蔵人、応保元(1161)年納言を辞す。同年左京権大夫、永万元(1165)年備後権守・右少弁に任ぜられる。同2年左京権大夫を辞す。仁安2(1167)年従四位下より従四位上に進み右中弁に任ぜられ、同3年正四位下に進む。嘉応元(1169)年源氏の圧力により解任され備後国に配流される。同2年許されて、承安元(1171)年従三位に進む。同3年兵部卿に任ぜられ、安元2(1176)年正三位に進む。治承元(1177)年66才で出家。子に信基・信国(時忠に養子)がいる。　典:公補

平知盛　たいらの・とももり

平安時代の人、権中納言。仁平2(1152)年生～文治元(1185)年没。34才。

太政大臣平清盛の四男。母は正五位下・兵部権大輔平時信(贈左大臣)の娘従二位平時子。兄に重盛・基盛・宗盛、弟に重衡・知度・清房・維俊がいる。平治元(1159)年蔵人に任ぜられ叙爵。永暦元(1160)年武蔵守に任ぜられる。応保2(1162)年左兵衛権佐に任ぜられ、長寛2(1164)年に辞す。同年正五位下に進み春宮大進・中務権大輔に任ぜられ、同2年従四位下に進む。同年大進・守を辞す。同3年従四位上より正四位下に進み左中将に任ぜられ、治承元(1177)年従三位に進む。同2年丹波権守に任ぜられ、同3年春宮権大夫・右兵衛督より左兵衛督に任ぜられる。同4年春宮権大夫を辞す。養和元(1181)年正三位に進む。同年参議に任ぜられるも辞す。寿永元(1182)年権中納言に任ぜられ従二位に進むも、同2年源氏の圧力で解任され、源氏との戦いに敗れ、安徳天皇を奉じて都落ちし西国に赴く。文治元年壇ノ浦の合戦に敗れ叔父教盛と共に海に飛び込み自殺。子に知章・知宗がいる。　典:大日・日名・公補

平清宗　たいらの・きよむね

平安時代の人、非参議。仁安3(1168)年生～元暦元(1184)年頃没。17才。

内大臣平宗盛の長男。母は正五位下・兵部権大輔平時信(贈左大臣)の娘。弟に能盛がいる。承安2(1172)年従五位下に叙される。同年元服。同3年従五位上に進み、同4年侍従に任ぜられ、安元2(1176)年正五位下に進み、治承2(1178)年備前介に任ぜられ、同3年従四位下より従四位上、同4年従三位に進む。寿永元(1182)年正三位に進む。同2年右衛門督に任ぜられたが源氏の圧力で解任され、源氏との戦いに敗れ安徳天皇を奉じて父と共に都落ちし西国に赴く。近江篠原にて斬られて没す。　典:大日・日名・公補

平重衡　たいらの・しげひら

平安時代の人、非参議。文元2(1157)年生～文治元(1185)年6月23日没。29才。

太政大臣平清盛の五男。母は正五位下・兵部権大輔平時信(贈左大臣)の娘従二位時子。兄に重盛・基盛・宗盛・知盛、弟に知度・清房・維俊・清貞がいる。応保2(1162)年従五位下に

叙され、同3年尾張守に任ぜられ、仁安元(1166)年従五位上に進み左馬頭に任ぜられ、同3年正五位下より従四位下、承安元(1171)年従四位上に進み、同2年中宮亮に任ぜられ正四位下に進む。治承2(1178)年中宮亮を辞す。同年春宮亮に任ぜられる。同3年左馬頭を辞す。同年左権中将に任ぜられる。同4年春宮亮を辞し蔵人頭に任ぜられる。同年南都の興福寺・東大寺などの焼打ちを行い、仏敵とされる。養和元(1181)年従三位に進む。同2年但馬権守に任ぜられ、寿永元(1182)年正三位に進むも、源氏の圧力で解任され、源氏との戦いに敗れ、安徳天皇を奉じて都落ちし西国に赴く。同3年一ノ谷で捕らわれ、身柄は土肥実平に預けられ、鎌倉に送られる。文治元年南都寺院の要請で奈良へ送られ木津川で斬首され、首は奈良坂に晒された。木津川町の安福寺は供養と為に建立され、門前に重衡の首洗い池がある。京都伏見区の宝福寺に平重衡塚がある。　典：大日・京都・鎌倉・日名・公補

平維盛　たいらの・これもり

平安時代の人、非参議。保元3(1158)年頃生～元暦元(1184)年以降没。

内大臣平重盛の長男。弟に資盛・清経・有盛・師盛・忠房がいる。仁安2(1167)年従五位下に叙され美濃権守に任ぜられ、同4年従五位上に進み、嘉応2(1170)年右権少将、同3年丹波権介に任ぜられ正五位下に進み、承安2(1172)年中宮権亮に任ぜられ、同3年従四位下に進む。安元2(1176)年中宮権亮を辞す。同年春宮権亮に任ぜられ正四位下に進む。同4年春宮権亮を辞す。養和元(1181)年権中将・蔵人頭に任ぜられ従三位に進む。寿永元(1182)年伊予権守に進むも、同2年源氏の圧力で解任され、源氏との戦いに敗れ、安徳天皇を奉じて都落ちし西国に赴く。元暦元(1184)年の屋島の合戦より姿を消し、のち高野山で出家。熊野那智に入水したという。子に六代がいる。　典：大日・京都・鎌倉・日名・公補

平親宗　たいらの・ちかむね

平安・鎌倉時代の人、中納言。天養元(1144)年生～正治元(1199)年7月17日没。56才。

正五位下・兵部権大輔平時信(贈左大臣)の次男。母は権大納言平時忠(兄)の娘。永暦元(1160)年蔵人に任ぜられ従五位下に叙され、永万2(1165)年兵部権少輔に任ぜられ、仁安2(1167)年従五位上より正五位下に進み伯耆守・皇太后宮権大進に任ぜられる。同年兵部権少輔を辞す。同4年伯耆守を辞す。嘉応元(1169)年勘解由次官、同2年讃岐守に任ぜられる。同年勘解由次官を辞す。承安2(1172)年右少弁、同3年右衛門権佐・検非違使、安元元(1175)年右中弁に任ぜられ従四位下、治承2(1178)年従四位上に進み、同3年修理右宮城使、養和元(1181)年左中弁より右大弁・蔵人頭に任ぜられ、同2年正四位下に進む。寿永2(1183)年任職を辞す。同年参議に任ぜられ、元暦元(1184)年従三位に進む。文治元(1185)年参議を辞す。同3年再び参議に任ぜられ左大弁、同4年丹波権守に任ぜられ、同5年正三位に進み権中納言に任ぜられる。建久5年従二位、正治元年正二位に進み中納言に任ぜられる。子に親国・親長・宗宣がいる。　典：公補

平通盛　たいらの・みちもり

平安時代の人、非参議。生年不明～寿永3(1184)年没。初名＝公盛。

中納言平教盛の次男。母は皇后宮大進藤原資憲朝臣の娘。兄に教経(正五位下・能登守。寿永4年屋島の合戦で没)がいる。平治2(1160)年従五位下に叙され、長寛2(1164)年中務

大輔、永万元(1165)年常陸介に任ぜられ従五位上に進み、仁安元(1166)年左兵衛佐に任ぜられる。同年常陸介・中務大輔を辞す。同3年正五位下より従四位下に進み能登守に任ぜられ、承安2(1172)年従四位上より正四位下に進む。安元2(1176)年能登守を辞す。越前守に任ぜられ、治承3(1179)年に辞す。同年再び能登守・中宮亮に任ぜられ再び越前守に転じ、養和元(1181)年に再び辞す。寿永2(1183)年従三位に進むも源氏の圧力によって公卿から除名され西海に赴く。同3年父と共に行動し備中より讃岐に渡り、一の谷の戦いに敗れ湊川の戦いで没す。　典：大日・日名・公補

平資盛　たいらの・すけもり

平安時代の人、非参議。生年不明～文治元(1185)年没。

内大臣平重盛の次男。母は下野守藤原親方の娘少輔掌侍。兄に維盛、弟に清経(正四位下・近衛中将。寿永2年宗盛らと太宰府より豊前の柳浦に至り海に身を投じて没)・有盛(従四位下・左近衛少将、寿永3年屋島の戦いに敗れ、同4年壇の浦合戦で没)・師盛(備中守。寿永3年一の谷の戦いに敗れ逃走中に没)・忠房(侍従・丹後守。捕らえられ文治元年に鎌倉に幽閉され京に護送され近江にて殺される)がいる。仁安元(1166)年従五位下に叙され越前守に任ぜられ同4年従五位上に進み、承安4(1174)年侍従に任ぜられ、安元元(1175)年正五位下に進み、治承2(1178)年右権少将に任ぜられる。同年侍従を辞す。同3年従四位下、同4年従四位上、同5年正四位下に進む。養和元(1181)年権少将を辞す。同年右権中将、寿永2(1183)年蔵人頭に任ぜられ従三位に進むも源氏の圧力に解任され西海に赴く。同3年一の谷に戦いに敗れ、同4年壇の浦合戦にて没す。子に盛綱・親真がいる。
典：大日・日名・公補

平基親　たいらの・もとちか

平安・鎌倉時代の人、非参議。生没年不明。

参議平親範の子。母は従五位下・若狭守高階泰重の娘。保元3(1158)年叙爵。同年蔵人・出雲守に任ぜられ、平治元(1159)年出雲守を辞す。同年伯耆守に任ぜられ、永暦元(1160)年従五位上に進み、仁安2(1167)年勘解由次官に任ぜられる。同年伯耆守を辞す。同3年正五位下に進み、承安2(1172)年中宮大進、安元元(1175)年蔵人、治承3(1179)年右少弁に任ぜられる。同年蔵人・中宮大進を辞す。源氏の圧力により解任される。寿永2(1183)年許されて再び右少弁に任ぜられる。元暦元(1184)年左少弁、文治元(1185)年権右中弁に任ぜられ、同2年従四位下に進み右中弁に任ぜられる。同3年右宮城使に任ぜられ、同4年従四位上に進み右大弁に任ぜられ、同5年正四位下に進み左大弁に任ぜられ、建久元(1190)年従三位に進み兵部卿に任ぜられる。建永元(1206)年出家。　典：公補

平光盛　たいらの・みつもり

平安・鎌倉時代の人、非参議。承安2(1172)年生～寛喜元(1229)年7月20日没。58才。法名=素懐か。

権大納言平頼盛の長男。母は法印寛雅の娘八条院女房。弟に保盛がいる。安元2(1176)年叙爵。治承2(1178)年従五位上に進み、同3年侍従に任ぜられ、養和元(1181)年正五位下に進み、寿永2(1183)年讃岐介に任ぜられたが源氏の圧力により、解任される。元暦元

(1184)年許されて右少将に任ぜられ、文治元(1185)年従四位下に進み備前守に任ぜられ、同4年従四位上、建久2(1191)年正四位下に進む。同5年右少将を辞す。元久2(1205)年従三位に進む。建暦元(1211)年正三位、貞応元(1222)年従二位に進む。寛喜元年出家。 典：公補

平業兼 たいらの・なりかね

平安・鎌倉時代の人、非参議。生没年不明。初名＝業隆。

相模守業房の子。母は従二位高階栄子。業兼と名乗る。寿永2(1183)年大膳亮に任ぜられ、文治元(1185)年叙爵。同年美濃守に任ぜられ、同2年従五位上に進み民部権大輔に任ぜられ、同5年正五位下、建久3(1192)年従四位下、同6年従四位上、同9年正四位下に進み、建仁2(1202)年治部卿に任ぜられ、元久2(1205)年従三位に進む。承元3(1209)年出家。 典：公補

平親国 たいらの・ちかくに

平安・鎌倉時代の人、非参議。生年不明～承元2(1208)年1月7日没。

権中納言平親宗の子。弟に親長・宗宣がいる。嘉応2(1170)年叙爵。同年伊賀守、承安元(1171)年阿波守に任ぜられ、安元2(1176)年従五位上に進み、治承元(1177)年加賀守、養和元(1181)年治部大輔、寿永元(1182)年勘解由次官に任ぜられ、同2年正五位下に進み、建久元(1190)年蔵人、同6年右少弁、同9年皇后宮大進、建仁元(1201)年右中弁に任ぜられ従四位下に進み、同2年修理右宮城使に任ぜられ、元久元(1204)年正四位下に進み皇后宮亮・蔵人頭に任ぜられ、建永元(1206)年従三位に進む。子に有親・惟忠がいる。 典：公補

平保盛 たいらの・やすもり

平安・鎌倉時代の人、非参議。生没年不明。

権大納言頼盛の子。兄に光盛がいる。応保2(1162)年叙爵。長寛元(1163)年右兵衛佐・越前守に任ぜられ、永万元(1165)年従五位上に進む。仁安元(1166)年右兵衛佐を辞す。同年尾張守に任ぜられ、同3年正五位下に進み、嘉応2(1170)年左衛門佐に任ぜられ、承安3(1173)年従四位下、治承2(1178)年従四位上に進み中宮亮に任ぜられ、寿永元(1182)年正四位下、承元3(1209)年従三位に進む。同4年正三位に進み、建暦元(1211)年出家。子に頼清がいる。 典：公補

平時実 たいらの・ときざね

平安・鎌倉時代の人、従三位・非参議。応保元(1161)年生～建保元(1213)年1月28日没。53才。

権大納言平時忠の子。義弟に信国がいる。仁安元(1166)年叙爵。同年越後守に任ぜられ、同3年従五位上、嘉応元(1169)年正五位下に進む。同2年讃岐守に任ぜられ、承安2(1172)年に辞す。同年左少将に任ぜられ、同3年従四位下、安元2(1176)年従四位上、寿永元(1182)年正四位下に進み、同2年中将に任ぜられたが源氏の圧力で解任され、文治元(1185)年周防国に配流される。同5年許されて京に帰る。建暦元(1211)年従三位に進む。子に時秀がいる。 典：大日・日名・公補

平親輔　たいらの・ちかすけ

平安・鎌倉時代の人、非参議。生没年不明。

刑部権大輔信季の子。内蔵頭平信基朝臣(非参議平信範の子)の養子となる。安元3(1177)年左将監に任ぜられ一院判官代となり、寿永2(1183)年蔵人に任ぜられ従五位下に叙され、元暦元(1184)年兵部少輔に任ぜられ、文治3(1187)年従五位上に進み、同5年長門介に任ぜられ、建久元(1190)年正五位下に進む。同年兵部少輔を辞す。正治2(1200)年勘解由次官、建仁3(1203)年越後権介、建永元(1206)年蔵人に任ぜられる。承元元(1207)年勘解由次官・蔵人を辞す。同年右少弁、同2年左少弁、同3年右中弁より左中弁に任ぜられ従四位下に進み装束使・左宮城使となる。同4年伊予権守に任ぜられ従四位上に進み同年右大弁、建暦元(1211)年左大弁・治部卿・蔵人頭に任ぜられ、同2年正四位下より従三位に進む。建保3(1215)年出家。子に範輔・時高がいる。　典：公補

平経高　たいらの・つねたか

鎌倉時代の人、参議。治承4(1180)年生～建長7(1255)年6月没。76才。初名=時平。

従三位・非参議平範家の孫。治部大輔平行範の子。初め時平と名乗る。文治3(1187)年大舎人助、建久2(1191)年紀伊守に任ぜられる。同年経高と改名。同9年従五位上に進み、同10年皇后宮権大進に任ぜられ、建仁3(1203)年正五位下に進む。元久元(1204)年春宮権大進に任ぜられる。同2年に辞す。右衛門権佐、承元3(1209)年蔵人、同5年右少弁、建暦元(1211)年左少弁より権右中弁に任ぜられ、建保2(1214)年従四位上に進み右中弁に任ぜられ、同4年正四位下に進み、同6年左中弁・左宮城使、同7年右大弁、承久2(1220)年蔵人頭・宮内卿に任ぜられる。同3年蔵人頭を辞す。貞応2(1223)年中宮亮に任ぜられ、元仁元(1224)年従三位に進む。嘉禄2(1226)年参議に任ぜられる。安貞元(1227)年備前権守に任ぜられ、同2年正三位に進む。貞永元(1232)年近江守に任ぜられ従二位に進む。嘉禎元(1235)年参議を辞す。暦仁元(1238)年正二位に進み、仁治元(1240)年民部卿に任ぜられ、建長2(1250)年に辞す。　典：日名・公補

平範輔　たいらの・のりすけ

鎌倉時代の人、権中納言。建久3(1192)年生～嘉禎元(1235)年7月25日没。44才。

非参議平親輔の子。弟に時高がいる。建永元(1206)年蔵人、承元4(1210)年治部少輔、建暦2(1212)年兵部権少輔に任ぜられ、建保元(1213)年従五位上、同6年正五位下に進み勘解由次官、承久3(1221)年右衛門権佐・皇后宮権大進、貞応元(1222)年右少弁、同2年皇后宮権大進、元仁元(1224)年左少弁に任ぜられ、嘉禄元(1225)年従四位下より従四位上に進み権右中弁より右大弁・蔵人頭、同2年遠江権守・中宮亮に任ぜられ正四位下に進み、更に参議に任ぜられる。安貞元(1227)年従三位に進む。寛喜元(1229)年中宮亮・遠江権守を辞す。同2年加賀権守、同3年左大弁・勘解由長官に任ぜられ、貞永元(1232)年正三位に進み造東大寺長官となる。文暦元(1234)年権中納言に任ぜられ、嘉禎元年に辞す。同年出家。子に範賢・高輔がいる。　典：公補

平宗宣　たいらの・むねのぶ

鎌倉時代の人、非参議。治承2(1178)年生～貞永元(1232)年5月17日没。55才。

権中納言平親宗の三男。兄に親国・親長がいる。文治3(1187)年従五位下に叙され、建久5(1194)年和泉守に任ぜられ従五位上に進み、同7年少納言に任ぜられる。同9年任職を解かれ播磨国に流される。建仁元(1201)年許されて京に召さる。同2年兵部大輔に任ぜられ、同3年に辞す。同年正五位下に進み再び少納言、同4年宮内少輔・勘解由次官に任ぜられる。建暦元(1211)年蔵人に任ぜられ、建保2(1214)年に辞す。承久3(1221)年修理権大夫に任ぜられ従四位上に進む。貞応元(1222)年修理権大夫を辞す。同年正四位下、同2年従三位に進む。貞永元(1232)年中風に罹り出家。　典：公補

平親長　たいらの・ちかなが

鎌倉時代の人、非参議。生没年不明。初名=親季。

権中納言平親宗の次男。兄に親国、弟に宗宣がいる。初め親季と名乗る。寿永2(1183)年越中守に任ぜられたが解任される。元暦元(1184)年復職。文治元(1185)年再び辞す。建久元(1190)年上総介に任ぜられる。同年親長と改名。同4年治部権大輔に任ぜられ、同5年正五位下に進み、正治元(1199)年右衛門権佐、建仁元(1201)年左衛門佐、建暦元(1211)年木工頭、承久元(1219)年中宮大進、同3年蔵人、貞応元(1222)年右少弁より左少弁、元仁元(1224)年権右中弁より、嘉禄元(1225)年左中弁に任ぜられ、同2年従四位上に進み左宮城使に任ぜられ、安貞2(1228)年正四位下に進む。同年左中弁を辞す。蔵人頭・治部卿に任ぜられ、寛喜2(1230)年従三位に進む。貞永元(1232)年正三位に進む。天福元(1233)年出家。　典：公補

平有親　たいらの・ありちか

鎌倉時代の人、参議。建久4(1193)年生～文応2(1261)年1月4日没。69才。初名=知親。

非参議平親国の子。母は権中納言藤原光隆の娘。弟に惟忠がいる。建仁元(1201)年叙爵。同年皇后宮少進、同2年皇后宮権大進、建保3(1215)年中宮権大進に任ぜられ、同4年従五位上に進む。同年中宮権大進を辞す。承久3(1221)年勘解由次官・蔵人に任ぜられ、貞応元(1222)年正五位下に進む。同3年勘解由次官を辞す。但馬介に任ぜられ、嘉禄元(1225)年右少弁より右中弁に任ぜられ、同2年従四位下に進み、同3年左中弁に任ぜられ従四位上に進み、安貞2(1228)年武蔵介・左宮城使に任ぜられ、寛喜2(1230)年正四位下に進み、同3年内蔵頭・蔵人頭・春宮亮に任ぜられ、貞永元(1232)年参議に任ぜられる。天福元(1233)年備中権守に任ぜられ従三位進み、嘉禎元(1235)年正三位に進む。暦仁元(1238)年参議を辞す。同年従二位に進む。仁治元(1240)年48才で出家。子に時継がいる。　典：公補

平時兼　たいらの・ときかね

鎌倉時代の人、非参議。仁安3(1168)年生～建長元(1249)年5月17日没。82才。

権大納言平時忠の養子少納言平信国(平信範の子)の子。治承2(1178)年縫殿権助・春宮権少進に任ぜられ、同4年叙爵し伊豆守に任ぜられ、承元4(1210)年従五位上、建暦元(1211)年正五位下に進み、建保4(1216)年兵部権少輔、承久3(1221)年日向守、嘉禄元(1225)年勘解由次官・蔵人、安貞元(1227)年左少弁に任ぜられ同年従四位下、同2年従四位上に進み、寛喜2(1230)年権右中弁より、貞永元(1232)年右中弁・修理右宮城使に任ぜられ、同2年

正四位下、天福元(1233)年従三位に進む。延応元(1240)年右京大夫に任ぜられる。仁治3(1242)年三河権守に任ぜられ、寛元3(1246)年に辞す。子に兼親がいる。　典：公補

平時高　たいらの・ときたか

鎌倉時代の人、非参議。建久7(1196)年生〜建長6(1254)年3月26日没。59才。初名＝範実。前名＝知時。

非参議平親輔の次男。母は中納言藤原実教の娘。兄に範輔がいる。初め範実と名乗る。承元3(1209)年蔵人に任ぜられる。同年叙爵。建保3(1215)年刑部権大輔に任ぜられる。同年範実と改名。同6年従五位上に進む。同年知時と改名。貞応3(1224)年中宮権大進に任ぜられる。同年時高と改名。嘉禄2(1226)年正五位下に進み中宮大進、貞永2(1233)年備中守、嘉禎3(1237)年皇后宮大進、同4年右少弁より左少弁更に権右中弁に任ぜられ、同年従四位下、暦仁2(1238)年従四位上、延応元(1240)年正四位下に進み、仁治2(1241)年右中弁・修理右宮城使、同3年左中弁・蔵人頭、寛元元(1243)年左宮城使・中宮亮、同3年美作権守に任ぜられ従三位に進む。宝治2(1248)年任職を辞す。建長元(1249)年正三位、同6年従二位に進む。子に時仲がいる。　典：公補

平惟忠　たいらの・これただ

鎌倉時代の人、参議。文治2(1187)年生〜弘長3(1263)年1月21日没。77才。

非参議平親国の子。兄に有親がいる。貞応元(1222)年従五位上に叙され少納言に任ぜられ、嘉禄3(1227)年正五位下に進み、寛喜元(1229)年斎宮寮頭、天福元(1233)年皇后宮権大進、嘉禎2(1236)年皇后宮大進に任ぜられ、同4年従四位下に進み、暦仁元(1238)年備中守に任ぜられ、同2年従四位上に進み、仁治元(1240)年修理権大夫に任ぜられ、同2年正四位下に進み、同3年内蔵頭・摂津守、寛元4(1246)年太宰大弐に任ぜられ従三位に進む。建長3(1251)年正三位に進む。同年参議に任ぜられ翌年に辞す。同6年従二位に進み大蔵卿に任ぜられ、正嘉元(1257)年正二位に進む。子に親継がいる。　典：公補

平兼親　たいらの・かねちか

鎌倉時代の人、非参議。生没年不明。

非参議平時兼の子。宮内卿に任ぜられ、のちこれを辞す。建長4(1252)年従三位に叙される。同6年出家。子に高兼がいる。　典：公補

平時継　たいらの・ときつぐ

鎌倉時代の人、権大納言。貞応元(1222)年生〜永仁2(1294)年7月10日没。73才。

参議平有親の子。建長4(1252)年蔵人頭に任ぜられ、のち正四位下に叙され治部卿・宮内卿に任ぜられ、同7年参議に任ぜられる。正嘉元(1257)年正三位、文応元(1260)年従二位に進み近江権守に任ぜられ、文永3(1266)年正二位に進む。同6年権中納言に任ぜられるも辞す。正応2(1289)年権大納言に任ぜられ、同3年に辞す。63才で出家。子に経親がいる。　典：公補

平頼清　たいらの・よりきよ

鎌倉時代の人、非参議。生年不明〜文永3(1266)年没。

池大納言平頼盛の孫。非参議平保盛の子。右馬頭をに任ぜられ、のちこれを辞す。建長7(1255)年従三位に叙される。　典：公補

平成俊　たいらの・なりとし

鎌倉時代の人、権中納言。建保5(1217)年生～正応5(1292)年6月28日没。76才。初名＝時平。

正五位下・蔵人・木工頭棟基の子。初め時平と名乗る。嘉禎3(1237)年豊後守に任ぜられる。同年叙爵。寛元元(1243)年従五位上に進み春宮少進に任ぜられる。同年成俊と改名。同2年宮内少輔、宝治2(1248)年勘解由次官に任ぜられ、同3年正五位下に進み、建長3(1251)年蔵人、同6年左少弁に任ぜられ、同8年正五位上に進み、正嘉元(1257)年権右中弁に任ぜられ従四位下に進み、同2年右中弁・右宮城使に任ぜられ従四位上に進み、正元元(1259)年正四位下に進み同年春宮亮、弘長元(1261)年中宮亮・左中弁・蔵人頭・皇后宮亮・左宮城使に任ぜられ、同2年参議に任ぜられる。同3年備前権守に任ぜられ、文永元(1264)年従三位に進む。同3年参議を辞す。同5年正三位、同7年従二位に進み、同8年再び参議に任ぜられる。同10年伊予権守に任ぜられる。建治2(1276)年任職を辞す。同3年太宰大弐に任ぜられ、弘安3(1280)年正二位に進む。同6年大宰大弐を辞す。正応4(1291)年権中納言に任ぜられるも辞す。子に惟俊がいる。　典：公補

平親継　たいらの・ちかつぐ

鎌倉時代の人、非参議。生年不明～文永2(1265)年没。

参議平惟忠の子。安貞3(1229)年叙爵。寛喜2(1230)年薩摩守・伊世守、嘉禎元(1235)年若狭守、同2年皇后宮少進に任ぜられ、同3年従五位上に進み、延応元(1239)年斎宮寮頭に任ぜられ、仁治3(1242)年正五位下に進み、寛元2(1244)年左衛門佐・丹波守に任ぜられる。宝治3(1249)年左衛門佐を辞す。建長4(1252)年左衛門権佐、正嘉元(1257)年内蔵頭に任ぜられ従四位下に進み、同2年従四位上、正元元(1259)年正四位下、弘長2(1262)年従三位に進む。　典：公補

平高兼　たいらの・たかかね

鎌倉時代の人、非参議。承久元(1219)年生～弘安4(1281)年7月5日没。63才。

非参議平兼親の子。安貞2(1228)年叙爵。同年但馬守、貞永2(1233)年治部権少輔に任ぜられ、嘉禎2(1236)年従五位上、仁治2(1241)年正五位下、正元元(1259)年従四位下に進み治部卿に任ぜられ、文応2(1260)年従四位上、文永4(1267)年従三位に進む。同9年右京大夫に任ぜられる。建治元(1275)年三川権守に任ぜられ、弘安元(1278)年に辞す。同年正三位に進む。同3年右京大夫を辞す。同年従二位に進み、同4年侍従に任ぜられる。子に惟継がいる。　典：公補

平範賢　たいらの・のりかた

鎌倉時代の人、非参議。生年不明～弘安5(1282)年9月15日没。初名＝範忠。

権中納言平範輔の孫。右京大夫平範頼朝臣の子。弟に高輔がいる。始め範忠と名乗る。嘉禎3(1237)年叙爵。仁治3(1242)年兵部少輔に任ぜられ、寛元3(1245)年従五位上に進み、同4年筑前介に任ぜられる。同年少輔を辞す。建長2(1250)年少納言・皇后宮権大進に任ぜ

られ正五位下に進み、同3年紀伊権守に任ぜられる。同年大進を辞し、正嘉元(1257)年少納言を辞す。弘長3(1263)年中宮権大進、文永10(1273)年内蔵頭に任ぜられ従四位下に進む。同年内蔵頭を辞す。同11年従四位上、建治2(1276)年正四位下に進み、弘安2(1279)年肥前権守に任ぜられ、同3年従三位に進む。同年範賢と改名。子に信忠がいる。　典：公補

平信輔　たいらの・のぶすけ

鎌倉時代の人、参議。生年不明〜永仁4(1296)年6月25日没。

権中納言平範輔の孫。正四位上・蔵人頭・皇后宮亮平範頼朝臣の子。建長3(1251)年叙爵。備後守に任ぜられる。同年元服。同8年従五位上に進み、正嘉2(1258)年春宮少進に任ぜられ、同3年正五位下に進み越中守に任ぜられる。同年春宮少進を辞す。弘長2(1262)年右兵衛佐・皇后宮権大進より、文永4(1267)年中宮権大進に任ぜられる。同5年中宮権大進を辞す。同6年再び皇后宮権大進に任ぜられる。同9年皇后宮権大進を辞す。同10年兵部権少輔に任ぜられる。建治元(1275)年勘解由次官に任ぜられる。同2年に辞す。同年宮内少輔に任ぜられ、同3年右少弁、弘安3(1280)年左少弁に任ぜられ従四位下に進み、同6年右中弁・右宮城使に任ぜられ従四位上に進み、同7年左中弁に任ぜられ正四位下に進み、同8年右大弁に任ぜられ正四位上に進む。同9年右大弁を辞す。同年治部卿・蔵人頭・左京大夫、同10年内蔵頭に任ぜられ、正応元(1288)年従三位に進む。同年参議に任ぜられるも辞す。同3年正三位、永仁4年従二位に進む。子に惟輔がいる。　典：公補

平仲兼　たいらの・なかかね

鎌倉時代の人、権中納言。宝治2(1248)年生〜没年不明。法名=覚浄。

非参議平時高の孫。正四位下・兵部卿平時仲朝臣の子。母は正五位下・筑後守平惟宗行貞の娘。正嘉元(1257)年叙爵。正元元(1259)年民部大輔に任ぜられ、文応2(1260)年従五位上、弘長3(1263)年正五位下に進み、文永11(1274)年甲斐守、建治2(1276)年勘解由次官に任ぜられる。同年民部大輔を辞す。同3年左衛門権佐・防鴨河使に任ぜられる。同4年甲斐守を辞す。弘安3(1280)年五位蔵人・兵部権大輔に任ぜられる。同年左衛門権佐を辞し、同8年蔵人を辞す。同年右少弁に任ぜられ、同9年正五位上に進み、同10年左少弁、正応元(1288)年権右中弁に任ぜられ従四位上に進み、同2年左中弁より右大弁更に左宮城使に任ぜられ正四位下より正四位上に進み、同3年左大弁・造東大寺長官・中宮亮・蔵人頭に任ぜられ、同5年従三位に進む。同年参議に任ぜられるも辞す。永仁2(1294)年正三位に進み、同3年太宰大弐に任ぜられ、正安元(1299)年従二位に進む。同2年大弐を辞す。嘉元元(1303)年権中納言に任ぜられるも辞す。同3年に58才で出家。子に仲高・範高がいる。　典：公補

平経親　たいらの・つねちか

鎌倉時代の人、権大納言。文応元(1260)年生〜没年不明。法名=浄空。

権大納言平時継の次男。母は非参議高階経雅の娘。正元元(1259)年叙爵。文永9(1272)年従五位上に進み、同10年甲斐守、同11年丹波守に任ぜられ正五位下に進み、建治2(1276)年右兵衛佐に任ぜられる。弘安3(1280)年守を辞す。同8年皇后宮権大進・左衛門権佐、同9年防鴨河使に任ぜられ、同11年従四位下に進み中宮亮、正応2(1289)年左少弁に任ぜら

れる。同年中宮亮・左衛門権佐を辞す。同年従四位上に進み権右中弁に任ぜられ、同3年正四位下に進み右中弁より左中弁・右宮城使に任ぜられる。同4年左中弁を辞す。同年正四位上に進み、同5年右大弁・蔵人頭に任ぜられ、永仁元(1293)年従三位に進む。同年参議に任ぜられ翌年に辞す。同4年正三位に進み再び参議に任ぜられる。同6年駿河権守に任ぜられ、正安元(1299)年左大弁・造東大寺長官に任ぜられ従二位に進む。同2年権中納言に任ぜられるも辞す。徳治2(1307)年関東に下向。のち上洛。延慶2(1309)年正二位に進む。正和2(1313)年権大納言に任ぜられるも辞す。文保元(1317)年58才で出家。子に親時・宗経がいる。　典：公補

平惟俊　たいらの・これとし

鎌倉時代の人、非参議。生没年不明。

権中納言平成俊の子。文永7(1270)年従五位下、同12年従五位上に叙され三河守に任ぜられる。建治元(1275)年春宮少進に任ぜられ、弘安元(1278)年に辞す。正応2(1289)年治部大輔に任ぜられ、同3年正五位下に進み、同4年勘解由次官に任ぜられ、同5年従四位下に進む。同年勘解由次官を辞す。正安元(1299)年従四位上、嘉元元(1303)年正四位下、同3年従三位に進む。延慶2(1309)年正三位に進む。正中2(1325)年より名が見えなくなる。
典：公補

平惟輔　たいらの・これすけ

鎌倉時代の人、権中納言。文永9(1272)年生〜元徳2(1330)年2月7日没。59才。

参議平信輔の子。母は法印増栄の娘。弘安元(1278)年従五位下に叙され、同2年越前守、同4年春宮少進に任ぜられ、同6年従五位上、同8年正五位下に進む。同年春宮大進に任ぜられ、同9年に辞す。同10年治部権少輔、同11年右兵衛佐、正応4(1291)年右衛門佐、同5年中宮権大進に任ぜられる。同年右衛門佐を辞す。永仁5(1297)年左衛門権佐・防鴨河使、同6年蔵人・兵部少輔に任ぜられる。同年春宮大進を辞す。正安2(1300)年正五位上に進み、同3年右少弁、乾元元(1302)年左少弁、嘉元元(1303)年右中弁・中宮亮に任ぜられ従四位下より従四位上に進み、同3年蔵人頭に任ぜられ、同4年正四位下に進み参議に任ぜられる。延慶元(1308)年参議を辞す。同年従三位に進み、同2年再び参議に任ぜられ丹波権守に任ぜられ正三位に進む。応長元(1311)年権守を辞す。正和元(1312)年備後権守に任ぜられ従二位に進み、同4年権中納言に任ぜられる。同5年正二位に進む。同年権中納言を辞す。子に成輔がいる。　典：公補

平仲親　たいらの・なかちか

鎌倉時代の人、参議。生没年不明。

非参議平時高の孫。正四位下・兵部卿平時仲の次男。母は正五位下・筑前守惟宗行貞の娘。兄に仲兼がいる。文永2(1265)年正五位下に叙される。同2年少納言を辞す。建治2(1276)年下総守、弘安8(1285)年勘解由次官、正応2(1289)年蔵人・春宮権大進に任ぜられる。同年勘解由次官を辞す。同3年春宮大進、同5年右少弁に任ぜられる。同年蔵人を辞す。永仁3(1295)年従四位下に進み刑部卿に任ぜられ、同4年従四位上、同5年正四位下に進み、嘉元3(1305)年権左中弁より左中弁・右宮城使より右宮城使、徳治元(1306)年右

大弁、同2年蔵人頭・治部卿に任ぜられる。同年右大弁を辞す。延慶元(1308)年従三位に進む。同2年正三位、正和元(1312)年従二位に進む。同2年参議に任ぜられるも辞す。同4年より名が見えなくなる。　典：公補

平兼有　たいらの・かねあり

鎌倉時代の人、非参議。生没年不明。法名＝寂縁。

少納言輔兼の子。弘安6(1283)年従五位下に叙され出雲守・少納言に任ぜられる。同年出雲守を辞す。同7年従五位上に進み、同8年春宮少進に任ぜられ、同9年正五位下、同10年従四位下に進む。正応2(1289)年春宮少進を辞す。同年従四位上、同5年正四位下に進む。永仁元(1293)年少納言を辞す。同5年宮内卿に任ぜられ、同6年に辞す。応長元(1311)年従三位に進む。正和元(1312)年出家。孫に清有、曾孫に惟清がいる。　典：公補

平惟継　たいらの・これつぐ

鎌倉・南北朝時代の人、権中納言。文永3(1266)年生～康永2(1343.興国4)年4月18日没。78才。初名＝惟兼。法名＝宴儀。

非参議平高兼の子。初め惟兼と名乗る。弘安7(1284)年従五位上、正応2(1289)年正五位下に進み、永仁5(1297)年中務権少輔に任ぜられる。同年惟継と改名。同6年宮内権大輔に任ぜられ、正安3(1301)年に辞す。同4年兵部権大輔に任ぜられ、嘉元3(1305)年に辞す。同年宮権大進・勘解由次官、徳治3(1308)年蔵人・修理権大夫に任ぜられるも辞す。同年従四位下に進み、のち従四位上より正四位下、正和2(1313)年従三位に進む。文保2(1318)年正三位に進み、元応2(1320)年勘解由長官に任ぜられ、元亨2(1322)年太宰大弐に任ぜられ、同3年参議に任ぜられる。正中2(1325)年刑部卿に任ぜられ、左大弁・造東大寺長官に任ぜられ、元徳元(1329)年従二位に進む。同2年勘解由長官を辞す。同年権中納言に任ぜられるも辞す。のち正二位に進む。大宰権帥に任ぜられ、元弘元(1331)年に辞す。建武元(1334)年大蔵卿に任ぜられる。同年任職を辞す。同2年文章博士に任ぜられ、同4年(興元2)年に辞す。康永元(1342.興国3)年77才で出家。　典：公補

平親時　たいらの・ちかとき

鎌倉・南北朝時代の人、権大納言。弘安7(1284)年生～暦応2(1339.延元4)年11月15日没。56才。初名＝惟親。

権大納言平経親の長男。弟に宗経がいる。初め惟親と名乗る。正応元(1288)年叙爵。同5年従五位上に進み春宮権大夫に任ぜられる。同年経望と改名。永仁2(1294)年正五位下に進み、同5年兵部権大輔、正安2(1300)年備中介・尾張守に任ぜられる。同年兵部権大輔を辞す。親時と改名。同3年尾張守を辞す。同年春宮権大進に任ぜられ、徳治3(1308)年に辞す。同年右衛門権佐・蔵人に任ぜられ、延慶2(1309)年左衛門権佐、同3年左少弁に任ぜられ、同4年従四位下に進む。同年蔵人・左衛門権佐を辞す。正和元(1312)年従四位上に進み権右中将に任ぜられ、同2年正四位下に進み右中弁・修理右宮城使に任ぜられ、同3年左中弁より右大弁に任ぜられ、同4年蔵人頭・造東大寺長官に任ぜられ参議に任ぜられる。同5年従三位に進み備中権守に任ぜられる。文保元(1317)年権中納言に任ぜられるも辞す。同2年正三位、元亨元(1321)年従二位、元徳2(1330)年正二位に進み、正慶元

(1332.元弘2)年権大納言に任ぜられるも、勅命で翌年に止職となる。暦応2(1339.延元4)年56才で出家。子に親顯がいる。　典：公補

平成輔　たいらの・なりすけ

鎌倉時代の人、参議。正応4(1291)年生〜正慶元(1332.元弘2)年5月22日没。42才。

権中納言平惟輔の子。元亨4(1324)年正四位下に叙され中宮亮・蔵人頭に任ぜられ、のち蔵人頭を辞す。嘉暦2(1327)年治部卿・弾正大弼に任ぜられ参議に任ぜられる。同3年従三位に進み丹波権守に任ぜられる。元徳元(1329)年治部卿・弾正台弼を辞す。同2年正三位に進む。同年任職を辞す。元弘元(1331)年第96代後醍醐天皇に鎌倉幕府を討つ計画を命じられて義軍を募り、これを諌めた大判事中原章房を天皇の命により殺す。正慶元(1332.元弘2)年天皇が笠置に赴く間に六波羅にて幕府側に捕らえられ、鎌倉へ護送中、相模の早川尻にて殺される。これを契機に南北朝時代を迎える。没後に従二位を贈られる。墓所は神奈川県小田原市南三丁目にある。　典：大日・日名・伝日・公補

平範高　たいらの・のりたか

鎌倉・南北朝時代の人、非参議。生没年不明。

権中納言平仲兼の次男。兄に仲高がいる。正応2(1289)年叙爵。同3年従五位上、同5年正五位下に進み、永仁5(1297)年刑部権少輔、同6年刑部権大輔、正安元(1299)年刑部大輔、嘉元3(1305)年中宮権大進に任ぜられる。徳治3(1308)年勘解由次官に任ぜられ、延慶元(1308)年これと中宮権大進を辞す。正和4(1315)年従四位下に進む。同5年治部卿に任ぜられ、文保2(1318)年に辞す。同年従四位上に任ぜられ、同3年皇后宮亮に任ぜられ、元応元(1319)年正四位下に進み皇后宮亮を辞す。同2年春宮亮に任ぜられ、元亨2(1322)年に辞す。嘉暦2(1327)年右中弁、同4年左中弁に任ぜられるも辞す。同年左京権大夫・蔵人頭、元徳元(1329)年宮内卿に任ぜられる。同年蔵人頭を辞す。のちし従三位に進む。同2年宮内卿を辞す。正慶元(1332.元弘2)年正三位に進むも、同2年再び従三位に格下げされる。延元元(1336)年に甥の行高と共に出家。子に信兼がいる。　典：公補

平行高　たいらの・ゆきたか

鎌倉・南北朝時代の人、非参議。生没年不明。

権中納言平仲兼の孫。正五位下・右少弁平仲高の子。永仁7(1299)年従五位下に叙され、徳治2(1307)年右兵衛権佐に任ぜられ、同3年従五位上、延慶2(1309)年正五位下に進み、同4年勘解由次官に任ぜられる。同年右兵衛権佐を辞す。正和元(1312)年右衛門権佐に任ぜられる。同年勘解由次官を辞す。同4年左衛門権佐・防鴨河使に任ぜられ再び勘解由次官となる。同年左衛門権佐を辞す。文保2(1318)年兵部権大輔に任ぜられる。同年これと勘解由次官・を辞す。元応2(1320)年左少弁より権右中弁・中宮大進に任ぜられ同年従四位下、同3年従四位上に進み、元亨元(1321)年右中弁・右宮城使に任ぜられ、同4年正四位下に進み右大弁に任ぜられ、元徳2(1329)年従三位に進む。正慶元(1332.元弘2)年正三位に進み左大弁に任ぜられる。同2年に降位。延元元(1336)年出家。　典：公補

平宗経　たいらの・むねつね

鎌倉・南北朝時代の人、権中納言。永仁元(1293)年生～貞和5(1348)年2月13日没。56才。

権大納言平経親の次男。兄に親時がいる。永仁5(1297)年叙爵。正安元(1299)年下総守に任ぜられ、同2年従五位上に進む。同年下総守を辞す。木工頭に任ぜられ、同3年に辞す。延慶2(1309)年正五位下に進む。同3年頭を辞し弾正少弼に任ぜられ、正和5(1316)年に辞す。同年右馬頭・蔵人に任ぜられ従四位下に進む。文保2(1318)年右馬頭を辞す。元応2(1320)年従四位上、元亨元(1321)年正四位下に進み、元徳元(1329)年右中弁・右宮城使、同2年宮内卿・蔵人頭・修理大夫に任ぜられる。同年右宮城使・右中弁・蔵人頭・修理大夫を辞す。元弘元(1331)年参議に任ぜられ従三位に進む。正慶元(1332.元弘2)年信濃権守に任ぜられる。同2年参議を辞す。暦応元(1338.延元3)年正三位に進む。同3年権中納言に任ぜられ翌年に辞す。康永3(1344)年従二位に進み再び権中納言に任ぜられる。　典：公補

平親明　たいらの・ちかあき

鎌倉・南北朝時代の人、非参議。永仁2(1294)年生～文和3(1354.正平9)年6月8日没。61才。

正五位下・兵部少輔親世の次男。母は宗像大宮司某の娘。永仁5(1297)年叙爵。延慶元(1308)年三川守、同2年民部少輔に任ぜられ、同3年従五位上に進む。同4年民部少輔を辞す。応長元(1311)年正五位下に進む。正和3(1314)年治部権少輔に任ぜられ、文保元(1317)年に辞す。元応元(1319)年少納言に任ぜられ、同2年に辞す。暦応2(1339)年従四位下、康永2(1343)年従四位上、貞和2(1346)年正四位下に進み、同4年左少弁より左中弁に任ぜられ、観応元(1350.正平6)年従三位に進む。　典：公補

平親顕　たいらの・ちかあき

鎌倉・南北朝時代の人、権中納言。文保元(1317)年生～永和4(1378.天授4)年4月4日没。62才。

権大納言平親時の子。正四位下に叙され、蔵人頭・右大弁に任ぜられ、延文5(1360.正平15)年参議に任ぜられる。康安元(1361.正平16)年従三位に進み備後権守に任ぜられる。翌年参議を辞す。貞治3(1364)年権中納言に任ぜられ、同6年に辞す。応安元(1368)年正三位、同4年従二位に進み再び権中納言に任ぜられる。同7年踏歌内弁となる。同年再び権中納言を辞す。永和元(1375.天授元)年正二位に進む。　典：公補

平信兼　たいらの・のぶかね

南北朝時代の人、参議。生年不明～永徳元(1381.弘和元)年没。

非参議平範高の子。正四位下に叙される。貞治4(1365.正平20)年参議に任ぜられ翌年に辞す。同6年従三位に進み、応安6(1373)年再び参議に任ぜられ、同7年正三位に進む。同年再び参議を辞す。　典：公補

平惟清　たいらの・これきよ

南北朝時代の人、非参議。文保2(1318)年生～応安2(1369.正平24)年6月11日没。52才。

非参議兼有の曾孫。春宮大信平清有の子。建武4(1337)年従五位上に叙され、同5年少納言に任ぜられ正五位下に進み、貞和5(1349)年右衛門佐に任ぜられ、観応元(1350)年従四位下、文和2(1353)年従四位上、延文元(1356)年正四位下に進み、同3年宮内卿に任ぜられ、貞治5(1366.正平21)年従三位に進む。　典：公補

平棟有　たいらの・むねあり

南北朝時代の人、非参議。生没年不明～康応元(1389.元中6)年没。

刑部卿に任ぜられ、のちこれを辞す。永和2(1376.天授2)年従三位に叙される。　典：公補

平惟有　たいらの・これあり

室町時代の人、非参議。生没年不明～応永26(1419)年2月23日没。

少納言に任ぜられ、のちに辞す。応永26(1419)年従三位に叙される。室町時代　典：公補

平永盛　たいらの・ながもり

江戸時代の人、非参議。慶安3(1650)年生～享保11(1726)年4月26日没。77才。

京極宮諸大夫に任ぜられ、享保11(1726)年従三位に叙される。江戸時代　典：公補

平秀清　たいらの・ひできよ

江戸時代の人、非参議。宝永6(1709)年生～天明2(1782)年12月12日没。74才。

元候京極宮。安永6(1777)年従三位に叙される。　典：公補

平親臣　たいらの・ちかおみ

江戸時代の人、非参議。享保14(1729)年生～文化4(1807)年2月16日没。79才。

元候今出川家。文化3(1806)年従三位に叙される。　典：公補

平儀重　たいらの・よししげ

江戸時代の人、非参議。延享元(1744)年生～文化13(1816)年8月13日没。73才。

元候桂家。文化10(1813)年従三位に叙される。　典：公補

平宣由　たいらの・のぶよし

江戸時代の人、非参議。宝暦11(1761)年生～天保12(1841)年7月29日没。82才。

元候桂家。文政12(1829)年従三位に叙される。天保12(1841)年正三位に進む。　典：公補

○高丘家

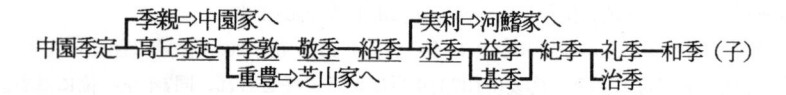

```
         ┌季親⇨中園家へ                    ┌実利⇨河鰭家へ
中園季定─┴高丘季起┬季敦─敬季─紹季┴永季┬益季┐┌紀季┬礼季─和季（子）
                   └重豊⇨芝山家へ        └基季┘      └治季
```

藤原南家。閑院家流の藪家一族の参議中園季定の次男季起が、高丘を氏姓とした。明治に至り華族に列され子爵を授かる。本姓は藤原。菩提寺は上海寺。

典：日名・京四

高丘季起　たかおか・すえおき

江戸時代の人、非参議。寛文4(1664)年生～正徳5(1715)年1月6日没。52才。高丘家の祖。

参議中園季定の次男。兄に中園季親がいる。父の中園より分かれて高丘を氏姓とする。寛文12(1672)年叙爵。延宝4(1676)年元服し図書頭に任ぜられ、同6年従五位上、貞享元(1684)年正五位下、元禄元(1688)年従四位下、同6年従四位上、同11年正四位下、同15年従三位に進み、宝永4(1707)年正三位に進む。子に季敦(正四位下・右中将、享保10,8,16没、33才、家督養子は敬季)・芝山重豊がいる。　典：大日・日名・伝日・公辞・公補

高丘敬季　たかおか・たかすえ

江戸時代の人、参議。享保6(1721)年7月10日生～寛政元(1789)年11月19日没。69才。

権中納言梅園実邦の次男。享保10(1725)年右中将高丘季敦朝臣の家督養子となる。同11年叙爵。同19年侍従に任ぜられ従五位上、元文3(1738)年正五位下に進み、同5年治部大輔に任ぜられ、寛保2(1742)年従四位下、延享3(1746)年従四位上に進み、寛延3(1750)年左少将に任ぜられ、同3年正四位下に進み、宝暦2(1752)年左中将に任ぜられ、同5年従三位、同10年正三位に進む。明和2(1765)年参議に任ぜられるも辞す。同7年従二位に進む。子に紹季がいる。　典：公辞・公補

高丘紹季　たかおか・つぐすえ

江戸時代の人、権中納言。延享元(1744)年1月29日生～文化11(1814)年1月10日没。71才。

参議高丘敬季の子。寛延2(1749)年従五位下に叙される。宝暦7(1757)年元服し従五位上に進み大蔵大輔に任ぜられ、同11年正五位下に進み、同14年右権少将に任ぜられ、明和2(1765)年従四位下、同6年従四位上に進み、安永元(1772)年大和権介に任ぜられ、同2年正四位下に進み、同3年左権中将に任ぜられ、同4年従三位、同9年正三位に進む。寛政10(1798)年参議に任ぜられるも辞す。同11年従二位に進む。文化7(1810)年権中納言に任ぜられるも辞す。子に永季・河鰭実利がいる。　典：公辞・公補

高丘永季　たかおか・ながすえ

江戸時代の人、参議。安永4(1775)年10月20日生～天保3(1832)年12月27日没。58才。

権中納言高丘紹季の子。母は権大納言樋口基康の娘。安永9(1780)年従五位下に叙される。天明6(1786)年元服し従五位上に進み尾張権介に任ぜられ、寛政2(1790)年正五位下に進み、同5年左兵衛佐に任ぜられ、同6年従四位下、同10年従四位上に進み、享和元(1801)年右権少将に任ぜられ、同2年正四位下に進み、文化3(1806)年左権中将に任ぜられ、同4年従三位に進む。同6年太宰大弐に任ぜられ、同8年正三位に進み、文政7(1824)年踏歌外弁となり参議に任ぜられる。同8年従二位に進む。同年参議を辞す。子に益季・基季がいる。　典：公辞・公補

○高倉家

藤原北家の分家。藤原冬嗣の長男長良の裔中納言藤原文範の10代孫永康とその子永定、弟経康が一時的に洛外の高倉に住む所から高倉と名乗り、のち永季より高倉を氏姓とし

〈別　家〉

藤原範藤─高倉範春─範資─範蔭─範秀─範綱─範音─範久…範国…範遠─嗣良 ⇨藪家へ

〈その他〉

中御門経任─高倉経守

藤原有通─高倉広通

藤原冬嗣─藤原長良…藤原文範…藤原範昌┬藤原永経─藤原永賢─藤原永忠─⇨
　├高倉永康─高倉永定
　└高倉経康

⇨─藤原範賢─高倉永季┬永行─永藤─永豊─永継─永康─永家┬親具⇨水無瀬家へ
　└永俊　　├永相─永孝─⇨
　　　　　└康胤⇨堀河家へ

⇨┬永慶─永敦┬永重┐
　│　　　　├永福┴永房─永秀─永範┬永彰
　│　　　　└永俊　　　　　　└永雅─永胤─永祜─永則（子）
　└雅陳王⇨白川家へ

た。代々有職故実の家として奉仕し、明治には華族に列され子爵を授かる。本姓は藤原。家紋は竜胆(りんどう)。菩提寺は京都左京区黒谷町の浄源院。

典：日名・京都

高倉永康　たかくら・ながやす

鎌倉時代の人、非参議。生没年不明。高倉家の始祖。

中納言藤原文範の10代孫。従四位下・大蔵少輔藤原範昌朝臣の次男。兄に藤原永経、弟に高倉経康がいる。洛外の高倉に住む所から氏姓を高倉と名乗る。陽門院判官代・左兵衛尉、寛元元(1243)年蔵人、同3年左衛門少尉に任ぜられる。同4年叙爵。宝治2(1248)年従五位上に進み、建長5(1253)年刑部少輔に任ぜられ、同6年正五位下に進み、同7年左馬権頭に任ぜられ、正嘉2(1258)年従四位下に進み、文応2(1261)年右京大夫・播磨守に任ぜられ、文永5(1268)年正四位下、弘安6(1283)年従三位に進む。正応3(1290)年右京大夫を辞す。永仁4(1296)年正三位に進む。同5年出家。子に永定がいる。　典：公補

高倉経守　たかくら・つねもり

鎌倉時代の人、権中納言。生年不明～文保元(1317)年2月22日没。

権大納言中御門経任の三男。母は権大納言中御門為方の娘。文永11(1274)年叙爵。建治元(1275)年従五位上、弘安元(1278)年正五位下に進み、同2年和泉守、同6年左衛門佐、正応2(1289)年右衛門権佐・防鴨河使・皇后宮大進・蔵人に任ぜられる。同4年右衛門権佐を辞す。同年右少弁より左少弁、左衛門権佐・勧学院別当・造興福寺長官に任ぜられる。同年皇后宮大進・蔵人・左少弁を辞す。同年従四位下、同6年従四位上に進み同年権右中弁、永仁2(1294)年右中弁・修理右宮城使に任ぜられ正四位下に進み、同5年右大弁・蔵人頭に任ぜられ正四位上に進み、同6年左大弁・造東大寺長官に任ぜられ、正安元(1299)年従三位に進み参議に任ぜられる。同2年正三位に進み、同3年讃岐権守に任ぜられる。のち一時的に実家の中御門姓を名乗る。嘉元元(1303)年讃岐権守を辞す。同3年越後権守に

任ぜられる。同年参議を辞すも、徳治元(1306)年再び任ぜられる。延慶元(1308)年従二位に進む。同2年権中納言に任ぜられるも辞す。同3年正二位に進む。　典：公補

高倉永定　たかくら・ながさだ

鎌倉時代の人、非参議。建長4(1252)年生～徳治元(1306)年1月21日没。55才。

非参議高倉永康の子。文永5(1268)年左兵衛尉より、同11年左衛門尉に任ぜられ従五位下に叙され、建治元(1275)年右馬権頭、同3年左馬権頭に任ぜられ、同4年従五位上に進み越前介に任ぜられ、弘安4(1281)年正五位下に進み、同5年左京権大夫に任ぜられ、同7年従四位下に進み、同10年因幡権守に任ぜられ、正応2(1289)年従四位上、永仁5(1297)年正四位下に進む。嘉元元(1303)年治部卿に任ぜられるも辞す。同年従三位に進む。　典：公補

高倉範春　たかくら・のりはる

鎌倉時代の人、非参議。文永3(1266)年生～没年不明。

非参議藤原範藤の子。文永5(1268)年従五位下に叙される。弘安7(1284)年三河守に任ぜられ、同8年に辞す。正応元(1288)年侍従に任ぜられ、同3年正五位下に進み右少将に任ぜられ、同5年従四位下、永仁2(1294)年従四位上に進み、同4年右中将に任ぜられ、同5年正四位下に進む。同年右中将を辞す。延慶3(1310)年従三位、正和5(1316)年正三位に進む。嘉暦2(1327)年62才で出家。子に範資がいる。　典：公補

高倉経康　たかくら・つねやす

鎌倉・南北朝時代の人、非参議。建長2(1250)年生～暦応2(1339.延元4)年2月4日没。90才。

中納言藤原文範の10代孫。従四位下・大蔵少輔藤原範昌朝臣の三男。兄に藤原永経・高倉永康がいる。洛外の高倉に住む所から兄と共に氏姓を高倉と名乗る。弘安5(1282)年大宮院蔵人に任ぜられる。同8年叙爵。正応2(1289)年従五位上、同5年正五位下に進み薩摩守に任ぜられる。同6年薩摩守を辞す。永仁3(1295)年兵部権大輔に任ぜられ、同4年に辞す。正安3(1301)年従四位下、嘉元3(1305)年従四位上より正四位下に進む。延慶3(1310)年越中守に任ぜられるも辞す。正和2(1313)年宮内卿に任ぜられるも辞す。同5年従三位に進む。元亨元(1321)年正三位に進み、元徳2(1330)年右京大夫、建武元(1334)年河内権守に任ぜられる。同2年これと右京大夫を辞す。延元元(1336)年従二位に進む。暦応2年出家。　典：公補

高倉広通　たかくら・ひろみち

鎌倉・南北朝時代の人、参議。生年不明～延文3(1358.正平13)年8月8日没。

参議藤原有通の子。正安3(1301)年従五位下、正和5(1316)年従五位上に進み侍従に任ぜられ、文保元(1317)年左少将に任ぜられ、同2年正五位下より従四位下に進み備中権介に任ぜられ、正中2(1325)年従四位上、嘉暦3(1328)年正四位下に進み、康永元(1342)年左中将、同4年蔵人頭に任ぜられ、貞和元(1345.興国6)年従三位に進む。同5年参議に任ぜられる。観応元(1350.正平5)年周防権守に任ぜられる。同年参議を辞す。文和3(1354.正平9)年周防権守を辞す。　典：公補

高倉永季　たかくら・ながすえ

南北朝時代の人、参議。延元3(1338)年生～明徳3(1392.元中9)年2月18日没。55才。高倉家の祖。

非参議藤原永経の4代孫。長門守藤原範賢の次男。先人に因み高倉姓を再興し氏姓とする。弾正少弼に任ぜられ、のちこれを辞す。永和4(1378.天授4)年従三位に叙される。永徳元(1381.弘和元)年宮内卿に任ぜられ、同3年正三位に進む。至徳元(1384.元中元)年宮内卿を辞す。同年兵部卿に任ぜられ、嘉慶元(1387.元中4)年従二位に進み、明徳3年参議に任ぜられる。同年出家。子に永行・永俊がいる。　典：大日・伝日・日名・公辞・公補

高倉永行　たかくら・ながゆき

室町時代の人、参議。生没年不明。法名＝常永。

参議高倉永季の長男。弟に永俊がいる。応永5(1398)年従三位に叙され兵部卿に任ぜられ更に参議に任ぜられる。同6年正三位に進み備中権守に任ぜられる。同年出家。子に永藤がいる。　典：公辞・公補

高倉永俊　たかくら・ながとし

室町時代の人、参議。生没年不明。

参議高倉永季の次男。兄に永行がいる。応永24(1417)年従三位に叙され宮内卿より兵部卿に任ぜられ、同26年正三位に進み、同29年参議に任ぜられ従二位に進む。同30年参議を辞す。同年出家。　典：公補

高倉永藤　たかくら・ながふじ

室町時代の人、参議。至徳2(1385.元中2)年生～没年不明。

参議高倉永行の子。右兵衛督に任ぜられ、のちこれを辞す。応永29(1422)年従三位に進む。同31年参議に任ぜられる。同32年正三位に進む。同年参議を辞す。正長元(1428)年44才で出家。のち捕らえられ、永享6(1434)年硫黄島に流される。子に永豊がいる。　典：公辞・公補

高倉永豊　たかくら・ながとよ

室町時代の人、権中納言。応永14(1407)年生～文明10(1478)年6月19日没。72才。法名＝常慶。

参議高倉永藤の子。右兵衛督に任ぜられ、のちこれを辞す。文安元(1444)年従三位に叙される。宝徳元(1449)年正三位に進み参議に任ぜられる。同2年備中権守に任ぜられる。同3年参議を辞す。享徳元(1452)年従二位に進み、同3年権中納言に任ぜられ、康正元(1455)年正二位に進む。長禄元(1457)年権中納言を辞す。51才で出家。子に永継がいる。　典：公辞・公補

高倉永継　たかくら・ながつぐ

室町時代の人、権中納言。応永34(1427)年生～永正7(1510)年10月12日没。84才。

権中納言高倉永豊の子。応仁元(1467)年従三位に叙され、同2年参議に任ぜられる。文明2(1470)年正三位、文明8(1476)年従二位に進む。同9年に参議を辞すも、同11年再び任

ぜられる。同12年備前権守に任ぜられる。同14年権中納言に任ぜられ、同17年に辞す。子に永康がいる。　典：公辞・公補

高倉永康　たかくら・ながやす

室町時代の人、参議。寛正5(1464)年生～永正9(1512)年4月16日没。49才。法名=常玄。

権中納言高倉永継の子。母は権大納言東坊城益長の娘。文明9(1477)年従五位上に叙され、のち侍従に任ぜられ、同15年正五位下に進み左兵衛佐に任ぜられ、同18年従四位下、長享3(1489)年従四位上に進み、延徳2(1490)年右兵衛督に任ぜられ、明応3(1494)年正四位下に進み、同5年武家伝奏となる。同7年従三位に進み参議に任ぜられる。同8年武家伝奏を辞す。文亀2(1502)年正三位に進む。永正4(1507)年44才で出家し遁世する。子に永家がいる。　典：公辞・公補

高倉永家　たかくら・ながいえ

室町・安土桃山時代の人、権大納言。明応5(1496)年1月1日生～天正6(1578)年11月23日没。83才。法名=常昭。

参議高倉永康の子。明応8(1499)年叙爵。永正元(1504)年侍従に任ぜられ、同3年従五位上、同7年正五位下に進み、同8年右兵衛佐に任ぜられ、同11年従四位下に進み、同15年右兵衛督に任ぜられ同年従四位上、大永2(1522)年正四位下に進み足利義晴に従い石清水に詣る。享禄元(1528)年従三位に進む。天文2(1533)年参議に任ぜられる。同4年正三位、同8年従二位に進み備中権守に任ぜられ、同9年権中納言に任ぜられる。同10年義晴に従い北白河城に遷る。同13年正二位に進み、同22年権大納言に任ぜられ、秋に義晴と共に出奔。のち上洛。弘治3(1557)年62才で出家。子に永相・水無瀬親具・堀河康胤がいる。　典：大日・伝日・公辞・日名・公補

高倉範資

正三位・非参議高倉範春の子。鎌倉時代の人。

従三位、子は範蔭。

高倉範久　たかくら・のりひさ

室町時代の人、参議。明応2(1493)年生～天文15(1546)年5月5日没。54才。通称=高三位。

権大納言藤原季経の四男。文亀元(1501)年叙爵。左少将高倉範音朝臣の家督養子となる。永正6(1509)年侍従に任ぜられ、同7年従五位上、同10年正五位下に進み左少将、同16年少納言に任ぜられ、同18年従四位下に進む。同年少納言・侍従を辞す。大永2(1522)年周防権守に任ぜられ、同5年従四位上、同8年正四位下、天文2(1533)年従三位に進む。同7年正三位に進み、同13年参議に任ぜられ伊予権守に任ぜられる。同15年大中風にて没す。　典：公辞・公補

高倉永相　たかくら・ながすけ

室町・安土桃山時代の人、権中納言。享禄3(1530)年生～天正13(1585)年12月23日没。55才。初名=永綱。通称=前藤中納言。法名=常清。

権大納言高倉永家の次男。母は伊勢守平貞陸朝臣の娘。兄に水無瀬親具、弟に堀河康胤がいる。天文7(1538)年叙爵。同8年元服し侍従に任ぜられ、同9年従五位上に進み右衛門佐・筑前介に任ぜられ、同13年正五位下、同17年従四位下、同21年従四位上に進み、同22年右衛門督に任ぜられ、弘治2(1556)年正四位下、永禄3(1560)年従三位に進む。同4年参議に任ぜられる。同9年八幡より上洛。同10年正三位に進み、同11年武命により摂州大坂に下向、同13年に上洛。天正元(1573)年将軍足利義昭に属して右中弁日野輝資と共に二条城を守るが敗れて織田信長に降る。同4年権中納言に任ぜられ従二位に進む。同7年権中納権を辞す。同年正二位に進む。子に永孝がいる。　典：大日・伝日・公辞・日名・公補

高倉永孝　たかくら・ながたか

室町・安土桃山・江戸時代の人、権中納言。永禄3(1560)年生～慶長12(1607)年,閏4月11月没。48才。通称=藤宰相。法名=常専。

権中納言高倉永相の子。永禄5(1562)年叙爵。同11年元服。元亀元(1570)年従五位上、天正2(1574)年正五位下に進み右衛門佐に任ぜられ、同5年従四位下、同9年従四位上、同11年正四位下に進み右衛門督に任ぜられ、同14年従三位に進む。文禄3(1594)年参議に任ぜられる。慶長3(1598)年正三位に進み、同11年権中納言に任ぜられる。子に永慶・白川雅陳王がいる。　典：公辞・公補

高倉永慶　たかくら・ながよし

江戸時代の人、権大納言。天正19(1591)年12月2日生～寛文4(1664)年9月5日没。74才。法名=常慶。

権中納言高倉永孝の子。弟に白川雅陳王がいる。文禄3(1594)年叙爵。慶長3(1598)年元服し侍従に任ぜられ、同7年従五位上に進み、同11年右衛門佐に任ぜられ、同16年従四位下、同20年従四位上、元和5(1619)年正四位下に進み、寛永元(1624)年中宮亮に任ぜられ従三位に進み、同3年参議に任ぜられる。同5年左衛門督・越中権守に任ぜられ正三位に進む。同6年中宮亮を辞す。同8年従二位に進む。同9年越中権守を辞す。同11年権中納言に任ぜられる。同14年踏歌外弁となり、同16年正二位に進む。同19年権大納言に任ぜられ、正保2(1645)年に辞す。子に永敦がいる。　典：公辞・公補

高倉永敦　たかくら・ながあつ

江戸時代の人、権大納言。元和元(1615)年4月9日生～天和元(1681)年11月15日没。67才。初名=永将。

権大納言高倉永慶の子。母は常陸介源義重の娘。初め永将と名乗る。元和3(1617)年叙爵。同9年元服し侍従に任ぜられ、寛永元(1624)年従五位上に進み、同3年右衛門佐に任ぜられ、同5年正五位下、同9年従四位下、同13年従四位上、同17年正四位下に進み、同20年右兵衛督に任ぜられ、正保3(1646)年従三位に進む。同4年踏歌外弁となる。承応元(1652)年正三位に進み、明暦元(1655)年参議に任ぜられ、同2年従二位に進み、同3年権中納言に任ぜられる。万治元(1658)年永敦と改名。同2年権中納権を辞す。寛文2(1662)年正二位に進み、同9年権大納言に任ぜられ、同10年踏歌内弁となる。同年権大納言を辞

す。子に永俊(従四位下・左兵衛佐。明暦4,1,9没。19才)・永重(従四位下・兵部大輔。享保19,9,2没。83才。子は永房)・永福がいる。　典：公辞・公補

高倉永福　たかくら・ながふく

江戸時代の人、権大納言。明暦3(1657)年6月20日生～享保10(1725)年4月4日没。69才。初名＝季任。

権大納言高倉永敦の三男。母は権大納言持明院基定の娘。兄に永俊(従四位下・左兵衛佐。明暦4,1,9没。19才)・永重(従四位下・兵部大輔。享保19,9,2没。83才。子は永房)がいる。初め季任と名乗る。寛文5(1665)年叙爵。同10年元服し従五位上に進み侍従に任ぜられ、延宝2(1674)年正五位下に進み、同5年民部権大輔に任ぜられる。同年永福と改名。従四位下に進み、天和元(1681)年従四位上、貞享2(1685)年正四位下、元禄元(1688)年従三位に進み、同8年参議に任ぜられ、同9年正三位に進む。同10年参議を辞す。同16年権中納言に任ぜられる。宝永元(1704)年神宮伝奏となる。同年任職を辞す。のち従二位に進む。正徳5(1715)年正二位に進む。享保2(1717)年権大納言に任ぜられ翌年に辞す。養子に永房がいる。　典：公辞・公補

高倉永房　たかくら・ながふさ

江戸時代の人、権大納言。元禄元(1688)年4月24日生～宝暦5(1755)年5月11日没。68才。

兵部大輔高倉永重(永福の兄。従四位下・兵部大輔。享保19,9,2没。83才)の子。高倉永福の養子となる。元禄11(1698)年叙爵。同12年元服し侍従に任ぜられ、同14年従五位上、宝永元(1704)年正五位下に進み、同3年民部権大輔に任ぜられ、同4年従四位下に進み、同5年右衛門権佐に任ぜられ、同7年従四位上、正徳3(1713)年正四位下、享保元(1716)年従三位に進む。同5年左兵衛督に任ぜられ踏歌外弁となる。同7年参議に任ぜられる。同9年正三位に進む。同12年参議を辞す。同16年権中納言に任ぜられ、同17年従二位に進む。同19年に権中納言を辞す。寛保2(1742)年正二位に進む。同3年権大納言に任ぜられ翌年に辞す。子に永秀がいる。　典：公辞・公補

高倉永秀　たかくら・ながひで

江戸時代の人、非参議。享保13(1728)年5月1日生～寛政11(1799)年6月11日没。72才。法名＝常山。

権大納言高倉永房の子。享保16(1731)年従五位下に叙される。元文元(1736)年元服し従五位上に進み侍従に任ぜられ、同5年民部権大輔に任ぜられ同年正五位下、寛保3(1743)年従四位下、延享3(1746)年従四位上に進み、同4年右兵衛佐に任ぜられ、寛延3(1750)年正四位下、宝暦3(1753)年従三位に進み左兵衛督に任ぜられ、同8年正三位に進む。同年左兵衛督を辞す。同年の宝暦事件(綾小路有美の項参照)に二十廷臣として連座。同10年33才で出家。没後の明治24(1891)年に従二位を贈られる。子に永範がいる。　典：大日・伝日・公辞・日名・公補

高倉永範　たかくら・ながのり

江戸時代の人、参議。宝暦3(1753)年2月9日生～文化2(1805)年8月4日没。53才。

非参議高倉永秀の次男。母は非参議西洞院範篤の娘。宝暦5(1755)年従五位下に叙される。同10年元服し従五位上に進み侍従に任ぜられ、同13年正五位下に進み右兵衛権佐に任ぜられ、明和3(1766)年従四位下、同6年従四位上に進み左衛門佐に任ぜられ、同9年正四位下、安永4(1775)年従三位に進む。同6年正三位に進み、同7年太宰大弐に任ぜられ、同8年踏歌外弁となる。天明7(1787)年刑部卿に任ぜられる。寛政元(1789)年参議に任ぜられ、同8年に辞す。子に永彰(正五位下・丹波権介、天明8,4,26没、15才)・永雅がいる。
典：公辞・公補

高倉永雅　たかくら・ながまさ

江戸時代の人、権大納言。天明4(1784)年10月28日生～安政2(1855)年2月16日没。72才。

参議高倉永範の子。母は権大納言上冷泉為村の娘。天明8(1788)年従五位下に叙され、寛政5(1793)年従五位上、同8年正五位下に進み侍従に任ぜられ、同11年従四位下、享和2(1802)年従四位上、文化2(1805)年正四位下、同5年従三位、同9年正三位に進み、同10年左兵衛督に任ぜられ、同12年参議に任ぜられ踏歌外弁となる。同13年従二位、文政8(1825)年正二位に進む。同年権中納言に任ぜられ、天保2(1831)年に辞す。弘化元(1844)年権大納言に任ぜられ翌年に辞す。子に永胤がいる。　典：公辞・公補

高倉永胤　たかくら・ながたね

江戸時代の人、非参議。文化8(1811)年10月24日生～弘化2(1845)年2月15日没。35才。

権大納言高倉永雅の子。文政元(1818)年従五位下に叙される。同6年元服し同年従五位上、同9年正五位下に進み、同10年侍従に任ぜられ、同12年従四位下、天保3(1832)年従四位上、同6年正四位下、同9年従三位、同13年正三位に進む。子に永祜がいる。　典：公辞・公補

高倉永祜　たかくら・ながさち

江戸時代の人、非参議。天保9(1838)年11月16日生～明治元(1868)年7月29日没。31才。

非参議高倉永胤の子。母は権大納言飛鳥井雅光の娘。天保12(1841)年従五位下に叙される。弘化4(1847)年元服し従五位上に進み、嘉永3(1850)年正五位下、安政4(1857)年従四位下に進み侍従に任ぜられ、万延元(1860)年従四位上、文久3(1863)年正四位下、慶応2(1866)年従三位に進む。明治元年の戊辰の役には北海道鎮撫総督となり薩長兵を率い、江戸より越後に赴くも病となり没す。家料は812石。京都二階町東側に住む。墓所は京都左京区黒谷金戒の光明寺。子に永則(明治の華族に列され子爵を授かる)がいる。　典：大日・伝日・京都・公辞・公補

○高階家

第40代天武天皇の皇子高市親王から出た氏族で、石見王の子峯緒が高階を本姓とした。峯緒の曾孫良臣の子成忠と、長屋王10世の孫成章が公卿に列される。また、後白河院の近臣泰経が権勢家より出て氏姓を高階と名乗る。

典：大日・京都

第40代
天武天皇━高市親王━長屋王┳桑田王━磯部王━石見王━高階峯緒━茂範━師尚━⇨
┣安宿王
┗…業遠…成章

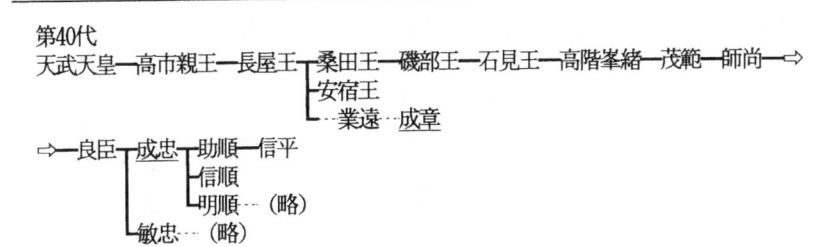

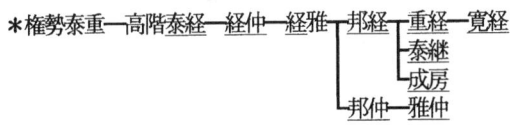

⇨━良臣┳成忠┳助順━信平
┃┣信順
┃┗明順…（略）
┗敏忠…（略）

＊権勢泰重━高階泰経━経仲━経雅┳邦経┳重経━寛経
┃┣泰継
┃┗成房
┗邦仲━雅仲

＊経邦━高階経茂

高階成忠　たかしなの・なりただ

平安時代の人、非参議。延長4(926)年生〜長徳4(998)年没。73才。姓(かばね)=朝臣。法名=道観。

第40代天武天皇の皇子高市親王から出た氏族で、石見王の子峯緒(右中弁)が高階を本姓とした。高階峯緒の曾孫良臣(宮内卿)の長男。弟に敏忠がいる。従四位上に叙される。坊学士に任ぜられ、のちこれを辞す。のち学術優長・東宮学士・一条院の侍読となる。寛和2(986)年従三位に進む。永延元(987)年式部大輔に任ぜられ、正暦2(991)年従二位に進み、同3年姓(かばね)真人より朝臣に列される。のち出家。子に助順(内蔵頭)・信順・明順、孫に信平(助順の子。従四位下・丹後守。法名=信叙、歌人)がいる。　典：大日・公補

高階成章　たかなしの・なりあき

平安時代の人、非参議。正暦元(990)年生〜康平元(1058)年没。69才。

40代天武天皇の裔。左大臣長屋王10代の孫。藤原道長の近臣春宮亮業遠の四男。母は修理大夫業平の娘。主殿権助・春宮蔵人に任ぜられ、長和5(1016)年内蔵人・式部少丞に任ぜられ、同6年従五位下に叙され、寛仁3(1019)年紀伊守に任ぜられ、治安3(1023)年従五位上に進む。同4年春宮大進に任ぜられ、長暦元(1037)年に辞す。同年正五位下に進み春宮権大進に任ぜられ、長久3(1042)年従四位下に進む。同年春宮権大進を辞す。主殿頭に任ぜられる。同5年阿波守に任ぜられ、永承3(1048)年に辞す。同年伊予守に任ぜられ、同5年従四位上、同6年正四位下に進み、天喜2(1054)年太宰大弐に任ぜられ、同3年従三位に進む。太宰府にて没す。　典：公補

高階泰経　たかしなの・やすつね

平安・鎌倉時代の人、非参議。生年不明〜建仁元(1201)年11月23日没。

若狭守権勢泰重の子。母は修理大夫宗兼の娘。後白河院の近臣となり権勢家より離れて高階を本姓とする。文章生となり、久安6(1150)年非蔵人、仁平元(1151)年蔵人に任ぜられ、同3年大膳亮に任ぜられ、久寿2(1155)年左衛門少尉に任ぜられる。同年大膳亮を辞す。従五位下に進み、同3年河内守、保元2(1157)年左馬権助に任ぜられ従五位上に進

む。同年左馬権助を辞し、同3年河内守を辞す。同年出羽守に任ぜられ、応保元(1161)年に辞す。同年摂津守に任ぜられ、仁安元(1166)年に辞す。同年少納言に任ぜられ、同2年正五位下に進む。承安元(1171)年少納言を辞す。同年従四位下、同2年従四位上、同5年正四位下に進む。安元元(1175)年右京大夫に任ぜられ、同2年に辞す。同年伊予守、治承2(1178)年大蔵卿に任ぜられ、養和2(1182)年伊予守を辞す。寿永元(1182)年皇后宮亮に任ぜられ、同2年従三位に進むも源義経に党したと疑われて解官される。文治元(1185)年許されて備後権守に任ぜられたが再び解官されて伊豆国に配流される。建久2(1191)年許されて正三位に進む。同8年出家。才秀で文事に長じた。子に経仲・隆仲(従五位下・少納言)がいる。 典：大日・公補

高階経仲 たかしなの・つねなか

平安・鎌倉時代の人、非参議。保元2(1157)年生〜没年不明。初名=業仲。

非参議高階泰経の長男。母は従五位下藤原行広の娘。弟に隆仲(従五位下・少納言)がいる。初め業仲と名乗る。仁安元(1166)年大膳亮、同3年皇太后宮権少進・蔵人・右近衛将監に任ぜられ従五位下に進む。同年経仲と改名。嘉応2(1170)年右兵衛監を辞す。同年石見守、承安元(1171)年常陸介に任ぜられ、同2年従五位上に進み、同4年右衛門佐、治承2(1178)年春宮権大進に任ぜられ、同3年正五位下、寿永2(1183)年従四位下、元暦元(1184)年従四位上に進み右馬頭に任ぜられる。父泰経が源義経に党したと疑われたことに連座し文治元(1185)年解官される。同6年許されて正四位下に進み、建久元(1190)年播磨守、同2年内蔵頭に任ぜられ、正治元(1199)年従三位、元久元(1204)年正三位に進む。建保4(1216)年60才で出家。子に経雅がいる。 典：公補

高階経雅 たかしなの・つねまさ

鎌倉時代の人、非参議。生没年不明。初名=経時。

非参議高階経仲の子。母は贈左大臣藤原範季の娘。初め経時と名乗る。建久元(1190)年和泉守に任ぜられ従五位下に叙され、同5年但馬守に任ぜられ、正治2(1200)年従五位上に進む。同3年右衛門佐に任ぜられ、元久元(1204)年に辞す。同年正五位下に進み、同2年左衛門佐に任ぜられ、建永2(1207)年従四位下に進み、建暦元(1211)年従四位上に進み、同2年美濃守、建保2(1214)年内蔵頭に任ぜられる。同6年美濃守を辞す。承久元(1219)年従三位に進む。寛喜3(1231)年正三位に進み、嘉禎元(1235)年修理大夫に任ぜられ、暦仁元(1238)年従二位に進む。仁治3(1242)年経雅と改名。建長5(1253)年修理大夫を辞す。同6年75才で出家。子に邦仲・邦経がいる。 典：公補

高階邦経 たかしなの・くにつね

鎌倉時代の人、非参議。寛喜3(1231)年生〜没年不明。

従二位・非参議高階経雅の三男。母は修理権大夫源兼持の娘。兄に邦仲がいる。仁治元(1240)年内蔵人・出雲守に任ぜられる。同年叙爵。同2年右兵衛権佐に任ぜられ、同3年正五位下、宝治元(1247)年従四位下に進み美濃守に任ぜられ、建長5(1253)年従四位上、同7年正四位下に進み、康元元(1256)年播磨守、弘長2(1262)年内蔵頭、文永元(1264)年左京大夫、同2年皇后宮亮に任ぜられ、同3年従三位に進む。同8年正三位に進み、建治2(1276)

年治部卿に任ぜられ、弘安元(1278)年従二位に進み、同4年大蔵卿に転じ、同6年長門権守に任ぜられる。同7年大蔵卿を辞す。同年修理大夫に任ぜられる。同10年長門権守を辞し、正応2(1289)年修理大夫を辞す。同4年61才で出家。子に重経・泰継・成房がいる。　典：公補

高階邦仲　たかしなの・くになか

鎌倉時代の人、非参議。生年不明～正応2(1289)年5月21日没。

非参議高階経雅の次男。弟に邦経がいる。宝治3(1249)年叙爵。建長2(1250)年備後守、同6年左衛門佐に任ぜられ、同8年従五位上、正嘉2(1258)年正五位下、正元元(1259)年従四位下、文永2(1265)年従四位上に進み左京大夫に任ぜられ、同6年正四位下に進み、建治2(1276)年播磨守に任ぜられ、弘安9(1286)年従三位に進む。子に雅仲がいる。　典：公補

高階重経　たかしなの・しげつね

鎌倉時代の人、非参議。正嘉元(1257)年生～応長元(1311)年9月14日没。55才。法名＝了意。

非参議高階邦経の長男。弟に泰継・成房がいる。文永3(1266)年叙爵し従五位上に進み、同8年左兵衛権佐、同9年遠江守に任ぜられ、同12年正五位下、建治3(1277)年従四位下に進み木工頭に任ぜられ、弘安3(1280)年従四位上、同6年正四位下に進む。同7年木工頭を辞す。同年治部卿に任ぜられ、同9年宮内卿に転じる。正応3(1290)年左京大夫に任ぜられ、同4年に辞す。同5年従三位に進む。永仁4(1296)年正三位に進む。乾元元(1302)年大蔵卿に任ぜられ、嘉元元(1303)年に辞す。同年再び治部卿に任ぜられ、同3年に再び辞す。同年従二位に進み、徳治2(1307)年宮内卿を辞す。同年再び大蔵卿に任ぜられ、延慶元(1308)年に辞す。応長元(1311)年出家。子に寛経がいる。　典：公補

高階経茂　たかしなの・つねしげ

鎌倉時代の人、非参議。生没年不明。法名＝顯信。

正五位下・筑後守経邦の子。建長元(1249)年左兵衛尉、同6年右近衛将監に任ぜられる。同年叙爵。正嘉2(1258)年従五位上に進む。正元元(1259)年刑部権大輔に任ぜられ、同2年に辞す。文永4(1267)年正五位下、建治2(1276)年従四位下に進み、弘安7(1284)年修理権大夫に任ぜられ、同8年従四位上、正応元(1288)年正四位下に進む。同年修理権大夫を辞す。同4年左京権大夫に任ぜられるも辞す。正安2(1300)年従三位に進む。のち出家。
典：公補

高階泰継　たかしなの・やすつぐ

鎌倉時代の人、非参議。生没年不明。

非参議高階邦経の次男。兄に重経、弟に成房がいる。建治2(1276)年叙爵。丹波守に任ぜられ、弘安5(1282)年従五位上に進み、同6年右衛門佐に任ぜられ、同8年正五位下、正応元(1288)年従四位下、同3年従四位上、永仁元(1293)年正四位下に進む。正安2(1300)年治部卿に任ぜられ、同4年に辞す。嘉元3(1305)年春宮亮に任ぜられ、同4年に辞す。延慶元(1308)年従三位に進む。正和4(1315)年正三位、文保2(1318)年従二位に進む。元弘元(1331)年より名が見えなくなる。　典：公補

高階雅仲　たかしなの・まさなか

鎌倉・南北朝時代の人、非参議。建治2(1276)年生〜没年不明。初名=惟仲。

非参議高階邦仲の子。初め惟仲と名乗る。弘安10(1287)年叙爵。同年雅仲と改名。正応元(1288)年美作守に任ぜられ、同3年従五位上、同6年正五位下、永仁4(1296)年従四位下に進み、同5年木工頭に任ぜられ、正安元(1299)年従四位上に進む。同2年木工頭を辞す。同年正四位下に進む。延慶2(1309)年治部卿に任ぜられ、同3年に辞す。正和5(1316)年従三位に進む。元弘元(1331)年正三位に進む。正慶元(1332.元弘2)年大蔵卿に任ぜられ翌年に辞すも、建武4(1337.延元2)年再び大蔵卿に任ぜられ、暦応2(1339.延元4)年長門権守に任ぜられ、同3年従二位に進む。康永2(1343.興国4)年長門権守を辞す。文和元(1352.正平7)年77才で出家。　典：公補

高階成房　たかしなの・なりふさ

鎌倉時代の人、非参議。生没年不明。法名=本恵。

非参議高階邦経の三男。兄に重経・泰継がいる。応長元(1311)年正四位下に叙され、嘉暦3(1328)年従三位に進む。元徳元(1329)年大蔵卿に任ぜられ、元弘元(1331)年越後権守に任ぜられ正三位に進む。のち出家。　典：公補

高階寛経　たかしなの・ひろつね

鎌倉・南北朝時代の人、非参議。永仁2(1294)年生〜文和4(1355.正平10)年12月28日没。62才。初名=従貞。

非参議高階重経の子。初め従貞と名乗る。正安元(1299)年従五位下に叙され、乾元元(1302)年木工頭に任ぜられる。同年寛経と改名。徳治2(1307)年越前権介・中宮権大進に任ぜられ、従五位上に進む。のち少納言に任ぜられ、延慶元(1308)年納言を辞し、同3年正五位下、文保2(1318)年従四位下、元亨元(1321)年従四位上に進み、嘉暦3(1328)年修理権大夫に任ぜられ、元徳元(1329)年正四位下に進む。同年修理権大夫を辞す。同2年右衛門権佐に任ぜられるも辞す。康永2(1343.興国4)年従三位、貞和5(1349.正平4)年正三位に進む。以後高階家より公卿は現れない。　典：公補

○鷹司家

藤原北家。藤原頼実の次男頼平が鷹司を氏姓とし、摂政近衛基通の四男兼基が鷹司を氏姓とした。また、花山院からも鷹司姓が現れたが一代で終わる。前者は五代にて消滅したが、邸宅が鷹司室町にあった事から近衛家より分家した鷹司は今日まで続いて、五摂家の一つとして代々要職に就き、明治の華族に列され侯爵を授かる。本姓は藤原。家紋は牡丹。菩提寺は京都右京区嵯峨の二尊院。京都南区東九条上御霊町の九品寺に歴代の墓がある。

典：京都・京四・日名

鷹司頼平　たかつかさ・よりひら

鎌倉時代の人、中納言。治承4(1180)年生〜寛喜2(1230)年8月15日没。51才。鷹司家始祖。

藤原頼実─鷹司頼平┬伊平─伊頼─宗嗣─宗平
　　　　　　　　　└頼基

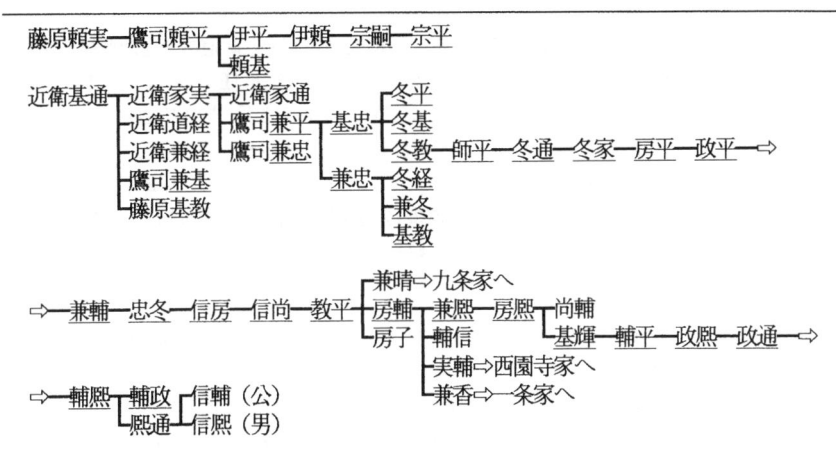

近衛基通┬近衛家実┬近衛家通
　　　　├近衛道経├鷹司兼平┬基忠┬冬平
　　　　├近衛兼経└鷹司兼忠│　　├冬基
　　　　├鷹司兼基　　　　　│　　└冬教─師平─冬通─冬家─房平─政平─⇨
　　　　└藤原基教　　　　　└兼忠┬冬経
　　　　　　　　　　　　　　　　├兼冬
　　　　　　　　　　　　　　　　└基教

　　　　　　　　　　　　　　┌兼晴⇨九条家へ
⇨─兼輔─忠冬─信房─信尚─教平┼房輔┬兼熙─房熙┬尚輔
　　　　　　　　　　　　　　└房子├輔信　　　└基輝─輔平─政熙─政通─⇨
　　　　　　　　　　　　　　　　　├実輔⇨西園寺家へ
　　　　　　　　　　　　　　　　　└兼香⇨一条家へ
⇨─輔熙┬輔政┬信輔（公）
　　　└熙通┴信熙（男）

花山院定雅┬長雅┬家雅─冬雅─鷹司宗雅
　　　　　└通雅└定長─鷹司清雅

太政大臣藤原頼実の次男。母は権大納言平時忠の娘。藤原を本姓として鷹司を氏姓とする。建久6(1195)年叙爵。同7年侍従、建仁元(1201)年因幡権介に任ぜられ、同3年従五位上に進み、元久元(1204)年近衛権少将・春宮権亮に任ぜられ正五位下より従四位下、建永元(1206)年従四位上に進み中将に任ぜられ、承元元(1207)年正四位下に進み、同2年播磨介に任ぜられ、同4年参議に任ぜられる。建暦元(1211)年従三位に進み丹波権守に任ぜられ、同2年正三位に進み、建保4(1216)年播磨権守に転じ、同6年権中納言に任ぜられ春宮権大夫に任ぜられ、承久元(1219)年従二位に進む。同2年春宮権大夫を辞す。同3年正二位に進む。同年中納言に任ぜられ翌年に辞す。貞応2(1223)年44才で出家。子に伊平・頼基がいる。　典：公補

鷹司伊平　たかつかさ・これひら

鎌倉時代の人、権大納言。正治元(1199)年生～没年不明。

中納言鷹司頼平の長男。母は法眼泰宗の娘。弟に頼基がいる。建暦元(1211)年叙爵。侍従に任ぜられ、同2年従五位上、建保3(1215)年正五位下に進み加賀権介、同4年右少将、同5年丹波権介に任ぜられ、同6年正五位下に進み、承久2(1220)年左中将に任ぜられ、同3年従四位上より正四位下に進み播磨介・蔵人頭に任ぜられ、貞応元(1222)年参議に任ぜられる。同2年美濃権守に任ぜられ、元仁元(1224)年従三位に進み、嘉禄元(1225)年中宮権大夫に任ぜられ、同2年正三位に進む。同年皇后宮権大夫に転じ、安貞元(1227)年に辞す。同2年従二位に進み備後権守に転じ、貞永元(1232)年に権中納権に任ぜられる。天福元(1233)年正二位に進む。み、嘉禎2(1236)年中納言に任ぜられる。暦仁元(1238)年権大納言に任ぜられ翌年に辞す。仁治2年按察使に任ぜられる。建長3(1251)年53才で出家。子に伊頼がいる。　典：公補

鷹司兼基　たかつかさ・かねもと

鎌倉時代の人、大納言。文治元(1185)年生～没年不明。法名＝顕恵。鷹司家の祖。

摂政近衛基通の四男。母は法印寂舜の娘。兄に近衛家実・近衛道経・近衛兼経、弟に藤原基教がいる。建久8(1197)年元服し従五位上に叙され侍従に任ぜられ、同9年正五位下に進み、正治元(1199)年播磨権介・右中将に任ぜられ従四位下、同2年従四位上より正四位下、更に従三位に進み、建仁元(1201)年近江権守に任ぜられ、同2年正三位より従二位に進み、元久元(1204)年権中納言に任ぜられる。同2年正二位に進み中納言に任ぜられ、建永元(1206)年権大納言に任ぜられ、建保3(1215)年大納言に任ぜられる。同6年大納言を辞す。この頃より本姓の藤原を名乗る。建長3(1251)年67才で出家。　典：公補

鷹司兼平　たかつかさ・かねひら

鎌倉時代の人、摂政・関白・太政大臣。安貞2(1228)年生〜永仁2(1294)年8月8日没。67才。号=称念院・照念院。通称=称念院入道前関白。

関白・太政大臣近衛家実の四男。母は非参議藤原忠行の娘。弟に兼忠(正二位・非参議)がいる。嘉禎3(1237)年元服し正五位下より従四位下に叙され右少将より右中将に任ぜられ、同4年従四位上に進み播磨権守に任ぜられ、暦仁元(1238)年従三位に進み権中納言に11才で任ぜられ更に権大納言に任ぜられ正三位より従二位に進み右大将・右馬寮御監となる。公卿の中で一番早い出世と思われる。延応元(1239)年正二位に進み、仁治2(1241)年内大臣に任ぜられる。同年右大将を辞す。寛元2(1244)年右大臣に任ぜられ、同4年左大臣に任ぜられる。宝治2(1248)年従一位に進み、建長4(1252)年氏長者となり摂政・太政大臣に任ぜられる。同5年太政大臣を辞す。同6年准摂政となり関白に任ぜられる。弘長元(1261)年関白を辞す。建治元(1275)年再び摂政に任ぜられ氏長者となる。同2年再び太政大臣に任ぜられる。弘安元(1278)年摂政・太政大臣を辞す。同年関白に任ぜられる。同10年関白を辞す。正応3(1290)年63才で出家。京都上京区の智恵光院を開基。子に基忠・兼忠(弟と同名)がいる。　典：大日・伝日・日名・公辞・公補

鷹司兼忠　たかつかさ・かねただ

鎌倉時代の人、非参議。元久2(1205)年生〜文永6(1269)年没。65才。

大納言藤原兼基の孫。関白・太政大臣近衛家実の子。兄に兼平がいる。建保3(1215)年従五位上に叙され、同4年侍従に任ぜられ、同5年正五位下、承久3(1221)年従四位上より正四位下に進み讃岐介に任ぜられ、貞応元(1222)年従三位に進む。同2年正三位、安貞2(1228)年従二位に進み左中将に任ぜられ、寛喜元(1229)年美作権守、文暦元(1234)年越前権守に任ぜられ、嘉禎2(1236)年に辞す。寛元4(1246)年正二位に進む。　典：公補

鷹司伊頼　たかつかさ・これより

鎌倉時代の人、権大納言。貞応元(1222)年生〜弘安6(1283)年6月4日没。62才。

権大納言鷹司伊平の子。母は中納言日野資実の娘。建長4(1252)年蔵人頭に任ぜられ、のち正四位下に叙され右中将に任ぜられ、同7年従三位に進み参議に任ぜられる。康元元(1256)年正三位に進み、文応元(1260)年相模権守に任ぜられ同年従二位、文永元(1264)年正二位に進み左中将に任ぜられ、同2年権中納言に任ぜられ、同8年中納言に任ぜられる。更に同10年権大納言に任ぜられ翌年に辞す。同年民部卿に任ぜられ、弘安5(1282)年に辞す。子に宗嗣がいる。　典：公補

鷹司頼基　たかつかさ・よりもと

鎌倉時代の人、非参議。生没年不明。

中納言鷹司頼平の子。兄に伊平がいる。右中将に任ぜられ、のちこれを辞す。建長7(1255)年従三位に叙される。文永4(1267)年出家。　典：公補

鷹司基忠　たかつかさ・もとただ

鎌倉時代の人、関白・太政大臣。宝治元(1247)年生～正和2(1313)年7月7日没。67才。法名=理勝。号=円光院。通称=円光院関白・円光院入道前関白・近衛北殿・鷹司殿。

鷹司兼忠　たかつかさ・かねただ

鎌倉時代の人、摂政・関白・左大臣。弘長2(1262)年生～正安3(1301)年8月25日没。40才。号=猪熊殿・歓喜院。通称=猪熊殿または歓喜院入道前摂政。

鷹司冬平　たかつかさ・ふゆひら

鎌倉時代の人、摂政・関白・太政大臣。建治元(1275)年生～嘉暦2(1327)年1月19日没。53才。号=後称念院・後照念院。通称=後称念院関白。

関白・太政大臣鷹司基忠の長男。母は権中納言衣笠経平の娘。弘安7(1284)年正五位下より従四位下に叙される。同年元服し右少将より右中将に任ぜられ、同8年従四位上より従三位、同9年正三位に進み、正応元(1288)年讃岐権守に任ぜられたが権中納言に任ぜられ従二位に進む。同2年春宮権大夫に任ぜられ、同3年正二位に進み左衛門督に任ぜられ更に権大納言に任ぜられる。同年左衛門督を辞す。永仁5(1297)年春宮大夫に任ぜられ、同6年に辞す。同年左大将・左馬御監に任ぜられる。正安元(1299)年左大将を辞す。同年内大臣に任ぜられる。同3年従一位に進み、乾元元(1302)年右大臣に任ぜられ、嘉元3(1305)年左大臣に任ぜられる。徳治元(1306)年東宮伝奏より、同2年皇太子伝奏となる。延慶元(1308)年皇太子伝を辞す。同年摂政に任ぜられ氏長者となる。同2年再び皇太子伝奏となり太政大臣に任ぜられる。応長元(1311)年太政大臣を辞し、同2年摂政を辞す。同年関白に任ぜられ、正和2(1313)年に辞し、同4年再び任ぜられ、同5年に再び辞す。元亨3(1323)年再び太政大臣に任ぜられ、正中2(1325)年三たび関白に任ぜられる。任期中に没す。　典：大日・公辞・公補

鷹司宗嗣　たかつかさ・むねつぐ

鎌倉時代の人、権中納言。正嘉元(1257)年生～嘉暦元(1326)年5月4日没。70才。

権大納言鷹司伊頼の長男。母は非参議藤原頼氏の娘。正嘉2(1258)年叙爵。弘長元(1261)年従五位上に進み侍従に任ぜられ、文永4(1267)年正五位下、同7年従四位下、同12年従四位上に進み、建治2(1276)年左少将、同3年備中権介に任ぜられ、同4年正四位下に進み、弘安元(1278)年左中将、正応2(1289)年丹波介・蔵人頭に任ぜられ、同3年参議に任ぜられる。同4年従三位に進み美濃権守に任ぜられ、永仁元(1293)年正三位に進む。同2年に参議を辞す。同6年従二位、正安2(1300)年正二位に進み、延慶3(1310)年に再び参議に任ぜられ右中将・周防権守に任ぜられる。同年権中納言に任ぜられるも辞す。正中2(1325)年兵部卿に任ぜられる。子に宗平がいる。　典：公補

鷹司冬経　たかつかさ・ふゆつね

鎌倉時代の人、権大納言。弘安6(1283)年生～元応元(1319)年6月18日没。37才。

摂政・関白・左大臣鷹司兼忠の子。母は関白近衛基平の娘。弟に兼冬・基教がいる。永仁2(1294)年従五位上に叙される。同年元服し侍従・右少将に任ぜられ、同3年正五位下より従四位下、更に正四位下より従三位に進み右中将に任ぜられ、同5年正三位に進み、同6年播磨権守に任ぜられ権中納言に任ぜられる。正安元(1299)年従二位、同2年正二位に進む。同年権大納言に任ぜられ、嘉元3(1305)年に辞す。　典：公補

鷹司冬基　たかつかさ・ふゆもと

鎌倉時代の人、権大納言。弘安10(1287)年生～延慶2(1309)年6月29日没。25才。

鷹司兼冬　たかつかさ・かねふゆ

鎌倉時代の人、非参議。正応2(1289)年生～延慶元(1308)年,閏8月2月没。20才。号=猪熊。

摂政・関白・左大臣鷹司兼忠の次男。兄に冬経、弟に基教がいる。乾元元(1302)年正五位下に叙される。同年元服し右少将に任ぜられ、嘉元元(1303)年従四位下、同2年従四位上に進み右中将に任ぜられ、同3年従三位に進み、徳治2(1307)年下総権守に任ぜられる。　典：公補

鷹司清雅　たかつかさ・きよまさ

鎌倉時代の人、権中納言。弘安7(1284)年生～没年不明。

参議花山院定長の子。弘安10(1287)年従五位下に叙され、永仁4(1296)年侍従に任ぜられ、同4年従五位上に進み、同5年左少将に任ぜられ正五位下、同6年従四位下に進み左中将に任ぜられ、同7年従四位上、正安2(1300)年正四位下に進む。同3年春宮権亮に任ぜられ、延慶元(1308)年に辞す。同年蔵人頭に任ぜられ従三位に進み参議に任ぜられ右中将に任ぜられ、同2年讃岐権守に任ぜられる。応長元(1311)年参議を辞す。正和元(1312)年正三位、同2年従二位に進み、同5年権中納言に任ぜられる。文保元(1317)年これを辞す。同年正二位に進み、正慶2(1333.元弘3)年50才で出家。　典：公補

鷹司冬教　たかつかさ・ふゆのり

鎌倉時代の人、関白・左大臣。嘉元3(1305)年生～建武4(1337.延元2)年1月26日没。33才。号=後円光院。通称=後円光院前関白。

関白・太政大臣鷹司基忠の三男。母は権中納言衣笠経平の娘。兄に冬平・冬基がいる。延慶2(1309)年正五位下より従四位下に叙され更に正四位下に進む。同年元服し右少将より右中将に任ぜられ従三位に進み、同3年に6才で権中納言に任ぜられ正三位に進み、応長元(1311)年に7才で従二位に進み権大納言に任ぜられる。正和元(1312)年正二位に進み、元応2(1320)年左大将に任ぜられ、元亨2(1322)年内大臣に任ぜられる。同3年大将を辞す。同年東宮伝奏に任ぜられ、正中2(1325)年左大臣に任ぜられ皇太子伝奏となる。嘉暦元(1326)年皇太子伝を辞す。元徳元(1329)年従一位に進む。同2年左大臣を辞す。同年関白に任ぜられる。正慶2(1333.元弘3)年南北朝となり勅命にて伯州に下向。同年停職と

なる。建武元(1334)年呼び戻されて右大臣に任ぜられ氏長者となり治部卿に任ぜられる。同2年再び左大臣に任ぜられるも辞す。養子に師平がいる。　典：大日・伝日・日名・公辞・公補

鷹司基教　たかつかさ・もとのり

鎌倉時代の人、参議。正安元(1299)年生〜没年不明。

摂政・関白・左大臣鷹司兼忠の三男。兄に冬経・兼冬がいる。正和3(1314)年正五位下に叙される。同年元服し、同4年右少将より左中将に任ぜられ従四位上より正四位下に進み、同5年播磨権守に任ぜられ従三位、文保元(1317)年正三位、元徳元(1329)年従二位に進む。同2年参議に任ぜられ翌年に辞す。康永3(1344.興国5)年46才で出家す。　典：公補

鷹司宗平　たかつかさ・むねひら

鎌倉時代の人、非参議。弘安10(1287)年生〜貞和2(1346.正平元)年3月24日没。60才。

参議鷹司宗嗣の子。正四位下に叙され右衛門督に任ぜられ、正中2(1325)年参議に任ぜられ周防権守に任ぜられる。同年右衛門督を辞す。嘉暦元(1326)年従三位に進む。同年参議を辞す。元徳元(1329)年に正三位に進む。貞和2年に頓死する。　典：公補

鷹司師平　たかつかさ・もろひら

鎌倉・南北朝時代の人、関白・太政大臣。応長元(1311)年生〜文和2(1353)年8月6日没。43才。通称＝昭光院前関白。法名＝禪理。

摂政・関白・太政大臣鷹司冬平の次男。冬平の弟の関白・左大臣鷹司冬教の家督養子となる。正中2(1325)年正五位下に叙される。同年元服し右少将に任ぜられ、嘉暦元(1326)年従四位下に進み右中将に任ぜられ、同2年正四位下より従三位に進み播磨権守に任ぜられ、同3年権中納言に任ぜられ、元徳元(1329)年権大納言に任ぜられる。同2年正三位、元弘元(1331)年従二位、正慶元(1332.元弘2)年正二位に進む。建武元(1334)年従二位に落位。同年春宮大夫に任ぜられ、同2年再び正二位に進む。延元元(1336)年春宮大夫を辞す。同年右大将に任ぜられ、建武4(1337.延元2)年内大臣に任ぜられる。同5年右大将を辞す。暦応2(1339.延元4)年右大臣に任ぜられる。康永元(1342.興国3)年関白に任ぜられ氏長者となる。同2年太政大臣に任ぜられるも辞す。同3年右大臣を辞し従一位に進む。同年貞和2(1346.正平元)年関白を辞す。文和2(1353)年出家。子に冬通がいる。　典：大日・伝日・日名・公辞・公補

鷹司冬通　たかつかさ・ふゆみち

鎌倉・南北朝時代の人、関白・左大臣。元弘元(1331)年生〜至徳3(1386.元中3)年6月19日没。56才。通称＝一心院前関白。

関白・太政大臣鷹司師平の子。暦応3(1340)年従五位上より正五位下に叙される。同年元服し左中将に任ぜられ、同4年従四位下、同5年正四位下、康永元(1342.興国3)年従三位に進み播磨権守に任ぜられ、同3年権中納言に任ぜられ春宮権大夫に任ぜられ、貞和2(1346.正平元)年正三位に進み、同3年権大納言に任ぜられる。同4年春宮権大夫を辞す。同5年従二位に進み、観応2(1351.正平6)年左大将に任ぜられ、文和4(1355.正平10)年正二位に進み、延文5(1360)年右大臣に任ぜられる。同年左大将を辞す。貞治元(1362.正平17)

年左大臣に任ぜられ、同2年従一位に進む。同6年関白に任ぜられる。応安2(1369.正平24)年左大臣・関白を辞す。子に冬家がいる。　典：大日・日名・伝日・公補

鷹司宗雅　たかつかさ・むねまさ

鎌倉・南北朝時代の人、権中納言。元応元(1319)年生～康応元(1389.元中6)年没。71才。

非参議花山院冬雅の子。母は権大納言日野資名の娘。正中2(1325)年叙爵。元弘元(1331)年侍従、正慶元(1332)年左少将に任ぜられ従五位上に進み、建武2(1335)年正五位下に進み、同4年左少将より左中将に任ぜられ従四位下に進み、暦応2(1339)年従四位上、同5年正四位下に進み、貞和4(1348.正平3)年蔵人頭に任ぜられ、同5年参議に任ぜられる。観応元(1350.正平5)年播磨権守に任ぜられ従三位に進む。同2年任職を辞す。延文5(1360.正平15)年正三位、貞治5(1366.正平21)年従二位に進み、応安元(1368.正平23)年権中納言に任ぜられ翌年に辞す。同4年正二位に進む。　典：公補

鷹司冬家　たかつかさ・ふゆいえ

南北朝・室町時代の人、右大臣。貞治6(1367.正平22)年生～正長元(1428)年5月26日没。62才。号=後一心院。通称=後一心院入道前右大臣。道号=冬雪。

関白・左大臣鷹司冬通の子。母は権大納言洞院公敏の娘。右中将をに任是られ、のちこれを辞す。永和4(1378.天授4)年従三位に叙され播磨権守に任ぜられ、永徳元(1381.弘和元)年正三位に進み権中納言に任ぜられる。嘉慶2(1388.元中5)年権大納言に任ぜられ、明徳3(1392.元中9)年従二位、同2年正二位に進む。応永6(1399)年に権大納言を辞す。同18年右大臣に任ぜられ、同21年に辞す。同年従一位に進む。同32年59才で出家。子に房平がいる。　典：大日・伝日・日名・公辞・公補

鷹司房平　たかつかさ・ふさひら

室町時代の人、関白・左大臣。応永15(1408)年生～文明4(1472)年11月16日没。62才。号=後照光院。通称=後照光院前関白。

右大臣鷹司冬家の子。左中将・播磨権守に任ぜられ、応永33(1426)年従三位に叙され、正長元(1428)年権中納言に任ぜられ、永享元(1429)年正三位に進み権大納言に任ぜられる。同3年従二位、同4年正二位に進み左大将に任ぜられ、同7年内大臣に任ぜられる。同9年左大将を辞す。同10年右大臣に任ぜられ、嘉吉3(1443)年従一位に進み、文安3(1446)年左大臣に任ぜられる。享徳3(1454)年関白に任ぜられ氏長者となる。康正元(1455)年関白・左大臣を辞す。動乱後は南都に住む。文辞を好み、一条兼良と親しく、時の人々は称して双玉と呼んだ。子に政平がいる。　典：大日・伝日・日名・公辞・公補

鷹司政平　たかつかさ・まさひら

室町時代の人、関白・太政大臣。文安2(1445)年生～永正14(1517)年10月18日没。73才。号=専称院。通称=専称院入道前関白。道号=天理。法名=上玄。

関白・左大臣鷹司房平の子。左中将に任ぜられ、寛正2(1461)年従三位に叙される。同3年権中納言に任ぜられる。同4年正三位に進み、同5年権大納言に任ぜられる。同6年従二位に進み、応仁2(1468)年内大臣に任ぜられる。文明4(1472)年正二位に進み、同7年右大臣に任ぜられ、同8年左大臣に任ぜられる。同11年従一位に進む。同年左大臣を辞す。同

15年関白に任ぜられ氏長者となる。同17年太政大臣に任ぜられるも辞し、長享元(1487)年関白を辞す。永正13(1516)年72才で出家。子に兼輔がいる。　典:大日・伝日・日名・公辞・公補

鷹司兼輔　たかつかさ・かねすけ

室町時代の人、関白・左大臣・准三宮。文明12(1480)年生～天文21(1552)年9月9日没。73才。初名=兼教。号=法音院。法名=貞寛。

関白・太政大臣鷹司政平の子。母は関白・太政大臣一条兼良の娘。延徳4(1492)年元服し正五位下に叙され右少将より右中将に任ぜられ、明応2(1493)年従四位上より従三位、同3年正三位に進み、同6年権中納言に任ぜられ、文亀元(1501)年従二位に進み権大納言に任ぜられる。同3年正二位に進み、永正元(1504)年左大将に任ぜられ、同3年内大臣に任ぜられ、同4年右大臣に任ぜられる。同10年左大将を辞す。同11年関白に任ぜられ氏長者となり、同12年左大臣に任ぜられる。同15年関白・左大臣を辞す。天文11(1542)年准三宮となる。同13年65才で出家。子に忠冬がいる。　典:大日・伝日・日名・公辞・公補

鷹司忠冬　たかつかさ・ただふゆ

室町時代の人、関白・左大臣。永正6(1509)年生～天文15(1546)年4月12日没。38才。号=後専称院。

関白・左大臣鷹司兼輔の子。母は権大納言正親町三条公治の娘。享禄2(1529)年正五位下より従四位上に叙され更に従三位に進む。同年元服し近衛権中将に任ぜられ、同3年権中納言に任ぜられ正三位より従二位に進み、同4年正二位に進み権大納言に任ぜられる。天文2(1533)年右大将に任ぜられ、同6年右大臣に任ぜられる。同7年右大将を辞す。同10年従一位に進み左大臣に任ぜられ、同11年関白に任ぜられる。同年任職を辞す。准三宮となる。同12年再び関白に任ぜられるも、同14年に辞す。養子に信房(二条家より)がいる。　典:大日・伝日・日名・公辞・公補

鷹司信房　たかつかさ・のぶふさ

室町～江戸時代の人、関白・左大臣。永禄8(1565)年生～明暦3(1657)年12月15日没。93才。一字名=㨿。号=後法音院。通称=後法音院太閤。

関白・左大臣二条晴良の子。母は中務卿貞敦親王の娘。関白・左大臣鷹司忠冬の家督養子となる。天正7(1579)年正五位下に叙される。同年元服し右少将に任ぜられ、同8年従四位下より従四位上に進み右中将に任ぜられ、同9年従三位に進み権中納言に任ぜられ、同10年権大納言に任ぜられる。同11年従二位、同16年正二位に進み左大将に任ぜられ、同17年従一位に進み、慶長11(1606)年内大臣より左大臣に任ぜられ更に関白に任ぜられ氏長者となる。同13年関白・左大臣を辞す。子に信尚がいる。　典:大日・伝日・公辞・公補

鷹司信尚　たかつかさ・のぶなお

安土桃山・江戸時代の人、関白・左大臣。天正18(1590)年4月14日生～元和7(1621)年11月19日没。32才。号=景皓院。通称=景皓院前関白。

関白・左大臣鷹司信房の子。慶長元(1596)年正五位下より従四位下に叙される。同年元服し右少将に任ぜられ、慶長2(1597)年右中将に任ぜられ、同6年正四位下に進み播磨権守に任ぜられ、同7年従三位に進み、同11年権中納言に任ぜられる。同12年正三位に進

み、同13年権大納言に任ぜられ左大将に任ぜられ、同16年従二位に進み内大臣に任ぜられる。同17年左大将を辞す。同年正二位に進み右大臣に任ぜられさらに関白に任ぜられ氏長者となる。同19年従一位に進む。元和元(1615)年関白を辞し、同6年左大臣を辞す。子に教平がいる。 典：大日・伝日・日名・公辞・公補

鷹司教平 たかつかさ・のりひら

江戸時代の人、左大臣。慶長14(1609)年2月5日生～寛文8(1668)年10月3日没。60才。一字名=雲・謙・公。号=一致院。

関白・左大臣鷹司信尚の子。母は皇女三宮の清子内親王の娘。慶長15(1615)年正五位下に叙される。同18年元服し左少将に任ぜられ、同19年従四位下、元和元(1617)年従三位に進み、同2年左中将に任ぜられ、同3年権中納言に任ぜられ、同5年正三位に進み11才で権大納言に任ぜられる。同9年近衛右大将に任ぜられ踏歌内弁となる。寛永3(1626)年左大将に任ぜられ、同5年従二位、同8年正二位に進み、同9年内大臣より右大臣に任ぜられる。同12年左大将を辞す。同年暮より病気となり籠居。同17年左大臣に任ぜられ翌年に辞す。明暦元(1655)年従一位に進む。子に房輔・九条兼晴がいる。 典：大日・伝日・京都・日名・公辞・公補

鷹司房輔 たかつかさ・ふさすけ

江戸時代の人、摂政・関白・左大臣。寛永14(1637)年4月30日生～元禄13(1700)年1月11日没。64才。号=後景皓院。

左大臣鷹司教平の子。母は権中納言上冷泉為満の娘。弟に九条兼晴がいる。寛永20(1643)年元服し正五位下に叙され左少将に任ぜられ、正保元(1644)年従四位上より正四位下に進み左中将・播磨権守に任ぜられ、同2年従三位に進み、同4年権中納言に任ぜられ、慶安元(1648)年正三位に進み権大納言に任ぜられ同年、更に右大将に任ぜられ、承応元(1652)年従二位に進み踏歌内弁となる。同3年正二位に進み、明暦元(1655)年左大将に任ぜられ、万治元(1658)年内大臣に任ぜられる。同年左大将を辞す。寛文元(1661)年右大臣に任ぜられ、同3年左大臣に任ぜられる。同4年摂政に任ぜられ氏長者となる。同7年左大臣を辞す。同9年関白に任ぜられ、同12年従一位に進む。天和2(1682)年関白を辞す。子に兼熙・輔信(四男、茶人、寛保元没、62才)・西園寺実輔がいる。 典：大日・伝日・日名・公辞・公補

鷹司兼熙 たかつかさ・かねひろ

江戸時代の人、関白・左大臣。万治2(1659)年12月5日生～享保10(1725)年11月20日没。67才。一字名=兼・心。号=心空華院。

摂政・関白・左大臣鷹司房輔の子。母は大江竹子。弟に輔信(茶人。寛保元没。62才)・西園寺実輔がいる。寛文5(1665)年元服し正五位下に叙され左少将に任ぜられ、同5年従四位上、同6年従三位、同9年正三位に進み、同10年権中納言に任ぜられ、同11年権大納言に任ぜられる。延宝4(1676)年左大将に任ぜられ、同5年従二位に進み、天和元(1681)年内大臣に任ぜられ、同2年踏歌内弁となる。同3年右大臣に任ぜられ、貞享元(1684)年正二位に進み、同3年東宮伝となる。同4年これを辞す。元禄3(1690)年左大臣に任ぜられ

る。同16年関白に任ぜられ氏長者となる。宝永元(1704)年左大臣を辞す。同2年従一位に進む。同4年関白を辞す。養子に房熙(近衛家より)がいる。　典：大日・伝日・日名・公辞・公補

鷹司房熙　たかつかさ・ふさひろ

江戸時代の人、内大臣。宝永7(1710)年8月13日生～享保15(1730)年4月24日没。21才。号=清浄林院。

摂政・太政大臣近衛家熙の次男。母は権中納言町尻兼量の娘。関白・左大臣鷹司兼熙と従三位長子の養子となる。享保4(1719)年元服し正五位下より従四位上に叙され左少将より左中将に任ぜられ、同5年従三位に進み権中納言に任ぜられ、同7年権大納言に任ぜられる。同8年正三位に進み、同9年踏歌外弁となる。同10年右大将・右馬寮御監に任ぜられる。同11年右馬寮御監を辞す。同12年従二位に進み左大将に任ぜられる。真言宗の地福寺を京都(上京区七本松通出水下ル)に移建し中興本宗に改めた。同13年内大臣に任ぜられる。同15年任職を辞す。養子に尚輔(近衛家熙の末子、従五位上・右少将、享保18,3,6没、8才)・基輝がいる。　典：大日・伝日・日名・公辞・公補

鷹司基輝　たかつかさ・もとてる

江戸時代の人、内大臣。享保12(1727)年2月28日生～寛保3(1743)年5月15日没。17才。号=住心院・常住心院。

関白・太政大臣一条兼香の次男。内大臣鷹司房熙の養子尚輔(近衛家熙の末子。従五位上・右少将。享保18,3,6没。8才)が早死した鷹司家のため養子となる。享保20(1735)年元服し従五位上より従四位下に叙され左権少将に任ぜられ、より、同21年左権中将に任ぜられ正四位下に進み、元文元(1736)年従三位に進み、同2年に11才で権中納言に任ぜられ更に権大納言に任ぜられる。同4年正三位、寛保元(1741)年従二位に進む。同3年内大臣に任ぜられるも辞す。家督養子に輔平(一条家より)がいる。　典：大日・伝日・公辞・公補

鷹司輔平　たかつかさ・すけひら

江戸時代の人、関白・左大臣。元文4(1739)年2月8日生～文化10(1813)年1月8日没。75才。号=後心空院。法名=理延。

閑院宮家の弾正尹直仁親王の末子。関白・太政大臣一条兼香の養子となり、更に内大臣鷹司基輝の家督養子となる。延享2(1745)年元服し正五位下より従四位下に叙され左少将に任ぜられ、同3年左中将に任ぜられ従三位に進み、寛延元(1748)年に10才で権中納言に任ぜられ権大納言に任ぜられる。同3年右大将・右馬寮御監に任ぜられ踏歌外弁となる。宝暦元(1751)年正三位に進み、同4年左大将に任ぜられ従二位に進み、同6年内大臣に任ぜられ、更に同9年正二位に進み右大臣に任ぜられる。同11年踏歌内弁となり、同13年従一位に進み、明和5(1768)年東宮伝となる。同7年これを辞す。同年院執事となり、安永7(1778)年左大臣に任ぜられる。天明7(1787)年関白に任ぜられる。同年大臣を辞す。氏長者となる。同8年入洛した松平定信と親交を結び、寛政元(1789)年宮中で独り親幕の態度を示し公武一和に尽力する。この時に起こった中山愛親・正親町公明の処罰は輔平の通報によったとされている。同3年に関白を辞す。同9年59才で出家。子に政熙がいる。
典：大日・伝日・京都・公辞・日名・公補

鷹司政熙　たかつかさ・まさひろ

江戸時代の人、関白・左大臣・准三宮。宝暦11(1761)年4月10日生～天保11(1840)年2月7日没。80才。号=文聚恭院・文恭院入道。法名=楽山。

関白・左大臣鷹司輔平の子。母は長門侍従重就朝臣の娘。明和5(1768)年元服し従五位上より従四位下に叙され更に正四位下に進み左権少将より左権中将に任ぜられ、同6年従三位に進み権中納言に任ぜられ更に左衛門督・左中将に任ぜられ、同7年10才で権大納言に任ぜられ正三位に進み、同8年踏歌外弁となる。安永2(1773)年従二位、同4年正二位に進み右近衛大将に任ぜられ、天明元(1781)年左大将に任ぜられ左馬寮御監となる。寛政元(1789)年左大将を辞す。同年内大臣に任ぜられ、同3年左大臣に任ぜられる。同7年関白に任ぜられ氏長者となり、同8年従一位に進む。同年左大臣を辞し、文化11(1814)年関白を辞す。同12年准三宮となる。文政6(1823)年これを辞す。63才で出家。子に政通がいる。　典：大日・伝日・日名・公辞・公補

鷹司政通　たかつかさ・まさみち

江戸時代の人、関白・太政大臣・准三宮。寛政元(1789)年7月2日生～明治元(1868)年10月16日没。80才。法名=拙山。

関白・左大臣准三宮鷹司政熙の子。母は侍従源重喜朝臣の娘。寛政8(1796)年元服し正五伊下に叙され左権少将に任ぜられ、同9年従四位上より従三位に進み左権中将に任ぜられ、同11年権中納言に任ぜられる。同12年正三位に進み、享和元(1801)年権大納言に任ぜられ踏歌外弁となる。文化元(1804)年従二位に進み、同4年左近衛大将に任ぜられ左馬寮御監となる。同6年春宮大夫に任ぜられ、同7年正二位に進み、同12年右大臣に任ぜられる。同年左大将を辞し従一位に進む。同13年踏歌内弁となり、同14年院執事となる。文政3(1820)年左大臣に任ぜられ、同6年関白に任ぜられ氏長者となる。同7年左大臣を辞す。天保13(1842)年太政大臣に任ぜられ、嘉永元(1848)年にを辞す。同6年黒船の米国艦隊が渡来した際朝幕の交渉に勤めた。安政2(1855)年の御遷幸に最高の権威者として御車に乗り走雑色四人・前駈傘六人・居飼七人・舎人四人・雑色十六人・従者を連れて前駈諸大夫六人は乗馬・従者を連れて府生二人は乗馬・従者を連れて番長二人は乗馬・郎等二人・車副六人・牛童一人・雨皮持一人・牛飼一人・傘二人・舎人長一人・近衛六人・看督長二人・鉾一人・火長二人などを供として参加している。同2年関白を辞す。同年准三宮となる。同3年朝議に参与する。同6年に近衛忠熙・三条実万等と大政奉還に努力したが幕府の圧力で全員落飾。文久2(1862)年に隠居。墓所は京都右京区嵯峨の二尊院。子に輔熙がいる。　典：幕末・明治・大日・伝日・京都・日名・公辞・遷幸・公補

鷹司輔熙　たかつかさ・すけひろ

江戸・明治時代の人、関白・右大臣。文化4(1807)年11月7日生～明治11(1878)年7月没。72才。法名=随楽。

関白・太政大臣准三宮鷹司政通の子。母は源清子。文化14(1817)年元服し従五位上より従四位下に叙され左権少将より権中将に任ぜられ、文政元(1818)年正四位下より従三位に進み、同2年権中納言に任ぜられる。同4年権大納言に任ぜられ正三位に進み、同6年従二位に進み、同7年右大将に任ぜられ右馬寮御監・踏歌外弁となる。国難に父政通を助

け、同8年正二位に進み、天保11(1840)年春宮大夫に任ぜられ、嘉永元(1848)年内大臣に任ぜられる。同2年右大将を辞し従一位に進み、同6年踏歌内弁となる。安政2(1855)年の御遷幸に番長二人は舎人長一人・舎人五人・居飼三人・郎等三人・馬副十人・近衛六人・雑色十人・傘一人を供として参加している。同4年右大臣に任ぜられる。同6年大政奉還が幕府に発覚し圧力で近衛忠煕らと共に落飾。文久2(1862)年許されて国事御用掛となり、同3年関白に任ぜられ氏長者となるも辞す。明治の新政府となり議定・制度事務督に任ぜられ、のち神祇官知事・留守長官などを歴任した。家料は1500石。墓所は京都右京区嵯峨の二尊院。子に輔政・煕通(軍人、大正7,5,17没、64才)がいる。　典：幕末・明治・伝日・京都・日名・公辞・公補

鷹司輔政　たかつかさ・すけまさ

江戸時代の人、権大納言。嘉永2(1849)年7月1日生～慶応3(1867)年8月14日没。19才。

関白・右大臣鷹司輔煕の子。母は関白・左大臣一条忠良の娘。弟に煕通(軍人。大正7,5,17没。64才。明治に華族に列され公爵を授かる)がいる。安政3(1856)年元服し従五位上に叙され左権少将に任ぜられ、同4年従四位下より正四位下に進み権中将に任ぜられ、同5年に10才で従三位に進み権中納言に任ぜられる。同6年左衛門督、文久2(1862)年左中将に任ぜられ、同3年権大納言に任ぜられ踏歌外弁となる。元治元(1864)年正三位、慶応2(1866)年従二位に進む。同3年に権大納言を辞す。　典：明治・公辞・公補

○高辻家

菅原定義┬資方⇨菅原家へ
　　　　├高辻是綱―宣忠―長守―為長┬長成┬清長―長宣┬国長―長衡―久長―⇨
　　　　│　　　　　　　　　　　　　│　　│　　　　　└為成
　　　　│　　　　　　　　　　　　　│　　└氏長―長俊
　　　　└在良⇨唐橋家へ　　　　　　├長貞
　　　　　　　　　　　　　　　　　　├高長
　　　　　　　　　　　　　　　　　　└公良⇨唐橋家へ

五条長敏―高辻家長

⇨―長郷―継長―長直―章長―長雅…（中断）…遂長―長純―豊長―長量―總長―⇨

⇨┬冬長
　└家長┬忠長⇨桑原家へ
　　　　└胤長―福長―俊長―以長┬学長
　　　　　　　　　　　　　　　├修長―宣麿（子）
　　　　　　　　　　　　　　　└信巖―信雄（西高辻家）

菅原道真の男大学頭菅原高規の六世孫。菅原定義の子是綱(正四位下・大学頭。嘉承22月没、78才、羽林家の一にして将官及び弁官・文章博士を経て大納言に至る、とあるも公補に見えない。高辻家の祖)が高辻を氏姓とした。代々儒道と文章を以て奉仕する。一時中断したが、五条為経の子遂長が再興した。明治に至り華族に列され子爵を授かる。本姓は菅原。家紋は梅。菩提寺は京都上京区浄福寺笹屋町下の浄福寺。

典：日名・京四・公辞

高辻為長　たかつじ・ためなが

平安・鎌倉時代の人、参議。保元3(1158)年生～寛元4(1246)年3月28日没。89才。

菅原道真の末裔。正四位下・大学頭高辻是綱朝臣(高辻家の祖)の曾孫。従四位上・大学頭高辻長守朝臣(建仁3,11,13没、75才)の子。寿永2(1183)年穀倉院の学問料を賜り、文治元(1185)年秀才で院を出る。同2年越前掾、同3年大舎人助・右衛門少尉に任ぜられる。同年叙爵。建久元(1190)年兵部少輔に任ぜられ、同4年従五位上に進み、同6年遠江権介・式部少輔に任ぜられ、正治元(1199)年正五位下に進み越後権守・大内記、建仁2(1202)年阿波介、同4年文章博士に任ぜられ、元久元(1204)年従四位下、承元4(1210)年正四位下に進み、建暦元(1211)年式部権大輔任ぜられ従三位に進む。同2年備後権守に任ぜられる。建保2(1214)年式部権大輔を辞す。同3年大蔵卿に任ぜられ、同5年長門権守に任ぜられ、承久3(1221)年正三位に進み式部大輔に任ぜられる。貞応元(1222)年豊前権守に任ぜられる。安貞元(1227)年に辞す。同2年甲斐権守に任ぜられる。天福元(1233)年に辞す。嘉禎元(1235)年参議に任ぜられ勘解由長官・大嘗会検校、同2年播磨権守に任ぜられる。同年大嘗会検校を辞し、同3年参議を辞す。同年従二位に進む。延応元(1239)年勘解由長官を辞す。仁治元(1240)年正二位に進む。寛元3(1245)年権守を辞すも翌年に没す。国学者にして書を善くし和歌を詠み、朝廷の故実に通じ、国家の重器となる。子に長成・長貞・高長・唐橋公良がいる。　典：大日・公辞・公補

高辻長成　たかつじ・ながなり

鎌倉時代の人、参議。元久2(1205)年生～弘安4(1281)年12月15日没。77才。

参議高辻為長の長男。母は弁暁法印の娘。弟に長貞・高長・唐橋公良がいる。文章博士・侍読に任ぜられ、建長5(1253)年従三位に叙される。正嘉元(1257)年文章博士・侍読を辞す。正元元(1259)年正三位、弘長元(1261)年従二位に進み式部大輔、同2年豊前権守に任ぜられる。同3年これと式部大輔を辞す。文永7(1270)年正二位に進む。同8年参議に任ぜられるも辞す。子に清長・氏長がいる。　典：公辞・公補

高辻高長　たかつじ・たかなが

鎌倉時代の人、非参議。承元4(1210)年生～弘安7(1284)年11月27日没。75才。

参議高辻為長の三男。兄に長成・長貞、弟に唐橋公良がいる。承久2(1220)年宮直内御書所、貞応3(1224)年蔵人に任ぜられ、元仁元(1224)年文章生となり、同2年穀倉院の学問料を賜り、嘉禄3(1227)年文章得業生となる。安貞2(1228)年叙爵。同年甲斐権守、天福元(1233)年兵部少輔に任ぜられ、文暦元(1234)年従五位上、仁治元(1240)年正五位上に進み阿波介、同3年大内記・長門守に任ぜられ、寛元元(1243)年従四位下、宝治2(1248)年従四位上に進み、同6年大学頭に任ぜられ、康元元(1256)年正四位下に進み、文応元(1260)年文章博士に任ぜられ、弘長2(1262)年従三位に進む。文永4(1267)年正三位、同8年従二位に進み式部大輔、同9年豊前権守に任ぜられる。建治元(1275)年任職を辞す。　典：公辞・公補

高辻清長　たかつじ・きよなが

鎌倉時代の人、非参議。嘉禎3(1237)年生～嘉元元(1303)年7月26日没。67才。

参議高辻長成の子。弟に氏長がいる。建長2(1250)年蔵人、同4年越中大掾に任ぜられ学問料を賜り、同6年文章得業生となる。同7年叙爵。康元元(1256)年少納言、同2年安芸権守に任ぜられる。正元元(1259)年少納言を辞す。弘長4(1264)年正五位下、文永2(1265)

年従四位下に進み、同6年左馬権頭に任ぜられ、同8年従四位上に進む。同年右京大夫に任ぜられ、同9年に辞す。弘安3(1280)年正四位下、正応元(1288)年従三位に進む。同3年兵部卿に任ぜられ、同5年正三位、永仁3(1295)年従二位に進む。同年兵部卿を辞す。子に長宣がいる。　典：公辞・公補

高辻長宣　たかつじ・ながのぶ

鎌倉時代の人、非参議。生年不明～正中2(1325)年7月17日没。

従二位・非参議高辻清長の子。弘安元(1278)年文章生となり越中掾に任ぜられ、正応元(1288)年従五位下に叙され治部権大輔に任ぜられる。同3年皇后宮少進に任ぜられ、同4年に辞す。同5年従五位上、永仁5(1297)年正五位下、正安2(1300)年従四位下、嘉元4(1306)年従四位上に進み、延慶元(1308)年左馬頭に任ぜられ、同2年正四位下に進み、同4年越前権介に任ぜられ、応長元(1311)年従三位、文保2(1318)年正三位に進む。子に国長・為成がいる。　典：公辞・公補

高辻国長　たかつじ・くになが

鎌倉・南北朝時代の人、非参議。弘安7(1284)年生～応安3(1370.建徳元)年3月16日没。87才。

非参議高辻長宣の長男。弟に為成がいる。延慶3(1310)年文章生となり従五位下に叙される。応長2(1311)年美作守に任ぜられ、正和2(1313)年に辞す。同3年従五位上に進む。文永2(1265)年左馬頭に任ぜられ、元徳2(1330)年に辞す。同年正五位下、嘉暦2(1327)年従四位上に進み、建武4(1337)年大膳大夫に任ぜられ、暦応2(1339)年正四位下に進む。同年大膳大夫を辞す。貞和3(1347.正平2)年従三位、康安元(1361.正平16)年正三位、貞治2(1363.正平18)年従二位に進む。子に長衡がいる。　典：公辞・公補

高辻為成　たかつじ・ためなり

鎌倉・南北朝時代の人、非参議。生年不明～貞治3(1364.正平19)年没。

非参議高辻長宣の次男。兄に国長がいる。延慶3(1310)年文章生となる。同4年叙爵し、同5年従五位上に進む。文保元(1317)年治部権少輔に任ぜられ、元亨2(1322)年に辞す。同4年正五位下、元徳2(1330)年従四位下、建武5(1337)年従四位上、貞和元(1345)年正四位下、文和3(1354)年従三位に進む。　典：公補

高辻長衡　たかつじ・ながひら

南北朝時代の人、非参議。元亨元(1321)年生～康応元(1389.元中6)年8月16日没。69才。

非参議高辻国長の子。右京大夫に任ぜられ、のちこれを辞す。応安5(1372.文中元)年従三位に叙される。康暦元(1379.天授5)年左大弁に任ぜられ、永徳元(1381.弘和元)年に辞す。至徳2(1385)年正三位に進む。子に久長がいる。　典：公辞・公補

高辻久長　たかつじ・ひさなが

南北朝・室町時代の人、非参議。生年不明～応永21(1414)年7月7日没。

非参議高辻長衡の子。左京大夫に任ぜられ、のちこれを辞す。応永15(1408)年従三位に進む。同21年式部権大輔・土佐権守に任ぜられる。子に長郷がいる。　典：公辞・公補

高辻長郷　たかつじ・ながさと

室町時代の人、参議。生年不明〜享徳4(1455)年没。初名=長広。元名=長奥。前名=長則。

従三位・非参議高辻久長の子。初め長広と名乗り、のち長郷と改名。永享9(1437)年従三位に叙され、嘉吉元(1441)年正三位に進み、同2年参議に任ぜられる。同3年遠江権守に任ぜられ、文安2(1445)年従二位に進む。同3年参議を辞す。子に継長がいる。　典:公辞・公補

高辻家長　たかつじ・いえなが

室町時代の人、非参議。生没年不明。

参議五条長敏の子。高辻家の養子になったらしいが不明。氏姓を高辻と名乗る。本姓は菅原。永享9(1437)年従三位に叙され、同11年以降は名が見られない。　典:公補

高辻継長　たかつじ・つぎなが

室町時代の人、権大納言。応永21(1414)年生〜文明7(1475)年7月3日没。62才。

参議高辻長郷の子。少納言・文章博士に任ぜられ、のちこれを辞す。宝徳3(1451)年従三位に叙される。享徳元(1452)年左大弁に任ぜられ、同2年に辞す。康正元(1455)年参議に任ぜられる。同2年播磨権守に任ぜられ正三位に進み、長禄2(1458)年文章博士に任ぜられ、同3年権中納言に任ぜられる。文正元(1466)年正二位に進む。応仁元(1467)年権中納言を辞す。文明2(1470)年権大納言に任ぜられ、同5年に辞す。加賀国にて没す。子に長直がいる。　典:公辞・公補

高辻長直　たかつじ・ながなお

室町時代の人、権大納言。嘉吉元(1441)年生〜大永2(1522)年9月6日没。82才。

権大納言高辻継長の子。長禄3(1459)年従五位上に叙され、寛正6(1465)年従四位下、文明元(1469)年従四位上、同8年正四位下、同17年従三位に進む。同年少納言を辞す。長享2(1488)年参議に任ぜられる。延徳元(1489)年式部大輔に任ぜられ、同3年正三位に進む。明応元(1492)年権中納言に任ぜられ、同8年に辞す。文亀元(1501)年再び式部大輔に任ぜられ従二位に進み、永正3(1506)年権大納言に任ぜられる。同8年正二位に進む。同11年権大納言を辞す。同15年氏長者となる。子に章長がいる。　典:公辞・公補

高辻章長　たかつじ・あきなが

室町時代の人、権中納言。文明元(1469)年生〜大永5(1525)年1月4日没。57才。法名=慶学。

権大納言高辻長直の子。文明10(1478)年穀倉院の学問料を賜り文章得業生となる。長享2(1488)年従五位下に叙され侍従、延徳2(1490)年少納言に任ぜられ、同3年従五位上に進み、明応2(1493)年式部少輔、同3年文章博士に任ぜられ正五位下にすすみ、同6年従四位下、同10年従四位上、文亀3(1503)年正四位下に進み、永正3(1506)年侍読となり、同4年従三位に進む。同年右大弁に任ぜられ、同5年これと文章博士を辞す。同年式部大輔に任ぜられ、同6年参議に任ぜられる。同9年正三位に進む。同11年越州に下向。のち上洛。同12年権中納言に任ぜられる。同13年再び越前国に下向。同15年上洛。同年従二位に進

み、同16年再び式部大輔に任ぜられる。大永元(1521)年権中納言を辞す。同年北国に下向。越前国一乗谷にて没す。没後に大納言を贈られる。子に長雅がいる。　典：公辞・公補

高辻長雅　たかつじ・ながまさ

室町・安土桃山時代の人、権大納言。永正12(1515)年8月25日生〜天正8(1580)年9月10日没。66才。法名=文盛。

権中納言高辻章長の子。母は権大納言町広光の娘(権中納言町資将の養女)。永正18(1521)年学問料の学生となり文章得業生に及第。同年元服。叙爵。大永3(1523)年従五位上に叙され、同6年正五位下に進み、享禄3(1530)年式部大輔に任ぜられ、同4年従四位下に進み、同5年大内記・文章博士、天文2(1533)年少納言・侍従に任ぜられ、同3年従四位上、同5年正四位下に進み、同7年加賀権介、同13年紀伊権守に任ぜられ、同16年従三位に進み左大弁に任ぜられ、同17年参議に任ぜられる。同18年正三位に進み、同20年大学頭に任ぜられ、同22年従二位に進み、弘治元(1555)年権中納言に任ぜられる。永禄2(1559)年大学頭・左大弁・文章博士を辞す。同年正二位に進み再び式部大輔に任ぜられ、同3年侍読となる。同5年権中納言を辞す。同7年氏長者となる。天正8(1580)年権大納言に任ぜられる。家督養子に為経がいる。　典：公辞・公補

高辻遂長　たかつじ・ついなが

江戸時代の人、参議。慶長5(1600)年4月25日生〜寛永19(1642)年12月29日没。43才。

権中納言五条為経の子。慶長18(1613)年穀倉院の学問料を賜り文章得業生となる。同年元服し従五位下に叙される。権大納言高辻長雅家の家督養子となり33年振りに高辻家を再興し相続する。同19年侍従に任ぜられ従五位上に叙される。元和4(1618)年正五位下に進み、同5年少納言に任ぜられ、同9年従四位下、寛永5(1628)年従四位上、同9年正四位下に進み大内記に任ぜられ、同13年従三位に進む。同16年文章博士・大蔵卿に任ぜられ、同18年正三位に進み参議に任ぜられる。同19年参議を辞す。子に長純(初名=長助、従四位上・少納言、慶安元,4,22日光にて没、30才、養子に豊長)がいる。　典：公辞・公補

高辻豊長　たかつじ・とよなが

江戸時代の人、権大納言。寛永2(1625)年8月4日生〜元禄15(1702)年6月22日没。78才。初名=良長。一字名=長。号=滋岡。

権大納言東坊城長維の次男。母は権大納言広橋総光の娘。初め良長と名乗る。寛永17(1640)年叙爵。同20年元服し主計頭に任ぜられ、同21年従五位上、慶安元(1648)年正五位下に進み、同2年穀倉院の学問料を賜り文章得業生となる。同年従四位上・少納言高辻長純朝臣(慶安元,4,22。30才)の家督を相続。同年侍従に任ぜられる。同3年文章博士に任ぜられ、同5年従五位上に進み、承応3(1654)年少納言・大内記に任ぜられる。同4年豊長と改名。正五位下に進み、明暦3(1657)年従四位下、寛文3(1663)年従四位上に進み式部権大輔に任ぜられ、同5年正四位下に進む。同年文書博士を辞す。同10年従三位に進む。延宝2(1674)年参議に任ぜられる。同3年正三位に進み、同5年権中納言に任ぜられ式部大輔に任ぜられる。天和元(1681)年権中納言を辞す。同年従二位に進む。貞享元(1684)年

権大納言に任ぜられるも辞す。元禄7(1694)年正二位に進む。養子に長量(東坊城家より。正四位下・式部権大輔。元禄8,9,23没。34才。子は總長)がいる。　典：公辞・公補

高辻總長　たかつじ・ふさなが

江戸時代の人、権中納言。元禄元(1688)年7月21日生～寛保元(1741)年5月3日没。54才。

正四位下・式部権大輔高辻長量朝臣の子。母は権大納言高辻豊長の娘。元禄6(1693)年穀倉院の学問料を賜る。同10年元服し文章得業生となる。同15年従五位下に叙され侍従に任ぜられ、同16年文章博士に任ぜられ、宝永元(1704)年従五位上、同3年正五位下、同5年従四位下に進み東宮学士・少納言・大内記に任ぜられる。同6年東宮学士を辞す。正徳元(1711)年従四位上、同3年正四位下に進む。同5年大内記を辞す。享保元(1716)年従三位に進み再び文章博士に任ぜられ、同2年右大弁に任ぜられ、同4年正三位に進む。同年右大弁を辞す。踏歌外弁となる。同9年参議に任ぜられる。同13年権中納言に任ぜられ、同14年従二位に進み、同15年式部大輔に任ぜられる。同19年権中納言を辞す。同年正二位に進む。寛保元(1741)年に大輔を辞す。子に冬長(正四位下・侍従・大内記・文章博士、享保20,5,19没、27才)・家長がいる。　典：公辞・公補

高辻家長　たかつじ・いえなが

江戸時代の人、権大納言。正徳5(1715)年11月2日生～安永5(1776)年7月15日没。62才。法名＝香海。

権中納言高辻總長の子。母は権大納言梅小路共方の養女。元文元(1736)年穀倉院の学問料を賜る。同年元服し文章得業生となり侍従に任ぜられ従五位下に進み、同3年従五位上に進み、同4年文章博士、同5年少納言に任ぜられ、寛保元(1741)年正五位下、延享元(1744)年従四位下に進み、同2年大内記に任ぜられ、同4年従四位上に進む。同年東宮学士に任ぜられたがを辞し、寛延元(1748)年文章博士を辞す。同3年正四位下に進み、宝暦元(1751)年侍読となる。同3年従三位に進み参議に任ぜられ右大弁に任ぜられる。同4年任職を辞す。同6年権中納言に任ぜられ正三位に進み、同10年踏歌外弁となる。同年参議を辞す。同11年従二位に進む。明和元(1764)年権大納言に任ぜられるも辞す。同年正二位に進む。同2年式部大輔に任ぜられたが辞す。同3年52才で出家。子に胤長・桑原忠長がいる。　典：公辞・公補

高辻胤長　たかつじ・たねなが

江戸時代の人、権大納言。元文5(1740)年11月27日生～享和3(1803)年3月28日没。64才。初名＝世長。

権大納言高辻家長の子。初め世長と名乗る。延享2(1745)年穀倉院の学問料を賜る。寛延元(1748)年元服し文章得業生となり侍従に任ぜられ従五位下に進み、同3年従五位上、宝暦元(1751)年正五位下に進み、同3年文章博士に任ぜられ、同4年従四位下、同7年従四位上に進み、同年少納言、同10年大内記に任ぜられ正四位下に進み、同12年正四位下、同13年従三位に進む。明和2(1765)年式部大輔に任ぜられ、同5年正三位に進み右大弁に任ぜられ、安永4(1775)年参議に任ぜられる。同5年胤長と改名。同6年従二位に進み、同7年踏歌外弁となる。同8年権中納言に任ぜられる。天明元(1781)年正二位に進む。同5年

権中納言を辞す。寛政8(1796)年権大納言に任ぜられ翌年に辞す。子に福長がいる。　典：公辞・公補

高辻福長　たかつじ・ふくなが

江戸時代の人、権中納言。宝暦11(1761)年10月13日生～文政2(1819)年5月7日没。59才。

権大納言高辻胤長の子。母は権中納言五条為成の娘。安永2(1773)年穀倉院の学問料を賜る。同年元服し文章得業生となる。同3年従五位下に叙され侍従に任ぜられ、同5年従五位上、同7年正五位下、同9年従四位下に進み、天明2(1782)年少納言に任ぜられ、同3年従四位上に進み、同4年大内記、同5年文章博士に任ぜられ、同6年正四位下、寛政元(1789)年従三位に進み式部権大輔に任ぜられ、同7年正三位に進み、同8年右大弁に任ぜられ、同9年踏歌外弁となる。同12年参議に任ぜられる。享和元(1801)年文章博士を辞す。同2年従二位に進む。同3年参議を辞す。文化8(1811)年権中納言に任ぜられ、同9年正二位に進む。同10年権中納言を辞す。子に俊長がいる。　典：公辞・公補

高辻俊長　たかつじ・としなが

江戸時代の人、非参議。安永8(1779)年12月14日生～文化8(1811)年1月5日没。33才。

権中納言高辻福長の子。母は非参議土御門泰邦の娘。天明7(1787)年穀倉院の学問料を賜る。寛政3(1791)年元服し文章得業生となる。同4年従五位下、同7年従五位上、同8年正五位下に叙され、同9年侍従に任ぜられ、同10年従四位下に進み、同11年少納言に任ぜられ、享和元(1801)年従四位上に進み、同2年大内記に任ぜられ、文化元(1804)年正四位下に進み文章博士に任ぜられる。同2年大内記を辞す。同3年式部権大輔に任ぜられ、同4年従三位、同7年正三位に進み踏歌外弁となる。同8年式部権大輔を辞す。子に以長がいる。　典：公辞・公補

高辻以長　たかつじ・もちなが

江戸時代の人、非参議。寛政11(1799)年3月19日生～安政6(1859)年8月20日没。61才。

非参議高辻俊長の子。文化9(1812)年穀倉院の学問料を賜る。同年元服し文章得業生となり従五位下に叙され、同12年従五位上、同14年正五位下に進み、文政3(1820)年侍従に任ぜられ同年従四位下、同6年従四位上に進み少納言に任ぜられ、同9年正四位下に進み文章博士、同11年大内記に任ぜられ、同12年従三位に進み、天保元(1830)年式部権大輔に任ぜられる。同2年文章博士を辞す。同3年正三位に進み、同4年大学頭に任ぜられ、同6年踏歌外弁となる。嘉永5(1852)年大学頭を辞す。同年式部大輔に任ぜられ、安政6年に辞す。この時は公卿10名が没している。子に修長・学長・信巌がいる。　典：公辞・公補

高辻修長　たかつじ・おさなが

江戸時代の人、非参議。天保11(1840)年11月29日生～大正10(1921)年6月20日没。82才。

非参議高辻以長の子。母に権大納言中院通知の娘。弘化4(1847)年穀倉院の学問料を賜る。嘉永5(1852)年元服し文章得業生となる。安政2(1855)年従五位上、同4年正五位下に進み、同5年少納言・侍従に任ぜられ、同6年従四位下に進み、万延元(1860)年文章博士に任ぜられ、文久2(1862)年従四位上に進み、同3年大内記に任ぜられ、慶応元(1865)年正四位下に進む。同2年大内記を辞す。明治元(1868)年従三位に進む。明治新政府では学

習院有職となる。のち宮内書記官・明宮御用掛・東宮侍従長・宮中顧問官などを歴任し、華族に列され子爵を授かる。家料は200石。京都新烏丸丸太町上ルに住む。子に宣麿がいる。　典：明治・大日・伝日・日名・公辞・公補

○高野家

```
          ┌基時⇨持明院家へ
持明院基定┴高野保春┬保光
                  ├実長⇨四辻家へ                                              (子)
                  └保房─隆古─保香─保忠─保右─保美─保建─宗順─宗正
```

藤原北家。中御門家の一つ。持明院通基十八世の孫権大納言基定の次男保春が、高野を氏姓とした。代々神楽をもって奉仕し、明治に至り華族に列され子爵を授かる。本姓は藤原。菩提寺は京都上京区寺町広小路の廬山寺。

典：日名・京四

高野保春　たかの・やすはる

江戸時代の人、権大納言。慶安3(1650)年3月3日生〜正徳2(1712)年5月26日没。63才。高野家の祖。

持明院通基十八世の孫権大納言基定の次男。母は中将基久の娘。兄に持明院基時がいる。父の持明院より分家して高野を氏姓とした。万治元(1658)年叙爵。寛文元(1661)年元服し修理大夫に任ぜられ、同2年従五位上、同5年正五位下、同9年従四位下、延宝2(1674)年従四位上、同6年正四位下、天和3(1683)年従三位に進み宮内卿に任ぜられ、元禄3(1690)年正三位に進み、同5年参議に任ぜられる。同6年踏歌外弁となる。同10年参議を辞す。同11年従二位に進む。同13年権中納言に任ぜられるも辞す。同年武家伝奏に任ぜられる。宝永5(1708)年権大納言に任ぜられるも翌年に辞す。正徳元(1711)年正二位に進む。子に保光・四辻実長・保房(正五位下・右少将、享保16,12,21没、22才)がいる。　典：大日・伝日・公辞・公補

高野保光　たかの・やすみつ

江戸時代の人、権大納言。延宝2(1674)年10月15日生〜元文5(1740)年閏7月21月没。67才。一字名＝保。

権大納言高野保春の子。弟に四辻実長・保房(正五位下・右少将、享保16,12,21没、22才、養子は隆古)がいる。延宝7(1679)年叙爵。貞享4(1687)年元服し従五位上に進み侍従に任ぜられ、元禄4(1691)年正五位下に進み、同5年右少将に任ぜられ、同8年従四位下に進み、同10年右中将に任ぜられ、同12年従四位上、同16年正四位下、宝永4(1707)年従三位に進む。正徳元(1711)年宮内卿に任ぜられ、同3年正三位に進み、享保5(1720)年参議に任ぜられる。同6年踏歌外弁となり、同9年東照宮奉幣使となる。同10年参議を辞す。同年従二位に進む。同14年権中納言に任ぜられ翌年に辞す。元文5年権大納言に任ぜられるも辞して没す。　典：公辞・公補

高野保香　たかの・やすか

江戸時代の人、非参議。延享4(1747)年10月20日生〜寛政2(1790)年9月17日没。44才。初名=忠祐。

権大納言園基衡の次男。初め忠祐と名乗る。宝暦8(1758)年叙爵。同10年に正四位下・右中将高野隆古朝臣(西大路隆共の次男。号=夫楽。竹内式部の門下・宝暦事件の勤皇21廷臣の一人。寛政5,12,9没。70才。明治24年に正三位を贈る)の養子となる。同年保香と改名。元服し宮内大輔に任ぜられ、同12年従五位上、明和3(1766)年正五位下、同7年従四位下、安永3(1774)年従四位上、同7年正四位下に進み左権少将に任ぜられ、同9年左権中将に任ぜられ、天明2(1782)年従三位に進み、同5年大蔵卿に任ぜられ、同6年正三位に進む。子に保忠(従四位上・下野介。寛政12,4,27没。22才。子は保右)がいる。　典:公辞・公補

高野保右　たかの・やすすけ

江戸時代の人、非参議。寛政7(1795)年10月24日生〜安政6(1859)年8月22日没。65才。

非参議高野保香の孫。従四位上・下野介高野保忠朝臣(寛政12,4,27没。22才)の子。寛政12(1800)年従五位下に叙される。享和3(1803)年元服。文化元(1804)年従五位上、同5年正五位下に進み刑部大輔に任ぜられ、同9年従四位下、同13年従四位上、文政3(1820)年正四位下に進み右権少将に任ぜられ、天保元(1830)年左権中将に任ぜられ従三位、同5年正三位に進む。子に保美がいる。　典:公辞・公補

高野保美　たかの・やすよし

江戸時代の人、非参議。文化14(1817)年11月16日生〜明治2(1869)年3月没。53才。

非参議高野保右の子。母は志摩守章広の娘。天保2(1831)年叙爵。同年元服。同3年左衛門佐に任ぜられ、同6年従五位上、同10年正五位下、同14年従四位下、弘化4(1847)年従四位上、嘉永4(1851)年正四位下に進み左権少将に任ぜられ、文久3(1863)年左権中将に任ぜられ、慶応元(1865)年従三位に進む。家料は150石。京都梨木町東南角に住む。子に保建(正四位下・左兵衛佐・左少将。明治22,3没。明治の華族に列され子爵を授かる)がいる。　典:公辞・公補

○高松家

武者小路実陰┬公野⇨武者小路家へ
　　　　　　└高松重季―実逸―季昵―公祐┬季実―保実―公雄―実村―公秋―公春
　　　　　　　　　　　　　　　　　　　　└公業⇨西四辻家へ　　　　（子）

藤原北家。閑院家の一つ。三条西家の支流。権大納言藤原仲実の子権仲納言藤原実衡が高松と称した。それを武者小路実陰の子重季が再興し、高松を氏姓とした。明治に至り華族に列され子爵を授かる。本姓は藤原。家紋は唐花。菩提寺は京都上京区寺町広小路の廬山寺。

典:日名・京四

高松重季　たかまつ・しげすえ

江戸時代の人、参議。元禄11(1698)年12月24日生～延享2(1745)年10月8日没。48才。高松家の祖。

権大納言武者小路実陰の末子(次男か)。兄に武者小路公野がいる。宝永3(1706)年叙爵。正徳元(1711)年元服し従五位上に進み侍従に任ぜられ、同5年正五位下に進み、享保元(1716)年右少将に任ぜられ、同4年従四位下に進み右中将に任ぜられ、同8年従四位上、同12年正四位下、同16年従三位、元文3(1738)年正三位に進む。延享2年参議に任ぜられるも辞す。幽斎の門流の歌人。子に実逸(従四位下・右京大夫、宝暦6,10,12没、25才、子は季昵)がいる。　典：公辞・日名・公補

高松季昵　たかまつ・すえじつ

江戸時代の人、非参議。宝暦5(1755)年9月26日生～寛政7(1795)年9月8日没。41才。

参議高松重季の孫。従四位下・右京大夫高松実逸(宝暦6,10,12没、25才)の子。母は非参議水無瀬経業の娘。宝暦9(1759)年叙爵。明和2(1765)年元服し従五位上に進み上野権介、同6年右兵衛権佐に任ぜられ正五位下に進み、同7年近江権介に任ぜられ、安永2(1773)年従四位下に進み、同5年右権少将に任ぜられ、同6年従四位上、天明元(1781)年正四位下に進み、同5年右権中将に任ぜられ従三位、寛政4(1792)年正三位に進む。子に公祐がいる。　典：公辞・公補

高松公祐　たかまつ・きんすけ

江戸時代の人、権中納言。安永3(1774)年10月9日生～嘉永4(1851)年7月18日没。78才。

非参議高松季昵の子。安永7(1778)年従五位下に叙される。天明7(1787)年元服し従五位上に進み、寛政元(1789)年刑部大輔に任ぜられ、同8年正五位下、同11年従四位下に進み、享和元(1801)年右近衛権少将に任ぜられ従四位上、同2年正四位下に進み、同7年左権中将に任ぜられ同年従三位、同12年正三位に進む。天保2(1831)年参議に任ぜられ翌年に辞す。同6年従二位に進み、嘉永2(1849)年権中納言に任ぜられるも辞す。同3年正二位に進む。子に季実・西四辻公業がいる。　典：公辞・公補

高松季実　たかまつ・すえざね

江戸時代の人、非参議。文化3(1806)年5月18日生～安政3(1856)年7月29日没。51才。

権中納言高松公祐の子。母は権中納言滋野井冬泰の養女(権大納言滋野井公麗の娘)。弟に西四辻公業がいる。文化11(1814)年従五位下に叙され、同13年元服し備中権守、文政元(1818)年近江権介に任ぜられ従五位上、同5年正五位下、同9年従四位下に進み、同12年左京権大夫に任ぜられ、天保元(1830)年従四位上、天保5(1834)年正四位下に進み、同7年左近衛権少将より、同13年権中将に任ぜられ、弘化元(1844)年従三位、嘉永2(1849)年正三位に進む。子に保実がいる。　典：公辞・公補

高松保実　たかまつ・やすざね

江戸時代の人、非参議。文化14(1817)年12月1日生～明治11(1878)年9月没。62才。

非参議高松季実の子。文政12(1829)年叙爵。天保元(1830)年元服し備中権守に任ぜられ、同4年従五位上、同8年正五位下、同12年従四位下、弘化2(1845)年従四位上に進む。同4年官位を止められ蟄居させられる。嘉永4(1851)年蟄居が許され、同5年正四位下に進み、同6年大膳権大夫に任ぜられ、安政5(1858)年従三位に進む。同年安政の事件(飛鳥井雅典の項参照)に八十八廷臣として連座、文久2(1862)年正三位に進む。子に公雄・実村(明治40,7没、明治の華族に列し子爵を授かる)がいる。　典：公辞・公補

○高向家

高向麻呂　たかむこの・まろ

飛鳥時代の人、中納言。生年不明～和銅元(708)年8月5日没。姓(かばね)=朝臣(あそみ)。

難波朝の刑部卿・大花上高向国押(国忍)の子。従四位上に叙され、大宝2(702)年参議に任ぜられる。慶雲2(705)年中納言に任ぜられ正四位下に進み、和銅元(708)年従三位に進み摂津大夫に任ぜられたが没す。在官4年。参議4年。高向家は蘇我家と同祖伝承を形成している。　典：古代・謎人・公補

○竹内家

貞純親王—新羅三郎義光—竹内盛義┬義信—惟義—惟信—惟時—信治—氏治—仲治—⇨

└有義

⇨—清治—重治—豊治—基治—秀治—季治—長治—孝治┬俊治

└惟庸—惟永—惟重—惟久—⇨

⇨惟栄—惟徳—惟和—治則—惟忠—惟治—惟斌（子）

清和源氏の系。第56代清和天皇の皇子貞純親王の子新羅三郎義光の子盛義が、竹内を氏姓とした。代々世襲し弓箭と笙をもって奉仕。室町末期の季治より非参議以上に取立てられ勤めた。明治に至り華族に列され子爵を授かる。本姓は源。家紋は竜胆(りんどう)。菩提寺は京都左京区新高倉仁王門下の正行寺。

典：京四

竹内季治　たけのうち・すえはる

室町時代の人、非参議。永正15(1518)年生～元亀2(1571)年9月18日没。54才。法名=真滴。竹内家の次祖。

第56代清和天皇の末裔。清和源氏。非参議近江守竹内基治の孫。正四位下・大膳大夫・近江守竹内秀治朝臣の子。大永年間に叙爵し近江守に任ぜられ、天文年間に従五位上に進み、同8年(1539)年宮内少輔に任ぜられ、同12年正五位下、同16年従四位下、同20年従四位上に進み大膳大夫に任ぜられ、同24年正四位下に進み、久我家の諸大夫として勤めていたが将軍の執に依り堂上に加えられ、弘治3(1557)年従三位、永禄5(1562)年正三位

に進み、同10年に50才で出家。元亀2年武命にて下向中に近江国で横死する。子に長治がいる。　典：伝日・公辞・公補

竹内長治　たけのうち・ながはる

室町・安土桃山時代の人、正三位・非参議。天文5(1536)年生～天正14(1586)年7月7日没。51才。初名=家治。

正三位・非参議竹内季治の子。初め家治と名乗り、のち長治と改名。蔵人・左近将監に任ぜられる。永禄6(1563)年叙爵。近江守・左兵衛佐に任ぜられ、同7年従五位上、同8年正五位下、同10年従四位下、元亀元(1570)年従四位上に進む。天正2(1574)年左兵衛督に任ぜられ、同4年正四位下に進む。同7年左兵衛督を辞す。同8年従三位に進み刑部卿に任ぜられ、同13年正三位に進む。子に孝治がいる。　典：公辞・公補

竹内孝治　たけのうち・たかはる

江戸時代の人、非参議。天正14(1586)年3月18日生～万治3(1660)年10月12日没。75才。一字名=台。

非参議竹内長治の子。母は弾正少弼久秀の娘。慶長3(1598)年蔵人・左近将監、同9年中務大丞に任ぜられ、同16年従五位下に叙され刑部少輔に任ぜられ、同17年従五位上、同18年正五位下、元和5(1619)年従四位下、同9年従四位上、寛永5(1628)年正四位下、同9年従三位に進み、同11年刑部卿に任ぜられ、同14年正三位、正保4(1647)年従二位に進む。明暦3(1657)年刑部卿を辞す。子に俊治(正五位下・弾正少弼、正保4,8,22没、37才)・惟庸がいる。　典：公辞・公補

竹内惟庸　たけのうち・これつね

江戸時代の人、非参議。寛永17(1640)年9月2日生～宝永元(1704)年7月19日没。65才。初名=能治。前名=当治。

非参議竹内孝治の子。兄に俊治(正五位下・弾正少弼、正保4,8,22没、37才)がいる。初め能治と名乗る。承応3(1654)年元服し正六位上に叙され式部大丞、明暦3(1657)年蔵人・左将監に任ぜられる。万治元(1658)年当治と改名。寛文2(1662)年中務大丞・宮内少輔に任ぜられ、同8年従五位上、同9年正五位下、同12年従四位下に進み弾正大弼に任ぜられる。延宝2(1674)年惟庸と改名。同4年従四位上、同7年正四位下、天和3(1683)年従三位に進み、貞享2(1685)年刑部卿に任ぜられ、元禄3(1690)年正三位に進む。同8年刑部卿を辞す。同14年従二位に進む。養子に惟永(藤谷家より)がいる。　典：公辞・公補

竹内惟永　たけのうち・これなが

江戸時代の人、非参議。延宝6(1678)年1月9日生～宝暦4(1754)年6月26日没。77才。初名=相孝。

権大納言藤谷為茂の次男。初め相孝と名乗る。貞享元(1684)年叙爵。元禄5(1692)年非参議竹内惟庸家の養子となり本姓が藤原より源となる。同年元服し弾正大弼に任ぜられ、同6年従五位上に進む。惟永と改名。同11年正五位下、同15年従四位下、宝永3(1706)年従四位上、同7年正四位下、正徳5(1715)年従三位、享保6(1721)年正三位、元文2(1737)年従二位に進む。子に惟重・惟久がいる。　典：公辞・公補

竹内惟重　たけのうち・これしげ

江戸時代の人、非参議。宝永6(1709)年1月21日生～延享2(1745)年8月10日没。37才。

非参議竹内惟永の子。母は非参議竹内惟庸の娘。弟に惟久がいる。享保元(1716)年叙爵。同5年元服し民部権少輔に任ぜられ、同6年従五位上、同10年正五位下、同14年従四位下、同18年従四位上に進み、同19年弾正大弼に任ぜられ、元文2(1737)年正四位下、寛保2(1742)年従三位に進む。　典：公辞・公補

竹内惟久　たけのうち・これひさ

江戸時代の人、非参議。元文元(1736)年3月29日生～明和7(1770)年7月20日没。35才。

非参議竹内惟永の三男。兄に非参議竹内惟重がいる。延享元(1744)年叙爵。同3年元服し民部権少輔に任ぜられ、寛延2(1749)年従五位上、宝暦2(1752)年正五位下に進む。同3年官を止められ蟄居させられる。のち許されて民部権少輔に任ぜられ、同5年弾正大輔に任ぜられ、同7年従四位下、同11年従四位上に進み、明和元(1764)年左兵衛佐に任ぜられ、同2年正四位下、同6年従三位に進む。子に惟栄がいる。　典：公辞・公補

竹内惟栄　たけのうち・これはる

江戸時代の人、非参議。宝暦11(1761)年8月8日生～寛政11(1799)年3月21日没。39才。初名＝懋経。

非参議竹内惟久の子。初め懋経と名乗る。明和5(1768)年従五位下に叙され、安永元(1772)年元服し従五位上に進み弾正少輔に任ぜられる。同年惟栄と改名。同5年正五位下、同9年従四位下、天明2(1782)年左馬頭に任ぜられ、同4年従四位上、同8年正四位下、寛政4(1792)年従三位、同10年正三位に進む。子に惟徳がいる。　典：公辞・公補

竹内惟徳　たけのうち・これとく

江戸時代の人、非参議。天明7(1787)年8月2日生～文政4(1821)年11月25日没。35才。

非参議竹内惟栄の子。寛政5(1793)年従五位下に叙される。同10年元服し従五位上に進み刑部少輔に任ぜられ、享和2(1802)年正五位下、文化3(1806)年従四位下に進み弾正大弼に任ぜられ、同7年従四位上、同11年正四位下、文政元(1818)年従三位に進み大蔵卿に任ぜられ、同4年に踏歌外弁となる。子に惟和がいる。　典：公辞・公補

竹内惟和　たけのうち・これかず

江戸時代の人、非参議。文政5(1822)年1月15日生～安政4(1857)年2月1日没。36才。

権中納言藤谷為脩の次男。母は非参議竹内惟栄の娘。文政11(1828)年故非参議竹内惟徳と非参議吉田良連の娘の養子となる。同年叙爵。天保5(1834)年元服し従五位上に進み治部大輔に任ぜられ、同9年正五位下、同13年従四位下、弘化3(1846)年従四位上、嘉永3(1850)年正四位下、安政元(1854)年従三位に進む。子に治則(明治21,8没、明治の華族に列され子爵を授かる)がいる。　典：公辞・公補

○武内家

武内宿禰　たけのうちの・すくね

大和時代の人、大臣。第12代景行天皇9(西暦不明)年生～第17代仁徳天皇50(西暦不明)年没。

第8代孝元天皇の玄孫。彦太忍信命の曾孫。屋主忍命の孫。武緒心命の子。母は紀伊国造等祖菟道彦の娘山下顕姫。弟に甘美内宿禰がいる。第12代景行天皇25年に東北諸国を調査し、同27年に上洛。同40年日本武尊に東夷を討たさせる。同51年8月棟梁の臣となる。第13代成務天皇3(西暦不明)年1月50才で大臣となる。この時が大臣の始めと言われている。成務天皇とは誕生日が同じである所から忠務に尽くす。第14代仲哀天皇9(西暦不明)年に天皇が崩じ、皇后が神功皇后となり三韓と戦う。この事などが原因となり,第15代応神天皇9(西暦不明)年頃より弟の甘美内宿禰に命を狙われる。第16代仁徳天皇50(西暦不明)年3月河内の茨田堤に雁の雛を産む事を歌にして,天皇が問うに武内また歌にて答えたという。在官244年。生まれてより約300年の長命となり調査の必要がある。福井県敦賀郡の官幣大社気比神社・福岡県三井郡の国幣大社高良神社・鳥取県岩美郡の宇倍神社に祀られる。子に紀角宿禰.波多八宿禰.平群木菟宿禰.巨勢雄柄宿禰.葛城襲津彦がいる。

典：古代・公補・大名

第8代孝元天皇━彦太忍信命━屋主忍命━武緒心命⇨

⇨┳武内宿禰━┳宿禰⇨紀家へ
　┗甘美内宿禰　┣波多八代宿禰
　　　　　　　┣木菟宿禰⇨平群家へ
　　　　　　　┣石川宿禰⇨蘇我家へ
　　　　　　　┣雄柄宿禰⇨巨勢家へ
　　　　　　　┗襲津彦⇨葛城家へ

○竹屋家

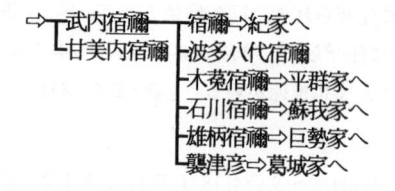

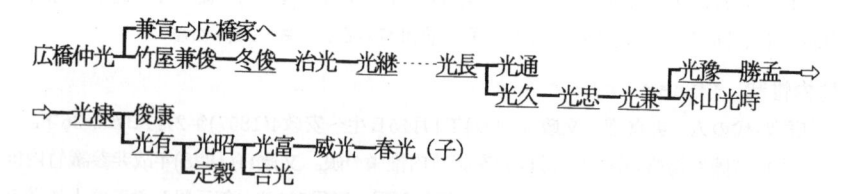

広橋仲光┳兼宣⇨広橋家へ
　　　　┗竹屋兼俊━冬俊━治光━光継……光長┳光通
　　　　　　　　　　　　　　　　　　　　　┗光久━光忠━光兼┳光豫━勝孟━⇨
　　　　　　　　　　　　　　　　　　　　　　　　　　　　　┗外山光時

⇨━光棣┳俊康
　　　　┗光有┳光昭┳光富━威光━春光（子）
　　　　　　　┗定穀┗吉光

藤原北家。日野家の一族。権中納言勘解由小路光業の孫の権大納言広橋仲光の三男右衛門督兼俊が、父の広橋家より分家して竹屋を氏姓とする。光継にて一時中断したが権大納言広橋総光の次男光長が再興する。名家の一つにして、代々文筆・儒道と挿花をもって奉仕。明治に至り華族に列され子爵を授かる。本姓は藤原。家紋は鶴の丸。菩提寺は京都の本能寺。

典：日名・京四

竹屋冬俊　たけや・ふゆとし

室町時代の人、非参議。生年不明～寛正5(1464)年10月30日没。初名=冬光。

権大納言広橋仲光の孫。従四位下・右衛門督竹屋兼俊朝臣(竹屋家の祖)の子。初め冬光と名乗り、のち冬俊と改名。宮内卿に任ぜられ、康正2(1456)年従三位に叙される。子に治光(正四位下・宮内卿、子は光継)がいる。　典：公辞・公補

竹屋光継　たけや・みつつぐ

室町時代の人、非参議。文明9(1477)年生～天文9(1540)年7月10日没。64才。

非参議竹屋冬俊の孫。正四位下・宮内卿竹屋治光朝臣の子。従五位上に叙され、文亀3(1503)年正五位下、永正7(1510)年従四位下に進み大蔵卿に任ぜられ同11年従四位上、同15年正四位下、享禄元(1528)年従三位、天文5(1536)年正三位に進み、同7年越中権守に任ぜられる。同9年病気の為に出家。跡継ぎがなく、63年後に権大納言広橋総光の次男光長が再興するまで家系は途絶える。　典：公辞・公補

竹屋光長　たけや・みつなが

江戸時代の人、権中納言。慶長元(1596)年11月9日生～万治2(1659)年2月21日没。64才。法名=相寂。

権大納言広橋総光の次男。慶長7(1602)年叙爵。同13年元服し竹屋家を相続し再興する。同14年右衛門権佐、同16年右兵衛権佐に任ぜられ従五位上に進み、同18年蔵人・権右少弁に任ぜられ、同19年正五位下に進み右少弁に任ぜられ、元和元(1615)年左少弁に任ぜられ、同2年正五位上に進み、同7年右中弁に任ぜられ、同9年従四位下、寛永3(1626)年従四位上、同5年正四位下、同9年従三位に進む。同12年宮内卿に任ぜられ、同16年正三位に進み、同19年参議に任ぜられるも翌年に辞す。慶安2(1649)年従二位に進む。明暦3(1657)年権中納言に任ぜられるも辞す。子に光通(従五位上・右衛門権佐、寛永8,10,6没、13才)・光久がいる。　典：公辞・公補

竹屋光久　たけや・みつひさ

江戸時代の人、参議。寛永2(1625)年9月14日生～貞享3(1686)年9月19日没。62才。

権中納言竹屋光長の子。兄に光通(従五位上・右衛門権佐。寛永8,10,6没。13才)がいる。寛永9(1632)年叙爵。同10年元服し右衛門権佐に任ぜられ、同14年従五位上、同19年正五位下、正保3(1646)年従四位下、慶安3(1650)年従四位上、承応3(1654)年正四位下、万治元(1658)年従三位に進む。寛文3(1663)年正三位に進み、同4年参議に任ぜられる。同5年踏歌外弁となり、同7年参議を辞す。同12年従二位に進む。養子に光忠(広橋家より)がいる。　典：公辞・公補

竹屋光忠　たけや・みつただ

江戸時代の人、権中納言。寛文2(1662)年10月12日生〜享保10(1725)年9月4日没。64才。一字名=忠。

准大臣広橋兼賢の末子。参議竹屋光久の家督養子となる。寛文6(1666)年叙爵。延宝2(1674)年元服し従五位上に進み侍従に任ぜられ、同5年正五位下に進み、同8年右衛門佐に任ぜられ、天和元(1681)年従四位下、貞享2(1685)年従四位上、元禄2(1689)年正四位下、同6年従三位、宝永2(1705)年正三位に進む。同4年参議に任ぜられるも辞す。正徳元(1711)年従二位に進む。享保2(1717)年権中納言に任ぜられるも辞す。子に光兼がいる。
典：公辞・公補

竹屋光兼　たけや・みつかね

江戸時代の人、非参議。天和2(1682)年11月25日生〜延享4(1747)年7月27日没。66才。

権中納言竹屋光忠の子。貞享3(1686)年叙爵。元禄元(1688)年元服し侍従に任ぜられ、同3年従五位上、同7年正五位下に進み、同10年左衛門佐に任ぜられ、同12年従四位下、同16年従四位上、宝永4(1707)年正四位下、正徳元(1711)年従三位、享保3(1718)年正三位に進む。子に光豫・外山光時がいる。　典：公辞・公補

竹屋光豫　たけや・みつまさ

江戸時代の人、非参議。元文元(1736)年3月21日生〜安永8(1779)年4月9日没。44才。

非参議竹屋光兼の子。弟に外山光時がいる。元文5(1740)年叙爵。寛延2(1749)年元服し従五位上に進み治部権大輔に任ぜられ、宝暦3(1753)年正五位下に進み右衛門佐に任ぜられ、同7年従四位下に進み、同8年権右中弁、同9年越中権介に任ぜられ、同11年従四位上に進み、同12年右中弁、明和元(1764)年左中弁更に右大弁に任ぜられ、同2年正四位下、同5年従三位に進み治部卿に任ぜられ、安永3(1774)年正三位に進む。同6年治部卿を辞す。子に勝孟(初名=兼孟、従四位下・左衛門佐、天明3,12,22没、20才)がいる。　典：公辞・公補

竹屋光棣　たけや・みつとみ

江戸時代の人、非参議。天明元(1781)年2月2日生〜天保8(1837)年2月18日没。57才。

准大臣広橋伊光の次男。天明4(1784)年故従四位下・左衛門佐竹屋勝孟の家督養子となる。同5年従五位下に叙される。寛政3(1791)年元服し従五位上に進み右兵衛佐に任ぜられ、同7年正五位下、同11年従四位下に進む。享和3(1803)年右兵衛佐を辞す。文政7(1824)年従四位上、同12年正四位下、天保8(1837)年従三位に進む。養子に俊康(広橋伊光の末子。正五位下。文化13,8,17没。20才)・光有(広橋家より)がいる。　典：公辞・公補

竹屋光有　たけや・みつあり

江戸時代の人、参議。文化8(1811)年10月1日生〜明治16(1883)年6月没。73才。

権大納言広橋胤定の末子。文化14(1817)年従五位下に叙される。文政元(1818)年非参議竹屋光棣の養子となる。同年元服し民部大輔に任ぜられ、同4年従五位上、同8年正五位下に進み、同9年左馬頭に任ぜられ、同12年従四位下、天保4(1833)年従四位上、同8年正四位下、同12年従三位、弘化2(1845)年正三位に進む。元治元(1864)年参議に任ぜられ

るも辞す。同年従二位に進む。家料は180石。子に光昭(正三位・御歌所参候・旧儀式取調所員、明治の華族に列され子爵を授かる、有職家、明治39,9,9没、70才、子は光富・吉光)・定殻がいる。　典：明治・大日・公辞・公補

○多治比家

第29代宣化天皇の曾(玄か)孫。多治比王の四男島が、父の多治比を本姓とした。天長2(825)年の今麻呂以降は公卿としては名が見えない。

典：古代・公補

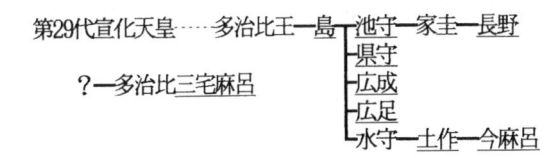

第29代宣化天皇……多治比王━島┳池守━家主━長野
　　　　　　　　　　　　　　　┣県守
?━多治比三宅麻呂　　　　　　　┣広成
　　　　　　　　　　　　　　　┣広足
　　　　　　　　　　　　　　　┗水守━土作━今麻呂

多治比島　たじひの・しま

飛鳥時代の人、左大臣。第34代推古天皇32年(624)年生～大宝元(701)年7月21日没。78才。一名=志摩。姓(かばね)=真人。

第29代宣化天皇の曾(玄か)孫。多治比王の四男。父の多治比を賜り本姓とした。第40代天武天皇13年(684)年に8姓(かばね)13氏が定まり、公(きみ)より真人(まひと)の姓を賜る。第41代持統天皇4年(690)年正広三に叙され右大臣に任ぜられ封二百戸より封三百戸を加賜せられる。第42代文武天皇4年(700)年左大臣に任ぜられる。大宝元(701)年正二位に進む。子に池守・県守・広成・広足・水守(従四位下・宮内卿。子は土作)がいる。　典：古代・日名・公補

多治比池守　たじひの・いけもり

飛鳥・奈良時代の人、大納言。生年不明～天平2(730)年9月8日没。姓(かばね)=真人。

左大臣多治比島の長男。弟に県守・広成・広足・水守(従四位下・宮内卿、子は土作)がいる。和銅元(708)年従四位下に叙され民部卿・平城京長官に任ぜられ、のち従四位上、同6年正四位下、同7年従三位に進み非参議に任ぜられ、同8年太宰帥に任ぜられ、養老2(718)年中納言に任ぜられ、同5年大納言に任ぜられる。同7年正三位、神亀4(727)年従二位に進む。子に家主(従四位下・鋳銭長官。子は長野)がいる。　典：古代・日名・公補

多治比県守　たじひの・あがたもり

飛鳥・奈良時代の人、中納言。第38代天智天皇7年(668)年生～天平9(737)年6月25日没。70才。姓(かばね)=真人。

左大臣多治比島の子。兄に池守、弟に広成・広足・水守(従四位下・宮内卿。子は土作)がいる。和銅3(710)年宮内卿に任ぜられ、霊亀元(715)年従四位下に進み遣唐押使となる。養老元(717)年安倍仲麻呂・吉備真備・大伴山守・藤原宇合らの随行員として入唐。同2年帰朝。同3年功にて正四位下に進む。同年初めて按察使の制度が設けられ武蔵国按察使と

なり相模・上野・下野3国を管治する。同4年蝦夷人が謀叛を起こし征夷将軍となり征討。同5年正四位上に進み中務卿に任ぜられ、天平元(729)年権参議に任ぜられ従三位に進み太宰大弐に任ぜられる。同3年参議に任ぜられ民部卿に任ぜられる。同年諸道に鎮撫使が設けられ山陽道鎮撫使に任ぜられ、同4年中納言に任ぜられる。同6年正三位に進む。在官6年。　典：古代・日名・公補

多治比広成　たじひの・ひろなり

飛鳥・奈良時代の人、中納言。生年不明～天平11(739)年4月7日没。姓(かばね)=真人。

左大臣多治比島の三男。兄に池守・県守、弟に広足・水守(従四位下・宮内卿。子は土作)がいる。和銅元(708)年下野守に任ぜられ、養老元(717)年正五位下に叙され、同3年越前守に任ぜられ能登越中越後三国を管し、同4年正五位上、神亀元(724)年従四位下、天平3(731)年従四位上に進み、同4年遣唐使となり、同7年正四位上に進み、同9年参議に任ぜられ更に中納言に任ぜられ従三位に進む。同10年式部卿に任ぜられる。在官3年、参議2ケ月。　典：古代・日名・公補

多治比広足　たじひの・ひろたり

飛鳥・奈良時代の人、中納言。第40代天武天皇10年(681)年生～天平宝字4(760)年1月2日没。80才。姓(かばね)=真人。

左大臣多治比島の子。兄に池守・県守・広成、弟に水守(従四位下・宮内卿。子は土作)がいる。霊亀2(716)年従五位下に叙され、養老5(721)年従五位上に進み造宮大輔に任ぜられ、神亀3(726)年正五位下に進み、天平5(733)年上總守、同10年武蔵守に任ぜられ、同20年正四位下に進み参議に任ぜられ、天平勝宝元(749)年中納言に任ぜられる。同2年従三位に進む。同9年77才で解官される。「其身衰病老力弱就列」とある。一説に天平宝字4,1,21又4,2,21没したという。　典：古代・公補

多治比土作　たじひの・はにつくり

奈良時代の人、参議。生年不明～宝亀2(771)年6月20日没。姓(かばね)=真人。

左大臣多治比島の孫。従四位下・宮内卿多治比水守の子。天平12(740)年従五位下に叙され、同15年摂津守、同18年民部少輔に任ぜられ、天平勝宝元(749)年紫微大志となり、同6年尾張守に任ぜられ、天平宝字元(757)年従五位上、同7年正五位下に進み、同8年文部大輔に任ぜられ、天平神護2(766)年従四位下に進み、神護景雲2(768)年左京大夫・相模守に任ぜられ、宝亀元(770)年参議に任ぜられ、更に治部卿に任ぜられ従四位上に進む。在官2年。　典：古代・公補

多治比長野　たじひの・ながの

奈良時代の人、参議。慶雲3(706)年生～延暦8(789)年12月22日没。84才。姓(かばね)=真人。

左大臣多治比島の曾孫。大納言多治比池守の孫。従四位下・鋳銭長官多治比家主の子。天平神護元(765)年従五位下に叙され、神護景雲元(767)年東大寺次官、同3年大和守に任ぜられ従五位上、宝亀2(771)年正五位下に進み、同3年三河守に任ぜられ、同7年正五位上に進み、出雲守に任ぜられ、同8年民部大輔に任ぜられ、同9年従四位下に進み、同10

年摂津大夫、天応元(781)年伊世守、延暦2(783)年刑部卿に任ぜられ、同3年従四位上、同4年正四位上に進み、同5年近江守に任ぜられ、同6年従三位に進む。同7年兵部卿に任ぜられ、同8年参議に任ぜられる。三位3年、参議1年。　典：古代・公補

多治比今麻呂　たじひの・いままろ

奈良時代の人、参議。天平勝宝5(753)年生～天長2(825)年8月29日没。73才。

左大臣多治比島の曾孫。従四位下・宮内卿多治比水守の孫。参議多治比土作の八男。延暦13(794)年大判事・式部少丞に任ぜられ、同16年従五位下に進み、同年肥後守、同20年式部少輔、同25年勘解由次官・左少弁・三美作介に任ぜられ、大同3(808)年従五位上に進み太宰少弐に任ぜられ、同5年正五位下より従四位下に進み右中弁・因幡守・民部大輔・春宮大夫に任ぜられ、弘仁5(814)年大蔵卿、同7年下野守・左京大夫、同8年摂津守に任ぜられ更に参議に任ぜられる。同9年宮内卿に任ぜられ、同11年従四位上より正四位下に進み更に従三位に進み太宰帥に任ぜられる。在官10年。　典：古代・公補

多治比三宅麻呂　たじひの・みやけまろ

飛鳥・奈良時代の人、参議。生没年不明。

系譜不明。従四位上に叙され、養老元(717)年民部卿に任ぜられ、同3年正四位下に進み河内国摂官となる。同5年正四位上に進み参議に任ぜられる。同6年に謀叛のかどで斬刑となるはずだったが皇太子伝奏であったため、死一等を減ぜられて伊豆島に配流される。なお、群馬県多野郡吉井町にある「多胡碑」に左中弁正五位下とある。　典：古代・公補

○橘家

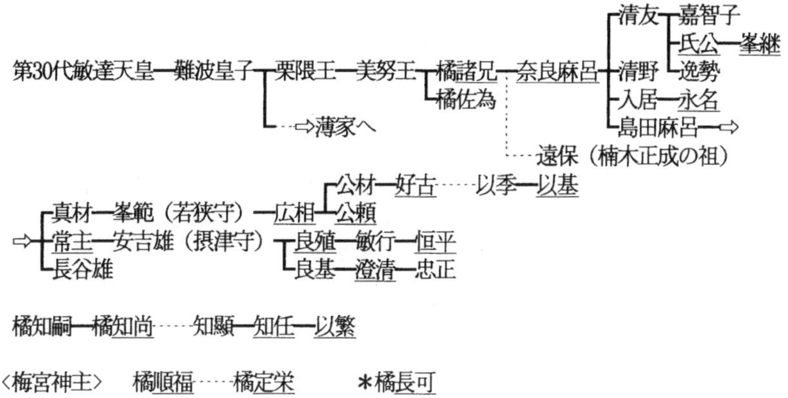

第30代敏達天皇の曾孫美努王の夫人の県犬養三千代(葛城王のち橘諸兄の母)が、のち藤原不比等の室となり光明皇后を生み、第41代持統天皇の時より内命婦として功があり、和銅元(708)年第43代元明天皇より姓の橘を賜り橘三千代と呼ばれ、葛城王がその栄誉を継承する為に天平8(736)年橘氏を賜り諸兄と改名、橘諸兄と名乗り王より臣に降下した。

のち橘家は源氏・平家らと双璧に入れられ忠臣楠木家を出したが、のち衰退した。橘家を氏神として祀る梅宮大社(京都右京区嵐山松尾大社)などに名が残る。

典：日名・公補

橘諸兄　たちばなの・もろえ

飛鳥・奈良時代の人、左大臣。第40代天武天皇元(672)年生～天平宝字元(757)年1月6日没。86才。初名＝葛城王。姓(かばね)＝朝臣。号＝井手左大臣・西院大臣。

第30代敏達天皇の皇子難波親王の曾孫。贈従二位栗隈王の孫。従四位下・治部卿・摂津大夫美努王の子。母は従四位下県犬養宿禰東人の娘三千代(のち贈正一位)。弟に橘佐為(初めは王。兄と共に宿禰を賜る。正四位下・中宮大夫・右衛門督。天平9没)がいる。母は和銅元(708)年に第43代元明天皇より姓の橘を賜り橘三千代と呼ばれていた。初め葛城王と名乗る。正四位下に叙され、天平3(731)年48才で参議に任ぜられ左大弁に任ぜられ、同4年従三位に進む。母の栄誉を継承する為天平8(736)年橘氏と姓(かばね)の宿禰を賜り諸兄と改名、橘諸兄と名乗り王より臣に降下する。同9年大納言に任ぜられる。同10年正三位に進み右大臣に任ぜられ、同11年従二位、同12年正二位、同15年従一位に進み左大臣に任ぜられる。同18年太宰帥に任ぜられ、天平勝宝元(749)年正一位に進み、同2年朝臣を賜る。同8年左大臣を辞す。栄山寺を造る。井手寺は氏寺として建立したが今は井手寺跡「井堤寺故址」の石碑が残る。京都綴喜郡井手町に古墳がある。一説に天武13(684)年生れ74才没あり。また万葉集は諸兄の撰との説あり。子に奈良麻呂がいる。　典：大日・古今・日名・古代・公補

橘奈良麻呂　たちばなの・ならまろ

飛鳥・奈良時代の人、参議。生没年不明。

左大臣橘諸兄の子。母は右大臣藤原不比等(淡海公)の娘。姓(かばね)は宿禰を賜り、天平12(740)年従五位下より従五位上に叙され、同13年大学頭に任ぜられ、同15年正五位下に進み、同17年摂津大夫、同18年民部大輔に任ぜられ、同19年従四位下、天平勝宝元(749)年従四位上に進み侍従に任ぜられ更に参議に任ぜられる。同2年父と共に朝臣を賜る。同4年但馬因幡按察使・伯耆出雲石見の非違事を検校。同6年正四位下に進む。同9年大納言藤原仲麻呂打倒計画が露顕して捕らわれ配流又は殺されたという。承和10(843)年に従三位を贈られ、同14年に太政大臣・正一位を贈られる。子に清友(従五位下・内舎人。延暦8没。32才没。弘仁中に贈従三位のち正一位承和6年贈太政大臣。子は氏公・逸勢)・清野(従四位上。80才で没)・入居(子は永名)・島田麻呂(正五位下・兵部大輔。子は真材・常主)がいる。　典：大日・古今・日名・古代・公補

橘常主　たちばなの・つねぬし

奈良・平安時代の人、参議。延暦6(787)年生～天長3(826)年6月2日没。40才。

参議橘奈良麻呂の孫。正五位下・兵部大輔橘島田麻呂の六男。母は従四位下・刑部卿淡海三船真人の娘。兄に真材がいる。弘仁2(810)年大学少允、同4年式部少丞、同7年蔵人・式部大丞に任ぜられ、同8年従五位下に叙され少納言・右馬頭、同9年権左少弁、同10年蔵人頭・左中弁に任ぜられ、同11年従五位上に進み右少将より左少将に任ぜられ、同

12年正五位下より従四位下に進み式部大輔・修理大夫・中務大輔に任ぜられ、同13年参議に任ぜられる。天長元(824)年弾正大輔、同2年下野守に任ぜられる。常主積薪居其上焼死とあつて自殺か。在官参議5年。子に安吉雄がいる。　典：古代・公補

橘氏公　たちばなの・うじきみ

平安時代の人、右大臣。延暦2(783)年生〜承和14(847)年12月19日没。65才。号=井手右大臣。

参議橘奈良麻呂(贈太政大臣)の孫。従五位下・内舎人橘清友(延暦8没。32才没。弘仁中に贈従三位のち正一位。承和6年贈太政大臣)の三男。母は粟田小松泉の娘。姉に嘉智子(第52代嵯峨天皇の皇后)、弟に逸勢(書家。従五位下・但馬権守。伊豆に配流。承和9,8,13没。のち正五位下より従四位下を贈られる。京都上京区の下御霊神社の八座の一として祀られる)がいる。弘仁4(813)年左衛門大尉・右近将監、同5年蔵人に任ぜられ、同6年従五位下に叙され左衛門佐、同7年因幡介・美作守に任ぜられ、同8年従五位上に進み但馬守に任ぜられ、同10年正五位下に進み右馬頭に任ぜられ、同11年従四位下に進み右衛門督、同13年蔵人頭に任ぜられ従四位上に進み右中将に任ぜられる。同14年蔵人頭を辞し正四位下に進み、天長2(825)年刑部卿、同3年宮内卿、同6年但馬守に任ぜられ、同10年従三位に進み右大将に任ぜられ参議に任ぜられ、承和5(838)年中納言に任ぜられる。同8年正三位に進む。同9年右大将を辞す。同年大納言に任ぜられる。同12年従二位に進むも、同14年に没す。のち従一位より正一位を贈られる。子に峯継がいる。　典：大日・日名・古代・公補

橘峯継　たちばなの・みねつぐ

平安時代の人、中納言。大同2(807)年生〜貞観2(860)年10月29日没。54才。別字=岑継。

右大臣橘氏公の子。母は正六位上・備後掾田口継麻呂の娘の従五位下真中。天長6(829)年内舎人、同7年蔵人・常陸少掾より相模掾に任ぜられ、同9年従五位下に叙され、相模権守、同13年右少将より左少将・左兵衛佐に任ぜられ、承和3(836)年従五位上に進み丹波守に任ぜられ、同6年正五位下、同7年従四位下に進み兵部大輔・右中将、同9年蔵人頭に任ぜられ、同11年参議に任ぜられる。同13年右衛門督・相模守に任ぜられる。同14年任職を辞す。同年従四位上、嘉祥2(849)年従三位に進み権中納言に任ぜられる(権中納言の最初か)。斉衡2(855)年正三位に進み、同3年中納言に任ぜられる。　典：大日・日名・古代・公補

橘永名　たちばなの・ながな

平安時代の人、非参議。宝亀11(780)年生〜貞観8(866)年5月11日没。87才。

参議橘奈良麻呂(贈太政大臣)孫。左中弁橘入居の次男。貞観3(861)年従三位に叙される。　典：古代・公補

橘広相　たちばなの・ひろみ

平安時代の人、参議。承和4(837)年生〜寛平2(890)年5月16日没。54才。字=朝綾。初名=博覧。

参議橘奈良麻呂(贈太政大臣)の五代孫。兵部大輔橘島田麻呂の曾孫。従五位上・伯耆守真材の孫。従五位上・若狭守橘峯範の次男。母は民部大丞藤原末永の娘。初め博覧と名乗り、貞観2(859)年文章生となる。同5年博覧と改名。越前権少掾に任ぜられ、同6年蔵人、

同8年右衛門大尉に任ぜられ、同9年従五位下に叙され、文章博士に任ぜられる。同年広相と改名。同11年東宮学士、同12年民部少輔に任ぜられ、同15年従五位上に進み、同16右少弁より、同18年左少弁・美濃権守に任ぜられる。同年東宮学士を辞す。同19年正五位上に進む。同年左少弁を辞す。式部大輔・蔵人頭に任ぜられ、元慶元(877)年従四位下に進む。同3年蔵人頭を辞す。同4年勘解由長官、同5年右大弁に任ぜられ、同8年従四位上より正四位下に進み参議に任ぜられる。仁和2(886)年左大弁、寛平元(889)年近江守に任ぜられる。同日に中納言と従三位を贈られる。子に公頼がいる。　典：大日・古今・日名・古代・公補

橘澄清　たちばなの・すみきよ

平安時代の人、中納言。貞観3(861)年生～延長3(925)年5月6日没。65才。字＝橘上。

参議橘常主の曾孫。従五位上・摂津守橘安吉雄の孫。従四位上・信濃守橘良基朝臣の五男。寛平2(890)年文章生となる。同6年伯耆権掾、同8年蔵人・兵部少丞に任ぜられ、同9年従五位下に進み伊予介、延喜元(901)年讃岐権介に任ぜられ、従五位上に進み、同6年播磨介に任ぜられ正五位下、同9年従四位下に進み伊予守、同10年太宰大弐同11年勘解由長官・左中弁、同12年右大弁、同13年左大弁に任ぜられ更に参議に任ぜられる。同14年従四位上に進み播磨権守に任ぜられ、同21年正四位下より従三位に進み中納言に任ぜられる。子に忠正(従五位下)がいる。　典：大日・公補

橘良殖　たちばなの・よします

平安時代の人、参議。貞観6(864)年生～延喜20(920)年2月28日没。57才。

参議橘常主の孫。従五位上・摂津守橘安吉雄の次男。母は飛鳥虎継の娘。仁和3(887)年従五位下に叙され、寛平2(890)年伊賀守、同7年遠江守に任ぜられ従五位上に進み、昌泰2(899)年美濃介、延喜4(904)年播磨介、同6年越前守に任ぜられ、同14年従四位下に進み近江権守に任ぜられ、同17年従四位上に進み、同19年参議に任ぜられ宮内卿に任ぜられ、同20年美濃権守に任ぜられる。在官2年。子に敏行(従五位下・右少将、子は恒平)がいる。　典：公補

橘公頼　たちばなの・きみより

平安時代の人、中納言。元慶元(877)年生～天慶4(941)年2月20日没。65才。

参議橘広相の六男。母は従四位下・左馬頭雅風王の娘。寛平8(896)年蔵人・播磨少掾、同9年左衛門少尉、同10年左衛門大尉に任ぜられ、昌泰2(899)年従五位下に叙され、同3年中務少輔、延喜2(902)年周防権守、同6年太宰少弐、同7年備前権介に任ぜられ、同12年権右少弁、同13年右少弁、同18年左少弁に任ぜられ、同19年従四位下に進み近江権守・伊予権守・右京大夫、同21年左中将、同22年播磨権守、同23年備前権守に任ぜられ、延長3(925)年従四位上に進み、同5年参議に任ぜられる。同6年弾正大弼に任ぜられ、承平元(931)年右兵衛督に任ぜられ、同2年正四位下に進む。同3年大和守・左兵衛督に任ぜられ、同5年に辞す。同年大宰権帥に任ぜられ、同6年従三位に進み、天慶2(939)年中納言に任ぜられる。　典：公補

橘好古　たちばな・よしふる

平安時代の人、大納言。寛平5(893)年生～天禄3(972)年1月13日没。80才。

参議橘広相の孫。従四位上・右京大夫橘公材の子。母は従五位下橘貞樹の娘。延喜15(915)年文章生となり、同19年美濃権掾、延長2(924)年少内記に任ぜられ、同8年従五位下に進み、承平6(936)年宮内少輔、同4年大学頭、天慶元(938)年大蔵大輔に任ぜられ、同2年従五位上に進み、同3年右衛門権佐、同9年権右少弁に任ぜられ、天暦4(950)年従四位下に進み民部大輔に任ぜられ、同5年左中弁、同8年右大弁に任ぜられ、同9年従四位上に進み、天徳2(958)年参議に任ぜられる。同3年備前守、同4年左大弁に任ぜられ、応和2(962)年正四位下に進み美作権守、康保元(964)年弾正大輔に任ぜられ、同3年従三位に進み権中納言に任ぜられ、更に同4年中納言に任ぜられる。安和2(969)年民部卿に任ぜられ、天禄元(970)年に辞す。同年大宰権帥に任ぜられ、同2年に辞す。大納言に任ぜられる。太宰府にて没す。　典：公補

橘恒平　たちばなの・つねひら

平安時代の人、参議。延喜22(922)年生〜永観元(983)年11月15日没。62才。

参議橘常主の五世孫。従五位上・摂津守橘安吉雄の曾孫。参議橘良殖の孫。従五位上・右少将橘敏行の三男。母は従二位下定国王の娘の和子王女。天慶9(946)年右将監、天暦2(948)年播磨権大掾に任ぜられ、同4年従五位下に進み、同5年越前介、同10年玄蕃頭、応和元(961)年豊後守に任ぜられ、康保3(966)年に辞す。同年従五位上に進み、同4年尾張守、天禄3(972)年美濃守、貞元元(976)年木工頭に任ぜられ、同2年正五位下より従四位下、更に従四位上に進む。同年木工頭を辞す。近江介より近江権守に任ぜられ、天元2(979)年修理大夫に任ぜられ、同4年正四位下に進み、永観元(983)年参議に任ぜられる。　典：公補

橘知尚　たちばなの・ともなお

鎌倉時代の人、非参議。生年不明〜応長2(1312)年1月没。

左京大夫橘知嗣朝臣の次男。母は鎮西住人の宗像六郎入道浄恵の娘。弘安4(1281)年蔵人・右衛門尉に任ぜられ、同7年従五位下に叙され丹波守に任ぜられ、同10年従五位上に進む。正応元(1288)年丹波守を辞す。同4年正五位下に進む。永仁2(1294)年刑部権大輔に任ぜられたが辞す。正安3(1301)年膳大夫・伯耆守に任ぜられ、同4年守を辞す。同年従四位下に進み大膳大夫、嘉元元(1303)年左京大夫に任ぜられ、同2年右京大夫を辞す。同年従四位上に進み、徳治元(1306)年刑部卿に任ぜられ、同3年正四位下に進む。同年刑部卿を辞す。応長元(1311)年従三位に進む。同年病気となり出家。　典：公補

橘知任　たちばなの・ともただ

鎌倉・南北朝時代の人、非参議。永仁6(1298)年生〜康安元(1361.正平16)年3月27日没。64才。

従四位上橘知顯朝臣の子。従五位下より従五位上に叙され三川守に任ぜられ、建武2(1335)年木工頭に任ぜられ、同4年正五位下、暦応3(1340)年従四位下、貞和4(1348)年従四位上に進み、観応2(1351)年刑部卿に任ぜられ、文和4(1355)年正四位下、延文3(1358.正平13)年従三位に進む。子に以繁がいる。　典：公補

橘以繁　たちばなの・のりしげ

鎌倉・南北朝時代の人、非参議。正中元(1324)年生〜康暦元(1379.天授5)年10月9日没。56才。

非参議橘知任の子。刑部卿に任ぜられ、のちこれを辞す。応安7(1374.文中3)年従三位に叙される。　典：公補

橘以基　たちばなの・のりもと

室町時代の人、非参議。生年不明〜応永21(1414)年7月没。

大納言橘好古の13代孫。正四位下橘以季朝臣の子。応永19(1412)年従三位に叙される。橘家を再興。　典：公補

橘長可　たちばな・ながべし

江戸時代の人、非参議。元禄7(1694)年生〜宝暦11(1761)年9月22日没。68才。

宝暦11(1761)年従三位に叙される。　典：公補

橘順福　たちばな・まさとみ

江戸時代の人、非参議・梅宮神主。明和7(1770)年生〜嘉永元(1848)年1月5日没。79才。

天保14(1843)年従三位に叙され、嘉永元(1848)年に社職を辞す。　典：公補

橘定栄　たちばな・さだよし

江戸時代の人、非参議・梅宮神主。文化10(1813)年生〜没年不明。

慶応元(1865)年従三位に叙される。　典：公補

○伊達家

伊達政宗　だて・まさむね

江戸・安土桃山時代の人、参議。奥州仙台城主。永禄10(1567)年生〜寛永13(1636)年5月24日没。70才。字＝梵天丸後藤次郎。本姓＝源。

左京大夫伊達輝宗の子。従四位下に叙され、元和元(1615)年松平忠直・前田利光らと共に功労があり武将より参議に累進するも辞す。同6年より名が公卿の列より消される。子は多い。のち明治34(1901)年に正三位、大正7(1918)年に従二位を贈られる。宮城県仙台市の青葉神社に祀られる。古文書として伊達家文書が残されている。　典：大日・公補

○田向家

敦実親王―源雅信……八世孫源有資―源茂賢―源重資（号＝田向）―⇨

⇨―田向資蔭―経兼―長資―経家―重治―重継

田向資蔭　たむけ・すけかげ

南北朝時代の人、非参議。生年不明〜明徳3(1392.元中9)年10月14日没。

従三位に叙され、永徳3(1383.弘和3)年より公卿に列される。子に経兼がいる。　典:公補

田向経兼　たむけ・つねかね

室町時代の人、参議。生没年不明。初名=経良。

非参議田向資蔭の子。初め経良と名乗る。右中将に任ぜられ、のちこれを辞す。応永18(1411)年従三位に叙される。同28年参議に任ぜられる。同29年正三位に進む。同年参議を辞す。永享3(1431)年従二位に進む。同4年経兼と改名。同8年出家。子に長資がいる。　典：公補

田向長資　たむけ・ながすけ

室町時代の人、権中納言。生没年不明。

参議田向経兼の子。永享5(1433)年従三位に叙され、嘉吉2(1442)年正三位に進み、同3年参議に任ぜられる。文安3(1446)年権中納言に任ぜられる。同4年従二位に進む。宝徳元(1449)年権中納言を辞す。寛正4(1463)年より名が見えなくなる。子に経家がいる。　典：公補

田向経家　たむけ・つねいえ

室町時代の人、参議。生年不明～寛正2(1461)年6月没。

権中納言田向長資の子。康正2(1456)年従三位に叙される。長禄元(1457)年参議に任ぜられるも辞す。子に重治がいる。　典：公補

田向重治　たむけ・しげはる

室町時代の人、権中納言。享徳元(1452)年生～天文4(1535)年7月21日没。84才。

参議田向経家の子。左兵衛督に任ぜられ、のちこれを辞す。長享2(1488)年従三位に叙され、延徳2(1490)年参議に任ぜられる。明応元(1492)年正三位に進み、同8年権中納言に任ぜられる。文亀元(1501)年従二位に進む。永正3(1506)年権中納言を辞す。同4年兵部卿、同11年陸奥出羽按察使に任ぜられ、同14年正二位に進む。子に重継がいる。　典:公補

○丹波家

丹波篤基┬長直─直房
　　　　└篤直

丹波長氏─長世─重世

丹波定長─盛長─重長

丹波有康─治康

平安時代からの医者の名家で、代々医療を以て奉仕した。

典：日名

丹波長直　たんば・ながなお

鎌倉・南北朝時代の人、非参議。建治3(1277)年生～康永元(1342.興国3)年7月20日没。66才。初名=長高。前名=長職。法名=信寂。

正四位下・典薬頭丹波篤基朝臣の長男。弟に篤直がいる。初め長高と名乗る。弘安3(1280)年従五位下に叙され典薬権助に任ぜられ、正応2(1289)年従五位上、永仁4(1296)年正五位下に進み、同5年権侍医に任ぜられ、嘉元3(1305)年従四位下に進む。同年長職と改名。徳治元(1306)年主税頭に任ぜられる。同年長直と改名。延慶3(1310)年従四位上に進み、応長元(1311)年宮内大輔に任ぜられ、同2年正四位下に進む。正和3(1314)年宮内大輔を辞す。元亨元(1321)年典薬頭に任ぜられ、同2年に辞す。元徳2(1330)年施薬院使となり、元弘元(1331)年従三位に進む。康永元年出家。子に直房がいる。　典：公辞・公補

丹波篤直　たんば・あつなお

南北朝時代の人、非参議。嘉元3(1305)年生～永徳2(1382.弘和2)年10月17日没。78才。

正四位下・典薬頭丹波篤基朝臣の次男。兄に長直がいる。典薬頭に任ぜられ、のちこれを辞す。永和2(1376.天授2)年従三位に叙される。子に重直(初名=季直。四位上・治部卿・典薬頭・施薬院使)がいる。　典：公辞・公補

丹波長世　たんば・ながよ

南北朝・室町時代の人、非参議。生没年不明。

丹波長氏朝臣の子。刑部卿に任ぜられ、のちこれを辞す。明徳3(1392・元中9)年従三位に叙され、応永2(1395)年施薬院使となる。のち出家。子に重世がいる。　典：公補

丹波直房　たんば・なおふさ

室町時代の人、非参議。生没年不明。

非参議丹波長直の子。大弼に任ぜられ、のちこれを辞す。応永10(1403)年従三位に進む。同11年出家。　典：公補

丹波重世　たんば・しげよ

室町時代の人、非参議。生年不明～永享10(1438)年没。

非参議丹波長世の子。典薬頭に任ぜられ、のちこれを辞す。応永21(1414)年従三位に進む。　典：公補

丹波盛長　たんば・もりなが

室町時代の人、非参議。生年不明～長禄元(1457)年4月11日没。

典薬頭丹波定長朝臣の子。刑部卿に任ぜられる。典薬頭に任ぜられ、のちこれを辞す。宝徳3(1451)年従三位に叙される。享徳3(1454)年正三位に進み丹波権守に任ぜられる。康正元(1455)年任職を辞す。子に重長がいる。　典：公補

丹波治康　たんば・はるやす

室町時代の人、非参議。生年不明～寛正4(1463)年5月没。

丹波有康朝臣の子。寛正4(1463)年従三位に叙される。のち出家　典：公補

丹波重長　たんば・しげなが

室町時代の人、非参議。生年不明～延徳2(1490)年5月8日没。

非参議丹波盛長の子。延徳元(1489)年従三位に叙される。同2年出家。　典：公補

○千種家

〈鎌倉・室町時代〉

六条有忠━千種忠顕……雅光━具定

〈江戸時代〉

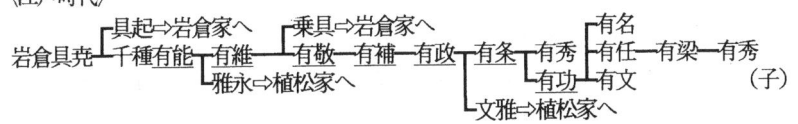

岩倉具尭┳具起⇨岩倉家へ
　　　　┗千種有能┳有維━┳乗具⇨岩倉家へ
　　　　　　　　　┃　　　┗有敬━有補━有政┳有条┳有秀
　　　　　　　　　┗雅永⇨植松家へ　　　　┃　　┗有功┳有名
　　　　　　　　　　　　　　　　　　　　　┃　　　　　┣有任━有梁━有秀（子）
　　　　　　　　　　　　　　　　　　　　　┃　　　　　┗有文
　　　　　　　　　　　　　　　　　　　　　┗文雅⇨植松家へ

村上源氏系。古くは鎌倉時代に権中納言六条有忠より分かれて忠顕より千種を氏姓としたが一時的で、のち六条通相が千種前太政大臣と通称されるのみであったが、江戸時代に久我家の木工頭久我晴通の次男岩倉具尭の四男有能が、古を偲んで千種を氏姓とした。代々歌人を以て奉仕し、明治に至り華族に列され子爵を授かる。本姓は源。家紋は竜胆(りんどう)。菩提寺は京都左京区黒谷の金戒光明寺。

典：日名・京四

千種家(鎌倉・室町時代)

千種忠顕　ちくさ・ただあき

鎌倉時代の人、参議。生没年不明。千種家の始祖。

太政大臣久我通光の子六条通有の曾孫。権中納言六条有忠の子。従五位下に叙され、正中元(1324)年従五位上に進み、元徳2(1330)年左少将に任ぜられ正五位下に進み、元弘3(1333)年従四位下より正四位下に進み左中将に任ぜられ、正慶2(1333.元弘3)年従三位に進み弾正大弼に任ぜられ更に参議に任ぜられる。建武元(1334)年丹波守に任ぜられる。同2年大弼を辞す。延元元(1336)年出家。　典：公補

千種雅光　ちくさ・まさみつ

室町時代の人、権中納言。生年不明〜応永27(1420)年1月29日没。

父母不明。正四位下に叙され左中将に任ぜられ、応永21(1414)年参議に任ぜられる。同22年従三位に進み、同23年周防権守に任ぜられる。同24年に任職を辞す。同27年権中納言に任ぜられる。　典：公補

千種具定　ちくさ・ともさだ

室町時代の人、権大納言。応永2(1395)年生〜文正元(1466)年7月没。72才。初名=光清。

権中納言千種雅光の子。初め光清と名乗る。正四位下に叙され右中将に任ぜられ、永享2(1430)年参議に任ぜられる。同3年具定と改名。同年従三位に進み、同5年出雲権守に任ぜられ、同10年正三位に進む。同年参議を辞す。同11年権中納言に任ぜられ、嘉吉元

(1441)年に辞す。文安元(1444)年従二位に進む。享徳元(1452)年権大納言に任ぜられるも辞す。康正元(1455)年66才で出家。 典：公補

千種家(江戸時代)

千種有能 ちくさ・ありよし

江戸時代の人、権大納言。元和元(1615)年生〜貞享4(1687)年3月1日没。73才。法名=源翁文興。千種家の祖。

木工頭久我晴通の次男岩倉具尭の四男。古を偲んで千種を氏姓とした。兄に岩倉具起がいる。元和9(1623)年従五位下に叙される。寛永2(1625)年元服し侍従に任ぜられ、同4年従五位上に進み、同9年右少将に任ぜられ、同11年正五位下、同15年従四位下に進み、同15年右中将に任ぜられ、同18年従四位上、正保2(1645)年正四位下、慶安2(1649)年従三位に進む。明暦元(1655)年正三位に進む。同年参議に任ぜられ同2年に辞す。同年踏歌外弁となる。寛文5(1665)年権中納言に任ぜられ、同6年従二位に進む。同9年権中納言を辞す。延宝3(1675)年武家伝奏となる。同4年権大納言に任ぜられるも辞す。同5年正二位に進む。天和3(1683)年武家伝奏を辞す。貞享3(1686)年72才で出家。子に有維がいる。
典：大日・伝日・公辞・公補

千種有維 ちくさ・ありこれ

江戸時代の人、権大納言。寛永15(1638)年9月22日生〜元禄5(1692)年11月29日没。55才。

権大納言千種有能の子。母は権中納言久我通前の娘。弟に植松文雅がいる。寛永18(1641)年叙爵。正保3(1646)年元服し従五位上に進み侍従に任ぜられ、慶安3(1650)年正五位下に進み、承応2(1653)年左少将に任ぜられ、同3年従四位下に進み、明暦2(1656)年右中将に任ぜられ、同4年従四位上、寛文2(1662)年正四位下、同6年従三位に進む。延宝4(1676)年正三位に進み、同7年参議に任ぜられ、天和3(1683)年東照宮奉幣使となる。貞享元(1684)年参議を辞す。同年権中納言に任ぜられ武家伝奏となる。同2年従二位に進む。同4年権中納言を辞す。元禄4(1691)年権大納言に任ぜられ、同5年に辞す。養子に有敬(岩倉家より)がいる。 典：公辞・公補

千種有敬 ちくさ・ありのり

江戸時代の人、権大納言。貞享4(1687)年9月10日生〜元文3(1738)年3月30日没。52才。初名=具広。前名=有統。

権中納言岩倉具偈(のち乗具)の子。初めに具広と名乗る。元禄4(1691)年叙爵。同5年権大納言千種有維家に養子となり家督を相続。同11年元服し従五位上に進み侍従に任ぜられる。同12年有統と改名。同15年正五位下に進み、同16年右少将に任ぜられ、宝永3(1706)年従四位下に進み左中将に任ぜられ、同7年従四位上、正徳4(1714)年正四位下、享保2(1717)年従三位に進む。同7年正三位に進む。同11年有敬と改名。同12年参議に任ぜられる。同17年踏歌外弁となる。同18年参議を辞す。同年東照宮奉幣使となる。同19

年従二位に進む。同20年権中納言に任ぜられ、元文2(1737)年に辞す。同3年権大納言に任ぜられるも辞す。養子に有補(梅渓家より)がいる。　典：公辞・公補

千種有補　ちくさ・ありすけ

江戸時代の人、参議。享保2(1717)年8月19日生～宝暦12(1762)年9月25日没。46才。

非参議藤波景忠の末子。のち権中納言梅渓通条の養子となる。享保16(1731)年に権大納言千種有敬の養子となる。同年叙爵。のち元服し侍従に任ぜられ、同18年右少将に任ぜられ、同20年従五位上、元文4(1739)年正五位下、寛保3(1743)年従四位下、延享4(1747)年従四位上に進み、寛延3(1750)年右中将に任ぜられ、宝暦3(1753)年正四位下、同5年従三位に進む。同8年参議に任ぜられる。同9年甲斐権守に任ぜられ踏歌外弁となる。同10年正三位に進み、同12年東照宮奉幣使となる。同年参議を辞す。子に有政がいる。　典：公辞・公補

千種有政　ちくさ・ありまさ

江戸時代の人、権大納言。寛保3(1743)年4月8日生～文化9(1812)年11月5日没。70才。

参議千種有補の子。母は権大納言千種有敬の娘。延享4(1747)年従五位下に叙される。宝暦2(1752)年元服し従五位上に進み、同3年右兵衛佐に任ぜられ、同6年正五位下、同10年従四位下に進み、同11年左権少将より、同13年左権中将に任ぜられ、同14年従四位上に進み、明和元(1764)年丹波介に任ぜられ、同5年正四位下、同8年従三位に進む。安永5(1776)年正三位に進み、天明5(1785)年参議に任ぜられる。同6年従二位に進み踏歌外弁となる。寛政3(1791)年権中納言に任ぜられ翌年に辞す。同5年武家伝奏となる。同9年正二位に進む。文化7(1810)年権大納言に任ぜられるも辞す。子に有条・植松文雅がいる。典：公辞・公補

千種有条　ちくさ・ありえだ

江戸時代の人、非参議。宝暦13(1763)年4月18日生～文化10(1813)年4月25日没。51才。

権大納言千種有政の子。母は右大臣久我通兄の娘。弟に植松文雅がいる。明和7(1770)年従五位下に叙され、安永元(1772)年元服し、同3年従五位上に進み侍従に任ぜられ、同7年正五位下に進み、天明元(1781)年左権少将に任ぜられ、同2年従四位下、同6年従四位上、寛政2(1790)年正四位下に進み、同4年右権中将に任ぜられ、同5年従三位、同10年正三位に進む。子に有秀(従五位上。文化4,5,12没。15才)・有功がいる。　典：公辞・公補

千種有功　ちくさ・ありこと

江戸時代の人、非参議。寛政9(1797)年11月9日生～安政元(1854)年8月28日没。58才。号=千々酒舎・鶯蛙園・在琴。通称=橘蔭道。

非参議千種有条の子。兄に有秀(従五位上、文化4,5,12没、15才)がいる。文化4(1807)年従五位下に叙される。同7年元服し、同8年従五位上、同12年正五位下に進み、同13年侍従に任ぜられ、文政元(1818)年従四位下、同4年従四位上に進み、同5年近衛権少将に任ぜられ、同8年正四位下に進み、同10年権中将に任ぜられ、同11年従三位に進む。天保3(1832)年正三位に進む。歌道を一条忠良・有栖川宮職仁親王・久世通理・飛鳥井家に学

び香川景樹・賀茂季鷹・加藤千蔭らと親交があり、四条派の画・書道にも長じ、刀剣も鍛えた。家料は150石。子に有名(天保4,7,11没。19才)・有任(正四位下・右近権少将。安政八十八廷臣の一人。明治の華族に列され子爵を授かる。明治25,9没、57才)・有文(正四位下・右少将。公武合体派として和宮降嫁に尽力。号=自観。安政八十八廷臣の一人。明治2,11没。55才)がいる。　典：大日・古今・日名・公辞・京都・公補

○月輪家

詳細は不明。本姓は藤原。

月輪季尹　つきのわ・すえただ

南北朝・室町時代の人、参議。生没年不明。

従二位・非参議藤原家尹の子。父の藤原より離れて月輪を氏姓とした。左中将に任ぜられ、のちこれを辞す。応永6(1399)年従三位に叙され参議に任ぜられる。のち出家。　典：公補

月輪基賢　つきのわ・もとかた

室町時代の人、参議。生没年不明。初名=尹賢。

父母不明。初め尹賢と名乗る。従三位に叙され、永享元(1429)年参議に任ぜられる。同2年備中権守に任ぜられる。同3年基賢と改名。同5年備中権守を辞す。同7年相模権守に任ぜられる。同8年出家。　典：公補

月輪家輔　つきのわ・いえすけ

室町時代の人、権中納言。生年不明～康正元(1455)年4月1日没。

非参議藤原家尹の子。嘉吉2(1442)年従三位に叙される。文安2(1445)年左兵衛督に任ぜられ、同4年参議に任ぜられる。同5年周防権守に任ぜられ、宝徳元(1449)年正三位に進む。同年参議を辞す。享徳元(1452)年従二位に進む。同2年権中納言に任ぜられ、康正元(1455)年に辞す。のち大納言を贈られる。　典：公補

○土御門家

土御門家(源家系)

第62代村上天皇—具平親王—源師房—源顕房—源雅実—源顕通—源雅通—源通親—⇨

⇨—土御門定通—顕定—定実—雅房—雅長—顕実—通房—定具……定長

顕親—顕俊　　親定—親賢

顕良

顕方—顕実

土御門通行—通持

源家系の土御門家は、第62代村上天皇の皇子具平親王の子師房が源を本姓とし、通親の子定通・通行が土御門を氏姓とした。室町時代に至り公卿に名が見えなくなる。菩提寺は京都下京区梅小路東中町の梅林寺。古文書として土御門家文書が残されている。

典：古文・公補

土御門家(藤原家系)

柳原資明─土御門保光─資家

藤原家系の土御門家は、柳原資明の娘が土御門通房の妻となり、子定具に子が無く、資明の子保光が土御門家の再興を計ったが、2代で公卿に名が見えなくなる。　典：公補

土御門家(安倍家系)

安倍益材─土御門晴明─吉平─時親─有行─泰長─泰親─泰茂─泰忠─泰盛─有弘─⇨

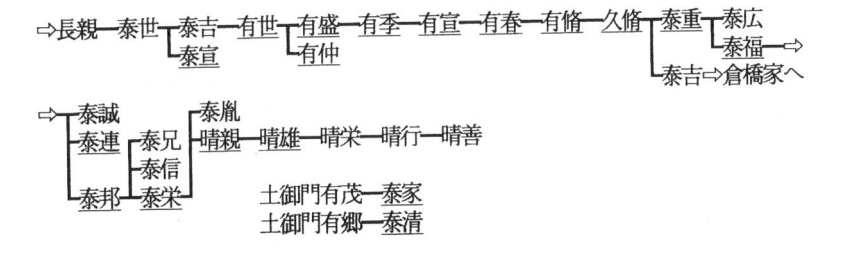

⇨長親─泰世┬泰吉─有世┬有盛─有季─有宣─有春─有脩─久脩┬泰重┬泰広
　　　　　　└泰宣　　　└有仲　　　　　　　　　　　　　　　│　　└泰福─⇨
　　　　　　　　　　　　　　　　　　　　　　　　　　　　　└泰吉⇨倉橋家へ

⇨┬泰誠
　├泰連　┌泰兄　┌泰胤
　│　　　├泰信　├晴親─晴雄─晴栄─晴行─晴善
　└泰邦─└泰栄─┘

土御門有茂─泰家
土御門有郷─泰清

安倍系の土御門家は、第8代孝元天皇の皇子大彦命の裔の安倍倉橋麻呂の後裔。安倍益材の子晴明が土御門を氏姓とした。代々陰陽頭となり天文・祈祷・方位・卜筮・暦数などをもって奉仕する。明治に至り華族に列され子爵を授かる。本姓は安倍。菩提寺は京都下京区梅小路東中町の梅林寺。　典：日名・京四

土御門家(源家系)

土御門定通　つちみかど・さだみち

鎌倉時代の人、内大臣。文治4(1188)年生～宝治元(1247)年9月28日没。60才。通称＝後土御門前内大臣。別姓＝久我。源家系の土御門の祖。

第62代村上天皇の皇子具平親王の末裔。内大臣源通親の四男。母は太政大臣久我通光の娘。弟に通方がいる。文治5(1189)年叙爵。土御門を氏姓とする。建久6(1195)年従五位上に進み、同7年侍従に任ぜられる。正治元(1199)年正五位下より従四位下に進み阿波権介に任ぜられる。同2年従四位上に進み、建仁元(1201)年右中将・春宮権亮に任ぜられ正四位下に進み、同2年蔵人頭に任ぜられ従三位に進み、元久元(1204)年正三位に進み美濃権守・左中将に任ぜられる。同2年美濃権守を辞す。承元元(1207)年参議に任ぜられる。

同2年加賀権守・左衛門督・検別当に任ぜられ、同3年権中納言に任ぜられる。同年加賀権守・検別当・左衛門督を辞す。建暦元(1211)年従二位に進み中納言に任ぜられる。建保2(1214)年正二位に進み、同6年権大納言に任ぜられる。元仁元(1224)年大納言に任ぜられる。寛喜3(1231)年踏歌内弁となる。嘉禎2(1236)年内大臣に任ぜられ翌年に辞す。子に顕定・顕親・顕良がいる。　典：大日・日名・公補

土御門顕定　つちみかど・あきさだ

鎌倉時代の人、権大納言。建保3(1215)年生～弘安6(1283)年8月12日没。69才。通称＝高野入道。

内大臣土御門定通の長男。母は右馬助源成実の娘。弟に顕親・顕良がいる。承久元(1219)年従五位下に叙される。同3年従五位上に進み、貞応3(1224)年侍従に任ぜられる。嘉禄2(1226)年正五位下に進み右少将に任ぜられる。安貞2(1228)年従四位下に進み甲斐介に任ぜられる。寛喜2(1230)年右中将・中宮権亮に任ぜられる。同4年従四位上、貞永2(1233)年正四位下に進み伊予権介に任ぜられる。嘉禎2(1236)年蔵人頭に任ぜられる。同3年従三位に進み参議に任ぜられる。暦仁元(1238)年正三位に進み越後権守に任ぜられる。延応元(1239)年右衛門督に任ぜられ更に権中納言に任ぜられる。仁治元(1240)年右衛門督を辞す。同2年従二位に進み、同3年権大納言に任ぜられる。近衛大将を欲したが西園寺公基が大将となる。寛元元(1243)年正二位に進み、宝治元(1247)年淳和奨学院別当となる。建長7(1255)年大将を欲した事の恨愧に堪えず41才で出家し高野山に参籠する。子に定実がいる。　典：伝日・大日・公補

土御門顕親　つちみかど・あきちか

鎌倉時代の人、権中納言。承久2(1220)年生～没年不明。初名＝輔通。

内大臣土御門定通の次男。右京権大夫平義時朝臣の娘。兄に顕定、弟に顕良がいる。初め輔通と名乗る。貞応元(1222)年叙爵。嘉禄3(1227)年侍従に任ぜられる。同年顕親と改名。寛喜元(1229)年従五位上、同3年正五位下に進み備前介、貞永元(1232)年左少将に任ぜられる。同2年従四位下に進み長門介に任ぜられる。嘉禎元(1235)年従四位上に進み、同2年左中将、同3年美作介に任ぜられ正四位下に進み、暦仁元(1238)年従三位、延応元(1239)年正三位に進み、仁治元(1240)年近江権守に任ぜられる。同2年従二位に進み参議に任ぜられ右衛門督・別当に任ぜられる。同3年権中納言に任ぜられる。寛元元(1243)年右衛門督を辞す。同2年春宮権大夫に任ぜられ、寛元4(1246)年辞す。宝治元(1247)年28才で出家。子に顕俊がいる。　典：公補

土御門通行　つちみかど・みちゆき

鎌倉時代の人、権大納言。建仁2(1202)年生～文永7(1270)年6月30日没。69才。初名＝通継。

第62代村上天皇の皇子具平親王の末裔。内大臣源通親の六男。母は承明門院女房の尾張局。初め通継と名乗る。建仁4(1204)年叙爵。建保4(1216)年従五位上に進み、同5年侍従、安貞元(1227)年左近少将に任ぜられる。同年通行と改名。同2年上総権介に任ぜられる。同3年正五位下、寛喜2(1230)年従四位下に進み、貞永2(1233)年能登介に任ぜられる。

文暦2(1234)年従四位上、嘉禎3(1237)年正四位下に進み、同4年左中将、仁治2(1241)年参河介、同3年蔵人頭に任ぜられ更に参議に任ぜられる。寛元元(1243)年従三位に進み遠江権守に任ぜられる。宝治2(1247)年正三位に進み讃岐権守に任ぜられる。建長2(1250)年権中納言に任ぜられる。同3年従二位に進み右衛門督・検非違使別当に任ぜられ、同4年督・別当を辞す。同6年正二位に進み権大納言に任ぜられる。正元元(1259)年権大納言を辞す。文永7年腫物の為に没す。子に通持がいる。　典：公補

土御門顕良　つちみかど・あきよし

鎌倉時代の人、権大納言。嘉禄2(1226)年生～没年不明。

内大臣土御門定通の三男。嘉禄2(1226)年叙爵。寛喜3(1231)年侍従に任ぜられる。嘉禎3(1237)年従五位下に進み、暦仁元(1238)年左少将、同2年上野権介に任ぜられる。延応元(1239)年正五位下、仁治元(1240)年従四位下に進み、同2年左中将・中宮権亮に任ぜられ従四位上に進み、同4年加賀介に任ぜられる。寛元元(1243)年正四位下、同4年従三位に進む。宝治2(1248)年権亮を辞す。建長元(1249)年伊予権守に任ぜられ更に参議に任ぜられる。同2年越後権守に任ぜられ正三位に進み、同3年権中納言に任ぜられる。同5年従二位、正嘉元(1257)年正二位に進み、文応元(1260)年権大納言に任ぜられ、弘長元(1261)年辞す。同2年再び権大納言に任ぜられ、文永6(1269)年辞す。弘安2(1279)年54才で出家。　典：公補

土御門顕方　つちみかど・あきかた

鎌倉時代の人、権大納言。生没年不明。

大納言中院通方の四男。内大臣土御門定通の養子となる。正四位下に叙され右近衛中将に任ぜられる。建長3(1251)年蔵人頭に任ぜられる。同4年従三位に進み参議に任ぜられる。同6年権中納言に任ぜられる。正嘉2(1258)年従二位に進み右衛門督に任ぜられる。文応元(1260)年督を辞す。同年正二位に進み、弘長元(1261)年中納言に任ぜられる。同2年権大納言に任ぜられる。この時は関東に下向していた。同3年権大納言を辞す。文永5(1268)年出家し山科に籠居る。子に顕実がいる。　典：公補

土御門定実　つちみかど・さだざね

鎌倉時代の人、太政大臣。仁治2(1241)年生～嘉元4(1306)年3月30日没。66才。号＝土御門太政大臣。

権大納言土御門顕定の子。母は権大納言源雅親の娘。右中将に任ぜられ、のちこれを辞す。建長6(1254)年従三位、正嘉元(1257)年正三位に進み、同2年参議に任ぜられる。正元元(1259)年権中納言に任ぜられ従二位に進む。弘長2(1262)年正二位に進み、文永3(1266)年権大納言に任ぜられる。同4年皇后宮大夫に任ぜられ、同5年辞す。同年春宮権大夫、同8年春宮大夫に任ぜられる。同10年大納言に任ぜられる。同11年春宮大夫を辞す。弘安5(1282)年踏歌内弁となり、同7年淳和院別当となる。正応元(1288)年大納言を辞す。同5年従一位に進み准大臣となり、同6年奨学院別当となる。永仁4(1296)年内大臣に任ぜられ、同5年任職を辞す。正安3(1301)年太政大臣に任ぜられ翌年辞す。62才で出家。子に親定・雅房がいる。　典：公補

土御門通持　つちみかど・みちもつ

鎌倉時代の人、参議。貞永元(1232)年生～建治2(1276)年閏3月15月没。45才。後姓＝中院。

権大納言土御門通行の長男。母は非参議源師季の娘。仁治4(1243)年侍従に任ぜられる。寛元2(1244)年従五位上に叙される。同年丹波守に任ぜられるも辞す。同4年正四位下に進み右少将に任ぜられる。宝治2(1248)年従四位下に進み、建長2(1250)年皇后宮権亮・右中将に任ぜられる。同3年従四位上に進む。同年皇后宮権亮を辞す。同6年正四位下に進む。正嘉元(1257)年因幡守に任ぜられ、正元元(1259)年辞す。同年蔵人頭に任ぜられる。弘長元(1261)年従三位に進み参議に任ぜられる。同2年加賀権守に任ぜられる。同3年正三位に進む。文永3(1266)年加賀権守を辞す。同4年任職を辞す。同8年従二位に進む。同9年より中院氏を名乗る。関東にて没す。　典：公補

土御門顕実　つちみかど・あきざね

鎌倉時代の人、非参議。生年不明～弘安2(1279)年9月15日没。

権大納言土御門顕方の子。母は権中納言藤原親俊の娘。建長2(1250)年叙爵。同7年従五位上に進み、康元元(1256)年侍従に任ぜられる。正嘉2(1258)年正五位下、正元元(1259)年従四位下、弘長2(1262)年従四位上に進み、同3年左少将、文永2(1265)年左中将に任ぜられる。同3年美作権介、同9年下野権介に任ぜられる。建治元(1275)年従三位、同3年正三位に進む。　典：公補

土御門雅房　つちみかど・まさふさ

鎌倉時代の人、大納言。弘長3(1263)年生～乾元元(1302)年9月28日没。40才。

太政大臣土御門定実の長男。母は周防守平政平の娘。文永2(1265)年従五位下に叙される。同4年従五位上に進み侍従に任ぜられる。同5年正五位下、同7年従四位下、同8年従四位上に進み、同9年備前権守、同10年右少将、同11年左少将更に右中将に任ぜられる。同12年正四位下に進み、建治2(1276)年伊予権介に任ぜられる。弘安元(1278)年従三位、同2年正三位に進み越前権守に任ぜられる。同6年参議に任ぜられる。同7年左兵衛督・使別当に任ぜられる。同8年従二位に進み権中納言に任ぜられる。同年左兵衛督・使別当を辞す。同9年正二位に進み、正応元(1288)年権中納言を辞す。永仁3(1295)年権大納言に任ぜられる。同5年大納言に任ぜられ淳和院別当となる。同6年これを辞す。同年春宮大夫に任ぜられ、正安3(1301)年辞す。乾元元(1302)年弾正尹に任ぜられる。子に雅長がいる。　典：公補

土御門親定　つちみかど・ちかさだ

鎌倉時代の人、権大納言。文永4(1267)年生～正和4(1315)年7月1日没。49才。

太政大臣土御門定実の次男。母は権大納言平時継の娘。兄に雅房がいる。文永4(1267)年叙爵。同8年従五位上進み、同11年侍従、建治2(1276)年右少将に任ぜられる。同3年正五位下に進み備後権介に任ぜられる。弘安元(1278)年従四位下に進み春宮権亮、同2年右中将に任ぜられる。同4年従四位上に進み、同6年上野権介に任ぜられ正四位下に進む。同10年春宮権亮を辞す。正応3(1290)年従三位、同4年正三位に進み、永仁2(1294)年参議

に任ぜられる。同3年左衛門督に任ぜられ更に権中納言に任ぜられる。同4年従二位に進む。同年左衛門督を辞す。同5年正二位に進む。同6年権中納言を辞す。嘉元3(1305)年権大納言に任ぜられるも辞す。子に親賢がいる。　典：公補

土御門雅長　つちみかど・まさなが

鎌倉時代の人、権大納言。弘安10(1287)年生〜正和5(1316)年6月29日没。30才。

大納言土御門雅房の子。正応元(1288)年叙爵。同2年従五位上、同3年正五位下に進み、同4年侍従に任ぜられ従四位下に進み、同6年従四位上に進む。同年右少将に任ぜられるも辞す。永仁2(1294)年正四位下に進み讃岐介に任ぜられる。同3年左中将、同4年春宮権亮に任ぜられる。同6年従三位、正安元(1299)年正三位に進み、同2年右衛門督に任ぜられる。乾元元(1302)年従二位に進み参議に任ぜられる。同年右衛門督を辞す。近江権守に任ぜられる。嘉元元(1303)年権中納言に任ぜられる。徳治2(1307)年中宮権大夫より、延慶元(1308)年春宮権大夫に任ぜられ正二位に進み、同2年中納言に任ぜられる。応長2(1312)年権大納言に任ぜられる。子に顕実(顕方の子と同名)がいる。　典：公補

土御門顕俊　つちみかど・あきとし

鎌倉時代の人、非参議。文永3(1266)年生〜正慶元(1332.元弘2)年3月没。67才。

左中将雅方朝臣の子。権中納言土御門顕親の養子となる。正応元(1288)年叙爵。侍従に任ぜられ従五位上に進み、同2年右少将、同3年伯耆権介に任ぜられ正五位下、同5年従四位下に進み、永仁4(1296)年左中将に任ぜられる。正安元(1299)年正四位下、延慶2(1309)年従三位、正和4(1315)年正三位に進む。　典：公補

土御門親賢　つちみかど・ちかよし

鎌倉・南北朝時代の人、権中納言。永仁5(1297)年生〜観応元(1350.正中5)年2月13日没。54才。

権大納言土御門親定の子。母は亀山院女房の右衛門佐局。永仁6(1298)年叙爵。正安2(1300)年従五位上に進み、同3年侍従に任ぜられる。嘉元2(1304)年正五位下、徳治2(1307)年従四位下に進み右少将に任ぜられる。延慶2(1309)年従四位上に進み、同3年左中将に任ぜられる。同4年正四位下、正和3(1314)年従三位、元応元(1319)年正三位に進み、正中2(1325)年参議に任ぜられる。嘉暦元(1326)年讃岐権守に任ぜられ侍従宰相となる。同2年侍従を辞す。同3年参議を辞す。同年従二位に進む。元徳元(1329)年権中納言に任ぜられるも辞す。正慶2(1333.元弘3)年正二位に進む。　典：公補

土御門顕実　つちみかど・あきざね

鎌倉時代の人、権大納言。正安3(1301)年生〜元徳元(1329)年3月19日没。29才。

権大納言土御門雅長の子。正安3年叙爵。嘉元3(1305)年侍従に任ぜられる。同4年従五位上、徳治元(1306)年正五位下、同2年従四位下、延慶2(1309)年従四位上に進み、同3年右少将より右中将に任ぜられる。同4年正四位下、正和3(1314)年従三位に進み、同5年尾張権守に任ぜられ更に参議に任ぜられる。文保2(1318)年尾張権守を辞す。同年権中納言に任ぜられる。元応元(1319)年正三位、元亨元(1321)年従二位に進み、正中2(1325)年中

納言に任ぜられる。更に嘉暦元(1326)年権大納言に任ぜられる。同2年中宮大夫に任ぜられ正二位に進む。同3年権大納言を辞す。子に通房がいる。　典：公補

土御門通房　つちみかど・みちふさ

鎌倉・南北朝時代の人、参議。文保2(1318)年生～貞和元(1345.興国6)年1月29日没。28才。

権大納言土御門顯実の子。元応元(1319)年従五位下に叙される。元亨2(1322)年従五位上に進み侍従に任ぜられる。嘉暦元(1326)年正五位下、同3年従四位下に進み、元徳元(1329)年左少将より左中将に任ぜられる。同2年従四位上より正四位下に進み尾張介に任ぜられる。正慶元(1332)年従三位に進む。元弘3(1333)年正四位下に落位となる。暦応2(1339.延元4)年参議に任ぜられる。同3年再び従三位に進み、康永元(1342.興国3)年越前権守に任ぜられる。子に定具がいる。　典：公補

土御門定具　つちみかど・さだとも

南北朝・室町時代の人、権大納言。暦応3(1340.興国元)生～応永5(1398)年2月20日没。59才。

参議土御門通房の子。母は権大納言柳原資明(本姓は藤原)の娘。左中将に任ぜられ正四位下に叙される。備中介に任ぜられ、のちこれを辞す。貞治元(1362.正平17)年参議に任ぜられる。同2年備中権守に任ぜられ従三位に進み、同6年権中納言に任ぜられる。応安2(1369)年正三位、同6年従二位に進む。永和3(1377)年権中納言を辞す。同4年再び任ぜられるも再び辞す。永徳3(1383.弘和3)年三たび権中納言に任ぜられる。至徳2(1385.元中2)年正二位に進む。同3年権中納言を辞す。応永2(1395)年権大納言に任ぜられ翌年辞す。この後は母の藤原系の土御門家となるも2代のみで、安倍家系となる。　典：公補

土御門定長　つちみかど・さだなが

室町時代の人、参議。応永17(1410)年生～没年不明。

父母不明。本姓が源である所から、権大納言定具の裔と見られる。左中将に任ぜられる。正四位下に叙される。永享10(1438)年参議に任ぜられる。同11年土佐権守に任ぜられる。嘉吉元(1441)年従三位に進む。32才で遁世し出家。　典：公補

土御門家(藤原家系)

土御門保光　つちみかど・やすみつ

南北朝・室町時代の人、権大納言。建武元(1334)年生～没年不明。法名=陙寂。

権大納言日野俊光の孫。権大納言柳原資明の三男。姉が参議土御門通房の妻となり、子の権大納言土御門定具に子が無かったため、土御門家に入る。本姓は藤原。左大弁に任ぜられ、のちこれを辞す。康安元(1361.正平16)年従三位に叙され治部卿に任ぜられる。貞治元(1362.正平17)年参議に任ぜられる。同2年土佐権守に任ぜられる。同4年参議を辞すも、同6年再び任ぜられる。応安元(1368.正平23)年正三位に進み、応安4(1371.建徳2)年越後権守に任ぜられる。同6年従二位に進む。同年権中納言に任ぜられる。永和2(1376.天授2)年辞す。康暦元(1379.天授5)年再び権中納言に任ぜられるも再び辞す。永徳2(1382)

年権大納言に任ぜられ、同3年辞す。同年按察使に任ぜられ正二位に進み、応永2(1395)年従一位に進む。62才で出家。子に資長がいる。 典：公補

土御門資家 つちみかど・すけいえ

南北朝・室町時代の人、権大納言。応安4(1371.建徳2)年生～没年不明。法名=峯寂。

権大納言土御門保光の子。正四位上に叙される。左大弁・長門権守に任ぜられる。蔵人頭に任ぜられ、のちこれを辞す。応永12(1405)年参議に任ぜられる。同12年従三位に進み美作権守に任ぜられ更に権中納言に任ぜられる。同15年正三位、同18年従二位に進む。同25年権中納言を辞す。同27年正二位に進み権大納言に任ぜられる。同31年按察使に任ぜられ、永享2(1430)年辞す。同3年61才で出家。鎌倉時代より続いた源・藤原系の土御門家の公卿は、この資家で終わる。 典：公補

土御門家(安倍家系)

土御門有世 つちみかど・ありよ

南北朝・室町時代の人、非参議。嘉暦2(1327)年生～応永12(1405)年1月29日没。79才。

従四位上・大炊権助・天文博士土御門泰吉朝臣の子。本姓は安倍。権天文博士に任ぜられる。のちこれを辞す。至徳元(1384.元中元)従三位に叙される。嘉慶2(1388.元中5)年刑部卿、明徳元(1390.元中7)年丹波権守に任ぜられ正三位に進む。応永元(1394)年丹波権守を辞す。同6年従二位に進む。子に有盛・有仲がいる。 典：大日・日名・公辞・公補

土御門泰宣 つちみかど・やすのぶ

南北朝・室町時代の人、非参議。生年不明～応永8(1401)年没。

陰陽頭・大膳大夫・天文博士土御門泰世の子。兄に泰吉(従四位上・大炊権助・天文博士)がいる。天文博士に任ぜられ、のちこれを辞す。明徳3(1392.元中9)年従三位に叙される。 典：公補

土御門泰家 つちみかど・やすいえ

室町時代の人、非参議。生年不明～応永24(1417)年7月16日没。

土御門有茂の子。陰陽頭に任ぜられ、のちこれを辞す。応永23(1416)年従三位に叙される。同24年宮内卿に任ぜられる。 典：公補

土御門有盛 つちみかど・ありもり

室町時代の人、非参議。生年不明～永享5(1433)年11月1日没。初名=泰継。

非参議土御門有世の長男。弟に有仲がいる。初め泰継と名乗り、のち有盛と改名。天文博士に任ぜられ、のちこれを辞す。応永31(1424)年従三位に叙される。子に有季がいる。 典：公辞・公補

土御門有仲 つちみかど・ありなか

室町時代の人、非参議。生没年不明。初名=有重。

非参議土御門有世の次男。兄に有盛がいる。初め有重と名乗る。永享11(1439)年従三位に叙される。文安4(1447)年正三位に進む。有仲と改名。享徳2(1453)年より名が見えない。　典：公補

土御門有季　つちみかど・ありすえ

室町時代の人、非参議。生年不明〜寛正6(1465)年12月15日没。

非参議土御門有盛の子。康正2(1456)年従三位に叙される。長禄2(1458)年正三位に進む。子に有宣がいる。　典：公辞・公補

土御門有宣　つちみかど・ありのぶ

室町時代の人、非参議。永享5(1433)年生〜永正11(1514)年2月13日没。82才。

非参議土御門有季の子。陰陽頭に任ぜられ、のちこれを辞す。文明5(1473)年従三位に叙される。同11年正三位、長享2(1488)年従二位に進む。子に有春がいる。　典：公辞・公補

土御門泰清　つちみかど・やすきよ

室町時代の人、非参議。永享5(1433)年生〜永正8(1511)年12月14日没。79才。

非参議西洞院有郷の子。土御門泰家の養子か。陰陽頭・天文博士に任ぜられ、のちこれを辞す。文明5(1473)年従三位に叙される。同9年正三位、同14年従二位に進む。　典：公補

土御門有春　つちみかど・ありはる

室町時代の人、非参議。文亀元(1501)年生〜永禄12(1569)年6月19日没。69才。

非参議土御門有宣の子。永正16(1519)年従五位上より正五位下に叙される。大永2(1522)年中務大輔、同5年陰陽頭に任ぜられる。同6年従四位下、享禄3(1530)年従四位上、天文2(1533)年正四位下に進み、同3年修理大夫、同9年丹波権介に任ぜられる。同11年従三位に進み、同12年治部卿に任ぜられる。同13年若州に下向。同16年正三位、同21年従二位に進み、永禄9(1566)年上洛したが再び若州に下向。同10年上洛・下向を繰り返す。子に有脩がいる。　典：公辞・公補

土御門有脩　つちみかど・ありなが

室町・安土桃山時代の人、非参議。大永7(1527)年生〜天正5(1577)年1月2日没。51才。

非参議土御門有春の子。天文2(1533)年叙爵。同6年治部大輔に任ぜられ従五位上に進み、同11年陰陽頭に任ぜられる。同14年正五位下、同18年従四位下に進み、同22年左京大夫に任ぜられ従四位上に進み、永禄元(1558)年正四位下に進み、同3年漏剋博士、同11年刑部卿に任ぜられ、のち正四位上、天正元(1573)年従三位に進む。子に久脩がいる。

典：大日・公辞・公補

土御門久脩　つちみかど・ひさなが

安土桃山・江戸時代の人、非参議。永禄3(1560)年生〜寛永2(1625)年1月18日没。66才。

非参議土御門有脩の子。永禄5(1562)年叙爵。元亀3(1572)年元服し治部少輔に任ぜられる。天正元(1573)年陰陽頭、同2年治部大輔に任ぜられる。同3年従五位上に進み左馬助に任ぜられる。同8年正五位下に進み天文博士に任ぜられる。のち一時武命違反を起こ

す。慶長16(1611)年従四位下に進み左衛門権佐に任ぜられる。同18年従四位上に進み左衛門佐に任ぜられる。元和2(1616)年正四位下、同7年従三位に進む。子に泰重・倉橋泰吉(倉橋家へ)がいる。　典：公辞・公補

土御門泰重　つちみかど・やすしげ

安土桃山・江戸時代の人、非参議。天正14(1586)年1月8日生～寛文元(1661)年8月19日没。76才。法名＝霊光。

非参議土御門久脩の子。慶長8(1603)年元服し右近衛将監に任ぜられ正六位上に叙される。同17年中務大丞に任ぜられる。同19年従五位下に進み中務少輔に任ぜられる。同20年従五位上、元和3(1617)年正五位下、同6年従四位下に進み、寛永3(1626)年左衛門佐に任ぜられる。同4年従四位上、同8年正四位下、同12年従三位、同17年正三位に進み、正保元(1644)年左兵衛督に任ぜられる。慶安2(1649)年従二位に進む。明暦元(1655)年左兵衛督を辞す。子に泰広(正四位下・倉人・左兵衛佐。慶安5,7,14没。42才)、家督養子に泰福がいる。　典：公辞・公補

土御門泰福　つちみかど・やすとし

江戸時代の人、非参議。明暦元(1655)年6月20日生～享保2(1717)年6月17日没。63才。

故隆俊の子。非参議土御門泰重の家督養子となる。寛文10(1670)年元服し正六位上に叙され蔵人・近衛将監に任ぜられる。延宝8(1680)年従五位下に進み兵部少輔に任ぜられる。天和元(1681)年従五位上に進み、同2年陰陽頭に任ぜられる。同3年正五位下に進み春宮少進に任ぜられる。貞享3(1686)年従四位下に進む。4年春宮少進を辞す。元禄3(1690)年従四位上、同7年正四位下、同11年従三位、宝永2(1705)年正三位、正徳4(1714)年従二位に進む。野宮定縁・一条兼輝らと共に山崎闇斎に就いて垂加神道を学ぶ。子に泰誠(従五位上・弾正少弼、元禄4,12,17没。15才)・泰連・泰邦がいる。　典：公辞・公補

土御門泰連　つちみかど・やすつら

江戸時代の人、非参議。貞享2(1685)年6月27日生～宝暦2(1752)年7月27日没。68才。

非参議土御門泰福の次男。兄に泰誠(従五位上・弾正少弼。元禄4,12,17没。15才)、弟に泰邦がいる。元禄11(1698)年叙爵。同年元服し兵部少輔・陰陽頭に任ぜられる。同15年従五位上、宝永3(1706)年正五位下に進む。同5年春宮少進に任ぜられ、同6年辞す。同7年従四位下、正徳5(1715)年従四位上、享保3(1718)年正四位下に進み、同5年治部卿に任ぜられる。同7年従三位、同14年正三位、延享4(1747)年従二位に進む。　典：公辞・公補

土御門泰邦　つちみかど・やすくに

江戸時代の人、非参議。正徳元(1711)年8月8日生～天明4(1784)年5月9日没。74才。

非参議土御門泰福の三男。兄に泰誠(従五位上・弾正少弼。元禄4,12,17没。15才)・泰連がいる。享保7(1722)年叙爵。同年元服し修理大夫・陰陽頭に任ぜられる。同11年従五位上、同16年正五位下、同20年従四位下、寛保元(1741)年従四位上、延享2(1745)年正四位下に進む。兄同年泰連の養子となる。寛延3(1750)年従三位に進み治部卿に任ぜられる。宝暦4(1754)年任職を辞す。同年踏歌外弁となる。同6年天文博士に任ぜられる。同8

年正三位に進む。同9年文章博士を辞す。同年再び陰陽頭に任ぜられ宝暦甲戌暦を作成。明和5(1768)年従二位、同8年正二位に進む。子に泰兄(従四位下・兵部少輔・陰陽頭。宝暦4,8,29没。27才)、養子に泰信(萩原兼武の末子、正五位下・大膳大夫、安永3年官位返上)・泰栄(倉橋家より)がいる。　典：公辞・公補

土御門泰栄　つちみかど・やすてる

江戸時代の人、非参議。宝暦8(1758)年10月4日生〜文化3(1806)年12月25日没。49才。

非参議倉橋有儀の子。母は非参議土御門泰邦の娘。明和4(1767)年従五位下に叙される、安永元(1772)年元服し従五位上に進み左馬頭に任ぜられる。同3年祖父の土御門泰邦の家督養子となる。同年宮内権大輔、同4年陰陽頭に任ぜられる。同5年正五位下、同9年従四位下に進み、天明4(1784)年右衛門佐に任ぜられ従四位上に進み、同8年正四位下、寛政2(1790)年従三位に進み、同6年治部卿に任ぜられる。同7年正三位に進む。同8年治部卿を辞す。同9年修理大夫に任ぜられる。文化元(1804)年従二位に進み踏歌外弁となり、同2年天文博士に任ぜられ、同3年正二位に進む。子に泰胤(従四位上・左衛門佐。寛政10年に官位返上)・晴親がいる。　典：公辞・公補

土御門晴親　つちみかど・はれちか

江戸時代の人、非参議。天明7(1787)年12月8日生〜天保13(1842)年6月8日没。56才。

非参議土御門泰栄の次男。兄に泰胤(従四位上・左衛門佐。寛政10年に官位返上)がいる。寛政10(1798)年従五位下に叙される。同11年元服し右兵衛権佐に任ぜられる。享和2(1802)年従五位上に進み、文化元(1804)年陰陽頭に任ぜられる。同3年正五位下、同7年従四位下、同11年従四位上、文政元(1818)年正四位下、同3年従三位、同8年正三位、天保6(1835)年従二位、同13年正二位に進む。子に晴雄がいる。　典：公辞・公補

土御門晴雄　つちみかど・はれお

江戸時代の人、非参議。文政10(1827)年6月5日生〜明治2(1869)年10月没。43才。

非参議土御門晴親の子。天保4(1833)年叙爵。同10年元服し従五位上に進み大膳大夫に任ぜられる。同13年陰陽頭に任ぜられる。同14年正五位下、弘化4(1847)年従四位下に進み、嘉永2(1849)年右兵衛佐に任ぜられる。同4年従四位上、安政2(1855)年正四位下に進み御遷幸に陰陽寮として舎人一人・小舎人童一人・随身二人・寮官人二人・雑色六人・傘一人を供に参加。同5年に起きた安政の事件(飛鳥井雅典の項参照)に八十八廷臣として連座。同6年従三位に進む。同年右兵衛佐を辞す。のち民部卿に任ぜられる。元治元(1864)年正三位に進む。明治元(1868)年民部卿を辞す。家料は177石。京都洛南梅小路村に住む。養子に晴栄(錦織久隆の次男。華族に列され子爵を授る。大正4,10没。57才)がいる。　典：明治・公辞・遷幸・京四・公補

○堤家

内大臣勧修寺高藤の裔。参議甘露寺嗣長の次男貞長が堤を氏姓とした。代々世襲し、明治に至り華族に列され子爵を授かる。本姓は藤原。家紋は竹に雀。菩提寺は京都左京区浄土寺真如町の松林院。

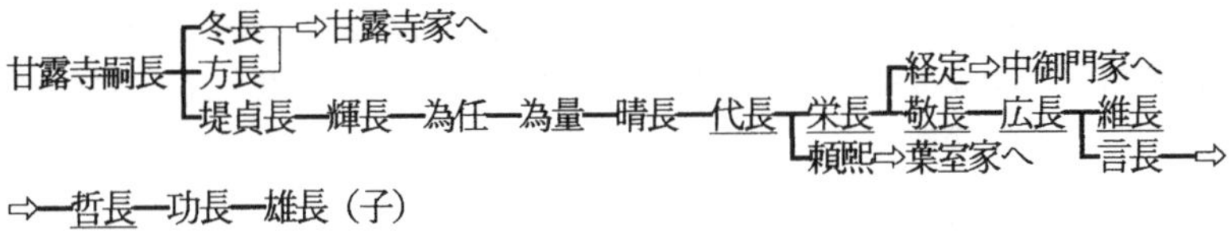

堤代長　つつみ・しろなが

江戸時代の人、権中納言。享保元(1716)年2月20日生～天明3(1783)年11月28日没。68才。初名＝俊幸。堤家の次祖。

権大納言坊城俊清の次男。母は右衛門佐堤輝長朝臣の娘。初め俊幸と名乗る。享保7(1722)年叙爵。同14年堤晴長朝臣の養子となる。同11年元服し従五位上に進み侍従に任ぜられる。同18年正五位下、元文2(1737)年従四位下に進む。同3年代長と改名。同年左京権大夫に任ぜられる。寛保元(1741)年従四位上に進み、同3年大膳大夫に任ぜられる。延享2(1745)年正四位下、寛延3(1750)年従三位に進み、宝暦2(1752)年刑部卿に任ぜられる。同6年踏歌外弁となる。同7年正三位に進み、明和元(1764)年参議に任ぜられる。同5年従二位に進む。安永元(1772)年権中納言に任ぜられるも辞す。同8年正二位に進む。子に栄長・葉室頼熙がいる。　典：公辞・公補

堤栄長　つつみ・しげなが

江戸時代の人、参議。享保20(1735)年10月4日生～寛政7(1795)年8月8日没。61才。

権中納言堤代長の子。母は非参議竹内惟永の娘。弟に葉室頼熙がいる。元文4(1739)年従五位下に叙される。延享4(1747)年元服し従五位上に進み勘解由次官に任ぜられる。宝暦元(1751)年正五位下、同5年従四位下、同9年従四位上、同13年正四位下、明和4(1767)年従三位に進み、同6年大蔵卿に任ぜられる。安永元(1772)年正三位に進み踏歌外弁となる。天明5(1785)年参議に任ぜられるも辞す。同年従二位に進む。子に敬長がいる。　典：公辞・公補

堤敬長　つつみ・のりなが

江戸時代の人、参議。宝暦5(1755)年6月14日生～寛政12(1800)年8月23日没。46才。

参議堤栄長の子。宝暦9(1759)年叙爵。明和2(1765)年元服し従五位上に叙され民部権大輔に任ぜられる。同6年正五位下に進み、同7年丹波権介、安永元(1772)年中務権少輔に任ぜられる。同2年従四位下に進み、同6年中務少輔に任ぜられ従四位上に進み、天明元(1781)年正四位下に進み、同2年中務大輔に任ぜられる。同7年従三位、寛政4(1792)年正三位に進む。同12年参議に任ぜられるも辞す。子に広長がいる。　典：公辞・公補

堤広長　つつみ・ひろなが

江戸時代の人、権中納言。安永2(1773)年2月9日生～嘉永元(1848)年1月5日没。76才。

参議堤敬長の子。母は権大納言冷泉為村の娘。安永5(1776)年従五位下に叙される、同8年元服し左兵衛権佐に任ぜられる。同9年従五位上、天明4(1784)年正五位下、同8年従

四位下、寛政4(1792)年従四位上、同8年正四位下、同12年従三位、文化2(1805)年正三位に進み、文政7(1824)年参議に任ぜられ従二位に進む。同8年参議を辞す。天保2(1831)年権中納言に任ぜられるも翌年に辞す。同5年正二位に進む。子に維長・言長(勘解由次官)がいる。　典：公辞・公補

堤維長　つつみ・これなが

江戸時代の人、非参議。寛政12(1800)年1月11日生～安政6(1859)年8月9日没。60才。

権中納言堤広長の子。弟に言長(勘解由次官。養子に哲長)がいる。文化2(1805)年従五位下に叙される。同年元服し宮内権少輔に任ぜられる。同6年従五位上に進み中務権少輔・春宮少進に任ぜられる。同10年中務少輔に任ぜられ正五位下に進む。同14年春宮少進を辞す。同年従四位下、文政4(1821)年従四位上、同8年正四位下、同12年従三位、天保4(1833)年正三位に進み、嘉永2(1849)年民部卿に任ぜられる。同6年踏歌外弁となる。安政6(1859)年民部卿を辞す。子に哲長がいる。　典：公辞・公補

堤哲長　つつみ・あきなが

江戸時代の人、非参議。文政10(1827)年12月22日生～明治2(1869)年3月4日没。43才。

権中納言堤広長の孫。非参議堤維長の子。母は権大納言清閑寺昶定の娘。養父は勘解由次官堤言長。天保4(1833)年従五位下に叙される。同12年元服し従五位上に進み大和権介に任ぜられる。弘化2(1845)年正五位下に進む。同4年皇太后宮少進に任ぜられぜられるも進を辞す。嘉永2(1849)年従四位下に進み、同6年大膳大夫に任ぜられ従四位上、安政4(1857)年正四位下、文久元(1861)年従三位に進み、元治元(1864)年右京大夫に任ぜられる。慶応元(1865)年正三位に進み、同2年右兵衛督に任ぜられた。明治の新政府では林和靖間詰より参与・制度事務督となる。養子に功長(甘露寺愛長の長男。明治の華族に列され子爵を授かる。大正2,11没。69才)がいる。　典：公辞・公補

○津守家

津守家は、平安時代より代々摂津の住吉神社の神主を勤める。

典：日名

津守国量　つもり・くにかず

南北朝・室町時代の人、非参議・住吉神社神主。生年不明～応永9(1402)年没。

応永5(1398)年従三位に叙される。　典：公補

津守忠重　つもり・ただしげ

室町時代の人、非参議。生没年不明。

文安4(1447)年従三位に叙される。享徳2(1453)年より名が見えない。　典：公補

津守国教　つもり・くにのり

江戸時代の人、非参議・住吉神社神主。寛文8(1668)年生～元文元(1736)年11月3日没。69才。

父母不明。享保3(1718)年従三位に叙される。　典：公補

津守国輝　つもり・くにてる

江戸時代の人、非参議・住吉神社神主。元禄8(1695)年生～宝暦7(1757)年7月2日没。63才。

父母不明。宝暦5(1755)年従三位に叙される。同7年に任職を辞す。子に国条がいる。典：公補

津守国条　つもり・くにえだ

江戸時代の人、非参議・住吉神社神主。享保2(1717)年生～宝暦13(1763)年8月14日没。47才。

非参議・住吉神社神主津守国輝の子。宝暦13(1763)年従三位に叙される。同年神主を辞す。　典：公補

津守国礼　つもり・くによし

江戸時代の人、非参議・住吉神社神主。安永2(1773)年生～弘化3(1846)年8月14日没。74才。

父母不明。文化10(1813)年従三位に叙される。文政5(1822)年社職を辞す。弘化元(1844)年正三位に進む。　典：公補

津守国福　つもり・くにふく

江戸時代の人、非参議・住吉神社神主。享和元(1801)年生～没年不明。

父母不明。天保12(1841)年従三位に叙される。嘉永3(1850)年社職を辞す。慶応元(1865)年正三位に進む。　典：公補

津守国美　つもり・くによし

江戸時代の人、非参議・住吉神社神主。天保元(1830)年生～没年不明。

父母不明。慶応2(1866)年37才で従三位に叙される。　典：公補

○洞院家

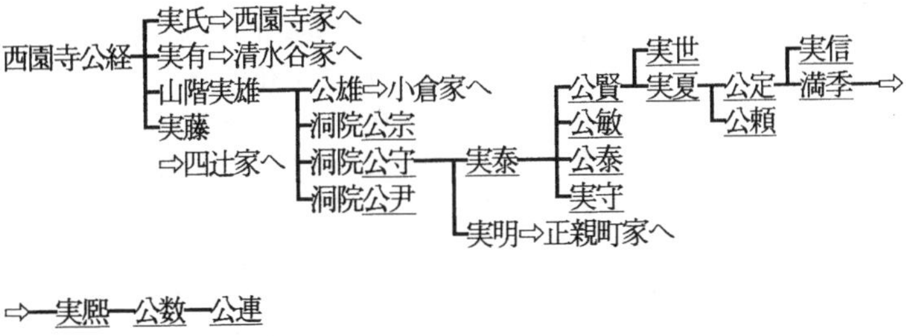

藤原北家。西園寺家の分流。西園寺公経の三男山階実雄の子より洞院家が出る。公数が出家し一時断絶し、西園寺実遠の子公連が再興したが、公連も出家し洞院家は断絶した。本姓は藤原。

典：日名・京都

洞院公宗　とういん・きんむね

鎌倉時代の人、権中納言。仁治2(1241)年生～弘長3(1263)年3月21日没。23才。洞院家の祖。

太政大臣西園寺公経の孫。左大臣山階実雄の長男。母は法印公審の娘。弟に小倉公雄・公守・公尹がいる。祖父の西園寺姓・父の山階姓より分家し、弟の公守・公尹と共に洞院を氏姓とした。左中将に任ぜられる。正嘉2(1258)年従三位に叙され東宮大夫に任ぜられる。正元元(1259)年正三位に進み、文応元(1260)年駿河権守に任ぜられる。弘長元(1261)年中宮権大夫、更に皇后宮大夫に任ぜられる。同2年権中納言に任ぜられる。同年中宮権大夫を辞す。同3年従二位に進む。腫物の病気で没す。　典：日名・公補

洞院公守　とういん・きんもり

鎌倉時代の人、太政大臣。建長元(1249)年生～文保元(1317)年710月没。69才。法名＝素元。通称＝山本太政大臣。

太政大臣西園寺公経の孫。左大臣山階実雄の三男。母は法印公審の娘。兄に公守・小倉公雄、弟に公尹がいる。建長5(1253)年叙爵。同6年従五位上、正嘉元(1257)年正五位下に進み、同2年右少将に任ぜられる。同3年従四位下、正元元(1259)年従四位上に進み右中将に任ぜられる。文応2(1261)年正四位下に進み讃岐介・中宮権亮に任ぜられる。弘長元(1261)年皇后宮権亮、文永2(1265)年左中将、同3年能登権守に任ぜられる。同4年従三位に進み、同7年権中納言に任ぜられ正三位に進む。同8年皇后宮権大夫に任ぜられる。同9年に辞す。同年従二位に進み、弘安元(1278)年正二位に進み、同6年権大納言に任ぜられる。正応3(1290)年左大将に任ぜられ更に内大臣に任ぜられる。同4年これを辞す。同年踏歌内弁となる。永仁4(1296)年従一位に進み、正安元(1299)年太政大臣に任ぜられるも辞す。嘉元3(1305)年57才で出家。子に実泰・正親町実明がいる。　典：大日・日名・伝日・公補

洞院実泰　とういん・さねやす

鎌倉時代の人、左大臣。文永6(1269)年生～嘉暦2(1327)年.815月没。59才。通称＝山本左大臣。

太政大臣洞院公守の子。母は非参議平親継の娘。弟に正親町実明がいる。文永7(1270)年叙爵。同9年従五位上、同11年正五位下に進み、同12年侍従に任ぜられる。弘安元(1278)年従四位下より従四位上に進み、同2年遠江権介、同3年左少将に任ぜられる。同6年正四位下に進み備後介・左中将に任ぜられる。同7年従三位に進み、同9年肥前権守に任ぜられ更に参議に任ぜられる。正応元(1288)年正三位に進み権中納言に任ぜられ皇后宮権大夫に任ぜられる。同2年従二位に進み、同3年大夫に任ぜられる。同4年中納言に任ぜられる。同5年権大納言に任ぜられる。永仁6(1298)年春宮権大夫に任ぜられる。正安3(1301)年に辞す。乾元元(1302)年按察使となり、延慶2(1309)年大納言に任ぜられ、更に右大将・

右馬寮御監に任ぜられる。同3年左馬寮御監に任ぜられるもこれと按察使を辞す。正和4(1315)年右大将を辞す。同年内大臣に任ぜられる。同5年右大臣に任ぜられる。文保元(1317)年右大臣を辞す。同2年左大臣に任ぜられ従一位に進む。正中2(1325)年左大臣を辞す。子に公賢・公敏・公顕・実守がある。　典：大日・日名・伝日・公補

洞院公尹　とういん・きんただ

鎌倉時代の人、権中納言。生年不明～正安元(1299)年12月10日没。

太政大臣西園寺公経の孫。左大臣山階実雄の四男。母は白拍子。兄に公宗・小倉公雄・公守がいる。文永5(1268)年叙爵。同6年従五位上、同8年正五位下に進み、同9年侍従、同11年左少将、同12年下野権介に任ぜられる。建治2(1276)年従四位下、弘安3(1280)年従四位上、同6年正四位下に進み、同7年左中将に任ぜられる。正応元(1288)年備中権守に任ぜられ従三位に進み参議に任ぜられる。同3年正三位に進み権中納言に任ぜられる。同5年従二位に進む。永仁元(1293)年権中納言を辞す。同2年正二位に進む。　典：公補

洞院公賢　とういん・きんかた

鎌倉・南北朝時代の人、太政大臣。正応4(1291)年生～延文5(1360)年4月15日没。70才。

左大臣洞院実泰の長男。母は権中納言小倉公雄の娘。弟に公敏・公泰・実守がいる。正応4(1291)年従五位下に叙される。永仁2(1294)年従五位上、同4年正五位下に進み、同5年侍従に任ぜられる。同6年従四位下に進み左少将に任ぜられる。同7年従四位上、正安2(1300)年正四位下に進み、嘉元3(1305)年院奥権介、徳治元(1306)年左中弁、同2年左宮城使となる。同3年左中弁を辞す。延慶元(1308)年従三位に進み左中将に任ぜられる。同2年左大弁に任ぜられ更に参議に任ぜられる。同3年権中納言に任ぜられ同年左兵衛督、応長元(1311)年右衛門督に任ぜられ従二位に進み、正和元(1312)年左衛門督に任ぜられる。同3年正二位に進む。文保2(1318)年左衛門督を辞す。同年春宮大夫に任ぜられ更に権大納言に任ぜられる。正中2(1325)年大納言に任ぜられる。嘉暦元(1326)年春宮大夫を辞す。同年右大将・右馬寮御監に任ぜられ翌年右馬寮御監を辞す。元徳2(1330)年内大臣に任ぜられ大将を辞す。元弘元(1331)年内大臣を辞す。正慶2(1333.元弘2)年再び内大臣に任ぜられ式部卿に任ぜられる。建武2(1335)年右大臣に任ぜられ同年東宮伝に任ぜられる。延元元(1336)年皇太子伝に任ぜられたが辞す。建武4(1337.延元2)年右大臣を辞す。康永2(1343)年左大臣に任ぜられ、貞和2(1346)年に辞す。同4年太政大臣に任ぜられ、観応元(1350)年に辞す。同年従一位に進む。延文4(1359)年69才で出家。有職故実に詳しく南北朝研究資料に最適な日記「園太暦」があり「皇代暦」「歴代最要抄」などの著書もあり、和歌もよく詠んだ。子に実世・実夏がいる。　典：伝日・京都・日名・公補

洞院公敏　とういん・きんとし

鎌倉時代の人、権大納言。正応5(1292)年10月26日生～没年不明。法名＝宗肇。

左大臣洞院実泰の次男。母は権中納言小倉公雄の三女従二位藤原季子。兄に公賢、弟に公泰・実守がいる。正応6(1293)年叙爵。徳治元(1306)年元服し弾正少弼に任ぜられる。同2年従五位上に進む。同3年弾正少弼を辞す。同年右少将に任ぜられる。延慶2(1309)年正五位下に進み、同3年少納言・侍従に任ぜられ正五位上より従四位下に進み左中弁・修

理右宮城使・蔵人頭に任ぜられる。同4年従四位上に進み、応長元(1311)年参議に任ぜられ修理大夫に任ぜられ正四位下より従三位に進み、正和元(1312)年備中権守に任ぜられる。同4年正三位に進み左中将に任ぜられる。同5年権中納言に任ぜられる。文保元(1317)年従二位に進み、同2年左衛門督に任ぜられる。元応元(1319)年皇后宮権大夫に任ぜられたが辞す。同年正二位に進み、元亨2(1322)年中納言に任ぜられる。正中2(1325)年権大納言に任ぜられ、嘉暦元(1326)年に辞す。同年按察使となる。同3年弾正尹に任ぜられ、元徳元(1329)年辞す。元弘元(1331)年笠置城の臨幸に供奉。40才で出家。　典：公補

洞院公泰　とういん・きんやす

鎌倉・南北朝時代の人、権大納言。嘉元3(1305)年生～没年不明。法名=覚元。

左大臣洞院実泰の三男。一時法皇の養子となる。兄に公賢・公敏、弟に実守がいる。正四位下に叙される。元応2(1320)年中宮権亮・蔵人頭・左中将に任ぜられる。元亨元(1321)年参議に任ぜられ従三位に進む。同年蔵人頭を辞す。同3年中宮権亮を辞す。正中2(1325)年越前権守・左衛門督に任ぜられ更に権中納言に任ぜられる。嘉暦2(1327)年中宮権大夫に任ぜられ従二位に進む。同年越前権守・中宮権大夫を辞す。元徳2(1330)年任職を辞す。元弘元(1331)年正二位に進む。建武元(1334)年再び権中納言に任ぜられ更に権大納言に任ぜられる。延元元(1336)年宮内卿・春宮大夫に任ぜられ、建武4年に辞す。暦応3(1340.延元4)年権大納言を辞す。貞和4(1348.正平3)年民部卿に任ぜられ、文和3(1354.正平9)年に辞す。延文4(1359.正平14)年55才で出家。　典：公補

洞院実守　とういん・さねもり

鎌倉・南北朝時代の人、大納言。正和3(1314)年生～応安5(1372.文中元)4月11日没。59才。

左大臣洞院実泰の四男、母は非参議高倉永康の娘従三位康子。兄に公賢・公敏・公泰がいる。兄の洞院公賢(のち太政大臣)の養子となる。元亨4(1324)年従五位下に叙され侍従に任ぜられる。正中元(1324)年左少将、同3年土佐介に任ぜられる。嘉暦元(1326)年従四位上に進み春宮権亮に任ぜられる。同2年正四位下に進み、同3年左中将・蔵人頭に任ぜられ従三位に進み、参議に任ぜられる。元徳元(1329)年尾張権守に任ぜられる。同2年正三位に進む。同年尾張権守を辞す。元弘元(1331)年参議を辞す。正慶元(1332.元弘2)年権中納言に任ぜられる。同2年官職を止められる。建武2(1335)年従二位に進み、同4年年再び権中納言に任ぜられる。暦応元(1338.延元3)年正二位に進む。同2年権大納言に任ぜられ、貞和4(1348.正平3)年に辞す。応安3(1370.建徳元)大納言に任ぜられる。　典：公補

洞院実世　とういん・さねよ

鎌倉・南北朝時代の人、権中納言・吉野朝の左大臣。延慶元(1308)年生～延文3(1358.正平13)年8月19日没。51才。

太政大臣洞院公賢の長男。弟に実夏がいる。正和2(1313)年叙爵。同3年従五位上、同6年正五位下、文保2(1318)年元服し従四位下に進み侍従に任ぜられる。元亨2(1322)年従四位上に進み右少将に任ぜられる。嘉暦2(1327)年落位される。蔵人・弾正少弼・権左中弁に任ぜられる。同3年正五位上より従四位下に進み更に従四位上に進み参議に任ぜられ

る。元徳元(1329)年正四位下より従三位に進み右大弁に任ぜられる。同2年美作権守・造東大寺長官に任ぜられ更に権中納言に任ぜられる。同年正三位に進み右衛門督・使別当に任ぜられる。元弘元(1331)年任職を辞す。同年出対武家となる。正慶元(1332.元弘2)年関東に下向。建武元(1334)年再び権中納言に任ぜられる。同年修理大夫を辞す。春宮権大夫・大学頭に任ぜられる。延元元(1336)年足利尊氏の軍を京で防ぎその功により正二位に進み尾張督に任ぜられたが、再び尊氏軍が京に攻め入り、逃れて吉野朝に奉じ解官される。のち吉野朝にて従一位に叙され左大臣に任ぜられる。延文3(1358)年水腫にて吉野朝で没す。　典：伝日・日名・公補

洞院実夏　とういん・さねなつ

鎌倉・南北朝時代の人、内大臣。正和4(1315)年生～貞治6(1367.正平22)年6月1日没。53才。

太政大臣洞院公賢の次男。母は従三位藤原光子。兄に実世がいる。元弘元(1331)年元服し従五位下に叙され侍従・左少将に任ぜられる。同2年従五位上、正慶元(1332)年従四位下に進む。元弘3(1333)年従五位下に落位される。のち正五位下に進み少納言に任ぜられ従四位下に進み、同4年従四位上に進み因幡権守、建武元(1334)年権右中弁に任ぜられる。同2年正四位下に進み左中弁に任ぜられ右宮城使となる。同4年年参議に任ぜられ右兵衛督に任ぜられ従三位に進み、暦応3(1340.興国元)権中納言に任ぜられ同年左衛門督、同4年春宮権大夫に任ぜられる。康永元(1342.興国3)年正三位に進み大夫に任ぜられる。貞和2(1346.正平元)従二位に進み、同3年権大納言に任ぜられる。文和元(1352.正平7)年春宮大夫を辞す。同2年内教坊別当となり、同3年正二位に進み、延文5(1360.正平15)年左大将に任ぜられ左馬寮御監となる。貞治2(1363.正平18)年内大臣に任ぜられるも翌年に辞す。同年踏歌内弁となり従一位に進む。子に公定・公頼がいる。　典：公補

洞院公定　とういん・きんさだ

鎌倉・南北朝時代の人、左大臣。暦応2(1339.延元4)年1月26日生～応永6(1399)年6月15日没。60才。法名=元貞。諡号=後中園。

内大臣洞院実夏の子。母は権中納言持明寺保藤の娘。弟に公頼がいる。暦応3(1340.興国元)年叙爵。康永元(1342)年従五位上、同3年正五位下に進み、貞和元(1345)年侍従に任ぜられる。同2年元服。同3年従四位下に進み左少将に任ぜられる。同4年従四位上、同5年正四位下に進み備後介、観応元(1350)年左中将に任ぜられる。文和2(1353.正平8)年従三位に進み、同3年遠江権守に任ぜられる。同4年参議に任ぜられる。延文2(1357)年権中納言に任ぜられる。康安元(1361.正平16)年正三位に進む。同年権中納言を辞す。応安6(1373.文中2)年従二位に進む。同7年再び権中納言に任ぜられる。永和2(1376.天授2)年権大納言に任ぜられる。同3年正二位に進む。永徳2(1382.弘和2)年権大納言を辞す。至徳2(1385.元中2)年三たび権大納言に任ぜられ翌年に辞す。嘉慶2(1388.元中5)年再度権大納言に任ぜられる。応永2(1395)年内教坊別当・左大将に任ぜられ更に内大臣に任ぜられ従一位に進み更に右大臣に任ぜられる。同3年更に左大臣に任ぜられる。同5年左大臣を辞す。博学で、「尊卑分脈」と「洞院公定日記」(山科・毘沙門堂に収蔵)を記録し、貴重な史料を残している。養子に実信・満季がいる。　典：伝日・京都・日名・公補

洞院公頼　とういん・きんより

南北朝時代の人、権中納言。観応元(1350.正平5)年生～貞治6(1367.正平22)年5月10日没。18才。

内大臣洞院実夏の三男。母は光遠朝臣の娘。兄に公定がいる。延文4(1359)年叙爵。同5年従五位上に進み、康安2(1362)年侍従に任ぜられる。貞治2(1363)年正五位下より従四位下に進み、同3年左中将に任ぜられる。同4年正四位下に進み、同5年(正平21)年参議に任ぜられる。同6年従三位に進み美作権守に任ぜられ更に権中納言に任ぜられる。　典：公補

洞院実信　とういん・さねのぶ

南北朝・室町時代の人、権大納言。生年不明～応永19(1413)年11月26日没。法名＝玄信。

左大臣洞院公定の養子。従四位上に叙される。右中将に任ぜられ、のちこれを辞す。応永2(1395)年参議に任ぜられる。同3年長門権守に任ぜられ正四位下、同4年従三位に進み権中納言に任ぜられる。同7年正三位、同8年従二位に進み、同9年権大納言に任ぜられる。同10年正二位に進む。子に満季がいる。　典：公補

洞院満季　とういん・みつすえ

南北朝・室町時代の人、内大臣。明徳元(1390.元中7)年生～没年不明。法名＝聖覚のち浄導。

権大納言洞院実信の子。母は法眼兼快の娘。左中将を任ぜられる。応永16(1410)年従三位に叙される。同18年肥前権守に任ぜられ正三位に進み参議に任ぜられ、父が没したので祖父左大臣洞院公定家の家督養子となる。同21年従二位に進み権中納言に任ぜられる。同26年正二位に進み権大納言に任ぜられる。同30年右大将に任ぜられ右馬寮御監となる。同31年右大将を辞す。同年内大臣に任ぜにられる。同32年従一位に進む。同33年に内大臣を辞す。永享3(1431)年に42才で出家。子に実煕がいる。　典：公補

洞院実煕　とういん・さねひろ

室町時代の人、左大臣。応永16(1409)年生～没年不明。初名＝実博。法名＝元鏡。通称＝東山入道左府。

内大臣洞院満季の子。初め実博と名乗り、のち実煕と改名。左中将に任ぜられる。応永31(1425)年従三位に叙される。同33年正三位に進み伊予権守に任ぜられる。正長元(1428)年権中納言に任ぜられるも、同2年勅勘に触れて任職を辞す。永享2(1430)年許されて従二位に進み再び権中納言に任ぜられる。同4年権大納言に任ぜられる。同5年内教坊別当となる。同12年正二位に進み、嘉吉2(1442)年右大将に任ぜられ右馬寮御監となる。文安3(1446)年内大臣に任ぜられる。同4年左大将に任ぜられ、同5年に辞す。宝徳2(1450)年従一位に進む。同年内大臣を辞す。享徳3(1454)年右大臣に任ぜられる。康正元(1455)年左大臣に任ぜられる。長禄元(1457)年左大臣を辞しす。49才で出家し東山に閑居する。子に公数がいる。　典：伝日・日名・公補

洞院公数　とういん・きんかず

室町時代の人、権大納言。嘉吉元(1441)年生～没年不明。

左大臣洞院実熈の子。宝徳元(1449)年正四位下に進み、同3年讃岐介・左中将に任ぜられ従三位に進み、享徳元(1452)年伊予権守に任ぜられる。同3年正三位、康正2(1456)年従二位に進み、長禄2(1458)年権中納言に任ぜられる。同3年右衛門督に任ぜられる。寛正元(1460)年権大納言に任ぜられる。同6年正二位に進み、文正元(1466)年左大将に任ぜられる。文明2(1470)年任職を辞す。同8年36才で出家。家督相続に公連(西園寺家より)がいる。　典：伝日・日名・公補

洞院公連　とういん・きんつら

室町時代の人、非参議。生没年不明。

洞院家の記録文書が逸散する所から、父内大臣西園寺実遠が朝廷に願い断絶していた洞院家を公連が相続することになる。左中将に任ぜられる。延徳3(1491)年従三位に叙される。明応4(1495)年正三位に進む。文亀元(1501)年出家。洞院家は公連にて断絶する。

典：日名・公補

○徳川家

清和源家系。新田家り支流。源義家から出た、新田義重の子義季が、上野国新田郡得川の地に居て、得川を氏姓としたが、親氏に至り松平家を継ぎ、家康に至り徳川を氏姓とし天下を統一し、征夷大将軍に任ぜられ子孫は代々世襲した。徳川家に対する官位は、家康の子秀忠・義直・頼宣まで公補に収録されているが、朝廷では別記述にて特別に官位を叙任した。幕末に至り政権を奉還し、明治の華族に列され男爵を授かる。京都上京区寺町今出川の本満寺は徳川家累代の祈願所。本姓=源。家紋=葵。

典：日名

徳川家康　とくがわ・いえやす

室町・安土桃山・江戸時代の人、太政大臣。天文11(1542)年生～元和2(1616)年4月17日没。75才。幼名=竹千代。通称=前大樹公。院号=安国院。謚号=東照大権現。江戸幕府初代将軍。徳川家の宗本家。

三河国岡崎城主徳川広忠(贈太政大臣)の長男。母は水野和泉守の娘伝通(贈従一位)。永禄9(1566)年叙爵。同年三川守、同11年左京大夫に任ぜられ、のち従四位下に叙される。天正14(1586)年参議に任ぜられ従三位に進み更に権中納言に任ぜられ正三位に進み、同15年権大納言に任ぜられ従二位に進む。同18年関東に領地を得て江戸を拠点とした。慶長元(1596)年正二位に進み内大臣に任ぜられる。同5年関ケ原の合戦に勝利し、徳川政権を樹立する。同7年従一位に進む。同8年右大臣に任ぜられ征夷大将軍・氏長者・奨学淳和院等別当に任ぜられたが右大臣・氏長者・奨学淳和院等別当を辞す。同10年征夷大将軍を辞す。元和2(1616)年太政大臣に任ぜられる。没後に正一位を贈られる。墓所は駿府久能山(静岡県)と下野日光(栃木県)の東照宮。子に秀忠・忠輝(越後家)・義直(尾張家)・頼宣(紀州家)・頼房(水戸家)・岡崎信康・秀康(越前家)・東条忠吉・武田信吉がいる。　典：大日・日名・京都・公補

源義家─源義国─源義重─得川義季─得川頼氏─得川教氏─得川満氏─徳川政義─⇨
⇨─得川親季─得川有親─松平親氏─松平泰親─松平信光─徳川親忠─徳川長親─⇨
⇨─徳川信忠─松平清康─松平親季─松平広忠─⇨

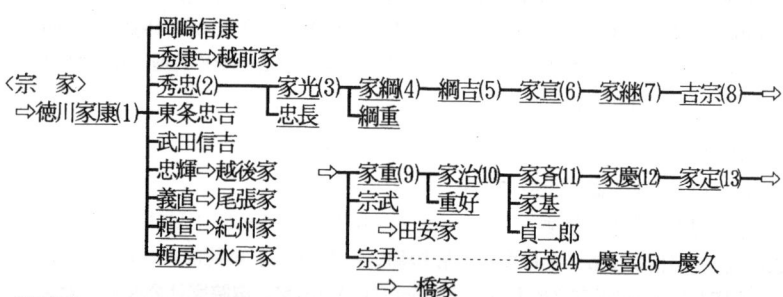

〈宗　家〉
⇨徳川家康(1)┬岡崎信康
├秀康⇨越前家
├秀忠(2)─┬家光(3)┬家綱(4)─綱吉(5)─家宣(6)─家継(7)─吉宗(8)─⇨
│└忠長　└綱重
├東条忠吉
├武田信吉
├忠輝⇨越後家
├義直⇨尾張家
├頼宣⇨紀州家
└頼房⇨水戸家

⇨┬家重(9)┬家治(10)┬家斉(11)─家慶(12)─家定(13)─⇨
├宗武　└重好　├家基
│⇨田安家　└貞二郎
└宗尹………………家茂(14)─慶喜(15)─慶久
⇨一橋家

〈尾張家〉
徳川義直─光友─綱誠┬吉通
└継友─宗春─宗勝─宗睦─治行─斉朝─斉温─斉荘─慶蔵─⇨
⇨┬慶勝……（以下略）
└茂徳（松平義建の五男・慶勝の弟）

〈紀州家〉
徳川頼宣─光貞─綱教─綱職─吉宗(8)─宗直─宗将─重倫─治貞─治宝─斉順─⇨
⇨─斉彊─家茂─茂承─頼倫─頼貞

〈水戸家〉
徳川頼房─光圀─綱条─吉孚─宗尭─宗幹─治保─治紀─斉修─斉昭─⇨
⇨─慶篤…（以下略）

〈田安家〉
徳川宗武┬治察─斉匡─斉荘─慶頼─寿千代─家達
└治泰

〈一橋家〉
徳川宗尹─治斉…（以下略）

徳川秀忠　とくがわ・ひでただ

安土桃山・江戸時代の人、太政大臣。天正6(1578)年4月7日生～寛永9(1632)年1月24日没。55才。小字=長丸。幼名=長松。前名=竹千代。院号=台徳院。江戸幕府2代将軍。

太政大臣徳川家康の三男。母は贈従一位宝台院西郷氏。兄弟に秀康(越前家)・忠輝(越後家)・義直(尾張家)・頼宣(紀州家)・頼房(水戸家)・岡崎信康・東条忠吉・武田信吉がいる。従四位下に叙される。左中将に任ぜられる。天正19(1591)年参議に任ぜられ、文禄元(1592)年従三位に進む。同年権中納言に任ぜられ翌年に辞す。慶長6(1601)年権大納言に任ぜられる。同8年右大将に任ぜられる。同10年内大臣に任ぜられ征夷大将軍・奨学淳和院等別当に任ぜられ正二位に進み、同11年内大臣・奨学淳和院等別当を辞す。同19年従一位に進み右大臣に任ぜられる。寛永元(1624)年太政大臣に任ぜられる。娘和子を第百八代後水尾天皇に入内させ天皇家との緊密を計る。没後に正一位を贈られる。墓所は芝・増上寺(東京都港区芝公園)。子に家光・忠長がいる。　典：大日・日名・京都・公補

徳川義直 とくがわ・よしなお

江戸時代の人、権大納言。慶長5(1600)年11月生〜慶安3(1650)年5月没。51才。小字=五郎太丸。諱=義知・義利。通称=敬公・武衛公。尾張家の祖。

太政大臣徳川家康の九男。母は相応院志水氏。兄弟に秀忠・秀康(越前家)・忠輝(越後家)・頼宣(紀州家)・頼房(水戸家)・岡崎信康・東条忠吉・武田信吉がいる。従四位下に叙される。慶長16(1611)年参議に任ぜられるも翌年に辞す。元和3(1617)年尾張守に任ぜられ更に権中納言に任ぜられ従三位に進む。同年任職を辞す。寛永3(1626)年権大納言に任ぜられ従二位に進む。墓所は尾張東春日井郡水野村の定光寺。明治33(1900)年に正二位を贈られる。子に光友がいる。 典：大日・日名・公補

徳川頼宣 とくがわ・よりのぶ

江戸時代の人、権大納言。慶長7(1602)年3月7日生〜寛文11(1671)年1月10日没。70才。小字=長福。通称=常州公・南竜公。法名=南竜院殿顗永春光大居士。紀州家の祖。

太政大臣徳川家康の十男。母は養珠院蔭山氏。兄弟に秀忠・秀康(越前家)・忠輝(越後家)・義直(尾張家)・頼房(水戸家)・岡崎信康・東条忠吉・武田信吉がいる。従四位下に叙される。慶長16(1611)年参議に任ぜられるも辞す。元和3(1617)年従三位に進む。同年権中納言に任ぜられるも辞す。寛永3(1626)年権大納言に任ぜられ従二位に進む。和歌山にて没す。墓所は紀伊浜中の長保寺。和歌山県海草郡和歌浦町の南竜神社に祀られる。大正4(1915)年に正二位を贈られる。子に光貞がいる。 典：日名・大日・公補

徳川頼房 とくがわ・よりふさ

江戸時代の人、権中納言。慶長8(1603)年8月10日生〜寛文元(1661)年7月29日没。59才。幼名=鶴千代。字=鶴松麿。水戸家の祖。

太政大臣徳川家康の十一男。母は養珠院蔭山氏(家康の側室お万の方。正木氏)。兄弟に秀忠・秀康(越前家)・忠輝(越後家)・義直(尾張家)・頼宣(紀州家)・岡崎信康・東条忠吉・武田信吉がいる。慶長12(1607)年正五位下に叙され左衛門督に任ぜられる。同16年従四位下に進み左近衛権少将に任ぜられる。元和3(1617)年権中将に任ぜられ、同6年参議に任ぜられる。寛永3(1626)年従三位に進み権中納言に任ぜられる。同4年正三位に進む。大正7(1918)年に正二位を贈られる。子に頼重・光圀がいる。 典：大日・日名・公補

徳川家光 とくがわ・いえみつ

江戸時代の人、内大臣。慶長9(1604)年7月17日生〜慶安4(1651)年4月20日没。48才。幼名=竹千代。院号=大猷院。江戸幕府3代将軍。

太政大臣徳川秀忠の次男。母は贈従一位崇源藤夫人。弟に忠長がいる。元和6(1620)年元服し従二位に叙され権大納言に任ぜられる。同9年右近衛大将・右馬寮御監に任ぜられる。同年京都に上洛。征夷大将軍・内大臣に任ぜられ正二位に進み淳和院別当・氏長者となる。寛永11(1634)年再び上洛。琉球国使節との外交に手腕を示した。同16年江戸城に初めて大老職を置く。江戸城内に大火があり翌年に造営をする。墓所は下野国日光山。没後に正一位・太政大臣を贈られる。寺社の復興助成。王朝文化の再興に尽力した。子に家綱・亀松丸(正保4,7没)・綱重・綱吉がいる。 典：大日・日名・京都・公補

徳川忠長　とくがわ・ただなが

江戸時代の人、権大納言。慶長11(1606)年5月7日生～寛永10(1633)年12月6日没。28才。小字=国千代麿・国松麿。法名=峯巖院晴徹暁雲。

太政大臣徳川秀忠の三男、母は贈従一位崇源藤夫人。兄に家光(3代将軍)がいる。元和6(1620)年元服し従四位下に叙され参議に任ぜられ左近衛権中将に任ぜられる。同9年従三位に進み権中納言に任ぜられ、更に寛永3(1626)年従二位に進み権大納言に任ぜられる。同8年頃より言語動作など粗暴となり身心狂乱し、同9年上野高崎城に幽閉される。同年自殺。墓所は高崎の大信寺。　典：大日・日名

徳川家綱　とくがわ・いえつな

江戸時代の人、左大臣。寛永18(1641)年8月3日生～延宝8(1680)年5月8日没。40才。小字=竹千代。院号=巖有院。江戸幕府4代将軍。

内大臣徳川家光の長男。母は贈正二位宝樹院。弟に綱重がいる。正保2(1645)年元服し従二位より正二位に叙され権大納言に任ぜられる。慶安4(1651)年征夷大将軍・右近衛大将・右馬寮御監に任ぜられ奨学淳和院等別当となり、内大臣に任ぜられる。承応2(1653)年右大臣に任ぜられる。万治2(1659)年左大臣に任ぜられるも辞す。墓所は上野の寛永寺。没後に正一位・太政大臣を贈られる。　典：大日・日名

徳川綱重　とくがわ・つなしげ

江戸時代の人、参議。正保元(1644)年5月生～延宝6(1678)年9月14日没。35才。小字=長松麿。院号=清揚院。法名=円誉天安永知。甲府家の祖。

内大臣徳川家光の三男。母は順性院藤枝氏。承応2(1652)年元服し将軍家綱の諱字を賜る。従四位下より従三位に叙され左馬頭・左近衛権中将に任ぜられる。寛文元(1661)年正三位に進む。同年甲府に下向。のち参議に任ぜられる。将軍に子がなく綱重を家督の噂があったが、酒に溺れて人を切るなどの乱暴があり、延宝6年に自殺したという。のち権中納言を贈られ、宝永6(1709)年に正一位・太政大臣・征夷大将軍を贈られる。子に家宣・清武がいる。　典：大日・日名

徳川綱吉　とくがわ・つなよし

江戸時代の人、右大臣。正保3(1646)年1月8日生～宝永6(1709)年1月10日没。64才。小字=鶴丸。幼名=徳松。院号=常憲院。江戸幕府5代将軍。

内大臣徳川家光の四男。母は従一位桂昌院本庄氏。承応2(1653)年元服し従四位下に叙され右馬頭に任ぜられ正三位に進み右近衛権中将に任ぜられる。寛文元(1661)年参議に任ぜられる。延宝8(1680)年家督を継ぎ従二位に進み権大納言に任ぜられる。征夷大将軍に任ぜられ更に内大臣に任ぜられ右近衛大将・右馬寮御監に任ぜられ正二位に進み、淳和奨学院別当・氏長者となる。宝永2(1705)年右大臣に任ぜられる。動物を愛し、猿楽を好み、通貨の改革をした。墓所は上野の寛永寺。没後に正一位・太政大臣を贈られる。
典：大日・日名

徳川家宣　とくがわ・いえのぶ

江戸時代の人、内大臣。寛文2(1662)年4月25日生～正徳2(1712)年10月14日没。51才。幼名=虎松丸・虎丸。初名=豊綱。小字=左近。法名=順蓮社清誉廓然大居士。院号=文照院。江戸幕府6代将軍。

徳川家光の孫。参議徳川綱重の長男。母は贈従一位長昌院。延宝4(1676)年元服し豊綱と名乗り従三位に叙される。左近衛将監・左近衛権中将に任ぜられる。同8年参議に任ぜられ正三位に進み、元禄3(1690)年権中納言に任ぜられる。綱吉の世継ぎとなる。宝永元(1704)年家宣と改名。同2年権大納言に任ぜられ従二位に進み、同6年征夷大将軍に任ぜられ正二位に進み内大臣に任ぜられ右近衛大将・右馬寮御監に任ぜられる。淳和奨学別当・氏長者となる。墓所は芝・増上寺。没後に正一位・太政大臣を贈られる。子に家継などがいる。　典：大日・日名

徳川家継　とくがわ・いえつぐ

江戸時代の人、内大臣。宝永6(1709)年7月3日生～正徳6(1716)年4月30日没。8才。小字=鍋松丸。法名=照蓮社東誉徳祟大居士。院号=有章院。江戸幕府7代将軍。

内大臣徳川家宣の四男。母は贈従二位月光院。正徳2(1712)年父家宣が没し4才で世継ぎとなり従二位に叙され権大納言に任ぜられる。同3年元服し征夷大将軍に任ぜられ正二位に進み内大臣に任ぜられ右近衛大将・右馬寮御監に任ぜられる。淳和奨学別当・氏長者となる。同6年感冒のため没す。墓所は芝・増上寺。没後に正一位・太政大臣を贈られる。　典：大日・日名

徳川吉宗　とくがわ・よしむね

江戸時代の人、右大臣。貞享元(1684)年10月21日生～宝暦元(1751)年6月20日没。68才。小字=源六。初名=新之助・新之丞。前名=頼方。院号=有徳院。江戸幕府8代将軍。

紀州和歌山城主贈従一位徳川光貞の三男。母は贈従三位浄円院。新之助と名乗る。元禄9(1696)年従四位下に叙され右近衛権少将・主税頭に任ぜられる。同年頼方と改名。宝永2(1705)年従三位に進み参議に任ぜられる。同年吉宗と改名。同4年権中納言に任ぜられる。正徳6(1716)年宗家の将軍家継が没したので宗家の徳川家を継ぎ征夷大将軍に任ぜられ正三位に進み内大臣に任ぜられ右近衛大将・右馬寮御監に任ぜられる。淳和奨学別当・氏長者となる。寛保元(1741)年右大臣に任ぜられるも、延享2(1745)年任職を辞す。墓所は上野の寛永寺。没後に正一位・太政大臣を贈られる。子に家重・家武(田安家)・源三・宗尹(一橋家)がいる。　典：大日・日名

徳川家重　とくがわ・いえしげ

江戸時代の人、内大臣。正徳元(1711)年12月21日生～宝暦11(1761)年6月12日没。51才。小字=長福丸。法名=仙蓮社光誉泰雲大居士。院号=惇信院。江戸幕府9代将軍。

右大臣徳川吉宗の長男。母は贈従三位深徳院。享保9(1724)年世継ぎとなる。同10年元服し従二位に叙され権大納言に任ぜられる。寛保元(1741)年右近衛大将・右馬寮御監・征夷大将軍に任ぜられる。延享2(1745)年正二位に進み内大臣に任ぜられ淳和奨学別当・氏長者となる。宝暦5(1755)年朝鮮国の困窮を救う。同10年内大臣に任ぜられるも翌年に没

す。墓所は上野の寛永寺。没後に正一位・太政大臣を贈られる。子に家治・重好がいる。
典：大日・日名

徳川宗武　とくがわ・むねたけ

江戸時代の人、権中納言。正徳5(1715)年生～明和8(1771)年6月4日没。57才。童名=小二郎。法名=寛山円休。院号=悠然院。田安家の祖。

右大臣徳川吉宗の次男。母は竹永氏。兄に家重(9代将軍)、弟に宗尹(一橋家)がいる。従三位に叙され左近衛権中将・右衛門督に任ぜられ田安の館に居城する。延享2(1745)年参議に任ぜられる。明和5(1768)年権中納言に任ぜられる。国学を好み、和歌をよく詠み、有職故実に通じていた。没後に権大納言を贈られる。　典：大日・日名

徳川宗尹　とくがわ・むねただ

江戸時代の人、参議。享保6(1721)年閏7月,生～明和元(1764)年12月22日没。44才。童名=五小郎。法名=覚子院。一橋家の祖。

右大臣徳川吉宗の四男。兄に家重(宗家・9代将軍)・宗武(田安家)がいる。享保20(1735)年元服し宗尹と名乗り従三位に叙され刑部卿に任ぜられる。元文4(1739)年一橋の内に邸宅を賜る。延享2(1745)年参議に任ぜられる。没後の明和7(1770)年に権中納言を贈られる。　典：大日・日名

徳川家治　とくがわ・いえはる

江戸時代の人、内大臣。元文2(1737)年2月22日生～天明6(1786)年9月8日没。50才。小字=竹千代。院号=浚明院。江戸幕府10代将軍。

内大臣徳川家重の長男。母は贈従一位至心院。弟に重好がいる。寛保元(1741)年元服し従二位に叙され権大納言に任ぜられる。宝暦10(1760)年右近衛大将・右馬寮御監に任ぜられる。正二位に進み征夷大将軍に任ぜられ更に内大臣に任ぜられ淳和奨学別当・氏長者となる。明和2(1765)年初めて医学の躋寿館を建て医学生の指導に寄与する。没後に正一位・太政大臣を贈られる。墓所は上野の寛永寺。子に家基・貞二郎がいる。　典：大日・日名

徳川重好　とくがわ・しげよし

江戸時代の人、権中納言。延享2(1745)年2月生～寛政7(1795)年7月8日没。51才。小字=万二郎。法名=体空撫心。院号=俊徳院。

内大臣徳川家重の次男。母は安祥院松平氏。兄に家治(10代将軍)がいる。宝暦9(1759)年元服し従三位に叙され左近衛権中将・宮内卿に任ぜられる。天明元(1781)年参議に任ぜられ、寛政4(1792)年権中納言に任ぜられる。　典：大日・日名

徳川家基　とくがわ・いえもと

江戸時代の人、権大納言。宝暦12(1762)年10月生～安永8(1779)年2月24日没。18才。小字=竹千代。院号=孝恭院。

内大臣徳川家治の長男。弟に貞二郎がいる。明和3(1766)年元服し従二位に叙され権大納言に任ぜられる。墓所は上野の寛永寺。没後に正二位・内大臣を贈られ、嘉永元(1848)年正一位・太政大臣を贈られる。　典：大日

徳川家斉　とくがわ・いえなり

江戸時代の人、太政大臣。安永2(1773)年10月生～天保12(1841)年1月没。69才。小字=豊千代。院号=文恭院。江戸幕府11代将軍。

一橋治済の子。母は岩本氏お富の方。安永8(1779)年に将軍家治の子家基が没し世継ぎがなく、天明元(1781)年将軍家基の世継ぎとなる。同2年従二位に叙され権大納言に任ぜられる。同3年征夷大将軍に任ぜられ正二位に進み更に内大臣に任ぜられる。同13年右大臣に任ぜられ、文政5(1822)年従一位に進み左大臣に任ぜられる。同10年太政大臣に任ぜられる。天保7(1836)年征夷大将軍を辞し大御所と称す。墓所は上野の寛永寺。没後に正一位を贈られる。子に家慶・家定などがいる。　典：大日・日名

徳川家慶　とくがわ・いえよし

江戸時代の人、左大臣。寛政5(1793)年生～嘉永6(1853)年5月24日没。61才。小字=敏次郎。院号=慎徳院。江戸幕府12代将軍。

太政大臣徳川家斉の四男。母は平塚氏阿万(押田敏勝の娘楽子か)。弟に家定がいる。寛政7(1795)年に兄の竹千代が没し世継ぎとなる。同8年家慶と名乗る。同9年従二位に叙され権大納言に任ぜられる。享和3(1803)年右近衛大将に任ぜられる。文政元(1818)年正二位に進み内大臣に任ぜられる。同10年従一位に進み、天保8(1837)年征夷大将軍となり左大臣に任ぜられる。墓所は芝の増上寺。没後に正一位・太政大臣を贈られる。　典：大日・日名

徳川家定　とくがわ・いえさだ

江戸時代の人、内大臣。文政7(1824)年生～安政5(1858)年7月6日没。35才。初名=家祥。前名=政之助。院号=温恭院。江戸幕府13代将軍。

太政大臣徳川家斉の子。兄に家慶(12代将軍)がいる。文政11(1828)年正二位に叙され権代納言に任ぜられる。天保8(1838)年右大将に任ぜられる。嘉永6(1853)年征夷大将軍となり従一位に進み内大臣に任ぜられる。外交問題で数々の話題を生み、大政奉還の足掛かりとなり、世継ぎに一橋慶喜と紀州徳川慶福を擁立する二派が争い、慶福を世継ぎに決めて家茂と改名させたなど、不評の事柄が多く出て、世継ぎのみ解決したが、問題は多く残された。墓所は上野の寛永寺。没後に正一位・太政大臣を贈られる。　典：大日・日名

徳川家茂　とくがわ・いえもち

江戸時代の人、右大臣。弘化3(1846)年生～慶応2(1866)年2月28日没。21才。初名=慶福。院号=昭徳院。江戸幕府14代将軍。

和歌山藩主徳川斉順の次男。安政5(1858)年宗家徳川家定が没し世継ぎがなく、紀州徳川家より宗家に入り家督となり正二位に叙され内大臣に任ぜられ征夷大将軍となり右近衛大将に任ぜられ淳和奨学院別当・氏長者となる。元治元(1864)年右大臣に任ぜられ従一位に進み左近衛大将・右馬寮御監に任ぜられる。内外の諸問題を解決出来ず、大坂にて没す。墓所は芝の増上寺。　典：幕末・大日・京都・日名

徳川慶喜　とくがわ・よしのぶ

江戸・明治時代の人、内大臣。天保8(1837)年9月29日生～大正2(1913)年11月22日没。77才。幼名=七郎麿。字=子邦。前名=昭致。江戸幕府15代将軍。

水戸家徳川斉昭の七男。元服し昭致と名乗る。文久2(1862)年将軍後見職となり、同3年上洛して朝廷に勤めにち江戸に戻り参与となる。慶喜と改名。慶応元(1865)年勅命により家茂より征夷大将軍を譲られ家茂を江戸に戻さんとするも戻らず、同2年家茂は大坂にて没したので大政奉還の中で征夷大将軍となり、同3年内大臣に任ぜられる。同年大政奉還して将軍職を辞す。しかし、賊軍となり京都より逃れ、明治元(1868)年伏見の戦いに敗れて大坂より江戸に逃れる。江戸城の開城後、子亀之助に徳川家を継がせ、静岡に移り住む。同2年屏居が許され、同13年正二位、同21年従一位に進み、同35年麝香間祇候となり、同33年華族に列され侯爵を授かる。同43年家督を慶久(七男)に譲り隠居。勲一等を授かる。墓所は上野の寛永寺。　典：幕末・大日・京都・日名

徳川家(尾張家)

徳川光友　とくがわ・みつとも

江戸時代の人、権大納言。寛永2(1625)年生～元禄13(1700)年10月没。76才。小字＝五郎太。前名＝光義。尾州名古屋城主。

家康の孫。権大納言徳川義直(尾張家の祖)の子。初め光義と名乗る。寛永7(1630)年従五位上に叙され蔵人に任ぜられる。同10年元服し将軍家光の諱字を賜り光友と改名。のち従四位下に進み右衛門督に任ぜられる。同17年参議に任ぜられ右近衛権中将に任ぜられ従三位に進み、承応2(1653)年権中納言に任ぜられ正三位に進み、のちに権大納言に任ぜられ従二位に進む。書画をよく好んだ。子に綱誠がいる。　典：大日・日名

徳川綱誠　とくがわ・つなまさ

江戸時代の人、権中納言。承応2(1653)年生～元禄13(1700)年6月5日没。48才。幼名＝五郎太丸。初名＝綱義。法名＝泰心院。尾州名古屋城主。

権大納言徳川光友の子。母は将軍家光の娘。明暦3(1657)年将軍綱吉の諱字を賜り綱誠と改名。同年従五位下に叙され右兵衛督に任ぜられる。寛文3(1663)年従三位に進み右近衛中将に任ぜられる。元禄4(1691)年参議に任ぜられる。更に同6年権中納言に任ぜられる。子に吉通・継友がいる。　典：大日・日名

徳川吉通　とくがわ・よしみち

江戸時代の人、権中納言。元禄2(1689)年生～正徳3(1713)年7月26日没。25才。幼名＝五郎太。前名＝吉郎。法名＝円覚院。尾州名古屋城主。

権中納言徳川綱誠の長男。弟に継友・宗春がいる。元禄8(1695)年元服し将軍綱吉の諱字を賜り吉通と名乗り従五位下に叙され右兵衛督に任ぜられる。同12年従三位に進み右近衛中将に任ぜられる。同13年九条輔実の娘を妻とする。同14年参議に任ぜられる。宝永元(1704)年権中納言に任ぜられる。　典：大日・日名

徳川継友　とくがわ・つぐとも

江戸時代の人、権中納言。元禄5(1692)年生～享保15(1730)年11月27日没。39才。幼名＝八三郎。初名＝通顕。法名＝晃禅院。尾州名古屋城主。

権中納言徳川綱誠の次男。兄に吉通、弟に宗春がいる。正徳2(1712)年従四位下に叙され左少将・大隅守に任ぜられる。同3年兄吉通が没し家督を継ぎ将軍家継の諱字を賜り継友と改名。同年従三位に進み左近衛中将に任ぜられる。同4年参議に任ぜられる。同5年権中納言に任ぜられる。子に宗春がいる。　典：大日・日名

徳川宗春　とくがわ・むねはる

江戸時代の人、権中納言。元禄9(1696)年生～明和元(1764)年10月8日没。69才。幼名=万五郎。通称=求馬。初名=通春。法名=章善院。尾州名古屋城主。

権中納言徳川綱誠の七男。兄に吉通・継友がいる。享保元(1716)年従五位下に叙され主計頭に任ぜられる。同3年従四位下に進み、同15年兄継友が没し家督を継ぎ侍従に任ぜられる。同16年将軍吉宗の諱字を賜り宗春と改名。同年従三位に進み左近衛中将に任ぜられ参議に任ぜられる。同17年権中納言に任ぜられる。元文4(1739)年尾州に蟄居を命ぜられる。養子に宗直がいる。　典：大日・日名

徳川宗勝　とくがわ・むねかつ

江戸時代の人、権中納言。宝永2(1705)年生～宝暦11(1761)年6月24日没。57才。初名=相友。通称=友淳・義淳。尾張名古屋城主。

美濃国の高須城主松平但馬守友著の子。享保11(1726)年従五位下に叙され但馬守に任ぜられ高須城松平家を継ぎ従四位下に進み侍従、同18年左近衛少将に任ぜられる。元文4(1739)年尾張徳川家を継ぎ従三位に進み権中将に任ぜられ、同5年権中納言に任ぜられる。子に宗睦(尾州名古屋城主。養子に治行)がいる。　典：大日・日名

徳川治行　とくがわ・はれゆき

江戸時代の人、参議。生没年不明。幼名=源次郎。初名=義柄。尾張名古屋城主。

中務大輔長敏の長男。初め義柄と名乗る。尾州名古屋城主徳川宗睦の子治休・治与が早死した為尾州徳川家の養子となる。従四位下に叙され侍従・摂津守に任ぜられる。安永6(1777)年将軍家治の諱字を賜り治行と改名。同年従三位に進み左近衛権中将に任ぜられる。天明5(1785)年参議に任ぜられる。　典：大日・日名

徳川茂徳　とくがわ・もちのり

江戸時代の人、権大納言。生年不明～慶応3(1867)年1月没。号=元同。尾州名古屋城主。

松平義建の五男。兄の尾州名古屋城主徳川慶勝が隠居したので、尾張徳川家を継ぎ権大納言に任ぜられる。文久2(1862)年甥義宣に家督を譲る。慶応2(1866)年一橋慶喜が徳川宗家に入り15代将軍となったため、一橋家を継ぐ。　典：幕末・大日

徳川家(紀州家)

徳川光貞　とくがわ・みつさだ

江戸時代の人、権大納言。寛永2(1625)年生～宝永2(1705)年8月8日没。81才。小字=長福。号=対山。法名=源泉清渓院。紀州和歌山藩主。

家康の孫。紀州家徳川頼宣(紀州家の祖)の子。寛永8(1631)年従五位上に叙される。同10年元服し将軍家光の諱字を賜り光貞と改名。従四位下に進み常陸介に任ぜられる。同17年参議に任ぜられ右近衛権中将に任ぜられ従三位に進む。承応2(1653)年権中納言に任ぜられ正三位に進み、元禄3(1690)年権大納言に任ぜられ従二位に進む。同11年出家。狩野探幽に画を学び墨絵を多く描く。のち天保3(1832)年従一位を贈られる。子に綱教がいる。　典:大日・日名

徳川綱教　とくがわ・つなのり

江戸時代の人、権中納言。寛文5(1665)年生～宝永2(1705)年5月14日没。41才。小字=長福。初名=長光。紀州和歌山藩主。

権大納言徳川光貞の子。初め長光と名乗る。寛文12(1672)年将軍綱吉の諱字を賜り綱教と改名。常陸介に任ぜられる。延宝4(1676)年従三位に叙され左近衛権中将に任ぜられる。貞享2(1685)年将軍綱吉の娘鶴姫を妻とする。元禄4(1691)年参議に任ぜられる。同11年権中納言に任ぜられる。子に綱職(8代将軍吉宗の父)がいる。　典:大日・日名

徳川宗直　とくがわ・むねなお

江戸時代の人、権大納言。天和2(1682)年生～宝暦7(1757)年7月2日没。76才。初名=頼致。紀州和歌山藩主。

支族左京大夫頼純の五男。初め頼致と名乗る。左京大夫に任ぜられる。享保元(1716)年吉宗が徳川宗家に入り8代将軍となったので紀州徳川家に入り将軍吉宗の諱字を賜り宗直と改名。従三位に叙され左近衛権中将に任ぜられ参議に任ぜられる。同2年権中納言に任ぜられる。延享2(1745)年従二位に進み権大納言に任ぜられる。子に宗将がいる。　典:大日・日名

徳川宗将　とくがわ・むねまさ

江戸時代の人、権中納言。享保5(1720)年生～明和2(1765)年2月26日没。46才。幼名=直松。紀州和歌山藩主。

権大納言徳川宗直の長男。享保14(1729)年常陸介に任ぜられる。同年将軍吉宗の諱字を賜り宗将と改名。同16年従三位に叙され左近衛権中将に任ぜられる。元文5(1740)年参議に任ぜられる。宝暦7(1757)年紀州徳川家を継ぎ権中納言に任ぜられる。子に直長(早死)・重倫がいる。　典:大日・日名

徳川重倫　とくがわ・しげみち

江戸時代の人、権中納言。延享3(1746)年生～没年不明。幼名=岩千代・粂之丞。紀州和歌山藩主。

権中納言徳川宗将の次男。兄に直長(早死)がいる。宝暦5(1755)年元服し将軍の諱字を賜り重倫と改名。常陸介に任ぜられる。同7年従三位に叙され左近衛権中将に任ぜられる。明和2(1765)年参議に任ぜられる。同4年権中納言に任ぜられる。子に治貞がいる。　典:大日・日名

徳川治貞　とくがわ・はるさだ

江戸時代の人、権中納言。享保12(1727)年生～寛政元(1789)年没。63才。初名=頼淳。紀州和歌山藩主。

権中納言徳川重倫の子。初め頼淳と名乗る。支族頼邑の養子となり、西条の城主となる。従四位下に叙され左近衛権少将に任ぜられる。修理大夫・玄蕃頭・左京大夫などに任ぜられる。紀州徳川家に入る。安永4(1775)年将軍家治の諱字を賜り治貞と改名。従三位に進み参議に任ぜられ左近衛権中将に任ぜられる。同5年権中納言に任ぜられる。子に治宝がいる。　典：大日・日名

徳川茂承　とくがわ・もちつぐ

江戸・明治時代の人、権中納言。弘化元(1844)年生～明治39(1906)年8月20日没。63才。幼名=賢吉。初名=頼久。旧紀州和歌山藩主。

従四位上・支族左京大夫松平頼学の七男。初め頼久と名乗る。安政5(1858)年紀州徳川斉彊の養子となり茂承と改名。同6年権中納言に任ぜられる。元治元(1864)年正三位に叙される。明治に至り版籍を奉還。同2年和歌山県知事となる。のち華族に列され侯爵を授かる。貴族院議員などを歴任し従一位に進む。墓所は池上本門寺。　典：幕末・大日・日名

徳川家(水戸家)

徳川光圀　とくがわ・みつくに

江戸時代の人、権中納言。寛永5(1628)年6月10日生～元禄13(1700)年12月6日没。73才。幼名=千代松。初名=徳亮。字=子竜。号=観之・日新斉・常山人・率然子・梅里。諡=義公。通称=西山公・西山隠士・西山中納言・水戸中納言・水戸義公・水戸黄門。常陸水戸城主。

常陸水戸城主の威公徳川頼房の三男。母は谷久子(靖定夫人)。寛永13(1636)年江戸城にて元服。従五位下に叙される。のち従四位下に進み左衛門督、同17年右近衛中将に任ぜられ従三位に進む。承応3(1654)年前関白左大臣近衛信尋の娘尋子を妻とする。明暦3(1657)年「大日本史」の編纂に着手する。寛文元(1661)年父が没し家督を相続する。同2年参議に任ぜられる。同12年史局を小石川藩邸内に移し「彰考館」と名付け本格的に編纂する。延宝8(1680)年「公卿補任闕」「扶桑拾葉集」「一代要記」を幕府に献上する。元禄3(1690)年家督を養子の綱条(兄頼重の子)に譲り隠居。権中納言に任ぜられる。中国の唐時代に黄門という官名が中納言に当たったことから、水戸黄門と親しみを持って呼ばれる。同4年太田郷西山荘に移り西隠士と称す。同5年摂津湊川神社に楠木正成の碑を建立する。同11年「彰考館」を水戸に移す。西山荘にて没す。儒礼をもって瑞竜山に埋葬される。没後の天保3(1832)年に従二位・権大納言、明治2(1869)年に従一位、同33年に正一位を贈られる。また、同15年には常盤神社が創立され斉昭の霊と共に祀られる。同神社は別格官幣社に列される。　典：大日・日名

徳川綱条　とくがわ・つなえだ

江戸時代の人、権中納言。明暦元(1655)年生～享保3(1718)年9月11日没。64才。常陸水戸藩主。

家康の孫。権中納言徳川頼房(水戸家の祖)の次男。兄に光圀がいる。寛文10(1670)年正四位下に叙され左近衛権少将に任ぜられる。同年将軍家綱の諱字を賜り綱条と改名。元禄2(1689)年右近衛権中将に任ぜられる。同3年紀州徳川家を継ぐ。同6年参議に任ぜられ従三位に進む。宝永2(1705)年権中納言に任ぜられる。子に吉孚(左近衛権少将。子は宗尭)がいる。　典：大日・日名

徳川宗尭　とくがわ・むねたか

江戸時代の人、参議。宝永2(1705)年生～享保15(1730)年4月.7没。26才。幼名＝軽麿・軽丸。初名＝鶴千代。常陸水戸藩主。

支族讃岐守頼豊の長男。水戸徳川家の世継ぎとなり鶴千代と改名。正徳4(1714)年将軍吉宗に拝謁、享保元(1716)年将軍吉宗の諱字を賜り宗尭と改名。正四位下に進み右近衛権少将に任ぜられる。同3年水戸徳川家を継ぎ従三位に進み権中将に任ぜられる。同5年参議に任ぜられる。子に宗幹(子は治保)がいる。　典：大日・日名

徳川治保　とくがわ・はるもり

江戸時代の人、権中納言。宝暦元(1751)年生～文化2(1805)年11月没。55才。小字＝子安。初名＝英之允。謚＝文公。別読＝はるやす。常陸水戸藩主。

宗翰の長男。水戸徳川家を継ぐ。宝暦12(1762)年元服し従五位上に叙され左衛門督に任ぜられる。同13年正四位下に進み左近衛少将に任ぜられる。明和3(1766)年従三位に進み権中将に任ぜられる。寛政7(1795)年権中納言に任ぜられる。明治40(1907)年に正二位を贈られる。子に治紀がいる。　典：大日・日名

徳川治紀　とくがわ・はるとし

江戸時代の人、参議。安永2(1773)年生～文化13(1816)年閏8月23月没。44才。幼名＝鶴千代。号＝徳民・鶏山。常陸水戸藩主。

権中納言徳川治保の子。天明5(1785)年従五位上に叙され左衛門督に任ぜられる。のち正四位下に進み左近衛権少将より権中将に任ぜられる。更に従三位に進み参議に任ぜられる。大日本史の編纂に尽力。大正13(1924)年に正三位を贈られる。子に斉修・斉昭がいる。　典：大日・日名

徳川斉修　とくがわ・なりなが

江戸時代の人、権中納言。寛政9(1797)年生～文政12(1829)年10月没。33才。字＝子誠。幼名＝栄之允。謚＝哀公。常陸水戸藩主。

参議徳川治紀の長男。弟に斉昭がいる。寛政11(1799)年世継ぎとなる。文化7(1810)年元服し左衛門督に任ぜられる。同8年正四位下に叙され左近衛権少将に任ぜられる。同11年従三位に進み権中将に任ぜられる。同13年参議に任ぜられ、文政8(1825)年権中納言に任ぜられる。　典：大日・日名

徳川斉昭　とくがわ・なりあき

江戸時代の人、権中納言。寛政12(1800)年3月12日生〜万延元(1860)年8月15日没。61才。字=子信。号=景山・潜竜閣。幼名=虎三郎・敬三郎。初名=紀教。諡=烈公。常陸水戸藩主。

参議徳川治紀の三男。従三位に叙され左近衛権中将に任ぜられ、更に参議より権中納言に任ぜられる。没後の文久2(1862)年に従二位・権大納言、明治2(1869)年に従一位を贈られる。同15年光圀と共に常盤神社に祀られる。同神社は別格官幣社に列される。同36年正一位を贈られる。子に慶篤がいる。　典：幕末・大日・日名

徳川家(田安家)

徳川慶頼　とくがわ・よしより

江戸・明治時代の人、権大納言。文政5(1822)年生〜明治3(1870)年9月21日没。49才。幼名=耕之助。田安家5代目。

田安家徳川斉匡の次男。天保10(1839)年田安徳川家を継ぐ。同年権大納言に任ぜられる。安政5(1858)年14代将軍徳川家茂の後見人となり幕政の裁決をする。明治元(1868)年戊辰の役に江戸城を鎮撫し大政奉還に功があった。没後に正二位を贈られる。子に家達がいる。　典：明治・大日・日名

徳川家(一橋家)

徳川治済　とくがわ・はるさだ

江戸時代の人、参議。宝暦元(1751)年11月生〜文政10(1827)年2月20日没。77才。幼名=豊之助。一橋家2代目。

一橋家徳川宗尹(一橋家の祖)の四男。8代将軍吉宗の孫。宝暦12(1762)年元服し10代将軍家治の諱字を賜り治済と改名。民部卿に任ぜられる。明和元(1764)年従三位に進み左近衛権中将に任ぜられる。同年一橋徳川家を継ぐ。同4年京極宮公仁親王の女王寿賀宮を妻とする。天明元(1781)年参議に任ぜられる。子に11代将軍家斉がいる。　典：大日・日名

○徳大寺家

藤原北家の閑院流。清華家の一。権大納言藤原公実の五男の実能が、京北の衣笠山の麓に徳大寺を創建し、徳大寺殿と呼ばれた所からこれを氏姓とした。代々楽才にすぐれ吹笛・琵琶を以て奉仕した。明治に至り華族に列され侯爵より公爵を授かる。本姓は藤原。家紋は木瓜。菩提寺は京都上京区寺町今出川上の十念寺。

典：京都・日名

徳大寺実能　とくだいじ・さねよし

平安時代の人、左大臣。永長元(1096)年生〜保元2(1157)年9月2日没。62才。本姓=藤原。通称=大炊御門。号=徳大寺左大臣。法名=真理。徳大寺家の祖。

藤原公実┬通季⇨藤原家へ
　　　　├実行⇨三条家へ
　　　　├徳大寺実能─公能┬実定─公継┬実基─公孝─実孝─公清─実時─公俊─⇨
　　　　│　　　　　　　　├忻子　　　└実嗣
　　　　│　　　　　　　　└多子
　　　　└璋子

⇨─実盛─公有─実淳┬公胤─実通─公維─実久─公信─実維─公全─実憲─公城─⇨
　　　　　　　　　└内光⇨日野家へ

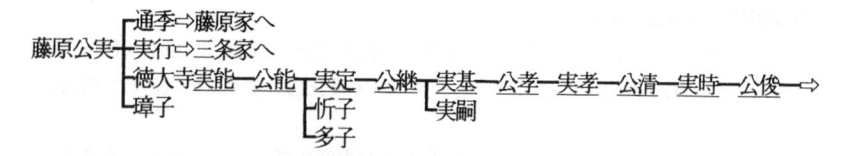

⇨─実祖┬公迪─実堅─公純┬実則┬公弘（公）
　　　　│　　　　　　　│　　└則麿
　　　　└実揖⇨清水谷家へ├公望⇨西園寺家へ
　　　　　　　　　　　　└友純

権大納言藤原公実の四(五か)男。母は権中納言藤原通季の娘従二位光子。兄に藤原通季・三条実行(三条家の祖)がいる。長治元(1104)年叙爵。天仁元(1108)年侍従、同2年補蔵人に任ぜられる。天永元(1110)年従五位上に進み、同2年美作守に任ぜられる。永久3(1115)年正五位下に進み左少将、元永元(1118)年中宮権亮に任ぜられ従四位上に進み加賀守・左中将に任ぜられる。保安元(1120)年正四位下、同2年従三位に進み、同3年近江介に任ぜられ権中納言に任ぜられる。同4年左兵衛督に任ぜられる。大治4(1129)年正三位に進み、長承元(1132)年右衛門督に任ぜられる。保延元(1135)年検別当となる。同2年従二位より正二位に進み権大納言に任ぜられる。同5年右大将に任ぜられる。同6年春宮大夫に任ぜられ、同7年に辞す。久安5(1149)年大納言に任ぜられ、同6年内大臣に任ぜられる。久寿元(1154)年左大将に任ぜられる。同2年東宮伝奏となる。保元元1156)年左大将を辞す。同年左大臣に任ぜられる。保元2(1157)年従一位に進む。同年任職を辞す。出家し仁和寺小堂に入る。徳大寺を京北の衣笠に創建し徳大寺の家名を興す。和歌に長じ漢詩に通じていた。子に公能がいる。　典：大日・伝日・公辞・日名・公補

徳大寺公能　とくだいじ・きんよし

平安時代の人、右大臣。永久3(1115)年生～応保元(1161)年8月11日没。47才。本姓＝藤原。号＝大炊御門。

左大臣徳大寺実能の長男。母は権中納言藤原顕隆の娘。元永3(1120)年叙爵。大治元(1126)年越中守、同2年右兵衛権佐に任ぜられる。同3年従五位上に進む。同4年越中守を辞す。同5年右少将に任ぜられる。同6年正五位下に進み補蔵人に任ぜられる。長承2(1133)年従四位下に進み、同3年美作介に任ぜられ従四位上に進み、保延2(1136)年正四位下に進み左中将に任ぜられる。同3年蔵人頭に任ぜられる。同4年参議に任ぜられ更に右大弁・侍従に任ぜられる。同5年周防権守に任ぜられる。永治元(1141)年従三位に進み権中納言に任ぜられる。同2年正三位、久安元(1145)年従二位、同4年正二位に進み右兵衛督、同6年皇后宮大夫・左兵衛督に任ぜられ、更に中納言に任ぜられる。仁平2(1152)年右衛門督・使別当に任ぜられる。久寿2(1155)年使別当・皇后宮大夫を辞す。保元元(1156)年右大将に任ぜられる。同2年権大納言に任ぜられる。永暦元(1160)年右大臣に任ぜられるも翌年に没す。子に実定がいる。　典：大日・伝日・公辞・公補

徳大寺実定　とくだいじ・さねさだ

平安・鎌倉時代の人、左大臣。保延5(1139)年生～建久2(1191)年12月16日没。53才。本姓=藤原。法名=如円。通称=後徳大寺左大臣。

右大臣徳大寺公能の長男。母は権中納言藤原俊忠の娘。永治元(1141)年従五位下に叙される。久安元(1144)年元服。同2年従五位上に進み、同5年左兵衛佐に任ぜられる。同7年正五位下に進み、仁平2(1152)年左権少将、同3年伊予権介に任ぜられる。久寿2(1155)年従四位上より正四位下に進み、保元元(1156)年左権中将・中宮権亮に任ぜられ従三位に進む。同2年但馬権守に任ぜられる。同3年皇后宮大夫に任ぜられ正三位に進み権中納言に任ぜられる。平治元(1159)皇后宮年大夫を辞す。永暦元(1160)年右衛門督・別当に任ぜられるも辞す。同年中納言に任ぜられる。応保2(1162)年従二位に進み、長寛2(1164)年権大納言に任ぜられる。永万元(1165)年正二位に進む。同年権大納言を辞す。仁安元(1166)年再び皇后宮大夫に任ぜられる。嘉応2(1170)年に再び辞す。治承元(1177)年大納言に任ぜられ左大将に任ぜられる。寿永元(1182)年内大臣に任ぜられる。同2年木曽義仲の反乱により座を追われる。義仲が没し文治2(1186)年右大臣に任ぜられる。同年左大将を辞す。同5年左大臣に任ぜられ翌年に辞す。建久2年出家。和歌を詠み、和漢書を蔵書した。子に公継がいる。　典：日名・大日・伝日・京都・古今・公辞・公補

徳大寺公継　とくだいじ・きんつぐ

鎌倉時代の人、左大臣。安元元(1175)年生～安貞元(1227)年1月30日没。53才。初名=公嗣。号=野宮左大臣。

左大臣徳大寺実定の三男。母は上西門院女房。初め公嗣と名乗る。寿永2(1183)年叙爵。侍従に任ぜられる。同3年従五位上、文治2(1186)年正五位下に進み、同3年備前介・右少将に任ぜられる。同年公継と改名。同4年従四位下、同5年従四位上に進み右中将に任ぜられる。建久元(1190)年正四位下に進み参議に任ぜられる。同2年備中権守に任ぜられ従三位に進み、同6年正三位に進み中宮権大夫に任ぜられる。同7年伊予権守に任ぜられる。同9年権中納言に任ぜられる。正治元(1199)年従二位に進む。同2年左衛門督・検別当に任ぜられたが辞す。建仁2(1202)年春宮権大夫に任ぜられる。更に中納言に任ぜられる。元久元(1204)年権大納言に任ぜられる。建永元(1206)年大納言に任ぜられ、更に春宮大夫に任ぜられる。承元元(1207)年右近衛大将に任ぜられる。同3年正二位に進み内大臣に任ぜられる。同4年右大将を辞す。建暦元(1211)年右大臣に任ぜられる。建保3(1215)年に辞す。承久3(1221)年再び右大臣に任ぜられる。貞応元(1222)年踏歌内弁となり、同3年左大臣に任ぜられる。嘉禄元(1225)年従一位に進む。子に実基・実嗣がいる。　典：大日・伝日・公辞・日名・公補

徳大寺実基　とくだいじ・さねもと

鎌倉時代の人、太政大臣。建仁元(1201)年生～文永10(1273)年2月14日没。73才。通称=水本太政大臣・後徳大寺太政大臣。法名=円性。

左大臣徳大寺公継の次男。母は白拍子の五条夜叉。建保元(1213)年従五位下に叙され侍従に任ぜられる。同2年従五位上に進み右少将に任ぜられる。同3年讃岐権介に任ぜられる。同4年正五位下、同5年従四位下に進み左中将に任ぜられる。同6年従四位上、承

久元(1219)年正四位下より従三位に進み、同3年遠江権守に任ぜられ正三位に進み、元仁元(1224)年権中納言に任ぜられる。嘉禄元(1225)年左衛門督・補別当となり従二位に進み、同2年中宮権大夫に任ぜられる。安貞元(1227)年督・別当補を辞す。同2年中宮大夫に任ぜられ正二位に進む。寛喜元(1229)年左衛門大夫を辞す。同3年中納言に任ぜられる。同年籠居となる。許されて嘉禎元(1235)年権大納言に任ぜられ大嘗会検校となる。延応元(1239)年権大納言を辞す。仁治2(1241)年大納言に任ぜられ右大将に任ぜられる。寛元4(1246)年内大臣に任ぜられる。宝治2(1248)年右大将を辞す。建長2(1250)年内大臣を辞す。同5年太政大臣に任ぜられ従一位に進む。翌年太政大臣を辞す。文永2(1265)年65才で出家。子に公孝がいる。　典：大日・伝日・日名・公辞・公補

徳大寺公孝　とくだいじ・きんたか

鎌倉時代の人、太政大臣。建長5(1253)年生～嘉元3(1305)年7月12日没。53才。

太政大臣徳大寺実基の長男。正嘉元(1257)年従五位上に叙され侍従に任ぜられる。同2年正五位下に進み右少将に任ぜられる。正元元(1259)年従四位下より従四位上に進み、文応元(1260)年下野権介・左中将に任ぜられる。弘長元(1261)年正四位下に進み中宮権亮に任ぜられる。文永元(1264)年相模権介に任ぜられる。同4年参議に任ぜられ左兵衛督・使別当となり従三位に進む。同5年近江権守に任ぜられる。同6年左兵衛督・使別当を辞す。同年権中納言に任ぜられる。同7年正三位に進み、同8年春宮権大夫に任ぜられる。同九年従二位に進む。同11年春宮権大夫を辞す。弘安元(1278)年正二位に進み、同6年権大納言に任ぜられる。同八年皇后宮大夫に任ぜられる。正応3(1290)年右大将に任ぜられる。同年任職を辞す。同4年内大臣に任ぜられるも翌年に辞す。正安元(1299)年右大臣に任ぜられる。同2年従一位に進む。乾元元(1302)年太政大臣に任ぜられ、嘉元2(1304)年に辞す。同3年出家。子に実孝がいる。　典：大日・伝日・日名・公辞・公補

徳大寺実孝　とくだいじ・さねたか

鎌倉時代の人、権中納言。永仁元(1293)年生～元亨2(1322)年1月17日没。30才。

太政大臣徳大寺公孝の子。母は内大臣三条公親の娘(実は関白二条兼基の妹)。永仁3(1295)年従五位下に叙される。同4年侍従に任ぜられる。正安2(1300)年従五位上、同4年正五位下に進み左中将に任ぜられる。嘉元元(1303)年中宮権亮に任ぜられ従四位下に進み、同3年従四位上に進み、徳治2(1307)年近江権守・春宮権亮に任ぜられ正四位下に進み、延慶2(1309)年従三位に進む。同年中宮権亮を辞す。応長元(1311)年権中納言に任ぜられる。正和元(1312)年正三位、同2年従二位、文保元(1317)年正二位に進む。子に公清がいる。　典：公辞・公補

徳大寺公清　とくだいじ・きんせい

鎌倉・南北朝時代の人、内大臣。正和元(1312)年生～延文5(1360.正平15)年6月8日没。49才。号=後野宮。

権中納言徳大寺実孝の子。正和5(1316)年従五位下に叙される。文保2(1318)年従五位上より正五位上に叙される。元亨元(1321)年左少将に任ぜられる。同2年従四位下に進み、同3年中宮権亮に任ぜられる。正中元(1324)年美作介・左中将、同3年右中将・中宮権大夫

に任ぜられる。嘉暦2(1326)年正四位下に進み参議に任ぜられる。同3年近江権守に任ぜられ権中納言に任ぜられ従三位に進み、元徳2(1330)年正三位に進み、元弘元(1331)年右衛門督に任ぜられる。正慶元(1332.元弘2)年中宮権大夫を辞す。同年従二位に進む。同2年皇太后宮権大夫に任ぜられたが辞す。延元元(1336)年春宮権大夫に任ぜられる。建武4(1337.延元2)年に辞す。同年正二位に進み、暦応元(1338.延元3)年権大納言に任ぜられる。康永2(1343.興国4)年右大将・右馬寮御監に任ぜられ大納言に任ぜられる。貞和2(1346.正平元)内大臣に任ぜられる。同年右大将を辞し翌年に内大臣を辞す。延文元(1356.正平11)年従一位に進む。子に実時がいる。　典：公辞・公補

徳大寺実時　とくだいじ・さねとき

南北朝・室町時代の人、太政大臣。暦応元(1338.延元3)年生～応永11(1404)年2月27日没。67才。号=野宮。法名=常実。

内大臣徳大寺公清の子。暦応元(1338)年叙爵。同3年従五位上、同5年正五位下に進み侍従に任ぜられる。康永4(1345.興国6)年従四位下、貞和3(1347.正平2)年従四位上に進み左少将に任ぜられる。同5年正四位下に進み、観応元(1350)年讃岐権介・春宮権亮・左中将に任ぜられる。同3年春宮権亮を辞す。文和3(1354.正平9)年讃岐権介を辞す。同年相模権介に任ぜられ従三位に進む。延文元(1356.正平11)年参議に任ぜられる。同2年権中納言に任ぜられる。康安元(1361.正平16)年正三位、貞治2(1363.正平18)年従二位に進み、同3年権大納言に任ぜられる。同6年正二位に進み、永和4(1378.天授4)年右大将より左大将に任ぜられる。永徳2(1382.弘和2)年内大臣に任ぜられる。同3年従一位に進む。至徳元(1384.元中元)年左大将を辞す。嘉慶2(1388.元中5)年左大臣に任ぜられる。明徳3(1392.元中9)年に辞す。応永元(1394)年太政大臣に任ぜられるも辞す。同2年58才で出家。子に公俊がいる。　典：大日・伝日・日名・公辞・公補

徳大寺公俊　とくだいじ・きんとし

南北朝・室町時代の人、太政大臣。応安4(1371)年1月7日生～正長元(1428)年6月19日没。58才。号=後野宮。法名=常俊。

太政大臣徳大寺実時の子。応安6(1373)年叙爵。同7年左少将に任ぜられ従五位上に進み、永和4(1378)年正四位下より従四位下、永徳元(1381)年従四位上、同2年正四位下に進み、同3年左中将、至徳元(1384.元中元)周防介に任ぜられる。同3年参議に任ぜられる。嘉慶元(1387.元中4)年従三位に進む。同年備中権守に任ぜられる。明徳2(1391.元中8)年に辞す。同3年阿波権守に任ぜられる。同4年権中納言に任ぜられる。応永2(1395)年に辞す。同3年権大納言に任ぜられ正三位に進み、同5年従二位、同9年正二位に進み右大将に任ぜられる。同10年右馬寮御監となる。同13年左大将に任ぜられる。同25年右大臣に任ぜられ、同26年従一位に進む。同年左大将を辞す。左大臣に任ぜられる。同27年太政大臣に任ぜられるも辞す。50才で出家。子に実盛がいる。　典：公辞・公補

徳大寺実盛　とくだいじ・さねもり

室町時代の人、権大納言。応永7(1400)年8月5日生～正長元(1428)年4月23日没。29才。院号=大機院。

太政大臣徳大寺公俊の子。応永11(1404)年叙爵。同12年侍従に任ぜられる。同13年従五位上より正五位下に進み右少将、同16年加賀介に任ぜられる。同18年従四位下、同19年従四位上に進み右中将に任ぜられる。同20年正四位下に進み播磨介に任ぜられる。同21年従三位に進み、同25年権中納言に任ぜられる。同27年正三位、同28年従二位に進み権大納言に任ぜられる。同34年正二位に進み、正長元(1428)年踏歌内弁となる。子に公有がいる。　典：公辞・公補

徳大寺公有　とくだいじ・きんあり

室町時代の人、右大臣。応永29(1422)年2月5日生～文明18(1486)年1月26日没。65才。号=後野宮。法名=聖有。

権大納言徳大寺実盛の子。母は非参議持明院基親の娘。応永31(1424)年叙爵。同年侍従、同32年左少将に任ぜられる。同33年従五位上に進み讃岐権介に任ぜられる。正長2(1429)年正五位下、永享2(1430)年従四位下、同3年従四位上、同4年正四位下に進み、同5年左中将、同7年相模権介に任ぜられる。同9年参議に任ぜられる。同11年近江権守に任ぜられる。嘉吉元(1441)年従三位に進み権中納言に任ぜられる。文安元(1444)年正三位に進み、同3年権大納言に任ぜられる。同4年従二位に進み、同5年に造宮上卿となり、享徳3(1454)年正二位に進み、左大将に任ぜられ左馬寮御監となる。寛正元(1460)年内大臣に任ぜられる。同年左大将を辞す。同2年内大臣を辞す。同3年右大臣に任ぜられる。同5年に辞す。文正元(1466)年従一位に進み、文明4(1472)年51才で出家。子に実淳がいる。
典：公辞・公補

徳大寺実淳　とくだいじ・さねあつ

室町時代の人、太政大臣。文安2(1445)年5月17日生～天文2(1533)年8月24日没。89才。院号=禅光院。法名=忍継。

右大臣徳大寺公有の子。康正2(1456)年叙爵。同3年侍従に任ぜられ従五位上に進み、長禄元(1457)年右少将に任ぜられる。同年元服。備後権介に任ぜられ正五位下より従四位下に進み、同3年右中将に任ぜられる。同4年従四位上、寛正2(1461)年正四位下、同3年従三位に進み、同4年越前権守に任ぜられる。寛正6(1465)年権中納言に任ぜられる。応仁元(1467)年正三位に進み、同2年権大納言に任ぜられる。文明8(1476)年従二位に進み、同12年右近衛大将に任ぜられる。同13年内大臣に任ぜられる。同14年右大将を辞す。正二位に進む。同17年に内大臣を辞す。従一位に進む。更に長享元(1487)年左大臣に任ぜられる。明応2(1493)年に辞す。永正6(1509)年太政大臣に任ぜられる。同8年に辞す。67才で出家し仁和寺に入る。和歌を冷泉為広に学ぶ。子に公胤・日野内光がいる。　典：大日・伝日・日名・公辞・公補

徳大寺公胤　とくだいじ・きんたね

室町時代の人、左大臣。長享元(1487)年1月27日生～大永6(1526)年10月12日没。40才。号=後野宮。法名=藤継。

太政大臣徳大寺実淳の子。長享2(1488)年従五位上に叙される。延徳2(1490)年侍従に任ぜられる。同4年正五位下より従四位下に進み、明応2(1493)年左少将、同6年讃岐権介・左

中将に任ぜられる。同7年従四位上、同8年正四位下に進む。同年元服。文亀元(1501)年従三位に進み、永正元(1504)年参議に任ぜられる。同2年正三位に進み、同3年権中納言に任ぜられ、更に同11年権大納言に任ぜられ従二位に進む。同12年権大納言を辞す。同14年正二位に進み再び権大納言に任ぜられ右大将に任ぜられ御監となる。同16年左大将に任ぜられる。大永元(1521)年内大臣に任ぜられる。同年左大将を辞す。同3年左大臣に任ぜられる。同6年従一位に進むも任職を辞す。子に実通がいる。　典:大日・日名・伝日・公辞・公補

徳大寺実通　とくだいじ・さねみち

室町時代の人、権大納言。永正10(1513)年生～天文14(1545)年4月9日没。33才。初名=実規。

太政大臣徳大寺公胤の子。母は尾張守源某の娘。初め実規と名乗る。永正16(1519)年従五位上に叙される。大永元(1521)年正五位下、同2年従四位下に進み侍従に任ぜられる。のち左中将に任ぜられる。同6年従四位上より正四位下、同7年従三位に進み、享禄元(1528)年権中納言に任ぜられる。同4年正三位に進む。天文元(1532)年実通と改名。同年権大納言に任ぜられる。同3年北国に下向。のち上洛。同5年従二位、同7年正二位に進み、同11年右大将に任ぜられる。同14年京に兵乱が起こり公卿は諸国に逃れ、実通は越中国に下向し生津城に逃れたが長尾為景の兵に襲われ戦死。後継ぎが無く右大臣久我通言の次男公維が継ぐ。　典:大日・日名・伝日・公辞・公補

徳大寺公維　とくだいじ・きんふさ

室町・安土桃山時代の人、内大臣。天文6(1537)年生～天正16(1588)年5月19日没。52才。院号=雲巖院。

右大臣久我通言の次男。母は非参議吉田兼満の娘。天文15(1546)年叙爵。途絶えていた徳大寺家を継ぎ再興する。同16年従五位上より正五位下に進み侍従に任ぜられる。同17年従四位下に進み相模介に任ぜられる。同18年従四位上、同19年正四位下に進み、同20年左中将に任ぜられる。同21年従三位、同22年正三位に進み、弘治元(1555)年権中納言に任ぜられる。永禄元(1558)年従二位に進み、同3年権大納言に任ぜられる。天正元(1573)年正二位に進む。同3年権大納言を辞すも、同4年再び任ぜられる。同5年左大将に任ぜられたが辞す。同6年神宮伝奏となる。同8年内大臣に任ぜられるも辞す。和歌と尊鎮流の書を能くする。孫に実久がいる。　典:伝日・日名・公辞・公補

徳大寺実久　とくだいじ・さねひさ

安土桃山・江戸時代の人、権中納言。天正11(1583)年8月16日生～元和2(1616)年11月26日没。34才。

内大臣徳大寺公維の孫。権大納言花山院定熙の子。途絶えていた徳大寺家を継ぐ。天正14(1586)年従五位上に叙される。同15年侍従に任ぜられる。同17年元服。同18年正五位下、文禄3(1594)年従四位下に進み、慶長3(1598)年右少将に任ぜられる。同5年従四位上に進む。同14年烏丸光広・大炊御門頼国・猪隈教利らと姦淫遊蕩をして勅勘を被る。同16年に許される。同17年正四位下に進み右中将に任ぜられる。同18年従三位に進み、同

19年権中納言に任ぜられる。元和元(1615)年踏歌外弁となる。子に公信がいる。 典：大日・伝日・日名・公辞・公補

徳大寺公信 とくだいじ・きんのぶ

安土桃山・江戸時代の人、左大臣。慶長11(1606)年7月15日生～貞享元(1684)年7月21日没。79才。院号=正桂院。法名=浄覚。

権中納言徳大寺実久の子。母は織田信長の娘。慶長17(1612)年叙爵。同18年従五位上に進み侍従に任ぜられる。同19年正五位下に進む。同20年元服。元和2(1616)年従四位下に進み、同5年左中将に任ぜられ従四位上、同6年正四位下、寛永3(1626)年従三位に進み、同4年権中納言に任ぜられる。同7年正三位、同8年従二位に進み、同12年踏歌外弁となる。同16年権大納言に任ぜられ正二位に進み、同17年神宮伝奏となる。同20年右大将に任ぜられたが辞す。正保元(1644)年踏歌内弁となる。同3年神宮伝奏を辞す。明暦元(1655)年内大臣に任ぜられ翌年に辞す。万治3(1660)年右大臣に任ぜられる。寛文元(1661)年従一位に進む。同年右大臣を辞す。同8年左大臣に任ぜられ翌年に辞す。延宝3(1675)年70才で出家。没年に天和元(1681)年,7没。77才の説あり。子に実維がいる。 典：大日・伝日・日名・公辞・公補

徳大寺実維 とくだいじ・さねふさ

江戸時代の人、内大臣。寛永13(1636)年3月1日生～天和2(1682)年9月11日没。47才。院号=温潤院。

左大臣徳大寺公信の子。寛永14(1637)年叙爵。同19年従五位上、同21年正五位下に進み、正保2(1645)年侍従に任ぜられる。同3年従四位下に進む。慶安元(1648)年元服し左少将に任ぜられる。同2年左中将に任ぜられ、同4年従四位上、承応元(1652)年正四位下、同3年従三位に進み、明暦3(1657)年権中納言に任ぜられる。万治元(1658)年正三位に進み、寛文元(1661)年権大納言に任ぜられる。同2年従二位に進み、同6年踏歌外弁となる。同7年正二位に進み、同9年右大将に任ぜられ右馬寮御監となる。同10年任職を辞す。同11年内大臣に任ぜられ翌年に辞す。子に公全がいる。 典：公辞・公補

徳大寺公全 とくだいじ・きんとも

江戸時代の人、内大臣。延宝6(1678)年7月10日生～享保4(1719)年12月2日没。42才。院号=天性院。

権大納言醍醐冬基の子。母は権大納言藪嗣孝の娘。内大臣徳大寺実維の養子となり、天和2(1682)年叙爵。貞享元(1684)年従五位上、同2年正五位下に進み、同3年侍従に任ぜられ従四位下に進む。同年元服し左少将に任ぜられる。元禄2(1689)年従四位上に進み、同3年左中将に任ぜられ、同4年正四位下、同5年従三位に進み、同6年権中納言に任ぜられる。同9年正三位に進み踏歌外弁となり、同12年権大納言に任ぜられる。同13年神宮伝奏となり、同14年従二位に進む。宝永元(1704)年神宮伝奏を辞す。正徳元(1711)年正二位に進み、同2年武家伝奏となり、同3年右大将に任ぜられる。享保4(1719)年に任職を辞す。同年内大臣に任ぜられる。子に実憲がいる。 典：公辞・公補

徳大寺実憲　とくだいじ・さねのり

江戸時代の人、権大納言。正徳4(1714)年1月18日生～元文5(1740)年7月16日没。27才。

内大臣徳大寺公全の子。母は摂政・関白・太政大臣近衛家煕の娘。享保3(1718)年叙爵。同5年従五位上より正五位下、同6年従四位下に進み侍従に任ぜられる。同7年従四位上に進む。同8年元服し左中将に任ぜられ同年正四位下、同9年従三位に進み、同10年踏歌外弁となり、同13年権中納言に任ぜられ春宮権大夫に任ぜられ正三位に進み、同16年権大納言に任ぜられ春宮大夫に任ぜられる。同17年従二位に進む。同20年春宮大夫を辞す。元文3(1738)年正二位に進む。同5年任職を辞す。子に公城がいる。　典：公辞・公補

徳大寺公城　とくだいじ・きんむら

江戸時代の人、権大納言。享保14(1729)年10月17日生～天明2(1782)年7月11日没。54才。法名=欒渓。

権大納言徳大寺実憲の子。母は遠江守泰常の娘。元文5(1740)年叙爵。同6年従五位上、寛保2(1742)年正五位下に進み、同3年侍従に任ぜられる。同年元服し従四位下に進み左少将に任ぜられる。同4年右中将、延享2(1745)年相模権介に任ぜられ従四位上に進み、同4年正四位下、寛延元(1748)年従三位に進み、同3年権中納言に任ぜられ踏歌外弁となる。宝暦2(1752)年正三位に進み、同4年権大納言に任ぜられる。同6年大歌所別当となり、同7年従二位に進み、徳大寺家の家臣竹内式部に神道を学んでいたが朝廷尊皇を唱え、同8年宝暦の事件(綾小路有美の項参照)が起こり、任職を辞し蟄居。同10年32才で出家し、安永7(1778)年許される。明治24(1891)年に従一位を贈られる。養子に実祖(西園寺家より)がいる。　典：大日・伝日・日名・公辞・京都・公補

徳大寺実祖　とくだいじ・さねさき

江戸時代の人、右大臣。宝暦3(1753)年1月6日生～文政2(1819)年1月28日没。67才。初名=季繁。院号=摩尼珠院。

内大臣西園寺公晃の次男(三男か)。母は内大臣今出川伊季の娘。初め季繁と名乗る。宝暦7(1757)年叙爵。同10年前権大納言徳大寺公城の家督を継ぐ。同年従五位上、同11年正五位下に進み侍従に任ぜられ、同12年従四位下に進む。同年元服し右権少将に任ぜられ、同13年従四位上に進む。同年実祖と改名。明和元(1764)年左権中将に任ぜられ正四位下に進み、同2年従三位、同4年正三位に進み、安永2(1773)年権中納言に任ぜられる。同3年院御厩別当となり、同4年従二位に進み、同5年踏歌外弁となる。同6年正二位に進み、同8年権大納言に任ぜられる。天明6(1786)年大歌所別当となり、寛政6(1794)年中宮大夫、同9年右大将に任ぜられ右馬寮御監となる。同10年内大臣に任ぜられるも任職を辞す。同12年従一位に進む。文化12(1815)年右大臣に任ぜられるも辞す。子に公迪・清水谷実揖がいる。　典：公辞・公補

徳大寺公迪　とくだいじ・きんみち

江戸時代の人、権大納言。明和8(1771)年6月19日生～文化8(1811)年7月25日没。41才。

右大臣徳大寺実祖の子。安永9(1780)年叙爵。天明元(1781)年従五位上に進み、同2年侍従に任ぜられ正五位下に進み、同3年従四位下、同4年従四位上に進む同年元服。同5年

正四位下に進み右権少将より権中将に任ぜられ、同6年従三位、同7年正三位に進み踏歌外弁となる。寛政8(1796)年権中納言に任ぜられ、同9年従二位に進み、同10年中宮権大夫に任ぜられる。同12年権大納言に任ぜられ正二位に進み、文化元(1804)年院御厩別当となる。同2年踏歌続内弁となる。同8年任職を辞す。香川景樹に師事し和歌を学ぶ。子に実堅がいる。 典：伝日・日名・公辞・公補

徳大寺実堅 とくだいじ・さねみ

江戸時代の人、内大臣。寛政2(1790)年5月23日生～安政5(1858)年11月11日没。69才。

権大納言徳大寺公迪の子。母は内大臣今出川実種の娘。享和2(1802)年従五位下より従五位上に叙され侍従に任ぜられる。同3年元服し正五位下に進み右近衛権少将に任ぜられる。文化元(1804)年従四位下より従四位上に進み権中将に任ぜられる。同2年正四位下、同3年従三位に進み踏歌外弁となる。同4年正三位、同10年従二位に進み、同11年権中納言に任ぜられる。同12年正二位に進み、同14年院御厩別当となり権大納言に任ぜられる。文政元(1818)年踏歌外弁となり、同3年内教坊別当となる。同7年皇太后宮大夫に任ぜられる。天保2(1831)年武家伝奏となる。同12年皇太皇后大夫を辞す。同14年大歌所別当となり、嘉永元(1848)年内大臣に任ぜられ右大将・右馬寮御監に任ぜられる。同年任職を辞す。同2年従一位に進む。父と共に香川景樹に師事し和歌を学ぶ。子に公純がいる。 典：明治・伝日・日名・公辞・公補

徳大寺公純 とくだいじ・きんいと

江戸・明治時代の人、右大臣。文政4(1821)年11月28日生～明治16(1883)年没。63才。

関白鷹司政通の子。内大臣徳大寺実堅と権大納言醍醐輝久の娘の養子となり徳大寺家を継ぐ。文政5(1822)年従五位下に叙され侍従に任ぜられる。同6年従五位上、同7年正五位下、同8年従四位下、同9年従四位上、同10年正四位下に進む。同11年元服し左権少将に任ぜられる。同12年権中将に任ぜられる。天保元(1830)年従三位に進み、同2年踏歌外弁となる。同3年正三位に進み、弘化2(1845)年権中納言に任ぜられ従二位に進み、同4年正二位に進み、嘉永元(1848)年大歌所別当となり、同3年権大納言に任ぜられる。安政2(1855)年御遷幸に馬副八人・副舎人二人・舎人二人・衛府長二人・居飼一人・雑色八人・傘一人を供として参加。同4年内教坊別当となる。同年王政復古に連座(飛鳥井雅典の項参照)し幕府より処分を受ける。のち許され文久2(1862)年内大臣に任ぜられ右大将に任ぜられ右馬寮御監となる。同3年右大臣に任ぜられる。慶応2(1866)年従一位に進む。同3年右大臣を辞す。以後はあまり活動をしなかった。家料は410石。京都今出川烏丸東に住む。子に実則・公望(西園寺家へ)・友純(住友家)がいる。 典：明治・幕末・伝日・京都・日名・公辞・公補

徳大寺実則 とくだいじ・さねつね

江戸・明治時代の人、権大納言。天保10(1839)年2月6日生～大正8(1919)年6月没。81才。雅号=翠欒。

右大臣徳大寺公純の子。弟に西園寺公望(のち公爵)・友純(のち男爵)がいる。嘉永元(1848)年従五位下、同2年従五位上、同3年正五位下に進み、同4年侍従に任ぜられ従四位下に進む。同年元服。同5年従四位上、同6年正四位下に進み、安政元(1854)年右権少将、

同4年左権中将に任ぜられ同年従三位、同5年正三位に進み、文久元(1861)年踏歌外弁となる。同2年権中納言に任ぜられ従二位、慶応3(1867)年正二位に進み、明治元(1868)年権大納言に任ぜられる。新政府となり参与・議定・内国事務官・華族局長・爵位局長などを歴任し、明治17年に華族に列され侯爵を授かる。のち侍従長・内大臣を勤め従一位・大勲位に進む。50年以上も宮中に奉仕する。子に公弘がいる。　典：幕末・明治・大日・日名・公辞・公補

○富小路家

┌良基⇨二条家へ

二条道平─┴富小路道直─道則─永職─永則─則氏─通治─俊通─資直─氏直─種直─⇨

⇨秀直─頼直─永貞─貞維─重直┬総直─良直─貞直──┬貞随─政直─永忠─敬直─⇨

└資福⇨北小路家へ　　└重成⇨大原家へ

⇨┬治直─隆直（子）

└富直─綱直（男・相楽家）　　小倉実教─富小路公脩

藤原北家の流。古くは鎌倉時代に権大納言小倉実教の次男公脩が富小路を氏姓として名乗る。のち高倉家の二条の支流、関白・左大臣二条道平の次男道直が、前姓に因み氏姓を富小路と名乗る。資直となり公卿に列され、代々歌俳詩文をもって奉仕し。明治に至り華族に列され子爵を授かる。本姓は藤原。家紋は藤。菩提寺は京都左京区浄土寺真如町の松林院。

典：京都・日名

富小路公脩　とみのこうじ・きんなが

鎌倉時代の人、権中納言。永仁2(1294)年生～建武4(1337.延元2)年2月17日没。44才。本姓=藤原。

権大納言小倉実教の次男。富小路を氏姓とする。永仁6(1298)年叙爵。同7年従五位上、正安2(1300)年正五位下に進み侍従に任ぜられる。同3年従四位下に進み。嘉元4(1306)年武蔵権介・右少将に任ぜられる。徳治2(1307)年従四位上、延慶2(1309)年正四位下に進み、同3年右中将より左中将に任ぜられる。正和3(1314)年従三位に進み、同4年右兵衛督に任ぜられる。同5年参議に任ぜられる。文保元(1317)年備中権守に任ぜられ更に権中納言に任ぜられる。同2年正三位に進む。元応元(1319)年権中納言を辞す。同年従二位、嘉暦3(1328)年正二位に進む。元弘元(1331)年弾正尹に任ぜられ、正慶2(1333.元弘3)年に辞す。子に小倉実名がいる。　典：公補

富小路資直　とみのこうじ・すけなお

室町時代の人、非参議。生年不明～天文4(1535)年11月1日没。

宮内卿富小路俊通の子。弾正少弼に任ぜられ、のちこれを辞す。大永6(1526)年従三位に叙されるも、翌年より名が見えなくなる。子に氏直がいる。　典：公辞・公補

富小路秀直　とみのこうじ・ひでなお

安土桃山・江戸時代の人、非参議。永禄7(1564)年11月26日生〜元和7(1621)年1月19日没。58才。

非参議富小路資直の曾孫。従四位上・左兵衛佐富小路種直朝臣の子。天正4(1576)年蔵人・左近衛将監、同8年中務大丞に任ぜられる。同16年従五位下に進み右衛門佐に任ぜられる。同17年従五位上、文禄3(1594)年正五位下に進み左衛門佐に任ぜられる。慶長5(1600)年従四位下、同9年従四位上、同16年正四位下、同18年従三位に進む。養子に頼直(持明院家より)がいる。　典：公辞・公補

富小路頼直　とみのこうじ・よりなお

江戸時代の人、非参議。慶長18(1613)年8月11日生〜万治元(1658)年3月12日没。46才。

左中将持明院基久朝臣の子。非参議富小路秀直の養子となる。元和6(1620)年従五位下に進む。寛永12(1635)年元服し従五位上に進み右兵衛佐に任ぜられる。同16年正五位下、同20年従四位下、正保4(1647)年従四位上、慶安4(1651)年正四位下、明暦2(1656)年従三位に進む。萩原兼従に就いて唯一神道を学ぶ。子に永貞がいる。　典：公辞・公補

富小路永貞　とみのこうじ・ながさだ

江戸時代の人、非参議。寛永17(1640)年7月12日生〜正徳2(1712)年12月25日没。73才。初名=尚直。一字名=栄。

非参議富小路頼直の子。寛永21(1644)年叙爵。慶安2(1649)年元服し兵部少輔に任ぜられる。同4年従五位上、明暦元(1655)年正五位下、万治2(1659)年従四位下、寛文4(1664)年従四位上、同8年正四位下、延宝6(1678)年従三位、元禄14(1701)年正三位に進む。子に貞維がいる。　典：公辞・公補

富小路貞維　とみのこうじ・さだこれ

江戸時代の人、非参議。寛文8(1668)年4月30日生〜正徳元(1711)年5月9日没。44才。初名=貞俊。

非参議富小路永貞の子。初め貞俊と名乗る。延宝5(1677)年叙爵。天和元(1681)年元服し兵部権少輔に任ぜられる。同3年従五位上、貞享4(1687)年正五位下に進み春宮少進に任ぜられる。同2年貞維と改名。元禄4(1691)年従四位下に進み兵部大輔に任ぜられる。同9年従四位上、同13年正四位下に進む。宝永3(1706)年刑部卿に任ぜられる。同5年従三位に進み、正徳元(1711)年踏歌外弁となる。養子に重直がいる。　典：公辞・公補

富小路重直　とみのこうじ・しげなお

江戸時代の人、非参議。元禄5(1692)年2月25日生〜寛保3(1743)年9月9日没。52才。

非参議富小路頼直の孫。治部大輔富小路利直の子。従三位・非参議富小路貞維の養子となる。正徳3(1713)年叙爵。同4年元服し右京大夫に任ぜられる。享保2(1717)年従五位上、同6年正五位下、同10年従四位下、同14年従四位上、同18年正四位下、元文2(1737)年従三位に進む。子に総直・北小路資福(北小路家へ)がいる。　典：公辞・公補

富小路総直　とみのこうじ・ふさなお

江戸時代の人、非参議。享保4(1719)年11月9日生～天明2(1782)年11月10日没。64才。

非参議富小路重直の子。享保11(1726)年叙爵。同17年元服し修理大夫に任ぜられる。同18年従五位上、元文2(1737)年正五位下に進み、同3年右京大夫に任ぜられる。寛保元(1741)年従四位下に進み、同3年刑部大夫に任ぜられる。延享2(1745)年従四位上、寛延2(1749)年正四位下、宝暦4(1754)年従三位、宝暦10(1760)年正三位に進み、明和元(1764)年刑部卿に任ぜられる。同2年踏歌外弁となる。安永5(1776)年従二位、天明2(1782)年正二位に進む。子に良直がいる。　典：公辞・公補

富小路良直　とみのこうじ・よしなお

江戸時代の人、非参議。延享2(1745)年8月17日生～享和2(1802)年5月3日没。58才。初名=与直。

非参議富小路総直の子。母は東本願寺末寺唯念寺の巧雅娘。初め与直と名乗る。寛延3(1750)年叙爵。宝暦5(1755)年元服し刑部少輔に任ぜられる。同6年従五位上、同10年正五位下に進み、同12年左兵衛権佐に任ぜられる。明和元(1764)年従四位下、同5年従四位上、安永元(1772)年正四位下に進む。同年任職を辞す。天明元(1781)年従三位に進む。同4年良直と改名。同7年正三位、享和2(1802)年従二位に進む。養子に貞直(伏原家より)がいる。　典：公辞・公補

富小路貞直　とみのこうじ・さだなお

江戸時代の人、非参議。宝暦11(1761)年12月24日生～天保8(1837)年8月3日没。77才。俳諧号=如泥。

非参議伏原宣条の末子、母は権大納言柳原光綱の娘。従二位・非参議富小路良直の養子となる。安永2(1773)年従五位下に叙される。同3年元服し大膳権大夫・民部大輔に任ぜられる。同6年従五位上、天明元(1781)年正五位下、同3年従四位下に進み左衛門佐に任ぜられる。同6年従四位上、寛政元(1789)年正四位下、同5年従三位、同11年正三位に進み、文化2(1805)年刑部卿に任ぜられ、同5年踏歌外弁となる。同9年任職が止まる。同13年治部卿に任ぜられる。和歌俳諧を好み、加藤千陰に添削を願った公卿として民間歌人に頼んだ事は異例であり、本居宣長とも交遊があった。子に貞随・大原重成(大原家へ)がいる。　典：大日・日名・公辞・公補

富小路貞随　とみのこうじ・さだゆき

江戸時代の人、非参議。天明3(1783)年6月13日生～文政10(1827)年7月16日没。45才。

非参議富小路貞直の子。寛政5(1793)年従五位下に叙される。同8年元服し左馬権頭に任ぜられる。同10年従五位上、享和2(1802)年正五位下に進み、同3年左兵衛佐に任ぜられる。文化3(1806)年従四位下、同7年従四位上、同11年正四位下、文政元(1818)年従三位、同7年正三位に進む。子に政直がいる。　典：公辞・公補

富小路政直　とみのこうじ・まさなお

江戸時代の人、非参議。寛政11(1799)年1月21日生～文久3(1863)年4月28日没。65才。

非参議富小路貞随の子。文化5(1808)年従五位下に叙される。同6年元服し民部大輔に任ぜられる。同9年従五位上、同13年正五位下に進み、文政元(1818)年左衛門佐に任ぜられる。同3年従四位下、同7年従四位上、同11年正四位下、天保3(1832)年従三位、同9年正三位、嘉永6(1853)年従二位、文久2(1862)年正二位に進む。同年出家。子に永忠がいる。　典：公辞・公補

○伴家

大伴旅人┬大伴家持─大伴古麻呂─大伴継人─大伴国道─伴善男┬員助
　　　　└大伴駿河麻呂　　　　　　　　　　　　　　　　　└中庸

伴春雄─保平

大伴家が平安時代の弘仁12(821)年に第53代淳和天皇の御諱・大伴を避けて伴と改姓し、大納言に任ぜられたが、応天門の変で没落する。菅原道真の母が伴家の出身の為、北野天満宮境内に伴氏社を祀る。同社の鳥居は、京都御所の厳島神社・蚕の社(木島神社)の鳥居と並び、京都三鳥居と称された。

典：京都

伴善男　とものよしお

平安時代の人、大納言。弘仁2(811)年生〜貞観10(869)年没。59才。通称=伴大納言。

正四位下大伴古麻呂の曾孫。従五位下・左少弁大伴継人の孫。従四位上・参議大伴国道の五男。承和8(841)年大内記、同9年蔵人・式部大丞に任ぜられる。同10年従五位下に叙され讃岐権介、同11年右少弁に任ぜられる。同14年従五位上に進み蔵人頭・右中弁に任ぜられる。嘉祥元(848)年従四位下に進み参議に任ぜられ右大弁に任ぜられ河内和泉班田使となる。同2年下野守・右衛門督・検非違使別当・式部大輔に任ぜられる。同年右大弁を辞す。同3年従四位上に進み皇太后宮大夫、仁寿元(851)年美作守に任ぜられる。同2年検非違使別当を辞す。同3年正四位下に進み、斉衡元(854)年讃岐守に任ぜられる。同2年従三位、天安2(858)年正三位に進み、貞観元(859)年伊予権守・民部卿に任ぜられる。同2年中納言に任ぜられる。同6年大納言に任ぜられる。同8年応天門に子の中庸が放火し、中庸は死罪、善男は死一等を減ぜられ伊豆に配流される。子に員助・中庸(従五位上・右衛門佐、応天門の放火犯人として死罪)がいる。　典：古代・京都・公補

伴保平　とものやすひら

平安時代の人、参議。貞観9(867)年生〜天暦8(954)年4月16日没。88才。姓(かばね)=朝臣。

従四位下・播磨守伴春雄の子。寛平3(891)年内舎人、昌泰2(899)年木工少允、延喜5(905)年織部正に任ぜられる。同9年従五位下に叙され肥前守に任ぜられる。同10年諸陵頭・修理亮、同11年若狭守に任ぜられる。同17年従五位上に進み、同18年紀伊守、同23年伊勢守に任ぜられる。延長6(928)年正五位下に進み大和守に任ぜられる。同8年従四位下、承平2(932)年従四位上に進み近江守に任ぜられる。天慶2(939)年参議に任ぜられる。同4年

大蔵卿に任ぜられ正四位下に進み、同5年播磨守に任ぜられ姓(かばね)を宿禰より朝臣に改める。同9年近江守を辞す。天暦元(947)年大和権守に任ぜられる。同4年参議を辞す。
典：公補

○外山家

権大納言日野弘資の次男光顯が、日野家より分かれて外山を氏姓とした。明治に至り華族に列され子爵を授かる。本姓は藤原。家紋は鶴の丸。菩提寺は京都左京区岩倉の妙満寺内成就院。

典：京四・公補

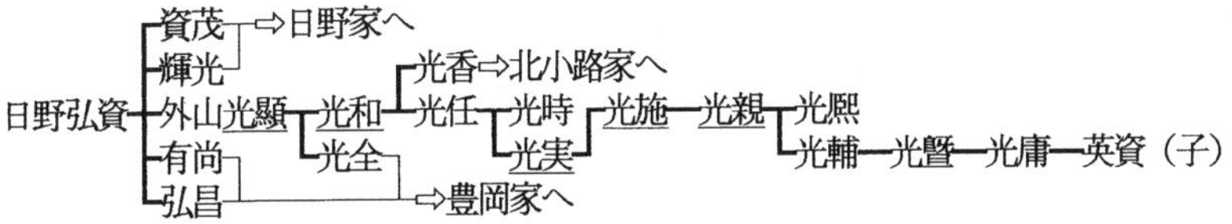

外山光顯　とやま・みつあき

江戸時代の人、権大納言。承応元(1652)年7月7日生～元文3(1738)年4月13日没。87才。初名＝宣勝。一字名＝仙。外山家の祖。

権大納言日野弘資の次男。兄に日野資茂、弟に豊岡有尚(豊岡家の祖)・日野輝光・豊岡弘昌がいる。初め宣勝と名乗る。万治3(1660)年叙爵。寛文4(1664)年元服し左兵衛権佐に任ぜられ従五位上に叙される。同9年正五位下、同12年従四位上、天和2(1682)年正四位下、貞享2(1685)年従三位に進む。元禄7(1694)年光顯と改名。同年正三位に進み、同14年参議に任ぜられる。同15年踏歌外弁となる。同16年参議を辞す。宝永元(1704)年従二位に進む。正徳元(1711)年権中納言に任ぜられるも辞す。同5年正二位に進み、享保16(1731)年権大納言に任ぜられるも辞す。和歌をよく詠み、書画も巧みであった。子に光和・豊岡光全(豊岡家へ)がいる。　典：伝日・日名・公辞・公補

外山光和　とやま・みつかず

江戸時代の人、権中納言。延宝8(1680)年10月10日生～寛保3(1743)年7月17日没。64才。初名＝勝守。

権大納言外山光顯の子。初め勝守と名乗る。貞享2(1685)年叙爵。元禄6(1693)年元服し従五位上に進み侍従に任ぜられ、同10年正五位下に進み、同13年左衛門佐に任ぜられ、同14年従四位下に進む。宝永2(1705)年光和と改名。同年従四位上に進み、同5年中宮亮に任ぜられ、同6年正四位下に進み、同7年中宮亮を辞す。正徳3(1713)年従三位、享保3(1718)年正三位に進み刑部卿に任ぜられ、同4年踏歌外弁となり、同11年参議に任ぜられる。同17年東照宮奉幣使となる。同18年任職を辞す。同年従二位に進む。元文2(1737)年権中納言に任ぜられるも辞す。子に光任(正四位下・左兵衛佐。明和6,9,25没。54才。子に光時。養子に光実)・北小路光香(北小路家へ)がいる。　典：公辞・公補

外山光実　とやま・みつざね

江戸時代の人、権中納言。宝暦6(1756)年5月19日生～文政4(1821)年8月7日没。66才。初名＝資幹。

権大納言烏丸光胤の末子、母は東本願寺前大僧正光性の娘。初め資幹と名乗る。明和2(1765)年従五位下に叙される。同3年正四位下・左兵衛佐外山光任朝臣の養子となる。同5年元服し宮内権大輔に任ぜられ、同6年従五位上に進み、同8年院判官代となる。安永元(1772)年中務権大輔に任ぜられ、同2年正五位下に進み、同5年刑部大輔に任ぜられ、同7年従四位下に進む。同年光実と改名。天明2(1781)年従四位上に進み、同4年勘解由次官に任ぜられ、同5年正四位下、寛政元(1789)年従三位に進み修理権大夫に任ぜられ、同3年踏歌外弁となる。同5年正三位に進み、文化元(1804)年参議に任ぜられる。同3年従二位に進む。同4年任職を辞す。同12年権中納言に任ぜられるも辞す。同14年正二位に進む。和歌を巧みに詠み、門人に板倉勝彪・塙保己一などがいた。子に光施がいる。　典：伝日・日名・公辞・公補

外山光施　とやま・みつはる

江戸時代の人、非参議。天明4(1784)年1月23日生～天保10(1839)年8月6日没。56才。

権中納言外山光実の子。養母は甲斐守保光朝臣従父の妹。天明8(1788)年従五位下に叙される。寛政9(1797)年元服し従五位上に進み大蔵大輔、同10年正五位下に進み中宮少進に任ぜられ、享和3(1803)年従四位下、文化3(1806)年従四位上、同6年正四位下、同10年従三位、同14年正三位に進み、文政元(1818)年修理権大夫に任ぜられ、同10年踏歌外弁となる。天保10年修理大夫を辞す。子に光親がいる。　典：公辞・公補

外山光親　とやま・みつちか

江戸時代の人、非参議。文化4(1807)年12月2日生～嘉永3(1850)年10月3日没。44才。

非参議外山光施の子。母は甲斐守保光朝臣の娘。文化8(1811)年従五位下に叙される。文政3(1820)年元服し従五位上に進み越後権介に任ぜられ、同六年正五位下に進み、同七年勘解由次官に任ぜられ、同九年従四位下、同12年従四位上、天保3(1832)年正四位下、同7年従三位、同11年正三位に進む。子に光熙・光輔がいる。　典：公辞・公補

○豊岡家

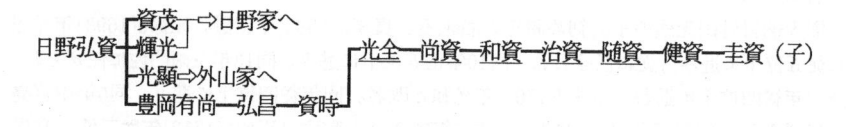

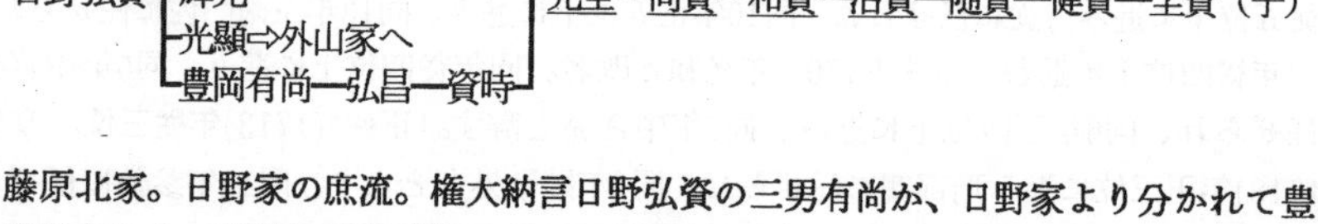

藤原北家。日野家の庶流。権大納言日野弘資の三男有尚が、日野家より分かれて豊岡を氏姓とした。明治に至り華族に列され子爵を授かる。本姓は藤原。家紋は鶴の丸。菩提寺は京都左京区岩倉の妙満寺内大慈院。

典：京四・京都

豊岡光全　とよおか・みつたけ

江戸時代の人、非参議。正徳元(1711)年3月4日生～延享2(1745)年11月29日没。35才。

権大納言外山光顕の末子。享保元(1716)年叙爵。同3年豊岡家を継ぐ。同6年元服し従五位上に進み侍従、同9年左衛門佐に任ぜられ、同13年正五位下、同14年従四位下に進み、同16年中務権大輔に任ぜられ、同18年従四位上に進み、同20年美濃権守、同21年中務大輔に任ぜられ、元文2(1737)年正四位下、寛保2(1742)年従三位に進む。子に尚資がいる。　典：公辞・公補

豊岡尚資　とよおか・なおすけ

江戸時代の人、権中納言。元文4(1739)年7月13日生～文化6(1809)年7月20日没。71才。

非参議豊岡光全の子。寛保3(1743)年叙爵。寛延2(1749)年元服し従五位上に進み治部少輔に任ぜられ、宝暦3(1753)年正五位下、同7年従四位下、同11年従四位上、明和2(1765)年正四位下、同6年従三位、安永3(1774)年正三位に進み、同4年右京大夫に任ぜられ、同7年踏歌外弁となる。寛政8(1796)年参議に任ぜられるも辞す。同年従二位に進む。文化5(1808)年権中納言に任ぜられるも辞す。子に和資がいる。　典：公辞・公補

豊岡和資　とよおか・かずすけ

江戸時代の人、参議。明和元(1764)年8月29日生～文政2(1819)年4月13日没。56才。

権中納言豊岡尚資の子。明和5(1768)年叙爵。安永6(1777)年元服し従五位上に進み中務権大輔に任ぜられ、同9年正五位下、天明3(1783)年従四位下、同6年従四位上に進み、同7年中務大輔に任ぜられ、寛政元(1789)年正四位下、同6年従三位、同10年正三位に進み、同11年大蔵卿に任ぜられ、享和元(1801)年踏歌外弁となる。文化12(1815)年参議に任ぜられるも辞す。同14年従二位に進む。子に治資がいる。　典：公辞・公補

豊岡治資　とよおか・はるすけ

江戸時代の人、非参議。寛政元(1789)年11月11日生～安政元(1854)年4月11日没。66才。

参議豊岡和資の子。母は参議高丘敬季の娘。寛政5(1793)年従五位下に叙される。享和3(1803)年元服し従五位上に進み左馬権頭に任ぜられ、同年文化3(1806)年正五位下に進み,同6年春宮少進に任ぜられ従四位下に進み、同9年右兵衛佐に任ぜられ従四位上、同12年正四位下に進み、同14年院別当となり、文政2(1819)年従三位に進み、同4年大蔵卿に任ぜられ、同6年正三位に進み、天保10(1839)年踏歌外弁となる。子に随資がいる。　典：公辞・公補

豊岡随資　とよおか・あやすけ

江戸時代の人、非参議。文化11(1814)年2月18日生～明治19(1886)年9月没。73才。

非参議豊岡治資の子。母は非参議船橋則賢の娘。文政元(1818)年従五位下に叙される。同10年元服し従五位上に進み遠江権介、天保元(1830)年中務少進に任ぜられ正五位下、同4年従四位下に進み、同5年中務少輔に任ぜられ、同7年従四位上、同10年正四位下、弘化元(1844)年従三位、同4年正三位に進む。安政5(1858)年の安政の事件(飛鳥井雅典の項参照)の八十八廷臣として連座。同6年大蔵卿に任ぜられ、万延元(1860)年踏歌外弁とな

る。元治元(1864)年禁門の変で幕府より長州藩追討が奏請が朝廷に出されたが、これを斥ける建議をする。明治元(1868)年大蔵卿を辞す。七卿落には参加せず三条実条らと行動し差控を命ぜられる。和歌をよく詠み近世三百一首に選ばれる。京都内丸太町寺町西に住む。子に健資(明治の華族に列され子爵を授かる)がいる。　典：明治・伝日・公辞・公補

○豊臣家

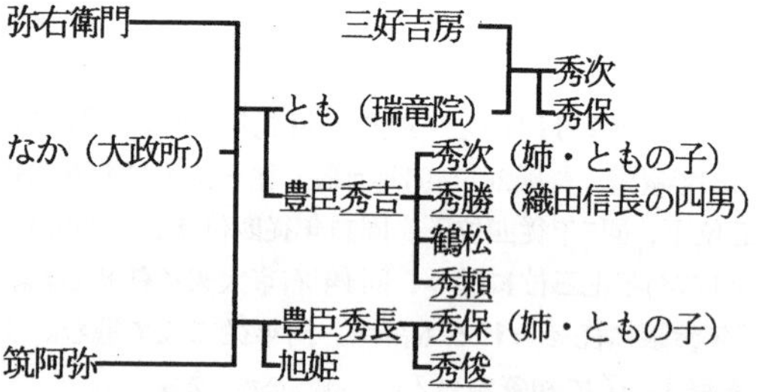

系譜不明。秀吉の出世によって発生した家で、初め本姓を平家と名乗るも、天正13年頃関白になる為に、藤原を本名として名乗らねばならなくなり、藤原系の菊亭晴季(今出川家)を買収し、菊亭より公卿諸公に手を回し、菊亭晴季の養子となり、藤原を本姓とし、更に関白の権力にて、豊臣家を建立する。ここに源・平・藤原・橘・豊臣の五家が誕生した。しかし、秀吉の没後は、秀吉の政策に反対の諸大名、特に徳川家康によって滅ぼされ、末裔は地方の小大名として残った。

典：大日・公補

豊臣秀吉　とよとみ・ひでよし

室町・安土桃山時代の人、関白・太政大臣。天文6(1537)年2月6日生～慶長3(1598)年8月18日没。62才。初名＝木下藤吉郎。前名＝羽柴秀吉。通称＝太閤秀吉。初姓＝平。前姓＝藤原。号＝豊国大明神。

尾張国愛知郡中村に、父弥右衛門と母なか(のち大政所)の子として生れる。織田信長の家臣となり平家を本姓とする。永禄4(1561)年おね(ねね)を妻とし木下藤吉郎と名乗る。同10年京都奉行職につく。天正元(1573)年小谷城攻略に功があり十二万石を拝領し羽柴筑前守秀吉と名乗る。のち長浜城主となる。同10年織田信長が京都本能寺にて家臣明智光秀の謀叛に倒れると、その仇を打ち、葬儀を盛大に行う。大徳寺山内に総見院を建立し遺品などの供養をする。同年従五位下に叙され左少将に任ぜられ、同11年参議に任ぜられる。同12年いきなり権大納言に任ぜられ従三位に進み、更に同13年内大臣に任ぜらる。菊亭晴季の養子となり藤原を本姓とし正二位に進み更に関白に任ぜられ従一位に進む。同14年関白の権力で豊臣を本姓とし太政大臣に任ぜられる。同15年京都を洛中と洛外に区分した。同16年京都に大仏を建立。同18年に小田原攻めを行う。同19年関白を養子秀次(姉の子)に譲り、隠居して太閤を名乗る。人払令を出す。文禄元(1592)年朝鮮出兵を行う。慶長2(1597)年に仙洞御所に広大な邸宅を建立した。同3年醍醐寺にて花見を開

く。同年五奉行を設置する。伏見城で没す。墓所は京都東山区阿弥陀ケ峰の豊国廟。また同区の豊国神社に祀る。東山区の方広寺と子の鶴松の菩提として智積院を創建した。夫人北政所(ねね)は同区の高台寺を創建している。子に鶴松・秀頼、養子に秀次(姉ともと三好吉房の子)・秀秋(北政所の兄木下肥後守家定の子)・秀勝(織田信長の4男)がいる。

典：大日・日名・京都・公補

豊臣秀長　とよとみ・ひでなが

安土桃山時代の人、権大納言。天文10(1541)年生〜天正19(1591)年1月没。51才。通称=大和大納言。

父は筑阿弥、母はなか(のち大政所。秀吉の母)。関白、太政大臣豊臣秀吉の異父弟。妹に旭姫(南明院。徳川家康に上る)がいる。従四位下に叙される。天正14(1586)年従三位に進み参議より権中納言に任ぜられ更に正三位に進み、同15年権大納言に任ぜられ従二位に進む。淀城修築奉行となり、大和郡山に百万石を領した。温厚で衆望が厚く、秀吉の最良の補佐役であったが、早死し豊臣政権の基盤が弱まる。奈良県大和郡山市矢田町の北僧坊(通称・矢田さん)を建立。墓所は京都北区の大徳寺の塔頭大光院。養子に秀保(豊臣秀次の弟)・秀俊(三好吉房・三位法印の子)がいる。　典：大日・京都・公補

豊臣秀次　とよとみ・ひでつぐ

安土桃山時代の人、関白・左大臣。永禄11(1568)年生〜文禄4(1595)年7月15日没。28才。号=高嚴寺。

豊臣秀吉の姉とも(瑞竜院・日秀)と三好吉房(三位法印)の間に生れる。弟に秀保がいる。従四位下に叙され右中将に任ぜられ、天正13(1585)年羽柴姓を名乗り近江八幡城主となる。同14年参議に任ぜられ、同15年従三位に進み権中納言に任ぜられる。同16年従二位に進み、同19年秀吉の子鶴松が没したので秀吉の養子となり権大納言に任ぜられ正二位に進み更に内大臣に任ぜられ秀吉が関白を辞したので関白に任ぜられる。文禄元(1592)年左大臣に任ぜられる。同2年秀吉の次男秀頼が誕生し秀吉は後継者を秀頼とした為に不和となる。この頃より乱行が始まり、側近まで切り殺し「殺生関白」と言われる。同4年追放され高野山に出家するも自害し妻妾・子女は三条河原で処刑される。墓は京都左京区岡崎東福ノ川町の善正寺。秀次の首塚と処刑された家族の墓が京都中京区木屋町三条下ル石屋町の瑞泉寺(母の日秀尼の墓もある)にある。　典：大日・日名・京都・公補

豊臣秀保　とよとみ・ひでやす

安土桃山時代の人、権中納言。生年不明〜文禄4(1595)年4月没。

豊臣秀吉の姉とも(瑞竜院・日秀)と三好吉房(三位法印)の間に生れる。兄に秀次がいる。弟秀俊と共に叔父の権大納言豊臣秀長(秀吉の異父弟)の養子となる。従四位下に叙される。天正19(1591)年参議に任ぜられる。文禄元(1592)年従三位に進む。同年権中納言に任ぜられるも辞す。　典：公補

豊臣秀俊　とよとみ・ひでとし

安土桃山・江戸時代の人、権中納言。生年不明〜慶長8(1603)年没。

豊臣秀吉の姉とも(瑞竜院・日秀)の夫三好吉房・三位法印の子。兄秀保と共に権大納言豊臣秀長(秀吉の異父弟)の養子となる。従四位下に叙される。天正19(1591)年参議に任ぜらる。文禄元(1592)年従三位に進む。同年権中納言に任ぜられるも辞す。　典：公補

豊臣秀勝　とよとみ・ひでかつ

安土桃山時代の人、参議。生年不明～文禄元(1592)年9月没。

織田信長の四男。秀吉の養子となり従四位下に叙される。文禄元(1592)年参議に任ぜられ秀吉の朝鮮出兵の際、高麗国に出国するも当地にて病死する。墓は父の織田信長と兄弟の信忠・信雄と共に京都北区紫野大徳寺の総見院にある。　典：公補

豊臣秀頼　とよとみ・ひでより

江戸時代の人、右大臣。文禄2(1593)年8月3日生～元和元(1615)年5月8日没。23才。

関白・太政大臣豊臣秀吉の次男。慶長3(1598)年父が没したが父の威光で6才にして従二位に叙され権中納言に任ぜられ、豊臣政権の後継者となり、同5年五大老の忠誠の血判書を受けたが関ケ原の戦いに破れ、ますます家康の権力が強くなる。同6年権大納言に任ぜられる。同7年正二位に進み、同8年徳川家康が右大臣に累進したので内大臣に任ぜられるも一大名として大坂城にあった。同10年右大臣に任ぜられ、同12年に辞す。豊国神社を始め京都の諸神社及び寺の造営に力を入れたが、方広寺の大仏殿の鐘銘事件をきっかけに、元和元年大坂城を徳川軍に攻められ母淀君と共に自害する。子の国松は六条河原で処刑された。徳川家康の存命中に豊臣家は滅亡した。京都上京区今出川通の相国寺を建立。　典：大日・日名・京都・公補

○半井家

和気明成─半井明茂─明重─明孝┬明名
　　　　　　　　　　　　　　└明英

非参議和気明成の子明茂が、父の和気家より分かれて、半井家を興す。明名を最後に公卿に列されなかった。本姓は和気。

典：公補

半井明茂　なかい・あきしげ

室町時代の人、非参議。応永9(1402)年生～没年不明。法名=常茂。半井家の祖。

非参議和気明成の子。典薬頭・治部卿に任ぜられ、のちこれを辞す。宝徳3(1451)年従三位に、享徳3(1454)年正三位、応仁元(1467)年従二位に進む。文明8(1476)年75才で出家。子に明重がいる。　典：公補

半井明重　なかい・あきのぶ

室町時代の人、非参議。生没年不明。

非参議丹波重長の子。非参議半井明茂の養子となる。典薬頭に任ぜられ、のちこれを辞す。永正4(1507)年従三位に叙される。のち出家。　典：公補

半井明孝　なかい・あきたか

室町時代の人、非参議。延徳2(1490)年生～永禄2(1559)年10月4日没。70才。法名＝宗乗。

非参議半井明重の子。明応4(1495)年従五位下に叙される。文亀2(1502)年甲斐守に任ぜられ、同3年従五位上に進み、永正3(1506)年宮内大輔に任ぜられ、同5年正五位下、同8年従四位下、同11年従四位上に進み、同12年施薬院使となる。同15年正四位下に進み、同17年兵庫頭、同18年典薬頭に任ぜられ、大永6(1526)年従三位に進み治部卿に任ぜられる。同7年越前に下向。天文3(1534)年治部卿を辞す。同年正三位に進む。45才で越前国にて出家。子に明名、養子に明英がいる。　典：公補

半井明名　なかい・あきな

室町・安土桃山時代の人、非参議。生没年不明。

非参議半井明孝の子。大永6(1526)年叙爵。享禄5(1532)年権侍医となり従五位上に叙される。天文5(1535)年正五位下に進み施薬院使となり、同13年従四位下、同17年従四位上、同21年正四位下に進み、同23年治部卿に任ぜられ、永禄7(1564)年従三位に進む。同8年越前国に下向。同12年治部卿を辞す。天正4(1576)年上洛。同5年出家。しかし同15年より名が見え、同17年再び出家している。以後は半井家から公卿に列られなかった。養子に明英がいる。　典：公補

半井明英　なかい・あきひで

室町時代の人、非参議。永正3(1506)年生～没年不明。法名＝寿琳。

兵庫助明澄入道の子。非参議半井明重の養子、更に非参議半井明孝の養子となる。永正15(1518)年兵庫介に任ぜられる。同年元服。大永3(1523)年従五位下に進み、享禄3(1530)年宮内大輔に任ぜられ、同5年従五位上、天文5(1536)年正五位下、同14年従四位下、同19年従四位上に進み、同21年修理大夫に任ぜられ、同22年正四位下より従三位に進む。48才で出家。

○中院家

村上源家の分流。右大臣源師房の六世内大臣源通親の五男通方が、中院を氏姓とした。大臣家の一。明治に至り家族に列され伯爵を授かる。本姓は源。家紋は竜胆(りんどう)。菩提寺は京都上京区広小路上の蘆山寺。

典：京都・公補

中院通方　なかのいん・みちかた

鎌倉時代の人、大納言。文治5(1189)年生～暦仁元(1238)年12月28日没。50才。号＝土御門。通称＝土御門大納言。中院家の祖。

内大臣源通親の五男。兄弟に土御門通宗・土御門定通・久我通光・久我通行・堀河通具などがいる。父の源姓を本姓とし、中院を氏姓として中院家を興す。建久5(1194)年従五位下に叙される。同6年因幡守に任ぜられ、同9年従五位上、正治2(1200)年正五位下に進み、建仁元(1201)年左少将に任ぜられ、同2年従四位下、同3年従四位上に進み土佐介に

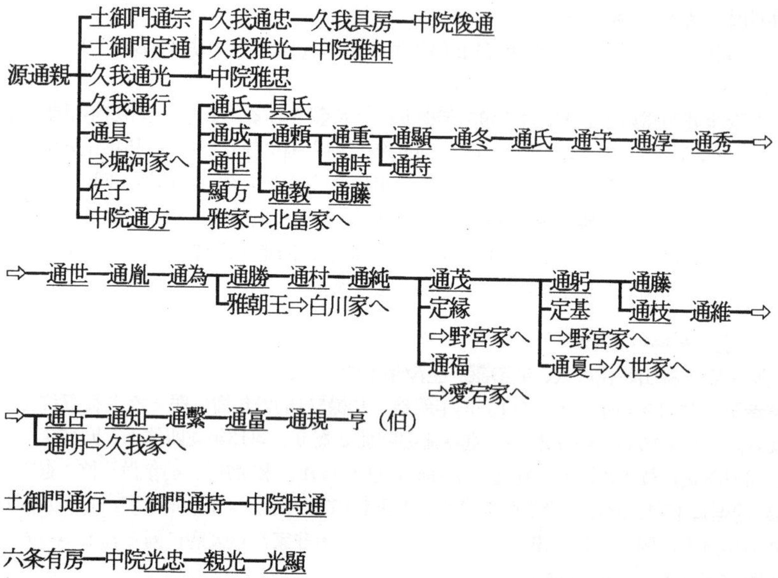

任ぜられ、元久2(1205)年正四位下に進み、承元元(1207)年右中将、建暦元(1211)年蔵人頭に任ぜられ、同2年従三位に進み、建保元(1213)年讃岐権守に任ぜられ、同3年参議に任ぜられる。同5年正三位に進み、同6年丹波権守、承久元(1219)年右衛門督・検別当に任ぜられ、同2年権中納言に任ぜられる。同3年従二位、貞応2(1223)年正二位に進み、安貞元(1227)年中納言に任ぜられる。寛喜元(1229)年中宮権大夫より、同3年権大納言に任ぜられる。同年中宮大夫に任ぜられ、天福元(1233)年に辞す。暦仁元(1238)年大納言に任ぜられる。歌人。子に通氏・通成・通世・顕方・北畠雅家がいる。　典：大日・日名・古今・公辞・公補

中院通氏　なかのいん・みちうじ

鎌倉時代の人、非参議。生年不明～暦仁元(1238)年7月25日没。

大納言中院通方の長男。母は権中納言藤原長兼の娘。弟に通成・通世・顕方・北畠雅家がいる。承久元(1219)年叙爵。同2年侍従に任ぜられ、同4年従五位上に進み、貞応3(1224)年遠江介に任ぜられ嘉禄2年正五位下、安貞2(1228)年従四位下に進み、寛喜元(1229)年右少将、同2年讃岐介に任ぜられ、同4年従四位上、貞永2(1233)年正四位下に進み、文暦元(1234)年右中将、同2年讃岐介に任ぜられ、暦仁元(1238)年従三位に進む。赤痢にて没す。子に具氏がいる。　典：公補

中院通成　なかのいん・みちなり

鎌倉時代の人、内大臣。貞応元(1222)年生～弘安9(1286)年12月23日没。65才。法名＝性乗。通称＝三条坊門入道。

大納言中院通方の次男。母は権中納言藤原能保の娘。兄に通氏、弟に通世・顕方・北畠雅家がいる。元仁2(1225)年叙爵。安貞元(1227)年侍従に任ぜられ、同2年従五位上、寛

喜2(1230)年正五位下に進み周防介、同4年左少将に任ぜられ、貞永2(1233)年従四位下に進み美濃介、嘉禎元(1235)年皇后宮権亮に任ぜられ従四位上に進み、同2年左中将に任ぜられ、同3年正四位下に進み、仁治3(1242)年補蔵人頭に任ぜられ従三位に進み、寛元元(1243)年参議に任ぜられ中宮権大夫・右衛門督・検別当に任ぜられ、同2年備後権守に任ぜられ、同3年正三位に進み、宝治元(1247)年権中納言に任ぜられる。建長元(1249)年従二位に進み、同3年左衛門督に任ぜられ、同4年権大納言に任ぜられる。同6年正二位に進み春宮大夫に任ぜられ、文応元(1260)年淳和奨学院等別当となる。文永2(1265)年大納言に任ぜられる。同6年に内大臣に任ぜられるも辞す。同7年49才で出家。爾来、子孫は大将を兼任せずして大臣を任ぜられた。子に通頼・通教がいる。　典：大日・日名・伝日・公辞・公補

中院雅忠　なかのいん・まさただ

鎌倉時代の人、大納言。安貞2(1228)年生～文永9(1272)年8月3日没。45才。号＝河崎。

太政大臣久我通光の四男。兄に久我通平・久我通忠・久我雅光、弟に久我顕定・六条通有などがいる。父の久我家より分かれて、叔父の中院通方の中院を氏姓として名乗る。嘉禎3(1237)年侍従に任ぜられ、同4年従五位上に叙される。延応元(1239)年右少将より左少将、同2年下野介に任ぜられ、仁治元(1240)年正五位下、同3年従四位下に進み右中将に任ぜられ、寛元2(1244)年従四位上に進み、同3年因幡権介に任ぜられ、同4年正四位下に進み、宝治元(1247)年補蔵人頭に任ぜられ、同2年従三位に進み、建長2(1250)年因幡権守に任ぜられ、同3年正三位に進み、同4年参議に任ぜられ左衛門督に任ぜられ使別当となる。同5年従二位に進み、同6年権中納言に任ぜられる。同年左衛門督・使別当を辞す。正嘉元(1257)年中宮権大夫に任ぜられ正二位に進み、弘長元(1261)年権大納言に任ぜられる。同年中宮大夫に任ぜられ、文永5(1268)年に辞す。同7年淳和奨学院別当となる。同8年大納言に任ぜられる。　典：公補

中院通世　なかのいん・みちよ

鎌倉時代の人、参議。生没年不明。

大納言中院通方の五男。兄に通氏・通成・顕方・北畠雅家がいる。蔵人頭に任ぜられ、のちこれを辞す。左中将に任ぜられ、正四位下に叙される。正嘉元(1257)年参議に任ぜられる。同2年従三位、正元元(1259)年正三位に進み、文応元(1260)年美濃権守に任ぜられ、弘長元(1261)年讃岐権守に転じ、同2年従二位に進む。同年讃岐権守を辞す。同3年備中権守に任ぜられる。文永3(1266)年任職を辞す。同7年出家。　典：公補

中院通頼　なかのいん・みちより

鎌倉時代の人、権大納言・准大臣。仁治3(1242)年生～正和元(1312)年8月8日没。71才。法名＝性心。

内大臣中院通成の長男。母は宇都宮検校藤原頼綱の娘。弟に通教がいる。左中将に任ぜられ、正嘉元(1257)年従三位、同2年正三位に進み、文応元(1260)年参議に任ぜられ信乃権守に任ぜられ、弘長元(1261)年権中納言に任ぜられ、更に左衛門督に任ぜられる。同2年従二位に進み別当となる。同3年正二位に進み、文永5(1268)年中納言に任ぜられ、同6年権大納言に任ぜられる。弘安10(1287)年任職を辞す。同年按察使となる。永仁5(1297)

年従一位に進み准大臣となり、同6年補奨学院別当となる。嘉元2(1304)年63才で出家。子に通重・通時がいる。　典：日名・公辞・公補

中院具氏　なかのいん・ともうじ

鎌倉時代の人、参議。貞永元(1232)年生～建治元(1275)年9月14日没。44才。

非参議中院通氏の子。母は法印政喜の娘。寛元4(1246)年叙爵し侍従に任ぜられる。宝治元(1247)年従五位上に進み左少将に任ぜられる。同2年正五位下に進み三川守に任ぜられる。建長元(1249)年従四位下、同3年従四位上に進み、同4年右中将、同5年備前介に任ぜられる。同6年正四位下に進み、同7年播磨守に任ぜられ、康元元(1256)年に辞す。文永2(1265)年補蔵人頭に任ぜられる。同4年従三位に進み参議に任ぜられる。同5年備後権守に任ぜられる。同7年正三位に進む。同9年備後権守を辞す。同10年備中権守に任ぜられる。建治元(1275)年従二位に進む。　典：公補

中院通教　なかのいん・みちのり

鎌倉時代の人、権中納言。寛元4(1246)年生～没年不明。

内大臣中院通成の次男。母は宇都宮検校藤原頼綱の娘。兄に通頼がいる。宝治2(1248)年叙爵。同3年侍従に任ぜられる。同年従五位上、同4年正五位下に進み右少将、同5年相模権介に任ぜられる。同6年従四位下に進み、同年右中将、同7年左中将に任ぜられる。康元元(1256)年従四位上に進み、正嘉2(1258)年伊予介に任ぜられ正四位下に進み、文永元(1264)年加賀介に任ぜられる。同4年従三位に進み、同6年参議に任ぜられる。同7年正三位に進み讃岐権守・左兵衛督に任ぜられ補使別当となる。同8年右衛門督に任ぜられ従二位に進む。同10年左兵衛督・補使別当を辞す。同11年権中納言に任ぜられる。建治2(1276)年正二位に進む。弘安7(1284)年権中納言を辞す。同10年42才で出家。子に通藤がいる。　典：公補

中院通重　なかのいん・みちしげ

鎌倉時代の人、内大臣。文永7(1270)年生～元亨元(1321)年9月15日没。52才。通称＝後中院内大臣。法名＝良乗。

権大納言・准大臣中院通頼の長男。母は権大納言姉小路顕朝の娘。弟に通時がいる。文永8(1271)年叙爵。同11年従五位上に進み、同12年侍従に任ぜられる。建治3(1277)年正五位下、弘安元(1278)年従四位下に進み左少将に任ぜられる。同2年甲斐介に任ぜられる。同3年従四位上、同6年正四位下に進み、同7年美作介・左中将に任ぜられる。同8年従三位に進み、同10年参議に任ぜられる。更に左衛門督に任ぜられ使別当となる。正応元(1288)年正三位に進み備中権守・中宮権大夫に任ぜられ更に権中納言に任ぜられる。同2年従二位、同4年正二位に進み、同5年権大納言に任ぜられ中宮大夫に任ぜられる。永仁3(1295)年踏歌内弁となる。同6年中宮大夫を辞す。正安3(1301)年春宮大夫に任ぜられる。徳治2(1307)年任職を辞す。延慶2(1308)年再び権大納言に任ぜられる。正和2(1313)年補淳和院別当となる。同4年大納言に任ぜられ奨学院別当となる。同5年大納言を辞す。同年従一位に進む。元応元(1319)年内大臣に任ぜられるも辞す。子に通顕・通持がいる。
典：伝日・日名・公辞・公補

中院俊通　なかのいん・としみち

鎌倉時代の人、非参議。康元元(1256)年生～嘉元2(1304)年5月12日没。49才。

権大納言久我具房の子。父の久我家より分かれて、中院を氏姓とした。弘長3(1263)年叙爵。文永元(1264)年従五位上に進み、同6年侍従に任ぜられる。同8年正五位下に進み、同10年備中権介・右少将に任ぜられる。建治2(1276)年従四位下、弘安3(1280)年従四位上、同6年正四位下に進み、同7年加賀介に任ぜられる。同8年右中将に任ぜられる。正応2(1289)年従三位、同4年正三位に進む。永仁元(1293)年近江権守に任ぜられ、同5年に辞す。同6年下総権守に任ぜられる。　典：公補

中院雅相　なかのいん・まさすけ

鎌倉時代の人、非参議。生没年不明。

権中納言久我雅光の子。父の久我家より分かれて、中院を氏姓とする。建長6(1254)年叙爵。康元2(1256)年従五位上に進み侍従に任ぜられる。正元元(1259)年左少将に任ぜられ正五位下に進み、弘長元(1261)年従四位下、同4年従四位上に進み、文永4(1267)年左中将に任ぜられる。同6年正四位下に進み同年越後介、正応元(1288)年伊予介に任ぜられる。同2年従三位に進む。正和元(1312)年中将を辞す。文保2(1318)年より名が見えなくなる。　典：公補

中院通時　なかのいん・みちとき

鎌倉時代の人、権中納言。文永10(1273)年生～没年不明。

権大納言・准大臣中院通頼の次男。兄に通重がいる。建治元(1275)年叙爵。同3年従五位上、弘安2(1279)年正五位下に進み、同4年侍従に任ぜられる。同6年従四位下、同8年従四位上に進み、同9年左少将に任ぜられる。同10年周防介、同11年右中将に任ぜられ正四位下に進み、正応4(1291)年従三位に進む。同年中宮権亮に任ぜられる。同5年に辞す。永仁元(1293)年正三位に進み、同2年右衛門督に任ぜられる。同3年参議に任ぜられる。同4年左衛門督・補使別当に任ぜられ権中納言に任ぜられる。同年左衛門督・補使別当を辞す。同5年従二位、同6年正二位に進む。同年権中納言を辞す。正和元(1312)年40才で出家。　典：公補

中院通顕　なかのいん・みちあき

鎌倉・南北朝時代の人、内大臣。正応4(1291)年生～康永2(1343.興国4)年12月20日没。53才。初名=通平。前名=通真。院号=三宝院。法名=空乗。

内大臣中院通重の長男。弟に通持がいる。初め通平と名乗る。正応5(1292)年従五位下に叙される。永仁元(1293)年従五位上、同2年正五位下に進む。同年通真と改名。同4年従四位下に進む。同年通顕と改名。同5年従四位上に進み、同6年春宮権亮に任ぜられるも辞す。同年正四位下に進み、正安元(1299)年左中将・備中権介、徳治元(1306)年丹波介、同2年補蔵人頭に任ぜられる。同2年従三位に進み参議に任ぜられる。延慶元(1308)年左衛門督に任ぜられ補使別当となり更に権中納言に任ぜられる。同2年左衛門督・補使別当を辞す。同年正三位、応長元(1311)年従二位、正和元(1312)年正二位に進み、同5年中納言に任ぜられ補淳和奨学院別当となる。文保2(1318)年権大納言に任ぜられるも任職

を辞す。元応元(1319)年再び権大納言に任ぜられるも再び辞す。元弘元(1331)年三たび権大納言に任ぜられる。更に大納言に任ぜられ春宮大夫に任ぜられる。正慶元(1332.元弘2)年内大臣に任ぜられる。同2年43才で出家。子に通冬がいる。　典：公辞・日名・公補

中院時通　なかのいん・ときみち

鎌倉時代の人、参議。生没年不明。初名＝顯孝。

権大納言土御門通行の孫。参議土御門通持の子。父の土御門家より分かれて、中院を氏姓とした。初め顯孝と名乗る。右中将に任ぜられる。のちこれを辞す。延慶元(1308)年従三位、同3年正三位に進み、正和5(1316)年時通と改名。翌年に再び顯孝に戻る。元亨2(1322)年時通と改名。同年参議に任ぜられる。のち関東に下向。同3年参議を辞す。同年備中権守に任ぜられる。元徳2(1330)年より名が見えなくなる。　典：公補

中院通藤　なかのいん・みちふじ

鎌倉時代の人、非参議。生没年不明。

権中納言中院通教の子。文永8(1271)年従五位下に叙される。正応3(1290)年従五位上に任ぜられる。同4年備中守に任ぜられる。同5年正五位下、永仁2(1294)年従四位下に進み、同3年右少将に任ぜられる。同5年従四位上に進み、同6年左中将に任ぜられ正四位下に進み、延慶2(1309)年左兵衛督に任ぜられる。同年従三位、正和3(1314)年正三位に進む。元応2(1320)年出家。　典：公補

中院通持　なかのいん・みちもち

鎌倉・南北朝時代の人、非参議。正安2(1300)年生～没年不明。

内大臣中院通重の次男。兄に通顯がいる。左中将に任ぜられる。文保2(1318)年従三位に叙される。元応元(1319)年右中将に任ぜられる。暦応元(1338)年39才で出家。　典：公補

中院光忠　なかのいん・みつただ

鎌倉時代の人、権大納言。弘安7(1284)年生～元弘元(1331)年2月18日没。48才。

内大臣六条有房の次男。兄に六条有忠がいる。父の六条家より分かれて、中院を氏姓とする。永仁5(1297)年従五位下に叙される。同6年侍従に任ぜられる。正安3(1301)年従五位上に進み左少将に任ぜられる。乾元元(1302)年正五位下、嘉元3(1305)年従四位下に進み、同4年補蔵人、徳治2(1307)年下野介に任ぜられる。延慶元(1308)年補蔵人を辞す。同年従四位下、同2年従四位上に進み春宮権亮に任ぜられる。同4年正四位下に進み、正和5(1316)年左中将、文保2(1318)年補蔵人頭に任ぜられる。元応元(1319)年参議に任ぜられる。同2年従三位に進み右中将に任ぜられる。正中2(1325)年権中納言に任ぜられるも辞す。嘉暦2(1327)年従二位に進み、元徳元(1329)年弾正尹に任ぜられる。同2年権大納言に任ぜられる。元弘元(1331)年正二位に進む。子に親光がいる。　典：公補

中院親光　なかのいん・ちかみつ

鎌倉・南北朝時代の人、権大納言。生年不明～永和3(1377.天授3)年4月没。初名＝光房。

権大納言中院光忠の子。初め光房と名乗る。徳治2(1307)年従五位下に叙される。正和3(1314)年従五位上、文保2(1318)年正五位下に進み侍従に任ぜられる。同年親光と改名。

元応2(1320)年従四位下に進み、同3年相模介に任ぜられる。正中2(1325)年従四位上に進み、嘉暦元(1326)年左中将に任ぜられる。同2年正四位下に進む。同年中宮権亮、同3年補蔵人頭に任ぜられる。元徳元(1329)年参議に任ぜられる。同2年従三位に進む。同年参議を辞す。正慶2(1333.元弘3)年正三位に進み、建武4(1337.延元2)年武家に捕らえられたという。康永元(1342.興国3)年従二位に進む。観応2(1351)年吉野朝に奉じ権中納言に任ぜられる。のち北朝に奉じ貞治2(1363.正平18)年権中納言に任ぜられるも辞す。同3年正二位に進み、応安5(1372.文中元)権大納言に任ぜられる。同6年踏歌内弁となる。同7年権大納言を辞す。子に光顕がいる。　典：公補

中院通冬　なかのいん・みちふゆ

鎌倉・南北朝時代の人、大納言。正和4(1315)年生～貞治2(1363.正平18)年,閏1月25月没。49才。

内大臣中院通顕の子。母は白拍子。正和5(1316)年叙爵。同4年侍従に任ぜられ従五位上、文保2(1318)年正五位下に進み、元亨2(1322)年左少将に任ぜられる。同4年従四位下に進み、正中3(1326)年左中将に任ぜられる。嘉暦2(1327)年正四位下、元徳元(1329)年従三位に進み右中将に任ぜられる。同2年参議に任ぜられる。元弘元(1331)年正三位に進み備後権守・左衛門督に任ぜられ使別当となる。正慶元(1332.元弘2)年権中納言に任ぜられるも、同2年に旧官の参議に落官される。延元元(1336)年美作権守に任ぜられたが任職を辞す。暦応元(1338.延元3)年再び権中納言に任ぜられる。同2年淳和院別当となる。同3年従二位に進み奨学院別当となり陸奥出羽按察使に任ぜられ更に権大納言に任ぜられる。康永元(1342.興国3)年正二位に進み氏長者となる。貞和5(1349.正平4)年大納言に任ぜられる。観応2(1351.正平6)年南方に参す。文和3(1354.正平9)年任職を辞す。貞治2(1363.正平18)年従一位に進む。子に通氏がいる。　典：日名・公辞・公補

中院通氏　なかのいん・みちうじ

南北朝・室町時代の人、権大納言。貞和2(1346)年生～応永2(1395)年7月6日没。48才。初名＝通治。

大納言中院通冬の子。母は少将内侍。右中将に任ぜられる。従四位下に叙される。貞治4(1365.正平20)年参議に任ぜられる。同5年従四位上より正四位下に進み、同6年備前権守に任ぜられる。応安元(1368.正平23)年従三位に進み、同3年権中納言に任ぜられる。同5年正三位、永和3(1377.天授3)年従二位、至徳2(1385.元中2)年正二位に進み、明徳元(1390.元中7)年権大納言に任ぜられる。子に通守がいる。　典：日名・公辞・公補

中院光顕　なかのいん・みつあき

南北朝・室町時代の人、権中納言。生年不明～応永11(1404)年1月9日没。

権大納言中院親光の子。右中将に任ぜられる。従四位上に叙される。応永2(1395)年参議に任ぜられる。同3年正四位下に進み、近江権守に任ぜられる。同4年従三位、同6年正三位に進み権中納言に任ぜられる。　典：公補

中院通守　なかのいん・みちもり

室町時代の人、権大納言。永和3(1377.天授3)年生～応永25(1418)年2月10日没。42才。

権大納言中院通氏の子。右中将に任ぜられる。従四位上に叙される。応永6(1399)年参議に任ぜられる。同7年土佐権守に任ぜられる。同8年正四位下、同9年従三位に進み、同11年権中納言に任ぜられる。同13年正三位、同17年従二位に進む。同21年権大納言に任ぜられ翌年に辞し踏歌内弁となる。同23年正二位に進み、同24年再び権大納言に任ぜられるも翌年に没す。子に通淳がいる。　典：日名・公辞・公補

中院通淳　なかのいん・みちあつ

室町時代の人、准大臣。康応元(1389)年生～宝徳3(1451)年11月28日没。63才。院号=延命院。法名=妙通。

権大納言中院通守の子。右中将に任ぜられる。従四位上に叙される。応永26(1419)年参議に任ぜられる。同27年正四位下に進み遠江権守に任ぜられる。同28年従三位に進み、同31年権中納言に任ぜられる。同32年正三位に進む。正長元(1428)年権中納言を辞す。永享9(1437)年従二位に進み、同10年権大納言に任ぜられる。同13年補淳和院別当となる。文安元(1444)年正二位に進む。宝徳2(1450)年権大納言を辞す。同3年従一位に進み准大臣となる。子に通秀がいる。　典：日名・公補

中院通秀　なかのいん・みちひで

室町時代の人、内大臣。正長元(1428)年生～明応3(1494)年6月22日没。67才。初名=通時。法名=妙益。院号=十輪院。

権大納言中院通淳の子。初め通時と名乗る。永享10(1438)年叙爵。同11年侍従に任ぜられる。嘉吉2(1442)年従五位上に進み、同3年左少将に任ぜられる。同年通秀と改名。文安元(1444)年加賀介に任ぜられる。同2年正五位下、同4年従四位下に進み左中将に任ぜられる。宝徳2(1450)年従四位上より正四位下に進み参議に任ぜられる。同3年備前権守に任ぜられる。享徳2(1453)年従三位に進み権中納言に任ぜられる。康正2(1456)年権中納言を辞す。同年正三位に進む。寛正3(1462)年権大納言に任ぜられるも翌年に辞す。同5年再び権大納言に任ぜられる。同6年従二位、文明元(1469)年正二位に進む。同8年再び権大納言を辞す。同11年三たび権大納言に任ぜられる。同13年従一位に進む。同年三たび権大納言を辞す。同17年内大臣に任ぜられるも辞す。長享2(1488)年61才で出家。吉田兼倶に唯一神道を学ぶ。養子に通世(久我家より)がいる。　典：伝日・日名・公辞・公補

中院通世　なかのいん・みちよ

室町時代の人、権中納言。寛正6(1465)年生～永正16(1519)年12月26日没。55才。

太政大臣久我通博の末子。内大臣中院通秀の養子となる。文明6(1474)年叙爵し侍従に任ぜられる。同9年従五位上、同11年正五位下に進み、同12年周防介に任ぜられる。同13年元服し左少将に任ぜられ従四位下に進み、同15年従四位上に進み、同16年右中将に任ぜられる。同17年正四位下に進み、延徳元(1489)年参議に任ぜられる。同2年従三位に進み、明応2(1493)年権中納言に任ぜられる。同4年正三位、文亀元(1501)年従二位進む。永正元(1504)年権中納言を辞す。加賀国にて没す。子に通胤がいる。　典：日名・公辞・公補

中院通胤　なかのいん・みちたね

室町時代の人、権中納言。明応8(1499)年生～享禄3(1530)年8月5日没。32才。初名=通泰。

権中納言中院通世の子。母は内大臣中院通秀の娘。初め通泰と名乗る。永正7(1510)年叙爵。同8年侍従に任ぜられる。同9年従五位上に進む。同年通胤と改名。左少将に任ぜられる。同10年正五位下、同11年従四位下に進み、同13年右中将に任ぜられる。同14年従四位上に進み、同16年参議に任ぜられ父が加賀国で没したので下向。大永2(1522)年参議を辞すも上洛し正四位下に進み再び参議に任ぜられる。同3年加賀国に下向し、同5年上洛し従三位に進み、同7年権中納言に任ぜられる。子に通為がいる。　典：日名・公辞・公補

中院通為　なかのいん・みちため

室町時代の人、内大臣。永正14(1517)年生～永禄8(1565)年9月3日没。49才。初名=通右。前名=通量。院号=慈西院。

権中納言中院通胤の子。参議姉小路済継の娘。初め通右と名乗る。大永元(1521)年叙爵し、同4年従五位上に進み、同6年侍従に任ぜられる。同7年正五位下、享禄4(1531)年従四位下に進む。同年元服し右少将に任ぜられる。天文2(1533)年左中将に任ぜられる。同年通量より通為と改名。同3年従四位上に進み参議に任ぜられる。同4年正四位下、同5年従三位に進み、同6年加賀国に下向。同7年備前権守に任ぜられる。同9年任職を辞す。同10年上洛して再び参議に任ぜられる。同11年正三位に進み権中納言に任ぜられる。同12年再び侍従に任ぜられたが加賀国に下向する。同14年権中納言を辞す。同年従二位、弘治2(1556)年上洛し正二位に進み権大納言に任ぜられる。永禄2(1559)年再び加賀国に下向する。同8年内大臣に任ぜられるも同日に没す。子に通勝・白川雅朝王がいる。　典：日名・公辞・公補

中院通勝　なかのいん・みちかつ

室町・安土桃山・江戸時代の人、権中納言。弘治2(1556)年生～慶長15(1610)年3月25日没。55才。号=也足軒。一字名=券・槇・菊。法名=素然。

内大臣中院通為の子。右大臣三条西公条の娘。弘治3(1557)年叙爵。永禄5(1562)年従五位上に進み、同10年侍従に任ぜられる。同11年正五位下に進み元服し、同12年左少将に任ぜられる。元亀元(1570)年従四位下、同3年従四位上に進み左中将に任ぜられる。天正3(1575)年参議に任ぜられる。同4年正四位下、同5年従三位、同7年正三位に進み権中納言に任ぜられ侍従に任ぜられる。同8年勅勘を被り権中納言を辞す。同年逐電し、同14年出家して丹後に隠棲し田辺城の細川幽斎に歌道を学ぶ。慶長4(1599)年許されてる。子に通村がいる。　典：大日・古今・伝日・日名・公辞・京都・公補

中院通村　なかのいん・みちむら

安土桃山・江戸時代の人、内大臣。天正15(1587)年生～承応2(1653)年2月29日没。67才。初名=通貫。一字名=水・菊。院号=後十輪院。

内大臣中院通勝の子。母は細川幽斎の養女。慶長5(1600)年叙爵。通貫より通村と改める。同年侍従に任ぜられる。同6年加賀介に任ぜられる。同7年従五位上、同12年正五位

下、同13年従四位下に進み、同14年左少将に任ぜられる。同16年従四位上、同18年正四位下に進み右中将に任ぜられる。同19年参議に任ぜられる。元和元(1615)年従三位に進み踏歌外弁となる。同3年正三位に進み権中納言に任ぜられる。同6年従二位に進み、寛永元(1624)年中宮権大夫に任ぜられ武家伝奏となり、幕府の忌諱に触れて、同6年中宮権大夫・武家伝奏を辞し江戸に幽閉される。同年権大納言に任ぜられる。同8年正二位に進む。同19年権大納言を辞す。のち僧天海の取りなしで許されて上洛。正保4(1647)年内大臣に任ぜられるも辞す。歌人で辞世に「さめにけり五十路の夢よ見しは何高雄の紅葉み吉野の雪」を詠み、諸芸に通じ世尊寺流の書をし絵画も巧みであった。子に通純がいる。
典：大日・伝日・古今・日名・公辞・京都・公補

中院通純　なかのいん・みちずみ

江戸時代の人、権大納言。慶長17(1612)年生～承応2(1653)年4月8日没。42才。

内大臣中院通村の子。慶長18(1613)年叙爵。元和3(1617)年従五位上に進み、同5年侍従に任ぜられる。同6年正五位下に進み、寛永元(1624)年元服し従四位下、同4年従四位上に進み左少将に任ぜられる。同7年正四位下に進み左中将に任ぜられる。同8年参議に任ぜられる。同9年従三位に進み踏歌外弁となる。同14年権中納言に任ぜられる。同16年正三位、同18年従二位に進み、正保3(1646)年権中納言を辞す。同4年権大納言に任ぜられる。承応元(1652)年正二位に進む。歌人。子に通茂・野宮定縁・愛宕通福がいる。　典：伝日・日名・公辞・公補

中院通茂　なかのいん・みちしげ

江戸時代の人、内大臣。寛永8(1631)年生～宝永7(1710)年3月21日没。80才。一字名＝水。通称＝老内大臣。院号＝渓雲院。

権大納言中院通純の子。母は権大納言高倉永慶の娘。弟に野宮定縁・愛宕通福がいる。寛永9(1632)年叙爵。同12年従五位上に進み、同14年侍従に任ぜられる。同16年正五位下に進み、同20年元服し従四位下に進み、正保2(1645)年右権少将に任ぜられる。同4年従四位上、同5年正四位下に進み近衛権中将に任ぜられる。明暦元(1655)年従三位に進み参議に任ぜられる。同2年踏歌外弁となる。同3年権中納言に任ぜられる。万治2(1659)年正三位に進み、同3年更に権大納言に任ぜられる。寛文元(1661)年神宮伝奏となる。同8年従二位に進み、同10年権大納言を辞す。延宝元(1673)年正二位に進み、同2年武家伝奏となるも翌年に辞す。宝永元(1704)年内大臣に任ぜられるも3日で辞す。同2年従一位に進む。有職・歌道・書道・音曲等に深く、熊沢蕃山に学び蕃山門の堂上四天王の一人。水戸光圀と親交があった。子に野宮定基・久世通夏がいる。　典：大日・日名・伝日・古今・公辞・公補

中院通躬　なかのいん・みちみ

江戸時代の人、右大臣。寛文8(1668)年生～元文4(1739)年11月3日没。72才。院号＝喜光院。

内大臣中院通茂の子。母は小笠原左衛門佐源政信の娘。兄弟に野宮定基・久世通夏がいる。寛文9(1669)年叙爵。延宝元(1673)年従五位上に進み、同2年侍従に任ぜられる。同4年正五位下に進み、同8年元服し従四位下に進み、天和2(1682)年左少将に任ぜられる。同

3年従四位上に進み、貞享元(1684)年左中将に任ぜられる。同2年正四位下、元禄元(1688)年従三位に進み参議に任ぜられる。同5年権中納言に任ぜられる。同6年正三位に進み踏歌外弁となる。同10年権中納言を辞す。同13年寛敦親王家勅別当となる。同14年再び権中納言に任ぜられ従二位に進み、同16年嵯峨釈迦堂供養伝奏となる。宝永元(1704)年権大納言に任ぜられる。同5年神宮伝奏となるも任職を辞す。正徳元(1711)年正二位に進み、同5年菅公を祀る播州曽根村の祠に和歌を集めて奉納する。享保4(1719)年再び権大納言に任ぜられる。同9年に辞す。同11年内大臣に任ぜられるも辞す。同13年従一位に進み、元文3(1738)年右大臣に任ぜられるも辞す。父通茂と共に熊沢蕃山の門人となる。子に通藤(従五位上、正徳4,3,25没。6才)、養子に通枝がいる。　典：大日・古今・日名・公辞・公補

中院通枝　なかのいん・みちえだ

江戸時代の人、権中納言。享保7(1722)年11月29日生〜宝暦3(1753)年5月19日没。32才。初名=茂栄。

権大納言久世通夏の次男。兄に久世通晃がいる。初め茂栄と名乗る。享保13(1728)年叙爵。同17年右大臣中院通躬の養子となりる。同年従五位上に進み侍従に任ぜられる。同18年元服し正五位下に進む。同19年通枝と改名。従四位下に進み、同20年左少将に任ぜられる。従四位上に進み、元文2(1737)年左中将に任ぜられ正四位下に進み、寛保3(1743)年参議に任ぜられる。延享元(1744)年従三位に進み、同2年権中納言に任ぜられる。同4年正三位に進み春宮権大夫に任ぜられたが辞す。寛延元(1748)年左衛門督に任ぜられ補使別当となり、宝暦元(1751)年に辞す。同2年権中納言を辞す。養子に通維(右大臣久我通兄の次男。初名=惟孝、従四位上・左中将、竹内式部に学び討幕が露顕し蟄居、号=見山、安永7年許さる、文政6,12,13没。84才、宝暦勤皇二十廷臣の一人、明治24年に贈従三位、養子は通古)がいる。　典：日名・公辞・公補

中院通古　なかのいん・みちふる

江戸時代の人、権大納言。寛延3(1750)年12月9日生〜寛政7(1795)年10月21日没。46才。

権中納言久我栄通の次男。母は権大納言久我通明の娘。兄に久世通根がいる。一時久我通兄の養子となる。宝暦10(1760)年権中納言中院通枝家の家督養子となり従五位下に進み、同12年侍従に任ぜられ従五位上に進み、同13年元服し、同14年右近衛権少将に任ぜられ正五位下、明和3(1766)年従四位下、同5年従四位上、同7年正四位下に進み、同8年左近衛権中将に任ぜられる。安永6(1777)年参議に任ぜられる。同7年従三位、同8年正三位に進み、天明元(1781)年権中納言に任ぜられる。同2年従二位、同5年正二位に進み、同7年権大納言に任ぜられる。寛政元(1789)年に辞す。子に通知がいる。　典：日名・公辞・公補

中院通知　なかのいん・みちとも

江戸時代の人、権大納言。明和8(1771)年11月6日生〜弘化3(1846)年4月4日没。76才。

権大納言中院通古の子。安永3(1774)年従五位下に叙される。同5年従五位上、同7年正五位下に進み、同8年侍従に任ぜられる。天明元(1781)年元服し従四位下に進み、同2年左近衛権少将に任ぜられる。同3年従四位上、同5年正四位下に進み権中将に任ぜられる。寛政4(1792)年補蔵人頭に任ぜられる。同7年に辞す。文化元(1804)年内教坊別当となる。

同12年参議に任ぜられ従三位に進み、同14年正三位に進み権中納言に任ぜられる。文政2(1819)年従二位、同4年正二位に進み踏歌外弁となる。同7年権大納言に任ぜられる。弘化元(1844)年に辞す。子に通繫(正四位下・侍従、文久3,6没。養子は通富)がいる。　典：日名・公辞・公補

中院通富　なかのいん・みちとみ

江戸時代の人、権大納言。文政6(1823)年9月23日生〜明治18(1885)年6月没。63才。

内大臣徳大寺実堅の次男。母は権大納言醍醐輝久の娘。正四位下・侍従中院通繫の養子となる。天保7(1836)年従五位下より従五位上に叙され侍従に任ぜられる。同8年元服し正五位下、同9年従四位下、同10年従四位上、同12年正四位下に進み右権少将より、嘉永4(1851)年権中将に任ぜられる。安政4(1857)年参議に任ぜられ従三位に進み、同5年に安政の事件(飛鳥井雅典の項参照)の八十八廷臣として連座。同年踏歌外弁となる。同6年正三位、文久3(1863)年権中納言に任ぜられる。慶応元(1865)年正二位に進み、明治元(1868)年賀茂上下社伝奏となり権大納言に任ぜられる。新政府では参与となる。家料は五百石。京都石薬師門内南に住む。子に通規がいる。　典：公辞・京四・公補

○中園家

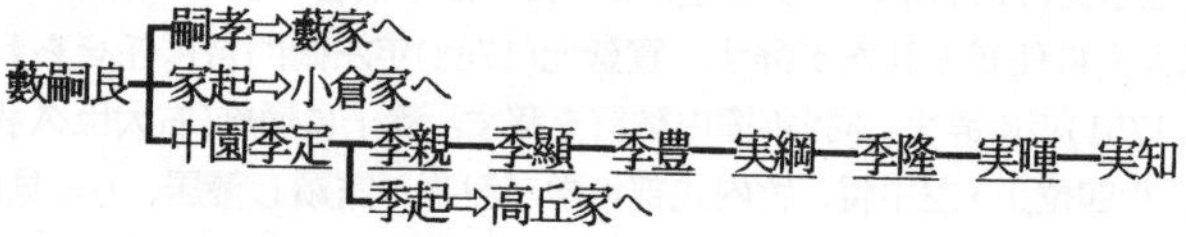

閑院家藪家の支流。権大納言藪嗣良の四男季定が、藪家より分かれて、中園を氏姓とした。明治に至り華族に列され子爵を授かる。本姓は藤原。菩提寺は浄善寺。

典：日名・公補

中園季定　なかぞの・すえさだ

江戸時代の人、参議。寛永4(1627)年生〜貞享3(1686)年10月12日没。60才。中園家の祖。

権大納言藪嗣良の四男。兄に藪嗣孝・小倉家起などがいる。明暦元(1655)年従四位上に叙され左中将に任ぜられる。万治2(1659)年正四位下、寛文3(1663)年従三位、同7年正三位に進み、同10年参議に任ぜられる。同11年右兵衛督に任ぜられ踏歌外弁となる。延宝元(1673)年東照宮奉幣使となる。同5年従二位に進み参議を辞す。子に季親・高丘季起がいる。　典：公辞・公補

中園季親　なかぞの・すえちか

江戸時代の人、非参議。承応3(1654)年3月11日生〜宝永3(1706)年5月13日没。53才。

参議中園季定の子。弟に高丘季起がいる。万治元(1658)年叙爵。寛文5(1665)年元服し侍従に任ぜられ従五位上、同9年正五位下に進み、同11年左少将に任ぜられる。延宝元(1673)年従四位下に進み、貞享元(1684)年正四位下、元禄元(1688)年従三位、同8年正三位に進む。子に季顯がいる。　典：公辞・公補

中園季顕　なかぞの・すえあき

江戸時代の人、参議。元禄2(1689)年1月29日生～宝暦元(1751)年6月29日没。63才。

非参議中園季親の子。元禄6(1693)年叙爵。同14年元服し侍従に任ぜられ従五位上、宝永2(1705)年正五位下に進み左少将に任ぜられる。同6年従四位下に進み右中将に任ぜられる。正徳3(1713)年従四位上、享保2(1717)年正四位下、同6年従三位、同10年正三位に進み、元文2(1737)年参議に任ぜられるも辞す。寛保2(1742)年従二位に進む。子に季豊がいる。　典：公辞・公補

中園季豊　なかぞの・すえとよ

江戸時代の人、参議。享保15(1730)年1月1日生～天明6(1786)年8月7日没。57才。

参議中園季顕の子。享保19(1734)年叙爵。寛保2(1742)年元服し従五位上に進み兵部権大輔に任ぜられる。延享3(1746)年正五位下、寛延3(1750)年従四位下、宝暦4(1754)年従四位上に進み、同6年左権少将に任ぜられる。同8年正四位下に進み、同9年左権中将に任ぜられる。同13年従三位、明和4(1767)年正三位に進み、天明6(1786)年参議に任ぜられるも辞す。子に実綱がいる。　典：公辞・公補

中園実綱　なかぞの・さねつな

江戸時代の人、権中納言。宝暦8(1758)年7月5日生～天保10(1839)年8月26日没。82才。

参議中園季豊の子。母は大善院覚證の娘。明和2(1765)年従五位下に叙される。同8年元服し従五位上に進み右馬権頭に任ぜられる。安永4(1775)年正五位下、同8年従四位下に進み、天明元(1781)年右権少将に任ぜられる。同3年従四位上、同7年正四位下に進み、寛政4(1792)年権中将に任ぜられる。同4年従三位、同8年正三位に進み、享和3(1803)年参議に任ぜられるも翌年に辞す。文化3(1806)年従二位に進み、文政7(1824)年権中納言に任ぜられるも同8年に辞す。同年正二位に進む。子に季隆がいる。　典：公辞・公補

中園季隆　なかぞの・すえたか

江戸時代の人、非参議。安永6(1777)年7月25日生～文政9(1826)年2月23日没。50才。

権中納言中園実綱の子。天明元(1781)年従五位下に叙される。同5年元服し従五位上に進み近江権介に任ぜられる。寛政元(1789)年正五位下、同5年従四位下、同9年従四位上に進み、同11年左近衛権少将に任ぜられる。享和元(1801)年正四位下に進み、文化2(1805)年左近衛権中将に任ぜられる。同3年従三位、同7年正三位に進む。子に実暉がいる。　典：公辞・公補

中園実暉　なかぞの・さねてる

江戸時代の人、非参議。寛政5(1793)年12月28日生～弘化2(1845)年5月7日没。53才。

非参議中園季隆の子。母は右中将隆久朝臣の娘。文化3(1806)年従五位下に叙される。同4年元服し上総権介に任ぜられる。同7年従五位上、同11年正五位下、文政元(1818)年従四位下、同5年従四位上に進み右近衛権少将に任ぜられる。同9年正四位下に進み、同11年左権中将に任ぜられる。天保元(1830)年従三位、同4年正三位に進む。子に実知(正四位下・左馬権頭、家料百五十石、京都寺町清浄華院前に住む)がいる。　典：公辞・公補

○長谷家

平家の末裔。西洞院家の分家。参議西洞院時慶の五男忠康が、西洞院家より分かれて、長谷を氏姓とした。明治に至り華族に列され子爵を授かる。本姓は平。家紋は梶の葉。菩提寺は京都上京区寺町今出川上ルの十念寺。

典：公補

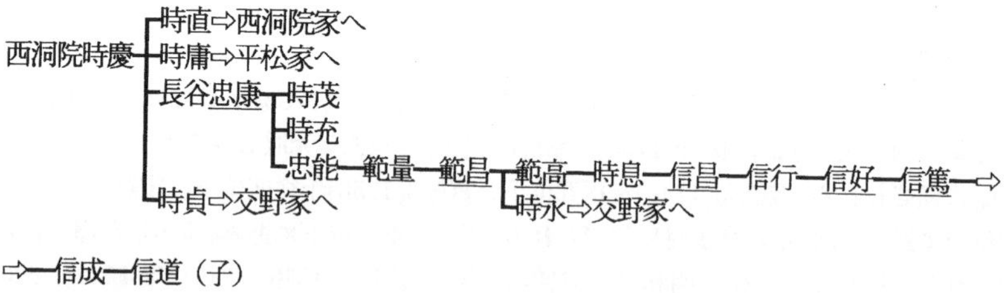

長谷忠康　ながたに・ただやす

江戸時代の人、非参議。慶長17(1612)年6月17日生〜寛文9(1669)年8月27日没。58才。長谷家の祖。

参議西洞院時慶の五男。父の西洞院家より分かれて、長谷を氏姓とした。寛永7(1630)年従五位下に叙され元服し民部大輔に任ぜられる。同12年従五位上、同16年正五位下、同19年従四位下、正保3(1646)年従四位上、慶安4(1651)年正四位下、明暦2(1656)年従三位、寛文元(1661)年正三位に進む。子に時茂・時充・忠能がいる。　典：公辞・公補

長谷範昌　ながたに・のりまさ

江戸時代の人、非参議。元禄8(1695)年7月28日生〜寛延元(1748)年閏10月15月没。54才。

河鰭実陳の孫。権大納言西洞院時成の養子。正四位下・少納言・侍従長谷範昌の養子となる。正徳5(1715)年叙爵。同6年元服し侍従に任ぜられる。享保4(1719)年従五位上、同7年正五位下、同10年従四位下に進み、同9年少納言に任ぜられる。同14年従四位上、同18年正四位下、元文3(1738)年従三位、寛延元(1748)年正三位に進む。子に範高・交野時永がいる。　典：公辞・公補

長谷範高　ながたに・のりたか

江戸時代の人、非参議。享保6(1721)年1月23日生〜明和元(1764)年閏10月2月没。初名=範栄。

非参議長谷範昌の子。弟に交野時永がいる。初め範栄と名乗る。享保11(1726)年叙爵。同19年元服し侍従に任ぜられ従五位上、元文3(1738)年正五位下に進み、同5年主計頭に任ぜられる。寛保2(1742)年従四位下、延享3(1746)年従四位上、寛延3(1750)年正四位下に進み範高と改名。宝暦元(1751)年大膳大夫に任ぜられる。同8年従三位、明和元(1764)

年正三位に進むも官位を返上する。その後は不明。家督養子に時息(権中納言平松時行の子。従五位上・甲斐権守、明和6,1,29没。14才、家督養子に信昌)がいる。　典：公辞・公補

長谷信昌　ながたに・のぶまさ

江戸時代の人、参議。宝暦12(1762)年11月11日生～文政7(1824)年8月25日没。63才。

権中納言石井行忠の末子。西洞院時名家を相続、明和6(1769)年従五位上・甲斐権守長谷時息家の家督養子となり従五位下に叙される。同7年元服し周防権介に任ぜられる。安永2(1773)年従五位上、同6年正五位下、天明元(1781)年従四位下、同5年従四位上に進み、寛政元(1789)年少納言・侍従に任ぜられ正四位下、同6年従三位、同12年正三位に進み、文化3(1806)年治部卿に任ぜられる。同7年踏歌外弁となる。同13年参議に任ぜられるも辞す。同14年従二位に進む。子に信行(従四位下・周防権守、子は信好)がいる。　典：公辞・公補

長谷信好　ながたに・のぶよし

江戸時代の人、非参議。享和元(1801)年9月19日生～嘉永3(1850)年11月19日没。50才。

周防権守長谷信行朝臣の子。文化11(1814)年従五位下に叙され元服し阿波権守に任ぜられる。文政元(1818)年従五位上、同5年正五位下、同8年従四位下、同12年従四位上に進み、天保元(1830)年少納言・侍従に任ぜられる。同4年正四位下、同8年従三位、同13年正三位に進み、弘化2(1845)年刑部卿に任ぜられ、嘉永3(1850)年に辞す。子に信篤がいる。　典：明治・公辞・公補

長谷信篤　ながたに・のぶあつ

江戸・明治時代の人、参議。文政元(1818)年2月24日生～明治35(1902)年12月26日没。85才。号=騰雲・梧園。

非参議長谷信好の子。母は讃州の白鳥神主猪熊内匠慶歓の妹。天保2(1831)年叙爵。同3年元服し美作権介に任ぜられる。同6年従五位上、同10年正五位下、同13年従四位下、弘化3(1846)年従四位上に進み、嘉永元(1848)年大膳権大夫に任ぜられる。同3年正四位下に進み、同5年少納言・侍従に任ぜられる。安政元(1854)年従三位に進み、同5年幕府の日米条約調印に際して八十八廷臣の一人として参列、同6年正三位に進み、文久2(1862)年国事御用掛となる。同3年政変で失脚したが、慶応3(1867)年王政復古で復活し、明治元(1868)年参議に任ぜられ新政府となり議定に任ぜられ大津近江若狭裁判所総督となる。のち初代京都府知事などを歴任し、元老院議官となり華族に列され子爵を授り、貴族院議員となる。書道・和歌をよくした。子に信成(従四位下・明治新政府では参与・会計事務、大正10,11没。81才)がいる。　典：幕末・明治・公辞・大日・京都・京四・公補

○中臣家

天児屋根命15世の孫鎌子(中臣家の祖)が、中臣を姓とした。大和朝廷の神祇を司り、鎌足に至り藤原の姓を賜る。京の山科を拠点とした。大宅廃寺(山科区大宅)はその跡と伝えられ、山科区栗栖野に中臣町として名が残る。後世は神社の正預となる。

典：京都・公補

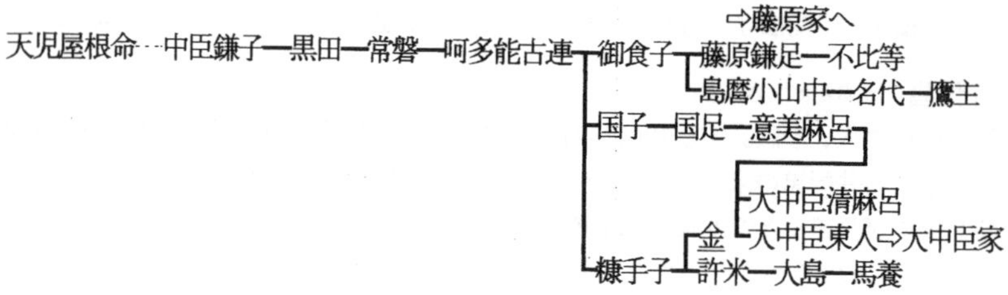

中臣金　なかとみの・かね

飛鳥時代の人、右大臣。生年不明～第39代天武天皇元年(672)年8月没。姓(かばね)=連。

天児屋根命の21世孫。可多能古連の孫。糠手子連の子。弟に許米がいる。従兄弟の中臣鎌子(のち藤原鎌足)が内臣より退いたので、大錦に叙され第38代天智天皇元年(662)年右大臣に任ぜられる。第39代天武天皇元年(672)年乱が起こり太政大臣大友皇子などは吉野宮に逃れるも自殺し、金などは捕らえられて処刑される。　典：古代・謎人・日名・大日・公補

中臣意美麻呂　なかとみの・おみまろ

飛鳥時代の人、中納言。生年不明～和銅4(711)年,閏6月没。姓(かばね)=朝臣。

中臣呵多能古連の曾孫。小治田朝の小徳冠中臣国子の孫。中臣国足の子。或いは、中臣可多能祐大連の長男。小徳冠前事奏祭官中臣御食子大連の孫。又は、鎌足の長男という。慶雲4(707)年左大弁に任ぜられる。和銅元(708)年中納言に任ぜられ神祇伯に任ぜられ正四位下に叙される。同4年正四位上に進む。一説に、和銅元(708)年従三位に叙される。同7年閏6月に没す。子に大中臣清麻呂(大中臣家の祖)・大中臣東人がいる。　典：古代・日名・公補

中臣祐恩　なかとみの・すけおん

室町時代の人、春日社正預・非参議。文明10(1478)年生～永禄4(1561)年2月没。84才。

春日社の正預となり、天文22(1553)年従三位に叙される。弘治元(1555)年正三位に進む。子に祐礒がいる。神社の正預など:　典：公補

中臣祐礒　なかとみの・すけぎ

室町時代の人、春日社正預・非参議。永正4(1507)年生～没年不明。

春日社正預・非参議中臣祐恩の子。天文11(1542)年従五位下に叙される。同23年従四位下、永禄3(1560)年従四位上、同9年正四位下に進み春日社正預となり、天正5(1577)年従三位に進む。同17年以降は名が見えない。　典：公補

中臣延知　なかとみの・のぶとも

江戸時代の人、春日社正預・非参議。慶長14(1609)年生～延宝8(1680)年2月4日没。72才。

春日社正預となり、延宝元(1673)年従三位に叙される。同8年正三位に進む。　典：公補

中臣延種　なかとみの・のぶたね

江戸時代の人、春日社権預・非参議。慶長12(1607)年生～延宝7(1679)年12月28日没。73才。

春日社権預となり、延宝元(1673)年従三位に叙される。　典：公補

中臣祐俊　なかとみの・すけとし

江戸時代の人、春日社正預・非参議。寛永5(1628)年生～元禄10(1697)年9月26日没。70才。

春日社正預となり、天和2(1682)年従三位に叙される。元禄元(1688)年正三位に進む。同3年春日社正預を辞す。　典：公補

中臣延相　なかとみの・のぶすけ

江戸時代の人、春日社正預・非参議。寛永13(1636)年生～元禄15(1702)年10月4日没。67才。

春日社権預となり、元禄元(1688)年従三位に叙される。同3年春日社正預に任ぜられる。同6年正三位に進む。　典：公補

中臣延英　なかとみの・のぶひで

江戸時代の人、春日社正預・非参議。寛永15(1638)年生～享保4(1719)年11月10日没。82才。

春日社権預となり、元禄6(1693)年従三位に叙される。同15年正預に任ぜられ、同16年正三位に進む。　典：公補

中臣延尚　なかとみの・のぶなお

江戸時代の人、春日社正預・非参議。寛永17(1640)年生～享保8(1723)年11月18日没。84才。

春日社権預となり、元禄16(1703)年従三位に叙される。享保4(1719)年春日社正預に任ぜられ正三位に進む。　典：公補

中臣祐用　なかとみの・すけもち

江戸時代の人、春日社新預•非参議。明暦元(1655)年生～享保5(1720)年9月3日没。66才。

春日社新預となり、享保4(1719)年従三位に叙される。翌年に辞す。　典：公補

中臣祐当　なかとみの・すけあて

江戸時代の人、春日社新預・非参議。寛文2(1662)年生～享保17(1732)年1月2日没。71才。

春日社新預となり、享保5(1720)年従三位に叙される。同8年春日社正預に任ぜられ正三位に進む。　典：公補

中臣延致　なかとみの・のぶゆき

江戸時代の人、春日社権預・非参議。寛文9(1669)年生～享保16(1731)年11月2日没。64才。

春日社権預となり、享保8(1723)年従三位に叙される。同16年春日社権預を辞す。　典：公補

中臣延晴　なかとみの・のぶはる

江戸時代の人、春日社正預・非参議。寛文9(1669)年生〜宝暦元(1751)年12月7日没。83才。

春日社神宮預となり、享保16(1731)年従三位に叙される。同17年正預に任ぜられ正三位に進み、宝暦元年正預を辞す。　典：公補

中臣宣保　なかとみの・のぶやす

江戸時代の人、平野社禰宜・非参議。延宝元(1673)年生〜宝暦8(1758)年2月25日没。86才。

平野社禰宜となり、享保16(1731)年従三位に叙される。延享4(1747)年正三位に進む。典：公補

中臣延庸　なかとみの・のぶつね

江戸時代の人、春日社正預・非参議。元禄5(1692)年生〜宝暦7(1757)年8月16日没。66才。

春日社権預となり、享保17(1732)年に三位に叙される。宝暦元(1751)年春日社正預に任ぜられ正三位に進む。　典：公補

中臣祐益　なかとみの・すけます

江戸時代の人、春日若宮神主・非参議。正徳元(1711)年生〜安永元(1772)年10月24日没。62才。

春日若宮神主となり、寛延3(1750)年従三位に叙される。安永元(1772)年春日若宮神主を辞す。　典：公補

中臣延栄　なかとみの・のぶしげ

江戸時代の人、春日社正預・非参議。元禄8(1695)年生〜明和4(1767)年11月14日没。73才。

春日社権預となり、宝暦元(1751)年従三位に叙される。同7年春日社正預に任ぜられ正三位に進む。明和4年春日社正預を辞す。　典：公補

中臣祐處　なかとみの・すけおり

江戸時代の人、春日社次預・非参議。宝永6(1709)年生〜明和2(1765)年1月2日没。57才。

春日社次預となり、宝暦7(1757)年従三位に叙される。同8年春日社権預に任ぜられ、同10年再び春日社次預となる。　典：公補

中臣益親　なかとみの・ますちか

江戸時代の人、平野社祝・非参議。元禄13(1700)年生〜宝暦10(1760)年2月20日没。61才。

平野社祝となり、宝暦9(1759)年従三位に叙される。　典：公補

中臣延雄　なかとみの・のぶを

江戸時代の人、春日社正預・非参議。正徳5(1715)年生〜安永元(1772)年7月28日没。58才。

春日社権預となり、明和2(1765)年従三位に叙される。同4年春日社正預に任ぜられ正三位に進む。　典：公補

中臣延樹　なかとみの・のぶしげ

江戸時代の人、春日社正預・非参議。享保5(1720)年生〜寛政2(1790)年7月13日没。71才。

春日社神宮預となり、明和4(1767)年従三位に叙される。安永元(1772)年春日社正預に任ぜられ正三位に進む。中臣光知と双子の兄弟か。　典：公補

中臣光知　なかとみの・みつとも

江戸時代の人、春日社正預・非参議。享保5(1720)年生〜寛政2(1790)年10月18日没。71才。

春日社加任預となり、安永元(1772)年従三位に叙される。寛政2年春日社正預に任ぜられ正三位に進む。中臣延樹と双子の兄弟か。　典：公補

中臣祐雅　なかとみの・すけまさ

江戸時代の人、春日社若宮神主・非参議。享保20(1735)年生〜寛政2(1790)年7月24日没。56才。

春日社若宮神主となり、天明3(1783)年従三位に叙される。寛政2(1790)年に任職を辞す。　典：公補

中臣祐薫　なかとみの・すけしげ

江戸時代の人、春日社正預・非参議。享保6(1721)年生〜寛政3(1791)年8月14日没。71才。

春日社権預となり、寛政2(1790)年従三位に叙され春日社正預に任ぜられる。　典：公補

中臣光泰　なかとみの・みつやす

江戸時代の人、春日社正預・非参議。延享3(1746)年生〜寛政9(1797)年12月20日没。52才。

春日社権預となり、寛政2(1790)年従三位に叙される。同3年正預に任ぜられ正三位に進む。　典：公補

中臣祐至　なかとみの・すけのり

江戸時代の人、春日社神宮権預・非参議。寛保2(1742)年生〜文化3(1806)年9月22日没。65才。

春日社神宮権預となり、寛政4(1792)年従三位に叙される。　典：公補

中臣祐木 なかとみの・すけもく

江戸時代の人、春日社正預・非参議。宝暦6(1756)年生〜文政4(1821)年8月25日没。66才。

春日社正預となり、寛政10(1798)年従三位に叙される。同11年正三位に進む。文化8(1811)年春日社正預を辞す。 典：公補

中臣並親 なかとみの・なみちか

平野社正祝となり、享和元(1801)年従三位に叙される。文化7(1810)年平野社正禰宜に任ぜられ、同12年に辞す。同14年正三位に進み翌年に没す。

典：公補

中臣祐兄 なかとみの・すけあに

江戸時代の人、春日社正預・非参議。延享2(1745)年生〜文化13(1816)年8月12日没。72才。

春日社権預となり、文化3(1806)年従三位に叙される。同8年春日社正預に任ぜられ正三位に進み、同13年春日社正預を辞す。 典：公補

中臣延陳 なかとみの・のぶつら

江戸時代の人、春日社正預・非参議。明和8(1771)年生〜文政5(1822)年10月1日没。52才。

春日社権預となり、文化8(1811)年従三位に叙される。同13年春日社正預に任ぜられ正三位に進む。文政5年春日社正預を辞す。 典：公補

中臣光和 なかとみの・みつかず

江戸時代の人、春日社正預・非参議。寛政2(1790)年生〜天保13(1842)年4月20日没。53才。

春日社加任預となり、文政3(1820)年従三位に叙される。同5年春日社正預に任ぜられ正三位に進み、天保13年(1842)春日社正預を辞す。 典：公補

中臣祐丕 なかとみの・すけひろ

江戸時代の人、春日社権預・非参議。明和7(1770)年生〜天保9(1838)年6月14日没。69才。

春日社権預となり、文政6(1823)年従三位に叙される。天保9年春日社権預を辞す。 典：公補

中臣祐誠 なかとみの・すけみつ

江戸時代の人、春日社若宮神主・非参議。天明2(1782)年生〜没年不明。

春日社若宮神主となり、天保8(1837)年従三位に叙される。嘉永4(1851)年を最後に翌年より名が見えなくなる。 典：公補

中臣祐延　なかとみの・すけのぶ

江戸時代の人、春日社正預・非参議。寛政3(1791)年生～嘉永2(1849)年10月11日没。59才。

春日社神宮権預となり、天保10(1839)年従三位に叙される。同13年春日社正預に任ぜられ正三位に進む。弘化元(1844)年春日社正預を辞す。　典：公補

中臣延長　なかとみの・のぶなが

江戸時代の人、春日社正預・非参議。天明6(1786)年生～文久3(1863)年7月10日没。78才。

春日社権預となり、天保13(1842)年従三位に叙される。弘化元(1844)年正預に任ぜられ正三位に進み、文久3(1863)年春日社正預を辞す。　典：公補

中臣祐明　なかとみの・すけあき

江戸時代の人、春日社次権預・非参議。寛政5(1793)年生～文久元(1861)年4月23日没。69才。

春日社次権預となり、弘化元(1844)年従三位に叙される。天保9年春日社権預を辞す。典：公補

中臣直親　なかとみの・なおちか

江戸時代の人、平野社正禰宜・非参議。寛政6(1794)年生～安政2(1855)年10月9日没。62才。

平野社正禰宜となり、弘化2(1845)年従三位に叙される。　典：公補

中臣直保　なかとみの・なおやす

江戸時代の人、平野社正禰宜・非参議。文政元(1818)年生～安政6(1859)年9月7日没。42才。

平野社正禰宜となり、安政4(1857)年従三位に叙される。　典：公補

中臣祐嵩　なかとみの・すけたか

江戸時代の人、春日社権預・非参議。寛政6(1794)年生～天保9(1838)年6月14日没。69才。

春日社権預となり、万延元(1860)年従三位に叙される。文久3(1863)年春日社権預を辞す。明治元(1868)年以降は不明。　典：公補

中臣祐諄　なかとみの・すけあつ

江戸時代の人、春日社正預・非参議。明和7(1770)年生～天保9(1838)年6月14日没。69才。

春日社正預となり、文久3(1863)年従三位に叙される。元治元(1864)年正三位に進む。明治元(1868)年以降は不明。　典：公補

中臣祐道　なかとみの・すけみち

春日社若宮神主となり、元治元(1864)年従三位に叙される。明治元(1868)年春日社若宮神主を辞す。

典：公補

中臣連胤　なかとみの・つらたね

江戸時代の人、吉田社権預・非参議。寛政7(1795)年生〜没年不明。

吉田社権預となり、慶応2(1866)年従三位に叙される。明治元(1868)年以降は不明。　典：公補

○中原家

中原家は、十市首(とおちの・おびと)の子孫で、天禄2(971)年に十市有象の時に中原姓を賜る。明経道の博士家となり代々大外記を世襲した。南北朝時代に中原師右の次男師守より押小路家が分家している。しかし、中原家として非参議まで上ったのは、次の二人のみであった。

典：京都・公補

中原師資　なかはら・もろすけ

江戸時代の人、非参議。延享元(1744)年生〜享和元(1801)年6月27日没。58才。

大外記に任ぜられ、のちこれを辞す。享和元年従三位に叙される。　典：公補

中原師徳　なかはら・もろのり

江戸時代の人、非参議。寛政11(1799)年生〜弘化3(1846)年1月18日没。48才。

大外記に任ぜられ、のちこれを辞す。弘化3(1846)年従三位に叙される。　典：公補

○中御門家

道長系は、藤原道長の曾孫藤原宗俊が中御門と号し、箏・笛をもって奉仕した。のち藤原宗平の子宗雅と宗実が、藤原宗俊を偲び中御門を氏姓とした。しかし中御門宗泰の子宗宣より松木を氏姓とした為に道長系の中御門姓は消滅した。本姓は藤原。藤原系は藤原為経の子経任が、中御門を氏姓にしたが三代で終わる。本姓は藤原。観修寺家系は、観修寺経俊の子経継が中御門を氏姓とした。明治に至り華族に列され伯爵と男爵を授かる。本姓は藤原。家紋は竹に雀。

典：京都・公補

中御門家(道長系)

中御門宗雅　なかみかど・むねまさ

鎌倉時代の人、参議。建保5(1217)年生〜文永6(1269)年1月28日没。53才。初名＝宗基。道長系の中御門家の祖。

〈道長系〉

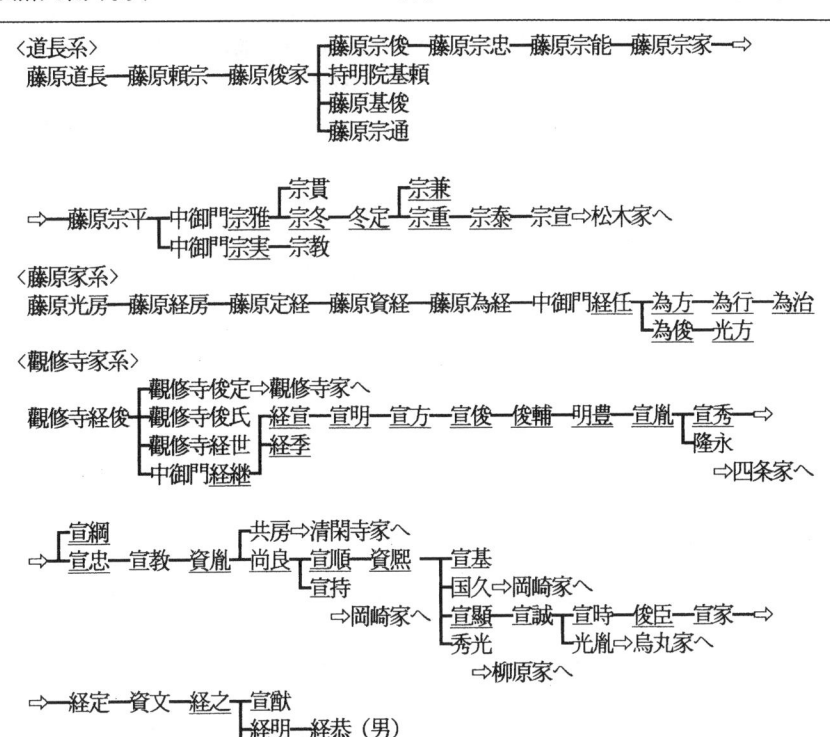

藤原道長─藤原頼宗─藤原俊家┬藤原宗俊─藤原宗忠─藤原宗能─藤原宗家─⇨
├持明院基頼
├藤原基俊
└藤原宗通

┌宗貫　┌宗兼
⇨─藤原宗平┬中御門宗雅┴宗冬─冬定┴宗重─宗泰─宗宣⇨松木家へ
└中御門宗実─宗教

〈藤原家系〉

藤原光房─藤原経房─藤原定経─藤原資経─藤原為経─中御門経任┬為方─為行─為治
└為俊─光方

〈観修寺家系〉

┌観修寺俊定⇨観修寺家へ
観修寺経俊┼観修寺俊氏┌経宣─宣明─宣方─宣俊─俊輔─明豊─宣胤┬宣秀─⇨
├観修寺経世├経季　└隆永
└中御門経継┘　⇨四条家へ

┌宣綱　┌共房⇨清閑寺家へ
⇨┴宣忠─宣教─資胤┴尚良┬宣順─資熙─┬宣基
└宣持　├国久⇨岡崎家へ
⇨岡崎家へ├宣顕─宣誠┬宣時─俊臣─宣家─⇨
└秀光　└光胤⇨烏丸家へ
⇨柳原家へ

⇨─経定─資文─経之┬宣猷
├経明─経恭（男）
└経隆─経民

参議藤原宗平の長男。藤原道長の曾孫藤原宗俊が中御門と号したので、これを偲んで弟宗実と共に中御門を氏姓とした。初め宗基と名乗る。文暦元(1234)年叙爵し侍従に任ぜられる。嘉禎2(1236)年従五位上、同3年正五位下に進み、暦仁元(1238)年蔵人に任ぜられる。宝治2(1248)年宗雅と改名。建長3(1251)年右少弁より、同4年左少弁、同6年右中弁に任ぜられ従四位下に進み左宮城使となり更に従四位上に進み、同7年紀伊権守に任ぜられ正四位下に進み、正嘉元(1257)年右大弁、文応元(1260)年備後権守、弘長元(1261)年右中将・蔵人頭に任ぜられたが辞す。同2年従三位に進み左大弁に任ぜられ造東大寺長官となる。文永2(1265)年参議に任ぜられ美作権守に任ぜられる。同4年正三位に進み、同5年権守を辞す。同6年53才で出家。子に宗貫・宗冬がいる。　典：公辞・公補

中御門宗実　なかみかど・むねざね

鎌倉時代の人、非参議。生年不明〜正応2(1289)年没。初名＝宗世。

参議藤原宗平の次男。藤原道長の曾孫藤原宗俊が中御門と号したので、これを偲んで兄宗雅と共に中御門を氏姓とした。初め宗世と名乗る。延応元(1239)年侍従に任ぜられる。同年宗実と改名。同2年従五位上、仁治3(1242)年正五位下、正嘉元(1257)年従四位下に叙される。同3年右少将に任ぜられる。弘長元(1261)年従四位上に進み、同2年備後

介に任ぜられる。文永5(1268)年正四位下に進み、同6年右中将、同10年加賀介、正応元(1288)年蔵人頭に任ぜられ従三位に進む。子に宗教がいる。　典：公補

中御門宗冬　なかみかど・むねふゆ

鎌倉時代の人、権中納言。生年不明～応長元(1311)年1月19日没。

参議中御門宗雅の子。母は参議藤原信盛の娘。兄に宗貫がいる。康元元(1256)年叙爵し、正元元(1259)年従五位上に進み、文永2(1265)年侍従に任ぜられる。同4年正五位下、同7年従四位下に進み左少将に任ぜられる。同9年従四位上に進み土佐介、建治2(1276)年左中将に任ぜられる。同3年正四位下に進み、弘安2(1279)年加賀権介より美濃権介、正応3(1290)年蔵人頭に任ぜられ従三位に進み更に参議に任ぜられる。同4年正三位に進み、同5年参議を辞す。同年美作権守に任ぜられる。永仁3(1295)年権守を辞す。同6年従二位に進み再び参議に任ぜられる。正安元(1299)年播磨権守に任ぜられたが参議を辞す。同2年正二位に進む。同年播磨権守を辞す。乾元元(1302)年再び参議に任ぜられ備前権守に任ぜられ、更に嘉元元(1303)年権中納言に任ぜられ、同3年に辞す。徳治2(1307)年出家。子に冬定がいる。　典：公辞・公補

中御門冬定　なかみかど・ふゆさだ

鎌倉・南北朝時代の人、権中納言。弘安3(1280)年生～建武4(1337.延元2)年8月17日没。58才。初名＝冬氏。

権中納言中御門宗冬の子。初め冬氏と名乗る。弘安8(1285)年叙爵。正応元(1288)年従五位上より正五位下に進む。同年冬定と改名。正安元(1299)年讃岐介、嘉元元(1303)年蔵人・左少将に任ぜられる。同3年蔵人・少将を辞す。同年右少弁、徳治2(1307)年左少弁に任ぜられる。同3年従四位下、延慶2(1309)年従四位上に進み権右中弁に任ぜられる。同3年正四位下より正四位上に進み左中弁より右大弁に任ぜられ左宮城使・造東大寺長官となる。応長元(1311)年左大弁、正和元(1312)年右兵衛督・蔵人頭に任ぜられる。同2年従三位に進む。同年蔵人頭・右兵衛督を辞す。参議に任ぜられ翌年に辞す。文保2(1318)年正三位に進み再び参議に任ぜられる。元応元(1319)年能登権守、同2年大蔵卿より、元亨2(1322)年宮内卿に任ぜられ、同3年再び参議を辞す。正中2(1325)年三たび参議に任ぜられる。嘉暦元(1326)年大蔵卿・備後権守、同2年左大弁・侍従に任ぜられる。同3年権中納言に任ぜられる。同年任職を辞す。のち従二位に進む。元徳元(1329)年再び権中納言に任ぜられるも翌年に辞す。元弘元(1331)年治部卿に任ぜられ正二位に進む。子に宗兼・宗重がいる。　典：公辞・公補

中御門宗兼　なかみかど・むねかね

鎌倉・南北朝時代の人、参議。延慶元(1308)年生～建武4(1337.延元2)年2月17日没。30才。

権中納言中御門冬定の子。兄に宗重がいる。延慶2(1309)年叙爵。同3年従五位上、応長元(1311)年正五位下に進み、文保2(1318)年侍従、嘉暦元(1326)年左少将より、同2年右少将・中宮権大進、同3年左衛門佐・蔵人、元徳2(1330)年中宮大進・右少弁より、元弘元(1331)年左少弁に任ぜられ正五位上より従四位下に進み左中弁より右大弁・春宮亮に任ぜ

られ造東大寺長官となり、同2年三川権守、正慶元(1332)年蔵人頭に任ぜられる。同2年従四位上に進み、元弘3(1333)年左宮城使となり、建武元(1334)年右中将に任ぜられる。延元元(1336)年参議に任ぜられ侍従に任ぜられ参議を辞す。建武4年に南北朝となり、戦いに敗れ斬首される。　典：公補

中御門宗重　なかみかど・むねしげ

鎌倉・南北朝時代の人、権中納言。嘉元2(1304)年生～貞治6(1367.正平22)年12月22日没。64才。

権中納言中御門冬定の子。弟に宗兼がいる。徳治2(1306)年叙爵。正和元(1312)年従五位上、文保2(1318)年正五位下に進み、元応元(1319)年侍従、元亨3(1323)年大膳大夫となり、嘉暦2(1327)年少納言、同4年土佐権守に任ぜられる。元徳2(1330)年少納言を辞す。同年右少将に任ぜられる。同3年土佐権守を辞す。元弘元(1331)年再び少納言に任ぜられる。同3年越前守に任ぜられる。同年少納言を辞す。建武元(1334)年越前守を辞す。同年従四位下に進み、延元元(1336)年右少将、暦応元(1338)年左少将に任ぜられる。同2年従四位上に進み左中将に任ぜられる。同5年正四位下に進み、貞和4(1348)年左大弁に任ぜられ造東大寺長官・勧学院別当となり正四位上に進み、同5年左中将・蔵人頭に任ぜられる。観応元(1350.正平5)年従三位に進み参議に任ぜられる。同2年南朝に奉じたのか罷職される。再び北朝に奉じたのか延文5(1360.正平15)年正三位に進み、貞治2(1363.正平18)年権中納言に任ぜられるも辞す。同5年従二位に進む。子に宗泰がいる。　典：公辞・公補

中御門宗泰　なかみかど・むねやす

南北朝時代の人、権中納言。生年不明～康暦2(1380.天授6)年1月没。

権中納言中御門宗重の子。正四位下に叙される。蔵人頭・左中将を辞す。応安6(1373.文中2)年参議に任ぜられる。同7年従三位に進み、永和元(1375.天授元)備前権守、同2年左大弁、同3年造東大寺長官となり権中納言に任ぜられるも翌年に辞し正三位に進む。この後は松木を氏姓とし子に松木宗宣がいる。　典：公辞・公補

中御門家(藤原家系)

中御門経任　なかみかど・つねただ

鎌倉時代の人、権大納言。貞永元(1232)年生～永仁5(1297)年1月19日没。66才。初名=経嗣。藤原家系の中御門家の祖。

中納言藤原為経の次男。初め経嗣と名乗る。宝治元(1247)年叙爵。同2年民部権少輔に任ぜられる。同3年従五位上に進む。同年経任と改名。建長3(1251)年若狭守に任ぜられる。同4年正五位下に進み、正嘉元(1257)年勘解由次官、同2年春宮権大進に任ぜられる。正元元(1259)年に辞す。弘長2(1262)年左衛門権佐・皇后宮大進・右少弁に任ぜられ防鴨河使となる。同3年蔵人に任ぜられる。同年これと左衛門権佐を辞す。文永2(1265)年正五位上に進み左少弁より、同3年右中弁に任ぜられ従四位下、同4年従四位上より正四位下に進み勧学院別当となり、同5年蔵人頭・右宮城使・右大弁ろに任ぜられ更に参議に任ぜられ従三位に進む。同7年権中納言に任ぜられる。同8年太宰権帥に任ぜられ権中納

言を辞すも再び任ぜられる。同10年左兵衛督より右衛門督・検別当に任ぜられる。建治元(1275)年正二位に進み、同3年権大納言に任ぜられる。弘安6(1283)年権大納言を辞す。同8年再び権大納言に任ぜられるも翌年に辞す。永仁3(1295)年大宰権帥を辞す。同5年出家。子に為方・為俊がいる。　典：公補

中御門為方　なかみかど・ためかた

鎌倉時代の人、権中納言。建長7(1255)年生～徳治元(1306)年12月11日没。52才。

権大納言中御門経任の長男。母は権大納言藤原公雅の娘。弟に為俊がいる。正嘉2(1258)年叙爵。弘長元(1261)年和泉守に任ぜられる。同2年従五位上、文永3(1266)年正五位下に進み、同6年右兵衛佐、同10年勘解由次官、同11年右衛門権佐、建治元(1275)年蔵人、同2年春宮大進、弘安3(1280)年右少弁に任ぜられる。同4年正五位上、同6年従四位上に進み左少弁より、同7年右中弁・皇后宮亮に任ぜられ従四位上より正四位上に進み、同9年右大弁・蔵人頭に任ぜられ従三位に進み更に参議に任ぜられる。同10年近江権守・左大弁に任ぜられ造東大寺長官となる。正応元(1288)年皇后宮権大夫に任ぜられ権中納言に任ぜられ正三位に進み右衛門督に任ぜられ使別当となる。同3年従二位に進む。同年右衛門督・使別当を辞す。同5年正二位に進む。永仁5(1297)年権中納言を辞す。正安2(1300)年太宰権帥に任ぜられ、嘉元元(1303)年に辞す。徳治元(1306)年出家。子に為行がいる。　典：公補

中御門為俊　なかみかど・ためとし

鎌倉時代の人、非参議。生年不明～正応2(1289)年10月20日没。

権大納言中御門経任の次男。兄に為方がいる。弘長3(1263)年叙爵。文永3(1266)年民部少輔に任ぜられる。同5年従五位上、同7年正五位下に進み、同9年備後介に任ぜられる。同11年木工頭、建治2(1276)年美濃守に任ぜられる。弘安2(1279)年守を辞す。同3年勘解由次官、同6年右少弁より、同7年左少弁に任ぜられ正五位上、同8年従四位下、同9年従四位上より正四位下に進み右中弁より右大弁に任ぜられ右宮城使となり、正応2(1289)年蔵人頭に任ぜられる。同年右大弁を辞す。のち皇后宮亮に任ぜられ従三位に進む。子に光方がいる。　典：公補

中御門為行　なかみかど・ためゆき

鎌倉時代の人、権中納言。建治2(1276)年生～正慶元(1332.元弘2)年9月10日没。57才。

権中納言中御門為方の子。建治元(1275)年叙爵。弘安元(1278)年従五位上に進み、同6年和泉守に任ぜられ正五位下に進み、同9年春宮権大進に任ぜられる。同10年に辞す。正応元(1288)年和泉守を辞す。同2年再び春宮権大進、同3年右衛門権佐、同4年右少弁に任ぜられる。同年右衛門権佐を辞す。同5年再び春宮権大進を辞す。同年左少弁に任ぜられ勧学院別当・造興福寺長官となる。永仁3(1295)年権右中弁に任ぜられ従四位上に進み右宮城使となり、同6年左宮城使となり左中将・右大弁に任ぜられ正四位下、正安2(1300)年従三位に進み越後権守・左大弁に任ぜられ造東大寺長官となる。同3年左大弁を辞す。同年民部卿に任ぜられ翌年に辞す。嘉元元(1303)年参議に任ぜられる。同2年讃岐権守に任ぜられる。徳治元(1306)年参議を辞す。延慶元(1308)年再び参議に任ぜられる。同2年正三位に進み越後権守・左兵衛督・使別当に任ぜられる。同3年権中納言に任ぜられる。

同年任職を辞す。のち従二位、正和2(1313)年正二位に進む。赤痢にて没す。孫に為治がいる。　典：公補

中御門為治　なかみかど・ためはる

鎌倉・南北朝時代の人、権中納言。正和3(1314)年生〜没年不明。

権中納言中御門為行の孫。中御門為宗朝臣の子。正和4(1315)年従五位下に叙される。同5年従五位上に進み、元亨元(1321)年甲斐守・右兵衛権佐に任ぜられる。同年左兵衛権佐を辞す。同4年木工頭に任ぜられ正五位下に進み、嘉暦元(1326)年木工頭を辞す。同2年中宮権大進・左衛門権佐、同3年鴨河使、元徳2(1330)年補蔵人・勘解由次官、同3年宮内権大輔に任ぜられる。、更に蔵人二任ぜられる。同年勘解由次官を辞す。のち左少弁に任ぜられる。元弘2(1332)年に辞す。同年従四位下に進み皇太后宮亮・左京権大夫に任ぜられる。建武2(1335)年左京権大夫を辞す。同3年右中弁に任ぜられる。同4年従四位上に進み左中弁に任ぜられる。同5年正四位下に進み、暦応元(1338)年右大弁、同2年蔵人頭・春宮亮・宮内卿に任ぜられる。同年右大弁を辞す。同3年従三位に進み参議に任ぜられるも翌年に辞す。貞治5(1366)年正三位に進み、観応2(1351.正平6)年権中納言に任ぜられ、文和3(1354.正中9)年に辞す。延文5(1360.正平15)年47才で出家。　典：公補

中御門光方　なかみかど・みつかた

鎌倉時代の人、非参議。生年不明〜元亨2(1322)年5月没。初名=為定。

非参議中御門為俊の子。母は賀茂神主康家の娘。初め為定と名乗る。弘安4(1281)年叙爵。同7年従五位上に進む。同年光方と改名。同11年正五位下に進み、正応2(1289)年勘解由次官、同6年春宮権大進に任ぜられ、永仁4(1296)年に辞す。同5年勘解由次官を辞す。同年右衛門権佐より、同6年左衛門権佐に任ぜられる。更に蔵人・防鴨河使に任ぜられる。正安元(1299)年右少弁に任ぜられる。同年蔵人・左衛門権佐を辞す。同2年正五位上に進み、同3年左少弁より、乾元元(1302)年権右中弁に任ぜられ従四位下に進む。同年右中弁を辞す。延慶元(1308)年従四位上、同3年正四位下、正和元(1312)年従三位に進む。この光方を最後に藤原系からの中御門家は三代で消滅した。　典：公補

中御門家(勧修寺家系)

中御門経継　なかみかど・つねつぐ

鎌倉時代の人、権大納言。正嘉2(1258)年生〜没年不明。法名=乗性。勧修寺家系の中御門家の祖。

勧修寺経俊の三男、母は宮内卿平業光朝臣の娘。兄弟に勧修寺俊定・勧修寺俊氏・勧修寺経世がいる。弘長2(1262)年従五位下に叙される。文永5(1268)年従五位上に進み、同8年治部大輔、弘安7(1284)年勘解由次官に任ぜられる。同8年従四位上より従四位上、同11年正四位下に進み、永仁6(1298)年春宮亮、正安3(1301)年蔵人頭・大蔵卿に任ぜられる。乾元元(1302)年参議に任ぜられ更に右大弁に任ぜられる。同年大蔵卿を辞す。嘉元元(1303)年左大弁・備中権守に任ぜられ造東大寺長官となり従三位に進み、同3年権中納言に任ぜられる。徳治2(1307)年正三位に進み太宰権帥となる。延慶元(1308)年任職を辞

す。同3年従二位、文保2(1318)年正二位に進み、元応元(1319)年権大納言に任ぜられ翌年に辞す。嘉暦元(1326)年69才で出家。子に経宣・経季がいる。　典：公辞・公補

中御門経宣　なかみかど・つねのぶ

鎌倉・南北朝時代の人、参議。弘安2(1279)年生〜暦応3(1340.延元5)年5月6日没。62才。法名=乗信。

権大納言中御門経継の長男。弟に経季がいる。弘安9(1286)年従五位下に叙される。正応元(1288)年和泉守に任ぜられ従五位上、永仁2(1294)年正五位下に進み、同3年越後守、乾元元(1302)年左衛門佐、嘉元元(1303)年中宮権大進より、延慶2(1309)年春宮大進に任ぜられる。正和4(1315)年従四位下、文保2(1318)年従四位上より正四位下に進み春宮亮・右中弁・近江権介より近江守、元応元(1319)年右大弁・蔵人頭に任ぜられ正四位上に進み造東大寺長官となり春宮亮を辞す。同2年参議に任ぜられ右兵衛督・使別当に任ぜられる。元亨元(1321)年従三位に進み、同2年周防権守に任ぜられたが参議を辞す。正中2(1325)年周防権守を辞す。元徳2(1330)年正三位、建武2(1335)年従二位に進み、暦応元(1338.延元3)年60才で出家。子に宣明がいる。　典：公辞・公補

中御門経季　なかみかど・つねすえ

鎌倉・南北朝時代の人、参議。正安元(1299)年生〜貞和2(1346.正平元)9月8日没。48才。初名=高継。

権大納言中御門経継の次男。兄に経宣がいる。初め高継と名乗る。正安2(1300)年叙爵。正和4(1315)年従五位上に進み経季と改名。正五位下に進み、同5年右兵衛佐、文保2(1318)年春宮権大進、元徳2(1330)年右衛門権佐、元亨2(1322)年春宮大進、嘉暦2(1327)年上総介・兵部少輔・蔵人、同3年右少弁より、元徳元(1329)年左少弁・造興福寺長官に任ぜられ正五位上、同2年従四位下、元弘元(1331)年従四位上に進み右中弁より、同3年左中弁・宮内卿・蔵人頭に任ぜられる。建武元(1334)年正四位下に進み、延元元(1336)年参議に任ぜられるも翌年に辞す。暦応元(1338.延元3)年従三位、康永2(1343.興国4)年正三位に進む。貞和2(1346)年出家。子に宣方がいる。　典：公辞・公補

中御門宣明　なかみかど・のぶあき

鎌倉・南北朝時代の人、権大納言。乾元元(1302)年生〜貞治4(1365.正平20)年6月3日没。64才。初名=宣藤。

参議中御門経宣の子。初め宣藤と名乗る。延慶2(1309)年従五位下に叙される。正和4(1315)年従五位上に進み、宮内権少輔に任ぜられる。文保2(1318)年正五位下に進み、同3年木工頭、元応2(1320)年勘解由次官に任ぜられる。同年宣明と改名。正中2(1325)年勘解由次官を辞す。元徳元(1329)年再び勘解由次官・蔵人・左少弁に任ぜられる。同2年従四位下に進む。同年左少弁を辞す。同3年正五位上に進み右中弁・右宮城使・中宮大進に任ぜられる。同4年従四位下に進み春宮亮・左中弁に任ぜられ従四位上、建武2(1335)年正四位下に進み、同2年蔵人頭に任ぜられる。同年これと春宮亮を辞す。同4年右大弁より、暦応元(1338.延元3)年左大弁に任ぜられ、同2年参議に任ぜられる。同3年従三位に進み参議を辞す。貞和2(1346.正平元)正三位に進み、同4年権中納言に任ぜられる。同5年に

辞す。同年従二位、延文元(1356.正平11)年正二位に進み、貞治元(1362.正平17)年権大納言に任ぜられる。養子に宣方がいる。　典：公辞・公補

中御門宣方　なかみかど・のぶかた

南北朝時代の人、権中納言。観応元(1350.正平5)生～没年不明。

参議田向経兼の次男。権大納言中御門宣明家の養子となる。兵部少輔に任ぜられる。従五位上より正五位下に叙される。康安2(1362)年右少弁より、貞治2(1363.正平18)年右中弁に任ぜられ正五位上に進み、同5年蔵人、同7年氏院別当、応安4(1371)年左宮城使・蔵人頭に任ぜられ従四位下に進み、同6年左中弁に任ぜられ正四位下、同7年正四位上に進み、永和元(1375.天授元)左大弁に任ぜられる。同2年参議に任ぜられる。同3年従三位に進み能登権守に任ぜられる。康暦元(1379.天授5)年に辞す。永徳元(1381.弘和元)正三位に進み、同3年相模権守に任ぜられる。至徳元(1384.元中元)従二位に進み、嘉慶元(1387.元中4)年相模権守を辞す。同2年権中納言に任ぜられ翌年に辞す。明徳4(1393)年44才で出家。子に宣俊がいる。　典：公辞・公補

中御門宣俊　なかみかど・のぶとし

南北朝・室町時代の人、権中納言。応安4(1371.建徳2)年生～応永21(1414)年9月13日没。44才。

権中納言中御門宣方の子。永和3(1377)年従五位下に叙され兵部権大輔、右兵衛佐、嘉慶2(1388)年右少弁・蔵人、明徳元(1390)年左少弁より、応永元(1394)年右中弁、同2年右宮城使より、同3年左宮城使に任ぜられ従四位下より従四位上に進み、同4年右大弁に任ぜられる。正四位下より正四位上に進み、同8年左大弁、同9年蔵人頭に任ぜられる。同11年参議に任ぜられる。同12年従三位に進む。同年播磨権守に任ぜられる。同16年に辞す。同17年正三位に進み、同18年伊予権守に任ぜられる。同20年従二位に進み、同21年権中納言に任ぜられる。子に俊輔がいる。　典：公辞・公補

中御門俊輔　なかみかど・としすけ

室町時代の人、権大納言。明徳3(1392.元中9)年生～永享11(1439)年2月6日没。48才。初名＝宣資。前名＝宣輔。

権中納言中御門宣俊の子。初め宣資と名乗り、のち宣輔と改名。応永13(1406)年蔵人に任ぜられる。同14年正五位上に従し、同15年右少弁より、同18年右中弁に任ぜられる。同19年従四位下より従四位上に進み、同21年左中弁より右大弁・蔵人頭に任ぜられ正四位下に進み、同22年参議に任ぜられ、更に近江権守に任ぜられる。同26年これを辞す。同28年正三位に進み権中納言に任ぜられる。同31年従二位に進む。同年権中納言を辞すも、同33年再び任ぜられる。正長元(1428)年俊輔と改名。永享4(1433)年権大納言に任ぜられる。同9年正二位に進む。同年権大納言を辞す。子に明豊がいる。　典：公辞・公補

中御門明豊　なかみかど・あきとよ

室町時代の人、権大納言。応永21(1414)年生～長禄3(1459)年10月3日没。46才。初名＝宣豊。

権大納言中御門俊輔の子。応永年間に叙爵し従五位上に進み、同32(1425)年治部少輔、正長元(1428)年蔵人・右少弁より、永享元(1429)年左少弁に任ぜられる。正五位下より正五位上に進み、同9年右中弁に任ぜられる。同10年従四位下に進み、同11年左中弁・蔵人頭に任ぜられる。従四位上より正四位下に進み、左宮城使に任ぜられ正四位上に進み、文安元(1444)年参議に任ぜられる。同2年従三位に進み讃岐権守に任ぜられる。同3年権中納言に任ぜられる。宝徳元(1449)年正三位に進み、同2年権中納言を辞すも再び任ぜられる。享徳元(1452)年従二位に進み権大納言に任ぜられる。康正元(1455)年正二位に進み、同2年権大納言を辞す。長禄3年従一位進むも出家して没す。子に宣胤がいる。 典：公辞・公補

中御門宣胤 なかみかど・のぶたね

室町時代の人、権大納言。嘉吉2(1442)年生～大永5(1525)年11月17日没。84才。法名=乗光。

権大納言中御門明豊の子。嘉吉3(1443)年叙爵。文安5(1448)年従五位上に進み右衛門佐に任ぜられる。康正元(1455)年正五位下に進み右少弁より左少弁・蔵人に任ぜられる。同3年右中弁、長禄2(1458)年右宮城使に任ぜられる。同3年正五位上に進み、同4年左中弁に任ぜられる。寛正2(1461)年従四位下より従四位上に進み蔵人頭・左宮城使・伊勢権守に任ぜられ正四位下、同3年正四位上に進み、文正元(1466)年参議に任ぜられ従三位に進む。応仁元(1467)年美濃権守に任ぜられる。同2年権中納言に任ぜられる。文明2(1470)年正三位、同8年従二位に進み、長享2(1488)年権大納言に任ぜられる。延徳2(1490)年正二位に進み、永正3(1506)年神宮伝奏となる。同8年従一位に進む。70才で出家。子に宣秀・四条隆永がいる。 典：京都・大日・日名・伝日・公辞・公補

中御門宣秀 なかみかど・のぶひで

室町時代の人、権大納言。文明元(1469)年8月17日生～享禄4(1531)年7月9日没。63才。

権大納言中御門宣胤の子。母は権大納言甘露寺親長の娘。弟に四条隆永がいる。文明3(1471)年叙爵。同10年右衛門佐に任ぜられる。同13年従五位上に進み、同15年権右少弁・蔵人に任ぜられる。同16年正五位下に進み、同18年左少弁に任ぜられ正五位上に進み、明応2(1493)年右中弁・右宮城使に任ぜられ従四位下、同3年従四位上に進み、同4年蔵人頭・左中弁に任ぜられ正四位下より正四位上に進み、同6年左宮城使に任ぜられる。同8年参議に任ぜられる。文亀元(1501)年従三位に進み右大弁に任ぜられる。永正元(1504)年権中納言に任ぜられる。同2年正三位に進み、同7年に宇治に下向。同11年従二位、同14年正二位に進み、同15年権大納言に任ぜられ、大永5(1525)年に辞す。同7年子の宣綱に同行し駿州に下向。享禄2(1529)年上洛し越前に下向。のち上洛。同4年従一位に進む。子に宣綱・宣忠がする。 典：公辞・公補

中御門宣忠 なかみかど・のぶただ

室町時代の人、権大納言。永正14(1517)年5月8日生～弘治元(1555)年7月2日没。39才。初名=宣治。法名=乗察。

権大納言中御門宣秀の次男。母は非参議吉田兼倶の娘。兄に宣綱がいる。初め宣治と名乗る。享禄2(1529)年叙爵し従五位上に進み、同2年右衛門権佐より、天文元(1532)年

正佐に任ぜられる。同2年正五位下、同3年正五位上に進み、同4年造興福寺長官・右少弁より左少弁、同6年右中弁より、同7年右中弁、同8年右宮城使・蔵人頭に任ぜられ従四位下に進み、同9年従四位上より正四位下に進み、同10年左中弁より、同11年右大弁に任ぜられ正四位上に進み、同12年備中権守に任ぜられる。同14年参議に任ぜられ従三位に進む。同15年権中納言に任ぜられる。同16年正三位に進む。同年宣忠と改名。同20年従二位に進み、同21年権大納言に任ぜられる。酒損にて没す。子に宣教(正四位上・蔵人頭・左中弁、天正6,4,1没。36才、養子は資胤)がいる。　典：公辞・公補

中御門宣綱　なかみかど・のぶつな

室町時代の人、権中納言。永正8(1511)年生～永禄12(1569)年4月没。59才。

権大納言中御門宣秀の長男。母は非参議吉田兼倶の娘。永正9(1512)年叙爵。同16年右衛門佐に任ぜられ従五位上、大永3(1523)年正五位下に進み、同4年右少弁より、同5年左少弁に任ぜられる。同6年正五位上に進み、享禄2(1529)年右中弁、天文2(1533)年侍従に任ぜられる。同年右中弁を辞す。同11年従四位下に進み、同15年伊予権介に任ぜられる。同18年従四位上に進み参議に任ぜられるも同19年に辞す。同年正四位に進む。同23年従三位に進み、弘治元(1555)年権中納言に任ぜられる。永禄元(1558)年駿河国に下向。同12年従二位に進むも遠州にて没す。　典：公補

中御門資胤　なかみかど・すけたね

室町・安土桃山・江戸時代の人、権大納言。永禄12(1569)年5月14日生～寛永3(1626)年1月17日没。58才。初名＝宣光。前名＝宣泰。法名＝乗蓮。

権大納言庭田重保の子。母は権大納言庭田重具の娘。初め宣光と名乗り、正四位上・蔵人頭・左中弁中御門宣教朝臣家の養子となる。天正6(1578)年叙爵し元服し左衛門権佐、同7年権右少弁、同9年左少弁・補蔵人に任ぜられ従五位上、同10年正五位下、同11年正五位上に進み、同14年右中弁に任ぜられる。同15年宣泰と改名。同17年従四位下より従四位上に進み補蔵人頭・左中弁任ぜられ更に正四位下、同18年正四位上に進む。同22年資胤と改名。文禄3(1595)年右大弁に任ぜられる。慶長2(1597)年参議に任ぜられる。同3年従三位に進み、同4年権中納言に任ぜられる。同16年正三位に進み、同17年権大納言に任ぜられる。同19年従二位に進み、元和元(1615)年踏歌内弁となる。同3年正二位に進む。同4年神宮伝奏となり、寛永2(1625)年に辞す。子に尚良・清閑寺共房がいる。　典：公辞・公補

中御門尚良　なかみかど・なおよし

安土桃山・江戸時代の人、権大納言。天正18(1590)年8月7日生～寛永18(1641)年8月23日没。52才。初名＝宣隆。元名＝宣衡。前名＝成良。

権大納言中御門資胤の次男。母は蔵人頭・左中弁中御門宣教朝臣の娘。兄弟に清閑寺共房がいる。初め宣隆と名乗る。慶長3(1598)年叙爵。同5年元服し右衛門佐に任ぜられる。同年衡と改名。同7年従五位上に進み、同9年右少弁、同10年補蔵人に任ぜられる。同11年正五位下、同12年正五位上に進み、同14年左少弁に任ぜられる。同16年従四位下より従四位上に進み更に正四位下に進み、同17年右大弁・補蔵人頭に任ぜられ正四位上に進み、同18年参議に任ぜられる。同19年従三位に進み、元和2(1616)年権中納言に任ぜられ

る。同3年正三位、同6年従二位に進み、寛永元(1624)年賀茂伝奏となり翌年に辞す。同4年権大納言に任ぜられる。同6年院執権となる。同7年正二位に進み、同10年任職を辞す。同12年成良と改名。更に同14年尚良と改名。子に宣順・岡崎宣持がいる。 典：公辞・公補

中御門宣順 なかみかど・のぶあり

江戸時代の人、権大納言。慶長18(1613)年10月27日生～寛文4(1664)年5月3日没。52才。初名=宣繁。法名=乗喜。

権大納言中御門尚良の子。兄弟に岡崎宣持がいる。初め宣繁と名乗る。慶長19(1614)年叙爵。元和6(1620)年元服し従五位上に進み左兵衛佐に任ぜられる。同年宣順と改名。同9年正五位下に進み、寛永4(1627)年右少弁・蔵人に任ぜられる。同5年正五位上に進み左少弁より、同8年右中弁に任ぜられる。同9年従四位下より従四位上に進み蔵人を辞す。同10年正四位下より正四位上に進み、同12年左中弁より右大弁、同16年蔵人頭、同18年左大弁に任ぜられる。同19年従三位に進み参議に任ぜられる。同20年左大弁を辞す。同年踏歌外弁となる。正保2(1645)年権中納言に任ぜられる。同4年正三位に進み、承応元(1652)年権大納言に任ぜられる。同3年従二位より正二位に進み、万治元(1658)年権大納言を辞す。子に資熈がいる。 典：公辞・公補

中御門資熈 なかみかど・すけひろ

江戸時代の人、権大納言。寛永12(1635)年12月26日生～宝永4(1707)年8月21日没。73才。一字名=平。

権大納言中御門宣順の子。母は権大納言阿野実顕の娘。寛永14(1637)年叙爵。のち右大弁・蔵人頭に任ぜられ正四位上に進み、万治元(1658)年参議に任ぜられ左大弁に任ぜられる。同2年従三位、寛文3(1663)年正三位に進み権中納言に任ぜられる。同4年踏歌外弁となる。同8年賀茂伝奏となるも辞す。同12年権大納言に任ぜられる。延宝元(1673)年正二位に進み、同4年踏歌内弁となる。同6年権大納言を辞す。天和3(1683)年49才で蟄居。元禄元(1688)年許されて再び権大納言に任ぜられ賀茂伝奏となる。同6年これを辞す。同8年神宮伝奏となり翌年に辞す。同12年権大納言を辞す。子に宣基(正五位上・蔵人・左少弁、延宝8,12,25没。22才)・宣顕・岡崎国久・柳原秀光がいる。 典：公辞・公補

中御門宣顕 なかみかど・のぶあき

江戸時代の人、権大納言。寛文2(1662)年12月2日生～元文5(1740)年8月22日没。79才。

権大納言中御門資熈の三男。兄弟に宣基(正五位上・蔵人・左少弁、延宝8,12,25没。22才)・岡崎国久・柳原秀光がいる。元禄元(1688)年叙爵し元服し右兵衛佐に任ぜられる。同3年従五位上に進み、同4年蔵人・右少弁に任ぜられ正五位下より正五位上に進み、同5年左少弁より、同7年右中弁、同9年蔵人頭に任ぜられ従四位下、同10年従四位上より正四位下に進み左中弁に任ぜられ更に正四位上に進み、同12年任職を辞す。宝永5(1708)年従三位、享保4(1719)年正三位に進み、同7年参議に任ぜられるも翌年に辞す。同16年権中納言に任ぜられるも辞す。元文3(1738)年権大納言に任ぜられるも辞し従二位に進む。子に宣誠がいる。 典：公辞・公補

中御門俊臣　なかみかど・としおみ

江戸時代の人、権中納言。元文5(1740)年11月20日生～明和8(1771)年8月13日没。32才。

権大納言坊城俊将の次男。母は権大納言坊城俊清の娘。延享元(1744)年叙爵。同2年正五位上・蔵人・右少弁・右衛門佐・検非違使中御門宣時家の家督養子となる。宝暦3(1753)年元服し左兵衛権佐に任ぜられ従五位上に進み、同5年右少弁、同6年蔵人・賀茂奉行・御祈奉行・左少弁・神宮弁・氏院別当に任ぜられ正五位下より正五位上に進み、同7年左少弁・氏院別当・御祈奉行を辞す。同8年左衛門権佐・検非違使・右中弁、同9年左中弁に任ぜられる。明和元(1764)年従四位下より従四位上に進み更に正四位下に進み蔵人頭・左大弁に任ぜられる。同2年正四位上に進み参議に任ぜられる。同3年従三位に進み近江権守に任ぜられる。同5年権中納言に任ぜられる。同6年正三位に進み踏歌外弁となる。同8年権中納言を辞す。竹内式部に闇斎派の学を受ける。子に宣家がいる。　典：公辞・公補

中御門経之　なかみかど・つねゆき

江戸時代の人、権大納言。文政3(1820)年12月17日生～明治24(1891)年8月没。72才。

正五位下・侍従中御門資文の次男。勧修寺顕彰の子という。文政6(1823)年叙爵。天保2(1831)年元服し従五位上、同5年正五位下に進み、嘉永元(1848)年侍従、同4年右少弁より、同5年左少弁・補蔵人に任ぜられ正五位上に進み、同6年右衛門権佐、安政元(1854)年御祈奉行に任ぜられる。同2年の御遷幸に舎人一人・小舎人童一人・看督長二人・随身二人・火長二人・雑色四人・傘一人を供として参加。同3年御祈奉行を辞す。賀茂上下社奉行・権右中弁、同5年氏院別当・神宮弁・蔵人頭に任ぜられ従四位下より従四位上に進み更に正四位下に進み安政の事件(飛鳥井雅典の項参照)の八十八廷臣として連座。同6年正四位上に進む。同年賀茂上下社奉行・氏院別当を辞す。万延元(1860)年蔵人頭を辞す。文久元(1861)年左中弁に任ぜられる。同2年秋に和宮降嫁問題で廷臣派に追われて岩倉村に蟄居した岩倉具視と薩摩藩士井上長秋の取次で密かに連絡を取る。同3年右大弁に任ぜられ神宮弁を辞す。元治元(1864)年従三位に進み参議に任ぜられる。慶応元(1865)年左大弁に任ぜられる。同2年正三位に進み、同3年権中納言に任ぜられ岩倉具視の意を受けて討幕の密勅に署名し王政復古に活躍する。更に明治元(1868)年従二位に進み権大納言に任ぜられ明治新政府に議定・会計事務総督より会計事務局督となる。家料は二百石。のち華族に列され伯爵より侯爵を授かる。子経明(華族に列され伯爵を授かる)・宣猷・経継がいる。　典：幕末・明治・公辞・京都・遷幸・公補

○中山家

藤原北家の花山院流。権中納言藤原忠宗の次男忠親が中山を氏姓とした。代々大納言に任ぜられる。天皇家と姻戚関係にあり、幕末には尊皇攘夷を主張し王政復古を推進した。明治に至り華族に列され侯爵を授かる。本姓は藤原。家紋は杜若(かきつばた)。菩提寺は京都上京区の廬山寺。

典：京都・日名

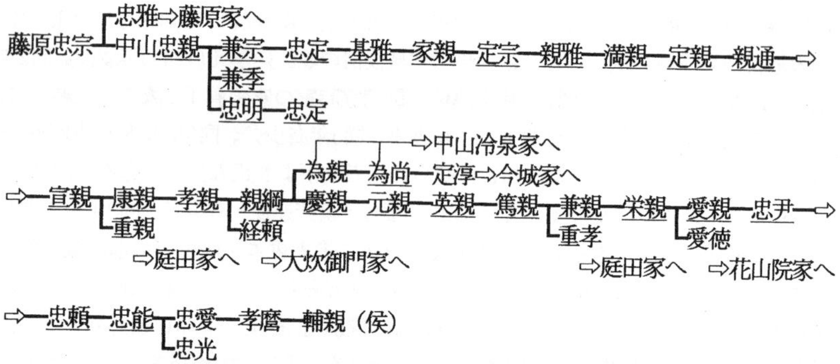

中山忠親　なかやま・ただちか

平安・鎌倉時代の人、内大臣。天承元(1131)年生〜建久6(1195)年3月12日没。65才。号=中山内大臣。法名=静和。本姓=藤原。中山家の祖。

権中納言藤原忠宗の次男。母は参議藤原家保の娘。兄に藤原忠雅がいる。保延6(1140)年五位に叙される。久安5(1149)年左衛門佐、同6年蔵人に任ぜられる。同7年従五位上に進み、仁平元(1151)年解官。同年補蔵人に任ぜられる。同2年正五位下に進み、同4年播磨権介に任ぜられる。久寿2(1155)年補蔵人を辞す。保元2(1157)年尾張権介、同3年左中将に任ぜられる。同4年従四位上、永暦元(1160)年正四位下に進み蔵人頭、応保2(1162)年中宮権亮、同3年因幡権守に任ぜられる。長寛2(1164)年参議に任ぜられる。仁安2(1167)年従三位に進み備前権守に任ぜられ更に権中納言に任ぜられる。同3年正三位、安元2(1176)年従二位に進み、治承元(1177)年右衛門督・補使別当、同2年中宮権大夫に任ぜられる。同3年督・別当・大夫を辞す。同年春宮大夫に任ぜられる。同4年正二位に進む。同年春宮大夫を辞す。寿永元(1182)年中納言に任ぜられる。同2年権大納言に任ぜられる。文治5(1189)年大納言に任ぜられる。建久2(1191)年内大臣に任ぜられる。同5年64才で出家。子に兼宗・兼季・忠明がいる。　典：古今・大日・日名・伝日・公辞・公補

中山兼宗　なかやま・かねむね

平安・鎌倉時代の人、大納言。長寛元(1163)年生〜仁治3(1242)年9月3日没。80才。

内大臣中山忠親の長男。母は権右中弁藤原光房の娘。弟に兼季・忠明がいる。仁安2(1167)年叙爵。承安元(1171)年侍従に任ぜられる。同2年従五位上に進み、安元2(1176)年阿波介に任ぜられる。同3年正五位下に進み、治承3(1179)年左少将、同4年伊予権介に任ぜられる。寿永元(1182)年従四位下、同3年従四位上に進み、文治2(1186)年播磨権介、同3年右中将より、同4年左中将に任ぜられ正四位下に進み、同6年備中権介、建久4(1193)年蔵人頭、同6年美濃介に任ぜられ更に参議に任ぜられる。同8年加賀権守に任ぜられ従三位、正治元(1199)年正三位に進み、同2年権中納言に任ぜられる。建仁元(1201)年従二位、元久元(1204)年正二位に進み、同2年権大納言に任ぜられる。更に建暦元(1211)年大納言に任ぜられ中宮大夫に任ぜられる。建保6(1218)年大納言を辞す。寛喜元(1229)年按

察使に任ぜられ、嘉禎元(1235)年に辞す。同年大隅国を賜る。子に忠定がいる。　典：伝日・公辞・公補

中山兼季　なかやま・かねすえ

平安・鎌倉時代の人、非参議。治承3(1179)年生〜没年不明。

内大臣中山忠親の三男、母は権大納言平時忠の娘。兄に兼宗、弟に忠明がいる。養和元(1181)年従五位下に叙される。文治2(1186)年侍従に任ぜられる。同6年従五位上に進み越前権介、建久5(1194)年右少将に任ぜられ正五位下に進み、同6年出羽介に任ぜられる。同8年従四位下、正治2(1200)年従四位上に進み出雲権介に任ぜられる。元久2(1205)年正四位下に進み、同3年左中将、建永2(1207)年備中介、建暦2(1212)年丹波介に任ぜられる。建保6(1218)年従三位に進み、寛元元(1243)年65才で出家。　典：公補

中山忠定　なかやま・たださだ

平安・鎌倉時代の人、参議。文治4(1188)年生〜康元元(1256)年11月18日没。69才。初名＝忠房。

大納言中山兼宗の長男。母は非参議藤原重家の娘。初め忠房と名乗る。文治6(1190)年叙爵。正治元(1199)年侍従に任ぜられる。同年忠定と改名。建仁2(1202)年従五位上に進み、同3年阿波権介、同4年左少将に任ぜられる。元久2(1205)年正五位下に進み中宮権亮に任ぜられる。同3年従四位下、承元2(1208)年従四位上に進み、同3年能登権介・左中将に任ぜられる。建暦元(1211)年正四位下に進み、建保元(1213)年備中介に任ぜられる。同6年従三位に進み参議に任ぜられる。更に中宮権大夫、承久元(1219)年近江権守に任ぜられる。同2年正三位に進む。同年参議を解官される。貞応元(1222)年権守を辞す。安貞元(1227)年従二位、嘉禎3(1237)年正二位に進む。子に基雅がいる。　典：公辞・公補

中山忠明　なかやま・ただあき

鎌倉時代の人、非参議。寿永2(1183)年生〜没年不明。

内大臣中山忠親の子。兄に兼宗・兼季がいる。建久3(1192)年尾張守に任ぜられ従五位上に叙される。同10年少納言に任ぜられる。建仁3(1203)年正五位下に進み、元久元(1204)年左少将に任ぜられる。同3年従四位下に進み、建暦元(1211)年右中将より左中将に任ぜられる。同2年従四位上に進む。同年左中将を辞す。延応元(1239)年正四位下、仁治2(1241)年従三位に進み、建長3(1251)年69才で出家。子に忠定がいる。　典：公補

中山基雅　なかやま・もとまさ

鎌倉時代の人、非参議。生没年不明。

参議中山忠定の子。建長6(1254)年補蔵人頭に任ぜられ、のち正四位下に叙され左中将に任ぜられる。同7年従三位、正嘉2(1258)年正三位に進む。のち出家。子に家親がいる。
典：公辞・公補

中山家親　なかやま・いえちか

鎌倉時代の人、参議。生没年不明。法名＝覚如・証信。

非参議中山基雅の子。母は権中納言姉小路実世の娘。弘長3(1263)年叙爵。建治元(1275)年侍従、同2年右兵衛権佐に任ぜられる。同3年従五位上に進み右少将に任ぜられる。同6年従四位上に進み、同7年左少将より、正応2(1289)年左中将に任ぜられ従四位上より正四位下に進み、正安2(1300)年補蔵人頭に任ぜられる。延慶2(1309)年参議に任ぜられ従三位に進む。同3年参議を辞す。正和元(1312)年正三位に進み、同3年宮内卿に任ぜられ従二位に進む。同4年宮内卿を辞す。文保元(1317)年出家。子に定宗がいる。　典：公辞・公補

中山忠定　なかやま・ただささだ

鎌倉・南北朝時代の人、非参議。正安2(1300)年生〜康永3(1343.興国5)年11月没。44才。

非参議中山忠明の子。正和5(1316)年正四位下に叙される。嘉暦2(1327)年左兵衛督に任ぜられる。同3年従三位に進み侍従、正慶元(1332.元弘2)年下総権守に任ぜられ翌年に辞す。建武2(1335)年紀伊権守に任ぜられ、同4年に辞す。　典：公補

中山定宗　なかやま・さだむね

鎌倉・南北朝時代の人、権中納言。文保元(1317)年生〜応安4(1371.建徳2)年3月15日没。55才。

参議中山家親の子。元亨2(1322)年叙爵。正中元(1324)年侍従に任ぜられる。嘉暦2(1327)年従五位上、同4年正五位下に進み、元徳2(1330)年左少将に任ぜられる。元弘4(1334)年従四位下に進み、暦応元(1338)年右少将・近江介に任ぜられ従四位上に進み、同2年右中将に任ぜられる。同4年正四位下に進み、同5年近江介を辞す。貞和4(1348)年補蔵人頭に任ぜられ、同5年参議に任ぜられる。観応元(1350)年従三位に進み讃岐権守に任ぜられる。文和4(1355.正平10)年に辞す。延文元(1356.正平11)年参議を辞す。同5年正三位、貞治3(1364.正平19)年従二位に進み、同6年権中納言に任ぜられ翌年に辞す。子に親雅がいる。　典：公辞・公補

中山親雅　なかやま・ちかまさ

南北朝・室町時代の人、権大納言。文和2(1353.正平8)年生〜応永9(1402)年5月27日没。50才。法名=宗雅・祐元・祐雅。

権中納言中山定宗の子。侍従に任ぜられる。貞治2(1363)年従五位上に叙される。のち正五位下に進み、同6年左少将、応安元(1368)年出羽介に任ぜられ従四位下に進み、同2年左中将に任ぜられ従四位上、永和元(1375)年正四位下に進み、同2年備後介、同4年蔵人頭に任ぜられる。同5年正四位上に進み、康暦元(1379.天授6)年官職が止まるも許されて宮内卿・左中将に任ぜられる。同2年参議に任ぜられる。永徳元(1381.弘和元)従三位より正三位に進み、同3年土佐権守に任ぜられ更に権中納言に任ぜられ従二位に進み右衛門督に任ぜられ、至徳元(1384.元中元)督を辞す。嘉慶元(1387.元中4)年権中納言を辞す。同年民部卿に任ぜられる。明徳元(1390.元中7)年再び権中納言に任ぜられ左衛門督に任ぜられる。同3年正二位に進み翌年に権中納言を辞す。応永元(1394)年再び権中納言に任ぜられ更に権大納言に任ぜられる。同年弾正尹に任ぜられる。同2年に任職を辞す。43才で出家。子に満親がいる。　典：公辞・公補

中山満親　なかやま・みつちか

南北朝・室町時代の人、権大納言。応安4(1371.建徳2)年生～応永28(1421)年4月26日没。51才。初名=親兼。法名=祐親。

権大納言中山親雅の子。初め親兼と名乗る。応安6(1373)年叙爵。永和元(1375)年侍従に任ぜられる。同4年従五位上、至徳3(1386)年正五位下に進む。同年満親と改名。同4年左少将に任ぜられる。嘉慶2(1388)年従四位下に進み、明徳2(1391.元中8)年従四位上、同4年正四位下に進み、応永2(1395)年蔵人頭に任ぜられ正四位上に進み、同9年参議に任ぜられる。同10年従三位に進み加賀権守に任ぜられ、同14年に辞す。同15年正三位に進み、同17年因幡権守に任ぜられる。同18年従二位に進み左中将に任ぜられる。同21年権中納言に任ぜられる。同24年正二位に進み、同25年権大納言に任ぜられる。同28年出家。子に定親がいる。　典：公辞・公補

中山定親　なかやま・さだちか

室町時代の人、権大納言。応永8(1401)年生～長禄3(1459)年9月17日没。59才。法名=祐繁。

権大納言中山満親の子。応永10(1403)年叙爵。同13年侍従に任ぜられる。同15年従五位上、同16年正五位下に進み阿波権介、同20年左少将に任ぜられ元服し従四位下に進み、同23年左中将に任ぜられる。同24年従四位上に進み、同25年三川権介に任ぜられる。同27年正四位下に進み、同28年蔵人頭に任ぜられ正四位上に進み参議に任ぜられる。同29年従三位に進み出雲権守に任ぜられ、同31年に辞す。同34年正三位に進み、永享元(1429)年近江権守に任ぜられ、同5年に辞す。同8年武家伝奏となる。同9年従二位に進み、嘉吉元(1441)年権中納言に任ぜられる。同3年権大納言に任ぜられ、更に弾正尹に任ぜられる。文安3(1446)年正二位に進む。同年権大納言を辞す。同5年48才で出家。子に親通がいる。　典：公辞・公補

中山親通　なかやま・ちかみち

室町時代の人、権大納言。応永33(1426)年生～寛正3(1462)年5月25日没。37才。初名=教親。

権大納言中山定親の子。初め教親と名乗る。正長元(1428)年叙爵。永享5(1433)年従五位上に進み親通と改名。同10年正五位下に進み、嘉吉2(1442)年元服し、同3年侍従に任ぜられる。同4年従四位下に進み、文安元(1444)年左少将、同2年伊予権介、同3年左中将に任ぜられ従四位上より、正四位下に進み蔵人頭に任ぜられる。同4年参議に任ぜられる。同5年加賀権守に任ぜられ従三位に進み、宝徳元(1449)年権中納言に任ぜられる。同2年正三位に進み、同3年権中納言を辞す。同年民部卿に任ぜられる。享徳3(1454)年従二位に進み、康正元(1455)年権大納言に任ぜられ、長禄2(1458)年に辞す。寛正元(1460)年正二位に進み再び権大納言に任ぜられる。子に宣親がいる。　典：公辞・公補

中山宣親　なかやま・のぶちか

室町時代の人、権中納言。長禄2(1458)年生～永正14(1517)年10月4日没。60才。法名=祐什。

権大納言中山親通の子。長禄4(1460)年叙爵。文明6(1474)年従五位上に進み侍従に任ぜられる。同8年正五位下に進み左少将に任ぜられる。同9年従四位下に進み蔵人頭・左中将に任ぜられる。同10年従四位上、同11年正四位下、同12年正四位上に進み、同13年参議に任ぜられる。同15年従三位に進み、長享2(1488)年権中納言に任ぜられる。延徳3(1491)年正三位、明応4(1495)年従二位に進み、同6年踏歌内弁となる。永正3(1506)年正二位に進むも49才で出家。子に康親・庭田重親がいる。　典：公辞・公補

中山康親　なかやま・やすちか

室町時代の人、権大納言。文明17(1485)年生～天文7(1538)年8月14日没。54才。法名＝祐清。

権中納言中山宣親の子。弟に庭田重親がいる。長享元(1487)年叙爵。明応6(1497)年従五位上に進み侍従に任ぜられる。文亀元(1501)年正五位下に進み、同2年左少将に任ぜられる。永正2(1505)年従四位下より従四位上に進み更に正四位下に進み左中将、同4年蔵人頭に任ぜられる。同5年正四位上に進み、同8年参議に任ぜられる。同9年従三位、同12年正三位に進み、同13年権中納言に任ぜられる。同14年加賀国に下向し翌年に上洛。大永元(1521)年従二位、同6年正二位に進み権大納言に任ぜられるも、享禄元(1528)年に辞す。同年加賀国に下向。天文2(1533)年49才で出家。子に孝親がいる。　典：公辞・公補

中山孝親　なかやま・たかちか

室町・安土桃山時代の人、准大臣。永正9(1512)年12月18日生～天正6(1578)年1月16日没。67才。法名＝臨空。院号＝光恩院。

権大納言中山康親の子。母は権大納言正親町公兼の娘。永正11(1514)年叙爵し侍従に任ぜられる。同18年従五位上に進み、大永2(1522)年阿波権介に任ぜられる。同4年正五位下に進み、同5年左少将に任ぜられる。同8年従四位下に進み、享禄2(1529)年左中将に任ぜられる。天文3(1534)年従四位上に進み、同4年蔵人頭に任ぜられる。同5年正四位下より正四位上に進み、同7年出雲権守に任ぜられ更に参議に任ぜられる。同8年従三位に進み、同9年因幡権守に任ぜられ、同10年任職を辞す。同11年正三位に進み、同13年関東に下向し上洛。同14年従二位に進み再び参議に任ぜられ更に権中納言に任ぜられる。同18年権大納言に任ぜられ正二位に進み神宮伝奏となる。永禄8(1565)年任職を辞す。同年従一位に進む。天正4(1576)年蟄居。同年賀茂伝奏となる。同6年准大臣に任ぜられる。子に親綱・大炊御門経頼がいる。　典：公辞・日名・公補

中山親綱　なかやま・ちかつな

室町・安土桃山時代の人、権大納言。天文13(1544)年11月23日生～慶長3(1598)年11月28日没。55才。法名＝相空。

権大納言中山孝親の子。母は非参議五辻諸仲の娘。永禄元(1558)年叙爵し侍従に任ぜられ元服し、同3年従五位上に進み左少将に任ぜられる。同6年正五位下、同9年従四位下、同12年従四位上、元亀2(1571)年正四位下に進み、同4年左中将・蔵人頭に任ぜられ正四位上に進み、天正4(1576)年参議に任ぜられ従三位に進む。同年蟄居させられる。同7年権中納言に任ぜられ正三位に進み、同8年賀茂伝奏となる。同10年従二位に進み、同

13年権大納言に任ぜられる。同14年正二位に進む。同15年武家伝奏に任ぜられる。子に慶親・御子左為親がいる。　典：公辞・公補

中山慶親　なかやま・よしちか

室町・安土桃山・江戸時代の人、権大納言。永禄9(1566)年11月29日生～元和4(1618)年4月10日没。53才。

権大納言中山親綱の子。母は非参議・神祇伯白川雅業王の娘。弟に御子左為親がいる。永禄13(1570)年叙爵し侍従に任ぜられる。天正3(1575)年従五位上に進み、同4年元服し、同6年正五位下に進み、同7年少将に任ぜられる。同9年従四位下より従四位上に進み蔵人頭・左中将に任ぜられる。同10年正四位下、同11年正四位上に進み、同17年参議に任ぜられ従三位に進む。慶長2(1597)年権中納言に任ぜられる。同16年正三位に進み、同17年権大納言に任ぜられる。同19年従二位に進み、元和元(1615)年権大納言を辞す。中風にて没す。子に元親がいる。　典：公辞・公補

中山元親　なかやま・もとちか

安土桃山・江戸時代の人、権大納言。文禄2(1593)年12月12日生～寛永16(1639)年8月26日没。47才。

権大納言中山慶親の子。慶長2(1597)年叙爵。同16年元服し侍従に任ぜられ従五位上に進み、同18年左近少将に任ぜられる。同20年正五位下、元和3(1617)年従四位下、同5年従四位上、同9年正四位下に進み、寛永3(1626)年補蔵人頭・左中将に任ぜられ正四位上に進み、同4年補蔵人頭を辞す。同年参議に任ぜられる。同5年従三位、同8年正三位に進み権中納言に任ぜられる。同13年踏歌外弁となる。同16年権大納言に任ぜられる。子に英親がいる。　典：公辞・公補

中山英親　なかやま・ひでちか

江戸時代の人、権大納言。寛永4(1627)年4月15日生～延宝2(1674)年2月18日没。48才。

権大納言中山元親の子。寛永8(1631)年叙爵。同11年元服し従五位上に進み侍従に任ぜられる。同14年正五位下、同19年従四位下に進み、左近衛少将に任ぜられる。正保2(1645)年従四位上、同5年正四位下に進み、承応3(1654)年蔵人頭・左近衛権中将に任ぜられる。同4年正四位上に進みむ。同年蔵人頭を辞す。明暦元(1655)年参議に任ぜられるも辞す。同2年従三位、寛文元(1661)年正三位に進み権中納言に任ぜられ、同3年に辞す。同6年権大納言に任ぜられる。同8年従二位に進む。同年権大納言を辞す。のち踏歌外弁となる。延宝元(1673)年正二位に進む。養子に篤親がいる。　典：公辞・公補

中山篤親　なかやま・あつちか

江戸時代の人、権大納言。明暦2(1656)年11月25日生～享保元(1716)年9月6日没。61才。初名＝熈季。

権大納言正親町実豊の三男。初め熈季と名乗る。権大納言中山英親の養子となる。寛文6(1666)年叙爵し元服し右京権大夫に任ぜられる。同10年篤親と改名。侍従に任ぜられ従五位上に進み、同11年左少将に任ぜられる。同12年正五位下、延宝3(1675)年従四位下に進み、同5年左中将に任ぜられる。同6年従四位上、天和元(1681)年正四位下に進み、同3

年蔵人頭に任ぜられ正四位上に進み、貞享元(1684)年参議に任ぜられる。同2年従三位に進み、同3年踏歌外弁となる。同4年権中納言に任ぜられる。元禄元(1688)年正三位、同9年従二位に進み権大納言に任ぜられる。同11年賀茂伝奏となる。同16年任職を辞す。宝永2(1705)年正二位、享保元(1716)年従一位に進む。子に兼親・庭田重孝がいる。　典：公辞・公補

中山兼親　なかやま・かねちか

江戸時代の人、権大納言。貞享元(1684)年12月9日生～享保19(1734)年10月25日没。51才。院号＝後光恩院。

権大納言中山篤親の子。弟に庭田重孝がいる。貞享4(1687)年叙爵。元禄元(1688)年侍従に任ぜられる。同4年従五位上に進み、同5年元服し正五位下に進み、同10年右少将に任ぜられる。同11年従四位下に進み、同13年右中将に任ぜられる。同14年従四位上に進み、同16年蔵人頭に任ぜられる。宝永元(1704)年正四位下、同2年正四位上に進み、同3年参議に任ぜられ従三位、正徳元(1711)年正三位に進み踏歌外弁・東照宮奉幣使となる。同2年権中納言に任ぜられる。享保元(1716)年従二位に進み、同4年権大納言に任ぜられ武家伝奏となる。同7年に権大納言を辞す。同9年正二位に進み、同11年権大納言に任ぜられ翌年に辞す。子に栄親がいる。　典：公辞・公補

中山栄親　なかやま・しげちか

江戸時代の人、権大納言。宝永6(1709)年11月9日生～明和8(1771)年5月22日没。63才。

権大納言中山兼親の子。母は権大納言庭田重条の娘。宝永7(1710)年叙爵。正徳元(1711)年侍従に任ぜられる。同4年従五位上に進み、享保5(1720)年元服し正五位下に進み左少将に任ぜられる。同8年従四位下に進み、同10年左中将に任ぜられる。同11年従四位上に進み、同13年春宮権亮に任ぜられる。同15年正四位下に進み蔵人頭に任ぜられる。同16年正四位上に進み、同17年参議に任ぜられる。同18年従三位に進み踏歌外弁となる。同19年権中納言に任ぜられる。元文元(1736)年正三位に進み、同3年右衛門督に任ぜられ賀茂上下社使となる。同4年左衛門督に任ぜられる。寛保元(1741)年従二位に進み、同3年賀茂伝奏となる。延享元(1744)年権大納言に任ぜられる。同2年賀茂伝奏を辞す。同4年正二位に進み、宝暦3(1753)年弾正尹に任ぜられる。同4年任職を辞す。子に愛親・花山院愛徳がいる。　典：公辞・公補

中山愛親　なかやま・なるちか

江戸時代の人、権大納言。寛保元(1741)年5月25日生～文化11(1814)年8月18日没。74才。通称＝惜陰室主人。

権大納言中山栄親の次男。母は権大納言勧修寺高顕の娘。弟に花山院愛徳がいる。延享2(1745)年叙爵。同3年侍従に任ぜられる。同5年従五位上に進み、寛延2(1749)年元服し、同3年正五位下、宝暦元(1751)年従四位下に進み、同2年左少将に任ぜられる。同3年従四位上に進み、同4年右中将に任ぜられる。同5年正四位下に進み、同6年蔵人頭に任ぜられ正四位上に進み、同7年神宮奉行に任ぜられ、同9年に辞す。同11年参議に任ぜられ従三位に進む。更に同12年権中納言に任ぜられ踏歌外弁となる。同13年正三位、明和

3(1766)年従二位に進み、同4年左衛門督に任ぜられる。同5年賀茂奉幣使となる。同6年右衛門督・補使別当に任ぜられる。同7年正二位に進み、安永3(1774)年権大納言に任ぜられ翌年に辞す。天明4(1784)年再び権大納言に任ぜられ翌年に辞し踏歌内弁となる。寛政元(1789)年光格天皇が父の典仁親王に太上天皇の尊号(一条輝良の項参照)を奉らんとして江戸に下向し幕府と交渉したが激論となり、同5年武命にて百日の閉門となる。明治に従一位を贈られる。子に忠尹がいる。　典：大日・伝日・日名・公辞・京都・公補

中山忠尹　なかやま・ただただ

江戸時代の人、権大納言。宝暦6(1756)年9月15日生～文化6(1809)年10月20日没。54才。

権大納言中山愛親の子。母は権中納言今城定種の娘。宝暦7(1757)年叙爵。同10年従五位上に進み、同12年侍従に任ぜられる。同13年元服。明和2(1765)年従四位下に進み、同3年左権少将に任ぜられる。同4年従四位上に進み、同5年春宮権亮に任ぜられる。同6年正四位下に進み右権中将に任ぜられる。同7年春宮権亮を辞す。安永4(1775)年正四位上に進み、同8年蔵人頭に任ぜられる。天明元(1781)年参議に任ぜられる。同2年従三位に進み踏歌外弁となる。同4年正三位に進み、同5年権中納言に任ぜられる。同6年従二位に進み、寛政元(1789)年左衛門督・補検非違使別当、同2年賀茂上下社伝奏に任ぜられる。同3年権大納言に任ぜられる。同8年賀茂上下社伝奏を辞す。同10年権大納言を辞す。子に忠頼がいる。　典：公辞・公補

中山忠頼　なかやま・ただより

江戸時代の人、権大納言。安永7(1778)年,閏7月22月生～文政8(1825)年5月21日没。48才。

権大納言中山忠尹の子。母は右大臣三条実顕の娘。安永8(1779)年従五位下に叙される。天明元(1781)年従五位上に進み侍従に任ぜられる。同3年正五位下に進み阿波権介に任ぜられる。同4年元服し、同5年従四位下に進み左権少将に任ぜられる。同7年従四位上、寛政元(1789)年正四位下に進み、同4年右権中将、同8年蔵人頭に任ぜられ正四位上に進み、同10年参議に任ぜられ従三位に進む。同12年正三位に進み、享和元(1801)年踏歌外弁となる。同3年権中納言に任ぜられる。文化元(1804)年従二位、同4年正二位に進み、同12年権大納言に任ぜられ、文政3(1820)年に辞す。子に忠能がいる。　典：公辞・公補

中山忠能　なかやま・ただやす

江戸時代の人、准大臣。文化6(1809)年11月11日生～明治21(1888)年6月12日没。80才。

権大納言中山忠頼の次男。母は参議正親町三条実同の娘。文化7(1810)年従五位下に叙される。同9年従五位上に進み侍従に任ぜられる。同11年正五位下に進み阿波権介に任ぜられる。同13年元服し従四位下、文政元(1818)年従四位上、同3年正四位下に進み、同4年左権少将、同5年伊予権介、同7年右権中将・皇太后宮権亮に任ぜられる。天保2(1831)年内務坊別当となり、同5年皇太后宮権亮を辞す。同年補蔵人頭に任ぜられ正四位上に進み、同6年神宮奉行に任ぜられ、同11年に辞す。参議に任ぜられる。同12年従三位に進み女院別当となる。同14年正三位に進み、弘化元(1844)年権中納言に任ぜられる。同2年従二位に進み、同4年皇太后宮権大夫に任ぜられたが辞す。同年権大納言に任ぜられる。嘉

永元(1848)年正二位に進み、同3年神宮上卿に任ぜられる。同4年踏歌外弁となり、同5年孝明天皇の典侍となった娘の慶子が皇子祐宮(のち明治天皇)を生み天皇家の外戚となり、神宮上卿を辞す。安政4(1857)年賀茂上下社伝奏に任ぜられ、同5年に辞す。同年石清水八幡宮奉幣使となる。尊皇攘夷論者で安政の事件(飛鳥井雅典の項参照)に八十八廷臣の一人として連座。文久2(1862)年踏歌内弁となる。同3年権大納言を辞す。明治元(1868)年従一位に進み准大臣となるも新政府となり顧問・議定に任ぜられる。のち神祇伯・東照御養育掛を歴任し、華族に列され侯爵を授かり大勲位に叙される。墓所は東京豊島園墓地。家料は二百石。子に忠愛(正四位下・右中将・参与、明治15,6没。子は孝麿)・忠光(従四位下・侍従、元治元,11,15長門にて暗殺、22才、のち贈正四位)がいる。　典：幕末・明治・伝日・大日・日名・公辞・京都・公補

○中山冷泉家

中山親綱┬中山慶親⇨中山家へ
　　　　└中山冷泉為親―中山冷泉為尚―今城定淳⇨今城家へ

権大納言中山親綱の次男為親(従四位下・右少将、慶長157月26日没。36才)が中山冷泉と号し、子の為尚が氏姓としたが、為尚の子定淳は今城を氏姓としたので、中山冷泉家は二代にて終わる。

典：公補

中山冷泉為尚　なかやまれいぜい・ためなお

江戸時代の人、権中納言。慶長9(1604)年2月20日生～寛文2(1662)年7月5日没。59才。

権大納言中山親綱の孫。父為親(従四位下・右少将、慶長15,7,26没。36才)が中山冷泉と号したので、中山冷泉を氏姓とした。慶長16(1611)年叙爵。同18年元服し侍従に任ぜられる。同20年従五位上、元和4(1618)年正五位下に進み、同5年右少将に任ぜられる。同9年従四位下に進み、寛永3(1626)年右中将に任ぜられる。同5年従四位上に進み、同8年正四位下、同12年従三位、同18年正三位に進む。同年参議に任ぜられるも辞す。慶安2(1649)年従二位に進む。同年権中納言に任ぜられるも辞す。子に今城定淳(今城家の祖)がいる。　典：公辞・公補

○難波家

非参議藤原宗長の曾孫の宗緒が、難波を氏姓としたが宗富に至り一時途絶え、権大納言飛鳥井雅庸の次男宗勝が、難波家を再興する。代々蹴鞠をもって奉仕し、明治に至り華族に列され子爵を授かる。本姓は藤原。家紋は牡丹。菩提寺は京都北区紫野の大徳寺真珠院。

典：日名・京四

難波宗緒　なんば・むねつぐ

鎌倉・南北朝時代の人、非参議。正応元(1288)年生～没年不明。難波家の祖。

藤原宗長━藤原宗教┳藤原教継
　　　　　　　　　┗藤原宗継┳難波宗緒┳宗清━宗仲━宗相━宗興━宗富…⇨
　　　　　　　　　　　　　　┗難波宗有┗宗秀

⇨…（中絶）…宗勝━宗種┳宗量
　　　　　　　　　　　┗宗尚━宗建━宗城┳宗董
　　　　　　　　　　　　　　　　　　　┗宗享━宗職━宗弘━宗礼━宗明━⇨

⇨━宗美━宗治（子）

非参議藤原宗長の曾孫。非参議藤原宗教の孫。正四位下・刑部卿藤原宗継の長男。弟に宗有がいる。父の藤原姓より分かれて、難波を氏姓とする。左中将に任ぜられ、のちこれを辞す。元亨元(1321)年従三位に叙される。この時は関東に下向している。同3年侍従、元弘元(1331)年安芸権守に任ぜられ正三位に進む。建武2(1334)年侍従を辞す。延元元(1336)年49才で出家。子に宗清・宗秀がいる。　典：公辞・公補

難波宗有　なんば・むねあり

鎌倉・南北朝時代の人、非参議。生没年不明。

非参議藤原宗長の曾孫。非参議藤原宗教の孫。正四位下・刑部卿藤原宗継の三男。兄の宗緒が難波を氏姓としたので、宗有も難波を氏姓とした。嘉元元(1303)年従五位下に叙される。同2年侍従に任ぜられる。正和5(1316)年に辞す。同年従五位上に進み、文保2(1318)年左少将に任ぜられる。元応元(1319)年正五位下、同3年従四位下に進み、嘉暦元(1326)年右少将に任ぜられる。同3年従四位上、元徳2(1330)年正四位下に進む。同年左中将に任ぜられる。建武2(1335)年に辞す。貞和2(1346.正平元)従三位に進む。貞治2(1363.正平18)年甥宗秀と共に出家。　典：公補

難波宗清　なんば・むねきよ

鎌倉・南北朝時代の人、非参議。文保2(1318)年生～康安元(1361.正平16)年4月11日没。44才。初名=高教。

非参議難波宗緒の長男。弟に宗秀がいる。初め高教と名乗る。元亨4(1324)年侍従に任ぜられる。正中2(1325)年従五位上、嘉暦4(1329)年正五位下に進み、元徳元(1329)年左少将に任ぜられる。同2年従四位下、建武4(1337)年従四位上に進み左中将に任ぜられる。同年宗清と改名。暦応2(1339)年正四位下、貞和5(1349)年従三位に進む。子に宗仲がいる。　典：公辞・公補

難波宗秀　なんば・むねひで

鎌倉・南北朝時代の人、非参議。生没年不明。

非参議難波宗緒の子。兄に宗清がいる。従五位下に叙される。のち正五位下に進み、建武4(1337)年右少将に任ぜられ、のち従四位下、康永3(1344)年従四位上、貞和5(1349)年正四位下に進み、同6年左中将に任ぜられる。延文3(1358)年従三位に進み、貞治2(1363.正平18)年叔父宗有と共に出家。　典：公補

難波宗勝　なんば・むねかつ→飛鳥井雅宣

難波宗種　なんば・むねたね

江戸時代の人、権中納言。慶長15(1610)年生〜万治2(1659)年2月14日没。50才。

権大納言飛鳥井雅宣(前名は難波宗勝)の子。父は飛鳥井家より出て難波家を再興したが、再び飛鳥井家に戻った為、父に継いで難波家を相続。元和3(1617)年叙爵。同5年元服し従五位上に進み侍従に任ぜられる。寛永4(1627)年正五位下に進み、同5年左少将に任ぜられる。同8年従四位下に進み、同9年左中将に任ぜられる。同11年従四位上、同14年正四位下、同17年従三位、正保元(1644)年正三位に進み、同2年参議に任ぜられる。慶安元(1648)年に辞す。承応元(1652)年従二位に進み、同3年権中納言に任ぜられ、明暦2(1656)年に辞す。養子に宗量・宗尚がいる。　典：公辞・公補

難波宗量　なんば・むねかず

江戸時代の人、権中納言。寛永19(1642)年生〜宝永元(1704)年4月25日没。63才。一字名=示。

権大納言飛鳥井雅章の三男、母は権大納言四辻公遠の孫娘。兄に飛鳥井雅知・飛鳥井雅直、弟に飛鳥井雅豊・難波宗尚がいる。権中納言難波宗量家の養子となる。正保4(1647)年叙爵。慶安3(1650)年元服し侍従に任ぜられる。同4年従五位上、承応3(1654)年正五位下に進み、明暦3(1657)年左少将に任ぜられる。万治2(1659)年従四位下に進み、同4年左中将に任ぜられる。寛文2(1662)年従四位上、同5年正四位下、同9年従三位、延宝3(1675)年正三位に進み、同4年参議に任ぜられる。同6年踏歌外弁となり、同7年左衛門督に任ぜられる。天和元(1681)年権中納言に任ぜられ従二位に進む。貞享元(1684)年権中納言を辞す。元禄3(1690)年再び権中納言に任ぜられ、同5年に辞す。　典：公辞・公補

難波宗尚　なんば・むねなお

江戸時代の人、非参議。寛文8(1668)年7月16日生〜元禄12(1699)年11月12日没。32才。初名=雅広。

権大納言飛鳥井雅章の末男。兄に飛鳥井雅知・飛鳥井雅直・難波宗量・飛鳥井雅豊がいる。兄が養子となった権中納言難波宗量家の養子となる。初め雅広と名乗る。延宝3(1675)年叙爵。同8年元服し従五位上に進み侍従に任ぜられる。同年宗尚と改名。天和2(1682)年左少将に任ぜられる。同3年正五位下、貞享2(1685)年従四位下、元禄元(1688)年従四位上に進み左中将に任ぜられる。同4年正四位下、同10年従三位に進む。子に宗建がいる。
典：公辞・公補

難波宗建　なんば・むねたけ

江戸時代の人、権大納言。元禄10(1697)年7月15日生〜明和5(1768)年11月5日没。72才。前姓=飛鳥井。院号=大徹院。

非参議難波宗尚の子。母は飛騨守重照の娘。元禄14(1701)年叙爵。宝永2(1705)年元服し従五位上に進み侍従に任ぜられる。同6年正五位下に進み、正徳元(1711)年左少将に任ぜられる。同3年従四位下に進み左中将に任ぜられる。享保元(1716)年従四位上、同4年

正四位下、同8年従三位、同12年正三位に進み、同14年踏歌外弁となる。同15年参議に任ぜられる。更に同19年権中納言に任ぜられる。元文元(1736)年従二位に進み、同2年に権中納言を辞す。宝暦3(1753)年正二位に進み、同8年権大納言に任ぜられ翌年に辞す。代々蹴鞠をもって奉仕しているが宗建は頗る妙演で、水練の術にもすぐれ、溺れる者を助け名を高めた。子に宗城がいる。　典：大日・伝日・公辞・日名・公補

難波宗城　なんば・むねき

江戸時代の人、権大納言。享保9(1724)年8月7日生～文化2(1805)年2月22日没。82才。

権大納言難波宗建の子。母は権大納言鷲尾隆長の娘。享保13(1728)年叙爵。同19年元服し従五位上に進み侍従に任ぜられる。元文2(1737)年正五位下に進み、同3年右権少将に任ぜられる。寛保元(1741)年従四位下に進み、延享元(1744)年従四位上に進み、同2年左権中将に任ぜられる。同4年正四位下、宝暦元(1751)年従三位に進み、同4年踏歌外弁となる。同5年正三位に進み、同8年参議に任ぜられる。同11年東照宮奉幣使となる。同12年権中納言に任ぜられる。明和元(1764)年従二位に進み、同4年に権中納言を辞す。安永4(1775)年正二位に進み権大納言に任ぜられるも辞す。子に宗菫(正四位下・左少将、安永5,8,20没。25才)・宗享がいる。　典：大日・公辞・日名・公補

難波宗享　なんば・むねたか

江戸時代の人、非参議。明和7(1770)年3月4日生～文化5(1808)年5月14日没。39才。初名=宗功。

権大納言難波宗城の次男。兄に宗菫(正四位下・左少将、安永5,8,20没。25才)がいる。初め宗功と名乗る。安永5(1776)年従五位下に叙される。同9年元服し従五位上に進み、天明元(1781)年侍従、同2年左権少将に任ぜられる。同3年正五位下、同6年従四位下、寛政元(1789)年従四位上、同2年正四位下に進み、同8年左権中将に進み宗享と改名。同9年従三位に進む。享和元(1801)年侍従を辞す。同年正三位に進み踏歌外弁となる。子に宗職(正四位下・右近衛少将、文化10年出家、法名=宗虔、子は宗弘)がいる。　典：公辞・公補

難波宗弘　なんば・むねひろ

江戸時代の人、権大納言。文化4(1807)年7月9日生～明治元(1868)年7月28日没。62才。

非参議難波宗享の孫。正四位下・右近衛少将難波宗職朝臣の子。文化11(1814)年従五位下に叙される。同12年元服し、文政元(1818)年従五位上、同4年正五位下に進み、同7年侍従に任ぜられ従四位下、同10年従四位上に進み左近衛少将に任ぜられる。天保元(1830)年正四位下に進み、同4年右権中将に任ぜられる。同5年従三位、同9年正三位に進み、同14年踏歌外弁となる。嘉永元(1848)年参議に任ぜられる。同2年従二位に進み、同6年権中納言に任ぜられる。安政4(1857)年に辞す。文久2(1862)年正二位に進み、慶応3(1867)年権大納言に任ぜられる。明治元(1868)年に辞す。家料は三百石。京都椹木町寺町西に住む。子に宗礼(従三位・左少将、安政の事件に八十八廷臣の一人として連座。明治17,4没。子の美麿は明治の華族に列され子爵を授る)がいる。　典：公辞・公補

○西大路家

四条家の支流。権大納言四条隆行の子四条隆政が、西大路と号した。隆政の孫権中納言四条隆持の子が、祖先を偲び西大路を氏姓とする。代々書道を以て奉仕した。一時中絶したが、広橋総光の次男隆卿が再興した。明治に至り華族に列され子爵を授かる。本姓は藤原。家紋は田字草(でんじそう)。菩提寺は京都左京区黒谷の竜光院。

典：日名・京四

四条隆政┬四条隆有─四条隆持─西大路隆仲─隆躬─隆富─隆範…中絶…隆卿─⇨
　　　　└隆蔭⇨油小路家へ

⇨─隆平─隆栄─隆業─隆廉─隆共┬隆要─隆良─隆明─隆枝─隆意─隆脩─吉光(子)
　　　　　　　　　　　　　　　└隆古⇨高野家へ

西大路隆仲　にしおうじ・たかなか

南北朝・室町時代の人、権大納言。康永元(1342.興国3)年生～応永4(1397)年11月11日没。56才。西大路家の祖。

権中納言四条隆持の子。祖先の権大納言四条隆行の子四条隆政が、西大路と号したことから、西大路を氏姓とした。貞和3(1347)年叙爵。観応元(1350)年従五位上、文和4(1355)年正五位下に進み侍従、のち左少将に任ぜられる。延文3(1358)年従四位下に進み、同4年下総権介、同5年左中将に任ぜられる。貞治2(1363)年従四位上に進み、同3年蔵人頭に任ぜられる。同5年正四位下に進み、同6年(正平22)参議に任ぜられる。応安元(1368.正平23)年美濃権守に任ぜられ従三位、同6年正三位に進み、永和元(1375.天授元)に任職を辞す。至徳2(1385.元中2)年従二位に進み、明徳元(1390.元中7)年再び参議に任ぜられる。同2年能登権守に任ぜられる。同3年権中納言に任ぜられる。応永2(1395)年正二位に進み、同3年権大納言に任ぜられる。子に隆躬(左中将、子は隆富)がいる。　典：公辞・公補

西大路隆富　にしおうじ・たかとみ

室町時代の人、参議。生年不明～宝徳2(1450)年2没。

権大納言西大路隆仲の孫。左中将西大路隆躬朝臣の子。蔵人頭・左中将に任ぜられ正四位下に叙される。文安3(1446)年参議に任ぜられ翌年に辞す。子に隆範がいる。　典：公辞・公補

西大路隆範　にしおうじ・たかのり

室町時代の人、参議。生没年不明。

参議西大路隆富の子。左権中将・蔵人頭に任ぜられ、寛正6(1465)年従三位に叙される。文明3(1471)年参議に任ぜられる。　典：公辞・公補

西大路隆栄　にしおうじ・たかしげ

江戸時代の人、非参議。寛文10(1670)年8月28日生～享保2(1717)年11月8日没。48才。

権大納言広橋総光の孫。左少将西大路隆平朝臣の子。天和元(1681)年叙爵。同3年元服。侍従に任ぜられる。貞享2(1685)年従五位上に進み、同3年左少将に任ぜられる。元禄2(1689)年正五位下、同5年従四位下に進み、同6年左中将に任ぜられる。同9年従四位上、同13年正四位下、宝永5(1708)年従三位に進む。養子に隆業がいる。 典：公辞・公補

西大路隆業 にしおうじ・たかかず

江戸時代の人、参議。天和元(1681)年12月26日生～享保17(1732)年2月21日没。52才。初氏名=広橋兼業。前氏名=西大路兼業。

権中納言広橋貞光の次男。初め広橋兼業と名乗る。元禄6(1693)年叙爵。同10年元服し民部権大輔に任ぜられる。同15年従五位上に進み、宝永3(1706)年非参議西大路隆栄家を相続。侍従に任ぜられる。同年隆業と改名。同4年正五位下に進み、同5年左少将に任ぜられる。同7年従四位下に進み、正徳2(1712)年左中将に任ぜられる。同4年従四位上、享保4(1719)年正四位下、同8年従三位に進み、同14年参議に任ぜられるも辞す。養子に隆廉がいる。 典：公辞・公補

西大路隆良 にしおうじ・たかよし

江戸時代の人、非参議。宝暦6(1756)年9月8日生～寛政8(1796)年9月22日没。41才。初氏名=四条敬之。

権中納言山科頼言の末子、母は法印禅深の娘。初め敬之と名乗る。権大納言四条隆叙の養子となり、宝暦12(1762)年叙爵。同13年左少将西大路隆共朝臣家を相続し隆良と改名。明和2(1765)年元服し従五位上に進み侍従に任ぜられる。同5年正五位下、同8年従四位下に進み、安永2(1773)年左権少将に任ぜられ従四位上に進み、同4年近江権介に任ぜられる。同6年正四位下に進み、同7年右権少将に任ぜられる。天明元(1781)年従三位、同4年正三位に進み、寛政8(1796)年に蟄居。子に隆明がいる。 典：公辞・公補

西大路隆明 にしおうじ・たかあき

江戸時代の人、参議。安永9(1780)年11月14日生～弘化3(1846)年6月10日没。67才。

非参議西大路隆良の子。天明元(1781)年従五位下に叙される。同5年元服し従五位上、同8年正五位下に進み、寛政元(1789)年侍従に任ぜられる。同3年従四位下、同6年従四位上に進み、同8年左権少将に任ぜられる。同9年正四位下に進み、同12年右権中将に任ぜられる。享和元(1801)年従三位、文化元(1804)年正三位に進み、文政8(1825)年参議に任ぜられるも辞す。同年従二位に進む。子に隆枝がいる。 典：公辞・公補

西大路隆枝 にしおうじ・たかしな

江戸時代の人、非参議。文化3(1806)年11月7日生～文久2(1862)年8月9日没。57才。

参議西大路隆明の子。文化4(1807)年従五位下に叙される。同12年元服し従五位上、文政元(1818)年正五位下に進み、同7年侍従に任ぜられ従四位下、同10年従四位上に進み常陸権介に任ぜられる。天保元(1830)年正四位下に進み、同4年左権少将、同9年右権中将に任ぜられる。同12年従三位、弘化元(1844)年正三位に進む。子に隆意(正四位下・左少将、安政の事件に連座、明治24,1没)がいる。 典：公辞・公補

○西川家

西川房任　にしかわ・ふさとう

室町時代の人、参議。応永24(1417)年生～文明17(1485)年1月19日没。69才。本姓=藤原。

権大納言四条隆直の養子。養父より分かれて西川を氏姓とする。康正元(1455)年従三位に叙される。長禄元(1457)年刑部卿に任ぜられる。同2年参議に任ぜられるも辞す。寛正6(1465)年正三位、文明14(1482)年従二位に進む。　典：公補

錦小路家

高貴王…丹波大国…丹波康頼━重明━忠明━雅忠━重康━重頼━基康━頼基━長基━⇨

⇨頼季━光基━篤基━長直━篤直━重直━⇨錦小路家へ

⇨錦小路幸基┳篤忠━定基━秀直━盛直…（中断）…頼庸━尚秀━頼尚━頼理━⇨
　　　　　　┗萩原員従

⇨━頼易━頼徳━頼言━在明━頼孝（子）

＊錦小路親康　＊丹波頼秀━錦小路頼量━頼直

○錦小路家

後漢霊帝の後胤で、その五世高貴王が、応神天皇時代に帰化し、丹波国に住み坂上姓を名乗り、その後裔の康頼に至り医を修めて丹波宿禰の姓を賜る。代々医博士・典薬頭・針博士として奉仕し、幸基に至り錦小路を氏姓としたが、一時中絶し船橋頼庸が再興した。明治に至り華族に列され子爵を授かる。本姓は丹波。菩提寺は京都北区雲ケ畑中畑の高雲寺。

典：京都・日名

錦小路幸基　にしきのこうじ・ゆきもと

室町時代の人、非参議。生没年不明。初氏名=丹波頼直。法名=性通。錦小路の祖。

従二位・典薬頭・侍医丹波篤直の孫。正四位上・治部卿・典薬頭・施薬院使丹波重直朝臣の子。丹波家より分かれて錦小路を氏姓とし、丹波頼直より錦小路幸基と改名。典薬頭に任ぜられ、のちこれを辞す。永享元(1429)年従三位に叙される。同3年位に出家。子に篤忠・萩原員従がいる。　典：公辞・公補

錦小路篤忠　にしきのこうじ・あつただ

室町時代の人、非参議。生没年不明。

非参議錦小路幸基の子。弟に萩原員従がいる。典薬頭・治部卿・右京大夫に任ぜられる。のちこれを辞す。寛正元(1460)年従三位に叙される。同5年正三位に進む。同6年出家。子に貞基がいる。　典：公辞・公補

錦小路頼量　にしきのこうじ・よりかず

室町時代の人、非参議。永享3(1431)年生～享禄2(1529)年4月2日没。59才。法名=道清。

従三位頼秀の子。典薬頭に任ぜられ、のちこれを辞す。大永元(1521)年従三位に叙される。同6年正三位に進む。56才で出家。子に頼直がいる。　典：公補

錦小路頼直　にしきのこうじ・よりなお

室町時代の人、非参議。文亀元(1501)年生～天文13(1544)年10月没。44才。

非参議錦小路頼量の子。永正12(1515)年従五位上に叙される。同16年正五位下に進み、大永3(1523)年施薬院使に任ぜられる。同6年従四位下、享禄4(1531)年従四位上に進み、同5年典薬頭に任ぜられる。天文4(1535)年正四位下に進み、同9年越前権介に任ぜられる。同12年従三位に進む。　典：公補

錦小路親康　にしきのこうじ・ちかやす

室町時代の人、非参議。生没年不明。

父母不明。永正10(1513)年従三位に叙される。同17年出家。　典：公補

錦小路盛直　にしきのこうじ・もりなお

室町時代の人、非参議。明応2(1493)年生～天文17(1548)年1月没。56才。

正四位下・侍医・典薬頭・左馬頭・大膳大夫錦小路秀直朝臣の子。明応4(1495)年従五位下に叙される。永正2(1505)年刑部少輔に任ぜられる。同5年従五位上、同9年正五位下、同13年従四位下、同17年従四位上に進み、同18年施薬院使、大永3(1523)年典薬頭・侍医に任ぜられる。天文5(1536)年正四位下に進み刑部卿に任ぜられる。同10年従三位に進む。同12年相模国に下向、同地にて没す。　典：公辞・公補

錦小路尚秀　にしきのこうじ・なおひで

江戸時代の人、非参議。宝永2(1705)年9月1日生～宝暦6(1756)年9月8日没。52才。

権大納言岡崎国久の次男。享保5(1720)年錦小路頼庸朝臣の養子となる。同8年元服し正六位上に叙され式部大丞・蔵人に任ぜられる。同9年典薬助に任ぜられる。同11年典薬頭に任ぜられ、同20年に辞す。同年従五位下に進み図書頭に任ぜられる。元文元(1736)年従五位上、同2年正五位下、寛保2(1742)年従四位下、延享4(1747)年従四位上、宝暦元(1751)年正四位下、同6年従三位に進む。子に頼尚がいる。　典：公辞・公補

錦小路頼尚　にしきのこうじ・よりなお

江戸時代の人、非参議。寛保3(1743)年10月5日生～寛政9(1797)年10月8日没。55才。

非参議錦小路尚秀の子。母は右京権大夫国該宿禰の娘。宝暦7(1757)年元服し正六位上に叙され式部大丞・補蔵人・典薬助に任ぜられる。同11年典薬頭、明和2(1765)年図書頭に任ぜられ従五位下、同3年従五位上、同4年正五位下に進み中務少輔に任ぜられる。同6年従四位下、同8年従四位上に進み、安永元(1772)年中務大輔に任ぜられる。同2年正四位下に進み、同5年典薬頭を辞す。同6年修理大夫に任ぜられ従三位に進み、天明元(1781)年踏歌外弁となる。同2年正三位に進む。竹内式部の門に学び垂加神道を修める。子に頼理がいる。　典：公辞・公補

錦小路頼理　にしきのこうじ・よりまさ

江戸時代の人、非参議。明和4(1767)年2月9日生～文政10(1827)年3月22日没。61才。

非参議錦小路頼尚の子。母は権大納言日野資枝の娘。安永3(1774)年元服し正六位上に叙され民部大丞・補蔵人に任ぜられる。同5年治部権大輔に任ぜられ従五位下に進み、同5年典薬頭・右馬頭に任ぜられる。同8年従五位上、天明3(1783)年正五位下、同6年従四位下に進み、同8年中務権少輔に任ぜられる。寛政2(1790)年従四位上、同5年正四位下に進み、同6年中務大輔に任ぜられる。同11年従三位、文化元(1804)年正三位に進み、同2年修理大夫に任ぜられる。同12年踏歌外弁となる。文政10(1827)年修理大夫を辞す。子に頼易がいる。　典：公辞・公補

○錦織家

┌兼澄⇨萩原家へ
萩原員従┴錦織従久─従房─従縄─従平─久雄─久隆─教久─栄久─保親（子）

卜部家の支流。萩原員従の次男従久が、萩原家より分かれて錦織を氏姓とした。明治に至り華族に列され子爵を授かる。本姓は卜部。家紋は柏。

典：日名・京四

錦織従久　にしごり・つぐひさ

江戸時代の人、非参議。元禄10(1697)年12月1日生～宝暦5(1755)年7月27日没。59才。前本姓=藤原。錦織家の祖。

非参議萩原員従の次男。兄に萩原兼澄がいる。父の萩原家より分かれて錦織を氏姓とした。元禄15(1702)年叙爵。正徳元(1711)年本姓を藤原より卜部と改姓。同2年従五位上、同6年正五位下に進み弾正大弼に任ぜられる。享保6(1721)年従四位下、同10年従四位上、同14年正四位下、同19年従三位、寛保2(1742)年正三位、宝暦5年従二位に進む。養子に従房がいる。　典：大日・伝日・公辞・公補

錦織久雄　にしごり・ひさお

江戸時代の人、非参議。享和元(1801)年6月20日生～嘉永3(1850)年7月5日没。50才。

従四位上・中務少輔錦織従縄朝臣の孫。正五位下・刑部大輔錦織従平の子。文化4(1807)年従五位下に進み、同11年元服し従五位上に進み修理大夫に任ぜられる。同14年中務権少輔に任ぜられ正五位下、文政4(1821)年従四位下、同8年従四位上、同12年正四位下に進み中務少輔に任ぜられる。天保5(1834)年従三位に進み、同9年治部卿に任ぜられる。同12年正三位に進み、同13年踏歌外弁となる。嘉永3(1850)年治部卿を辞す。子に久隆がいる。　典：公辞・公補

錦織久隆　にしごり・ひさなが

江戸・明治時代の人、非参議。文政3(1820)年9月8日生～明治15(1882)年6月没。63才。

非参議錦織久雄の子。母は正四位下公師朝臣の娘。文政8(1825)年叙爵。同10年元服し、同12年従五位上、天保4(1833)年正五位下に進み、同7年肥後権介に任ぜられる。同8年従四位下、同12年従四位上に進み、同13年中務権大輔より、弘化2(1844)年中務大輔に任ぜられ正四位下、安政5(1858)年従三位に進む。安政の事件(飛鳥井雅典の項参照)に八十八廷臣の一人として連座。元治元(1864)年正三位に進み、慶応3(1867)年刑部卿に任ぜられる。墓所は玉遍寺。子に教久(従五位上・中務大輔、明治40,12没。58才、華族に列され子爵を授る、雅号=錦荘)がいる。　典：明治・京四・公辞・公補

○西洞院家

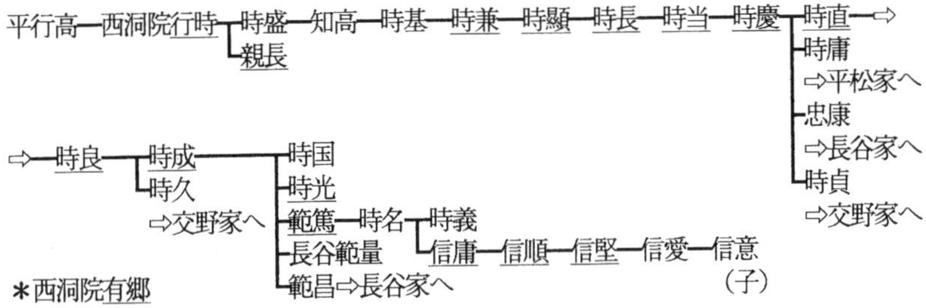

桓武天皇の皇子葛原親王の子高棟王より十六世平行高の子行時が、京都の西洞院に住み西洞院を氏姓とした。明治に至り華族に列され子爵を授かる。本姓は平。家紋は丸に揚羽の蝶。菩提寺は京都上京区寺町通今出川上ルの十念寺。

典：京都・日名・京四

西洞院行時　にしのとういん・ゆきとき

南北朝時代の人、参議。正中元(1324)年生～応安2(1369.正平24)年11月4日没。46才。西洞院家の祖。

非参議・蔵人頭・左大弁平行高の次男。父の平家より分かれて、京都の西洞院に住み、西洞院を氏姓とした。蔵人頭・宮内卿に任ぜられ、のちこれを辞す。貞治元(1362.正平17)年従三位に進み、同6年参議に任ぜられる。応安元(1368.正平23)年遠江権守に任ぜられ正三位に進む。子に親長・時盛がいる。　典：大日・日名・公辞・公補

西洞院親長　にしのとういん・ちかなが

室町時代の人、非参議。生没年不明。

参議西洞院行時の次男。兄に時盛がいる。治部卿に任ぜられ、のちこれを辞す。応永9(1402)年従三位に進む。同10年出家。　典：公補

西洞院有郷　にしのとういん・ありさと

室町時代の人、非参議。生没年不明。前名=有清。

父母不明。初め有郷と名乗る。文安4(1447)年従三位に進み、享徳2(1453)年正三位に進む。同年有清と改名するも翌年より再び有郷と名乗る。長禄2(1458)年従二位に進む。
典：公補

西洞院時兼　にしのとういん・ときかね

室町時代の人、非参議。生没年不明。

正四位下・右衛門佐西洞院時基朝臣の子。康正元(1455)年従三位、寛正3(1462)年正三位、応仁元(1467)年従二位に進む。江州にて没す。子に時顯がいる。　典：公辞・公補

西洞院時顯　にしのとういん・ときあき

室町時代の人、参議。永享6(1434)年生～明応2(1493)年7月25日没。60才。初名=時定。

非参議西洞院時兼の子。右兵衛督に任ぜられ、のちこれを辞す。延徳元(1489)年従三位に叙される。同2年再び右兵衛督に任ぜられる。明応2年正三位に進み参議に任ぜられる。子に時長がいる。　典：公辞・公補

西洞院時長　にしのとういん・ときなが

室町時代の人、参議。明応元(1492)年生～没年不明。

参議西洞院時顯の子。文亀元(1501)年叙爵。永正2(1505)年右兵衛佐に任ぜられる。同5年従五位上より正五位、同11年従四位下、同15年従四位上に進み、同18年右兵衛督に任ぜられる。大永3(1523)年正四位下、天文6(1537)年従三位に進み、同9年参議に任ぜられる。同10年正三位に進み遠江権守に任ぜられる。同14年従二位に進み、同20年備中権守に任ぜられる。弘治2(1556)年65才で出家。子に時当がいる。　典：公辞・公補

西洞院時当　にしのとういん・ときあて

室町時代の人、非参議。享禄4(1531)年生～永禄9(1566)年4月19日没。36才。初名=時秀。

参議西洞院時長の子。初め時秀と名乗る。天文5(1536)年叙爵。同9年元服し甲斐守に任ぜられる。同10年右兵衛権佐に任ぜられる。同11年従五位上、同15年正五位下に進み但馬権守に任ぜられる。同16年少納言・侍従、同17年遠江権守に任ぜられる。同18年従四位下、同21年従四位上、弘治2(1556)年正四位下に進み、永禄2(1559)年左兵衛督に任ぜられる。同3年従三位に進む。同4年時当と改名。子に時慶がいる。　典：公辞・公補

西洞院時慶　にしのとういん・ときよし

室町・安土桃山・江戸時代の人、参議。天文21(1552)年11月5日生～寛永16(1639)年11月20日没。88才。初氏名=飛鳥井公虎。前名=時通。一字名=木。通称=平宰相。法名=円空。号=松庶。

安居院僧正覚澄の子。伯父の権大納言飛鳥井雅春の養子となり、飛鳥井公虎と名乗る。永禄7(1564)年従五位下に叙せられる。同年元服し侍従に任ぜられる。同11年従五位上、天正元(1573)年正五位下に進む。同2年左少将に任ぜられ、同3年に辞す。同年右兵衛佐に任ぜられ参議西洞院時当家を相続。時通と改名。本姓を藤原より平に改姓する。同4年従四位下、同8年従四位上に進む。時慶と改名。同12年正四位下、同19年従三位に進み、

慶長5(1600)年参議に任ぜられる。同6年正三位に進む。同年遠江権守に任ぜられる。同8年に辞す。同16年右衛門督に任ぜられ従二位に進む。元和6(1620)年右衛門督を辞す。寛永元(1624)年73才で出家。印刷界貢献者の一人。子に時直・平松時庸・長谷忠康・交野時貞がいる。　典：京都・公辞・公補

西洞院時直　にしのとういん・ときなお

安土桃山・江戸時代の人、参議。天正12(1584)年生〜寛永13(1636)年10月9日没。53才。初名=時康。一字名=且。

参議西洞院時慶の子。弟に平松時庸・長谷忠康・交野時貞がいる。天正13(1585)年叙爵。同年元服し従五位上に進み侍従に任ぜられる。慶長5(1600)年正五位下に進み、同6年少納言に任ぜられる。同12年従四位下、同16年従四位上、同20年正四位下、元和5(1619)年従三位に進み、同7年右衛門督に任ぜられる。寛永元(1624)年正三位に進み、同3年参議に任ぜられる。同6年周防権守に任ぜられる。同8年従二位に進む。同9年右衛門督・周防権守を辞す。同13年参議を辞す。子に時良がいる。　典：公辞・公補

西洞院時良　にしのとういん・ときよし

江戸時代の人、非参議。慶長14(1609)年11月21日生〜承応2(1653)年2月7日没。45才。一字名=久。

参議西洞院時直の子。慶長16(1611)年叙爵。元和4(1618)年元服し従五位上に進み侍従に任ぜられる。同9年正五位下、寛永4(1627)年従四位下に進み、同5年右兵衛権佐に任ぜられる。同8年従四位上に進み、同9年少納言に任ぜられる。同12年正四位下、同18年従三位に進む。同年より長病となる。子に時成・交野時久がいる。　典：公辞・公補

西洞院時成　にしのとういん・ときなり

江戸時代の人、権大納言。正保2(1645)年12月6日生〜享保9(1724)年閏4月9月没。80才。一字名=牧。

非参議西洞院時良の子。慶安2(1649)年叙爵。承応2(1653)年元服し従五位上に進み侍従に任ぜられる。明暦3(1657)年正五位下に進み少納言に任ぜられる。寛文元(1661)年従四位下、同5年従四位上、同9年正四位下、延宝2(1674)年従三位に進み、同7年右衛門督に任ぜられ正三位に進み、天和元(1681)年参議に任ぜられる。同2年踏歌外弁、貞享2(1685)年東照宮奉幣使となる。元禄3(1690)年任職を辞す。同13年従二位に進む。同14年権中納言に任ぜられるも辞す。宝永3(1706)年正二位に進む。正徳3(1713)年権大納言に任ぜられるも辞す。子に時国(従五位上・侍従、天和4,4,8没。14才)・時光・範篤・長谷範量・長谷範昌がいる。　典：公辞・公補

西洞院時光　にしのとういん・ときみつ

江戸時代の人、非参議。延宝2(1674)年6月29日生〜宝永6(1709)年4月10日没。36才。

権大納言西洞院時成の次男。兄に時国(従五位上・侍従、天和4,4,8没。14才)、弟に範篤・長谷範量・長谷範昌がいる。延宝8(1680)年叙爵。貞享3(1686)年元服し従五位上に進み侍従に任ぜられる。元禄元(1688)年少納言に任ぜられる。同3年正五位下、同7年従四

位下、同11年従四位上、同15年正四位下、宝永3(1706)年従三位に進み、同4年右衛門督に任ぜられ踏歌外弁となる。同5年右衛門督を辞す。　典：公辞・公補

西洞院範篤　にしのとういん・のりあつ

江戸時代の人、非参議。宝永元(1704)年9月9日生～元文3(1738)年7月5日没。35才。前氏=長谷。

権大納言西洞院時成の末子。兄に時国(従五位上・侍従、天和4,4,8没。14才)・時光・長谷範量・長谷範昌がいる。兄の養子先の長谷家の養子となる。宝永5(1708)年従五位下に叙される。正徳3(1713)年元服し従五位上に進み侍従に任ぜられる。同5年兄時光が没し途絶えていた西洞院家を相続する。享保2(1717)年正五位下、同4年従四位下に進み少納言に任ぜられる。同7年従四位上、同10年正四位下、同14年従三位に進み、同15年右兵衛督に任ぜられる。同18年踏歌外弁となる。同19年正三位に進み、元文2(1737)年右衛門督に任ぜられ、同3年に辞す。子に時名(正四位下・少納言・侍従、宝暦の事件に連座し蟄居、寛政5,12,9没。70才、号=風月、明治に贈正三位、子は時義・信庸)がいる。　典：公辞・公補

西洞院信庸　にしのとういん・のぶつね

江戸時代の人、参議。宝暦8(1758)年10月8日生～寛政12(1800)年8月13日没。43才。

非参議西洞院範篤の孫。正四位下・少納言・侍従西洞院時名朝臣の次男。母は従五位下藤原次由の娘。兄に時義(正五位下・少納言・侍従、明和4,10,24没。12才)がいる。明和元(1764)年叙爵。同5年元服し従五位上に進み遠江権守に任ぜられる。同7年正五位下に進み、同8年少納言・侍従に任ぜられる。安永2(1773)年従四位下、同5年従四位上、同8年正四位下、天明2(1782)年従三位、同5年正三位に進み、寛政元(1789)年佐兵衛督に任ぜられる。同8年参議に任ぜられる。同9年従二位に進み、同10年踏歌外弁となる。同12年に任職を辞す。子に信順がいる。　典：公辞・公補

西洞院信順　にしのとういん・のぶゆき

江戸時代の人、非参議。天明7(1787)年2月1日生～没年不明。法名=観月。

参議西洞院信庸の子。母は内大臣久我信通の娘。天明9(1789)年従五位下に叙される。寛政9(1797)年元服し従五位上に進み肥後権守に任ぜられる。同11年正五位下、享和2(1802)年従四位下、文化2(1805)年従四位上に進み、同3年少納言・侍従に任ぜられる。同5年正四位下、同8年従三位に進む。同10年27才で出家。子に信堅がいる。　典：公辞・公補

西洞院信堅　にしのとういん・のぶかた

江戸時代の人、権中納言。文化元(1804)年10月2日生～明治24(1891)年12月没。88才。

非参議西洞院信順の子。文化7(1810)年従五位下に進み、同13年元服し従五位上に進み甲斐権守に任ぜられる。文政元(1818)年正五位下、同4年従四位下に進み、同5年侍従に任ぜられる。同7年従四位上に進み、同9年少納言に任ぜられる。同10年正四位下に進み、天保元(1830)年従三位、同4年正三位に進み、弘化元(1844)年左兵衛督に任ぜられる。嘉永2(1849)年踏歌外弁となる。安政5(1858)年安政の事件(飛鳥井雅典の項参照)に八十八廷臣の一人として連座。明治元(1868)年参議に任ぜられ更に権中納言に任ぜられる。家

料は260石。子に信愛(松尾・平野・下鴨神社の宮司。正三位、明治新政府に書記、明治の華族に列され子爵を授る。明治37,6,6没。61才)がいる。　典：公辞・公補

○西四辻家

閑院家の支流。権大納言四辻公亨の次男左兵衛佐公碩が、四辻家より分かれて西四辻を氏姓とした。代々音曲の箏をもって奉仕し、明治に至り華族に列され子爵を授かる。本姓は藤原。家紋は唐花。

典：日名

　　　　　┌公万⇨四辻家へ
四辻公亨─┴西四辻公碩─公尹─公格─公業─公照─公尭（子）

西四辻公尹　にしよつつじ・きんただ

江戸時代の人、非参議。寛政元(1789)年閏6月19月生～嘉永4(1851)年11月24日没。63才。

権大納言四辻公亨の孫。従四位上・左兵衛佐西四辻公碩朝臣(西四辻家の祖)の子。寛政5(1793)年従五位下に叙される。同10年元服し従五位上に進み丹波権守に任ぜられる。享和2(1802)年正五位下、文化3(1806)年従四位下、同7年従四位上に進み、同10年近衛権少将に任ぜられる。同11年正四位下に進み常陸権介、文政5(1822)年左権中将に任ぜられる。同5年従三位、同9年正三位に進む。子に公格がいる。　典：公辞・公補

西四辻公格　にしよつつじ・きんつむ

江戸時代の人、非参議。文化9(1812)年12月4日生～明治6(1873)年10月没。62才。

非参議西四辻公尹の子。母は正五位下光世の娘。文化12(1815)年叙爵。文政5(1822)年元服し従五位上に進み、同7年右衛門佐に任ぜられる。同9年正五位下、同13年従四位下、天保5(1834)年正四位下に進み、同12年右権少将、嘉永元(1848)年丹波介、同3年左権中将に任ぜられる。同4年従三位、安政2(1855)年正三位に進む。同5年安政の事件(飛鳥井雅典の項参照)に八十八廷臣として子公業と共に連座。墓所は浄善寺。養子に公業(高松公祐の子。侍従・御歌所参候、明治の華族に列され子爵を授る、明治32,10没。62才、子は公照)がいる。　典：明治・公辞・公補

○二条家

藤原・近衛家より出た二条は、二条に住む所から氏姓としたとらしい。九条家より分かれた二条家は、摂政・関白九条道家の次男良実が、二条京極に住む所から氏姓とした。近衛・九条・一条・鷹司家と共に五摂家の一つ。代々上官を務め朝政に奉仕した。明治に至り華族に列され公爵を授かる。本姓は藤原。菩提寺は京都右京区嵯峨の二尊院。京都南区東九条上御霊町の九品寺に歴代の墓がある。

典：日名・公補

〈藤原家系〉

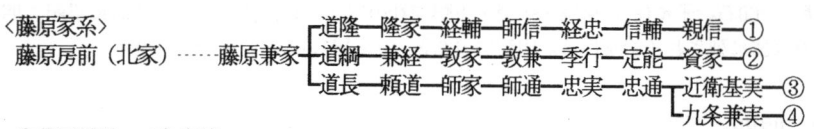

藤原房前（北家）……藤原兼家
- 道隆—隆家—経輔—師信—経忠—信輔—親信—①
- 道綱—兼経—敦家—敦兼—季行—定能—資家—②
- 道長—頼道—師家—師通—忠実—忠通
  - 近衛基実—③
  - 九条兼実—④

①藤原親信—二条定輔

②藤原資家—二条資季—資氏
- 資高—資親—資兼
- 資藤

〈近衛家系〉

③近衛基実—藤原忠良—藤原基良—二条良教—経良

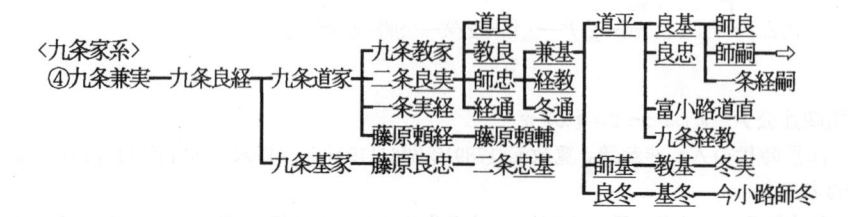

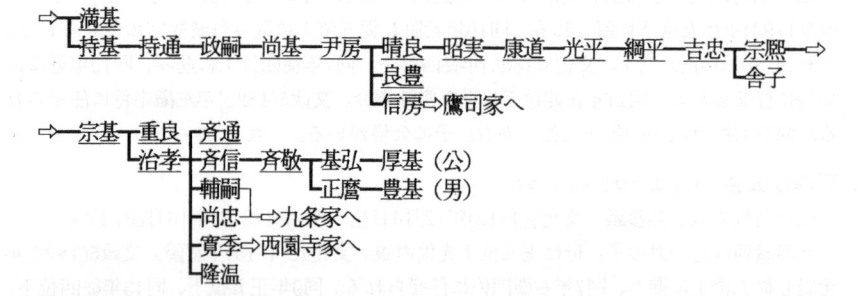

〈九条家系〉

④九条兼実—九条良経
- 九条道家
  - 九条教家
  - 二条良実
    - 道良
    - 教良
    - 師忠
      - 兼基
        - 道平
          - 良基
            - 師良
            - 師嗣—⇨
            - 一条経嗣
          - 良忠
          - 富小路道直
          - 九条経教
        - 師基—教基—冬実
        - 良冬—基冬—今小路師冬
      - 経教
      - 冬通
    - 経通
  - 一条実経
  - 藤原頼経—藤原頼輔
- 九条基家—藤原良忠—二条忠基

⇨
- 満基
- 持基—持通—政嗣—尚基—尹房
  - 晴良—昭実—康道—光平—綱平—吉忠
    - 宗熙—⇨
    - 舎子
  - 良豊
  - 信房⇨鷹司家へ

⇨—宗基
- 重良
- 治孝
  - 斉通
  - 斉信—斉敬
    - 基弘—厚基（公）
    - 正麿—豊基（男）
  - 輔嗣
  - 尚忠
    - ⇨九条家へ（輔嗣・尚忠）
  - 寛季⇨西園寺家へ
  - 隆温

二条家(藤原家系)

二条定輔　にじょう・さだすけ

鎌倉時代の人、権大納言。長寛元(1163)年生～安貞元(1227)年7月9日没。65才。初名=親輔。号=二条大納言。藤原家系の二条家の祖。

中納言藤原親信の長男。父の藤原姓より分かれて、二条を氏姓とする。承安2(1172)年叙爵。同3年従五位上に進み、治承元(1177)年右馬頭に任ぜられる。同3年正五位下に進み、同5年周防守に任ぜられる。養和元(1181)年従四位下、寿永元(1182)年従四位上に進み、同2年左少将に任ぜられる。元暦2(1184)年正四位下に進む。同年周防守を辞す。文治3(1187)年修理大夫、同6年内蔵頭に任ぜられる。建久2(1191)年従三位、同9年正三位に進み、正治元(1199)年左兵衛督に任ぜられる。同2年参議に任ぜられる。建仁元(1201)年能登権守に任ぜられる。同2年権中納言に任ぜられる。同3年従二位に進み督を辞す。更に元久元(1204)年正二位に進み中納言に任ぜられる。承元3(1209)年権大納言に任ぜられ、建暦元(1211)年に辞す。建保5(1217)年太宰権帥に任ぜられ、承久3(1221)年に辞す。貞応2(1223)年61才で出家。詩歌鞠琵に優れ、琵琶は妙音院相国の弟子という。　典：公補

二条資季　にじょう・すけすえ

鎌倉時代の人、権大納言。承元元(1207)年生～没年不明。法名＝了心・信覚。

非参議藤原資家の長男。母は参議藤原光長の娘。建保4(1216)年叙爵。同5年従五位上に進み侍従、同7年右少将、承久2(1220)年石見権介に任ぜられる。同3年正五位下、貞応2(1223)年従四位下に進み、元仁2(1225)年出雲介に任ぜられる。嘉禄2(1226)年従四位上に進み、同3年左中将に任ぜられる。安貞2(1228)年正四位下に進み、寛喜2(1230)年備中介、文暦2(1234)年近江介、嘉禎3(1237)年補蔵人頭に任ぜられる。暦仁元(1238)年参議に任ぜられる。延応元(1239)年正三位に進み、仁治元(1240)年丹波権守、寛元4(1246)年近江権守に任ぜられ従二位に進み、宝治2(1248)年権中納言に任ぜられる。建長2(1250)年正二位に進み中納言に任ぜられる。正元元(1259)年権大納言に任ぜられ翌年に辞す。文永5(1268)年62才で出家。子に資高・資藤がいる。日記に「資季卿記」(仁治3年)がある。

典：日名・伝日・公補

二条資高　にじょう・すけたか

鎌倉時代の人、権中納言。文永2(1265)年生～嘉元2(1304)年6月22日没。40才。

権大納言二条資季の孫。左中将二条資氏朝臣の長男。弟に資藤がいる。文永4(1267)年叙爵。同6年従五位上に進み、同7年侍従に任ぜられる。同8年正五位下に進み、同11年丹波介に任ぜられ従四位下、建治2(1276)年従四位上に進み、同3年左少将、同4年上野権介、弘安2(1279)年左中将に任ぜられる。同3年正四位下に進み、正応2(1289)年周防権介、同3年補蔵人頭に任ぜられる。同4年参議に任ぜられ従三位に進む。永仁元(1293)年正三位に進み、同2年丹波権守に任ぜられる。同4年権中納言に任ぜられる。同6年右衛門督に任ぜられ従二位に進む。正安元(1299)年右衛門督を辞す。同2年正二位に進む。同3年権中納言を辞す。子に資親がいる。　典：公補

二条資藤　にじょう・すけふじ

鎌倉時代の人、権中納言。生没年不明。

権大納言二条資季の孫。左中将二条資氏朝臣の次男。母は権中納言平成俊の娘。兄に資高がいる。文永7(1270)年叙爵。同8年従五位上に進み、弘安元(1278)年侍従に任ぜられる。同4年正五位下、同6年従四位下に進み越前介、同7年左少将に任ぜられる。同9年従四位上に進み、同10年上総介、正応2(1289)年左中将に任ぜられる。同3年正四位下、永仁2(1294)年従三位に進み右兵衛督に任ぜられる。同4年正三位に進み、同5年左兵衛督に任ぜられる。正安2(1300)年参議に任ぜられるも辞す。嘉元2(1304)年従二位、延慶2(1309)年正二位に進み、正和5(1316)年権中納言に任ぜられるも辞す。元応2(1320)年出家。　典：公補

二条資親　にじょう・すけちか

鎌倉・南北朝時代の人、権中納言。永仁元(1293)年生～貞和2(1346.正平元)9月23日没。54才。

権中納言二条資高の子。母は曾祖父の権大納言二条資季の娘。永仁2(1294)年従五位下に叙される。同3年従五位上、同5年正五位下に進み、同6年侍従に任ぜられる。正安元(1299)年従四位下、同2年従四位上に進み、嘉元3(1305)年右少将に任ぜられ正四位下に進み、同4年下総介・左中将、延慶2(1309)年補蔵人頭に任ぜられる。同3年参議に任ぜられ従三位に進む。応長元(1311)年加賀権守に任ぜられる。正和3(1314)年正三位に進み、同4年任職を辞す。元応元(1319)年従二位、元徳2(1330)年正二位に進み権中納言に任ぜられるも辞す。赤痢にて没す。子に資兼がいる。　典：公補

二条資兼　にじょう・すけかね

鎌倉・南北朝時代の人、権中納言。正和2(1313)年生～嘉慶元(1387.元中4)年没。75才。

権中納言二条資親の子。正和3(1314)年従五位下に叙される。同4年従五位上に進み、正中2(1325)年侍従に任ぜられる。嘉暦元(1326)年正五位下に進み、同2年従四位下に進み左少将に任ぜられる。同3年従四位下、元徳2(1330)年従四位上に進み左中将に任ぜられる。建武2(1335)年正四位下に進み、暦応2(1339.延元4)年補蔵人頭に任ぜられる。同3年参議に任ぜられる。同4年従三位に進み、康永2(1343.興国4)年参議を辞す。貞和5(1349.正平4)年正三位に進み、観応元(1350.正平5)年権中納言に任ぜられる。文和3(1354.正平9)年従二位に進み、同4年権中納言を辞す。延文4(1359.正平14)年正二位に進む。　典：公補

二条家(近衛家系)

二条良教　にじょう・よしのり

鎌倉時代の人、大納言。元仁元(1224)年生～弘安10(1287)年7月4日没。64才。

関白近衛基実の曾孫。権中納言藤原基良の長男。母は皇太后宮大夫・非参議藤原隆雅の娘。安貞2(1228)年叙爵し侍従に任ぜられ従五位上に叙される。寛喜3(1231)年正五位下に進み、遠江権介に任ぜられ従四位下、天福元(1233)年従四位上、嘉禎元(1235)年正四位下、同2年従三位に進み、同3年右中将に任ぜられる。暦仁元(1238)年正三位に進み駿河権守に任ぜられる。仁治元(1240)年従二位に進み、同2年参議に任ぜられ左衛門督に任ぜられる。更に同3年権中納言に任ぜられる。更に寛元2(1244)年中納言に任ぜられる。建長元(1249)年正二位に進み更に権大納言に任ぜられる。同3年按察使となる。正元元(1259)年大納言に任ぜられ、文永7(1270)年に辞す。弘安3(1280)年兵部卿に任ぜられる。同8年従一位に進む。同年兵部卿を辞す。同10年出家。子に経良がいる。　典：伝日・公補

二条経良　にじょう・つねよし

鎌倉時代の人、権中納言。建長2(1250)年生～正応2(1289)年12月28日没。40才。

大納言二条良教の長男。建長5(1253)年従五位上に叙される。同7年侍従に任ぜられる。同8年正五位下に進み、正嘉元(1257)年右少将、同2年美作権介に任ぜられ従四位下に進み、正元元(1259)年従四位上、同2年正四位下に進み、文応元(1260)年右中将、文永2(1265)年上総権介に任ぜられる。同6年従三位に進み左中将に任ぜられる。同7年参議に任ぜられ陸奥権守に任ぜられる。同8年正三位に進み、建治元(1275)年播磨権守に任ぜら

れる。同2年従二位に進み、同3年権中納言に任ぜられる。弘安4(1281)年正二位に進む。同10年権中納言を辞す。　典：公補

二条家(九条家系)

二条良実　にじょう・よしざね

鎌倉時代の人、関白・左大臣。建保3(1215)年生〜文永7(1269)年11月29日没。55才。法名=行空。九条家系の二条家の祖。

関白九条道家の次男。兄に九条教実、弟に一条実教・九条頼経がいる。嘉禄2(1226)年正五位下に叙される。同年元服し侍従に任ぜられる。安貞元(1227)年右少将より中将に任ぜられる。同2年従四位下に進み播磨介に任ぜられる。寛喜元(1229)年正四位下より従三位に進み、同2年伊予権守に任ぜられ正三位に進み、同3年従二位に進み権中納言に任ぜられ更に正二位に進み春宮権大夫に任ぜられる。貞永元(1232)年春宮権大夫を辞す。天福元(1233)年左大将に任ぜられる。嘉禎元(1235)年権大納言に任ぜられ更に内大臣に任ぜられ従一位に進む。同2年右大臣に任ぜられる。暦仁元(1238)年左大臣に任ぜられる。仁治3(1242)年関白に任ぜられ氏長者となる。寛元2(1243)年左大臣を辞す。同4年関白を辞す。弘長元(1261)年再び関白に任ぜられ、文永2(1264)年に辞す。同7年出家。歌を詠む。子に道良・教良・師忠・経通がいる。　典：大日・日名・伝日・古今・公辞・公補

二条道良　にじょう・みちなが

鎌倉時代の人、左大臣。文暦元(1234)年生〜正元元(1259)年11月8日没。26才。

関白・左大臣二条良実の長男。母は権大納言四条隆衡の娘従二位藤原儷子。弟に教良・師忠・経通がいる。仁治元(1240)年昇殿する。寛元元(1243)年正五位下に進み元服し侍従・右少将より中将に任ぜられ従四位下より従四位上に進み更に従三位に進む。同2年近江権守に任ぜられ更に権中納言に任ぜられ従二位に進み、同4年正二位に進み左大将に任ぜられる。宝治元(1247)年権大納言に任ぜられる。建長2(1250)年左大将を辞す。同年内大臣に任ぜられる。同4年右大臣より左大臣に任ぜられる。正嘉元(1257)年従一位に進み、正元元(1259)年出家。　典：公辞・公補

二条教良　にじょう・のりよし

鎌倉時代の人、権大納言。文暦元(1234)年生〜没年不明。

関白・左大臣二条道実の次男。兄に道良、弟に師忠・経通がいる。寛元2(1244)年正五位下に叙され元服し左少将に任ぜられ従四位下より正四位下、同3年従三位に進み伊予権守に任ぜられる。宝治2(1248)年正三位に進み左中将に任ぜられる。建長7(1255)年従二位、正元元(1259)年正二位に進み、文応元(1260)年播磨権守に任ぜられる。弘長2(1262)年権守を辞す。文永11(1274)年参議に任ぜられる。建治元(1275)年備前権守に任ぜられ更に中納言に任ぜられる。弘安2(1279)年権大納言に任ぜられ、同6年に辞す。正安2(1300)年従一位に進む。嘉元元(1303)年70才で出家。子に経良がいる。　典：公補

二条師忠 にじょう・もろただ

鎌倉・南北朝時代の人、関白・左大臣。建長6(1254)年生～暦応4(1341)年1月14日没。88才。院号=香園院。

関白・左大臣二条良実の三男、母は権大納言四条隆衡の娘従二位藤原儷子(実は従三位・非参議坊門親仲の娘)。兄に道良・教良、弟に経通がいる。文応元(1260)年元服し正五位下に叙され侍従・右少将に任ぜられる。弘長元(1261)年従四位下より従四位上に進み備前権介に任ぜられる。同2年従三位より正三位に進み左中将に任ぜられる。同3年従二位に進み権中納言に任ぜられる。文永元(1264)年正二位に進み、同2年権大納言に任ぜられる。同6年右大将に任ぜられ更に内大臣に任ぜられる。同8年右大臣に任ぜられる。同10年右大将を辞す。建治元(1275)年左大臣に任ぜられ東宮伝となる。同3年従一位に進み、弘安2(1279)年踏歌内弁となる。同10年関白に任ぜられ氏長者となる。同年神宮伝奏を辞す。正応元(1288)年左大臣を辞し翌年に関白を辞す。永仁2(1294)年41才で出家。子に兼基・冬通、養子に経教がいる。 典：大日・日名・伝日・公辞・公補

二条経通 にじょう・つねみち

鎌倉時代の人、非参議。建長7(1255)年生～没年不明。

関白・左大臣二条良実の四男。兄に道良・教良・師忠がいる。弘長2(1262)年正五位下に叙され元服し侍従・右中将に任ぜられ従四位下に進み、同3年播磨介に任ぜられ正四位下、文永2(1265)年従三位に進み、同3年讃岐権守に任ぜられる。同6年正三位、同7年従二位に進む。同年讃岐権守を辞す。同11年近江権守に任ぜられ正二位に進み、弘安元(1278)年近江権守を辞す。永仁4(1296)年42才で出家。 典：公補

二条兼基 にじょう・かねもと

鎌倉時代の人、関白・摂政・太政大臣。文永5(1268)年生～建武元(1334)年8月22日没。68才。法名=円空。院号=光明照院・中院。通称=光明照院摂政。

関白・左大臣二条師忠の子(弟か)。建治3(1277)年元服し従五位上より正五位下に進み侍従、弘安元(1278)年右少将、同2年右中将・近江介に任ぜられる。同3年正四位下より正四位上、同6年従三位に進み、同7年播磨権守に任ぜられ正三位に進み、同10年参議に任ぜられ更に権中納言に任ぜられる。正応元(1288)年従二位より正二位に進み権大納言に任ぜられる。同3年右大将に任ぜられる。同4年内大臣より右大臣に任ぜられる。同5年右大将を辞す。永仁2(1294)年従一位に進み、同4年左大臣に任ぜられる。同6年皇太子伝となり摂政に任ぜられ氏長者となる。同7年太政大臣に任ぜられる。正安元(1299)年摂政・太政大臣を辞す。同年関白に任ぜられる。嘉元3(1305)年関白を辞す。延慶元(1308)年41才で出家。子に道平・師基・良冬がいる。 典：大日・日名・公辞・公補

二条経教 にじょう・つねのり

鎌倉時代の人、非参議。弘安9(1286)年生～没年不明。

権大納言二条教良の子。伯父の関白・左大臣二条師忠の養子となる。正応元(1288)年正五位下に叙される。同年元服し侍従に任ぜられる。同2年右少将に任ぜられ従四位下より従四位上に進み、同4年右中将に任ぜられる。同5年正四位下、永仁元(1293)年従三位、

同3年正三位に進み、同6年伊予権守に任ぜられる。正安元(1299)年正二位に進む。徳治元(1306)年伊予権守を辞す。同2年山城権守に任ぜられ、正和元(1312)年に辞す。元応元(1319)年解官。元亨元(1321)年出家。

二条道平　にじょう・みちひら

鎌倉・南北朝時代の人、関白・左大臣。弘安10(1287)年生〜建武2(1335)年2月4日没。49才。院号=後光明照院。

関白・摂政・太政大臣二条兼基の長男。母は侍従為顕の娘。弟に師基・良冬がいる。永仁元(1293)年正五位下に叙され元服し侍従に任ぜられる。同2年左少将に任ぜられる。同3年従四位下より正四位下に更に従三位、同5年正三位、同6年従二位に進み右中将に任ぜられ更に権中納言に任ぜられる。正安元(1299)年権大納言に任ぜられ正二位に進む。嘉元元(1303)年右大将より、徳治元(1306)年左大将に任ぜられ更に内大臣に任ぜられる。同2年左大将を辞す。延慶2(1309)年右大臣に任ぜられる。正和2(1313)年東宮伝より皇太子伝に任ぜられ更に左大臣に任ぜられる。同3年従一位に進み、同4年再び東宮伝に任ぜられ踏歌内弁となる。同5年左大臣を辞す。同年関白に任ぜられ氏長者となる。文保元(1317)年再び皇太子伝に任ぜられ、同2年任職を辞す。嘉暦2(1327)年再び関白に任ぜられる。元徳2(1330)年に辞す。正慶2(1332.元弘3)年再び左大臣に任ぜられる。建武元(1334)年三たび皇太子伝となる。同年氏長者を辞す。のち兵部卿に任ぜられる。同2年春宮伝となる。子に良基・良忠・富小路道直・九条経教がいる。　典：大日・日名・公辞・公補

二条冬通　にじょう・ふゆみち

鎌倉時代の人、非参議。弘安8(1285)年生〜正和5(1316)年10月没。32才。

関白・左大臣二条師忠の次男。母は正四位下・右少将康成の娘。兄に兼基がいる。正安3(1301)年元服し正五位下に叙され左少将に任ぜられる。同4年従四位下より正四位下に進み甲斐権介・左中将に任ぜられる。乾元元(1302)年右中将に任ぜられ従三位に進み、嘉元3(1305)年正三位に進み、徳治元(1306)年播磨権守、応長元(1311)年但馬権守、正和元(1312)年伊予権守に任ぜられる。同2年伊予権守を辞す。　典：公補

二条師基　にじょう・もろもと

鎌倉・南北朝時代の人、吉野朝の関白・左大臣。正安2(1300)年生〜貞治4(1365.正平20)年没。66才。

関白・摂政・太政大臣二条兼基の次男。母は内蔵権頭源兼任の娘。兄に道平、弟に良冬がいる。応長元(1311)年従五位上に叙され元服し侍従・左少将に任ぜられ正五位下より従四位下に進み、正和元(1312)年近江介に任ぜられ正四位下より従三位、同2年正三位に進み権中納言に任ぜられ右中将に任ぜられる。同3年従二位に進み、更に同5年権大納言に任ぜられる。文保元(1317)年正二位に進み、元亨3(1323)年に権大納言を辞す。正慶2(1333.元弘3)年再び権大納言に任ぜられ太宰権帥に任ぜられ、建武元(1334)年に辞す。延元元(1336)年兵部卿に任ぜられ足利尊氏の兵と戦い天皇と共に延暦寺に逃れる。のち北国より新田義貞と共に京都に入り足利軍と戦い破れて、建武4(1337.延元2)年卿を辞す。のち吉野朝に奉じ左大臣に任ぜられ従一位に進み、正平6(1351)年関白に任ぜられ、のち

に辞す。延文4(1359.正平14)年60才で出家。同5年京都の足利義詮を攻める。子に教基がいる。　典：日名・大日・伝日・公補

二条忠基　にじょう・ただもと

鎌倉時代の人、非参議。生年不明～元応元(1319)年没。初名＝冬家。

内大臣九条基家の孫。非参議藤原良忠の子。正安3(1301)年叙爵し侍従に任ぜられる。同年忠基と改名。乾元元(1302)年従五位上に進み、嘉元元(1303)年右少将に任ぜられ正五位下、同4年従四位下に進み、徳治2(1307)年周防介に任ぜられる。延慶2(1309)年従四位上、同4年正四位下に進み、応長2(1311)年右中将に任ぜられる。文保元(1317)年従三位に進む。　典：公補

二条良基　にじょう・よしもと

鎌倉・南北朝時代の人、摂政・関白・太政大臣・准三宮。元応2(1320)年生～嘉慶2(1388)年6月13日没。69才。院号＝後普光園院。

関白・左大臣二条道平の長男。母は右大臣西園寺公顕の娘。弟に良忠・富小路道直・九条経教がいる。嘉暦2(1327)年元服し正五位下より従四位下に叙され侍従・左少将より左中将に任ぜられる。同3年従四位上より従三位に進み、元徳元(1329)年権中納言に任ぜられる。同2年正三位に進み、正慶元(1332.元弘2)年に権中納言を辞す。同2年再び権中納言に任ぜられ従二位に進み、延元元(1336)年権大納言に任ぜられる。建武4(1337.延元2)年正二位に進み、暦応元(1338)年左大将に任ぜられる。同2年内大臣に任ぜられる。康永元(1342.興国3)年皇太子伝となる。同年左大将を辞す。同2年右大臣に任ぜられる。貞和2(1346.正平元)関白に任ぜられ氏長者となり、同3年左大臣に任ぜられる。同5年これを辞す。延文3(1358)年関白を辞す。貞治2(1363.正平18)年再び関白に任ぜられる。同6年に辞す。永和2(1376.天授2)年准三宮となる。永徳元(1381.弘和元)太政大臣に任ぜられる。同2年摂政に任ぜられる。嘉慶元(1387.正中4)年任職を辞す。同2年再び摂政に任ぜられる。博学多才で和歌・連歌をよく詠む。子に師良・師嗣・一条経嗣がいる。　典：大日・日名・京都・古今・公辞・公補

二条良忠　にじょう・よしただ

鎌倉・南北朝時代の人、権大納言。元亨元(1321)年生～没年不明。

関白・左大臣二条道平の次男。母は右大臣西園寺公顕の娘。兄に良基、弟に富小路道直・九条経教がいる。嘉暦2(1327)年元服し正五位下に進み、同2年右少将に任ぜられ従四位下に進み、同4年備前権介に任ぜられ従四位上、元徳元(1329)年正四位下、同2年従三位に進み、元弘元(1331)年讃岐権守に任ぜられ正三位に進み、正慶元(1332.元弘2)年讃岐権守を辞す。建武元(1334)年従二位に進み、康永元(1342.興国3)年参議に任ぜられ左中将に任ぜられ更に権中納言に任ぜられる。同2年中納言に任ぜられ更に権大納言に任ぜられ正二位に進む。貞和3(1347)年に任職を辞す。文和元(1352.正平7)年32才で出家。　典：公補

二条良冬　にじょう・よしふゆ

鎌倉・南北朝時代の人、権大納言。元応2(1320)年生～没年不明。

関白・摂政・太政大臣二条兼基の子。兄に道平・師基がいる。元弘3(1333)年正五位下に叙され元服し左中将に任ぜられる。建武5(1338)年従四位下、暦応2(1339.延元4)年従四位上、同3年正四位下より従三位、貞和2(1346.正平元)正三位に進み、同3年下総権守に任ぜられ更に権中納言に任ぜられる。観応元(1350.正平5)年に辞す。文和2(1353.正平8)年従二位に進み再び権中納言に任ぜられ更に権大納言に任ぜられる。同4年正二位に進み、延文4(1359.正平14)年権大納言を辞す。応安3(1370.建徳元)に出家。子に基冬がいる。　典：公補

二条師良　にじょう・もろよし

南北朝時代の人、関白・左大臣。貞和元(1345.興国6)年生〜永徳2(1382.弘和2)年5月1日没。38才。院号=是心院。

摂政・関白・太政大臣二条良基の長男。弟に師嗣・一条経嗣がいる。貞和5(1349.正平4)年正五位下より従四位下に叙され元服し右少将に任ぜられる。観応元(1350.正平5)年従四位上に進み、同2年左中将に任ぜられる。文和2(1353.正平8)年従三位に進み、同3年播磨権守に任ぜられ更に権中納言に任ぜられる。延文元(1356.正平11)年正三位、同3年従二位に進み、同4年権大納言に任ぜられる。同5年正二位に進み、貞治3(1364.正平19)年左大将、同5年左馬寮御監に任ぜられ更に内大臣に任ぜられる。同6年左大将を辞す。同年右大臣に任ぜられる。応安2(1369.正平24)年踏歌内弁となり関白に任ぜられる。同3年左大臣に任ぜられる。同4年従一位に進み、永和元(1375.天授元)任職を辞す。永徳元(1381.弘和元)に37才で出家。　典：日名・公辞・公補

二条基冬　にじょう・もとふゆ

南北朝時代の人、権大納言。暦応4(1341.興国2)年生〜永徳2(1382.弘和2)年11月21日没。42才。

権大納言二条良冬の子。左中将に任ぜられる。のちこれを辞す。延文元(1356.正平11)年従三位に叙される。同3年正三位に進み近江権守に任ぜられ、同5年に辞す。貞治5(1366)年従二位に進み、応安2(1369.正平24)年権中納言に任ぜられ、更に同4年正二位に進み、同7年権大納言に任ぜられるも翌年に辞す。永徳2(1382.弘和2)年従一位に進む。子に師冬がいる。　典：公補

二条師嗣　にじょう・もろつぐ

南北朝・室町時代の人、関白・左大臣。延文元(1356)年生〜応永7(1400)年11月22日没。45才。院号=後香園院。

摂政・関白・太政大臣二条良基の次男。母は土岐春日入道善忠の娘。兄に師良、弟に一条経嗣がいる。貞治5(1366.正平21)年正五位下に叙され元服し左近権中将より右近権中将に任ぜられる。同6年従四位下より正四位下に進み播磨介に任ぜられる。応安元(1368.正平23)年従三位に進み権中納言に任ぜられる。同2年正三位に進み右大将に任ぜられる。同3年左大将に任ぜられる。同4年従二位に進み権大納言に任ぜられる。同6年正二位に進み、永和元(1375.天授元)右大臣に任ぜられる。同2年左大将を辞す。同4年左大臣に任ぜられる。康暦元(1379)年従一位に進み関白に任ぜられる。永徳2(1382)年任職を辞す。嘉

慶2(1388.元中5)年再び関白に任ぜられ、応永元(1394)年に再び辞す。同5年三たび関白に任ぜられる。同6年44才で出家。子に満基・持基がいる。　典：大日・日名・伝日・公辞・公補

二条満基　にじょう・みつもと

南北朝・室町時代の人、関白・左大臣。永徳3(1383)年生〜応永17(1410)年12月27日没。28才。初名=道忠。院号=福照院。

関白・左大臣二条師嗣の子。弟に持基がいる。初め道忠と名乗る。明徳4(1393)年元服し正五位下に叙され左少将に任ぜられる。同5年従四位下、応永元(1394)年正四位下より従三位に進み左中将に任ぜられ更に権中納言に任ぜられる。同2年正三位に進み権大納言に任ぜられる。同3年従二位に進み、同5年祖父が足利義満と親密であったため、諱字を賜り満基と改名。同6年正二位に進み右大将より左大将に任ぜられる。同10年内大臣に任ぜられる。同13年左大将を辞す。同16年左大臣・関白に任ぜられる。同17年従一位に進む。聯歌をよくし京畿諸道の歌人を訪ねた。　典：大日・日名・伝日・公辞・公補

二条持基　にじょう・もちもと

室町時代の人、摂政・関白・太政大臣。明徳元(1390.元中7)年生〜文安2(1445)年11月3日没。56才。初名=基教。院号=後福照院。

関白・左大臣二条師嗣の子。母は参議東坊城長綱の娘。兄に満基がいる。初め基教と名乗る。応永16(1409)年正五位下に叙され元服し左少将に任ぜられる。同17年従四位下より正四位下に進み備前権介に任ぜられる。同年持基と改名。更に権中納言に任ぜられ従三位に進む。兄満基が没したので家督を相続する。同18年正三位に進み権大納言に任ぜられる。同19年従二位、同21年正二位に進み、同26年左大将に任ぜられ更に内大臣に任ぜられる。同27年左大将を辞す。同年左大臣に任ぜられる。同28年従一位に進み、同31年関白に任ぜられ、同32年左大臣を辞す。同34年再び左大臣に任ぜられる。正長元(1428)年関白を辞す。同年摂政に任ぜられる。永享元(1429)年左大臣を辞す。同4年太政大臣に任ぜられ、同5年摂政・太政大臣を辞す。同年再び関白に任ぜられる。子に持通がいる。
典：大日・日名・伝日・公辞・公補

二条持通　にじょう・もちみち

室町時代の人、関白・太政大臣・准三宮。応永23(1416)年5月6日生〜明応2(1493)年1月12日没。78才。院号=大染金剛院。

摂政・関白・太政大臣二条持基の子。応永34(1426)年元服し正五位下に叙される。同35年侍従・左少将に任ぜられる。永享元(1429)年従四位下に進み左中将・近江介に任ぜられる。同2年従三位に進み、同4年権中納言に任ぜられる。同5年正三位に進み権大納言に任ぜられる。同9年従二位に進み、同10年左大将に任ぜられる。同12年正二位に進み、文安3(1446)年右大臣に任ぜられる。同4年左大将を辞す。宝徳元(1449)年従一位に進み、享徳2(1453)年関白に任ぜられ翌年に関白・左大臣を辞す。同4年再び関白に任ぜられる。長禄2(1458)年再び辞す。同年太政大臣に任ぜられ、寛正元(1460)年に辞す。同4年三たび関白に任ぜられる。同6年氏長者となる。応仁元(1467)年三たび関白を辞す。延徳元(1489)年准三宮となる。74才で出家。子に政嗣がいる。　典：大日・日名・公辞・公補

二条政嗣 にじょう・まさつぐ

室町時代の人、関白・左大臣。嘉吉3(1443)年生～文明12(1480)年9月2日没。38才。院号=如法寿院。

関白・太政大臣二条持通の子。母は神祇伯白川雅兼王の娘。康正元(1455)年元服し正五位下に叙され侍従、同2年左少輔に任ぜられ従四位下に進み、長禄元(1457)年従三位に進み左中将に任ぜられる。同2年権中納言に任ぜられる。同3年正三位に進み、更に寛正元(1460)年権大納言に任ぜられる。同2年従二位に進み、同6年左権大将に任ぜられる。文正元(1466)年正二位に進み右大臣に任ぜられる。同年右権大将を辞す。応仁2(1468)年左大臣に任ぜられる。文明2(1470)年関白に任ぜられ氏長者となる。同6年従一位に進む。同7年左大臣を辞す。同8年関白も辞す。子に尚基がいる。 典：大日・日名・公辞・公補

二条尚基 にじょう・ひさもと

室町時代の人、関白・右大臣。文明3(1471)年生～明応6(1497)年10月10日没。27才。院号=後如法寿院。通称=二条関白。

関白・左大臣二条政嗣の子。母は三木秀兼の娘従三位兼子。文明14(1482)年元服し左少将に任ぜられる。同15年従四位下より従三位に叙され左中将に任ぜられる。同17年権中納言に任ぜられ正三位に進み、同18年権大納言に任ぜられる。延徳2(1490)年右近衛大将に任ぜられる。同3年内大臣に任ぜられ更に左大将に任ぜられる。明応2(1493)年これを辞す。同6年右大臣に任ぜられ更に関白に任ぜられ氏長者となる。子に尹房がいる。 典：大日・日名・公辞・公補

二条尹房 にじょう・ただふさ

室町時代の人、関白・左大臣・准三宮。明応5(1496)年10月12日生～天文20(1551)年8月29日没。56才。院号=後大染金剛院。

関白・右大臣二条尚基の子。永正5(1508)年元服し正五位下に叙される。同6年侍従・左権少将に任ぜられる。同7年従四位下に進み左権中将に任ぜられる。同8年従三位に進み、同9年権中納言に任ぜられる。同10年権大納言に任ぜられる。同11年右近大将に任ぜられ正三位、同12年従二位に進み内大臣に任ぜられる。同13年左大将に任ぜられる。同14年に辞す。同15年関白に任ぜられ更に右大臣に任ぜられ氏長者となり正二位に進む。大永元(1521)年左大臣に任ぜられる。同2年従一位に進み、同3年左大臣を辞す。同5年関白を辞す。享禄元(1528)年備前国に下向。のち上洛。天文2(1533)年准三宮となり、同3年再び関白に任ぜられ、同5年に再び辞す。同13年備後国に下向。同20年次男良豊と共に周防国大内義隆の許にいたが、義隆の老臣陶晴賢が謀叛を起こし、義隆に従い山口の法泉寺に逃れるも杉重政の兵に殺される。子に晴良・良豊・鷹司信房がいる。 典：大日・日名・伝日・公辞・公補

二条晴良 にじょう・はるよし

室町・安土桃山時代の人、関白・左大臣・准一宮。大永6(1526)年4月16日生～天正7(1579)年4月29日没。54才。院号=浄明珠院。通称=二条関白。

関白・左大臣二条尹房の長男。母は関白・左大臣九条尚経の長女。弟に良豊・鷹司信房がいる。天文5(1536)年正五位下に叙され元服し侍従、同6年左少将より左中将に任ぜられ従四位下、同7年従三位に進み伊予権守に任ぜられる。同8年権中納言に任ぜられる。同9年正三位、同10年従二位に進み権大納言に任ぜられる。同11年正二位に進み、同12年左大将に任ぜられる。同14年内大臣に任ぜられる。同15年右大臣に任ぜられる。同16年左大臣に任ぜられる。同17年関白に任ぜられ氏長者となる。同18年従一位に進む。同21年左大臣を辞す。同22年関白を辞す。永禄9(1566)年准三宮となる。同11年再び関白に任ぜられ、天正6(1578)年に再び辞す。能書の誉れあり。子に昭実がいる。　典：大日・日名・伝日・公辞・公補

二条良豊　にじょう・よしとよ

室町時代の人、非参議。天文5(1536)年生～天文20(1551)年8月29日没。16才。

関白・左大臣二条尹房の次男。兄に晴良、弟に鷹司信房がいる。天文18(1549)年正五位下に叙され元服し左少将より、同19年左中将に任ぜられ従四位上より従三位に進み、同20年父と共に周防国大内義隆の許にいたが、義隆の老臣陶晴賢が謀叛を起こし、義隆に従い山口の法泉寺に逃れるも父が杉重政の兵に殺されたので自害する。　典：公辞・公補

二条昭実　にじょう・あきざね

室町・安土桃山・江戸時代の人、関白・左大臣・准三宮。弘治2(1556)年11月1日生～元和5(1619)年7月14日没。64才。一字名=桐・次。院号=後中院。

関白・左大臣二条晴良の次男。母は二品・中務卿貞敦親王の娘従一位信子。永禄11(1568)年正五位下に叙される。同年元服し侍従に任ぜられる。同12年左少将より左中将に任ぜられ従四位上に進み、元亀元(1570)年従三位に進み、同2年権中納言に任ぜられる。同3年正三位に進み権大納言に任ぜられる。天正元(1573)年従二位、同2年正二位に進み、同5年左大将に任ぜられ更に内大臣に任ぜられる。同6年踏歌内弁となり、同7年右大臣に任ぜられる。同12年左大臣に任ぜられる。同13年従一位に進み関白に任ぜられる。同年これと左大臣を辞す。慶長11(1606)年准三宮となる。元和元(1615)年再び関白に任ぜられ氏長者となる。徳川家康と議し禁中条目十七条と武家法度十三条を制定する。同5年再び関白を辞す。中風で没す。養子に康道がいる。　典：大日・日名・伝日・公辞・公補

二条康道　にじょう・やすみち

江戸時代の人、摂政・左大臣。慶長12(1607)年1月24日生～寛文6(1666)年7月28日没。60才。一字名=東。院号=後浄明珠院。

関白・左大臣九条幸家の長男。弟に九条忠象(のち道房)がいる。関白・左大臣二条昭実の養子となる。慶長18(1613)年正五位下に叙され元服し徳川家康より康の字を贈られて康道と名乗り左少将に任ぜられる。同19年従四位下、元和元(1615)年従三位に進み左中将に任ぜられる。同2年権中納言に任ぜられる。同5年権大納言に任ぜられ正三位、同6年従二位に進み右近衛大将に任ぜられる。更に同7年内大臣に任ぜられ踏歌内弁となる。同8年正二位に進み、同9年左大将に任ぜられ、寛永3(1626)年に辞す。同6年右大臣、同9年左大臣に任ぜられる。同12年摂政に任ぜられ氏長者となる。同14年左大臣を辞す。同16

年従一位に進む。正保4(1647)年摂政を辞す。松永貞徳に俳諧を学ぶ。子に光平がいる。
典：大日・日名・伝日・公辞・公補

二条光平　にじょう・みつひら

江戸時代の人、摂政・関白・左大臣。寛永元(1624)年12月13日生～天和2(1683)年11月12日没。60才。一字名＝東。院号＝後是心院。

摂政・左大臣二条康道の子。母は後陽成院皇女貞子。寛永11(1634)年正五位下より従四位下に叙され元服し左少将より左中将に任ぜられる。同12年従三位に進み権中納言に任ぜられる。同14年正三位に進み権大納言に任ぜられる。同15年右大将に任ぜられたが辞す。踏歌内弁となる。同16年従二位に進み再び右大将に任ぜられる。同17年正二位に進み、同19年内大臣に任ぜられる。同20年再び左大将に任ぜられる。正保4(1647)年右大臣に任ぜられる。慶安4(1651)年左大将を辞す。承応元(1652)年左大臣に任ぜられる。同2年関白に任ぜられ氏長者となる。明暦3(1657)年従一位に進む。万治元(1658)年左大臣を辞す。寛文3(1663)年関白を辞す。同年摂政に任ぜられ翌年に辞す。養子に綱平がいる。
典：日名・公辞・公補

二条綱平　にじょう・つなひら

江戸時代の人、関白・左大臣。寛文12(1672)年4月13日生～享保17(1732)年2月6日没。61才。法名＝円覚。院号＝敬信院。

左大臣九条兼晴の次男。母は賀子内親王。摂政・関白・左大臣二条光平の養子となる。天和2(1682)年元服し正五位下に叙され左少将に任ぜられる。同3年従四位下より従三位に進み権中納言に任ぜられる。貞享元(1684)年権大納言に任ぜられる。同2年正三位、同3年従二位に進み、元禄6(1693)年右大将に任ぜられ右馬寮御監・踏歌外弁となる。同12年左大将に任ぜられる。宝永元(1704)年内大臣に任ぜられ正二位に進み、同2年踏歌内弁となる。同3年左大将を辞す。同5年右大臣に任ぜられる。同年東宮伝に任ぜられる。同6年に辞す。正徳5(1715)年左大臣に任ぜられ従一位に進み、享保7(1722)年関白に任ぜられ氏長者となる。同年左大臣を辞す。同11年関白を辞す。同14年58才で出家。子に吉忠がいる。　典：大日・日名・伝日・公辞・公補

二条吉忠　にじょう・よしただ

江戸時代の人、関白・左大臣。元禄2(1689)年6月20日生～元文2(1737)年8月3日没。49才。院号＝安祥院。

関白・左大臣二条綱平の子。母は栄子内親王。元禄9(1697)年元服し従五位上に叙され左少将に任ぜられる。同10年従四位下、同11年従四位上より正四位下に進み左中将に任ぜられ更に従三位に進み、同12年権中納言に任ぜられる。同14年正三位に進み、宝永元(1704)年権大納言に任ぜられる。同4年従二位に進み、正徳2(1712)年右大将に任ぜられ右馬寮御監となる。同3年左大将に任ぜられる。同5年内大臣に任ぜられる。享保元(1716)年正二位に進み踏歌内弁となる。同3年大将を辞す。同7年右大臣に任ぜられる。同11年左大臣に任ぜられる。同14年従一位に進み、元文元(1736)年関白に任ぜられ氏長者となる。同2年任職を辞す。子に宗熙がいる。　典：日名・公辞・公補

二条宗熙　にじょう・むねひろ

江戸時代の人、右大臣。享保3(1718)年11月6日生～元文3(1738)年6月18日没。21才。院号=常観喜院。

関白・左大臣二条吉忠の子。享保13(1727)年元服し従五位上より従四位下に叙され左少将より、同14年左中将に任ぜられ正四位下より従三位に進み、同15年権中納言に任ぜられ左大将に任ぜられ左馬寮御監となる。同16年正三位に進み、同18年権大納言に任ぜられる。元文元(1736)年従二位に進み、同2年内大臣に任ぜられる。同3年右大臣に任ぜられる。同年任職を辞す。家督相続に宗基がいる。　典：公辞・公補

二条宗基　にじょう・むねもと

江戸時代の人、右大臣。享保12(1727)年5月20日生～宝暦4(1754)年1月18日没。28才。

内大臣九条幸教の次男。元文3(1738)年右大臣二条宗熙が若死にしたので家督を相続する。同4年元服し従五位上より従四位下に叙され左少将より左中将に任ぜられる。同5年正四位下より従三位に進み権中納言に任ぜられる。寛保2(1742)年正三位に進み権大納言に任ぜられる。同3年従二位に進み右大将に任ぜられ右馬寮御監となる。延享2(1745)年正二位に進み内大臣に任ぜられる。同3年左大将に任ぜられる。同4年に辞す。同年皇太子伝となる。寛延2(1749)年右大臣に任ぜられる。宝暦2(1752)年従一位に進み踏歌内弁となる。同4年右大臣を辞す。子に重良・治孝がいる。　典：日名・公辞・公補

二条重良　にじょう・しげよし

江戸時代の人、権大納言。宝暦元(1751)年11月3日生～明和5(1768)年7月2日没。18才。

右大臣二条宗基の子。弟に治孝がいる。宝暦7(1757)年元服し従五位上より従四位下に叙され右権少将に任ぜられる。同8年左権中将に任ぜられ正四位下に進み、同9年従三位に進み権中納言に任ぜられる。更に同10年権大納言に任ぜられ正三位に進み、同12年踏歌外弁となる。同13年従二位に進み右大将に任ぜられ右馬寮御監となる。明和3(1766)年正二位に進む。同5年春宮大夫に任ぜられる。同年任職を辞す。　典：日名・公辞・公補

二条治孝　にじょう・はるたか

江戸時代の人、左大臣。宝暦4(1754)年2月9日生～文政9(1826)年10月6日没。73才。

右大臣二条宗基の子。兄に重良がいる。明和6(1769)年元服し従五位上より従四位下に叙され左権少将に任ぜられる。同7年正四位下より従三位に進み左権中将に任ぜられる。同8年権中納言に任ぜられる。安永元(1772)年正三位に進み権大納言に任ぜられる。同2年従二位、同正二位に進み、同5年踏歌外弁となる。天明2(1782)年右大将に任ぜられ右馬寮御監となる。寛政元(1789)年左大将に任ぜられる。同3年右大臣に任ぜられる。同4年院執事となり、同6年踏歌内弁となる。同8年従一位に進む。同年左大臣に任ぜられ、文化11(1814)年に辞す。子に斉通・斉信・隆温・九条輔嗣・九条尚忠・西園寺寛季がいる。
典：日名・公辞・公補

二条斉通　にじょう・なりみち

江戸時代の人、内大臣。天明元(1781)年閏5月9月生～寛政10(1798)年5月21日没。18才。一字名=藤。

左大臣二条治孝の長男。弟に斉信・隆温・九条輔嗣・九条尚忠・西園寺寛季がいる。天明7(1787)年元服し従五位上に叙され右近衛権少将に任ぜられる。同8年従四位下に進み、寛政元(1789)年権中将に任ぜられ正四位下、同3年従三位に進み権中納言に任ぜられる。同5年踏歌外弁となる。更に同6年権大納言に任ぜられる。同7年正三位、同9年従二位に進み左大将に任ぜられ更に内大臣に任ぜられる。同10年任職を辞す。　典：日名・公辞・公補

二条斉信　にじょう・なりのぶ

江戸時代の人、左大臣。天明8(1788)年3月5日生～弘化4(1847)年4月26日没。60才。

左大臣二条治孝の次男。母は水戸の宰相徳川宗翰の娘。兄に斉通、弟に隆温・九条輔嗣・九条尚忠・西園寺寛季がいる。享和元(1801)年元服し従五位上より従四位下に叙され左近衛権少将より左権中将に任ぜられる。同2年正四位下、同3年従三位に進み、文化元(1804)年権中納言に任ぜられる。同3年正三位に進み、同4年踏歌外弁となる。同5年権大納言に任ぜられる。同6年従二位、同10年正二位に進み、同12年内大臣に任ぜられる。同13年左大将に任ぜられ、文政3(1820)年に辞す。同年右大臣に任ぜられる。同4年踏歌内弁となり、同6年院執事となる。更に同7年従一位に進み左大臣に任ぜられる。弘化4年に左大臣を辞す。子に斉敬がいる。　典：日名・公辞・公補

二条斉敬　にじょう・なりゆき

江戸・明治時代の人、摂政・関白・左大臣。文化13(1816)年9月12日生～明治11(1878)年12月5日没。63才。

左大臣二条斉信の子。第11代将軍徳川家斉の斉を賜り斉敬と名乗る。文政7(1824)年元服し従五位上より従四位下に叙され左権少将より右権中将に任ぜられ更に正四位下、同8年従三位、同10年正三位に進み、同11年権中納言に任ぜられる。同12年踏歌外弁となる。天保2(1831)年権大納言に任ぜられる。同3年従二位、同9年正二位に進み、安政2(1855)年御遷幸に馬副八人・舎人二人・舎人長一人・衛府長二人・下品雑色四人・居飼一人・雑色八人・傘一人を供として参加している。同4年踏歌内弁となる。同5年関東に下向し将軍に拝謁。のち謹慎を命ぜられる。同6年左大将に任ぜられ左馬寮御監となり更に内大臣に任ぜられる。文久2(1862)年従一位に進み右大臣に任ぜられ国事御用掛となる。同3年左大臣に任ぜられる。元治元(1864)年関白に任ぜられ氏長者となり、王政復古派と徳川幕府との斡旋に努力する。慶応3(1867)年左大臣を辞す。摂政に任ぜられ翌年に王政復古の大令と共に任職を辞す。明治の新政府では大宮御所御用掛・東幸留守等を務める。家料は1708石。養子に基弘(九条尚忠の八男、正二位・宮中顧問官、昭和3,4没。70才、雅号は孤鶴、明治の華族の列に公爵を授る、子は厚基)がいる。　典：幕末・明治・伝日・日名・遷幸・公辞・公補

○丹羽家

丹羽長秀—長重—光重—長次—長之—秀延—高寛—高庸—長貴—長祥—長富—長国—⇨
⇨—長祐—長保—長国（再承）—長徳（子）

桓武天皇の皇子良峰安世二十九世の孫忠長と長政が、尾張国丹羽郡児玉邑に住み、斯波義敏に仕え、本姓を平より藤原に改姓し、一時良峰を本姓にしたが、長秀に至り丹羽を氏姓とし、源を本姓とした。丹羽長秀(丹羽家の祖)は織田信長に仕え、信長没後は豊臣秀吉と謀り、明智光秀・柴田勝家を討ち、その功により越前・加賀国の領地を賜る。子の長重となり秀吉に背いた為に没収される。公卿には長重のみ列されたが、明治に至り子爵を授かる。

典：日名

丹羽長重　にわ・ながしげ

江戸時代の人、参議・奥州白川城主。元亀2(1571)年生～寛永14(1637)年3月没。67才。本姓＝源。

天正11(1583)年越前府中城に勤め、のち佐々成政に従い豊臣秀吉に背き越前・加賀国の領地を没収される。同13年織田信雄に従い、のち豊臣秀吉に従い、同14年侍従に任ぜられる。同15年日向を攻める。文禄4(1595)年参議に任ぜられる。慶長5(1600)年関が原の合戦に参加。同8年功により常陸古渡の田一万石を賜る。のち従四位下に叙される。同12年参議を辞す。同19年大坂の役に参加し、元和5(1619)年一万石を加増される。寛永4(1627)年奥州白川城を賜る。同9年再び参議に任ぜられたという。子に光重がいる。　典：日名・大日・公補

○庭田家

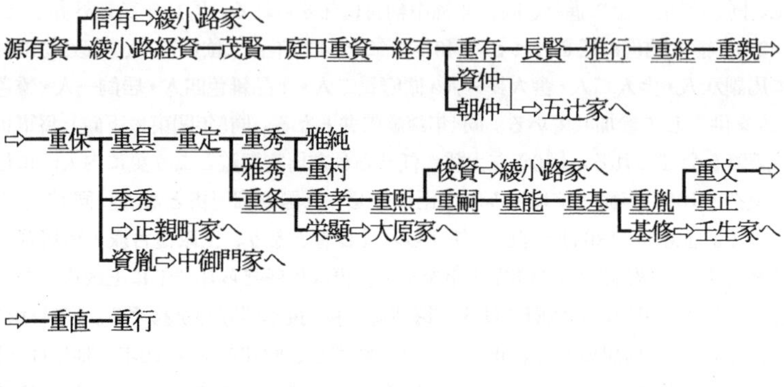

宇多天皇より出た源家の分家。敦実親王の三男左大臣源雅信の九世源有資の下に藤原経資が養子として入り、綾小路と氏姓し庭田と号した。子の茂賢は綾小路家を継ぎ、その子重資が庭田を氏姓とした。代々神楽をもって奉仕し、明治に至り華族に列され伯爵を授かる。本姓は源。家紋は竜胆(りんどう)。菩提寺は竜光院。

典：日名

庭田重資　にわた・しげすけ

鎌倉・南北朝時代の人、権大納言。徳治元(1306)年生〜康応元(1389.元中6)年8月13日没。84才。庭田家の祖

権中納言綾小路経資の孫。非参議綾小路茂賢の子。父の綾小路家より分かれて、庭田を氏姓とした。従五位下に叙される。延慶3(1310)年従五位上に進み、同4年右兵衛権佐、応長元(1311)年右馬頭に任ぜられる。正和元(1312)年正五位下に進み左少将に任ぜられる。同5年従四位下に進み、元応2(1320)年左少将を辞す。元亨2(1322)年従四位上に進み、嘉暦2(1327)年右少将に任ぜられ正四位下に進み、元徳元(1329)年右中将より、元弘元(1331)年左中将に任ぜられ、元徳2(1330)年左中将を辞す。建武3(1336.延元元)補蔵人頭より内蔵頭に任ぜられる。同4年参議に任ぜられる。暦応元(1338.延元3)年従三位に進み参議を辞す。同2年再び参議に任ぜられる。康永元(1342.興国3)年越後権守に任ぜられる。同2年正三位に進み、同3年権中納言に任ぜられ、貞和元(1345)年に辞す。同4年従二位、延文4(1359)年正二位に進み、康応元(1389)年権大納言に任ぜられる。子に経有(従四位下・右少将、後花園院の外祖、贈従一位左大将、子は重有・五辻資仲・五辻朝仲)がいる。　典：公辞・公補

庭田重有　にわた・しげあり

南北朝・室町時代の人、権大納言。永和4(1378.天授4)年生〜永享12(1440)年7月20日没。63才。

権大納言庭田重資の孫。従四位下・右少将庭田経有朝臣の子。弟に五辻資仲・五辻朝仲がいる。右中将を辞す。応永33(1426)年従三位に叙される。永享4(1432)年参議に任ぜられる。更に同10年正三位に進み権中納言に任ぜられる。更に同11年権大納言に任ぜられるも出家し没す。子に長賢がいる。　典：公辞・公補

庭田長賢　にわた・ながかた

室町時代の人、権大納言。生年不明〜長享元(1487)年1月19日没。初名=重賢。元名=政賢。前名=成賢。法名=祐紹。院号=蒼玉院。

権大納言庭田重有の子。初め重賢と名乗る。従五位上に叙され、侍従を辞し、政賢と改名。永享3(1431)年左少将に任ぜられ、のち正四位下に進み左中将に任ぜられる。宝徳元(1449)年参議に任ぜられる。同2年従三位に進み安芸権守に任ぜられる。同3年正三位に進む。享徳元(1452)年成賢と改名。同2年更に長賢と改名。権中納言に任ぜられる。康正2(1456)年に辞す。同年従二位に進む。寛正3(1462)年権大納言に任ぜられるも出家。のち内大臣を贈られる。子に雅行がいる。　典：公辞・公補

庭田雅行　にわた・まさゆき

室町時代の人、権大納言。永享6(1434)年生〜明応4(1495)年2月20日没。62才。初名=重行。通称=源大納言。

権大納言庭田長賢の子。宝徳3(1451)年越後介に任ぜられ、のち従四位下に叙され右少将より右近中将・蔵人頭に任ぜられる。康正2(1456)年正四位上より従三位に進み参議に任ぜられる。長禄元(1457)年美濃権守に任ぜられる。寛正4(1463)年に辞す。同6年相模

権守に任ぜられ更に権中納言に任ぜられ正三位、文明5(1473)年従二位に進み、同7年権大納言に任ぜられる。同9年正二位に進み、明応2(1493)年按察使となる。同3年任職を辞す。同4年従一位に進む。子に重親がいる。　典：公辞・公補

庭田重経　にわた・しげつね

室町時代の人、参議。寛正6(1465)年生〜文亀元(1501)年10月25日没。37才。法名＝真経。

権大納言庭田雅行の子。文正2(1467)年叙爵。文明15(1483)年従五位上に進み侍従、同16年右少将に任ぜられる。同19年正五位下、長享2(1488)年従四位下に進み、延徳2(1490)年右中将に任ぜられ、のち従四位上より正四位下に進み蔵人頭に任ぜられる。明応元(1492)年正四位上に進み、同5年参議に任ぜられる。同6年従三位、文亀元(1501)年正三位に進む。養子に重親がいる。　典：公辞・公補

庭田重親　にわた・しげちか

室町時代の人、権中納言。明応4(1495)年生〜天文2(1533)年12月24日没。39才。前名＝重綱。一字名＝貞。

権中納言中山宣親の次男。参議庭田重経と権大納言中山康親の娘の家督を相続する。文亀元(1501)年叙爵。永正2(1505)年侍従に任ぜられる。同3年従五位上に進み、同5年右少将に任ぜられる。同7年正五位下、同9年従四位下に進み、同10年右中将に任ぜられる。同14年従四位上、同18年正四位下より正四位上に進み補蔵人頭、大永2(1522)年武蔵権守に任ぜられる。同4年参議に任ぜられ従三位に進む。同7年武蔵権守を辞す。享禄元(1528)年権中納言に任ぜられる。同3年正三位に進む。天文2(1533)年南都に下向。御神楽で笛を吹き退場後に俄に病となり没す。子に重保がいる。　典：公辞・公補

庭田重保　にわた・しげやす

室町時代の人、権大納言。大永5(1525)年7月23日生〜文禄4(1595)年8月6日没。71才。

権中納言庭田重親の子。母は権大納言今出川季孝の娘。享禄2(1529)年叙爵。天文3(1534)年侍従に任ぜられる。同4年正五位下に進み、同7年安芸権介・右少将に任ぜられる。同8年正五位下、同11年従四位下に進み、同12年甲斐権介に任ぜられる。同13年従四位上に進み、同14年中将、同16年蔵人頭に任ぜられ正四位下より正四位上に進み、同23年美濃権守に任ぜられる。同24年参議に任ぜられ従三位に進む。弘治3(1557)年正三位に進み、同4年権中納言に任ぜられる。永禄4(1561)年従二位に進み、天正3(1575)年権大納言に任ぜられる。同4年正二位に進む。同年蟄居。同5年許されて武家伝奏となる。同10年任職を辞す。同12年按察使となる。子に重通・正親町季秀・中御門資胤がいる。　典：公辞・公補

庭田重具　にわた・しげとも

室町・安土桃山時代の人、権大納言。天文16(1547)年2月20日生〜慶長3(1598)年6月17日没。52才。初名＝重頼。前名＝重通。法名＝良貞。

権大納言庭田重保の長男。母は内大臣広橋兼秀の娘。弟に正親町季秀・中御門資胤がいる。初め重頼と名乗る。天文18(1549)年叙爵。同19年重通と改名。同20年侍従に任ぜ

られる。同23年従五位上に進み、弘治2(1556)年元服し、同3年正五位下、永禄4(1561)年従四位下、同6年従四位上より正四位下に進み蔵人頭・右中将に任ぜられる。同12年正四位上に進み、元亀3(1572)年参議に任ぜられる。天正2(1574)年従三位に進み、同4年権中納言に任ぜられる。同5年正三位に進み、同7年権中納言を辞す。同8年従二位に進み、同9年再び権中納言に任ぜられる。同13年正二位に進む。慶長元(1596)年重具と改名。同2年権大納言に任ぜられる。子に重定がいる。　典：公辞・公補

庭田重定　にわた・しげさだ

安土桃山・江戸時代の人、権中納言。天正5(1577)年生～元和6(1620)年7月29日没。44才。

権大納言庭田重具の子。天正6(1578)年叙爵。同9年侍従に任ぜられる。同11年従五位上に進み元服し、同14年正五位下に進み、同16年右少将に任ぜられる。文禄2(1593)年従四位下、慶長6(1601)年従四位上、同11年正四位下に進み、同16年右中将に任ぜられる。同17年参議に任ぜられる。同18年従三位に進み参議を辞す。元和元(1615)年権中納言に任ぜられる。同2年に辞す。子に重秀・雅秀・重条がいる。　典：公辞・公補

庭田重条　にわた・しげなが

江戸時代の人、権大納言。慶安3(1650)年2月14日生～享保10(1725)年7月16日没。76才。一字名=正・則。法名=尭祐。

権中納言庭田重定の子。兄に重秀・雅秀がいる。万治3(1660)年叙爵。同年元服し大膳権大夫に任ぜられる。寛文5(1665)年従五位上庭田雅秀(寛文7,9,20没。20才)の家督養子となり従五位上に進み侍従、同7年右少将に任ぜられる。同9年正五位下、同11年従四位下に進み、延宝2(1674)年右中将に任ぜられる。同3年従四位上に進み、同5年蔵人頭に任ぜられる。同6年正四位下より正四位上に進み、同8年に免職となり、天和元(1681)年許されて、同2年左中将に任ぜられ参議に任ぜられる。同3年従三位に進み踏歌外弁となる。貞享元(1684)年権中納言に任ぜられる。同4年正三位に進み権中納言を辞す。元禄7(1694)年従二位に進み、同10年権大納言に任ぜられるも辞す。宝永元(1704)年正二位、享保3(1718)年従一位に進むも65才で出家。養子に重孝・大原栄顯がいる。　典：公辞・公補

庭田重孝　にわた・しげたか

江戸時代の人、権大納言。元禄5(1692)年10月25日生～延享2(1745)年閏12月19月没。54才。初名=幸親。

権大納言中山篤親の次男。初め幸親と名乗る。元禄12(1699)年叙爵。宝永3(1706)年権大納言庭田重条と参議花園実万の娘の家督を相続。同4年重孝と改名。同年元服し従五位上に進み侍従に任ぜられる。同5年正五位下に進み、同6年右少将に任ぜられる。同7年従四位下、正徳2(1712)年従四位上に進み、同3年右中将に任ぜられる。同5年正四位下に進み蔵人頭に任ぜられる。同7年正四位上に進み、享保3(1718)年参議に任ぜられる。同7年権中納言に任ぜられ踏歌外弁・東照宮奉幣使となる。同8年正三位、同14年従二位に進み、同16年権大納言に任ぜられる。同19年正二位に進み、同20年権大納言を辞す。子に重熈がいる。　典：公辞・公補

庭田重熙 にわた・しげひろ

江戸時代の人、権大納言。享保2(1717)年9月21日生～寛政元(1789)年8月12日没。73才。法名=尭真。

権大納言庭田重孝の子。母は権中納言野宮定基の娘。享保4(1719)年叙爵。同6年侍従に任ぜられる。同7年従五位上に進み、同8年元服し、同9年正五位下に進み、同12年右少将に任ぜられる。同13年従四位下に進み、同17年春宮権亮・右中将に任ぜられ従四位上に進み、同18年春宮亮に任ぜられる。同20年亮を辞す。元文2(1737)年正四位下より正四位上に進み蔵人頭に任ぜられる。同3年神宮奉行となり、同4年美作権守に任ぜられる。同5年参議に任ぜられる。寛保元(1741)年従三位に進み、同2年美作権守を辞す。同3年近江権守に任ぜられ東照宮奉幣使となる。延享3(1746)年権中納言に任ぜられる。同4年正三位に進み皇太后宮権大夫に任ぜられ、寛延3(1750)年に辞す。宝暦2(1752)年従二位、同6年正二位に進み権大納言に任ぜられる。同10年に辞す。安永8(1779)年従一位に進む。天明4(1784)年68才で出家。子に重嗣・綾小路俊資がいる。 典：公辞・公補

庭田重嗣 にわた・しげつぐ

江戸時代の人、権大納言。宝暦7(1757)年1月30日生～天保2(1831)年4月5日没。75才。法名=祐真。

権大納言庭田重熙の子。母は参議唐橋在廉の娘。弟に綾小路俊資がいる。宝暦9(1759)年従五位下に叙される。同12年従五位上に進み、同13年侍従に任ぜられる。明和元(1764)年元服し正五位下、同3年従四位下、同5年従四位上に進み、同6年右権少将に任ぜられる。同8年正四位下に進み、安永2(1773)年左権中将、同4年右兵衛督に任ぜられる。同5年従三位に進み踏歌外弁となる。同6年参議に任ぜられる。同7年正三位に進み、寛政元(1789)年従二位に進み権中納言に任ぜられ、更に同9年権大納言に任ぜられる。同10年正二位に進み、同11年按察使となる。享和元(1801)年に権大納言を辞す。同年踏歌続内弁となる。文化2(1805)年按察使を辞す。文政3(1820)年従一位に進み、同7年68才で出家。子に重能がいる。 典：公辞・公補

庭田重能 にわた・しげとう

江戸時代の人、権大納言。天明2(1782)年6月3日生～天保13(1842)年8月19日没。61才。

権大納言庭田重嗣の子。天明3(1783)年従五位下に叙される。同5年従五位上、同7年正五位下に進み、寛政4(1792)年元服し従四位下、同6年従四位上に進み近衛権少将に任ぜられる。同9年正四位下に進み、享和元(1801)年権中将・院別当、文化元(1804)年補蔵人頭に任ぜられ正四位上に進み、同4年神宮奉行となり、同5年従三位に進み参議に任ぜられる。同6年踏歌外弁となり、同7年正三位に進み、同10年権中納言に任ぜられる。同11年従二位に進み、同12年賀茂下上社伝奏に任ぜられる。同13年に辞す。文政元(1818)年正二位に進み、同6年権大納言に任ぜられる。同11年に辞す。同13年従一位に進む。子に重基がいる。 典：公辞・公補

庭田重基 にわた・しげもと

江戸時代の人、参議。寛政11(1799)年8月22日生～天保11(1840)年2月17日没。42才。

権大納言庭田重能の子。母は右大臣大炊御門家孝の娘。寛政12(1800)年従五位下に叙される。享和3(1803)年従五位上、文化3(1806)年正五位下に進み、同4年侍従に任ぜられ元服し、同5年従四位下、同7年従四位上に進み、同8年右近衛権少将に任ぜられる。同10年正四位下に進み、文政4(1821)年左権中将、同10年補蔵人頭に任ぜられる。同11年正四位上に進み神社奉行に任ぜられる。同12年に辞す。天保元(1830)年美作権守、同2年院別当に任ぜられる。同3年従三位に進み参議に任ぜられる。同4年踏歌外弁となる。同5年正三位に進み、同7年東照宮奉幣使となる。子に重胤・壬生基修がいる。　典：公辞・公補

庭田重胤　にわた・しげたね

江戸時代の人、権大納言。文政4(1821)年8月16日生〜明治6(1873)年6月没。53才。

参議庭田重基の子。文政8(1825)年従五位下に叙される。同10年従五位上、同12年正五位下に進み、天保2(1831)年侍従に任ぜられ元服し従四位下、同4年従四位上に進み左権少将に任ぜられる。同7年正四位下に進み、同14年近江権介、弘化2(1845)年右中将、嘉永3(1850)年補蔵人頭に任ぜられ正四位上、同6年従三位に進み参議に任ぜられる。安政元(1854)年踏歌外弁となる。同2年正三位に進み御遷幸に馬副四人・舎人二人・随身四人・雑色四人・傘一人を供として参加している。同4年東照宮奉幣使となる。同5年に起こった安政の事件(飛鳥井雅典の項参照)に八十八廷臣として連座。文久2(1862)年権中納言に任ぜられ従二位、慶応元(1865)年正二位に進み、更に同3年権大納言に任ぜられる。明治の新政府となり議定となる。子に重文(明治13,10隠居、子の重直は明治の華族に列され伯爵を授かる)・重正(侍従)がいる。　典：明治・公辞・公補

○野宮家

花山院定熈┳定好⇨花山院家へ
　　　　　┗野宮忠長━定逸━定縁━定基━定俊━定之┳定晴━定顒━定静━定祥━⇨
　　　　　　　　　　　　　　　　　　　　　　　　┗定業
⇨━定功━定穀━定茂（子）

花山院家の分家。左大臣花山院定熈の次男忠長が、花山院家より分かれて野宮を氏姓とし、その子定逸は御水尾天皇の勅旨にて野宮を氏姓とした。明治に至り華族に列され子爵を授かる。本姓は藤原。家紋は車。菩提寺は京都上京区寺町広小路の蘆山寺。

典：日名

野宮定逸　ののみや・さだとし

江戸時代の人、権大納言。慶長15(1610)年生〜万治元(1658)年2月15日没。49才。法名=覚了。

左大臣花山院定熈の孫。従四位上・左少将野宮忠長朝臣の子。勅旨にて父の野宮を氏姓とした。元和6(1620)年叙爵。同8年従五位上に進み元服し兵部大輔に任ぜられる。寛永3(1626)年正五位下、同6年従四位下、同10年従四位上、同13年正四位下、同17年従三位、正保元(1644)年正三位に進み、同4年権中納言に任ぜられる。承応元(1652)年武家伝

奏に任ぜられ従二位に進み更に権大納言に任ぜられる。同2年に辞す。同年踏歌外弁となる。同3年正二位に進む。養子に定縁がいる。　典：公辞・公補

野宮定縁　ののみや・さだより

江戸時代の人、権中納言。寛永14(1637)年11月12日生～延宝5(1677)年9月15日没。41才。初名＝雅広。前名＝定輔。雅号＝松の舎。

権大納言中院通純の次男。寛永19(1642)年叙爵。初め雅広と名乗る。慶安4(1651)年元服し兵部大輔に任ぜられる。承応元(1652)年従五位上、同4年正五位下に進み、明暦2(1656)年権大納言野宮定逸と非参議河鰭基秀の娘の養子となり本姓を源より藤原に改姓し定輔と改名。左少将に任ぜられる。万治2(1659)年従四位下に進み、寛文元(1661)年左中将に任ぜられる。同2年従四位上に進み、同4年定縁と改名。同5年正四位下に進み、同9年参議に任ぜられる。同10年従三位に進み踏歌外弁・東照宮奉幣使となる。延宝元(1673)年権中納言に任ぜられる。同3年正三位に進む。和漢に通じ記録に「松の舎日記」がある。家督養子に定基がいる。　典：公辞・公補

野宮定基　ののみや・さだもと

江戸時代の人、権中納言。寛文9(1669)年7月14日生～正徳元(1711)年6月29日没。43才。初名＝親茂。号＝松堂。

内大臣中院通茂の次男。延宝3(1675)年叙爵。同5年権中納言野宮定縁の家督を相続し本姓を源より藤原に改め定基と改名。同7年元服し従五位上に進み侍従に任ぜられる。天和3(1683)年正五位下、貞享2(1685)年従四位下に進み左少将に任ぜられる。同5年従四位上に進み、元禄元(1688)年左中将に任ぜられる。同4年正四位下に進み、宝永元(1704)年参議に任ぜられる。同2年従三位に進み踏歌外弁となり、同6年東照宮奉幣使に任ぜられる。同7年正三位に進み、正徳元(1711)年権中納言に任ぜられるも辞す。和漢に通じ有職故実に詳しかった。養子に定俊がいる。　典：大日・日名・伝日・公辞・公補

野宮定俊　ののみや・さだとし

江戸時代の人、権大納言。元禄15(1702)年5月25日生～宝暦7(1757)年3月30日没。56才。初名＝公透。

権大納言正親町公通の次男。初め公透と名乗る。宝永5(1708)年叙爵。正徳元(1711)年権中納言野宮定基家の家督を相続。同3年元服し従五位上に進み侍従に任ぜられる。同年定俊と改名。同5年左少将に任ぜられる。享保2(1717)年正五位下、同4年従四位下に進み左中将に任ぜられる。同7年従四位上、同10年正四位下に進み、元文2(1737)年参議に任ぜられる。同3年従三位に進み、同5年東照宮奉幣使となり、寛保3(1743)年権中納言に任ぜられる。延享元(1744)年正三位に進み、同2年権中納言を辞す。宝暦3(1753)年権大納言に任ぜられる。同4年従二位に進み権大納言を辞す。のち踏歌外弁となる。子に定之がいる。　典：公辞・公補

野宮定之　ののみや・さだゆき

江戸時代の人、権大納言。享保6(1721)年7月23日生～天明2(1782)年2月26日没。62才。

権大納言野宮定俊の子。母は権中納言野宮定基の娘。享保10(1725)年従五位下に叙される。同15年元服し従五位上に進み侍従に任ぜられる。同18年正五位下、元文元(1736)年従四位下に進み、同3年右少将に任ぜられて、同5年従四位上、延享2(1745)年正四位下に進み、同3年右中将に、寛延元(1748)年近江介に任ぜられる。宝暦4(1754)年従三位に進み参議に任ぜられる。同8年権中納言に任ぜられる。同9年正三位に進み、同10年踏歌外弁となる。同12年任職を辞す。明和2(1765)年従二位に進み、同4年権大納言に任ぜられるも辞す。同5年正二位に進む。子に定晴・定業がいる。　典：公辞・公補

野宮定晴　ののみや・さだはる

江戸時代の人、権中納言。寛保2(1742)年5月11日生～天明元(1781)年9月3日没。40才。初名＝定和。

権大納言野宮定之の子。初め定和と名乗る。延享4(1747)年従五位下に叙される。宝暦5(1755)年元服し従五位上に進み侍従、同8年兵部権大輔に任ぜられる。同9年正五位下に進み、同10年左権少将に任ぜられる。同13年従四位下、明和3(1766)年従四位上に進み左権中将に任ぜられる。同6年正四位下に進み、安永元(1772)年参議に任ぜられる。同2年従三位に進み、同3年踏歌外弁となる。同5年正三位に進み補右衛門督・使別当に任ぜられる。同6年権中納言に任ぜられる。同8年従二位に進み、同9年権中納言を辞す。天明元(1781)年定晴と改名。子に定顯(従五位上、安永7,10,27没。15才)がいる。　典：公辞・公補

野宮定業　ののみや・さだかず

江戸時代の人、権中納言。宝暦9(1759)年9月23日生～文化13(1816)年6月22日没。58才。

権大納言野宮定之の末子。兄に定晴がいる。明和4(1767)年従五位下に叙される。天明7(1787)年兄の権中納言野宮定晴家の家督を相続。同8年元服し従五位上に進み、寛政3(1791)年侍従に任ぜられ正五位下に進み、同4年左権少将に任ぜられる。同6年従四位下、同9年従四位上、同12年正四位下に進み、享和元(1801)年右権中将に任ぜられる。文化元(1804)年参議に任ぜられる。同2年従三位に進み、同4年踏歌外弁・東照宮奉幣使となる。同5年正三位、同11年従二位に進み権中納言に任ぜられる。同13年に辞す。子に定静(正四位下・左中将、文政4,4,21没。41才、子は定祥)がいる。　典：公辞・公補

野宮定祥　ののみや・さだなが

江戸時代の人、権大納言。寛政12(1800)年1月15日生～安政5(1858)年9月2日没。59才。

権中納言野宮定業の孫。正四位下・左中将野宮定静朝臣の子。母は権大納言中山愛親の娘。文化7(1810)年従五位下に叙される。同8年元服し、同10年従五位上、同13年正五位下に進み、文政4(1821)年侍従に任ぜられ従四位下、同7年従四位上に進み近衛権少将に任ぜられる。同10年正四位下に進み、天保元(1830)年権中将に任ぜられる。同6年参議に任ぜられる。同7年従三位に進み踏歌外弁となる。同10年正三位に進み、同12年東照宮奉幣使となる。弘化2(1845)年従二位、嘉永元(1848)年正二位に進み権中納言に任ぜられる。安政元(1854)年権大納言に任ぜられるも辞す。子に定功がいる。　典：明治・公辞・公補

野宮定功　ののみや・さだいさ

江戸・明治時代の人、権中納言。文化12(1815)年7月26日生～明治14(1881)年1月没。67才。

権大納言野宮定祥の子。文政11(1828)年叙爵。同12年元服し、天保2(1831)年従五位上に進み、同3年侍従に任ぜられる。同5年正五位下、同7年従四位下に進み、同9年右権少将に任ぜられる。同12年従四位上に進み加賀権介に任ぜられる。同13年正四位下に進み女院別当に任ぜられる。同14年別当を辞す。嘉永4(1851)年左権中将に任ぜられる。安政2(1855)年の御遷幸に舎人一人・随身四人・傘一人を供として参加。同4年従三位に進み参議に任ぜられる。同5年に起きた安政の事件(飛鳥井雅典の項参照)に八十八廷臣として連座。万延元(1860)年正三位、文久2(1862)年武家伝奏に任ぜられる。同3年従二位に進み、元治元(1864)年権中納言に任ぜられる。慶応元(1865)年正二位に進み、同2年武家伝奏を辞す。明治元(1868)年権中納言を辞す。家料は二百石。養子に定殻(明治の華族に列され子爵を授る。大正13,3没。72才)がいる。　典：幕末・明治・大日・日名・伝日・公辞・公補

○葉川家

葉川基起　はがわ・もとおき

江戸時代の人、非参議。正保3(1646)年11月7日生～延宝7(1679)年2月4日没。34才。本姓＝藤原。

権大納言園基音の三男。兄に園基福・東園基賢がいる。父の園家より分かれて、葉川を氏姓とした。万治2(1659)年元服し従五位上に叙され大炊頭、同6年左少将に任ぜられる。同7年従四位下、同11年従四位上に進み左中将に任ぜられる。延宝3(1675)年正四位下に進む。子に壬生基淳(壬生家の祖、従四位下・左少将、貞享3,9,12没。20才)・石山師香(石山家の祖)がいる。　典：公辞・公補

○萩原家

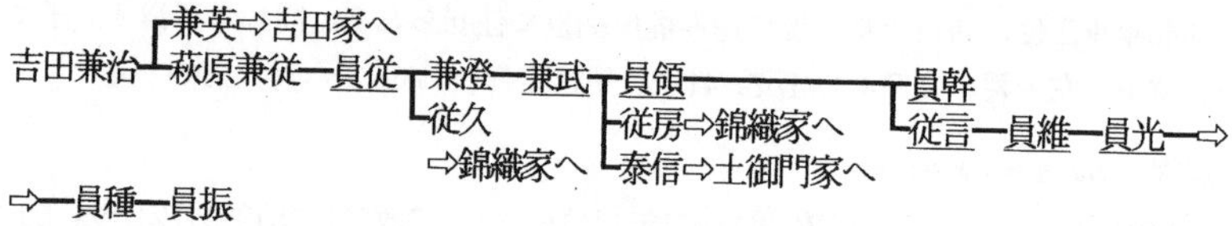

卜部家からの吉田家の支流。左兵衛佐吉田兼治の次男兼従が、吉田家より分かれて萩原を氏姓とた。兼武に至り藤原から吉田家の卜部を本姓とした。明治に至り華族に列され子爵を授かる。家紋は柏。

典：日名

萩原員従　はぎわら・かずつぐ

江戸時代の人、非参議。正保2(1645)年6月8日生～宝永7(1710)年4月4日没。66才。初名＝信成。前名＝信康。一字名＝村。本姓＝藤原。

非参議錦小路頼直の三男。母は内大臣清閑寺共房の娘。兄に錦小路篤忠がいる。初め信成と名乗り、のち信康と改名。明暦元(1655)年叙爵。同3年従五位下・豊国神社祠官萩原兼従と左中将基久朝臣の娘の養子となる。員従と改名。同年元服し左衛門佐に任ぜられる。万治3(1660)年従五位上、寛文5(1665)年幕府に請いて豊国廟の許しを得る。同6年正五位下、同10年従四位下、延宝4(1676)年従四位上、天和元(1681)年正四位下、貞享4(1687)年従三位、元禄15(1702)年正三位に進む。養子に兼澄(油小路隆貞の次男。従四位下・右衛門佐、元禄9,5,13没。25才、子は兼武)・錦織従久がいる。　典：公辞・公補

萩原兼武　はぎわら・かねたけ

江戸時代の人、非参議。元禄6(1693)年11月2日生～明和2(1765)年4月25日没。73才。

非参議萩原員従の孫。従四位下・右衛門佐萩原兼澄朝臣の子。元禄14(1701)年叙爵。同年元服し民部大輔に任ぜられる。宝永3(1706)年従五位上、同7年正五位下に進み、正徳元(1711)年本姓を藤原より本家吉田の本姓の卜部とする。同5年従四位下、享保3(1718)年従四位上、同7年正四位下、同12年従三位に進み、同18年刑部卿に任ぜられる。同19年踏歌外弁となる。同20年正三位、宝暦2(1752)年従二位に進み、同3年刑部卿を辞す。子に員領・錦織従房・土御門泰信がいる。　典：公辞・公補

萩原員領　はぎわら・かずむね

江戸時代の人、非参議。享保3(1718)年2月4日生～天明4(1784)年10月21日没。67才。初名=兼領。

非参議萩原兼武の子。母は内大臣松木宗顕の娘。弟に錦織従房・土御門泰信がいる。初め兼領と名乗る。享保8(1723)年叙爵。同13年元服し民部大輔に任ぜられる。同12年従五位上に進み、同17年左衛門佐に任ぜられる。同21年従四位下、寛保元(1741)年従四位上、延享2(1745)年正四位下、寛延3(1750)年従三位、宝暦8(1758)年正三位に進み、同12年宮内卿に任ぜられる。明和5(1768)年左兵衛督に任ぜられ踏歌外弁となる。同6年左兵衛督を辞す。同年従二位に進む。安永8(1779)年員領と改名。天明4(1784)年正二位に進む。子に員幹・従言がいる。　典：公辞・公補

萩原員幹　はぎわら・かずもと

江戸時代の人、非参議。元文5(1740)年7月1日生～文政11(1828)年5月2日没。89才。初名=兼幹。

非参議萩原員領の子。弟に従言がいる。初め兼幹と名乗る。寛延2(1749)年従五位下に叙される。宝暦元(1751)年元服し左馬頭に任ぜられる。同3年従五位上、同7年正五位下、同11年従四位下に進み右兵衛佐に任ぜられる。明和2(1765)年従四位上、同6年正四位下、安永2(1773)年従三位に進み、同5年刑部卿に任ぜられる。同8年正三位に進み員幹と改名。天明7(1787)年刑部卿を辞す。寛政元(1789)年再び刑部卿に任ぜられる。同2年に再び辞す。同年従二位、文化元(1804)年正二位に進む。　典：公辞・公補

萩原従言　はぎわら・つぐこと

江戸時代の人、非参議。宝暦6(1756)年11月24日生～文政12(1829)年2月12日没。74才。

非参議萩原員領の末子、母は非参議倉橋泰章の娘。明和2(1765)年従五位下に叙される。安永8(1779)年兄の萩原員幹と真教院了観の娘の養子となる。同9年元服し従五位上に進み宮内大輔、天明元(1781)年皇太后宮少進、同2年右兵衛権佐に任ぜられる。同3年皇太后宮少進を辞す。同4年正五位下、同7年従四位下、寛政3(1791)年従四位上、同7年正四位下、同11年従三位、文化2(1805)年正三位、同12年大蔵卿に任ぜられる。同14年踏歌外弁となる。文政元(1818)年従二位に進む。子に員維がいる。　典：公辞・公補

萩原員維　はぎわら・かずこれ

江戸時代の人、非参議。天明3(1783)年7月15日生～慶応元(1865)年2月23日没。83才。

非参議萩原従言の子。母は権大納言規長の娘。実は萩原従言の子といわれる。天明8(1788)年従五位下に叙される。寛政4(1792)年元服し従五位上に進み左馬頭に任ぜられる。同8年正五位下に進み、同10年左兵衛権佐に任ぜられ従四位下、文化元(1804)年従四位上、同5年正四位下、同9年従三位、文政元(1818)年正三位、天保3(1832)年従二位、弘化4(1847)年正二位に進む。子に員光がいる。　典：公辞・公補

萩原員光　はぎわら・かずみつ

江戸・明治時代の人、非参議。文政4(1821)年1月12日生～明治35(1902)年7月没。82才。

非参議萩原員維の子。文政8(1825)年従五位下に叙される。同10年元服。同12年従五位上、天保4(1833)年正五位下、同11年従四位上に進み、同13年右兵衛佐に任ぜられる。弘化2(1845)年正四位下、嘉永2(1849)年従三位に進み、同4年刑部卿に任ぜられる。安政2(1855)年正三位に進み、文久3(1863)年踏歌外弁となる。慶応3(1867)年刑部卿を辞す。同年従二位に進む。明治の新政府後は殿掌に任ぜられ宮中に奉仕する。家料は千石。華族に列され子爵を授る。墓所は玉遍寺。京都洛東吉田村に住む。子に員種(正三位・殿掌・常陸権介、大正5,1没。67才)がいる。　典：大日・公辞・公補

○橋本家

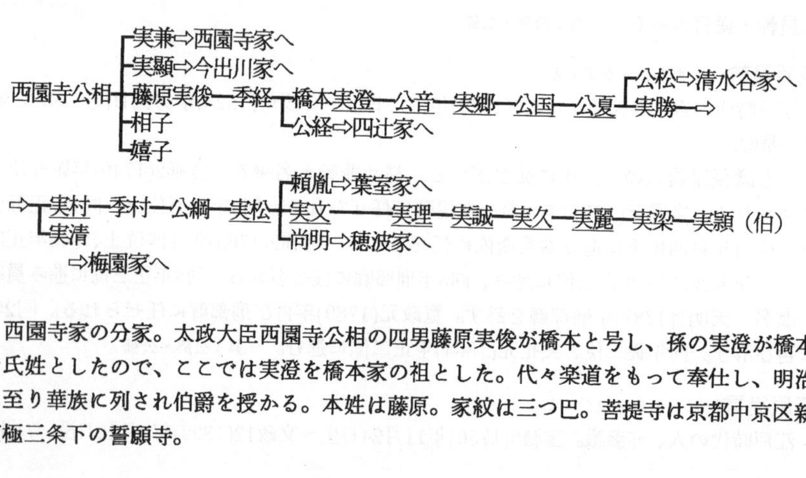

西園寺家の分家。太政大臣西園寺公相の四男藤原実俊が橋本と号し、孫の実澄が橋本を氏姓としたので、ここでは実澄を橋本家の祖とした。代々楽道をもって奉仕し、明治に至り華族に列され伯爵を授かる。本姓は藤原。家紋は三つ巴。菩提寺は京都中京区新京極三条下の誓願寺。

典：日名・京四

橋本実澄　はしもと・さねずみ

南北朝時代の人、権中納言。元徳3(1331.元弘元)生～応安6(1373.文中2)年9月9日没。42才。橋本家の祖。

非参議藤原季経の子。祖父の太政大臣西園寺公相の四男非参議藤原実俊が橋本と号していたので、橋本を氏姓とした。弟に四辻公経がいる。暦応4(1341)年従四位下に叙され左少将に任ぜられる。貞和5(1349)年従五位上に進み、文和2(1353)年左中将に任ぜられる。延文4(1359.正平14)年従三位に進み、康安元(1361.正平16)年伊与権守に任ぜられる。貞治元(1362.正平17)年参議に任ぜられるも辞す。同2年再び任ぜられる。同3年正三位に進み、同5年伊予権守を辞す。同6年権中納言に任ぜられ、応安2(1369)年に辞す。子に公音がいる。　典：公辞・公補

橋本公音　はしもと・きんなり

室町時代の人、権中納言。生年不明～応永12(1405)年7月没。

権中納言橋本実澄の子。正四位下に叙され左中将に任ぜられる。応永4(1397)年参議に任ぜられる。同5年出雲権守に任ぜられる。同6年従三位に進み、同7年権中納言に任ぜられる。同10年正三位に進む。子に実郷がいる。　典：公辞・公補

橋本実郷　はしもと・さねさと

室町時代の人、権大納言。嘉慶元(1387.元中4)年生～没年不明。

権中納言橋本公音の子。正四位下に叙され左中将に任ぜられる。永享10(1438)年参議に任ぜられる。同11年播磨権守に任ぜられる。同12年従三位に進む。同年参議を辞す。文安2(1445)年正三位に進む。同年播磨権守を辞す。同3年権中納言に任ぜられる。宝徳2(1450)年に辞す。享徳元(1452)年従二位、長禄2(1458)年正二位に進み権大納言に任ぜられるも辞す。寛正4(1463)年77才で出家。子に公国がいる。　典：公辞・公補

橋本公国　はしもと・きんくに

室町時代の人、権中納言。応永24(1417)年生～文明元(1469)年没。53才。

権大納言橋本実郷の子。従四位上に叙される。享徳元(1452)年参議に任ぜられる。同2年正四位下に進み出雲権守に任ぜられる。同3年従三位に進み左中将に任ぜられ参議を辞す。康正2(1456)年左中将・出雲権守を辞す。長禄元(1457)年正三位に進み、寛正元(1460)年権中納言に任ぜられるも辞す。同6年従二位に進む。養子に公夏がいる。　典：公辞・公補

橋本公夏　はしもと・きんなつ

室町時代の人、権中納言。享徳3(1454)年生～没年不明。

権大納言清水谷実久の子。兄弟に世尊寺行季がいる。途絶えていた権中納言橋本公国家の家督を相続。正四位下に叙され左中将に任ぜられる。文明14(1482)年参議に任ぜられる。同16年従三位に進み、延徳元(1489)年権中納言に任ぜられる。同2年正三位に進み、明応元(1492)年権中納言を辞す。永正17(1520)年67才で出家し播州に下向。子に清水谷

公松、孫に実勝(清水谷公松の子。公夏の家督を相続。従四位下・左中将。天正16,8,16横死。子は実村・梅園実清)がいる。　典：公辞・公補

橋本実村　はしもと・さねむら

江戸時代の人、権中納言。慶長3(1598)年生〜寛文4(1664)年11月11日没。67才。法名=空遂。

権中納言橋本公夏の曾孫。清水谷公松の孫。従四位下・左中将橋本実勝朝臣の子。弟に梅園実清がいる。元和5(1619)年叙爵。同6年元服し侍従に任ぜられる。同9年従五位上に進み左少将に任ぜられる。寛永4(1627)年正四位下、同8年従四位下に進み、同10年左中将に任ぜられる。同12年従四位上、同17年正四位下、同19年従三位に進み、正保元(1644)年参議に任ぜられるも辞す。同4年正三位に進み、慶安2(1649)年権中納言に任ぜられるも辞す。承応元(1652)年従二位に進む。子に季村がいる。　典：公辞・公補

橋本実松　はしもと・さねまつ

江戸時代の人、権中納言。寛文12(1672)年9月5日生〜享保17(1732)年5月21日没。61才。

権大納言葉室頼業の孫。権大納言葉室頼孝の次男。母は日向守就隆の娘。延宝4(1676)年正四位下・左中将橋本実松家の家督を相続。同年叙爵。貞享2(1685)年元服し従五位上に進み侍従、同4年左少将に任ぜられる。元禄2(1689)年正五位下、同5年従四位下に進み、同6年右中将に任ぜられる。同12年従四位上、同14年正四位下に進み、享保2(1717)年参議に任ぜられる。同4年権中納言に任ぜられ踏歌外弁となり、同7年に辞す。正三位、同14年従二位に進む。子に実文・葉室頼胤・穂波尚明がいる。　典：公辞・公補

橋本実文　はしもと・さねふみ

江戸時代の人、権大納言。宝永元(1704)年7月23日生〜安永8(1779)年4月16日没。76才。初名=実昭。

権中納言橋本実松の次男。母は参議七条隆豊の娘。兄弟に葉室頼胤・穂波尚明がいる。初め実昭と名乗る。宝永5(1708)年叙爵。享保元(1716)年元服し従五位上に進み侍従、同4年左権少将に任ぜられる。同5年正五位下、同8年従四位下に進み、同10年右権中将に任ぜられる。同11年従四位上、同15年正四位下に進む。同16年実文と改名。元文3(1738)年左権中将、寛保3(1743)年上総権介に任ぜられ、延享3(1746)年に辞す。同4年参議に任ぜられる。寛延元(1748)年従三位に進み踏歌外弁となり、同2年東照宮奉幣使となる。同3年周防権守に任ぜられる。宝暦2(1752)年正三位に進み権中納言に任ぜられるも辞す。同6年従二位に進み、同10年権大納言に任ぜられるも翌年に辞す。同13年正二位に進む。養子に実理がいる。　典：公辞・公補

橋本実理　はしもと・さねよし

江戸時代の人、権大納言。享保11(1726)年11月21日生〜寛政10(1798)年2月12日没。73才。初名=寿季。

左大臣西園寺致季の五男。初め寿季と名乗る。享保16(1731)年叙爵。宝暦2(1752)年権大納言橋本実文と権大納言岡崎国久の娘の養子となり元服し従五位上に進み侍従に任ぜ

られる。同4年実理と改名。同6年正五位下、同8年従四位下に進み右権少将に任ぜられる。同9年但馬権介に任ぜられる。同11年従四位上に進み、同12年右権中将に任ぜられる。同13年参議に任ぜられる。明和元(1764)年正四位下に進み丹波権守に任ぜられる。同2年踏歌外弁となり、同3年従三位に進み、同4年東照宮奉幣使となる。同6年正三位に進み、同7年近江権守に任ぜられる。同8年院別当となる。安永元(1772)年権中納言に任ぜられる。同2年従二位に進み、同3年賀茂伝奏となる。同4年正二位に進む。同5年賀茂伝奏を辞す。同6年権大納言に任ぜられるも辞す。子に実誠がいる。　典：公辞・公補

橋本実誠　はしもと・さねみつ

江戸時代の人、権中納言。宝暦8(1758)年3月2日生〜文化14(1817)年2月23日没。60才。

権大納言橋本実理の子。明和5(1768)年従五位下より従五位上に叙される。同年元服し侍従に任ぜられる。安永3(1774)年正五位下、同6年従四位下に進み、同8年左権少将に任ぜられる。同9年従四位上、天明3(1783)年正四位下に進み左権中将に任ぜられる。寛政12(1800)年参議に任ぜられる。享和元(1801)年従三位に進み、同3年踏歌外弁となる。文化5(1808)年従二位に進む。同7年権中納言に任ぜられる。同14年に辞す。子に実久がいる。　典：公辞・公補

橋本実久　はしもと・さねひさ

江戸時代の人、権大納言。寛政2(1790)年4月25日生〜安政4(1857)年1月28日没。68才。

権中納言橋本実誠の子。母は右大臣花山院常雅の娘。寛政4(1792)年従五位下に叙される。享和3(1803)年元服し従五位上に進み、文化2(1805)年侍従に任ぜられる。同3年正五位下に進み院判官代となる。同6年従四位下に進み、同7年右近衛権少将に任ぜられ院別当となる。同9年従四位上に進み、同11年但馬権介に任ぜられる。同12年正四位下に進み、文政3(1820)年権中将に任ぜられる。天保2(1831)年参議に任ぜられる。同3年丹波権守に任ぜられる。同4年東照宮奉幣使となる。同5年正三位に進み、同6年踏歌外弁となる。同7年権中納言に任ぜられる。同9年従二位、同14年正二位に進み、弘化3(1846)年賀茂下上社伝奏に任ぜられる。嘉永元(1848)年権大納言に任ぜられ翌年に辞す。安政4(1857)年賀茂上下社伝奏を辞す。子に実麗がいる。　典：明治・公辞・公補

橋本実麗　はしもと・さねあきら

江戸時代の人、権大納言。文化6(1809)年10月26日生〜明治15(1882)年10月没。74才。

権大納言橋本実久の子。文化12(1815)年叙爵。文政元(1818)年元服し従五位上、同4年正五位下に進み、同11年侍従に任ぜられ従四位下、天保2(1831)年従四位上、同5年正四位下に進み左権少将、同9年但馬権介、同11年右権中将に任ぜられる。安政2(1855)年の御遷幸に舎人一人・随身四人・傘一人を供として天皇の御鳳輦前に参加している。同4年従三位に進み参議に任ぜられる。同5年丹波権守に任ぜられる。同年安政の事件(飛鳥井雅典の項参照)に八十八廷臣として子の実梁と共に連座。万延元(1860)年正三位に進み、文久元(1861)年踏歌外弁となる。同3年権中納言に任ぜられる。元治元(1864)年従二位、慶応3(1867)年正二位に進み賀茂下上社伝奏に任ぜられ更に権大納言に任ぜられる。明治元(1868)年賀茂上下社伝奏を辞す。家料は二百石。養子に実梁(左近衛中将小倉輔季の子。

従四位上・左中将、明治18,9,16没。52才、華族に列され伯爵を授る)がいる。　典：幕末・明治・公辞・遷幸・公補

○秦家

秦家は、渡来古代氏族中最大の氏族で、新羅より五世紀後半頃に集団で渡来し、秦王の子孫と称した所から秦を氏姓とした。居住は広範囲で京都盆地全域に分布し、信仰が厚く、氏寺では新羅より渡来の弥勒菩薩が安置されている京都太秦の広隆寺があり、飛鳥時代からの後裔秦河勝が建立した。秦家が創建した神社は伏見稲荷大社・松尾大社・木島神社(蚕の社)などがある。長岡京・平安京も秦家の支えにより繁栄したと言われる。末裔の方々は各神社を守り、江戸時代に非参議に任ぜられる。

典：京都

秦家(松尾神社(松尾大社))

秦相看　はた・すけみつ

江戸時代の人、非参議・松尾社神主。正保4(1647)年生～正徳5(1715)年12月29日没。69才。

宝永3(1706)年従三位に叙される。　典：公補

秦相忠　はた・すけただ

江戸時代の人、非参議・松尾社神主。寛文元(1661)年生～享保20(1735)年3月28日没。75才。

享保5(1720)年従三位に叙される。　典：公補

非参議秦相忠が没したので、享保20(1735)年従三位に叙される。　典：公補

秦相栄　はた・すけてる

江戸時代の人、非参議・松尾社神主。享保14(1729)年生～天明8(1788)年3月23日没。60才。

明和4(1767)年従三位に叙される。安永3(1774)年正三位に進む。　典：公補

秦相崇　はた・すけただ

江戸時代の人、非参議・松尾社神主。享保3(1718)年生～天明元(1781)年5月17日没。64才。

松尾社神主に任ぜられ、のちこれを辞す。明和7(1770)年従三位に叙される。

秦相養　はた・すけやす

江戸時代の人、非参議・松尾社神主。延享4(1747)年生～寛政5(1793)年9月10日没。47才。

松尾社正禰宜となり、天明4(1784)年従三位に叙される。同8年松尾社神主となる。寛政5(1793)年正三位に進む。　典：公補

秦栄忠 はた・しげただ

江戸時代の人、非参議・松尾社神主。宝暦3(1753)年生～文化11(1814)年10月29日没。62才。

松尾社正祝となり、天明5(1785)年従三位に叙される。同8年正禰宜となる。寛政5(1793)年正三位に進み松尾社神主となる。文化元(1804)年社職を辞す。同3年天文博士に任ぜられたが辞す。同年正二位に進む。 典：公補

秦相村 はた・すけむら

江戸時代の人、非参議・松尾社神主。天明元(1781)年生～文政12(1829)年10月29日没。49才。

文化11(1814)年従三位に叙される。文政12(1829)年正三位に進む。 典：公補

秦栄親 はた・しげちか

江戸時代の人、非参議・松尾社神主。天明8(1788)年生～天保8(1837)年2月9日没。50才。

松尾社正禰宜となり、文化13(1816)年従三位に叙される。天保元(1830)年正三位に進み松尾社神主となる。 典：公補

秦相命 はた・すけめい

江戸時代の人、非参議・松尾社神主。寛政12(1800)年生～没年不明。

松尾社正禰宜となり、天保元(1830)年従三位に叙される。同8年松尾社神主となる。同10年正三位に進む。明治元(1868)年は69才であった。 典：公補

秦栄祐 はた・しげすけ

江戸時代の人、非参議・松尾社正禰宜。文政3(1820)年生～没年不明。

松尾社正禰宜となり、嘉永3(1850)年従三位に叙される。元治元(1864)年正三位に進む。明治元(1868)年は49才であった。 典：公補

秦相愛 はた・すけなる

江戸時代の人、非参議・松尾社正祝。天保9(1838)年生～没年不明。

松尾社正祝となり、慶応2(1866)年従三位に叙される。明治元(1868)年は31才であった。典：公補

秦家(稲荷下神社・稲荷社(通称＝伏見稲荷))

秦親友 はた・ちかとも

元文4(1739)年従三位に叙される。寛保3(1743)年稲荷下社禰宜となり、宝暦元(1751)年正三位に進む。

典：公補

秦公広 はた・きんひろ

江戸時代の人、非参議・稲荷下社神主。延宝2(1674)年生～宝暦3(1753)年4月3日没。80才。

宝暦2(1752)年従三位に叙される。　典：公補

秦為胤　はた・ためたね

江戸時代の人、非参議・稲荷下社神主。貞享4(1687)年生～宝暦5(1755)年3月12日没。69才。

非参議秦公広が没したので、宝暦3(1753)年従三位に叙される。　典：公補

秦親安　はた・ちかやす

江戸時代の人、非参議・稲荷下社神主。元禄4(1691)年生～宝暦11(1761)年9月.30没。71才。

宝暦9(1759)年従三位に叙される。　典：公補

秦親盛　はた・ちかもり

江戸時代の人、非参議・稲荷下社神主。元禄16(1703)年生～安永7(1778)年7月11日没。76才。

明和4(1767)年従三位に叙される。安永7(1778)年正三位に進む。　典：公補

秦為雄　はた・ためお

江戸時代の人、非参議・稲荷下社神主。正徳4(1714)年生～安永9(1780)年7月23日没。67才。

非参議秦親盛が没したので、安永7(1778)年従三位に叙される。　典：公補

秦為勝　はた・ためかつ

江戸時代の人、非参議・稲荷下社神主。享保8(1723)年生～天明7(1787)年6月4日没。65才。

天明2(1782)年従三位に叙される。同7年稲荷下社神主を辞す。　典：公補

秦親臣　はた・ちかおみ

江戸時代の人、非参議・稲荷下社神主。享保20(1735)年生～文化3(1806)年10月29日没。72才。

天明6(1786)年従三位に叙され稲荷中社神主より下社神主となる。文化元(1804)年正三位に進む。同3年社職を辞す。　典：公補

秦公林　はた・きんもと

江戸時代の人、非参議・稲荷中社神主。元文元(1736)年生～寛政元(1789)年10月9日没。54才。

稲荷中社神主となり、天明7(1787)年従三位に叙される。寛政元(1789)年社職を辞す。
典：公補

秦親業　はた・ちかかず

江戸時代の人、非参議・稲荷下社神主。寛延2(1749)年生～文化7(1810)年6月5日没。62才。

文化4(1807)年従三位に叙される。同7年社職を辞す。　典：公補

秦忠熙　はた・ただひろ

江戸時代の人、非参議・稲荷下社神主。寛延3(1750)年生〜文化8(1811)年7月11日没。62才。

文化8(1811)年従三位に叙される。同年社職を辞す。　典：公補

秦為房　はた・ためふさ

江戸時代の人、非参議・稲荷下社神主。宝暦6(1756)年生〜文政10(1827)年4月17日没。72才。

非参議秦忠熙が没したので、文化8(1811)年従三位に叙される。文政10(1827)年社職を辞す。　典：公補

秦親憲　はた・ちかのり

江戸時代の人、非参議・稲荷中社神主。宝暦9(1759)年生〜文政4(1821)年12月5日没。63才。

稲荷中社神主となり、文化11(1814)年従三位に叙される。文政4(1821)年社職を辞す。典：公補

秦為弼　はた・ためすけ

江戸時代の人、非参議・稲荷下社神主。明和4(1767)年生〜文政11(1828)年12月22日没。60才。

文政11(1828)年従三位に叙せられる。同年社職を辞す。　典：公補

秦忠絢　はた・ただあや

江戸時代の人、非参議・稲荷下社神主。安永6(1777)年生〜天保9(1838)年閏4月16月没。62才。

文政12(1829)年従三位に叙される。天保9(1838)年社職を辞す。　典：公補

秦為縞　はた・ためしま

江戸時代の人、非参議・稲荷下社神主天明6(1786)年生〜没年不明。

稲荷中社神主となり、天保6(1835)年従三位に叙される。天保9(1838)年稲荷下社神主となる。安政2(1855)年正三位に進む。明治元(1868)年83才であった。　典：公補

秦親典　はた・ちかのり

江戸時代の人、非参議・稲荷中社神主。寛政元(1789)年生〜没年不明。

稲荷中社神主となり、安政3(1856)年従三位に叙される。明治元(1868)年80才であった。典：公補

○畠山家

畠山持国　はたけやま・もちくに

室町時代の人、非参議。応永4(1397)年生～康正元(1455)年3月没。59才。本姓=源。法名=徳本・立源。号=光孝寺。

従五位下・右衛門督畠山基国の孫。従五位上・右衛門督畠山満家の子。弟に持富がいる。従五位下に叙され左衛門督に任ぜられ、のち従四位下に進み、嘉吉元(1441)年従三位に進む。のち出家。武将として将軍足利利義に協力する。子に義就がいる。　典：大日・公補

○八条家

〈藤原家〉

藤原公清━藤原実清━八条公益━実英━清季

藤原清季━八条実興

?━八条季興━実種　　?━八条実世

?━八条為敦　　?━八条為保

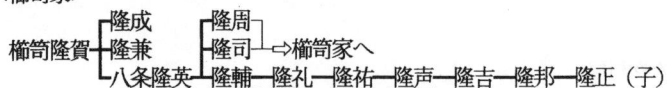

〈櫛笥家〉

櫛笥隆賀┳隆成
　　　　┣隆兼
　　　　┗八条隆英┳隆周┐
　　　　　　　　　┣隆司┴⇨櫛笥家へ
　　　　　　　　　┗隆輔━隆礼━隆祐━隆声━隆吉━隆邦━隆正（子）

古くは鎌倉・南北朝・室町時代に藤原家の末裔が、京の八条に住み、八条を氏姓として名乗る。江戸時代に至り四条家の分家の櫛笥支流から八条家が出た。櫛笥隆賀の次男隆英が八条に住み、八条を氏姓とした。明治に至り華族に列され子爵を授かる。本姓は藤原。家紋は田字草。菩提寺は京都上京区寺町広小路上の廬山寺。

典：日名・公補・京四

八条公益　はちじょう・きんます

鎌倉時代の人、非参議。生没年不明。藤原家系の八条家の開祖。

参議藤原公清の孫。非参議藤原実清の子。母は権中納言持明寺基家の娘。京の八条に住む所から、父の藤原家より分かれて八条を氏姓とした。暦仁2(1239)年叙爵。仁治3(1242)年従五位上に進み、寛元元(1243)年侍従、建長3(1252)年左少将、同4年陸奥権介に任ぜられる。同5年正五位下、同7年従四位下に進み、康元2(1257)年但馬権介に任ぜられる。正元2(1260)年従四位上に進み、弘長2(1262)年中将に任ぜられる。文永2(1265)年に辞すも、同3年再び任ぜられる。同4年正四位下、弘安9(1286)年従三位、正応4(1291)年正三位に進む。永仁4(1296)年出家。子に実英がいる。　典：公補

八条実英　はちじょう・さねひで

鎌倉時代の人、非参議。生没年不明。

非参議八条公益の子。左中将に任ぜられ、のちこれを辞す。文保元(1317)年正四位下に叙される。元亨元(1321)年従三位に進む。同3年出家。子に清季がいる。　典：公補

八条清季　はちじょう・きよすえ

鎌倉時代の人、非参議。永仁3(1295)年生～貞和5(1349.正平4)年9月12日没。55才。

非参議八条実英の子。正安2(1300)年従五位下に叙される。徳治2(1307)年従五位上に進み侍従に任ぜられ延慶2(1309)年正五位下に進み、正和4(1315)年左少将に任ぜられる。文保2(1318)年従四位下、元亨元(1321)年従四位上に進み出羽守に任ぜられる。同4年守を辞す。嘉暦3(1328)年右少将より右中将に任ぜられ正四位下に進み、同4年播磨介、元弘2(1332)年弾正大弼に任ぜられる。建武4(1337)年従三位に進み修理大夫に任ぜられる。康永元(1342.興国3)年に辞す。同年正三位に進み、貞和4(1348.正平3)年侍従に任ぜられる。同5年中風となり出家。　典：公補

八条実興　はちじょう・さねおき

南北朝時代の人、非参議。生年不明～貞治5(1366.正平21)年8月5日没。

侍従藤原清季朝臣の子。右中将に任ぜられ、のちこれを辞す。延文5(1360.正平15)年従三位に叙される。康安元(1361)年侍従に任ぜられる。貞治5(1366)年正三位に進む。のち出家。　典：公補

八条季興　はちじょう・すえおき

南北朝・室町時代の人、非参議。生没年不明。

八条為敦の兄か。永徳3(1383.弘和3)年従三位に叙せられる。応永2(1395)年出家。子に実種がいる。　典：公補

八条為敦　はちじょう・ためあつ

南北朝・室町時代の人、非参議。生年不明～応永9(1402)年没。

八条季興の弟か。至徳元(1384.元中元)年従三位に叙せられる。応永2(1395)年侍従に任ぜられる。　典：公補

八条実種　はちじょう・さねたね

室町時代の人、非参議。生年不明～応永25(1418)年4月没。

非参議八条季興の子。右中将に任ぜられ、のちこれを辞す。応永10(1403)年従三位に叙される。同21年侍従に任ぜられる。同23年正三位に進む。　典：公補

八条実世　はちじょう・さねよ

室町時代の人、非参議。生没年不明。

康正2(1456)年従三位に叙される。長禄3(1459)年侍従に任ぜられる。文明元(1469)年出家。　典：公補

八条為保　はちじょう・ためやす

室町時代の人、非参議。生没年不明。

文明12(1480)年従三位に叙される。同18年出家。以後櫛笥家より出る八条家まで途絶える。 典：公補

八条家(櫛笥家)

八条隆英 はちじょう・たかひで

江戸時代の人、権中納言。元禄15(1702)年4月5日生～宝暦6(1756)年10月10日没。55才。櫛笥家系の八条家の祖。

四条家の分家櫛笥隆朝の曾孫。内大臣櫛笥隆賀(中御門天皇の外祖)の次男。母は権大納言西洞院時成の娘。兄弟に櫛笥隆成・櫛笥隆兼がいる。宝永3(1706)年叙爵。正徳5(1715)年元服し従五位上に進み侍従に任ぜられ八条の氏姓を賜る。享保3(1718)年正五位下に進み、同5年左少将に任ぜられる。同6年従四位下、同10年従四位上に進み、同11年右中将に任ぜられる。同14年正四位下、元文4(1739)年従三位に進み参議に任ぜられる。寛保2(1742)年東照宮奉幣使となり、同3年参議を辞す。延享2(1745)年正三位に進み、同4年権中納言に任ぜられる。寛延元(1748)年に辞す。同年踏歌外弁となる。宝暦4(1754)年従二位、同6年正二位に進む。子に隆輔・櫛笥隆周(従五位上・侍従)・櫛笥隆司がいる。 典：公辞・公補

八条隆輔 はちじょう・たかすけ

江戸時代の人、参議。元文元(1736)年8月7日生～寛政2(1790)年2月29日没。55才。

権中納言八条隆英の末子。兄に櫛笥隆周・櫛笥隆司がいる。元文5(1740)年叙爵。寛延2(1749)年元服し従五位上に進み侍従に任ぜられる。宝暦3(1753)年正五位下に進み、同5年刑部大輔に任ぜられる。同7年従四位下、同11年従四位上に進み、明和元(1764)年左権少将に任ぜられる。同2年正四位下に進み、同5年右権中将に任ぜられる。同6年従三位、安永9(1780)年正三位に進み、寛政元(1789)年参議に任ぜられるも辞す。同年従二位に進む。子に隆礼がいる。 典：公辞・公補

八条隆礼 はちじょう・たかよし

江戸時代の人、参議。明和元(1764)年6月22日生～文政2(1819)年6月2日没。56才。

参議八条隆輔の子。母は山城守大江広豊の娘。明和5(1768)年従五位下に叙される。安永元(1772)年元服し従五位上に進み修理権大夫に任ぜられる。同5年正五位下、同9年従四位下、天明3(1783)年従四位上に進み、同8年右権少将に任ぜられ正四位下に進み、寛政2(1790)年権中将に任ぜられる。同4年従三位、同10年正三位に進み、文化5(1808)年参議に任ぜられる。同6年従二位に進むも参議を辞す。子に隆祐がいる。 典：公辞・公補

八条隆祐 はちじょう・たかさち

江戸時代の人、権大納言。寛政7(1795)年1月7日生～没年不明。

参議八条隆礼の子。寛政11(1799)年従五位下に叙される。享和3(1803)年元服し従五位上に進み近江権守に任ぜられる。文化4(1807)年正五位下、同8年従四位下、同12年従四位上に進み、文政元(1818)年右権少将に任ぜられる。同2年正四位下に進み、同8年左権中将に任ぜられ従三位、同12年正三位、安政4(1857)年従二位に進み参議に任ぜられる。同

5年に起きた安政の事件(飛鳥井雅典の項参照)に八十八廷臣として連座し、大炊御門家信など11卿と共に通商条約勅許奏請案の文案変更の議を唱える。同6年参議を辞す。同年踏歌外弁となる。文久3(1863)年権中納言に任ぜられ、元治元(1864)年に辞す。慶応3(1867)年正二位に進む。明治元(1868)年権大納言に任ぜられるも辞す。新政府となり学習院に務める。家料は150石。子に隆声がいる。　典：明治・公辞・京四・公補

八条隆声　はちじょう・たかな

江戸時代の人、非参議。文政9(1826)年12月4日生～文久2(1862)年6月12日没。37才。

権大納言八条隆祐の子。天保元(1830)年従五位下に叙される。同10年元服し従五位上に進み近江権介に任ぜられる。同13年正五位下に進み、同14年侍従に任ぜられる。弘化2(1845)年従四位下、嘉永元(1848)年正四位下に進み、同5年右近衛少将、万延元(1860)年左権中将に任ぜられる。文久元(1861)年従三位に進む。子に隆吉(正二位・司法省に勤務。明治17,7没。華族に列され子爵を授る、養子は隆邦・小倉輔季の八男)がいる。　典：明治・公辞・公補

○花園家

┌実福⇨正親町三条家へ
正親町三条公兄┴実教┬花園公久―実満―公晴―実廉―公諸―公純―実章―⇨
└花園実兄

⇨―公燕―実路―公総―実廷―公季―公栄（子）

正親町三条家の支流。内大臣正親町三条公兄の孫公久が、正親町三条家より分かれて花園を氏姓とした。明治に至り華族に列され子爵を授かる。本姓は藤原。家紋は唐花。菩提寺は京都上京区寺町広小路上の蘆山寺。

典：日名・京四

花園実満　はなぞの・さねみつ

江戸時代の人、参議。寛永6(1629)年3月22日生～貞享元(1684)年3月16日没。56才。一字名＝情。

内大臣正親町三条公兄の曾孫、従四位上・左中将正親町三条実教朝臣の孫。従四位下・右中将花園公久朝臣の子。寛永8(1631)年従五位下、同12年従五位上に進み、同13年元服し侍従に任ぜられる。同16年正五位下に進み、同19年右少将に任ぜられ従四位下、正保4(1647)年従四位上に進み右中将に任ぜられる。承応元(1652)年正四位下、明暦3(1657)年従三位、寛文4(1664)年正三位に進み、同6年参議に任ぜられる。同7年に辞す。同年踏歌外弁となる。子に公晴がいる。　典：公辞・日名・公補

花園公晴　はなぞの・きんはる

江戸時代の人、権中納言。寛文元(1661)年11月29日生～元文元(1736)年3月12日没。76才。

参議花園実満の子。寛文5(1665)年叙爵。同10年元服し従五位上に進み侍従、延宝3(1675)年右少将に任ぜられる。同4年正五位下、同9年従四位下に進み右中将に任ぜられる。貞享2(1685)年従四位上、元禄2(1689)年正四位下、同6年従三位、同12年正三位に進み、宝永3(1706)年参議に任ぜられる。同4年従二位に進むも任職を辞す。享保2(1717)年権中納言に任ぜられるも辞す。同9年正二位に進む。子に実廉がいる。 典：公辞・日名・公補

花園実廉 はなぞの・さねやす

江戸時代の人、権大納言。元禄3(1690)年12月29日生～宝暦11(1761)年10月20日没。72才。初名=実仲。

権中納言花園公晴の子。母は権大納言五条為成の娘。初め実仲と名乗る。元禄7(1694)年叙爵。同15年元服し従五位上に進み侍従に任ぜられる。宝永3(1706)年正五位下に進み、同4年左少将に任ぜられる。同6年従四位下に進み右中将に任ぜられる。正徳3(1713)年従四位上、享保2(1717)年正四位下に進む。同4年実廉と改名。同6年従三位、同10年正三位に進み、同14年参議に任ぜられる。同18年踏歌外弁となり、同20年任職を辞す。同年従二位に進む。宝暦3(1753)年権中納言に任ぜられも辞す。同年正二位に進み、更に同9年権大納言に任ぜられるも辞す。子に公諸がいる。 典：公辞・日名・公補

花園実章 はなぞの・さねあき

江戸時代の人、非参議。明和4(1767)年5月23日生～文化7(1810)年12月6日没。44才。法名=三楽。

権大納言正親町公積の末子。明和7(1770)年従四位下・左少将花園公純朝臣家の家督を相続。同年従五位下に叙される。天明元(1781)年元服し従五位上に進み近江権守に任ぜられる。同5年正五位下に進み、同7年左権少将に任ぜられる。寛政元(1789)年従四位下、同5年従四位上、同9年正四位下に進み、同11年右権中将に任ぜられる。享和元(1801)年従三位に進む。文化4(1807)年41才で出家。子に公燕がいる。 典：公辞・公補

花園公燕 はなぞの・きんなる

江戸時代の人、参議。天明元(1781)年6月3日生～天保11(1840)年9月19日没。60才。

非参議花園実章の子。母は中務権大輔尚孝の娘。寛政3(1791)年従五位下に叙される。同7年元服し従五位上に進み、同8年美作権介に任ぜられる。同11年正五位下、享和3(1803)年従四位下、文化5(1808)年従四位上、同9年正四位下に進み侍従、文政元(1818)年近衛権少将より、同3年権中将に任ぜられ従三位、同7年正三位に進み、天保9(1838)年参議に任ぜられるも任職を辞す。同10年従二位に進む。養子に実路がいる。 典：公辞・公補

花園実路 はなぞの・さねみち

江戸時代の人、非参議。寛政12(1800)年7月19日生～天保8(1837)年3月25日没。38才。初名=脩茂。

権大納言園基理の末子。初め脩茂と名乗る。文化6(1809)年従五位下に叙される。同10年参議花園公燕の養子となる。同11年実路と改名。元服し従五位上に進み、同12年美作権介に任ぜられる。文政元(1818)年正五位下、同5年従四位下に進み、同7年侍従に任ぜ

られる。同9年従四位上、天保元(1830)年正四位下に進み、同2年近衛権少将より、同5年権中将に任ぜられる。同7年従三位に進む。子に公総がいる。　典：公辞・公補

○祝家

系譜不明。

祝友世　はふり・ともよ

室町時代の人、非参議。文明13(1481)年生～永禄5(1562)年没。82才。

天文4(1535)年従三位に叙せられる。同6年より名が見えなくなり、祝成純と交代で、同11年再び非参議に名を連ねる。　典：公補

祝成純　はふり・なりあつ

室町時代の人、非参議。生没年不明。

天文6(1537)年従三位に叙せられる。同11年より名が見えなくなる。　典：公補

祝行茂　はふり・ゆきしげ

江戸時代の人、非参議・日吉社司。承応元(1652)年生～元文2(1737)年10月14日没。86才。

日吉社司に任ぜられ、享保4(1719)年従三位に叙される。　典：公補

祝資光　はふり・すけみつ

江戸時代の人、非参議・日吉社司。延宝5(1677)年生～延享2(1745)年4月4日没。69才。

日吉社司に任ぜられ、元文3(1738)年従三位に叙される。　典：公補

祝業明　はふり・のぶあき

江戸時代の人、非参議・日吉社司。天正17(1589)年生～没年不明。

日吉社司に任ぜられ、元文4(1739)年従三位に叙せられる。宝暦2(1752)年より名が見えなくなる。　典：公補

祝友治　はふり・ともはる

江戸時代の人、非参議・日吉社司。元禄15(1702)年生～宝暦12(1762)年10月14日没。61才。

日吉社司に任ぜられ、宝暦6(1756)年従三位に叙される。　典：公補

祝業徳　はふり・のぶとく

江戸時代の人、非参議・日吉社司。元禄15(1702)年生～安永3(1774)年9月没。73才。

日吉社司に任ぜられ、宝暦7(1757)年従三位に叙される。祝友治と双子か。　典：公補

祝茂慶　はふり・しげよし

江戸時代の人、非参議・日吉社司。延享2(1745)年生～文政7(1824)年2月23日没。80才。

日吉社司に任ぜられ、文化6(1809)年従三位に叙される。文政4(1821)年正三位に進む。典：公補

祝成範　はふり・なるのり

江戸時代の人、非参議・日吉社司。元文5(1740)年生～文政11(1828)年5月10日没。89才。日吉社司に任ぜられ、文化7(1810)年従三位に叙される。文政5(1822)年正三位に進む。典：公補

祝業蕃　はふり・のぶしげ

江戸時代の人、非参議・日吉社司。明和8(1771)年生～天保元(1830)年1月18日没。60才。日吉社司に任ぜられ、文政9(1826)年従三位に叙される。　典：公補

祝希烈　はふり・まれれつ

江戸時代の人、非参議・日吉社司。天明6(1786)年生～文久3(1863)年2月26日没。79才。日吉社司に任ぜられ、天保7(1836)年従三位に叙される。嘉永2(1849)年正三位に進む。典：公補

祝成光　はふり・なるみつ

江戸時代の人、非参議・日吉社司。天明8(1788)年生～万延元(1860)年126月没。73才。日吉社司に任ぜられ、天保10(1839)年従三位に叙される。嘉永6(1853)年正三位に進む。典：公補

祝茂仲　はふり・しげなか

江戸時代の人、非参議・日吉社司。寛政4(1792)年生～慶応元(1865)年2月14日没。74才。日吉社司に任ぜられ、天保14(1843)年従三位に叙される。安政4(1857)年正三位に進む。典：公補

祝業雅　はふり・のぶまさ

江戸時代の人、非参議・日吉社司。寛政9(1797)年生～安政3(1856)年3月13日没。60才。日吉社司に任ぜられ、嘉永2(1849)年従三位に叙せられる。　典：公補

祝希璵　はふり・まれよ

江戸時代の人、非参議・日吉社司。文化4(1807)年生～没年不明。日吉社司に任ぜられ、安政5(1858)年従三位に叙される。明治元(1868)年は62才であった。　典：公補

祝成節　はふり・なりとも

江戸時代の人、非参議・日吉社司。寛政9(1797)年生～安政3(1856)年3月13日没。60才。日吉社司に任ぜられ、安政6(1859)年従三位に叙される。明治元(1868)年は61才であった。　典：公補

○祝部家

系譜不明。建角身命(たけつのみのみこと)の末裔と呉国の人田利須々(たりすす)の末裔の二系統があり、のち前者は京都北区上賀茂本山の上賀茂社、後者は奈良明日香栗原の呉津孫神社の宮司となる。

典：古代

祝部教成　はふりべ・のりなり

南北朝時代の人、非参議。生没年不明。

応安7(1374.文中3)年従三位に叙せられる。永和4(1378.天授3)年以降は名が見えない。

典：公補

○葉室家

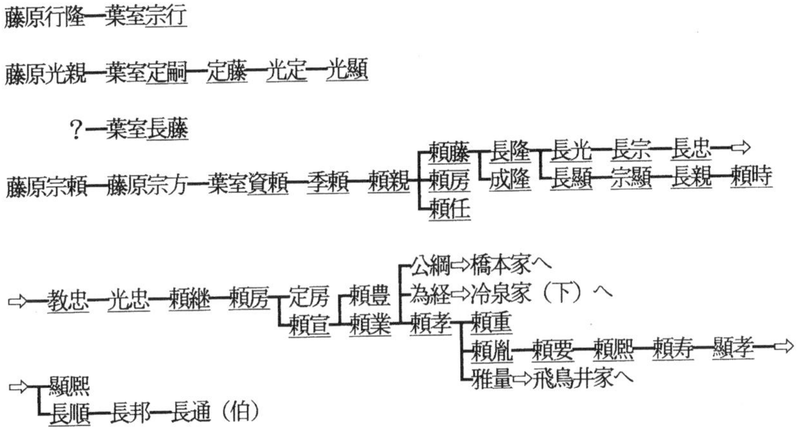

大蔵卿藤原為房の次男按察使藤原顯隆が山城国葉室邑に山荘を営み葉室と号した。権大納言藤原宗頼の孫資頼が、古を偲び藤原を本姓とし、葉室を氏姓とした。明治に至り華族に列され伯爵を授かる。

典：日名・京都

葉室宗行　はむろ・むねゆき

鎌倉時代の人、権中納言。承安4(1174)年生～承久3(1221)年7月没。48才。初期の葉室家の始祖。

左大弁藤原行隆の五男。母は典薬助行兼の娘。建久5(1194)年叙爵。同年安芸守、同6年中宮少進に任ぜられる。同9年従五位上に進み和泉守、正治元(1199)年土佐守、建仁元(1201)年刑部権大輔・出雲守、同2年伊与守に任ぜられる。同3年正五位下に進み、元久元(1204)年少納言・蔵人、同2年中宮権大進に任ぜられる。建永元(1206)年少納言を辞す。承元3(1209)年左少弁より権右中弁・造東大寺長官に任ぜられる。同4年従四位下、建暦元(1211)年従四位上に進み右中弁より左中弁、更に右大弁ににんぜられる。同2年蔵人頭に任ぜられる。建保2(1214)年正四位下に進み参議に任ぜられ更に左大弁に任ぜられる。同3年従三位に進み美作権守に任ぜられる。同6年権中納言に任ぜられ、承久元(1219)年に任職を辞す。同2年正三位に進み、同3年承久の乱後に幕府に捕らえられ駿河国焼津原にて殺される。　典：日名・大日・古今・伝日・公補

葉室資頼　はむろ・すけより

鎌倉時代の人、中納言。建久5(1194)年生～建長7(1255)年10月18日没。62才。葉室家の祖。

権大納言藤原宗頼の孫。正五位下・右衛門権佐藤原宗方の長男。母は参議光長の娘。正治2(1200)年叙爵。建仁元(1201)年従五位上に進み土佐守に任ぜられる。同2年正五位下に進み、元久元(1204)年土佐守を辞す。承元3(1209)年春宮権大進、同4年蔵人・民部権少輔、建保2(1214)年左少弁、同6年権右中弁・春宮亮に任ぜられ従四位下に進み、承久元(1219)年右中弁・内蔵頭、同2年右大弁に任ぜられ従四位上に進み、同3年蔵人頭に任ぜられる。同年これと内蔵頭を辞す。貞応元(1222)年右大弁を辞す。安貞元(1227)年正四位下に進み、寛喜2(1230)年再び蔵人頭ににんぜられ、更に中宮亮に任ぜられる。同3年修理大夫に任ぜられる。貞永元(1232)年従三位に進み参議に任ぜられる。天福元(1233)年美作権守に任ぜられる。文暦元(1234)年右兵衛督に任ぜられ補検別当となる。嘉禎元(1235)年正三位に進み権中納言に任ぜられる。同3年従二位に進み、暦仁元(1238)年権中納言を辞す。同年正二位に進む。延応元(1239)年按察使、仁治元(1240)年大宰権帥に任ぜられる。同2年再び権中納言に任ぜられる。寛元2(1244)年中納言に任ぜられる。同4年大宰権帥を辞す。宝治2(1248)年中納言を辞す。子に季頼がいる。　典：公辞・公補

葉室定嗣　はむろ・さだつぐ

鎌倉時代の人、権中納言。承元2(1208)年生～没年不明。初名=光嗣。前名=高嗣。法名=定然。

権中納言藤原光雅の孫。権中納言藤原光親の次男。母は参議藤原定経の娘。初め光嗣と名乗る。建保2(1214)年叙爵。同5年但馬守に任ぜられる。同年高嗣と改名。同6年美濃守に任ぜられる。安貞3(1229)年従五位上に進み、寛喜2(1230)年中宮権大進に任ぜられる。同3年正五位下に進み、文暦元(1234)年右衛門権佐・蔵人、嘉禎2(1236)年左衛門権佐、同3年右少弁に任ぜられ正五位上に進み、同4年左少弁より権右中弁更に右中弁に任ぜられる。暦仁元(1238)年従四位上、延応元(1239)年正四位下、仁治2(1241)年左中弁・補蔵人頭に任ぜられ修理左宮城使となる。同年定嗣と改名。同3年参議に任ぜられ備中権守に任ぜられ従三位に進む。寛元4(1246)年大蔵卿に任ぜられる。宝治元(1247)年左兵衛督に任ぜられ使別当となる。同2年正三位に進み権中納言に任ぜられる。建長元(1249)年使別当を辞す。同2年権中納言を辞す。43才で出家。子に定藤がいる。　典：公補

葉室季頼　はむろ・すえより

鎌倉時代の人、非参議。建保元(1213)年生～永仁元(1293)年11月14日没。81才。法名=推覚。

中納言葉室資頼の長男。母は権中納言藤原光親の娘。承久2(1220)年叙爵。同3年備前守に任ぜられる。寛喜2(1230)年従五位上に進み、同3年兵部大輔・春宮権大進に任ぜられる。貞永元(1232)年正五位下に進み、嘉禎元(1235)年蔵人、同2年左少弁より権右中弁・

左衛門権佐に任ぜられ従四位下に進み、同3年修理右宮城使・右中弁、暦仁元(1238)年左中将更に右大弁に任ぜられ従四位上に進む。同年右大弁を辞す。仁治2(1241)年正四位下に進み、宝治2(1248)年再び右大弁、建長2(1250)年左大弁に任ぜられ従三位に進み、同6年左大弁を辞す。文永7(1270)年出家。子に頼親がいる。　典：公辞・公補

葉室頼親　はむろ・よりちか

鎌倉時代の人、権大納言。嘉禎2(1236)年生～嘉元4(1306)年2月5日没。71才。初名=時頼。法名=円観。

非参議葉室季頼の子。母は非参議藤原家時の娘。祖父の中納言葉室資頼の養子となる。初め時頼と名乗る。仁治2(1241)年従五位上に叙される。宝治2(1248)年丹波守に任ぜられる。同年頼親と改名。建長元(1249)年正五位下に進み、同4年丹波守を辞す。同年右衛門権佐、正嘉元(1257)年左衛門権佐、同2年防鴨河使、弘長元(1261)年蔵人・中宮大進に任ぜられる。同3年左衛門権佐を辞す。文永3(1266)年蔵人を辞す。同年左少将に任ぜられる。同5年従四位下に進み権右中弁に任ぜられる。同6年右中弁・右宮城使に任ぜられる。同7年従四位上より正四位下に進み右大弁に任ぜられる。同8年これを辞す。同年蔵人頭・皇后宮亮、同9年内蔵頭に任ぜられる。同10年に辞す。同年再び右大弁に任ぜられる。同11年正四位上より従三位に進み参議に任ぜられ宮内卿に任ぜられる。建治元(1275)年美濃権守に任ぜられる。同3年正三位に進む。同年宮内卿を辞す。弘安元(1278)年興福寺の訴えにより解官され安芸国に配流される。同2年許されて上洛し再び参議に任ぜられる。同3年備中権守に任ぜられる。同6年権中納言に任ぜられるも辞す。同年従二位に進み、同7年按察使となる。同9年正二位に進み、永仁6(1298)年権大納言に任ぜられるも辞す。正安元(1299)年64才で出家。子に頼藤・頼房・頼任がいる。　典：公辞・公補

葉室定藤　はむろ・さだふじ

鎌倉時代の人、参議。生年不明～正和4(1315)年11月8日没。初名=為雄。

権中納言葉室定嗣の子。母は春日神主時継の娘。始め為雄と名乗る。建長2(1250)年叙爵。同6年従五位上に進み定藤と改名。康元元(1256)年丹波守より、正嘉元(1257)年阿波守に任ぜられ正五位下に進み、同2年豊後守、正元2(1259)年讃岐守、弘長2(1262)年勘解由次官、文永5(1268)年春宮権大進、同6年蔵人、同7年右衛門権佐より、同8年左衛門権佐・防鴨河使、同10年権右少弁、同11年左少弁更に権右中弁、建治元(1275)年右中弁に任ぜられ従四位下に進み、同2年右宮城使、同3年左宮城使・左中弁に任ぜられ従四位上、弘安元(1278)年正四位下に進む。同3年右大弁に任ぜられる。同6年に辞す。同年蔵人頭・春宮亮に任ぜられる。同7年参議に任ぜられる。同8年従三位に進み信濃権守に任ぜられる。同10年参議を辞す。正応元(1288)年正三位、同2年従二位、永仁元(1293)年正二位に進む。子に光定がいる。　典：公補

葉室頼藤　はむろ・よりふじ

鎌倉時代の人、権大納言。建長6(1254)年生～建武3(1336)年5月14日没。83才。法名=円照・円然。

権大納言葉室頼親の長男。弟に頼房・頼任がいる。文永7(1270)年叙爵。同年元服し三川守に任ぜられる。同9年従五位上、同11年正五位下に進む。同年三河守を辞す。民部少輔に任ぜられる。建治2(1276)年大輔、弘安8(1285)年左権佐・防鴨河使・蔵人・皇后宮大進に任ぜられ権佐を辞す。正応2(1289)年右少弁より左少弁に任ぜられ正五位上に進み、同3年権右中弁より権左中弁に任ぜられ従四位上より正四位下に進み、同4年左中弁より右大弁・左宮城使に任ぜられ正四位上に進み、同5年左大弁・造東大寺長官・蔵人頭・中宮亮に任ぜられる。永仁2(1294)年参議に任ぜられる。同3年従三位、同4年正三位に進み、同6年美濃権守に任ぜられる。正安元(1299)年従二位に進み、同2年補使別当・左兵衛督に任ぜられ更に権中納言に任ぜられる。同3年任職を辞す。同年按察使となる。乾元元(1302)年これを辞す。同年民部卿に任ぜられる。徳治元(1306)年に辞す。同年昭訓門院御使として関東に下向。のち上洛。女院御使として再び関東に下向。延慶元(1308)年賀茂伝奏となる。同2年正二位に進み、同3年大宰権帥に任ぜられる。正和2(1313)年に辞す。同4年再び按察使となる。同5年権大納言に任ぜられるも辞す。文保2(1318)年65才で出家し法名を円照と名乗るが、嘉暦2(1327)年円然と改名。子に長隆・成隆がいる。　典：公辞・公補

葉室光定　はむろ・みつさだ

鎌倉時代の人、参議。文永11(1274)年生〜嘉元3(1305)年7月3日没。32才。

参議葉室定藤の子。建治3(1277)年従五位下に叙される。弘安6(1283)年正五位下に進み、正応2(1289)年備後守に任ぜられる。同3年に辞す。永仁5(1297)年治部少輔・蔵人に任ぜられる。正安2(1300)年正五位上に進み権右少弁に任ぜられ蔵人を辞す。同年従四位下に進み、同3年権右中弁より、乾元元(1302)年右中弁・右宮城使に任ぜられ従四位上に進む。嘉元元(1303)年左中弁・左宮城使・蔵人頭・治部卿に任ぜられる。同年左中弁を辞す。のち正四位下に進み参議に任ぜられる。同2年周防権守に任ぜられる。同3年再び治部卿に任ぜられたが没す。子に光顯がいる。　典：日名・大日・公補

葉室頼房　はむろ・よりふさ

鎌倉時代の人、非参議。生没年不明。

権大納言葉室頼親の次男。兄に頼藤、弟に頼任がいる。文永3(1267)年叙爵。同7年従五位上に進み、同9年日向守に任ぜられる。建治2(1276)年正五位下に進み、弘安8(1285)年宮内大輔に任ぜられる。同9年に辞す。正応4(1291)年中宮権大進、同5年勘解由次官、永仁2(1294)年補蔵人に任ぜられる。同年中宮権大進を辞す。同5年中宮大進に任ぜられる。同6年これと補蔵人を辞す。同年右少弁より、正安元(1299)年左少弁に任ぜられ従四位下、同2年従四位上に進み、同3年左少弁を辞す。嘉元3(1305)年治部卿に任ぜられる。徳治2(1307)年正四位下に進む。同年治部卿を辞す。延慶2(1309)年従三位に進む。文保2(1318)年出家。　典：公補

葉室頼任　はむろ・よりただ

鎌倉時代の人、非参議。生没年不明。

権大納言葉室頼親の三男。兄に頼藤・頼房がいる。文永11(1275)年従五位下に叙される。弘安6(1283)年美濃守に任ぜられる。同7年従五位上、正応元(1288)年正五位下に進

み、同2年春宮権大進に任ぜられる。同6年に辞す。永仁3(1295)年中宮権大進、同4年勘解由次官に任ぜられる。同6年中宮大進を辞す。正安2(1300)年従四位下に進む。同年勘解由次官を辞す。同3年従四位上、徳治3(1308)年正四位下、延慶3(1310)年従三位に進み、正和5(1316)年出家。　典：公補

葉室長隆　はむろ・ながたか

鎌倉時代の人、権大納言。弘安9(1286)年生〜康永3(1344)年3月8日没。59才。法名＝理円。

権大納言葉室頼藤の長男。弟に成隆がいる。弘安11(1288)年叙爵。正応2(1289)年従五位上、同3年正五位下に進み、永仁元(1293)年三河守に任ぜられる。同3年に辞す。同4年民部大輔に任ぜられる。同5年能登守に任ぜられたが辞す。徳治2(1307)年右衛門権佐に任ぜられる。同年民部大輔を辞す。同3年蔵人・治部大輔に任ぜられ左衛門権佐を辞す。延慶3(1310)年右少弁より権右中弁に任ぜられる。同年治部大輔・蔵人を辞す。同年従四位下、正和元(1312)年従四位上より正四位下に進む。同年右中弁・修理右宮城使に任ぜられる。同2年左中弁・蔵人頭・左宮城使に任ぜられる。同3年参議に任ぜられる。同4年従三位に進み、美濃権守・左兵衛督に任ぜられ使別当となる。文保元(1317)年権中納言に任ぜられ正三位に進み任職を辞す。同年陸奥出羽按察使に任ぜられる。元応2(1320)年従二位に進み、元亨3(1323)年陸奥出羽按察使を辞す。嘉暦3(1328)年正二位に進む。元弘元(1331)年民部卿に任ぜられ更に権大納言に任ぜられる。正慶元(1332.元弘2)年に辞すも、同2年再び任ぜられ翌年に再び辞す。同年再び按察使に任ぜられる。建武3(1336.延元元)に出家。子に長光・長顕がいる。　典：公辞・公補

葉室成隆　はむろ・なりたか

鎌倉時代の人、参議。正応2(1289)年生〜元徳2(1330)年没。42才。

権大納言葉室頼藤の次男。兄に長隆がいる。永仁3(1295)年叙爵。同4年従五位上、正安2(1300)年正五位下に進み、嘉元3(1305)年三川守、延慶2(1309)年民部少輔、応長元(1311)年左衛門権佐・防鴨河使、正和元(1312)年蔵人・民部大輔、同3年右少弁より、同4年左少弁に任ぜられ従四位下、同5年従四位上より正四位下に進み権右中弁より、文保元(1317)年右中弁更に左中弁・右宮城使に任ぜられ正四位上に進み、同2年左宮城使、元応元(1319)年宮内卿・蔵人頭・中宮亮に任ぜられる。同年宮内卿を辞す。同2年従三位に進み参議に任ぜられるも辞す。元徳2(1330)年正三位に進む。　典：公補

葉室光顕　はむろ・みつあき

鎌倉・南北朝時代の人、参議。生年不明〜延元元(1336)年5月21日没。初名＝為嗣。

参議葉室光定の子。初め為嗣と名乗る。延慶2(1309)年従五位下に叙される。正和元(1312)年尾張守に任ぜられ従五位上、同3年正五位下に進む。同年尾張守を辞す。同4年春宮権大進に任ぜられる。文保元(1317)年大進を辞す。同2年右兵衛佐に任ぜられる。同年光顕と改名。同3年右兵衛佐を辞す。元応2(1320)年春宮権大進に任ぜられたが、これを辞す。元亨3(1323)年勘解由次官、同4年蔵人・大膳大夫、正中2(1325)年右衛門権佐、同3年右少弁より左少弁に任ぜられる。同年右衛門権佐を辞す。嘉暦2(1327)年大膳大夫を辞

す。同3年正五位上に進み再び大膳大夫に任ぜられ従四位下に進み権右中弁より、同4年右中弁に任ぜられ従四位上より正四位下に進む。同年再び大膳大夫を辞す。同年右宮城使より左宮城使・右京大夫・左中弁に任ぜられる。元徳2(1330)年右京大夫を辞す。同年蔵人頭・左兵衛督に任ぜられる。元弘元(1331)年参議に任ぜられるも辞す。正慶元(1332.元弘2)年武家に逆らい捕らえられて出羽国に配流される。同2年許されて従三位に進み再び参議に任ぜられるも辞す。同年出羽守に任ぜられる。建武2(1335)年正三位に進む。出羽国にて事故で没す。　典：公補

葉室長光　はむろ・ながみつ

鎌倉・南北朝時代の人、権大納言。延慶3(1310)年生～貞治4(1365.正平20)年,閏9月7月没。56才。

権大納言葉室長隆の長男。弟に長顕がいる。応長元(1311)年従五位下に叙される。正和3(1314)年従五位上、同4年正五位下に進み、元亨元(1321)年治部少輔、正中元(1324)年右衛門権佐より左衛門権佐・防鴨河使・中宮権大進、同2年蔵人、嘉暦元(1326)年右少弁・加賀守に任ぜられる。同年左衛門権佐を辞す。同2年中宮大進に任ぜられる。同3年賀茂守を辞す。同年正五位上に進み、元徳元(1329)年権右中弁に任ぜられ従四位下、同2年従四位上に進み右中弁・右宮城使に任ぜられる。元弘元(1331)年正四位下より正四位上に進み中宮亮・蔵人頭・右兵衛督・右大弁より左大弁に任ぜられる。同年右兵衛督を辞す。正慶元(1332.元弘2)年左兵衛督に任ぜられ更に参議に任ぜられる。同2年官職が止まる。元弘3(1333)年復帰して再び参議に任ぜられ中宮亮に任ぜられる。建武2(1335)年従三位に進み周防権守に任ぜられる。同4年年これと中宮亮を辞す。暦応元(1338.延元3)年正三位に進み、同2年備中権守に任ぜられる。同3年権中納言に任ぜられ、康永元(1342.興国3)年に辞す。貞和2(1346.正平元)従二位、観応元(1350.正平5)年正二位に進み、文和3(1354.正平9)年権大納言に任ぜられ、貞治元(1362.正平17)年に辞す。子に長宗がいる。　典：公辞・公補

葉室長顕　はむろ・ながあき

鎌倉・南北朝時代の人、権大納言。元亨元(1321)年生～明徳元(1390.元中7)年2月21日没。70才。

権大納言葉室長隆の次男。兄は長光がいる。元亨3(1323)年従五位下に叙される。元徳2(1330)年出雲権守に任ぜられたが辞す。同3年兵部権少輔に任ぜられ従五位上に進む。同年兵部権少輔を辞す。元弘3(1333)年中宮権大進・左兵衛佐、同4年春宮権大進に任ぜられ、建武元(1334)年左兵衛佐を辞す。同3年正五位下に進み右衛門権佐・春宮大進に任ぜられる。同年春宮大進を辞す。暦応2(1339)年権右少弁より、同4年左少弁、更に貞和元(1345)年右中弁に任ぜられ従四位下、同2年従四位上に進み、同3年春宮亮・蔵人頭・左中弁より、同4年年右大弁に任ぜられ正四位下より正四位上に進み大弁を辞す。同年治部卿に任ぜられ更に参議に任ぜられる。同5年備前権守に任ぜられ従三位に進み、文和2(1353.正平8)年備前権守を辞す。同3年越後権守に任ぜられる。同4年権中納言に任ぜられる。延文4(1359)年正三位に進み任職を辞す。のち従二位に進む。貞治元(1362.正平17)年正二位に進み、永和元(1375.天授元)権大納言に任ぜられ翌年に辞す。子に宗顕がいる。　典：公補

葉室長藤　はむろ・ながふじ

南北朝時代の人、参議。正和3(1314)年生～没年不明。

父母不明。延文元(1356.正平11)年従三位に叙される。貞治3(1364.正平19)年正三位に進み、同6年参議に任ぜられる。応安元(1368)年55才で加賀権守に任ぜられる。同年参議を辞す。同3年加賀権守を辞す。永和3(1377.天授3)年出家。

葉室長宗　はむろ・ながむね

南北朝時代の人、参議。生没年不明。

権大納言葉室長光の子。暦応2(1339)年叙爵。同5年従五位上、康永2(1343)年正五位下に進み、のち蔵人頭に任ぜられ正四位上に進み、永和元(1375.天授元)参議に任ぜられる。同2年従三位に進む。康暦元(1379.天授5)年参議を辞す。永徳元(1381.弘和元)正三位に進む。嘉慶元(1387.元中4)年出家。子に長忠がいる。　典：公辞・公補

葉室宗顯　はむろ・むねあき

南北朝・室町時代の人、権大納言。生没年不明。

権大納言葉室長顯の子。正四位上に叙され蔵人頭に任ぜられる。永和4(1378.天授4)年参議に任ぜられる。康暦元(1379.天授5)年従三位に進み、同2年参議を辞す。永徳元(1381.弘和元)正三位、明徳元(1390.正中7)年従二位に進み権中納言に任ぜられ、応永元(1394)年に辞す。同6年再び権中納言に任ぜられ更に権大納言に任ぜられ正二位に進む。のち出家。子に長親がいる。　典：公補

葉室長親　はむろ・ながちか

室町時代の人、参議。生年不明～応永21(1414)年2月没。初名=定顯。

権大納言葉室宗顯の子。初名の定顯より長親と改名。正四位下に叙される。蔵人頭・右大弁に任ぜられる。応永16(1409)年参議に任ぜられる。同18年従三位に進み播磨権守に任ぜられる。翌年任職を辞す。子に頼時がいる。　典：公補

葉室長忠　はむろ・ながただ

室町時代の人、権大納言。生没年不明。

参議葉室長宗の子。大蔵卿に任ぜられる。応永23(1416)年従三位に叙される。同28年参議に任ぜられ翌年に辞す。同年正三位に進む。永享元(1429)年権中納言に任ぜられる。同2年権大納言に任ぜられ従二位に進む。同年権大納言を辞す。同7年出家。孫に教忠がいる。　典：公辞・公補

葉室頼時　はむろ・よりとき

室町時代の人、権大納言。生没年不明。初名=宗豊。前名=定藤。

参議葉室長親の子。正四位上に叙される。蔵人頭・右大弁に任ぜられる。応永29(1422)年参議に任ぜられ従三位に進む。同30年美濃権守・左大弁に任ぜられる。同31年権中納言に任ぜられる。同32年正三位に進む。永享12(1439)年定藤に改名。更に頼時と改名。嘉吉元(1441)年従二位に進み、文安元(1444)年に権中納言を辞す。同3年権大納言に任ぜら

れ正二位に進む。同年権大納言を辞す。宝徳2(1450)年より出家したのか名が見えなくなる。　典：公補

葉室教忠　はむろ・のりただ

室町時代の人、権大納言。応永30(1423)年生～明応3(1494)年10月13日没。72才。

権大納言葉室長忠の孫。祖父の家督を継ぐ。正四位上に叙される。蔵人頭・左中弁に任ぜられる。宝徳2(1450)年参議に任ぜられる。同3年従三位に進み右大弁・近江権守に任ぜられる。享徳元(1452)年権中納言に任ぜられ正三位に進み、康正元(1455)年権中納言を辞す。同年従二位に進み、寛正3(1462)年再び権中納言に任ぜられる。同6年正二位に進む。同年権大納言に任ぜられるも辞す。文明10(1478)年大宰権帥に任ぜられる。延徳元(1489)年に辞す。同2年従一位に進む。68才で出家。美濃国にて没す。子に光忠がいる。　典：公辞・公補

葉室光忠　はむろ・みつただ

室町時代の人、権中納言。嘉吉元(1441)年生～明応2(1493)年4月29日没。53才。

権大納言葉室教忠の子。寛正6(1465)年右少弁に任ぜられたが、文正2(1466)年解官となり許されて正五位下に叙され蔵人、文明12(1480)年左中弁より、同13年左中弁に任ぜられ正五位上、同15年従四位下、同16年従四位上に進み右大弁に任ぜられる。同18年正四位下に進み蔵人頭・左大弁に任ぜられる。同19年正四位上に進み、長享2(1488)年参議に任ぜられる。延徳元(1489)年従三位に進み、同2年権中納言に任ぜられる。同3年正三位に進む。河州正覚寺の陣中にて没す。子に頼継がいる。　典：公辞・公補

葉室頼継　はむろ・よりつぐ

室町時代の人、参議。明応元(1492)年生～享禄2(1529)年7月30日没。38才。

権中納言葉室光忠の子。母は権中納言阿野季遠の娘。永正5(1508)年叙爵し右兵衛権佐に任ぜられる。同5年従五位上に進み、同7年右少弁に任ぜられる。同9年正五位下、同10年正五位上に進み氏院別当に任ぜられる。同16年左少弁、大永2(1522)年右中弁・修理右宮城使に任ぜられる。同4年従四位下、同5年従四位上に進む。同年氏院別当を辞す。のち右大弁に任ぜられる。同6年正四位下より正四位上に進み蔵人頭に任ぜられる。享禄2(1529)年参議に任ぜられ従三位に進む。子に頼房がいる。　典：公辞・公補

葉室頼房　はむろ・よりふさ

室町・安土桃山時代の人、権中納言。大永7(1527)年4月7日生～天正4(1576)年6月24日没。50才。法名＝清心。

参議葉室頼継の子。母は権大納言中御門宣秀の娘。享禄2(1529)年叙爵。天文4(1535)年従五位上に進み兵部権少輔・右衛門佐に任ぜられる。同6年正五位下に進み、同7年信濃権介・権右少弁に任ぜられる。同8年正五位上に進み左少弁より、同16年右中弁・右宮城使、同17年装束使、同18年備中権介に任ぜられる。同19年従四位下より従四位上に更に正四位下に進み左中弁に任ぜられる。同20年正四位上に進み左宮城使・蔵人頭に任ぜられる。同24年右大弁より左大弁に任ぜられる。永禄3(1560)年従三位に進み参議に任ぜられる。同6年権中納言に任ぜられる。同7年正三位、元亀3(1572)年従二位に進む。子に

定房(早死)・定藤(初名=長教、従四位上・蔵人頭・左中弁、天正8,10,9没。23才)・頼宣がいる。　典：公辞・公補

葉室頼宣　はむろ・よりのぶ

安土桃山・江戸時代の人、権中納言。元亀2(1571)年生～慶長15(1610)年8月4日没。40才。初名=経家。

権中納言葉室頼房の子。兄に定房(早死)・定藤(初名=長教、従四位上・蔵人頭・左中弁、天正8,10,9没。23才)がいる。初め経家と名乗る。天正3(1575)年叙爵。同5年従五位上に進む。同年元服。頼宣と改名。左衛門佐・右少弁に任ぜられる。同8年正五位下に進み、同9年右中弁に任ぜられる。同11年正五位上に進み、同14年左中弁・蔵人に任ぜられる。同17年従四位下より従四位下に更に正四位下に進み蔵人頭に任ぜられる。同18年正四位上に進み、文禄3(1594)年左大弁に任ぜられる。慶長2(1597)年参議に任ぜられる。同3年従三位に進み、同4年権中納言に任ぜられる。養子に坊城頼豊(一時的に)・頼業がいる。
典：公辞・公補

葉室頼業　はむろ・よりかず

江戸時代の人、権大納言。元和元(1615)年4月24日生～延宝3(1675)年6月24日没。61才。

参議万里小路孝房の次男。権中納言葉室頼宣家の家督養子となる。元和9(1623)年叙爵。寛永4(1627)年元服し従五位上に進み兵部少輔に任ぜられる。同9年正五位下に進み、同12年権右少弁、同14年右少弁、同16年蔵人に任ぜられ正五位上に進み、同18年左少弁、同19年右中弁に任ぜられ従四位下より従四位上、同20年正四位下より正四位上に進み蔵人頭・左中弁、正保元(1644)年右大弁、同2年左大弁に任ぜられ更に参議に任ぜられる。同3年従三位に進み、同4年左大弁を辞す。慶安2(1649)年正三位に進み任職を辞す。承応元(1652)年権中納言に任ぜられる。同3年神宮伝奏となる。明暦元(1655)年従二位に進み賀茂伝奏となる。同2年権大納言に任ぜられる。同3年踏歌外弁となる。万治3(1660)年正二位に進む。寛文6(1666)年に権大納言を辞す。同8年賀茂伝奏を辞す。子に頼孝・橋本公綱・冷泉為経がいる。　典：公辞・公補

葉室頼孝　はむろ・よりたか

江戸時代の人、権大納言。正保元(1644)年9月28日生～宝永6(1709)年8月4日没。66才。

権大納言葉室頼業の子。母は権中納言実村の娘。弟に橋本公綱・冷泉為経がいる。正保3(1646)年叙爵。承応元(1652)年元服し従五位上に進み治部大輔、同3年右少弁、明暦元(1655)年左少弁・蔵人に任ぜられ正五位上に進み、同3年右中弁に任ぜられる。万治元(1658)年左中弁に任ぜられる。同3年従四位下に進み蔵人頭・右大弁に任ぜられる。寛文元(1661)年従四位上、同5年正四位下より正四位上に進み、同3年参議に任ぜられ左大弁に任ぜられる。同4年従三位に進み、同6年踏歌外弁となり、同7年東照宮奉幣使となる。同9年権中納言に任ぜられる。同11年賀茂伝奏に任ぜられたが辞す。同12年正三位に進み、延宝元(1673)年再び賀茂伝奏に任ぜられ翌年に伝奏を辞す。同5年従二位に進み、同6年権大納言に任ぜられる。天和3(1683)年神宮伝奏に任ぜられたがこれを辞し、翌年権大納言を辞し蟄居。貞享4(1687)年蟄居より許されて再び権大納言に任ぜられ院執権とな

るも任職を辞す。元禄4(1691)年正二位、宝永2(1705)年従一位に進む。子に頼重・飛鳥井雅量、養子に頼胤がいる。　典：公辞・公補

葉室頼重　はむろ・よりしげ

江戸時代の人、権中納言。寛文9(1669)年3月19日生〜宝永2(1705)年7月20日没。37才。

権大納言葉室頼孝の子。母は日向守毛利就隆の娘。弟に飛鳥井雅量がいる。寛文11(1671)年叙爵。延宝3(1675)年元服し従五位上に進み右衛門権佐より、同4年左衛門権佐に任ぜられる。同7年正五位下に進み、同8年権右少弁より、天和元(1681)年右少弁・蔵人に任ぜられ正五位上に進み、同2年左少弁より、同3年右中弁・春宮大進に任ぜられる。貞享4(1687)年春宮大進を辞す。同年蔵人頭・右大弁に任ぜられ従四位下、同5年従四位上より正四位下に更に正四位上、元禄4(1691)年従三位に進み参議に任ぜられ更に左大弁に任ぜられる。同8年権中納言に任ぜられ賀茂伝奏に任ぜられ正三位に進む。同9年賀茂伝奏を辞す。同10年踏歌外弁となる。同14年従二位に進み、宝永2年に権中納言を辞す。

典：公辞・公補

葉室頼胤　はむろ・よりたね

江戸時代の人、准大臣。元禄10(1697)年9月2日生〜安永5(1776)年5月2日没。80才。初名=久俊。一字名=育。院号=順正院。

権中納言橋本実松の子。初め久俊と名乗る。宝永3(1706)年権中納言葉室頼孝家と日向守毛利就隆の娘の家督養子となる。同年頼胤と改名。同4年元服し従五位上に進み侍従に任ぜられる。同5年正五位下に進み、正徳4(1714)年権右少弁、同6年左少弁・蔵人に任ぜられ正五位上に進み、享保2(1717)年左衛門権佐に任ぜられる。同3年に辞す。同年権右中弁、同4年右中弁に任ぜられる。同7年従四位下より従四位上に更に正四位下に進み蔵人頭・左中弁に任ぜられる。同8年正四位上に進み、同9年参議に任ぜられ右大弁より左大弁に任ぜられる。同10年従三位に進み勘解由長官、同11年東照宮奉幣使に任ぜられる。同12年権中納言に任ぜられる。同13年踏歌外弁となり、同14年正三位に進み、同16年大宰権帥となる。更に同19年権大納言に任ぜられ武家伝奏に任ぜられたが、同20年権大納言を辞す。元文元(1736)年従二位、延享2(1745)年正二位に進む。同4年再び権大納言に任ぜられるも同年武家伝奏と共に辞す。宝暦5(1755)年従一位に進み、明和8(1771)年准大臣に任ぜられる。養子に頼要がいる。　典：公辞・公補

葉室頼要　はむろ・よりやす

江戸時代の人、権大納言。正徳5(1715)年4月23日生〜寛政6(1794)年6月3日没。80才。初名=俊範。

権中納言坊城俊清の次男。初め俊範と名乗る。享保4(1719)年叙爵。同15年権大納言葉室頼胤家と権中納言葉室頼重の娘の家督養子となる。同年元服、従五位上に進み侍従に任ぜられ頼要と改名。同16年左衛門権佐に任ぜられる。同20年正五位下に進む。元文2(1737)年左衛門権佐を辞す。同年権右少弁より左中弁、同3年氏院別当となる。同5年蔵人に任ぜられる。更に権右中弁より右中弁に任ぜられ正五位上に進む。同年氏院別当を辞す。寛保2(1742)年蔵人頭に任ぜられ従四位下より従四位上に更に正四位下、同3年正

四位上に進み右大弁より、同4年左大弁に任ぜられる。延享3(1746)年参議に任ぜられる。同4年従三位に進み、寛延元(1748)年権中納言に任ぜられる。同2年賀茂伝奏となり、宝暦元(1751)年正三位に進む。同年賀茂伝奏を辞す。同2年左衛門督に任ぜられ使別当となる。同4年賀茂下上社伝奏となる。同5年権大納言に任ぜられる。同6年従二位、同12年正二位に進み、同13年任職を辞す。安永5(1776)年従一位に進む。養子に頼煕がいる。　典：公辞・公補

葉室頼煕　はむろ・よりひろ

江戸時代の人、権大納言。寛延3(1750)年2月7日生～文化元(1804)年9月19日没。55才。初名＝栄行。

権中納言堤代長の次男。母は非参議竹内惟永の娘。初め栄行と名乗る。明和2(1765)年叙爵し権大納言葉室頼要家と権大納言日野資時の娘の家督養子となる。同年頼煕と改名。同3年元服し従五位上に進み侍従に任ぜられる。同7年正五位下に進み、安永元(1772)年蔵人・御祈奉行・造興福寺長官・右少弁より、同4年左少弁・氏院別当・右衛門権佐・神宮弁に任ぜられ正五位上に進み、同5年神宮弁・氏院別当・御祈奉行等を辞す。賀茂下上社奉行に任ぜられる。同6年奉行を辞す。同8年造興福寺長官・右衛門権佐を辞す。天明元(1781)年左中弁に任ぜられ従四位下より従四位上、同2年正四位下より正四位上に進み皇太后宮亮、同3年右大弁に任ぜられる。同年皇太后宮亮を辞す。同5年参議に任ぜられ左大弁・再び造興福寺長官に任ぜられる。同6年従三位に進み勘解由長官に任ぜられ踏歌外弁となる。同7年丹波権守に任ぜられる。寛政元(1789)年正三位に進み権中納言に任ぜられる。同3年左衛門督・検非違使別当に任ぜられる。同4年従二位、同8年正二位に進み権大納言に任ぜられる。同12年大宰権帥に任ぜられる。享和2(1802)年に権大納言を辞す。子に頼寿がいる。　典：公辞・公補

葉室頼寿　はむろ・よりひさ

江戸時代の人、参議。安永6(1777)年9月7日生～文化元(1804)年8月29日没。28才。

権大納言葉室頼煕の子。母は権大納言勧修寺顕道の娘。安永7(1778)年従五位下に叙される。天明2(1782)年元服し従五位上に進み侍従に任ぜられる。同4年正四位下に進み、寛政2(1790)年蔵人に任ぜられ正五位上に進み右少弁、同3年氏院別当、同4年御祈奉行・賀茂下上社奉行・権右中弁・左衛門権佐に任ぜられる。同5年御祈奉行を辞す。同6年賀茂上下社奉行・氏院別当を辞す。同8年右中弁、同9年神宮弁に任ぜられる。同10年左衛門権佐を辞す。同年従四位下より従四位上に更に正四位下に進む。同年左中弁・蔵人頭・中宮亮に任ぜられる。同11年正四位上に進み、同12年右大弁に任ぜられる。享和2(1802)年参議に任ぜられる。同3年従三位に進み、文化元(1804)年左大弁に任ぜられ平野奉幣使・東照宮奉幣使となる。同年参議を辞す。子に顕孝がいる。　典：公辞・公補

葉室顕孝　はむろ・あきたか

江戸時代の人、権大納言。寛政8(1796)年9月4日生～安政5(1858)年6月9日没。63才。

参議葉室頼寿の子。享和元(1801)年従五位下に叙される。同2年元服し、同3年従五位上、文化3(1806)年正五位下に進み、同4年侍従、同8年右少弁、同11年春宮権大進、同12

年蔵人・左少弁・御祈奉行に任ぜられ正五位上に進み、同13年賀茂下上社奉行・氏院別当、同14年春宮権大進・権右中弁に任ぜられる。同年御祈奉行、賀茂上下社奉行・氏院別当を辞す。文政元(1818)年右衛門権佐、同4年右中弁・再び賀茂下上社奉行、同5年再び御祈奉行に任ぜられ両奉行を辞す。同7年左中弁より右大弁に任ぜられ従四位下より従四位上に進み蔵人頭・院別当・造興福寺長官に任ぜられ更に正四位下、同8年正四位上に進み神宮弁に任ぜられる。同9年これを辞す。同10年従三位に進み参議に任ぜられる。同11年左大弁に任ぜられ踏歌外弁となる。天保元(1830)年正三位に進み、同2年東照宮奉幣使に任ぜられ権中納言に任ぜられる。同4年従二位に進み、同7年右衛門督・使別当に任ぜられる。同8年正二位に進む。同年右衛門督・使別当を辞す。弘化4(1847)年権大納言に任ぜられるも辞す。子に顯熙(文化3,8,6没。2才)・定孝(粟田口家)・長順がいる。　典：公辞・公補

葉室長順　はむろ・ながとし

江戸時代の人、権大納言。文政3(1820)年4月14日生～明治12(1879)年10月没。60才。

権大納言葉室頼孝の三男。兄に顯熙(文化3,8,6没。2才)・定孝(粟田口家へ)がいる。文政6(1823)年叙爵。同10年元服し従五位上、同12年正五位下に進み、天保5(1835)年侍従、弘化4(1847)年蔵人に任ぜられる。嘉永元(1848)年正五位上に進み御祈奉行・右少弁に任ぜられる。同年御祈奉行・蔵人を辞す。同3年賀茂下上社御祈奉行に任ぜられる。同4年左少弁より、同5年権右中弁・補左衛門権佐・検非違使に任ぜられる。安政元(1854)年賀茂上下御祈奉行を辞す。同2年氏院別当に任ぜられ別当を辞す。同年御遷幸に舎人一人・弁侍一人・小舎人童一人・随身二人・看督長二人・火長一人・雑色四人・傘一人を供として参加。同4年従四位下より従四位上に更に正四位下に進む。同年蔵人頭・左中弁より右大弁に任ぜられる。同5年蔵人頭を辞す。同6年神宮弁に任ぜられる。文久2(1862)年に辞す。同3年従三位に進み参議に任ぜられ左大弁に任ぜられる。元治元(1864)年踏歌外弁・平野奉幣使となる。慶応元(1865)年正三位に進み右衛門督・使別当に任ぜられ更に権中納言に任ぜられる。更に同3年権大納言に任ぜられ翌年に辞す。家料は183石。子に長邦(正五位上・左大弁、明治32,1没。61才、安政5年の事件に八十八廷臣として連座。明治の華族に列され伯爵を授る)がいる。　典：明治・公辞・遷幸・公補

○春澄家

春澄善縄　はるずみの・よしただ

平安時代の人、参議。延暦17(798)年生～貞観12(871)年3月19日没。74才。字=達。初氏名=猪名部造。姓(かばね)=宿禰のち朝臣。

伊勢国員弁郡の出身。少領・猪名財麿の孫。従八位下・周防大目猪名豊雄の長男。天長元(824)年奉試に及第し文章生となる。同3年常陸少目に任ぜられる。同5年姓(かばね)を宿禰と氏の春澄を賜り文章得業生となる。同7年少内記、同8年大内記・播磨少掾に任ぜられる。同9年従五位下に進み、同13年東和学士、承和元(834)年摂津権介、同3年但馬介に任ぜられる。同9年従五位上に進み任職を辞す。同13年文章博士に任ぜられる。同15年正五位下、嘉祥3(850)年従四位下に進み、仁寿元(851)年に解任される。同2年但馬守

に任ぜられる。同3年姓に朝臣を賜る。同4年刑部大輔、天安元(857)年伊与守・右京大夫に任ぜられる。同2年従四位上に進み、貞観2(860)年参議に任ぜられる。同3年式部大輔に任ぜられる。同4年正四位下に進み、同5年播磨権守ににんぜられ、同6年に辞す。同年近江守に任ぜられる。同8年に辞す。同12年讃岐守に任ぜられ従三位に進む。在官11年。

典：古代・公補

○春原家

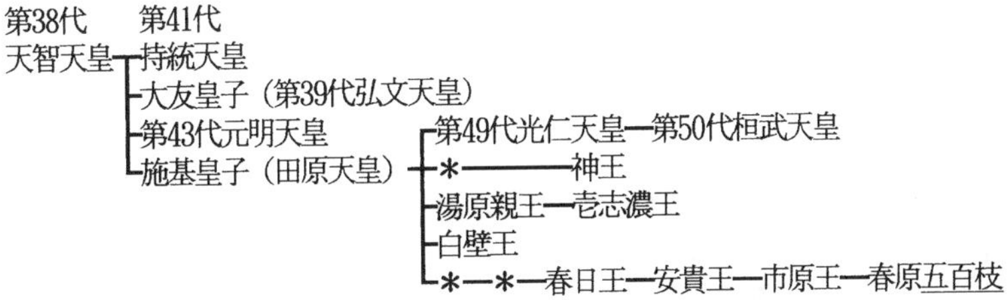

春原五百枝　はるはらの・いおしげ

平安時代の人、参議。天平宝字4(760)年生〜天長6(829)年2月15日没。70才。初名＝五百枝王。

施基皇子(田原天皇)の四代正四位下・春日王の曾孫。従五位上・安貴王の孫。正五位下・市原王の子。母は第49代光仁天皇の皇女能登内親王。天応元(781)年従四位下に叙され侍従に任ぜられる。同2年美作守、同6年越前守に任ぜられる。同7年侍従を辞す。同年右兵衛督に任ぜられる。延暦3(784)年従四位上に進むも、同4年内乱にて捕らえられ伊予国に配流される。同21年許されて上洛。同25年召されて宮内卿に任ぜられ氏の春原と姓(かばね)の朝臣を賜る。大同2(807)年武蔵守、同8年讃岐守に任ぜられる。弘仁2(811)年正四位下、同3年従三位に進み、同5年右兵衛督・下野守より、同6年上野守、同7年相模守、同8年右衛門督に進み、同10年参議に任ぜられる。同11年治部卿、同14年刑部卿・左京大夫に任ぜられる。天長元(824)年刑部卿を辞す。同2年民部卿、同3年美濃守・中務卿に任ぜられる。同5年正三位に進み参議を辞す。　典：公補

○東久世家

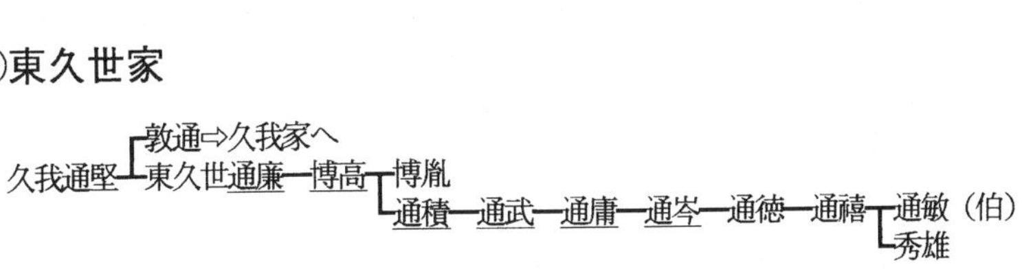

村上源家の分家の久我家流。右大将久我晴通の孫で、権大納言久我通堅の三男通廉が、久我家より分かれて東久世を氏姓とした。明治に至り華族に列され伯爵を授かる。本姓は源。家紋は竜胆(りんどう)。

典：日名・京都

東久世通廉　ひがしくぜ・みちかど

江戸時代の人、参議。寛永7(1630)年6月15日生～貞享元(1684)年9月23日没。55才。東久世家の祖。

右大将久我晴通の孫。権大納言久我通堅の三男。兄に久我敦通がいる。寛永19(1642)年叙爵。同20年元服し従五位上に進み中務大輔に任ぜられる。正保元(1644)年東福門院の執奏により東久我家をたてて氏姓とする。慶安4(1651)年正五位下、明暦元(1655)年従四位下に進み、木工頭に任ぜられる。万治2(1659)年従四位上、寛文3(1663)年正四位下、同9年従三位、延宝7(1679)年正三位に進み、貞享元(1684)年参議に任ぜられたその当日に没す。子に博高がいる。　典：大日・日名・伝日・公辞・公補

東久世博高　ひがしくぜ・ひろたか

江戸時代の人、非参議。万治2(1659)年9月12日生～享保9(1724)年9月28日没。66才。初名＝博意。一字名＝意。法名＝幽海。

参議東久世通廉の子。初め博意と名乗る。延宝元(1673)年元服し従五位上に叙され勘解由次官・木工頭に任ぜられる。同6年正五位下、天和3(1683)年従四位下に進み、貞享3(1686)年右少将に任ぜられる。同4年従四位上に進む。元禄元(1688)年右中将に任ぜられる。同3年博高と改名。同4年正四位下、同9年従三位、宝永2(1705)年正三位に進み、正徳3(1713)年55才で出家。子に博胤(従四位下・右中将、正徳3,2,19没。25才)・通積がいる。　典：公辞・日名・公補

東久世通積　ひがしくぜ・みちつむ

江戸時代の人、権中納言。宝永5(1708)年9月6日生～明和元(1764)年8月21日没。57才。法号＝思寛。

非参議東久世博高の次男。兄に博胤(従四位下・右中将、正徳3,2,19没。25才)がいる。正徳3(1713)年叙爵。享保5(1720)年元服し従四位上に進み侍従に任ぜられる。同9年正五位下に進み右権少将に任ぜられる。同13年従四位下に進み右権中将に任ぜられる。同17年従四位上、元文元(1736)年正四位下に進み、同2年院別当に任ぜられる。寛保元(1741)年従三位、寛延元(1748)年正三位に進み、宝暦元(1751)年参議に任ぜられる。同3年に辞す。同年東照宮幣使となる。同7年従二位に進み権中納言に任ぜられる。同8年宝暦の事件(綾小路有美の項参照)に勤皇二十廷臣として連座し権中納言を辞す。同10年53才で出家。明治に至り正二位を贈られる。墓所は裏寺町の光明寺。子に通武がいる。　典：大日・日名・伝日・公辞・公補

東久世通武　ひがしくぜ・みちたけ

江戸時代の人、非参議。寛延元(1748)年10月13日生～天明8(1788)年12月10日没。41才。

権中納言東久世通積の子。宝暦2(1752)年叙爵。同10年元服し従五位上に進み刑部権大輔に任ぜられる。明和元(1764)年正五位下、同5年従四位下に進み、同8年左権少将に任ぜられる。安永元(1772)年従四位上に進み美濃権介に任ぜられる。同4年左権中将に任ぜ

られる。同5年正四位下、同8年従三位、天明5(1785)年正三位に進む。子に通庸がいる。

典：公辞・日名・公補

東久世通庸　ひがしくぜ・みちやす

江戸時代の人、非参議。明和6(1769)年4月7日生～文政元(1818)年9月17日没。50才。初名=通正。

非参議東久世通武の子。母は権大納言清水谷実栄の娘。初め通正と名乗る。安永2(1773)年従五位下に叙される。同9年元服し従五位上に進み治部大輔、天明2(1782)年侍従に任ぜられる。同4年正五位下、同8年従四位下、寛政4(1792)年従四位上に進み、同6年左権少将に任ぜられる。同8年正四位下に進み、同11年右権中将に任ぜられる。同12年従三位に進む。享和2(1802)年通庸と改名。文化元(1804)年正三位に進む。子に通岑がいる。

典：公辞・日名・公補

東久世通岑　ひがしくぜ・みちみね

江戸時代の人、参議。寛政4(1792)年9月6日生～嘉永元(1848)年6月9日没。57才。

非参議東久世通庸の子。母は権大納言甘露寺篤長の娘。寛政6(1794)年従五位下に叙される。文化3(1806)年元服し従五位上に進み治部権大輔に任ぜられる。同6年正五位下、同9年従四位下に進み、同10年侍従に任ぜられる。同12年従四位上、文政元(1818)年正四位下に進み、同2年左権少将、同5年権中将に任ぜられ従三位に進み、同9年正三位に進み、嘉永元(1848)年参議に任ぜられ辞す。同年従二位に進む。歌道を久世・飛鳥井の両家に就いて修め、有職古事は高倉家に、東遊と催馬楽を綾小路家に学ぶ。子に通徳がいる。

典：公辞・日名・公補

○東園家

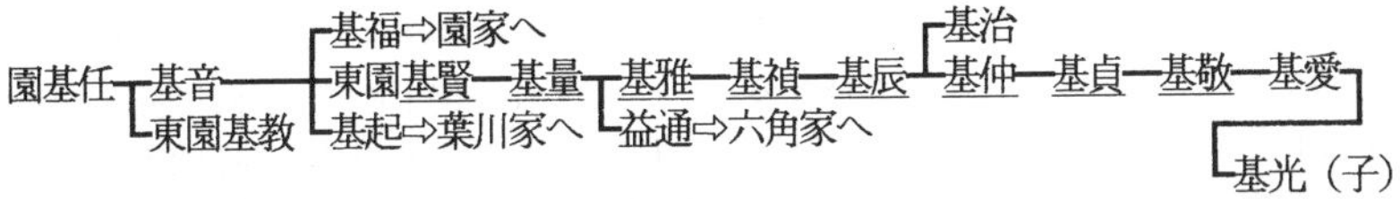

中御門家の分家園家流。参議園基任の次男基教(従四位上・左中将。寛永1310月14日没。26才。家督相続は基賢。東園家の祖)が、園家より分かれて東園を氏姓とした。代々神楽道にて奉仕し、明治に至り華族に列され子爵を授かる。本姓は藤原。家紋は杏葉。菩提寺は京都左京区浄土寺真如町の松林寺。

典：日名・京四

東園基賢　ひがしぞの・もとかた

江戸時代の人、権大納言。寛永3(1626)年9月23日生～宝永元(1704)年7月22日没。79才。法名=常算。

権大納言園基音の次男。兄に園基福、弟に葉川基起がいる。叔父の東園基教朝臣(従四位上・左中将、寛永13,10,14没。26才、東園家の祖)の養子となる。寛永10(1633)年従五位下に叙される。同15年元服し従五位上に進み侍従に任ぜられる。同19年正五位下に進み左少将に任ぜられる。正保2(1645)年従五位下、慶安3(1650)年従四位上に進み中将に任ぜられる。承応3(1654)年正四位下に進み、同4年蔵人頭に任ぜられ正四位上に進み、明暦2(1656)年参議に任ぜられ踏歌外弁となる。同3年従三位、寛文元(1662)年正三位に進み権中納言に任ぜられる。同9年権大納言に任ぜられる。同12年従二位に進む。同年権大納言を辞す。延宝元(1673)年正二位に進み、天和3(1683)年蟄居。貞享3(1686)年61才で出家。子に基量がいる。　典：公辞・日名・公補

東園基量　ひがしぞの・もとかず

江戸時代の人、権大納言。承応2(1653)年2月16日生～宝永7(1710)年1月26日没。58才。一字名=園・基。

権大納言東園基賢の子。明暦3(1657)年叙爵。寛文元(1661)年元服し従五位上に進み侍従に任ぜられる。同5年正五位下、同7年従四位下に進み左少将に任ぜられる。同11年従四位上に進み左中将に任ぜられる。延宝3(1675)年正四位下に進み、同5年蔵人頭に任ぜられ正四位上、同7年参議に任ぜられる。同8年従三位に進み踏歌外弁となる。天和3(1683)年正三位に進み、貞享元(1684)年参議を辞す。同年東照宮奉幣使となり権中納言に任ぜられる。同4年これを辞す。元禄7(1694)年従二位に進み、同10年権大納言に任ぜられ神宮伝奏となる。同12年任職を辞す。宝永元(1704)年正二位に進む。有職故実に精通し当時の有職四天王と称され、筑後高良山十景の題「鷲尾素雪」に七絶一首を詠む。子に基雅・六角益通がいる。　典：公辞・伝日・日名・公補

東園基雅　ひがしぞの・もとまさ

江戸時代の人、権大納言。延宝3(1675)年1月5日生～享保13(1728)年6月11日没。54才。初名=基茂。前名=基長。

権大納言東園基量の子。母は権大納言高倉永敦の娘。初め基茂と名乗る。延宝7(1679)年叙爵。天和3(1683)年元服し従五位上に進み侍従に任ぜられる。貞享3(1686)年正五位下に進み、元禄元(1688)年左少将に任ぜられる。同2年従四位下に進む。同年基長と改名。同4年左中将に任ぜられる。同6年従四位上、同10年正四位下に進み、同11年蔵人頭に任ぜられ正四位上に進み、同13年参議に任ぜられる。同14年従三位に進み踏歌外弁となる。宝永元(1704)年正三位に進み、同2年東照宮奉幣使となる。同3年権中納言に任ぜられる。正徳元(1711)年従二位に進み、同3年権中納言を辞す。享保4(1719)年権大納言に任ぜられる。同6年正二位に進み、同8年権大納言を辞す。同11年基雅と改名。子に基禎がいる。
典：公辞・日名・公補

東園基禎　ひがしぞの・もとちか

江戸時代の人、権中納言。宝永3(1706)年1月19日生～延享元(1744)年6月24日没。39才。初名=基廉。

権大納言東園基雅の次男。母は権大納言藤谷為茂の娘。宝永5(1708)年叙爵。正徳5(1715)年元服し従五位上に進み侍従に任ぜられる。享保3(1718)年左中将に任ぜられ正五位下、同6年従四位下に進み、同11年左中将に任ぜられ従四位上、同14年正四位下に進

む。同18年基禎と改名。蔵人頭に任ぜられ正四位上に進み、同20年参議に任ぜられる。元文元(1736)年従三位に進み、同2年権中納言に任ぜられる。同5年正三位に進み、延享元(1744)年権中納言を辞す。子に基辰がいる。　典：公辞・日名・公補

東園基辰　ひがしぞの・もとたつ

江戸時代の人、権中納言。寛保3(1743)年2月24日生～寛政9(1797)年9月3日没。55才。

権中納言東園基禎の子。延享2(1745)年従五位下に叙される。宝暦元(1751)年元服し従五位上に進み近江権介、同2年侍従に任ぜられる。同3年近江権介を辞す。同5年正五位下に進み、同8年大蔵権大輔・左権少将に任ぜられる。同9年従四位下、同13年従四位上に進み、明和3(1766)年左権中将に任ぜられる。同4年正四位下に進み常陸権介に任ぜられる。同8年権介を辞す。同年蔵人頭に任ぜられ正四位上に進み、安永元(1772)年参議に任ぜられる。同2年従三位、同4年正三位に進み、同5年踏歌外弁となる。同8年権中納言に任ぜられる。同9年に辞す。天明5(1785)年従二位、寛政8(1796)年正二位に進む。子に基治(正五位下・侍従、安永9,4,10没。14才)・基仲がいる。　典：公辞・日名・公補

東園基仲　ひがしぞの・もとなか

江戸時代の人、参議。安永9(1780)年3月18日生～文政4(1821)年3月2日没。42才。

権中納言東園基辰の次男。母は右大臣花山院常雅の娘。兄に基治(正五位下・侍従、安9,4,10没。14才)がいる。天明2(1782)年従五位下に叙される。寛政5(1793)年元服し従五位上、同8年正五位下に進み、同10年侍従に任ぜられる。同11年従四位下、享和3(1803)年従四位上に進み、文化元(1804)年近衛権少将に任ぜられる。同9年権中将、同14年蔵人頭に任ぜられ正四位上に進み、文政元(1818)年蔵人頭を辞す。同3年参議に任ぜられる。同4年任職を辞す。子に基貞がいる。　典：公辞・日名・公補

東園基貞　ひがしぞの・もとさだ

江戸時代の人、参議。寛政12(1800)年6月24日生～安政4(1857)年9月12日没。58才。

参議東園基仲の子。母は権大納言松木宗美の娘。享和2(1802)年従五位下に叙される。文化5(1808)年元服し従五位上、同8年正五位下に進み、文政2(1819)年侍従に任ぜられ従四位下、同6年従四位上に進み、左権少将に任ぜられる。同9年正四位下に進み、同11年権中将、天保5(1834)年内教坊別当となり、嘉永元(1848)年参議に任ぜられる。同2年従三位に進み踏歌外弁となる。同5年正三位に進み、安政元(1854)年東照宮奉幣使となる。同4年に任職を辞す。子に基敬がいる。　典：公辞・日名・公補

東園基敬　ひがしぞの・もとゆき

江戸・明治時代の人、参議。文政3(1820)年10月23日生～明治9(1876)年8月没。57才。

参議東園基貞の子。母は非参議芝山国豊の娘。文政5(1822)年叙爵。同10年元服し従五位上、天保元(1830)年正五位下に進み、弘化2(1845)年侍従に任ぜられ従四位下、嘉永元(1848)年従四位上、同4年正四位下に進み左権少将に任ぜられる。安政2(1855)年の御遷幸に舎人一人・随身二人・小舎人童一人・雑色二人を供として参加。同5年安政の事件(飛鳥井雅典の項参照)に八十八廷臣として連座。文久2(1862)年内教坊別当となり、同3年正四

位上に進み監察使として七卿と行動し長門国へ下向、差控を命ぜられる。慶応元(1865)年内教坊別当を辞す。明治元(1868)年従三位に進み参議に任ぜられる。新政府となり参与を務める。家料は180石。子に基愛(正二位勲一等・侍従・宮中顧問官、華族に列され子爵を授る。大正9,11没。70才)がいる。　典：幕末・明治・公辞・遷幸・公補

○東坊城家

菅原家の支流。五条高長の子参議五条長経の次男茂長が、五条家より分かれて東坊城を氏姓とした。代々儒道をもって奉仕し、明治に至り華族に列され子爵を授かる。本姓は菅原。家紋は梅。菩提寺は京都上京区の浄福寺。

典：日名・京都

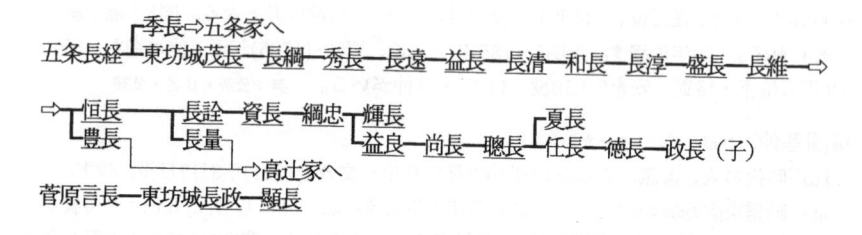

┌季長⇨五条家へ
五条長経┴東坊城茂長━長綱━秀長━長遠━益長━長清━和長━長淳━盛長━長維━⇨

⇨┌恒長━┌長詮━資長━綱忠┌輝長
　└豊長　└長量　　　　　└益良━尚長━聴長┌夏長
　　　　　　　　　　　　　　　　　　　　　└任長━徳長━政長（子）
　　（豊長・長量）⇨高辻家へ

菅原言長━東坊城長政━顯長

東坊城茂長　ひがしぼうじょう・しげなが

鎌倉・南北朝時代の人、非参議。弘安6(1283)年生〜康永2(1343.興国4)年2月2日没。61才。初名＝俊長。東坊城家の祖。

参議五条長経の次男。兄に五条季長がいる。初め茂長と名乗る。父の五条家より分かれて東坊城を氏姓とした。正応3(1290)年文章生となり、同4年殻倉院料を給り、同6年文章得業生となる。永仁2(1294)年因幡権少掾、同4年兵部少輔に任ぜられる。同6年任職を辞す。正安元(1299)年従五位上に叙される。同年茂長と改名。嘉元2(1304)年中務大輔に任ぜられる。延慶2(1309)年従四位下に進む。同年中務大輔を辞す。正和元(1312)年木工頭に任ぜられ従四位上に進み、同2年治部卿に任ぜられ、のちこれと木工頭を辞す。同3年正四位下、元徳2(1330)年従三位、建武4(1337.延元2)年治部卿に任ぜられる。暦応元(1338.延元3)年正三位に進み卿を辞す。子に長綱がいる。　典：公辞・日名・公補

東坊城長綱　ひがしぼうじょう・ながつな

鎌倉・南北朝時代の人、参議。生年不明〜明徳3(1392.元中9)年6月15日没。

非参議東坊城茂長の子。文章生となり、元徳元(1329)年蔵人に任ぜられる。同2年少内記・春宮権少進・弾正忠・左衛門尉、元弘3(1333)年中宮権少進に任ぜられる。建武元(1334)年少内記を辞す。同年西市正・式部丞に任ぜられる。のち西市正・蔵人を辞す。大内記、同3年采女正に任ぜられる。暦応2(1339)年従五位下に進み右衛門佐に任ぜられる。同3年従五位上、康永元(1342)年正五位下に進み再び大内記、同2年東市正に任ぜられる。文和2(1353)年従四位上より正四位下に進み大学頭、同4年文章博士に任ぜられる。延文3(1358.正平13)年従三位に進み刑部卿に任ぜられる。康安元(1361.正平16)年大蔵卿に任

ぜられる。貞治6(1367.正平22)年越中権守に任ぜられる。応安元(1368.正平23)年正三位に進み、同5年越中権守を辞す。同6年従二位に進み、同7年左大弁に任ぜられる。永和元(1375.天授元)周防権守・兵部卿に任ぜられ造東大寺長官となりる。同年左大弁を辞す。同3年式部権大輔に任ぜられる。同年周防権守を辞す。永徳元(1381.弘和元)正二位に進み、同3年参議に任ぜられる。至徳元(1384.元中元)備前権守に任ぜられる。同2年参議を辞す。嘉慶元(1387.元中4)年式部大輔、明徳元(1390.元中7)年豊前権守に任ぜられる。子に秀長がいる。　典：公辞・日名・公補

東坊城秀長　ひがしぼうじょう・ひでなが

南北朝・室町時代の人、参議。暦応元(1338.延元3)年生〜応永18(1411)年8月6日没。74才。

参議東坊城長綱の子。少納言・大学頭・文章博士に任ぜられ、のちに辞す。永徳3(1383.弘和3)年従三位に叙され右大弁に任ぜられたが弁を辞す。康応元(1389.元中6)年正三位に進み、明徳元(1390.元中7)年参議に任ぜられる。同4年土佐権守に任ぜられ従二位に進み、応永元(1394)年式部大輔に任ぜられる。同2年備後権守に任ぜられる。同6年に辞す。同8年因幡権守に任ぜられる。同9年正二位に進み、同13年因幡権守を辞す。同14年参議を辞す。博学で知られ家乗を迎陽記という。子に長遠がいる。　典：公辞・大日・日名・伝日・公補

東坊城長遠　ひがしぼうじょう・ながとお

南北朝・室町時代の人、参議。貞治4(1365.正平20)年生〜応永29(1422)年7月29日没。58才。

参議東坊城秀長の子。少納言・文章博士に任ぜられ、のちこれを辞す。応永18(1411)年従三位に叙される。同19年大蔵卿、同21年右大弁に任ぜられ正三位に進む。同年右大弁を辞す。同24年従二位に進み、同26年参議に任ぜられる。同27年豊前権守より、同28年備中権守に任ぜられる。同29年正二位に進む。子に益長がいる。　典：公辞・日名・公補

東坊城長政　ひがしぼうじょう・ながまさ

室町時代の人、参議。生年不明〜享徳2(1453)年没。

少納言菅原言長朝臣の子。永享10(1438)年従三位に叙される。嘉吉元(1441)年正三位に進み参議に任ぜられる。同2年能登権守に任ぜられる。同年参議を辞す。文安元(1444)年能登権守を辞す。同年従二位に進む。養子に顯長(唐橋家より)がいる。　典：公補

東坊城益長　ひがしぼうじょう・ますなが

室町時代の人、権大納言。応永14(1407)年生〜文明6(1474)年12月18日没。68才。

参議東坊城長遠の子。従四位下に叙され少納言、永享4(1432)年駿河権守に任ぜられる。文安元(1444)年従三位に進み左大弁、同2年山城権守に任ぜられる。同3年左大弁を辞す。同年参議に任ぜられる。宝徳元(1449)年土佐権守に任ぜられ正三位に進み、同3年任職を辞す。享徳元(1452)年権中納言に任ぜられ従二位に進み、康正2(1456)年正二位に進み権大納言に任ぜられ、長禄2(1458)年任職を辞す。子に長清がいる。　典：公辞・日名・公補

東坊城顕長　ひがしぼうじょう・あきなが

室町時代の人、参議。生没年不明。

権大納言唐橋在豊の次男。兄に唐橋在治がいる。参議東坊城長政家の養子となる。応仁元(1467)年従三位に叙される。同2年参議に任ぜられる。文明5(1473)年大蔵卿に任ぜられる。同7年能登権守に任ぜられ正三位に進み参議を辞す。同11年再び参議に任ぜられる。同12年に隠遁するという。　典：公補

東坊城長清　ひがしぼうじょう・ながきよ

室町時代の人、参議。永享10(1438)年生～文明3(1471)年1月4日没。32才。

権大納言東坊城益長の子。康正2(1456)年正五位下に叙される。長禄2(1458)年従四位下に進み少納言に任ぜられる。同3年遠江権守に任ぜられる。寛正2(1461)年従四位上、のち正四位下、応仁元(1467)年従三位に進み、同2年参議に任ぜられる。伊勢国にて没す。子に和長がいる。　典：公辞・日名・公補

東坊城和長　ひがしぼうじょう・かずなが

室町時代の人、権大納言。長禄3(1460)年生～享禄2(1529)年12月20日没。70才。法名=宗鳳。号=栖竹または棲竹。

参議東坊城長清の子。文明8(1476)年穀倉院の学問料を給り、同11年文章得業生となる。同15年叙爵し侍従、同18年少納言に任ぜられ従五位上に進み、同19年文章博士に任ぜられる。長享3(1489)年正五位下、明応元(1492)年従四位下に進み、同2年越中権介に任ぜられる。同3年岐翁紹禎に南坊に就いて戒を受けて法名を宗鳳と称す。同4年従四位上に進み、同5年大内記唐橋在数が殺されたので大内記に任ぜられる。同7年正四位下に進み紹禎に参禅し道を受けて棲竹と号し、同8年大学頭に任ぜられる。同10年従三位に進み、文亀元(1501)年参議に任ぜられる。永正3(1506)年正三位に進み、同4年権中納言に任ぜられる。同6年大蔵卿に任ぜられる。同12年に任職を辞す。同年従二位、同15年正二位に進み、同17年権大納言に任ぜられる。大永2(1522)年氏長者となるも任職を辞す。子に長淳がいる。　典：大日・日名・伝日・公辞・公補

東坊城長淳　ひがしぼうじょう・ながあつ

室町時代の人、権中納言。永正3(1506)年生～天文17(1548)年3月23日没。43才。

権大納言東坊城和長の次男。永正9(1512)年燈燭料学生となる。同18年従五位下に叙され侍従、大永2(1522)年近江介に任ぜられる。同3年従五位上に進み侍従を辞す。同年少納言に任ぜられる。同6年正五位下、享禄2(1529)年従四位下に進み、同4年大内記に任ぜられ従四位上に進み、同5年大内記を辞す。天文4(1535)年正四位下に進み、同5年少納言を辞す。同年式部大輔に任ぜられる。同6年従三位に進み、同7年大学頭・山城権守・左大弁に任ぜられる。同年式部大輔・大学頭を辞す。同年参議に任ぜられる。同10年正三位に進み越前国(九州の筑紫か)に下向し、同11年上洛。同12年権中納言に任ぜられる。同13年に辞す。同年大蔵卿に任ぜられる。同14年従二位に進み、同16年九州に下向。長門国の赤間関にて頓死する。養子に盛長がいる。　典：大日・日名・伝日・公辞・公補

東坊城盛長　ひがしぼうじょう・もりなが

室町・安土桃山・江戸時代の人、権中納言。天文7(1538)年生～慶長12(1607)年12月23日没。70才。初名=為治。

典：公辞・日名・公補

東坊城長維　ひがしぼうじょう・ながこれ

安土桃山・江戸時代の人、権大納言。文禄3(1594)年4月14日生～万治2(1659)年3月13日没。66才。法名=秀雲。

権中納言五条為経の子。権中納言東坊城盛長の養子となる。慶長3(1598)年殼倉院の学問料を給る。同10年元服し文章得業生となる。同14年叙爵し、同15年大内記、同16年少納言・侍従に任ぜられ従五位上、元和2(1616)年正五位下、同5年従四位下、同8年従四位上、寛永4(1627)年正四位下に進み、同5年大内記を辞す。同8年従三位に進み、同10年式部大輔、同12年参議、同16年権中納言に任ぜられる、正三位に進み、同17年従二位に進む。同19年に権中納言を辞す。正保2(1645)年権大納言に任ぜられ、慶安元(1648)年に辞す。同2年正二位に進む。子に恒長・高辻豊長がいる。　典：公辞・日名・公補

東坊城恒長　ひがしぼうじょう・つねなが

江戸時代の人、権大納言。元和7(1621)年12月18日生～元禄13(1700)年10月12日没。80才。初名=知長。

権大納言東坊城長維の子。母は権大納言唐橋総光の娘。初め知長と名乗る。寛永2(1625)年殼倉院の学問料を給る。同8年元服し文章得業生となり従五位下に叙され侍従に任ぜられる。同10年従五位上、同14年正五位下に進み大内記、同16年少納言に任ぜられる。同18年従四位下に進み、同19年文章博士に任ぜられる。同年大内記を辞す。同21年従四位上、慶安元(1648)年正四位下、承応3(1654)年従三位、万治元(1658)年正三位に進み参議に任ぜられる。寛文元(1661)年式部大輔に任ぜられる。同2年権中納言に任ぜられる。同5年踏歌外弁となり、権中納言を辞す。同8年従二位、延宝元(1673)年正二位に進み、同2年権大納言に任ぜられるも辞す。同4年恒長と改名。子に長詮・高辻長量がいる。　典：公辞・日名・公補

東坊城長詮　ひがしぼうじょう・ながあき

江戸時代の人、権大納言。正保3(1646)年12月16日生～正徳元(1711)年3月11日没。66才。一字名=長・全。

権大納言東坊城恒長の子。兄弟に高辻長量がいる。寛文3(1663)年殼倉院の学問料を給る。同年元服し文章得業生となる。同4年侍従に任ぜられ従五位下、同6年従五位上に進み、同7年文章博士に任ぜられる。同9年正五位下、同12年従四位下に進み式部少輔に任ぜられる。延宝2(1674)年少納言・侍従に任ぜられる。同3年従四位上に進み、同6年大内記に任ぜられる。同7年正四位下、天和3(1683)年従三位に進み任職を辞す。同年式部権大輔に任ぜられる。貞享元(1684)年参議に任ぜられる。同3年踏歌外弁となる。元禄元(1688)年正三位に進み権中納言に任ぜられる。同8年に辞す。同年従二位に進み、同15年

式部大輔に任ぜられる。宝永2(1705)年正二位に進み、同7年権大納言に任ぜられるも辞す。子に資長がいる。 典：公辞・日名・公補

東坊城資長 ひがしぼうじょう・すけなが

江戸時代の人、権中納言。延宝7(1679)年6月4日生～享保9(1724)年12月25日没。46才。

権大納言東坊城長詮の子。元禄6(1693)年穀倉院の学問料を給る。同10年元服し文章得業生となる。同13年従五位下に叙され侍従・大内記に任ぜられる。同15年従五位上に進み文章博士に任ぜられる。宝永2(1705)年正五位下に進み、同3年任職を辞す。同年少納言に任ぜられる。同4年従四位下に進み、同5年東宮学士に任ぜられる。同年大内記を辞す。同6年東宮学士を辞す。同7年従四位上に進み、正徳3(1713)年文章博士・少納言を辞す。同年大学頭に任ぜられ正四位下、享保元(1716)年従三位、同4年正三位に進み、同6年式部大輔に任ぜられる。同7年参議に任ぜられるも辞す。同9年権中納言に任ぜられ辞す。子に綱忠がいる。 典：公辞・日名・公補

東坊城綱忠 ひがしぼうじょう・つなただ

江戸時代の人、権大納言。宝永3(1706)年10月25日生～天明元(1781)年6月26日没。76才。初名=長誠。

権中納言東坊城資長の子。母は権大納言池尻勝房の娘。初め長誠と名乗る。正徳元(1711)年穀倉院の学問料を給る。享保5(1720)年元服し文章得業生となる。同6年従五位下に進み侍従に任ぜられる。同8年従五位上、同10年正五位下に進み大内記に任ぜられる。同12年従四位下に進み、同13年東宮学士・文章博士に任ぜられる。同14年これらと侍従を辞す。同年少納言に任ぜられる。同15年従四位上、同18年正四位下、元文元(1736)年従三位に進み大学頭に任ぜられる。同3年参議に任ぜられる。同5年正三位に進み、延享元(1744)年参議を辞す。同2年従二位に進み、寛延3(1750)年式部権大輔に任ぜられる。宝暦2(1752)年権中納言に任ぜられるも辞す。同3年式部大輔に任ぜられ正二位に進み、同8年権大納言に任ぜられる。同年綱忠と改名。同9年権大納言を辞す。明和2(1765)年式部大輔を辞す。子に輝長、養子に益良(広橋家より)がいる。 典：公辞・日名・公補

東坊城輝長 ひがしぼうじょう・てるなが

江戸時代の人、非参議。元文元(1736)年8月11日生～明和元(1764)年10月23日没。29才。

権大納言東坊城綱忠の子。延享元(1744)年穀倉院の学問料を賜る。同3年元服し文章得業生となる。寛延元(1748)年侍従に任ぜられ従五位下、同3年従五位上に任ぜられる。宝暦2(1752)年紀伊権介に任ぜられる。同3年正五位下に進み、同4年任職を辞す。同年大学頭に任ぜられる。同6年従四位下に進み、文章博士に任ぜられる。同9年従四位上に進み、同10年任職を辞す。同年少納言に任ぜられる。同12年正四位下に進み、同13年大内記に任ぜられる。明和元(1764)年任職を辞す。同年従三位に進む。 典：公辞・日名・公補

東坊城益良 ひがしぼうじょう・ますよし

江戸時代の人、非参議。延享4(1747)年3月10日生～寛政3(1791)年12月20日没。45才。初名=保資。

准大臣広橋勝胤の次男。母は隼人正藤原正幸の娘。兄は広橋伊光がいる。初め保資と名乗る。宝暦元(1751)年従五位下に叙される。明和2(1765)年非参議東坊城輝長と非参議五辻広仲の娘の養子となり位記を返上し、殼倉院の学問料を賜り元服し文章得業生となり益良と改名。改めて従五位下に叙され侍従・文章博士に任ぜられる。同4年従五位上に進み、同5年東宮学士に任ぜられる。同6年正五位下に進み、同7年東宮学士を辞す。同年大内記に任ぜられる。同8年従四位下、安永3(1774)年従四位上に進み、同4年少納言に任ぜられ任職を辞す。同5年正四位下、同7年従三位に進み勘解由長官に任ぜられる。天明元(1781)年正三位に進み、同5年右大弁に任ぜられ踏歌外弁となる。同6年式部大輔に任ぜられる。子に尚長がいる。　典：公辞・日名・公補

東坊城尚長　ひがしぼうじょう・なおなが

江戸時代の人、非参議。安永7(1778)年10月22日生～文化2(1805)年閏8月22月没。28才。

非参議東坊城益良の子。母は権大納言小倉宜季の娘。天明2(1782)年殼倉院の学問料を賜り、同7年元服し文章得業生となる。寛政元(1789)年従五位下に叙され大学頭、同3年侍従に任ぜられる。同4年従五位上に進み、同6年任職を辞す。同年少納言に任ぜられる。同7年正五位下、同8年従四位下に進み、同10年大内記に任ぜられる。同11年従四位上に進み、享和元(1801)年任職を辞す。同年文章博士に任ぜられる。同2年正四位下、文化元(1804)年従三位に進む。養子に聴長(五条家より)がいる。　典：公辞・公補

東坊城聴長　ひがしぼうじょう・ときなが

江戸時代の人、権大納言。寛政11(1799)年12月26日生～文久元(1861)年11月9日没。63才。

権大納言五条為徳の末子。兄に五条為貴がいる。文化2(1805)年非参議東坊城尚長家の家督養子となり殼倉院の学問料を賜る。同4年元服し文章得業生となり従五位下に進み、同6年東宮学士に任ぜられる。同7年従五位上に進み、同8年大内記に任ぜられる。同9年正五位下、同11年従四位下に進み、同12年任職を辞す。同年侍従、同13年文章博士に任ぜられる。同14年従四位上に進み侍従を辞す。文政元(1818)年少納言に任ぜられる。同3年正四位下に進み、同5年少納言を辞す。同年従三位に進み、同7年勘解由長官に任ぜられる。同8年正三位に進み、同10年文章博士を辞す。同年踏歌外弁となる。同11年右大弁に任ぜられる。弘化2(1845)年参議に任ぜられる。同3年従二位に進み東照宮奉幣使となる。更に嘉永元(1848)年権中納言に任ぜられる。同4年権大納言に任ぜられるも辞す。安政元(1854)年武家伝奏に任ぜられる。同4年正二位に進み、同5年に起きた安政の事件(飛鳥井雅典の項参照)の八十八廷臣の許しを願ったが果たせず伝奏を辞す。同6年に61才で蟄居させられる。文久元(1861)年に蟄居を許される。子に夏長、養子に任長がいる。　典：幕末・明治・公辞・日名・公補

○氷上家

第40代
天武天皇─┬高市皇子
　　　　　├穂積親王
　　　　　├舎人親王
　　　　　├長　親王
　　　　　├新田部親王─氷上塩焼（塩焼王）
　　　　　└刑部親王

氷上塩焼　ひがみの・しおやき

奈良時代の人、中納言。霊亀元(715)年生～天平宝字8(764)年9月10日没。50才。初名＝塩焼王。姓(かばね)＝真人。

第40代天武天皇の孫。新田部親王の子。天平宝字元(757)年従三位に叙され氷上真人を賜り氷上塩焼と名乗る。同3年参議に任ぜられる。同6年中納言に任ぜられ更に鎮国驍騎将軍・美濃飛驒信濃按察使・美作守に任ぜられる。同8年式部卿に任ぜられる。　典：古代・日名・公補

○樋口家

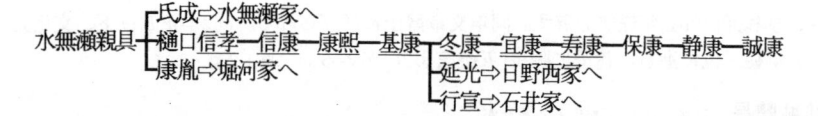

水無瀬親具─┬氏成⇨水無瀬家へ
　　　　　　├樋口信孝─信康─康熙─基康─┬冬康─宜康─寿康─保康─静康─誠康
　　　　　　└康胤⇨堀河家へ　　　　　　├延光⇨日野西家へ
　　　　　　　　　　　　　　　　　　　　└行宣⇨石井家へ

高倉家・水無瀬家の支流。左中将水無瀬親具朝臣(高倉永家の三男)の次男信孝が、高倉・水無瀬家より分かれて樋口を氏姓とした。本姓は藤原。家紋は竜胆(りんどう)。菩提寺は京都北区紫野大徳寺町の竜光院。

典：日名・京四

樋口信孝　ひぐち・のぶたか

江戸時代の人、参議。慶長4(1599)年12月24日生～万治元(1658)年7月20日没。60才。一字名＝平。樋口家の祖。

右兵衛督水無瀬親具(高倉永家の三男・水無瀬家を相続)の次男。父の水無瀬家より分かれて樋口を氏姓とする。慶長17(1612)年叙爵。元和元(1615)年元服し従五位上に侍従、同2年右少将に任ぜられる。同4年正五位下、同9年従五位下に進み、寛永3(1626)年右中将に任ぜられる。同5年従四位上、同14年従三位、同19年正三位、承応元(1652)年従二位に進み、万治元(1658)年参議に任ぜられるも辞す。子に信康がいる。　典：大日・日名・公辞・公補

樋口信康　ひぐち・のぶやす

江戸時代の人、権中納言。元和9(1623)年11月10日生～元禄4(1691)年6月21日没。69才。一字名＝木。

参議樋口信孝の子。母は内大臣広橋兼勝の娘。寛永6(1629)年従五位下、同11年従五位上に進み、同14年右少将に任ぜられる。同15年正五位下、同19年従四位下、正保3(1646)

年従四位上に進み右中将に任ぜられる。慶安3(1650)年正四位下、明暦3(1657)年従三位、寛文3(1663)年正三位、延宝3(1675)年従二位に進み、貞享元(1684)年参議に任ぜられるも辞す。同4年権中納言に任ぜられるも辞す。子に康熈がいる。　典：公辞・日名・公補

樋口康熈　ひぐち・やすひろ

江戸時代の人、非参議。延宝5(1677)年11月30日生～享保8(1723)年6月5日没。47才。初名=永康。

権中納言樋口信康の三男。初め永康と名乗る。天和元(1681)年叙爵。貞享4(1687)年元服し従五位上に進み侍従に任ぜられる。元禄4(1691)年正五位下に進み右兵衛佐に任ぜられる。同6年康熈と改名。同8年従四位下、同12年従四位上、同16年正四位下、宝永4(1707)年従三位、正徳3(1713)年正三位に進む。子に基康がいる。　典：公辞・日名・公補

樋口基康　ひぐち・もとやす

江戸時代の人、権大納言。宝永3(1706)年7月11日生～安永9(1780)年6月27日没。75才。

非参議樋口康熈の子。宝永7(1710)年叙爵。享保元(1716)年元服し従五位上に進み侍従に任ぜられる。同5年正五位下に進み、同7年右兵衛佐に任ぜられる。同9年従四位下、同13年従四位上に進み、同16年中務大輔に任ぜられる。同17年正四位下、寛保2(1742)年正三位に進み、延享4(1747)年宮内卿に任ぜられる。寛延元(1748)年踏歌外弁となる。宝暦10(1760)年従二位に進み参議に任ぜられるも辞す。明和5(1768)年権中納言に任ぜられるも辞す。同6年正二位に進み、安永4(1775)年権大納言に任ぜられるも辞す。子に冬康・日野延光・石井行宣がいる。　典：公辞・日名・公補

樋口冬康　ひぐち・ふゆやす

江戸時代の人、非参議。享保12(1727)年12月15日生～明和5(1768)年12月28日没。42才。初名=方康。

権大納言樋口基康の子。弟に日野延光・石井行宣がいる。享保16(1731)年叙爵。同年冬康と改名。元文5(1740)年元服し従五位上に進み刑部権少輔より、寛保3(1743)年刑部少輔に任ぜられる。延享元(1744)年正五位下、寛延元(1748)年従四位下に進み、同2年中務少輔に任ぜられる。宝暦2(1752)年従四位上、同6年正四位下、同10年従三位に進み、同12年治部卿に任ぜられる。明和元(1764)年正三位に進み、同2年踏歌外弁となる。同5年に治部卿を辞す。子に宜康がいる。　典：公辞・日名・公補

樋口宜康　ひぐち・よしやす

江戸時代の人、権中納言。宝暦4(1754)年5月19日生～文政5(1822)年3月23日没。69才。

非参議樋口冬康の次男。宝暦8(1758)年叙爵。明和4(1767)年元服し従五位上に進み中務権少輔に任ぜられる。同7年正五位下に進み春宮少進に任ぜられたが辞す。安永元(1772)年中務少輔にに任ぜられる。同2年従四位下、同5年従四位上に進み、同6年中務大輔に任ぜられる。同9年正四位下、天明2(1782)年従三位に進み、同3年弾正大弼に任ぜられ踏歌外弁となる。同6年正三位に進み、享和3(1803)年参議に任ぜられるも辞す。同年従二位に進む。文化10(1813)年権中納言に任ぜられるも辞す。同11年正二位に進む。子に寿康がいる。　典：公辞・日名・公補

樋口寿康 ひぐち・ひさやす

江戸時代の人、非参議。寛政2(1790)年3月11日生〜天保10(1839)年5月1日没。50才。

権中納言樋口宣康の子。母は権大納言姉小路公聰の娘。寛政4(1792)年従五位下に叙される。同9年元服し従五位上に進み、同11年大蔵権大輔に任ぜられる。享和元(1801)年正五位下、文化2(1805)年従四位下、同6年従四位上、同10年正四位下に進み侍従に任ぜられる。同13年従三位、文政3(1820)年正三位に進み、同7年太宰大弐に任ぜられる。同9年踏歌外弁となる。天保7(1836)年大宰大弐を辞す。子に保康(正四位下・右馬権頭、号=観生、明治元,5没。65才、子は静康)がいる。　典：公辞・日名・公補

樋口静康 ひぐち・きよやす

江戸・明治時代の人、非参議。天保6(1835)年3月16日生〜明治7(1874)年5月没。40才。

右馬権頭樋口保康朝臣(号=観生、明治元,5没。65才)の子。母は権大納言高倉永雅の娘。弘化2(1845)年従五位下に叙される。嘉永元(1848)年元服し、同2年従五位上、同5年正五位下に進み、安政2(1855)年伊予権守に任ぜられる。同3年従四位下に進み、同4年右馬権頭に任ぜられる。万延元(1860)年従四位上、文久3(1863)年正四位下、慶応2(1866)年従三位に進む。家料は二百石。子に誠康がいる。　典：公辞・公補

◯日野家

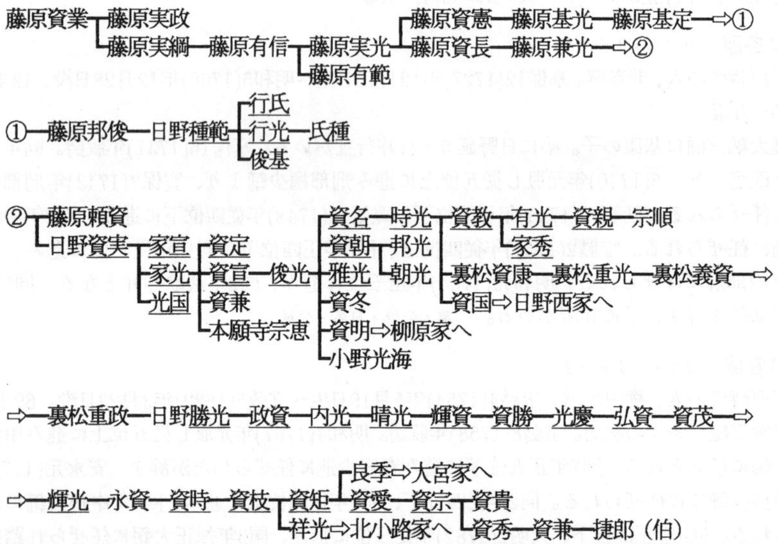

藤原鎌足の孫房前(北家)の曾孫真夏の裔。藤原真夏の孫家宗が山城国宇治郡日野に法界寺を創建し、その五世の孫資業が法界寺境内に薬師堂を創建し日野と号した。権中納

言藤原兼光の子資実、のち藤原邦俊朝臣の子種範に至り土地名と古を偲び日野を氏姓とした。日野種範系は衰えるが、日野資実系は儒道・歌道にて奉仕し、室町時代の足利将軍の正室は日野家より迎えた。明治に至り華族に列され伯爵を授かる。本姓は藤原。家紋は鶴の丸。菩提寺は京都伏見区日野西大道町の法界寺。支流家は広橋・烏丸・柳原・竹屋・日野西家など10家以上が分家している。

典：京都・日名

日野資実　ひの・すけざね

平安・鎌倉時代の人、権中納言。応保2(1162)年生～貞応2(1223)年2月20日没。62才。日野家の祖。

権中納言藤原兼光の長男。母は上野守家時の娘。弟に藤原頼資がいる。土地名と古を偲び日野を氏姓とした。承安2(1172)年学問料を賜る。同5年越後大掾、治承元(1177)年左衛門少尉、同2年蔵人に任ぜられる。同3年叙爵。寿永元(1182)年皇后宮少進より、同2年権大進に任ぜられる。元暦元(1184)年従五位上に進み、文治3(1187)年皇后宮権大進を辞す。同4年正五位下に進み宮内大輔、建久元(1190)年左衛門権佐に任ぜられ防賀茂川使となり右少弁に任ぜられ蔵人・左衛門権佐を辞す。同4年賀茂川使を辞す。同5年左少弁より、同6年右中弁に任ぜられ従四位下に進み、同7年修理右宮城使となり、同9年院別当・近江権介・右大弁に任ぜられ従四位上より正四位下に進み、正治元(1199)年参議に任ぜられ左大弁に任ぜられる。建仁2(1202)年従三位に進み勘解由長官・造東大寺長官となる。同3年正三位に進み、元久元(1204)年権中納言に任ぜられる。建永元(1206)年従二位に進み、承元3(1209)年皇后宮権大夫に任ぜられる。同4年皇后宮権大夫を辞す。同年正二位に進み、建暦元(1211)年権中納言を辞す。同年大宰権帥に任ぜられる。建保5(1217)年権帥を辞す。承久2(1220)年59才で出家。子に家宣・家光・光国がいる。　典：公辞・公補

日野家宣　ひの・いえのぶ

鎌倉時代の人、参議。文治元(1185)年生～貞応元(1222)年10月27日没。38才。

権中納言日野資実の長男。母は八条院女房播磨局。弟に家光・光国がいる。建久9(1198)年穀倉院の学問料を給る。正治3(1201)年文章得業生となる。建仁2(1202)年但馬少掾、同3年蔵人・右衛門尉に任ぜられ叙爵。元久元(1204)年兵部権大輔に任ぜられ従五位上に進み、承元元(1207)年武蔵権介に任ぜられ正五位下に進み、建暦元(1211)年右少弁より左少弁に任ぜられる。建保元(1213)年正五位上に進み、同2年権右中弁に任ぜられる。同3年従四位下に進み、同6年右中弁・右宮城使に任ぜられる。承久元(1219)年従四位上より正四位下に進み左中弁より、同2年左大弁に任ぜられる。同3年従三位に進み長門権守に任ぜられ更に参議に任ぜられ氏院別当となる。貞応元(1222)年出家。　典：公補

日野家光　ひの・いえみつ

鎌倉時代の人、権中納言。正治元(1199)年生～嘉禎2(1236)年12月14日没。38才。法名＝光寂。

権中納言日野資実の三男。母は右中弁平棟範と娘。兄に家宣、弟に光国がいる。元久2(1204)年文章生となる。承元4(1210)年越中大掾、建暦元(1211)年右衛門尉、同2年蔵人

に任ぜられる。建保元(1213)年従五位下に叙され宮内権大輔に任ぜられる。同3年従五位上に進み、同5年蔵人・宮内権大輔を辞す。同年大隅守、同6年学士に任ぜられる。承久元(1219)年大隅守を辞す。同年再び蔵人に任ぜられる。同2年正五位下に進み、同3年学士を辞す。同年右少弁より、貞応元(1222)年左少弁更に権右中弁より、同3年右中弁・右宮城使に任ぜられ従四位上に進み蔵人頭・左中弁に任ぜられる。嘉禄元(1225)年参議に任ぜられ左大弁に任ぜられる。同2年丹波権守・造東大寺長官に任ぜられ正四位下より従三位に進み、寛喜2(1230)年勘解由長官・周防権守に任ぜられる。同3年正三位に進み権中納言に任ぜられる。嘉禎元(1235)年病気の為に辞す。同2年従二位に進む。のち出家。子に資定・資宣・資兼(正五位下・少納言)、養子は本願寺宗恵(左衛門佐信網の子。法印権僧都)がいる。　典：公辞・公補

日野資定　ひの・すけさだ

鎌倉時代の人、非参議。生没年不明。

権中納言日野資実の長男。弟に資宣・資兼(正五位下・少納言)がいる。宮内大輔・右中弁を辞す。正嘉2(1258)年従三位に叙されるも出家。　典：公辞・公補

日野光国　ひの・みつくに

鎌倉時代の人、非参議。建永元(1206)年生～文永7(1270)年10月13日没。65才。

権中納言日野資実の四男。母は従三位平棟子。兄に家宣・家光がいる。貞応3(1224)年勧学院の学問料を給る。嘉禄元(1225)年文章得業生となる。同2年因幡権守、安貞元(1227)年右衛門尉に任ぜられ叙爵し、同2年佐渡守、寛喜2(1230)年中宮少進より中宮権大進に任ぜられる。同4年従五位上に叙される。貞永2(1233)年中宮権大進を辞す。嘉禎3(1237)年正五位下に進み、寛元元(1243)年美作守・春宮権大進、同3年蔵人、同4年民部大輔、建長4(1252)年権左少弁より、同6年右中弁・右宮城使に任ぜられ従四位下に進み、同7年従四位上、康元元(1256)年正四位下に進み、正嘉元(1257)年左中弁・勧学院別当、同2年東宮学士・左宮城使、弘長元(1261)年左大弁に任ぜられる。同6年東宮学士・左大弁を辞す。同年蔵人頭、同3年大蔵卿に任ぜられる。文永元(1264)年従三位に進み、同2年越後権守に任ぜられる。同6年に辞す。　典：公辞・公補

日野資宣　ひの・すけのぶ

鎌倉時代の人、権中納言。元仁元(1224)年生～正応5(1292)年4月7日没。69才。

権中納言日野家光の次男。母は正四位下忠綱朝臣の娘。兄に資定、弟に資兼(正五位下・少納言)がいる。天福2(1234)年学問料を給る。嘉禎3(1237)年文章得業生となる。同4年加賀権掾、延応元(1239)年修理権亮に任ぜられ叙爵。仁治元(1240)年治部権大輔に任ぜられ従五位上に進み、寛元元(1243)年中宮権大進に任ぜられる。同3年正五位下に進み、同4年治部権大輔、建長6(1254)年中宮権大進を辞す。同年蔵人・宮内大輔、正嘉2(1258)年春宮大進に任ぜられる。弘長元(1261)年任職を辞す。同年右少弁より、同2年権右中弁・皇后宮亮に任ぜられ従四位下に進み、文永元(1264)年従四位上に進み、同2年右中弁・右宮城使に任ぜられる。同年皇后宮亮を辞す。同4年正四位下に進み、同5年左中弁・蔵人頭、同6年長門権守・左宮城使、同7年左大弁・造東大寺長官に任ぜられ正四位上に進み、同8年

参議に任ぜられ従三位に進む。同10年美作権守に任ぜられる。同11年正三位に進み権中納言に任ぜられ、建治3(1277)年に辞す。同年従二位、弘安6(1283)年正二位に進む。同8年兵部卿より民部卿に任ぜられる。正応5(1292)年出家。子に俊光がいる。　典：公辞・公補

日野俊光　ひの・としみつ

鎌倉時代の人、権大納言。文応元(1260)年生～嘉暦元(1326)年5月15日没。67才。

権中納言日野資宣の子。母は賀茂神主竜継の娘。文永9(1272)年叙爵し宮内権大輔に任ぜられる。同10年従五位上に進み、建治2(1276)年春宮権大進に任ぜられる。同3年正五位下に進み、弘安6(1283)年右権佐、同10年文章博士・蔵人に任ぜられる。同11年文章博士を辞す。同年越中介・中宮大進より、正応2(1289)年春宮大進・右少弁に任ぜられ蔵人・右権佐を辞す。同3年正五位上に進み左少弁より右中弁に任ぜられ従四位下、同4年従四位上より正四位下に進み右宮城使・左中弁より、同6年右大弁・蔵人頭、更に永仁2(1294)年左大弁に任ぜられ造東大寺長官となり正四位上に進み、同3年参議に任ぜられ従三位に進む。同4年修理大夫に任ぜられる。同5年正三位に進み権中納言に任ぜられる。正安元(1299)年修理大夫を辞す。同年右兵衛督・使別当に任ぜられ従二位に進み、同2年右兵衛督・使別当を辞す。同3年権中納言を辞す。延慶2(1309)年正二位に進む。正和4(1315)年治部卿・大宰権帥に任ぜられたが勅勘に触れて籠居しこれらを辞す。同5年按察使に任ぜられる。文保元(1317)年権大納言に任ぜられるも辞す。元亨3(1323)年兵部卿に任ぜられる。正中元(1324)年卿を辞す。同2年関東に下向し翌年に同地にて没す。子に資名・資朝・雅光・資冬・柳原資明・小野光海がいる。　典：日名・公辞・伝日・公補

日野資名　ひの・すけな

鎌倉・南北朝時代の人、権大納言。弘安10(1287)年生～暦応元(1338.延元3)年5月2日没。52才。号＝日野烏丸。

権大納言日野俊光の長男。母は非参議阿野公寛の娘。弟に資朝・雅光・資冬・柳原資明・小野光海がいる。永仁4(1296)年叙爵し左兵衛佐に任ぜられる。同5年従五位上、同7年正五位下に進み、嘉元2(1304)年春宮権大進に任ぜられる。徳治2(1307)年左兵衛佐を辞す。延慶2(1309)年右衛門権佐・蔵人、同3年文章博士・右少弁に任ぜられる。同4年蔵人・右衛門権佐・文章博士を辞す。同年正五位上に進み越中権介に任ぜられる。正和元(1312)年左少弁より、同2年権右中弁に任ぜられ従四位上、同3年正四位下に進み右中弁より左中弁・右宮城使より左宮城使、同4年右大弁より左大弁・蔵人頭・造東大寺長官に任ぜられ正四位上、同4年参議に任ぜられる。同5年従三位に進み、文保元(1317)年左大弁を辞す。同年越中権守・左兵衛督より右衛門督に任ぜられ更に権中納言に任ぜられる。同2年任職を辞す。同年正三位、元亨元(1321)年従二位に進み、嘉暦元(1326)年父俊光が関東にて没したので関東に下向。元徳2(1330)年正二位に進み治部卿に任ぜられ、元弘元(1331)年卿を辞す。同年按察使に任ぜられる。正慶元(1332.元弘2)年権大納言に任ぜられる。同2年江州の馬場宿にて47才で出家。子に時光がいる。　典：大日・日名・公辞・伝日・公補

日野種範　ひの・たねのり

鎌倉時代の人、非参議。生没年不明～元亨元(1321)年没。

正四位下・大学頭藤原邦行朝臣の子。徳治2(1307)年正四位下に叙される。正和3(1314)年刑部卿に任ぜられる。文保2(1318)年従三位に進み、元応2(1320)年治部卿に任ぜられる。子に行氏・行光・俊基がいる。　典：公補

日野資朝　ひの・すけとも

鎌倉時代の人、権中納言。正応3(1290)年生〜正慶元(1332.元弘2)年6月2日没。42才。

権大納言日野俊光の次男。兄に資名、弟に雅光・資冬・柳原資明・小野光海がいる。元応2(1320)年蔵人頭に任ぜられる。正四位下に叙される。元亨元(1321)年参議に任ぜられる。同2年左兵衛督・文章博士・山城権守に任ぜられ正四位上に進み博士を辞す。同3年従三位に進み使別当に任ぜられるも辞す。同年勅使として北条高時を討たんとし日野俊基と共に捕らえられ鎌倉に送られる。正中元(1324)年権中納言に任ぜられるも翌年に佐渡国に配流され、元弘2(1332)年高時の命により佐渡守本間泰宣に殺される。明治17年従二位を贈る。吉野神宮摂社の御影神社に祀られる。子の邦光(幼名=阿若丸、吉野朝の中納言、大正4年正三位を賜る)が13才で復讐する。子に朝光もいる。　典：大日・京都・日名・伝日・古今・公辞・公補

日野行氏　ひの・ゆきうじ

鎌倉・南北朝時代の人、非参議。生年不明〜暦応3(1340)年2月22日没。初名=行範。前名=邦氏。

非参議日野種範の子。弟に行光・俊基がいる。初め行範と名乗り、のち邦氏ついで行氏と改名。永仁4(1296)年殻倉院料を給る。正安元(1299)年得業生となる。同3年宮内少丞・左近衛将監に任ぜられ従五位下に叙される。徳治2(1307)年従五位上に進み、同3年大内記に任ぜられる。延慶4(1311)年正五位下に進み長門介に任ぜられる。正和4(1315)年従四位下に進む。同年大内記を辞す。文保2(1318)年大学頭に任ぜられる。同3年従四位上に進み、元応2(1320)年讃岐介に任ぜられる。元亨元(1321)年大学頭を辞す。同2年文章博士、正中2(1325)年備前権介に任ぜられる。嘉暦3(1328)年正四位下に進み左京大夫、元徳元(1329)年東宮学士に任ぜられる。元弘元(1331)年従三位に進み、建武元(1334)年式部権大輔・丹波権守に任ぜられる。同2年丹波権守を辞す。暦応元(1338)年式部権大輔を辞す。同3年正三位に進む。　典：公補

日野時光　ひの・ときみつ

南北朝時代の人、権大納言。嘉暦3(1328)年生〜貞治6(1367.正平22)年9月25日没。40才。

権大納言日野資名の三男。蔵人頭・左中弁に任ぜられ正四位上に叙される。延文3(1358.正平13)年参議に任ぜられ右大弁に任ぜられる。同4年従三位に進み左大弁・越前権守・右衛門督・使別当に任ぜられる。同5年権中納言に任ぜられる。康安元(1361.正平16)年左衛門督に任ぜられる。同年使別当を辞す。貞治元(1362.正平17)年左衛門督を辞す。同3年正三位に進み、同6年権中納言を辞す。同年権大納言に任ぜられる。子に資康・資教・日野西資任がいる。　典：公辞・公補

日野行光　ひの・ゆくみつ

南北朝時代の人、非参議。生没年不明。初名=光種。前名=高光。

非参議日野種範の次男。兄に行氏、弟に俊基がいる。初め光種と名乗り、のち高光、ついで行光と改名。正中3(1326)年従五位下に叙される。嘉暦元(1326)年大内記、同3年長門介に任ぜられる。元徳2(1330)年従五位上、建武3(1336)年大内記・長門介を辞す。同年正五位下、暦応2(1339)年従四位下、延文3(1358.正平13)年従三位に進み、同5年式部権大輔、康安元(1361.正平16)年下総権守に任ぜられる。貞治5(1366.正平21)年権守を辞す。応安元(1368.正平23)年正三位、同5年従二位に進み、同7年出家。子に氏種がいる。　典：公補

日野氏種　ひの・うじたね

南北朝時代の人、非参議。元徳元(1329)年生～至徳2(1385.元中2)年2月24日没。57才。

非参議日野行光の子。文章博士を辞す。永和3(1377.天授3)年従三位に叙される。康暦元(1379.天授5)年大蔵卿に任ぜられる。　典：公補

日野雅光　ひの・まさみつ

南北朝時代の人、非参議。生没年不明。

権大納言日野俊光の子。兄に資名・資朝、弟に資冬・柳原資明・小野光海がいる。従五位下に叙される。元亨3(1323)年従五位上、元徳2(1330)年正五位下、康永元(1342)年従四位下に進み、貞和4(1348)年木工頭を辞す。同年従四位上に進む。のち宮内卿に任ぜられ、文和3(1354)年に辞す。同年正四位下、延文3(1358.正平13)年従三位に進む。のち出家。　典：公補

日野資教　ひの・すけのり

南北朝・室町時代の人、権大納言。延文元(1356.正平11)年生～正長元(1428)年4月29日没。73才。法名=性光。

権中納言日野時光の次男。兄に資康、弟に日野西資国がいる。蔵人頭・大弁に任ぜられ正四位下に叙される。永和4(1378.天授4)年参議に任ぜられる。康暦元(1379.天授5)年従三位に進み使別当・右衛門督より、同2年左衛門督に任ぜられる。永徳元(1381.弘和元)権中納言に任ぜられ正三位に進み、同2年使別当・左衛門督を辞す。同3年従二位、明徳2(1391.元中9)年正二位に進み、同3年権大納言に任ぜられ、応永9(1402)年に辞す。同12年従一位に進むも50才で出家。子に有光・家秀がいる。　典：公辞・公補

日野有光　ひの・ありみつ

南北朝・室町時代の人、権大納言。嘉慶元(1387.元中4)年生～嘉吉3(1443)年9月没。57才。法名=祐光。

権大納言日野資教の子。蔵人頭に任ぜられ正四位上に叙される。応永18(1411)年参議に任ぜられ左大弁に任ぜられる。同20年美作権守に任ぜられる。同年参議を辞す。同年権中納言に任ぜられる。同21年正三位に進み、同22年右衛門督・使別当に任ぜられる。同23年に辞す。同24年従二位に進み院執権となる。同28年権大納言に任ぜられる。同31年正二位、同32年従一位に進むも権大納言を辞す。同年出家。嘉吉3(1443)年吉野朝の皇

族尊秀王に奉じ、南朝の皇統復帰を謀り兵を挙げ神器を奪い比叡山に登るも、延暦寺僧に殺され首は京都に送られる。子の資親は捕らえられ京都九条の高倉にて処刑される。
典：大日・日名・伝日・公辞・公補

日野家秀　ひの・いえひで

室町時代の人、権大納言。応永8(1401)年生～永享4(1432)年6月1日没。32才。初名=秀光。

権大納言日野資教の子。兄に有光がいる。初め秀光と名乗る。紀伊権守・蔵人頭に任ぜられ正四位上に叙される。応永32(1425)年参議に任ぜられ左大弁に任ぜられる。同33年讃岐権守に任ぜられる。正長元(1428)年従三位に進み権中納言に任ぜられる。永享2(1430)年院執権・非違使別当・左衛門督に任ぜられる。同3年家秀と改名。同年非違使別当・左衛門督を辞す。同4年権大納言に任ぜられる。　典：公補

日野資親　ひの・すけちか

室町時代の人、参議。生年不明～嘉吉3(1443)年9月28日没。

権大納言日野有光の子。蔵人頭に任ぜられ正四位上に叙される。永享10(1438)年参議に任ぜられ右大弁に任ぜられる。同11年美作権守に任ぜられる。同12年従三位に進むも、嘉吉3(1443)年父が吉野朝の皇族尊秀王に奉じたので連座して捕らえられ、資親は遠流されたが足利義教に京都九条の高倉にて処刑される。子に宗順がいる。　典：公辞・公補

日野勝光　ひの・かつみつ

室町時代の人、左大臣。永享元(1429)年生～文明8(1476)年6月15日没。48才。院号=唯稱院。

権中納言裏松義資の孫。蔵人・右少弁裏松重政の子。古来からの日野家が絶えそうになっていたことから家督を相続する。嘉吉元(1441)年元服し、文安3(1446)年右少弁、同4年蔵人に任ぜられる。同5年正五位下に叙される。宝徳2(1450)年従四位下より従四位上に更に正四位下に進み蔵人頭・右中弁より右大弁に任ぜられ更に参議に任ぜられる。同3年従三位に進み権中納言に任ぜられる。享徳元(1452)年正三位、康正元(1455)年従二位に進み権大納言に任ぜられる。長禄3(1459)年正二位、寛正6(1465)年従一位に進み、文正元(1466)年院執権となる。応仁元(1467)年これを辞す。同年内大臣に任ぜられるも翌年に辞す。文明8(1476)年左大臣に任ぜられ辞す。足利義政の外舅にして権勢があった。子に政資がいる。　典：大日・日名・伝日・京都・公辞・公補

日野政資　ひの・まさすけ

室町時代の人、権中納言。文明元(1469)年生～明応4(1495)年9月7日没。27才。

左大臣日野勝光の三男。蔵人頭に任ぜられ正四位上に叙される。文明11(1479)年武家伝奏に任ぜられ没するまで務め、長享2(1488)年参議に任ぜられ右大弁に任ぜられる。延徳元(1489)年従三位に進み、同2年権中納言に任ぜられる。同3年正三位に進む。明応4(1495)年に長病で没す。養子に内光がいる。　典：公辞・公補

日野内光　ひの・うちみつ

室町時代の人、権大納言。延徳元(1489)年生～大永7(1527)年2月13日没。39才。初名=高光。前名=澄光。

太政大臣徳大寺実淳の次男。権中納言日野政資と左大臣徳大寺公胤の娘の養子となる。初め高光と名乗っていたが澄光と改名。明応4(1495)年従五位下に叙される。同8年従五位上に進み、侍従に任ぜられる。文亀2(1502)年正五位下に進み蔵人に任ぜられる。永正2(1505)年従四位下に進む。同年内光と改名。同6年従四位上より正四位下に進み権右中弁より、同15年右大弁・蔵人頭に任ぜられ正四位上、大永元(1521)年従三位に進み参議に任ぜられ左大弁に任ぜられる。同2年越中権守・造東大寺長官に任ぜられる。同3年正三位に進み権中納言に任ぜられる。更に同6年権大納言に任ぜられるも、同7年丹波に兵を挙げ従父弟の細川道永に従軍し官軍と戦い専勝寺の合戦(京都西七条か)で討死にする。永禄2(1559)年に左大臣を贈られる。子に晴光がいる。　典：大日・日名・公辞・公補

日野晴光　ひの・はれみつ

室町時代の人、権大納言。永正15(1518)年1月1日生～弘治元(1555)年9月18日没。38才。法名=照岳。

権大納言日野内光の子。母は尾張守畠山尚順の娘。大永4(1524)年叙爵。同5年侍従に任ぜられる。同8年従五位上に進み権右少弁より、享禄2(1529)年左少弁に任ぜられ正五位下、同3年正五位上に進み、同4年右中弁に任ぜられる。天文4(1535)年従四位下に進み右宮城使に任ぜられる。同5年従四位上に進み左中弁に任ぜられる。同6年正四位下より正四位上に進み蔵人頭・右大弁より、同7年左大弁・美作権守に任ぜられる。同8年従三位に進み参議に任任ぜられ造東大寺長官に任ぜられる。更に同10年権中納言に任ぜられる。同11年正三位に進み、同13年に権中納言を辞す。同14年従二位に進み、同15年再び権中納言に任ぜられる。更に同16年権大納言に任ぜられる。同18年正二位に進み、同22年勅勘に触れる。弘治元(1555)年に水腫張満にて没す。養子に輝資がいる。　典：公辞・公補

日野輝資　ひの・てるすけ

室町・安土桃山・江戸時代の人、権大納言。弘治元(1555)年生～慶長16(1611)年6月没。57才。初名=兼保。一字名=生。法名=唯心。

権大納言広橋国光の長男。母は権大納言高倉永家の娘。弘治2(1556)年叙爵。永禄2(1559)年侍従に任ぜられ権大納言日野晴光家の家督養子となる。同年輝資と改名。同5年従五位上に進み元服し、同6年正五位下に進み、同7年権左少弁に任ぜられる。同8年正五位上に進み、同12年蔵人・左少弁より、元亀4(1573)年右中弁に任ぜられる。天正元(1573)年織田信長軍に攻められて信長の軍門に降る。天正2(1574)年左中弁に任ぜられる。同3年従四位下より従四位上に進み、同4年蔵人頭に任ぜられ正四位下より正四位上、同5年従三位に進み参議に任ぜられ右大弁に任ぜられる。更に同7年権中納言に任ぜられる。同8年正三位、同11年従二位、同15年正二位に進み権大納言に任ぜられる。慶長8(1603)年に辞す。同12年53才で出家し千利休の門人となり東大寺にて茶道三昧に過ごし名器を

蔵すといわれる。また文雅の道に遊び、徳川家康に学を講じた。一説に元和9(1623)年閏8,2没。69才説あり。子に資勝がいる。 典：大日・日名・伝日・公辞・公補

日野資勝 ひの・すけかつ

安土桃山・江戸時代の人、権大納言。天正5(1577)年生〜寛永16(1639)年6月15日没。63才。一字名=貝。

権大納言日野輝資の子。天正6(1578)年叙爵。同9年元服し従五位上に進み侍従に任ぜられる。同13年正五位下に進み、同14年左少弁より、同17年右中弁、同18年蔵人に任ぜられ正五位上に進み、文禄3(1594)年左中弁に任ぜられる。同4年蔵人を辞す。同年従四位下より従四位上に更に正四位下、慶長2(1597)年正四位上に進み蔵人頭、同4年左大弁に任ぜられ更に参議に任ぜられる。同5年従三位に進み、同6年美作権守・勘解由長官に任ぜられる。同9年に辞す。同13年任職を辞す。同16年正三位に進み権中納言に任ぜられる。更に同19年権大納言に任ぜられる。元和元(1615)年従二位に進み、同2年踏歌内弁となり、同5年正二位に進み、寛永3(1626)年神宮伝奏に任ぜられる。同5年伝奏を辞す。同7年武家伝奏に任ぜられ没すまで務める。子に光慶がいる。 典：公辞・日名・公補

日野光慶 ひの・みつよし

安土桃山・江戸時代の人、権中納言。天正19(1591)年8月生〜寛永7(1630)年1月2日没。40才。一字名=精。

権大納言日野資勝の子。母は准大臣烏丸光宣の娘。慶長3(1598)年従五位上に叙され元服し侍従に任ぜられる。同16年正五位下、同17年権左中弁より左中弁に任ぜられ従四位上、同18年正四位下より正四位上に進み蔵人頭に任ぜられる。同19年参議に任ぜられる。元和元(1615)年従三位に進み左大弁に任ぜられ踏歌外弁となる。同3年正三位に進み、同5年権中納言に任ぜられる。同6年従二位に進む。子に弘資がいる。 典：公辞・公補

日野弘資 ひの・ひろすけ

江戸時代の人、権大納言。元和3(1617)年1月29日生〜貞享4(1687)年8月29日没。71才。一字名=弘。

権中納言日野光慶の子。母は従四位下・侍従藤原嘉明の娘。元和4(1618)年叙爵。同7年元服し従五位上に進み侍従に任ぜられる。寛永4(1627)年正五位下に進み、同9年権右少弁・蔵人に任ぜられる。同10年正五位上に進み、同12年右少弁より、同14年左少弁に任ぜられる。同17年従四位下、同18年従四位上より正四位下に進み右中弁より、同19年左中弁・蔵人頭に任ぜられ正四位上に進み、同20年参議に任ぜられ右大弁に任ぜられ従三位に進む。正保元(1644)年左大弁に任ぜられ踏歌外弁となる。同2年大弁を辞す。同4年参議を辞す。慶安元(1648)年正三位に進み、承応元(1652)年権中納言に任ぜられる。明暦元(1655)年従二位に進み、同2年権大納言に任ぜられる。万治元(1658)年神宮伝奏に任ぜられ翌年に辞す。同3年正二位に進み権大納言を辞す。寛文10(1670)年武家伝奏に任ぜられる。延宝3(1675)年に辞す。歌人として高名であった。子に資茂がいる。 典：公辞・日名・公補

日野資茂　ひの・すけしげ

江戸時代の人、権中納言。慶安3(1650)年4月27日生～貞享4(1687)年7月29日没。38才。

権大納言日野弘資の子。承応3(1654)年叙爵。万治2(1659)年元服し従五位上に進み侍従に任ぜられる。寛文3(1663)年正五位下に進み、同5年権右少弁・蔵人に任ぜられる。同6年正五位上に進み右少弁より、同9年左少弁に更に、同10年右中弁に任ぜられる。同11年蔵人を辞す。同年従四位下、同12年従四位上より正四位下に更に正四位上に進み、同13年蔵人頭・左中弁より、延宝2(1674)年右大弁に任ぜられ更に参議に任ぜられる。同3年従三位に進み、同4年左大弁に任ぜられる。同5年権中納言に任ぜられる。同8年正三位、天和元(1681)年従二位に進み、同2年賀茂伝奏に任ぜられる。同3年踏歌外弁となる。貞享2(1685)年賀茂伝奏を辞す。同4年権中納言を辞す。子に輝光がいる。　典：公辞・公補

日野輝光　ひの・てるみつ

江戸時代の人、権大納言。延宝元(1673)年2月21日生～享保2(1717)年1月5日没。48才。初名＝有富。

権中納言日野資茂の子。権大納言日野弘資の末子という。初め有富と名乗る。延宝4(1676)年叙爵。元禄元(1688)年元服し従五位上に進み侍従・権右少弁に任ぜられる。同6年輝光と改名。蔵人・右少弁に任ぜられ正五位下より正五位上に進み、同7年左衛門権佐・左少弁より、同10年右中弁に更に、同12年左中弁、同13年蔵人頭に任ぜられ従四位下より従四位上に更に正四位下、同14年正四位上に進み右大弁に任ぜられる。同16年参議に任ぜられる。宝永元(1704)年従三位に進み左大弁に任ぜられる。同2年踏歌外弁となり更に権中納言に任ぜられる。同3年正三位、正徳元(1711)年従二位に進み、同5年権大納言に任ぜられる。享保元(1716)年賀茂伝奏に任ぜられる。同2年任職を辞す。子に永資(次男。初名＝資敏、正五位下・右少弁、正徳2,2,2没。19才、家督養子に資時)がいる。　典：公辞・日名・公補

日野資時　ひの・すけとき

江戸時代の人、権大納言。元禄3(1690)年8月1日生～寛保2(1742)年10月26日没。53才。初姓＝豊岡。

侍従豊岡弘昌の子。元禄7(1694)年従爵。同14年元服し従五位上に進み侍従に任ぜられる。宝永3(1706)年正五位下に進み、同2年宮内少輔、同4年右兵衛佐に任ぜられる。同7年従四位下、正徳5(1715)年従四位上に進み、享保3(1718)年正五位下・右少弁日野永資(権大納言日野輝光の次男。正徳2,2,2没。19才)家の家督養子となる。同4年左中弁より右大弁・蔵人頭に任ぜられ正四位下より正四位上に進み、同7年左大弁に任ぜられ更に参議に任ぜられる。同8年従三位に進み、同9年踏歌外弁となり権中納言に任ぜられる。同10年正三位に進み、更に同13年権大納言に任ぜられる。同14年従二位に進み賀茂伝奏に任ぜられる。同18年任職を辞す。同20年正二位、寛保2(1742)年従一位に進。養子に資枝がいる。　典：公辞・日名・公補

日野資枝　ひの・すけき

江戸時代の人、権大納言。元文2(1737)年11月1日生～享和元(1801)年10月10日没。65才。一字名=久。

内大臣烏丸光栄の末子。寛保2(1742)年権大納言日野資時と侍従吉茂朝臣の娘の養子となり叙爵。延享3(1746)年元服し従五位上に進み侍従、同10年権右少弁に任ぜられる。寛延2(1750)年正五位下に進み、宝暦2(1752)年蔵人・右衛門権佐に任ぜられ正五位上に進み、同3年賀茂社奉行・御祈奉行・神宮弁、同4年氏院別当・左少弁より、同5年権右中弁より、同6年右中弁に任ぜられる。同年御祈奉行・氏院別当を辞す。同8年左中弁に任ぜられ神宮弁を辞す。同11年賀茂社奉行を辞す。同年蔵人頭に任ぜられ従四位下より従四位上に更に正四位下、同12年正四位上に進み左大弁に任ぜられる。同13年参議に任ぜられる。明和元(1764)年従三位に進み権中納言に任ぜられる。同2年踏歌外弁となり、同4年賀茂伝奏に任ぜられたが辞す。同5年正三位、安永3(1774)年従二位に進み権中納言を辞す。同7年正二位に進み、天明5(1785)年権大納言に任ぜられるも辞す。寛政5(1793)年従一位に進む。歌人として知られ、国学を縞保己一に学び、垂加神道を竹内式部に学ぶ。子に資矩・北小路祥光がいる。　典：日名・伝日・公辞・公補

日野資矩　ひの・すけのり

江戸時代の人、権大納言。宝暦6(1756)年8月22日生～天保元(1830)年7月29日没。75才。法名=祐寂。

権大納言日野資枝の子。母は准大臣広橋勝胤の娘。弟に北小路祥光がいる。宝暦8(1758)年従五位下に叙される。同13年元服し従五位上に進み侍従に任ぜられる。明和元(1764)年右少弁に任ぜられる。同2年正五位下、同5年正五位上に進み、同6年右中弁、同7年蔵人・左衛門権佐、同8年神宮弁、安永元(1772)年蔵人頭・左中弁に任ぜられ従四位下より従四位上に進み神宮弁を辞す。同2年正四位上に進み、同4年右大弁より左大弁に任ぜられる。同7年従三位に進み参議に任ぜられ踏歌外弁となる。同8年左衛門督・検非違使別当に任ぜられる。同9年正三位、天明3(1783)年従二位に進み、同5年権中納言に任ぜられる。同6年正二位に進み、同7年大嘗会検校となる。寛政元(1789)年賀茂下上社伝奏となる。同8年権大納言に任ぜられる。同11年に辞す。文政3(1820)年従一位に進み、同6年72才で出家。子に資愛がいる。　典：公辞・公補

日野資愛　ひの・すけなる

江戸時代の人、准大臣。安永9(1780)年11月22日生～弘化3(1846)年3月2日没。67才。字=子博。号=南洞・儀同。

権大納言日野資矩の子。天明2(1782)年従五位下に叙される。寛政4(1792)年元服し従五位上、同6年正五位下に進み侍従、同11年中宮権大進・蔵人・右衛門権佐に任ぜられ正五位上に進み、享和2(1802)年中宮大進に任ぜられる。文化元(1804)年これと右衛門権佐を辞す。同年左少弁より右中弁・神宮弁・氏院別当、同2年蔵人頭に任ぜられ従四位下より従四位上に更に正四位下、同3年正四位上に進み、同6年春宮亮・右大弁に任ぜられる。同7年参議に任ぜられ左大弁に任ぜられ従三位に進む。同8年右衛門督・使別当に任ぜられる。同9年更に権中納言に任ぜられ踏歌外弁となる。同10年正三位に進み、同11年賀茂

下上社伝奏に任ぜられる。同12年これと右衛門督・使別当を辞す。同13年従二位、文政2(1819)年正二位に進む。同3年権大納言に任ぜられる。同7年に辞す。天保7(1836)年武家伝奏に任ぜられ没するまで務め、弘化2(1845)年従一位に進み准大臣に任ぜられる。詩文・和歌に優れ、儒学を皆川淇園に学び、「日本外史」に序文を書き、佐藤一斎・梁川星巌と親交があり、特に頼山陽とは布衣の交わりがあり、松平楽翁の家臣山内主税を使とし、山陽の間の交渉者となった。子に資宗がいる。　典：公辞・日名・大日・伝日・公補

日野資宗　ひの・すけむね

江戸・明治時代の人、権大納言。文化12(1815)年5月19日生～明治11(1878)年8月没。64才。初名=資統。

准大臣日野資愛の子。母は権大納言勧修寺経逸の娘。初め資統と名乗る。文化14(1817)年従五位下に叙される。文政3(1820)年元服し従五位上、同5年正五位下に進み、天保元(1830)年侍従に任ぜられる。同6年資宗と改名。同8年右少弁、同11年皇太后宮権大進に任ぜられるも辞す。同年蔵人・春宮大進・右衛門権佐に任ぜられ従五位上に進み、同12年造興福寺長官に任ぜられる。同13年春宮大進・右衛門権佐・長官を辞し左少弁・氏院別当に任ぜられる。同年氏院別当を辞す。同14年御祈奉行に任ぜられる。弘化元(1844)年奉行を辞す。同年賀茂下上社伝奏に任ぜられる。同2年権右中弁に任ぜられる。同4年蔵人頭に任ぜられ従四位下、嘉永元(1848)年従四位上より正四位下に更に正四位上に進む。同年御祈奉行を辞す。同年神宮弁・右中弁より、同3年左中弁、同5年右大弁に任ぜられ従三位に進み更に参議に任ぜられる。安政元(1854)年正三位に進み踏歌外弁となる。同2年の御遷幸に舎人二人・馬副四人・居飼一人・雑色二人・傘一人を供にし宰相として参加、同3年東照宮奉幣使、同4年右衛門督・使別当に任ぜられる。同5年の安政の事件(飛鳥井雅典の項参照)の八十八廷臣として連座。同年権中納言に任ぜられる。同6年従二位に進み右衛門督・使別当を辞す。文久2(1862)年正二位に進み、更に同3年権大納言に任ぜられる。明治元(1868)年に辞す。家料は1153石。京都の公家御唐門前に住む。墓所は百万遍。子に資貴(出家し宗瑞)、養子に資秀(柳原光愛の五男。一時は北小路随光の養子、明治の華族に列され伯爵、正三位・貴族院議員、明治36,11,26没。41才、子は資兼)がいる。
典：明治・遷幸・公辞・公補

○日野西家

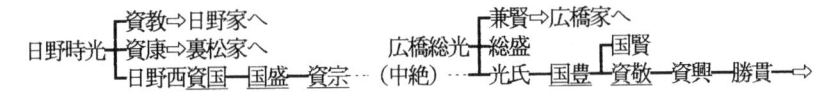

日野時光┬資教⇨日野家へ
　　　　├資康⇨裏松家へ
　　　　└日野西資国─国盛─資宗…（中絶）…

広橋総光┬兼賢⇨広橋家へ
　　　　├総盛
　　　　└光氏─国豊┬国賢
　　　　　　　　　└資敬─資興─勝貫─⇨

⇨─延光─光暉─延栄─光善─資博（子）

権大納言日野時光の三男資国が、日野家より西方に住み、日野西を氏姓としたが、孫の資宗に至り中絶した。のち権大納言広橋総光の三男総盛が、いにしえを偲び日野西を再興し、明治に至り華族に列され子爵を授かる。本姓は藤原。家紋は鶴の丸。

典：日名・公補

日野西資国　ひのにし・すけくに

南北朝・室町時代の人、権大納言。貞治4(1365.正平20)年生～正長元(1428)年3月25日没。64才。日野西家の祖。

権大納言日野時光の三男。兄に日野資教・裏松資康がいる。父の日野家より西方に住み日野西を氏姓とした。蔵人頭・左中弁に任ぜられる。正四位上に叙される。応永元(1394)年参議に任ぜられ右大弁に任ぜられる。同2年従三位に進み備中権守に任ぜられる。同年止職となる。同6年再び参議に任ぜられる。同7年能登権守に任ぜられる。同10年権中納言に任ぜられる。同12年正三位に進み権大納言に任ぜられる。41才で出家。子に国盛がいる。　典：公補

日野西国盛　ひのにし・くにもり

室町時代の人、権大納言。康応元(1389.元中6)年生～宝徳元(1449)年2月15日没。61才。初名=盛光。

権大納言日野西資国の子。初め盛光と名乗る。蔵人頭・右大弁・長門権守に任ぜられる。正四位下に叙される。応永28(1421)年参議に任ぜられ左大弁に任ぜられる。同29年従三位に進み長門権守に任ぜられ、更に同30年権中納言に任ぜられる。同32年正三位に進み、正長元(1428)年院執権に任ぜられる。永享2(1430)年に辞す。同3年国盛と改名。同10年権中納言を辞す。嘉吉元(1441)年従二位、文安3(1447)年正二位に進み、宝徳元(1449)年権大納言に任ぜられ出家。子に資宗がいる。　典：公補

日野西資宗　ひのにし・すけむね

室町時代の人、権大納言。生年不明～文正元(1466)年7月11日没。

権大納言日野西国盛の子。正四位下に叙される。宝徳元(1449)年参議に任ぜられる。同2年従三位に進み出雲権守に任ぜられたが参議を辞す。享徳元(1452)年正三位に進み権中納言に任ぜられるも辞す。康正元(1455)年従二位、寛正6(1465)年正二位に進み権大納言に任ぜられるも辞す。この後は中絶したが広橋総光の次男総盛が日野西家を再興した。
典：公補

日野西国豊　ひのにし・くにとよ

江戸時代の人、権中納言。承応2(1653)年7月10日生～宝永7(1710)年7月17日没。58才。初名=康光。一字名=善・谷。

准大臣広橋兼賢の末子。初め康光と名乗りのち、国豊と改名。正五位下・左衛門権佐日野西光氏家の家督養子となる。万治2(1659)年叙爵。同3年元服し侍従に任ぜられる。寛文3(1663)年従五位上、同7年正五位下に進み、同9年蔵人・権右少弁に任ぜられ正五位上に進み、同10年右少弁より、延宝元(1672)年左少弁、同2年右中弁に任ぜられる。同6年従四位上、同7年正四位下に進み、天和元(1681)年左中弁に任ぜられる。同2年従三位、元禄元(1688)年正三位に進み参議に任ぜられる。同3年踏歌外弁となり、同6年東照宮奉幣使となる。同9年参議を辞す。同13年従二位に進み、宝永元(1704)年権中納言に任ぜられ

るも辞す。同3年正二位に進む。子に国賢(正五位下・侍従、元禄6,12,14没。21才)・資敬がいる。　典：公辞・公補

日野西資敬　ひのにし・すけのり

江戸時代の人、参議。元禄8(1695)年12月1日生〜元文元(1736)年1月10日没。42才。初名=兼栄。

権中納言日野西国豊の次男。母は藤森神主の春原時命の娘。兄に国賢(正五位下・侍従、元禄6,12,14没。21才)がいる。元禄12(1699)年叙爵。宝永4(1707)年元服し従五位上に進み侍従に任ぜられる。同8年正五位下に進み、享保元(1716)年右少弁より、同4年左少弁・蔵人に任ぜられ正五位上に進み、同9年右中弁より左中弁に任ぜられ従四位下より従四位上、同11年正四位下に進み、同12年右大弁、同13年東宮学士に任ぜられる。同14年正四位上に進み、同16年左大弁に任ぜられる。同19年従三位に進み参議に任ぜられる。同20年踏歌外弁となり、元文元(1736)年に参議を辞す。正親町公通に就き垂加神道を学ぶ。養子に資興(石井家より)がいる。　典：公辞・公補

日野西延光　ひのにし・のぶみつ

江戸時代の人、権中納言。明和8(1771)年9月26日生〜弘化3(1846)年11月2日没。76才。初名=豊康。

権大納言樋口基康の末子。兄に樋口冬康・石井行宣がいる。初め豊康と名乗る。安永5(1776)年従五位下に叙される。天明元(1781)年正四位上・権左中弁日野西勝貫朝臣と志水の菅原忠如の娘の家督養子となる。同2年元服し従五位上に進み民部権少輔に任ぜられる。同年延光と改名。同6年正五位下に進み、寛政元(1789)年勘解由次官、同4年左少弁より、同8年権右中弁、同10年蔵人に任ぜられ正五位上に進み、同11年御祈奉行・右中弁に任ぜられる。同年御祈奉行を辞す。享和2(1802)年従四位下より従四位上、同3年正四位下に進み、文化元(1804)年左中弁に任ぜられる。同3年正四位上に進み、同5年右大弁に任ぜられる。同6年従三位に進む。同年右大弁を辞す。同10年参議に任ぜられる。同11年正三位に進み、同13年踏歌外弁・東照宮奉幣使となる。文政2(1819)年参議を辞す。同3年従二位に進み、同7年権中納言に任ぜられるも辞す。天保元(1830)年正二位に進む。子に光暉がいる。　典：公辞・公補

日野西光暉　ひのにし・みつてる

江戸時代の人、権中納言。寛政9(1797)年10月22日生〜元治元(1864)年11月2日没。68才。

権中納言日野西延光の子。母は権左中弁日野西勝貫朝臣の娘。享和元(1801)年従五位下に叙される。文化8(1811)年元服し従五位上に越後権介、同10年勘解由次官に任ぜられる。同11年正五位下に進み、文政2(1819)年右兵衛権佐、同7年権右少弁・蔵人に任ぜられ正五位上に進み、同10年賀茂下上社奉行・皇太后宮権大進、天保2(1831)年御祈奉行・氏院別当に任ぜられるも辞す。同年権右中弁より、同3年右中弁に任ぜられ従四位下より従四位上、同4年正四位下より正四位上に進み、同6年右中弁を辞す。弘化2(1845)年従三位に進み勘解由長官に任ぜられる。嘉永2(1849)年正三位に進み、同5年踏歌外弁となる。

安政2(1855)年参議に任ぜられるも辞す。同年従二位に進む。同6年権中納言を任ぜられるも辞す。文久2(1862)年正二位に進む。子に延栄、孫に光善(従三位、華族に列され子爵を授かる)がいる。　典：公辞・公補

○平松家

〈藤原家系〉

藤原資敦━平松資継━資冬━資遠

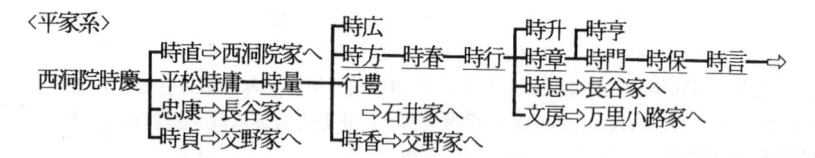

〈平家系〉

```
                                      ┏時広              ┏時升 ┏時亨
               ┏時直⇨西洞院家へ       ┣時方━時春━時行━┳時章━┻時門━時保━時言━⇨
西洞院時慶━┫平松時庸━時量━━┫行豊            ┣時息⇨長谷家へ
               ┣忠康⇨長谷家へ         ┃ ⇨石井家へ       ┗文房⇨万里小路家へ
               ┗時貞⇨交野家へ         ┗時香⇨交野家へ
```

⇨━時厚━時陽（子）

藤原家系の平松家(本姓は藤原)が室町時代に現れたが衰退した。江戸時代に至り桓武平家系で、西洞院時慶の次男が平松家を興した。明治に至り華族に列され子爵を授かる。本姓は平。家紋は梶の葉。菩提寺は京都上京区寺町今出川上の十念寺。

典：日名・京四

平松家(藤原家系)

平松資継　ひらまつ・すけつぐ

室町時代の人、権中納言。応永24(1417)年生～寛正5(1464)年7月20日没。48才。藤原家系の平松家の祖。

左中将藤原資敦朝臣の子。藤原家より分かれて平松を氏姓とした。蔵人頭・左中将に任ぜられ正四位下に叙される。享徳元(1452)年参議に任ぜられ従三位に進む。同年参議を辞す。康正2(1456)年正三位に進み、長禄2(1458)年権中納言に任ぜられるも辞す。子に資冬がいる。　典：公補

平松資冬　ひらまつ・すけふゆ

室町時代の人、参議。生没年不明。法名＝常心。

権中納言平松資継の子。蔵人頭・左中将に任ぜられ正四位上に叙される。文明元(1469)年参議に任ぜられる。同3年に辞す。同7年従三位、同14年正三位、長享2(1488)年従二位に進み、永正2(1505)年丹州にて出家。子に資遠がいる。　典：公補

平松資遠　ひらまつ・すけとお

室町時代の人、非参議。生没年不明。

参議平松資冬の子。延徳3(1491)年叙爵。永正2(1505)年従五位上、同6年正五位下に進み、同7年左少将より、同13年左中将に任ぜられ従四位下、同18年従四位上、大永5(1525)

年正四位下、天文8(1539)年従三位に進み、同11年土州に下向。同14年以降は名が見えなくなる。藤原系の平松氏は資遠で衰退した。　典：公補

平松家(平家系)

平松時庸　ひらまつ・ときつね

江戸時代の人、権中納言。慶長4(1599)年4月28日生〜承応3(1654)年7月12日没。56才。初名=時興。一字名=辰。平家系の平松家の祖。

参議西洞院時慶の次男。兄に西洞院時直、弟に長谷忠康・交野時貞がいる。父の西洞院家より分かれて、平松を興し氏姓とした。慶長12(1607)年叙爵。同18年元服し従五位上に進み侍従に任ぜられる。元和2(1616)年正五位下、同6年従四位下、寛永元(1624)年従四位上、同5年正四位下、同9年従三位に進み、同11年右衛門督に任ぜられる。同15年正三位に進み、同18年踏歌外弁となる。同20年参議に任ぜられる。正保4(1647)年従二位に進み、慶安元(1648)年任職を辞す。承応3年権中納言に任ぜられるも辞す。子に時量がいる。　典：大日・伝日・公辞・公補

平松時量　ひらまつ・ときかず

江戸時代の人、権中納言。寛永4(1627)年2月15日生〜宝永元(1704)年8月12日没。78才。法名=嘯月。

権中納言平松時庸の子。母は権大納言日野資勝の娘。寛永8(1631)年従五位下に叙される。同11年元服し侍従に任ぜられる。同14年従五位上、同19年正五位下、正保2(1645)年従四位下に進み、慶安元(1648)年侍従を辞す。同年少納言に任ぜられる。同2年従四位上、承応2(1653)年正四位下、明暦3(1657)年従三位に進み、寛文元(1661)年参議に任ぜられ右衛門督に任ぜられる。同3年正三位に進み、同11年東照宮奉幣使となる。同12年従二位に進み、延宝2(1674)年権中納言に任ぜられる。同4年踏歌外弁となり、同6年に任職を辞す。天和2(1682)年正二位に進み、同3年新院伝奏となる。元禄14(1701)年75才で出家。子に時広(従四位下・侍従、寛文7,1,11没。18才)・時方・石井行豊・交野時香がいる。　典：公辞・公補

平松時方　ひらまつ・ときかた

江戸時代の人、権中納言。慶安4(1651)年9月24日生〜宝永7(1710)年7月27日没。60才。

権中納言平松時量の次男。母は権大納言飛鳥井雅章の娘。兄に時広(従四位下・侍従、寛文7,1,11没。18才)、弟に石井行豊・交野時香がいる。明暦3(1657)年叙爵。寛文8(1668)年元服し従五位上、同11年正五位下、延宝2(1674)年従四位下に進み、同5年侍従を辞す。同年少納言に任ぜられる。同7年従四位上、天和3(1683)年正四位下、貞享4(1687)年従三位に進み、元禄3(1690)年右衛門督に任ぜられる。同4年参議に任ぜられる。同5年踏歌外弁となり、同6年正三位に進み、同9年東照宮奉幣使となる。同14年権中納言に任ぜられ従二位に進み、同16年賀茂伝奏となる。宝永元(1704)年任職を辞す。子に時春がいる。

典：公辞・公補

平松時春　ひらまつ・ときはる

江戸時代の人、非参議。元禄6(1693)年9月11日生〜宝暦4(1754)年1月4日没。62才。法名=夕可。

権中納言平松時方の子。元禄10(1697)年叙爵。同13年元服し侍従に任ぜられる。同14年従五位上、宝永元(1704)年正五位下に進み、同2年少納言に任ぜられる。同4年従四位下、正徳元(1711)年従四位上、同5年正四位下、享保4(1719)年従三位に進み、同12年35才で出家。子に時行がいる。　典：公辞・公補

平松時行　ひらまつ・ときゆき

江戸時代の人、権中納言。正徳4(1714)年2月2日生〜天明6(1786)年9月16日没。73才。

非参議平松時春の子。母は非参議交野時香の娘。享保4(1719)年叙爵。同8年元服し従五位上に進み侍従に任ぜられる。同11年正五位下に進み、同13年春宮少進に任ぜられる。同14年従四位上に進み、同17年春宮大進に任ぜられる。同18年従四位上に進み、同20年春宮大進を辞す。元文元(1736)年少納言に任ぜられる。同2年正四位下、寛保元(1741)年従三位、寛延元(1748)年正三位に進み、宝暦3(1753)年参議に任ぜられるも翌年に辞す。同7年再び参議に任ぜられる。同8年右衛門督に任ぜられる。同10年従二位に進み東照宮奉幣使となる。更に同11年権中納言に任ぜられる。同12年踏歌外弁となり、明和4(1767)年に辞す。安永5(1776)年正二位に進む。子に時升(従四位下・侍従・少納言、宝暦7,10,24没。18才)・時章・長谷時息・万里小路文房がいる。　典：公辞・公補

平松時章　ひらまつ・ときあき

江戸時代の人、権大納言。宝暦4(1754)年7月11日生〜文政11(1828)年9月19日没。75才。

権中納言平松時行の次男。兄に時升(従四位下・侍従・少納言、宝暦7,10,24没。18才)、弟に長谷時息・万里小路文房がいる。宝暦8(1758)年叙爵。同11年元服し甲斐権介に任ぜられる。同12年従五位上に進み、同13年甲斐権守に任ぜられる。明和元(1764)年少納言・侍従に任ぜられる。同3年正五位下、同7年従四位下、安永3(1774)年従四位上に進み、同4年弾正大弼、同5年右兵衛権佐に任ぜられる。同7年正四位下、天明2(1782)年従三位、同8年正三位に進み、寛政8(1796)年右衛門督に任ぜられ、更に同10年参議に任ぜられる。同12年踏歌外弁となり、更に享和2(1802)年権大納言に任ぜられる。文化元(1804)年に辞す。同4年正二位に進み、更に同10年権中納言に任ぜられるも辞す。子に時亨(従五位上・侍従・少納言、寛政6,12,7没。14才)・時門がいる。　典：公辞・公補

平松時門　ひらまつ・ときかど

江戸時代の人、参議。天明7(1787)年9月20日生〜弘化2(1845)年5月19日没。59才。

権大納言平松時章の次男。母は非参議竹屋光豫の娘。兄に時亨(従五位上・侍従・少納言、寛政6,12,7没。14才)がいる。寛政7(1795)年従五位下に叙される。同9年元服し安芸権守に任ぜられる。同11年従五位上、享和3(1803)年正五位下、文化3(1806)年従四位下に進み、同5年安芸権守を辞す。同年少納言・侍従に任ぜられる。同7年従四位上、同11年正四位下、文政元(1818)年従三位、同6年正三位に進み、天保10(1839)年参議に任ぜられる。同11年参議を辞す。子に時保がいる。　典：公辞・公補

平松時保　ひらまつ・ときやす

江戸時代の人、非参議。享和2(1802)年12月14日生〜嘉永5(1852)年閏2月1月没。51才。参議平松時門の子。母は権大納言勧修寺経逸の娘。文化12(1815)年従五位下に叙される。同13年元服し安芸権守に任ぜられる。文政2(1819)年従五位上、同6年正五位下、同9年従四位下に進み、同14年少納言・侍従に任ぜられる。天保元(1830)年従四位上、同5年正四位下、同9年従三位、同14年正三位に進む。子に時言がいる。　典：公辞・公補

平松時言　ひらまつ・ときより

江戸・明治時代の人、非参議。文政6(1823)年8月13日生〜明治16(1883)年10月没。61才。非参議平松時保の子。母は甲斐守黒田長紹の娘。文政12(1829)年叙爵。天保3(1832)年元服し安芸権守に任ぜられる。同4年従五位上、同8年正五位下、同11年従四位下、弘化元(1844)年従四位上、嘉永元(1848)年正四位下に進み、同2年に少納言、同3年侍従に任ぜられる。同5年従三位に進み、安政5(1858)年に起きた安政の事件(飛鳥井雅典の項参照)八十八廷臣として連座。同4年正三位に進む。家料は200石。京都西院参町に住む。子は時厚がいる。　典：公辞・公補

○広橋家

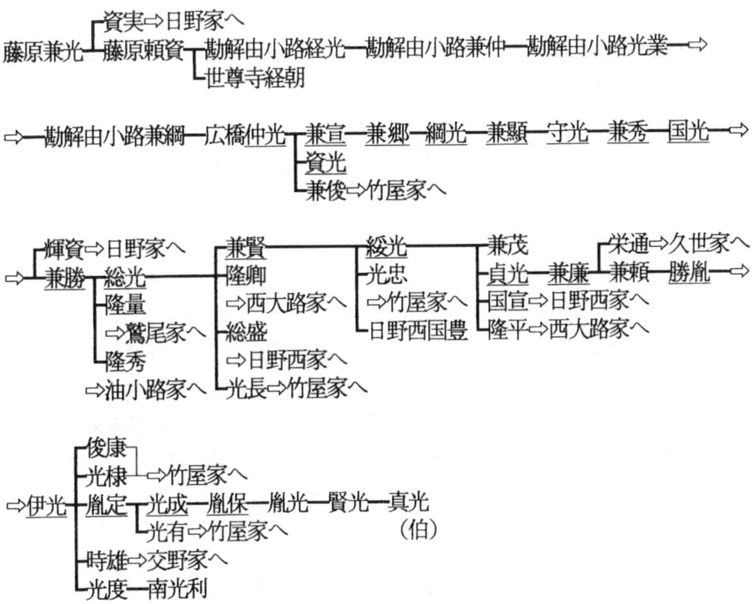

藤原家の分流。藤原兼光の五男頼資が広橋と号し、南北朝時代に至り勘解由小路兼綱の子仲光より、いにしえを偲び広橋を氏姓とした。羽林家の一つとして文学にて奉仕し、

主に武家伝奏を務め、明治に至り華族に列され伯爵を授かる。本姓は藤原。家紋は鶴の丸。菩提寺は京都左京区黒谷町の黒谷竜光院。

典：京都・日名

広橋仲光　ひろはし・なかみつ

南北朝・室町時代の人、権大納言。康永元(1342.興国3)年生～応永13(1406)年2月12日没。65才。法名＝曇寂。広橋家の祖。

権大納言勘解由小路兼綱の子。藤原兼光の五男頼資が広橋と号したのを偲び、父の勘解由小路家より分かれて、広橋を氏姓とした。延文3(1358)年元服し従五位下に叙される。同4年従五位上に進み治部少輔、同5年蔵人に任ぜられる。貞治2(1363)年正五位下に進み右少弁に任ぜられる。同5年正五位上に進み左少弁に任ぜられる。応安2(1369)年蔵人を辞す。同3年再び蔵人、同7年権右中弁より左中弁に任ぜられ従四位下より従四位上に更に正四位下に進み、永和2(1376.天授2)年蔵人頭に任ぜられる。同3年正四位上、同4年従三位に進み参議より権中納言に任ぜられる。永徳元(1381.弘和元)正三位より従二位に進み大宰権帥に任ぜられる。至徳3(1386.元中3)年正二位に進み、嘉慶2(1388.元中5)年権大納言に任ぜられる。応永2(1395)年に辞す。同3年従一位に進むも出家。子に兼宣・竹屋兼俊、養子に資光がいる。　典：公辞・公補

広橋兼宣　ひろはし・かねのぶ

南北朝・室町時代の人、大納言。貞治6(1366.正平21)年生～永享元(1429)年9月14日没。64才。院号＝後瑞雲院。

権大納言広橋仲光の子。弟に竹屋兼俊がいる。応安元(1368.正平23)年学問料を給る。同3年元服し従五位下に叙され治部権少輔に任ぜられ、のち従五位上より正五位下に進み右兵衛佐、永徳3(1383)年蔵人・侍従に任ぜられる。至徳2(1385)年正五位上に進み、嘉慶2(1388)年右少弁より、のち左少弁・文章博士、明徳元(1390)年文章博士を辞す。同年右仲弁に任ぜられる。同4年従四位下より従四位上、応永元(1394)年正四位下に進み蔵人頭・左中弁に任ぜられる。同2年正四位上に進み右大弁より、同4年左大弁に任ぜられる。同7年参議に任ぜられ造東大寺長官に任ぜられる。同8年権中納言に任ぜられ従三位、同9年正三位、同12年従二位に進み、左兵衛督・別当に任ぜられ別当を辞す。同15年左兵衛督を辞す。同年大宰権帥に任ぜられる。同17年に辞す。同年正二位に進み権大納言に任ぜられる。同30年従一位に進み大納言に任ぜられる。同32年辞す。60才で出家。没後に内大臣を贈られる。子に兼郷がいる。　典：大日・伝日・日名・公辞・公補

広橋資光　ひろはし・すけみつ

室町時代の人、権中納言。明徳3(1392.元中9)年生～応永27(1420)年1月14日没。29才。

右衛門督兼俊朝臣の子。権大納言広橋仲光家の家督養子となる。蔵人頭・右大弁・山城権守に任ぜられ正四位上に叙される。応永23(1416)年参議に任ぜられる。同25年従三位進み、更に同26年権中納言に任ぜられるも辞す。　典：公補

広橋兼郷　ひろはし・かねさと

室町時代の人、権中納言。応永8(1401)年生～文安3(1446)年4月12日没。46才。初名=宣光。前名=親光。

大納言広橋兼宣の子。初め宣光と名乗る。応永16(1409)年文章生となる。同17年従五位下に叙される。同18年治部少輔、同19年侍従、同22年右衛門権佐より、同23年左衛門権佐に任ぜられ従五位上、同24年正五位下に進み、同25年蔵人、同26年権右少弁に任ぜられ正五位上に進み、同27年左少弁より、同28年右中弁に任ぜられる。同29年蔵人を辞す。同年従四位下より従四位上に進み、同30年蔵人頭、同31年左中弁に任ぜられ正四位上に進み、同32年参議に任ぜられる。正長元(1428)年従三位に進む。同年親光と改名。更に権中納言に任ぜられる。永享3(1431)年兼郷と改名。同4年検別当・右兵衛督を辞す。同年院執権となり翌年に辞す。嘉吉元(1441)年正三位、文安2(1445)年従二位に進むも権中納言を辞す。子に綱光がいる。　典：公辞・公補

広橋綱光　ひろはし・つなみつ

室町時代の人、権大納言。永享3(1431)年6月13日生～文明9(1477)年2月14日没。47才。院号=引接院。

権中納言広橋兼郷の子。母は神祇伯・正二位・非参議白川資忠王の豊子女王。文安2(1445)年従五位下に叙され治部少輔、同3年侍従、同4年右兵衛権佐に任ぜられ従五位上、同5年正五位下に進み蔵人任ぜられる。同6年正五位上に進み、宝徳2(1450)年右少弁より左少弁更に、同4年右中弁に任ぜられる。享徳2(1453)年蔵人を辞す。同年従四位下より従四位上に更に正四位下に進み左中弁より右大弁・左宮城使・蔵人頭に任ぜられる。同3年正四位上に進み参議に任ぜられる。康正元(1455)年従三位に進み左大弁・越中権守・造東大寺長官に任ぜられる。同2年権中納言に任ぜられ正三位に進み検非違使別当・右兵衛督となり、長禄2(1458)年任職を辞すも再び権中納言に任ぜられる。寛正6(1465)年従二位に進み、応仁元(1467)年権中納言を辞す。武家伝奏を没するまで務める。文明2(1470)年権大納言に任ぜられる。同5年正二位、同9年従一位に進む。没後に内大臣を賜る。子に兼顕がいる。　典：公辞・公補

広橋兼顕　ひろはし・かねあき

室町時代の人、権中納言。宝徳元(1449)年生～文明11(1479)年5月14日没。31才。

権大納言広橋綱光の子。享徳4(1455)年従五位下に叙される。寛正4(1463)年元服し治部大輔に任ぜられ従五位上に進み、同5年右兵衛佐に任ぜられ正五位下に進み、文正元(1466)年左衛門権佐・蔵人に任ぜられる。同2年正五位上に進む。同年左衛門権佐を辞す。のち右少弁に任ぜられる。応仁元(1467)年左少弁、文明元(1469)年権右中弁、同3年右中弁に任ぜられる。同6年従四位下より従四位上に更に正四位下に進み、同7年左中弁・修理左宮城使・蔵人頭に任ぜられる。同8年正四位上に進み、同9年右大弁に任ぜられ更に参議・武家伝奏に任ぜられる。同10年武家伝奏を辞す。同11年従三位に進み権中納言に任ぜられる。養子に守光(町家より)がいる。　典：公辞・公補

広橋守光　ひろはし・もりみつ

室町時代の人、権大納言。文明3(1471)年3月5日生〜大永6(1526)年4月1日没。56才。道号=廓室。法名=祐寂。院号=是称院。

権大納言町広光の子。母は権中納言園基有の娘。文明11(1479)年叙爵。権中納言広橋兼顕家の家督養子となり治部少輔、同15年侍従に任ぜられる。同18年従五位上に進み右衛門権佐より、長享元(1487)年右衛門佐、同2年蔵人に任ぜられ正五位下に進み、同3年右少弁より、延徳2(1490)年権左中弁に任ぜられる。同4年正五位上に進み、明応4(1495)年右中弁に任ぜられる。同5年従四位下より従四位上に進み蔵人頭に任ぜられる。同8年正四位下に進み左中弁に任ぜられる。同9年正四位上に進み、永正2(1505)年右大弁より左大弁に任ぜられ従三位に進み更に参議に任ぜられる。同5年正三位に進み、同6年武家伝奏に任ぜられ更に権中納言に任ぜられる。同10年神宮伝奏となり、同13年に辞す。同15年権大納言に任ぜられる。大永4(1524)年正二位に進み、同5年武家伝奏を辞す。同6年権大納言を辞す。没後に内大臣を贈られる。子に兼秀がいる。　典：公辞・日名・公補

広橋兼秀　ひろはし・かねひで

室町時代の人、内大臣。永正3(1506)年4月29日生〜永禄10(1567)年8月5日没。62才。法名=鈎寂。院号=如雲。

権大納言広橋守光の子。母は権中納言広橋兼顕の養女(実は准大臣広橋綱光の娘)。永正7(1510)年叙爵。同14年侍従に任ぜられ従五位上、同18年正五位下より正五位上に進み蔵人、大永2(1522)年右少弁より、同4年権左少弁、同5年更に右中弁・氏院別当、同6年武家伝奏、享禄2(1529)年左中弁・造興福寺長官に任ぜられ従四位下より従四位上に更に正四位下に進み、同3年修理左宮城使・蔵人頭に任ぜられ正四位上に進み、天文2(1533)年氏院別当を辞す。同4年従三位に進み右大弁に任ぜられ更に参議に任ぜられる。同5年更に権中納言に任ぜられる。同6年正三位に進み、同8年神宮伝奏となる。同9年従二位に進み大坂に下向し上洛。同10年神宮伝奏を辞す。同11年権大納言に任ぜられる。同13年賀茂伝奏に任ぜられ正二位に進み、同15年権大納言・賀茂伝奏を辞す。同年兵部卿に任ぜられ再び権大納言に任ぜられる。同16年再び賀茂伝奏に任ぜられ翌年に辞す。同18年武家伝奏を辞す。同20年従一位に進み、同22年大納言に任ぜられ翌年に辞す。弘治3(1557)年内大臣に任ぜられるも52才で出家。子に国光がいる。　典：公辞・公補

広橋国光　ひろはし・くにみつ

室町時代の人、権大納言。大永6(1526)年5月19日生〜永禄11(1568)年11月12日没。43才。院号=後引接院。

内大臣広橋兼秀の子。母は権中納言勧修寺政顕の娘。大永8(1528)年叙爵。天文3(1535)年従五位上に進み元服し治部権少輔、同4年侍従に任ぜられる。同5年正五位下に進み右少弁より、同6年左少弁に任ぜられ正五位上に進み、同7年権右中弁、同9年蔵人、同10年右中弁より、同11年左中弁・造興福寺長官・修理宮城使、同12年近江権介に任ぜられる。同13年従四位下より従四位上に更に正四位下に進み蔵人頭、同16年右大弁に任ぜられ従三位に進み更に参議に任ぜられる。同17年左大弁に任ぜられる。同18年正三位に進み権中納言に任ぜられる。同19年武家伝奏に任ぜられ没すまで務め、同22年従二位に進み、

同23年権大納言に任ぜられる。永禄2(1559)年正二位に進み、同9年南都に入城する。同10年権大納言を辞す。同11年に南都より上洛。のち元和3(1617)年に内大臣を贈られる。子に兼勝・日野輝資がいる。　典：公辞・公補

広橋兼勝　ひろはし・かねかつ

室町・安土桃山・江戸時代の人、内大臣。永禄2(1559)年8月27日生〜元和8(1622)年12月18日没。64才。一字名=貢。法名=快寂。院号=後是称院。

権大納言広橋国光の子。母は権中納言日野輝資の娘。永禄5(1562)年従五位上に叙され元服し侍従に任ぜられる。同8年正五位下に進み、同12年右少弁より、元亀4(1573)年権左少弁より、天正2(1574)年左少弁、同4年正五位上に進み、同5年右中弁・蔵人頭に任ぜられ従四位下より従四位上に更に正四位下、同6年正四位上に進み、同8年左大弁に任ぜられ従三位に進み更に参議に任ぜられ、更に同10年権中納言に任ぜられる。同11年正三位、同14年従二位に進み、慶長2(1597)年権大納言に任ぜられる。同3年正三位に進み、同5年武家伝奏に任ぜられ没すまで務める。元和元(1615)年賀茂伝奏に任ぜられる。同4年内大臣に任ぜられ翌年に賀茂伝奏・内大臣を辞す。同6年従一位に進む。徳川家康に征夷大将軍に任ずる内示を伝え、大坂冬の陣では家康と豊臣秀頼との和講に尽力した。子に総光・鷲尾隆量・油小路隆秀がいる。　典：京都・公辞・公補

広橋総光　ひろはし・ふさみつ

安土桃山・江戸時代の人、権大納言。天正8(1580)年8月7日生〜寛永6(1629)年9月14日没。50才。法名=光寂。

内大臣広橋兼勝の長男。母は准大臣烏丸光康の娘。弟に鷲尾隆量・油小路隆秀がいる。天正12(1584)年元服し従五位上に叙され侍従に任ぜられる。同15年正五位下に進み、慶長元(1596)年権右少弁・蔵人に任ぜられる。同3年正五位上に進み、同4年左少弁、同6年右中弁・造興福寺長官、同9年左中弁・蔵人頭に任ぜられ従四位下より従四位上に更に正四位下に進み、同10年正四位上に進み、同14年右大弁に任ぜられ更に参議に任ぜられる。同16年従三位に進み、同17年権中納言に任ぜられる。同18年正三位に進み、元和4(1618)年権大納言に任ぜられる。同5年従二位、同6年正二位に進み、寛永2(1625)年踏歌内弁となる。子に兼賢・西大路隆卿・日野西総盛・竹屋光長がいる。　典：公辞・公補

広橋兼賢　ひろはし・かねかた

安土桃山・江戸時代の人、准大臣。文禄4(1595)年7月26日生〜寛文9(1669)年5月26日没。75才。院号=後如雲院。

権大納言広橋総光の子。弟に西大路隆卿・日野西総盛・竹屋光長がいる。慶長2(1597)年叙爵。同7年元服し侍従に任ぜられる。同9年従五位上、同14年正五位下に進み権右中弁、同16年蔵人に任ぜられる。同17年正五位上に進み右中弁に任ぜられる。同18年従四位下より従四位上に更に正四位下、同19年正四位上に進み蔵人頭・左中弁より、元和元(1615)年右大弁更に、同5年左大弁に任ぜられ更に参議に任ぜられる。同6年従三位に進み、同7年権中納言に任ぜられる。寛永元(1624)年正三位、同5年従二位に進み、同10年権大納言に任ぜられる。同14年正二位に進み踏歌内弁となる。正保4(1647)年権大納言を

辞す。万治3(1660)年従一位に進み、寛文元(1661)年准大臣に任ぜられる。子に綏光・竹屋光忠・日野西国豊がいる。 典：公辞・公補

広橋綏光 ひろはし・やすみつ

江戸時代の人、権中納言。元和2(1616)年1月23日生～承応3(1654)年3月4日没。39才。

准大臣広橋兼賢の長男。母は権少将藤原季康朝臣の娘。弟に竹屋光忠・日野西国豊がいる。元和3(1617)年叙爵。同6年元服し従五位上に進み侍従に任ぜられる。寛永元(1624)年中宮権大進に任ぜられる。同4年正五位下に進み、同6年中宮権大進を辞す。同8年権右少弁、同9年蔵人に任ぜられる。同10年正五位上に進み右少弁より、同12年左少弁より、同14年右中弁に任ぜられる。同16年従四位下より従四位上に更に正四位下に進み、同18年左中弁より、同19年右大弁・蔵人頭・神宮奉行に任ぜられ正四位上に進み、同20年参議に任ぜられ左大弁に任ぜられ従三位に進む。正保元(1644)年左大弁を辞す。同4年参議を辞す。慶安元(1648)年正三位に進み、同3年権中納言に任ぜられる。同4年踏歌外弁となり、承応2(1653)年賀茂伝奏に任ぜられる。父より先に没す。子に兼茂(正四位上・右大弁、貞享4,8,15没。52才、病身で辞官)・貞光・日野西国宣・西大路隆平がいる。 典：公辞・公補

広橋貞光 ひろはし・さだみつ

江戸時代の人、権中納言。寛永20(1643)年12月15日生～元禄12(1699)年7月21日没。57才。初名=国宣。前姓=日野西。

権中納言広橋綏光の次男。兄に兼茂(正四位上・右大弁、貞享4,8,15没。52才、病身で辞官)、弟に日野西国宣・西大路隆平がいる。初め国宣と名乗る。慶安2(1649)年叙爵。日野西家を家督相続する。承応2(1653)年元服し従五位上に進み侍従に任ぜられたが父の広橋家を相続する。明暦3(1657)年権右少弁に任ぜられる。同4年正五位下に進み、万治元(1658)年右少弁より、同2年左少弁、同3年蔵人に任ぜられる。同年貞光と改名。正五位上に進み、寛文2(1662)年右中弁に任ぜられ従四位下に進み、同3年蔵人頭、同4年左中弁に任ぜられ従四位上より正四位下に更に正四位上に進み、同6年参議に任ぜられるも任職を辞す。延宝元(1673)年従三位、同3年正三位に進み、同5年権中納言に任ぜられ、天和元(1681)年辞す。子に兼廉がいる。 典：公辞・公補

広橋兼廉 ひろはし・かねよし

江戸時代の人、権大納言。延宝6(1678)年3月3日生～享保9(1724)年2月23日没。47才。

権中納言広橋貞光の子。元禄3(1690)年叙爵。同5年元服し従五位上に進み侍従、同6年権右少弁より、同7年右少弁・蔵人に任ぜられる。同8年正五位下より正五位上に進み、同10年左少弁より、同12年右中弁更に、同14年左中弁、同16年蔵人頭に任ぜられ従四位下、宝永元(1704)年従四位上より正四位下に更に正四位上に進み右大弁より、同2年左大弁に任ぜられる。同3年従三位進み参議に任ぜられる。更に正徳元(1711)年正三位に進み権中納言に任ぜられる。享保元(1716)年従二位に進み、同4年権大納言に任ぜられる。同6年踏歌続内弁より、同8年踏歌外弁となる。同9年に任職を辞す。子に兼頼(正五位下・侍従、正徳5,8,29没。16才、子は勝胤)・久世栄通がいる。 典：公辞・公補

広橋勝胤　ひろはし・かつたね

江戸時代の人、准大臣。正徳5(1715)年11月18日生〜天明元(1781)年8月9日没。67才。初名=兼胤。院号=恭徳院。

権大納言広橋兼廉の孫。正五位下・侍従広橋兼頼(正徳5,8,29没。16才)の子。母は侍従源忠周朝臣の娘。初め兼胤と名乗る。享保2(1717)年叙爵。同5年元服し従五位上に進み侍従に任ぜられる。同9年正五位下に進み、同15年右少弁より、同17年左少弁・蔵人・氏院別当に任ぜられ正五位上に進み、同19年権左中弁・神宮弁、同20年春宮権大進・蔵人頭に任ぜられ神宮弁・春宮権大進・氏院別当を辞す。同年従四位下より従四位上に更に正四位下、同21年正四位上に進み、元文2(1737)年左中弁より、同3年左大弁・丹波権守に任ぜられ従三位に進み更に参議に任ぜられ、更に同4年権中納言に任ぜられる。寛保元(1741)年正三位に進み賀茂伝奏、同2年大宰権帥に任ぜられる。同3年賀茂伝奏を辞す。延享2(1745)年従二位に進み、寛延元(1748)年踏歌外弁となる。同2年権大納言に任ぜられる。同3年武家伝奏に任ぜられる。宝暦元(1751)年正二位に進み、同5年権大納言を辞す。同8年再び権大納言に任ぜられる。同9年に再び辞す。同年兵部卿に任ぜられる。同10年三たび権大納言に任ぜられる。明和3(1766)年武家伝奏を辞す。安永4(1775)年従一位に進む。同年三たび権大納言を辞す。同5年准大臣に任ぜられる。同9年勝胤と改名。子に伊光がいる。　典:公辞・公補

広橋伊光　ひろはし・これみつ

江戸時代の人、准大臣。延享2(1745)年6月16日生〜文政6(1823)年4月4日没。79才。

准大臣広橋勝胤の子。母は隼人正正幸の娘。延享3(1746)年叙爵。宝暦4(1754)年元服し従五位上に進み侍従に任ぜられる。同6年正五位下に進み、同8年右少弁より左少弁・蔵人・御祈奉行・氏院別当に任ぜられ正五位上に進み、同9年賀茂奉行・神宮弁に任ぜられ賀茂奉行を辞す。同11年右衛門権佐・検非違使に任ぜられ御祈奉行を辞す。同12年造興福寺長官・権左中弁より、同12年神宮弁・右衛門権佐・検非違使を辞す。同年左中弁に任ぜられる。明和2(1765)年従四位下より従四位上に更に正四位下に進み蔵人頭に任ぜられる。同3年正四位上に進む。同年氏院別当を辞す。同5年右大弁より左大弁に任ぜられ更に参議に任ぜられる。同6年従三位に進み権中納言に任ぜられる。安永元(1772)年正三位に進み踏歌外弁となる。同4年従二位に進み更に権大納言に任ぜられる。同6年正二位に進み賀茂下上社伝奏に任ぜられる。天明元(1781)年に辞す。同4年権大納言を辞す。享和元(1801)年再び権大納言に任ぜられ翌年に再び辞す。文化9(1812)年従一位に進み、同10年准大臣に任ぜられる。典仁親王尊号に対する幕府の処置を怒り中山愛親等を江戸に下向させたが、事件落着後に差控えを命ぜられる。子に胤定・竹屋俊康・竹屋光棣・交野時雄・光度がいる。　典:公辞・公補

広橋胤定　ひろはし・たねさだ

江戸時代の人、権大納言。明和7(1770)年10月17日生〜天保3(1832)年11月12日没。63才。初名=兼陳。前名=勝陳。

准大臣広橋伊光の子。母は図書頭源継高朝臣の娘。弟に竹屋俊康・竹屋光棣・交野時雄・光度がいる。初め兼陳と名乗る。安永3(1774)年従五位下に叙される。同4年元服し侍従に任ぜられる。同5年従五位上、同7年正五位下に進む。同8年勝陳と改名。天明3(1783)年右少弁・皇太后宮権大進に任ぜられる。同年皇太后宮権大進を辞す。同3年胤定と改名。同5年蔵人・賀茂下上社奉行・御祈奉行に任ぜられ正五位上に進み、同6年権右中弁に任ぜられ奉行を辞す。同7年氏院別当に任ぜられる。同8年別当を辞す。寛政元(1789)年左衛門権佐、同4年左中弁・蔵人頭に任ぜられ従四位下より従四位上に更に正四位下、同5年正四位上に進み、同6年中宮亮、同8年右大弁より左大弁に任ぜられ従三位に進み参議に任ぜられる。同9年踏歌外弁となり、同10年権中納言に任ぜられる。同11年正三位に進み賀茂下上社伝奏に任ぜられる。享和2(1802)年従二位に進み左衛門督・使別当に任ぜられる。同3年権大納言に任ぜられ院執権となる。文化2(1805)年正二位に進み、同10年に任職を辞す。文政2(1819)年従一位に進み、天保元(1830)年武家伝奏を辞す。子に光成・竹屋光有がいる。　典：公辞・公補

広橋光成　ひろはし・みつしげ

江戸時代の人、准大臣。寛政9(1797)年1月26日生～文久2(1862)年8月4日没。66才。

権大納言広橋胤定の子。母は権大納言葉室頼熙の娘。弟に竹屋光有がいる。寛政10(1798)年従五位下に叙される。享和2(1802)年元服し従五位上に進み、文化2(1805)年侍従に任ぜられ正五位下に進み、同7年侍従を辞す。同年中宮権大進・右少弁より、同8年左少弁に任ぜられ中宮権大進を辞す。同11年蔵人・氏院別当に任ぜられ正五位上に進み、同12年中宮大進・左衛門権佐・賀茂下上社奉行・権右中弁・造興福寺長官、同13年神宮弁、同14年右中弁に任ぜられる。同年造興福寺長官・大進を辞す。文政2(1819)年蔵人頭に任ぜられ従四位下より従四位上に更に正四位下、同3年正四位上に進み、同5年長官を辞す。同年左中弁・皇太后宮亮に任ぜられる。同6年神宮弁を辞す。同7年右大弁より左大弁に任ぜられ従三位に進み参議に任ぜられる。同9年正三位に進み、同11年権中納言に任ぜられる。同12年従二位右衛門督・使別当に任ぜられ、天保2(1831)年督・別当を辞す。同年院別当に任ぜられる。同3年正二位に進み、同6年踏歌外弁となる。同13年賀茂下上社伝奏に任ぜられる。弘化2(1845)年権大納言に任ぜられる。同3年賀茂上下社伝奏を辞す。嘉永5(1852)年踏歌続内弁となり権大納言を辞す。安政2(1855)年の御遷幸に公卿の最後で武家の先頭として参加。同4年武家伝奏に任ぜられ没すまで務める。同5年再び権大納言に任ぜられるも辞す。万延元(1860)年従一位に進み、文久2年准大臣に任ぜられる。子に胤保がいる。　典：明治・公辞・公補

広橋胤保　ひろはし・たねやす

江戸時代の人、権大納言。文政2(1819)年2月1日生～明治9(1876)年10月没。58才。

准大臣広橋光成の子。母は権大納言久世通理の娘。文政3(1820)年叙爵。同7年元服し従五位下、同9年正五位下に進み、天保4(1833)年侍従に任ぜられる。同11年春宮権大進に任ぜられ、弘化3(1846)年に辞す。同4年皇太后宮権大進・蔵人・右少弁に任ぜられる。同年皇太后宮権大進を辞す。同年正五位上に進み、嘉永元(1848)年左少弁・御祈奉行・氏院別当に任ぜられる。同3年御祈奉行・氏院別当を辞す。同4年権右中弁より、同5年右中

弁、同6年蔵人頭に任ぜられ従四位下より従四位上に更に正四位下、安政元(1854)年正四位上に進み賀茂下上社奉行に任ぜられる。同2年の御遷幸に副舎人一人・舎人一人・小舎人童一人・雑色二人・居飼一人・傘一人と滝口御蔵小舎人一人・滝口蔵人所衆一人を供として参加。同年賀茂上下社奉行を辞す。同3年神宮弁、同4年右大弁より左大弁・造興福寺長官に任ぜられる。同6年従三位に進み参議に任ぜられる。万延元(1860)年踏歌外弁となり、文久元(1861)年正三位に進み、同3年右衛門督・使別当に任ぜられ従二位に進み、元治元(1864)年権中納言に任ぜられる。慶応元(1865)年右衛門督・使別当を辞す。同年正二位に進み権大納言に任ぜられ、明治元(1868)年に辞す。家料は850石。京都西院参町西側に住む。子に胤光、孫に賢光(帝室制度御用掛、明治43,3没。57才、明治の華族に列され伯爵を授かる)がいる。　典：明治・公辞・遷幸・公補

○広幡家

第 106代　陽光院　八条宮
正親町天皇━誠仁親王━智仁親王━広幡忠幸━豊忠━長忠┳前豊━前秀━経豊━⇨
　┗信通⇨久我家へ

⇨━基豊━忠礼┳忠朝━忠隆（侯）
　┗重礼

第百六代正親町天皇の皇孫八条宮智仁親王の第二王子忠幸王が、源姓を賜り尾張大納言徳川義直の養子となり、のち一家を興し広幡を氏姓とした。明治に至り華族に列され侯爵を授かる。本姓は源。家紋は菊。菩提寺は京都上京区今出川烏丸東の相国寺。

典：日名・京四

広幡忠幸　ひろはた・ただゆき

江戸時代の人、権大納言。寛永元(1624)年生～寛文9(1669)年閏10月16月没。46才。初名＝幸丸。前名＝幸麿。院号＝祥光院。広幡家の祖。

第百六代正親町天皇の皇孫八条宮智仁親王の第二王子、母は丹後侍従高知の娘。徳川尾張家の祖・大納言徳川義直の養子となり名古屋城三の丸に住む。寛文3(1663)年上洛して源姓を賜り広幡を氏姓とし一家を興す。同4年従三位に叙され権中納言に任ぜられる。同7年正三位に進み、同8年権大納言に任ぜられる。同9年東照宮奉幣使に任ぜられ踏歌外弁となる。養子に豊忠(久我家より)がいる。　典：大日・日名・伝日・公辞・公補

広幡豊忠　ひろはた・とよただ

江戸時代の人、内大臣。寛文6(1666)年6月26日生～元文2(1737)年8月1日没。72才。院号＝浄光院。

権中納言久我通名の子。寛文9(1669)年権大納言広幡忠幸と権中納言西園寺公満の娘の家督養子となる。同10年叙爵し、同12年従五位上、延宝4(1676)年正五位下に進み侍従に任ぜられる。同6年元服し従四位下に進み、同7年左少将に任ぜられる。同12年従四位上に進み、天和2(1682)年左中将に任ぜられ正四位下に進み、同3年中宮権亮に任ぜられ従三位に進み、貞享3(1686)年権中納言に任ぜられ踏歌外弁となる。同4年正三位に進み、

更に元禄5(1692)年権大納言に任ぜられる。同7年従二位に進み、宝永元(1704)年権大納言を辞す。同年正二位に進み、同7年再び権大納言に任ぜられる。享保4(1719)年右大将・右馬寮御監に任ぜられる。同5年任職を辞す。同8年内大臣に任ぜられるも辞す。同11年従一位に進む。子に長忠がいる。　典：公辞・日名・公補

広幡長忠　ひろはた・ながただ

江戸時代の人、権大納言。正徳元(1711)年4月4日生～明和8(1771)年9月27日没。61才。法名=承恵。

内大臣広幡豊忠の子。享保5(1720)年従五位下に叙される。同7年侍従に任ぜられ従五位上、同8年正五位下、同9年従四位下に進み元服し左少将に任ぜられる。同10年従四位上に進み左中将に任ぜられる。同11年正四位下、同13年従三位に進み、同14年踏歌外弁となる。同15年権中納言に任ぜられる。同16年春宮権大夫に任ぜられ正三位に進み、同20年権大納言に任ぜられる。元文元(1736)年従二位、延享元(1744)年正二位に進み、同4年権大納言を辞す。宝暦6(1756)年46才で出家。子に前豊・久我信通がいる。　典：公辞・日名・公補

広幡前豊　ひろはた・さきとよ

江戸時代の人、内大臣。寛保2(1742)年2月20日生～天明3(1783)年12月19日没。42才。初名=輔忠。院号=延寿院・楽円樹院。雅号=青雲。

権大納言広幡長忠の子。弟に久我信通がいる。初め輔忠と名乗る。延享2(1745)年従五位下に叙される。同4年従五位上、寛延元(1748)年正五位下に進み、同2年侍従に任ぜられる。同4年従四位下、宝暦元(1751)年従四位上に進み左大臣近衛内前の猶子となる。同年元服。同2年正四位下に進み、同3年右権少将より右権中将に任ぜられる。同4年従三位に進み、同6年権中納言に任ぜられ正三位に進む。同9年従二位に進み、同10年権大納言に任ぜられる。同11年踏歌外弁となり、同13年正二位に進み、明和6(1769)年右大将・右馬寮御監、同7年院執権に任ぜられる。同8年皇太后宮大夫に任ぜられたが辞す。安永2(1773)年前豊と改名。同3年院執権を辞す。同4年内大臣に任ぜられるも辞す。天明元(1781)年従一位に進む。子に前秀がいる。　典：大日・伝日・公辞・日名・公補

広幡前秀　ひろはた・さきひで

江戸時代の人、権大納言。宝暦12(1762)年12月2日生～文化5(1808)年6月19日没。47才。初名=前基。

内大臣広幡前豊の子。母は兵部卿宮貞建親王の娘。初め前基と名乗る。安永3(1774)年従五位下より従五位上に叙され侍従に任ぜられる。同4年正五位下、同5年従四位下より従四位上、同6年正四位下に進み元服し右近衛権少将より右近衛権中将に任ぜられる。同7年従三位に進み踏歌外弁となり更に権中納言に任ぜられる。同8年正三位に進み、天明元(1781)年皇太后宮権大夫に任ぜられる。同2年従二位に進み、同3年皇太后宮権大夫を辞す。同6年正二位に進む。同8年前秀と改名。寛政元(1789)年権大納言に任ぜられる。同6年踏歌内弁、文化3(1806)年東照宮奉幣使となり、同5年権大納言を辞す。子に経豊がいる。　典：公辞・日名・公補

広幡経豊　ひろはた・つねとよ

江戸時代の人、内大臣。安永8(1779)年6月25日生～天保9(1838)年8月23日没。60才。院号＝瑞応華院。

権大納言広幡前秀の子。右大臣近衛公煕の猶子となる。寛政2(1790)年従五位下に叙される。同3年従五位上、同4年正五位下に進み侍従に任ぜられる。同5年従四位下に進み元服し左権少将より、同6年右権中将・中宮権亮に任ぜられ従四位上より正四位下、同7年従三位、同9年正三位に進み、享和2(1802)年権中納言に任ぜられる。文化元(1804)年従二位、同5年正二位に進み、同8年中宮権大夫に任ぜられる。同9年踏歌外弁となり更に権大納言に任ぜられる。文政4(1821)年踏歌続内弁となり、同7年内大臣に任ぜられるも辞す。同8年従一位に進む。子に基豊がいる。　典：公辞・日名・公補

広幡基豊　ひろはた・もととよ

江戸時代の人、内大臣。寛政12(1800)年4月22日生～安政4(1857)年5月29日没。58才。

内大臣広幡経豊の子。母は内大臣今出川実種の養女(実は権大納言日野資矩の娘)。享和2(1802)年従五位下に叙される。同3年従五位上、文化元(1804)年正五位下、同2年従四位下に進み侍従に任ぜられる。同3年従四位上、同7年正四位下に進み、同8年元服し右権少将より権中将、同10年右中将に任ぜられ従三位、同12年正三位に進み、文政元(1818)年権中納言に任ぜられ従二位に進み、同2年踏歌外弁となり、同4年正二位に進み、天保2(1831)年権大納言に任ぜられる。弘化2(1845)年踏歌続内弁となり、同4年皇太后宮大夫となる。嘉永2(1849)年右大将・右馬寮御監に任ぜられる。安政2(1855)年の御遷幸に番長として居飼二人・随身六人・身寺二人・舎人長一人・馬副八人・雑色八人・傘一人を供に参加、同4年内大臣に任ぜられるも辞す。同年従一位に進む。子に忠礼がいる。　典：公辞・日名・公補

広幡忠礼　ひろはた・ただあや

江戸時代の人、内大臣。文政7(1824)年6月28日生～明治38(1905)年1月没。82才。

内大臣広幡基豊の子。母は准三后鷹司政煕の娘。文政9(1826)年従五位上に叙される。同11年正五位下、同12年従四位下、天保元(1830)年従四位上に進み、同2年侍従に任ぜられる。同5年正四位下に進み元服し、同7年右近衛権少将に任ぜられる。同10年内大臣近衛忠煕の猶子となる。同11年左権中将に任ぜられ従三位、同12年正三位に進み、弘化元(1844)年踏歌外弁となり、嘉永3(1850)年権中納言に任ぜられる。同4年従二位、同6年正二位に進み、安政4(1857)年権大納言に任ぜられる。文久3(1863)年朝廷内で政変があり急進派の公卿21人と共に参内停止の処分を受ける。慶応3(1867)年内大臣に任ぜられる。明治新政府となり麝香祇侯・貴族院議員などを務め、華族に列され侯爵を授かる。家料は500石。子に忠朝がいる。　典：公辞・公補

○福島家

福島正則　ふくしま・まさのり

室町・安土桃山・江戸時代の人、参議。永禄4(1561)年生～寛永元(1624)年7月没。64才。本姓=源。号=馬斎・海福寺。法名=月翁正印。

尾張に生まる。豊臣秀吉の家臣。秀吉の家臣として武勲をたてた。秀吉の没後は徳川家康と豊臣家との和睦に尽力したが、大阪の陣では江戸・駿河と赴いていた。慶長8(1603)年従四位下に叙される。元和3(1617)年参議に任ぜられるも辞す。のち凶暴残忍な性格となり、同6年出家し信濃川中島に居住した。　典：大日・公補

○藤井家

藤井嗣尹━嗣孝　（南北朝・室町期　本姓＝藤原）

吉田兼慶━藤井兼充┳兼代━充行━充武━行福━行学━行道━行徳（子）
　　　　　　　　　┗兼護　　　　　　　　　　　　　　（江戸期・本姓＝卜部）

南北朝・室町時代に藤原家より分かれて興した藤井家が現れたが二代にて衰退した。江戸時代に至り、宝永6年に卜部吉田家より分かれ堂上に列された藤井家が興きた。代々神祇輔を奉仕し平野社預かりを兼ね、俗に平野卜部家とも称した。明治に至り華族に列され子爵を授かる。本姓=卜部。家紋は柏。菩提寺は京都上京区の浄福寺。

典：日名・京四・公補

藤井家(南北朝・室町期)

藤井嗣尹　ふじい・つぐただ

南北朝・室町時代の人、参議。生年不明～応永13(1406)年5月6日没。本姓=藤原。藤井家の始祖。

父母不明。藤井家を興す。正四位下に叙され左中将に任ぜられる。康応元(1389.元中6)年参議に任ぜられる。明徳元(1390.元中7)年加賀権守に任ぜられ従三位に進むも任職を辞す。同3年正三位、応永4(1397)年従二位に進む。子に嗣孝がいる。　典：公補

藤井嗣孝　ふじい・つぐたか

室町時代の人、非参議。生没年不明。本姓=藤原。

参議藤井嗣尹の子。右中将に任ぜられる。応永18(1411)年従三位に叙される。同24年正三位に進み、同28年出家。　典：公補

藤井充行　ふじい・みちゆき

江戸時代の人、非参議。享保7(1722)年11月28日生～寛政4(1792)年4月24日没。71才。初名=兼矩。藤井家の次祖。

正六位上・式部大丞藤井兼代の子。叔父の従五位下・弾正少弼藤井兼護家を継ぐ。初め兼矩と名乗る。享保19(1734)年元服し正六位上に叙され内匠助、同20年蔵人・式部大丞、延享4(1747)年治部権少輔に任ぜられ従五位下、寛延3(1750)年従五位上に進み、宝暦元(1751)年民部大輔に任ぜられる。同4年正五位下、同8年従四位下に進み右京権大夫に任ぜられる。同12年従四位上、明和3(1766)年正四位下、同7年従三位、安永5(1776)年正三位に進む。同8年充行と改名。寛政元(1789)年従二位に進む。子に充武がいる。　典:公辞・公補

藤井充武　ふじい・みちたけ

江戸時代の人、非参議。寛延2(1749)年8月6日生〜文化6(1809)年7月18日没。61才。初名=兼祥。

非参議藤井充行の子。母は非参議桜井氏敦の娘。初め兼祥と名乗る。明和3(1766)年元服し正六位上に叙され右馬頭に任ぜられる。同4年蔵人・式部大丞、同5年大蔵大輔に任ぜられ従五位下、同8年従五位上、安永3(1774)年正五位下に進み、同6年右兵衛佐に任ぜられる。同7年従四位下に進む。同8年充武と改名。天明3(1783)年従四位上、同7年正四位下、寛政3(1791)年従三位、同9年正三位、文化6(1809)年従二位に進む。子に行福がいる。　典:公辞・公補

藤井行福　ふじい・ゆきとみ

江戸時代の人、非参議。安永3(1774)年2月11日生〜天保6(1835)年3月8日没。62才。

非参議藤井充武の子。天明4(1784)年従五位下に叙される。同5年元服し右馬権頭に任ぜられる。同8年従五位上、寛政4(1792)年正五位下に進み、同5年兵部大輔に任ぜられる。同8年従四位下に進み、同11年中務権大輔に任ぜられる。同12年従四位上に進み、文化元(1804)年大輔に任ぜられる。同8年従三位、同14年正三位、天保6(1835)年従二位に進む。子に行学がいる。　典:公辞・公補

藤井行学　ふじい・ゆきたか

江戸時代の人、非参議。享和3(1803)年1月7日生〜明治元(1868)年7月没。66才。

非参議藤井行福の子。母は非参議沢宣維の娘。文化10(1813)年従五位下に叙される。同13年元服し肥後権介に任ぜられる。同14年従五位上、文政3(1820)年正五位下に進み、同4年中務権大輔より、同7年中務大輔に任ぜられ従四位下、同11年従四位上、天保6(1835)年正四位下、弘化2(1845)年従三位、嘉永4(1851)年正三位、文久3(1863)年従二位進む。家料は御蔵米。子に行道がいる。　典:公辞・公補

藤井行道　ふじい・ゆきみち

江戸・明治時代の人、非参議。文政8(1825)年9月28日生〜明治24(1891)年7月没。67才。

非参議藤井行学の子。母は権大納言鷲尾隆純の娘。天保6(1835)年従五位下に叙される。同9年元服し常陸権介に任ぜられる。同10年従五位上、同13年正五位下に進み、弘化2(1845)年中務権大輔に任ぜられる。同3年従四位下、嘉永3(1850)年従四位上、安政元(1854)年正四位下、同6年従三位、慶応元(1865)年正三位に進む。明治に至り華族に列され子爵を授かる。子に行徳(安政2年生、従三位・子爵)がいる。　典:公辞・公補

○藤江家

権大納言飛鳥井雅綱の孫が飛鳥井家より分家して、藤江を氏姓としたが、雅良の一代で終わる。

典：公補

藤江雅良　ふじえ・まさよし

江戸時代の人、非参議。慶長8(1603)年生〜没年不明。初名=定時。

権大納言飛鳥井雅綱の孫が飛鳥井家より分家して藤江家を興す。初め定時と名乗る。元和8(1622)年叙爵し右京大夫に任ぜられる。寛永9(1632)年従五位上、同13年正五位下に進む。同16年雅良と改名。同17年従四位下、同21年従四位上、正保5(1648)年正四位下、承応元(1652)年従三位に進む。同2年51才で出家。　典：公補

○藤谷家

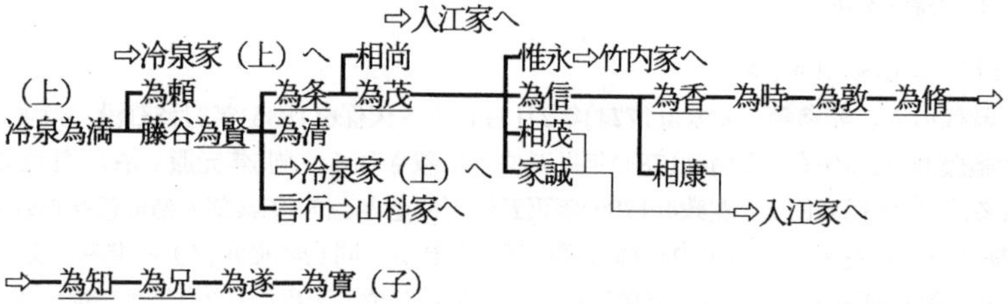

御子左家・冷泉(上)家の支流。権大納言冷泉(上)為満の次男為賢が一家を興し藤谷を氏姓とした。代々歌道をもって奉仕し、明治に至り華族に列され子爵を授かる。本姓は藤原。菩提寺は京都左京区浄土寺の真如堂。

典：日名・京四

藤谷為賢　ふじたに・ためかた

江戸時代の人、権中納言。文禄2(1593)年8月13日生〜承応2(1653)年7月11日没。61才。藤谷家の祖。

権大納言冷泉(上)為満の次男。兄に冷泉(上)為頼がいる。慶長11(1606)年叙爵し元服し、同15年侍従に任ぜられる。同17年従五位上に進み、同19年左少将に任ぜられ正五位下、元和5(1619)年従四位下に進み、同6年右中将に任ぜられる。同10年従四位上、寛永5(1628)年正四位下、同9年従三位に進み、同12年民部卿に任ぜられる。同14年正三位に進み、同15年参議に任ぜられる。同17年踏歌外弁となり、同19年従二位に進み権中納言に任ぜられ、正保2(1645)年に辞す。子に為条・冷泉(上)為清・山科言行がいる。　典：大日・伝日・公辞・公補

藤谷為条　ふじたに・ためなが

江戸時代の人、権中納言。元和6(1620)年3月21日生～延宝8(1680)年9月15日没。61才。初名=元為。前名=為顯。

権中納言藤谷為賢の子。母は隆昌朝臣の娘。兄弟に冷泉(上)為清・山科言行がいる。初め元為と名乗り、のち為条と改名。寛永3(1626)年叙爵。同7年元服し侍従に任ぜられる。同8年従五位上、同13年正五位下に進み、同14年左少将に任ぜられる。同17年従四位下に進み、同18年左中将に任ぜられる。同21年従四位上、正保5(1648)年正四位下、承応3(1654)年従三位に進み、明暦元(1655)年右衛門督に任ぜられる。万治元(1658)年正三位に進み参議に任ぜられる。同2年踏歌外弁となり、寛文元(1661)年任職を辞す。同9年従二位に進み権中納言に任ぜられる。延宝元(1673)年正二位に進み、同2年に任職を辞す。子に為茂・入江相尚がいる。　典：公辞・公補

藤谷為茂　ふじたに・ためしげ

江戸時代の人、権大納言。承応3(1654)年6月23日生～正徳3(1713)年6月13日没。60才。初名=為教。一字名=不。

権中納言藤谷為条の子。弟に入江相尚がいる。初め為教と名乗る。万治2(1659)年叙爵。寛文4(1664)年元服し従五位上に進み侍従に任ぜられる。同8年正五位下に進み、同10年左少将より、同12年左中将に任ぜられる。延宝5(1677)年従四位上、天和元(1681)年正四位下に進む。貞享元(1684)年為茂と改名。同2年従三位に進み民部卿に任ぜられる。元禄6(1693)年正三位に進み、同8年参議に任ぜられる。同9年踏歌外弁となり、同12年東照宮奉幣使となる。同13年任職を辞す。同14年権中納言に任ぜられるも辞す。同年従二位に進む。正徳3(1713)年権大納言に任ぜられるも辞す。子に為信・竹内惟永・入江相茂・入江家誠がいる。　典：公辞・公補

藤谷為信　ふじたに・ためのぶ

江戸時代の人、権中納言。延宝3(1675)年11月21日生～元文5(1740)年10月7日没。66才。法名=宗林。

権大納言藤谷為茂の子。兄弟に竹内惟永・入江相茂・入江家誠がいる。延宝7(1679)年叙爵。貞享4(1687)年元服し従五位上に進み侍従に任ぜられる。元禄4(1691)年正五位下に進み、同10年左中将に任ぜられる。同12年従四位上、同16年正四位下、宝永4(1707)年従三位、正徳3(1713)年正三位に進み、同4年右兵衛督に任ぜられる。享保元(1716)年踏歌外弁となり、同2年参議に任ぜられる。同5年東照宮奉幣使となるも任職を辞す。同8年権中納言に任ぜられ翌年に辞す。同10年従二位に進む。子に為香・入江相康がいる。　典：公辞・公補

藤谷為香　ふじたに・ためよし

江戸時代の人、権中納言。宝永3(1706)年2月26日生～宝暦7(1757)年9月10日没。52才。

権中納言藤谷為信の子。弟に入江相康がいる。正徳4(1714)年叙爵。享保3(1718)年元服し従五位上に進み侍従に任ぜられる。同7年正五位下に進み左少将より、同15年左中将に任ぜられ従四位上、同19年正四位下、元文3(1738)年従三位、延享元(1744)年正三位に

進み、寛延3(1750)年参議に任ぜられも翌年に辞す。宝暦5(1755)年権中納言に任ぜられるも辞す。同6年従二位に進む。子に為時(従四位下・民部少輔、明和2,7,17没。31才、子は為敦)がいる。　典：公辞・公補

藤谷為敦　ふじたに・ためあつ

江戸時代の人、権中納言。寛延4(1751)年7月13日生～文化3(1806)年6月7日没。56才。

権中納言藤谷為香の孫。従四位下・民部少輔藤谷為時朝臣の子。宝暦5(1755)年従五位下に叙される。同9年元服し従五位上に進み弾正少弼に任ぜられる。同13年正五位下、明和4(1767)年従四位下に進み、同7年右近衛権少将に任ぜられる。同8年従四位上に進み、安永元(1772)年右近衛権中将に任ぜられる。同3年正四位下、同6年従三位進み右兵衛督に任ぜられる。天明元(1781)年正三位に進み、寛政4(1792)年踏歌外弁となる。同8年参議に任ぜられる。同9年従二位に進み、同11年任職を辞す。享和元(1801)年権中納言に任ぜられる。同3年に辞す。同年正二位に進む。子に為脩がいる。　典：公辞・公補

藤谷為脩　ふじたに・ためなが

江戸時代の人、権中納言。天明4(1784)年1月6日生～天保14(1843)年8月14日没。60才。

権中納言藤谷為敦の子。母は大僧正常順の娘。天明8(1788)年従五位下に叙される。寛政3(1791)年元服し大和権介に任ぜられる。同4年従五位上、同8年正五位下、同12年従四位下、文化元(1804)年従四位上に進み、同2年左近衛権少将に任ぜられる。同4年正四位下に進み、同8年権中将に任ぜられ従三位、同12年正三位に進み右兵衛督に任ぜられる。同13年踏歌外弁となる。天保2(1831)年従二位に進み参議に任ぜられる。同5年東照宮奉幣使となり、同8年に任職を辞す。同11年権中納言に任ぜられる。同12年正二位に進む。同13年権中納言を辞す。子に為知がいる。　典：公辞・公補

藤谷為知　ふじたに・ためとも

江戸時代の人、非参議。文化4(1807)年6月10日生～嘉永2(1849)年9月29日没。43才。

権中納言藤谷為脩の子。文政3(1820)年従五位下に叙され元服し大和権介に任ぜられる。同7年従五位上、同11年正五位下に進み、天保2(1831)年右近衛権少将に任ぜられる。同3年従四位下、同7年従四位上に進み、同9年左権中将に任ぜられる。同10年正四位下、同13年従三位、弘化3(1846)年正三位に進み、嘉永2(1849)年右兵衛督に任ぜられるも辞す。子に為兄がいる。　典：公辞・公補

藤谷為兄　ふじたに・ためさき

江戸時代の人、非参議。天保元(1830)年8月11日生～安政5(1858)年9月没。29才。

非参議藤谷為知の子。母は非参議竹内惟徳の娘。天保5(1834)年叙爵。同8年元服し越前権介に任ぜられる。同9年従五位上、同13年正五位下、弘化3(1846)年従四位下、嘉永3(1850)年従四位上に進み、同5年右近衛少将に任ぜられる。同6年正四位下に進み、安政2(1855)年の御遷幸に舎人一人・随身二人・小舎人童一人・雑色二人・傘一人を供として参加、同4年左近衛権中将に任ぜられ従三位に進むも翌年に没す。養子に為遂(入江為善の子。従四位下・越前権介、明治10,4没。子は為寛、慶応元,5生、従三位・明治の華族に列され子爵を授かる)がいる。　典：公辞・遷幸・公補

○藤波家

大中臣親世━藤波清世━清忠━秀忠━伊忠━朝忠━康忠━慶忠━種忠━友忠━景忠━⇨

⇨┳徳忠━和忠━季忠━寛忠━光忠━教忠━言忠━茂時（子）
　┗千種有補

大中臣家の分家。大中臣清麿の末裔。代々祭主家として神祇を司り、清世に至り藤波を氏姓とした。明治に至り華族に列され子爵を授かる。本姓は大中臣。家紋は牡丹。菩提寺は京都上京区の浄福寺。

典：日名・京四

藤波清世　ふじなみ・きよよ

南北朝・室町時代の人、非参議。暦応4(1341.興国2)年生～応永16(1409)年11月5日没。69才。藤波家の祖。

祭主権大副・非参議大中臣親世の子。代々祭主家として神祇を司る。藤波家の祖。神祇権大副に任ぜられる。応永7(1400)年従三位に叙される。同15年神祇大副に任ぜられたが翌年に没す。子に清忠がいる。　典：公辞・公補

藤波清忠　ふじなみ・きよただ

室町時代の人、非参議。生没年不明。

非参議藤波清世の子。祭主となり神祇権大副に任ぜられる。永享3(1431)年正三位に叙される。同11年祭主を辞す。同年神祇大副に任ぜられる。宝徳2(1450)年再び祭主に任ぜられる。寛正元(1460)年従二位に進む。文明2(1470)年より名が見えなくなる。子に秀忠がいる。　典：公辞・公補

藤波秀忠　ふじなみ・ひでただ

室町時代の人、非参議。生年不明～延徳3(1491)年没。初名＝清定。前名＝秀直。

非参議藤波清忠の子。初め清定と名乗り、のち秀直と改名。神祇権大副に任ぜられる。寛正2(1461)年従三位に叙され内造宮使となる。同5年神祇大副、応仁2(1468)年祭主に任ぜられる。同年秀忠と改名。文明4(1472)年正三位、文明18(1486)年従二位に進む。子に伊忠がいる。　典：公辞・公補

藤波伊忠　ふじなみ・よしただ

室町時代の人、非参議。応仁2(1468)年生～大永2(1522)年9月10日没。55才。初名＝輔忠。

非参議藤波秀忠の子。神祇大副に任ぜられる。永正3(1506)年従三位に叙される。同4年祭主に任ぜられる。同8年正三位、大永2(1522)年従二位に進む。子に朝忠がいる。　典：公辞・公補

藤波朝忠　ふじなみ・あさただ

室町時代の人、非参議。明応7(1498)年生～元亀元(1570)年11月26日没。73才。

非参議藤波伊忠の子。神祇大副に任ぜられる。天文5(1536)年従三位に叙される。同7年祭主に任ぜられる。同12年正三位、同17年従二位に進む。子に康忠がいる。　典：公辞・公補

藤波景忠　ふじなみ・かげただ

江戸時代の人、非参議。正保4(1647)年4月16日生～享保12(1727)年5月11日没。81才。

正五位下・祭主・権少副藤波種忠の孫。藤波友忠朝臣の子。寛文元(1661)年叙爵し神祇権少副・祭主に任ぜられる。同2年従五位上、同4年正五位下、同7年従四位下、同9年従四位上、延宝元(1673)年正四位下、同6年従三位に進み神祇権大副に任ぜられる。貞享元(1684)年正四位下に退位。同年刑部大輔、同2年兵部大輔に任ぜられ再び従三位に進む。同4年神祇大副に任ぜられ正三位、元禄11(1698)年従二位に進む。正徳4(1714)年祭主を辞す。享保2(1717)年神祇大副を辞す。同5年正二位に進む。子に徳忠・千種有補がいる。典：公辞・公補

藤波徳忠　ふじなみ・とくただ

江戸時代の人、非参議。寛文10(1670)年4月4日生～享保12(1727)年3月23日没。58才。

非参議藤波景忠の子。弟に千種有補がいる。延宝2(1674)年叙爵。貞享元(1684)年元服し従五位上に進み左京権大夫、同4年神祇権大副に任ぜられる。元禄元(1688)年正五位下、同5年従四位下、同8年従四位上に進み、同11年左京大夫に任ぜられる。同12年正四位下、同16年従三位、宝永6(1709)年正三位に進み、正徳4(1714)年祭主、享保2(1717)年神祇大副に任ぜられる。同7年従二位に進み、同12年任職を辞す。子に和忠がいる。　典:公辞・公補

藤波和忠　ふじなみ・かずただ

江戸時代の人、非参議。宝永4(1707)年1月9日生～明和2(1765)年12月6日没。59才。

非参議藤波徳忠の子。宝永8(1711)年叙爵。正徳5(1715)年元服し従五位上に進み左京大夫に任ぜられる。享保2(1717)年大夫を辞す。同年神祇権大副に任ぜられる。同3年正五位下、同7年従四位下、同10年従四位上に進み、同12年祭主・神祇大副に任ぜられ両宮造宮使となる。同14年正四位下、同18年従三位、元文3(1738)年正三位に進み、同5年伊勢権守に任ぜられ、延享元(1744)年権守を辞す。寛延元(1748)年従二位に進み、宝暦12(1762)年祭主を辞す。明和元(1764)年大副を辞す。明和2年正二位に進む。養子に季忠がいる。　典：公辞・公補

藤波季忠　ふじなみ・すえただ

江戸時代の人、非参議。元文4(1739)年1月26日生～文化10(1813)年2月15日没。75才。号=水竹主人。

権大納言冷泉(下)宗家の次男。母は権大納言清閑寺熈定の娘。宝暦元(1751)年非参議藤波和忠と河内守英成朝臣の娘の養子となり従五位下に進み、同2年元服し左京大夫・神祇権大副に任ぜられる。同5年従五位上、同9年正五位下に進み、同12年祭主・造両太神宮使となり、同13年従四位下より従四位上に進む。同年神祇権大副を辞す。同年伊勢権守に任ぜられる。明和元(1764)年神祇大副に任ぜられ正四位下、同4年従三位、明和8(1771)年正三位に進み、安永6(1777)年従二位に進み、同7年祭主を辞す。天明2(1782)年再び両太

神宮使に任ぜられたが辞す。同6年神祇大副を辞す。寛政10(1798)年正二位に進む。茶道を四世一灯宗室石翁に学び、絵画を巧みに描いた。子に寛忠がいる。　典：公辞・日名・公補

藤波寛忠　ふじなみ・ひろただ

江戸時代の人、非参議。宝暦9(1759)年1月25日生〜文政7(1824)年11月24日没。66才。

非参議藤波季忠の子。母は非参議藤波和忠の娘。明和4(1767)年叙爵。同8年元服し従五位上に進み右京権大夫に任ぜられる。安永3(1774)年正五位下に進み、同4年右京権大夫を辞す。同年神祇権大副、同5年左兵衛権佐に任ぜられる。同6年従四位下に進み、同7年祭主に任ぜられる。同年左兵衛権佐を辞す。同9年従四位上より正四位下に進み、天明2(1782)年造両太神宮使となり、同3年従三位に進み、同6年神祇大副に任ぜられる。同7年正三位、寛政10(1798)年従二位に進み、文化元(1804)年両太神宮造宮使に任ぜられる。同3年祭主を辞す。同4年両太神宮造宮使を辞す。文政元(1818)年正二位に進み、同7年神祇大副を辞す。子に光忠がいる。　典：公辞・公補

藤波光忠　ふじなみ・みつただ

江戸時代の人、非参議。寛政4(1792)年閏2月19月生〜弘化元(1844)年6月30日没。53才。

非参議藤波寛忠の子。母は権大納言中山愛親の娘。寛政8(1796)年従五位下に叙される。同12年元服し従五位上に進み神祇権大副に任ぜられる。享和3(1803)年正五位下に進み右兵衛佐に任ぜられる。文化3(1806)年従四位下に進み祭主、同4年造両太神宮使に任ぜられる。同6年従四位上より正四位下に進みむ。同年両太神宮使を辞す。同9年従三位、同13年正三位に進み、文政7(1824)年造両太神宮使となり神祇大副に任ぜられる。天保2(1831)年従二位に進み、同10年祭主を辞す。弘化元(1844)年神祇大副を辞す。子に教忠がいる。　典：公辞・公補

藤波教忠　ふじなみ・のりただ

江戸・明治時代の人、非参議。文政6(1823)年8月19日生〜明治24(1891)年1月没。69才。

非参議藤波光忠の子。文政10(1827)年従五位下に叙される。天保2(1831)年元服し従五位上に進み神祇権大副に任ぜられる。同5年正五位下、同8年従四位下に進み、同10年祭主に任ぜられる。同11年従四位上に進み、同12年右兵衛権佐、同13年両宮造宮使に任ぜられる。同14年正四位下に進み、弘化元(1844)年神祇大副に任ぜられる。同年両宮造宮使を辞す。同3年従三位、同4年正三位に進み、嘉永2(1849)年伊勢権守に任ぜられる。安政2(1855)年の御遷幸に神祇官として馬副四人・舎人二人・居飼一人・雑色六人・傘一人を供に参加、同5年安政の事件(飛鳥井雅典の項参照)に八十八廷臣として連座。文久元(1861)年従二位に進む。家料は千石。子は言忠(宮中顧問官、華族に列され子爵を授かる、大正15,5没。74才、子は茂時)がいる。　典：公辞・遷幸・公補

○藤原家

古代に全盛を誇った最大の貴族で、中臣鎌子連(鎌足)が、天智天皇より藤原を賜ったのに始まる。その子不比等は政治に活躍し、娘の光明子を聖武天皇の妃に入れて下臣として、藤原家の基礎を築いた。その四子より各家が起こり、三家は平安時代に衰退した

［注］藤原家からは多数の公卿が輩出しているので、鎌足と不比等を総家として南・北・式・京の４家に分け、一番多い北家は更に17に分類した

〈藤原総家〉

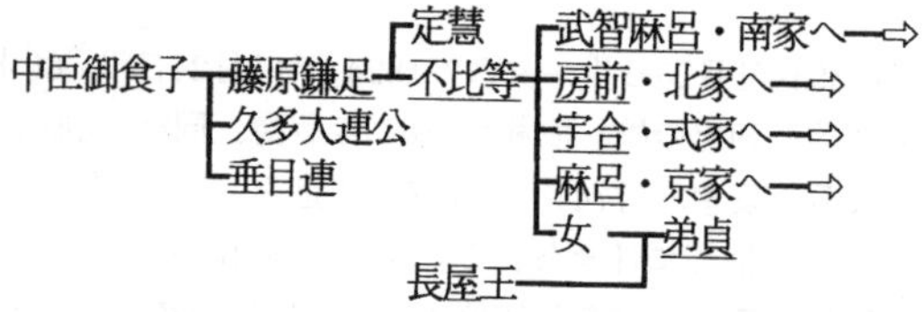

が、北家が藤原家を代表する家柄となり、多くの公卿に分家している。代々に渡り政治の要職に務め鎌倉時代以降は藤原家より分家した五摂家を中心に幕末まで続いた。家紋は藤。九条・一条・醍醐・正親町・裏辻・富小路の各家も藤。菩提寺は各地に点在しているが、京都上京区の浄福寺・京都右京区大原野の十輪寺を代表とする。

藤原鎌足　ふじわらの・かまたり

飛鳥時代の人、内大臣。第33代推古天皇22年(614)年生〜第38代天智天皇8年(669)年10月16日没。56才。字=仲郎。前名=中臣鎌子。姓(かばね)=連。藤原家の始祖。

天児屋尊廿一世孫。小徳冠中臣御食子の子。母は大伴夫人。大和国高市郡に生る。初め中臣鎌子と名乗る。大化元(645)年謀叛を起こした入鹿一味を滅ぼし恩賞を賜り大錦上叙され内臣に任ぜられる。天智天皇8年(669)年大織冠に叙され内大臣に任ぜられ(内大臣の始まり)藤原姓を賜り藤原鎌足と改名。摂津阿威山に葬られたが、長男定慧が唐より帰朝し大和多武峰(今の談山神社)に改葬した。鎌倉の地名は鎌足に拠る。在官25年。子に定慧・不比等がいる。　典：古代・謎人・鎌倉・京都・大日・伝日・日名・公補

藤原不比等　ふじわらの・ふひと

飛鳥・奈良時代の人、右大臣。斉明5(659)年生〜養老4(720)年8月3日没。62才。別名=史。諡=淡海公。姓(かばね)=朝臣。

中臣御食子の孫。近江朝の大織冠・内大臣藤原鎌足の次男。母は車持国子君の女与志古の娘。兄に僧となった定慧がいる。中納言に任ぜられる。大宝元(701)年従三位に叙され更に直広一・正三位に進み大納言に任ぜられる。慶雲元(704)年従二位に進み、同2年に病気となり度者廿人を賜り布4百端と米80石を京の諸寺に施す。和銅元(708)年正二位に進み右大臣に任ぜられる。同3年大和国平城宮に興福寺金堂の建立を始める。養老2(718)年太政大臣の昇官を固く辞退する。在官13年(中納言3ケ月・大納言8年)。没後に正一位・太政大臣を贈られる。奈良市法華寺町の海竜王寺(隅寺)は邸宅跡といわれる。律令の選定に務め養老律令を完成する。詩歌をよく詠む。子に武智麻呂(南家)・房前(北家)・宇合(式家)・麻呂(京家)、娘に宮子(第44代文武天皇の夫人)・安宿(第45代聖武天皇の皇后)・多比能がいる。第45代聖武天皇と第46代孝謙天皇の外祖。　典：古代・大日・伝日・古今・日名・公補

藤原弟貞　ふじわらの・おとさだ

奈良時代の人、参議。生年不明〜天平宝字7(763)年11月没。姓(かばね)=朝臣。

左大臣長屋王の子。母は右大臣藤原不比等の娘。但馬守・坤宮大弼を辞す。天平4(732)年従三位に叙される。天平勝宝元(749)年正三位に進み、天平宝字5(761)年礼部卿に任ぜられる。同6年参議に任ぜられるも翌年に辞す。　典：古代・公補

○藤原(南家)

藤原南家は、藤原不比等の長男武智麿を祖としたが、子の仲麿(のち藤原恵美押勝)の謀叛などがあり、末裔に工藤・二階堂等の氏姓として分家した。

〈藤原南家〉

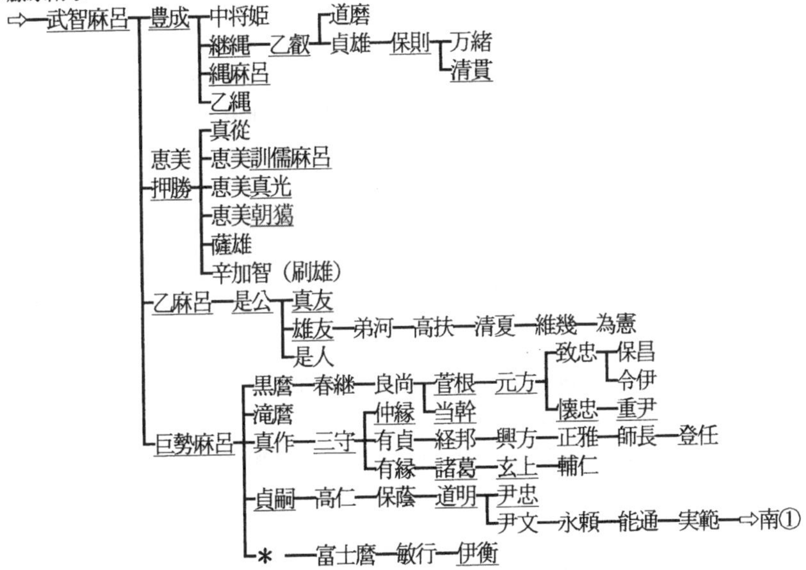

藤原武智麻呂　ふじわらの・むちまろ

飛鳥・奈良時代の人、左大臣。第40代天武天皇9年(680)年生～天平9(737)年7月27日没。58才。姓(かばね)=朝臣。藤原南家の祖。

中臣御食子の曾孫。近江朝の大織冠・内大臣藤原鎌足の孫。贈太政大臣・右大臣藤原不比等の長男。母は大紫冠・右大臣蘇我武羅自古(連子)の娘媼子。弟に房前(北家)・宇合(式家)・麿(京家)、妹に宮子(第44代文武天皇の夫人)・安宿(第45代聖武天皇の皇后)・多比能がいる。和銅4(711)年従五位上に叙される。同6年従四位下に進み、養老2(718)年式部卿に任ぜられる。同3年正四位下、同5年従三位に進み中納言に任ぜられる。この頃より兄弟共に政治の要職につく。神亀元(724)年正三位に進み、同3年造宮司に任ぜられる。天平元(729)年大納言に任ぜられる。同3年太宰帥に任ぜられる。同6年従二位に進み右大臣に任ぜられる。同9年正二位に進み左大臣に任ぜられる。この年は赤疱瘡の病気が流行

しその病気にて没したと思われる。在官は中納言9年・大納言6年・右大臣4年・左大臣7ケ日。のち正一位、天平宝字4(760)年に太政大臣を贈られる。子に豊成・仲麿(のち押勝)・乙麿・巨勢麿がいる。毎年4月25日に奈良五条市の栄山寺にて藤原南家の祖・追悼供養として藤原武智麿祭りが行われている。　典：古代・大日・伝日・日名・公補

藤原豊成　ふじわらの・とよなり

奈良時代の人、右大臣。慶雲元(704)年生～天平神護元(765)年11月27日没。62才。姓(かばね)=朝臣。通称=難波大臣・横楓大臣。

贈太政大臣・左大臣藤原武智麿の長男。母は従五位下安倍朝臣貞吉の娘貞媛。弟に仲麿(のち押勝)・乙麿・巨勢麿がいる。養老7(723)年内舎人・兵部大丞に任ぜられる。神亀元(724)年従五位下に進み兵部少輔に任ぜられる。天平4(732)年従五位上、同9年正五位上より従四位下に進み参議に任ぜられ兵部卿に任ぜられる。同11年正四位下に進み、同12年中衛大将に任ぜられる。同14年兵部卿を辞す。同年中務卿に任ぜられる。同15年従三位に進み中納言に任ぜられる。同18年東海道鎮撫守となり、同20年従二位に進み大納言に任ぜられる。天平勝宝元(749)年右大臣に任ぜられる。天平宝字元(757)年正二位に進む。同年病気となり右大臣辞す。同年太宰員外帥となる。同8年再び召されて従一位に進み再び右大臣に任ぜられる。在官は参議7年・中衛大将18年・中納言6年・大納言2年・右大臣9年・前官8年・又右大臣2年。子に継縄・縄麿・乙縄がいる。　典：古代・大日・伝日・日名・公補

藤原仲麿(恵美押勝)　ふじわらの・なかまろ

奈良時代の人、大師(太政大臣と同等)。慶雲3(706)年生～天平宝字8(764)年9月没。59才。初名=仲麿。姓(かばね)=朝臣。

贈太政大臣・左大臣藤原武智麿の次男。兄に豊成、弟に乙麿・巨勢麿がいる。天平6(734)年従五位下に叙される。同15年従四位上に進み参議に任ぜられ左京大夫に任ぜられる。同16年民部卿に任ぜられる。同17年正四位上に進み近江守に任ぜられる。同18年従三位に進み式部卿に任ぜられ東山道鎮撫守となる。同20年正三位に進み、天平勝宝元(749)年大納言に任ぜられ中衛大将に任ぜられる。同2年従二位に進み中務卿に任ぜられる。同3年卿を辞す。同6年中衛大将を辞す。同9年紫微内相に任ぜられる。天平宝字2(758)年大保に任ぜられ姓に恵美を賜り押勝と改名。功として三千戸・田百町を給る。同4年従一位に進み大師(太政大臣と同格)に任ぜられる。同6年正一位に進み、同7年弓削道鏡が上皇の寵愛にて無官から大臣に抜擢されたため、これを除く画策をしたが、同8年に大外記高丘比良麿に密告され官位を止められ田を没収され、宇治より近江、更に越前に向かい氷上塩焼を味方につけて愛発関に兵を進めたが、物部広成に攻められて近江三尾崎に逃れるも殺され、妻と子の真従・訓儒麻呂・真光・朝獦・薩雄、弟巨勢麿など34人は処刑され、六男の刷雄は隠岐に流された。　典：古代・大日・伝日・日名・公補

藤原乙麻呂　ふじわらの・おとまろ

奈良時代の人、非参議。生年不明～天平勝宝4(752)年6月没。姓(かばね)=朝臣。

贈太政大臣・左大臣藤原武智麿の三男。兄に豊成・押勝、弟に巨勢麿がいる。従五位下に叙される。天平勝宝元(749)年正五位上に進み、同2年太宰少弐、同2年太宰帥に任ぜられ従三位に進み、同4年式部卿に任ぜられる。子に是公がいる。　典：古代・公補

藤原巨勢麻呂　ふじわらの・こせまろ

奈良時代の人、参議。生年不明〜天平宝字8(764)年9月没。姓(かばね)=朝臣。別読み=ふじわら・ほせまろ。

贈太政大臣・左大臣藤原武智麿の四男。母は大肆小治田功麿の娘阿禰姫。兄に豊成・押勝・乙麿がいる。天平宝字4(760)年従三位に叙される。同6年参議に任ぜられる。同8年兄押勝の謀叛に加担して捕らえられ、兄押勝の家族・徒党らと共に処刑される。子に黒麿・滝麿・真作・貞嗣などがいる。　典：古代・大日・公補

藤原訓儒麻呂　ふじわらの・くずまろ

奈良時代の人、参議。生年不明〜天平宝字8(764)年9月没。姓(かばね)=朝臣。初名=久須麿。

大師(太政大臣と同等)藤原恵美押勝の長男。母は参議藤原房前の娘正三位表比良姫。弟に真従・真光・朝獦・薩雄・刷雄がいる。天平宝字2(758)年従五位下に叙される。同3年美濃守に任ぜられ従四位下に進み、同5年大和守に任ぜられる。同6年参議に任ぜられる。同7年左右京尹を辞す。同年丹波守に任ぜられる。同8年父押勝の謀叛に連座し坂上刈田麻呂に殺される。　典：大日・伝日・日名・公補

藤原真光　ふじわらの・まみつ

奈良時代の人、参議。生年不明〜天平宝字8(764)年9月没。姓(かばね)=朝臣。

大師(太政大臣と同等)藤原恵美押勝の次男。母は参議藤原房前の娘正三位表比良姫。兄に訓儒麿、弟に真従・朝獦・薩雄・刷雄がいる。天平宝字2(758)年従五位下に叙される。同3年従四位下、同5年従四位上に進み鎮国衛驍騎将軍・美濃飛騨按察使となり、同6年参議に任ぜられ正四位上に進み太宰帥に任ぜられる。同8年父押勝の謀叛に加担して捕らえられて、家族・徒党らと共に処刑される。真先(まさき)と書かれている資料もある。　典：大日・伝日・公補

藤原朝獦　ふじわらの・あさかり

奈良時代の人、参議。生年不明〜天平宝字8(764)年9月没。姓(かばね)=朝臣。

大師(太政大臣と同等)藤原恵美押勝の三男。兄に訓儒麿・真光、弟に真従・薩雄・刷雄がいる。天平宝字元(757)年従五位下に叙され陸奥守に任ぜられる。同3年正五位下、同4年従四位下に進み仁部卿に任ぜられる。同6年参議に任ぜられる。同8年父押勝の謀叛に加担して捕らえられて、家族・徒党らと共に処刑される。　典：大日・伝日・日名・公補

藤原縄麻呂　ふじわらの・ただまろ

奈良時代の人、中納言。天平元(729)年生〜宝亀10(779)年12月没。51才。

右大臣藤原豊成の四男。母は参議藤原房前の娘。兄に継縄、弟に乙縄がいる。天平勝宝元(749)年従五位下に叙される。天平宝字2(758)年備中守に任ぜられる。のち正五位下、

同8年従四位下に進み参議に任ぜられる。天平神護元(765)年侍従に任ぜられる。同2年正四位下、神護景雲2(768)年従三位に進み民部卿に任ぜられる。宝亀元(770)年卿を辞す。同2年中納言に任ぜられる。同4年勅旨卿に任ぜられる。同6年卿を辞す。同10年中衛大将に任ぜられたが没す。のち従二位・大納言を贈られる。 典：古代・大日・伝日・日名・公補

藤原継縄 ふじわらの・つくただ

奈良時代の人、右大臣。神亀4(727)年生～延暦15(796)年7月16日没。70才。通称＝桃園右大臣。

右大臣藤原豊成の次男。母は従五位上路真人山麿の娘。弟に縄麿・乙縄がいる。天平宝字7(763)年従五位下に叙される。同8年信濃守・越前守に任ぜられる。天平神護元(765)年従五位上より正五位下に更に従四位下に進み、同2年右大弁に任ぜられ更に参議に任ぜられる。同3年外衛大将に任ぜられる。宝亀元(770)年従四位上、同2年正四位下より従三位に進み但馬守、同3年大蔵卿より宮内卿・左兵衛督に任ぜられる。同5年兵部卿に任ぜられる。同11年中納言に任ぜられ征東将軍となる。天応元(781)年中務卿・左京大夫に任ぜられ正三位に進み、延暦2(783)年大納言に任ぜられる。同4年太宰帥・太子伝となり、同5年従二位に進み民部卿に任ぜられ造東大寺長官・東宮伝より、同6年皇太子伝となる。同8年中衛大将に任ぜられる。同9年右大臣に任ぜられる。同13年正二位に進む。在官は参議15年・中納言4年・大納言8年・右大臣7年。没後に従一位を贈る。「続日本紀」を撰述する。子に乙叡がいる。 典：古代・大日・伝日・日名・公補

藤原是公 ふじわらの・これきみ

奈良時代の人、右大臣。神亀4(727)年生～延暦8(789)年9月19日没。63才。初名＝黒麿。通称＝牛屋大臣。

贈太政大臣・左大臣藤原武智麿の孫。非参議藤原乙麿の子。母は従五位下石川建麿の娘。初め黒麿と名乗る。天平宝字5(761)年従五位下に叙され神祇大副に任ぜられる。同年是公と改名。同8年播磨守より山城守に任ぜられる。天平神護元(765)年従五位上に進み左兵衛佐より兵衛士督に任ぜられる。同2年従四位下より従四位上に進み、同3年内堅大輔・下総守に任ぜられる。神護景雲2(768)年侍従・内蔵頭に任ぜられる。宝亀5(774)年正四位下に進み春宮大夫・式部大輔に任ぜられ更に参議に任ぜられる。同8年正四位上に進み左大弁に任ぜられる。同10年従三位に進み式部卿に任ぜられる。天応元(781)年正三位に進み中納言に任ぜられ中衛大将に任ぜられ、更に延暦元(782)年大納言に任ぜられる。同2年更に右大臣に任ぜられる。同3年従二位に進む。没後に従一位を贈られる。在官は参議8年・中納言2年・大将9年・大納言2年・右大臣7年。子に真友・雄友・友人・弟友・是人がいる。 典：古代・大日・伝日・日名・公補

藤原乙縄 ふじわらの・おとただ

奈良時代の人、参議。生年不明～天応元(781)年6月6日没。

右大臣藤原豊成の三男。母は従四位上路真人忠麿の娘。兄に継縄・縄麿がいる。天平宝字元(757)年正六位上に叙され日向員外掾に任ぜられる。同8年従五位下に進み、神護景雲元(767)年大蔵大輔・大判事に任ぜられる。同2年従五位上、同4年従四位下に進み土

佐守・美作守に任ぜられる。宝亀9(778)年従四位上、同10年参議に任ぜられ刑部卿に任ぜられる。　典：古代・大日・伝日・日名・公補

藤原雄友　ふじわらの・おとも

奈良・平安時代の人、大納言。天平勝宝5(753)年生〜弘仁2(811)年4月23日没。59才。

右大臣藤原是公の三男。母は正四位上・侍従・中宮大夫・右衛門督橘佐為朝臣の娘。兄に真友、弟に友人・弟友・是人がいる。延暦2(783)年従五位下に叙され美作守、同4年兵部少輔・左衛士督に任ぜられ従五位上、同5年正五位上に進み兵部大輔・右衛門督に任ぜられる。同6年従四位下に進み、同7年左京大夫、同8年播磨守に任ぜられる。同9年参議に任ぜられる。同11年兵部大輔・左京大夫・播磨守を辞す。同年大蔵卿に任ぜられる。同13年従四位上、同15年正四位下に進みむ。同年右衛門督を辞す。同年近衛大将に任ぜられる。同16年に辞す。同年太宰帥に任ぜられる。同17年従三位に進み中納言に任ぜられる。同18年中務卿より民部卿に任ぜられる。同20年摂津守に任ぜられる。同23年正三位に進み、大同元(806)年大納言に任ぜられる。同2年伊与親王(妹吉子の子)の事件に連座して伊与国に配流される。弘仁元(810)年許されて上洛。同年宮内卿に任ぜられる。没後に大納言を贈られる。子に弟河がいる。　典：古代・大日・伝日・日名・公補

藤原真友　ふじわらの・まとも

奈良・平安時代の人、参議。天平14(742)年生〜延暦16(797)年6月25日没。56才。

右大臣藤原是公の次男。母は正四位上・侍従・中宮大夫・右衛門督橘佐為朝臣の娘。弟に雄友・友人・弟友・是人がいる。宝亀11(780)年従五位下に叙され少納言、天応2(782)年衛士佐、延暦3(784)年越前介に任ぜられる。同4年従五位上に進み下総守に任ぜられる。同6年正五位下に進み右大舎人頭、同7年中務大輔、同11年右京大夫に任ぜられる。同13年参議に任ぜられる。同15年従四位上に進み、同16年大蔵卿に任ぜられる。　典：古代・公補

藤原乙叡　ふじわらの・たかとし

奈良・平安時代の人、中納言。天平宝字4(760)年生〜大同2(807)年5月3日没。48才。

右大臣藤原継縄の次男。母は非参議・侍従百済王明信の娘。宝亀9(778)年内舎人、延暦元(782)年兵部少丞に任ぜられる。同3年従五位下に進み侍従、同4年権少納言に任ぜられる。同5年従五位上に進み少納言、同6年右衛士佐・中衛少将に任ぜられ正五位下に進み、同7年下総守、同8年信濃守・兵部大輔・右衛門督に任ぜられる。同10年従四位下に進み、同11年大輔・侍従を辞す。同年右兵衛督、同12年左京大夫に任ぜられる。同13年参議に任ぜられる。同14年山城守・主馬首に任ぜられる。同15年伊与守・右衛士督に任ぜられる。同16年伊予守・主馬首を辞す。同年従四位上に進み越前守・中衛大将に任ぜられる。同18年正四位下に進み兵部卿に任ぜられる。同19年従三位に進み、同19年山城守に任ぜられる。同21年守を辞す。同年兵部卿・近江守に任ぜられる。同22年権中納言(権中納言の最初)に任ぜられ、更に大同元(806)年中納言に任ぜられ衛門督に任ぜられる。同2年宮内卿に任ぜられだが伊与親王の事件に連座し解官さらる。参議10年・中納言5年。子に道磨・貞雄がいる。　典：古代・大日・伝日・日名・公補

藤原三守　ふじわらの・みもり

奈良・平安時代の人、右大臣。延暦4(785)年生～承和7(840)年,没。56才。号=後山科大臣。

贈太政大臣・左大臣藤原武智麿の曾孫。参議藤原巨勢麿の孫。従四位下・阿波守藤原真作三男。母は御井朝臣の娘。大同元(806)年東宮主蔵正・美作権掾に任ぜられる。同4年従五位下に進み内蔵助・美作権介・右近少将、弘仁2(811)年蔵人頭・内蔵頭・春宮亮に任ぜられ従五位上、同4年正五位下、同5年従四位下に進み式部大輔・右兵衛督より左兵衛督、同7年但馬守に任ぜられ更に参議に任ぜられる。同9年春宮大夫に任ぜられる。同11年正四位下、同12年従三位に進み権中納言に任ぜられる。同年春宮大夫を辞す。同年皇后宮大夫に任ぜられる。同14年中納言に任ぜられるも辞す。同年正三位に進む。天長元(824)年宮内卿より、同3年刑部卿に任ぜられる。同5年大納言に任ぜられ兵部卿に任ぜられる。同6年弾正尹に任ぜられる。同7年兵部卿を辞す。同10年従二位に進み皇太子伝となる。承和5(838)年右大臣に任ぜられる。参議6年・中納言3年・大納言11年・右大臣3年。没後に従一位を贈られる。子に仲縁・有貞・有縁がいる。　典：古代・大日・伝日・日名・公補

藤原貞嗣　ふじわらの・さだつぐ

平安時代の人、中納言。天平宝字3(759)年生～天長元(824)年1月4日没。66才。

贈太政大臣・左大臣藤原武智麿の孫。参議藤原巨勢麿の十男。母は左大臣藤原永手の娘。兄に黒麿・滝麿・真作などがいる。延暦13(794)年従五位下に叙される。同16年民部少輔、同17年備前守、同22年典薬頭、同23年左少弁に任ぜられる。同25年典薬頭を辞す。同年丹後守・右中弁に任ぜられ従五位上、弘仁元(810)年正五位下より従四位下に進み近江守、同3年右京大夫に任ぜられる。同6年従四位上に進み皇后宮大夫、同7年蔵人頭、同9年伊与守に任ぜられる。同10年参議に任ぜられ治部卿に任ぜられる。更に同12年中納言に任ぜられ宮内卿に任ぜられる。子に高仁、曾孫に道明がいる。　典：古代・公補

藤原仲縁　ふじわらの・なかふち

平安時代の人、参議。弘仁10(819)年生～貞観17(875)年6月6日没。57才。

右大臣藤原三守の次男。母は従五位下・安房守伴長村の娘従四位下友子。兄弟に有貞・有縁がいる。天長10(833)年蔵人に任ぜられる。承和3(836)年従五位下に叙される。同4年侍従、同7年右兵衛佐、同13右少将・伊勢介に任ぜられる。同14年従五位上に進み、嘉祥2(849)年伊勢守、仁寿2(852)年備前介に任ぜられる。同3年正五位下、斉衡2(855)年従四位下に進み、同3年左馬頭、天安元(857)年加賀守・民部大輔より、同2年兵部大輔に任ぜられる。貞観4(862)年従四位上に進み、同5年美作守より、同7年紀伊守、同12年蔵人頭・備前守、同13年治部卿に任ぜられる。同14年参議に任ぜられる。同16年正四位下に進み、同17年右兵衛督に任ぜられる。頭2年・参議4年。　典：公補

藤原諸葛　ふじわらの・もろくず

平安時代の人、中納言。天長3(826)年生～寛平7(895)年6月20日没。70才。

典：大日・伝日・日名・公補

藤原保則　ふじわらの・やすのり

平安時代の人、参議。天長2(825)年生～寛平7(895)年4月21日没。71才。

中納言藤原乙叡の孫。正五位下・左兵衛佐藤原貞雄の子。母は従四位下・左中弁安倍弟富の娘。斉衡2(855)年治部少丞より、同3年民部大丞、天安2(858)年兵部少丞より、貞観元(859)年兵部大丞、同5年式部少丞に任ぜられる。同8年従五位下に叙され備中権介に任ぜられる。同13年従五位上に進み備中守より、同16年備前権守、同18年右衛門権佐・民部大輔、同19年右中弁に任ぜられる。元慶2(878)年正五位下に進み出羽権守より、同3年出羽守、同5年播磨権守に任ぜられる。同6年従四位下に進み、讃岐権守より、仁和3(887)年伊与守・太宰大弐に任ぜられる。従四位上に進み、寛平3(891)年左大弁に任ぜられる。同4年参議に任ぜられる。同5年近江権守に任ぜられ左大弁・近江権守を辞す。同年民部卿に任ぜられる。在官4年。大正4(1915)年に従三位が贈られた。子に万緒・清貫がいる。

典：古代・大日・伝日・日名・公補

藤原菅根　ふじわらの・すがね

平安時代の人、参議。斉衡3(856)年生～延喜8(908)年10月7日没。53才。

従五位上・常陸介藤原春継の孫。従四位上・右兵衛督藤原良尚朝臣の四男。母は従四位下菅野高年朝臣の娘。弟に当幹がいる。元慶8(884)年文章生となる。寛平2(890)年因幡掾、同3年少内記に任ぜられる。同9年従五位下より従五位上に叙され勘解由次官・式部少輔に任ぜられる。昌泰2(899)年文章博士、同3年式部少輔を辞す。同年蔵人頭・右少将に任ぜられる。同4年蔵人頭を辞す。同年太宰大弐・式部少輔・左中弁に任ぜられる。延喜2(902)年正五位下、同3年従四位下に進み式部権大輔より、同4年式部大輔・備前守・春宮亮に任ぜられる。同6年従四位上に進み、同7年侍従に任ぜられる。同8年参議に任ぜられる。菅原道真の祟りと言われる。没後に従三位・中納言を贈られる。子に元方がいる。　典：古代・大日・伝日・日名・公補

藤原道明　ふじわらの・みちあき

平安時代の人、大納言。斉衡3(856)年生～延喜20(920)年6月17日没。65才。

中納言藤原貞嗣の曾孫。従五位下・相模介藤原保蔭の長男。母は従四位下・信濃守橘良基朝臣の娘。寛平2(890)年文章生となる。同7年越前少掾、同9年蔵人に任ぜられ従五位下に叙される。同10年相模介、延喜3(903)年播磨介、同4年従五位上に進み権左少弁・勘解由次官に任ぜられる。同6年正五位下に進む。同年勘解由次官を辞す。同年左少弁より右中弁に任ぜられる。同8年従四位下に進み左中弁より右大弁・勘解由長官に任ぜられる。同9年参議に任ぜられる。同10年従四位上に進み伊与守・左大弁に任ぜられる。同11年従三位に進み権中納言に任ぜられる。更に同13年中納言に任ぜられ右大将に任ぜられる。更に同14年東宮伝に任ぜられ大納言に任ぜられる。同16年皇太子伝に任ぜられる。同17年正三位に進み、同18年民部卿に任ぜられる。同19年病気となり右大将を辞す。在官7年・公卿労12年。　典：大日・日名・公補

藤原清貫　ふじわらの・きよぬき

平安時代の人、大納言。貞観9(867)年生～延長8(930)年6月26日没。64才。

参議藤原保則の四男。母は従四位上・右中将在原業平朝臣の娘。兄弟に万緒がいる。仁和4(888)年讃岐権大掾、寛平5(893)年中判事、同8年兵部少丞、同9年蔵人・式部少丞に任ぜられる。昌泰元(898)年従五位下に叙される。同2年美濃介・兵部少輔、同3年相模権介・式部権少輔、延喜2(902)年右少弁に任ぜられる。同4年従五位上に進み、同5年右衛門権佐、同6年左少弁に任ぜられる。同7年正五位下に進み、同8年右中弁より左中弁・春宮亮に任ぜられる。同9年従四位下に進み蔵人頭に任ぜられる。同10年参議に任ぜられ右大弁に任ぜられる。同11年春宮亮を辞す。同年讃岐権守・左大弁・式部大輔に任ぜられる。同12年従四位上、同13年従三位に進み権中納言に任ぜられる。更に同14年中納言に任ぜられ按察使となる。同15年右衛門督より、同19年左衛門督、同20年民部卿に任ぜられる。同21年正三位に進み大納言に任ぜられ皇太子伝に任ぜられる。延長元(923)年皇太子伝奏を辞す。同8年清涼殿にて落雷で没す。頭2年・参議4年・中納言9年・大納言10年。　典：公補

藤原玄上　ふじわらの・くろかみ

平安時代の人、参議。斉衡3(856)年生～承平3(933)年1月21日没。78才。

中納言藤原諸葛の五男。母は非参議百済王勝義の娘。元慶7(883)年刑部少丞より、仁和2(886)年刑部大丞、同4年蔵人、寛平2(890)年木工権助より、同3年木工助、同4年備前権介に任ぜられる。同5年従五位下に叙される。同6年下総介、同9年中務少輔、昌泰2(899)年少納言、延喜3(903)年大和介に任ぜられる。同4年従五位上に進み、同5年播磨権介に任ぜられる。同9年正五位上、同11年従四位下に進み、同12年右馬頭、同13年右中将、同14年伊与権守、同16年近江権守・左近権中将に任ぜられる。同17年従四位上に進み、同19年参議に任ぜられ刑部卿に任ぜられる。同23年播磨権守に任ぜられる。延長2(924)年播磨権守を辞す。同年正四位下に進み、同3年讃岐守より、同5年近江守に任ぜられる。承平2(932)年従三位に進み美濃守に任ぜられる。子に輔仁がいる。　典：大日・伝日・公補

藤原当幹　ふじわらの・あてもと

平安時代の人、参議。貞観6(864)年生～天慶4(941)年11月4日没。78才。

従五位上・常陸介藤原春継の孫。従四位上・右兵衛督藤原良尚朝臣の九男。母は従四位下菅野高年朝臣の娘。兄に菅根がいる。昌泰元(898)年文章生となる。同4年左衛門尉、延喜3(903)年山城権掾・蔵人に任ぜられる。同4年従五位下に進み下野守、同9年左衛門権佐に任ぜられる。同10年従五位上に進み右少弁より、同13年左少弁に任ぜられる。同15年正五位下に進み山城守・木工頭に任ぜられる。同17年従四位下に進み、同18年右京大夫、同20年太宰大式に任ぜられる。延長元(923)年参議に任ぜられる。同3年大式を辞す。同年治部卿、同5年讃岐守に任ぜられる。同6年従四位上に進み、承平2(932)年讃岐守を辞す。同3年備前権守に任ぜられる。同4年正四位下に進み、同5年近江権守に任ぜられる。同7年従三位に進み近江権守を辞す。天慶3(940)年播磨守に任ぜられたが翌年に没す。　典：公補

藤原伊衡　ふじわらの・これひら

平安時代の人、参議。貞観18(876)年生～天慶元(938)年12月17日没。63才。

参議藤原巨勢麿五代孫。従四位上・左近中将藤原敏行朝臣の三男。母は従五位上多治弟梶の娘。寛平9(897)年右兵衛少尉より左兵衛少尉、延喜8(908)年蔵人に任ぜられる。同9年従五位下に叙される。同10年宮内少輔、同12年左兵衛佐、同15年大和権介、同16年右近権少将に任ぜられ従五位上に進み、同18年近江介に任ぜられる。同22年正五位下に進み、同23年播磨介に任ぜられる。延長2(924)年従四位下に進み春宮亮・右近権中将、同6年左中将、同7年大和権守、同8年内蔵頭に任ぜられ正四位下に進み、承平4(934)年美濃守に任ぜられ更に参議に任ぜられる。同6年刑部卿に任ぜられる。同7年卿を辞す。同年左兵衛督に任ぜられる。　典：大日・伝日・日名・公補

藤原元方　ふじわらの・もとかた

平安時代の人、大納言。仁和4(888)年生～天暦7(953)年3月21日没。66才。

贈中納言・参議藤原菅根の次男。母は従五位下・石見守藤原氏江の娘。延喜6(906)年文章得業生となる。同8年越前大掾、同13年式部少丞より、同15年式部大丞に任ぜられる。同17年従五位下に進み刑部少輔、同18年権右少弁・侍従に任ぜられる。同22年従五位上に進み右少弁より、同23年左少弁・中宮亮に任ぜられる。延長6(928)年正五位下、同7年従四位下に進み左京大夫・東宮学士・式部権大輔に任ぜられ大夫を辞す。同年正四位下に進み、承平元(931)年式部大輔に任ぜられる。天慶2(939)年参議に任ぜられる。同3年左大弁・讃岐権守に任ぜられる。同5年従三位に進み中納言に任ぜられる。天暦元(947)年民部卿に任ぜられる。更に同5年正三位に進み大納言に任ぜられる。子に致忠・懐忠がいる。　典：大日・伝日・日名・公補

藤原尹忠　ふじわらの・ただただ

平安時代の人、非参議。生年不明～永祚元(989)年8月2日没。

大納言藤原道明の五男。母は藤原常頼の娘。治部卿・宮内卿に任ぜられる。寛和2(986)年従三位に叙される。　典：公補

藤原懐忠　ふじわらの・ちかただ

平安時代の人、大納言。承平5(935)年生～寛仁4(1020)年11月1日没。86才。

大納言藤原元方の九男。母は大納言藤原道明の六女。兄に致忠がいる。天暦4(950)年従五位下に叙される。同8年阿波権守、天徳2(958)年侍従、応和元(961)年左衛門佐、同4年左少将、康保2(965)年備中権介より、同3年伊与権介、天禄元(970)年右少将・讃岐権守に任ぜられる。同3年従四位下に進み左中将より、同4年右中将、天延2(974)年備中守・権左中弁より、天元4(981)年左中弁、同5年備後権守、寛和2(986)年右大弁・播磨権守に任ぜられ正四位下に進み、永延元(987)年左大弁、同2年蔵人頭、同3年近江権守に任ぜられる。永祚元(989)年従三位に進み参議に任ぜられる。正暦2(991)年勘解由長官に任ぜられる。同4年正三位に進み、同5年権中納言に任ぜられる。更に長徳元(995)年中納言に任ぜられ左衛門督に任ぜられ、更に同2年権大納言に任ぜられ民部卿に任ぜられる。長保3(1001)年大納言に任ぜられる。同5年従二位に進み、寛弘6(1010)年大納言を辞す。子に重尹がいる。　典：公補

藤原重尹　ふじわらの・しげただ

平安時代の人、権中納言。永観3(985)年生～永承6(1051)年3月8日没。67才。

大納言藤原懐忠の五男。母は非参議藤原尹忠の娘。長保元(999)年従五位下に叙され侍従・右兵衛佐、同3年左近権少将、同4年伊与介に任ぜられる。同5年従五位上、寛弘4(1008)年正五位下、同6年従四位下に進み右中弁より、同9年権左中弁に任ぜられる。長和2(1013)年従四位上、寛仁2(1018)年正四位下に進み、同4年左中弁、治安元(1021)年皇太后宮権亮、同2年播磨権守、同3年皇太后宮権亮を辞す。同年右大弁、万寿3(1026)年蔵人頭、同4年備後権守に任ぜられる。長元2(1029)年参議に任ぜられ左大弁・勘解由長官に任ぜられる。同4年修理大夫に任ぜられる。同5年従三位に進み、同6年周防権守に任ぜられる。長暦2(1038)年正三位に進み権中納言に任ぜられる。長久2(1041)年兵部卿に進み、同3年権中納言を辞す。同年従二位に進み大宰権帥に任ぜられる。永承元(1046)年これを辞す。この重尹にて藤原南家は衰退する。　典：公補

藤原(南家1)

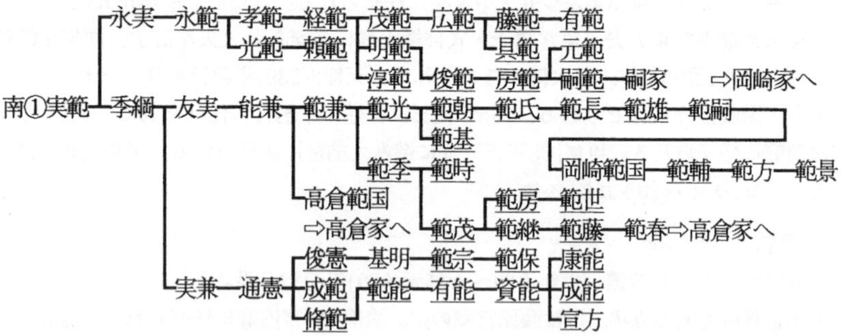

藤原俊憲　ふじわらの・としのり

平安時代の人、参議。生没年不明。

参議藤原巨勢麿・中納言藤原貞嗣・大納言藤原道明の裔。正五位下・少納言藤原通憲の長男。母は近江守重仲の娘。弟に成範・脩範がいる。保延6(1140)年勧学院の学問料を給り、康治元(1142)年文章得業生となる。同2年能登大掾、天養元(1144)年大学権助、久安2(1146)年式部少丞、同3年蔵人、仁平3(1153)年刑部大輔に任ぜられる。同4年従五位下より従五位上に叙され、久寿2(1155)年東宮学士、保元元(1156)年右少弁、同2年美濃権介・右衛門権佐・左少弁に任ぜられ正五位下に進み、同3年右中弁より権左中弁・蔵人頭に任ぜられ従四位上より正四位下に進み、平治元(1159)年参議に任ぜられる。同年謀叛と見られ解官され越後国に配流され出家。永暦元(1160)年阿波国に移送され召し返される。

藤原範兼　ふじわらの・のりかね

平安時代の人、非参議。嘉承2(1107)年生～永万元(1165)年4月26日没。59才。

参議藤原巨勢麿・中納言藤原貞嗣・大納言藤原道明の裔。藤原能兼の長男。母は高階為賢の娘。大治3(1128)年穀倉院の学問料を給る。同4年越後少掾、同5年蔵人、同6年左衛門少尉に任ぜられる。天承元(1131)年従五位下に叙され、保延3(1137)年従五位上、康治2(1143)年正五位下に進み、同3年式部少輔、天養2(1145)年出雲権守、久寿2(1155)年東宮学士、同3年大学頭、保元2(1157)年越前介に任ぜられる。同3年従四位上より正四位下に進み、同4年佐渡守、永暦元(1160)年近江守に任ぜられる。同2年近江守を辞す。応保2(1162)年刑部卿に任ぜられる。長寛元(1163)年従三位に進み、永万元(1165)年出家。著書に「和歌童蒙抄」がある。子に範光・範季がいる。　典：伝日・日名・公補

藤原成範　ふじわらの・なりのり

平安・鎌倉時代の人、中納言。保延元(1135)年生～文治3(1187)年3月17日 没。53才。初名=成憲。通称=桜町中納言。

参議藤原巨勢麿・中納言藤原貞嗣・大納言藤原道明の裔。正五位下・少納言藤原通憲の三男。母は従二位朝子(上皇の御乳母)。兄に俊憲、弟に脩範がいる。初め成憲と名乗る。仁平3(1153)年右近衛将監、同3年左衛門佐、保元元(1156)年遠江守に任ぜられる。同2年従五位上より正五位下に叙され左少将、同3年左中将・播磨守に任ぜられ従四位上、同4年正四位下に進むも、平治元(1159)年の乱において謀叛したと見られ解官され下野国に配流される。永暦元(1160)年許されて召し返され大宰大弐に任ぜられる。同年成範と改名。応保2(1162)年大宰大弐を辞す。仁安元(1166)年右兵衛督に任ぜられる。同年従三位、同2年正三位に進み左兵衛督に任ぜられる。承安4(1174)年参議に任ぜられる。安元元(1175)年備前権守に任ぜられる。同2年権中納言に任ぜられる。治承3(1179)年右衛門督に任ぜられたが辞す。同4年従二位に進み、養和元(1181)年民部卿任ぜられる。寿永2(1183)年中納言に任ぜられるも辞す。文治3(1187)年出家。　典：大日・伝日・日名・公補

藤原永範　ふじわらの・ながのり

平安時代の人、非参議。康和元(1100)年生～治承4(1180)年11月10日没。81才。

参議藤原巨勢麿・中納言藤原貞嗣・大納言藤原道明の裔。従四位下・文章博士藤原永実朝臣の次男。母は肥後守中原師平の娘。永久2(1114)年勧学院の学問料を給り、元永元(1118)年文章得業生となる。同2年加賀少掾に、保安3(1122)年大学権助、同5年左衛門尉に任ぜられ叙爵。大治5(1130)年従五位上に進み、長承4(1135)年大宮少進に任ぜられる。保延2(1136)年正五位下、同5年従四位下に進み文章博士、同7年越中介に任ぜられる。天養2(1145)年従四位上に進み、久安3(1147)年伊予権介、仁平3(1153)年式部大輔、同4年加賀介、保元2(1157)年石見守に任ぜられ正四位下に進み、永暦2(1161)年石見守を辞す。長寛2(1164)年大宰大弐に任ぜられ、永万2(1166)年に辞す。同年東宮学士に任ぜられ、仁安3(1168)年に辞す。同年従三位に進み、嘉応元(1169)年宮内卿に任ぜられる。承安3(1173)年正三位に進み、安元元(1175)年播磨権守任ぜられ、治承3(1179)年に辞す。翌年に病気となり出家し没す。「明月記」に11月13日没、85才とあり。子に孝範・光範がいる。　典：公補

藤原脩範　ふじわらの・ながのり

平安時代の人、参議。康治2(1143)年生～寿永2(1183)年没。41才。初名=脩憲。

参議藤原巨勢麿・中納言藤原貞嗣・大納言藤原道明の裔。正五位下・少納言藤原通憲の五男。母は従二位朝子(上皇の御乳母)。兄に俊憲・成範がいる。初め脩憲と名乗る。保元元(1156)年蔵人、同2年美濃守・左兵衛左に任ぜられ従五位上に叙され、同3年正五位下に進み、同4年左少将に任ぜられたが、平治元(1159)年の乱に謀叛と見られ解官され隠岐国に配流される。永暦元(1160)年許されて再び左少将に任ぜられる。同年脩範と改名。同2年従四位下、長寛2(1164)年従四位上、仁安2(1167)年正四位下に進み、嘉応元(1169)年美濃守を辞す。同2年左少将を辞す。同年左京大夫、承安4(1174)年越前権守に任ぜられ従三位に進み、治承3(1179)年越前権守を辞す。寿永2(1183)年正三位に進み参議に任ぜられる。子に範能がいる。　典：公補

藤原範能　ふじわらの・のりたか

平安・鎌倉時代の人、非参議。生没年不明。号=野入道。

参議藤原脩範の長男。母は非参議平範家の娘。仁安2(1167)年従五位下に叙され、嘉応元(1169)年尾張守に任ぜられる。同2年に辞す。同年治部大輔に任ぜられる。承安3(1173)年従五位上、治承3(1179)年正五位下に進み左兵衛佐、寿永元(1182)年右少将、同2年但馬守に任ぜられる。元暦元(1184)年従四位下、文治3(1187)年従四位上、同4年正四位下に進み少将を辞す。同5年内蔵頭に任ぜられる。建久元(1190)年従三位に進み大宰大弐に任ぜられる。同3年に辞す。同7年出家。法師となり播磨国に住む。子に有能がいる。　典：公補

藤原光範　ふじわらの・みつのり

平安・鎌倉時代の人、非参議。大治元(1126)年生〜没年不明。

非参議藤原永範の次男。母は従五位上・隠岐守大江行重の娘。兄に孝範がいる。仁平3(1153)年穀倉院の学問料を給り、久寿元(1154)年文章得業生となる。同2年越中少掾、保元元(1156)年式部少丞、同3年式部大丞・蔵人に任ぜられ叙爵。長寛2(1164)年従五位上に進み、同3年治部権少輔に任ぜられ、仁安2(1167)年に辞す。同年大内記、嘉応元(1169)年因幡権介に任ぜられる。同2年正五位下、承安3(1173)年従四位下に進み、同4年大内記を辞す。同年文章博士に任ぜられる。同5年従四位下に進み美作権介に任ぜられる。安元3(1177)年従四位上に進み、治承2(1178)年東宮学士、同3年美濃介に任ぜられる。同4年東宮学士を辞す。同年正四位下に進み、元暦2(1184)年式部大介、文治2(1186)年安芸権守に任ぜられる。建久4(1193)年従三位、同9年正三位、元久2(1205)年従二位に任ぜられる。承元元(1207)年民部卿に任ぜられる。同3年に辞す。のち出家。子に頼範がいる。　典：公補

藤原範季　ふじわらの・のりすえ

平安・鎌倉時代の人、非参議。大治5(1130)年生〜元久2(1205)年5月10日 没。76才。号=高倉。

非参議藤原範兼の子。母は従五位下高階為賢の娘。弟に範光がいる。実は従四位下・式部少輔藤原能兼朝臣の三男。久安6(1150)年穀倉院の学問料を給る。同3年越後大掾、久寿2(1155)年大膳亮、同3年左衛門佐、保元2(1157)年蔵人に任ぜられる。同3年従五位下に叙され、応保元(1161)年近江守・常陸介に任ぜられる。長寛2(1164)年従五位上に進み、同3年上野介に任ぜられる。嘉応2(1170)年正五位下に進み、承安3(1173)年上野介を辞す。同

5年式部権少輔、安元2(1176)年陸奥守に任ぜられ鎮守府将軍となり、治承3(1179)年陸奥守を辞す。養和2(1182)年従四位下、寿永2(1183)年従四位上に進み、元暦元(1184)年備前守に任ぜられる。同2年守を辞す。同年木工頭・皇太后宮亮に任ぜられる。文治2(1186)年に辞す。建久7(1196)年正四位下、同8年従三位、建仁2(1202)年正三位、同3年従二位に進む。順徳院の外祖となり、没後に従一位・左大臣を賜る。子に範時・範茂がいる。　典：公補

藤原範光　ふじわらの・のりみつ

平安・鎌倉時代の人、権中納言。久寿2(1155)年生～没年不明。

非参議藤原範兼の子。母は伊勢守源俊重の娘。兄に範季がいる。長寛元(1163)年学問料を給り、同2年文章得業生となる。永万元(1165)年丹波大掾・掃部助、承安元(1171)年蔵人・式部少丞に任ぜられる。同2年叙爵。同3年紀伊守、安元元(1175)年下野守に任ぜられる。寿永元(1182)年従五位上より正五位下に進み、元暦元(1184)年式部権少輔、文治元(1185)年式部少輔に任ぜられる。同2年下野守を辞す。建久6(1195)年勘解由次官に任ぜられる。同8年次官を辞す。同年丹後守・右少弁に任ぜられる。正治元(1199)年従四位下に進み、同2年権右中弁に任ぜられ弁を辞す。同年大蔵卿・春宮亮に任ぜられ従四位上より正四位下、建仁元(1201)年従三位に進む。同年春宮亮を辞す。のち大宰大弐に任ぜられる。同2年正三位に進み参議に任ぜられる。同3年権中納言に任ぜられる。元久元(1204)年任職を辞す。同2年民部卿に任ぜられ従二位に進み、建永元(1206)年春宮権大夫に任ぜられる。承元元(1207)年出家。子に範朝・範基がいる。　典：公補

藤原範朝　ふじわらの・のりとも

鎌倉時代の人、権中納言。治承2(1178)年生～嘉禎3(1237)年6月22日没。60才。

権中納言藤原範光の長男。母は非参議藤原範季の娘。弟に範基がいる。建久8(1197)年勧学院の学問料を給り、正治元(1199)年文章得業生となる。同2年出雲大掾に任ぜられる。建仁元(1201)年従五位下に叙され春宮少進に任ぜられる。同2年従五位上に進み、元久元(1204)年春宮少進を辞す。同年右衛門権佐に任ぜられ正五位下より従四位下に進み美濃守、建永元(1206)年権右中弁より右中弁・春宮亮・修理左宮城使に任ぜられ従四位上、承元元(1207)年正四位下、同3年従三位、建暦元(1211)年正三位に進み参議に任ぜられる。同2年尾張権守、建保2(1214)年右兵衛督、同3年左兵衛督・検別当に任ぜられ更に権中納言に任ぜられる。同4年検別当を辞す。同年右衛門督に任ぜられる。同5年に辞す。同年従二位、同6年正二位に進み権中納言を辞す。寛喜2(1230)年に53才で出家。子に範氏がいる。　典：公補

藤原有能　ふじわらの・ありたか

鎌倉時代の人、非参議。生没年不明。

非参議藤原範能の子。母は相模守業房の娘。文治4(1188)年叙爵。建久元(1190)年従五位上に進み、同2年右兵衛佐に任ぜられる。同6年正五位下、同9年従四位下、正治2(1200)年従四位上、建仁元(1201)年正四位下に進み、元久元(1204)年右京大夫に任ぜられる。承元4(1210)年従三位、建保4(1216)年正三位に進み、同6年右京大夫を辞す。建長4(1252)年出家。子に資能がいる。　典：公補

藤原頼範　ふじわらの・よりのり

鎌倉時代の人、非参議。応保2(1162)年生〜没年不明。

非参議藤原光範の子。治承2(1178)年学問料を賜る。養和元(1181)年越前大掾、寿永元(1182)年殿権助、同2年式部少丞に任ぜられ従五位下に叙される。文治5(1189)年従五位上、建久6(1195)年正五位下に進む。同年民部権大輔、同8年肥後守、建仁元(1201)年東宮学士に任ぜられる。同2年従四位下、元久元(1204)年従四位上に進み民部権大輔を辞す。承元3(1209)年正四位下、同4年従三位に進み、承久元(1219)年式部大輔、同2年安芸権守に任ぜられる。同3年正三位に進む。60才で出家。　典：公補

藤原範時　ふじわらの・のりとき

平安・鎌倉時代の人、非参議。生没年不明。

非参議藤原範季の長男。母は伯父の藤原範能(出家し法師)の娘。弟に範茂がいる。嘉応3(1171)年院非蔵人に任ぜられる。養和2(1182)年穀倉院の学問料を給り、元暦元(1184)年文章得業生となる。文治2(1186)年但馬大掾に任ぜられる。同5年正五位下に叙され修理亮、建久3(1192)年蔵人・左衛門少尉に任ぜられる。同4年従五位下に進み、同7年淡路守、正治2(1200)年東宮学士に任ぜられる。建仁3(1203)年正五位下に進み式部権少輔に任ぜられる。承元4(1210)年東宮学士を辞す。同年右少弁、同5年左少弁更に権右中弁に任ぜられ従四位下に進み、建暦2(1212)年宮城使に任ぜられる。建保2(1214)年従四位上に進み左中弁に任ぜられる。同3年正四位下に進み、同6年右大弁に任ぜられる。貞応2(1223)年に58才で出家。　典：公補

藤原範基　ふじわらの・のりもと

鎌倉時代の人、非参議。治承2(1179)年生〜嘉禄2(1226)年6月20日没。48才。

権中納言藤原範光の次男。母は非参議藤原範季の娘。兄に範朝がいる。建久9(1198)年蔵人に任ぜられ従五位下に叙され、正治元(1199)年刑部少輔に任ぜられる。元久2(1205)年従五位上に進み右馬権頭・丹波守に任ぜられる。承元元(1207)年正五位下に進み、建暦元(1211)年播磨守に任ぜられ従四位下より従四位上、建保4(1216)年正四位下に進み、同6年治部卿に任ぜられる。承久元(1219)年従三位に進み、美作温泉にて没す。　典：公補

藤原範茂　ふじわらの・のりしげ

鎌倉時代の人、参議。文治元(1185)年生〜承久3(1221)年没。37才。

非参議藤原範季の次男。母は中納言平教盛の娘。兄に範時がいる。建久9(1198)年蔵人に任ぜられ叙爵。正治3(1201)年肥前守、建仁2(1201)年左衛門佐に任ぜられる。同3年従五位上、元久2(1205)年正五位下に進み左兵衛佐、承元元(1207)年左少将・越後守に任ぜられる。同3年従四位下、建暦元(1211)年従四位上に進み、同2年右中将に任ぜられる。建保2(1214)年正四位下に進み、同6年左中将、同7年蔵人頭に任ぜられる。承久2(1220)年従三位に進み参議に任ぜられる。同3年丹波権守に任。承久の乱に官軍の将として源有雅と共に宇治橋を守り六波羅にて幕府兵に捕らわれ関東に護送中の足柄にて入水して没す。辞世に「思いきや苔の下水せきとめて月ならぬ身のやどるべきとは」がある。墓所は神奈川県南足柄市怒田地先。子に範房・範継がいる。　典：大日・伝日・公辞・日名・公補

藤原範宗　ふじわらの・のりむね

鎌倉時代の人、非参議。承安元(1171)年生～天福元(1233)年6月18日没。63才。

参議藤原俊憲の孫。治部少輔藤原基明の長男。母は中務少輔源延俊の娘。寿永2(1183)年蔵人、文治元(1185)年安芸守に任ぜられる。同2年従五位上に叙され治部権大輔に任ぜられる。建仁2(1202)年に辞す。同年正五位下に進み、元久2(1205)年斎宮頭、承元5(1211)年丹後守に任ぜられる。建暦2(1212)年従四位上、建保5(1217)年正四位下に進み、同7年中宮亮に任ぜられ、承久4(1222)年中宮亮を辞す。嘉禄元(1225)年従三位に進む。子に範保がいる。　典：公補

藤原経範　ふじわらの・つねのり

鎌倉時代の人、非参議。文治3(1187)年生～正嘉元(1257)年1月14日没。71才。

非参議藤原永範の孫。正四位下•越前守藤原孝範朝臣の長男。建久8(1197)年文章生となる。建仁2(1202)年加賀少掾、承元2(1208)年非蔵人に任ぜられる。建暦3(1213)年穀倉院の学問料を給り、同5年左兵衛少尉に任ぜられ叙爵。貞応元(1222)年従五位上に進み、嘉禄2(1226)年刑部権少輔に任ぜられる。安貞2(1228)年正五位下に進み、寛喜2(1230)年大学頭に任ぜられる。同3年従四位下に進み土佐介、貞永2(1233)年従四位上、暦仁元(1238)年正四位下に進み、仁治元(1240)年越後権介に任ぜられる。建長元(1249)年従三位に進み、同2年式部大輔、同3年安芸権守に任ぜられる。同5年これらを辞す。康元元(1256)年に68才で出家。子に茂範・明範・淳範がいる。　典：公補

藤原資能　ふじわらの・すけたか

鎌倉時代の人、非参議。生没年不明。

非参議藤原有能の子。母は舞女牛玉。貞応3(1224)年叙爵。嘉禄2(1226)年右衛門佐に任ぜられる。安貞2(1228)年従五位上に進み、寛喜3(1231)年越前権介に任ぜられる。同4年正五位下、天福元(1233)年従四位下、暦仁2(1239)年従四位上、寛元3(1245)年正四位下、建長3(1251)年従三位、文応元(1260)年正三位、文永7(1270)年従二位に進む。同11年出家。子に康能・成能・宣能がいる。　典：公補

藤原範氏　ふじわらの・のりうじ

鎌倉時代の人、非参議。建暦2(1212)年生～没年不明。

権中納言藤原範朝の子。宮内卿に任ぜられ、のちこれを辞す。正嘉元(1257)年従三位に叙されるも46才で出家。子に範長がいる。　典：公補

藤原範房　ふじわらの・のりふさ

鎌倉時代の人、非参議。建暦2(1212)年生～弘安元(1278)年10月6日没。67才。

参議藤原範茂の子。弟に範継がいる。承久2(1220)年叙爵。寛喜元(1229)年三河守に任ぜられる。宝治2(1248)年従五位上、康元元(1256)年正五位下、同2年従四位下、正嘉2(1258)年従四位上に進み、弘長元(1261)年宮内卿に任ぜられ正四位下、文永3(1266)年従三位に進み、建治3(1277)年に66才で出家。子に範世がいる。　典：公補

藤原茂範　ふじわらの・しげのり

鎌倉時代の人、非参議。嘉禎2(1236)年生～没年不明。

非参議藤原経範の長男。弟に明範・淳範がいる。建保4(1216)年文章生となる。承久4(1222)年越後権守に任ぜられ、嘉禎元(1235)年叙爵。仁治元(1240)年従五位上に進み、同3年式部権少輔、寛元元(1243)年越後権守に任ぜられる。同4年正五位下に進み、建長元(1249)年大内記に任ぜられる。同2年従四位下に進み、同7年右京権大夫に任ぜられる。康元元(1256)年従四位上に進み、正元元(1259)年越前権介、文永元(1264)年文章博士、同2年越後権介に任ぜられる。同6年正四位下に進み、同9年讃岐権介に任ぜられる。同11年従三位に進み、弘安元(1278)年讃岐権介を辞す。同年式部権大輔、同2年安芸権守に、同4年式部大輔に任ぜられる。同6年安芸権守を辞す。同年正三位、同8年従二位に進み、正応4(1291)年備後権守に任ぜられる。同5年式部大輔を辞す。永仁2(1294)年に59才で出家。子に広範がいる。　典：公補

藤原範保　ふじわらの・のりやす

鎌倉時代の人、非参議。正治元(1199)年生～没年不明。法名=如阿。号=烏丸。初名=範仲。前名=宗仲。

非参議藤原範宗の子。初め範仲と名乗る。建暦元(1211)年非蔵人に任ぜられる。同年宗仲と改名。建保元(1213)年左兵衛尉、同6年蔵人に任ぜられ従五位下に叙される。同年範保と改名。安貞3(1229)年従五位上に進み、寛喜3(1231)年刑部大輔に任ぜられる。貞永元(1232)年正五位下、同2年従四位下、嘉禎2(1236)年従四位上、同4年正四位下、弘安元(1278)年従三位に進むも80才で出家。　典：公補

藤原明範　ふじわらの・あきのり

鎌倉時代の人、非参議。安貞元(1227)年生～正安3(1301)年9月23日没。75才。

非参議藤原経範の次男。兄に茂範、弟に淳範がいる。文章得業生となる。建長3(1251)年因幡大掾、同4年左近衛将監に任ぜられ叙爵。同2年従五位上に進み、同3年左近衛将監を辞す。同年宮内少輔、文応2(1261)年大内記に任ぜられる。弘長2(1262)年正五位下に進み、同3年因幡権介に任ぜられる。文永2(1265)年大内記を辞す。同年従四位下に進み、同5年右京権大夫に任ぜられる。同8年従四位上に進み、同9年大和権守に任ぜられる。弘安3(1280)年正四位下に進み、同6年文章博士、同7年越後権介、同8年式部権大輔、同10年大学頭、同11年土佐介に任ぜられる。正応元(1288)年従三位、同5年正三位、永仁3(1295)年従二位に進み、同4年式部大輔、正安元(1299)年長門権守・左京大夫に任ぜられる。同2年大輔を辞す。同3年再び任ぜられる。子に俊範がいる。　典：公補

藤原範藤　ふじわらの・のりふじ

鎌倉時代の人、非参議。生没年不明。

参議藤原範茂の孫。正五位・左馬頭藤原範継の子。母は兵庫頭平信繁の娘。康元元(1256)年侍従に任ぜられる。正嘉3(1259)年正五位下に叙され、弘長4(1264)年備中権介、文永5(1268)年右少将に任ぜられる。同6年従四位下、同8年従四位上に進み左中将に任ぜら

れ、弘安10(1287)年に辞す。正応2(1289)年左兵衛督に任ぜられ従三位に進み、同3年左兵衛督を辞す。同5年出家。子に高倉範春がいる。　典：公辞・公補

藤原康能　ふじわらの・やすたか

鎌倉時代の人、参議。生年不明～永仁3(1295)年12月3日没。

非参議藤原資能の長男。弟に成能・宣方がいる。寛元元(1243)年叙爵。建長7(1255)年侍従に任ぜられる。同8年従五位上に進み、文応元(1260)年正五位下に進み、弘長元(1261)年右少将に任ぜられる。同2年従四位下に進み、同3年少将を辞す。文永4(1267)年従四位上、同7年正四位下に進み、同8年右中将に任ぜられる。同10年に辞す。正応元(1288)年兵部卿に任ぜられる。同3年従三位に進む。同年兵部卿を辞す。のち参議に任ぜられる。同4年正三位に進み民部卿に任ぜられる。解官される。　典：公補

藤原範世　ふじわらの・のりよ

鎌倉時代の人、非参議。生年不明～延慶元(1308)年1月1日没。号＝法性寺・木津。非参議藤原範房の子。正元元(1259)年侍従に任ぜられる。弘長元(1261)年従五位上に叙され、文永元(1264)年加賀守・右少将に任ぜられる。同5年正五位下、同8年従四位下に進み左少将に任ぜられる。正応3(1290)年左中将に任ぜられる。同4年に辞す。永仁6(1298)年従三位に進む。関東にて没す。

典：公補

藤原成能　ふじわらの・なりたか

鎌倉時代の人、非参議。寛元4(1246)年生～没年不明。初名＝重能。

非参議藤原資能の次男。兄に康能、弟に宣方がいる。初め重能と名乗る。建長7(1255)年叙爵。文永3(1266)年右兵衛佐に任ぜられる。同年成能と改名。同4年従五位上に進み、同6年右兵衛佐を辞す。弘安元(1278)年正五位下、正応元(1288)年従四位下、同2年従四位上に進み、同3年右京大夫に任ぜられる。同5年正四位下に進み摂津権守に任ぜられる。永仁6(1298)年従三位、正安3(1301)年正三位、延慶2(1309)年従二位に進む。正和2(1313)年出家。　典：公補

藤原広範　ふじわらの・ひろのり

鎌倉時代の人、非参議。生年不明～嘉元元(1303)年没。初名＝広通。

非参議藤原茂範の子。初め広通と名乗る。治部卿に任ぜられる。正安元(1299)年従三位に叙され治部卿を辞す。のち東宮学士に任ぜられるも学士を辞す。同2年広範と改名。乾元元(1302)年式部大輔に任ぜられる。子に藤範・具範がいる。　典：公補

藤原具範　ふじわらの・とものり

鎌倉時代の人、非参議。生年不明～元亨元(1321)年没。初名＝冬範。前名＝尚範。

非参議藤原広範の子。弟に藤範がいる。冬範と名乗り、弘安4(1281)年左近衛将監、同9年大内記に任ぜられる。同10年従五位上に叙され、正応2(1289)年大内記を辞す。同3年宮内少輔、同5年右京権大夫に任ぜられる。永仁元(1293)年従四位下、同4年従四位上、正安3(1301)年正四位下に進み長門守、徳治2(1307)年宮内卿に任ぜられる。延慶元(1308)年

従三位に進む。同2年尚範と改名。同3年正三位に進み、応長元(1311)年具範と改名。正和元(1312)年従二位に進み、文保2(1318)年大宰大弐に任ぜられたが辞す。　典：公補

藤原淳範　ふじわらの・あつのり

鎌倉時代の人、非参議。生年不明～正和4(1315)年9月7日没。

非参議藤原経範の四男。母は従五位下・筑後守平有範(法師)の娘。兄に茂範・明範がいる。建長5(1253)年文章生となる。同6年越前掾、文永元(1264)年蔵人、同4年皇后宮権少進・式部少丞に任ぜられる。同5年叙爵し下総権守、同11年大内記に任ぜられ従五位上に叙され、建治元(1275)年大内記を辞す。弘安2(1279)年正五位下に進み、同4年式部少輔に任ぜられる。同6年従四位下、正応2(1289)年従四位上に進み、永仁元(1293)年文章博士に任ぜられる。同4年正四位下に進み、嘉元元(1303)年越前介に任ぜられる。延慶2(1309)年従三位、応長元(1311)年正三位に進む。同年宮内卿に任ぜられ、正和2(1313)年に辞す。　典：公補

藤原範雄　ふじわらの・のりお

鎌倉時代の人、非参議。生年不明～元亨2(1322)年没。

非参議藤原範氏の孫。正四位下・刑部卿藤原範長朝臣の子。文永12(1275)年穀倉院の学問料を給り、建治2(1276)年文章得業生となる。弘安2(1279)年従五位下に叙され中務少輔に任ぜられる。同6年従五位上、同8年正五位下に進む。同9年皇后宮権大進に任ぜられる。同10年に辞す。永仁4(1296)年従四位下、同6年従四位上に進む。同年左馬頭に任ぜられる。正安元(1299)年に辞す。同2年正四位下に進む。延慶元(1308)年刑部卿に任ぜられる。同2年に辞す。同3年従三位、正和元(1312)年正三位に進み、同4年大宰大弐に任ぜられたが辞す。同5年従二位に進む。子に岡崎範嗣、曾孫に範輔がいる。　典：公補

藤原俊範　ふじわらの・としのり

鎌倉時代の人、非参議。生年不明～嘉暦2(1327)年5月20日没。初名＝伊範。元名＝清範。前名＝為範。

非参議藤原明範の子。初め伊範と名乗る。正応2(1289)年学問料を給り、同4年文章得業生となる。永仁元(1293)年治部少輔に任ぜられる。同年清範と改名。同5年治部少輔を辞す。同年従五位上に叙され、正安元(1299)年大内記に任ぜられる。同3年に辞す。同年為範と改名。嘉元元(1303)年東宮学士に任ぜられる。同2年正五位下に進み、同3年相模権介、同4年左京権大夫に任ぜられる。徳治2(1307)年従四位下に進む。同年俊範と改名。同3年左京権大夫・東宮学士を辞す。同年左京大夫に任ぜられ、延慶2(1309)年に辞す。同年大蔵卿に任ぜられる。同3年従四位上に進む。同年大蔵卿を辞す。応長元(1311)年刑部卿に任ぜられる。同2年正四位下に進み、正和元(1312)年右京大夫に任ぜられる。同2年刑部卿を辞す。同5年従三位に進む。子に房範がいる。　典：公補

藤原藤範　ふじわらの・ふじのり

鎌倉・南北朝時代の人、非参議。文永元(1264)年生～建武4(1337.延元2)年没。74才。

非参議藤原広範の子。兄に具範がいる。永仁元(1293)年文章生となる。同2年出羽権大掾に任ぜられる。同3年叙爵し少納言に任ぜられる。同7年従五位上に叙され、嘉元3(1305)

年正五位下に進み、徳治2(1307)年東宮学士、同3年東宮権大進に任ぜられたが辞す。同年従四位下に進み、応長元(1311)年治部卿に任ぜられる。正和元(1312)年従四位上に進み、同2年大蔵卿に任ぜられたが卿を辞す。同3年正四位下、同5年従三位に進み近江守に任ぜられ、文保2(1318)年守を辞す。元亨2(1322)年式部大輔、同3年民部卿に任ぜられたが辞す。正中2(1325)年正三位に進み、嘉暦元(1326)年長門権守に任ぜられる。同3年式部大輔を辞す。元弘元(1331)年長門権守を辞す。正慶元(1332.元弘2)年従二位、同2年正二位に進み、建武2(1335)年文章博士に任ぜられる。同4年に辞す。同年従一位に進む。子に有範がいる。　典：公補

藤原房範　ふじわらの・ふさのり

鎌倉・南北朝時代の人、非参議。乾元元(1302)年生～没年不明。

非参議藤原俊範の子。徳治3(1308)年文章生となる。延慶2(1309)年従五位下に叙され、同3年治部大輔に任ぜられる。正和2(1313)年従五位上に進む。同年治部大輔を辞す。同5年少納言に任ぜられる。文保元(1317)年正五位下、正中2(1325)年従四位下、元徳3(1331)年従四位上に進み、建武4(1337)年文章博士に任ぜられる。暦応2(1339)年正四位下に進み越後介に任ぜられる。同4年文章博士を辞す。同年右京大夫に任ぜられたが辞す。同5年刑部卿に任ぜられる。康永2(1343)年これと越後介を辞す。貞和元(1345.興国6)年従三位に進み、延文3(1358.正平13)年病気となり57才で出家。子に元範・嗣範がいる。　典：公補

藤原有範　ふじわらの・ありのり

鎌倉・南北朝時代の人、非参議。乾元元(1302)年生～貞治2(1363)年12月1日没。62才。

非参議藤原藤範の子。正和5(1316)年従五位下に叙され右兵衛権佐に任ぜられる。文保2(1318)年従五位上、正中3(1326)年正五位下、元徳2(1330)年従四位下に進み、元弘4(1334)年大学頭、建武3(1336)年東宮学士、同4年少納言に任ぜられたが辞す。同年従四位上に進み、暦応元(1338)年弾正大弼に任ぜられる。貞和3(1347)年正四位下に進み、同4年治部卿、同5年讃岐介に任ぜられる。文和2(1353)年大学頭・治部卿を辞す。延文2(1357.正平12)年従三位、貞治元(1362)年正三位に進み式部大輔、同2年駿河権守に任ぜられる。
典：公補

藤原元範　ふじわらの・もとのり

鎌倉・室町時代の人、非参議。生年不明～応永8(1401)年8月3日没。

非参議藤原房範の子。弟に嗣範がいる。文章博士に任ぜられ、のちこれを辞す。応永2(1395)年従三位に叙され、同6年式部権大輔、同7年安芸権守に任ぜられる。　典：公補

藤原範輔　ふじわらの・のりすけ

室町時代の人、非参議。生没不明。

非参議藤原範雄の曾孫。非参議岡崎範国の子。少納言に任ぜられ、のちこれを辞す。応永13(1406)年従三位に進む。同15年出家。子に範方がいる。　典：公補

○藤原(式家)

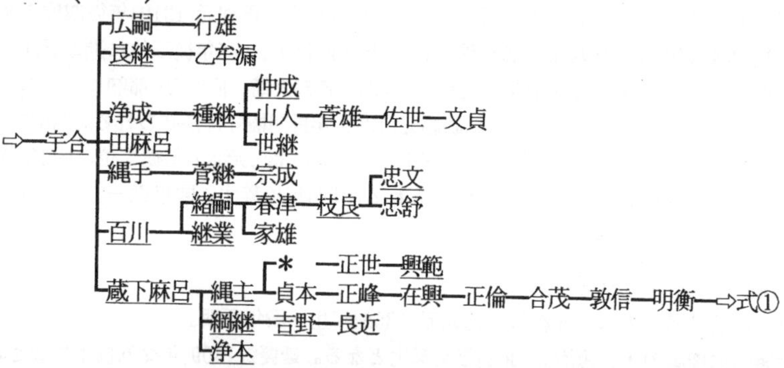

藤原宇合　ふじわらの・うまかい

奈良時代の人、参議。第41代持統天皇8年(694)年生〜天平9(737)年8月5日 没。44才。本名=馬養。姓(かばね)=朝臣。藤原式家の祖。

右大臣藤原不比等の三男。兄に武智麿(南家)・房前(北家)、弟に麿麿(京家)がいる。霊亀2(716)年遣唐副使となり、従五位上に叙され、養老3(719)年正五位上に進み常陸守に任ぜられる。同5年正四位上、神亀3(726)年従三位に進み式部卿に任ぜられる。天平3(731)年参議に任ぜられ大宰帥に任ぜられる。同4年西海道節度使となる。同5年大宰帥を辞す。同6年正三位に進む。流行の疫病にて没す。在官7年。没後に正一位・左大臣を贈られる。式部卿から式家と称した。詩歌をよく詠み「懐風藻」「万葉集」に見える。子に広嗣・良継・浄成・田麿・縄手・百川・蔵下麿がいる。　典：古代・大日・伝日・古今・日名・公補

藤原蔵下麻呂　ふじわらの・くらじまろ

奈良時代の人、参議。天平6(734)年生〜宝亀6(775)年7月1日 没。42才。

参議藤原宇合の九男。母は従五位上佐伯徳麿の娘。兄に広嗣・良継・浄成・田麿・縄手・百川がいる。内舎人・出雲介に任ぜられる。中山陽道問民苦使となり、天平宝字7(763)年従五位下に叙され少納言、同8年備前守に任ぜられ藤原恵美押勝の乱に功があり従三位に進み、天平神護元(765)年近衛大将・左京大夫に任ぜられ伊予土佐按察使となる。同3年近衛大将・左京大夫を辞す。宝亀元(770)年兵部卿、同2年大宰帥・春宮大夫に任ぜられる。同4年春宮大夫を辞す。同5年参議に任ぜられる。子に縄主・網継・浄本がいる。　典：古代・大日・伝日・日名・公補

藤原田麻呂　ふじわらの・たまろ

奈良時代の人、左大臣。養老6(722)年生〜延暦2(783)年3月19日没。62才。姓(かばね)=朝臣。号=蜷淵大臣。

参議藤原宇合の五男。母は大肆小治田朝臣功麿男牛の養女。兄に広嗣・良継・浄成、弟に縄手・百川・蔵下麿がいる。天平12(740)年兄広嗣の事件に連座して隠岐国に配流し、同14年許されて蜷淵山に隠居する。天平宝字5(761)年従五位下に叙され西海道節度使となる。同7年美濃守・右中弁・外衛中将に任ぜられ陸奥出羽按察使となる。天平神護元(765)

年正五位上に進み外衛大将、同2年丹波守・大宰大弐・兵部卿に任ぜられ従四位下より従四位上に進み更に参議に任ぜられる。神護景雲元(767)年右兵衛督に任ぜられる。同2年に辞す。同年再び大宰大弐に任ぜられ検校兵庫将軍となる。宝亀元(770)年正四位下、同2年正四位上より従三位に進み兵部卿に任ぜられる。同5年卿を辞す。同7年摂津大夫、同9年中衛権大将、同10年中務卿任ぜられる。同11年正三位に進み中納言に任ぜらせれ東宮伝奏に任ぜられる。更に天応元(781)年東宮伝奏を辞す。同年大納言に任ぜられる。更に同2年従二位に進み右大臣に任ぜられ皇太子伝奏に任ぜられる。延暦2(783)年左大臣に任ぜられる。没後に正二位を贈られる。　典：古代・大日・伝日・日名・公補

藤原良継　ふじわらの・よしつぐ

奈良時代の人、内大臣。霊亀2(716)年生～宝亀8(777)年9月18日没。62才。初名=宿奈麿。姓(かばね)=朝臣。号=弘福院大臣。

参議藤原宇合の次男。母は左大臣石上麿の娘従五位下国盛大眉。兄に広嗣、弟に浄成・田麿・縄手・百川・蔵下麿がいる。初め宿奈麿と名乗る。天平12(740)年に兄広嗣の事件に連座し伊豆に配流される。同14年許されて少判事に任ぜられる。同18年従五位下に叙され越前守・上総介に任ぜられ、のち従四位下より正四位上に進み大宰帥に任ぜられる。天平宝字8(764)年藤原恵美押勝の乱で功を挙げる。天平神護2(766)年従三位に進み、神護景雲2(768)年兵部卿に任ぜられる。宝亀元(770)年参議に任ぜられ更に中納言に任ぜられ正三位に進み大宰帥・式部卿に任ぜられる。同2年良継と改名。更に内臣(内臣の始め)に任ぜられる。同5年従二位に進み、同7年内臣が内大臣(内大臣の始め)と改役される。没後に天皇の外祖から正一位・太政大臣を贈られる。平城・嵯峨帝の外祖。子に乙牟漏がいる。　典：古代・大日・伝日・日名・公補

藤原百川　ふじわらの・ももかわ

奈良時代の人、参議。天平4(732)年生～宝亀10(779)年7月9日没。48才。初名=雄田麿。

参議藤原宇合の八男。母は正六位上久米連奈保麿の娘。兄に広嗣・良継・浄成・田麿・縄手、弟に蔵下麿がいる。初め雄田麿と名乗り、のち百川と改名。天平宝字3(759)年従五位下に叙され、のち智部少輔に任ぜられる。天平神護2(766)年正五位下に進み山陽道巡察使となる。のち左中弁・侍従・内匠頭、神護景雲元(767)年右兵衛督、同2年武蔵守・中務大輔に任ぜられ従四位下に進み検校兵庫副将軍となる。同3年左中弁・右兵衛督・内匠頭を辞す。同年宮内大輔・河内守に任ぜられ従四位上に進み、宝亀元(770)年右大弁に任ぜられ正四位下に進み、同2年大宰帥に任ぜられ更に参議に任ぜられる。同3年内竪大輔・越前守に任ぜられる。同4年に辞す。同5年正四位上に進み、同8年右大弁を辞す。同年式部卿・右兵衛督に任ぜられる。同10年従三位に進む。没後に従二位・右大臣を贈られ、更に弘仁14(823)年正一位・太政大臣を贈られる。墓所は京都相楽郡木津町の相楽墓。子に緒嗣・継業がいる。　典：古代・大日・伝日・京都・日名・公補

藤原種継　ふじわらの・たねつぐ

奈良時代の人、中納言。天平13(741)年生～延暦4(785)年9月24日没。45才。通称=弘福院大臣。

参議藤原宇合の孫。藤原浄成の子。母は従五位下秦朝臣元の娘。天平神護2(766)年従五位下に叙され、神護景雲2(768)年美作守、宝亀2(771)年伊予守・山背守に任ぜられる。同5従五位上に進み、同6年近衛少将に任ぜられる。同8年正五位下に進み、同9年左京大夫、同11年下総守に任ぜられ正五位上、天応元(781)年従四位下に進み更に参議に任ぜられる。延暦元(782)年従四位上より正四位下に進み近江守・左衛士督に任ぜられる。同2年従三位に進む。同年左衛士督を辞す。のち式部卿・左衛門督に任ぜられ按察使となる。同3年正三位に進み中納言に任ぜられる。同4年天皇は平城に行幸し留守中、造営の長岡宮の燭下に大伴継人に射られて没す。天皇は悼惜し正一位・左大臣を贈る。大同4(809)年太政大臣を追贈される。子に仲成・山人・世継がいる。 典：古代・大日・伝日・京都・日名・公補

藤原縄主 ふじわらの・ただぬし

奈良・平安時代の人、中納言。天平宝字5(761)年生～弘仁8(817)年9月16日没。58才。

参議藤原蔵下麿の長男。母は従五位上粟田馬養の娘。弟に綱継・浄本がいる。延暦2(783)年従五位下に叙され近衛少将、同3年伊予介、同4年美濃守、同5年中衛少将、同6年右衛士佐より佐衛士佐・少納言・備前介・近衛少将、同9年式部少輔に任ぜられる。同10年従四位下に進み左中弁、同14年式部大輔、同16年左京大夫に任ぜられる。同17年参議に任ぜられる。同18年春宮大夫に任ぜられる。同19年従四位上に進み近衛中将に任ぜられる。同21年正四位下に進み、同24年式部大輔・近衛中将を辞す。大同元(806)年陰陽頭・左大弁・大宰帥に任ぜられ正四位上、同2年従三位に進み春宮大夫・陰陽頭・左大弁を辞す。のち西海道観察使となる。同5年使を辞す。弘仁3(812)年中納言に任ぜられ兵部卿に任ぜられる。性飲酒を好むも職務を怠らなかった。没後の天長元(824)年に従二位を贈られる。子に貞本、孫に興範がいる。 典：古代・大日・伝日・日名・公補

藤原緒嗣 ふじわらの・おつぐ

奈良・平安時代の人、左大臣。宝亀5(774)年生～承和10(843)年7月23日没。70才。号＝山本大臣。

参議藤原百川の長男。母は従三位伊勢大津の娘。弟に継業がいる。延暦7(788)年正六位上に叙され内舎人に任ぜられる。同10年従五位下に進み侍従、同12年中衛少将、同15年常陸介・内厩頭・衛門佐に任ぜられる。同16年正五位下より従四位下に進み内蔵頭・出雲守に任ぜられる。同17年造西大寺長官となる。同20年右衛門督に任ぜられる。同21年参議に任ぜられる。同22年山城守に任ぜられる。同23年造西大寺長官を辞す。大同元(806)年従四位上に進む。同年右衛門督を辞す。のち但馬守に任ぜられ山陽道観察使、同2年畿内観察使・侍従・左大弁、同3年東海道観察使・刑部卿・出羽按察使に任ぜられ正四位下に進む。弘仁2(811)年東海道観察使・刑部卿・左大弁を辞す。同3年美濃守、同4年宮内卿に任ぜられる。同6年従三位に進む。同7年河内守、同8年権中納言、同9年中納言、民部卿に任ぜられ、正三位に進む。更に同12年大納言に任ぜられる。同14年従二位に進み東宮伝奏に任ぜられる。天長2(825)年按察使となるも右大臣に任ぜられる。同7年皇太子伝奏に任ぜられ、更に同9年左大臣に任ぜられる。同10年正二位に進み皇太子伝奏を辞す。在官19年。公卿42年。墓所は法性寺。没後に従一位を贈られる。子に春津・家雄がいる。妹は桓武天皇の夫人となり淳和天皇を生む。 典：古代・大日・伝日・日名・公補

藤原仲成　ふじわらの・なかなり

奈良・平安時代の人、参議。宝亀5(774)年生〜弘仁元(810)年9月没。37才。

参議藤原宇合の曾孫。藤原浄成の孫。中納言藤原種継の長男。母は参議粟田道麿朝臣の娘。弟に世継・山人がいる。延暦4(785)年従五位下に叙され、同11年出羽守より出雲守に任ぜられる。同16年従五位上に進み、同17年左中弁、同18年越後守より山城守・治部大輔に任ぜられ正五位下に進み、同19年主馬頭に任ぜられる。同20年従四位下に進み、同25年大和守・兵部大輔、大同3(808)年左兵衛督・右大弁に任ぜられる。同4年北陸道観察使・常陸守・右兵衛督・大蔵卿・伊予守より佐渡権守に任ぜられる。弘仁元(810)年参議に任ぜられ近江守より伊勢守に任ぜられる。同年平城遷都を企て捕らえられ坂上田村麻呂に殺されると言う。　典：古代・大日・京都・伝日・日名・公補

藤原綱継　ふじわらの・つなつぐ

奈良・平安時代の人、参議。天平宝字7(763)年生〜承和14(847)年7月24日没。85才。

参議藤原蔵下麿の五男。母は従四位上掃守王の乙訓女王。兄に縄主、弟に浄本がいる。延暦16(797)年春宮少進、同17年春宮大進、同18年民部大丞、同19年播磨少掾に任ぜられる。同22年従五位下に進み播磨介、同25年治部少輔・少納言に任ぜられ従五位上に進み、大同2(807)年左衛門督・美濃守、同4年侍従に任ぜられる。同5年正五位下に進み因幡守、弘仁3(812)年民部大輔に任ぜられる。同5年従四位下に進み大舎人頭、同6年右京大夫・播磨守、同13年兵部大輔・神祇伯に任ぜられる。同14年従四位上に進み左兵衛督、天長元(824)年蔵人頭に任ぜられる。同2年参議に任ぜられる。同3年神祇伯・左兵衛督・蔵人頭を辞す。同年武蔵守より相模守・兵部卿に任ぜられる。同5年正四位下に進み参議を辞す。同6年相模守・卿を辞す。同7年従三位、同8年正三位に進む。没後に正二位を贈られる。子に吉野がいる。　典：古代・大日・伝日・日名・公補

藤原継業　ふじわらの・つぎかず

奈良・平安時代の人、非参議。宝亀10(779)年生〜承和9(842)年7月5日没。64才。

参議藤原百川の三男。母は従三位伊勢大津の娘。兄に緒嗣がいる。延暦15(796)年内舎人・侍従・常陸介より信濃介に任ぜられ従五位下に叙され、のち大学頭・左兵衛佐・信濃守に任ぜられ正五位上、大同3(808)年従四位下に進み大和守・右馬頭に任ぜられる。弘仁元(810)年従四位上に進み近江守・兵部大輔・神祇伯・伊予権守に任ぜられる。同14年正四位下、天長3(826)年従三位に進む。　典：公補

藤原吉野　ふじわらの・よしの

奈良・平安時代の人、中納言。延暦5(786)年生〜承和13(846)年8月12日没。61才。

参議藤原綱嗣の長男。弘仁4(813)年美濃少掾、同7年春宮少進に任ぜられる。同11年従五位下に進み駿河守、同14年中務少輔・左少将に任ぜられる。天長元(824)年従五位上に進み左少弁、同3年伊勢守・蔵人頭に任ぜられ正五位下、同4年従四位下に進み皇后宮大夫、同5年大夫・蔵人頭を辞す。同年右兵衛督に任ぜられ更に参議に任ぜられる。同6年式部大輔、同7年春宮大夫・右大将に任ぜられ正四位下に進み、同8年右兵衛督・式部大輔を辞す。同9年美作守より伊予守に任ぜられ更に権中納言に任ぜられる。同10年正三位に進

み大将を辞す。承和元(834)年中納言に任ぜられる。同3年伊予守を辞す。同9年伴健岑の事件に連座して大宰員外帥より大宰権帥に落職され山城に遷配し上洛は許されなかった。続日本後紀に嘉祥元(848)年,8,13没とあり。子に良近がいる。　典：古代・大日・伝日・日名・公補

藤原浄本　ふじわらの・じょうもと

奈良・平安時代の人、非参議。宝亀2(771)年生～天長7(830)年7月21日没。60才。

参議藤原蔵下麿の九男。兄に縄主・綱継がいる。蔵人頭・大舎人頭に任ぜられる。天長7年従三位に叙せられる。　典：公補

藤原興範　ふじわらの・おきのり

奈良・平安時代の人、参議。承和11(844)年生～延喜17(917)年5月27日没。74才。

中納言藤原縄主の曾孫。従五位下・因幡介藤原正世の九男。貞観15(873)年文章生となる。同19年大宰少監・大舎人大允、元慶2(878)年治部少丞、同5年民部少丞、同7年式部少丞、仁和元(885)年式部大丞に任ぜられる。同3年従五位下に叙され掃部頭・筑前守、寛平5(893)年豊前守・大宰権少弐、同7年大宰少弐、昌泰3(900)年右中弁に任ぜられる。同4年正五位下、延喜2(902)年従四位下に進み大宰大弐、同7年右京大夫、同9年式部大輔に任ぜられる。同10年従四位上、同12年正四位下に進み参議に任ぜられる。同16年弾正大弼、同17年近江守に任ぜられる。在官7年。　典：古代・公補

藤原枝良　ふじわらの・えだよし

奈良・平安時代の人、参議。承和12(845)年生～延喜17(917)年5月27日没。73才。

左大臣藤原緒嗣の孫。従四位上・刑部卿・右兵衛督藤原春津の八男。母は従五位上紀御依の娘。元慶7(883)年太皇大后宮少進に任ぜられる。仁和3(887)年従五位下に叙され、寛平5(893)年中務少輔、同6年中務大輔、同7年民部少輔、同9年太皇大后宮亮・権右少弁より左少弁に任ぜられ従五位上に進み、昌泰2(899)年讃岐守、延喜2(902)年右中弁に任ぜられる。同3年正五位下に進み、同2年春宮大進に任ぜられる。同6年従四位下に進み、同7年修理大夫、同9年相模権守に任ぜられる。同13年従四位上に進み更に参議に任ぜられる。同14年相模守、同15年讃岐守に任ぜられる。在官5年。子に忠文・忠舒がいる。　典：古代・公補

藤原忠文　ふじわらの・ただふみ

奈良・平安時代の人、参議。貞観15(873)年生～天暦元(947)年6月26日没。75才。号=宇治民部卿。通称=悪霊民部卿。

参議藤原枝良の三男。兄弟に忠舒がいる。寛平2(890)年内舎人、延喜2(902)年修理少進に任ぜられる。同4年従五位下に叙され、同7年左馬頭、同14年紀伊権介に任ぜられる。同17年従五位上に進み左衛門権佐、同19年右少将、同20年播磨介、同23年春宮大進に任ぜられ正五位下に進み、延長3(925)年讃岐介に任ぜられる。同4年従四位下に進み摂津守、同9年丹波守に任ぜられる。承平2(932)年従四位上に進み、同6年大和守、同7年修理大夫に任ぜられる。同8年正四位下に進み、天慶2(939)年参議に任ぜられる。同3年右衛門督に任ぜられ征東大将軍となり将門を討つ。同4年征西将軍として藤原純友を討つ。同年右衛門督を辞す。のち備前守より民部卿、同9年備前権守、天暦元年紀伊権守に任ぜら

れる。没後に正三位・中納言を贈られる。大納言実頼を恨んで没し、実頼の子女が次々と没したので、忠文の祟りと言われ悪霊民部卿と称された。忠文は又振神社(場所不明)に祀られるという。式家藤原からの公卿は忠文にて終わる。　典：大日・伝日・日名・公補

藤原(式家1)

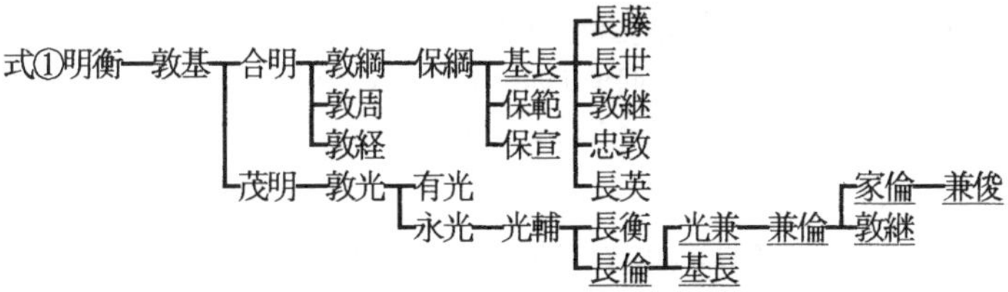

藤原長倫　ふじわらの・ながつぐ

鎌倉時代の人、非参議。承安3(1173)年生〜没年不明。法名＝澄阿。

文章博士藤原光輔朝臣の次男。兄に長衡がいる。建久7(1196)年穀倉院の学問料を給り、正治元(1199)年文章得業生となる。同2年丹後掾、建仁元(1201)年大舎人権助・式部少丞に任ぜられる。同2年従五位下に叙され越前権守に任ぜられる。承元3(1209)年従五位上に進み民部少輔に任ぜられる。建保3(1215)年正五位下に進み越中権介、同4年式部少輔、同5年出雲権介に任ぜられる。同6年従四位下に進み、承久元(1219)年式部少輔を辞す。同年治部大輔、同3年文章博士に任ぜられる。貞応元(1222)年従四位上に進み越中介に任ぜられる。元仁2(1225)年正四位下に進み、嘉禄2(1226)年左京権大夫に任ぜられる。同年文章博士を辞す。寛喜2(1230)年式部権大輔、同3年東宮学士に任ぜられる。貞永元(1232)年従三位に進み、天福元(1233)年式部権大輔を辞す。延応元(1239)年正三位に進み、仁治3(1242)年に70才で出家。養子に光兼がいる。　典：公補

藤原光兼　ふじわらの・みつかね

鎌倉時代の人、非参議。生年不明〜文永3(1266)年没。

大学頭成信朝臣の子。非参議藤原長倫の養子となる。建暦元(1211)年院の学問料を給る。建保5(1217)年式部大丞に任ぜられ叙爵。のち従五位上に進み、嘉禄2(1226)年宮内少輔に任ぜられる。安貞2(1228)年正五位下に進み、寛喜2(1230)年大内記に任ぜられる。同3年従四位下に進み、貞永2(1232)年大学頭、嘉禎2(1236)年讃岐権介・文章博士に任ぜられる。同3年従四位上、暦仁2(1239)年正四位下に進み、仁治2(1241)年越中介、寛元元(1243)年東宮学士、同3年武蔵権介に任ぜられる。同4年従三位、建長5(1253)年正三位に進み、正嘉元(1257)年式部大輔、文応元(1260)年下総権守に任ぜられる。弘長元(1261)年従二位に進み任職を辞す。子に兼倫がいる。　典：公補

藤原基長　ふじわらの・もとなが

鎌倉時代の人、非参議。生年不明〜正応2(1289)年12月2日 没。初名＝頼綱。

参議藤原興範の九代孫。正四位下・弾正大弼藤原保綱朝臣(非参議藤原長倫の養子)の子。初め頼綱と名乗る。嘉禎3(1237)年氏院学頭に任ぜられる。延応元(1239)年穀倉院の学問料を給り、仁治3(1242)年文章得業生となる。同4年越前大掾、寛元2(1244)年内蔵人・式部丞に任ぜられる。基長と改名し叙爵。同4年兵部少輔に任ぜられる。建長元(1249)年従五位上に進み甲斐権介、同3年式部少輔、同6年大内記に任ぜられる。同7年正五位下に進み、康元元(1256)年任職を辞す。正元元(1259)年従四位下に進み、弘長2(1262)年中務大輔に任ぜられる。文永2(1265)年従四位上に進み、同5年東宮学士、同7年武蔵権介に任ぜられる。同11年東宮学士を辞す。同年正四位下に進み宮内卿、弘安2(1279)年刑部卿、同4年文章博士、同6年美濃権守に任ぜられ従三位、同9年正三位に進む。　典：公補

藤原兼倫　ふじわらの・かねつぐ

鎌倉時代の人、非参議。安貞元(1227)年生～正安元(1299)年8月没。73才。

非参議藤原光兼の子。宝治2(1248)年叙爵し壱岐守に任ぜられる。建長2(1250)年に辞す。同年弾正少弼に任ぜられる。同6年に辞す。同年従五位上に進み、正嘉元(1257)年民部大輔に任ぜられる。正元元(1259)年正五位下に進み大内記に任ぜられる。弘長元(1261)年宮内少輔、同2年式部少輔に任ぜられる。同3年従四位下に進む。同年少輔を辞す。文永8(1271)年従四位上に進み、同9年内蔵権頭、建治元(1275)年東宮学士に任ぜられる。同2年内蔵権頭を辞す。同年正四位下に進み、弘安8(1285)年文章博士に任ぜられる。同10年博士を辞す。正応元(1288)年従三位に進み、同3年式部権大輔、同4年駿河権守に任ぜられ正三位に進み、同5年式部大輔に任ぜられる。永仁2(1294)年従二位に進み、同3年駿河権守を辞す。同4年正二位に進む。子に敦継・家倫がいる。　典：公補

藤原敦継　ふじわらの・あつつぎ

鎌倉時代の人、非参議。生年不明～正和元(1312)年没。

非参議藤原兼倫の子(実は遠江守則俊朝臣の子)。弟に家倫がいる。文永7(1270)年穀倉院の学問料を給り、建治元(1275)年文章得業生となる。同2年丹波大掾に任ぜられる。同3年従五位下に叙され、弘安6(1283)年従五位上に進み、同10年大内記、正応元(1288)年式部少輔に任ぜられる。同2年正五位下に進み安芸権介に任ぜられる。同年式部少輔・大内記を辞す。同5年従四位下、永仁4(1296)年従四位上に進み、同6年文章博士、正安元(1299)年越中介に任ぜられ正四位下に進み、延慶3(1310)年従三位に進む。　典：公補

藤原家倫　ふじわらの・いえつぐ

南北朝時代の人、非参議。永仁2(1294)年生～延文4(1359.正平14)年10月17日没。66才。

非参議藤原兼倫の子。母は非参議三条実平の娘。正和4(1315)年春宮蔵・式部少丞ついで式部大丞に任ぜられる。嘉元4(1306)年穀倉院の学問料を給る。徳治3(1308)年内蔵人、延慶2(1309)年兵部少輔に任ぜられる。同3年従五位上に叙され、応長元(1311)年兵部少輔に任ぜられる。正和3(1314)年式部少輔、同4年右京権大夫に任ぜられ式部少輔を辞す。同5年従四位下に進む。同年右京権大夫を辞す。文保元(1317)年少納言、元亨元(1321)年中務少輔に任ぜられる。同3年少輔を辞す。正中2(1325)年文章博士、嘉暦元(1326)年美濃権介に任ぜられる。同2年従四位上に進み、元弘元(1331)年東宮学士に任ぜられたが学

士を辞す。建武4(1337)年正四位下に進み、暦応2(1339)年越中権介に任ぜられる。康永2(1343.興国4)年従三位、文和3(1354.正平9)年正三位に進み式部大輔に任ぜられる。延文元(1356.正平11)年三河権守に任ぜられる。同3年従二位に進む。子に兼俊がいる。　典：公補

藤原兼俊　ふじわらの・かねとし

南北朝時代の人、非参議。生年不明〜明徳元(1390.元中7)年没。

非参議藤原家倫の子。式部大輔に任ぜられ、のちこれを辞す。応安6(1373.文中2)年従三位に叙され、永和4(1378.天授4)年正三位に進む。　典：公補

◯藤原(京家)

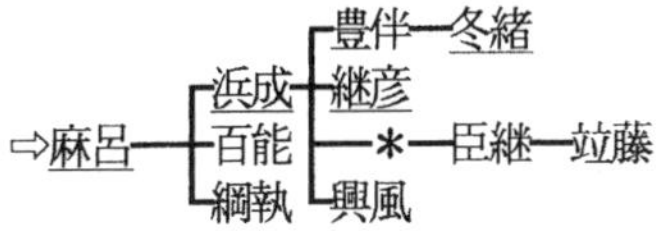

藤原麻呂　ふじわらの・まろ

奈良時代の人、参議。第41代持統天皇9年(695)年生〜天平9(737)年7月13日没。43才。藤原京家の祖。

右大臣藤原不比等の四男。兄に武智麻呂(南家)・房前(北家)・宇合(式家)がいる。美濃介に任ぜられ、のちこれを辞す。養老元(717)年従五位下、同5年従四位上に進み左京大夫に任ぜられる。神亀3(726)年正四位上、天平元(729)年従三位に進み、同3年参議に任ぜられ兵部卿に任ぜられ山陰道鎮撫使となる。京大夫の任にあったので京家と称した。在官7年。子に浜成・百能・綱執がいる。　典：古代・大日・日名・公補

藤原浜成　ふじわらの・はまなり

奈良時代の人、参議。神亀元(724)年生〜延暦9(790)年2月18日没。67才。初名=浜足。

参議藤原麻呂の長男。母は因幡国八郡采女の稲葉国造気豆の娘。弟に百能・綱執がいる。初め浜足と名乗り、のち浜成と改名。天平勝宝3(751)年従五位下に叙され、天平宝字元(757)年大蔵少輔、同5年大判事、同7年民部大輔に任ぜられる。同8年従五位上より正五位下に更に従四位下に進み、宝亀2(771)年刑部卿に任ぜられる。同3年参議に任ぜられ大蔵卿に任ぜられる。同5年正四位下に進み再び刑部卿・武蔵守に任ぜられる。同6年正四位上、同7年従三位に進み、同9年武蔵守を辞す。同10年弾正尹に任ぜられる。同12年大宰帥に任ぜられたが縁戚の氷上川継の謀叛を起こし大宰員外帥に降職され参議を辞す。同13年大宰府に下向。同地で没す。子に豊伴・継彦・興風がいる。　典：古代・大日・伝日・日名・公補

藤原継彦　ふじわらの・つぎひこ

奈良時代の人、非参議。天平感宝元(749)年生〜天長5(828)年2月26日没。80才。

参議藤原浜成の三男。母は非参議多治県守の娘。天応元(781)年に兵部少輔に任ぜられる。縁戚の氷上川継の事件に連座し追放され、のち許されて上洛。大同元(806)年山城守に任ぜられ、弘仁元(810)年に辞す。主計頭・刑部卿を辞す。天長3(826)年従三位に叙される。星暦に精通し、琵琶曲を子貞敏に伝える。　典：大日・伝日・公補

藤原冬緒　ふじわらの・ふゆお

奈良時代の人、大納言。大同3(808)年生〜寛平2(890)年5月25日没。83才。

参議藤原浜成の孫。従五位下・豊後守藤原豊伴(豊彦・豊仲か)の三男。承和10(843)年勘解由判官、同11年式部少丞、同13年式部大丞・蔵人・春宮少進に任ぜられる。同14年従五位下に叙され右少弁、嘉祥2(849)年伊予介、同3年春宮亮、仁寿元(851)年遠江権守、同2年左少弁に任ぜられる。同4年従五位上に進み、斉衡2(855)年肥後守に任ぜられる。貞観元(859)年正五位下に進み右中弁に任ぜられる。同2年大宰大弐に任ぜられる。同6年従四位上に進み、同8年弾正大弼、同9年右大弁、同10年勘解由長官・美濃権守に任ぜられる。同11年右大弁を辞す。同年参議に任ぜられる。同13年正四位下に進む。同16年大宰大弐を辞す。同年民部卿、同17年伊予権守に任ぜられる。同18年従三位に進み播磨権守に任ぜられる。元慶元(877)年中納言に任ぜられる。同3年正三位に進み、更に同6年大納言に任ぜられる。同8年民部卿を辞す。同年弾正尹に任ぜられる。仁和3(887)年大納言を辞す。　典：古代・大日・伝日・日名・公補

○藤原(北家)

藤原房前　ふじわらの・ふささき

飛鳥・奈良時代の人、参議。第40代天武天皇10年(681)年生〜天平9(737)年4月17日没。57才。姓(かばね)=朝臣。北家藤原の祖。

右大臣藤原不比等の次男。兄に武智麿(南家)・宇合(式家)・麿(京家)がいる。慶雲2(705)年従五位下に叙され、和銅4(711)年従五位上、養老元(717)年従四位下に進み参議に任ぜられる。同3年従四位上、同5年従三位、神亀元(724)年正三位に進み、同3年近江若狭按察使に任ぜられる。同5年に按察使を辞す。天平元(729)年民部卿・中務卿、同2年中衛大将に任ぜられる。同4年東海東山道節度使となる。同7年中衛大将を辞す。没後に准大臣、のち正一位・左大臣、天平宝字4(760)年に太政大臣を贈られる。家を北家と称した。子に鳥養・永手・真楯・清河・魚名・御楯・楓麿がいる。　典：古代・大日・伝日・京都・日名・公補

藤原真楯　ふじわらの・またて

飛鳥・奈良時代の人、大納言。霊亀元(715)年生〜天平神護2(766)年3月16日没。52才。初名=八束。姓(かばね)=朝臣。

参議藤原房前の三男。母は従四位下・治部卿・摂津大夫美努王の王女正三位牟漏女王。兄に鳥養・永手、弟に清河・魚名・御楯・楓麿がいる。初め八束と名乗る。従四位下に叙され、右衛士督・式部大輔・大和守に任ぜられる。天平20(748)年参議に任ぜられる。天平勝宝元(749)年信部卿・大宰帥に任ぜられる。同2年卿・帥を辞す。同4年治部卿・摂津大夫に任ぜられる。同5年従四位上、天平宝字元(757)年正四位下、同3年正四位上、同4

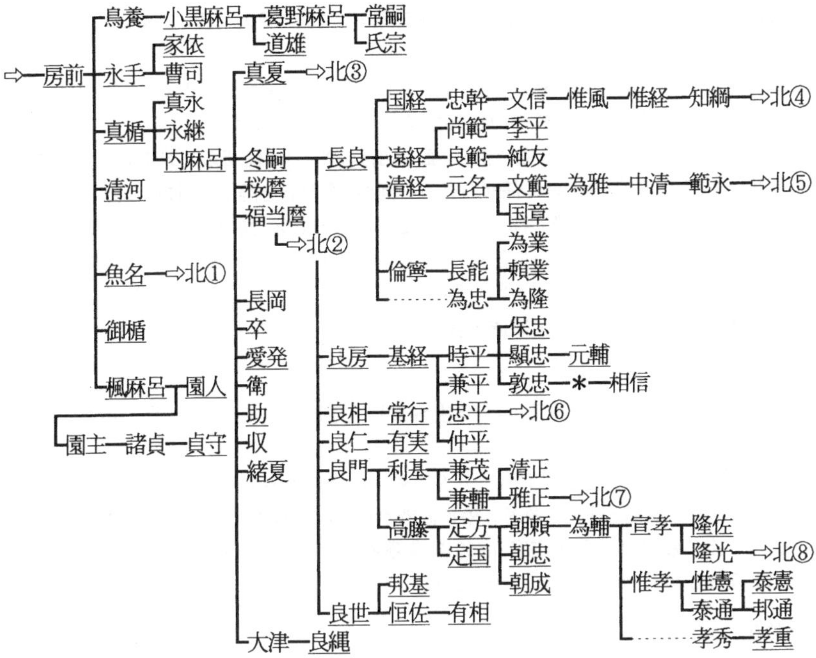

年従三位に進む。同年真楯と改名。同6年中納言に任ぜられる。同8年正三位に進み、天平神護(766)2年大納言に任ぜられる。没後に太政大臣を贈られる。子に真永・永継・内麿がいる。　典：古代・大日・伝日・古今・日名・公補

藤原清河　ふじわらの・きよかわ

奈良時代の人、参議。慶雲3(706)年生〜宝亀9(778)年没。73才。姓(かばね)=朝臣。

参議藤原房前の四男。母は従四位下片野(又は清河の君)。兄に鳥養・永手・真楯、弟に魚名・御楯・楓麿がいる。天平12(740)年従五位下に叙され、同13年中務少輔に任ぜられる。同15年正五位下に進み大養徳寺守に任ぜられる。同17年正五位上、同18年従四位下に進み、天平勝宝元(749)年参議に任ぜられる。同3年遣唐大使に任ぜられる。同4年正四位下に進み民部卿に任ぜられ唐国に渡る。天平宝字4(760)年唐より戻らないが文部卿に任ぜられる。同5年唐国より帰国途中の船が遭難し安南に漂着し、随行員は殺され長安に辿り着き、唐朝に仕え秘書監となる。日本ではその事は知らずに同7年常陸守に任ぜられる。同8年従三位に進み、神護景雲元(767)年常陸守を解宮した。宝亀3(772)年唐国より戻らないので遣唐大使を解宮した。同9年に唐国にて没す。のち従一位を贈られる。　典：古代・大日・伝日・日名・公補

藤原永手　ふじわらの・ながて

奈良時代の人、左大臣。和銅7(714)年生～宝亀2(771)年2月22日没。58才。姓(かばね)=朝臣。号=長岡大臣。

参議藤原房前の次男。母は従四位下・治部卿・摂津大夫美努王の王女正三位牟漏女王。兄に鳥養、弟に真楯・清河・魚名・御楯・楓麿がいる。従五位下に叙され、天平勝宝2(750)年従四位上、同8年従三位に進み権中納言(権中納言の始め)に任ぜられ式部卿に任ぜられ、更に天平宝字元(757)年中納言に任ぜられる。同4年式部卿を辞す。同7年兵部卿に任ぜられる。同8年正三位に進み大納言に任ぜられる。天平神護元(765)年従二位に進み、同2年正二位に進み右大臣より左大臣に任ぜられる。神護景雲3(769)年従一位、同4年正一位に進み山背国相楽郡出水郷の山二百町を賜る。長岡に住む所から長岡大臣と呼ばれた。没後に太政大臣を贈られる。子に家依・曹司がいる。　典：古代・大日・伝日・日名・公補

藤原御楯　ふじわらの・みたて

奈良時代の人、参議。霊亀元(715)年生～天平宝字8(764)年6月1日 没。50才。初名=千尋。

参議藤原房前の六男。母は従四位下・治部卿・摂津大夫美努王の王女正三位牟漏女王。兄に鳥養・永手・真楯・清河・魚名、弟に楓麿がいる。初め千尋と名乗り、のち御楯と改名。従四位上に叙され、天平宝字3(759)年参議に任ぜられる。同4年正四位下、同5年正四位上より従三位に進む。　典：古代・公補

藤原魚名　ふじわらの・うおな

奈良時代の人、左大臣。養老5(721)年生～延暦2(783)年7月25日没。63才。初名=魚麿。号=川辺大臣。

参議藤原房前の五男。母は異母妹の従四位下片野(又は清河の君)。兄に鳥養・永手・真楯・清河、弟に御楯・楓麿がいる。初め魚麿と名乗り、のち魚名と改名。天平20(748)年従五位下に叙され侍従に任ぜられる。天平宝字元(757)年従五位上に進む。同年備中守、同2年上総守に任ぜられる。同3年正五位上、同5年従四位下、同8年従四位上に進み、宮内卿に任ぜられる。神護景雲元(767)年正四位下、同2年従三位に進み、参議に任ぜられる。同3年大蔵卿・左京大夫に任ぜられる。同4年正三位に進み但馬守に任ぜられる。宝亀2(771)年中納言より大納言、中務卿に任ぜられる。同4年近衛大将に任ぜられる。同7年に辞す。同8年従二位に進み大宰帥に任ぜられる。同9年内臣より忠臣(忠臣はこの時のみ)に任ぜられ、更に同10年内大臣に任ぜられる。同12年正二位に進み左大臣に任ぜられる。延暦元(782)年氷上川継らの謀叛に連座し大臣を剥奪され摂津国難波に配流される。子に鷹取・末茂・真鷲・藤成がいる。続系譜は北1を見よ。　典：古代・大日・伝日・日名・公補

藤原楓麻呂　ふじわらの・かえでまろ

奈良時代の人、参議。生年不明～宝亀7(776)年6月13日没。

参議藤原房前の七男。母は阿岐釆女外従五位下粟直。兄に鳥養・永手・真楯・清河・魚名・御楯がいる。天平宝字年中に西海道問民苦使となり、民政に関する意見二十七箇条を上奏し大宰府にて処理させる。同2(758)年従五位下に叙され文部少輔、同4年但馬介、同

7年大判事に任ぜられる。同8年従四位下に進み美濃守、天平神護元(765)年右衛士督、神護景雲元(767)年大宰大弐、同3年信濃守、宝亀2(771)年讃岐守に任ぜられる。同3年正四位下に進み参議に任ぜられる。同5年正四位上より従三位に進み、同6年大蔵卿・摂津大夫に任ぜられる。勲四等。在官5年。子に園人・園主がいる。　典：古代・大日・伝日・日名・公補

藤原家依　ふじわらの・いえより

奈良時代の人、中納言。天平15(743)年生～延暦4(785)年6月25日没。43才。

左大臣藤原永手の長男。母は従五位下藤原鳥養の養女。弟に曹司がいる。天平神護元(765)年従五位下に叙され、神護景雲2(768)年侍従・式部少輔に任ぜられる。同3年正五位下より正五位上に進む。同年式部少輔・侍従を辞す。のち大和守より丹波守に任ぜられる。宝亀元(770)年従四位下より従四位上に進み、同2年皇后宮大夫・式部大輔・近江守、同5年治部卿に任ぜられる。同6年正四位下、同7年正四位上に進み右衛門督に任ぜられる。同8年参議に任ぜられる。同12年右衛門督・治部卿を辞す。同年下総守・兵部卿に任ぜられ従三位に進み、延暦4(785)年中納言に任ぜられる。　典：古代・公補

藤原小黒麻呂　ふじわらの・おぐろまろ

奈良時代の人、大納言。天平5(733)年生～延暦13(794)年7月1日没。62才。

参議藤原房前の孫。従五位下藤原鳥養の次男。母は正四位下伴宿禰道足の娘。天平宝字8(764)年従五位下に叙され伊勢守に任ぜられる。神護景雲元(767)年式部少輔、同2年安芸守、同4年中衛少将に任ぜられる。宝亀元(770)年従五位上、同2年正五位下に進み美濃守、同6年左京大夫、同7年右衛士督、同8年出雲守より常陸守に任ぜられる。同9年従四位上に進み、同10年参議に任ぜられる。同11年正四位下に進み右衛門督に任ぜられ持節征東大使となる。天応元(781)年従三位より正三位に進み陸奥按察使・兵部卿より民部卿に任ぜられ、延暦2(783)年陸奥按察使を辞す。同年右京大夫に任ぜられる。同3年中納言に任ぜられる。同4年中務卿、同6年美作守、同7年皇后宮大夫に任ぜられる。同9年大納言に任ぜられる。同10年美作守を辞す。没後に従二位を贈られる。秦氏と関係があり平安遷都を促進していた。子に葛野麿・道雄がいる。　典：古代・大日・伝日・京都・日名・公補

藤原内麻呂　ふじわらの・うちまろ

奈良・平安時代の人、右大臣。天平勝宝7(755)年生～弘仁3(812)年10月6日没。57才。後長岡大臣。

大納言藤原真楯の三男。母は従五位下安倍帯麿の娘。兄に真永・永継がいる。天応元(781)年従五位下に叙され、同2年甲斐守、延暦4(785)年左衛門佐・中衛少将・越前介に任ぜられ従五位上、同5年正五位したに進み越前守に任ぜられる。同6年従四位下に進み、同8年左衛士督、同11年刑部卿に任ぜられる。同13年参議に任ぜられる。同14年陰陽頭に任ぜられる。同15年従四位上より正四位下に進み但馬守に任ぜられ造東大寺長官となり、同16年近衛大将に任ぜられ勘解由長官となる。同17年正四位上より従三位に進み中納言に任ぜられる。同18年造宮大夫に任ぜられる。同19年但馬守を辞す。同25年正三位に進み大納言より右大臣に任ぜられる。大同4(809)年従二位に進む。没後に太政大臣を

贈られる。内麿によって北家藤原の地位が確立し後世まで公卿として繁栄した。子に真夏・冬嗣・愛発・衛・助・緒夏・長岡がいる。　典：古代・大日・伝日・日名・公補

藤原園人　ふじわらの・そのひと

奈良・平安時代の人、右大臣。天平勝宝7(755)年生〜弘仁9(818)年12月19日 没。64才。号=前山科大臣。

参議藤原房前の孫。参議藤原楓麻呂の長男。母は山階寺の人の娘(又は内大臣藤原良継の娘か)。弟に園主がいる。宝亀10(779)年従五位下に叙され美濃介、天応元(781)年備中守、延暦2(783)年少納言、同4年右少弁・安芸守に任ぜられる。同8年従五位上に進み備後守、同10豊後守、同17年大和守・右京大夫・治部大輔に任ぜられ従四位下に進み、同18年右大弁、同20年大蔵卿に任ぜられる。同22年従四位上に進み、大同元(806)年宮内卿に任ぜられ参議に任ぜられ正四位下・勲三等に進み皇太子伝奏・山陽道観察使に任ぜられる。同3年民部卿に任ぜられる。同4年従三位より正三位・勲二等に進み中納言に任ぜられ、更に同5年大納言に任ぜられる。弘仁3(812)年右大臣に任ぜられる。同2年従二位に進む。没後に正一位を贈られる。　典：古代・大日・伝日・日名・公補

藤原葛野麻呂　ふじわらの・かどのまろ

奈良・平安時代の人、中納言。天平勝宝元(749)年生〜弘仁9(818)年11月16日 没。70才。

従五位下藤原鳥養の孫。大納言藤原小黒麿の長男。母は従四位下秦島麿の娘。弟に道雄がいる。名は母の出身地山背国葛野より付ける。延暦4(785)年従五位下に叙され、同6年陸奥介、同10年少納言・右少弁に任ぜられる。同13年従五位上より正五位下に進み春宮亮・左少弁、同14年右中弁更に左中弁に任ぜられ従四位下、同15年従四位上に進み、同16年春宮大夫・伊予守、同17年右大弁、同18年大宰大弐、同20年遣唐大使・越前守に任ぜられる。同23年従四位上に進み、同24年刑部卿に任ぜられ従三位に進み、大同元(806)年参議に任ぜられ式部卿に任ぜられ東海道観察使となる。同3年中納言に任ぜられる。同4年正三位に進み皇太子伝奏に任ぜられる。同5年薬子の変に姻戚関係から重罪を受け皇太子伝奏を辞す。弘仁2(811)年許されて民部卿に任ぜられる。子に常嗣・氏宗がいる。　典：古代・大日・伝日・京都・日名・公補

藤原真夏　ふじわらの・まなつ

奈良・平安時代の人、参議。宝亀5(774)年生〜天長7(830)年10月11日 没。57才。

右大臣藤原内麿の長男。母は正五位上飛鳥部奈止麿の娘(又は百済宿禰永継の娘か)。弟に冬嗣・桜麿・福当麿・長岡・卒・愛発・衛・助・収・緒夏・大津などがいる。延暦22(803)年従五位下に叙され中衛権少将・春宮権亮に任ぜられる。大同元(806)年従四位下に進み、同2年右中将・武蔵守より阿波守・中務大輔・美作守に任ぜられる。同4年山陰道観察使となる。同5年正四位下に進み参議に任ぜられ観察使を辞す。同年伊予守より備中守に任ぜられ造平城宮使・按察使になる。のち任職を辞す。弘仁13(822)年従三位に進み、天長5(828)年刑部卿に任ぜられる。子に浜雄・関雄がいる。続系譜は北3を見よ。　典：古代・公辞・公補

藤原冬嗣　ふじわらの・ふゆつぐ

奈良・平安時代の人、左大臣。宝亀6(775)年生〜天長3(826)年7月24日没。52才。号＝閑院大臣。

右大臣藤原内麿の次男。母は正五位上飛鳥部奈止麿の娘(又は百済宿禰永継の娘か)。兄に真夏・弟に桜麿・福当麿・長岡・卒・愛発・衛・助・収・緒夏・大津などがいる。延暦20(801)年大判事、同21年左衛士大尉に任ぜられる。大同元(806)年従五位下に叙され春宮大進、同2年春宮亮に任ぜられる。同4年正五位下より従四位下に進み左衛士督・大舎人頭・中務大輔、同5年備中守・蔵人頭・美作守に任ぜられる。一時停官し右少弁・式部大輔に任ぜられ従四位上に進み、弘仁2(811)年参議に任ぜられ左衛門督に任ぜられる。同3年正四位下に進み左大将に任ぜられる。従三位に進み、同7年権中納言に任ぜられる。同8年陸奥出羽按察使となるも中納言に任ぜられる。同9年正三位に進み大納言に任ぜられる。更に同12年右大臣に任ぜられる。同13年従二位、同14年正二位に進み、天長2(825)年左大臣に任ぜられる。同3年左大将を辞す。没後に正一位、嘉祥3(850)年に太政大臣を贈られる。施薬院を置き、勧学院を開き教育を計り、興福寺に南円堂を創建し家運の隆盛を祈願した。文徳帝の外祖。子に長良・良房・良相・良仁・良門・良世がいる。　典：大日・伝日・古今・京都・日名・公補

藤原道雄　ふじわらの・みちお

奈良・平安時代の人、参議。　宝亀 2(771)年生〜弘仁14(823)年9月23日没。53才。

大納言藤原小黒麿の四男。母は左大臣藤原魚名の娘。兄に葛野麿がいる。延暦8(789)年内舎人、同14年大学大允に任ぜられる。同15年従五位下に叙され兵部大輔、同17年武蔵介、同19年阿波守・大学頭に任ぜられ従五位上に進み、同22年河内守、同23年宮内大輔、同25年上総守・刑部卿・内匠頭・但馬守・右中弁、大同2(807)年美作守、同3年治部大輔に任ぜられ正五位下に進み、弘仁元(810)年能登守・右中弁より左中弁に任ぜられる。同2年左中弁を辞す。同年紀伊守、同9年典薬頭に任ぜられる。同10年従四位下に進み、同11年大舎人頭、同12年右大弁、同13年蔵人頭に任ぜられる。同14年従四位上に進み参議に任ぜられ更に宮内卿に任ぜられる。　典：公補

藤原愛発　ふじわらの・あらち

奈良・平安時代の人、大納言。延暦6(787)年生〜承和10(843)年9月16日没。57才。

右大臣藤原内麿の七男。母は山城国愛宕郡人依常忌寸大神の娘。兄に真夏・冬嗣・桜麿・福当麿・長岡・卒、弟に衛・助・収・緒夏・大津がいる。大同4(809)年文章生となる。弘仁元(810)年春宮大進、同2年式部少丞、同4年式部大丞・蔵人に任ぜられる。同6年従五位下に叙される。同年兵部少輔・中務大輔、同9年近江介、同13年民部大輔に任ぜられ従五位上に進む。同14年左少弁より右中弁に任ぜられる。正五位下、天長元(824)年従四位下に進む。同年蔵人頭、同3年参議、大蔵卿に任ぜられる。同5年大蔵卿を辞す。同年下総守・春宮大夫に任ぜられる。同6年従四位上、同7年正四位下に進み式部大輔・左大弁に任ぜられる。同年式部大輔を辞す。同9年従三位に進み中納言に任ぜられ民部卿・左兵衛督に任ぜられる。同11年左兵衛督を辞す。承和3(836)年民部卿を辞す。同7年正三位に進

み大納言に任ぜられる。同8年再び民部卿に任ぜられたが、同9年伴建峯の事件に連座し院中に幽閉され、のち山城国久世郡別墅に移る。一説に96才。 典：古代・大日・伝日・公補

藤原常嗣 ふじわらの・つねつぐ

平安時代の人、参議。延暦15(796)年生～承和7(840)年4月23日没。45才。

中納言藤原葛野麿の六男。母は従五位下菅野池成の娘。弟に氏宗がいる。弘仁11(820)年右京少進、同12年蔵人、同13年式部大丞に任ぜられる。同14年従五位下に叙され下野守より山城守・春宮亮・右少弁に任ぜられ、天長元(824)年左少弁を辞す。同年式部少輔に任ぜられ勘解由次官となる。同3年従五位上、同5年正五位下に進み、同7年刑部少輔・蔵人頭に任ぜられる。同8年従四位下、同8年従四位上に進み勘解由長官となり更に参議に任ぜられる。同9年右大弁に任ぜられる。同10年従四位上に進み、同11年相模守より備中権守更に近江権守に任ぜられ遣唐大使となる。承和2(835)年近江権守を辞す。同年左大弁に任ぜられる。同3年正四位下に進む。同年海が荒れて入唐を果たせず、同4年大宰権帥に任ぜられ唐に入国。同6年帰国。同年従三位に進む。 典：古代・大日・伝日・日名・公補

藤原良房 ふじわらの・よしふさ

平安時代の人、摂政・太政大臣。延暦23(804)年生～貞観14(872)年9月4日 没。69才。号＝白河殿・染殿。

左大臣藤原冬嗣の次男。母は大庭王の娘(贈正一位・尚侍美都子、藤原三守の姉)。兄に長良、弟に良相・良仁・良門・良世がいる。天長2(825)年蔵人・中判事に任ぜられる。同5年従五位下に叙され大学頭、同7年春宮亮・越中権守・加賀守・左少将、同10年左中将・蔵人頭に任ぜられ従五位上より正五位下に更に従四位下に進み、承和元(834)年参議に任ぜられる。同2年従四位上より従三位に進み権中納言に任ぜられ左兵衛督に任ぜられる。同6年督を辞す。同年按察使となる。同7年中納言に任ぜられる。同9年正三位に進み大納言に任ぜられ右大将・民部卿に任ぜられる。同11年再び按察使に任ぜられる。嘉祥元(848)年右大臣に任ぜられる。仁寿元(851)年正二位に進み、同4年左大将に任ぜられる。天安元(857)年従一位に進み太政大臣に任ぜられる。同2年摂政に任ぜられる。貞観8(866)年の応天門の変で伴善男を政界より失脚させる。在官25年。没後に正一位を贈られ、山城国愛宕郡白河辺に埋葬。墓所は京都左京区南禅寺北の坊町にある。子に基経がいる。 典：古代・大日・京都・伝日・日名・公補

藤原助 ふじわらの・すけ

平安時代の人、参議。延暦18(799)年生～仁寿3(853)年5月29日没。55才。

右大臣藤原内麿の十一男。兄弟に真夏・冬嗣・桜麿・福当麿・長岡・卒・愛発・大津・衛・収・緒夏などがいる。弘仁13(822)年少判事・兵部少丞、同14年大学助、天長元(824)年出雲介・春宮少進、同5年式部少丞に任ぜられる。同6年従五位下に叙され遠江介、同8年春宮亮・蔵人頭・右少将、更に右権中将に任ぜられる。同年正五位下、承和元(834)年従四位下に進む。同2年中将、同4年尾張守に任ぜられる。同6年従四位上に進む。同9年左兵衛佐より右衛門督、同10年参議に任ぜられる。同11年摂津国班田使長官となる。同12年加賀守、同13年右衛門督を辞す。同年治部卿、同14年下野守に任ぜられる。同15年

これらを辞す。同年左兵衛督・大弼に任ぜられる。嘉祥3(850)年正四位下に進み、同4年弾正大弼を辞す。同年信濃守に任ぜられる。仁寿3(853)年信濃守・左兵衛督を辞す。同年近江守に任ぜられる。　典：公補

藤原長良　ふじわらの・ながら

平安時代の人、権中納言。延暦21(802)年生～斉衡3(856)年6月23日没。55才。号=枇杷大臣。

左大臣藤原冬嗣の長男。母は大庭王の娘(贈正一位・尚侍美都子、藤原三守の姉)。弟に良房・良相・良仁・良門・良世がいる。弘仁13(822)年内舎人、同14年蔵人に任ぜられる。天長元(824)年従五位下に叙され、同2年侍従に任ぜられる。同4年従五位上に進み左兵衛権佐より左衛門佐に任ぜられる。同11年正五位下に進み、承和元(834)年加賀権守に任ぜられる。同3年従四位下に進み右馬頭、同6年左馬頭、同7年蔵人頭、同9年左兵衛督、同10年相模守に任ぜられる。同11年従四位上に進み参議に任ぜられる。同13年左兵衛督・相模守を辞す。同年讃岐守、同15年左衛門督に任ぜられる。嘉祥2(849)年讃岐守を辞す。同3年伊勢守に任ぜられ正四位下より従三位、同4年正三位に進み、仁寿3(853)年守を辞す。同4年権中納言に任ぜられる。斉衡3(856)年従二位に進む。没後の元慶元(877)年に正一位・左大臣、同3年太政大臣を贈られる。陽成院の外祖。子に国経・遠経・清経・倫寧がいる。　典：古代・大日・伝日・日名・公補

藤原良相　ふじわらの・よしみ

平安時代の人、右大臣。弘仁8(817)年生～貞観9(867)年10月10日没。51才。号=西三条大臣。

左大臣藤原冬嗣の五男。母は大庭王の娘(贈正一位・尚侍美都子、藤原三守の姉)。承和元(834)年蔵人・右衛門大尉、同2年右兵衛権大尉、同3年内蔵助に任ぜられる。同5年従五位下に叙され、同6年内蔵頭、同7年因幡守・左少将に任ぜられる。同8年従五位上、同10年正五位下に進み阿波守に任ぜられる。同11年正五位上、同13年従四位下に進み左中将に任ぜられる。嘉祥元(848)年参議に任ぜられる。同2年相模守・按察使・右大弁、同3年春宮大夫・左大弁に任ぜられ従四位上より正四位下、同4年従三位に進み権中納言に任ぜられる。更に斉衡元(854)年権大納言に任ぜられる。同2年正三位に進み、同3年大納言に任ぜられ、更に天安元(857)年従二位に進み右大臣に任ぜられる。同3年正二位に進み、貞観8(866)年左大将に任ぜられるも、これを辞す。没後に正一位を贈られる。子に常行がいる。　典：古代・大日・伝日・日名・公補

藤原氏宗　ふじわらの・うじむね

平安時代の人、右大臣。延暦14(795)年生～貞観14(872)年2月11日没。78才。

中納言藤原葛野麿の七男。母は従三位和気清麿の娘。兄に常嗣がいる。天長9(832)年上総大掾、同16年中務大丞・蔵人・式部大丞・上総掾に任ぜられる。承和5(838)年従五位下に叙され式部少輔、同7年左少将・右少弁、同8年美濃守、同9年陸奥守に任ぜられ弁を辞す。同年従五位上に進み、同13年右衛門権佐より左衛門権佐に任ぜられる。同15年正五位下に進み春宮亮、嘉祥2(849)年右中弁に任ぜられる。同3年従四位下に進み蔵人頭・

右中将・右大弁に任ぜられる。同4年参議に任ぜられる。仁寿2(852)年使別当となり、同3年従四位上に進み近江守、斉衡3(856)年左衛門督、天安元(857)年伊予権守に任ぜられる。同2年正四位下、貞観元(859)年従三位に進み美作守に任ぜられる。同3年中納言に任ぜられる。同5年左衛門督・使別当を辞す。同年右大将、同8年左大将に任ぜられる。同9年正三位に進み大納言に任ぜられる。同10年左大将を辞す。同11年皇太子伝奏、同12年東宮伝奏に任ぜられ更に右大臣に任ぜられる。同13年「貞観式」を撰進するも翌年に没す。右大臣在官3年。没後に正二位を贈られる。一説に大同2(807)年生・66才、65才・63才説あり。　典：古代・大日・伝日・日名・公補

藤原貞守　ふじわらの・さだもり

平安時代の人、参議。延暦17(798)年生～貞観2(859)年5月1日没。62才。

参議藤原楓麿の曾孫。従五位下参河守藤原園主の孫。正六位上藤原諸貞の長男。天長元(824)年大学少允より大允、同2年内匠助、同3年皇太后宮少進、同4年蔵人に任ぜられる。同5年従五位下に叙され、同7年右少弁・式部少助、同9年讃岐介、同10年従五位上に進む。同年左少弁を辞す。同年春宮亮、承和7(840)年豊前守に任ぜられる。同8年信濃介、同9年越後権守、同15年備中守・式部少輔に任治、嘉祥3(850)年正五位下に進み備前守・右中弁に任ぜられる。仁寿元(851)年従四位下に進み、同2年蔵人頭・左中弁、同3年右大弁に任ぜられ更に参議に任ぜられる。斉衡元(854)年下野守に任ぜられる。同2年従四位上に進み式部大輔に任ぜられる。天安2(858)年右大弁・下野守を辞す。　典：古代・公補

藤原良縄　ふじわらの・よしただ

平安時代の人、参議。弘仁5(814)年生～貞観10(868)年2月18日没。45才。

右大臣藤原内麿の孫。正五位下・備前守藤原大津の長男。母は正五位下紀南麿の娘。承和4(837)年内舎人、嘉祥3(850)年左馬大允・蔵人・内蔵権助に任ぜられる。仁寿2(852)年従五位下に叙され内蔵助・蔵人頭・侍従、斉衡元(854)年播磨介・春宮亮・左兵衛権佐に任ぜられる。同3年右中弁・内蔵権頭、同3年蔵人頭に任ぜられる。天安元(857)年正五位下より従四位下に進み備前権守・右中将より左中将・右大弁・勘解由長官、同2年讃岐守に任ぜられ更に参議に任ぜられる。貞観元(859)年備前守に任ぜられる。同3年正四位下に進む。同4年左大弁に任ぜられる。同5年に辞す。同年右衛門督・使別当、同6年讃岐守、同9年大皇太后宮大夫に任ぜられる。　典：古代・日名・公補

藤原基経　ふじわらの・もとつね

平安時代の人、摂政・関白・太政大臣・准三宮。承和3(836)年生～寛平3(891)年1月13日没。56才。号=堀川太政大臣。諡=昭宣公。

権中納言藤原長良の三男。母は参議藤原綱継の娘贈正一位大夫人乙春。摂政・太政大臣藤原良房の養子となる。仁寿2(852)年蔵人、同4年左兵衛少尉・侍従に任ぜられ従五位下に叙され、斉衡2(855)年左兵衛佐、天安元(857)年少納言、同2年左少将・蔵人頭・播万介に任ぜられる。貞観2(860)年正五位下、同3年従四位下に進み、同5年左中将に任ぜられる。同6年参議に任ぜられる。同7年阿波守より伊予守に任ぜられる。同8年従四位上より正四位下に更に従三位に進み中納言に任ぜられる。同10年左大将、同11年按察使に任

ぜられ、更に同12年大納言に任ぜられる。同14年正三位に進み右大臣に任ぜられる。同15年従二位に進み、元慶元(877)年左大将を辞す。同年摂政に任ぜられる。同4年関白・太政大臣に任ぜられる。同5年従一位に進み、寛平2(890)年准三宮任ぜられる。没後に正一位を贈られる。山城国宇治郡に葬る。人臣で関白となった最初の人。子に時平・兼平・忠平・仲平がいる。 典：古代・大日・伝日・京都・日名・公補

藤原常行 ふじわらの・つねゆき

平安時代の人、大納言。承和3(836)年生～貞観17(875)年2月17日没。40才。号=西三条右大将。

右大臣藤原良相の長男。母は従五位下大江乙枝の娘。仁寿3(853)年補蔵人、斉衡元(854)年右衛門少尉に任ぜられる。同2年従五位下に叙され右衛門佐、同4年周防権守、のち右権少将・蔵人頭に任ぜられ従五位上、貞観2(860)年正五位下より従四位下に任ぜられ内蔵頭、同4年右中将に任ぜられる。同6年参議に任ぜられる。同8年従四位上より正四位下に進み備前権守・右大将に任ぜられる。同9年従三位に進み、同10年備前権守を辞す。同年讃岐守に任ぜられる。同12年に辞す。同年中納言に任ぜられる。同14年大納言に任ぜられる。同15年按察使に任ぜられる。 典：日名・公補

藤原良世 ふじわらの・よしよ

平安時代の人、左大臣。弘仁14(823)年生～昌泰3(900)年11月18日 没。78才。号=致仕大臣。

左大臣藤原冬嗣の八男。母は従四位上大庭王の娘正五位下朝平王女。兄に長良・良房・良相・良仁・良門などがいる。承和8(841)年内舎人、同14年左馬権少允より大允、同15年右兵衛大尉、嘉祥3(850)年蔵人・右衛門少尉より大尉に任ぜられる。仁寿元(851)年従五位下に叙され、同2年右衛門権佐、同3年左兵衛権佐更に、同4年右兵衛佐、斉衡2(855)年伊予介に任ぜられる。同4年従五位上に進み、天安2(858)年左権少将より左少将に任ぜられ正五位下、貞観2(860)年従四位下に進み皇太后宮大夫に任ぜられる。同6年従四位上に進み讃岐権守・蔵人頭に任ぜられる。同10年正四位下に進み、同12年参議に任ぜられ、更に同14年従三位に進み中納言に任ぜられる。同17年右大将に任ぜられる。元慶元(877)年正三位に進み、同4年按察使に任ぜられる。同6年大納言に任ぜられる。仁和元(885)年按察使を辞す。寛平元(889)年皇太后宮大夫を辞す。同3年右大臣に任ぜられる。同5年従二位に進み右大将を辞す。同8年左大臣に任ぜられるも辞す。没後に従一位を賜る。子に邦基・恒佐がいる。 典：古代・大日・伝日・日名・公補

藤原国経 ふじわらの・くにつね

平安時代の人、大納言。天長5(828)年生～延喜8(908)年6月29日没。81才。

権中納言藤原長良の長男。母は従五位難波淵子。弟に遠経・清経・倫寧などがいる。天安2(858)年蔵人に任ぜられる。貞観元(859)年従五位下に叙され、同3年備後権介、同4年播磨介、同5年侍従、同8年右兵衛権佐に任ぜられる。同9年従五位上に進み、同17年正五位下、同19年従四位下に進み左馬頭・蔵人頭、元慶2(878)年中宮大夫に任ぜられる。同3年従四位上に進み、同6年皇太后宮大夫に任ぜられ更に正四位下に進み参議に任ぜられ

る。同8年備中守、仁和元(885)年播磨守に任ぜられる。同2年播磨守を辞す。寛平元(889)年近江権守に任ぜられる。同3年に辞す。同6年従三位に進み大宰権帥に任ぜられ更に権中納言に任ぜられる。同8年皇太后宮大夫を辞す。同9年中納言に任ぜられる。昌泰3(900)年大宰権帥を辞す。延喜2(902)年大納言に任ぜられる。同3年正三位に進み、同7年按察使に任ぜられる。子に忠幹がいる。続系譜は北4を見よ。　典：古代・公補

藤原有実　ふじわらの・ありざね

平安時代の人、参議。承和14(847)年生～延喜14(914)年5月12日没。68才。

左大臣藤原冬嗣の孫。従四位上・中宮大夫藤原良仁朝臣の次男。母は従四位上藤原浜主朝臣の娘。貞観8(865)年左近衛将監、同9年蔵人・讃岐権掾に任ぜられる。同10年従五位下に叙され兵部少輔・左少将、同11年侍従・加賀守、同12年讃岐権介、同15年近江介に任ぜられる。同16年従五位上に進み、元慶2(878)年阿波介、同3年伊予権守、同5年左中将・蔵人頭に任ぜられる。同6年従四位上に進み参議に任ぜられる。同7年正四位下に進み、仁和2(886)年近江権守に任ぜられる。同4年正四位上に進み、寛平元(889)年備前権守に任ぜられる。同2年備前権守を辞す。同4年太皇太后宮大夫に任ぜられる。同5年大夫を辞す。同6年従三位に進み中将を辞す。同年大宮大夫、同8年再び近江権守に任ぜられる。同9年大宮大夫を辞す。同年按察使・左衛門督に任ぜられる。昌泰元(898)年按察使を辞す。同2年再び近江権守を辞す。同年備中守に任ぜられる。延喜元(901)年これを辞す。同3年正三位に進み、同6年伊予守に任ぜられる。同10年に辞す。同11年三たび近江守に任ぜられる。同13年3たび辞す。更に左衛門督を辞す。同年再び按察使に任ぜられる。　典：古代・公補

藤原時平　ふじわらの・ときひら

平安時代の人、左大臣。貞観13(871)年生～延喜9(909)年4月4日 没。39才。号=本院大臣・中御門左大臣。

関白・太政大臣藤原基経の長男。母は四品・弾正尹人康親王の娘。弟に兼平・忠平・仲平がいる。仁和2(886)年元服し正五位下に叙され、同3年従四位下に進み右権中将・蔵人頭、同5年讃岐権守に任ぜられる。寛平2(890)年従四位上より従三位に進み、同3年参議に任ぜられ右衛門督、同4年左衛門督・使別当に任ぜられる。同5年督・別当を辞す。同年中納言に任ぜられ右近大将・春宮大夫に任ぜられる。同9年大納言に任ぜられ正三位に進み左大将に任ぜられ氏長者となる。更に昌泰2(899)年左大臣に任ぜられる。延喜元(901)年従二位に進み、同2年別封二千戸を賜る。同7年正二位に進む。没後に正一位・太政大臣を賜る。著述に「時平草子」「外記番記」がある。菅原道真の祟りで没すと風評が流れた。子に保忠・顕忠・敦忠がいる。　典：古代・大日・伝日・京都・日名・公補

藤原高藤　ふじわらの・たかふじ

平安時代の人、内大臣。承和5(838)年生～昌泰3(900)年3月12日没。63才。号=勧修寺内大臣・小一条内大臣。

左大臣藤原冬嗣の孫。内舎人藤原良門の次男。母は西市正高田沙弥の娘。兄に利基がいる。貞観4(862)年右近衛将監、同7年蔵人、同8年美濃権大掾に任ぜられる。同10年従

五位下に叙され、同11年播磨権介、同13年備中権介に任ぜられる。同18年従五位上に進み右兵衛権佐、元慶3(879)年尾張権守、同7年左近少将、同8年讃岐介、仁和2(886)年兵部大輔、同3年近江権介に任ぜられ正五位下に進み、同5年伊予権介に任ぜられる。寛平2(890)年正五位上より従四位下に進み兵部大輔、同3年伊勢権守、同4年播磨権守に任ぜられる。同年兵部大輔を辞す。同6年従三位に進み、同7年参議に任ぜられる。同8年近江守に任ぜられる。同9年正三位に進み中納言に任ぜられる。更に昌泰2(899)年大納言に任ぜられる。同3年内大臣に任ぜられる。没後に正一位・太政大臣を賜る。延喜帝の外祖。子に定方・定国がいる。　典：古代・大日・伝日・公辞・日名・公補

藤原定国　ふじわらの・さだくに

平安時代の人、大納言。貞観8(866)年生～延喜6(906)年7月2日 没。41才。号=泉大将。

内大臣藤原高藤の長男。母は宮内大輔宮道弥益の娘。弟に定方がいる。仁和3(887)年蔵人、同4年左衛門少尉に任ぜられる。寛平2(890)年従五位下に叙され、同3年侍従、同4年右衛門佐、同5年内蔵頭・春宮少進、同7年春宮大輔に任ぜられ従五位上、同8年正五位下に進み左少将に任ぜられる。同年内蔵頭を辞す。同9年備前介・蔵人頭に任ぜられ従四位下より従四位上に進み権中将、同10年近江権守に任ぜられる。昌泰2(899)年従三位に進み参議より中納言に任ぜられる。同4年右大将に任ぜられる。延喜2(902)年大納言に任ぜられ陸奥出羽按察使に任ぜられる。同4年春宮大夫に任ぜられる。　典：大日・伝日・日名・公補

藤原忠平　ふじわらの・ただひら

平安時代の人、摂政・関白・太政大臣。元慶4(880)年生～天暦3(949)年8月14日没。70才。号=小一条太政大臣。諡名=貞信公。

関白・太政大臣藤原基経の四男。母は四品・弾正尹人康親王の娘。兄に時平・兼平、弟に仲平がいる。寛平7(895)年正五位下に叙され、同8年侍従、同9年備後権守に任ぜられる。昌泰元(898)年従四位下に進み、同3年参議に任ぜられるも叔父藤原清経に譲る。延喜3(903)年従四位上に進み、同5年備前権守に進み、同8年再び参議に任ぜられ春宮大夫・左兵衛督・使別当に任ぜられる。同9年従三位に進み権中納言に任ぜられ右大将に任ぜられ氏長者となる。同10年中納言に任ぜられる。同11年大納言に任ぜられる。同13年正三位に進み左大将に任ぜられる。同14年右大臣に任ぜられる。同16年従二位、延長2(924)年正二位に進み左大臣に任ぜられる。同3年東宮伝奏、同4年皇太子伝奏に任ぜられる。同8年皇太子伝奏・左大将を辞す。同年摂政に任ぜられる。承平2(932)年従一位に進み、同6年左大臣を辞す。同7年太政大臣に任ぜられる。天慶3(940)年摂政を辞す。同4年関白に任ぜられる。京都東山区本町の法性寺を公卿恒例の読経の寺として創建した。子に実頼・師保・師輔・師氏・師尹がいる。続系譜は北6を見よ。　典：大日・伝日・古今・京都・日名・公補

藤原清経　ふじわらの・きよつね

平安時代の人、参議。承和13(846)年生～延喜15(915)年5月23日没。70才。

権中納言藤原長良の六男。兄弟に国経・遠経・倫寧がいる。貞観8(866)年右衛門少尉、同9年右衛門大尉に任ぜられる。同11年従五位下に叙され春宮大夫、同18年右権少将に任ぜられる。同19年従五位上に進み左権少将に任ぜられる。元慶2(878)年播磨介、同5年

左少将・備中守に任ぜられる。同6年正五位下に進み、同7年讃岐介に任ぜられる。仁和2(886)年従四位下に進み、同3年周防権守、寛平3(891)年右中将、同4年伊予権守に任ぜられる。同6年従四位上に進み、同9年太皇大后宮大夫・右兵衛督に任ぜられる。昌泰3(900)年参議に任ぜられる。延喜元(901)年播磨権守に任ぜられる。同4年正四位下に進み、同8年右衛門督、同9年備前権守に任ぜられる。同11年備前権守を辞す。同14年讃岐守に任ぜられる。同15年従三位に進む。子に元名がいる。　典：古代・公辞・公補

藤原仲平　ふじわらの・なかひら

平安時代の人、左大臣。貞観17(875)年生～天慶8(945)年9月5日 没。71才。法名＝静覚。号＝枇杷左大臣。

関白・太政大臣藤原基経の次男。母は四品・弾正尹人康親王の娘。兄に時平、弟に兼平・忠平がいる。仁和2(886)年正五位下に叙され、寛平2(890)年右衛門佐、同4年右少将、同5年讃岐権守に任ぜられる。同6年従四位下に進み、同8年右中将、同9年左中将、同10年紀伊権守、昌泰2(899)年中宮大夫、同3年讃岐権守に任ぜられる。同4年従四位上に進み蔵人頭、延喜2(902)年備前守に任ぜられる。同7年正四位下に進む。同年中宮大夫を辞す。同8年近江権守に任ぜられ更に参議に任ぜられる。同9年左兵衛督、同10年備前権守に任ぜられる。同13年備前権守を辞す。同年春宮大夫に任ぜられる。同17年中納言に任ぜられる。同21年左衛門督に任ぜられ、延長元(923)年春宮大夫を辞す。同2年按察使に任ぜられる。同4年正三位に進み、更に同5年大納言に任ぜられる。同6年左衛門督を辞す。同8年右大将、承平2(932)年左大将に任ぜられ、更に同3年右大臣に任ぜられる。同4年按察使を辞す。同5年従二位に進み、同7年左大臣に任ぜられる。天慶6(943)年正二位に進み、同7年東宮伝奏、同8年皇太子伝奏に任ぜられたる。同年出家。利財に長じた。　典：大日・伝日・日名・公補

藤原定方　ふじわらの・さだかた

平安時代の人、右大臣。貞観15(873)年生～承平2(932)年8月4日 没。60才。号＝三条右大臣。

内大臣藤原高藤の次男。母は宮内大輔宮道弥益の娘。兄に定国がいる。寛平4(892)年内舎人、同7年陸奥権少掾に任ぜられる。同8年従五位下に叙され尾張権守、同9年右少将、同10年相模権介、昌泰3(900)年備前守に任ぜられる。同4年従五位上に進み左少将に任ぜられる。延喜3(903)年正五位下に進み、同4年近江介に任ぜられる。同6年従四位下に進み右権中将、同8年備前守に任ぜられる。同9年参議に任ぜられる。同10年右中将に任ぜられ従四位上に進み、同12年近江権守に任ぜられる。同13年従三位に進み中納言に任ぜられ左衛門督に任ぜられる。同19年按察使・右大将に任ぜられる。同20年大納言に任ぜられる。同21年正三位に進み、延長元(923)年東宮伝奏、同2年皇太子伝奏に任ぜられ更に右大臣に任ぜられる。同3年皇太子伝奏を辞す。同4年従二位に進み、同8年左大将に任ぜられる。没後に従一位を賜る。子に朝頼・朝忠・朝成がいる。　典：大日・伝日・古今・公辞・日名・公補

藤原保忠　ふじわらの・やすただ

平安時代の人、大納言。寛平2(890)年生～承平6(936)年7月14日没。47才。号=八条大将・賢人大将。

左大臣藤原時平の長男。母は一品・式部卿本康親王の娘従四位上廉子王女。弟に顯忠・敦忠がいる。延喜6(906)年従五位下に叙され、同7年侍従に任ぜられる。同9年従五位上より従四位下に進み、同10年讃岐守、同11年右中将、同13年右大弁に任ぜられる。同14年従四位上に参議に任ぜられる。同15年伊予守、同17年讃岐権守に任ぜられる。同21年正四位下より従三位に進み権中納言に任ぜられる。延長元(923)年中納言に任ぜられ春宮大夫に任ぜられる。同3年大夫を辞す。同5年左衛門督に任ぜられる。同8年正三位に進み大納言に任ぜられる。承平2(932)年右大将、同3年陸奥出羽按察使に任ぜられる。邸宅が八条にあり、音曲の笙を奏した。　典：大日・伝日・日名・公補

藤原恒佐　ふじわらの・つねすけ

平安時代の人、右大臣。元慶3(879)年生～天慶元(938)年5月5日没。60才。号=一条右大臣・土御門右大将。

左大臣藤原良世の七男。母は従五位下・山城介紀春豊の娘従五位下勢子。兄に邦基がいる。寛平6(894)年左近衛将監に任ぜられる。同8年叙爵し、同10年信濃権介、昌泰元(898)年右馬助、同2年右兵衛佐に任ぜられる。延喜6(906)年従五位上に進み左少将、同7年近江介に任ぜられる。同10年正五位下に進み蔵人、同11年春宮亮に任ぜられる。同12年従四位下に進み伊予権守・蔵人頭、同13年讃岐権守・右権中将、同14年右中将に任ぜられる。同15年蔵人頭を辞す。同年参議に任ぜられる。同17年従四位上に進み備前権守に、同21年左中将・右衛門督・使別当に任ぜられる。同22年左中将を辞す。同年播磨守に任ぜられ、延長元(923)年に辞す。同年従三位に進み権中納言に任ぜられ、更に同5年中納言に任ぜられる。同8年左衛門督に任ぜられる。承平2(932)年正三位に進み、同3年大納言に任ぜられる。同6年右大将に任ぜられる。同7年右大臣に任ぜられるも翌年に没す。没後に正二位を贈られる。子に有相がいる。　典：大日・伝日・日名・公補

藤原邦基　ふじわらの・くにもと

平安時代の人、中納言。貞観17(875)年生～承平2(932)年3月8日没。58才。

左大臣藤原良世の五男。母は従五位下・助教船副使丸の娘。弟に恒佐がいる。寛平5(893)年文章生となる。同7年弾正少忠、同9年兵部少丞に任ぜられる。昌泰元(898)年従五位下に叙され、同2年能登権守、同3年刑部大輔、同4年因幡守、延喜6(906)年武蔵守に任ぜられる。同7年従五位上に進み、同12年左少弁、同13年右中弁・木工頭に任ぜられる。同14年正五位下に進み、同15年春宮亮、同16年左中弁に任ぜられる。同17年従四位下に進み、同21年右大弁に任ぜられ更に参議に任ぜられる。同22年越前権守に任ぜられ従四位上に進み、延長元(923)年備前権守・勘解由長官、同3年春宮大夫、同6年左大弁に任ぜられ備前権守を辞す。同7年勘解由長官を辞す。同年正四位下に進み讃岐権守に任ぜられる。同8年中納言に任ぜられ民部卿に任ぜられる。　典：公補

藤原兼輔 ふじわらの・かねすけ

平安時代の人、中納言。元慶元(877)年生～承平3(933)年2月18日没。57才。通称=堤中納言。

左大臣藤原冬嗣の曽孫。内舎人藤原良門の孫。右中将藤原利基朝臣の六男。母は伴氏の娘。兄に兼茂がいる。寛平10(898)年讃岐権掾、昌泰3(900)年右衛門少尉に任ぜられる。延喜2(902)年従五位下に叙され、同3年内蔵助、同7年左兵衛佐、同9年蔵人に任ぜられる。同10年従五位上に進み右衛門佐、同13年左少将、同14年近江介に任ぜられる。同15年正五位下に進み、同16年内蔵権頭、同17年内蔵頭・蔵人頭に任ぜられ従四位下に進み、同19年備前守・左権中将に任ぜられる。同21年参議に任ぜられる。同22年従四位上に進み、延長2(924)年近江守に任ぜられる。同5年権中納言に任ぜられる。更に同8年中納言に任ぜられ右衛門督に任ぜられる。京鴨川の堤に住む。子に清正・雅正がいる。続系譜は北7を見よ。　典：大日・伝日・古今・京都・日名・公補

藤原兼茂 ふじわらの・かねしげ

平安時代の人、参議。生年不明～延長2(923)年3月7日 没。

藤原顕忠 ふじわらの・あきただ

平安時代の人、右大臣。昌泰元(898)年生～康保2(965)年4月24日没。68才。号=富小路右大臣。

左大臣藤原時平の次男。兄に保忠、弟に敦忠がいる。延喜13(913)年従五位下に叙され、同15年周防権守に任ぜられる。同17年従五位上に進み、同19年右衛門佐、延長3(925)年信濃権介に任ぜられる。同6年正五位下、同8年従四位下に進み右中弁、承平3(933)年左中弁、同5年内蔵頭に任ぜられる。同6年従四位上に進み、同7年参議に任ぜられる。天慶元(938)年刑部卿に任ぜられる。同2年卿を辞す。同年近江権守・左兵衛督に任ぜられる。同4年従三位に進み権中納言に任ぜられる。更に同5年中納言に任ぜられ左衛門督・使別当、同7年中宮大夫に任ぜられる。天暦元(947)年左衛門督・使別当を辞す。同年大納言に任ぜられる。同4年正三位に進み、同7年按察使、同9年右大将に任ぜられる。同10年中宮大夫を辞す。天徳元(957)年左大将に任ぜられる。同2年按察使を辞す。同4年従二位に進み右大臣に任ぜられる。康保2(965)年左大将を辞す。没後に正二位を賜る。子に元輔がいる。　典：大日・伝日・日名・公補

藤原敦忠 ふじわらの・あつただ

平安時代の人、権中納言。延喜6(906)年生～天慶6(943)年3月7日 没。38才。号=枇杷中納言・土御門中納言・本院中納言。

左大臣藤原時平の三男。兄に保忠・顕忠がいる。延喜21(920)年従五位下に叙され、同23年侍従に任ぜられる。延長6(928)年従五位上に進み左兵衛佐より右衛門佐、同9年左権少将、承平2(932)年伊予権介に任ぜられ正五位下に進み、同3年近江権介に任ぜられる。同4年従四位下に進み蔵人頭・左権中将、同6年播磨守に任ぜられる。天慶2(939)年従四位上に進み参議に任ぜられる。同4年近江権守に任ぜられる。同5年従三位に進み権中納言に任ぜられる。孫に相信がいる。　典：大日・伝日・古今・日名・公補

藤原朝忠　ふじわらの・あさただ

平安時代の人、中納言。延喜10(910)年生～康保3(966)年12月2日没。57才。号=土御門中納言・堤中納言。

右大臣藤原定方の五男。母は中納言藤原山蔭の娘従四位下観光。兄に朝頼、弟に朝成がいる。延長2(924)年左近衛将監、同3年東宮侍中に任ぜられる。同4年従五位下に叙される。同5年侍従、同8年蔵人、同9年右兵衛佐、承平5(935)年左権少将に任ぜられる。同6年従五位上に進む、播磨権介に任ぜられる。天慶4(941)年正五位下に進み丹波介に任ぜられる。同6年従四位下に進み、内蔵頭、同9年近江守に任ぜられる。従四位上に進む。天暦5(951)年左中将、同6年伊勢権守、参議に任ぜられる。同7年備前守、同8年大宰大弐に任ぜられる。同年これと備前守を辞す。同10年正四位下に進み讃岐守、天徳元(957)年右衛門督・使別当、同2年備中守、同4年伊予守に任ぜられる。応和元(961)年従三位に進み、同3年中納言に任ぜられる。康保2(965)年病気のため左衛門督・使別当・伊予守を辞す。　典：大日・伝日・古今・日名・公補

藤原有相　ふじわらの・ありすけ

平安時代の人、参議。延喜8(908)年生～天徳3(959)年5月9日 没。52才。

右大臣藤原恒佐の長男。母は正四位下・左中将源定有の娘。延長5(927)年兵衛少尉、同7年左近衛将監、同8年蔵人、承平2(932)年近江少掾に任ぜられ従五位下に叙され、同3年侍従、同5年摂津守に任ぜられる。同8年従五位上に進み、天慶3(940)年右衛門権佐・右少弁、同4年左少弁、同7年春宮大進に任ぜられる。同8年正五位下に進み右中弁に任ぜられる。同9年従四位下に進み播磨守、天暦2(948)年内蔵頭・蔵人頭、同4年春宮権亮に任ぜられる。同5年従四位上に進み右大弁、同8年左大弁に任ぜられる。同9年参議に任ぜられる。同10年讃岐権守、天徳元(957)年播磨権守に任ぜられる。同2年正四位下に進む。　典：公補

藤原元名　ふじわらの・もとな

平安時代の人、参議。仁和元(885)年生～康保2(965)年4月18日没。81才。

参議藤原清経の三男。延喜5(905)年兵庫助に任ぜられる。同14年従五位下に叙され、同17年玄蕃頭、同21年能登頭、延長5(927)年備後守に任ぜられ従五位上に進み、承平2(932)年伊予守、同6年大和守に任ぜられる。同7年正五位下、天慶4(941)年従四位下に進み、同5年美濃権守より丹波守に任ぜられる。天暦6(952)年従四位上に進み民部大輔、同7年山城守、同8年大宰大弐に任ぜられる。天徳2(958)年参議に任ぜられる。同3年大弐を辞す。同4年讃岐守・宮内卿に任ぜられる。応和2(962)年正四位下に進むも、康保元(964)年80才で出家。子に文範・国章がいる。　典：公辞・公補

藤原朝成　ふじわらの・ともなり

平安時代の人、中納言。延喜17(917)年生～天延2(974)年4月5日 没。58才。号=三条中納言。

右大臣藤原定方の六男。母は中納言藤原山蔭の娘の従四位下観光。兄に朝頼・朝忠がいる。延長8(930)年従五位下に叙され、同9年侍従、天慶元(938)年左兵衛権佐、同5年右少弁に任ぜられる。同6年従五位上に進み近江介、同8年左少将・備中権介に任ぜられ正

五位下、天暦2(948)年従四位下に進み、同3年備後権守、同4年右中将、同7年左中将、同8年紀伊権守、同9年蔵人頭に任ぜられ従四位上に進み、天徳2(958)年内蔵頭に任ぜられ更に参議に任ぜられる。同3年勘解由長官・備中権守、同4年近江守に任ぜられる。応和2(962)年正四位下に進み、康保元(964)年近江守を辞す。同年法隆寺別当を任ぜられる。同2年勘解由長官を辞す。同年右衛門督、同4年中宮大夫に任ぜられ従三位に進み、同5年中宮大夫を辞す。同年伊予権守に任ぜられる。天禄元(970)年権中納言に任ぜられ再び中宮大夫に任ぜられる。更に同2年中納言に任ぜられる。天延元(973)年皇太后宮大夫に任ぜられる。　典：大日・日名・公補

藤原文範　ふじわらの・ふみのり

平安時代の人、中納言。延喜9(909)年生〜長徳2(996)年3月28日没。88才。

参議藤原元名の次男。母は大納言藤原扶幹の娘。弟に国章がいる。天慶3(940)年文章生となる。同4年少内記・蔵人、同6年式部少丞、同7年式部大丞に任ぜられる。同8年従五位下に叙され摂津守に任ぜられる。天暦4(950)年従五位上に進み右衛門権佐、同6年左少弁に任ぜられ正五位下、同11年従四位下に進み、天徳2(958)年内蔵頭、同4年美作権守に任ぜられる。応和元(961)年従四位上に進み、康保3(966)年右大弁・蔵人頭に任ぜられる。同4年参議に任ぜられ大蔵卿に任ぜられる。安和元(968)年備後権守・左大弁に任ぜられる。同2年正四位下に進み、天禄元(970)年民部卿に任ぜられる。同2年従三位に進み権中納言に任ぜられ、更に同3年中納言に任ぜられる。貞元元(976)年正三位、寛和2(986)年従二位に進み、永延2(988)年中納言を辞す。一説に12,29 没あり。子に為雅、曾孫に範永がいる。続系譜は北6をみよ。　典：公辞・公補

藤原元輔　ふじわらの・もとすけ

平安時代の人、参議。延喜16(916)年生〜天延3(975)年10月17日 没。60才。

右大臣藤原顕忠の長男。母は従五位上藤原朝見の娘。天慶元(938)年左兵衛少尉、同3年右衛門少尉、同4年左近衛将監、同6年蔵人に任ぜられる。同8年従五位下に叙され侍従、天暦2(948)年左兵衛佐、同5年右少将に任ぜられる。同6年従五位上に進み近江権介、同9年左少将に任ぜられる。同10年正五位下に進み、同11年近江介に任ぜられる。天徳2(958)年従四位下に進み右中将、同3年播磨権守に任ぜられる。応和3(963)年従四位上に進み、同4年讃岐権守より備中権守、康保4(967)年左中将、安和元(968)年蔵人頭に任ぜられる。天禄3(972)年参議に任ぜられる。天延元(973)年美濃権守・治部卿に任ぜられる。同2年正四位下に進む。　典：公補

藤原為輔　ふじわらの・ためすけ

平安時代の人、権中納言。延喜20(920)年生〜寛和2(986)年8月26日没。67才。号=甘露寺中納言・松崎帥。

右大臣藤原定方の孫。従四位上・左兵衛督藤原朝頼朝臣の長男。母は従五位上・左少将藤原言行の娘。天慶8(945)年蔵人、同9年木工権助・式部少丞・朱雀院判官代に任ぜられる。天暦2(948)年従五位下に叙され豊前権守、同4年因幡守、同9年尾張守に任ぜられ従五位上に進み、応和元(961)年侍従・丹波守に任ぜられ正五位下、康保3(966)年従四位

下に進み山城守、同4年左京大夫、安和2(969)年右中弁に任ぜられる。天禄元(970)年従四位上に進み左中弁、同2年右大弁、天延2(974)年大和権守に任ぜられる。同3年参議に任ぜられる。貞元2(977)年正四位下に進み、天元元(978)年左大弁、同2年紀伊権守・勘解由長官に任ぜられる。同3年紀伊権守を辞す。同年美濃権守に任ぜられる。同4年従三位に進み、永観元(983)年美濃権守・長官を辞す。同年治部卿に任ぜられる。同2年正三位に進み、寛和元(985)年播磨守に任ぜられる。同2年権中納言に任ぜられ大宰権帥に任ぜられる。子に宣孝・惟孝、12代孫に孝重がいる。　典：公辞・公補

藤原国章　ふじわらの・くにあき

平安時代の人、非参議。生年不明～寛和元(985)年6月23日没。

参議藤原元名の四男。母は大納言藤原扶幹の娘。兄に文範がいる。大宰大弐に任ぜられ、のちこれを辞す。貞元2(977)年従三位に叙され、天元5(982)年皇后宮権大夫に任ぜられる。　典：公補

藤原季平　ふじわらの・すえひら

平安時代の人、非参議。延喜22(922)年生～永観元(983)年6月11日没。62才。

権中納言藤原長良の曾孫。右大弁藤原遠経朝臣の孫。従五位上・修理亮藤原尚範の四男。母は丹後国人海氏。播磨守に任ぜられ、のちこれを辞す。貞元2(977)年従三位に叙され、天元5(982)年治部卿に任ぜられる。　典：公補

藤原惟憲　ふじわらの・これのり

平安時代の人、非参議。応和3(963)年生～長元6(1033)年3月26日没。71才。

権中納言藤原為輔の孫。駿河守藤原惟孝の長男。母は従四位下伴清廉の娘。弟に泰通がいる。近江掾に任ぜられる。寛和元(985)年従五位下に叙され、のち大蔵大輔に任ぜられ従五位上より正五位下に進み、長保3(1001)年因幡守、寛弘2(1005)年甲斐守に任ぜられる。同4年従四位下、同8年従四位上、長和2(1013)年正四位下に進み近江守・左京大夫に任ぜられる。長和5(1016)年秋に藤原道長の土御門殿が自宅からの類焼で焼失、寛仁元(1017)年春宮亮、同4年播磨守、治安3(1023)年大宰大弐に任ぜられ従三位、万寿元(1024)年正三位に進み、長元3(1030)年大宰大弐を辞す。　典：京都・公補

藤原隆佐　ふじわらの・たかすけ

平安時代の人、非参議。寛和元(985)年生～没年不明。

権中納言藤原為輔の孫。右衛門権佐藤原宣孝の五男。母は中納言藤原朝成の娘。兄弟に隆光がいる。寛弘元(1004)年文章生となる。同4年少内記、同6年大内記、長和2(1012)年内蔵人、同3年式部少丞より大丞に任ぜられる。同5年従五位下に叙され、寛仁元(1017)年伯耆守に任ぜられる。治安2(1021)年従五位上より正五位下に進み、万寿3(1026)年越後守、同4年春宮大進、同5年左衛門権佐に任ぜられる。同8年従四位下より従四位上に進み、同9年春宮大進を辞す。同年正四位下に進み、長暦元(1037)年春宮亮、同2年近江守に任ぜられる。寛徳2(1045)年春宮亮を辞す。永承4(1049)年播磨守、同6年皇后宮亮、天喜2(1054)年讃岐守より伊予守に任ぜられる。康平2(1059)年従三位に進み、治暦2(1066)年

大蔵卿に任ぜられる。延久2(1070)年この年に没したらしい。続系譜は北8を見よ。　典：公補

藤原泰憲　ふじわらの・やすのり

平安時代の人、権中納言。寛弘4(1007)年生〜永保元(1081)年1月5日没。75才。

権中納言藤原為輔の曾孫。駿河守藤原惟孝の孫。春宮亮藤原泰通朝臣の次男。母は紀伊守源致時の娘従三位隆子(先帝の御乳母)。兄弟に邦通がいる。春宮蔵人、寛仁3(1019)年典薬助、長元3(1030)年左近衛将監に任ぜられ従五位下に叙される。同4年春宮権大進・中務少輔に任ぜられる。同7年従五位上より正五位下に進み、同8年春宮権大進、同9年民部権少輔、同10年阿波守・中宮権大進に任ぜられる。長暦3(1039)年中宮権大進を辞す。同4年阿波守を辞す。長久2(1041)年蔵人・右少弁、同3年防鴨河使、同5年民部権大輔、寛徳3(1046)年近江守、同5年右中弁に任ぜられ従四位下より従四位上、同7正四位下に進み、天喜2(1054)年近江守を辞す。同4年因幡権守、同5年播磨守、同6年権左中弁、康平5(1062)年左中弁・造興福寺長官、同6年蔵人頭、同7年近江権介に任ぜられる。治暦元(1065)年参議、左大弁に任ぜられる。同2年従三位に進み播磨権守・勘解由長官に任ぜられる。同3年正三位に進み、延久2(1070)年播磨権守を辞す。同年従二位に進む。同3年近江権守・太皇太后宮権大夫、同4年権中納言に任ぜられる。同5年正二位に進み、承暦4(1080)年権中納言を辞す。同年民部卿に任ぜられる。　典：公補

藤原孝重　ふじわらの・たかしげ

南北朝時代の人、非参議。生年不明〜康永2(1343.興国4)年2月14日没。

権中納言藤原為輔の11代孫。正五位下・刑部権大輔藤原孝秀の子。徳治2(1307)年右兵衛尉、延慶元(1308)年左衛門尉に任ぜられる。同2年従五位下に叙され右馬権助より左馬権助に任ぜられる。同3年従五位上に進み、正和元(1312)年木工権頭に任ぜられる。同2年正五位下、同3年従四位下に進み、同5年木工権頭を辞す。文保2(1318)年従四位上、元応元(1319)年正四位下に進み、元徳2(1330)年修理大夫に任ぜられ、建武元(1334)年大夫を辞す。康永2(1343.興国4)年従三位に進む。　典：公補

藤原(北家1)

藤原藤嗣　ふじわらの・ふじつぐ

平安時代の人、参議。宝亀4(773)年生〜弘仁8(817)年3月24日没。45才。

左大臣藤原魚名の孫。従五位上・中務大輔藤原鷹取の次男。母は内大臣藤原良継の娘。延暦12(793)年常陸掾、同16年中務少丞、同18年式部大丞に任ぜられる。同20年従五位下に叙され、同22年権右少弁、同23年大宰大弐に任ぜられる。同25年従五位上より従四位下に進み、大同3(808)年右京大夫・兵部大輔に任ぜられる。同4年従四位上に進み春宮大夫・右大弁、弘仁元(810)年陸奥出羽按察使・右近中将・摂津守に任ぜられる。同3年参議に任ぜられ再び大宰大弐に任ぜられる。同7年これを辞す。同8年右衛門督に任ぜられる。子に高房、孫に山陰がいる。　典：古代・公補

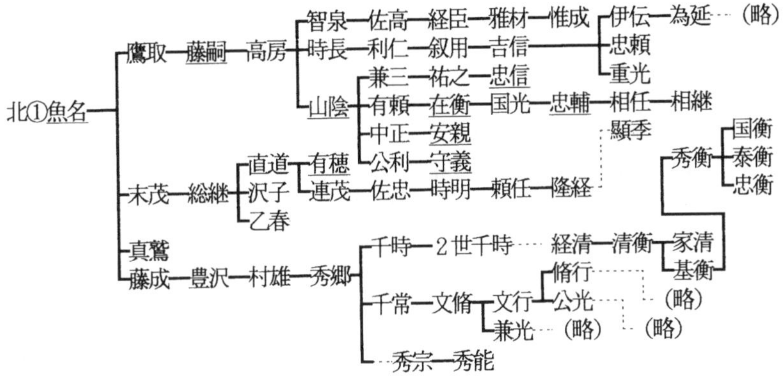

藤原山陰　ふじわらの・やまかげ

平安時代の人、中納言。天長元(824)年生〜仁和4(888)年2月4日没。65才。

参議藤原藤嗣の孫。従五位上・越前守藤原高房の次男。母は参議藤原真夏の娘。兄弟に智泉・時長がいる。斉衡元(854)年左馬大允、同3年右衛門少尉より左衛門少尉、天安2(858)年春宮大進・右近衛権将監・蔵人に任ぜられ従五位下に叙され、同3年備後権介、貞観2(860)年右権少将、同3年伊予介、同5年右少将に任ぜられる。同6年従五位上に進み、同9年美濃守に任ぜられる。同15年正五位下に進み、同16年備前守に任ぜられる。同17年従四位下に進み蔵人頭・右権中将、同19年右大弁に任ぜられる。元慶3(879)年従四位上に進み肥後権守に任ぜられ更に参議に任ぜられる。同4年備中守、同5年播磨権守、同6年左大弁に任ぜられ正四位下に進み、同8年播磨守に任ぜられる。仁和元(885)年播磨守を辞す。同2年中納言に任ぜられる。同3年民部卿に任ぜられたが翌年に没す。生前に祠を吉田に建て春日明神を祀る。包丁術を確立する。子に兼三・有頼・中正・公利がいる。

典：古代・大日・伝日・日名・公補

藤原有穂　ふじわらの・ありほ

平安時代の人、中納言。承和5(838)年生〜延喜7(907)年12月21日没。70才。

左大臣藤原魚名の4代孫。従五位上・備前守藤原直道の長男。母は陰陽助継雄の娘。弟に連茂がいる。貞観11(869)年主蔵正、同12年讃岐権掾、同16年春宮少進、同18年内蔵権助に任ぜられる。同19年従五位下に叙され、元慶元(877)年侍従、同2年右衛門権佐に任ぜられる。同8年従五位上より正五位下に進み備前権介に任ぜられる。同9年左少将、仁和2(886)年右中弁より左中弁・蔵人頭に任ぜられる。同3年従四位下に進み中宮大夫に任ぜられる。同年蔵人頭を辞す。寛平3(891)年右大弁に任ぜられる。同4年従四位上に進み、同5年右大弁を辞す。同年参議に任ぜられる。同6年河内権守、同7年備前権守に任ぜられる。同9年治部卿に任ぜられ正四位下、延喜2(902)年従三位に進み中納言に任ぜられ民部卿に任ぜられる。同6年春宮大夫に任ぜられる。弟連茂の系譜より四条家が現れた。　典：古代・公補

藤原在衡　ふじわらの・ありひら

平安時代の人、左大臣。寛平4(892)年生～天禄元(970)年10月10日 没。79才。号=粟田左大臣・万里小路。

中納言藤原山陰の孫。従五位下・但馬介藤原有頼の長男。母は讃岐守高向公輔の娘(実は有頼の舎弟大僧都如無の子で、母は備中掾良峯高見の娘ともいう)。延喜13(913)年文章生となる。同17年備前掾、同19年少内記、同21年近江権大掾に任ぜられる。延長2(924)年従五位下に叙され刑部少輔、同4年大学頭・侍従、同6年式部権少輔・蔵人に任ぜられる。同8年従五位上に進み式部少輔、承平2(932)年左少弁、同3年右中弁に任ぜられる。同6年正五位下に進み、同7年左中弁に任ぜられる。同8年従四位下に進み、天慶3(940)年式部大輔、同4年右大弁に任ぜられ更に参議に任ぜられる。同5年左大弁・備中守に任ぜられる。同6年従四位上に進み、同7年備中守・式部大輔を辞す。同年丹波権守に任ぜられる。天暦元(947)年従三位に進み権中納言に任ぜられる。同2年中納言に任ぜられ按察使に任ぜられる。同7年民部卿に任ぜられる。同8年按察使を辞す。同10年正三位に進み、天徳4(960)年大納言に任ぜられ造宮別当となる。応和元(961)年従二位に進み、安和2(969)年右大臣に任ぜられ蔵人所別当となり、更に天禄元年左大臣に任ぜられる。同年出家。没後に従一位を賜る。子に国光、孫に忠輔がいる。　典：大日・伝日・日名・公補

藤原守義　ふじわらの・もりよし

平安時代の人、参議。寛平8(896)年生～天延2(974)年2月4日 没。79才。

中納言藤原山陰の孫。従四位下・但馬権守藤原公利の三男。延長2(924)年文章生となる。同6年越前権大掾、同9年民部丞、承平3(933)年民部大丞に任ぜられる。同6年従五位下に叙され和泉守に任ぜられる。天慶4(941)年従五位上に進み阿波守より伊予守に任ぜられる。天暦2(948)年正五位下に進み越前守、同3年丹波守に任ぜられる。同5年従四位下、応和3(963)年従四位上に進み、同4年伊予守、天禄元(970)年播磨守に任ぜられる。同3年参議に任ぜられる。天延元(973)年宮内卿に任ぜられる。同2年出家。　典：公補

藤原安親　ふじわらの・やすちか

平安時代の人、参議。延喜22(922)年生～長徳2(996)年3月8日 没。75才。

中納言藤原山陰の孫。従四位上・摂津守藤原中正の三男。母は伊勢守源友時の娘。天慶8(945)年木工少允、天暦7(953)年内蔵人・主殿権助、同10年式部少丞に任ぜられる。応和元(961)年民部少輔に任ぜられる。同2年従五位上に進み大和守・侍従、同5年左衛門佐、安和元(968)年播磨少掾に任ぜられ正五位下、同2年従四位下に進み春宮権大進・相模守に任ぜられる。天禄3(972)年伊勢守、永観2(984)年春宮亮に任ぜられる。寛和元(985)年従四位上に進み、同2年蔵人頭・修理権大夫に任ぜられ正四位上に進み、同3年参議に任ぜられる。永祚元(989)年備前権守に任ぜられ従三位、正暦2(991)年正三位に進み、同4年備前守に任ぜられる。　典：公補

藤原忠信　ふじわらの・ただのぶ

平安時代の人、非参議。承平4(934)年生～没年不明。

中納言藤原山陰の曾孫。陸奥守藤原兼三朝臣の孫。正五位下・伊勢守藤原祐之の次男。母は従五位下藤原惟遠の娘。美濃守に任ぜられ、のちこれを辞す。正暦4(993)年従三位に叙される。60才で出家。　典：公補

藤原忠輔　ふじわらの・ただすけ

平安時代の人、権中納言。天慶7(944)年生～長和2(1013)年6月4日没。70才。

左大臣藤原在衡の孫。正四位下・治部卿藤原国光朝臣の次男。母は従五位下・右馬助藤原有好の娘。康保元(964)年給料を給り、安和元(968)年文章得業生となる。同2年播磨権少掾、天禄2(971)年兵部少丞、天延2(974)年兵部大丞・相模権守に任ぜられ従五位下に叙され、同4年兵部少輔に任ぜられる。天元3(980)年従五位上に進み、永観2(984)年東宮学士に任ぜられる。寛和2(986)年従四位下に進み大学頭、永延元(987)年権左中弁、永祚2(990)年紀伊権守に任ぜられる。正暦4(993)年従四位上より正四位下に進み、同5年左中弁に任ぜられる。長徳2(996)年参議に任ぜられ右大弁に任ぜられる。同3年播磨守、同4年左大弁に任ぜられる。長保3(1001)年播磨守を辞す。同年従三位に進み勘解由長官、同4年備中守に任ぜられる。同年勘解由長官を辞す。同5年正三位に進み、寛弘2(1005)年権中納言に任ぜられる。同5年兵部卿に任ぜられる。子に相任がいる。　典：公補

藤原(北家2)

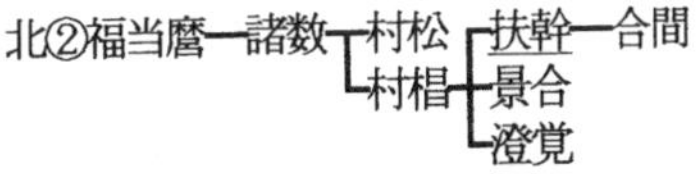

藤原扶幹　ふじわらの・たすもと

平安時代の人、大納言。貞観6(864)年生～天慶元(938)年7月10日没。75才。

右大臣藤原内麿の子藤原福当麿の曾孫。従五位下・駿河守藤原村相の子。母は主税頭藤原榎井島忠の長女。仁和元(885)年周防掾・近衛権少掾、同2年中務少丞に任ぜられる。同3年従五位下に叙され、寛平2(890)年兵部少輔、同4年民部少輔、同7年信濃守に任ぜられる。延喜元(901)年従五位上に進み常陸介、同9年上野介に任ぜられる。同15年正五位下に進み権右中弁、同16年右中弁、同17年山城守に任ぜられ従四位下に進み、同21年左中弁・勘解由長官に任ぜられる。同22年従四位上に進み、延長元(923)年参議に任ぜられ勘解由長官・左中弁・山城守を辞す。同年中宮大夫に任ぜられる。同2年讃岐権守に任ぜられる。同3年権守を辞す。同年大宰大弐に任ぜられる。同8年大弐を辞す。同年左大弁、承平元(931)年近江守に任ぜられる。同2年守を辞す。同年伊予守に任ぜられ正四位下、同3年従三位に進み中納言に任ぜられる。同6年按察使となり、更に大納言に任ぜられる。　典：公補

藤原(北家3)

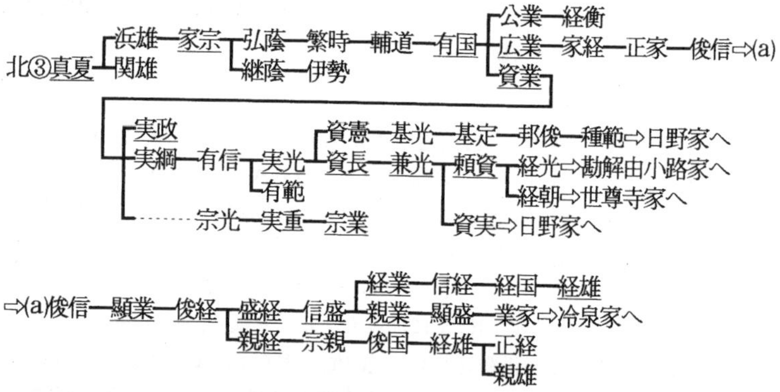

藤原家宗　ふじわらの・いえむね

平安時代の人、参議。弘仁8(817)年生〜元慶元(877)年2月20日没。61才。

参議藤原真夏の孫。従五位下・民部少輔藤原浜雄の長男。承和年間に文章生となる。嘉祥元(848)年勘解由判官、同3年春宮少進、斉衡元(854)年蔵人に任ぜられる。同3年従五位下に叙され大炊頭、同4年兵部少輔・右少弁に任ぜられる。天安2(858)年従五位上に進み中宮亮、貞観3(861)年右中弁、同6年左中弁に任ぜられ中宮亮を辞す。同年皇太后宮亮に任ぜられ正五位下、同8年従四位下に進み蔵人頭に任ぜられる。同11年従四位上に進み、同12年右大弁に任ぜられる。同13年参議に任ぜられる。同14年讃岐権守、同16年左大弁に任ぜられる。同17年正四位下、元慶元(877)年従三位に進む。子に弘蔭・継蔭がいる。

典：公辞・公補

藤原有国　ふじわらの・ありくに

平安時代の人、参議。天慶6(943)年生〜寛弘8(1011)年7月11日没。69才。初名＝在国。

参議藤原家宗の4代孫。大学頭藤原弘蔭の曾孫。伊勢守藤原繁時の孫。正五位下・大宰大弐藤原輔道の四男。母は近江守済俊の娘。初め在国と名乗る。康保4(967)年東宮雑色、安和2(969)年蔵人所雑色、天禄3(972)年播磨権大掾、同4年冷泉院判官代に任ぜられる。貞元2(977)年従五位下に叙され、同3年石見守に任ぜられる。天元2(979)年従五位上に進み、永観2(984)年越後守に任ぜられ正五位下に進む。同年越後守を辞す。のち左少弁、永延元(987)年右中弁さらに左中弁に任ぜられ従四位下より従四位上に進む。同2年信濃権守より周防権守、同3年右大弁・春宮権亮、永祚元(989)年勘解由長官、同2年蔵人頭に任ぜられる。正暦元(990)年従三位に進み、同2年殺害の事件で官位が停止する。同3年許され、同5年再び勘解由長官、長徳元(995)年大宰大弐に任ぜられる。同2年有国と改名。正三位に進み、長保元(999)年弾正大弼に任ぜられる。同3年従二位に進み参議に任ぜられる。同4年伊予権守に任ぜられる。同5年弾正大弼を辞す。寛弘3(1006)年大宰大弐・伊予権守を辞す。同4年播磨権守、同7年修理大夫に任ぜられる。子に公業・広業・資業がいる。　典：大日・伝日・古今・公辞・日名・公補

藤原広業　ふじわらの・ひろなり

平安時代の人、参議。貞元2(977)年生〜長元元(1028)年4月13日没。52才。

参議藤原有国の次男。母は周防守藤原義友の娘。兄は公業、弟は資業がいる。長徳2(996)年文章生となる。同3年蔵人、同4年近江権大掾、長保元(999)年式部少丞に任ぜられる。同2年従五位下に叙され筑後権守、同3年勘解由次官、同5年民部権少輔、同6年右少弁に任ぜられる。寛弘2(1005)年従五位上より同4年正五位下に進み東宮学士、同5年備後権介・文章博士、同6年左衛門佐に任ぜられる。同年左衛門佐と文章博士を辞す。同年侍従に任ぜられる。同7年伊予介に任ぜられる。同8年従四位下より正四位下に進む。同年東宮学士を辞す。同9年左京大夫・式部大輔、長和5(1016)年播磨守、寛仁4(1020)年正四位上に進み、同4年参議に任ぜられる。同5年伊予権守に任ぜられる。治安3(1023)年式部大輔を辞す。万寿元(1024)年伊予権守も辞す。同年従三位に進み、同3年播磨権守、長元元(1028)年勘解由長官に任ぜられる。子に家経がいる。　典：公補

藤原資業　ふじわらの・すけなり

平安時代の人、非参議。永延2(988)年生〜延久2(1070)年8月24日没。83才。法名＝素舜。号＝後日野。

参議藤原有国の七男。母は播磨守橘仲遠の娘従三位・典侍徳子。兄に公業・広業がいる。長保5(1003)年勧学院の学問料を給り文章得業生となる。のち備中権掾、寛弘3(1006)年式部少丞、同4年式部大丞、同5年蔵人に任ぜられる。同6年従五位下に叙され筑後権守・刑部少輔、同7年大内記、同8年右少弁・東宮学士、同9年備中介に任ぜられる。長和2(1013)年従五位上に進み、同4年左衛門権佐に任ぜられる。同5年三条院判官代となる。同6年正五位下に進み、寛仁元(1017)年文章博士に任ぜられる。同2年に辞す。同3年左少弁、同4年丹波守に任ぜられ従四位上に進み、同5年勘解由長官に任ぜられる。治安2(1022)年正四位下に進み、同3年式部大輔、万寿5(1028)年勘解由長官を辞す。同年播磨守に任ぜられ、長元7(1034)年播磨守を辞す。長暦3(1039)年伊予守に任ぜられる。長久4(1043)年式部大輔を辞す。寛徳2(1044)年従三位に進み、同3年再び式部大輔に任ぜられる。永承6(1051)年に64才で出家し日野山庄に隠居する。子に実政・実綱がいる。　典：大日・伝日・京都・公補

藤原実政　ふじわらの・さねまさ

平安時代の人、参議。寛仁3(1019)年生〜寛治7(1093)年2月18日没。75才。

非参議藤原資業の三男。母は加賀守源重文の娘。弟に実綱がいる。長元8(1035)年穀倉院の学問料を給り、長暦元(1037)年文章得業生となる。同2年美作権大掾、長久2(1041)年蔵人、同4年式部少丞に任ぜられる。同5年従五位下に叙され宮内権大輔、永承5(1050)年大内記・東宮学士に任ぜられ従五位上に進み、同7年美濃権介に任ぜられる。天喜4(1056)年正五位下に進み、同6年加賀権守に任ぜられる。康平4(1061)年従四位下に進み、同7年甲斐守に任ぜられる。治暦3(1067)年従四位上に進み、同4年東宮学士を辞す。同年正四位下に進み、同5年備中守・文章博士、延久4(1072)年近江守・左中弁に任ぜられる。同5年正四位上に進み、承保2(1075)年修理左宮城使・右大弁に任ぜられる。同3年氏院別当となる。同4年蔵人頭、承暦元(1077)年右京大夫、同2年但馬権守に任ぜられる。同年文

章博士を辞す。同4年従三位に進み参議に任ぜられ左大弁に任ぜられる。永保元(1081)年勘解由長官、同2年讃岐権守・式部大輔に任ぜられ正三位に進む。同年右京大夫を辞す。応徳元(1084)年大宰大弐に任ぜられる。同2年参議・讃岐権守・式部大輔・勘解由長官を辞す。同年従二位に進み、寛治2(1088)年正八幡宮の訴えに大宰大弐を辞す。同年上洛したが謀叛とされ伊豆国に配流ときまり、同3年護送途中の近江国にて出家。伊豆国にて没す。　典：公補

藤原実光　ふじわらの・さねみつ

平安時代の人、権中納言。延久元(1069)年生〜久安3(1147)年5月21日 才。79才。号=日野帥。

非参議藤原資業の曾孫。正四位下・式部大輔・備中守藤原実綱朝臣の孫。右中弁・和守藤原有信朝臣の長男。母は参議藤原実政の娘。弟に有範がいる。応徳3(1086)年勧学院の学問料を給り、寛治5(1091)年文章得業生となる。同6年因幡少掾、永長元(1096)年縫殿助、同2年蔵人、承徳3(1099)年右衛門少尉に任ぜられる。康和2(1100)年従五位下に叙され、同5年勘解由次官、長治2(1105)年右衛門権佐に任ぜられる。同3年従五位上に進み、嘉承元(1106)右少弁、同3年防鴨河使、天永元(1110)年左衛門佐・周防介に任ぜられる。同2年正五位下に進み、永久3(1115)年左少弁、保安元(1120)年蔵人を辞す。同年近江守、同2年勧学院別当、同3年右中弁に任ぜられる。同4年従四位下より従四位上に進み左中弁に任ぜられる。天治2(1125)年正四位下に進み、大治5(1130)年右大弁に任ぜられる。天承元(1131)年参議に任ぜられ左大弁・勘解由長官に任ぜられる。長承元(1132)年美作権守に任ぜられる。同3年従三位に進む。同年左大弁・勘解由長官を辞す。同年大宰大弐に任ぜられる。保延2(1136)権中納言に任ぜられ大宰権帥に任ぜられる。同5年正三位、同6年従二位に進み、康治2(1143)年権中納言を辞す。天養元(1144)年に76才で出家。子に資憲・資長がいる。　典：公辞・公補

藤原顕業　ふじわらの・あきなり

平安時代の人、参議。寛治4(1090)年生〜久安4(1148)年5月14日 没。59才。

参議藤原広業の4代孫。右少弁藤原俊信の長男。母は正四位下・常陸介菅原是綱朝臣の娘。嘉承元(1106)年穀倉院の学問料を給り、天永2(1111)年文章得業生となる。同3年越前大掾、永久3(1115)年木工助、同4年蔵人、同5年左衛門少尉、元永2(1119)年叙爵し筑前権守・宮内少輔、保安3(1122)年勘解由次官に任ぜられる。天治2(1125)年従五位上に進み丹後権介、大治5(1130)年院判官代に任ぜられる。同6年正五位下に進み、天承元(1131)年左少弁、同3年右中弁・文章博士に任ぜられ従四位下に進み、同4年越中権介、保延3(1137)年左中弁に任ぜられる。同4年従四位上より正四位下に進み氏院別当、同5年備中権介・東宮学士、永治元(1141)年左大弁に任ぜられる。同年東宮学士を辞す。同年従三位に進み参議に任ぜられる。同2年周防権守、天養元(1144)年式部大輔に任ぜられる。久安4(1148)年正三位に進み出家。子に俊経がいる。　典：公補

藤原資長　ふじわらの・すけなが

平安・鎌倉時代の人、権中納言。長承2(1133)年生～建久6(1195)年10月26日没。63才。号=日野民部卿。

権中納言藤原実光の次男。母は近江守重仲朝臣の娘。兄に資憲がいる。長承2(1133)年穀倉院の学問料を給る。保延2(1136)年但馬少掾、同3年蔵人、同4年右衛門尉に任ぜられ従五位下に叙され、同6年中宮権大進に任ぜられる。康治3(1144)年従五位上に進み、久安4(1148)年正五位下に進み、同6年皇太后宮権大進・右少弁、久寿2(1155)年蔵人に任ぜられたが皇太后宮権大進を辞す。保元元(1156)年右中弁に任ぜられ従四位下に進み、同2年阿波権介・右宮城使・左中弁に任ぜられ従四位上、同3年正四位下に進み右大弁、永暦元(1160)年蔵人頭に任ぜられ更に参議に任ぜられ勘解由長官に任ぜられる。長寛元(1163)年周防権守に任ぜられる。同3年従三位に進み権中納言に任ぜられる。仁安元(1166)年大嘗会御禊装束司長官となる。同2年正三位、安元元(1175)年従二位に進み、治承3(1179)年権中納言を辞す。同年正二位に進み民部卿に任ぜられる。養和元(1181)年63才で日野山庄に出家。子に兼光がいる。　典：公辞・公補

藤原俊経　ふじわらの・としつね

平安・鎌倉時代の人、参議。永久元(1113)年生～没年不明。法名=隆心。

参議藤原顕業の次男。母は大江有経の娘。長承3(1134)年勧学院の学問料を給り、保延3(1137)年文章得業生となる。同4年伯耆掾、同5年典薬助、康治元(1142)年蔵人・式部少丞より大丞に任ぜられ従五位下に叙され、久安2(1146)年治部権少輔に任ぜられる。同4年従五位上に進み、仁平3(1153)年摂津守に任ぜられる。久寿元(1154)年正五位下に進み、保元3(1158)年蔵人を辞す。同年文章博士、永暦元(1160)年権右少弁より左少弁、応保2(1162)年中宮大進、永万元(1165)年右中弁・氏院別当に任ぜられる。仁安元(1166)年従四位下に進み左中弁・左宮城使に任ぜられる。同2年中宮大進を辞す。同年従四位上、同3年正四位下に進み、嘉応2(1170)年右大弁に任ぜられる。承安4(1174)年文章博士を辞す。同年従三位に進み、安元元(1175)年周防権守・左大弁、同2年勘解由長官に任ぜられる。治承3(1179)年周防権守・左大弁を辞す。同4年式部大輔、養和元(1181)年備後権守に任ぜられる。寿永2(1183)年参議に任ぜられる。元暦元(1184)年正三位に進み、文治元(1185)年阿波権守に任ぜられたが73才で出家。子に盛経・親経がいる。　典：公補

藤原兼光　ふじわらの・かねみつ

平安・鎌倉時代の人、権中納言。久安2(1146)年生～建久7(1196)年4月23日 没。51才。

権中納言藤原資長の子。母は木工頭源季兼の娘。保元元(1156)年勧学院の学問料を給り、同3年文章得業生となる。同4年但馬掾、永暦元(1160)年修理亮・右衛門少尉に任ぜられ従五位下に叙され、応保3(1163)年治部少輔に任ぜられる。仁安元(1166)年従五位上に進み東宮学士に任ぜられる。同2年正五位下に進み、同3年備中権介・蔵人に任ぜられる。同年東宮学士を辞す。嘉応2(1170)年右少弁、承安2(1172)年左少弁、更に治承3(1179)年右中弁・氏院別当に任ぜられ造東大寺長官となり従四位下、同5年従四位上に進み造興福寺長官となる。養和元(1181)年左中弁、同2年近江権介に任ぜられる。寿永元(1182)年正

四位下に進み、同2年蔵人頭に任ぜられ更に参議に任ぜられ右大弁に任ぜられる。元暦元(1184)年従三位に進み近江権守・左大弁、文治元(1185)年勘解由長官に任ぜられる。同2年権中納言に任ぜられる。同5年正三位に進み、建久元(1190)年右兵衛督、同2年使別当、同4年右衛門督に任ぜられる。同5年右衛門督・使別当を辞す。同6年従二位に進む。同7年腫物病となり出家。子に頼資・日野資実がいる。　典：大日・公辞・日名・公補

藤原親経　ふじわらの・ちかつね

平安・鎌倉時代の人、権中納言。生年不明～承元4(1210)年11月11日没。

参議藤原俊経の次男。母は参議平実親の娘。弟に盛経がいる。永万元(1165)年学問料を給る。嘉応2(1170)年因幡掾・蔵人・大学助に任ぜられる。承安元(1171)年叙爵し、同2年宮内権少輔に任ぜられる。治承元(1177)年従五位上に進み、同2年東宮学士、同4年越後権介に任ぜられつ。同年東宮学士を辞す。同年正五位下に進み、文治元(1185)年右少弁に任ぜられる。同3年蔵人を辞す。同4年権右中弁に任ぜられる。同5年従四位下より従四位上に進み右中弁、建久元(1190)年左中弁・右宮城使・装束司に任ぜられ正四位下に進み、同3年左宮城使、同4年備後介に任ぜられ造興福寺長官となる。同5年文章博士、同6年右大弁、同7年能登権督、同9年院別当・左京権大夫・蔵人頭に任ぜられる。正治2(1200)年参議に任ぜられる。建仁元(1201)年従三位に進み備前権守に任ぜられる。同3年正三位に進み、元久元(1204)年左大弁・勘解由長官に任ぜられ造東大寺長官となる。同2年周防権守・式部大輔に任ぜられる。建永元(1206)年権中納言に任ぜられる。同2年従二位に進み権中納言を辞す。子に宗親がいる。　典：公補

藤原盛経　ふじわらの・もりつね

平安・鎌倉時代の人、非参議。応保2(1162)年生～没年不明。

参議藤原俊経の子。兄に親経がいる。治承4(1180)年文章生となり式部丞に任ぜられる。元暦元(1184)年従五位下に叙され美濃権守、文治元(1185)年伊予守、同2年宮内権少輔に任ぜられる。従五位上、建久5(1194)年正五位下に進み、同6年薩摩守、正治元(1199)年治部権少輔、元久元(1204)年右少弁、承元元(1207)年権右中弁に任ぜられ従四位下に進み、同2年左中弁、同3年右大弁更に左大弁に任ぜられ従四位上、同4年正四位下、建暦元(1211)年従三位に進み勘解由長官に任ぜられる。安貞2(1228)年に67才で出家。子に信盛がいる。　典：公補

藤原宗業　ふじわらの・むねなり

平安・鎌倉時代の人、非参議。生没年不明。通称＝嵯峨三位入道。

非参議藤原資業の裔。従四位上・式部権大輔・大学頭藤原宗光の孫。従四位下藤原実重の子(実は阿波権守藤原経尹の子)。保元4(1159)年文章生となる。寿永元(1182)年穀倉院の学問料を給り、同2年文章得業生となる。元暦元(1184)年能登掾、文治元(1185)年右衛門少尉に任ぜられ従五位下に叙され、建久2(1191)年従五位上に進み、同3年大内記、同5年出雲権介に任ぜられる。同8年正五位下に進み、正治2(1200)年文章博士に任ぜられる。建仁元(1201)年従四位下に進み備前権介に任ぜられる。承元元(1207)年従四位上に進み越後権介に任ぜられる。同3年正四位下に進み、同4年式部大輔、建暦2(1212)年長門権守

に任ぜられる。建保5(1217)年従三位に進む。同年長門権守を辞す。承久元(1219)年出家。
典：日名・公補

藤原頼資　ふじわらの・よりすけ

平安・鎌倉時代の人、権中納言。寿永元(1182)年生〜嘉禎2(1236)年2月30日没。55才。法名=真寂。号=広橋。

権中納言藤原兼光の四男。母は法印尚の娘。兄弟に日野資実がいる。建仁元(1201)年縫殿助、元久元(1204)年皇后宮権大進、建永元(1206)年少納言、承元元(1207)年紀伊権守に任ぜられる。同2年従五位上に叙され、同4年木工頭、同5年但馬守に任ぜられ、建暦元(1211)年木工頭を辞す。同年正五位下に進み、建保2(1214)年但馬守を辞す。同3年右衛門権佐、同5年蔵人、同7年右少弁に任ぜられ左衛門権佐・蔵人を辞す。承久元(1219)年左少弁、同2年右中弁に任ぜられる。同3年従四位上に進み、同4年左中弁、貞応元(1222)年右大弁・蔵人頭に任ぜられ正四位下に進み、同3年左大弁・造東大寺長官に任ぜられる。元仁元(1224)年参議に任ぜられる。嘉禄元(1225)年遠江権守に任ぜられ従三位に進み更に権中納言に任ぜられる。安貞2(1228)年正三位、貞永元(1232)年従二位に進み、天福元(1233)年権中納言を辞す。嘉禎元(1235)年病気となり出家。子に勘解由小路経光・世尊寺経朝がいる。　典：大日・公辞・公補

藤原信盛　ふじわらの・のぶもり

鎌倉時代の人、参議。建久4(1193)年生〜文永7(1270)年8月没。78才。

非参議藤原盛経の長男。母は正五位下小槻広房の娘。承元2(1208)年文章生となり大膳亮に任ぜられる。建暦2(1212)年大膳亮を辞す。同年叙爵。建保2(1214)年従五位上に進み、同4年中宮権大進に任ぜられる。承久2(1220)年正五位下に進み、同4年中宮権大進を辞す。貞応2(1223)年蔵人・宮内少輔、嘉禄2(1226)年右衛門権佐より左衛門権佐に任ぜられる。安貞2(1228)年正五位上に進み、寛喜3(1231)年出羽介・右少弁より左少弁、貞永元(1232)年文章博士、同2年権右中弁に任ぜられ従四位下に進む。同年文章博士を辞す。文暦元(1234)年右中弁に任ぜられる。同2年従四位上に進み右宮城使、嘉禎2(1236)年左中弁、同3年右大弁に任ぜられ正四位下に進み、同4年遠江権守・左大弁・内蔵頭に任ぜられる。同年左大弁を辞す。延応元(1239)年遠江守を辞す。同年参議に任ぜられる。仁治元(1240)年伊予権守に任ぜられ従三位、寛元元(1243)年正三位に進み、同3年越中権守に任ぜられる。宝治2(1248)年越中権守を辞す。同年勘解由長官、建長2(1250)年伊予権守に任ぜられる。同3年従二位に進み、同5年権守を辞す。同7年正二位に進み大宰大弐進み、正嘉元(1257)年参議を辞す。文応元(1260)年大宰大弐を辞す。子に経業・親業がいる。　典：公補

藤原経業　ふじわらの・つねなり

鎌倉時代の人、参議。嘉禄2(1226)年生〜正応2(1289)年10月19日没。64才。

参議藤原信盛の長男。弟に親業がいる。嘉禎元(1235)年穀倉院の学問料を給り、同3年文章得業生となる。同4年越後権少掾、延応元(1239)年大膳権亮・近江守に任ぜられ従五位下に叙され、仁治元(1240)年甲斐守に任ぜられる。同2年従五位上に進み、寛元元(1243)年中宮権大進に任ぜられる。同2年に辞す。同年美作守、宝治2(1248)年皇后宮権大進に

任ぜられる。建長元(1249)年正五位下に進み、同3年皇后宮大進を辞す。同6年讃岐守、正嘉元(1257)年蔵人・治部大輔・中宮権大進に任ぜられる。同2年讃岐守・中宮権大進を辞す。同年東宮学士に任ぜられる。正元元(1259)年に辞す。弘長元(1261)年中宮大進より皇后宮大進に任ぜられる。同年治部大輔を辞す。同2年蔵人を辞す。同年左京大夫、同3年左衛門権佐、文永3(1266)年右少弁、同5年左少弁更に、同6年権右中弁に任ぜられる。同7年従四位上に進み左中弁・左宮城使に任ぜられ正四位下に進み、同8年右大弁、同10年内蔵頭に任ぜられる。建治元(1275)年従三位に進み式部大輔に任ぜられる。同2年備後権守、同3年宮内卿に任ぜられ更に参議に任ぜられる。弘安元(1278)年正三位に進み参議を辞す。同2年備後権守を辞す。同4年治部大輔を辞す。同6年阿波権守に任ぜられる。同7年従二位に進み、同8年大蔵卿、同10年加賀権守に任ぜられる。正応2年出家。子に信経がいる。　典：公補

藤原親業　ふじわらの・ちかなり

鎌倉時代の人、非参議。安貞2(1228)年生～没年不明。

参議藤原信盛の次男。兄に経業がいる。寛元元(1243)年文章生となる。同3年讃岐大掾・木工権助、宝治3(1249)年宮内権大輔に任ぜられる。建長4(1252)年従五位上、同8年正五位下に進み、正嘉2(1258)年宮内権大輔を辞す。同年中宮権大進、弘長2(1262)年修理大夫に任ぜられる。文永12(1275)年従四位下に進み、弘安元(1278)年修理大夫を辞す。同2年右京大夫に任ぜられる。同3年従四位上、同5年正四位下、同9年従三位に進み、正応元(1288)年右京大夫を辞す。同2年に62才で出家。　典：公補

藤原経雄　ふじわらの・つねお

鎌倉時代の人、参議。宝治元(1247)年生～元亨3(1323)年没。77才。

参議藤原経業の曽孫。右京大夫藤原俊国朝臣の子。母は季継宿禰の娘。文永6(1269)年文章得業生となり因幡大掾・大学助・皇后宮大進に任ぜられ従五位下に叙され、同9年刑部権少輔に任ぜられ従五位上、建治3(1277)年正五位下に進み、弘安元(1278)年刑部権大輔、同9年宮内大輔に任ぜられる。同11年任職を辞す。永仁6(1298)年東宮学士、正安元(1299)年右少弁に任ぜられ従四位下に進み、同2年相模介に任ぜられる。同3年従四位上に進み、同4年権右中弁、嘉元元(1303)年右中弁更に左中弁・右宮城使より左宮城使・備前権守に任ぜられ正四位下より従三位に進み右大弁、徳治元(1306)年長門権守に任ぜられ参議に任ぜられる。同2年参議を辞す。延慶2(1309)年正三位、元応元(1319)年従二位に進む。　典：公補

藤原(北家4)

北④知綱―知信―為忠―為経―隆信―信実―為継―伊信―法性寺為信―為理―為量―⇨

⇨―為敦―為盛―為季―為保

藤原為継　ふじわらの・ためつぐ

鎌倉時代の人、非参議。生年不明～文永3(1266)年没。

権中納言藤原長良の裔。中務大輔藤原信実朝臣の子。左京権大夫を辞す。正嘉2(1258)年従三位に叙され、文応元(1260)年大和権守に任ぜられる。同2年に辞す。　典：公補

藤原為理　ふじわらの・ためすけ

鎌倉時代の人、非参議。生年不明～正和5(1316)年12月15日没。初名=為藤。前名=為景。

権中納言藤原長良の裔。非参議藤原為継の曾孫。非参議法性寺為信の子。初め為藤と名乗り、弘安4(1281)年叙爵。正応2(1289)年為景と改名。中務権少輔に任ぜられ少輔を辞す。同年従五位上、同6年正五位下に進む。同年為理と改名。中務少輔に任ぜられる。永仁4(1296)年少輔を辞す。正安元(1299)年従四位下に進み、同2年少納言、同3年中務大輔に任ぜられる。同4年従四位上に進み右馬頭に任ぜられ、嘉元元(1303)年頭を辞す。同年正四位下、正和3(1314)年従三位に進む。子に為量、曾孫に為盛がいる。　典：日名・公補

藤原為盛　ふじわらの・ためもり

南北朝・室町時代の人、非参議。貞治5(1366.正平21)年生～没年不明。

権中納言藤原長良の裔。非参議藤原為理の曾孫。刑部卿藤原為敦の子。侍従を辞す。応永23(1416)年従三位に叙され、同24年相模権守、同25年右衛門督に任ぜられる。同27年正三位に進み相模権守・右衛門督を辞す。同32年に60才で出家。子に為季がいる。　典：公補

藤原為季　ふじわらの・ためすえ

南北朝・室町時代の人、非参議。応永21(1414)年生～文明6(1474)年3月29日没。61才。

権中納言藤原長良の裔。非参議藤原為盛の子。永享3(1431)年侍従に任ぜられ、のち正五位下に叙され、侍従・兵部大輔・刑部卿を辞す。宝徳3(1451)年従三位、康正元(1455)年正三位、長禄2(1458)年従二位に進み、寛正6(1465)年再び侍従に任ぜられる。応仁2(1468)年正二位に進む。播磨国にて没す。子に為保がいる。　典：公補

藤原(北家5)

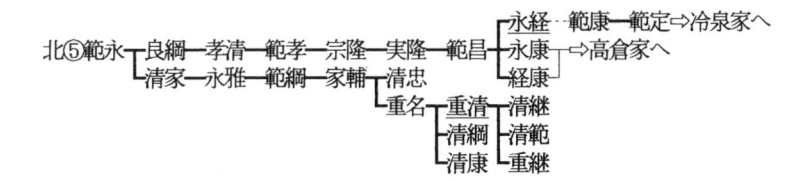

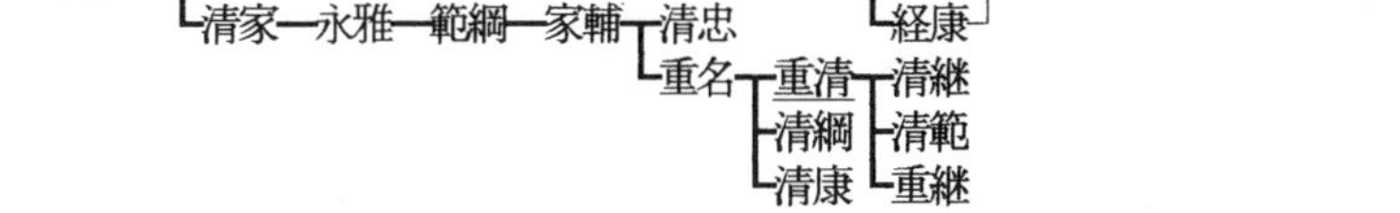

藤原永経　ふじわらの・ながつね

鎌倉時代の人、非参議。生年不明～永仁5(1297)年9月2日没。号=冷泉。

権中納言藤原長良の裔。従四位下・大蔵少輔藤原範昌朝臣の次男。兄弟に高倉永康・高倉経康がいる。宝治元(1247)年筑後守に任ぜられる。同3年従五位上、正嘉元(1257)年

正五位下、文永7(1270)年従四位下に進み、同9年尾張守に任ぜられる。同11年守を辞す。弘安4(1281)年従四位上、同8年正四位下に進み、同9年中務大輔に任ぜられる。同10年大輔を辞す。正応元(1288)年修理大夫、同4年宮内卿に任ぜられる。同5年宮内卿を辞す。永仁2(1294)年従三位に進む。 典：公辞・公補

藤原重清 ふじわらの・しげきよ

鎌倉時代の人、非参議。生没年不明。

権中納言藤原長良の裔。右京権大夫藤原重名朝臣の子。兄弟に清綱・清康がいる。弘安9(1286)年正四位下に叙され、左馬権頭を辞す。元応2(1320)年従三位に進むも、正中2(1324)年より名が見えないので、前年に没したらしい。子に清継・清範・重継がいる。典：公補

藤原(北家6)

藤原実頼 ふじわらの・さねより

平安時代の人、摂政・関白・太政大臣。昌泰3(900)年生～安和3(970)年5月18日没。71才。号=小野宮殿。諡名=清慎公。

摂政・左大臣藤原忠平の長男。母は第59代宇多天皇の娘源順子。弟に師保・師輔・師氏・師尹がいる。延喜15(915)年従五位下に叙され、同16年阿波権守、同17年右衛門佐、同19年右近権少将、同20年備中権介に任ぜられる。同21年従五位上に進み備前介、同22年近江介に任ぜられる。延長4(926)年正五位下に進み蔵人、同5年紀伊権守に任ぜられる。同6年従四位下に進み右近権中将、同7年播磨守、同8年蔵人頭に任ぜられる。同9年参議に任ぜられる。承平2(932)年讃岐守に任ぜられ従四位上に進み、同3年右衛門督・検非違使別当に任ぜられる。同4年従三位に進み中納言に任ぜられる。天慶元(938)年右大将・按察使に任ぜられ大納言に任ぜられる。同6年正三位に進み、更に同7年右大臣に任ぜられる。同8年左大将に任ぜられる。同9年従二位に進み蔵人所別当となる。更に天暦元(947)年左大臣に任ぜられる。同4年皇太子伝奏に任ぜられる。同8年正二位に進み、同9年左大将を辞す。康保元(964)年従一位に進み、同4年関白・太政大臣に任ぜられる。安和2(969)年摂政に任ぜられる。詩歌をよく詠む。没後に正一位を賜る。子に敦敏・頼忠・斉敏がいる。 典：大日・伝日・古今・日名・公補

藤原師輔 ふじわらの・もろすけ

平安時代の人、右大臣。延喜8(908)年生～天徳4(960)年5月4日 没。53才。号=九条殿・九条右相府・坊城大臣。

摂政・関白・左大臣藤原忠平の次男。母は右大臣源能有の娘。兄に実頼、弟に師保・師氏・師尹がいる。延長元(923)年従五位下に叙され、同2年侍従、同6年右兵衛佐に任ぜられる。同7年従五位上に進み、同9年右権中将、承平元(931)年蔵人頭、同2年近江介に任ぜられ正五位下、同3年従四位下に進み、同5年参議に任ぜられる。同6年伊予権守に任ぜられる。天慶元(938)年従四位上より従三位に進み権中納言に任ぜられ更に左衛門督・別当に任ぜられる。同2年中宮大夫に任ぜられる。同5年大納言に任ぜられる。同7年中宮大

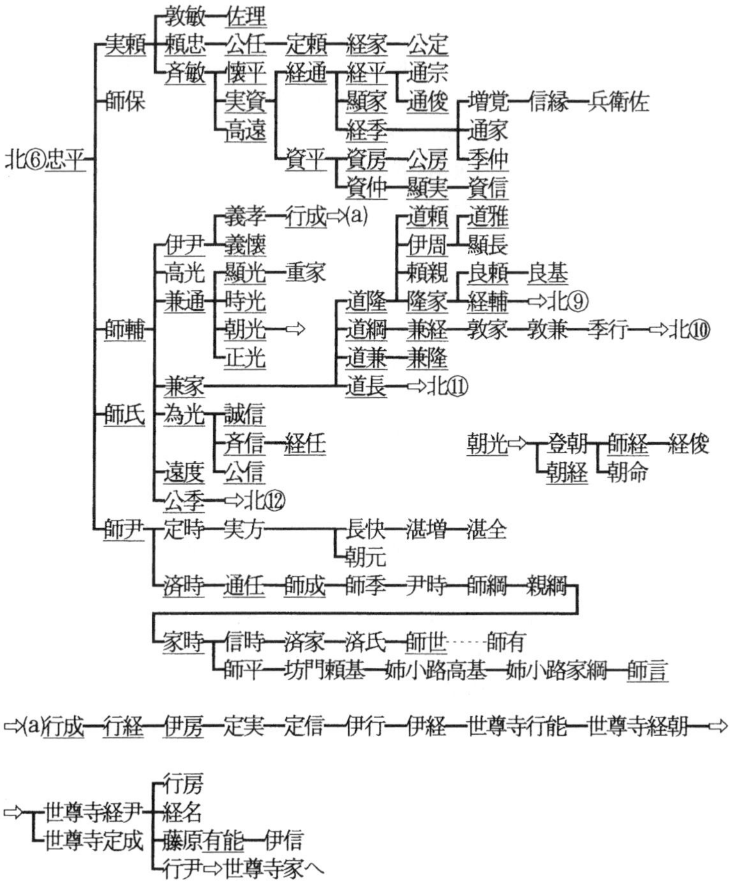

夫を辞す。同8年按察使・右近大将に任ぜられる。同9年正三位より従二位に進み、更に天暦元(947)年按察使を辞す。同年右大臣に任ぜられる。同9年正二位に進む。同年右大将を辞す。天徳4(960)年出家。没後に正一位・太政大臣を賜る。男子に伊尹・高光・兼通・兼家・為光・公季・遠度と第62代村上天皇の女御となった娘安子がいる。　典：大日・伝日・京都・日名・公補

藤原師氏　ふじわらの・もろうじ

平安時代の人、大納言。延喜13(913)年生〜天禄元(970)年7月14日没。58才。号=枇杷大納言・桃園大納言。

摂政・関白・左大臣藤原忠平の四男。母は右大臣源能有の娘。兄に実頼・師保、弟に師氏・師尹がいる。延長6(928)年従五位下に叙され、同7年侍従に任ぜられる。承平4(934)

年従五位上に進み左少将、同5年近江権介に任ぜられる。同7年正五位下、天慶2(939)年従四位下に進み、同3年美濃守、同4年蔵人頭・左中将に任ぜられる。同6年従四位上に進み、同7年参議に任ぜられる。同8年伊予守に任ぜられる。天暦2(948)年伊予守を辞す。同年右衛門督、同5年大和権守に任ぜられる。同9年従三位に進み権中納言に任ぜられる。天徳元(957)年左衛門督に任ぜられ、更に同4年中納言に任ぜられる。康保元(964)年正三位に進み、同4年春宮大夫、安和元(968)年按察使に任ぜられる。同2年権大納言に任ぜられ皇太子伝奏に任ぜられる。天禄元(970)年大納言に任ぜられる。　典：伝日・日名・公補

藤原師尹　ふじわらの・もろただ

平安時代の人、左大臣。延喜20(920)年生～安和2(969)年10月14日没。50才。通称＝小一条左大臣。

摂政・関白・左大臣藤原忠平の五男。母は右大臣源能有の娘。兄に実頼・師保・師輔・師氏がいる。承平2(932)年元服し従五位下に叙され、同5年侍従に任ぜられる。同7年従五位上に進み左兵衛佐に任ぜられる。天慶4(941)年正五位下に進み播磨権介、同5年右中弁に任ぜられ従四位下に進み、同7年蔵人頭・左中将、同8年備前権守に任ぜられ更に参議に任ぜられる。同9年備前守に任ぜられ従四位上に進み、天暦2(948)年権中納言に任ぜられ従三位に進み、更に佐兵衛督に任ぜられる。同4年春宮大夫に任ぜられる。同5年中納言に任ぜられる。同7年左衛門督・使別当に任ぜられる。同10年正三位に進み、天徳元(957)年督・別当を辞す。同年右大将に任ぜられる。同4年権大納言に任ぜられる。応和3(963)年按察使に任ぜられる。康保3(966)年従二位に進み大納言に任ぜられる。同4年正二位に進み右大臣に任ぜられる。同年按察使を辞す。同年皇太子伝奏に任ぜられる。安和2年左大将に任ぜられ更に左大臣に任ぜられる。没後に正一位を賜る。子に定時・済時がいる。　典：大日・伝日・日名・公補

藤原伊尹　ふじわらの・これただ

平安時代の人、摂政・太政大臣。延長2(924)年生～天禄3(972)年11月1日没。49才。謚名＝兼徳公。号＝一条摂政。

右大臣藤原師輔の長男。母は従五位上・信濃守藤原経邦の娘贈正一位盛子。弟に高光・兼通・兼家・為光・公季・遠度がいる。天慶4(941)年従五位下に叙され、同5年侍従、同9年右兵衛佐に任ぜられる。天暦2(948)年従五位上に進み蔵人、同3年美濃介、同5年紀伊権介に任ぜられる。同6年正五位下、同9年従四位下に進み左権中将・蔵人頭、同10年春宮権亮、天徳2(958)年伊予権守、同4年伊予守に任ぜられ従四位上に進み更に参議に任ぜられる。応和2(962)年備中守に任ぜられる。康保元(964)年雲林院別当となる。同2年正四位下、同4年従三位に進み権中納言より権大納言に任ぜられる。安和元(968)年正三位に進み、同2年大納言に任ぜられ右大将より左大将に任ぜられる。天禄元(970)年従二位に進み右大臣・摂政に任ぜられる。同年大将を辞す。同年蔵人所別当となる。同2年正二位に進み太政大臣に任ぜられる。没後に正一位を贈られる。子に義孝・義懐がいる。　典：大日・伝日・古今・公辞・日名・公補

藤原頼忠　ふじわらの・よりただ

平安時代の人、関白・太政大臣。延長2(924)年生～永祚元(989)年6月26日没。66才。謚名=廉義公。号=三条太政大臣。

摂政・関白・太政大臣藤原実頼の次男。母は左大臣藤原時平の娘。兄に敦敏、弟に斉敏がいる。天慶4(941)年従五位下に叙され、同5年侍従、同6年右兵衛佐に任ぜられる。天暦2(948)年従五位上に進み右少将、同3年備前介に任ぜられる。同6年正五位下に進み、同8年伊予権介に任ぜられる。同9年従四位下に進み右近権中将、同10年権左中弁更に、天徳4(960)年右大弁に任ぜられ従四位上に進み、応和3(963)年参議に任ぜられる。康保元(964)年備前守、同2年勘解由長官に任ぜられる。同3年正四位下に進み左大弁に任ぜられる。安和元(968)年従三位に進み中納言に任ぜられる。同2年左衛門督・右大将、天禄元(970)年左大将に任ぜられ更に権大納言に任ぜられる。同2年正二位に進み右大臣に任ぜられる。同3年氏長者となり、天延元(973)年従二位に進み、同2年長者を辞す。貞元2(977)年正二位に進み左大臣・関白に任ぜられ再び氏長者となる。更に天元元(978)年太政大臣に任ぜられる。同4年従一位に進み、寛和2(986)年関白を辞す。没後に正一位を贈られる。子に公任がいる。　典：大日・伝日・日名・公補

藤原斉敏　ふじわらの・なりとし

平安時代の人、参議。延長6(928)年生～天延元(973)年2月14日没。46才。

摂政・関白・太政大臣藤原実頼の三男。母は左大臣藤原時平の娘。兄に敦敏・頼忠がいる。天慶7(944)年従五位下に叙され、同9年侍従、天暦4(950)年左兵衛権佐に任ぜられる。同5年従五位上、同7年正五位下に進み、同8年美濃権介、同9年蔵人に任ぜられ従四位下に進み、同10年右権中将、天徳2(958)年美濃権守に任ぜられる。同3年病気にて右権中将を辞す。康保3(966)年春宮権亮、同4年春宮亮に任ぜられ正四位下に進み更に参議に任ぜられる。安和元(968)年伊予守・治部卿に任ぜられる。同2年治部卿を辞す。同年左兵衛督に任ぜられ、天禄元(970)年に辞す。同年右衛門督・使別当に任ぜられる。天延元(973)年従三位に進む。子に懐平・実資・高遠がいる。　典：公補

藤原兼家　ふじわらの・かねいえ

平安時代の人、摂政・関白・太政大臣。延長7(929)年生～正暦元(990)年7月2日没。62才。号=法興院・東三条。法名=如実。

右大臣藤原師輔の三男。従五位上・信濃守藤原経邦の娘贈正一位盛子。兄に伊尹・兼通、弟に高光・為光・公季・遠度がいる。天暦2(948)年従五位下に叙され、同4年侍従、同5年右兵衛佐、同9年紀伊権介に任ぜられ従五位上に進み、同10年少納言に任ぜられる。天徳4(960)年正五位下に進み、応和2(962)年従四位下に進み兵部大輔、同4年左京大夫、康保4(967)年美濃権守・春宮亮・蔵人頭・左中将に任ぜられ正四位下に進み、安和元(968)年従三位、同2年正三位に進み中納言に任ぜられる。天禄元(970)年春宮大夫に任ぜられる。同年これと左中将を辞す。のち右大将に任ぜられる。同3年権大納言より大納言に任ぜられる。天延3(975)年按察使に任ぜられ、貞元2(977)年右将を辞す。同年治部卿に任ぜられ従二位に進み更に右大臣に任ぜられる。天元2(979)年正二位に進み、寛和2(986)

年大臣を辞す。同年従一位に進み摂政に任ぜられ氏長者となる。永祚元(989)年太政大臣に任ぜられる。正暦元(990)年摂政・太政大臣を辞す。同年関白に任ぜられるも辞す。のち出家。子に道隆・道綱・道兼・道長がいる。　典：大日・伝日・京都・日名・公補

藤原兼通　ふじわらの・かねみち

平安時代の人、関白・太政大臣。延長3(925)年生～貞元2(977)年11月8日没。53才。号=堀川太政大臣。諡名=忠義公。

右大臣藤原師輔の次男。母は従五位上・信濃守藤原経邦の娘贈正一位盛子。兄に伊尹、弟に兼家・高光・為光・公季・遠度がいる。天慶6(943)年従五位下に叙され、同9年周防権守・侍従、天暦2(948)年左兵衛佐に任ぜられる。同4年従五位上に進み、同6年大和権介、同9年紀伊権介・左少将、同10年近江権介に任ぜられる。同11年正五位下に進み、天徳2(958)年中宮亮、同4年中宮権大夫に任ぜられ従四位下に進み、応和3(963)年美濃権守に任ぜられる。同4年中宮権辞す。康保4(967)年内蔵頭より蔵人頭に任ぜられ従四位上、安和元(968)年正四位下、同2年従三位に進み参議に任ぜられ宮内卿に任ぜられる。天禄元(970)年讃岐権守より信濃権守に任ぜられる。同3年権中納言より内大臣・関白に任ぜられる。天延元(973)年正三位、同2年従二位より正二位に進み太政大臣に任ぜられ氏長者となる。同3年従一位に進み、貞元2(977)年関白・太政大臣を辞す。没後に正一位を賜る。子に顯光・時光・朝光・正光がいる。　典：大日・伝日・日名・公補

藤原済時　ふじわらの・なりとき

平安時代の人、大納言。天慶4(941)年生～長徳元(995)年4月23日没。55才。号=小一条大将・紅梅大将・空拜大将。

左大臣藤原師尹の子。母は右大臣藤原定方の九女。兄弟に定時がいる。天徳2(958)年従五位下に叙され、同3年侍従、同4年左衛門佐、応和元(961)年左少将、同2年蔵人・伊予介に任ぜられる。同4年従五位上に進み近江介に任ぜられる。康保2(965)年正五位下に進み、同3年右中弁に任ぜられる。同4年従四位下に進み蔵人頭に任ぜられる。同年これと左少将を辞す。同5年左中弁に任ぜられる。安和元(968)年従四位上に進み、同2年侍従を辞す。同年春宮権亮より春宮亮・右中将に任ぜられ従三位に進む。同年春宮亮を辞す。天禄元(970)年参議に任ぜられ左兵衛督に任ぜられる。同2年讃岐守に任ぜられる。天延3(975)年権中納言に任ぜられる。貞元2(977)年右大将に任ぜられる。天元元(978)年正三位に進み中納言に任ぜられる。同2年従二位に進み、同5年中宮大夫に任ぜられる。永観元(983)年権大納言に任ぜられる。永延2(988)年正二位に進み、永祚2(989)年左大将・皇后宮大夫に任ぜられる。正暦2(991)年大納言に任ぜられる。同4年按察使に任ぜられる。長徳元(995)年大将を辞す。長和元(1012)年に右大臣を贈られる。琴の名手であった。男子に通任、女子は第67代三条天皇の皇后となる。　典：大日・伝日・日名・公補

藤原為光　ふじわらの・ためみつ

平安時代の人、太政大臣。天慶5(942)年生～正暦3(992)年6月16日没。51才。号=後一条太政大臣・法住寺相国。諡名=恒徳公。

右大臣藤原師輔の九男。母は延喜第九皇女斎宮四品雅子内親王。兄に伊尹・兼通・兼家・高光・公季・遠度がいる。天徳元(957)年従五位下に叙され、同2年侍従、同3年左兵衛権佐に任ぜられる。応和2(962)年従五位上に進み右少将、同3年蔵人・伊予権介に任ぜられる。康保3(966)年正五位下に進み近江権介に任ぜられる。同4年従四位下に進み、同5年左中弁に任ぜられる。安和元(968)年従四位上に進む。同年右少将を辞す。同2年内蔵頭・東宮権亮・蔵人頭、天禄元(970)年左中将に任ぜられ更に参議に任ぜられる。同2年備中守に任ぜられる。天延元(973)年従三位に進み権中納言に任ぜられ中宮大夫に任ぜられる。更に同3年中納言に任ぜられる。貞元元(976)年正三位、同2年従二位に進み大納言に任ぜられる。天元元(978)年按察使に任ぜられる。同2年中宮大夫を辞す。同4年正二位に進み、永観元(983)年按察使を辞す。同2年春宮大夫に任ぜられる。寛和2(986)年大夫を辞す。同年従一位に進み右大臣に任ぜられ、更に正暦2(991)年太政大臣に任ぜられる。法住寺を創建する。没後に正一位を贈られる。子に誠信・公信がいる。　典:大日・伝日・日名・公補

藤原朝光　ふじわらの・あさてる

平安時代の人、大納言。天暦5(951)年生～長徳元(995)年3月20日没。45才。号=閑院大将。

関白・太政大臣藤原兼通の四男。母は三品兵部卿有明親王の娘従二位昭子女王。兄に顕光・時光、弟に正光がいる。応和3(963)年従五位下に叙され、康保3(966)年侍従、安和2(969)年右兵衛権佐、天禄元(970)年右少将、同2年備中権介に任ぜられる。同3年従五位上に進み、同4年蔵人・近江権介・中宮権亮・左近中将に任ぜられ正五位下、天延2(974)年従四位下に進み近江守・蔵人頭に任ぜられ更に参議に任ぜられる。同3年従三位に進み権中納言に任ぜられる。貞元元(976)年春宮大夫に任ぜられる。同2年従二位に進み中納言より権大納言に任ぜられ左大将に任ぜられる。永観2(984)年正二位に進む。同年春宮大夫を辞す。永延元(987)年大納言に任ぜられ再び春宮大夫、同2同按察使に任ぜられる。永祚元(989)年左大将・春宮大夫を辞す。正暦4(993)年按察使を辞す。大流行の疫病に罹り没す。子に登朝・朝経がいる。　典：大日・伝日・日名・公補

藤原顕光　ふじわらの・あきみつ

平安時代の人、左大臣。天慶7(944)年生～治安元(1021)年没。78才。号=堀川左大臣・広幡左大臣。通称=悪霊左府。

関白・太政大臣藤原兼通の長男。母は式部卿元平親王の娘。天徳5(961)年従五位下に叙され、康保3(966)年筑前権守、天禄元(970)年右兵衛権左に任ぜられる。同4年従五位上に進み左衛門佐、天延2(974)年蔵人頭に任ぜられ正五位下、同3年従四位下に進み右中将に任ぜられ参議に任ぜられる。貞元元(976)年播磨権守に任ぜられる。同2年従四位上より正四位下更に従三位より正三位に進み権中納言に任ぜられる。寛和2(986)年従二位に進み中納言に任ぜられる。正暦2(991)年左衛門督・使別当に任ぜられる。長徳元(995)年権大納言より大納言に任ぜられ右大将に任ぜられる。更に同2年右大将を辞す。同年右大臣に任ぜられる。長保2(1000)年正二位に進み、寛弘8(1011)年東宮伝奏に任ぜられる。寛仁元(1017)年に辞す。同年左大臣に任ぜられる。治安元(1021)年従一位に進み病気となり出家。子に重家がいる。　典：大日・伝日・日名・公補

藤原時光　ふじわらの・ときみつ

平安時代の人、中納言。天暦2(948)年生～長和4(1015)年10月4日没。68才。

関白・太政大臣藤原兼通の次男。母は中納言大江維時の娘従四位下・典侍皎子。兄に顕光、弟に朝光・正光がいる。康保2(965)年右兵衛尉、安和元(968)年左近衛将監に任ぜられる。天禄元(970)年従五位下に叙され、同3年美作介・甲斐守、同4年春宮大進・少納言に任ぜられる。天延2(974)年従五位上より正五位下に進み春宮亮に任ぜられる。同3年従四位下に進み右権中将・蔵人頭、貞元元(976)年備前守に任ぜられ更に参議に任ぜられる。同2年伊予守・左兵衛督に任ぜられ従四位上に進み、天元4(981)年伊予守を辞す。同5年周防権守に任ぜられる。永観2(984)年正四位下に進み、寛和2(986)年周防権守を辞す。永延元(987)年左兵衛督を辞す。同年大蔵卿に任ぜられる。永祚元(989)年従三位に進み、正暦元(990)年大和権守に任ぜられる。同5年権守を辞す。長徳2(996)年備前権守に任ぜられる。同3年中納言に任ぜられる。長保3(1001)年正三位に進み、同6年弾正尹に任ぜられる。長和2(1013)年従二位に進む。　典：公補

藤原佐理　ふじわらの・すけまさ

平安時代の人、参議。天慶7(944)年生～長徳4(998)年7月没。55才。別読=すけたか。

摂政・太政大臣藤原実頼の孫。正五位下・左少将藤原敦敏の長男。母は参議藤原元名の娘。応和元(961)年従五位下に叙され侍従、同2年右兵衛権佐、康保3(966)年右少将、同4年近江介に任ぜられ従五位上、安和元(968)年正五位下に進み、同2年右中弁に任ぜられる。天禄元(970)年従四位下に進み、同3年左中弁・内蔵頭に任ぜられる。天延3(975)年従四位上に進み紀伊守に任ぜられる。貞元2(977)年正四位下に進み、天元元(978)年参議に任ぜられる。同2年讃岐守に任ぜられる。同5年讃岐守を辞す。同年伊予権守、永観元(983)年勘解由長官、同2年従三位に進み、寛和2(986)年伊予権守を辞す。永延2(988)年美作守に任ぜられる。永祚元(989)年美作守・勘解由長官を辞す。播磨権守、同2年兵部卿に任ぜられる。正暦2(991)年参議・兵部卿を辞す。同年大宰大弐・皇后宮権大夫に任ぜられる。大宰府に赴任し宇佐八幡宮の神人と紛争を起こし京に戻される。同3年正三位に進み、同4年皇后宮権大夫を辞す。長徳元(995)年大宰大弐を辞す。同4年再び兵部卿に任ぜられる。能筆家で小野道風・藤原行成と共に三蹟と称された。国宝に書状・詩懐紙・賀歌絹地切がある。　典：大日・伝日・京都・日名・公補

藤原公季　ふじわらの・きんすえ

平安時代の人、太政大臣。天徳元(957)年生～長元2(1029)年10月17日没。73才。諡名=仁義公。号=閑院・甲斐公・転法輪三条。三条家系の始祖。

右大臣藤原師輔の十一男。母は第60代醍醐天皇の娘一品康子内親王。兄に伊尹・高光・兼通・兼家・為光・遠度がいる。康保4(967)年正五位下に叙され元服し、天禄元(970)年従四位下に進み侍従に任ぜられる。天延3(975)年従四位上、同4年正四位下に進み、貞元元(976)年左中弁、同2年備前守に任ぜられる。天元4(981)年従三位に進み播磨権守に任ぜられる。永観元(983)年参議に任ぜられる。同2年侍従、寛和元(985)年近江守に任ぜられ正三位に進み、同2年春宮権大夫、権中納言に任ぜられる。永祚元(989)年春宮大夫に任

ぜられる。更に正暦2(991)年中納言に任ぜられる。更に長徳元(995)年権大納言より大納言に任ぜられる。同2年按察使・左大将に任ぜられ、更に同3年内大臣に任ぜられる。長保元(999)年従二位、同3年正二位に進み、寛仁元(1017)年右大臣に任ぜられ東宮伝奏となる。同2年皇大子伝奏に任ぜられる。治安元(1021)年従一位に進み太政大臣に任ぜられる。没後に正一位を贈られる。子に実成(続系譜は北12を見よ)がいる。　典：大日・伝日・公辞・日名・公補

藤原道隆　ふじわらの・みちたか

平安時代の人、摂政・関白・内大臣。天暦7(953)年生〜長徳元(995)年4月10日没。43才。号=中関白・後入道。

摂政・関白・太政大臣藤原兼家の長男。母は従四位上・摂津守藤原中正朝臣の娘贈正一位時姫。弟に道綱・道兼・道長がいる。康保4(967)年従五位下に叙され、同5年侍従・左兵衛佐、天禄2(971)年右衛門佐に任ぜられる。同4年従五位上に進み、天延2(974)年蔵人・伊予権介・左少将に任ぜられる。同3年正五位下に進み、同4年備後権介に任ぜられる。貞元2(977)年従四位下に進み備中権守、同3年右中将に任ぜられる。天元4(981)年従四位上、同5年正四位下、永観2(984)年従三位に進み春宮権大夫に任ぜられる。寛和2(986)年大夫を辞す。同年正三位より従二位更に正二位に進み権中納言より権大納言に任ぜられ皇太后宮大夫に任ぜられる。永延元(987)年従一位に進み、永祚元(989)年内大臣に任ぜられ左大将に任ぜられ、更に正暦元(990)年に辞す。同年関白に任ぜられ氏長者となる。同2年関白・内大臣を辞す。同年摂政に任ぜられる。同4年摂政を辞す。同年再び関白に任ぜられる。長徳元(995)年病気となり関白を辞し出家。子に道頼・伊周・頼親・隆家がいる。　典：日名・公補

藤原義懐　ふじわらの・よしちか

平安時代の人、権中納言。天徳元(957)年生〜寛弘5(1008)年7月17日没。52才。法名=悟真・寂真。

摂政・太政大臣藤原伊尹の五男。母は四品中務卿代明親王の娘従四位上恵子王女。兄に義孝がいる。天禄3(972)年従五位下に叙され、天延2(974)年侍従に任ぜられる。同4年従五位上に進み右兵衛権佐に任ぜられる。貞元2(977)年正五位下に進み、同3年右少将、天元2(979)年美作権守・春宮亮、同5年備前権守に任ぜられる。永観2(984)年従四位上より従三位に進み蔵人頭・右中将に任ぜられる。同2年正三位に進み、寛和元(985)年丹波権守に任ぜられ更に参議に任ぜられ従二位に進み更に権中納言に任ぜられる。同2年天皇が出家したので30才で出家。　典：大日・伝日・日名・公補

藤原道兼　ふじわらの・みちかね

平安時代の人、関白・右大臣。応和元(961)年生〜長徳元(995)年5月8日没。35才。号=粟田関白・町尻関白・二条関白・七日関白。

摂政・関白・太政大臣藤原兼家の四男。母は従四位上・摂津守藤原中正朝臣の娘贈正一位時姫。兄に道隆・道綱、弟に道長がいる。天延3(975)年従五位下に叙され、天元2(979)年侍従、同6年弾正少弼、永観2(984)年蔵人に任ぜられ従五位上より正五位下に進み左少

弁、寛和2(986)年蔵人頭・右中将に任ぜられ従四位下より従三位更に正三位に進み参議に任ぜられ美作権守に任ぜられ更に権中納言に任ぜられる。永延元(987)年従二位、永祚元(989)年権大納言に任ぜられ正二位に進み皇太后宮大夫に任ぜられる。更に正暦元(990)年右大将に任ぜられる。同2年内大臣に任ぜられる。同5年右大臣に任ぜられる。長徳元(995)年関白に任ぜられ氏長者となるも二条邸にて没し、世に七日関白と称された。没後に正一位・太政大臣を賜る。子に兼隆がいる。　典：大日・公辞・伝日・日名・公補

藤原懐平　ふじわらの・ちかひら

平安時代の人、権中納言。天暦7(953)年生〜寛仁元(1017)年4月18日 没。65才。初名=懐遠。

摂政・太政大臣藤原実頼の孫。参議藤原斉敏の三男。母は播磨守藤原尹文の娘。弟に実資・高遠がいる。初め懐遠と名乗る。康保4(967)年右衛門少尉、安和元(968)年右近衛将監に任ぜられる。同2年従五位下に叙され、同3年侍従、天延2(974)年少納言、同3年紀伊権介に任ぜられる。貞元2(977)年従五位上に進み右少弁に任ぜられる。同3年蔵人に任ぜられる。同4年正五位下より従四位下に進み右中弁、永観元(983)年修理大夫に任ぜられる。同2年従四位上に進み、寛和2(986)年紀伊権守に任ぜられ正四位下より従三位に進む。同年懐平と改名。長徳4(998)年参議に任ぜられる。長保元(999)年播磨権守に任ぜられる。同5年に辞す。同年正三位に進み春宮権大夫に任ぜられる。寛弘元(1004)年美作守・左兵衛督に任ぜられる。同2年左兵衛督を辞す。同3年伊予権守・使別当、同4年春宮大夫、同6年右衛門督に任ぜられる。同8年従二位に任ぜられ春宮大夫を辞す。長和2(1013)年皇后宮大夫に任ぜられ権中納言に任ぜられる。同4年正二位に進み、同5年皇后宮大夫を辞すも翌年に没す。子に経通・資平がいる。　典：公補

藤原遠度　ふじわらの・とおのり

平安時代の人、非参議。生年不明〜永祚元(989)年3月24日没。

右大臣藤原師輔の七男。母は常陸介公葛の娘。兄に伊尹・高光・兼通・為光、兼家、弟に公季がいる。右兵衛督を辞す。永延元(987)年従三位に叙され、永祚元(989)年播磨権守に任ぜられたが出家。　典：公補

藤原道長　ふじわらの・みちなが

平安時代の人、摂政・太政大臣。康保3(966)年生〜万寿4(1027)年12月4日 没。62才。法名=行観・行覚。通称=法成寺摂政・御堂関白。

摂政・関白・太政大臣藤原兼家の五男。母は従四位上・摂津守藤原中正朝臣の娘贈正一位時姫。兄に道隆・道綱・道兼がいる。天元3(980)年従五位下に叙され、同6年侍従、永観2(984)年右兵衛権佐、寛和2(986)年蔵人・少納言・左少将に任ぜられ従五位上より正五位下更に従四位下、同3年従四位上に進み讃岐権守、永延元(987)年備前権守・左京大夫に任ぜられ従三位に進み、同2年権中納言に任ぜられる。永祚元(989)年右衛門督に任ぜられる。正暦元(990)年正三位に進み中宮大夫に任ぜられる。同2年権大納言に任ぜられる。同3年従二位に進み、長徳元(995)年左大将に任ぜられ更に内大臣に任ぜられ氏長者となる。更に同2年正二位に進み左大臣に任ぜられる。同4年より病弱となり時々左大

臣を休職する。寛仁元(1017)年従一位に進み摂政・太政大臣に任ぜられる。同3年に辞し54才で出家。法成寺を創建し、同寺にて没す。子に頼通・頼宗・教通・顯信・能信・長家がいる。　典：大日・古今・伝日・京都・公辞・日名・公補

藤原道綱　ふじわらの・みちつな

平安時代の人、大納言。天暦9(955)年生～寛仁4(1020)年10月16日没。66才。通称＝伝大納言。

摂政・関白・太政大臣藤原兼家の次男。母は正四位下藤原倫寧朝臣の娘。兄に道隆、弟に道兼・道長がいる。天禄元(970)年従五位下に叙され、天延2(974)年右馬助、貞元2(977)年左衛門佐・土佐権守に任ぜられる。同3年左衛門佐を辞す。天元4(981)年従五位上に進み、同6年左少将、永観2(984)年備前介、寛和2(986)年蔵人・右中将に任ぜられ従四位下、同3年従四位上、永延元(987)年正四位下より従三位、正暦元(990)年正三位に進み尾張権守・中宮権大夫に任ぜられる。同2年参議に任ぜられる。同3年備前権守に任ぜられる。長徳2(996)年中納言に任ぜられ右大将に任ぜられる。更に同3年大納言に任ぜられ春宮大夫に任ぜられる。同4年右大将を辞す。長保2(1000)年従二位、同3年正二位に進み、同4年按察使に任ぜられる。寛弘4(1007)年春宮大夫・按察使を辞す。同年東宮伝奏に任ぜられる。同8年に辞す。長和元(1012)年中宮大夫、寛仁2(1018)年皇太后宮大夫に任ぜられる。同4年病気で出家。母は「蜻蛉日記」の作者。子に兼経がいる。　典：大日・日名・公補

藤原誠信　ふじわらの・しげのぶ

平安時代の人、参議。康保元(964)年生～長保3(1001)年9月3日没。38才。

右大臣藤原為光の長男。母は左少将藤原敦敏の次女。弟に斉信・公信がいる。天延2(974)年従五位下に叙され、貞元2(977)年従五位上に進み、同3年侍従、天元3(980)年右衛門佐に任ぜられる。同4年正五位下に進み近江介に任ぜられる。永観2(984)年従四位下、寛和元(985)年従四位上に進み蔵人頭に任ぜられる。同2年右中将・近江守・春宮権亮・侍従に任ぜられ正四位下に進み参議に任ぜられる。永祚元(989)年紀伊権守・春宮権大夫、正暦元(990)年備後権守に任ぜられる。同5年権守を辞す。同年再び侍従、長徳元(995)年美濃権守に任ぜられる。同3年従三位に進み左衛門督・使別当に任ぜられ侍従を辞す。長保2(1000)年近江権守に任ぜられる。同3年弟の斉信が権中納言に任ぜられたことに憤悶し絶食して没す。　典：大日・伝日・日名・公補

藤原実資　ふじわらの・さねすけ

平安時代の人、右大臣。天徳元(957)年生～永承元(1046)年1月18日 没。90才。通称＝後小野宮・賢人右府。

摂政・太政大臣藤原実頼の孫。参議藤原斉敏の四男。母は播磨守藤原尹文の娘。兄に懐平、弟に高遠がいる。安和2(969)年従五位下に叙され、侍従、天禄2(970)年右兵衛佐、同4年右少将に任ぜられる。天延2(974)年従五位上に進み近江権介に任ぜられる。貞元2(977)年正五位下に進む。天元2(979)年伊予権介に任ぜられる。同3年従四位下より従四位上に進み、同4年蔵人頭、同5年備後介・中宮亮、永観元(983)年左中将、同2年美濃権守、寛和元(985)年中宮大夫に任ぜられる。同2年正四位下に進み、永延元(987)年近江権

守に任ぜられる。永祚元(989)年参議に任ぜられる。正暦元(990)年美作権守に任ぜられ従三位に進み、同2年左兵衛督、長徳元(995)年使別当に任ぜられ更に権中納言に任ぜられ大皇太后宮大夫に任ぜられる。更に同2年中納言に任ぜられる。同年左兵衛督・使別当を辞す。長保元(999)年正三位、同2年従二位に進み、更に同3年権大納言に任ぜられ右大将に任ぜられる。同5年正二位に進み、寛弘4(1007)年按察使に任ぜられる。同6年大納言に任ぜられる。長和元(1012)年按察使を辞す。治安元(1021)年右大臣に任ぜられ皇太弟伝奏となり、万寿元(1024)年東宮伝奏に転じ、同2年再び皇太弟伝奏に任ぜられる。長元9(1036)年これ辞す。長暦元(1037)年従一位に進み、長久4(1043)年右大将を辞す。　典：大日・伝日・京都・日名・公補

藤原道頼　ふじわらの・みちより

平安時代の人、権大納言。天禄2(971)年生〜長徳元(995)年6月11日没。25才。号=山井大納言。

関白・太政大臣藤原兼家の孫。関白・内大臣藤原道隆の長男。母は従四位下・伊予守藤原守仁朝臣の娘。弟に伊周・頼親・隆家がいる。寛和元(985)年従五位下に叙され、同2年侍従・左兵衛佐・右少将に任ぜられ従五位上、同3年正五位下に進み播磨権介より伊予介に任ぜられる。永延元(987)年従四位下、同2年正四位下に進み右中将、同3年左中将・蔵人頭、正暦元(990)年伊予守に任ぜられ従三位に進み参議に任ぜられ、更に同2年権中納言に任ぜられる。同3年右衛門督に任ぜられ正三位に進み、同5年権大納言に任ぜられる。　典：公補

藤原高遠　ふじわらの・たかとお

平安時代の人、非参議。天暦3(949)年生〜没年不明。

摂政・太政大臣藤原実頼の孫。参議藤原斉敏の子。母は播磨守藤原尹文の娘。兄に懐平・実資がいる。右兵衛督を辞す。正暦元(990)年従三位に叙され、同3年兵部卿に任ぜられる。長徳3(997)年卿を辞す。同年左兵衛督に任ぜられる。寛弘元(1004)年督を辞す。長和元(1012)年正三位に進み、寛仁元(1017)年より名が見えなくなる。一説に長和2年没65才あり。　典：古今・伝日・日名・公補

藤原伊周　ふじわらの・これちか

平安時代の人、准大臣。天延2(974)年生〜寛弘7(1010)年1月28日 没。37才。通称=帥内大臣。

摂政・内大臣藤原道隆の次男。母は従二位非参議高階成忠の娘従三位貴子。兄に道頼、弟に頼親・隆家がいる。寛和元(985)年従五位下に叙され、同2年侍従・左兵衛佐に任ぜられる。同3年従五位上に進み、永延元(987)年左少将・蔵人に任ぜられ正五位下、同2年従四位下に進み、同3年備中権介・右中弁・右少将に任ぜられ従四位上に進み、正暦元(990)年左中弁を辞す。同年右中将・蔵人頭に任ぜられ正四位下に進み、同2年参議に任ぜられ従三位に進み更に権中納言に任ぜられる。更に同3年正三位に進み権大納言に任ぜられる。同5年内大臣に任ぜられる。長徳元(995)年東宮伝奏に任ぜられる。同2年東三条院を呪詛したとされた事を理由に内大臣を辞す。同年大宰権帥に左遷され播磨国に流遷。同3年許

され上洛。長保3(1001)年正三位に復位し、同5年従二位に進み、寛弘2(1005)年准大臣に任ぜられる。同6年正二位に進む。子に道雅・顯長がいる。　典：大日・伝日・京都・日名・公補

藤原公任　ふじわらの・きんとう

平安時代の人、権大納言。康保3(966)年生～長久2(1041)年1月1日没。76才。通称=四条大納言。

関白・太政大臣藤原頼忠の長男。母は三品中務卿代明親王の三女。天元3(980)年正五位下に叙され侍従に任ぜられる。同4年従四位下、同5年従四位上に進み、永観元(983)年讃岐守・左近衛権中将、同2年尾張権守に任ぜられる。寛和元(985)年正四位下に進み、同2年伊予権守、永祚元(989)年蔵人頭、同2年備前守に任ぜられる。正暦3(992)年参議に任ぜられる。同4年近江守、長徳元(995)年左兵衛督・皇后宮大夫に任ぜられる。同2年讃岐守・右衛門督・使別当に任ぜられる。同4年讃岐守を辞す。同年備前権守・勘解由長官に任ぜられる。長保元(999)年従三位に進む。同年勘解由長官を辞す。同3年左衛門督に任ぜられ使別当を辞す。同年中納言に任ぜられ正三位、寛弘2(1005)年従二位に進み皇太后宮大夫に任ぜられる。同6年権大納言に任ぜられる。長和元(1012)年正二位に進み大皇太后宮大夫に任ぜられる。寛仁元(1017)年大皇太后宮大夫を辞す。治安元(1021)年按察使に任ぜられる。万寿元(1024)年権大納言を辞す。同3年61才で洛北長谷の解脱寺(現・朗詠谷)に出家。道長と勢を争い敗れ、不満を詩歌を詠み、管絃に長じた。京都左京区岩倉長谷町の長源寺に公任の念持仏がある。墨跡に「和漢朗詠抄巻」(太田切)が国宝指定されている。子に定頼がいる。　典：大日・伝日・古今・京都・公辞・日名・公補

藤原隆家　ふじわらの・たかいえ

平安時代の人、中納言。天元2(979)年生～寛徳元(1044)年1月1日没。66才。

摂政・内大臣藤原道隆の四男。母は従二位非参議高階成忠の娘従三位貴子。兄に道頼・伊周・頼親がいる。永祚元(989)年従五位下に叙され、同2年侍従・右兵衛佐に任ぜられる。正暦2(990)年従五位上に進み、同3年左少将に任ぜられ正五位下、同4年従四位下より従四位上に進み信濃権守・左中将に任ぜられる。同5年正四位下より従三位に進み、長徳元(995)年権中納言より中納言に任ぜられる。同2年事件に連座し中納言を辞す。同年出雲権守に任ぜられ赴任の途中、但馬国にて病気となり逗留し、同4年上洛し兵部卿に任ぜられる。長保4(1002)年再び権中納言に任ぜられる。同5年侍従に任ぜられ正三位に進み、寛弘2(1005)年侍従を辞す。同4年従二位に進み、同6年再び中納言に任ぜられる。長和元(1012)年按察使・皇后宮大夫に任ぜられる。同2年皇后宮大夫を辞す。同3年按察使を辞す。同年大宰権帥に任ぜられる。同4年正二位に進み、寛仁3(1019)年大宰権帥を辞す。治安3(1023)年中納言を辞す。同年大蔵卿に任ぜられる。長暦元(1037)年大蔵卿を辞す。同年再び大宰権帥に任ぜられる。長久3(1042)年に再び辞す。子に良頼・経輔がいる。

典：日名・公補

藤原斉信　ふじわらの・ただのぶ

平安時代の人、大納言。康保4(967)年生～長元8(1035)年3月23日没。69才。

太政大臣藤原為光の次男。母は従五位上・左少将藤原敦敏の娘。兄に誠信、弟に公信がいる。天元4(981)年従五位下に叙され、永観2(984)年侍従に任ぜられ従五位上に進み、寛和元(985)年右兵衛佐、同2年左少将・播磨介に任ぜられ正五位下より従四位下に進み、永延元(987)年左京大夫、同3年右中将に任ぜられる。正暦元(990)年従四位上に進み、同5年蔵人頭、同6年備中権守、長徳元(995)年播磨権守に任ぜられる。同2年参議に任ぜられる。長保元(999)年正四位下に進み勘解由長官に任ぜられる。同2年従三位に進み伊予守・中宮権大夫に任ぜられる。同3年権中納言に任ぜられ正三位に進み右衛門督・使別当に任ぜられる。同4年中宮大夫に任ぜられる。寛弘元(1004)年従二位に進み、同3年別当を辞す。同5年正二位に進み、同6年権大納言に任ぜられる。同8年春宮大夫、長和5(1016)年按察使、寛仁2(1018)年春宮大夫より中宮大夫に転じる。同4年按察使を辞す。同年大納言に任ぜられる。長元元(1028)年民部卿に任ぜられる。俊賢・行成・公任と共に四納言し称揚される。子に経任がいる。　典：大日・伝日・日名・公補

藤原行成　ふじわらの・ゆきなり

平安時代の人、権大納言。天禄3(972)年生～万寿4(1027)年12月4日 没。56才。

太政大臣藤原伊尹の孫。右少将藤原義孝の長男。母は中納言源保光の娘。永観2(984)年従五位下に叙され、寛和元(985)年侍従、同2年左兵衛権佐に任ぜられる。同3年従五位上に進み、正暦元(990)年備後権介に任ぜられる。同2年正五位下、同4年従四位下に進み、長徳元(995)年蔵人頭、同2年式部権大輔・権左中弁より左中弁、同3年更に右大弁・備前守に任ぜられ従四位上に進み、長保元(999)年備後守・大和権守に任ぜられる。同2年正四位下に進み、同3年参議に任ぜられ侍従に任ぜられ従三位に進む。同5年正三位に進み、寛弘元(1004)年美作権守・兵部卿、同2年左大弁・播磨守、同4年皇太后宮権大夫に任ぜられ従二位に進む。同5年兵部卿を辞す。同年同6年権中納言に任ぜられる。長和2(1013)年正二位に進み、寛仁元(1017)年皇太后宮権大夫を辞す。同3年侍従を辞す。同年大宰権帥に任ぜられる。同4年権大納言に任ぜられる。万寿3(1026)年按察使に任ぜられる。書法に長じ兼明親王・藤原佐理と並び称され、後世に書法を世尊寺流と称した。子に行経がいる。　典：大日・伝日・古今・京都・公辞・日名・公補

藤原兼隆　ふじわらの・かねたか

平安時代の人、中納言。寛和元(985)年生～天喜元(1053)年10月 没。69才。

関白・右大臣藤原道兼の次男。長徳元(995)年従五位上に叙され、同2年正五位下に進み阿波権守・右兵衛佐、同3年左少将、同4年伊予権介に任ぜられる。長保元(999)年従四位下に進み、同3年兵部大輔に任ぜられ従四位上に進み、同4年右中将に任ぜられ従三位に進み、寛弘元(1004)年近江権守、同3年近江守に任ぜられる。同5年参議に任ぜられる。同6年備中守、同8年伊予守に任ぜられる。長和2(1013)年正三位、同4年従二位に進み、同5年右中将を辞す。寛仁3(1019)年権中納言に任ぜられる。同5年左衛門督に任ぜられる。治安3(1023)年中納言に任ぜられる。万寿元(1024)年正二位に進み、長元2(1029)年左衛門督を辞す。同8年中納言を辞す。永承元(1046)年に62才で出家。　典：公補

藤原正光　ふじわらの・まさみつ

平安時代の人、参議。天徳元(957)年生～長和3(1014)年2月29日没。58才。

関白・太政大臣藤原兼通の六男。母は従四位上・左馬頭藤原有年朝臣の娘。兄に顕光・時光・朝光がいる。天禄元(970)年近江少掾に任ぜられ従五位下に叙され、同4年侍従、天延2(974)年左少将に任ぜられる。同3年従五位上に進み、同4年近江介に任ぜられる。貞元2(977)年正五位下より従四位下に進む。同年左少将を辞す。天元3(980)年左馬頭、同6年讃岐権守、寛和2(986)年皇太后宮権亮に任ぜられ従四位上、正暦元(990)年正四位下に進み、同2年皇太后宮権亮を辞す。同3年左中将、同4年讃岐権守、長徳2(996)年備中権守・蔵人頭、同4年大蔵卿、長保2(1000)年中宮亮、同5年尾張権守より備前守に任ぜられる。寛弘元(1004)年従三位に進み参議に任ぜられる。同4年備前守を辞す。同6年越前権守、同7年美作権守に任ぜられる。　典：公補

藤原通任　ふじわらの・みちとう

平安時代の人、権中納言。天延2(974)年生～長暦3(1039)年6月没。66才。

大納言藤原済時の子。母は大納言源延光の娘。寛和2(986)年従五位下に叙され、永延2(988)年侍従、同3年左兵衛佐に任ぜられる。正暦元(990)年従五位上に進み、同3年左兵衛権佐、同4年右少将に任ぜられ正五位下に進み、同5年備中介に任ぜられる。同6年従四位下に進み、長徳2(996)年春宮権亮、長保元(999)年右馬頭、のち讃岐権守、寛弘8(1011)年蔵人頭より修理大夫に任ぜられ従四位上に進み更に参議に任ぜられる。長和元(1012)年従三位に進み、同2年備前守、同5年春宮権大夫に任ぜられる。寛仁元(1017)年に辞す。同2年播磨権守に任ぜられる。同4年修理大夫を辞す。同年大蔵卿・皇太后宮大夫に任ぜられる。治安2(1022)年播磨権守を辞す。同3年正三位に進み美作守に任ぜられる。万寿元(1024)年正三位に進み、同4年美作守を辞す。長元2(1029)年播磨権守に任ぜられる。同8年権中納言に任ぜられる。子に師成がいる。　典：公補

藤原公信　ふじわらの・きんのぶ

平安時代の人、権中納言。貞元2(977)年生～万寿3(1026)年5月15日没。50才。

太政大臣藤原為光の六男。母は謙徳公の次女。兄に誠信・斉信がいる。長徳元(995)年従五位下に叙され、同2年讃岐介・侍従、同4年右兵衛佐に任ぜられる。長保元(999)年従五位上に進み少納言・右少将、同2年備後介に任ぜられる。同3年正五位下、同5年従四位下に進み、同6年美作権守に任ぜられる。寛弘5(1008)年従四位上に進み、同6年蔵人頭、同7年左中将・内蔵頭に任ぜられる。同8年正四位下に進み、長和2(1013)年参議に任ぜられる。同4年従三位に進み、寛仁元(1017)年春宮権大夫・右兵衛督に任ぜられ正三位に進み、同4年備中権守・使別当、治安元(1021)年左兵衛督に任ぜられ従二位に進み、同3年権中納言に任ぜられる。　典：公補

藤原朝経　ふじわらの・ともつね

平安時代の人、権中納言。天延元(973)年生～長元2(1029)年7月4日没。57才。

大納言藤原朝光の子。兄弟に登朝がいる。寛和2(986)年従五位上に叙され、永延2(988)年右馬助、正暦2(991)年左衛門佐に任ぜられる。同4年従五位上に進み、同5年右権少将、

長徳元(995)年伊予介、同3年右少弁・侍従、長保元(999)年左少弁に任ぜられる。同2年正五位下に進み、同3年右中弁に任ぜられる。同5年従四位下より従四位上に進み弾正大弼、寛弘2(1005)年左中弁、同4年但馬守、同7年弾正大弼を辞す。同8年備中権守、同9年近江介・右大弁・蔵人頭に任ぜられ正四位下に進み、長和3(1014)年大蔵卿に任ぜられる。同4年参議に任ぜられる。寛仁元(1017)年備前守、同2年勘解由長官に任ぜられ従三位に進む。同4年大蔵卿・勘解由長官を辞す。治安2(1022)年伊予権守に任ぜられる。同3年正三位に進み権中納言に任ぜられる。長元2(1029)年に辞す。同年出家。　典：公補

藤原道雅　ふじわらの・みちまさ

平安時代の人、非参議。正暦4(993)年生～天喜2(1054)年7月20日 没。62才。

内大臣藤原伊周の子。弟に顥長がいる。左中将・伊予権守に任ぜられる。長和5(1016)年従三位に叙され、寛仁3(1019)年伊予権守を辞す。万寿元(1024)年再び伊予権守に任ぜられる。同3年に辞す。同年右京権大夫、長暦2(1038)年丹波権守に任ぜられる。長久3(1042)年に辞す。寛徳2(1045)年左京大夫、永承6(1051)年備中権守に任ぜられる。天喜2(1054)年出家。　典：日名・公補

藤原資平　ふじわらの・すけひら

平安時代の人、大納言。寛和3(987)年生～治暦3(1067)年12月5日 没。81才。

権中納言藤原懐平の次男。母は中納言源保光の娘。兄に経通がいる。長徳3(997)年従五位下に叙され、同4年周防守・侍従、長保3(1001)年左兵衛佐に任ぜられる。同6年従五位上に進み、寛弘3(1006)年少納言に任ぜられる。同4年正五位下、同6年従四位下に進み侍従、同9年丹波介に任ぜられ従四位上に進み、長和2(1013)年権中将、同3年備後権守、同4年蔵人頭に任ぜられ正四位下に進み、同5年蔵人頭を辞す。寛仁元(1017)年参議に任ぜられる。同2年美作守、同4年修理大夫に任ぜられる。治安元(1021)年修理を辞す。同年皇太后宮権大夫に任ぜられ従三位、同2年正三位に進み、同3年近江権守、万寿3(1026)年左中将に任ぜられる。同4年皇太后宮権大夫を辞す。長元元(1028)年伊予権守に任ぜられる。同2年権中納言に任ぜられる。同8年右衛門督に任ぜられる。同9年従二位に進み、長暦元(1037)年皇后宮権大夫に任ぜられる。同2年正二位に進み、永承6(1051)年皇太后宮権大夫、同8年皇太后大夫・按察使に任ぜられる。康平3(1060)年左衛門督・按察使を辞す。同4年権大納言に任ぜられる。更に治暦元(1065)年大納言に任ぜられる。著書に「水真余流記」「決戸記」がある。子に資房・資仲がいる。　典：大日・伝日・日名・公補

藤原兼経　ふじわらの・かねつね

平安時代の人、参議。長保2(1000)年生～長久4(1043)年5月2日没。44才。

大納言藤原道綱の三男。母は左大臣源雅信の娘。寛弘8(1011)年従五位上より正五位下に叙され侍従・右兵衛佐、同9年左権少将、長和2(1013)年播磨介に任ぜられる。同3年従四位下より従四位上、同4年正四位下に進み、寛仁元(1017)年右中将に任ぜられる。同2年従三位に進み、治安3(1023)年参議に任ぜられる。万寿元(1024)年讃岐権守、長元8(1035)年備前守に任ぜられる。長暦元(1037)年正三位に進み、同3年播磨権守、長久元(1040)年美作権守に任ぜられる。同4年病気となり出家。子に敦家がいる。　典：公補

藤原経通 ふじわらの・つねみち

平安時代の人、権中納言。天元5(982)年生～永承6(1051)年8月16日没。70才。

権中納言藤原懐平の長男。母は中納言源保光の娘。弟に資平がいる。永祚2(990)年従五位下に叙され、長徳3(997)年侍従、同4年右兵衛権佐に任ぜられる。長保3(1001)年従五位上に進み左少将、同4年近江権介、同5年蔵人に任ぜられる。寛弘2(1005)年正五位下に進み右中弁に任ぜられる。同4年従四位下に進み、同6年権左中弁・中宮権亮に任ぜられる。同8年従四位上に進み、同9年左中弁に任ぜられる。長和2(1013)年正四位下に進み、同3年播磨権守・春宮亮、同5年蔵人頭、寛仁元(1017)年左京大夫に任ぜられる。同3年参議に任ぜられる。同4年従三位より正三位に進み讃岐権守に任ぜられる。治安元(1021)年左京大夫を辞す。同年治部卿・右兵衛督・大皇太后宮権大夫に任ぜられる。万寿元(1024)年讃岐権守を辞す。同年使別当、同3年備前守・左兵衛督に任ぜられる。同年大皇太后宮権大夫を辞す。長元2(1029)年権中納言に任ぜられる。同年使別当を辞す。同3年右衛門督に任ぜられる。同7年従二位に進み、同8年左衛門督に任ぜられる。長暦元(1037)年正二位に進み、永承元(1046)年左衛門督を辞す。同年大宰権帥に任ぜられる。同5年権帥を辞し上洛。同6年病気となり出家。子に経平・経季・顯家がいる。　典：公補

藤原定頼 ふじわらの・さだより

平安時代の人、権中納言。正暦3(992)年生～寛徳2(1045)年1月19日没。54才。

権大納言藤原公任の長男。母は四品昭平親王の娘。寛弘4(1007)年従五位下に叙され、同5年侍従、同6年右少将に任ぜられる。同7年従五位上より正五位下に進み伊予権守に任ぜられる。同9年従四位下に進み、長和3(1014)年右中弁・中宮権亮に任ぜられる。同4年従四位上に進み、同6年勘解由長官、寛仁元(1017)年蔵人頭に任ぜられ正四位下に進み、同2年内蔵頭・近江権守・皇太后宮権亮に任ぜられ造大安寺長官となり、同3年左中弁に任ぜられる。同4年内蔵頭を辞す。同年参議に任ぜられ右大弁に任ぜられる。治安2(1022)年従三位に進み、同3年備後権守・左大弁に任ぜられる。万寿4(1027)年備後権守を辞す。長元元(1028)年備中権守に任ぜられる。同2年権中納言に任ぜられる。同6年正三位、長暦2(1038)年従二位、長久3(1042)年正二位に進み、同4年兵部卿に任ぜられる。寛徳元(1044)年病気となり出家。子に経家がいる。　典：大日・伝日・古今・日名・公補

藤原経任 ふじわらの・つねとう

平安時代の人、権大納言。長保2(1000)年生～治暦2(1066)年2月16日没。67才。

大納言藤原斉信の子。母は大宰大弐藤原佐理の娘。実は権中納言藤原懐平の三男。長和元(1012)年従五位下に叙され、同6年従五位上に進み侍従・右衛門佐、寛仁3(1019)年近衛権少将に任ぜられる。同4年正五位下より従四位下に進み備後介に任ぜられる。治安3(1023)年従四位上に進み、長元2(1029)年権左中弁、同3年蔵人頭に任ぜられる。同4年正四位下に進み備後権守に任ぜられる。同8年参議に任ぜられる。同9年従三位に進み伊予権守、長暦元(1037)年備中権守、同2年修理大夫に任ぜられる。長久元(1040)年に辞す。同2年播磨権守、同4年左兵衛督、寛徳元(1044)年使別当、永承元(1046)年備前権守に任ぜられ正三位に進み、同3年備前権守を辞す。同年権中納言に任ぜられる。同5年使別

当を辞す。同年従二位に進み、同6年皇后宮権大夫・治部卿に任ぜられる。同7年勘解由検校となる。天喜2(1054)年正二位に進み、康平3(1060)年左兵衛督を辞す。治暦元(1065)年権大納言に任ぜられる。　典：公補

藤原良頼　ふじわらの・よしより

平安時代の人、権中納言。長保4(1002)年生～永承3(1048)年7月2日没。47才。

中納言藤原隆家の長男。母は備前守宣斉の娘。弟に経輔がいる。長和4(1015)年従五位下に叙され、同6年侍従、寛仁元(1017)年右兵衛佐、同2年右少将に任ぜられる。同3年従五位上に進み伊予権介に任ぜられる。治安2(1022)年正五位下に進み、同3年蔵人に任ぜられる。万寿元(1024)年従四位下に進み、同3年左少将、同4年春宮権亮に任ぜられる。同5年従四位上に進み、長元2(1029)年播磨介・右近中将に任ぜられる。同4年正四位下に進み、同6年左中将、同9年蔵人頭に任ぜられ更に参議に任ぜられる。長暦2(1038)年周防権守、長久2(1041)年修理大夫、同3年備前守に任ぜられ正三位に進み、寛徳2(1045)年権中納言に任ぜられる。同3年右兵衛督に任ぜられる。子に良基がいる。　典：公補

藤原経輔　ふじわらの・つねすけ

平安時代の人、権大納言。寛弘3(1006)年生～承保元(1074)年8月7日没。69才。

中納言藤原隆家の次男。母は伊予守源兼資の娘。寛仁2(1018)年従五位下に叙され讃岐権守に任ぜられる。同3年従五位上に進み左兵衛佐に任ぜられる。同4年正五位下に進み右少将、同5年備後介に任ぜられる。治安2(1022)年従四位下に進み、同3年権右中弁、万寿2(1025)年右中弁に任ぜられる。長元元(1028)年従四位上に進み、同2年左中弁に任ぜられ正四位下に進み、同7年蔵人頭、同8年左京大夫、同9年美作権守、同10年中宮亮、長暦2(1038)年右大弁、同3年左大弁に任ぜられ更に参議に任ぜられる。長久元(1040)年従三位に進み近江権守、同3年勘解由長官に任ぜられる。寛徳2(1045)年権中納言に任ぜられる。永承元(1046)年中宮権大夫に任ぜられる。同4年正三位、同5年従二位、同6年正二位に進む。康平元(1058)年大宰権帥に任ぜられる。同6年に辞す。治暦元(1065)年権大納言に任ぜられ中宮大夫に任ぜられる。同4年皇太后宮大夫に任ぜられる。延久元(1069)年病気のため任職を辞す。同2年に65才で出家。一説に永保元(1081)年,8,7没、77才説あり。子に師家・長房・師信・敦家がいる。続系譜は北9を見よ。　典：公補

藤原資房　ふじわらの・すけふさ

平安時代の人、参議。寛弘4(1007)年生～天喜5(1057)年1月24日没。51才。

大納言藤原資平の長男。母は正四位下知章朝臣の娘。弟に資仲がいる。長和4(1015)年従五位下に叙され、寛仁3(1019)年讃岐権守・左兵衛権佐に任ぜられる。治安元(1021)年従五位上に進み侍従、同3年右少将より左少将、同4年播磨権守、万寿2(1025)年蔵人に任ぜられる。同3年正五位下、長元元(1028)年従四位下に進み、同2年近江権介に任ぜられる。同6年従四位上に進み近江介、同8年左近権中将に任ぜられる。同9年正四位下に進み、長暦2(1038)年蔵人頭、同4年右京大夫に任ぜられる。長久3(1042)年参議に任ぜられる。同4年備後権守に任ぜられる。寛徳元(1044)年従三位に進み、同2年春宮権大夫に任

ぜられる。永承元(1046)年に辞す。同3年伊予権守に任ぜられる。同6年正三位に進み、天喜元(1053)年周防権守に任ぜられる。同5年周防権守を辞す。子に公房がいる。　典：公補

藤原師経　ふじわらの・もろつね

平安時代の人、非参議。生年不明～治暦2(1066)年3月11日 没。

大納言藤原朝光の孫。従四位下•右馬頭藤原登朝朝臣の長男。母は参議藤原安親の娘。弟に朝命がいる。寛弘9(1012)年従五位下に叙され筑後権守、長和2(1013)年侍従、同3年左兵衛佐に任ぜられる。同5年従五位上より正五位下、寛仁3(1019)年従四位下、万寿4(1027)年従四位上に進み内蔵頭、長暦2(1038)年伊予権守、長久2(1041)年修理権大夫に任ぜられ正四位下に進み、同5年大蔵卿に任ぜられる。寛徳2(1045)年従三位に進み、永承7(1052)年但馬権守に任ぜられる。天喜4(1056)年但馬権守を辞す。子に経俊がいる。　典：公補

藤原経季　ふじわらの・つねすえ

平安時代の人、中納言。寛弘7(1010)年生～没年不明。

権中納言藤原経通の次男。母は近江守源高雅の娘。兄に経平、弟に顯家がいる。万寿4(1027)年従五位下に叙され美作権守、長元2(1029)年右兵衛佐・左少将に任ぜられる。同3年従五位上に進み伊予介に任ぜられる。同6年正五位下、同8年従四位下に進み、同9年播磨権守に任ぜられる。長暦2(1038)年従四位上に進み、長久2(1041)年周防権守より近江権守に任ぜられ正四位下に進み、同3年左中将、寛徳2(1045)年蔵人頭、同3年修理権大夫に任ぜられる。永承2(1047)年従三位に進み参議に任ぜられる。同3年美作権守、天喜元(1053)年備中権守さらに備前権守に任ぜられる。同5年備前権守を辞す。康平元(1058)年再び備中権守、同3年右兵衛督に任ぜられる。同5年正三位に進み、同6年備後権守に任ぜられ、治暦3(1067)年備後権守を辞す。同年左兵衛督に任ぜられる。同4年権中納言ら任ぜられる。延久元(1069)年従二位、同3年正二位に進み、承保3(1076)年治部卿に任ぜられる。承暦4(1080)年中納言に任ぜられる。永保2(1082)年に73才で出家。子に増覚・通家・季仲がいる。　典：公補

藤原経家　ふじわらの・つねいえ

平安時代の人、権中納言。寛弘7(1010)年生～治暦4(1068)年5月25日 没。51才。

権中納言藤原定頼の長男。長元4(1031)年従五位下に叙され侍従に任ぜられる。同6年従五位上に進み少納言、同8年紀伊権守に任ぜられる。同9年正五位下に進み右少弁に任ぜられる。同10年造大安寺長官となる。長暦2(1038)年蔵人に任ぜられ造大安寺長官を辞す。同年斎院長官となり、同4年従四位下、長久4(1043)年従四位上に進み右中弁に任ぜられる。永承元(1046)年正四位下に進み左中弁・蔵人頭、同4年伊予介、同5年右大弁、同6年皇后宮権亮、同7年内蔵頭、天喜2(1054)年備中権守に任ぜられる。同年内蔵頭を辞す。同4年従三位に進み右大弁、康平元(1058)年左大弁に任ぜられる。同3年権守を辞す。同4年勘解由長官に任ぜられ更に参議に任ぜられる。同5年播磨権守に任ぜられる。同6年正三位に進み、更に治暦元(1065)年権中納言に任ぜられる。子に公定がいる。　典：公補

藤原顯家　ふじわらの・あきいえ

平安時代の人、参議。万寿元(1024)年生～寛治3(1089)年12月22日没。66才。

権中納言藤原経通の四男。母は近江守源高雅朝臣の娘。兄に経平・経季がいる。長元7(1034)年従五位下に叙され、同8年美濃権守、長暦元(1037)年右衛門佐に任ぜられる。同3年従五位上に進み、長久3(1042)年少納言に任ぜられる。同5年正五位下に進み、寛徳2(1045)年蔵人・左少将・美作権守に任ぜられる。永承2(1047)年従四位下、同5年従四位上に進み、同7年近江介に任ぜられる。天喜4(1056)年左少将を辞す。同年皇后宮権亮に任ぜられる。正四位下に進み、康平元(1058)年右中弁、同3年讃岐権守、同5年権左中弁・内蔵頭に任ぜられる。同6年従三位に進み参議に任ぜられる。治暦3(1067)年正三位に進み讃岐権守を辞す。同年大宰大弐に任ぜられる。延久3(1071)年大弐を辞す。同4年参議を辞す。寛治3(1089)年出家。　典：公補

藤原師成　ふじわらの・もろなり

平安時代の人、参議。寛弘6(1009)年生～永保元(1081)年9月1日没。73才。

中納言藤原通任の長男。寛仁5(1021)年従五位下に叙され美濃権守、万寿元(1024)年侍従、同3年右兵衛佐に任ぜられる。同5年従五位上に進み左少将、長元2(1029)年伊予権介、同4年加賀権守に任ぜられ正五位下、同6年従四位下、長暦2(1038)年従四位上、長久2(1041)年正四位下に進み、同3年兵部権大輔、寛徳2(1045)年備中守、天喜4(1056)年丹後守、更に康平5(1062)年近江守、同6年大宰大弐に任ぜられ従三位より正三位に進み、治暦3(1067)年大宰大弐を辞す。同4年従二位に進み皇后宮権大夫に任ぜられる。延久5(1073)年正二位に進み、承保2(1075)年参議に任ぜられる。承暦元(1077)年近江権守に任ぜられる。同4年任職を辞す。子に師季がいる。　典：公補

藤原資仲　ふじわらの・すけなか

平安時代の人、権中納言。治安元(1021)年生～寛治元(1087)年11月没。67才。

権大納言藤原資平の次男。母は正四位下知章朝臣の娘。兄に資房がいる。長元6(1033)年叙爵し讃岐権守、同9年侍従・右少将に任ぜられる。同10年従五位上に進み備中権介に任ぜられる。長暦4(1040)年正五位下に進み右少弁、長久2(1041)年左少弁、同3年氏院別当、同5年蔵人に任ぜられる。永承2(1047)年造興福寺長官となり、同3年従四位下に進み右中弁に任ぜられる。同4年従四位上に進み、同5年権左中弁、同6年播磨介、同7年春宮権亮に任ぜられる。天喜5(1057)年正四位下に進み近江権守、同6年左中弁、康平3(1060)年美作権介、同5年修理大夫に任ぜられる。治暦4(1068)年春宮権亮を辞す。同年蔵人頭に任ぜられ更に参議に任ぜられる。延久元(1069)年従三位より正三位に進み右兵衛督・使別当、同2年播磨権守に任ぜられる。同年修理大夫を辞す。同年従二位に進む。同4年権中納言に任ぜられ春宮権大夫に任ぜられる。同5年使別当を辞す。同年右衛門督に任ぜられ正二位に進み、承保2(1075)年左衛門督に任ぜられる。承暦3(1079)年に辞す。同4年任職を辞す。同年大宰権帥に任ぜられる。応徳元(1084)年に64才で出家。子に顯実がいる。　典：公補

藤原良基　ふじわらの・よしもと

平安時代の人、参議。万寿元(1024)年生～承保2(1075)年閏4月19月没。52才。

権中納言藤原良頼の長男。母は権中納言源経房の娘。長暦元(1037)年従五位下に叙され侍従・阿波権守、同4年左兵衛佐、長久元(1040)年右少将に任ぜられる。同2年従五位上に進み美濃権守・伊予介に任ぜられる。同3年正五位下に進み、同4年蔵人に任ぜられる。同5年従四位下に進み、永承2(1047)年播磨介、同7年備中権介、天喜4(1056)年皇太后宮亮、康平2(1059)年権中将、同7年皇太后宮亮を辞す。同年春宮亮、治暦3(1067)年周防権介に任ぜられる。同4年正四位下に進み近江介に任ぜられ更に参議に任ぜられる。延久元(1069)年従三位より正三位に進み春宮権大夫、同2年周防権守に任ぜられ従二位に進み、同3年大宰大弐に任ぜられる。同4年春宮権大夫を辞す。　典：公補

藤原公房　ふじわらの・きんふさ

平安時代の人、参議。長元3(1030)年生～康和4(1102)年8月28日没。73才。初名＝顯房。

参議藤原資房の次男。母は三川守源経相の娘。公房と名乗る。長久3(1042)年従五位下に叙され、同4年侍従、永承5(1050)年左衛門佐・右少将、天喜元(1053)年讃岐介に任ぜられる。同3年正五位下、同5年従四位下に進み兵部大輔に任ぜられる。康平6(1063)年従四位上、延久3(1071)年正四位下に進み、同4年蔵人頭、同5年右兵衛督、承保元(1074)年左京大夫、同2年左兵衛督・中宮亮に任ぜられ更に参議に任ぜられる。同3年播磨権守に任ぜられる。承暦元(1077)年従三位に進み、同3年左兵衛督を辞す。永保元(1081)年備後権守に任ぜられ正三位に進み、応徳2(1085)年備後権守を辞す。同3年美作権守に任ぜられる。寛治4(1090)年に辞す。同5年備後権守に任ぜられたが、これと参議を辞す。　典：公補

藤原通俊　ふじわらの・みちとし

平安時代の人、権中納言。永承2(1047)年生～康和元(1099)年8月16日没。53才。

大宰大弐・非参議藤原経平の次男。母は上野介家業朝臣の娘。兄に通宗がいる。康平2(1059)年従五位下に叙され、同5年因幡権守に任ぜられる。延久2(1070)年従五位上に進み、同5年兵部少輔、同6年少納言・蔵人に任ぜられる。承保2(1075)年正五位下に進み左少弁、同4年右中弁に任ぜられ装束使となり従四位上に進み、承暦2(1078)年越前権守に任ぜられる。同3年正四位下に進み、同4年宮城使となり蔵人頭、永保2(1082)年右京大夫に任ぜられる。同3年正四位上に進み、応徳元(1084)年右大弁に任ぜられ更に参議に任ぜられる。同2年伊予権守に任ぜられる。同3年従三位、寛治2(1088)年正三位に進み越前権守に任ぜられる。同5年左京大夫を辞す。同6年全ての権守を辞す。同年大蔵卿、同7年伊予権守に任ぜられる。嘉保元(1094)年従二位進み権中納言に任ぜられ治部卿に任ぜられる。父経平より先に出世し、朝儀故実に精通していた。　典：大日・伝日・古今・日名・公補

藤原公定　ふじわらの・きんさだ

平安時代の人、参議。永承4(1049)年生～康和元(1099)年7月2日没。51才。

権中納言藤原経家の長男。母は美濃守大江定経の娘。弟に家季・家衡がいる。康平3(1060)年従五位下に叙され、同6年侍従、治暦2(1066)年少納言に任ぜられる。同4年従五位上、同5年正五位下、延久元(1069)年従四位下、同3年従四位上に進み、同4年斎院長

官となり春宮権亮に任ぜられ正四位下に進み、永保3(1083)年蔵人頭・宮内卿、同4年左中弁に任ぜられる。応徳3(1086)年参議に任ぜられる。寛治元(1087)年備前権守、同2年皇太后宮権大夫に任ぜられる。同6年従三位に進み、嘉保3(1096)年備前権守を辞す。承徳2(1098)年正三位に進み美作権守に任ぜられる。　典：大日・伝日・日名・公補

藤原経平　ふじわらの・つねひら

平安時代の人、非参議。長和3(1014)年生～寛治5(1091)年7月3日没。78才。

権中納言藤原経通の子。兄に経季、弟に顯家がいる。大宰大弐を辞す。応徳3(1086)年従三位に叙される。子に通宗・通俊がいる。　典：公補

藤原季仲　ふじわらの・すえなか

平安時代の人、権中納言。生年不明～元永2(1119)年6月1日没。

権中納言藤原経季の子。母は正四位下・備後守藤原邦恒朝臣の娘。兄に増覚・通家がいる。康平元(1058)年叙爵。延久元(1069)年刑部少輔、同2年少納言に任ぜられる。同4年従五位上に進み、同6年右少弁に任ぜられる。承保3(1076)年正五位下に進み、承暦元(1077)年左少弁に任ぜられる。同3年従四位下、同4年従四位上に進み左中弁、応徳3(1086)年近江介に任ぜられる。寛治元(1087)年正四位下に進み蔵人頭、同6年備中介に任ぜられる。嘉保元(1094)年参議に任ぜられ左大弁に任ぜられる。同2年勘解由長官・越前権守に任ぜられる。永長元(1096)年従三位に進む。同年越前権守を辞す。同年造興福寺長官となる。承徳元(1097)年大皇太后宮権大夫に任ぜられる。同2年権中納言に任ぜられる。康和2(1100)年従二位に任ぜられ大宮権大夫に任ぜられる。同4年正二位に進み大宮権大夫を辞す。同年大宰権帥に任ぜられる。同5年大宰府に下向。のち上洛。長治2(1105)年延暦寺(日吉社か)の訴えにより権中納言を剝官され周防国に配流され、同3年常陸国に移配される。同地にて没す。　典：大日・伝日・日名・公補

藤原顯実　ふじわらの・あきざね

平安時代の人、参議。永承4(1049)年生～天永元(1110)年7月13日没。62才。

大納言藤原資平の孫。権中納言藤原資仲の子。母は参議源経頼の娘。康平4(1061)年叙爵。延久元(1069)年三川権守、同2年兵部少輔、同3年左兵衛佐、同4年右兵衛佐に任ぜられ従五位上に進み、同6年左少将、承保2(1075)年右少将・備前権介に任ぜられる。同4年正五位下より従四位下に進み、承暦4(1080)年美作権介に任ぜられる。永保2(1082)年従四位上に進み、応徳2(1085)年備前権介、寛治4(1090)年大皇太后宮亮・周防権介・左中将に任ぜられる。嘉保2(1095)年正四位下に進み備後介、康和2(1100)年美作介、同4年蔵人頭、同6年丹波権介に任ぜられる。長治2(1105)年大皇太后宮亮を辞す。嘉承元(1106)年参議に任ぜられる。同2年美作権守、天仁元(1108)年丹波権守に任ぜられ従三位に進む。
典：公補

藤原資信　ふじわらの・すけのぶ

平安時代の人、中納言。永保2(1082)年生～保元3(1158)年11月18日没。77才。初名＝資懐。

参議藤原顯実の長男。母は中納言源師仲の娘。初め資懐と名乗る。嘉保3(1096)年諸陵助、康和4(1102)年式部丞に任ぜられ叙爵。同6年資信と改名。長治元(1104)年越後権守、同3年中務大輔、嘉承2(1107)年左衛門佐に任ぜられる。天仁2(1109)年正五位下に進み兵部権少輔、元永2(1119)年備後介、保安元(1120)年兵部大輔、長承2(1133)年蔵人、同3年右少弁、保延3(1137)年権右中弁に任ぜられる。同4年従四位下、同6年従四位上に進み左中弁、同2年蔵人頭・備中介・左宮城使に任ぜられ正四位下に進み、久安4(1148)年右大弁に任ぜられる。同5年参議に任ぜられ勘解由長官に任ぜられる。同6年周防権守・左大弁に任ぜられ勧学院別当となる。久寿元(1154)年周防権守を辞す。同3年従三位に進み越前権守に任ぜられ、更に保元元(1156)年正三位に進み権中納言に任ぜられ治部卿、更に同2年兵部卿に任ぜられ中納言に任ぜられる。同3年任職を辞し出家。　典：公補

藤原家時　ふじわらの・いえとき

鎌倉時代の人、非参議。生年不明～嘉禎2(1236)年1月没。法名＝蓮家。

従四位上・宮内大輔藤原親綱朝臣の長男。母は法眼経尊の娘。建久元(1190)年従五位下に叙され、同9年出雲守に任ぜられる。承元3(1209)年斎院長官となり少納言に任ぜられる。建暦2(1212)年従五位上、建保3(1215)年正五位下に進み、同5年中務大輔、承久元(1219)年越前守に任ぜられる。同2年従四位下、同3年従四位上、貞応元(1222)年正四位下、嘉禄元(1225)年従三位、安貞2(1228)年正三位に進み、貞永元(1232)年に病気となり出家。子に師平・信時がいる。　典：公補

藤原師世　ふじわらの・もろよ

南北朝時代の人、非参議。生年不明～貞治4(1365)年没。

藤原済氏の子。兄弟に済尹・師賢・時賢がいる。延文4(1359.正平14)年以前に従三位に叙される。貞治元(1362.正平17)年正三位に進む。　典：公補

藤原師言　ふじわらの・もろのぶ

室町時代の人、参議。生没年不明。

参議姉小路家綱の子。飛驒国司に任ぜられ、従三位に叙され、応永24(1417)年参議に任ぜられ翌年に辞す。永享7(1435)年より名が見えない。　典：公補

藤原(北家6 a)

藤原行経　ふじわらの・ゆきつね

平安時代の人、参議。長和元(1012)年生～永承5(1050)年閏10月14月 没。39才。

権大納言藤原行成の三男。母は非参議源泰清の娘。治安3(1023)年従五位下に叙され侍従、同4年右兵衛佐、万寿2(1025)年右少将に任ぜられる。同3年従五位上に進み美作権守に任ぜられる。同4年正五位下に進み、同5年蔵人に任ぜられる。長元2(1029)年従四位下に進み、同5年播磨権守、同6年左近少将に任ぜられる。同7年従四位上、同9年正四位下に進み、長暦2(1038)年右権中将、同3年春宮権亮、長久2(1041)年備中権守、同3年左中将、同4年蔵人頭に任ぜられる。寛徳2(1045)年参議に任ぜられる。永承元(1046)年備後

権守に任ぜられ従三位、同4年正三位、同5年従二位に進み兵部卿に任ぜられる。子に伊房がいる。　典：公補

藤原伊房　ふじわらの・これふさ

平安時代の人、権中納言。長元3(1030)年生～永長元(1096)年9月16日 没。67才。号=世尊寺。

参議藤原行経の長男。母は土佐守源貞亮の娘。長元4(1031)年従五位下に叙され但馬権守、寛徳2(1045)年侍従に任ぜられる。永承元(1046)年従五位上に進み、同2年左兵衛佐、同3年少納言、同4年紀伊権守に任ぜられる。同7年正五位下に進み、天喜4(1056)年蔵人、同6年右少将より左少将、康平5(1062)年木工頭、治暦元(1065)年左中弁に任ぜられる。同2年従四位下に進み氏院別当に任ぜられ造興福寺長官となり、同3年安芸介に任ぜられ従四位上より正四位下に進み、延久元(1069)年蔵人頭・左中弁、同3年修理左宮城使に任ぜられる。同4年正四位上に進み右大弁に任ぜられ更に参議に任ぜられる。同5年備中権守に任ぜられ従三位、承保2(1075)年正三位に進み左大弁・勘解由長官に任ぜられる。承暦元(1077)年備中権守を辞す。同年従二位に進み、同4年権中納言に任ぜられ大皇太后宮権大夫に任ぜられる。永保2(1082)年正二位に進み治部卿に任ぜられる。寛治2(1088)年卿を辞す。同年大宰権帥に任ぜられる。同3年大皇太后宮権大夫を辞す。同6年大宰府に入る。嘉保元(1094)年謀叛とされ任職を解かれ従二位に落位される。永長元(1096)年許され正二位に進み出家。筆書に名がある。子に定実がいる。　典：公辞・公補

藤原有能　ふじわらの・ありよし

南北朝時代の人、非参議。生没年不明。初名=経定。前名=伊朝。

非参議世尊寺経尹の子。兄弟に世尊寺行房・同経名・同行尹がいる。初め経定と名乗り、正応4(1291)年従五位下に叙され若狭守に任ぜられる。永仁3(1295)年守を辞す。同4年従五位下に進み、同6年少納言に任ぜられ、正安元(1299)年に辞す。嘉元元(1303)年正五位下に進む。同年伊朝と改名。右京権大夫に任ぜられる。同2年に辞す。徳治元(1306)年従四位下、延慶3(1310)年従四位上、正和元(1312)年正四位下に進み、元応2(1320)年宮内卿に任ぜられる。同年有能と改名。元亨元(1321)年宮内卿を辞す。正慶元(1332.元弘2)年従三位に進むも、同2年吉野朝に勤めたのか進位が止められ追放される。子に世尊寺伊信がいる。　典：公補

藤原(北家7)

藤原清隆　ふじわらの・きよたか

平安時代の人、権中納言。寛治5(1091)年生～応保2(1162)年4月17日 没。72才。

左大臣藤原冬嗣・中納言藤原兼輔の裔。但馬守藤原隆時朝臣の子。兄弟に範隆・増隆がいる。嘉承元(1106)年蔵人・右近将監に任ぜられる。同2年蔵人を辞す。同3年叙爵。天永2(1111)年兵部権少輔に任ぜられる。同4年従五位上に進み、永久2(1114)年左衛門佐、同4年伊予守に任ぜられる。同5年正五位下に進み、同6年中宮権大進に任ぜられる。元永3(1120)年従四位下に進み、保安2(1121)年中宮大進・丹波守、同4年讃岐守に任ぜられ、天

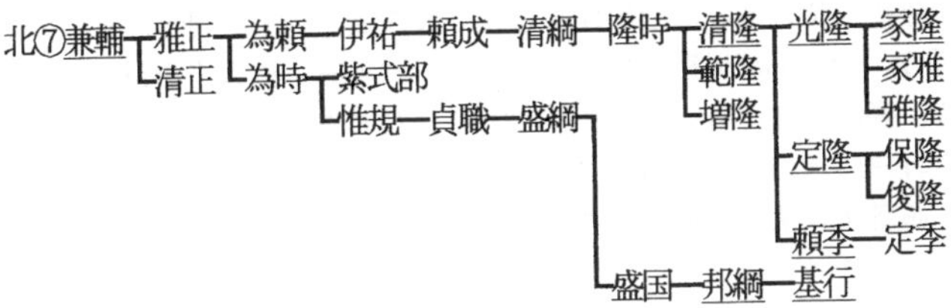

治元(1124)年中宮大進を辞す。同年待賢門院別当となり、大治元(1126)年従四位上、同3年正四位下に進み、同4年越後守、天承2(1132)年内蔵頭、保延2(1136)年播磨守、同5年春宮亮に任ぜられ正四位上に進み伊予守に任ぜられる。永治元(1141)年内蔵頭・伊予守を辞す。康治元(1142)年正三位に進み参議に任ぜられる。同2年播磨権守に任ぜられる。久安5(1149)年権中納言に任ぜられ大宰大弐、同5年大宰権帥に任ぜられ従二位、仁平2(1152)年正二位に進み、同3年権帥を辞す。久寿2(1155)年65才で出家。子に光隆・定隆・頼季がいる。　典：公補

藤原光隆　ふじわらの・みつたか

平安・鎌倉時代の人、権中納言。大治2(1127)年生～没年不明。別姓＝壬生。

左大臣藤原冬嗣・中納言藤原兼輔の裔。権中納言藤原清隆の長男。母は参議藤原家政の娘従二位家子(鳥羽院の御乳母)。弟に頼季・定隆がいる。長承2(1133)年蔵人、同3年淡路守、保延2(1136)年安芸守、同4年出雲守に任ぜられる。同6年従五位上に叙され、永治元(1141)年左衛門佐に任ぜられる。同2年正五位下、康治2(1143)年従四位下に進み、久安2(1146)年但馬守に任ぜられる。同3年従四位上、同5年正四位下に進み、同6年備中守、久寿元(1154)年内蔵頭に任ぜられ、保元2(1157)年に辞す。同年治部卿・越中守に任ぜられたが、平治元(1159)年の乱に謀叛とされ解官されるも、永暦元(1160)年許されて再び治部卿に任ぜられ従三位に進む。長寛2(1164)年美作権守に任ぜられ正三位に進み、仁安元(1166)年参議に任ぜられ、更に同2年権中納言に任ぜられる。同3年従二位に進む。同年美作権守・権中納言を辞す。安元元(1175)年正二位に進み、同2年治部卿を辞す。建久3(1192)年大宰権帥に任ぜられる。同9年権帥を辞す。72才で出家。子に家隆・家雅・雅隆がいる。　典：公補

藤原邦綱　ふじわらの・くにつな

平安時代の人、権大納言。保安3(1122)年生～養和元(1181)年2月3日没。60才。号＝五条大納言・土御門。

左大臣藤原冬嗣・中納言藤原兼輔の裔。従五位下・右馬権助藤原盛国の子。長承4(1135)年文章生となる。久安4(1148)年蔵人、同5年修理権亮・右衛門少将に任ぜられる。同7年従五位下に叙され、仁平3(1153)年遠江権守・中宮少進、同4年壱岐守・中宮権大進、保元元(1156)年和泉守に任ぜられる。同2年従五位上より正五位下更に従四位下、同3年従四位上、同4年正四位下に進み、永暦元(1160)年木工頭・越後守、同2年伊予守・右京大

夫、応保2(1162)年播磨守・中宮亮、永万元(1165)年播磨守を辞す。同年蔵人頭に任ぜられる。仁安元(1166)年従三位に進み参議に任ぜられるも任職を辞す。同年春宮権大夫に任ぜられ正三位に進み、同2年周防権守に任ぜられる。同3年春宮権大夫を辞す。同年権中納言に任ぜられる。嘉応元(1169)年従二位、同3年正二位に進み、安元元(1175)年中納言、同3年権大納言に任ぜられる。治承3(1179)年権大納言を辞す。養和元(1181)年出家。平清盛と仲がよく、娘輔子は清盛の妻となり、平家一門と共に会議に加わった。子に基行がいる。　典：京都・公補

藤原定隆　ふじわらの・さだたか

平安時代の人、非参議。長承3(1134)年生～嘉応2(1170)年11月1日没。37才。

権中納言藤原清隆の次男。母は参議藤原家政の娘従二位家子(鳥羽院の御乳母)。兄に光隆、弟に頼季がいる。保延7(1141)年叙爵。永治元(1141)年備中守に任ぜられる。久安4(1148)年従五位上に進み、同6年但馬守、仁平2(1152)年加賀守に任ぜられる。同3年正五位下に進み、久寿元(1154)年右兵衛権佐、同2年春宮権大進に任ぜられる。保元2(1157)年従四位下より従四位上に進み皇太后宮亮、平治元(1159)年丹波守に任ぜられ正四位下に進み、永暦元(1160)年三川守、応保2(1162)年右馬頭、長寛2(1164)年越中守、永万元(1165)年伊予守、同2年左京大夫・再び備中守に任ぜられる。仁安元(1166)年備中守を辞す。同3年従三位に進み、嘉応元(1169)年周防権守に任ぜられる。同年皇太后宮亮を辞す。子に保隆・俊隆がいる。　典：公補

藤原頼季　ふじわらの・よりすえ

平安・鎌倉時代の人、非参議。生年不明～文治2(1186)年没。

権中納言藤原清隆の三男。母は参議藤原家政の娘従二位家子(鳥羽院の御乳母)。兄に光隆・定隆がいる。康治2(1143)年蔵人に任ぜられ従五位下に叙され、久安4(1148)年宮内大輔に任ぜられる。同7年従五位上に進み、仁平4(1154)年少納言・筑前守に任ぜられる。久寿2(1155)年正五位下、保元2(1157)年従四位下に進み、永暦元(1160)年越後守に任ぜられる。長寛3(1165)年従四位上、仁安2(1167)年正四位下、寿永元(1182)年従三位に進む。子に定季がいる。　典：公補

藤原基行　ふじわらの・もとゆき

平安・鎌倉時代の人、非参議。治承4(1180)年生～承久3(1221)年8月13日没。42才。初名=邦門。前名=基能。

権大納言藤原邦綱の子。母は右大臣徳大寺公能の娘。初め邦門と名乗る。治承4(1180)年叙爵。建久元(1190)年宮内大輔に任ぜられる。同年基能と改名。同2年従五位上に進み、同9年右衛門佐に任ぜられ正五位下に進む。同年基行と改名。建仁元(1201)年従四位下に進み、同2年春宮亮に任ぜられる。同3年従四位上、元久2(1205)年正四位下に進み内蔵頭、建永元(1206)年上野権介に任ぜられ従三位に進む。　典：公補

藤原家隆　ふじわらの・いえたか

鎌倉時代の人、非参議。保元3(1158)年生～嘉禎3(1237)年4月9日没。80才。法名=仏性。初名=雅隆。

権中納言藤原光隆の次男。母は大皇太后亮実兼の娘。初め雅隆と名乗る。安元元(1175)年従五位下に叙され、のち家隆と改名。同2年侍従、治承4(1180)年阿波介に任ぜられる。寿永2(1183)年従五位上に進み、文治元(1185)年越中守に任ぜられる。建久4(1193)年正五位下に進み、同9年上総介に任ぜられる。正治3(1201)年従四位下、元久2(1205)年従四位上に進み、同3年宮内卿に任ぜられる。建永2(1207)年正四位下、建保4(1216)年従三位、承久2(1220)年正三位に宮内卿を辞す。嘉禎元(1235)年従二位に進み、同2年79才で出家。難波にて没す。新三十六歌仙の一人。子に隆祐(従四位下・侍従)がいる。　典：大日・伝日・古今・日名・公補

藤原(北家8)

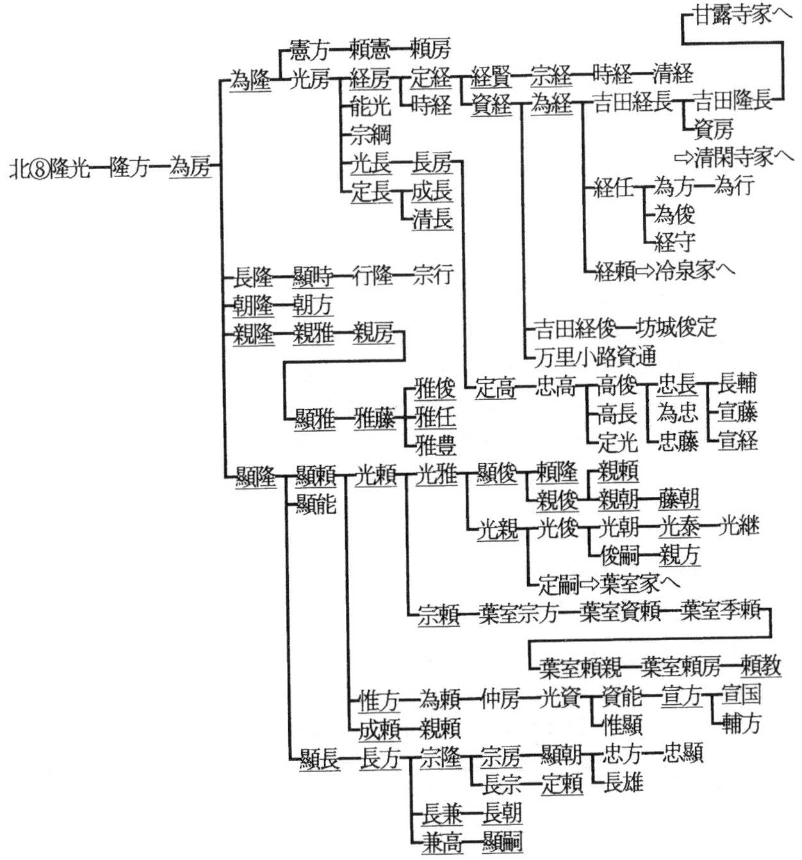

藤原為房　ふじわらの・ためふさ

平安時代の人、参議。永承4(1049)年生～永久3(1115)年4月2日没。67才。号=坊城・勧修寺・甘露寺。

左大臣藤原冬嗣・内大臣藤原高藤の裔。権中納言藤原為輔の四代孫。正四位上・但馬守藤原隆方朝臣の長男。母は右衛門権佐平行親の娘。康平8(1065)年縫殿権助、延久3(1071)年蔵人、同4年左近衛将監に任ぜられる。同5年従五位下に叙され、承保2(1075)年遠江守、同4年中宮少進に任ぜられる。承暦4(1080)年従五位上より正五位下に進み、永保元(1081)年中宮権大進、同3年左衛門権佐・防鴨河使、同4年蔵人に任ぜられる。同年中宮権大進を辞す。応徳3(1086)年権左少弁・蔵人、寛治2(1088)年周防介、同3年左少弁、同4年加賀守、同5年中宮大進、同6年阿波権守に任ぜられたが日吉社神民と山僧などの訴えにより任職を解かれ配流される。同7年上洛し、同8年従四位下に進み、嘉保元(1094)年修理権大夫に任ぜられる。同2年従四位上、同3年正四位下に進み、長治元(1104)年春宮亮、同2年尾張守に任ぜられる。嘉承2(1107)年正四位上に進む。同年春宮亮を辞す。同10年修理権大夫を辞す。同年蔵人頭・内蔵頭、天仁2(1109)年越前権守に任ぜられ内蔵頭を辞す。同年参議に任ぜられる。同3年大蔵卿、永久元(1113)年備中権守に任ぜられ従三位、同2年正三位に進むも、同3年腫物の病気で出家。子に為隆・顕隆・朝隆・親隆・長隆がいる。
典：大日・伝日・日名・公補

藤原顕隆　ふじわらの・あきたか

平安時代の人、権中納言。延久4(1072)年生～大治4(1129)年1月15日没。58才。号=葉室中納言。

参議藤原為房の次男。母は美濃守頼国朝臣の娘。兄に為隆、弟に長隆・朝隆・親隆がいる。寛治元(1087)年院蔵人・左兵衛尉・左近衛将監に任ぜられ従五位下に叙され、同3年宮内権少輔に任ぜられる。同4年従五位上に進み勘解由次官に任ぜられる。嘉保2(1095)年正五位下に進み、同3年若狭守、承徳元(1097)年右衛門権佐、同2年左衛門権佐・右少弁、康和元(1099)年左少弁、同3年防鴨河使、同4年播磨介、同5年春宮大進に任ぜられる。長治元(1104)年正五位上に進み、嘉承元(1106)年右中弁、同2年備前権介・蔵人、同3年宮城使に任ぜられる。天仁2(1109)年従四位下に進み、同3年左衛門佐を辞す。同年内蔵頭・左中弁に任ぜられ従四位上に進み、天永元(1110)年近江守に任ぜられる。永久元(1113)年正四位下に進み、同3年右大弁・蔵人頭、同5年越前権守、元永元(1118)年中宮亮に任ぜられ内蔵頭を辞す。保安元(1120)年従三位に進み、同3年権中納言に任ぜられる。大治元(1126)年按察使に任ぜられる。子に顕頼・顕能・顕長がいる。　典：大日・伝日・公辞・公補

藤原為隆　ふじわらの・ためたか

平安時代の人、参議。延久2(1070)年生～大治5(1130)年9月8日没。61才。号=甘露寺。

参議藤原為房の長男。母は美濃守頼国朝臣の娘。弟に顕隆・長隆・朝隆・親隆がいる。応徳3(1086)年蔵人に任ぜられる。寛治元(1087)年叙爵し越前権守、同2年甲斐守に任ぜられる。同6年従五位上に進み、同8年中宮権大進に任ぜられる。承徳元(1097)年正五位下に進み、長治元(1104)年木工頭、同2年右少弁に任ぜられる。同年木工頭を辞す。嘉承元(1106)年中宮大進・右中弁に任ぜられ勧学院別当となり蔵人を辞す。天仁2(1109)年従四位下に進み、天永2(1111)年備中介に任ぜられる。永久元(1113)年従四位上に進み、同2年中宮大進を辞す。同年正四位下に進み、同3年左中弁、元永2(1119)年遠江守に任ぜられ造東大寺長官となり、保安2(1121)年遠江守を辞す。同3年蔵人頭・修理左宮城使に任ぜ

られ更に参議に任ぜられ左大弁に任ぜられる。同4年勘解由長官・讃岐権守、大治2(1127)年周防権守に任ぜられる。同3年従三位に進む。赤痢にて没す。子に憲方・光房がいる。

典：大日・伝日・公辞・公補

藤原顕頼　ふじわらの・あきより

平安時代の人、権中納言。嘉保元(1094)年生〜久安4(1148)年1月5日没。55才。号=九条。

権中納言藤原顕隆の長男。母は越後守季綱の娘院御乳母典侍悦子。弟に顕能・顕長がいる。長治2(1105)年大膳権亮、嘉承2(1107)年蔵人に任ぜられる。同3年叙爵し出雲守、永久2(1114)年三川守に任ぜられる。同4年勘解由次官となり、同5年従五位上に叙され、同6年丹後守・中宮権大進、元永2(1119)年右衛門権佐、同3年蔵人、保安2(1121)年左衛門権佐に任ぜられる。同3年正五位下に進み防鴨河使・右少弁、同4年権右中弁・丹波守に任ぜられる。同5年従四位下に進む。同年中宮大進を辞す。天治2(1125)年従四位上より正四位下に進み、同5年右中弁・蔵人頭に任ぜられる。天承元(1131)年参議に任ぜられる。長承元(1132)年右兵衛督・播磨権守、同2年検別当に任ぜられる。同3年播磨権守を辞す。同年従三位に進み権中納言に任ぜられる。保延元(1135)年別当を辞す。同2年左兵衛督を辞す。同年皇后宮大夫に任ぜられる。同5年正三位より従二位に進む。同年皇后宮大夫を辞す。同年大宰権帥に任ぜられる。永治元(1141)年任職を辞す。同年民部卿に任ぜられる。康治2(1143)年正二位に進み、久安4(1148)年出家。子に光頼・惟方・成頼がいる。　典：公辞・公補

藤原朝隆　ふじわらの・ともたか

平安時代の人、権中納言。承徳元(1097)年生〜平治元(1159)年10月3日 没。63才。字(あざ)名=藤器。号=冷泉中納言。

権中納言藤原顕隆の六男。母は法橋隆尊の娘(殿下御乳母)。兄に為隆・顕隆・長隆、弟に親隆がいる。天仁3(1110)年文章生となる。天永4(1113)年修理亮・蔵人、永久3(1115)年左近衛将監に任ぜられる。同4年叙爵。保安4(1123)年弾正少弼、大治元(1126)年刑部大輔に任ぜられる。同5年従五位上に進み勘解由次官、長承2(1133)年左衛門権佐・蔵人、同3年皇后宮大進・右少弁、同4年播磨介に任ぜられる。同5年左衛門権佐・皇后宮大進を辞す。同年信濃守、永治元(1141)年権右中弁に任ぜられる。康治元(1142)年従四位下より従四位上に進み、同2年信濃守を辞す。久安元(1145)年造東大寺長官に任ぜられ正四位下に進み、同3年右中弁、同4年左中弁更に、同6年右大弁・蔵人頭・中宮亮に任ぜられる。仁平元(1151)年中宮亮を辞す。同3年参議に任ぜられる。久寿元(1154)年備中権守に任ぜられる。保元元(1156)年従三位に進み権中納言に任ぜられる。同2年正二位に進み、同3年任職を辞す。子に朝方がいる。　典：公補

藤原光頼　ふじわらの・みつより

平安時代の人、権大納言。天治元(1124)年生〜承安3(1173)年没。50才。号=葉室・六条。法名=光然。通称=桂大納言。

権中納言藤原顯頼の長男。母は権中納言藤原俊忠の娘。弟に惟方・成頼がいる。大治5(1130)年修理亮、長承元(1132)年蔵人に任ぜられ従五位下に叙され、保延2(1136)年伯耆守、勘解由次官・備中守に任ぜられる。同6年従五位上、同7年正五位下に進み右少弁、久安2(1146)年左衛門権佐、同3年左少弁より権右中弁に任ぜられる。同5年従四位下より従四位上に進み、同6年右中弁に任ぜられ左衛門権佐を辞す。同7年正四位下に進み、仁平元(1151)年修理右宮城使、同2年内蔵頭、同3年右中弁を辞す。同年蔵人頭に任ぜられる。同4年内蔵頭を辞す。保元元(1156)年従三位に進み参議に任ぜられ右兵衛督、同2年近江権守に任ぜられる。同3年権中納言に任ぜられ正三位に進み右衛門督より左衛門督に任ぜられる。平治元(1159)年使別当に任ぜられるも辞す。永暦元(1160)年権大納言に任ぜられ従二位、応保元(1161)年正二位に進む。長寛2(1164)年に41才で出家。日録に「所亜記」「月中記」がある。子に光雅・宗頼がいる。　典：大日・日名・伝日・公辞・日名・公補

藤原顯長　ふじわらの・あきなが

平安時代の人、権中納言。永久5(1117)年生～仁安2(1167)年10月18日没。51才。初名=顯教。

権中納言藤原顯隆の三男。母は右大臣源顯房の娘。兄に顯頼・顯能がいる。初め顯教と名乗る。保安4(1123)年従五位下に叙され顯長と改名。天治2(1125)年紀伊守、大治4(1129)年越中守・右兵衛佐に任ぜられ従五位上、長承3(1134)年正五位下に進み兵部大輔・越中守、保延2(1136)年三河守、久安元(1145)年遠江守に任ぜられる。久寿2(1155)年三河守を辞す。保元元(1156)年中宮亮に任ぜられ従四位下、同2年従四位上に進み木工頭に任ぜられる。同3年正四位下に進み蔵人頭に任ぜられる。同3年参議に任ぜられる。平治元(1159)年従三位に進み周防権守・皇后宮権大夫、永暦元(1160)年右兵衛督に任ぜられる。応保2(1162)年正三位に進む。同年周防権守・右兵衛督を辞す。同年別当・左兵衛督に任ぜられる。長寛元(1163)年権中納言に任ぜられる。永万元(1165)年右衛門督、仁安元(1166)年左衛門督に任ぜられる。同年これと権中納言を辞す。同2年従二位に進み出家。子に長方がいる。　典：公補

藤原惟方　ふじわらの・これかた

平安時代の人、参議。天治元(1124)年生～没年不明。法名=寂信。号=粟田口別当。

権中納言藤原顯頼の次男。母は権中納言藤原俊忠の娘。兄に光頼、弟に成頼がいる。保延2(1136)年蔵人に任ぜられ従五位下に叙され、永治元(1141)年越前守・皇后宮権大夫に任ぜられる。康治2(1143)年従五位上より正五位下に進み、天養元(1144)年丹波守、久安5(1148)年遠江守に任ぜられる。同年皇后宮権大夫を辞す。仁平元(1151)年勘解由次官、久寿2(1155)年右衛門権佐・春宮大進、同3年権右少弁、保元元(1156)年権右中弁・遠江守・左衛門権佐に任ぜられる。同2年春宮大進を辞す。同年従四位下より従四位上に進み右中弁に任ぜられる。同3年正四位下に進む。同年右中弁を辞す。のち蔵人頭、同3年右兵衛督、左兵衛督、参議に任ぜられる。平治元(1159)年従三位に進み出雲権守・使別当に任ぜられたが、永暦元(1160)年に前年の乱で謀叛があったとされ解官され長門国に配流され36才で出家し、仁安元(1166)年召還される。子に為頼がいる。　典：大日・伝日・日名・公補

藤原親隆　ふじわらの・ちかたか

平安時代の人、参議。康和元(1099)年生～永万元(1165)年8月23日没。67才。法名=大覚。号=四条。

参議藤原為房の七男。母は法橋隆尊の娘(殿下御乳母)。兄に為隆・顕隆・長隆・朝隆がいる。永久2(1114)年大膳亮、保安4(1123)年蔵人・右衛門少尉に任ぜられる。同4年従五位下に叙され、天治2(1125)年上総介に任ぜられ斎院長官となり、大治5(1130)年従五位上に進み、長承元(1132)年信濃守・勘解由次官に任ぜられる。同4年正五位下に進み、保延5(1139)年左衛門権佐、康治元(1142)年防鴨河使、久安2(1146)年民部権大輔、同3年尾張守に任ぜられ従四位下より従四位上、同5年正四位下に進み、久寿2(1155)年春宮亮、同3年伊予守に任ぜられる。保元3(1158)年春宮亮を辞す。同年従三位より正三位に進み、応保元(1161)年参議に任ぜられる。同2年近江権守に任ぜられる。長寛元(1163)年に65才で出家。子に親雅がいる。　典：公補

藤原顕時　ふじわらの・あきとき

平安時代の人、権中納言。天永元(1110)年生～仁安2(1167)年3月14日没。58才。初名=顕遠。号=粟田口帥・中山中納言。

参議藤原為房の孫。従五位上・因幡守藤原長隆の長男。母は近江守高階重仲朝臣の娘。初め顕遠と名乗る。大治4(1129)年左近衛将監、天承元(1131)年蔵人に任ぜられる。同2年従五位下に叙され、長承3(1134)年摂津守・皇后宮少進、保延元(1135)年皇后宮権大進に任ぜられる。同5年皇后宮権大進に任ぜられる。永治元(1141)年従五位上に進み、同2年甲斐守に任ぜられる。康治2(1143)年正五位下に進み、久安5(1149)年勘解由次官に任ぜられる。同6年摂津守を辞す。仁平2(1152)年右衛門権佐、久寿元(1154)年左少弁に任ぜられる。同2年右衛門権佐・蔵人を辞す。保元元(1156)年顕時と改名。左中弁に任ぜられ従四位下に進み、同2年左宮城使・右大弁に任ぜられ従四位上、同3年正四位下に進み左大弁・蔵人頭、同4年勘解由長官に任ぜられる。平治元(1159)年従三位に進み参議に任ぜられる。永暦元(1160)年近江権守に任ぜられ更に権中納言に任ぜられる。応保2(1162)年正三位に進み大宰権帥に任ぜられる。長寛2(1164)年に辞す。仁安元(1166)年権中納言を辞す。同2年従二位に進み民部卿に任ぜられる。子に行隆、孫に宗行がいる。　典：公補

藤原成頼　ふじわらの・なりより

平安時代の人、参議。保延2(1136)年生～建仁2(1202)年10月没。67才。法名=智成。号=高野宰相入道。

権中納言藤原顕頼の三男。母は権中納言藤原俊忠の娘。兄に光頼・惟方がいる。康治3(1144)年従五位下に叙され周防守に任ぜられる。久安3(1147)年従五位上に進み、仁平2(1152)年阿波守に任ぜられ正五位下に進み、久寿3(1156)年阿波守を辞す。同年勘解由次官に任ぜられる。保元2(1157)年に解官されたが許されて、同3年蔵人・皇后宮権大進に任ぜられる。同4年これを辞す。同年中宮大進、平治元(1159)年右少弁、永暦元(1160)年権右中弁に任ぜられる。同年中宮大進を辞す。同年従四位下、同2年従四位上、応保2(1162)年正四位下に進み、永万元(1165)年右中弁より左中弁、同2年蔵人頭に任ぜられる。仁安元(1166)年従三位に進み参議に任ぜられる。同2年正三位に進み越後権守、同3

年宮内卿・修理大夫に任ぜられる。同年宮内卿を辞す。嘉応元(1169)年伊予権守に任ぜられる。承安元(1171)年修理大夫を辞す。同4年に39才で出家。子に親頼がいる。　典：公補

藤原朝方　ふじわらの・ともかた

平安・鎌倉時代の人、権大納言。久寿2(1155)年生～建仁元(1201)年2月16日没。47才。

権中納言藤原朝隆の長男。母は権中納言藤原顕隆の娘。永治元(1141)年蔵人に任ぜられ叙爵。康治2(1143)年淡路守に任ぜられる。久安4(1148)年従五位上に進み、仁平元(1151)年近江守に任ぜられる。同3年正五位下に進み、保元2(1157)年春宮権大進・左少弁に任ぜられ近江守・春宮権大進を辞す。永暦元(1160)年右中弁に任ぜられ従四位下、同2年従四位上に進み造東大寺長官に任ぜられる。応保2(1162)年正四位下に進み、永万元(1165)年左中弁より右大弁、同2年蔵人頭に任ぜられる。仁安元(1166)年左大弁・蔵人頭を辞す。同2年従三位に皇后宮権大夫に任ぜられる。同3年正三位に進み、承安2(1172)年皇太后宮権大夫に任ぜられる。安元元(1175)年参議に任ぜられる。同2年阿波権守、治承元(1177)年皇太后宮大夫に任ぜられる。同3年権中納言に任ぜられる。養和元(1181)年皇太后宮大夫を辞す。同年従二位、寿永2(1183)年正二位に進み、文治2(1186)年陸奥出羽按察使に任ぜられる。同4年権大納言に任ぜられる。同5年任職を辞す。建久2(1191)年再び按察使に任ぜられる。建仁元(1201)年出家。　典：公補

藤原長方　ふじわらの・ながかた

平安・鎌倉時代の人、権中納言。保延5(1139)年生～建久2(1191)年没。53才。初名=憲頼。号=八条・三条。

権中納言藤原顕長の長男。母は権中納言藤原俊忠の娘。初め憲頼と名乗り、のち長方と改名。久安2(1146)年蔵人に任ぜられ従五位下に叙され、保元元(1156)年丹波守・中宮権大進に任ぜられ従五位上に進み、同2年正五位下に進み三川守、同3年皇后宮権大進に任ぜられ守を辞す。平治元(1159)年蔵人・丹波権守、応保元(1161)年右少弁に任ぜられる。長寛元(1163)年大進を辞す。永万元(1165)年右衛門権佐・左少弁、仁安2(1167)年左中弁・左衛門権佐に任ぜられ従四位下、嘉応元(1169)年従四位上、同2年正四位下に進み蔵人頭、同3年宮城使、安元元(1175)年右大弁に任ぜられる。同2年参議に任ぜられる。治承元(1177)年備後権守に任ぜられ従三位、同3年正三位に進み左大弁に任ぜられる。同4年新院別当となり、養和元(1181)年権中納言に任ぜられる。寿永2(1183)年従二位に進むも、元暦2(1185)年俄に中風となり47才で出家。子に宗隆・長兼・兼高がいる。　典：大日・伝日・日名・公補

藤原経房　ふじわらの・つねふさ

平安・鎌倉時代の人、権大納言。康治元(1142)年生～正治2(1200)年閏2月11月没。59才。法名=経蓮。

参議藤原為隆の孫。正四位下・権右中弁・中宮亮藤原光房朝臣の次男。母は権中納言藤原俊忠の娘。兄に信方、弟に能光・宗綱・光長・定長がいる。久安6(1150)年蔵人に任ぜられ叙爵。仁平元(1151)年伊豆守、保元2(1157)年勘解由次官に任ぜられ従五位上に進み、同3年皇后宮権大進・安房守に任ぜられる。同4年皇后宮権大進を辞す。永暦2(1161)

年正五位下に進み、長寛2(1164)年安房守を辞す。仁安2(1167)年右衛門権佐より左衛門佐、同3年皇太后宮大進に任ぜられ、嘉応元(1169)年に辞す。同2年左少弁に任ぜられ蔵人・右衛門権佐を辞す。承安2(1172)年従四位下に進み右中弁に任ぜられる。同3年従四位上、同5年正四位下に進み、治承元(1177)年内蔵頭、同3年左中弁・蔵人頭・修理左宮城使・後院別当に任ぜられ内蔵頭を辞す。養和元(1181)年右大弁より左大弁に任ぜられ更に参議に任ぜられる。寿永元(1182)年近江権守に任ぜられる。同2年従三位、元暦元(1184)年正三位に進み権中納言に任ぜられる。文治元(1185)年大宰権帥に任ぜられる。同4年従二位に進み、建久元(1190)年大宰権帥を辞す。同年民部卿に任ぜられる。同2年正二位に進み、同6年中納言に任ぜられ、更に同9年権大納言に任ぜられ大嘗会検校となる。正治2(1200)年に任職を辞し出家。子に定経・時経がいる。　典：公辞・公補

藤原光長　ふじわらの・みつなが

平安・鎌倉時代の人、参議。天養元(1144)年生～没年不明。

参議藤原為隆の孫。正四位下・権右中弁・中宮亮藤原光房朝臣の三男。母は権中納言藤原俊忠の娘。兄に信方・経房、弟に能光・宗綱・定長がいる。久安6(1150)年蔵人に任ぜられ叙爵。保元3(1158)年従五位上に進み、応保元(1161)年兵部権少輔、同2年中宮権大進に任ぜられる。永万2(1166)年正五位下に進み、仁安3(1168)年中宮大進、承安2(1172)年皇后宮大進に任ぜられ大進を辞す。安元元(1175)年右衛門権佐、治承元(1177)年左衛門権佐、同3年防賀茂河使に任ぜられる。養和元(1181)年左少弁に任ぜられる。寿永元(1182)年蔵人・左衛門権佐を辞す。同2年権右中弁に任ぜられ従四位下に進み、元暦元(1184)年左宮城使に任ぜられる。同2年従四位上に進み阿波介・左中弁・蔵人頭に任ぜられる。同3年氏院別当・造興福寺長官となる。文治2(1186)年参議に任ぜられ右大弁に任ぜられる。同3年勘解由長官・近江権守に任ぜられ正四位下に進み、同4年参議・右大弁を辞す。建久2(1191)年従三位に進む。同年近江権守を辞す。同6年正三位に進むも52才で出家。　典：公補

藤原光雅　ふじわらの・みつまさ

平安・鎌倉時代の人、権中納言。大治元(1126)年生～正治2(1200)年3月9日没。

権大納言藤原光頼の三男。母は参議藤原親隆の娘。弟に宗頼がいる。保元4(1159)年叙爵。永暦元(1160)年越中守、長寛2(1164)年三河守、仁安元(1166)年春宮権大進に任ぜられ従五位上、同2年正五位下に進み春宮大進・蔵人に任ぜられ三河守を辞す。同3年大進を辞す。同年皇太后宮権大進に任ぜられ、嘉応元(1169)年大進を辞す。同年兵部権大輔、同2年右衛門権佐、承安3(1173)年左衛門権佐、安元元(1175)年右少弁に任ぜられる。同3年権佐を辞す。治承3(1179)年左少弁より右中弁に任ぜられ従四位下、同5年従四位上に進み、養和2(1182)年左宮城使に任ぜられる。寿永2(1183)年正四位下に進み皇后宮亮・蔵人頭・左中弁、元暦元(1184)年右大弁に任ぜられる。文治元(1185)年蔵人頭・皇后宮亮を辞す。同3年従三位に進み太皇太后宮権大夫に任ぜられる。建久2(1191)年参議に任ぜられ正三位に進む。同3年美濃権守、同5年右衛門督・使別当に任ぜられる。同7年美濃権守を辞す。同8年左衛門督に任ぜられ更に権中納言に任ぜられる。同年左衛門督・使別当を辞す。同9年大嘗会御禊装束司長官となり従二位に進み、正治2年(1200)権中納言を辞す。同年大皇太后宮大夫に任ぜられたが出家。子に顕俊・光親がいる。　典：公補

藤原定長　ふじわらの・さだなが

平安・鎌倉時代の人、参議。久安5(1149)年生～建久6(1195)年11月11日没。47才。

参議藤原為隆の孫。権右中弁・中宮亮藤原光房朝臣の五男。母は丹後守藤原為忠朝臣の娘。兄に経房・能光・宗綱・光長がいる。応保2(1162)年大膳権亮、永万元(1165)年蔵人に任ぜられ叙爵。仁安元(1166)年日向守に任ぜられる。同3年従五位下、安元2(1176)年正五位下に進み安房守、養和元(1181)年兵部権少輔、寿永元(1182)年兵部大輔、右衛門権佐、元暦元(1184)年右少弁に任ぜられ、文治元(1185)年蔵人・右衛門権佐を辞す。同年左少弁、同2年右中弁に任ぜられ従四位下に進み、同3年造東大寺長官に任ぜられる。同4年従四位上に進み備前権守・左中弁・蔵人頭に任ぜられる。同5年正四位下に進み左宮城使に任ぜられ更に参議に任ぜられ従三位に進む。建久元(1190)年讃岐権守・左大弁に任ぜられる。同5年讃岐権守を辞す。同6年正三位に進み勘解由長官・播磨権守に任ぜられる。子に成長・清長がいる。　典：公補

藤原親雅　ふじわらの・ちかまさ

平安時代の人、参議。久安元(1145)年生～承元4(1210)年9月23日没。66才。

参議藤原親隆の三男。母は従四位下・出羽守平知信朝臣の娘。保元3(1158)年叙爵し長門守に任ぜられる。応保2(1162)年従五位上に進み、仁安2(1167)年木工頭に任ぜられる。同3年正五位下に進み、安元3(1177)年右衛門権佐、寿永元(1182)年左衛門権佐・皇后宮大進・蔵人、文治2(1186)年左少弁に任ぜられる。同3年皇后宮大進を辞す。同4年右中弁・氏院別当・造興福寺長官に任ぜられ従四位下に進み、同5年右宮城使に任ぜられ従四位上に進み、建久元(1190)年左宮城使に任ぜられ正四位下に進み右大弁に任ぜられる。同4年従三位に進み大蔵卿、同6年長門権守に任ぜられる。正治元(1199)年長門権守を辞す。同年正三位に進み、同2年参議に任ぜられる。建仁元(1201)年丹波権守に任ぜられたが任職を辞す。同2年大宰大弐に任ぜられる。承元4(1210)年出家。子に親房がいる。　典：日名・公補

藤原宗頼　ふじわらの・むねより

平安・鎌倉時代の人、権大納言。久寿元(1154)年生～建仁3(1203)年1月29日没。50才。号=葉室・町口。

権大納言藤原光頼の四男。母は参議藤原親隆の娘。兄に光雅がいる。参議藤原成頼の養子となる。長寛2(1164)年叙爵し、仁安2(1167)年三河守に任ぜられる。同3年従五位上に進み、同4年伯耆守に任ぜられる。承安元(1171)年正五位下に進み、同2年勘解由次官・中宮権大進、治承4(1180)年中宮大進に任ぜられる。養和元(1181)年大進を辞す。同2年勘解由次官を辞す。同年従四位下、寿永2(1183)年従四位上、文治元(1185)年正四位下に進み大蔵卿、同3年備中権守、同5年蔵人頭、建久元(1190)年中宮亮、同4年右大弁、同5年越前権守に任ぜられる。同6年従三位に進み参議に任ぜられる。同7年造東大寺長官、同9年讃岐権守に任ぜられ更に権中納言に任ぜられる。正治元(1199)年正三位より従二位に進み左衛門督・検別当に任ぜられる。同2年督・別当を辞す。同年大宰権帥・春宮権大夫に任ぜられ、建仁元(1201)年権帥を辞す。同2年正二位に進み権大納言に任ぜられる。同3年に出家。子に葉室宗方がいる。　典：大日・伝日・公辞・日名・公補

藤原定経　ふじわらの・さだつね

平安・鎌倉時代の人、参議。保元元(1156)年生～寛喜3(1231)年2月14日 没。76才。号=甘露寺。法名=蓮位。

権大納言藤原経房の長男。母は非参議平範家の娘。弟に時経がいる。仁安2(1167)年蔵人に任ぜられ叙爵。同3年安房守より、安元2(1176)年美濃守に任ぜられ従五位上、治承3(1179)年正五位下に進み勘解由次官に任ぜられ美濃守を辞す。寿永元(1182)年皇后宮権大進、文治2(1185)年右衛門権佐に任ぜられる。同年勘解由次官を辞す。同3年皇后宮権大進を辞す。同4年右少弁・左衛門権佐、同5年防賀茂河使に任ぜられ蔵人・左衛門権佐を辞す。同年左少弁に任ぜられる。同6年従四位下に右中弁に任ぜられる。建久2(1191)年従四位上に進み、同6年右宮城使に任ぜられ正四位下に進みむ。同年右中弁を辞す。同年中宮亮・蔵人頭に任ぜられる。同8年参議に任ぜられる。同9年越前権守に任ぜられる。正治元(1199)年従三位に進むも天王寺に44才で出家。子に経賢・資経がいる。　典：公辞・公補

藤原宗隆　ふじわらの・むねたか

平安・鎌倉時代の人、権中納言。仁安元(1166)年生～元久2(1205)年3月29日 没。40才。

権中納言藤原長方の長男。母は正五位下・少納言・侍従藤原通憲の娘。弟に長兼・兼高がいる。嘉応2(1170)年叙爵。承安4(1174)年甲斐権守、治承2(1178)年備後守に任ぜられる。同5年従五位上に進み、寿永2(1183)年淡路守に任ぜられる。元暦元(1184)年正五位下に進み蔵人・勘解由次官、同5年左衛門権佐・右少弁、建久元(1190)年左少弁に任ぜられ蔵人・左衛門権左を辞す。同5年権右中弁に任ぜられ従四位下、同6年従四位上に進み右中弁より左中弁、同7年左宮城使・氏院別当、同9年蔵人頭に任ぜられ正四位下より従三位に進み更に参議に任ぜられる。正治元(1199)年勘解由長官・備後権守に任ぜられる。同2年正三位に進み、建仁元(1201)年権中納言に任ぜられる。同2年正三位に進む。子に宗房・長宗がいる。　典：公補

藤原長房　ふじわらの・ながふさ

平安・鎌倉時代の人、参議。仁安3(1168)年生～没年不明。

参議藤原光長の長男。母は参議藤原俊経の娘。治承3(1179)年大膳権亮に任ぜられる。寿永2(1183)年叙爵。元暦元(1184)年民部少輔、文治元(1185)年和泉守に任ぜられる。同3年従五位上に進み、同4年右衛門権佐に任ぜられる。建久元(1190)年正五位下に進み中宮大進、同2年蔵人、同5年右少弁に任ぜられる。同6年蔵人・左衛門権佐を辞す。同年左少弁、同9年右中弁、正治元(1199)年修理右宮城使に任ぜられ従四位下、建仁元(1201)年従四位上に進み左中弁、同2年蔵人頭・左宮城使に任ぜられ正四位下に進み、元久元(1204)年従三位に進み参議に任ぜられる。同2年近江権守に任ぜられる。承元3(1209)年民部卿に任ぜられ参議を辞す。同4年正三位に進み43才で出家。養子に定高がいる。　典：公補

藤原長兼　ふじわらの・ながかね

平安・鎌倉時代の人、権中納言。生没年不明。初名=頼房。

権中納言藤原長方の次男。母は正五位下・少納言・侍従藤原通憲の娘。兄に宗隆、弟に兼高がいる。初め頼房と名乗り、のち長兼と改名。安元2(1176)年叙爵。文治2(1186)年

甲斐守に任ぜられる。同3年従五位上に進み、建久元(1190)年中宮権大進に任ぜられる。同2年正五位下に進み、同6年蔵人、正治2(1200)年中宮大進・春宮権大進・権左少弁、建仁元(1201)年左少弁更に、同2年権右中弁に任ぜられ従四位下、同3年従四位上に進み、元久元(1204)年左中弁・蔵人頭に任ぜられる。同2年正四位下に進み修理左宮城、建永元(1206)年右大弁に任ぜられ更に参議に任ぜられる。承元元(1207)年伊予権守・勘解由長官に任ぜられ従三位に進み、同3年権中納言に任ぜられる。同4年正三位に進む。建暦元(1211)年任職を辞す。建保2(1214)年出家。子に長朝がいる。　典：公補

藤原光親　ふじわらの・みつちか

鎌倉時代の人、権中納言。安元2(1176)年生～承久3(1221)年7月没。46才。法名＝西親。

権中納言藤原光雅の次男。母は右大弁藤原重方朝臣の娘。弟に顕俊がいる。寿永2(1183)年蔵人に任ぜられ叙爵。文治3(1187)年豊前守、同4年兵部権大輔に任ぜられる。建久元(1190)年従五位上、同2年正五位下に進み、同8年左衛門権佐、正治元(1199)年防鴨河使、同2年右少弁に任ぜられる。同年左衛門権佐を辞す。建仁元(1201)年権左少弁、同2年左少弁に任ぜられる。同3年正五位上に進み、元久元(1204)年左衛門権佐・右中弁に任ぜられ従四位下、同2年従四位上より正四位下に進み修理右宮城使・中宮亮に任ぜられる。建永元(1206)年左中弁より右大弁・蔵人頭に任ぜられる。承元2(1208)年参議に任ぜられ再び中宮亮に任ぜられ従三位に進む。同3年近江権守・右兵衛督・検別当に任ぜられる。建暦元(1211)年正三位に進み権中納言に任ぜられる。建保元(1213)年按察使に任ぜられ従二位に進み、同2年権中納言を辞す。建保4(1216)年再び権中納言に任ぜられたも辞す。同5年正二位に進み、承久3(1221)年幕府を討とうとして捕らわれ関東に護送の途中の駿河加古坂にて斬られて没す。子に光俊・葉室定嗣がいる。　典：大日・伝日・日名・公補

藤原清長　ふじわらの・きよなが

鎌倉時代の人、非参議。承安元(1171)年生～建保2(1214)年12月没。44才。法名＝乗蓮。

参議藤原定長の子。弟に成長がいる。寿永2(1183)年河内守、元暦元(1184)年淡路守に任ぜられる。同3年従五位上に叙され、同5年勘解由次官に任ぜられる。建久元(1190)年正五位下に進み、同8年蔵人、正治2(1200)年右衛門権佐、建仁元(1201)年右少弁、元久元(1204)年権右中弁に任ぜられ従四位下に進み、建永元(1206)年右中弁より左中弁に任ぜられ従四位上に進み、承元2(1208)年右大弁に任ぜられ正四位下に進み、同3年右大弁を辞す。同年蔵人頭・中宮亮に任ぜられる。同4年中宮亮を辞す。同年左京大夫に任ぜられ従三位に進み、建保元(1213)年能登権守に任ぜられる。同2年遁世。　典：公補

藤原顕俊　ふじわらの・あきとし

鎌倉時代の人、権中納言。寿永元(1182)年生～寛喜元(1229)年6月没。48才。

権中納言藤原光雅の次男。母は右大弁藤原重方の娘。兄に光親がいる。文治2(1186)年叙爵し佐渡守、建久4(1193)年安房守に任ぜられる。同5年従五位上に進み、同9年皇后宮権大進に任ぜられる。正治2(1200)年正五位下に進み、建仁元(1201)年出雲守・蔵人に任ぜられ安房守を辞す。同2年皇后宮大進、元久元(1204)年春宮大進、建永元(1206)年右少弁、承元元(1207)年左少弁更に、同2年権右中弁に任ぜられ従四位下に進み、同3年左中

弁より右大弁に任ぜられる。同4年従四位上に進み蔵人頭に任ぜられる。建暦元(1211)年正四位下に進み参議に任ぜられる。同2年播磨権守に任ぜられ従三位、建保3(1215)年右兵衛督、同4年左兵衛督・検別当、同5年右衛門督・近江権守に任ぜられ正三位に進み権守を辞す。同6年権中納言に任ぜられる。承久元(1219)年右衛門督・検別当を辞す。同2年任職を辞す。元仁元(1224)年従二位、安貞元(1227)年正二位に進むも病気となり46才で出家。子に頼隆・親隆がいる。　典：公補

藤原定高　ふじわらの・さだたか

鎌倉時代の人、権中納言。建久元(1190)年生～暦仁元(1238)年1月22日没。49才。初名=為定。前名=経光。

参議藤原光長の三男。母は兵部大輔藤原朝親の娘。初め為定と名乗り、のち経光と改名。参議藤原長房の養子となる。建久9(1198)年蔵人に任ぜられ従五位下に叙され、建仁2(1202)年近江守に任ぜられる。同年定高と改名。同4年従五位上に進み、元久2(1205)年伊勢守、同3年越後守に任ぜられる。建永2(1207)年正五位下に進み、承元元(1207)年肥前守、同2年皇后権大進、同3年右少弁より左少弁に任ぜられ正五位上に進み、建暦元(1211)年権右中弁より右中弁更に左中弁に任ぜられ従四位下に進み、同2年修理左宮城使に任ぜられる。建保元(1213)年従四位上に進み、同2年右大弁・蔵人頭に任ぜられる。同3年正四位下に進み中宮亮に任ぜられる。同6年参議に任ぜられ左大弁に任ぜられる。承久元(1219)年従三位に進み讃岐権守に任ぜられる。同2年権中納言に任ぜられる。貞応元(1222)年正三位、安貞2(1228)年従二位、貞永元(1232)年正二位に進み権中納言を辞す。嘉禎2(1236)年按察使に任ぜられる。子に忠高、曾孫に忠長がいる。　典：公補

藤原資経　ふじわらの・すけつね

鎌倉時代の人、参議。養和元(1181)年生～建長3(1251)年7月15日没。71才。法名=乗願。号=甘露寺・吉田。

参議藤原定経の長男。母は参議平親範の娘。弟に経賢がいる。建久元(1190)年信濃守に任ぜられる。同6年従五位上に叙され、建仁3(1203)年正五位下に進み、元久3(1206)年中宮権大進、承元3(1209)年左衛門権佐、建暦2(1212)年防鴨河使、建保2(1214)年蔵人、同6年右少弁・春宮大進に任ぜられ蔵人・左衛門権佐を辞す。承久元(1219)年左少弁より権右中弁に任ぜられ従四位下に進み、同2年左中弁、同3年蔵人頭・皇后宮亮に任ぜられ従四位上に進み、貞応元(1222)年正四位下に進み右大弁に任ぜられ更に参議に任ぜられ左大弁に任ぜられる。同2年近江権守・造東大寺長官に任ぜられる。同年皇后宮亮を辞す。元仁元(1224)年従三位に進み、左大弁・造東大寺長官・近江権守を辞す。同年大宰大弐に任ぜられ、嘉禄元(1225)年参議を辞す。安貞2(1228)年正三位に進み、寛喜元(1229)年大宰大弐を辞す。文暦元(1234)年に54才で出家。子に為経・吉田経俊・万里小路資通がいる。　典：公辞・公補

藤原宗房　ふじわらの・むねふさ

鎌倉時代の人、参議。文治5(1189)年生～寛喜2(1230)年3月7日没。42才。

権中納言藤原宗隆の長男。母は左衛門佐平業房の娘。弟に長宗がいる。建久10(1199)年甲斐守に任ぜられる。元久元(1204)年従五位上に叙され、同2年甲斐守を辞す。承元元(1207)年中宮権大進に任ぜられる。同4年正五位下に進み、建保5(1217)年蔵人・民部権少輔に任ぜられる。承久2(1220)年蔵人を辞す。同年右少弁、同3年皇后宮大進、貞応元(1222)年権右中弁より右中弁・近江介・氏院別当・右宮城使に任ぜられ従四位上に進む。同2年皇后宮亮に任ぜられ、元仁元(1224)年に辞す。同年左中弁・蔵人頭に任ぜられる。嘉禄元(1225)年正四位下に進み参議に任ぜられるも病気となり辞す。子に顕朝がいる。
典：公補

藤原成長 ふじわらの・なりなが

鎌倉時代の人、非参議。養和元(1181)年生〜天福元(1233)年7月3日没。53才。法名＝成阿。

参議藤原定長の三男。母は非参議平信範の娘。兄に清長がいる。文治4(1188)年大膳亮、建久元(1190)年備後守に任ぜられる。建仁2(1202)年従五位上に叙され、建永2(1206)年正五位下に進み、承元2(1208)年皇后宮権大進、同3年皇后宮大進・右衛門権佐、建保2(1214)年蔵人、同3年刑部少輔、同6年木工頭、承久元(1219)年右少弁、同2年権右中弁に任ぜられる。貞応元(1222)年従四位上に進み右中弁に任ぜられる。同2年正四位下に進み、元仁元(1224)年右大弁に任ぜられる。嘉禄元(1225)年従三位に進み、天福元(1233)年に病気で出家。 典：公補

藤原頼隆 ふじわらの・よりたか

鎌倉時代の人、参議。建仁2(1202)年生〜没年不明。初名＝忠宗。

権中納言藤原顕俊の長男。母は石見守藤原能頼の娘。弟に親俊がいる。初め忠宗と名乗り、のち頼隆と改名。建保6(1218)年兵部権大進、承久2(1220)年従五位上に叙され、同3年蔵人に任ぜられる。貞応元(1222)年正五位下に進み、同2年中宮大進、元仁元(1224)年右少弁、嘉禄元(1225)年左少弁更に右中弁・氏院別当に任ぜられ蔵人を辞す。同年正五位上より従四位下に進み、同2年右宮城使・蔵人頭に任ぜられ従四位上、安貞元(1227)年正四位下に進み参議に任ぜられる。同2年従三位に進み近江権守に任ぜられる。寛喜2(1230)年任職を辞す。嘉禎元(1235)年に34才で出家。 典：公補

藤原親房 ふじわらの・ちかふさ

鎌倉時代の人、参議。生没年不明。

参議藤原親雅の次男。母は大膳大夫平信業の娘。文治2(1186)年従五位下に叙され豊前守より筑前守、建久4(1193)年上総介に任ぜられる。同5年従五位上に進み、同9年下野守、正治2(1200)年中宮権大進、建仁元(1201)年右衛門権佐に任ぜられる。同2年正五位下に進み、元久元(1204)年左衛門権佐、同3年防鴨河使・中宮大進、承元元(1207)年蔵人、同3年右少弁に任ぜられる。同4年に辞す。建保2(1214)年従四位上、同4年正四位下に進み、同6年右京大夫、寛喜2(1230)年蔵人頭・中宮亮に任ぜられ従三位に進む。同年蔵人頭・中宮亮を辞す。同3年備前権守、嘉禎元(1235)年大蔵卿に任ぜられ更に参議に任ぜられ丹波

権守に任ぜられ正三位に進み、同2年参議を辞す。同年従二位に進み、同3年大蔵卿を辞す。暦仁元(1238)年出家。子に顕雅がいる。　典：公補

藤原親俊　ふじわらの・ちかとし

鎌倉時代の人、権中納言。承元元(1207)年生～没年不明。初名=成俊。

権中納言藤原顕俊の次男。母は権中納言藤原実守の娘。兄に親隆がいる。初め成俊と名乗り、のち親俊と改名。承元4(1210)年従五位下に叙され、建保6(1218)年淡路守、承久3(1221)年備後守に任ぜられ従五位上に進み皇后宮権大進、貞応2(1223)年右衛門権佐に任ぜられる。元仁元(1224)年正五位下に進み皇后宮権大進を辞す。嘉禄元(1225)年備後守を辞す。同年蔵人・左少弁、同2年左衛門権佐・防鴨河使・勧学院別当に任ぜられる。蔵人・左衛門権佐を辞す。同3年右中弁に任ぜられ従四位下に進み、安貞2(1228)年修理右宮城使に任ぜられ従四位上に進む。同年勧学院別当を辞す。寛喜3(1231)年左中弁より右大弁に任ぜられる。貞永元(1232)年正四位下に進み蔵人頭に任ぜられる。文暦元(1234)年参議に任ぜられる。嘉禎元(1235)年美濃権守に任ぜられ従三位、暦仁元(1238)年正三位に進み左兵衛督・別当に任ぜられる。更に延応元(1239)年権中納言に任ぜられ督・別当を辞す。仁治元(1240)年従二位に進み、同2年権中納言を辞す。宝治2(1248)年正二位に進み、建長4(1252)年に46才で出家。子に親頼・親朝がいる。　典：公補

藤原為経　ふじわらの・ためつね

鎌倉時代の人、中納言。承元4(1210)年生～康元元(1256)年6月9日没。47才。号=吉田・甘露寺。

参議藤原資経の長男。母は従四位上藤原親綱朝臣の娘。弟に吉田経俊・万里小路資通がいる。建保5(1217)年叙爵。同6年備前守に任ぜられる。承久3(1221)年従五位上に進み、貞応元(1222)年皇后宮権大進、嘉禄元(1225)年勘解由次官・右少弁に任ぜられる。同2年正五位下より従四位下に進み、同3年権右中弁に任ぜられる。安貞2(1228)年従四位上に進み氏院別当、寛喜3(1231)年右中弁より左中弁・左宮城使、文暦元(1234)年左大弁・蔵人頭に任ぜられる。同2年正四位下に進み造東大寺長官に任ぜられる。嘉禎2(1236)年従三位に進み参議に任ぜられる。同3年近江権守に任ぜられる。更に暦仁元(1238)年正三位に進み権中納言に任ぜられる。仁治元(1240)年従二位に進み、更に寛元2(1244)年中納言に任ぜられる。宝治2(1248)年正二位に進み、建長元(1249)年中納言を辞す。同2年按察使、同3年大宰権帥に任ぜられる。同5年これらを辞す。康元元(1256)年出家。子に吉田経長・経任・経頼がいる。　典：公辞・公補

藤原経賢　ふじわらの・つねかた

鎌倉時代の人、非参議。生年不明～寛元4(1246)年10月7日没。初名=経兼。法名=阿寂。

参議藤原定経の次男。母は大納言源定房の娘。兄に資経がいる。初め経兼と名乗り、のち経賢と改名。建久7(1196)年叙爵。承元元(1207)年従五位上に叙され、同5年中宮権大進に任ぜられ正五位下に進み、建保3(1215)年中宮大進、同4年兵部権大輔、同6年左衛門権佐・防鴨河使に任ぜられる。貞応元(1222)年従四位下、同2年従四位上に進み、嘉禄2(1226)年左衛門権佐を辞す。同年兵部卿に任ぜられる。同3年正四位下に進み、寛喜

3(1231)年兵部卿を辞す。嘉禎3(1237)年従三位に進む。寛元4(1246)年出家。子に宗経がいる。 典：公補

藤原兼高 ふじわらの・かねたか

鎌倉時代の人、参議。生年不明〜延応元(1239)年11月6日没。

権中納言藤原長方の四男。母は隠岐守師高朝臣の娘江口遊女木姫。兄に宗隆・長兼がいる。建久5(1194)年叙爵。同9年従五位上、建仁4(1204)年正五位下に進み、承元2(1208)年宮内権大輔、同4年宮内大輔、同5年中宮大進に任ぜられる。建保2(1214)年平宗宣と争い土佐国に配流される。寛喜元(1229)年許されて、同3年宮内権大輔より宮内大輔・蔵人、文暦元(1234)年権右少弁に任ぜられ従四位下、嘉禎2(1236)年従四位上に進む。同年権右少弁を辞す。同3年正四位下により従三位、暦仁元(1238)年正三位に進み参議に任ぜられる。延応元(1239)年備中権守に任ぜられたが中風にて没す。子に顕嗣がいる。 典：公補

藤原長朝 ふじわらの・ながとも

鎌倉時代の人、参議。建久8(1197)年生〜建長3(1251)年8月8日没。55才。

権中納言藤原長兼の次男。承元5(1211)年従五位下に叙され、建保4(1216)年中宮少進に任ぜられる。承久2(1220)年従五位上、元仁2(1225)年正五位下に進み、文暦元(1234)年蔵人・皇后宮大進、嘉禎2(1236)年右少弁に任ぜられ蔵人を辞す。同3年左少弁に任ぜられ従四位下に進み、同4年権右中弁より右中弁更に左中弁に任ぜられ従四位上に進み、延応元(1239)年播磨権守に任ぜられ正四位下に進み、仁治2(1241)年右大弁・蔵人頭、同3年但馬権守に任ぜられる。同年蔵人頭を辞す。のち従三位に進み、寛元3(1245)年伊予権守に任ぜられる。同4年伊予権守を辞す。宝治元(1247)年左大弁・勘解由長官に任ぜられる。同2年弁を辞す。同年参議に任ぜられる。建長元(1249)年美作権守に任ぜられ正三位に進み、同2年参議を辞す。同3年痢病のため出家。 典：公補

藤原顕嗣 ふじわらの・あきつぐ

鎌倉時代の人、非参議。生没年不明。

参議藤原兼高の子。母は従五位下藤原信定の娘。宮内卿に任ぜられ、のちこれを辞す。宝治元(1247)年従三位に叙される。建長元(1249)年出家。 典：公補

藤原定頼 ふじわらの・さだより

鎌倉時代の人、非参議。生年不明〜文永7(1270)年没。

権中納言藤原宗隆の孫。藤原長宗の子。嘉禎2(1236)年兵部大輔に任ぜられ従五位上に叙され、同3年正五位下に進み右兵衛権佐、同4年皇后宮権大進・右衛門権佐・右少弁に任ぜられる。延応元(1239)年正五位上に進み備後守、仁治2(1241)年左少弁・蔵人に任ぜられる。同年右衛門権佐を辞す。同3年蔵人を辞す。同年権右中弁に任ぜられ従四位下、寛元2(1244)年従四位上に進み、同3年右中弁・修理右宮城使に任ぜられる。同4年正四位下に進み、宝治元(1247)年左中弁、同2年左宮城使、建長2(1250)年右大弁・造東大寺長官に任ぜられる。同3年従三位に進む。 典：公補

藤原親頼　ふじわらの・ちかより

鎌倉時代の人、権中納言。嘉禄元(1225)年生〜没年不明。

権中納言藤原親俊の子。母は日吉社禰宜成茂の娘。正四位下に叙され右大弁・造東大寺長官、建長3(1251)年蔵人頭に任ぜられる。同4年参議に任ぜられる。同5年従三位、正嘉元(1257)年正三位に進み、同2年参議を辞す。文永2(1265)年従二位、同7年正二位に進み、正応3(1290)年権中納言に任ぜられるも辞す。永仁6(1298)年に74才で出家。　典：公補

藤原顕雅　ふじわらの・あきまさ

鎌倉時代の人、参議。承元元(1207)年生〜弘安4(1281)年9月18日没。75才。法名＝准心。

参議藤原親房の子。母は法印成清の娘。正四位下に叙され治部卿に任ぜられる。建長6(1254)年蔵人頭に任ぜられる。同7年に辞す。同年従三位、正嘉2(1258)年正三位に進み参議に任ぜられる。文応元(1260)年参議を辞す。同年備中権守に任ぜられ従二位に進み、弘長3(1263)年備中権守を辞す。文永3(1266)年正二位に進み、同7年大蔵卿、同9年越前権守に任ぜられ、建治3(1277)年権守を辞す。弘安4(1281)年大蔵卿を辞し出家。子に雅藤がいる。　典：公補

藤原宗経　ふじわらの・むねつね

鎌倉時代の人、非参議。生没年不明。初名＝俊兼。法名＝経舜。

非参議藤原経賢の子。初め俊兼と名乗り、のち宗経と改名。貞応3(1224)年叙爵。寛喜3(1231)年民部大輔に任ぜられる。嘉禎2(1236)年従五位上、同4年正五位下に進む。同年民部大輔を辞す。仁治3(1242)年中宮権大進、宝治2(1248)年中宮大進・宮内大輔、建長3(1251)年右衛門権佐、同4年蔵人・兵部権少輔に任ぜられる。同年右衛門権佐を辞す。康元元(1256)年従四位下に進み、同2年宮内卿に任ぜられる。正嘉元(1257)年従四位上、同3年正四位下に進み、正元元(1259)年左京大夫、弘長3(1263)年因幡権守に任ぜられる。文永元(1264)年従三位に進む。同9年出家。子に時経がいる。　典：公補

藤原親朝　ふじわらの・ちかとも

鎌倉時代の人、参議。嘉禎2(1236)年生〜弘安4(1281)年12月23日没。46才。

権中納言藤原親俊の次男。兄に親頼がいる。掃部権助に任ぜられる。嘉禎4(1238)年叙爵。仁治3(1242)年従五位上に進み、同4年左兵衛佐に任ぜられる。建長元(1249)年正五位下に進み、正嘉元(1257)年中宮権大進、弘長3(1263)年左衛門権佐・防鴨河使、文永2(1265)年蔵人、同3年皇后宮大進、同5年春宮大進・右少弁、同6年左少弁に任ぜられ蔵人・左衛門権佐・春宮大進を辞す。同年正五位上に進み、同7年右中弁に任ぜられ従四位下より従四位上に進み右宮城使に任ぜられる。同8年正四位下に進み美作権介・左中弁・左宮城使に任ぜられる。同9年伊勢国を賜り、同11年右大弁・内蔵頭・蔵人頭、建治元(1275)年右兵衛督に任ぜられ内蔵頭を辞す。同年参議に任ぜられる。同2年出雲権守に任ぜられ従三位、弘安元(1278)年正三位に進み左兵衛督・検別当に任ぜられる。同2年出雲権守を辞す。同4年備前権守に任ぜられる。子に藤朝がいる。　典：公補

藤原雅藤 ふじわらの・まさふじ

鎌倉時代の人、権中納言。嘉禎元(1235)年生～正和4(1315)年7月没。81才。

参議藤原顕雅の長男。正嘉3(1259)年叙爵。佐渡守に任ぜられる。文応元(1260)年に辞す。同2年従五位上、弘長3(1263)年正五位下に進み、同4年兵部権少輔、文永5(1268)年春宮少進、同6年春宮権大進に任ぜられる。同11年に春宮権大進を辞す。同年民部少輔・左衛門権佐、同12年防鴨川使、建治3(1277)年勘解由次官・蔵人、弘安7(1284)年右少弁に任ぜられる。同年勘解由次官・蔵人を辞す。同8年左少弁に任ぜられ造興福寺長官となり、同10年正五位上より従四位下に進み権右中弁に任ぜられる。同11年従四位上に進み、正応元(1288)年右中弁・右宮城使に任ぜられ正四位下に進み、同2年右大弁に任ぜられ正四位上に進み春宮亮・蔵人頭に任ぜられる。正応3(1290)年従三位に進み参議に任ぜられる。同3年周防権守に任ぜられたが参議を辞す。同年正三位、永仁4(1296)年従二位、正安元(1299)年正二位に進み、同2年権中納言に任ぜられるも辞す。嘉元元(1303)年大宰権帥に任ぜられる。同2年に辞す。徳治2(1307)年賀茂伝奏となる。養子に雅俊、子に雅任・雅豊がいる。 典：公補

藤原光泰 ふじわらの・みつやす

鎌倉時代の人、参議。建長6(1254)年生～嘉元3(1305)年3月6日没。52才。号=冷泉。

権中納言藤原光親の曾孫。従四位上・右中弁藤原光朝朝臣の子。母は丹波守惟清の娘。建長8(1256)年叙爵。文永4(1267)年従五位上に進み、同5年宮内少輔に任ぜられる。同7年正五位下に進み、同11年宮内少輔を辞す。建治3(1277)年民部少輔、弘安6(1283)年越中権介、正応2(1289)年蔵人・中宮大進、同3年右少弁より左少弁更に、同4年権右中弁更に右中弁・右宮城使に任ぜられる。同年中宮大進を辞す。同年従四位下、永仁元(1293)年従四位上に進み左中弁に任ぜられる。同2年正四位下に進み右大弁・越中権介、同3年蔵人頭・兵部卿に任ぜられる。同年右大弁を辞す。同5年従三位に進み参議に任ぜられるも辞す。正安元(1299)年正三位に進む。子に光継がいる。 典：公補

藤原雅俊 ふじわらの・まさとし

鎌倉時代の人、参議。文永6(1269)年生～元亨2(1322)年12月17日没。54才。

権中納言藤原雅藤の子(実は舎弟の民部少輔藤原定雄朝臣の子)。義兄弟に雅任・雅豊がいる。文永12(1275)年従五位下に叙され、弘安元(1278)年従五位上に進み、同2年三川守に任ぜられる。同6年正五位下に進み、同9年飛驒守に任ぜられる。同10年皇后宮権大進に任ぜられる。のちこれを辞す。正応4(1291)年治部大輔・蔵人、永仁3(1295)年左少弁、同5年権右中弁に任ぜられ従四位下、同6年従四位上に進み右中弁・右宮城使・春宮亮に任ぜられる。正安元(1299)年正四位下に進み左中弁・左宮城使に任ぜられ造興福寺長官となり、同2年右大弁に任ぜられ正四位上に進み、乾元元(1302)年右大弁を辞す。同年蔵人頭に任ぜられる。嘉元元(1303)年参議に任ぜられる。同2年大宰大弐に任ぜられ従三位に進むも参議を辞す。徳治2(1307)年大弐を辞す。延慶元(1308)年再び大宰大弐に任ぜられる。同2年正三位、同3年従二位に進む。同年再び大宰大弐を辞す。正和3(1314)年正二位に進む。 典：公補

藤原宣方　ふじわらの・のぶかた

鎌倉時代の人、非参議。生年不明～正和元(1312)年没。

参議藤原惟方の裔。従四位上・参河守藤原資能朝臣の子。実は従四位下・治部卿藤原惟顯朝臣(関東に住む)の子。正嘉3(1260)年従五位下に叙される。文永4(1267)年美作守に任ぜられる。同7年に辞す。正応元(1288)年従五位上、同4年正五位下、永仁2(1294)年従四位下、正安元(1299)年従四位上に進み、同4年治部卿に任ぜられる。乾元2(1303)年正四位下に進む。同年治部卿を辞す。延慶3(1310)年従三位に進み、応長元(1311)年出家。子に宣国・輔方がいる。　典：公補

藤原藤朝　ふじわらの・ふじとも

鎌倉時代の人、参議。生没年不明。

参議藤原親朝の子。弘安5(1282)年従五位下に叙され、同10年位記を止められ、正応元(1288)年再び従五位下に叙され豊後守に任ぜられる。同2年従五位上より正五位下に進む。同年豊後守を辞す。同年備後守・右兵衛権佐に任ぜられ、のち備後守を辞す。同4年治部少輔に任ぜられる。同年右兵衛権佐を辞す。永仁元(1293)年宮内大輔より、同3年治部大輔、正安元(1299)年右衛門権佐に任ぜられ治部大輔を辞す。同2年左衛門権佐に任ぜられる。嘉元3(1305)年従四位下に進み、同4年東宮亮に任ぜられる。徳治3(1308)年従四位上に進み権右中弁、延慶2(1309)年右中弁・修理右宮城使に任ぜられ正四位下に進み、同3年右大弁・造東大寺長官・治部卿・蔵人頭に任ぜられ正四位上、応長元(1311)年従三位に進み参議に任ぜられるも辞す。正和5(1316)年正三位に進む。正中2(1325)年より名が見えない。　典：公補

藤原雅任　ふじわらの・まさとう

鎌倉時代の人、参議。建治3(1277)年生～元徳元(1329)年9月2日没。53才。

権中納言藤原雅藤の次男。義兄に雅俊、弟に雅豊がいる。弘安6(1283)年叙爵。同8年佐渡守、同10年蔵人・大膳亮に任ぜられる。同11年従五位上に進み、正応2(1289)年信濃守に任ぜられ正五位下に進み信濃守を辞す。永仁4(1296)年春宮権大進に任ぜられる。正安2(1300)年隠岐守に任ぜられる。同3年春宮権大進を辞す。同年尾張守・春宮大進に任ぜられる。同4年尾張守を辞す。徳治2(1306)年右少弁に任ぜられ蔵人を辞す。同3年春宮大進を辞す。延慶2(1309)年左少弁、同3年右中弁更に左中弁より右大弁・修理右宮城使に任ぜられ従四位下より従四位上、同4年正四位下より正四位上に進み造東大寺長官、正和元(1312)年左大弁に任ぜられる。同2年従三位に進み、同3年参議に任ぜられる。同4年に辞す。元応元(1319)年正三位に進む。　典：公補

藤原忠長　ふじわらの・ただなが

鎌倉時代の人、非参議。生没年不明。初名＝忠藤。

権中納言藤原定高の曽孫。権右中弁藤原高俊朝臣の子。弟に忠長・定光がいる。初め忠藤と名乗る。文永2(1265)年叙爵。同5年土佐守に任ぜられる。同6年従五位上に進み、同8年土佐守を辞す。建治3(1277)年正五位下、永仁5(1297)年従四位下に進む。同年忠長と

改名。正安元(1299)年従四位上、嘉元4(1306)年正四位下、正和3(1314)年従三位に進む。文保元(1317)年出家。　典：公補

藤原親方　ふじわらの・ちかかた

鎌倉時代の人、非参議。生年不明～文保元(1317)年6月没。

権中納言藤原光親の曾孫。中宮大進藤原俊嗣の子。文永8(1271)年叙爵。弘安元(1278)年兵部権大輔に任ぜられる。同3年従五位上、同11年正五位下に進み、永仁6(1298)年越中守に任ぜられるも辞す。同6年民部権少輔に任ぜられる。嘉元4(1306)年に辞す。延慶元(1308)年従四位下に進み、同2年左京大夫に任ぜられる。同4年に辞す。同年従四位上、正和元(1312)年正四位下に進み、同4年治部卿に任ぜられる。同5年従三位に進む。　典：公補

藤原頼教　ふじわらの・よりのり

鎌倉時代の人、参議。生年不明～文和元(1352.正平7)年6月30日没。号=葉室。

権大納言藤原宗頼の裔。権中納言葉室頼房の子。正応6(1293)年従五位下に叙され、永仁4(1296)年従五位上に進み、同6年備後権守に任ぜられる。正安元(1299)年正五位下に進み、同2年備後権守を辞す。徳治元(1306)年民部権少輔に任ぜられ、延慶2(1309)年に辞す。正和2(1313)年兵部少輔、同4年蔵人、文保元(1317)年右少弁に任ぜられ蔵人を辞す。同2年左少弁を辞す。同3年従四位下に進み、元亨3(1323)年備中守、同3年左京権大夫に任ぜられる。同年備中守を辞す。同4年従四位上、元徳2(1329)年正四位下に進み、元弘元(1331)年右中弁より左中弁、同2年左宮城使、正慶元(1332)年蔵人頭・刑部卿・修理大夫に任ぜられる。同年左中弁を辞す。同3年蔵人頭を辞す。建武元(1334)年再び右中弁に任ぜられるも辞す。同3年再び蔵人頭・左京権大夫に任ぜられる。同4年(延元2)年従三位に進み左大弁に任ぜられ、暦応元(1338.延元3)年弁を辞す。同年参議に任ぜられる。同3年参議を辞す。貞和2(1346)年正三位に進むも出家。　典：公補

藤原(北家9)

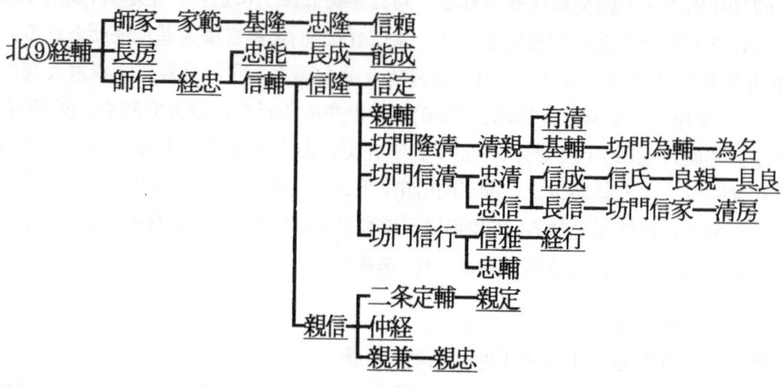

藤原長房　ふじわらの・ながふさ

平安時代の人、参議。長元3(1030)年生～康和元(1099)年9月9日没。70才。

権大納言藤原経輔の次男。母は非参議藤原資業の娘。兄に師家、弟に師信がいる。長久2(1041)年従五位下に叙され、同3年侍従、同4年右少将に任ぜられる。同5年従五位上に進み、寛徳2(1045)年備前介に任ぜられる。永承2(1047)年正五位下に進み、同3年斎院長官となり、同4年従四位下に進み、同5年美作守に任ぜられる。同6年従四位上に進み左少将、天喜2(1054)年周防介に任ぜられる。同5年正四位下に進み、同6年左京大夫、康平3(1060)年備中介、同4年左中将に任ぜられる。同6年従三位に進み、治暦2(1066)年周防権守に任ぜられる。同3年左京を辞す。延久4(1072)年兵部卿、承保2(1075)年大蔵卿に任ぜられる。承暦元(1077)年正三位に進み、永保3(1083)年参議に任ぜられる。寛治2(1088)年周防を辞す。同3年播磨権守に任ぜられる。同6年これと大蔵卿を辞す。同年大宰大弐に任ぜられる。嘉保元(1094)年大宰府に入る。同2年大宰大弐を辞す。永長元(1096)年備前権守に任ぜられる。康和元(1099)年出家。　典：日名・公補

藤原経忠　ふじわらの・つねただ

平安時代の人、中納言。生年不明～保延4(1138)年7月16日没。

権大納言藤原経輔の孫。正四位上・修理大夫・内蔵頭・播磨守藤原師信朝臣の子。母は法橋増守の娘。応徳3(1086)年叙爵。寛治元(1087)年越前権守、同2年左兵衛権佐、同3年周防守に任ぜられる。同4年従五位上より正五位下、同7年従四位下、嘉保3(1096)年従四位上に進み、承徳元(1097)年兵部大輔、同2年安芸守に任ぜられ正四位下に進み、天永元(1110)年右馬頭、同2年皇后宮亮、同4年但馬介、永久3(1115)年近江守に任ぜられ、元永2(1119)年近江守を辞す。保安2(1121)年左馬頭を辞す。天治元(1124)年従三位に進み左京大夫、大治3(1128)年大宰大弐に任ぜられる。長承2(1133)年参議に任ぜられる。同3年左京大夫を辞す。同年大蔵卿・備前権守に任ぜられ正三位に進み、保延2(1136)年権中納言より中納言に任ぜられる。同3年大宮権大夫に任ぜられる。同4年従二位に進み病気になり出家。子に忠能・信輔がいる。　典：公補

藤原基隆　ふじわらの・もとたか

平安時代の人、非参議。承保2(1075)年生～長承元(1132)年3月21日没。58才。

権大納言藤原経輔の曾孫。正五位下・右中弁・摂津守藤原師家の孫。正四位下・大膳大夫藤原家範朝臣の長男。従四位下・常陸介家房朝臣の娘従三位家子。寛治2(1088)年叙爵。同4年左兵衛佐に任ぜられる。同6年従五位上に進み、同8年美作守に任ぜられる。嘉保3(1096)年正五位下、承徳2(1098)年従四位下、康和2(1100)年従四位上より正四位下に進み、同3年播磨守、長治2(1105)年内蔵頭に任ぜられる。同3年頭を辞す。嘉承3(1108)年伊予守、永久3(1115)年播磨守、保安2(1121)年讃岐守、同4年再び伊予守・大膳大夫に任ぜられ、大治3(1128)年大夫を辞す。同4年再び播磨守、同5年修理大夫に任ぜられる。同5年従三位に進み、天承元(1131)年修理大夫を辞す。長承元(1132)年出家。子に忠隆がいる。　典：公補

藤原忠能　ふじわらの・ただよし

平安時代の人、参議。嘉保元(1094)年生～保元3(1158)年3月6日没。65才。

中納言藤原経忠の長男。母は権大納言藤原公実の娘従三位実子(鳥羽院の御乳母)。内蔵頭・修理大夫を辞す。天養元(1144)年従三位に叙され、保元元(1156)年参議に任ぜられ大宰大弐・皇太后宮大夫に任ぜられる。同2年正三位に進み、同3年出家。子に長成、孫に能成がいる。　典：公補

藤原忠隆　ふじわらの・ただたか

平安時代の人、非参議。康和4(1102)年生〜久安6(1150)年8月3日没。49才。

非参議藤原基隆の長男。母は権中納言藤原長忠の娘。嘉承2(1107)年叙爵。天永2(1111)年丹波守に任ぜられる。永久2(1114)年従五位上に進み、同4年右兵衛佐、元永元(1118)年但馬守に任ぜられ正五位下に進み、保安3(1122)年右少将より左少将に任ぜられる。同5年従四位下、大治元(1126)年従四位上に進み備中守に任ぜられる。同2年左少将を辞す。同3年正四位下に進み大膳大夫、天承元(1131)年伊予守、保延5(1139)年播磨守、永治元(1141)年再び伊予守・皇后宮亮に任ぜられる。康治2(1143)年大膳大夫を辞す。天養2(1145)年内蔵頭に任ぜられ正四位上、久安4(1148)年従三位に進み大蔵卿、同5年美作権守・皇后宮権大夫に任ぜられたが大蔵卿・皇后宮権大夫を辞すも翌年に没す。馬術に長ず。子に信頼がいる。　典：大日・伝日・日名・公補

藤原信頼　ふじわらの・のぶより

平安時代の人、権中納言。長承2(1133)年生〜平治元(1159)年12月27日没。27才。

非参議藤原忠隆の三男。母は権中納言藤原顯頼の娘。康治3(1144)年従五位下に叙され、久安2(1146)年従五位上に進み、同4年土佐守、同6年武蔵守に任ぜられる。仁平元(1151)年正五位下に進み、同2年右兵衛佐に任ぜられる。久寿2(1155)年従四位下に進み武蔵守、保元2(1157)年右権中将より左権中将・蔵人頭に任ぜられ従四位上より正四位下に進み、同3年皇后宮権亮に任ぜられ正四位上に進み、保元(1156)年従三位より正三位に進み参議より権中納言に任ぜられ検非違使別当・右衛門督に任ぜられる。平治元(1159)年の乱において清盛に追討され六条河原にて斬られた。　典：大日・伝日・京都・日名・公補

藤原信隆　ふじわらの・のぶたか

平安時代の人、非参議。大治元(1126)年生〜治承3(1179)年11月16日没。54才。

中納言藤原経忠の孫。正四位下・右京大夫藤原信輔朝臣の長男。母は伯耆守藤原(橘か)家光朝臣の娘。弟に親信がいる。長承2(1133)年叙爵。久安3(1147)年右衛門佐に任ぜられる。同4年従五位上、仁平2(1152)年正五位下に進み土佐介、同4年因幡守に任ぜられる。久寿2(1155)年従四位下に進み、同3年右馬頭に任ぜられる。保元2(1157)年従四位上、同3年正四位下に進むも、応保元(1161)年解官となり、永万2(1166)年許されて右馬頭・伊予守に任ぜられる。仁安3(1168)年従三位に進み大宰大弐に任ぜられる。承安元(1171)年に辞す。同年修理大夫に任ぜられる。安元2(1176)年正三位に進み、治承3年病気のため修理大夫を辞し出家。子に信定・親輔・坊門隆清・坊門信清・坊門信行がいる。　典：公補

藤原親信　ふじわらの・ちかのぶ

平安・鎌倉時代の人、中納言。保延4(1138)年生〜建久8(1197)年7月12日没。60才。初名=実輔。前名=親房。

中納言藤原経忠の孫。右京大夫藤原信輔朝臣の四男。母は伯耆守藤原(橘か)家光朝臣の娘。兄に信隆がいる。初め実輔と名乗り、のち親房と改名。久安4(1148)年叙爵。永暦元(1160)年右兵衛佐に任ぜられる。応保元(1161)年従五位上、同2年正五位下に進み備中守に任ぜられる。永万元(1165)年従四位下に進み、仁安元(1166)年備中守を辞す。同年右馬頭に任ぜられる。同2年従四位上、同3年正四位下に進み伊予守、嘉応2(1170)年内蔵頭、安元2(1176)年大宰大弐に任ぜられる。同年伊予守を辞す。同3年内蔵頭を辞す。治承元(1177)年従三位に進む。同2年親信と改名。同3年解官される。寿永2(1183)年許されて正三位に進み修理大夫に任ぜられ更に参議に任ぜられる。元暦元(1184)年備前権守に任ぜられ、文治3(1187)年これと修理大夫を辞す。同4年従二位に進み、同5年美作権守に任ぜられ更に権中納言に任ぜられる。建久元(1190)年正二位に進み、更に同2年中納言に任ぜられる。同8年出家。子に親兼・仲経・二条定輔がいる。　典：公補

藤原仲経　ふじわらの・なかつね

平安・鎌倉時代の人、権中納言。生没年不明。

中納言藤原親信の次男。母は官仕の娘半物阿古丸。兄に二条定輔、弟に親兼がいる。承安4(1174)年叙爵がいる。寿永元(1182)年従五位上に進み、同2年右兵衛権佐に任ぜられる。元暦元(1184)年正五位下、文治3(1187)年従四位下に進み、同4年備前守に任ぜられる。建久元(1190)年従四位上に進み、同2年丹後守に任ぜられたが、同3年任職が止まる。同6年許されて正四位下に進み、同7年伯耆守、正治元(1199)年内蔵頭に任ぜられる。同年伯耆守を辞す。建仁元(1201)年従三位、元久元(1204)年正三位に進み、同2年修理大夫に任ぜられ更に参議に任ぜられる。建永元(1206)年備中権守に任ぜられる。承元2(1208)年修理大夫を辞す。同4年権中納言に任ぜられる。建暦元(1211)年従二位より正二位に進み権中納言を辞す。承久2(1219)年出家。　典：公補

藤原親兼　ふじわらの・ちかかね

平安・鎌倉時代の人、権中納言。承安2(1172)年生～没年不明。

中納言藤原親信の三男。母は官仕の娘半物阿古丸。兄に二条定輔・仲経がいる。養和元(1181)年叙爵。寿永2(1183)年阿波守、文治3(1187)年右兵衛佐に任ぜられる。同5年従五位上、建久3(1192)年正五位下に進み、同4年左兵衛佐に任ぜられる。同7年従四位下、正治元(1199)年従四位上に進み右馬頭に任ぜられる。建仁元(1201)年正四位下、元久元(1204)年従三位、承元2(1208)年正三位に進み、同3年右衛門督任ぜられる。建暦元(1211)年参議に任ぜられる。同2年備前権守に任ぜられる。建保2(1214)年権中納言に任ぜられるも任職を辞す。同5年正二位に進み、承久3(1221)年に50才で出家。子に親忠がいる。　典：公補

藤原信定　ふじわらの・のぶさだ

平安・鎌倉時代の人、非参議。生没年不明。

非参議藤原信隆の長男。弟に親輔・坊門隆清・坊門信清・坊門信行がいる。長寛2(1164)年叙爵。仁安元(1166)年甲斐権守、建久3(1192)年長門守、同4年越前守に任ぜられる。同6年従五位上、同8年正五位下、正治元(1199)年従四位下に進み、建仁2(1202)年左京大夫に任ぜられる。同3年従四位上、元久元(1204)年正四位下、同2年従三位に進み、建永元

(1206)年因幡権守に任ぜられる。承元4(1210)年権守を辞す。建暦元(1211)年出家。　典：公補

藤原忠信　ふじわらの・ただのぶ

鎌倉時代の人、権大納言。文治3(1187)年生～没年不明。

非参議藤原信隆の孫。内大臣坊門信清の長男。母は権大納言藤原定能の娘。弟に清親がいる。文治5(1189)年叙爵。建久8(1197)年従五位上に進み侍従に任ぜられる。正治元(1199)年正五位下に進み、同2年左近権少将、建仁元(1201)年土佐介に任ぜられ従四位下、同3年従四位上に進み右近中将に任ぜられる。元久元(1204)年正四位下に進み播磨守、建永元(1206)年蔵人頭に任ぜられる。承元元(1207)年従三位に進み参議に任ぜられ再び右中将に任ぜられる。同2年美作権守に任ぜられる。同3年正三位に進み、建暦元(1211)年権中納言に任ぜられ右兵衛督より左衛門督に任ぜられる。同2年従二位、建保5(1217)年正二位に進み、同6年権大納言に任ぜられる。承久3(1221)年謀叛とされ関東に下向し帰京して35才で出家するも身柄を武家に移され越後国に配流される。のち帰京して隠居する。子に信成・長信がいる。　典：大日・伝日・日名・公補

藤原親定　ふじわらの・ちかさだ

鎌倉時代の人、参議。寿永2(1183)年生～暦仁元(1238)年6月12日没。56才。

中納言藤原親信の孫。権大納言二条定輔の長男。母は日吉社神官の娘。建久9(1198)年従五位上に叙され、正治元(1199)年中務大輔・常陸介、同2年左兵衛権佐、建仁元(1201)年左馬頭に任ぜられる。同2年正五位下、元久元(1204)年従四位下、建永元(1206)年従四位上に進み内蔵頭に任ぜられる。同2年正四位下、承元3(1209)年従三位、建暦元(1211)年正三位に進み、建保5(1217)年左兵衛督に任ぜられる。承久2(1220)年参議に任ぜられる。同3年備後権守に任ぜられる。貞応元(1222)年左兵衛督を辞す。嘉禄元(1225)年備後権守を辞す。同年従二位に進み、同2年伊予権守に任ぜられる。安貞元(1227)年参議を辞す。寛喜2(1230)年伊予権守を辞す。　典：公補

藤原信雅　ふじわらの・のぶまさ

鎌倉時代の人、非参議。生没年不明。

非参議藤原信隆の孫。越前守坊門信行朝臣の子。母は参議藤原忠基の娘。弟に忠輔がいる。仁安3(1168)年叙爵し、寿永元(1182)年治部大輔に任ぜられる。文治3(1187)年従五位上に進み、建久元(1190)年正五位下に進み、同2年美濃守に任ぜられ従四位下、同6年従四位上に進み、同9年丹波守に任ぜられ正四位下、承元4(1210)年従三位に進む。建暦2(1212)年出家。子に経行がいる。　典：公補

藤原親輔　ふじわらの・ちかすけ

鎌倉時代の人、非参議。長寛元(1163)年生～元仁元(1224)年7月26日没。62才。

非参議藤原信隆の子。兄に信定・坊門隆清・坊門信清・坊門信行がいる。承安2(1172)年従五位下に叙される。建久5(1194)年宮内権少輔に任ぜられる。同6年に辞す。同年従五位上に進み、同8年対馬守、正治2(1200)年三川守に任ぜられる。建仁2(1202)年正五位

下、元久3(1206)年従四位下に進み修理権大夫に任ぜられる。承元2(1208)年従四位上より正四位下に進む。同年修理大夫を辞す。建暦2(1212)年従三位に進み、建保2(1214)年左京大夫、同5年信濃権守に任ぜられ、承久3(1221)年に辞す。同年大宰大弐に任ぜられる。貞応元(1222)年正三位に進む。　典：公補

藤原信成　ふじわらの・のぶなり

鎌倉時代の人、参議。建久8(1197)年生～没年不明。

権大納言藤原忠信の子。母は源盛親の娘宜秋門院女房備前。実は非参議藤原親兼の子。建保2(1214)年従五位上に叙され侍従・左少将に任ぜられる。同3年正五位下より従四位下更に従四位上に進み美作権介・左中将に任ぜられる。同6年正四位下に進み更に参議に任ぜられる。承久元(1219)年備前権守に任ぜられ従三位、同3年正三位に進むも参議を辞す。延応元(1239)年に43才で出家。子に信氏、曾孫に具成がいる。　典：公補

藤原能成　ふじわらの・よしなり

鎌倉時代の人、非参議。長寛元(1163)年生～嘉禎4(1238)年7月5日没。76才。

参議藤原忠能の孫。大蔵卿藤原長成朝臣の子。仁安2(1167)年従五位下に叙され、寿永2(1183)年信濃権守に任ぜられ、元暦元(1184)年権守を辞す。承元2(1208)年修理権大夫に任ぜられる。同4年従五位上、同5年正五位下、建暦2(1212)年従四位下に進む。同年修理権大夫を辞す。建保元(1213)年従四位上、同4年正四位下、同6年従三位に進み、嘉禄元(1225)年に63才で出家。　典：公補

藤原親忠　ふじわらの・ちかただ

鎌倉時代の人、非参議。建久3(1192)年生～寛元元(1243)年1月5日没。52才。

権中納言藤原親兼の長男。母は非参議平基親の娘。元久元(1204)年右馬頭に任ぜられる。同2年従五位上に叙され、承元2(1208)年正五位下、同4年従四位下、建保4(1216)年従四位上に進み、同6年右馬頭を辞す。同年修理大夫に任ぜられる。承久元(1219)年正四位下に進み、同2年修理大夫を辞す。暦仁元(1238)年従三位に進む。関東にて没す。　典：公補

藤原経行　ふじわらの・つねゆき

鎌倉時代の人、非参議。生没年不明。

非参議藤原信雅の長男。建永2(1207)年治部権大輔に任ぜられる。建保2(1214)年従五位上に進み、同5年左兵衛権佐に任ぜられる。承久3(1221)年正五位下、貞応元(1222)年従四位下に進む。同年左兵衛権佐を辞す。安貞2(1228)年従四位上、貞永元(1232)年正四位下に進み、嘉禎2(1236)年右京大夫に任ぜられる。延応元(1239)年従三位に進む。仁治元(1240)年出家。　典：公補

藤原有清　ふじわらの・ありきよ

鎌倉時代の人、非参議。生年不明～延慶3(1310)年4月26日没。初名=時隆。前名=有時。

非参議藤原信隆の曾孫。参議坊門隆清の孫。正四位下・右中将清親朝臣の次男。兄弟に基輔がいる。初め時隆と名乗る。建長元(1249)年従五位下に叙され有時と改名。同3年越中守に任ぜられる。正元元(1259)年従五位上、文永9(1272)年正五位下に進み、同11年

但馬介に任ぜられる。正応2(1289)年従四位下に進む。同年有清と改名。同3年従四位上、同6年正四位下に進み、永仁5(1297)年左少将、同6年左中将・近江権介に任ぜられる。同年近江権介を辞す。のち解官となり、徳治元(1306)年許されて従三位、延慶3年正三位に進む。　典：公補

藤原具良　ふじわらの・ともよし

鎌倉時代の人、非参議。文永8(1271)年生～元弘元(1331)年4月16日 没。61才。初名＝親藤。

参議藤原信成の曾孫。侍従藤原信氏の孫。侍従藤原良親の子。初め親藤と名乗る。建治3(1277)年従五位下に叙され、弘安8(1285)年侍従に任ぜられる。同年具良と改名。正応元(1288)年従五位上に進み、同3年出雲介・左少将に任ぜられる。同4年正五位下、同5年従四位下、永仁3(1295)年従四位上に進み、同5年左中将に任ぜられ正四位下、延慶3(1310)年従三位に進む。文保2(1318)年治部卿に任ぜられ正三位に進む。元応2(1320)年卿を辞す。　典：公補

藤原清房　ふじわらの・きよふさ

鎌倉・南北朝時代の人、非参議。生没年不明。初名＝信俊。前名＝信雅。

権大納言藤原忠信の曾孫。非参議坊門信家の子。初め信俊と名乗り、のち信雅と改名。弘安8(1285)年従五位下に叙され伊予守に任ぜられる。正応元(1288)年伊予守を辞す。同3年侍従に任ぜられる。正安3(1301)年従五位上に進み少納言に任ぜられる。同年清房と改名。同4年正五位下に進み、延慶元(1308)年少納言を辞す。正和3(1314)年侍従を辞す。文保2(1318)年再び少納言に任ぜられ従四位下に進み、同3年駿河権守に任ぜられる。元亨元(1321)年少納言を辞す。同年従四位上より正四位下、元徳2(1329)年従三位に進み、暦応2(1339.延元4)年を最後に名が見えなくなる。　典：公補

藤原為名　ふじわらの・ためな

南北朝・室町時代の人、非参議。生年不明～応永2(1395)年没。

非参議藤原信隆・参議坊門隆清の裔。非参議坊門為輔の子。右中将に任ぜられる。のちこれを辞す。貞治2(1363.正平18)年従三位に叙され、永和3(1377.天授3)年正三位に進む。　典：公補

藤原(北家10)

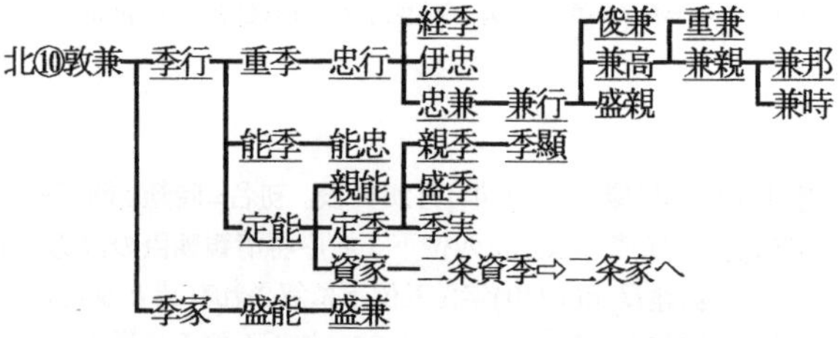

藤原季行　ふじわらの・すえゆき

平安時代の人、非参議。永久2(1114)年生～応保2(1162)年8月23日没。49才。

参議藤原兼経の曾孫。正四位上・蔵人頭・伊予守藤原敦家朝臣の孫。刑部卿藤原敦兼朝臣の次男。母は非参議藤原顕季の娘。弟に季家がいる。大治5(1130)年阿波守、長承2(1133)年能登守に任ぜられる。保延5(1139)年従五位上に叙され右兵衛権佐、同6年因幡守、康治元(1142)年武蔵守に任ぜられる。同2年正五位下、同3年従四位上、同5年正四位下に進み、同6年土佐守、久寿2(1155)年讃岐守に任ぜられる。保元2(1157)年讃岐守を辞す。同3年大宰大弐に任ぜられ、のちこれを辞す。平治元(1159)年従三位に進み中宮亮に任ぜられる。応保2(1162)年出家。子に能季・定能・重季がいる。　典：公補

藤原定能　ふじわらの・さだよし

平安・鎌倉時代の人、権大納言。久安4(1148)年生～没年不明。

非参議藤原季行の次男。母は内大臣藤原宗能の娘。兄に能季がいる。仁平2(1152)年叙爵。保元2(1157)年右兵衛権佐・丹後守に任ぜられ従五位上、応保2(1162)年正五位下、長寛3(1165)年従四位下、仁安元(1166)年従四位上に進み、同2年播磨権介に任ぜられ正四位下に進み、承安元(1171)年左中将、同2年加賀権介、安元2(1176)年蔵人頭に任ぜられる。治承3(1179)年参議に任ぜられる。同4年加賀権守に任ぜられる。養和元(1181)年従三位に進み、寿永元(1182)年左近権中将に任ぜられる。同2年正三位に進み、元暦元(1184)年権中納言に任ぜられる。文治3(1187)年従二位、同5年正二位に進み中納言に任ぜられ左衛門督に任ぜられる。建久元(1190)年左衛門督を辞す。同5年権大納言に任ぜられる。同9年に辞す。建仁元(1201)年出家。子に親能・定季・資家がいる。　典：公補

藤原親能　ふじわらの・ちかよし

平安・鎌倉時代の人、権中納言。生年不明～承元元(1207)年10月22日没。

権大納言藤原定能の長男。母は正四位下・右近権少将源通家朝臣の娘。弟に定季・資家がいる。承安2(1172)年叙爵。治承2(1178)年従五位上に叙され、同3年右兵衛権佐に任ぜられる。寿永2(1183)年正五位下に進み右少将、同3年左少将・美作介に任ぜられる。元暦2(1185)年従四位下、文治3(1187)年従四位上、同5年正四位下に進み権中将、建久4(1193)年但馬介、同8年侍従に任ぜられる。同8年従三位に進み、建仁元(1201)年周防権守に任ぜられる。同3年正三位に進み参議に任ぜられる。元久元(1204)年周防権守を辞す。同2年加賀権守に任ぜられる。建永元(1206)年従二位に進み、承元元(1207)年権中納言に任ぜられる。　典：公補

藤原定季　ふじわらの・さだすえ

平安・鎌倉時代の人、非参議。承安3(1173)年生～文暦元(1234)年10月16日没。62才。

権大納言藤原定能の次男。母は左少将通家の娘。兄に親能、弟に資家がいる。治承元(1177)年叙爵。文治2(1186)年従五位上に進み、同3年右衛門権佐に任ぜられる。同5年正五位下、建久3(1192)年従四位下により従四位上、建仁2(1202)年正四位下、承元元(1207)年従三位、承久元(1219)年正三位に進む。子に盛季・親季・季実がいる。　典：公補

藤原忠行　ふじわらの・ただゆき

平安・鎌倉時代の人、非参議。仁安元(1166)年生～寛喜3(1231)年6月2日没。66才。

非参議藤原季行の孫。修理権大夫藤原重季朝臣の子。承安3(1173)年叙爵。文治3(1187)年従五位上に進み中務大輔に任ぜられる。建久2(1191)年正五位下に進み右近権少将、同3年伊予介に任ぜられる。同7年従四位下、同9年従四位上、建仁3(1203)年正四位下に進み、承元3(1209)年内蔵頭に任ぜられる。同4年従三位に進み、建保3(1215)年兵部卿に任ぜられる。同4年正三位に進み、承久元(1219)年兵部卿を辞す。嘉禄2(1226)年従二位に進み、寛喜3(1231)年に中風となり出家。子に経季・伊忠・忠兼がいる。　典：公補

藤原能季　ふじわらの・よしすえ

平安・鎌倉時代の人、非参議。久寿元(1154)年生～没年不明。初名=保能。

非参議藤原季行の子。兄に定能がいる。初め保能と名乗る。応保2(1162)年叙爵。養和元(1181)年兵部権大輔に任ぜられる。文治元(1185)年従五位上に進み備後介に任ぜられる。同4年正五位下に進む。同年能季と改名。同5年従四位下、建久5(1194)年従四位上に進み、同6年伊予守に任ぜられる。建仁2(1202)年正四位下に進み讃岐守に任ぜられる。建永元(1206)年一時任職が止まり、建暦元(1211)年中宮亮に任ぜられ従三位に進み、安貞2(1228)年に75才で出家。子に能忠がいる。　典：公補

藤原資家　ふじわらの・すけいえ

平安・鎌倉時代の人、非参議。治承元(1177)年生～没年不明。

権大納言藤原定能の三男。母は右少将通家の娘。兄に親能・定季がいる。文治5(1189)年叙爵。建久元(1190)年越中守に任ぜられる。同2年従五位上に進み、同6年侍従に任ぜられる。同8年正五位下に進み、同9年右少将に任ぜられる。建仁3(1203)年従四位下に任ぜられる。元久元(1204)年歌所別当となり、承元元(1207)年正四位下に進み、同4年右中将より左中将に任ぜられる。建保6(1218)年従三位に進み、元仁元(1224)年に48才で出家。子に二条資季がいる。　典：公補

藤原盛兼　ふじわらの・もりかね

鎌倉時代の人、権中納言。建久3(1192)年生～寛元3(1245)年1月5日没。54才。

参議藤原兼経の裔。正四位下・侍従藤原盛能朝臣の長男。母は正四位下藤原季佐朝臣の娘。建仁4(1204)年叙爵。元久元(1204)年侍従に任ぜられる。承元4(1210)年従五位上に進み、建保6(1218)年左中将に任ぜられ正五位下に進み、同7年信濃介、承久3(1221)年播磨守に任ぜられる。同4年従四位上に進み左中将に任ぜられる。元仁元(1224)年正四位下に進み蔵人頭、同2年播磨守に任ぜられる。嘉禄元(1225)年従三位に進み参議に任ぜられる。同2年播磨権守に任ぜられる。安貞元(1227)年権中納言に任ぜられ中宮権大夫に任ぜられる。同2年正三位に進み、寛喜元(1229)年中宮権大夫を辞す。貞永元(1232)年従二位に進み、文暦元(1234)年権中納言を辞す。嘉禎3(1237)年正二位に進み、寛元2(1244)年に出物の病気となり出家。　典：公補

藤原能忠 ふじわらの・よしただ

鎌倉時代の人、非参議。生没年不明。初名=家行。

非参議藤原能季の子。母は権大納言藤原定能の娘。実は少将藤原定忠(左大臣藤原師尹の曾孫参議藤原師成の次男)の子。初め家行と名乗る。承元元(1207)年従五位下に叙され、同3年土佐守に任ぜられる。建暦2(1212)年従五位上、建保6(1218)年正五位下に進み、承久2(1220)年侍従に任ぜられる。貞応元(1222)年従四位下、嘉禄元(1225)年従四位上に進む。同年能忠と改名。寛喜元(1229)年正四位下に進み、同4年右少将に任ぜられる。嘉禎元(1235)年右馬頭に任ぜられる。同3年に辞す。同年従三位に進む。暦仁元(1238)年出家。

典：公補

藤原親季 ふじわらの・ちかすえ

鎌倉時代の人、権中納言。建仁元(1201)年生～没年不明。52才。

非参議藤原定季の子。母は大膳大夫藤原網朝の娘。弟に盛季・季実がいる。建保4(1216)年叙爵。承久3(1221)年侍従に任ぜられる。貞応2(1223)年従五位上に進み、元仁2(1225)年信濃権介、嘉禄3(1227)年左馬頭に任ぜられる。安貞3(1229)年正五位下に進み、寛喜2(1230)年土佐権介・右少将より左少将に任ぜられる。同3年従四位下に進み備中守に任ぜられる。天福元(1233)年従四位上に進み、文暦2(1235)年播磨守、嘉禎元(1235)年右中将に任ぜられる。同2年正四位下に進み、同4年蔵人頭に任ぜられる。暦仁元(1238)年従三位に進み参議に任ぜられる。延応元(1239)年讃岐権守に任ぜられ正三位、仁治2(1241)年従二位に進み権中納言に任ぜられる。同3年に辞す。建長4(1252)年に52才で出家。子に季顯がいる。　典：公補

藤原経季 ふじわらの・つねすえ

鎌倉時代の人、非参議。建仁元(1201)年生～没年不明。52才。

非参議藤原忠行の長男。弟に伊忠・忠兼がいる。元久元(1204)年叙爵。建保4(1216)年伯耆守に任ぜられる。承久元(1219)年刑部大輔に任ぜられる。同2年に辞す。同年従五位上に進み、貞応元(1222)年正五位下、嘉禄2(1226)年従四位下に進み、安貞2(1228)年三川守に任ぜられる。同3年従四位上、天福2(1234)年正四位下、暦仁元(1238)年従三位に進み宮内卿に任ぜられる。延応元(1239)年正三位に進み、仁治元(1240)年宮内卿を辞す。建長4(1252)年に52才で出家。　典：公補

藤原伊忠 ふじわらの・これただ

鎌倉時代の人、非参議。建暦元(1211)年生～没年不明。

非参議藤原忠行の次男。母は非参議藤原伊輔の娘。兄に経季、弟に忠兼がいる。嘉禄2(1226)年従五位上に叙され侍従、寛喜元(1229)年紀伊介に任ぜられる。同3年正五位下に進み、同4年尾張権介に任ぜられる。貞永2(1232)年従四位下、嘉禎元(1235)年従四位上に進み、同3年右少将に任ぜられる。暦仁元(1238)年正四位下に進み、仁治元(1240)年右中将、同2年陸奥介に任ぜられ中将を辞す。寛元元(1243)年従三位、建長4(1252)年正三位、文応元(1260)年従二位に進む。弘長元(1261)年出家。　典：公補

藤原盛季　ふじわらの・もりすえ

鎌倉時代の人、非参議。元仁元(1224)年生〜没年不明。

非参議藤原定季の子。兄に親季、弟に季実がいる。右馬頭を辞す。宝治元(1247)年従三位に叙され、建長7(1255)年30才で出家。　典：公補

藤原忠兼　ふじわらの・ただかね

鎌倉時代の人、非参議。生没年不明。

非参議藤原忠行の子。兄に経季・伊忠がいる。承久3(1221)年叙爵。嘉禄元(1225)年侍従に任ぜられる。安貞2(1228)年従五位上に進み、同3年安芸介に任ぜられる。文暦2(1235)年正五位下に進み、嘉禎3(1237)年左少将、同4年右少将・下野権介に任ぜられ従四位下、建長3(1251)年従三位に進む。同5年出家。子に兼行がいる。　典：公補

藤原兼行　ふじわらの・かねゆき

鎌倉時代の人、非参議。建長6(1254)年生〜没年不明。号=楊梅。

非参議藤原忠兼の子(実は中将親忠朝臣の子)。正嘉2(1258)年叙爵。弘長2(1262)年侍従に任ぜられる。文永2(1265)年従五位上に進み、同3年左少将に任ぜられる。同5年正五位下、同8年従四位下、建治2(1276)年従四位上に進み、同4年周防権介に任ぜられる。弘安2(1279)年正四位下に進み右中将、正応3(1290)年左兵衛督に任ぜられる。同5年従三位に進む。同年左兵衛督を辞す。永仁2(1294)年正三位に進み、同5年民部卿に任ぜられる。正安元(1299)年従二位に進み、同3年民部卿を辞す。嘉元2(1304)年後深草院の事にて51才で出家。子に俊兼・兼高・盛親がいる。　典：公補

藤原季顕　ふじわらの・すえあき

鎌倉時代の人、非参議。生没年不明。号=山井。

権中納言藤原親季の次男(実は弟の中将藤原季実の子)。建長7(1255)年従五位下に叙され、正嘉元(1257)年従五位上に進み、同2年侍従、文永2(1265)年右少将、同4年信濃権介に任ぜられ正五位下、同7年従四位下に進み、同8年左少将、同11年丹波権介に任ぜられる。建治元(1275)年従四位上に進み、同3年左中将に任ぜられる。弘安元(1278)年正四位下に進み、正安3(1301)年右兵衛督に任ぜられる。乾元元(1302)年従三位に進む。徳治2(1307)年出家。　典：公補

藤原俊兼　ふじわらの・としかね

鎌倉・南北朝時代の人、非参議。文永8(1271)年生〜没年不明。

非参議藤原兼行の長男。弟に兼高・盛親がいる。弘安3(1280)年従五位下に叙され、正応元(1288)年侍従に任ぜられる。同4年従五位上に進み、同5年左少将に任ぜられ正五位下、永仁3(1295)年従四位下に進み、同5年右少将に任ぜられる。同6年従四位上に進み、正安元(1299)年右中将に任ぜられる。同2年正四位下に進む。嘉元2(1304)年美作介、延慶2(1309)年右兵衛督に任ぜられる。応長元(1311)年右兵衛督を辞す。正和元(1312)年大宰大弐に任ぜられる。同4年正三位に進み、文保元(1317)年大宰大弐を辞す。元弘元(1331)年従二位に進み、正慶2(1333.元弘3)年に63才で出家。　典：公補

藤原兼高　ふじわらの・かねたか

鎌倉・南北朝時代の人、非参議。弘安10(1287)年生～暦応元(1338.延元3)年12月28日没。52才。

非参議藤原兼行の次男。兄に俊兼、弟に盛親がいる。正応6(1293)年叙爵。永仁3(1295)年従五位上、同5年正五位下に進み侍従に任ぜられる。正安2(1300)年左少将に任ぜられる。嘉元3(1305)年従四位上に進み、延慶元(1308)年正四位下に進み、同3年右中将、正和2(1313)年右兵衛督に任ぜられる。同4年従三位に進む。同年右兵衛督を辞す。のち兵部卿に任ぜられる。文保元(1317)年右衛門督に任ぜられ、のちこれを辞す。正慶元(1332)年正三位、建武4(1337.延元2)年従二位に進むも翌年に没す。子に兼親・重兼がいる。　典：公補

藤原重兼　ふじわらの・しげかね

鎌倉・南北朝時代の人、非参議。嘉元元(1303)年生～没年不明。初名=能行。

非参議藤原兼高の子。弟に兼親がいる。初め能行と名乗り、のち重兼と改名。延慶2(1309)年従五位下に叙され、同4年従五位上に進み侍従に任ぜられる。正和3(1314)年侍従を辞す。同5年左少将に任ぜられ少将を辞す。文保元(1317)年正五位下に進み、元亨4(1324)年播磨守に任ぜられる。嘉暦元(1326)年従四位下に進み、元徳元(1329)年播磨守を辞す。元弘元(1331)年右京大夫に任ぜられる。同2年に辞す。同3(1333)年従四位下、建武3(1336)年正四位下に進み、同4年再び右京大夫に任ぜられる。暦応2(1339)年大夫を辞す。同4年治部卿に任ぜられる。同5年に辞す。貞和3(1347.正平2)年従三位に進み、文和元(1352.正平7)年に50才で出家。　典：公補

藤原兼親　ふじわらの・かねちか

鎌倉・南北朝時代の人、非参議。生年不明～康応元(1389)年没。

非参議藤原兼高の子。兄に重兼がいる。正和5(1316)年従五位下に叙され、文和2(1353)年従五位上、のち正五位下より従四位下、建武5(1338)年従四位上、暦応4(1341)年正四位下、延文2(1357.正平12)年従三位に進み、同3年兵部卿に任ぜられる。同5年正三位、応安元(1368.正平23)年従二位進む。子に兼邦・兼時がいる。　典：公補

藤原兼邦　ふじわらの・かねくに

南北朝・室町時代の人、非参議。生年不明～応永27(1420)年2月25日没。

非参議藤原兼親の子。弟に兼時がいる。右中将に任ぜられ、のちこれを辞す。応永12(1405)年従三位に叙され兵部卿に任ぜられる。同16年卿を辞す。同17年左兵衛督に任ぜられ督を辞す。同19年正三位、同26年従二位に進むも出家。　典：公補

藤原(北家11)

藤原頼通　ふじわらの・よりみち

平安時代の人、摂政・太政大臣・准三后。正暦3(992)年生～延久6(1074)年2月2日没。83才。法名=蓮華覚のち寂覚。通称=宇治殿。

摂政・太政大臣藤原道長の長男。母は左大臣源雅信の娘准三后従一位倫子。長保5(1003)年正五位下に叙され元服し侍従・右少将に任ぜられる。同6年従四位下に進み近江介に任

ぜられる。寛弘2(1005)年従四位上、同3年従三位より正三位に進み、同4年右少将を辞す。同年春宮権大夫任ぜられる。同5年従二位に進み、同6年権中納言に任ぜられ左衛門督に任ぜられる。同8年正二位に進み、更に長和2(1013)年権大納言に任ぜられる。同年左衛門督を辞す。同4年左近衛大将に任ぜられ、寛仁元(1017)年に辞す。同年内大臣・摂政に任ぜられる。同3年関白に任ぜられる。治安元(1021)年従一位に進み左大臣に任ぜられる。康平3(1060)年左大臣を辞す。同4年太政大臣に任ぜられる。同6年に辞す。治暦4(1068)年関白を辞す。同年准三后となる。延久4(1072)年出家。子に師実・通房・俊綱がいる。
典：大日・伝日・京都・日名・公補

藤原頼宗　ふじわらの・よりむね

平安時代の人、右大臣。正暦4(993)年生～治暦元(1065)年2月3日没。73才。通称＝堀河右大臣。中御門(松木)家系の祖。

摂政・太政大臣藤原道長の次男。母は四品上総守大盛明親王の娘従三位明子女王。兄に頼通、弟に教通・顕信・能信・長家がいる。寛弘元(1004)年従五位上に叙され元服し、同2年侍従・右兵衛権佐、同4年美作権介・右少将、同6年右中将に任ぜられ従四位上、同7年正四位下、同8年従三位に進み、長和2(1013)年備中権守に任ぜられ従二位に進み、同3年権中納言に任ぜられる。同5年右衛門督・使別当、寛仁元(1017)年皇太后宮権大夫、同2年大皇大后権大夫に任ぜられ正二位に進み、同4年右衛門督・別当を辞す。治安元(1021)年大皇大后権大夫を辞す。同年権大納言、春宮大夫に任ぜられる。長元元(1028)年按察使に任ぜられる。同6年に辞す。寛徳2(1045)年春宮大夫を辞す。同年右大将に任ぜられ、更に永承2(1047)年内大臣に任ぜられる。康平元(1058)年従一位に進み、同3年右大臣に任ぜられる。同7年右大将を辞す。治暦元(1065)年出家。子に兼頼・俊家・能季・能長がいる。続系譜は北13を見よ。　典：大日・伝日・古今・日名・公補

藤原教通　ふじわらの・のりみち

平安時代の人、関白・太政大臣。長徳2(996)年生～承保2(1075)年9月25日 没。80才。通称＝大二条殿。

摂政・太政大臣藤原道長の三男。母は左大臣源雅信の娘准三后従一位倫子。兄に頼通・頼宗、弟に顕信・能信・長家がいる。寛弘3(1006)年元服し正五位下に叙され侍従に任ぜられる。同4年右兵衛佐・右少将、同5年右中将・近江介に任ぜられ従四位下より従四位上に進み、同6年左中将に任ぜられる。長和元(1012)年正三位に進み、同2年権中納言に任ぜられ左衛門督・使別当・皇太后宮権大夫に任ぜられ従二位に任ぜられる。同3年使別当を辞す。同4年正二位に進み、寛仁元(1017)年皇太后宮権大夫を辞す。同年左大将・春宮大夫に任ぜられる。同3年権大納言に任ぜられる。更に治安元(1021)年内大臣に任ぜられる。同年春宮大夫を辞す。長暦元(1037)年皇太子伝奏に任ぜられる。永承2(1047)年右大臣に任ぜられる。同5年東宮伝奏、天喜2(1054)年皇太弟伝奏に任ぜられる。康平元(1058)年従一位に進み、同3年左大臣に任ぜられる。同5年左大将を辞す。同7年氏長者となる。治暦4(1068)年皇太弟伝奏を辞す。同年関白に任ぜられる。延久元(1069)年左大臣を辞す。同2年太政大臣に任ぜられる。同4年に辞す。没後に正一位を贈られる。著に「所澄池記」「二東記」がある子に信家・通基・信長がいる。　典：大日・伝日・日名・公補

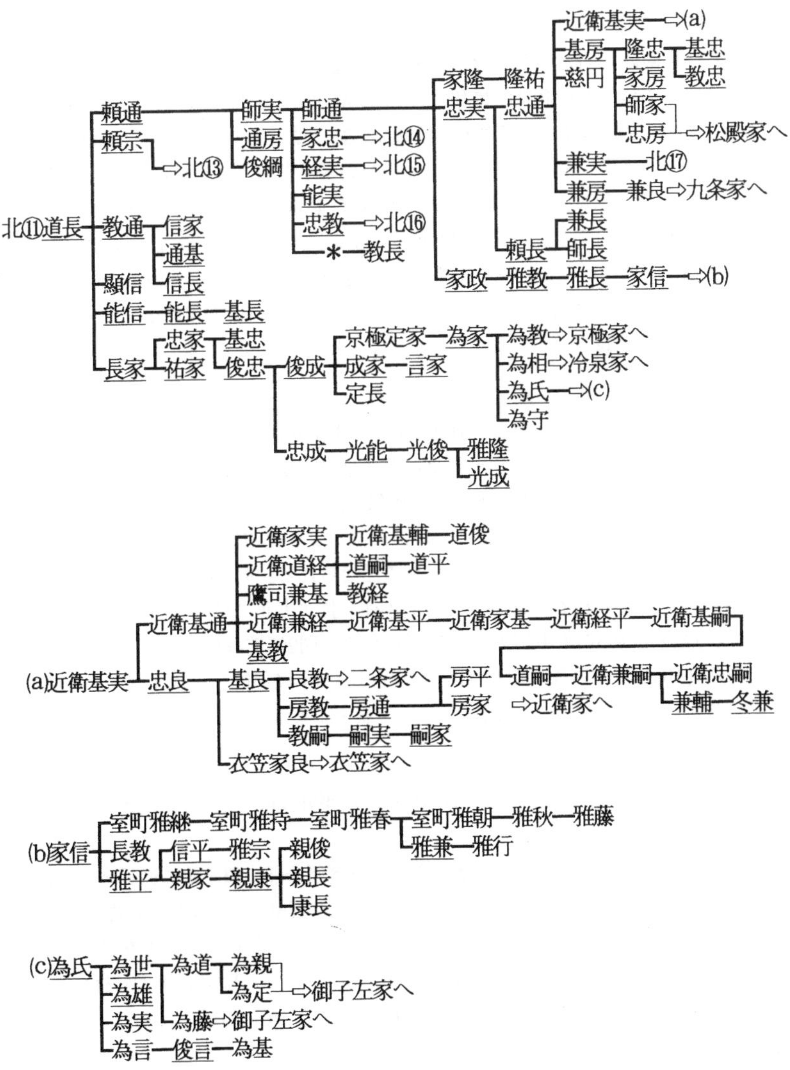
近衛基実⇨(a)
基房
隆忠
基忠
教忠
家隆
隆祐
慈円
家房
頼通
師実
師通
忠実
忠通
師家
忠房
⇨松殿家へ
頼宗
通房
家忠⇨北⑭
⇨北⑬
俊綱
経実⇨北⑮
兼実
北⑰
能実
兼房
兼良⇨九条家へ
北⑪道長
教通
信家
忠教⇨北⑯
兼長
通基
＊
教長
頼長
師長
顕信
信長
家政
雅教
雅長
家信⇨(b)
能信
能長
基長
京極定家
為家
為教⇨京極家へ
忠家
基忠
長家
祐家
俊忠
俊成
成家
言家
為相⇨冷泉家へ
定長
為氏⇨(c)
為守
忠成
光能
光俊
雅隆
光成
近衛家実
近衛基輔
道俊
近衛道経
道嗣
道平
鷹司兼基
教経
近衛基通
近衛兼経
近衛基平
近衛家基
近衛経平
近衛基嗣
基教
(a)近衛基実
忠良
基良
良教⇨二条家へ
房平
道嗣
近衛兼嗣
近衛忠嗣
房教
房通
房家
⇨近衛家へ
兼輔
冬兼
教嗣
嗣実
嗣家
衣笠家良⇨衣笠家へ
室町雅継
室町雅持
室町雅春
室町雅朝
雅秋
雅藤
(b)家信
長教
信平
雅宗
親俊
雅兼
雅行
雅平
親家
親康
親長
康長
(c)為氏
為世
為道
為親
為定
⇨御子左家へ
為雄
為実
為藤⇨御子左家へ
為言
俊言
為基

藤原能信　ふじわらの・よしのぶ

平安時代の人、権大納言。長徳元(995)年生～治暦元(1065)年2月9日没。71才。

摂政・太政大臣藤原道長の五男。母は四品上総守大盛明親王の娘従三位明子女王。兄に頼通・頼宗・教通・顕信、弟に長家がいる。寛弘3(1006)年従五位上に叙され元服し侍従、同4年右兵衛佐、同7年蔵人に任ぜられ正五位下に進み、同8年少納言に任ぜられ従四位下に進み、同9年中宮権亮、長和2(1013)年左近衛権中将・蔵人頭に任ぜられ従四位上に進み、同3年近江権守・左京大夫に任ぜられ従三位に進み、同4年正三位に進み、同5年右中将に任ぜられ従二位に進み、寛仁元(1017)年権中納言に任ぜられる。同2年中宮権大夫に任ぜられ正二位に進む。同4年左兵衛督に任ぜられる。治安元(1021)年に辞す。同年権大納言に任ぜられる。長元6(1033)年按察使、同8年中宮大夫に任ぜられる。長暦元(1037)年按察使を辞す。同3年中宮大夫を辞す。同年皇后宮大夫、永承元(1046)年春宮大夫に任ぜられる。後白河天皇の外祖父として没後の延久5(1073)年に正一位・太政大臣を贈られる。養子に能長がいる。　典：大日・日名・公補

藤原長家　ふじわらの・ながいえ

平安時代の人、権大納言。寛弘2(1005)年生～康平7(1064)年11月9日没。60才。

摂政・太政大臣藤原道長の六男。母は四品上総守大盛明親王の娘従三位明子女王。兄に頼通・頼宗・教通・顕信・能信がいる。寛仁元(1017)年従五位上に叙され元服し侍従・右少将、同2年右中将・近江介に任ぜられ正五位下より従四位下更に従四位上、同3年正四位下に進み、治安元(1021)年皇太后宮亮に任ぜられる。同2年従三位、同3年正三位に進み権中納言に任ぜられる。万寿元(1024)年従二位より正二位に進む。長元元(1028)年権大納言、長暦元(1037)年中宮大夫に任ぜられる。同2年按察使に任ぜられる。同3年に辞す。長久4(1043)年中宮大夫を辞す。寛徳元(1044)年民部卿、永承元(1046)年中宮大夫に任ぜられたが、康平7(1064)年出家。子に忠家・祐家がいる。　典：日名・公補

藤原信家　ふじわらの・のぶいえ

平安時代の人、権大納言。寛仁3(1019)年生～康平3(1060)年4月13日没。42才。号=山井大納言。

関白・太政大臣藤原教通の長男。母は権大納言藤原公任の娘。弟に通長・信長がいる。長元3(1030)年正五位下に叙され元服し、同3年侍従に任ぜられる。同4年従四位下より従四位上、同6年正四位下に進み右中将に任ぜられ従三位、同7年正三位より従二位に進む、権中納言に任ぜられる。更に長久2(1041)年正二位に進み、永承2(1047)年権大納言に任ぜられる。同3年按察使に任ぜられる。同7年に辞す。　典：公補

藤原通房　ふじわらの・みちふさ

平安時代の人、権大納言。万寿2(1025)年生～長久5(1044)年4月27日没。20才。

摂政・関白・太政大臣・准三后藤原頼通の長男。母は非参議源憲定の次女。弟に師実・俊綱がいる。長元8(1035)年正五位下に叙され元服し侍従・左少将に任ぜられる。同9年従四位下より従四位上に更に正四位下に進み近江介・右権中将に任ぜられる。長暦元(1037)年従

三位、同2年正三位より従二位、同3年正二位に進み権中納言に任ぜられる。長久3(1042)年権大納言に任ぜられる。同4年右近衛大将に任ぜられる。　典：公補

藤原通基　ふじわらの・みちもと

平安時代の人、非参議。治安元(1021)年生〜長久元(1040)年12月8日没。20才。初名=信基。

関白・大政大臣藤原教通の次男。母は権大納言藤原公任の娘。兄に信家、弟に信長がいる。初め信基と名乗る。長元5(1032)年従五位上に叙され元服し、同6年侍従に任ぜられる。同7年正五位下、同8年従四位下に進む。同年通基と改名。同9年従四位上に進み、同10年伊予権守、長暦元(1037)年春宮権亮に任ぜられる。同2年正四位下、同3年従三位に進む。　典：公補

藤原信長　ふじわらの・のぶなが

平安時代の人、太政大臣。治安2(1022)年生〜嘉保元(1094)年9月3日没。73才。通称=九条殿。

内大臣藤原教通の三男。母は権大納言藤原公任の娘。兄に信家・通基がいる。長元5(1032)年従五位下に叙され元服し、同6年従五位上に進み侍従、同8年左兵衛佐に任ぜられる。同9年正五位下より従四位下に進み蔵人に任ぜられる。長暦2(1038)年従四位上に進み備中介、同3年右権中将・蔵人頭に任ぜられる。同4年正四位下、長久2(1041)年従三位、同3年正三位に進み、同4年参議より権中納言に任ぜられ再び侍従に任ぜられる。寛徳2(1045)年従二位、永承元(1046)年正二位に進み、天喜3(1055)年侍従を辞す。同年左衛門督に任ぜられる。康平4(1061)年権大納言に任ぜられる。治暦元(1065)年大納言に任ぜられる。同4年皇后宮大夫に任ぜられる。延久元(1069)年内大臣に任ぜられる。承保2(1075)年右大将に任ぜられる。同4年太政大臣に任ぜられる。寛治2(1088)年従一位に進む。同年太政大臣を辞す。　典：大日・伝日・日名・公補

藤原能長　ふじわらの・よしなが

平安時代の人、内大臣。治安2(1022)年生〜永保2(1082)年11月14日没。61才。通称=三条殿。

権大納言藤原能信の四男。実は右大臣藤原頼宗の三男。母は内大臣藤原伊周の娘。兄に兼頼・俊家・能季がいる。長元8(1035)年従五位下に叙され元服し侍従に任ぜられる。同9年従五位上に進み蔵人・左兵衛佐に任ぜられる。長暦元(1037)年正五位下、同2年従四位下、長久2(1041)年従四位上に進み、同3年蔵人頭・右近権中将に任ぜられ正四位下に進み、同4年播磨権介に任ぜられ更に参議に任ぜられる。寛徳2(1045)年播磨権守に任ぜられ従三位に進み、永承元(1046)年左中将に任ぜられる。同5年播磨権守を辞す。同年正三位より従二位に進み、同6年備後権守に任ぜられ、天喜3(1055)年権守を辞す。同4年再び播磨権守に任ぜられる。康平4(1061)年権中納言に任ぜられ右衛門督に任ぜられる。同7年正二位に進み、治暦元(1065)年春宮権大夫より春宮大夫・使別当・左衛門督に任ぜられる。同3年使別当を辞す。同4年春宮大夫を辞す。同年権大納言に任ぜられる。延久

元(1069)年再び春宮大夫に任ぜられる。承暦4(1080)年内大臣に任ぜられ皇太子伝奏に任ぜられる。子に基長がいる。　典：大日・伝日・公補

藤原忠家　ふじわらの・ただいえ

平安時代の人、大納言。長元6(1033)年生～没年不明。

権大納言藤原長家の次男。母は中宮亮源高雅の娘従三位懿子。弟に祐家がいる。寛徳元(1044)年従五位下に叙され元服し、同2年侍従・左少将に任ぜられる。同3年従五位上に進み近江介に任ぜられる。永承元(1046)年正五位下、同3年従四位下より従四位上、同4年正四位下、同5年従三位に進み、同6年右少将より右中将に任ぜられ正三位に進み、同7年美作権守に任ぜられる。天喜2(1054)年従二位に進み、康平3(1060)年参議に任ぜられる。同6年権中納言に任ぜられる。同7年正二位に進み、治暦元1065)年中宮権大夫、同4年皇太后宮権大夫・右衛門督に任ぜられる。延久元(1069)年太皇太后宮権大夫、同2年太皇太后大夫に任ぜられる。同4年権大納言に任ぜられる。承暦4(1080)年大納言に任ぜられる。寛治元(1087)年踏歌内弁となる。同4年58才で出家。子に基忠・俊忠がいる。　典：公補

藤原祐家　ふじわらの・すけいえ

平安時代の人、中納言。長元9(1036)年生～寛治2(1088)年7月28日没。53才。

権大納言藤原長家の三男。母は中宮亮源高雅の娘従三位懿子。兄に忠家がいる。永承元(1046)年従五位下に叙され元服し、同3年従五位上、同4年正五位下に進み侍従に任ぜられる。同5年従四位下、同6年従四位上に進み、同7年播磨権介に任ぜられ正四位下より従三位に進み再び侍従に任ぜられる。天喜2(1054)年左京大夫に任ぜられる。同3年正三位、同5年従二位に進み、康平元(1058)年侍従・左京大夫を辞す。同年左中将、同2年備後権守、同7年備前権守に任ぜられ更に参議に任ぜられ、更に治暦3(1067)年権中納言に任ぜられる。同4年正二位に進み、延久2(1070)年皇后宮大夫、承保元(1074)年皇太后宮大夫に任ぜられる。承暦4(1080)年中納言に任ぜられる。永保2(1082)年皇太后宮大夫を辞す。　典：公補

藤原師実　ふじわらの・もろざね

平安時代の人、摂政・関白・太政大臣。長久3(1042)年生～康和3(1101)年2月13日没。60才。法名＝法覚。通称＝京極殿。

摂政・関白・太政大臣・准三后藤原頼通の三男。母は贈従三位藤原祇子。兄に通房、弟に俊綱がいる。天喜元(1053)年正五位下に叙される。同年元服。同2年従四位下より正四位下に進み侍従、同3年左権中将に任ぜられ従三位に進み、同4年近江権守に任ぜられ正三位に進み、権中納言に任ぜられ左中将に任ぜられる。康平元(1058)年従二位に進み権大納言に任ぜられる。同3年内大臣に任ぜられる。同5年左大将に任ぜられる。同6年正二位、治暦元(1065)年従一位に進み右大臣に任ぜられる。延久元(1069)年皇太子伝奏となり左大臣に任ぜられる。同4年皇太弟伝奏、承保元(1074)年再び皇太子伝奏に任ぜられる。同2年左大将を辞す。同年関白に任ぜられる。永保3(1083)年左大臣を辞す。応徳3(1086)年関白を辞す。同年摂政に任ぜられる。寛治2(1088)年太政大臣に任ぜられる。同2年太政大臣を辞す。同4年摂政を辞す。同年再び関白に任ぜられる。嘉保元(1094)年関白を辞

す。康和3(1101)年出家。和歌と琵琶を好んだ。子に師通・家忠・経実・能実・忠教がいる。 典：大日・伝日・京都・日名・公補

藤原基長 ふじわらの・もとなが

平安時代の人、権中納言。長久4(1043)年生～没年不明。

内大臣藤原能長の長男。母は従三位源済政の娘。天喜3(1055)年叙爵。同4年侍従、同5年右少将に任ぜられる。同6年従五位上に進み、康平2(1059)年備後介に任ぜられる。同4年正五位下、同6年従四位下に進み、治暦3(1067)年右中将に任ぜられる。同4年従四位上より正四位下に進み蔵人頭、同5年近江介に任ぜられる。延久元(1069)年従三位より正三位に進み、同2年左中将に任ぜられ従二位に進み、同4年周防権守に任ぜられる。参議に任ぜられる。同5年正二位に進み、承保3(1076)年周防権守を辞す。承暦元(1077)年伊予権守、同4年左中将に任ぜられる。永保2(1082)年権中納言に任ぜられる。寛治5(1091)年権中納言を辞す。同年弾正尹に任ぜられる。承徳2(1098)年に56才で出家。 典：公補

藤原師通 ふじわらの・もろみち

平安時代の人、関白・内大臣。康平5(1062)年生～康和元(1099)年6月28日没。38才。通称=後二条殿。

摂政・関白・太政大臣藤原師実の長男。母は右大臣源師房の三女麗子。弟に家忠・経実・能実・忠教がいる。延久4(1072)年従五位上に叙され元服し右少将より右中将に任ぜられる。同5年正五位下より従四位下、同6年従四位上より正四位下に進み近江介に任ぜられる。承保2(1075)年従三位、同3年正三位に進み、承暦元(1077)年参議より権中納言に任ぜられ左大将に任ぜられる。同3年従二位に進み中宮大夫に任ぜられる。同4年正二位に進み権大納言に任ぜられる。永保3(1083)年内大臣に任ぜられる。寛治6(1092)年左大将を辞す。同8年関白に任ぜられ踏歌内弁・氏長者となる。嘉保3(1096)年従一位に進む。和歌・漢詩・書道・蹴鞠に長じた。子に家隆・忠実・家政がいる。 典：大日・伝日・京都・日名・公補

藤原家忠 ふじわらの・いえただ

平安時代の人、左大臣。康平5(1062)年生～保延2(1136)年5月14日没。75才。号=花山院左大臣。花山院家の家祖。

摂政・関白・太政大臣藤原師実の次男。母は美濃守源頼国の娘。兄に師通、弟に経実・能実・忠教がいる。延久4(1072)年従五位下に叙され、承保元(1074)年侍従、同2年右少将に任ぜられる。同3年従五位上より正五位上に進み近江介に任ぜられる。同4年従四位下に進み左中将に任ぜられる。承暦2(1078)年従四位上、同4年正四位下より従三位、同5年正三位に進み右中将に任ぜられる。永保2(1082)年参議に任ぜられる。同3年権中納言に任ぜられる。応徳元(1084)年中宮権大夫に任ぜられ従二位に進み、同2年中宮権大夫を辞す。同3年左衛門督に任ぜられる。寛治2(1088)年正二位に進み、同5年権大納言に任ぜられる。康和5(1103)年右大将、嘉承2(1107)年皇后宮大夫に任ぜられ踏歌内弁となる。永久3(1115)年大納言に任ぜられる。保安2(1121)年左大将に任ぜられる。同3年右大臣に任ぜられる。同4年皇后宮大夫を辞す。天承元(1131)年左大臣に任ぜられる。保延元(1135)

年左大将を辞すも、同2年病気となり出家。子に忠宗がいる。続系譜は北14を見よ。子孫は花山院と号す。　典：大日・伝日・公辞・日名・公補

藤原基忠　ふじわらの・もとただ

平安時代の人、権中納言。天喜4(1056)年生～承徳2(1098)年11月17日没。43才。

大納言藤原忠家の子。母は権大納言藤原経輔の長女。弟に俊忠がいる。治暦2(1066)年従五位下に叙され、同4年侍従・左少将に任ぜられる。延久元(1069)年従五位上に進み、同2年備前権介に任ぜられる。同4年正五位下より従四位下に進み、承保元(1074)年丹波介に任ぜられ従四位上、同2年正四位下に進み左中将、承暦3(1079)年美作介、同4年蔵人頭、同5年右中将に任ぜられる。永保2(1082)年参議に任ぜられる。同3年近江権守に任ぜられる。応徳元(1084)年従三位に進み、寛治元(1087)年近江権守を辞す。同2年正三位に進み讃岐権守に任ぜられる。同5年権中納言に任ぜられる。同7年従二位に進み、嘉保2(1095)年左兵衛督、承徳元(1097)年右衛門督に任ぜられる。　典：公補

藤原能実　ふじわらの・よしざね

平安時代の人、大納言。延久2(1070)年生～長承元(1132)年9月9日没。63才。

摂政・関白・太政大臣藤原師実の四男。母は美濃守基貞の娘。兄に師通・家忠・経実、弟に忠教がいる。永保2(1082)年従五位上に叙され元服し侍従・左権少将に任ぜられる。同3年正五位下に進み美作介・右中将より左中将に任ぜられる。応徳2(1085)年従四位下に進み、同3年蔵人頭に任ぜられ従四位上、寛治元(1087)年正四位下に進み備中権守に任ぜられ従三位に進み、同4年備中権守を辞す。同6年周防権守に任ぜられる。同7年に辞す。同年正三位に進み中宮権大夫に任ぜられる。永長元(1096)年参議に任ぜられる。承徳元(1097)年左兵衛督・丹波権守に任ぜられる。康和元(1099)年権中納言に任ぜられる。同2年従二位、同4年正二位に進み、長治元(1104)年使別当に任ぜられる。天仁元(1108)年左兵衛督・別当を辞す。同年右衛門督、天永2(1111)年左衛門督に任ぜられる。永久2(1114)年中宮権大夫を辞す。同3年中納言に任ぜられる。保安3(1122)年権大納言に任ぜられ皇后宮大夫に任ぜられ、更に同4年大納言に任ぜられる。長承元(1132)年出家。　典：公補

藤原経実　ふじわらの・つねざね

平安時代の人、大納言。治暦4(1068)年生～天承元(1131)年10月23日没。64才。大炊御門家の始祖。

摂政・関白・太政大臣藤原師実の三男。母は美濃守基貞の娘。兄に師通・家忠、弟に能実・忠教がいる。承保2(1075)年従五位下に叙され、承暦4(1080)年元服し侍従・右少将に任ぜられる。永保元(1081)年従五位上より正五位下に進み備後権介に任ぜられる。同2年従四位下に進み右中将に任ぜられる。同3年従四位上、同4年正四位下より従三位に進み蔵人頭に任ぜられる。寛治2(1088)年正三位より従二位に進み、同5年中宮権大夫に任ぜられ参議に任ぜられる。同7年中宮権大夫を辞す。同年近江権守に任ぜられる。嘉保2(1095)年に辞す。同3年権中納言に任ぜられる。更に承徳2(1098)年正二位に進み、康和2(1100)年中納言に任ぜられる。更に同4年権大納言に任ぜられる。永久3(1115)年大納言

に任ぜられる。保安元(1120)年按察使に任ぜられる。大治元(1126)年按察使を辞す。二条院外祖。子に経定・光忠・経宗がいる。続系譜は北15を見よ。　典：公辞・公補

藤原忠実　ふじわらの・ただざね

平安時代の人、摂政・関白・太政大臣。承暦2(1078)年生～応保2(1162)年6月18日没。85才。法名=円理。号=知足院関白。通称=富家殿・知足院。

関白・内大臣藤原師通の長男。母は右大臣藤原俊家の娘。弟に家隆・家政がいる。寛治2(1088)年正五位下に叙され元服し侍従・右少将より権中将に任ぜられる。同3年従四位下より正四位下に進み伊予権守に任ぜられる。同5年従三位より正三位に進み、同6年権中納言に任ぜられる。同7年従二位に進み、嘉保元(1094)年左大将に任ぜられる。同2年正二位に進み、承徳元(1097)年権大納言に任ぜられる。康和元(1099)年氏長者となり、同2年右大臣に任ぜられる。同4年左大将を辞す。同5年皇太子伝奏、長治元(1104)年東宮伝奏、同2年再び皇太子伝奏に任ぜられ、更に関白に任ぜられる。嘉承元(1106)年皇太子伝奏を辞す。同2年摂政に任ぜられる。天永3(1112)年従一位に進み太政大臣に任ぜられる。永久元(1113)年摂政・太政大臣を辞す。同年再び関白に任ぜられる。保安3(1122)年に辞す。保延6(1140)年に63才で出家。保元元(1156)年知足院に幽閉隠居する。日記は「殿暦」「知足院日記」と言う。子に忠通・頼長がいる。　典：大日・伝日・京都・日名・公補

藤原忠教　ふじわらの・ただのり

平安時代の人、大納言。承保3(1076)年生～永治元(1141)年10月25日没。66才。法名=覚禅。号=四条大納言。難波家系の祖。

藤原家政　ふじわらの・いえまさ

平安時代の人、参議。承暦4(1080)年生～永久3(1115)年4月8日没。36才。

関白・内大臣藤原師通の次男。母は但馬守藤原良綱朝臣の次男。兄に忠実、弟に家隆がいる。寛治7(1093)年従五位上に叙され、同8年侍従に任ぜられる。永長元(1096)年正五位下に進み左少将に任ぜられる。承徳元(1097)年従四位下に進み、同2年左中将に任ぜられる。同3年従四位上に進み播磨権介、康和2(1100)年蔵人頭に任ぜられる。同4年正四位下より従三位に進み参議に任ぜられる。同5年近江権守に任ぜられる。嘉承2(1107)年に辞す。天仁元(1108)年周防権守、天永2(1111)年左中将に任ぜられる。同3年周防権守を辞す。永久元(1113)年美作権守に任ぜられ正三位に進む。子に雅教がいる。　典：公補

藤原俊忠　ふじわらの・としただ

平安時代の人、中納言。延久5(1073)年生～保安4(1123)年7月9日没。51才。

大納言藤原忠家の子。母は権大納言藤原経輔の娘。兄に基忠がいる。応徳3(1086)年侍従に任ぜられる。寛治2(1088)年従五位上に叙され左少将、同3年右少将・備前介に任ぜられる。同5年正五位下より従四位下、同7年従四位上に進み、同8年左中将・近江介、同5年備中介に任ぜられる。同6年正四位下に進み、嘉承元(1106)年蔵人頭、更に参議に任ぜられる。同2年但馬権守に任ぜられる。天仁2(1109)年伊予権守に任ぜられる。天永3(1112)年に辞す。永久元(1113)年讃岐権守に任ぜられる。同2年従三位に進み、同5年讃岐権守を辞す。元永元(1118)年備後権守に任ぜられる。保安元(1120)年権守を辞す。同2年大宰

大弐に任ぜられる。同3年権中納言に任ぜられる。更に同4年中納言に任ぜられる。53才説あり。子に俊成・忠成がいる。　典：日名・公補

藤原忠通　ふじわらの・ただみち

平安時代の人、摂政・関白・太政大臣。承徳元(1097)年生～長寛2(1164)年2月19日 没。68才。法名=円観。通称=法性寺関白・法性寺殿。

摂政・関白・太政大臣藤原忠実の長男。母は右大臣源顯房の娘。弟に頼長がいる。嘉承2(1107)年正五位下より従四位下に叙され元服し侍従・右少将より右中将、同3年播磨権守に任ぜられる。天仁元(1108)年正四位下、天永元(1110)年従三位より正三位、同2年従二位に進み権中納言に任ぜられる。同3年正二位に進み、永久3(1115)年権大納言より内大臣に任ぜられる。更に元永2(1119)年左大将に任ぜられる。保安2(1121)年大将を辞す。同年氏長者となり関白に任ぜられる。更に同3年従一位に進み左大臣に任ぜられる。同4年摂政に任ぜられる。大治3(1128)年太政大臣に任ぜられる。同4年摂政・太政大臣を辞す。同年再び関白に任ぜられる。永治元(1141)年関白を辞す。同年再び摂政に任ぜられる。久安5(1149)年再び太政大臣に任ぜられる。同6年再び摂政・太政大臣を辞す。同年三たび関白に任ぜられるも、保元3(1158)年に辞す。応保2(1162)年に66才で出家。能書家で書流は法性寺流と呼ばれた。墓所は東山区の今熊野観音寺。邸宅は近衛家の邸宅となる。子に基房・慈円・兼実・兼房・近衛基実がいる。　典：大日・古今・伝日・京都・日名・公補

藤原頼長　ふじわらの・よりなが

平安時代の人、左大臣。保安元(1120)年生～保元元(1156)年7月14日 没。37才。通称=宇治左大臣・悪左府。

摂政・関白・太政大臣藤原忠実の次男。母は土佐守盛実朝臣の娘。兄に忠通がいる。大治5(1130)年元服し正五位下に叙され侍従・右少将より右中将に任ぜられる。天承元(1131)年従四位下より正四位下に進み伊予権守に任ぜられ更に従三位、同2年正三位に進み権中納言に任ぜられる。長承元(1132)年従二位、同3年正二位に進み権大納言に任ぜられ皇后宮大夫に任ぜられる。保延元(1135)年右大将に任ぜられ、更に同2年内大臣に任ぜられる。同5年皇太子伝奏・左大将に任ぜられる。同6年左大将を辞す。永治元(1141)年皇太子伝奏を辞す。久安5(1149)年従一位に進み左大臣に任ぜられる。仁平元(1151)年氏長者となる。保元元(1156)年の乱で戦いに敗れ、流矢が頸に当たり奈良坂にて没す。一説に舟で逃れ舟中にて没すと言う。祟りを恐れ治承元年に正一位・太政大臣を贈られる。墓墳は上京区の相国寺。子に兼長・師長がいる。　典：大日・伝日・京都・日名・公補

藤原兼長　ふじわらの・かねなが

平安時代の人、権中納言。保延4(1138)年生～保元3(1158)年1月没。21才。

左大臣藤原頼長の長男。母は権中納言源師俊の娘。弟に師長がいる。久安4(1148)年元服し従五位上より正五位下更に従四位下に叙され侍従・右少将より右中将、同5年播磨権守に任ぜられる。正四位下より従三位、同6年正三位に進み皇后宮権大夫に任ぜられる。仁平元(1151)年従二位、同2年正二位に進む。同年播磨権守を辞す。同年参議より権中納

言に任ぜられる。保元元(1156)年乱が起こり捕らわれて出雲国に配流される。同地で没す。　典：大日・伝日・日名・公補

藤原師長　ふじわらの・もろなが

平安時代の人、太政大臣。保延4(1138)年生～建久3(1192)年没。55才。院号=妙音院。通称=雨大臣。

左大臣藤原頼長の次男。母は源信雅朝臣の娘。兄に兼長がいる。久安5(1149)年元服し正五位下に叙され、同6年侍従に任ぜられ従四位下、仁平元(1151)年正四位下に進み右少将より左中将に任ぜられ更に参議に任ぜられ伊予権守、同2年美作権守に任ぜられ従三位、同3年正三位より従二位に進み、久寿元(1154)年阿波権守に任ぜられ更に権中納言に任ぜられる。保元元(1156)年乱が起こり捕らわれて土佐国に配流される。のち尾張井戸田に住み、長寛2(1164)年許されて土佐国より上洛し再び従二位に叙される。永万元(1165)年正二位に進み、仁安元(1166)年権大納言に任ぜられ、更に同2年大納言に任ぜられる。同3年皇太后宮大夫・左大将、嘉応元(1169)年左馬寮御監に任ぜられる。同年皇太后宮大夫を辞す。安元元(1175)年内大臣に任ぜられる。同3年左大将を辞す。同年更に太政大臣に任ぜられ従一位に進む。治承3(1179)年解官となり宮城を追い出されて尾張国にて43才で出家。琵琶の巨匠で、炎日が続いたとき日吉社に琵琶を弾じたところ雨が降ったことから雨大臣と称された。　典：大日・伝日・日名・公補

藤原雅教　ふじわらの・まさのり

平安時代の人、中納言。永久元(1113)年生～没年不明。

参議藤原家政の長男。母は権中納言藤原顕隆の娘。永久6(1118)年従五位下に叙され、保安4(1123)年越後守、大治3(1128)年侍従、同4年遠江守に任ぜられる。同5年従五位上に進み、保延2(1136)年民部少輔、同3年加賀守に任ぜられる。永治2(1142)年正五位下に進み、天養2(1145)年駿河守、久安6(1150)年民部権大輔に任ぜられる。仁平2(1152)年駿河守を辞す。同3年従四位下に進み刑部卿に任ぜられる。同4年従四位上より正四位下に進み、久寿元(1154)年右中弁、同3年左中弁・蔵人頭に任ぜられる。保元元(1156)年参議に任ぜられ左大弁・勘解由長官、同2年周防権守に任ぜられ従三位、同3年正三位に進み権中納言に任ぜられ、更に永暦元(1160)年中納言に任ぜられる。長寛元(1163)年中納言を辞す。永万元(1165)年に53才で出家。子に雅長がいる。　典：公補

藤原基房　ふじわらの・もとふさ

平安時代の人、摂政・関白・太政大臣。天養元(1144)年生～寛喜2(1230)年没。87才。通称=松殿・中山菩提院。

摂政・関白・太政大臣藤原忠通の次男。母は権中納言源国信の娘。保元元(1156)年正五位下より従四位下に叙され左権少将より左権中将に任ぜられる。同2年従四位上より正四位下更に従三位より正三位に進み播磨権守に任ぜられ更に権中納言に任ぜられる。同3年従二位、平治元(1159)年正二位に進み、永暦元(1160)年権大納言より内大臣に任ぜられ左大将じる。同2年右大臣に任ぜられる。長寛2(1165)年左大臣に任ぜられる。仁安元(1166)年左大臣・左大将を辞す。同年摂政に任ぜられ氏長者となる。同2年従一位に進み、

嘉応2(1170)年太政大臣に任ぜられる。承安元(1171)年太政大臣を辞す。同2年摂政を辞す。同年関白に任ぜられる。治承3(1179)年解官となり大宰権帥に任ぜられ大宰府に配流され、のち備前国に移流される。子に隆忠・家房・松殿師家・松殿忠房がいる。　典：大日・伝日・日名・公補

藤原兼実　ふじわらの・かねざね

平安・鎌倉時代の人、摂政・関白・太政大臣。久安5(1149)年生～承元元(1207)年4月5日没。59才。法名=円証。号=九条。通称=月輪関白・月輪殿・法性寺殿。

摂政・関白・太政大臣藤原忠通の三男。母は藤原仲光の娘。兄に基房・近衛基実、弟に慈円・兼房がいる。保元3(1158)年正五位下より従四位下に叙され元服し左少将より左中将に任ぜられる。同4年従四位上より正四位下に進み播磨介に任ぜられる。永暦元(1160)年従三位より正三位に進み権中納言に任ぜられ従二位に進み、応保元(1161)年右大将に任ぜられ更に権大納言に任ぜられる。同2年正二位に進み中宮大夫に任ぜられる。長寛2(1164)年内大臣に任ぜられる。仁安元(1166)年右大将を辞す。同年皇太子伝奏に任ぜられ更に右大臣に任ぜられる。同3年皇太子伝奏を辞す。承安4(1174)年従一位に進み、文治2(1186)年右大臣を辞す。同年摂政に任ぜられる。同5年太政大臣に任ぜられる。建久元(1190)年太政大臣を辞す。同2年摂政を辞す。同年関白に任ぜられる。同7年関白を辞す。建仁2(1202)年に54才で出家。和歌をよく詠み、書道・胡曲に通じた。墓所は京都東山区東福寺山内の内山本廟。子に良通・九条良平・九条良経・九条良輔がいる。続系譜は北17を見よ。　典：大日・鎌倉・日名・公補

藤原兼房　ふじわらの・かねふさ

平安・鎌倉時代の人、太政大臣。仁平3(1153)年生～建保5(1217)年2月22日没。65才。法名=定真。号=禅林寺。

摂政・関白・太政大臣藤原忠通の四男。兄に基房・兼実・近衛基実、弟に慈円がいる。応保2(1162)年元服し従五位上より正五位下に叙され侍従、同3年左少将に任ぜられる。長寛2(1164)年従四位下に進み中宮権亮・近江介・左中将に任ぜられる。永万元(1165)年従四位上より正四位下、仁安元(1166)年従三位、同2年正三位に進む。同年中宮権亮を辞す。同年播磨権守、承安2(1172)年備中権守に任ぜられる。同4年従二位に進み、安元2(1176)年備中権守を辞す。治承3(1179)年正二位に進み、寿永2(1183)年権中納言に任ぜられ、更に元暦2(1185)年権大納言に任ぜられる。文治5(1189)年大納言に任ぜられる。建久元(1190)年中宮大夫に任ぜられ更に内大臣に任ぜられる。同2年太政大臣に任ぜられる。同5年従一位に進み、同7年太政大臣を辞す。正治元(1199)年に47才で出家。和歌を好み柿本人麿に私淑した。子に九条兼良がいる。　典：日名・大日・伝日・公辞・公補

藤原俊成　ふじわらの・としなり

平安・鎌倉時代の人、非参議。永久2(1114)年生～元久元(1204)年11月30日没。91才。初名=顕広。法名=釋阿。

権中納言藤原俊忠の三男。母は伊予守淳家の娘。弟に忠成がいる。初め顕広と名乗る。大治2(1127)年従五位下に叙され美作守、長承元(1132)年加賀守、保延3(1137)年遠江守に

任ぜられる。久安元(1145)年従五位上に進み三川守、同5年丹後守に任ぜられる。同6年正五位下、同7年従四位下に進み、仁平2(1152)年左京権大夫に任ぜられる。久寿2(1155)年従四位上、保元2(1157)年左京大夫に任ぜられる。仁安元(1166)年大夫を辞す。同年従三位、同2年正三位に進む。同年俊成と改名。同3年右京大夫、嘉応2(1170)年皇后宮大夫、承安元(1171)年備前権守に任ぜられる。同2年皇后宮大夫を辞す。同年皇太后宮権大夫に任ぜられる。安元元(1175)年右京大夫を辞す。同2年病気にて63才で出家。墓は京都東山区本町の東福寺にある。子に成家・定長と和歌で有名な京極定家(藤原)がいる。　典：日名・公補

藤原光能　ふじわらの・みつよし

平安・鎌倉時代の人、参議。長承元(1132)年生～寿永2(1183)年2月21日没。52才。

権中納言藤原俊忠の曾孫。従五位上・民部少輔藤原光能の子。久安2(1146)年従爵する。長寛2(1164)年従五位上に叙され、永万元(1165)年下野守に任ぜられる。仁安2(1167)年正五位下より従四位下に進み右少将、同3年皇后宮権亮に任ぜられ従四位上より正四位下に進み、承安元(1171)年右中将、安元2(1176)年蔵人頭、治承元(1177)年皇太后宮権大夫、同3年右兵衛督に任ぜられ更に参議に任ぜられも勅勘にて解官となる。養和元(1181)年許されて再び参議に任ぜられ従三位に進み、寿永元(1182)年左兵衛督・丹波権守に任ぜられ次第長官となる。同2年正三位に進むも出家。子に光俊がいる。　典：公補

藤原隆忠　ふじわらの・たかただ

平安・鎌倉時代の人、左大臣。長寛元(1163)年生～寛元3(1245)年5月没。83才。通称＝大覚寺左大臣。

摂政・関白・太政大臣藤原基房の長男。母は内大臣藤原公教の娘。弟に家房・松殿師家・松殿忠房がいる。承安4(1174)年正五位下に叙され元服し侍従に任ぜられる。同5年従四位下より正四位下に進み右中将、安元2(1176)年播磨権介に任ぜられ従三位に進み、治承元(1177)年近江権守に任ぜられる。同3年正三位に進むも解官となる。寿永2(1183)年権中納言に任ぜられる。元暦元(1184)年従二位、同2年正二位に進み、文治3(1187)年左衛門督に任ぜられる。同5年権大納言に任ぜられ、更に建久5(1194)年大納言に任ぜられる。建仁元(1201)年内大臣に任ぜられ、更に元久元(1204)年右大臣に任ぜられる。更に承元元(1207)年左大臣に任ぜられる。建暦元(1211)年従一位に進み左大臣を辞す。承久2(1220)年に58才で出家。子に基忠・教忠がいる。　典：日名・大日・伝日・公補

藤原雅長　ふじわらの・まさなが

平安・鎌倉時代の人、参議。久安元(1145)年生～建久7(1196)年7月26日没。52才。

中納言藤原雅教の長男。母は美作守藤原顕能の娘。久安4(1148)年叙爵。保元2(1157)年従五位上に進み民部権大輔に任ぜられる。同4年正五位下に進み、平治元(1159)年駿河守に任ぜられたが、永暦元(1160)年除籍される。応保3(1163)年左少将に任ぜられる。長寛2(1164)年従四位下、永万元(1165)年従四位上、仁安2(1167)年正四位下に進み、嘉応3(1171)年左中将に任ぜられる。治承3(1179)年従三位に進み中将を辞す。寿永2(1183)年正三位に進み、文治元(1185)年参議に任ぜられる。同2年越前権守に任ぜられる。同5年

従二位に進み、建久元(1190)年越前権守を辞す。同2年因幡権守に任ぜられる。同6年権守を辞す。子に家信がいる。　典：公補

藤原家房　ふじわらの・いえふさ

平安・鎌倉時代の人、権中納言。仁安2(1167)年生〜建久7(1196)年7月22日没。30才。

摂政・関白・太政大臣藤原基房の次男。母は内大臣藤原公教の娘。兄に隆忠、弟に松殿師家・松殿忠房がいる。寿永元(1182)年元服し、同2年正五位下、同3年従四位下に進み、文治2(1186)年侍従・左中将に任ぜられ従四位上より正四位下、同3年従三位に進み、同4年備前権守、建久元(1190)年中宮権大夫に任ぜられ正三位に進み、同3年伊予権守に任ぜられ従二位に進み、同6年権中納言に任ぜられる。　典：公補

藤原成家　ふじわらの・なりいえ

平安・鎌倉時代の人、非参議。久寿2(1155)年生〜承久2(1220)年6月4日没。66才。

非参議藤原俊成の長男。母は若狭守藤原親忠の娘。弟に定長・和歌で有名な京極定家(通称=藤原定家)がいる。保元2(1157)年叙爵。仁安元(1166)年侍従に任ぜられる。同3年従五位上に進み、嘉応2(1170)年備後介に任ぜられる。治承元(1177)年正五位下に進み、文治元(1185)年右少将、同2年近江権守に任ぜられる。同3年従四位下、建久元(1190)年従四位上、同2年正四位下に進み、同3年安芸介、正治元(1199)年右中将、同2年美濃権介に任ぜられる。建仁3(1203)年従三位、承元4(1210)年正三位に進み、建暦元(1211)年兵部卿に任ぜられる。建保3(1215)年に61才で出家。子に言家がいる。　典：日名・公補

藤原定家　ふじわらの・ていか

→京極定家　きょうごく・さだいえ　を見よ

藤原基忠　ふじわらの・もとただ

鎌倉時代の人、非参議。元暦元(1184)年生〜没年不明。

左大臣藤原隆忠の長男。母は左少将通家の娘。弟に教忠がいる。建久7(1196)年侍従に任ぜられる。同8年従五位上に叙され、同9年右少将、正治元(1199)年近江権守に任ぜられる。同2年正五位下、建仁元(1201)年従四位下に進み、同2年右中将に任ぜられる。同3年従四位上、同4年正四位下に進み伊予介に任ぜられる。元久2(1205)年従三位に進み、建永元(1206)年伊予介を辞す。同年播磨権守・左中将に任ぜられる。承元2(1208)年正三位に進み、建暦2(1212)年播磨権守を辞す。貞応元(1222)年従二位に進み、嘉禄元(1225)年に42才で出家。　典：公補

藤原家信　ふじわらの・いえのぶ

鎌倉時代の人、非参議。寿永元(1182)年生〜嘉禎2(1236)年8月22日没。55才。

参議藤原雅長の三男。母は美作前司家長朝臣の娘七条院女房堀川局。仁安3(1168)年従五位下に叙され、文治4(1188)年近江守、建久3(1192)年伯耆守、同9年民部少輔に任ぜられる。正治元(1199)年従五位上に進み、建仁3(1203)年右少将に任ぜられ正五位下、建永元(1206)年従四位下、承元4(1210)年従四位上に進み、建暦元(1211)年右中将に任ぜられ

る。建保元(1213)年正五位下、同2年従三位、安貞2(1228)年正三位に進む。赤痢にて没す。子に家信がいる。続系譜はBを見よ。 典：公補

藤原光俊 ふじわらの・みつとし

鎌倉時代の人、非参議。治承3(1179)年生〜没年不明。法名=静空。

参議藤原光能の三男。建久5(1194)年讃岐守、承元元(1207)年宮内少輔に任ぜられる。同2年従五位上に叙される。同年宮内少輔を辞す。同5年左京権大夫に任ぜられる。建暦2(1212)年正五位下に進む。同年左京権大夫を辞す。建保3(1215)年従四位下に進み、承久3(1221)年丹波守・右馬頭に任ぜられ従四位上、同4年正四位下に進み、貞応元(1222)年右兵衛督に任ぜられる。元仁元(1224)年従三位、安貞2(1228)年正三位に進み、寛喜3(1231)年右兵衛督を辞す。同年大宰大弐に任ぜられ、嘉禎2(1236)年に辞す。同年下総国を給り従二位に進み、建長元(1249)年に71才で出家。子に雅隆・光成がいる。 典：公補

藤原為家 ふじわらの・ためいえ

鎌倉時代の人、権大納言。建久8(1198)年生〜建治元(1275)年5月1日没。78才。法名=融覚。

和歌で有名な権中納言京極定家(通称=藤原定家)の次男。母は内大臣藤原実宗の娘。建仁2(1202)年従五位下に叙され、建永元(1206)年従五位上に進み、承元3(1209)年侍従、同4年左少将、同5年伯耆介、建暦2(1212)年近江介に任ぜられ正五位下、建保2(1214)年従四位下、同4年従四位上に進み、同5年美作介・左中将に任ぜられる。同7年正四位下に進み、貞応元(1222)年美作権介、嘉禄元(1225)年蔵人頭に任ぜられる。同2年従三位に進み参議に任ぜられる。安貞元(1227)年阿波権守に任ぜられる。寛喜3(1231)年正三位に進み右兵衛督、同4年右衛門督・伊予権守に任ぜられる。嘉禎元(1235)年従二位に進み次第長官となる。同2年伊予権守・右衛門督を辞す。同年権中納言に任ぜられる。暦仁元(1238)年正二位に進み中納言に任ぜられ再び侍従に任ぜられる。仁治2(1241)年権大納言に任ぜられも辞す。建長2(1250)年民部卿に任ぜられる。同5年卿を辞す。康元元(1256)年に59才で出家。墓所は嵯峨清涼寺先の厭離庵の傍。子に為氏(二条家の祖)・為守・京極為教(京極家の祖)・冷泉為相(冷泉家の祖)がいる。 典：日名・公補

藤原教忠 ふじわらの・のりただ

鎌倉時代の人、非参議。文治5(1189)年生〜没年不明。

左大臣藤原隆忠の次男。母は右少将通家朝臣の娘。兄に基忠がいる。元久元(1204)年叙爵。建暦2(1212)年侍従、建保元(1213)年右少将に任ぜられる。同2年従五位上、同5年正五位下に進み、承久元(1219)年周防介に任ぜられる。元仁元(1224)年従四位上、寛喜元(1229)年正四位下、同2年従三位に進み、建長6(1254)年に66才で出家。 典：公補

藤原言家 ふじわらの・こといえ

鎌倉時代の人、非参議。生年不明〜延応2(1240)年2月2日没。

非参議藤原成家の次男。建保4(1216)年侍従に任ぜられる。承久元(1219)年従五位上に叙され、同2年周防介、貞応元(1222)年備中介に任ぜられ正五位下、寛喜2(1230)年従四

位下に進み、嘉禎元(1235)年治部卿に任ぜられ従四位上、同2年正四位下、延応元(1239)年従三位に進む。同年出家。　典：公補

藤原為氏　ふじわらの・ためうじ

鎌倉時代の人、権大納言。建保6(1218)年生〜弘安9(1286)年9月14日没。69才。法名=覚阿。二条家の始祖。

権大納言藤原為家の子。母は宇都宮入道蓮生の娘。兄弟に為守・京極為教・冷泉為相がいる。嘉禄2(1226)年叙爵。寛喜元(1229)年従五位上に叙され、同2年侍従、天福2(1234)年安芸介・左少将に任ぜられ正五位下、嘉禎3(1237)年従四位下に進み、同4年美濃介・左中将に任ぜられ従四位上、仁治2(1241)年正四位下に進み、同3年美作権守、宝治2(1248)年美濃権介、建長2(1250)年蔵人頭に任ぜられる。同3年従三位に進み参議に任ぜられる。同5年右衛門督に任ぜられる。康元元(1256)年正三位に進み、正嘉元(1257)年右衛門督を辞す。同2年従二位に進み権中納言に任ぜられる。文応元(1260)年正二位に進み、更に弘長元(1261)年中納言に任ぜられ再び侍従に任ぜられる。文永4(1267)年権大納言に任ぜられる。同5年に辞す。弘安8(1285)年64才で出家。子に為世・為雄・為実・為言がいる。続系譜はCを見よ。　典：日名・公補

藤原光成　ふじわらの・みつなり

鎌倉時代の人、非参議。生没年不明。

非参議藤原光俊の子。兄に雅隆がいる。承久3(1221)年叙爵。貞応元(1222)年丹後守に任ぜられる。元仁元(1224)年に辞す。同2年侍従に任ぜられる。嘉禄3(1227)年左兵衛権佐に任ぜられる。寛喜3(1231)年正五位下に進み右少将、嘉禎元(1235)年近江権介に任ぜられ従四位上に進み、暦仁元(1238)年左中将に任ぜられる。仁治元(1240)年正四位下に進み、正元2(1260)年左中将を辞す。文応元(1260)年従三位に進む。文永11(1274)年出家。典：公補

藤原(北家11a)

藤原忠良　ふじわらの・ただよし

平安・鎌倉時代の人、大納言。長寛2(1164)年生〜嘉禄元(1225)年5月16日没。62才。

摂政・関白・左大臣近衛基実の次男。母は非参議藤原顕輔の娘。兄に近衛基通がいる。治承4(1180)年元服、正五位下に叙される。同年侍従に任ぜられる。養和元(1181)年に辞す。同年従四位下に進み左中将、同2年播磨介に任ぜられる。寿永元(1182)年従四位上、同2年従三位に進み右兵衛督・右中将、元暦元(1184)年伊予権守より丹波権守に任ぜられ正三位より従二位、文治3(1187)年正二位に進み権中納言に任ぜられる。同5年中納言に任ぜられ、更に建久2(1191)年権大納言に任ぜられる。建仁2(1202)年大納言に任ぜられる。元久元(1204)年大納言を辞す。承久3(1221)年出家。子に基良・衣笠家良がいる。　典：日名・公補

藤原基良　ふじわらの・もとよし

鎌倉時代の人、権大納言。建久2(1191)年生〜没年不明。

大納言藤原忠良の長男。母は権大納言滋野井実国の娘。弟に衣笠家良がいる。建久8(1197)年元服し従五位上に叙され、同9年侍従、正治元(1199)年左少将に任ぜられる。同3年正五位下に進み、元久元(1204)年美作権介に任ぜられ従四位下、建永元(1206)年従四位上、承元3(1209)年正四位下、建暦元(1211)年従三位に進み、建保5(1217)年左中将に任ぜられる。承久元(1219)年正三位に進み、同2年右中将、貞応元(1222)年越前権守に任ぜられる。嘉禄2(1226)年に辞す。安貞元(1227)年従二位に進み、文暦元(1234)年権中納言に任ぜられる。嘉禎元(1235)年正二位に進み、更に同3年中納言に任ぜられ、更に暦仁元(1238)年権大納言に任ぜられる。延応元(1239)年権大納言を辞す。建長3(1251)年に61才で出家。子に二条良教・房教・教嗣がいる。　典：伝日・日名・公補

藤原基教　ふじわらの・もとのり

鎌倉時代の人、非参議。建久7(1196)年生～建保元(1213)年6月29日没。18才。

摂政・関白・内大臣近衛基通の四男。母は法印寂舜の娘。兄に近衛家実・近衛道経・近衛兼経・鷹司兼基がいる。建永元(1206)年元服し従五位下に叙され侍従に任ぜられる。承元元(1207)年従四位下より従四位上更に正四位下に進み、同2年右中将に任ぜられ従三位、同3年正三位に進み讃岐権守に任ぜられる。建暦2(1212)年正二位に進む。　典：公補

藤原道嗣　ふじわらの・みちつぐ

鎌倉時代の人、権中納言。生年不明～仁治3(1242)年7月13日没。

右大臣近衛道経の次男。母は右中将成定朝臣の娘。兄に近衛基輔、弟に教経がいる。安貞2(1228)年叙爵し侍従、寛喜2(1230)年左少将に任ぜられる。同3年従五位上に進み伊予介に任ぜられる。同4年正五位下、天福元(1233)年従四位下に進み左中将に任ぜられる。文暦元(1234)年従四位上に進み、同2年備前権介に任ぜられ正四位下、嘉禎2(1236)年従三位に進み、同3年越中権守に任ぜられる。暦仁元(1238)年正三位に進み参議に任ぜられる。更に仁治元(1240)年従二位に進み権中納言に任ぜられる。子に道平がいる。　典：公補

藤原房教　ふじわらの・ふさのり

鎌倉時代の人、非参議。寛喜3(1231)年生～正安元(1299)年6月6日没。69才。

権大納言藤原基良の次男。兄に良教、弟に教嗣がいる。侍従を辞す。正嘉2(1258)年従三位に叙され、文応元(1260)年正三位、文永5(1268)年従二位、弘安2(1279)年正二位に進む。子に房通がいる。　典：公補

藤原房通　ふじわらの・ふさみち

鎌倉時代の人、非参議。生年不明～延慶2(1309)年6月没。

非参議藤原房教の子。従三位に叙され、正安2(1300)年正三位に進む。子に房平・房家がいる。　典：公補

藤原嗣実　ふじわらの・つぐざね

鎌倉時代の人、非参議。生没年不明。

権大納言藤原基良の孫。左中将藤原教嗣朝臣の子。建治3(1277)年叙爵。弘安6(1283)年従五位上に進み侍従に任ぜられる。同8年正五位下、同9年従四位下に進み、同10年侍

従を辞す。同年左近少将に任ぜられる。正応元(1288)年従四位上に進み、同2年左中将に任ぜられる。同3年正四位下、正安元(1299)年従三位に進む。同年左中将を辞す。のち右衛門督に任ぜられる。同2年に辞す。同年正三位に進む。延慶2(1309)年従二位に進み、同3年兵部卿に任ぜられる。正和元(1312)年に辞す。同2年参議に任ぜられ左中将に任ぜられる。同3年任職を辞す。同5年正二位に進む。正中2(1325)年出家。　典：公補

藤原兼輔　ふじわらの・かねすけ

鎌倉時代の人、非参議。生没年不明。

参議近衛兼嗣の子。母は左中将実春の娘。文永6(1269)年叙爵。永仁3(1295)年右少将に任ぜられる。同6年従五位上、正安元(1299)年正五位下に進み、嘉元2(1304)年右少将を辞す。延慶2(1309)年従四位下に進む。同3年左中将に任ぜられる。応長元(1311)年に辞す。正和元(1312)年従四位上、同3年正四位下、同5年従三位に進む。のち左中将に任ぜられる。元応元(1319)年中将を辞す。嘉暦2(1327)年出家。子に冬兼がいる。　典：公補

藤原冬兼　ふじわらの・ふゆかね

鎌倉・南北朝時代の人、非参議。生没年不明。初名=持兼。前名=兼藤。法名=理性。

非参議藤原兼輔の子。初め持兼と名乗り、のち兼藤と改名。延慶元(1308)年従五位下に叙され、同2年侍従、応長元(1311)年右近少将に任ぜられ従五位上、正和5(1316)年正五位下、嘉暦3(1328)年従四位下に進む。同年冬兼と改名。元徳2(1330)年従四位上に進み左中将に任ぜられたが辞す。建武2(1335)年正四位下、康永元(1342.興国3)年従三位に進む。同2年出家。　典：公補

藤原嗣家　ふじわらの・つぐいえ

鎌倉・南北朝時代の人、非参議。延慶3(1310)年生～貞和2(1346.興国7)年9月22日没。37才。

参議藤原嗣実の子。正和3(1314)年従五位下に叙され、元亨4(1324)年侍従、嘉暦2(1327)年右少将に任ぜられる。同3年従五位上より正五位下、同4年従四位下に進み、元徳2(1330)年右中将に任ぜられる。元弘4(1334)年従四位上に進み、建武4(1337)年左中将に任ぜられ正四位下、貞和元(1345.興国6)年従三位に進む。　典：公補

藤原(北家11b)

藤原雅平　ふじわらの・まさひら

鎌倉時代の人、非参議。寛喜元(1229)年生～弘安元(1278)年9月2日没。50才。法名=勝道。

非参議藤原家信の次男。兄弟に室町雅継・長教がいる。安貞2(1228)年叙爵。天福元(1233)年右衛門督に任ぜられる。文暦2(1235)年従五位上に進み右兵衛権佐に任ぜられる。暦仁2(1239)年正五位下に進み、仁治元(1240)年右少将に任ぜられ従四位下に進み、同2年信濃権介に任ぜられる。寛元3(1245)年従四位上に進み、建長元(1249)年出羽権介、同5年左中将、同6年播磨権介に任ぜられ正四位下に進み、弘長2(1262)年美濃介に任ぜられる。文永3(1266)年従三位に進む。同年美濃介・左中将を辞す。同年侍従、同7年紀伊

権守に任ぜられ正三位に進み、同8年紀伊権守を辞す。建治3(1277)年侍従を辞す。弘安元(1278)年従二位に進み出家。子に信平・親家がいる。　典：公補

藤原信平　ふじわらの・のぶひら

鎌倉時代の人、非参議。生年不明〜正中2(1325)年12月25日没。

非参議藤原雅平の子。母は法印賢信の娘。弟に親家がいる。建長7(1255)年叙爵。正嘉2(1258)年侍従に任ぜられる。文永2(1265)年従五位上に進み、弘安4(1281)年侍従を辞す。正応5(1292)年正五位下に進み、永仁元(1293)年左少将に任ぜられる。同2年従四位下に進み、同4年宮内卿に任ぜられる。同5年従四位上に進む。同年宮内卿を辞す。正安元(1299)年正四位下に進む。同2年左中将に任ぜられる。嘉元2(1304)年に辞す。正和元(1312)年従三位、元応元(1319)年正三位進み再び侍従に任ぜられる。子に雅宗がいる。　典：公補

藤原親康　ふじわらの・ちかやす

鎌倉・南北朝時代の人、非参議。弘安7(1284)年生〜正慶元(1332.元弘2)年11月.10没。49才。

非参議藤原雅平の孫。藤原親家の子。文保2(1318)年従三位に叙され、正慶元(1332)年正三位に進む。子に親俊・親長・康長がいる。　典：公補

藤原雅兼　ふじわらの・まさかね

南北朝時代の人、非参議。生没年不明。

非参議室町雅春の子。応安7(1374.文中3)年右兵衛督を辞す。同年従三位に叙される。典：公補

藤原(北家11c)

藤原為世　ふじわらの・ためよ

鎌倉時代の人、権大納言。建長2(1250)年生〜建武5(1338)年8月5日没。89才。法名＝明釈。

権大納言藤原為氏の長男。母は非参議藤原教定の娘。弟に為雄・為実・為言がいる。建長3(1251)年叙爵。同7年従五位上に進み、正嘉元(1257)年侍従に任ぜられる。正元元(1259)年正五位下に進み右少将、文応元(1260)年丹後権介に任ぜられる。弘長元(1261)年従四位下に進み、同2年左中将に任ぜられる。文永元(1264)年従四位上に進み、同3年上野権介に任ぜられる。同5年正四位下に進む。同6年右兵衛督に任ぜられる。同10年に辞す。同年左中将、建治元(1275)年美濃権介、同3年左中将を辞す。同年再び右兵衛督、弘安元(1278)年蔵人頭に任ぜられる。同6年従三位に進み参議に任ぜられる。同7年丹波権守に任ぜられる。同9年正三位に進み、正応元(1288)年丹波権守を辞す。同2年備後権守に任ぜられ従二位に進み、同3年権中納言に任ぜられ侍従に任ぜられる。同4年正二位に進み、同5年権大納言に任ぜられるも辞す。徳治元(1306)年民部卿に任ぜられる。正和4(1315)年に辞す。元徳元(1329)年に80才で出家。子に為道・御子左為藤がいる。　典：日名・公補

藤原為雄　ふじわらの・ためお

鎌倉時代の人、参議。建長6(1254)年生～没年不明。法名=覚心。

権大納言藤原為氏の次男。兄に為世、弟に為実・為言がいる。正嘉3(1259)年叙爵。文永2(1265)年侍従に任ぜられる。同3年従五位上に進み、同6年越前介、同7年左少将に任ぜられる。同8年正五位下に進み、同11年信濃介に任ぜられ従四位下に進み、建治2(1276)年従四位上に進み、弘安元(1278)年左中将に任ぜられる。同3年正四位下に進み、正応2(1289)年加賀権介、同5年内蔵頭、同6年右兵衛督、永仁2(1294)年右中将・蔵人頭に任ぜられる。同3年従三位に進み右衛門督に任ぜられる。同4年正三位に進み、同6年右衛門督を辞す。正安2(1300)年参議に任ぜられるも辞す。嘉元2(1304)年従二位に進み、同3年に51才で出家。　典：公補

藤原俊言　ふじわらの・としのぶ

鎌倉時代の人、参議。生没年不明。初名=俊実。

権大納言藤原為氏の孫。左馬頭藤原為言朝臣の子。初め俊実と名乗り、のち俊言と改名。正応元(1288)年叙爵。同4年侍従に任ぜられる。同5年従五位上、正安元(1299)年正五位下に進み左少将に任ぜられる。同2年従四位下に進み、同3年備中守に任ぜられ従四位上に進み、同4年備中守を辞す。乾元2(1303)年左中将より右中将に任ぜられる。延慶元(1308)年中将を辞す。同年内蔵頭に任ぜられ正四位下に進み、応長元(1311)年蔵人頭に任ぜられる。正和2(1313)年従三位に進み参議に任ぜられるも辞す。文保元(1317)年出家。子に為基がいる。　典：公補

藤原(北家12)

藤原実成　ふじわらの・さねなり

平安時代の人、中納言。天延3(975)年生～寛徳元(1044)年12月 没。70才。通称=閑院帥。三条家系の祖。

内大臣藤原公季の長男。母は三品兵部卿有明親王の娘。永延2(988)年従五位下に叙され、同3年従五位上に進み侍従、永祚2(990)年右兵衛佐、正暦2(991)年少納言に任ぜられる。同4年正五位下、長徳元(995)年従四位下に進み兵部大輔、同4年右中将、長保元(999)年美作権守に任ぜられる。同3年従四位上より正四位下に進み備中権守、同6年尾張権守・蔵人頭、寛弘4(1007)年中宮権亮に任ぜられる。同5年参議に任ぜられ従三位に進み再び侍従に任ぜられる。同6年左兵衛督、同7年美作守に任ぜられる。長和2(1013)年正三位に進み、同3年侍従・美作守を辞す。同年使別当に任ぜられる。同4年権中納言に任ぜられる。同5年使別当を辞す。寛仁元(1017)年右衛門督に任ぜられる。同2年従二位に進み、更に治安3(1023)年中納言に任ぜられる。万寿元(1024)年正二位に進み、長元3(1030)年右衛門督を辞す。同7年大宰権帥に任ぜられる。長暦2(1038)年事件に連座し除名され、同3年に許される。子に公成がいる。　典：大日・伝日・公辞・日名・公補

藤原公成　ふじわらの・きんなり

平安時代の人、権中納言。長保元(999)年生～長久4(1043)年6月24日 没。45才。

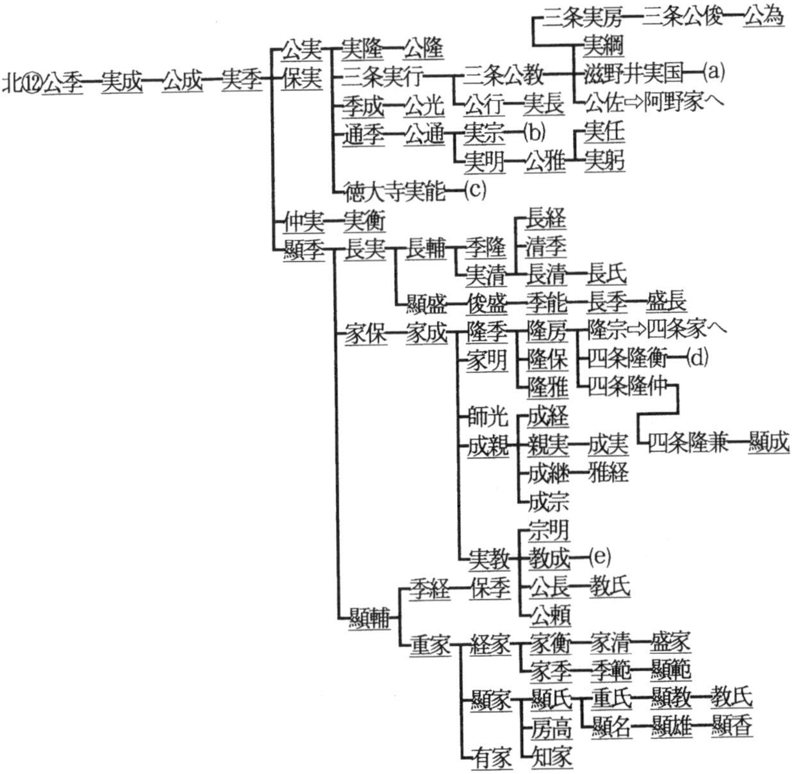
北⑫公季—実成—公成—実季
公実
実隆—公隆
三条実行—三条公教
三条実房—三条公俊—公為
実綱
滋野井実国—(a)
公佐⇨阿野家へ
公行—実長
季成—公光
通季—公通—実宗—(b)
実明—公雅—実任
実躬
徳大寺実能—(c)
保実
仲実—実衡
顕季—長実—長輔—季隆
実清—長経
清季
長清—長氏
顕盛—俊盛—季能—長季—盛長
家保—家成—隆季—隆房—隆宗⇨四条家へ
四条隆衡—(d)
四条隆仲—四条隆兼—顕成
隆保
隆雅
家明
師光
成親—成経
親実—成実
成継—雅経
成宗
実教—宗明
教成—(e)
公長—教氏
公頼
顕輔—季経—保季
重家—経家—家衡—家清—盛家
家季—季範—顕範
顕家—顕氏—重氏—顕教—教氏
顕名—顕雄—顕香
房高
知家
有家

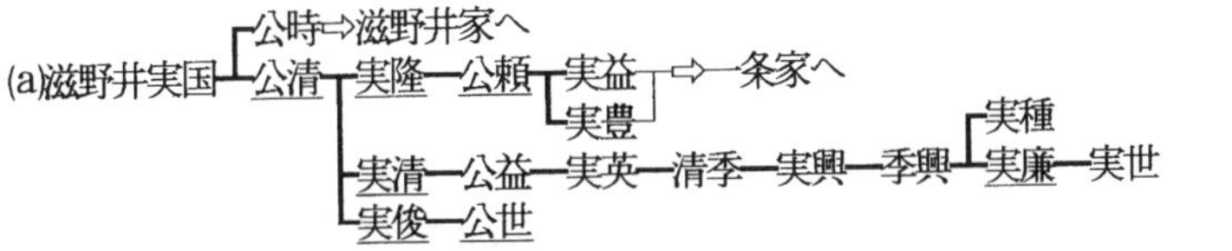
(a)滋野井実国—公時⇨滋野井家へ
公清—実隆—公頼—実益
実豊
⇨一条家へ
実清—公益—実英—清季—実興—季興—実種
実廉—実世
実俊—公世

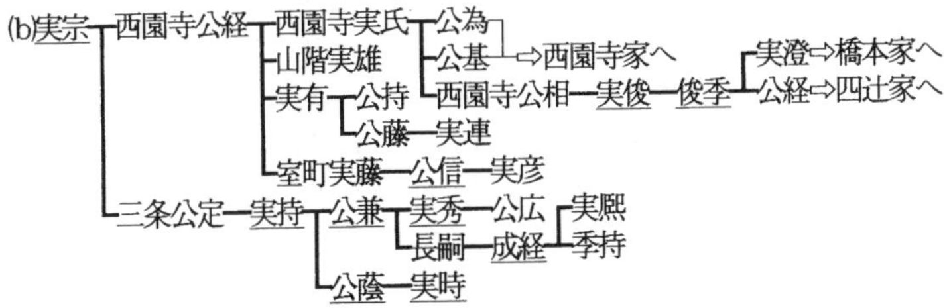
(b)実宗—西園寺公経—西園寺実氏—公為
公基
⇨西園寺家へ
西園寺公相—実俊—俊季—実澄⇨橋本家へ
公経⇨四辻家へ
山階実雄
実有—公持
公藤—実連
室町実藤—公信—実彦
三条公定—実持—公兼—実秀—公広—実煕
長嗣—成経—季持
公蔭—実時

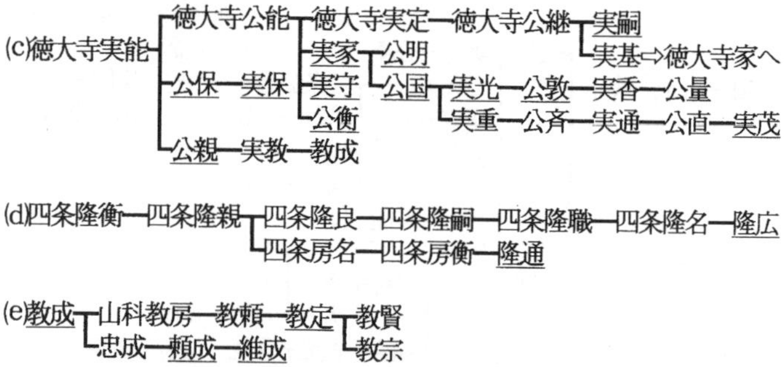

中納言藤原実成の長男。母は正四位下・播磨守藤原陳政朝臣の娘。寛弘8(1011)年元服し叙爵し従五位上に叙され侍従、同9年右兵衛佐に任ぜられ正五位下に進み、長和2(1013)年右少将に任ぜられる。同3年従四位下に進み近江権介に任ぜられる。同5年従四位上より正四位下に進み、寛仁元(1017)年春宮権亮・右権中将、同4年蔵人頭、同5年備前守、治安3(1023)年左中将に任ぜられる。万寿3(1026)年参議に任ぜられる。同4年近江権守、長元3(1030)年左兵衛督に任ぜられる。同5年従三位に進み、同6年播磨権守、同7年使別当に任ぜられる。同8年正三位に進み、同9年次第長官となる。長暦元(1037)年中宮権大夫、同2年再び近江権守に任ぜられ従二位に進み、同3年備前守に任ぜられ大夫を辞す。長久4(1043)年権中納言に任ぜられる。白河院の外祖。子に実季がいる。　典:大日・公辞・日名・公補

藤原実季　ふじわらの・さねすえ

平安時代の人、大納言。長元8(1035)年生～寛治5(1091)年12月24日没。57才。通称=防門按察。号=後閑院・転法輪三条。

権中納言藤原公成の子。母は淡路守藤原定佐の娘。永承元(1046)年従五位下に叙され、同6年侍従に任ぜられる。天喜6(1058)年従五位上に進み、康平4(1061)年左少将、同5年備前権介に任ぜられる。同7年正五位下、治暦2(1066)年従四位下に進み、同4年備中介に任ぜられ従四位上に進み、延久元(1069)年左中将・蔵人頭・左京大夫に任ぜられる。同2年正四位下に進み美作権守・右中将・右兵衛督に任ぜられ更に参議に任ぜられる。同5年検別当・左兵衛督に任ぜられ従三位に進み、承保元(1074)年中宮権大夫・近江権守に任ぜられ正三位に進み更に権中納言に任ぜられる。同2年従二位より正二位に進み右衛門督に任ぜられ、承暦元(1077)年中宮権大夫を辞す。同3年左衛門督に任ぜられる。同年検別当を辞す。同4年権大納言に任ぜられ春宮大夫に任ぜられる。更に永保3(1083)年大納言に任ぜられる。応徳2(1085)年春宮大夫を辞す。同年按察使に任ぜられる。寛治5年踏歌内弁となる。鳥羽院の外祖。没後に正一位・太政大臣を賜る。子に公実・保実・仲実・顯季がいる。　典:公辞・公補

藤原公実　ふじわらの・きんざね

平安時代の人、権大納言。天喜元(1053)年生～嘉承2(1107)年11月14日没。55才。

大納言藤原実季の長男。母は大宰大弐藤原経平朝臣の娘。弟に保実・仲実・顕季がいる。治暦4(1068)年従五位下に叙され、延久2(1070)年左兵衛佐に任ぜられる。同4年従五位上に進み蔵人、同5年左少将に任ぜられる。同6年正五位下に進み備前介に任ぜられる。承保元(1074)年従四位下、同2年従四位上に進み左中将に任ぜられる。同4年正四位下に進み中宮権亮、承暦4(1080)年蔵人頭に任ぜられ更に参議に任ぜられる。永保元(1081)年美作権守に任ぜられ従三位、同3年正三位に進み、応徳元(1084)年美作権守を辞す。同3年備後権守に任ぜられる。寛治元(1087)年権中納言に任ぜられ皇后宮権大夫に任ぜられる。同2年従二位、同3年正二位に進み、同5年右衛門督に任ぜられる。嘉保元(1094)年皇后宮権大夫を辞す。同2年左衛門督、同3年使別当に任ぜられる。康和2(1100)年権大納言に任ぜられる。同5年春宮大夫に任ぜられる。嘉承2(1107)年に辞す。崇徳・後白河帝の外祖。子に実隆・季成・通季・三条実行・徳大寺実能(続系譜はCを見よ)がいる。　典：古今・伝日・公辞・日名・公補

藤原保実　ふじわらの・やすざね

平安時代の人、権中納言。康平4(1061)年生～康和4(1102)年3月没。42才。

大納言藤原実季の次男。母は大宰大弐藤原経平朝臣の娘。兄に公実、弟に仲実・顕季がいる。延久元(1069)年従五位下に叙され、同5年侍従、承保元(1074)年右少将に任ぜられる。同2年従五位上に進み伊予権介に任ぜられる。同3年正五位下、同4年従四位下より従四位上に進み右中将に任ぜられる。承暦3(1079)年正四位下に進み、永保2(1082)年蔵人頭に任ぜられる。同3年参議に任ぜられる。応徳2(1085)年播磨権守に任ぜられる。同3年従三位、寛治2(1088)年正三位に進み、同3年播磨権守を辞す。同4年美作権守に任ぜられる。同8年権守を辞す。嘉保2(1095)年伊予権守に任ぜられる。承徳2(1098)年に辞す。康和2(1100)年備後権守に任ぜられ更に権中納言に任ぜられる。　典：公補

藤原仲実　ふじわらの・なかざね

平安時代の人、権大納言。生年不明～保安2(1121)年12月23日没。

大納言藤原実季の三男。母は大宰大弐藤原経平朝臣の娘。兄に公実・保実、弟に顕季がいる。承保3(1076)年侍従に任ぜられる。承暦2(1078)年従五位上に叙され丹後守に任ぜられる。永保元(1081)年従四位下に進み備中守、同3年右中将に任ぜられる。同4年正四位下に進み、寛治5(1091)年守を辞す。同年中宮権亮・蔵人頭に任ぜられる。同6年参議に任ぜられる。同7年播磨権守に任ぜられる。永長元(1096)年従三位、承徳元(1097)年正三位に進む。同年播磨権守を辞す。同2年備中権守に任ぜられる。康和4(1102)年権中納言に任ぜられる。同5年正二位に進み、更に永久3(1115)年権大納言に任ぜられる。保安2(1121)年出家。子に実衡がいる。　典：公補

藤原顕季　ふじわらの・あきすえ

平安時代の人、非参議。天喜3(1055)年生～保安4(1123)年9月6日没。69才。通称＝六条修理大夫。

大納言藤原実季の養子。実は正四位下・美濃守藤原隆経朝臣の次男。母は大舎人頭親国の娘。延久元(1069)年左兵衛尉、同4年蔵人、同5年左近衛将監に任ぜられ従五位下に叙され、同6年左兵衛権佐、承保2(1075)年讃岐守に任ぜられる。同3年従五位上より正五位下、承暦2(1078)年従四位下に進み丹波守に任ぜられる。同5年従四位上、永保3(1083)年正四位下に進み、応徳元(1084)年尾張守、寛治4(1090)年伊予守、同8年播磨守・修理大夫、康和3(1101)年美作守に任ぜられる。同4年正四位上に進み、同5年春宮亮に任ぜられる。同6年従三位、天仁元(1108)年正三位に進む。天永2(1111)年大宰大弐に任ぜられ、永久4(1116)年に辞す。保安3(1122)年修理大夫を辞す。同4年出家。子に長実・家保・顯輔がいる。　典：大日・古今・日名・公補

藤原実隆　ふじわらの・さねたか

平安時代の人、中納言。承暦3(1079)年生～大治2(1127)年10月16日没。49才。

権大納言藤原公実の長男。母は正四位下・美濃守藤原基貞の娘。弟に季成・通季・三条実行・徳大寺実能がいる。応徳2(1085)年叙爵。寛治4(1090)年侍従に任ぜられる。同7年従五位上に進み、同8年右兵衛権佐に任ぜられる。承徳2(1098)年正五位下に進み左少将・蔵人、同3年備前介に任ぜられる。康和2(1100)年従四位下に進む。同3年斎院長官となり、同4年に辞す。同年従四位上に進み、同5年春宮亮に任ぜられる。同6年正四位下に進み美作介、嘉承元(1106)年蔵人頭・右中将、同2年左中将、天仁2(1109)年讃岐介に任ぜられる。天永2(1111)年参議に任ぜられる。同3年伊予権守に任ぜられる。永久2(1114)年権守を辞す。同4年従三位に進み、同5年播磨権守に任ぜられる。元永元(1118)年に辞す。同2年権中納言に任ぜられる。保安元(1120)年再び侍従に任ぜられる。同3年中納言に任ぜられる。大治2(1127)年出家。子に公隆がいる。　典：公補

藤原通季　ふじわらの・みちすえ

平安時代の人、権中納言。寛治4(1090)年生～大治3(1128)年6月17日没。39才。通称＝大宮中納言。西園寺家系の祖。

権大納言藤原公実の三男。母は藤原隆方朝臣の娘で先朝御乳母の従二位光子。兄に実隆、弟に季成・三条実行・徳大寺実能がいる。承徳2(1098)年叙爵。同3年越中権守、康和2(1100)年右兵衛佐に任ぜられる。同3年従五位上、同5年正五位下に進み、同6年左少将・美作守に任ぜられる。長治2(1105)年従四位下、嘉承2(1107)年従四位上、天仁元(1108)年正四位下に進み、天永2(1111)年左中将・蔵人頭に任ぜられる。同年美作守・左中将を辞す。同3年備前権守に任ぜられる。永久3(1115)年参議に任ぜられ再び左中将に任ぜられる。同4年近江権守に任ぜられる。同5年従三位に進み、元永元(1118)年中宮権大夫に任ぜられる。保安元(1120)年近江権守を辞す。同3年権中納言に任ぜられ左衛門督に任ぜられ、天治元(1124)年中宮権大夫を辞す。大治3(1128)年正三位に進む。子に公通がいる。
典：大日・伝日・公辞・公補

藤原長実　ふじわらの・ながざね

平安時代の人、権中納言。承保2(1075)年生～長承2(1133)年8月19日没。59才。

非参議藤原顕季の長男。母は非参議藤原経平の次女。弟に家保・顕輔がいる。応徳2(1085)年叙爵。同3年美濃権守、同4年左兵衛佐に任ぜられる。寛治2(1088)年従五位上、同4年正五位下に進み、同5年因幡守に任ぜられる。同7年従四位下、同8年従四位上に進み中務権大輔に任ぜられる。嘉保2(1094)年正四位下に進み、承徳2(1098)年因幡守を辞す。同3年尾張守、長治2(1105)年伊予守に任ぜられ大輔を辞す。嘉承3(1108)年播磨守、永久3(1115)年再び伊予守、同6年内蔵頭に任ぜられる。保安3(1122)年従三位に進み修理大夫、同4年大宰大弐に任ぜられ、大治2(1127)年修理大夫を辞す。同4年参議に任ぜられ、更に同5年権中納言に任ぜられる。長承2(1133)年大宰権帥に任ぜられる。没後に正一位・左大臣を賜る。子に長輔・顕盛がいる。　典：公補

藤原家保　ふじわらの・いえやす

平安時代の人、参議。承暦4(1080)年生～保延2(1136)年8月14日没。57才。

非参議藤原顕季の次男。母は非参議藤原経平の次女。兄に長実、弟に顕輔がいる。寛治7(1093)年主殿助、同8年蔵人に任ぜられ叙爵。嘉保2(1095)年越前守、永長2(1097)年左衛門佐に任ぜられる。承徳2(1098)年従五位上、同3年正五位下、康和2(1100)年従四位下、同3年従四位上に進み、同4年丹後守に任ぜられる。嘉承2(1107)年正四位下に進み、天永元(1110)年但馬守、元永元(1118)年丹波守、保安2(1121)年播磨守・中宮権亮、同3年内蔵頭に任ぜられる。天治元(1124)年中宮権亮を辞す。大治4(1129)年伊予守、天承元(1131)年修理大夫に任ぜられる。同年伊予守を辞す。長承元(1132)年従三位に進み、同3年参議に任ぜられる。保延元(1135)年近江権守に任ぜられる。同2年参議を辞す。同年出家。子に家成がいる。　典：公補

藤原実衡　ふじわらの・さねひら

平安時代の人、権中納言。康和2(1100)年生～康治元(1142)年2月8日没。43才。

権大納言藤原仲実の長男。母は非参議藤原顕季の次女。長治2(1105)年叙爵。天永3(1112)年侍従に任ぜられる。永久3(1115)年従五位上に進み右少将・備後介、同4年近江介に任ぜられ正五位下に進み、同6年蔵人に任ぜられる。元永2(1119)年従四位下に進み、同3年左少将、保安3(1122)年右中将、同4年伊予介に任ぜられる。天治3(1126)年従四位上に進み、大治3(1128)年播磨権介に任ぜられる。長承元(1132)年正四位下に進み、同2年蔵人頭に任ぜられる。同3年参議に任ぜられる。保延元(1135)年丹波権守に任ぜられる。同5年に辞す。同年従三位に進み、同6年権中納言に任ぜられる。風邪がもとで没す。　典：公補

藤原季成　ふじわらの・すえなり

平安時代の人、権大納言。天永3(1112)年生～永万元(1165)年2月1日没。54才。

権大納言藤原公実の子。母は右京大夫通家の娘。兄に実隆・通季、弟に三条実行・徳大寺実能がいる。天永3(1112)年叙爵。永久2(1114)年尾張守、同3年侍従に任ぜられる。同6年従五位上に進み、元永2(1119)年蔵人・左少将、同3年周防権介、保安2(1121)年加賀守に任ぜられ蔵人を辞す。同3年正五位下、同5年従四位下に進み、大治5(1130)年左中将に任ぜられる。同6年従四位上、長承3(1134)年正四位下に進み、同3年蔵人頭に任ぜられる。保延2(1136)年参議に任ぜられる。同3年伊予権守に任ぜられる。同6年従三位に進

み、永治元(1141)年伊予権守を辞す。康治元(1142)年権中納言に任ぜられる。同2年正三位、久安2(1146)年従二位、同5年正二位に進み、保元元(1156)年民部卿に任ぜられ中納言に任ぜられ、更に同2年権大納言に任ぜられ中宮大夫、平治元(1159)年皇后大夫に任ぜられる。永暦元(1160)年権大納言を辞す。子に公光がいる。　典：公補

藤原家成　ふじわらの・いえなり

平安時代の人、中納言。嘉承2(1107)年生～久寿元(1154)年5月29日没。48才。

参議藤原家保の三男。母は近江守藤原隆宗の娘従三位典侍悦子。保安2(1121)年中宮権少進、同3年蔵人・左近衛将監に任ぜられ叙爵。天治2(1125)年若狭守・左兵衛権佐に任ぜられる。大治元(1126)年従五位上に進み、同2年加賀守に任ぜられる。同3年従四位下、同4年従四位上より正四位下に進み左馬頭・讃岐守、同5年播磨守、長承3(1134)年左京大夫に任ぜられる。同4年正四位上、保延2(1136)年従三位に進む。同年左京大夫を辞す。のち右兵衛督・皇后宮権大夫に任ぜられる。同3年参議に任ぜられる。更に同4年権中納言に任ぜられる。同5年皇后宮権大夫を辞す。同年春宮権大夫に任ぜられる。永治元(1141)年に辞す。同年右衛門督に任ぜられ正三位、康治2(1143)年従二位、久安3(1147)年正二位に進み、同5年中納言に任ぜられる。同6年左衛門督に任ぜられる。仁平2(1152)年に辞す。久寿元(1154)年に病気となり出家。子に隆季・家明・師光(養子)・成親・実教がいる。　典：公補

藤原公行　ふじわらの・きんゆき

平安時代の人、参議。長治2(1105)年生～久安4(1148)年6月22日没。44才。初名＝公輔。

権大納言藤原公実の孫。権大納言三条実行の次男。母は非参議藤原顕季の三女。兄に三条公教がいる。初め公輔と名乗り、のち公行と改名。永久2(1114)年叙爵。保安3(1122)年右兵衛佐に任ぜられる。同5年従五位上、大治3(1128)年正五位下に進み、同5年左少将、天承元(1131)年周防介・左少弁、長承元(1132)年右中弁に任ぜられる。同2年従四位下、同3年従四位上より正四位下に進み左中弁・修理左宮城使、同4年左中弁、保延2(1136)年備前介・蔵人頭に任ぜられる。同3年参議に任ぜられる。同5年播磨権守、永治元(1141)年右兵衛督に任ぜられる。康治元(1142)年従三位に進み、同2年播磨権守を辞す。天養元(1144)年越前権守に任ぜられる。子に実長がいる　典：公補

藤原顕輔　ふじわらの・あきすけ

平安時代の人、非参議。寛治4(1090)年生～久寿2(1155)年5月7日没。66才。

非参議藤原顕季の三男。母は非参議藤原経平の次女。兄に長実・家保がいる。康和2(1100)年蔵人・備後権守に任ぜられ叙爵。同3年従五位上、同4年正五位下に進み、同6年越後守に任ぜられる。長治2(1105)年従四位下、天仁2(1109)年従四位上に進み、天永2(1111)年加賀守、永久2(1114)年中務権大輔に任ぜられる。元永元(1118)年正四位下に進み美作守に任ぜられる。同年中務権大輔を辞す。大治5(1130)年中宮亮、同6年近江守に任ぜられる。保延元(1135)年に辞す。同3年従三位に進み、同5年左京大夫、永治元(1141)年近江権守・皇太后宮亮に任ぜられる。久安元(1145)年近江権守を辞す。同2年備中権守に任ぜられる。同4年正三位に進み、同6年皇太后宮亮を辞す。久寿元(1154)年備中権守を辞す。同2年出家。子に季経・重家がいる。　典：大日・伝日・古今・公辞・日名・公補

藤原公隆 ふじわらの・きんたか

平安時代の人、参議。康和5(1103)年生～仁平3(1153)年6月20日 没。51才。

中納言藤原実隆の長男。母は権大納言藤原仲実の娘。天仁2(1109)年叙爵。永久2(1114)年因幡権守、同4年侍従に任ぜられる。保安元(1120)年従五位上に進み備前介、同3年右少将、同4年阿波権介に任ぜられる。天治2(1125)年正五位下、同3年従四位下に進み、大治4(1129)年伊予権介に任ぜられる。同6年従四位上に進み左中将、長承3(1134)年近江権介に任ぜられる。同4年正四位下に進み、保延2(1136)年蔵人頭に任ぜられる。同4年参議に任ぜられる。同5年丹波権守に任ぜられる。康治元(1142)年従三位に進み、同2年丹波権守を辞す。久安2(1146)年讃岐権守に任ぜられる。同5年正三位に進み、仁平2(1152)年近江権守に任ぜられる。 典：公補

藤原公通 ふじわらの・きんみち

平安時代の人、権大納言。永久5(1117)年生～承安3(1173)年9月9日没。57才。号=閑院。

権中納言藤原通季の長男。母は大納言藤原忠教の娘。保安3(1122)年叙爵。大治2(1127)年丹波守・侍従に任ぜられる。同6年従五位上に進み、長承3(1134)年因幡守に任ぜられる。保延2(1136)年正五位下に進み右少将に任ぜられる。同4年従四位下、同5年従四位上に進み、同6年因幡守を辞す。永治元(1141)年右中将に任ぜられ正四位下に進み、久安5(1149)年蔵人頭に任ぜられる。同6年参議に任ぜられる。仁平元(1151)年備前権守に任ぜられる。久寿元(1154)年従三位に進み、保元元(1156)年美作権守に任ぜられる。同2年権中納言に任ぜられる。同3年正三位に進み権中納言を辞す。永暦元(1160)年中納言に任ぜられ、更に応保元(1161)年権大納言に任ぜられる。同2年按察使に任ぜられる。長寛2(1164)年正二位に進み、仁安2(1167)年権大納言を辞す。一説に4月9日没とあり。子に実宗・実明がいる。 典：公補

藤原長輔 ふじわらの・ながすけ

平安時代の人、非参議。康和5(1103)年生～保元元(1156)年1月14日 没。54才。

権中納言藤原長実の長男。母は大法師文賛の娘郁芳門院女房。弟に顕盛がいる。永久3(1115)年叙爵し甲斐守、元永3(1120)年左兵衛佐、保安元(1120)年丹後守に任ぜられる。同3年従五位上に進み、天治元(1124)年宇佐使となり、同3年従四位上、長承3(1134)年正四位下に進む。保延7(1141)年右馬頭に任ぜられる。久安4(1148)年に辞す。同年右京大夫、仁平3(1153)年備後介、同4年内蔵頭に任ぜられる。久寿元(1154)年これらを辞す。同年従三位に進む。飲水病にて没す。子に季隆・実清がいる。 典：公補

藤原実長 ふじわらの・さねなが

平安時代の人、権大納言。大治3(1128)年生～寿永元(1182)年12月27日没。55才。

参議藤原公行の長男。母は播磨守源顕親朝臣の娘。保延6(1140)年従五位下に叙され、永治元(1141)年従五位上に進み、天養元(1144)年右兵衛佐に任ぜられる。同2年正五位下に進み、久安2(1146)年備中権介・左少将に任ぜられる。同3年従四位下より従四位上、同6年正四位下に進み、仁平元(1151)年備前権介、保元元(1156)年右中将に任ぜられ蔵人頭に任ぜられ更に参議に任ぜられる。同2年讃岐権守に任ぜられ従三位、同3年正三位に進

み、永暦元(1160)年権中納言に任ぜられ、更に応保元(1161)年中納言に任ぜられ中宮権大夫に任ぜられる。同2年従二位に進み、更に長寛2(1164)年権大納言に任ぜられ中宮大夫に任ぜられる。仁安元(1166)年権大納言を辞す。同3年正二位に進み、承安2(1172)年中宮大夫を辞す。同年皇后宮大夫に任ぜられる。同3年に辞す。　典：公補

藤原公光　ふじわらの・きんみつ

平安時代の人、権中納言。大治5(1130)年生～治承2(1178)年1月11日 没。49才。

権大納言藤原季成の長男。母は権中納言藤原顕頼の娘。従五位下に叙され、天養元(1144)年従五位上に進み、久安4(1148)年侍従に任ぜられる。同5年正五位下に進み、同6年左近権少将、仁平元(1151)年備後権介に任ぜられる。同2年従四位下、久寿2(1155)年従四位上より正四位下に進み、保元元(1156)年右近中将、同2年蔵人頭に任ぜられる。同3年参議に任ぜられ再び侍従に任ぜられる。平治元(1159)年従三位に進み播磨権守、永暦元(1160)年右兵衛督に任ぜられ更に権中納言に任ぜられ別当・左衛門督に任ぜられる。応保元(1161)年別当を辞す。同年正三位、長寛元(1163)年従二位に進み、仁安元(1166)年解官となる。治承2(1178)年出家。　典：公補

藤原隆季　ふじわらの・たかすえ

平安時代の人、権大納言。大治2(1127)年生～文治元(1185)年1月11日 没。59才。四条家系の祖。

中納言藤原家成の長男。母は中務大輔高階宗章の娘。弟に家明・師光・成親・実教がいる。長承2(1133)年蔵人・但馬守に任ぜられ従五位下に叙され、同3年右兵衛佐に任ぜられ従五位上、保延2(1136)年正五位下、同3年従四位下に進み左馬頭、同4年讃岐守に任ぜられる。同6年正四位下に進み、久安2(1146)年越後守、久寿2(1155)年土佐守、保元元(1156)年左京大夫に任ぜられる。同3年従三位、応保元(1161)年正三位に進み参議に任ぜられる。同2年讃岐権守、永万元(1165)年別当・左兵衛督、仁安元(1166)年左衛門督に任ぜられ更に権中納言に任ぜられ、更に同2年従二位に進み中納言に任ぜられる。更に同3年権大納言に任ぜられる。承安元(1171)年正二位に進み、同2年中宮大夫に任ぜられる。治承2(1178)年に辞す。同3年大宰権帥に任ぜられる。同4年新院別当となる。寿永元(1182)年任職を辞す。56才で東山にて出家。子に隆房・隆保・隆雅がいる。　典：公辞・公補

藤原家明　ふじわらの・いえあき

平安時代の人、非参議。大治3(1128)年生～承安2(1172)年12月24日没。45才。

中納言藤原家成の次男。母は中務大輔高階宗章の娘。兄に隆季、弟に師光・成親・実教がいる。長承3(1134)年主殿権助、同4年蔵人に任ぜられる。保延元(1135)年従五位下に叙され、同3年越後守、同4年左兵衛権佐に任ぜられる。同6年従五位上に進み、永治元(1141)年左少将に任ぜられる。康治2(1143)年正五位下に進み、天養元(1144)年美濃守に任ぜられる。久安3(1147)年従四位上、同5年正四位下に進み、仁平2(1152)年備後守、保元2(1157)年内蔵頭に任ぜられる。同年左少将を辞す。永暦元(1160)年播磨守に任ぜられる。応保2(1162)年従三位に進み、仁安3(1168)年に41才で出家。　典：公補

藤原俊盛　ふじわらの・としもり

平安時代の人、非参議。保安元(1120)年生〜没年不明。

権中納言藤原長実の孫。尾張守藤原顕盛の長男。母は刑部卿敦兼の娘。長承3(1134)年従五位下に叙され、保延2(1136)年備後守より丹後守に任ぜられる。康治元(1142)年従五位上、同2年正五位下に進み、同3年左兵衛佐、天養元(1144)年越前守に任ぜられる。久安3(1147)年従四位下、同5年従四位上、同6年正四位下に進み、仁平3(1153)年丹後守、保元2(1157)年讃岐守に任ぜられる。永暦元(1160)年に辞す。応保2(1162)年内蔵頭に任ぜられる。長寛2(1164)年従三位に進み、仁安元(1166)年皇太后宮権大夫に任ぜられる。同2年正三位に進み、治承元(1177)年に58才で出家。子に季能がいる。　典：公補

藤原成親　ふじわらの・なりちか

平安時代の人、権大納言。保延4(1138)年生〜治承元(1177)年7月13日没。40才。

中納言藤原家成の三男。母は中納言藤原経忠の娘。兄に隆季・家明、弟に師光・実教がいる。永治2(1142)年叙爵。天養元(1144)年越後守に任ぜられる。同2年従五位上に進み、久安2(1146)年讃岐守に任ぜられる。同6年正五位下に進み、仁平2(1152)年侍従、久寿2(1155)年越後守、同3年左少将に任ぜられる。保元2(1157)年従四位下より従四位上に進み、同3年右中将に任ぜられる。同4年正四位下に進む。平治元(1159)年に解官となり、永暦2(1161)年再び右中将に任ぜられる。応保元(1161)年再び解官となる。仁安元(1166)年許されて左中将・蔵人頭に任ぜられ従三位より正三位に進み更に参議に任ぜられる。同2年越前権守に任ぜられ更に権中納言に任ぜられる。嘉応元(1169)年天台の告訴により解官され備中国に配流されたが許され上洛する。同2年別当・右兵衛督より右衛門督更に左衛門督に任ぜられる。承安2(1172)年従二位、同3年正二位に進み、安元元(1175)年権大納言に任ぜられる。治承元(1177)年平家討伐を企てたが清盛に知れて捕らえられ備前国に配流される途中の難波にて殺される。子に成経・親実・成継・成宗がいる。　典：大日・伝日・京都・日名・公補

藤原実綱　ふじわらの・さねつな

平安時代の人、権中納言。大治2(1127)年生〜治承4(1180)年12月19日没。54才。初名＝実経。

権大納言藤原公実の曾孫。太政大臣三条実行の孫。内大臣三条公教の長男。母は花園左府家女房。兄に三条実房、弟に滋野井実国(続系譜はAを見よ)・阿野公佐がいる。初め実経と名乗る。保延4(1138)年叙爵。久安3(1147)年従五位上に進み、同6年少納言に任ぜられる。同7年正五位下に進み、仁平2(1152)年土佐権守に任ぜられる。保元元(1156)年従四位下に進み皇太后宮権亮、同3年大宮権亮に任ぜられる。応保2(1162)年従四位上に進み備中権守に任ぜられる。長寛元(1163)年実綱と改名。正四位下に進み、仁安元(1166)年蔵人頭に任ぜられる。同2年参議に任ぜられ右大弁に任ぜられる。同3年阿波権守に任ぜられ従三位に進み、嘉応2(1170)年左大弁・勘解由長官に任ぜられる。承安2(1172)年阿波権守を辞す。同3年伊予権守に任ぜられる。同4年正三位に進み、安元元(1175)年権中納言に任ぜられる。治承3(1179)年勅勘を被り解官となる。同4年許される。　典：公補

藤原重家　ふじわらの・しげいえ

平安時代の人、非参議。大治3(1128)年生～没年不明。初名＝光輔。

非参議藤原顕輔の子。弟に季経がいる。初め光輔えお名乗る。長承3(1134)年蔵人・尾張権守に任ぜられ叙爵。同年重家と改名。保延元(1135)年周防守に任ぜられる。康治元(1142)年従五位上に進み、同3年筑前守に任ぜられる。久安元(1145)年正五位下に進み、同3年左兵衛佐、同4年摂津守、仁平3(1153)年上野介に任ぜられる。久寿2(1155)年従四位上、保元2(1157)年正四位下に進み、応保元(1161)年若狭守より能登守に任ぜられたが、同2年解官となる。許されて永万元(1165)年刑部卿、同2年中宮亮に任ぜられる。嘉応元(1169)年に辞す。同2年従三位に進む。同年刑部卿を辞す。のち備中権守に任ぜられる。承安元(1171)年大宰大弐に任ぜられる。同年備中権守を辞す。安元2(1176)年に49才で出家。子に経家・顕家・有家がいる。　典：公補

藤原季隆　ふじわらの・すえたか

平安・鎌倉時代の人、非参議。大治元(1126)年生～建久元(1190)年5月19日 没。65才。初名＝季長。元名＝隆長。前名＝隆輔。

非参議藤原長輔の長男。母は権中納言藤原清隆の娘。弟に実清がいる。初め季長と名乗る。康治元(1142)年蔵人に任ぜられる。同年隆長と改名。久安3(1147)年従五位上に叙され、同4年左兵衛権佐に任ぜられる。仁平元(1151)年隆輔と改名。同2年正五位下、久寿2(1155)年従四位下に進み中務大輔、保元2(1157)年周防守に任ぜられ従四位上、同3年正四位下に進む。応保元(1161)年中宮亮に任ぜられる。同2年に辞す。長寛3(1165)年長門守に任ぜられたが、仁安2(1167)年解官となる。承安3(1173)年許されて従三位に進み、養和元(1181)年皇太后宮権大夫に任ぜられる。同年季隆と改名。　典：公補

藤原実宗　ふじわらの・さねむね

平安・鎌倉時代の人、内大臣。久安元(1145)年生～建保元(1213)年11月9日 没。69才。号＝西園寺・坊城・大宮・五条。

権大納言藤原公通の長男。母は正四位下・大蔵卿通基朝臣の娘。弟に実明がいる。久安4(1148)年叙爵。久寿2(1155)年従五位上に進み、保元2(1157)年侍従、同3年右少将に任ぜられる。同4年正五位下に進み備後介に任ぜられる。応保元(1161)年従四位下に進み右中将に任ぜられる。同3年従四位上に進み伊予権介に任ぜられる。永万元(1165)年正四位下に進み、仁安3(1168)年讃岐介、嘉応2(1170)年蔵人頭に任ぜられる。安元2(1176)年参議に任ぜられる。治承元(1177)年備前権守に任ぜられ従三位、同3年正三位に進み、寿永元(1182)年備後権守に任ぜられる。同2年権中納言に任ぜられる。元暦元(1184)年従二位、文治元(1185)年正二位に進み、同5年権大納言に任ぜられ、更に建久2(1191)年大納言に任ぜられる。同9年大嘗会検校となり、元久2(1205)年内大臣に任ぜられる。同3年に辞し出家。子に西園寺公経・三条公定がいる。続系譜はBを見よ。　典：大日・公辞・公補

藤原実清　ふじわらの・さねきよ

平安時代の人、非参議。保延5(1139)年生～文治元(1185)年1月8日没。47才。

非参議藤原長輔の三男。母は権中納言藤原清隆の娘。兄に季隆がいる。仁平元(1151)年倉人に任ぜられ叙爵。同3年越前守、保元元(1156)年左兵衛権佐に任ぜられる。同2年従五位上、同4年正五位下に進み、永暦元(1160)年丹後守に任ぜられ守を辞す。応保元(1161)年近江守に任ぜられ、仁安元(1166)年に辞す。同年従四位上、同3年正四位下に進み、治承元(1177)年内蔵頭に任ぜられ従三位に進み、寿永元(1182)年大宰大弐に任ぜられる。同2年正三位に進むも解官となる。元暦元(1184)年許されて再び大宰大弐に任ぜられ出家。子に長経・清季・長清がいる。　典：公補

藤原隆房　ふじわらの・たかふさ

平安・鎌倉時代の人、権大納言。久安4(1148)年生～没年不明。59才。号=四条。法名=寂恵。

権大納言藤原隆季の子。母は非参議藤原忠隆の娘。従五位下に叙され、永暦元(1160)年加賀守、応保元(1161)年因幡守に任ぜられる。同3年従五位上に進み、長寛3(1165)年左兵衛権佐、仁安元(1166)年右少将に任ぜられる。同3年正五位下より従四位下、承安2(1172)年従四位上、同4年正四位下に進み、治承3(1179)年右中将、寿永2(1183)年左中将・蔵人頭に任ぜられる。同2年参議に任ぜられ右兵衛督に任ぜられる。元暦元(1184)年加賀権守に任ぜられ従三位に進み、文治2(1186)年加賀権守を辞す。同年左兵衛督、同3年別当、同5年伊予権守に任ぜられ正三位に進み更に権中納言に任ぜられる。建久元(1190)年別当を辞す。同年右衛門督、同4年左衛門督に任ぜられる。同6年従二位に進み、同8年左衛門督を辞す。正治元(1199)年正二位に進み中納言に任ぜられ翌年に辞す。元久元(1204)年再び中納言に任ぜられ更に権大納言に任ぜられ翌年に辞す。建永元(1206)年に59才で出家。日記に「四条大納言日記」(一名・隆房の恋づくし)がある。子に四条隆宗・四条隆衡・四条隆仲がいる。続系譜はDを見よ。　典：公補

藤原季能　ふじわらの・すえよし

平安・鎌倉時代の人、非参議。生没年不明。

非参議藤原俊盛の子。母は権中納言源雅兼の娘。保元3(1158)年従五位下に叙され、永暦元(1160)年越前守より丹後守、更に応保3(1163)年讃岐守に任ぜられる。仁安元(1166)年従五位上、同2年正五位下に進み、同3年左兵衛佐、嘉応元(1169)年遠江守に任ぜられる。同3年従四位下、承安2(1172)年従四位上に進み、安元3(1177)年周防守より讃岐守に任ぜられ正四位下に進み、治承3(1179)年越前守に任ぜられ守を辞す。同年内蔵頭に任ぜられる。寿永2(1183)年従三位に進み右京大夫に任ぜられる。文治3(1187)年周防権守、同4年因幡権守に任ぜられ、建久2(1191)年権守を辞す。同4年正三位に進む。同年左京大夫を辞す。同9年大宰大弐、正治2(1200)年大皇太后宮大夫に任ぜられる。建仁元(1201)年大夫を辞す。承元元(1207)年兵部卿に任ぜられる。同4年出家。子に長季がいる。　典：公補

藤原実教　ふじわらの・さねのり

平安・鎌倉時代の人、中納言。久安6(1150)年生～嘉禄3(1227)年4月3日没。78才。

中納言藤原家成の六男。母は中納言藤原経忠の娘。兄に隆季・家明・師光・成親がいる。保元元(1156)年叙爵。仁安3(1168)年従五位下に進み近江守、嘉応3(1171)年右衛門佐・左

少将・信濃守に任ぜられる。同3年正五位下、同4年従四位下、治承元(1177)年従四位上に進み、同4年斎院長官となり、寿永2(1183)年正四位下に進む。同年斎院長官を辞す。同年右中将、文治2(1186)年蔵人頭に任ぜられる。同4年参議に任ぜられる。同5年従三位に進み播磨権守、建久元(1190)年左中将に任ぜられ正三位に進み、同4年参議・左中将を辞す。同年左兵衛督、同8年右衛門督に任ぜられ従二位に進み、同9年皇后宮権大夫に任ぜられ再び参議に任ぜられる。更に正治元(1199)年右衛門督を辞す。同年権中納言に任ぜられる。建仁元(1201)年皇后宮大夫に任ぜられる。同2年正二位に進み中納言に任ぜられる。元久元(1204)年中納言を辞す。建永元(1206)年皇后宮大夫を辞す。承元2(1208)年按察使に任ぜられ使を辞す。建暦2(1212)年に63才で出家。子に宗明・教成・公長・公頼がいる。　典：公補

藤原季経　ふじわらの・すえつね

平安・鎌倉時代の人、非参議。天承元(1131)年生～承久3(1221)年没。91才。

非参議藤原顕輔の子。兄に重家がいる。保延6(1140)年主殿権助、久安2(1146)年蔵人に任ぜられ叙爵。同4年山城守・中務権少輔に任ぜられ従五位上に進み、平治元(1159)年正五位下に進む。同年中務権少輔を辞す。永万元(1165)年従四位上、仁安3(1168)年正四位下に進み、嘉応元(1169)年中宮亮、文治元(1185)年宮内卿に任ぜられる。同5年従三位、建久9(1198)年正三位に進む。建仁元(1201)年出家。子に保季がいる。　典：伝日・公補

藤原経家　ふじわらの・つねいえ

平安・鎌倉時代の人、非参議。生没年不明。

非参議藤原重家の長男。母は中納言藤原家成の娘。弟に顕家・有家がいる。久寿元(1154)年叙爵。永暦元(1160)年右衛門佐に任ぜられる。応保2(1162)年阿波権介、同2年中務権大介に任ぜられ従四位下に進み、同3年近江介に任ぜられ従四位上、養和元(1181)年正四位下に進み、寿永元(1182)年宮内卿、元暦2(1185)年内蔵頭に任ぜられる。文治5(1189)年従三位、建久9(1198)年正三位に進む。承元2(1208)年出家。　典：公補

藤原成経　ふじわらの・なりつね

平安・鎌倉時代の人、参議。生年不明～建仁2(1202)年3月19日没。

権大納言藤原成親の長男。母は参議藤原親隆の娘。弟に親実・成継・成宗がいる。嘉応2(1170)年叙爵し丹波守に任ぜられる。承安元(1171)年従五位上に進み右少将に任ぜられる。同2年正五位下、同3年従四位下に進み、安元3(1177)年解官され遠島となり、のち許されて帰京。寿永元(1182)年従四位上に進み、同2年再び右少将に任ぜられ正四位下に進み、元暦2(1184)年右中将、文治5(1189)年蔵人頭に任ぜられる。建久元(1190)年参議に任ぜられる。同2年近江権守に任ぜられ従三位に進み、同4年皇太后宮大夫に任ぜられ参議・右中将を辞す。同年正三位に進む。　典：大日・伝日・日名・公補

藤原実明　ふじわらの・さねあき

平安・鎌倉時代の人、参議。生没年不明。

権大納言藤原公通の次男。母は正四位下・大蔵卿藤原通基朝臣の娘。兄に実宗がいる。応保3(1163)年叙爵。仁安元(1166)年侍従に任ぜられる。同3年従五位上に進み、嘉応2(1170)年土佐介に任ぜられる。承安3(1173)年正五位下に進み、治承3(1179)年右少将、同4年周防介に任ぜられる。養和元(1181)年従四位下、寿永元(1182)年従四位上、元暦元(1184)年正四位下に進み美濃守、同2年備前守更に播磨守、文治2(1186)年右中将、建久2(1191)年蔵人頭に任ぜられる。同4年参議に任ぜられる。同5年備後権守に任ぜられる。同6年従三位、正治元(1199)年正三位に進み伊予権守、同2年民部卿に任ぜられ参議を辞す。元久2(1205)年民部卿を辞す。同年従二位に進む。承元3(1209)年出家。子に公雅がいる。　典：公補

藤原隆保　ふじわらの・たかやす

平安・鎌倉時代の人、非参議。久安6(1150)年生～没年不明。

権大納言藤原隆季の次男。母は権中納言藤原隆房の娘。兄に隆房、弟に隆雅がいる。長寛3(1165)年叙爵。仁安3(1168)年備前権守、嘉応2(1170)年因幡守に転じ、承安2(1172)年従五位上に進み、同4年侍従に任ぜられる。正五位下に進み、治承2(1178)年因幡守を辞す。寿永2(1183)年左少将に任ぜられる。元暦2(1185)年従四位下、文治4(1188)年従四位上、建久2(1191)年正四位下に進み、同4年少将を辞す。同年右京大夫、同7年能登守に任ぜられ従三位に進み、正治元(1199)年土佐権守に任ぜられる。元久元(1204)年正三位に進み、同2年右京大夫を辞す。建保4(1216)年に67才で出家。　典：公補

藤原顕家　ふじわらの・あきいえ

平安・鎌倉時代の人、非参議。仁平3(1153)年生～没年不明。

非参議藤原重家の次男。母は中納言藤原家成の娘。兄に経家、弟に有家がいる。永万元(1165)年蔵人に任ぜられ叙爵。仁安元(1166)年尾張権守、承安元(1171)年民部少輔、同2年少納言に任ぜられる。同4年従五位上に進み、安元2(1176)年三河守・右少将に任ぜられる。治承元(1177)年正五位下より従四位下、寿永元(1182)年従四位上、同2年正四位下に進み、文治元(1185)年能登守、同4年左京大夫に任ぜられる。建仁元(1201)年従三位、承元2(1208)年正三位に進み、建保3(1215)年に63才で出家。子に顯氏・房高・知家がいる。　典：日名・公補

藤原長経　ふじわらの・ながつね

平安・鎌倉時代の人、非参議。生没年不明。

非参議藤原実清の長男。弟に清季・長清がいる。安元元(1175)年叙爵。養和元(1181)年左兵衛佐、寿永元(1182)年皇后宮権大夫に任ぜられ従五位上に進み、同2年丹波守に任ぜられる。元暦元(1184)年正五位下、文治元(1185)年従四位下、同4年従四位上、建久2(1191)年正四位下に進み、同3年丹後守、正治3(1201)年大蔵卿・春宮亮に任ぜられる。同2年大蔵卿を辞す。同年内蔵頭に任ぜられる。建仁2(1202)年従三位、承元元(1207)年正三位に進む。同2年出家。　典：公補

藤原教成　ふじわらの・のりしげ

鎌倉時代の人、権中納言。治承元(1177)年生～延応元(1239)年4月13日没。63才。

非参議藤原実教の子。母は従二位高階栄子。実は相模守平業房の子。文治3(1187)年叙爵し元服し中務少輔に任ぜられる。同4年従五位上に進み右兵衛佐に任ぜられる。同5年正五位下に進み、建久2(1191)年左近少将に任ぜられる。同3年従四位下に進み備前介に任ぜられる。同5年左近少将を辞す。同7年従四位上に進み、同8年再び左少将、同9年備中介に任ぜられ正四位下に進み、正治3(1201)年右中将、建仁2(1202)年右兵衛督、同3年左兵衛督に任ぜられる。元久元(1204)年従三位、承元2(1208)年正三位に進み、同3年参議に任ぜられ左衛門督に任ぜられる。建暦元(1211)年使別当に任ぜられ更に権中納言に任ぜられる。同2年従二位に進み、建保2(1214)年権中納言を辞す。同3年正二位に進み、延応元年に頓死する。子に忠成・山科教房がいる。続系譜はEを見よ。　典：公補

藤原公頼　ふじわらの・きんより

平安・鎌倉時代の人、参議。承安2(1172)年生～建長2(1250)年11月24日没。79才。

中納言藤原実教の次男。母は権中納言藤原光隆の娘。兄弟に宗明・教成・公長がいる。安元2(1176)年叙爵。元暦元(1184)年侍従、文治2(1186)年丹波守に任ぜられる。同3年従五位上、建久元(1190)年正五位下、同4年従四位下に進み侍従を辞す。同8年従四位上に進み、同9年皇后宮亮に任ぜられ正四位下、元久元(1204)年従三位、承元2(1208)年正三位に進み修理大夫に任ぜられる。建保6(1218)年大夫を辞す。承久2(1220)年参議に任ぜられるも辞す。同2年再び修理大夫に任ぜられる。貞応元(1222)年従二位に進み、安貞元(1227)年再び修理大夫を辞す。嘉禎3(1237)年正二位に進む。　典：公補

藤原親実　ふじわらの・ちかざね

平安・鎌倉時代の人、非参議。生没年不明。

権大納言藤原成親の子。母は権中納言源忠房の娘。兄に成経、弟に成継・成宗がいる。承安元(1171)年叙爵。同3年越後守、文治5(1189)年左衛門佐に任ぜられる。建久元(1190)年従五位上、同7年正五位下、同8年従四位下、正治2(1200)年従四位上に進み、建仁元(1201)年左京大夫、同2年内蔵頭に任ぜられ正四位下、元久2(1205)年従三位に進み、承元2(1208)年大宰大弐に任ぜられる。同3年正三位に進み、建暦元(1211)年大宰大弐を辞す。子に成実がいる。　典：公補

藤原有家　ふじわらの・ありいえ

平安・鎌倉時代の人、非参議。久寿2(1155)年生～建保4(1216)年4月11日没。62才。初名=仲家。

非参議藤原重家の三男。母は中納言藤原家成の娘。兄に経家・顕家がいる。初め仲家と名乗る。仁安2(1167)年叙爵。承安2(1172)年相模権守、治承2(1178)年少納言、同3年讃岐権守に任ぜられる。同年有家と改名。同4年従五位上、元暦元(1184)年正五位下より従四位下に進み少納言を辞す。建久3(1192)年従四位上に進み、同7年中務権大輔に任ぜられる。正治元(1199)年正四位下に進む。同年中務権大輔を辞す。建仁2(1202)年大蔵卿に任ぜられる。承元2(1208)年従三位に進み、建保3(1215)年61才で出家。　典：日名・公補

藤原家衡　ふじわらの・いえひら

平安・鎌倉時代の人、非参議。治承3(1179)年生〜没年不明。

非参議藤原経家の子。弟に家季がいる。寿永2(1183)年叙爵。建久元(1190)年従五位上より正五位下に進み、同9年右兵衛佐、正治2(1200)年春宮権大進に任ぜられる。建仁元(1201)年従四位下、同3年従四位上、元久2(1205)年正四位下に進み、承元3(1209)年春宮亮に任ぜられる。同4年従三位、承久2(1220)年正三位進み、嘉禄元(1225)年に47才で出家。子に家清がいる。　典：公補

藤原長季　ふじわらの・ながすえ

鎌倉時代の人、非参議。文治3(1187)年生〜没年不明。初名=成能。

非参議藤原季能の次男。初め成能と名乗る。従五位下に叙され、正治元(1199)年従五位上に進み、同2年伊豆守に任ぜられる。同年長季と改名。元久元(1204)年伊豆守を辞す。同年少納言に任ぜられる。同2年正五位下に進み、承元3(1209)年周防守に任ぜられ従四位下に進み、建暦元(1211)年中宮亮に任ぜられる。同2年従四位上、建保元(1213)年正四位下、同4年従三位に進み、嘉禄2(1226)年勅勘を受ける。寛元2(1244)年に58才で出家。子に盛長がいる。　典：公補

藤原保季　ふじわらの・やすすえ

鎌倉時代の人、非参議。生没年不明。

非参議藤原季経の子。母は中納言藤原家成の娘。実は非参議藤原重家の四男。承安4(1174)年叙爵。元暦元(1184)年従五位上、文治5(1189)年正五位下に進み、建久3(1192)年中務権大輔に任ぜられる。同6年左馬権頭に任ぜられる。正治元(1199)年に辞す。同年従四位下、建仁元(1201)年従四位上、元久元(1204)年正四位下、建保6(1218)年従三位に進み、承久3(1221)年病気となり出家。　典：公補

藤原公長　ふじわらの・きんなが

鎌倉時代の人、非参議。元暦元(1184)年生〜没年不明。法名=尊仏。

中納言藤原実教の三男。母は権中納言藤原光隆の娘。兄に教成・公頼、弟に宗明がいる。文治2(1186)年叙爵。建久2(1191)年従五位上に進み、同5年丹波守、同9年越中守に転じ、正治元(1199)年正五位下より従四位下に進み右兵衛佐に任ぜられる。元久2(1205)年従四位上、建永2(1207)年正四位下、承久元(1219)年従三位に進み、嘉禄2(1226)年治部卿、安貞元(1227)年民部卿に転じ、寛喜元(1229)年正三位に進み、嘉禎2(1236)年民部卿を辞す。仁治元(1240)年に57才で出家。子に教氏がいる。　典：公補

藤原公雅　ふじわらの・きんまさ

鎌倉時代の人、権大納言。寿永2(1183)年生〜宝治2(1248)年3月20日没。66才。

参議藤原実明の子。母は僧都玄修の娘。文治4(1188)年従五位下、建久2(1192)年従五位上に進み、同7年侍従、正治2(1200)年土佐権介・左少将に任ぜられる。建仁元(1201)年正五位下に進み讃岐権介に任ぜられる。同2年従四位下に進み、元久2(1205)年右中将、同3年備中権介、建永元(1206)年伊予守に任ぜられる。同2年従四位上、承元3(1209)年正

四位下に進み、建保5(1217)年伊予守を辞す。同6年蔵人頭に任ぜられる。承久元(1219)年従三位に進み、同2年右兵衛督、貞応元(1222)年右衛門督に任ぜられる。嘉禄元(1225)年参議に任ぜられる。同2年越前権守に任ぜられたが参議を辞す。同年正三位に進む。寛喜2(1230)年越前権守を辞す。嘉禎元(1235)年従二位に進み再び参議・右衛門督に任ぜられる。同3年讃岐権守に任ぜられ正二位に進み、暦仁元(1238)年権中納言より中納言に任ぜられ按察使に任ぜられる。更に延応元(1239)年権大納言に任ぜられ、仁治2(1241)年に辞す。宝治元(1247)年出家。子に実任・実躬がいる。　典：公補

藤原知家　ふじわらの・ともいえ

鎌倉時代の人、非参議。寿永元(1182)年生～没年不明。法名=蓮性。

非参議藤原顕家の子。母は伊予守源師兼の娘院女房の新大夫局。弟に顕氏・房高がいる。建久4(1193)年従五位下に叙され、同6年美作守に任ぜられる。正治元(1199)年従五位上、建仁3(1203)年正五位下に進み中務少輔、元久元(1204)年左兵衛佐に任ぜられる。建永2(1207)年従四位下に進み、承元4(1210)年丹波守に任ぜられる。建暦元(1211)年従四位上に進む。同年丹波守を辞す。同3年正四位下に進み、建保6(1218)年中宮亮に任ぜられる。承久元(1219)年従三位、寛喜元(1229)年正三位に進み、暦仁元(1238)年に病気となり57才で出家。子に九条行家がいる。　典：古今・伝日・日名・公補

藤原清季　ふじわらの・きよすえ

鎌倉時代の人、非参議。承安4(1174)年生～安貞元(1227)年6月1日没。54才。

非参議藤原実清の次男。兄に長経、弟に長清がいる。寿永元(1182)年従五位下に叙され、建久元(1190)年中務大輔に任ぜられる。同3年従五位上、建仁3(1203)年正五位下、元久2(1205)年従四位下に進む。同年中務大輔を辞す。承元元(1207)年従四位上に進み、同2年皇后宮亮に任ぜられる。建暦元(1211)年正四位下、承久3(1221)年従三位に進む。　典：公補

藤原成実　ふじわらの・なりざね

鎌倉時代の人、非参議。建久2(1191)年生～没年不明。

非参議藤原親実の長男。建仁3(1203)年叙爵。元久2(1205)年従五位上に進み、承元元(1207)年右兵衛佐に任ぜられる。同3年正五位下、承久元(1219)年従四位上に進み丹後守より備中守・左馬権頭に任ぜられる。同3年正四位下に進み権頭を辞す。嘉禄2(1226)年宮内卿に任ぜられ従三位、寛喜元(1229)年正三位に進み大宰大弐に任ぜられる。同3年宮内卿・大宰大弐を辞す。同年兵部卿に任ぜられ、嘉禎2(1236)年に辞す。建長6(1254)年従二位に進み、康元元(1256)年に66才で出家。　典：公補

藤原長清　ふじわらの・ながきよ

鎌倉時代の人、非参議。治承4(1180)年生～暦仁元(1238)年8月8日没。59才。

非参議藤原実清の三男。母は高階清章の娘。兄に長経・清季がいる。建久4(1193)年叙爵。同5年遠江権守、正治2(1200)年中務少輔に任ぜられる。建仁3(1203)年従五位上に進み兵部大輔に任ぜられる。元久3(1206)年正五位下に進み常陸権介に任ぜられる。建

暦2(1212)年従四位上に進み、建保5(1217)年斎宮頭に任ぜられる。同6年正四位下、安貞2(1228)年従三位、嘉禎3(1237)年正三位に進む。子に長氏がいる。　典：公補

藤原家季　ふじわらの・いえすえ

鎌倉時代の人、非参議。建久3(1192)年生～建長2(1250)年6月没。59才。

非参議藤原経家の次男。母は民部卿藤原光忠の娘。兄に家衡がいる。建久8(1197)年叙爵。建永2(1207)年左衛門佐に任ぜられる。承元3(1209)年従五位上に進み、建暦2(1212)年阿波介に任ぜられる。同3年正五位下、建保4(1216)年従四位下に進み左衛門佐を辞す。承久元(1219)年越後守に任ぜられる。貞応3(1224)年従四位上、安貞2(1228)年正四位下、暦仁元(1238)年従三位に進む。　典：公補

藤原家清　ふじわらの・いえきよ

鎌倉時代の人、非参議。建保3(1215)年生～宝治元(1247)年1月18日没。33才。

権中納言藤原家衡の長男。母は修理大夫為頼の娘。承久元(1219)年叙爵。貞応元(1222)年従五位上に進み、嘉禄元(1225)年右兵衛佐に任ぜられる。同2年正五位下、安貞3(1229)年従四位下、天福元(1233)年従四位上に進み、文暦2(1235)年紀伊守に任ぜられる。嘉禎2(1236)年正四位下に進み内蔵頭に任ぜられる。暦仁元(1238)年従三位に進む。子に盛家がいる。　典：公補

藤原宗明　ふじわらの・むねあき

鎌倉時代の人、非参議。生没年不明。法名=孝信。

中納言藤原実教の子。実は持明寺基宗の子。義兄弟に公頼・教成・公長がいる。正治元(1199)年叙爵。元久2(1205)年越中守に任ぜられる。承久2(1220)年従五位下に進み、同3年少納言に任ぜられる。貞応元(1222)年正五位下、嘉禄元(1225)年従四位下、安貞3(1229)年従四位上に進み、寛喜3(1231)年左馬権頭に任ぜられる。文暦2(1235)年正四位下、仁治元(1240)年従三位に進む。寛元3(1245)年出家。　典：公補

藤原実任　ふじわらの・さねとう

鎌倉時代の人、権中納言。承元元(1207)年生～没年不明。

権大納言藤原公雅の長男。弟に実躬がいる。承久元(1219)年侍従に任ぜられる。同4年従五位上に叙され、貞応2(1223)年阿波介に任ぜられる。嘉禄2(1226)年正五位下に進み左少将、同3年播磨権介に任ぜられる。安貞2(1228)年従四位下に進み、寛喜4(1232)年但馬権介に任ぜられる。貞永元(1232)年従四位上に進み、嘉禎元(1235)年左中将・丹波介に任ぜられ正四位下に進み、仁治元(1240)年蔵人頭に任ぜられる。同2年従三位に進み参議に任ぜられる。同3年加賀権守に任ぜられ、寛元2(1244)年正三位に進み、同4年加賀権守を辞す。宝治2(1248)年備中権守に任ぜられ、更に建長元(1249)年権中納言に任ぜられ翌年に辞す。同5年に47才で出家。　典：公補

藤原顕氏　ふじわらの・あきうじ

鎌倉時代の人、非参議。承元元(1207)年生～文永11(1274)年11月8日没。68才。

非参議藤原顕家次男。兄に知家、弟に房高がいる。承久3(1221)年左兵衛権佐に任ぜられる。貞応2(1223)年従五位上に叙され中宮権大進に任ぜられる。嘉禄2(1226)年正五位下、安貞2(1228)年従四位下に進み、貞永2(1233)年皇后宮亮に任ぜられ従四位上、嘉禎2(1236)年正四位下に進む。仁治元(1240)年内蔵頭に任ぜられる。同3年に辞す。寛元元(1243)年従三位、建長4(1252)年正三位、正嘉元(1257)年従二位に進む。子に重氏・顕名がいる。　典：日名・公補

藤原実躬　ふじわらの・さねみ

鎌倉時代の人、非参議。建暦元(1211)年生～没年不明。

権大納言藤原公雅の次男。母は法印忠恵の娘。兄に実任がいる。元仁元(1224)年侍従、嘉禄3(1227)年美濃介に任ぜられる。安貞2(1228)年正五位下に叙され遠江介に任ぜられる。天福元(1233)年従四位下に進み左少将に任ぜられる。暦仁元(1238)年従四位上、仁治2(1241)年正四位下、寛元元(1243)年従三位に進み、建長3(1251)年に41才で出家。　典：公補

藤原長氏　ふじわらの・ながうじ

鎌倉時代の人、非参議。生年不明～文応元(1260)年10月没。

非参議藤原長清の子。備前守に任ぜられ、のちこれを辞す。正嘉元(1257)年従三位に叙され、文応元(1260)年腫物にかかり出家。　典：公補

藤原重氏　ふじわらの・しげうじ

鎌倉時代の人、非参議。嘉禎元(1235)年生～建治3(1277)年12月9日没。43才。

非参議藤原顕氏の子。弟に顕名がいる。正元元(1259)年従三位に叙され、文永2(1265)年宮内卿に任ぜられる。同6年正三位に進む。同7年宮内卿を辞す。建治3(1277)年出家。典：公補

藤原公為　ふじわらの・きんため

鎌倉時代の人、非参議。嘉禄2(1226)年生～没年不明。

左大臣三条実房の孫。非参議三条公俊の子。嘉禎2(1236)年叙爵し従五位上に叙され、延応元(1239)年侍従に任ぜられる。仁治元(1240)年正五位下、同3年従四位下に進み、同4年右少将、寛元4(1246)年近江権介に任ぜられ従四位上に進む。建長6(1254)年右少将を辞す。正嘉2(1258)年正四位下、文応元(1260)年従三位に進み、建治3(1277)年に52才で出家。　典：公補

藤原教氏　ふじわらの・のりうじ

鎌倉時代の人、非参議。生年不明～文永6(1269)年没。

非参議藤原公長の子。承久3(1221)年従五位下に叙され、寛喜元(1229)年従五位上に進み、同3年右兵衛権佐に任ぜられる。嘉禎元(1235)年正五位下、同3年従四位下、仁治2(1241)年従四位上、宝治2(1248)年正四位下、弘長3(1263)年従三位に進む。　典：公補

藤原季範　ふじわらの・すえのり

鎌倉時代の人、非参議。嘉禄元(1225)年生～弘安4(1281)年7月24日没。57才。

非参議藤原家季の子。暦仁2(1239)年叙爵。仁治2(1241)年左衛門佐に任ぜられる。寛元2(1244)年従五位上に進み、同4年土佐介に任ぜられる。宝治2(1248)年正五位下、建長3(1251)年従四位下、正嘉元(1257)年従四位上、正元元(1259)年正四位下に進み、文永2(1265)年中宮亮、同4年治部卿に任ぜられる。同5年従三位、同9年正三位に進む。子に顕範がいる。　典：公補

藤原顕名　ふじわらの・あきな

鎌倉時代の人、非参議。生年不明～弘安5(1282)年12月16日没。

非参議藤原顕氏の子。兄に重氏がいる。従五位下に叙され、建長2(1250)年従五位上に進み、同3年左衛門佐に任ぜられる。同4年正五位下に進み、同6年左兵衛権佐、正元元(1259)年右少将、文応元(1260)年左少将・備中権介に任ぜられ従四位下に進み、文永2(1265)年従四位上に進み相模権介に任ぜられる。同年左少将を辞す。同6年正四位下、弘安2(1279)年従三位に進む。同5年出家。子に顕雄がいる。　典：公補

藤原盛家　ふじわらの・もりいえ

鎌倉時代の人、非参議。生没年不明。初名＝盛長。

非参議藤原家清の長男。初め盛長と名乗る。建長元(1249)年叙爵。同6年従五位上に進み、康元元(1256)年兵衛権佐に任ぜられる。同年盛家と改名。正嘉元(1257)年右兵衛権佐に任ぜられる。正元元(1259)年正五位下、弘長2(1262)年従四位下、文永6(1269)年従四位上、同8年正四位下、弘安4(1281)年従三位、同9年正三位に進む。正応2(1289)年出家。典：公補

藤原盛長　ふじわらの・もりなが

鎌倉時代の人、非参議。嘉禄元(1225)年生～永仁2(1294)年没。70才。

非参議藤原長季の子。寛喜4(1232)年叙爵。嘉禎2(1236)年遠江守、建長3(1251)年右兵衛権佐に任ぜられる。同4年従五位上、同7年正五位下、同8年従四位下に進む。同年右兵衛権佐を辞す。文応元(1260)年従四位上、文永8(1271)年正四位下、弘安4(1281)年従三位、正応2(1289)年正三位に進む。　典：公補

藤原顕教　ふじわらの・あきのり

鎌倉時代の人、非参議。生没年不明。

非参議藤原重氏の子。建長6(1254)年叙爵。弘長2(1262)年侍従、文永3(1266)年美作介に任ぜられる。同4年従五位上に進み、同5年左少将・遠江守に任ぜられる。同7年遠江守を辞す。同8年正五位下、同11年従四位下、弘安6(1283)年従四位上、同8年正四位下、正応3(1290)年従三位に進み、同5年侍従に任ぜられる。永仁2(1294)年正三位に進み、同6年出雲権守に任ぜられる。正安元(1299)年従二位に進み、嘉元2(1304)年出雲権守を辞す。正和4(1315)年出家。子に教氏がいる。　典：公補

藤原顕成　ふじわらの・あきなり

鎌倉時代の人、非参議。生年不明〜永仁4(1296)年没。

非参議四条隆兼の子。建長4(1252)年従五位上に叙され、同5年侍従に任ぜられる。同7年正五位下、文永3(1266)年従四位下に進み侍従を辞す。同4年左少将に任ぜられる。同7年従四位上に進み左中将に任ぜられる。同8年正四位下に進み、弘安9(1286)年左中将を辞す。永仁元(1293)年従三位に進む。　典：公補

藤原顕範　ふじわらの・あきのり

鎌倉時代の人、非参議。生没年不明。法名=顕是。

非参議藤原季範の子。宮内卿を辞す。永仁2(1294)年従三位に叙され、永仁4(1296)年正三位に進み、正安元(1299)年侍従、嘉元3(1305)年但馬権守に任ぜられる。延慶2(1309)年従二位に進み、正和3(1314)年但馬権守を辞す。元応元(1319)年出家。　典：公補

藤原顕雄　ふじわらの・あきお

鎌倉時代の人、非参議。生没年不明。法名=顕暁。

非参議藤原顕名の子。文永6(1269)年従五位下に叙され、弘安2(1279)年侍従に任ぜられる。同3年従五位上、同9年正五位下に進み、正応2(1289)年近江権介、同3年右少将に任ぜられる。同5年従四位下、永仁2(1294)年従四位上に進み、同6年近江介に任ぜられ正四位下に進み、正安2(1300)年右少将を辞す。嘉元元(1303)年従三位に進み、徳治2(1307)年再び侍従に任ぜられる。延慶元(1308)年正三位、同3年従二位進み、応長元(1311)年相模権守に任ぜられたが出家。　典：公補

藤原教氏　ふじわらの・のりうじ

鎌倉・南北朝時代の人、非参議。弘安10(1287)年生〜文和元(1352.正平7)年没。66才。

非参議藤原顕教の子。正応元(1288)年叙爵。同4年侍従に任ぜられる。同6年従五位上、永仁5(1297)年正五位下に進み、同6年右少将に任ぜられる。同7年従四位下、正安4(1302)年従四位上、嘉元4(1306)年正四位下に進む。延慶2(1309)年右中将に任ぜられる。正和元(1312)年に辞す。同5年従三位、正慶元(1332.元弘2)年再び侍従に任ぜられる。同2年に再び辞す。康永元(1342.興国3)年正三位に進む。　典：公補

藤原房高　ふじわらの・ふさたか

鎌倉・南北朝時代の人、非参議。弘安7(1284)年生〜康永2(1343.興国4)年没。60才。初名=顕親。

非参議四条顕家の子。兄に知家・顕氏がいる。初め顕親と名乗る。弘安8(1285)年叙爵。同11年従五位上、正応2(1289)年正五位下に進み、正安2(1300)年備前守に任ぜられる。同3年守を辞す。延慶4(1311)年蔵人・民部大輔、正和2(1313)年右少弁に任ぜられ蔵人を辞す。同3年左少弁より権右中弁・修理右宮城使・勘学院別当に任ぜられ従四位上に進み、同5年蔵人頭・宮内卿・左中弁に任ぜられ正四位下、文保元(1317)年従三位に進む。元亨元(1321)年房高と改名。　典：公補

藤原顕香　ふじわらの・あきよし

鎌倉時代の人、非参議。生没年不明。

非参議藤原顕雄の子。右中将を辞す。文保2(1318)年従三位に叙され、元応元(1319)年侍従に任ぜられたが、元亨元(1321)年に出家し関東に配流される。　典：公補

藤原(北家12a)

藤原公清　ふじわらの・きんきよ

平安・鎌倉時代の人、参議。仁安元(1166)年生～安貞2(1228)年10月11日没。63才。号=風早・八条。河鰭家系の祖。

権大納言滋野井実国の次男。母は右中弁源雅綱の娘。兄に滋野井公時がいる。嘉応2(1170)年叙爵。治承4(1180)年左衛門佐に任ぜられる。寿永元(1182)年従五位上に進み、文治元(1185)年周防介に任ぜられる。同3年正五位下に進み左少将、建久元(1190)年近江権介に任ぜられ従四位下、同6年従四位上に進み駿河介、同9年近江介に任ぜられ正四位下に進み、建仁元(1201)年左中将、同2年加賀介に任ぜられる。同3年従三位、承元元(1207)年正三位に進む。同年加賀介を辞す。同3年参議に任ぜられる。建暦元(1211)年参議を辞す。同年従二位に進み、貞応2(1223)年に58才で出家。子に実俊・実清・実隆がいる。　典：公辞・公補

藤原実俊　ふじわらの・さねとし

鎌倉時代の人、非参議。生年不明～嘉禎3(1237)年12月18日没。

参議藤原公清の長男。母は権大納言源資賢の娘。弟に実隆がいる。建仁3(1203)年叙爵。元久2(1205)年侍従に任ぜられる。建永元(1206)年従五位上に進み、承元2(1208)年左少将、同3年相模権介に任ぜられる。建暦元(1211)年正五位下、建保元(1213)年従四位下、貞応元(1222)年従四位上に進み右少将、同2年播磨介に任ぜられ正四位下に進み、嘉禄元(1225)年右中将、安貞2(1228)年伊予介に任ぜられる。天福元(1233)年従三位に進む。子に公世がいる。　典：公補

藤原実清　ふじわらの・さねきよ

鎌倉時代の人、非参議。承元元(1207)年生～正応5(1292)年12月25日没。86才。

参議藤原公清の次男。兄に実俊、弟に実隆がいる。建保4(1216)年叙爵し侍従、貞応元(1222)年左少将、同2年美濃権介に任ぜられる。同3年従五位上、嘉禄2(1226)年正五位下、安貞2(1228)年従四位下、貞永2(1233)年従四位上に進み、嘉禎元(1235)年左中将・近江介に任ぜられ正四位下、宝治2(1248)年従三位に進み任職を辞す。建長2(1250)年再び侍従に任ぜられる。同6年従三位、正嘉2(1258)年従二位、正応元(1288)年正二位に進む。子に公益がいる。　典：公補

藤原実隆　ふじわらの・さねたか

鎌倉時代の人、非参議。建仁3(1203)年生～文永7(1270)年9月12日没。

参議藤原公清の三男。兄に実俊・実清がいる。貞応2(1223)年侍従に任ぜられる。安貞2(1228)年従五位上に進み讃岐権介に任ぜられる。文暦元(1234)年正五位下に進み、嘉禎

2(1236)年右近少将より左少将に任ぜられる。同4年従四位下、延応元(1239)年従四位上に進み、仁治2(1241)年右中将、同3年播磨権介に任ぜられる。寛元3(1245)年正四位下に進み、宝治2(1248)年能登介に任ぜられる。建長3(1251)年従三位に進む。同4年兵部卿に任ぜられる。康元元(1256)年に辞す。正嘉2(1257)年正三位、文永4(1267)年従二位に進む。同7年出家。子に公頼がいる。　典：公辞・公補

藤原公世　ふじわらの・きんよ

鎌倉時代の人、非参議。生年不明～正安3(1301)年4月6日没。

非参議藤原実俊の次男。母は佐々木判官定綱の娘春花門院大進。嘉禄2(1226)年叙爵し、文暦2(1235)年侍従に任ぜられる。暦仁2(1238)年従五位上、仁治3(1242)年正五位下、寛元4(1246)年従四位下に進み、建長6(1254)年右少将、同7年相模介に任ぜられる。同8年従四位上、正嘉3(1259)年正四位下に進み、文応元(1260)年左馬頭、弘長元(1261)年右中将に任ぜられ、文永2(1265)年左中将を辞す。弘安6(1283)年従三位に進み再び侍従、同10年周防権守に任ぜられる。正応3(1290)年正三位に進む。同年周防権守を辞す。永仁元(1293)年従二位に進む。　典：公補

藤原公頼　ふじわらの・きんより

鎌倉時代の人、非参議。宝治元(1247)年生～没年不明。初名＝公盛。

非参議藤原実隆の子。初め公盛と名乗る。宝治2(1248)年叙爵。建長4(1252)年侍従に任ぜられる。同6年従五位上に進み、同8年右少将、正嘉元(1257)年左少将に任ぜられる。同3年正五位下、弘長元(1261)年従四位下に進む。同年公頼と改名。文永3(1266)年従四位上に進み、同4年左中将、同5年越前権介に任ぜられる。同6年正四位下に進み、弘安2(1279)年左中将を辞す。永仁4(1296)年従三位、同6年正三位に進み、延慶元(1308)年兵部卿に任ぜられる。同2年従二位に進み、同3年兵部卿を辞す。正和元(1312)年に66才で出家。子に一条実豊・一条実益がいる。　典：公辞・公補

藤原実廉　ふじわらの・さねよし

南北朝・室町時代の人、非参議。貞治6(1367.正平22)年生～没年不明。

非参議藤原実清の裔。藤原季興の子。兄弟に実種がいる。応永29(1422)年従三位に叙され、永享7(1435)年より名が見えない。　典：公補

藤原(北家12b)

藤原実持　ふじわらの・さねもち

鎌倉時代の人、権大納言。文治5(1189)年生～建長8(1256)年5月8日没。68才。

内大臣藤原実宗の孫。権中納言三条公定の長男。母は権大納言藤原成親の娘。弟に西園寺公経がいる。建久9(1198)年叙爵し、建仁3(1203)年侍従、建永2(1207)年土佐権介、承久元(1219)年右少将に任ぜられる。同3年従五位上、貞応2(1223)年正五位下に進み備中権介に任ぜられる。元仁2(1225)年従四位下、寛喜2(1230)年従四位上に進み左中将、同3年播磨権介に任ぜられる。貞永元(1232)年正四位下、文暦元(1234)年従三位に進み皇后宮権大夫に任ぜられる。嘉禎2(1236)年参議に任ぜられる。同3年備中権守・再び左中将

に任ぜられる。暦仁元(1238)年権中納言に任ぜられる。延応元(1239)年従二位に進み、更に仁治元(1240)年中納言に任ぜられ右衛門督・別当に任ぜられる。更に同2年権大納言に任ぜられ翌年に辞す。建長5(1253)年に65才で出家。子に公蔭・公兼がいる。　典：公補

藤原公蔭　ふじわらの・きんかげ

鎌倉時代の人、非参議。生年不明～文永8(1271)年3月4日没。

権大納言藤原実持の長男。母は宇佐大宮司公通の娘。弟に公兼がいる。嘉禎2(1236)年従五位下に叙され、仁治元(1240)年侍従に任ぜられる。同2年従五位上に進み、同3年左少将、同4年三川介に任ぜられる。寛元3(1245)年正五位下、宝治元(1247)年従四位下、建長元(1249)年従四位上に進み、同2年左中将、同3年三川権介に任ぜられる。同6年正五位下に進み、康元元(1256)年周防介に任ぜられる。文永元(1264)年従三位に進み皇后宮権大夫に任ぜられる。同6年正三位に進み、同8年腹病のため没す。子に実時がいる。　典：公補

藤原実俊　ふじわらの・さねとし

鎌倉時代の人、参議。文応元(1260)年生～暦応4(1341)年2月15日没。82才。橋本家系の祖。

太政大臣西園寺公相の四男。母は参議藤原元氏の娘。文永6(1269)年従五位下に叙され侍従に任ぜられ従五位上より正五位下に進み、同7年左中将に任ぜられ従四位下に進み、同8年美濃権介に任ぜられ従四位上、同9年正四位下に進む。同10年春宮権亮に任ぜられる。同11年に辞す。建治2(1276)年因幡介に任ぜられる。同3年従三位に進み参議に任ぜられる。弘安元(1278)年但馬権守に任ぜられ、この頃は父の氏姓の西園寺を名乗る。同2年正三位に進み、同5年には藤原姓となる。同6年参議を辞す。同年近江権守に任ぜられる。同8年・永仁6(1298)年には西園寺を名乗る。正安3(1301)年に42才で出家。子に俊季がいる。　典：大日・伝日・公辞・公補

藤原公兼　ふじわらの・きんかね

鎌倉時代の人、非参議。仁治元(1240)年生～正和元(1312)年4月17日没。73才。初名＝公遠。

権大納言藤原実持の次男。母は宇佐大宮司公通の娘。兄に公蔭がいる。初め公遠と名乗る。寛元2(1244)年叙爵。宝治元(1247)年侍従に任ぜられる。同年公兼と改名。同2年従五位上、建長4(1252)年正五位下に進み、同5年阿波権介、同6年左少将に任ぜられる。同7年従四位下、正嘉2(1258)年従四位上、正元元(1259)年正四位下に進み、文応元(1260)年左中将、弘長元(1261)年美濃権守に任ぜられる。弘安元(1278)年従三位、同7年正三位、永仁6(1298)年従二位、正安3(1301)年正二位に進む。子に実秀・長嗣がいる。　典：公補

藤原実時　ふじわらの・さねとき

鎌倉時代の人、参議。建長3(1251)年生～徳治3(1308)年5月17日没。58才。号＝六条。

非参議藤原公蔭の子。母は左大臣山階実雄の娘。建長7(1255)年叙爵。正嘉3(1259)年従五位上、弘長2(1262)年正五位下に進み、文永元(1264)年侍従に任ぜられる。同4年従四位下に進み右少将、同5年相模権介に任ぜられる。同7年従四位上に進み右中将に任ぜられ

る。同11年正四位下に進み信濃権介、正応2(1288)年修理大夫に任ぜられ従三位、同4年正三位、永仁2(1294)年従二位に進み、同4年修理大夫を辞す。同年正二位に進み、同5年参議に任ぜられる。同6年備中権守より近江権守に任ぜられ正二位に進み、正安2(1300)年参議を辞す。嘉元2(1304)年に54才で出家。　典：公補

藤原実秀　ふじわらの・さねひで

鎌倉・南北朝時代の人、参議。文永8(1271)年生〜暦応2(1339.延元4)年11月25日没。69才。

非参議藤原公兼の子。母は二位中将経家の娘。弟に長嗣がいる。弘安4(1281)年従五位下に叙され、同8年従五位上に進み、同11年侍従に任ぜられる。正応2(1289)年正五位下に進み、同4年右少将に任ぜられる。同6年従四位下、永仁4(1296)年従四位上、同7年正四位下に進み、嘉元4(1306)年右中将、応長元(1311)年備前権介に任ぜられ従三位に進み、正和2(1313)年弾正大弼に任ぜられる。同5年正三位に進む。同年弾正大弼を辞す。文保2(1318)年参議に任ぜられるも辞す。正慶元(1332)年従二位に進む。子に公広がいる。典：公補

藤原公信　ふじわらの・きんのぶ

鎌倉時代の人、非参議。生没年不明。

権大納言室町実藤の次男。弘安8(1285)年叙爵。同9年侍従に任ぜられ従五位上に進み、同11年右少将に任ぜられる。正応2(1289)年正五位下より従四位下、同5年従四位上、永仁5(1297)年正四位下に進み左中将に任ぜられる。嘉元元(1303)年に辞す。正和元(1312)年従三位に進み、同5年右近中将に任ぜられたが、元応元(1319)年解官となる。正中2(1325)年より名が見えない。子に実彦がいる。　典：公補

藤原俊季　ふじわらの・としすえ

鎌倉・南北朝時代の人、非参議。生没年不明。

参議藤原実俊の子。元亨2(1322)年従五位下に叙され、正中元(1324)年侍従に任ぜられる。嘉暦元(1326)年従五位上、同2年正五位下に進み、元徳元(1329)年左少将に任ぜられ従四位下に進み、同2年左中将、元弘元(1331)年春宮権亮に任ぜられる。正慶元(1332)年正四位下、同2年従三位に進むも、正慶2(1333.元弘3)年官位が止まる。その後は吉野朝に奉じたらしい。子に橋本実澄・四辻公経がいる。　典：公補

藤原成経　ふじわらの・なりつね

鎌倉・南北朝時代の人、参議。永仁5(1297)年生〜観応2(1350.正平6)年6月没。初名=成雅。

非参議藤原公兼の孫。左中将藤原長嗣朝臣の子。初め成雅と名乗り、のち成経と改名。延慶2(1309)年従五位下に叙され侍従に任ぜられる。同3年従五位上に進み右少将に任ぜられる。正和元(1312)年正五位下、同5年従四位下に進み、文保元(1317)年右中将に任ぜられる。元応元(1319)年従四位上に進み、同2年左中将に任ぜられる。元亨3(1323)年正四位下、康永2(1343.興国4)年従三位に進み弾正大弼に任ぜられる。同3年参議に任ぜられるも辞す。貞和4(1348.正平3)年に52才で出家。子に実熈・季持がいる。　典：公補

藤原(北家12c)

藤原公親　ふじわらの・きんちか

平安時代の人、参議。天承元(1131)年生～平治元(1159)年7月10日没。29才。

左大臣徳大寺実能の次男。母は右大臣藤原宗忠の娘。兄に徳大寺公能、弟に公保がいる。保延2(1136)年従五位下に叙され、同3年侍従、康治元(1142)年右近権少将に任ぜられる。同2年従五位上に進み讃岐権介に任ぜられる。同3年正五位下、久安元(1145)年従四位下に進み、同4年越前権介に任ぜられる。同5年従四位上、同6年正四位下に進み、仁平元(1151)年左少将、同4年右少将更に、久寿3(1156)年右権中将・蔵人頭に任ぜられる。保元元(1156)年参議に任ぜられ中宮権大夫に任ぜられる。同2年備前権守に任ぜられ従三位に進み、平治元(1159)年皇太后宮権大夫に任ぜられる。同年乱が起こり解官となりる。子に実教、孫に教成がいる。　典：公補

藤原公保　ふじわらの・きんやす

平安時代の人、権大納言。長承元(1132)年生～安元2(1176)年9月27日没。45才。

左大臣徳大寺実能の三男。母は権中納言藤原通季の娘。兄に徳大寺公能・公親がいる。保延6(1140)年従五位下に叙され、同7年侍従に任ぜられる。康治3(1144)年従五位上、久安5(1149)年正五位下に進む。同年右権少将、同6年備中権介・皇后宮権亮に任ぜられる。同7年従四位下に進む。仁平元(1151)年皇后宮権亮を辞す。同年左権少将に任ぜられる。同2年従四位上、久寿2(1155)年正四位下に進み、保元元(1156)年右権中将・皇太后宮権大夫に任ぜられる。同2年従三位に進み、同3年太皇大后宮権大夫・右兵衛督に任ぜられ正三位に進み、永暦元(1160)年参議に任ぜられる。応保元(1161)年右兵衛督を辞す。同年伊予権守に任ぜられる。永万元(1165)年権中納言に任ぜられる。仁安元(1166)年大宮大夫に任ぜられる。同2年従二位に進み権大納言に任ぜられる。嘉応2(1170)年正二位に進み、安元2(1176)年任職を辞し出家。子に実保がいる。　典：公補

藤原実家　ふじわらの・さねいえ

平安・鎌倉時代の人、大納言。久安元(1145)年生～建久4(1193)年3月16日没。49才。

右大臣徳大寺公能の次男。母は権中納言藤原俊忠の娘。兄に徳大寺実定、弟に実守・公衡がいる。久安3(1147)年叙爵。保元元(1156)年侍従・左少将・中宮権亮に任ぜられる。同2年従五位上に進み讃岐権介に任ぜられる。平治2(1160)年従四位下に進み、永暦元(1160)年左中将、同2年播磨介に任ぜられ従四位下、長寛3(1165)年正四位下に伊予介、仁安元(1166)年蔵人頭に任ぜられたが解官となり、同2年再び左中将・蔵人頭に任ぜられる。同3年蔵人頭を辞す。同年従三位に進み、嘉応2(1170)年但馬権守任ぜられる。承安元(1171)年正三位に進み、同4年参議に任ぜられる。安元元(1175)年讃岐権守に任ぜられる。治承3(1179)年権中納言に任ぜられ中宮権大夫・右衛門督に任ぜられる。養和元(1181)年別当に任ぜられる。同年中宮権大夫を辞す。寿永元(1182)年従二位に進み次第長官となる。同2年左衛門督に任ぜられる。元暦元(1184)年正二位に進み別当を辞す。同2年皇后宮権大夫に任ぜられ、更に文治2(1186)年権大納言に任ぜられ皇后宮大夫に任ぜられる。同3年皇后宮大夫を辞す。建久元(1190)年大納言に任ぜられる。子に公国・公明がいる。　典：公補

藤原実守　ふじわらの・さねもり

平安時代の人、権中納言。久安3(1147)年生～文治元(1185)年4月25日没。39才。

右大臣徳大寺公能の三男。母は権中納言藤原俊忠の娘。兄に徳大寺実定・実家、弟に公衡がいる。保元元(1156)年叙爵し美作守・侍従に任ぜられる。同2年従五位上に進み、同3年左少将・皇后宮権亮に任ぜられる。同4年正五位下に進む。同年皇后宮権亮を辞す。永暦元(1160)年従四位下に進み、応保元(1161)年右中将に任ぜられる。同2年従四位上に進み、長寛元(1163)年美作守を辞す。同3年正四位下に進む。仁安元(1166)年春宮権亮に任ぜられる。同3年に辞す。同年蔵人頭に任ぜられる。嘉応2(1170)年参議に任ぜられる。承安元(1171)年播磨権守に任ぜられる。同3年従三位に進み、安元元(1175)年播磨権守を辞す。同2年備中権守に任ぜられる。寿永元(1182)年権中納言に任ぜられ皇后宮権大夫に任ぜられ従二位に進む。同2年左兵衛督に任ぜられる。元暦元(1184)年これと権中納言を辞す。没するまでの3年間脚気で苦しむ。　典：公補

藤原公衡　ふじわらの・きんひら

平安・鎌倉時代の人、非参議。生年不明～建久4(1193)年2月21日没。

右大臣徳大寺公能の四男。兄に徳大寺実定・実家・実守がいる。兄の権中納言藤原実守が没したので家督養子となる。仁安元(1166)年従五位下に叙され、嘉応元(1169)年従五位上に進み、同2年侍従、承安4(1174)年備前介に任ぜられる。安元3(1177)年正五位下に進み右少将、寿永元(1182)年近江介・皇后宮権亮に任ぜられ従四位下、同2年従四位上に進み、文治2(1186)年右中将、同3年美濃介に任ぜられる。同年皇后宮権亮を辞す。同4年正四位下、同5年従三位に進み、建久元(1190)年周防権守に任ぜられたが、同4年脚気と疱瘡にて没す。　典：公補

藤原公国　ふじわらの・きんくに

平安・鎌倉時代の人、中納言。長寛元(1163)年生～建保6(1218)年9月10日没。56才。

大納言藤原実家の長男。母は蔵人頭・刑部卿藤原憲方朝臣の娘。弟に公明がいる。安元元(1175)年従五位下に叙され、同2年侍従に任ぜられる。治承2(1178)年従五位上、寿永元(1182)年正五位下に進み、同2年左中将、同3年伊予権介に任ぜられる。元暦2(1185)年従四位下、文治4(1188)年従四位上に進み、同5年備中介に任ぜられる。建久2(1191)年正四位下に進み近江権介、同8年備中権介、同9年蔵人頭に任ぜられる。正治元(1199)年参議に任ぜられる。同2年讃岐権守に任ぜられる。建仁元(1201)年従三位、同3年正三位に進み、元久元(1204)年権中納言に任ぜられる。建永元(1206)年従二位、承元2(1208)年正二位に進み、同3年中納言に任ぜられ翌年に辞す。建保6(1218)年出家。子に実光・実重がいる。　典：公補

藤原実保　ふじわらの・さねやす

平安・鎌倉時代の人、非参議。生年不明～承元元(1207)年11月没。

権大納言藤原公保の長男。母は参議藤原忠能の娘。応保3(1163)年従五位下に叙され、永万元(1165)年侍従に任ぜられる。仁安2(1167)年従五位上に進み、嘉応2(1170)年播磨介に任ぜられる。承安2(1172)年正五位下に進み、養和元(1181)年右少将、同2年丹波権

守に任ぜられ従四位下より従四位上に進み、文治3(1187)年備後権介に任ぜられる。同5年正四位下に進み、建久2(1191)年権中将、同3年播磨権介、同8年播磨介に任ぜられる。建仁元(1201)年従三位に進む。　典：公補

藤原実嗣　ふじわらの・さねつぐ

鎌倉時代の人、非参議。建久6(1195)年生～建保元(1213)年7月21日没。19才。

内大臣徳大寺公継の長男。母は左大臣三条実房の娘。兄に徳大寺実基がいる。建久7(1196)年叙爵。建仁元(1201)年従五位上に進み、同2年右兵衛佐に任ぜられる。元久元(1204)年正五位下に進み、同2年右近少将に任ぜられる。建永元(1206)年従四位下に進み信濃介に任ぜられる。承元元(1207)年従四位上より正四位下に進み権中将に任ぜられる。同4年従三位、建暦2(1212)年正三位に進む。　典：公補

藤原公明　ふじわらの・きんめい

鎌倉時代の人、非参議。生年不明～建保6(1218)年7月没。

大納言藤原実家の次男。母は蔵人頭・刑部卿藤原憲方朝臣の娘。兄に公国がいる。寿永元(1182)年叙爵。同2年従五位上、文治元(1185)年正五位下に進み美作守、建久5(1194)年侍従、同7年左少将に任ぜられる。正治元(1199)年従四位下、元久2(1205)年従四位上に進み、承元2(1208)年中将に任ぜられる。同3年正四位下、建保元(1213)年従三位に進む。同6年出家。　典：公補

藤原実光　ふじわらの・さねみつ

鎌倉時代の人、参議。建仁2(1202)年生～宝治元(1247)年9月12日没。46才。

中納言藤原公国の三男。母は大膳大夫広元朝臣の娘。兄弟に実重がいる。建保5(1217)年叙爵。同6年侍従、承久3(1221)年左少将に任ぜられる。同4年従五位上、元仁元(1224)年正五位下、嘉禄3(1227)年従四位下に進み、寛喜2(1230)年尾張守に任ぜられる。同3年従四位上に進み、貞永元(1232)年右中将に任ぜられる。文暦2(1235)年正四位下に進み、延応元(1239)年蔵人頭に任ぜられ更に参議に任ぜられる。仁治元(1240)年備後権守に任ぜられ従三位に進み翌年に参議を辞す。寛元3(1245)年権守を辞す。宝治元年出家。子に公敦がいる。　典：公補

藤原公敦　ふじわらの・きんあつ

鎌倉時代の人、参議。文暦元(1234)年生～弘安10(1286)年12月6日没。53才。初名＝公材。

参議藤原実光の子。初め公材と名乗る。寛元4(1246)年叙爵。宝治3(1249)年侍従に任ぜられる。同年公敦と改名。建長5(1253)年右少将に任ぜられる。同6年従五位上に進み因幡介に任ぜられる。康元2(1257)年正五位下、正嘉3(1259)年従四位下に進み、文応元(1260)年左少将より左中将に任ぜられる。弘長元(1261)年従四位上、文永5(1268)年正四位下に進み、弘安7(1284)年蔵人頭に任ぜられる。同8年参議に任ぜられ従三位に進み再び左中将に任ぜられる。同9年任職を辞す。同年正三位に進む。子に実香がいる。　典：公補

藤原実茂　ふじわらの・さねしげ

鎌倉・南北朝時代の人、参議。生没年不明。

中納言藤原公国の裔。中将藤原公直朝臣の子。延慶元(1308)年従五位下に叙され、応長元(1311)年侍従に任ぜられる。正和2(1313)年従五位上、文保2(1318)年正五位下に進み、元応元(1319)年右少将に任ぜられる。元亨元(1321)年従四位下、嘉暦2(1327)年従四位上に進み、元徳元(1329)年右中将に任ぜられる。同2年正四位下、正慶元(1332.元弘2)年従三位に進み参議に任ぜられるも辞す。同2年に官位が止まる。吉野朝に奉じたのか。
典：公補

藤原(北家12ｄ)

藤原隆通　ふじわらの・たかみち

南北朝・室町時代の人、非参議。生年不明～応永2(1395)年没。号=四条。

権大納言藤原隆房の裔。非参議四条房衡の子。侍従に任ぜられ、のちこれを辞す。応安6(1373.文中2)年従三位に叙される。永徳元(1381.弘和元)年一時父の氏姓の四条を名乗る。　典：公補

藤原隆広　ふじわらの・たかひろ

南北朝時代の人、非参議。生年不明～嘉慶元(1387.元中4)年3月19日没。

権大納言藤原隆房の裔。非参議四条隆名の子。蔵人頭・右中将に任ぜられ、のちこれを辞す。正四位下に叙され、永和2(1376.天授2)年参議に任ぜられる。同3年従三位に進み美作権守に任ぜられる。康暦元(1379.天授5)年任職を辞す。　典：公補

藤原(北家12ｅ)

藤原教定　ふじわらの・のりさだ

鎌倉時代の人、非参議。文永8(1271)年生～元徳2(1330)年2月11日没。60才。

権中納言藤原教成の曾孫。山科教房の孫。正四位下・右中将藤原教頼朝臣の子。弘安6(1283)年従五位下に叙され、同8年従五位上に進み、正応元(1288)年備中守に任ぜられ正五位下、同3年従四位下に進み、同4年左少将に任ぜられる。同6年従四位上、永仁4(1296)年正四位下に進み、同6年右中将、乾元元(1302)年左中将、同2年内蔵頭、嘉元2(1304)年右兵衛督に任ぜられる。徳治2(1307)年内蔵頭・右兵衛督を辞す。同3年左兵衛督に任ぜられる。延応元(1239)年従三位に進み、同2年左兵衛督を辞す。同3年正三位に進み、応長元(1311)年弾正大弼に任ぜられる。正和元(1312)年に辞す。同5年従二位に進み、文保2(1318)年右衛門督に任ぜられ、元応2(1320)年に辞す。子に教賢・教宗がいる。　典：公補

藤原頼成　ふじわらの・よりなり

鎌倉時代の人、非参議。生年不明～正和5(1316)年6月没。

権中納言藤原教成の孫。正四位下・左近少将藤原忠成朝臣の子。正元元(1259)年叙爵。文永3(1266)年侍従に任ぜられる。同4年従五位上、建治3(1277)年正五位下、正応元(1288)年従四位下より従四位上に進み右中将・近江介に任ぜられる。同4年正四位下に進む。永

仁2(1294)年左中将に任ぜられる。同4年に辞す。延慶2(1309)年従三位、正和元(1312)年正三位、同3年従二位に進む。子に維成がいる。　典：公補

藤原維成　ふじわらの・これなり

鎌倉・南北朝時代の人、非参議。生没年不明。

権中納言藤原教成の曾孫。非参議藤原頼成の子。永仁2(1294)年従五位下に叙され、同4年従五位上に進む。同6年左兵衛権佐に任ぜられる。正安元(1299)年に辞す。同年正五位下より従四位下に進み、徳治元(1306)年左少将に任ぜられる。延慶2(1309)年従四位上、応長元(1311)年正四位下に進み陸奥介・左中将に任ぜられる。元応2(1320)年左中将を辞す。正慶元(1332.元弘2)年再び左中将に任ぜられ従三位に進む。同2年官位が止まる。吉野朝に奉じたのか。　典：公補

藤原(北家13)

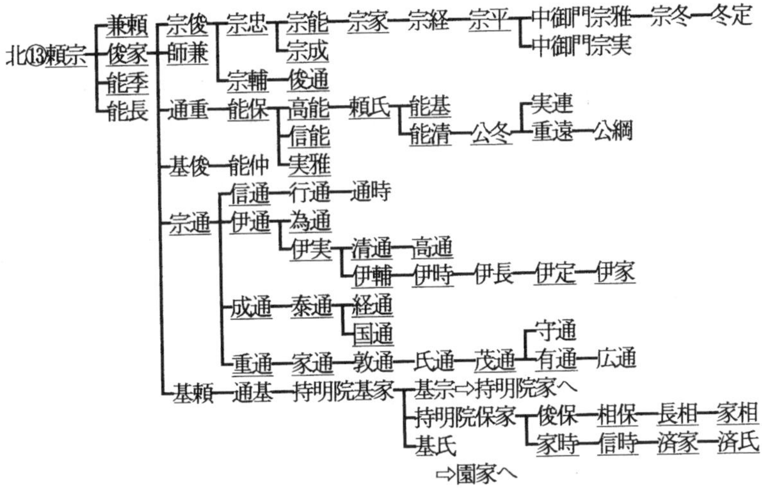

藤原兼頼　ふじわらの・かねより

平安時代の人、権中納言。長和3(1014)年生～康平6(1063)年1月11日没。50才。

右大臣藤原頼宗の長男。母は内大臣藤原伊周の娘。弟に俊家・能季・能長がいる。万寿3(1026)年正五位下に叙され侍従・右少将に任ぜられる。同4年正五位上に進み近江介に任ぜられる。長元2(1029)年従四位下より従四位上に進み右中将より左中将に任ぜられる。同3年正四位下より従三位に進む。同4年参議に任ぜられ備中権守、長暦元(1037)年讃岐権守に任ぜられ、長久2(1041)年に辞す。同3年権中納言に任ぜられ正二位に進む。康平2(1059)年春宮権大夫に任ぜられる。　典：公補

藤原俊家　ふじわらの・としいえ

平安時代の人、右大臣。寛仁3(1019)年生～永保2(1082)年10月2日没。64才。通称=大宮右大臣。号=中御門・大宮・壬生。

右大臣藤原頼宗の次男。母は内大臣藤原伊周の娘。兄に兼頼、弟に能季・能長がいる。長元4(1031)年元服し従五位上に叙され侍従に任ぜられる。同5年正五位下に進み近衛少将に任ぜられる。同6年従四位下に進み、同7年近江権介・右中将、同8年備後権守・蔵人頭に任ぜられ従四位上より正四位下に進み、長暦2(1038)年参議に任ぜられ従三位に進む。長久2(1041)年従二位に進む。同4年備後権守を辞す。同年大蔵卿、寛徳元(1044)年伊予権守に任ぜられ、大蔵卿を辞す。永承3(1048)年権中納言に任ぜられる。同4年正二位に進み、康平3(1060)年右衛門督、同4年左衛門督、同7年使別当に任ぜられ、更に治暦元(1065)年権大納言に任ぜられ民部卿、承暦元(1077)年按察使に任ぜられ、更に同4年右大臣に任ぜられる。永保2(1082)年に病気となり出家。日録に「大宮記」がある。子に宗俊・師兼・通重・基俊・宗通・基頼(持明院家の祖)がいる。　典：大日・伝日・日名・京都・公補

藤原能季　ふじわらの・よしすえ

平安時代の人、権中納言。長暦3(1039)年生～承暦元(1077)年8月1日没。39才。

右大臣藤原頼宗の五男、母は従五位下・相模守藤原親時の娘。兄に兼頼・俊家、弟に能長がいる。永承3(1048)年従五位下に叙され、同7年侍従に任ぜられる。天喜2(1054)年従五位上に進み少納言に任ぜられる。同3年正五位下、同4年従四位下に進み、同5年紀伊権守に任ぜられる。康平2(1059)年従四位上より正四位下に進み、同4年蔵人頭、同6年左権中将、同7年近江介に任ぜられる。同8年参議に任ぜられ右中将に任ぜられる。治暦元(1065)年従三位に進み、同2年近江権守・左中将に任ぜられる。同4年正三位、延久元(1069)年従二位に進む。同年近江権守を辞す。同3年備中権守に任ぜられ、更に同4年権中納言に任ぜられる。承暦元(1077)年正二位に進むも疱瘡で没す。　典：公補

藤原宗俊　ふじわらの・むねとし

平安時代の人、権大納言。永承元(1046)年生～承徳元(1097)年5月5日没。52才。

右大臣藤原俊家の長男。母は権大納言源隆国の次女。弟に師兼・通重・基俊・基通・基頼がいる。天喜5(1057)年叙爵。康平元(1058)年侍従に任ぜられる。同2年従五位上に進み右少将より左少将に任ぜられる。同3年正五位下より従四位下に進み伊予介、同4年権中将に任ぜられる。同6年従四位上に進み右中将に任ぜられる。同7年正四位下に進み、同8年近江介・蔵人頭、治暦2(1066)年近江権介、同3年参議に任ぜられる。同4年讃岐権守に任ぜられ従三位に進み、延久3(1071)年讃岐権守を辞す。同5年再び讃岐権守・皇太后宮権大夫に任ぜられる。承保3(1076)年権守・大夫を辞す。承暦元(1077)年右中将、同3年備後権守に任ぜられ、更に同4年権中納言に任ぜられる。永保元(1081)年正二位に進み、更に寛治6(1092)年権大納言に任ぜられる。永長元(1096)年按察使に任ぜられる。和歌を詠み、笛・箏・催馬楽に精通していた。子に宗忠・宗輔がいる。　典：日名・大日・伝日・公辞・公補

藤原師兼　ふじわらの・もろかね

平安時代の人、参議。永承3(1048)年生～承保3(1076)年3月2日没。29才。

右大臣藤原俊家の次男。母は権大納言源隆国の次女。兄に宗俊、弟に通重・基俊・宗通・基頼がいる。康平4(1061)年従五位下に叙され侍従、同5年右少将、同6年左少将・美作権介に任ぜられ従五位上、同8年正五位下、治暦3(1067)年従四位下より従四位上に更に正四位下に進み右中将、延久元(1069)年左中将、同6年伊予介に任ぜられる。承保元(1074)年参議に任ぜられる。同2年伊予権守に任ぜられたが翌年に数カ月籠居し没す。　典：伝日・公補

藤原宗通　ふじわらの・むねみち

平安時代の人、権大納言。延久3(1071)年生〜保安元(1120)年7月22日没。50才。

右大臣藤原俊家の子。母は備前守兼長朝臣の娘。兄に宗俊・師兼、兄弟に通重・基俊・基頼がいる。応徳元(1084)年叙爵し侍従、同3年右少将に任ぜられる。寛治元(1087)年正五位下、同2年従四位下より従四位上、同3年正四位下に進み左中将、同6年伊予介・蔵人頭、同7年参議に任ぜられる。嘉保2(1095)年従三位より正三位に進み備後権守に任ぜられる。承徳2(1098)年権中納言に任ぜられる。康和2(1100)年従二位に進み右衛門督・使別当に任ぜられ、同3年正二位に進み、長治元(1104)年別当を辞す。天仁元(1108)年左衛門督を辞す。同年按察使に任ぜられる。天永2(1111)年権大納言に任ぜられる。永久3(1115)年按察使を辞す。同年民部卿、元永元(1118)年中宮大夫に任ぜられる。子に信通・伊通・成通・重通がいる。　典：公補

藤原宗忠　ふじわらの・むねただ

平安時代の人、右大臣。康平5(1062)年生〜保延7(1141)年4月20日没。80才。号＝中御門右大臣。

権大納言藤原宗俊の長男。母に式部大輔藤原実綱朝臣の娘。弟に宗輔がいる。承暦2(1078)年侍従に任ぜられる。永保2(1082)年従五位上に叙され、同3年右少将に任ぜられる。応徳3(1086)年正五位下に進み、同4年美作介に任ぜられる。寛治2(1088)年従四位下に進む。同年右少将を辞す。同6年讃岐介、同8年右中弁、嘉保3(1096)年修理左宮城使、永長2(1097)年内蔵頭、承徳2(1098)年左中弁より右大弁・蔵人頭・造興福寺長官に任ぜられる。康和元(1099)年参議に任ぜられる。同2年讃岐権守に任ぜられ従三位、同4年正三位に進み、長治元(1104)年蔵人頭・造興福寺長官・讃岐権守を辞す。同年伊予権守に任ぜられ、更に嘉承元(1106)年権中納言に任ぜられる。同2年従二位、天仁2(1109)年正二位に進み、永久元(1113)年左兵衛督・使別当に任ぜられ、同4年に辞す。保安3(1122)年権大納言に任ぜられる。大治4(1129)年中宮大夫に任ぜられ、更に天承元(1131)年内大臣に任ぜられる。保延2(1136)年右大臣に任ぜられる。同4年従一位に進むも病気となり77才で出家。神楽・催馬楽をよく勤めた。「作文大体」を撰す。子に宗能・宗成がいる。　典：大日・伝日・公辞・日名・京都・公補

藤原信通　ふじわらの・のぶみち

平安時代の人、参議。寛治5(1091)年生〜保安元(1120)年10月22日没。30才。

権大納言藤原宗通の長男。母は非参議藤原顯季の娘。弟に伊通・成通・重通がいる。康和2(1100)年叙爵。同4年侍従に任ぜられ従五位上、同6年正五位下に進み右少将、長治2(1105)年伊予権介に任ぜられ従四位下、嘉承2(1107)年従四位上に進み、天仁元(1108)

年左中将に任ぜられ正四位下に進み、同2年美作介、永久2(1114)年周防介、同3年蔵人頭に任ぜられ更に参議に任ぜられ右中将に任ぜられる。同4年美作権守に任ぜられる。同5年従三位に進む。子に行通がいる。　典：公補

藤原宗輔　ふじわらの・むねすけ

平安時代の人、太政大臣。承暦元(1077)年生～応保2(1162)年1月27日没。86才。号=京極太政大臣。通称=蜂飼大臣。

権大納言藤原宗俊の次男。兄に宗忠がいる。寛治元(1087)年叙爵。同4年侍従に任ぜられる。同5年従五位上に進み、同6年右中将、嘉保元(1094)年備前権介に任ぜられる。同2年正五位下に進み、永長元(1096)年蔵人に任ぜられる。承徳元(1097)年従四位下に進み、同2年近江権介に任ぜられる。同3年従四位上に進み、康和4(1102)年左中将、同5年美作権介に任ぜられる。長治2(1105)年正四位下、天仁元(1108)年備前介、天永4(1113)年美作介に任ぜられる。保安3(1122)年参議に任ぜられる。同4年近江権守に任ぜられ、天治2(1125)年に辞す。同年従三位に進み、大治3(1128)年播磨権守に任ぜられる。同5年権中納言に任ぜられる。天承元(1131)年右兵衛督、同2年左兵衛督に任ぜられる。保延元(1135)年正三位に進み、同2年左衛門督に任ぜられ更に中納言に任ぜられる。同4年従二位、同6年正二位に進み権大納言に任ぜられ、更に久安5(1149)年大納言に任ぜられる。仁平元(1151)年民部卿に任ぜられる。保元元(1157)年右大臣に任ぜられ、更に同2年太政大臣に任ぜられる。同3年従一位に進み、永暦元(1160)年太政大臣を辞す。応保2(1162)年出家。笛・箏・琵琶を勤めた。子に俊通がいる。　典：大日・伝日・日名・公補

藤原伊通　ふじわらの・これみち

平安時代の人、太政大臣。寛治7(1093)年生～永万元(1165)年2月15日没。73才。通称=大宮大相国・九条大相国。

権大納言藤原宗通の次男。母は非参議藤原顕季の娘。兄に信通、弟に成通・重通がいる。康和2(1100)年叙爵。同5年従五位上に進み、長治2(1105)年三川守・侍従に任ぜられる。嘉承元(1106)年正五位下に進み備中守、天永元(1110)年左少将より右少将に任ぜられ侍従を辞す。永久2(1114)年備中守を辞す。同3年右少将を辞す。同年右中弁に任ぜられる。同4年従四位下より従四位上、元永元(1118)年正四位下に進み、保安元(1120)年蔵人頭、同3年参議、右兵衛督に任ぜられる。同4年美作権守に任ぜられ、大治2(1127)年に辞す。同3年備中権守に任ぜられる。同4年従三位に進み、同5年中宮権大夫に任ぜられ、天承元(1131)年任職を辞す。長承2(1133)年権中納言に任ぜられる。保延元(1135)年正三位に進み、同2年中納言に任ぜられ右衛門督・別当に任ぜられ、同3年に辞す。同4年従二位に進み、永治元(1141)年権大納言に任ぜられる。康治2(1143)年正二位に進む。久安5(1149)年大納言に任ぜられ、更に保元元(1156)年内大臣に任ぜられる。更に同2年左大臣に任ぜられる。永暦元(1160)年太政大臣に任ぜられる。永万元(1165)年に辞す。同年出家。著書に「大槐秘抄」「所無名鈔」「人記除目鈔」がある。子に為通・伊実がいる。　典：大日・伝日・日名・公補

藤原宗能　ふじわらの・むねよし

平安時代の人、内大臣。応徳2(1085)年生～嘉応2(1170)年2月11日没。86才。初名=宗隆。号=中御門内大臣。

右大臣藤原宗忠の長男。母は正四位下・美濃守行房朝臣の娘。弟に宗成がいる。初め宗隆と名乗り、のち宗能と改名。永長2(1097)年叙爵。康和2(1100)年越前守、同4年左兵衛佐に任ぜられる。同5年寿五位上より正五位下に進み、長治2(1105)年蔵人、同3年右少将、嘉承2(1107)年近江権介に任ぜられ蔵人を辞す。同年従四位下、天仁元(1108)年従四位上に進み、永久2(1114)年備中権介、保安元(1120)年近江介、同3年右中将に任ぜられる。同4年正四位下に進み、大治3(1128)年備前介、同5年蔵人頭に任ぜられる。天承元(1131)年参議に任ぜられる。長承元(1132)年従三位に進み丹波権守、同2年中宮権大夫に任ぜられる。同3年権中納言に任ぜられる。保延元(1135)年右兵衛督、同2年左兵衛督更に、同3年右衛門督・別当に任ぜられる。同5年正三位より従二位に進み、同6年右衛門督・別当を辞す。永治元(1141)年皇太后宮大夫に任ぜられる。康治元(1142)年御禊装束司長官となる。同2年正二位に進み、久安5(1149)年権大納言に任ぜられる。同6年皇太后宮大夫を辞す。久寿2(1155)年春宮大夫に任ぜられ、更に保元元(1156)年大納言に任ぜられる。同3年春宮大夫を辞す。更に応保元(1161)年内大臣に任ぜられる。長寛2(1164)年に辞す。仁安3(1168)年に85才で出家。子に宗家がいる。　典：大日・伝日・公辞・日名・公補

藤原成通　ふじわらの・なりみち

平安時代の人、大納言。承徳元(1097)年生～応保2(1162)年没。66才。初名=宗房。法名=栖蓮。

権大納言藤原宗通の四男、母は非参議藤原顕季の長女。兄に信通・伊通、弟に重通がいる。成通と改名し、長治3(1106)年叙爵。嘉承2(1107)年侍従に任ぜられる。天仁3(1110)年従五位上に進み、天永2(1111)年備後介、同3年蔵人、永久3(1115)年右少将に任ぜられる。同4年正五位下に進み備前介に任ぜられる。同6年従四位上に進み、保安2(1121)年備中介に任ぜられる。同3年従四位上に進み左中将、同4年播磨介に任ぜられる。大治2(1127)年正四位下に進み、同3年美作権介に任ぜられる。天承元(1131)年参議に任ぜられる。同2年備中権守に任ぜられる。長承3(1134)年従三位に進み左中将に任ぜられる。保延2(1136)年権中納言に任ぜられる。同3年侍従に任ぜられる。永治元(1141)年正三位に進み皇后宮権大夫に任ぜられる。康治元(1142)年従二位、同2年正二位に進み、久安5(1149)年権大納言に任ぜられる。同年皇后宮権大夫を辞す。保元元(1156)年侍従を辞す。同年大納言に任ぜられる。同3年に辞す。平治元(1159)年に63才で出家。多芸にて詩歌・郢曲・笛・馬術・蹴鞠を嗜んだ。養子に泰通がいる。　典：大日・伝日・日名・公補

藤原重通　ふじわらの・しげみち

平安時代の人、大納言。康和元(1099)年生～応保元(1161)年6月3日没。63才。

権大納言藤原宗通の五男、母は非参議藤原顕季の長女。兄に信通・伊通・成通がいる。天永元(1110)年叙爵。永久2(1114)年備中守に任ぜられ従五位上に進み、同5年左兵衛佐に任ぜられ左少将、元永3(1120)年右少将に任ぜられる。保安3(1122)年正五位下、同4年

従四位下に進み右中将、大治5(1130)年中宮権亮に任ぜられ従四位上、長承元(1132)年正四位下に進み、同2年蔵人頭、同3年参議に任ぜられる。同4年播磨権守に任ぜられる。保延5(1139)年権守を辞す。同年従三位に進み、同6年讃岐権守に任ぜられる。永治元(1141)年権中納言に任ぜられ中宮権大夫より皇太后宮権大夫・左兵衛督に任ぜられる。同2年正三位、天養2(1145)年従二位に進み、久安3(1147)年別当に任ぜられる。同4年正二位に進み、同5年中納言に任ぜられる。同6年皇太后宮権大夫・左兵衛督を辞す。同年中宮大夫・右衛門督、仁平2(1152)年左衛門督に任ぜられ別当を辞す。保元元(1156)年左兵衛督・中宮大夫を辞す。同年権大納言に任ぜられ按察使・皇后宮大夫、同3年皇太后宮大夫に任ぜられる。平治元(1159)年大夫を辞す。同年中宮大夫に任ぜられ、更に永暦元(1160)年大納言に任ぜられる。同2年出家。子に家通がいる。　典：公補

藤原宗成　ふじわらの・むねなり

平安時代の人、参議。応徳2(1085)年生～保延4(1138)年4月26日没。54才。

右大臣藤原宗忠の次男。母は美濃守藤原行房の娘。兄に宗能がいる。永保2(1082)年叙爵。嘉承3(1108)年従五位上に進み、天永2(1111)年侍従。因幡守に任ぜられる。永久4(1116)年正四位下に進み、保安2(1121)年少納言、天治2(1125)年右少弁、天承元(1131)年右中弁に任ぜられる。長承2(1133)年従四位上より正四位下に進み蔵人頭・修理右宮城使・左中弁、同4年右大弁に任ぜられる。保延2(1136)年参議に任ぜられる。同3年近江権守に任ぜられたが翌年に病気となり没す。　典：公補

藤原為通　ふじわらの・ためみち

平安時代の人、参議。天永3(1112)年生～久寿元(1154)年6月13日没。43才。

太政大臣伊通の長男。母は従四位上・右京大夫定実朝臣の娘。弟に伊実がいる。大治5(1130)年叙爵。天承元(1131)年従五位上に進み、長承元(1132)年正五位下に進み右少将、同3年備中介に任ぜられる。同4年従四位下、同6年従四位上に進み、永治元(1141)年中宮権亮・皇太后宮権亮に任ぜられる。同2年正四位下に進み左中将・備後権介、久安2(1146)年備前権介、同5年蔵人頭に任ぜられる。同6年参議に任ぜられ中宮権大夫に任ぜられる。仁平2(1152)年丹波権守に任ぜられる。　典：公補

藤原伊実　ふじわらの・これざね

平安時代の人、中納言。天治元(1124)年生～永暦元(1160)年9月2日没。37才。

太政大臣伊通の次男。母は権中納言藤原顕隆の三女。兄に為通がいる。大治5(1130)年従五位下に叙爵。保延2(1136)年侍従に任ぜられる。同4年従五位上に進み右近権少将・備前介に任ぜられる。同7年正五位下、康治2(1143)年従四位下、天養2(1145)年従四位上に進み、久安3(1147)年讃岐介に任ぜられ正四位下に進み、同4年左近権中将、同6年蔵人頭・中宮権亮、仁平元(1151)年播磨介に任ぜられる。久寿2(1155)年蔵人頭を辞す。保元元(1156)年従三位に進み参議より権中納言に任ぜられ皇后宮権大夫に任ぜられる。同2年正三位に進み、同3年皇太后権大夫に任ぜられたが、平治元(1159)年解官となる。永暦元(1160)年再び権中納言に任ぜられ更に中納言に任ぜられる。子に清通・伊輔がいる。　典：公補

藤原俊通　ふじわらの・としみち

平安時代の人、権中納言。大治2(1127)年生～没年不明。

太政大臣藤原宗輔の長男。天承2(1132)年叙爵。康治元(1142)年従五位上に進み侍従、同3年右少将、天養2(1145)年備中介に任ぜられる。久安3(1147)年正五位下、同5年従四位下、同6年従四位上に進み、仁平元(1151)年近江権介に任ぜられる。同4年正四位下に進み左少将、保元2(1157)年右中将・讃岐介に任ぜられる。平治元(1159)年参議に任ぜられる。永暦元(1160)年備前権守に任ぜられ従三位に進み、応保元(1161)年権中納言に任ぜられる。長寛2(1164)年正三位に進み、仁安元(1166)年権中納言を辞す。同年民部卿、同2年兵部卿に転じ、承安2(1172)年に辞す。治承2(1178)年に52才で出家。　典：公補

藤原宗家　ふじわらの・むねいえ

平安・鎌倉時代の人、権大納言。保延5(1139)年生～文治5(1189)年閏4月22月没。51才。初名=信能。

内大臣藤原宗能の長男。母は権中納言藤原長実の娘。初め信能と名乗る。永治元(1141)年従五位下に叙され、久安5(1149)年従五位上に進み侍従に任ぜられる。同7年正五位下に進み、久寿2(1155)年右少将、同3年左少将に任ぜられ従四位下、保元元(1156)年従四位上に進み、同2年尾張介に任ぜられる。同3年正四位下に進み左中将、同4年中宮権亮・蔵人頭に任ぜられる。永暦元(1160)年参議に任ぜられる。応保元(1161)年丹波権守に任ぜられる。同2年従三位に進む。長寛2(1164)年宗家と改名。正三位に進み、仁安元(1166)年越前権守に任ぜられ更に権中納言に任ぜられる。更に同3年中納言に任ぜられる。承安2(1172)年従二位、安元2(1176)年正二位に進み、治承3(1179)年権大納言に任ぜられる。子に宗経がいる。　典：公辞・公補

藤原家通　ふじわらの・いえみち

平安・鎌倉時代の人、権中納言。康治2(1143)年生～文治3(1187)年11月1日没。45才。初名=基重。

大納言藤原重通の子。母は大納言源師頼の娘。実は権中納言藤原忠基の次男。初め基重と名乗り、のち家通と改名。久安元(1145)年従五位下に叙され、仁平4(1154)年従五位上に進み、保元元(1156)年左兵衛佐・佐少将、同2年備前介に任ぜられ正五位下、同4年従四位下に進み、永暦元(1160)年右中将に任ぜられ従四位上、応保3(1163)年正四位下に進み、長寛2(1164)年蔵人頭に任ぜられる。仁安元(1166)年参議に任ぜられる。同2年加賀権守に任ぜられる。同3年従三位に進み、承安元(1171)年加賀権守を辞す。同2年出雲権守に任ぜられ正三位に進み、安元元(1175)年出雲権守を辞す。治承3(1179)年右兵衛督、寿永元(1182)年左兵衛督に任ぜられ従二位に進み、同2年権中納言に任ぜられ右衛門督に任ぜられる。元暦元(1184)年別当に任ぜられ大嘗会御禊御前長官となり正二位に進み、文治2(1186)年別当を辞す。同年左衛門督に任ぜられる。同3年これと権中納言を辞す。子に敦通がいる。　典：公補

藤原清通　ふじわらの・きよみち

平安・鎌倉時代の人、非参議。永治元(1141)年生～没年不明。初名=伊保。法名=念阿。

中納言藤原伊実の長男。弟に伊輔がいる。初め伊保と名乗る。久安4(1148)年従五位下に叙される。同年信濃守に任ぜられ、保元2(1157)年に辞す。同年侍従に任ぜられ、同3年従五位上に進む。永暦元(1160)年右近権少将、応保2(1162)年皇太后宮権亮に任ぜられる。長寛2(1164)年正五位下、永万2(1166)年従四位下に進み、仁安3(1168)年皇太后宮権亮を辞す。同年従四位上より正四位下に進む。嘉応2(1170)年清通と改名。安元3(1177)年権中将に任ぜられ従三位に進み再び侍従に任ぜられる。寿永2(1183)年左京大夫、文治2(1186)年備後権守に任ぜられ、同4年左京大夫を辞す。建久元(1190)年に50才で出家。子に高通がいる。　典：公補

藤原泰通　ふじわらの・やすみち

平安・鎌倉時代の人、権大納言。生没年不明。

参議藤原為通の子。大納言藤原成通と大納言源師頼の娘の養子となる。久寿3(1156)年従五位下に叙される。保元元(1156)年侍従に任ぜられ、応保元(1161)年に辞す。同年左少将より右少将に任ぜられる。同2年従五位上に進み、長寛2(1164)年美作介に任ぜられ正五位下、永万2(1166)年従四位上に進み、同4年伊予介に任ぜられる。嘉応2(1170)年正四位下に進み、承安4(1174)年右権中将、同5年左中将、養和元(1181)年蔵人頭に任ぜられる。寿永2(1183)年従三位に進み参議に任ぜられる。元暦元(1184)年讃岐権守より近江権守に任ぜられる。文治2(1186)年権中納言に任ぜられる。同5年正三位、建久2(1191)年従二位に進み、同6年中納言に任ぜられる。同8年正二位に進み、更に正治元(1199)年権大納言に任ぜられる。建仁2(1202)年権大納言を辞す。同年按察使に任ぜられる。承元2(1208)年に出家。子に経通・国通がいる。　典：公補

藤原能保　ふじわらの・よしやす

平安・鎌倉時代の人、権中納言。久安3(1147)年生～建久8(1197)年10月23日没。51才。法名＝保蓮。号＝一条。

右大臣藤原俊家の孫。従四位下・丹波守藤原通重朝臣の長男。母は右大臣徳大寺公能の娘。仁平3(1153)年叙爵。保元2(1157)年丹波守に任ぜられ、同3年に辞す。仁安2(1167)年大宮権亮に任ぜられる。同3年従五位上、承安3(1173)年正五位下に進み、元暦元(1184)年大宮権亮を辞す。同年左馬頭・讃岐守に任ぜられ従四位下に進み、同2年右兵衛督に任ぜられる。同3年従四位上、同4年正四位下、文治4(1188)年従三位に進み、同5年参議に任ぜられる。建久元(1190)年伊予権守・左兵衛督に任ぜられ正三位に進み、同2年別当に任ぜられ更に権中納言に任ぜられ別当を辞す。同3年に任職を辞す。同4年従二位に進むも、同5年に48才で出家。子に高能・信能・実雅がいる。　典：大日・鎌倉・日名・京都・公補

藤原高能　ふじわらの・たかよし

平安・鎌倉時代の人、参議。久安2(1146)年生～建久9(1198)年9月17日没。53才。

権中納言藤原能保の長男。母は従四位下・左馬頭・播磨守源義朝朝臣の娘。弟に信能・実雅がいる。元暦元(1184)年左馬頭に任ぜられる。同3年従五位上、同5年正五位下に進み但馬介に任ぜられる。同6年従四位下、建久3(1192)年従四位上に進み、同4年右兵衛督に任ぜられ、同5年左馬頭を辞す。同年正四位下に進み、同7年蔵人頭に任ぜられ更に参

議に任ぜられる。同8年左兵衛督・丹波権守に任ぜられ従三位に進む。子に頼氏がいる。
典：大日・伝日・公補

藤原伊輔　ふじわらの・これすけ

平安・鎌倉時代の人、非参議。生没年不明。

中納言藤原伊実の子。母は非参議藤原範兼の長女。兄に清通がいる。平治元(1159)年叙爵。永暦元(1160)年信濃守、長寛元(1163)年侍従に任ぜられる。仁安3(1168)年従五位上、治承3(1179)年正五位下に進み、養和元(1181)年右少将に任ぜられる。元暦元(1184)年従四位下、文治3(1187)年従四位上に進み、同5年右中将に任ぜられる。建久2(1191)年正四位下に進み、同9年蔵人頭に任ぜられ従三位に進む。同年蔵人頭・右中将を辞す。同年右兵衛督に任ぜられ、建仁2(1201)年に辞す。建永元(1206)年正三位に進むも翌年に出家。子に伊時がいる。　典：公補

藤原高通　ふじわらの・たかみち

平安・鎌倉時代の人、非参議。嘉応元(1169)年生～貞応元(1222)年8月16日没。54才。

非参議藤原清通の子。母は権大納言藤原公通の娘。承安元(1171)年叙爵。養和元(1181)年従五位上に進み、寿永2(1183)年侍従に任ぜられる。文治3(1187)年正五位下に進み出雲介、同4年左近少将、同5年備中権介に任ぜられる。建久元(1190)年従四位下に進み、同5年備中介に任ぜられる。同6年従四位上より正四位下に進み、正治元(1199)年権中将、同2年美作介、元久2(1205)年備後介、承元元(1207)年蔵人頭に任ぜられる。同2年従三位に進み再び侍従に任ぜられる。同4年正三位に進み、建暦2(1212)年安芸権守に任ぜられる。建保5(1217)年従二位に進み侍従を辞す。貞応元(1222)年に中風病となり出家。　典：公補

藤原経通　ふじわらの・つねみち

平安・鎌倉時代の人、権大納言。安元2(1176)年生～延応元(1239)年10月13日没。64才。号=高倉大納言。

権大納言藤原泰通の長男。母は権大納言藤原隆季の娘。弟に国通がいる。治承2(1178)年叙爵。文治5(1189)年従五位上に進み侍従、建久4(1193)年加賀介、同5年右近少将に任ぜられる。同6年正五位下に進み越後権介に任ぜられる。同8年従四位下、正治2(1200)年従四位上に進み伊予介、建仁2(1202)年右中将より左中将に任ぜられ正四位下に進み、元久2(1205)年土佐介、承元2(1208)年蔵人頭、同3年尾張介に任ぜられる。建保2(1214)年参議に任ぜられる。同3年従三位に進み備前権守に任ぜられる。承久元(1219)年に辞す。同2年正三位に進み伊予権守・左衛門督・別当に任ぜられる。貞応元(1222)年権中納言に任ぜられる。元仁元(1224)年従二位、安貞元(1227)年正二位に進み中納言に任ぜられる。更に嘉禎元(1235)年権大納言に任ぜられ大嘗会検校となるも任職し、同2年に61才で出家。
典：公補

藤原国通　ふじわらの・くにみち

平安・鎌倉時代の人、中納言。安元2(1176)年生～正元元(1259)年4月没。84才。

権大納言藤原泰通の次男。母は中務少輔教長朝臣の娘高倉院女房新中納言。兄に経通がいる。寿永2(1182)年従五位下に叙され、建久5(1194)年侍従に任ぜられる。同6年従五位

上に進み、同9年阿波介に任ぜられる。建仁元(1201)年正五位下に進み右少将、同2年備中権介に任ぜられ従四位下、元久2(1205)年従四位上、同3年正四位下に進み、建久2(1191)年美濃介・左中将、建保2(1214)年蔵人頭に任ぜられる。同6年参議に任ぜられる。承久元(1219)年従三位に進み美濃権守に任ぜられる。貞応元(1222)年に辞す。同年正三位に進み、嘉禄元(1225)年播磨権守に任ぜられ更に権中納言に任ぜられる。安貞2(1228)年従二位に進み、寛喜3(1231)年中納言に任ぜられるも翌年に57才で出家。　典：公補

藤原伊時　ふじわらの・これとき

平安・鎌倉時代の人、非参議。治承2(1178)年生～嘉禎3(1237)年4月没。60才。

非参議藤原伊輔の次男。母は法勝寺執行章玄法印の娘。養和2(1182)年従五位下に叙され、文治3(1187)年侍従に任ぜられる。同6年従五位上に進み、建久2(1191)年伊予介に任ぜられる。同6年正五位下に進み、建仁2(1202)年右少将より左少将に任ぜられる。同3年従四位下に進み備中介に任ぜられる。元久2(1205)年従四位上に進み、承元元(1207)年左中将、同2年讃岐介、同3年正四位下に任ぜられる。建暦元(1211)年美濃守に任ぜられ、同2年に辞す。建保6(1218)年蔵人頭に任ぜられる。承久元(1219)年従三位に進み、安貞元(1227)年に50才で出家。　典：公補

藤原信能　ふじわらの・のぶよし

鎌倉時代の人、参議。建久元(1190)年生～承久3(1221)年7月没。32才。

権中納言藤原能保の次男。母は江口の遊女慈氏。兄に高能、弟に実雅がいる。建久4(1193)年叙爵。同6年侍従に任ぜられる。同7年従五位上に進み、正治元(1199)年遠江介、元久2(1205)年左少将に任ぜられ正五位下に進み、建永元(1206)年備後権介に任ぜられる。同2年従四位下、承元4(1210)年従四位上に進み、建暦元(1211)年美濃介・中宮権亮に任ぜられ解官となるも許され、建保元(1213)年播磨守に任ぜられる。同2年正四位下に進み、同7年蔵人頭に任ぜられる。承久2(1220)年参議に任ぜられる。同3年従三位に進み備中権守に任ぜられたが後鳥羽上皇の討幕府に奉じ捕らえられ、鎌倉に護送途中の美濃にて遠山景朝に殺される。　典：大日・伝日・日名・公補

藤原実雅　ふじわらの・さねまさ

鎌倉時代の人、参議。建久7(1196)年生～安貞2(1228)年4月1日没。33才。

権中納言藤原能保の三男。兄に高能・信能がいる。建仁3(1203)年叙爵。建永元(1206)年侍従に任ぜられる。承元4(1210)年従五位上に進み越前介、建保5(1217)年伊予守に任ぜられ守を辞す。同6年再び伊予守・左少将に任ぜられる。承久元(1219)年正五位下に進み、同2年右中将、同3年讃岐守に任ぜられ従四位上に進み、貞応元(1222)年関東に在るも参議に任ぜられ正四位下に進む。同2年美作権守に任ぜられ従三位に進み、元仁元(1224)年に上洛するも任職が止まり越前国に配流され、安貞2年に河で沈死する。　典：公補

藤原家時　ふじわらの・いえとき

鎌倉時代の人、非参議。建久5(1194)年生～弘安5(1282)年7月20日没。89才。持明院家系。

権中納言持明寺保家の次男。母は非参議高階経仲の娘。兄に俊保がいる。建仁4(1204)年叙爵。承久元(1219)年若狭守に任ぜられる。同3年従五位上に進み、貞応元(1222)年右馬頭に任ぜられる。同2年正五位下、嘉禄2(1226)年従四位下に進み、安貞2(1228)年従四位上、寛喜4(1232)年正四位下、嘉禎元(1235)年従三位に進み、同3年侍従に任ぜられる。暦仁元(1238)年正三位に進む。仁治2(1241)年備中権守に任ぜられ、同3年に辞す。正元元(1259)年従二位に進む。子に信時がいる。　典：公補

藤原宗平　ふじわらの・むねひら

鎌倉時代の人、参議。建久8(1197)年生～文永8(1271)年4月1日没。75才。法名＝替空。

権大納言藤原宗家の孫。左中将藤原宗経朝臣の長男。母は太皇太后宮大進仲頼の娘。建永2(1207)年叙爵。承元4(1210)年侍従、建暦2(1212)年右少将、同3年尾張介に任ぜられる。建保2(1214)年従五位上、同5年正五位下に進み、同6年備前介に任ぜられる。承久元(1219)年従四位下、同4年従四位上、元仁2(1225)年正四位下に進み、嘉禄2(1226)年右中将、同3年伊予介、寛喜4(1232)年美作介、文暦元(1234)年蔵人頭に任ぜられる。嘉禎2(1236)年従三位に進み参議に任ぜられる。同3年美作権守に任ぜられる。暦仁元(1238)年正三位に進み参議を辞す。仁治元(1240)年従二位に進む。同年美作権守を辞す。寛元元(1243)年に47才で出家。子に中御門宗雅・中御門宗実がいる。　典：公辞・公補

藤原頼氏　ふじわらの・よりうじ

鎌倉時代の人、非参議。建久9(1198)年生～宝治2(1248)年4月5日没。51才。

参議藤原高能の三男、母は関白・太政大臣鷹司基忠の娘。建保3(1215)年叙爵。同5年侍従、貞応2(1223)年右兵衛権佐に任ぜられる。元仁元(1224)年従五位上に進み右少将、同2年越後介に任ぜられる。嘉禄2(1226)年正五位下、安貞2(1228)年従四位下に進み、寛喜2(1230)年周防権介に任ぜられる。貞永2(1233)年従四位上に進み、嘉禎元(1235)年右兵衛督に任ぜられ正四位下、同2年従三位、暦仁元(1238)年正三位に進み皇后宮権大夫に任ぜられる。同年右兵衛督を辞す。延応元(1239)年皇后宮権大夫を辞す。宝治元(1247)年従二位に進む。子に能基・能清がいる。　典：公補

藤原信時　ふじわらの・のぶとき

鎌倉時代の人、非参議。元久元(1204)年生～文永3(1266)年没。63才。持明院家系。

非参議藤原家時の長男。承元4(1210)年叙爵。承久元(1219)年中務大輔に任ぜられる。同4年従五位上に進み左衛門佐に任ぜられる。嘉禄2(1226)年正五位下に進み、安貞元(1227)年土佐介に任ぜられる。同2年従四位下に進み、寛喜2(1230)年左馬頭に任ぜられる。同3年従四位上、嘉禎2(1236)年正四位下に進み、延応元(1239)年内蔵頭に任ぜられる。仁治元(1240)年従三位、建長4(1252)年正三位に進む。子に済家がいる。　典：公補

藤原相保　ふじわらの・すけやす

鎌倉時代の人、非参議。嘉禄元(1225)年生～没年不明。持明院家系。

権中納言持明院保家の孫。少将俊保朝臣の子。仁治元(1240)年侍従に任ぜられ従五位上に叙され、同3年正五位下に進み左馬頭、寛元元(1243)年左少将に任ぜられる。同2年

従四位下に進み、同3年備前守に任ぜられる。宝治2(1248)年従四位上に進み、同3年備前守を辞す。建長3(1251)年左中将に任ぜられる。同6年正四位下に進み、康元元(1256)年伊予守に任ぜられる。弘長3(1263)年に辞す。文永元(1264)年従三位、同6年正三位、弘安元(1278)年従二位に進み、正応3(1291)年に67才で出家。子に長相がいる。　典：公補

藤原能基　ふじわらの・よしもと

鎌倉時代の人、非参議。承久2(1220)年生～弘安8(1285)年1月21日没。66才。

非参議藤原頼氏の長男。母は修理権大夫平時房の娘。弟に能清がいる。嘉禄元(1225)年叙爵。天福2(1234)年侍従に任ぜられる。嘉禎3(1237)年従五位上に進み、同4年右少将に任ぜられ正五位下、仁治元(1240)年従四位下に進み、同3年上総権介に任ぜられる。寛元2(1244)年従四位上に進み、宝治2(1248)年下総権介に任ぜられる。建長5(1253)年正四位下に進み、同6年右中将、同7年美作介に任ぜられる。文永5(1268)年従三位、同9年正三位、弘安2(1279)年従二位に進む。　典：公補

藤原能清　ふじわらの・よしきよ

鎌倉時代の人、参議。嘉禄2(1226)年生～永仁3(1295)年9月1日没。70才。

非参議藤原頼氏の次男。兄に能基がいる。天福2(1234)年叙爵。嘉禎3(1237)年侍従に任ぜられる。仁治元(1240)年従五位上に進み、同2年左少将に任ぜられ正五位下、寛元元(1243)年従四位下、宝治元(1247)年従四位上、建長6(1254)年正四位下に進み、正嘉2(1258)年左中将、文応元(1260)年出羽権介に任ぜられる。文永6(1269)年従三位に進み、建治3(1277)年再び侍従に任ぜられる。弘安2(1279)年従二位に進み、同4年土佐権守に任ぜられる。同8年従二位、正応4(1291)年正二位に進み、永仁元(1293)年参議に任ぜられ、翌年に辞す。同年伊予権守に任ぜられる。子に公冬がいる。　典：日名・伝日・公補

藤原茂通　ふじわらの・しげみち

鎌倉時代の人、参議。寛喜3(1231)年生～永仁元(1293)年12月12日没。63才。初名=光通。

権中納言藤原家通の曾孫。正四位下・左中将藤原敦通朝臣の孫。正四位下・右中将藤原氏通朝臣の長男。初め光通と名乗る。仁治元(1240)年叙爵し侍従に任ぜられる。寛元3(1245)年従五位上に進む。同年茂通と改名。宝治2(1248)年正五位下に進み左少将、建長元(1249)年信濃権介に任ぜられる。同2年従四位下、同5年従四位上に進み、同6年伊予介・右中将に任ぜられる。康元元(1256)年正四位下に進み、正嘉元(1257)年左中将、文永7(1270)年蔵人頭に任ぜられる。同8年参議に任ぜられる。同9年従三位に進み備後権守に任ぜられ、同10年任職を辞す。建治3(1277)年正三位、弘安3(1280)年従二位、正応4(1291)年正二位に進み、永仁元(1293)年に出家。子に守通・有通がいる。　典：公補

藤原済家　ふじわらの・なりいえ

鎌倉時代の人、非参議。生没年不明。持明院家系。

非参議藤原信時の子。康元2(1257)年叙爵。正元元(1259)年左衛門佐に任ぜられ従五位上、弘長3(1263)年正五位下に進み、文永元(1264)年大和介に任ぜられる。同2年従四

位下、同8年従四位上、建治3(1277)年正四位下に進み、弘安4(1281)年治部卿に任ぜられる。同7年従三位、正応3(1290)年正三位に進み、永仁2(1294)年に出家。子に済氏がいる。
典：公補

藤原公冬　ふじわらの・きんふゆ

鎌倉時代の人、非参議。生没年不明。

参議藤原能清の子。左大臣山階実雄の養子となるも藤原を名乗る。建長3(1251)年叙爵。同7年従五位上に進み、正元元(1259)年侍従に任ぜられ正五位下、弘長2(1262)年従四位下に進み、文永元(1264)年左少将、同3年河内権介に任ぜられ従四位上に進み、同6年左中将に任ぜられる。同7年正四位下に進み、丹後守に任ぜられ、同8年に辞す。正応2(1289)年従三位、永仁元(1293)年正三位に進み、同6年に出家。子に実連・重遠がいる。　典：公補

藤原伊定　ふじわらの・これさだ

鎌倉時代の人、非参議。宝治元(1247)年生～正安2(1300)年4月10日没。54才。

非参議藤原伊時の孫。中将藤原伊長朝臣の子。建長4(1252)年叙爵。同5年侍従に任ぜられる。同7年従五位上に進み、正嘉元(1257)年左少将に任ぜられる。正元2(1260)年正五位下に進み越中権介に任ぜられる。弘長2(1262)年従四位下に進み、文永3(1266)年紀伊介に進み、同4年従四位上に進み、同4年左中将に任ぜられる。同7年正四位下に進み、建治4(1278)年美濃介、正応2(1289)年蔵人頭に任ぜられる。同3年従三位、永仁元(1293)年正三位、同6年従二位に進み、正安2(1300)年に出家。子に伊家がいる。　典：公補

藤原長相　ふじわらの・ながすけ

鎌倉時代の人、参議。生没年不明。法名=相真。

非参議藤原相保の子。建長4(1252)年叙爵。弘長2(1262)年侍従に任ぜられる。同3年従五位上、文永6(1269)年正五位下に進み、同7年右少将に任ぜられる。同8年従四位下、建治3(1277)年従四位上に進み、弘安元(1278)年左少将に任ぜられる。同3年正四位下に進み、同6年左中将に任ぜられる。正応3(1290)年従三位に進み右兵衛督に任ぜられる。永仁元(1293)年正三位、同6年従二位に進み、正安元(1299)年参議に任ぜられるも辞す。同2年正二位に進み、延慶2(1309)年に持明院の氏姓を名乗るも翌年には藤原に戻る。応長元(1311)年に55才で出家。子に家相がいる。　典：公補

藤原有通　ふじわらの・ありみち

鎌倉・南北朝時代の人、参議。正嘉2(1258)年生～正慶2(1333.元弘3)年11月3日没。76才。号=高倉。

参議藤原茂通の子。正元2(1260)年従五位下に叙され、弘長3(1263)年侍従、同3年右少将に任ぜられる。文永元(1264)年従五位上、同4年正五位下に進み、同5年近江権介に任ぜられる。同6年従四位下に進み、同11年越中介に任ぜられる。同12年従四位上に進み、建治3(1277)年右中将に任ぜられる。同4年正四位下に進み、弘安7(1284)年備後権介に任ぜられたが、同10年解任となる。正応元(1288)年許されて再び右中将、同2年備前介、嘉元元(1303)年蔵人頭に任ぜられ従三位、延慶2(1309)年正三位に進み、同3年高倉の氏姓

を名乗り参議に任ぜられるも辞す。のちは再び藤原を名乗り、正和2(1313)年従二位に進む。子に広通がいる。　典：公補

藤原済氏　ふじわらの・なりうじ

鎌倉時代の人、非参議。文永3(1266)年生〜嘉暦2(1327)年没。62才。持明院家系。

非参議藤原済家の子。母は宮内卿師平朝臣の娘。文永7(1270)年従五位下に叙され、弘安5(1282)年右兵衛権佐に任ぜられる。同6年従五位上、同9年正五位下、正応元(1288)年従四位下に進み、同2年内蔵頭に任ぜられる。同3年従四位上、同5年正四位下に進む。同年内蔵頭を辞す。永仁2(1294)年刑部卿に任ぜられる。徳治元(1306)年従三位、延慶3(1310)年正三位、正和4(1315)年従二位に進む。　典：公補

藤原伊家　ふじわらの・これいえ

鎌倉時代の人、非参議。生年不明〜正和5(1316)年7月21日没。

非参議藤原伊定の次男。母は忠成朝臣の娘。正応3(1290)年叙爵。永仁4(1296)年侍従に任ぜられる。同5年従五位上に進み、同6年右少将に任ぜられる。同7年正五位下、正安2(1300)年従四位下、嘉元4(1306)年従四位上に進み右中将、徳治2(1307)年摂津介に任ぜられる。延慶2(1309)年正四位下に進み、正和2(1313)年蔵人頭に任ぜられる。同4年従三位に進む。　典：公補

藤原家相　ふじわらの・いえすけ

鎌倉時代の人、非参議。生年不明〜正和4(1315)年8月15日没。初名=長基。持明院家系。

参議藤原長相の子。初め長基と名乗る。文永11(1274)年叙爵。弘安10(1287)年従五位上に進み侍従、正応元(1288)年右少将に任ぜられる。同年家相と改名、正五位下、同3年従四位下に進み左少将に任ぜられる。同5年従四位上に進む。永仁元(1293)年正四位下に進み、同3年春宮亮に任ぜられたが、同6年任職を辞す。同年左中将・内蔵頭・再び春宮亮に任ぜられるも、これを辞す。正安3(1301)年内蔵頭を辞す。徳治2(1307)年伊予守に任ぜられ、応長元(1311)年に辞す。正和4(1315)年従三位に進む。　典：公補

藤原(北家14)

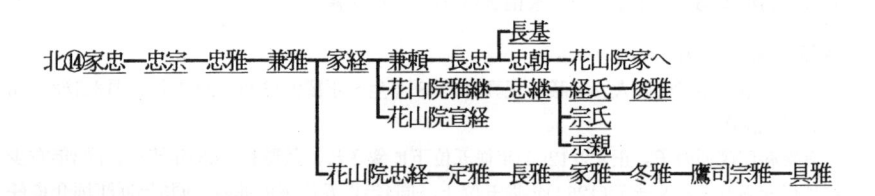

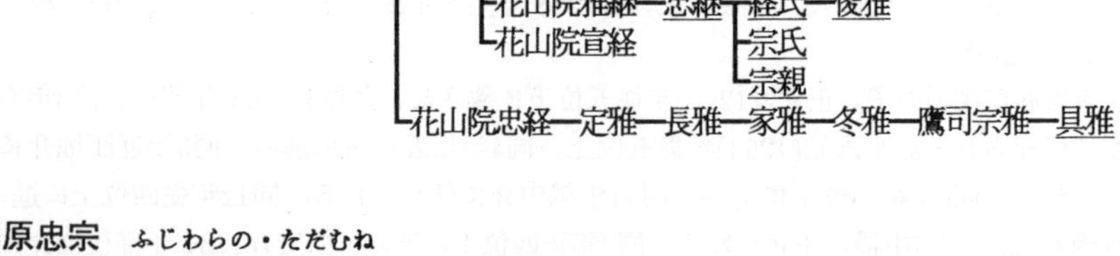

藤原忠宗　ふじわらの・ただむね

平安時代の人、権中納言。応徳3(1086)年生〜長承2(1132)年9月1日没。47才。号=花山院。

左大臣藤原家忠の長男。母は正四位下・播磨守定綱朝臣の娘。永長2(1097)年叙爵。康和2(1100)年侍従に任ぜられる。同4年従五位上に進み、長治元(1104)年讃岐介、嘉承元(1106)年左少将、同2年伊予介より・蔵人、天仁元(1108)年丹波権介に任ぜられ正五位下、天永3(1112)年従四位下に進み、同4年加賀権介に任ぜられる。永久5(1117)年従四位上進み、同6年備中権介に任ぜられる。元永2(1119)年正四位下に進み左中将、同3年美作介、保安2(1121)年右中将・蔵人頭、同4年中宮権亮に任ぜられ権亮を辞す。大治4(1129)年播磨介に任ぜられる。同5年従三位に進み参議に任ぜられる。天承元(1131)年丹波権守に任ぜられ更に権中納言に任ぜられ中宮権大夫に任ぜられる。子に忠雅がいる。　典：公辞・公補

藤原忠雅　ふじわらの・ただまさ

平安時代の人、太政大臣。天治元(1124)年生～建久4(1193)年8月26日没。70才。法名=理覚。号=花山院・粟田口。

権中納言藤原忠宗の次男。母は参議藤原家保の娘。大治4(1129)年叙爵。保延元(1135)年土佐権守、同2年右少将より左少将・美濃守に任ぜられる。同3年従五位上より正五位下に更に従四位下、同5年従四位下より正四位下に進み権中将に任ぜられる。同年美濃守を辞す。同年春宮権亮・讃岐介に任ぜられる。同7年正四位上に進み蔵人頭に任ぜられる。同年春宮権亮を辞す。康治元(1142)年従三位に進み、同2年美作権守に任ぜられる。久安元(1145)年参議に任ぜられる。同3年播磨権守に任ぜられる。同4年正三位に進み権中納言に任ぜられる。同6年右兵衛督、仁平2(1152)年左兵衛督、久寿2(1155)年使別当、保元元(1156)年左衛門督に任ぜられ更に中納言に任ぜられる。同2年使別当を辞す。同3年左衛門督を辞す。平治元(1159)年従二位に進み、永暦元(1160)年権大納言に任ぜられる。更に応保元(1161)年正二位に進み大納言に任ぜられる。仁安元(1166)年右大将・右馬寮御監に任ぜられ、更に同2年内大臣に任ぜられる。更に同3年従一位に進み太政大臣に任ぜられる。嘉応2(1170)年太政大臣を辞す。文治元(1185)年に62才で出家。子に兼雅がいる。　典：大日・公辞・公補

藤原兼雅　ふじわらの・かねまさ

平安・鎌倉時代の人、左大臣。久安4(1148)年生～正治2(1200)年7月18日没。53才。号=後花山院。

太政大臣藤原忠雅の長男。母は中納言藤原家成の娘。久安7(1151)年従五位下に叙され、保元元(1156)年侍従、同2年右少将に任ぜられる。同3年従五位上に進み備中権介、永暦元(1160)年中宮権亮に任ぜられる。応保元(1161)年正五位下より従四位下に進み左中将、同2年伊予介に任ぜられ権亮を辞す。長寛元(1163)年従四位上に進み、永万元(1165)年蔵人頭に任ぜられ正四位下より従三位に進み、仁安元(1166)年丹波権守に任ぜられ正三位に進み、同3年権中納言に任ぜられ右兵衛督に任ぜられる。嘉応2(1170)年右衛門督に任ぜられ、のち辞す。承安4(1174)年従二位に進み、治承2(1178)年春宮権大夫に任ぜられ、同3年正二位に進む。同年春宮権大夫を辞す。寿永元(1182)年権大納言に任ぜられ、元暦元(1184)年に辞す。文治3(1187)年再び権大納言に任ぜられる。同4年右大将に任ぜられ、更に同5年右大臣に任ぜられ、更に建久元(1190)年右大臣に任ぜられる。同年右大将を辞

す。同9年左大臣に任ぜられ、正治元(1199)年に辞す。同2年に出家。子に家経・花山院忠経がいる。　典：大日・伝日・公補

藤原家経　ふじわらの・いえつね

平安・鎌倉時代の人、中納言。承安4(1174)年生～没年不明。号=花山院。

左大臣藤原兼雅の次男。母は太政大臣平清盛の娘。兄に花山院忠経がいる。治承4(1180)年従五位下より従五位上に叙され、養和2(1182)年侍従に任ぜられる。寿永2(1183)年正五位下に進み、文治元(1185)年右少将、同2年備中権介に任ぜられる。同3年従五位下、建久元(1190)年従四位上に進み、同2年右中将に任ぜられ正四位下に進み、同3年備中介、同8年伊予介に任ぜられる。正治元(1199)年参議に任ぜられる。同2年従三位に進み美作権守に任ぜられ、更に建仁2(1202)年正三位に進み権中納言に任ぜられる。元久2(1205)年従二位に進み、承元元(1207)年中宮権大夫任ぜられる。同2年正二位に進み更に中納言に任ぜられ、建暦元(1211)年に辞す。建保3(1215)年に42才で出家。子に花山院雅継・花山院宣経、養子に兼頼がいる。　典：公補

藤原兼頼　ふじわらの・かねより

鎌倉時代の人、非参議。生年不明～文永6(1269)年3月28日没。

兵衛佐信家の孫。花山院家雅の子。中納言藤原家経の養子となる。初名不明。貞応2(1223)年叙爵。嘉禄元(1225)年侍従、寛喜元(1229)年信濃介に任ぜられる。同4年従五位上、嘉禎3(1237)年正五位下に進み左少将、暦仁元(1238)年右少将に任ぜられる。同2年従四位下に進み、更に仁治2(1241)年右中将、同3年讃岐権介に任ぜられ従四位上、寛元5(1247)年正四位下に進み、宝治2(1248)年加賀介に任ぜられる。建長元(1249)年兼頼と改名。同5年右中将を辞す。文応元(1260)年従三位に進む。子に長忠がいる。　典：公補

藤原忠継　ふじわらの・ただつぐ

鎌倉時代の人、参議。生年不明～建治3(1277)年7月20日没。法名=了恵。

非参議花山院雅継の子。文暦元(1234)年侍従に任ぜられる。嘉禎3(1237)年従五位上に叙され、暦仁2(1239)年能登権介、仁治元(1240)年左少将に任ぜられ正五位下、同3年従五位下に進み紀伊守に任ぜられる。寛元4(1246)年従四位上に進み、建長3(1251)年左中将に任ぜられる。同6年正四位下に進み、弘長元(1261)年蔵人頭に任ぜられる。文永2(1265)年参議に任ぜられる。同3年従三位に進み美濃権守に任ぜられ参議を辞す。同5年に出家。子に経氏・宗氏・宗親がいる。　典：公補

藤原長忠　ふじわらの・ながただ

鎌倉時代の人、非参議。生没年不明。

非参議藤原兼頼の子。嘉禎3(1237)年従五位下に叙され、延応2(1240)年侍従に任ぜられる。仁治3(1242)年従五位上に進み、寛元3(1245)年周防権介に任ぜられる。建長5(1253)年正五位下に進み右少将、同6年筑前権介に任ぜられる。同7年従四位下、文応元(1260)年従四位上に進み越後介、文永2(1265)年左中将に任ぜられる。同4年正四位下に進み、同5年周防介、弘安元(1278)年信濃権介に任ぜられ、同3年左中将を辞す。同年従三位、同8年正三位に進むも、正応2(1289)年に出家。子に長基・忠朝がいる。　典：公補

藤原経氏　ふじわらの・つねうじ

鎌倉時代の人、参議。生年不明～弘安8(1285)年4月9日没。花山院家系。

参議藤原忠継の長男。母は正四位上・神祇大副卜部兼直の娘。弟に宗氏・宗親がいる。寛元3(1245)年叙爵。建長元(1249)年従五位上に進み、同2年侍従、同6年讃岐介に任ぜられる。同7年正五位下に進み、康元元(1256)年左少将に任ぜられる。正嘉2(1258)年従四位下に進み右少将、文応元(1260)年近江介に任ぜられ従四位上に進み、文永2(1265)年左中将に任ぜられる。同4年正四位下に進み、同11年美濃介、弘安4(1281)年蔵人頭に任ぜられる。同7年従三位に進み参議に任ぜられる。同8年武蔵権守に任ぜられる。同年参議を辞し出家。子に俊雅がいる。　典：公補

藤原宗親　ふじわらの・むねちか

鎌倉時代の人、参議。仁治3(1242)年生～乾元元(1302)年12月25日没。61才。初名=宗親。前名=家繁。花山院家系。

参議藤原忠継の次男。兄に経氏、弟に宗氏がいる。初め宗親と名乗る。寛元2(1245)年叙爵。建長8(1256)年侍従に任ぜられる。同年家繁と改名。正嘉元(1257)年従五位上に進み名を初名の宗親に改名する。正元元(1259)年正五位下に進み、同2年筑前守に任ぜられる。弘長2(1262)年従四位下に進み、同3年少納言に任ぜられる。文永2(1265)年従四位上に進み、同3年摂津守・左少将、同5年左中将に任ぜられる。同6年正四位下に進み、同10年讃岐守、弘安3(1280)年内蔵頭、同9年蔵人頭に任ぜられ、同10年従三位に進む。同年内蔵頭、蔵人頭を辞す。同年左兵衛督に任ぜられ、正応元(1288)年に辞す。同3年正三位、同5年従二位、永仁6(1298)年正二位に進み、乾元元(1302)年参議に任ぜられ、のち辞す。典：公補

藤原宗氏　ふじわらの・むねうじ

鎌倉時代の人、非参議。宝治2(1248)年生～正和4(1315)年4月24日没。68才。法名=覚恵。花山院家系。

参議藤原忠継の三男。兄に経氏・宗親がいる。建長8(1256)年叙爵。正嘉元(1257)年大膳大夫に任ぜられる。同2年従五位上に進み、文応元(1260)年侍従、文永2(1265)年備中介に任ぜられる。同4年正五位下に進み、同5年大膳大夫を辞す。同年右少将、同7年左少将に任ぜられ従四位下に進み、同8年下野介に任ぜられる。建治2(1276)年従四位上に進み出雲権介に任ぜられる。弘安2(1279)年正四位下に進み、同4年中将、同10年内蔵頭に任ぜられ、のち辞す。永仁3(1295)年従三位、同5年正三位に進み、正安3(1301)年左兵衛督に任ぜられる。嘉元2(1304)年従二位に進む。同年左兵衛督を辞す。同3年に60才で出家。　典：公補

藤原俊雅　ふじわらの・としまさ

鎌倉時代の人、参議。文永9(1272)年生～応長元(1311)年5月22日没。40才。初名=俊経。花山院家系。

参議藤原経氏の子。初め俊経と名乗る。建治元(1275)年叙爵。弘安2(1279)年従五位上に進み侍従に任ぜられる。同5年正五位下に進み、同6年左少将に任ぜられる。同7年従四

位下、同8年従四位上に進み、正応元(1288)年解官となり、同2年許されて正四位下に進み左中将、正安2(1300)年蔵人頭に任ぜられる。同年俊雅と改名。参議に任ぜられる。同3年参議を辞す。同年正三位に進む。乾元元(1302)年右衛門督に任ぜられ、嘉元2(1304)年に辞す。延慶3(1310)年従二位に進む。 典：公補

藤原長基 ふじわらの・ながもと

鎌倉時代の人、非参議。生没年不明。花山院家系。

非参議藤原長忠の長男。弟に忠朝がいる。文永2(1265)年叙爵。同7年侍従、同11年近江介に任ぜられる。建治元(1275)年従五位上、弘安3(1280)年正五位下、同6年従四位下、同9年従四位上に進み左少将に任ぜられる。正応2(1289)年正四位下に進み、同3年左中将、正安2(1300)年右中将、嘉元3(1305)年長門介、正和元(1312)年治部卿・蔵人頭に任ぜられ従三位に進み任職を辞す。元応元(1319)年正三位に進む。正中2(1325)年より名が見えない。 典：公補

藤原忠朝 ふじわらの・ただとも

鎌倉時代の人、非参議。弘安5(1282)年生～没年不明。花山院家系。

非参議藤原長忠の次男。兄に長基がいる。永仁2(1294)年叙爵。同3年備中権守に任ぜられ守を辞す。乾元元(1302)年少納言に任ぜられ従五位上、同2年正五位下に進み少納言を辞す。嘉元3(1305)年左少将に任ぜられる。延慶2(1309)年従四位下に進み、同3年左中将に任ぜられ従四位上に進み、正和元(1312)年弾正大弼に任ぜられ、同2年大弼を辞す。同5年解官となる。文保元(1317)年許されて再び左中将、同2年蔵人頭、同3年左兵衛督に任ぜられる。元応元(1319)年従三位に進み、同2年左兵衛督を辞す。元亨3(1323)年に42才で出家。 典：公補

藤原具雅 ふじわらの・ともまさ

南北朝時代の人、参議。生年不明～明徳4(1393)年5月没。花山院家系。

権中納言鷹司宗雅の子。右中将に任ぜられる。正四位下に叙され、明徳元(1390.元中7)年参議に任ぜられ翌年に辞す。 典：公補

藤原(北家15)

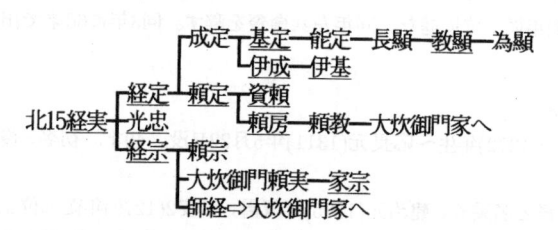

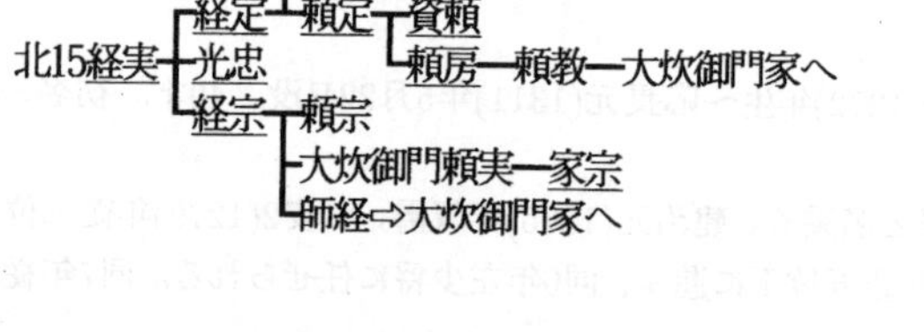

藤原経定　ふじわらの・つねさだ

平安時代の人、権中納言。康和2(1100)年生～保元元(1156)年1月28日没。57才。大炊御門家系。

大納言藤原経実の長男。母は権中納言藤原通俊の娘。弟に経宗・光忠がいる。天仁2(1109)年叙爵。永久4(1116)年加賀権介、保安3(1122)年右兵衛佐・右少将、同4年備中介に任ぜられ従五位上、天治3(1126)年正五位下、大治3(1128)年従四位下に進み左少将、同4年肥後介に任ぜられる。長承2(1133)年従四位上に進み、同3年備中権介・右中将・中宮権亮に任ぜられる。保延2(1136)年正四位下に進み、同4年蔵人頭、同6年美作権守に任ぜられる。永治元(1141)年参議に任ぜられる。康治元(1142)年讃岐権守、久安3(1147)年伊予権守に任ぜられ従三位に進み、同5年正三位に進み、同6年権中納言に任ぜられる。保元元(1156)年に出家。子に成定・頼定がいる。　典：公補

藤原経宗　ふじわらの・つねむね

平安時代の人、左大臣。元永2(1119)年生～文治5(1189)年2月28日没。71才。通称＝大炊御門左大臣。号＝大炊御門・中御門。大炊御門家系。

大納言藤原経実の四男、母は権大納言藤原公実の娘の従三位公子。兄に経定・光忠がいる。保安4(1123)年叙爵。大治3(1128)年佐兵衛佐に任ぜられる。同5年従五位上に進み、天承元(1131)年右少将、同2年備中介に任ぜられる。長承2(1133)年正五位下、同4年従四位下、保延3(1137)年従四位上より正四位下に進み美作介、同4年左中将、康治元(1142)年蔵人頭・備前権介、久安3(1147)年播磨介に任ぜられる。同5年参議に任ぜられ再び左中将に任ぜられる。同6年備中権守に任ぜられる。仁平2(1152)年従三位に進み、久寿元(1154)年右中将、同2年讃岐権守・春宮権大夫に任ぜられる。保元元(1156)年権中納言に任ぜられ右衛門督に任ぜられ正三位に進む。同2年使別当に任ぜられ更に中納言に任ぜられる。同3年従二位より正二位に進み権大納言に任ぜられる。永暦元(1160)年有事にて解官となり阿波国に配流される。許されて長寛2(1164)年に再び権大納言より右大臣に任ぜられる。更に仁安元(1166)年左大将・左馬寮御監に任ぜられ左大臣に任ぜられる。同2年左馬寮御監を辞す。同3年左大将を辞す。承安4(1174)年従一位に進み、治承2(1178)年春宮伝、同3年皇太子伝に任ぜられる。同4年に伝を辞す。文治5(1189)年に出家。子に頼宗・大炊御門頼実・大炊御門師経がいる。　典：伝日・公辞・日名・公補

藤原光忠　ふじわらの・みつただ

平安時代の人、中納言。永久3(1115)年生～承安元(1171)年6月7日没。57才。大炊御門家系。

大納言藤原経実の三男、母は参議藤原為房の娘掌侍為子。兄に経定、弟に経宗がいる。天治3(1126)年従五位下に叙され、大治5(1130)年侍従に任ぜられる。長承3(1134)年従五位上、保延2(1136)年正五位下に進み、同4年右権少将、同5年讃岐権介に任ぜられる。同6年従四位下に進み左少将、永治元(1141)年丹波介に任ぜられる。久安3(1147)年美作介に任ぜられる。同4年正四位下に進み左近権中将、仁平元(1151)年右権中将・備中介に任ぜられる。保元元(1156)年参議に任ぜられる。同2年丹波権守に任ぜられる。同3年従三位、

平治元(1159)年正三位に進み、応保元(1161)年丹波権守を辞す。同2年備前権守に任ぜられる。仁安元(1166)年権中納言に任ぜられる。更に同2年中納言に任ぜられるも辞す。同年民部卿に任ぜられ従二位に進む。承安元(1171)年民部卿を辞し出家。　典：公補

藤原頼定　ふじわらの・よりさだ

平安時代の人、参議。天治2(1125)年生～養和元(1181)年3月18日没。57才。号=堀川宰相。大炊御門家系。

権中納言藤原経定の子。弟に成定がいる。保延2(1136)年大膳亮、同6年式部少丞、同7年式部大丞に任ぜられる。永治2(1142)年叙爵し相模権守に任ぜられる。仁平2(1152)年従五位上に進み、久寿3(1156)年右兵衛佐、保元2(1157)年左少将に任ぜられ正五位下に進み、同3年遠江権介に任ぜられる。同4年従四位下に進み、永暦元(1160)年右中将に任ぜられたが解官となる。許されて応保3(1163)年従四位上に進み左中将、長寛2(1164)年加賀権介に任ぜられる。同3年正四位下に進み、仁安4(1169)年備後権介、嘉応2(1170)年蔵人頭に任ぜられ更に参議に任ぜられる。承安元(1171)年周防権守に任ぜられる。同3年従三位に進み、安元元(1175)年周防権守を辞す。同2年出雲権守に任ぜられる。治承2(1178)年正三位に進み、養和元年に飲水病にて没す。子に資頼・頼房がいる。　典：公補

藤原資頼　ふじわらの・すけより

平安時代の人、非参議。久安4(1148)年生～没年不明。大炊御門家系。

参議藤原頼定の長男。弟に頼房がいる。長寛元(1163)年叙爵し丹波守、永万元(1165)年伊予守より越中守に任ぜられる。仁安元(1166)年越中守を辞す。同年備中守に任ぜられる。同3年従五位上に進み、承安元(1171)年土佐守に任ぜられる。文治3(1187)年正五位下、建久2(1191)年従四位下に進み、同4年斎宮頭、元久元(1204)年皇太后権大夫に任ぜられる。建永元(1206)年従四位上、承元元(1207)年正四位下、同4年従三位に進み、建保元(1213)年に66才で出家。　典：公補

藤原家宗　ふじわらの・いえむね

平安時代の人、非参議。生年不明～建暦元(1211)年10月10日没。大炊御門家系。

太政大臣大炊御門頼実の長男。父の大炊御門の氏姓を名乗らずに、藤原を姓とした。文治5(1189)年叙爵。建久2(1191)年侍従、同6年備前介に任ぜられる。同7年従五位上、元久元(1204)年正五位下、同2年従四位下、承元2(1208)年従四位上より正四位下、同4年従三位に進み、建暦元年兵部卿に任ぜられたが没す。　典：公補

藤原頼房　ふじわらの・よりふさ

平安時代の人、非参議。安元2(1176)年生～没年不明。大炊御門家系

参議藤原頼定の次男。兄に資頼がいる。治承3(1179)年従五位下に叙され、文治6(1190)年越後守、建久4(1193)年侍従に任ぜられる。同5年従五位上に進み、正治元(1199)年越後守を辞す。同3年正五位下に進み、元久元(1204)年右少将に任ぜられる。建永元(1206)年従四位下に進む。のち斎宮長官となり、承元3(1209)年に辞す。同4年従四位上、建保

2(1214)年正四位下に進み、同3年右中将に任ぜられる。同6年従三位に進み、寛喜3(1231)年に56才で出家。子に頼教がいる。　典：公補

藤原基定　ふじわらの・もとさだ

平安時代の人、非参議。承安元(1171)年生～嘉禎3(1237)年11月1日没。67才。法名＝真願。大炊御門家系の始祖。

権中納言藤原経定の孫。正四位下・右中将藤原成定朝臣の長男。母は法眼行仁の娘。弟に伊成がいる。建仁3(1203)年侍従に任ぜられる。同4年従五位上に叙され、承元元(1207)年阿波権介・右少将に任ぜられる。同5年正五位下、建保7(1219)年従四位上、承久3(1221)年正四位下に進む。嘉禄2(1226)年皇后宮亮に任ぜられ、同3年に辞す。同年修理大夫に任ぜられる。安貞2(1228)年従三位に進み、寛喜3(1231)年修理大夫を辞す。嘉禎2(1236)年に66才で出家。子に能定がいる。　典：公補

藤原伊成　ふじわらの・これなり

平安時代の人、非参議。建久5(1194)年生～没年不明。大炊御門家系。

権中納言藤原経定の孫。正四位下・右中将藤原成定朝臣の次男。兄に基定がいる。承元2(1208)年叙爵。承久元(1219)年従五位上に進み讃岐守、同3年侍従に任ぜられる。貞応元(1222)年正五位下に進み、嘉禄3(1227)年右少将に任ぜられる。安貞2(1228)年従四位下、寛喜3(1231)年従四位上、嘉禎2(1236)年正四位下に進み、同4年右中将に任ぜられる。仁治2(1241)年従三位に進み、寛元元(1243)年に50才で出家。子に伊基がいる。　典：公補

藤原伊基　ふじわらの・これもと

平安時代の人、非参議。生没年不明。大炊御門家系。

非参議藤原伊成の長男。寛喜4(1232)年叙爵。暦仁2(1239)年侍従に任ぜられる。仁治2(1241)年従五位上に進み、寛元元(1243)年右少将に任ぜられる。同2年正五位下に進み甲斐権介に任ぜられる。同4年従四位下、建長元(1249)年従四位上に進み、同2年播磨介、同6年右中将に任ぜられる。同7年正四位下に進み、正嘉3(1259)年周防権介に任ぜられる。弘長元(1261)年従三位に進み、文永7(1270)年に出家。　典：公補

藤原教顕　ふじわらの・のりあき

鎌倉時代の人、非参議。生没年不明。大炊御門家系。

非参議藤原基定の曽孫。藤原長顕の子。従三位に叙され、正安元(1299)年より名が出る。同2年正三位に進み右兵衛督に任ぜられ、のち辞す。嘉元2(1304)年に出家。　典：公補

藤原(北家16)

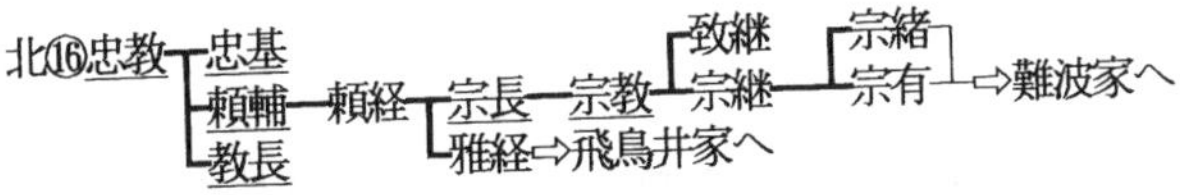

藤原忠基　ふじわらの・ただもと

平安時代の人、権中納言。康和元(1099)年生～保元元(1156)年7月没。58才。

大納言藤原忠教の長男。母は参議源季宗の娘。弟に教長・頼輔がいる。天永2(1111)年叙爵。同3年加賀権守に任ぜられる。保安2(1121)年従五位上に進み、同3年侍従・右少将、同4年周防介、同5年蔵人に任ぜられる。天治2(1125)年正五位下、大治元(1126)年従四位下に進み、同2年讃岐介に任ぜられる。同6年従四位上に進み、天承2(1132)年美作権介に任ぜられる。長承2(1133)年正四位下に進み、同3年権中将・皇后宮権亮、保延2(1136)年蔵人頭に任ぜられる。同2年参議に任ぜられ左中将に任ぜられる。同3年備中権守、同5年大宮権大夫に任ぜられる。康治元(1142)年従三位に進み、同2年備後権守に任ぜられ、天養元(1144)年大宮権大夫を辞す。久安5(1149)年近江権守に任ぜられ更に正三位に進み権中納言に任ぜられる。仁平3(1153)年権中納言を辞す。同年大宰権帥に任ぜられる。　典：公補

藤原教長　ふじわらの・のりなが

平安時代の人、参議。天仁2(1109)年生～没年不明。法名=観蓮。難波家系。

大納言藤原忠教の次男。母は大納言源俊明の娘。兄に忠基、弟に頼輔がいる。元永2(1119)年叙爵し元服。保安3(1122)年侍従、同4年左少将・備中権介に任ぜられ従五位上、天治3(1126)年正五位下に進み、大治元(1126)年蔵人に任ぜられる。同3年従四位下に進み、同4年加賀権介に任ぜられる。長承2(1133)年従四位上に進み、同3年近江権介に任ぜられる。保延2(1136)年正四位下に進み右中将に任ぜられたが一時除籍され許されて蔵人頭、同5年伊予介に任ぜられる。永治元(1141)年参議に任ぜられる。康治2(1143)年丹波権守に任ぜられる。久安3(1147)年従三位、同5年正三位に進み、仁平2(1152)年権守を辞す。同3年越前権守、久寿2(1155)年阿波権守に任ぜられたが、保元元(1156)年任職を辞す。48才で出家するも常陸国浮島に配流される。応保2(1162)年召さてれ紀州高野山に隠居する。著書に「拾遺古今」がある。　典：大日・伝日・古今・日名・公補

藤原頼輔　ふじわらの・よりすけ

平安時代の人、非参議。天永3(1112)年生～文治2(1186)年4月5日没。75才。初名=親忠。通称=鼻豊後。難波家系。

大納言藤原忠教の四男、母は賀茂神主成継の娘。兄に忠基・教長がいる。初め親忠と名乗る。天治2(1125)年従五位下に叙され、大治2(1127)年山城守に任ぜられる。同年頼輔と改名。保延2(1136)年従五位上、久寿3(1156)年正五位下に進む。永暦元(1160)年豊後守に任ぜられる。仁安元(1166)年に辞す。同年従四位下に進み皇后宮亮に任ぜられる。同3年に辞す。同年従四位上に進み、嘉応2(1170)年刑部卿に任ぜられる。承安元(1171)年正四位下より従三位に進み、寿永2(1183)年周防権守に任ぜられる。文治元(1185)年刑部卿を辞す。翌年に出家し安徳天皇に奉じ没す。蹴鞠一道の祖。子に頼経、孫に宗長・飛鳥井雅経がいる。　典：大日・伝日・公辞・日名・公補

藤原宗長　ふじわらの・むねなが

平安・鎌倉時代の人、参議。長寛2(1164)年生～嘉禄元(1225)年8月26日没。62才。難波家系。

非参議藤原頼輔の孫。従四位上・刑部卿藤原頼経の長男。弟に飛鳥井雅経がいる。治承4(1180)年叙爵し豊後守、寿永2(1183)年右少将に任ぜられる。元暦元(1184)年従五位上に進み陸奥守に任ぜられる。文治4(1188)年正五位下に進み、同5年解官となる。建仁元(1201)年従四位下、元久3(1206)年従四位上に進み、承元2(1208)年刑部卿に任ぜられる。同3年正四位下、建保2(1214)年従三位に進み、嘉禄元(1225)年に飲水病にて没す。蹴鞠家。子に宗教がいる。　典：大日・伝日・公辞・日名・公補

藤原宗教　ふじわらの・むねのり

平安・鎌倉時代の人、非参議。正治2(1200)年生～没年不明。79才。難波家系。

参議藤原宗長の子。刑部卿を辞す。建長5(1253)年従三位に叙され、同6年再び刑部卿に任ぜられる。文応元(1260)年正三位、文永5(1268)年従二位に進み、同6年刑部卿を辞す。弘安元(1278)年に79才で出家。子に致継・宗継がいる。　典：公辞・公補

藤原(北家17)

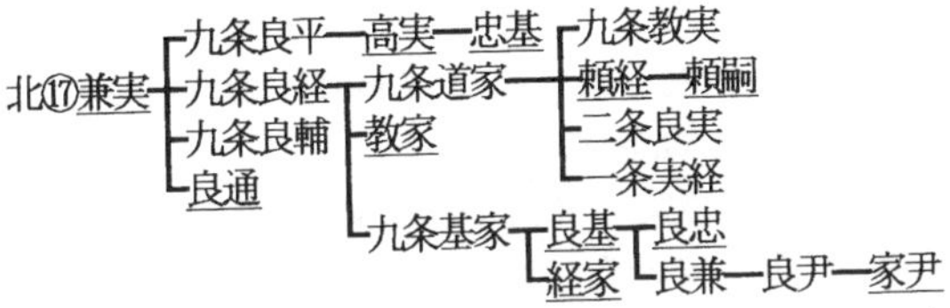

藤原良通　ふじわらの・よしみち

平安・鎌倉時代の人、内大臣。仁安2(1167)年生～文治4(1188)年2月20日没。22才。九条家系。

右大臣藤原兼実の長男。母は非参議藤原季行の娘。弟に九条良平・九条良経・九条良輔がいる。承安5(1175)年従五位上に叙され侍従に任ぜられる。安元元(1175)年正五位下に進み、治承元(1177)年侍従を辞す。同年右中将に任ぜられる。同2年従四位上より正四位下に進み播磨権介に任ぜられ更に従三位、同3年正三位より従二位に進み権中納言に任ぜられ右大将に任ぜられる。更に寿永元(1182)年権大納言に任ぜられる。同2年正二位に進み、文治2(1186)年内大臣に任ぜられ左大将に任ぜられる。同4年に頓死する。　典：公補

藤原教家　ふじわらの・のりいえ

鎌倉時代の人、権大納言。建久5(1194)年生～建長7(1255)年4月28日没。62才。法名＝慈観。号＝弘誓院大納言。九条家系。

摂政・太政大臣九条良経の次男。母は権中納言藤原能保の娘。兄に九条道家、弟に九条基家がいる。元久元(1204)年従五位上より正五位下に叙され元服し侍従に任ぜられる。同2年従四位下に進み右近中将、同3年播磨介に任ぜられる。承元元(1207)年従四位上より正四位下に更に従三位に進み、同2年尾張権守に任ぜられる。同3年正三位に進み、建暦元(1211)年尾張権守を辞す。同年中宮権大夫に任ぜられる。同2年従二位に進み、建保

2(1214)年権中納言に任ぜられる。同4年正二位に進み、同6年中宮大夫に任ぜられ更に権大納言に任ぜられる。承久2(1220)年春宮大夫、同3年皇后宮大夫に任ぜられる。元仁元(1224)年に辞す。嘉禄元(1225)年に32才で出家。　典：公補

藤原高実　ふじわらの・たかざね

鎌倉時代の人、権大納言。承元4(1210)年生～宝治2(1248)年8月1日没。39才。号=外山大納言入道。九条家系。

大納言九条良平の長男。母は権中納言藤原範光の娘。承久元(1219)年従五位上より正五位下に叙され侍従・春宮権亮・右少将、同2年右中将・下野介に任ぜられる。同3年従四位上より正四位下、貞応元(1222)年従三位、同2年正三位に進み但馬権守に任ぜられる。嘉禄元(1225)年従二位に進み、安貞元(1227)年権中納言に任ぜられる。同2年正二位に進み、寛喜3(1231)年権大納言に任ぜられる。暦仁元(1238)年に辞す。同年民部卿に任ぜられ、仁治元(1240)年に辞す。同3年に32才で出家。子に忠基がいる。　典：公補

藤原頼経　ふじわらの・よりつね

鎌倉時代の人、権大納言。建保6(1218)年生～康元元(1256)年8月11日没。39才。法名=行智。通称=大殿。鎌倉幕府第四代将軍。九条家系。

関白・左大臣九条道家の三男。兄弟に九条教実・二条良実・一条実経がいる。嘉禄2(1226)年正五位下に叙され右少将・征夷大将軍、安貞元(1227)年近江権介に任ぜられる。寛喜3(1231)年従四位上より正四位下に進み左中将、貞永元(1232)年備後権守に任ぜられ従三位に進み、天福元(1233)年権中納言に任ぜられ、文暦元(1234)年に辞す。同年正三位に進む。嘉禎元(1235)年按察使に任ぜられ従二位、同2年正二位に進む。同年按察使を辞す。同年民部卿に任ぜられる。暦仁元(1238)年関東より上洛し再び権中納言より権大納言に任ぜられるも辞す。寛元2(1244)年征夷大将軍を子の頼嗣に譲る。同3年に28才で出家し鎌倉に居たが、同4年北条時頼の排斥を企て京都に送られる。子に頼嗣がいる。　典：大日・京都・鎌倉・日名・公補

藤原経家　ふじわらの・つねいえ

鎌倉時代の人、非参議。安貞元(1227)年生～没年不明。九条家系。

内大臣九条基家の長男。弟に良基がいる。暦仁元(1238)年叙爵し元服し侍従に任ぜられる。同2年正五位下に進み、延応元(1239)年右少将より右中将に任ぜられ従四位下に進み、同2年讃岐権介に任ぜられ従四位上、仁治元(1240)年正四位下、同2年従三位、同3年正三位に進み播磨権守に任ぜられ、建長元(1249)年に辞す。同3年正二位に進み、弘長3(1263)年に37才で出家。　典：公補

藤原忠基　ふじわらの・ただもと

鎌倉時代の人、参議。寛喜2(1230)年生～弘長3(1263)年2月5日没。34才。九条家系。

権大納言藤原高実の子。母は権大納言藤原経通の娘。右中将を辞す。宝治元(1247)年従三位に叙され、同2年播磨権守に任ぜられる。建長3(1251)年正三位に進み、同4年播磨

権守を辞す。弘長2(1262)年参議に任ぜられ再び右中将・右衛門督・別当に任ぜられ従二位に進むも任職を辞す。同3年に出家。　典：公補

藤原頼嗣　ふじわらの・よりつぐ

鎌倉時代の人、非参議。延応元(1239)年生～康元元(1256)年9月25日没。18才。鎌倉幕府第五代将軍。九条家系。

権大納言藤原頼経の子。寛元2(1244)年征夷大将軍を父より譲られる。のち左中将に任ぜられる。建長3(1251)年従三位に叙され、同4年父の北条家排斥の企てが発覚し征夷大将軍・中将を辞す。京都に送られ不遇に終わる。　典：大日・鎌倉・京都・日名・公補

藤原良基　ふじわらの・よしもと

鎌倉時代の人、非参議。嘉禎2(1236)年生～正応5(1292)年1月10日没。57才。九条家系。

内大臣九条基家の次男。母は修理大夫藤原基定の娘。兄に経家がいる。文永2(1265)年従五位上に叙され侍従・右少将、同3年紀伊権介に任ぜられ正五位下に進み、同4年左中将に任ぜられる。同6年従四位下に進み、同7年美作介に任ぜられる。同8年従四位上、同11年正四位下、建治3(1277)年従三位に進み、弘安元(1278)年丹波権守に任ぜられる。同2年正三位に進み、同5年丹波権守を辞す。正応元(1288)年従二位に進む。子に良忠・良兼がいる。　典：公補

藤原良忠　ふじわらの・よしただ

鎌倉時代の人、非参議。生年不明～正安元(1299)年10月23日没。九条家系。

非参議藤原良基の子。建治3(1277)年叙爵し侍従に任ぜられる。弘安3(1280)年従五位上、同11年正五位下に進み右少将に任ぜられる。正応3(1290)年従四位下に進み、同4年右中将に任ぜられる。同6年従四位上、永仁2(1294)年正四位下、同3年従三位、同5年正三位に進む。　典：公補

藤原家尹　ふじわらの・いえただ

南北朝時代の人、非参議。生年不明～嘉慶元(1387.元中4)年没。九条家系。

非参議藤原良基の曾孫。侍従藤原良兼の孫。左少将藤原良尹の子。右衛門督を辞す。応安6(1373.文中2)年従三位に叙され、永和元(1375.天授元)年再び右衛門督に任ぜられ督を辞す。永徳2(1382)年従二位に進む。　典：公補

○伏原家

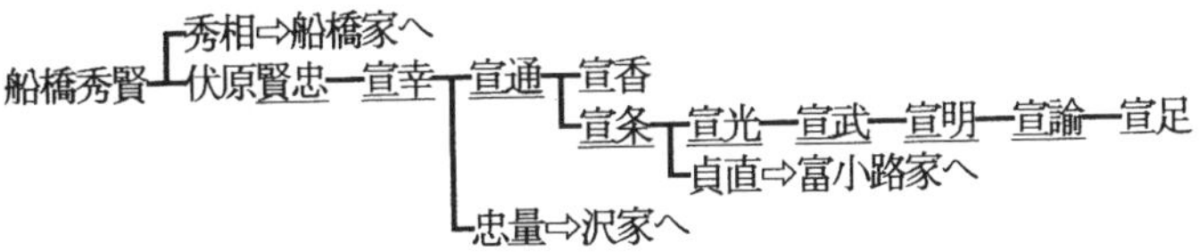

少納言船橋秀賢の次男賢忠が、父の船橋家より別れて、伏原を氏姓とした。代々儒道で奉仕し、明治に子爵を授かる。本姓は清原。菩提寺は京都上京区小川寺ノ内下の報恩寺。

典：京都・日名

伏原賢忠　ふせはら・かたただ

江戸時代の人、非参議。慶長7(1602)年5月2日生〜寛文6(1666)年9月6日没。65才。前氏姓＝東高倉。伏原家の祖。

非参議船橋国賢の孫。式部少輔船橋秀賢朝臣の次男。兄に船橋秀相がいる。後水尾天皇のすすめで、父の船橋家より別れて、初め東高倉を氏姓とし、のち伏原を氏姓とした。元和元(1615)年元服し正六位上に叙され左近衛将監に任ぜられる。寛永6(1629)年叙爵し主計頭に任ぜられる。同8年従五位上、同10年正五位下、同15年従四位下、同19年従四位上に進み少納言・侍従に任ぜられ、同21年少納言を辞す。正保3(1646)年正四位下に進み主水正に任ぜられる。承応元(1652)年従三位に進み、明暦元(1655)年大蔵卿に任ぜられる。同3年正三位、寛文6(1666)年従二位に進む。子に宣幸がいる。　典：大日・伝日・公辞・公補

伏原宣幸　ふせはら・のぶゆき

江戸時代の人、非参議。寛永14(1637)年5月6日生〜宝永2(1705)年8月1日没。69才。

非参議船橋賢忠の子。承応3(1654)年叙爵し元服し右衛門佐、明暦2(1656)年少納言・侍従、同3年主水正に任ぜられる。万治2(1659)年従五位上、寛文3(1663)年正五位下に進み明経博士に任ぜられる。同8年従四位下、延宝元(1673)年従四位上に進み、同5年少納言・侍従を辞す。同年大蔵卿に任ぜられる。同6年正四位下、天和2(1682)年従三位に進み大蔵卿に任ぜられる。元禄元(1688)年正三位に進み、同8年踏歌外弁となる。同11年大蔵卿を辞す。同年従二位、宝永2(1705)年正二位に進む。子に宣通・沢忠量がいる。　典：公辞・日名・公補

伏原宣通　ふせはら・のぶみち

江戸時代の人、非参議。寛文7(1667)年8月25日生〜寛保元(1741)年2月12日没。75才。

非参議伏原宣幸の子。兄弟に沢忠量がいる。延宝4(1676)年正六位上に叙され、同5年元服し大学助、天和2(1682)年主水正に任ぜられる。貞享4(1687)年従五位下に進み左衛門佐に任ぜられる。同5年従五位上、元禄2(1689)年正五位下、同5年従四位下に進み、同7年少納言・侍従に任ぜられる。同10年従四位上、同14年正四位下に進み明経博士に任ぜられる。宝永2(1705)年少納言・侍従を辞す。同年大蔵卿に任ぜられ従三位に進み、同4年踏歌外弁となる。同7年正三位、享保7(1722)年従二位に進む。同年大蔵卿を辞す。寛保元(1741)年正二位に進む。子に宣香(正四位下・明暦博士、享保18,7,13没、31才)・宣条がいる。　典：公辞・日名・公補

伏原宣条　ふせはら・のぶえだ

江戸時代の人、非参議。享保5(1720)年1月25日生〜寛政3(1791)年9月17日没。72才。

非参議伏原宣通の子。兄弟に宣香がいる。享保18(1733)年従五位下に叙され元服し図書頭、同20年右兵衛佐に任ぜられる。元文3(1738)年従五位上に進み、同5年主水正に任ぜられる。寛保2(1742)年正五位下に進み、同3年治部少輔・明経博士に任ぜられる。延享3(1746)年従四位下に進み、寛延元(1748)年少納言・侍従に任ぜられる。同3年従四位上、宝暦4(1754)年正四位下、同6年従三位、同11年正三位、明和3(1766)年従二位、安永

6(1777)年正二位に進む。竹内式部の垂加神道を学ぶ。子に宣光・富小路貞直がいる。　典：大日・伝日・公辞・日名・公補

伏原宣光　ふせはら・のぶみつ

江戸時代の人、非参議。寛延3(1750)年2月9日生～文政10(1827)年12月20日没。78才。

非参議伏原宣条の子。母は権大納言柳原光綱の娘。兄弟に富小路貞直がいる。宝暦5(1755)年従五位下に叙され、同11年元服し民部少輔に任ぜられ従五位上、同13年正五位下に進み、明和元(1764)年主水正に任ぜられる。同4年従四位下に進み少納言・侍従に任ぜられる。同8年従四位上に進み明経博士に任ぜられる。安永4(1775)年正四位下、同7年従三位に進み、同9年再び侍従に任ぜられる。天明元(1781)年踏歌外弁となる。同2年正三位、寛政12(1800)年従二位、文化8(1811)年正二位に進む。子に宣武がいる。　典：公辞・日名・公補

伏原宣武　ふせはら・のぶたけ

江戸時代の人、非参議。安永3(1774)年5月13日生～天保4(1833)年8月9日没。60才。初名＝長賢。

非参議伏原宣光の子。初め長賢と名乗る。安永7(1778)年従五位下に叙され、天明3(1783)年元服し従五位上に進み治部大輔、同4年主水正に任ぜられる。同7年正五位下、寛政3(1791)年従四位下に進み、同4年少納言・侍従に任ぜられる。同6年宣武と改名。同8年従四位上、同11年正四位下、享和3(1803)年従三位、文化4(1807)年正三位に進み修理権大夫に任ぜられる。同5年踏歌外弁となり、同9年止官となる。文政7(1824)年従二位に進む。子に宣明がいる。　典：公辞・日名・公補

伏原宣明　ふせはら・のぶはる

江戸時代の人、非参議。寛政2(1790)年4月1日生～文久3(1863)年2月14日没。74才。

非参議伏原宣武の子。寛政10(1798)年従五位下に叙され、享和3(1803)年元服し備前権介に任ぜられ従五位上に進み、文化3(1806)年主水正に任ぜられる。同4年正五位下、同8年従四位下に進み少納言・侍従に任ぜられる。同12年従四位上、文政2(1819)年正四位下に進み明経博士に任ぜられる。同6年従三位、同10年正三位、天保14(1843)年従二位、安政元(1854)年正二位に進む。子に宣諭がいる。　典：明治・公辞・日名・公補

伏原宣諭　ふせはら・のぶさと

江戸時代の人、非参議。文政6(1823)年12月3日生～明治9(1876)年没。54才。

非参議伏原宣明の子。文政10(1827)年叙爵。天保2(1831)年元服し大和権介に任ぜられ従五位上、同6年正五位下に進み、同9年明経博士に任ぜられる。同10年従四位下に進み、同12年主水正に任ぜられる。同14年従四位上、弘化4(1847)年正四位下に進み少納言・侍従に任ぜられる。嘉永6(1853)年従三位、安政4(1857)年正三位に進むも、同5年蟄居。明治の新政府に学習院学頭と奉行に任ぜられる。京都烏丸通武者小路北角に住む。家料は230石。子に宣足、孫に宣定は明治に華族に列され子爵をさずかる。　典：明治・公辞・公補

○船橋家

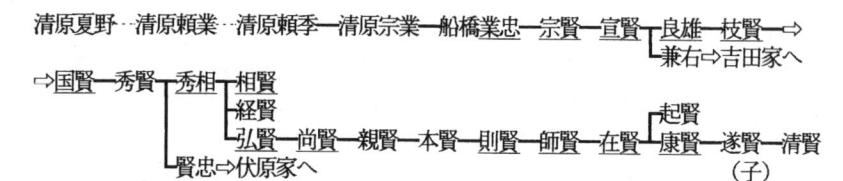

清原夏野…清原頼業…清原頼季―清原宗業―船橋業忠―宗賢―宣賢┬良雄―枝賢―⇨
　　　　　　　　　　　　　　　　　　　　　　　　　　　　　└兼右⇨吉田家へ

⇨国賢―秀賢┬秀相┬相賢
　　　　　│　　├経賢
　　　　　│　　│　　　　　　　　　　　　　　　　　　　┌起賢
　　　　　│　　└弘賢―尚賢―親賢―本賢―則賢―師賢―在賢┴康賢―遂賢―清賢
　　　　　└賢忠⇨伏原家へ　　　　　　　　　　　　　　　　　　（子）

清原夏野の19世の孫業忠が、初めて船橋を氏姓とした。代々儒道で奉仕し、明治に華族に列され子爵を授かる。本姓は清原。

典：京都・日名

船橋業忠　ふなばし・なりただ

室町時代の人、非参議。応永22(1415)年生～没年不明。初名＝良宣。法名＝常忠。姓(かばね)＝真人より朝臣。

清原夏野の19世清原頼季の孫。正四位下・少納言・主水正清原宗業真人の子。父の清原より分かれて船橋を氏姓とした。初め良宣と名乗り、のち業忠と改名。宝徳元(1449)年大外記を辞す。同年少納言に任ぜられる。康正元(1455)年従三位に叙され、長禄2(1458)年大蔵卿に任ぜられ正三位に進み真人より朝臣を賜るも出家。著書に「本朝書籍目録」(清原姓)がある。子に宗賢がいる。　典：公辞・公補

船橋宗賢　ふなばし・むねかた

室町時代の人、非参議。永享3(1431)年生～永正10(1513)年没。83才。法名＝常盛。

非参議船橋業忠の子。文明5(1473)年従三位に叙され大蔵卿を辞す。同9年正三位に進み、同10年侍従に任ぜられる。長享2(1488)年に出家。永正12(1515)年に従二位を贈られる。養子に宣賢がいる。　典：公辞・公補

船橋宣賢　あなばし・のぶかた

室町時代の人、非参議。文明7(1475)年生～天文19(1550)年7月12日没。76才。法名＝宗尤。号＝環翠軒。

非参議船橋宗賢の養子。非参議卜部兼倶の三男。文明12(1480)年主水正、同16年大炊頭、同18年蔵人に任ぜられる。明応9(1500)年従五位下に叙され、文亀元(1501)年少納言に任ぜられる。同3年従五位上、永正3(1506)年正五位下、同7年従四位下、同10年従四位上、同13年正四位下、大永元(1521)年従三位に進み、同2年侍従に任ぜられる。同6年正三位に進み、享禄2(1529)年に55才で出家し越前に下向。越前国一乗谷にて没す。国学に通ず。子に良雄・吉田兼右がいる。　典：公辞・公補

船橋良雄　ふなばし・よしお

室町時代の人、非参議。明応8(1499)年生～永禄9(1566)年11月3日没。68才。初名＝業賢。

非船橋宣賢の長男。弟に吉田兼右がいる。初め業賢と名乗る。文亀2(1502)年大炊頭・主水正に任ぜられる。永正3(1506)年従五位下、同8年従五位上に進み、同12年大外記に任ぜられ正五位下、同18年正五位上、大永2(1522)年備前権介に任ぜられる。同6年従四位下に進み、享禄2(1529)年穀倉院別当となり、同3年従四位上、天文3(1534)年正四位下に進み、同4年下総守、同5年少納言・侍従、同7年武蔵権介に任ぜられる。同11年従三位に進み、同16年に在国(武蔵か)。同18年良雄と改名。同22年侍従を辞す。永禄元(1558)年防州に在住。同所にて没す。子に枝賢がいる。　典：公辞・公補

船橋枝賢　ふねばし・しげかた

室町・安土桃山時代の人、非参議。永正17(1520)年生〜天正18(1590)年11月15日没。71才。初名＝頼賢。法名＝道白。

非参議船橋良雄の子。初め頼賢と名乗り、のち枝賢と改名する。大永5(1525)年大炊頭・主水正に任ぜられる。享禄4(1531)年叙爵。天文4(1535)年従五位上に進み元服し大外記、同5年穀倉院別当、同7年備後介に任ぜられる。同8年正五位下に進み、同9年博士に任ぜられる。同11年正五位上に進み、同13年伊勢権守に任ぜられる。同15年従四位上、同23年正四位下に進み、永禄2(1559)年弾正少弼・少納言・侍従、同6年宮内卿に任ぜられる。天正4(1576)年従三位、同9年正三位に62才で出家。没後に従二位を贈られる。子に国賢がいる。　典：公辞・公補

船橋国賢　ふなばし・くにかた

室町・安土桃山・江戸時代の人、非参議。天文13(1544)年生〜慶長19(1614)年10月28日没。71才。

非参議船橋枝賢の子。天文18(1549)年主水正・大炊頭、永禄6(1563)年左近衛将監・少納言・侍従に任ぜられる。天正3(1575)年従五位上に叙され、同6年正五位下、同10年従四位下、同16年従四位上に進み、慶長12(1607)年大蔵卿を辞す。同年従三位に進むも64才で出家。子に秀賢(従四位上・式部少輔・明経博士、慶長19,6,28没、40才)、孫に秀相・伏原賢忠がいる。　典：公辞・公補

船橋秀相　ふなばし・ひですけ

江戸時代の人、非参議。慶長5(1600)年生〜正保4(1647)年9月15日没。48才。

非参議船橋国賢の孫。従四位上・式部少輔・明経博士船橋秀賢朝臣(慶長19,6,28没、40才)の子。兄弟に伏原賢忠がいる。元和元(1615)年従五位下に叙され式部少輔に任ぜられる。同6年従五位上、同9年正五位下に進み明経博士に任ぜられる。寛永5(1628)年従四位下に進み、同9年少納言に任ぜられる。同10年従四位上に進み侍従に任ぜられる。同14年正四位下に進み少納言を辞す。正保3(1646)年従三位に進む。子に相賢・経賢(初名＝宣相、前名＝栄相、正五位下・式部少輔、寛文12出家、法名＝常覚)・弘賢がいる。　典：公辞・公補

船橋相賢　ふなばし・すけかた

江戸時代の人、非参議。元和4(1618)年2月23日生〜元禄2(1689)年10月16日没。72才。一字名＝聴。

非参議船橋秀相の長男。母は差兵衛佐兼治朝臣の娘。弟に経賢(初名=宣相、前名=栄相、正五位下・式部少輔、寛文12出家、法名=常覚)・弘賢がいる。寛永4(1627)年従五位下に叙され、同5年元服し左兵衛佐に任ぜられる。同10年従五位上に進み式部少輔に任ぜられる。同14年正五位下に進み、同18年明経博士に任ぜられる。同19年従四位下、正保4(1647)年従四位上、慶安4(1651)年正四位下に進み、承応3(1654)年少納言・侍従に任ぜられる。明暦2(1656)年従三位に進み、万治3(1660)年刑部卿に任ぜられる。寛文元(1661)年正三位、天和2(1682)年従二位に進む。　典：公辞・公補

船橋弘賢　ふなばし・ひろかた

江戸時代の人、非参議。慶安元(1648)年2月9日生～正徳4(1714)年10月7日没。67才。初名=相起。

非参議船橋秀相の三男。兄に相賢・経賢(初名=宣相、前名=栄相、正五位下・式部少輔、寛文12出家、法名=常覚)がいる。初め相起と名乗る。天和元(1681)年叙爵し元服し右兵衛佐、同3年明経博士・式部少輔に任ぜられる。貞享2(1685)年従五位上、同4年正五位下に進み少納言・侍従に任ぜられる。元禄3(1690)年従四位下に進む。同年弘賢と改名。同7年従四位上、同11年正四位下に進み、同13年少納言・侍従等を辞す。同14年従三位に進み、同16年刑部卿に任ぜられる。宝永元(1704)年踏歌外弁となる。同2年刑部卿を辞す。同年正三位、正徳2(1712)年従二位、同4年正二位に進む。養子に尚賢がいる。　典：公辞・公補

船橋尚賢　ふなばし・なおかた

江戸時代の人、非参議。天和2(1682)年3月19日生～享保11(1726)年6月10日没。45才。初名=兼尚。

典：公辞・公補

船橋則賢　ふなばし・のりかた

江戸時代の人、非参議。宝暦8(1758)年8月25日生～寛政9(1797)年閏7月21月没。40才。

非参議船橋尚賢の曾孫。明経博士船橋親賢朝臣の孫。正五位下・侍従・主水正船橋本賢の子。母は権中納言石井行忠の娘。明和元(1764)年叙爵。同5年元服し式部少輔に任ぜられ従五位上に進み、同6年左兵衛佐に任ぜられる。同8年正五位下、安永3(1774)年従四位下に進み、同4年少納言・侍従に任ぜられる。同6年従四位上に進み、同7年明経博士に任ぜられる。同9年正四位下、天明3(1783)年従三位、同7年正三位、寛政7(1795)年従二位に進む。同年明経博士を辞す。子に師賢がいる。　典：公辞・公補

船橋師賢　ふなばし・もろかた

江戸時代の人、非参議。天明3(1783)年10月26日生～天保3(1832)年5月15日没。50才。

非参議船橋則賢の子。母は権大納言冷泉(上)為村の娘。天明7(1787)年従五位下に叙され、寛政3(1791)年元服し武蔵権介に任ぜられ従五位上、同6年正五位下に進み、同7年明経博士に任ぜられる。同9年従四位下、同12年従四位上に進み、享和元(1801)年左兵衛佐に任ぜられる。同3年正四位下に進み少納言・主水正・侍従に任ぜられる。文化3(1806)年従三位、同7年正三位に進み、同11年再び侍従に任ぜられる。文政元(1818)年従二位に

進み踏歌外弁となる。同2年明経博士・侍従を辞す。天保3年正二位に進む。子に在賢がいる。　典：公辞・公補

船橋在賢　ふなばし・あきかた

江戸時代の人、非参議。文化元(1804)年7月2日生〜元治元(1864)年2月4日没。61才。

非参議船橋師賢の子。母は権大納言冷泉(上)為章の娘。文化4(1807)年従五位下に叙され、同7年元服し武蔵権守、同8年主水正に任ぜられ従五位上、同11年正五位下、同14年従四位下、文政3(1820)年従四位上に進み、同4年少納言・侍従に任ぜられる。同6年正四位下に進み明経博士に任ぜられる。同9年従三位、天保元(1830)年正三位、同9年従二位に進み、同10年明経博士を辞す。安政元(1854)年正二位に進む。同5年に起きた安政の事件(飛鳥井雅典の項参照)に八十八朝廷として連座。子に起賢・康賢がいる。　典：明治・公辞・公補

船橋康賢　ふなばし・みちかた

江戸時代の人、非参議。天保12(1841)年11月24日生〜明治12(1879)年11月没。39才。

非参議船橋師賢の次男。兄に起賢がいる。弘化元(1844)年従五位下に叙され、嘉永元(1848)年元服し従五位上、同4年正五位下に進み、同6年讃岐権守・明経博士に任ぜられる。安政元(1854)年従四位下に進み、同3年少納言・侍従に任ぜられる。同4年従四位上に進み、同5年に起きた安政の事件(飛鳥井雅典の項参照)に八十八朝廷として父と共に連座。万延元(1860)年正四位下に進み、文久3(1863)年主水正に任ぜられ従三位、慶応3(1867)年正三位に進む。京都乾御門上ル近衛邸裏に住む。家料は400石。墓所は宝寿院。子に遂賢(大正13,1没、60才。華族に列され子爵を授かる)がいる。　典：明治・公辞・公補

○文室家

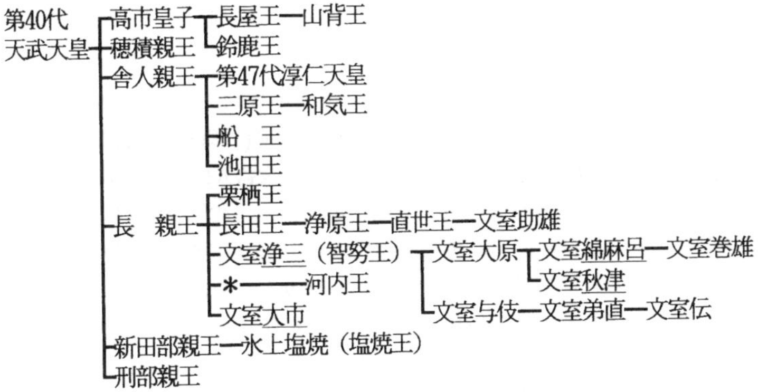

第40代天武天皇の孫。一品長親王の子智努王が、天平勝宝4(752)年に文室の氏・真人の姓(かばね)を賜り、子の綿麿に至り朝臣の姓を賜る。短続の系譜で巻雄にて終わる。

典：古代・公辞

文室浄三　ふんやの・きよみ

飛鳥・奈良時代の人、大納言。第41代持統天皇7年(693)年生〜宝亀元(770)年10月9日没。78才。初名=智努王。元名=知努王。前名=文室知努。別字名=浄見。姓=真人。

第40代天武天皇の孫。一品長親王の子。兄弟に栗栖王・長田王・文室大市などがいる。初め智努王と名乗る。神亀3(726)年従四位下に叙され左大舎人頭に任ぜられる。天平19(747)年従三位に進む。天平勝宝4(752)年王を文室知努と改名し姓(かばね)の真人を賜る。同6年摂津大夫に任ぜられる。天平宝字元(757)年参議、治部卿に任ぜられる。同年浄三と改名。同2年再び文室知努と名乗り出雲守に任ぜられ、同3年に辞す。更に同4年中納言に任ぜられる。同5年再び文室浄三と名乗り正三位に進み、同6年御史大夫に任ぜられ杖を賜り、同7年神祇伯に任ぜられる。同8年従二位に進む。天平神護元(765)年致仕大納言に任ぜられるも任職を辞す。子に大原・与伎がいる。　典：日名・公補

文室大市　ふんやの・おおち

飛鳥・奈良時代の人、大納言。慶雲元(704)年生〜宝亀11(780)年11月28日没。77才。姓=真人。

第40代天武天皇の孫。一品長親王の七男。兄に栗栖王・長田王・大室浄三がいる。天平年中に従四位下に叙され刑部卿に任ぜられる。天平勝宝4(752)年文室の氏・真人の姓(かばね)を賜る。天平宝字元(757)年正四位下に進み弾正尹、同3年節部卿、同5年出雲守に任ぜられる。同8年正四位上に進み民部卿に任ぜられる。天平神護元(765)年出雲按察使に任ぜられたが、出雲守・民部卿・出雲按察使を辞す。同年従三位に進み、同2年丹波守・外衛大将に任ぜられたが辞す。同年参議に任ぜられ外衛大将に任ぜられる。神護景雲3(769)年外衛を辞す。宝亀元(770)年従三位より正三位、同2年更に従二位に進み中納言より大納言に任ぜられ弾正尹・治部卿に任ぜられる。同5年中務卿に任ぜられる。同年弾正尹を辞す。同8年大納言を辞す。没後に右大臣を賜る。　典：古代・日名・公補

文室綿麻呂　ふんやの・わたまろ

奈良・平安時代の人、中納言。天平神護元(765)年生〜弘仁14(823)年4月24日没。59才。

大納言大室浄三(智努王)の孫。従四位下・備前守大室大原(大原王)の長男。弟に秋津がいる。延暦14(795)年三諸朝臣を授かり従五位下に叙され大舎人助、同15年近衛将監、同18年近江大掾、同20年出羽守に任ぜられ正五位上に進み、同22年少将、同25年播磨守・侍従・中務大輔に任ぜられ従四位下に進み、大同2(807)年右兵衛督・右京大夫、同3年大舎人頭に任ぜられる。同4年三諸朝臣より三山朝臣を賜り左兵衛督・大膳大夫に任ぜられ更に文室の氏・真人の姓を賜り兵部大輔、同5年播磨守に任ぜられ正四位上に進み、弘仁元(810)年参議に任ぜられ大蔵卿・陸奥出羽按察使に任ぜられる。同2年従三位に進み坂上田村麻呂と共に蝦夷を討ち功があり、同3年左衛門督、同5年左衛門督に任ぜられる。同6年大蔵卿・陸奥出羽按察使を辞す。同7年備前守・右京大夫・右近大将に任ぜられ、同8年右京大夫を辞す。同年兵部卿に任ぜられ、同9年備前守を辞す。同年中納言に任ぜられる。同14年左衛門督・大膳大夫に任ぜられたが没す。子に巻雄がいる。　典：古代・公補

文室秋津　ぶんやの・あきつ

平安時代の人、参議。延暦6(787)年生～承和13(846)年3月27日没。60才。

大納言大室浄三(智努王)の孫。従四位下・備前守大室大原(大原王)の四男。兄に綿麿がいる。弘仁元(810)年右衛門督・右近衛将監、同5年蔵人に任ぜられる。同7年従五位下に進み右馬助・左近衛将監、同8年甲斐守、同9年武蔵介、同13年木工頭に任ぜられる。天長元(824)年従五位上に進み右兵衛権佐に任ぜられる。同2年正五位下に進み左中将、同3年因幡守に任ぜられ従四位下に進み、同4年蔵人頭に任ぜられる。同7年参議に任ぜられ右大弁に任ぜられる。同8年従四位上に進み、同9年武蔵守・左大弁、同10年春宮大夫、承和元(834)年検非違使別当に任ぜられる。同年左大弁を辞す。同2年左中将を辞す。同7年丹波守に任ぜられたが丹波守を辞す。同8年正四位下に進み、同9年藤原愛発・藤原吉野・大伴健岑等の謀叛に連座し参議を辞す。同年出雲権守に降職となる。　典：古代・日名・公補

○平群家

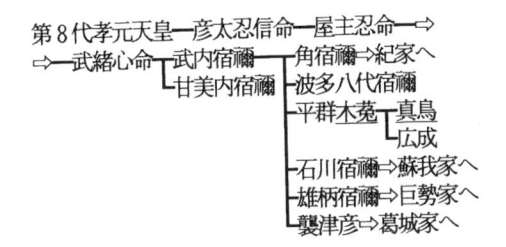

第8代孝元天皇━彦太忍信命━屋主忍命━⇨
⇨━武緒心命┳武内宿禰━┳角宿禰⇨紀家へ
　　　　　┗甘美内宿禰┣波多八代宿禰
　　　　　　　　　　┣平群木菟┳真鳥
　　　　　　　　　　┃　　　　┗広成
　　　　　　　　　　┣石川宿禰⇨蘇我家へ
　　　　　　　　　　┣雄柄宿禰⇨巨勢家へ
　　　　　　　　　　┗襲津彦⇨葛城家へ

武内宿禰に九人の子の一人。大和地方の豪族、渡来人と言う説あり。宿禰の名は姓(かばね)が古代では名に付いたためと考えられる。

平群木菟　へぐりの・つく

大和時代の人、執政(大臣と同等)。生没年不明。128?才。姓(かばね)=宿禰。

武緒心命の孫。大臣武内宿禰の子。兄弟に紀角宿禰・波多八代宿禰・蘇我石川宿禰・巨勢雄柄宿禰・葛城襲津彦等がいる。仁徳天皇と同時に生まれ、天皇家には木菟・平群家には大鷦鷯の鳥が飛び込む所から、鳥の名を交換して、大鷦鷯(おおさざき)を仁徳天皇に、木菟を平群家にそれぞれ命名したと言う。百済に遣わされ、加羅へ兵を率いて活躍し、第17代履中天皇2(401?)執政に任ぜられ蘇我満智宿禰・物部伊久仏・葛城円使主らと国事を司る。子に真鳥・広成がいる。　典：大日・古代・公補

平群真鳥　へぐりの・まとり

大和時代の人、大臣。生年不明～第24代仁賢天皇11(498)年没。

大臣武内宿禰の孫。執政(大臣と同等)平群木菟の子。弟に広成がいる。姓(かばね)に臣を授かる。第21代雄略天皇元(457?)大臣に任ぜられ大伴屋連・物部目連らと国事を司る。第24代仁賢天皇11(498)年に天皇が没し政権を私欲した為に大連大伴金村に子の鮪(しび)と共に討たれる。在官42年。　典：古代・大日・謎人・公補

○法性寺家

藤原伊信―法性寺為信

藤原親康―法性寺親長┬親春―親継―親宗
　　　　　　　　　　└親忠―親信

藤原家より分かれて法性寺を氏姓としたが、始祖は鎌倉時代に現れ、その後は南北朝・室町時代に現れたが、短命の家柄であった。本姓は藤原。

典：公補

法性寺為信　ほうじょうじ・ためのぶ

鎌倉時代の人、非参議。宝治2(1248)年生～没年不明。初名=為行。法名=寂融。法性寺家の始祖。

従四位上・右馬権頭藤原伊信朝臣の子。初め為行と名乗る。文応2(1261)年従五位下に叙され、文永3(1266)年中務権少輔に任ぜられる。同8年従五位上、弘安4(1281)年正五位下、同8年従四位下、同11年従四位上に進む。同年為信と改名。正応2(1289)年左馬権頭・左京権大夫に任ぜられる。同4年正四位下に進む。同年左京権大夫を辞す。正安2(1300)年刑部卿に任ぜられる。嘉元2(1304)年従三位に進み、徳治元(1306)年に59才で出家。　典：日名・公補

法性寺親長　ほうじょうじ・ちかなが

南北朝時代の人、非参議。延慶2(1309)年生～没年不明。法名=観覚。法性寺家の祖。

非参議藤原親康の子。父の藤原より分家し法性寺を氏姓とした。延文元(1356.正平11)年従三位に叙され、同3年正三位に進み、貞治4(1365)年に57才で出家。子に親春・親忠がいる。　典：公補

法性寺親春　ほうじょうじ・ちかはる

南北朝・室町時代の人、非参議。生没年不明。

非参議法性寺親長の子。弟に親忠がいる。左兵衛督に任ぜられ、のちこれを辞す。永徳2(1382)年従三位に叙され、応永6(1399)年に出家。子に親継がいる。　典：公補

法性寺親忠　ほうじょうじ・ちかただ

室町時代の人、非参議。生没年不明。

非参議法性寺親長の子。兄に親春がいる。左中将に任ぜられ、のちこれを辞す。明徳4(1393)年従三位に叙され、応永9(1402)年に出家。子に親信がいる。　典：公補

法性寺親信　ほうじょうじ・ちかのぶ

室町時代の人、非参議。生没年不明。

非参議法性寺親忠の子。左中将に任ぜられ、のちこれを辞す。応永21(1414)年従三位に叙され、同29年正三位、同34年従二位に進み、永享2(1430)年兵部卿に任ぜられたが、嘉吉元(1441)年に出家。　典：公補

法性寺親継　ほうじょうじ・ちかつぐ

室町時代の人、非参議。生没年不明。

非参議法性寺親春の子。右中将に任ぜられ、のちこれを辞す。応永31(1424)年従三位に叙され、同33年正三位、同34年従二位に進み、永享5(1433)年右兵衛督に任ぜられ、同6年に辞す。子に親宗がいる。　典：公補

法性寺親宗　ほうじょうじ・ちかむね

室町時代の人、非参議。生没年不明。

非参議法性寺親継の子。応仁元(1467)年従三位に叙される。　典：公補

○坊城家

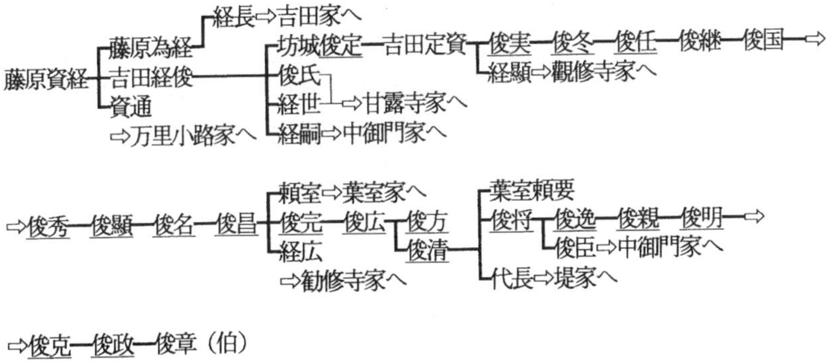

参議藤原資経の孫。中納言吉田経俊の子俊定が、祖父の藤原を本姓とし、父の吉田姓より分かれ坊城を氏姓とした。代々記録と装束で奉仕し、明治に到り華族に列され伯爵を授かる。家紋は雀。

典：公補

坊城俊定　ぼうじょう・としさだ

鎌倉時代の人、権大納言。建長4(1252)年生～延慶3(1310)年12月4日没。59才。坊城家の祖。

中納言吉田経俊の子。母は侍従平業光の娘。兄弟に甘露寺俊氏・甘露寺経世・中御門経嗣がいる。建長8(1256)年叙爵。正元元(1259)年従五位上に進み右衛門佐に任ぜられる。弘長元(1261)年正五位下に進み中宮権大進、同4年豊前権介に任ぜられる。同11年中宮権大進を辞す。同年蔵人、建治元(1275)年春宮大進に任ぜられ、同2年に辞す。弘安6(1283)年蔵人・右衛門佐を辞す。同年右少弁より左少弁に任ぜられ正五位上進み、同7年右中弁・春宮亮に任ぜられ従四位下より従四位上、同8年正四位下に進み右宮城使、同9年左中弁・

装束使・記録所弁に任ぜられる。同10年正四位上に進み紀伊権守・蔵人頭・右大弁に任ぜられる。正応元(1288)年従三位に進み参議に任ぜられ左大弁・造東大寺長官に任ぜられる。同3年右衛門督・使別当に任ぜられ左大弁・造東大寺長官を辞す。同年正三位に進み権中納言に任ぜられる。同4年右衛門督・使別当を辞す。同年従二位、永仁元(1293)年正二位に進み、同3年権中納言を辞す。嘉元元(1303)年院執権となる。徳治2(1307)年権大納言に任ぜられるも辞す。延慶元(1308)年に57才で出家。子に吉田定資、孫に俊実がいる。　典：公辞・公補

坊城俊実　ぼうじょう・としざね

鎌倉・南北朝時代の人、権中納言。永仁4(1296)年生～観応元(1350.正平5)年2月23日没。55才。

権大納言坊城俊定の孫。権中納言吉田定資の次男。兄に勧修寺経顕がいる。初め従五位上より正五位下に叙され民部大輔に任ぜられる。更に従四位下に進み、正和4(1315)年権右中弁に任ぜられ従四位上に進み、同5年右中弁に任ぜられ正四位下に進み装束司、文保元(1317)年紀伊権守・左宮城使・左中弁より右大弁・蔵人頭に任ぜられ正四位上に進み、同2年参議に任ぜられ従三位に進み左大弁・造東大寺長官に任ぜられる。同年造東大寺長官を辞す。元応2(1320)年参議を辞す。同年再び紀伊権守に任ぜられ、元亨2(1322)年に辞す。元弘元(1331)年太宰大弐に任ぜられ更に権中納言に任ぜられ大宰権帥に任ぜられる。正慶元(1332.元弘2)年従二位に進み、同2年江州馬場宿付近で出家。京都小川坊城に住む。子に俊冬がいる。　典：大日・伝日・日名・公辞・公補

坊城俊冬　ぼうじょう・としふゆ

鎌倉・南北朝時代の人、権中納言。元応元(1319)年生～貞治6(1367.正平22)年3月23日没。49才。

権中納言坊城俊実の子。元徳2(1330)年和泉守に任ぜられ、元弘元(1331)年に辞す。建武4(1337)年従五位上、同5年正五位下に進み春宮権大進より大進、康永2(1343)年蔵人、貞和3(1347)年右少弁、同4年左少弁に任ぜられる。同年春宮大進を辞す。同年右中弁に任ぜられる。同5年正五位上より従四位下に進み、観応元(1350.正平5)年左中弁より右大弁に任ぜられる。同3年従四位上、文和2(1353)年正四位下より正四位上に進み蔵人頭に任ぜられる。同4年参議に任ぜられるも辞す。延文元(1356.正平11)年従三位に進み、同4年権中納言に任ぜられる。康安元(1361)年踏歌外弁となる。貞治2(1363.正平18)年正三位に進み権中納言を辞す。同6年従二位に進む。子に俊任がいる。　典：公辞・公補

坊城俊任　ぼうじょう・としとう

南北朝・室町時代の人、権大納言。建武3(1336.延元元)年生～没年不明。法名＝祐高。

権中納言坊城俊冬の子。従五位上より正五位下に叙され、慶安元(1648)年蔵人、同2年兵部大輔、同3年権右少弁に任ぜられる。同4年正五位上に進み、永和元(1375)年左少弁、同3年右中弁に任ぜられ従四位下、同4年従四位上より正四位下に進み右大弁・蔵人頭に任ぜられる。同5年正四位上に進み、康暦元(1379.天授5)年参議に任ぜられる。同2年左大弁に任ぜられる。永徳元(1381.弘和元)年従三位、同2年正三位に進み、同3年権中納言に任

ぜられる。至徳元(1384.元中元)年従二位、応永2(1395)年正二位に進み更に権大納言に任ぜられ、同9年に辞す。同14年従一位に進むも62才で出家。子に俊継がいる。　典：公辞・公補

坊城俊秀　ぼうじょう・としひで

室町時代の人、権大納言。応永30(1423)年生～寛正6(1465)年6月6日没。43才。

権大納言坊城俊任の曾孫。正五位上・右中弁坊城俊国の子。従五位上に叙され、永享9(1437)年右少弁、同10年蔵人に任ぜられ、のち正五位下に進み、同11年左少弁に任ぜられ正五位上に進み、同13年権右中弁、文安元(1444)年左中弁に任ぜられる。同3年従四位下に進み左大弁、同4年蔵人頭・造東大寺長官に任ぜられ正四位下、同5年正四位上に進み、宝徳元(1449)年参議に任ぜられる。同2年従三位に進み近江権守に任ぜられ更に権中納言に任ぜられ、同3年に辞す。同年正三位に進み弾正尹に任ぜられ再び権中納言に任ぜられる。享徳2(1453)年権中納言を辞す。康正元(1455)年従二位に進み、寛正6(1465)年権大納言に任ぜられる。子に俊顕がいる。　典：公辞・公補

坊城俊顕　ぼうじょう・としあき

室町時代の人、権中納言。嘉吉3(1443)年生～文明3(1471)年5月10日没。29才。

権大納言坊城俊秀の子。宝徳2(1450)年叙爵。のち従五位上に進み、康正3(1457)年蔵人・右少弁より左少弁に任ぜられる。長禄3(1459)年正五位下、同4年正五位上に進み、寛正2(1461)年右中弁、同4年権左中弁に任ぜられる。同5年従四位下、文正元(1466)年従四位上に進み蔵人頭に任ぜられ、のち正四位下より正四位上に進み右大弁、応仁元(1467)年参議に任ぜられ従三位に進み左大弁に任ぜられる。更に文明元(1469)年権中納言に任ぜられる。同3年正三位に進む。養子に俊名がいる。　典：公辞・公補

坊城俊名　ぼうじょう・としな

室町時代の人、権中納言。寛正4(1463)年生～天文9(1540)年6月23日没。78才。

権中納言勧修寺経茂の子。権中納言坊城俊顕の養子となる。文明3(1471)年叙爵。のち左兵衛佐、同11年右少弁・蔵人に任ぜられ従五位上、同12年正五位下、同18年従四位下に進み右中弁、長享2(1488)年左中弁に任ぜられる。同3年従四位上に進み、延徳2(1490)年蔵人頭に任ぜられ正四位下、同3年正四位上に進み、明応2(1493)年右大弁に任ぜられる。同4年参議に任ぜられ左大弁に任ぜられる。同6年従三位、文亀元(1501)年正三位に進み、更に同2年権中納言に任ぜられる。永正3(1506)年に辞す。同9年従二位、同14年正二位に進む。家督養子に俊昌がいる。　典：公辞・公補

坊城俊昌　ぼうじょう・としあき

安土桃山・江戸時代の人、参議。天正10(1582)年生～慶長14(1609)年8月17日没。28才。

准大臣勧修寺晴豊の三男。約50年絶えていた権中納言坊城俊名家の養子となる。文禄3(1594)年叙爵。同5年元服し左兵衛佐に任ぜられる。慶長3(1598)年従五位上に進み、同4年権右少弁に任ぜられる。同5年正五位下より正五位上に進み蔵人、同9年右中弁に任ぜられる。同11年従四位下より従四位上に進み蔵人頭に任ぜられる。同14年参議に任ぜられる。子に俊完・葉室頼室・勧修寺経広がいる。　典：公辞・公補

坊城俊完　ぼうじょう・としさだ

江戸時代の人、権大納言。慶長14(1609)年11月27日生～寛文2(1662)年1月2日没。54才。初名＝頼豊。法名＝常空。

参議坊城俊昌の子。母は従五位下豊臣重正の娘。初め頼豊と名乗る。慶長16(1611)年叙爵。同19年元服し従五位上に進み兵部少輔に任ぜられる。元和2(1616)年俊完と改名。同5年正五位下に進み、寛永3(1626)年蔵人に任ぜられ正五位上に進み、同4年右中弁、同6年左中弁に任ぜられる。同8年従四位下に進み蔵人頭、同8年右大弁に任ぜられる。同9年従四位上より正四位下に更に正四位上に進み参議に任ぜられる。同10年左大弁に任ぜられ従三位に進み、同11年踏歌外弁となる。同14年正三位に進む。同年踏歌外弁を辞す。同16年権中納言に任ぜられる。同19年従二位に進み、正保元(1644)年権中納言を辞す。慶安元(1648)年権大納言に任ぜられ、同3年に辞す。明暦3(1657)年に49才で出家。子に俊広がいる。　典：公辞・公補

坊城俊広　ぼうじょう・としひろ

江戸時代の人、権大納言。寛永4(1627)年生～元禄15(1703)年3月3日没。77才。

権大納言坊城俊完の子。母は源具尭の娘。寛永6(1629)年叙爵。同11年元服し右兵衛佐に任ぜられる。同16年正五位下に進み、同20年権右少弁・蔵人に任ぜられ正五位上に進み、正保元(1644)年右少弁、同2年左少弁、更に同4年右中弁、慶安2(1649)年左中弁・蔵菱頭に任ぜられ従四位下、同8年従四位上より正四位下に進み右大弁に任ぜられる。同3年正四位上に進み、承応元(1652)年参議に任ぜられる。同3年従三位に進み、明暦元(1655)年権中納言に任ぜられる。同2年踏歌外弁となり、同3年正三位、万治3(1660)年従二位に進み更に権大納言に任ぜられる。寛文元(1661)年神宮伝奏に任ぜられるも辞す。同6年再び神宮伝奏となり、同7年正二位に進み、同9年神宮伝奏を辞す。同12年権大納言を辞す。貞享元(1684)年本院伝奏に任ぜられ、同4年に辞す。同年従一位に進む。子に俊方がいる。
典：公辞・公補

坊城俊方　ぼうじょう・としかた

江戸時代の人、参議。寛文2(1662)年10月3日生～没年不明。

権大納言坊城俊広の子。弟に俊清がいる。寛文6(1666)年叙爵。同10年元服し勘解由次官に任ぜられ従五位上に進み、同11年右兵衛佐に任ぜられる。延宝元(1673)年正五位下に進み、同2年左衛門佐、同4年権右少弁・蔵人に任ぜられ正五位上、同8年右少弁、天和元(1681)年左少弁、更に同2年右中弁、同3年左中弁・中宮大進に任ぜられる。貞享元(1684)年従四位下より従四位上に進み蔵人頭に任ぜられ正四位下に進み右大弁に任ぜられる。同2年正四位上に進み、同4年中宮大進を辞す。同年参議に任ぜられ左大弁に任ぜられる。元禄元(1688)年従三位に進むも27才で出奔する。子に俊清がいる。　典：公辞・公補

坊城俊清　ぼうじょう・としきよ

江戸時代の人、権大納言。寛文7(1667)年1月3日生～寛保3(1743)年6月29日没。77才。初名＝俊安。

権大納言坊城俊広の子。兄に俊方がいる。始め俊安と名乗る。寛文11(1671)年叙爵。元禄元(1688)年家督相続し、同2年元服し従五位上に進み兵部大輔・蔵人に任ぜられる。同年俊清と改名。同3年正五位下より正五位上に進み左衛門権佐、同4年右少弁より左少弁、更に同5年右中弁、同7年左中弁・蔵人頭に任ぜられ従四位下、同8年従四位上より正四位下に更に正四位上に進み、同10年右大弁に任ぜられる。同11年参議に任ぜられる。同12年従三位に進み、同13年踏歌外弁となり、同14年左大弁に任ぜられる。同15年再び踏歌外弁となる。宝永元(1704)年正三位に進み権中納言に任ぜられる。同2年賀茂伝奏に任ぜられる。同4年従二位に進み、正徳元(1711)年権大納言に任ぜられ賀茂社奉幣使となる。同3年任職を辞すも再び権大納言に任ぜられる。享保元(1716)年正二位に進み、同3年按察使に任ぜられ、同4年権大納言を辞す。元文元(1736)年按察使を辞す。同年従一位に進む。養子に俊将がいる。　典：公辞・公補

坊城俊将　ぼうじょう・としまさ

江戸時代の人、権大納言。元禄12(1699)年10月23日生～寛延2(1749)年1月1日没。51才。初名=忠康。一字名=旦。

権中納言勧修寺俊将の末子。初め忠康と名乗る。宝永3(1706)年従五位下に叙され、同7年権大納言坊城清家の家督相続し俊将と改名。正徳元(1711)年元服し侍従に任ぜられる。同4年正五位下進み、享保3(1718)年蔵人・左少弁、同4年権右中弁、同7年右中弁・左衛門権佐に任ぜられる。同9年従四位下より従四位上に進み蔵人頭・左中弁、同7年右大弁に任ぜられる。同10年正四位下より正四位上に進み、同12年左大弁に任ぜられる。同13年参議に任ぜられる。同14年従三位に進み、更に同15年権中納言に任ぜられる。同16年踏歌外弁、同17年春日祭上卿となり、同18年賀茂伝奏に任ぜられる。同19年正三位に進み、元文2(1737)年賀茂伝奏を辞す。同3年従二位に進み権大納言に任ぜられる。寛保2(1742)年に辞す。延享2(1745)年正二位に進む。織部流の茶法を近衛家熙に学ぶ。子に俊逸・中御門俊臣がいる。　典：公辞・公補

坊城俊逸　ぼうじょう・としはや

江戸時代の人、権中納言。享保12(1727)年2月23日生～安永2(1773)年1月27日没。47才。法名=常徹。

権大納言坊城俊将の子。母は権大納言坊城俊清の娘。享保14(1729)年叙爵。元文5(1740)年元服し左衛門権佐に任ぜられ従五位上に進み、寛保2(1742)年蔵人に任ぜられ正五位下より正五位上に進み、同3年左少弁、同4年賀茂奉行、延享2(1745)年右中弁に任ぜられる。同3年従四位下に進み蔵人頭に任ぜられる。同年賀茂奉行を辞す。のち従四位上より正四位下、同4年正四位上に進み春宮亮・院別当に任ぜられる。同年春宮亮を辞す。寛延元(1748)年右大弁より左大弁に任ぜられる。宝暦2(1752)年従三位に進み参議に任ぜられる。同3年造興福寺長官に任ぜられる。同4年正三位に進み、更に同5年権中納言に任ぜられる。同6年賀茂伝奏に任ぜられる。同8年の宝暦の事件(綾小路有美の項参照)に連座し任職を辞し蟄居する。同10年に34才で出家。明治24(1891)年に正二位を賜る。子に俊親がいる。　典：大日・伝日・日名・公辞・公補

坊城俊親　ぼうじょう・としちか

江戸時代の人、権大納言。宝暦7(1757)年8月24日生～寛政12(1800)年12月22日没。44才。

権中納言坊城俊逸の子。宝暦10(1760)年叙爵。明和元(1764)年元服し侍従に任ぜられる。同2年従五位上、同6年正五位下に進み、安永4(1775)年右少弁に任ぜられ正五位上に進み、同7年蔵人・左衛門権佐・御祈奉行、同8年氏院別当・左少弁に任ぜられる。同年御祈奉行・氏院別当を辞す。天明元(1781)年右中弁・賀茂下上社奉行に任ぜられる。同2年賀茂上下社奉行を辞す。同年左中弁に任ぜられる。同5年従四位下より従四位上更に正四位下に進み蔵人頭に任ぜられる。同6年正四位上に進み右大弁・神宮奉行に任ぜられる。同年神宮奉行を辞す。寛政元(1789)年参議に任ぜられ従三位に進み左大弁に任ぜられる。同3年正三位に進み、更に同4年権中納言に任ぜられる。同6年従二位に進み、同8年按察使・賀茂下上社伝奏に任ぜられる。同10年按察使を辞す。更に権大納言に任ぜられる。同11年賀茂上下社伝奏を辞す。同12年権大納言を辞す。子に俊明がいる。　典：公辞・公補

坊城俊明　ぼうじょう・としあき

江戸時代の人、権大納言。天明2(1782)年1月19日生～万延元(1860)年5月26日没。79才。

権大納言坊城俊親の子。寛政2(1790)年従五位下に叙され、同4年元服し、同5年従五位上に進み、同6年侍従に任ぜられる。同8年正五位下に進み、文化元(1804)年右少弁、同2年蔵人・右衛門権佐に任ぜられ正五位上に進み、同4年神宮弁に任ぜられたが神宮弁を辞す。同5年中宮権大進・左少弁より権右中弁・賀茂下上社奉行、同6年春宮大進、同7年氏院別当に任ぜられるも辞す。同年右中弁、同8年左中弁に任ぜられる。同年賀茂上下社奉行を辞す。同11年蔵人頭・神宮弁に任ぜられ従四位下より従四位上更に正四位下、同12年正四位上に進み春宮亮・左大弁に任ぜられ神宮弁を辞す。同14年春宮亮を辞す。同年中宮亮に任ぜられる。文政2(1819)年従三位に進み参議に任ぜられる。更に同3年権中納言に任ぜられる。同4年正三位に進み、更に同7年院別当に任ぜられ権大納言に任ぜられ従二位、同10年正二位に進み踏歌外弁となる。天保2(1831)年権大納言を辞す。同12年院別当を辞す。弘化2(1845)年武家伝奏に任ぜられ、安政元(1854)年伝奏を辞す。同年従一位に進む。子に俊克がいる。　典：明治・公辞・公補

坊城俊克　ぼうじょう・としかつ

江戸時代の人、権大納言。享和2(1802)年9月11日生～慶応元(1865)年7月20日没。64才。

権大納言坊城俊明の子。母は権大納言勧修寺経逸の娘。文化12(1815)年従五位下に叙され、同13年元服し、文政元(1818)年従五位上、同4年正五位下に進み、同5年侍従、天保3(1832)年蔵人・左衛門権佐・賀茂下上社奉行・左少弁・皇太后権大進に任ぜられ正五位上に進み、同4年氏院別当、同5年御祈奉行、同8年権右中弁別当、同11年皇太后大進に任ぜられ、同12年に辞す。同14年御祈奉行を辞す。弘化元(1844)年従四位下に進み蔵人頭に任ぜられる。同2年従四位上より正四位下更に正四位上に進み神宮弁・左中弁に任ぜられる。嘉永元(1848)年右大弁に任ぜられ神宮弁・氏院別当を辞す。同3年従三位に進み参議に任ぜられる。同4年左大弁に任ぜられる。同5年東照宮奉幣使となり、同6年踏歌外弁となる。安政2(1855)年従二位に進み御遷幸に馬副四人・舎人二人・居飼一人・雑色二

人・傘一人を供として参加、同4年権中納言に任ぜられる。同5年正二位に進み再び賀茂下上社伝奏に任ぜられ、同6年に辞す。同年武家伝奏に任ぜられる。文久2(1862)年権大納言に任ぜられる。同3年武家伝奏を辞す。元治元(1864)年大宰権帥に任ぜられる。子に俊政がいる。　典：幕末・明治・遷幸・公辞・公補

坊城俊政　ぼうじょう・としただ

江戸時代の人、参議。文政9(1826)年8月22日生〜明治14(1881)年9月没。56才。

権大納言坊城俊克の子。天保5(1834)年叙爵。同8年元服し従五位上、同10年正五位下に進み、安政4(1857)年侍従、文久元(1861)年右少弁、蔵人に任ぜられる。同2年正五位上に進み御祈奉行、同3年左少弁・賀茂下上社奉行・氏院別当・右衛門権佐に任ぜられる。同年賀茂上下社奉行を辞す。慶応元(1865)年御祈奉行・氏院別当を辞す。同年右中弁、明治元(1868)年参議に任ぜられ従三位に進み右大弁、新政府では職事方に任ぜられる。京都荒神口に住む。家料は180石。子に俊章(明治39,6没、60才、新政府では参与、華族に列され伯爵を授かる、貴族院議員)がいる。　典：明治・公辞・公補

○坊門家

<藤原北家9> より

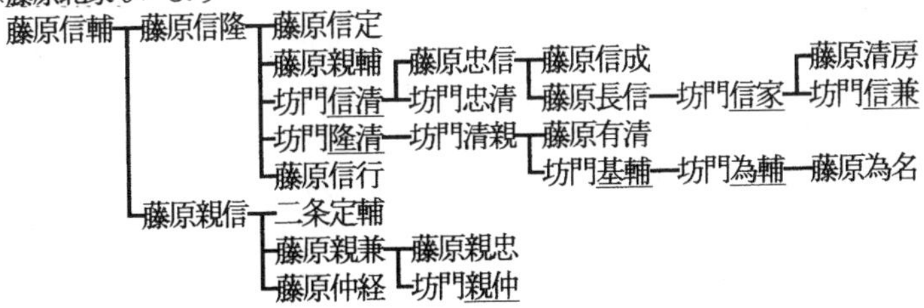

<藤原北家3(a)> より

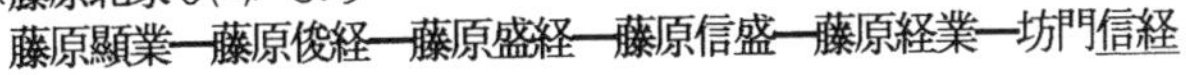

<藤原北家6> より

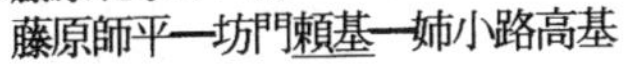

<系譜不明>

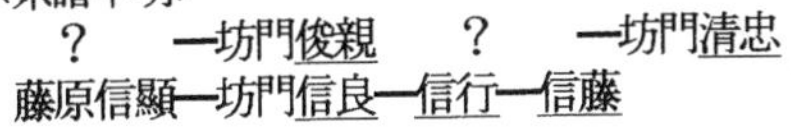

<平家系> より

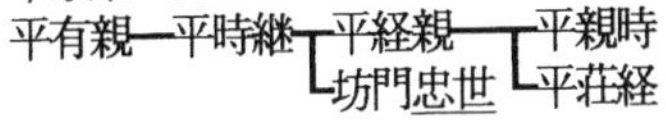

坊門家は不明な所が多く、今後の考証を待つ。坊門忠世以外は本姓は藤原。

坊門信清　ぼうもん・のぶきよ

平安・鎌倉時代の人、内大臣。平治元(1159)年生～没年不明。坊門家の祖。

中納言藤原経忠の曾孫。藤原信輔朝臣の孫。非参議藤原信隆の長男。母は正四位下・大蔵卿藤原通基朝臣の娘。弟に隆清がいる。父の藤原を本姓として、坊門を氏姓とした。長寛元(1163)年叙爵。承安元(1171)年侍従に任ぜられる。同5年従五位上に進み、安元2(1176)年出雲介に任ぜられる。治承3(1179)年正五位下に進み、文治3(1187)年右少将、同4年伊予権介に任ぜられる。同5年従四位下、建久3(1192)年従四位上に進み、同4年右少将を辞す。同年備前権介・右馬頭に任ぜられ正四位下に進み、同6年右馬頭を辞す。同8年従三位に進み右兵衛督、同9年左兵衛督に任ぜられ更に参議に任ぜられる。正治元(1199)年播磨権守・右衛門督に任ぜられ正三位に進み、更に同2年権中納言に任ぜられ別当に任ぜられる。建仁元(1201)年従二位に進み、同2年別当を辞す。同3年権大納言に任ぜられる。元久元(1204)年正二位に進むも権大納言を辞す。建暦元(1211)年再び権大納言に任ぜられ更に内大臣に任ぜられ翌年に辞す。建保3(1215)年に57才で出家。　典：公補

坊門隆清　ぼうもん・たかきよ

平安・鎌倉時代の人、参議。仁安3(1168)年生～建保2(1214)年2月7日没。47才。

中納言藤原経忠の曾孫。藤原信輔朝臣の孫。非参議藤原信隆の五男、母は太政大臣平清盛の娘。兄に信清がいる。父の藤原を本姓として、兄と共に坊門を氏姓とした。嘉応元(1169)年叙爵。建久3(1192)年従五位上に進み右衛門佐に任ぜられる。同8年正五位下に進み美作介、同9年左少将に任ぜられる。正治元(1199)年従四位下に進み播磨介に任ぜられる。同2年従四位上に進み左中将に任ぜられる。建仁元(1201)年正四位下に進み、同3年右兵衛督に任ぜられる。元久元(1204)年従三位、承元3(1209)年正三位に進み左兵衛督に任ぜられる。建暦元(1211)年参議に任ぜられる。同2年駿河権守に任ぜられる。　典：公補

坊門親仲　ぼうもん・ちかなか

鎌倉時代の人、非参議。建久5(1194)年生～建長6(1254)年没。61才。

権中納言藤原親兼の次男。父の藤原を本姓として、坊門を氏姓とした。元久3(1206)年叙爵し侍従に任ぜられる。承元元(1207)年従五位上に進み、同4年阿波介に任ぜられる。建暦2(1212)年正五位下に進み、建保4(1216)年左少将、同5年備前権介に任ぜられる。同6年従四位下、承久3(1221)年従四位上、仁治3(1242)年正四位下、寛元2(1244)年従三位に進み、建長3(1251)年に58才で出家。　典：公補

坊門基輔　ぼうもん・もとすけ

鎌倉時代の人、非参議。生年不明～文永7(1270)年没。初名＝清基。

中将藤原清親朝臣の子。父の藤原を本姓として、坊門を氏姓とした。初め清基と名乗る。建保5(1217)年従五位下に叙され、承久3(1221)年侍従に任ぜられる。安貞3(1229)年従五位上に進み、嘉禎4(1238)年右少将に任ぜられ正五位下に進み、暦仁2(1239)年近江介に任ぜられる。仁治元(1240)年従四位下に進み左少将に任ぜられる。寛元2(1244)年従

四位上に進み、建長2(1250)年長門介に任ぜられる。同6年正四位下に進む。正嘉元(1257)年左中将に任ぜられる。同年基輔と改名。文応元(1260)年従三位に進む。子に為輔がいる。　典：公補

坊門信家　ぼうもん・のぶいえ

鎌倉時代の人、非参議。生年不明～文永11(1274)年6月1日没。

権大納言藤原忠信の子。実は入道侍従藤原長信の子。父の藤原を本姓として、坊門を氏姓とした。仁治元(1240)年侍従に任ぜられる。同2年従五位上、同3年正五位下に進み、寛元元(1243)年右少将に任ぜられる。同3年従四位下に進み、宝治元(1247)年駿河権介に任ぜられる。同2年従四位上に進み右中将、建長4(1252)年肥前介に任ぜられる。同6年正四位下に進み、文応元(1260)年甲斐介に任ぜられる。文永元(1264)年従三位、同6年正三位に進み、同8年左兵衛督、同10年右兵衛督に任ぜられる。子に信兼がいる。　典：公補

坊門忠世　ぼうもん・ただよ

鎌倉時代の人、権中納言。生年不明～正応4(1291)年1024月没。本姓＝平。

権中納言平時継の子。母は非参議高階経雅の娘。兄に平経親がいる。父の平家を本姓とし、坊門を氏姓とした。建長3(1251)年叙爵。同8年従五位上に進み、正嘉元(1257)年左兵衛佐に任ぜられる。同2年正五位下に進み春宮少進より権大進、弘長2(1262)年皇后宮権大進、文永元(1264)年皇后宮大進・丹波守、同8年右衛門権佐、同10年左衛門権佐・蔵人・防鴨河使、同11年右少弁、建治元(1275)年左少弁に任ぜられる。同3年正五位上より従四位下に進み権右中弁に任ぜられる。弘安2(1279)年従四位上に進み、同3年右中弁・右宮城使に任ぜられる。同4年正四位下に進み、同6年右大弁に任ぜられる。同7年正四位上に進み大蔵卿・蔵人頭に任ぜられる。同8年従三位に進み参議に任ぜられる。同9年備前権守に任ぜられる。正応元(1288)年正三位に進み権中納言に任ぜられる。同2年従二位に進み権中納言を辞す。同4年に出家。　典：公補

坊門信経　ぼうもん・のぶつね

鎌倉時代の人、参議。弘長2(1262)年生～嘉元2(1304)年7月13日没。43才。

参議藤原経業の子。父の藤原を本姓として、坊門を氏姓とした。蔵人頭・治部卿を辞す。正四位上に叙され、正安2(1300)年従三位に進み参議に任ぜられるも辞す。　典：公補

坊門頼基　ぼうもん・よりもと

鎌倉時代の人、非参議。生没年不明。

正四位下・宮内卿藤原師平朝臣の子。父の藤原を本姓として、坊門を氏姓とした。従五位下に叙され、正嘉元(1257)年従五位下に進み、文永元(1264)年民部権少輔、同3年左兵衛佐に任ぜられる。弘安元(1278)年正五位下、同6年従四位下に進み、正応3(1290)年宮内卿に任ぜられる。同4年従四位上に進みむ。同年宮内卿を辞す。永仁3(1295)年正四位下に進み、同6年内蔵頭に任ぜられる。嘉元2(1304)年従三位に進むも翌年に関東で出家。　典：公補

坊門為輔　ぼうもん・ためすけ

鎌倉時代の人、非参議。正嘉2(1258)年生～没年不明。

非参議坊門頼基の次男。建治2(1276)年従五位下に叙され、弘安元(1278)年侍従に任ぜられる。同2年従五位上に進み、同9年正五位下に進み、正応2(1289)年土佐権介、同4年左少将に任ぜられる。同5年従四位下、永仁2(1294)年従四位上に進み左中将に任ぜられる。同4年正四位上に進み、同5年左少将を辞す。嘉元3(1305)年従三位に進む。この時は関東に住む。延慶2(1309)年正三位に進み、応長元(1311)年右兵衛督に任ぜられたが辞す。正和元(1312)年従二位に進み、正中2(1325)年に出家。　典：公補

坊門俊親　ぼうもん・としちか

鎌倉時代の人、非参議。生没年不明。初名＝隆輔。

正四位下・左中将藤原俊輔の子。父の藤原を本姓として、坊門を氏姓とした。初め隆輔と名乗る。弘安8(1285)年叙爵。正応2(1289)年侍従、同3年右少将に任ぜられる。同年俊親と改名。同4年従五位上に進み、永仁2(1294)年伊予権介に任ぜられ正五位下、同5年従四位下に進み、同6年右少将に任ぜられる。同7年従四位上、正安2(1300)年正四位下に進み、嘉元2(1304)年右中将に任ぜられる。正和元(1312)年従三位に進み、元応元(1319)年侍従に任ぜられる。元亨2(1322)年に出家。　典：公補

坊門信兼　ぼうもん・のぶかね

鎌倉時代の人、非参議。生年不明～元応2(1320)年没。初名＝信隆。

非参議坊門信家の三男。初め信隆と名乗る。弘安4(1281)年叙爵。正応2(1289)年侍従に任ぜられる。同7年従五位上に任ぜられる。同年信兼と改名。永仁4(1297)年右少将に任ぜられる。同5年正五位下、同7年従四位下に進み、嘉元2(1304)年従四位上に進み少将を辞す。延応2(1240)年正四位下に進み左中将に任ぜられる。正和5(1316)年従三位に進む。　典：公補

坊門信良　ぼうもん・のぶよし

鎌倉時代の人、非参議。文永6(1269)年生～元徳2(1330)年6月23日没。62才。初名＝信行。

非参議藤原信家の曾孫。少将・侍従藤原信顯朝臣の子。実は信宗入道の子。初め信行と名乗る。建治元(1275)年叙爵。弘安5(1282)年侍従に任ぜられる。同年信良と改名。同8年従五位上に進み、同9年美作介に任ぜられる。永仁2(1294)年正五位下に進み右少将に任ぜられる。同5年従四位下に進み、同7年従四位上に進み、正安元(1299)年左中将に任ぜられる。同2年正四位下に進み、嘉元2(1304)年中将を辞す。正和5(1316)年従三位に進み、文保元(1317)年右兵衛督に任ぜられたが督を辞す。子に信行がいる。　典：公補

坊門清忠　ぼうもん・きよただ

鎌倉・南北朝時代の人、参議。生年不明～暦応元(1338.延元3)年3月21日没。

系譜不明。嘉暦元(1326)年右大弁に任ぜられる。同2年正四位上より従三位に叙され造興福寺長官に任ぜられる。同3年参議に任ぜられ左京大夫に任ぜられる。元徳元(1329)年

周防権守に任ぜられ参議・右京大夫・右大弁を辞す。同年正三位に進む。同2年再び参議に任ぜられ翌年に辞す。正慶2(1333.元弘3)年再度参議に任ぜられ再び右大弁・造興福寺長官に任ぜられる。建武元(1334)年信濃権守・大蔵卿に任ぜられ従二位に進む。同年大蔵卿を辞す。同4年年左大弁に任ぜられ任職を辞す。吉野離宮にて没す。　典：日名・公補

坊門信行　ぼうもん・のぶゆき

鎌倉・南北朝時代の人、非参議。嘉元2(1304)年生～没年不明。法名=能蓮。

非参議坊城信良の子。嘉元2(1304)年叙爵。延慶2(1309)年従五位上に進み、文保元(1317)年侍従に任ぜられる。元亨4(1324)年侍従を辞す。元徳2(1330)年正五位下に進み、元弘3(1333)年左衛門佐に任ぜられ従四位下に進み右少将に任ぜられる。暦応元(1338)年従四位上に進み、同3年左中将に任ぜられる。同4年正四位下に進み、同5年弾正大弼に任ぜられる。康永元(1342)年に辞す。観応元(1350.正平5)年従三位に進み、文和2(1353)年に50才で出家。子に信藤がいる。　典：公補

坊門信藤　ぼうもん・のぶふじ

室町時代の人、非参議。生没年不明。

非参議坊門信行の子。左中将を辞す。応永6(1399)年従三位に叙され、同19年正三位に進み、同21年に出家。　典：公補

○細川家

細川忠興　ほそかわ・ただおき

安土桃山・江戸時代の人、参議。永禄6(1563)年生～正保2(1645)年12月2日没。83才。初名=与一郎。本姓=源。前姓=羽柴。号=三斎宗立。

長岡藤孝の長男。細川輝経の養子となる。初め与一郎と名乗る。天正5(1577)年の戦いに織田信長より感謝状を与えられ、同6年織田信忠の諱字をもらい忠興と改名。信長没後は豊臣秀吉の家臣となる。同13年数々の武勲により従四位下に叙され侍従に任ぜられ秀吉より羽柴の称号を許され、文禄元(1592)年朝鮮出兵に九番隊の将として参加、慶長元(1596)年参議に任ぜられる。のち参議を辞す。同3年秀吉没後は徳川家康の家臣となる。武勲により同5年豊後国を与えられ中津城、同7年小倉城に移る。元和元(1615)年夏の陣に功があり。同6年以降は公補に名が見えない。出家したらしい。正保2(1645)年肥後国八代にて没す。子に忠利がいる。古文書として細川家文書が残されている。　典：古文・日名・公補

○穂波家

勧修寺経広┬経敬⇨勧修寺家へ
　　　　　└穂波経尚─晴宣─尚明─尚孝─経条─経訓─経武─経治─経度─経藤(子)

勧修寺家の支流。権大納言勧修寺経広の次男経尚が、父の勧修寺家より分かれて、初め海住山(うつやま)と号し、のち穂波を氏姓とした。明治に至り華族に列され子爵を授

けられたが、のち爵位を返上。本姓は藤原。家紋は竹に雀。菩提寺は京都上京区七本松の立本寺亨保院。

典：京四・日名

穂波経尚　ほなみ・つねなお

江戸時代の人、権中納言。正保3(1646)年8月14日生～宝永3(1706)年6月11日没。61才。前姓＝海住山(うつやま)。一字名＝柳・弓。穂波家の祖。

権大納言勧修寺経広の次男。母は徳永昌純の娘。兄に勧修寺経敬がいる。始の姓は海住山と名乗る。承応元(1652)年叙爵。万治元(1658)年元服し左兵衛権佐に任ぜられ従五位上、寛文2(1662)年正五位下に進み、同3年権右少弁・蔵人に任ぜられ正五位上に進み、同5年蔵人・左少弁を辞す。同年筑前守に任ぜられる。穂波と改姓。同7年従四位下、同10年従四位上、延宝3(1675)年正四位下、天和2(1682)年従三位、元禄元(1688)年正三位に進み、同2年参議に任ぜられる。同4年に辞す。同11年従二位に進み、宝永2(1705)年権中納言に任ぜられるも、これを辞す。翌年に没す。養子に晴宣がいる。　典：公辞・公補

穂波晴宣　ほなみ・はれのぶ

江戸時代の人、非参議。元禄10(1697)年7月12日生～明和5(1768)年1月12日没。72才。

権中納言勧修寺尹隆の次男。権中納言穂波経尚と清閑寺熙房の娘の養子となる。元禄15(1702)年元服し勘解由次官に任ぜられる。同3年従五位上に叙され、同7年正五位下、正徳4(1714)年従四位下、享保3(1718)年従四位上、同7年正四位下、同11年従三位に進み、同12年治部卿に任ぜられる。同13年踏歌外弁となる。同20年正三位に進み、延享4(1747)年治部卿を辞す。養子に尚明がいる。　典：公辞・公補

穂波尚明　ほなみ・なおあき

江戸時代の人、非参議。享保14(1729)年6月20日生～安永5(1776)年4月20日没。48才。初氏名＝橋本実盈。

権中納言橋本実松の末子、母は参議七条隆豊の娘。初め橋本実盈と名乗る。享保20(1735)年叙爵。寛保2(1742)年非参議穂波晴宣の養子となり尚明と改名。同3年元服し大蔵少輔に任ぜられ従五位上、延享4(1747)年正五位下、宝暦元(1751)年従四位下、同5年従四位上、同9年正四位下、同13年従三位、明和5(1768)年正三位に進む。子に尚孝(正五位下・中務権大輔、安永6,5,25没、21才、子は経条)がいる。　典：公辞・公補

穂波経条　ほなみ・つねえだ

江戸時代の人、参議。安永3(1774)年6月5日生～天保7(1836)年12月18日没。63才。

非参議穂波尚明の孫。正五位下・中務権大輔穂波尚孝(安永6,5,25没、21才)の子。安永7(1778)年従五位下に叙され、天明6(1786)年元服し筑前守に任ぜられ従五位上、寛政2(1790)年正五位下に進み、同4年治部大輔に任ぜられる。同6年従四位下に進み、同7年中務権大輔に任ぜられる。同10年従四位上に進み、同11年中務大輔に任ぜられる。享和2(1802)年正四位下に進み、文化元(1804)年弾正大弼に任ぜられる。同3年従三位、同7年正三位、天保2(1831)年従二位に進み参議に任ぜられ、同4年に辞す。子に経訓がいる。

典：公辞・公補

穂波経度　ほなみ・つねのり

江戸・明治時代の人、非参議。天保8(1837)年11月12日生～没年不明。

左京大夫穂波経治の子。弘化2(1845)年従五位下に叙され、嘉永3(1850)年元服し従五位上に進み伊勢権介、同4年左京大夫に任ぜられる。同6年正五位下、安政3(1856)年従四位下に進み、同5年安政の事件(飛鳥井雅典の項参照)に八十八廷臣として連座する。同6年従四位上、文久2(1862)年正四位下、慶応2(1866)年従三位に進み、明治元(1868)年民部卿に任ぜられ新政府では参与に任ぜられる。のち錦鶏間祗候に任ぜられる。子に経藤(文久元生、明治9相続、華族に列され子爵を授かり、のち平民となる)がいる。　典：明治・公辞・公補

○堀川家

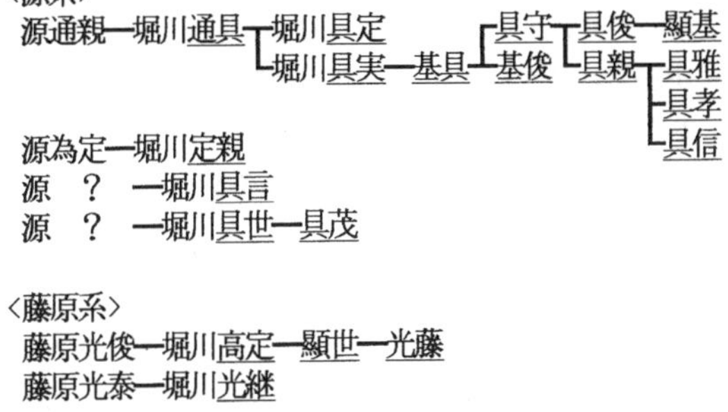

第62代村上天皇の村上源氏の裔。内大臣源通親の次男通具が、鎌倉時代に堀川を氏姓とするが、南北朝時代で頽廃する。また、藤原系からも堀川家が現れたが短系であった。

典：公補

堀川家(源系)

堀川通具　ほりかわ・みちとも

鎌倉時代の人、大納言。嘉応2(1170)年生～安貞元(1227)年9月2日没。58才。堀川家の祖。

第62代村上天皇の村上源氏の裔。内大臣源通親の次男。母は修理大夫通盛の娘。兄弟に久我通光・土御門通宗・土御門定通・源通行・中院通方がいる。元暦元(1184)年叙爵。文治元(1185)年因幡守に任ぜられる。建久2(1191)年従五位上に進み、同4年右少将に任ぜられ正五位下に進み、同6年因幡守を辞す。同8年従四位下に進み伊予権守、同9年左中弁に任ぜられる。正治元(1199)年従四位上に進み、同2年左中将・蔵人頭に任ぜられる。正四位下に進み、建仁元(1201)年参議に任ぜられる。同2年備中権守に任ぜられ従三位に進み、同3年右衛門督・使別当に任ぜられ正三位に進み、元久元(1204)年備中権守を辞す。同2年権中納言に任ぜられる。建永元(1206)年右衛門督・使別当を辞す。同年従二位、承元2(1208)年正二位に進み踏歌続内弁となる。同4年中宮権大夫に任ぜられたが辞す。建

暦元(1211)年中納言に任ぜられる。更に同2年権大納言に任ぜられる。承久3(1221)年奨学院別当となり、貞応元(1222)年大納言に任ぜられる。子に具定・具実がいる。　典：公補

堀川具実　ほりかわ・ともざね

鎌倉時代の人、内大臣。建仁3(1203)年生～没年不明。号=岩倉内大臣。

大納言堀川通具の次男。母は法印能円の娘院女房按察局。兄に具定がいる。承元2(1208)年従五位下に叙され、同4年従五位上に進み侍従に任ぜられる。建暦元(1211)年正五位下に進み、建保2(1214)年安芸権介、同3年左少将、同4年右少将・石見権介に任ぜられる。同5年従四位下、同6年従四位上に進み、承久元(1219)年右中将に任ぜられる。同2年正四位下に進み近江介に任ぜられる。同3年蔵人頭に任ぜられ更に参議に任ぜられる。貞応元(1222)年加賀権守に任ぜられ従三位、元仁元(1224)年正三位に進み、嘉禄元(1225)年権中納言に任ぜられる。安貞元(1227)年左衛門督に任ぜられる。同2年従二位、貞永元(1232)年正二位に進み、天福元(1233)年皇后宮権大夫、文暦元(1234)年皇后宮大夫、嘉禎元(1235)年検別当に任ぜられ更に中納言に任ぜられる。同2年権大納言に任ぜられる。延応元(1239)年皇后宮大夫を辞す。更に仁治元(1240)年大納言に任ぜられる。建長元(1249)年淳和・奨学院別当に任ぜられる。更に同2年内大臣に任ぜられるも辞す。同3年に49才で出家。子に基具がいる。　典：伝日・公補

堀川具定　ほりかわ・ともさだ

鎌倉時代の人、非参議。正治2(1200)年生～嘉禎2(1236)年3月5日没。37才。

大納言堀川通具の長男。母は非参議藤原俊成の娘。弟に具実がいる。建永元(1206)年従五位下に叙され、承元元(1207)年従五位上に進み侍従に任ぜられる。同4年正五位下、建暦2(1212)年従四位下、建保2(1214)年従四位上に進み、同5年但馬介に任ぜられる。同6年正四位下、承久3(1221)年従三位、嘉禄元(1225)年正三位に進む。　典：公補

堀川基具　ほりかわ・もととも

鎌倉時代の人、太政大臣。貞永元(1232)年生～没年不明。号=堀河太政大臣。

内大臣堀川具実の子。母は信濃守公佐朝臣の娘。嘉禎3(1237)年叙爵。暦仁元(1238)年侍従に任ぜられる。仁治元(1240)年従五位上に進み、同2年右少将に任ぜられる。同3年正五位下より従四位下に進み備前介に任ぜられる。寛元2(1244)年従四位上に進み右中将に任ぜられる。同4年正四位下に進み尾張介、宝治元(1247)年中宮権亮、同2年蔵人頭・左中将に任ぜられる。建長2(1250)年従三位に進み参議に任ぜられる。同3年讃岐権守に任ぜられる。同4年正三位に進み権中納言に任ぜられる。同6年従二位に進み、同7年左衛門督に任ぜられる。正嘉2(1258)年正二位に進み、弘長元(1261)年中納言より権大納言に任ぜられ、更に文永8(1271)年大納言に任ぜられる。同9年淳和・奨学院別当となる。弘安6(1283)年従一位に進み、同7年大納言を辞す。正応元(1288)年淳和・奨学院別当を辞す。同年准大臣に任ぜられ、更に同2年太政大臣に任ぜられ翌年に辞す。永仁4(1296)年に65才で出家。子に具守・基俊がいる。　典：伝日・公補

堀川具守　ほりかわ・とももり

鎌倉時代の人、内大臣。建長元(1249)年生〜正和5(1316)年1月19日没。68才。法名＝覚乗。

太政大臣堀川基具の長男。母は参議平惟忠の娘。弟に基俊がいる。建長2(1250)年叙爵。同5年従五位上に進み侍従に任ぜられる。康元元(1256)年正五位下、正嘉2(1258)年従四位下に進み、春宮権亮・右少将より右中将に任ぜられる。正元2(1260)年正四位下に進み信濃介、文永3(1266)年因幡介に任ぜられる。同4年従三位に進み、同6年参議に任ぜられる。同7年正三位に進み、同8年加賀権守に任ぜられ従二位に進み、同11年権中納言に任ぜられる。建治元(1275)年春宮権大夫・左衛門督に任ぜられる。弘安元(1278)年正二位に進み、同7年左衛門督を辞す。同年権大納言に任ぜられる。同10年春宮権大夫を辞す。正応元(1288)年淳和・奨学院別当に任ぜられ、更に同3年大納言に任ぜられる。同5年淳和・奨学院別当を辞す。永仁3(1295)年任職を辞す。同6年再び大納言に任ぜられ淳和院別当に任ぜられる。正安元(1299)年従一位に進み、乾元元(1302)年再び奨学院別当、徳治元(1306)年右大将、延慶2(1309)年左大将に任ぜられる。同3年大納言・左大将・淳和院別当を辞す。正和2(1313)年内大臣に任ぜられ、同4年任職を辞す。同5年に出家。子に具俊、養子に孫具親がいる。　典：伝日・公補

堀川基俊　ほりかわ・もととし

鎌倉時代の人、権大納言。弘長元(1261)年生〜元応元(1319)年4月3日没。59才。

太政大臣堀川基具の次男。母は参議平惟忠の娘。兄に具守がいる。文永4(1267)年叙爵し侍従に任ぜられる。同5年従五位上に進み左少将、同6年石見権介に任ぜられる。同7年正五位下、同8年従四位下に進み、同11年美作権介に任ぜられる。建治元(1275)年従四位上、同2年正四位下に進み、同3年左中将、弘安3(1280)年尾張介に任ぜられる。同6年従三位に進み参議に任ぜられる。同7年出雲権守、同8年左兵衛督・検別当に任ぜられ、同9年に辞す。同年正三位に進み権中納言に任ぜられる。正応2(1289)年従二位、同3年正二位に進み、更に同4年権大納言に任ぜられ翌年に辞す。　典：公補

堀川具俊　ほりかわ・ともとし

鎌倉時代の人、権中納言。文永10(1273)年生〜嘉元元(1303)年10月26日没。31才。

大納言堀川具守の子。弘安7(1284)年叙爵し侍従に任ぜられる。同8年従五位上に進み、同9年左少将に任ぜられる。同11年正五位下、正応2(1289)年従四位下より従四位上に進み左中将に任ぜられる。同3年正四位下、同5年従三位、永仁4(1296)年正三位に進み、同6年参議に任ぜられ左衛門督・使別当、正安元(1299)年讃岐権守に任ぜられる。同年使別当を辞す。のち従二位に進み権中納言に任ぜられる。同3年左衛門督を辞す。同年次第司御前長官となる。嘉元元(1303)年再び左衛門督に任ぜられたが辞す。子に具親・顕基がいる。　典：公補

堀川具親　ほりかわ・ともちか

鎌倉時代の人、内大臣。永仁2(1294)年生〜没年不明。号＝堀河内大臣。

権大納言堀川具俊の次男。弟に顯基がいる。永仁6(1298)年従五位下に叙され侍従に任ぜられる。同7年従五位上、正安2(1300)年正五位下に進み左少将、同3年備前介に任ぜられ従四位下に進み、嘉元元(1303)年に父具俊が没したので祖父内大臣堀川具守の養子となる。同3年従四位上、同4年正四位下に進み出羽権介・左中将に任ぜられる。延慶元(1308)年従三位に進み、同2年伊予権守に任ぜられる。同3年権中納言に任ぜられる。応長元(1311)年正三位に進み左衛門督・別当に任ぜられたる。同年別当を辞す。正和元(1312)年従二位に進む。同年左衛門督を辞す。同5年正二位に進み、文保2(1318)年春宮権大夫に任ぜられ大嘗会検校となる。元応元(1319)年中納言に任ぜられる。更に元亨3(1323)年権大納言に任ぜられる。嘉暦元(1326)年春宮権大夫を辞す。同3年権大納言を辞すも、元徳元(1329)年再び権大納言に任ぜられ、更に同2年大納言に任ぜられる。建武元(1334)年源氏長者となり奨学院別当・按察使に任ぜられる。同年按察使を辞す。同2年奨学院別当を辞す。同年中宮大夫に任ぜられ、同4年(延元2)中宮大夫を辞す。暦応元(1338.延元3)年右大将に任ぜられ、更に同2年内大臣に任ぜられ、同3年任職を辞す。47才で出家。子に具雅・具孝・具信がいる。　典：公補

堀川具雅　ほりかわ・ともまさ

鎌倉・南北朝時代の人、参議。元応2(1320)年生～没年不明。

内大臣堀川具親の子。弟に具孝・具信がいる。元亨元(1321)年従五位下に叙され、同3年従五位上、同4年正五位下、正中3(1326)年従四位下に進み左少将に任ぜられる。同2年従四位上、同3年正四位下に進み石見権介・春宮権亮、元徳元(1329)年左近中将に任ぜられ、同3年春宮権亮を辞す。元弘元(1331)年従三位に進み、正慶元(1332.元弘2)年参議に任ぜられ陸奥権守に任ぜられる。同2年官位が止まるも、建武4(1337.延元2)年許されて再び参議に任ぜられ右兵衛督より右衛門督・別当に任ぜられ従三位に進む。暦応元(1338.延元3)年に19才で出家。のち吉野朝に奉じたのか。　典：公補

堀川顯基　ほりかわ・あきもと

鎌倉・南北朝時代の人、非参議。正応5(1292)年生～没年不明。

権中納言堀川具俊の子。母は非参議藤原能基の娘。弟に具孝・具信がいる。正安2(1300)年従五位下に叙され、徳治2(1307)年従五位上に進み右少将に任ぜられる。同4年正五位下、同5年従四位下に進み、文保2(1318)年左中将に任ぜられる。同2年正四位下に進も官位が止まり、元徳元(1329)年右中将に任ぜられる。正慶元(1332.元弘2)年従三位に進む。同2年に再び官位を止められる。　典：公補

堀川具孝　ほりかわ・ともたか

鎌倉・南北朝時代の人、権中納言。嘉暦元(1326)年生～没年不明。初名＝具貫。

内大臣堀川具親の次男。兄に具雅、弟に具信がいる。初め具貫と名乗る。元徳2(1330)年従五位下に叙され、正慶元(1332)年従五位上に進み、元弘3(1333)年侍従、暦応3(1340)年讃岐権介・左少将に任ぜられ正五位下、同3年従四位下、康永元(1342.興国3)年従四位上、同2年正四位下に進み、同3年讃岐権介を辞す。同年左中将に任ぜられる。同3年参議に任ぜられ右兵衛督に任ぜられる。貞和2(1346.正平元)年従三位に進み播磨権守に任ぜ

られる。同5年具孝と改名。権中納言に任ぜられ左衛門督・検非違使別当に任ぜられる。観応元(1350)年検非違使別当を辞す。文和2(1353.正平8)年左衛門督を辞す。同3年に28才で出家。　典：公補

堀川定親　ほりかわ・さだちか

鎌倉・南北朝時代の人、非参議。正応5(1292)年生～没年不明。初名=守忠。

正三位源家定の孫の従四位下•左中将源為定朝臣の子。初め守忠と名乗る。正安3(1301)年従五位下に叙され侍従に任ぜられる。嘉元2(1304)年従五位上に進み、同4年右少将に任ぜられる。徳治2(1307)年正五位下に進み、延慶3(1310)年官を辞すも、同4年再び右少将に任ぜられ従四位下、元徳元(1329)年従四位上に進む。同年定親と改名。建武4(1337)年正四位下に進み、暦応元(1338)年左中将、同2年右中将に任ぜられる。貞和2(1346.正平元)年従三位に進み、文和元(1352)年に61才で出家し吉野朝に奉じたのか。　典：公補

堀川具信　ほりかわ・とものぶ

南北朝時代の人、参議。正慶元(1332.元弘2)年生～延文元(1356.正平11)年11月7日没。25才。

内大臣堀川具親の子。兄に具雅•具孝がいる。建武2(1335)年叙爵。康永4(1345)年従五位上に進み左近少将に任ぜられる。貞和2(1346)年正五位下、同3年従四位下、文和2(1353.正平8)年従四位上に進み、同3年近江権介に任ぜられ正四位下、同4年左中将に任ぜられ更に参議に任ぜられる。延文元(1356.正平11)年従三位に進み加賀権守・淳和院別当に任ぜられたが没す。　典：公補

堀川具言　ほりかわ・ともあき

南北朝・室町時代の人、権大納言。生年不明～応永25(1418)年11月没。

右中将に任ぜられる。正四位下に叙され、康暦元(1379.天授5)年参議に任ぜられる。永徳2(1382.弘和2)年従三位に進むも参議を辞す。至徳元(1384.元中元)年再び参議に任ぜられ右中将に任ぜられる。同2年土佐権守に任ぜられる。同3年正三位に進み、嘉慶2(1388.元中5)年権中納言に任ぜられる。明徳元(1390.元中7)年に辞す。応永11(1404)年権大納言に任ぜられる。同2年従二位に進み、同13年権大納言を辞す。同15年正二位に進み、同23年に出家。　典：公補

堀川具世　ほりかわ・ともよ

室町時代の人、参議。生没年不明。

左中将に任ぜられ、正四位下に叙され、永享11(1439)年参議に任ぜられる。同12年従三位に進み加賀権守に任ぜられ参議を辞す。文安2(1445)年加賀権守を辞す。同3年正三位に進み、享徳2(1453)年より名が見えなくなる。子に具茂がいる。　典：公補

堀川具茂　ほりかわ・ともしげ

室町時代の人、参議。生没年不明。

参議堀川具世の子。左中将に任ぜられ、正四位下に叙され、応仁元(1467)年従三位に進み参議に任ぜられる。文明2(1470)年参議を辞す。同9年左中将を辞す。のち正三位に進むも、永正10(1513)年より名が見えなくなる。　典：公補

堀川家(藤原家系)

堀川高定　ほりかわ・たかさだ

鎌倉時代の人、権中納言。貞永元(1232)年生〜弘安3(1280)年8月23日没。49才。

正四位下・右大弁光俊朝臣の子。母は侍従盛季朝臣の娘。右大弁・蔵人頭に任ぜられ、正四位下に叙され、正元元(1259)年従三位に進み参議に任ぜられる。文応元(1260)年伊予権守に任ぜられ、弘長2(1262)年正三位に進み、文永元(1264)年伊予権守を辞す。同2年再び伊予権守・左兵衛督・使別当に任ぜられ従二位に進み、同3年山門の訴えにより左兵衛督・使別当を辞す。同年正三位に降位となる。同5年従二位に進み、同6年権中納言に任ぜられる。同7年正二位に進み権中納言を辞す。建治3(1277)年按察使に任ぜられる。子に顕世がいる。　典：公補

堀川顕世　ほりかわ・あきよ

鎌倉時代の人、権中納言。建長3(1251)年生〜延慶2(1309)年4月21日没。59才。

権中納言堀川高定の子。母は白拍子。正嘉2(1258)年叙爵。文応2(1261)年従五位上、弘長3(1263)年正五位下に進み、文永6(1269)年兵部権大輔、同9年常陸権介、建治元(1275)年春宮権大進、弘安3(1280)年右衛門権佐に任ぜられる。同年兵部権大輔を辞す。同4年春宮権大進を辞す。同6年左衛門権佐・防鴨河使、正応元(1288)年右少弁、同2年右中弁・皇后宮亮・右宮城使に任ぜられ従四位下より従四位上、同3年正四位下に進み左中弁・左宮城使・右大弁・造東大寺長官に任ぜられる。同4年正四位上に進み左大弁に任ぜられる。同年皇后宮亮を辞す。同5年蔵人頭に任ぜられる。同年左大弁を辞す。正応5(1292)年参議に任ぜられる。永仁元(1293)年従三位に進み、同2年加賀権守に任ぜられる。同4年正三位に進み、同5年加賀権守を辞す。同年右兵衛督・使別当に任ぜられる。同6年権中納言に任ぜられるも任職を辞す。のち大蔵卿に任ぜられる。正安元(1299)年従二位に進み、同2年大蔵卿を辞す。延慶2(1309)年正二位に進む。子に光藤がいる。　典：公補

堀川光藤　ほりかわ・みつふじ

鎌倉時代の人、権中納言。生年不明〜正中2(1325)年11月9日没。

権中納言堀川顕世の子。弘安8(1285)年叙爵。同11年従五位上、正応3(1290)年正五位下に進む。永仁元(1293)年和泉守に任ぜられ、同3年に辞す。正安2(1300)年勘解由次官に任ぜられ、嘉元2(1304)年次官を辞す。徳治2(1307)年蔵人・中宮権大夫に任ぜられ、同3年蔵人を辞す。延慶3(1310)年権右中弁より右中弁更に左中弁に任ぜられ従四位下に進み、応長元(1311)年修理左宮城使に任ぜられ従四位上に進み、正和元(1312)年右大弁に任ぜられ正四位下に進み、同2年大弁を辞す。同年蔵人頭・宮内卿に任ぜられる。同3年従三位に進み参議に任ぜられる。同4年検別当・左兵衛督、同5年右衛門督に任ぜられ更

に権中納言に任ぜられるも任職を辞す。文保元(1317)年正三位、元応2(1320)年従二位に進む。　典：日名・公補

堀川光継　ほりかわ・みつつぐ

鎌倉・南北朝時代の人、権中納言。生年不明～暦応元(1338.延元3)年2月没。

参議藤原光泰の子。正中3(1326)年正四位下に叙され、嘉暦2(1327)年蔵人頭・宮内卿に任ぜられる。同3年参議に任ぜられるも参議・蔵人頭を辞す。元徳元(1329)年従三位に進む。同年宮内卿を辞す。正慶元(1332.元弘2)年正三位に進み、建武2(1335)年信濃守に任ぜられる。延元元(1336)年従二位に進み権中納言に任ぜられるも解官とり、暦応元(1338)年に南都の戦いにて害死する。　典：日名・公補

○堀河家

〈平家系〉
平　？　―堀河俊範

〈藤原家系〉
高倉永家┬水無瀬親具―堀河康胤┬則康―康俊―康綱―康能―康致―康行―冬輔―⇨
　　　　└永相⇨高倉家へ　　　└信親

⇨康実―忠順―親実―康親┬親賀―康隆―康政―護麿―康文（子）
　　　　　　　　　　　├岩倉具視⇨岩倉家へ
　　　　　　　　　　　└納親―親春―親美（藤大路家）

堀河家は、室町時代に平家系より俊範が氏姓としたが、江戸時代に入り藤原系の高倉家より分かれた水無瀬親具の子康胤が氏姓とした。明治に至り華族に列され子爵を授かる。本姓は藤原。家紋は竜胆(りんどう)。菩提寺は京都左京区浄土寺の真如堂。

典：京四・公補

堀河家(平家系)

堀河俊範　ほりかわ・としのり

室町時代の人、非参議。生没年不明。本姓＝平。初名＝有政。堀河家始祖。

系譜不明。初め有政と名乗る。大蔵卿に任ぜられる。宝徳3(1451)年従三位に叙され、享徳元(1452)年長門権守に任ぜられ、同3年に辞す。康正元(1455)年正三位に進む。同年俊範と改名。長禄2(1458)年大蔵卿を辞す。文明2(1470)年より名が見えなくなる。　典：公補

堀河家(藤原家系)

堀河康胤　ほりかわ・やすたね

江戸時代の人、権中納言。文禄元(1592)年9月9日生～寛文13(1673)年1月27日没。82才。初名＝康満。堀河家の祖。

権大納言高倉永家の孫。左中将水無瀬親具朝臣(法名=西雲)の子。祖父の高倉家、父の水無瀬家より分かれて堀河を氏姓とする。初め康満と名乗る。慶長7(1602)年叙爵し、同8年元服し侍従に任ぜられる。同11年従五位上に進み、同16年左兵衛権佐に任ぜられる。同17年正五位下に進み左少将に任ぜられる。元和元(1615)年従四位下に進む。同年康胤と改名。左中将に任ぜられる。同5年従四位上、同8年正四位下、寛永7(1630)年従三位に進み左衛門督に任ぜられ、同11年左衛門督を辞す。同年参議に任ぜられる。同13年踏歌外弁となる。同17年従二位に進み、正保元(1644)年任職を辞す。寛文3(1663)年権中納言に任ぜられるも辞す。72才で出家。子に信親(正五位下・左少将、寛永16,10,23没、22才)・則康がいる。　典：公辞・公補

堀河則康　ほりかわ・のりやす

江戸時代の人、参議。元和8(1622)年5月13日生～貞享3(1686)年5月25日没。65才。一字名=季。

権中納言堀河康胤の子。兄に信親がいる。寛永9(1632)年叙爵。同17年元服し従五位上に進み侍従、同19年左少将に任ぜられる。同20年正五位下、正保4(1647)年従四位下、慶安4(1651)年従四位上、承応4(1655)年正四位下、万治2(1659)年従三位、寛文5(1665)年正三位に進む。延宝2(1674)年参議に任ぜられるも辞す。同3年従二位に進む。子に康俊(従四位下・左中将、寛文7,10,5没、22才、子は康綱)がいる。　典：公辞・公補

堀河康綱　ほりかわ・やすつな

江戸時代の人、参議。明暦元(1655)年5月13日生～宝永2(1705)年6月12日没。51才。

参議堀河則康の孫。従四位下・左中将堀河康俊朝臣(寛文7,10,5没、22才)の子。寛文2(1662)年叙爵。同8年元服し侍従に任ぜられ従五位上、同12年正五位下に進み、延宝3(1675)年左兵衛佐に任ぜられる。同5年従四位下、天和元(1681)年従四位上、貞享2(1685)年正四位下、元禄2(1689)年従三位、同11年正三位に進み、同16年参議に任ぜられる。宝永元(1704)年左衛門督に任ぜられ踏歌外弁となり、同2年任職を辞す。子に康能がいる。典：公辞・公補

堀河康実　ほりかわ・やすざね

江戸時代の人、参議。寛保元(1741)年10月30日生～寛政8(1796)年1月4日没。56才。

正四位下・中務大輔・讃岐介堀河冬輔朝臣の子。母は権大納言滋野井公澄の娘。延享2(1745)年叙爵。寛延2(1749)年元服し刑部少輔に任ぜられ従五位上、宝暦3(1753)年正五位下に進み、同4年伊予権介、同5年侍従・宮内大輔に任ぜられ権介を辞す。同7年従四位下に進み、同10年左衛門佐に任ぜられる。同11年従四位上、明和2(1765)年正四位下、同6年従三位、安永3(1774)年正三位に進み、同4年左京大夫に任ぜられ踏歌外弁となる。寛政4(1792)年従二位に進み参議に任ぜられる。同8年任職を辞す。子に忠順がいる。　典：公辞・公補

堀河忠順　ほりかわ・ただまさ

江戸時代の人、非参議。明和2(1765)年5月7日生～寛政10(1798)年12月16日没。34才。初名=康暁。

参議堀河康実の子。母は信濃守藤原重茂朝臣の娘。明和4(1767)年従五位下に叙され、安永元(1772)年元服し左兵衛権佐に任ぜられ従五位上、同4年正五位下に進み侍従に任ぜられる。同7年従四位下、天明2(1782)年従四位上、同5年正四位下、寛政元(1789)年従三位に進み、同4年太宰大弐に任ぜられる。同年忠順と改名。同5年正三位に進み、同8年大宰大弐を辞す。養子に親実がいる。　典：公辞・公補

堀河親実　ほりかわ・ちかざね

江戸時代の人、参議。安永6(1777)年8月13日生～天保5(1834)年6月3日没。58才。初名=和光。

権中納言裏松謙光の次男。初め和光と名乗る。天明7(1787)年従五位下に叙され、寛政4(1792)年非参議堀河忠順の養子となり元服し従五位上に進み、同5年親実と改名。同6年侍従に任ぜられる。同7年正五位下、同10年従四位下、享和2(1802)年従四位上、文化2(1805)年正四位下、同6年従三位、同10年正三位に進み、文政8(1825)年参議に任ぜられる。同11年従二位進み、同12年踏歌外弁・東照宮奉幣使となる。天保2(1831)年参議を辞す。子に康親がいる。　典：公辞・公補

堀河康親　ほりかわ・やすちか

江戸時代の人、権中納言。寛政9(1797)年2月20日生～安政6(1859)年9月3日没。63才。初名=親孝。

参議堀河親実の子。初め親孝と名乗る。文化7(1810)年従五位下に叙され元服し、同11年従五位上、同14年正五位下に進み、文政2(1819)年康親と改名。同5年侍従に任ぜられ従四位下、同9年従四位上、同12年正四位下、天保4(1833)年従三位、同8年正三位に進み、安政2(1855)年参議に任ぜられ、同3年に辞す。同年従二位に進み踏歌外弁となる。同5年に起こった安政の事件(飛鳥井雅典の項参照)に八十八廷臣として子親賀と孫康隆と共に連座、同6年権中納言に任ぜられるも辞す。子に親賀・納親・岩倉具視がいる。　典：明治・公辞・公補

堀河親賀　ほりかわ・ちかよし

江戸・明治時代の人、非参議。文政5(1822)年7月20日生～明治13(1880)年4月没。59才。

権中納言堀河康親の子。母は権大納言勧修寺経逸の娘。弟に納親・岩倉具視がいる。文政9(1826)年叙爵。天保6(1835)年元服し従五位上、同10年正五位下に進み、弘化3(1846)年右兵衛権佐に任ぜられ従四位下、嘉永3(1850)年従四位上、同6年正四位下、安政2(1855)年の御遷幸に右兵衛府として舎人一人・随身一人・小舎人童一人・雑色四人・傘一人を供に参加、同4年従三位に進み、同5年に起こった安政の事件(飛鳥井雅典の項参照)に八十八廷臣として父康親と子康隆と共に連座、文久元(1861)年正三位に進む。京都近衛殿西裏に住む。家料は180石。子に康隆がいる。　典：明治・公辞・遷幸・公補

堀河康隆　ほりかわ・やすたか

江戸・明治時代の人、非参議。天保7(1836)年2月15日生～明治29(1896)年1月没、61才。

非参議堀河親賀の子。天保9(1838)年従五位下に叙され、弘化4(1847)年元服し従五位上、嘉永5(1852)年刑部大輔に任ぜられる。同3年正五位下、同6年従四位下、安政4(1857)

年従四位上に進み、同5年に起こった安政の事件(飛鳥井雅典の項参照)に八十八廷臣として祖父康親と父親賀と共に連座、万延元(1860)年正四位下に進み、元治元(1864)年侍従に任ぜられ従三位、明治元(1868)年正三位に進む。同17年華族に列され子爵を授かる。子に康政がいる。　典：明治・公辞・公補

○前田家

菅原利昌━前田利家┳利長━利常━光高━綱紀━吉徳━宗辰━重煕━重靖━重教━⇨
　　　　　　　　　┣利光
　　　　　　　　　┗利勝

⇨治脩━斉広━斉泰━慶寧━利嗣━利為

加賀金沢藩。菅原道真の末裔。先人が美濃前田、太宰府辺の前田に住む所から、前田と号した。のち尾州に住み、利家に至り豊臣家に仕えて大老となり、加越能の三州を治めるる。子の利光と共に公卿に任ぜられる。のち松平の家号を賜る。古文書として前田家文書が残されている。

典：古文・大日・日名・公補

前田利家　まえだ・としいえ

江戸時代の人、権大納言。天文6(1537)年生～慶長4(1599)年閏2月没。62才。法名＝桃雲浄見高徳院。本姓＝豊臣。

豊臣家の五大老の一。菅原利昌の四男。父の菅原より分かれて前田を氏姓とし、豊臣秀吉に武将として仕え、豊臣を本姓とする。天正18(1590)年参議に任ぜられる。更に文禄3(1595)年従三位に叙され権中納言任ぜられる。のち権中納言を辞す。慶長元(1596)年より公補に名が出る。同2年権大納言に任ぜられるも辞す。同4年に没す。子に利勝・利長・利政・利好・利光・利孝・利貞がいる。　典：大日・日名・公補

前田利光　まえだ・としみつ

江戸時代の人、参議。生没年不明。本姓＝源。

豊臣家の大老・武将・権大納言前田利家の子。兄弟に利勝・利長・利政・利好・利孝・利貞がいる。従四位下に叙され、元和元(1615)年松平忠直・伊達政宗と共に参議に任ぜられるも、同2年に辞す。元和6(1620)年より公補に名が見えない。　典：公補

前田利勝　まえだ・としかつ

江戸時代の人、権中納言。生没年不明。本姓＝豊臣。

豊臣家の大老・武将・権大納言前田利家の子。兄弟に利長・利政・利好・利光・利孝・利貞がいる。従四位下に叙され、慶長2(1597)年参議に任ぜられ、更に同3年従三位に進み権中納言に任ぜられ、同4年に辞す。同12年より公補に名が見えない。　典：公補

◯町家

〈柳原家〉
柳原忠光━町資藤━資広━広光━資将

〈町口家〉
坊城俊定━吉田定資━町口経量━町口経時━町顯郷━顯基

南北朝末に柳原家より分かれて町家と吉田家より分かれた町口家が口を除いた町家が現れるが、何れも室町時代に衰退した。本姓は藤原。

町資藤　まち・すけふじ

南北朝・室町時代の人、権大納言。貞治5(1366.正平21)年生〜応永16(1409)年6月5日没。44才。

権大納言柳原忠光の次男。父の柳原家より分かれて町を氏姓とした。蔵人頭・左大弁に任ぜられる。正四位上に叙され、明徳3(1392.元中9)年蔵人頭を辞す。同年参議に任ぜられ造東大寺長官・長門権守に任ぜられる。同4年従三位に進み、応永2(1395)年丹波権守に任ぜられ更に権中納言に任ぜられる。同3年正三位、同5年従二位に進み、同6年右衛門督・使別当に任ぜられ、同8年に辞す。同年大宰権帥に任ぜられる。同13年権大納言に任ぜられる。同15年正二位に進む。子に資広がいる。　典：公補

町資広　まち・すけひろ

室町時代の人、権大納言。明徳元(1390.元中7)年生〜文明元(1469)年11月12日没。80才。初名=藤光。

権大納言町資藤の子。初め藤光と名乗る。蔵人頭・右中弁に任ぜられる。従四位上に叙され、応永26(1419)年参議に任ぜられる。同27年正四位下に進み美作権守に任ぜられる。同28年従三位に進み、同31年美作権守を辞す。同年左大弁に任ぜられる。同32年正三位に進み権中納言に任ぜられる。同33年大宰権帥に任ぜられる。正長元(1428)年権中納言を辞す。永享3(1431)年資広と改名。同9年従二位に進み、同10年権大納言に任ぜられ、文安元(1444)年に辞す。同2年正二位、康正2(1456)年従一位に進む。子に広光がいる。　典：公補

町顯郷　まち・あきざと

室町時代の人、非参議。生年不明〜文明11(1479)年没。

非参議町口経量の孫。町口経時の子。町口より口を取り町を氏姓とする。治部卿に任ぜられる。寛正5(1464)年従三位に叙され、文明元(1469)年治部卿を辞す。同11年土州の畑庄にて没す。子に顯基がいる。　典：公補

町広光　まち・ひろみつ

室町時代の人、権大納言。文安元(1444)年生〜永正元(1504)年6月15日没。61才。法名=忍寂。

権大納言町資広の子。文安3(1446)年従五位下に叙され、同5年元服し宮内大輔に任ぜられる。享徳元(1452)年従五位上、康正2(1456)年正五位下に進み、寛正元(1460)年右兵衛佐・権右少輔に任ぜられる。同2年正五位上に進み右少弁より左少弁、更に同4年右中

弁に任ぜられる。文正元(1466)年従四位下に進み左中弁に任ぜられる。同2年従四位上より正四位下に進み、応仁元(1467)年蔵人頭・右大弁、文明元(1469)年左大弁に任ぜられ更に参議に任ぜられる。同2年従三位に進み、同7年周防権守・造東大寺長官に任ぜられ正三位に進み、同9年権中納言に任ぜられる。延徳元(1489)年従二位に進み大宰権帥に任ぜられる。同年権中納言を辞す。同3年正二位に進み、永正元(1504)年権大納言に任ぜられる。養子に資将がいる。　典：公補

町顯基　まち・あきもと

室町時代の人、非参議。生没年不明。法名=宗顯。

非参議町顯郷の子。文亀元(1501)年正四位下に叙される。永正5(1508)年従三位に進み左兵衛督に任ぜられ、同12年に辞す。同16年より両眼が失明し、同17年に出家。　典：公補

町資将　まち・すけまさ

室町時代の人、権中納言。永正15(1518)年3月9日生～弘治元(1555)年10月24日没。38才。初名=資雄。法名=宗寂。

権中納言菅原章長の次男。権大納言町広光の養子となる。初め資雄と名乗る。永正16(1519)年従五位下に叙され、享禄2(1529)年従五位上に進み元服し宮内大輔、同3年左兵衛佐に任ぜられる。同5年正五位下に進み、天文2(1533)年右少弁に任ぜられる。同年資将と改名。同3年正五位上に進み左少弁、同5年権右中弁・氏院別当、同6年右中弁、同7年左中弁・修理右宮城使に任ぜられる。同8年従四位下より従四位上に進み蔵人頭・左宮城使に任ぜられる。同9年正四位下に進み造興福寺長官となる。同10年左大弁に任ぜられ勅使として関東に下向、同11年氏院別当を辞す。同年造東大寺長官となり丹波権守に任ぜられ正四位上に進み、同13年従三位に進み参議に任ぜられ西国豊州に下向。同14年上洛し、同15年正三位に進み権中納言に任ぜられる。同17年賀茂伝奏に任ぜられたが翌年に逐電。同21年権中納言を辞す。伯州にて没す。　典：公補

○町口家

坊城俊定━吉田定資━町口経量━町口経時━町顯郷━町顯基

南北朝に至り、吉田家より分かれて町口を氏姓としたが、経量の二代にて終わり、のち口を除いて町家となるも、町家も二代にて終わる。

典：公補

町口経量　まちぐち・つねかず

南北朝時代の人、非参議。元亨3(1323)年生～康暦2(1380.天授6)年3月10日没。58才。

権中納言吉田定資の子。正和4(1315)年従五位下に叙され、文和2(1353)年従五位上、正五位下に進み和泉守、元徳2(1330)年春宮権大夫に任ぜられる。同年和泉守を辞す。建武5(1338)年従四位下に進み、暦応元(1338)年治部卿に任ぜられ、のち卿を辞す。同4年従四位上、康永2(1343)年正四位下、延文2(1357.正平12)年従三位に進む。子に経時、孫に町顯郷がいる。　典：公補

○町尻家

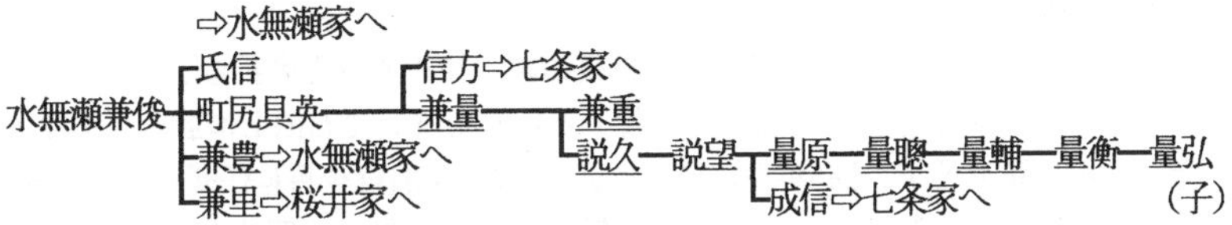

水無瀬家の支流。権中納言水無瀬兼俊の次男具英が、水無瀬家より分かれて町尻を氏姓とした。明治に至り華族に列され子爵を授かる。本姓は藤原。家紋は菊。菩提寺は京都右京区花園の妙心寺。

典：日名・公補

町尻兼量　まちじり・かねかず

江戸時代の人、権中納言。寛文2(1662)年11月4日生～寛保2(1742)年9月20日没。81才。法名＝是維。

典：公辞・公補

町尻兼重　まちじり・かねしげ

江戸時代の人、参議。貞享元(1684)年10月28日生～元文5(1740)年7月17日没。57才。

権中納言町尻兼量の長男。弟に兼久がいる。元禄元(1688)年叙爵。同7年元服し侍従に任ぜられる。同8年従五位上、同12年正五位下に進み、同13年左少将に任ぜられる。同16年従四位下に進み、宝永2(1705)年左中将に任ぜられる。同4年従四位上に進み、同5年春宮亮に任ぜられ、同6年に辞す。正徳元(1711)年正四位下、同5年従三位、享保7年正三位に進み、同18年参議に任ぜられるも翌年に辞す。元文5(1740)年従二位に進む。　典：公辞・公補

町尻説久　まちじり・かねひさ

江戸時代の人、非参議。正徳5(1715)年4月24日生～天明3(1783)年4月25日没。69才。初名＝兼久。法名＝如水。

権中納言町尻兼量の次男。初め兼久と名乗る。享保4(1719)年叙爵。同12年兄兼重の養子となる。同13年元服し従五位上に進み侍従、同16年右少将に任ぜられる。同17年正五位下、元文元(1736)年従四位下に進み右中将に任ぜられる。同6年従四位上、延享2(1745)年正四位下、寛延3(1750)年従三位、宝暦8(1757)年正三位に進む。同年宝暦の事件(綾小路有美の項参照)の二十廷臣として連座、同10年に46才で出家。のち説久と改名する。明治24(1891)年に従二位を贈られる。墓所は妙心寺内海福院。子に説望(正五位下・右馬頭、天明5,1,21没、48才、宝暦事件の勤皇二十廷臣の一人、初名＝兼望、法名＝空応、明治24年に従四位を贈られる、養子は量原)がいる。　典：大日・伝日・日名・公辞・公補

町尻量原　まちじり・かずはら

江戸時代の人、参議。寛保元(1741)年11月21日生～寛政11(1799)年6月23日没。59才。初名＝兼原。雅号＝樵夫東林。

非参議吉田良延の次男。母は従五位下忠統の娘。初め兼原と名乗る。延享4(1747)年叙爵。宝暦10(1760)年非参議町尻説望の養子となり元服し従五位上に進み兵部権大夫、明和元(1764)年正五位下、同5年従四位下に進み、同8年右権少将に任ぜられる。安永元(1772)年従四位上に進み、同2年備後権介に任ぜられる。同5年正四位下に進み、同6年左権中将に任ぜられる。同8年量原に改名。同9年従三位、天明5(1785)年正三位に進み、寛政9(1797)年参議に任ぜられるも翌年に辞す。同年従二位に進む。子に量聴がいる。　典：公辞・公補

町尻量聴　まちじり・かずあき

江戸時代の人、非参議。明和4(1767)年5月10日生～文化2(1805)年7月29日没。39才。初名＝兼聴。

参議町尻量原の子。母は権大納言冷泉(上)為村の娘。初めは兼聴と名乗る。明和8(1771)年従五位下に叙され、安永5(1776)年元服し従五位上に進み出羽権介に任ぜられる。同8年量聴と改名。同9年正五位下、天明4(1784)年従四位下、同8年従四位上に進み、寛政元(1789)年右権少将、同3年備中権介に任ぜられる。同4年正四位下に進み、同7年右権中将に任ぜられる。同8年従三位に進み、同9年太宰大弐に任ぜられる。同10年踏歌外弁となる。同12年刑部卿に任ぜられる。享和元(1801)年正三位に進み、文化2(1805)年刑部卿を辞す。子に量輔がいる。　典：公辞・公補

町尻量輔　まちじり・かずすけ

江戸時代の人、権中納言。享和2(1802)年3月1日生～明治7(1874)年6月没。73才。

非参議町尻量聴の子。文化3(1806)年従五位下に叙され、同13年元服し従五位上に進み出羽権介に任ぜられる。文政2(1819)年正五位下、同5年従四位下に進み、同7年右近衛権少将に任ぜられる。同8年従四位上、同11年正四位下に進み、天保7(1836)年権中将に任ぜられる。同8年従三位、同13年正三位に進み、弘化2(1845)年太宰大弐に任ぜられる。嘉永元(1848)年踏歌外弁となる。文久3(1863)年参議に任ぜられる。安政5(1858)年安政の事件(飛鳥井雅典の項参照)に八十八廷臣として連座、元治元(1865)年従二位に進み、慶応3(1867)年参議を辞す。更に明治元(1868)年権中納言に任ぜられるも辞す。子に量衡(正五位上・右少将・殿掌、明治40,4没、80才。華族に列され子爵を授かる、子は量弘)がいる。
典：明治・公辞・公補

○松木家

中御門家の支流。南北朝末に権中納言中御門宗重の子宗量が、中御門家より分かれて松木を氏姓とした。代々楽道にて奉仕し、明治に至り華族に列され伯爵を授る。本姓は藤原。別名は中御門。

典：日名・公補

中御門宗重─松木宗宣─宗継─宗綱─宗藤─宗満┬宗通
　　　　　　　　　　　　　　　　　　　　├宗則─宗教─宗保─宗条─宗顕─⇨
　　　　　　　　　　　　　　　　　　　　└宗信

⇨┬宗彌
　└宗長─宗美─宗章─宗徳─宗行─宗有─宗隆（伯）

松木宗宣　まつのき・むねのぶ

南北朝・室町時代の人、権中納言。応安5(1372.文中元)年生～没年不明。初名=宗量。前名=宗致。法名=常祐。松木家の祖。

権中納言中御門宗重の子。初め宗量と名乗る。父の中御門家より分かれて松木を氏姓とした。蔵人頭・右中将に任ぜられる。正四位上に叙され、応永16(1409)年参議に任ぜられ右大弁に任ぜられる。同17年従三位に進み美作権守に任ぜられる。同18年正三位に進み左大弁に任ぜられ更に権中納言に任ぜられ、同20年に辞す。同23年従二位に進む。同24年宗致ついで宗宣と改名。同30年に52才で出家。子に宗継がいる。　典：公辞・公補

松木宗継　まつのき・むねつぐ

室町時代の人、権大納言。応永7(1400)年生～享徳元(1452)年12月27日没。53才。

権中納言松木宗宣の子。蔵人頭・中将に任ぜられる。正四位下に叙され、応永30(1423)年参議に任ぜられ右大弁に任ぜられる。同31年従三位に進み能登権守に任ぜられ参議・右大弁を辞す。同32年再び参議に任ぜられる。正長元(1428)年能登権守を辞す。永享元(1429)年正三位に進み周防権守、同2年左大弁に任ぜられ大嘗会検校となる。同4年権中納言に任ぜられる。嘉吉2(1442)年従二位に進み、文安3(1446)年権大納言に任ぜられる。宝徳元(1449)年正二位に進む。子に宗綱がいる。　典：公辞・公補

松木宗綱　まつのき・むねつな

室町時代の人、権大納言。文安元(1445)年生～大永5(1525)年6月3日没。81才。法名=玄空。院号=陽照院。

権大納言松木宗継の子。母は権大納言藤原家輔の娘。文安6(1449)年叙爵。のち従五位上に進み侍従に任ぜられる。康正2(1456)年正五位下に進み左少将に任ぜられる。長禄2(1458)年従四位下に進み左中将に任ぜられる。寛正2(1461)年従四位上、のち正四位下に進み蔵人頭に任ぜられ、のち正四位上に進み、文正元(1466)年参議に任ぜられ左大弁に任ぜられる。応仁元(1467)年従三位に進み周防権守に任ぜられたが任職を辞す。同2年権中納言に任ぜられる。文明2(1470)年正三位に進み兵部卿に任ぜられる。同8年従二位に進み、長享2(1488)年権大納言に任ぜられる。延徳3(1491)年正二位に進み、永正7(1510)年勢州に下向。同12年権大納言を辞す。同15年勢州より上洛し准大臣に任ぜられ武家伝奏に任ぜられる。同年74才で出家。伊勢にて没す。子に宗藤がいる。　典：公辞・公補

松木宗藤　まつのき・むねふじ

室町時代の人、権中納言。延徳2(1490)年生～没年不明。

権大納言松木宗綱の子。明応4(1495)年従五位下に叙され、永正4(1507)年侍従に任ぜられる。同5年従五位上に進み、同6年左少将に任ぜられる。同10年正五位下、同13年従四位下、同14年左中将に任ぜられる。同16年従四位上、大永2(1522)年正四位下に進み相模介、同4年蔵人頭に任ぜられ正四位上、天文3(1534)年従三位に進み、同5年参議に任ぜられ左大弁に任ぜられ、同6年任職を辞す。同8年勢州に下向、同13年上洛。権中納言に任ぜられるも辞す。同年正三位に進み再び勢州に下向。同17年に59才で出家。養子に宗満がいる。　典：公辞・公補

松木宗満　まつのき・むねみつ

室町時代の人、権中納言。天文6(1537)年生～文禄2(1593)年6月7日没。57才。初名=宗房。

権大納言飛鳥井雅教の子。初め宗房と名乗る。権中納言松木宗藤の養子となる。天文13(1545)年叙爵。同18年従五位上に進み元服し侍従、同20年土佐介に任ぜられる。弘治2(1556)年正五位下に進み左少将に任ぜられる。永禄2(1559)年従四位下に進み、同4年左中将に任ぜられる。同10年従四位上、天正2(1574)年正四位下に進み、同3年参議に任ぜられる。同5年従三位に進み左大弁に任ぜられたが辞す。同6年勢州に下向、同8年正三位に進み、同9年上洛し権中納言に任ぜられる。同12年従二位に進む。同14年宗満と改名。権中納言を辞す。同15年正二位に進み、文禄2(1593)年に出家。子に宗通・宗則・宗信がいる。　典：公辞・公補

松木宗条　まつのき・むねえだ

江戸時代の人、内大臣。寛永2(1625)年3月28日生～元禄13(1700)年6月24日没。76才。初名=宗良。一字名=尹・丹・京・春。院号=後浩妙院。

正四位下・左中将松木宗保朝臣の子。母は内大臣広橋兼勝の娘。初め宗良と名乗る。寛永7(1630)年叙爵。同10年元服し侍従に任ぜられる。同14年正五位下に進み、同18年左少将に任ぜられる。同19年従四位下、正保2(1645)年従四位上に進み、同4年左中将に任ぜられる。同5年正四位下に進み、承応元(1652)年蔵人頭に任ぜられ正四位上に進む。同3年宗条と改名。参議に任ぜられる。明暦元(1655)年従三位に進み、更に同2年権中納言に任ぜられる。万治2(1659)年正三位に進み踏歌外弁となる。更に寛文元(1661)年権大納言に任ぜられ翌年に辞す。同8年従二位、延宝3(1675)年正二位に進み、元禄元(1688)年内大臣に任ぜられるも辞す。子に宗顕がいる。　典：公辞・公補

松木宗顕　まつき・むねあき

江戸時代の人、内大臣。万治元(1658)年12月10日生～享保13(1728)年4月28日没。71才。一字名=顯。院号=九品院。

内大臣松木宗条の子。母は非参議河鰭基秀の娘。寛文2(1662)年叙爵。同5年従五位上に進み、同10年元服し侍従に任ぜられ正五位下、同11年従四位下に進み、延宝3(1675)年左中将に任ぜられる。同4年正五位上、同7年正四位下に進み、同10年蔵人頭に任ぜられる。同12年正四位上に進み、天和元(1681)年参議に任ぜられ左大弁に任ぜられる。同2年従三位に進み踏歌外弁となり、更に同3年権中納言に任ぜられる。貞享元(1684)年神宮伝

奏に任ぜられ翌年に伝奏を辞す。同4年正三位に進み、元禄元(1688)年権大納言に任ぜられる。同7年従二位に進み、同12年権大納言を辞す。宝永元(1704)年正二位、正徳5(1715)年従一位に進み准大臣に任ぜられ、更に享保11(1726)年内大臣に任ぜられるも辞す。子に宗彌(従四位上・右中将、享保11,10,19没、24才)・宗長がいる。　典：公辞・公補

松木宗長　まつき・むねなが

江戸時代の人、准大臣。宝永7(1710)年9月1日生～安永7(1778)年1月19日没。69才。院号=後陽照院。

内大臣松木宗顯の次男。母は権中納言広橋貞光の娘。兄に宗彌(従四位上・右中将、享保11,10,19没、24才)がいる。正徳3(1713)年叙爵。享保7(1722)年兄の宗彌の養子となり家督を相続。同年侍従に任ぜられ従五位下に進み、同8年元服し、同9年正五位下に進み、同11年左少将に任ぜられる。同12年従四位下に進み、同13年左中将に任ぜられる。同15年従四位上、同18年正四位下、元文3(1738)年従三位に進み参議に任ぜられる。更に同4年権中納言に任ぜられる。寛保元(1741)年正三位に進み、延享3(1746)年権大納言に任ぜられる。同4年従二位に進み皇太后宮大夫に任ぜられる。寛延元(1748)年大嘗会検校、同2年踏歌外弁となるも権大納言を辞す。同3年再び権大納言に任ぜられる。同年皇后宮大夫を辞す。宝暦元(1751)年正二位に進み、同3年権大納言を辞す。安永7年従一位に進み准大臣に任ぜられる。子に宗済がいる。　典：公辞・公補

松木宗美　まつき・むねよし

江戸時代の人、権大納言。元文5(1740)年10月12日生～天明8(1788)年10月14日没。49才。初名=宗済。

准大臣松木宗長の子。母は権大納言久世通夏の娘。初め宗済と名乗る。寛保3(1743)年叙爵。延享3(1746)年侍従に任ぜられる。同4年従五位下に進み左少将に任ぜられる。宝暦2(1752)年従四位下、同4年従四位上に進み右中将に任ぜられる。同6年正四位下に進み、同11年蔵人頭に任ぜられ正四位上、同12年従三位に進み、同13年参議に任ぜられ再び右中将に任ぜられる。明和元(1764)年踏歌外弁となる。同2年宗美と改名。正三位に進み、同5年右大弁に任ぜられ更に権中納言に任ぜられ春日奉幣使となる。同8年従二位、安永6(1777)年正二位に進み、天明5(1785)年権大納言に任ぜられる。同7年大嘗会検校に任ぜられたが任職を辞す。養子に宗章(権大納言飛鳥井雅重の末子、正四位下・右中将、寛政9年に出家、法名=観業、天保6,4,4没、70才、子は宗徳)がいる。　典：公辞・公補

松木宗徳　まつき・むねのり

江戸時代の人、参議。天明2(1782)年9月20日生～文政10(1827)年5月21日没。46才。

正四位下・右中将松木宗章朝臣の子。天明6(1786)年従五位下、寛政元(1789)年従五位上に進み、同9年元服し正五位下に進み、同10年侍従に任ぜられる。同11年従四位下に進み、同12年左権少将に任ぜられる。享和元(1801)年従四位上、同3年正四位下に進み、文化3(1806)年権中将に任ぜられる。同13年従三位に進み参議に任ぜられる。文政2(1819)年正三位に進み踏歌外弁・東照宮奉幣使となる。同10年任職を辞す。子に宗行がいる。
典：公辞・公補

○松平家

徳川家康━結城秀康━松平忠直━光長━宣富…（略）

松平家は、新田義重より出た家康の先祖の松平家より分かれた各藩の松平家が存在するが、徳川家康の孫松平忠直のみが公卿に累進した。本姓は源。

典：大日・日名・公補

松平忠直　まつだいら・ただなお

江戸時代の人、参議。天正4(1576)年生～慶安3(1650)年9月没。76才。号=一伯。法名=相誉連友。院号=西巌院。

徳川家康の孫。結城秀康の長男。母は蓮葉院結城氏。祖父の徳川家、父の結城家より分かれて松平を氏姓とした。慶長16(1611)年元服し秀忠の諱字を賜り忠直と改名し従四位下に叙され左近衛権少将・参河守に任ぜられる。数々の戦いに功があり左中将に任ぜられ、元和元(1615)年参議に任ぜられるも辞す。同3年越前守に任ぜられる。同6年以降より公補に名が見えない。祖父の家康没後は色酒を好む。同9年豊後萩原に配流され出家。同地にて没す。子に光長がいる。　典：大日・公補

○松殿家

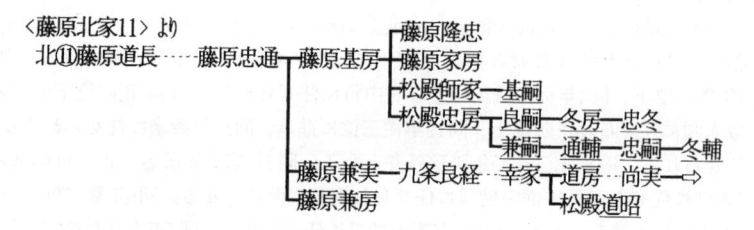

〈藤原北家11〉より
北⑪藤原道長……藤原忠通┳藤原基房┳藤原隆忠
　　　　　　　　　　　　┃　　　　┣藤原家房
　　　　　　　　　　　　┃　　　　┣松殿師家━基嗣
　　　　　　　　　　　　┃　　　　┗松殿忠房┳良嗣━冬房━忠冬
　　　　　　　　　　　　┃　　　　　　　　　┗兼嗣━通輔━忠嗣━冬輔
　　　　　　　　　　　　┣藤原兼実━九条良経…幸家┳道房…尚実━⇨
　　　　　　　　　　　　┗藤原兼房　　　　　　　　┗松殿道昭

⇨九条尚実┳道前⇨九条家へ
　　　　　┗松殿忠孝

〈系譜不明〉
藤原基高━松殿忠顕

鎌倉時代に藤原家系より分かれて松殿を氏姓としたが、南北朝時代に衰退した。室町・江戸時代に再三再興するも一代にて終わる。本姓は藤原。

松殿師家　まつどの・もろいえ

鎌倉時代の人、摂政・内大臣。承安2(1172)年生〜嘉禎4(1238)年10月4日没。67才。号=天王寺。法名=大心。松殿家の祖。

関白・太政大臣藤原基房の三男、母は太政大臣藤原忠雅の娘従三位忠子。兄に藤原隆忠・藤原家房、弟に松殿忠房がいる。治承2(1178)年元服し正五位下より従四位下に叙され左少将より左中将、同3年播磨権守に任ぜられ正四位下より従三位に進み更に正三位に進み権中納言に任ぜられるも解官となる。寿永2(1183)年権大納言より内大臣に任ぜられ更に摂政に任ぜられ氏長者となる。同2年正二位に進み任職を辞す。建暦元(1211)年頃より藤原家より分かれて松殿を氏姓とした。貞永元(1232)年に61才で出家。子に基嗣がいる。　典：日名・大日・伝日・公補

松殿忠房　まつどの・ただふさ

鎌倉時代の人、大納言。建久4(1193)年生〜没年不明。

関白・太政大臣藤原基房の四男、母は皇太后宮亮・美作守藤原行雅の娘。兄に藤原隆忠・藤原家房・松殿師家がいる。建仁2(1202)年従五位上に叙され、同3年正五位下に進み侍従・右少将に任ぜられる。元久元(1204)年従四位下に進み近江権介・右中将に任ぜられる。同2年従四位上より正四位下、承元元(1207)年従三位に進み、同2年備前権守に任ぜられ正三位、同3年従二位に進み、建暦元(1211)年頃より兄と共に藤原家より分かれて松殿を氏姓とし権中納言に任ぜられ、更に同2年中納言に任ぜられる。建保元(1213)年正二位に進み院別当となる。同3年権大納言に任ぜられ、更に元仁元(1224)年大納言に任ぜられる。安貞元(1227)年踏歌内弁となる。寛喜3(1231)年大納言を辞す。宝治元(1247)年に55才で出家。子に良嗣・兼嗣がいる。　典：公補

松殿基嗣　まつどの・もとつぐ

鎌倉時代の人、権大納言。建久4(1193)年生〜没年不明。

摂政・内大臣松殿師家の子。母は権大納言藤原隆房の娘。元久元(1204)年従五位上に叙され侍従、同2年左少将より左中将に任ぜられ正五位下に進み、建永元(1206)年伊予介に任ぜられ従四位下、承元2(1208)年従四位上に進み、同5年播磨介に任ぜられ正四位下、建保元(1213)年従三位、同3年正三位、同4年従二位に進み、同6年権中納言に任ぜられる。承久元(1219)年正二位に進み、同3年中納言に任ぜられ、更に元仁元(1224)年権大納言に任ぜられる。貞永元(1232)年有事の為に解官となる。寛元元(1243)年に51才で出家。　典：公補

松殿良嗣　まつどの・よしつぐ

鎌倉時代の人、非参議。貞応元(1222)年生〜没年不明。法名=円信。

大納言松殿忠房の長男。母は権中納言持明院保家の娘。弟に兼嗣がいる。貞永元(1232)年叙爵し侍従、嘉禎2(1236)年因幡介に任ぜられ従五位上に進み、同3年右少将に任ぜられる。暦仁元(1238)年正五位下、延応元(1239)年従四位下に進み、仁治元(1240)年右中将、同2年土佐介に任ぜられる。同3年従四位上より正四位下、寛元元(1243)年従三位に進み、

同2年美濃権守に任ぜられ、宝治元(1247)年に辞す。同2年正三位、建長7(1255)年従二位、正元元(1259)年正二位に進み、弘長3(1263)年に42才で出家。養子に冬房がいる。　典：公補

松殿兼嗣　まつどの・かねつぐ

鎌倉時代の人、参議。延応元(1239)年生～没年不明。

大納言松殿忠房の次男。母は上総介藤原重隆朝臣の娘。兄に良嗣がいる。建長4(1252)年従爵し侍従に任ぜられ従五位上に進み、同2年左少将に任ぜられ正五位下に進み、同6年甲斐介に任ぜられ従四位下に進み、同7年左中将に任ぜられる。同8年従四位上、正嘉2(1258)年正四位下、弘長元(1261)年従三位に進み、同2年丹波権守に任ぜられるも辞す。同3年正三位に進み、文永6(1269)年参議に任ぜられるも辞す。弘安6(1283)年従二位、同9年正二位に進み、正応3(1290)年に52才で出家。子に通輔がいる。　典：公補

松殿通輔　まつどの・みちすけ

鎌倉時代の人、参議。生没年不明。初名＝兼輔。

参議松殿兼嗣の子。初め兼輔と名乗る。弘安6(1283)年叙爵。同7年侍従に任ぜられ従五位上、同8年正五位下に進み、同12年左少将に任ぜられる。正応2(1289)年従四位上、永仁6(1298)年正四位下に進み、同3年左中将に任ぜられる。正安2(1300)年従三位、延慶元(1308)年正三位に進む。正和元(1312)年通輔と改名。同2年従二位に進み参議に任ぜられ翌年に辞す。文保元(1317)年正二位に進み、正中2(1325)年より公補に名が見えない。子に忠嗣がいる。　典：公補

松殿冬房　まつどの・ふゆふさ

鎌倉時代の人、権中納言。文永7(1270)年生～康永元(1342)年6月26日没。73才。初名＝基定。

摂政・左大臣一条家経の猶子。非参議松殿良嗣家の養子となる。初め基定と名乗る。正応元(1288)年叙爵し冬房と改名。同3年侍従・左少将に任ぜられる。同4年従五位上、同5年正五位下、同6年従四位下に進み、永仁2(1294)年備中権介に任ぜられる。同4年従四位上に進み、同5年左中将に任ぜられる。同6年正四位下、延慶元(1308)年従三位、同3年正三位に進み、応長元(1311)年美作権守に任ぜられるも辞す。正和2(1313)年従二位に進み、文保元(1317)年参議より権中納言に任ぜられるも辞す。同年正二位に進む。延元元(1336)年に出家。子に忠冬がいる。　典：公補

松殿忠冬　まつどの・ただふゆ

鎌倉・南北朝時代の人、権中納言。永仁4(1296)年生～貞和4(1348.正平3)年3月15日没。53才。

権中納言松殿冬房の子。永仁6(1298)年従五位下に叙され、正安2(1300)年従五位上より正五位下に進み、嘉元元(1303)年侍従に任ぜられ、徳治元(1306)年に辞す。延慶2(1309)年従四位下、同3年従四位上に進み、同4年左少将に任ぜられる。正和元(1312)年正四位下に進み、同5年右中将に任ぜられ、正中2(1325)年に辞す。嘉暦4(1329)年左中将に任ぜられる。建武4(1337.延元2)年従三位に進み弾正大弼に任ぜられる。暦応元(1338.延元3)

年参議に任ぜられ再び左中将に任ぜられる。康永元(1342.興国3)年正三位に進み権中納言に任ぜられる。貞和3(1347)年従二位に進む。　典：公補

松殿忠嗣　まつどの・ただつぐ

鎌倉・南北朝時代の人、権大納言。永仁5(1297)年生〜没年不明。初名＝兼藤。法名＝観意。

参議松殿通輔の子。初め兼藤と名乗る。嘉元2(1304)年従五位下に叙され、延慶元(1308)年侍従に任ぜられる。同2年従五位上、同4年正五位下、正和元(1312)年従四位下に進み、同2年左少将に任ぜられる。同4年従四位上に進み、同5年右中将に任ぜられる。同年忠嗣と改名。同6年正四位下、元亨2(1322)年右中将を辞す。元徳元(1329)年再び右中将、建武2(1335)年越前権介に任ぜられる。暦応3(1340)年従三位に進み、貞和2(1346.正平元)年参議に任ぜられる。同3年正三位に進み遠江権守に任ぜられ、更に同4年権中納言に任ぜられる。更に観応2(1351)年中納言に任ぜられる。文和2(1353.正平8)年従二位に進み、同3年大嘗会検校となる。延文2(1357.正平12)年権大納言に任ぜられ踏歌内弁となる。同3年正二位に進み、同4年権大納言を辞す。貞治4(1365.正平20)年に69才で出家し吉野朝に奉じたのか。子に冬嗣がいる。　典：公補

松殿冬輔　まつどの・ふゆすけ

南北朝時代の人、非参議。生年不明〜明徳3(1392.元中9)年1月21日没。

権大納言松殿忠嗣の子。永和元(1375.天授元)年従三位に叙される。　典：公補

松殿忠顕　まつどの・ただあき

室町時代の人、参議。長禄元(1457)年生〜永正16(1519)年6月3日没。63才。

系譜不明。藤原基高の子。永正5(1508)年従三位に叙され、同7年右衛門督、同8年参議に任ぜられる。同10年正三位に進み、同15年参議を辞す。秋に越前国に下向。同16年同地にて出家。　典：公補

松殿道昭　まつどの・みちあき

江戸時代の人、権大納言。元和元(1615)年2月17日生〜正保3(1646)年6月12日没。32才。初名＝道基。

関白・左大臣九条幸家の次男。母は参議豊臣秀勝の娘完子。父の九条家より分かれて松殿を氏姓とした。初め道基と名乗る。寛永11(1634)年正五位下に叙され元服し、同18年左少将より左中将に任ぜられ従四位下より正四位下、同19年従三位に進み権中納言に任ぜられ、更に同20年権大納言に任ぜられる。同年道昭と改名。右大将に任ぜられ正三位に進み踏歌内弁となる。正保元(1644)年従二位、同2年正二位に進む。　典：公補

松殿忠孝　まつどの・ただたか

江戸時代の人、権中納言。寛延元(1748)年1月2日生〜明和5(1768)年9月14日没。21才。

左大臣九条尚実の次男。父の九条家より分かれて松殿を氏姓とした。明和2(1765)年絶えていた松殿家を再興。従五位上に叙され、同3年正五位下より従四位下に進み元服し左

権少将に任ぜられる。同4年正四位下より従三位に進み左中将に任ぜられる。同5年権中納言に任ぜられるも辞す。　典：公補

○万里小路家

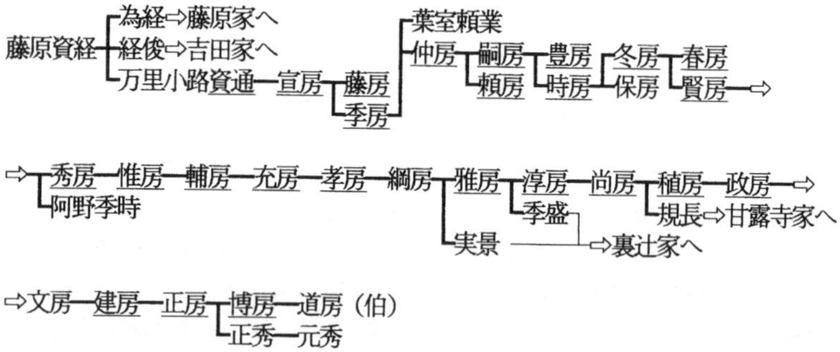

藤原北家系。参議藤原資経の四男が万里小路を氏姓とした。南北朝時代の宣房・藤房は吉野朝に奉じた。明治に到り華族に列され伯爵を授かる。本姓は藤原。家紋は竹に雀。菩提寺は京都左京区浄土寺真如町の松林院。

典：日名・京都

万里小路資通　までのこうじ・すけみち

鎌倉時代の人、非参議。嘉禄元(1225)年生～嘉元4(1306)年7月6日没。82才。法名=如願。号=吉田。万里小路家の祖。

参議藤原資経の四男。兄に藤原為経・吉田経俊がいる。父の藤原姓を本姓として、万里小路を氏姓とした。仁治元(1240)年従五位下に叙され伯耆守に任ぜられる。寛元3(1245)年従五位上に進み、宝治2(1248)年宮内少輔・皇后宮権大進に任ぜられる。同年皇后宮権大進を辞す。同3年正五位下、文永3(1266)年従四位下に進み皇太后宮亮に任ぜられる。同4年従四位上に進む。同年皇太后宮亮を辞す。弘安3(1280)年従三位に進み、同7年に60才で出家。子に宣房がいる。　典：公辞・公補

万里小路宣房　までのこうじ・のぶふさ

鎌倉・南北朝時代の人、大納言。正嘉2(1258)年生～没年不明。79才。初名=通俊。

非参議万里小路資通の子。初め通俊と名乗る。文永8(1271)年従五位下に叙され、同11年兵部少輔に任ぜられる。建治3(1277)年従五位上に進み、弘安2(1279)年越後介・飛騨守に任ぜられる。同6年正五位下に進む。同年宣房と改名。永仁6(1298)年春宮権大進、正安元(1299)年春宮大進に任ぜられ、同3年に辞す。同年兵部少輔・蔵人、乾元元(1302)年右少弁より権右中弁・大蔵卿に任ぜられ従四位下より従四位上に進み、同3年蔵人頭・権左中弁より左中弁・左宮城使に任ぜられる。嘉元3(1305)年参議に任ぜられる。徳治元(1306)年正四位下に進み出雲権守・弾正大弼・左大弁に任ぜられる。同2年造東大寺長官に任ぜられる。同年大蔵卿・弾正大弼を辞す。延慶元(1308)年参議・左大弁・造東大寺

長官を辞す。同年正三位に進む。同2年出雲権守に任ぜられ、同3年に辞す。文保2(1318)年正三位に進み権中納言に任ぜられ、元応元(1319)年辞す。同年従二位に進む。元亨元(1321)年大宰権帥に任ぜられる。同2年正二位に進む。同年大宰権帥を辞す。同年再び権中納言に任ぜられ、更に正中2(1325)年権大納言に任ぜられ、嘉暦元(1326)年に辞す。同3年再び権大納言に任ぜられるも翌年に辞す。元徳2(1330)年三たび権大納言に任ぜられる。元弘元(1331)年大納言に任ぜられるも辞す。正慶元(1332.元弘2)年武家に捕らえられ放免さら帰宅する。同2年再び大納言に任ぜられる。建武元(1334)年按察使に任ぜられ大納言を辞す。同年従一位に進み、同2年再度大納言に任ぜられるも辞す。延元元(1336)年に79(74)年才で出家し吉野朝に奉じる。正安3(1301)年の後二条天皇大嘗会の記録「万一記」がある。吉田定房・北畠親房と共に〔のちの三房〕と呼ばれる。子に藤房・季房がいる。　典：日名・大日・伝日・京都・公辞・公補

万里小路藤房　までのこうじ・ふじふさ

鎌倉・南北朝時代の人、中納言。永仁4(1296)年生～康暦2(1380.天授6)年3月28日没。85才。

大納言万小路宣房の長男。弟に季房がいる。正四位上に叙され、正中2(1325)年参議に任ぜられ造東大寺長官・左大弁・相模権守に任ぜられる。嘉暦元(1326)年従三位に進み権中納言に任ぜられる。同2年使別当・左兵衛督より右衛門督に任ぜられる。同3年正三位、元徳元(1329)年従二位に進み、同2年右衛門督・使別当を辞す。元弘元(1331)年正二位に進み中納言に任ぜられるも辞す。後醍醐天皇に奉じ笠置山に供したが武家に捕らえられる。正慶元(1332.元弘2)年下総国に配流される。同2年許され上洛し再び中納言に任ぜられる。建武元(1334)年に39才で出家し吉野朝に奉じ按察使となり畿内・山陽道・山陰道を中御門宗兼・名和長年・楠木正成と共に司り長官となる。のち直諫が聞き入れられず失望し岩倉の大雲寺付近に隠遁する。説に妙心寺二世授翁宗弼が後身と言う。大雲寺の東隣の石座神社の傍に遺髪塔と伝える宝篋印塔がある。また、三河国幡豆郡一色村味浜養林寺に葬り、常陸国新治郡藤沢村に遺髪を葬る墓石があると言う。　典：大日・伝日・京都・古今・公辞・公補

万里小路季房　までのこうじ・すえふさ

鎌倉・南北朝時代の人、参議。生年不明～正慶2(1333.元弘3)年5月20日没。

大納言万小路宣房の次男。兄に藤房がいる。正安3(1301)年叙爵。徳治3(1308)年春宮権少進より少進に任ぜられる。応長元(1311)年従五位上に進み、正和2(1313)年春宮少進を辞す。同3年正五位下に進み、同4年春宮権大進、文保2(1318)年伊世守、元応元(1319)年大進、同2年蔵人、元亨2(1322)年木工頭・勘解由次官・少納言に任ぜられる。同年春宮大進を辞す。同3年能登権守・権右少弁より右少弁に任ぜられ少納言を辞す。同4年中宮権大進、正中2(1325)年左少弁、同2年中宮大進に任ぜられる。嘉暦元(1326)年蔵人を辞す。同年右中弁に任ぜられる。同2年正五位上より従四位下に進みむ。同年能登権守を辞す。のち備前守・中宮亮・左中弁に任ぜられるも備前守を辞す。同年装束使・宮城使となる。同3年従四位上に進み蔵人頭に任ぜられる。同4年正四位下に進み阿波権介に任ぜられる。同年左中弁を辞す。元徳2(1330)年右大弁に任ぜられ更に参議に任ぜられ造東大

寺長官に任ぜられる。元弘元(1331)年任職を辞す。同年出家し兄と共に出対武家となり吉野朝の後醍醐天皇を笠置に奉じる。のち北条氏の兵に捕らえられ下野に配流され、同所にて没す。子に仲房・葉室頼業がいる。　典：大日・伝日・公辞・公補

万里小路仲房　までのこうじ・なかふさ

南北朝時代の人、准大臣。元亨3(1323)年生〜嘉慶2(1388.元中5)年6月2日没。66才。

参議万里小路季房の子。弟に葉室頼業がいる。嘉暦3(1328)年中宮権少進に任ぜられ辞す。同4年叙爵。元徳2(1330)年民部権少輔に任ぜられる。元弘3(1333)年従五位上に進み、同4年備前守・春宮権大進・民部権大輔に任ぜられ、建武2(1335)年春宮権大進を辞す。同年右兵衛佐に任ぜられ、同3年正五位下に進み備前守を辞す。暦応3(1340)年蔵人・右衛門督、康永元(1342)年右少弁に任ぜられ、同2年蔵人を辞す。同3年正五位上に進み、貞和元(1345)年左少弁、同3年右中弁に任ぜられ従四位下に進み、同4年左中弁より右大弁・春宮亮に任ぜられ従四位上、同5年正四位下に進み蔵人頭に任ぜられる。同6年正四位上に進み、観応元(1350)年造東大寺長官・左大弁に任ぜられ、同2年春宮亮を辞す。文和2(1353.正平8)年参議に任ぜられる。同3年従三位に進み出雲権守に任ぜられ大嘗会検校となる。同4年権中納言に任ぜられる。康安元(1361.正平16)年正三位に進み、貞治元(1362.正平17)年大宰権帥に任ぜられる。同2年従二位に進み権中納言を辞す。同4年権大納言に任ぜられる。同6年正二位に進み、応安元(1368.正平23)年按察使に任ぜられ、同4年権大納言を辞す。永和2(1375.天授2)年按察使を辞す。同年従一位に進む。永徳2(1382.弘和2)年准大臣に任ぜられる。子に嗣房・頼房がいる。　典：日名・公辞・公補

万里小路嗣房　までのこうじ・つぎふさ

南北朝・室町時代の人、内大臣。暦応4(1341.興国2)年生〜応永8(1401)年9月9日没。61才。法名=道房。

准大臣万里小路仲房の長男。弟に頼房がいる。貞和3(1347)年叙爵。観応元(1350)年従五位上に進み美作守、文和3(1354)年民部少輔に任ぜられる。同4年正五位下に進み、同5年右兵衛佐、延文2(1357)年蔵人、同6年右少弁に任ぜられる。康安2(1362)年正五位上に進み、貞治2(1363)年右中弁、同5年左中弁に任ぜられ従四位下、同6年従四位上に進み蔵人頭・紀伊権守・右大弁に任ぜられる。応安元(1368)年正四位下、同2年正四位上に進み、同3年左大弁に任ぜられ更に参議に任ぜられ造東大寺長官に任ぜられる。同4年従三位に進み、同7年権中納言に任ぜられ右衛門督・使別当に任ぜられる。永和元(1375.天授元)年正三位に進み、同2年使別当を辞す。同3年右衛門督を辞す。永徳元(1381.弘和元)年従二位に進み、同3年正二位に進み権大納言に任ぜられる。嘉慶2(1388.元中5)年権大納言を辞す。明徳元(1390.元中7)年再び権大納言に任ぜられる。応永2(1395)年従一位に進み権大納言を辞す。同3年内大臣に任ぜられるも56才で出家。子に豊房・時房がいる。　典：公辞・公補

万里小路頼房　までのこうじ・よりふさ

南北朝時代の人、参議。生年不明〜康応元(1389.元中6)年4月26日没。

准大臣万里小路仲房の次男。兄に嗣房がいる。遠江権守・蔵人頭・右大弁に任ぜられ正四位上に叙され、嘉慶2(1388.元中5)年参議に任ぜられる。 典：公補

万里小路豊房 までのこうじ・とよふさ

室町時代の人、権中納言。生没年不明。法名=妙房。

内大臣万里小路嗣房の子。弟に時房がいる。蔵人頭・左中弁・紀伊権守に任ぜられ従四位上に叙され、応永13(1406)年参議に任ぜられ左大弁に任ぜられる。同14年正四位下、同15年従三位に進む。同年左大弁を辞す。同年左衛門督・使別当に任ぜられ更に権中納言に任ぜられる。同16年左衛門督・使別当を辞す。同年正三位、同18年従三位に進み、同20年権中納言を辞す。同27年に出家。 典：日名・公補

万里小路時房 までのこうじ・ときふさ

室町時代の人、内大臣。応永元(1394)年生～長禄元(1457)年11月20日没。64才。院号=建聖院。

内大臣万里小路嗣房の子。兄に豊房がいる。応永8(1401)年叙爵。のち従五位上に進み右兵衛佐に任ぜられる。同18年蔵人・右少弁に任ぜられ正五位下、同19年正五位上に進み左少弁、同21年右中弁更に左中弁より左大弁・蔵人頭に任ぜられ従四位下、同22年従四位上より正四位下に更に正四位上に進み、同23年参議に任ぜられる。同24年長門権守に任ぜられる。同25年従三位に進み、同26年権中納言に任ぜられる。同27年正三位、同30年従二位に進み、同32年権大納言に任ぜられる。正長元(1428)年武家伝奏に任ぜられ、更に永享8(1436)年正二位に進み、嘉吉3(1443)年武家伝奏を辞す。文安2(1445)年内大臣に任ぜられるも翌年に辞す。宝徳2(1450)年従一位進む。那智山に没す。子に冬房・保房がいる。 典：日名・大日・伝日・公辞・公補

万里小路冬房 までのこうじ・ふゆふさ

室町時代の人、准大臣。応永30(1423)年生～文明17(1485)年12月21日没。63才。初名=成房。法名=弘房。

内大臣万里小路時房の子。弟に保房がいる。文安元(1444)年左少弁に任ぜられ正五位上に叙され、同3年蔵人・右中弁に任ぜられる。同4年従四位下より従四位上に進み、同6年蔵人頭に任ぜられ正四位下、のち正四位上に進み、宝徳2(1450)年左中弁より右大弁に任ぜられ更に参議に任ぜられ左大弁に任ぜられる。同3年従三位に進み更に権中納言に任ぜられるも辞す。同年左衛門督に任ぜられる。享徳元(1452)年正三位に進み、同3年再び権中納言に任ぜられる。康正元(1455)年従二位に進み、長禄元(1457)年権中納言を辞す。同2年大宰権帥に任ぜられ更に権大納言に任ぜられ、寛正5(1464)年に辞す。同6年正二位に進み御即位伝奏となる。応仁元(1467)年従一位に進み准大臣に任ぜられねも45才で出家。那智山にて没す。養子に春房・賢房がいる。 典：日名・公辞・公補

万里小路春房 までのこうじ・はるふさ

室町時代の人、参議。生没年不明。初名=氏長。法名=春誉。号=楽邦庵。

非参議藤原親長の子。母は権中納言広橋兼郷の娘。初め氏長と名乗る。准大臣万里小路冬房の養子となる。春房と改名する。蔵人頭・右大弁に任ぜられ正四位上に叙され、文

明2(1470)年参議に任ぜられるも、同3年京洛の乱を避けて近江朽木に隠遁し出家。のち後土御門天皇に召還されたが再び隠遁。　典：日名・大日・伝日・公辞・公補

万里小路賢房　までのこうじ・かたふさ

室町時代の人、参議。文正元(1466)年生〜永正4(1507)年10月19日没。42才。法名=真賢。

准大臣勧修寺教秀の三男。准大臣万里小路冬房の養子となる。文明4(1472)年叙爵。同10年左兵衛権佐に任ぜられる。同13年従五位上、同17年正五位下に進み右少弁、同18年蔵人に任ぜられる。長享3(1489)年解官となる。明応4(1495)年権左少弁、同5年再び蔵人に任ぜられ正五位上に進み、のち右中弁に任ぜられる。同9年従四位下に進み蔵人頭に任ぜられる。同10年従四位上、文亀2(1502)年正四位下より正四位上に進み、永正2(1505)年右大弁に任ぜられ更に参議に任ぜられ従三位に進む。子に秀房・阿野季時がいる。　典：日名・公辞・公補

万里小路秀房　までのこうじ・ひでふさ

室町時代の人、内大臣。明応元(1492)年生〜永禄6(1563)年11月12日没。72才。初名=量房。法名=等祺。院号=能証院。

参議万里小路賢房の子。弟に阿野季時がいる。初め量房と名乗り、のち秀房と改名。明応3(1494)年叙爵。永正3(1506)年右兵衛佐、同4年右少弁・蔵人に任ぜられる。同5年従五位上より正五位下、同6年正五位上に進み、同7年右中弁に任ぜられる。同14年従四位下より従四位上更に正四位下に進み、同15年左中弁・蔵人頭に任ぜられる。同17年正四位上に進み、同18年右大弁に任ぜられ更に参議に任ぜられる。大永2(1522)年従三位に進み近江権守・造興福寺長官に任ぜられる。同4年正三位に進み左大弁に任ぜられる。同5年権中納言に任ぜられる。享禄3(1530)年従二位、天文5(1536)年正二位に進み更に権大納言に任ぜられ、同11年に辞す。同15年内大臣に任ぜられるも辞す。同20年に60才で出家。子に惟房がいる。　典：大日・公辞・公補

万里小路惟房　までのこうじ・これふさ

室町時代の人、内大臣。永正10(1513)年生〜天正元(1573)年6月9日没。61才。院号=崇恩院。

内大臣万里小路秀房の子。母は播磨守源政煕の娘。永正12(1515)年従五位下に叙され、大永8(1528)年左兵衛佐に任ぜられ従五位上に進み、享禄2(1529)年右少弁に任ぜられ正五位下、同3年正五位上に進み、天文4(1535)年権右中弁、同5年右中弁に任ぜられ従四位下より従四位上、同6年正四位下に進み左中弁に任ぜられる。同7年蔵人頭・右大弁に任ぜられ正四位上に進み、同8年管領頭となり参議に任ぜられる。同9年従三位に近江権守に任ぜられる。同10年権中納言に任ぜられる。同11年正三位に進み、同12年賀茂伝奏に任ぜられ、同13年に辞す。同14年従二位に進み、同17年勅勘を受けたが許される。同18年正二位に進み、同19年権大納言に任ぜられ、弘治2(1556)年に辞す。永禄2(1559)年御即位伝奏となり再び権大納言に任ぜられる。同4年御即位伝奏を辞す。同11年武家伝奏に

任ぜられ、元亀3(1572)年に辞す。天正元(1573)年内大臣に任ぜられる。子に輔房がいる。
典：日名・大日・伝日・公辞・公補

万里小路輔房　までのこうじ・すけふさ

室町時代の人、権中納言。天文11(1542)年生〜天正元(1573)年.85月没。32才。初名=頼房。

内大臣万里小路惟房の子。母は大隅守畠山家俊の娘。初め頼房と名乗り、のち輔房と改名。天文13(1544)年叙爵。同16年元服し従五位上に進み右兵衛佐、同17年加賀介、同23年左少弁、同24年右中弁に任ぜられる。永禄3(1560)年従四位下より従四位上更に正四位下に進み蔵人頭・左中弁に任ぜられる。同4年正四位上に進み、同6年右大弁に任ぜられ更に参議に任ぜられる。同9年従三位に進み勢州の実蓮寺に下向し翌年に上洛する。同11年権中納言に任ぜられる。同13年賀茂伝奏となるも辞す。元亀2(1571)年正三位に進む。養子に充房がいる。　典：日名・公辞・公補

万里小路充房　までのこうじ・あつふさ

室町・安土桃山・江戸時代の人、権大納言。永禄5(1562)年6月24日生〜寛永3(1626)年9月12日没。65才。法名=等利。

権大納言勧修寺晴右の三男、母は准大臣勧修寺晴豊の娘。権中納言万里小路輔房の養子となる。天正元(1573)年叙爵し元服し左兵衛佐、同2年権右少弁に任ぜられ従五位上、同4年正五位下に進み、同5年蔵人・右少弁に任ぜられる。同6年正五位下に進み左少弁、同9年右中弁・蔵人頭に任ぜられ従四位下より従四位上更に正四位下、同10年正四位上に進み、同14年右大弁に任ぜられる。同17年従三位に進み参議に任ぜられ左大弁に任ぜられる。更に文禄3(1594)年権中納言に任ぜられる。慶長2(1597)年正三位に進み、同4年権大納言に任ぜられる。同7年従二位に進み、同10年に44才で出家。子に孝房がいる。　典：公辞・公補

万里小路孝房　までのこうじ・たかふさ

安土桃山・江戸時代の人、参議。文禄元(1592)年10月10日生〜元和3(1617)年4月1日没。26才。初名=益房。

権大納言万里充房の子。母は右大臣織田信長の娘。初め益房と名乗る。文禄2(1593)年叙爵。慶長6(1601)年元服し侍従に任ぜられる。同7年従五位上に進み、同9年左少弁に任ぜられる。同年孝房と改名。同11年正五位下に進み蔵人に任ぜられる。同12年正五位上に進み、同14年右中弁より左中弁に任ぜられる。同16年従四位下より従四位上更に正四位下に進み、同17年左大弁・蔵人頭に任ぜられ正四位上に進み、同18年参議に任ぜられる。同19年従三位に進む。同年左大弁を辞す。相模国佐川宿にて没す。子に綱房(正四位上・蔵人頭・右大弁、寛永18,12,24没、30才、子は雅房・裏辻実景)がいる。　典：公辞・公補

万里小路雅房　までのこうじ・まさふさ

江戸時代の人、権大納言。寛永11(1634)年3月29日生〜延宝7(1679)年6月23日没。46才。

参議万里小路孝房の孫。正四位上・蔵人頭・右大弁万里小路綱房朝臣の子。母は権中納言橋本実村の娘。寛永13(1636)年従五位下に叙され、同18年元服し従五位上に進み左

衛門佐に任ぜられる。正保2(1645)年正五位下に進み、同4年権右少弁、慶安2(1649)年右少弁更に左少弁・蔵人に任ぜられ正五位上に進み、承応3(1654)年従四位下に進み左中弁に任ぜられる。同4年従四位上より正四位下更に正四位上に進み蔵人頭・右大弁に任ぜられる。明暦2(1656)年参議に任ぜられる。同3年従三位に進み左大弁に任ぜられる。万治元(1658)年に辞す。寛文元(1661)年正三位に進み、更に同2年権中納言に任ぜられる。同9年踏歌外弁となる。同10年権大納言に任ぜられる。同12年従二位、延宝元(1673)年正二位に進み、同3年賀茂伝奏に任ぜられ、同5年に辞す。同年按察使に任ぜられ、同7年任職を辞す。子に淳房・裏辻季盛がいる。　典：公辞・公補

万里小路淳房　までのこうじ・あつふさ

江戸時代の人、権大納言。承応元(1652)年12月27日生～宝永6(1709)年11月10日没。58才。

権大納言万里公辞雅房の子。母は大僧正光従の娘。明暦2(1656)年叙爵。寛文3(1663)年元服し従五位上に進み左衛門権佐に任ぜられる。同7年正五位下に進み、同10年権右少弁、同11年蔵人に任ぜられ正五位上に進み、延宝元(1673)年右少弁、同2年権右中弁・蔵人頭に任ぜられ従四位下より従四位上更に正四位下、同3年正四位上に進み、同4年右大弁に任ぜられる。同5年参議に任ぜられる。同6年従三位に進み左大弁に任ぜられ踏歌外弁となる。天和元(1681)年正三位に進み権中納言に任ぜられる。同3年賀茂伝奏に任ぜられ、貞享元(1684)年に辞す。同2年従二位に進み、同3年権大納言に任ぜられる。同4年大嘗会検校となる。元禄4(1691)年権大納言を辞す。同7年正二位、宝永6年従一位に進む。養子に尚房がいる。　典：公辞・公補

万里小路尚房　までのこうじ・なおふさ

江戸時代の人、権大納言。天和2(1682)年6月26日生～享保9(1724)年9月4日没。43才。初名＝熈輔。

権大納言清閑寺熈房の末子、母は権大納言高倉永敦の娘。初め熈輔と名乗る。権大納言万里小路淳房の養子となる。元禄4(1691)年叙爵。同9年尚房と改名。同10年元服し従五位上に進み侍従・蔵人・右少弁に任ぜられ正五位下、同11年正五位上に進み左少弁、同14年右中弁、宝永元(1704)年左中弁に任ぜられる。同3年従四位下に進み蔵人頭・右大弁に任ぜられる。同5年従四位上より正四位下、同4年正四位上に進み、正徳元(1711)年参議に任ぜられ左大弁に任ぜられる。同2年従三位に進み、同4年権中納言に任ぜられる。同5年踏歌外弁となる。享保元(1716)年正三位に進み、同2年賀茂伝奏に任ぜられる。同5年従二位に進み、同7年権大納言に任ぜられる。同9年任職を辞す。子に稙房・甘露寺規長がいる。　典：公辞・公補

万里小路稙房　までのこうじ・たねふさ

江戸時代の人、権大納言。宝永2(1705)年1月27日生～明和元(1764)年10月10日没。60才。

権大納言万里小路尚房の子。母は非参議吉田兼敬の娘。弟に甘露寺規長がいる。宝永3(1706)年叙爵。正徳3(1713)年元服し従五位上に進み兵部大輔に任ぜられる。享保

2(1717)年正五位下に進み、同9年蔵人・左少弁に任ぜられる。同10年正五位上に進み、同13年春宮大進、同15年左中弁に任ぜられる。同17年従四位下より従四位上更に正四位下に進み蔵人頭・右大弁に任ぜられる。同18年正四位上に進み、同19年参議に任ぜられ左大弁に任ぜられる。同20年従三位に進み踏歌外弁となる。元文2(1737)年権中納言に任ぜられる。同3年大嘗会検校となる。同4年右衛門督に任ぜられる。同5年正三位に進み、更に寛保3(1743)年権大納言に任ぜられる。延享2(1745)年従二位に進み賀茂伝奏に任ぜられ、同4年に辞す。寛延元(1748)年権大納言を辞す。宝暦元(1751)年正二位に進み、同8年按察使に任ぜられる。同13年従一位に進む。養子に政房がいる。　典：公辞・公補

万里小路政房　までのこうじ・まさふさ

江戸時代の人、権大納言。享保14(1729)年3月5日生～享和元(1801)年11月26日没。73才。初名=説道。前名=韶房。

権大納言勧修寺高顕の次男。母は権大納言万里小路尚房の娘。初め説道と名乗る。元文3(1738)年叙爵。延享元(1744)年権大納言万里小路稙房家の養子となり元服し従五位上に進み民部権少輔、同2年権右少弁より左少弁・蔵人に任ぜられる。同3年正五位下、同4年正五位上に進み左衛門権佐・皇太后宮大進、寛延2(1749)年賀茂奉行・神宮弁に任ぜられる。同年韶房と改名。同3年賀茂奉行・皇后宮大進を辞す。宝暦4(1754)年権右中弁、同5年右中弁に任ぜられ、同6年弁を辞す。同年従四位下より従四位上更に正四位下に進み蔵人頭・右大弁に任ぜられる。同7年正四位上に進み造興福寺長官・神宮奉行に任ぜられ、同10年神宮奉行を辞す。同11年左大弁に任ぜられ更に参議に任ぜられ従三位に進む。同12年権中納言に任ぜられる。更に同13年権大納言に任ぜられる。明和3(1766)年正三位に進み権大納言を辞す。同年踏歌外弁となり政房と改名。同6年従二位、安永元(1772)年正二位に進み、天明8(1788)年武家伝奏に任ぜられる。寛政5(1793)年尊号事件に関して伝奏に辞す。武命にて出仕を止められる。許されて同9年従一位に進む。養子に文房(権中納言平松時行の末子、初名=量高、蔵人・右中弁、天明3,7,18没、25才、子は建房)がいる。　典：公辞・公補

万里小路建房　までのこうじ・たちふさ

江戸時代の人、権大納言。安永9(1780)年11月28日生～弘化3(1846)年9月14日没。67才。

蔵人・右中弁万里小路文房の子。天明2(1782)年従五位下に叙され、寛政3(1791)年元服し従五位上に進み、同4年侍従に任ぜられる。同6年正五位下に進み、同12年右少弁、享和2(1802)年蔵人・左衛門権佐に任ぜられ正五位上に進み、文化元(1804)年賀茂下上社奉行・御祈奉行・左少弁、同2年中宮大進、同5年権右中弁・造興福寺長官に任ぜられる。同年全奉行職を辞す。同6年右中弁、同7年右大弁・神宮弁・蔵人頭・氏院別当に任ぜられ従四位下より従四位上更に正四位下に進み、同8年正四位上に進み左大弁。中宮亮に任ぜられる。同11年参議に任ぜられ従三位に進む。同12年踏歌外弁となり更に権中納言に任ぜられる。同13年正三位に進み賀茂下上社伝奏、文政元(1818)年右衛門督・使別当に任ぜられる。同2年従二位、同5年正二位進み、同7年権大納言に任ぜられる。同8年按察使に任ぜられる。同年賀茂上下社伝奏を辞す。天保2(1831)年権大納言を辞す。弘化3(1846)年従一位に進む。子に正房がいる。　典：公辞・公補

万里小路正房　までのこうじ・なおふさ

江戸時代の人、権大納言。享和2(1802)年12月1日生～安政6(1859)年10月22日没。58才。初名=寿房。

権大納言万里小路建房の子。母は権大納言勧修寺経逸の娘。初め寿房と名乗る。文化5(1808)年従五位下に叙され、同6年元服し、同8年従五位上、同11年正五位下に進み、文政2(1819)年正房と改名。同3年侍従、同4年右少弁、同7年左少弁・蔵人に任ぜられ正五位上に進み左衛門権佐・御祈奉行・皇太后宮権大進、同10年皇太后宮大進・氏院別当、天保2(1831)年右中弁・造興福寺長官に任ぜられる。同3年従四位下より従四位上更に正四位下に進み蔵人頭・神宮弁・左中弁に任ぜられる。同4年正四位上に進み、同5年神宮弁を辞す。同年皇太后宮亮に任ぜられ、同7年氏院別当を辞す。同8年左大弁に任ぜられる。同9年従三位に進み参議に任ぜられる。同12年皇太后宮亮を辞す。同年正三位に進み右衛門督・使別当・女院別当に任ぜられる。同14年踏歌外弁となる。弘化2(1845)年従二位に進み、同4年女院別当を辞す。嘉永元(1848)年正二位に進み権中納言に任ぜられ東照宮奉幣使となる。安政4(1857)年権大納言に任ぜられる。同5年に辞す。同年武家伝奏に任ぜられ翌年に辞す。没後の文久2年に従一位を賜る。子に博房・正秀がいる。　典：明治・公辞・公補

万里小路博房　までのこうじ・ひろふさ

江戸・明治時代の人、権中納言。文政7(1824)年6月25日生～明治17(1884)年2月没。61才。

権大納言万小路正房の子。母は非参議藤波寛忠の娘。文政9(1826)年叙爵。天保4(1833)年元服し従五位上、同7年正五位下に進み、嘉永4(1851)年侍従に任ぜられる。安政2(1855)年の御遷幸に舎人一人・小舎人童一人・雑色六人・下品雑色二人・傘一人を供として参加、同4年右少弁より左少弁・蔵人に任ぜられ正五位上に進み、同5年右衛門権佐、同6年賀茂下上社奉行・氏院別当・御祈奉行に任ぜられる。文久元(1861)年権右中弁、同2年神宮弁、同3年右中弁に任ぜられる。官位の差し控えの命を受け全奉行職・氏院別当を辞す。従四位下に進み、慶応元(1865)年右中弁を辞す。同3年従四位上より正四位下に進み右大弁・蔵人頭に任ぜられ更に参議に任ぜられる。明治元(1868)年従三位に進み権中納言に任ぜられる。明治の新政府には参与より議定・京都裁判所総督に任ぜられ、更に宮内卿・皇太后宮大夫に任ぜられた。子に通房(嘉永5年生、皇后宮大夫・参与・従二位、華族に列され伯爵を授かる、貴族院議員)・正秀(八男、大正3,6,10没。男爵)がいる。

○三木家

三木嗣頼　みき・つぐより

室町時代の人、参議。生年不明～元亀3(1572)年11月12日没。初名=良頼。

系譜不明。初め良頼と名乗る。弘治4(1558)年叙爵し飛騨守に任ぜられる。永禄3(1560)年従四位下に進み、同5年従三位に進む。同年嗣頼と改名。同6年参議に任ぜられる。同年謀叛として捕らわれる。同7年飛州に配流され、同地にて没す。　典：公補

○御子左家

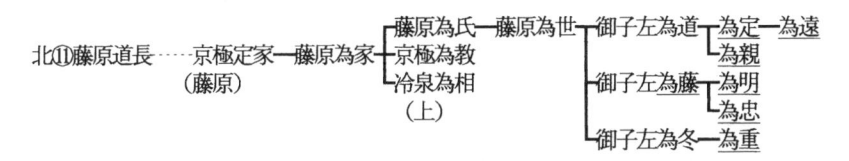

北⑪藤原道長……京極定家（藤原）—藤原為家
- 藤原為氏—藤原為世
  - 御子左為道
    - 為定—為遠
    - 為親
  - 御子左為藤
    - 為明
    - 為忠
  - 御子左為冬—為重
- 京極為教
- 冷泉為相（上）

摂政・関白・太政大臣藤原道長の子藤原長家が御子左と号したに始まる。詩歌で有名な京極(藤原)定家の裔。権大納言藤原為世の子息達が御子左を氏姓としたが二代にて終わる。本姓は藤原。別姓は古今・国書では二条、大日では京極とあり。ここでは公補にある御子左を氏姓とした。

典：公補

御子左為藤　みこひだり・ためふじ

鎌倉時代の人、権中納言。建治元(1275)年生～正中元(1324)年7月没。50才。御子左家の准祖。

有名な京極(藤原)定家の裔。摂政・関白・太政大臣藤原道長の子藤原長家が御子左と号したに始まる。権大納言藤原為世の次男。母は賀茂神主氏久の娘。兄に御子左為道(正四位下・左中将、御子左家の祖)、弟に御子左為冬(正四位下・左中将、足利尊氏が謀叛を起こすや尊良親王に奉じ東征し佐野ケ原にて戦死)がいる。弘安9(1286)年従五位下に叙され、正応2(1289)年侍従に任ぜられる。同3年従五位上に進み、同6年左少将に任ぜられる。永仁元(1293)年正五位下、同2年従四位下に進み、同6年丹波介に任ぜられ従四位上に進み、同7年右中将に任ぜられる。正安2(1300)年正四位下に進み、徳治2(1307)年右兵衛督・蔵人頭に任ぜられる。延慶元(1308)年従三位に進み参議に任ぜられる。同2年左中将、応長元(1311)年駿河権守に任ぜられる。正和2(1313)年任職を辞す。文保元(1317)年正三位に進み再び参議に任ぜられ更に権中納言に任ぜられる。同2年従二位に進み侍従に任ぜられ大嘗会検校となる。元亨元(1321)年正二位に進むも、同3年後醍醐天皇の勅により勅撰集の編纂に着手したが、果たせずして没す。養子の為定が続けて「続後拾遺和歌集」を奏進した。子に為明・為忠がいる。　典：大日・伝日・古今・公辞・公補

御子左為定　みこひだり・ためさだ

鎌倉・南北朝時代の人、権大納言。正応2(1289)年生～延文5(1360.正平15)年5月没。72才。法名=釈空。

権大納言藤原為世の孫。正四位下・左中将御子左為通朝臣の子。弟に為親がいる。叔父の権中納言御子左為藤の養子となる。文保元(1317)年正四位下に叙され、のち右中将、元亨元(1321)年蔵人頭、同2年左中将を辞す。同年右兵衛督に任ぜられる。同3年参議に任ぜられる。正中2(1325)年養父が果たせなかった「続後拾遺和歌集」を編纂し後醍醐天皇に奏進した。嘉暦元(1326)年従三位に進み、同2年丹波権守に任ぜられ更に権中納言に任ぜられる。同3年正三位、元徳元(1329)年従二位に進むも権中納言を辞す。同2年再び

権中納言に任ぜられ、正慶元(1332.元弘2)年に辞す。同2年三たび権中納言に任ぜられる。建武元(1334)年正二位に進み、同4年(延元2)年民部卿に進み、暦応元(1338)年三たび権中納言を辞す。貞和2(1346.正平元)年権大納言に任ぜられ翌年に辞す。文和4(1355.正平10)年に63才で出家。延文4(1359.正平14)年光厳院の勅により「新千載和歌集」を撰集する。子に為遠がいる。　典：日名・大日・古今・伝日・公辞・公補

御子左為親　みこひだり・ためつか

鎌倉・南北朝時代の人、非参議。生年不明～暦応4(1341)年6月4日没。

権大納言藤原為世の孫。正四位下・左中将御子左為通朝臣の子。母は参議飛鳥井雅有の娘。兄に為定がいる。正応5(1292)年叙爵。正安元(1299)年侍従、同2年左少将に任ぜられる。同3年従五位上、徳治元(1306)年正五位下に進み、同2年備後介に任ぜられる。元亨元(1321)年正四位下に進み、同2年右馬頭に任ぜられ、同3年に辞す。正中元(1324)年右中将、嘉暦2(1327)年但馬権介に任ぜられ、元徳元(1329)年右中将を辞す。建武2(1335)年従三位に進み侍従に任ぜられる。　典：公補

御子左為明　みこひだり・ためあき

鎌倉・南北朝時代の人、権中納言。永仁3(1295)年生～貞治3(1364.正平19)年10月27日没。70才。

権中納言御子左為藤の子。弟に為忠がいる。永仁4(1296)年従五位下に叙され、徳治3(1308)年侍従に任ぜられ従五位上、のち正五位下、延慶4(1311)年従四位下、文保2(1318)年従四位上に進み、同3年左少将に任ぜられる。元応3(1321)年正四位下に進み、正中3(1326)年左中将に任ぜられ、嘉暦2(1327)年に辞す。元徳2(1330)年右兵衛督に任ぜられたが督を辞す。貞和3(1347.正平2)年従三位に進み、観応2(1351.正平6)年南山(吉野朝か)に参加、延文元(1356.正平11)年参議に任ぜられる。同3年讃岐権守に任ぜられる。同4年権中納言に任ぜられる。同5年正三位に進み、康安元(1361.正平16)年権中納言を辞す。後光厳院の勅により「新拾遺和歌集」の撰集に努めたが、貞治3(1364)年民部卿に任ぜられる。　典：日名・大日・伝日・古今・公辞・公補

御子左為忠　みこひだり・ためただ

鎌倉・南北朝時代の人、権中納言。延慶3(1310)年生～応安6(1373.文中2)年12月18日没。64才。

権中納言御子左為藤の子。兄に為明がいる。応長2(1312)年叙爵。文保2(1318)年従五位上に進み侍従に任ぜられる。元応元(1319)年正五位下に進み、同3年左少将に任ぜられ従四位下、嘉暦2(1327)年従四位上に進み、同3年左中将に任ぜられる。同4年正四位下、観応元(1350.正平5)年従三位に進み、同2年南山(吉野朝か)に参加、延文5(1360.正平15)年正三位に進み、貞治2(1363.正平19)年参議に任ぜられる。同3年駿河権守に任ぜられ、同4年参議を辞す。同6年従二位に進み権中納言に任ぜられるも翌年に辞す。　典：伝日・古今・公辞・公補

御子左為遠　みこひだり・ためとお

南北朝時代の人、権大納言。康永元(1342.興国3)年生～永徳元(1381.弘和元)年8月27日没。40才。

権大納言御子左為定の子。正四位下に叙され蔵人頭に任ぜられる。貞治3(1364.正平19)年参議に任ぜられ右兵衛督に任ぜられる。同5年従三位に進み、同6年丹波権守、応安元(1368.正平23)年左兵衛督に任ぜられ、更に同2年権中納言に任ぜられる。同4年正三位、同6年従二位に進み、永和4(1378.天授4)年権大納言に任ぜられる。後円融院の勅により「新後拾遺和歌集」を撰集したが未完に終わる。　典：大日・古今・伝日・公辞・公補

御子左為重　みこひだり・ためしげ

南北朝時代の人、権大納言。建武元(1334)年生～至徳2(1385.元中2)年2月15日没。52才。

権大納言藤原為世の孫。御子左為冬の子。応安4(1371.建徳2)年従三位に叙され、永和2(1376.天授2)年正三位に進み、同4年参議に任ぜられ、更に永徳元(1381.弘和元)年権中納言に任ぜられる。同2年従二位に進み、同3年権中納言を辞す。後円融院の勅により御子左為遠の後を引き継いで「新後拾遺和歌集」の撰集する。至徳2(1385.元中2)年盗賊の夜討で殺害される。これにより和歌の宗家としての御子左家は衰退し冷泉家が栄えた。
典：伝日・大日・古今・公辞・公補

○水無瀬家

北⑥藤原忠平…北⑨藤原経輔…藤原親信…藤原具良―水無瀬具兼―具隆―具景―重親⇨

⇨季兼―英兼―兼成┬親具
　　　　　　　　└氏成┬兼俊┬氏信―氏孝―経業―師成―友信―園池成徳―成貞⇨
　　　　　　　　　　　│　　└則俊―兼豊
　　　　　　　　　　　└隆脩⇨七条家へ

⇨有成―教成―経家―忠輔―忠政（子）

摂政・関白・太政大臣藤原忠平の裔。中納言藤原親信(水無瀬家の始祖)が山城国水無瀬に住み水無瀬と号したのに始まる。のち具兼に至り水無瀬を氏姓とした。分家には七条・町尻・桜井・山井などの諸家がある。明治に到り華族に列され子爵を授かり、水無瀬神宮の宮司となる。本姓は藤原。家紋は菊。菩提寺は旧摂津国島上郡広瀬村の阿弥陀寺。古文書に水無瀬神宮文書が残されている。

典：古文・京都・日名・京四・公補

水無瀬具兼　みなせ・ともかね

南北朝時代の人、参議。永仁3(1295)年生～没年不明。水無瀬家の祖。

摂政・関白・太政大臣藤原忠平の裔。非参議藤原具良の子。先の中納言藤原親信が水無瀬を号したのを偲び水無瀬を氏姓とした。従五位下に叙され、永仁6(1298)年従五位上、正安2(1300)年正五位下に進み、延慶2(1309)年侍従に任ぜられる。同3年従四位下、正和2(1313)年従四位上に進み、同3年左少将に任ぜられる。同5年正四位下に進み、正慶

元(1332)年左中将に任ぜられる。建武4(1337.延元2)年従三位、貞和2(1346.正平元)年正三位に進み、観応2(1351.正平6)年参議に任ぜられ翌年に辞す。貞治元(1362.正平17)年従二位に進み68才で出家。子に具隆がいる。　典：公辞・公補

水無瀬具隆　みなせ・ともたか

室町時代の人、非参議。生没年不明。

参議水無瀬具兼の子。応永5(1398)年従三位に叙されるも、同6年に出家。子に具景(従四位下・左中将)、孫に重親(左少将)がいる。　典：公辞・公補

水無瀬季兼　みなせ・すえかね

室町時代の人、参議。生没年不明。

非参議水無瀬具隆の曾孫。左中将水無瀬具景朝臣の孫。右大臣三条公冬の子。途絶えていた左少将水無瀬重親家の養子となる。康正元(1455)年従三位に叙され、寛正4(1463)年参議に任ぜられるも辞す。応仁元(1467)年正三位、文明16(1484)年従二位に進み、明応4(1495)年に出家。子に英兼がいる。　典：公辞・公補

水無瀬英兼　みなせ・ひでかね

室町時代の人、参議。文明17(1485)年生～弘治元(1555)年1月12日没。71才。

参議水無瀬季兼の子。母は左大臣三条実量の娘。延徳4(1492)年叙爵。文亀3(1503)年従五位上、永正3(1506)年正五位下に進み、同4年侍従に任ぜられる。同6年従四位下に進み、同9年左中将に任ぜられる。同10年従四位上、同13年正四位下、大永元(1521)年従三位に進み更に参議に任ぜられる。同2年能登権守に任ぜられ、同4年参議を辞す。同6年能登権守を辞す。享禄3(1530)年正三位、天文8(1539)年従二位に進み、同21年に68才で出家。養子に兼成がいる。　典：公辞・公補

水無瀬兼成　みなせ・かねなり

室町・江戸時代の人、権中納言。永正11(1514)年生～慶長7(1602)年9月18日没。89才。初名=親氏。

右大臣三条西公条の次男。参議水無瀬英兼の養子となる。初め親氏と名乗る。永正15(1518)年叙爵。大永4(1524)年元服し侍従に任ぜられる。同8年従五位上、享禄4(1531)年正五位下に進み左少将に任ぜられる。天文3(1534)年従四位下に進み中将に任ぜられる。同7年従四位上に進み但馬権守に任ぜられる。同10年正四位下に進み、同13年阿波介に任ぜられる。同16年従三位、同21年正三位に進み、弘治元(1555)年参議に任ぜられる。同3年従二位に進み、永禄11(1568)年阿州に下向。元亀4(1573)年上洛。天正3(1575)年兼成と改名するも参議を辞す。同7年治部卿に任ぜられ、更に同8年権中納言に任ぜられる。同13年正二位に進み、慶長5(1600)年に87才で出家。子に氏成、養子に親具(高倉永家の三男、正四位下・左中将、謀叛と見られ44才で出家、寛永8,12,24没、80才、法名=視留、号=一斉)がいる。　典：公辞・公補

水無瀬氏成　みなせ・うじなり

室町・江戸時代の人、権中納言。元亀2(1571)年10月27日生～正保元(1644)年10月7日没。74才。法名=是空。

権中納言水無瀬兼成の子。天正4(1576)年叙爵。同7年侍従に任ぜられ従五位上に進み、同8年左少将に任ぜられる。同11年正五位下、同14年従四位下に進み、同19年左中将に任ぜられる。文禄4(1595)年従四位上に進み、慶長6(1601)年河内権介に任ぜられる。同7年正四位下、同12年従三位に進み、同16年左兵衛督に任ぜられる。同17年正三位に進みむ。同年左兵衛督を辞す。同18年参議に任ぜられるも翌年に辞す。寛永3(1626)年従二位に進み更に権中納言に任ぜられるも辞す。同19年に72才で出家。子に兼俊・七条隆脩がいる。

典：古今・公辞・公補

水無瀬兼俊　みなせ・かねとし

室町・江戸時代の人、権中納言。文禄2(1593)年9月1日生～明暦2(1656)年1月1日没。64才。

権中納言水無瀬氏成の子。慶長2(1597)年叙爵。同8年元服し侍従に任ぜられる。同13年従五位上に進み、同16年右兵衛権佐に任ぜられる。同17年正五位下に進み、同19年左少将に任ぜられる。元和元(1615)年従四位下に進み、同2年中将に任ぜられる。同5年従四位上、同8年正四位下、寛永5(1628)年従三位に進み左兵衛督に任ぜられる。同8年参議に任ぜられる。同9年踏歌外弁となる。同14年正三位、同16年参議を辞す。同17年再び参議に任ぜられ従二位に進み、正保元(1644)年参議・左兵衛督を辞す。慶安元(1648)年権中納言に任ぜられるも翌年に辞す。子に氏信がいる。　典：公辞・公補

水無瀬氏信　みなせ・うじのぶ

江戸時代の人、権中納言。元和5(1619)年8月6日生～元禄3(1690)年7月15日没。72才。

権中納言水無瀬兼俊の子。弟に則俊がいる。元和7(1621)年叙爵。寛永3(1626)年元服し侍従に任ぜられる。同9年従五位上、同13年正五位下に進み、同15年左少将に任ぜられる。同17年従四位下、同21年従四位上に進み、正保2(1645)年中将に任ぜられる。同5年正四位下、承応3(1654)年従三位、万治元(1658)年正三位に進み、寛文元(1661)年参議に任ぜられる。同2年に辞す。同9年従二位に進み、更に延宝元(1673)年権中納言に任ぜられるも翌年に辞す。貞享元(1684)年正二位に進む。子に氏孝、養子に兼豊(弟の子)がいる。　典：公辞・公補

水無瀬兼豊　みなせ・かねとよ

江戸時代の人、参議。承応2(1653)年12月14日生～宝永2(1705)年3月8日没。53才。

水無瀬則俊の子。権中納言水無瀬氏信(則俊の兄)の養子となる。万治3(1660)年叙爵。寛文元(1661)年元服し侍従に任ぜられる。同5年従五位上、同8年正五位下に進み、同9年左少将に任ぜられる。同12年従四位下に進み左中将に任ぜられる。延宝4(1676)年従四位上、同8年正四位下、貞享2(1685)年従三位、元禄4(1691)年正三位に進み、同8年参議に任ぜられる。同9年踏歌外弁となる。同11年参議を辞す。同15年従二位に進む。養子に氏孝(水無瀬氏信の子)がいる。　典：公辞・公補

水無瀬氏孝　みなせ・うじたか

江戸時代の人、権中納言。延宝3(1675)年10月23日生～寛保元(1741)年12月7日没。67才。

権中納言水無瀬氏信の子。参議水無瀬兼豊の養子となる。延宝7(1679)年叙爵。天和3(1683)年元服し侍従に任ぜられる。貞享元(1684)年従五位上、元禄元(1688)年正五位下に進み、同3年右少将に任ぜられる。同4年従四位下に進み、同5年右中将に任ぜられる。同8年従四位上、同12年正四位下、同16年従三位に進み、宝永元(1704)年治部卿に任ぜられる。同2年踏歌外弁となる。正徳元(1711)年参議に任ぜられ刑部卿に任ぜられる。同2年正三位に進み、享保2(1717)年任職を辞す。同年東照宮奉幣使となる。同3年権中納言に任ぜられ、同5年に辞す。元文元(1736)年正二位に進む。子に兼条(従四位下・右少将、正徳5,1,21没、17才)・経業がいる。　典：公辞・公補

水無瀬経業　みなせ・つねかず

江戸時代の人、非参議。宝永元(1704)年7月10日生～宝暦12(1762)年8月10日没。59才。号=寿山。

権中納言水無瀬氏孝の次男。兄に兼条(従四位下・右少将、正徳5,1,21没、17才)がいる。一時芝山家の養子となる。正徳元(1711)年叙爵。享保元(1716)年兄兼条が没し水無瀬家の家督を相続し元服し侍従に任ぜられる。同2年従五位上、同5年正五位下に進み、同7年右少将に任ぜられる。同8年従四位下に進み、同10年右中将に任ぜられる。同11年従四位上、同14年正四位下、同18年従三位に進み、宝暦8(1758)年に起きた事件(綾小路有美の項参照)の王政復古に連座か、同10年に57才で出家。子に師成がいる。　典：公辞・公補

水無瀬師成　みなせ・もろなり

江戸時代の人、非参議。享保19(1734)年5月26日生～宝暦12(1762)年2月5日没。29才。

非参議水無瀬経業の子。母は内大臣櫛笥隆賀の娘。元文元(1736)年叙爵。延享2(1745)年元服し従五位上に進み侍従に任ぜられる。寛延元(1748)年正五位下に進み、同3年左権少将に任ぜられる。宝暦元(1751)年従四位下、同4年従四位上に進み、同7年左権中将に任ぜられ正四位下、同10年従三位に進む。子に友信(従四位上・左少将、安永5年に官位返上)がいる。　典：公辞・公補

水無瀬忠成　みなせ・ただなり

→園池成徳　そのいけ・なりのり　を見よ

水無瀬有成　みなせ・ありなり

江戸時代の人、権大納言。寛政元(1789)年10月26日生～元治元(1864)年8月28日没。76才。

参議水無瀬忠成の孫。従四位上・左少将水無瀬成貞朝臣(寛政4,7,10没、23才)の子。母は権大納言油小路隆前の娘。寛政3(1791)年従五位下に叙され、享和元(1801)年元服し従五位上に進み、同2年侍従に任ぜられる。文化元(1804)年正五位下に進み、同2年左権少将に任ぜられる。同4年従四位下、同7年従四位上、同10年正四位下に進み、文政2(1819)

年権中将に任ぜられ従三位、同6年正三位、嘉永元(1848)年従二位に進み参議に任ぜられ大嘗会検校となる。同4年東照宮奉幣使となる。同5年参議を辞す。同年権中納言に任ぜられるも翌年に辞す。文久2(1862)年正二位に進み、同3年権大納言に任ぜられるも辞す。子に教成がいる。　典：公辞・公補

○南淵家

坂田奈弖麿┬南淵永河─年名
　　　　　└南淵弘貞

坂田奈弖麿の子の永河・弘貞と孫の年名が弘仁14(823)年に南淵朝臣を賜るも、短命に終わる。

典：公補

南淵弘貞　みなぶちの・ひろさだ

平安時代の人、参議。宝亀7(776)年生～天長10(833)年9月18日没。58才。前姓＝坂田。姓(かばね)＝朝臣。

従四位下坂田奈弖麿の次男。兄に永河がいる。遊学館の文章生となる。大同元(806)年少内記より少外記、更に弘仁元(810)年大内記、同4年美作掾・式部少丞、同6年式部大丞・蔵人に任ぜられる。同7年坂田朝臣を授かり従五位下に叙され但馬介、同9年但馬守、同11年主計頭、同12年伊世介より備中守・東宮学士・主税頭・右少弁に任ぜられる。同13年従五位上に進み左少弁、同14年伊予守・式部少輔・左少将に任ぜられる。同年左少弁を辞す。同年正五位下に進み南淵朝臣を賜る。天長元(824)年式部大輔に任ぜられ従四位下に進み、同2年参議に任ぜられる。同4年従四位上に進み、同5年下野守、同6年宮内卿、同7年刑部卿・右兵衛督に任ぜられ正四位下、同8年従三位に進み、同10年信濃守に任ぜられる。　典：古代・日名・公補

南淵年名　みなぶちの・としな

平安時代の人、大納言。大同2(807)年生～元慶元(877)年4月8日没。71才。

従四位下坂田奈弖麿の孫。正四位下・因幡守南淵永河の長男。一説に参議南淵弘貞の子と言う。天長9(832)年文章生となる。同10年少内記、承和2(835)年丹波権大掾、同5年式部少丞、同7年蔵人に任ぜられる。同8年従五位下に進み筑前守、嘉祥3(850)年尾張守・式部少輔に任ぜられる。仁寿3(853)年従五位上に進み、斉衡3(856)年蔵人頭・春宮権亮に任ぜられる。天安元(857)年正五位下に進み式部大輔・春宮亮に任ぜられる。同2年従四位下より正四位下に進み右京大夫・信濃守、同3年勘解由長官、貞観3(861)年右大弁、同5年左大弁に任ぜられる。同6年参議に任ぜられる。同9年左大弁・勘解由長官を辞す。同年民部卿・伊予守、同10年右衛門督、同11年春宮大夫、同12年近江守に任ぜられる。同年右衛門督を辞す。同14年従三位に進み近江守を辞す。同年中納言に任ぜられる。同16年民部卿を辞す。同18年春宮大夫を辞す。同年大納言に任ぜられる。元慶元(877)年正三位に進む。南淵家からの公卿起用は、この年名にて終わる。　典：古代・公補

○源家

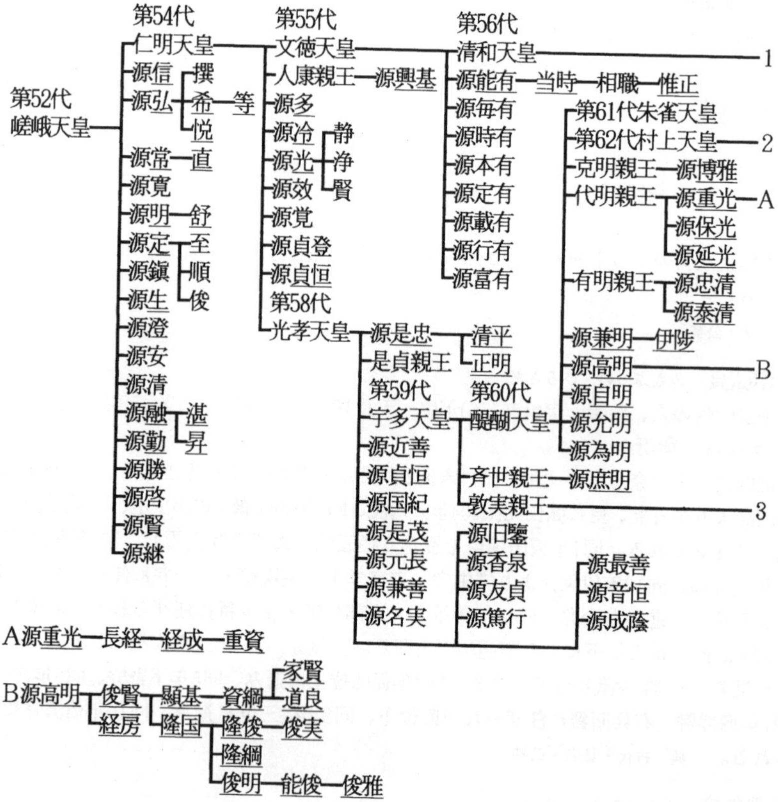

第52代嵯峨天皇の皇子・皇女が多く、親王家を立てると経費が多くかかる所から、源朝臣の姓を賜り臣下に列された。以後の第54代仁明・第55代文徳・第56代清和・第57代陽成・第58代光孝・第59代宇多・第60代醍醐・第62代村上・第63代冷泉等の各天皇も嵯峨天皇の業績を継いだ。

典：日名・公補

源信　みなもとの・まこと

平安時代の人、左大臣。大同4(809)年生～貞観10(868)年,閏12月28月没。60才。号=北辺大臣。通称=北辺亭。源家の開祖。

第52代嵯峨天皇の第一源氏、母は藤井氏(又は広井氏)。兄弟は多く天皇1人・親王4人・内親王12人・王1人・源朝臣(信を除く)16人・源朝臣姫15人がいる。弘仁9(818)年源朝臣の姓を賜り嵯峨源氏の戸主となる。天長2(825)年従四位上に叙され、同3年侍従・治部卿、同5年播磨権守に任ぜられる。同8年参議に任ぜられる。同9年正四位下に進む。同年治部卿を辞す。同年左兵衛督に任ぜられる。同10年従三位、承和2(835)年正三位に進む。同年左兵衛督を辞す。同年近江守・左中将に任ぜられる。同4年左中将を辞す。同年左衛門督に任ぜられ、同6年近江守を辞す。同8年武蔵守に任ぜられ、更に同9年中納言に任ぜられる。この年に父が没す。嘉祥元(848)年大納言に任ぜられる。同3年従二位に進み皇太子伝、仁寿元(851)年東宮伝に任ぜられる。斉衡元(854)年右大将に任ぜられたが辞す。同2年春宮伝、同3年皇太子伝に任ぜられる。更に天安元(857)年左大臣に任ぜられる。同2年正二位に進む。大納言伴善男に憎まれ、貞観8(866)年応天門の放火犯人に仕立て上げられる。のち伴善男は奸計が露顕し伊豆に流され、信は遊猟に日を送る。邸宅が土御門北の西洞院西にあり北辺亭と称した。没後の貞観11(869)年に正一位を贈られる。風雅を愛し、書画・雅楽に堪能であった。　典：古代・京都・伝日・日名・公補

源常　みなもとの・ときわ

平安時代の人、左大臣。弘仁3(812)年生～斉衡元(854)年6月13日没。43才。号=東三条左大臣。

第52代嵯峨天皇の第三源氏、母は更衣飯高氏。兄弟は多く天皇1人・親王4人・内親王12人・王は人・源朝臣(常を除く)16人・源朝臣姫15人がいる。弘仁5(814)年源朝臣の姓を賜る。天長5(828)年従四位下に叙され、同7年従四位上に進み兵部卿に任ぜられる。同8年従三位に進み、同9年中納言に任ぜられる。同10年正三位に進み、承和4(837)年左大将に任ぜられる。更に同5年大納言に任ぜられる。同7年右大臣に任ぜられる。同8年従二位に進み皇太子伝、同10年東宮伝に転じ、更に同11年左大臣に任ぜられる。嘉祥3(850)年正二位に進む。同年東宮伝奏を辞す。在官は15年。没後に正一位を贈られる。子に直がいる。　典：古代・京都・伝日・日名・公補

源定　みなもとの・さだむ

平安時代の人、大納言。弘仁7(816)年生～貞観5(863)年1月3日没。48才。通称=四条大納言・賀陽院大納言。

第52代嵯峨天皇の第六源氏、母は尚侍従従三位百済慶命。兄弟は多く天皇1人・親王4人・内親王12人・王1人・源朝臣(定を除く)16人・源朝臣姫15人がいる。幼時に第53代淳和天皇の養子となる。天長5(828)年源朝臣の姓を賜る。同9年従三位に叙され美作守・治部卿に任ぜられる。同10年参議に任ぜられ中務卿に任ぜられる。承和4(837)年美作守を辞す。同5年播磨守に任ぜられる。同7年参議を辞す。同14年再び参議に任ぜられる。嘉祥元(848)年尾張守に任ぜられ、更に同2年中納言に任ぜられる。同3年正三位に進み、仁寿2(852)年中務卿を辞す。同年右兵衛督、同3年左兵衛督に任ぜられ、天安元(857)年に辞す。同2年右大将に任ぜられ、更に貞観元(859)年大納言に任ぜられる。雅楽を好む。子に至・順・俊がいる。　典：日名・古代・伝日・公補

源弘　みなもとの・ひろし

平安時代の人、大納言。弘仁3(812)年生～貞観5(863)年1月25日没。52才。通称=広幡大納言。

第52代嵯峨天皇の第二源氏、母は上毛野氏。兄弟は多く天皇1人・親王4人・内親王12人・王1人・源朝臣(弘を除く)16人・源朝臣姫15人がいる。天長5(828)年源朝臣の姓を賜り従四位下に叙され、同7年従四位上に進み宮内卿、同9年播磨権守、同10年信濃守に任ぜられる。承和元(834)年正四位下に進み、同2年刑部卿、同3年美作守、同5年治部卿に任ぜられ、同9年美作守を辞す。同年参議に任ぜられる。同12年尾張守、同13年左大弁に任ぜられ山城班田長官となる。同14年治部卿を辞す。同年従三位に進み、嘉祥元(848)年中納言に任ぜられる。仁寿元(851)年正三位に進み、更に貞観元(859)年大納言に任ぜられる。経史を好み、隷書をよく書く。子に撰・希・悦がいる。　典：古代・伝日・日名・公補

源明　みなもとの・あきら

平安時代の人、参議。弘仁5(814)年生～仁寿2(852)年12月没。39才。法名=素然。号=横川宰相入道。

第52代嵯峨天皇の第五源氏、母は更衣飯高氏。兄弟は多く天皇が1人・親王は4人・内親王は12人・王は1人・源朝臣(明を除く)16人・源朝臣姫は15人がいる。天長5(828)年源朝臣の姓を賜り、同9年従四位上に叙され大学頭、承和5(838)年加賀守、同6年近江守、同9年播磨守・左京大夫に任ぜられ、同10年左京大夫を辞す。同13年正四位下に進み刑部卿、同14年越中守、嘉祥元(848)年阿波守に任ぜられ更に参議に任ぜられる。同3年に36才で出家。叡山の横川にて没す。子に舒がいる。　典：古代・大日・伝日・日名・公補

源融　みなもとの・とおる

平安時代の人、左大臣。弘仁13(822)年生～寛平7(895)年8月25日没。74才。通称=河原左大臣。号=東六条院・河原院。

第52代嵯峨天皇の第十二源氏、母は大原金子(賜姓貫京職)。兄弟は多く天皇1人・親王4人・内親王12人・王1人・源朝臣(融を除く)16人・源朝臣姫15人がいる。天長5(828)年源朝臣の姓を賜る。のち第53代淳和天皇の養子となる。承和5(838)年元服し正四位下に叙され、同6年侍従、同8年相模守、同9年近江権守、同14年近江守、同15年右中将・美作介に任ぜられる。嘉祥3(850)年従三位に進み右衛門督、仁寿元(851)年伊世守に任ぜられる。斉衡3(856)年参議に任ぜられる。同4年備中守に任ぜられる。貞観元(859)年正三位に進み、同2年近江守、同5年左衛門督に任ぜられる。同6年中納言に任ぜられ按察使に任ぜられ、更に同12年大納言に任ぜられる。同14年左大臣に任ぜられる。同15年従二位に進み東宮伝、同17年皇太子伝に転じ、同18年に辞す。元慶元(877)年正二位、仁和3(887)年従一位進む。没後に正一位を贈られる。墓所は京都右京区嵯峨釈迦堂藤ノ木町の清涼寺。子に湛・昇がいる。　典：古代・京都・伝日・古今・日名・公補

源多　みなもとの・まさる

平安時代の人、右大臣。天長8(831)年生～仁和4(888)年10月17日没。58才。

第54代仁明天皇の第一源氏。兄弟は天皇2人・親王6人・内親王9人・源朝臣(多を除く)4人、源2人がいる。源朝臣の姓を賜り、嘉祥2(849)年従四位上に叙され、同3年阿波守、仁寿2(852)年宮内卿、同3年美作守・備中守に任ぜられる。斉衡元(854)年参議に任ぜられる。同2年越前権守に任ぜられ、天安元(857)年宮内卿・権守を辞す。同年左兵衛督、同2

年信濃守より伊世守に任ぜられ正四位下に進み、貞観3(861)年備前守に任ぜられ、同6年左兵衛督・備前守を辞す。同年左衛門督に任ぜられる。同8年従三位に進み、同10年近江守に任ぜられる。同12年中納言に任ぜられ、更に同14年大納言に任ぜられる。同17年正三位に進み按察使、元慶元(877)年左大将に任ぜられる。同3年従二位に進み按察使を辞す。同6年右大臣に任ぜられる。仁和3(887)年正二位に進む。没後に従一位を賜る。　典：古代・日名・公補

源生　みなもとの・いける

平安時代の人、参議。弘仁12(821)年生〜貞観14(872)年8月2日没。52才。別読＝いける。

第52代嵯峨天皇の第八源氏、母は従三位笠継子。兄弟は多く天皇1人・親王4人・内親王12人・王1人・源朝臣(生を除く)16人・源朝臣姫15人がいる。源朝臣の姓を賜り、承和3(836)年従四位上に叙され、同10年加賀守、嘉祥3(850)年山城守、同4年左京大夫、仁寿4(854)年美作守、斉衡2(855)年治部卿に任ぜられる。天安2(858)年正四位下に進み、貞観2(860)年大蔵卿、同3年筑前権守、同4年讃岐権守に任ぜられる。同6年参議に任ぜられる。同8年讃岐権守を辞す。同9年相模守、同10年再び讃岐権守に任ぜられる。同年大蔵卿を辞す。同11年右衛門督に任ぜられ、同13年再び讃岐権守を辞す。在官は9年。　典：古代・日名・公補

源勤　みなもとの・つとむ

平安時代の人、参議。天長元(824)年生〜元慶5(881)年5月8日没。58才。号＝西七条宰相。

第52代嵯峨天皇の第十三源氏、母は大原金子(賜姓貫京職)。兄弟は多く天皇1人・親王4人・内親王12人・王1人・源朝臣(勤を除く)16人・源朝臣姫15人がいる。源朝臣の姓を賜り、承和14(847)年従四位上に叙され山城守、嘉祥4(851)年阿波守、仁寿4(854)年右中将、斉衡2(855)年伊予守、同4年右兵衛督、天安2(858)年宮内卿、貞観元(859)年相模守に任ぜられる。同2年正四位下に進み、同8年備中権守に任ぜられる。同12年参議に任ぜられる。同14年右衛門督・近江守に任ぜられる。同17年従三位に進み、同18年近江守を辞す。元慶2(878)年播磨権守に任ぜられる。在官12年。　典：古代・日名・公補

源能有　みなもとの・よしあり

平安時代の人、右大臣。承和12(845)年生〜寛平9(897)年6月8日没。53才。号＝近院大臣。

第55代文徳天皇の第一源氏、母は伴氏。兄弟は多く天皇1人・親王4人・内親王10人・源朝臣(能有を除く)7人・源朝臣女7人・女王2人がいる。仁寿3(853)年源朝臣の姓を賜り、貞観4(862)年従四位上に叙され、同5年侍従、同8年加賀守、同11年大蔵卿、同12年美濃権守に任ぜられる。同14年参議に任ぜられ左兵衛督に任ぜられる。同15年美濃守に任ぜられ、同16年守を辞す。同年備中権守に任ぜられる。同17年正四位下に進み、同18年左中将に任ぜられる。元慶元(877)年従三位に進み、同2年左中将・備中権守を辞す。同年左衛門督、同3年再び美濃権守・使別当に任ぜられる。同4年近江権守に任ぜられ、同6年近江権守を辞す。同年中納言に任ぜられる。仁和4(888)年左衛門督を辞す。同年民部卿、寛平元(889)年右大将・皇太子伝に任ぜられる。同2年正二位に進み、同3年大納言に任ぜ

られる。同5年按察使・左大将・皇太子伝、同6年東宮伝に任ぜられる。同年按察使を辞す。同7年民部卿に任ぜられ五畿内諸国別当となる。同8年卿を辞す。右大臣に任ぜられる。子に当時がいる。没後に正一位を贈られる。　典：古代・伝日・日名・公補

源舒　みなもとの・のぶる

平安時代の人、参議。天長6(829)年生～元慶5(881)年11月29日没。53才。

第52代嵯峨天皇の孫。参議源明の長男。母は右大臣橘氏公の娘従五位下時子。承和12(845)年蔵人に任ぜられ、同14年に辞す。同15年従五位下に叙され、斉衡2(855)年美濃権守、天安2(858)年雅楽頭・左兵衛権佐に任ぜられ従五位上に進み、貞観5(863)年左少将に任ぜられる。同6年正五位下に進み備中権守に任ぜられる。同8年従四位下に進み近江介に任ぜられる。同10年中将に任ぜられる。同15年従四位上に進み、同16年右大弁に任ぜられる。同17年参議に任ぜられる。同18年伊予権守より近江権守に任ぜられ、元慶3(879)年に辞す。同5年右大弁・中将を辞す。同年讃岐守・右衛門督に任ぜられる。　典：古代・公補

源冷　みなもとの・すさまし

平安時代の人、参議。承和2(835)年生～寛平2(890)年2月25日没。56才。別読=すずし。

第54代仁明天皇の第二源氏。兄弟は天皇2人・親王6人・内親王9人・源朝臣(冷を除く)4人、源2人がいる。源朝臣の姓を賜り、嘉祥2(849)年従四位上に叙され、仁寿4(854)年右馬頭、斉衡3(856)年但馬守、同4年近江守、貞観3(861)年伊世守、同6年播磨権守、同10年相模権守に任ぜられる。同13年正四位下に進み、同15年宮内卿、同19年讃岐守・右兵衛督に任ぜられる。元慶6(883)年参議に任ぜられる。仁和2(886)年相模権守を辞す。同3年宮内卿を辞す。同年従三位に進み、同4年左衛門督、寛平元(889)年美濃権守より美濃守に任ぜられる。在官は10年。　典：古代・日名・公補

源光　みなもとの・ひかる

平安時代の人、右大臣。承和12(845)年生～延喜13(913)年3月12日没。69才。号=西三条右大臣。

第54代仁明天皇の第三源氏。兄弟は天皇2人・親王6人・内親王9人・源朝臣(光を除く)4人、源2人がいる。源朝臣の姓を賜り、貞観2(860)年従四位上に叙され、同3年侍従、同7年美作守、同14年相模権守、同15年讃岐権守に任ぜられる。同18年正四位下に進み左兵衛督、元慶5(881)年相模守、同6年播磨権守に任ぜられる。同7年参議に任ぜられる。寛平元(889)年備中権守に任ぜられる。同3年従三位に進み中納言に任ぜられる。同4年民部卿、同5年左衛門督・使別当に任ぜられる。同年民部卿を辞す。同9年権大納言に任ぜられ按察使に任ぜられる。更に昌泰2(899)年大納言に任ぜられる。延喜元(901)年正三位に進み右大臣に任ぜられる。同3年従二位に進み、同4年皇太子伝、同6年右大将に任ぜられ、同7年皇太子伝奏を辞す。同9年左大将に任ぜられる。同10年正二位に進む。遊猟中落馬にて没す。子に静・浄・賢がいる。　典：古代・伝日・日名・公補

源是忠　みなもとの・これただ

平安時代の人、中納言。天安元(857)年生～延喜22(922)年11月22日没。66才。後名=是忠親王。号=南宮・南院親王。

第58代光孝天皇の第一源氏、母は式部卿仲野親王の娘班子女王。兄弟は多く天皇1人・親王(是忠は除く)1人・内親王6人・源朝臣16人・源朝臣女20人・僧1人がいる。貞観12(870)年源朝臣の姓を賜り臣籍となる。同17年従五位下に叙され、同19年従五位上に進み侍従、元慶7(883)年左衛門佐に任ぜられる。同8年改めて源朝臣の姓を賜り正四位下に進み参議に任ぜられる。仁和元(885)年近江守に任ぜられ、同3年に辞す。同年按察使に任ぜられ従三位に進み、寛平2(890)年按察使を辞す。同年左衛門督に任ぜられる。同3年中納言に任ぜられ使別当に任ぜられたが三品を叙され親王となる。同5年太宰帥、延喜4(904)年式部卿・補大学別当に任ぜられる。同20年一品に進むも出家。子に清平・正明がいる。　典：古代・公補

源直　みなもとの・なおし

平安時代の人、参議。天長7(830)年生～昌泰2(899)年12月26日没。70才。

第52代嵯峨天皇の孫。左大臣源常の三男。斉衡元(854)年従五位下に叙され、同2年侍従、天安元(857)年中務少輔、同2年兵部少輔に任ぜられ従五位上に進み、貞観5(863)年山城権守に任ぜられる。同9年正五位下に進み木工頭、同10年右中弁、同12年左中弁に任ぜられる。同13年従四位下に進み、同15年蔵人頭、同16年右権中将に任ぜられる。同年左中弁を辞す。同17年相模権守・右中将に任ぜられる。同年蔵人頭を辞す。同18年従四位上に進み、同19年備中守に任ぜられる。元慶元(877)年正四位下に進み、同5年肥後守、同6年美濃守に任ぜられる。仁和2(886)年正四位下に進み参議に任ぜられる。同4年正四位上に進み、寛平元(889)年右中将を辞す。同年刑部卿に任ぜられ、同2年に辞す。同年左大弁・右衛門督、同3年民部卿、同4年越前守に任ぜられる。同年左大弁・民部卿を辞す。同7年越前守を辞す。同年備前権守に任ぜられる。同8年従三位に進み、同9年讃岐権守に任ぜられる。同年右衛門督を辞す。昌泰2年に出家。　典：公補

源興基　みなもとの・おきもと

平安時代の人、参議。承和12(845)年生～寛平3(891)年9月11日没。47才。

第54代仁明天皇の孫。四品人康親王の長男。貞観8(866)年従四位下に叙され、同13年播磨権守に任ぜられる。同16年従四位上に進み、同18年弾正大弼、同19年左馬頭、元慶4(880)年伊世守、同5年左権中将、同6年備前守・蔵人頭に任ぜられる。同8年正四位下に進み、寛平3(891)年参議に任ぜられ宮内卿に任ぜられる。　典：伝日・日名・公補

源貞恒　みなもとの・さだつね

平安時代の人、大納言。斉衡3(856)年生～延喜8(908)年8月1日没。53才。

第54代仁明天皇の第十源氏。兄弟は天皇2人・親王6人・内親王9人・源朝臣(貞恒を除く)4人、源2人がいる。元慶7(883)年従四位下に叙され、同8年一世源氏の姓を賜り従四位上に進み、同9年美濃守、寛平2(890)年右中将、同3年備前権守・左兵衛督に任ぜられる。同5年参議に任ぜられる。同6年大蔵卿に任ぜられる。同8年正四位下に進み播磨権守に任ぜられ、同9年大蔵卿を辞す。同年侍従・右衛門督・使別当に任ぜられる。昌泰元(898)年侍従を辞す。同年伊予権守、同3年伊予守に任ぜられ従三位に進み、延喜2(902)

年伊予守を辞す。同年中納言に任ぜられる。同6年使別当を辞す。同年正三位に進み、同8年大納言に任ぜられ民部卿に任ぜられる。　典：古代・日名・公補

源湛　みなもとの・たたう

平安時代の人、大納言。承和11(844)年生～延喜15(915)年5月21日没。72才。

第52代嵯峨天皇の孫。左大臣源融の長男。弟に昇がいる。貞観5(863)年従五位下に叙され、同9年備後権介、同10年備前権介、同12年侍従、同16年土佐権守に任ぜられる。同18年従五位上に進み左兵衛佐、同19年左衛門佐、元慶7(883)年備中守、同9年左中将に任ぜられる。同年備中守を辞す。仁和2(886)年正五位下に進み、同5年讃岐介に任ぜられる。寛平2(890)年従四位下に進み蔵人頭、同4年内蔵頭・左権中将、同5年備中守に任ぜられ参議に任ぜられる。同8年従四位上に進み弾正大弼、同9年讃岐権守・刑部卿に任ぜられる。同年弾正大弼を辞す。昌泰2(899)年美濃権守に任ぜられる。延喜元(901)年正四位下に進み、同3年美濃権守を辞す。同4年伊世守、同7年近江権守に任ぜられる。同8年中納言に任ぜられる。同9年陸奥出羽按察使に任ぜられ、更に同13年大納言に任ぜられるも翌年に辞す。　典：古代・公補

源希　みなもとの・まれ

平安時代の人、中納言。嘉祥元(848)年生～延喜2(902)年1月19日没。55才。

第52代嵯峨天皇の孫。大納言源弘の六男。兄に撰、弟に悦がいる。元慶8(884)年従五位下に叙され内蔵助、仁和元(885)年民部少輔・右衛門権佐、同2年右少弁に任ぜられ斎院長官となり、同3年近江権介に任ぜられる。同4年従五位上に進み、寛平2(890)年侍従・大蔵大輔、同3年右少将・蔵人・左少弁に任ぜられる。同4年正五位上に進み右近権中将、同5年伊予守に進み従四位下に進み権左中弁より右大弁・蔵人頭・修理大夫・右兵衛督、同6年左近中将・播磨守に任ぜられる。同7年参議に任ぜられる。同9年左大弁に任ぜられる。同年左中将を辞す。同年従四位上、昌泰2(899)年従三位に進み中納言に任ぜられ民部卿に任ぜられる。子に等がいる。　典：古代・公補

源昇　みなもとの・のぼる

平安時代の人、大納言。貞観元(859)年生～延喜18(918)年6月29日没。60才。号=河原大納言。

第52代嵯峨天皇の孫。左大臣源融の次男。兄に湛がいる。貞観17(875)年従五位下に叙され、元慶3(879)年従五位上に進み、同5年土佐権守、同8年右馬助、仁和元(885)年左兵衛佐、同2年左衛門権佐、同4年近江介に任ぜられ正五位下に進み、寛平2(890)年侍従、同3年右中弁、同4年美濃権守に任ぜられる。同5年従四位下に進み木工頭より蔵人頭・左中弁に任ぜられる。同6年遣唐装束使となり再び侍従に任ぜられる。同7年参議に任ぜられる。同8年左中弁を辞す。同年勘解由長官、同9年伊予権守・右兵衛督に任ぜられる。同年右兵衛督を辞す。同年従四位上に進み、昌泰元(898)年伊予守に任ぜられ、延喜元(901)年に辞す。同3年讃岐守に任ぜられる。同4年正四位下に進み、同7年讃岐守を辞す。同8年従三位に進み中納言に任ぜられる。同9年民部卿に任ぜられる。更に同14年大納言に任ぜられる。同16年正三位に進む。　典：古代・公補

源悦　みなもとの・えつ

平安時代の人、参議。斉衡3(856)年生～延長8(930)年1月8日没。75才。

第52代嵯峨天皇の孫。大納言源弘の七男、母は第51代平城天皇の子阿保親王の娘。兄に撰・希がいる。元慶8(884)年越前介、仁和元(885)年右衛門大尉より左大尉、寛平4(892)年右馬助に任ぜられる。同6年従五位下に進み、同7年備前権介に任ぜられる。昌泰元(898)年従五位上に進み、同2年播磨介・出羽守、同4年越前守、延喜8(908)年左少弁より右中弁・春宮亮に任ぜられる。同9年正五位下に進み、同10年左中弁に任ぜられる。同11年従四位下に進み太宰大弐、同13年美濃権守に任ぜられる。同19年従四位上に進み参議に任ぜられ修理大夫に任ぜられる。同20年伊世守・宮内卿に任ぜられ、同21年宮内卿・修理大夫・伊勢守を辞す。同年左大弁・近江守に任ぜられ、延長2(924)年近江守を辞す。同3年讃岐権守に任ぜられ、同4年正四位下、同6年従三位に進み弁を辞す。同年伊予守に任ぜられる。　典：公補

源是茂　みなもとの・これしげ

平安時代の人、権中納言。仁和2(886)年生～天慶4(941)年6月10日没。56才。

第58代光孝天皇の第十三源氏、母は近江守藤原門宗朝臣の娘。実は大納言源昇の子と言う。兄弟は多く天皇1人・親王(是茂は除く)1人・内親王6人・源朝臣16人・源朝臣女20人・僧1人がいる。源朝臣の姓を賜り、延喜7(907)年従四位上に叙され、同10年美濃守、同12年侍従、同15年信濃権守、同16年越前権守、同21年讃岐権守に任ぜられる。同22年正四位下に進み、延長元(923)年左京大夫、同5年左兵衛督、同6年伊勢権守、同8年紀伊権守に任ぜられる。承平4(934)年参議に任ぜられる。同5年勘解由長官、同6年讃岐権守に任ぜられ、同7年勘解由長官を辞す。同年左大弁に任ぜられる。天慶2(939)年従三位に進み権中納言に任ぜられ民部卿に任ぜられる。　典：公補

源高明　みなもとの・たかあきら

平安時代の人、左大臣。延喜14(914)年生～天元5(982)年12月16日没。69才。

第60代醍醐天皇の第一源氏、母は従四位上・右大弁源唱朝臣の娘更衣従四位下周子。兄弟は多く天皇2人・親王14人・内親王16人・源朝臣(高明は除く)3人・源朝臣女2人いる。弟は同年に生まれた兼明(のち親王)と自明がいる。延喜20(920)年源朝臣の姓を賜り、承平2(932)年正四位下に進み、同5年大蔵卿に任ぜられる。天慶2(939)年参議に任ぜられる。同3年再び大蔵卿・備前権守に任ぜられ、同4年大蔵卿を辞す。同年右衛門督に任ぜられ、同7年備前権守を辞す。同8年讃岐守に進み、同9年従三位に進み、天暦元(947)年讃岐守を辞す。同年権中納言に任ぜられる。同2年中納言に任ぜられ左衛門督・検非違使別当に任ぜられる。更に同7年大納言に任ぜられる。同9年正三位に進み、天徳2(958)年按察使・中宮大夫に任ぜられる。応和元(961)年従二位に進み、同3年按察使を辞す。康保2(965)年中宮大夫を辞す。同年左大将に任ぜられる。同3年右大臣に任ぜられ、更に同4年正二位に進み左大臣に任ぜられる。安和2(969)年皇太子廃立の策が発覚し大宰権帥に任ぜられ筑紫に配し一族を配流され56才で出家。天禄3(972)年年許されて上洛し葛野別荘に隠居。没後に従一位を賜る。子に俊賢・経房がいる。続系譜はBを見よ。　典：古今・京都・伝日・日名・公補

源清平　みなもとの・きよひら

平安時代の人、参議。元慶元(877)年生～天慶8(945)年1月13日没。69才。

第58代光孝天皇の孫。中納言源是忠(のち一品是忠親王)の次男。弟に正明がいる。延喜2(902)年文章生となる。同3年従四位下に叙され、同5年弾正大弼、同10年山城守、同11年大和守に任ぜられる。同16年従四位上に進み三河権守、同17年河内守、同23年兵部大輔、延長元(923)年左京大夫、同5年近江権守に任ぜられる。承平4(934)年正四位下に進み勘解由長官、天慶2(939)年右大弁に任ぜられる。同4年右大弁を辞す。同年参議に任ぜられ太宰大弐に任ぜられる。　典：日名・公補

源庶明　みなもとの・もろあき

平安時代の人、中納言。延喜3(903)年生～天暦9(955)年5月20日没。53才。

第59代宇多天皇の孫。三品斉世親王の三男、母は従五位上・山城守橘公廉の娘。延長2(924)年従四位下に叙され、同3年侍従、同7年左京大夫、承平3(933)年右兵衛督、同5年丹波権守に任ぜられる。同6年従四位上に進み、天慶4(941)年参議に任ぜられる。同5年左兵衛督・紀伊権守に任ぜられる。同8年正四位下に進み、同9年紀伊権守を辞す。天暦元(947)年左兵衛督を辞す。同年左大弁、同2年伊予権守に任ぜられる。同5年権中納言に任ぜられ、更に同7年中納言に任ぜられ再び左兵衛督に任ぜられる。　典：日名・公補

源兼明　みなもとの・かねあき

平安時代の人、左大臣。延喜14(914)年生～永延元(987)年9月6日没。74才。後名＝兼明親王。

第60代醍醐天皇の第二源氏、母は参議藤原菅根の娘更衣従四位上淑姫。兄弟は多く天皇2人・親王14人・内親王16人・源朝臣(兼明は除く)3人・源朝臣女2人・童1人がいる。兄の高明と同年に生まれ、弟に自明がいる。延喜20(920)年源朝臣の姓を賜り、承平2(932)年従四位上に叙され、同3年播磨権守、天慶2(939)年右権中将、同3年紀伊権守に任ぜられる。同5年参議に任ぜられる。同8年近江権守・治部卿に任ぜられる。同9年正四位下より従三位に進み、天暦3(949)年近江権守を辞す。同5年再び紀伊権守に任ぜられる。同7年権中納言に任ぜられ、更に同9年中納言に任ぜられる。同10年正三位に進み、応和2(962)年再び左兵衛督任ぜられる。康保4(967)年権大納言に任ぜられ更に大納言に任ぜられる。安和2(969)年侍従、天禄元(970)年皇太子伝に任ぜられる。同2年左大臣に任ぜられ蔵人所別当となる。貞元2(977)年勅により親王となり二品を叙され中務卿に任ぜられ、寛和2(986)年に辞す。子に源伊陟がいる。　典：公補

源等　みなもとの・ひとし

平安時代の人、参議。元慶4(880)年生～天暦5(951)年3月10日没。72才。

第52代嵯峨天皇の曾孫。大納言源弘の孫。中納言源希の次男。昌泰2(899)年近江権少掾、同4年主殿助に任ぜられる。延喜4(904)年従五位下に叙され、同5年大蔵少輔、同7年三河守に任ぜられる。同12年従五位上に進み丹波守、同16年内匠頭、同17年侍従・美濃権守、同22年大蔵大輔、同23年備前権守・左中弁に任ぜられ正五位下に進み、延長7(929)年主殿頭に任ぜられる。同8年従四位下に進み太宰大弐、承平7(937)年弾正大弼、天慶

2(939)年山城守、同3年勘解由長官に任ぜられる。同6年従四位上に進み、同8年右大弁に任ぜられる。天暦元(947)年参議に任ぜられる。同2年讃岐守任ぜられる。　典：日名・公補

源正明　みなもとの・まさあき

平安時代の人、参議。寛平5(893)年生～天徳2(958)年3月9日没。66才。初名=斉明。

第58代光孝天皇の孫。中納言源是忠(のち一品是忠親王)の子。兄に清平がいる。初め斉明と名乗り、のち正明と改名。延喜10(910)年従四位下に叙され、同14年美濃守、同15年丹波権守、同17年侍従、同21年左馬頭に任ぜられる。延長6(928)年従四位上に進み、承平3(933)年加賀権守、同4年右中将、同6年伊勢権守、同7年紀伊権守、天慶4(941)年左中将、天暦元(947)年讃岐権守に任ぜられる。同5年参議に任ぜられ弾正大弼に任ぜられる。同6年正四位下に進み讃岐守に任ぜられ、同9年に辞す。同年大和権守に任ぜられる。典：日名・公補

源自明　みなもとの・よりあきら

平安時代の人、参議。延喜11(911)年生～天徳2(958)年4月17日没。48才。

第60代醍醐天皇の第三源氏、母は参議藤原菅根の娘更衣従四位上淑姫。兄弟は多く天皇2人・親王14人・内親王16人・源朝臣(兼明は除く)3人・源朝臣女2人・童1人がいる。兄に高明・兼明(のち親王)がいる。延喜20(920)年源朝臣の姓を賜り、承平4(934)年従四位上に叙され、同5年伊予守、同6年越前守、天慶2(939)年侍従、同8年右兵衛督、天暦2(948)年播磨守に任ぜられる。同4年正四位下に進み、同8年近江権守に任ぜられる。天徳2(958)年参議に任ぜられる。　典：日名・公補

源重光　みなもとの・しげみつ

平安時代の人、権大納言。延長元(923)年生～長徳4(998)年7月10日没。76才。

第60代醍醐天皇の孫。三品・中務卿代明親王の長男。母は右大臣藤原定方の娘。弟に保光・延光がいる。源朝臣の姓を賜り、承平8(938)年従四位下に叙され、天慶5(942)年侍従、天暦4(951)年信濃権守、同7年右中将、同8年伊予守に任ぜられる。同9年従四位上に進み、天徳2(958)年左中将、同3年播磨守、応和元(961)年左京大夫、同4年備中権守に任ぜられる。康保元(964)年参議に任ぜられ宮内卿に任ぜられる。同2年伊勢権守に任ぜられる。同4年正四位下に進み、安和元(968)年播磨権守に任ぜられ従三位に進み、天禄2(971)年播磨権守を辞す。同3年大蔵卿に任ぜられる。天延元(973)年大蔵卿を辞す。同年右衛門督・伊予権守、同2年使別当に任ぜられる。同3年左衛門督に任ぜられる。貞元2(977)年伊予権守を辞す。同年中納言に任ぜられる。天元5(982)年正三位に進み、永延2(988)年使別当を辞す。正暦2(991)年権大納言に任ぜられる。子に長経がいる。系図源家のAを見よ。　典：日名・公補

源延光　みなもとの・のぶみつ

平安時代の人、権大納言。延長5(927)年生～貞元元(976)年6月17日没。50才。号=枇杷大納言。

第60代醍醐天皇の孫。三品・中務卿代明親王の三男、母は右大臣藤原定方の娘。兄に重光・保光がいる。天慶9(946)年従四位下に叙され源朝臣の姓を賜り、天暦2(948)年侍従、

同8年春宮権亮、同9年内蔵頭、天徳3(959)年右兵衛督に任ぜられる。同4年従四位上に進み蔵人頭・右権中将、同5年備中権守、応和3(963)年伊予権守に任ぜられる。康保3(966)年参議に任ぜられる。同4年播磨権守、安和元(968)年伊世権守、同2年春宮大夫に任ぜられ正四位下、天禄元(970)年従三位に進み権中納言に任ぜられる。同3年左衛門督に任ぜられ更に中納言に任ぜられる。天延元(973)年使別当に任ぜられ、更に同3年権大納言に任ぜられる。　典：日名・公補

源保光　みなもとの・やすみつ

平安時代の人、中納言。延長2(924)年生～長徳元(995)年5月9日没。72才。号=桃園中納言。

第60代醍醐天皇の孫。三品・中務卿代明親王の次男。母は右大臣藤原定方の娘。兄に重光、弟に延光がいる。天暦5(951)年従四位下に叙され文章生となる。同8年民部大輔、同10年侍従、天徳2(958)年紀伊権守に任ぜられる。応和3(963)年従四位上に進み、康保3(966)年右中弁より左中弁、更に同5年右大弁・勘解由長官、安和2(969)年式部大輔・蔵人頭に任ぜられる。同年勘解由長官を辞す。天禄元(970)年参議に任ぜられる。同2年再び式部大輔・備前権守・左大弁に任ぜられる。同3年正四位下に進み、天延2(974)年備前守に任ぜられ、同3年に辞す。同4年従三位に進み、貞元2(977)年近江守に任ぜられる。天元元(978)年権中納言に任ぜられる。永観2(984)年正三位に進み、永延2(988)年中納言に任ぜられる。　典：日名・公補

源忠清　みなもとの・ただきよ

平安時代の人、参議。天慶6(943)年生～永延2(988)年2月21日没。46才。

第60代醍醐天皇の孫。三品有明親王の長男。母は左大臣藤原仲平の娘。弟に泰清がいる。天暦2(948)年従四位下に叙され、同4年侍従、応和元(961)年右馬頭、同4年紀伊権守、康保4(967)年春宮亮に任ぜられ従四位上に進み、安和2(969)年備前守に任ぜられ正四位上に進み、同3年右中将、天禄2(971)年尾張権守、同3年左中将に任ぜられる。天延元(973)年参議に任ぜられる。同2年従三位に進み大和権守より伊予守、同3年右衛門督、天元元(978)年近江守に任ぜられる。永観元(983)年に辞す。寛和元(985)年備中権守・皇太后宮権大夫、同2年太皇太后宮権大夫に任ぜられ正三位に進み、永延2(988)年備中権守を辞す。典：日名・公補

源惟正　みなもとの・これまさ

平安時代の人、参議。延喜6(906)年生～天元3(980)年4月29日没。75才。

第55代文徳天皇の裔。右大臣源能有の曾孫。中納言源当時の孫。従四位下・左大弁源相職朝臣の三男、母は従五位上源常平の娘。天慶9(946)年左兵衛権少尉、天暦元(947)年左兵衛大尉、同4年東宮蔵人より、同9年蔵人に任ぜられる。同10年従五位下に叙され備中介に任ぜられる。天徳5(961)年従五位上に進み信濃守、康保3(966)年播磨介、同4年春宮大進に任ぜられる。安和元(968)年正五位下、同2年従四位下に進み春宮亮、天禄元(970)年蔵人頭・右中将に任ぜられ従四位上に進み、同2年近江権守、同3年修理大夫に任ぜられる。天延2(974)年正四位下に進み参議に任ぜられ再び修理大夫に任ぜられる。同3年備

前守に任ぜられ、同4年に辞す。貞元2(977)年従三位に進み、天元元(978)年大和権守に任ぜられる。　典：公補

源博雅　みなもとの・ひろまさ

平安時代の人、非参議。延喜18(918)年生〜天元3(980)年9月18日没。63才。通称＝博雅三位。

第60代醍醐天皇の孫。三品・兵部卿克明親王の長男。母は左大臣藤原時平の娘。源朝臣の姓を賜り、従四位下に叙され、従四位上に進み、天徳3(959)年右兵衛督に任ぜられる。天延2(974)年従三位に進み皇后宮権大夫に任ぜられる。琴・笛・琵琶・篳篥などの名手。有名な作曲は「長慶子」。　典：京都・伝日・日名・公補

源伊陟　みなもとの・いちょく

平安時代の人、中納言。天慶元(938)年生〜長徳元(995)年5月25日没。58才。別読＝これちか。

第60代醍醐天皇の孫。左大臣源兼明(のち二品・中務卿兼明親王)の長男。母は従四位下・伊勢守衆望の娘。天暦6(952)年従五位下に叙され、同9年侍従、同10年左兵衛権佐、天徳2(958)年左少将、同4年近江権介に任ぜられる。同5年従五位上に進み宇佐に参向の途中の備後国で病気となる。のち参上。左少将を辞す。応和3(963)年近江権守、同4年民部少輔、天禄3(972)年右少弁より左少弁に任ぜられる。同3年正五位下に進み、同4年右中弁に任ぜられる。天延2(974)年従四位下に進み蔵人頭、同3年左兵衛督に任ぜられる。同年右中弁を辞す。同4年周防権守に任ぜられる。貞元2(977)年参議に任ぜられる。天元元(978)年備後権守に任ぜられる。同2年従四位上、同4年正四位下に進み、永観元(983)年備中権守より近江権守に任ぜられる。寛和元(985)年従三位に進み、同2年播磨守より近江守に任ぜられ正三位に進み、永延2(988)年右衛門督に任ぜられ、永祚元(989)年右衛門督を辞す。権中納言に任ぜられ大皇太后宮権大夫に任ぜられる。正暦元(990)年右兵衛督、同5年再び右衛門督に任ぜられる。長徳元(995)年中納言に任ぜられる。　典：日名・公補

源泰清　みなもとの・やすきよ

平安時代の人、非参議。承平6(936)年生〜長保元(999)年,没。64才。

第60代醍醐天皇の孫。三品有明親王の三(四か)男、母は左大臣藤原仲平の娘。兄に忠清がいる。讃岐守の時に造豊楽院の功として賞を授かる。永延2(988)年従三位に叙され左京大夫に任ぜられる。　典：日名・公補

源家(A)

源経成　みなもとの・つねなり

平安時代の人、権中納言。寛弘6(1009)年生〜治暦2(1066)年7月11日没。58才。

大納言源重光の孫。正四位下・備前守源長経朝臣の長男。母は淡路守藤原時方(説に右京大夫藤原遠基)の娘。治安3(1023)年諸陵助、万寿2(1025)年右将監、同4年蔵人に任ぜられる。同5年従五位下に叙され侍従、長元3(1030)年少納言、同4年紀伊権守に任ぜられる。同5年従五位上、同9年正五位下に進み、長暦2(1038)年左少弁、長久2(1041)年権右

中弁に任ぜられる。同3年従四位下に進み右中弁、同4年権左中弁に任ぜられ従四位上より正四位下に進み、同5年民部権大輔・周防権守、寛徳元(1044)年蔵人頭に任ぜられ、同2年に辞す。同年修理大夫に任ぜられる。永承元(1046)年大嘗会御禊装束司次官となりる。同年民部大輔を辞す。同3年参議に任ぜられ右兵衛督に任ぜられる。同4年備前守に任ぜられ従三位に進み、同5年使別当に任ぜられる。同6年正三位に進み、天喜元(1053)年守を辞す。同3年讃岐権守に任ぜられる。同4年従二位に進み、康平2(1059)年権守を辞す。同3年左兵衛督・播磨権守に任ぜられる。同4年権中納言に任ぜられる。同7年別当を辞す。治暦元(1065)年正二位に進む。子に重資がいる。　典：公補

源重資　みなもとの・しげすけ

平安時代の人、権中納言。寛徳2(1045)年生～保安3(1122)年10月10日没。78才。

権中納言源経成の子。母は春宮亮藤原泰通朝臣の娘。康平6(1063)年諸陵権助、同8年式部少丞、治暦2(1066)年式部大丞に任ぜられる。同3年叙爵し越後権守、延久元(1069)年右馬助、承保2(1075)年右衛門佐・少納言に任ぜられる。同4年従五位上に進み、承暦2(1078)年紀伊権守に任ぜられる。同5年正五位下に進み、応徳元(1084)年右少弁、同3年修理右宮城使、寛治3(1089)年摂津権守、同6年左少弁、同8年権右中弁に任ぜられる。嘉保2(1095)年従四位下、承徳2(1098)年従四位上に進み権左中弁に任ぜられる。康和2(1100)年正四位下に進み蔵人頭、同3年越前権守・修理左宮城使に任ぜられる。同4年正四位上に進み、嘉承元(1106)年土佐権守に任ぜられ参議に任ぜられ左大弁に任ぜられる。同2年勘解由長官・近江権守に任ぜられる。天仁元(1108)年従三位に進み、天永2(1111)年備前権守に任ぜられる。永久元(1113)年正三位に進み、同3年権中納言に任ぜられる。同5年宮内卿・大宰権帥に任ぜられ、元永元(1118)年宮内卿を辞す。同年太宰府に赴任し、同2年従二位に進み、保安2(1121)年上洛。大宰権帥を辞す。同3年に出家。　典：公補

源家(B)

源俊賢　みなもとの・としかた

平安時代の人、権大納言。天徳4(960)年生～万寿4(1027)年6月13日没。68才。

左大臣源高明の三男、母は右大臣藤原師輔の娘。弟に経房がいる。天延3(975)年従五位下に叙され、貞元2(977)年侍従に任ぜられる。永観2(984)年従五位上に進み備後介・左兵衛権佐、寛和2(986)年左少将、永延2(988)年讃岐権介・蔵人・右少弁、正暦元(990)年右中弁に任ぜられ正五位下に進み、同2年大皇太后宮権亮、同3年蔵人頭に任ぜられる。同4年従四位下に進み、同5年権左中弁・右兵衛督に任ぜられる。長徳元(995)年参議に任ぜられる。同2年伊予権守・勘解由長官に任ぜられる。同年右兵衛督を辞す。同3年従四位上に進み、同4年勘解由長官を辞す。同年修理大夫に任ぜられる。長保元(999)年に辞す。同2年正四位下、同3年従三位に進み播磨権守・右中将・治部卿、同4年中宮権大夫に任ぜられる。同5年正三位に進み、寛弘元(1004)年播磨権守・右中将を辞す。同年権中納言に任ぜられる。同5年従二位、同7年正二位に進み、同8年中宮大夫、長和元(1012)年皇太后宮大夫任ぜられる。寛仁元(1017)年権大納言に任ぜられる。同2年権大納言を辞す。同年

大皇太后宮大夫、治安元(1021)年民部卿に任ぜられる。万寿3(1026)年太皇太后大夫を辞す。同4年に出家。子に顯基・隆国がいる。　典：伝日・日名・公補

源経房　みなもとの・つねふさ

平安時代の人、権中納言。安和2(969)年生～治安3(1023)年12月12日没。55才。

左大臣源高明の四男、母は右大臣藤原師輔の五女。兄に俊賢がいる。永観2(984)年従五位下に叙され、寛和2(986)年侍従・左兵衛佐に任ぜられる。永延元(987)年従五位上に進み、同3年左少将、永祚2(990)年伊予介に任ぜられる。正暦4(993)年正五位下、長徳元(995)年従四位下に進み伊世権守、同2年右中将、同3年備中守、同4年左中将に任ぜられる。長保2(1000)年従四位上に進み、同3年蔵人頭に任ぜられ正四位下に進み、同4年内蔵頭・美作守、同5年播磨守に任ぜられる。寛弘2(1005)年内蔵頭を辞す。同年参議に任ぜられる。同4年播磨守を辞す。同年従三位に進み、同5年近江権守、同7年備前権守、長和元(1012)年丹波権守・中宮権大夫に任ぜられ正三位、同2年従二位に進み、同4年丹波権守を辞す。同年権中納言に任ぜられる。寛仁2(1018)年正二位に進み皇太后宮権大夫に任ぜられる。同4年皇太后宮権大夫を辞す。同年大宰権帥に任ぜられる。太宰府にて没す。
典：公補

源顯基　みなもとの・あきもと

平安時代の人、権中納言。長保2(1000)年生～永承2(1047)年9月3日没。48才。法名＝円昭。

権大納言源俊賢の長男。母は右兵衛督藤原忠尹の娘。弟に隆国がいる。寛弘8(1011)年従五位下に叙され、長和2(1013)年侍従・右兵衛佐、同3年左少将に任ぜられる。同4年従五位上に進み備前介に任ぜられる。同5年正五位下、寛仁2(1018)年従四位下に進み、同4年播磨介、治安元(1021)年周防権介に任ぜられる。同3年従四位上に進み右権中将・蔵人頭に任ぜられる。万寿元(1024)年正四位下に進み、同3年左中将に任ぜられる。長元2(1029)年従三位に進み参議に任ぜられ周防権守に任ぜられる。同7年これを辞す。更に同8年権中納言に任ぜられる。同9年天皇が没したため37才で出家し横川楞嚴院に入る。のち大原より醍醐に移り住む。子に資綱がいる。　典：大日・伝日・日名・公補

源隆国　みなもとの・たかくに

平安時代の人、権大納言。寛弘元(1004)年生～承暦元(1077)年7月9日没。74才。初名＝宗国。通称＝宇治大納言・南泉坊大納言。

権大納言源俊賢の次男。母は右兵衛督藤原忠尹の娘。兄に顯基がいる。初め宗国と名乗る。長和3(1014)年従五位下に叙され、同4年侍従、同5年左兵衛佐に任ぜられる。寛仁2(1018)年従五位上に進み右少将に任ぜられる。同年隆国と改名。同3年備前介に任ぜられる。同5年正五位下に進み蔵人に任ぜられる。治安3(1023)年従四位下に進み左少将、万寿2(1025)年伊予介・右近権中将に任ぜられる。同5年従四位上に進み、長元2(1029)年蔵人頭に任ぜられ正四位下に進み、同4年伊予守に任ぜられる。同7年従三位に進み参議に任ぜられ右兵衛督に任ぜられる。同8年近江権守に任ぜられる。同9年正三位、長暦元(1037)年従二位に進み大蔵卿、長久元(1040)年伊予権守に任ぜられる。同4年権中納言に

任ぜられ伊予権守を辞す。同年別当に任ぜられる。寛徳元(1044)年別当を辞す。永承元(1046)年正二位に進み御前次第司長官となり左衛門督、同6年皇后宮大夫に任ぜられる。天喜3(1055)年左衛門督を辞す。康平4(1061)年権中納言を辞す。治暦元(1065)年皇后宮大夫を辞す。同3年権大納言に任ぜられる。同4年按察使に任ぜられ、延久3(1071)年に辞す。承保元(1074)年権大納言を辞す。同2年太皇太后宮大夫に任ぜられ翌年俄に病気となり出家。子に隆俊・隆綱・俊明がいる。　典：京都・古今・伝日・日名・公補

源資綱　みなもとの・すけつな

平安時代の人、中納言。寛仁4(1020)年生～永保2(1082)年1月2日没。63才。

権中納言源顕基の長男。母は中納言藤原実成の娘。長元4(1031)年従五位下より従五位上に叙され、同5年侍従、同6年右少将、同7年備中守に任ぜられる。同9年正五位下より従四位下、長久2(1041)年従四位上に進み、同3年美作介に任ぜられ正四位下に進み、同4年右中将、寛徳2(1045)年春宮権亮、永承元(1046)年右京大夫、同2年蔵人頭、同3年播磨権介に任ぜられる。同6年参議に任ぜられ再び右京大夫に任ぜられる。同7年伊予権守、天喜元(1053)年皇太后宮権大夫に任ぜられる。同4年伊予権守を辞す。同5年従三位に進み備前権守、康平3(1060)年備前守に転じ、同5年周防権守に転じ、治暦2(1066)年権守を辞す。同3年左京大夫を辞す。同年右兵衛督に任ぜられる。同4年正三位に進み権中納言に任ぜられる。延久元(1069)年皇太后宮権大夫を辞す。同年従二位、同2年正二位に進み、承保元(1074)年中宮大夫に任ぜられ、承暦3(1079)年に辞す。同4年中納言に任ぜられる。永保2(1082)年に出家。子に家賢・道良がいる。　典：公補

源隆俊　みなもとの・たかとし

平安時代の人、権中納言。万寿2(1025)年生～承保2(1075)年3月15日没。51才。

権大納言源隆国の長男。母は参議源経頼の娘。弟に隆綱・俊明がいる。長元8(1035)年従五位下に叙され、長暦2(1038)年紀伊権守・左兵衛佐に任ぜられる。長久元(1040)年従五位上に進み左権少将に任ぜられる。同2年正五位下に進み近江権介、同3年蔵人に任ぜられる。同4年従四位下、寛徳元(1044)年従四位上に進み、永承元(1046)年左権中将、同3年近江介に任ぜられる。同4年正四位下に進み、同6年蔵人頭、同7年修理権大夫、天喜元(1053)年伊予介、同4年周防権介、同5年周防権守に任ぜられる。康平2(1059)年参議に任ぜられる。同4年従三位に進み右大弁・備前権守に任ぜられる。同5年近江権守に転じ、治暦元(1065)年権中納言に任ぜられる。同2年皇后宮権大夫、同3年治部卿に任ぜられ従二位に進み、同4年中宮権大夫、延久元(1069)年皇太后宮権大夫に任ぜられる。同3年正二位に進み、同5年皇太后大夫、承保元(1074)年太皇太后宮大夫に任ぜられる。翌年に出家。子に俊実がいる。　典：伝日・日名・公補

源隆綱　みなもとの・たかつな

平安時代の人、参議。長元6(1033)年生～承保元(1074)年9月26日没。42才。

権大納言源隆国の次男。母は参議源経頼の娘。兄に隆俊、弟に俊明がいる。永承7(1052)年叙爵。天喜2(1054)年能登権守、同3年侍従、同5年左少将に任ぜられる。同6年従五位上に進み備後介に任ぜられる。康平2(1059)年正五位下に進み右少将、同3年蔵人に任ぜ

られる。同4年従四位下に進み、同6年左権中将に任ぜられる。同8年従四位上、治暦元(1065)年正四位下に進み、同2年修理権大夫、同3年蔵人頭に任ぜられる。同4年蔵人頭を辞す。同年参議に任ぜられる。延久元(1069)年備後権守・右近中将に任ぜられる。同3年従三位に進み、同4年備後権守を辞す。承保元(1074)年美作権守に任ぜられ正三位に進む。

典：日名・公補

源俊明　みなもとの・としあき

平安時代の人、大納言。寛徳元(1044)年生～永久2(1114)年12月.2没。71才。

権大納言源隆国の三男、母は参議源経頼の娘。兄に隆俊・隆綱がいる。天喜元(1053)年従五位下に叙され、同5年侍従に任ぜられる。康平4(1061)年従五位上に進み加賀守・左少将、同6年右少将に任ぜられる。同7年正五位下、治暦2(1066)年従四位下、同4年従四位上に進み、同5年左少将、延久2(1070)年皇后宮亮、同3年播磨介に任ぜられる。同4年正四位下に進み、承保元(1074)年左中将・蔵人頭に任ぜられる。同2年参議に任ぜられる。同3年周防権守に任ぜられ従三位、承暦元(1077)年正三位より従二位に進み中宮権大夫に任ぜられ、同3年侍従を辞す。同年右衛門督・使別当に任ぜられ、同4年周防権守を辞す。永保元(1081)年備中権守に任ぜられる。同2年権中納言に任ぜられる備中権守を辞す。同3年正二位に進み中宮大夫に任ぜられ、応徳元(1084)年これと使別当を辞す。寛治2(1088)年右衛門督を辞す。同年治部卿、同3年太皇太后宮大夫、嘉保元(1094)年治部卿を辞す。同年民部卿に任ぜられ、同3年太皇太后宮大夫を辞す。同年大宮大夫に任ぜられる。承徳元(1097)年権大納言に任ぜられる。同2年再び大皇太后宮大夫に任ぜられ、更に康和2(1100)年大納言に任ぜられる。同4年再び大宮大夫、長治2(1105)年大皇太后宮大夫・按察使に任ぜられ、天仁元(1108)年按察使を辞す。永久2(1114)年出家。子に能俊がいる。　典：伝日・日名・公補

源家賢　みなもとの・いえかた

平安時代の人、権中納言。永承3(1048)年生～嘉保2(1095)年8月没。48才。

中納言源資綱の長男。母は権中納言源道方の娘。弟に道良がいる。康平3(1060)年従五位下に叙される。同4年越中権守、同6年右衛門佐に任ぜられる。同8年従五位上に進み、治暦3(1067)年右少将に任ぜられる。同5年正五位下より従四位下に進み美作介に任ぜられる。延久2(1070)年従四位上、同4年正四位下に進み、同6年備中介、承保元(1074)年中将、承保2(1075)年右兵衛督に任ぜられ従三位、承暦元(1077)年正三位に進み、同3年左兵衛督に任ぜられる。同4年参議に任ぜられる。永保4(1084)年備中権守に任ぜられる。応徳3(1086)年権中納言に任ぜられる。寛治2(1088)年従二位、同3年正二位に進み右衛門督、同5年左衛門督、嘉保元(1094)年宮内卿に任ぜられる。　典：公補

源俊実　みなもとの・としざね

平安時代の人、権大納言。永承元(1046)年生～元永2(1119)年6月10日没。74才。

権中納言源隆俊の長男。母は但馬守源行任の娘。康平2(1059)年従五位下に叙され、同3年因幡権守、同4年刑部権大輔、同5年左衛門佐に任ぜられる。同7年従五位下に進み右少将、同8年美作介に任ぜられる。治暦3(1067)年正五位下、同4年従四位下、延久3(1071)年

従四位上、同6年正四位下に進み、承保2(1075)年左馬頭・蔵人頭、同4年讃岐権守、承暦3(1079)年右兵衛督に任ぜられる。同4年従三位に進み参議に任ぜられる。永保元(1081)年播磨権守、同3年大皇太后宮権大夫に任ぜられ、応徳3(1086)年播磨権守を辞す。同年使別当、寛治元(1087)年近江権守に任ぜられ正三位に進み、同3年左兵衛督に任ぜられ、同5年近江権守を辞す。同年権中納言に任ぜられる。同7年従二位に進む。同年太皇太后宮大夫を辞す。嘉保2(1095)年右衛門督・大宮権大夫に任ぜられる。同3年病気となり右衛門督・使別当・大宮権大夫を辞す。康和元(1099)年治部卿に任ぜられる。同2年正二位に進み中納言に任ぜられる。長治3(1106)年権大納言に任ぜられ、天永2(1111)年に辞す。　典：公補

源能俊　みなもとの・よしとし

平安時代の人、大納言。延久3(1071)年生～長承3(1134)年没。64才。

大納言源能俊の長男。承暦4(1080)年叙爵。永保2(1082)年阿波権守、同3年右衛門権佐に任ぜられる。応徳2(1085)年従五位上に進み、寛治元(1087)年備中介・右少将に任ぜられ正五位下に進み、同2年蔵人に任ぜられる。同3年従四位下に進み、同6年美作介に任ぜられる。同8年従四位上、嘉保2(1095)年正四位下に進み、永長2(1097)年讃岐介、承徳2(1098)年権左中弁、同3年修理左宮城使、康和元(1099)年蔵人頭に任ぜられる。同2年従三位に進み参議に任ぜられる。同3年美作権守に任ぜられる。同4年正三位に進み、長治2(1105)年美作権守を辞す。同3年左中将・備後権守、天仁元(1108)年左兵衛督・使別当に任ぜられ、同3年中将・権守を辞す。天永2(1111)年権中納言に任ぜられる。永久元(1113)年左兵衛督・使別当を辞す。同5年治部卿に任ぜられる。元永元(1118)年従二位に進み、保安元(1120)年中宮大夫に任ぜられ、更に同3年権大納言に任ぜられる。天治元(1124)年中宮大夫を辞す。大治4(1129)年正二位に進み、天承元(1131)年再び中宮大夫に任ぜられたが更に大納言に任ぜられる。長承3(1134)年病気の為に出家。子に俊雅がいる。　典：公補

源道良　みなもとの・みちよし

平安時代の人、非参議。永承5(1050)年生～天永2(1111)年4月24日没。62才。

中納言源資綱の次男。兄に家賢がいる。大蔵卿・但馬権守に任ぜられる。康和2(1100)年従三位に叙され、同4年大宮権大夫に任ぜられる。長治元(1104)年但馬権守を辞す。天仁元(1108)年太皇太后宮権大夫に任ぜられる。　典：公補

源俊雅　みなもとの・としまさ

平安時代の人、参議。長治2(1105)年生～久安5(1149)年9月20日没。45才。

大納言源能俊の次男。母は参河守源頼綱朝臣の娘。永久2(1114)年叙爵。大治3(1128)年治部権大輔に任ぜられる。同4年従五位上に進み、天承元(1131)年左少将に任ぜられる。同2年正五位下に進み播磨介・右少弁、長承3(1134)年左少弁、保延3(1137)年権中弁に任ぜられる。同4年従四位下、同6年従四位上に進み、永治元(1141)年右大弁に任ぜられる。久安元(1145)年正四位下に進み、同2年院別当、同4年左大弁に任ぜられる。同5年参議に任ぜられる。　典：公補

源家1(一名・清和源氏)

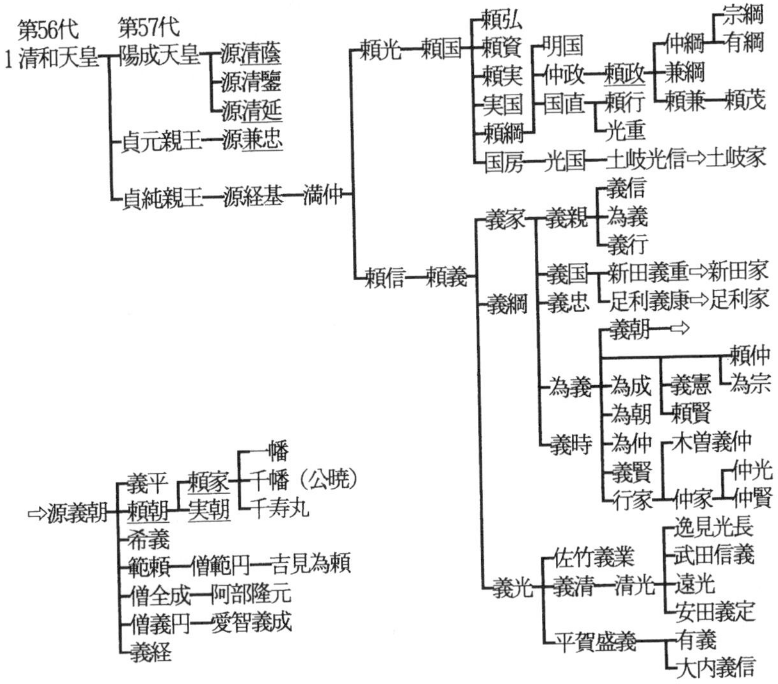

第56代清和天皇より臣下したので、一名は清和源氏と称している。この末裔には源平の戦いで有名な頼朝・頼家・実朝がいるが公暁にて衰退する。　典：公補

源清蔭　みなもとの・きよかげ

平安時代の人、大納言。元慶8(884)年生～天暦4(950)年7月3日没。67才。

第56代清和天皇の孫。第57代陽成天皇の第一源氏、母は紀氏。弟に清鑒・清遠がいる。延喜3(903)年従四位上に叙され、同4年次侍従、同7年信濃権守・大蔵卿に任ぜられる。同19年正四位下に進み、延長3(925)年参議に任ぜられ再び大蔵卿に任ぜられる。同4年備前権守に任ぜられ、同8年に辞す。承平元(931)年越前権守に任ぜられ、同5年に辞す。同年右衛門督、同6年備前守に任ぜられる。同7年従三位に進み、天慶2(939)年権中納言に任ぜられ、更に同4年中納言に任ぜられる。天暦元(947)年按察使に任ぜられる。同2年正三位に進む。同年按察使使を辞す。のち大納言に任ぜられる。　典：日名・公補

源兼忠　みなもとの・かねただ

平安時代の人、参議。延喜元(901)年生～天徳2(958)年7月1日没。58才。

第56代清和天皇の孫。清和天皇の第四御子の四品貞元親王の子。母は摂政・関白・太政大臣藤原基経(昭宣公)の娘。延喜17(917)年従五位下に叙され源朝臣の姓を賜り、同21年

備中権守、延長6(928)年三河権守・侍従、同9年左兵衛佐、承平2(932)年従五位上に進み、同5年大和権介、同6年左衛門佐に任ぜられる。同8年正五位下に進み、天慶3(940)年中宮亮に任ぜられる。同4年従四位下に進み、同5年近江権守、同8年中宮権大夫に任ぜられる。同9年正四位下に進み左京権大夫より右京権大夫、天暦5(951)年近江守に任ぜられる。同8年参議に任ぜられる。同9年備前権守、同10年治部卿に任ぜられる。　典：伝日・日名・公補

源清延　みなもとの・きよのぶ

平安時代の人、非参議。生年不明〜長徳2(996)年1月17日没。別名=清遠。

第56代清和天皇の孫。第57代陽成天皇の第七源氏。母は伴氏。説に陽成院第七御子小松天皇四代の主殿頭宗海の子と言う。兄に清蔭・清鑒がいる。美福門の造営に功あり。播磨守に任ぜられる。正暦元(990)年従三位に叙される。長徳元(995)年に出家。　典：公補

源頼政　みなもとの・よりまさ

平安時代の人、非参議。長治元(1104)年生〜治承4(1180)年5月26日没。77才。

第56代清和天皇の裔。常陸太守貞純親王六世孫。源頼光三世の孫。従五位上・兵庫頭源仲政の長男。白河院判官代となり、保延2(1136)年蔵人に任ぜられ従五位下に叙され、久寿2(1155)年兵庫頭に任ぜられる。保元4(1159)年従五位上、仁安元(1166)年正五位下、同2年従四位下、同3年従四位上に進み、嘉応2(1170)年右京権大夫に任ぜられる。承安元(1171)年正四位下、治承2(1178)年従三位に進み、同3年に出家し翌年に平家討伐の計画が発覚し宇治の戦いに敗れ平等院にて自決する。歌集に「源頼政卿集」がある。京都東山区の安井金比羅宮に祀られる。平等院の塔頭最勝院に頼政塔があり毎年5月26日に頼政忌を営む。子に仲綱・兼綱・頼兼がいる。　典：古今・伝日・京都・鎌倉・日名・公補

源頼朝　みなもとの・よりとも

平安・鎌倉時代の人、権大納言・征夷大将軍。久安3(1147)年生〜正治元(1199)年1月13日没。53才。鎌倉幕府第一代将軍。

第56代清和天皇の裔。常陸太守貞純親王七世孫。従四位下・左馬頭・播磨守源義朝朝臣の三男、母は尾張国熱田大宮司藤原季範の娘。兄弟に義平・希義・範頼・義経・僧全成・僧義円がいる。保元3(1158)年皇后宮権少進、平治元(1159)年右近衛将監・蔵人・右兵衛権佐に任ぜられる。同年皇后宮権少進を辞す。平治の乱に捕らえられ解官となる。永暦元(1160)年伊豆国蛭ケ島に配流される。寿永2(1183)年許されて復帰し、同3年正四位下に進み、文治元(1185)年従二位、同2年正二位に進み、建久元(1190)年功があり上洛し権大納言に任ぜられ右大将に任ぜられたが任職を辞す。同3年征夷大将軍に任ぜられたが、正治元(1199)年に出家。墓所は鎌倉。鎌倉では廃絶したが勝長寿院・永福寺を建立し、京都では長講堂・六波羅密寺・八坂塔などの再建・修復に努めた。京都右京区の神護寺に伝藤原隆信筆の源頼朝画像(国宝)がある。子に頼家・実朝がいる。　典：古今・京都・鎌倉・日名・公補

源頼家　みなもとの・よりいえ

鎌倉時代の人、非参議・征夷大将軍。寿永元(1182)年生〜元久元(1204)年没。23才。鎌倉幕府第2代将軍。

権大納言・征夷大将軍源頼朝の長男。母は伊豆国住人北条時政の娘。弟に実朝がいる。建久8(1197)年従五位上に叙され右少将、同9年讃岐権介に任ぜられ、正五位下に進む。正治元(1199)年左中将に任ぜられる。同2年従四位上より従三位に進み左衛門督に任ぜられる。建仁2(1201)年正三位より従二位に進み征夷大将軍に任ぜられる。翌年病弱とされ出家されられ、伊豆修禅寺に幽閉され、元久元(1204)年に北条氏に暗殺される。鎌倉には頼家の遺跡はあまり見られない。子に一幡・千幡(公暁)・千寿丸(早死)がいる。　典：鎌倉・伝日・日名・公補

源実朝　みなもとの・さねとも

鎌倉時代の人、右大臣・征夷大将軍。建久3(1192)年生〜承久元(1219)年1月27日没。28才。鎌倉幕府第3代将軍。通称=鎌倉右大臣。

権大納言・征夷大将軍源頼朝の次男。母は伊豆国住人時政の娘。兄に頼家がいる。建仁3(1203)年叙爵し征夷大将軍・右兵衛佐に任ぜられる。元久元(1204)年従五位上に進み右少将に任ぜられる。同2年正五位下に進み加賀介・権中将に任ぜられる。建永元(1206)年従四位下、承元元(1207)年従四位上、同2年正四位下、同3年従三位に進み右中将に任ぜられる。建暦元(1211)年正三位に進み美作権守に任ぜられる。同2年従二位、建保元(1213)年正三位に進み、同2年大慈寺を創建(現在は廃絶)。同4年権中納言に任ぜられ左中将に任ぜられる。更に同6年権大納言に任ぜられ左大将・左馬寮御監に任ぜられ更に内大臣より右大臣に任ぜられるも、承久元(1219)年鎌倉八幡宮での拝賀の式に出席の際、甥の公暁に暗殺される。墓所は鎌倉の勝長寿院に建造されたが滅び、供養塔と伝える五輪塔が寿福寺墓地にある。神奈川県秦野市には実朝の首を埋めたと伝える首塚がある。歌集に「金槐和歌集」がある。　典：鎌倉・古今・日名・公補

源家2(一名・村上源氏)

第62代村上天皇の子孫が源を氏姓としたので、村上源氏と言われている。　典：公補

源憲定　みなもとの・のりさだ

平安時代の人、非参議。生年不明〜寛仁元(1017)年6月2日没。

第62代村上天皇の孫。一品・式部卿為平親王の長男。母は左大臣源高明の娘。弟に頼定がいる。正暦2(991)年源朝臣の氏姓を賜り、のち右兵衛督に任ぜられる。長徳2(996)年従三位に叙される。病弱であったらしく弟より昇進しなかった。　典：日名・公補

源頼定　みなもとの・よりさだ

平安時代の人、参議。貞元2(977)年生〜寛仁4(1020)年6月11日没。44才。

第62代村上天皇の孫。一品・式部卿為平親王の次男。母は左大臣源高明の娘。兄に憲定がいる。正暦元(990)年従四位下に叙され、同2年源朝臣の氏姓を賜り、同3年弾正大弼に任ぜられる。長徳4(998)年右中将、長保元(999)年備前守に任ぜられる。同3年従四位上に進み左中将、同6年大和権守、寛弘2(1005)年蔵人頭、同3年美作守に任ぜられる。同5年正四位下に進み、同6年参議に任ぜられる。同7年伊予権守に任ぜられ、長和3(1014)年に辞す。同5年従三位より正三位に進み備中権守、寛仁元(1017)年勘解由長官・左兵衛督に

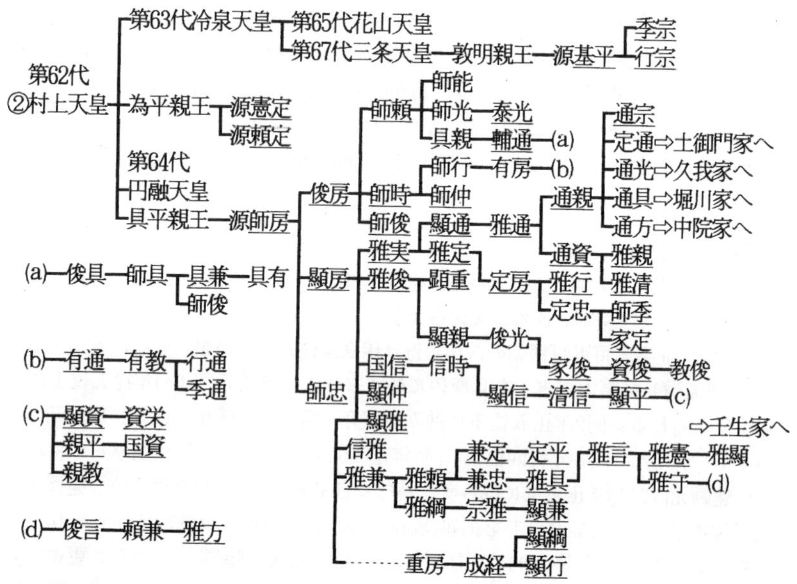

任ぜられ、同2年勘解由長官を辞す。同4年使別当に任ぜられる。腫物ができ出家。　典：日名・公補

源師房　みなもとの・もろふさ

平安時代の人、太政大臣。寛弘5(1008)年生～承暦元(1077)年2月17日没。70才。初名=資定。通称=久我太政大臣。

第62代村上天皇の孫。二品・中務卿具平親王の長男。母は式部卿為平親王の娘。初め資定と名乗る。寛仁4(1020)年従四位下に叙され源朝臣の氏姓を賜り元服し師房と改名。侍従、治安3(1023)年右権中将、同4年近江介に任ぜられる。万寿元(1024)年正四位下より従三位に進み右中将に任ぜられる。同3年権中納言に任ぜられ春宮権大夫に任ぜられる。長元2(1029)年正三位より従二位に進み、同3年左衛門督に任ぜられる。同5年正二位に進み、同8年査衛門督を辞す。同年権大納言に任ぜられる。長久4(1043)年按察使に任ぜられ、寛徳2(1045)年春宮権大夫を辞す。永承3(1048)年按察使を辞す。康平7(1064)年右大将に任ぜられる。治暦元(1065)年内大臣に任ぜられる。更に延久元(1069)年右大臣に任ぜられる。承保元(1074)年従一位に進み、同2年左大将・皇太子伝に任ぜられたが、承暦元年病気となり任職を辞す。同年太政大臣を拝す。のち出家。子に俊房・顯房・師忠がいる。　典：伝日・公辞・日名・公補

源基平　みなもとの・もとひら

平安時代の人、参議。万寿3(1026)年生～康平7(1064)年5月15日没。39才。

第67代三条天皇の孫。敦明親王(小一条院)の子。母は右大臣藤原頼宗の娘。長久2(1041)年従四位上に叙され源朝臣の氏姓を賜り元服。同3年侍従に任ぜられる。同4年正四位下に進み、寛徳2(1045)年備中権守に任ぜられる。永承元(1046)年従三位に進み、同5年参議に任ぜられ讃岐権守に任ぜられる。同6年正三位に進み、天喜3(1055)年讃岐権守を辞す。同4年伊予権守に任ぜられる。同5年従二位に進み、康平3(1060)年伊予権守を辞す。同5年再び備中権守に任ぜられる。子に行宗がいる。　典：日名・公補

源俊房　みなもとの・としふさ

平安時代の人、左大臣。長元8(1035)年生～保安2(1121)年11月12日没。87才。号＝堀川左大臣。

太政大臣源師房の長男。母は摂政・関白・太政大臣藤原道長の娘。弟に顕房・師忠がいる。寛徳3(1046)年従五位上に叙され侍従、永承元(1046)年左少将に任ぜられ正五位下に進み、同2年近江権守・左権中将に任ぜられる。同3年従四位下より従四位上、同4年正四位下、同5年従三位に進み左中将に任ぜられる。同6年正三位に進み、同7年近江権守に任ぜられる。天喜2(1054)年従二位に進み、同5年参議に任ぜられる。更に康平4(1061)年権中納言に任ぜられる。同7年正二位に進み、治暦元(1065)年右衛門督、同3年使別当、同4年左衛門督に任ぜられ、延久元(1069)年使別当を辞す。承保元(1074)年権大納言に任ぜられる。承暦元(1077)年太皇太后宮大夫に任ぜられ、更に同4年大納言に任ぜられる。永保元(1081)年陸奥出羽按察使に任ぜられる。同2年右大臣に任ぜられ、更に左大臣に任ぜられる。寛治7(1093)年左大将に任ぜられる。嘉保元(1094)年従一位に進み大将を辞す。保安2(1121)年病気のため出家。政事に通じ、文才・書道に優れた。子に師頼・師時・師俊がいる。　典：伝日・日名・公補

源顕房　みなもとの・あきふさ

平安時代の人、右大臣。長暦元(1037)年生～嘉保元(1094)年9月5日没。58才。通称＝六条右大臣。

太政大臣源師房の次男。母は摂政・関白・太政大臣藤原道長の娘。兄に俊房、弟に師忠がいる。永承2(1047)年従五位下に叙され、同3年侍従に任ぜられ元服。同4年右少将に任ぜられる。同5年従五位上より正五位下更に従四位下、同6年従四位上より正四位下に進み近江権介、天喜3(1055)年右権中将、同4年蔵人頭・近江介、同5年周防介、康平3(1060)年伊予権守に任ぜられる。同4年従三位に進み参議に任ぜられる。同4年正三位より従二位に進み、同7年左中将に任ぜられる。治暦3(1067)年正二位に進み権中納言に任ぜられる。同4年右兵衛督、延久元(1069)年左兵衛督・中宮大夫に任ぜられる。同4年左兵衛督を辞す。同年権大納言に任ぜられる。承保元(1074)年中宮大夫を辞す。同年皇后宮大夫、承暦4(1080)年右大将に任ぜられる。永保3(1083)年右大臣に任ぜられる。寛治4(1090)年踏歌内弁となる。同6年病気にて右大将を辞す。嘉保元(1094)年従一位に進む。六条第に住む。没後に正一位を賜る。日記に「六条右府記」がある。子に雅実・雅俊・国信・顕仲・顕雅・信雅・雅兼がいる。堀河院の外祖。　典：大日・伝日・日名・公補

源師忠　みなもとの・もろただ

平安時代の人、大納言。天喜2(1054)年生～永久2(1114)年9月29日没。61才。号=壬生大納言。

太政大臣源師房の四男、母は右大臣藤原頼宗の娘。兄に俊房・顕房がいる。康平7(1064)年従五位下に叙され元服し侍従に任ぜられる。治暦2(1066)年従五位上に進み左少将に任ぜられる。同3年正五位下に進み中将・美作介に任ぜられる。同4年従四位下より従四位上更に正四位下に進み近江介、延久元(1069)年春宮権亮、同4年蔵人頭、同5年備後権守に任ぜられる。承保元(1074)年参議に任ぜられる。同2年従三位より正三位に進み、左中将に任ぜられる。同3年従二位に進み、承暦2(1078)年美作権守に任ぜられ、更に同4年権中納言、左衛門督に任ぜられる。永保元(1081)年正二位に進み皇太后宮大夫、応徳3(1086)年別当に任ぜられる。同年左衛門督を辞す。同年更に権大納言に任ぜられる。寛治5(1091)年皇太后宮大夫を辞す。同7年中宮大夫に任ぜられる。永長元(1096)年踏歌内弁となる。康和元(1099)年按察使に任ぜられ、更に同2年大納言に任ぜられる。長治2(1105)年按察使を辞す。同3年大納言を辞す。　典：公補

源雅実　みなもとの・まささね

平安時代の人、太政大臣。康平元(1058)年生～大治2(1126)年2月15日没。69才。通称=久我太政大臣。法名=蓮覚。号=久我。

右大臣源顕房の長男。母は権中納言源隆俊の娘。弟に雅俊・国信・顕仲・顕雅・信雅・雅兼がいる。治暦4(1068)年従五位下に叙され、同5年侍従に任ぜられる。延久元(1069)年元服し、同4年右少将に任ぜられる。同5年従五位上より正五位下、同6年従四位下より従四位上更に正四位下に進み中宮権亮・近江権介・右中将、承保2(1075)年左中将・蔵人頭に任ぜられる。同4年従三位に進み、承暦元(1077)年参議に任ぜられる。同2年備前権守に任ぜられる。同3年正三位より従二位に進み、永保2(1082)年権中納言に任ぜられ再び侍従に任ぜられる。応徳2(1085)年正二位に進み、更に同3年権大納言に任ぜられる。寛治2(1088)年侍従を辞す。同5年中宮大夫に任ぜられ、同7年に辞す。同年右大将に任ぜられる。康治2(1143)年内大臣に任ぜられる。同5年左大将、嘉承元(1106)年皇太子伝に任ぜられ、同2年伝を辞す。永久元(1113)年従一位に進み、更に同3年右大臣に任ぜられる。元永2(1119)年左大将を辞す。保安3(1122)年太政大臣に任ぜられる。天治元(1124)年に66才で出家。京の久我に久我水閣を営む。舞楽・文学に長じ日録に「久我相国記」がある。子に顕通・雅定がいる。　典：京都・伝日・公辞・日名・公補

源季宗　みなもとの・すえむね

平安時代の人、非参議。生没年不明。

侍従に任ぜられ、承暦2(1078)年従三位に叙される。同4年春宮権大夫に任ぜられ、応徳2(1085)年に辞す。　典：公補

源雅俊　みなもとの・まさとし

平安時代の人、権大納言。治暦元(1065)年生～保安3(1122)年4月13日没。58才。通称=京極大納言。

右大臣源顕房の次男。母は美濃守藤原良任朝臣の娘。兄に雅実、弟に国信・顕仲・顕雅・信雅・雅兼がいる。延久5(1073)年叙爵。承保元(1074)年侍従に任ぜられる。承暦3(1079)年従五位上より正五位下に進み備中権介、同4年中宮権亮・右少将、永保2(1082)年左中将に任ぜられる。同4年従四位上に進み、応徳元(1084)年中宮権亮を辞す。同年蔵人頭に任ぜられる。同4年正四位下に進み、寛治2(1088)年右兵衛督に任ぜられる。同5年参議に任ぜられる。同6年従三位に進み備中権守に任ぜられる。嘉保2(1095)年正三位に進み、同3年備中権守を辞す。承徳元(1097)年播磨権守に任ぜられる。同2年権中納言に任ぜられ右衛門督に任ぜられる。康和2(1100)年従二位に進み左衛門督に任ぜられる。同3年正二位に進み、同5年春宮権大夫に任ぜられる。嘉承2(1107)年に辞す。天永2(1111)年権大納言に任ぜられる。重病ののち没す。子に顕重がいる。　典：公補

源師頼　みなもとの・もろより

平安時代の人、大納言。治暦4(1068)年生～保延5(1139)年12月4日没。72才。

左大臣源俊房の長男。弟に師時・師俊がいる。永保4(1084)年弾正少弼、応徳3(1086)年左少将に任ぜられる。同4年従五位上に叙され、寛治元(1087)年備中権介に任ぜられ正五位下、同2年従四位下より従四位上に進む。同年左少将を辞す。同3年正四位下に進み右少弁、同6年左中弁・蔵人頭、嘉保2(1095)年備中介に任ぜられる。承徳2(1098)年参議に任ぜられ右兵衛督に任ぜられる。康和元(1099)年従三位に進み近江権守に任ぜられる。同3年正三位に進む。同5年近江権守を辞す。長治元(1104)年備中権守に任ぜられ、天仁元(1108)年に辞す。永久元(1113)年右兵衛督を辞す。天治元(1124)年備前権守に任ぜられる。大治5(1130)年権中納言に任ぜられ、更に天承元(1131)年従二位よりに進み中納言より権大納言に任ぜられる。長承2(1133)年正二位に進み、同3年皇后宮大夫より大宮大夫に任ぜられ、更に保延2(1136)年大納言に任ぜられる。同5年大宮大夫を辞す。同年春宮大夫に任ぜられる。のち出家。子に師能・師光・具親がいる。　典：伝日・日名・公補

源国信　みなもとの・くにのぶ

平安時代の人、権中納言。延久元(1069)年生～天永2(1111)年1月10日没。43才。号＝坊城。

右大臣源顕房の次男。母は美濃守藤原良任朝臣の娘。兄に雅実・雅俊、弟に顕仲・顕雅・信雅・雅兼がいる。承暦3(1079)年信濃権守、永保元(1081)年右兵衛佐に任ぜられる。同3年従五位上に進み右少将より左少将、同4年美作権介に任ぜられる。応徳3(1086)年正五位下に進み蔵人に任ぜられる。寛治2(1088)年従四位下、同3年従四位上に進み備後介に任ぜられる。同5年正四位下に進み左中将・斎院長官、同7年中宮亮に任ぜられる。同年斎院長官を辞す。同8年美作権守・蔵人頭、承徳元(1097)年内蔵頭に任ぜられたが内蔵頭を辞す。同2年参議に任ぜられる。康和元(1099)年従三位に進み播磨権守に任ぜられる。同2年正三位、同4年従二位に進み権中納言に任ぜられる。同5年正二位に進む。　典：古今・公補

源顕通　みなもとの・あきみち

平安時代の人、中納言。生年不明～保安3(1122)年4月8日没。

太政大臣源雅実の長男。母は宮内卿藤原隆俊朝臣の娘。弟に雅定がいる。寛治5(1091)年叙爵。同6年侍従に任ぜられる。同7年従五位上より正五位下に進み、同8年左少将、嘉保2(1095)年伊予介に任ぜられる。同3年従四位下より従四位上に進み、永長2(1097)年左中将・蔵人頭・中宮権亮に任ぜられ正四位下に進み、康和元(1099)年参議に任ぜられる。同2年伊予権守に任ぜられ従三位、同4年正三位に進み、同5年伊予権守を辞す。同年右中将に任ぜられる。嘉承元(1106)年権中納言に任ぜられる。同2年皇后宮権大夫に任ぜられ従二位、天仁元(1108)年正二位に進み、天永2(1111)年右衛門督に任ぜられる。永久3(1115)年中納言に任ぜられる。胸の病気にて没す。子に雅通がいる。 典：公補

源顕雅 みなもとの・あきまさ

平安時代の人、権大納言。承保元(1074)年生～保延2(1136)年10月13日没。63才。通称=楊梅大臣。

右大臣源顯房の子。母は信濃守藤原伊綱の娘。兄に雅実・雅俊・国信・顯仲、弟に信雅・雅兼がいる。応徳2(1085)年侍従に任ぜられる。同4年従五位上に叙され、寛治元(1087)年近江権介・左少将に任ぜられ正五位下、同2年従四位下に進み右少将に任ぜられる。同3年従四位上、同5年正四位下に進み備中権介、嘉保3(1096)年美作介、康和元(1099)年右中将、同4年蔵人頭に任ぜられる。同4年従三位に進み参議に任ぜられる。同5年播磨権守、天仁元(1108)年備中権守に任ぜられる。天永3(1112)年正三位に進み、永久3(1115)年大宮権大夫、元永2(1119)年太皇太后宮権大夫に任ぜられる。保安元(1120)年備中権守を辞す。同2年太皇太后宮権大夫を辞す。同3年権中納言に任ぜられ更に中納言に任ぜられる。更に長承元(1132)年権大納言に任ぜられる。同2年従二位、同4年正二位に進み、保延2(1136)年俄に病気となり出家。 典：公補

源顯仲 みなもとの・あきなか

平安時代の人、非参議。康平元(1058)年生～保延4(1138)年3月29日没。81才。

右大臣源顯房の子。母は信濃守藤原伊綱の娘。兄に雅実・雅俊・国信、弟に顯雅・信雅・雅兼がいる。刑部卿を辞す。康和4(1102)年従三位に叙され左京大夫、長治2(1105)年越前権守に任ぜられ、天仁2(1109)年に辞す。保安3(1122)年神祇伯に任ぜられる。天治元(1124)年左京大夫を辞す。大治3(1128)年加賀権守に任ぜられ、長承2(1133)年に辞す。「良玉集」を著すが伝本は不明。 典：大日・伝日・日名・公補

源雅定 みなもとの・まささだ

平安時代の人、右大臣。嘉保元(1094)年生～応保2(1162)年5月27日没。69才。通称=中院右大臣。法名=蓮如。号=久我。

太政大臣源雅実の次男。兄に顯通がいる。康和4(1102)年殿上小舎人に任ぜられる。長治2(1105)年叙爵し元服し侍従・右少将に任ぜられる。同3年従五位上に進み周防介に任ぜられる。嘉承2(1107)年正五位下、天仁2(1109)年従四位下より従四位上に進み、天永2(1111)年美作権介に任ぜられ正四位下に進み、永久3(1115)年右中将、同4年備中介に任ぜられる。元永2(1119)年参議に任ぜられる。保安元(1120)年美作権守に任ぜられる。同2年に辞す。同年従三位に進み、同3年権中納言に任ぜられる。大治4(1129)年正三位に進

み、同五年右衛門督、天承元(1131)年使別当に任ぜられ更に中納言に任ぜられる。同2年左衛門督に任ぜられ、長承2(1133)年使別当を辞す。同3年従二位、保延2(1136)年正二位に進み更に権大納言に任ぜられる。同6年左大将、永治元(1141)年皇后宮大夫に任ぜられる。久安5(1149)年内大臣に任ぜられる。同6年右大臣に任ぜられ更に左大将に任ぜられる。仁平4(1154)年に61才で出家。舞踊と雅楽に長じ、有職故実に精通した。子に定房がいる。　典：伝日・公辞・日名・公補

源師時　みなもとの・もろとき

平安時代の人、権中納言。承暦元(1077)年生～保延2(1136)年4月6日没。60才。

左大臣源俊房の次男。母は参議源基平の娘。兄に師頼、弟に師俊がいる。寛治2(1088)年叙爵。同7年左兵衛佐に任ぜられる。嘉保元(1094)年従五位上、永長元(1096)年正五位下に進み、承徳元(1097)年蔵人・右少将、同2年周防権介に任ぜられる。康和元(1099)年従四位下、同4年従四位上に進み、同5年備中権介、嘉承元(1106)年右中将、同4年播磨権介に任ぜられ正四位下に進み皇后宮権亮、天永元(1110)年備後権介、永久元(1113)年周防介、保安3(1122)年蔵人頭に任ぜられ更に参議に任ぜられ皇后宮権大夫に任ぜられる。同4年備中権守に任ぜられる。大治元(1126)年従三位に進む。同年備中権守を辞す。同5年美作権守に任ぜられ更に権中納言に任ぜられる。同年美作権守を辞す。長承3(1134)年太皇太后宮権大夫に任ぜられ、保延元(1135)年正三位に進む。翌年出家。子に師仲がいる。　典：伝日・日名・公補

源雅兼　みなもとの・まさかね

平安時代の人、権中納言。承暦3(1079)年生～康治2(1143)年没。65才。通称=薄雲中納言。

右大臣源顕房の子。母は因幡守藤原惟綱の娘掌侍惟子。兄に雅実・雅俊・国信・顕雅・信雅・顕仲がいる。寛治3(1089)年叙爵。同年加賀権守、同7年右兵衛佐に任ぜられる。嘉保2(1095)年従五位上、承徳3(1099)年正四位下に進み兵部大輔、長治元(1104)年蔵人、嘉承元(1106)年左少弁に任ぜられる。同年兵部大輔を辞す。天永2(1111)年木工頭、永久3(1115)年越前介・右中弁に任ぜられる。同5年従四位下より従四位上に進み、元永2(1119)年播磨権介に任ぜられる。同3年正四位下に進み、保安3(1122)年修理右宮城使・蔵人頭・左中弁、同4年右大弁・越前権守に任ぜられる。大治5(1130)年参議に任ぜられ左大弁・勘解由長官に任ぜられる。天承元(1131)年従三位に進み権中納言に任ぜられる。長承3(1134)年治部卿に任ぜられたが翌年に任職を辞す。57才で出家。説に62才没あり。子に雅頼がいる。　典：伝日・古今・日名・公補

源師俊　みなもとの・もろとし

平安時代の人、権中納言。承暦4(1080)年生～永治元(1141)年12月7日没。62才。初名=俊仲。

左大臣源俊房の子。母は大和守平重経の娘。兄に師頼・師時がいる。初め俊仲と名乗り、のち師俊と改名。寛治4(1090)年叙爵。承徳3(1099)年弾正少弼、康和5(1103)年兵部権大輔に任ぜられる。嘉承2(1107)年従五位上に進み、天仁3(1110)年民部権大輔、永久元

(1113)年丹波守に任ぜられる。同3年正五位下に進み尾張守に任ぜられる。同4年右少弁に任ぜられる。元永2(1119)年尾張守を辞す。保安3(1122)年右少弁、同4年右中弁に任ぜられる。同5年従四位下に進み備前介に任ぜられる。大治元(1126)年従四位上、同4年正四位下に進み、同5年左中弁、天承元(1131)年蔵人頭・右大弁に任ぜられる。長承2(1133)年参議に任ぜられる。同3年左大弁・皇后宮権大夫・勘解由長官に任ぜられ従三位に進み、保延元(1135)年美作権守に任ぜられ更に権中納言に任ぜられるも翌年に病気となり57才で出家。 典：公補

源行宗 みなもとの・ゆきむね

平安時代の人、非参議。康平7(1064)年生～康治2(1143)年12月24日没。80才。

第67代三条天皇の曾孫。敦明親王(小一条院)の孫。参議源基平の子。母は権中納言藤原良頼の娘。承保元(1074)年叙爵。永保3(1083)年侍従に任ぜられる。応徳3(1086)年従五位上に進み、寛治元(1087)年右兵衛権佐に任ぜられる。同5年正五位下、同8年従四位下に進み、保安4(1123)年近江介に任ぜられ正四位下に進み、保延4(1138)年大蔵卿に任ぜられる。同5年従三位に進み、同6年越前権守に任ぜられる。同年大蔵卿を辞す。康治2年に出家。 典：日名・公補

源雅通 みなもとの・まさみち

平安時代の人、内大臣。元永元(1118)年生～安元元(1175)年2月27日没。58才。通称＝久我内大臣。

中納言源顕通の長男。母は権大納言源能俊の娘。大治4(1129)年叙爵。長承3(1134)年兵部権大輔に任ぜられる。保延4(1138)年正五位上より正五位下に進み、同6年左少将、同7年近江権守・皇后宮権亮に任ぜられる。康治元(1142)年従四位下より従四位上更に正四位下に進み、天養元(1144)年権中将、久安2(1146)年近江権介に任ぜられ皇后宮権亮を辞す。同3年蔵人頭に任ぜられる。同6年参議に任ぜられ侍従に任ぜられる。仁平元(1151)年備後権守、同2年右兵衛督に任ぜられ侍従を辞す。久寿元(1154)年奨学院別当となり、同2年近江権守に任ぜられ従三位に進み、保元元(1156)年権中納言に任ぜられ左兵衛督に任ぜられる。同2年正三位に進み、同3年右衛門督より左衛門督・使別当に任ぜられる。同年左衛門督・使別当を辞す。永暦元(1160)年中宮権大夫に任ぜられ更に権大納言に任ぜられ従二位に進む。同2年正二位に進み淳和院別当となり中宮大夫に任ぜられ更に大納言に任ぜられる。応保2(1162)年中宮大夫を辞す。仁安3(1168)年皇太后宮大夫・右大将に任ぜられ更に内大臣に任ぜられる。嘉応元(1169)年右馬寮御監督となり病気で久我別庄に籠居。承安4(1174)年右大将を辞す。同地にて没す。子に通親・通資がいる。 典：大日・伝日・公辞・公補

源師仲 みなもとの・もろなか

平安時代の人、権中納言。永久4(1116)年生～承安2(1172)年5月16日没。57才。号＝伏見源中納言。

権中納言源師時の三男、母は大納言源師忠の娘待賢門院女房(俊綱朝臣の娘か)。長承元(1132)年従五位下に叙され、同2年従五位上、保延3(1137)年正五位下に進み侍従、同4

年左近権少将に任ぜられる。同5年従五位下に進み右権少将に任ぜられる。同6年従四位上に進み播磨権介に任ぜられる。康治元(1142)年正四位下に進み、同3年右権中将、久安3(1147)年備前権介、久寿3(1156)年蔵人頭に任ぜられる。保元元(1156)年従三位に進み参議に任ぜられる。同2年越前権守に任ぜられたが権守を辞す。同3年正三位に進み、平治元(1159)年権中納言に任ぜられる。同年の乱に連座し解官となり下野国に配流される。仁安元(1166)年許されて上洛し、同2年従二位に進む。　典：伝日・日名・公補

源定房　みなもとの・さだふさ

平安・鎌倉時代の人、大納言。大治5(1130)年生～文治4(1188)年7月17日没。59才。

右大臣源雅定の子。母は大納言源能俊の娘。実は権中納言源雅兼の四男と言う。保延3(1137)年従五位下に叙され、康治2(1143)年従五位上に進み、同3年侍従に任ぜられる。久安4(1148)年正五位下に進み右近権少将、同5年左権少将・讃岐介に任ぜられる。同6年従四位下に進み、仁平元(1151)年再び右権少将に任ぜられる。同2年従四位上に進み、同4年備中権介に任ぜられる。久寿2(1155)年正四位下に進み春宮権亮、保元元(1156)年左権中将・蔵人頭に任ぜられる。同2年参議に任ぜられる。同3年美作権守に任ぜられるも辞す。同年従三位に進むも、平治元(1159)年乱に連座して解官となる。永暦元(1160)年許され権中納言に任ぜられる。応保元(1161)年正三位に進み、長寛2(1164)年中宮権大夫に任ぜられる。永万元(1165)年従二位に進み、仁安元(1166)年左衛門督に任ぜられるも辞す。同年権大納言に任ぜられ正二位に進み、更に同3年大納言に任ぜられる。承安2(1172)年皇后宮権大夫に任ぜられ、同3年に辞す。子に雅行・定忠がいる。　典：公補

源雅頼　みなもとの・まさより

平安・鎌倉時代の人、権中納言。大治2(1127)年生～没年不明。

権中納言源雅兼の三男、母は大納言源能俊の娘一品宮乳母。天承元(1131)年修理亮より大膳亮、同2年式部少丞に任ぜられる。長承2(1133)年従五位下に叙され、同4年治部大輔に任ぜられる。保延7(1141)年従五位上、久安5(1148)年正五位下に進み、久寿2(1155)年蔵人、同3年左少弁、保元2(1157)年権右中弁に任ぜられ従四位下に進み、同3年左中弁に任ぜられ装束使となり、同4年従四位上に進み伊勢権守に任ぜられる。永暦元(1160)年正四位下に進み右大弁・蔵人頭、応保3(1163)年遠江権守に任ぜられる。長寛2(1164)年参議に任ぜられる。永万元(1165)年左大弁・勘解由長官に任ぜられる。仁安2(1167)年備中権守に任ぜられ従三位、同3年正三位に進み、嘉応元(1169)年権中納言に任ぜられる。治承3(1179)年解官となる。養和元(1181)年許されて従二位、寿永2(1183)年正二位に進み、文治3(1187)年に61才で出家。子に兼定・兼忠がいる。　典：公補

源通親　みなもとの・みちちか

平安時代の人、内大臣。久安5(1149)年生～建仁2(1202)年10月21日没。54才。通称＝土御門内大臣。号＝久我。

内大臣源雅通の長男。母は典薬助藤原行兼の娘美福門院女房。弟に通資がいる。保元3(1158)年叙爵。応保元(1161)年治部権大輔に任ぜられる。長寛3(1165)年従五位上、仁安元(1166)年正五位下に進み、同2年右少将に任ぜられる。同3年従四位下より従四位上更

に正四位下に進み加賀介、嘉応3(1171)年権中将、治承元(1177)年加賀権介、同3年蔵人頭・中宮権亮に任ぜられる。同4年参議に任ぜられ左権中将に任ぜられ新院別当となる。養和元(1181)年従三位に進み播磨権守に任ぜられる。同年中宮権亮を辞す。寿永2(1183)年正三位に進み、文治元(1185)年権中納言に任ぜられる。同3年従二位に進み、同4年淳和院奨学院別当となる。同5年正二位に進み右衛門督、建久元(1190)年左衛門督・使別当に任ぜられ更に中納言に任ぜられる。同2年使別当を辞す。同4年左衛門督を辞す。同6年権大納言に任ぜられる。同9年再び淳和院奨学院別当となる。正治元(1199)年右大将に任ぜられ更に内大臣に任ぜられる。同2年東宮伝に任ぜられる。七朝に奉じ没後に従一位を賜る。子に通宗・土御門定通・久我通光・堀川通具・中院通方がいる。　典：伝日・鎌倉・古今・公辞・日名・公補

源顕信　みなもとの・あきのぶ

平安・鎌倉時代の人、非参議。生没年不明。

越後守源信時の男。久安2(1146)年従五位下に叙され、保元2(1157)年従五位上に進み、応保元(1161)年民部少輔、同2年少納言に任ぜられる。仁安元(1166)年正五位下に進み左少将、同2年美作介に任ぜられる。同3年従四位下、嘉応2(1169)年従四位上に進み、承安2(1172)年播磨権介、安元2(1176)年治部卿に任ぜられる。同3年正四位下、寿永2(1183)年従三位に進み、建久元(1190)年美作権守に任ぜられる。同2年正三位に進み、同5年美作権守を辞す。建仁2(1202)年に出家。子に清信がいる。　典：公補

源通資　みなもとの・みちすけ

平安・鎌倉時代の人、権大納言。生年不明～元久2(1205)年7月8日没。

内大臣源雅通の次男。母は典薬助藤原行兼の娘美福門院女房。兄に通親がいる。保元3(1158)年叙爵。永万元(1165)年侍従に任ぜられる。同2年従五位上、仁安3(1168)年正五位下に進み、同4年阿波権介、嘉応元(1169)年左少将に任ぜられる。同2年従四位下に進み、同3年丹波権介に任ぜられる。承安2(1172)年従四位上に進み、同5年美作介に任ぜられる。治承2(1178)年正四位下に進み、養和元(1181)年左中将、同2年加賀権介、寿永2(1183)年蔵人頭に任ぜられる。文治元(1185)年参議に任ぜられる。同2年周防権守に任ぜられる。同3年従三位に進み、建久元(1190)年丹波権守に任ぜられ更に権中納言に任ぜられ正三位に進む。同6年従二位に進み、同8年左衛門督・使別当に任ぜられる。同9年大嘗会御禊次第司御前長官となる。正治元(1199)年権大納言に任ぜられる。同2年正二位に進む。子に雅親・雅清がいる。　典：公補

源兼忠　みなもとの・かねただ

平安・鎌倉時代の人、権中納言。生没年不明。

権中納言源雅頼の次男。母は中納言藤原家成の娘。兄に兼定がいる。長寛2(1164)年叙爵。仁安3(1168)年従五位上に進み、承安2(1172)年侍従、安元2(1176)年備中権介に任ぜられる。治承3(1179)年正五位下に進み右少弁、同4年大和守、養和2(1182)年右宮城使、寿永3(1184)年大和守を辞す。同年左少弁、元暦元(1184)年権右中弁・近江権介に任ぜられ従四位下に進み、文治元(1185)年近江守・右中弁・蔵人頭に任ぜられる。同年近江守

を辞す。同2年従四位上に進み左中弁、同3年左宮城使に任ぜられ正四位下に進み、同4年参議に任ぜられる。同5年加賀権守に任ぜられる。建久4(1193)年に辞す。同年従三位に進み、同5年周防権守に任ぜられる。同9年大嘗会検校となり備中権守に任ぜられ正三位に進み、建仁元(1201)年備中権守を辞す。同2年権中納言に任ぜられ翌年に辞す。承元3(1209)年に出家。子に雅具がいる。　典：公補

源通宗　みなもとの・みちむね

平安・鎌倉時代の人、参議。仁安3(1168)年生～建久9(1198)年5月6日没。31才。

内大臣源通親の長男。母は太政大臣藤原忠雅の娘。弟に土門定通・久我通光・堀川通具・中院通方がいる。安元2(1176)年叙爵。治承3(1179)年侍従に任ぜられる。養和元(1181)年従五位上、寿永2(1183)年正五位下に進み、同4年左少将に任ぜられ従四位下に進み、同5年播磨介に任ぜられる。建久元(1190)年従四位上に進み、同2年左中将に任ぜられ正四位下に進み、同5年播磨権介、同8年蔵人頭・新院別当に任ぜられ更に参議に任ぜられる。典：公補

源兼定　みなもとの・かねさだ

鎌倉時代の人、非参議。久安5(1149)年生～建保4(1216)年6月16日没。68才。初名＝雅能。前名＝兼房。

権中納言源雅頼の長男。初め雅能と名乗る。保元元(1156)年叙爵。応保元(1161)年民部大輔に任ぜられる。同年兼房と改名。治承元(1177)年更に兼定と改名。寿永2(1183)年正五位下に進み、建久元(1190)年木工頭、同5年越前権介、同8年蔵人、元久元(1204)年左少弁に任ぜられる。同2年従四位下、建永元(1206)年従四位上に進み権右中弁、承元元(1207)年右中弁、更に同2年左中弁に任ぜられ正四位下に進み、同3年左中弁・木工頭を辞す。同年治部卿に任ぜられる。同4年従三位に進み、建保4(1216)年に出家。子に定平がいる。　典：公補

源有通　みなもとの・ありみち

平安・鎌倉時代の人、非参議。生没年不明。初名＝盛房。

中将源有房朝臣の子。初め盛房と名乗る。仁安3(1168)年叙爵。文治5(1189)年侍従に任ぜられる。建久2(1191)年従五位上に進み、同4年越中権介に任ぜられる。同6年正五位下に進み、同9年右少将、正治元(1199)年加賀権介に任ぜられる。建仁2(1202)年従四位下に進み、元久元(1204)年出雲介に任ぜられる。建永元(1206)年従四位上に進み、承元2(1208)年権中将に任ぜられる。同3年正四位下に進み、同4年内蔵頭に任ぜられ従三位に進み、建暦元(1211)年に出家。子に有教がいる。　典：公補

源雅親　みなもとの・まさちか

平安・鎌倉時代の人、大納言。治承4(1180)年生～建長元(1249)年12月5日没。70才。

権大納言源通資の長男。母は非参議藤原長輔の娘。弟に雅清がいる。寿永元(1182)年叙爵。元暦元(1184)年従五位上に進み、文治5(1189)年侍従に任ぜられる。建久2(1191)年正五位下に進み、同4年讃岐権介、同6年左少将に任ぜられる。同7年従四位下に進み、同8

年備前権介に任ぜられる。同9年従四位上に進み、正治元(1199)年播磨介に任ぜられ正四位下に進み、建仁元(1201)年中将、同2年蔵人頭に任ぜられ更に参議に任ぜられる。同3年美作権守に任ぜられ従三位、元久2(1205)年正三位に進み、承元元(1207)年土佐権守に任ぜられ更に権中納言に任ぜられる。建暦元(1211)年従二位に進み、建保2(1214)年右兵衛督より右衛門督・別当に任ぜられ正二位に進み、同3年別当を辞す。同年中納言に任ぜられる。同4年右衛門督を辞す。承久2(1220)年権大納言に任ぜられる。更に寛喜3(1231)年大納言に任ぜられる。嘉禎元(1235)年大嘗会検校となり、同2年淳和院別当、同3年奨学院別当に任ぜられ、暦仁元(1238)年大納言を辞す。仁治元(1240)年再び大納言に任ぜられる。宝治元(1247)年奨学院別当を辞す。腫物にて没す。　典：公補

源宗雅　みなもとの・むねまさ

平安・鎌倉時代の人、非参議。生没年不明。

右中弁源雅綱朝臣の子。保延5(1139)年叙爵。久安6(1150)年治部少輔に任ぜられる。仁平3(1153)年従五位上、応保元(1161)年正五位下に進み、同2年民部権少輔・越後守、治承4(1180)年左馬権頭に任ぜられる。養和元(1181)年従四位下、寿永2(1183)年従四位上に進み、文治2(1186)年刑部卿に任ぜられる。同5年正四位下に進む。建仁3(1203)年従三位に進む。元久元(1204)年に出家。子に顯兼がいる。　典：公補

源家俊　みなもとの・いえとし

平安・鎌倉時代の人、非参議。生没年不明。

近江介源俊光朝臣の子。応保2(1162)年叙爵。仁安3(1168)年従五位上に進み、嘉応元(1169)年侍従、承安3(1173)年出雲介に任ぜられる。安元2(1176)年正五位下に進み、寿永元(1182)年左少将、同2年加賀介に任ぜられ従四位下、文治元(1185)年従四位上に進み、同5年宮内卿に任ぜられる。建久元(1190)年正四位下に進み、正治元(1199)年讃岐守に任ぜられる。元久元(1204)年これと左少将を辞す。同年従三位に進み、承元3(1209)年に出家。子に資俊がいる。　典：公補

源顯兼　みなもとの・あきかね

平安・鎌倉時代の人、非参議。生没年不明。初名＝兼綱。

非参議源宗雅の子。初め兼綱と名乗る。仁安3(1168)年叙爵。承安元(1171)年加賀権守に任ぜられる。寿永元(1182)年従五位上に進む。同年顯兼と改名。元暦元(1184)年左兵衛佐に任ぜられる。文治4(1188)年正五位下より従四位下、建久3(1192)年従四位上、同9年正四位下に進み、建仁元(1201)年斎宮寮頭に任ぜられ、同3年に辞す。同年刑部卿、承元元(1207)年丹波権守に任ぜられる。同2年従三位に進む。同年刑部卿を辞す。建暦元(1211)年に出家。　典：公補

源雅行　みなもとの・まさゆき

平安・鎌倉時代の人、非参議。仁安3(1168)年生～没年不明。

大納言源定房の長男。母は中納言藤原家成の娘。弟に定忠がいる。治承元(1177)年叙爵。同3年侍従に任ぜられる。養和元(1181)年従五位上に進み、寿永元(1182)年右少将、

同2年備後介に任ぜられ正五位下、文治元(1185)年従四位下に進み、同4年丹波介に任ぜられる。建久元(1190)年従四位上、同2年正四位下に進み、同5年右中将、同6年尾張介、同9年左中将、建仁元(1201)年再び備後介に任ぜられる。建保元(1213)年従三位に進み、嘉禎2(1236)年に69才で出家。　典：公補

源清信　みなもとの・きよのぶ

平安・鎌倉時代の人、非参議。生年不明～建保5(1217)年9月没。

非参議源顯信の子。承安3(1173)年叙爵。養和2(1182)年侍従に任ぜられる。文治元(1185)年従五位上に進み、同2年因幡権介に任ぜられる。建久2(1191)年正五位下に進み、正治元(1199)年左少将、同2年駿河介に任ぜられる。建仁元(1201)年従四位下に進み、元久2(1205)年周防権介に任ぜられる。同3年従四位上に進み、同2年右中将に任ぜられる。同3年正四位下に進み土佐介、同4年美作権介に任ぜられる。建保2(1214)年従三位に進む。子に顯平がいる。　典：公補

源雅清　みなもとの・まさきよ

鎌倉時代の人、参議。寿永元(1182)年生～寛喜2(1230)年4月2日没。49才。

権大納言源通資の次男。母は非参議藤原長輔の娘。兄に雅親がいる。従五位下に叙され、建久7(1196)年侍従に任ぜられる。同8年従五位上に進み、正治2(1200)年備中権介に任ぜられる。同3年正五位下に進み備後守、建仁2(1202)年右少将、同3年近江介に任ぜられる。元久元(1204)年従四位下、承元3(1209)年従四位上に進み右中将、同4年能登介に任ぜられる。建暦3(1213)年正四位下に進み、建保3(1215)年播磨権介、承久2(1220)年蔵人頭に任ぜられる。同3年従三位に進み参議に任ぜられる。貞応元(1222)年備中権守・左中将に任ぜられ正三位に進み、元仁元(1224)年に43才で出家。　典：公補

源顯平　みなもとの・あきひら

鎌倉時代の人、参議。建久2(1191)年生～宝治2(1248)年5月24日没。58才。

非参議源清信の長男。正治2(1200)年叙爵。承元4(1210)年少納言に任ぜられる。建暦2(1212)年従五位上に進み、建保3(1215)年右少将、同4年紀伊権介に任ぜられる。同5年正五位下に進み、承久2(1220)年左少将に任ぜられる。貞応元(1222)年従四位上に進み内蔵頭に任ぜられる。同2年正四位下に進み、嘉禄2(1226)年加賀権守に任ぜられる。寛喜元(1229)年任職を辞す。同年従三位に進み、嘉禎元(1235)年左兵衛督に任ぜられる。同2年正三位に進み、暦仁元(1238)年左兵衛督を辞す。同年従二位に進み参議に任ぜられる。延応元(1239)年美濃権守に任ぜられる。仁治2(1241)年正二位に進み、寛元2(1244)年丹波権守に任ぜられる。宝治元(1247)年参議を辞す。腫物の病気にて没す。子に資平がいる。　典：公補

源師季　みなもとの・もろすえ

鎌倉時代の人、非参議。文治4(1188)年生～没年不明。

大納言源貞房の孫。左少将源定忠の長男。母は権大納言藤原定能の娘。弟に家忠がいる。建久7(1196)年叙爵。正治元(1199)年侍従、建仁3(1203)年近江守に任ぜられるも辞

す。同年従五位上に進み、元久2(1205)年右少将に任ぜられ解任となる。建暦元(1211)年備中権介に任ぜられる。同2年正五位下、建保2(1214)年従四位下に進み、同5年左少将、同6年播磨介に任ぜられる。承久元(1219)年従四位上に進み左中将に任ぜられる。同3年正四位下に進み、嘉禄元(1225)年美作介に任ぜられる。貞永元(1232)年従三位に進み、嘉禎2(1236)年再び侍従に任ぜられる。暦仁元(1238)年正三位に進み、仁治元(1240)年周防権守に進み、寛元元(1243)年に56才で出家。　典：公補

源有教　みなもとの・ありのり

鎌倉時代の人、非参議。建久3(1192)年生～建長6(1254)年8月6日没。63才。

非参議源有通の次男。母は典薬頭重長の娘。建久3(1192)年叙爵。正治2(1200)年下総守、元久3(1206)年刑部少輔に任ぜられる。建暦元(1211)年従五位上、建保3(1215)年正五位下に進む。同年刑部少輔を辞す。同5年右少将に任ぜられる。承久2(1220)年従四位下、貞応元(1222)年従四位上、嘉禄2(1226)年正四位下に進み、同3年右中将に任ぜられる。嘉禎2(1236)年従三位に進み兵部卿に任ぜられる。延応元(1239)年正三位、宝治2(1248)年従二位に進み、建長4(1252)年大蔵卿に任ぜられるる。同6年に没す。　典：公補

源資俊　みなもとの・すけとし

鎌倉時代の人、非参議。生没年不明。

非参議源家俊の子。建久2(1191)年叙爵。元久3(1206)年侍従に任ぜられる。建永2(1207)年従五位上に進み、承元4(1210)年備前介、建保2(1214)年淡路守に任ぜられる。同4年正五位下に進み美作守、承久元(1219)年越中守・左少将に任ぜられる。同3年従四位下、同3年従四位上、寛喜2(1230)年正四位下に進み、嘉禎4(1238)年左中将に任ぜられる。仁治元(1240)年に辞す。従三位に進むも翌年に出家。　典：公補

源雅具　みなもとの・まさとも

鎌倉時代の人、権中納言。元暦元(1184)年生～没年不明。

権中納言源兼忠の子。従五位上に叙され、承元3(1209)年侍従に任ぜられる。建暦2(1212)年正五位下に進み、承久2(1220)年左少将、同3年出雲介に任ぜられ従四位上に進み、暦仁2(1239)年治部卿に任ぜられる。仁治元(1240)年正四位下に進み、寛元3(1245)年蔵人頭に任ぜられ従三位に進み、同4年加賀権守、宝治2(1248)年大蔵卿に任ぜられる。建長2(1250)年正三位に進み参議に任ぜられる。同3年越前権守に任ぜられる。同4年権中納言に任ぜられる。同5年従二位に進み、同6年権中納言を辞す。正嘉元(1257)年正二位に進むも74才で出家。子に雅言がいる。　典：公補

源泰光　みなもとの・やすみつ

鎌倉時代の人、非参議。仁安2(1167)年生～没年不明。83才。

大納言源師頼の孫。右京権大夫源師光の子。文治3(1187)年兵部権少輔に任ぜられる。建久2(1190)年従五位上に叙され、同5年紀伊介に任ぜられ正五位下に進み、建仁3(1203)年加賀守に任ぜられる。承久3(1221)年従四位下、嘉禎2(1236)年従四位上、宝治2(1248)年従三位に進むも翌年に83才で出家。　典：公補

源具兼　みなもとの・ともかね

鎌倉時代の人、非参議。生没年不明。

左中将源師具朝臣の次男。正応6(1293)年叙爵。正安元(1299)年侍従に任ぜられる。同4年従五位上に進み、正和元(1312)年右少将に任ぜられる。文保元(1317)年従四位下に進む。同年右少将を辞す。同2年左中将に任ぜられる。同3年従四位上、正中2(1325)年正四位下に進み、元徳2(1330)年右兵衛督に任ぜられ、従三位に進む。　典：公補

源輔通　みなもとの・すけみち

鎌倉時代の人、非参議。建仁元(1201)年生～建長元(1249)年6月7日没。46才。

大納言源師頼の孫。右少将源具親朝臣の子。承元4(1210)年叙爵。嘉禄2(1226)年侍従、寛喜2(1230)年安芸権介、貞永元(1232)年信濃守に任ぜられる。同2年従五位上に進み、文暦2(1234)年左少将に任ぜられる。嘉禎2(1236)年正五位下に進み、同3年右少将より右中将に任ぜられ従四位下に進み、暦仁2(1239)年従四位上、寛元元(1243)年正四位下、宝治2(1248)年従三位に進む。　典：公補

源家定　みなもとの・いえさだ

鎌倉時代の人、非参議。建仁3(1203)年生～没年不明。

大納言源貞房の孫。左少将源定忠の子。兄に師季がいる。承久2(1220)年侍従に任ぜられる。同3年従五位上に叙され、貞応元(1222)年左少将に任ぜられる。同2年正五位に進み播磨権介に任ぜられる。嘉禄元(1225)年従四位下に進み、安貞2(1228)年越前介に任ぜられる。寛喜2(1230)年従四位上、天福2(1234)年正四位下に進み、嘉禎3(1237)年左中将、寛元4(1246)年美作権介に任ぜられる。建長2(1250)年従三位、正元元(1259)年正三位に進み、文永10(1273)年に71才で出家。　典：公補

源定平　みなもとの・さだひら

鎌倉時代の人、非参議。生年不明～建長4(1252)年1月5日没。

非参議源兼定の子。承元3(1209)年叙爵し近江守、建暦元(1211)年侍従に任ぜられる。建保4(1216)年従五位上に進み、承久元(1219)年右少将、同2年左少将・下総権介に任ぜられ正五位下、貞応2(1223)年従四位下、安貞元(1227)年従四位上、寛喜2(1230)年正四位下に進み、文暦元(1234)年右近中将に任ぜられ、建長2(1250)年従三位に進む。　典：公補

源資平　みなもとの・すけひら

鎌倉時代の人、権中納言。貞応2(1223)年生～弘安7(1284)年9月23日没。62才。

参議源顕平の長男。元仁2(1225)年叙爵。安貞2(1228)年侍従に任ぜられる。寛喜4(1232)年従五位上に進み讃岐権介に任ぜられる。嘉禎3(1237)年正五位下に進み、延応元(1239)年右少将、同2年甲斐権介、寛元4(1246)年播磨権介に任ぜられる。宝治2(1248)年従四位下に進み内蔵頭に任ぜられる。同6年正四位下に進み、同8年備後権守、正嘉元(1257)年左兵衛督、正元元(1259)年蔵人頭に任ぜられる。同年左兵衛督を辞す。同年宮内卿に任ぜられ、弘長元(1261)年に辞す。同年従三位に進み参議に任ぜられる。同2年美濃権守に任ぜられる。同3年正三位に進み、文永3(1266)年美濃権守を辞す。同4年丹波権守に任ぜ

られる。同6年従二位に進み、同8年権中納言に任ぜられるも辞す。建治2(1276)年正二位に進み、弘安3(1280)年按察使に任ぜられる。同5年興福寺の訴訟により捕らえられて越前国に配流される。同6年に許されて上洛し再び按察使に任ぜられるも翌年に出家。子に顕資・親平・親教がいる。　典：日名・公補

源雅言　みなもとの・まさとき

鎌倉時代の人、権大納言。安貞元(1227)年生～正安2(1300)年10月.26没。74才。

権中納言源雅具の子。母は宮仕女房の土御門院播磨局。嘉禎4(1238)年叙爵。仁治元(1240)年侍従に任ぜられる。同3年従五位上に進み、寛元元(1243)年左少将に任ぜられる。同4年正五位下に進み、宝治2(1248)年甲斐権介、建長5(1253)年讃岐守、同6年右少弁に任ぜられる。康元元(1256)年正五位上に進み、正嘉元(1257)年左少弁、同2年権右中弁に任ぜられ従四位下より従四位上、正元元(1259)年正四位下に進み左京大夫、弘長元(1261)年右中弁・右宮城使、同2年右大弁に任ぜられ正四位上に進み、文永元(1264)年蔵人頭、同2年左大弁に任ぜられ造東大寺長官となり、同3年参議に任ぜられる。同4年備中権守に任ぜられる。同5年権中納言に任ぜられる。同6年正三位に進み、同7年権中納言を辞す。同年按察使に任ぜられ従二位に進む。同10年按察使を辞す。同年大宰権帥に任ぜられる。建治元(1275)年正二位に進み、同3年大宰帥を辞す。弘安5(1282)年民部卿に任ぜられる。同8年権大納言に任ぜられるも辞す。子に雅憲がいる。　典：公補

源成経　みなもとの・なりつね

鎌倉時代の人、非参議。貞応元(1222)年生～没年不明。法名＝道杲。

右大臣源顕房の六代孫。少納言源重房朝臣の子。嘉禎2(1236)年宮内少輔に任ぜられ従五位上に叙され、仁治元(1240)年常陸介に任ぜられる。同2年正五位下、同7年従四位下、建長7(1255)年従四位上に進み、正元元(1259)年中務大輔に任ぜられる。文応元(1260)年に辞す。弘長3(1263)年正四位下に進み、文永元(1264)年土佐守に任ぜられる。弘安5(1282)年従三位に進み、同7年に63才で出家。子に顕綱・顕行がいる。　典：公補

源雅憲　みなもとの・まさのり

鎌倉時代の人、権中納言。生年不明～正中3(1326)年2月5日没。初名＝兼世。前名＝為世。法名＝蓮勝。

権大納言源雅言の次男。母は正四位上・陰陽頭安部惟範朝臣の娘。初め兼世と名乗る。建長8(1256)年叙爵。正嘉2(1258)年従五位上に進み、正元元(1259)年侍従に任ぜられる。同年為世と改名、正五位下に進む。文永2(1265)年左衛門佐、同7年備前権介に任ぜられる。同年雅憲と改名、蔵人、同11年右少弁より左少弁、建治元(1275)年権右中弁に任ぜられ従四位下に進む。同2年内蔵頭に任ぜられるもこれを辞す。同3年右中弁・右宮城使に任ぜられ従四位上、弘安2(1279)年正四位下に進み、同3年従左中弁・左宮城使に任ぜられ装束使となり、同4年伊勢権守、同6年左大弁・造東大寺長官に任ぜられる。同6年従三位に進み、同8年山城権守に任ぜられる。同9年正三位に進み、同10年左大弁・造東大寺長官を辞す。同年参議に任ぜられ更に侍従に任ぜられる。正応2(1289)年遠江権守に任

ぜられ従二位に進み、同3年権中納言に任ぜられるも翌年に辞す。同年正二位に進む。永仁2(1294)年再び権中納言に任ぜられ、同4年に辞す。正中2(1325)年に出家。　典：公補

源顕綱　みなもとの・あきつな

鎌倉時代の人、非参議。生没年不明。

非参議源成経の長男。弟に顕行がいる。文永元(1264)年叙爵し近江守に任ぜられる。同3年従五位上に進み、同5年近江守を辞す。同8年正五位下に進み、同10年少納言に任ぜられる。建治3(1277)年従四位下、弘安3(1280)年従四位上に進み、同6年少納言を辞す。同7年正四位下に進み、正応元(1288)年治部卿に任ぜられ、同2年に辞す。同3年従三位に進むも、永仁2(1294)年に出家。　典：公補

源顕資　みなもとの・あきすけ

鎌倉時代の人、参議。生年不明～文保元(1317)年5月2日没。

権中納言源資平の長男。弟に親平・親教がいる。建長7(1255)年叙爵。康元2(1257)年従五位上に進み、正嘉2(1258)年侍従に任ぜられる。同3年正五位下に進み、弘長4(1264)年越前権介、文永2(1265)年右少将に任ぜられる。同4年従四位下、同7年従四位上に進み右中将に任ぜられる。同8年正四位下に進み、同11年陸奥介、永仁元(1293)年宮内卿・蔵人頭に任ぜられ中将を辞す。同年従三位、同4年正三位に進み、嘉元3(1305)年参議に任ぜられる。徳治元(1306)年宮内卿・備中権守に任ぜられる。徳治2(1307)年卿・参議を辞す。延慶2(1309)年従二位に進み、同3年備中権守を辞す。正和4(1315)年正二位に進む。子に資栄がいる。　典：公補

源親平　みなもとの・ちかひら

鎌倉時代の人、参議。建長7(1255)年生～没年不明。法名=円聖。

権中納言源資平の次男。兄に顕資、弟に親教がいる。康元元(1256)年従五位下に叙され讃岐守、正元元(1259)年侍従に任ぜられる。文応元(1260)年従五位上、文永4(1267)年正五位下、同8年従四位下に進み、同11年右少将に任ぜられる。建治3(1277)年従四位上、弘安3(1280)年正四位下に進み、同5年左少将、同9年左中将、同10年少納言に任ぜられ、同11年納言を辞す。正応3(1290)年長門権介に任ぜられる。嘉元元(1303)年これと左中将を辞す。同年従三位に進み、同2年左兵衛督に任ぜられるも辞す。延慶2(1309)年正三位に進み右衛門督に任ぜられ、同3年に辞す。正和元(1312)年従二位に進み、同2年参議に任ぜられるも辞す。文保元(1317)年に出家。子に国資がいる。　典：公補

源顕行　みなもとの・あきゆき

鎌倉時代の人、非参議。生没年不明。

非参議源成経の次男。兄に顕綱がいる。文永2(1265)年従五位下に叙され宮内少輔、建治2(1276)年兵部少輔に任ぜられる。弘安2(1279)年従五位上に進み豊後介に任ぜられる。同7年正五位下に進み、同11年中務大輔に任ぜられたが大輔を辞す。正応2(1289)年従四位下、同5年従四位上、永仁3(1295)年正四位下に進み、嘉元2(1304)年左京大夫に任ぜられ

る。同3年に辞す。延慶元(1308)年従三位、正和2(1313)年正三位に進むも、文保元(1317)年より公補に名が見えない。この顕行にて村上源氏からの公卿の選任が終わる。 典:公補

源資栄 みなもとの・すけしげ

鎌倉時代の人、参議。生年不明～文保元(1317)年6月9日没。

参議源顕資の子。弘安4(1281)年叙爵。正応元(1288)年従五位上に進み侍従に任ぜられる。同5年正五位下に進み、同6年左少将に任ぜられ、永仁4(1296)年従四位下に進み、嘉元2(1304)年甲斐権介に任ぜられる。正安3(1301)年従四位上、同4年正四位下に進み右中将、応長元(1311)年宮内卿・蔵人頭に任ぜられる。同年右中将を辞す。正和元(1312)年従三位に進み参議に任ぜられ、同2年に辞す。 典:公補

源親教 みなもとの・ちかのり

鎌倉時代の人、非参議。生没年不明。

権中納言源資平の三男。兄に顕資・親平がいる。大蔵卿に任ぜられ、のちこれを辞す。元亨元(1321)年従三位に叙されるも、嘉暦3(1328)年に出家。 典:公補

源国資 みなもとの・くにすけ

鎌倉時代の人、参議。生没年不明。初名=信資。

参議源親平の子。初め信資と名乗る。永仁6(1298)年従五位下に叙され、嘉元3(1305)年右兵衛権佐に任ぜられる。同年国資と改名。同4年従五位上に進み、徳治2(1307)年右兵衛権佐を辞す。同年右少将に任ぜられる。同3年正五位下、延慶3(1310)年従四位下、応長元(1311)年従四位上に進み左中将、正和2(1313)年右中将に任ぜられる。同3年正四位下に進み、元亨4(1324)年宮内卿・蔵人頭に任ぜられる。嘉暦元(1326)年参議に任ぜられる。同2年従三位に進む。同年宮内卿を辞す。同3年越前権守に任ぜられ任職を辞す。元徳2(1330)年正三位に進むも、建武3(1336)年より公補に名が見えなくなる。のち越後権守に任ぜられ暦応4(1341.興国2)年に公補に名が出たが翌年より再び名が見えなくなる。 典:公補

源雅方 みなもとの・まさかた

南北朝時代の人、非参議。生没年不明。

右中将に任ぜられ、のちこれを辞す。応安2(1369.正平24)年従三位に叙され、永和3(1377.天授3)年に出家。 典:公補

源長具 みなもとの・ながとも

南北朝時代の人、非参議。生年不明～応安6(1373.文中2)年11月26日没。

右中将に任ぜられ、のちこれを辞す。応安2(1369.正平24)年従三位に叙され、同4年左兵衛督に任ぜられ、同6年に辞す。 典:公補

源家3(一名・宇多源氏)

源雅信 みなもとの・まさのぶ

平安時代の人、左大臣。延喜20(920)年生～正暦4(993)年7月29日没。74才。法名=覚実。通称=一条左大臣。号=鷹司。

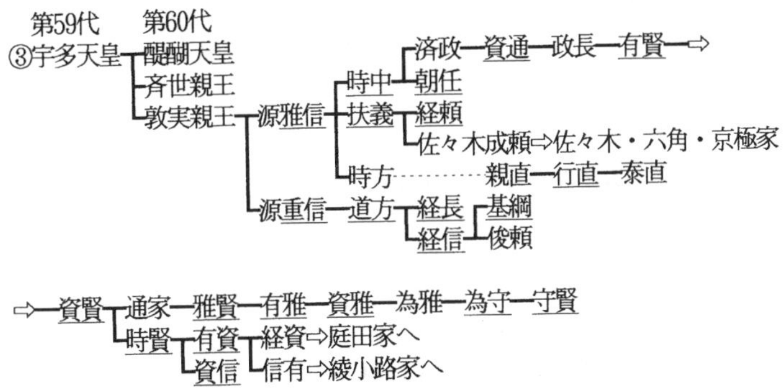

第59代宇多天皇の孫。一品・式部卿敦実親王(法名=覚真)の三男、母は左大臣藤原時平の娘。弟に重信がいる。源朝臣の氏姓を賜る。承平6(936)年従四位下に叙され、天慶元(938)年侍従、同3年右権中将、同6年大和権守に任ぜられる。同8年従四位上に進み、天暦2(948)年蔵人頭、同3年近江権守、同4年春宮亮に任ぜられる。同5年参議に任ぜられる。同6年伊予権守に任ぜられ、同10年に辞す。天徳2(958)年近江権守・治部卿に任ぜられる。応和2(962)年従三位に進み、同3年播磨権守に任ぜられる。康保4(967)年に辞す。同年左兵衛督、安和元(968)年播磨守に任ぜられ正三位に進み、天禄元(970)年備前権守に任ぜられ権中納言に任ぜられ更に中納言に任ぜられ左衛門督・按察使に任ぜられる。同3年左衛門督を辞す。同年大納言に任ぜられる。天延3(975)年按察使を辞す。貞元2(977)年右大臣に任ぜられ皇太子伝となる。更に同3年左大臣に任ぜられる。天元2(979)年正二位に進み東宮伝、同3年再び皇太子伝、同5年再び東宮伝に任ぜられ、寛和3(987)年に辞す。同年従一位に進む。正暦4年病気で出家。没後に正一位を賜る。仁和寺八十八所霊場の成就山の山腹に雅信の墓と伝える巨岩がある。和歌・雅楽に長じた。子に時中・扶義・五辻時方がいる。　典：伝日・京都・日名・公補

源重信　みなもとの・しげのぶ

平安時代の人、左大臣。延喜22(922)年生～長徳元(995)年5月8日没。74才。通称=六条左大臣。

第59代宇多天皇の孫。一品・式部卿敦実親王(法名=覚真)の四男、母は左大臣藤原時平の娘。兄に雅信がいる。源朝臣の氏姓を賜る。承平7(937)年従四位下に叙され、天慶4(941)年侍従、同8年左馬頭、天暦2(948)年美作守に任ぜられる。同5年従四位上に進み右近権中将、同6年美濃権守、同9左兵衛督、同11年内蔵権頭・修理大夫に任ぜられる。天徳4(960)年参議に任ぜられる。応和元(961)年備中守に任ぜられ正四位下に進み、同2年近江権守に任ぜられる。同3年従三位に進み、康保3(966)年近江権守を辞す。同4年左兵衛督、安和元(968)年播磨権守に任ぜられ、同2年権守を辞す。天禄元(970)年伊予権守・大蔵卿に進み、同3年正三位に進み権中納言に任ぜられる。天延2(974)年皇太后宮大夫に任ぜられる。同3年中納言に任ぜられる。天元元(978)年大納言に任ぜられる。同4年従二

位より正二位に進み、同6年按察使に任ぜられる。寛和2(986)年従一位に進み太皇太后宮大夫に任ぜられ、永延2(988)年按察使を辞す。正暦2(991)年右大臣に任ぜられる。同5年左大臣に任ぜられ、更に皇太子伝に任ぜられる。没後に正一位を賜る。子に道方がいる。
典：伝日・日名・公補

源時中　みなもとの・ときなか

平安時代の人、大納言。天慶6(943)年生～長保3(1001)年12月20日没。59才。

左大臣源雅信の長男。母は従四位上・右大弁源公忠朝臣の娘。弟に扶義・五辻時方がいる。天徳2(958)年右衛門尉、同4年右近衛将監に任ぜられる。同5年従五位下に叙され、応和2(962)年讃岐権介・侍従、康保3(966)年右兵衛佐、同4年左少将、同5年備後権介に任ぜられる。安和元(968)年従五位上に進み、同2年右少将に任ぜられる。天禄3(972)年正五位下、同4年従四位下に進み備前権守・右中将に任ぜられる。天延2(974)年備前権守を辞す。同年讃岐権守、同3年備後権守、更に貞元2(977)年播磨権守に転じ、同3年内蔵頭に任ぜられる。天元2(979)年従四位上に進み、同6年美作守に任ぜられる。永観2(984)年正四位下に進み、寛和2(986)年大蔵卿・春宮権亮・皇太后宮権大夫に任ぜられる。同年右中将・内蔵頭・春宮権亮を辞す。同年正三位に進み更に参議に任ぜられる。同3年大蔵卿を辞す。同年左兵衛督、永延2(988)年美濃権守に任ぜられる。正暦2(991)年皇太后宮権大夫・左兵衛督を辞す。同年右衛門督に任ぜられる。同3年権中納言に任ぜられる。同年右衛門督を辞す。長徳元(995)年中納言に任ぜられ、更に同2年大納言に任ぜられる。同3年按察使に任ぜられる。長保2(1000)年従二位に進み中宮大夫に任ぜられる。同3年に病気となり任職を辞し出家。子に済政・朝任がいる。　典：公補

源扶義　みなもとの・たすよし

平安時代の人、参議。天暦5(951)年生～長徳4(998)年7月25日没。48才。

左大臣源雅信の四男、母は大納言藤原元方の娘。兄に時中、弟に五辻時方がいる。天延3(975)年文章生となる。貞元2(977)年蔵人・図書助、同3年式部少丞に任ぜられる。天元3(980)年従五位下に叙され遠江権守、同5年安芸権守、同6年河内守に任ぜられる。永観2(984)年従五位上、寛和2(986)年正五位下に進み、永延元(987)年右少弁、同2年左少弁に任ぜられる。正暦元(990)年従四位下に進み左中弁・中宮権亮、同2年播磨権守・蔵人頭に任ぜられる。従四位上に進み、同3年内蔵頭に任ぜられ正四位下に進み、同4年中宮権大夫に任ぜられる。同5年参議に任ぜられ右大弁に任ぜられる。長徳元(995)年美作守、同2年左大弁、同3年大蔵卿に任ぜられる。子に経頼・佐々木成頼がいる。　典：公補

源道方　みなもとの・みちかた

平安時代の人、権中納言。安和2(969)年生～寛徳元(1044)年9月25日没。76才。

左大臣源重信の五男、母は左大臣源高明の娘。寛和2(986)年従五位下に叙され、永延元(987)年侍従、同2年右兵衛権佐、正暦元(990)年少納言に任ぜられる。同4年従五位上に進み紀伊権介に任ぜられる。長徳4(998)年正五位下に進み左少弁、長保元(999)年右中弁に任ぜられる。同2年従四位下より従四位上に進み、同3年信濃権守・左中弁、同4年宮内卿に任ぜられる。寛弘元(1004)年正四位下に進み、同4年備中権守・蔵人頭に任ぜられ

正四位上に進み、同6年播磨守・右大弁、同8年左大弁・勘解由長官に任ぜられる。長和元(1012)年播磨守・蔵人頭を辞す。同年参議に任ぜられる。同2年従三位より正三位に進み、同3年美作守に任ぜられる。寛仁元(1017)年これと勘解由長官を辞す。同2年従二位に進み、同3年伊予権守に任ぜられ、同4年これと左大弁を辞す。同年権中納言、皇太后宮権大夫に任ぜられ、万寿3(1026)年に辞す。長元2(1029)年大宰権帥に任ぜられ正二位に進み、同6年大宰権帥を辞す。同8年民部卿に任ぜられる。同9年大嘗会御禊次第司御前長官となる。長久4(1043)年権中納言を辞す。子に経長・経信がいる。　典：公補

源朝任　みなもとの・ともとう

平安時代の人、参議。永祚元(989)年生～長元7(1034)年9月16日没。46才。

大納言源時中の三男、母は参議藤原安親の娘。兄に済政がいる。長保5(1003)年従五位下に叙され侍従・左兵衛佐に任ぜられる。寛弘3(1006)年従五位上に進み少納言、同7年蔵人・右少将より左権少将に任ぜられる。同8年正五位下に進み、同9年美作権介に任ぜられる。長和2(1013)年従四位下に進み、同3年右中将に任ぜられる。同5年従四位上より正四位下に進み、同6年備前権守・左中将、寛仁2(1018)年備後権守、同3年蔵人頭に任ぜられる。治安3(1023)年参議に任ぜられる。万寿2(1025)年備中権守、同3年右兵衛督に任ぜられ、長元元(1028)年備中権守を辞す。同2年従三位に進み備前守・別当に任ぜられる。典：公補

源経頼　みなもとの・つねより

平安時代の人、参議。貞元元(976)年生～長暦3(1039)年8月28日没。64才。

参議源扶義の次男。母は左大臣源雅信孫で讃岐守源是輔の娘。弟に佐々木成頼がいる。長徳4(998)年従五位下に叙され、寛弘2(1005)年玄蕃頭、同6年侍従に任ぜられる。同7年従五位上に進み少納言、同8年和泉守、長和3(1014)年左少弁に任ぜられる。同4年正五位上に進み、同5年蔵人、寛仁2(1018)年近江守に任ぜられ蔵人を辞す。同3年右中弁に任ぜられる。同4年従四位下より従四位上に進み内蔵頭・権左中弁に任ぜられる。治安2(1022)年正四位下に進み中宮亮、同3年左中弁、同4年丹波守に任ぜられ造大安寺長官となり、長元2(1029)年右大弁・蔵人頭に任ぜられ、同3年参議に任ぜられる。同4年近江権守に任ぜられる。同5年従三位に進み、同8年近江権守を辞す。同年兵部卿・中宮権大夫に任ぜられ、同9年中宮権大夫を辞す。長暦元(1037)年伊予権守、同2年左大弁に任ぜられ従三位に進み、同3年勘解由長官になる。　典：公補

源経長　みなもとの・つねなが

平安時代の人、権大納言。寛弘2(1005)年生～延久3(1071)年6月6日没。67才。

権中納言源道方の四男、母は従四位上・播磨守源国盛の娘。弟に経信がいる。寛仁4(1020)年雅楽助、治安2(1022)年蔵人、同3年式部少丞に任ぜられる。万寿元(1024)年従五位下に進み左馬助、同2年少納言に任ぜられる。同4年従五位上に進み、長元2(1029)年蔵人、同3年紀伊権守・左少弁、同5年防鴨河使に任ぜられる。同6年正五位下に進み斎院長官、同8年和泉守・右中弁に任ぜられる。同9年従四位下より従四位上に進む。同年斎院長官を辞す。長暦2(1038)年権左中弁に任ぜられ正四位下に進み、同3年左中弁、長久

2(1041)年左京大夫・伊予権守より周防権守、同3年蔵人頭・宮内卿に任ぜられる。同4年蔵人頭を辞す。同年参議に任ぜられる。寛徳元(1044)年美作権守に任ぜられ従三位に進み、同2年右大弁に任ぜられる。同年左京大夫を辞す。永承元(1046)年次第司長官となり、同2年正三位に進み勘解由長官、同4年近江権守、同5年右大弁に任ぜられ従二位に進む。同7年播磨権守、天喜4(1056)年備後権守進む。康平元(1058)年これと右大弁を辞す。同年権中納言に任ぜられる。同6年正二位に進み、治暦元(1065)年皇后宮権大夫、同2年皇后宮大夫、同4年更に中宮大夫に転じ、大嘗会装束司長官となり、延久元(1069)年再び皇太后宮大夫に転じ、権大納言に任ぜられる。同3年病気となり任職を辞し出家。　典：公補

源資通　みなもとの・すけみち

平安時代の人、参議。寛弘2(1005)年生～康平3(1060)年8月23日没。56才。

大納言源時中の孫。従三位源済政の長男。母は正四位上・摂津守源頼光朝臣の娘。長和5(1016)年大膳亮、寛仁4(1020)年蔵人、治安元(1021)年右衛門少尉、同2年式部少丞・侍従に任ぜられ従五位下に叙され、同3年左馬助、同4年左兵衛佐に任ぜられる。万寿2(1025)年従五位上に進み、同3年民部少輔に任ぜられる。同4年正五位下に進み、長元元(1028)年左少弁、同3年右中弁、同4年和泉守に任ぜられ従四位下、同7年従四位上に進み、同8年権左中弁、同9年右京大夫・摂津守に任ぜられる。同年右京大夫を辞す。長暦元(1037)年正四位下に進み、同2年左中弁、同3年右大弁、長久4(1043)年蔵人頭に任ぜられる。同5年正四位上に進み近江権守に任ぜられる。同年蔵人頭を辞す。同年参議に任ぜられる。寛徳2(1045)年左大弁に任ぜられる。永承元(1046)年従三位に進み、同4年播磨権守、同5年太宰大弐に任ぜられ左大弁・播磨権守を辞す。同年正三位に進み、天喜2(1054)年大弐を辞す。同4年美作権守に任ぜられる。同5年従二位に進み、康平元(1058)年兵部卿・勘解由長官に任ぜられる。同年兵部卿を辞す。同3年病気となり出家。子に政長がいる。　典：日名・公補

源経信　みなもとの・つねのぶ

平安時代の人、大納言。長和5(1016)年生～承徳元(1097)年1月6日没。82才。通称＝桂大納言。

権中納言源道方の六男、母は従四位上・播磨守源国盛の娘。兄に経長がいる。長元3(1030)年叙爵。同6年三河権守に任ぜられる。同9年従五位上に進み、長暦2(1038)年刑部少輔、同3年少納言に任ぜられる。同4年正五位下、長久3(1042)年従四位下に進み、寛徳2(1045)年左馬頭に任ぜられる。永承4(1049)年従四位上、同8年正四位下に進み、天喜5(1057)年播磨介、康平3(1060)年右中弁、同6年権左中弁、同8年蔵人頭、治暦元(1065)年右大弁、同2年近江介に任ぜられる。同3年参議に任ぜられる。同4年伊予権守、延久元(1069)年中宮権大夫に任ぜられ従三位に進み、同2年大蔵卿に任ぜられる。同3年正三位に進み、同4年左大弁、同5年播磨権守、承保元(1074)年皇后宮大夫・勘解由長官に任ぜられる。同2年大蔵卿・播磨権守・勘解由長官を辞す。同年権中納言に任ぜられる。承暦元(1077)年正二位に進み、永保元(1081)年民部卿に任ぜられる。同3年権大納言に任ぜられる。更に寛治5(1091)年大納言に任ぜられる。同7年踏歌内弁となる。嘉保元(1094)年皇后宮大夫を辞す。同年大宰権帥に任ぜられる。同2年民部卿を辞す。同年太宰府に下向。

同年太宰府にて没す。日記に「師記」「都記」「糸言記」があり、歌集「師集」がある。琵琶は桂流の始祖。子に基綱・俊頼がいる。　典：伝日・古今・日名・公補

源基綱　みなもとの・もとつな

平安時代の人、権中納言。永承5(1050)年生～永久5(1117)年12月30日没。68才。

大納言源経信の次男。母は土佐守源貞亮朝臣の娘。弟に俊頼がいる。治暦元(1065)年大舎人権助、同3年式部少丞に任ぜられ従五位下に叙され、同5年治部少輔、延久2(1070)年少納言に任ぜられる。同4年従五位上に進み、承保2(1075)年土佐権守に任ぜられる。同3年正五位下に進み、同4年蔵人、永保元(1081)年右少弁、同6年左少弁、更に応徳元(1084)年右中弁に任ぜられる。同2年従四位下、寛治3(1089)年従四位上より正四位下に進み左中弁、同8年右大弁、承徳元(1097)年周防権守・蔵人頭に任ぜられる。同2年参議に任ぜられ左大弁に任ぜられる。康和元(1099)年勘解由長官に任ぜられる。同2年従三位に進み、同3年周防権守に任ぜられる。長治元(1104)年正三位に進み、嘉承元(1106)年権中納言に任ぜられる。天仁2(1109)年従二位に進み治部卿、永久4(1116)年大宰権帥に任ぜられ太宰府に赴任。琵琶の名手であった。　典：伝日・公補

源有賢　みなもとの・ありかた

平安時代の人、非参議。延久2(1070)年生～保延5(1139)年5月5日没。70才。

参議源資通の孫。正四位下・刑部卿・内蔵頭・備中守源政長の子。承暦3(1079)年叙爵。寛治3(1089)年中務大輔に任ぜられる。同5年従五位上に進み右少将、同6年備後権介に任ぜられる。同8年正五位下に進み、永長元(1096)年右少将に任ぜられる。同2年従四位下に進む。同年右少将を辞す。長治3(1106)年左京権大夫に任ぜられる。永久2(1114)年従四位上に進み、同6年三河守に任ぜられる。天治2(1125)年正四位下に進み阿波守、大治4(1129)年斎院長官、同5年但馬守に任ぜられる。天承元(1131)年斎院長官を辞す。同2年宮内卿に任ぜられる。同年左京権大夫を辞す。長承2(1133)年但馬守を辞す。同4年正四位上、保延2(1136)年従三位に進み、同5年阿波権守に任ぜられたが病気となり出家。子に資賢・時賢がいる。　典：大日・伝日・公補

源資賢　みなもとの・すけかた

平安・鎌倉時代の人、権大納言。永久元(1113)年生～文治4(1188)年2月26日没。76才。

非参議源有賢の長男。母は備中守高階為家朝臣の娘。弟に時賢がいる。保安4(1123)年従五位下に叙され、同5年丹波守、天承元(1131)年三川守・左兵衛権佐に任ぜられる。同2年斎院長官となり、長承2(1133)年従五位上、保延3(1137)年正五位下に進み、同4年左少将・越中守に任ぜられる。同5年従四位上、康治2(1143)年正四位下に進み、久安2(1146)年備後守に任ぜられる。同5年上総介に任ぜられる。保元元(1156)年に辞す。同2年宮内卿、同3年修理大夫に任ぜられる。同年宮内卿を辞す。応保元(1161)年従三位に進み、同2年有事に解官となり信濃国に配流される。永万元(1165)年許されて上洛し、仁安元(1166)年参議に任ぜられ近江権守に任ぜられ正三位に進む。嘉応2(1170)年権中納言に任ぜられる。承安3(1173)年従二位に進み、同4年按察使に任ぜられる。安元元(1175)年中納言に任ぜられ、同2年に辞す。治承2(1178)年再び中納言に任ぜられ、更に同3年権大納言に任

ぜられるも解官となり丹波国に移住し、養和元(1181)年許され上洛し再び権大納言に任ぜられ翌年に辞す。のち出家。子に通家・時賢がいる。　典：日名・公補

源雅賢　みなもとの・まさかた

平安・鎌倉時代の人、参議。生年不明〜建久3(1192)年9月没。

権大納言源資賢の孫。右少将源通家朝臣の子。母は皇嘉門院雑仕(真木屋)。永暦元(1160)年叙爵し上総介に任ぜられたが、応保2(1162)年解官となる。永万2(1166)年許されて土佐守に任ぜられる。仁安3(1168)年従五位上に進み右兵衛権佐、嘉応2(1170)年右少将に任ぜられる。同3年正五位下に進み土佐守・備中守に任ぜられる。承安3(1173)年従四位下、安元2(1176)年従四位上に進むも、治承3(1179)年再び解官。同5年許されて再び右少将に任ぜられる。養和2(1182)年正四位下に進み右中将、寿永2(1183)年播磨守に任ぜられるも解官。同3年許されて右中将、元暦2(1185)年蔵人頭に任ぜられる。文治元(1185)年参議に任ぜられる。同2年讃岐権守に任ぜられる。同3年従三位に進み、建久元(1190)年任職を辞す。同3年に出家。子に有雅がいる。　典：公補

源有雅　みなもとの・ありまさ

平安・鎌倉時代の人、権中納言。安元2(1176)年生〜承久3(1221)年7月29日没。46才。

参議源雅賢の子。文治5(1189)年侍従、建久元(1190)年右少将に任ぜられる。同8年従五位上に叙され、同9年美濃守に任ぜられる。正治元(1199)年正五位下、建仁元(1201)年従四位下、同3年従四位上に進み右中将に任ぜられる。元久元(1204)年正四位下に進み、承元2(1208)年蔵人頭に任ぜられ、同3年美濃守・蔵人頭を辞す。同年参議に任ぜられる。同4年従三位、建暦元(1211)年正三位に進み、同2年右兵衛督・別当に任ぜられ更に権中納言に任ぜられる。建保2(1214)年別当を辞す。同3年従二位に進み権中納言に辞す。同5年右兵衛督を辞す。同6年正二位に進み、承久3(1221)年46才で出家したが討幕に連座し宇治にて敗れ下関に逃れたが捕らえられ甲斐国稲積小瀬にて斬られる。神楽・和琴・催馬楽などと蹴鞠に長じた。子に資雅がいる。　典：伝日・日名・公補

源時賢　みなもとの・ときかた

平安・鎌倉時代の人、非参議。安元2(1176)年生〜建長7(1255)年9月5日没。80才。

権大納言源資賢の三男、母は右大臣徳大寺公能の娘。兄に通家(雅賢の父)がいる。建久元(1190)年中務権少輔に任ぜられる。建仁元(1201)年従五位上に叙され、元久元(1204)年右少将、同2年越後介に任ぜられる。建永2(1207)年正五位下に進み、承元3(1209)年安芸介、建暦元(1211)年中将・近江介に任ぜられ従四位上、建保4(1216)年正四位下、貞応元(1222)年従三位、貞永元(1232)年正三位、嘉禎3(1237)年従二位に進み、仁治2(1241)年に66才で出家。子に有賢・資信がいる。　典：公補

源資雅　みなもとの・すけまさ

鎌倉時代の人、非参議。生没年不明。

権中納言源有雅の長男。母は権中納言藤原範光の娘。元久2(1205)年叙爵。承元3(1209)年侍従に任ぜられる。同4年従五位上に進み、建保元(1213)年周防権介に任ぜられる。同2年正五位下に進み、同4年左少将、同5年丹後介に任ぜられる。同6年従四位下に進み、

承久2(1220)年右中将に任ぜられ従四位上に進み、同3年伊予権介に任ぜられる。貞応元(1222)年正四位下に進み、嘉禄2(1226)年丹波権介、のち蔵人頭に任ぜられる。貞永元(1232)年従三位に進み、仁治3(1242)年に出家。子に為雅、孫に為守がいる。 典：公補

源有資 みなもとの・ありすけ

鎌倉時代の人、権中納言。元久元(1204)年生～文永9(1272)年7月20日没。69才。

非参議源時賢の長男。弟に資信がいる。元久3(1206)年叙爵。建保4(1216)年侍従に任ぜられる。承久元(1219)年従五位上に進み、同2年阿波権介・右少将に任ぜられる。同3年正五位下、貞応2(1223)年従四位下に進み左少将、元仁2(1225)年丹後権介に任ぜられる。安貞元(1227)年従四位下、寛喜2(1230)年正四位下に進み越中介・左中将、暦仁元(1238)年右兵衛督に任ぜられ従三位に進み、延応元(1239)年正三位、宝治2(1248)年従二位に進み、建長元(1249)年参議に任ぜられる。同2年備前権守に任ぜられる。同4年任職を辞す。同6年正二位に進み、文永5(1268)年権中納言に任ぜられるも辞す。同年按察使に任ぜられる。同7年これを辞す。同9年に出家。子に庭田経資・姉小路信有がいる。 典：公補

源資信 みなもとの・すけのぶ

鎌倉時代の人、非参議。生没年不明。

非参議源時賢の次男。兄に有資がいる。承久元(1219)年叙爵し侍従、貞応2(1223)年伊予介に任ぜられる。嘉禄3(1227)年従五位上、文暦元(1234)年正五位下、嘉禎4(1238)年従四位下、延応元(1239)年従四位上に進み、仁治3(1242)年左少将に任ぜられる。寛元元(1243)年正四位下に進み、同2年左中将、同4年美濃守に任ぜられる。建長2(1250)年従三位に進み翌年に出家。 典：公補

源為守 みなもとの・ためもり

鎌倉時代の人、非参議。生没年不明。

非参議源資雅の孫。正四位下・右少将源為雅朝臣の子。母は亀山院大輔局。弘安9(1286)年叙爵。正応2(1289)年従五位上に進み、同3年侍従、同4年兵衛権佐に任ぜられる。同5年正五位下に進み、永仁2(1294)年右少将に任ぜられる。同4年従四位下、正安元(1299)年従四位上に進み、同3年近江介に任ぜられ正四位下に進み、嘉元2(1304)年右少将を辞す。正和5(1316)年従三位に進み、嘉暦2(1327)年に出家。子に守賢がいる。 典：公補

源守賢 みなもとの・もりかた

鎌倉・南北朝時代の人、非参議。嘉元2(1304)年生～没年不明。

非参議源為守の子。延慶3(1310)年叙爵。正和元(1312)年従五位上に進み、元亨2(1322)年侍従、同3年右兵衛佐に任ぜられる。正中2(1325)年に辞す。嘉暦2(1327)年正五位下、元徳2(1330)年従四位下に進み、元弘3(1333)年右少将、同4年下野権介に任ぜられる。建武元(1334)年従四位上に進み、同2年右馬頭に任ぜられる。同4年に辞す。同5年権介・少将を辞す。暦応2(1339)年正四位下に進み、同3年右中将に任ぜられる。文和2(1353.正平8)年従三位に進み兵部卿に任ぜられ、同3年に辞す。翌年に52才で出家。 典：公補

源行直　みなもとの・ゆきなお

鎌倉・南北朝時代の人、非参議。生年不明～康永元(1342.興国3)年8月21日没。

従四位上・修理権大夫源親直朝臣の子。延慶元(1308)年従五位下に叙され、同3年正五位下に進み讃岐権守、文保2(1318)年大膳大夫に任ぜられたが大夫を辞す。元応元(1319)年従四位下に進む。元亨元(1321)年宮内卿に任ぜられたが、同2年に辞す。正中元(1324)年従四位上に進み、嘉暦元(1326)年因幡守・木工頭に任ぜられたが、同2年木工頭を辞す。元徳元(1329)年正四位下に進む。同年因幡守を辞す。建武元(1334)年従三位に進む。　典：公補

源家（他系）

第71代後三条天皇—輔仁親王—源有仁

第83代土御門天皇—宗尊親王—源惟康

第84代順徳天皇—忠成王—源彦仁—忠房—彦良

第88代後嵯峨天皇—＊—宗尊親王—真学……源宗治

第89代後深草天皇—久明親王—源久良—宗明

白川資基王—源康仲

土御門顕方—土御門通継—源雅成

堀川基俊—源基明

北畠師重—源持房

源有仁　みなもとの・ありひと

平安時代の人、左大臣。康和5(1103)年生～久安3(1147)年2月13日没。45才。幼名＝梅若丸。法名＝成覚。号＝花園左大臣。

第71代後三条天皇の孫。第三皇子の輔仁親王の子。母は大納言源師忠の娘。永久3(1115)年元服し源の氏姓を賜り従三位に叙され右中将に任ぜられ更に権中納言に任ぜられる。更に保安元(1120)年権大納言に任ぜられる。同2年右大将に任ぜられ正三位より従二位に進み、更に同3年正二位に進み内大臣に任ぜられる。天承元(1131)年従一位に進み右大臣に任ぜられる。保延元(1135)年左大将、同2年左馬寮御監に任ぜられ更に左大臣に任ぜられる。同3年左馬寮御監を辞す。同5年左大将を辞す。久安3(1147)年病気の為に左大臣を辞し出家。墓は京都右京区大原野石作町の金蔵寺。　典：日名・公補

源惟康　みなもとの・これやす

鎌倉時代の人、中納言・征夷大将軍。文永元(1264)年生〜没年不明。後名=惟康親王。

第83代土御門天皇の孫。一品・中務卿宗尊親王の子。母は摂政・関白・太政大臣近衛兼経の娘。文永3(1266)年従四位下に進み征夷大将軍に任ぜられる。同7年源朝臣の氏姓を賜り従三位に進み左中将、同8年尾張権守に任ぜられる。同9年従二位に進み、建治2(1276)年讃岐権守に任ぜられる。弘安2(1279)年正二位進む。同年讃岐権守を辞す。同10年権中納言より中納言に任ぜられ、更に右大将に任ぜられたが二品を賜り親王となる。　典:公補

源彦仁　みなもとの・ひこひと

鎌倉時代の人、非参議。生年不明〜永仁6(1298)年3月23日没。

第84代順徳天皇の孫。忠成王の子。源朝臣の氏姓を賜り、永仁4(1296)年従四位下に叙され侍従に任ぜられる。同5年従四位上より従三位に進み更に正三位に進み左中将に任ぜられる。子に忠房がいる。　典：公補

源忠房　みなもとの・ただふさ

鎌倉時代の人、権中納言。生没年不明。

第84代順徳天皇の曾孫。忠成王の孫。非参議源彦仁の子。母は関白・左大臣二条良実の娘。源朝臣の氏姓を賜り、正安3(1301)年正五位下に叙され元服し左少将に任ぜられる。乾元元(1302)年従四位下より従四位上に進み更に従三位、嘉元3(1305)年正三位に進み、徳治元(1306)年左中将に任ぜられ更に権中納言に任ぜられ、延慶2(1309)年に辞す。正和5(1316)年従二位に進み、元応元(1319)年無品として親王となる。元応元(1319)年弾正尹に任ぜられる。正中元(1324)年に出家。　典：公補

源彦良　みなもとの・げんりょう

鎌倉・南北朝時代の人、参議。元亨元(1321)年生〜没年不明。別読=ひこよし。

第84代順徳天皇の裔。忠成王の曾孫。非参議源彦仁の孫。非参議源忠房(忠房親王)の子。母は権大納言小倉実教の娘。元弘3(1333)年従四位下に叙され左少将より左中将に任ぜられる。建武元(1334)年従四位上より従三位に進み安芸権介に任ぜられ、同2年に辞す。康永元(1342.興3)年正三位に進み、貞和5(1349.正平4)年参議に任ぜられも辞す。同年従二位に進む。永和3(1377)年に出家。　典：日名・公補

源宗治　みなもとの・むねはる

鎌倉・南北朝時代の人、非参議。元応元(1319)年生〜貞和元(1345.興国6)年2月没。27才。

第88代後嵯峨天皇の曾孫。一品・中務卿宗尊親王の子。源朝臣の氏姓を賜り、左中将に任ぜられる。延元元(1336)年従三位に叙され、康永3(1344.興国5)年左中将を辞す。鎮西にて没す。　典：日名・公補

源久良　みなもとの・ひさよし

鎌倉時代の人、非参議。延慶3(1310)年生〜没年不明。後名=久良親王。

第89代後深草天皇の孫。式部卿・一品久明親王の子。兄に征夷大将軍・二品守邦親王がいる。嘉暦3(1328)年源朝臣の氏姓を賜り従三位に叙され右中将、元徳元(1329)年左中将に進むも、同2年に親王となる。子に宗明がいる。　典：公補

源宗明　みなもとの・むねあき

鎌倉・南北朝時代の人、権大納言。嘉元元(1303)年生～没年不明。77才。

第89代後深草天皇の曾孫。式部卿・一品久明親王の孫。非参議源久良(のち久良親王)の子。暦応元(1338)年従四位下に叙され源の氏姓を賜り侍従、同2年左近中将に任ぜられる。同3年正四位下、貞和元(1345.興国6)年正三位に進み、同2年権中納言に任ぜられる。更に同4年従二位に進み権大納言に任ぜられ、文和3(1354.正平9)年に辞す。同4年正二位、延文5(1360.正平15)年従一位に進み、康暦元(1379.天授5)年に77才で出家。　典：公補

源康仲　みなもとの・やすなか

鎌倉時代の人、非参議。正嘉2(1258)年生～徳治元(1306)年6月16日没。49才。号＝三条源三位。

従二位・侍従白川資基王の三男、大炊助大友親秀法師の娘。兄に白川資基王がいる。康元年間に従五位上に叙され、弘安2(1279)年兵部少輔に任ぜられたが少輔を辞す。同5年左少将に任ぜられる。同7年正五位下、同9年従四位下、正応元(1288)年従四位上より正四位下に進み、同4年上野権介任ぜられる。永仁5(1297)年に辞す。同年右中将に任ぜられる。嘉元元(1303)年に辞す。同3年従三位に進む。西宮にて没す。　典：公補

源雅成　みなもとの・まさなり

鎌倉時代の人、非参議。生没年不明。

権大納言土御門顕方の孫。侍従土御門通継の子。右中将に任ぜられ、のちこれを辞す。元応2(1320)年従三位に叙される。　典：公補

源基明　みなもとの・もとあき

鎌倉時代の人、非参議。生年不明～元応元(1319)年没。

権大納言堀川基俊の子。正安元(1299)年叙爵し侍従に任ぜられ、同2年従五位上に進み、嘉元元(1303)年左少将に任ぜられる。同2年正五位下、同3年従四位下、徳治2(1307)年従四位上、延慶2(1309)年正四位下、正和元(1312)年従三位に進み右中将に任ぜられる。文保2(1318)年正三位に進み、元応元(1319)年に解官。　典：公補

源持房　みなもとの・もちふさ

鎌倉時代の人、参議。永仁2(1294)年生～没年不明。初名＝師国。

権大納言北畠師重の子。母は参議藤原忠継の娘。初め師国と名乗る。永仁4(1296)年叙爵。同5年従五位上、同6年正五位に進む。同年持房と改名。正安3(1301)年従四位下に進み侍従、嘉元3(1305)年安芸権介に任ぜられる。延慶2(1309)年従四位上、同4年正四位下に進み、正和元(1312)年左少将に任ぜられる。同3年従三位に進み、同5年再び侍従に任ぜられる。文保2(1318)年正三位に進み参議に任ぜられる。元応元(1319)年越前権守に任ぜ

られ従二位に進むも参議を辞す。同2年越前権守を辞す。同年右衛門督に任ぜられたが、元亨2(1322)年に辞す。元弘元(1331)年に38才で出家。 典：公補

源家(系譜不明)

源経治 みなもとの・つねはる

南北朝時代の人、非参議。生没年不明。

左中将に任ぜられ正三位に叙される。建武4(1337.延元2)年より公補に名が見えるが、暦応2(1339.延元4)年より名が見えない。 典：公補

源良定 みなもと・よしさだ

南北朝時代の人、非参議。生没年不明。

能登権守に任ぜられ従三位に叙され、建武4(1337.延元2)年能登権守を辞す。暦応2(1339.延元4)年より名が見えない。 典：公補

源通敏 みなもとの・みちとし

南北朝・室町時代の人、参議。生没年不明。初名=通清。

初め通清と名乗る。右中将に任ぜられ従四位上に叙され、永徳元(1381.弘和元)年参議に任ぜられ、同2年に辞す。至徳2(1385.元中2)年正四位下に進む。康応元(1389.元中6)年通敏と改名。応永17(1410)年より公補に名が見えない。 典：公補

源仲興 みなもとの・なかおき

室町時代の人、非参議。生年不明～応永13(1406)年1月26日没。

宮内卿を辞す。応永13(1406)年従三位に叙される。 典：公補

源雅茂 みなもとの・まさしげ

室町時代の人、参議。生没年不明。初名=雅秀。

初め雅秀と名乗る。応永29(1422)年に従三位として名が現れる。同34年正三位に進み、永享元(1429)年雅茂と改名。同3年参議に任ぜられるも出家。 典：公補

源為治 みなもとの・ためはる

室町時代の人、非参議。生没年不明。

従四位上源重治朝臣の子。応永28(1421)年叙爵。のち信濃権守、同32年左近衛将監、永享10(1438)年中務丞に任ぜられる。嘉吉元(1441)年従五位下より従五位上に進み、のち能登守・右馬頭・弾正大弼に任ぜられ正四位下、文明元(1469)年従三位に進むも、同8年より公補に名が見えない。 典：公補

源定兼 みなもとの・さだかね

室町時代の人、非参議。生没年不明。

少将源定清朝臣の子。文安4(1447)年従三位に叙され、宝徳元(1449)年侍従に任ぜられる。同2年正三位に進み、同3年兵部卿に任ぜられる。享徳2(1453)年従二位に進み、寛正6(1465)年に出家。 典：公補

源盛治　みなもとの・もりはる

室町時代の人、非参議。生没年不明。

長禄2(1458)年従三位に叙され翌年に出家。　典：公補

源仲重　みなもとの・なかしげ

室町時代の人、非参議。生没年不明。

寛正4(1463)年従三位に叙され、文正元(1466)年より公補に名が見えない。　典：公補

源康俊　みなもとの・やすとし

室町時代の人、非参議。生没年不明。

文明元(1469)年従三位に叙されるも、同2年に出家。　典：公補

源長盛　みなもとの・ながもり

室町時代の人、非参議。生没年不明。

従三位に叙され、天文22(1553)年より公補に名が見え、弘治元(1555)年より公補に名が見えない。　典：公補

源和広　みなもとの・かずひろ

江戸時代の人、非参議。宝永3(1706)年生～安永4(1774)年閏12月14月没。69才。

元候九条家に奉じ、安永4(1774)年従三位に叙される。　典：公補

源仲章　みなもとの・なかあき

江戸時代の人、非参議。宝永4(1707)年生～天明5(1785)年6月25日没。79才。

元候久我家に奉じ、安永9(1780)年従三位に叙される。　典：公補

源寛親　みなもとの・ひろちか

江戸時代の人、非参議。正徳4(1714)年生～安永9(1780)年9月23日没。67才。

元候九条家に奉じ、安永9(1780)年従三位に叙される。　典：公補

源義連　みなもとの・よしつら

江戸時代の人、非参議。元文4(1739)年生～文化3(1806)年1月19日没。68才。

元候九条家に奉じ、文化3(1806)年従三位に叙される。　典：公補

源常政　みなもとの・つねまさ

江戸時代の人、非参議。享保12(1727)年生～文化6(1809)年10月12日没。83才。

元候三条家に奉じ、文化4(1807)年従三位に叙される。　典：公補

源元貞　みなもとの・もとさだ

江戸時代の人、非参議。明和8(1771)年生～嘉永元(1848)年5月23日没。78才。

元候広幡家に奉じ、嘉永元(1848)年従三位に叙される。　典：公補

○三原家

三原春上　みはらの・はるがみ

奈良・平安時代の人、参議。宝亀5(774)年生～承和10(843)年12月18日没。70才。姓(かばね)=朝臣。

第40代天武天皇の皇子一品新田部親王の裔。従五位上・尾張守弟平(弟平王)の長男。父と共に三原朝臣を賜り、大同4(809)年弾正大忠、弘仁2(811)年民部大丞より式部大丞、同8年蔵人、同9年式部少丞に任ぜられる。同11年従五位下に叙され伊賀守、同14年中務少輔・右少弁・主殿頭に任ぜられる。同年右少弁を辞す。のち従五位上に進み、天長元(824)年下総守に任ぜられ正五位下、同2年従四位下に進み兵部大輔・蔵人頭・弾正少弼に任ぜられる。同3年弾正大弼に任ぜられる。同年兵部大輔を辞す。同5年参議に任ぜられる。同6年右大弁に任ぜられる。同年弾正大弼を辞す。同7年相模守・式部大輔に任ぜられる。同年右大弁を辞す。同8年従四位上に進み式部大輔を辞す。のち再び弾正大弼に任ぜられ、同9年大弼・相模守を辞す。同年治部卿に任ぜられる。同10年正四位下に進み、承和元(834)年治部卿を辞し、三たび弾正大弼に任ぜられる。同6年伊勢守に任ぜられる。

典：古代・公補

○壬生家

〈源系〉

第62代村上天皇……源師房……源雅言┳源雅憲━壬生雅康━雅顯
　　　　　　　　　　　　　　　　　┗壬生頼言

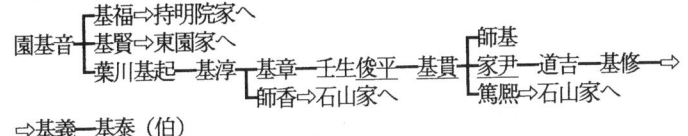

〈藤原系〉

　　　　┏基福⇨持明院家へ
園基音╋基賢⇨東園家へ
　　　　┗葉川基起━基淳┳基章━壬生俊平━基貫┳師基
　　　　　　　　　　　　┗師香⇨石山家へ　　　┣家尹━道吉━基修━⇨
　　　　　　　　　　　　　　　　　　　　　　　┗篤熈⇨石山家へ

⇨基義━基泰（伯）

源系の壬生家は第62代村上天皇の裔、鎌倉時代の権大納言源雅言より誕生するが短命に終わる。藤原系の壬生家は江戸時代の葉川基章の子俊平が、いにしえの源系の壬生を慕い、壬生を氏姓とした。明治に至り華族に列され子爵を授かる。本姓は藤原。家紋は杜若(かきつばた)。菩提寺は京都左京区浄土寺真如町の松林院。古文書として壬生家文書が残されている。

壬生家(源系)

壬生雅康　みぶ・まさやす

鎌倉・南北朝時代の人、権中納言。弘安9(1286)年生～貞和3(1347.正平2)年2月22日没。62才。法名=蓮覚。源氏壬生家の祖。

第62代村上天皇の裔。権大納言源雅言の孫。権中納言源雅憲の子。弘安9(1286)年従五位下に叙され、正応元(1288)年従五位上に進み侍従に任ぜられ、同2年正五位下に進み、永仁6(1298)年下総介、嘉元元(1303)年蔵人に任ぜられ、同3年従四位下に進む。同年右少将に任ぜられ、徳治2(1307)年に辞す。同年従四位上に進み、延慶元(1308)年左宮城使・左中弁、同2年右大弁・右京大夫・造東大寺長官に任ぜられ正四位下より正四位上に進む。同年右京大夫を辞す。同3年左大弁に任ぜられ従三位に進む。同年左京弁を辞す。応長元(1311)年参議に任ぜられる。正和元(1312)年周防権守に任ぜられる。同2年大蔵卿に任ぜられるも辞す。同3年正三位、同5年従二位に進む。同年権中納言に任ぜられるも辞す。文保元(1317)年兵部卿に任ぜられ、元亨元(1321)年正二位に進み、同2年治部卿に任ぜられ、嘉暦2(1327)年に辞す。貞和3(1347)年出家。子に雅顕がいる。　典：公補

壬生頼言　みぶ・よりこと

鎌倉・南北朝時代の人、非参議。生没年不明。

第62代村上天皇の裔。権大納言源雅言の子。兄に源雅憲がいる。正応元(1288)年叙爵。同3年従五位上に進み、同4年木工頭に任ぜられ、同5年正五位下、永仁2(1294)年従四位下に進み、同3年木工頭を辞す。同4年従四位上、同5年正四位下に進み、正安3(1301)年左京大夫に任ぜられ、嘉元元(1303)年に辞す。正和2(1313)年従三位に進み、嘉暦元(1326)年出家。　典：公補

壬生雅顕　みぶ・まさあき

鎌倉・南北朝時代の人、参議。徳治元(1306)年生～貞和5(1349.正平4)年5月12日没。44才。

権中納言壬生雅康の子。延慶2(1309)年従五位下に叙され、同4年従五位上、正和3(1314)年正五位下に進み、文保元(1317)年侍従に任ぜられ、嘉暦2(1327)年阿波介、建武4(1337)年右少弁、暦応元(1338)年右中弁に任ぜられ、同2年従四位下に進み、左中弁、同3年修理左宮城使に任ぜられ、同4年従四位上に進み、康永元(1342.興国3)年備中権守・右大弁に任ぜられ正四位下に進み、同2年左大弁に任ぜられ従三位に進み、同3年左大弁を辞し、造東大寺長官となり参議に任ぜられ越中権守に任ぜられる。貞和元(1345.興国6)年越中権守を辞す。同2年参議を辞す。　典：公補

○壬生家(藤原系)

壬生俊平　みぶ・としひら

江戸時代の人、非参議。元禄7(1694)年11月4日生～享保14(1729)年5月26日没。36才。初氏名=葉川家房。壬生家の祖。

従四位下・左少将葉川基章(元禄14年5月20日没。28才)朝臣の子。初め葉川家房と名乗る。元禄14(1701)年叙爵。同15年元服し侍従に任ぜられ、宝永2(1705)年従五位上、同6年正五位下に進む。同7年父の葉川家より分かれて、いにしえの源の壬生を慕い壬生を氏姓とする。正徳元(1711)年俊平と改名。左少将に任ぜられ、同3年従四位

下に進み、同4年左中将に任ぜられ、享保2(1717)年従四位上、同6年正四位下に進む。同12年左中将を辞す。同年従三位に進む。家督養子に基貫がいる。

典：公辞・公補

壬生基貫　みぶ・もとぬき

江戸時代の人、権中納言。享保10(1725)年7月27日生～寛政3(1791)年7月26日没。67才。

権大納言園基香の次男。母は兵部大輔永重朝臣の娘。享保14(1729)年参議壬生俊平が没したのでその養子となる。同年叙爵。同18年元服し侍従に任ぜられ従五位上に進み、元文2(1737)年正五位下に進み、同5年宮内大輔に任ぜられ、寛保元(1741)年従四位下に進み、延享2(1745)年尾張介に任ぜられ従四位上に進み、同4年右少将、寛延元(1748)年常陸権介に任ぜられ、同2年正四位下に進み、同3年弾正大弼、宝暦元(1751)年上野権介、同2年左中将に任ぜられ、同4年任職を辞し同年従三位、同8年正三位に進み、明和2(1765)年参議に任ぜられるも辞す。同5年従二位、天明4(1784)年正二位に進み、寛政3(1791)年権中納言に任ぜられるも辞す。子に師基(正四位下・左少将。初名=基胤。寛政9年出家。文政9年9月10日没。法名=静観)・家尹・石山篤熙がいる。

典：公辞・公補

壬生家尹　みぶ・いえただ

江戸時代の人、参議。安永5(1776)年6月15日生～天保5(1834)年1月10日没。59才。

権中納言壬生基貫の末子。兄に師基(正四位下・左少将。初名=基胤。寛政9年出家。文政9年9月10日没。法名=静観)・石山篤熙がいる。天明6(1786)年従五位下に叙され、寛政9(1797)年兄師基が出家した為に兄の養子となり家督を相続する。同16年元服し尾張権介に任ぜられ従五位上進み、文化元(1804)年正五位下、同5年従四位下、同9年従四位上、同13年正四位下に進み、文政2(1819)年右権少将、同5年左権中将に任ぜられ従三位に進み、同9年正三位に進み、天保2(1831)年参議に任ぜられるも辞す。子に道吉がいる。　典：公辞・公補

○三室戸家

柳原資行┬資廉⇨柳原家へ
　　　　└三室戸誠光┬資順─資方─光村─能光┬緝光
　　　　　　　　　　├徳光⇨北小路家へ　　　└陳光─雄光─和光─治光─敬光
　　　　　　　　　　└資基⇨柳原家へ

権大納言柳原資行の次男誠光が、柳原家より分かれて初め北小路、のち三室戸を氏姓とした。明治に至り華族に列され子爵を授かる。本姓は藤原。家紋は鶴の丸。菩提寺は京都上京区の浄福寺。

典：日名・京四・公補

三室戸誠光　みむろど・せいみつ

江戸時代の人、非参議。承応元(1652)年2月生～元禄2(1689)年11月5日没。38才。一字名=念。初氏=北小路。三室戸家の祖。

権大納言柳原資行の次男。兄に柳原資廉がいる。寛文3(1663)年叙爵。同5年元服し北小路を氏姓とし従五位上に進み右兵衛権佐に任ぜられのち氏姓を更に三室戸と改姓する。同9年正五位下、延宝元(1673)年従四位下、同6年従四位上、天和2(1682)年正四位下、貞享元(1684)年中務大輔に任ぜられ、同3年従三位に進む。子に資順・北小路徳光・柳原資基がいる。　典：公辞・公補

三室戸資順　みむろど・すけまさ

江戸時代の人、非参議。寛文11(1671)年8月11日生～享保3(1718)年8月6日没。48才。

非参議三室戸誠光の子。母は彦山座主権僧正亮有の娘。兄弟に北小路徳光・柳原資基がいる。延宝6(1678)年叙爵。貞享元(1684)年元服し従五位上に進み侍従に任ぜられ、元禄元(1688)年正五位下、同5年従四位下に進み右衛門権佐に任ぜられ、同9年従四位上に進み、同12年中務大輔に任ぜられ、同13年正四位下に進む。宝永2(1705)年任職を辞す。同年従三位、同7年正三位に進む。養子に資方(梅小路共方の次男。初名=共英。従四位上・民部大輔。宝暦14年8月7。45才。養子は光村)がいる。　典：公辞・公補

三室戸光村　みむろど・みつむら

江戸時代の人、参議。元文4(1739)年10月5日生～天明2(1782)年9月8日没。44才。初名=相秀。

権大納言冷泉為村の次男。母は権中納言藤谷為信の娘。初め相秀と名乗る。延享元(1744)年従五位下に叙され、寛延元(1748)年従四位上・民部大輔三室戸資方(梅小路共方の次男。初名=共英。宝暦14年8月7日。45才。養子は光村)朝臣の養子となる。同4年元服し従五位上に進み宮内大輔に任ぜられる。宝暦2(1752)年光村と改名。同3年左兵衛権佐に任ぜられ、同5年正五位下に進み、同8年中務権大輔に任ぜられ、同9年従四位下、同13年従四位上に進み中務大輔に任ぜられ、明和4(1767)年正四位下、安永元(1772)年従三位に進み宮内卿に任ぜられ、同4年参議に任ぜられる。同5年正三位に進み、同6年参議を辞す。子に能光がいる。　典：公辞・公補

三室戸能光　みむろど・やすみつ

江戸時代の人、権大納言。明和6(1769)年2月20日生～嘉永3(1850)年1月2日没。82才。

参議三室戸光村の子。母は大僧都静如の娘。安永2(1773)年従五位下に叙され、同6年元服し従五位上に進み大蔵大輔に任ぜられ、天明元(1781)年正五位下、同5年従四位下、寛政元(1789)年従四位上、同5年正四位下、同9年従三位に進み、同12年宮内卿に任ぜられ、享和2(1802)年正三位に進み、文化10(1813)年踏歌外弁となる。文政7(1824)年参議に任ぜられる。同8年従二位に進み、同9年参議を辞す。天保3(1832)年権中納言に任ぜられるも辞す。同14年正二位に進み、嘉永元(1848)年権大納言に任ぜられるも辞す。子に陳光、養子に緝光(冷泉為章の末子。正五位下・中務権少輔・中宮少進。文化14年6月21日没。25才)がいる。　典：公辞・公補

三室戸陳光　みむろど・かたみつ

江戸・明治時代の人、参議。文化2(1805)年9月29日生～明治19(1886)年5月没。82才。

権大納言三室戸能光の次男。兄に藤波教忠がいる。文政元(1818)年従五位下に叙され、同2年元服し越中権介に任ぜられ、同5年従五位上、同9年正五位下、天保元(1830)年従四位下、同5年従四位上に進み大蔵大輔に任ぜられ、同9年正四位下、同13年従三位、弘化3(1846)年正三位に進み、安政5(1858)年の事件(飛鳥井雅典の項参照)に勤皇八十八廷臣として連座。慶応2(1866)年従二位に進む。同年参議に任ぜられ、明治元(1868)年に辞す。家料は120石。のち正二位に進む。子に雄光がいる。　典：明治・公辞・公補

三室戸雄光　みむろど・たけみつ

江戸・明治時代の人、参議。文政5(1822)年12月10日生～明治34(1901)年8月没。80才。

参議三室戸陳光の子。天保元(1830)年従五位下に叙され、同6年元服し従五位上に進み筑前権介に任ぜられ、同9年右衛門佐に任ぜられ正五位下に進み、同12年従四位下、弘化元(1844)年従四位上、同4年正四位下、嘉永4(1851)年従三位、安政2(1855)年正三位に進む。明治に至り従一位に進み華族に列され子爵を授かる。子に和光がいる。
典：明治・公辞・公補

○三善家

三善清行　みよしの・きよゆき

平安時代の人、参議。承和14(847)年生～延喜18(918)年12月6日没。72才。別読=きよつら。唐名=善居逸。字=三耀。法名=妙音。通称=善相公。姓(かばね)=宿禰のち朝臣。

渡来系氏族の三善宿禰の子孫。学問にて奉仕した。従五位下・淡路守氏吉の三男。母は佐伯氏。貞観15(873)年文章生となり、同16年得業生となる。同19年越前権少目、元慶4(880)年播磨掾少目、同8年大学少允、仁和2(886)年少内記に任ぜられ、同3年従五位下に進み大内記、寛平3(891)年肥後介、同5年備中介に任ぜられ、同8年従五位上に進み、昌泰3(900)年刑部大輔・文章博士に任ぜられ、この頃に宿禰より朝臣に改姓。同4年大学頭に任ぜられ、延喜2(902)年正五位下に進み、同3年式部少輔に任ぜられ、同4年従四位下に進む。同年大学頭を辞す。同5年式部権大輔、同14年式部大輔に任ぜられ従四位上に進み、同17年参議に任ぜられ宮内卿に任ぜられる。同18年播磨権守に任ぜられたが没す。没月日に12月2日・10月26日がある。明法・算道にて朝廷に奉仕。上奏に「阿衡勘文」「奉右相府書」「預論革命議」「革命勘文」「奉左丞相書」「意見十二箇条」、著書に「円珍和尚伝」「延喜格式」「藤原保則伝」「詰眼文」「善家秘書」「扶桑集」「本朝文粋」「政事要略」、家集に「善家集」、伝記に「善相公」がある。

典：日名・京都・古代・公補

○武者小路家

〈柳原系〉

柳原資明━武者小路教光━資俊━俊宗━資世━縁光

〈三条西〉

三条西実条┳公勝⇨三条西家へ
　　　　　┗武者小路公種━実陰┳公野━実岳━公蔭━実純━公隆━実建━公香━⇨
　　　　　　　　　　　　　　　┗重季⇨高松家へ

⇨━実世━公共（子）

南北朝町時代に柳原家より分かれて住居に因み武者小路を氏姓としたが室町時代に断絶となる。江戸時代に三条西家より分かれ、いにしえを偲び武者小路を氏姓とし再興する。代々和歌にて奉仕した。明治に至り華族に列され子爵を授かる。本姓は藤原。家紋は唐花。菩提寺は京都上京区寺町の蘆山寺。

典：京都・京四・日名

武者小路家(柳原系)

武者小路教光　むしゃのこうじ・のりみつ

南北朝時代の人、権中納言。正中2(1325)年生～永和4(1378.天授4)年7月24日没。54才。武者小路家の始祖。

権大納言柳原資明の子。父の柳原家より分かれて住居に因み武者小路を氏姓とした。元弘2(1332)年叙爵。同4年春宮少進、建武4(1337)年尾張守に任ぜられ従五位上に進み、同5年尾張守を辞す。暦応2(1339)年左兵衛佐に任ぜられ、同3年正五位下に進み、貞和3(1347)年右衛門佐・蔵人、同4年右少弁より左少弁に任ぜられ、同5年正五位上に進み、観応元(1350)年蔵人を辞す。同年権右中弁より右中弁に任ぜられ従四位下に進み、同2年左中弁に任ぜられ、文和2(1353)年装束使となり従四位上に進み、同3年正四位下に進み宮城使・近江守に任ぜられ、同4年左兵衛督・蔵人頭に任ぜられ、延文元(1356.正平11)年参議に任ぜられる。同3年従三位に進み、同4年丹波権守に任ぜられ、貞治元(1362.正平17)年権中納言に任ぜられるも翌年に辞す。同3年正三位、同6年従二位に進む。養子に資俊がいる。　典：日名・公補

武者小路資俊　むしゃのこうじ・すけとし

南北朝・室町時代の人、権大納言。生年不明～応永5(1398)年2月没。

右少弁房光の子。権中納言教光の養子となる。右兵衛督に任ぜられ、従三位に叙され、至徳2(1385.元中2)年参議に任ぜられる。同3年讃岐権守に任ぜられ、明徳元(1390.元中7)年に辞す。同2年正三位に進み備中権守に任ぜられ、同3年権中納言に任ぜられる。応永2(1395)年大宰権帥に任ぜられ、同3年従二位、同4年正二位に進み権大納言に任ぜられる。同年出家。子に俊宗がいる。　典：公補

武者小路俊宗　むしゃのこうじ・としむね

室町時代の人、権大納言。嘉慶元(1387.元中4)年生～文安5(1448)年没。62才。初名=隆光。

権大納言武者小路資俊の子。初め隆光と名乗る。右兵衛督に任ぜられ、正四位下に叙され、応永21(1414)年参議に任ぜられる。同22年従三位に進み美作権守に任ぜられ、同24年正三位に進み、同26年美作権守を辞す。同28年権中納言に任ぜられる。同29年従二位に進み、同31年権大納言に任ぜられる。正長元(1428)年造宮上卿に任ぜられ、永享元(1429)年に辞す。同3年正二位に進む。同年俊宗と改名。文安元(1444)年権大納言を辞す。子に資世がいる。　典：公補

武者小路資世　むしゃのこうじ・すけよ

室町時代の人、権大納言。応永25(1418)年生～延徳2(1490)年6月12日没。73才。

権大納言武者小路俊宗の子。蔵人頭・左中弁に任ぜられ、正四位上に叙され、康正2(1456)年従三位に進み参議に任ぜられる。長禄元(1457)年讃岐権守、寛正3(1462)年備後権守に任ぜられる。同6年正三位に進み、文正元(1466)年権中納言に任ぜられる。文明4(1472)年従二位に進み、同6年権大納言に任ぜられる。同9年正二位に進み、同12年権大納言を辞す。同18年再び権大納言に任ぜられるも辞す。長享元(1487)年従一位に進む。同年出家。子に縁光がいる。　典：公補

武者小路縁光　むしゃのこうじ・よりみつ

室町時代の人、権大納言。嘉吉元(1441)年生～大永4(1524)年8月24日没。84才。初名=種光。号=謙徳。別名=日野。

権大納言武者小路資世の子。初め種光と名乗る。蔵人頭・右中弁に任ぜられ、正四位上に叙され、文明2(1470)年参議に任ぜられる。同5年従三位に進む。同年縁光と改名。同7年讃岐権守に任ぜられ、同8年正三位に進み、同11年権中納言に任ぜられるも、延徳2(1490)年に辞す。明応元(1492)年正二位に進み、永正10(1513)年権大納言に任ぜられ、同12年に辞す。同年従一位に進む。和歌集「新菟玖波集」の作者。武者小路家は江戸時代まで断絶となる。　典：公補

武者小路家(三条西)

武者小路実陰　むしゃのこうじ・さねかげ

江戸時代の人、准大臣。寛文元(1661)年11月1日生～元文3(1738)年9月30日没。78才。一字名=陰・芳。院号=超嶽院。

刑部大輔藤原実信の子。一説に右大臣三条西実条の子ともいう。従四位下・侍従武者小路公種朝臣の養子となる。寛文8(1668)年叙爵。延宝2(1674)年元服し従五位上に進み侍従に任ぜられ、同6年正五位下に進み右少将に任ぜられ、天和3(1683)年従四位下に進み、貞享元(1684)年右中将に任ぜられ、同4年従四位上、元禄4(1691)年正四位下、同8年従三位に進み、同15年参議に任ぜられ再び右中将に任ぜられる。同16年正三位に進み、宝永2(1705)年踏歌外弁となる。同4年東照宮奉幣使となるも任職を辞す。同

5年従二位に進み、正徳5(1715)年権中納言に任ぜられるも辞す。享保9(1724)年正二位に進む。同年権大納言に任ぜられるも辞す。元文3(1738)年従一位に進む。同年准大臣に任ぜられる。子に公野・高松重季がいる。　典：大日・伝日・古今・公辞・日名・公補

武者小路公野　むしゃのこうじ・きんや

江戸時代の人、権中納言。元禄元(1688)年10月3日生～寛保3(1743)年12月6日没。56才。

准大臣武者小路実陰の子。兄弟に高松重季がいる。元禄6(1693)年叙爵。同14年元服し従五位上に進み侍従に任ぜられ、宝永2(1705)年正五位下に進み、同3年右少将に任ぜられ、同6年従四位下に進み右中将に任ぜられ、正徳3(1713)年従四位上、享保2(1717)年正四位下、同6年従三位、同11年正三位に進み、同16年参議に任ぜられ再び右中将に任ぜられ、同18年任職を辞す。元文元(1736)年権中納言に任ぜられ、同3年に辞す。寛保3(1743)年従二位に進む。子に実岳がいる。　典：公辞・公補

武者小路実岳　むしゃのこうじ・さねたけ

江戸時代の人、非参議。享保6(1721)年10月20日生～宝暦10(1760)年8月12日没。40才。別読=さねおか。

権中納言武者公辞公野の子。母は権大納言坊城俊清の娘。享保10(1725)年従五位下に叙され、同19年元服し従五位上に進み侍従に任ぜられる。元文3(1738)年正五位下に進み、同4年左馬頭、寛保元(1741)年左少将に任ぜられ、同2年従四位下、延享元(1744)年正四位下に進み、同4年左中将に任ぜられ、宝暦5(1755)年従三位に進む。和歌をよく詠み、歌は「新続題林和歌集」にある。子に公蔭がいる。　典：古今・伝日・公辞・日名・公補

武者小路公隆　むしゃのこうじ・きんたか

江戸時代の人、権大納言。天明5(1785)年6月17日生～安政2(1855)年4月20日没。71才。

従四位上・左兵衛佐武者小路実純朝臣の子。寛政3(1791)年従五位下に叙され、同9年元服し従五位上に進み、同11年兵部大輔に任ぜられ、享和元(1801)年正五位下、文化2(1805)年従四位下に進み、同3年左権少将に任ぜられ、同6年従四位上、同10年正四位下に進み、文政4(1821)年権中将に任ぜられ、同5年従三位、同9年正三位に進み、嘉永2(1849)年参議に任ぜられ更に左中将に任ぜられる。同3年従二位に進み東照宮奉幣使となる。同年参議を辞しのち権中納言に任ぜられるも辞す。同5年権大納言に任ぜられるも辞す。子に実建がいる。　典：公辞・公補

武者小路実建　むしゃのこうじ・さねたけ

江戸時代の人、非参議。文化7(1810)年2月30日生～文久3(1863)年6月24日没。54才。

権大納言武者小路公隆の子。文化10(1813)年従五位下に叙され、同14年元服し従五位上に進み、文政4(1821)年正五位下に進み、同7年尾張権介に任ぜられ、同8年従四位下、同12年従四位上、天保4(1833)年正四位下に進み、同10年侍従、同13年左権少将、同14年但馬権介、弘化4(1847)年近江介、同4年権中将に任ぜられ左近府年預となり、

嘉永4(1851)年従三位、安政2(1855)年正三位に進む。同5年安政の事件に勤皇八十八廷臣として子と共に連座。子に公香がいる。　典：明治・公辞・公補

○室町家

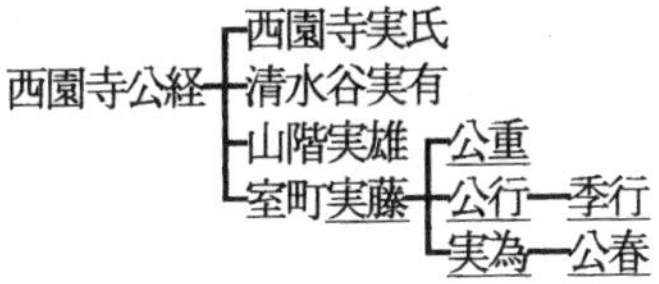

藤原家信ー室町雅継

藤原雅春ー室町雅春ー雅朝

鎌倉時代に太政大臣西園寺公経の四男実藤が、室町を氏姓としたが南北朝時代の初期より公卿に選考されていない。本姓は藤原。

典：公補

室町実藤　むろまち・さねふじ

鎌倉時代の人、権大納言。安貞元(1227)年生～永仁6(1298)年10月13日没。72才。号=四辻・薮内。室町家の祖。

太政大臣西園寺公経の四男。兄に西園寺実氏・清水谷実有・山階実雄がいる。嘉禎2(1236)年従五位上に叙され、同3年正五位下に進み左少将に任ぜられ、同4年左中将・相模権介に任ぜられ、従四位下より従四位上更に正四位下、延応元(1239)年従三位、仁治元(1240)年正三位に進み但馬権守に任ぜられ、同2年従二位に進み権中納言に任ぜられる。同3年中宮権大夫、寛元元(1243)年春宮権大夫・左衛門督に任ぜられ、同2年春宮権大夫を辞す。建長2(1250)年検非違使別当に任ぜられ正二位に進み更に中納言に任ぜられ、同3年権大納言に任ぜられる。正元元(1259)年権大納言を辞す。文永元(1264)年配流される。同3年許されて上洛。永仁6(1298)年出家。子に公重・公行・実為がいる。　典：公辞・公補

室町公重　むろまち・きんしげ

鎌倉時代の人、参議。康元元(1256)年生～弘安8(1285)年6月6日没。30才。

権大納言室町実藤の長男。母は権大納言清水谷実有の娘。弟に公行・実為がいる。弘長2(1262)年叙爵。同3年侍従に任ぜられ、文永2(1265)年従五位上に進み左少将に任ぜられ、同4年美作権介・中宮権亮に任ぜられ正五位下に進み、同5年中宮権亮を辞す。同6年従四位下に進み左中将に任ぜられ、同8年従四位上、同9年正四位下に進み、同11年讃岐権介、建治元(1275)年春宮権亮に任ぜられ、同2年これらを辞す。同年従三位に進み、同3年越中権守に任ぜられ、弘安元(1278)年正三位に進み、同2年越中権守を辞す。同6年参議に任ぜられる。同7年越前権守に任ぜられ、同8年従二位に進む。

同年出家。　典：公辞・公補

室町公行　むろまち・きんゆき

鎌倉時代の人、非参議。寛元元(1243)年生～没年不明。

権大納言室町実藤の次男。母は大外記師朝の娘。兄に公重、弟に実為がいる。建長3(1251)年叙爵。同6年侍従に任ぜられ、康元元(1256)年従五位上、正元元(1259)年正五位下、弘長3(1263)年従四位下に進み、文永2(1265)年左少将、同3年武蔵権介に任ぜられる。同5年従四位上に進み左中将に任ぜられ、同7年備後権介に任ぜられ正四位下に進み、弘安元(1278)年従三位、同7年正三位、正応5(1292)年従二位に進み、永仁元(1293)年51才で出家。子に季行がいる。　典：公補

室町実為　むろまち・さねため

鎌倉時代の人、参議。建治元(1275)年生～永仁6(1298)年10月29日没。24才。

権大納言室町実藤の三男。兄に公重・公行がいる。弘安3(1280)年叙爵。同5年侍従に任ぜられ、同7年従五位上に進み、同8年左少将に任ぜられ、同9年正五位下、同11年従四位下に進み左中将に任ぜられ、正応2(1289)年従四位上に進み春宮権亮に任ぜられ、同3年正四位下に進み、同4年春宮権亮を辞す。同5年従三位、永仁2(1294)年正三位に進み、同5年参議に任ぜられる。同6年備前権守に任ぜられたが没す。子に公春がいる。　典：公辞・公補

室町季行　むろまち・すえゆき

鎌倉時代の人、非参議。文永10(1273)年生～没年不明。初名=実為。前名=実綱。

非参議室町公行の子。母は非参議藤原済家の娘。初め実為と名乗る。建治3(1277)年叙爵。弘安7(1284)年侍従に任ぜられる。同年実綱と改名。正応元(1288)年従五位上に進み、同4年左少将に任ぜられ正五位下に進み、同6年従四位下、同6年従四位上に進む。同年季行と改名。正安元(1299)年左中将に任ぜられ、同2年正四位下に進み、正和元(1312)年左中将を辞す。同年従三位に進み、元徳元(1329)年57才で出家。
典：公補

室町公春　むろまち・きんはる

鎌倉・南北朝時代の人、参議。正応5(1292)年生～暦応3(1340)年6月15日没。49才。

参議室町実為の子。正安元(1299)年叙爵。同3年従五位上に進み、乾元2(1303)年侍従に任ぜられ、徳治2(1307)年正五位下に進み、同3年左少将に任ぜられ、延慶2(1309)年従四位下より従四位上に進み左中将に任ぜられ、正和元(1312)年正四位下、同3年従三位に進み、元亨元(1321)年正三位に進み、正中2(1325)年中将を辞す。同年播磨権守・左兵衛督に任ぜられ、嘉暦元(1326)年参議に任ぜられるも辞し左兵衛督も辞す。同2年播磨権守を辞す。暦応2(1339.延元4)年従二位に進む。　典：公辞・公補

室町雅継　むろまち・まさつぐ

鎌倉時代の人、非参議。建保元(1213)年生～建治3(1277)年6月16日没。65才。

非参議藤原家信の子。母は浄雲僧都の娘。播磨守に任ぜられ、のちこれをを辞す。

建長7(1255)年従三位に叙され、弘長3(1263)年正三位に進む。　典：公補

室町雅春　むろまち・まさはる

鎌倉・南北朝時代の人、非参議。正応元(1288)年生～貞和元(1345.興国6)年9月25日没。58才。

左中将藤原雅持朝臣の子。左中将に任ぜられ、延慶4(1311)年正四位下に叙され、嘉暦2(1327)年左中将を辞す。同年従三位に進み、元徳元(1329)年侍従に任ぜられ、暦応3(1340.興国元)年正三位に進む。子に雅朝がいる。　典：公補

室町雅朝　むろまち・まさとも

南北朝時代の人、非参議。生年不明～康暦2(1380)年没。

非参議室町雅春の子。延文元(1356.正平11)年従三位に叙され、同3年正三位に進み侍従に任ぜられ、貞治3(1364.正平19)年但馬権守に任ぜられ、同5年従二位に進み、応安元(1368)年但馬権守を辞す。　典：公補

○毛利家

毛利元就┬隆元─輝元
　　　　└元清─秀元

毛利家より戦功により輝元・秀元が参議に選考されている。武将、本姓は大江。子孫の元徳は、明治に至り華族に列され公爵を授かる。古文書として毛利家文書が残されている。

典：古文・日名・公補

毛利輝元　もうり・てるもと

室町・安土桃山・江戸時代の人、権中納言・周防山口藩主。天文22(1553)年生～寛永2(1625)年4月没。73才。法名=雲巌宗瑞。院号=天樹院。

毛利元就の孫。大膳大夫毛利隆元の子。豊臣秀吉に奉じ、従四位下に叙され、天正16(1588)年参議に任ぜられる。慶長2(1597)年従三位に進み権中納言に任ぜられ、同3年に辞す。同5年大坂にて出家。明治に至り山口県萩市の志都岐神社に祀られる。子に秀就・就隆・元次がいる。　典：大日・日名・公補

毛利秀元　もうり・ひでもと

安土桃山・江戸時代の人、参議。天正7(1579)年生～慶安3(1650)年閏10月没。72才。法名=功山玄誉。号=智門寺。通称=豊浦参議。

毛利元就の孫。伊予守毛利元清の子。豊臣秀吉に奉じ、従四位下に叙され、慶長9(1604)年参議に任ぜられるも翌年に辞す。元和6(1620)年より武家からの公卿の名が公補に掲載されなくなる。明治に至り山口県の県社豊功神社に祀られる。子に光広・元知がいる。　典：大日・日名・公補

○物部家

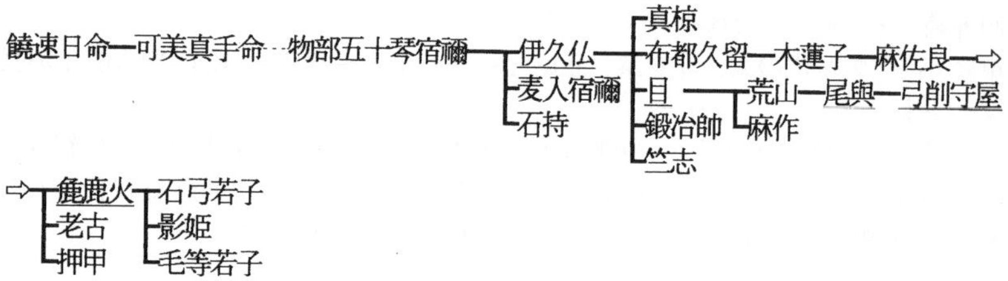

物部家は、饒速日命(にぎはやひのみこと)を祖とする豪族で、初め姓(かばね)は連を賜り、天武天皇13(684)年八色の姓制定にて朝臣を賜る。物部家からの公卿採用は、伊久仏・目・麁鹿火・尾輿・弓削守屋のみであった。

典：古代・公補

物部伊久仏　もののべの・いくふつ

大和時代の人、大連。生没年不明。姓(かばね)=連(むらじ)。

饒速日命(にぎはやひのみこと)の裔。物部五十琴宿禰の子。弟に麦入宿禰・石持がいる。第17代履中天皇の元(400?)年に大連に任ぜられ執政として平群木菟・蘇我満知・葛城円と共に政治を司り、履中天皇一代にて終わる。子に真椋・布都久留・目大連・鍛冶師・竺志がいる。　典：古代・公補

物部目　もののべの・め

大和時代の人、大連。生没年不明。姓(かばね)=連(むらじ)。

饒速日命(にぎはやひのみこと)の裔。物部五十琴宿禰の孫。大連物部伊久仏の子。第21代雄略天皇の元(457?)年に大連に任ぜられ平群真鳥・大伴室屋と共に政治を司る。同13年大連を辞す。同18年伊勢の乱賊朝日部を討つ。雄略天皇一代にて終わる。子に荒山・麻作、孫に尾輿がいる。　典：古代・公補

物部麁鹿火　もののべの・あらかひ

大和時代の人、大連。生年不明～第28代宣化天皇の元(536?)年7月没。姓(かばね)=大連(おおむらじ)。

饒速日命(にぎはやひのみこと)の裔。物部麻佐良の子。第26代継体天皇の元(507?)年に大連に任ぜられ巨勢男人・大伴金村と共に政治を司る。第27代安閑天皇に奉ず。在官30年。子に石弓若子・影姫・毛等若子がいる。　典：古代・日名・公補

物部尾輿　もののべの・おこし

大和時代の人、大連。生没年不明。姓(かばね)=連(むらじ)。

大連物部目の孫。物部荒山連の子。第29代欽明天皇の元(532?)年に大連に任ぜられ蘇我稲目・大伴金村と共に政治を司る。同13年大連を辞す。子に大市御狩・弓削守屋などがいる。　典：古代・日名・公補

物部弓削守屋　もののべの・ゆげのもりや

大和時代の人、大連。生年不明～第31代用明天皇の2(587)年7月没。姓(かばね)=連(むらじ)。

大連物部目の曾孫。物部荒山連の孫。大連物部尾輿の子。第30代敏達天皇の元(572?)年に大連に任ぜられ蘇我馬子と共に政治を司る。第31代用明天皇が没したので穴穂部皇子を立てて天皇にと画策したが、蘇我馬子は泊瀬部皇子を奉じ穴穂部皇子を殺し、守屋一族も殺害される。　典：古代・日名・公補

○柳原家

権大納言日野俊光の四男資明が柳原殿に住居する所から、分家し柳原を氏姓とした。代々文筆にて奉仕し、明治に至り華族に列され伯爵を授かる。本姓は藤原。家紋は鶴の丸。菩提寺は京都上京区の浄福寺。

典：日名・京四・京都

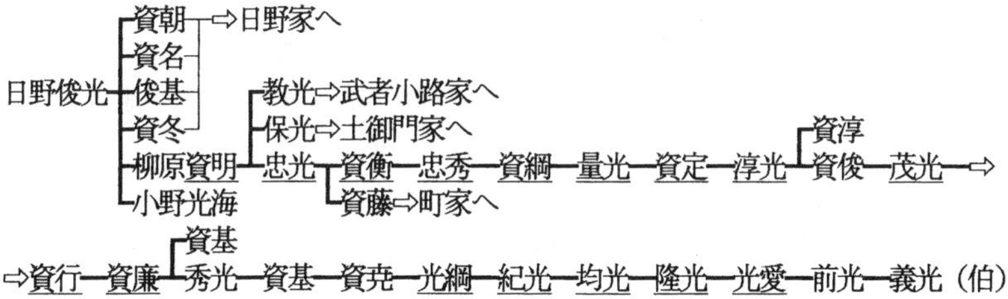

柳原資明　やなぎわら・すけあき

鎌倉・南北朝時代の人、権大納言。永仁5(1297)年生～文和2(1353.正平8)年7月27日没。57才。柳原家の祖。

権大納言日野俊光の四男。母は亀山院女房三位局。兄弟に日野資朝・日野資名・日野俊基・日野資冬・小野光海がいる。正安3(1301)年従五位下に叙され、延慶元(1308)年従五位上、応長元(1311)年正四位下に進み、正和3(1314)年右馬権頭、文保元(1317)年少納言・蔵人に任ぜられる。同年右馬権頭を辞す。同2年摂津権守・右兵衛権佐より左衛門権佐、元応元(1319)年中宮権大進、同2年中宮大進・権左少弁より左少弁に任ぜられ、同3年従四位下に進む。同年左衛門権佐を辞す。のち権右中弁に任ぜられ、元亨元(1321)年従四位上に進み、同2年大進を辞す。正中3(1326)年正四位下に任ぜられ、元徳元(1329)年権右中弁を辞す。同年従三位に進み、同2年右大弁より左大弁・造東大寺長官に任ぜられ更に参議に任ぜられる。正慶元(1332.元弘2)年権中納言に任ぜられ翌年に辞す。建武元(1334)年正三位に進み、同4年再び権中納言に任ぜられ更に左兵衛督に任ぜられる。暦応元(1338.延元3)年右衛門督・使別当に任ぜられ、康永元(1342.興国3)年従二位に進む。同年右衛門督・使別当を辞す。同2年中納言に任ぜら

れる。同3年正二位に進み、貞和元(1345)年権大納言に任ぜられ翌年に辞す。同4年按察使に任ぜられたが、年赤痢にて没す。勤皇の士として北朝に奉じた。子に忠光・武者小路教光・土御門保光がいる。　典：日名・大日・公辞・公補

柳原忠光　やなぎわら・ただみつ

南北朝時代の人、権大納言。建武元(1334)年生～康暦元(1379.天授5)年1月19日没。46才。

権大納言柳原資明の四男。兄に武者小路教光・土御門保光がいる。康永2(1343)年文章生となる。同年叙爵。同3年春宮権大進に任ぜられ、同4年従五位上、貞和3(1347)年正五位下に進み、同4年左兵衛権佐、文和2(1353)年左衛門権佐、同2年文章博士、同3年右少弁・防鴨河使に任ぜられ正五位上に進み、同4年左少弁に任ぜられる。同年左衛門権佐を辞す。同5年越中介に任ぜられる。延文元(1356.正平11)年文章博士を辞す。同年従四位下に進み、同3年右中弁・蔵人頭に任ぜられ従四位上に進み、同4年正四位下に進み左中弁・左宮城使に任ぜられ、同6年参議に任ぜられ更に左大弁・造東大寺長官に任ぜられる。貞治元(1362.正平17)年勧学院別当に任ぜられ従三位に進み、同2年周防権守に任ぜられ更に権中納言に任ぜられる。同3年右衛門督、同4年使別当に任ぜられ、応安元(1368.正平23)年正三位に進む。同年右衛門督・使別当を辞す。同4年従二位、永和元(1375.天授元)年正二位に進み権大納言に任ぜられる。康暦元(1379)年従一位に進む。子に資衡・町資藤がいる。　典：公辞・公補

柳原資衡　やなぎわら・すけひら

南北朝・室町時代の人、権大納言。貞治3(1364.正平19)年生～応永12(1405)年没。42才。

権大納言柳原忠光の子。蔵人頭・左大弁に任ぜられ、正四位下に叙され、嘉慶2(1388.元中5)年蔵人頭を辞す。同年参議に任ぜられる。明徳元(1390.元中7)年従三位に進み右衛門督・使別当に任ぜられ、同3年権中納言に任ぜられる。同4年正三位、応永4(1397)年従二位に進み、同10年権大納言に任ぜられる。同11年正二位に進む。同年出家。養子に忠秀がいる。　典：公辞・公補

柳原忠秀　やなぎわら・ただひで

室町時代の人、権大納言。明徳4(1393)年生～嘉吉3(1443)年3月12日没。51才。初名=行光。

権大納言町資藤の次男。初め行光と名乗る。権大納言柳原資衡の養子となる。蔵人頭・右大弁に任ぜられ、従四位上に叙され、応永27(1420)年正四位下に進み参議に任ぜられ更に左大弁に任ぜられる。同28年周防権守に任ぜられ従三位に進み更に権中納言に任ぜられる。同32年正三位に進む。永享3(1431)年忠秀と改名。同10年権大納言に任ぜられる。同11年従二位、嘉吉3(1443)年正二位に進む。子に資綱がいる。　典：公辞・公補

柳原資綱　やなぎわら・すけつな

室町時代の人、権大納言。応永24(1417)年生～明応9(1500)年閏6月27日没。84才。

初名=資重。

権大納言柳原忠秀の子。母は権大納言日野西資国の娘。初め資重と名乗り、のち資綱と改名。右大弁・蔵人頭に任ぜられ、正四位上に叙され、宝徳元(1449)年参議に任ぜられ、同2年従三位に進み権中納言に任ぜられる。同3年正三位に進み、享徳元(1452)年権中納言を辞すも再び任ぜられる。康正元(1455)年従二位に進み、長禄2(1458)年検非違使・別当・右衛門督に任ぜられ更に権大納言に任ぜられる。寛正元(1460)年正二位に進む。同年権大納言を辞す。応仁元(1467)年再び権大納言に任ぜられ更に院執権に任ぜられ、文明元(1469)年神宮伝奏に任ぜられる。同年これと院執権を辞す。同11年再び権大納言を辞す。同14年従一位に進む。一説に、明応9(1500)年丹州家領に下向、文亀元(1501)年閏6月27日没という。子に量光がいる。　典：公辞・公補

柳原量光　やなぎわら・かずみつ

室町時代の人、権中納言。文安5(1448)年生〜永正7(1510)年8月18日没。63才。初名=尚光。

権大納言柳原資綱の子。初め尚光と名乗る。享徳3(1454)年叙爵。康正3(1457)年従五位上に進み右兵衛佐に任ぜられ、同4年正五位下より正五位上に進み右少弁に任ぜられ、同5年蔵人、文正元(1466)年近江守・左少弁、応仁元(1467)年右中弁、文明元(1469)年左中弁に任ぜられ従四位下に進み、同2年従四位上に進み蔵人頭に任ぜられ、同3年正四位下に進み文章博士に任ぜられ、同4年正四位上に進む。同年量光と改名。同7年参議に任ぜられ更に右大弁に任ぜられる。同9年従三位に進み左大弁・造東大寺長官に任ぜられ更に権中納言に任ぜられ、同16年に辞す。同18年再び権中納言に任ぜられ更に右衛門督・使別当に任ぜられる。同年任職を辞す。永正7(1510)年因州より上洛。子に資定がいる。　典：公辞・公補

柳原資定　やなぎわら・すけさだ

室町・安土桃山時代の人、権大納言。明応4(1495)年11月6日生〜天正6(1578)年3月30日没。84才。法名=紹寂。号=日野。

権中納言柳原量光の子。明応5(1496)年従五位下に叙され、永正4(1507)年右兵衛佐に任ぜられ、同5年従五位上に進み、同7年左少弁・蔵人に任ぜられ、同9年正五位下、同14年正五位上に進み、同16年右中弁に任ぜられ、大永元(1521)年従四位下より従四位上に進み左中弁に任ぜられ、同2年正四位下に進み左宮城使となり、同3年正四位上に進み、同4年蔵人頭・右大弁、同5年左大弁に任ぜられ、同8年参議に任ぜられ従三位に進む。同年因州に下向。天文4(1535)年上洛。正三位に進み権中納言に任ぜられる。同5年従二位に進み神宮伝奏に任ぜられる。同8年権大納言に任ぜられる。同年因幡国に下向。同13年上洛。正二位に進む。同年陸奥出羽按察使に任ぜられるも辞す。同14年再び因幡国に下向。同15年従一位に進み権大納言を辞す。同19年上洛。民部卿に任ぜられ、永禄2(1559)年御即位伝奏より賀茂伝奏に任ぜられ、同5年に辞す。同9年神宮伝奏に任ぜられるも、天正3(1575)年勅勘を被り辞す。同6年出家。養子に淳光がいる。
典：公辞・公補

柳原淳光　やなぎわら・あつみつ

室町・安土桃山時代の人、権大納言。天文10(1541)年7月30日生～慶長2(1597)年8月11日没。57才。初名=将光。院号=瑞光院。

権中納言町資将の子。母は非参議竹屋光継の娘。初め将光と名乗る。権大納言柳原資定の養子となる。天文11(1542)年叙爵。同16年元服し宮内権大輔・左兵衛権佐に任ぜられ従五位上に進み、同17年越中介、同19年右少弁より権左少弁に任ぜられ正五位下より正五位上に進み更に左少弁に任ぜられる。同20年淳光と改名。同23年五位蔵人・右中弁、同24年左中弁に任ぜられ、永禄2(1559)年従四位下より従四位上に進み蔵人頭に任ぜられ、同3年正四位下より正四位上に進み右大弁に任ぜられ、同6年左大弁に任ぜられ更に参議に任ぜられる。同9年南都に入城。のち上洛。従三位に進む。同年再び南都に下向。同11年上洛。権中納言に任ぜられる。同13年賀茂伝奏に任ぜられ、元亀2(1571)年正三位に進む。阿州に下向。天正3(1575)年賀茂伝奏を辞す。同4年上洛。従二位に進み、同6年権中納言を辞す。同7年権大納言に任ぜられるも翌年に辞す。同年正二位に進み神宮伝奏に任ぜられ、同10年再び権大納言に任ぜられるも辞す。同13年三たび権大納言に任ぜられ、同15年に辞す。文禄3(1594)年神宮伝奏に任ぜられたが辞す。慶長2(1597)年従一位に進む。同18(1613)年准大臣を贈られる。子に資淳・資俊がいる。　典：公辞・公補

柳原茂光　やなぎわら・しげみつ

安土桃山・江戸時代の人、権大納言。文禄4(1595)年生～承応3(1654)年10月6日没。60才。初名=業光。

権大納言柳原淳光の孫。正五位下・蔵人・右少弁柳原資俊の子。兄に資淳がいる。初め業光と名乗る。慶長8(1603)年叙爵。同10年元服し春宮権大進に任ぜられ、同11年従五位上に進み、同13年左兵衛権佐、同14年右少弁に任ぜられ、同15年正五位下に進み、同16年蔵人に任ぜられ、同17年正五位上に進み左少弁に任ぜられ、同18年従四位下より従四位上、同19年正四位下より正四位上に進み蔵人頭・右中弁に任ぜられ、元和元(1615)年左中弁、同5年右大弁に任ぜられ更に参議に任ぜられる。同6年従三位、寛永元(1624)年正三位に進み、同3年権中納言に任ぜられる。同5年従二位に進み陸奥出羽按察使に任ぜられ、同10年踏歌外弁となる。同11年正二位に進み、同15年賀茂伝奏に任ぜられ、同16年権大納言に任ぜられ、同20年に辞す。慶安元(1648)年賀茂伝奏を辞す。同3年茂光と改名。同4年長患いとなる。子に資行がいる。　典：公辞・公補

柳原資行　やなぎわら・すけゆき

江戸時代の人、権大納言。元和6(1620)年12月16日生～延宝7(1679)年8月12日没。60才。

権大納言柳原茂光の子。元和9(1623)年叙爵。寛永3(1626)年元服し従五位上に進み左兵衛権佐に任ぜられ、同9年正五位下に進み、同14年権右少弁、同16年蔵人に任ぜられ正五位上に進み、同18年右少弁、同19年左少弁、同20年右中弁に任ぜられ従四位下より従四位上に進み、同21年正四位下に進み、正保元(1644)年蔵人頭・左中弁に任

ぜられ、同2年正四位上に進む。同年右大弁に任ぜられ、同4年参議に任ぜられ更に左大弁に任ぜられる。慶安元(1648)年従三位に進み、同2年左大弁を辞す。承応元(1652)年正三位に進み踏歌外弁となる。同3年権中納言に任ぜられる。明暦2(1656)年従二位に進み、同3年権大納言に任ぜられる。万治2(1659)年神宮伝奏に任ぜられ、寛文元(1661)年正二位に進む。同年任職を辞す。延宝2(1674)年賀茂伝奏に任ぜられ、同4年に辞す。同7年従一位に進む。子に資廉がいる。　典：公辞・公補

柳原資廉　やなぎわら・すけかど

江戸時代の人、権大納言。正保元(1644)年6月30日生〜正徳2(1712)年9月25日没。69才。一字名=公・述。号=日野。

権大納言柳原資行の次男。母は権大納言園基音の娘。慶安3(1650)年叙爵。明暦3(1657)年元服し従五位上に進み侍従に任ぜられる。寛文元(1661)年正五位下に進み、同2年権右少弁に任ぜられ、同3年正五位上に進み右少弁に任ぜられ、同6年左少弁、同9年右中弁に任ぜられ従四位下に進み、同10年従四位上より正四位下に進み左中弁に任ぜられ、同12年蔵人頭に任ぜられ正四位上に進み、延宝元(1673)年参議に任ぜられ更に右大弁に任ぜられる。同2年左大弁に任ぜられ従三位に進み、同4年権中納言に任ぜられ東照宮奉幣使となり、同5年踏歌外弁となる。同6年正三位に進み、同7年神宮伝奏に任ぜられたが辞す。天和元(1681)年権大納言に任ぜられる。同3年再び神宮伝奏に任ぜられ、貞享元(1684)年に辞す。同年武家伝奏に任ぜられ、同4年権大納言を辞す。元禄7(1694)年正二位に進み、同14年江戸城中にて浅野長矩が吉良義央を斬る事件につき勅使として江戸に下向。宝永5(1708)年従一位に進む。同年武家伝奏を辞す。養子に秀光がいる。　典：公辞・公補

柳原光綱　やなぎわら・みつつな

江戸時代の人、権大納言。正徳元(1711)年11月29日生〜宝暦10(1760)年9月28日没。50才。

権中納言上冷泉為綱の末子。正五位下・左少弁柳原資尭と権大納言藤原篤親の娘の養子となる。享保元(1716)年叙爵。同4年元服し従五位上に進み侍従に任ぜられ、同8年正五位下に進み、同12年権右少弁、同13年春宮権大進・氏院別当・蔵人に任ぜられ正五位上に進み、同14年造興福寺長官・神宮弁に任ぜられ、同15年左少弁に任ぜられ、同17年氏院別当を辞す。同19年左中弁に任ぜられる。同年神宮弁を辞す。同20年蔵人・春宮権大進を辞す。同年従四位下より従四位上更に正四位下に進み院司別当・蔵人頭に任ぜられ、元文元(1736)年正四位上に進み、同2年右大弁より左大弁に任ぜられ更に参議に任ぜられる。同3年従三位に進み権中納言に任ぜられる。同4年左兵衛督、同5年賀茂伝奏に任ぜられ、寛保元(1741)年正三位に進む。同年賀茂伝奏を辞す。延享元(1744)年左衛門督・使別当に任ぜられ賀茂奉幣使となる。同2年従二位に進み、同4年武家伝奏に任ぜられ、寛延元(1748)年権大納言に任ぜられる。宝暦元(1751)年正二位に進み、同2年踏歌外弁となる。同3年権大納言を辞す。同5年再び権大納言に任ぜられるも翌年に辞す。同8年に起こった宝暦の事件(綾小路有美の項参照)に勤皇二十

廷臣として連座。同9年弾正尹に任ぜられ、同10年従一位に進む。同年武家伝奏・弾正尹を辞す。子に紀光・岩倉具選がいる。　典：公辞・公補

柳原紀光　やなぎわら・もとみつ

江戸時代の人、権大納言。延享3（1746）年11月14日生～寛政12（1800）年1月4日没。55才。童名=綱丸。初名=光房。法名=暁寂。別読=のりみつ。

権大納言柳原光綱の子。母は近江守平信相の娘。初め光房と名乗る。延享5（1748）年従五位下に叙され、宝暦6（1756）年元服し従五位上に進み侍従に任ぜられ、同8年右少弁に任ぜられ、同10年正五位下に進み、同11年蔵人・御祈奉行に任ぜられ正五位上に進み、同12年御祈奉行を辞す。同年神宮弁・左少弁に任ぜられ、同13年神宮弁を辞す。同年再び御祈奉行、明和元（1764）年賀茂下上社奉行・左衛門権佐・右中弁に任ぜられる。同年全奉行職を辞す。同2年再び神宮弁に任ぜられる。同4年紀光と改名。同5年左中弁・蔵人頭に任ぜられ従四位下より従四位上更に正四位下に進む。同年神宮弁を辞す。同6年正四位上に進み左大弁に任ぜられ、同8年参議に任ぜられる。安永元（1772）年従三位に進み権中納言に任ぜられる。同2年踏歌外弁となり、同4年正三位に進み権大納言に任ぜられる。同6年従二位に進み、同7年権大納言を辞す。天明元（1781）年正二位に進み、寛政9（1797）年永蟄居し同年出家。子に均光がいる。　典：大日・伝日・日名・公辞・公補

柳原均光　やなぎわら・なおみつ

江戸時代の人、権大納言。安永元（1772）年6月8日生～文化9（1812）年3月13日没。41才。

権大納言柳原紀光の子。母は権大納言勧修寺顕道の娘。安永3（1774）年従五位下に叙され、同6年元服し従五位上に進み侍従に任ぜられ、同7年正五位下に進み、天明3（1783）年権右中弁、同6年左少弁、寛政元（1789）年蔵人・右衛門権佐・御祈奉行・賀茂下上社奉行・氏院別当に任ぜられ正五位上に進み、同4年全奉行職を辞す。同年右中弁、同6年神宮弁、同8年左中弁・蔵人頭・造興福寺長官に任ぜられ従四位下より従四位上更に正四位下に進み、同9年正四位上に進む。同10年蔵人頭・神宮弁を辞す。同年左大弁に任ぜられ、同11年参議に任ぜられる。享和元（1801）年従三位に進み、同2年踏歌外弁となり、文化元（1804）年正三位に進み権中納言に任ぜられる。同2年賀茂下上社伝奏に任ぜられたが伝奏を辞す。同4年従二位に進み、同7年権大納言に任ぜられる。同8年正二位に進み、同9年権大納言を辞す。子に隆光がいる。　典：公辞・公補

柳原隆光　やなぎわら・たかみつ

江戸時代の人、権大納言。寛政5（1793）年4月23日生～嘉永4（1851）年7月9日没。59才。

権大納言柳原均光の子。母は参議正親町三条実同の娘。文化元（1804）年従五位下に叙され、同2年元服。同4年従五位上、同7年正五位下に進み、同8年侍従、同14年右少弁に任ぜられる。文政元（1818）年氏院別当に任ぜられ、同2年に辞す。同年蔵人・中宮権大進・賀茂下上社奉行に任ぜられ正五位上に進み、同3年皇太后宮権大進・御祈奉行、同4年左少弁、同7年権右中弁・右衛門権佐、同8年皇太后宮大進に任ぜられる。同年御祈奉行を辞す。同10年従四位下より従四位上更に正四位下に進み蔵人頭・神宮弁

に任ぜられ、同11年正四位上に進む。同年氏院別当を辞す。のち皇太后宮亮に任ぜられ、天保2(1831)年参議に任ぜられ更に左大弁に任ぜられる。同3年従三位に進み権中納言に任ぜられる。同5年正三位、同7年従二位に進み、同9年踏歌外弁となる。同10年右衛門督・使別当に任ぜられ、同11年正二位に進み、同12年右衛門督・別当を辞す。嘉永元(1848)年権大納言に任ぜられ、同4年に辞す。子に光愛がいる。　典：明治・公辞・公補

柳原光愛　やなぎわら・みつなる

江戸・明治時代の人、権大納言。文政元(1818)年5月18日生～明治18(1885)年5月没。68才。

権大納言柳原隆光の子。母は権中納言正親町三条公則の娘。文政2(1819)年叙爵。同7年元服し従五位上に進み、同9年正五位下に進み、天保2(1831)年侍従、弘化元(1844)年蔵人に任ぜられ、同2年正五位上に進み右少弁・御祈奉行に任ぜられ、同3年賀茂下上社奉行、同4年左衛門権佐・左少弁に任ぜられ、嘉永元(1848)年権右中弁、同3年氏院別当に任ぜられる。同年全奉行職・氏院別当を辞す。のち右中弁に任ぜられ、同5年左中弁・蔵人頭・神宮弁に任ぜられ従四位下より従四位上更に正四位下進み、同6年正四位上に進み、安政2(1855)年再び賀茂下上社奉行に任ぜられる。同年の御遷幸に列御掛として公卿列の最後に参列。同3年神宮弁・賀茂上下社奉行を辞す。同4年参議に任ぜられ更に左大弁に任ぜられる。同年任職を辞す。同5年従三位に進み再び参議に任ぜられる。同年の安政の事件に(飛鳥井雅典の項参照)八十八廷臣として連座。同6年右衛門督・使別当に任ぜられ、万延元(1860)年正三位に進み、文久元(1861)年踏歌外弁となり、同2年従二位に進み東照宮奉幣使となる。同3年権中納言に任ぜられる。元治元(1864)年正二位に進み賀茂下上社奉幣使となる。慶応元(1865)年賀茂下上社伝奏に任ぜられるも辞す。同年権大納言に任ぜられ、明治元(1868)年に辞す。男子に前光(従三位・勲一等・東海道先鋒総督・公使・元老院議長など歴任。明治の華族に列され伯爵を授かる。明治27年9月3日没。45才。子に義光)・日野資秀、女子の愛子は明治天皇の典侍となり大正天皇の生母となる。　典：幕末・明治・公辞・公補

○藪家

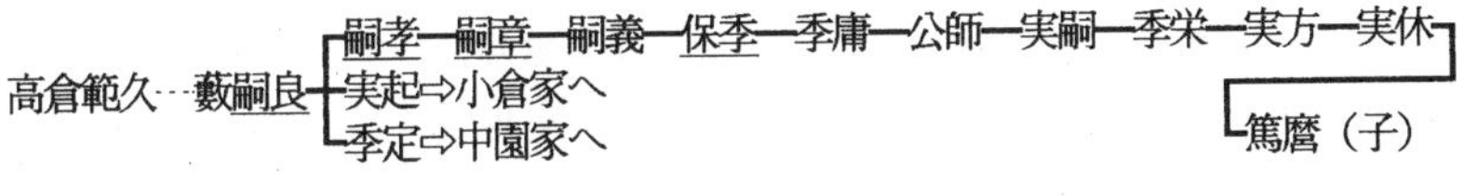

閑院家、四辻庶流。藤原不比等の裔。四辻公遠の子嗣良が断絶していた高倉家を再興し、寛永14(1637)年に藪を氏姓とした。しかし、季庸以降は公卿に列されていない。明治に至り篤麿が華族に列され子爵を授かる。昭和11(1936)年に高倉姓となる。本姓は藤原。号=高倉。

典：日名・公補

藪嗣良 やぶ・つぐよし

江戸時代の人、権大納言。文禄2(1593)年1月16日生～承応2(1653)年4月17日没。61才。一字名=司。法名=宗春。前姓=高倉。

権大納言四辻公遠の末子。断絶していた高倉家再興の為に、参議高倉範久家の養子となる。慶長5(1600)年叙爵。侍従に任ぜられ、同9年従五位上に進み、同13年勅勘を受け、同16年許され、同18年正五位下に進み左少将に任ぜられ、元和元(1615)年従四位下に進み、同3年左中将に任ぜられ、同5年従四位上に進む。同年高倉家より分かれて藪を氏姓とする。同9年正四位下に進み、寛永5(1628)年従三位、同12年正三位に進み、同14年参議に任ぜられる。同16年右兵衛督に任ぜられ更に権中納言に任ぜられ踏歌外弁となり正三位より従二位に進む。同19年権大納言に任ぜられる。正保2(1645)年正二位に進み、同3年神宮伝奏に任ぜられ、同4年任職を辞し出家。子に嗣孝・小倉実起・中園季定がいる。　典：公辞・公補

藪嗣孝 やぶ・つぐたか

江戸時代の人、権大納言。元和5(1619)年9月6日生～天和2(1682)年5月27日没。64才。前姓=高倉。

権大納言藪嗣良の子。弟に小倉実起・中園季定がいる。元和8(1622)年叙爵。寛永3(1626)年元服し侍従に任ぜられ、同5年従五位上に進み、同10年左少将に任ぜられ、同11年正五位下に進み、同14年高倉家より別れて父の藪姓となる。同15年従四位下に進み、同17年左中将に任ぜられ、同19年従四位上、正保2(1645)年正四位下に進み、慶安元(1648)年参議に任ぜられる。同2年従三位に進み、承応元(1652)年踏歌外弁となる。明暦元(1655)年正三位に進む。同年参議を辞す。のち権中納言に任ぜられ、万治3(1660)年に辞す。寛文2(1662)年従二位に進み、同10年権大納言に任ぜられ、同12年に辞す。延宝2(1674)年正二位に進む。子に嗣章がいる。　典：公辞・公補

藪嗣章 やぶ・つぐあき

江戸時代の人、参議。慶安3(1650)年閏10月20日生～元禄11(1698)年7月3日没。49才。

権大納言藪嗣孝の子。寛文元(1661)年元服し従五位上に叙され侍従に任ぜられ、同5年正五位下に進み、同6年左少将に任ぜられ、同9年従四位下に進み、同11年左中将に任ぜられ、延宝2(1674)年従四位上、同5年正四位下に進み、貞享元(1684)年参議に任ぜられる。同2年従三位に進み、元禄2(1689)年踏歌外弁となる。同3年正三位に進み東照宮奉幣使となる。同5年任職を辞す。子に嗣義(正四位下。延享2年5月19日没。61才。養子に保孝)がいる。　典：公辞・公補

藪保季 やぶ・やすすえ

江戸時代の人、権中納言。享保16(1731)年11月20日生～寛政11(1799)年4月2日没。69才。

権大納言清水谷雅季の三男。享保21(1736)年従五位下に叙せられる。寛保2(1742)年藪嗣義朝臣の養子となる。延享元(1744)年元服し従五位上に進み侍従に任ぜられ、寛延元(1748)年正五位下、宝暦2(1752)年従四位下に進み、同5年左権少将に任ぜられ、

同6年従四位上、同10年正四位下に進み、同11年尾張権介、同12年右権中将に任ぜられ、明和元(1764)年従三位に進み参議に任ぜられる。同2年踏歌外弁となり、同5年正三位に進み東照宮奉幣使となる。同6年右中将に任ぜられる。同年任職を辞す。安永5(1776)年従二位に進む。天明7(1787)年権中納言に任ぜられ、寛政元(1789)年に辞す。同8年正二位に進む。子に季庸がいる。　典：公辞・公補

○山科家

藤原家の流。権中納言藤原家成の裔。権中納言藤原教成が院より山科の地を拝領し、山科と号した。教行が晩年の貞和2(1346.正平元)年に山科を氏姓と名乗るに始まる。代々管弦にて奉仕し、高倉家と共に有職故実の家元として続いた。明治に至り華族に列され伯爵を授かる。各代の日記は重要な資料とされている。本姓は藤原。家紋は田字草(でんじそう)。菩提寺は京都左京区浄土寺の松林院。

典：京都・京四・日名

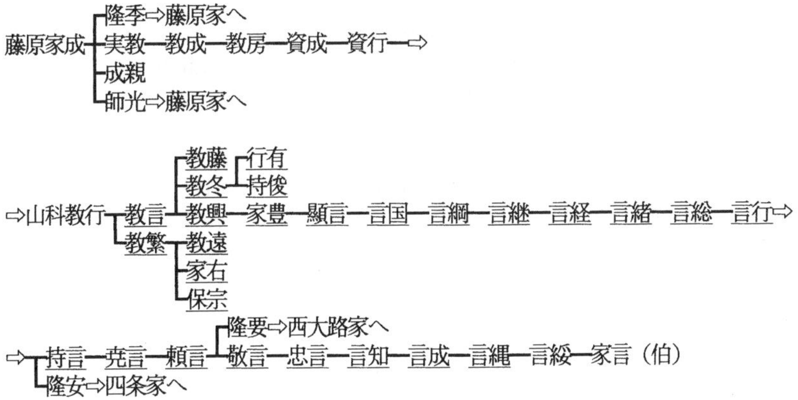

山科教言　やましな・のりとき

鎌倉・南北朝・室町時代の人、権中納言。嘉暦3(1328)年6月8日生～応永16(1409)年12月15日没。82才。法名=常言。

権中納言藤原家成の裔。弟に教繁がいる。建武2(1335)年叙爵。同年従五位上、暦応2(1339)年正五位下に進み、同3年右少将に任ぜられ、同4年従四位下、貞和2(1346)年従四位上に進み内蔵頭(以後歴代が就任)に任ぜられ、同5年豊後権守に任ぜられ、同6年正四位下に進み、文和3(1354)年右中将に任ぜられ、延文4(1359.正平14)年従三位に進む。貞治元(1362.正平17)年右衛門督に任ぜられ翌年に辞す。同6年正三位、応安4(1371.建徳2)年従二位に進み、永和4(1378.天授4)年民部卿に任ぜられ、永徳元(1381.弘和元)年参議に任ぜられ翌年に辞す。同3年正二位に進み、康応元(1389.元中6)年権中納言に任ぜられ翌年に辞す。応永2(1395)年68才で出家。日記の「教言卿記」は

応永12年5月より同17年3月分が存在し、足利義満より義持時代の史料で、京都の洛中の様子も伝えている。墓所は京都上京区の清浄華寺。子に教藤・教冬・教興がいる。
典：京都・公辞・公補

山科教繁　やましな・のりしげ

南北朝・室町時代の人、参議。生年不明～明徳2(1391)年没。

左中将山科教行朝臣の次男。兄に教言がいる。永和4(1378.天授4)年従三位に叙され、永徳2(1382)年正三位、嘉慶元(1387.元中4)年従二位に進み、のち左兵衛督に任ぜられ、明徳2(1391)年参議に任ぜられる。子に教遠・家右・保宗がいる。　典：公補

山科教藤　やましな・のりふじ

南北朝・室町時代の人、参議。生年不明～応永2(1395)年2月6日没。初名=教長。

権中納言山科教言の長男。初め教長と名乗る。弟に教冬・教興がいる。観応2(1351)年従五位下に叙され、延文元(1356)年従五位上に進み、貞治2(1363)年右兵衛権佐に任ぜられ、同4年正五位下に進み、同5年右少将に任ぜられ、応安元(1368)年従四位下、同4年従四位上に進む。同年教言と改名。同5年内蔵頭、同7年右中将に任ぜられ、永和元(1375)年正四位下に進み、同2年肥前権守に任ぜられ、至徳3(1386.元中3)年従三位に進む。同年右衛門督に任ぜられ、明徳元(1390.元中7)年に辞す。同2年正三位に進む。応永元(1394)年参議に任ぜられるも辞す。　典：公補

山科教冬　やましな・のりふゆ

室町時代の人、非参議。生年不明～応永16(1409)年7月12日没。

権中納言山科教言の次男。兄に教藤、弟に教興がいる。右中将に任ぜられ、のちこれを辞す。応永11(1404)年従三位に叙され右兵衛督に任ぜられ、同14年正三位に進む。同15年右兵衛督を辞す。子に行冬・持俊がいる。　典：公補

山科教遠　やましな・のりとお

南北朝・室町時代の人、非参議。康安元(1361.正平16)年生～応永28(1421)年6月29日没。61才。

参議山科教繁の子。弟に家右・保宗がいる。右中将に任ぜられ、のちこれを辞す。応永11(1404)年従三位に叙され、同13年右衛門督に任ぜられる。同15年治部卿に任ぜられ、同17年に辞す。同19年正三位に進み、同22年民部卿に任ぜられ、同24年卿を辞す。
典：公補

山科教興　やましな・のりおき

室町時代の人、権中納言。生年不明～応永25(1418)年7月19日没。初名=教清。

権中納言山科教言の三男。兄に教藤・教冬がいる。右衛門督に任ぜられ、応永18(1411)年従三位に叙され参議に任ぜられる。同19年加賀権守に任ぜられ、同20年正三位、同23年従二位に進み、同24年備前権守に任ぜられ、同25年権中納言に任ぜられる。子に家豊がいる。　典：公辞・公補

山科行有　やましな・ゆきあり

室町時代の人、非参議。生年不明～永享2(1430)年4月2日没。初名=教有。

非参議山科教冬の長男。弟に持俊がいる。初め教有と名乗る。右兵衛督に任ぜられ、のちこれを辞す。応永30(1423)年従三位に叙され、同33年正三位に進み民部卿に任ぜられ、永享元(1429)年従二位に進む。同年行有と改名。翌年に没す。　典：公補

山科家豊　やましな・いえとよ

室町時代の人、参議。生年不明～永享3(1431)年1月4日没。初名=教豊。

権中納言山科教興の子。初め教豊と名乗る。応永32(1425)年従三位に叙され右衛門督に任ぜられ、同34年参議に任ぜられる。永享元(1429)年正三位に進み土佐権守に任ぜられる。同年家豊と改名。子に顕言がいる。　典：公辞・公補

山科家右　やましな・いえすけ

室町時代の人、非参議。生年不明～寛正2(1461)年没。初名=繁右。

参議山科教繁の次男。兄に教遠、弟に保宗がいる。内蔵頭に任ぜられ、のちこれを辞す。永享11(1439)年従三位に叙され、嘉吉2(1442)年正三位に進み、文安3(1446)年治部卿に任ぜられ、同4年従二位に進む。同年家右と改名。宝徳3(1451)年治部卿を辞す。享徳2(1453)年出家。　典：公補

山科持俊　やましな・もちとし

室町時代の人、権中納言。生没年不明。

非参議山科教冬の次男。兄に行有がいる。内蔵頭に任ぜられられ、のちこれを辞す。文安3(1446)年従三位に進み、同5年民部卿に任ぜられ、宝徳元(1449)年正三位に進む。同3年参議に任ぜられるも辞す。享徳2(1453)年従二位に進む。康正元(1455)年権中納言に任ぜられるも辞す。寛正元(1460)年正二位に進む。文明2(1470)年より公補に名が見えない。　典：公補

山科保宗　やましな・やすむね

室町時代の人、参議。応永18(1411)年生～寛正4(1463)年8月26日没。53才。

参議山科教繁の三男。兄に教遠・家右がいる。右中将に任ぜられられ、のちこれを辞す。文安5(1448)年従三位に叙され、宝徳元(1449)年右兵衛督に任ぜられ、同3年正三位に進む。同年右兵衛督を辞す。享徳2(1453)年従二位に進み、康正元(1455)年参議に任ぜられる。同2年伊与権守に任ぜられる。同年参議を辞す。寛正元(1460)年正二位に進む。水腫にて没す。子に言国がいる。　典：公補

山科顕言　やましな・あきとき

室町時代の人、権中納言。正長元(1428)年生～寛正3(1462)年5月8日没。35才。初名=成任。法名=常継。

参議山科家豊の子。初め成任と名乗り、のち顕言と改名。享徳元(1452)年従三位に叙され右衛門督に任ぜられ、同3年参議に任ぜられる。康正元(1455)年周防権守に任ぜられるも辞す。同2年正三位に進む。同年権中納言に任ぜられ、長禄2(1458)年に辞

すも再び任ぜられる。養子に言国がいる。　典：公辞・公補

山科言国　やましな・ときくに

室町時代の人、権中納言。享徳元(1452)年生～文亀3(1503)年2月28日没。52才。法名=盛言。道号=説堂。

参議山科保宗の子。権中納言山科顕言の養子となる。康正2(1456)年叙爵。同3年従五位上に進み、寛正3(1462)年内蔵頭に任ぜられ、同5年正五位下に進み右少将に任ぜられ、応仁元(1467)年従四位下に進み、同2年右中将に任ぜられ、文明2(1470)年従四位上、同8年正四位下に進み、同12年加賀権介に任ぜられ、同16年従三位に進み、同17年参議に任ぜられる。延徳3(1491)年正三位に進み、明応元(1492)年権中納言に任ぜられる。文亀元(1501)年従二位に進む。同3年権中納言を辞す。子に言綱がいる。
典：公辞・公補

山科言綱　やましな・ときつな

室町時代の人、権中納言。文明18(1486)年4月1日生～享禄3(1530)年9月12日没。45才。法名=宗言。

権中納言山科言国の子。母は権中納言高倉永継の娘。明応元(1492)年従五位下に叙され、同9年内蔵頭に任ぜられ、文亀元(1501)年従五位上、永正3(1506)年正五位下に進み、同4年右権少将に任ぜられ、同6年従四位下に進み、同8年中将に任ぜられ、同9年従四位上、同12年正四位下、同15年従三位に進む。同年中将・内蔵頭を辞す。大永元(1521)年参議に任ぜられる。同2年正三位に進み越前権守に任ぜられ、同6年権中納言に任ぜられる。享禄2(1529)年従二位にに進み、同3年民部卿に任ぜられる。子に言継がいる。　典：公辞・公補

山科言継　やましな・ときつぐ

室町・安土桃山時代の人、権大納言。永正4(1507)年4月26日生～天正7(1579)年3月2日没。73才。一字名=仙。道号=月岑。法名=照言・照元。

権中納言山科言綱の子。永正14(1517)年叙爵。同17年元服し従五位上に進み内蔵頭に任ぜられ、大永2(1522)年右少将に任ぜられ、同4年正五位下、同8年従四位下、享禄3(1530)年従四位上、天文3(1534)年正四位下に進み、同4年中将に任ぜられ、同6年従三位に進み左兵衛督に任ぜられ、同7年参議に任ぜられ更に左衛門督に任ぜられる。同8年加賀権守に任ぜられ、同10年正三位に進み、同13年権中納言に任ぜられる。同14年従二位、同17年正二位に進み、同19年陸奥出羽按察使に任ぜられ、弘治2(1556)年任職を辞す。永禄元(1558)年大宰権帥に任ぜられ、同5年再び権中納言に任ぜられる。同12年権大納言に任ぜられる。同年正二位を返上し従二位に下位。公補に「於家初例。左大臣魚名公以来廿三代中絶。但天文十七正五正二位々記召返之。希代例也」とある。元亀2(1571)年大宰権帥を辞す。天正2(1574)年再び正二位に進む。大正4(1915)年に従一位を賜る。墓所は京都上京区寺町の清浄華院。子に言経がいる。　典：公辞・京都・大日・日名・伝日・公補

山科言経　やましな・ときつね

室町･安土桃山･江戸時代の人、権中納言。天文12(1543)年7月2日生～慶長16(1611)年2月27日没。69才。法名=白言。

権中納言山科言継の子。母は参議葉室頼継の娘。天文18(1549)年叙爵。同22年従五位上に進む。同年元服し内蔵頭に任ぜられ、弘治2(1556)年正五位下に進み、同3年右少将に任ぜられ、永禄2(1559)年従四位下、同5年従四位上、同8年正四位上に進み、同9年右中将に任ぜられ、元亀元(1570)年従三位に進み左兵衛督に任ぜられ、同2年参議に任ぜられ更に左衛門督に任ぜられる。天正2(1574)年正三位に進み、同5年権中納言に任ぜられる。同7年任職を辞す。同13年正親町天皇の勅勘を受け摂津中島に出奔。暫く公補に名が見えなくなり、慶長3(1598)年より「出仕勅免」となる。同7年正二位に進む。墓所は京都上京区の清浄華院。子に言緒がいる。　典：京都・公辞・公補

山科言緒　やましな・ときお

安土桃山・江戸時代の人、参議。天正5(1577)年2月21日生～元和6(1620)年2月25日没。44才。

権中納言山科言経の子。母は権中納言上冷泉為益の娘。天正7(1579)年叙爵。慶長4(1599)年内蔵頭に任ぜられ、同6年従五位上に進み右少将に任ぜられ、同11年正五位下、同16年従四位下、同18年従四位上に進み右中将に任ぜられ、同20年正四位下、元和3(1617)年従三位に進み、同5年参議に任ぜられる。子に言総がいる。　典：公辞・公補

山科言総　やましな・ときふさ

江戸時代の人、権大納言。慶長8(1603)年生～寛文元(1661)年11月27日没。59才。

参議山科言緒の子。慶長19(1614)年叙爵。同年元服し右少将に任ぜられ、元和3(1617)年従五位上に進み、同5年内蔵頭に任ぜられ、同6年正五位下、寛永2(1625)年従四位下に進み右中将に任ぜられ、同5年従四位上、同9年正四位下、同13年従三位、同18年正三位に進み、同20年参議に任ぜられるも辞す。正保元(1644)年権中納言に任ぜられる。同2年踏歌外弁となり、慶安2(1649)年従二位に進み、承応元(1652)年権大納言に任ぜられる。同3年正二位に進み、明暦2(1656)年権大納言を辞す。養子に言行がいる。
典：公辞・公補

山科言行　やましな・ときゆき

江戸時代の人、参議。寛永9(1632)年10月22日生～寛文5(1665)年4月24日没。34才。

権中納言藤谷為賢の三男。権大納言山科言総の養子となる。寛永13(1636)年叙爵。同17年元服し従五位上に進み左少将に任ぜられ、同20年正五位下に進み内蔵頭に任ぜられ、正保5(1648)年従四位下、慶安4(1651)年従四位上に進み、承応2(1653)年右中将に任ぜられ、同4年正四位下、万治2(1659)年従三位に進み、同3年参議に任ぜられる。寛文元(1661)年左衛門督に任ぜられ、同3年正三位に進み、同4年踏歌外弁となり、同5年東照宮奉幣使となる。武州石橋にて没す。子に持言・四条隆安がいる。　典：公辞・公補

山科持言　やましな・もちとき

江戸時代の人、参議。明暦3(1657)年11月22日生～元文2(1737)年8月7日没。81才。一字名=言。

参議山科言行の子。寛文元(1661)年叙爵。同5年元服し従五位上に進み内蔵頭に任ぜられられ、同9年右少将に任ぜられ正五位下に進み、同12年従四位下に進み、延宝元(1673)年右中将に任ぜられ、同5年従四位上、同9年正四位下に進み、天和3(1683)年春宮亮に任ぜられる。貞享2(1685)年従三位に進み、同3年春宮亮を辞す。享保3(1718)年参議に任ぜられるも辞す。花木の栽培を趣味とした。子に尭言がいる。　典:大日・伝日・日名・公辞・公補

山科尭言　やましな・たかとき

江戸時代の人、権大納言。貞享3(1686)年2月3日生～宝暦元(1751)年12月5日没。66才。

参議山科持言の子。元禄11(1698)年叙爵。同年元服し内蔵頭に任ぜられ、同14年従五位上、宝永元(1704)年正五位下に進み、同3年左少将に任ぜられ、同4年従四位下に進み、同5年左中将に任ぜられ、同7年従四位上、正徳3(1713)年正四位下、享保3(1718)年従三位に進み、同9年右衛門督に任ぜられ、同11年踏歌外弁となる。同12年参議に任ぜられる。同19年参議を辞す。同年東照宮奉幣使となる。元文2(1737)年権中納言に任ぜられるも辞す。同3年正三位、延享2(1745)年従二位に進み、寛延元(1748)年権大納言に任ぜられるも辞す。宝暦元(1751)年正二位に進む。子に頼言がいる。　典:公辞・公補

山科頼言　やましな・よりとき

江戸時代の人、権中納言。享保7(1722)年1月6日生～明和7(1770)年12月22日没。49才。初名=師言。法名=徹紹。

権大納言山科尭言の子。初め師言と名乗る。享保10(1725)年叙爵。同19年元服し従五位上に進み内蔵頭に任ぜられ、元文2(1737)年正五位下に進み、同4年右少将に任ぜられ、同6年従四位下に進み、寛保3(1743)年左少将に任ぜられ、同4年従四位上、延享4(1747)年正四位下に進み、寛延2(1749)年内蔵頭を辞す。同3年右中将に任ぜられ従三位に進む。宝暦元(1751)年頼言と改名。同4年正三位に進み参議に任ぜられる。同5年右衛門督、同6年使別当に任ぜられ踏歌外弁となる。同7年使別当を辞す。同年権中納言に任ぜられる。同8年右衛門督を辞す。同年大宰権帥に任ぜられ、同9年従二位に進み、同13年権中納言を辞す。明和2(1765)年正二位に進み、同3年大宰権帥を辞す。同5年47才で出家。子に敬言・西大路隆要がいる。　典:公辞・公補

山科敬言　やましな・のりとき

江戸時代の人、権中納言。寛保2(1742)年3月19日生～安永7(1778)年2月3日没。37才。

権中納言山科頼言の子。母は参議梅園久季の娘。弟に西大路隆要がいる。延享2(1745)年従五位下に叙され、寛延2(1749)年元服し従五位上に進み内蔵頭に任ぜられ、宝暦2(1752)年正五位下、同5年従四位下に進み、同8年右権少将に任ぜられ従四位上に進み、

同11年左権中将に任ぜられ正四位下に進み、明和元(1764)年従三位に進む。同年左権中将を辞す。同3年内蔵頭を辞す。同5年正三位に進み、同7年参議に任ぜられる。安永元(1772)年左衛門督に任ぜられ、同2年踏歌外弁となる。同4年権中納言に任ぜられる。同6年従二位に進む。同年権中納言を辞す。子に忠言がいる。　典：公辞・公補

山科忠言　やましな・ただとき

江戸時代の人、権大納言。宝暦12(1762)年閏4月19日生～天保4(1833)年2月26日没。72才。

権中納言山科敬言の子。母は権大納言上冷泉為村の娘。明和元(1764)年叙爵。安永3(1774)年元服し従五位上に進み内蔵頭に任ぜられ、同6年正五位下、同8年従四位下に進み左権少将に任ぜられ、天明元(1781)年右権中将に任ぜられ従四位上に進み、同4年正四位下、同7年従三位に進む。同年右権中将を辞す。寛政3(1791)年正三位に進み、同9年参議に任ぜられる。同11年右兵衛督に任ぜられ、同12年従二位に進み東照宮奉幣使となり権中納言に任ぜられる。享和2(1802)年右衛門督に任ぜられ踏歌外弁となる。同3年使別当に任ぜられ、文化元(1804)年正二位に進み、同4年右衛門督・使別当を辞す。同9年権大納言に任ぜられるも辞す。同11年武家伝奏に任ぜられ、文政5(1822)年に辞す。天保4(1833)年従一位に進む。子に言知がいる。　典：公辞・公補

山科言知　やましな・ときさと

江戸時代の人、権大納言。寛政2(1790)年2月26日生～慶応3(1867)年10月27日没。78才。

権大納言山科忠言の子。寛政4(1792)年従五位下より従五位下に叙せられる。同年元服。同9年内蔵頭に任ぜられ、同11年正五位下、享和2(1802)年従四位下に進み、文化元(1804)年右権少将に任ぜられ、同2年従四位上、同5年正四位下に進み、同8年左権中将に任ぜられ、同9年従三位、同12年正三位に進み、文政8(1825)年参議に任ぜられる。天保元(1830)年従二位に進み、同2年権中納言に任ぜられ更に右衛門督・使別当に任ぜられる。同5年正二位に進み、同7年右衛門督・使別当を辞す。同10年踏歌外弁となる。嘉永2(1849)年権大納言に任ぜられるも辞す。家料は300石。子に言成がいる。
典：公辞・公補

山科言成　やましな・ときなり

江戸・明治時代の人、権中納言。文化8(1811)年6月28日生～明治3(1870)年閏10月没。60才。

権大納言山科言知の子。文政5(1822)年従五位下に叙され、同7年元服し従五位上に進み、同10年正五位下に進み、天保元(1830)年左権少将に任ぜられ、同2年従四位下に進み内蔵頭に任ぜられ、同5年従四位上、同8年正四位下に進み、同10年内蔵頭を辞す。同年権中将に任ぜられ、同12年従三位、弘化元(1844)年正三位に進み、同2年左衛門督に任ぜられ、嘉永2(1849)年に辞す。文久3(1863)年参議に任ぜられる。元治元(1864)年従二位に進み踏歌外弁となる。慶応3(1867)年権中納言に任ぜられ更に右衛門督・使別当に任ぜられ、明治元(1868)年任職を辞す。同年正二位に進む。子に言縄がいる。

典：公辞・公補

山科言縄　やましな・ときなお

江戸・明治・大正時代の人、非参議。天保6(1835)年6月20日生～大正5(1916)年11月没。82才。別読=ときつな

権中納言山科言成の子。天保14(1843)年従五位下に叙され、弘化元(1844)年元服。同2年内蔵頭に任ぜられ、同3年従五位上、嘉永2(1849)年正五位下、同5年従四位下、安政2(1855)年従四位上に進み、同4年左少将に任ぜられ、同5年正四位下に進み、慶応2(1866)年右中将に任ぜられ従三位に進み、明治2(1869)年正二位に進み、華族に列され伯爵を授かる。のち有職故実の指導普及に務める。　典：明治・大日・日名・公辞・公補

○山階家

西園寺公経の三男実雄が、西園寺家より分かれて山階を氏姓としたが一代にて終わる。のち山階を名乗る山階宮家が現れている。本姓は藤原。

典：公補

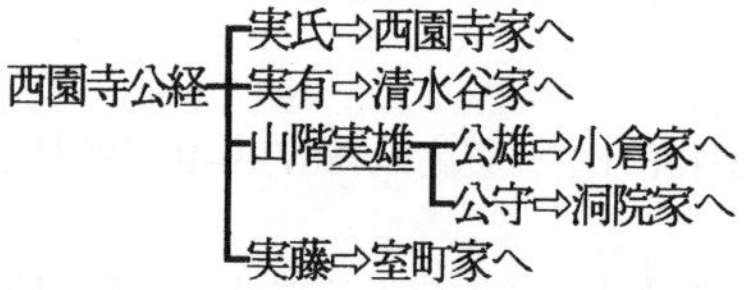

山階実雄　やましな・さねお

鎌倉時代の人、左大臣。建保5(1217)年生～文永10(1273)年8月16日没。57才。法名=経学。

太政大臣西園寺公経の三男。母は権中納言平親宗の娘七条院女房。兄に西園寺実氏・清水谷実有、弟に室町実藤がいる。父の西園寺家より分かれて山階を氏姓とした。安貞元(1227)年叙爵す。侍従に任ぜられ、同3年従五位上に進み、寛喜元(1229)年左少将、同2年備後介に任ぜられ、同3年正五位下、貞永2(1233)年従四位下、文暦元(1234)年左中弁、同2年加賀権介に任ぜられ従四位上に進み左宮城使となる。嘉禎2(1236)年左中弁を辞す。同年左中将・蔵人頭に任ぜられ正四位下に進み、同2年蔵人頭を辞す。同年従三位に進み、同3年土佐権守に任ぜられ更に参議に任ぜられ、暦仁元(1238)年右衛門督・使別当に任ぜられ正三位に進み更に権中納言に任ぜられる。同年別当を辞す。延応元(1239)年右衛門督を辞す。同年皇后宮権大夫に任ぜられるも辞す。仁治元(1240)年従二位に進み、同3年権大納言に任ぜられる。寛元元(1243)年正二位に進み、正嘉元(1257)年内大臣に任ぜられ、同2年右大臣に任ぜられ東宮伝に任ぜられ、弘長元(1261)年左大臣に任ぜられる。同2年従一位に進み、同3年左大臣を辞す。文永10(1273)年出家。山階の氏姓は実雄一代にて終わる。子に小倉公雄・洞院公守がいる。

典：明治・大日・伝日・公補

○和家

百済国武寧王の子聖明王の後裔。大和国城下郡大和郷の地名より名付く。宝亀年間に和姓より高野朝臣に改姓した。第50代桓武天皇の母親となった高野朝臣新笠が現れている。和姓の公卿は家麿のみ。

典：古代・公補

和家麻呂　やまとの・いえまろ

平安時代の人、中納言。天平6(734)年生～延暦23(804)年4月27日没。71才。

贈正二位・大納言高野弟嗣(和乙継)の孫。第50代桓武天皇の皇太后高野朝臣新笠の甥。和守国?の子。延暦5(786)年従五位下に叙され伊世大掾に任ぜられ、同7年造酒正、同8年造兵正、同10年内厩助に任ぜられ、同11年従五位上に進み美乃介に任ぜられ、同12年正五位上より従四位下に進み治部大輔・大和守に任ぜられ、同14年相模守に任ぜられ、同15年参議に任ぜられ正四位下に進む。同16年左衛士督・兵部卿に任ぜられ、同17年従三位に進み中納言に任ぜられる。同18年中務卿、同22年宮内卿に任ぜられる。没後に従二位・大納言を賜る。　典：古代・公補

○山井家

藤原具範━山井言範

桜井兼里┳兼供⇨桜井家へ
　　　　┗山井兼仍┳兼前
　　　　　　　　　┗氏栄━仍敦━仍孝━氏興━氏暉━氏胤━兼文━兼武（子）

鎌倉時代に藤原具範の子言範が、山井を氏姓としたが一代にて終わる。江戸時代に至り水無瀬家一門の桜井兼里の子兼仍が、いにしえを偲び桜井家より分かれ山井を氏姓にした。明治に至り華族に列され子爵を授かる。本姓は藤原。家紋は菊。菩提寺は京都左京区岩蔵花園の大超寺。

典：日名・京四

山井言範　やまのい・ことのり

鎌倉・南北朝時代の人、非参議。嘉元元(1303)年生～文和元(1352.正平7)年6月23日没。50才。初名=季範。山井家の始祖。

非参議藤原具範の子。初め季範と名乗る。山井を氏姓とする。正和2(1313)年叙爵す。少納言に任ぜられ、同3年従五位上に進む。同年少納言を辞す。元応2(1320)年正五位下、嘉暦3(1328)年従四位下に進み、建武元(1334)年東宮学士に任ぜられ、同2年従四位上に進み、同3年東宮学士を辞す。暦応3(1340)年正四位下に進み、同4年右京大夫に任ぜられ、康永2(1343)年にを辞す。貞和3(1347)年刑部卿に任ぜられ、同5年に辞す。観応元(1350.正平5)年従三位に進む。同年言範と改名。この時の山井家は言範一代にて終わる。　典：公補

山井兼仍　やまのい・かねなお

江戸時代の人、非参議。寛文11(1671)年9月13日生～享保4(1719)年8月14日没。49才。山井家の祖。

権中納言水無瀬兼俊の孫。縫殿助桜井兼里朝臣の次男。兄に桜井兼供がいる。いにしえを偲び山井を氏姓とした。貞享4(1687)年元服し蔵人・左近衛将監に任ぜられ、元禄2(1689)年叙爵。修理権大夫に任ぜられ、同3年従五位上、同4年正五位下、同9年従四位下、同13年従四位上、宝永元(1704)年正四位下、同5年従三位、享保元(1716)年正三位に進み、同2年治部卿に任ぜられる。子に兼前(従四位下・左兵衛佐。享保9年10月3日没。24才)・氏栄がいる。　典：公辞・公補

山井氏栄　やまのい・うじしげ

江戸時代の人、非参議。正徳5(1715)年12月24日生～天明4(1784)年没。70才。法名=道一。

非参議山井兼仍の三男。兄に兼前(従四位下・左兵衛佐。享保9年10月3日没。24才)がいる。享保10(1725)年叙爵。同12年元服し弾正少弼に任ぜられ、同14年従五位上、同18年正五位下、元文2(1737)年従四位下、同6年従四位上に進み、のち弾正大弼に任ぜられ、延享2(1745)年正四位下、寛延3(1750)年従三位に進み、宝暦元(1751)年大蔵卿に任ぜられ、同4年踏歌外弁となる。同8年正三位に進み、明和4(1767)年大蔵卿を辞す。同5年54才で出家。子に仍敦がいる。　典：公辞・公補

山井仍敦　やまのい・なおあつ

江戸時代の人、非参議。元文4(1739)年5月25日生～寛政元(1789)年10月5日没。51才。初名=兼敦。

非参議山井氏栄の子。初め兼敦と名乗る。延享4(1747)年従五位下に叙され、寛延3(1750)年元服し中務権少輔に任ぜられ、宝暦元(1751)年従五位上、同5年正五位下に進む。竹内式部に垂加神道を学ぶ。同9年従四位下に進み、同10年中務少輔に任ぜられ、同13年従四位上、明和4(1767)年正四位下に進む。同年中務少輔を辞す。のち勘解由次官となる。同8年従三位、安永5(1776)年正三位に進む。同8年仍敦と改名。天明2(1782)年左京権大夫に任ぜられ、寛政元(1789)年に辞す。子に仍孝(初名=兼長、正四位下・中務少輔。享和元年に31才で解官。同3年出奔。子に氏興)がいる。　典：公辞・公補

山井氏興　やまのい・うじおき

江戸時代の人、非参議。天明8(1788)年1月3日生～安政4(1857)年2月16日没。70才。

非参議山井仍敦の孫。正四位下・中務少輔山井氏興朝臣の子。寛政4(1792)年従五位下に叙され、享和元(1801)年元服し従五位上に進み周防権介に任ぜられ、文化元(1804)年正五位下、同4年従四位下、同7年従四位上、同10年正四位下、同14年従三位、文政5(1822)年正三位に進み、安政元(1854)年大蔵卿に任ぜられ、同4年に辞す。子に氏暉がいる。　典：公辞・公補

山井氏暉　やまのい・うじてる

江戸・明治時代の人、非参議。文政4(1821)年7月29日生～明治27(1894)年10月没。74才。別読=うじあき。

非参議山井氏興の子。母は非参議藤井行福の娘。文政8(1825)年従五位下に叙され、天保5(1834)年元服し従五位上に進み周防権介に任ぜられ、同9年正五位下、同13年従四位下、弘化3(1846)年従四位上、嘉永5(1852)年正四位下、安政3(1856)年従三位、文久元(1861)年正三位に進む。子に氏胤(勘解由次官。明治22月2日没。54才)・兼文(初名=芳麿。明治17年華族に列され子爵を授かる。大正7月3日没。51才)がいる。

典：公辞・公補

○山本家

阿野実顕┬公業⇨阿野家へ
　　　　├公景⇨姉小路家へ
　　　　├実祐⇨河鰭家へ
　　　　└山本勝忠─実富─公尹─実観─公達─実福─公弘─実城─公寧─実政─⇨

⇨山本実政─実庸─公茂（子）

閑院家の三条末流。阿野実顕の末子勝忠が、第百八代後水尾天皇の勅旨に、阿野家より分かれて山本を氏姓とした。明治に至り華族に列され子爵を授かる。本姓=藤原。家紋は唐花。菩提寺は京都左京区浄土寺真如町の松林寺。

典：家紋・日名・京四

山本勝忠　やまもと・かつただ

江戸時代の人、参議。慶長13(1608)年11月1日生～承応3(1654)年9月16日没。47才。山本家の祖。

権大納言阿野実顕の末子。母は左兵衛佐卜部兼治朝臣の娘。兄に阿野公業・姉小路公景・河鰭実祐がいる。第百八代後水尾天皇の勅旨により阿野家より分かれて山本を氏姓とした。元和4(1618)年叙爵。同8年元服し従五位上に進み左京大夫に任ぜられ、寛永3(1626)年正五位下、同8年従四位下、同12年従四位上、同17年正四位下に進み、同20年左少将、正保元(1644)年左中将に任ぜられ、同3年従三位に進み、慶安元(1648)年参議に任ぜられる。承応元(1652)年正三位に進み、同3年参議を辞す。養子に実富がいる。　典：公辞・公補

山本実富　やまもと・さねとみ

江戸時代の人、権中納言。正保2(1645)年9月7日生～元禄16(1703)年12月3日没。59才。一字名=秀。

権大納言姉小路公景の三男。左大臣西園寺実晴の養子となり、のち参議山本勝忠の養子となる。慶安2(1649)年叙爵。明暦元(1655)年元服し従五位上に進み侍従に任ぜ

られ、万治2(1659)年正五位下に進み右少将に任ぜられ、寛文3(1663)年従四位下に進み、同5年右中将に任ぜられ、同7年従四位上、同10年正四位下、延宝3(1675)年従三位に進み参議に任ぜられる。同4年踏歌外弁となる。天和元(1681)年正三位に進む。同年任職を辞す。元禄12(1699)年権中納言に任ぜられる。同13年従二位に進み、同14年踏歌外弁となる。同年権中納言を辞す。子に公尹がいる。　典：公辞・公補

山本公尹　やまもと・きんただ

江戸時代の人、権大納言。延宝3(1675)年7月4日生～延享4(1747)年9月13日没。73才。

権中納言山本実富の子。延宝9(1681)年叙爵。貞享元(1684)年元服し侍従に任ぜられ、同2年従五位上、元禄2(1689)年正五位下に進み右少将に任ぜられ、同6年従四位下に進み、同7年右中将に任ぜられ、同11年従四位上、同14年正四位下、享保2(1717)年従三位に進み参議に任ぜられる。同5年踏歌外弁となり、更に東照宮奉幣使となる。同7年正三位に進み、同10年任職を辞す。同13年権中納言に任ぜられる。同14年従二位に進み、同15年権中納言を辞す。延享元(1744)年権大納言に任ぜられるも辞す。同3年正二位に進む。子に実観がいる。　典：公辞・公補

山本実観　やまもと・さねみる

江戸時代の人、権中納言。享保4(1719)年1月18日生～天明8(1788)年9月19日没。70才。

権大納言山本公尹の子。享保8(1723)年叙爵。同11年元服し侍従に任ぜられ、同12年従五位上、同16年正五位下に進み、同17年右少将に任ぜられ、同19年従四位下、元文3(1738)年従四位上、寛保2(1742)年正四位下に進み、延享2(1745)年伊予権介に任ぜられ、寛延3(1750)年従三位に進み、宝暦4(1754)年参議に任ぜられる。同6年右近衛権中将に任ぜられ正三位に進み、同8年任職を辞す。同年踏歌外弁となる。安永4(1775)年従二位に進む。同年権中納言に任ぜられ、同8年に辞す。天明元(1781)年正二位に進む。子に公達がいる。　典：公辞・公補

山本公達　やまもと・きんたつ

江戸時代の人、非参議。延享2(1745)年10月21日生～寛政9(1797)年12月8日没。53才。

権中納言山本実観の子。母は左京亮光忠の娘。寛延2(1749)年従五位下に叙せられる。宝暦5(1755)年元服し従五位上に進み、同8年民武権大輔・左権少将に任ぜられ、同9年正五位下に進み伊予権介に任ぜられ、同13年従四位下、明和4(1767)年従四位上、同8年正四位下に進み、同9年右権中将に任ぜられる。安永5(1776)年従三位、天明5(1785)年正三位に進む。子に実福がいる。　典：公辞・公補

山本実福　やまもと・さねふく

江戸時代の人、参議。明和7(1770)年10月8日生～天保8(1837)年6月9日没。68才。

非参議山本公達の子。安永2(1773)年従五位下に叙され、天明5(1785)年元服し従五位上に進み、同6年侍従に任ぜられ、寛政元(1789)年正五位下、同5年従四位下に進み、同6年右近衛権少将に任ぜられ、同9年従四位上、享和元(1801)年正四位下に進み、同

2年右権中将に任ぜられ、同3年従三位、文化5(1808)年正三位に進み、同7年参議に任ぜられる。同8年踏歌外弁となる。同10年任職を辞す。同12年従二位に進む。子に公弘がいる。　典：公辞・公補

○結城家

結城秀康　ゆうき・ひでやす

江戸時代の人、権中納言。天正2(1574)年生～慶長12(1607)年閏4月8日没。34才。法名=森巖道慰運正浄光院。

右大臣・征夷大将軍徳川家康の次男。従四位下に叙され、慶長2(1597)年参議に任ぜられ、同8年に辞す。同年従三位に進み、同10年権中納言に任ぜられ翌年に辞す。明治に正二位を贈られる。子に6男・1女がいる。古文書として結城家文書が残されている。

典：古文・日名・公補

○弓削家

第38代天智天皇━施基皇子（田原天皇）┳弓削道鏡
　　　　　　　　　　　　　　　　　　┗弓削清人━広方

弓削家は、道鏡が女帝の第48代稱徳天皇の勅命に、民間人初の大臣に抜擢され、周辺の悪名にも係わらず、兄弟を閣僚に登用したが、天皇が没して道鏡が失脚し、一族は配流されるに及んだ。

典：大日・公補

弓削道鏡　ゆげの・どうきょう

奈良時代の人、法王・太政大臣。生年不明～宝亀3(772)年4月28日没。僧名=道鏡禅師。姓(かばね)=宿禰。

河内国の人。第38代天智天皇の孫、施基皇子の子というも確証がない。弟に清人がいる。法相宗西大寺義淵僧正の門流の少僧都。女帝の第48代稱徳天皇の寵愛があり、その勅命により、天平宝字8(764)年民間人より初の抜擢で大臣に任ぜられる。天平神護元(765)年太政大臣に任ぜられ、同2年法王に任ぜられる。宝亀元(770)年稱徳帝が没したため失脚。下野国薬師寺の別当として配流され、一族も各地に配流される。同地にて没す。　典：大日・日名・古代・公補

弓削清人　ゆげの・きよひと

奈良時代の人、大納言。生没年不明。初名=御浄。前名=浄人。姓(かばね)=連(むらじ)・宿禰より朝臣。

河内国の人。兄に太政大臣弓削道鏡がいる。兄道鏡の抜擢に伴い、天平宝字8(764)

年清人と改名。従四位下に叙され参議に任ぜられ更に上総守に任ぜられる。天平神護元(765)年従四位上、同2年正三位に進み中納言に任ぜられる。神護景雲元(767)年内堅卿・衛門督に任ぜられ、同2年大納言に任ぜられ更に太宰帥に任ぜられ検校兵庫将軍となる。同3年従二位に進み姓(かばね)の朝臣を賜る。宝亀元(770)年称徳帝が没し兄道鏡の失脚に連座し子の広方・広田・広津と共に姓を剥奪され土佐国に配流される。天応元(781)年許されて子と共に河内国若江郡に戻る。　典：古代・公補

○吉田家

藤原系は、藤原資経の子経俊が吉田を氏姓としたが短命に終わる。卜部系は、卜部好真の子兼延が平野吉田両社預かりとなり、吉田を氏姓とした。代々神道と神祇官にて奉仕し吉田社司として勤め、全国の神社の神職に免許状を発行し、神道に君臨した。明治に至り華族に列され子爵を授かる。本姓は卜部。家紋は柏。菩提は京都左京区吉田の神楽岡神葬墓地。

典：日名・家紋・京都

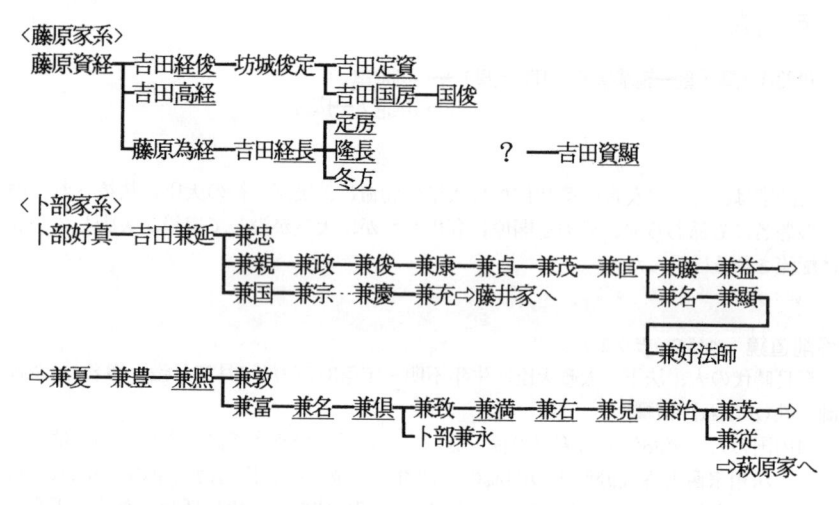

〈藤原家系〉

藤原資経┬吉田経俊─坊城俊定┬吉田定資
　　　　├吉田高経　　　　　└吉田国房─国俊
　　　　│　　　　　　　　　┌定房
　　　　└藤原為経─吉田経長┼隆長　　　？ ─吉田資顯
　　　　　　　　　　　　　　└冬方

〈卜部家系〉

卜部好真─吉田兼延┬兼忠
　　　　　　　　　├兼親─兼政─兼俊─兼康─兼貞─兼茂─兼直┬兼藤─兼益─⇨
　　　　　　　　　└兼国─兼宗…兼慶─兼充⇨藤井家へ　　　　└兼名─兼顯┐
　　　　　　　　　　　　　　　　　　　　　　　　　　　　　　┌────┘
　　　　　　　　　　　　　　　　　　　　　　　　　　　　　　└兼好法師

⇨兼夏─兼豊─兼熈┬兼敦
　　　　　　　　└兼富─兼名─兼倶┬兼致─兼満─兼右─兼見─兼治┬兼英─⇨
　　　　　　　　　　　　　　　　└卜部兼永　　　　　　　　　└兼従
　　　　　　　　　　　　　　　　　　　　　　　　　　　　　　⇨萩原家へ

⇨兼起─兼敬┬兼章─良延┬良倶─良連─良長─良熈─良義─良正─良兼（子）
　　　　　　└尚賢　　　└量原
　　　　　　⇨船橋家へ　⇨町尻家へ

吉田家(藤原家系)

吉田経俊　よしだ・つねとし

鎌倉時代の人、中納言。建保2(1214)年生～建治2(1276)年10月18日没。63才。号=

勧修寺。藤原系の吉田家の祖。

参議藤原資経(藤原北8を見よ)の次男。母は宮内卿藤原親綱の娘。兄に藤原為経、弟に吉田高経がいる。正四位下に叙され、左大弁に任ぜられ、正嘉2(1258)年参議に任ぜられる。正元元(1259)年従三位、文応元(1260)年正三位に進み造東大寺長官・讃岐権守に任ぜられ、弘長2(1262)年権中納言に任ぜられる。同3年大宰権帥に任ぜられ、文永4(1267)年従二位、同5年正二位に進み、同8年大宰権帥を辞す。同年中納言に任ぜられる。同11年大嘗会検校に任ぜられるも辞す。同年治部卿に任ぜられる。血痢にて没す。子に坊城俊定がいる。　典：公辞・公補

吉田高経　よしだ・たかつね

鎌倉時代の人、非参議。建保6(1218)年生～弘安8(1285)年6月5日没。68才。

参議藤原資経(藤原北8を見よ)の三男。兄に藤原為経・吉田経俊がいる。寛喜元(1229)年従五位下に叙され越中守に任ぜられ、嘉禎元(1235)年権少輔に任ぜられ、同3年従五位上、延応元(1239)年正五位下に進み、仁治元(1240)年少納言、同3年中宮権大進に任ぜられ、同4年少納言を辞す。宝治2(1248)年中宮権大進を辞す。正嘉2(1258)年中宮亮に任ぜられ従四位下に進み、正元元(1259)年従四位上より正五位下に進む。同年中宮亮を辞す。弘長元(1261)年宮内卿に任ぜられ、建治3(1277)年従三位、弘安6(1283)年正三位に進む。　典：公補

吉田経長　よしだ・つねなが

鎌倉時代の人、権大納言。延応元(1239)年生～延慶2(1309)年6月8日没。71才。号=甘露寺。

権中納言藤原為経の三男。母は権中納言藤原定高の娘。寛元2(1244)年叙爵。建長3(1251)年従五位上に進み和泉守に任ぜられ、同7年正五位下に進み、正元元(1259)年兵部権少輔に任ぜられるも辞す。弘長元(1261)年中宮権大進、同3年美乃守、文永3(1266)年蔵人に任ぜられ、同5年中宮権大進を辞す。同年春宮権大進、同6年春宮大進、同7年左少弁に任ぜられる。同年蔵人を辞す。同8年従四位下に進む。同年春宮大進を辞す。のち権右中弁に任ぜられ、同9年従四位上より正四位下に進み、同10年右宮城使・右中弁、同11年左中弁より右大弁、建治元(1275)年左大弁・蔵人頭、同2年造東大寺長官に任ぜられ、同3年参議に任ぜられる。弘安元(1278)年近江権守に任ぜられ従三位に進み、同4年正三位に進み、同5年近江権守を辞す。同6年権中納言に任ぜられる。同8年従二位に進み、同9年兵部卿に任ぜられ、正応元(1288)年に辞す。同年中納言に任ぜられるも辞す。のち正二位に進み、正安3(1301)年再び中納言に任ぜられる。嘉元元(1303)年権大納言に任ぜられるも辞す。同年院執権となる。65才で出家。子に定房・隆長・冬方がいる。　典：公辞・公補

吉田定房　よしだ・さだふさ

鎌倉・南北朝時代の人、内大臣。文永11(1274)年生～暦応元(1338.延元3)年1月23日没。65才。

権大納言吉田経長の長男。母は権中納言葉室定嗣の娘。弟に隆長・冬方がいる。建

仁2(1202)年従五位下に叙され、弘安3(1280)年従五位上に進み、同6年讃岐守に任ぜられ、同7年正五位下に進み、同8年皇后宮権大進に任ぜられ、同10年に辞す。正応4(1291)年中宮権大進・蔵人、永仁3(1295)年右少弁に任ぜられる。同年蔵人を辞す。同5年左少弁に任ぜられ従四位下に進み、同6年中宮権大進を辞す。同年権右中弁に任ぜられ、正安元(1299)年従四位上に進み右中弁・修理右宮城使に任ぜられ、同2年正四位下に進み左中弁・左宮城使に任ぜられ、同3年蔵人頭に任ぜられ、乾元元(1302)年参議に任ぜられ更に右兵衛督・使別当に任ぜられる。嘉元元(1303)年伊与権守に任ぜられ従三位に進み、同2年右衛門督に任ぜられ、同3年権中納言に任ぜられる。徳治元(1306)年院御使として関東に下向。のち上洛。同2年正三位に進む。同年右衛門督・使別当を辞す。延慶2(1309)年権中納言を辞す。同3年従二位、文保2(1318)年正二位に進み、元応元(1319)年権大納言に任ぜられ、元亨元(1321)年に辞す。同2年再び権大納言に任ぜられ、同3年に再び辞す。元徳2(1330)年従一位に進み、建武元(1334)年第96代後醍醐天皇の信任を得て内大臣に任ぜられ更に民部卿に任ぜられ、北畠親房・万里小路藤房と共に後の三房と呼ばれる。同2年内大臣を辞す。同4年(延元2)年南北朝分裂となったため民部卿を辞し逐電し吉野宮に奉じる。吉野離宮にて没す。
典：京都・公補

吉田定資　よしだ・さだすけ

鎌倉時代の人、権中納言。建治元(1275)年生～元徳2(1330)年7月11日没。56才。初氏名=坊城俊隆。号=勧修寺。

中納言吉田経俊の孫。権中納言坊城俊定の子。母は宮仕女房の弁内侍。弟に吉田国房がいる。初め坊城俊隆と名乗る。建治4(1278)年従五位下に叙され、弘安3(1280)年従五位上、同8年正五位下に進み右兵衛佐に任ぜられ、正応元(1288)年中宮権大進に任ぜられる。同年定資と改名。同4年左衛門権佐・防鴨河使、同5年蔵人に任ぜられ、永仁4(1296)年中宮権大進を辞す。同5年右少弁に任ぜられる。同年左衛門権佐・蔵人等を辞す。同6年正五位上に進み左少弁・春宮大進に任ぜられる。正安元(1299)年権右中弁に任ぜられる。同年春宮大進を辞す。同2年従四位上より正四位下に進み右中弁・右宮城使に任ぜられる。正安3(1301)年内蔵頭に任ぜられ、乾元元(1302)年に辞す。同年左中弁・左宮城使・装束司・蔵人頭より再び内蔵頭に任ぜられ、嘉元元(1303)年参議に任ぜられ更に右大弁に任ぜられる。同2年近江権守に任ぜられ従三位に進み、同3年修理大夫・造東大寺長官に任ぜられ、徳治元(1306)年権中納言に任ぜられる。同2年左兵衛督より左衛門督・使別当に任ぜられる。同年父の坊城家より分かれて吉田姓となる。延慶元(1308)年修理大夫・左衛門督・使別当を辞す。同年賀茂社伝奏となる。同3年正三位、同3年従二位に進む。同年権中納言を辞す。正和元(1312)年兵部卿に任ぜられ、同2年正二位に進み、同4年民部卿・大宰権帥に任ぜられるも同年民部卿を辞し、文保2(1318)年大宰権帥を辞す。　典：公辞・公補

吉田国房　よしだ・くにふさ

鎌倉時代の人、参議。建治3(1277)年生～元徳2(1330)年5月18日没。54才。

中納言吉田経俊の孫。権中納言坊城俊定の三男。兄に定資がいる。弘安8(1285)年叙爵。同10年蔵人・左近衛将監に任ぜられ、同11年従五位下より従五位上に進む。同年越前守に任ぜられ、正応2(1289)年に辞す。同3年正五位下に進む。同年皇后宮権大進に任ぜられ、同4年に辞す。乾元元(1302)年従四位下に進み、嘉元元(1303)年内蔵頭より左馬頭に任ぜられ従四位上に進み、徳治2(1307)年左馬頭を辞す。同3年右中弁・修理右宮城使に任ぜられ、延慶2(1309)年正四位下に進み左中弁に任ぜられ、同3年宮内卿・蔵人頭に任ぜられ正四位上に進む。同年蔵人頭を辞す。応長元(1311)年従三位に進む。同年左兵衛督に任ぜられるも辞す。正和2(1313)年参議に任ぜられるも辞す。同年大蔵卿に任ぜられる。同5年正三位に進む。同年長門権守に任ぜられ、文保2(1318)年これと大蔵卿を辞す。子に国俊がいる。　典：公辞・公補

吉田隆長　よしだ・たかなが

鎌倉・南北朝時代の人、権中納言。建治3(1277)年生～観応元(1350.正平5)年2月25日没。74才。法名=覚深。号=甘露寺。

権大納言吉田経長の次男。母は権中納言葉室定嗣の娘。兄に定房、弟に冬方がいる。嘉元元(1303)年蔵人、同3年左少弁に任ぜられ、徳治元(1306)年従四位下に叙され権右中弁に任ぜられ、同2年従四位上に進み、同3年春宮亮、延慶元(1308)年内蔵頭・左中弁・左宮城使・装束使・蔵人頭、同2年左大弁・造東大寺長官に任ぜられ正四位下より正四位上に進む。同年佐中弁を辞す。文保2(1318)年右大弁に任ぜられ更に参議に任ぜられる。元応元(1319)年右大弁を辞す。同年右兵衛督・使別当に任ぜられ従三位に進み、同2年近江権守に任ぜられ更に権中納言に任ぜられる。同年山門より訴えられ権中納言を辞す。のち阿波権守に任ぜられ、元亨元(1321)年正三位に進む。同年民部卿に任ぜられ、同3年に辞す。正中2(1325)年49才で出家。　典：公辞・公補

吉田冬方　よしだ・ふゆかた

鎌倉時代の人、権中納言。弘安8(1285)年生～没年不明。

権大納言吉田経長の三男。母は権中納言葉室定嗣の娘。兄に定房・隆長がいる。元亨元(1321)年蔵人頭・修理権大夫に任ぜられ正四位上に叙され、同2年大蔵卿に任ぜられ、同3年参議に任ぜられる。同年更に右大弁に任ぜられるも辞す。正中2(1325)年左兵衛督より右衛門督・使別当に任ぜられ、嘉暦元(1326)年権中納言に任ぜられる。同2年正三位に進む。同年権中納言を辞す。元徳元(1329)年従二位に進む。45才で出家。
典：公補

吉田国俊　よしだ・くにとし

鎌倉・南北朝時代の人、権中納言。延慶元(1308)年生～没年不明。

参議吉田国房の子。正和4(1315)年従五位下に叙され、同5年従五位上に進み、元応元(1319)年美乃守、同2年民部少輔に任ぜられる。同年美濃守を辞す。元亨3(1323)年民部少輔を辞す。嘉暦元(1326)年春宮権大進に任ぜられ、同2年正五位下に進み、元弘元(1331)年蔵人・兵部少輔、正慶元(1332)年右少弁に任ぜられる。同年兵部少輔を辞す。同年正五位上に進み、建武4(1337)年蔵人を辞す。同年正五位上に進み、暦応

元(1338)年従四位下より従四位上に進み左少弁より右中弁に任ぜられ、同2年右大弁・造興福寺長官に任ぜられ正四位下に進み、康永元(1342.興国3)年左大弁・蔵人頭、同2年造東大寺長官・右京大夫に任ぜられる。同年左大弁を辞す。同2年参議に任ぜられる。同3年従三位に進み、貞和元(1345.興国6)年再び左大弁、同2年筑後権守に任ぜられ、同4年権中納言に任ぜられ、観応元(1350.正平5)年に辞す。延文3(1358.正平13)年51才で出家。　典：公補

吉田資顯　よしだ・すけあき

南北朝時代の人、非参議。生年不明～明徳2(1391)年没。

父母不明。永和2(1376.天授2)年従三位に叙される。　典：公補

吉田家(卜部家系)

吉田兼熈　よしだ・かねひろ

南北朝・室町時代の人、非参議。貞和4(1348.正平3)年生～応永9(1402)年5月3日没。55才。一字名=季。姓(かばね)=宿禰より朝臣。号=室町。通称=吉田聴昇殿。

正四位上・大副・刑部卿吉田兼豊(永和2年8月21日没。72才。号=冷泉)宿禰の子。神祇大副・弾正大弼に任ぜられ、至徳3(1386.元中3)年従三位に叙される。嘉慶2(1388.元中5)年侍従に任ぜられ、明徳元(1390.元中7)年正三位に進み、同3年讃岐権守任ぜられ、応永2(1395)年に辞す。子に兼敦・兼富がいる。　典：公辞・公補

吉田兼名　よしだ・かねな

室町時代の人、非参議。生年不明～寛正元(1460)年10月28日没。

大副吉田兼富の子。享徳元(1452)年従三位に叙され、同2年神祇権大副、康正2(1456)年侍従に任ぜられる。長禄元(1457)年正三位、寛正元(1460)年従二位に進む。子に兼倶がいる。　典：公辞・公補

吉田兼倶　よしだ・かねとも

室町時代の人、非参議。永享7(1435)年生～永正8(1511)年2月19日没。77才。初名=兼敏。

非参議吉田兼名の子。初め兼敏と名乗り、のち兼倶と改名。神祇権大副・侍従に任ぜられ、文明4(1472)年従三位、同12年従二位に進み、明応2(1493)年神祇大副に任ぜられる。神職を神祇伯の白川家と二分する勢力となる。唯一神道の大家で門人が多く出た。子に兼致・卜部兼永、孫に兼満がいる。　典：公辞・大日・京都・日名・公補

吉田兼満　よしだ・かねみつ

室町時代の人、非参議。文明17(1485)年生～享禄元(1528)年11月3日没。44才。

非参議吉田兼倶の孫。従四位下・蔵人・左兵衛佐・侍従・大副吉田兼致朝臣の子。侍従・神祇権大副に任ぜられ、永正10(1513)年従四位上に叙され、同13年正四位下、大永3(1523)年従三位に進み、同5年吉田社預となる。同年吉田館に放火し出奔。同6年帰任。養子に兼右がいる。　典：公辞・公補

吉田兼右　よしだ・かねすけ

室町時代の人、非参議。永正13(1516)年4月20日生〜天正元(1573)年1月10日没。58才。

非参議船橋宣賢の次男。非参議吉田兼満の養子となる。大永6(1526)年叙爵し神祇少副、享禄2(1529)年侍従に任ぜられ、同3年従五位上、天文2(1533)年正五位下、同5年従四位下に進み神祇権大副に任ぜられ、同9年従四位上に進み、同10年筑前権介に任ぜられ、同14年正四位下に進み、同15年左兵衛佐、同16年丹波守に任ぜられ、同21年従三位に進み右兵衛督に任ぜられ、弘治2(1556)年正三位に進み、元亀元(1570)年神祇大副に任ぜられ、同2年従二位に進む。同年厳島宮の儀のために芸州に下向。同3年上洛。吉田家神道の勢力拡大に努める。子に兼見がいる。　典：大日・京都・日名・公辞・公補

吉田兼見　よしだ・かねみ

室町・安土桃山・江戸時代の人、非参議。天文6(1537)年7月5日生〜慶長15(1610)年9月2日没。74才。初名=兼和。

非参議吉田兼右の子。初め兼和と名乗る。天文11(1542)年元服し神祇少副に任ぜられ、同19年侍従に任ぜられ、同20年従五位上、弘治2(1556)年正五位下、永禄6(1563)年従四位下に進み、元亀元(1570)年従四位上、天正元(1573)年正四位下に進み神祇大副に任ぜられ、同3年右衛門督に任ぜられ、同10年従三位に進み、同11年左衛門督に任ぜられる。同14年兼見と改名。同年正三位、慶長2(1597)年従二位に進む。子に兼治がいる。　典：大日・京都・公辞・公補

吉田兼敬　よしだ・かねのり

江戸時代の人、非参議。承応2(1653)年10月22日生〜享保16(1731)年12月17日没。79才。幼名=万麿。初名=兼連。一字名=英。

従五位下・刑部少輔・神祇少副吉田兼起の子。母は権大納言飛鳥井雅章の娘(実は権中納言烏丸光賢の娘)。幼時に父が没し家士吉川惟足に従い家学を学び継承。初め兼連と名乗る。寛文2(1662)年叙爵。同6年元服し侍従に任ぜられ、同6年従五位上、同9年正五位下、延宝2(1674)年従四位下、同7年従四位上、天和3(1683)年正四位下に進み、貞享元(1684)年左兵衛督、同4年神祇権大副に任ぜられ、元禄元(1688)年従三位、同8年正三位に進む。同10年兼敬と改名。同年左兵衛督を辞す。宝永元(1704)年踏歌外弁となり、同3年従二位に進み、正徳2(1712)年侍従を辞す。享保14(1729)年正二位に進む。皇典研究家。子に兼章(正四位下・左兵衛権佐。宝永6年12月25日没。32才。子に兼雄)・船橋尚賢がいる。　典：大日・公辞・公補

吉田良延　よしだ・よしのぶ

江戸時代の人、非参議。宝永2(1705)年1月14日生〜天明7(1787)年8月20日没。83才。初名=兼雄。

非参議吉田兼敬の孫。正四位下・左兵衛権佐吉田兼章朝臣の子。母は権大納言清閑寺熈定の娘。初め兼雄と名乗る。宝永6(1709)年叙爵。正徳3(1713)年元服し侍従に任

ぜられ従五位上に進み、享保2(1717)年正五位下、同6年従四位下に進み、同9年左衛門佐に任ぜられ、同10年従四位上、同13年正四位下、同17年従三位に進む。同年左衛門佐を辞す。元文2(1737)年右兵衛督に任ぜられ正三位に進み、同3年神祇権大副に任ぜられ、寛保2(1742)年右兵衛督を辞す。延享4(1747)年侍従を辞す。寛延元(1748)年大蔵卿に任ぜられ、宝暦元(1751)年に辞す。同年再び侍従に任ぜられ、同2年従二位に進む。同年再び侍従を辞す。明和元(1764)年神祇権大副を辞す。同2年再び神祇権大副に任ぜられ、同6年正二位に進む。安永8(1779)年良延と改名。天明7(1787)年再び神祇権大副を辞す。子に良倶・町尻量原がいる。　典：公辞・公補

吉田良倶　よしだ・よしとも

江戸時代の人、非参議。元文4(1739)年12月19日生～寛政8(1796)年2月24日没。58才。初名=兼隆。

非参議吉田兼雄の子。母は伊予守源忠統の娘。初め兼隆と名乗る。寛保2(1742)年従五位下に叙され、延享4(1747)年元服し侍従に任ぜられ従五位上に進み、寛延3(1750)年左衛門佐に任ぜられ、宝暦元(1751)年正五位下、同5年従四位下に進み、同9年従四位上、同12年正四位下に進み、明和元(1764)年神祇権大副に任ぜられ、同5年踏歌外弁となる。同7年正三位、安永3(1774)年従二位に進み、同4年神祇権大副を辞す。同8年良倶と改名。天明6(1786)年再び神祇権大副に任ぜられ、寛政8(1796)年正二位に進む。同年再び神祇権大副を辞す。子に良連がいる。　典：公辞・公補

吉田良連　よしだ・よしつれ

江戸時代の人、非参議。宝暦12(1762)年12月16日生～文化10(1813)年6月12日没。52才。初名=兼業。

非参議吉田良倶の子。母は権大納言柳原光綱の娘。初め兼業と名乗る。明和2(1765)年叙爵。同8年元服し従五位上より正五位下に進み、安永4(1775)年侍従に任ぜられ従四位下に進み、同8年従四位上に進む。同年良連と改名。天明2(1782)年正四位下、同6年従三位に進み踏歌外弁となる。同7年神祇権大副に任ぜられ、寛政3(1791)年正三位、文化2(1805)年従二位に進む。同年侍従を辞す。同10年神祇権大副を辞す。子に良長がいる。　典：公辞・公補

吉田良長　よしだ・よしなが

江戸時代の人、非参議。寛政4(1792)年9月10日生～天保11(1840)年11月26日没。49才。

非参議吉田良連の子。母は隠岐守本多康伴の娘。寛政10(1798)年従五位下に叙され、享和元(1801)年元服。同2年従五位上、文化3(1806)年正五位下に進み、同7年侍従に任ぜられ従四位上に進み、同10年神祇権大副に任ぜられ、同11年従四位上、同14年正四位下、文政4(1821)年従三位に進み、同6年踏歌外弁となる。同8年正三位、天保6(1835)年従二位に進む。同年侍従を辞す。同11年神祇権大副を辞す。唯一神道の宗家として門人が多く平田篤胤もその一人であった。子に良芳がいる。　典：公辞・公補

吉田良熈　よしだ・よしひろ

江戸時代の人、非参議。文化7(1810)年5月11日生～明治元(1868)年4月2日没。59才。初名=良芳。

非参議吉田良長の子。母は越前守仙石久道の娘。初め良芳と名乗る。文政4(1821)年従五位下に叙され、同6年元服。同8年従五位上、同12年正五位下に進み、天保8(1837)年侍従に任ぜられ従四位下に進み、同12年従四位上に進み神祇権大副に任ぜられ、弘化元(1844)年正四位下、同4年従三位に進み、嘉永3(1850)年踏歌外弁となる。同4年正三位に進む。同6年良熈と改名。安政3(1856)年侍従を辞す。同5年に起きた安政の事件(飛鳥井雅典の項参照)に八十八廷臣として子の良義と共に連座。明治元(1868)年神祇権大副を辞す。家料は760石。子に良義がいる。　典：明治・公辞・公補

吉田良義　よしだ・よしぎ

江戸時代の人、非参議。天保8(1837)年3月9日生～明治23(1890)年3月没。54才。

非参議吉田良熈の子。嘉永2(1849)年叙爵。同3年元服。同6年従五位上、安政元(1854)年正五位下に進み、同3年侍従に任ぜられ従四位下に進み、万延元(1860)年従四位上、文久3(1863)年正四位下、慶応元(1865)年従三位に進み、同3年神祇権大副に任ぜられ、明治元(1868)年新政府では参与・神祇事務に任ぜられる。華族に列され子爵を授かる。子に良正がいる。　典：明治・公辞・公補

○良峯家

第50代桓武天皇―良峯安世―晨直―衆樹

良峯安世　よしみねの・やすよ

奈良・平安時代の人、大納言。延暦4(785)年生～天長7(830)年7月6日没。46才。姓(かばね)=朝臣。

第50代桓武天皇の子。母は女孀の従七位下百済宿禰永継(別記に正五位上飛鳥井奈止丸の娘とあり)。中納言藤原冬嗣朝臣の同母弟。延暦21(802)年姓に良峯朝臣を賜る。大同2(807)年右衛士大尉、同3年左衛士大尉、同4年近衛将監・右近衛権少将より右近衛少将・雅楽頭に任ぜられ従五位下に進み、弘仁元(810)年丹後介より丹後守、更に権右中弁より左少弁・但馬介、同2年蔵人頭に任ぜられ従五位下に進み、同3年正五位下に進み左衛門権佐に任ぜられ、同5年従四位下に進む。同年左少弁を辞す。のち右馬頭より左馬頭・左兵衛督に任ぜられ、同6年左京大夫、同7年美作守に任ぜられ更に参議に任ぜられ更に右大弁・左衛門督・近江守に任ぜられる。同11年近江守を辞す。同年従四位上より正四位下、同12年従三位に進み中納言に任ぜられ更に按察使に任ぜられる。同13年春宮大夫、同14年右大将に任ぜられ正三位に進み、天長2(825)年按察使を辞す。同5年春宮大夫を辞す。同年大納言に任ぜられる。鷹・犬を好み、多芸で音楽を奏した。没後に正二位を賜る。子に木連・長松・宗貞・清風・晨直がいる。
典：古代・日名・公補

良峯衆樹　よしみねの・もろき

平安時代の人、参議。貞観4(862)年生～延喜20(920)年9月25日没。59才。

大納言良峯安世の孫。従四位下・左中将晨直朝臣の子。母は丹波氏。元慶3(879)年馬少允、同8年権大允、寛平2(890)年左将監、同7年春宮主馬首、同9年越前大掾・蔵人・右兵衛佐に任ぜられ従五位下に叙せられる。同年蔵人を辞す。昌泰2(899)年内蔵権助・右少将、同4年近江介に任ぜられ、延喜2(902)年従五位上に進み、同5年伊与介・主殿頭に任ぜられ、同7年正五位下に進み、同8年備前介、同9年左少将に任ぜられ、同10年従四位下に進み、同11年右権中将、同12年備前守に任ぜられ、同15年従四位上に進み近江権守・蔵人頭に任ぜられ、同16年右中将に任ぜられ、同17年参議に任ぜられ更に伊与権守に任ぜられる。同18年伊予権守を辞す。同年近江守に任ぜられ、同19年治部卿に任ぜられる。　典：古代・公補

○四辻家

源家系の四辻は善成一代にて終わる。藤原家系の四辻は室町将軍家に遠慮し、西園寺家の分家の室町より分かれて、四辻を氏姓としたと言われる。雅楽にて奉じ和琴・筝を伝えた。明治に至り旧姓の室町を名乗り華族に列され伯爵を授かる。本姓は藤原。家紋は唐花。菩提寺は藪家と同じ浄善寺。

典：日名・京四・家紋

〈源家系〉

第84代順徳天皇━尊雅王（善統親王）━四辻善成

〈藤原家系〉

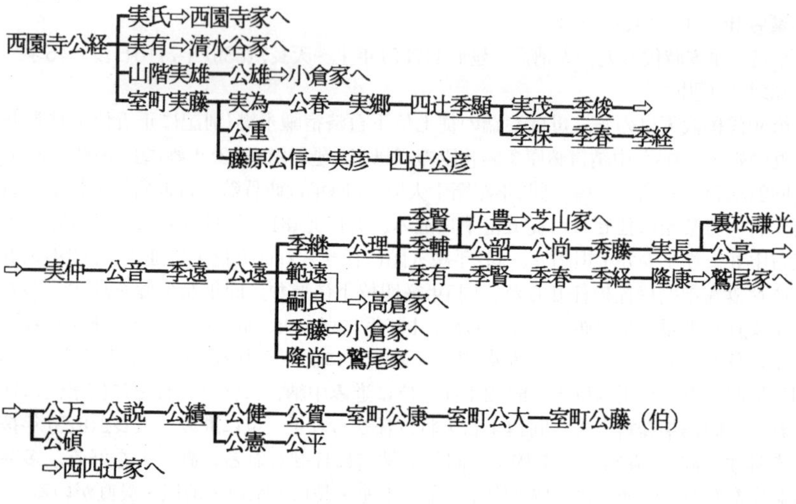

四辻家(源家系)

四辻善成　よつつじ・ぜんせい

南北朝·室町時代の人、左大臣。生没年不明。法名=常勝。本姓=源。号=松巖寺大臣·清閑寺。源家系の四辻家の祖。

第84代順徳天皇の孫。尊雅王(善統親王)の子。康永2(1343)年叙爵。左少将に任ぜられ、延文元(1356.正平11)年従三位に進み王氏より源姓を賜り四辻を氏姓とする。同3年正三位に進み、同4年左中将に任ぜられ、康安元(1361.正平16)年従二位に進み播磨権守に任ぜられ、貞治2(1363.正平18)年正二位に進み、同5年播磨権守を辞す。同6年権中納言に任ぜられる。応安3(1370.建徳元)年権大納言に任ぜられ翌年に辞す。永徳元(1381.弘和元)年従一位に進み、嘉慶元(1387.元中4)年准大臣に任ぜられる。応永元(1394)年内大臣に任ぜられるも辞す。同2年左大臣に任ぜられるも辞す。同年出家。

典：大日・伝日・公補

四辻家(藤原家系)

四辻公彦　よつつじ・きんひこ

南北朝・室町時代の人、権中納言。生年不明～応永7(1400)年4月13日没。藤原家系の四辻家開祖。

権大納言室町実藤の曾孫。非参議藤原公信の孫。左中将藤原実彦の子。四辻を氏姓とする。応安元(1368.正平23)年従三位に叙せられる。同年弾正大弼に任ぜられ、同2年に辞す。同3年再び弾正大弼に任ぜられるも辞す。同4年参議に任ぜられる。同6年これを辞す。永和4(1378.天授4)年正三位に進み、応永4(1397)年権中納言に任ぜられ翌年に辞す。　典：公補

四辻季顯　よつつじ・すえあき

南北朝・室町時代の人、権大納言。文和2(1353.正平8)年生～没年不明。初名=公全。四辻家の祖。

参議室町公春の孫。左少将室町実郷朝臣の子。母は内大臣正親町三条公秀の娘。初め公全と名乗り、のち季顯と改名。右衛門督に任ぜられ、のちこれをを辞す。応安5(1372.文中元)年従三位に進み、同6年左兵衛督に任ぜられ、永和元(1375.天授元)年参議に任ぜられ更に右中将に任ぜられる。同2年土佐権守に任ぜられ、同4年任職を辞す。永徳元(1381.弘和元)年正三位に進み権中納言に任ぜられる。同2年従二位、嘉慶元(1387.元中4)年正二位に進み、同2年権中納言を辞す。明徳元(1390.元中7)年再び権中納言に任ぜられ、同4年に再び辞す。応永元(1394)年権大納言に任ぜられ翌年に辞す。43才で出家。子に実茂・実保がいる。　典：公辞・公補

四辻実茂　よつつじ・さねしげ

室町時代の人、権中納言。生年不明～応永12(1405)年3月5日没。

権大納言四辻季顯の子。弟に季保がいる。右中将に任ぜられ、正四位上に叙され、応永2(1395)年参議に任ぜられる。同3年従三位に進み、同4年但馬権守に任ぜられ、

同6年正三位に進み権中納言に任ぜられる。同12年従二位に進む。子に季俊がいる。
典：公辞・公補

四辻季保　よつつじ・すえやす

室町時代の人、権大納言。康応元(1389.元中6)年生～享徳元(1452)年閏年8月1日没。64才。法名=祐衡。

権大納言四辻季顕の子。兄に実茂がいる。一時、権中納言四辻公彦の養子となる。左中将に任ぜられ、正四位下に叙され、応永30(1423)年参議に任ぜられる。同31年従三位に進む。同年土佐権守に任ぜられ、正長元(1428)年に辞す。永享元(1429)年正三位に進み伊予権守に任ぜられ、同4年勅勘を受ける。同5年伊予権守を辞す。同9年任職を辞す。同10年権中納言に任ぜられるも辞す。嘉吉2(1442)年従二位に進み、文安2(1445)年権大納言に任ぜられる。57才で出家。養子に季春がいる。　典：公補

四辻季俊　よつつじ・すえとし

室町時代の人、権中納言。生没年不明。

権中納言四辻実茂の子。右中将に任ぜられ、正四位下に叙され、嘉吉元(1441)年参議に任ぜられ従三位に進む。同2年土佐権守に任ぜられ、文安元(1444)年権中納言に任ぜられる。同年病気となり出家。子に実仲がいる。　典：公辞・公補

四辻季春　よつつじ・すえはる

室町時代の人、権大納言。応永31(1424)年生～文明15(1483)年没。60才。

権大納言四辻季保の養子となる。左中将に任ぜられ、正四位下に叙され、享徳2(1453)年参議に任ぜられる。同3年従三位に進む。同年美作権守に任ぜられ、康正2(1456)年これと参議を辞す。長禄2(1458)年左中将を辞す。同年正三位に進み、寛正元(1460)年権中納言に任ぜられる。同6年従二位に進み、文正元(1466)年権中納言を辞す。文明2(1470)年右衛門督に任ぜられ、同5年正二位に進み、同8年右衛門督を辞す。同年権大納言に任ぜられる。同11年病気となり権大納言を辞す。同12年57才で出家。子に季経がいる。　典：公辞・公補

四辻実仲　よつつじ・さねなか

室町時代の人、権大納言。応永34(1427)年生～永正8(1511)年12月17日没。85才。法名=禅允。

権中納言四辻季俊の子。左中将に任ぜられ、正四位下に叙され、長禄元(1457)年参議に任ぜられる。同2年丹波権守に任ぜられ従三位に進み、寛正元(1460)年参議を辞す。同4年丹波権守を辞す。文正元(1466)年再び参議に任ぜられ正三位に進む。応仁元(1467)年権中納言に任ぜられるも翌年に辞す。長享2(1488)年従二位、明応元(1492)年正二位に進み、文亀元(1501)年権大納言に任ぜられ、永正7(1510)年に辞し84才で出家。養子に公音がいる。　典：公辞・公補

四辻季経　よつつじ・すえつね

室町時代の人、権大納言。文安4(1447)年生～大永4(1524)年3月29日没。78才。初

名=季熈。法名=宗空。

権大納言四辻季春の子。初め季熈と名乗る。文安6(1449)年従五位下に進み、長禄4(1460)年侍従に任ぜられる。同年季経と改名。のち左中将に任ぜられ、文明7(1475)年参議に任ぜられる。同9年従三位に進み、同12年土佐権守に任ぜられ、同17年正三位に進む。同年権中納言に任ぜられ翌年に辞す。同年右衛門督に任ぜられる。明応2(1493)年従二位、文亀元(1501)年正二位に進み、永正3(1506)年権大納言に任ぜられ、同11年に辞す。大永3(1523)年77才で出家。子に公音がいる。　典：公補

四辻公音　よつつじ・きんなり

室町時代の人、権大納言。文明13(1481)年生～天文9(1540)年7月17日没。60才。

権大納言四辻季経の長男。権中納言四辻実仲の養子となる。文明17(1485)年叙爵。明応8(1499)年従五位上に進み侍従に任ぜられ、同9年左少将に任ぜられ、文亀元(1501)年正五位下、永正2(1505)年従四位下に進み、同3年左中将に任ぜられ、同5年従四位上に進み参議に任ぜられる。同6年正四位下、同8年従三位、同12年正三位に進み、同15年権中納言に任ぜられる。大永元(1521)年従二位、同6年正二位に進み、享禄元(1528)年権大納言に任ぜられ、同3年に辞す。子に季遠がいる。　典：公辞・公補

四辻季遠　よつつじ・すえとお

室町時代の人、権大納言。永正10(1513)年7月7日生～天正3(1575)年8月2日没。63才。初名=季規。

権大納言四辻公音の次男。母は権大納言四辻実仲の娘。初め季規と名乗る。大永8(1528)年侍従・左少将に任ぜられ従五位上に叙せられる。同年季遠と改名。享禄3(1530)年正五位下、天文2(1533)年従四位下に進み、同3年左中将に任ぜられ、同5年従四位上に進み、同6年参議に任ぜられ正四位下に進む。同7年土佐権守に任ぜられ、同8年従三位、同11年正三位に進む。同年日向国に下向。のち上洛。同12年越前に下向。のち上洛。同13年権中納言に任ぜられる。同14年従二位、同18年正二位に進み、同19年権大納言に任ぜられる。永禄元(1558)年甲州に下向。同2年上洛。同9年勢州に下向。のち上洛。天正3(1575)年権大納言を辞す。子に公遠がいる。　典：公辞・公補

四辻公遠　よつつじ・きんとお

室町・安土桃山時代の人、権大納言。天文9(1540)年生～文禄4(1595)年8月13日没。56才。

権大納言四辻季遠の子。天文10(1541)年叙爵。同13年元服し侍従に任ぜられ、同14年美作介に任ぜられ、同15年従五位上、同18年正五位下に進み左少将に任ぜられ、同20年美作権介に任ぜられ、同23年従四位下に進み、同24年中将に任ぜられ、永禄元(1558)年従四位上、同4年正四位下に進み、同6年参議に任ぜられる。同10年従三位に進み、元亀元(1570)年権中納言に任ぜられる。天正元(1573)年正三位に進み、同5年従二位に進み、同7年権大納言に任ぜられる。同8年正二位に進み、同15年権大納言を辞す。子に季継・高倉範遠・高倉嗣良・小倉季藤・鷲尾隆尚がいる。　典：公辞・公補

四辻季継　よつつじ・すえつぐ

室町・安土桃山・江戸時代の人、権大納言。天正9(1581)年生～寛永16(1639)年5月20日没。59才。初名=教遠。一字名=未。

権大納言四辻公遠の次男。兄弟に高倉範遠・高倉嗣良・小倉季藤・鷲尾隆尚がいる。初め教遠と名乗る。天正13(1585)年叙爵。同16年元服。同17年従五位上、文禄3(1594)年正五位下に進み左少将に任ぜられる。同年季継と改名。慶長5(1600)年従四位下に進み、同6年美作権介に任ぜられ、同9年従四位上に進み、同11年左中将に任ぜられ、同14年正四位下に進み、同17年参議に任ぜられる。同18年従三位に進み、元和2(1616)年権中納言に任ぜられる。同3年正三位、元和6(1620)年従二位、寛永元(1624)年正二位に進み、同3年権大納言に任ぜられる。同9年踏歌外弁となる。子に公理がいる。

典：公辞・公補

四辻公理　よつつじ・きんおさ

江戸時代の人、権大納言。慶長15(1610)年生～延宝5(1677)年6月27日没。68才。

権大納言四辻季継の子。慶長17(1612)年叙爵。元和3(1617)年元服し侍従に任ぜられ、同4年従五位上、同6年正五位下、寛永3(1626)年従四位下に進み左少将に任ぜられ、同7年従四位上に進み、同8年左中将に任ぜられ、同9年正四位下に進み、同13年参議に任ぜられる。同14年従三位、同16年正三位に進み踏歌外弁となる。同18年権中納言に任ぜられ、正保4(1647)年権大納言に任ぜられる。慶安2(1649)年従二位、承応元(1652)年正二位に進み、明暦2(1656)年神宮伝奏に任ぜられ踏歌内弁となる。同3年神宮伝奏を辞す。万治2(1659)年権大納言を辞す。子に季賢・季輔・季有がいる。

典：公辞・公補

四辻季賢　よつつじ・すえかた

江戸時代の人、権中納言。寛永7(1630)年5月12日生～寛文8(1668)年1月25日没。39才。

権大納言四辻公理の子。母は侍従利正朝臣の娘。弟に季輔・季有がいる。寛永9(1632)年従五位下に叙され、同15年元服し従五位上に進み侍従に任ぜられ、同18年正五位下に進み、同20年左少将に任ぜられ、同21年従四位下、正保4(1647)年従四位上に進み権中将に任ぜられ、慶安3(1650)年正四位下に進み、明暦元(1655)年参議に任ぜられ従三位に進む。万治3(1660)年正三位に進み権中納言に任ぜられ踏歌外弁となる。

典：公辞・公補

四辻公韶　よつつじ・きんつぐ

江戸時代の人、参議。寛文10(1670)年8月4日生～元禄13(1700)年7月13日没。31才。

権大納言四辻公理の孫。正四位下・左中将四辻季輔朝臣の子。延宝2(1674)年叙爵。同4年元服し侍従に任ぜられ、同5年従五位上、同8年正五位下、貞享元(1684)年従四位下に進み右少将に任ぜられ、同3年左中将・春宮権亮に任ぜられる。同4年従四位上に進む。同年春宮権亮を辞す。元禄3(1690)年正四位下に進み、同6年参議に任ぜられ従三位に進む。同7年踏歌外弁となり、同11年正三位に進み東照宮奉幣使となる。同

13年参議を辞す。養子に公尚がいる。　典：公辞・公補

四辻実長　よつつじ・さねなが

江戸時代の人、非参議。宝永5(1708)年5月9日生～安永8(1779)年6月2日没。73才。法名=莱山。

権大納言高野保春の次男。享保3(1718)年従四位上・左中将四辻秀藤朝臣の養子となり叙爵。同4年元服し侍従に任ぜられ、同6年従四位上、同8年正五位下に進み左少将に任ぜられ、同10年従四位下に進み左中将に任ぜられ、同12年従四位上、同15年正四位下、寛保3(1743)年従三位に進み、宝暦9(1759)年52才で出家。子に公亨・裏松謙光がいる。　典：公辞・公補

四辻公亨　よつつじ・きんあきら

江戸時代の人、権大納言。享保13(1728)年4月11日生～天明8(1788)年4月25日没。61才。初名=実胤。

非参議四辻実長の子。初め実胤と名乗る。享保17(1732)年従五位下に叙され、元文4(1739)年元服し従五位上に進み侍従に任ぜられ、寛保2(1742)年正五位下に進み、同3年右少将に任ぜられ、延享2(1745)年従四位下に進み、同4年皇太后宮権亮に任ぜられ、寛延元(1748)年従四位上に進み、同3年皇太后宮権亮を辞す。宝暦元(1751)年正四位下に進み、同2年左中将に任ぜられ、同4年参議に任ぜられ従三位に進む。同6年公亨と改名。同9年正三位に進み権中納言に任ぜられる。同10年踏歌外弁となり、同12年従二位に進み、同13年右衛門督・使別当に任ぜられ、明和元(1764)年に辞す。同2年正二位に進み、同3年権大納言に任ぜられる。同5年大歌所別当となる。安永3(1774)年任職を辞す。子に公万・西四辻公碩がいる。　典：公辞・公補

四辻公万　よつつじ・きんまん

江戸時代の人、権大納言。宝暦7(1757)年12月4日生～文政7(1824)年7月6日没。68才。初名=実駿。

権大納言四辻公亨の子。母は従五位下・山城守松平源信通の娘。初め実駿と名乗る。宝暦10(1760)年叙爵。明和3(1766)年元服し従五位上に進み、同5年侍従に任ぜられ正五位下に進み、同7年従四位下に進み、同8年右権少将に任ぜられ、安永元(1772)年従四位上、同3年正四位下に進み、同4年大和権介に任ぜられ、天明7(1787)年参議に任ぜられ更に右中将に任ぜられ従三位に進む。同8年公万と改名。踏歌外弁となる。寛政3(1791)年正三位に進み、同4年権中納言に任ぜられる。同6年従二位に進み、同9年大歌所別当となる。同10年正二位に進み権大納言に任ぜられる。文化元(1804)年任職を辞す。子に公説がいる。　典：公辞・公補

四辻公説　よつつじ・きんとき

江戸時代の人、権大納言。安永9(1780)年1月1日生～嘉永2(1849)年4月19日没。70才。

権大納言四辻公万の子。母は従五位下源政直の娘。天明8(1788)年従五位下に叙され、寛政4(1792)年元服し従五位上に進み、同5年侍従、同6年右権少将に任ぜられ正五位

下に進み、同8年従四位下、同10年従四位上、同12年正四位下に進み、享和元(1801)年権中将、同2年中宮権亮に任ぜられ、文化6(1809)年参議に任ぜられ従三位に進む。同7年踏歌外弁となり、同11年正三位に進み権中納言に任ぜられる。同14年従二位に進み大歌所別当・院別当となる。文政4(1821)年正二位に進み、同7年右衛門督・使別当に任ぜられ、同年これらと院別当を辞す。のち権大納言に任ぜられる。天保2(1831)年に任職を辞す。子に公績がいる。　典：公辞・公補

四辻公績　よつつじ・きんいさ

江戸時代の人、権大納言。文化8(1811)年8月1日生～慶応3(1867)年3月9日没。57才。

権大納言四辻公説の子。母は権大納言平松時章の娘。文化13(1816)年従五位下に叙され、文政5(1822)年元服し従五位上に進み、同6年正五位下に進み、同8年侍従に任ぜられ従四位下に進み、同10年従四位上に進み、同11年右権少将に任ぜられ、同12年正四位下に進み、天保2(1831)年権中将、弘化2(1845)年右中将に任ぜられ更に参議に任ぜられる。同3年従三位に進み踏歌外弁となり、同4年東照宮奉幣使となる。嘉永元(1848)年近江権守に任ぜられ正三位に進み、同4年従二位に進み権中納言に任ぜられる。安政2(1855)年正二位に進む。同年の御遷幸に馬副六人・舎人二人・居飼一人・雑色六人・傘一人を供として参列。同5年に起きた安政の事件(飛鳥井雅典の項参照)に八十八廷臣として連座。文久2(1862)年権大納言に任ぜられ、元治元(1864)年に辞す。子に公健(従五位上。嘉永5年10月21日没。24才)・公憲がいる。　典：明治・公辞・遷幸・公補

四辻公賀　よつつじ・きんよし

江戸・明治時代の人、参議。天保11(1840)年7月19日生～明治13(1880)年12月没。41才。

権大納言四辻公績の次男。母は権大納言広橋胤定の娘。兄に公健(従五位上、嘉永5年10月21没、24才)がいる。嘉永5(1852)年叙爵。同6年元服し従五位上に進み、安政2(1855)年正五位下に進み、文久元(1861)年侍従に任ぜられ従四位下に進み、同2年右近衛権少将に任ぜられ、同3年従四位上に進み右近衛権中将に任ぜられ、元治元(1864)年正四位下に進み、慶応元(1865)年参議に任ぜられる。同2年従三位に進む。家料は200石。子の公康はいにしえを偲び室町を氏姓とした。　典：明治・公辞・公補

○冷泉家

〈藤原北家3〉

藤原親業―藤原顕盛―冷泉業家

〈藤原北家5〉

藤原永経……藤原範康―冷泉範定―永基―永親―永宣

〈藤原北家8〉

藤原為経―冷泉経頼┬頼定―定親―兼頼
　　　　　　　　　└頼隆―経隆

冷泉家は鎌倉時代より現れるが、藤原・京極より分かれた冷泉家(上・下)以前に冷泉を氏姓とする一群があるので、冷泉家(上・下)とは別に掲載した。
典：公補

冷泉経頼　れいぜい・つねより

鎌倉時代の人、権中納言。生年不明〜永仁元(1293)年8月16日没。冷泉家の開祖。

藤原北8系。権中納言藤原為経の四男。母は蔵人・木工頭平棟基の娘。兄に吉田経長・中御門経任がいる。宝治元(1247)年叙爵。建長8(1256)年兵部少輔に任ぜられ、正嘉2(1258)年従五位上、正元元(1259)年正五位下に進み、同2年能登介、弘長元(1261)年丹波守、文永3(1266)年兵部権大輔、同6年勘解由次官、同7年春宮権大進、同8年春宮大進・蔵人、建治元(1275)年右少弁に任ぜられ、同3年正五位上に進み左少弁・造興福寺長官に任ぜられ、弘安2(1279)年従四位下に進み、同3年権右中弁に任ぜられ従四位上に進み、同4年正四位下に進み、同6年左中弁・左宮城使、同7年右大弁、同8年宮内卿・蔵人頭に任ぜられ、同9年従三位に進み参議に任ぜられる。同10年出雲権守に任ぜられ、正応元(1288)年正三位、同2年従二位に進み、同4年権中納言に任ぜられるも辞す。同5年正二位に進むも翌年に没す。子に頼定・頼隆がいる。　典：公補

冷泉頼定　れいぜい・よりさだ

鎌倉・南北朝時代の人、権中納言。生没年不明。

権中納言冷泉経頼の長男。母は祇園執行盛晴法印の娘。弟に頼隆がいる。弘安4(1281)年叙爵。同9年豊後守に任ぜられ、同10年に辞す。同年蔵人・左衛門少尉に任ぜられ従五位下に進み、同11年従五位上に進み安芸守に任ぜられ、正応2(1289)年春宮少進に任ぜられ正五位下に進み、同3年春宮権大進に任ぜられ、同4年安芸守を辞す。永仁元(1293)年春宮権大進を辞す。嘉元元(1303)年中宮権大進、徳治元(1306)年中宮大進、延慶3(1310)年兵部権大輔に任ぜられる。同年中宮大進を辞す。正和元(1312)年蔵人・兵部権大輔を辞す。同年右少弁、同2年左少弁に任ぜられ従四位下に進み、同3年従四位上に進み勧学院別当・権右中弁より右中弁に任ぜられ、同4年正四位下より正四位上に進み左中弁より右大弁・左宮城使・氏院別当・蔵人頭・修理権大夫に任ぜられる。同年右大弁を辞す。のち参議に任ぜられる。同5年従三位に進み、文保元(1317)年但馬権守に任ぜられ、同2年参議を辞す。元応2(1320)年正三位に進み、元弘元(1331)年権中納言に任ぜられ、正慶元(1332.元弘2)年従二位に進む。同年権中納言を辞す。同2年江州馬場宿付近にて出家。子に定親がいる。　典：公補

冷泉頼隆　れいぜい・よりたか

鎌倉時代の人、参議。生年不明〜元徳元(1329)年4月13日没。初名=頼俊。

権中納言冷泉経頼の次男。母は祇園執行盛晴法印の娘。兄に頼定がいる。初め頼俊と名乗る。文永7(1270)年叙爵。建治元(1275)年豊後守に任ぜられ、同3年従五位上、弘安6(1283)年正五位下に進み、同8年豊後守を辞す。同9年兵部大輔に任ぜられ、正応5(1292)年従四位下に進む。同年兵部大輔を辞す。永仁3(1295)年従四位上、同5年正四位下に進み、徳治2(1307)年大蔵卿・右大弁に任ぜられる。同年大蔵卿を辞す。

同3年右大弁、延慶元(1308)年造東大寺長官・治部卿に任ぜられ、同2年治部卿を辞す。正和4(1315)年従三位に進む。同年頼隆と改名。元応元(1319)年正三位に進む。同年参議に任ぜられるも辞す。子に経隆がいる。 典:公補

冷泉定親 れいぜい・さだちか

鎌倉・南北朝時代の人、参議。応長元(1311)年生～没年不明。

権中納言冷泉頼定の子。元応2(1320)年和泉守に任ぜられ、同3年従五位上に叙され、元亨3(1323)年右兵衛権佐に任ぜられ、正中2(1325)年に辞す。同年中宮権大進、嘉暦元(1326)年右衛門佐に任ぜられ正五位下に進み、元徳元(1329)年勘解由次官に任ぜられ、同2年右衛門佐を辞す。元弘元(1331)年蔵人に任ぜられる。同年勘解由次官を辞す。同2年右少弁、正慶元(1332)年左少弁に任ぜられ従四位下に進み、元弘3(1333)年皇太后宮大進、建武元(1334)年蔵人・民部権大輔・越前権守・少納言に任ぜられる。同年民部権大輔を辞す。同3年宮内権大輔に任ぜられ、同2年少納言・越前権守を辞す。同3年権右中弁に任ぜられ、同4年従四位上に進み右宮城使に任ぜられ、同5年正四位下に進み、暦応元(1338)年右中弁、同2年左宮城使・左大弁・造東大寺長官、康永元(1342.興国3)年蔵人頭・宮内卿に任ぜられる。同年左大弁を辞す。同2年参議に任ぜられ、同3年従三位に進み伊与権守に任ぜられる。同年参議を辞す。観応2(1351.正平6)年吉野朝に奉じるという。康暦2(1380.天授6)年出家。子に兼頼がいる。 典:公補

冷泉経隆 れいぜい・つねたか

鎌倉・南北朝時代の人、参議。延慶2(1309)年生～康暦2(1380.天授6)年没。72才。初名=頼国。

参議冷泉頼隆の子。母は権大納言中御門経継の娘。初め頼国と名乗る。正和2(1313)年従五位下に叙され、文保2(1318)年従五位上に進み、同3年兵部少輔に任ぜられ、元応2(1320)年に辞す。正中元(1324)年再び兵部少輔に任ぜられる。同年頼隆と改名。同3年再び兵部少輔を辞す。建武2(1335)年正五位下に進み、暦応2(1339)年兵部権大輔、同2年勧学院別当に任ぜられ、同5年従四位上に進み、康永元(1342)年右中弁に任ぜられ、同2年正四位下に進み、同3年右宮城使、貞和元(1345.興国6)年宮内卿・蔵人頭に任ぜられる。同年右中弁・右宮城使を辞す。同3年従三位に進み、同5年参議に任ぜられる。観応元(1350.正平5)年出雲権守に任ぜられる。同年参議を辞す。 典:公補

冷泉業家 れいぜい・かずいえ

南北朝時代の人、非参議。生年不明～永徳3(1383.弘和3)年2月24日没。

藤原北3系。参議藤原信盛の曽孫。非参議藤原親業の孫。正四位下・刑部卿藤原顕盛朝臣の子。大膳大夫に任ぜられ、のちこれを辞す。永和4(1378.天授4)年従三位に叙される。 典:公補

冷泉範定 れいぜい・のりさだ

室町時代の人、非参議。生没年不明。

藤原北5系。非参議藤原永経の五代孫。左近衛将監藤原範康の長男。治部卿に任ぜ

られられ、のちこれを辞す。応永14(1407)年従三位に叙され、同16年兵部卿に任ぜられ、同19年正三位に進む。同年兵部卿を辞す。同22年出家。子に永基がいる。　典：公補

冷泉永基　れいぜい・ながもと

室町時代の人、権中納言。永和3(1377.天授3)年生～長禄4(1460)年1月4日没。84才。

非参議冷泉範定の子。嘉吉元(1441)年従三位に叙され、同2年兵部卿に任ぜられ、文安2(1445)年正三位、同4年従二位に進み、同5年70才で参議に任ぜられ翌年に辞す。長禄3(1459)年権中納言に任ぜられるも辞し83才で出家。子に永親がいる。　典：公補

冷泉永親　れいぜい・ながちか

室町時代の人、参議。応永26(1419)年生～文明5(1473)年10月15日没。55才。

権中納言冷泉永基の子。康正元(1455)年従三位に叙され、長禄3(1459)年兵部卿に任ぜられ、寛正元(1460)年参議に任ぜられるも辞す。同6年正三位に進む。子に永宣がいる。　典：公補

冷泉永宣　れいぜい・ながのぶ

室町時代の人、権中納言。寛正5(1464)年生～没年不明。法名=宗倫。

参議冷泉永親の子。文明11(1479)年叙爵。同12年侍従に任ぜられ、同16年従五位上、同19年正五位下、明応2(1493)年従四位下に進み左兵衛佐に任ぜられ、同6年従四位上、同9年正四位下、文亀3(1503)年従三位に進み右兵衛督に任ぜられ、永正3(1506)年参議に任ぜられる。同5年正三位に進み、同9年参議を辞す。同12年権中納言に任ぜられるも辞す。同13年従二位、大永5(1525)年正二位に進み、同6年63才で出家。　典：公補

○冷泉家(上)

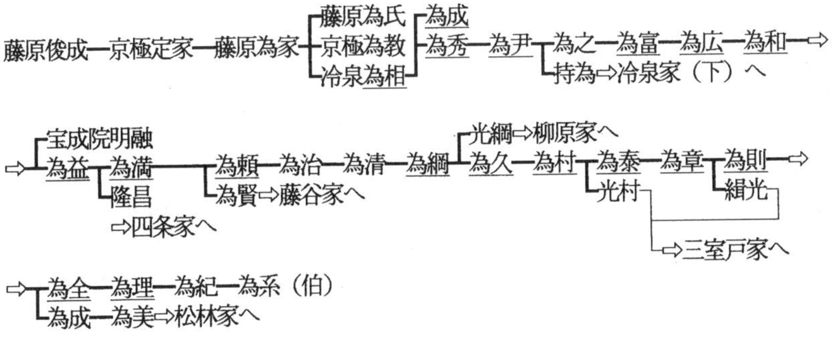

藤原北家より分かれた京極家の分家。冷泉高倉に邸宅があり、地名より氏姓とする。室町初期に上・下の二家に分かれたが、普通には上家を指す。代々歌道にて奉仕。江戸初期に転住した京都上京区今出川通烏丸東入の屋敷には、現在も多くの蔵書が時雨文庫として保存されている。明治に至り華族に列され伯爵を授かる。本姓は藤原。菩

提寺は京都上京区の浄福寺。
典：京都・日名・京四

冷泉為相　れいぜい・ためすけ

鎌倉時代の人、権中納言。弘長3(1263)年生～嘉暦3(1328)年7月17日没。66才。初名=為輔。号=鎌倉・藤谷・高倉。通称=藤谷黄門。冷泉家の祖。

藤原北11系。非参議藤原俊成の曾孫。権中納言京極定家(御子左・藤原)の孫。権大納言藤原為家の三男。母は歌人の阿仏尼。兄に藤原為氏・京極為教がいる。冷泉高倉に邸宅があり、地名より氏姓とする。初め為輔と名乗る。文永2(1265)年従五位下に叙され、同5年従五位上に進み、同8年侍従、同12年美作権守に任ぜられ、弘安2(1279)年正五位下に進む。同年為相と改名。正応元(1288)年従四位下に進み、同3年左少将、同5年右中将に任ぜられ従四位上に進み、永仁2(1294)年正四位下に進み、正安2(1300)年右兵衛督に任ぜられ、同3年に辞す。延慶元(1308)年従三位に進み参議に任ぜられる。同2年阿波権守に任ぜられ正三位に進み、同3年参議を辞す。同年右衛門督に任ぜられる。応長元(1311)年これと阿波権督を辞す。正和元(1312)年従二位に進み、文保元(1317)年権中納言に任ぜられるも辞す。同年正二位に進む。兄為氏と家領の播磨国細川庄の相続を争う。母を慕い鎌倉の藤谷に住む。嘉暦3(1328)年鎌倉にて没す。墓所という宝篋印塔が鎌倉市扇が谷2丁目の浄光明寺裏山の山頂にある。子に為成・為秀がいる。　典：鎌倉・大日・古今・公辞・日名・伝日・公補

冷泉為成　れいぜい・ためなり

鎌倉時代の人、非参議。生年不明～元徳2(1330)年9月9日没。

権中納言冷泉為相の長男。弟に為秀がいる。正和5(1316)年正四位下に叙され、正中2(1325)年越前権守、嘉暦3(1328)年左兵衛督に任ぜられたが辞す。同年従三位に進む。　典：公補

冷泉為秀　れいぜい・ためひで

鎌倉・南北朝時代の人、権中納言。生年不明～応安5(1372.文中元)年6月11日没。

権中納言冷泉為相の次男。兄に為成がいる。従五位下より従五位上に叙され、暦応2(1339)年正五位下、康永3(1344)年従四位下、貞和2(1346)年従四位上に進み、同3年右中将、同4年土佐介、文和5(1356)年左兵衛督に任ぜられる。同年中将を辞す。延文3(1358.正平13)年従三位に進み、同4年左兵衛督を辞す。同5年参議に任ぜられる。康安元(1361.正平16)年阿波権守に任ぜられ、貞治元(1362.正平17)年参議を辞す。同4年阿波権守を辞す。同4年権中納言に任ぜられる。同6年正三位に進み、応安元(1368.正平23)年権中納言を辞す。同4年従二位に進む。子に為邦(正四位下・左中将。応安4年出家。号=五条)、孫に為尹がいる。　典：伝日・古今・日名・公辞・公補

冷泉為尹　れいぜい・ためただ

室町時代の人、権大納言。康安元(1361.正平16)年生～応永24(1417)年1月25日没。

57才。号=村雲。

権中納言冷泉為秀の孫。正四位下·左中将冷泉為邦朝臣の子。祖父為秀の養子となる。右中将に任ぜられ、のちこれを辞す。応永6(1399)年従三位に叙され、同8年参議に任ぜられ、同9年権中納言に任ぜられる。同13年正三位、同15年従二位に進み民部卿に任ぜられ、同21年正二位に進み、同22年権大納言に任ぜられ翌年に辞す。新後拾遺和歌集の撰者という。子に為之(正四位下・左中将。永享11年1月15日没。47才。のち正二位・大納言を賜る。上冷泉家の祖。子に為富)・持為(冷泉・下を見よ)がいる。
典：日名・公補

冷泉為富　れいぜい・ためとみ

室町時代の人、権大納言。応永32(1425)年生～明応6(1497)年11月20日没。73才。法名=仙空。

権大納言冷泉為尹の孫。正四位下・左中将冷泉為之朝臣の子。享徳元(1452)年従三位に叙され、右兵衛督に任ぜられ、康正元(1455)年参議に任ぜられる。同2年阿波権守に任ぜられ正三位に進み、長禄元(1457)年権中納言に任ぜられ、寛正4(1463)年に辞す。同年民部卿に任ぜられる。同6年従二位に進み、応仁2(1468)年権大納言に任ぜられる。文明元(1469)年正二位に進み、同7年権大納言を辞すも再び任ぜられ、同12年に再び辞す。明応6(1497)年出家。子に為広がいる。　典：公辞・公補

冷泉為広　れいぜい・ためひろ

室町時代の人、権大納言。宝徳2(1450)年生～大永6(1526)年7月23日没。77才。法名=宗清。雅号=義竹軒。

権大納言冷泉為富の子。享徳元(1452)年従五位下に叙され、同4年侍従に任ぜられ、康正3(1457)年従五位下に進み、長禄3(1459)年出雲権介、寛正5(1464)年左近衛権少将に任ぜられ従四位下に進み、同6年因幡介、応仁元(1467)年権中将に任ぜられ、同2年従四位上、文明3(1471)年正四位下、同9年従三位に進み、同11年右衛門督に任ぜられ、同14年参議に任ぜられる。同17年正三位に進み、同18年権中納言に任ぜられ、明応元(1492)年に辞す。同2年従二位に進み左衛門督に任ぜられ、文亀元(1501)年正二位に進み、永正3(1506)年権大納言に任ぜられ更に民部卿に任ぜられ武家執奏となる。同5年59才で出家。能登国にて没す。定家流の書をよく書く。子に為和がいる。
典：大日・伝日・古今・日名・公辞・公補

冷泉為和　れいぜい・ためかず

室町時代の人、権大納言。文明18(1486)年生～天文18(1549)年7月10日没。64才。法名=静清。号=今川。

権大納言冷泉為広の子。母は重長朝臣の娘。長享2(1488)年叙爵。文亀元(1501)年従五位上に進み侍従に任ぜられ、同3年正五位下に進み左少将に任ぜられ、永正3(1506)年従四位下に進み左中将に任ぜられ、同7年従四位上、同9年正四位下、同12年従三位に進み右衛門督に任ぜられ、同15年参議に任ぜられる。同17年正三位に進み、大永元(1521)年権中納言に任ぜられる。同4年従二位に進み、同6年父が能登国に没したので

同地に下向。のち上洛。享禄元(1528)年権中納言を辞す。天文8(1539)年駿州に下向。同9年上洛。同10年権大納言に任ぜられるも辞す。同年民部卿に任ぜられる。のち再び駿州に下向。同17年駿河国にて63才で出家。子に為益・宝成院明融(雅号=高雲軒)がいる。　典：伝日・古今・日名・公辞・公補

冷泉為益　れいぜい・ためます

室町時代の人、権中納言。永正13(1516)年生〜元亀元(1570)年8月23日没。55才。法名=秀覚。

権大納言冷泉為和の子。永正18(1521)年従五位上に叙され、大永4(1524)年侍従・左少将に任ぜられ正五位下に進み、天文5(1536)年従四位下に進み、同8年左中将に任ぜられ、同9年従四位上、同12年正四位下に進み、同13年長門介に任ぜられ、同15年右衛門督に任ぜられ更に参議に任ぜられる。同16年阿波権守に任ぜられ、同19年正三位に進み、同20年権中納言に任ぜられる。同22年従二位に進み、弘治2(1556)年民部卿に任ぜられ、永禄2(1559)年正二位に進み、同5年権中納言を辞す。同8年駿州に下向。同10年上洛。子に為満・四条隆昌がいる。　典：伝日・日名・公辞・公補

冷泉為満　れいぜい・ためみつ

室町・安土桃山・江戸時代の人、権大納言。永禄2(1559)年4月25日生〜元和5(1619)年2月14日没。61才。初名=為房。院号=松竜院月照玄覚。

権中納言冷泉為益の子。初め為房と名乗る。永禄11(1568)年叙爵。元亀元(1570)年侍従に任ぜられる。同年為満と改名。同2年従五位上に進む。同年元服。天正2(1574)年正五位下に進み右少将に任ぜられ、同4年従四位下に進み、同5年右中将に任ぜられ、同7年従四位上に進む。同年勅勘を受け、慶長3(1598)年許され、同16年正四位下、同17年従三位に進み参議に任ぜられ、同19年正三位に進み権中納言に任ぜられる。同年駿府に赴き徳川家康に古今集を講義。元和4(1618)年権大納言に任ぜられる。子に為頼・藤谷為賢がいる。　典：大日・伝日・古今・日名・公辞・公補

冷泉為頼　れいぜい・ためより

安土桃山・江戸時代の人、非参議。文禄元(1592)年4月18日生〜寛永4(1627)年4月26日没。36才。

権大納言冷泉為満の子。慶長10(1605)年叙爵。同年元服し侍従に任ぜられ、同16年従五位上、同18年正五位下に進み左少将に任ぜられ、元和元(1615)年従四位下に進み、同3年中将に任ぜられ、同5年従四位上、同8年正四位下、寛永4(1627)年従三位に進む。子に為治がいる。　典：公辞・公補

冷泉為綱　れいぜい・ためつな

江戸時代の人、権中納言。寛文4(1664)年5月25日生〜享保7(1722)年3月6日没。59才。一字名=也・身・糸。法名=智堂・性覚。

正四位下・左近衛中将冷泉為清朝臣の子。母は権大納言園基音の娘。寛文4(1664)年叙爵。同10年元服し侍従に任ぜられ、同13年従五位上、延宝5(1677)年正五位下に

進み左少将に任ぜられ、同9年従四位下に進み、天和2(1682)年左中将に任ぜられ、貞享2(1685)年従四位上、元禄2(1689)年正四位下、同6年従三位に進み、同7年治部卿に任ぜられ、同11年踏歌外弁となる。同16年左兵衛督に任ぜられ、宝永元(1704)年参議に任ぜられ正三位に進む。同2年左衛門督に任ぜられ、同5年東照宮奉幣使となる。正徳元(1711)年任職を辞す。同年従二位に進み、同3年権中納言に任ぜられ、享保2(1717)年に辞す。子に為久・柳原光綱がいる。　典：公辞・公補

冷泉為久　れいぜい・ためひさ

江戸時代の人、権大納言。貞享3(1686)年1月11日生～寛保元(1741)年8月29日没。56才。法名=了覚。

権中納言冷泉為綱の子。元禄3(1690)年叙爵。同6年元服し侍従に任ぜられ、同7年従五位上、同12年正五位下に進み、同13年左少将に任ぜられ、同14年従四位下に進み、同15年左中将に任ぜられ、宝永元(1704)年従四位上、同5年正四位下、正徳3(1713)年従三位、享保3(1718)年正三位に進み、同5年右兵衛督、同7年右衛門督に任ぜられ、同8年参議に任ぜられ、同9年権中納言に任ぜられる。同10年踏歌外弁となる。同13年任職を辞す。同年従二位に進み民部卿に任ぜられ、同19年武家伝奏に任ぜられる。元文元(1736)年権大納言に任ぜられるも辞す。同5年正二位に進む。没すまで武家伝奏を務める。子に為村がいる。　典：伝日・古今・日名・公辞・公補

冷泉為村　れいぜい・ためむら

江戸時代の人、権大納言。正徳2(1712)年1月28日生～安永3(1774)年7月29日没。63才。法名=澄覚。

権大納言冷泉為久の子。正徳5(1715)年叙爵。享保5(1720)年元服し従五位上に叙させられ、同9年正五位下、同12年従四位下に進み、同13年左少将、同15年左中将に任ぜられ従四位上に進み、同19年正四位下、元文3(1738)年従三位、寛保3(1743)年正三位に進み右兵衛督に任ぜられ、延享元(1744)年参議に任ぜられる。同2年阿波権守、寛延元(1748)年右衛門督に任ぜられ踏歌外弁となる。同2年阿波権守を辞す。同3年権中納言に任ぜられ、宝暦2(1752)年従二位に進む。同年権中納言を辞す。同7年民部卿に任ぜられ、同8年正二位に進み、同9年権大納言に任ぜられ、同10年に辞す。明和6(1769)年民部卿を辞す。同7年出家。歌の門人に小沢蘆庵・石野和鼎・梨木祐為・僧慈延などの輩出している。墓所は京都左京区浄土寺の真如堂。子に為泰・三室戸光村がいる。　典：京都・伝日・古今・日名・公辞・公補

冷泉為泰　れいぜい・ためやす

江戸時代の人、権大納言。享保20(1735)年12月6日生～文化13(1816)年4月7日没。82才。法名=等覚。

権大納言冷泉為村の子。母は権中納言藤谷為信の娘。元文4(1739)年叙爵。寛保2(1742)年元服。同3年従五位上、延享4(1747)年正五位下、宝暦元(1751)年従四位下に進み、同2年右権少将に任ぜられる。同4年従四位上、同7年正四位下に進み、同8年右権中将に任ぜられ、同10年従三位に進み、同12年右兵衛督に任ぜられ、明和元

(1764)年正三位に進み、同3年参議に任ぜられ大歌別当となる。同4年阿波権守に任ぜられ踏歌外弁となり、同6年左衛門督に任ぜられ東照宮奉幣使となる。安永元(1772)年従二位に進む。同年権中納言に任ぜられるも辞す。同5年正二位に進み、天明3(1783)年民部卿に任ぜられ、同7年権大納言に任ぜられる。同8年踏歌外弁となる。寛政元(1789)年権大納言を辞す。同10年民部卿を辞す。同11年65才で出家。子に為章がいる。
典：日名・公辞・公補

冷泉為章　れいぜい・ためあき

江戸時代の人、権大納言。宝暦2(1752)年4月27日生～文政5(1822)年3月19日没。71才。

権大納言冷泉為泰の子。母は権中納言今城定種の娘。宝暦4(1754)年従五位下に叙され、同8年元服し従五位上に進み侍従に任ぜられ、同11年正五位下、同14年従四位下、明和4(1767)年従四位上に進み左権少将に任ぜられ、同7年正四位下に進み、同8年左権中将に任ぜられ、安永2(1773)年従三位、同6年正三位に進み、同7年右衛門督に任ぜられ、天明5(1785)年参議に任ぜられる。同6年阿波権守に任ぜられ東照宮奉幣使となる。寛政元(1789)年権中納言に任ぜられ、同4年に辞す。同5年正二位に進み、享和3(1803)年民部卿に任ぜられ、文化4(1807)年権大納言に任ぜられ、同6年に辞す。同年踏歌外弁となる。子に為則・三室戸絹光がいる。　典：公辞・公補

冷泉為則　れいぜい・ためのり

江戸時代の人、権大納言。安永6(1777)年10月27日生～嘉永元(1848)年7月23日没。72才。

権大納言冷泉為章の子。母は非参議吉田良延の娘。安永8(1779)年従五位下に叙され、天明3(1783)年元服し従五位上に進み、同5年侍従に任ぜられ、同6年正五位下、同9年従四位下、寛政4(1792)年従四位上に進み左権少将に任ぜられ、同7年正四位下に進み、同8年右権中将に任ぜられ、同10年従三位に進み、同12年左兵衛督に任ぜられ、享和2(1802)年正三位に進み、文化2(1805)年左衛門督に任ぜられ踏歌外弁となり、同7年参議に任ぜられる。同10年権中納言に任ぜられ従二位に進み東照宮奉幣使となる。同12年民部卿に任ぜられ、同14年正二位に進み、文政3(1820)年権大納言に任ぜられるも辞す。嘉永元(1848)年民部卿を辞す。門人の宝静が写す「冷泉為則卿集」がある。子に為全・為成がいる。　典：日名・公辞・公補

冷泉為全　れいぜい・ためたけ

江戸時代の人、参議。享和2(1802)年5月2日生～弘化2(1845)年9月28日没。44才。法名=光環。

権大納言冷泉為則の子。母は参議阿野実紐の娘。文化元(1804)年従五位下に叙され、同5年元服し従五位上に進み、同8年正五位下に進み侍従に任ぜられ、同11年従四位下、同14年従四位上に進み、文政2(1819)年院別当に任ぜられ、同3年正四位下に進み、同4年左権少将、同7年権中将に任ぜられ従三位に進み、同8年左衛門督に任ぜられ、同11年正三位に進み、同12年踏歌外弁となる。天保11(1840)年参議に任ぜられる。弘化

2(1845)年任職を辞す。子に為理がいる。　典：公辞・公補

冷泉為理　れいぜい・ためただ

江戸時代の人、権中納言。文政7(1824)年7月1日生～明治18(1885)年4月没。62才。

参議冷泉為全の子。母は仏光寺の僧正真乗の娘。文政9(1826)年従五位下に叙され、天保元(1830)年元服し従五位上に進み、同4年正五位下に進み、同5年侍従に任ぜられ、同7年従四位下、同10年従四位上、同13年正四位下に進み、弘化2(1845)年左権少将、嘉永2(1849)年権中将に任ぜられ従三位に進み、同4年左衛門督に任ぜられ、同6年正三位に進み、安政元(1854)年踏歌外弁となる。同2年の御遷幸に馬副四人・舎人二人・居飼一人・随身二人・雑色六人・傘一人を供として参加。同3年参議に任ぜられる。同4年左衛門督を辞す。同6年東照宮奉幣使となり権中納言に任ぜられる。文久元(1861)年従二位、慶応元(1865)年正二位に進む。家料は300石。子に為紀(明治38月11日没。52才。御歌所参候・貴族院議員。華族に列され伯爵を授かる)がいる。　典：明治・伝日・日名・公辞・公補

○冷泉家(下)

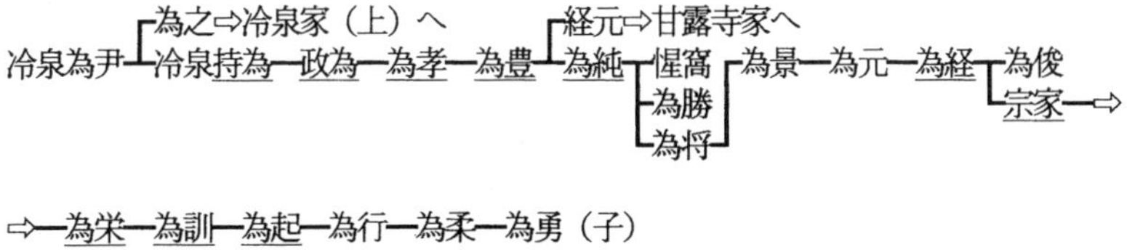

冷泉家(下)は、室町時代の将軍足利義持の時に、権大納言冷泉為尹の長男為之が宗家として上冷泉家と号し、父為尹が次男持為に細川荘を譲り別家をたてさせ下冷泉家と号したのに始まる。下冷泉家は宗家の上冷泉家と共に代々歌道にて奉じた。明治に至り華族に列され子爵を授かる。本姓は藤原。菩提寺は京都左京区の南禅寺。

典：日名・京都・京四・公補

冷泉持為　れいぜい・もちため

室町時代の人、権大納言。応永8(1401)年生～享徳3(1454)年9月1日没。54才。初名=持和。下冷泉家の祖。

権大納言冷泉為尹の次男。兄に為之(上冷泉家)がいる。伯父為邦より多数の蔵書を受け学業に勤め、父為尹が才能を見込み細川荘を譲り別家をたてさせ下冷泉家と号した。初め持和と名乗る。従四位下に叙され右中将に任ぜられ、永享3(1431)年信乃介に任ぜられる。同年持為と改名。文安5(1448)年従三位に進み、宝徳元(1449)年参議に任ぜられ更に侍従に任ぜられる。同2年正三位に進み播磨権守に任ぜられ、同3年権中納言に任ぜられ、享徳元(1452)年に辞す。同年治部卿に任ぜられ、同3年従二位に進み権大納言に任ぜられる。同年出家。子に政為がいる。　典：大日・伝日・日名・公辞・公補

冷泉政為　れいぜい・まさため

室町時代の人、権大納言。文安3(1446)年生～大永3(1523)年9月21日没。78才。初名=成為。一字名=碧。法名=暁覚。

権大納言冷泉持為の子。初め成為と名乗り、のち将軍足利義政の「政」の字を贈られ政為と改名。旧領小野荘を贈られる。従五位上に叙され侍従に任ぜられ、康正2(1456)年正五位下に進み左少将に任ぜられ、寛正2(1461)年従四位下に進み左中将に任ぜられ、同7年従四位上、文明2(1470)年正四位下、同7年従三位に進み、同9年参議に任ぜられ再び侍従に任ぜられる。同12年播磨権守に任ぜられ、同14年正三位に進み、同16年播磨権守を辞す。同17年権中納言に任ぜられ、延徳2(1490)年に辞す。同3年民部卿に任ぜられ、明応2(1493)年従二位、同7年正二位に進み、永正3(1506)年権大納言に任ぜられる。同7年播州に下向。のち上洛。同10年69才で出家。子に為孝がいる。

典：古今・伝日・公辞・公補

冷泉為孝　れいぜい・ためたか

室町時代の人、権中納言。文明7(1475)年生～天文12(1543)年2月18日没。69才。法名=宗円。

権大納言冷泉政為の子。母は権大納言中山親通の娘。延徳3(1491)年侍従に任ぜられ、同4年従四位上に叙され、明応2(1493)年左少将に任ぜられ、同4年正五位下、同8年従四位下に進み、同9年左中将に任ぜられ、文亀2(1502)年従四位上、永正元(1504)年正四位下、同5年従三位に進み、同10年正三位に進み播州に下向。のち上洛。同11年参議に任ぜられ再び侍従に任ぜられる。同13年摂州に下向。同14年上洛。同15年権中納言に任ぜられる。同17年従二位に進み、大永元(1521)年権中納言を辞す。同年乱を避けて再び播州の領地に下向。同6年正二位に進み、享禄4(1531)年57才で出家。子に為豊がいる。　典：公辞・公補

冷泉為豊　れいぜい・ためとよ

室町時代の人、非参議。永正元(1504)年生～没年不明。初名=為名。

権中納言冷泉為孝の子。初め為名と名乗る。永正7(1510)年叙爵。同14年元服し侍従に任ぜられ従五位上に進む。同16年為豊と改名。同18年正五位下に進み左少将に任ぜられ、大永2(1522)年信乃介に任ぜられ、同6年従四位下、天文13(1544)年従四位上に進み左中将に任ぜられ、同14年美乃権介に任ぜられ、同20年正四位下より従三位に進み再び侍従に任ぜられ、永禄元(1558)年播州に下向。同3年57才で出家。子に為純がいる。　典：公辞・公補

冷泉為純　れいぜい・ためあつ

室町・安土桃山時代の人、参議。享禄4(1531)年生～天正6(1578)年4月1日没。48才。初名=為房。元名=為能。前名=俊右。

非参議冷泉為豊の子。初め為房と名乗る。天文7(1538)年叙爵。同年為能と改名。同13年従五位上に進む。同年元服し侍従に任ぜられ、同14年因幡権介に任ぜられ、同18年正五位下に進み右少将に任ぜられる。同年俊右と改名。永禄6(1563)年従四位下に進

み右中将に任ぜられ、同11年従四位上、元亀2(1571)年正四位下に進む。同年為純と改名。天正4(1576)年従三位に進み再び侍従に任ぜられ、同5年参議に任ぜられる。同6年播州で戦にて子為勝と共に横死。子に有名な惺窩・為勝・為将がいる。　典：公辞・公補

冷泉為経　れいぜい・ためつね

江戸時代の人、権大納言。承応3(1654)年9月21日生～享保7(1722)年10月4日没。69才。初名=頼広。前名=為直。一字名=系。

権大納言葉室頼業の次男。初め頼広と名乗る。従四位下・左少将冷泉為経朝臣の養子となる。万治3(1660)年叙爵。寛文10(1670)年為直と改名。従五位上に進み侍従に任ぜられる。延宝元(1673)年為経と改名。同2年正五位下に進み、同5年右少将に任ぜられ従四位下に進み、同6年右中将に任ぜられ、天和元(1681)年従四位上、貞享2(1685)年正四位下、元禄元(1688)年従三位、同12年正三位に進み、同14年参議に任ぜられ、宝永元(1704)年権中納言に任ぜられる。同2年従二位に進み、正徳2(1712)年民部卿に任ぜられ、同5年権中納言を辞す。同年正二位に進み、享保4(1719)年権大納言に任ぜられる。同年任職を辞す。子に為俊(初名=用房。正四位下・左中将。享保2年8月29日没。36才)・宗家がいる。　典：公辞・公補

冷泉宗家　れいぜい・むねいえ

江戸時代の人、権大納言。元禄15(1702)年7月23日生～明和6(1769)年8月18日没。68才。

権大納言冷泉為経の次男。兄に為俊(初名=用房。正四位下・左中将。享保2年8月29日没。)がいる。宝永3(1706)年従五位下に叙され、正徳4(1714)年元服し従五位上に進み侍従に任ぜられ、享保2(1717)年正五位下、同5年従四位下に進み、同6年左少将に任ぜられ、同8年従四位上、同11年正四位下に進み、同12年右中将に任ぜられ、同15年従三位に進み、同19年参議に任ぜられる。同20年正三位に進み、元文3(1738)年東照宮奉幣使となる。同4年参議を辞す。延享3(1746)年権中納言に任ぜられる。同4年従二位に進み民部卿に任ぜられ、寛延元(1748)年権中納言を辞す。宝暦3(1753)年正二位に進み、同7年権大納言に任ぜられるも辞す。明和2(1765)年64才で出家。子に為栄がいる。　典：公辞・公補

冷泉為栄　れいぜい・ためしげ

江戸時代の人、権中納言。元文3(1738)年7月5日生～天明2(1782)年9月3日没。45才。初名=為名。

権大納言冷泉宗家の子。母は権大納言清閑寺熈定の娘。初め為名と名乗る。寛保2(1742)年叙爵。同3年為栄と改名。寛延2(1749)年元服し従五位上に進み侍従に任ぜられ、宝暦2(1752)年正五位下、同5年従四位下に進み、同6年左権少将に任ぜられ、同8年従四位上に進み、同10年右権中将に任ぜられ、同11年正四位下、明和元(1764)年従三位に進み、同2年再び侍従に任ぜられ、同5年正三位に進み、同6年踏歌外弁となる。同8年参議に任ぜられる。安永4(1775)年東照宮奉幣使となり権中納言に任ぜられる。同5年従二位、同8年正二位に進み、天明元(1781)年賀茂下上社伝奏に任ぜられる。同

年権中納言を辞す。同2年賀茂上下社伝奏を辞す。養子に為訓がいる。　典：公辞・公補

冷泉為訓　れいぜい・ためのり

江戸時代の人、権大納言。明和元(1764)年生～文政10(1827)年4月13日没。64才。初名=季韶。

権中納言風早公雄の次男。母は雅楽頭酒井親本の娘。初め季韶と名乗る。安永5(1776)年従五位下に叙され、同6年権中納言冷泉為栄と相模守加藤明熈の娘の養子となる。為訓と改名。同年元服し侍従に任ぜられ、同8年従五位上に進み、同9年右権少将に任ぜられ、天明2(1782)年正五位下、同5年従四位下に進み右権中将に任ぜられ、同8年従四位上、寛政3(1791)年正四位下、同6年従三位に進み、同9年再び侍従に任ぜられ、同10年正三位に進み、同12年踏歌外弁となる。享和元(1801)年参議に任ぜられる。更に文化9(1812)年権中納言に任ぜられる。同10年従二位、同14年正二位に進み、文政元(1818)年権中納言を辞す。同4年民部卿に任ぜられ、同6年権大納言に任ぜられるも辞す。養子に為起がいる。　典：公辞・公補

冷泉為起　れいぜい・ためおき

江戸時代の人、非参議。寛政2(1790)年6月12日生～天保2(1831)年6月1日没。42才。

権大納言勧修寺経逸の末子。母は摂津守仲庸の娘。文化元(1804)年権大納言冷泉為訓の養子となる。従五位下に叙せられる。同年元服し、同4年従五位上、同7年正五位下に進み、同10年侍従に任ぜられ従四位下に進み、同11年右権少将に任ぜられ、同13年従四位上、文政2(1819)年正四位下に進み、同7年権中将に任ぜられ従三位に進み、同8年再び侍従に任ぜられ、同11年正三位に進む。子に為行がいる。　典：公辞・公補

○六条家

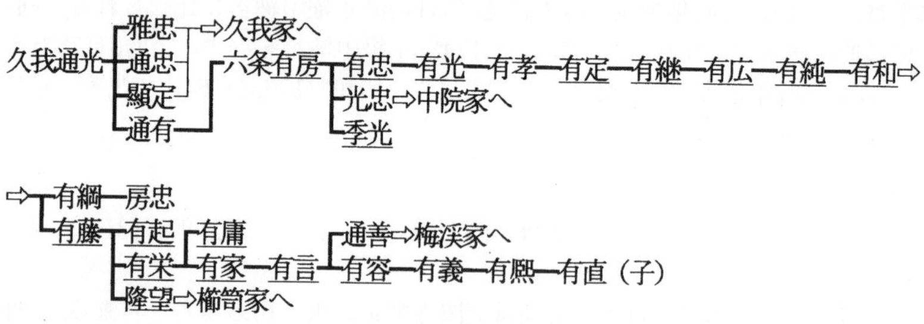

村上源家系。太政大臣久我通光の五男通有の子有房が、六条を氏姓とした。明治に至り華族に列され子爵を授かる。本姓は源。家紋は竜胆(りんどう)。菩提寺は左京区の百万遍。

典：日名・京四

六条有房　ろくじょう・ありふさ

鎌倉時代の人、内大臣。建長3(1251)年生～元応元(1319)年7月2日没。69才。通称=六条内府・六条内大臣。六条家の祖。

太政大臣久我通光の五男正四位下・左少将久我通有朝臣の子。久我家より分かれて六条を氏姓とした。従三位に叙され、正安元(1299)年正三位に進み、同3年左大弁に任ぜられ更に参議に任ぜられ造東大寺長官となり、乾元元(1302)年周防権守・侍従に任ぜられ、嘉元元(1303)年権中納言に任ぜられ従二位に進む。同年権中納言を辞す。同3年再び権中納言に任ぜられる。同年院御使として関東に下向。のち上洛。徳治元(1306)年正二位に進む。同年再び権中納言を辞す。延慶元(1308)年権大納言に任ぜられるも辞す。文和2(1353)年従一位に進み、元応元(1319)年内大臣に任ぜられるも辞す。子に有忠・季光・中院光忠がいる。　典：公辞・公補

六条有忠　ろくじょう・ありただ

鎌倉・南北朝時代の人、権中納言。弘安4(1281)年生～暦応元(1338.延元3)年12月27日没。58才。法名=賢忠。

内大臣六条有房の長男。弟に季光・中院光忠がいる。弘安9(1286)年叙爵。永仁3(1295)年侍従、同5年左少将に任ぜられ、正安元(1299)年従五位上、同3年正五位下、同4年従四位下に進み、嘉元元(1303)年右中将、同2年播磨介、同3年左中将に任ぜられ正四位下に進み、延慶2(1309)年従三位、正和3(1314)年正三位に進み、文保2(1318)年参議に任ぜられ更に春宮権大夫に任ぜられ従二位に進む。元応元(1319)年権中納言に任ぜられる。同年任職を辞す。元亨2(1322)年正二位に進み、正中2(1325)年関東に下向。嘉暦元(1326)年関東にて46才で出家。子に有光がいる。　典：公辞・公補

六条季光　ろくじょう・すえみつ

鎌倉・南北朝時代の人、非参議。生没年不明。初名=季忠。

内大臣六条有房の三男。兄に有忠・中院光忠がいる。初め季忠と名乗る。正和3(1314)年侍従に任ぜられ、同4年従五位上に叙され、文保元(1317)年左少将に任ぜられ、元応元(1319)年従四位下、同2年従四位上に進み、正中2(1325)年右少将より右中将に任ぜられ、嘉暦元(1326)年正四位下に進む。同年季光と改名。元徳元(1329)年右中将を辞す。同年従三位に進む。暦応2(1339.延元4)年出家。吉野朝に奉じる。　典：公補

六条有光　ろくじょう・ありみつ

鎌倉・南北朝時代の人、権中納言。延慶3(1310)年生～没年不明。

権中納言六条有忠の子。母は参議藤原実俊の娘。正和3(1314)年従五位下に叙され、同5年従五位上、文保3(1319)年正五位下に進み、元応元(1319)年左少将に任ぜられ、同2年従四位下に進み、正中2(1325)年上野権介に任ぜられ、同3年従四位上、嘉暦4(1329)年正四位下に進み、元徳2(1330)年左中将に任ぜられ、元弘元(1331)年参議に任ぜられ更に右中将に任ぜられる。正慶元(1332.元弘2)年従三位に進むも正四位下に落位。同年丹波権守に任ぜられ、建武元(1334)年に辞す。同2年再び従三位に進み、延元元(1336)年備中権守に任ぜられ、暦応元(1338.延元3)年正三位に進む。同年任職

を辞す。康永元(1342.興国3)年再び参議・右中将に任ぜられ、同2年権中納言に任ぜられる。同3年淳和・奨学院別当となる。同年任職を辞す。貞和2(1346.正平元)年従二位に進む。延文3(1358.正平13)年より公補に名が見えないので吉野朝に奉じたらしい。子に有孝(正四位下・左中将、子は有定)がいる。　典：公辞・公補

六条有定　ろくじょう・ありさだ

南北朝・室町時代の人、権大納言。至徳2(1385.元中2)年生～文安5(1448)年10月18日没。64才。

権中納言六条有光の孫。正四位下・左中将六条有孝朝臣の子。母は女官。左中将に任ぜられ、永享5(1433)年従三位に叙され、同7年参議に任ぜられる。同8年加賀権守に任ぜられ、同10年正三位に進み、嘉吉元(1441)年加賀権守を辞す。同2年相模権守に任ぜられ、同3年権中納言に任ぜられる。文安元(1444)年従二位に進み、同3年権中納言を辞す。同5年権大納言に任ぜられる。養子に有継がいる。　典：公辞・公補

六条有継　ろくじょう・ありつぐ

室町時代の人、権中納言。永享5(1433)年生～永正9(1512)年没。78才。

権大納言千種具定の子。権大納言六条有定の養子となる。享徳元(1452)年従四位下に叙され、康正2(1456)年従四位上に進み右中将・加賀介に任ぜられ、同3年美作介に任ぜられ、正四位下に進み、長禄3(1459)年参議に任ぜられる。寛正元(1460)年播磨権守に任ぜられ、同2年従三位に進み、同6年阿波権守に任ぜられ、文正元(1466)年参議を辞すも再び任ぜられる。応仁元(1467)年正三位に進み、同2年播磨権守を辞す。文明元(1469)年参議を辞す。同10年右中将を辞す。文亀2(1502)年従二位、永正3(1506)年正二位に進み、同7年権中納言に任ぜられ、同9年に辞す。勢州にて没す。子に有広がいる。　典：公辞・公補

六条有広　ろくじょう・ありひろ

室町・安土桃山・江戸時代の人、権中納言。永禄7(1564)年生～元和2(1616)年5月19日没。53才。初名=俊久。元名=俊広。前名=有親。

権中納言六条有継の子。初め俊久と名乗り、のち有広と改名。天正3(1575)年叙爵。同年元服し侍従に任ぜられ、同4年左少将に任ぜられ、同5年従五位上、同9年正五位下、同12年従四位下に進み、同15年左中将に任ぜられ従四位上に進み、同16年正四位下、同19年従三位に進み、慶長元(1596)年参議に任ぜられる。同3年勅勘を受け国に下向。同5年許されて上洛。同7年正三位、同18年従二位に進み権中納言に任ぜられる。子に有純がいる。　典：公辞・公補

六条有純　ろくじょう・ありすみ

江戸時代の人、参議。慶長9(1604)年生～正保元(1644)年7月13日没。41才。一字名=久・欠・埃・屯。

権中納言六条有広の子。元和元(1615)年叙爵。同年元服し侍従に任ぜられる。同3年従五位上に進み、同5年右少将に任ぜられ、同7年正五位下、寛永3(1626)年従四位下、

同6年従四位上、同9年正四位下、同13年従三位に進み、同16年参議に任ぜられるも辞す。同18年正三位に進む。子に有和がいる。　典：公辞・公補

六条有和　ろくじょう・ありかず

江戸時代の人、権中納言。元和9(1623)年11月14日生〜貞享3(1686)年閏3月23日没。64才。

参議六条有純の子。寛永5(1628)年叙爵。同12年元服し従五位上に進み、同15年右近衛権少将に任ぜられ、同16年正五位下、同19年従四位下に進み、同21年右中将に任ぜられ、正保2(1645)年従四位上、同5年正四位下、明暦元(1655)年従三位に進み、同2年参議に任ぜられ更に左中将に任ぜられる。万治2(1659)年正三位に進み踏歌外弁となる。同3年権中納言に任ぜられ、寛文2(1662)年に辞す。子に有綱・有藤がいる。
典：公辞・公補

六条有藤　ろくじょう・ありふじ

江戸時代の人、権中納言。寛文12(1672)年7月2日生〜享保14(1729)年閏9月14日没。58才。初名=雅共。前名=有慶。

権中納言六条有和の三男。初め雅共と名乗る。従四位下・左中将六条房忠の養子となる。元禄2(1689)年元服し従五位上に叙され侍従に任ぜられる。同年有慶と改名。同3年右少将に任ぜられ、同4年正五位下、同8年従四位下、同11年従四位上、同14年正四位下、宝永元(1704)年従三位に進む。同4年有藤と改名。参議に任ぜられ更に左中将に任ぜられる。同6年正三位に進み、正徳3(1713)年東照宮奉幣使となる。同4年従二位に進み権中納言に任ぜられる。同5年踏歌外弁となる。享保2(1717)年権中納言を辞す。同11年正二位に進む。子に有起・有栄・櫛笥隆望がいる。　典：日名・公辞・公補

六条有起　ろくじょう・ありおき

江戸時代の人、権中納言。元禄14(1701)年11月23日生〜安永7(1778)年9月9日没。78才。

権中納言六条有藤の子。母は権中納言広橋貞光の娘。弟に有栄・櫛笥隆望がいる。元禄16(1703)年叙爵。宝永7(1710)年元服し従五位上に進み侍従に任ぜられ、正徳2(1712)年正五位下に進み、同4年左少将に任ぜられ、享保元(1716)年従四位下、同4年従四位上に進み、同5年左中将に任ぜられ、同7年正四位下、同11年従三位、同18年正三位に進み、元文2(1737)年参議に任ぜられ再び左中将に任ぜられる。同3年近江権守に任ぜられ、同4年東照宮奉幣使となる。寛保2(1742)年権中納言に任ぜられる。同3年従二位に進み、延享3(1746)年権中納言を辞す。宝暦3(1753)年正二位に進み、同9年再び権中納言に任ぜられるも辞す。　典：公辞・公補

六条有栄　ろくじょう・ありしげ

江戸時代の人、権大納言。享保12(1727)年9月12日生〜天明7(1787)年6月9日没。61才。初名=忠貞。

権中納言六条有藤の末子。兄に有起・櫛笥隆望がいる。初め忠貞と名乗る。享保19(1734)年叙爵。寛保2(1742)年兄の有起の養子となる。同10年元服し従五位上に進み侍従に任ぜられる。同年有栄と改名。延享2(1745)年右少将に任ぜられ正五位下に進み、寛延元(1748)年従四位下に進み、同3年讃岐介に任ぜられ、宝暦元(1751)年従四位上に進み左中将に任ぜられ、同4年正四位下、同7年従三位に進み、同8年参議に任ぜられ大歌別当となる。同9年再び左中将に任ぜられ踏歌外弁となる。同12年正三位に進み、同13年東照宮奉幣使となり権中納言に任ぜられる。明和3(1766)年従二位に進み、同4年権中納言を辞す。安永4(1775)年正二位に進み、天明5(1785)年権大納言に任ぜられ翌年に辞す。子に有庸・有家がいる。　典：公辞・公補

六条有庸　ろくじょう・ありつね

江戸時代の人、権大納言。宝暦2(1752)年10月5日生～文政12(1829)年3月23日没。78才。

権大納言六条有栄の子。母は権中納言山本実観の娘。弟に有家がいる。宝暦4(1754)年従五位下に叙され、同10年元服し従五位上に進み侍従に任ぜられ、同12年右権少将に任ぜられ、同13年正五位下、明和2(1765)年従四位下、同5年従四位上、同7年正四位下に進み右権中将に任ぜられ、安永元(1772)年従三位、同5年正三位に進み、天明6(1786)年参議に任ぜられる。同7年左中将・院別当に任ぜられ、寛政元(1789)年従二位に進み、同4年左中将を辞す。同年権中納言に任ぜられる。同6年正二位に進み踏歌外弁となる。同8年権中納言を辞す。文化6(1809)年権大納言に任ぜられ翌年に辞す。同8年武家伝奏に任ぜられ、同11年院別当を辞す。同14年武家伝奏を辞す。文政9(1826)年従一位に進む。　典：公辞・公補

六条有家　ろくじょう・ありいえ

江戸時代の人、参議。明和7(1770)年3月30日生～文化12(1815)年8月6日没。46才。

権大納言六条有栄の四男。母は権中納言山本実観の娘。兄に有庸がいる。寛政4(1792)年兄有庸の養子となる。同年元服し従五位下に叙され、同6年従五位上、同8年正五位下に進み侍従、同12年右権少将に任ぜられ従四位下に進み、享和元(1801)年正四位下に進み、文化2(1805)年権中将に任ぜられ、同6年従三位に進み、同10年参議に任ぜられ更に右中将に任ぜられ正三位に進み、同12年に任職を辞す。養子に有言がいる。
典：公辞・公補

六条有言　ろくじょう・ありこと

江戸時代の人、参議。寛政3(1791)年7月4日生～弘化3(1846)年2月19日没。56才。初名=栄保。

権大納言久世通根の次男。初め栄保と名乗る。寛政11(1799)年従五位下に叙され、文化3(1806)年参議六条有家の養子となる。有言と改名。同年元服し従五位上に進み、同6年侍従に任ぜられ、同7年従四位下に進み左権少将に任ぜられ、同10年従四位上、同12年正四位下に進み、文政2(1819)年権中将、同7年院別当に任ぜられ、同12年従三位、天保4(1833)年正三位に進み、同8年参議に任ぜられ従二位に進む。同9年右中将に任

ぜられ、同11年踏歌外弁となる。弘化2(1845)年任職を辞す。子に有容・梅渓通善がいる。
典：公辞・公補

六条有容　ろくじょう・ありおさ

江戸・明治時代の人、権中納言。文化11(1814)年4月10日生～明治23(1890)年3月没。77才。

参議六条有言の子。弟に梅渓通善がいる。文化13(1816)年従五位下に叙され、文政3(1820)年元服し従五位上に進み、同5年正五位下に進み、同7年侍従に任ぜられ従四位下に進み、同10年従四位上、同12年正四位下に進み、天保2(1831)年院別当、同3年讃岐権介・左権少将、嘉永4(1851)年権中将に任ぜられ従三位に進み、安政2(1855)年正三位に進み、同6年参議に任ぜられる。同5年に起きた安政の事件(飛鳥井雅典の項参照)に八十八廷臣として子の有義と共に連座。万延元(1860)年従二位に進み踏歌外弁となる。文久元(1861)年左中将に任ぜられ、同3年権中納言に任ぜられる。元治元(1864)年正二位に進む。同年賀茂下上社奉幣伝奏に任ぜられ、慶応3(1867)年に辞す。明治元(1868)年権中納言を辞す。家料は265石。子に有義(正五位・侍従。安政の事件に連座)・有煕(正三位。華族に列され子爵を授かる)がいる。　典：明治・公辞・公補

○六角家

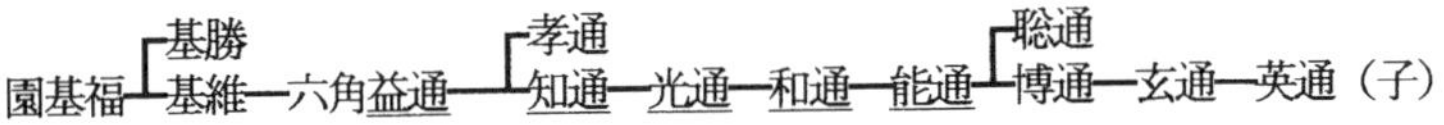

藤原家系の中御門家の分家松木家の支流園家の分家。江戸時代に太政大臣園基福の養子基維の養子益通が六角を氏姓とした。代々書道・神楽をもって奉じ、明治に至り華族に列され子爵を授かる。本姓は藤原。家紋は松。菩提寺は京都左京区浄土寺真如町の松林院。

典：日名・家紋・京四

六角益通　ろっかく・ますみち

江戸時代の人、参議。天和3(1683)年8月3日生～寛延元(1748)年7月30日没。66才。初名=基親。六角家の祖。

権大納言東園基量の次男。母は権大納言高倉永敦の娘。従五位上・右権少将園基維(高丘基起の末子。元禄8年3月29日没。21才)の養子となる。初め基親と名乗る。元禄2(1689)年叙爵。同9年元服し侍従に任ぜられ従五位上に進み、同11年左少将に任ぜられ、同13年正五位下に進む。同年六角を氏姓とし益通と改名。宝永元(1704)年従四位下に進み左中将に任ぜられ、同4年従四位上、同7年正四位下、正徳5(1715)年従三位、享保4(1719)年正三位に進み、元文4(1739)年参議に任ぜられるも辞す。同5年従二位に進む。子に孝通(正五位下・縫殿頭。元文5年8月16日没。16才)、養子に知通がいる。
典：公辞・公補

六角知通　ろっかく・ともみち

江戸時代の人、非参議。元文3(1738)年11月5日生～天明6(1786)年4月7日没。49才。初名=基風。

権大納言園基香の三男。母は兵部大輔永重朝臣の娘。初め基風と名乗る。寛延元(1748)年参議六角益通が没し相続がいない所からその養子となる。同年従五位下に叙され、同2年元服し兵部大輔に任ぜられ、宝暦2(1752)年従五位上、同6年正五位下に進む。同7年知通と改名。同10年従四位下､同14年従四位上に進み右権少将に任ぜられ、明和5(1768)年正四位下に進み、同7年右権中将に任ぜられ、安永元(1772)年従三位、同6年正三位に進む。子に光通がいる。　典：公辞・公補

六角光通　ろっかく・みつみち

江戸時代の人、参議。宝暦6(1756)年8月7日生～文化6(1809)年5月22日没。54才。

非参議六角知通の子。母は源朝綱の妹朽木。宝暦10(1760)年叙爵。明和4(1767)年元服し従五位上に進み左京大夫に任ぜられ、同8年正五位下に進み、安永3(1774)年左馬権頭に任ぜられ、同4年従四位下、同8年従四位上に進み、同9年左権少将に任ぜられ、天明3(1783)年正四位下に進み、同6年右権中将に任ぜられ、同7年従三位に進み、寛政元(1789)年右京権大夫に任ぜられ､同4年正三位に進み踏歌外弁となる｡文化6(1809)年参議に任ぜられるも辞す。子に和通がいる。　典：公辞・公補

六角和通　ろっかく・かずみち

江戸時代の人、参議。安永7(1778)年7月7日生～天保8(1837)年8月14日没。60才。

参議六角光通の子。母は権大納言園基衡の娘。天明元(1781)年従五位下に叙され、同5年元服し従五位上に進み上総権介に任ぜられ、寛政元(1789)年従四位下、同9年従四位上、享和元(1801)年正四位下に進み右権少将に任ぜられ、文化4(1807)年権中将に任ぜられ、同5年従三位、同9年正三位に進み、同12年左京権大夫に任ぜられ、文政7(1824)年踏歌外弁となる。同9年参議に任ぜられるも辞す。同10年従二位に進む。子に能通がいる。　典：公辞・公補

六角能通　ろっかく・たかみち

江戸時代の人､非参議｡文化元(1804)年3月14日生～明治元(1868)年9月1日没｡65才。別読=よしみち。

参議六角和通の子。母は権大納言唐橋在熈の娘。文化4(1807)年従五位下に叙され、同13年元服し従五位上に進み備後権介に任ぜられ、同14年右馬頭に任ぜられ、文政3(1820)年正五位下、同7年従四位下、同11年従四位上に進み、天保3(1832)年右権少将に任ぜられ正四位下に進み、同9年権中将に任ぜられ、同10年従三位、同14年正三位に進む。子に聰通(天保12年2月15日没。18才)、博通(大蔵大輔・故実家。明治の華族に列され子爵を授かる。明治33年6月19日没。66才。子は玄通)がいる。　典：公辞・公補

○和気家

第11代垂仁天皇の裔。奈良時代に備前国藤野郡(のち和気郡)の豪族より清麿が出世する。子孫は和気医道の医師と宇佐使にて奉仕。

典：古今・京都

垂仁天皇━鐸石別命━稚鐸石別命━田守別王━麻己目王━意富己目王━伊比遅別王━⇨

⇨伊大比別王━萬子━古麻佐━佐波良━伎波豆━宿奈━乎麻呂━⇨

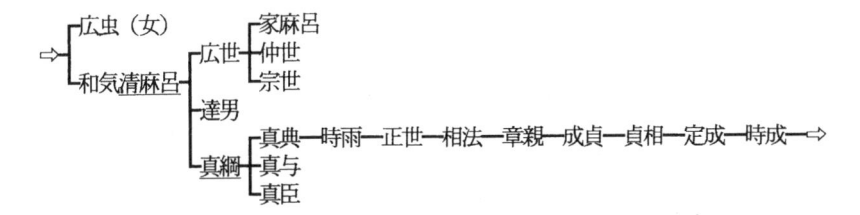

⇨
- 広虫（女）
- 和気清麻呂
  - 広世
    - 家麻呂
    - 仲世
    - 宗世
  - 達男
  - 真綱
    - 真典━時雨━正世━相法━章親━成貞━貞相━定成━時成━⇨
    - 真与
    - 真臣

⇨親成━種成━仲景━弘景━嗣成━常成━明成━茂成━尚成━明重━利長━明親━⇨

⇨瑞策━瑞桂━利親━瑞寿━瑞堅

和気広成

和気邦成━郷成━保家

和気富就━親就

和気清麻呂　わけの・きよまろ

奈良時代の人、非参議。天平5(733)年生～延暦18(799)年2月21日没。67才。姓(かばね)=真人より朝臣。別氏姓=磐梨別公・藤野別真人・吉備藤野和気真人・輔治能真人・別部穢麿。

第11代垂仁天皇の裔。乎麿の子。姉に広虫がいる。備前国藤野郡(のち和気郡)の豪族に生まれる。初め磐梨別公と名乗る。姉広虫(のち法均尼)と共に中央に奉じ、のち藤野別真人を賜り、天平宝字8(764)年の藤原仲麿(押勝)の乱に兵衛で活躍、天平神護元(765)年従六位上に叙され吉備藤野和気真人を賜る。同2年正六位上より従五位下に進み近衛将監に任ぜられ、神護景雲3(769)年輔治能真人を賜姓したが第48代称徳天皇の寵愛する弓削道鏡のを阻止した為に別部穢麿と改氏姓させられ大隅国に、姉も備後国に配流される。宝亀元(770)年皇太子白壁王に召還され、同2年従五位下に復位。同5年姉と共に和気朝臣の氏姓を賜り和気朝臣清麿と名乗る。天応元(781)年従四位下に進み、延暦2(783)年摂津大夫に任ぜられ、同3年長岡造宮の功績で従四位上に進み、同5年民部大輔、同7年中宮大夫に任ぜられ、同9年正四位下に進み、同15年従三位に進み、同18年民部卿・造宮大夫に任ぜられる。没後に正三位、明治31(1898)年に正一位を賜る。平安京を造営し京都に開都するきっかけをつくる。京都右京区の神護寺は清麿ゆかりの寺で、墓所は境内の紅葉で有名な高雄山の麓。京都上京区の護王神社は清麻呂と姉広虫を祀る神社で、明治時代に高雄の神護寺より移された。寿永3年に大納言平頼盛が備前国和気郡佐伯庄の官領となり宇佐八幡宮に和気清麻呂を奉じた。子に広世・達男・真綱がいる。　典：京都・古代・日名・公補

和気真綱　わけの・まつな

奈良・平安時代の人、延暦2(783)年生～承和13(846)年9月27日没。64才。本姓=磐梨別(いわなしのわけ)。

非参議和気清麿の五男。兄に広世・達男がいる。延暦23(804)年内舎人、大同4(809)年治部少丞より中務少丞、弘仁2(811)年播磨少掾、同3年大掾、同4年蔵人、同5年春宮少進に任ぜられ、同6年従五位下に叙され春宮大進に任ぜられ、同8年刑部少輔、同11年右少弁・左少将より右少将に任ぜられ従五位上に進み、同14年内蔵頭・民部大輔・中務大輔・越前守・修理大夫、天長元(824)年河内守・右中弁・内匠頭に任ぜられる。同年右中弁を辞す。同5年従四位下に進み摂津守に任ぜられ、同7年宮内大輔、同8年刑部大輔、同10年伊与権守・木工頭、承和元(834)年再び内蔵頭、同2年右大弁に任ぜられ、同4年従四位上に進み左中将に任ぜられ、同7年参議に任ぜられる。同9年美作守に任ぜられ、同13年任職を辞す。没後に正三位を賜る。子に真典・真与・真臣がいる。
典：古代・日名・公補

和気広成　わけの・ひろなり

南北朝時代の人、非参議。生年不明～明徳2(1391.元中8)年没。

非参議和気清麿の裔。施薬院使に任ぜられ、のちこれを辞す。明徳2(1391)年従三位に叙せられる。　典：公補

和気明成　わけの・あきなり

南北朝・室町時代の人、非参議。生没年不明。

非参議和気清麿の裔。和気常成朝臣の子。刑部卿に任ぜられ、のちこれを辞す。応永24(1417)年従三位に叙せられる。永享元(1429)年より公補に名が見えない。　典：公補

和気郷成　わけの・さとなり

南北朝・室町時代の人、非参議。永徳元(1381.弘和元)年生～永享9(1437)年8月12日没。57才。

非参議和気清麿の裔。右馬頭和気邦成の子。正四位上に叙され、永享7(1435)年従三位に進む。子に保家がいる。　典：公補

和気保家　わけの・やすいえ

室町時代の人、非参議。応永13(1406)年生～没年不明。

非参議和気清麿の裔。右馬頭和気邦成の孫。非参議和気郷成朝臣の子。長禄3(1459)年従三位に叙され、寛正4(1463)年正三位に進む。58才で出家。　典：公補

和気親就　わけの・ちかなり

室町時代の人、非参議。寛正5(1464)年生～没年不明。法名=宗成。

非参議和気清麿の裔。和気富就朝臣の子。典薬頭に任ぜられ、のちこれを辞す。永正14(1517)年従三位に叙され刑部卿に任ぜられ、大永4(1524)年正三位に進み、同6年63才で出家。　典：公補

◯鷲尾家

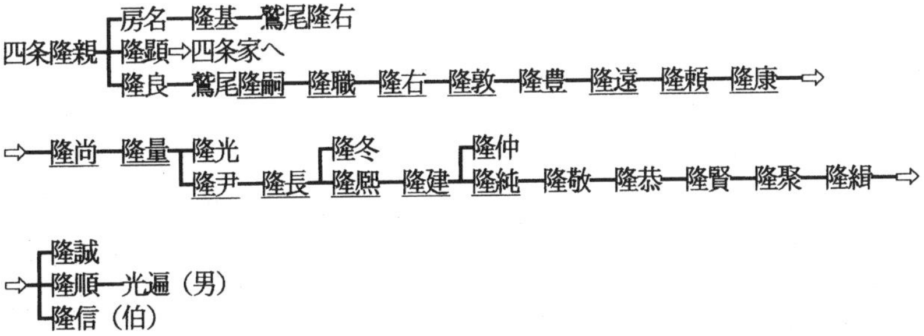

四条家の分家。権大納言四条隆親の子権中納言四条隆良が、京師東山鷲尾に住み、鷲尾と号し、子の隆嗣が鷲尾を氏姓とした。代々膳差・神楽にて奉仕し、明治に至り華族に列され伯爵を授かる。本姓は藤原。家紋は鷲。

典：京四・家紋・日名

鷲尾隆嗣　わしのお・たかつぐ

鎌倉時代の人、非参議。生年不明～正中2(1325)年9月4日没。鷲尾家の祖。

権大納言四条隆親の孫。権中納言四条隆良の子。父が京師東山鷲尾に住み、鷲尾と号した所から鷲尾と氏姓とする。正和元(1312)年正四位下に叙され、文保元(1317)年左中将に任ぜられ、同2年従三位に進む。子に隆職がいる。　典：公辞・公補

鷲尾隆職　わしのお・たかしき

鎌倉・南北朝時代の人、権中納言。嘉元3(1305)年生～貞和3(1347.正平2)年2月4日没。43才。

非参議鷲尾隆嗣の子。延慶4(1311)年従五位下に叙され侍従に任ぜられ、応長2(1312)年従五位上、正和4(1315)年正五位下、同5年従四位下に進み、文保元(1317)年左少将に任ぜられ、同3年従四位上、元応3(1321)年正四位下に進み、建武4(1337.延元2)年左中将、暦応3(1340.興国2)年蔵人頭に任ぜられ、同4年参議に任ぜられる。康永元(1342.興国3)年従三位に進み、同2年備後権守に任ぜられ、貞和3(1347)年権中納言に任ぜられる。腫れ物病にて没す。養子に隆右がいる。　典：公辞・公補

鷲尾隆右　わしのお・たかすけ

鎌倉・南北朝・室町時代の人、権大納言。正中元(1324)年生～応永11(1404)年11月17日没。81才。

権中納言四条隆基の子。権中納言鷲尾隆職の養子となる。蔵人頭・左中将に任ぜられ、正四位下に叙され、康安元(1361.正平16)年参議に任ぜられる。貞治元(1362.正平17)年従三位に進み、同2年加賀権守に任ぜられ、応安元(1368.正平23)年正三位に進む。同年権中納言に任ぜられ翌年に辞す。同4年従二位、永和元(1375.天授元)年正二位に進み、応永9(1402)年権大納言に任ぜられるも辞し79才で出家。子に隆敦がいる。
典：公辞・公補

鷲尾隆敦　わしのお・たかあつ

室町時代の人、権中納言。生年不明～応永24(1417)年6月没。

権大納言鷲尾隆右の子。左中将に任ぜられ、応永6(1399)年従三位に叙され参議に任ぜられる。同7年丹波権守に任ぜられ、同8年正三位に進み、同10年権中納言に任ぜられる。同13年従二位に進み、同15年権中納言を辞す。子に隆豊(正四位下・左中将。子は隆遠)がいる。　典：公辞・公補

鷲尾隆遠　わしのお・たかとお

室町時代の人、権大納言。応永15(1408)年生～長禄元(1457)年10月9日没。50才。

権中納言鷲尾隆敦の孫。正四位下・左中将鷲尾隆豊朝臣の子。左中将に任ぜられ、永享3(1431)年蔵人頭に任ぜられ従四位下に叙され、同10年参議に任ぜられる。同11年従三位に進み丹波権守に任ぜられ、嘉吉3(1443)年正三位に進み、文安元(1444)年伊与権守に任ぜられ更に権中納言に任ぜられる。同4年従二位に進む。宝徳3(1451)年権大納言に任ぜられるも翌年に辞す。同年兵部卿に任ぜられる。享徳2(1453)年正二位に進む。子に隆頼がいる。　典：公辞・公補

鷲尾隆頼　わしのお・たかより

室町時代の人、参議。生年不明～文明3(1471)年没。

権大納言鷲尾隆遠の子。宝徳4(1452)年従四位下に叙され、康正2(1456)年従四位上に進み左中将・信乃介に任ぜられ、長禄3(1459)年正四位上に進み越中権守に任ぜられ、寛正元(1460)年参議に任ぜられる。同2年従三位に進み、同6年加賀権守に任ぜられ、応仁元(1467)年正三位に進む。同年任職を辞す。養子に隆康がいる。　典：公辞・公補

鷲尾隆康　わしのお・たかやす

室町時代の人、権中納言。文明17(1485)年生～天文2(1533)年3月6日没。49才。法名=盛重。

権大納言四辻季経の次男。鷲尾家が途絶えたため参議鷲尾隆頼家の養子となる。長享2(1488)年叙爵。文亀元(1501)年従五位上に進み、同2年左少将に任ぜられ、同3年正五位下、永正3(1506)年従四位下に進み、同5年左中将に任ぜられ、同6年従四位上、同8年正四位下、同11年従三位に進み、同12年参議に任ぜられる。同15年正三位に進

み、大永元(1521)年権中納言に任ぜられる。同3年従二位に進む。同年権中納言を辞す。同7年正二位に進む。歌集「新菟玖波集」の著者。養子に隆尚がいる。　典：京都・公辞・公補

鷲尾隆尚　わしのお・たかなお

室町・安土桃山・江戸時代の人、参議。永禄9(1566)年3月15日生～慶長13(1608)年3月13日没。43才。初氏名=四辻季満。

権大納言四辻公遠の子。四辻季満と名乗る。永禄10(1567)年叙爵。元亀元(1570)年侍従に任ぜられ、同3年元服し従五位上に進み、天正2(1574)年正五位下に進み、同5年左少将に任ぜられ、同8年従四位下に進み、同9年左中将に任ぜられ、同12年従四位上、同14年正四位下に進み、同17年参議に任ぜられる。同19年勅勘を被り出奔。慶長6(1601)年許されて再び参議に任ぜられる。同年途絶えていた鷲尾家の権中納言鷲尾隆康家の養子となり隆尚と改名。同9年従三位に進む。養子に隆量がいる。　典：公辞・公補

鷲尾隆量　わしのお・たかかず

江戸時代の人、権大納言。慶長11(1606)年生～寛文2(1662)年8月20日没。57才。

内大臣広橋兼勝の次男。参議鷲尾隆尚の養子となる。慶長17(1612)年叙爵。同18年元服し侍従に任ぜられ、元和元(1615)年従五位上、同6年正五位下に進み、同7年左少将に任ぜられ、寛永2(1625)年従四位下、同5年従四位上に進み左中将に任ぜられ、同9年正四位下に進み蔵人頭に任ぜられ、同10年正四位上、同16年従三位に進み参議に任ぜられ更に右兵衛督に任ぜられる。同19年正三位に進み、同20年右兵衛督を辞す。同年権中納言に任ぜられる。正保3(1646)年踏歌外弁となる。同4年神宮伝奏に任ぜられ、慶安元(1648)年権大納言に任ぜられる。同2年従二位に進む。同年神宮伝奏を辞す。同4年再び神宮伝奏に任ぜられ、承応3(1654)年正二位に進み、明暦元(1655)年神宮伝奏を辞す。同2年権大納言を辞す。子に隆光(従四位上・左中将。承応3年9月28日没。27才)・隆尹がいる。　典：公辞・公補

鷲尾隆尹　わしのお・たかただ

江戸時代の人、権大納言。正保2(1645)年6月16日生～貞享元(1684)年9月1日没。40才。

権大納言鷲尾隆量の次男。兄に隆光(従四位上左中将。承応3年9月28日没。27才)がいる。承応3(1654)年叙爵。明暦元(1655)年元服し侍従に任ぜられ、万治元(1658)年従五位上、寛文2(1662)年正五位下に進み左少将に任ぜられ、同5年従四位下に進み左中将に任ぜられ、同8年従四位上に進み、同9年蔵人頭に任ぜられ、同10年正四位下、同12年正四位上に進み、延宝元(1673)年参議に任ぜられ更に左衛門督に任ぜられる。同2年従三位に進み、同4年踏歌外弁となる。同6年正三位に進み権中納言に任ぜられる。天和元(1681)年従二位に進む。同年賀茂伝奏に任ぜられ、同2年に辞す。同3年権大納言に任ぜられる。貞享元年正二位に進む。同年任職を辞す。子に隆長がいる。　典：公辞・公補

鷲尾隆長　わしのお・たかなが

江戸時代の人、権大納言。寛文12(1672)年12月19日生～元文元(1736)年9月19日没。65才。

権大納言鷲尾隆尹の子。母は権中納言園池宗朝の娘。延宝4(1676)年叙爵。天和元(1681)年元服し従五位上に進み侍従に任ぜられ、貞享3(1686)年左少将に任ぜられ、同4年正五位下、元禄元(1688)年従四位下に進み左中将に任ぜられ、同4年従四位上、同7年正四位下に進み、同12年蔵人頭に任ぜられ正四位上に進み、同16年参議に任ぜられる。宝永元(1704)年従三位に進み権中納言に任ぜられ踏歌外弁となる。同3年正三位、正徳元(1711)年従二位に進み、同3年賀茂伝奏に任ぜられ、同4年権大納言に任ぜられる。享保2(1717)年任職を辞す。同6年正二位に進む。絵画を狩野永納に学び人物花鳥をよく描いた。子に隆冬(従五位下。享保3年7月15日没。8才)、養子に隆熙がいる。
典：大日・公辞・公補

鷲尾隆熙　わしのお・たかひろ

江戸時代の人、権大納言。正徳3(1713)年6月5日生～安永3(1774)年10月19日没。62才。初名=経全。

権大納言大炊御門の次男。初め経全と名乗る。享保3(1718)年叙爵。同8年権大納言鷲尾隆長の養子となる。同11年隆熙と改名。同年元服し従五位上に進み侍従に任ぜられ、同14年正五位下に進み左少将に任ぜられ、同17年従四位下に進み、同18年左中将に任ぜられ、同20年従四位上、元文2(1737)年正四位下に進み、同6年蔵人頭に任ぜられ、寛保2(1742)年従三位に進み参議に任ぜられ更に右兵衛督に任ぜられ、同3年右衛門督に任ぜられる。延享元(1744)年松尾奉幣使となる。同4年正三位に進み、寛延元(1748)年任職を辞す。宝暦元(1751)年再び参議に任ぜられ、同4年権中納言に任ぜられる。同6年従二位に進む。同年賀茂伝奏に任ぜられるも辞す。同8年再び賀茂伝奏に任ぜられ、同9年権大納言に任ぜられる。同年賀茂伝奏を辞す。同11年踏歌外弁となる。同13年正二位に進み、明和元(1764)年権大納言を辞す。子に隆建がいる。　典：公辞・公補

鷲尾隆建　わしのお・たかたけ

江戸時代の人、権大納言。寛保元(1741)年12月29日生～文化元(1804)年2月13日没。64才。

権大納言鷲尾隆熙の子。母は非参議津守国輝の娘。延享元(1744)年従五位下に叙され、宝暦元(1751)年元服し従五位上に進み、同2年侍従に任ぜられ、同4年正五位下に進み左権少将に任ぜられ、同8年従四位下に進み、同10年右権中将に任ぜられ従四位上に進み、同13年正四位下に進み、明和5(1768)年蔵人頭に任ぜられ正四位上に進み、同8年参議に任ぜられ更に右兵衛督に任ぜられる。安永元(1772)年従三位、同4年正三位に進み左衛門督に任ぜられ、同6年使別当に任ぜられ、同8年従二位に進み権中納言に任ぜられる。天明2(1782)年賀茂下上社伝奏に任ぜられ、同3年踏歌外弁となる。同5年正二位に進み、同7年権大納言に任ぜられる。寛政元(1789)年任職を辞す。子に隆

仲(従五位上・右少将。天明元年8月16日没。17才)、養子に隆純がいる。　典：公辞・公補

鷲尾隆純　わしのお・たかすみ

江戸時代の人、権大納言。安永4(1775)年8月28日生～安政4(1857)年2月13日没。83才。

権大納言油小路隆前の次男。母は権大納言久世栄通の娘。天明2(1782)年権大納言鷲尾隆建の養子となり従五位下に叙され、同5年元服し従五位上に進み侍従に任ぜられ、同8年正五位下、寛政3(1791)年従四位下に進み右権少将に任ぜられ、同6年従四位上、同9年正四位下に進み、同10年権中将、文化5(1808)年蔵人頭・院別当に任ぜられ正四位上に進み、同9年春宮亮に任ぜられ、同10年従三位に進み参議に任ぜられ更に右兵衛督に任ぜられる。同12年権中納言に任ぜられる。同13年正三位に進み、文政元(1818)年右兵衛督・院別当を辞す。同2年従二位に進み、同3年権大納言に任ぜられる。同4年賀茂下上社伝奏に任ぜられ、同5年に辞す。同6年正二位に進み踏歌外弁となる。同年任職を辞す。子に隆敬・隆賢がいる。　典：公辞・公補

○度会家

度会家は、代々伊勢の外宮の禰宜を勤める。内宮は荒木田姓。

典：公補

度会常和　わたらい・つねかず

江戸時代の人、従二位・非参議・外宮禰宜。元和3(1617)年生～元禄13(1700)年8月13日没。84才。

天和3(1683)年71才で従三位に叙され、貞享4(1687)年正三位、元禄11(1698)年従二位に進む。　典：公補

度会常有　わたらい・つねあり

江戸時代の人、従二位・非参議・外宮禰宜。寛永19(1642)年生～享保8(1723)年7月8日没。82才。

貞享4(1687)年46才で従三位に叙され、元禄13(1700)年正三位、正徳元(1711)年従二位に進む。　典：公補

度会末彦　わたらい・すえひこ

江戸時代の人、従三位・非参議・外宮禰宜。正保元(1644)年生～宝永5(1708)年1月16日没。65才。

元禄13(1700)年57才で従三位に叙される。　典：公補

度会親彦　わたらい・ちかひこ

江戸時代の人、従三位・非参議・外宮禰宜。承応元(1652)年生～享保元(1716)年7月29日没。65才。

宝永5(1708)年57才で従三位に叙される。　典：公補

度会貞命　わたらい・さだめい

江戸時代の人、従二位・非参議・外宮禰宜。万治2(1659)年生～延享3(1746)年11月24日没。88才。

享保元(1716)年58才で従三位に叙され、同8年正三位、元文3(1738)年従二位に進む。典：公補

度会貞盈　わたらい・さだみつ

江戸時代の人、従三位・非参議・外宮禰宜。寛文5(1665)年生～享保12(1727)年1月20日没。63才。

享保9(1724)年60才で従三位に叙される。　典：公補

度会条彦　わたらい・えだひこ

江戸時代の人、従三位・非参議・外宮禰宜。延宝3(1675)年生～延享3(1746)年没。72才。

享保12(1727)年53才で従三位に叙される。　典：公補

度会智彦　わたらい・ともひこ

江戸時代の人、正三位・非参議・外宮禰宜。延宝7(1679)年生～宝暦2(1752)年12月10日没。74才。

延享3(1746)年68才で従三位に叙され、同4年正三位に進む。　典：公補

度会貞悳　わたらい・さだとく

江戸時代の人、従三位・非参議・外宮禰宜。延宝8(1680)年生～寛延2(1749)年没。70才。

延享4(1747)年68才で従三位に叙される。　典：公補

度会高彦　わたらい・たかひこ

江戸時代の人、正三位・非参議・外宮禰宜。貞享2(1685)年生～没年不明。

寛延2(1749)年64才で従三位に叙され、宝暦2(1752)年正三位に進む。同4年以降は名が見えない。　典：公補

度会知仲　わたらい・ともなか

江戸時代の人、正三位・非参議・外宮禰宜。貞享4(1687)年生～没年不明。

宝暦2(1752)年66才で従三位に叙され、同3年正三位に進む。同4年以降は名が見えない。　典：公補

度会常倚　わたらい・つねよる

江戸時代の人、従二位・非参議・外宮一禰宜。宝永4(1707)年生～安永6(1777)年9月5日没。71才。

宝暦3(1753)年47才で従三位に叙され、同4年正三位、明和8(1771)年従二位に進む。典：公補

度会意彦 わたらい・おきひこ

江戸時代の人、従三位・非参議・外宮二禰宜。享保8(1723)年生～明和4(1767)年5月26日没。45才。

宝暦4(1754)年32才で従三位に叙される。 典：公補

度会常之 わたらい・つねゆき

江戸時代の人、正三位・非参議・外宮一禰宜。宝永7(1710)年生～天明元(1781)年8月26日没。72才。

明和4(1767)年59才で従三位に叙され、安永6(1777)年正三位に進む。 典：公補

度会貞根 わたらい・さだね

江戸時代の人、正三位・非参議・外宮一禰宜。享保12(1727)年生～天明5(1785)年5月20日没。59才。

安永6(1777)年66才で従三位に叙され、天明元(1781)年正三位に進む。 典：公補

度会常陳 わたらい・つねのり

江戸時代の人、正三位・非参議・外宮一禰宜。享保17(1732)年生～寛政3(1791)年8月16日没。60才。

天明元(1781)年50才で従三位に叙され、天明5(1785)年正三位に進む。 典：公補

度会栄彦 わたらい・しげひこ

江戸時代の人、正三位・非参議・外宮一禰宜。元文5(1740)年生～寛政9(1797)年12月6日没。58才。

天明5(1785)年46才で従三位に叙され、寛政4(1792)年正三位に進む。 典：公補

度会常古 わたらい・つねふる

江戸時代の人、正三位・非参議・外宮一禰宜。延享4(1747)年生～享和元(1801)年6月20日没。55才。

天明6(1786)年40才で従三位に叙され、寛政10(1798)年正三位に進む。 典：公補

度会言彦 わたらい・ことひこ

江戸時代の人、従二位・非参議・外宮一禰宜。寛保3(1743)年生～文化14(1817)年9月2日没。75才。

天明6(1786)年45才で従三位に叙され、享和元(1801)年正三位、文化2(1805)年従二位に進み、同13年社職を辞す。 典：公補

度会朝栄 わたらい・ともしげ

江戸時代の人、従二位・非参議・外宮一禰宜。延享2(1745)年生～文政8(1825)年11月4日没。81才。

寛政3(1791)年47才で従三位に叙され、文化3(1806)年正三位に進み、文政3(1820)年従二位に進む。 典：公補

度会常典　わたらい・つねのり

江戸時代の人、従三位・非参議・外宮三禰宜。寛延3(1750)年生〜文化元(1804)年2月23日没。55才。

寛政10(1798)年49才で従三位に叙される。　典：公補

度会算彦　わたらい・かずひこ

江戸時代の人、従三位・非参議・外宮三禰宜。明和4(1767)年生〜文化11(1814)年2月10日没。48才。

享和2(1802)年36才で従三位に叙される。　典：公補

度会常全　わたらい・つねまさ

江戸時代の人、従三位・非参議・外宮二禰宜。明和8(1771)年生〜文政2(1819)年5月10日没。49才。

文化元(1804)年34才で従三位に叙される。　典：公補

度会範彦　わたらい・のりひこ

江戸時代の人、正三位・非参議・外宮一禰宜。安永2(1773)年生〜天保6(1835)年閏7月9日没。63才。

文化11(1814)年42才で従三位に叙され、文政9(1826)年正三位に進み、天保3(1832)年社職を辞す。　典：公補

度会常名　わたらい・つねな

江戸時代の人、正三位・非参議・外宮一禰宜。明和2(1765)年生〜弘化元(1844)年11月14日没。80才。

文化14(1817)年53才で従三位に叙され、天保6(1835)年正三位に進み、弘化元年に社職を辞す。　典：公補

度会貞度　わたらい・さだのり

江戸時代の人、従三位・非参議・外宮三禰宜。天明4(1784)年生〜天保2(1831)年1月23日没。48才。

文政2(1819)年36才で従三位に叙される。　典：公補

度会朝喬　わたらい・ともたか

江戸時代の人、従二位・非参議・外宮一禰宜。天明7(1787)年生〜文久元(1861)年2月7日没。75才。

文政9(1826)年40才で従三位に叙され、弘化3(1846)年正三位に進み、嘉永3(1850)年従二位に進む。　典：公補

度会常達　わたらい・つねたつ

江戸時代の人、従三位・非参議・外宮二禰宜。天明8(1788)年生〜嘉永3(1850)年9月7日没。63才。

天保2(1831)年44才で従三位に叙される。　典：公補

度会常代　わたらい・つねしろ

江戸時代の人、従三位・非参議・外宮二禰宜。寛政2(1790)年生～嘉永4(1851)年12月28日没。62才。

天保3(1832)年43才で従三位に叙される。　典：公補

度会常善　わたらい・つねよし

江戸時代の人、正三位・非参議・外宮一禰宜。享和2(1802)年生～文久2(1862)年4月22日没。61才。

弘化元(1844)年43才で従三位に叙され、文久2年に正三位に進む。　典：公補

度会常庸　わたらい・つねもち

江戸時代の人、従三位・非参議・外宮二禰宜。文化14(1817)年生～没年不明。

嘉永3(1850)年34才で従三位に叙され、文久3(1863)年正三位に進む。　典：公補

度会貞董　わたらい・さだただ

江戸時代の人、従三位・非参議・外宮二禰宜。文化4(1807)年生～没年不明。

嘉永5(1852)年46才で従三位に叙される。　典：公補

度会常伴　わたらい・つねとも

江戸時代の人、従三位・非参議・外宮三禰宜。文化14(1817)年生～没年不明。

文久元(1861)年45才で従三位に叙される。　典：公補

度会朝彦　わたらい・ともひこ

江戸時代の人、従三位・非参議・外宮四禰宜。文政10(1827)年生～没年不明。

文久2(1862)年36才で従三位に叙される。　典：公補

○諸王家(皇子を含み、白川家を除く)

第38代天智天皇の子大友皇子が天皇の側近となり、天智天皇10(671)年に太政大臣に任ぜられて、延喜16(916)年参議の十世王が没すまでの約250年間公卿に列せられる。のち藤原・源・橘家に圧されて皇子・親王・王より公卿に列せられなくなる。南北朝時代に第59代宇多天皇の皇子雅明親王の曾孫晶王が最後の公卿となる。　典：公補

大友皇子　おおともの・みこ

飛鳥時代の人、太政大臣。生年不明～第40代天武天皇元(672)年没。通称=伊賀皇子。追謚名=第39代弘文天皇。

第38代天智天皇(別名=天命開別・浄御原・近江)の子。母は伊賀采女宅子の娘。兄弟に第41代持統天皇(別名=天高原広野姫)・第43代元明天皇(日本根子天津御代豊国成姫)・施基皇子(田原天皇)などがいる。天智天皇10(671)年太政大臣(初使用)に任ぜられる。同11年天皇が没し壬申の乱が起こり、大海皇子の軍が美濃より近江に進入し、

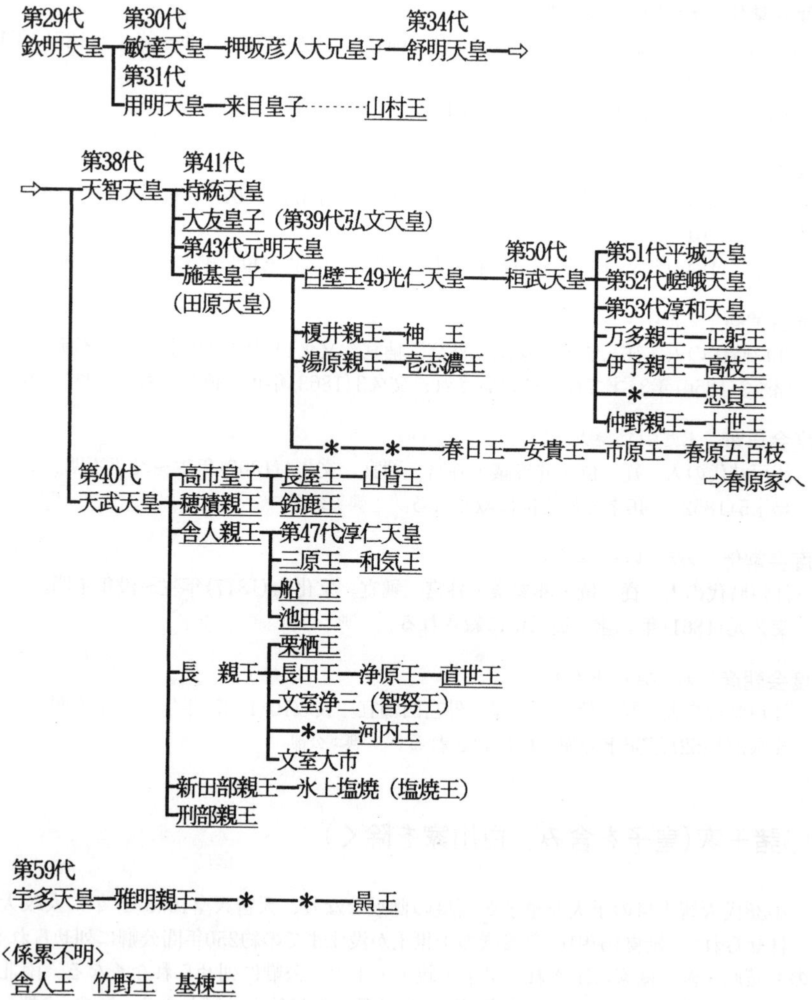

朝廷軍は近江瀬田にて負けて大友皇子は自殺する。重臣は処刑される。この年に第40代天武天皇が誕生する。子に葛野王・壱志姫王・与多王がいる。明治3(1870)年に第39代弘文天皇とされ歴代天皇に加えられた。　典：古代・公補

舎人王　とねりの・みこ

飛鳥時代の人、大納言。生年不明～第40代天武天皇9(680)年6月没。通称=五位舎人王。大納言・宮内卿に任ぜられる。第40代天武天皇9(680)年病気で危篤となり高市皇子

が見舞いに遣わされる。翌日に没した。
典：古代・公補

高市皇子　たかいちの・みこ

飛鳥時代の人、太政大臣。白雉5(654)年生～持統天皇10(696)年7月13日没。43才。

第40代天武天皇の長男。母は胸形君徳善女の尼女子の娘。兄弟に穂積親王・舎人親王・長親王・新田部親王・刑部親王らがいる。天武天皇14(685)年浄広弐に叙され、朱鳥元(686)年封四百戸の増加を受け、第41代持統天皇4年(690)年37才で太政大臣に任ぜられ、公卿百官を従えて藤原の宮を視察する。この時「日本書記」7月条に〈公卿百寮…〉とあり、公卿の始めか。同6年五千戸を得て、同7年浄広一に進む。在官7年。墓所は奈良県北葛城郡河合町と広陵町付近の三立岡墓。子に長屋王・鈴鹿王がいる。　典：古代・公補

刑部親王　けいぶ・しんのう

飛鳥時代の人、知太政官事。生年不明～慶雲2(705)年5月7日没。

第40代天武天皇の九男。兄弟に高市皇子・穂積親王・舎人親王・長親王・新田部親王らがいる。三品に叙され、大宝3(703)年知太政官事(列大臣の上、初使用)に任ぜられる。在官3年。　典：公補

穂積親王　ほずみ・しんのう

飛鳥・奈良時代の人、知太政官事。年令不明～霊亀元(715)年7月13日没。

第40代天武天皇の次男。兄弟に高市皇子・舎人親王・長親王・新田部親王・刑部親王らがいる。第41代持統天皇5年(691)年浄広弐に叙され封戸五百戸を与えられ、大宝2(702)年二品に進み作殯宮司に任ぜられ、同3年持統天皇の葬送に御装長官となる。同4年二百戸の封戸を加えられ、慶雲2(705)年知太政官事(列大臣の上)に任ぜられる。同3年右大臣に准ずる季禄が与えられ、和銅元(708)年公卿百寮に率先するようにと詔を受ける。霊亀元(715)年に一品に進む。労11年。　典：古代・公補

長屋王　ながや・おう

飛鳥・奈良時代の人、左大臣。第40代天武天皇13(684)年生～天平元(729)年3月10日没。46才。

第40代天武天皇の孫。太政大臣高市皇子の長男。母は近江天皇(第38代天智天皇)の娘。弟に鈴鹿王がいる。慶雲元(704)年正四位上に叙され、和銅2(709)年従三位に進み宮内卿に任ぜられ、同3年式部卿に転じる。同5年文武天皇の崩御を悼み「大般若経」を写経させ、現在も二百巻以上が残されている。同7年封戸百戸を与えられ、霊亀2(716)年正三位に進み、養老2(718)年大納言に任ぜられる。同5年従二位に進み右大臣に任ぜられ帯仗18人を給る。神亀元(724)年正二位に進み左大臣に任ぜられる。天平元(729)年謀叛の汚名を着せられて詰問され自殺する。長屋王の変という。吉備内親王及び子4人も自縊する。長屋王の邸宅跡より出土した木簡に「長屋親王」「長屋皇宮」と記されている。子に山背王がいる。　典：古代・公補

舎人親王　とねり・しんのう

飛鳥・奈良時代の人、知太政官事。第40代天武天皇5(676)年生～天平7(735)年11月14日没。60才。追号=崇道盡敬皇帝。

第40代天武天皇の三男。母は天智天皇の娘新田部皇女。兄弟に高市皇子・穂積親王・長親王・新田部親王・刑部親王などがいる。第41代持統天皇9年(695)年浄広弐に叙され、養老2(718)年一品に進み、同4年知太政官事(准大臣)に任ぜられ内舎人2人・大舎人4人・衛士30人を贈られる。「日本書紀」の編纂作業の筆頭であった。在官16年。没後に太政大臣を贈られ、更に天平宝字3(759)年に子の大炊王が第47代淳仁天皇として即位したために崇道盡敬皇帝と追号される。子に淳仁天皇・三原王・船王・池田王がいる。

典：古代・公補

鈴鹿王　すずか・おう

飛鳥・奈良時代の人、知太政官事。生年不明～天平17(745)年9月4日没。

第40代天武天皇の孫。太政大臣高市皇子の次男。兄に長屋王がいる。和銅3(710)年従四位下に叙され、神亀3(726)年従四位上、天平3(731)年正四位上に進み参議に任ぜられ更に大蔵卿に任ぜられ、同4年従三位に進み、同9年准大臣として知太政官事に任ぜられる。同10年正三位に進み、同11年式部卿に任ぜられ、同15年従二位に進む。

典：古代・公補

竹野王　たけのの・おう

飛鳥・奈良時代の人、非参議。第38代天智天皇10(671)年生～天平宝字2(758)年没。88才。

父母不明。天平16(744)年従三位に叙され、天平勝宝元(749)年正三位に進む。

典：公補

三原王　みはら・おう

奈良時代の人、非参議。生年不明～天平勝宝4(752)年7月1日没。別字=御原王。

第40代天武天皇の孫。知太政官事舎人親王の子。兄弟に第47代淳仁天皇・船王・池田王がいる。霊亀3(717)年従四位下に叙され封戸を加えられ、神亀6(729)年従四位上に進み、天平9(737)年弾正尹、同12年治部卿、同18年大蔵卿に任ぜられ正四位下に進み、同19年正四位上、同20年従三位に進み、天平勝宝元(749)年正三位に進み中務卿に任ぜられる。子に和気王などがいる。　典：古代・公補

栗栖王　くるすの・おおきみ

飛鳥・奈良時代の人、非参議。第40代天武天皇10(681)年生～天平宝字2(758)年没。78才。別名=栗林王。

第40代天武天皇の孫。二品長親王の子。兄弟に長田王・智努王(のち文室浄三)・文室大市らがいる。養老7(723)年従四位下に叙され、天平5(733)年雅楽頭に任ぜられ、のち大膳大夫・中務卿に任ぜられ、同6年の歌垣に参加。同17年どの地を京とすべきか四大寺の僧の意見を聞き、平城遷都とした。天平勝宝4(752)年従三位に進む。一説に同5年に没す。　典：古代・公補

山背王　やましろの・おう

飛鳥・奈良時代の人、非参議。第41代持統天皇元(687)年生～没年不明。

第40代天武天皇の曾孫。高市皇子の孫。左大臣長屋王の子。天平宝字元(757)年従三位に叙され藤原姓を賜る。その後は不明。　典：公補

船王　ふねの・おう

奈良時代の人、非参議。生没年不明。

第40代天武天皇の孫。知太政官事舎人親王の子。兄弟に第47代淳仁天皇・三原王・池田王らがいる。神亀4(727)年従四位下に叙され、天平15(743)年従四位上に進み、同18年弾正尹に任ぜられ、のち治部卿に任ぜられ、天平勝宝4(752)年東大寺大仏開眼供養会に伎楽頭となり、同9年皇太子候補に弟の大炊王(淳仁天皇)が選ばれ正四位下より正四位上に進み太宰帥に任ぜられ、天平宝字2(758)年弟大炊王が淳仁天皇となり兄弟の池田王と共に従三位に進む。同3年三品を賜り、同4年中務卿に任ぜられ、同6年二品に進み、同8年藤原仲麻呂の謀叛に兄弟で連座し捕らえられ隠岐国に流され、一族も許されなかった。　典：古代・公補

池田王　いけだの・おう

奈良時代の人、非参議。生没年不明。

第40代天武天皇の孫。知太政官事舎人親王の子。兄弟に第47代淳仁天皇・三原王・船王などがいる。天平7(735)年従四位下に叙され、天平勝宝6(754)年畿内巡察使・元興寺使・弾正尹、同9年刑部卿に任ぜられ、天平宝字2(758)年兄弟の船王と共に従三位に進み伊勢幣使・摂津大夫に任ぜられ、同3年淳仁天皇の兄弟として三品を賜る。同8年藤原仲麻呂の謀叛に兄弟で連座し捕らえられ土佐国に流される。　典：古代・公補

白壁王　しろかべの・おう

奈良時代の人、大納言。和銅2(709)年生～天応元(781)年11月23日没。78才。後名=第49代光仁天皇(天宗高紹天皇)。

第38代天智天皇の孫。田原天皇(施基皇子)の六男。母は贈太政大臣紀諸人の娘皇太后紀橡姫。兄弟に第49代光仁天皇・湯原親王らがいる。天平9(737)年従四位上に叙され、天平宝字元(757)年正四位下、同2年正四位上、同3年従三位に進み、同6年中納言に任ぜられる。同8年正三位に進み、天平神護元(765)年勲二等を授かり、同2年大納言に任ぜられる。宝亀元(770)年第49代光仁天皇として即位。墓所は奈良の笠置山。子に第50代桓武天皇などがいる。　典：公補

河内王　かわちの・おう

奈良時代の人、非参議。生没年不明。

第40代天武天皇の曾孫。長親王の孫。天平宝字2(758)年従三位に叙され、同4年正三位に進む。その後は不明。　典：公補

山村王　やまむらの・おう

奈良時代の人、参議。養老6(722)年生～天平神護3(767)年11月22日没。46才。

第31代用明天皇（橘豊日命）の子久米王（来目皇子）の裔。天平18（746）年従五位下に叙され、天平宝字2（758）年従五位上に進み紀伊守に任ぜられ、同7年正五位下に進み、同8年少納言に任ぜられ更に参議に任ぜられ従三位に進み更に左兵衛督に任ぜられ、天平神護元（765）年治部卿・左兵衛督に任ぜられ、同2年功があり田五十町を賜る。同3年大和守に任ぜられる。参議の在官は4年。一族は百姓となる。　典：古代・公補

和気王　わけの・おう

奈良時代の人、参議。生没年不明。

第40代天武天皇の曾孫。知太政官事舎人親王の孫。非参議三原王の子。天平勝宝7（755）年姓の岡真人を賜り因幡掾に任ぜられ、天平宝字2（758）年従四位下に進み、同5年節武卿、同7年伊与守に任ぜられ、同8年従四位上より従三位に進み参議に任ぜられ更に兵部卿・丹波守に任ぜられ、天平神護元（765）年藤原仲麻呂追討に功があり田五十町を賜る。しかし皇位を望み謀叛を企てたとされ、逃走したが捕らえられ伊豆に配流の途中に絞殺され、狛野に葬られる。京都府相楽郡精華町下狛の石塚古墳が墓所と伝えられる。　典：古代・公補

神王　かみ・おう

奈良・平安時代の人、右大臣。天平15（743）年生～大同元（806）年4月24日没。64才。号=吉野大臣。

第38代天智天皇（近江）曾孫。施基皇子（田原天皇・追浄春日宮天皇・号=志貴）の孫。榎井親王の子。神護景雲3（769）年従五位下に叙され、宝亀元（770）年従四位下に進み、同2年左大舎人頭、同5年美作守、同7年下総守、同8年大蔵卿に任ぜられ、同11年正四位下に進み参議に任ぜられる。延暦4（785）年弾正尹に任ぜられ、同6年正四位上に進み、同9年再び下総守に任ぜられ、同12年従三位に進み、同13年中納言に任ぜられ、同15年大納言に任ぜられ、同16年中務卿に任ぜられ更に右大臣に任ぜられ従二位に進む。没後に正二位を賜る。　典：公補

壱志濃王　いちしの・おう

奈良・平安時代の人、大納言。天平5（733）年生～延暦24（805）年11月11日没。73才。

第38代天智天皇（近江）曾孫。施基皇子（田原天皇・追浄春日宮天皇・号=志貴）の孫。湯原親王の次男。天平神護2（766）年従五位下に叙され、宝亀2（771）年従四位下に進み、同9年縫殿頭、同10年右大舎人頭、同11年左大舎人頭に任ぜられ、天応元（781）年従四位上に進み、同2年讃岐守・治部卿に任ぜられ、延暦5（786）年正四位下に進み、同6年参議に任ぜられる。同12年越前守に任ぜられ従三位に進み、同13年中納言に任ぜられる。同17年正三位に進み大納言に任ぜられ更に弾正尹に任ぜられる。没後に従二位を賜る。　典：古代・公補

直世王　なおよ・おう

奈良・平安時代の人、中納言。宝亀6（775）年生～承和元（834）年1月4日没。60才。

第40代天武天皇の裔。長親王の曾孫。従四位上長田王の孫。従五位下浄原王の子。

延暦23(804)年縫殿大允、大同3(808)年右大舎人允より大舎人大允、同4年内蔵助に任ぜられ、弘仁元(810)年従五位下に叙され内匠頭・相模守に任ぜられ、同2年従五位上に進み中務大輔に任ぜられ、同7年正五位下に進み蔵人頭・左京大夫・但馬守に任ぜられ、弘仁12(821)年従四位下に進み参議に任ぜられ更に左大弁に任ぜられ、同13年近江守に任ぜられ従四位上に進み、天長3(826)年越前守に任ぜられ、同4年正四位下、同7年従三位に進み中納言に任ぜられ更に中務卿に任ぜられる。「日本後紀」の編纂に加わる。同10年弾正尹に任ぜられる。　典：古代・公補

正躬王　まさみ・おう

平安時代の人、参議。延暦18(799)年生～貞観5(863)年5月1日没。65才。

第50代桓武天皇の孫。万多親王の子(贈一品葛野親王の七男か)。弘仁7(816)年文章生となる。天長6(829)年従四位下に叙され、同8年侍従、同9年弾正大弼、同15年刑部大輔、同11年右京大夫、承和6(839)年丹波守に任ぜられ、同7年参議に任ぜられる。同9年従四位上に進み大和守・左大弁に任ぜられ、同11年遠江守に任ぜられ山城班田長官となる。同12年讃岐守に任ぜられ、同13年官位を解かれる。嘉祥元(848)年許されて治部卿に任ぜられ従四位下に叙される。仁寿元(851)年従四位上、斉衡2(855)年正四位下に進み太宰大弐に任ぜられ太宰府に赴任。貞観3(861)年上洛。再び参議に任ぜられ更に弾正大弼に任ぜられ、同5年刑部卿・越前権守に任ぜられる。22年務める。子孫に平朝臣の氏姓をたまわる。　典：古代・公補

高枝王　たかえの・おう

奈良・平安時代の人、非参議。延暦7(788)年生～天安2(858)年5月没。71才。

第50代桓武天皇の孫。四品伊予親王の次男。大同2(807)年父伊予親王の事件に連座して遠流の刑を受ける。弘仁元(810)年嵯峨天皇即位により大赦となり上洛。のち大舎人頭・因幡守・越前権守を歴任し、斉衡元(854)年従三位に叙され大蔵卿に任ぜられ、天安元(857)年宮内卿に転じる。一説に延暦12(793)年生、57才。　典：古代・公補

忠貞王　たださだ・おう

平安時代の人、参議。弘仁11(820)年生～元慶8(884)年8月27日没。65才。

第50代桓武天皇の孫。二品賀陽親王の子。天安2(858)年従四位下に叙され、貞観3(861)年大学頭、同5年中務大輔、同6年摂津守に任ぜられ、同9年従四位上に進み、同12年弾正大弼、同13年大和守、同14年播磨守に任ぜられ、同19年正四位下に進み河内守に任ぜられ、元慶3(879)年参議に任ぜられる。同4年宮内卿、同5年刑部卿・美乃権守、同6年近江守に任ぜられる。　典：公補

基棟王　もとむね・おう

平安時代の人、非参議。生没年不明。

父母不明。左京大夫に任ぜられ、のちこれを辞す。元慶8(884)年従三位に叙せられる。仁和4(888)年以降は不明。　典：公補

十世王　とうよ・おう

平安時代の人、参議。天長10(833)年生～延喜16(916)年7月2日没。84才。

第50代桓武天皇の孫。贈太政大臣一品仲野親王の十男。元慶8(884)年従四位下に叙され、仁和元(885)年中務大輔、同3年加賀権守に任ぜられ、寛平2(890)年従四位上に進み、同3年宮内卿、同5年伊与権守に任ぜられ、同8年正四位下に進み越前権守に任ぜられ、同9年参議に任ぜられる。昌泰元(898)年備後権守に任ぜられ、延喜2(902)年に辞す。同3年伊与権守に任ぜられ、同7年に辞す。同8年越前守に任ぜられ、同10年従三位に進み、同12年越前守を辞す。同13年播磨守に任ぜられる。在官20年。子に時世王・時相王がいる。　典：古代・公補

晶王　じょう・おう

南北朝時代の人、非参議。生年不明～暦応元(1338.延元3)年6月没。

第59代宇多天皇の皇子雅明親王の曾孫。無位無官であったが、正慶2(1333.元弘3)年従三位に叙せられる。同年弾正尹・治部卿に任ぜられ、建武元(1334)年に辞す。同2年正三位に進み、暦応元(1338)年出家。この後は皇家より公卿に列されなかった。
典：公補

○諸禅師

道鏡禅師

→弓削道鏡(ゆげの・どうきょう)を見よ

円興禅師　えんこう・ぜんじ

奈良時代の人、准大納言。生没年不明。

弓削道鏡の弟子で、元興寺の僧。弓削道鏡の出世により政治に関与し、大僧都となり、天平神護2(766)年法臣位に任ぜられ更に准大臣に任ぜられる。のち道鏡禅師が失脚したため、政治より身を引く。宝亀9(778)年頃まで大僧都の地位で寺に勤める。　典：古代・公補

基真禅師　きしん・ぜんじ

奈良時代の人、法参議。生没年不明。

弓削道鏡の弟子で、山階寺の僧。弓削道鏡禅師の出世により政治に関与し、舎利が隈寺の毘沙門像が出現したと称し、その功により、天平神護2(766)年円興と共に上官職の正四位上に叙され大律師に任ぜられ物部浄志朝臣の氏姓を賜り更に法参議に任ぜられる。のち道鏡が失脚したため、政治より身を引く。しかし、地位に奢り人柄も悪く、先の毘沙門像の出現も詐偽と言われ、神護景雲2(768)年師である円興に無礼を働き、飛騨国に配流される。基真の親族は物部姓を名乗った。　典：古代・公補

公卿年表

和暦	西暦	関連事項
景行51		武内宿禰が棟梁之臣となる
成務 3		武内宿禰が本邦初の大臣となる
仲哀 1		大伴健持が大連となる
履中		平群木菟が執政となる
継体21	527	（磐井の乱）
欽明13	552	（崇仏論争）
推古 1	593	厩戸豊聡耳皇子（のち聖徳太子）が摂政となる
11	603	聖徳太子が冠位12階を制定。朝鮮諸国の官位制度に見倣い、大徳・小徳・大仁・小仁・大礼・小礼・大信・小信・大義・小義・大智・小智の12階とする
12	604	初めて暦日を用いる
		聖徳太子が憲法17条をつくる。冠位12階を務冠４階・追冠４階・進冠４階などの30階に改め、冠を与えることを停め、位記を与える
大化 1	645	（大化の改新）
		初めて左大臣（阿倍倉橋麻呂）・右大臣（蘇我山田石河麻呂）・内臣（中臣鎌子）が誕生
3	647	冠位を７色・13階に改める。
5	649	冠位19階を制定し、８省 100官を置く
天智 3	664	（甲子の改革令）
		冠位26階を制定し、氏上・民部・家部を定める
8	669	中臣鎌足に藤原の姓を与える
19	671	初めて太政大臣（大友皇子）が誕生
天武 1	672	（壬申の乱）
		初めて大納言（蘇我杲安）が誕生
7	678	文武官人の進階は成績によることとする
10	681	禁式92条を制定し親王以下庶民までの服装を規定する
11	682	諸王臣の位冠等の着用を禁じ、親王・諸臣の封を収公する。諸氏の族姓を改め、朝臣以下８種の姓（八色の姓）を定める。大三輪君以下52氏に朝臣を、大伴連以下50氏に宿禰姓を賜る。親王・諸王12階、諸臣48階の位階をきめる
13	684	８姓（真人、朝臣、宿禰、忌寸、道師、臣、連、稲置）と13氏が定められる
14	685	爵位の号を定め、階級を増加、諸王は明位・浄位12階、諸臣は正・直・勤・務・追・進に木広の壱・弐・参・肆の階で48階に改める
持統 4	690	日本書記の７月条に「公卿百寮……」とあり公卿の用語の始まりか
		この頃、中納言も誕生。浄御原令により官制を実施
5	691	右大臣以下にも宅地を与える
大宝 1	701	散位（高職を降りた時）の始まりか。大宝令を実施し官名や位階の制を改正、位階は親王明冠４階・諸王浄冠４階・諸臣６階・直冠８階・勤冠４階などとなる

和　暦	西暦	関連事項
大宝 2	702	参議の始まりか
3	703	知太政官事の始まり。天平17(743）まで続く
慶雲 2	705	大納言４人を２人に、中納言を３人とする
3	706	四位にも食封を与える大宝律令を改定。王公諸臣の山沢の独占を禁ず
和銅 1	708	通貨の銅銭を鋳造。非参議の始まりか
5	712	太安万侶が「古事記」を撰上
養老 2	718	親王４階・諸王４階・諸臣30階と改む。正一位は贈位に、七位以下は平安時代中期以降廃絶する
4	720	舎人親王と太安万侶が「日本書紀」を撰上
天平 3	731	参議が６人となる
12	740	（藤原広嗣の乱）
宝字 1	757	（橘奈良麻呂の乱）
2	758	官名を唐風に改める
3	756	この頃「万葉集」成立
8	764	（恵美押勝の乱）
		唐名の官名を旧名に戻す
延暦11	792	新弾例83条を施行
大同 2	807	参議を廃止し観察使を置く
弘仁 1	810	観察使を廃止し参議を復活する
2	811	六衛府を制定
5	814	第52代嵯峨天皇の皇子・皇女に源姓を与える
6	815	衣服・乗車の禁色を定める
天長 2	825	高棟王に平朝臣を与える
天安 1	857	人臣より太政大臣（藤原良房）が初見する
2	858	人臣より摂政（藤原良房）が初見する
元慶 4	880	人臣より関白（藤原基経）が初見する
寛平 7	895	王臣諸家の私出挙と五位以上の孫王が畿内より出ることを禁ずる
延喜 5	905	この頃「古今和歌集」成立
18	918	深紅を禁色とする
20	920	高明皇子に源朝臣を与える
承平 5	935	（承平・天慶の乱）
天暦 1	947	諸祭使饗禄の過差・衣服の奢侈を禁ずる（公家新制の初例）
5	951	「後撰和歌集」成立
天延 3	975	公卿以下に封事を奉らせる
永延 1	987	新制13箇条を定める
長保 3	1001	公卿・女官らの美服を禁ずる
寛弘 4	1007	この頃「拾遺和歌集」成立
長元 1	1028	（平忠常の乱）
5	1032	富士山が噴火
長久 2	1041	公卿・侍臣等の節日の美服着用を禁ずる

和　暦	西暦	関連事項
永保 3	1083	（後三年の役）
応徳 3	1086	この頃「後拾遺和歌集」成立
寛治 1	1087	諸卿に休日以外の参内を命ずる
永久 4	1116	新制７箇条を定める
大治 2	1127	「金葉和歌集」成立
久安 5	1149	藤原忠通が再び太政大臣に任ぜられる（再任の初見）
仁平 1	1151	「詞華和歌集」成立
保元 1	1156	（保元の乱）
平治 1	1159	（平治の乱）
治承 3	1179	平清盛の要請により基通を関白とし、法皇の近臣39人を解任する
寿永 2	1183	平家一門の官位を剥奪、所領を没収する
4	1185	平家が滅亡。藤原兼実を内覧とし10人の公卿を議奏とする
文治 3	1187	この頃「千載和歌集」成立
元久 2	1205	この頃「新古今和歌集」成立
建保 1	1213	この頃「金槐和歌集」成立
承久 3	1221	（承久の乱）
貞永 1	1232	この頃「新勅撰和歌集」成立
寛元 5	1247	「公卿補任補闕」（～正嘉 3）
文永 9	1272	「公卿補任年月部類」（～弘化 3）
嘉元 1	1303	「新後撰和歌集」成立
正和 1	1312	「玉葉和歌集」成立
正中 1	1324	（正中の変）
元弘 1	1331	（元弘の乱）
正慶 2（元弘 3）	1333	（鎌倉幕府の滅亡）
建武 3（延元 1）	1336	（南北朝の分裂）
正平11	1356	「菟玖波集」成立
永徳 1	1381	「新葉和歌集」成立
明徳 3（元中 9）	1392	（南北朝統一）
正長 1	1428	この頃より武家との連絡係として武家伝奏が置かれる。主に公卿２人（左右）が任ぜられ、この時は日野義資・万里小路時房・勧修寺経興らが当たる
文安 4	1447	この頃「新続古今和歌集」成立
応仁 1	1467	（応仁の乱）
明応 4	1495	「新撰菟玖波集」成立
天文 2	1533	「公卿補任」（～明治 1）
14	1545	京に兵乱があり、公卿の多くは諸州に離散
天正 3	1575	門跡・公卿の借物が織田信長の徳政令により破棄される

和暦	西暦	関連事項
天正10	1582	（本能寺の変）
慶長 5	1600	（関ケ原の合戦）
8	1603	（江戸幕府開設）
		「公家衆御参向年表」（～文久 4）
17	1612	公家衆が歌舞伎を観覧
18	1613	幕府が公卿諸法度・紫衣勅許制・諸寺入院の法度を制定
		「公家衆法度」
元和 1	1615	（大坂夏の陣）
		武家諸法度・禁中並公家諸法度を制定
寛永10	1633	「公家官位」（～元禄14）
17	1640	「公家補略」（～慶応 4）
万治年間		「公家諸宣下一会」（～文化年間）
明暦 2	1656	「尊卑分脈」
寛文 7	1667	「御公家分限帳」
延宝 8	1680	「御公家鑑並位」
天和 2	1682	「公卿勅使記」（～安政 5）
		「公卿補略」（～文化12）
貞享 1	1684	三条西実教・正親町実豊・油小路隆貞・東園基賢・中御門資熙・葉室頼孝・今城定淳らが蟄居（理由不明、12月より翌々年まで）
3	1686	「御公家鑑」（～延享 3）
		「公家要覧」（～元禄 4）
元禄 9	1696	「公家当鑑」（～元禄13）
13	1700	「雲上便覧」（～文久年間）
		「御公家当鑑」
宝永 1	1704	「雲上秘記」
3	1706	「公家地下寺社披露之留」
5	1708	「雲上明鑑」（～慶応 2）
		「公家鑑」（～慶応 4）
		「公卿家伝」（～安政年間）
		「公家系図略」
正徳 1	1711	「公家官位次第」（～享保11）
4	1714	公家衆法度を定める
享保 3	1718	「雲上当時鈔」
16	1731	「雲上享保集」（写）
		「公卿編年記」
寛保 2	1742	「雲上年表要輸譜」
延享 3	1746	「公卿近代記録」
宝暦 7	1757	徳大寺公城の家臣竹内式部が神儒の書を講義。公家の入門者が多く、京都所司代が糺明に乗り出す
8	1758	竹内式部が幕府に捕らえられ、正親町三条公積以下の関係した公家17名が

和　暦	西暦	関連事項
		処罰される（宝暦の事件）。「綾小路有美」の項参照
10	1760	宝暦の事件に連座した正親町三条公積ら７名の公家が幕府より出家を命ぜられる
12	1762	「雲上要覧」
明和 4	1767	竹内式部が八丈島流罪になる（明和の事件）
天明 1	1781	「現任一覧」（～天保14）
6	1786	「雲上次第」（～嘉永 6）
寛政 4	1792	幕府の反対により典仁親王の尊号宣下が停止される
		正親町公明・一条輝良・中山愛親・二条治孝・広橋伊光が幕府より処分を受ける
文化 4	1807	「公卿現任」
5	1808	「公家方御師録」
9	1812	「雲上譜略凡例」
14	1817	「公家衆御参向之記」
文政 5	1822	「公家衆参向一件」（～嘉永 5）
天保 2	1831	「公卿補任抜抄」（～慶応 3）
		「雲井補略」（～慶応 4）
4	1833	「公卿名鑑」（～万延 1）
8	1837	「雲上明鑑大全」（～慶応 3）
		「雲上武家通鑑」（～嘉永）
		「公家補任歴名」（～安政 7）
弘化 4	1847	「雲上分限帳」（写）
嘉永 4	1851	「公卿次第」（～安政 6）
5	1852	「公卿名簿」（～安政 3）
安政 2	1855	「雲井譜略」
5	1858	幕府の政道に反対する大政奉還の動きが察知されるところとなり、88名の廷臣が幕府より処分を受ける。飛鳥井雅典の項参照
		「雲井明鑑」
6	1859	幕府の圧力により鷹司政通・近衛忠熙・鷹司輔熙・三条実万らが落飾、東坊城聰長は蟄居する。この年、死没した公卿10名
文久 1	1861	「公家衆参向之留」
3	1863	公武のクーデターが発覚し、尊皇攘夷派の三条実美・三条西季知・東久世通禧・壬生基修・四条隆謌・錦小路頼徳・沢宣嘉ら７名が長州に追放される
		「雲上鑑」（～元治 1）
元治 1	1864	「雲上一覧」「都仁志喜」（いずれも～明治年間）
慶応 2	1866	「雲上抜錦」
3	1867	（大政奉還・王政復古の大号令）
		「雲上便覧大全」「公卿衆」
4	1868	「公武便覧」「公武一覧」「太政官日誌　第二」

和　暦	西暦	関連事項
明治 1	1868	新政府成立。3職8官制を太政官に設置。1世1元制となる。江戸城を皇居と定める 「雲上至正鑑」「復古官員録」「太政御職明鑑」「太政官日誌　第廿一」「公武有司集覧」
2	1869	公卿を廃止し、諸侯と共に華族と改称する。2官6省の職員令が発布 「職員令」「官員録」

人 名 索 引

【あ】

【か】

【さ】

【た】

【な】

【は】

【ま】

【や】

【ら】

【わ】

編者略歴

野島 寿三郎（のじま・じゅさぶろう）

昭和7年生。岩手県盛岡市出身。早稲田大学文学部中退。

江戸趣味が嵩じ、歌舞伎や浄瑠璃、浮世絵、吉原などを調査研究。また“紙くず”（ペーパーコレクション）の収集と保存でも知られる。編書に「日本暦西暦月日対照表」(1987)、「歌舞伎・浄瑠璃外題よみかた辞典」(1990)、「歌舞伎・浄瑠璃外題事典」(1991)、「新訂増補歌舞伎人名事典」(2002)、「ペーパーコレクション入門」(2003)（いずれも日外アソシエーツ）がある。

現住所：〒133-0056　東京都江戸川区南小岩7-40-23藤井様方

公卿人名大事典　普及版

2015年10月25日　第1刷発行

編　者／野島寿三郎
発行者／大高利夫
発　行／日外アソシエーツ株式会社
〒143-8550 東京都大田区大森北1-23-8 第3下川ビル
電話 (03)3763-5241(代表)　FAX(03)3764-0845
URL　http://www.nichigai.co.jp/

発売元／株式会社紀伊國屋書店
〒163-8636 東京都新宿区新宿3-17-7
電話 (03)3354-0131(代表)
ホールセール部(営業)　電話 (03)6910-0519

電算漢字処理／日外アソシエーツ株式会社
印刷・製本／株式会社平河工業社

《中性紙三菱クリームエレガ使用》

ISBN978-4-8169-2568-9　　**Printed in Japan,2015**